FELIPE BERNARDES

MANUAL DE PROCESSO DO TRABALHO

volume único

6ª edição

revista, atualizada e ampliada

2025

EDITORA JusPODIVM

www.editorajuspodivm.com.br

EDITORA
*Jus*PODIVM
www.editorajuspodivm.com.br

Rua Canuto Saraiva, 131 – Mooca – CEP: 03113-010 – São Paulo – São Paulo
Tel: (11) 3582.5757
• Contato: https://www.editorajuspodivm.com.br/central-de-relacionamento

Copyright: Edições *Jus*PODIVM

Diagramação: Equipe *Jus*PODIVM

Capa: Ana Caquetti

B523m Bernardes, Felipe
Manual de Processo do Trabalho - Volume Único / Felipe Bernardes – 6.ed., rev., atual. e ampl. - São Paulo: Editora JusPodivm, 2025.
1.184 p.

Bibliografia
ISBN 978-85-442-5569-8

1. Direito Processual do Trabalho. I. Bernardes, Felipe. II. Título.

CDD 342.68

Bibliotecária responsável:
Ana Carolina Ribeiro Mois – CRB7 – RJ 007348/0

6.ª ed., *2.ª tir.:* mai./2025.

"The only thing that is ultimately real about your journey is the step that you are taking now. That's all there ever is." (Echart Tolle).

A única coisa efetivamente real na sua jornada é o passo que você está dando agora. Isso é tudo que existe.

Dedico este livro a todos aqueles que acreditam no Direito como instrumento para se construir um mundo melhor para todos.

NOTA DO AUTOR (6ª EDIÇÃO)

Quero começar agradecendo aos leitores, profissionais e alunos que confiam no meu trabalho e permitiram que esta obra chegasse à 6ª edição.

A atual edição vem atualizada com a jurisprudência do Supremo Tribunal Federal e do Tribunal Superior do Trabalho desde o final do ano de 2021 (destacando-se a ADI 5766, relativa a despesas processuais) até outubro de 2024. Tivemos vários julgados importantes, como os referentes aos temas de competência da Justiça do Trabalho, regras sobre uniformização de jurisprudência, ação rescisória, entre outros. Alterações legislativas, como a Lei 14.879/2024 (alteração no CPC sobre competência territorial), e de atos normativos do Conselho Nacional de Justiça (como a Resolução 586/2024, sobre homologação de acordo extrajudicial), também foram incluídas e enfrentadas nesta edição.

Para mim, manter a obra atualizada, ano após ano, além de ser uma missão, um desafio, uma obrigação, é, sobretudo, uma alegria. Quero agradecer a todos os leitores que enviaram sugestões, comentários, críticas, elogios... Essa obra existe pelos leitores e para os leitores. Obrigado pelo apoio de sempre.

Espero que o livro continue contribuindo nas reflexões teóricas e na prática do Processo do Trabalho no Brasil.

Sigo à disposição nas minhas redes sociais e sugiro que, quando tiver dúvida sobre alguma súmula do TST, assista ao vídeo correspondente no meu canal do youtube (@ proffelipebernardes). O "desafio das súmulas", em que estou analisando todas as súmulas do TST, está em andamento, mas em breve todas estarão disponíveis, se Deus quiser!

Boa leitura!

Felipe Bernardes

Rio de Janeiro, 4 de outubro de 2024.

NOTA DO AUTOR (1ª EDIÇÃO)

O Direito Processual do Trabalho experimentou, nos últimos anos, substanciais alterações legislativas, das quais são exemplos maiores o Novo Código de Processo Civil (Lei nº 13.105/2015) e a Reforma Trabalhista (Lei nº 13.467/2017).

Não se trata de modificações pontuais e episódicas, mas estruturais. Daí decorre a necessidade de releitura de diversos institutos aplicáveis nos processos trabalhistas, a fim de os adequar à nova ordem legal. Além disso, há temas novos – tais como a sistemática de precedentes obrigatórios – que passam a figurar como alicerces do Direito Processual.

De fato, vive-se uma era de transição e de mudança de paradigmas no Processo do Trabalho. Nesse contexto, o estudioso do processo deve se pautar em perspectiva científica, com abertura de espírito, de modo a buscar a necessária isenção para bem compreender os novos fenômenos. De outro lado, a ciência não pode se desgarrar da prática cotidiana; ao contrário, deve construir soluções que contribuam para maior efetividade e justiça no processo.

O objetivo dessa obra é analisar sistematicamente o Direito Processual do Trabalho, à luz dessas novas tendências. Agradeço pela honrosa leitura e me coloco inteiramente à disposição para o envio de sugestões, através do meu e-mail pessoal: felipebernardes123@icloud.com.

Felipe Bernardes

Rio de Janeiro, 25 de dezembro de 2017.

PREFÁCIO

Há verdadeiro consenso doutrinário acerca da autonomia entre os processos do trabalho e civil. Até o advento do código processual de 1939, as relações civis eram reguladas pelas ordenações reinóis portuguesas. Porém, muito pouco tempo após o "grito de independência" na esfera processual brasileira, a CLT houve por bem estabelecer uma modalidade de processo específica para as relações de trabalho, com autonomia frente ao então novo processo comum. Nasceu o processo do trabalho, com especificidades, dessemelhanças e independência do processo civil, o qual, segundo a *ratio* do artigo 769, da Consolidação, teria, como tem, aplicação subsidiária, se e somente se verificada lacuna na norma instrumental específica. Não fosse bastante esse vazio, de se observar, ainda, a imposição de que do comando importado emerja compatibilidade, ou seja, harmonia com o sistema processual trabalhista.

Tal autonomia, em boa medida, é derivada da gênese do processo laboral. Com efeito, tanto o processo quanto o direito do trabalho foram sistematizados pelo mesmo texto, num momento histórico em que havia a necessidade de acesso, por parte do trabalhador, de um lado, há direitos que eram afirmados pela norma consolidada, mas, de outro lado e acima de tudo, pelo Estado-juiz, na hipótese de inobservância desses mesmos direitos pelos empregadores. Portanto, sob a perspectiva da institucionalização de ambos, o caráter instrumental do processo do trabalho, quando considerado frente ao direito material a ele vinculado, salta aos olhos.[1]

Segundo essa perspectiva, se a jurisdição trabalhista, em si própria, não poderia proteger uma parte em detrimento de outra, dado o princípio da imparcialidade imposto a todos os ramos do Poder Judiciário, vários princípios que viriam singularizar o processo especial eram conformes ao direto do trabalho, este sim, pautado no princípio mais amplo da tutela do trabalhador, o qual, devido à relação de autoinformação recíproca para com o processo do trabalho, de algum modo plasmava-se, também, nos institutos processuais.

Nesse passo, os princípios da simplicidade das formas e do acesso judicial corrigiam, processualmente, a subordinação que sujeita o trabalhador frente ao empregador. O da gratuidade assegurava a demanda por parte de quem se pressupunha a inferioridade econômica. Já a oralidade destinava-se a conceder voz aos litigantes de forma direta, sem a necessária intermediação de advogado. O princípio da concentração dos atos em audiência remetia ao órgão julgador quase que a uma

[1] A propósito, veja-se o nosso artigo *O contraditório, no novo CPC, em contraste com a celeridade, no processo do trabalho*, Revista do Tribunal Superior do Trabalho, vol. 83, pp. 40-62.

representação do conflito, por meio da colheita direta das provas. O da celeridade, em decorrência do caráter alimentar dos direitos emergentes da relação jurídica substancial, se impunha como uma exigência de rápida solução dos conflitos, sob o bordão de que a fome não pode esperar.[2]

Sem perder de vista essas esferas independentes, o juiz e professor Felipe Bernardes sustenta, em sua obra-prima, a ocorrência paulatina de uma reaproximação entre os ramos processuais autônomos, mais evidenciada pela reforma instituída pela Lei nº 13.467/2017, o que o leva a considerar que teria sido posto em xeque o posicionamento tradicional em que é concebido esse caráter autônomo do processo laboral. Aliás, com a curiosidade própria à investigação científica, nosso autor propõe uma série de questionamentos acerca da especificidade principiológica tão propalada no âmbito doutrinário e jurisprudencial, chegando a questionar até mesmo o princípio tuitivo. Exagero, ousadia, ou uma leitura mais "científica" dos institutos processuais, como, aliás, o eixo temático do livro propõe?

O tempo dirá.

Mas, o que pode ser afirmado, desde já, é que a obra *Manual de Processo do Trabalho*, sem dúvida, vem aportar grande contribuição para o patrimônio doutrinário na esfera do direito processual brasileiro, fazendo justiça à pena do magistrado e à reflexão do jurista que, na experiência brasileira, tradicionalmente, uniram teoria e pragmatismo na construção do sistema jurídico-trabalhista, numa experiência sem paralelo no direito comparado. Pode-se dizer que o magistrado trabalhista, no caso brasileiro, é um artífice do próprio direito - tanto na esfera material, quanto processual - do trabalho.

Portanto, sob essa perspectiva, a ousadia do autor materializa uma tradição de formulação teórica, o que, de modo algum, vem significar apego ao que já foi ultrapassado, ou àquilo que já não tem mais lugar. Antes e ao contrário, propõe-se a instigar o espírito, o que se evidencia quando se posiciona pelo caráter científico do Direito, tomando partido na antiga disputa filosófica que contrapõe a esse viés de ciência a nota de argumentação ao saber jurídico.[3] A obra pressupõe o direito como ciência, a partir do sentido pragmático dos fenômenos constituintes do seu objeto. Nessa senda, considera que, da "multiplicidade de normas, surge a Ciência do Direito Processual do Trabalho, que as estuda e sistematiza, e constitui o discurso doutrinário acerca do Processo do Trabalho". Assim, coincide com ZAGREBELSKY, quando contrapõe *juris prudentia* a *scientia juris*, dizendo que a última - embora primeira na história do direito - corresponde à racionalidade formal, enquanto a *prudentia* está relacionada à racionalidade material, ou seja, aos conteúdos.[4]

As recentes reformas havidas na esfera processual, no âmbito das relações trabalhistas, inserem, na realidade do operador do direito, questões para lá de polêmicas, muitas vezes parecendo inverter certas posições já consolidadas no âmbito da doutrina e da jurisprudência. Temas relativos aos requisitos da petição inicial,

2 Ibid.

3 PERELMAN, Chaïm, Lógica jurídica, *in* PUPPI, Virgínia K. (trad.), São Paulo: ed. Martins Fontes, 2000.

4 ZAGREBELSKY, Gustavo, *El derecho dúctil. Ley, derechos y justicia*, Madri, ed. Trotta, 2009, p. 123.

jurisdição voluntária, arbitragem, honorários sucumbenciais e periciais, dentre tantos outros, são exemplos dessa alteração legislativa tão profunda. Felipe os enfrenta com destemor. E o faz, demonstrando as diferentes vertentes, sem, contudo, deixar de se posicionar e apontar o que, a seu ver, constitui o melhor caminho a trilhar. Aceita o convite de Dworkin, levando a sério toda a reformulação dogmática do direito processual do trabalho e revisitando, um a um, os princípios e institutos próprios a tal ramo da ciência jurídica.

Embora seja obra de fôlego, em que se evidencia o rigor técnico, a leitura sempre se revela agradável, ainda quando se trate da abordagem dos temas mais espinhosos, a evidenciar o didatismo que notabiliza o autor. Há o manejo de farta jurisprudência, a revelar um dos pilares das transformações processuais anunciadas na obra: o uso de precedentes das várias instâncias processuais, mas especialmente das Cortes superiores. Essa técnica acaba por ser reveladora da atualidade metodológica adotada, em que as formulações, críticas e proposições doutrinárias testam sua validade mediante o diálogo efetuado com as decisões judiciais, sem perder de vista o sentido de unidade sistêmica do arcabouço jurídico, pautado pelo norte definido pelo marco da Constituição.[5]

Em suma, a leitura do *Manual de Processo do Trabalho* revela-se essencial para quem quer compreender não só as alterações que vêm formar o processo do trabalho no presente, mas àqueles que pretendem vislumbrar, com uma boa dose de precisão, suas possibilidades futuras. Sem nenhuma pretensão que não seja a do respeito à técnica e ao rigor metodológico, a obra que se tem em mãos é completa e harmônica, qual uma peça musical refinada. Tem todos os ingredientes para marcar, de forma indelével, o início da trajetória de um grande escritor. Mais ainda. Deverá ocupar lugar de destaque nas melhores estantes de obras jurídicas.

Rio de Janeiro, verão de 2018.

Alexandre Teixeira de Freitas B. Cunha

Desembargador do Tribunal Regional do Trabalho da 1ª Região

---

5 Assim, coincide com Javier Jiménez Campo, quando afirma que "lo que los tribunales dicen nace y vive en el debate procesal y comunitario, pero en tanto ese 'decir' no cambie, la Constitución (o cualquier otra norma jurídica) es, guste o no, lo que la jurisdicción ve en ella" (*Derechos fundamentales. Concepto y garantías*, Madri: Ed. Trotta, 1999, p. 14).

SUMÁRIO

» Capítulo I

DIREITO PROCESSUAL DO TRABALHO: NOÇÕES INTRODUTÓRIAS E PRINCIPIOLÓGICAS

» Capítulo II
PRINCÍPIOS DO PROCESSO DO TRABALHO

» Capítulo III

JURISDIÇÃO E EQUIVALENTES JURISDICIONAIS

» Capítulo IV

ORGANIZAÇÃO E COMPETÊNCIA DA JUSTIÇA DO TRABALHO

» Capítulo V
PROCESSO E PROCEDIMENTO

» Capítulo VIII
LITISCONSÓRCIO

» **Capítulo IX**

INTERVENÇÃO DE TERCEIROS

» Capítulo X

DESPESAS PROCESSUAIS E ASSISTÊNCIA JUDICIÁRIA GRATUITA

» Capítulo XII

DEFEITOS DOS ATOS PROCESSUAIS

» Capítulo XIII

PROCEDIMENTOS E AUDIÊNCIA NA JUSTIÇA DO TRABALHO: FORMAÇÃO, DESENVOLVIMENTO E EXTINÇÃO DO PROCESSO

» Capítulo XIV
SUSPENSÃO DO PROCESSO

» Capítulo XV
PETIÇÃO INICIAL

» Capítulo XVI
TUTELA PROVISÓRIA

» Capítulo XVII

RESPOSTA DO RÉU

» **Capítulo XIX**

SENTENÇA

» Capítulo XX
COISA JULGADA

» Capítulo XXI

TEORIA GERAL DOS RECURSOS

» Capítulo XXII
RECURSOS EM ESPÉCIE

» Capítulo XXIII
PROCESSO COLETIVO

» Capítulo XXIV
PRECEDENTES

» Capítulo XXV

PROCEDIMENTOS ESPECIAIS: AÇÕES CONSTITUCIONAIS

» Capítulo XXVI
PROCEDIMENTOS ESPECIAIS – AÇÕES CIVIS

» Capítulo XXVII

INQUÉRITO JUDICIAL PARA APURAÇÃO DE FALTA GRAVE

» Capítulo XXVIII

CORREIÇÃO PARCIAL (RECLAMAÇÃO CORREICIONAL)

» Capítulo XXIX

AÇÃO RESCISÓRIA, AÇÃO ANULATÓRIA E *QUERELA NULLITATIS*

» Capítulo XXX
LIQUIDAÇÃO DE SENTENÇA

» **Capítulo XXXI**

TEORIA GERAL DA EXECUÇÃO

» Capítulo XXXII

PROCEDIMENTOS EXECUTIVOS: EXECUÇÃO POR QUANTIA CERTA

» Capítulo XXXIII

PROCEDIMENTOS EXECUTIVOS ESPECIAIS

I

DIREITO PROCESSUAL DO TRABALHO: NOÇÕES INTRODUTÓRIAS E PRINCIPIOLÓGICAS

1. CONCEITOS FUNDAMENTAIS DE TEORIA GERAL DO DIREITO

O Direito é uma unidade. Por isso, o ordenamento jurídico forma um sistema harmônico, integrado e coerente.

A subdivisão em ramos (Direito Penal, Direito Processual, Direito do Trabalho etc.) é indispensável para a compreensão do fenômeno jurídico, mas não elimina a existência de um núcleo comum a todos, fundamentado em conceitos técnico-jurídicos e em valores que o Direito busca realizar, tais como a justiça, a segurança jurídica, o bem comum, a liberdade, a igualdade e a paz social.

O Direito é uma ciência normativa. O cientista do Direito deve sempre analisar o fenômeno jurídico com precisão técnica e conceitual. Contudo, por se tratar de ciência social, está mais sujeito à influência de condicionamentos culturais que variam no tempo e no espaço.

Dessa forma, é importante expor alguns conceitos jurídicos fundamentais, que pertencem à teoria geral do Direito e que funcionam como premissas dogmáticas aptas a iluminar o estudo do Direito Processual do Trabalho.

1.1. Natureza jurídica. Categorias jurídicas e institutos

Natureza jurídica é o posicionamento de um objeto de análise em categorias jurídicas ou em institutos mais amplos. Os conceitos técnico-jurídicos e as normas que regulam determinadas relações jurídicas agrupam-se, formando institutos. Por sua vez, a reunião de institutos dá origem a gêneros supremos ou universais, que constituem as categorias jurídicas.

Por exemplo, a coisa julgada é um instituto de direito processual, pois há um conjunto de regras, princípios e conceitos a respeito de seu modo de produção, prazos, limites etc. Pode-se enquadrar, entretanto, a coisa julgada na categoria mais ampla de direito subjetivo (direito fundamental), sendo essa a sua natureza jurídica.

Outros exemplos: a citação judicial é instituto cuja natureza jurídica é de ato jurídico em sentido estrito[1], pois se cuida de uma manifestação da vontade humana com efeitos previstos de forma apriorística na lei; a competência jurisdicional é instituto que detém a natureza jurídica de pressuposto processual etc.

O estudioso do Processo do Trabalho deve sempre investigar o enquadramento de conceitos e normas jurídicas esparsas em institutos e em categorias jurídicas mais amplas, alcançando, dessa forma, a organicidade e sistematicidade que devem ser buscadas em qualquer ramo da Ciência.

1.2. Relação jurídica e situação jurídica

Relação jurídica é o vínculo que o direito estabelece entre pessoas ou grupos, atribuindo-lhes poderes e deveres.[2] Toda relação social que sofra a incidência de norma jurídica é uma relação jurídica.

Imagine-se que dois desconhecidos se encontrem na rua e comecem a conversar. A partir disso, pode surgir, por exemplo, uma relação de amizade; ou pode ser que o assunto simplesmente termine e cada um siga seu rumo. Ter-se-ia, nessa hipótese, uma relação social que não interessa ao Direito.

Suponha-se, agora, que um dos interlocutores agrida fisicamente o outro. Em tese, terá cometido ato ilícito, violando a integridade física e moral do agredido.

---

1 Esses conceitos serão explicitados adiante.

2 AMARAL, Francisco. *Direito Civil: Introdução.* 5ª ed. Rio de Janeiro: Renovar, 2003, p. 159.

Incidem, neste caso, os arts. 186 e 927 do Código Civil[3], surgindo o direito de indenização para aquele que sofreu dano. Aqui, está-se diante de uma relação jurídica, pois a relação social foi juridicizada. O fato jurídico agressão gera o efeito jurídico consistente no direito de indenização.

Situação jurídica é o conjunto de direitos e deveres atribuídos a uma pessoa, em determinadas circunstâncias. O vínculo entre duas ou mais situações jurídicas correlatas constitui uma relação jurídica.[4]

No âmbito trabalhista, pode-se exemplificar com a situação jurídica do empregado, que tem o dever de prestar serviços com lealdade, empenho, de cumprir horários e determinações lícitas do empregador etc.; e tem o direito de receber salários, de receber tratamento digno etc.

No processo judicial existe a situação jurídica de réu, que tem o direito de se defender, de produzir provas, de ter ciência dos atos processuais, de obter julgamento de mérito, entre outros; e o dever de comportar-se com lealdade, de não criar incidentes temerários, de cumprir com exatidão as determinações judiciais etc.

1.3. Direitos subjetivos, faculdades e direitos potestativos

Direito subjetivo é o poder de agir e de exigir de outra pessoa determinado comportamento. O conteúdo do direito subjetivo é uma prestação, que pode ser um dar, um fazer ou um não fazer, que é exigido do sujeito passivo.

Pense-se em uma sentença desfavorável ao autor de determinado processo trabalhista. O interessado, caso queira, pode interpor recurso ordinário. Ele tem, então, o direito subjetivo de recorrer, exigindo que o Estado-Juiz dê uma resposta jurisdicional à postulação recursal - prestação de fazer, portanto.

O direito subjetivo contém uma ou algumas faculdades. Faculdades são poderes de agir que integram o direito subjetivo. No exemplo anterior, o prejudicado tem a faculdade de interpor o recurso. Há identidade entre direito e faculdade neste caso. Já o direito de propriedade, de outro lado, contém as faculdades de usar, fruir e de dispor da coisa. Essas faculdades podem tornar-se autônomas, como por exemplo, a faculdade de usar pode ser transferida para um terceiro por meio de usufruto. Neste caso, a faculdade de usar se torna um direito independente de usufruto.

Direito potestativo é o poder de influir na esfera jurídica de outra pessoa, sem que esta possa fazer algo que não se sujeitar. Quando o titular exerce o direito

---

3 Art. 186. Aquele que, por ação ou omissão voluntária, negligência ou imprudência, violar direito e causar dano a outrem, ainda que exclusivamente moral, comete ato ilícito.

Art. 927. Aquele que, por ato ilícito (arts. 186 e 187), causar dano a outrem, fica obrigado a repará-lo.

Parágrafo único. Haverá obrigação de reparar o dano, independentemente de culpa, nos casos especificados em lei, ou quando a atividade normalmente desenvolvida pelo autor do dano implicar, por sua natureza, risco para os direitos de outrem.

4 AMARAL., *op.cit.*, p. 204.

potestativo, ele constitui, modifica ou extingue uma relação jurídica, sem que haja nenhum dever correlato a ser cumprido por outra pessoa.

Pense-se na prerrogativa que todo empregador tem de dispensar imotivadamente empregado não estável. Trata-se de direito potestativo, que, quando exercido, extingue a relação jurídica de emprego. O empregado nada pode fazer a respeito. Outro exemplo: o empregado, vencido em uma reclamação trabalhista, com decisão transitada em julgado, tem a prerrogativa de ajuizar ação rescisória para tentar desconstituí-la. Caso exerça esse direito, o empregador nada pode fazer, devendo sujeitar-se ao processo. O direito potestativo de ajuizar ação rescisória, quando exercido, constitui nova relação jurídica processual.

1.4. Fato jurídico, ato jurídico e negócio jurídico

Qualquer acontecimento no mundo fenomênico é um fato. Quando determinado acontecimento sofre a incidência de uma norma jurídica, está-se diante de um fato jurídico, que tem o condão de gerar, modificar ou extinguir relações jurídicas, situações jurídicas, ou direitos.

A chuva que cai do céu é um fato, a princípio não jurídico. No entanto, se a chuva destrói um automóvel que estava estacionado na rua, havendo contrato de seguro que preveja tal sinistro, a chuva se torna um fato jurídico que gera o direito de indenização.

Os acontecimentos geradores de efeitos jurídicos e que independem da vontade humana são fatos jurídicos em sentido estrito. Já aqueles que são manifestações da vontade humana não deixam de ser fatos jurídicos (em sentido amplo), embora possam ser mais precisamente caracterizados como atos jurídicos (em sentido amplo).

Os atos jurídicos podem ser lícitos ou ilícitos.

Os atos jurídicos lícitos podem ser classificados em duas espécies: (i) ato jurídico em sentido estrito; (ii) negócio jurídico.

O ato jurídico em sentido estrito é manifestação de vontade humana que produz efeitos jurídicos previstos pela própria legislação. Por exemplo, o casamento pressupõe a vontade humana para realizar-se, mas os efeitos jurídicos são disciplinados pela lei; a penhora pressupõe a vontade judicial para ser levada a efeito, mas todos os seus efeitos também decorrem da lei.

Já o negócio jurídico também é manifestação da vontade humana, mas os respectivos efeitos jurídicos são determinados pelo (s) próprio (s) agente (s), observados os limites eventualmente estabelecidos em lei. Quando duas pessoas celebram um contrato de compra e venda, possuem ampla liberdade para fixar preços, prazos, estipular condições etc. Os efeitos jurídicos são determinados pelos interessados. Outro exemplo: as partes de um processo judicial podem firmar um pacto de instância única, por força do qual as duas renunciam ao direito de recorrer. Aqui, tem-se um negócio jurídico processual.

2. A TRÍADE DO DIREITO PROCESSUAL DO TRABALHO: JURISDIÇÃO, PROCESSO E AÇÃO

O Direito Processual do Trabalho só tem razão de ser quando compreendido como instrumento de efetivação do Direito do Trabalho e das demais normas de direito material aplicáveis pela Justiça do Trabalho.

De fato, o ordenamento jurídico gera direitos e faculdades, sendo que os respectivos titulares podem, eventualmente, encontrar resistência à sua implementação no plano fático, ou pode haver situações nas quais a lei exija a intervenção do Estado-Juiz para que se alcance determinada situação jurídica.

No primeiro caso, está-se diante de direitos subjetivos, os quais geram, para os respectivos titulares, uma pretensão, que consiste, em clássico conceito, na exigência de subordinação de um interesse alheio ao próprio interesse. Quando tal exigência não é atendida espontaneamente, havendo resistência do devedor, surge a lide, que é justamente o conflito de interesses qualificado por uma pretensão resistida. Já os direitos potestativos, embora não gerem pretensão no sentido técnico, também podem enfrentar resistência, como nas hipóteses do direito à desconstituição de contrato, dissolução de vínculo empregatício de empregado estável (inquérito judicial para apuração de falta grave), e ação rescisória, por exemplo.

Há outras situações, como na alienação de bens de menores e expedição de alvará judicial, nas quais não há qualquer resistência de um inexistente sujeito passivo, mas a lei exige a intervenção judicial como forma de tutelar assistencialmente interesses tidos como relevantes do ponto de vista social (jurisdição voluntária).

Nos dois casos, os interessados podem valer-se do Estado a fim de equacionar o conflito ou de obter a situação jurídica de vantagem que almejam. A atividade estatal assim exercida chama-se de jurisdição (do latim *jurisdictio*, que significa *dizer o direito*), que, em nosso país, é exercida essencialmente pelo Poder Judiciário, mas que pode ser desempenhada, excepcionalmente, por outros órgãos estatais (como no exemplo do Senado, que julga crimes de responsabilidade do Presidente da República - CF, art. 52, I)[5], ou até mesmo por terceiros (no caso dos equivalentes jurisdicionais, como a arbitragem).

O método de que o Estado se vale para exercer a jurisdição é o processo, que é conceituado como uma relação jurídica complexa, que envolve Estado-Juiz, partes e demais sujeitos processuais, desenvolvendo-se através de diversos atos praticados em sequência, o que dá azo a um procedimento.

O processo judicial deve ser entendido como um instrumento técnico que tem uma finalidade ética, qual seja, a de compor os conflitos de interesses, dando a cada um que é seu, a partir de uma ótica garantista, que permita a observância dos direitos fundamentais dos envolvidos e também que se chegue a um resultado justo.

---

5 Art. 52. Compete privativamente ao Senado Federal: I - processar e julgar o Presidente e o Vice-Presidente da República nos crimes de responsabilidade, bem como os Ministros de Estado e os Comandantes da Marinha, do Exército e da Aeronáutica nos crimes da mesma natureza conexos com aqueles.

Sucede que, em nosso ordenamento jurídico - assim como no da maioria dos países ocidentais - a atuação jurisdicional depende, em princípio, de provocação do interessado para que possa validamente ser levada a efeito.

O mecanismo para a deflagração do processo judicial é a ação, que possui dupla natureza: (i) trata-se de direito fundamental, previsto no art. 5º, XXXV, da CF[6]. Nesse sentido, fala-se em *direito de ação* como uma virtualidade ou potencialidade atribuída a toda e qualquer pessoa (e também a entes despersonalizados); (ii) quando exercido esse direito, configura-se uma demanda e está-se diante de ato jurídico processual em sentido estrito - já que se cuida de exteriorização da vontade humana, cujos efeitos são regulados pela lei processual.

3. CONCEITO E NATUREZA JURÍDICA

O Direito Processual do Trabalho pode ser apreendido sob dupla perspectiva: normativa e científica.

Sob o ângulo normativo, trata-se do conjunto de normas jurídicas que regulam os processos, bem como a ação e a jurisdição trabalhistas. As normas processuais trabalhistas encontram-se espalhadas por todo o ordenamento jurídico - por exemplo, na Constituição da República, na Consolidação das Leis do Trabalho, na Lei 5.584/70, entre outros diplomas normativos.

A partir dessa multiplicidade de normas, surge a Ciência do Direito Processual do Trabalho, que as estuda e sistematiza, e constitui o discurso doutrinário acerca do Processo do Trabalho. Sob esse enfoque, a ciência processual também pode fazer a crítica do ordenamento positivo, propondo soluções que podem inspirar o legislador, o intérprete e o aplicador das normas processuais.

A natureza jurídica do Direito Processual do Trabalho é de ramo do Direito Público, por disciplinar uma função estatal - a jurisdição. Tal afirmação é corrente na doutrina processualista, embora não seja isenta de críticas, conforme se verá em seguida.

4. O CARÁTER PÚBLICO E AS NOVAS TENDÊNCIAS DO DIREITO PROCESSUAL

Embora seja corrente a afirmação de que o Direito Processual integra o Direito Público, o tema exige maiores reflexões, sobretudo após a edição do Novo Código de Processo Civil.

De início, veja-se que a divisão do Direito Positivo em Direito Público e Privado é alvo de críticas de setores da doutrina, que apontam o artificialismo da classificação.

Destaca-se a teoria monista de Hans Kelsen, para quem todo Direito é público, pois a sua validade depende sempre do reconhecimento estatal.

6 XXXV - a lei não excluirá da apreciação do Poder Judiciário lesão ou ameaça a direito.

Outras teorias importantes são a: (i) a teoria dos interesses em jogo, cuja formulação é atribuída ao romano Ulpiano – público é o direito que se liga ao interesse do Estado; privado, o que corresponde à utilidade dos particulares. Essa teoria pode ser criticada, já que o interesse dos particulares acaba refletindo, de alguma forma, no interesse da coletividade e, portanto, do Estado; de outro lado, o que interessa ao Estado também interessa, em maior ou menor medida, aos cidadãos; (ii) teoria da relação jurídica - é a mais acatada atualmente, e indica que o Direito Privado disciplina relações nas quais os sujeitos estão em posição de igualdade ou coordenação, enquanto o Direito Público regula relações nas quais o Estado se investe de supremacia, de poder de império em relação ao particular.[7]

A doutrina associa a natureza pública do Direito Processual ao fato de que o Estado-Juiz, na relação jurídica processual, se põe em posição de supremacia, exercendo seu poder soberano[8], e também porque os órgãos encarregados de prestar a jurisdição realizam fins eminentemente públicos, de atuar a vontade concreta da lei e de assegurar a paz social.[9]

Veja-se, porém, que a atuação da vontade concreta da lei atende, muitas vezes, muito mais a um interesse individual do que ao interesse público. Figure-se a hipótese de trabalhador que postule uma parcela não paga pelo seu empregador, como o aviso prévio. Embora se trate de norma cogente, não há interesse - ao menos imediato - do Estado ou da coletividade na eventual tutela jurisdicional, que beneficia precipuamente o indivíduo lesado.

Ademais, ganha espaço no Direito Público, cada vez mais, a noção de consensualismo, essencialmente ancorada nas ideias de democracia e de legitimidade da atuação estatal.[10] Há, atualmente, uma nítida tendência de valorização da participação dos cidadãos nos processos decisórios estatais, reduzindo-se o campo de atuação coercitiva do Estado. Fala-se, mesmo, em releitura do princípio da supremacia do interesse público sobre o interesse privado.

Essa temática é muito relevante no Direito Processual, que passa, por exemplo, a prestigiar crescentemente os meios alternativos de solução dos conflitos (como a mediação e arbitragem). Além disso, o processo judicial deve ser visto como um ambiente democrático, no qual todos os sujeitos intervenientes (partes, advogados, auxiliares da Justiça e terceiros) têm a prerrogativa de participar da construção do provimento jurisdicional.[11] O Novo CPC apresenta diversos dispositivos que sinalizam nessa direção.[12]

---

7 Sobre o tema, v. NADER, PAULO: *Introdução ao Estudo do Direito*. 23ª ed. Rio de Janeiro: Forense, 2003, pp. 93 e ss.

8 Nesse sentido, v.g., CÂMARA, ALEXANDRE FREITAS. *Lições de Direito Processual Civil*. 17ª ed. Rio de Janeiro: Lumen Juris: 2008, p. 7.

9 GRECO, Leonardo. *Instituições de Processo Civil*. Volume I. Rio de Janeiro: Forense: 2009, p. 25.

10 Sobre o tema, v. MOREIRA NETO, DIOGO DE FIGUEIREDO. *Curso de Direito Administrativo*. 14ª ed. Rio de Janeiro: Forense, 2006, p. 99.

11 O tema está diretamente associado com os princípios da cooperação e do contraditório, que serão examinados adiante neste capítulo.

12 Por exemplo, arts. 7º, 9º, 10, 165, 489, entre outros.

Conforme ensina a doutrina, o problema da *divisão do trabalho* entre juiz e partes constitui problema cujo tratamento costuma variar no tempo e no espaço, sob influência de inúmeros fatores.[13] No atual momento histórico, não há mais espaço para concepções autoritaristas, que defendam a proeminência do Juiz na condução do processo.

Contudo, o ato decisório (decisão judicial), efetivamente, permanece sendo um ato de poder do Estado, que é parte integrante da relação jurídica processual.

Em suma, permanece válida a assertiva de que as normas processuais são de direito público, o que não deve ser confundido, entretanto, com concepções totalitárias já ultrapassadas.

5. FONTES DO DIREITO PROCESSUAL DO TRABALHO

A palavra *fonte* vem do latim *fons*, a significar nascente de água. No âmbito do Direito, fonte pode ser conceituada como a origem de normas jurídicas.

Tradicionalmente, a doutrina divide as fontes em materiais e formais. Contudo, o tema, embora possa parecer trivial, suscita grandes discussões. Autores de destaque divergem, uns dizendo que as únicas fontes são as materiais[14] – pois significariam de onde o Direito provém –, enquanto outros afirmam que a expressão *fonte material* seria imprópria, já que não seriam outra coisa senão o estudo filosófico ou sociológico dos fatos que justificam o surgimento das regras jurídicas.[15]

De fato, no sentido metafórico em que é empregada a expressão *fonte*, os fatos sociais, condicionados pelos fatores do Direito, como a Moral, a Economia, a Política e a Filosofia, entre outros, consistem na origem primeira de todas as normas jurídicas. Esse substrato social que funciona como causa produtora do Direito são as suas fontes materiais.

Contudo, interessa mais ao estudioso da Ciência do Direito Processual a análise das fontes formais, que consubstanciam os mecanismos de exteriorização das normas jurídicas. Analisar-se-ão, em seguida, as principais fontes formais do Direito Processual.

5.1. Constituição

A Constituição Federal é, em nosso sistema, a fonte maior do Direito Processual, por duas razões: (i) incorporação de diversas normas de caráter processual na Constituição - como, por exemplo, as regras definidoras da competência da Justiça do Trabalho (CF, art. 114) e os princípios constitucionais do processo, como o direito de acesso à justiça (CF, art. 5º, XXXV); (ii) a constitucionalização do Direito Processual, a significar que todos os diplomas normativos infraconsti-

[13] BARBOSA MOREIRA, JOSÉ CARLOS. *Temas de Direito Processual. 4ª série*. "O problema da 'divisão de trabalho' entre Juiz e partes: aspectos terminológicos". São Paulo: Saraiva, 1989, p.35.

[14] Assim: Miguel Reale Júnior.

[15] GUSMÃO, PAULO DOURADO DE. *Introdução*, p. 127.

tucionais devem ser interpretados a partir dos valores e princípios estabelecidos na Constituição, cabendo ao aplicador da lei proceder, também, ao controle de constitucionalidade. Isso vem determinado expressamente no art. 1º do Novo Código de Processo Civil.[16]

Esse viés constitucional justifica a ponderação de princípios constitucionais e direitos fundamentais em determinados casos concretos, como, por exemplo, nas situações de utilização de prova ilícita, a qual pode ser tolerada, excepcionalmente, quando não houver outro meio de descobrir a verdade e o direito material violado pela prova ilícita tiver valor menor do que o que se pretende proteger com a mesma prova (por exemplo, violação da intimidade para proteger o direito à vida), à luz do princípio da proporcionalidade.

Além disso, a Constituição dá unidade e coerência ao sistema processual, permitindo a adequada delimitação e compreensão de institutos como os precedentes vinculantes, que são resultado de ponderação, feita pelo legislador, entre a isonomia e segurança jurídica, de um lado, e a independência funcional dos juízes e a separação de Poderes, de outro.

5.2. Leis complementares e ordinárias. Leis estaduais

De acordo com o art. 22, I, da CF[17], compete à União, privativamente, legislar sobre direito processual.

Em princípio, as normas processuais devem ser veiculadas por meio de leis ordinárias, já que não há previsão genérica em sentido diferente no texto constitucional.

Assim, caso o legislador edite uma norma processual sob a forma de lei complementar, estar-se-á diante de lei materialmente ordinária (embora formalmente complementar); em consequência, tal lei complementar poderia ser revogada ou modificada, nessa situação, por lei ordinária. É o que acontece, por exemplo, com o art. 46 da Lei Complementar 150/2015[18], que revogou o dispositivo legal que permitia a penhora de bem de família por empregado doméstico.

A lei só será materialmente complementar, no âmbito processual, se houver norma constitucional expressa que exija essa espécie legislativa. É o que acontece com o regime jurídico da magistratura (que envolve inclusive deveres funcionais e processuais dos magistrados), que somente pode ser disciplinado por lei complementar (CF, art. 93).[19]

---

[16] Art. 1º O processo civil será ordenado, disciplinado e interpretado conforme os valores e as normas fundamentais estabelecidos na Constituição da República Federativa do Brasil, observando-se as disposições deste Código.

[17] Art. 22. Compete privativamente à União legislar sobre: I – direito civil, comercial, penal, processual, eleitoral, agrário, marítimo, aeronáutico, espacial e do trabalho.

[18] Art. 46. Revogam-se o inciso I do art. 3º da Lei nº 8.009, de 29 de março de 1990, e a Lei no 5.859, de 11 de dezembro de 1972.

[19] Art. 93. Lei complementar, de iniciativa do Supremo Tribunal Federal, disporá sobre o Estatuto da Magistratura, observados os seguintes princípios: (...).

Vale destacar, ainda, que a legislação processual aplicável na Justiça do Trabalho é unificada nacionalmente, pois, embora o art. 24, XI, da CF[20], admita que os Estados legislem sobre procedimentos em matéria processual, a legislação estadual daí advinda somente se aplica no âmbito dos Tribunais de Justiça, tendo em vista o caráter federal da Especializada.

Ademais, o STF tem feito interpretação restritiva do art. 24, XI, da CF, estabelecendo que a legislação estadual não pode, por exemplo, criar recursos; admite a Suprema Corte, de outro lado, que os Estados membros disponham, mediante lei, sobre protocolo e distribuição de processos.[21]

5.3. Convenções internacionais

Tratados internacionais também podem, validamente, veicular normas processuais. Como exemplo, citem-se o Protocolo de Medidas Cautelares de Ouro Preto (Decreto 2626/1998), editado no âmbito do Mercosul, e também o Pacto de São José da Costa Rica, no que proíbe a prisão do depositário infiel, o que se aplica, segundo a jurisprudência que veio a predominar, inclusive ao depositário judicial.

5.4. Decretos-leis e medidas provisórias

Em decorrência do art. 22, I, da CF, não é possível a veiculação de normas processuais por meio de decretos-leis. Note-se, entretanto, que, no campo do Processo do Trabalho, as principais normas foram estabelecidas pela CLT, que é um decreto-lei. A partir da Constituição de 1988, tais normas passaram a ter o *status* de lei ordinária, tendo sido como tal recepcionadas; no entanto, novos decretos-leis não podem versar sobre matéria processual, seja para criar novos dispositivos legais, seja para modificá-los ou revogá-los.

Da mesma forma, as medidas provisórias não podem versar sobre direito processual (CF, art. 62, § 1º, I, *b*), ressalvada a validade das editadas antes da Emenda Constitucional 32/2001.

5.5. Jurisprudência, súmulas e precedentes vinculantes

Sempre se discutiu se a jurisprudência - manifestação reiterada dos Tribunais sobre determinada matéria - constituiria fonte do direito.

Tradicionalmente, a literatura processual classifica a jurisprudência como fonte subsidiária ou até mesmo material, o que se explica porque as decisões judiciais não teriam caráter de generalidade e abstração, sendo meras respostas jurisdicionais a casos concretos.

---

20 Art. 24. Compete à União, aos Estados e ao Distrito Federal legislar concorrentemente sobre: (...) XI - procedimentos em matéria processual.

21 AI 253.518 AgR, rel. min. Marco Aurélio, j. 9-5-2000, 2ª T, DJ de 18-8-2000. ADI 4.414, rel. min. Luiz Fux, j. 31-5-2012, P, DJE de 17-6-2013.

No Processo do Trabalho, a jurisprudência sempre foi considerada fonte do direito, em virtude do previsto no art. 8º, *caput*, da CLT.[22]

Contudo, o tema merece ser revisitado, à luz das recentes inovações constitucionais e legais atinentes às súmulas (vinculantes e comuns) e aos precedentes obrigatórios.

5.5.1. Súmulas vinculantes

O instituto da Súmula vinculante foi introduzido no ordenamento jurídico pela Emenda Constitucional 45/2004 (Reforma do Judiciário), com o objetivo de evitar a multiplicação de recursos desnecessários, promovendo isonomia e segurança jurídica entre os cidadãos, ao estabelecer a impossibilidade de decisão judicial ou administrativa contrária ao enunciado vinculante.

A natureza jurídica da Súmula vinculante é de fonte formal do direito, ou seja, trata-se de mecanismo de exteriorização do direito positivo. Em suma, verdadeira norma jurídica. Quanto à posição hierárquica, a doutrina especializada sustenta sua equiparação com as emendas constitucionais, porque norma infraconstitucional que disponha contra a Súmula vinculante será inconstitucional, já que o enunciado retrata a interpretação final do STF em matéria constitucional.

Assim, embora o Poder Legislativo, pelo teor do art. 103-A da CF[23], não esteja diretamente vinculado às Súmulas vinculantes, só poderá superá-las através da edição de Emendas Constitucionais. Contudo, note-se que, caso se trate de Súmula que envolva a interpretação de cláusulas pétreas, nem mesmo uma Emenda Constitucional, em tese, poderia superá-la.

Para que não se configure violação ao princípio da separação de Poderes, as Súmulas vinculantes devem observar limites objetivos, quais sejam: (i) devem retratar a jurisprudência reiterada do STF sobre determinada matéria a partir do julgamento de casos concretos que lhe foram submetidos; (ii) só podem ser editadas se houver controvérsia atual entre órgãos judiciários ou entre esses e a administração pública que acarrete grave insegurança jurídica e relevante multiplicação de processos (CF, art. 103-A, § 1º)[24]. Isso se explica porque o Poder Judiciário não tem legitimidade democrática para inovar na ordem jurídica, à luz do princípio da inércia da jurisdição, devendo construir os precedentes a partir da análise de casos concretos submetidos a julgamento.

---

[22] Art. 8º – As autoridades administrativas e a Justiça do Trabalho, na falta de disposições legais ou contratuais, decidirão, conforme o caso, pela jurisprudência, por analogia, por equidade e outros princípios e normas gerais de direito, principalmente do direito do trabalho, e, ainda, de acordo com os usos e costumes, o direito comparado, mas sempre de maneira que nenhum interesse de classe ou particular prevaleça sobre o interesse público.

[23] Art. 103-A. O Supremo Tribunal Federal poderá, de ofício ou por provocação, mediante decisão de dois terços dos seus membros, após reiteradas decisões sobre matéria constitucional, aprovar súmula que, a partir de sua publicação na imprensa oficial, terá efeito vinculante em relação aos demais órgãos do Poder Judiciário e à administração pública direta e indireta, nas esferas federal, estadual e municipal, bem como proceder à sua revisão ou cancelamento, na forma estabelecida em lei.

[24] § 1º A súmula terá por objetivo a validade, a interpretação e a eficácia de normas determinadas, acerca das quais haja controvérsia atual entre órgãos judiciários ou entre esses e a administração pública que acarrete grave insegurança jurídica e relevante multiplicação de processos sobre questão idêntica.

Como toda norma jurídica, a Súmula vinculante precisa ser interpretada. Em alguns casos, o texto do enunciado é unívoco, tal como o da recente Súmula vinculante 53[25], que limita a competência da Justiça do Trabalho para execução previdenciária de parcelas relativas ao objeto da condenação constante das sentenças que proferir e acordos por ela homologados.

Contudo, em outros casos, o enunciado sumular apresenta conteúdo polissêmico, que pode ensejar múltiplas interpretações. Veja-se, por exemplo, a Súmula vinculante 37[26], que estabelece não caber ao Poder Judiciário, que não tem função legislativa, aumentar vencimentos de servidores públicos sob o fundamento de isonomia. Tal verbete se refere à específica situação de extensão de vencimentos ou vantagens a uma categoria ou classe de servidores sem que haja lei específica os prevendo.

Não há qualquer impedimento, por exemplo, a que um empregado de empresa pública pleiteie equiparação salarial com colega que exerça idênticas funções, a teor do art. 461 da CLT.[27] Note-se, no entanto, que a literalidade da Súmula poderia dar margem a essa interpretação impeditiva, pois a equiparação salarial, em última análise, resulta no aumento de vencimento de um servidor celetista, e o fundamento reside justamente no princípio da isonomia.

Assim, as Súmulas vinculantes não amesquinham ou reduzem, de qualquer maneira, a atividade jurisdicional ou a independência funcional do Juiz. Na verdade, a atuação dos magistrados sempre foi limitada por normas jurídicas, tais quais as Súmulas vinculantes. De outro lado, o enquadramento jurídico dos fatos, ou seja, a perquirição da aplicabilidade, ou não, de determinada Súmula ou lei ao caso concreto deve ser feito pelo magistrado sem que se desconsiderem os elementos singulares envolvidos em cada processo.

5.5.2. Súmulas comuns

De acordo com o art. 927, IV, do CPC[28], os juízes observarão os enunciados das súmulas do Supremo Tribunal Federal em matéria constitucional e do Superior Tribunal de Justiça em matéria infraconstitucional.

---

[25] Súmula Vinculante 53. A competência da Justiça do Trabalho prevista no art. 114, VIII, da Constituição Federal alcança a execução de ofício das contribuições previdenciárias relativas ao objeto da condenação constante das sentenças que proferir e acordos por ela homologados.

[26] Súmula Vinculante 37. Não cabe ao Poder Judiciário, que não tem função legislativa, aumentar vencimentos de servidores públicos sob o fundamento de isonomia.

[27] Art. 461. Sendo idêntica a função, a todo trabalho de igual valor, prestado ao mesmo empregador, no mesmo estabelecimento empresarial, corresponderá igual salário, sem distinção de sexo, etnia, nacionalidade ou idade.

[28] Art. 927. Os juízes e os tribunais observarão:

I – as decisões do Supremo Tribunal Federal em controle concentrado de constitucionalidade;

II – os enunciados de súmula vinculante;

III – os acórdãos em incidente de assunção de competência ou de resolução de demandas repetitivas e em julgamento de recursos extraordinário e especial repetitivos;

IV – os enunciados das súmulas do Supremo Tribunal Federal em matéria constitucional e do Superior Tribunal de Justiça em matéria infraconstitucional;

V – a orientação do plenário ou do órgão especial aos quais estiverem vinculados.

Diante do dispositivo, a doutrina controverte: uma vertente interpretativa sustenta que as Súmulas comuns também passam a ter caráter obrigatório, vinculando os órgãos jurisdicionais[29]; outros afirmam que a necessidade de *observância*, mencionada no dispositivo, significa apenas que os magistrados devem respeitar o dever de autorreferência quanto à Súmula, mas sem a necessidade obrigatória de seguir o entendimento nelas consubstanciado.[30]

Para essa última corrente, a força vinculante decorre de norma expressa, como acontece com as Súmulas vinculantes do STF (CF, art. 103-A); com as decisões do STF em controle concentrado de constitucionalidade (CF, art. 102, § 2º)[31]; com o incidente de assunção de competência (CPC, art. 947, § 3º)[32]; com o incidente de resolução de demandas repetitivas (CPC, art. 985, *caput*)[33]; e com os recursos repetitivos (CPC, art. 1040, *caput*)[34]. No caso das Súmulas comuns, não haveria dispositivo expresso prevendo a eficácia vinculante.

O tema será analisado detalhadamente no Capítulo XXIV, cabendo adiantar, entretanto, que a principiologia do Novo Código de Processo Civil contém grande preocupação com a racionalização do sistema judiciário e com a uniformização das decisões dos Tribunais.

Assim, deve-se considerar que as Súmulas comuns também são de observância obrigatória pelos juízes e Tribunais hierarquicamente inferiores, constituindo, portanto, fontes formais do Direito.

---

29 DIDIER, *Curso*, v. 2, p. 477.

30 CÂMARA, *O Novo Processo Civil Brasileiro*, p. 437.

31 § 2º As decisões definitivas de mérito, proferidas pelo Supremo Tribunal Federal, nas ações diretas de inconstitucionalidade e nas ações declaratórias de constitucionalidade, produzirão eficácia contra todos e efeito vinculante, relativamente aos demais órgãos do Poder Judiciário e à administração pública direta e indireta, nas esferas federal, estadual e municipal.

32 § 3º O acórdão proferido em assunção de competência vinculará todos os juízes e órgãos fracionários, exceto se houver revisão de tese.

33 Art. 985. Julgado o incidente, a tese jurídica será aplicada:

I – a todos os processos individuais ou coletivos que versem sobre idêntica questão de direito e que tramitem na área de jurisdição do respectivo tribunal, inclusive àqueles que tramitem nos juizados especiais do respectivo Estado ou região;

II – aos casos futuros que versem idêntica questão de direito e que venham a tramitar no território de competência do tribunal, salvo revisão na forma do art. 986.

34 Art. 1.040. Publicado o acórdão paradigma:

I – o presidente ou o vice-presidente do tribunal de origem negará seguimento aos recursos especiais ou extraordinários sobrestados na origem, se o acórdão recorrido coincidir com a orientação do tribunal superior;

II – o órgão que proferiu o acórdão recorrido, na origem, reexaminará o processo de competência originária, a remessa necessária ou o recurso anteriormente julgado, se o acórdão recorrido contrariar a orientação do tribunal superior;

III – os processos suspensos em primeiro e segundo graus de jurisdição retomarão o curso para julgamento e aplicação da tese firmada pelo tribunal superior;

IV – se os recursos versarem sobre questão relativa a prestação de serviço público objeto de concessão, permissão ou autorização, o resultado do julgamento será comunicado ao órgão, ao ente ou à agência reguladora competente para fiscalização da efetiva aplicação, por parte dos entes sujeitos a regulação, da tese adotada.

Apesar do caráter vinculante das súmulas comuns, há diferenças entre estas e as súmulas vinculantes: as primeiras não permitem o manejo de reclamação (CPC, art. 988, III e IV)[35] e não vinculam a Administração Pública, ao contrário das Súmulas Vinculantes.

5.5.3. Precedentes

Precedente é qualquer decisão judicial que possa ser usada como base na fundamentação de outra.

Quando se fala em precedente, está-se referindo a uma única decisão judicial. Havendo reiteração de decisões no mesmo sentido (= reiteração de precedentes), diz-se que foi firmada jurisprudência sobre o tema.

Jurisprudência, portanto, é o conjunto de decisões que refletem o posicionamento de determinado órgão jurisdicional.

No direito processual civil e trabalhista, atualmente, há decisões judiciais que – desde que observados os requisitos legais – vinculam os órgãos jurisdicionais hierarquicamente inferiores, e também, em certa medida, o próprio órgão prolator da decisão.

É o que acontece, por exemplo, com as decisões tomadas por força dos incidentes de assunção de competência e de resolução de demandas repetitivas, bem assim quando deflagrada a sistemática dos recursos repetitivos (CPC, art. 927, III). Da mesma forma, quando a decisão provier do Plenário ou do Órgão Especial, há vinculação de todos os magistrados da respectiva Corte (CPC, art. 927, V).

Toda decisão judicial contém duas normas jurídicas: uma individual, contida no dispositivo; e outra geral, extraída da fundamentação (*ratio decidendi* ou razão de decidir), e que pode ser aplicada para qualquer outro caso análogo.

Exemplificando: suponha-se que o empregador haja feito o depósito bancário das verbas rescisórias de trabalhador, dentro do prazo legal, mas a homologação da rescisão não haja observado o prazo previsto no art. 477, § 6º, da CLT. Caso o Tribunal entenda que a multa prevista no art. 477, § 8º, não incide nesse caso, pois se trata de norma punitiva, que deve ser interpretada estritamente, o pedido de aplicação da multa será julgado improcedente. Essa é a norma jurídica individual do caso concreto: a parcela não é devida. Contudo, a fundamentação da decisão contém um preceito: não é devida a multa do art. 477, § 8º, caso a homologação da rescisão seja intempestiva, mas o pagamento seja feito dentro do prazo legal.

O precedente é justamente essa norma jurídica geral, que será aplicável a todos os casos posteriores que contenham a mesma questão de direito.

---

35 Art. 988. Caberá reclamação da parte interessada ou do Ministério Público para: (...)

III – garantir a observância de enunciado de súmula vinculante e de decisão do Supremo Tribunal Federal em controle concentrado de constitucionalidade;

IV – garantir a observância de acórdão proferido em julgamento de incidente de resolução de demandas repetitivas ou de incidente de assunção de competência.

O exemplo dado mostra a importância do papel do Judiciário na aplicação da lei, havendo margem para o chamado *construtivismo judicial*, ou seja, construção da norma pelo Juiz. Sendo de aplicação controvertida os dispositivos legais, em função de sua ambiguidade e abertura semântica, é inegável a função criativa do Juiz na definição da norma aplicável ao caso concreto.

Nesse contexto, os precedentes obrigatórios passam a ostentar o caráter de fontes formais do Direito, no âmbito do Processo do Trabalho e do Processo Civil. Perceba-se que se trata de fontes formais atípicas, *sui generis*, as quais não se enquadram na tradicional pirâmide *kelseniana*: não é dado, em princípio, a um juiz hierarquicamente inferior ao tribunal que editou o precedente exercer controle de legalidade, convencionalidade ou constitucionalidade da *ratio decidendi*. Pensar contrariamente comprometeria a lógica do sistema de precedentes obrigatórios. A menos que seja o caso de distinção ou superação do precedente, o juiz deve observá-lo e segui-lo, ainda que lhe pareça equivocada, ilegal ou inconstitucional a interpretação nele consubstanciada pelo tribunal.[36]

5.6. Doutrina

A doutrina consiste na exposição sistemática dos estudiosos acerca do Direito. Jamais pode ser considerada, portanto, como fonte formal, pois não vincula os cidadãos, e tampouco o Estado-Juiz. Contudo, é inegável o papel da doutrina, seja na interpretação, seja na crítica do direito positivo, com a proposição de soluções para o intérprete e para o legislador. Nesse contexto, pode ser considerada como fonte indireta do Direito, já que orienta o trabalho do legislador.[37]

5.7. Negócio jurídico processual

O princípio constitucional da liberdade (CF, art. 3º, I)[38] dá sustentação ao princípio da autonomia privada, por força do qual os cidadãos podem estabelecer as regras que regerão seu próprio comportamento - respeitados os limites da ordem pública e das normas cogentes estatais.

Surge, assim, a figura do negócio jurídico, conceituado como manifestação de vontade humana com objetivo de produzir efeitos jurídicos que o (s) agente (s) pretende(m) e o direito reconhece.

Muito se discutia sobre a possibilidade de celebração de negócios jurídicos no âmbito processual. Contrariamente, argumentava-se no sentido de que a relação jurídica processual é de caráter público, envolvendo o exercício de autoridade estatal, razão por que não poderia ficar sujeita à livre disponibilidade das partes por meio de negócios jurídicos.

36 Sobre o tema, mais amplamente, ver Capítulo XXIV.

37 NADER, *Introdução*, p. 178.

38 Art. 3º Constituem objetivos fundamentais da República Federativa do Brasil: I – construir uma sociedade livre, justa e solidária (...).

Contudo, desde o CPC de 1973, era permitida a figura do negócio processual, ao menos quanto à convenção sobre ônus da prova (CPC/73, art. 333, parágrafo único). Além disso, a doutrina já admitia a figura do negócio jurídico processual, por exemplo na convenção das partes para a suspensão do processo.

O CPC/2015 positivou expressamente a cláusula geral da negociação jurídica processual, no art. 190[39], o que retrata a tendência atual de prestígio da autonomia da vontade das partes litigantes e do consequente afastamento do modelo inquisitorial de processo, no qual havia absoluta supremacia da vontade do Estado-Juiz.

Inegavelmente, cabe ao Judiciário o controle da validade das convenções processuais, recusando sua eficácia em casos de nulidade ou de manifesta vulnerabilidade de uma das partes. Contudo, em princípio, deve ser valorizada a liberdade e autonomia das partes, que são os verdadeiros *senhores* do litígio, presumindo-se sua autorresponsabilidade na condução de sua atividade processual.

Haverá nulidade da convenção ou negócio jurídico processual quando se referir a questões de ordem pública. Exemplificando, as partes não podem modificar competência absoluta, suprimir a primeira instância, excluir a intervenção do Ministério Público ou ampliar o prazo para sustentação oral[40], pois há interesse público na condução dessas questões.

Além disso, a validade do negócio jurídico processual deve ser avaliada criteriosamente pelo Juiz do Trabalho, que lhe recusará aplicação quando uma das partes estiver em situação de vulnerabilidade. Isso pode ocorrer mais comumente no tocante ao trabalhador, mas também pode se verificar no que tange ao empregador: basta pensar na hipótese em que este compareça desassistido de advogado. Nesta situação, pode configurar-se hipossuficiência técnica, a justificar a invalidação da convenção pelo magistrado.

Note-se que o Tribunal Superior do Trabalho, por meio da Instrução Normativa 39/2016, posicionou-se no sentido de que o art. 190 do Novo CPC não se aplicaria no processo do trabalho. Contudo, tal posicionamento não é vinculante e precisa ser amadurecido.

Deveras, a figura do negócio jurídico processual democratiza o processo judicial, permitindo que os cidadãos participem mais ativamente da atividade que culminará com a decisão, o que se harmoniza com os princípios da cooperação (CPC, art. 6º)[41] e do devido processo legal, rompendo-se com o dogma de supremacia estatal absoluta

---

[39] Art. 190. Versando o processo sobre direitos que admitam autocomposição, é lícito às partes plenamente capazes estipular mudanças no procedimento para ajustá-lo às especificidades da causa e convencionar sobre os seus ônus, poderes, faculdades e deveres processuais, antes ou durante o processo.

Parágrafo único. De ofício ou a requerimento, o juiz controlará a validade das convenções previstas neste artigo, recusando-lhes aplicação somente nos casos de nulidade ou de inserção abusiva em contrato de adesão ou em que alguma parte se encontre em manifesta situação de vulnerabilidade.

[40] Em sentido contrário, admitindo a ampliação do tempo de sustentação oral, o enunciado 21 do Fórum Permanente de Processualistas Civis.

[41] Art. 6º Todos os sujeitos do processo devem cooperar entre si para que se obtenha, em tempo razoável, decisão de mérito justa e efetiva.

na condução do processo. Ademais, conforme já analisado, em caso de abuso de direito pelos litigantes, o Judiciário pode e deve controlar a validade da negociação.

O calendário processual (CPC, art. 191)[42] é outra espécie de negócio jurídico processual, cuja aplicação ao processo do trabalho é admitida pela IN 39/2016 do TST. Por força dele, as partes, em conjunto com o Juiz, fixam prazo para a prática de atos processuais. A grande vantagem desse instituto é a desnecessidade de intimações quanto aos atos estabelecidos no calendário, o que consona com o princípio da economia processual.

5.8. Regimentos Internos dos Tribunais

Os regimentos internos também são fontes formais do Direito Processual, pois estabelecem normas sobre a competência e funcionamento dos órgãos jurisdicionais dos Tribunais. Os regimentos, contudo, devem observar as normas de processo e as garantias processuais das partes (CF, art. 96, I, *a*).[43]

É o regimento que deve prever, por exemplo, os pressupostos para a edição de Súmulas pelos Tribunais (CPC, art. 926, § 1º), bem como os critérios para distribuição de processos (CPC, art. 930) e poderes do relator (CPC, art. 932, VIII), temas inegavelmente processuais.

Observe-se, ainda, que, apesar da natureza de fonte formal, o regimento não se equipara à lei em sentido formal. Assim, não cabe recurso de revista (CLT, art. 896) ou recurso especial (CF, art. 105, III) por violação a normas regimentais.

5.9. Costume. O *protesto* em audiência

O costume, para configurar-se como fonte formal do direito, exige dos requisitos: (i) objetivo, que é a reiteração de determinada conduta no meio social, por período considerável de tempo; (ii) subjetivo, que é a convicção existente no meio social acerca do caráter obrigatório da prática (*opinio juris vel necessitatis*).

Embora a literatura processual geralmente não dê muita importância ao costume, nada impede que ele seja fonte do direito processual.[44]

---

[42] Art. 191. De comum acordo, o juiz e as partes podem fixar calendário para a prática dos atos processuais, quando for o caso.

§ 1º O calendário vincula as partes e o juiz, e os prazos nele previstos somente serão modificados em casos excepcionais, devidamente justificados.

§ 2º Dispensa-se a intimação das partes para a prática de ato processual ou a realização de audiência cujas datas tiverem sido designadas no calendário.

[43] Art. 96. Compete privativamente:

I – aos tribunais:

a) eleger seus órgãos diretivos e elaborar seus regimentos internos, com observância das normas de processo e das garantias processuais das partes, dispondo sobre a competência e o funcionamento dos respectivos órgãos jurisdicionais e administrativos (...).

[44] MALTA, Christóvão Piragibe Tostes. *Prática do Processo Trabalhista.* 31ª ed, revista e atualizada. São Paulo: LTR, 2002, p. 81.

O costume processual pode ser *secundum legem*, quando se trata de praxe forense correspondente à lei. Para alguns, não se trata verdadeiramente de costume, mas de mera aplicação da legislação. Como exemplo, tem-se a concessão da gratuidade de justiça ao empregado que afirme insuficiência de recursos.

Já o costume *praeter legem* é o que se aplica na hipótese de lacuna da lei, sendo admitido pelo art. 4º da LINDB.[45] Um exemplo, no Processo Civil, é o costume judicial que admite que haja, nas petições iniciais e nas contestações, um *protesto genérico* por provas, apesar do teor do art. 319, VI, do CPC[46]. Como a lei não é expressa no sentido de exigir a indicação exata das provas a serem utilizadas, o costume firmou-se no sentido de ser possível a especificação das provas na fase de saneamento do processo. Outro exemplo é o fato de o reclamante tomar assento, em audiência, à esquerda do Juiz do Trabalho, e o reclamado, à direita.

Por fim, o costume *contra legem* é o que se caracteriza por violar uma norma jurídica. Não pode ser reconhecida a validade dessa espécie de costume, pois a lei não é revogada em função de seu desuso. Um exemplo lamentável é o da decisão judicial que defere ou indefere requerimento de tutela provisória de forma genérica, sob o único fundamento de que estão presentes ou ausentes os requisitos legais (o que sempre foi vedado pelo art. 93, IX, da CF, e atualmente é expressamente proscrito pelo art. 489, § 1º, III).[47]

Exemplo controverso é a figura do protesto em audiência, que não conta com expressa previsão legal. Há, inegavelmente, praxe generalizada na Justiça do Trabalho, no sentido de que a parte proteste oralmente, em audiência, contra as decisões que lhe forem desfavoráveis.

Não havendo previsão legal expressa da figura, discute-se se há, ou não, preclusão no caso de a parte não protestar. Embora a doutrina não trabalhe habitualmente com a questão analisando-a sob esse prisma, trata-se de saber se tal costume é *praeter legem* ou *contra legem*.

A vertente que sustenta haver preclusão em caso de ausência de protesto – entendimento prevalecente no TST[48] – defende, implicitamente, que o costume é *praeter legem*, por consistir em suplementação do art. 795 da CLT.[49] Esse dispositivo estabelece que as nulidades somente serão declaradas se as partes as arguirem na primeira vez em que tiverem de falar em audiência ou nos autos. Veja-se que o texto

45 Art. 4º Quando a lei for omissa, o juiz decidirá o caso de acordo com a analogia, os costumes e os princípios gerais de direito.

46 Art. 319. A petição inicial indicará: VI – as provas com que o autor pretende demonstrar a verdade dos fatos alegados (...).

47 § 1º Não se considera fundamentada qualquer decisão judicial, seja ela interlocutória, sentença ou acórdão, que: (...) III – invocar motivos que se prestariam a justificar qualquer outra decisão.

48 RR – 58-87.2011.5.09.0245 Data de Julgamento: 05/10/2016, Relator Ministro: Luiz Philippe Vieira de Mello Filho, 7ª Turma, Data de Publicação: DEJT 07/10/2016. Processo: RR – 464000-05.2009.5.12.0022 Data de Julgamento: 26/04/2016, Relatora Ministra: Delaíde Miranda Arantes, 2ª Turma, Data de Publicação: DEJT 29/04/2016.

49 Art. 795 – As nulidades não serão declaradas senão mediante provocação das partes, as quais deverão argui-las à primeira vez em que tiverem de falar em audiência ou nos autos.

legal não cria a figura do protesto, e tampouco o exige no que tange às decisões interlocutórias em geral, já que se limita às *nulidades*.

Outra corrente sustenta tratar-se de costume *contra legem*, já que o art. 893, § 1º, da CLT[50], estipula que a apreciação do merecimento das decisões interlocutórias somente será feita em recursos contra a decisão definitiva.

Deveras, se a parte não pode recorrer contra a decisão interlocutória, não faz sentido falar em preclusão - que, por sinal, não é cominada expressamente pelo art. 795 da CLT. Sob outro enfoque, as nulidades absolutas (como são a maioria daquelas que contaminam as interlocutórias tomadas em audiência, como o indeferimento de provas) não se sujeitam à preclusão e podem ser conhecidas inclusive de ofício.

Assim, conclui-se que a figura do protesto consiste em costume *contra legem*, devendo ser admitido o recurso ordinário mesmo que o interessado não haja "protestado" em audiência.

5.10. Hierarquia e conflitos entre as fontes

A Constituição está no ápice das fontes do Direito Processual; caso qualquer outra norma jurídica a contrarie, será inválida (inconstitucional).

Não há, em princípio, como já visto, hierarquia entre lei complementar e lei ordinária em matéria processual. O mesmo se dá com outras espécies legislativas, como decretos-leis, que hajam sido recepcionados com status de lei ordinária pela CF/1988.

O conflito entre normas deve ser resolvido por meio da utilização dos critérios clássicos da cronologia (*lex posterior derogat priori*), da especialidade (*lex specialis derogat generalis*) e da hierarquia.

Entretanto, merece aprofundamento o tema da posição hierárquica dos tratados internacionais.

O posicionamento tradicional do Supremo Tribunal Federal, desde o julgamento do recurso extraordinário nº 80.004 (Rel. Min. Xavier de Albuquerque), sempre foi no sentido da paridade normativa entre os tratados internacionais e o direito interno. Assim, conflito entre ambos deveria ser solucionado pelos métodos expostos acima.

Contudo, prevaleceu no STF a teoria da supralegalidade dos tratados sobre direitos humanos, a significar que se situam abaixo da Constituição, mas acima da legislação ordinária. Daí resulta, na dicção do Supremo, não a revogação ou inconstitucionalidade das leis ordinárias contrárias aos tratados, mas mera "paralisação de sua eficácia". Noutras palavras, tal legislação poderia voltar a vigorar se e quando o tratado internacional fosse denunciado. Isso gera o fenômeno do controle de convencionalidade, que já vinha sendo adotado pela Corte Europeia de Direitos Humanos, e consiste no exame da compatibilidade entre o direito interno e o tratado internacional que verse sobre direitos humanos.

---

[50] § 1º – Os incidentes do processo são resolvidos pelo próprio Juízo ou Tribunal, admitindo-se a apreciação do merecimento das decisões interlocutórias somente em recursos da decisão definitiva.

É o que sucede, por exemplo, com o Pacto de São José da Costa Rica, no que proíbe a prisão do depositário infiel. A norma internacional, por versar sobre direito humano, está acima da legislação infraconstitucional, mas abaixo da Constituição.

Ademais, as convenções sobre direitos humanos podem ser submetidas ao procedimento do art. 5°, § 3°, da CF[51], e, nesta hipótese, terão *status* de emenda constitucional.

Caso o tratado internacional em matéria processual não verse sobre direitos humanos, seu status será equivalente ao da legislação ordinária. É o que ocorre, por exemplo, com o Protocolo de Medidas Cautelares de Ouro Preto (Decreto 2626/1998).

Vale destacar, por fim, que os conflitos entre princípios constitucionais do processo devem ser solucionados à luz do princípio da proporcionalidade, devendo o juiz justificar o objeto e os critérios gerais da ponderação efetuada, enunciando as razões que autorizam a interferência na norma afastada (CPC, art. 489, § 2º).[52]

6. INTERPRETAÇÃO E INTEGRAÇÃO DO DIREITO PROCESSUAL DO TRABALHO

Interpretar o ordenamento jurídico é definir o sentido e o alcance de um enunciado normativo.

Atualmente, na filosofia do direito, prevalece o entendimento de que o texto legal (= enunciado normativo) é apenas o ponto de partida do operador do direito, que, a partir da interpretação, constrói a norma jurídica aplicável ao caso concreto. Noutras palavras: toda norma é sempre o ponto culminante de um processo interpretativo.

Em decisões judiciais, como já visto, há sempre duas normas jurídicas construídas pelo magistrado a partir da interpretação dos enunciados normativos: a individual (solução do caso concreto), contida no dispositivo; e a geral (*ratio decidendi*), que pode ser aplicada em casos análogos.

Era afirmação corrente em doutrina que, quando a lei fosse clara, não haveria espaço para interpretação (*in claris cessat interpratio*). Atualmente, entretanto, tal ideia não tem sido prestigiada, porque a noção de *clareza* é ambígua: o que é claro para um, pode não ser para outro. Além disso, até mesmo para se dizer que um enunciado é claro, é pressuposto lógico que haja sido interpretado.

Tampouco se pode dizer que a interpretação deve cessar quando a literalidade do texto for clara. Além da necessidade de preservar a organicidade do sistema processual, toda a sua interpretação deve ser feita sob o filtro da Constituição. Assim, por mais claro que seja um dispositivo legal, o intérprete deve seguir adiante

---

51 § 3º Os tratados e convenções internacionais sobre direitos humanos que forem aprovados, em cada Casa do Congresso Nacional, em dois turnos, por três quintos dos votos dos respectivos membros, serão equivalentes às emendas constitucionais.

52 § 2º No caso de colisão entre normas, o juiz deve justificar o objeto e os critérios gerais da ponderação efetuada, enunciando as razões que autorizam a interferência na norma afastada e as premissas fáticas que fundamentam a conclusão.

na sua tarefa de construir a norma do caso concreto, fazendo o respectivo cotejo com o regramento constitucional e com a integralidade do ordenamento processual.

Os métodos clássicos de interpretação do direito processual são: (i) gramatical, que busca o sentido literal extraível do texto normativo; (ii) lógico-sistemático, que insere o enunciado normativo na totalidade do ordenamento jurídico, evitando incongruências e permitindo a sistemacidade das normas jurídicas; (iii) teleológico, por força do qual se perquire o objetivo de determinado dispositivo; (iv) histórico, baseado no processo social e legislativo que culminou na edição do ato normativo.

Quanto aos seus resultados, a interpretação diz-se: (i) declarativa, quando o intérprete conclui que a lei disse exatamente o que legislador pretendia dizer; (ii) ampliativa, quando o intérprete percebe que a lei disse menos do que o legislador pretendia; e (iii) restritiva, quando se infere que a lei disse mais do que era pretendido pelo legislador.

Exemplo de interpretação ampliativa: o rol de títulos extrajudiciais, previsto no art. 876 da CLT[53], é incompleto, pois não prevê outros títulos, como a certidão de dívida ativa relacionada a multas aplicadas pela fiscalização do trabalho. Exemplo de interpretação restritiva: o art. 878 da CLT[54] deve ser compreendido no sentido de que a execução de ofício será possível quando o exequente estiver desassistido (exercendo o *jus postulandi*), sendo desnecessário que o executado também o esteja, pois é evidente que o objetivo da lei é exigir a iniciativa do advogado do exequente, profissional do direito devidamente habilitado.

Sucede que a vida social é muito dinâmica, sendo inviável que o direito positivo regule todas as situações jurídicas (inclusive as processuais). A lei pode ser lacunosa, mas o Direito não o é, em virtude da previsão dos métodos de integração, que permitem que o operador do Direito suplante as omissões legais.

De acordo com o art. 4º da LINDB, em caso de omissão da lei, o Juiz deve valer-se da analogia, dos costumes e dos princípios gerais de direito.

É questionável, atualmente, apesar da dicção legal, que se considerem os princípios de direito como mera fonte subsidiária, sobretudo na esfera processual, em que diversos princípios são previstos na Constituição. É pacífico atualmente que os princípios constitucionais têm eficácia normativa direta, ou seja, podem incidir diretamente no caso concreto, independentemente de intermediação legislativa e até mesmo apesar desta. Assim, os princípios são fontes imediatas do direito, e não apenas subsidiária.

Os costumes são considerados fontes formais subsidiárias, conforme já analisado.

Já a analogia consiste na aplicação, a uma situação não prevista pela norma jurídica, de outra norma que regula situação similar àquela não regulada. É concretização

[53] Art. 876. As decisões passadas em julgado ou das quais não tenha havido recurso com efeito suspensivo; os acordos, quando não cumpridos; os termos de ajuste de conduta firmados perante o Ministério Público do Trabalho e os termos de conciliação firmados perante as Comissões de Conciliação Prévia serão executados pela forma estabelecida neste Capítulo.

[54] Art. 878. A execução será promovida pelas partes, permitida a execução de ofício pelo juiz ou pelo Presidente do Tribunal apenas nos casos em que as partes não estiverem representadas por advogado.

do brocardo latino *ubi eadem ratio, ibi eadem dispositio* ("onde há a mesma razão, há a mesma lei"). Esse é o conceito tradicional de analogia (analogia legal ou *legis*).

A literatura jurídica também aponta outra forma de analogia: a jurídica ou *juris*. Nesta, não se aplica um dispositivo legal específico à situação não prevista, mas se busca, por meio de raciocínio indutivo, desvendar a orientação geral contida no sistema normativo, o que permite formular um princípio que regerá o caso concreto não regulado pela lei.

Um exemplo de analogia no processo do trabalho é a necessidade de observância, pelos Juízes e Tribunais do Trabalho, aos entendimentos contidos nas Súmulas do TST. Note-se que o art. 927, IV, do CPC, refere-se apenas aos enunciados das súmulas do Supremo Tribunal Federal em matéria constitucional e do Superior Tribunal de Justiça em matéria infraconstitucional. Contudo, apesar de não regulamentada pelo dispositivo, as mesmas razões que o fundamentam justificam a analogia ora proposta.

7. LACUNAS DO PROCESSO DO TRABALHO E APLICAÇÃO DO DIREITO PROCESSUAL COMUM. SUBSIDIARIEDADE E SUPLETIVIDADE

No Processo do Trabalho, o art. 769 da CLT estipula a aplicação subsidiária do Direito Processual Comum (direito processual penal ou civil), desde que haja omissão da legislação processual trabalhista e compatibilidade com os respectivos princípios. Especificamente na fase de execução, o art. 889 determina deva ser aplicado preferencialmente, em caso de omissão da CLT, o regramento da Lei de Execuções Fiscais (Lei nº 6.830/80) e, apenas em seguida, o Direito Processual Comum.

Apesar da literalidade do dispositivo, a compatibilidade a que se refere o art. 769 não é com as normas da CLT, pois, se houver dispositivo nesta, não há omissão - e, portanto, não se deve recorrer ao CPC. Assim, a incompatibilidade, apta a impedir aplicação do direito processual comum, deve dar-se entre este e um princípio do processo do trabalho (procedimento trabalhista ou norma de organização da Justiça do Trabalho).[55]

Classicamente, omissão era entendida como a ausência de regramento de determinado tema pela CLT e pela legislação processual trabalhista extravagante, como, por exemplo, o instituto da intervenção de terceiros, o princípio da eventualidade da contestação etc.

Contudo, mais recentemente surgiu tese na doutrina (sufragada por segmento da jurisprudência trabalhista), cujo foco central é a maior efetividade do processo, buscando-se a importação de institutos do processo comum mesmo que haja regulamentação do tema na CLT.

De acordo com tal vertente, as lacunas da legislação processual trabalhista podem ser: (i) normativas, quando inexiste regramento do tema na CLT; (ii) ontológicas, que ocorreriam em função do ancilosamento de disposição existente na CLT. Seria o caso em que há norma no processo do trabalho, mas em descompasso com

[55] MALTA, *op. cit.*, p. 85.

a realidade fática e jurídica atual; (iii) axiológicas, associadas a resultados injustos ou insatisfatórios, embora haja regulamentação do tema na legislação trabalhista.

Destaque-se que a jurisprudência do Tribunal Superior do Trabalho tem sido refratária à tese das lacunas axiológicas no processo de execução. Assim, a Corte vem recusando a aplicação de dispositivos como os arts. 523, § 1º, e 520, IV, do CPC/2015[56], sob o fundamento de que a CLT contém regramento específico sobre o tema, prevendo que a consequência do não pagamento do crédito exequendo é a expedição do mandado de penhora e avaliação (art. 880), bem como que a execução provisória só pode prosseguir até a penhora de bens (art. 899).

Contudo, quanto às lacunas ontológicas, o seu reconhecimento é uma necessidade lógico-jurídica em algumas situações. Isso vem sendo reconhecido pelos Tribunais, mesmo que implicitamente e sem menção à nova teoria das lacunas.

Como exemplo, veja-se o procedimento da exceção de suspeição, regulado no art. 802, *caput* e § 1º da CLT[57], o qual prevê a competência da própria Junta de Conciliação e Julgamento para apreciação, no prazo de 48 horas. Após a Emenda Constitucional 24/99, não há como sustentar a aplicabilidade do art. 802 da CLT, já que o Juiz singular não pode, logicamente, apreciar a própria suspeição ou impedimento.

Portanto, quem deve apreciar a exceção de impedimento ou suspeição é o Tribunal Regional do Trabalho (podendo ser a Turma, alguma Seção, o Órgão Especial ou o Pleno, à luz do que dispuser o Regimento Interno).

No entanto, vê-se que o art. 802 da CLT continua formalmente em vigor. Daí se conclui que não há lacuna normativa, nos moldes classicamente propostos pela doutrina, e que autorizaria a aplicação subsidiária do CPC (conforme art. 769 da CLT). Está-se diante de lacuna ontológica, ou seja, a norma celetista existe, mas não se harmoniza mais com o estado de fato e de direito atual; noutras palavras, a norma existente está desatualizada.

Noutro giro, o art. 15 do CPC[58] prevê a aplicabilidade subsidiária e supletiva do Código no processo do trabalho. É praticamente unânime o entendimento de que tal dispositivo não revogou o art. 769 da CLT, em função do princípio da especialidade: é imprescindível, portanto, para que seja possível a respectiva aplicação, que a

---

[56] Art. 523, § 1º Não ocorrendo pagamento voluntário no prazo do caput, o débito será acrescido de multa de dez por cento e, também, de honorários de advogado de dez por cento.

Art. 520, IV – o levantamento de depósito em dinheiro e a prática de atos que importem transferência de posse ou alienação de propriedade ou de outro direito real, ou dos quais possa resultar grave dano ao executado, dependem de caução suficiente e idônea, arbitrada de plano pelo juiz e prestada nos próprios autos.

[57] Art. 802 – Apresentada a exceção de suspeição, o juiz ou Tribunal designará audiência dentro de 48 (quarenta e oito) horas, para instrução e julgamento da exceção.

§ 1º – Nas Juntas de Conciliação e Julgamento e nos Tribunais Regionais, julgada procedente a exceção de suspeição, será logo convocado para a mesma audiência ou sessão, ou para a seguinte, o suplente do membro suspeito, o qual continuará a funcionar no feito até decisão final. Proceder-se-á da mesma maneira quando algum dos membros se declarar suspeito.

[58] Art. 15. Na ausência de normas que regulem processos eleitorais, trabalhistas ou administrativos, as disposições deste Código lhes serão aplicadas supletiva e subsidiariamente.

norma do CPC se harmonize com o procedimento trabalhista e com a organização da Justiça do Trabalho.

De outro lado, a literatura processual é claudicante quanto à diferenciação entre aplicação subsidiária e supletiva do CPC. Para alguns autores, aplicação subsidiária significaria integração de legislação diversa para preencher as lacunas e vazios existentes da lei em estudo, enquanto a supletiva (ou complementar) aconteceria quando uma lei completa a outra.[59]

Outros doutrinadores consideram que aplicação supletiva se destina a suprir algo que não existe em determinada legislação, enquanto a subsidiária serve de ajuda ou de subsídio para a interpretação de alguma norma ou instituto.[60]

Na verdade, tal distinção soa artificial, embora sugerida pela própria legislação. É mais interessante abordar o tema sob a perspectiva de que o CPC pode ser aplicado ao processo do trabalho tanto em virtude em um imperativo jurídico, quanto em função de um juízo de conveniência[61], sendo esse o propósito do art. 15 do Código de 2015.

De fato, seria impossível deixar de aplicar algumas regras do CPC ao processo do trabalho, em temas nos quais este é omisso. É o que se dá, por exemplo, com os limites e eficácia da coisa julgada, extensão e profundidade dos recursos, tutela provisória etc. Essas matérias não são reguladas pela CLT, e não há como imaginar que o processo do trabalho não as observe, pois se trata de temas essenciais ao exercício da jurisdição.

De outro lado, há determinados institutos previstos no CPC sem os quais o processo do trabalho continua sendo operacional. Exemplifica-se com a denunciação da lide e com a reconvenção, tendo em vista a possibilidade de ajuizamento de ação de regresso autônoma. Contudo, tendo em vista o aprimoramento por eles propiciado, a doutrina admite a aplicabilidade desses institutos no Processo do Trabalho. Trata-se, portanto, de um juízo de conveniência.

Observe-se, entretanto, que, em qualquer dos casos (imperativo jurídico ou juízo de conveniência), é imprescindível que haja compatibilidade da norma do CPC com o procedimento processual trabalhista.

Assim, por exemplo, não se aplica, ao Processo do Trabalho, o art. 523, § 1º, do CPC (ao prever multa de 10% em caso de não pagamento pelo executado), pois a CLT possui regramento próprio sobre a matéria (arts. 880 e seguintes). Nesse caso, por mais que possa parecer *conveniente* (pois há uma lacuna axiológica e maior efetividade da norma processual civil), é impossível a aplicação do CPC.

---

59 CASSAR, VÓLIA BOMFIM, *in* MARTINS, Sérgio Pinto. *O Novo CPC e o Processo do Trabalho: Estudos e homenagem ao Ministro Walmir Oliveira da Costa.* São Paulo: Atlas, 2016, p. 22.

60 CARNEIRO, Paulo Cezar Pinheiro. *Breves Comentários ao novo Código de Processo Civil,* coordenado por Teresa Arruda Alvim Wambier e outros. São Paulo: Revista dos Tribunais, 2015, p. 94.

61 Essa nomenclatura foi concebida por SALVADOR FRANCO DE LIMA LAURINO, *in* MARTINS, *O Novo CPC, cit.,* p. 15.

8. AUTONOMIA E PIONEIRISMO DO DIREITO PROCESSUAL DO TRABALHO

O processo do trabalho sempre se caracterizou pela busca de efetividade e celeridade. Isso explica, por exemplo, a concentração de atos processuais em audiência una; a tentativa obrigatória de conciliação no início e no final da audiência; a exiguidade dos prazos na execução; tudo com o objetivo de assegurar a rápida solução do litígio e a satisfação do crédito trabalhista.

Sem dúvida, a CLT, quando de sua edição, em 1943, foi bastante vanguardista em suas previsões atinentes ao processo judicial, trazendo diversas características procedimentais desburocratizadas e capazes de agilizar o trâmite do processo, sem prejuízo da ampla defesa e do contraditório.

Como exemplo, veja-se o art. 659, IX[62], que prevê a possibilidade de concessão de liminar em reclamações trabalhistas que visem a tornar sem efeito transferência de empregado. Trata-se do instituto da antecipação de tutela, que somente foi consagrado no Direito Processual Civil muitos anos depois.

Na mesma trilha, o Novo Código de Processo Civil incorporou para o processo comum (apenas no ano de 2015) diversas características marcantes do processo do trabalho, tais como a irrecorribilidade imediata das decisões interlocutórias (embora haja exceções no art. 1.015 do CPC), e a obrigatoriedade de tentativa de conciliação antes do recebimento da defesa.

De outro lado, tendo em vista a parcimônia com que a CLT trata o processo do trabalho, é imperioso o recurso às normas processuais civis no âmbito trabalhista. Não havendo, por exemplo, regulação na CLT quanto à coisa julgada, teoria geral dos recursos, tutela provisória etc., o processualista do trabalho se vale, necessariamente, do regramento do CPC.

Fica evidente, assim, que há uma tendência crescente de aproximação do Direito Processual Civil com o Direito Processual do Trabalho, e vice-versa, o que põe em xeque a suposta autonomia do Processo do Trabalho, sustentada pela doutrina ainda amplamente majoritária.

Os principais argumentos em prol da autonomia do Direito Processual do Trabalho são: existência de princípios e fundamentos diferentes dos aplicáveis no processo civil; existência de uma Justiça Especializada que aplica as normas processuais trabalhistas; objeto próprio de estudo; e vasta bibliografia sobre a matéria.[63]

Na verdade, o processo do trabalho não tem princípios diferentes daqueles que regem o processo civil, havendo apenas pequenas adaptações. Por exemplo, o princípio da oralidade (do qual decorre a concentração de atos em audiência e a irrecorribilidade imediata das interlocutórias) se aplica nos dois ramos, embora haja

[62] Art. 659 – Competem privativamente aos Presidentes das Juntas, além das que lhes forem conferidas neste Título e das decorrentes de seu cargo, as seguintes atribuições: (...) IX – conceder medida liminar, até decisão final do processo em reclamações trabalhistas que visem a tornar sem efeito transferência disciplinada pelos parágrafos do art. 469 desta Consolidação.

[63] SCHIAVI, Mauro. *Manual de Direito Processual do Trabalho.* 3ª ed. São Paulo: LTR, 2010, p. 99.

peculiaridades, pois o Processo Civil, neste caso, admite, ao contrário do Processo do Trabalho, as exceções contidas no art. 1.015 do CPC.

Essa aproximação principiológica fica ainda mais patente diante da constitucionalização do Direito Processual. A filtragem constitucional, assim como a incidência direta de princípios constitucionais nos casos concretos, faz com que haja cada vez mais zonas de interseção entre o Processo Civil e o do Trabalho.

Ademais, o Processo do Trabalho não tem fundamentos próprios. Os institutos básicos do processo, como ação, coisa julgada, jurisdição etc., são os mesmos do Processo Civil.

O fato de haver uma Justiça Especializada também não é suficiente para configurar autonomia do Processo do Trabalho: não se pode definir um fenômeno a partir de suas consequências (a existência de uma Especializada – consequência – estaria definindo a autonomia do processo do trabalho – causa). Trata-se apenas de uma questão de divisão de trabalho entre os diversos órgãos judiciários, os quais podem aplicar as normas oriundas de qualquer ramo do Direito.

Como exemplos, veja-se que a própria Justiça do Trabalho pode aplicar o Direito Civil, sem que se desnature a sua competência.[64] De outro lado, Juiz estadual investido da jurisdição trabalhista aplica o processo do trabalho. Por fim, os Juizados Especiais Cíveis também são órgãos jurisdicionados diferenciados, sem que se cogite de autonomia do Direito Processual que é aplicado em seu âmbito.

Quanto ao objeto de estudo, há uma grande superposição entre os temas do Processo do Trabalho e do Processo Civil, conforme já se demonstrou.

Finalmente, o fato de haver vasta produção bibliográfica sobre determinada disciplina não basta para conferir-lhe autonomia. Pense-se, figurativamente, na temática da responsabilidade civil, que é tratada por grande quantidade de trabalhos doutrinários. Esse fato não a transforma em autônoma em relação ao Direito Civil.

Em suma, apesar de haver peculiaridades procedimentais e principiológicas no Processo do Trabalho, não se trata de ciência autônoma.

9. EFICÁCIA DA LEI PROCESSUAL NO TEMPO

Sobre a eficácia no tempo da legislação processual, há três principais sistemas reconhecidos pela doutrina: (i) teoria da unidade do processo, segundo a qual a lei

64 EMENTA: CONSTITUCIONAL. COMPETÊNCIA JURISDICIONAL. JUSTIÇA DO TRABALHO X JUSTIÇA COMUM. AÇÃO DE INTERDITO PROIBITÓRIO. MOVIMENTO GREVISTA. ACESSO DE FUNCIONÁRIOS E CLIENTES À AGÊNCIA BANCÁRIA: "PIQUETE". ART. 114, INCISO II, DA CONSTITUIÇÃO DA REPÚBLICA. JURISPRUDÊNCIA DO SUPREMO TRIBUNAL FEDERAL. COMPETÊNCIA DA JUSTIÇA DO TRABALHO. 1. "A determinação da competência da Justiça do Trabalho não importa que dependa a solução da lide de questões de direito civil" (Conflito de Jurisdição n. 6.959), bastando que a questão submetida à apreciação judicial decorra da relação de emprego. 2. Ação de interdito proibitório cuja causa de pedir decorre de movimento grevista, ainda que de forma preventiva. 3. O exercício do direito de greve respeita a relação de emprego, pelo que a Emenda Constitucional n. 45/2003 incluiu, expressamente, na competência da Justiça do Trabalho conhecer e julgar as ações dele decorrentes (art. 114, inciso II, da Constituição da República). 4. Recurso extraordinário conhecido e provido para fixar a competência da Justiça do Trabalho. (RE 579648, Relator(a): Min. MENEZES DIREITO, Relator(a) p/ Acórdão: Min. CÁRMEN LÚCIA, Tribunal Pleno, julgado em 10/09/2008, REPERCUSSÃO GERAL – MÉRITO DJe-043 DIVULG 05-03-2009 PUBLIC 06-03-2009 EMENT VOL-02351-08 PP-01534 RTJ VOL-00208-03 PP-01271)

processual aplicável deve ser aquela em vigor quando do ajuizamento da petição inicial; (ii) teoria das fases processuais, que preconiza deva ser aplicada a lei vigente quando do início de cada fase do processo; assim, por exemplo, haveria uma fase postulatória, instrutória, recursal etc., e o aplicador do direito deveria perquirir qual a lei vigente em cada fase; (iii) teoria do isolamento dos atos processuais, a significar que a lei processual se aplica para todos os atos processuais praticados a partir da sua vigência.

As teorias da unidade do processo e a das fases processuais não são satisfatórias, como regra geral, por ser dificultosa a tarefa de verificar, em cada processo, a data do início respectivo ou do de cada fase; comprometem, ainda, desnecessariamente, a identidade procedimental entre os diversos processos em trâmite.

O princípio geral sobre o tema é, portanto, a eficácia imediata da lei processual aos processos pendentes (*tempus regit actum*), respeitados o direito processual adquirido, a coisa julgada e o ato jurídico processual perfeito. Nesse sentido, o art. 1.046, *caput*, do CPC.[65]

Contudo, o próprio legislador pode excepcionar o princípio. É o que ocorre com o art. 1.046, § 1º, do CPC[66], que estipula que o procedimento sumário, no processo civil, apesar de revogado, continuará sendo aplicado para as ações ajuizadas antes da vigência do Novo Código. Aqui, foi aplicada a teoria da unidade do processo.

Há outra importante exceção atinente à temática recursal. Consoante clássica lição doutrinária, a recorribilidade se rege pela lei em vigor na data da decisão.[67] Por data da decisão deve-se entender o dia em que a decisão judicial é publicada (juntada aos autos de processo físico; anexada aos autos de processo eletrônico), o que não se confunde com a intimação da decisão para fins de contagem de prazo recursal. Isso se explica porque, publicada a decisão, a parte adquire o direito processual de recorrer, o qual não pode ser afetado pela nova lei, que não retroage.

Assim, quanto à existência e cabimento do recurso, requisitos de admissibilidade e prazo, aplica-se a lei vigente quando publicada a decisão: por exemplo, se a nova lei suprime um recurso existente quando da publicação da decisão, este continua interponível; criado um novo requisito de admissibilidade, aplica-se apenas às decisões publicadas após a vigência da nova lei. Se a decisão foi publicada sob a vigência da lei antiga, mesmo que o recurso seja interposto sob a vigência da lei nova, a análise dos requisitos de admissibilidade deve ser feita à luz da legislação anterior.

No entanto, quanto ao procedimento recursal, a nova lei se aplica de imediato, nos moldes da regra geral acima exposta.

No Processo do Trabalho, bom exemplo é o da Lei nº 13.015/2014, que alterou a CLT e passou a prever o cabimento de recurso de revista quanto às controvérsias

---

[65] Art. 1.046. Ao entrar em vigor este Código, suas disposições se aplicarão desde logo aos processos pendentes, ficando revogada a Lei no 5.869, de 11 de janeiro de 1973.

[66] § 1º As disposições da Lei no 5.869, de 11 de janeiro de 1973, relativas ao procedimento sumário e aos procedimentos especiais que forem revogadas aplicar-se-ão às ações propostas e não sentenciadas até o início da vigência deste Código.

[67] BARBOSA MOREIRA, José Carlos. *Comentários ao Código de Processo Civil, v.5*, 15ª ed. Rio de Janeiro: Forense, 2009, p. 269.

da fase de execução que envolvam a Certidão Negativa de Débitos Trabalhistas – CNDT (CLT, art. 896, § 10)[68]. Como se trata de uma nova hipótese de cabimento, a alteração somente se aplica para as decisões publicadas após a entrada em vigor da lei.

Já a sistemática dos recursos repetitivos (CLT, art. 896-C)[69], com previsão de sobrestamento de processos, seleção de recursos paradigmas etc., pode ser aplicada mesmo para os recursos de revista interpostos antes da vigência da Lei nº 13.015/2014, por se tratar de tema atinente ao procedimento recursal.

Ainda no tema dos recursos, o TST, aplicando a teoria do isolamento dos atos processuais, tal como exposta nos parágrafos anteriores, definiu que a possibilidade de substituição do depósito recursal por seguro garantia judicial somente é possível com relação a recursos interpostos contra decisões proferidas a partir de 11/11/2017 (data de entrada em vigor da Lei 13.467/2017, que previu essa possibilidade).[70] A nosso ver, entretanto, a teoria do isolamento dos atos processuais não impede a substituição do depósito recursal quanto aos recursos interpostos antes da nova lei; embora não fosse possível quando da interposição do recurso, o oferecimento do seguro garantia judicial se mostra admissível pela lei no momento presente (em que se faz o requerimento), razão pela qual deveria ser aceita a substituição. Apenas faria sentido falar em preservação do ato jurídico perfeito e teoria do isolamento na hipótese inversa, ou seja, se a lei vigente quando da interposição do recurso admitisse o seguro garantia judicial, e a lei posterior suprimisse tal possibilidade, exigindo o depósito em dinheiro: nesse caso, o recurso seria ato jurídico perfeito e a lei nova não poderia alcançá-lo, trazendo novo requisito de admissibilidade não previsto à época da interposição.

Raciocínio similar ao dos recursos se aplica quanto à ação rescisória: a rescindibilidade também se rege pela lei vigente na data do trânsito em julgado. Se a lei cria ou suprime alguma hipótese de rescindibilidade, tal modificação somente afeta decisões que transitarem em julgado após sua entrada em vigor, já que as partes

---

68 § 10. Cabe recurso de revista por violação a lei federal, por divergência jurisprudencial e por ofensa à Constituição Federal nas execuções fiscais e nas controvérsias da fase de execução que envolvam a Certidão Negativa de Débitos Trabalhistas (CNDT), criada pela Lei nº 12.440, de 7 de julho de 2011.

69 Art. 896-C. Quando houver multiplicidade de recursos de revista fundados em idêntica questão de direito, a questão poderá ser afetada à Seção Especializada em Dissídios Individuais ou ao Tribunal Pleno, por decisão da maioria simples de seus membros, mediante requerimento de um dos Ministros que compõem a Seção Especializada, considerando a relevância da matéria ou a existência de entendimentos divergentes entre os Ministros dessa Seção ou das Turmas do Tribunal.

70. Substituição de depósito recursal por seguro garantia judicial. Depósito recursal efetuado antes da vigência da Lei nº 13.467/2017. Ato jurídico perfeito. Impossibilidade de substituição. Princípio geral do "tempus regit actum". Teoria do isolamento dos atos processuais.

A possibilidade de substituição do depósito recursal por seguro garantia judicial foi implementada pela Lei nº 13.467/2017 ao introduzir o § 11 no art. 899 da CLT. Contudo, nos termos da Instrução Normativa nº 41/2018 do TST, a substituição só é possível em relação a recursos interpostos contra decisões proferidas a partir de 11/11/2017. Nesse contexto, em respeito ao princípio do tempus regit actum e à teoria do isolamento dos atos processuais, não há como se aplicar a disciplina do art. 899, § 11, da CLT em ato jurídico perfeito, depósito recursal, concluído antes da vigência da Lei nº 13.467/2017. Sob esses fundamentos, a SBDI-I, por maioria, negou provimento ao agravo. Vencidos os Ministros Douglas Alencar Rodrigues, Breno Medeiros, Alexandre Luiz Ramos, Evandro Pereira Valadão Lopes e a Ministra Dora Maria da Costa. TST-ED-Ag-E-ED-AIRR-11250-51.2016.5.03.0037, SBDI-I, rel. Min. Kátia Magalhães Arruda, julgado em 22/6/2023.

tinham o direito processual adquirido de rescindir a decisão à luz do regramento anterior. O direito de rescindir se adquire com o trânsito em julgado e a lei posterior não pode afetá-lo.

9.1. Reforma Trabalhista e aplicação temporal da nova lei

No Direito Processual Civil e do Trabalho brasileiros, como visto, aplica-se, no tema da eficácia da lei no tempo, a teoria do isolamento dos atos processuais. De acordo com essa teoria, o princípio geral é o de que a lei processual entra em vigor e passa a reger imediatamente todos os atos processuais praticados a partir da sua vigência. Por isso, diz-se que a teoria do isolamento resulta na eficácia imediata da lei processual.

Assim, por exemplo, se uma lei processual entrar em vigor hoje, qualquer ato processual praticado a partir de hoje será regido pela nova lei. Então, a lei processual, em princípio, não retroage.

Dessa forma, a lei processual não pode alcançar um ato processual já praticado (ato jurídico processual perfeito), a coisa julgada e o direito processual adquirido, sob pena de violar a segurança jurídica.

Em outras palavras, é isso o que diz o art. 14 do CPC.[71] A lei processual não retroage e é aplicável, de imediato, aos processos em curso, respeitando sempre as situações jurídicas consolidadas sob a vigência da norma revogada.

Quando o dispositivo menciona *situações jurídicas consolidadas*, o objetivo é a proteção à boa-fé processual objetiva. O Estado deve respeitar a expectativa legítima dos cidadãos de que os atos processuais já praticados e dos quais resulte situação jurídica consolidada sejam conservados.

A lei processual pode modificar um procedimento (e a Lei nº 13.467/2017 modificou muitos aspectos), mas as situações consolidadas devem sempre ser preservadas. Essas são as duas premissas fundamentais do raciocínio do processualista no tema da eficácia temporal dos dispositivos processuais da Reforma: boa-fé e preservação da expectativa legítima dos jurisdicionados.

9.2. Aplicação temporal em temas específicos

O princípio geral enunciado no tópico anterior (eficácia imediata da lei processual) resolve a maioria das situações a respeito da eficácia dos dispositivos da Reforma.

Em seguida, serão analisadas algumas situações específicas, com fins exemplificativos; e, também, alguns temas que certamente gerarão grande controvérsia em doutrina e jurisprudência.

[71] Art. 14. A norma processual não retroagirá e será aplicável imediatamente aos processos em curso, respeitados os atos processuais praticados e as situações jurídicas consolidadas sob a vigência da norma revogada.

9.2.1. Sócio retirante

O art. 10-A da CLT, que prevê a responsabilidade do sócio retirante, desde que a reclamação trabalhista seja ajuizada até 2 (dois) anos após a averbação da modificação do contrato social, é aplicável de imediato aos processos em curso, independentemente da data de ajuizamento da ação. Esse, inclusive, era o entendimento majoritário da jurisprudência antes da Reforma. Não há, portanto, alteração que viole a boa-fé ou a legítima expectativa dos jurisdicionados.

Sob outro enfoque, as normas definidoras de responsabilidade ostentam caráter processual e, por isso, apresentam eficácia imediata.

9.2.2. Arbitragem

A arbitragem poderá ser utilizada, de imediato, tanto nos contratos de trabalho firmados após a vigência da Reforma, quanto naqueles anteriormente celebrados. Tratando-se de método extrajudicial e alternativo de solução de conflitos, não há qualquer óbice à sua imediata utilização, por não haver violação a situações jurídicas consolidadas.

9.2.3. Acordo extrajudicial

O acordo extrajudicial também passará a ser admitido de imediato, mesmo para contratos de trabalho firmados antes da vigência da Reforma.

9.2.4. Prazos

Os prazos, no Processo do Trabalho, passarão a ser contados em dias úteis, assim como já ocorria no âmbito do Direito Processual Civil.

Para os prazos cuja contagem se iniciar após a vigência da Reforma, não há maiores dificuldades: serão integralmente contados em dias úteis.

No entanto, pode surgir dúvida quanto aos prazos cuja contagem se inicie antes, mas se encerre após a entrada em vigor da Reforma. Por exemplo, a parte é intimada da sentença no dia 09/11/2017, e a Reforma entra em vigor em 11/11/2017. O prazo de 8 dias para interposição de recurso ordinário deve ser contado em integralmente em dias corridos ou em dias úteis? Ou em dias corridos até o dia 11 de novembro, e em dias úteis a partir de então?

Embora o tema possa gerar controvérsia, deve-se entender que, uma vez que a parte seja intimada, a contagem do prazo deve ser feita integralmente de acordo com o critério vigente ao tempo da intimação. Isso porque o ato de intimação gera situação jurídica consolidada no que tange à contagem do prazo. De fato, o direito a determinado critério de contagem de prazo surge quando a parte é intimada para praticar o ato processual. A partir daí, há direito adquirido processual, razão por que alterações supervenientes de critérios não podem ser utilizadas, sob pena de causar grande instabilidade.

No exemplo acima tratado, surge mais uma indagação, concernente à isonomia: se o recorrente vai ter o prazo integralmente contado em dias corridos, como fica a contagem do prazo para oferecimento de contrarrazões pelo recorrido?

De fato, a contagem diferenciada de prazo resulta em tratamento desigual dos litigantes. Contudo, trata-se de inevitável decorrência da eficácia imediata da lei processual. O direito ao oferecimento de contrarrazões também surge quando o recorrido é intimado para contrarrazoar; se, neste momento, já estiver vigente a Reforma, o prazo de contrarrazões deve ser contado em dias úteis, ainda que o prazo do recorrente haja sido contado em dias corridos.

Na prática, os Tribunais Regionais do Trabalho suspenderam a contagem de prazos processuais no período imediatamente anterior à vigência da Reforma, o que evita as controvérsias acima mencionadas.

9.2.5. Incompetência territorial

Essa é a situação em que o reclamado pode arguir incompetência territorial no próprio foro que entende competente e, a partir disso, comparecer apenas após a decisão final acerca da alegação de incompetência. Aqui também se terá aplicação imediata, haja vista se tratar de questão meramente procedimental. A dúvida é: o que acontece se a notificação ocorrer antes do dia 11/11/2017, mas a audiência for designada para data posterior?

A data a ser considerada para fins de aplicação da nova redação do art. 800 da CLT é a da notificação do reclamado. Se a notificação ocorrer após a entrada em vigor da Reforma, será aplicável o regramento do novo art. 800 da CLT, que permite a alegação de incompetência territorial sem a necessidade de comparecimento.[72]

De fato, na sistemática anterior à Reforma, o reclamado era citado para comparecimento à audiência inicial, na qual poderia arguir, caso quisesse, a incompetência territorial.

O direito de arguir incompetência territorial por petição escrita, sem necessidade de comparecimento, nos termos da Reforma, surge com a notificação do réu, porque é a partir desse momento que se inicia o prazo de 5 dias a que alude o caput do art. 800. Portanto, se a notificação ocorre antes da entrada em vigor da Reforma, consolida-se a situação jurídica processual consistente na necessidade de comparecimento do réu para arguição da incompetência.

Contudo, também é possível entender-se que, caso a notificação tenha ocorrido antes da entrada em vigor da Reforma, o reclamado poderá arguir a incompetência territorial por petição escrita no prazo de 5 dias a contar da entrada em vigor da Lei nº 13.467/2017. Assim, até o dia 16/11/2017 seria possível suscitar a incompetência por simples petição. Esse entendimento consiste numa espécie de regra de transição, considerando que a mudança no art. 800 da CLT é benéfica ao contraditório.

---

72 O TST adotou expressamente essa interpretação na IN 41/2018: Art. 11. A exceção de incompetência territorial, disciplinada no art. 800 da CLT, é imediatamente aplicável aos processos trabalhistas em curso, desde que o recebimento da notificação seja posterior a 11 de novembro de 2017 (Lei 13.467/2017).

9.2.6. Honorários advocatícios sucumbenciais

Situação que gerará mais controvérsia é a dos honorários advocatícios sucumbenciais. A Reforma Trabalhista (conforme se estudará oportunamente) passou a prever o cabimento dos honorários advocatícios sucumbenciais no Processo do Trabalho. Então, o mero fato de a parte ser vencida já gera, por si só, o direito aos honorários advocatícios para o advogado da parte contrária.

Inicialmente, deve-se diferenciar as reclamações trabalhistas ajuizadas após e antes da vigência da Reforma.

Com relação às reclamações trabalhistas ajuizadas após a vigência da Reforma, não há dúvida: aplicar-se-á a sistemática dos honorários advocatícios sucumbenciais conforme previsto na Lei nº 13.467/2017. Ou seja, condenação do vencido ao pagamento de honorários advocatícios sucumbenciais.

A discussão está nas reclamações trabalhistas ajuizadas antes da vigência da Reforma. Sobre a aplicação intertemporal da nova previsão, vislumbram-se duas possibilidades interpretativas.

Um primeiro entendimento é no sentido de que o momento processual a ser considerado seria o da prolação da sentença, porque a condenação ao pagamento de honorários advocatícios sucumbenciais é feita na sentença. Então, é a sentença que define se haverá ou não o direito aos honorários advocatícios sucumbenciais. Então, esta primeira corrente dirá que a lei processual vigente ao tempo da prolação da sentença é a que rege a situação dos honorários advocatícios sucumbenciais.

Ou seja, tendo a reclamação trabalhista sido ajuizada antes da vigência da Reforma, mas com a sentença prolatada após a vigência da nova lei, já haverá a previsão legal da condenação ao pagamento dos honorários advocatícios sucumbenciais, que seria aplicável de imediato. Isso porque a sentença, nessa ótica, seria um ato processual isolado, perfeito.

Contudo, é preferível levar-se em conta a data em que a reclamação trabalhista foi ajuizada. A data do ajuizamento da reclamação trabalhista é, na verdade, o marco temporal para se deferir ou não os honorários advocatícios sucumbenciais no Processo do Trabalho. Nesse sentido, o TST veio a posicionar-se no art. 6º da Instrução Normativa nº 41/2018.[73]

De fato, o Estado protege a boa-fé e a legítima expectativa dos cidadãos. Trata-se de consectário do princípio constitucional da solidariedade (CF, art. 3º, I); e do princípio da boa-fé processual objetiva, que é positivado no art. 6º do Código de Processo Civil.

Ainda que houvesse o pedido de condenação ao pagamento de honorários advocatícios sucumbenciais na petição inicial e alguns Juízes do Trabalho o deferissem, o posicionamento pacífico, de décadas, consolidado inclusive no âmbito do TST era

[73] Art. 6º Na Justiça do Trabalho, a condenação em honorários advocatícios sucumbenciais, prevista no art. 791-A, e parágrafos, da CLT, será aplicável apenas às ações propostas após 11 de novembro de 2017 (Lei nº 13.467/2017). Nas ações propostas anteriormente, subsistem as diretrizes do art. 14 da Lei nº 5.584/1970 e das Súmulas 219 e 329 do TST.

o de que não cabia, em regra, condenação ao pagamento de honorários advocatícios sucumbenciais nos processos trabalhistas (TST, Súmulas 219 e 329).

Não há dúvidas de que a fixação de honorários advocatícios sucumbenciais é legítima e já devia ser aplicada há muito tempo na Justiça do Trabalho. Contudo, havia uma situação consolidada na jurisprudência em sentido contrário.

Então, se a parte ajuizou uma reclamação trabalhista antes da vigência da Reforma – quando não havia a previsão legal da condenação ao pagamento de honorários advocatícios sucumbenciais no Processo do Trabalho –, ela não tinha a expectativa de ser condenada ao pagamento de honorários sucumbenciais, caso fosse vencida. Quanto ao reclamado, quando se defendeu em uma reclamação trabalhista ajuizada antes da vigência da Reforma, também não tinha expectativa de ser condenado ao pagamento de honorários advocatícios sucumbenciais.

Portanto, ainda que algumas petições iniciais fizessem o pedido de condenação ao pagamento de honorários sucumbenciais, não havia expectativa legítima de sentença de procedência neste aspecto. Ao contrário, era de se esperar a rejeição da postulação.

A avaliação de riscos do processo é feita em cenário que tem uma situação jurídica consolidada, uma lei processual vigente, uma jurisprudência consolidada. Então, não se pode surpreender a parte criando um direito ou uma obrigação que não existia no cenário anterior.

Perceba-se que o tema dos honorários advocatícios sucumbenciais está na fronteira entre o direito material e o direito processual.

Sem dúvida, o tema da fixação dos honorários advocatícios sucumbenciais é processual, regulamentado pelo CPC. Porém, os honorários advocatícios sucumbenciais são direito autônomo do advogado. Quando há deferimento de honorários sucumbenciais, o advogado passa a ter um direito diferente do direito do seu cliente.

Assim, não se pode dizer, pura e simplesmente, que seria aplicável a teoria do isolamento dos atos processuais; caso se faça isso, surpreende-se a parte com uma obrigação que ela não tinha como prever quando a reclamação trabalhista foi ajuizada.

Pouco importa, ainda, que a ação tenha sido ajuizada no período da *vacatio legis*, pois a lei só obriga quando entra em vigor. Não são raros, aliás, os casos de leis que são modificadas ou revogadas no período que antecede sua entrada em vigor. Veja-se o exemplo da Lei nº 13.256/2016, que modificou diversos aspectos do Código de Processo Civil durante a respectiva *vacatio legis*.

Há interessante precedente do STJ sobre o tema.[74] Trata-se de recurso especial que versava sobre honorários advocatícios sucumbenciais no Processo Civil. A Lei

[74] FGTS. HONORÁRIOS ADVOCATÍCIOS. ART. 29-C DA LEI 8.036/90. MEDIDA PROVISÓRIA 2.164-40/01. RECURSO ESPECIAL IMPROVIDO. 1. O art. 29-C da Lei 8.036/90, introduzido pela Medida Provisória 2.164-40/2001 (dispensando a condenação em honorários em demandas sobre FGTS), é norma especial em relação aos arts. 20 e 21 do CPC e somente se aplica às ações ajuizadas após a sua vigência, que se deu em 27.07.2001. Precedentes da 1ª Seção e das Turmas. 2. Recurso especial improvido. Acórdão sujeito ao regime do art. 543-C do CPC e da Resolução STJ 08/08. (REsp 1111157/PB, Rel. Ministro TEORI ALBINO ZAVASCKIS, PRIMEIRA SEÇÃO, julgado em 22/04/2009, DJe 04/05/2009).

nº 8.036/90 previa que havia condenação ao pagamento de honorários advocatícios sucumbenciais em demandas sobre FGTS e a Medida Provisória nº 2.164-41, de 24/08/2001, trouxe regramento contrário.

O STJ concluiu, de forma muito coerente, que a dispensa de condenação ao pagamento de honorários advocatícios sucumbenciais só se aplicaria às ações ajuizadas após a vigência da MP nº 2.164-41/2001. Ou seja, o STJ fez uma cisão tendo em vista a data em que a ação foi ajuizada. A Corte não considerou, portanto, a data da sentença.

A decisão é elogiável porque, quando a ação foi ajuizada, a parte e seu advogado tinham a perspectiva de terem a condenação da parte contrária ao pagamento de honorários advocatícios sucumbenciais. O advogado da parte trabalhou sabendo que teria honorários advocatícios sucumbenciais. Não se pode chegar no meio do *jogo jogado* e mudar a regra, simplesmente dispondo que não haverá mais honorários advocatícios sucumbenciais. O profissional já teve o trabalho que não pode ser desconsiderado. Pensar contrariamente seria nítida violação da boa-fé objetiva.

O mesmo raciocínio usado pelo STJ pode e deve ser usado no tema dos honorários advocatícios sucumbenciais no Processo do Trabalho.

9.2.7. Compensação de honorários periciais

Outro tema que gerará controvérsia é a sistemática da compensação de honorários periciais. Conforme se estudará, pode ser que o trabalhador reclamante ganhe em um pedido e perca na pretensão objeto da perícia e, pelo texto da Lei nº 13.467/2017, deveria ser feita a compensação do crédito com o débito: o crédito que o reclamante teria para receber no processo (ou até mesmo em outros processos) seria compensado com o débito que ele tem a título de honorários periciais.

Destaca-se que o tema também está na interseção entre direito processual e direito material, já que a compensação é causa de extinção da obrigação. Ou seja, o direito de que o trabalhador é titular será extinto pela compensação. Então, é mais uma situação que pode gerar surpresa, caso aplicada indiscriminadamente.

Não se pode surpreender a parte (beneficiária da justiça gratuita) que, quando requereu a perícia, não tinha perspectiva de pagar honorários periciais. Não se pode, no curso do processo, mudar as *regras do jogo*.

Deve-se considerar, portanto, que a data definidora dos critérios de pagamento de honorários periciais é aquela em que se requereu a perícia, ou aquela em que foi determinada de ofício pelo juiz. Aplica-se, assim, o mesmo regramento constante do art. 1047 do CPC.[75]

[75] Art. 1.047 – As disposições de direito probatório adotadas neste Código aplicam-se apenas às provas requeridas ou determinadas de ofício a partir da data de início de sua vigência.

9.2.8. *Prescrição intercorrente*

Mais um tema que gerará discussão quanto à eficácia temporal é a prescrição intercorrente, cujo reconhecimento passa a ser possível com a Reforma Trabalhista.

Observe-se que a prescrição é mais um instituto que está na fronteira entre o direito material e o direito processual, restringindo determinado direito material. A prescrição fulmina ou extingue a exigibilidade do direito.

Portanto, se havia a Súmula 114 do TST em determinado sentido, a Reforma pode alterá-la, como o fez, mas a alteração não pode ser aplicada de modo a surpreender os jurisdicionados.

Dá-se sugestão interpretativa com relação à prescrição intercorrente: o prazo (de dois ou cinco anos) deve ser contado a partir da vigência da Lei nº 13.467/2017.

Essa é uma solução que, quando o Código Civil de 2002 entrou em vigor, foi adotada com relação a algumas situações de prescrição no âmbito cível. Então, conta-se o prazo prescricional a partir da entrada em vigor da lei. São as chamadas *regras de tran*sição da prescrição.

Nesse contexto, a partir da entrada em vigor da lei, começa-se a contar o prazo da prescrição intercorrente. Pensar diferentemente (contando a prescrição intercorrente desde a data em que houve a omissão do credor) resultaria na aplicação retroativa da lei, aproveitando-se um prazo já decorrido para gerar um efeito que não poderia ser previsto pela parte.

Assim, a aplicação da prescrição intercorrente acontece de imediato no Processo do Trabalho, mas o prazo (bienal ou quinquenal) conta-se a partir da entrada em vigor da Lei nº 13.467/2017. Mais especificamente, *o fluxo da prescrição intercorrente conta-se a partir do descumprimento da determinação judicial a que alude o § 1º do art. 11-A da CLT, desde que feita após 11 de novembro de 2017* (TST, Instrução Normativa nº 41/2018, art. 2º).

10. EFICÁCIA DA LEI PROCESSUAL NO ESPAÇO

Nesse tema, vigora o princípio da territorialidade, ou seja, a lei processual brasileira se aplica aos processos que tramitarem no Brasil, mesmo que, eventualmente, a Justiça brasileira se utilize, no caso concreto, de normas de direito material de outro país ou que as partes sejam estrangeiras.

A lei processual brasileira pode, eventualmente, ser aplicada no estrangeiro, caso a lei do foro o permita.

11. RELAÇÃO DO DIREITO PROCESSUAL DO TRABALHO COM OUTRAS CIÊNCIAS

O Direito é uno, formando um sistema harmônico e coerente. A divisão do fenômeno jurídico em ramos tem finalidade didática e científica. Daí é intuitivo que as diversas disciplinas jurídicas se relacionem entre si.

Assim é que, conforme ótica já demonstrada, o Processo do Trabalho pode ser considerado como um desdobramento ou especialização do Processo Civil.

O Direito Processual do Trabalho também se relaciona com o Direito do Trabalho e com o direito material em geral (Direito Civil, Empresarial etc.), à luz da instrumentalidade do processo. O processo é servil ao direito material: embora sejam disciplinas autônomas, nunca se pode perder de vista que o objetivo do primeiro é realizar concretamente o segundo. Essa constatação influencia tanto o legislador, quanto o aplicador do direito, que devem buscar soluções que conduzam à efetividade do direito material.

Com o Direito Constitucional, o Processo do Trabalho guarda profundas conexões: seja pela constitucionalização do processo e pela necessidade de filtragem constitucional, já analisadas; seja pelo regramento de diversos temas processuais, como a competência da Justiça do Trabalho, na própria Constituição.

O Direito Administrativo regula a organização dos serviços e órgãos da Justiça do Trabalho.

O Direito Penal e o Processo Penal também têm afinidades com o Processo do Trabalho, quanto aos crimes que podem ser cometidos ou noticiados no curso do processo trabalhista, e também no que tange à repercussão da coisa julgada criminal no juízo trabalhista.

Por fim, o Direito Processual do Trabalho pode interagir com ciências não jurídicas. A título de exemplo, pense-se nos corriqueiros casos de prova pericial para apuração de insalubridade ou de incapacidade, a ser conduzida por profissional da Engenharia ou da Medicina.

II

PRINCÍPIOS DO PROCESSO DO TRABALHO

Sumário: 1. Princípios – nota introdutória – 2. Devido processo legal. Princípio da adequação – 3. Juiz natural e Promotor natural – 4. Publicidade – 5. Acesso à Justiça – 6. Contraditório e ampla defesa. Fundamentação das decisões – 7. Isonomia e princípio da proteção – 8. Duração razoável do processo e economia processual – 9. Iniciativa das partes (inércia da jurisdição e impulso oficial) – 10. Oralidade: imediatidade, concentração, irrecorribilidade imediata das decisões interlocutórias e identidade física – 11. Instrumentalidade e simplicidade – 12. Duplo grau de jurisdição – 13. Boa-fé processual – 14. Cooperação – 15. Conciliação.

1. PRINCÍPIOS – NOTA INTRODUTÓRIA

Princípios são normas jurídicas que conferem unidade e coerência ao ordenamento jurídico, sinalizando finalidades que devem ser buscadas pelo intérprete e que, em razão de seu conteúdo aberto, podem ser concretizadas de diferentes formas.

Diferenciam-se das regras, portanto, pelo fato de que estas refletem pautas mais objetivas de conduta, em virtude de sua maior determinação de sentido. Sob outro enfoque, pode-se dizer que, em maior ou menor grau, as regras consistem em especificações de um ou alguns princípios, vale dizer, toda regra pode ser reconduzida a um princípio que lhe dá sustentação.

Atualmente, a maioria dos princípios processuais se encontra positivada na lei ou na Constituição. Contudo, há princípios que são desvendados pelo intérprete por meio de raciocínio indutivo, a partir da sistematização de regras. Por exemplo, o princípio do duplo grau de jurisdição não está expresso em qualquer texto legal ou constitucional, mas decorre do sistema processual, no que prevê o escalonamento de diversos órgãos jurisdicionais, o que pressupõe, logicamente, a possibilidade de interposição de recursos.

Classicamente, dizia-se que os princípios tinham função subsidiária, de complementar as lacunas da lei (LINDB, art. 4º).[1] Modernamente, entretanto, é assente que, além da função integrativa, os princípios têm mais três funções: (i) normativa direta (incidindo sobre os casos concretos, independentemente de haver regra mais específica); (ii) interpretativa, segundo a qual servem como vetores interpretativos de todo o ordenamento jurídico; (iii) inspiradora do legislador, já que, a partir da principiologia de determinado ramo jurídico, as leis podem detalhar o modo de atuação dos princípios em situações mais específicas.

Além disso, destaque-se que eventual colisão entre princípios deve ser solucionada à luz da máxima da proporcionalidade (com as respectivas submáximas da adequação, da necessidade e do custo-benefício), ao contrário da colisão entre regras, que se resolve à luz dos critérios da cronologia, especialidade e hierarquia.

Conforme já exposto, os princípios do Processo do Trabalho são os mesmos do Processo Civil. O que diferencia os dois sistemas é a forma de concretização de alguns princípios nos dois ramos (com a elaboração de algumas regras específicas para cada ramo), o que se nota, essencialmente, no aspecto procedimental de cada qual.

2. DEVIDO PROCESSO LEGAL. PRINCÍPIO DA ADEQUAÇÃO

O devido processo legal é sobreprincípio, constituindo postulado fundamental do Direito Processual Constitucional que visa à proteção da vida, da liberdade e da propriedade. Trata-se de cláusula geral, em virtude da indeterminação de seu sentido textual, que sofre variações no tempo e no espaço.

Diz-se que é sobreprincípio porque abrange diversos outros princípios fundamentais do processo. Só se pode falar em devido processo legal se houver contraditório, juiz natural, isonomia, publicidade, duração razoável do processo, acesso à justiça, proibição de provas ilícitas etc.

A doutrina distingue o devido processo legal procedimental (*procedural due process of law*), que consiste exatamente no conceito clássico, de observância das garantias processuais dos sujeitos processuais; e o devido processo legal substancial (*substantive due process*), que corresponde à necessidade de razoabilidade, proporcionalidade e justiça nas decisões judiciais.

Em última análise, qualquer inobservância de norma processual configura violação do devido processo legal. Contudo, os Tribunais Superiores consideram que esse tipo de violação ao devido processo é reflexa (mediata ou indireta), já que pressupõe a prévia análise da lei pertinente.

Figure-se a hipótese em que o Juiz do Trabalho faça a inquirição de uma testemunha que ouviu o depoimento de outra. Há, aí, clara violação ao art. 456, *caput*, do CPC.[2] Não caberá, entretanto, recurso extraordinário para o STF (em

---

[1] Art. 4º Quando a lei for omissa, o juiz decidirá o caso de acordo com a analogia, os costumes e os princípios gerais de direito.

[2] Art. 456. O juiz inquirirá as testemunhas separada e sucessivamente, primeiro as do autor e depois as do réu, e providenciará para que uma não ouça o depoimento das outras.

Parágrafo único. O juiz poderá alterar a ordem estabelecida no caput se as partes concordarem.

nenhuma hipótese), ou recurso de revista para o TST caso se pretenda alegar violação ao princípio do devido processo legal (CF, art. 5º, LIV).[3] O recurso de revista, nesta hipótese, só poderá ser conhecido se o recorrente alegar violação ao art. 456 do CPC, pois a violação do devido processual legal só se verificará com a análise desse dispositivo.

A partir da cláusula geral do devido processo legal, extrai-se o princípio da adequação, segundo o qual o procedimento e a tutela jurisdicional devem ser adequados às peculiaridades da relação jurídica de direito material que se pretende tutelar por meio do processo.[4]

A adequação deve ser feita: (i) pelo legislador, ao regulamentar as diversas espécies de procedimento (prevendo a existência de técnicas diferenciadas, como a do mandado de segurança, para certas situações jurídicas); (ii) pelo Juiz, em casos concretos (por exemplo, no fracionamento de audiência para instrução futura, quando a grande quantidade de documentos juntados com a contestação inviabilizar a sua vista e manifestação pelo autor na primeira audiência); (iii) pelas partes, que podem regulamentar determinados aspectos do procedimento mediante negócios jurídicos processuais (CPC, art. 190).[5]

3. JUIZ NATURAL E PROMOTOR NATURAL

O princípio do juiz natural está inserido na noção de devido processo legal, sinalizando que ninguém pode ser julgado senão por autoridade devidamente investida de jurisdição, com competência previamente definida, não se admitindo Juízos ou Tribunais de exceção, ou seja, criados com competência atribuída após a prática do fato objeto de julgamento (CF, art. 5º, XXXVII e LIII).[6] De outro lado, havendo pluralidade de Juízos competentes, o princípio em análise sinaliza no sentido de que deve haver distribuição aleatória dos processos, segundo critérios predefinidos.

Cabe observar que a garantia do juiz natural é destinada a proteger as partes, que podem abrir mão dela. É por essa razão que alguns doutrinadores admitem o fenômeno da intervenção litisconsorcial voluntária, que consiste no ingresso de

[3] Art. 5º Todos são iguais perante a lei, sem distinção de qualquer natureza, garantindo-se aos brasileiros e aos estrangeiros residentes no País a inviolabilidade do direito à vida, à liberdade, à igualdade, à segurança e à propriedade, nos termos seguintes:

LIV – ninguém será privado da liberdade ou de seus bens sem o devido processo legal.

[4] No mesmo sentido, DIDIER. *Curso*. V.1. p. 116.

[5] Art. 190. Versando o processo sobre direitos que admitam autocomposição, é lícito às partes plenamente capazes estipular mudanças no procedimento para ajustá-lo às especificidades da causa e convencionar sobre os seus ônus, poderes, faculdades e deveres processuais, antes ou durante o processo.

Parágrafo único. De ofício ou a requerimento, o juiz controlará a validade das convenções previstas neste artigo, recusando-lhes aplicação somente nos casos de nulidade ou de inserção abusiva em contrato de adesão ou em que alguma parte se encontre em manifesta situação de vulnerabilidade.

[6] XXVII – aos autores pertence o direito exclusivo de utilização, publicação ou reprodução de suas obras, transmissível aos herdeiros pelo tempo que a lei fixar (...).

LIII – ninguém será processado nem sentenciado senão pela autoridade competente.

novo autor no processo, como litisconsorte, para formular um pedido próprio contra o réu, aproveitando-se de uma demanda já proposta. Poderia ser interessante ao próprio réu defender-se das pretensões em único processo. Assim, desde que o réu concordasse com a intervenção posterior do litisconsorte, esta poderia ser admitida.

Ainda que não se entenda que a garantia do juiz natural é disponível pelas partes, é cediço que não existem direitos absolutos. Assim, a garantia do juiz natural pode ser ponderada com a da duração razoável do processo (CF, art. 5°, LXXVIII)[7], em alguns casos concretos.

Por fim, embora o tema seja controvertido, o art. 5º, LIII, da CF, também alberga o princípio do promotor natural, ao prever que ninguém pode ser processado senão pela autoridade competente. Dessa forma, veda-se a realização de designações arbitrárias por parte da chefia da instituição, bem como de eventuais perseguições daí decorrentes.

4. PUBLICIDADE

A publicidade dos atos processuais é norma fundamental do Direito Processual Civil e do Trabalho, cujo objetivo é o de permitir o controle democrático e social das atividades do Poder Judiciário. Trata-se de princípio inerente ao devido processo legal e expressamente positivado no art. 93, IX, da CF.[8]

Como qualquer outro princípio, a publicidade pode ser ponderada, em situações específicas, pelo legislador e pelo aplicador do Direito. Aparentemente, a EC 45/2004 pretendeu conceder maior peso à publicidade, ao estipular que esta só pode ser restringida em casos nos quais a preservação do direito à intimidade do interessado no sigilo não prejudique o interesse público à informação.

Na verdade, a modificação levada a efeito pela EC 45/2004, no art. 93, IX, apenas realça que a publicidade pode entrar em rota de colisão com intimidade; contudo, a ponderação só pode ser feita casuisticamente, à luz das peculiaridades de cada caso concreto submetido à apreciação judicial. A modificação também deixa evidente a excepcionalidade da decretação do segredo de justiça.

A CLT, no art. 770[9], autoriza a restrição da publicidade quando o exigir o interesse social; o CPC, no art. 189[10], é mais minudente, admitindo o segredo de

---

[7] LXXVIII – a todos, no âmbito judicial e administrativo, são assegurados a razoável duração do processo e os meios que garantam a celeridade de sua tramitação.

[8] Art. 93. Lei complementar, de iniciativa do Supremo Tribunal Federal, disporá sobre o Estatuto da Magistratura, observados os seguintes princípios:

IX – todos os julgamentos dos órgãos do Poder Judiciário serão públicos, e fundamentadas todas as decisões, sob pena de nulidade, podendo a lei limitar a presença, em determinados atos, às próprias partes e a seus advogados, ou somente a estes, em casos nos quais a preservação do direito à intimidade do interessado no sigilo não prejudique o interesse público à informação.

[9] Art. 770 – Os atos processuais serão públicos salvo quando o contrário determinar o interesse social, e realizar-se-ão nos dias úteis das 6 (seis) às 20 (vinte) horas.

Parágrafo único – A penhora poderá realizar-se em domingo ou dia feriado, mediante autorização expressa do juiz ou presidente.

[10] Art. 189. Os atos processuais são públicos, todavia tramitam em segredo de justiça os processos(...).

justiça quando isso for exigido pelo interesse público ou social; nas causas de família; quando houver dados protegidos pelo direito constitucional à intimidade; nas causas que versem sobre arbitragem, desde que estipulada, comprovadamente, a confidencialidade.

Nos casos de segredo de justiça, apenas as partes e os advogados constituídos podem ter acesso aos autos (CPC, art. 107, I)[11]; nos demais casos, qualquer cidadão pode ter acesso aos autos e aos atos processuais como sessões e audiências.

O Juiz do Trabalho deve ser bastante rigoroso na avaliação de requerimentos de segredo de justiça, pois a ausência de publicidade retira o controle popular que se faz da atuação jurisdicional. Assim, a decisão que decreta o segredo de justiça deve ser criteriosamente fundamentada.

Como exemplos hipotéticos de situações que justificam o segredo de justiça, tem-se: processo em que empregada alega ter sofrido violência sexual por parte de preposto do empregador; processo em que se discuta o sofrimento de doença estigmatizante de uma das partes.

Outrossim, o segredo de justiça também pode ser deferido apenas quanto a alguns atos processuais. Pense-se numa audiência de instrução em que uma das partes seja pessoa famosa (músico ou jogador de futebol, por exemplo). A presença de uma grande quantidade de curiosos na sala de sessões pode inviabilizar, em alguns casos, a realização satisfatória da audiência. Nesse caso, o Juiz do Trabalho pode, validamente, restringir o acesso à sala de sessões apenas às partes e aos seus advogados, durante a realização da audiência, não obstante os autos permaneçam disponíveis para consulta pública.

5. ACESSO À JUSTIÇA

Trata-se de princípio estruturante do Direito Processual, positivado no art. 5º, XXXV, da CF.[12] Também conhecido como *princípio da inafastabilidade da jurisdição*, significa que não se pode excluir da apreciação judicial lesão ou ameaça de lesão a direito.

Em sua compreensão moderna, o acesso à justiça se desdobra em diversos outros princípios. De fato, não se deve considerar a inafastabilidade da jurisdição como uma garantia meramente formal que permita aos cidadãos o ajuizamento de ações judiciais: exige-se mais, já que, além deste aspecto, deve-se garantir que a jurisdição seja efetiva, dando a cada um o que é seu. Se o Estado assume o monopólio da jurisdição, deve garantir a efetiva tutela de direitos pela via judicial.

---

[11] Art. 107. O advogado tem direito a:

I – examinar, em cartório de fórum e secretaria de tribunal, mesmo sem procuração, autos de qualquer processo, independentemente da fase de tramitação, assegurados a obtenção de cópias e o registro de anotações, salvo na hipótese de segredo de justiça, nas quais apenas o advogado constituído terá acesso aos autos (...).

[12] XXXV – a lei não excluirá da apreciação do Poder Judiciário lesão ou ameaça a direito.

Portanto, do princípio do acesso à justiça decorrem os princípios da efetividade do processo e efetividade da execução (= tutela satisfatória do direito material); o princípio da eficiência ou economia processual (deve-se buscar o máximo resultado, com o mínimo de esforço, pois isso assegura uma ampliação do acesso à justiça em escala macroscópica); bem como o princípio da primazia da decisão de mérito (CPC, art. 4º)[13], a indicar que, sempre que possível, o Judiciário deve julgar o mérito, tutelando o titular do direito material, em vez de proferir decisão de cunho processual que não solucione a lide.

Ademais, o princípio da inafastabilidade serve como fundamento a diversas regras processuais, como, por exemplo, as atinentes à tutela provisória - cautelar ou antecipada; de urgência ou de evidência -, que, ao redistribuírem o ônus do tempo no processo, maximizam o acesso à justiça pelo titular do direito material.

6. CONTRADITÓRIO E AMPLA DEFESA. FUNDAMENTAÇÃO DAS DECISÕES

O princípio do contraditório consiste na aplicação, em âmbito processual, do princípio democrático (CF, art. 1º)[14], pois os cidadãos têm o direito de participar, de forma direta ou indireta, da criação de normas jurídicas que lhes afetem. Quando o Legislativo elabora uma lei (ato normativo abstrato), há participação indireta dos cidadãos, que elegeram os parlamentares votantes; no processo judicial, o Juiz também formula norma jurídica individual que regerá o caso concreto. Como o Judiciário não conta com órgãos eleitos, a única forma de preservar-se o princípio democrático é assegurando aos interessados a possibilidade de participação. Qualquer ato de elaboração de norma (abstrata ou concreta) sem a participação dos interessados configura verdadeira tirania, incompatível com a Constituição.

Classicamente, o contraditório (CF, art. 5º, LIV), se desdobrava em dois aspectos: (i) necessidade de cientificação dos interessados a respeito da existência do processo e dos atos processuais praticados; (ii) possibilidade de manifestação quanto a esses mesmos atos.

O desenvolvimento da Ciência Processual fez com que se percebesse tais aspectos, embora necessários, como não suficientes. É preciso ir além, garantindo que o órgão julgador leve em consideração, efetivamente, os argumentos e provas trazidos

[13] Art. 4º As partes têm o direito de obter em prazo razoável a solução integral do mérito, incluída a atividade satisfativa.

[14] Art. 1º A República Federativa do Brasil, formada pela união indissolúvel dos Estados e Municípios e do Distrito Federal, constitui-se em Estado democrático de direito e tem como fundamentos:

I - a soberania;

II - a cidadania;

III - a dignidade da pessoa humana;

IV - os valores sociais do trabalho e da livre iniciativa;

V - o pluralismo político.

Parágrafo único. Todo o poder emana do povo, que o exerce por meio de representantes eleitos ou diretamente, nos termos desta Constituição.

pelas partes. Diz-se, portanto, que o contraditório consiste na possibilidade de os litigantes influírem eficazmente na construção do provimento jurisdicional.

Do contraditório decorre, portanto, dever de fundamentação das decisões judiciais (CF, art. 93, IX), já que é na fundamentação que o Juiz demonstrará que levou em conta os argumentos e provas produzidas pelas partes.

Tal entendimento foi positivado no art. 489, § 1°, IV, do CPC[15], ao estabelecer que não se considera fundamentada a decisão que não enfrentar todos os argumentos deduzidos no processo capazes de, em tese, infirmar a conclusão adotada pelo julgador.

Esse dispositivo precisa ser interpretado criteriosamente, sob pena de inviabilizar-se o funcionamento do Judiciário. Há, aqui, nítido conflito aparente de princípios: de um lado, o interessado tem o direito de ver seus argumentos e provas apreciados (contraditório); de outro, há potencial comprometimento do acesso à justiça, em sua escala macroscópica, em função do (ainda maior) congestionamento de processos nos órgãos jurisdicionais.

Assim, o Juiz do Trabalho tem o dever de apreciar apenas aqueles argumentos que efetivamente tenham a potencialidade de alterar a conclusão do ato decisório; não há necessidade ou obrigatoriedade de apreciação de argumentos irrelevantes e impertinentes, o que sempre deve ser avaliado com parcimônia e prudência. O Superior Tribunal de Justiça já decidiu que, mesmo após a vigência do Novo CPC, não é omissa a decisão que não se pronunciou sobre determinado argumento que era incapaz de infirmar a conclusão adotada.[16]

Além disso, mais recentemente, setores da doutrina passaram a compreender que o contraditório abrange também o direito de produção de provas, garantindo-se aos interessados o direito de defender-se provando[17], exigindo-se que o órgão julgador valore efetivamente as provas produzidas.

Assim, por exemplo, se numa instrução processual houver depoimentos testemunhais conflitantes, não basta que o Juiz do Trabalho fundamente sua decisão mencionando apenas um deles. É imperativo que o magistrado explique por que está considerando um depoimento, e desconsiderando outro (por exemplo, associando a prova oral à documental; ou considerando alguma característica peculiar dos depoimentos).

Outro ponto de tensão entre o contraditório e o acesso à justiça consiste na prolação de provimentos liminares - ou seja, no início do processo, sem a oitiva da parte contrária, que sofrerá os efeitos da decisão. Qualquer liminar só pode ser concedida se for inviável esperar a citação do réu e a sua resposta para apreciar o pedido, quer porque a espera levaria ao perecimento irremediável do direito; quer

---

15 Art. 489. § 1° Não se considera fundamentada qualquer decisão judicial, seja ela interlocutória, sentença ou acórdão, que:
IV – não enfrentar todos os argumentos deduzidos no processo capazes de, em tese, infirmar a conclusão adotada pelo julgador.

16 STJ. 1ª Seção. EDcl no MS 21.315-DF, Rel. Min. Diva Malerbi.

17 GRECO, *Instituições*, v.1. p. 541.

porque a cientificação do réu pode comprometer a eficácia da medida (CPC, art. 300, § 2º).[18]

Deve-se escolher, dos dois males, o menor: assim, por exemplo, se uma pessoa ingressa com ação com objetivo de obrigar o Estado a fornecer tratamento médico urgente, que, se não for prestado imediatamente levará ao óbito do autor, havendo substrato probatório mínimo (*fumus boni iuris*), o Juiz deve conceder a tutela antecipada liminarmente, prestigiando o direito à vida (e o acesso à justiça), em detrimento do contraditório.

Nessas hipóteses, que sempre são excepcionais, o réu poderá exercer o contraditório diferido, ou seja, após o deferimento da medida. Caso seja revogada a tutela antecipada liminarmente deferida, o requerente terá responsabilidade objetiva pelos danos causados ao requerido (CPC, art. 302, parágrafo único).[19]

Outra concretização do princípio do contraditório é a vedação às decisões-surpresa (CPC, art. 10)[20]: como regra geral, o juiz não pode decidir qualquer questão com base em fundamento a respeito do qual não se tenha dado às partes oportunidade de se manifestar, ainda que se trate de matéria sobre a qual deva decidir de ofício.

Observe-se, entretanto, que o TST, na IN 39/2016, estabeleceu uma *solução de compromisso* quanto à aplicabilidade do dispositivo: de um lado, aplica-o na plenitude no julgamento do mérito da causa (art. 4º, § 1º, da IN)[21] e, portanto, na esfera do direito material, de forma a impedir a adoção de fundamento jurídico não debatido previamente pelas partes; persiste, contudo, a possibilidade de o órgão jurisdicional invocar o brocardo *jura novit curia*, mas não sem audiência prévia das partes; de outro lado, no plano estritamente processual, mitigou-se o rigor da norma (art. 4º, § 2º, da IN 39/2016)[22], levando em conta, para tanto, a necessidade de celeridade do processo trabalhista.

A solução do TST é muito boa, pois concilia os valores em jogo: contraditório e duração razoável do processo. De fato, não há *decisão surpresa* quando se trata de questão que, a despeito de não discutida pelas partes, deveria ser por elas prevista. E é justamente o que acontece com as questões processuais de ordem pública, como as condições da ação e os pressupostos processuais. Figure-se a hipótese em que haja litispendência, mas as partes, inadvertidamente, não suscitem essa questão no processo. O juiz, ao perceber a situação (consultando por acaso os autos do outro

18 Art. 300, § 2º A tutela de urgência pode ser concedida liminarmente ou após justificação prévia.

19 Art. 302, Parágrafo único. A indenização será liquidada nos autos em que a medida tiver sido concedida, sempre que possível.

20 Art. 10. O juiz não pode decidir, em grau algum de jurisdição, com base em fundamento a respeito do qual não se tenha dado às partes oportunidade de se manifestar, ainda que se trate de matéria sobre a qual deva decidir de ofício.

21 Art. 4º, § 1º Entende-se por "decisão surpresa" a que, no julgamento final do mérito da causa, em qualquer grau de jurisdição, aplicar fundamento jurídico ou embasar-se em fato não submetido à audiência prévia de uma ou de ambas as partes.

22 § 2º Não se considera "decisão surpresa" a que, à luz do ordenamento jurídico nacional e dos princípios que informam o Direito Processual do Trabalho, as partes tinham obrigação de prever, concernente às condições da ação, aos pressupostos de admissibilidade de recurso e aos pressupostos processuais, salvo disposição legal expressa em contrário.

processo, por exemplo) seguramente pode reconhecer a litispendência e extinguir o segundo processo sem resolução de mérito: qualquer atividade processual no sentido de ouvir as partes seria mera perda de tempo, além do dispêndio desnecessário de recursos materiais e humanos.

Além disso, o rigor do art. 10 do CPC[23] deve ser atenuado em primeiro grau de jurisdição, tendo em vista que os recursos ordinários (inclusive a apelação no processo civil) têm efeito devolutivo amplo, permitindo que o interessado, caso queira, leve ao Tribunal o fundamento utilizado pelo Juiz sem prévia discussão pelas partes.

7. ISONOMIA E PRINCÍPIO DA PROTEÇÃO

O princípio constitucional da isonomia (CF, art. 5º, *caput*) é aplicável no âmbito processual e se subdivide em isonomia formal - igualdade perante a lei, ou seja, a lei deve tratar de maneira idêntica todas as pessoas que se encontrem em determinado tipo de situação - e isonomia material - que é a igualdade mediante a lei, ou seja, a legislação atua no sentido de reduzir as desigualdades fáticas verificáveis na realidade empírica.

No âmbito trabalhista, o princípio da isonomia é o fundamento do princípio da proteção.

O princípio da proteção informa o Direito do Trabalho, e determina um tratamento favorável e preferencial ao empregado, como forma de compensar sua usual fragilidade socioeconômica e a desigualdade verificada no plano dos fatos, em contraponto à figura do empregador.

Consubstancia, assim, concretização do princípio constitucional da isonomia em sentido material, pois preconiza que pessoas desiguais sejam tratadas de maneira desigual, na justa medida de sua desigualdade.

Dessa forma, o princípio da proteção não é específico do Processo do Trabalho; na verdade, cuida-se de uma derivação do princípio da isonomia (ou paridade de armas, no âmbito processual), à qual se atribuiu uma nomenclatura específica.

Segundo Américo Plá Rodriguez, o princípio protecionista se desdobra em: (i) *in dubio pro operário* - regra de interpretação jurídica, que deve ser a mais favorável ao hipossuficiente, em caso de dúvida; (ii) princípio da aplicação da norma mais favorável - deve-se aplicar a norma mais favorável ao obreiro, independentemente de sua posição na escala hierárquica; (iii) princípio da condição mais benéfica - determina que as condições mais vantajosas estipuladas em contrato de trabalho ou em regulamento de empresa prevalecerão, mesmo que se edite norma superveniente que estabeleça menor nível protetivo. Ainda segundo o mesmo autor, o princípio da proteção também é aplicável na esfera processual trabalhista.

[23] Art. 10. O juiz não pode decidir, em grau algum de jurisdição, com base em fundamento a respeito do qual não se tenha dado às partes oportunidade de se manifestar, ainda que se trate de matéria sobre a qual deva decidir de ofício.

Não obstante, cabe salientar que a aplicabilidade do princípio em questão no Direito Processual do Trabalho é controvertida em âmbito doutrinário: alguns autores a negam, outros sustentam sua aplicabilidade total, e há ainda quem fale em *protecionismo temperado* do trabalhador.

Apesar disso, no cenário anterior à Reforma Trabalhista, o princípio da proteção podia ser induzido a partir de diversas regras processuais trabalhistas, que traduziam tratamento mais benéfico ao obreiro. Por exemplo, a iniciativa de ofício do juiz na execução (antiga redação do art. 878 da CLT); a exigência de depósito recursal apenas do empregador; a assistência judiciária gratuita ao empregado; o arquivamento da reclamação, em caso de ausência do autor, em contraponto à revelia derivada do não comparecimento do empregador etc.

Sem dúvida, após a entrada em vigor da Lei nº 13.467/2017, há necessidade de releitura do princípio da proteção no âmbito do Direito Processual do Trabalho. Assim, por exemplo, a iniciativa *ex officio* na execução somente passa a ser admitida caso a parte não esteja assistida por advogado (nova redação do art. 878 da CLT)[24]; a gratuidade de justiça passa a poder ser concedida ao empregador, ainda que pessoa jurídica (art. 790, § 4º)[25]; o trabalhador passa a ter de pagar honorários periciais no caso de sucumbência em pretensão objeto de perícia, autorizada inclusive a compensação do débito de honorários com créditos que tenha a receber no processo (art. 790-B, § 4º)[26], entre outros exemplos.

A nova legislação reforça uma tendência de crescente aproximação entre o Direito Processual Civil e o do Trabalho, o que põe em xeque o posicionamento ainda majoritário no sentido da autonomia deste último ramo. Certamente, o objetivo principal da Reforma Trabalhista, no âmbito exclusivamente processual, foi o de evitar algumas distorções que aconteciam na prática, tais como a concessão de gratuidade de justiça a partir da mera declaração de hipossuficiência de alto executivo que recebera indenização milionária por ocasião da rescisão de seu contrato de trabalho.[27]

Isso não significa, entretanto, que o princípio da proteção haja sido extirpado do Processo do Trabalho: como se trata de concretização do princípio constitucional da isonomia, o legislador ordinário não poderia mesmo fazê-lo. A interpretação dos

[24] Art. 878. A execução será promovida pelas partes, permitida a execução de ofício pelo juiz ou pelo Presidente do Tribunal apenas nos casos em que as partes não estiverem representadas por advogado. (*Caput* alterado pela Lei nº13.467/2017 - DOU 14/07/2017)

[25] § 4º O benefício da justiça gratuita será concedido à parte que comprovar insuficiência de recursos para o pagamento das custas do processo.

[26] § 4º Somente no caso em que o beneficiário da justiça gratuita não tenha obtido em juízo créditos capazes de suportar a despesa referida no caput, ainda que em outro processo, a União responderá pelo encargo.

[27] Justiça gratuita. Declaração de pobreza. Presunção relativa de veracidade não elidida pelo fato de o reclamante ter recebido verbas rescisórias e de indenização em decorrência de adesão a plano de demissão voluntária. O fato de o reclamante ter recebido quantia vultosa (R$ 1.358.507,65) decorrente de verbas rescisórias e de indenização oriunda de adesão a plano de demissão voluntária não é suficiente para elidir a presunção de veracidade da declaração de pobreza por ele firmada. Sob esse fundamento, a SBDI-I, maioria, conheceu dos embargos por contrariedade à Orientação Jurisprudencial nº 304 da SBDI-I, e, no mérito, deu-lhes provimento para restabelecer a sentença que deferira os benefícios da justiça gratuita. Vencidos os Ministros João Oreste Dalazen, Renato de Lacerda Paiva e Alexandre Agra Belmonte. TST-ERR-11237-87.2014.5.18.0010, SBDI-I, rel. Min. Hugo Carlos Scheuermann, 2.2.2017 (Informativo nº 151 do TST).

dispositivos que regulamentam o Processo do Trabalho, portanto, deve ser feita à luz do princípio da isonomia.

Tal observação justifica, por exemplo, o deferimento da gratuidade de justiça a partir da mera declaração de hipossuficiência quando o reclamante estiver desempregado, ainda que recebesse - quando ainda estava vigente o contrato de trabalho - valor superior a 40% (quarenta por cento) do limite máximo dos benefícios do Regime Geral da Previdência Social, a despeito da nova redação do art. 790, §§ 3º e 4º, da CLT.[28] Mesmo que o reclamante esteja empregado quando do ajuizamento e tramitação da reclamação trabalhista, a conclusão deve ser idêntica.

Ora, se, no Processo Civil (que regula lides entre pessoas que estão em plano de igualdade), a declaração de hipossuficiência feita por pessoa física se presume verdadeira (independentemente do salário recebido pelo requerente, conforme art. 99, § 3º, do CPC)[29], com muito mais razão a mera declaração do reclamante terá o mesmo efeito no Processo do Trabalho (no qual há, em princípio, proeminência do empregador).

Descabe cogitar da necessidade de comprovação da hipossuficiência declarada por trabalhador (como preconizado pela Reforma para aqueles que ganhem salário superior a 40% do teto do INSS); no entanto, é lícito ao juiz, no caso concreto, de ofício ou a requerimento do reclamado, negar o benefício da justiça gratuita caso haja elementos que demonstrem que o trabalhador, de fato, não é hipossuficiente.

Assim, o princípio da proteção continua incidindo, mas não há mais espaço para interpretações exageradas que eram feitas no cenário legislativo anterior.

Em suma, o aplicador do Direito Processual do Trabalho deve interpretar os dispositivos legais à luz do princípio constitucional da isonomia, e sempre buscar a necessária coerência e sistematicidade do ordenamento jurídico, o que deve ser feito mediante utilização crescente dos dispositivos do Código de Processo Civil.

Outra grande discussão atinente ao princípio protecionista é saber se ele também se aplica à temática probatória e ao Estado-juiz.

Sobre esse tema, releva destacar que a imparcialidade do órgão julgador é pressuposto processual de validade, e constitui consectário da cláusula pétrea do devido processo legal. Assim, o Juiz do Trabalho não deve agir como defensor de uma das partes do processo, mesmo que tal parte seja a mais fraca na relação jurídica de direito material.

Contudo, isso não impede a utilização de técnicas processuais que assegurem real isonomia entre os litigantes, como, por exemplo, a inversão do ônus da prova, baseada na moderna teoria dinâmica da distribuição de tal ônus. Assim, a parte que

---

28 § 3º É facultado aos juízes, órgãos julgadores e presidentes dos tribunais do trabalho de qualquer instância conceder, a requerimento ou de ofício, o benefício da justiça gratuita, inclusive quanto a traslados e instrumentos, àqueles que perceberem salário igual ou inferior a 40% (quarenta por cento) do limite máximo dos benefícios do Regime Geral de Previdência Social.

§ 4º O benefício da justiça gratuita será concedido à parte que comprovar insuficiência de recursos para o pagamento das custas do processo.

29 § 3º Presume-se verdadeira a alegação de insuficiência deduzida exclusivamente por pessoa natural.

tiver melhores condições de produzir a prova de determinado fato deve ser instada a fazê-lo, independentemente da distribuição rígida e estática prevista no Código de Processo Civil e na Consolidação das Leis do Trabalho. E, no contexto da relação de emprego e do processo laboral, geralmente é o empregador que detém documentos e tem mais facilidade de produzir provas.

Contudo, se não for o caso de inverter o ônus da prova, o Juiz deve julgar desfavoravelmente à parte que o detinha. Assim, se o trabalhador não se desincumbir de seu ônus probatório, em decorrência de produção probatória ambígua, descabe invocar o princípio da proteção para prestigiar mais acentuadamente a prova produzida pelo reclamante.

Outro exemplo extraído da jurisprudência do TST é a hipótese de sucumbência parcial do reclamante na pretensão objeto da perícia, reconhecendo-se caber ao reclamado o pagamento integral dos honorários periciais. Mais um exemplo é a inversão do ônus da prova, no caso de pedido de adicional de insalubridade, caso a reclamada não junte a documentação alusiva aos riscos inerentes ao trabalho (PPP, PPRA, PCSMO, LTCAT).

8. DURAÇÃO RAZOÁVEL DO PROCESSO E ECONOMIA PROCESSUAL

Os princípios da duração razoável do processo e da economia processual têm como causa primeira o princípio do acesso à justiça. De fato, só haverá efetividade no acesso à justiça se o processo for solucionado em tempo razoável (incluindo a tutela executiva); e a prática de atos processuais desnecessários tende a fazer com que a prestação jurisdicional seja mais ineficiente e, portanto, mais lenta.

Dessa forma, apesar de expressamente positivado pela Emenda Constitucional 45/2004 (CF, art. 5º, LXXVIII), a duração razoável do processo é princípio que já era implícito em nosso sistema processual.

Economia processual significa alcançar o máximo em resultados no processo, com o mínimo dispêndio possível de recursos materiais, humanos e de tempo. É este princípio que justifica, por exemplo, o indeferimento de oitiva de testemunha sobre fato já confessado por alguma das partes; ou a aceitação da prova pericial (exemplo, perícia para apurar insalubridade) como prova emprestada, quando incontroversamente o ambiente de trabalho seja o mesmo sobre o qual recaiu a perícia no processo anterior.

Outro exemplo marcante é o calendário processual (CPC, art. 191)[30], celebrado em conjunto pelo Juiz e pelas partes, tendo como consequência a desnecessidade de intimação dos interessados quanto aos atos calendarizados. Assim, minimizam-se os custos com publicação na Imprensa Oficial; acelera-se o procedimento, com a inexistência de *tempos mortos* (tempo que medeia entre a prática de um ato processual e outro); e evita-se o dispêndio de energia pelo pessoal da Secretaria da Vara nessas tarefas.

---

30 Art. 191. De comum acordo, o juiz e as partes podem fixar calendário para a prática dos atos processuais, quando for o caso.

Observe-se que é mais correto falar em duração razoável do que em celeridade do processo. Isso porque, quando se fala em celeridade, pode-se ter a falsa de ideia de que o processo deve ser rápido a qualquer custo. Na verdade, todo processo precisa de um tempo mínimo para que seja devidamente prestada a tutela jurisdicional a quem tiver o direito (autor ou réu).

Por exemplo, há necessidade de que transcorram, no mínimo, cinco dias entre o recebimento da citação e a primeira audiência (CLT, art. 841).[31] Isso acontece porque o legislador presume que esse lapso temporal é suficiente, portanto razoável, para que o réu elabore sua defesa.

Assim, a celeridade não é um fim em si mesma, devendo ser ponderada com outros valores e princípios, tais como o do contraditório. Tramitação rápida não é garantia de um processo justo; a solução deve ser a mais rápida possível, desde que sejam respeitados os demais valores constitucionais envolvidos. Logo, o processo deve ser solucionado em tempo razoável.

9. INICIATIVA DAS PARTES (INÉRCIA DA JURISDIÇÃO E IMPULSO OFICIAL)

O princípio da iniciativa das partes - também denominado de inércia da jurisdição - está positivado nos arts. 2º e 141 do CPC[32], sendo plenamente aplicável no Processo do Trabalho.

Trata-se de consectário do princípio constitucional da liberdade (CF, art. 5º, *caput*): o Estado não deve intervir, em regra, em relações jurídicas privadas, a menos que haja provocação dos interessados. Além disso, a inércia da jurisdição é uma garantia da imparcialidade do órgão julgador.[33]

O princípio da inércia da jurisdição tem o significado de que a tutela jurisdicional de direitos pressupõe a provocação do interessado quanto às questões de direito material. Como regra geral, apenas as partes podem aduzir fatos jurídicos atinentes ao direito material no processo judicial: exceções (como o reconhecimento *ex officio* da prescrição) são unicamente aquelas previstas pelo legislador. O Judiciário pode conhecer de ofício apenas os fatos simples.

Fatos jurídicos (também chamados de jurígenos ou essenciais) são aqueles que constituem a causa de pedir e delimitam a pretensão, tendo como consequência efeitos jurídicos (habitualmente a geração de direitos materiais). Os fatos jurídicos são particularizados por determinados acontecimentos produzidos pela dinâmica

[31] Art. 841 – Recebida e protocolada a reclamação, o escrivão ou secretário, dentro de 48 (quarenta e oito) horas, remeterá a segunda via da petição, ou do termo, ao reclamado, notificando-o ao mesmo tempo, para comparecer à audiência do julgamento, que será a primeira desimpedida, depois de 5 (cinco) dias.

[32] Art. 2º O processo começa por iniciativa da parte e se desenvolve por impulso oficial, salvo as exceções previstas em lei.

Art. 141. O juiz decidirá o mérito nos limites propostos pelas partes, sendo-lhe vedado conhecer de questões não suscitadas a cujo respeito a lei exige iniciativa da parte.

[33] GRECO. *Instituições*. V.1. p. 538.

social (fatos simples ou secundários), dos quais é possível extrair uma consequência jurídica.[34]

Exemplificando, suponha-se que, em processo trabalhista, um empregado afirme que sofreu acidente de trabalho no dia 21/03/2013, e que daí teria decorrido sua incapacidade laborativa. O fato jurídico, nesta hipótese, é o dano (decorrente de culpa do empregador) associado à incapacidade para trabalhar. De tal fato decorre, em tese, o direito à indenização por danos materiais, incluindo eventual pensão vitalícia acaso postulada. Se a petição inicial não afirmar esse dano, ou se não afirmar a incapacidade, ela padece de inépcia, pois lhe falta causa de pedir. Contudo, se a mesma peça deixar de mencionar que a empresa não fornecia EPIs, tal fato pode ser conhecido de ofício pelo Juiz, desde que provado nos autos, pois se trata de fato simples. O mero não fornecimento do EPI não gera o direito pretendido (indenização), mas funciona como elemento apto a comprovar a culpa da empresa e o dano sofrido.

São as partes que delimitam o objeto litigioso do processo. Veda-se, assim, que o Judiciário julgue fora do pedido (*extra petita*), além do pedido (*ultra petita*) ou aquém do pedido (*citra petita*).

Sem dúvida, o pedido, delimitado pela causa de pedir, faz parte do objeto litigioso do processo. Cabe destacar que, em caso de reconvenção, o pedido formulado pelo réu também tem essa natureza.

Contudo, alguns doutrinadores afirmam que o objeto litigioso do processo (= objeto sobre o qual se exercerá a jurisdição, mérito da causa ou questão principal) é delimitado, objetiva e subjetivamente apenas pelo autor (aí incluído o autor do pedido reconvencional).[35] Outra parcela da doutrina sustenta que o objeto litigioso também pode ser definido pelo réu, quando este exerce um contradireito em face do autor.[36]

O tema será mais bem desenvolvido no Capítulo 17, item 3.5, mas, por ora, importa observar que, sendo os contradireitos espécies de direitos que somente podem ser exercidos por meio da defesa (como a compensação e a prescrição), é indispensável a invocação de um fato jurídico que os gere. Suscitado o fato jurídico pelo interessado, a questão passa a ser uma questão de mérito no processo, com aptidão para formar coisa julgada material.

Assim, o réu também delimita o objeto litigioso, quando aduz fato impeditivo, modificativo ou extintivo do direito do autor (pois tais espécies também são fatos jurídicos), bem assim quando exerce contradireito. Por isso, é imperioso que haja iniciativa do réu quanto a essas questões de direito material, já que se trata de garantia de sua liberdade. A exceção são as questões de ordem pública, que podem ser reconhecidas *ex officio* a qualquer tempo ou grau de jurisdição.[37]

---

[34] STJ, REsp 702.739/PB, Rel. Ministra NANCY ANDRIGHI, Rel. p/ Acórdão Ministro ARI PARGENDLER, TERCEIRA TURMA, julgado em 19.09.2006, DJ 02.10.2006.

[35] GREÇO. *Instituições*. V.1. p. 538.

[36] DIDIER. *Curso*. V.1. p. 444.

[37] GRECO. Instituições. V.1. p. 539.

As questões de ordem pública são previstas pela legislação. Como exemplos no âmbito processual, tem-se todas as matérias enumeradas no art. 337 do CPC (conforme § 5º do mesmo dispositivo)[38]: incompetência absoluta, coisa julgada etc. Na esfera do direito material, são questões de ordem pública a decadência legal (Código Civil, art. 210)[39] e a prescrição (CPC, art. 332, § 1º e art. 487, II).[40]

Portanto, o pagamento, como espécie de fato jurídico extintivo do direito do autor, só pode ser conhecido pelo Juiz caso arguido pelo réu, já que não há qualquer diploma normativo que autorize seu reconhecimento *ex officio*. Registre-se, entretanto, que há corrente doutrinária a sustentar que se cuida de objeção substancial que poderia ser conhecida sem a provocação do interessado.[41] Poder-se-ia, neste sentido, argumentar que a possibilidade de reconhecimento *ex officio* decorre do princípio da vedação ao enriquecimento sem causa (CC, art. 884).[42]

Ressalte-se, ainda, que não há um princípio da *ultrapetição* ou da *extrapetição* no Processo do Trabalho, não obstante algumas vozes na doutrina sustentarem sua existência.[43] Os autores que afirmam haver tal princípio fundamentam com três dispositivos da CLT: arts. 137, § 2º; 467; e 496[44], acrescentando, ainda, a possibilidade de condenação ao pagamento de juros de mora e correção monetária, mesmo que não haja pedido.

Ora, trata-se, na verdade, de regras esparsas e sem coerência e sistematicidade entre si. Conforme já exposto, pode haver princípios não positivados no ordenamento jurídico, desvendados pelo intérprete a partir de raciocínio indutivo, mas isso pressupõe uma sistematização e logicidade de diversas regras.

No tema ora analisado, na realidade o princípio geral é o da iniciativa das partes, o qual apresenta algumas exceções pontuais estabelecidas expressamente

---

[38] § 5º Excetuadas a convenção de arbitragem e a incompetência relativa, o juiz conhecerá de ofício das matérias enumeradas neste artigo.

[39] Art. 210. Deve o juiz, de ofício, conhecer da decadência, quando estabelecida por lei.

[40] Art. 332, § 1º O juiz também poderá julgar liminarmente improcedente o pedido se verificar, desde logo, a ocorrência de decadência ou de prescrição.

Art. 487. Haverá resolução de mérito quando o juiz:

II – decidir, de ofício ou a requerimento, sobre a ocorrência de decadência ou prescrição.

[41] DIDIER. *Curso*. V. 1. P. 643.

[42] Art. 884. Aquele que, sem justa causa, se enriquecer à custa de outrem, será obrigado a restituir o indevidamente auferido, feita a atualização dos valores monetários.

[43] SARAIVA e MANFREDINI. *Curso*. P. 54.

[44] Art. 137 – Sempre que as férias forem concedidas após o prazo de que trata o art. 134, o empregador pagará em dobro a respectiva remuneração.

§ 2º – A sentença dominará pena diária de 5% (cinco por cento) do salário mínimo da região, devida ao empregado até que seja cumprida.

Art. 467 – Em caso de rescisão de contrato de trabalho, havendo controvérsia sobre o montante das verbas rescisórias, o empregador é obrigado a pagar ao trabalhador, à data do comparecimento à justiça do Trabalho, a parte incontroversa dessas verbas, sob pena de pagá-las acrescidas de cinquenta por cento (NR) (Redação dada pela Lei nº 10.272/2001 de 05-09-2001 DOU 06-09-2001).

Art. 496 – Quando a reintegração do empregado estável for desaconselhável, dado o grau de incompatibilidade resultante do dissídio, especialmente quando for o empregador pessoa física, o tribunal do trabalho poderá converter aquela obrigação em indenização devida nos termos do artigo seguinte.

pela legislação. Não se pode chamar uma exceção de princípio, sob pena de gerar confusão terminológica que pode acabar transformando a exceção em regra geral.

Por fim, observe-se que, uma vez instaurado o processo por iniciativa da parte, o desenvolvimento da marcha processual acontece mesmo que as partes sejam omissas. O processo judicial, como tudo na vida, tem uma existência temporária.

Há interesse público na pacificação da lide e na extinção do processo, razão pela qual há impulso oficial pelo Estado-Juiz, ou seja, o processo chegará, inevitavelmente, a um ponto final.

O cumprimento de sentença (fase de execução) também está sujeito, em regra, ao impulso oficial, tanto no Processo do Trabalho (CLT, art. 878), quanto no Processo Civil (CPC, art. 536, *caput*, para as obrigações de fazer e não fazer; art. 538, § 2º, para as obrigações de entregar coisa).[45] Especificamente quanto às sentenças que condenem ao pagamento de quantia certa, tanto no Processo Civil, quanto no Processo do Trabalho, há necessidade de requerimento do credor para iniciar-se a fase de cumprimento de sentença, aplicando-se, aqui, o princípio da iniciativa das partes (CPC, art. 523, *caput*, CLT, art. 878).[46]

10. ORALIDADE: IMEDIATIDADE, CONCENTRAÇÃO, IRRECORRIBILIDADE IMEDIATA DAS DECISÕES INTERLOCUTÓRIAS E IDENTIDADE FÍSICA

O princípio da oralidade costuma ser caracterizado pela prevalência da palavra oral sobre a escrita, tal como ensinava Chiovenda.

Partindo desse conceito, pode-se afirmar que, no Processo do Trabalho, não chega a prevalecer o princípio da oralidade, já que apenas a audiência é marcadamente oral; no julgamento dos recursos e na execução, o processo é prevalentemente escrito.[47] Na prática, o princípio da oralidade é ainda mais atenuado, pois o costume (*praeter legem*) fez com que diversos atos processuais passassem a ser praticados na forma escrita, apesar da autorização legislativa para que sejam feitos oralmente. É o que se dá com a apresentação da petição inicial (CLT, art. 840)[48]; apresentação de defesa oral (CLT, art. 848)[49]; razões finais orais (CLT, art. 850).[50]

---

45 Art. 536. No cumprimento de sentença que reconheça a exigibilidade de obrigação de fazer ou de não fazer, o juiz poderá, de ofício ou a requerimento, para a efetivação da tutela específica ou a obtenção de tutela pelo resultado prático equivalente, determinar as medidas necessárias à satisfação do exequente.

Art. 538, § 2º O direito de retenção por benfeitorias deve ser exercido na contestação, na fase de conhecimento.

46 Art. 523. No caso de condenação em quantia certa, ou já fixada em liquidação, e no caso de decisão sobre parcela incontroversa, o cumprimento definitivo da sentença far-se-á a requerimento do exequente, sendo o executado intimado para pagar o débito, no prazo de 15 (quinze) dias, acrescido de custas, se houver.

Art. 878. A execução será promovida pelas partes, permitida a execução de ofício pelo juiz ou pelo Presidente do Tribunal apenas nos casos em que as partes não estiverem representadas por advogado.

47 MALTA. *Prática*. P. 34.

48 Art. 840 – A reclamação poderá ser escrita ou verbal.

49 Art. 844 – O não-comparecimento do reclamante à audiência importa o arquivamento da reclamação, e o não-comparecimento do reclamado importa revelia, além de confissão quanto à matéria de fato.

50 Art. 850 – Terminada a instrução, poderão as partes aduzir razões finais, em prazo não excedente de 10 (dez) minutos para cada uma. Em seguida, o juiz ou presidente renovará a proposta de conciliação, e não se realizando esta, será proferida a decisão.

Apesar dessa constatação, é correto dizer o princípio da oralidade orienta tanto o Processo do Trabalho, quanto o Processo Civil, com levíssima acentuação no primeiro, conforme se demonstrará.

Ademais, a moderna doutrina do Processo Civil tem apontado que o significado atual da oralidade é o no sentido de que o juiz tem de estar sempre aberto à instauração de um diálogo humano, o que ocorre por meio da palavra oral, aperfeiçoando o contraditório.[51] Esse entendimento é plenamente aplicável no Processo do Trabalho.

A doutrina costuma apontar os seguintes subprincípios, que integram a noção de oralidade: concentração de atos processuais; irrecorribilidade imediata das decisões interlocutórias; imediatidade; e identidade física do juiz.

De acordo com o subprincípio da concentração de atos processuais, estes devem ser praticados de modo sequencial e imediato, sem solução de continuidade. Assim, idealmente, no processo trabalhista diversos atos são praticados na mesma audiência, como a tentativa de conciliação, o recebimento de defesa, a instrução, o oferecimento de razões finais e a prolação da sentença.

No Processo Civil, esse subprincípio incide menos intensamente, pois há a previsão de uma audiência prévia de conciliação, antes da instrução (CPC, art. 334).[52] Note-se, entretanto, que na praxe da Justiça do Trabalho, é comum a designação de audiências iniciais com o único escopo de tentar a conciliação e receber a defesa, o que aproxima ainda mais o sistema trabalhista com aquele aplicado na esfera cível.

Como consequência da concentração de atos, surge o subprincípio da irrecorribilidade imediata das decisões interlocutórias, cujo merecimento somente pode ser apreciado em eventual recurso contra a decisão final (CLT, art. 893, § 1º).[53] O não cabimento de recurso contra decisões incidentais, no curso do processo, prestigia a celeridade e a proximidade dos atos processuais no tempo, reforçando a ideia de concentração.

O Novo CPC aproximou, também neste aspecto, o procedimento cível do trabalhista, ao prever a irrecorribilidade imediata das interlocutórias como regra geral, com exceções previstas taxativamente no art. 1.015.[54]

O subprincípio da imediatidade sinaliza no sentido de que os atos processuais orais devem ser praticados na presença do juiz. Realmente, os atos orais implicam sutilezas e detalhes expressivos que não existem na comunicação escrita. Há, assim, necessidade de que aquele que vai julgar tenha contato direto com os sujeitos processuais quando da prática de atos orais.

Por fim, o princípio da identidade física do juiz era pacificamente aplicado no Processo Civil e no Processo do Trabalho sob a égide do CPC de 1973. Dessa

---

[51] GRECO. *Instituições. V. 1. P. 566.*

[52] Art. 334. Se a petição inicial preencher os requisitos essenciais e não for o caso de improcedência liminar do pedido, o juiz designará audiência de conciliação ou de mediação com antecedência mínima de 30 (trinta) dias, devendo ser citado o réu com pelo menos 20 (vinte) dias de antecedência.

[53] Art. 893, § 1º – Os incidentes do processo são resolvidos pelo próprio Juízo ou Tribunal, admitindo-se a apreciação do merecimento das decisões interlocutórias somente em recursos da decisão definitiva.

[54] Art. 1.015. Cabe agravo de instrumento contra as decisões interlocutórias que versarem sobre: (...)

forma, o juiz que realizava a colheita de provas ficava, em princípio, vinculado ao processo, devendo proferir a sentença.

O Novo CPC não contém dispositivo semelhante ao art. 132[55] do Código revogado. A doutrina processual trabalhista tem sustentado, a partir dessa observação, que não se aplica mais o princípio da identidade física no Processo do Trabalho.[56] Contudo, no âmbito do Processo Civil, há importantes autores sustentando a respectiva permanência.[57]

Deveras, o subprincípio da identidade física é decorrência necessária do princípio da oralidade. De nada adiantaria que a legislação previsse a (i) concentração de atos processuais, (ii) a irrecorribilidade das interlocutórias e (iii) a imediatidade, se o juiz que presenciou todos os atos processuais orais não julgasse a causa. Todas as regras que consagram esses três subprincípios têm a finalidade de permitir o contato direto do juiz com os demais sujeitos processuais, instaurando um diálogo mais humano e permitindo uma melhor percepção pelo órgão julgador. Tal finalidade estaria fatalmente comprometida caso se permitisse livremente a redistribuição do feito para julgamento por outro magistrado.

A interpretação sistemática do ordenamento processual permite concluir, portanto, que subsiste em nosso sistema o subprincípio da identidade física do juiz. A partir de diversas regras esparsas, que consagram o princípio da oralidade, por meio de raciocínio indutivo, chega-se ao princípio da identidade física. Trata-se de exemplo, portanto, de princípio não positivado expressamente pelo legislador.

É sustentável, ainda, o entendimento de que o princípio da identidade física está previsto indiretamente no art. 366[58] do CPC, que prevê que, encerrado o debate ou oferecidas as razões finais, o juiz proferirá sentença em audiência ou no prazo de 30 (trinta) dias. Fica implícito no dispositivo que o juiz que concluir a instrução da causa deve proferir a decisão.

11. INSTRUMENTALIDADE E SIMPLICIDADE

O processo judicial não é um fim em si mesmo; sua existência só se justifica quando se compreende que se trata de instrumento necessário para a efetivação e tutela do direito material. Toda a estruturação e interpretação do Direito Processual deve, portanto, pautar-se na construção de um método racional para que se chegue a um resultado justo, dando a cada um o que é seu.

Da instrumentalidade do processo decorre o princípio da simplicidade: a atividade processual deve ser conduzida da forma mais simples possível, não se devendo

[55] Art. 132. O juiz, titular ou substituto, que iniciar a audiência, concluirá a instrução, julgando a lide, salvo se for transferido, promovido ou aposentado; casos em que passará os autos ao seu sucessor. Ao recebê-los, o sucessor prosseguirá na audiência, mandando repetir, se entender necessário, as provas já produzidas.

[56] SARAIVA; MANFREDINI. *Curso*. P. 46. CAIRO JR. *Curso*. P. 65.

[57] MARINONI, Luiz Guilherme; ARENHART, Sérgio Cruz; MITIDIERO, Daniel. *Novo curso de processo civil*. v.1. São Paulo: RT, 2015, p. 538.

[58] Art. 366. Encerrado o debate ou oferecidas as razões finais, o juiz proferirá sentença em audiência ou no prazo de 30 (trinta) dias.

prestigiar formalismos inúteis, que nada acrescentem no que tange à tutela de direitos materiais dos sujeitos processuais.

De fato, as formas e requisitos dos atos processuais são previstos com o objetivo de assegurar a justiça das decisões judiciais e a integridade dos direitos materiais de todos os sujeitos que intervêm no processo. O legislador e o intérprete não podem criar embaraços e filigranas que desvirtuem o processo desse foco central.

Para exemplificar, observe-se que o art. 251, I, do CPC[59], exige que, ao proceder à citação, o oficial de justiça leia o mandado para o destinatário. Claramente, o objetivo dessa norma é assegurar que o citando tome efetivo conhecimento acerca da existência do processo. Figure-se a situação em que o oficial de justiça não leia o mandado, mas entregue cópia nas mãos do destinatário, que é, por hipótese, contador profissional, devidamente habilitado. Ora, neste caso, é evidente que não há qualquer nulidade no ato citatório, pois certamente o citando tem capacidade de compreender o conteúdo do mandado judicial que recebeu. Seria até inoportuno que o oficial lesse o mandado. Suponha-se, de outro lado, que o citando era pessoa analfabeta; nesta situação, seria mesmo indispensável que o instrumento citatório fosse lido para o destinatário, para que a finalidade do ato fosse atingida.

Em última análise, a instrumentalidade e a simplicidade do processo são consectários do princípio do acesso à justiça: quando o processo é encarado como instrumento simplificado a serviço do direito material, facilita-se a tutela deste, o que propicia um acesso substancial e efetivo à justiça, e não apenas uma garantia meramente formal de que o cidadão poderia levar qualquer lide à apreciação do Judiciário.

12. DUPLO GRAU DE JURISDIÇÃO

Duplo grau de jurisdição significa que os interessados têm o direito de provocar, por meio da interposição de recurso, o reexame de determinada decisão, por órgão jurisdicional diferente daquele que prolatou a decisão originária.

É bastante controvertida em doutrina a existência do princípio do duplo grau de jurisdição. Contrariamente, argumenta-se que não há qualquer dispositivo no ordenamento jurídico que positive o princípio, e que seria possível a supressão de recursos pelo legislador.

No entanto, é seguro afirmar que se trata de princípio constitucional implícito, tanto no Processo do Trabalho, quanto no Processo Civil.

De fato, a Constituição prevê a existência de diversos órgãos jurisdicionais hierarquizados, estabelecendo que os Tribunais detêm competência para o julgamento de recursos. Por exemplo, no art. 108, II, da CF[60], estipula-se que os Tribunais Regionais Federais têm competência para julgar os recursos interpostos contra

[59] Art. 251. Incumbe ao oficial de justiça procurar o citando e, onde o encontrar, citá-lo:
I – lendo-lhe o mandado e entregando-lhe a contrafé.

[60] Art. 108. Compete aos Tribunais Regionais Federais:
II – julgar, em grau de recurso, as causas decididas pelos juízes federais e pelos juízes estaduais no exercício da competência federal da área de sua jurisdição.

decisões dos Juízes Federais. Ora, não faria sentido essa previsão se a regra geral fosse a inexistência de recursos.

O princípio geral, portanto, é o de que as decisões judiciais são recorríveis. Contudo, como todo princípio, o duplo grau de jurisdição pode ser validamente ponderado, pelo legislador (ordinário ou constitucional), notadamente com o princípio da duração razoável do processo.

Assim, a Constituição estabelece a competência originária do STF para o julgamento de determinadas causas, como aquelas atinentes a infrações penais cometidas pelo Presidente da República (CF, art. 102, I, *b*)[61]. Não há possibilidade de recurso, pois não há órgão jurisdicional que se sobreponha ao STF.

A lei infraconstitucional também pode eliminar o duplo grau em determinadas causas. O único exemplo atualmente existente no Processo do Trabalho é o das execuções fiscais com valor igual ou inferior a 50 (cinquenta) Obrigações Reajustáveis do Tesouro Nacional – ORTN, só se admitindo embargos infringentes e de declaração (Lei nº 6.830/80, art. 34, *caput* e § 2º).[62] Esses recursos são julgados pelo mesmo órgão jurisdicional de primeira instância que prolatou a decisão recorrida. Portanto, não há, nesses casos, duplo grau de jurisdição, que pressupõe, conforme já dito, a possibilidade de reapreciação por órgão distinto.

Embora grande parte da doutrina sustente em sentido contrário, veja-se que, nos dissídios trabalhistas sujeitos ao procedimento sumário (também chamados dissídios de alçada, aplicáveis para as causas cujo valor não ultrapasse dois salários mínimos), há, sim, duplo grau de jurisdição. De fato, o art. 2º, § 4º, da Lei nº 5.584/70[63] restringe o âmbito de matérias passíveis de arguição no recurso (só cabe recurso que versar sobre matéria constitucional), mas não o elimina. Há, aqui, limitação do efeito devolutivo do recurso, mas é preservada a possibilidade de apreciação por órgão distinto do que prolatou a decisão, restando intacto, portanto, o princípio do duplo grau.

13. BOA-FÉ PROCESSUAL

De início, cabe diferenciar a boa-fé objetiva e a subjetiva: a primeira é norma objetiva de conduta, que deve pautar o comportamento dos sujeitos, à luz do que é razoavelmente esperado no meio social. A boa-fé objetiva pode ser violada mesmo

---

61 Art. 102. Compete ao Supremo Tribunal Federal, precipuamente, a guarda da Constituição, cabendo-lhe:
I – processar e julgar, originariamente:
b) nas infrações penais comuns, o Presidente da República, o Vice-Presidente, os membros do Congresso Nacional, seus próprios Ministros e o Procurador-Geral da República.

62 Art. 34 – Das sentenças de primeira instância proferidas em execuções de valor igual ou inferior a 50 (cinquenta) Obrigações Reajustáveis do Tesouro Nacional – ORTN, só se admitirão embargos infringentes e de declaração.
§ 2º – Os embargos infringentes, instruídos, ou não, com documentos novos, serão deduzidos, no prazo de 10 (dez) dias perante o mesmo Juízo, em petição fundamentada.

63 § 4º – Salvo se versarem sobre matéria constitucional, nenhum recurso caberá das sentenças proferidas nos dissídios da alçada a que se refere o parágrafo anterior, considerado, para esse fim, o valor do salário mínimo à data do ajuizamento da ação.

que não haja intenção de prejudicar por parte do violador. Já a boa-fé subjetiva pressupõe a perquirição do estado anímico do indivíduo: se houver intenção de abusar do direito, de prejudicar, diz-se que ele está de má-fé; não havendo tal intenção, há boa-fé subjetiva, embora possa não haver boa-fé sob o prisma objetivo.

O princípio positivado no art. 5º do CPC é o da boa-fé processual objetiva. Assim, todos os sujeitos processuais (partes, juiz, órgão do Ministério Público, auxiliares da justiça etc.) devem atuar com lealdade, probidade e ética, considerando as expectativas legítimas dos demais sujeitos.

De acordo com a doutrina civilista, a boa-fé objetiva possui tríplice função: interpretativa; integrativa; e limitativa do exercício de direitos.[64] Essa noção pode perfeitamente ser transportada para o Direito Processual.

Como cânone interpretativo, a boa-fé deve inspirar a interpretação de todos os atos processuais. É por isso que o CPC (no art. 322, § 2º)[65] estabelece que a interpretação do pedido considerará o conjunto da postulação e observará o princípio da boa-fé. Essa norma, a rigor, não era necessária, pois o princípio citado aplica-se de forma ampla no processo. Assim, por exemplo, caso a petição inicial apresente pedido heterotópico (pedido formulado na fundamentação da peça, mas não repetido ou elencado no rol final de pedidos), o juiz tem o dever de apreciá-lo, pois é evidente que o autor tem a legítima expectativa de vê-lo apreciado, apesar da possível falha técnica.

A função integrativa da boa-fé objetiva inspira a existência dos deveres anexos (também chamados de laterais) de conduta, tais como os de esclarecimento, lealdade e prevenção. Neste aspecto, há nítida superposição entre a boa-fé e o princípio da cooperação.

Assim, juiz, partes e terceiros intervenientes devem agir com lealdade: partes não podem litigar de má-fé (CPC, arts. 79 a 81)[66]; e elas, e também o Juiz, não podem adotar comportamentos contraditórios (*venire contra factum proprium*), surpreendendo e violando as legítimas expectativas dos demais sujeitos processuais.

---

[64] TEPEDINO; BARBOZA; MORAES. *Código*. v. 2. P. 17.

[65] § 2º A interpretação do pedido considerará o conjunto da postulação e observará o princípio da boa-fé.

[66] Art. 79. Responde por perdas e danos aquele que litigar de má-fé como autor, réu ou interveniente.

Art. 80. Considera-se litigante de má-fé aquele que:

I – deduzir pretensão ou defesa contra texto expresso de lei ou fato incontroverso;

II – alterar a verdade dos fatos;

III – usar do processo para conseguir objetivo ilegal;

IV – opuser resistência injustificada ao andamento do processo;

V – proceder de modo temerário em qualquer incidente ou ato do processo;

VI – provocar incidente manifestamente infundado;

VII – interpuser recurso com intuito manifestamente protelatório.

Art. 81. De ofício ou a requerimento, o juiz condenará o litigante de má-fé a pagar multa, que deverá ser superior a um por cento e inferior a dez por cento do valor corrigido da causa, a indenizar a parte contrária pelos prejuízos que esta sofreu e a arcar com os honorários advocatícios e com todas as despesas que efetuou.

O dever de esclarecimento obriga as partes a formularem suas pretensões e defesa com clareza e consistência, sob pena de inépcia. Já para o órgão jurisdicional, obriga-o a esclarecer-se, junto às partes, acerca de dúvidas quanto às respectivas alegações. Do dever de esclarecimento, decorre também o dever de consulta, positivado no art. 10 do CPC[67], que obriga o Juiz a intimar as partes antes de tomar decisões com base em pontos não discutidos previamente no processo. Além disso, também sinaliza para a necessidade de clareza das decisões judiciais.

Já o dever de prevenção, para as partes, enseja, por exemplo, a responsabilidade objetiva do exequente nos casos de cumprimento provisório de sentença (CPC, arts. 520, I, e 776)[68]. Para o órgão judicial, gera o dever de alertar as partes quanto às deficiências de suas postulações, para que explicitem pedidos pouco claros, que exponham fatos relevantes, ou que adequem o pedido formulado à técnica processual. Daí surge, por exemplo, o direito de emenda à petição inicial, que não pode ser extinta sem resolução de mérito sem que se conceda ao autor a prévia oportunidade de corrigi-la (CPC, art. 321).[69]

A boa-fé objetiva tem, ainda, a função de limitar o exercício de direitos. Pense-se no direito de recorrer, que é inerente ao duplo grau de jurisdição, conforme já analisado. Tal direito, na prática, pode ser exercido de forma abusiva pelos interessados, dando azo a recursos meramente protelatórios. O próprio legislador, então, previu, por exemplo, no caso do recurso dos embargos de declaração protelatórios que, se este for o caso, o embargante deve ser condenado ao pagamento de multa de até 2% do valor da causa, que poderá ser aumentada para até 10% no caso de reiteração; além disso, não serão admitidos novos embargos de declaração se os 2 (dois) anteriores houverem sido considerados protelatórios (CPC, art. 1.026, § 2º a 4º).[70] Trata-se de regramento claramente inspirado na função limitadora de direitos que é inerente à boa-fé objetiva.

---

[67] Art. 10. O juiz não pode decidir, em grau algum de jurisdição, com base em fundamento a respeito do qual não se tenha dado às partes oportunidade de se manifestar, ainda que se trate de matéria sobre a qual deva decidir de ofício.

[68] Art. 520, I – corre por iniciativa e responsabilidade do exequente, que se obriga, se a sentença for reformada, a reparar os danos que o executado haja sofrido;

Art. 776. O exequente ressarcirá ao executado os danos que este sofreu, quando a sentença, transitada em julgado, declarar inexistente, no todo ou em parte, a obrigação que ensejou a execução.

[69] Art. 321. O juiz, ao verificar que a petição inicial não preenche os requisitos dos arts. 319 e 320 ou que apresenta defeitos e irregularidades capazes de dificultar o julgamento de mérito, determinará que o autor, no prazo de 15 (quinze) dias, a emende ou a complete, indicando com precisão o que deve ser corrigido ou completado.

[70] Art. 1.026, § 2º Quando manifestamente protelatórios os embargos de declaração, o juiz ou o tribunal, em decisão fundamentada, condenará o embargante a pagar ao embargado multa não excedente a dois por cento sobre o valor atualizado da causa.

§ 3º Na reiteração de embargos de declaração manifestamente protelatórios, a multa será elevada a até dez por cento sobre o valor atualizado da causa, e a interposição de qualquer recurso ficará condicionada ao depósito prévio do valor da multa, à exceção da Fazenda Pública e do beneficiário de gratuidade da justiça, que a recolherão ao final.

§ 4º Não serão admitidos novos embargos de declaração se os 2 (dois) anteriores houverem sido considerados protelatórios.

14. COOPERAÇÃO

O princípio da cooperação está positivado no art. 6º do CPC,[71] consistindo em decorrência imediata do princípio da boa-fé processual e do princípio constitucional da solidariedade (CF, art. 3º, I).[72] Pode ser associado, também, aos princípios do devido processo legal e do contraditório.

Embora o processo judicial seja tendencialmente um ambiente conflitivo, o princípio em questão tem o objetivo de induzir comportamentos leais e cooperativos, em sentido contrário ao que seria presumidamente esperado dos atores processuais.

De fato, o princípio da cooperação não tem a pretensão de suprimir a lide e o natural conflito contido no processo, e tampouco de fazer com uma parte ajude a outra a ter sucesso na sua postulação. Contudo, o princípio reforça a ideia de que o processo é um instrumento ético em busca da verdade e da justa composição do litígio; assim, a existência do conflito não inibe a exigência de que os sujeitos processuais atuem com lealdade.

Noutro giro, o princípio da cooperação também gera deveres para o órgão jurisdicional e sufraga um novo regime no processo civil brasileiro, superando-se os modelos *inquisitorial* e *adversarial*. De acordo com o primeiro haveria prevalência da atuação do Juiz, no que tange à condução do processo, enquanto o regime *adversarial* tem cunho mais privatista, com preponderância da atuação das partes. No regime inquisitorial, típico dos regimes da *civil law*, há maior espectro de poderes para o Juiz na condução do processo, ao passo que no regime adversarial, característico da *common law*, o Juiz assiste passivamente ao *duelo* entre as partes, para ao final proferir a decisão da causa.

Já o regime cooperativo busca trazer uma ideia ancorada no princípio democrático, no sentido de que haja diálogo entre Juiz e partes, no afã de melhor solucionar o litígio. Assim, há uma simetria de posições no que tange à condução do processo, não havendo falar em supremacia ou maior grau de importância, quer do Juiz, quer das partes. No entanto, no momento da decisão, que será fruto do contraditório participativo e da cooperação entre todos os sujeitos, há, sim, assimetria de posições, já que a decisão judicial é exercício do poder jurisdicional, cuja atribuição cabe apenas aos magistrados.

O princípio da cooperação gera para os sujeitos processuais os deveres de esclarecimento, lealdade e prevenção, havendo, no ponto, nítida interseção com o princípio da boa-fé objetiva, conforme já analisado no item anterior.

15. CONCILIAÇÃO

A conciliação é um dos pilares do Processo do Trabalho, e também, atualmente, do Processo Civil. A solução conciliatória é um objetivo do processo, pois potencialmente tem maior aptidão para alcançar a pacificação social.

---

[71] Art. 6º Todos os sujeitos do processo devem cooperar entre si para que se obtenha, em tempo razoável, decisão de mérito justa e efetiva.

[72] Art. 3º Constituem objetivos fundamentais da República Federativa do Brasil:
I – construir uma sociedade livre, justa e solidária.

O art. 139, V, do Novo CPC[73], estipula que compete ao juiz promover, a qualquer tempo, a autocomposição, preferencialmente com auxílio de conciliadores e mediadores judiciais.

De acordo com os arts. 846 e 850 da CLT,[74] é obrigatória a tentativa de conciliação antes do recebimento da defesa, e após as razões finais, sendo certo que o Juiz do Trabalho deve sempre empregar seus bons ofícios e persuasão a fim de que as partes componham espontaneamente o conflito (CLT, art. 764, § 1º).[75]

De outro lado, veja-se que a arbitragem, como método de heterocomposição em que as partes delegam a um terceiro o poder de decidir o conflito, não é aplicável, em princípio, de acordo com a doutrina majoritária, no direito processual do trabalho. A exceção se dá quanto aos conflitos coletivos de trabalho, em virtude de expresso permissivo constitucional (CF, art. 114, § 2º).[76] A doutrina alvitra, ainda, a possibilidade de arbitragem nos conflitos individuais que envolvam altos empregados, em relação aos quais a hipossuficiência e a subordinação são rarefeitas.

Por fim, ressalte-se que, apesar da importância da conciliação no Processo do Trabalho, o Juiz do Trabalho pode deixar de homologar acordo entabulado pelas partes, sempre que houver prejuízo manifesto para terceiros, ou para o próprio trabalhador.

Exemplificando: quando os elementos dos autos deixarem claro que há conluio entre reclamante e reclamado, com o fim de transferir patrimônio de empresa insolvente, frustrando os demais credores, o Juiz do Trabalho deve indicar as razões de seu convencimento, proferindo decisão que impeça os objetivos das partes, e aplicando, de ofício, as penalidades da litigância de má-fé (CPC, art. 142).[77]

De outro lado, registre-se que o fato de a maioria dos direitos trabalhistas serem irrenunciáveis não significa, por óbvio, que o trabalhador esteja obrigado a persegui-los em Juízo, já que a decisão de acessar, ou não, o Judiciário, entra na esfera de liberdade e autodeterminação individual. Pelos mesmos motivos, é válida a renúncia manifestada em Juízo, diante do Juiz do Trabalho, que deverá, entretanto, ser cauteloso e inteirar-se das razões de ser da renúncia.

---

[73] Art. 139, V – promover, a qualquer tempo, a autocomposição, preferencialmente com auxílio de conciliadores e mediadores judiciais.

[74] Art. 846 – Aberta a audiência, o juiz ou presidente proporá a conciliação.

Art. 850 – Terminada a instrução, poderão as partes aduzir razões finais, em prazo não excedente de 10 (dez) minutos para cada uma. Em seguida, o juiz ou presidente renovará a proposta de conciliação, e não se realizando esta, será proferida a decisão.

[75] Art. 764 – Os dissídios individuais ou coletivos submetidos à apreciação da Justiça do Trabalho serão sempre sujeitos à conciliação.

§ 1º – Para os efeitos deste artigo, os juízes e Tribunais do Trabalho empregarão sempre os seus bons ofícios e persuasão no sentido de uma solução conciliatória dos conflitos.

[76] Art. 114. Compete à Justiça do Trabalho processar e julgar:

§ 2º Recusando-se qualquer das partes à negociação coletiva ou à arbitragem, é facultado às mesmas, de comum acordo, ajuizar dissídio coletivo de natureza econômica, podendo a Justiça do Trabalho decidir o conflito, respeitadas as disposições mínimas legais de proteção ao trabalho, bem como as convencionadas anteriormente.

[77] Art. 142. Convencendo-se, pelas circunstâncias, de que autor e réu se serviram do processo para praticar ato simulado ou conseguir fim vedado por lei, o juiz proferirá decisão que impeça os objetivos das partes, aplicando, de ofício, as penalidades da litigância de má-fé.

Com muito mais razão, é de se admitir, em algumas situações, a transação que implique diminuição do valor dos créditos devidos ao trabalhador, quer na fase de conhecimento, quer na de execução. É que, embora a existência do crédito possa ser líquida e certa, muitas vezes a situação patrimonial do empregador faz com que haja dúvidas acerca da viabilidade da futura execução.

Não há discricionariedade judicial na avaliação da possibilidade de homologação de acordo: se este for fraudulento, ou se violar irrazoavelmente direitos do trabalhador, o Juiz do Trabalho deve deixar de homologar; ao contrário, sendo hígida a avença, é dever do órgão jurisdicional a homologação do acordo. Assim, criticável a redação da Súmula 418 do TST[78], quando afirma que a homologação de acordo é *faculdade* do juiz. O mérito do verbete, entretanto, está em sinalizar que, em algumas situações, é lícita a recusa judicial à homologação.

Situação prática interessante é a de conflito entre advogado e cliente no que tange à conciliação. Por exemplo, a parte concorda com o acordo proposto, mas o respectivo patrono não aceita. Embora o tema suscite controvérsias, uma vez que a parte conceda poderes de representação ao advogado, não há como homologar o acordo sem a aquiescência do patrono, sendo certo que o Juiz do Trabalho não pode se imiscuir na relação entre advogado e cliente. No caso de não se resolver o impasse, a única solução possível é que a parte, em audiência mesmo, destitua o advogado, o qual pode, por sua vez, pedir a retenção dos honorários advocatícios contratuais.

---

[78] Súmula nº 418 do TST: MANDADO DE SEGURANÇA VISANDO À HOMOLOGAÇÃO DE ACORDO (nova redação em decorrência do CPC de 2015) – Res. 217/2017 – DEJT divulgado em 20, 24 e 25.04.2017.

A homologação de acordo constitui faculdade do juiz, inexistindo direito líquido e certo tutelável pela via do mandado de segurança.

III

JURISDIÇÃO E EQUIVALENTES JURISDICIONAIS

1. MÉTODOS DE SOLUÇÃO DE CONFLITOS: AUTOCOMPOSIÇÃO E HETEROCOMPOSIÇÃO

Os bens (em sentido amplo) são escassos, e os interesses tendem a ser ilimitados. Por isso, acontecem, na vida em sociedade, conflitos entre pessoas, grupos e até mesmo entes despersonalizados (condomínio, espólio etc.), tendo por causa a divergência sobre valores materiais ou imateriais que sirvam de objeto a uma relação jurídica.

Os conflitos podem ser solucionados pelos próprios interessados, dando lugar à autocomposição; ou, ao contrário, podem ser resolvidos por um terceiro desinteressado, estranho ao litígio, o que enseja a heterocomposição.

Como exemplos de autocomposição, tem-se a autotutela e a mediação/conciliação. Já a heterocomposição ocorre por meio da arbitragem e da jurisdição.

Há controvérsia em doutrina acerca da classificação da autotutela como mecanismo de autocomposição, mas assim deve ser considerada, já que não há a participação de qualquer terceiro na solução do conflito.

Também se controverte a respeito do enquadramento da mediação, havendo parcela da doutrina que a considere como espécie de heterocomposição. Contudo, na mediação e na conciliação, a participação do terceiro (Juiz do Trabalho, por exemplo) se dá sem caráter impositivo. O mediador ou conciliador apenas aproxima as partes, eventualmente sugerindo soluções, mas sem caráter de obrigatoriedade: os próprios interessados solucionam seu conflito.

Diferentemente ocorre na arbitragem e na jurisdição, nas quais o terceiro – árbitro ou juiz – pode impor determinada solução, independentemente da aquiescência das partes. Aqui, sim, está-se diante de métodos de heterocomposição.

Todos os métodos de solução de conflitos que não sejam desempenhados pelo Poder Judiciário podem ser considerados equivalentes jurisdicionais. Porque solucionam conflito, equivalem à jurisdição; mas não são, propriamente, jurisdição, pois a solução não se dá por órgão do Judiciário.

Fala-se em "justiça multiportas"[1] para remeter à ideia de que deve haver uma pluralidade de mecanismos de composição de conflitos, tais como o Poder Judiciário, a arbitragem, a mediação etc. No campo do Direito Processual Civil, é comum, ainda, a referência à noção de adequação, de modo que cada conflito concretamente surgido teria um mecanismo adequado e ideal para a solução da controvérsia, o que não necessariamente será a jurisdição estatal.[2]

Não se pode pré-excluir, de forma absoluta, a concepção de justiça multiportas no âmbito trabalhista. De fato, em algumas situações pontuais, o uso da arbitragem ou de outros mecanismos auto ou heterocompositivos pode se revelar adequado ao caso concreto. Contudo, a notória assimetria entre as partes da relação de trabalho, o estado de necessidade do trabalhador, o desemprego, entre outros aspectos, geram a conclusão de que a grande massa de litígios trabalhistas deve mesmo ser resolvida por órgão estatal (a Justiça do Trabalho) dotado de garantias instrumentais que assegurem absoluta imparcialidade e equidistância em relação às partes, e capaz de assegurar a observância do ordenamento jurídico sem que pressões econômicas influenciem no acertamento do direito.

2. EQUIVALENTES JURISDICIONAIS: AUTOCOMPOSIÇÃO E ARBITRAGEM NO PROCESSO DO TRABALHO

2.1. Autotutela

O primeiro método de autocomposição é a autotutela, que consiste na satisfação do direito pelo próprio interessado, à luz da "lei do mais forte". Em regra, é vedada, sendo inclusive ilícito penal o exercício arbitrário das próprias razões, ou seja, fazer justiça pelas próprias mãos, mesmo que legítima a pretensão (CP, art. 345).[3]

[1] Expressão divulgada por Frank Sander.

[2] Nesse sentido, por exemplo: PINHO, Humberto Dalla Bernardina de. A releitura do princípio do acesso à justiça e o necessário redimensionamento da intervenção judicial na resolução dos conflitos na contemporaneidade. In: RJLB - *REVISTA JURÍDICA LUSO-BRASILEIRA*, v. 3, p. 791-830, 2019.

[3] Art. 345 – Fazer justiça pelas próprias mãos, para satisfazer pretensão, embora legítima, salvo quando a lei o permite.

Há situações, entretanto, nas quais o direito positivo permite a autotutela: desforço imediato (*incontinenti*) na hipótese de perda da posse (CC, art. 1210, § 1º).[4] Imagine-se que um empregado tenha se tornado possuidor de um imóvel, que ocupa para fins de moradia, por força de um contrato de trabalho; e que o empregador, sem qualquer fundamento contratual ou legal, retome de forma clandestina a posse do bem. O prejudicado, neste caso, pode retomar a posse, independentemente da intervenção de qualquer órgão estatal, desde que aja imediatamente após tomar conhecimento da agressão.

Outro exemplo de autotutela admitida pelo ordenamento jurídico: descontos salariais em caso de dano doloso ao patrimônio do empregador, causado pelo empregado (CLT, art. 462, § 1º).[5]

Perceba-se que, em qualquer caso, a situação pode ser judicializada: quer por aquele que poderia valer-se da autotutela, mas prefira submeter o conflito ao Judiciário; quer pela pessoa que se sinta prejudicada pelo ato de autotutela levada a efeito pelo lesado original. Neste último caso, pode-se dizer que a autotutela soluciona um conflito, mas gera outro.

2.2. Mediação/conciliação

Discute-se em doutrina se há diferença entre os institutos da mediação e da conciliação, havendo posicionamento no sentido de que a atividade do mediador seria mais intensa do que a do conciliador.[6] De outro lado, o CPC (no art. 165, §§ 2º e 3º)[7], estabelece distinção entre conceitos a partir de outro prisma, no sentido de que o conciliador, ao contrário do mediador, poderia sugerir soluções para o litígio.

Entretanto, não há distinção, do ponto de vista ontológico, entre as atividades de mediação e conciliação: trata-se de expressões sinônimas e que geram a autocomposição pelos interessados, que chegam, por si mesmos, a uma solução consensual do litígio, muito embora haja a atuação de um terceiro (mediador ou conciliador) para aproximá-los.

De fato, o Juiz do Trabalho, quando atua para obter a conciliação das partes, age como uma espécie de mediador, sem qualquer poder decisório sobre o ato. Cabe-lhe apenas aproximar as partes, demonstrar os riscos, vantagens e desvantagens do litígio, e proporcionar um diálogo aberto, franco e democrático em audiência, à luz

---

4 Art. 1210, § 1º, O possuidor turbado, ou esbulhado, poderá manter-se ou restituir-se por sua própria força, contanto que o faça logo; os atos de defesa, ou de desforço, não podem ir além do indispensável à manutenção, ou restituição da posse.

5 Art. 462, § 1º – Em caso de dano causado pelo empregado, o desconto será lícito, desde de que esta possibilidade tenha sido acordada ou na ocorrência de dolo do empregado.

6 SCHIAVI. Manual. p. 34.

7 § 2º – O conciliador, que atuará preferencialmente nos casos em que não houver vínculo anterior entre as partes, poderá sugerir soluções para o litígio, sendo vedada a utilização de qualquer tipo de constrangimento ou intimidação para que as partes conciliem.

§ 3º – O mediador, que atuará preferencialmente nos casos em que houver vínculo anterior entre as partes, auxiliará aos interessados a compreender as questões e os interesses em conflito, de modo que eles possam, pelo restabelecimento da comunicação, identificar, por si próprios, soluções consensuais que gerem benefícios mútuos.

do princípio da cooperação (CPC, art. 6º).[8] Contudo, a decisão sobre firmar, ou não, um acordo é soberana das partes, em conjunto com seus advogados.

Nesse cenário, observe-se que é da tradição e da essência da Justiça do Trabalho a conciliação realizada pelo Juiz. Assim, não há necessidade, nem espaço, para a atuação de mediadores ou conciliadores leigos na Especializada, pois isso esvaziaria as atribuições do Juiz do Trabalho, devendo-se levar em conta também os riscos envolvidos, entre os quais se destacam: a possibilidade de acirramento dos ânimos das partes, em decorrência de uma mediação mal realizada; o potencial crescimento do índice de lides simuladas, em função do menor contato (ou da ausência de contato) do Juiz do Trabalho com as partes; possível aumento das fraudes, utilizando-se do processo trabalhista como instrumento para transferência fraudulenta de patrimônio; celebração de acordos lesivos ao trabalhador.

Destarte, não se aplicam ao Processo do Trabalho os arts. 165[9] e seguintes do Novo Código de Processo Civil, que preveem a criação de centros de conciliação nos Tribunais, com utilização de mediadores e conciliadores estranhos aos quadros do Poder Judiciário, salvo nos casos de conflitos coletivos de natureza econômica. Nesse sentido é o art. 14 da Instrução Normativa 39/2016 do Tribunal Superior do Trabalho.[10] Ressalve-se, entretanto, que a Resolução 174/2016 do CSJT determina a criação de Núcleo Permanente de Métodos Consensuais de Solução de Disputas - NUPEMEC-JT, composto por magistrados e servidores ativos designados, sendo que estes poderiam atuar como mediadores e conciliadores, desde que supervisionados por um magistrado.

Em sentido contrário, poder-se-ia argumentar que a utilização de conciliadores leigos desafogaria a Justiça do Trabalho, permitindo a redução do quantitativo de processos a serem submetidos ao Juiz. Embora isso seja verdade, os riscos já apontados superam os potenciais ganhos. Outro argumento é o fato de que há previsão para conciliação realizada por conciliadores leigos no âmbito das Comissões de Conciliação Prévia. Contudo, isso só é possível porque há previsão legal expressa (CLT, art. 625-D)[11] excepcionando a regra geral, que é a conciliação realizada pelo Juiz do Trabalho, não havendo previsão genérica, no processo do trabalho, de utilização de mediadores ou conciliadores que não sejam membros do Poder Judiciário.

Por fim, importante destacar que a conciliação pode gerar uma transação (por força da qual as partes fazem concessões recíprocas para compor o conflito, o que é mais comum na prática do foro); renúncia (quando o autor abdica do direito material

[8] Art. 6º - Todos os sujeitos do processo devem cooperar entre si para que se obtenha, em tempo razoável, decisão de mérito justa e efetiva.

[9] Art. 165 - Os tribunais criarão centros judiciários de solução consensual de conflitos, responsáveis pela realização de sessões e audiências de conciliação e mediação e pelo desenvolvimento de programas destinados a auxiliar, orientar e estimular a autocomposição.

[10] Art. 14 - Não se aplica ao Processo do Trabalho o art. 165 do CPC, salvo nos conflitos coletivos de natureza econômica (Constituição Federal, art. 114, §§ 1º e 2º).

[11] Art. 652-D - Qualquer demanda de natureza trabalhista será submetida à Comissão de Conciliação Prévia se, na localidade da prestação de serviços, houver sido instituída a Comissão no âmbito da empresa ou do sindicato da categoria.

de que se afirma titular); ou o reconhecimento jurídico do pedido (que acontece quando réu reconhece o direito material postulado pelo autor).

A desistência, com efeitos meramente processuais (extinção do processo sem resolução de mérito – CPC, art. 485, VIII)[12], não pode ser considerada forma de solução de conflitos, justamente porque não há resolução da controvérsia, que permanece latente e pode dar azo, eventualmente, a novo processo.

2.3. Transação e renúncia extrajudiciais no contrato de trabalho

Renúncia e transação consubstanciam atos jurídicos de direito material: pela primeira, o titular abdica espontaneamente de direito titularizado; por meio da segunda, as partes envolvidas, mediante concessões recíprocas, previnem ou põem fim a litígio decorrente de determinada relação jurídica (Código Civil, art. 840)[13]. Sob a ótica processual, ambos os institutos implicam extinção do processo com resolução de mérito (CPC, art. 487, III, *b*, *c*)[14].

Admitidos de forma ampla no Direito Civil, tanto a renúncia, quanto a transação, apresentam peculiaridades no âmbito das relações trabalhistas, pois o Direito do Trabalho é informado pelo princípio da irrenunciabilidade dos direitos. Isso se explica porque grande parte da legislação trabalhista é cogente, de ordem pública, e teria a sua aplicabilidade comprometida caso a parte hipossuficiente da relação jurídica (= o trabalhador) pudesse se despojar dos direitos assegurados pelo Estado.

Assim, em princípio, o instituto da renúncia não pode ser aplicado em desfavor do trabalhador, seja antes, durante ou mesmo depois do contrato de trabalho. Deveras, antes da celebração do contrato, a vedação à renúncia pode ser inferida do art. 9º da CLT[15] e do art. 191 do Código Civil[16]. Nesse sentido, a Súmula 199 do TST[17] veda a pré-contratação de horas extras de empregado bancário, afastando a possibilidade de renúncia do direito à jornada reduzida.

Durante o contrato de trabalho, há a subordinação jurídica do empregado, que está submetido ao poder diretivo do empregador, do que resulta logicamente a impossibilidade de renúncia de direitos. Após a extinção do contrato de trabalho, embora não haja mais subordinação jurídica, persiste a hipossuficiência econômica do

---

12 Art. 485 – O juiz não resolverá o mérito quando: (...) VIII – homologar a desistência da ação.

13 Art. 840 – É lícito aos interessados prevenirem ou terminarem o litígio mediante concessões mútuas.

14 Art. 487 – Haverá resolução de mérito quando o juiz: (...) III – homologar: b) a transação; c) a renúncia à pretensão formulada na ação ou na reconvenção.

15 Serão nulos de pleno direito os atos praticados com o objetivo de desvirtuar, impedir ou fraudar a aplicação dos preceitos contidos na presente Consolidação.

16 A renúncia da prescrição pode ser expressa ou tácita, e só valerá, sendo feita, sem prejuízo de terceiro, depois que a prescrição se consumar; tácita é a renúncia quando se presume de fatos do interessado, incompatíveis com a prescrição.

17 I – A contratação do serviço suplementar, quando da admissão do trabalhador bancário, é nula. Os valores assim ajustados apenas remuneram a jornada normal, sendo devidas as horas extras com o adicional de, no mínimo, 50% (cinquenta por cento), as quais não configuram pré-contratação, se pactuadas após a admissão do bancário. II – Em se tratando de horas extras pré-contratadas, opera-se a prescrição total se a ação não for ajuizada no prazo de cinco anos, a partir da data em que foram suprimidas.

trabalhador, que também é fator impeditivo do ato de renúncia. Exemplos extraídos da jurisprudência são a irrenunciabilidade do aviso prévio (TST, Súmula 276)[18] e da estabilidade da gestante (OJ 30 da SDC do TST).[19]

Ressalve-se que o fato de o direito ser irrenunciável não significa, por óbvio, que o trabalhador esteja obrigado a persegui-lo em Juízo, já que a decisão de acessar, ou não, o Judiciário, entra na esfera de liberdade e autodeterminação individual. Pelos mesmos motivos, é válida a renúncia manifestada em Juízo, diante do Juiz do Trabalho, que deverá, entretanto, ser cauteloso e inteirar-se das razões de ser da renúncia.

Excepcionalmente, a jurisprudência admite a renúncia de direitos trabalhistas, na vigência do contrato, ou após a sua extinção, sobretudo quando (i) há substituição dos direitos renunciados por outros direitos que lhes façam as vezes, ou (ii) há autorização legal. É o que acontece, por exemplo, quando a empresa edita novo regulamento, sendo que a opção do empregado por um deles (o novo ou o antigo) tem efeito jurídico de renúncia às regras do sistema do outro (TST, Súmula 51, I)[20]. Outro exemplo é a opção do empregado pelo FGTS, que consubstancia renúncia à estabilidade decenal (TST, Súmula 98, II)[21], e a opção do funcionário público pelo regime trabalhista, que implica renúncia dos direitos inerentes ao regime estatutário (TST, Súmula 243)[22].

No mesmo diapasão, a regra geral é a impossibilidade de transação antes e durante o contrato de trabalho, devendo ser acrescentado como fundamento o princípio da inalterabilidade contratual lesiva (CLT, art. 468)[23]. Assim, em razão da subordinação jurídica e da hipossuficiência presumida, a transação realizada antes e durante o contrato de trabalho deve ser analisada com cautela, à luz dos elementos fático-jurídicos envolvidos.

Nesse sentido, a jurisprudência impede a transação concernente à estabilidade da gestante (OJ 30 da SDC do TST); invalida a transação do empregado estável optante que tenha recebido menos que 60% da indenização em dobro (TST, Súmula 54)[24];

---

18 O direito ao aviso prévio é irrenunciável pelo empregado. O pedido de dispensa de cumprimento não exime o empregador de pagar o respectivo valor, salvo comprovação de haver o prestador dos serviços obtido novo emprego.

19 Nos termos do art. 10, II, "b", do ADCT, a proteção à maternidade foi erigida à hierarquia constitucional, pois retirou do âmbito do direito potestativo do empregador a possibilidade de despedir arbitrariamente a empregada em estado gravídico. Portanto, a teor do artigo 9º da CLT, torna-se nula de pleno direito a cláusula que estabelece a possibilidade de renúncia ou transação, pela gestante, das garantias referentes à manutenção do emprego e salário.

20 As cláusulas regulamentares, que revoguem ou alterem vantagens deferidas anteriormente, só atingirão os trabalhadores admitidos após a revogação ou alteração do regulamento.

21 A estabilidade contratual ou a derivada de regulamento de empresa são compatíveis com o regime do FGTS. Diversamente ocorre com a estabilidade legal (decenal, art. 492 da CLT), que é renunciada com a opção pelo FGTS.

22 Exceto na hipótese de previsão contratual ou legal expressa, a opção do funcionário público pelo regime trabalhista implica a renúncia dos direitos inerentes ao regime estatutário.

23 Nos contratos individuais de trabalho só é lícita a alteração das respectivas condições por mútuo consentimento, e ainda assim desde que não resultem, direta ou indiretamente, prejuízos ao empregado, sob pena de nulidade da cláusula infringente desta garantia.

24 Rescindindo por acordo seu contrato de trabalho, o empregado estável optante tem direito ao mínimo de 60% (sessenta por cento) do total da indenização em dobro, calculada sobre o maior salário percebido no

e interpreta restritivamente a transação que implique adesão a plano de demissão voluntária (OJ 270 da SDI-1 do TST)[25].

De outro lado, extinto o contrato de trabalho, sobretudo se o trabalhador estiver diante de órgão imparcial, como o Juiz do Trabalho, a transação é admitida com maior flexibilidade. Contudo, o Juiz não é obrigado a homologar acordo que implique transação de direitos, caso haja nítido prejuízo ao empregado, simulação entre os envolvidos ou lesão à ordem jurídica, conforme deflui da Súmula 418 do TST.[26]

2.3.1. Homologação de acordo extrajudicial: Reforma Trabalhista

A Reforma Trabalhista (Lei nº 13.467/2017) inovou ao prever a competência das Varas do Trabalho para decidir quanto à homologação de acordo extrajudicial em matéria de competência da Justiça do Trabalho (art. 652, *f*, da CLT).[27]

Passa a ser permitida, a partir da nova lei, a chancela judicial de acordos firmados diretamente pelas partes da relação de trabalho fora do âmbito do Poder Judiciário. O dispositivo não estabelece qualquer restrição temporal: assim, o acordo pode ser firmado e homologado no curso do contrato de trabalho, ou após sua extinção.

Em geral, a jurisprudência sempre foi muito refratária à ideia de acordo extrajudicial, já que a situação típica do empregado, no Brasil, é de hipossuficiência (tem dificuldade financeira e, eventualmente, de compreensão de alguns aspectos jurídicos).

Muitas vezes, no cenário anterior à Reforma, empregado e empregador faziam acordo fora de juízo, combinando entre si alguma questão. O empregador poderia abusar dos seus poderes e conhecimento na confecção do acordo e dispor que o empregado dava quitação total pelo contrato de trabalho, ou seja, o empregado não poderia reclamar em Juízo nenhuma outra parcela.

Por sua vez, o empregado, por não compreender o que estava assinando, ou até mesmo que compreendesse, mas diante da situação de necessidade e hipossuficiência financeira, acabava aceitando firmar o acordo para receber parcelas como as verbas rescisórias. Isso porque o empregador poderia condicionar o pagamento das verbas rescisórias à assinatura do acordo dando ao empregador quitação plena, total e irrestrita.

Claramente, trata-se de situação que pode gerar embaraços no acesso à justiça pelo trabalhador.

---

emprego. Se houver recebido menos do que esse total, qualquer que tenha sido a forma de transação, assegura-se-lhe a complementação até aquele limite.

[25] A transação extrajudicial que importa rescisão do contrato de trabalho ante a adesão do empregado a plano de demissão voluntária implica quitação exclusivamente das parcelas e valores constantes do recibo.

[26] Súmula 418 do TST – A homologação de acordo constitui faculdade do juiz, inexistindo direito líquido e certo tutelável pela via do mandado de segurança.

[27] Art. 652. Compete às Varas do Trabalho: (...) f) decidir quanto à homologação de acordo extrajudicial em matéria de competência da Justiça do Trabalho.

O empregado, nesse caso, estaria impossibilitado de acessar o Poder Judiciário, por força de um acordo feito fora de juízo, sem a presença de nenhuma autoridade estatal a fim de verificar, eventualmente, a renúncia injustificada de direitos e outras situações de abuso.

É por tal motivo que, na doutrina e na jurisprudência, sempre se teve muita cautela quanto à homologação de acordo extrajudicial; alguns até a admitiam, mas o juiz precisava ter vários cuidados com relação ao acordo. De outro lado, havia opiniões no sentido de ser incabível a celebração e homologação de acordos extrajudiciais, em virtude do caráter cogente (obrigatório) das normas trabalhistas.

A previsão de competência trazida pela Reforma no art. 652, *f*, apresenta pontos positivos:

- (i) desestimula as lides simuladas: tem-se por lides simuladas aquelas lides que não existem, em que as partes simulam que estão litigando, que estão em confronto, mas, na verdade, só visam à celebração de acordo. Exemplo: empregado ajuíza reclamação trabalhista, em que, tanto empregado, quanto empregador, comparecem em audiência, e realizam acordo no processo apenas para ter a homologação/ chancela judicial, e a segurança jurídica daí decorrente.

  O acordo extrajudicial homologado judicialmente possui força de coisa julgada (aí está, portanto, o mérito do dispositivo); ou seja, o acordo feito pelo patrão e o empregado, de forma extrajudicial, levado à homologação pelo Juiz do Trabalho, apresenta o mesmo valor que uma decisão judicial com trânsito em julgado e não pode ser modificado, ressalvada a possibilidade de ação anulatória nos termos da lei;

- (ii) redução da litigiosidade: reduz o número de ações instauradas; as ações ajuizadas serão aquelas em que realmente exista o conflito;

- (iii) aumento da segurança jurídica: as partes sabem que a homologação do acordo extrajudicial estabilizará sua situação jurídica, diante da formação de coisa julgada material.

Contudo, há ponto negativo digno de nota: risco de utilização do Poder Judiciário como órgão homologador de rescisões de contrato de trabalho.

A Reforma Trabalhista extinguiu a previsão de homologação de rescisão do contrato de trabalho pelo sindicato ou Ministério do Trabalho e Previdência (CLT, art. 477). O objetivo da previsão legal de homologação era proteger o empregado, garantindo o mínimo de segurança jurídica às partes na extinção do contrato de trabalho.

Caso seja feita ampla e irrestritamente a homologação judicial de acordos extrajudiciais, na prática pode-se ter a substituição do órgão homologador, que antes era o sindicato ou Ministério do Trabalho e Previdência, e a partir da Reforma passaria a ser o Poder Judiciário Trabalhista.

Além disso, a homologação judicial é muito mais segura, principalmente para o empregador, em função da eficácia de coisa julgada material.

No entanto, não se pode admitir que o Poder Judiciário passe a atuar como órgão homologador das rescisões, tal como lhe tivesse sido transferida a competência que antes era do Sindicato e do Ministério do Trabalho e Previdência.

Esse é o grande risco dessa nova previsão do art. 652, *f*.

Recomendável, portanto, que haja muita cautela por parte dos Juízes do Trabalho no que tange à homologação de acordos extrajudiciais.

Nesse contexto, duas soluções (não excludentes) despontam para evitar a utilização da Justiça do Trabalho como órgão homologador de rescisões de contrato de trabalho: condenação em despesas processuais e recusa de homologação em determinadas hipóteses.

Assim, jamais se deve isentar do pagamento de custas uma situação de homologação de acordo extrajudicial; se as partes optam por levar o acordo para homologação pelo Poder Judiciário, deverão arcar com as custas e demais despesas do processo.

As custas incidirão na razão de 2% (dois por cento) sobre o valor do acordo homologado e, se de outra forma não for convencionado, o seu pagamento caberá em partes iguais aos litigantes (CLT, art. 789, *caput* e § 3º).

Ademais, os Juízes devem ser rigorosos na avaliação da discriminação das parcelas sujeitas à incidência de contribuições previdenciárias e fiscais, de modo a não lesar a Fazenda Pública e não beneficiar financeiramente aqueles que optam por levar ao Judiciário a homologação de acordo extrajudicial (CLT, art. 832, § 3º).

A cobrança das custas e o rigor na discriminação das parcelas fiscais e previdenciárias, se não constituir desestímulo efetivo ao ajuizamento de ações de homologação de acordos extrajudiciais, no mínimo não irá causar o efeito reverso consistente em se estimular a desnecessária submissão das rescisões de contrato de trabalho ao Judiciário.

Não é pertinente a cobrança de honorários advocatícios sucumbenciais, já que a homologação de acordo extrajudicial é procedimento de jurisdição voluntária em que não haverá vencidos ou vencedores. Contudo, a necessidade de que cada parte pague honorários contratuais ao respectivo advogado deve contribuir para que se evite a submissão indiscriminada de rescisões contratuais à Justiça do Trabalho.

No atual cenário legislativo, é inviável – por falta de previsão legal – a punição por litigância de má-fé ou ato atentatório à dignidade de jurisdição caso o Juiz do Trabalho deixe de homologar o acordo por considerá-lo fraudulento. De fato, o art. 81 do CPC[28], ao tratar da litigância de má-fé, o faz tendo em vista a jurisdição

---

[28] Art. 81. De ofício ou a requerimento, o juiz condenará o litigante de má-fé a pagar multa, que deverá ser superior a um por cento e inferior a dez por cento do valor corrigido da causa, a indenizar a parte contrária pelos prejuízos que esta sofreu e a arcar com os honorários advocatícios e com todas as despesas que efetuou.

§ 1º Quando forem 2 (dois) ou mais os litigantes de má-fé, o juiz condenará cada um na proporção de seu respectivo interesse na causa ou solidariamente aqueles que se coligaram para lesar a parte contrária.

§ 2º Quando o valor da causa for irrisório ou inestimável, a multa poderá ser fixada em até 10 (dez) vezes o valor do salário-mínimo.

contenciosa, tanto que determina implicitamente que a multa aplicada deve reverter para a parte contrária. Na jurisdição voluntária, como não se tem partes que sejam *contrárias*, mas apenas interessados na chancela judicial, a aplicabilidade do dispositivo fica afastada. Até mesmo a interpretação analógica ou extensiva - no sentido de que, em tais hipóteses, a multa deveria reverter para a União - deve ser afastada, pois é princípio de hermenêutica o de que normas punitivas se interpretam estritamente. Da mesma forma, a conduta de propor a homologação de acordo fraudulento não se enquadra entre as hipóteses de punição por ato atentatório à dignidade da justiça (art. 77 do CPC).

No atual cenário legislativo, é inviável - por falta de previsão legal - a punição por litigância de má-fé ou ato atentatório à dignidade de jurisdição caso o Juiz do Trabalho deixe de homologar o acordo por considerá-lo fraudulento. Eventualmente, a situação pode autorizar a intervenção do Ministério Público do Trabalho ou do Ministério Público Federal, caso se constate a prática de crimes ou a violação a direitos individuais ou sociais indisponíveis, no bojo de procedimento de homologação de acordo extrajudicial.

De lege ferenda, seria interessante que o legislador estabelecesse a possibilidade de aplicação de sanções processuais para os casos em que se deixasse de proceder à homologação em virtude da existência de vício no acordo extrajudicial submetido ao Judiciário. Tal previsão teria o potencial de inibir o ajuizamento de petições de homologação de acordo em hipóteses de fraude ou de acordo inválido.

Assim, conclui-se que a previsão do art. 652, *f*, CLT possui, potencialmente, efeitos positivos, contudo, deve ser aplicada com cautela em virtude dos inúmeros riscos decorrentes.

Por fim, homologado o acordo extrajudicial, forma-se título executivo judicial (CPC, art. 515, III), que autoriza a instauração de processo de execução, caso o devedor não cumpra espontaneamente o que foi acordado entre as partes.

2.3.1.1. Limites do acordo extrajudicial: a quitação total pelo extinto contrato de trabalho. Impossibilidade de homologação parcial do acordo

Deve-se atentar para as situações em que o Juiz do Trabalho pode se recusar a homologar acordo extrajudicial. Sobre o tema, importante observar a Súmula 418 do TST, que estipula ser a homologação de acordo faculdade do juiz, inexistindo direito líquido e certo tutelável pela via do mandado de segurança.

A redação da Súmula é passível de crítica, pois dá a entender que o juiz seria livre para homologar ou não homologar acordo extrajudicial. O verbete foi alterado pelo TST para se adequar ao CPC/15. Antes dessa alteração, a Súmula previa também que a concessão ou o indeferimento de liminar igualmente seriam faculdades do juiz.

---

§ 3º O valor da indenização será fixado pelo juiz ou, caso não seja possível mensurá-lo, liquidado por arbitramento ou pelo procedimento comum, nos próprios autos.

Ora, o juiz não tem opção, não tem faculdade, não tem juízo de conveniência e oportunidade para deferir ou indeferir a liminar a seu bel-prazer. O mesmo raciocínio vale para a homologação de acordo judicial ou extrajudicial.

De fato, a função jurisdicional não comporta a realização de juízos discricionários de conveniência e oportunidade. Ao contrário, o juiz pode e deve deixar de homologar um acordo caso exista situação de fraude ou de conluio entre o empregado e o empregador para prejudicar terceiros, ou de acordo altamente lesivo ao trabalhador, em que está renunciando direitos líquidos e certos sem qualquer justificativa plausível.

Nessas situações, o juiz deve portar-se com cautela e não homologar o acordo. Trata-se, portanto, de dever, e não de faculdade.

Logo, ainda que a Súmula 414 fale em *faculdade*, não é disso que se trata na realidade.

Exemplo: pretende-se fazer acordo em que o empregador pagará as verbas rescisórias do empregado, mas o trabalhador renuncia a outras parcelas ou direitos (tais como indenização por danos morais, adicional de periculosidade etc.) que, eventualmente, possua, sem que haja qualquer controvérsia quanto à modalidade de ruptura do contrato de trabalho (justa causa, dispensa imotivada etc.) ou quanto à solvabilidade da empresa.

Observe-se que, no exemplo dado, trata-se de acordo sem fundamento, altamente lesivo. As verbas rescisórias são direitos líquidos e certos, de modo que, havendo dispensa imotivada, sem justa causa, o empregado deve receber o aviso-prévio, o 13º salário, férias, FGTS com 40%.

Diante disso, não faria sentido o Juiz do Trabalho homologar acordo extrajudicial referente ao pagamento das verbas rescisórias, sendo que existe cláusula em que o empregado renuncia a qualquer outro direito, dando quitação total com relação ao contrato de trabalho.

Nessas situações, o juiz possui o dever de não homologar acordos prejudiciais ou fraudulentos. Não se trata, portanto, de faculdade, mas sim de dever, sendo que a negativa em homologar deve ser fundamentada, ou seja, o juiz precisa expor os fundamentos.

Outra solução possível - desde que as partes concordem - é homologar o acordo tão somente para quitação dos valores especificados na petição inicial, de forma semelhante ao que acontece na ação de consignação em pagamento. Dessa forma, nada impediria o ajuizamento posterior de reclamação trabalhista versando sobre outros direitos contratuais, ou até mesmo sobre diferenças atinentes às parcelas pagas em juízo.

É preciso deixar claro que não é possível a homologação parcial do acordo sem a concordância das partes. Se o juiz não concordar com alguma cláusula do acordo extrajudicial (por exemplo, a de quitação geral), pode intimar os interessados e esclarecer que a homologação só seria feita, naquele caso, mediante exclusão da referida cláusula. Se as partes concordarem com a modificação nos termos do acordo, o juiz pode homologar; caso não concordem, o juiz deve proferir sentença rejeitando a homologação.

2.3.1.2. Rejeição de homologação de acordo e coisa julgada

Interessante questão diz respeito à formação, ou não, de coisa julgada na decisão que rejeita a homologação de acordo extrajudicial.

A formação de coisa julgada na jurisdição voluntária é tema envolto em polêmicas doutrinárias, sendo tradicional o entendimento de que não se forma coisa julgada, por não haver contraditório completo e cognição exauriente sobre o direito material discutido.[29]

Contudo, o tema deve ser revisitado, pois não há, no Código de Processo Civil de 2015 (assim como não havia sob a vigência do Código anterior), qualquer previsão que exclua a formação de coisa julgada na jurisdição voluntária.[30]

Além disso, não é razoável admitir-se a mera reiteração de pedidos já formulados e rejeitados em processo anterior de jurisdição voluntária, sob pena de desprestígio à atuação jurisdicional e possível violação ao princípio do juiz natural. Exemplo: determinado Juiz do Trabalho rejeita a homologação de acordo extrajudicial, e as partes reiteram o pedido na expectativa de a nova ação ser julgada por outro magistrado que entenda diferentemente.

De fato, se o Juiz do Trabalho designa audiência, ouve as partes e profere sentença que rejeita a homologação do acordo extrajudicial (seja mediante julgamento de improcedência, seja extinção sem resolução de mérito), a decisão assim prolatada comporta a interposição de recurso ordinário para o TRT e formará coisa julgada, estabilizando-se. Ainda que se trate de coisa julgada formal[31], a decisão gerará efeitos para fora do processo em que proferida, de modo que a ação só pode ser proposta novamente com a correção do vício que levou à prolação de sentença sem resolução do mérito (CPC, art. 486, § 1º).[32]

Exemplo: o Juiz do Trabalho julga extinto o processo de homologação de acordo extrajudicial, por ausência de interesse de agir, já que o acordo previa a quitação total pelo extinto contrato de trabalho e as parcelas pagas eram apenas verbas rescisórias incontroversas. Da decisão extintiva as partes não interpõem recurso. Nessa hipótese, não será possível que as partes ajuízem nova ação idêntica para homologação do mesmo acordo extrajudicial, em função do óbice da coisa julgada. Somente será possível ajuizar novo pedido de homologação de acordo caso seja corrigido o vício que gerou a extinção do primeiro processo, ou seja, a cláusula de quitação total deveria ser excluída ou deveriam ser incluídas outras parcelas e direitos no montante pago.

Veja-se que a literalidade do art. 855-E da CLT sufraga tal conclusão, ao mencionar que *o prazo prescricional voltará a fluir no dia útil seguinte ao do trânsito em julgado da decisão que negar a homologação do acordo.*

---

[29] Cf. GRECO, *Instituições de Processo Civil*, v. 2, *cit.*, p. 367.

[30] No mesmo sentido, DIDIER JR., *Curso, op.cit.*, v. 1, p. 194.

[31] Sobre a releitura do conceito de coisa julgada formal, v. Capítulo XX, item 3.

[32] Art. 486, § 1º – No caso de extinção em razão de litispendência e nos casos dos incisos I, IV, VI e VII do art. 485, a propositura da nova ação depende da correção do vício que levou à sentença sem resolução do mérito.

2.4. Comissão de Conciliação Prévia

A Comissão de Conciliação Prévia (CCP) também é equivalente jurisdicional, pois constitui mecanismo extrajudicial de solução definitiva de conflitos trabalhistas. A CCP é um órgão criado no âmbito de sindicatos ou de empresas, contando com representantes de empregados e empregadores.

O princípio da inafastabilidade da jurisdição (CF, art. 5º, XXXV) impede que se interprete o art. 625-D da CLT com a conotação de obrigatoriedade de submissão prévia da demanda à CCP. Este é o entendimento manifestado pelo STF em ações diretas de inconstitucionalidade.[33] Em tais julgados, dotados de eficácia vinculante, ficou expresso que a CF é taxativa quanto às hipóteses que exigem prévio esgotamento da via administrativa, antes do ingresso em juízo. Assim, as partes da relação de trabalho podem acionar o Judiciário independentemente de terem submetido o litígio, previamente, à CCP.

Muito se discute sobre a eficácia liberatória geral da CCP, ou seja, se as partes da relação de trabalho poderiam firmar acordo dando quitação ampla e irrestrita quanto à extinta relação jurídica, impedindo a rediscussão em Juízo. Contrariamente, argumenta-se que a transação feita na CCP não teria efeito de coisa julgada e não poderia impedir o acesso à justiça.[34]

Veja-se que o art. 625-E, parágrafo único, da CLT, estatui expressamente que o termo de conciliação firmado na CCP é título executivo extrajudicial e terá eficácia liberatória geral, exceto quanto às parcelas expressamente ressalvadas. O TST se posiciona no sentido de reconhecer a validade desse dispositivo legal, sendo este, efetivamente, o posicionamento mais adequado.

Quanto à extensão da eficácia liberatória do acordo firmado perante a CCP, o tema não foi objeto de decisão em medida cautelar nas já mencionadas ações diretas de inconstitucionalidade e, quando do julgamento final, nota-se que faltou clareza à decisão colegiada, sendo que o ponto sequer foi objeto da ementa do julgado, talvez em decorrência da visão da relatora, Min. Cármen Lúcia, sobre o assunto, conforme se demonstrará abaixo. No entanto, diversos ministros debateram e decidiram especificamente o tema.[35]

Veja-se trecho de debate entre os Min. Edson Fachin e Cármen Lúcia:

> Min. Edson Fachin (ADI 2237) - Eu avançaria talvez um pouco, Senhora Presidente, mas não vejo muita dissonância, no sentido de suprimir a parte final desse dispositivo do parágrafo único quando menciona que "terá eficácia liberatória geral, exceto quanto às parcelas expressamente ressalvadas", porque tenho, para mim, que esse é só um

---

33 ADI 2139, 2160 e 2237, Relator(a): CÁRMEN LÚCIA, Tribunal Pleno, julgado em 01/08/2018.

34 SCHIAVI, Mauro. Manual de Direito Processual do Trabalho. 3ª ed. São Paulo: LTR, 2009, p. 48.

35 No voto do Min. Luiz Fux, por exemplo, consta que "O artigo 625-E da CLT não representa violação ao sistema normativo constitucional, visto que o termo de conciliação é título executivo extrajudicial e terá eficácia liberatória, "exceto quanto às parcelas expressamente ressalvadas", de modo que não institui eficácia liberatória geral. 7) A partir de interpretação sistemática com as demais normas da CLT, a eficácia liberatória geral referida pelo dispositivo diz respeito somente às parcelas ou títulos trabalhistas submetidos à comissão de conciliação".

efeito de chancela judicial, e não na ambiência da consideração prévia. Mas creio que o resultado do que Vossa Excelência está propondo, com a redução de texto, pode ser bastante simétrico nessa dimensão.

Min. Cármen Lúcia - Sim, não fiz a leitura completa, mas resumida do voto, e, no que se refere ao 625-E, que estabelece exatamente "eficácia liberatória geral", assentei a sua validade. Aí faço a leitura apenas para completar e esclarecer porque aqui entendi que essa norma diria respeito a valores discutidos. Sendo facultativo, e, portanto, dizendo respeito aos valores ali

discutidos e não se transmutam em quitação indiscriminada de verbas trabalhistas, mas geral relativamente ao que no termo se contém. (...)

Min. Edson Fachin - Mas, como a expressão que está na lei é "eficácia liberatória geral", tenho, para mim, que essa expressão é inconstitucional. Portanto, aqui, entendo pela redução de texto e pela inconstitucionalidade parcial.

Min. Cármen Lúcia - Eu considerei que a palavra geral significando tudo o que foi acordado por consenso afirmado entre as partes. Geral no que se refere àquilo que foi objeto da composição, por isso achei suficiente que, assim interpretado, se pudesse resguardar a norma e executar.

Como se depreende, a Min. Cármen Lúcia partiu da premissa – questionável, segundo os termos da própria lei – segundo a qual a eficácia liberatória "geral" somente se referiria "àquilo que foi objeto da composição". Portanto, no mínimo, seria mais adequado que a Corte julgasse a ADI parcialmente procedente para dar interpretação conforme a Constituição ao art. 625-E.

Ora, a expressão *eficácia liberatória geral* inequivocamente remete à ideia de quitação ampla e irrestrita de todas as obrigações decorrentes do contrato de trabalho. Nesse sentido já vinha interpretando o Tribunal Superior do Trabalho[36], e o entendimento tem sido reiterado mesmo após as decisões do STF nas ADIs ora comentadas.[37] A Corte Superior Trabalhista excepciona apenas a situação em que

[36] "EMBARGOS REGIDOS PELA LEI Nº 13.015/2014. TERMO DE CONCILIAÇÃO FIRMADO PERANTE COMISSÃO DE CONCILIAÇÃO PRÉVIA. EFICÁCIA LIBERATÓRIA. PREVISÃO DE QUITAÇÃO DAS PARCELAS EXPRESSAMENTE CONSIGNADAS NO TERMO. QUITAÇÃO RESTRITA ÀS PARTES ACORDANTES. Esta SbDI-1 vem reiteradamente reconhecendo, com ressalva de entendimento pessoal deste Relator, que não há limitar os efeitos liberatórios do termo de conciliação firmado perante a Comissão de Conciliação Prévia quando não há nele nenhuma ressalva, sob pena de se negar vigência ao artigo 625-E da CLT. Contudo, no caso dos autos, há uma particularidade suficiente para afastar a aplicação do entendimento que prevaleceu nesta Corte sobre a matéria. Conforme se constata no acórdão regional, transcrito na decisão da Turma, houve limitação da eficácia liberatória apenas quanto às parcelas expressamente consignadas no termo de quitação. Desse modo, não há falar em eficácia liberatória geral em relação à totalidade das parcelas oriundas do contrato de emprego, ante a limitação do alcance do acordo convolado pelas próprias partes. Por outro lado, a transação firmada na comissão de conciliação prévia produz efeitos somente entre as partes que a celebraram. Dessa forma, a quitação dada pelo referido termo de conciliação abrange as parcelas nele consignadas e somente tem eficácia entre as partes acordantes, não alcançando os pedidos relativos ao vínculo empregatício com a primeira reclamada, tomadora de serviços, que não participou do acordo. Embargos conhecidos e providos" (E-ED-ARR-557-80.2012.5.04.0405, Subseção I Especializada em Dissídios Individuais, Relator Ministro Jose Roberto Freire Pimenta, DEJT 11/05/2018).

[37] "RECURSO DE EMBARGOS INTERPOSTO NA VIGÊNCIA DAS LEIS 13.015/2014 13.467/2017. QUITAÇÃO. ACORDO FIRMADO PERANTE A COMISSÃO DE CONCILIAÇÃO PRÉVIA. O entendimento da SBDI-1 do TST é de o termo de conciliação efetivado perante a comissão de conciliação prévia, sem aposição de ressalvas, ter eficácia liberatória geral referente às parcelas oriundas do contrato de trabalho (art. 625-E da CLT). No caso dos autos, ficou delimitado que houve restrição da eficácia liberatória no termo de conciliação prévia

os próprios termos do acordo firmado perante a CCP limita a eficácia liberatória a determinadas parcelas.[38]

Sucede que tais decisões do TST contrariam o precedente vinculante firmado nas ADIs 2139, 2160, 2237, cabendo destacar que há julgados de turmas da Corte Superior Trabalhista, posteriores à decisão do STF, no sentido de que a eficácia liberatória abrange somente os valores *discutidos*, não podendo constituir quitação geral e irrestrita de verbas trabalhistas.[39]

Na verdade, é impróprio dizer que a eficácia liberatória do acordo na CCP abrange somente os valores *discutidos*, pois não se trata de litígio, mas de acordo, de convergência de vontade entre trabalhador e empregador. Logo, não há valores discutidos, mas parcelas objeto de acordo.

A confusão surge porque, com exceção dos Min. Edson Fachin e Rosa Weber, que declararam a inconstitucionalidade da expressão "eficácia liberatória geral", contida no art. 625-E da CLT, todos os demais ministros, nas conclusões de seus votos, afirmaram acompanhar integralmente a relatora, Min. Cármen Lúcia.

Embora não conste da ementa do julgado, fato é que a leitura do inteiro teor do acórdão permite concluir que a decisão da Suprema Corte fez uma espécie de interpretação conforme a Constituição, de modo que a eficácia liberatória do acordo firmado perante a CCP abrange apenas "aquilo que foi objeto do acordo".

Ainda aqui, surge relevante indagação, que não foi respondida explicitamente pela Suprema Corte: a quitação abrangeria as rubricas discriminadas nos termos firmados perante a CCP, ou apenas os valores efetivamente pagos ao trabalhador por

---

alusivo às parcelas e valores especificamente nele consignados. Nesse contexto, não estaria a incidir, por conseguinte, o entendimento sedimentado pela Corte sobre a matéria, tendo em vista que não se poderia dar eficácia liberatória geral em relação a parcelas cuja quitação não se pretendeu obter. Há precedentes. Recurso de embargos conhecido e desprovido" (E-ED-Ag-RR-295-69.2012.5.04.0781, Subseção I Especializada em Dissídios Individuais, Relator Ministro Augusto Cesar Leite de Carvalho, DEJT 13/09/2019).

38 "RECURSO DE EMBARGOS - INTERPOSIÇÃO SOB A REGÊNCIA DA LEI Nº 13.015/2014 - ACORDO - COMISSÃO DE CONCILIAÇÃO PRÉVIA - EFICÁCIA LIBERATÓRIA - LIMITAÇÃO EXPRESSA NO TERMO DE QUITAÇÃO - PARCELAS. Esta Corte firmou o entendimento de que não ofende ao artigo 625-E da CLT limitar a eficácia liberatória geral do acordo de conciliação firmado perante a Comissão de Conciliação Prévia se, por vontade das partes, houve restrição da quitação apenas às parcelas e valores expressamente consignados no recibo, particularidade equivalente à ressalva em relação às parcelas não consignadas, circunscrevendo-se ainda os efeitos do acordo às partes que o celebraram. Embargos conhecidos e providos " (E-RR-300-49.2012.5.04.0019, Subseção I Especializada em Dissídios Individuais, Relatora Ministra Maria Cristina Irigoyen Peduzzi, DEJT 26/04/2019).

39 "COMISSÃO DE CONCILIAÇÃO PRÉVIA. ACORDO SEM RESSALVAS E SEM VÍCIO DE CONSENTIMENTO. EFICÁCIA LIBERATÓRIA. O STF, no julgamento da ADI nº 2.237/DF, Relatora Ministra Carmem Lúcia, apreciando a constitucionalidade do art. 625-E, parágrafo único, da CLT, proferiu decisão no sentido de que "a eficácia liberatória geral do termo neles contido está relacionada ao que foi objeto da conciliação. Diz respeito aos valores discutidos e não se transmuta em quitação geral e indiscriminada de verbas trabalhistas" (DJE 20/02/2019 - ATA Nº 14/2019. DJE nº 34, divulgado em 19/02/2019). No caso dos autos, diante da delimitação fática feita pelo TRT, conclui-se que a eficácia liberatória decorrente da quitação passada pelo trabalhador ao firmar o mencionado acordo em Comissão de Conciliação Prévia atinge apenas os valores objeto de conciliação. A decisão recorrida, portanto, encontra-se em conformidade com o entendimento esposado pelo STF, no julgamento ADI nº 2.237/DF. Precedentes".(RR-365-17.2012.5.04.0028, 2ª Turma, Relatora Ministra Maria Helena Mallmann, DEJT 25/09/2020).

força do acordo extrajudicial? Por exemplo: acordo firmado perante a CCP alusivo a horas extraordinárias, em que se paga a quantia de R$ 2.000,00. A eficácia liberatória seria em relação a todas as horas extras ou apenas à quantia de R$ 2.000,00, que deveria ser deduzida em eventual reclamação trabalhista?

A decisão do Supremo Tribunal Federal não equacionou o ponto, mas o voto dos ministros sinaliza no sentido de que haveria eficácia liberatória geral não apenas quanto aos valores, mas também quanto às rubricas discriminadas no termo de conciliação.

No entanto, não há dúvidas de que, conforme decisão do STF, parcelas que não foram inseridas no acordo perante a CCP não estão abrangidas pela eficácia liberatória. Nesse sentido, o Tribunal Superior do Trabalho deve readequar sua jurisprudência.

Por fim, é evidente que o ato jurídico negocial celebrado no âmbito da CCP pode ser inválido, por vícios tais como coação, erro etc., institutos consagrados no direito privado. Com eventual anulação, o ato não terá qualquer efeito jurídico, inclusive o da eficácia liberatória nos moldes acima explicitados.

2.5. Arbitragem no Processo do Trabalho

2.5.1. Cenário anterior à Reforma Trabalhista

A arbitragem é método de heterocomposição em que as partes delegam a um terceiro, não integrante do Poder Judiciário, o poder de decidir o conflito.

A convenção de arbitragem é o negócio jurídico por força do qual as partes de determinada relação jurídica resolvem submeter conflito dela decorrente a um árbitro. Trata-se de gênero que abrange duas espécies: (i) cláusula compromissória, firmada preventivamente, ou seja, antes de haver qualquer litígio, convenciona-se que eventual conflito será submetido à arbitragem; (ii) compromisso arbitral, que se refere a litígio já existente.

Segundo a doutrina absolutamente majoritária, a arbitragem não era aplicável, em princípio, no direito processual do trabalho[40]. A exceção se daria quanto aos conflitos coletivos de trabalho, em virtude de expresso permissivo constitucional (CF, art. 114, § 2º).[41]

Alguns autores alvitravam, ainda, a possibilidade de arbitragem nos conflitos individuais que envolvessem altos empregados, em relação aos quais a hipossuficiência e a subordinação são rarefeitas[42].

É verdade que a arbitragem somente pode ser aplicada a direitos patrimoniais disponíveis (Lei nº 9.307/96, art. 1º, § 1º)[43]. É certo, ainda, que a maioria dos direitos

---

40 Por todos, CARLOS HENRIQUE BEZERRA LEITE, Curso, p. 116.

41 Art. 114, § 2º – Recusando-se qualquer das partes à negociação coletiva ou à arbitragem, é facultado às mesmas, de comum acordo, ajuizar dissídio coletivo de natureza econômica, podendo a Justiça do Trabalho decidir o conflito, respeitadas as disposições mínimas legais de proteção ao trabalho, bem como as convencionadas anteriormente.

42 SCHIAVI, *op. cit.*, p. 52.

43 Art. 1º, § 1º – A administração pública direta e indireta poderá utilizar-se da arbitragem para dirimir conflitos relativos a direitos patrimoniais disponíveis.

trabalhistas - sobretudo aqueles atinentes à segurança higiene e saúde do trabalho - são irrenunciáveis antes e durante a existência da relação de emprego.

Perceba-se, entretanto, que, uma vez cessada a relação empregatícia, os direitos eventualmente violados convertem-se, inevitavelmente, em direitos de crédito. Passam a ser, portanto, plenamente disponíveis. Tanto é assim que o trabalhador pode optar, por exemplo, por não acionar o Judiciário Trabalhista na busca desses mesmos direitos.

É falacioso, portanto, o argumento de que a arbitragem nos dissídios individuais trabalhistas violaria o princípio do acesso à justiça (CF, art. 5º, XXXV).[44] Ora, quem pode optar por não exercer o direito de ação, deve poder, *a fortiori*, levar eventual conflito de interesses para o árbitro, que é terceiro alheio ao Poder Judiciário. A liberdade individual deve ser respeitada pelo Estado.

Destarte, mesmo que o entendimento majoritário fosse contrário, a arbitragem podia ser admitida (no cenário anterior à Reforma Trabalhista) no Processo do Trabalho, mas apenas sob a forma de compromisso arbitral; nunca por meio de cláusulas compromissórias, em função da hipossuficiência e subordinação jurídica do empregado na formação e vigência do contrato de trabalho.

A convenção de arbitragem pode ser anulada nas hipóteses do art. 32 da Lei nº 9.307/96, no prazo de 90 dias após o recebimento da notificação da respectiva sentença, parcial ou final, ou da decisão do pedido de esclarecimentos (art. 33, § 1º).[45] Esclareça-se que o Judiciário não pode rever o mérito da decisão do árbitro, mas apenas a sua validade.

Sendo válida, a decisão arbitral tem eficácia de coisa julgada e constitui título executivo judicial (CPC, art. 515, VII).[46]

2.5.2. Cenário posterior à Reforma Trabalhista

A previsão de arbitragem indiscriminada no Processo do Trabalho, na realidade brasileira, apresenta o preocupante potencial de violar o acesso à justiça por parte do trabalhador. Isso porque, uma vez instituída a arbitragem, a matéria decidida pelo árbitro não pode ser levada, em princípio, ao Poder Judiciário, já que o laudo arbitral tem eficácia de coisa julgada.

De outro lado, o uso da arbitragem pode contribuir para a redução do quantitativo de processos levados ao Poder Judiciário, do que resultaria a prestação jurisdicional mais célere e eficiente.

---

[44] Todos são iguais perante a lei, sem distinção de qualquer natureza, garantindo-se aos brasileiros e aos estrangeiros residentes no País a inviolabilidade do direito à vida, à liberdade, à igualdade, à segurança e à propriedade, nos termos seguintes: a lei não excluirá da apreciação do Poder Judiciário lesão ou ameaça a direito.

[45] Art. 33, § 1º – A demanda para a declaração de nulidade da sentença arbitral, parcial ou final, seguirá as regras do procedimento comum, previstas na Lei nº 5.869, de 11 de janeiro de 1973 (Código de Processo Civil), e deverá ser proposta no prazo de até 90 (noventa) dias após o recebimento da notificação da respectiva sentença, parcial ou final, ou da decisão do pedido de esclarecimentos.

[46] Art. 515. São títulos executivos judiciais, cujo cumprimento dar-se-á de acordo com os artigos previstos neste Título:
VII – a sentença arbitral.

A interpretação do novo art. 507-A da CLT[47], portanto, deve ser feita sob o enfoque do princípio constitucional do acesso à justiça (CF, art. 5º, XXXV).

Nesse contexto, é necessário levar em conta a hipossuficiência do trabalhador. O trabalhador, no mais das vezes, está em situação de inferioridade no plano econômico e jurídico; geralmente, o empregador é quem detém maior conhecimento e, principalmente, é quem dita as regras do contrato de trabalho (poder diretivo do empregador), enquanto o empregado é subordinado e deve cumprir ordens.

Dessa forma, seria muito fácil para o empregador inserir uma cláusula de arbitragem no contrato de trabalho do empregado, de modo que qualquer conflito seria levado para o árbitro, e não para o Poder Judiciário. O empregado pouco ou nada poderia fazer a respeito: sua negativa em aderir à arbitragem resultaria presumidamente na perda do emprego.

Justificável, portanto, a cautela que sempre existiu, bem como o entendimento majoritário que sustentava não se aplicar a arbitragem no Processo do Trabalho.

Veja-se que a Reforma Trabalhista prevê, aparentemente, a possibilidade irrestrita de arbitragem desde que o empregado tenha remuneração superior a duas vezes o teto dos benefícios do INSS. No entanto, o texto contém ambiguidades e imprecisões que resultam em conclusão diferente.

De fato, convenção de arbitragem é o negócio jurídico por força do qual as partes de determinada relação jurídica resolvem submeter conflito dela decorrente a um árbitro. Trata-se de gênero que abrange duas espécies: (i) cláusula compromissória, firmada preventivamente, ou seja, antes de haver qualquer litígio, convenciona-se que eventual conflito será submetido à arbitragem; (ii) compromisso arbitral, que se refere a litígio já existente.

Diante de tais conceitos, note-se que há incongruência no novo dispositivo legal. O art. 507-A trata de cláusula compromissória (estabelecida antes de existir o conflito): seria a situação em que empregado e empregador firmam contrato de trabalho, dispondo nesse instrumento que, se vier a surgir eventual lide, o conflito será julgado por um árbitro, retirando do Poder Judiciário a possibilidade de julgamento.

Contudo, a redação do dispositivo afirma que pode ser pactuada a cláusula compromissória *desde que por iniciativa do empregado ou mediante a sua concordância expressa*. Nitidamente, a redação legal se inspirou em decisões do Superior Tribunal de Justiça a respeito da instituição da arbitragem no âmbito do Direito do Consumidor.

O STJ sempre foi muito cauteloso em admitir a arbitragem no Direito do Consumidor, já que o consumidor é a parte hipossuficiente (assim como o trabalhador – visualiza-se, aqui, a aproximação entre o Direto do Consumidor e o Direito do Trabalho).[48]

---

[47] Art. 507-A. Nos contratos individuais de trabalho cuja remuneração seja superior a duas vezes o limite máximo estabelecido para os benefícios do Regime Geral de Previdência Social, poderá ser pactuada cláusula compromissória de arbitragem, desde que por iniciativa do empregado ou mediante a sua concordância expressa, nos termos previstos na Lei nº 9.307, de 23 de setembro de 1996.

[48] Veja-se, exemplificativamente, a seguinte ementa: "a cláusula compromissória só virá a ter eficácia caso este aderente venha a tomar a iniciativa de instituir a arbitragem, ou concorde, expressamente, com a sua

O entendimento do STJ é salutar, já que, sendo o fornecedor uma grande empresa, tem condições de impor cláusulas sem que o consumidor possa discuti-las; em regra, o consumidor e o fornecedor não estão em plano de igualdade, da mesma forma que o empregador e o trabalhador também não estão. Nas duas hipóteses, está-se diante de contratos de adesão.

O STJ entende que pode haver previsão de cláusula compromissória no contrato de consumo (antes de existir o litígio); contudo, isso não pode impedir o consumidor de acessar o Poder Judiciário, caso queira.

Dessa forma, fazer uso, ou não, da arbitragem é opção do consumidor. Na ótica do Superior Tribunal de Justiça, caso prefira, o consumidor pode ajuizar ação contra o fornecedor de produtos e serviços. A arbitragem é apenas mais uma alternativa à sua disposição. Essa interpretação tem o grande mérito de estimular os mecanismos alternativos de resolução de conflitos e, simultaneamente, não causar qualquer prejuízo ao acesso à Justiça por parte do hipossuficiente.

Assim, a cláusula compromissória, embora prevista no contrato de consumo, só terá eficácia (entendida a expressão como possibilidade de produção de efeitos) caso o aderente (consumidor) tome a iniciativa de instituir a arbitragem.

A segunda situação admitida pelo STJ é a de concordância expressa do consumidor quanto à instituição da arbitragem. É a hipótese em que o fornecedor leva a questão ao juízo arbitral e o consumidor, em sua defesa, concorda expressamente (não apenas tacitamente - o silêncio não vale para o STJ) com a arbitragem.

Feita essa análise, conclui-se que o texto do novo art. 507-A da CLT é bastante semelhante à redação utilizada pelo STJ em seus acórdãos. Sem dúvida, o novo dispositivo se inspirou na jurisprudência da Corte.

O raciocínio empregado pelo STJ pode e deve ser utilizado como referência quanto ao tema da arbitragem no Processo do Trabalho, tendo em vista a similaridade das situações jurídicas de consumidor e de trabalhador, ambas pautadas na hipossuficiência.

De fato, o empregado comum (mesmo que receba remuneração superior ao dobro do teto de benefícios do INSS), não tem condições de discutir a cláusula compromissória com o futuro patrão, pois o contrato de trabalho é de adesão.

Assim, a conclusão a que se chega, embora não esteja explícita no art. 507-A, é no sentido de que as partes podem prever a arbitragem no contrato de trabalho, mas a cláusula compromissória somente será eficaz caso o empregado opte, livremente, por levar a questão para o árbitro; ou quando o trabalhador manifestar expressamente sua concordância com a arbitragem perante o próprio juízo arbitral.

Importante destacar, ainda, que a manifestação de vontade do empregado deve ser isenta de vícios, como a coação, o erro e o dolo, que podem resultar - caso

---

instituição. (...) os autos revelam contrato de adesão de consumo em que fora estipulada cláusula compromissória. Apesar de sua manifestação inicial, a mera propositura da presente ação pelo consumidor é apta a demonstrar o seu desinteresse na adoção da arbitragem" (REsp 1.189.050/SP, Rel. Ministro LUIS FELIPE SALOMÃO, QUARTA TUMA, julgado em 01/03/2016, DJe 14/03/2016).

comprovadas – na anulabilidade da submissão do litígio à arbitragem (Código Civil, art. 138 e seguintes).

Caso o empregado opte por levar a questão para Justiça do Trabalho, não se deve acolher o entendimento de que a cláusula compromissória impossibilite a análise pelo Judiciário. Reitere-se: trata-se de opção do empregado, assim como é uma opção do consumidor. Se o consumidor é hipossuficiente e o trabalhador também o é, o raciocínio é idêntico para os dois.

Nesse contexto, é criticável o texto do art. 507-A da CLT, por ter utilizado de forma atécnica a expressão *cláusula compromissória*, que apresenta sentido técnico muito preciso e bem estabelecido no Direito brasileiro. Fala-se em cláusula compromissória por iniciativa do empregado, o que é inconcebível, pois quando se firma uma cláusula compromissória sequer se sabe se haverá, ou não, litígio. A iniciativa de qualquer das partes só pode existir quando o conflito de interesses já tiver surgido.

Em suma, a interpretação mais adequada é no sentido de que passa a ser possível o uso da arbitragem no âmbito trabalhista, desde que se façam presentes, cumulativamente, os seguintes requisitos:

- (i) o empregado deve ter remuneração superior ao dobro do teto dos benefícios do INSS;
- (ii) o empregado deve tomar a iniciativa de levar a questão ao juízo arbitral, ou concordar expressamente caso o empregador o faça;
- (iii) as partes (empregado e empregador) devem ter celebrado previamente cláusula compromissória (antes de existir o conflito) ou compromisso arbitral (após o surgimento da lide).

Considerando a ambiguidade e atecnia do art. 507-A, o tema certamente gerará decisões conflitantes nos Tribunais Trabalhistas, até que se pacifique a questão.

Por fim, deve-se entender pela possibilidade de utilização da arbitragem na situação dos *altos empregados*, cujo conceito não se confunde com o trazido pelo art. 507-A da CLT. Ou seja, o mero fato de o trabalhador receber salário duas vezes superior ao teto de benefícios do INSS não o transforma em alto empregado.

O conceito de alto empregado é fluido, o que, geralmente, dá margem a diversas interpretações. Porém, em síntese, diz respeito ao grande executivo, ao diretor de uma empresa, a um gerente com cargo alto, enfim, a pessoas que tenham capacidade econômica maior, que recebam salários maiores, e que possuam capacidade de negociação real com o empregador. Seriam, pois, empregados que estariam em plano de igualdade com a empresa, inexistindo hipossuficiência e sendo bastante atenuada (ou até inexistente) a subordinação.

3. JURISDIÇÃO: NOTAS ESSENCIAIS E CRITÉRIOS DISTINTIVOS DAS FUNÇÕES ADMINISTRATIVA E LEGISLATIVA

Jurisdição é a função estatal de compor conflitos de interesses (jurisdição contenciosa), bem como de tutelar assistencialmente direitos tidos como relevantes pelo legislador, independentemente da existência de uma lide (jurisdição voluntária). Pode ser conceituada, também, como o poder de julgar.

A atividade jurisdicional se distingue da legislativa porque a primeira cria normas jurídicas concretas, para casos específicos; enquanto a atividade legislativa gera comandos genéricos e abstratos. Daí decorre que a lei obriga a todos, indistintamente; ao passo que o ato jurisdicional, em regra, vincula apenas as partes do processo em que levado a efeito.

Outra distinção é que, em princípio, a jurisdição é exercida tendo em vista fatos passados, ao passo que a lei é aplicável para situações futuras.

Contudo, embora essas sejam as regras gerais, há exceções.

Por exemplo, pode haver leis (em sentido formal, ou seja, atos normativos editados pelo Poder Legislativo) de efeitos concretos, que não têm, portanto, aplicação genérica. Seria a hipótese de uma lei que concedesse pensão à viúva de um ex-Governador, ou que criasse uma autarquia federal. A lei também pode se referir a fatos passados: seria o exemplo da concessão de anistia a determinados crimes.

Existem, também, decisões judiciais com eficácia *erga omnes*, ou seja, que podem atingir uma quantidade indeterminada de pessoas. É o que acontece, exemplificativamente, com ações civis públicas que versem sobre direitos difusos, tais como a proteção do meio ambiente. Nas ações que versam sobre direitos individuais homogêneos, a sentença genérica é também um preceito genérico que pode aplicar-se a um grande número de situações concretas, não definidas previamente, e pode abranger inclusive fatos que venham a ser praticados no futuro (tutela inibitória, por exemplo).

Ademais, nas ações de controle concentrado de constitucionalidade (ADIN, ADPF etc., perante o STF, e representação de inconstitucionalidade perante os Tribunais de Justiça), a decisão judicial se aproxima bastante da função legislativa. Diz-se, mesmo, que o Judiciário atua, nessas hipóteses, como *legislador negativo*, já que pode vir a suprimir do ordenamento jurídico determinado ato normativo.

Os regimentos internos dos Tribunais e as Súmulas vinculantes do STF são exemplos de atos administrativos exarados pelo Poder Judiciário, mas com conteúdo normativo, já que regulam temas de forma genérica e abstrata, mirando em fatos futuros.

A maior discussão sobre o tema, atualmente, envolve a jurisprudência vinculante. Isso porque, de acordo com o regramento do Novo CPC, decisões judiciais (tomadas em IRDR, IAC, recursos repetitivos ou até mesmo retratadas em Súmulas comuns) passam a ser obrigatórias para os magistrados vinculados ou inferiores hierarquicamente ao Tribunal que as prolatou. Disso resulta que o Poder Judiciário estaria editando normas genéricas aplicáveis tanto a situações passadas, quanto a futuras.

Há setores da doutrina que consideram inconstitucionais tais previsões do Novo Código, justamente porque o Judiciário estaria exercendo função legislativa, o que violaria a cláusula pétrea da separação de Poderes. Outro argumento em prol da inconstitucionalidade seria a violação do princípio da independência funcional dos juízes.

O tema será aprofundado oportunamente, mas é importante destacar neste momento que a previsão dos precedentes vinculantes não é inconstitucional, pois o Judiciário, por meio deles, partindo da análise de casos concretos que lhe são submetidos, apenas especifica o conteúdo e o alcance de determinados atos legislativos abstratos. Não se viola, assim, o núcleo essencial da separação dos Poderes. Quanto à independência funcional dos juízes, não se trata de princípio absoluto: é válida a ponderação que o legislador fez, tendo em vista os princípios da segurança jurídica, isonomia e duração razoável do processo.

A distinção entre função administrativa e judicante é mais sutil e complexa.

Um critério importante é que a jurisdição se exerce para a tutela do interesse - público ou privado - agasalhado pelo ordenamento jurídico, enquanto a administração tem o objetivo de tutelar o interesse público.[49] De fato, a jurisdição se destina a proteger os direitos tais como previstos pela legislação, mesmo que isso signifique fazer prevalecer um interesse privado face a um interesse público. Já a atividade administrativa visa sempre ao bem comum.

Por tal razão, é imprescindível, também, para a caracterização da função jurisdicional, a independência funcional dos juízes. A jurisdição, para que possa exercer sua missão de proteger os interesses legítimos à luz do ordenamento jurídico, somente pode ser exercida se os magistrados tiverem prerrogativas que garantam sua imparcialidade e independência frente aos conflitos que devam solucionar. No ato de julgar, o magistrado não se submete hierarquicamente a pessoa alguma, o que não significa que não possa ser responsabilizado *a posteriori* caso cometa irregularidades.

Já a atividade administrativa é fundada no princípio da hierarquia. Não há, como regra geral, independência funcional dos servidores públicos em geral, que devem, portanto, seguir as determinações dos órgãos superiores, havendo inclusive possibilidade de avocação e delegação de tarefas, o que é impensável, como regra geral, na função jurisdicional.

Outra característica importante é que a jurisdição, em princípio, tem aptidão para formar coisa julgada, isto é, decisão imutável por ato de qualquer outra autoridade estatal. Na impropriamente chamada "jurisdição administrativa", ou seja, julgamento de conflitos por órgãos administrativos, não há essa possibilidade, em virtude do princípio da inafastabilidade do controle jurisdicional (CF, art. 5º, XXXV)[50]: o interessado sempre pode postular a revisão judicial da decisão administrativa e o Judiciário dará a última palavra.

Ressalte-se, entretanto, que nem sempre a jurisdição faz coisa julgada: é o que acontece com a jurisdição executiva e com a estabilização da tutela antecipada (CPC, art. 304, *caput*)[51], por exemplo.

---

[49] Em sentido semelhante, GRECO, Instituições, volume I, p. 83.

[50] Art. 5º, XXXV - a lei não excluirá da apreciação do Poder Judiciário lesão ou ameaça a direito.

[51] Art. 304. A tutela antecipada, concedida nos termos do art. 303, torna-se estável se da decisão que a conceder não for interposto o respectivo recurso.

Outro aspecto é que a jurisdição foi concebida para solucionar lides. Contudo, na jurisdição voluntária normalmente não há conflito de interesses. Portanto, não se pode dizer que a litigiosidade seja marca distintiva da jurisdição. Além disso, mesmo que não se entenda a jurisdição voluntária como espécie de jurisdição propriamente dita, muitas vezes a atividade administrativa acontece justamente porque há conflito: basta pensar no julgamento de um processo administrativo disciplinar contra um servidor; ou na atuação da Polícia Militar para apartar uma briga entre cidadãos.

Tradicionalmente se diz que a jurisdição é substitutiva, enquanto a administração é primária. De fato, em princípio, a atividade jurisdicional substitui a vontade das partes pela vontade do Estado, alcançando resultados a que os próprios interessados poderiam chegar sem a intervenção estatal. Caso um empregador não deseje quitar uma parcela para o empregado, por exemplo, este pode exigi-la judicialmente e, procedente o pedido, a vontade do Estado-Juiz substitui a vontade primária do devedor. Esse fenômeno não acontece na atividade administrativa. Note-se, entretanto, que não ocorre substitutividade na jurisdição penal, razão pela qual essa característica não pode ser tida como nota distintiva do fenômeno jurisdicional como um todo.

4. CARACTERES ESSENCIAIS DA JURISDIÇÃO

4.1. Investidura

A jurisdição somente pode ser exercida por magistrados regularmente investidos nos seus cargos, e que se encontrem exercendo suas funções. Os equivalentes jurisdicionais não consistem em jurisdição justamente porque não correspondem à atuação de juízes; o que sucede é que a lei admite que, em algumas hipóteses, terceiros, estranhos aos quadros do Judiciário, solucionem conflitos de interesse, tal como acontece na arbitragem.

Como regra geral, os juízes, no Brasil, são admitidos por concurso público e adquirem vitaliciedade após dois anos de efetivo exercício. Contudo, os Tribunais são formados, também, por membros do Ministério Público e da advocacia, indicados pelo Chefe do Poder Executivo. Tais magistrados adquirem vitaliciedade com o mero ato de nomeação. Há, ainda, outra exceção, atinente aos Juízes dos Tribunais Eleitorais, que exercem a jurisdição em caráter temporário.

É evidente que juiz aposentado ou exonerado do cargo não pode mais exercer a jurisdição. Qualquer ato processual praticado por pessoa que se encontre nessa condição – e desde que, obviamente, funcione como "juiz" no processo – deve reputar-se inexistente.

É controvertida a situação do juiz que se encontre em gozo de férias. Parcela da doutrina sustenta que, na hipótese de licença, ou durante o gozo de férias, o exercício da função jurisdicional se encontra interrompido.[52]

52 Nesse sentido, GRECO, volume I, p. 120.

Contudo, a jurisprudência do STJ vem afirmando, acertadamente, que é válida sentença proferida por juiz no gozo de férias, por não haver qualquer lei que o impeça de o fazer.[53] Isso se justifica ainda mais na realidade brasileira, considerando não ser incomum que, devido à sobrecarga de trabalho, juízes precisem elaborar sentenças em alguns dias ou semanas das férias para que consigam cumprir os prazos estabelecidos pelas leis e órgãos de controle.

4.2. Unidade

Como visto, a jurisdição pode ser conceituada como o poder de julgar, constituindo expressão da soberania do Estado. O poder soberano é uno, assim como o é, portanto, a função jurisdicional.

A natureza jurídica da jurisdição pode ser analisada sob duplo enfoque: do ponto de vista da teoria geral do Estado, trata-se de função inerente à soberania; sob a ótica processual, cuida-se de pressuposto processual de existência.

De fato, se um grupo de estudantes de uma faculdade de Direito simula uma audiência, havendo um deles que interprete o papel do juiz, eventual "decisão" que profira jamais pode ser considerado ato jurisdicional. Não há processo judicial nesta hipótese.

Suponha-se, agora, que um Juiz do Trabalho julgue uma ação de investigação de paternidade, declarando-a no dispositivo de uma sentença. Por mais aberrante que pudesse parecer a situação, em virtude da escancarada incompetência absoluta da Justiça do Trabalho, estar-se-ia diante de ato jurisdicional que deveria ser impugnado pelas vias próprias, sob pena de haver o trânsito em julgado. Neste caso, jurisdição haveria, por se tratar de ato praticado por magistrado regularmente investido e no exercício de suas funções; mas o processo seria inválido, por vício de incompetência absoluta.

4.3. Indeclinabilidade (inafastabilidade)

A jurisdição é monopólio do Estado. Daí decorre que o Estado não pode deixar de desempenhar tal função, quando instado a tanto. Portanto, pode-se dizer que a jurisdição é um poder-dever de julgar. Nem mesmo a lei pode excluir da apreciação judicial lesão ou ameaça de lesão a direito (CF, art. 5º, XXXV).

Outra consequência extraível da inafastabilidade é a necessidade de efetividade da jurisdição, já que os cidadãos não podem, em princípio, fazer justiça com as próprias mãos. Se a Constituição promete a tutela de direitos, a atuação jurisdicional dever ter a potencialidade de efetivamente dar a cada um o que é seu.

Proíbe-se, portanto, o *non liquet*, ou seja, o não julgamento, mesmo se a lei for omissa - devendo valer-se o Judiciário, neste caso, dos métodos de integração do

[53] Por exemplo, HC 79.476/PR, Rel. Ministro FELIX FISCHER, QUINTA TURMA, julgado em 19/06/2007, DJ 20/08/2007, p. 301.

Direito. Sem dúvida, as regras sobre ônus da prova (CPC, art. 373)[54] têm o objetivo de impedir o *non liquet* quando houver dúvida sobre aspectos fáticos.

Conforme já visto, a noção de inafastabilidade também justifica a existência de um princípio da primazia da decisão de mérito (CPC, art. 4º)[55], já que decisões meramente extintivas acabam por não prestigiar a tutela do direito do material, em virtude de questões meramente processuais. Contudo, é inegável que, em certas hipóteses, não há outra solução senão a extinção sem julgamento do mérito.

4.4. Indelegabilidade e territorialidade

Como corolário do princípio da investidura, a jurisdição não pode ser delegada para terceiros alheios aos quadros do Poder Judiciário. Além disso, a função jurisdicional não pode, em regra, ser delegada para outros magistrados.

A impossibilidade de delegação concretiza o princípio do juiz natural, já que, se o órgão julgador pudesse delegar sua competência, estaria irremediavelmente esvaziado o princípio.

Alguns doutrinadores associam a noção de territorialidade da jurisdição com o fato de que o Estado brasileiro teria jurisdição nos limites do seu território[56], ou que as decisões jurisdicionais não valeriam fora do território nacional, salvo previsão em tratados internacionais.[57]

Outra parcela da doutrina associa a territorialidade com a existência de circunscrições territoriais dentro das quais cada magistrado exerce suas funções jurisdicionais[58], do que decorre que cada magistrado só teria autoridade nos limites territoriais de seu Estado.[59]

A verdade é que, sendo a jurisdição uma expressão da soberania do Estado, a legislação brasileira – assim como a da maioria dos outros países civilizados – restringe o espectro de causas que podem ser julgadas pelo Judiciário brasileiro. Isso é uma forma de respeitar a soberania dos demais Estados nacionais, dando azo às regras alusivas à impropriamente chamada "competência internacional", que serão analisadas no próximo item.

Assim, a regra geral é que a jurisdição se exerça nos limites territoriais do país, embora haja exceções adiante examinadas.

De outro lado, não parece correto associar a territorialidade da jurisdição com a existência de circunscrições ou regiões dentro das quais cada juiz atua.

---

[54] Art. 373. O ônus da prova incumbe:
I – ao autor, quanto ao fato constitutivo de seu direito;
II – ao réu, quanto à existência de fato impeditivo, modificativo ou extintivo do direito do autor.

[55] Art. 4º As partes têm o direito de obter em prazo razoável a solução integral do mérito, incluída a atividade satisfativa.

[56] COQUEIJO COSTA, *Direito Processual do Trabalho*. 4ª ed. Rio de Janeiro: Forense: 1995, p. 29.

[57] SCHIAVI, *op. cit.*, p. 58.

[58] HUMBERTO THEODORO JÚNIOR, *Curso, v. 1*, p. 116.

[59] DIDIER, Curso, v. 1, p. 176.

De fato, esse tema é atinente à competência jurisdicional, e não à jurisdição em si. Por exemplo, é certo que um Juiz do Trabalho no Rio de Janeiro não pode ouvir uma testemunha em São Paulo, mas isso se dá por incompetência, e não por ausência de jurisdição. A jurisdição é função estatal unitária, e não pode ser medida. É a divisão de competências que estabelece quais atos cada magistrado pode validamente praticar.

Há, ainda, uma exceção ao princípio da indelegabilidade, prevista pelo art. 203, § 4º, do CPC[60], no sentido de que os atos meramente ordinatórios, como a juntada e a vista obrigatória, independem de despacho, devendo ser praticados de ofício pelo servidor e revistos pelo juiz quando necessário.

4.5. Limites da jurisdição brasileira – *competência internacional*

O Título II, Capítulo I, do CPC, é corretamente denominado de *limites da jurisdição nacional*, substituindo a antiga nomenclatura legal que designava o fenômeno como *competência internacional*. Apesar disso, alguns autores seguem utilizando esta última expressão.[61]

A denominação atual é mais adequada porque os arts. 21 a 23 do CPC estabelecem as causas que poderão ser apreciadas pelo Poder Judiciário brasileiro. Está-se definindo, portanto, o poder de julgar, a jurisdição. Aqui não se está diante de regra de competência, que estabeleça atribuições a diversas autoridades judiciárias, até porque a lei brasileira não pode estipular regras de competência ao Judiciário de outros países soberanos.

De acordo com tal regramento, compete exclusivamente ao Judiciário brasileiro – não sendo possível atuação de órgão estrangeiros – a respeito de: (i) ações relativas a imóveis situados no Brasil; (ii) matéria de sucessão hereditária, relativa a bens situados no Brasil; (iii) em divórcio, separação judicial ou dissolução de união estável, proceder à partilha de bens situados no Brasil (art. 23).

De outro lado, prescreve o art. 21 que a jurisdição brasileira pode ser exercida – sem que se exclua a possibilidade de atuação de autoridade judicial estrangeira – quando: (i) o réu, qualquer que seja a sua nacionalidade, estiver domiciliado no Brasil; (ii) no Brasil tiver de ser cumprida a obrigação; (iii) o fundamento seja fato ocorrido ou ato praticado no Brasil.

Perceba-se que os arts. 21 e 23 estão em perfeita sintonia com o princípio da territorialidade da jurisdição, pois atribuem à Justiça brasileira o poder de julgar conflitos atinentes a situações ocorridas ou a bens existentes no país.

Já o art. 22 prevê situações que podem excepcionar o princípio da territorialidade, ora com o objetivo de proteger determinados interesses (incisos I e II), ora para prestigiar a autonomia privada (inciso III). Perceba-se, por exemplo, que o Judiciário brasileiro pode julgar uma ação de alimentos quando o credor passe a

---

[60] Art. 203, § 4º Os atos meramente ordinatórios, como a juntada e a vista obrigatória, independem de despacho, devendo ser praticados de ofício pelo servidor e revistos pelo juiz quando necessário.

[61] DIDIER, Curso, v. 1, p. 211.

ter domicílio no Brasil, mesmo que o devedor continue morando no estrangeiro e a família residisse anteriormente no exterior. Aqui há, nitidamente, ampliação da jurisdição brasileira com o fim de tutelar o hipossuficiente (alimentando).

Idêntica situação ocorre com o chamado *forum shopping*, que permite aos interessados escolher a jurisdição que deverá julgar determinado conflito. Isso acontece em contratos internacionais. Pense-se na hipótese de contrato firmado no México entre uma empresa americana e outra argentina. As partes podem estabelecer que eventual conflito deverá ser julgado pela Justiça brasileira, por diversas razões, como, hipoteticamente, o fato de que os sócios das empresas envolvidas são brasileiros. É isso que deflui do art. 22, III, do CPC.[62] Nitidamente se excepciona o princípio da territorialidade da jurisdição, para aplicar-se o princípio da submissão, segundo o qual o Judiciário de determinado país será competente para julgar desde que as partes se submetam voluntariamente à sua jurisdição.[63]

Contudo, a jurisdição escolhida pelas partes pode ser recusada pelo juiz do foro escolhido, quando ficar comprovado exista outra jurisdição mais adequada e efetiva para julgar o conflito (*forum non conveniens*).

A situação mais interessante ao Processo do Trabalho, quanto ao tema, é a do art. 22, II, que prevê a competência da Justiça brasileira em ações decorrentes de relações de consumo, quando o consumidor tiver domicílio ou residência no Brasil. O objetivo da norma é facilitar o acesso à justiça por parte do hipossuficiente (consumidor). Note-se que a CLT, pioneiramente, já havia estabelecido regulação semelhante no art. 651, § 2º[64], ao prever a competência da Justiça do Trabalho para apreciar dissídios ocorridos em agência ou filial no estrangeiro, desde que o empregado seja brasileiro e não haja convenção internacional dispondo em contrário. Essa regra amplia os limites da jurisdição nacional[65], com a finalidade de permitir que o trabalhador consiga acessar o Judiciário.

Por fim, destaque-se que, quanto a fatos ocorridos no estrangeiro, fora das hipóteses previstas nos arts. 21 a 25 do CPC, e do art. 651, § 2º, da CLT, e outras eventualmente previstas em lei, não há jurisdição do Poder Judiciário brasileiro, que não pode, portanto, conhecer da questão.[66] No entanto, o tema é controvertido, havendo posicionamentos doutrinários no sentido de que a justiça brasileira, não havendo norma expressa que lhe atribua competência, poderia processar as causas cujas decisões ela seja capaz de cumprir, ou, ao menos, de presumir que possam ser cumpridas pela justiça do outro país.[67]

62 Art. 22, III – em que as partes, expressa ou tacitamente, se submeterem à jurisdição nacional.

63 GRECO, v. 1, p. 135.

64 Art. 651, § 2º – A competência das Juntas de Conciliação e Julgamento, estabelecida neste artigo, estende-se aos dissídios ocorridos em agência ou filial no estrangeiro, desde que o empregado seja brasileiro e não haja convenção internacional dispondo em contrário.

65 MALTA, Prática, p. 161.

66 HUMBERTO THEODORO JUNIOR, *Curso*, v. 1, p. 191.

67 Nesse sentido, GRECO, *Instituições*, v. 1, p. 135.

4.6. Cooperação internacional: homologação de decisão estrangeira, concessão de *exequatur* às cartas rogatórias e auxílio direto

Como corolário do princípio da territorialidade da jurisdição, pode-se fazer imprescindível, em algumas hipóteses, a cooperação entre órgãos jurisdicionais de diversos países. Isso se dará sempre que houver necessidade de praticar ato processual em país estrangeiro.

A cooperação jurídica internacional pode dar-se por meio de três modalidades: homologação de sentença estrangeira; concessão de *exequatur* às cartas rogatórias; e auxílio direto.

De acordo com o art. 960, *caput* e § 1º, do CPC[68], a homologação de decisão estrangeira será requerida por ação de homologação de decisão estrangeira, salvo disposição especial em sentido contrário prevista em tratado; já a decisão interlocutória estrangeira poderá ser executada no Brasil por meio de carta rogatória.

Salvo disposição em contrário de lei ou de tratado, a decisão judicial estrangeira somente terá eficácia no Brasil após a homologação pelo STJ, ou à concessão de *exequatur* no caso de execução de decisões interlocutórias. Destaque-se que a homologação e o *exequatur* são de competência do STJ mesmo que trate de matéria trabalhista.

Na homologação de decisão estrangeira, ou na concessão de *exequatur*, o STJ faz mero juízo de delibação, estando impedido de rever o mérito do julgamento estrangeiro. Faz-se mera análise de requisitos formais previstos essencialmente no art. 963 do CPC.[69]

Enquanto não houver a homologação, não se configura litispendência ou coisa julgada no caso de eventual propositura de ação, no Brasil, com o mesmo objeto da decisão estrangeira – já que esta é ineficaz no país até a homologação. Analogamente, se já houver trânsito em julgado da decisão brasileira, deve ser extinta sem resolução de mérito eventual processo de homologação de decisão estrangeira que tramite no STJ, versando sobre o mesmo objeto do julgado nacional.

Cabe auxílio direto quando a medida não decorrer diretamente de decisão de autoridade jurisdicional estrangeira a ser submetida a juízo de delibação no Brasil (CPC, art. 28).

O auxílio direto pode ser usado em (i) situações previstas em tratados internacionais de que o Brasil faça parte; (ii) para obtenção e prestação de informações

---

[68] Art. 960. A homologação de decisão estrangeira será requerida por ação de homologação de decisão estrangeira, salvo disposição especial em sentido contrário prevista em tratado.

§ 1º A decisão interlocutória estrangeira poderá ser executada no Brasil por meio de carta rogatória.

[69] Art. 963. Constituem requisitos indispensáveis à homologação da decisão:

I – ser proferida por autoridade competente;

II – ser precedida de citação regular, ainda que verificada a revelia;

III – ser eficaz no país em que foi proferida;

IV – não ofender a coisa julgada brasileira;

V – estar acompanhada de tradução oficial, salvo disposição que a dispense prevista em tratado;

VI – não conter manifesta ofensa à ordem pública.

sobre o ordenamento jurídico e sobre processos administrativos ou jurisdicionais findos ou em curso; (iii) para a colheita de provas, salvo se a medida for adotada em processo, em curso no estrangeiro, de competência exclusiva de autoridade judiciária brasileira; (iv) para qualquer outra medida judicial ou extrajudicial não proibida pela lei brasileira (CPC, art. 30).

Veja-se que o auxílio direto independe de juízo de delibação, a autoridade central de cada país (no caso brasileiro, o Ministério da Justiça) solicita à de outro a prática de determinado ato.

O auxílio direto se diz ativo, quando o Brasil está solicitando providência no exterior; ou passivo, quando o país está recebendo do estrangeiro alguma solicitação.

Pode ser que a solicitação recebida no auxílio direto passivo independa de autorização judicial - seria o exemplo de um pedido, de Estado estrangeiro, de informações a respeito do ordenamento jurídico brasileiro. Nesta hipótese, a autoridade central administrativa brasileira prestará diretamente as informações.

Em outros casos, pode haver necessidade de intervenção judicial, situações em que a autoridade central encaminhará o pedido à Advocacia-Geral da União, que requererá em juízo (federal) a medida solicitada.

4.7. Imunidade de jurisdição

A imunidade de jurisdição, sob a ótica processual, consiste em pressuposto processual negativo (CPC, art. 485, IV)[70], ou seja, caso haja a imunidade, o processo não pode se instaurar e prosseguir validamente. Depreende-se que resulta da imunidade de jurisdição a não submissão de determinada pessoa ou matéria ao crivo jurisdicional.

Não obstante a Convenção de Viena sobre Relações Diplomáticas preveja a não submissão dos agentes diplomáticos às autoridades judiciais do Estado acreditado, é entendimento pacificado pelos Tribunais Superiores o de que tal imunidade na fase de conhecimento do processo é apenas relativa, ou seja, alcança apenas os atos de império praticados pelo Estado estrangeiro ou pelo agente diplomático. Como exemplos de atuação de império, podem-se citar atos praticados pelo Estado estrangeiro, numa ofensiva militar, em período de guerra, ocasionando a morte de civis no Brasil. As famílias dessas vítimas não podem ajuizar ação contra o Estado que causou o dano, por se tratar de ato de império: o ato é insindicável pela Justiça brasileira.[71]

A imunidade de jurisdição dos Estados estrangeiros não abrange os atos de gestão (em que tais agentes nivelam-se ao particular), entre os quais se inclui a contratação de empregados locais (nacionais do Estado acreditado).

Noutras palavras, a parêmia internacional *par in parem non habet imperium* foi mitigada: de seu significado anterior, no sentido de que um Estado Nacional nunca poderia exercer jurisdição em relação a outro Estado, passou a ser apreendida como

[70] Art. 485, IV – verificar a ausência de pressupostos de constituição e de desenvolvimento válido e regular do processo.

[71] RO 72/RJ, Rel. Ministro JOÃO OTÁVIO DE NORONHA, QUARTA TURMA, julgado em 18/08/2009, DJe 08/09/2009.

privilégio não absoluto, mas relativo e abrangente apenas dos atos de império. Nesse sentido é a atual jurisprudência do Supremo Tribunal Federal.

Todavia, com relação aos organismos internacionais, como é caso da ONU, que são dotados de características diferentes dos Estados Estrangeiros (não possuem território, nem governo), bem como finalidades específicas previstas em acordos internacionais, deve ser dispensado tratamento diverso daquele aplicado aos Estados. Ademais, sequer haveria de se cogitar em atos de império das organizações internacionais.

Assim, o entendimento majoritário é que, com relação a tais organismos, a imunidade de jurisdição é realmente absoluta, desde que prevista em diplomas internacionais firmados voluntariamente pelo Brasil, tais como a Convenção sobre Privilégios e Imunidades das Nações Unidas, Convenção sobre Privilégios e Imunidades das Agências Especializadas das Nações Unidas, Acordo Básico de Assistência Técnica com as Nações Unidas e suas Agências Especializadas, entre outros.

Logo, deve o Estado brasileiro respeitar os tratados firmados com os Organismos Internacionais, sob pena cometer um ilícito internacional, sendo passível de responsabilização perante os órgãos internacionais competentes. O Supremo Tribunal Federal já tem decisões que apontam nesse sentido. Na mesma linha é a OJ 416 da SDI-1 do TST[72], que destaca que apenas haverá jurisdição brasileira na hipótese de renúncia expressa à cláusula de imunidade jurisdicional.

Registre-se que o tema não é pacífico, havendo entendimentos no sentido de que a imunidade de jurisdição, inclusive para tais organismos, abrangeria apenas a fase de execução, pois não seria razoável aplicar a imunidade na fase de conhecimento, suprimindo direitos e impedindo o acesso à Justiça pelo trabalhador. Fundamenta-se com o art. 114 da Constituição da República, o qual estabelece a competência da Justiça do Trabalho para o julgamento de lides decorrentes da relação de trabalho, sem excepcionar os organismos internacionais.

Contudo, mesmo que se entenda haver imunidade apenas relativa de jurisdição, só é possível a prática de atos executivos em face de organismos internacionais mediante a respectiva renúncia expressa à imunidade na fase de execução. Assim, não havendo renúncia, descabe cogitar de expedição de carta rogatória, até porque o Estado da respectiva sede não realizará qualquer ato executivo sem que haja a renúncia expressa do organismo internacional.

O raciocínio, portanto, é diferente daquele empreendido em relação a Estados estrangeiros, pois, embora estes também detenham imunidade absoluta na fase de execução (não sendo lícita a penhora de bens de que seja titular no Brasil), é possível a expedição de carta rogatória com vistas à cobrança do crédito, associado a gestões diplomáticas, conforme já decidido pelo STJ (Ag 230.684/DF).

72 OJ 416: As organizações ou organismos internacionais gozam de imunidade absoluta de jurisdição quando amparados por norma internacional incorporada ao ordenamento jurídico brasileiro, não se lhes aplicando a regra do Direito Consuetudinário relativa à natureza dos atos praticados. Excepcionalmente, prevalecerá a jurisdição brasileira na hipótese de renúncia expressa à cláusula de imunidade jurisdicional.

4.8. Inércia

A inércia da jurisdição é princípio fundamental do Direito Processual Civil e do Trabalho brasileiros. Sobre o tema, ver Capítulo II, item 9.

4.9. Poderes-deveres de decisão, de coerção, de instrução e de documentação

Conforme já demonstrado[73], há novas tendências no Direito Processual, que passa a ser mais democrático e prestigiar mais intensamente a vontade das partes. No entanto, é inerente à função jurisdicional o poder de proferir decisão apta a alcançar o status de definitividade.

Além disso, é inerente à jurisdição a possibilidade de coerção, vale dizer, imposição de comportamentos e sanções a terceiros envolvidos com o processo judicial, mesmo contra a vontade destes. Isso é facilmente visualizado na atividade executiva (ou cumprimento de sentença), quando se praticam atos de expropriação do patrimônio do devedor (*v.g.*, arrematação ou adjudicação), por força dos quais o respectivo patrimônio, independentemente da vontade do titular, é transferido a terceiro. Contudo, a coerção também existe potencialmente na fase de conhecimento: pense-se no poder de polícia exercido pelo Juiz do Trabalho em audiência, que pode resultar até na retirada forçada de pessoa que se comporte inconvenientemente no recinto.

Ao contrário do poder de decisão, o poder de coerção não é titularizado pelos árbitros: apenas o Judiciário pode exercê-lo. Descumprida uma decisão arbitral, o interessado deve valer-se do órgão jurisdicional estatal para efetivá-la.

Para que possa decidir e exercer o poder de coerção, tem-se como pressuposto inafastável o poder de instrução. Assim, o Judiciário pode realizar todos os atos necessários à investigação dos fatos da causa, bem assim averiguar o direito aplicável, sempre observando o contraditório. Os poderes de decisão e de coerção somente são legítimos se exercidos de forma harmônica com a instrução processual.

Ademais, os atos processuais relevantes devem ser documentados nos autos. A documentação de atos pode ser feita pelo próprio juiz ou pelos servidores da Vara do Trabalho, no exercício de suas funções.

Importante ressalvar que não é todo ato que deve ser documentado. Imagine-se que, numa audiência, o Juiz do Trabalho, informalmente, faça uma pergunta ao preposto, sendo que não se verifica qualquer confissão ou declaração sobre fato importante. Ora, nessa situação, se nenhuma das partes solicitar a transcrição em ata, não há necessidade de o fazer. Seria até mesmo não recomendável a transcrição, já que se devem evitar, no processo, afirmações desnecessárias, que servem apenas para desviar o foco do que é importante. Concisão também integra o conteúdo do princípio da economia processual.

[73] Capítulo I, item 3; Capítulo II, item 14.

Por fim, embora comumente se fale em "poderes" inerentes à jurisdição, o mais correto é falar em "poderes-deveres", pois o Judiciário não tem apenas a prerrogativa, mas também o dever de instruir, documentar, decidir e coagir, quando isso se fizer necessário.

5. JURISDIÇÃO VOLUNTÁRIA NA JUSTIÇA DO TRABALHO. HOMOLOGAÇÃO DE ACORDO EXTRAJUDICIAL

Há situações apreciadas pelo Poder Judiciário nas quais não há lide, mas a lei exige a intervenção judicial para que seja possível praticar determinado ato jurídico. É o que se dá, por exemplo, na emancipação e na alienação, arrendamento ou oneração de bens de crianças ou adolescentes, de órfãos e de interditos (CPC, art. 725).

O juiz atua, nesses casos, como uma espécie de tabelião, com uma atividade integrativa ou constitutiva de determinado negócio jurídico, cuja eficácia depende da intervenção pública do magistrado.[74]

A visão mais clássica, na literatura processual, é a de que a chamada *jurisdição voluntária* não configura exercício da função jurisdicional do Estado, mas mero exercício de função administrativa que a lei atribui a um órgão do Poder Judiciário. Seria, assim, administração pública de interesses privados.

Segundo alguns autores, no cenário anterior à Reforma Trabalhista, a única hipótese pacificamente admitida de jurisdição voluntária no processo do trabalho seria a possibilidade de homologação da opção retroativa pelo sistema do FGTS (procedimento que, inclusive, se encontra em desuso).[75]

Contudo, havia ao menos outra hipótese bastante usada na Justiça do Trabalho, sem quaisquer questionamentos: o protesto judicial, com o objetivo de prevenir responsabilidades, conservar direitos ou manifestar formalmente uma intenção. É comum, na praxe trabalhista, o ajuizamento de protestos com o objetivo de interromper a prescrição, e está-se aí, inegavelmente, diante de jurisdição voluntária (CPC, art. 726, § 2º).[76]

Outro exemplo possível, mas controvertido, é o atinente à expedição de alvará judicial para saque de FGTS pelo empregado, nos casos em que não há resistência do empregador, mas alguma dificuldade burocrática junto ao órgão gestor (CPC, art. 725, VII).[77]

Era controvertida, em doutrina, a possibilidade de homologação de acordo extrajudicial, havendo autores que sustentavam a viabilidade, ainda que excepcional, desde que o Juiz do Trabalho adotasse cautelas, como a designação de audiência para ouvir o trabalhador.

[74] HUMBERTO THEODORO JÚNIOR, *Curso*, v. 1, p. 117.

[75] JOSÉ CAIRO JR. *Curso*. P. 105.

[76] Art. 726, § 2º Aplica-se o disposto nesta Seção, no que couber, ao protesto judicial.

[77] Art. 725, VII – expedição de alvará judicial.

No entanto, prevalecia, no TST, antes da Lei 13.467/2017, o entendimento de que não era cabível a homologação de acordo extrajudicial na Justiça do Trabalho, dada a ausência de previsão legislativa a respeito. Sustentava-se que o art. 515, III, do CPC[78], não se aplica ao processo do trabalho, pois o art. 114, IX[79], da Constituição, exige que a atribuição de competências ao Judiciário Trabalhista somente possa se dar em relação a controvérsias decorrentes da relação de emprego – e, no caso de acordo extrajudicial, não se estaria diante de controvérsia. O argumento não convence, pois a competência para homologar acordo extrajudicial decorre do inciso I, do art. 114, que menciona *ações oriundas da relação de trabalho*, sem exigir a existência de conflito.

Frise-se também que, para o TST, não era possível a homologação de acordo extrajudicial na Justiça do Trabalho (CPC, art. 725, VIII)[80], sob o argumento de que inexistiria competência da Especializada, face à ausência de litígio. O fundamento não se sustenta, pois, conforme demonstrado acima, admite-se pacificamente a tramitação de determinados procedimentos de jurisdição voluntária em âmbito trabalhista.

A Lei nº 13.467/2017 inovou ao trazer, nos arts. 855-B a 855-E[81], a possibilidade de homologação de acordo extrajudicial como hipótese típica de jurisdição voluntária na Justiça do Trabalho.

A homologação de acordo extrajudicial (acordo feito fora do juízo e levado à homologação pelo juiz) é procedimento de jurisdição voluntária, pois não há conflito de interesses; o Judiciário irá apenas homologar ou deixar de homologar um acordo apresentado pelas partes.

O procedimento para homologação de acordo extrajudicial se inicia por petição conjunta. Ou seja, trabalhador e patrão fazem uma única petição e, diante disso, já se vê que não há conflito; a representação por advogado é obrigatória, de modo que não se aplica o *jus postulandi* neste procedimento de jurisdição voluntária.

O detalhe é que as partes não podem ser assistidas pelo mesmo advogado: é preciso que haja um advogado para o empregado e outro advogado para o em-

78 Art. 515, III – a decisão homologatória de autocomposição extrajudicial de qualquer natureza.

79 Art. 114, IX – outras controvérsias decorrentes da relação de trabalho, na forma da lei.

80 Art. 725, VIII – homologação de autocomposição extrajudicial, de qualquer natureza ou valor.

81 Art. 855-B. O processo de homologação de acordo extrajudicial terá início por petição conjunta, sendo obrigatória a representação das partes por advogado.

§ 1º As partes não poderão ser representadas por advogado comum.

§ 2º Faculta-se ao trabalhador ser assistido pelo advogado do sindicato de sua categoria.

Art. 855-C. O disposto neste Capítulo não prejudica o prazo estabelecido no § 6º do art. 477 desta Consolidação e não afasta a aplicação da multa prevista no § 8º art. 477 desta Consolidação.

Art. 855-D. No prazo de quinze dias a contar da distribuição da petição, o juiz analisará o acordo, designará audiência se entender necessário e proferirá sentença.

Art. 855-E. A petição de homologação de acordo extrajudicial suspende o prazo prescricional da ação quanto aos direitos nela especificados.

Parágrafo único. O prazo prescricional voltará a fluir no dia útil seguinte ao do trânsito em julgado da decisão que negar a homologação do acordo.

pregador; não pode ser advogado único, por mais que não exista conflito entre as partes.

Isso se dá porque pode existir um potencial conflito de interesses para o patrono. Se o mesmo advogado representasse as duas partes, potencialmente, haveria conflito de interesses, já que o advogado sempre procura o melhor para o seu cliente; um único advogado representando duas partes não conseguiria defender satisfatoriamente os interesses de ambos os envolvidos. Em virtude disso, a lei exige que cada parte esteja representada por seu próprio advogado.

Embora não conste do texto legal, deve-se interpretar que a petição de homologação de acordo extrajudicial não pode também ser subscrita por advogados diferentes, mas que integrem o mesmo escritório de advocacia, tendo em vista o potencial conflito de interesses.

Destaque-se que o advogado do trabalhador pode ser advogado do sindicato da categoria profissional.

Conforme art. 855-C da CLT, a formulação de pedido de homologação de acordo extrajudicial não prejudica os prazos previstos para quitação de verbas rescisórias pelo empregador (art. 477, §§ 6º e 8º, CLT).

Assim, as verbas rescisórias a que o empregado fizer jus devem ser pagas no prazo de 10 dias após a comunicação de dispensa, quer tenha sido trabalhado ou indenizado o aviso prévio, conforme nova redação do art. 477, § 6º, da CLT.

Se tal prazo não for observado, será devida multa no valor de um salário deste empregado.

Assim, o fato de haver ou não, a homologação de acordo extrajudicial levado pelas partes, não afeta, em princípio, o direito do trabalhador de cobrar a multa de um salário (CLT, art. 477, § 8º).

Exemplo: o empregado e o empregador levam petição a Juízo, requerendo a homologação do acordo extrajudicial, 30 dias após a data da comunicação da dispensa; nessa hipótese, o prazo de pagamento da rescisão terá sido extrapolado, por já decorridos mais de 10 dias.

Nesse tipo de situação será necessário analisar os termos do acordo. Se, no acordo entre empregado e empregador, houver previsão de que o empregado dá quitação plena e irrestrita com relação ao extinto contrato trabalho, posteriormente o empregado não pode ingressar com reclamação trabalhista postulando a multa do art. 477, § 8º, da CLT, já que tal parcela decorre da extinta relação de trabalho, que foi quitada sem quaisquer ressalvas.

No entanto, se a petição de homologação de acordo extrajudicial discriminar quais são as parcelas a que o empregado dá quitação (exemplo: aviso prévio, 13º salário e FGTS, mas não houve pagamento, nem discriminação de saldo de salário e férias proporcionais), a eficácia de coisa julgada abrange apenas os direitos que foram objeto da transação, não havendo quitação das demais parcelas, inclusive da multa do art. 477, § 8º, da CLT, que pode eventualmente ser postulada em Juízo.

Logo, é preciso diferenciar as duas situações:

- (i) situação em que o acordo extrajudicial dá quitação total quanto ao extinto contrato de trabalho, hipótese em que o empregado não pode cobrar a multa e;
- (ii) situação em que o acordo não dá quitação total, em que se especificam as parcelas e, entre estas, não está a multa do art. 477, de modo que o empregado pode ajuizar reclamação trabalhista para cobrar referida multa.

O art. 855-D, CLT prevê prazo de 15 dias para que o juiz aprecie a petição conjunta de acordo.

Esse prazo diz-se *impróprio*, pois não acarreta preclusão; caso não aprecie o referido acordo no prazo de 15 dias, o juiz não perde a prerrogativa, nem o dever, de apreciar a petição e, eventualmente, homologar o acordo.

O juiz analisará a petição de acordo, designará audiência, caso entenda necessário, e proferirá sentença.

Como visto anteriormente, a homologação de acordo extrajudicial apresenta muitos riscos (de fraude, de renúncia de direitos pelo trabalhador), devendo-se ter muita cautela com relação a esse tipo de homologação.

Diante disso, o juiz pode/deve se inteirar melhor com relação às razões que justificam os termos daquele acordo para saber se o empregado não está, de alguma forma, sendo coagido a celebrar o acordo extrajudicial.

Exemplo: o empregador condiciona o pagamento das verbas rescisórias ao trabalhador à formalização e homologação do acordo extrajudicial em que se preveja quitação total quanto ao extinto contato de trabalho. Em tal situação, em princípio o acordo não deve ser homologado, a menos que haja alguma espécie de vantagem para o trabalhador, como a maior segurança quanto ao recebimento dos valores (em função da notória insolvência do empregador) ou caso haja fundada dúvida quanto à modalidade de ruptura do contrato de trabalho (justa causa ou dispensa imotivada, por exemplo).

Assim, para evitar esse tipo de fraude é que o dispositivo prevê que o juiz, de forma cautelosa, designe audiência para melhor se inteirar a respeito da situação das partes e dos motivos que levam o trabalhador a querer fazer esse acordo extrajudicial.

Por fim, caso o juiz entenda que deva ser homologado o acordo, profere sentença homologatória de extinção do processo com julgamento de mérito (CPC, art. 487, III, *b*); se o juiz entender que não é o caso de homologar o acordo, proferirá sentença de improcedência, impossibilitando as partes de fazer o acordo (CPC, art. 487, I). Nos dois casos, ter-se-á decisão de mérito, que fará coisa julgada material.

Caso haja algum vício processual (por exemplo, não há representação das partes por advogados diferentes), deve-se oportunizar ao interessado a correção do defeito, concedendo-se o prazo de 15 dias para regularização, nos termos do art. 321 do CPC. Não cumprida a providência no prazo assinalado, o juiz deve extinguir o processo sem resolução de mérito (CPC, art. 485, IV).

O art. 855-E, CLT prevê que, uma vez que as partes ajuízem a petição para homologação do acordo extrajudicial, fica suspenso o prazo prescricional quanto aos direitos nela especificados.

Ressalte-se que não se trata de suspensão da prescrição de todos os direitos que decorram daquele contrato de trabalho, mas tão somente no que tange aos direitos especificados no acordo.

Exemplo: a petição do acordo declara que se está a negociar a respeito de aviso prévio e FGTS; neste caso, ficará suspensa a prescrição apenas com relação a esses temas. Quanto a eventuais horas extras pretendidas pelo empregado, não se tem a suspensão da prescrição; o prazo prescricional vai fluir normalmente, mesmo que esteja pendente uma homologação de acordo extrajudicial.

Logo, o prazo prescricional de 5 (cinco) anos ou de 2 (dois) anos somente deixa de fluir com relação àquelas parcelas objeto do acordo e nunca com relação às parcelas que não são objeto.

A ideia que fundamenta esse entendimento é a inércia; a prescrição é fundada na inércia do credor. Se existe um processo em curso de homologação de acordo extrajudicial, o credor não está inerte, mas está no Judiciário exigindo o seu direito; se não há omissão, inércia, jamais se pode falar em fluência do prazo prescricional, motivo pelo qual a lei corretamente prevê a suspensão do prazo prescricional com relação às parcelas discutidas.

Com relação às parcelas que não sejam objeto do acordo, a inércia do credor justifica que o prazo prescricional flua normalmente.

Já foi visto que o juiz deve recusar a homologação de certos acordos (fraudulentos, prejudiciais), proferindo-se, para tanto, sentença que rejeite o pedido de homologação. A partir do momento que essa decisão transita em julgado, o prazo da prescrição que estava suspenso volta a fluir.

Importante destacar que a petição de homologação de acordo extrajudicial não interrompe, mas apenas suspende o prazo prescricional, razão pela qual não se desconsiderará o tempo decorrido antes do ajuizamento do pedido de homologação. Aqui, tem-se interessante exceção ao princípio geral de que o ajuizamento de ações trabalhistas interrompe a prescrição, nos termos da Súmula 268 do TST.

Caso o interessado deseje cobrar o referido direito não homologado no acordo, terá que tomar a iniciativa de ingressar com uma ação para tanto; não ingressando com a ação, tem-se por inerte, pois não mais existe processo em curso.

A Resolução nº 586/2024, do Conselho Nacional de Justiça[82], pretendeu "regulamentar" a temática da homologação de acordo extrajudicial na Justiça do Tra-

[82] Art. 1º Os acordos extrajudiciais homologados pela Justiça do Trabalho terão efeito de quitação ampla, geral e irrevogável, nos termos da legislação em vigor, sempre que observadas as seguintes condições:

I – previsão expressa do efeito de quitação ampla, geral e irrevogável no acordo homologado;

II – assistência das partes por advogado(s) devidamente constituído(s) ou sindicato, vedada a constituição de advogado comum;

III – assistência pelos pais, curadores ou tutores legais, em se tratando de trabalhador(a) menor de 16 anos ou incapaz; e

balho, tendo como principal objetivo "a necessidade de enfrentamento ao volume da litigiosidade na Justiça do Trabalho".[83] O fato é que existe um grande desvio de perspectiva na Resolução, a qual pode ter efeito contrário ao pretendido, ou seja, pode estimular a litigância em determinadas hipóteses.

Em primeiro lugar, conforme já escrevemos em outra oportunidade[84], numa relação completamente assimétrica de poder, como é a relação de emprego, em que o trabalhador, na maioria das vezes, estará premido pela necessidade inadiável de se sustentar, é evidente que qualquer espécie de "acordo" extrajudicial (ainda que com a participação de advogados e/ou sindicato) deve ser vista com extrema cautela e desconfiança. Não há manifestação livre de vontade de alguém que perde o emprego e precisa manter sua subsistência e, por isso, assinará qualquer "acordo" que lhe permita receber suas verbas rescisórias, ainda que do instrumento conste uma cláusula mediante a qual o trabalhador conceda quitação total quanto ao extinto contrato de trabalho, renunciando a verbas relevantes e importantes, como horas extras sonegadas pelo empregador, para ficar num exemplo comum. A injustiça da "solução" de tentar reduzir a litigiosidade trabalhista por meio de acordos extraju-

---

IV – a inocorrência de quaisquer dos vícios de vontade ou defeitos dos negócios jurídicos de que cuidam os arts. 138 a 184 do Código Civil, que não poderão ser presumidos ante a mera hipossuficiência do trabalhador.

Parágrafo único. A quitação prevista no caput não abrange:

I – pretensões relacionadas a sequelas acidentárias ou doenças ocupacionais que sejam ignoradas ou que não estejam referidas especificamente no ajuste entre as partes ao tempo da celebração do negócio jurídico;

II – pretensões relacionadas a fatos e/ou direitos em relação aos quais os titulares não tinham condições de conhecimento ao tempo da celebração do negócio jurídico;

III – pretensões de partes não representadas ou substituídas no acordo; e

IV – títulos e valores expressos e especificadamente ressalvados.

Art. 2º Os acordos que não observarem as condições previstas no art. 1º têm eficácia liberatória restrita aos títulos e valores expressamente consignados no respectivo instrumento, ressalvados os casos de nulidade.

Art. 3º A homologação de acordos celebrados em âmbito extraprocessual depende da provocação espontânea dos interessados, ou seus substitutos processuais legitimados, aos órgãos judiciários legais ou regimentalmente competentes, incluindo os Centros Judiciários de Métodos Consensuais de Solução de Disputas da Justiça do Trabalho (Cejusc-JT), em conformidade com as resoluções editadas pelo Conselho Superior da Justiça do Trabalho.

§ 1º Na hipótese do caput, a provocação pode se dar por iniciativa de qualquer dos interessados ou seus substitutos processuais legitimados, ou de comum acordo.

§ 2º No contexto das mediações pré-processuais trabalhistas envolvendo interesses individuais homogêneos, coletivos ou difusos, faculta-se aos Cejuscs-JT e aos demais órgãos judiciários, legal ou regimentalmente competentes, chamar à mediação o Ministério Público do Trabalho e a(s) entidade(s) sindical(is) representativa(s) que estiver(em) ausente(s).

§ 3º É vedada a homologação apenas parcial de acordos celebrados.

Art. 4º De maneira a aferir o impacto sobre o volume de trabalho dos órgãos competentes, as normas da presente Resolução, nos primeiros 6 (seis) meses de vigência, só se aplicam aos acordos superiores ao valor total equivalente a 40 (quarenta) salários-mínimos na data da sua celebração.

Art. 5º Esta Resolução entra em vigor na data de sua publicação.

[83] Conforme primeiro *considerando* constante do texto da própria Resolução.

[84] BERNARDES, Felipe. **Litigiosidade trabalhista: a solução é punir advogados e trabalhadores? Publicado em 8 mai 2024.** Disponível em: https://www.conjur.com.br/2024-mai-08/litigiosidade-trabalhista-a-solucao--e-punir-advogados-e-trabalhadores/ . Acesso em: 4 out 2024.

diciais vinculantes e que inibam o acesso à justiça é tão flagrante e evidente que, a nosso ver, dispensa maiores comentários.

Ademais, veja-se que a Resolução, por ser mero ato administrativo, não pode inovar no ordenamento jurídico, nem contrariar a legislação positivada, sobretudo os arts. 855-B e seguintes da CLT. Só esse argumento já coloca em xeque toda a "regulamentação" pretendida pelo ato normativo do CNJ, o qual pode traçar parâmetros indicativos, mas não pode ser considerado vinculante aos magistrados no exercício da função jurisdicional.

Além disso, o texto da Resolução pouco inova. A possibilidade de quitação ampla, geral e irrevogável é inerente a todo tipo de acordo homologado judicialmente e evidentemente já se inseria na previsão do art. 855-B a 855-E da CLT.

O único mérito da Resolução, em nosso juízo, está em explicitar que não é dado ao Judiciário a homologação apenas parcial dos acordos celebrados. Isso já é evidente por motivos lógico-jurídicos intuitivos: diante de uma proposta de acordo, o juiz tem a opção de homologá-lo completamente; ou de rejeitar totalmente a homologação. Homologar parcialmente um acordo viola escancaradamente a vontade das partes e impõe um "acordo" com o qual não concordaram.

Assim, caso, por exemplo, a cláusula de quitação geral seja ilegítima em determinado caso concreto, o juiz tem o dever de não homologar o acordo pretendido. No máximo, poderia ser dada às partes a possibilidade de homologação com exclusão da referida cláusula. Nunca, entretanto, o juiz pode homologar um "acordo" sem a concordância integral das partes com todas as suas cláusulas, porque de real acordo não se trataria.

Afora tal aspecto, a Resolução 586/2024, do CNJ, traz regramento de duvidosa constitucionalidade e que tende a aumentar a litigiosidade (em vez de reduzi-la, como supostamente seria o objetivo do ato normativo). É que o parágrafo único do art. 1º estabelece que a quitação geral relativa ao contrato não abrange:

- (i) pretensões relacionadas a sequelas acidentárias ou doenças ocupacionais que sejam ignoradas ou que não estejam referidas especificamente no ajuste entre as partes ao tempo da celebração do negócio jurídico;
- (ii) pretensões relacionadas a fatos e/ou direitos em relação aos quais os titulares não tinham condições de conhecimento ao tempo da celebração do negócio jurídico.

Ora, tais exceções não estão previstas no texto legal, sendo legítimo concluir que, homologado um acordo extrajudicial com cláusula de quitação, todos os direitos decorrentes do contrato de trabalho serão tidos por quitados. Assim, se o trabalhador já estivesse acometido de doença ocupacional ou tivesse sofrido acidente de trabalho, indenizações decorrentes desse fato já estariam quitadas pelo acordo. Seria possível ressalvar apenas as situações em que a própria doença é desconhecida, como no caso da asbestose, doença que decorre da exposição ao amianto e pode demorar vários anos para se manifestar.

Depreende-se que a regulamentação do CNJ pode estimular a reabertura de discussões alusivas a contratos de trabalho já extintos e que já tenham sido objeto de acordo extrajudicial homologado como cláusula de quitação total.

IV

ORGANIZAÇÃO E COMPETÊNCIA DA JUSTIÇA DO TRABALHO

1. ÓRGÃOS DA JUSTIÇA DO TRABALHO

São órgãos do Poder Judiciário Trabalhista: o Tribunal Superior do Trabalho; cada um dos vinte e quatro Tribunais Regionais do Trabalho; e os Juízes do Trabalho.

Os Tribunais são subdivididos em seções e turmas, sendo que cada qual, por uma ficção jurídica, é considerada como sendo o próprio órgão (Tribunal) que compõe.

As Varas do Trabalho, unidades judiciárias de primeira instância, são presididas por Juiz do Trabalho (titular, ou substituto no exercício da titularidade), que conta com o auxílio do Diretor de Secretaria e demais servidores auxiliares (contador, secretário de audiências etc.), conforme deflui dos arts. 710 e 711 da CLT.[1] O conjunto de servidores lotados nessas unidades organizacionais de primeira instância (Varas do Trabalho) formam a Secretaria da Vara.

O TST é composto por 27 Ministros (CF, art. 111-A)[2], sendo que 6 deles (um quinto, arredondado para cima) devem ser nomeados pelo Presidente da República, após aprovação pelo Senado Federal, dentre advogados com mais de dez anos de efetiva atividade profissional e membros do Ministério Público do Trabalho com mais de dez anos de efetivo exercício. Após a EC 122/2012, passou para 70 (setenta anos) a idade máxima para escolha e nomeação de membros do Supremo Tribunal Federal, do Superior Tribunal de Justiça, dos Tribunais Regionais Federais, do Tribunal Superior do Trabalho, dos Tribunais Regionais do Trabalho, do Tribunal de Contas da União e dos Ministros civis do Superior Tribunal Militar.

O detalhe quanto ao TST é que os demais Ministros devem ser escolhidos dentre juízes dos Tribunais Regionais do Trabalho, oriundos da magistratura da carreira, indicados pelo próprio Tribunal Superior. Assim, não é possível que as vagas destinadas à magistratura de carreira sejam preenchidas por Desembargadores que tenham tomado posse nos TRTs pelo quinto constitucional.

Funcionam, junto ao TST, a ENAMAT (Escola Nacional de Formação e Aperfeiçoamento de Magistrados do Trabalho), e também o CSJT (Conselho Superior da Justiça do Trabalho), que exerce a supervisão administrativa, orçamentária, financeira e patrimonial da Justiça do Trabalho de primeiro e segundo graus, como órgão central do sistema, cujas decisões terão efeito vinculante.

Os Tribunais Regionais do Trabalho compõem-se de, no mínimo, sete juízes, recrutados, quando possível, na respectiva Região, também devendo-se observar o quinto constitucional da advocacia e Ministério Público, sempre com arredondamento para cima.

Os membros dos TRTs têm sido chamados de *Desembargadores do Trabalho* ou *Desembargadores Federais do Trabalho*, muito embora haja críticas, pois a Constituição, ao referir-se a eles, usa a nomenclatura *juízes dos Tribunais Regionais do Trabalho*. Apesar dessa nomenclatura constitucional, é interessante a utilização da denominação *Desembargador*, para evitar confusões desnecessárias com juízes de primeira instância.

---

[1] Art. 710, Cada Junta terá 1 (uma) secretaria, sob a direção de funcionário que o Presidente designar, para exercer a função de chefe de secretaria, e que receberá, além dos vencimentos correspondentes ao seu padrão, a gratificação de função fixada em lei.

Art. 711, Compete à secretaria das Juntas: (...).

[2] Art. 111-A. O Tribunal Superior do Trabalho compõe-se de vinte e sete Ministros, escolhidos dentre brasileiros com mais de trinta e cinco e menos de setenta anos de idade, de notável saber jurídico e reputação ilibada, nomeados pelo Presidente da República após aprovação pela maioria absoluta do Senado Federal, sendo: (...) (Redação dada pela Emenda Constitucional nº 122, de 2022).

Os Juízes do Trabalho são nomeados por ato do Tribunal Regional do Trabalho respectivo, após aprovação em concurso público de provas e títulos. O cargo inicial é o juiz substituto, sendo que a promoção ao cargo de juiz titular se dá, alternadamente, por merecimento e por antiguidade. É obrigatória a promoção do juiz que figure por três vezes consecutivas ou cinco alternadas em lista de merecimento; e, na apuração de antiguidade, o tribunal somente poderá recusar o juiz mais antigo pelo voto fundamentado de dois terços de seus membros, conforme procedimento próprio, e assegurada ampla defesa, repetindo-se a votação até fixar-se a indicação (CF, art. 93, II, *d*).

2. MAGISTRATURA DO TRABALHO

2.1. Garantias

Os magistrados do trabalho detêm a garantia da vitaliciedade, ou seja, são titulares do cargo enquanto estiverem vivos, só podendo perdê-lo mediante decisão judicial transitada em julgado. Eventual processo para decretar a perda do cargo de Juiz do Trabalho deve tramitar na Justiça Federal, por se tratar de lide em que há interesse da União, haja vista o envolvimento de servidor público federal.

A vitaliciedade é adquirida, pelos Ministros e Desembargadores, no momento de sua posse no respectivo cargo. Já os Juízes do Trabalho se tornam vitalícios após dois anos de exercício, sendo que, antes disso, a perda do cargo pode decorrer de deliberação do Tribunal a que o juiz estiver vinculado, o que deve ser feito em processo administrativo que tramite no próprio TRT.

Outra garantia dos magistrados é a irredutibilidade de subsídios, prevista no art. 95, III, da CF.[3] Embora haja controvérsias, entende-se que a irredutibilidade prevista é a do valor nominal, e não do valor real. Dessa forma, mesmo que a inflação comprometa o valor real do subsídio, e apesar do disposto no art. 37, X, da CF[4], não há qualquer garantia de reajustes automáticos para preservar o valor real.

Importantíssima, também, a garantia da inamovibilidade, a significar que os juízes não podem ser transferidos, contra a própria vontade, da unidade jurisdicional em que atuam. Assim, o Juiz do Trabalho só pode ser removido para Vara distinta daquela em que atua (o mesmo valendo para Desembargadores e Ministros, que tange às Turmas que integram) a pedido, ou em caso de interesse público na remoção, sendo que, nesta hipótese, deve haver decisão por voto da maioria absoluta do respectivo tribunal ou do Conselho Nacional de Justiça, assegurada ampla defesa (CF, art. 93, VIII).[5]

---

3 Art. 95, III, irredutibilidade de subsídio, ressalvado o disposto nos arts. 37, X e XI, 39, § 4º, 150, II, 153, III, e 153, § 2º, I.

4 Art. 37, X, a remuneração dos servidores públicos e o subsídio de que trata o § 4º do art. 39 somente poderão ser fixados ou alterados por lei específica, observada a iniciativa privativa em cada caso, assegurada revisão geral anual, sempre na mesma data e sem distinção de índices.

5 Art. 93, VIII, o ato de remoção ou de disponibilidade do magistrado, por interesse público, fundar-se-á em decisão por voto da maioria absoluta do respectivo tribunal ou do Conselho Nacional de Justiça, assegurada ampla defesa;

Discute-se se a garantia da inamovibilidade também se aplica aos juízes substitutos. Contrariamente, argumenta-se que, sendo inerente ao cargo a substituição (incluindo licenças, férias e outros afastamentos de juízes titulares), não haveria como fixar-se o juiz substituto em determinada unidade jurisdicional.

O argumento é pertinente, mas a Constituição, ao instituir a inamovibilidade, não diferencia os juízes substitutos dos titulares, devendo aplicar-se a máxima de hermenêutica segundo a qual onde a lei não distingue, não cabe ao intérprete fazê-lo.

A garantia da inamovibilidade pode ser harmonizada com a função de juiz substituto desde que se compreenda que este não pode ser transferido para fora de sua circunscrição territorial, mas pode, licitamente, ser removido para outras unidades dentro da mesma área geográfica, a partir de critérios objetivos e previamente definidos, o que suprime qualquer possibilidade de perseguição ou designação arbitrária de magistrados.

Cabe a cada TRT regulamentar e agrupar grupos de Varas por circunscrições territoriais, dentro das quais os juízes substitutos podem ser movimentados. Por exemplo, no TRT da 1ª Região, há Ato que divide a Região em 6 circunscrições territoriais. Assim, eventualmente, em caso de necessidade, um juiz substituto que atue no município de Niterói pode ser transferido para Vara do Trabalho no município de São Gonçalo, já que as duas cidades estão inseridas na 2ª circunscrição, de acordo com a organização regional. Não seria possível, de outro lado, que o mesmo juiz substituto de uma das Varas de Niterói fosse removido para uma Vara da Capital, pois se trata de circunscrições diferentes. Neste último caso, havendo interesse público, há necessidade de votação da maioria absoluta do Tribunal Pleno ou do órgão especial.

Todas as garantias da magistratura se destinam a proteger a sociedade, antes que o próprio magistrado. De fato, trata-se de formas de assegurar a independência e a imparcialidade dos magistrados, e de evitar perseguições e manipulações.

Por fim, há a garantia da independência funcional dos juízes, extraída dos arts. 40 e 41 da LOMAN[6], e por simetria, do art. 127, § 1º, da CF[7] (este último aplicável ao Ministério Público). Assim, em princípio, os juízes não podem ser punidos ou prejudicados pelo teor das decisões que proferirem. Isso, contudo, não autoriza o descumprimento de jurisprudência vinculante, conforme será oportunamente analisado.

2.2. Deveres, vedações e responsabilidade

Os principais deveres funcionais dos magistrados estão elencados no art. 35 da LOMAN, destacando-se: o dever de cumprir e fazer cumprir, com independência,

---

6 Art. 40, A atividade censória de Tribunais e Conselhos é exercida com o resguardo devido à dignidade e à independência do magistrado.

Art. 41, Salvo os casos de impropriedade ou excesso de linguagem o magistrado não pode ser punido ou prejudicado pelas opiniões que manifestar ou pelo teor das decisões que proferir.

7 Art. 127, § 1º, São princípios institucionais do Ministério Público a unidade, a indivisibilidade e a independência funcional.

serenidade e exatidão, as disposições legais e os atos de ofício; e o de não exceder injustificadamente os prazos para sentenciar ou despachar.

Aos magistrados é vedado: (i) exercer o comércio ou participar de sociedade empresária, inclusive de economia mista, exceto como acionista ou cotista; (ii) exercer cargo de direção ou técnico de sociedade civil, associação ou fundação, de qualquer natureza ou finalidade, salvo de associação de classe, e sem remuneração; (iii) manifestar, por qualquer meio de comunicação, opinião sobre processo pendente de julgamento, seu ou de outrem, ou juízo depreciativo sobre despachos, votos ou sentenças, de órgãos judiciais, ressalvada a crítica nos autos e em obras técnicas ou no exercício do magistério; (iv) exercer, ainda que em disponibilidade, outro cargo ou função, salvo uma de magistério; (v) receber, a qualquer título ou pretexto, custas ou participação em processo; (vi) dedicar-se a atividade político-partidária; (vii) receber, a qualquer título ou pretexto, auxílios ou contribuições de pessoas físicas, entidades públicas ou privadas, ressalvadas as exceções previstas em lei; (viii) exercer a advocacia no juízo ou tribunal do qual se afastou, antes de decorridos três anos do afastamento do cargo por aposentadoria ou exoneração.

Os magistrados respondem civilmente, em decorrência do exercício de suas funções, apenas quando procederem com dolo ou fraude; ou quando recusarem, omitirem ou retardarem, sem justo motivo, providência que devam ordenar o ofício, ou a requerimento das partes. Esta última hipótese somente se verifica quando o Diretor de Secretaria requerer ao magistrado que determine a providência, e este não lhe atender o pedido dentro de dez dias.

3. COMPETÊNCIA: CONCEITO, NATUREZA JURÍDICA E CRITÉRIOS

Competência tem sido conceituada, através dos tempos, como sendo a medida da jurisdição.[8]

Esse conceito, embora tradicional e de simples assimilação, é criticado por dar a ideia de que a jurisdição poderia ser fracionada, quando, na verdade, ela é una. Além disso, essa forma de conceituar acaba por identificar jurisdição e competência: sendo a competência a medida da jurisdição, a ausência de competência levaria, inexoravelmente, à ausência de jurisdição.[9] A crítica, portanto, procede.

Por tal razão, alguns doutrinadores de escol vêm conceituando a competência como a capacidade para exercer a jurisdição, ou a capacidade dos órgãos judiciários de solucionarem conflitos de interesses.[10]

Embora tal conceito seja melhor que o anterior, ainda não é o mais preciso, porque a noção técnico-jurídica de capacidade está associada à aptidão para a prática de atos da vida civil, e a definição acima pode gerar confusões desnecessárias. Além disso, a palavra *capacidade* remonta ao latim *capax* (que contém), associando-se, dessa

[8] Nesse sentido, por todos, Ísis de Almeida, Manual, volume 1, p. 122. O autor baseia-se na lição de Eduardo Couture.

[9] MARINONI, Curso, volume 1, p. 56.

[10] MALTA, Prática, p. 159.

forma, à ideia de quantidade e, portanto, à possibilidade de medida e de gradação.[11] Assim, essa corrente acaba caindo no mesmo equívoco da anterior.

Na busca de conceito mais preciso, deve-se observar que a unidade de jurisdição precisa se harmonizar com a necessidade de divisão de trabalho entre os diversos juízes que exercem tal função estatal. Essa divisão é inevitável, dadas as dimensões territoriais do Brasil e a consequente impossibilidade de que uma única pessoa julgue todos os processos. As regras de competência também têm o objetivo de permitir maior especialização dos julgadores em temas específicos, facilitar o acesso à justiça e estabelecer diferentes funções para os magistrados em cada processo.

É preferível conceituar a competência, então, como a atribuição a um órgão jurisdicional do poder-dever de exercer a jurisdição em situações típicas previstas pelo ordenamento jurídico. Diz-se, assim, que é competente um órgão judicial quando a lei (*rectius*, o ordenamento) atribuir a este mesmo órgão o poder-dever de julgar determinado tipo de causa especificado pela legislação.

A natureza jurídica da competência, sob a ótica processual, é de pressuposto processual de validade, porque, na ausência de competência, o processo será inválido. Perceba-se que não se trata de processo inexistente, justamente porque há jurisdição, que não pode ser medida. Pode-se dizer, com o enfoque mais voltado para a teoria geral do direito, que a competência é requisito de validade da relação jurídica processual.

São três os critérios utilizados para definir competências: objetivo, territorial e funcional.

O critério objetivo se associa aos elementos da demanda: causa de pedir, partes e pedido. Assim, esse critério se subdivide em três: competência em razão da matéria; competência em razão da pessoa; e competência em razão do valor da causa.

No processo do trabalho, é muito importante o estudo da competência em razão da matéria debatida em juízo, já que a competência da Justiça do Trabalho é essencialmente fundada nesse critério.

A competência em razão da pessoa não apresenta interesse no âmbito trabalhista. Trata-se de critério que se estabelece tendo em vista a qualidade de um dos sujeitos do processo. Como exemplo de competência *ex ratione personae*, cabe à Justiça Federal julgar conflitos em que seja ré a União (CF, art. 109).[12] Contudo, se a União for ré em causa decorrente de relação de trabalho (conceito a ser detalhado adiante), a competência será da Justiça do Trabalho.

Da mesma forma, não há, no Processo do Trabalho, critérios de competência em razão do valor da causa, o qual apenas pode ser determinante para a definição do rito procedimental.

---

11 AMARAL, Francisco. *Direito Civil: Introdução*. 5ª ed. Rio de Janeiro: Renovar, 2003, p. 220.

12 Art. 109, Aos juízes federais compete processar e julgar:

I – as causas em que a União, entidade autárquica ou empresa pública federal forem interessadas na condição de autoras, rés, assistentes ou oponentes, exceto as de falência, as de acidentes de trabalho e as sujeitas à Justiça Eleitoral e à Justiça do Trabalho.

Os critérios funcional e territorial possuem grande importância na sistemática do Processo do Trabalho e serão objeto de estudo aprofundado adiante, assim como a competência material.

A competência funcional se associa às funções que cada juiz deve exercer no curso do processo. Comumente é associada com o escalonamento hierárquico dos órgãos jurisdicionais. Contudo, abrange também a divisão de competências entre órgãos do mesmo grau, como, por exemplo, a competência do próprio Juízo prolator, para julgar embargos de declaração; e a competência para a prática de atos fora da sede territorial do Juízo (cartas precatórias).

Já a competência territorial restringe a área geográfica de atuação dos órgãos jurisdicionais, tendo em vista a vastidão do território nacional e a necessidade de sua maior proximidade com os jurisdicionados.

4. CLASSIFICAÇÃO DAS ESPÉCIES DE COMPETÊNCIA

A definição da competência pode ter em vista questões de ordem pública, tais como a necessidade de prestar a jurisdição de forma mais adequada, atendendo aos interesses da administração da justiça e ao escalonamento hierárquico dos órgãos judiciais. Diz-se, nestes casos, estar-se diante de competência absoluta.

Em outras situações, o legislador estabelece a competência com o objetivo preponderante de atender a determinados interesses particulares, tais como a facilitação do acesso à justiça e para a prática de instrutórios etc.

Os critérios material, funcional e em razão da pessoa firmam regras de competência absoluta. Já os critérios territorial e em função do valor da causa estabelecem, em princípio, regras de competência relativa.

O legislador pode, entretanto, excepcionar tais princípios gerais. Por exemplo, o art. 47 do CPC[13] estabelece que, para as ações fundadas em direito real sobre imóveis, é competente o foro da situação da coisa. Aqui, está-se diante de regra de competência territorial absoluta, conforme jurisprudência predominante, pois o juiz do foro é o que tem melhores condições de exercer a jurisdição nestes casos, dada a proximidade com o objeto da lide.

A competência absoluta, justamente por atender ao interesse público, é insuscetível de modificação pelas partes. Qualquer órgão jurisdicional, a qualquer tempo, pode reconhecer a incompetência absoluta e remeter os autos ao juízo competente, o que, se não for feito, autoriza o ajuizamento de ação rescisória para rescindir a decisão transitada em julgado e prolatada por órgão absolutamente incompetente (CPC, art. 966, II).[14]

Por tal razão, é de se criticar o entendimento do TST, consubstanciado na OJ 62 da SDI-1[15], no que exige o prequestionamento como pressuposto de admissibilidade

---

[13] Art. 47, Para as ações fundadas em direito real sobre imóveis é competente o foro de situação da coisa.

[14] Art. 966, A decisão de mérito, transitada em julgado, pode ser rescindida quando:
II – for proferida por juiz impedido ou por juízo absolutamente incompetente.

[15] OJ-SDI1-62, É necessário o prequestionamento como pressuposto de admissibilidade em recurso de natureza extraordinária, ainda que se trate de incompetência absoluta.

do recurso de revista, ainda que se trate de incompetência absoluta. Ora, se o TST percebe, quando da apreciação do recurso de revista, que há incompetência material da Justiça do Trabalho, é mera perda de tempo e dispêndio de recursos públicos continuar o processamento do recurso, tendo em vista a grande probabilidade de futura rescisão da decisão. O mais adequado seria remeter os autos ao juízo competente, mesmo que não tenha havido o prequestionamento, sob pena de violar-se frontalmente o princípio da economia processual.

A competência relativa pode ser alterada por negócios jurídicos processuais, por foro de eleição e pelo não oferecimento de exceção de incompetência. Ademais, mudança legal de critério de competência relativa não altera o juízo competente; ao passo que a modificação da competência absoluta o faz, mesmo que pendente o processo (CPC, art. 43).[16]

A competência também pode ser classificada como originária, que corresponde à atribuição ao Juízo competente para processar e julgar inicialmente a causa. Como regra geral, a competência originária é atribuída aos juízes de primeiro grau de jurisdição. Contudo, o Tribunal também pode ter competência originária, desde que prevista expressamente em lei, já que a competência dos Tribunais deve ser interpretada estritamente: é o que acontece, por exemplo, com a ação rescisória.

Competência derivada é a atribuição para processar e julgar a causa após a interposição de recurso. Normalmente, é atribuída aos Tribunais, à luz do princípio do duplo grau de jurisdição. Mas, excepcionalmente, o legislador pode excepcionar o princípio, atribuindo a competência recursal a juiz de primeiro grau, como ocorre com as execuções fiscais de valor inferior a 50 ORTNs (art. 34 da Lei 6830/80).[17]

5. A REGRA DA *COMPETÊNCIA-COMPETÊNCIA* E CONSEQUÊNCIAS DO RECONHECIMENTO DA INCOMPETÊNCIA. *TRANSLATIO JUDICII*

Todo órgão jurisdicional, regularmente investido de jurisdição, tem uma competência mínima, implícita na legislação processual: é o poder de reconhecer a própria incompetência (ou competência). Tem-se chamado tal poder de *kompetenz-komptenz*, por influência do direito germânico.

Quando o órgão judicial reconhece sua própria incompetência, deve, em princípio, remeter os autos ao juízo competente: não se trata de causa de extinção do processo sem resolução de mérito, à luz do princípio da economia processual (CPC, art. 64, § 3º).[18] Contudo, há situações (muito comuns na Justiça do Trabalho) em

---

16 Art. 43, Determina-se a competência no momento do registro ou da distribuição da petição inicial, sendo irrelevantes as modificações do estado de fato ou de direito ocorridas posteriormente, salvo quando suprimirem órgão judiciário ou alterarem a competência absoluta.

17 Art. 34, Das sentenças de primeira instância proferidas em execuções de valor igual ou inferior a 50 (cinquenta) Obrigações Reajustáveis do Tesouro Nacional – ORTN, só se admitirão embargos infringentes e de declaração.

18 Art. 64, § 3º, Caso a alegação de incompetência seja acolhida, os autos serão remetidos ao juízo competente.

que se verifica uma pluralidade de pedidos, sendo o órgão judicial competente para apreciar alguns, e incompetente para outros. Nestes casos, considerando a inviabilidade prática de remeter os autos para outro juízo (já que alguns pedidos devem continuar sendo processados no juízo para eles competente), é inevitável a extinção do processo sem resolução de mérito quanto aos pedidos para os quais o juízo é incompetente (CPC, art. 485, IV).[19]

Ainda que se trate de competência material, ainda assim o órgão supostamente incompetente tem competência para apreciar sua própria incompetência. A parte deve impugnar eventual decisão pela via recursal própria - ou até mesmo, se for o caso, por mandado de segurança - na própria esfera jurisdicional supostamente incompetente, com a única ressalva da existência de conflito de competência. Nesse sentido é a jurisprudência do TST.[20]

A remessa dos autos para o juízo competente, com a consequente reassunção do processo, tem sido chamada de *translatio judicii.*

De acordo com o art. 64, § 4º, do CPC[21], a regra geral é que os efeitos das decisões proferidas pelo juízo incompetente (mesmo que absolutamente incompetente) serão preservados. A exceção seria no caso de o próprio juízo incompetente declarar a ineficácia de uma ou algumas decisões.

Ao receber os autos, o juízo competente pode referendar as decisões exaradas pelo incompetente ou revê-las. Nessa avaliação, o juiz competente deve se pautar pelo princípio da economia processual, evitando a repetição de atos desnecessários. Por exemplo, não há, em princípio, razão para invalidar os atos instrutórios praticados pelo juízo incompetente.

Conforme ensina abalizada doutrina, a competência absoluta normalmente é pressuposto de validade do julgamento do direito material das partes, e, assim, a declaração de incompetência absoluta deveria acarretar a nulidade apenas dos atos decisórios referentes à relação jurídica de direito material.[22]

Assim, decisões relativas a questões processuais devem, como regra geral, ser preservadas pelo juízo que reassumir o processo, exceto em caso de má-fé do

---

19 Art. 485, IV, verificar a ausência de pressupostos de constituição e de desenvolvimento válido e regular do processo.

20 "Mandado de segurança. Decisão contra ato de juiz do trabalho que exorbita de sua competência e decide matéria alheia à sua jurisdição. Competência da Justiça Trabalhista. É competente a Justiça do Trabalho para julgar mandado de segurança contra ato de juiz do trabalho que exorbita de sua competência e decide matéria alheia à sua jurisdição. Na espécie, a decisão do juiz do trabalho sobre a incidência do imposto de transmissão de bens imóveis (ITBI) em arrematação judicial exorbitou de sua competência. A matéria impugnada, portanto, é o desrespeito aos limites da jurisdição especializada, e não o mérito da relação jurídico-tributária em questão. Sob esses fundamentos, a SBDI-II, à unanimidade, conheceu do recurso ordinário interposto contra acórdão proferido pelo Tribunal Regional do Trabalho e, no mérito, deu-lhe provimento para declarar a competência da Justiça do Trabalho para o processamento do presente mandamus e determinou o retorno dos autos ao TRT de origem para que prossiga no julgamento do mandado de segurança como entender de direito. TST-RO-1001657-22.2016.5.02.0000, SBDI-II, rel. Min. Maria Helena Mallmann, 18/8/2020" (noticiado no informativo TST nº 223).

21 Art. 64, § 4º, Salvo decisão judicial em sentido contrário, conservar-se-ão os efeitos de decisão proferida pelo juízo incompetente até que outra seja proferida, se for o caso, pelo juízo competente.

22 GRECO. Instituições. V. 1. P. 143.

autor, ou de absoluta incompatibilidade com o procedimento aplicável no juízo competente.

6. ROTEIRO PARA FIXAÇÃO DA COMPETÊNCIA. DISTRIBUIÇÃO, REGISTRO E PERPETUAÇÃO DA JURISDIÇÃO

O primeiro passo para definir-se o juízo competente para determinada causa é atentar para os aspectos de competência absoluta, que deverão ser harmonizados. Em primeiro lugar devem ser investigados os critérios da competência em razão da pessoa e da matéria, com o fim de definir qual a Justiça competente. Em seguida, analisa-se a competência funcional para, ao fim, definir-se a competência territorial.

Suponha-se uma ação ajuizada em face da União. À luz do critério *ex ratione personae*, seria competente a Justiça Federal (CF, art. 109, I).[23] Contudo, esse critério de competência absoluta deve ser cotejado com outro, atinente à competência *ex ratione materiae*. Assim, se se tratar de causa decorrente de relação de trabalho (servidor celetista), será competente a Justiça do Trabalho (CF, art. 114, I).[24] Isso se explica porque a regra definidora da competência trabalhista é especial, prevalecendo face à regra geral que atribui a competência à Justiça Comum Federal.

Definida a competência do Judiciário Trabalhista, deve-se perquirir se a causa se enquadra em situação em que haja competência originária de Tribunal (destacando-se que a competência dos Tribunais é matéria de direito estrito, não podendo ser ampliada pelo intérprete). Caso não haja regra especial (como seria o exemplo de uma ação rescisória), a competência será de algum Juiz do Trabalho de primeiro grau.

Por fim, deve-se definir a competência territorial, à luz de critérios que serão adiante estudados.

Definido o foro competente, pode acontecer de a região correspondente possuir em seu território apenas uma Vara do Trabalho. Neste caso, a ação se considera proposta quando registrada a petição inicial. Com o processo eletrônico, o registro é automático, ou seja, o ajuizamento já gera o registro.

Já se houver mais de uma Vara em tese competente, no mesmo território, deve-se dar a distribuição, ou seja, o encaminhamento aleatório a um dos órgãos que detenham competência territorial para aquela causa. As regras atinentes à distribuição são de competência absoluta, pois visam a concretizar a garantia do juiz natural. Distribuída a ação (o que deve acontecer imediatamente, no momento da propositura), um único Juízo passa a ser competente, entre os demais que, em tese, o seriam.

Com a distribuição ou registro, fixa-se, portanto, a competência do juízo, sendo que qualquer modificação superveniente no estado de fato ou de direito não a

[23] Art. 109, I, as causas em que a União, entidade autárquica ou empresa pública federal forem interessadas na condição de autoras, rés, assistentes ou oponentes, exceto as de falência, as de acidentes de trabalho e as sujeitas à Justiça Eleitoral e à Justiça do Trabalho.

[24] Art. 114, I, as ações oriundas da relação de trabalho, abrangidos os entes de direito público externo e da administração pública direta e indireta da União, dos Estados, do Distrito Federal e dos Municípios.

altera, em regra (CPC, art. 43).[25] A esse fenômeno se chama *perpetuatio jurisdicionis* (perpetuação da jurisdição), cujo objetivo é evitar que as partes, ou até mesmo o próprio órgão jurisdicional, pudessem alterar, a seu livre alvedrio, a competência, provocando a remessa dos autos, por exemplo, para outro Juízo mais conveniente aos seus interesses.

Contudo, se a modificação no estado de direito corresponder à alteração de uma regra de competência absoluta, os autos deverão ser remetidos para o Juízo competente por força da nova lei, em virtude do interesse público envolvido.

Discussão interessante diz respeito ao desmembramento de comarca ou de circunscrição territorial. Imagine-se que uma Vara do Trabalho tenha competência territorial em dois municípios contíguos, sendo que, posteriormente, é criada outra no município que não tinha Vara instalada. Nesta hipótese, estar-se-ia diante de critério de competência territorial, razão por que, pela regra geral, as ações ajuizadas antes da criação da nova Vara deveriam permanecer na Vara antiga, à luz do art. 43 do CPC. Essa é a orientação amplamente dominante na literatura processual.

Contudo, essa solução pode levar a resultados injustos, com violação da isonomia, pois alguns cidadãos precisariam se deslocar para a Vara anteriormente instalada, ao passo que outros responderiam à ação no seu próprio município. Além disso, a criação de nova Vara facilita o acesso à justiça e aperfeiçoa a prestação jurisdicional.

Dessa forma, pode ser interessante que a criação do novo órgão judiciário implique remessa dos autos que tramitavam na Vara anteriormente criada, mas que pertençam ao território do município em que instalada a nova Vara, contrariando a literalidade do art. 43 do CPC. Contudo, isso somente pode ser feito se o interesse público o justificar, e nunca como forma de influir no julgamento de determinadas causas, pois isso violaria o princípio do juiz natural.[26]

7. COMPETÊNCIA MATERIAL DA JUSTIÇA DO TRABALHO

A competência do Poder Judiciário Trabalhista se firma em razão da relação jurídica de direito material controvertida (*res in judicium deducta*). Sempre que a causa de pedir e o pedido formulados se enquadrarem em uma das hipóteses do art. 114 da CF (cujos incisos levam em conta exatamente a matéria discutida), a competência será desse ramo da Justiça. Tratando-se de competência em razão da matéria, é absoluta, conforme já analisado.

A Emenda Constitucional 45/2004 ampliou nitidamente a competência da Justiça do Trabalho, ao substituir a menção a *litígios entre empregados e empregadores* pela noção de ações oriundas da relação de trabalho, além de ter incluído diversas situações que, anteriormente, não estavam sob a competência da Especializada.

---

25 Art. 43, Determina-se a competência no momento do registro ou da distribuição da petição inicial, sendo irrelevantes as modificações do estado de fato ou de direito ocorridas posteriormente, salvo quando suprimirem órgão judiciário ou alterarem a competência absoluta.

26 GRECO. Instituições, v. 1. P.175.

Passar-se-á a analisar os diversos tipos de causas cujo julgamento compete à Justiça do Trabalho, bem como situações controvertidas e que podem gerar dúvidas ao intérprete.

7.1. Relação de trabalho e relação de emprego

Relação de trabalho é gênero, do qual a relação de emprego é espécie. Conforme já se disse, a redação originária da Constituição restringia a competência da Justiça do Trabalho, permitindo-lhe apreciar apenas as causas que envolvessem empregados ou empregadores, ou seja, que decorressem da relação de emprego.

A relação de emprego se caracteriza pela presença dos seguintes requisitos fático-jurídicos, cujo estudo é feito no âmbito do Direito do Trabalho: prestação de serviços por pessoa física, com subordinação, onerosidade, pessoalidade e não eventualidade.

A mudança operada pela EC 45/2004 não pode ser considerada meramente redacional, à luz da interpretação lógico-sistemática, tendo em vista que a tradição técnico-jurídica sempre distinguiu a relação de trabalho da relação de emprego. Ademais, o constituinte derivado não alteraria o texto da Constituição se não tivesse a intenção de alterar o significado que era consolidado, à época, acerca da competência do Judiciário trabalhista. Importante, portanto, esclarecer o que deve ser considerado relação de trabalho para fins de definição de competência jurisdicional.

Pode-se conceituar relação de trabalho como toda espécie de relação jurídica na qual haja o dispêndio de energia e tempo por parte de prestador de serviços pessoa física, em prol de um tomador. Este é um conceito genérico, que abrange qualquer forma de trabalho humano: subordinado ou não; remunerado ou não; eventual ou não; etc.

Entretanto, para fins de competência, apesar da dicção ampla do art. 114 da CF, nem toda causa oriunda de relação de trabalho será de competência da Justiça do Trabalho, pois a própria Constituição, ou a legislação infraconstitucional, podem excluir do campo de atuação da Especializada determinados tipos relações de trabalho.

É o que acontece com as causas envolvendo servidores públicos estatutários e relações de consumo, conforme análise empreendida nos itens abaixo.

Não havendo exceção legal ou constitucional, são julgadas pela Justiça do Trabalho causas envolvendo não apenas empregados, mas também trabalhadores autônomos, eventuais, avulsos e voluntários, entre outros. Por exemplo: o representante comercial autônomo; a diarista que realiza serviços domésticos no âmbito de uma família etc.

A partir do conceito estabelecido, depreende-se que escapa à esfera de competência do Judiciário Trabalhista a prestação de serviços por pessoa jurídica, salvo se a causa de pedir e o pedido forem concernentes à descaracterização da contratação por intermédio de pessoa jurídica (pejotização), com a pretensão de reconhecimento de vínculo empregatício. Nesses casos, a Justiça do Trabalho reconhece apenas incidentalmente a nulidade do contrato social ou estatuto da sociedade empresária prestadora de serviços, pois não detém competência para anular, em caráter definitivo, atos societários; a resolução dessa questão prejudicial determinará a possibilidade, ou não, de reconhecimento de relação de emprego entre prestador e tomador de serviços.

7.2. Relações de consumo. Profissionais liberais. Finalismo e maximalismo

Relações de consumo, regidas pelo Código de Defesa do Consumidor, podem dar ensejo ao fornecimento de bens ou à prestação de serviços. Neste último caso, sendo o prestador uma pessoa física, inegavelmente está-se diante de relação de trabalho, pois há dispêndio de tempo e energia humana em prol de um tomador de serviços.

A partir dessa constatação, surgiram três correntes doutrinárias a respeito da competência da Justiça do Trabalho.

Uma primeira visão, que se pode denominar de ampliativa, sustenta que a competência para apreciar qualquer lide decorrente da relação de consumo que envolva prestação de serviços será da Justiça do Trabalho.

Outra linha de entendimento, intermediária, preconiza uma cisão: se se tratasse de ação movida pelo prestador de serviços em face do tomador, a competência seria da Justiça do Trabalho; já se a ação fosse movida pelo tomador, a competência seria da Justiça Comum. Por exemplo, se um profissional liberal (dentista, por hipótese) quisesse cobrar seus honorários judicialmente, deveria fazê-lo no Judiciário Trabalhista; se o cliente (tomador de serviços) desse mesmo dentista pretendesse ajuizar ação por defeito do serviço, a competência seria da Justiça Estadual.

Essa última corrente não é interessante do ponto de vista da economia processual, pois faz com a mesma relação jurídica haja de ser analisada em dois processos distintos, o que gera desnecessária multiplicação de processos e aumento de gastos. Além disso, a divisão de competências pode gerar situações de perplexidade diante de julgamentos contraditórios feitos por cada ramo do Judiciário.

Embora melhor do que a intermediária, também não se mostra adequada a corrente ampliativa, pois traz para a Justiça do Trabalho uma competência que desvirtua o foco de atuação da instituição.

De fato, conforme já analisado, o Processo do Trabalho é inspirado pelo princípio da isonomia material (ou princípio da proteção), de modo que muitas regras processuais têm o objetivo de facilitar o acesso à justiça pelo trabalhador (prestador de serviços), que é, em regra, o hipossuficiente da relação jurídica.

Já no âmbito do Direito do Consumidor, a isonomia material (que também se poderia chamar de *proteção*) se aplica em sentido inverso, ou seja, as leis consumeristas visam a tutelar e facilitar o acesso à justiça por parte do consumidor, que é o tomador de serviços.

Suponha-se que um dentista (profissional liberal) preste serviços a um cliente. Caso pretendesse buscar uma indenização por defeito do serviço, e isso fosse feito na Justiça do Trabalho, o cliente (tomador de serviços) seria destinatário de toda a proteção do Código de Defesa do Consumidor. De outro lado, o dentista, na condição de trabalhador (prestador de serviços), seria beneficiado pelas diversas regras protetivas existentes no direito e no processo do trabalho. Como se percebe intuitivamente, essa dicotomia gera um impasse insuperável.

Por tais razões, o STJ, acertadamente, editou a Súmula 363, a qual estabelece competir à Justiça estadual processar e julgar a ação de cobrança ajuizada por profissional liberal contra cliente.

Portanto, para definir seguramente a competência jurisdicional, é importante estabelecer com clareza o conceito de relação de consumo, pois esta matéria não será apreciada pela Justiça do Trabalho.

Sobre o tema, há duas principais teorias: a maximalista e a finalista.

O maximalismo preconiza que o Código de Defesa do Consumidor deveria ser uma regulação geral do mercado, no que tange à circulação de bens e serviços. É uma ótica bastante ampliativa, e por isso criticada, pois até mesmo grandes empresas poderiam ser beneficiadas pela legislação consumerista quando fossem adquirentes de bens ou de serviços.

Já o finalismo sustenta que apenas o destinatário final (pessoa física ou jurídica) do produto ou serviço pode ser considerado consumidor. Essa teoria parte da diferenciação entre insumo e consumo: o primeiro está ligado à utilização do serviço no contexto da atividade econômica; o serviço é inserido no processo produtivo. Já o consumo se caracteriza pelo uso imediato, sem a inserção numa cadeia produtiva.

A teoria finalista também é criticada, porque corre o risco de deixar de tutelar pequenos empresários e profissionais liberais hipossuficientes, que usem produtos ou serviços na sua atividade profissional, mas estejam desnivelados (econômica e tecnicamente) face ao fornecedor.

Assim, a jurisprudência do STJ tem mitigado os rigores da teoria finalista, para autorizar a incidência do CDC nas hipóteses em que o adquirente (pessoa física ou jurídica), embora não seja tecnicamente o destinatário final do produto ou serviço, se apresente em situação de vulnerabilidade[27], considerando, algumas vezes, o inexpressivo porte financeiro ou econômico da pessoa tida por consumidora.[28]

Assim, por exemplo, caso um microempresário faça um empréstimo com uma grande instituição financeira, ou contrate um serviço de televisão a cabo para que os clientes pudessem assistir numa pequena sala de espera, estar-se-ia diante de relação de consumo, sendo competente a Justiça Comum para apreciar eventual conflito.

Já se o mesmo microempresário contratar uma pessoa física para lhe prestar serviços (seja por meio de relação de emprego, ou por trabalho autônomo), não há que se falar em relação de consumo, justamente porque não há hipossuficiência do microempresário diante da pessoa física trabalhadora. Haveria, então, competência da Justiça do Trabalho para apreciar lide decorrente dessa relação jurídica.

---

27 AgRg no AREsp 646.466/ES, Rel. Ministro MOURA RIBEIRO, TERCEIRA TURMA, julgado em 07/06/2016, DJe 10/06/2016.

28 AgRg no AREsp 626.223/RN, Rel. Ministro PAULO DE TARSO SANSEVERINO, TERCEIRA TURMA, julgado em 08/09/2015, DJe 15/09/2015.

Voltando ao exemplo do profissional liberal (dentista, por exemplo), se a atividade for desempenhada por intermédio de uma clínica, haverá relação de trabalho entre esta e o dentista, pois a clínica utiliza a mão de obra do profissional como insumo em seu processo produtivo - que é o de fornecer serviços odontológicos. A competência para julgar eventual conflito entre o dentista e a clínica, portanto, será da Justiça do Trabalho. Nessa hipótese, caso algum consumidor se sinta lesado quanto ao tratamento, deverá demandar em face da clínica, perante a Justiça Comum.

7.3. Servidores públicos em geral

7.3.1. Servidores estatutários e servidores celetistas: regime jurídico único e competência jurisdicional

Três são os possíveis regimes jurídicos da relação profissional entre os agentes administrativos e a Administração Pública: (i) regime estatutário, que rege a relação dos servidores públicos estatutários (ou funcionários públicos), sendo o único admissível para as funções tipicamente administrativas com poder decisório (exemplo: ordenadores de despesa, agentes da fiscalização); (ii) regime celetista ou contratual, que regula a relação dos servidores celetistas ou empregados públicos, por meio de vínculo de natureza privada, embora haja naturais derrogações em virtude da presença da Administração Pública em um dos polos da relação jurídica (exemplo: necessidade de motivação da dispensa); (iii) regime contratual temporário (CF, art. 37, IX).[29]

No que tange às empresas estatais (empresas públicas e sociedades de economia mista), o regime aplicável é unicamente o celetista (CF, art. 173, § 1°, II)[30], já que tais entidades não exercem funções típicas de Estado. Destarte, a competência jurisdicional para apreciar as questões advindas desses vínculos trabalhistas é da Justiça do Trabalho.

Já no que concerne aos servidores da Administração direta, autárquica e fundacional, antes da Emenda Constitucional 19/98, havia três correntes a respeito do regime jurídico dos respectivos servidores: (i) poderia ser adotado o regime celetista ou o estatutário, mas, uma vez feita a escolha, ela deveria se aplicar a todos os servidores, já que o regime jurídico deveria ser único; (ii) poderiam ser adotados ambos os regimes, mas para funções diferentes, sendo o celetista para funções não decisórias e subalternas, e o estatutário para as funções típicas de Estado, como fiscais, policiais etc.; (iii) o regime necessariamente deveria ser o estatutário para todas as funções, posição que predominou na doutrina e na jurisprudência.

Com a EC 19/98, foi extinta a obrigatoriedade de regime jurídico único, o que fez com a Administração Pública contratasse pelo regime privado (= CLT) diversos servidores.

---

29 Art. 37, IX, a lei estabelecerá os casos de contratação por tempo determinado para atender a necessidade temporária de excepcional interesse público.

30 Art. 173, § 1°, II, a sujeição ao regime jurídico próprio das empresas privadas, inclusive quanto aos direitos e obrigações civis, comerciais, trabalhistas e tributários.

Contudo, o STF, na ADIN-MC 2135, restaurou a redação original do art. 39 da CF[31], revigorando, portanto, o regime jurídico único para os servidores da Administração direta, autárquica e fundacional. Assim, até que seja decidido o mérito da referida ação, é obrigatória a utilização, pelos entes federativos, do regime estatutário, pois há agentes públicos nessas entidades que exercem funções típicas de Estado – e, em virtude disso, o ente político não pode optar pelo regime celetista. Dessa forma, a competência jurisdicional para apreciar as lides decorrentes dessas relações é da Justiça Comum (Estadual ou Federal).

Observe-se, entretanto, que o STF ressalvou a validade dos atos anteriormente praticados com base em legislações eventualmente editadas durante a vigência do art. 39 da CF, na redação da EC 19/98. Em virtude disso, é possível a existência residual de servidores celetistas na Administração direta, autárquica e fundacional – e, especificamente para estes casos, a competência é da Justiça do Trabalho.

Além disso, deve-se ressalvar que caso algum ente público (por exemplo, algum município) viole a exigência constitucional atualmente vigente do regime jurídico único estatutário, contratando novos empregados públicos pelo regime privado (trabalhista), a competência para julgamento de eventual ação oriunda dessa relação será também da Justiça do Trabalho, pois a competência da Justiça Comum somente se firma quando envolvida relação administrativa (estatutária).

A jurisprudência do STF é reiterada no sentido exposto acima: se o vínculo for celetista, ainda que envolvida a Administração Pública Direta, a competência é da Justiça do Trabalho; para vínculos estatutários ou temporários, a competência é da Justiça Comum.[32] Contudo, curiosamente há uma decisão recente da 1ª Turma da Corte (julgado isolado que não reflete o posicionamento majoritário, nem consubstancia precedente vinculante) que concluiu pela competência da Justiça Comum para apreciar a validade de dispensa de empregado público, pois supostamente a matéria seria constitucional-administrativa.[33]

---

[31] Art. 39, A União, os Estados, o Distrito Federal e os Municípios instituirão, no âmbito de sua competência, regime jurídico único e planos de carreira para os servidores da administração pública direta, das autarquias e das fundações públicas.

[32] Nessa linha, por exemplo, as seguintes ementas: AGRAVO REGIMENTAL NA RECLAMAÇÃO. CONTRATAÇÃO TEMPORÁRIA. VÍNCULO DE NATUREZA JURÍDICO-ADMINISTRATIVA. OFENSA À ADI 3.395-MC. COMPETÊNCIA DA JUSTIÇA COMUM. AGRAVO REGIMENTAL DESPROVIDO. 1. A fixação da competência da Justiça Comum ou da Justiça do Trabalho, em casos envolvendo o Poder Público, demanda a análise da natureza do vínculo jurídico existente entre o trabalhador - termo aqui tomado em sua acepção ampla - e o órgão patronal. 2. In casu, trata-se de demanda entre o poder público e servidores temporários submetidos a regime jurídico administrativo, adequando-se, portanto, à hipótese tratada nos autos da ADI 3.395. 3. Agravo regimental desprovido. (Rcl 24844 AgR, Relator(a): Min. LUIZ FUX, Primeira Turma, julgado em 25/04/2017, PROCESSO ELETRÔNICO DJe-100 DIVULG 12-05-2017 PUBLIC 15-05-2017).

EMENTA: RECURSO EXTRAORDINÁRIO COM AGRAVO – COMPETÊNCIA MATERIAL DA JUSTIÇA DO TRABALHO – ADMINISTRAÇÃO PÚBLICA DIRETA – SEVIDOR PÚBLICO CONCURSADO SUBMETIDO AO REGIME CELETISTA (...). (ARE 1003701 AgR, Relator(a): Min. CELSO DE MELLO, Segunda Turma, julgado em 24/02/2017, PROCESSO ELETRÔNICO DJe-060 DIVULG 27-03-2017 PUBLIC 28-03-2017).

[33] EMENTA: DIREITO ADMINISTRATIVO. AGRAVO INTERNO EM RECURSO EXTRAORDINÁRIO COM AGRAVO. EMPREGADO PÚBLICO. EXONERAÇÃO. ATO ADMINISTRATIVO. COMPETÊNCIA DA JUSTIÇA COMUM. PRECEDENTES. 1. A natureza do ato de demissão de empregado público é constitucional-administrativa e não trabalhista, o que atrai a competência da Justiça comum para julgar a questão. Precedentes. 2. Agravo interno a que

No entanto, na situação específica de discussão acerca da legalidade ou ilegalidade de greve de servidores públicos – ainda que celetistas –, o STF fixou tese, em repercussão geral, no sentido de que a *Justiça Comum Federal ou Estadual é competente para julgar a abusividade de greve de servidores públicos celetistas da administração direta, autarquias e fundações de direito público.*[34]

Ademais, em repercussão geral (tema 1143), o STF decidiu que "A Justiça Comum é competente para julgar ação ajuizada por servidor celetista contra o Poder Público, em que se pleiteia parcela de natureza administrativa, modulando-se os efeitos da decisão para manter na Justiça do Trabalho, até o trânsito em julgado e correspondente execução, os processos em que houver sido proferida sentença de mérito até a data de publicação da presente ata de julgamento". O precedente envolvia o pagamento de quinquênios por entidade da Administração Indireta.

Tal entendimento é bastante criticável, pois bifurca a competência jurisdicional para analisar a mesma relação jurídica: a relação de trabalho mantida entre o empregado público e a Administração Pública. Pela ótica do STF, que é obrigatória, a Justiça do Trabalho deve julgar as ações fundamentadas na CLT e na legislação trabalhista federal, e a Justiça Comum deve julgar os pedidos baseados em leis municipais ou estaduais que prevejam direitos específicos a seus empregados. A decisão do tema 1143, a um só tempo: esvazia a competência da Justiça do Trabalho; estimula a multiplicação desnecessária de processos; e pode gerar julgamentos conflitantes (pense-se, por exemplo, na não utilização de determinada parcela como base de cálculo de outra, pela Justiça do Trabalho, e o julgamento em sentido oposto proferido por um juiz estadual, que reconhece a natureza salarial da mesma parcela).

7.3.2. Servidores temporários (CF, art. 37, IX)

Quanto aos servidores temporários (CF, art. 37, IX)[35], o STF tem reiteradamente entendido que se trata de relação jurídico-administrativa, caracterizando-se como um regime especial próprio, disciplinado por lei de cada entidade da Federação.

De acordo com a doutrina processual, a competência em razão da matéria é definida em função da causa de pedir e do pedido expostos na petição inicial. Logo, uma vez afirmada a existência de relação de trabalho, a causa deve ser julgada pelo Judiciário Trabalhista; saber se a relação jurídica realmente existiu ou existe é questão de mérito, que não deveria influenciar na delimitação da competência jurisdicional.

Tais noções justificaram a edição da OJ 205 da SDI-1[36] pelo TST. De fato, o entendimento adotado, na época, pelo Tribunal foi no sentido de que a mera existên-

---

se nega provimento. (ARE 809482 AgR, Relator(a): Min. ROBERTO BARROSO, Primeira Turma, julgado em 17/03/2017, ACÓRDÃO ELETRÔNICO DJe-062 DIVULG 28-03-2017 PUBLIC 29-03-2017).

34 RE 846854, Relator(a): Min. LUIZ FUX, Relator(a) p/ Acórdão: Min. ALEXANDRE DE MORAES, Tribunal Pleno, julgado em 01/08/2017, ACÓRDÃO ELETRÔNICO DJe-022 DIVULG 06-02-2018 PUBLIC 07-02-2018.

35 Art. 37, IX, a lei estabelecerá os casos de contratação por tempo determinado para atender a necessidade temporária de excepcional interesse público.

36 OJ-SDI1-205, I, Inscreve-se na competência material da Justiça do Trabalho dirimir dissídio individual entre trabalhador e ente público se há controvérsia acerca do vínculo empregatício.

cia de lei prevendo a contratação por tempo determinado por excepcional interesse público não seria suficiente para afastar a competência da Justiça do Trabalho, se se alega desvirtuamento em tal contratação.

Isso se explica até mesmo em função dos princípios da primazia da realidade sobre a forma, do devido processo legal e do juiz natural. Se a parte alega a existência de relação de emprego, o ramo do Judiciário competente, segundo a Constituição, é a Justiça do Trabalho, que é mais bem aparelhada e possui maior capacidade institucional para a apreciação de tal tipo de lide.

Não obstante, o Supremo Tribunal Federal, em reiteradas decisões, tem determinado que as causas que versem sobre contratos de trabalho temporários (CF, art. 37, IX) sejam julgadas pela Justiça comum, Federal ou Estadual, conforme o caso. Isto porque, segundo a Suprema Corte, o vínculo mantido entre o servidor temporário e a Administração é sempre jurídico-administrativo, independentemente do regime jurídico aplicável e de seu eventual desvirtuamento.

Assim, não obstante a Constituição se refira à *contratação* por excepcional interesse público, a relação jurídica firmada entre a Administração e o agente administrativo é de direito público, razão pela qual a competência jurisdicional para apreciar lides dela decorrentes é da Justiça Estadual ou Federal, conforme o caso.

Mesmo que a parte alegue desvirtuamento do contrato temporário – em decorrência de a contratação ter se dado para função permanente, ou pelo descumprimento da legislação especial que rege a contratação temporária (exemplo: sucessivas prorrogações ilegais) – a relação continua regida pelo Direito Administrativo, razão pela qual a competência é da Justiça comum.

Tais razões levaram ao cancelamento da OJ 205 da SDI-1 do TST, em acatamento à interpretação da Suprema Corte.

Por fim, veja-se que a jurisprudência mais recente do STJ tem entendido que, ainda que o instrumento contratual se suporte em norma local que faça remissão à CLT, a competência será da Justiça Comum[37]. O principal fundamento é que a competência jurisdicional da Justiça do Trabalho é determinada pela Constituição, e não pode ser definida por lei municipal ou estadual. O regime jurídico do serviço temporário (art. 37, IX) e a competência para apreciação das respectivas lides não poderiam, nessa ótica, ficar ao alvedrio das Administrações locais.

7.3.3. Servidor público estatutário cedido para empresa estatal

A cessão de servidores é regulamentada pela legislação de cada ente federativo. No âmbito federal, está prevista no art. 93 da Lei 8112/90, sendo, em regra, sem

---

II, A simples presença de lei que disciplina a contratação por tempo determinado para atender a necessidade temporária de excepcional interesse público (art. 37, inciso IX, da CF/1988) não é o bastante para deslocar a competência da Justiça do Trabalho se se alega desvirtuamento em tal contratação, mediante a prestação de serviços à Administração para atendimento de necessidade permanente e não para acudir a situação transitória e emergencial.

[37] AgRg no CC 138.099/RS, Rel. Ministro SÉRGIO KUKINA, PRIMEIRA SEÇÃO, julgado em 25/03/2015, DJe 31/03/2015.

ônus para o órgão cedente (§§ 1º e 2º).[38] Pode dar-se de um ente federativo para outro; de um Poder para outro; ou da Administração Direta para Indireta (autarquias, fundações e empresas estatais), ou vice-versa.

Em se tratando de servidor público estatutário cedido, a definição da competência jurisdicional depende da análise dos pleitos formulados (= pedidos delimitados pela causa de pedir).

Deveras, se o servidor formular, por exemplo, pedido de reconhecimento de vínculo empregatício com a empresa estatal - sociedade de economia mista ou empresa pública -, a causa de pedir e os pedidos decorrem de suposta relação de emprego. A competência, nesta hipótese, inequivocamente será da Justiça do Trabalho. Ressalve-se que a jurisprudência do TST é pacífica no sentido de ser impossível juridicamente essa espécie de pleito, devendo o feito ser julgado improcedente, na sistemática do CPC/2015.

No mesmo sentido, caso haja pedido de vantagens e parcelas tipicamente trabalhistas, relativas ao período da cessão, a competência será da Justiça do Trabalho, como nos casos em que se postula equiparação salarial com os empregados da empresa cessionária, adicionais de insalubridade e periculosidade, horas extras etc.[39]

Especificamente quanto à equiparação salarial, veja-se que o Tribunal Superior do Trabalho possui posicionamento consolidado na Súmula 6, item V[40], reconhecendo a possibilidade de equiparação salarial nos casos de cessão - e, implicitamente, a competência da Justiça do Trabalho para apreciar o tema.

De outro lado, se o pedido envolver verbas de natureza estatutária, como gratificações pagas indistintamente a todos os servidores da entidade cedente, cabendo a esta o pagamento, a competência será da Justiça Comum (Estadual ou Federal, conforme o caso).[41]

7.3.4. Dissídio coletivo de greve de servidor público estatutário

O Supremo Tribunal Federal já decidiu que a Justiça Comum é competente para processar e julgar dissídios coletivos de greve envolvendo servidores públicos estatutários. Na dicção da Corte, *se a paralisação for de âmbito nacional, ou abranger mais de uma região da justiça federal, ou ainda, compreender mais de uma unidade da federação, a competência para o dissídio de greve será do Superior Tribunal de Justiça (por aplicação analógica do art. 2º, I, "a", da Lei nº 7.701/1988). Ainda no âmbito federal, se a*

---

38 Art. 93, § 1º, Na hipótese do inciso I, sendo a cessão para órgãos ou entidades dos Estados, do Distrito Federal ou dos Municípios, o ônus da remuneração será do órgão ou entidade cessionária, mantido o ônus para o cedente nos demais casos.

Art. 93, § 2º, Na hipótese de o servidor cedido a empresa pública ou sociedade de economia mista, nos termos das respectivas normas, optar pela remuneração do cargo efetivo ou pela remuneração do cargo efetivo acrescida de percentual da retribuição do cargo em comissão, a entidade cessionária efetuará o reembolso das despesas realizadas pelo órgão ou entidade de origem.

39 CC 23561 / SC, julgado pelo STJ; e Agrg no AI 361631, julgado pelo STF.

40 SUM-6, V, A cessão de empregados não exclui a equiparação salarial, embora exercida a função em órgão governamental estranho à cedente, se esta responde pelos salários do paradigma e do reclamante.

41 AgRg no CC 62423 / RJ, julgado pelo STJ.

controvérsia estiver adstrita a uma única região da justiça federal, a competência será dos Tribunais Regionais Federais (aplicação analógica do art. 6º da Lei nº 7.701/1988). Para o caso da jurisdição no contexto estadual ou municipal, se a controvérsia estiver adstrita a uma unidade da federação, a competência será do respectivo Tribunal de Justiça (também por aplicação analógica do art. 6º da Lei no 7.701/1988). As greves de âmbito local ou municipal serão dirimidas pelo Tribunal de Justiça ou Tribunal Regional Federal com jurisdição sobre o local da paralisação, conforme se trate de greve de servidores municipais, estaduais ou federais. Considerados os parâmetros acima delineados, a par da competência para o dissídio de greve em si, no qual se discuta a abusividade, ou não, da greve, os referidos tribunais, nos âmbitos de sua jurisdição, serão competentes para decidir acerca do mérito do pagamento, ou não, dos dias de paralisação em consonância com a excepcionalidade de que esse juízo se reveste.[42]

7.3.5. Contratação irregular de servidor público (sem concurso público)

Tradicionalmente, a competência da Justiça do Trabalho sempre se firmou à luz da causa de pedir e pedidos formulados: havendo narrativa de contratação irregular de servidor público, sem concurso público, mediante o regime da CLT, sempre prevaleceu que a competência material para julgamento seria do Judiciário Trabalhista. Daí, inclusive, a edição da Súmula 363 do TST, que previa os direitos assegurados ao trabalhador nesses casos.[43]

Contudo, a posição mais recente da SDI-1 do TST é no sentido de que *a competência para processar e julgar ação movida por servidor público contratado na vigência da Constituição de 1988, sem prévia aprovação em concurso público, depende da natureza do regime jurídico adotado pelo ente público para seus servidores. Se de natureza administrativa ou estatutária, a competência é da Justiça comum; se outra sorte, se o vínculo for regido pelas disposições da CLT, a competência é da Justiça do Trabalho.*[44]

Fundamenta-se com a observação de que, antes de se tratar de questão trabalhista, está em jogo a discussão sobre a validade e eficácia de atos administrativos, caso o ente público adote o regime jurídico estatutário para os seus servidores em geral. A nulidade da admissão e a formulação de pedidos de verbas trabalhistas não transferiria a competência para a Justiça do Trabalho nessa ótica.

A competência da Justiça do Trabalho, portanto, na visão atual do TST, só existirá quando o ente público reclamado adotar, para os seus servidores em geral, o regime celetista.

---

[42] MI 708, Relator(a): Min. GILMAR MENDES, Tribunal Pleno, julgado em 25/10/2007, DJe-206 DIVULG 30-10-2008 PUBLIC 31-10-2008 EMENT VOL-02339-02 PP-00207 RTJ VOL-00207-02 PP-00471.

[43] SUM-363 CONTRATO NULO. EFEITOS. A contratação de servidor público, após a CF/1988, sem prévia aprovação em concurso público, encontra óbice no respectivo art. 37, II e § 2º, somente lhe conferindo direito ao pagamento da contraprestação pactuada, em relação ao número de horas trabalhadas, respeitado o valor da hora do salário mínimo, e dos valores referentes aos depósitos do FGTS.

[44] TST-E-ED-RR-1114-36.2013.5.05.0201, SBDI-I, rel. Min. Cláudio Mascarenhas Brandão, red. p/ acórdão Min. Márcio Eurico Vitral Amaro, 12.4.2018.

7.4. Meio ambiente do trabalho

A discussão sobre o descumprimento de normas gerais relativas à saúde, higiene e segurança do trabalho, refere-se a típico direito social trabalhista, de alcance coletivo geral, pouco importando a eventual diversidade dos regimes jurídicos dos trabalhadores abrangidos.

Assim, por se tratar de direito transindividual e indivisível, a competência para o julgamento dessa espécie de lide será da Justiça do Trabalho sempre que houver potencial envolvimento de empregados públicos ou privados regidos pela CLT, mesmo que o caso concreto também abarque servidores estatutários, conforme preconiza a Súmula 736 do STF.[45] Não obstante, registre-se o entendimento, baseado na Reclamação 3303, julgada pelo STF, no sentido de que a competência será da Justiça do Trabalho mesmo que não haja envolvimento de empregados públicos ou privados, regidos pela CLT.

7.5. Danos pré e pós-contratuais

O contrato de trabalho, como toda relação jurídica de direito privado, tem um início (formação), meio (desenvolvimento) e fim (extinção).

Há uma afirmação, oriunda da doutrina civilista clássica, de que não há vinculação entre as contrapartes antes da formação do contrato. Tal assertiva deve ser entendida em termos: de fato, não há vinculação no sentido de as partes não serem obrigadas a contratar; no entanto, há uma vinculação quanto à imperiosa necessidade de observância dos deveres anexos decorrentes da boa-fé objetiva (Código Civil, art. 422).[46]

A aplicação da cláusula geral da boa-fé objetiva ao contrato de trabalho é possível em virtude do permissivo contido no art. 8º, parágrafo primeiro, da CLT[47], decorrendo, também, do princípio constitucional da solidariedade (CF, art. 3º, I)[48], e da diretriz da eticidade, que deve permear a interpretação de todo o direito privado, na esteira do Código Civil de 2002.

Uma das funções da boa-fé objetiva é a função integrativa do contrato, gerando os deveres anexos de cooperação, lealdade, sigilo, enfim, o dever de agir com parâmetros éticos. Tal integração vincula os contratantes, mesmo antes de ser firmado o contrato de trabalho (fase pré-contratual), e segue vinculando após sua extinção (fase pós-contratual).

O descumprimento dos deveres anexos configura violação positiva do contrato. Observe-se que, no contrato de trabalho, a prestação principal do empregado é trabalhar, enquanto a do empregador é pagar salários. Portanto, quando se fala em violação positiva do contrato de trabalho, não se está falando do descumprimento da prestação principal, mas de uma prestação anexa.

---

45 STF, súmula 736: Compete à justiça do trabalho julgar as ações que tenham como causa de pedir o descumprimento de normas trabalhistas relativas à segurança, higiene e saúde dos trabalhadores.

46 Art. 422, Os contratantes são obrigados a guardar, assim na conclusão do contrato, como em sua execução, os princípios de probidade e boa-fé.

47 Art. 8º, § 1º, O direito comum será fonte subsidiária do direito do trabalho.

48 Art. 3º, I, construir uma sociedade livre, justa e solidária.

Como exemplo de obrigação pré-contratual, figure-se a hipótese de empresa que entabula tratativa para contratação de futuro empregado, mas as rompe abrupta e injustificadamente, violando a legítima expectativa da contraparte. Destaque-se que o dever de indenizar somente surge, nessas hipóteses, quando o comportamento do empregador gerar a legítima expectativa do empregado quanto à futura contratação.

A violação das obrigações pré e pós contratuais constitui ato ilícito que enseja reparação por danos materiais e morais, com fundamento nos arts. 186 e 927 do Código Civil[49], e art. 5°, X, da CF.[50] Discute-se se tal responsabilidade civil seria contratual ou aquiliana (extracontratual). Para alguns, como o ilícito está diretamente relacionado a um futuro ou a um extinto contrato, tratar-se-ia de responsabilidade contratual; para outros, como não há contrato em vigor, haveria responsabilidade civil extracontratual, decorrente do dever geral de não lesar (*neminem laedere*).

Ademais, a competência para o julgamento de lides envolvendo danos pré e pós-contratuais é da Justiça do Trabalho, já que o dano decorre de uma potencial relação de trabalho, havendo o enquadramento no art. 114, I, da CF[51], que se refere a *ações oriundas da relação de trabalho*, indistintamente, sem limitar o momento em que surge o dano. Conforme avelhantado brocardo, onde a lei não distinguiu, não cabe ao intérprete fazê-lo.

A jurisprudência do TST registra precedente de dano pós-contratual consistente no assassinato de ex-empregado, ocorrido nas dependências da empresa após a cessação do vínculo empregatício.[52] Foi reconhecida a competência da Justiça do Trabalho para processar a demanda indenizatória movida pelos dependentes do trabalhador falecido.

---

49 Art. 186, Aquele que, por ação ou omissão voluntária, negligência ou imprudência, violar direito e causar dano a outrem, ainda que exclusivamente moral, comete ato ilícito.
Art. 927, Aquele que, por ato ilícito (arts. 186 e 187), causar dano a outrem, fica obrigado a repará-lo.

50 Art. 5º, X, são invioláveis a intimidade, a vida privada, a honra e a imagem das pessoas, assegurado o direito a indenização pelo dano material ou moral decorrente de sua violação.

51 Art. 114, I, as ações oriundas da relação de trabalho, abrangidos os entes de direito público externo e da administração pública direta e indireta da União, dos Estados, do Distrito Federal e dos Municípios.

52 Ação de indenização por dano moral. Ex-empregado vítima de homicídio nas dependências da antiga empregadora após a cessação do vínculo empregatício. Nexo de causalidade trabalhista configurado. Competência da Justiça do Trabalho. Compete à Justiça do Trabalho processar e julgar ação de indenização por dano moral decorrente de homicídio de ex-empregado ocorrido nas dependências da empresa após a cessação do vínculo empregatício. No caso, a antiga empregadora, mesmo ciente da existência de rixa, surgida durante o contrato de trabalho, entre a vítima e o agressor, que possuía histórico violento, não utilizou do seu poder diretivo para tomar medidas que pudessem evitar o delito. Desse modo, estabelecido o nexo de causalidade trabalhista, a mera sucessividade no tempo entre o término contratual e o incidente é insuficiente para romper seu liame com a relação de trabalho. Sob tais premissas, a SBDI-II, por maioria, vencidos os Ministros Amaury Rodrigues Pinto Junior, Sergio Pinto Martins e a Ministra Morgana de Almeida Richa, negou provimento ao recurso ordinário. TST-ROT-479-50.2022.5.09.0000, SBDI-II, rel. Min. Liana Chaib, julgado em 26/03/2024.

7.6. Empreitada – operário ou artífice

O art. 652, *a*, III, da CLT[53], estabelece a competência da Justiça do Trabalho para julgar os dissídios resultantes de contratos de empreitada em que o empreiteiro seja operário ou artífice.

Perceba-se que esse dispositivo é anterior à EC 45/2004, ou seja, remonta ao período em que a competência da Justiça do Trabalho apenas abrangia, em regra, dissídios decorrentes de relações de emprego.

Assim, o dispositivo ampliava a competência da Justiça do Trabalho para que pudesse apreciar causas decorrentes de relações de trabalho que não configuravam relação de emprego, pois na empreitada há a autonomia do empreiteiro, face ao tomador. O objetivo era facilitar o acesso à justiça pelo pequeno empreiteiro.

A partir da nova redação do art. 114, I, da Constituição, o Judiciário Trabalhista, como já visto, passou a ser competente para apreciar litígios oriundos de relações de trabalho em geral. Dessa forma, mesmo que o art. 652, III, da CLT, não existisse, a competência para apreciar os dissídios ali mencionados seria da Justiça do Trabalho.

A grande discussão é quanto à caracterização do que seja pequeno empreiteiro (operário ou artífice). Alguns julgados, inclusive do TST, admitem que assim seja considerado aquele empreiteiro que contrata um ou dois ajudantes em obra de valor econômico não significativo.[54]

É criticável afirmar-se a competência da Justiça do Trabalho mediante um critério absolutamente vago e ambíguo como o de *obra de parco valor econômico*. Trata-se de conceito jurídico indeterminado, que pode dar margem a *decisionismos* judiciais, já que não há objetividade alguma neste critério.

O primeiro aspecto é perceber que somente se pode firmar a competência da Justiça do Trabalho quando o empreiteiro for pessoa física, por força do art. 114, I, da CF. Relação de trabalho só pode existir, conforme já analisado, se o prestador for pessoa física.

Ademais, quando a CLT menciona que o empreiteiro deva ser *operário ou artífice*, o objetivo do texto é frisar que o empreiteiro não conte com ajudantes, já que, se assim o fizer, se aproximará muito mais de um empresário do que de um trabalhador que possa postular na Justiça do Trabalho.

Dessa forma, a competência da Justiça do Trabalho, em se tratando de contrato de empreitada, somente existe caso se trate de empreiteiro pessoa física, que preste serviços com pessoalidade e sem o auxílio de ajudantes, independentemente do valor da obra ou do contrato.

---

[53] Art. 652, Compete às Varas do Trabalho:
a) conciliar e julgar:
III, os dissídios resultantes de contratos de empreitadas em que o empreiteiro seja operário ou artífice.

[54] Processo: RR – 148300-19.2007.5.17.0014 Data de Julgamento: 28/09/2016, Relator Ministro: Augusto César Leite de Carvalho, 6ª Turma, Data de Publicação: DEJT 07/10/2016.

Destaque-se que o empreiteiro operário ou artífice pode cobrar na Justiça do Trabalho tanto créditos decorrentes do contrato civil de empreitada, quanto créditos trabalhistas, caso alegue desvirtuação da empreitada e a existência de vínculo empregatício não reconhecido pelo tomador de serviços.

Por fim, veja-se que a fixação de competência se faz de acordo com as alegações da petição inicial. Caso, ao final da instrução processual, se perceba que não se tratava de empreiteiro operário ou artífice, mas de empreiteiro que contratava ajudantes, por exemplo, o resultado será o julgamento de improcedência, e não o reconhecimento da incompetência.[55]

7.7. Intervenção de terceiros - denunciação da lide

Há acirrada controvérsia doutrinária acerca da competência da Justiça do Trabalho para apreciar demandas incidentes decorrentes de intervenção de terceiros, especialmente a denunciação da lide. O tema será abordado no Capítulo IX.

7.8. Entes de direito público externo

De acordo com o art. 114, I, da CF, a competência da Justiça do Trabalho abrange os entes de direito público externo, tais como Estados estrangeiros ou organismos internacionais (ONU, OEA etc.).

Assim, a Justiça do Trabalho tem competência para julgar conflitos entre tais entes de direito público externo e cidadãos brasileiros ou estrangeiros que lhes prestem serviços no Brasil, seja com vínculo empregatício, ou não.

Contudo, conforme já estudado (Capítulo III, item 4.7), não há jurisdição do Estado brasileiro em relação a organismos internacionais - quando houver previsão de imunidade absoluta no respectivo tratado internacional. Além disso, também não há, em princípio, jurisdição executiva, tanto em relação a Estados, quanto a organismos internacionais, dependendo a prática de qualquer constritivo de renúncia expressa do ente de direito público externo.

Cabe ressalvar que a Justiça brasileira não detém competência para apreciar causas envolvendo servidores estatutários do país acreditante, mesmo que trabalhem no Brasil, por se tratar de relação jurídico-administrativa que configura ato de império, e não de gestão.

7.9. Ações que envolvam o exercício do direito de greve

A greve é fato jurídico inerente a relações de trabalho, sendo lógica a opção do constituinte de deferir à Justiça do Trabalho a competência para julgar os litígios dela decorrentes (CF, art. 114, II).[56]

---

[55] Nesse sentido, Processo: RR - 1700-18.2011.5.08.0118 Data de Julgamento: 09/09/2015, Relator Ministro: Luiz Philippe Vieira de Mello Filho, 7ª Turma, Data de Publicação: DEJT 11/09/2015.

[56] Art. 114, II, as ações que envolvam exercício do direito de greve.

Assim, o Judiciário Trabalhista julgará os dissídios coletivos de greve, com o objetivo de declarar se a greve é, ou não, abusiva, determinar percentuais mínimos de funcionamento em caso de atividades essenciais, entre outras medidas. Essas ações especiais, chamadas de dissídios coletivos, são julgadas pelos Tribunais Regionais do Trabalho (conflitos regionais) ou pelo Tribunal Superior do Trabalho (conflito em âmbito nacional).

A greve também pode gerar litígios individuais, como os associados a danos causados pelo sindicato profissional ao empregador, e vice-versa, no contexto da greve; danos sofridos por empregados, individualmente; discussões atinentes à posse de imóveis por ocasião da greve (interditos proibitórios ou ações de reintegração de posse); etc. Nessas hipóteses, a competência funcional é das Varas do Trabalho.

Discute-se se também há competência da Justiça do Trabalho no caso de danos causados a terceiros em decorrência da greve. Há opiniões de que a competência da Especializada existiria mesmo nessas situações.[57]

No entanto, não se pode ampliar a competência do Judiciário Trabalhista a tal ponto que desvirtue seu foco e sua especialização, que consiste no julgamento de conflitos que tenham alguma associação com a relação de trabalho. Pense-se, por exemplo, numa greve abusiva em serviço público como o de telefonia móvel. Certamente, inúmeros consumidores serão prejudicados com o movimento paredista. Contudo, não se pode admitir que um terceiro (consumidor), alheio à relação de trabalho, postule a reparação de um prejuízo decorrente da greve na Justiça do Trabalho. A ação do consumidor deve processar-se na Justiça Comum, e a empresa eventualmente será responsabilizada; nada impede que a empresa ajuíze ação indenizatória em face do sindicato profissional, e, aí sim, a causa será julgada pela Justiça do Trabalho, pois a ação envolverá os entes diretamente envolvidos na greve (sindicato e empresa), e não as pessoas apenas indiretamente afetadas (consumidores).

Em suma, em tema de greve, a competência da Justiça do Trabalho só se firma se as partes forem trabalhadores, empregadores ou sindicatos.

Por fim, veja-se que, no caso de ações envolvendo greves de servidores públicos estatutários, a competência será da Justiça Comum, Estadual ou Federal, conforme o caso, podendo inclusive ser julgada pelo STJ, caso a greve seja em âmbito nacional.[58] Isso se explica justamente porque, assim como acontece quanto aos danos causados a terceiros, só há competência da Justiça do Trabalho quando a greve estiver associada a uma relação de trabalho. Contudo, o STF firmou o entendimento, em repercussão geral, no sentido de que a Justiça Comum Federal ou Estadual é competente para julgar a abusividade de greve de servidores públicos celetistas da administração direta, autarquias e fundações de direito público.[59]

---

57 SCHIAVI, p. 205.

58 RE 866041 AgR, Relator(a): Min. DIAS TOFFOLI, Segunda Turma, julgado em 15/03/2016, PROCESSO ELETRÔNICO DJe-072 DIVULG 15-04-2016 PUBLIC 18-04-2016.

59 RE 846854, Relator(a): Min. LUIZ FUX, Relator(a) p/ Acórdão: Min. ALEXANDRE DE MORAES, Tribunal Pleno, julgado em 01/08/2017, ACÓRDÃO ELETRÔNICO DJe-022 DIVULG 06-02-2018 PUBLIC 07-02-2018.

7.10. Ações possessórias

A Justiça do Trabalho também é competente para apreciar ações possessórias vinculadas à relação de trabalho.

Suponha-se a hipótese em que um empregado receba a posse direta de imóvel como salário *in natura*, utilizando-o para fins de moradia. Caso o contrato de trabalho se extinga, e o empregado se recuse a desocupar o imóvel, o empregador pode valer-se de ação de reintegração de posse, que será de competência da Justiça do Trabalho, pois a posse, nesta hipótese, decorre da relação de trabalho.

A Justiça do Trabalho pode julgar interditos proibitórios (ações inibitórias, que visam a evitar a moléstia à posse); ações de manutenção de posse (em caso turbação da posse); e ações de reintegração de posse (no caso de esbulho possessório), sempre que a discussão esteja associada a uma relação de trabalho ou ao exercício do direito de greve.

7.11. Matéria sindical

O art. 114, III, da CF, estabelece a competência da Justiça do Trabalho para apreciar ações sobre representação sindical, entre sindicatos, entre sindicatos e trabalhadores, e entre sindicatos e empregadores.

A interpretação teleológica sinaliza que o objetivo do dispositivo, introduzido pela EC 45/2004, foi levar para a Justiça do Trabalho as discussões atinentes à matéria sindical, em virtude da maior capacidade institucional da Justiça do Trabalho quanto ao tema, decorrente de sua especialização. De fato, a CLT regulamenta diversos aspectos relativos à matéria sindical, que é imbricada, necessariamente, com as relações de trabalho.

Assim, não apenas discussões sobre representação sindical, mas quaisquer outras que envolvam entes sindicais agindo na qualidade de representantes de uma categoria profissional ou econômica, serão de competência do Judiciário Trabalhista. A ressalva é importante porque se um sindicato firmar, por exemplo, um contrato para prestação de serviços de limpeza, em sua sede, por uma empresa terceirizada, a relação jurídica será civil, e eventual conflito será apreciado pela Justiça Comum.

Contudo, embora o tema seja controvertido, a Justiça do Trabalho não detém competência para apreciar ações movidas pelo sindicato em face de terceiros, ainda que envolvida matéria sindical.[60]

Pense-se em ação movida por sindicato em face da União, tendo em vista a negativa do Ministério do Trabalho e Previdência de proceder ao registro sindical. Por mais que a matéria seja sindical, a competência para julgamento, nessa hipótese, será da Justiça Federal, já que o inciso III, do art. 114, da CF, restringe a competência da Justiça do Trabalho, em matéria sindical, às causas entre sindicatos, ou entre sindicatos e empregados, ou entre sindicatos e empregadores. Ou seja: não há competência se a

[60] Em sentido contrário, SCHIAVI, p. 212.

ação for entre sindicato e qualquer outra pessoa, inclusive pessoa jurídica de direito público.[61]

São de competência da Justiça do Trabalho, exemplificativamente: (i) ação entre dois sindicatos, na qual discutam qual o legítimo representante de uma categoria profissional ou econômica; (ii) ação de cobrança de contribuições sindicais, movida pelo sindicato em face do empregador; (iii) ação movida por empregado com objetivo de filiar-se ou desfiliar-se de sindicato, em caso de recusa ilegítima deste.

Ademais, se insere na competência do Judiciário Trabalhista o julgamento de conflitos internos dos sindicatos, como, por exemplo, discussões atinentes a irregularidades nas eleições sindicais.

Por fim, veja-se que a competência, em matéria sindical, é excluída caso se trate de sindicato de servidores públicos estatutários. Se o objetivo do inciso III (conforme dito acima) é possibilitar a melhor apreciação da matéria, não faria sentido atribuir-se a competência à Justiça do Trabalho, quando envolvidos servidores estatutários, sujeitos a princípios e regramentos diferentes dos aplicáveis aos trabalhadores em geral.[62] Contudo, a jurisprudência mais recente do STJ é no sentido de que, no caso específico de cobrança de contribuição sindical compulsória em face da Fazenda Pública, a competência é da Justiça do Trabalho, sendo desinfluente o regime jurídico dos servidores. Assim, ainda que se trate de cobrança de contribuição sindical envolvendo servidores estatutários, a competência será do Judiciário Trabalhista.[63] Além disso, algumas decisões monocráticas, no âmbito do STJ, têm estendido esse entendimento para quaisquer ações envolvendo matéria sindical atinentes a servidores estatutários.[64]

7.12. Mandado de segurança, *habeas corpus* e *habeas data*

O art. 114, IV, da CF, atribui à Justiça do Trabalho a competência para apreciar mandado de segurança, *habeas corpus* e *habeas data* quando o ato questionado envolver matéria sujeita à sua jurisdição.

Aqui, não há propriamente uma regra de competência que se diferencie das anteriormente estudadas, mas apenas o esclarecimento de que os remédios constitucionais mencionados são aplicáveis no Judiciário Trabalhista. A competência existirá sempre que se tratar de matéria trabalhista, ou seja, oriunda de relação de trabalho, greve etc.

De fato, o exemplo que a doutrina tradicionalmente traz quanto ao cabimento de mandado de segurança seria a situação de aplicação de multas ou medidas coercitivas pelos órgãos de fiscalização do Ministério do Trabalho e Previdência. Sucede que essa

---

61 Nesse sentido, CC 126.372/PA, Rel. Ministro HUMBERTO MARTINS, PRIMEIRA SEÇÃO, julgado em 13/03/2013, DJe 21/03/2013.

62 O STJ chegou a essa conclusão no CC 91419. Rel. Min. Carlos Fernando Mathias. DJ 24.03.2008.

63 AgRg no CC 128.599/MT, Rel. Ministra ASSUSETE MAGALHÃES, PRIMEIRA SEÇÃO, julgado em 13/05/2015, DJe 19/05/2015.

64 Por exemplo, CONFLITO DE COMPETÊNCIA Nº 141.669 – MS (2015/0152952-7). RELATOR: MINISTRO BENEDITO GONÇALVES.

hipótese está prevista no inciso VII, que prevê a competência da Justiça do Trabalho para as ações relativas às penalidades administrativas impostas aos empregadores pelos órgãos de fiscalização das relações de trabalho. Mesmo que não houvesse o inciso IV do art. 114, seria possível a impetração de mandado de segurança.

As ações constitucionais referidas em epígrafe serão oportunamente estudadas no Capítulo XXV.

7.13. Penalidades administrativas impostas pelos órgãos da fiscalização do trabalho

O inciso VII, do art. 114, da CF, inserido pela EC 45/2004, inovou ao levar para a competência da Justiça do Trabalho as ações relativas às penalidades administrativas impostas aos empregadores pelos órgãos de fiscalização das relações de trabalho.

A modificação foi pertinente, pois a aplicação de penalidades pelos órgãos administrativos (sobretudo o Ministério do Trabalho e Previdência) pressupõe, logicamente, a análise da legislação do trabalho. Portanto, não faria mesmo sentido atribuir a competência à Justiça Federal, que acabaria apreciando tema ao qual não está afeta.

Assim, ações que visem a anular ou suspender penalidades aplicadas em autos de infração são julgadas pelas Varas do Trabalho, bem como as execuções fiscais decorrentes desses créditos.

Cabe destacar que a Justiça do Trabalho não tem competência para aplicar multas administrativas, tais como a decorrente de não anotação da CTPS pelo empregador (CLT, art. 39, § 1º)[65]; e também não detém competência para apreciar aplicação de multas por órgãos de fiscalização profissional (CREA, CRO etc.) a trabalhadores, pois o inciso VII somente atribui competência à Justiça do Trabalho no caso de multas aplicadas a empregadores.

7.14. Execução de contribuições sociais

Também se insere no feixe de competências da Justiça do Trabalho a execução, de ofício, das contribuições sociais decorrentes das sentenças condenatórias e acordos homologados.

O texto do parágrafo único do art. 876 da CLT[66] estatui que a execução *ex officio* abrangeria inclusive os salários pagos durante o período contratual reconhecido. Vale dizer, mesmo que houvesse apenas a declaração do vínculo empregatício

---

[65] Art. 39, § 1º, Se não houver acordo, a Junta de Conciliação e Julgamento, em sua sentença, ordenará que a Secretaria efetue as devidas anotações, uma vez transitada em julgado, e faça a comunicação à autoridade competente para o fim de aplicar a multa cabível.

[66] Art. 876, As decisões passadas em julgado ou das quais não tenha havido recurso com efeito suspensivo; os acordos, quando não cumpridos; os termos de ajuste de conduta firmados perante o Ministério Público do Trabalho e os termos de conciliação firmados perante as Comissões de Conciliação Prévia serão executados pela forma estabelecida neste Capítulo.

judicialmente, pelo dispositivo as contribuições sociais seriam calculadas inclusive sobre os salários já pagos ao longo da contratualidade.

Contudo, o STF[67], assim como o TST, entende que a execução somente pode abarcar as contribuições previdenciárias decorrentes de sentenças trabalhistas condenatórias ou de acordos homologados. O fundamento é que não há título executivo quanto às obrigações relativas ao período meramente declarado, o que inviabiliza a execução. No caso de haver condenação, há um título, pois a contribuição previdenciária é acessória legal da verba deferida na sentença. Outro argumento é a violação ao contraditório. Nesse sentido é a Súmula 368, I, do TST[68].

A competência da Justiça do Trabalho abrange a execução, de ofício, da contribuição alusiva ao SAT (seguro de acidente de trabalho). De outro lado, o TST entende que a competência não inclui a possibilidade de execução de contribuições devidas a terceiros (sistema *S*), sob o fundamento de que elas não constituem receitas da Previdência Social.

Quanto à natureza das verbas objeto da condenação, observe-se que, na sentença (ou na liquidação) o Juiz deve especificar quais são as parcelas salariais, e quais são indenizatórias (sobre estas últimas não incide contribuição previdenciária), conforme deflui do art. 832, § 3º, da CLT.[69]

Outrossim, no caso de acordo, segundo o art. 832, § 4º, da CLT[70], a União deve ser intimada da decisão homologatória de acordos que contenham parcela indenizatória, podendo interpor recurso relativo aos tributos que lhe forem devidos. Embora não conste do texto legal, o recurso cabível é o ordinário, interponível pela União no prazo de 16 dias (já que o prazo de entes públicos é dobrado). Depreende-se que, celebrado o acordo, há o imediato trânsito em julgado, mas apenas para as partes, e não para a União.

Sucede que a própria União, por meio da Súmula 67 da AGU, entende que na reclamação trabalhista, até o trânsito em julgado, as partes são livres para discriminar a natureza das verbas objeto do acordo judicial para efeito do cálculo da

---

67 EMENTA Recurso extraordinário. Repercussão geral reconhecida. Competência da Justiça do Trabalho. Alcance do art. 114, VIII, da Constituição Federal. 1. A competência da Justiça do Trabalho prevista no art. 114, VIII, da Constituição Federal alcança apenas a execução das contribuições previdenciárias relativas ao objeto da condenação constante das sentenças que proferir. 2. Recurso extraordinário conhecido e desprovido.

(RE 569056, Relator(a): Min. MENEZES DIREITO, Tribunal Pleno, julgado em 11/09/2008, REPERCUSSÃO GERAL - MÉRITO DJe-236 DIVULG 11-12-2008 PUBLIC 12-12-2008 EMENT VOL-02345-05 PP-00848 RTJ VOL-00208-02 PP-00859 RDECTRAB v. 16, n. 178, 2009, p. 132-148 RET v. 12, n. 72, 2010, p. 73-85)

68 TST, súmula 368: I, A Justiça do Trabalho é competente para determinar o recolhimento das contribuições fiscais. A competência da Justiça do Trabalho, quanto à execução das contribuições previdenciárias, limita-se às sentenças condenatórias em pecúnia que proferir e aos valores, objeto de acordo homologado, que integrem o salário de contribuição.

69 Art. 832, § 3º, As decisões cognitivas ou homologatórias deverão sempre indicar a natureza jurídica das parcelas constantes da condenação ou do acordo homologado, inclusive o limite de responsabilidade de cada parte pelo recolhimento da contribuição previdenciária, se for o caso.

70 Art. 832, § 4º, A União será intimada das decisões homologatórias de acordos que contenham parcela indenizatória, na forma do art. 20 da Lei nº 11.033, de 21 de dezembro de 2004, facultada a interposição de recurso relativo aos tributos que lhe forem devidos.

contribuição previdenciária, mesmo que tais valores não correspondam aos pedidos ou à proporção das verbas salariais constantes da petição inicial.

De fato, não há qualquer dispositivo legal ou constitucional que obrigue as partes a inserirem parcelas salariais nos acordos entabulados em juízo. A recusa judicial à homologação só pode se dar na hipótese de haver nítida fraude à legislação previdenciária.

A Lei 13.876/2019 inseriu os §§3º-A e 3º-B ao art. 832 da CLT[71], talvez com a pretensão de obrigar as partes e juiz a inserirem parcelas salariais nas sentenças e acordos homologados. Os novos dispositivos apresentam redação confusa e de difícil compreensão. Aparentemente, o art. 832, § 3º-A, pretende exigir a fixação e cobrança de contribuições previdenciárias sobre "competências" referentes a vínculos empregatícios reconhecidos em decisões cognitivas ou homologatórias de acordo. Embora seja possível – e até desejável – interpretar a modificação legal como ampliação da competência da Justiça do Trabalho, para alcançar a execução de contribuições previdenciárias referentes ao período contratual reconhecido, tal interpretação provavelmente não teria o beneplácito do STF, o qual interpretou (conforme decisões supra citadas) que o art. 114, VIII, da CF, não permitiria a execução de ofício da contribuição social sem que houvesse condenação ao pagamento de um crédito trabalhista principal.

O § 3º-A, II, do art. 832, parece referir-se à situação típica de remuneração não contabilizada oficialmente (o chamado "salário por fora"). Nessas hipóteses, reconhecida a prática de pagamentos não contabilizados já efetuados, não há, também, na visão do STF, competência para execução de ofício das parcelas previdenciárias, pois os "salários por fora" já terão sido pagos. A competência para execução de ofício das contribuições sociais, nesses casos, refere-se apenas aos reflexos do "salário por fora" reconhecido em sentença. E seria inconstitucional estipular que o valor de cada "competência" não poderia ser inferior ao salário mínimo, pois o art. 195, I, da CF[72], prevê como base de cálculo das contribuições sociais a folha de salários e demais rendimentos efetivamente pagos ou creditados aos trabalhadores, não sendo legítima a criação de uma base de cálculo fictícia divorciada da realidade fática.

---

71 § 3º-A. Para os fins do § 3º deste artigo, salvo na hipótese de o pedido da ação limitar-se expressamente ao reconhecimento de verbas de natureza exclusivamente indenizatória, a parcela referente às verbas de natureza remuneratória não poderá ter como base de cálculo valor inferior:

I – ao salário-mínimo, para as competências que integram o vínculo empregatício reconhecido na decisão cognitiva ou homologatória; ou

II – à diferença entre a remuneração reconhecida como devida na decisão cognitiva ou homologatória e a efetivamente paga pelo empregador, cujo valor total referente a cada competência não será inferior ao salário-mínimo.

§ 3º-B Caso haja piso salarial da categoria definido por acordo ou convenção coletiva de trabalho, o seu valor deverá ser utilizado como base de cálculo para os fins do § 3º-A deste artigo.

72 Art. 195. A seguridade social será financiada por toda a sociedade, de forma direta e indireta, nos termos da lei, mediante recursos provenientes dos orçamentos da União, dos Estados, do Distrito Federal e dos Municípios, e das seguintes contribuições sociais:

I – do empregador, da empresa e da entidade a ela equiparada na forma da lei, incidentes sobre:

a) a folha de salários e demais rendimentos do trabalho pagos ou creditados, a qualquer título, à pessoa física que lhe preste serviço, mesmo sem vínculo empregatício; (...).

Tais observações permitem concluir pela inconstitucionalidade dos §§3º-A e 3º-B ao art. 832 da CLT, incluídos pela Lei 13.876/2019. Não é possível cogitar de interpretação conforme à Constituição, pois não há outro sentido que possa ser extraído dos referidos dispositivos legais.

Outro aspecto importante é a definição dos critérios de atualização monetária e juros de mora das contribuições previdenciárias. O posicionamento mais recente do Pleno do TST é no sentido de que a incidência da correção monetária e dos juros de mora deve ser a partir da prestação de serviços, sobre os valores dos créditos previdenciários devidos pela empresa; descumprida a obrigação fixada em juízo, há também multa, aplicada a partir da citação da sentença de liquidação.

Esse entendimento decorre da nova redação do art. 43, § 3º, da Lei nº 8.212/91 (alterada pela lei 11.941/2009), o qual prevê expressamente que as contribuições sociais deverão ser apuradas mês a mês, com os acréscimos legais moratórios vigentes relativamente a cada uma das competências abrangidas.[73]

Contudo, deve-se observar que o fato gerador das contribuições previdenciárias está estabelecido pelo art. 195, I, *a*, da CF, consistindo na folha de salários e demais rendimentos do trabalho pagos ou creditados, a qualquer título, à pessoa física que lhe preste serviços.

Veja-se que o dispositivo constitucional exige o pagamento ou o creditamento, para que se configure o fato gerador. Somente por lei complementar poder-se-ia criar nova hipótese de incidência tributária (CF, art. 195, § 4º).[74] Portanto, deve ser feita interpretação conforme a Constituição, do art. 43, § 3º, da Lei 8.212/91, a fim de considerar que, no caso de decisão judicial trabalhista, somente será cabível a incidência de multa e juros de mora após o dia dois do mês subsequente ao trânsito em julgado da decisão que põe fim à discussão acerca dos cálculos de liquidação, nos termos do artigo 276, *caput*, do Decreto nº 3.048/99.[75]

Contudo, o TST pacificou sua jurisprudência em sentido contrário, na Súmula 368, V, cujo texto prevê que, *para o labor realizado a partir de 5.3.2009, considera-se fato gerador das contribuições previdenciárias decorrentes de créditos trabalhistas reconhecidos ou homologados em juízo a data da efetiva prestação dos serviços. Sobre as contribuições previdenciárias não recolhidas a partir da prestação dos serviços incidem juros de mora e, uma vez apurados os créditos previdenciários, aplica-se multa a partir*

[73] Lei nº 8212/91, art. 43, § 3º, As contribuições sociais serão apuradas mês a mês, com referência ao período da prestação de serviços, mediante a aplicação de alíquotas, limites máximos do salário-de-contribuição e acréscimos legais moratórios vigentes relativamente a cada uma das competências abrangidas, devendo o recolhimento ser efetuado no mesmo prazo em que devam ser pagos os créditos encontrados em liquidação de sentença ou em acordo homologado, sendo que nesse último caso o recolhimento será feito em tantas parcelas quantas as previstas no acordo, nas mesmas datas em que sejam exigíveis e proporcionalmente a cada uma delas.

[74] Art. 195, § 4º, A lei poderá instituir outras fontes destinadas a garantir a manutenção ou expansão da seguridade social, obedecido o disposto no art. 154, I.

[75] Decreto nº 3.048/99, art. 276, Nas ações trabalhistas de que resultar o pagamento de direitos sujeitos à incidência de contribuição previdenciária, o recolhimento das importâncias devidas à seguridade social será feito no dia dois do mês seguinte ao da liquidação da sentença.

do exaurimento do prazo de citação para pagamento, se descumprida a obrigação, observado o limite legal de 20% (art. 61, § 2º, da Lei nº 9.430/96).

Sobre a execução de contribuições sociais contra sociedades empresárias em processo de falência ou recuperação judicial, ver item seguinte.

7.15. Falência e recuperação judicial

7.15.1. Créditos trabalhistas

No caso de decretação de falência, ou de deferimento do processamento de recuperação judicial, a Justiça do Trabalho permanece competente até o fim da fase de conhecimento, e também para a liquidação definitiva do crédito, conforme deflui do art. 6º, § 2º, da Lei nº 11.101/2005[76], sendo que o Juiz do Trabalho pode determinar, antes da apuração final do crédito, a reserva da importância que estimar devida (§ 3º).[77]

O processo trabalhista jamais se suspende na fase de conhecimento ou de liquidação, em virtude da falência ou recuperação judicial.

Contudo, decretada a falência, ou deferido o processamento da recuperação judicial do devedor trabalhista (mesmo antes de ter sido aprovado o respectivo plano), cessa a competência executória da Justiça do Trabalho. A partir desse marco temporal, qualquer ato de constrição do patrimônio (penhora, expropriação etc.) somente pode ser feito pelo Juízo Cível que conduz o processo falimentar ou de recuperação.

Isso se explica porque os princípios que regem a execução concursal são distintos dos que se aplicam à execução individual. A execução concursal se rege pela diretriz do tratamento paritário entre os credores (*pars conditio creditorum*). Considerada a insuficiência patrimonial do devedor, é mais justo que todos os credores recebam parcialmente os seus créditos, em vez de apenas alguns receberem a totalidade do crédito, e outros credores nada receberem.

É falacioso, portanto, o argumento de que a execução trabalhista deveria prosseguir em virtude do caráter preferencial do crédito trabalhista, já que seria claramente injusto que alguns trabalhadores recebessem a integralidade de seus créditos, enquanto outros ficariam sem receber qualquer valor.

De fato, o prosseguimento de execuções individuais, com a prática de diversos atos de constrição, comprometeria o objetivo de recuperar a viabilidade do empreendimento empresarial. O plano de recuperação deve prever prazos para pagamento dos credores, e o descumprimento do plano acarreta a convolação da recuperação

[76] Lei nº 11.101/2005, art. 6º, § 2º, É permitido pleitear, perante o administrador judicial, habilitação, exclusão ou modificação de créditos derivados da relação de trabalho, mas as ações de natureza trabalhista, inclusive as impugnações a que se refere o art. 8º desta Lei, serão processadas perante a justiça especializada até a apuração do respectivo crédito, que será inscrito no quadro-geral de credores pelo valor determinado em sentença.

[77] Lei nº 11.101/2005, art. 6º, § 3º O juiz competente para as ações referidas nos §§ 1º e 2º deste artigo poderá determinar a reserva da importância que estimar devida na recuperação judicial ou na falência, e, uma vez reconhecido líquido o direito, será o crédito incluído na classe própria.

judicial em falência. Deve-se ter em vista, ainda, que a recuperação judicial é dirigida pelo princípio da preservação da empresa, já que esta é fonte de empregos, de tributos e de renda.

Por tais razões, o STJ e o TST, acertadamente, vinham entendendo, na redação originária da Lei 11.101/2005, que, mesmo que decorrido o prazo de 180 dias do deferimento do processamento da recuperação judicial, a Justiça do Trabalho permanece incompetente para praticar qualquer ato de constrição em face da empresa recuperanda.

Deferido o processamento da recuperação judicial, ou decretada a falência, suspendem-se todas as execuções direcionadas contra a sociedade empresária (Lei nº 11.101/2005, art. 6º, *caput*), inclusive as decorrentes de Termo de Ajuste de Conduta.

De acordo com a redação originária do art. 6º, § 4º, da Lei nº 11.101/2005[78], no caso de recuperação judicial, a suspensão jamais poderia ultrapassar 180 (cento e oitenta) dias contados do deferimento do processamento da recuperação; ultrapassado tal prazo, os credores poderiam prosseguir nas suas execuções individualmente. Contudo, a jurisprudência do STJ vinha relativizando o prazo de 180 dias, com o objetivo de prestigiar e viabilizar a recuperação da empresa. Assim, na visão da Corte, mesmo excedido o prazo, descaberia o prosseguimento automático das execuções individuais, e qualquer ato de constrição do patrimônio da empresa recuperanda só poderia ser feito pelo Juízo universal (aquele em que se processa a recuperação judicial).[79]

O dispositivo foi modificado pela Lei 14.112/2020, cabendo destacar os seguintes pontos:

- (i) o art. 6º, *caput*, III, da Lei 11.101/2005[80], passou a prever expressamente a inviabilidade de realização de atos de constrição sobre o patrimônio em função de demandas judiciais ou extrajudiciais cujos créditos ou obrigações sujeitem-se à recuperação judicial ou à falência. Vale dizer: apenas o juízo universal da recuperação judicial ou falência pode decidir sobre o patrimônio do devedor, inclusive no que tange a medidas cautelares como o arresto de bens.

---

[78] Art. 6º – A decretação da falência ou o deferimento do processamento da recuperação judicial suspende o curso da prescrição e de todas as ações e execuções em face do devedor, inclusive aquelas dos credores particulares do sócio solidário. (...)

§ 4º – Na recuperação judicial, a suspensão de que trata o caput deste artigo em hipótese nenhuma excederá o prazo improrrogável de 180 (cento e oitenta) dias contado do deferimento do processamento da recuperação, restabelecendo-se, após o decurso do prazo, o direito dos credores de iniciar ou continuar suas ações e execuções, independentemente de pronunciamento judicial.

[79] AgInt no CC 151.207/GO, Rel. Ministro ANTONIO CARLOS FERREIRA, SEGUNDA SEÇÃO, julgado em 08/11/2017, DJe 13/11/2017.

[80] Art. 6º A decretação da falência ou o deferimento do processamento da recuperação judicial implica: (...) III - proibição de qualquer forma de retenção, arresto, penhora, sequestro, busca e apreensão e constrição judicial ou extrajudicial sobre os bens do devedor, oriunda de demandas judiciais ou extrajudiciais cujos créditos ou obrigações sujeitem-se à recuperação judicial ou à falência.

Trata-se de cristalização legislativa do entendimento que já era dominante e pacificado no âmbito dos tribunais superiores, notadamente o Superior Tribunal de Justiça e o Tribunal Superior do Trabalho.

- (ii) o novo texto do art. 6º, §4º, estipula que a suspensão das execuções e a proibição de prática de atos constritivos (referida acima) "perdurarão pelo prazo de 180 (cento e oitenta) dias, contado do deferimento do processamento da recuperação, prorrogável por igual período, uma única vez, em caráter excepcional, desde que o devedor não haja concorrido com a superação do lapso temporal".

Vale reproduzir, textualmente o §4º-A do art. 6º, o qual estatui:

> § 4º-A. O decurso do prazo previsto no § 4º deste artigo sem a deliberação a respeito do plano de recuperação judicial proposto pelo devedor faculta aos credores a propositura de plano alternativo, na forma dos §§ 4º, 5º, 6º e 7º do art. 56 desta Lei, observado o seguinte: (Incluído pela Lei nº 14.112, de 2020)
>
> I - as suspensões e a proibição de que tratam os incisos I, II e III do caput deste artigo não serão aplicáveis caso os credores não apresentem plano alternativo no prazo de 30 (trinta) dias, contado do final do prazo referido no § 4º deste artigo ou no § 4º do art. 56 desta Lei; (Incluído pela Lei nº 14.112, de 2020)
>
> II - as suspensões e a proibição de que tratam os incisos I, II e III do caput deste artigo perdurarão por 180 (cento e oitenta) dias contados do final do prazo referido no § 4º deste artigo, ou da realização da assembleia-geral de credores referida no § 4º do art. 56 desta Lei, caso os credores apresentem plano alternativo no prazo referido no inciso I deste parágrafo ou no prazo referido no § 4º do art. 56 desta Lei. (Incluído pela Lei nº 14.112, de 2020)

Os novos dispositivos legais, introduzidos pela Lei 14.112/2020, superam expressamente o posicionamento do STJ, firmado sob a égide da redação anterior da Lei 11.101/2005.

De fato, conforme já referido acima, o Superior Tribunal de Justiça, na vigência do texto originário da Lei de Falências e Recuperação de Empresas, havia firmado o entendimento de que quaisquer atos de constrição de patrimônio da empresa recuperanda somente poderiam ser praticados pelo juízo universal, independentemente da extrapolação do prazo de 180 dias (também previsto na redação originária do dispositivo), sem qualquer limite temporal[81].

---

[81] Exemplifica essa tendência: "PROCESSUAL CIVIL. AGRAVO INTERNO NO CONFLITO DE COMPETÊNCIA. JUÍZO DO TRABALHO E JUÍZO DA RECUPERAÇÃO JUDICIAL. COMPETÊNCIA DO JUÍZO DA RECUPERAÇÃO JUDICIAL PARA A PRÁTICA DE ATOS EXECUTÓRIOS OU CONSTRITIVOS QUE PERSISTE ATÉ O TRÂNSITO EM JULGADO DA SENTENÇA QUE DECLARA O ENCERRAMENTO DO PROCESSO. 1. Nos termos da jurisprudência consolidada desta Corte, é competente o juízo universal para prosseguimento de atos de execução que incidam sobre o patrimônio de empresa em processo falimentar ou de recuperação judicial.

2. Não compete ao juízo trabalhista interferir no acervo patrimonial da suscitante enquanto não houver a certificação do trânsito em julgado da sentença que declara o encerramento da sua recuperação judicial. (...)" (AgInt no CC 167.826/PA, Rel. Ministra NANCY ANDRIGHI, SEGUNDA SEÇÃO, julgado em 18/08/2020, DJe 21/08/2020). Neste julgado, lê-se: ""[...] 'os atos de execução dos créditos individuais promovidos contra empresas falidas ou em recuperação judicial, sob a égide do Decreto-lei nº 7.661/45 ou da Lei nº 11.101/05,

Sucede que a nova redação legal deixa claras as consequências da inobservância do prazo de 180 dias para aprovação do plano de recuperação judicial:

- (i) é possível que o prazo seja prorrogado por mais 180 dias (totalizando 360 dias), excepcionalmente, desde que o devedor não tenha dado causa ao atraso na aprovação do plano;
- (ii) vencido o prazo inicial de 180 dias (ou de 360, caso tenha havido prorrogação autorizada pelo juiz), os credores passam a ter a faculdade - não o ônus, nem a obrigação - de apresentar plano alternativo de recuperação judicial;
- (iii) caso os credores não apresentem plano alternativo de recuperação judicial no prazo de 30 dias, cessam tanto a suspensão das execuções (art. 6º, *caput*, II), quanto a proibição de prática de atos executórios pelos juízes do trabalho (art. 6º, *caput*, III). Já se os credores apresentarem o plano alternativo, ter-se-á nova prorrogação por mais 180 dias (art. 6º, §4º-A, II)[82].

Depreende-se que a lei levou a efeito verdadeiro *overruling* (superação) da jurisprudência consolidada no âmbito do STJ. A partir da vigência da Lei 14.112/2020, portanto, as prorrogações feitas pelo juízo universal (bem como a vedação à prática de atos constritivos) são delimitadas no tempo, não podendo se estender indefinidamente.

Na segunda hipótese retratada acima, se os credores apresentarem o plano facultativo de recuperação dentro de 30 dias (contados do fim do prazo para aprovação do plano originário), a suspensão das execuções e a proibição da prática de atos de constrição por juízos que não sejam o universal (como os juízes do trabalho, por exemplo) perdurará por mais 180 dias.

Ademais, embora não esteja explícito no texto legal, é intuitivo que, nos 30 dias subsequentes ao término do prazo, as execuções ainda não podem ser retomadas imediatamente, já que, caso os credores apresentem o plano alternativo, permanecerá a impossibilidade da prática de atos de constrição pelos juízes das execuções. Não faria sentido que se praticassem alguns atos de constrição nesse interregno de 30 dias - entre o vencimento do plano originário e a apresentação do plano alternativo - para que, na sequência, houvesse nova suspensão e aqueles mesmo atos constritivos não pudessem mais gerar efeitos.

Daí resulta que a suspensão das execuções trabalhistas pode ocorrer por, no máximo:

---

devem ser realizados pelo juízo universal, ainda que ultrapassado o prazo de 180 dias de suspensão previsto no art. 6º, § 4º, da última norma' [...]".

82 II - as suspensões e a proibição de que tratam os incisos I, II e III do caput deste artigo perdurarão por 180 (cento e oitenta) dias contados do final do prazo referido no § 4º deste artigo, ou da realização da assembleia-geral de credores referida no § 4º do art. 56 desta Lei, caso os credores apresentem plano alternativo no prazo referido no inciso I deste parágrafo ou no prazo referido no § 4º do art. 56 desta Lei.

- (a) 180 + 30 dias = 210 dias, caso não tenha sido deferida prorrogação pelo juiz da recuperação judicial;
- (b) 180 + 180 + 30 dias = 390 dias, se houver sido prorrogado o prazo pelo juízo universal e os credores não apresentarem plano alternativo;
- (c) 180 + 180 + 30 + 180 dias = 570 dias, caso, além da prorrogação pelo juízo falimentar, os credores apresentem plano alternativo.

Em qualquer desses casos, reitera-se, vencido o prazo, as execuções trabalhistas podem e devem prosseguir normalmente na Justiça do Trabalho, com a prática de atos de penhora, arresto, expropriação etc.

Na hipótese de falência, a Justiça do Trabalho não pode praticar atos constritivos contra o patrimônio da massa falida. Esse panorama não foi alterado pela Lei 14.112/2020.

Observe-se que os créditos trabalhistas inadimplidos após a formulação do pleito de recuperação judicial terão natureza extraconcursal (art. 49, *caput*, e 67, caput, da Lei 11.101/2005)[83], devendo ser pagos com preferência sobre os créditos sujeitos à recuperação judicial (isto é, aqueles vencidos antes da formulação do pedido de recuperação judicial). Contudo, a partir da entrada em vigor da Lei 14.112/2020, e considerando a redação atualmente vigente dos arts. 84, 150 e 151 da Lei 11.101/2005[84],

[83] Art. 49. Estão sujeitos à recuperação judicial todos os créditos existentes na data do pedido, ainda que não vencidos.

Art. 67. Os créditos decorrentes de obrigações contraídas pelo devedor durante a recuperação judicial, inclusive aqueles relativos a despesas com fornecedores de bens ou serviços e contratos de mútuo, serão considerados extraconcursais, em caso de decretação de falência, respeitada, no que couber, a ordem estabelecida no art. 83 desta Lei.

[84] Art. 84. Serão considerados créditos extraconcursais e serão pagos com precedência sobre os mencionados no art. 83 desta Lei, na ordem a seguir, aqueles relativos: (Redação dada pela Lei nº 14.112, de 2020)

I - (revogado); (Redação dada pela Lei nº 14.112, de 2020)

I-A - às quantias referidas nos arts. 150 e 151 desta Lei; (Incluído pela Lei nº 14.112, de 2020) (Vigência)

I-B - ao valor efetivamente entregue ao devedor em recuperação judicial pelo financiador, em conformidade com o disposto na Seção IV-A do Capítulo III desta Lei; (Incluído pela Lei nº 14.112, de 2020)

I-C - aos créditos em dinheiro objeto de restituição, conforme previsto no art. 86 desta Lei; (Incluído pela Lei nº 14.112, de 2020)

I-D - às remunerações devidas ao administrador judicial e aos seus auxiliares, aos reembolsos devidos a membros do Comitê de Credores, e aos créditos derivados da legislação trabalhista ou decorrentes de acidentes de trabalho relativos a serviços prestados após a decretação da falência; (Incluído pela Lei nº 14.112, de 2020)

I-E - às obrigações resultantes de atos jurídicos válidos praticados durante a recuperação judicial, nos termos do art. 67 desta Lei, ou após a decretação da falência; (Incluído pela Lei nº 14.112, de 2020)

II - às quantias fornecidas à massa falida pelos credores; (Redação dada pela Lei nº 14.112, de 2020)

III - às despesas com arrecadação, administração, realização do ativo, distribuição do seu produto e custas do processo de falência; (Redação dada pela Lei nº 14.112, de 2020)

IV - às custas judiciais relativas às ações e às execuções em que a massa falida tenha sido vencida; (Redação dada pela Lei nº 14.112, de 2020)

V - aos tributos relativos a fatos geradores ocorridos após a decretação da falência, respeitada a ordem estabelecida no art. 83 desta Lei. (Redação dada pela Lei nº 14.112, de 2020)

os créditos trabalhistas extraconcursais deixaram de ser genericamente preferenciais, devendo ser observada a seguinte ordem de preferência:

- (i) créditos trabalhistas de natureza estritamente salarial vencidos nos 3 meses anteriores à decretação da falência ou à formulação do pleito de recuperação judicial (art. 49 c/c 151);
- (ii) despesas cujo pagamento antecipado seja indispensável à administração da falência, inclusive na hipótese de continuação provisória das atividades previstas no inciso XI do caput do art. 99 da Lei 11.101/2005, que serão pagas pelo administrador judicial com os recursos disponíveis em caixa (art. 151);
- (iii) valores efetivamente entregues ao devedor em recuperação judicial pelo financiador, em conformidade com o disposto na Seção IV-A do Capítulo III da Lei (art. 84, I-B);
- (iv) aos créditos em dinheiro objeto de restituição, conforme previsto no art. 86 da Lei, o que inclui os contratos de adiantamento a contrato de câmbito para exportação (art. 84, I-C);
- (v) remunerações devidas ao administrador judicial e aos seus auxiliares, aos reembolsos devidos a membros do Comitê de Credores, e aos créditos derivados da legislação trabalhista ou decorrentes de acidentes de trabalho relativos a serviços prestados após a decretação da falência ou à formulação do pedido de recuperação judicial (art. 49 c/c 84, I-D).

Mesmo nesses casos, a competência para a execução é do juízo cível (em que se processa a recuperação judicial ou a falência), conforme preconiza a jurisprudência do Superior Tribunal de Justiça.[85]

---

§ 1º As despesas referidas no inciso I-A do **caput** deste artigo serão pagas pelo administrador judicial com os recursos disponíveis em caixa. (Incluído pela Lei nº 14.112, de 2020)

§ 2º O disposto neste artigo não afasta a hipótese prevista no art. 122 desta Lei.

Art. 150. As despesas cujo pagamento antecipado seja indispensável à administração da falência, inclusive na hipótese de continuação provisória das atividades previstas no inciso XI do caput do art. 99 desta Lei, serão pagas pelo administrador judicial com os recursos disponíveis em caixa.

Art. 151. Os créditos trabalhistas de natureza estritamente salarial vencidos nos 3 (três) meses anteriores à decretação da falência, até o limite de 5 (cinco) salários-mínimos por trabalhador, serão pagos tão logo haja disponibilidade em caixa.

[85] "CONFLITO DE COMPETÊNCIA. RECUPERAÇÃO JUDICIAL. EXECUÇÃO TRABALHISTA. PROSSEGUIMENTO. ATOS DE CONSTRIÇÃO. COMPETÊNCIA DO JUÍZO DA RECUPERAÇÃO JUDICIAL. 1. No caso de deferimento da recuperação judicial, a competência da Justiça do Trabalho se limita à apuração do respectivo crédito (processo de conhecimento), sendo vedada a prática, pelo citado Juízo, de qualquer ato que comprometa o patrimônio da empresa em recuperação (procedimento de execução).

2. Classificam-se como extraconcursais os créditos de obrigações que se originaram após o deferimento do processamento da recuperação, prevalecendo estes sobre os créditos concursais, de acordo com os arts. 83 e 84 da Lei nº 11.101/2005.

3. Segundo a jurisprudência desta Corte, como forma de preservar tanto o direito creditório quanto a viabilidade do plano de recuperação judicial, a execução de créditos trabalhistas constituídos depois do pedido de recuperação judicial deve prosseguir no Juízo universal. (...)" (CC 145.027/SC, Rel. Ministro RICARDO VILLAS BÔAS CUEVA, SEGUNDA SEÇÃO, julgado em 24/08/2016, DJe 31/08/2016).

Tanto no caso de falência, quanto no de recuperação judicial, o Juiz do Trabalho deve expedir certidão de habilitação de crédito, para que o credor trabalhista possa se habilitar no Juízo Cível competente (arts. 112 e 113 da Consolidação dos Provimentos da Corregedoria-Geral da Justiça do Trabalho).[86] Ressalve-se que não se deve emitir a certidão caso a execução seja redirecionada aos sócios (desconsideração da personalidade jurídica) ou a empresa do grupo econômico. Nestas hipóteses, a certidão somente pode ser expedida após o insucesso das medidas, sob pena de gerar dupla garantia da execução. Sobre a a possibilidade de desconsideração da personalidade jurídica, após a entrada em vigor da Lei 14.112/2020, bem como a respeito da impossibilidade de expedição de certidão de crédito quanto aos créditos previdenciários (execução de ofício na Justiça do Trabalho), ver tópicos abaixo.

7.15.2. Créditos fiscais

O art. 6º, § 7º-A, da Lei 11.101/2005 (na redação dada pela Lei 14.112/2020)[87], estabelece que o deferimento da recuperação judicial não implicará suspensão das execuções fiscais, embora determine caber ao juízo da recuperação judicial determinar a suspensão dos atos de constrição que recaiam sobre bens de capital essenciais à manutenção da atividade empresarial durante o prazo de suspensão das execuções previsto no art. 6º, §4º, do mesmo dispositivo legal. A suspensão dos atos de constrição, ainda de acordo com o regramento legal, deve ser feita mediante cooperação jurisdicional.

O entendimento tradicional do STJ (antes da modificação empreendida pela Lei 14.112/2020) sempre foi no sentido de que a execução fiscal não seria necessariamente suspensa com o deferimento da recuperação judicial, sendo, entretanto, do Juízo universal a competência para dar seguimento aos atos constritivos ou de alienação.[88]

Contudo, na ótica do STJ, seria prerrogativa da Fazenda Pública optar por habilitar o crédito no quadro-geral de credores, ou por ajuizar execução fiscal. Escolhido um rito, ocorre a renúncia da utilização do outro, não se admitindo uma dúplice garantia.[89] Esse raciocínio vale tanto para a situação de falência, quanto para a de recuperação judicial.

---

86 Art. 112. Deferida a recuperação judicial ou a falência, caberá ao juiz do trabalho determinar a expedição de Certidão de Habilitação de Crédito para ser submetida à apreciação do administrador judicial.
Art. 113. Expedida a Certidão de Habilitação de Crédito, é desnecessária a remessa dos autos físicos ou eletrônicos ao juízo no qual se processa a Recuperação Judicial ou a Falência.

87 § 7º-A. O disposto nos incisos I, II e III do **caput** deste artigo não se aplica aos créditos referidos nos §§ 3º e 4º do art. 49 desta Lei, admitida, todavia, a competência do juízo da recuperação judicial para determinar a suspensão dos atos de constrição que recaiam sobre bens de capital essenciais à manutenção da atividade empresarial durante o prazo de suspensão a que se refere o § 4º deste artigo, a qual será implementada mediante a cooperação jurisdicional, na forma do art. 69 da Lei nº 13.105, de 16 de março de 2015 (Código de Processo Civil), observado o disposto no art. 805 do referido Código.

88 AgInt no REsp 1605862/SC, Rel. Ministro SÉRGIO KUKINA, PRIMEIRA TURMA, julgado em 08/11/2016, DJe 24/11/2016.

89 REsp 1.103.405-MG, Rel. Min. Castro Meira, julgado em 2/4/2009.

No âmbito trabalhista, tem-se a execução fiscal decorrente das penalidades administrativas impostas pelos órgãos da fiscalização do trabalho (execução fiscal de crédito não tributário), e também execuções fiscais de contribuições previdenciárias (créditos tributários), de modo que a circunstância de sua execução ser realizada pela Justiça do Trabalho não retira o caráter fiscal do processo executivo, nos dois casos.

O Tribunal Superior do Trabalho, antes da Lei 14.112/2020, vinha se posicionando no sentido de que a Justiça do Trabalho seria incompetente para proceder à execução dos créditos previdenciá-rios contra empresa em recuperação judicial ou cuja falência foi decretada, limitando-se sua compe-tência à quantificação do crédito.

Argumentava-se que, para fins de fixação da competência, a natureza fiscal das contribuições previdenciárias não lhes retira a característica de parcela oriunda da relação de trabalho, nos moldes do art. 114, I, da CF, devendo-se aplicar, portanto, o princípio da gravitação jurídica: acessório segue o principal – regime jurídico do acessório deve ser igual ao do principal.

Quanto às execuções fiscais decorrentes de penalidades aplicadas pelos órgãos da fiscalização do trabalho, o TST, diferentemente do STJ, entendia (antes da Lei 14.112/2020) que a Fazenda Pública deveria, necessariamente, habilitar seu crédito no juízo universal, não havendo a opção de prosse-guir com a execução fiscal na Justiça do Trabalho.[90]

Ressalte-se que, de acordo com o STJ, é desnecessária a apresentação de Certidão de Dívida Ativa (CDA) para habilitação, em processo de falência ou de recuperação judicial, de crédito previdenciário resultante de decisão judicial trabalhista.[91]

O novo regramento introduzido pela Lei 14.112/2020 contém as seguintes previsões:

> Art. 6º, § 7º-B. O disposto nos incisos I, II e III do caput deste artigo não se aplica às execuções fiscais, admitida, todavia, a competência do juízo da recuperação judicial para determinar a substituição dos atos de constrição que recaiam sobre bens de capital essenciais à manutenção da atividade empresarial até o encerramento da recuperação judicial, a qual será implementada mediante a cooperação jurisdicional, na forma do art. 69 da Lei nº 13.105, de 16 de março de 2015 (Código de Processo Civil), observado o disposto no art. 805 do referido Código. (Incluído pela Lei nº 14.112, de 2020).
>
> (...) § 11. O disposto no § 7º-B deste artigo aplica-se, no que couber, às execuções fiscais e às execuções de ofício que se enquadrem respectivamente nos incisos VII e VIII do caput do art. 114 da Constituição Federal, vedados a expedição de certidão de crédito e o arquivamento das execuções para efeito de habilitação na recuperação judicial ou na falência.

Os dispositivos estabelecem que o deferimento da recuperação judicial não implicará suspensão das execuções fiscais, de modo que se conclui que a execução das contribuições previdenciárias – espécie de crédito fiscal – não deve ser alcan-

[90] TST – AIRR: 64580820115120028, Relator: Walmir Oliveira da Costa, Data de Julgamento: 05/08/2015, 1ª Turma, Data de Publicação: DEJT 07/08/2015.

[91] REsp 1.170.750-SP, Rel. Min. Luis Felipe Salomão, julgado em 27/08/2013.

çada pela *vis attractiva* da recuperação judicial ou da falência, ou seja, a execução previdenciária prosseguirá na Justiça do Trabalho mesmo após o deferimento da recuperação judicial.

Nesse contexto, veja-se que as contribuições previdenciárias são espécies de tributo, de modo que a circunstância de sua execução a ser realizada pela Justiça do Trabalho não retira o caráter fiscal do processo executivo.

A modificação legislativa supera, portanto, a jurisprudência do Tribunal Superior do Trabalho, que vinha interpretando sistematicamente o artigo 114 da Constituição da República com os artigos 6º, 76 e 83 da Lei nº 11.101/2005, de modo a concluir que a Justiça do Trabalho seria incompetente para proceder à execução dos créditos previdenciários contra empresa em recuperação judicial, limitando-se sua competência à quantificação do crédito. Na ótica do TST, para fins de fixação da competência, a natureza fiscal das contribuições previdenciárias não lhes retiraria a característica de parcela *oriunda da relação de trabalho*, enquadrando-se no art. 114, I, da CF.

Além disso, a contribuição previdenciária é crédito acessório do crédito trabalhista (que é o principal); assim, o princípio da gravitação jurídica autoriza a conclusão de que o regime jurídico da execução das contribuições previdenciárias, na Justiça do Trabalho, deveria ser idêntico ao do crédito trabalhista, razão pela qual seria inviável o prosseguimento de atos constritivos na Especializada.

Nessas hipóteses, dada a inviabilidade de prosseguimento da execução, o juiz do trabalho deveria determinar a expedição de certidão de habilitação de crédito.

Como o novo regramento legal veda expressamente a expedição de certidão de crédito, a conclusão é que o objetivo do legislador, efetivamente, foi o de permitir a execução da parcela acessória (= contribuição previdenciária), ao mesmo tempo em que obsta a execução da parcela principal (= crédito trabalhista), o que causa perplexidade, seja em função do princípio da gravitação jurídica, seja porque o crédito que deveria ser privilegiado (por força, por exemplo, do art. 100 da Constituição e do art. 186 do Código Tributário Nacional) recebe, da nova lei, um tratamento pior do que créditos que lhe são inferiores.

Esse raciocínio é aplicável não apenas no que tange às contribuições previdenciárias, mas também às multas administrativas aplicadas pela fiscalização do trabalho.

Tais motivos permitem sustentar a inconstitucionalidade do art. 6º, §11, da Lei 11.101/2005 (redação dada pela Lei 14.112/2020), por violação ao princípio constitucional da isonomia (CF, art. 5º, *caput*, conjugado com o art. 100, *caput*) já que o legislador não tem "discricionariedade" para dispensar tratamento inferior uma espécie de crédito que a própria Constituição trata como privilegiado.

Reconhecida a inconstitucionalidade do regramento estabelecido, a respeito, pela Lei 14.112/2020, a consequência prática é a suspensão não apenas da execução trabalhista, mas também da parcela previdenciária acessória, com a possibilidade de expedição de certidão de crédito quando pertinente.

7.15.3. Desconsideração da personalidade jurídica e grupo econômico

Importa analisar, neste tópico, os arts. 6º-C e art. 82-A, *caput* e parágrafo único, da Lei 11.101/2005, introduzido pela Lei 14.112/2020:

> Art. 6º-C. É vedada atribuição de responsabilidade a terceiros em decorrência do mero inadimplemento de obrigações do devedor falido ou em recuperação judicial, ressalvadas as garantias reais e fidejussórias, bem como as demais hipóteses reguladas por esta Lei.
>
> Art. 82-A. É vedada a extensão da falência ou de seus efeitos, no todo ou em parte, aos sócios de responsabilidade limitada, aos controladores e aos administradores da sociedade falida, admitida, contudo, a desconsideração da personalidade jurídica. (Incluído pela Lei nº 14.112, de 2020).
>
> Parágrafo único. A desconsideração da personalidade jurídica da sociedade falida, para fins de responsabilização de terceiros, grupo, sócio ou administrador por obrigação desta, somente pode ser decretada pelo juízo falimentar com a observância do art. 50 da Lei nº 10.406, de 10 de janeiro de 2002 (Código Civil) e dos arts. 133, 134, 135, 136 e 137 da Lei nº 13.105, de 16 de março de 2015 (Código de Processo Civil), não aplicada a suspensão de que trata o § 3º do art. 134 da Lei nº 13.105, de 16 de março de 2015 (Código de Processo Civil). (Incluído pela Lei nº 14.112, de 2020).

Primeiro aspecto a observar é que o *caput* do art. 82-A admite expressamente a desconsideração da personalidade jurídica para o fim de alcançar o patrimônio dos sócios, controladores ou administradores da sociedade falida, o que deve ser interpretado em conjunto com o art. 6º-C. Embora o art. 82-A se refira apenas à falência, deve-se entender que o dispositivo se amalgama ao art. 6º-C, daí resultando um conjunto normativo aplicável também à recuperação judicial e que preceitua que a desconsideração da personalidade jurídica, nas hipóteses reguladas, somente pode ser feita com fundamento no art. 50 do Código Civil.

Sucede que essas regras se aplicam tão somente ao universo do próprio processo de falência ou de recuperação judicial, não se aplicando para outras espécies de ações judiciais, como as reclamações trabalhistas.

De fato, o parágrafo único do art. 82-A apresenta redação ambígua, a qual, hipoteticamente, poderia dar ensejo a dois entendimentos, a saber:

- (i) apenas o juízo falimentar poderia realizar a desconsideração da personalidade jurídica;
- (ii) não só o juízo falimentar, mas todo e qualquer órgão jurisdicional pode levar a efeito a desconsideração da personalidade jurídica. A restrição contida no parágrafo único do art. 82-A se refere à exigência de que, para o juízo falimentar, somente se admite a aplicação do art. 50 do Código Civil, ou seja, da chamada *teoria maior da desconsideração*, sendo inviável a aplicação da teoria menor fundada no art. 28, §5º, do Código de Defesa do Consumidor.

Passa-se a demonstrar que a segunda interpretação deve ser adotada, descartando-se a primeira.

Para facilitar a visualização da interpretação literal (gramatical), deve-se suprimir o adjunto adverbial entre vírgulas que se inicia após a expressão "sociedade falida". O preceito pode ser reescrito nos seguintes termos:

> A desconsideração da personalidade jurídica da sociedade falida somente pode ser decretada pelo juízo falimentar com a observância do art. 50 da Lei nº 10.406. (redação simplificada do texto legal).

A expressão "com a observância do art. 50" exerce a função sintática de adjunto adverbial, referindo-se ao *modo* como o juízo falimentar pode decretar a desconsideração da personalidade jurídica. O advérbio "somente" integra essa locução, de modo que a frase poderia ser reescrita nos seguintes termos:

> A desconsideração da personalidade jurídica da sociedade falida pode ser decretada pelo juízo falimentar somente com a observância do art. 50 da Lei nº 10.406. (redação hipotética).

Se a frase contivesse vírgula, seguida do pronome "que", após a expressão "sociedade falida", o sentido seria completamente diverso. Nessa hipótese, ter-se-ia uma oração subordinada adjetiva explicativa, o que deixaria claro que apenas o juízo falimentar poderia decretar a desconsideração. Veja-se:

> A desconsideração da personalidade jurídica da sociedade falida, que somente pode ser decretada pelo juízo falimentar, deve observar o art. 50 da Lei nº 10.406. (redação hipotética).

Contudo, voltando à redação real do dispositivo, veja-se que a construção sintática feita pelo legislador faz com que se conclua o seguinte:

- (i) o juízo falimentar somente pode decretar a desconsideração com a observância do art. 50 do Código Civil;
- (ii) os demais órgãos jurisdicionais (entre os quais os juízes do trabalho) não são alcançados pelo dispositivo, de modo que devem observar os pressupostos próprios para a desconsideração. No caso da Justiça do Trabalho, será aplicável o art. 10-A da CLT, que estipula a responsabilidade subsidiária do sócio, independentemente da demonstração de fraude ou confusão patrimonial, o que tenho chamado de *desconsideração direta da personalidade jurídica*.

Aplica-se, aqui, a ideia de que a lei especial derroga a lei geral. A CLT, ao admitir a desconsideração direta na forma de seu art. 10-A, deve ser aplicada com preferência em relação aos arts. 6º-C e 82-A da Lei 11.101/2005, cujo escopo, repita-se, é a disciplina da questão no âmbito do processo de falência ou de recuperação judicial.

A interpretação teleológica, por sua vez, sinaliza que, tendo em vista a universalidade de créditos que compõem a massa falida, créditos esses de diversas categorias (quirografários, tributários, trabalhistas etc.), o legislador almejou estabelecer que a desconsideração da personalidade jurídica, para ser feita pelo juízo falimentar, somente poderia ocorrer a partir do art. 50 do Código Civil, ou seja, da teoria maior da desconsideração.

Assim interpretado, o dispositivo é perfeito do ponto de vista lógico, já que não haveria mesmo condições práticas para que o juízo falimentar aplicasse a teoria maior para alguns, e a menor para outros créditos, face à diversidade do regime jurídico aplicável.

A interpretação histórica não auxilia, pois os debates e pareceres legislativos, tanto na Câmara dos Deputados, quanto no Senado Federal, não trazem discussões a respeito do art. 82-A.[92]

Por fim, mas não menos importante, a interpretação constitucional. Ainda que hipoteticamente fosse possível – o que não é o caso, como demonstrado acima – alegar que o art. 82-A deveria ser interpretado como contendo vedação à desconsideração da personalidade jurídica por outros juízos que não o falimentar, no mínimo o intérprete deveria reconhecer a ambiguidade do dispositivo legal.

Nesse contexto, é certo que a interpretação limitadora da desconsideração viola o princípio constitucional do acesso à justiça (CF, art. 5º, XXXV), pois impede a efetividade da execução, ao criar uma espécie de "blindagem" patrimonial que sequer foi prevista expressamente pelo legislador. Havendo outra intepretação possível e que se harmoniza com a Constituição e com a prática dos tribunais superiores, deve ser preferida, preservando-se a higidez do dispositivo desde que seja interpretado no sentido acima explicitado: os arts. 6º-C e 82-A estipulam que o juiz falimentar somente pode desconsiderar a personalidade jurídica com base no art. 50 do Código Civil, o que não impede que a Justiça do Trabalho siga aplicando, mesmo para empresas falidas ou em recuperação judicial, o art. 10-A da CLT.

A interpretação preconizada não viola a isonomia entre os credores trabalhistas – notadamente entre aqueles que ajuizarem reclamação trabalhista em confronto com os que não o fizerem. A uma, porque a aplicação da teoria menor para os primeiros decorre de sua situação particular, que consiste justamente no fato de terem movido reclamação trabalhista. A duas, porque o princípio da *pars conditio creditorum* (condição paritária entre os credores) se refere às relações diretas entre os credores e o devedor comum (empresa falida ou em recuperação judicial), não abrangendo terceiros responsáveis, cuja responsabilidade se apura no juízo próprio, de acordo com os requisitos pertinentes a cada espécie de crédito.

Em suma, nada obsta (nem mesmo o art. 82-A da Lei 11.101/2005) a desconsideração da personalidade jurídica da empresa cuja falência tenha sido decretada, ou cuja recuperação judicial tenha deferida, desde que os sócios não tenham sido incluídos no plano de recuperação ou não sejam, também, pessoalmente falidos.

Esse entendimento se harmoniza com a jurisprudência consolidada no Superior Tribunal de Justiça, segundo a qual não viola a competência do Juízo universal (da falência ou recuperação judicial) a constrição, pela Justiça do Trabalho, de bens dos sócios de sociedade empresária em recuperação judicial, quando em relação a ela foi

92 Exceto pelo relatório do Senador Rodrigo Pacheco, que mencionou a necessidade de correção da redação do dispositivo, para excluir a possibilidade de instauração de ofício, pelo juiz, do incidente de desconsideração da personalidade jurídica.

promovida, na Justiça Especializada, a desconsideração da personalidade jurídica. O juízo da recuperação judicial não detém competência para decidir sobre a constrição de bens não abrangidos pelo plano de recuperação da empresa.[93]

Da mesma forma, é possível ao Juiz do Trabalho prosseguir na execução caso haja outras sociedades do mesmo grupo econômico da devedora, na hipótese em que os respectivos bens não estão sujeitos à recuperação judicial ou à falência.[94]

7.16. Complementação de aposentadoria

Sempre foi muito controvertida a definição da competência jurisdicional para apreciar conflitos envolvendo complementação de aposentadoria por plano de previdência privada.

O STF, em julgamento com repercussão geral, assentou que cabe à Justiça Comum o processamento de ação ajuizada contra entidade de previdência privada e com a finalidade de obter complementação de aposentadoria.[95] Os fundamentos principais foram a autonomia do Direito Previdenciário, face ao Direito do Trabalho; e a busca de maior racionalidade ao sistema, já que a controvérsia acerca da competência era extremamente nociva aos jurisdicionados.

Assim, sempre que a complementação de aposentadoria for paga por entidade fechada de previdência complementar, mesmo que em decorrência de contrato de trabalho, a competência jurisdicional acerca dessa relação jurídica será da Justiça Comum.

Apenas na hipótese em que o benefício seja instituído e pago diretamente pelo próprio empregador é que se poderia cogitar de competência da Justiça do Trabalho. A Súmula 288, I, do TST, estatui que complementação dos proventos de aposentadoria, instituída, regulamentada e paga diretamente pelo empregador, sem vínculo com as entidades de previdência privada fechada, é regida pelas normas em vigor na data de admissão do empregado, ressalvadas as alterações que forem mais benéficas. Assim, o TST dá a entender que há competência da Justiça do Trabalho nessas hipóteses, o que se afigura correto, pois o precedente do STF é específico para a situação envolvendo fundos de pensão (entidades fechadas de previdência privada).

O Superior Tribunal de Justiça também tem a jurisprudência pacífica no sentido de que se o pedido envolver a percepção de complementação de aposentadoria a ser paga diretamente pelo ex-empregador, não havendo pedido em face de entidade de previdência privada, a competência para julgamento será da Justiça do Trabalho.[96]

93 AgInt no CC 145.697/BA, Rel. Ministro MARCO AURÉLIO BELLIZZE, SEGUNDA SEÇÃO, julgado em 09/11/2016, DJe 18/11/2016.

94 AgInt no CC 152.680/MG, Rel. Ministra MARIA ISABEL GALLOTTI, SEGUNDA SEÇÃO, julgado em 11/10/2017, DJe 17/10/2017.

95 RE 586453, Relator(a): Min. ELLEN GRACIE, Relator(a) p/ Acórdão: Min. DIAS TOFFOLI, Tribunal Pleno, julgado em 20/02/2013, REPERCUSSÃO GERAL – MÉRITO DJe-106 DIVULG 05-06-2013 PUBLIC 06-06-2013 EMENT VOL-02693-01 PP-00001.

96 AGRAVO INTERNO NO AGRAVO EM RECURSO ESPECIAL. AÇÃO DE COMPLEMENTAÇÃO DE APOSENTADORIA PRIVADA. DEMANDA PROPOSTA CONTRA BANCO DO BRASIL. PORTARIA Nº 966/1947. COMPETÊNCIA DA

Contudo, há decisões do STF reconhecendo a competência da Justiça Comum, mesmo que a ação seja ajuizada exclusivamente em face do ex-empregador.[97]

Em suma, devem-se distinguir as seguintes situações:

- (i) o pedido é de condenação do empregador ao pagamento de parcelas salariais (exemplo: horas extras, equiparação salarial etc.) e *reflexos* em complementação de aposentadoria, a qual é paga por fundo de pensão. Nessa hipótese, a Justiça do Trabalho é absolutamente incompetente para o pedido, ainda que a entidade de previdência privada não tenha sido inserida no polo passivo, pois apenas a Justiça Comum pode julgar pedidos de diferenças de complementação de aposentadoria a cargo de fundos de pensão;
- (ii) o pedido é de condenação do empregador ao pagamento de parcelas salariais e da contribuição respectiva (incidente sobre as parcelas objeto da condenação) que será vertida para o fundo de pensão. Nesse caso, haverá competência da Justiça do Trabalho, pois não há pedido de complementação de aposentadoria – o que se pede é que o empregador faça o recolhimento das contribuições previdenciárias para o fundo de pensão. A partir desse recolhimento, seria natural que a entidade de previdência majorasse espontaneamente o benefício do participante do plano; se isso não for feito, o lesado deverá ajuizar ação na Justiça Comum buscando a majoração do benefício. É possível, ainda, que o trabalhador peça indenização em face de seu ex-empregador, em função de prejuízos decorrentes da ausência de recolhimento de contribuição para a entidade de previdência fechada[98];

JUSTIÇA DO TRABALHO.PRECEDENTES. DECLÍNIO DA COMPETÊNCIA, DE OFÍCIO. APELO NOBRE PREJUDICADO. NEGADO PROVIMENTO.

(...) 2. Esta Corte de Justiça tem entendimento pacificado de que "a Justiça do Trabalho é competente para processar e julgar ação proposta contra o Banco do Brasil S.A. por ex-funcionário com a finalidade de cobrar a complementação de aposentadoria prevista na Portaria n. 966/47, relativamente a direito inerente ao primitivo contrato de trabalho" (AgRg no CC 130.534/DF, Rel. Ministro JOÃO OTÁVIO DE NORONHA, Segunda Seção, DJe de 25/10/2013).

3. Consoante se observa nos autos, o cerne da questão é a percepção de complementação de aposentadoria a ser paga diretamente pelo ex-empregador, não havendo nenhum pleito formulado contra entidade de previdência privada. Por conseguinte, a hipótese "é diversa da contemplada no precedente do eg. Supremo Tribunal Federal no julgamento do RE 586.453/SE, que concluiu pela competência da Justiça Comum para processar e julgar demandas de natureza previdenciária promovidas contra entidades de previdência complementar" (CC 141.146/RJ, Rel. Ministro RAUL ARAÚJO, Segunda Seção, DJe de 26/8/2016).

4. Agravo interno ao qual se nega provimento. (AgInt no AREsp 1298328/SP, Rel. Ministro LÁZARO GUIMARÃES (DESEMBARGADOR CONVOCADO DO TRF 5ª REGIÃO), QUARTA TURMA, julgado em 14/08/2018, DJe 22/08/2018).

97 RE 630957 AgR, Relator(a): Min. LUIZ FUX, Primeira Turma, julgado em 10/03/2015, ACÓRDÃO ELETRÔNICO DJe-058 DIVULG 24-03-2015 PUBLIC 25-03-2015.

98 "AGRAVO. AGRAVO DE INSTRUMENTO EM RECURSO DE REVISTA. ACÓRDÃO PUBLICADO NA VIGÊNCIA DA LEI Nº 13.467/2017. COMPETÊNCIA DA JUSTIÇA DO TRABALHO. NÃO INCLUSÃO DA CTVA NO SALÁRIO DE CONTRIBUÇÃO DESTINADO À FUNCEF. AUSÊNCIA DE TRANSCENDÊNCIA. Extrai-se do v. acórdão regional que, na hipótese, o reclamante postula a condenação da reclamada em indenização face o ilícito da não inclusão do Complemento Temporário Variável de Ajuste de Mercado (CTVA) no saldamento do plano de previdência complementar. Verifica-se, portanto, que o caso trata de pretensão indenizatória, que decorre, exclusivamente, da relação jurídica existente entre o autor e a empregadora (CEF), que, no curso da relação contratual, deixou de integrar parcela salarial nas contribuições devidas à FUNCEF, gerando prejuízo ao trabalhador. Diante de tais premissas, vê-se que o leading case retratado no RE 586.453, que declarou a competência da Justiça comum para processar e julgar as demandas envolvendo complementação de aposentadoria, não se coaduna com a hipótese dos autos, uma vez que não há discussão em torno da responsabilidade da entidade de previdência privada em efetuar o pagamento da complementação de aposentadoria. Precedentes. Ademais, o Superior Tribunal de Justiça, ao julgar o Recurso especial repetitivo

– (iii) o pedido é de complementação de aposentadoria, mas o plano é mantido e os benefícios são pagos diretamente pelo empregador, não havendo o envolvimento de fundo de pensão na relação jurídica de direito material. Nessa hipótese, a competência será da Justiça do Trabalho.

7.17. Outras controvérsias decorrentes da relação de trabalho

O inciso IX, do art. 114, da CF[99], contém cláusula aberta, que permite ao legislador ordinário dilatar a competência da Justiça do Trabalho, desde que se trate de controvérsia decorrente da relação de trabalho. A amplitude do inciso I do mesmo dispositivo reduz, mas não aniquila a utilidade da previsão do inciso IX.

Isso porque, conforme já analisado, nem toda ação decorrente de relações de trabalho será de competência da Justiça do Trabalho, tais como relação de consumo, serviços prestados por pessoas jurídicas, aplicação de multas administrativas decorrentes da legislação do trabalho, crimes contra a organização do trabalho etc. Com base no inciso IX, lei ordinária poderia prever a competência do Judiciário Trabalhista para essas matérias.

7.18. Matéria criminal

A Constituição não prevê competência material da Justiça do Trabalho para julgamento de infrações penais, mesmo que hajam sido cometidas no contexto de uma relação de trabalho. Isso porque a EC 45/2004, ao ampliar a competência do Judiciário Trabalhista, não previu expressamente a competência criminal. Assim, como a redação anterior do art. 114 não abrangia esta espécie de competência, presume-se que o constituinte derivado pretendeu manter o estado de coisas então existente.

Nesse sentido decidiu o STF na ADI 3684 (Rel. Min. Gilmar Mendes, julgado em 11.05.2020), estabelecendo interpretação conforme ao disposto no art. 114, I, IV e IX, da Constituição da República, de modo a afastar a competência da Justiça do Trabalho para processar e julgar ações penais.

---

nº. 1.312.736 RS (Tema 995), publicado no DJe 16/08/2018, fixou tese reconhecendo a possibilidade de que eventuais prejuízos causados ao participante da entidade de previdência privada decorrentes de ato ilícito praticado pelo ex-empregador sejam reparados, mediante ação própria, a ser proposta nesta Especializada. Precedente. Nesse contexto, o e. TRT, ao concluir pela competência desta Justiça Especializada, decidiu em conformidade com jurisprudência desta Corte. Logo, estando a decisão regional em harmonia com a jurisprudência pacífica desta Corte, incide a Súmula nº 333 do TST como obstáculo à extraordinária intervenção deste Tribunal Superior no feito. A existência de obstáculo processual apto a inviabilizar o exame da matéria de fundo veiculada, como no caso, acaba por evidenciar, em última análise, a própria ausência de transcendência do recurso de revista, em qualquer das suas modalidades, conforme precedentes invocados na decisão agravada. Agravo não provido. PRESCRIÇÃO. CTVA. AUSÊNCIA DE TRANSCENDÊNCIA. A decisão regional está em conformidade com a jurisprudência desta Corte, que tem firme jurisprudência no sentido que é parcial a prescrição relativa ao pedido de inclusão da parcela "CTVA" no cálculo do salário de contribuição à previdência complementar da FUNCEF, por não se tratar de alteração contratual decorrente de ato único do empregador, mas de descumprimento do pactuado, lesão que se renova mês a mês. Precedentes. Incide a Súmula nº 333 do TST como obstáculo à extraordinária intervenção deste Tribunal Superior no feito. Agravo não provido" (Ag-RRAg-10391-03.2019.5.15.0035, 5ª Turma, Relator Ministro Breno Medeiros, DEJT 04/02/2022).

[99] Art. 114, IX, outras controvérsias decorrentes da relação de trabalho, na forma da lei.

Dessa forma, crimes relacionados à organização do trabalho (exemplo: redução à condição análoga à de escravo), contra a organização da Justiça do Trabalho (falso testemunho em processo do trabalhista), bem como os efeitos penais de infrações cometidas por uma das partes da relação de trabalho não serão apreciados pela Justiça do Trabalho.

De outro lado, se insere no feixe de competências do Judiciário Trabalhista a apreciação de efeitos não penais dos crimes cometidos no contexto da relação de trabalho. Por exemplo, no caso de uma empregada vítima de assédio sexual - crime previsto pelo art. 216-A do Código Penal –, a aplicação de pena criminal será feita pela Justiça Estadual, mas eventual deferimento de indenização por danos morais decorrentes dos fatos, bem como o reconhecimento da rescisão indireta do contrato de trabalho, competem à Justiça do Trabalho.

Ademais, veja-se que o Juiz do Trabalho, diante de crimes noticiados ou ocorridos por ocasião de processo trabalhista, deve dar ciência às autoridades competentes (Ministério Público Federal ou Estadual) para apuração e eventual ajuizamento de ação penal. Além disso, o magistrado trabalhista pode dar voz de prisão em flagrante no caso de crime cometido em audiência ou nas dependências da Vara do Trabalho, determinando o encaminhamento do infrator para a autoridade policial competente, com auxílio da Polícia Federal, caso necessário.

7.18.1. Lei Maria da Penha

A lei nº 11.340/2006 (Lei Maria da Penha) foi editada com o objetivo de instituir mecanismos aptos a coibirem a violência doméstica e familiar (física ou psicológica) contra as mulheres. Não há inconstitucionalidade em virtude de sua não aplicação para a tutela de homens, à luz do princípio da isonomia em sentido material, e da constatação histórica e sociológica de que a violência doméstica traz como vítimas as mulheres.

Em princípio, por se tratar de relação familiar, não há competência da Justiça do Trabalho, quer para aplicação das punições cabíveis (responsabilidade penal), quer para a responsabilização civil ou deferimento de medidas protetivas de urgência.

Contudo, inegavelmente a Lei Maria da Penha traz reflexos no âmbito trabalhista.

Entre eles, é possível cogitar da aplicação da Lei Maria da Penha no âmbito de relações de emprego doméstico. Deveras, o art. 5º, I, estatui que se considera violência doméstica aquela cometida no âmbito da unidade doméstica, compreendida como o espaço de convívio permanente de pessoas, com ou sem vínculo familiar. Como não se exige vínculo familiar, é possível que um ato de um empregador doméstico configure violência contra a mulher empregada, nos exatos termos da lei. "Além disso, cabe observar que há prioridade de tramitação, em qualquer juízo ou tribunal, nos procedimentos judiciais em que figure como parte a vítima de violência doméstica e familiar (CPC, art. 1048, na redação dada pela Lei 13.894/2019)".

Nessas situações, cabe reiterar que não competirá à Justiça do Trabalho a aplicação de punições criminais ou o deferimento de medidas protetivas, mas a Especializada julgará eventuais pedidos de indenização por danos morais e materiais decorrentes dos fatos. Destaque-se, inclusive, que a violência patrimonial, como a subtração e destruição de pertences e de documentos, também se insere no âmbito de proteção da lei (art. 7º, IV).

7.19. Dissídios coletivos

Além dos conflitos individuais de trabalho, envolvendo a relação entre prestador e tomador de serviços, a Justiça do Trabalho detém competência para julgamento dos conflitos coletivos de trabalho, que contrapõe uma coletividade de trabalhadores (representada pelo sindicato da categoria profissional) a uma empresa ou a um sindicato patronal.

O conflito coletivo típico envolve o capital e o trabalho: os empregados desejam receber mais e ter melhores condições de trabalho; ao passo que os empregadores almejam minimizar seus custos. Nessa espécie de conflito, a Justiça do Trabalho exerce função anômala, pois cria direito novo, em vez de aplicar direito já existente. A atividade assim desempenhada é formalmente jurisdicional, já que exercida por Tribunal, mas materialmente legislativa, já que cria normas jurídicas que se aplicarão abstratamente para toda uma categoria, em caráter geral.

Pode haver, ainda, conflito coletivo atinente à greve, ou à interpretação de instrumentos normativos (convenção, acordo coletivo de trabalho e sentença normativa) e legais específicos a determinada categoria profissional.

7.20. Políticas públicas em matéria de trabalho

A jurisprudência do Tribunal Superior do Trabalho tem considerado haver competência material da Justiça do Trabalho para processar e julgar ações civis públicas movidas em face de entes públicos, com o objetivo de promover políticas públicas relacionadas ao trabalho. Há julgado paradigmático em que se reconheceu a competência da Especializada para julgar causa que versava sobre implementação de políticas públicas para prevenção e erradicação do trabalho infantil, ou seja, o direito ao não trabalho; no mesmo precedente, entretanto, concluiu-se pela incompetência da Justiça do Trabalho quanto aos pedidos relativos à elaboração e implementação de políticas públicas para educação e profissionalização de crianças e adolescentes.[100]

[100] "Ação civil pública. Município. Implementação de políticas públicas para prevenção e erradicação do trabalho infantil. Omissão do administrador público. Competência material da Justiça do Trabalho. A Justiça do Trabalho é competente para apreciar e julgar ação civil pública objetivando que o município implemente políticas públicas constitucionalmente previstas para prevenir e erradicar o trabalho infantil. Prevaleceu o entendimento de que a competência inscrita no art. 114 da Constituição da República não se limita aos casos de relação de emprego existente, abrangendo, também, o exame de questões relativas ao direito subjetivo das crianças ao não trabalho, tutela ora pretendida pelo Ministério Público do Trabalho. Destacou-se, ainda, que as omissões inconstitucionais do administrador público inserem-se na função típica do Poder Judiciário, que poderá intervir na implantação de políticas públicas direcionadas à concretização de direitos fundamentais. Sob esses fundamentos, a SBDI-I, por unanimidade, conheceu dos embargos por divergência jurisprudencial e, no mérito, por maioria, deu-lhes parcial provimento para afastar a declaração de incompetência da Justiça do Trabalho apenas quanto aos pedidos relativos à elaboração e implementação de políticas públicas pelo Município de Campo Largo para combate e erradicação do trabalho infantil, mantida a declaração de incompetência quanto aos pedidos relativos à elaboração e implementação de políticas públicas para educação e profissionalização de crianças e adolescentes. Vencidos, totalmente, os Ministros Maria Cristina Irigoyen Peduzzi, relatora, Márcio Eurico Vitral Amaro, Walmir Oliveira da Costa, Alexandre Luiz Ramos e João Batista Brito Pereira, que negavam provimento aos embargos, e, parcialmente, o Ministro Lelio Bentes Corrêa, que dava total provimento ao recurso. TST-E-RR-44-64.2013.5.09.0009, SBDI-I, red. p/ acórdão Min. Alberto Luiz Bresciani de Fontan Pereira, 6/8/2020" (noticiado no informativo TST nº 222).

8. COMPETÊNCIA TERRITORIAL NA JUSTIÇA DO TRABALHO

8.1. Regra geral: art. 651, *caput*, da CLT. Reconhecimento de incompetência territorial *ex officio*

A competência territorial, na Justiça do Trabalho, firma-se, em princípio, em função do local da prestação de serviços, conforme decorre do *caput* do art. 651 da CLT.[101] Isto se explica, entre outras razões, porque se presume que nesse local serão mais facilmente colhidas as provas, e haverá trâmite mais rápido do processo, além de se propiciar maior facilidade tanto para o acesso à justiça pelo trabalhador, quanto para o exercício do direito de defesa pelo reclamado.

No caso de empregado que trabalhou em várias localidades ao longo do contrato de trabalho, por força de transferências, a competência será do último local de prestação de serviços, salvo se se tratar de transferência provisória, embora o tema seja controvertido na doutrina e na jurisprudência.

Perceba-se que a competência territorial será do foro da prestação de serviços mesmo que a reclamação trabalhista seja ajuizada pelo empregador, ou que o trabalhador haja sido contratado fora do Brasil.

A incompetência territorial deve ser arguida pelo réu no prazo de 5 dias a contar da notificação (CLT, art. 800, *caput*)[102], sob pena de preclusão, fenômeno que nesse caso ocasiona a modificação de competência, ou seja, o Juízo que originariamente incompetente passa a ser competente para apreciar a causa.

Perceba-se que se trata de critério de competência relativa por força de lei, sendo impertinente que norma administrativa editada pelo Poder Judiciário - ainda que com o objetivo de alcançar administração mais eficiente da justiça - estabeleça critérios territoriais supostamente com natureza absoluta, conforme já decidido acertadamente pelo TST.[103]

---

[101] Art. 651, A competência das Juntas de Conciliação e Julgamento é determinada pela localidade onde o empregado, reclamante ou reclamado, prestar serviços ao empregador, ainda que tenha sido contratado noutro local ou no estrangeiro.

[102] Art. 800. Apresentada exceção de incompetência territorial no prazo de cinco dias a contar da notificação, antes da audiência e em peça que sinalize a existência desta exceção, seguir-se-á o procedimento estabelecido neste artigo.

[103] Recurso ordinário em ação rescisória. Deferimento de corte rescisório em razão da não observância da competência estabelecida em norma administrativa editada pelo Poder Judiciário. Portaria de Tribunal Regional do Trabalho que define como funcional e absoluta a competência do juízo trabalhista. Impossibilidade. Prevalência da natureza estabelecida no art. 651 da CLT. Competência relativa e territorial.

O art. 651 da CLT estabelece que a competência para julgamento das reclamações trabalhistas é relativa e possui natureza territorial. Nesse contexto, sob pena de incorrer em violação dos arts. 48 e 22, I, da Constituição da República, considera-se impertinente norma administrativa, editada pelo Poder Judiciário, no exercício de sua função legislativa atípica, que fixa a competência como sendo funcional e absoluta. Por conseguinte, eventual inobservância da respectiva norma administrativa não autoriza o corte rescisório com supedâneo no inciso II do art. 966 do CPC de 2015, porquanto não se trata de incompetência absoluta. Sob esses fundamentos, a SBDI-II, por unanimidade, conheceu do recurso ordinário e, no mérito, deu-lhe provimento para julgar improcedente a ação rescisória. TST-RO-1001707-77.2018.5.02.0000, SBDI-II, rel. Min. Evandro Pereira Valadão Lopes, julgado em 28/2/2023.

Discussão nova surgiu com a edição da Lei 14.879/2024, que alterou os §§1º e 5º do art. 63 do Código de Processo Civil.[104] O dispositivo trata sobre eleição de foro. A eleição de foro pode ocorrer de duas formas: (i) por meio de contrato escrito que indique foro de eleição; (ii) mediante ajuizamento da ação judicial em foro que seria territorialmente incompetente, mas que foi escolhido pelo autor e em relação ao qual o réu não opôs arguição de incompetência tempestivamente.

Ainda que haja grande controvérsia quanto à aplicabilidade da cláusula de eleição foro no contrato de trabalho (situação "i", *supra*), fato é que o ajuizamento de ação em juízo territorialmente pode perfeitamente acontecer no âmbito da Justiça do Trabalho. Nessas hipóteses, será aplicável o novo §5º do art. 63 do CPC, segundo o qual ajuizamento de ação em juízo aleatório, entendido como aquele sem vinculação com o domicílio ou a residência das partes ou com o negócio jurídico discutido na demanda, constitui prática abusiva que justifica a declinação de competência de ofício.[105]

Depreende-se que a nova lei trouxe inovação significativa, superando parcialmente a Súmula 33 do STJ[106] e a ideia de que a incompetência territorial não poderia ser reconhecida de ofício pelo órgão julgador. A partir do novo §5º do art. 63 do CPC, nas hipóteses que a escolha do foro pelas partes (*rectius*: escolha pelo autor, e concordância expressa ou tácita pelo réu) for aleatória, ou seja, absolutamente desvinculada dos elementos da demanda, o órgão jurisdicional passa a ter a possibilidade de reconhecer *ex officio* a incompetência, determinando a remessa para o Juízo competente.

Ainda que se argumentasse que o novo dispositivo (art. 63, §5º) somente se refere aos casos de cláusula contratual de eleição de foro (com o que não concordamos, conforme exposto acima), o dispositivo deve ser considerado aplicável por analogia nas hipóteses de ajuizamento de ação judicial em foro aleatório. De fato, perceba-se que não há diferença substancial entre as situações: o foro aleatório, desvinculado dos elementos da causa, pode ser escolhido tanto de maneira expressa

---

104 Art. 63. As partes podem modificar a competência em razão do valor e do território, elegendo foro onde será proposta ação oriunda de direitos e obrigações.

§ 1º A eleição de foro somente produz efeito quando constar de instrumento escrito, aludir expressamente a determinado negócio jurídico e guardar pertinência com o domicílio ou a residência de uma das partes ou com o local da obrigação, ressalvada a pactuação consumerista, quando favorável ao consumidor. (Redação dada pela Lei nº 14.879, de 4 de junho de 2024)

§ 2º O foro contratual obriga os herdeiros e sucessores das partes.

§ 3º Antes da citação, a cláusula de eleição de foro, se abusiva, pode ser reputada ineficaz de ofício pelo juiz, que determinará a remessa dos autos ao juízo do foro de domicílio do réu.

§ 4º Citado, incumbe ao réu alegar a abusividade da cláusula de eleição de foro na contestação, sob pena de preclusão.

§ 5º O ajuizamento de ação em juízo aleatório, entendido como aquele sem vinculação com o domicílio ou a residência das partes ou com o negócio jurídico discutido na demanda, constitui prática abusiva que justifica a declinação de competência de ofício. (Incluído pela Lei nº 14.879, de 4 de junho de 2024)

105 No mesmo sentido, defendendo que o §5° se aplica a qualquer escolha de Juízo aleatório, realizada unilateral ou bilateralmente: AVELINO, Murilo Teixeira. *Modificações no art. 63 do CPC via Lei 14.879/24: 6 pontos de preocupação.* Publicado em 11 jun 2024. Disponível em: https://www.conjur.com.br/2024-jun-11/modificacoes-no-art-63-do-cpc-via-lei-14-879-24-6-pontos-de-preocupacao/ . Acesso em 4 out 2024.

106 **SÚMULA 33 -** A INCOMPETÊNCIA RELATIVA NÃO PODE SER DECLARADA DE OFÍCIO.

e contratual (mediante cláusula de eleição de foro), quanto de maneira tácita (pelo ajuizamento da ação em foro incompetente, sem arguição de incompetência pelo réu). O resultado prático seria o mesmo, o que justificaria a aplicação analógica do dispositivo legal: *ubi eadem ratio, ibi eadem dispositio* (onde houver a mesma razão, haverá o mesmo direito).

Assim, o art. 65 do CPC[107], segundo o qual se prorroga a competência relativa se o réu não alegar a incompetência em preliminar de contestação, deve passar a ser interpretado em harmonia com o novo art. 63, §5º. Daí decorrem duas possibilidades:

- (i) a ação é ajuizada em foro territorialmente incompetente, mas que guarda alguma vinculação com os elementos da causa. Por exemplo, o reclamante opta por ajuizar a reclamação trabalhista no foro de seu domicílio, em vez de fazê-lo no foro do local da prestação de serviços. Nessa hipótese, se o réu não arguir a incompetência territorial no prazo de 5 dias após citado (CLT, art. 800), a competência se prorrogará, por força do art. 65 do CPC. Perceba-se que, aqui, o foro é incompetente, mas não aleatório, o que afasta a aplicação do art. 63, §5º;
- (ii) a ação é ajuizada em foro aleatório, absolutamente desvinculado dos elementos da causa. Por exemplo, o reclamante reside e sempre trabalhou na cidade do Rio de Janeiro, onde também fica a sede da empresa, mas opta por ajuizar a reclamação trabalhista no foro de São João de Meriti (Baixada Fluminense). Nesse caso, ainda que o réu não argua a incompetência territorial, o juiz poderá reconhecê-la de ofício e determinar a remessa para distribuição a uma das Varas do Trabalho com jurisdição na cidade do Rio de Janeiro, por força do novo art. 63, §5º, do CPC.

8.2. Primeira regra especial: art. 651, § 3º, da CLT

O art. 651, § 3º, da CLT, estabelece regra especial, com o nítido propósito de facilitar o acesso à justiça pelo trabalhador, ao permitir que, caso a contratação tenha se dado num foro, mas a prestação de serviços em outro, o empregado tem a faculdade de escolher entre qualquer um dos dois locais para ajuizamento de sua reclamação trabalhista.

Trata-se de situação comum com empresas que arregimentam trabalhadores em local diferente da respectiva sede, por escassez de mão de obra no local. Mesmo que o empregador não tenha estabelecimento no local da contratação, o trabalhador poderá optar pelo ajuizamento neste foro.

Caso o trabalhador seja o demandado na situação do art. 651, § 3º, é possível que requeira, em preliminar de contestação, a remessa dos autos para o outro foro competente, pois o dispositivo assegura o direito de escolha apenas ao empregado, e não ao empregador. Aqui tem-se mais um exemplo de concretização do princípio da isonomia material (ou princípio da proteção) no processo do trabalho.

[107] Art. 65. Prorrogar-se-á a competência relativa se o réu não alegar a incompetência em preliminar de contestação.

8.3. Segunda regra especial: art. 651, § 1º, da CLT - agente ou viajante comercial

De acordo com o dispositivo em epígrafe, quando o trabalhador viajar a serviço, a competência será da Vara do Trabalho da localidade da agência ou filial à qual o trabalhador esteja subordinado.

Sucessivamente, caso não haja agência ou filial a que se subordine o empregado, a competência territorial será do foro do domicílio do reclamante, ou a localidade mais próxima.

Pode-se enquadrar no art. 651, § 1º, da CLT, por analogia, a situação dos rodoviários. Pense-se em motorista de linha de ônibus que percorra três municípios em seu trajeto. A competência territorial, neste caso, será do local da sede da empresa, ou da filial à qual o empregado esteja subordinado.

8.4. Terceira regra especial: art. 651, § 2º, da CLT - serviços prestados no estrangeiro

Conforme já visto no Capítulo III, item 4.5, o art. 651, § 2º, da CLT, ao prever a competência da Justiça do Trabalho para apreciar dissídios ocorridos em agência ou filial no estrangeiro, desde que o empregado seja brasileiro e não haja convenção internacional dispondo em contrário, amplia os limites da jurisdição nacional, com a finalidade de permitir que o trabalhador consiga acessar o Judiciário.

Perceba-se que, mais do que uma regra de competência, trata-se de regra de jurisdição, já que, se inexistisse esse dispositivo, o Poder Judiciário brasileiro não teria o poder de julgar a causa, por não haver o enquadramento nos arts. 21 a 23 do CPC.

Há controvérsia doutrinária a respeito do art. 651, § 2º.[108] Para uma vertente interpretativa, a Justiça do Trabalho brasileira somente poderia apreciar o litígio caso o empregador tenha sede, ou, no mínimo, filial ou agência no Brasil.[109]

Pode-se argumentar, nesse sentido, que, em não havendo representação da empresa no Brasil, seria praticamente inviável notificá-la para comparecer à audiência. Além disso, o princípio da territorialidade da jurisdição justifica interpretação mais restritiva do art. 651, § 2º, prestigiando a soberania dos Estados estrangeiros, conforme já elucidado no Capítulo III, item 4.4.

Há, entretanto, setores da doutrina que sustentam que, apesar dos obstáculos operacionais envolvendo ações ajuizadas em face de empresas que não tenham sede ou filial no Brasil, seria possível a notificação do empregador por carta rogatória.

Contudo, tratando-se de regra que excepciona o princípio da territorialidade da jurisdição, o art. 651, § 2º, deve ser interpretado estritamente. De fato, ao se referir a *agência ou filial no estrangeiro*, o dispositivo pressupõe que haja sede (ou até mesmo outra agência ou filial) no Brasil.

---

108 Art. 651, § 2º, A competência das Juntas de Conciliação e Julgamento, estabelecida neste artigo, estende-se aos dissídios ocorridos em agência ou filial no estrangeiro, desde que o empregado seja brasileiro e não haja convenção internacional dispondo em contrário.

109 ÍSIS DE ALMEIDA, v.1, p. 136.

Nessa hipótese, a reclamação trabalhista pode ser ajuizada no foro de domicílio do reclamante, ou no da sede da empresa, já que a CLT não disciplina expressamente o ponto.

8.5. Superação das regras de competência no caso de colisão dos princípios do acesso à justiça e do contraditório

Em que pese a dicção rígida do art. 651 da CLT, em determinadas situações deve ser feita a *filtragem constitucional* do dispositivo, interpretando-o conforme a Constituição da República. De fato, as regras celetistas de competência territorial dão margem à ponderação de dois princípios constitucionais: o acesso à justiça e o contraditório.

Deveras, em alguns casos, aplicar-se o rígido critério da CLT pode impedir, na prática, que o trabalhador ingresse com a ação, já que, em razão de sua hipossuficiência econômica, não teria condições de se deslocar de Estado para o ajuizamento, contratar advogado no foro da causa etc. Por outro lado, o ajuizamento em foro diverso do da prestação de serviços pode, em algumas hipóteses, dificultar sobremaneira o exercício da defesa pelo reclamado, ferindo-se o princípio do contraditório.

Tal conflito aparente entre princípios constitucionais deve ser resolvido à luz da máxima da proporcionalidade.

Suponha-se situação em que trabalhador que resida no Estado do Acre se mude para o Rio de Janeiro, onde vem a ser contratado por uma empresa de grande porte, que tem representação em todos os Estados da Federação. Após algum tempo, há a dispensa imotivada e o ex-empregado pretende ajuizar reclamação trabalhista, após ter retornado para seu Estado de origem.

Na hipótese em análise, um fator muito relevante na ponderação é que a reclamada é empresa de grande porte que tem representação judicial e legal em todos os Estados do Brasil, incluindo o Acre. Assim, conclui-se que não haveria empecilho ou obstáculo relevante para o exercício da defesa, pois não haveria acréscimo significativo de custos para a reclamada.

Em casos como esse, e supondo, ainda, a hipossuficiência econômica do trabalhador, a única forma de obter a concordância prática entre os dois direitos fundamentais envolvidos (acesso à justiça e contraditório) é admitindo o ajuizamento da ação no foro do domicílio do reclamante.

Exatamente nesse sentido decidiu o TST, ao admitir o ajuizamento da reclamação trabalhista no domicílio do reclamante quando a reclamada for empresa de grande porte e prestar serviços em âmbito nacional, firmando interpretação ampliativa do art. 651, *caput* e § 3º da CLT.[110]

Aproveitando o mesmo exemplo, caso o empregador fosse empresa de pequeno porte, estabelecida no Rio de Janeiro, não seria admissível o ajuizamento da ação

---

[110] CC – 54-74.2016.5.14.0006. SDI-2. Redator. Min. Luiz Philippe Vieira de Mello Filho. Rel. Alberto Bresciani de Fontan Pereira. DJ 11/11/2016.

no Acre, pois isso aniquilaria fatalmente o contraditório, dada a inviabilidade de comparecimento da empresa para se defender.

Há, ainda, precedentes da SDI-1 do TST relativizando as regras do art. 651 da CLT quando a escolha do foro do domicílio do reclamante não prejudicar o exercício de defesa pela reclamada, ainda que esta não tenha atuação em todo o território nacional.[111]

9. FORO DE ELEIÇÃO. NEGÓCIO JURÍDICO PROCESSUAL PARA MODIFICAÇÃO DO FORO COMPETENTE

A literatura processual costuma apontar a hipossuficiência do empregado como motivo suficiente para afastar a possibilidade de se instituir foro de eleição no processo do trabalho: ou seja, permitir que as partes escolham em qual foro (território) irão litigar. Argumenta-se no sentido de que as regras de competência territorial na Justiça do Trabalho seriam de ordem pública, inderrogáveis pela vontade das partes.[112]

Essa lição precisa ser compreendida com ressalvas. É certo que o estado de hipossuficiência do empregado faz com seja inadmissível estipular-se foro de eleição antes do início e durante a vigência do contrato de trabalho, suprimindo a possibilidade de o trabalhador litigar no foro da prestação de serviços (e nos demais previstos no art. 651 e parágrafos, da CLT), sob pena de dificultar-se sobremaneira o acesso ao Judiciário.

Contudo, nada impede que empregador e empregado ajustem no contrato de trabalho outro critério para ser aplicado em acréscimo aos previstos legalmente, de acordo com a conveniência exclusiva do trabalhador. Isso facilitaria o acesso à justiça, harmonizando-se com o princípio da isonomia (proteção).

---

111 Competência territorial. Término das atividades da filial da empresa na localidade da contratação e da prestação dos serviços. Reclamação trabalhista ajuizada no foro do domicílio da reclamante. Possibilidade. Garantia de acesso à justiça. Preservação do direito de defesa. É possível reconhecer a competência territorial do foro do domicílio da reclamante quando a atribuição da competência ao juízo do Trabalho da contratação ou da prestação dos serviços inviabilizar a garantia do exercício do direito de ação. As regras do art. 651 da CLT não devem ser interpretadas de forma literal, mas sistematicamente, de modo a concretizar os direitos e garantias fundamentais insculpidos na Constituição da República. Na hipótese, a autora foi contratada e prestou serviços em Altamira/PA, mas ajuizou a ação na cidade de Uberlândia/MG, local para onde se mudou após a dispensa. Além disso, a filial da empresa, na cidade de Altamira/PA, encerrou suas atividades, mantendo-as apenas na cidade do Rio de Janeiro/RJ. Assim, para a autora, o processamento do feito no município em que reside atualmente garante-lhe o acesso à justiça, sem causar prejuízo ao direito de defesa da ré, pois o deslocamento do Rio de Janeiro até Uberlândia é mais viável que até Altamira, principalmente porque suas atividades nesta cidade foram encerradas, pressuposto que legitimava a competência deste local. Sob esses fundamentos, a SBDI-I, por unanimidade, conheceu dos embargos interpostos pela reclamante, por divergência jurisprudencial, e, no mérito, por maioria, deu-lhes provimento para declarar a competência territorial de uma das Varas do Trabalho de Uberlândia/MG e determinar a remessa dos autos para essa localidade, a fim de que julgue os pedidos como entender de direito. Vencidos os Ministros Guilherme Augusto Caputo Bastos, Maria Cristina Irigoyen Peduzzi, Alberto Luiz Bresciani de Fontan Pereira e Márcio Eurico Vitral Amaro. TST-E-RR-11727-90.2015.5.03.0043, SBDI-I, rel. Min. Cláudio Mascarenhas Brandão, 18.10.2018.

112 Nesse sentido, BEZERRA LEITE, p. 287.

Além disso, ajuizada reclamação trabalhista pelo empregado, ou pelo empregador, o não oferecimento de exceção de incompetência faz com que se prorrogue a competência do juízo originariamente incompetente. Trata-se de espécie de negócio jurídico processual acerca da competência territorial, que pode resultar na superação do art. 651 da CLT.

A SDI-1 do TST registra importante precedente em que reconhecida a possibilidade de que as partes, no curso do processo, firmem negócio jurídico processual para fins de definição do foro territorialmente competente[113]. No caso, o reclamante concordou com o foro indicado pelo reclamado em exceção de incompetência. A confluência de vontade das partes realmente constitui negócio jurídico processual, sendo certo que, por não se tratar de questão de ordem pública (já que não se dispôs acerca de competência absoluta), a avença é perfeitamente lícita. Dessa forma, descabe ao Juízo que recebe os autos suscitar conflito de competência. Ressalve-se que, para que se viabilize tal espécie de negócio jurídico processual, é necessário que as partes manifestem a vontade antes da perpetuação de competência na Vara do Trabalho em que ajuizada originalmente a ação, o que ocorre com o decurso *in albis* do prazo para oferecimento de exceção de incompetência.

Sobre as modificações empreendidas pela Lei 14.879/2024, quanto ao foro de eleição, veja-se o tópico 8.1 deste capítulo.

10. COMPETÊNCIA FUNCIONAL DOS ÓRGÃOS DA JUSTIÇA DO TRABALHO

A competência funcional consiste na distribuição de atividades entre os diversos órgãos jurisdicionais que devam atuar no mesmo processo. Trata-se de critério de ordem pública, insuscetível de prorrogação ou de modificação pelas partes, já que tem em vista o melhor exercício da função jurisdicional.

[113] "Conflito negativo de competência. Reclamação trabalhista ajuizada no foro da prestação de serviços. Exceção de incompetência territorial. Indicação do foro de domicílio do autor e do réu. Anuência do reclamante. Modificação da competência relativa por convenção das partes. Possibilidade. Negócio jurídico processual atípico. O litígio entre as partes a propósito do foro competente para apreciação da causa constitui pressuposto necessário para que o Juízo declinado suscite o conflito de competência. No caso, a reclamação trabalhista foi proposta no foro da prestação dos serviços (Hortolândia/SP) e o reclamante, no bojo da exceção de incompetência territorial oposta pelo reclamado, concordou com a declinação do foro para uma das Varas do domicílio de ambos os litigantes (São Paulo/SP), em uma espécie de negócio jurídico processual superveniente e anômalo que encontra respaldo no art. 190 do CPC de 2015. O Juízo de Hortolândia, então, acolhendo a exceção de competência, determinou o envio dos autos a uma das Varas da capital paulista que, por sua vez, suscitou o conflito de competência. Todavia, havendo ajuste entre as partes, e sendo a competência territorial de natureza relativa e, portanto, prorrogável, não há espaço para a recusa do curso do feito no Juízo para o qual direcionada a causa, nem necessidade de analisar de ofício o acerto ou não da decisão declinatória proferida pelo Juízo suscitante, a quem compete instruir e julgar a reclamação trabalhista. Sob esses fundamentos, a SBDI-II, por unanimidade, admitiu o conflito negativo de competência e, por maioria, declarou competente a 12ª Vara do Trabalho de São Paulo/SP. Vencidos os Ministros Dezena da Silva, relator, Evandro Pereira Valadão e Renato de Lacerda Paiva". (TST-CC-7301-46.2018.5.00.0000, SBDI-II, rel. Min. Luiz José Dezena da Silva, red. p/ acórdão Min. Douglas Alencar Rodrigues, julgado em 17.12.2019).

A competência funcional pode ser horizontal - regendo a atuação de órgãos jurisdicionais que se encontrem no mesmo grau de jurisdição - ou vertical - que disciplina a divisão de funções entre órgãos que se encontrem em diferentes graus de jurisdição.

Essa distribuição de funções pode decorrer: (i) do grau de jurisdição; (ii) da fase do procedimento; (iii) do objeto do juízo.[114]

Quanto ao grau de jurisdição, a regra geral é que a competência funcional seja de órgão de primeiro grau (Varas do Trabalho). A competência dos Tribunais é matéria de direito estrito, ou seja, está prevista taxativamente na Constituição e nas leis, não cabendo ao intérprete criar competências, com a ressalva do reconhecimento das chamadas *competências implícitas* ou *poderes implícitos*, que decorrem necessariamente de competências explícitas. No âmbito trabalhista, o art. 113 da Constituição estabelece que a lei estabelecerá a competência dos órgãos da Justiça do Trabalho.

Como exemplos, veja-se que o art. 678, I, *a*, da CLT, define a competência dos Tribunais Regionais do Trabalho (órgãos de segundo grau) para o julgamento originário de dissídios coletivos; e o inciso II, *a*, a competência para o julgamento de recursos ordinários.

É possível, ainda, que a lei atribua a determinado órgão a competência para julgamento de questão específica em determinadas situações. Por exemplo, caso seja arguida, em TRT, a inconstitucionalidade de lei, a cláusula de reserva de plenário (CF, art. 97)[115] exige o julgamento pelo Pleno ou Órgão Especial respectivo. Nesse caso, a Turma que estiver apreciando o recurso ordinário, por exemplo, deverá remeter a questão da inconstitucionalidade para o órgão competente, que a apreciará, após o que o feito continuará sendo apreciado pela Turma de origem, que deverá julgar os pedidos com base na premissa firmada acerca da constitucionalidade ou inconstitucionalidade arguidas. Nesse tipo de situação, é o objeto do juízo (no exemplo dado, a inconstitucionalidade) que define a competência funcional.

A competência funcional também pode se associar às fases do procedimento, exigindo-se que dois ou mais órgãos jurisdicionais atuem em cada qual. Por exemplo, caso, na fase de execução trabalhista, os bens se encontrem situados em território distinto daquele abrangido pelo Juízo em que tramita o processo, os atos executivos deverão ser realizados pela Vara do Trabalho onde se encontrem os bens (CPC, art. 845, § 2º).[116] Esse critério dá origem às cartas precatórias, rogatórias e de ordem, a seguir analisadas.

Embora pouco mencionada pela literatura, há, ainda a possibilidade de competência funcional entre processos diferentes, conforme se verá no item 23, à frente.

[114] THEODORO JR., v. 1, p. 213.

[115] Art. 97, Somente pelo voto da maioria absoluta de seus membros ou dos membros do respectivo órgão especial poderão os tribunais declarar a inconstitucionalidade de lei ou ato normativo do poder público.

[116] Art. 845, § 2º - Se o executado não tiver bens no foro do processo, não sendo possível a realização da penhora nos termos do § 1º, a execução será feita por carta, penhorando-se, avaliando-se e alienando-se os bens no foro da situação.

10.1. Cartas precatórias, de ordem e rogatórias

Embora a jurisdição seja unitária, conforme já estudado, a vastidão do território nacional impõe o estabelecimento de limites geográficos à atuação dos magistrados. Sucede, entretanto, que, muitas vezes, é necessário praticar, no mesmo processo, atos processuais em regiões que extrapolam os limites da competência territorial do Juízo no qual tramita o processo.

Por exemplo, em processo que tramite em Belo Horizonte, pode surgir a necessidade de ouvir testemunha que resida em Porto Alegre, ou penhorar bem que se encontre nesta cidade. O juiz de Belo Horizonte não tem competência territorial para praticar atos processuais fora de sua região geográfica, e, por isso, precisa da colaboração do juiz competente da região em que deva ser praticado o ato.

Essa necessidade prática, associada à ideia de unidade da jurisdição, faz com que surja o dever de colaboração entre os órgãos jurisdicionais (CPC, art. 67).[117]

Quando a colaboração se dá entre juízes brasileiros que estejam no mesmo grau de jurisdição, mas com competências territoriais diferentes, o instrumento adequado é a carta precatória.

A colaboração pode ocorrer, também, entre órgãos jurisdicionais que se encontrem em diferentes graus de jurisdição. Por exemplo, caso haja necessidade de se realizar instrução processual numa ação rescisória (que é ação de competência originária de Tribunal), o relator poderá delegar a competência instrutória para o juiz de primeiro grau (CPC, art. 972)[118], o que será feito por meio de carta de ordem.

Por fim, pode haver a necessidade de execução de decisão brasileira no exterior, ou de decisão interlocutória estrangeira no Brasil. Nestes casos, o instrumento adequado é a carta rogatória, que é ato de cooperação jurisdicional entre diferentes países.[119]

A natureza jurídica das três espécies de carta é de ato jurídico em sentido estrito, pois há necessidade de manifestação da vontade judicial, mas todos os efeitos decorrem da lei.

Entre tais efeitos, destaca-se o fato de que, nas cartas precatórias, o juízo deprecado não pode recusar o cumprimento da providência solicitada, salvo se carta não estiver revestida dos requisitos legais; se faltar ao juiz deprecado competência em razão da matéria ou da hierarquia; ou se o juiz deprecado tiver dúvida acerca de sua autenticidade (CPC, art. 267, *caput*).

Outro efeito importante é o caráter itinerante das cartas. Apesar de o art. 267, parágrafo único, utilizar o verbo *poder*, indicando que seria mera faculdade do juiz, na verdade, o juiz deprecado, no caso de incompetência em razão da matéria ou da

---

[117] Art. 67 – Aos órgãos do Poder Judiciário, estadual ou federal, especializado ou comum, em todas as instâncias e graus de jurisdição, inclusive aos tribunais superiores, incumbe o dever de recíproca cooperação, por meio de seus magistrados e servidores.

[118] Art. 972 – Se os fatos alegados pelas partes dependerem de prova, o relator poderá delegar a competência ao órgão que proferiu a decisão rescindenda, fixando prazo de 1 (um) a 3 (três) meses para a devolução dos autos.

[119] Sobre as cartas rogatórias, homologação de sentença estrangeira e auxílio direto, ver Capítulo III, item 4.6.

hierarquia conforme o ato a ser praticado, deverá remeter a carta ao juiz ou ao tribunal competente. Esse regramento se harmoniza com o princípio da economia processual.

As cartas podem ser instrutórias (exemplo: oitiva de testemunhas); de comunicação (citação ou intimação de partes ou de terceiros); ou executórias.

Por fim, destaque-se que, apesar de as cartas precatórias estarem associadas aos limites de competência territorial dos órgãos jurisdicionais, trata-se de competência funcional, pois diz respeito às funções exercidas por diversos magistrados em diferentes territórios, no bojo do mesmo processo.[120]

De fato, a necessidade de expedição de cartas precatórias é relevante ao interesse da administração da justiça e à adequada prática dos atos processuais, estando alheias à esfera de disponibilidade das partes.

11. PREVENÇÃO. AÇÕES ACESSÓRIAS E CONSEQUENTES

Prevenção é a fixação da competência em órgão jurisdicional específico, quando houver, em tese, mais de um competente para apreciar a causa.

O registro ou a distribuição da petição inicial torna prevento o Juízo (CPC, art. 59). Assim, qualquer ação acessória (como os embargos de terceiro ou reconvenção, por exemplo) passa a ser de competência exclusiva do Juízo prevento. A prevenção também é importante na fixação de competência no caso de conexão e continência, conforme se verá adiante.

Ações acessórias são as que se vinculam e podem influenciar outro processo, considerado principal. Podem processar-se em autos apartados, como os embargos de terceiro, ou nos mesmos autos do processo principal, como nos casos de reconvenção e denunciação da lide. O art. 61 do CPC estabelece a competência do juízo da ação principal para processar e julgar a ação acessória.[121]

Destaque-se que o Código de Processo Civil vigente não estabelece, como regra geral, prevenção para ações consequentes, que são as derivadas de ação anterior já julgada[122]. Assim, não há vinculação da segunda causa ao juízo que julgou a primeira. É o que ocorre, por exemplo, com a ação revisional de pensão, que deve sujeitar-se à livre distribuição, não havendo prevenção do juízo que fixou originariamente os alimentos. A simples sucessão entre duas demandas que versem sobre a mesma relação jurídica não faz com que sejam consideradas acessórias; para fins de competência, "as causas oriundas de outras somente estão ligadas à causa de origem (...) quando esta última ainda não tiver sido julgada".[123]

[120] MARINONI. V.2. p. 61.

[121] Art. 61. A ação acessória será proposta no juízo competente para a ação principal.

[122] Cf. GRECO, *Instituições*, v.1, *cit.*, p. 187.

[123] Cf. THEODORO JÚNIOR, Humberto. *Curso*, v.1, *cit.* p. 244.Nesse sentido, STJ, REsp 24.045/RJ, Rel. Ministro CESAR ASFOR ROCHA, QUARTA TURMA, julgado em 10/11/1997, DJ 16/03/1998, p. 133.

Contudo, veja-se que, no caso específico de ação anulatória, o entendimento prevalecente na doutrina[124] e na jurisprudência (conforme se extrai da OJ 129 da SDI-2 do TST[125]) é de que sua tramitação deve dar-se no mesmo juízo em que praticado o ato supostamente eivado de vício. Considera-se, portanto, que a ação anulatória é espécie de ação acessória, o que, embora seja interessante do ponto de vista prático, é questionável do ponto de vista científico.

De fato, a ação anulatória somente poderia ser considerada acessória caso ainda estivesse em tramitação o processo principal; quando não tramitar paralela ou simultaneamente com a ação principal, mas sucessivamente a esta, a ação anulatória deveria ser considerada como espécie de ação sucessiva ou consequente, a qual deveria sujeitar-se à livre distribuição, na falta de regra específica prevendo a prevenção do juízo.

Embora a literatura processual não costume analisar o ponto, é importante destacar que a prevenção não se aplica apenas para órgãos de primeiro grau de jurisdição, mas também para Tribunais e até mesmo relatores. Os regimentos internos geralmente preveem a prevenção em diversas hipóteses.

Por exemplo, o Regimento Interno do TST prevê, no art. 99, parágrafo único, que processo já apreciado por uma das Turmas será distribuído ao mesmo Colegiado e ao mesmo Relator ou Redator do acórdão. Ou seja, ficam excluídos todos os demais colegiados e relatores em tese competentes, fixando-se a competência no órgão prevento.

Outra previsão importante referente à prevenção é o art. 286, II, do CPC, que prevê que a causa será distribuída por dependência (ao juízo prevento) quando, tendo sido extinto o processo sem resolução de mérito, for reiterado o pedido, ainda que em litisconsórcio com outros autores ou que sejam parcialmente alterados os réus da demanda.

O art. 286, II, do NCPC, foi editado com o propósito de impedir que a parte, ao constatar que a distribuição de sua ação recaiu em Juízo que possui entendimento diverso de sua tese, não desista da ação proposta ou tente manobras processuais a fim de que, com uma nova distribuição, pudesse direcionar o processo para um Juízo no qual teria mais chances de obter sucesso na sua pretensão.

De acordo com a doutrina e jurisprudência majoritárias, trata-se de hipótese de competência funcional absoluta ocorrendo entre processos diferentes, quando todos eles são ligados a uma mesma pretensão. Trata-se de dispositivo tendente a

---

[124] Por todos, MOREIRA, José Carlos Barbosa, Comentários, cit., p. 166, "in verbis": "Não se confundindo com a rescisória a ação de que trata o dispositivo sob exame, não se lhe aplicam as regras de competência pertinentes àquela. A ação anulatória de ato "judicial" pode ser proponível perante órgão de primeiro grau. Dado o vínculo de acessoriedade entre ela e a ação em cujo curso se praticou o ato impugnado, incide a regra do art. 108: será competente para a ação anulatória o mesmo juízo que esteja processando, ou tenha processado, a outra causa. Tal solução atende à *ratio legis* e afigura-se vantajosa do ponto de vista prático, já pela probabilidade de que o referido juízo se encontre em melhores condições para apreciar a matéria, já em atenção às repercussões que o processo da ação anulatória pode ter sobre o outro, no caso de pendência simultânea (...) e que decerto gerariam maiores complicações procedimentais, se cada qual corresse perante um órgão distinto".

[125] OJ 129. AÇÃO ANULATÓRIA. COMPETÊNCIA ORIGINÁRIA (DJ 04.05.2004). Em se tratando de ação anulatória, a competência originária se dá no mesmo juízo em que praticado o ato supostamente eivado de vício.

preservar o princípio constitucional do juiz natural (CF, art. 5º, LIII).[126] A SDI-2 do TST adotou recentemente tal posicionamento.[127]

Nessa ótica, por se tratar de competência absoluta, a questão poderia ser apreciada a qualquer tempo e em qualquer grau de jurisdição, a requerimento ou *ex officio*.

Contudo, cabe observar que a garantia do juiz natural é destinada a proteger as partes, que podem abrir mão dela. É por essa razão que alguns doutrinadores[128] admitem o fenômeno da intervenção litisconsorcial voluntária, que consiste no ingresso de novo autor no processo, como litisconsorte, para formular um pedido próprio contra o réu, aproveitando-se de uma demanda já proposta. Poderia ser interessante ao próprio réu defender-se das pretensões em único processo. Assim, desde que o réu concordasse com a intervenção posterior do litisconsorte, esta poderia ser admitida.

O mesmo raciocínio pode ser aplicado para as hipóteses em que o réu alegue intempestivamente, e sem qualquer justificativa para isso, a prevenção. Por exemplo, suscitar a questão após toda a instrução processual parece evidente manobra procrastinatória.

Ainda que não se entenda que a garantia do juiz natural é disponível pelas partes, é cediço que não existem direitos absolutos. Assim, a garantia do juiz natural deve ser ponderada com a da duração razoável do processo (CF, art. 5º, LXXVIII)[129], a qual deve prevalecer nesses casos de alegação intempestiva da prevenção. Pensar diferente equivaleria a admitir, por exemplo, que a coisa julgada fosse desconstituída após longos anos de tramitação processual, por meio de ação rescisória ajuizada pelo réu que não alegou, sem qualquer justificativa plausível, a prevenção de forma tempestiva.

---

[126] Art. 5º, LIII – ninguém será processado nem sentenciado senão pela autoridade competente.

[127] Ação rescisória. Art. 485, V, do CPC de 1973. Desrespeito à regra do art. 253, II, do CPC de 1973. Nulidade absoluta. Princípio do juiz natural. Violação do art. 5º, XXXVII e LIII, da CF. Configuração. O disposto no art. 253, II, do CPC de 1973 refere-se a regra de prevenção de competência funcional, de modo que o seu desrespeito enseja nulidade absoluta do processo, ante a necessidade de observância do princípio do juiz natural, consagrado no art. 5º, XXXVII e LIII, da CF. No caso, houve a extinção da primeira reclamação trabalhista, sem resolução do mérito, em virtude da ausência da reclamante na audiência inaugural. Apresentada nova reclamatória com partes, causa de pedir e pedidos idênticos, mas distribuída à Vara do Trabalho diversa da que extinguira o primeiro processo, o TRT da 17ª Região deixou de anular a sentença proferida na segunda ação ao fundamento de que se tratava de nulidade relativa e não houve prejuízo. Ajuizada a ação rescisória pelo reclamado, o Tribunal Regional julgou-a procedente por violação do art. 253, II, do CPC de 1973. Ao analisar o recurso ordinário interposto pela reclamante, a SBDI-II, por unanimidade, deu-lhe provimento para julgar improcedente a ação rescisória fundada em violação literal do art. 253, II, do CPC de 1973, tendo em vista o óbice da Súmula nº 83 do TST. Todavia, ante o efeito devolutivo do recurso ordinário em sua profundidade, que devolveu ao TST os fundamentos da inicial e da defesa no que tange ao capítulo impugnado (art. 485, V, do CPC de 1973), a Subseção, também à unanimidade, decidiu julgar procedente a ação rescisória por violação do art. 5º, XXXVII e LIII, da CF, para, em juízo rescindendo, desconstituir a sentença proferida na ação matriz e, em juízo rescisório, anular todos os atos decisórios nela praticados e determinar o envio dos autos à Vara do Trabalho que apreciou a primeira reclamação (juízo prevento). TST-RO-74- 70.2014.5.17.0000, SBDI-II, rel. Min. Maria Helena Mallmann, 12.3.2019 (informativo 192 do TST).

[128] Como Cândido Dinamarco e Leonardo Greco.

[129] Art. 5º, LXXVIII – a todos, no âmbito judicial e administrativo, são assegurados a razoável duração do processo e os meios que garantam a celeridade de sua tramitação.

Não obstante, registre-se que a solução aparentemente prevalecente na jurisprudência é em sentido contrário, com base no fato de se tratar de hipótese de competência absoluta.

12. MODIFICAÇÃO E PRORROGAÇÃO DE COMPETÊNCIA

A doutrina costuma tratar as expressões *modificação* e *prorrogação* de competência como sinônimas[130], talvez influenciada pelo texto de alguns dispositivos legais, que embaralham, muitas vezes, o uso dos termos.

De fato, a expressão *prorrogação de competência* nem sempre é utilizada corretamente pelo legislador.[131]

Na prorrogação de competência, o Juízo competente para uma causa passa a ser, só por esse fato, o único igualmente competente para outras causas incidentes (exemplo: reconvenção e denunciação da lide) ou consequentes (exemplo: revisão da estabilização da tutela antecipada – CPC, art. 304, § 4º)[132], vinculadas à primeira. Trata-se de regras de extensão da competência de um Juízo, previstas explícita ou implicitamente pelo ordenamento jurídico.

Perceba-se que, nem sempre, a prorrogação implica modificação de competência. Suponha-se uma reconvenção ajuizada pelo empregador, réu em uma reclamação trabalhista ajuizada no foro do Rio de Janeiro. Nessa hipótese, não há qualquer modificação da competência para a reconvenção, já que eventual ação autônoma do empregador também seria ajuizada na mesma cidade. Contudo, por se tratar de ação incidente à reclamação trabalhista, a competência se fixa no juízo prevento, que passa a ter competência prorrogada, com exclusão de todas as outras Varas do Trabalho do Rio de Janeiro.

Já na modificação de competência, um Juízo que era originariamente incompetente passa, necessariamente, a ser competente para apreciar a causa.

Os principais exemplos de causas de modificação de competência são o foro de eleição e a não arguição de incompetência relativa pelo réu.

O foro de eleição, conforme já visto[133], consiste na escolha do foro (território) no qual as partes vão litigar. Daí resulta a modificação do critério previsto legalmente.

Da mesma forma, modifica-se a competência relativa se o réu não alegar a incompetência em preliminar de contestação. Por exemplo, reclamação trabalhista ajuizada no Rio de Janeiro, quando o foro competente (local da prestação de serviços) seria a cidade de São João de Meriti. Se o reclamado não suscitar a incompetência relativa, o foro de São João de Meriti, que era incompetente, passa a ser o único competente para a demanda.

---

[130] Por exemplo, DIDIER, v.1, p. 225; COQUEIJO COSTA, p.34.

[131] GRECO, v.1, p. 183.

[132] Art. 304, § 4º – Qualquer das partes poderá requerer o desarquivamento dos autos em que foi concedida a medida, para instruir a petição inicial da ação a que se refere o § 2º, prevento o juízo em que a tutela antecipada foi concedida.

[133] Item 14 deste capítulo.

Daí se vê a impropriedade da redação do art. 65 do CPC[134], pois não se está diante de hipótese de prorrogação, mas sim de modificação da competência.

A competência absoluta (determinada em razão da matéria, da pessoa ou da função) não é suscetível de prorrogação, nem de modificação (CPC, art. 62)[135]; já a competência relativa (territorial ou em função do valor) pode ser modificada ou prorrogada (CPC, art. 63).[136]

12.1. Conexão

Conexão é fato jurídico processual *stricto sensu*, consistente na semelhança entre demandas, caracterizada pela identidade de pedido ou de causa de pedir.

O efeito mais marcante da conexão é a necessidade de reunião dos processos de ações conexas para decisão conjunta. Contudo, se um deles já houver sido sentenciado, não deverá ocorrer a reunião de feitos (CPC, art. 55, § 1º).

Isso se explica porque o objetivo da reunião de processos é evitar julgamentos conflitantes e prestigiar a economia e celeridade processuais. Se um dos processos conexos já foi julgado, sequer há como realizar-se julgamento conjunto e atingir tais objetivos.

Há grande controvérsia doutrinária a respeito de ser obrigatória, ou não, a reunião de processos conexos. Contrariamente, argumenta-se que os juízes das ações conexas devem ponderar sobre a conveniência da reunião, levando em consideração a economia processual e a possibilidade de serem proferidas decisões contraditórias.[137]

No entanto, veja-se que a interpretação literal do art. 55, § 1º, do CPC[138], indica a imperatividade da reunião, pois é dito que os processos *serão reunidos*, e não apenas que possam ser reunidos, ao livre critério do magistrado.

Na verdade, não há espaço para discricionariedade judicial. Sempre que a causa de pedir ou o pedido forem idênticos (ainda que parcialmente), haverá risco de decisões conflitantes, sendo imperiosa a reunião dos processos.

Como exemplo, figure-se a hipótese de uma ação de despejo movida pelo locador, tramitando simultaneamente com uma ação de consignação em pagamento ajuizada pelo locatário. A causa de pedir é parcialmente idêntica (o contrato de locação), e há nitidamente risco de decisões conflitantes. Logo, os processos conexos obrigatoriamente devem ser julgados em conjunto.

Não há regulamentação no Processo do Trabalho quanto aos institutos da conexão e continência, razão pela qual deve ser aplicado, integralmente, o regramento

[134] Art. 65, Prorrogar-se-á a competência relativa se o réu não alegar a incompetência em preliminar de contestação.

[135] Art. 62, A competência determinada em razão da matéria, da pessoa ou da função é inderrogável por convenção das partes.

[136] Art. 63, As partes podem modificar a competência em razão do valor e do território, elegendo foro onde será proposta ação oriunda de direitos e obrigações.

[137] GRECO, v.1, p. 181. No mesmo sentido é o posicionamento de Marinoni e Alexandre Câmara.

[138] Art. 55, § 1º, Os processos de ações conexas serão reunidos para decisão conjunta, salvo se um deles já houver sido sentenciado.

do CPC. De fato, embora alguns autores associem o art. 842 da CLT[139] ao fenômeno da conexão e da modificação de competência[140], na verdade esse dispositivo se refere à temática do litisconsórcio, admitindo a pluralidade de autores, quando houver identidade de matéria. Não há, no dispositivo, qualquer menção a uma suposta modificação de competência territorial. Aliás, ao referir-se a empregados da mesma *empresa ou estabelecimento*, o art. 842 pressupõe justamente que o foro competente seja o mesmo (local da prestação de serviços).

De acordo com o art. 54 do CPC, a competência relativa poderá modificar-se pela conexão ou pela continência. O dispositivo deve ser interpretado com cautela, porque nem sempre a conexão modificará a competência.

Por exemplo, suponha-se a existência de dois processos conexos tramitando na Vara do Trabalho de Angra dos Reis (única Vara da localidade). Evidentemente, os autos deverão ser reunidos para julgamento conjunto, mas não haverá qualquer modificação de competência, pois permanecerá sendo competente o único órgão que poderia sê-lo.

Em suma, a conexão pode ocasionar reunião de processos para julgamento conjunto, e pode modificar a competência jurisdicional, mas isso nem sempre ocorrerá, conforme demonstrado.

De outro lado, mesmo que não haja conexão, serão reunidos para julgamento conjunto os processos que possam gerar risco de prolação de decisões conflitantes ou contraditórias caso decididos separadamente (CPC, art. 55, § 3º).

12.2. Continência

De acordo com o art. 56 do CPC, há continência entre ações quando houver identidade quanto às partes e à causa de pedir, mas o pedido de uma, por ser mais amplo, abrange o das demais.

Depreende-se que a continência é uma modalidade qualificada de conexão, já que além da identidade de causa de pedir (o que caracteriza a conexão), as partes também são as mesmas, e o objeto de uma é mais amplo que o da outra ação.

Na continência, a solução de um dos pedidos está contida na solução de outro. Um exemplo, no âmbito trabalhista, seria o de empregado vítima de acidente de trabalho que tenha adquirido incapacidade laborativa definitiva. Suponha-se que este empregado ajuíze uma ação na qual postula pensão mensal até a data em que completar 70 anos; e outra, em que pede pensão vitalícia. Esta segunda abrange a primeira, pois, para saber se o reclamante tem direito a receber a pensão até o fim da vida, deve-se perquirir se o teria até os 70 anos.

Não se deve confundir continência com litispendência parcial. Para usar o mesmo exemplo, suponha-se que o mesmo trabalhador haja ajuizado duas ações: uma, postulando pensão mensal vitalícia e equiparação salarial; outra, postulando

---

139 Art. 842, Sendo várias as reclamações e havendo identidade de matéria, poderão ser acumuladas num só processo, se se tratar de empregados da mesma empresa ou estabelecimento.

140 SARAIVA E MANFREDINI, p. 122.

apenas pensão mensal vitalícia. Neste caso, não há continência, porque nenhum pedido abrange o outro. O que ocorre é litispendência quanto ao pedido de pensão vitalícia, que foi reproduzido identicamente nos dois processos.

Caso a ação continente (= aquela com o pedido mais amplo) seja proposta antes da contida, esta deverá ser extinta sem resolução de mérito; no caso contrário, as ações deverão ser reunidas para julgamento conjunto (CPC, art. 57).

13. CONFLITO DE COMPETÊNCIA

De acordo com o CPC, art. 66, *caput* e parágrafo único, há conflito de competência quando: (i) dois ou mais juízes se declaram competentes - conflito positivo; (ii) dois ou mais juízes se consideram incompetentes, atribuindo um ao outro a competência - conflito negativo; (iii) entre dois ou mais juízes surge controvérsia acerca da reunião ou separação de processos - hipótese geralmente associada ao conflito positivo. O juiz que não acolher a competência declinada deverá suscitar o conflito, salvo se a atribuir a outro juízo.

O conflito de competência pode ser suscitado por qualquer das partes, pelo Ministério Público ou pelo juiz. Não pode ser suscitado, entretanto, pela parte que arguiu incompetência relativa, em virtude da preclusão lógica (caso a alegação tivesse sido acolhida e o processo encaminhado ao juízo alegadamente competente), ou da preclusão consumativa (caso a arguição de incompetência tivesse sido rejeitada).

Trata-se de incidente processual que sempre tramitará em Tribunais, em função da necessidade de que o conflito seja solucionado por órgão superior, podendo ser deflagrado por petição das partes ou do Ministério Público, ou por ofício do juiz.

Ao decidir o conflito, o tribunal declarará qual o juízo competente, pronunciando-se também sobre a validade dos atos do juízo incompetente (CPC, art. 957).

O relator poderá, de ofício ou a requerimento de qualquer das partes, determinar, quando o conflito for positivo, o sobrestamento do processo e, nesse caso, bem como no de conflito negativo, designará um dos juízes para resolver, em caráter provisório, as medidas urgentes (CPC, art. 955, *caput*).

Os conflitos de competência: (i) entre Juízes do Trabalho da mesma Região são solucionados pelo TRT respectivo; (ii) entre Juízes do Trabalho de diferentes Regiões, entre Juízes do Trabalho e TRT's, bem como entre diferentes Tribunais Regionais do Trabalho, são apreciados pelo Tribunal Superior do Trabalho; (iii) entre Juiz do Trabalho e Juiz de Direito, pelo Superior Tribunal de Justiça; (iv) entre o TST e qualquer órgão jurisdicional, pelo STF.

Ressalte-se que não pode configurar-se conflito de competência entre Tribunal Regional do Trabalho e juiz a ele vinculado; nem entre TRT e TST, considerando o escalonamento hierárquico dos órgãos jurisdicionais.

14. RECURSO CONTRA DECISÃO SOBRE COMPETÊNCIA

Conforme já estudado[141], o reconhecimento da incompetência deve ocasionar, em princípio, a remessa dos autos para o Juízo competente. Logo, a decisão que reconheça ou que rejeite a arguição de incompetência será interlocutória, não cabendo, como regra geral, recurso de imediato, à luz da irrecorribilidade imediata das decisões interlocutórias no processo do trabalho (CLT, art. 893, § 1º).

No entanto, consoante Súmula 214, *c*, do TST, é passível de recurso imediato decisão que acolha arguição de incompetência territorial, com a remessa dos autos para Tribunal Regional distinto daquele a que se vincula o juízo excepcionado. Nessa hipótese, será cabível recurso ordinário para o TRT ao qual vinculado o Juízo que apreciou a arguição de incompetência.

Além disso, veja-se que a jurisprudência vem admitindo a impetração de mandado de segurança contra decisão que acolha exceção incompetência e determine a remessa dos autos para Vara do Trabalho situada em outra localidade, mas no âmbito do mesmo TRT, considerando-se a existência de prejuízo manifesto e a inexistência de recurso imediato à disposição do interessado.[142]

Além disso, em caso de pluralidade de pedidos, e de incompetência da Justiça do Trabalho para apenas um, ou alguns deles, será cabível a rediscussão do tema em sede de recurso ordinário interposto contra a sentença final.

No Processo Civil, não há previsão legal expressa sobre o cabimento de recurso contra a decisão atinente à competência. Há setores da doutrina propugnando a interpretação extensiva do art. 1015, III, do CPC, que trata da decisão que rejeita alegação de convenção de arbitragem.[143] O raciocínio é pertinente sobretudo em hipóteses similares às da Súmula 214, *c*, do TST.

---

141 Item 5 deste capítulo.

142 Mandado de segurança. Excepcional cabimento. Ato coator que acolheu exceção de incompetência territorial e determinou a remessa dos autos a uma das Varas do local da prestação de serviços. Empresa com atuação na cidade em que proposta a reclamatória. Ausência de óbice ao exercício da ampla defesa e do contraditório. Empregado impossibilitado de se locomover até o local da prestação de serviços. Ordem concedida para manter o foro do domicílio do reclamante.

A decisão de acolhimento de exceção de incompetência territorial, com determinação de remessa do feito a Vara do Trabalho integrante da jurisdição do mesmo TRT a que vinculado o Juízo excepcionado, detém natureza jurídica interlocutória e não enseja a interposição de recurso imediato. Todavia, ante a aptidão para gerar danos manifestos, admite-se, de forma excepcional, o ajuizamento de mandado de segurança, afastando-se a incidência da Orientação Jurisprudencial nº 92 da SBDI-II. De outra sorte, na hipótese em que a empresa reclamada atua em local situado na mesma região geográfica da residência do empregado, é possível o ajuizamento da ação no foro do domicílio do reclamante, e não no local da contratação e prestação de serviços, pois não há óbice ao exercício da ampla defesa e do contraditório. No caso concreto, o reclamante prestou serviços na cidade de Valença/BA, mas ajuizou a reclamatória em Salvador/BA, local de seu domicílio. Tal circunstância não causou qualquer prejuízo à reclamada, pois se trata de empresa baiana, sediada em Salvador/BA, com filiais em outras cidades do Estado e em outras unidades da federação. Ademais, o empregado, por meio de relatório médico, comprovou sua impossibilidade de deslocamento até o município em que os serviços foram prestados, o que reforça a desnecessidade de retificação do foro eleito, sob pena de ofensa ao art. 5º, XXXV, da CF. Sob esses fundamentos, a SBDI-II, por unanimidade, conheceu do recurso ordinário e, no mérito, deu-lhe provimento para, concedendo a segurança pleiteada, cassar a decisão que acolhera a exceção de incompetência territorial para ordenar a remessa dos autos a uma das Varas do Trabalho de Valença/BA, e determinar o prosseguimento do feito perante o Juízo da 21ª Vara do Trabalho de Salvador/BA, domicílio do reclamante. TST-RO-679-10.2018.5.05.0000, SBDI-II, rel. Min. Douglas Alencar Rodrigues, 24.9.2019. (Noticiado no informativo 204 do TST).

143 DIDIER, v.1, p. 238.

V

PROCESSO E PROCEDIMENTO

Sumário: 1. Processo. Conceito e natureza jurídica – 2. Relação jurídica processual e relação jurídica material: direitos, deveres, poderes e ônus. Inexistência de discricionariedade judicial – 3. Processo e procedimento. Autos e atos do processo – 4. Pressupostos processuais: 4.1. Noções gerais. Pressupostos de existência e pressupostos de validade; 4.2. Classificação dos pressupostos processuais de validade – 5. Pontos e questões. Questões principais X incidentais. Questões preliminares e questões prejudiciais. Conceito de cognição judicial – 6. Objeto do processo. Mérito da causa – 7. Tipos de processo: conhecimento e execução. Processos sincréticos. Cognição exauriente e cognição sumária.

1. PROCESSO. CONCEITO E NATUREZA JURÍDICA

Processo é o método utilizado pelo Judiciário para criar a norma jurídica individual que regerá o caso concreto, ou, em outras palavras, para exercer a jurisdição. Trata-se de instrumento técnico que tem uma finalidade ética: compor com justiça os conflitos de interesses que sejam submetidos ao Estado-Juiz.

Perceba-se que esse conceito se refere ao processo judicial, mas pode ser aplicado, com adaptações, para outras espécies de processos. Por exemplo, o processo legislativo é método usado para criar normas genéricas e abstratas; o processo administrativo é utilizado para exercer a função administrativa etc.

É assente em doutrina que o processo é uma relação jurídica complexa, sendo essa sua natureza jurídica. Diz-se complexa porque envolve, em seu bojo, uma série de relações jurídicas menores, que, juntas, compõem o todo. Há a relação do autor com o juiz, do réu com o juiz, da testemunha com a parte, da testemunha com o juiz e assim segue. O conjunto dessas relações jurídicas forma uma relação jurídica maior, que é o processo.

2. RELAÇÃO JURÍDICA PROCESSUAL E RELAÇÃO JURÍDICA MATERIAL: DIREITOS, DEVERES, PODERES E ÔNUS. INEXISTÊNCIA DE DISCRICIONARIEDADE JUDICIAL

A relação jurídica processual - o processo - não se confunde com a relação jurídica material que lhe é subjacente. Daí dizer-se que o processo é autônomo em relação ao direito material.

Costuma-se chamar a relação jurídica material, quando processualizada, de *res in judicium deducta*, que consiste justamente no conjunto de questões levadas para julgamento por meio do processo.

Importante perceber que, assim como há direitos e deveres no plano material, também o há no âmbito da relação processual, sendo inconfundíveis as duas esferas.

Assim, por exemplo, o autor tem o direito de ação, mesmo que não seja o efetivo titular do direito material alegado; o réu tem o direito de defesa, de produzir provas e de exercer o contraditório substancial; a testemunha tem o direito de ser tratada com urbanidade etc.

Ao mesmo tempo, todos os sujeitos do processo têm deveres processuais: de não litigar de má-fé, de cooperar na busca de uma solução de mérito em tempo razoável; de cumprir as determinações judiciais etc. O descumprimento de deveres processuais configura ato ilícito, que pode gerar a responsabilização civil e processual.

Muito relevante no processo é o conceito de ônus processual, que consiste na necessidade de praticar determinado ato para atender a interesse próprio. Não se pode confundir ônus com dever, pois este configura exigência de conduta de uma pessoa, com o objetivo de atender interesse alheio.

Diz-se, por exemplo, que as partes têm, em algumas situações, o ônus da prova. É ônus porque, caso a conduta (prova) não seja praticada, é o próprio interessado que se prejudica. A parte não é obrigada a produzir prova, mas, se não o fizer, sofrerá, provavelmente, consequências negativas, como um julgamento desfavorável, o qual não configura sanção.

Ao contrário, o sujeito processual não tem a possibilidade de escolher, ou não, cumprir um dever. Se o dever processual não for cumprido, o sujeito responsável deve sofrer uma sanção. Exemplificando, a parte tem o dever de não opor embargos de declaração meramente protelatórios; se o fizer, será condenada ao pagamento de multa de até 2% do valor atualizado da causa (CPC, art. 1026, § 2º).[1] O interesse protegido aqui é a economia e lealdade processuais, além da duração razoável do processo; vale dizer, o dever de não opor embargos protelatórios é exigência que atende aos interesses do adversário do embargante, do Judiciário e da sociedade como um todo.

[1] Art. 1026, § 2º, Quando manifestamente protelatórios os embargos de declaração, o juiz ou o tribunal, em decisão fundamentada, condenará o embargante a pagar ao embargado multa não excedente a dois por cento sobre o valor atualizado da causa.

O órgão jurisdicional não tem direitos, nem ônus no processo, mas apenas poderes-deveres. De fato, até mesmo em função da necessidade de imparcialidade e independência, o julgador não tem nenhum interesse próprio a ser atendido no âmbito da relação jurídica processual, não cabendo falar, portanto, em ônus.

Pelos mesmos motivos, não é pertinente a atribuição de direitos ao órgão julgador no curso do processo. Na verdade, há, sim, uma série de prerrogativas exercitáveis pelo magistrado, que não tem a opção de exercê-las, ou não, a seu livre critério.

Embora seja um tema controvertido na filosofia do direito, não há espaço para a discricionariedade judicial, ou seja, para a realização de juízos de conveniência e oportunidade quanto ao exercício dos poderes inerentes à jurisdição. O juiz tem o dever de exercer seu poder, buscando sempre a única solução possível para o caso concreto, à luz do ordenamento jurídico.

Todos os poderes do órgão jurisdicional são, a um só tempo, também deveres, e vice-versa; daí ser possível falar em poderes-deveres.

Sem dúvida, o alargamento do campo de incidência dos princípios, bem como o uso de conceitos jurídicos indeterminados e cláusulas gerais pelo legislador, amplia a margem de atuação do Judiciário, que de certa forma, passa a construir, em alguns casos, a norma jurídica que regerá o caso concreto. Contudo, o construtivismo judicial deve se pautar por critérios lógicos e racionais que permitam chegar à única e melhor solução possível para o caso apreciado.

O juiz não é democraticamente eleito e, portanto, não pode criar normas jurídicas pautado em concepções pessoais ideológicas ou filosóficas. Todo o processo de interpretação e aplicação do direito deve ser feito de forma científica, sem espaços para discricionariedade, a qual acaba se confundindo, na maioria das vezes, com decisionismos e arbitrariedades.

Essa observação é importantíssima no Processo do Trabalho, já que, na praxe forense, não é incomum ver posicionamentos baseados muito mais em concepções pessoais e ideológicas, do que em fundamentação racional e científica, à luz do ordenamento jurídico.

3. PROCESSO E PROCEDIMENTO. AUTOS E ATOS DO PROCESSO

O processo se manifesta, no mundo fenomênico, por meio da prática de diversos atos jurídicos (em sentido amplo). O encadeamento desses atos, bem como os requisitos exigidos para a prática de cada qual, consubstanciam o procedimento.

Depreende-se que processo e procedimento não se confundem: este é a manifestação dinâmica, concreta, sensível daquele. O procedimento é exteriorização do processo na realidade material, a partir da confluência e concatenação de diversas manifestações de vontade humanas (atos processuais) realizadas em seu bojo.

Note-se que existe: (i) o procedimento previsto abstratamente pelo legislador, também denominado de rito processual, que atua no campo do dever ser; (ii) e o procedimento *in concreto*, consistente no conjunto de atos processuais praticados sequencialmente em processo específico – portanto, no campo do ser.

No Processo do Trabalho, há os ritos ordinário, sumário e sumaríssimo, que serão objeto de estudo oportunamente. Trata-se de modelos procedimentais estabelecidos pelo legislador, prevendo a ordenação da sequência de atos e os mecanismos utilizados em cada situação típica. Há, ainda, procedimentos especiais, que apresentam diferenciações para mais bem atender ao direito material tutelado (exemplos: ação monitória, mandado de segurança etc.).

No entanto, pode acontecer de surgir a necessidade de alterar, na situação concreta, o procedimento previsto pelo legislador, à luz do princípio do devido processo legal e da adequação.[2] Contudo, alterações casuísticas do procedimento legal devem ser excepcionais e racionalmente justificadas, pois detêm o potencial de gerar insegurança jurídica e decisionismos judiciais.

Em algumas situações, o próprio legislador autoriza a modificação do procedimento legal, como na possibilidade de inversão da ordem dos depoimentos testemunhais (CPC, art. 456, parágrafo único).[3]

Se o procedimento legal não for observado no caso concreto, diz-se que o juízo incorreu em *error in procedendo* (erro de procedimento), o que pode autorizar, em algumas hipóteses, a declaração de nulidade de atos processuais viciados.

Por fim, os atos processuais que conformam o processo são documentados. O suporte físico dessa documentação (pode ser papel, podem ser *bytes* em arquivo eletrônico) constitui os autos do processo. Os autos têm existência material, palpável, podem ser tocados; o processo, não.

4. PRESSUPOSTOS PROCESSUAIS

4.1. Noções gerais. Pressupostos de existência e pressupostos de validade

O processo, como toda e qualquer relação jurídica, só ganha existência se se fizerem presentes determinados elementos.

Qualquer relação jurídica configura um vínculo intersubjetivo[4], só podendo existir se houver dois ou mais sujeitos envolvidos. O vínculo deve ter um objeto, algo sobre o que recaia, que pode ser um bem material ou imaterial – o que inclui condutas humanas. Além disso, é pressuposto lógico que a relação jurídica se manifeste de alguma maneira no mundo fenomênico (ainda que tacitamente), o que consubstancia a forma.

Essas noções podem ser especificadas no âmbito processual: para que exista um processo (= relação jurídica processual) há necessidade da presença de dois ou mais sujeitos, sendo que um deles necessariamente deve ser um órgão investido de jurisdição, segundo a Constituição e as leis; deve haver um objeto, que é o pedido,

---

2 Capítulo II, item 2.

3 Art. 456, parágrafo único, O juiz poderá alterar a ordem estabelecida no caput se as partes concordarem.

4 Capítulo I, item 2.

a pretensão processual almejada pelo autor e eventualmente pelo réu; e a manifestação de vontade do interessado, a forma, que é a ação exercida, consubstanciada em uma petição inicial.

Pode-se dizer, então, que são pressupostos processuais de existência: (i) partes; (ii) órgão jurisdicional no exercício da função; (iii) pedido, veiculado por meio da ação.

Se um grupo de estudantes se reúne para fazer uma audiência simulada, um deles representando o papel do juiz, é evidente que não há relação jurídica processual, pois falta um dos pressupostos de existência: órgão investido de jurisdição. Mesmo que a pessoa que interprete o papel de juiz, numa audiência simulada, seja efetivamente juiz, não haverá processo, pois o magistrado não estará atuando no exercício da função jurisdicional - poderá estar representando o papel como professor, por exemplo. De outro lado, mesmo que o Juízo seja absolutamente incompetente (Juiz do Trabalho julgando pedido de divórcio, por exemplo), o processo será existente, pois estar-se-á diante de órgão investido pelo poder-dever de julgar.

Não basta, entretanto, que o processo exista. Além de existir, a relação jurídica processual precisa ser válida, ou seja, estar em conformidade com o ordenamento jurídico. Se a relação processual for inválida, sua nulidade não permitirá que se aprecie o pedido formulado pelo interessado, que é justamente a razão de ser do processo.

Daí se fala em pressupostos processuais de validade, que são requisitos estabelecidos legalmente com o objetivo de assegurar as garantias mínimas inerentes a um processo justo. Trata-se de adjetivações ou qualidades dos pressupostos de existência.

4.2. Classificação dos pressupostos processuais de validade

Os pressupostos de validade do processo dizem-se subjetivos, quando atinentes aos sujeitos da relação jurídica processual (partes e juiz); e objetivos, quando relacionados ao pedido ou à forma.

Os pressupostos processuais subjetivos são: capacidade (de ser parte, processual e postulatória) das partes; imparcialidade e competência do juiz.

Os pressupostos processuais objetivos podem ser negativos (também chamados de extrínsecos, pois são externos à relação processual) ou positivos (também denominados de intrínsecos, já que internos à relação processual).

Os pressupostos objetivos negativos correspondem à inexistência de fatos impeditivos à apreciação do pedido, tais como a litispendência, a coisa julgada, o compromisso arbitral e a imunidade de jurisdição.

Já os pressupostos objetivos positivos dizem respeito à regularidade de cada um dos atos do procedimento em juízo - aspecto formal, portanto-, como a aptidão da petição inicial (inexistência de inépcia), o comum acordo para o dissídio coletivo de natureza econômica etc.

Os pressupostos processuais de validade serão estudados detalhadamente no decorrer desta obra.

5. PONTOS E QUESTÕES. QUESTÕES PRINCIPAIS X INCIDENTAIS. QUESTÕES PRELIMINARES E QUESTÕES PREJUDICIAIS. CONCEITO DE COGNIÇÃO JUDICIAL

No processo, as partes fazem afirmações quanto a aspectos de fato e de direito pertinentes à causa. Tais afirmações são pontos.

Tradicionalmente, a doutrina afirma que, se um ponto é contrariado *pelo antagonista de quem a formulou, surge a questão, que é, portanto, o ponto controverso.*[5] Contudo, o conceito de questão pode ser entendido de forma mais ampla, de forma que abranja não apenas pontos controversos, mas o próprio tema que deva ser objeto de decisão judicial.[6]

Esse conceito é melhor, pois abarca situações em que não há pontos controvertidos, como na revelia, muito embora a decisão judicial precise analisar determinados aspectos (como a verossimilhança da jornada de trabalho alegada na petição inicial e a existência de pressupostos processuais) para chegar à conclusão sobre a procedência, ou não, do pedido.

As questões se dizem principais quando devam ser objeto de decisão do órgão judicial, vale dizer, quando correspondem a um pedido. Por exemplo: o pedido formulado na inicial de condenação do reclamado ao pagamento de aviso prévio; o pedido formulado no recurso de anulação da decisão judicial por *error in procedendo.*

Ao contrário, as questões são incidentais quando são postas não para decisão, mas apenas como fundamento para que se julgue uma outra questão que deva ser decidida. Para saber se o aviso prévio é devido, o julgador deverá apreciar incidentalmente se a dispensa foi imotivada ou por rescisão indireta; para definir se a sentença deve ser anulada, o Tribunal terá que verificar se o depoimento da testemunha cuja oitiva foi indeferida era relevante para o deslinde da causa. Perceba-se que não há pedido de *declaração de dispensa imotivada* ou de *declaração de necessidade do depoimento da testemunha*, mas essas são questões que devem ser analisadas para que se julgue a questão principal.

Sob outro ângulo, as questões podem ser classificadas em prioritárias (= prévias ou subordinantes) e subordinadas. Dizem-se prioritárias as que têm precedência lógica em relação à (s) outra (s) - trata-se justamente das questões preliminares e prejudiciais; e subordinadas as que pressupõem, logicamente, a análise anterior da prioritária.

Questão preliminar é um ponto cuja apreciação permite concluir pela possibilidade, ou impossibilidade, de analisar outra questão (a subordinada). Exemplos: ação movida na Justiça do Trabalho, na qual o réu suscita a incompetência da Especializada para a causa. A competência, nesta hipótese, é ponto controvertido de direito, e, apenas após a respectiva apreciação se saberá se é possível, ou não, analisar-se o pedido formulado.

5 ARAGÃO, Egas Dirceu Moniz de. *Sentença e Coisa julgada*. Rio de Janeiro: Aide, 1992, p. 254.

6 BARBOSA MOREIRA. *Temas de Direito Processual Civil*, 2ª série. 2ª ed. São Paulo: Saraiva, 1988, p. 243.

Questão prejudicial é um ponto cuja apreciação influi no resultado do julgamento de outra questão (a subordinada). Exemplo: pedido de reconhecimento de vínculo de emprego e de condenação ao pagamento de adicional de insalubridade. Se o vínculo for negado (questão prejudicial), o adicional também será julgado improcedente (questão subordinada), porque o vínculo é pressuposto lógico para que seja devido o adicional.

Importante perceber que, se o julgamento da questão prejudicial for desfavorável ao demandante, necessariamente haverá julgamento de improcedência da questão subordinada. No caso contrário, de julgamento favorável quanto à questão prejudicial, a questão subordinada poderá ser objeto de julgamento de procedência ou improcedência. De todo modo, haverá julgamento de mérito da questão subordinada, ao contrário do que ocorre com a questão preliminar desfavorável ao autor, situação em que a questão subordinada sequer será apreciada.

A atividade de análise e valoração fático-jurídica de todos os pontos e questões suscitadas no processo consiste na cognição judicial.

6. OBJETO DO PROCESSO. MÉRITO DA CAUSA

O objeto do processo é o conjunto de questões submetidas à cognição judicial. Tudo aquilo que deva ser apreciado pelo órgão jurisdicional, ainda que se relacione apenas indiretamente com o pedido, constitui objeto do processo. Exemplificando: a valoração de depoimentos de testemunhas; a apreciação do requerimento de gratuidade de justiça; a decisão atinente aos pressupostos processuais, entre outros exemplos, não consistem no julgamento do pedido em si, mas são questões apreciadas pelo Judiciário, compondo o objeto do processo.

Já a noção de objeto litigioso do processo é um conjunto menor, abrangendo apenas a questão principal - ou seja, o pedido delimitado pela causa de pedir (pretensão processual) -, bem como eventual contradireito exercido pelo réu.

O réu, quando se defende negando o direito do autor, ou aduzindo-lhe fatos impeditivos, modificativos ou extintivos, não amplia o objeto litigioso do processo, que continua sendo a pretensão processual manifestada pelo autor. Mesmo que se reconheça um fato impeditivo ou modificativo, o resultado será o julgamento de improcedência do pedido do autor.

No entanto, o réu pode ampliar o objeto litigioso por meio de reconvenção; e também quando exerce contradireito em face do autor. Contradireitos são direitos materiais que somente podem ser alegados como matéria de defesa, tal como a compensação.

Perceba-se que a alegação de compensação introduz, no processo, discussão atinente a direito material distinto do alegado pelo autor. Trata-se um direito do réu (pretensão processual), em face do autor, que pode neutralizar a pretensão deste.

Objeto litigioso é sinônimo de mérito do processo, que se pode conceituar, portanto, como sendo a pretensão processual das partes.

7. TIPOS DE PROCESSO: CONHECIMENTO E EXECUÇÃO. PROCESSOS SINCRÉTICOS. COGNIÇÃO EXAURIENTE E COGNIÇÃO SUMÁRIA

O processo pode ser de conhecimento ou de execução, de acordo com a atividade preponderantemente exercida pelo órgão julgador, a partir do pedido da parte.

O processo de conhecimento se caracteriza pelo exercício preponderante da cognição, que consiste no debate, análise e produção de provas acerca das diversas questões existentes no processo, com o objetivo de chegar a uma decisão sobre a *res in judicium deducta*.

A cognição exercida no processo de conhecimento visa à composição da lide, ao acertamento da relação jurídica de direito material deduzida em juízo.

A cognição diz-se exauriente quando fruto de um debate processual completo, com amplo contraditório e possibilidade de produção de provas pelos interessados; ou sumária, nas situações em que decorra de debate e contraditório incompleto, ainda em andamento, mas que pode autorizar determinados tipos de decisões, como as atinentes à tutela de urgência.

Sucede que nem sempre o vencido em um processo cumpre obrigatoriamente a prestação estabelecida pela decisão judicial, atinente a algum direito subjetivo - direito à prestação de fazer, não fazer, dar ou pagar, portanto.

Pode surgir, em algumas situações, portanto, a necessidade de atividade jurisdicional complementar com o objeto de modificar a realidade material, sensível - o plano do ser -, de modo a afeiçoá-la ao que deve ser, segundo a decisão judicial. É o que se chama de atividade jurisdicional executiva.

Sucede que, desde as leis nº 11.232/2005 e nº 11.382/2006 -regramento mantido na sistemática do Novo CPC - as ações que buscam o reconhecimento de um direito a uma prestação são sincréticas, assim como os respectivos processos. Isso significa que, no bojo da mesma relação processual, desenvolver-se-á, caso necessária, a atividade executiva; não há necessidade, nem a possibilidade, de existir um processo autônomo de execução decorrente de uma decisão judicial - mesmo se o réu for a Fazenda Pública (CPC, art. 534).[7]

No Processo do Trabalho, sempre foi predominante, em doutrina, a posição de que a execução trabalhista não era um processo autônomo, mas uma fase do processo[8], já que a execução podia iniciar-se de ofício nos mesmos autos. Esse entendimento se consolida a partir das referidas modificações ocorridas no âmbito do Processo Civil, não havendo razão lógico-jurídica para distinguir os dois sistemas.

A legislação denomina a fase executiva do processo sincrético como *cumprimento de sentença*, mas, independentemente do nome, o importante é perceber que a atividade jurisdicional exercida nesta fase é diferente daquela pertinente à fase de conhecimento.

---

7 Art. 534, No cumprimento de sentença que impuser à Fazenda Pública o dever de pagar quantia certa, o exequente apresentará demonstrativo discriminado e atualizado do crédito contendo:

8 SCHIAVI, *op.cit.*, p. 975.

O processo puro, por assim dizer, de execução - ou seja, não antecedido por uma fase processual de conhecimento - só existe quando se tratar de título executivo extrajudicial, ou seja, documento formado fora do Judiciário, ao qual a lei atribui a eficácia executiva.

Por fim, importantíssimo destacar que a atividade exercida em cada um dos tipos ou fases de processos, e que os caracteriza, é preponderante, mas não exclusiva.

Perceba-se, por exemplo, que na fase de conhecimento pode ser necessária a prática de algum ato executivo (modificação da realidade material), como a busca e apreensão de um documento importante para a instrução da causa, ou a efetivação de uma tutela provisória concedida liminarmente (CPC, art. 519).[9]

De outro lado, na fase de execução (cumprimento de sentença) ou no processo de execução de título extrajudicial, também se exerce cognição quanto a questões processuais, vícios dos atos executivos, e eventualmente até quanto à validade e existência do direito material objeto de execução (CLT, art. 884, § 1º; CPC, art. 515, § 1º).[10]

---

[9] Art. 519, Aplicam-se as disposições relativas ao cumprimento da sentença, provisório ou definitivo, e à liquidação, no que couber, às decisões que concederem tutela provisória.

[10] CLT, art. 884, § 1º, A matéria de defesa será restrita às alegações de cumprimento da decisão ou do acordo, quitação ou prescrição da dívida.

CPC, art. 515, § 1º Nos casos dos incisos VI a IX, o devedor será citado no juízo cível para o cumprimento da sentença ou para a liquidação no prazo de 15 (quinze) dias.

VI
AÇÃO

Sumário: 1. Ação – conceito e natureza jurídica. Tutela jurisdicional X prestação jurisdicional – 2. Teorias sobre o direito de ação – 3. Elementos da ação: 3.1. Partes; 3.2. Causa de pedir; 3.3. Pedido – certeza e determinação. Pedido genérico – 4. Classificação das ações: 4.1. Ações cognitivas (declaratórias, constitutivas e condenatórias) e ação executivas. Sincretismo processual; 4.2. Ações individuais e ações coletivas; 4.3. Ações dúplices – 5. Ação e pretensão – 6. Condições da ação: 6.1. Interesse de agir; 6.2. Legitimidade das partes (ordinária e extraordinária); 6.3. Teoria da asserção. Verificação das condições da ação em diversos momentos processuais e perda superveniente do interesse de agir; 6.4. Diferenciação dos pressupostos processuais e permanência do conceito de condições da ação – 7. Cumulação de ações: processo cumulativo. Concurso objetivo e subjetivo de ações – 8. Desistência da ação.

1. AÇÃO – CONCEITO E NATUREZA JURÍDICA. TUTELA JURISDICIONAL X PRESTAÇÃO JURISDICIONAL

A palavra *ação* comporta mais de um significado na linguagem processual: pode-se entender a ação como (i) o direito de provocar o exercício da função jurisdicional – trata-se do direito de ação, que é uma potencialidade ou virtualidade atribuída a todas as pessoas e entes despersonalizados; (ii) ou como demanda, ou seja, como postulação concreta deduzida no Poder Judiciário – o que ocorre quando o interessado exerce o direito de ação.

No primeiro sentido, a natureza jurídica da ação é de direito fundamental público subjetivo. É direito fundamental porque previsto como tal na Constituição (art. 5º, XXXV)[1]; público, porque exercido em face do Estado; subjetivo, pois titularizado por pessoas ou grupos, gerando o dever correlato de prestação jurisdicional por parte do Estado-Juiz.

Prestação jurisdicional é a resposta que o Estado-Juiz é obrigado a dar sempre que for instado a fazê-lo por meio de uma ação exercida. Pouco importa se o

[1] Art. 5º, XXXV, a lei não excluirá da apreciação do Poder Judiciário lesão ou ameaça a direito.

postulante tem, ou não, razão: a jurisdição deve ser exercida, de uma forma, ou de outra, já que o Estado avocou para si o monopólio da justiça.

Se o Estado deixar de prestar a jurisdição quando instado a tanto, ou o fizer de forma intempestiva, comete ato ilícito, que gera, em tese, o dever de reparação dos danos sofridos pelo prejudicado (Código Civil, arts. 186 e 927).[2]

A parte que obtiver julgamento de mérito favorável (demandante ou demandado) terá tutela jurisdicional, ou seja, reconhecimento e proteção judicial do seu direito.

O direito de ação é exercido por meio de uma demanda, que é uma espécie de ato jurídico em sentido estrito, pois pressupõe manifestação da vontade humana de ingressar em juízo, com efeitos jurídicos previstos pela legislação processual. A demanda é a exteriorização da vontade do interessado, no sentido de alcançar determinada situação jurídica favorável, a partir de um direito afirmado e de uma providência que é pedida ao Estado-Juiz.

Conforme já estudado, o princípio da inércia da jurisdição sinaliza no sentido de que o Estado só pode exercer o poder-dever de julgar quando provocado pelos interessados, o que se dá justamente pelo exercício do direito de ação.

2. TEORIAS SOBRE O DIREITO DE AÇÃO

Ao longo dos séculos, o pensamento jurídico sofreu notáveis modificações quanto ao significado do direito de ação.

A concepção mais antiga, associada ao Direito Romano, e agasalhada pelo Código Civil Brasileiro de 1916, é a imanentista, segundo a qual o direito de ação seria um *apêndice* do direito material reivindicado: daí dizer-se que a todo direito corresponde uma ação que o assegura.

Na ótica imanentista (também chamada de civilista), o direito de ação é o próprio direito material em juízo, ou seja, há uma identidade entre ambos. Essa teoria não reconhece a autonomia do direito de ação, e pode ser criticada por duas razões principais: (i) o direito de ação tem como sujeito passivo o Judiciário, ao contrário do direito material postulado, que tem como sujeito passivo qualquer pessoa; (ii) o conteúdo do direito de ação é a prestação jurisdicional, enquanto o conteúdo do direito material abrange qualquer situação jurídica de direito material protegida pelo ordenamento jurídico (exemplo: cobrança de crédito; desconstituição de contrato etc.).

Com a evolução da Ciência do Processo, e a afirmação do Direito Processual como ramo autônomo da Ciência Jurídica, surgiram as teorias autonomistas do direito de ação, que passaram a interpretar o direito de ação como um direito diferente do direito material que a ação visa a tutelar.

A primeira teoria autonomista foi a concretista, desenvolvida a partir de escritos de autores como Adolf Wach e Giuseppe Chiovenda. Segundo os concretistas, o direito de ação era distinto do direito material postulado, mas o primeiro só existiria

---

2 Art. 186, Aquele que, por ação ou omissão voluntária, negligência ou imprudência, violar direito e causar dano a outrem, ainda que exclusivamente moral, comete ato ilícito.

Art. 927, Aquele que, por ato ilícito (arts. 186 e 187), causar dano a outrem, fica obrigado a repará-lo.

se o segundo também existisse. Em outras palavras: apenas caso o autor da ação obtivesse julgamento de procedência é que existiria o direito de ação.

Posteriormente, surgiu a teoria abstrata, que, além de reconhecer a autonomia, preconiza que o direito de ação existe independentemente de existir, ou não, o direito material invocado. Diz-se abstrata porque, para que exista o direito de ação, nesta ótica, basta a afirmação de uma situação jurídica e a formulação de uma postulação, abstraindo-se completamente da situação concreta.

Há, também, a chamada *teoria eclética*, atribuída a Liebman, que muito se aproxima da teoria abstrata, pois também entende a ação como direito autônomo e existente mesmo nos casos de tutela jurisdicional desfavorável ao postulante. Mas, pela teoria eclética, o direito à ação, como direito à apreciação da relação jurídica de direito material discutida, só existe se presentes alguns requisitos, denominados de *condições da ação*, que são verificadas a partir das asserções (afirmações) formuladas na demanda.

A literatura processual brasileira adere, em geral, à teoria abstrata ou à eclética.

De fato, veja-se que a teoria concretista não explica satisfatoriamente a situação das ações declaratórias negativas, em que se busca justamente a declaração de que inexiste relação jurídica entre as partes (exemplo: ação declaratória de inexistência de relação jurídica tributária). Se o concretismo pressupõe a existência de um direito material para que haja também o direito de ação, não haveria como explicar dogmaticamente essa espécie de ação.

O perigo das teorias abstratas reside na autolegitimação, já que, segundo elas, o direito de ação nasce das próprias afirmações do autor, ainda que totalmente inverídicas ou até absurdas[3], o que pode gerar demandas temerárias. É com o objetivo de minimizar esse risco que surgiu a categoria das condições da ação, conforme se estudará adiante.

3. ELEMENTOS DA AÇÃO

É assente na doutrina que há três elementos identificadores da demanda (ação exercida): partes, causa de pedir e pedido. A percepção e correta compreensão desses elementos é imprescindível para o adequado equacionamento de diversas situações processuais, como a coisa julgada, a litispendência, a conexão etc.

Esses três elementos precisam necessariamente ser expostos na petição inicial, que é o instrumento da demanda, conforme se estudará adiante.

3.1. Partes

Parte é aquele que pede, ou face de quem se pede, a prestação da tutela jurisdicional. As noções técnicas concernentes ao conceito de parte serão estudadas separadamente no Capítulo VII, considerando a vastidão do tema.

3 GRECO, *op.cit.*, v.1, p. 222.

3.2. Causa de pedir

Causa de pedir é conceituada comumente pela doutrina como o fato (causa remota) e o fundamento jurídico (causa próxima) que dão origem ao pedido.[4] Outra forma de abordagem seria dizer que a causa de pedir pressupõe a alegação de um direito material e um fato a ele contrário.[5]

A afirmação, embora correta, precisa ser compreendida com mais exatidão, considerando-se a relevância do conceito técnico-jurídico de causa de pedir.

Conforme já estudado, fatos jurídicos (também chamados de jurígenos ou essenciais) são aqueles que constituem a causa de pedir e delimitam a pretensão, tendo como consequência efeitos jurídicos (geralmente a geração de direitos materiais). Os fatos jurídicos são particularizados por determinados acontecimentos produzidos pela dinâmica social (fatos simples ou secundários), dos quais é possível extrair uma consequência jurídica.[6]

O fato jurídico que constitui a causa de pedir faz nascer um direito material, o qual também faz parte da mesma causa de pedir. Veja-se: a partir da narrativa de um fato jurídico (causa remota), surge uma consequência no plano do direito material (causa próxima), sendo que o somatório de ambas consiste na causa de pedir.

Exemplificando: o trabalhador ingressa em juízo alegando que o empregador não lhe concedeu as férias durante a vigência do contrato de trabalho (fato). A partir dessa alegação, conclui que faz jus ao recebimento da referida parcela (direito), conforme previsto em lei. O fato e o direito alegados formam a causa de pedir. O pedido, neste caso, será a condenação do réu ao pagamento das férias não gozadas.

Muito importante perceber que o direito (ou fundamento jurídico) não se confunde com o dispositivo legal em que o autor se baseia para formular o pedido. Conforme ensina doutrina de escol, o fundamento jurídico não é determinado dispositivo legal, mas o próprio direito subjetivo material que resulta de um ou alguns dispositivos, que podem até ter sido erroneamente indicados ou omitidos pelo autor.[7]

Para usar o mesmo exemplo, o trabalhador poderia formular seu pedido de pagamento de férias citando dispositivo impertinente da CLT, ou mesmo sem citar qualquer dispositivo. Para que haja causa de pedir, é preciso que haja a indicação do fato e do direito material correspondente.

A doutrina costuma apontar, ainda, que a causa de pedir remota (fatos) pode dividir-se entre causa de pedir ativa e causa de pedir passiva. A causa de pedir ativa é relação jurídica existente entre as partes, como, por exemplo, a relação de emprego. A causa de pedir passiva é o descumprimento de um dever por uma das partes dessa relação jurídica, como o não pagamento das férias pelo empregador.

---

4 Nesse sentido, DIDIER, v.1, p. 559.

5 COQUEIJO COSTA, P. 95.

6 Capítulo II, item 9.

7 GRECO, v.1, p. 201.

Ademais, importantíssimo notar que, se se muda a causa de pedir, estar-se-á diante de outra ação e de outro pedido. Se um trabalhador pede indenização por danos morais decorrentes de assédio moral, é evidente que, caso venha a postular posterior ou concomitantemente indenização por danos morais em virtude de acidente de trabalho, os pedidos – embora possam ser escritos na petição inicial com as mesmas palavras – são diferentes, porque decorrem de causas de pedir distintas. Isso pode ocorrer mesmo que haja formalmente no rol de pedidos da inicial apenas um pedido de indenização por danos morais. Se são duas causas de pedir, há, na verdade, dois pedidos. A exceção são os direitos autodeterminados.[8]

Por fim, é relevante destacar que os fatos simples, que comprovam ou particularizam o fato jurídico, não modificam ou constituem, por si sós, nova causa de pedir, razão pela qual podem ser conhecidos de ofício pelo Judiciário, conforme já explicado.

Seguindo no mesmo exemplo, caso o réu junte aos autos um recibo de férias não assinado pelo trabalhador, a ausência de assinatura é um fato simples, pois sinaliza no sentido de que o fato jurídico (não concessão das férias e direito ao recebimento da parcela) realmente se operou tal como narrado na petição inicial.

3.2.1. Jura novit curia. *Ausência de juntada de instrumentos coletivos*

No Processo do Trabalho, assim como no Processo Civil, aplica-se a noção de que o Judiciário pode julgar a causa com base em dispositivos legais diferentes dos que sejam alegados pelas partes. Esse é o significado do princípio *jura novit curia*, a significar que o juiz conhece o direito.

A aplicação do *jura novit curia* requer duas cautelas.

Em primeiro lugar, ao utilizar dispositivos legais não mencionados pelas partes, o Judiciário jamais pode mudar a causa de pedir estabelecida pelas partes, à luz do princípio da inércia da jurisdição. Mudar a causa de pedir resultaria no julgamento de uma nova ação que não foi proposta pelos interessados (decisão *extra petita*).

Além disso, para que possa utilizar dispositivos não invocados pelas partes, mesmo que se trate de questões de ordem pública, há necessidade de intimação prévia dos interessados para que possam exercer o contraditório, evitando-se a prolação de decisão-surpresa, conforme já estudado no Capítulo II.

Situação interessante no Processo do Trabalho diz respeito a pedidos fundados em norma coletiva (convenção ou acordo coletivo) não anexados aos autos. Os instrumentos coletivos (convenção e acordo coletivo de trabalho, bem como a sentença normativa) não constituem documentos indispensáveis à propositura da ação. Trata-se de documentos úteis à análise da causa (caso haja pedidos fundados em tais normas), mas a ausência de sua juntada não pode resultar em julgamento de extinção do processo.

---

8 Ver item 3.2.3, abaixo.

Deveras, tratando-se de instrumento normativo, não se aplica o princípio *jura novit curia*, havendo necessidade de comprovação do teor e da vigência da norma jurídica, por aplicação analógica do art. 376 do CPC/2015.[9]

À luz do princípio da cooperação (CPC, art. 6º)[10], que gera para o órgão judicial os deveres de esclarecimento, lealdade e prevenção, o magistrado, ao perceber a ausência do documento, deve conceder prazo para que o interessado o junte aos autos, viabilizando, na sequência, o contraditório pela outra parte. Não sendo juntado o documento no prazo concedido, o pedido fundado na norma coletiva deve ser julgado improcedente. Observe-se que, se a parte declarar expressamente em audiência que não há mais provas a serem produzidas, indo os autos conclusos para sentença, descabe a conversão em diligência para determinação de juntada do documento, pois o próprio interessado terá indicado não ter interesse em produzir a prova.

Ainda, diante de eventual revelia da reclamada, não se faz necessária essa concessão de prazo, podendo o pedido ser julgado procedente mesmo sem a juntada do instrumento coletivo. Isso porque a presunção de veracidade *juris tantum* que decorre da revelia (CPC, art. 344)[11] faz com que se presumam verdadeiras as assertivas da inicial quanto à vigência e ao teor das normas coletivas, já que se trata de questão de direito que é tratada, pelo ordenamento, como questão de fato (a alegação de fato é: a norma coletiva estava – ou está – em vigor e previa determinados direitos).

3.2.2. Substanciação X individualização

Há duas teorias sobre a conformação da causa de pedir: substanciação e individualização.

De acordo com a teoria da substanciação, a causa de pedir pressupõe que o direito postulado decorra de fatos jurídicos específicos. Já para a teoria da individualização, o direito poderia decorrer de qualquer fato jurídico que envolvesse as partes.

Assim, por hipótese, na ótica da teoria da individualização, bastaria que o cidadão afirmasse possuir um direito de crédito em face de outro para que pudesse formular o pedido de condenação do réu ao respectivo pagamento.

Já para a teoria da substanciação, não basta a afirmação do direito de crédito, mas o autor precisa especificar qual o fato jurídico que o origina, como um contrato civil de empréstimo (mútuo), a não concessão das férias pelo empregador etc.

É praticamente unânime, no Processo Civil, o entendimento de que se adota a teoria da substanciação no Direito brasileiro[12], já que o art. 319, III, do CPC[13], exige que a petição inicial exponha os fatos e fundamentos jurídicos do pedido.

---

9 Art. 376, A parte que alegar direito municipal, estadual, estrangeiro ou consuetudinário provar-lhe-á o teor e a vigência, se assim o juiz determinar.

10 Art. 6º, Todos os sujeitos do processo devem cooperar entre si para que se obtenha, em tempo razoável, decisão de mérito justa e efetiva.

11 Art. 344, Se o réu não contestar a ação, será considerado revel e presumir-se-ão verdadeiras as alegações de fato formuladas pelo autor.

12 Por todos, DIDIER, v. 1, p. 560.

13 Art. 319, III, A petição inicial indicará: o fato e os fundamentos jurídicos do pedido.

No Processo do Trabalho, o tema é controvertido, pois o art. 840, § 1°, da CLT[14], exige apenas que a petição faça uma breve exposição dos fatos de que resulte o dissídio. É amplamente dominante o entendimento segundo o qual é adotada a teoria da substanciação no Direito Processual do Trabalho.[15]

Argumenta-se que a teoria da substanciação deve ser adotada em função da complexidade das relações de trabalho; para possibilitar a exata compreensão da lide pelo juiz e o direito de defesa do réu; para facilitar a produção da prova e refletir mais seriedade à pretensão.[16]

De outro lado, alguns autores sustentam que o dispositivo celetista, ao não prever a necessidade de fundamentação jurídica, permite que o juiz decida com base nos fundamentos que melhor lhe pareçam aplicáveis à espécie, independentemente da escolha ou omissão do reclamante.[17]

Esse entendimento parece confundir fundamento jurídico com dispositivo legal. Conforme estudado nos tópicos anteriores, realmente a indicação do dispositivo legal é irrelevante, à luz do princípio *jura novit curia*. Contudo, a formulação pura da teoria da substanciação exige não apenas que seja narrado o fato, mas também o próprio direito material existente (fundamento jurídico).

Assim, pode-se dizer que, no Processo do Trabalho, utiliza-se a teoria da substanciação mitigada, pois o legislador não exige a exposição do fundamento jurídico, como forma de simplificar o ato postulatório, o que se justifica à luz do princípio da isonomia material (princípio da proteção) e da existência do *jus postulandi*.

Para demonstrar o argumento, suponha-se que determinada petição inicial exponha que o reclamante trabalhava das 7h às 18h, com uma hora de intervalo, de segunda a sexta-feira. Não há qualquer afirmação expressa de que o trabalhador realizava horas extras, ou de que fizesse jus a essa parcela, mas apenas a exposição da jornada nesses moldes. Ao final, a petição formula pedido de pagamento de horas extraordinárias e reflexos.

Ora, se se aplicasse o critério estrito da substanciação, a causa de pedir estaria incompleta e, por tal motivo, seria inepta a petição inicial. Isso porque, pela substanciação, a causa de pedir pressupõe a afirmação do fato (jornada declinada) e também do direito (direito de receber horas extras que não foram quitadas pelo empregador).

No entanto, na hipótese narrada, não é o caso de reconhecer inépcia da petição inicial, justamente porque o art. 840, § 1°, da CLT, não exige a afirmação do fundamento jurídico. Ou seja, a inicial não precisa dizer expressamente que há direito ao recebimento de horas extras. Basta que seja narrado o fato e formulado o pedido de condenação ao pagamento de horas extras.

---

14 § 1° Sendo escrita, a reclamação deverá conter a designação do juízo, a qualificação das partes, a breve exposição dos fatos de que resulte o dissídio, o pedido, que deverá ser certo, determinado e com indicação de seu valor, a data e a assinatura do reclamante ou de seu representante.

15 Por todos, BEZERRA LEITE, p. 476.

16 SCHIAVI, p. 433.

17 MAIOR, Jorge Luiz Souto. *Petição inicial*. São Paulo: LTR, 1996, p. 286.

Trata-se de opção legislativa plenamente válida, com o objetivo de facilitar o acesso à justiça e simplificar o procedimento, evitando que formalismos inúteis impeçam a tutela dos direitos.

3.2.3. Fatos supervenientes: direitos autodeterminados x direitos heterodeterminados

Uma das discussões mais transcendentes do Processo Civil e do Trabalho envolve o art. 493 do CPC[18] (correspondente ao art. 462 do CPC/73). De acordo com o dispositivo, se, depois da propositura da ação, algum fato constitutivo, modificativo ou extintivo do direito influir no julgamento do mérito, caberá ao juiz tomá-lo em consideração, de ofício ou a requerimento da parte, no momento de proferir a decisão.

A análise dos diversos posicionamentos existentes a respeito exige um trabalho monográfico e foge aos escopos desta obra, sendo pertinente apenas apresentar a solução mais consentânea com os ditames da Ciência Processual.[19]

Para tanto, é necessário distinguir duas espécies de direitos: (i) os autodeterminados, que só podem existir entre os sujeitos uma única vez, independentemente do fato gerador. São direitos afirmados com base no seu conteúdo, e não com base no fato gerador, como os direitos reais (propriedade, por exemplo); (ii) já os direitos heterodeterminados podem existir várias vezes entre os mesmos sujeitos, sendo que a modificação do fato jurídico gerador implica, necessariamente, mudança do direito material a ser tutelado, como acontece com os direitos de crédito.

Pense-se em ação declaratória de usucapião fundada em justo título e boa-fé, por meio da qual o autor pretende a declaração de ser o proprietário de determinado imóvel. O prazo de usucapião, que se diz ordinária nesses casos, é de 10 anos (CC, art. 1242).[20] Já no caso de usucapião extraordinária, que independe de boa-fé ou justo título, exigem-se 15 anos de posse mansa e pacífica (CC, art. 1248).[21]

Suponha-se que a ação haja sido ajuizada quando o autor já exercia a posse mansa havia 12 anos. Não caberia, portanto, alegação de usucapião extraordinária. Contudo, devido à demora do trâmite processual, no momento de prolação da sentença, o tempo de posse mansa e pacífica já é de 16 anos. Ora, os 4 anos decorridos consistem em fato constitutivo superveniente ao ajuizamento da ação, pois geram o direito à usucapião extraordinária. E tais fatos devem ser levados em conta na sentença para considerar, por exemplo, que o julgamento seja de

---

18 Art. 493, Se, depois da propositura da ação, algum fato constitutivo, modificativo ou extintivo do direito influir no julgamento do mérito, caberá ao juiz tomá-lo em consideração, de ofício ou a requerimento da parte, no momento de proferir a decisão.

19 A solução exposta se assemelha com a proposta de Luiz Guilherme Marinoni (v. 2, p. 154) e Leonardo Greco (v.1, p. 205), por exemplo.

20 Art. 1242, Adquire também a propriedade do imóvel aquele que, contínua e incontestadamente, com justo título e boa-fé, o possuir por dez anos.

21 Art. 1248, A acessão pode dar-se: I – por formação de ilhas; II – por aluvião; III – por avulsão; IV – por abandono de álveo; V – por plantações ou construções.

procedência em virtude da usucapião extraordinária, embora o autor não satisfizesse os requisitos da usucapião ordinária. Isso se dá porque a modificação do fato constitutivo, nesta hipótese, não muda o direito a ser tutelado – que continua sendo o direito de propriedade.

Suponha-se, agora, que um trabalhador postule o pagamento de indenização por danos morais decorrentes de doença adquirida em função do trabalho, como a LER (lesão por esforço repetitivo). No curso do processo, a perícia conclui que, na verdade, o reclamante não padece dessa patologia. Contudo, antes da prolação da sentença de mérito, o trabalhador sofre acidente de trabalho típico, vindo a cair de uma escada e sofrendo vários danos físicos.

Ora, nessa última a hipótese, o fato superveniente não pode ser considerado pelo magistrado para condenar a reclamada ao pagamento da indenização postulada, pois a mudança do fato gerador do direito (doença ocupacional e queda da escada) modifica o próprio direito material daí decorrente. Apenas mediante o ajuizamento de nova ação (que apresentará causa de pedir e pedidos distintos dos formulados na ação anterior) é que o trabalhador poderá postular a indenização neste caso.

No campo trabalhista, é comum a situação de ajuizamento de ação postulando verbas decorrentes de rescisão indireta do contrato de trabalho, sendo que o reclamante continua trabalhando quando do ajuizamento da ação. No curso do processo, dá-se a dispensa sem justa causa. Nesse caso, os pedidos de aviso prévio, 40% de FGTS etc., podem ser julgados procedentes com base no fato superveniente (dispensa imotivada), mesmo que a rescisão indireta seja improcedente. Isso ocorre porque tais direitos rescisórios só podem existir entre as partes uma vez no contexto da relação de emprego, independentemente do fato gerador – enquadrando-se, portanto, no conceito de direitos autodeterminados.

Caso se considere que os direitos da personalidade também são autodeterminados[22], há mais um franco campo de aplicação do art. 493 do CPC no processo do trabalho. Se o trabalhador postular, por exemplo, indenização decorrente de assédio moral, alegando que foi humilhado em reuniões que aconteciam periodicamente, é possível que a condenação seja embasada em episódios comprovados de humilhação ocorridos após o ajuizamento da petição inicial.

Além das situações envolvendo direitos autodeterminados, há outras em que é um imperativo lógico a consideração do fato superveniente. Hipótese comum é do pagamento da parcela postulada (aviso prévio, por exemplo) no curso do processo. Nesse caso, tem-se a falta superveniente do interesse de agir, devendo ser o processo extinto sem resolução de mérito, considerando o fato extintivo superveniente. Para alguns autores, entretanto, essa hipótese seria de reconhecimento jurídico do pedido (CPC, art. 487, III, *a*).[23]

---

22 Como faz, por exemplo, o Professor Leonardo Greco (v. 1, p. 207).

23 Art. 487, Haverá resolução de mérito quando o juiz: (...)

III, homologar:

a) o reconhecimento da procedência do pedido formulado na ação ou na reconvenção.

3.3. Pedido – certeza e determinação. Pedido genérico

A partir da narrativa dos fatos (causa de pedir remota) e do direito deles decorrente (causa de pedir próxima), o autor da ação postula uma providência jurisdicional (pedido imediato), que lhe assegure a fruição de um bem da vida (pedido mediato). Pedido, portanto, é a manifestação de vontade do autor da ação no sentido de obter determinado bem da vida a partir de uma providência jurisdicional específica.

O objetivo de qualquer ação é provocar o exercício da função jurisdicional a respeito de determinado pedido. Pode-se dizer, então, que o pedido é o objeto da jurisdição. O poder-dever de julgar se exerce em relação a um pedido, a partir de uma causa de pedir que envolva dois ou mais sujeitos.

Toda ação contém, necessariamente, um, e apenas um pedido. A rigor, na situação em que houver pluralidade de pedidos no mesmo processo, tem-se, consequentemente, pluralidade ou cumulação de ações. Contudo, por metonímia, costuma-se dizer que a ação ajuizada pode conter vários pedidos, e não há problemas nesse modo de falar, desde que se compreendam corretamente as noções técnicas pertinentes.

De acordo com o CPC, o pedido deve ser certo e determinado (arts. 322 e 324). Certeza significa que o pedido deve ser explícita e claramente afirmado. Em princípio, portanto, não se admitem pedidos implícitos, ressalvadas exceções adiante examinadas.

Determinação quer dizer que, quando se tratar de bem da vida quantificável, deve ser indicada a quantidade pretendida.[24] Pode-se dizer, então, que, no Processo Civil, a regra geral é a necessidade de liquidez dos pedidos.[25]

No Processo do Trabalho, o pedido também deve ser certo e determinado. A partir da Reforma Trabalhista (Lei nº 13.467/2017), em princípio há necessidade de liquidação dos pedidos, não apenas no rito sumaríssimo, mas também no ordinário e nos procedimentos especiais. O tema será analisado detidamente no Capítulo XV.

O pedido genérico é aquele que não delimita a extensão e quantidade pretendidas. O CPC, no art. 324, § 1º, II e III, admite o pedido genérico (que se contrapõe ao pedido determinado), quando não for possível determinar, desde logo, as consequências do ato ou do fato (seria o caso de uma indenização por danos materiais relacionada a gastos médicos ainda em andamento quando da propositura da ação); quando a determinação do objeto ou do valor da condenação depender de ato que deva ser praticado pelo réu (como no caso de uma ação de prestação de contas ajuizada pelo trabalhador, alusiva a prêmios ou comissões supostamente não pagos).

No caso de ações coletivas, tais como ações civis públicas que versem sobre direitos individuais homogêneos, o pedido também pode ser genérico, e a sentença também será genérica, devendo ser feita posteriormente a liquidação, que definirá não apenas o valor devido a cada um, mas também quem são os substituídos.

---

24 CÂMARA, p. 192.

25 Nesse sentido, GARCIA, p. 400.

A situação das ações universais (como divisão de herança), prevista no inciso III do mesmo dispositivo, não tem aplicabilidade no processo do trabalho.

Observe-se, por fim, que o réu não formula pedido no processo judicial, ressalvadas as situações de reconvenção e de pedido contraposto admitidas legalmente. O mero exercício da defesa, embora possa às vezes ampliar o objeto litigioso do processo - como no caso em que se alega contradireito -, não configura pedido, em sentido técnico-processual, pois o réu não exerce o direito de ação, mas o direito de defesa.

3.3.1. *Pedido implícito*

Como visto, a regra geral é que o pedido deve ser certo (= explícito e claro), o que se justifica para viabilizar o contraditório (o réu precisa saber do que está se defendendo) e balizar a prestação jurisdicional (já que o Estado não pode intervir em relações privadas sem a provocação dos interessados).

No entanto, a lei pode, validamente, excepcionar tal princípio em algumas situações. É o que ocorre com a correção monetária, com os juros de mora *e* com as verbas de sucumbência, inclusive os honorários advocatícios (CPC, art. 322, § 1º).

Outro exemplo muito comum no Processo do Trabalho envolve as relações jurídicas de trato sucessivo, como no exemplo do trabalhador com contrato de trabalho ativo que postula o pagamento de adicional de insalubridade: as prestações sucessivas (vincendas) serão consideradas incluídas no pedido, independentemente de declaração expressa do autor, e serão incluídas na condenação, enquanto durar a obrigação (CPC, art. 323).

Nesses casos, o Judiciário tem o dever de julgar o pedido, ainda que não formulado pelas partes. No caso de omissão, cabem embargos de declaração. Contudo, se não houver decisão a respeito dos pedidos implícitos, não se pode falar em coisa julgada, porque não há decisão implícita de pedido.

3.3.2. *Interpretação do pedido. Pedido heterotópico*

Como qualquer manifestação da vontade humana, o pedido precisa ser interpretado, para que se delimite seu sentido e alcance.

O CPC anterior, no art. 293[26], afirmava categoricamente que os pedidos deveriam ser interpretados restritivamente. A aplicação do dispositivo dava margem a situações injustas e irrazoáveis, como no caso de pedido heterotópico.

É comum, na praxe, que as petições iniciais contenham um rol de pedidos no final da peça processual. Pedido heterotópico é o pedido formulado fora desse rol final, ou seja, apenas no bojo da fundamentação da petição.

Na vigência do Código anterior, já se revelava equivocado o entendimento de que pedido heterotópico corresponderia à ausência de pedido. Nunca houve qualquer

[26] Art. 293, Os pedidos são interpretados restritivamente, compreendendo-se, entretanto, no principal os juros legais.

dispositivo na lei processual que exigisse a presença de um rol de pedidos para que a inicial fosse válida.

O que sempre importou - e continua importando - é que seja feita uma postulação ao órgão jurisdicional, independentemente da localização topográfica na petição inicial. Certamente, se não for formulado o pedido quanto à questão de direito material discutida, a matéria não pode ser julgada pelo Judiciário.

Esse entendimento se reforça com o art. 322, § 2º, do CPC, o qual estatui que a interpretação do pedido considerará o conjunto da postulação e observará o princípio da boa-fé.

A partir do CPC/2015, o pedido não deve ser interpretado restritivamente, mas considerar as legítimas expectativas dos diversos sujeitos processuais. Caso, por exemplo, o juiz tenha dúvida em relação à exata interpretação de algum pedido, deve esclarecer-se junto ao autor, à luz do princípio da cooperação.

3.3.3. Pedido alternativo

O pedido diz-se alternativo quando o direito material correspondente assegura a uma das partes a prerrogativa de optar por uma ou outra prestação. Trata-se das obrigações alternativas, instituto típico de Direito Civil.

No campo trabalhista, um bom exemplo é o da dispensa discriminatória, regulamentada pelo art. 4º, I, da Lei 9029/95[27], que assegura ao empregado, alternativamente, o direito de ser reintegrado, ou de percepção, em dobro, da remuneração do período de afastamento.

Quando a faculdade de escolha recair sobre o credor, este pode formulá-la já na petição inicial, ou deixar para fazê-lo na fase de cumprimento de sentença. Se a faculdade de escolha, à luz do direito material, ficar a cargo do devedor, o juiz deve permitir a solução da obrigação por qualquer das formas alternativas, ainda que omissa a petição inicial a respeito (CPC art. 800, *caput*).[28]

No pedido alternativo, não há cumulação de pedidos; há apenas um pedido, que pode ser atendido por mais de uma forma.

3.3.4. Cumulação de pedidos

Conforme já estudado, cada pedido corresponde a uma única ação. Contudo, o ordenamento jurídico admite, em algumas circunstâncias, o fenômeno da cumulação de ações (também chamado de processo cumulativo)[29], mediante o qual, em um processo, são exercidas duas ou mais ações.

---

[27] Lei nº 9029/1995, Art. 4º, I, a reintegração com ressarcimento integral de todo o período de afastamento, mediante pagamento das remunerações devidas, corrigidas monetariamente e acrescidas de juros legais.

[28] Art. 800, Nas obrigações alternativas, quando a escolha couber ao devedor, esse será citado para exercer a opção e realizar a prestação dentro de 10 (dez) dias, se outro prazo não lhe foi determinado em lei ou em contrato.

[29] Para uma exposição sistemática do tema, ver item adiante.

Uma das modalidades de cumulação de ações é justamente a cumulação de pedidos, que consiste na elaboração de mais de um pedido (= mais de uma ação) no bojo do mesmo processo.

Há diversas modalidades de cumulação de pedidos, caracterizadas pela forma como os pedidos se relacionam entre si, e também quanto ao momento em que surge, conforme se examinará nos próximos itens.

3.3.4.1. Cumulação própria – simples ou sucessiva

A cumulação de pedidos será própria quando o autor pretender o acolhimento de todos os pedidos formulados. Subdivide-se em cumulação própria simples e cumulação própria sucessiva.

Dá-se a cumulação própria simples quando os pedidos forem independentes entre si, sendo indiferente, para o acolhimento de um, o resultado do julgamento quanto ao outro pedido.

Exemplifica-se com uma reclamação trabalhista de empregado que tenha CTPS anotada, e postule o pagamento de horas extras e de adicional de insalubridade. Tais pedidos são independentes, e o julgamento de procedência ou improcedência quanto às horas extras não traz qualquer repercussão no que tange ao pedido de adicional de insalubridade, e este também não afeta o resultado do julgamento do outro.

Já na cumulação própria sucessiva, um dos pedidos só pode ser acolhido, em tese, se o outro também o for. Um dos pedidos é prejudicial ou preliminar ao outro.

O pedido é prejudicial quando a sua rejeição implica, necessariamente, o julgamento de improcedência do pedido prejudicado. Por exemplo, o reclamante postula o reconhecimento de vínculo de empregatício e horas extras. Se o pedido de vínculo for julgado improcedente, automaticamente também o será o pedido de horas extras.

O pedido é preliminar quando o seu julgamento determina não o teor, mas a possibilidade de julgar o outro pedido. É o que acontece na ação rescisória que sustenta o impedimento do órgão jurisdicional prolator da decisão, por motivo de amizade íntima com uma das partes, por exemplo. Se o pedido de rescisão não for acolhido (juízo rescindente), sequer será julgado o pedido de novo julgamento (juízo rescisório).

3.3.4.2. Cumulação imprópria – eventual ou alternativa

A cumulação de pedidos será imprópria quando o autor não pretender o acolhimento de todos, mas apenas de um ou alguns pedidos. Subdivide-se em cumulação imprópria eventual e cumulação imprópria alternativa.

A cumulação imprópria diz-se eventual quando o autor formula o segundo pedido para a eventualidade de o primeiro não ser acolhido. Há, aqui, uma ordem de preferência: o autor prefere o pedido principal, mas formula um pedido subsidiário, para a hipótese em que o primeiro seja rejeitado.

Por exemplo: o reclamante pede o pagamento de uma hora extra intervalar ficta (CLT, art. 71, § 4º)[30], em razão do descumprimento do intervalo intrajornada, mas formula o pedido subsidiário de pagamento dos minutos subtraídos, caso o primeiro seja rejeitado.

Veja-se que, nas hipóteses de cumulação eventual, o autor tem interesse recursal caso seja acolhido o pedido subsidiário, pois estabeleceu uma preferência pelo pedido principal.

Já a cumulação imprópria alternativa se caracteriza pela formulação de mais de um pedido, para que apenas um seja acolhido, sem que o autor manifeste qualquer preferência entre os pedidos.

Imagine-se uma ação de consignação em pagamento, movida pelo ex-empregador, em decorrência do falecimento do empregado. Não havendo dependentes habilitados perante o INSS, surgem duas mulheres, supostamente companheiras do falecido, pretendendo receber os valores rescisórios pertinentes. Há dois pedidos de declaração de quitação das verbas devidas, um em face de cada suposta companheira. Para o autor da ação de consignação (a empresa), é indiferente qual dos pedidos seja acolhido. Por isso, está-se diante de cumulação alternativa de pedidos.

Perceba-se que, na cumulação alternativa, há, de fato, mais de um pedido, sendo indiferente ao autor qual deles será atendido. Diferentemente, na formulação de pedido alternativo, há um único pedido, que pode ser atendido de mais de uma forma.

3.3.4.3. Cumulação inicial e cumulação ulterior

A cumulação diz-se inicial quando a pluralidade de pedidos existe desde o ato inaugural do processo – a petição inicial.

Contrariamente, a cumulação será ulterior quando manifestada em outro momento, no curso do processo. Pode se dar por ação do próprio autor da demanda originária, como no aditamento da petição inicial, ou por ação do réu (como na reconvenção ou denunciação da lide).

3.3.4.4. Cumulação homogênea e cumulação heterogênea

Cumulação homogênea acontece quando os pedidos cumulados são formulados pela mesma parte, como no caso de petição inicial com pluralidade de pedidos.

Já a cumulação heterogênea se verifica quando os pedidos cumulados são manifestados por partes diferentes ou por terceiros, como no caso da reconvenção, da denunciação da lide pelo réu, da assistência litisconsorcial em favor do autor, entre outras hipóteses.

---

30 Art. 71, § 4º, A não concessão ou a concessão parcial do intervalo intrajornada mínimo, para repouso e alimentação, a empregados urbanos e rurais, implica o pagamento, de natureza indenizatória, apenas do período suprimido, com acréscimo de 50% (cinquenta por cento) sobre o valor da remuneração da hora normal de trabalho.

3.3.4.5. *Requisitos da cumulação de pedidos*

Para que se possam cumular vários pedidos num único processo, há necessidade de atendimento dos requisitos especificados pelo art. 327, *caput* e parágrafos, do CPC.[31]

Veja-se que os pedidos podem ser cumulados no mesmo processo ainda que não haja conexão entre eles.

Como regra, para que se admita a cumulação, os pedidos devem ser compatíveis entre si. Trata-se de regra lógico-jurídica, que existiria mesmo que não fosse positivada no Código. Seria inconcebível, que um trabalhador postulasse a rescisão indireta do contrato de trabalho, por falta grave do empregador e, simultaneamente, a reintegração. Não há compatibilidade lógica entre os pedidos.

Contudo, no caso da cumulação eventual, não se aplica o requisito da compatibilidade entre os pedidos (CPC, art. 327, § 3º). Para usar o mesmo exemplo, suponha-se que o reclamante prefira a declaração de rescisão indireta, mas, caso o Judiciário não reconheço essa pretensão, formula o pedido de reintegração no serviço em virtude de uma estabilidade provisória de emprego.

Igualmente, na cumulação heterogênea não há necessidade de compatibilidade. Pode ser que o réu ajuíze uma reconvenção em sentido totalmente contrário com o pedido da inicial, por exemplo.

Outro requisito da cumulação de pedidos é a necessidade de que o Juízo seja competente para apreciar todos (CPC, art. 327, § 1º, II).

Se houver incompetência absoluta para um ou alguns dos pedidos, deve haver extinção *ex officio* do processo sem resolução de mérito quanto a essa parte. Já se a incompetência for meramente relativa, o ponto deverá ser arguido pelo réu, sob pena de modificação da competência. Contudo, caso haja conexão entre os pedidos, deve dar-se obrigatoriamente o julgamento conjunto, conforme estudado no Capítulo IV, item 17.1. Nesta hipótese, a arguição de incompetência relativa pelo réu deve ser rejeitada.

Por fim, deve haver identidade procedimental para que se admita a cumulação de pedidos. Não obstante o art. 327, § 2º, do CPC, preveja ser lícito ao autor (cumulação homogênea, portanto) cumular pedidos sujeitos a procedimentos distintos,

---

[31] Art. 327. É lícita a cumulação, em um único processo, contra o mesmo réu, de vários pedidos, ainda que entre eles não haja conexão.

§ 1º São requisitos de admissibilidade da cumulação que:

I – os pedidos sejam compatíveis entre si;

II – seja competente para conhecer deles o mesmo juízo;

III – seja adequado para todos os pedidos o tipo de procedimento.

§ 2º, Quando, para cada pedido, corresponder tipo diverso de procedimento, será admitida a cumulação se o autor empregar o procedimento comum, sem prejuízo do emprego das técnicas processuais diferenciadas previstas nos procedimentos especiais a que se sujeitam um ou mais pedidos cumulados, que não forem incompatíveis com as disposições sobre o procedimento comum.

§ 3º, O inciso I do § 1º não se aplica às cumulações de pedidos de que trata o art. 326.

desde que opte pelo procedimento ordinário, o dispositivo deve ser interpretado extensivamente, a fim de abarcar também a cumulação heterogênea.

Assim, por exemplo, a reconvenção (espécie de cumulação ulterior e heterogênea de pedidos) não será admitida em procedimentos especiais que com ela sejam incompatíveis, como o mandado de segurança e os embargos de terceiro. De outro lado, em alguns procedimentos especiais é passível o manejo da reconvenção, como no caso da ação monitória, em que, após o oferecimento dos embargos monitórios, o procedimento se converte em ordinário (CPC, art. 702, § 6º).[32]

3.3.5. Pedido de parcela já quitada

O art. 940 do Código Civil prescreve que, aquele que demandar por dívida já paga, no todo ou em parte, sem ressalvar as quantias recebidas ou pedir mais do que for devido, ficará obrigado a pagar ao devedor, no primeiro caso, o dobro do que houver cobrado e, no segundo, o equivalente do que dele exigir, salvo se houver prescrição.

É controvertida a aplicação desse dispositivo no Processo do Trabalho. É amplamente majoritário o entendimento segundo o qual o dispositivo é incompatível com o princípio da proteção que rege o Direito do Trabalho, já que constituiria obstáculo ao acesso à justiça. Alega-se que, na maioria das vezes em que postula o que já recebeu, não haveria má-fé, por desconhecimento do direito ou até mesmo pelo fato de o trabalhador ter sido enganado. Alguns autores sustentam a aplicabilidade apenas em casos abusivos.[33]

Favoravelmente à aplicabilidade do dispositivo, pode-se argumentar no sentido da inibição das lides temerárias, no prestígio da boa-fé processual, e na moralização do processo.

De fato, o Judiciário Trabalhista deve ser cauteloso na aplicação do art. 940 do Código Civil, pois a experiência demonstra que, muitas vezes, o trabalhador desconhece as parcelas que lhe foram pagas pelo empregador. É muito comum, por exemplo, que o trabalhador receba um depósito em conta corrente quando da extinção do contrato de trabalho, mas, sem que haja a homologação do TRCT, não há como saber exatamente as quantias e rubricas quitadas.

Contudo, a prática também mostra que, em inúmeras situações, o trabalhador postula verbas sabidamente já quitadas, em verdadeira lide temerária. Se a situação transparecer inequívoca no processo, o Juiz do Trabalho deve aplicar o art. 940 do Código Civil, de modo a coibir esse tipo de atitude desleal.

3.3.6. Pedido e requerimento

Não se confundem as noções de pedido e de requerimento. Como já visto, pedido é a providência jurisdicional solicitada com o objetivo de alcançar determi-

[32] Art. 702, § 6º, Na ação monitória admite-se a reconvenção, sendo vedado o oferecimento de reconvenção à reconvenção.

[33] Tostes Malta, p. 219.

nado bem da vida, sempre delimitado pela causa de pedir. Refere-se, sempre, a um direito material da parte que o formula.

Requerimentos, por outro lado, dizem respeito exclusivamente à matéria procedimental, sem que esteja em jogo qualquer direito do requerente. Por exemplo, o autor pode requerer a concessão de tutela de urgência (técnica procedimental que permite a fruição mais rápida do direito) ou a produção de prova pericial; o réu pode requerer a suspeição do magistrado; o perito pode requerer a dilação do prazo para apresentação do laudo etc.

3.3.7. *Aditamento, emenda e indeferimento da petição inicial*

Embora de certa forma relacionados com a noção técnico-jurídica de pedido, os institutos em epígrafe caracterizam aspectos próprios ao procedimento em juízo, e por isso serão analisados no capítulo XV (alusivo à petição inicial, ao qual se remete o leitor).

4. CLASSIFICAÇÃO DAS AÇÕES

Há diversos critérios de classificação das ações. Passa-se a analisar aqueles importantes no estudo do Processo do Trabalho.

4.1. Ações cognitivas (declaratórias, constitutivas e condenatórias) e ações executivas. Sincretismo processual

Um primeiro critério classificatório se baseia na espécie de providência jurisdicional postulada pelo autor da ação, ou seja, leva-se em conta o pedido imediato. Sob esse prisma, a ação pode ser cognitiva ou executiva.

Na ação cognitiva, busca-se um acertamento quanto ao direito material discutido em juízo (*res in judicium deducta*): deflagra-se a atividade jurisdicional para que se supere o estado de incerteza que existe entre as partes, por meio da formulação de uma norma jurídica individual e concreta, elaborada pelo órgão judicial para a situação específica objeto de apreciação.

Já na ação executiva, objetiva-se a modificação da realidade material ou fenomênica, de modo que se realize, na prática, um direito em relação ao qual não paira dúvidas, por já haver um título executivo – judicial ou extrajudicial – que o sustenta.

As ações de conhecimento (ou cognitivas) se subdividem em três espécies: declaratórias, constitutivas e condenatórias. Essa é a classificação tradicional, que prevalece na doutrina.

A ação declaratória tem o objetivo apenas de certificar uma situação jurídica a respeito da qual exista incerteza entre as partes. O autor não deseja obter qualquer prestação do réu, e tampouco modificar, extinguir, ou criar relações jurídicas. Por exemplo, um empregado sem CTPS anotada pode ajuizar ação meramente declaratória, para que se reconheça o vínculo empregatício com determinado empregador. O pedido declaratório não se sujeita à prescrição em qualquer caso (CLT, art. 11, § 1º).[34]

É admissível a ação meramente declaratória, ainda que tenha ocorrido a violação do direito (CPC, art. 20). Ou seja, mesmo que o cidadão já pudesse, em tese, ajuizar ação condenatória, pode optar pela meramente declaratória. Ademais, mesmo que não haja pedido condenatório, é título executivo judicial a decisão proferida no processo civil que reconheça a exigibilidade de obrigação de pagar quantia, de fazer, de não fazer ou de entregar coisa (CPC, art. 515, I).

Destaque-se que não cabe ação declaratória da existência, ou não, de um fato simples, ressalvada a declaração de autenticidade ou falsidade material de documento (CPC, art. 19, II).[35] Em regra, portanto, só cabe ação declaratória atinente à existência, inexistência ou modo de ser de relação jurídica (ou fato jurídico).

Já a ação constitutiva visa a criar, modificar ou extinguir uma relação jurídica ou uma situação jurídica. Esse tipo de ação se caracteriza por manifestar a pretensão processual de exercer um direito potestativo, tal como nos casos de inquérito judicial para apuração de falta grave, cujo objetivo é exercer o direito potestativo de desconstituir a relação de emprego de empregado estável.

Por fim, ações condenatórias buscam a aplicação de sanção ao réu, consistente em uma prestação que este deve cumprir (pagar, fazer, não fazer ou dar coisa distinta de dinheiro). Esse tipo de ação manifesta pretensão relacionada a um direito subjetivo, que é justamente um direito a uma prestação não cumprida espontaneamente pelo réu.

Veja-se que, nas ações constitutivas e condenatórias, também há necessidade de certificar um direito potestativo ou subjetivo, para depois criar, modificar ou extinguir uma relação jurídica, ou condenar ao cumprimento de uma prestação. Então, pode-se dizer que também há declaratividade nas ações constitutivas e condenatórias, mas vai-se além da declaração, obtendo-se a (des) constituição ou a condenação. Por isso, é comum chamar as ações declaratórias de *meramente declaratórias*, já que, nelas, não se busca nada mais que a declaração em si.

Desde a entrada em vigor das Leis nº 11.232/2005 e 11.382/2006, no Processo Civil as ações condenatórias passaram a ser sincréticas, ou seja, eventual atividade executiva decorrente da condenação (caso o réu não cumpra a sanção espontaneamente) será realizada no mesmo processo, sem o ajuizamento de nova ação. Isso significa que a ação condenatória já contém, em si, o pedido de execução forçada (cumprimento de sentença) para a hipótese de inadimplemento do réu.

Para que se dê início à execução de sentença condenatória, no Processo Civil, basta mero requerimento do exequente, caso se trate de obrigação de pagar quantia

---

34 Art. 11, § 1º, O disposto neste artigo não se aplica às ações que tenham por objeto anotações para fins de prova junto à Previdência Social.

35 Art. 19, O interesse do autor pode limitar-se à declaração:(...)
II, da autenticidade ou da falsidade de documento.

certa (CPC, art. 523, *caput*)[36]; para obrigações de dar coisa (CPC, art. 538, *caput*)[37], de fazer ou não fazer (CPC, art. 536, *caput*)[38], não há necessidade sequer de requerimento.

No Processo do Trabalho, deve-se entender, a partir da Reforma Trabalhista, que a execução de sentença condenatória à obrigação de pagar quantia (deflagrada por ação condenatória) só pode dar-se de ofício quando as partes não estiverem representadas por advogado (CLT, art. 878)[39]; já quanto às obrigações não pecuniárias (fazer, não fazer ou dar coisa distinta de dinheiro), é admissível a execução *ex officio.*

À luz do sincretismo processual, perde força a classificação quinária das ações, que incluía, ao lado das declaratórias, constitutivas e condenatórias, as ações mandamentais e as executivas *lato sensu.* Ações mandamentais seriam aquelas que estabelecessem uma ordem a ser cumprida pelo réu; enquanto executivas *lato sensu* seriam aquelas em que o cumprimento da prestação imposta ao réu dar-se-ia no mesmo processo, sem necessidade de nova ação e de concorrência da vontade do réu.

Ora, fica evidente que a noção de ação mandamental corresponde a uma típica ação condenatória ao cumprimento de obrigação de fazer ou não fazer; da mesma forma, em qualquer sentença condenatória, a execução dar-se-á nos mesmos autos, por meio do cumprimento de sentença, independentemente da vontade do réu.

Portanto, não há um gênero de ações mandamentais ou executivas *lato sensu,* mas apenas as declaratórias, condenatórias e constitutivas.

4.2. Ações individuais e ações coletivas

Muito importante no Processo do Trabalho a classificação das ações em individuais e coletivas.

A ação será individual quando almejar a tutela de direitos e interesses que pertençam a indivíduos determinados. Mesmo que haja litisconsórcio ativo (pluralidade de autores), a ação continuará sendo individual, pois os direitos postulados são titularizados por um conjunto de indivíduos que se agrupam, mas não constituem uma coletividade. É o que acontece com a reclamação trabalhista plúrima, prevista no art. 842 da CLT[40]: trata-se de várias ações individuais exercidas no mesmo processo.

---

36 Art. 523, No caso de condenação em quantia certa, ou já fixada em liquidação, e no caso de decisão sobre parcela incontroversa, o cumprimento definitivo da sentença far-se-á a requerimento do exequente, sendo o executado intimado para pagar o débito, no prazo de 15 (quinze) dias, acrescido de custas, se houver.

37 Art. 538, Não cumprida a obrigação de entregar coisa no prazo estabelecido na sentença, será expedido mandado de busca e apreensão ou de imissão na posse em favor do credor, conforme se tratar de coisa móvel ou imóvel.

38 Art. 536, No cumprimento de sentença que reconheça a exigibilidade de obrigação de fazer ou de não fazer, o juiz poderá, de ofício ou a requerimento, para a efetivação da tutela específica ou a obtenção de tutela pelo resultado prático equivalente, determinar as medidas necessárias à satisfação do exequente.

39 Art. 878, A execução será promovida pelas partes, permitida a execução de ofício pelo juiz ou pelo Presidente do Tribunal apenas nos casos em que as partes não estiverem representadas por advogado.

40 Art. 842 – Sendo várias as reclamações e havendo identidade de matéria, poderão ser acumuladas num só processo, se se tratar de empregados da mesma empresa ou estabelecimento.

A ação diz-se coletiva quando visar à tutela de direitos titularizados por uma coletividade. Não se trata, portanto, de agrupamento de ações individuais.

No campo trabalhista, há duas espécies de ações coletivas, que serão objeto de estudo oportunamente: (i) os dissídios coletivos, que podem ter por objeto a criação de condições de trabalho no âmbito de uma categoria (dissídios coletivos de natureza econômica), a interpretação de normas jurídicas (dissídios coletivos de interpretação), ou a declaração de abusividade de greve (dissídio coletivo de greve); (ii) as ações coletivas que versem sobre direitos difusos, coletivos em sentido estrito e individuais homogêneos.

4.3. Ações dúplices

Como regra geral, caso o réu queira obter a tutela de um direito de que seja titular, precisará ajuizar ação ou reconvenção em face do autor.

Por exemplo: o trabalhador ajuíza ação cobrando verbas rescisórias; o empregador entende que nada deve, e que é credor do trabalhador, que teria causado danos ao patrimônio da empresa. Ora, caso o empregador pretenda obter a tutela do seu direito de ressarcimento pelos danos causados, deverá ajuizar ação autônoma ou reconvenção em face do trabalhador.

Excepciona-se este princípio com as ações dúplices.

A ação é dúplice quando o mero exercício do direito de defesa, pelo réu, possa fazer com que este obtenha a tutela do direito material discutido, independentemente do ajuizamento de reconvenção.

Suponha-se uma ação declaratória da existência de relação de emprego, movida pelo trabalhador. Se o réu desejar obter o reconhecimento judicial de que não havia relação de emprego, por se tratar de trabalho autônomo, por exemplo, não há necessidade - e nem possibilidade - de ajuizar ação com este objetivo. A mera contestação já poderá atender a esse propósito.

Além das ações declaratórias, o inquérito judicial para apuração de falta grave também tem natureza dúplice. Nesse procedimento especial, o pedido é de desconstituição do contrato de trabalho de empregado estável. Caso tenha se dado a suspensão do contrato de trabalho durante o curso do processo, conforme autoriza o art. 853 da CLT[41], eventual julgamento de improcedência do pedido de desconstituição do contrato de trabalho (=inexistência da falta grave) acarreta a condenação da empresa ao pagamento dos salários do período de afastamento. Veja-se que o trabalhador (réu) obterá a tutela de seu direito material de receber os salários sem ter ajuizado ação.

5. AÇÃO E PRETENSÃO

Pretensão, em sentido material, é noção associada a direitos subjetivos, consistindo na exigência de subordinação de um interesse alheio ao próprio interesse.

[41] Art. 853, Para a instauração do inquérito para apuração de falta grave contra empregado garantido com estabilidade, o empregador apresentará reclamação por escrito à Junta ou Juízo de Direito, dentro de 30 (trinta) dias, contados da data da suspensão do empregado.

Se um trabalhador entende fazer jus à indenização de 40% do FGTS, quando dispensado, e cobra a parcela de seu ex-empregador, há uma pretensão material, pois o ex-empregado, nesta hipótese, está exigindo a satisfação de seu próprio interesse, em detrimento do interesse do patrão de não pagar.

Veja-se, portanto, que, em sentido material, os direitos potestativos, que estão associados às ações constitutivas, como visto, não geram pretensão, justamente por não acarretarem qualquer exigência de comportamento do sujeito passivo. Igualmente, as ações declaratórias não manifestam pretensão em sentido material.

No entanto, o bem da vida almejado pelo autor da ação pode ser a mera declaração de certeza (ações declaratórias) ou a constituição/desconstituição de uma relação jurídica (ações constitutivas). Nessas hipóteses, assim como nas de ações condenatórias, existe uma pretensão processual de obter a providência jurisdicional postulada, e o bem da vida assegurado pelo ordenamento jurídico.

Pretensão processual é a manifestação de vontade por meio da qual se pede uma atuação jurisdicional frente a uma pessoa determinada e diferente do autor da ação[42], com o objetivo de obter determinado bem da vida.

Não se confundem pretensão processual e demanda, embora a diferença seja muito sutil: esta é apenas o ato jurídico que, contendo uma pretensão processual, dá início ao processo. A demanda – ou ação exercida – é o ato que deflagra o processo, mas este seguirá até a prolação de uma decisão final atinente à pretensão processual.

Dessa forma, toda ação manifestará, necessariamente, uma pretensão processual, consistente na providência jurisdicional e no bem da vida almejados pelo autor, a partir do pedido delimitado pela causa de pedir. Apenas as ações condenatórias, entretanto, contêm em seu bojo uma pretensão em sentido material.

6. CONDIÇÕES DA AÇÃO

Conforme estudado no item 2 deste Capítulo, prevalecem, atualmente, as teorias abstrata e eclética do direito de ação, segundo as quais o direito de ação é autônomo em relação ao direito material discutido em juízo, e existe mesmo no caso de julgamento desfavorável ao autor.

Além disso, o direito cívico de ação é incondicionado, vale dizer, não se sujeita a qualquer condição ou requisito. Qualquer cidadão tem o direito fundamental de fazer uma postulação a um órgão jurisdicional, que passa a ter o dever de realizar a prestação jurisdicional (CF, art. 5º, XXXV).[43]

No entanto, para que o Judiciário possa emitir um provimento a respeito da relação jurídica de direito material discutida (= lide, pretensão processual, mérito), há necessidade de observância de determinados requisitos estabelecidos pela lei, que são as condições da ação.

---

[42] JAMES GUASP, *Derecho Procesal Civil*. 3ª ed. Tomo I. Madrid: Centro de Estudios Constitucionales, 1977, p. 217.

[43] Art. 5º, XXXV, A lei não excluirá da apreciação do Poder Judiciário lesão ou ameaça a direito.

Pode-se dizer que as condições da ação são requisitos para o legítimo exercício do direito de ação[44], ou para o exercício do direito de ação como direito à jurisdição sobre a questão de direito material discutida[45]. Esses requisitos constituem uma espécie de filtro que evita, em alguma medida, demandas temerárias ou manifestamente descabidas, à luz das declarações do próprio autor (conforme teoria da asserção, adiante estudada).

É por isso que, caso falte alguma condição da ação, será proferido julgamento de extinção do processo sem resolução de mérito (CPC, art. 485, IV)[46], ou seja, a parte terá exercido o direito cívico de ação, pois obterá uma resposta jurisdicional para a sua postulação, mas não terá havido exercício de jurisdição no que tange à pretensão processual formulada.

O CPC/73 previa que uma das condições da ação era a possibilidade jurídica do pedido, a significar que não seria possível o julgamento de mérito caso a pretensão fosse vedada ou não agasalhada pelo ordenamento jurídico. Por exemplo, caso o autor cobrasse judicialmente dívida de jogo (inexigível), ou a aplicação de pena de tortura a um devedor inadimplente.

O CPC/2015 suprimiu a categoria da impossibilidade jurídica do pedido como causa de extinção do processo sem resolução de mérito, daí decorrendo que, em situações como as apresentadas, deverá haver julgamento meritório de improcedência, o que tem a vantagem de impedir definitivamente qualquer discussão judicial futura a respeito, em virtude da formação de coisa julgada material.

Na sistemática atual, aplicável ao Processo do Trabalho, são duas as condições da ação: interesse de agir e legitimidade das partes.

6.1. Interesse de agir

Há três visões doutrinárias acerca da configuração do interesse de agir: (i) o interesse pressuporia apenas a necessidade do provimento jurisdicional postulado; (ii) além da necessidade, seria imprescindível a utilidade do provimento; (iii) o interesse seria o somatório da necessidade, utilidade e adequação do provimento pleiteado.

A noção de interesse-adequação não é aceita pela doutrina majoritária.[47] De fato, a compatibilidade da pretensão processual com a situação jurídica narrada na petição inicial não guarda relação ao direito do autor a um provimento sobre a relação jurídica de direito material discutida em juízo.

Quando a providência jurisdicional postulada, ou o procedimento eleito, não são adequados para a tutela do direito material, falta um requisito de validade do processo. Nessas hipóteses, se for possível a conversão do procedimento, ou a emenda da inicial para correção do pedido, o vício será sanado e obter-se-á julgamento de

[44] Como afirma, por exemplo, Barbosa Moreira.

[45] Tal como explica o Professor Leonardo Greco.

[46] Art. 485, O juiz não resolverá o mérito quando: (...)
IV, verificar a ausência de pressupostos de constituição e de desenvolvimento válido e regular do processo.

[47] Por exemplo: GRECO, v.1, p. 235; DIDIER, v.1, p. 367.

mérito. Se o vício for irremediável, não se chegará a investigar se o autor tem direito a um provimento sobre o direito material discutido (= não se cogitará acerca da existência, ou não, das condições da ação).

Predomina o entendimento de que o interesse de agir se configura quando houver necessidade e utilidade da tutela jurisdicional.

Há necessidade quando o autor não tiver outro meio, além da tutela jurisdicional, hábil a satisfazer sua pretensão. Em princípio, sempre que houver outro mecanismo que permita a obtenção do bem da vida pelo autor, não haverá necessidade de tutela jurisdicional.

É por isso, por exemplo, que não há interesse de agir para a propositura de ação, pelo empregador, visando à declaração de extinção do contrato de trabalho de empregado não estável, em decorrência de suposta justa causa. Isso porque o empregador pode atingir o mesmo resultado (= aplicação da punição e ruptura do contrato) sem qualquer interferência judicial. Já se o empregado for dirigente sindical, no gozo de estabilidade provisória, há necessidade de ajuizar a ação, pois a lei assim o exige (CLT, art. 853 c/c 543, § 3º)[48].

Pelo mesmo motivo, não há interesse de agir quando se formula pedido de cobrança de dívida ainda não vencida, já que, até o vencimento, o devedor pode pagar espontaneamente.

Interessante notar que, em algumas hipóteses excepcionais, há interesse de agir mesmo que a lei preveja algum mecanismo extrajudicial que permita a entrega do bem da vida pelo autor. Por exemplo, é possível, atualmente, o divórcio extrajudicial, o que não impede os interessados de ajuizar ação com o mesmo propósito.

O interesse, nessas hipóteses - tal como acontece com as ações meramente declaratórias -, reside na necessidade de certeza jurídica que decorre da decisão judicial, única que é apta a atingir o *status* de coisa julgada. No Processo do Trabalho, discute-se se o empregador público tem interesse de agir para mover inquérito judicial para apuração de falta grave de empregado público estável, tema que será apreciado no Capítulo XXVII.

Há utilidade quando o provimento jurisdicional postulado tiver, em tese, aptidão para melhorar a situação jurídica do demandante.

Por exemplo, em tese, a empresa tem obrigação de fornecer PPP (perfil profissiográfico previdenciário) a todo e qualquer empregado, quando do desligamento. Contudo, esse documento tem o único objetivo de permitir a comprovação, junto ao INSS, do tempo de serviço para fins de aposentadoria especial. Se um empregado que nunca trabalhou em condições insalubres formular pedido de condenação da

---

[48] Art. 853, Para a instauração do inquérito para apuração de falta grave contra empregado garantido com estabilidade, o empregador apresentará reclamação por escrito à Junta ou Juízo de Direito, dentro de 30 (trinta) dias, contados da data da suspensão do empregado.

Art. 543, § 3º, Fica vedada a dispensa do empregado sindicalizado ou associado, a partir do momento do registro de sua candidatura a cargo de direção ou representação de entidade sindical ou de associação profissional, até 1 (um) ano após o final do seu mandato, caso seja eleito, inclusive como suplente, salvo se cometer falta grave devidamente apurada nos termos desta Consolidação.

empresa à entrega do PPP, não há qualquer utilidade do provimento jurisdicional postulado, inexistindo, em consequência interesse de agir.

6.2. Legitimidade das partes (ordinária e extraordinária)

Em princípio, apenas os titulares da relação jurídica de direito material discutida em juízo podem ser partes na relação jurídica processual correspondente. Essa é a noção de legitimidade ordinária, segundo a qual o interessado pode formular, em nome próprio, qualquer pretensão processual relacionada à sua esfera de direitos e deveres, direcionando a ação em face do (s) outro(s) integrante(s) da *res in judicium deducta*. Trata-se da pertinência subjetiva da ação.[49]

Para que se manifeste validamente o direito de ação, e se exerça a jurisdição sobre a lide ou questão de direito material discutida, é preciso haver, portanto, identidade entre o autor da ação e o alegado titular da situação jurídica ativa (legitimidade ativa), e também identidade entre o réu e o suposto titular da situação jurídica passiva (legitimidade passiva).

Excepcionalmente, o ordenamento jurídico permite que alguém formule, em nome próprio, pretensão para defesa de direito de outra pessoa (CPC, art. 18, *caput*).[50] É o que se chama de legitimidade extraordinária ou substituição processual.

A legitimidade extraordinária é fenômeno típico (mas não exclusivo) de ações coletivas, tais como ações civis públicas que versem sobre direitos individuais homogêneos. Nesses casos, um ente legitimado por lei (sindicato, Ministério Público etc.) formula, em nome próprio, pedido para a tutela de direitos individuais que pertencem a diversos trabalhadores.

6.3. Teoria da asserção. Verificação das condições da ação em diversos momentos processuais e perda superveniente do interesse de agir

As condições da ação devem ser aferidas de acordo com as alegações (= asserção) do autor, independentemente da análise de qualquer elemento de prova.

Assim, em virtude da teoria da asserção, cabe analisar se o autor se diz titular de situação jurídica ativa em face do réu (legitimidade); e se há, a partir da narrativa exposta, necessidade e utilidade da prestação jurisdicional requerida (interesse).

Perceba-se que as condições da ação são questões de ordem pública, conhecíveis de ofício, em qualquer grau de jurisdição. Em sua ausência, o processo deve ser extinto sem resolução de mérito (CPC, art. 485, VI).[51]

Contudo, se, na investigação da legitimidade ou do interesse agir, o juiz fizer incursões no acervo probatório, estar-se-á diante de julgamento de mérito.

---

49 Expressão consagrada e criada por Alfredo Buzaid.

50 Art. 18, Ninguém poderá pleitear direito alheio em nome próprio, salvo quando autorizado pelo ordenamento jurídico.

51 Art. 485, O juiz não resolverá o mérito quando: (...)
VI – verificar ausência de legitimidade ou de interesse processual.

Vale destacar que é controvertida a possibilidade de extinção do processo por falta de condição da ação (carência de ação) após a instrução processual.

Para uma vertente de pensamento, isso poderia acontecer nas hipóteses em que o juiz não tivesse feito avaliação das condições da ação, ou houvesse feito equivocadamente, no momento processual anterior à produção de provas. Bastaria que, não obstante a instrução, a decisão concernente à legitimidade ou interesse de agir fosse feita com base nas asserções da petição inicial.

Contudo, após a instrução probatória, é preferível a prolação de decisão de mérito, que pacifique definitivamente o conflito entre as partes, mediante a formação de coisa julgada material. Além de se harmonizar com o princípio da primazia da decisão de mérito (CPC, art. 4º)[52], essa solução prestigia a jurisdição e evita o ajuizamento de novas ações idênticas.[53]

Ressalve-se que é possível a perda superveniente do interesse de agir (também chamada de perda de objeto da ação), em virtude de fato ocorrido após o ajuizamento. Suponha-se situação em que o trabalhador ajuíze ação postulando a rescisão indireta do contrato de trabalho e verbas daí decorrentes (aviso prévio, 40% de FGTS etc.). No curso do processo, mas antes da prolação da sentença, o empregador dispensa imotivadamente o reclamante, pagando-lhe tempestivamente todas as verbas rescisórias pertinentes.

Nessa hipótese, deve dar-se decisão de extinção do processo sem resolução de mérito no que tange às verbas rescisórias, pois, com o pagamento extrajudicial, há falta superveniente de interesse de agir, já que as parcelas inerentes à dispensa imotivada são idênticas às devidas em caso de rescisão indireta do contrato de trabalho.

A mesma situação ocorre com a pretensão, em si, de rescisão indireta, já que se trata de pedido constitutivo negativo, que visa a desconstituir o contrato de trabalho. Ora, se este já se extinguiu extrajudicialmente e o empregado recebeu todas as parcelas inerentes à dispensa imotivada, não há mais utilidade na prestação jurisdicional, devendo o feito ser extinto com base no art. 485, VI, do CPC.[54]

Registre-se que isso não obsta a que o reclamante postule, eventualmente, em outra ação, indenização por danos morais em decorrência de descumprimento contratual, já que se trata de parcela autônoma.

6.4. Diferenciação dos pressupostos processuais e permanência do conceito de condições da ação

As condições da ação constituem categoria intermediária, situada entre os pressupostos processuais e o mérito da causa: trata-se do trinômio fundamental das questões apreciadas nos processos judiciais.

---

52 Art. 4º, As partes têm o direito de obter em prazo razoável a solução integral do mérito, incluída a atividade satisfativa.

53 Defendendo que o julgamento sempre será de mérito após a instrução processual, HUMBERTO THEODORO JÚNIOR, v.1, p. 166.

54 Art. 485, O juiz não resolverá o mérito quando: (...)
VI – verificar ausência de legitimidade ou de interesse processual.

De fato, os pressupostos processuais são requisitos de existência e de validade da relação jurídica processual. Caso falte algum pressuposto, estar-se-á diante de processo inexistente ou inválido, não sendo pertinente nem a apreciação do direito material discutido, nem a viabilidade do exercício do direito de ação.

Para que haja provimento judicial sobre o mérito da causa (= lide), entretanto, não basta que o processo seja válido e existente (=que estejam presentes os pressupostos processuais); é necessário perquirir se as afirmações do autor, em tese, caso verdadeiras, são aptas a gerar a tutela do direito material invocado.

Percebe-se, então, que a diferenciação entre pressupostos processuais e condições da ação é uma necessidade técnico-jurídica, porque a essência dos institutos é diversa, muito embora a consequência - extinção do processo sem resolução de mérito - seja idêntica nos dois casos.

Mesmo que o processo seja plenamente existente e válido (pressupostos processuais), o Estado não prestará jurisdição quanto ao direito material invocado se as partes forem ilegítimas ou se faltar interesse e utilidade no provimento jurisdicional pleiteado.

Além disso, a noção técnico-jurídica das condições da ação é tradicional em nosso direito processual.

Veja-se, ainda, que o art. 485 do CPC prevê inciso específico (VI), que abrange exclusivamente as condições da ação - interesse de agir e legitimidade das partes, separando-as, topograficamente, dos pressupostos processuais (inciso IV).[55]

Por todas essas razões, continua existindo o instituto das condições da ação, no regime do Novo CPC.

Registre-se, entretanto, linha doutrinária aparentemente minoritária que sustenta não haver mais a categoria de condições da ação no Novo Código, fundando-se no fato de não ser usada a expressão *condições da ação* no novo diploma normativo, e porque só haveria dois tipos de questões no processo: as de admissibilidade, e as de mérito.[56]

7. CUMULAÇÃO DE AÇÕES: PROCESSO CUMULATIVO. CONCURSO OBJETIVO E SUBJETIVO DE AÇÕES

Como se viu, a ação se identifica pela presença de partes, causa de pedir e pedido. Sempre que houver pluralidade em algum ou alguns desses elementos, estar-se-á diante de processo cumulativo (também chamado de cumulação de ações).

Note-se que, o fato de haver cumulação de ações não significa que haja pluralidade de processos ou de autos processuais. Há uma única relação jurídica processual, tramitando em autos também únicos, mas contendo em seu bojo diversas ações.

A cumulação de ações pode ser subjetiva ou objetiva.

---

55 Art. 485, O juiz não resolverá o mérito quando: (..)
IV, verificar a ausência de pressupostos de constituição e de desenvolvimento válido e regular do processo.

56 DIDIER, v. 1, p. 344.

Cumulação subjetiva acontece nas situações de litisconsórcio, ou seja, pluralidade de autores e/ou de réus. Se houver mais de um autor, cada um deles está exercendo seu direito de ação e formulando uma demanda em face do réu. Haverá tantas ações quanto seja o número de autores. Se houver mais de um réu, o autor estará exercendo seu direito de ação em face de cada réu. Nos dois casos, há pluralidade de ações, ressalvada a situação do litisconsórcio unitário.

Cumulação objetiva se dá quando houver mais de um pedido ou de causa de pedir.

Suponha-se uma reclamação trabalhista movida pelo empregado X em face do empregador Y, postulando diversas verbas, como indenização por danos morais, indenização por danos materiais, aviso prévio etc. Cada um desses pedidos corresponde a uma ação formulada pelo autor X, em face do réu Y, muito embora formulados numa única petição inicial e apreciados no bojo do mesmo processo, por sentença única.

Figure-se, agora, a hipótese em que o empregado postule indenização por danos materiais (pensão mensal vitalícia) com base em doença ocupacional incapacitante, adquirida ao longo dos anos de trabalho; e também com base em acidente de trabalho típico e instantâneo. Aqui, tem-se duas causas de pedir para o mesmo pedido (pensão mensal vitalícia), e, portanto, há também cumulação objetiva de ações.

Já a noção de concurso objetivo de ações se relaciona às hipóteses em que o direito material possibilita o manejo de dois tipos de ação para a tutela do mesmo direito material. O exemplo clássico é a situação dos vícios redibitórios, que autorizam o manejo da ação redibitória (para resolução do negócio jurídico), ou a ação *quanti minoris* (para abatimento do preço pago). Escolhida uma, o autor não pode exercer a outra ação (*electa una via non datur regressus ad alteram*).

Por fim, o concurso subjetivo de ações se caracteriza pela possibilidade de propositura da ação por mais de um sujeito, que atua como substituto processual dos demais legitimados. É o que ocorre, por exemplo, na ação movida por acionista, com o objetivo de anular deliberação de assembleia de sociedade anônima, que pode ser proposta por qualquer acionista.

8. DESISTÊNCIA DA AÇÃO

A desistência da ação é ato unilateral do autor e resulta em extinção do processo sem resolução de mérito. A liberdade individual é considerada tanto no que tange à propositura – isto é, todos os cidadãos são livres para decidirem se vão, ou não, ajuizar ações –, como também no que concerne ao prosseguimento da ação.

No entanto, uma vez que o Judiciário profira sentença – apreciando, ou não, o mérito –, é impossível a desistência da ação, pois isso equivaleria a uma revogação, por ato unilateral do autor, da decisão judicial. Por isso, não pode ser apresentada desistência da ação após a sentença (CPC, art. 485, § 5º).[57]

[57] Art. 485, § 5º, A desistência da ação pode ser apresentada até a sentença.

Após a Reforma Trabalhista, o art. 841, § 3º, da CLT, passou a prever textualmente que, *oferecida a contestação, ainda que eletronicamente, o reclamante não poderá, sem o consentimento do reclamado, desistir da ação.*

Deve-se atentar para o fato de que, no Processo do Trabalho, a contestação, em princípio, é recebida apenas na audiência (CLT, art. 847).[58] Contudo, na prática do PJ-e (que é utilizado em toda a Justiça do Trabalho), a reclamada oferece a contestação eletronicamente antes da audiência. A discussão que surgirá quanto ao tema é saber se o consentimento do reclamado é necessário para a homologação da desistência requerida depois do oferecimento eletrônico da contestação, mas antes da finalização da primeira tentativa de conciliação na audiência inaugural.

Embora o tema seja propício a controvérsias, deve-se entender que o objetivo da lei é exigir o consentimento do reclamado se o reclamante quiser desistir após ter tido acesso à contestação. O espírito do novo regramento é inibir procedimentos maliciosos do autor, sobretudo a postulação de direitos sabidamente indevidos, com a expectativa de se beneficiar de eventual revelia do reclamado.

À luz dessa premissa, se a contestação for juntada sob sigilo, o reclamante não terá tido acesso à peça de defesa antes do encerramento da tentativa inicial de conciliação em audiência e, por tal motivo, poderá desistir da ação independentemente de consentimento do réu – muito embora a peça de defesa já tenha sido oferecida eletronicamente, o que desmente parcialmente a redação do art. 841, § 3º, da CLT.

De outro lado, se a contestação for oferecida sem sigilo, o reclamante tem acesso imediato à peça; nesta hipótese, mesmo que pretenda desistir da ação antes da audiência inicial, será necessário o consentimento do réu.

[58] Art. 847- Não havendo acordo, o reclamado terá vinte minutos para aduzir sua defesa, após a leitura da reclamação, quando esta não for dispensada por ambas as partes.

Parágrafo único. A parte poderá apresentar defesa escrita pelo sistema de processo judicial eletrônico até a audiência.

VII

SUJEITOS DA RELAÇÃO PROCESSUAL

Sumário: 1. Nota introdutória – 2. Parte: conceito. Capacidade de ser parte. Órgãos públicos: 2.1. Capacidade de estar em Juízo ou capacidade processual; 2.2. Capacidade postulatória: *jus postulandi*. Ausência do advogado em audiência; 2.3. Substituição processual, representação processual e sucessão processual – 3. Juiz: 3.1. Impedimento; 3.2. Suspeição; 3.3. Procedimento para arguição de suspeição e impedimento – 4. Sujeitos postulantes: 4.1. Advogado. Procuração. Mandato tácito e procuração *apud acta*; 4.2. Ministério Público, Defensoria Pública e Sindicato – 5. Deveres das partes e procuradores. Ato atentatório à dignidade da jurisdição: 5.1. Litigância de má-fé; 5.2. Responsabilidade do advogado – 6. Sujeitos auxiliares do processo – 7. Sujeitos probatórios.

1. NOTA INTRODUTÓRIA

Como visto, a relação processual, como toda e qualquer relação jurídica, pressupõe a existência de, no mínimo, dois sujeitos, para que se forme. Pode-se dizer, portanto, que as partes e o juiz são os sujeitos essenciais do processo, que inexiste sem a presença deles.

Todos os demais sujeitos que ingressam na relação processual – muito embora imprescindíveis, no mais das vezes, para uma boa prestação jurisdicional – podem ser chamados de sujeitos eventuais do processo, já que sua ausência não compromete a existência – nem, geralmente, a validade – da relação jurídica processual.

Os sujeitos eventuais do processo podem ser: auxiliares (oficial de justiça, depositário judicial etc.); probatórios (testemunha, perito etc.); postulantes (advogado, Ministério Público, Defensoria Pública etc.); e terceiros intervenientes.

Neste capítulo, será estudado o regime dos sujeitos essenciais, auxiliares, probatórios e postulantes do processo; já o litisconsórcio e a intervenção de terceiros, em capítulos autônomos.

2. PARTE: CONCEITO. CAPACIDADE DE SER PARTE. ÓRGÃOS PÚBLICOS

Partes são aqueles que pedem ou em face de quem se pede a tutela jurisdicional.

O autor, no Processo do Trabalho, comumente é chamado de reclamante; e o réu, de reclamado, nomenclaturas que advêm da época em que a Justiça do Trabalho era órgão administrativo. Apesar da crescente aproximação com o Processo Civil, as expressões são consagradas no âmbito trabalhista, não havendo razão para rejeitar seu uso.

Nos dissídios coletivos de trabalho, costuma-se denominar a parte autora de suscitante, e a parte ré de suscitado; e, no inquérito judicial para apuração de falta grave, o autor (patrão), é chamado de requerente, e o réu (empregado), de requerido.

Qualquer pessoa física ou jurídica, bem como alguns entes despersonalizados (massa falida, espólio, condomínio), pode ser parte num processo judicial. Todos têm, portanto, a capacidade de ser parte, que é conceito processual correlato à noção civil de capacidade de direito - o qual é consequência direta da personalidade jurídica.

Os entes despersonalizados, embora não tenham personalidade jurídica na esfera civil, são dotados de personalidade judiciária, ou seja, possibilidade de litigar em juízo, como autor ou réu, por força de lei (exemplo: CPC, art. 75, V a VII).[1]

Órgãos públicos (Prefeitura, Secretaria de Estado, Assembleia Legislativa etc.) não detêm, em princípio, capacidade de ser parte, justamente por não terem personalidade jurídica. Os litígios que os envolvam, assim, devem ser instaurados tendo como parte a pessoa de direito público correspondente (município, Estado membro etc.). Contudo, a jurisprudência tem mitigado a regra em situações nas quais o órgão público busca em juízo a defesa de suas prerrogativas institucionais.[2] Além disso, a lei pode estabelecer a legitimidade de órgãos, como acontece com as ações consumeristas (CDC, art. 82, III).[3]

2.1. Capacidade de estar em Juízo ou capacidade processual

Para que o processo seja válido, não basta que se façam presentes as partes, senão que elas também sejam capazes de estar em juízo, independentemente de assistência ou representação. Trata-se de noção processual correlata à de capacidade de fato, que consiste na aptidão para a prática, por si só, de atos da vida civil.

As pessoas físicas maiores de 18 anos são, em princípio, plenamente capazes de estar em juízo. Os maiores de 16, e menores de 18 anos, devem ser assistidos pelos pais ou responsáveis legais. Os menores de 16 anos devem ser representados pelos responsáveis. Idêntica situação ocorre com os maiores de idade incapazes, que serão assistidos ou representados na forma da lei (CPC, art. 70).[4]

---

1 Art. 75, Serão representados em juízo, ativa e passivamente: (...)
V, a massa falida, pelo administrador judicial;
VI, a herança jacente ou vacante, por seu curador;
VII, o espólio, pelo inventariante.

2 RMS 12.068/MG, Rel. Ministro FRANCISCO PEÇANHA MARTINS, SEGUNDA TURMA, julgado em 17/09/2002, DJ 11/11/2002, p. 169.

3 Art. 82, Para os fins do art. 81, parágrafo único, são legitimados concorrentemente:
III – as entidades e órgãos da Administração Pública, direta ou indireta, ainda que sem personalidade jurídica, especificamente destinados à defesa dos interesses e direitos protegidos por este código.

4 Art. 70, Toda pessoa que se encontre no exercício de seus direitos tem capacidade para estar em juízo.

O art. 75 do CPC disciplina a capacidade processual (também chamada de *legitimatio ad processum* ou capacidade de estar em juízo) de algumas pessoas jurídicas e entes despersonalizados, cabendo destacar, no Processo do Trabalho: as pessoas jurídicas de direito privado são representadas em juízo por quem os respectivos atos constitutivos designarem ou, não havendo essa designação, por seus diretores (CPC, art. 75, VIII); o Município, por seu prefeito ou procurador ou Associação de Representação de Municípios, quando expressamente autorizada (CPC, art. 75, III); a sociedade e a associação irregulares e outros entes organizados sem personalidade jurídica, pela pessoa a quem couber a administração de seus bens (CPC, art. 75, IX).

A representação judicial do Município pela Associação de Representação de Municípios somente poderá ocorrer em questões de interesse comum dos Municípios associados e dependerá de autorização do respectivo chefe do Poder Executivo municipal, com indicação específica do direito ou da obrigação a ser objeto das medidas judiciais (CPC, art. 75, §5º).

A capacidade processual é pressuposto processual subjetivo de validade do processo. Se o autor não estiver devidamente representado ou assistido, o processo que esteja na instância originária, em princípio, deve ser extinto sem resolução de mérito (CPC, art. 485, IV); se o vício se der em relação ao réu, deve ser aplicada revelia. Caso o processo esteja na instância recursal, o recurso não será conhecido, se a providência couber ao recorrente; ou as contrarrazões serão excluídas dos autos, caso a providência competir ao recorrido. Em qualquer caso, o juiz deve conceder prazo razoável para a regularização da representação processual (CPC, art. 76, *caput* e §§ 1º e 2º).

2.1.1. *Incapacidade absoluta e relativa no processo do trabalho*

O art. 792 da CLT, revogado pela Lei 13.467/2017, ao prever que os maiores de 18 (dezoito) e menores de 21 (vinte e um) anos e as mulheres casadas poderão pleitear perante a Justiça do Trabalho sem a assistência de seus pais, tutores ou maridos, estava absolutamente superado com a superveniência do Código Civil de 2002, o qual estabeleceu o alcance da maioridade aos 18 anos.

Assim, a atuação do menor de 18, e maior de 16 anos, na Justiça do Trabalho, deve ser feita com assistência dos pais ou responsáveis legais; e, quanto ao menor de 16 anos, deve estar representado em juízo pelos representantes legais. Na falta destes, o menor será representado ou assistido pela Procuradoria da Justiça do Trabalho, pelo sindicato, pelo Ministério Público estadual ou curador nomeado em Juízo.

O incapaz só pode confessar em juízo mediante assistência ou representação do respectivo responsável. Não obstante, mesmo que sem assistência ou representação, a confissão do incapaz pode ser tida como mais um elemento de prova a ser apreciado pelo Juiz do Trabalho.

2.1.2. *Intervenção do Ministério Público do Trabalho*

O art. 178, II, do CPC, estabelece que o Ministério Público deve intervir como fiscal da ordem jurídica (*custos legis*) nos processos que envolvam interesse de incapaz.

A aplicabilidade do dispositivo no Processo do Trabalho é controvertida, havendo corrente doutrinária e jurisprudencial que sustenta em sentido positivo, com o objetivo de que o Ministério Público do Trabalho fiscalizasse a defesa dos interesses do incapaz.

Contudo, prevalece, acertadamente, no âmbito do Tribunal Superior do Trabalho, o entendimento de que não se faz necessária a intervenção do MPT, não havendo falar em nulidade processual.[5] De fato, estando o menor devidamente assistido ou representado, é de se presumir que seus interesses estejam sendo satisfatoriamente defendidos. A intervenção ministerial, nesses casos, apenas serviria para causar demora desnecessária no trâmite processual.

Observe-se, entretanto, que, se houver conflito de interesses entre o incapaz e seu representante ou assistente, ou indicativos de fraude, o Juiz do Trabalho deverá determinar a intimação do Ministério Público, para que, caso entenda pertinente, intervenha no processo.

2.1.3. Menor emancipado

No campo do Direito Material do Trabalho, a emancipação do menor de idade não causa qualquer reflexo. Assim, mesmo que emancipado, o menor de 18 anos não pode trabalhar em ambientes insalubres e perigosos; além disso, não flui, em seu desfavor, nenhum prazo de prescrição (CLT, art. 440). Isso porque as normas trabalhistas de proteção ao trabalho do menor são cogentes, em virtude de seu caráter de ordem pública, sendo inafastáveis pela vontade dos cidadãos envolvidos, já que o objetivo principal é tutelar a saúde do menor. Especificamente quanto à prescrição, a CLT estabelece norma favorável ao trabalhador menor, que independe da disciplina do tema pelo Código Civil.

Já na seara do Processo do Trabalho, não há razão lógico-jurídica que impeça o reconhecimento da eficácia da emancipação. Assim, o menor emancipado pode litigar na Justiça do Trabalho independentemente de assistência ou representação.

O emancipado pode, inclusive, confessar em juízo, já que sua capacidade processual é plena. Como argumento de reforço, veja-se que o art. 439 da CLT[6] permite que o menor firme recibo de salários, o que é feito extrajudicialmente; *a fortiori*, deve o menor poder confessar o recebimento de determinada parcela em Juízo.

Por fim, destaque-se que uma das causas legais de emancipação é a existência de relação de emprego, desde que, em função dela, o menor com dezesseis anos completos tenha economia própria (Código Civil, art. 5º, parágrafo único, V).[7]

---

5 TST – AIRR: 4812620105110019 481-26.2010.5.11.0019, Relator: Mauricio Godinho Delgado, Data de Julgamento: 13/08/2013, 3ª Turma, Data de Publicação: DEJT 16/08/2013.

6 Art. 439, É lícito ao menor firmar recibo pelo pagamento dos salários. Tratando-se, porém, de rescisão do contrato de trabalho, é vedado ao menor de 18 (dezoito) anos dar, sem assistência dos seus responsáveis legais, quitação ao empregador pelo recebimento da indenização que lhe for devida.

7 Art. 5º, A menoridade cessa aos dezoito anos completos, quando a pessoa fica habilitada à prática de todos os atos da vida civil.

2.1.4. Réu revel citado por hora certa e réu preso

O art. 72, II, do CPC, estatui que o juiz deve nomear curador especial ao réu preso revel, bem como ao réu revel citado por edital ou com hora certa, enquanto não for constituído advogado.

A jurisprudência e doutrina majoritárias sustentam, acertadamente, que o dispositivo é inaplicável ao Processo do Trabalho, diante da inexistência de omissão da CLT, que regulamenta o tema da nomeação de curador no art. 793[8], restringindo-a aos menores.[9]

Além desse aspecto, é importante observar que a nomeação de curador, nas hipóteses previstas no CPC, atrasaria a marcha processual, o que não se harmoniza com o caráter alimentar dos créditos trabalhistas, e a consequente necessidade de maior celeridade no procedimento.

2.1.5. Preposto. Carta de preposição. Condição de empregado do preposto

Preposto é o representante do empregador na audiência trabalhista. Caso o empregador, sócio ou administrador da empresa não possa – ou não queira – comparecer pessoalmente, pode utilizar-se da figura do preposto, o que dá margem a uma espécie de representação voluntária do empregador.

Veja-se que, na esfera do Processo do Trabalho, nada impede que o reclamado pessoa física designe preposto para representá-lo, já que inexiste qualquer dispositivo legal proibitivo. Ao contrário, o art. 843, §1º, da CLT, estabelece ser facultado ao empregador fazer-se substituir pelo gerente, ou qualquer outro preposto que tenha conhecimento do fato, e cujas declarações obrigarão o proponente, sem qualquer ressalva quanto à possibilidade de o preponente ser pessoa física. No campo trabalhista, portanto, não se aplica o art. 9º, §4º, da Lei dos Juizados Especiais Cíveis[10], no que limita a possibilidade de indicação de preposto apenas por réus que sejam pessoas jurídicas ou titulares de firma individual.

O preposto precisa ter conhecimento dos fatos, sob pena de configurar-se confissão ficta (presunção de veracidade favorável ao autor, em relação aos fatos desconhecidos pelo preposto), mas não necessariamente deve ter presenciado os fatos. É erro crasso, portanto, indagar ao preposto, na audiência, se ele presenciou,

---

Parágrafo único. Cessará, para os menores, a incapacidade: (...)

V, pelo estabelecimento civil ou comercial, ou pela existência de relação de emprego, desde que, em função deles, o menor com dezesseis anos completos tenha economia própria.

8 Art. 793. A reclamação trabalhista do menor de 18 anos será feita por seus representantes legais e, na falta destes, pela Procuradoria da Justiça do Trabalho, pelo sindicato, pelo Ministério Público estadual ou curador nomeado em juízo.

9 Nesse sentido, TRT-14 - RO: 37920080011400 RO 00379.2008.001.14.00, Relator: JUÍZA VANIA MARIA DA ROCHA ABENSUR, Data de Julgamento: 03/09/2008, PRIMEIRA TURMA, Data de Publicação: DETRT14 n. 167, de 09/09/2008.

10 Art. 9º, § 4º O réu, sendo pessoa jurídica ou titular de firma individual, poderá ser representado por preposto credenciado, munido de carta de preposição com poderes para transigir, sem haver necessidade de vínculo empregatício.

ou não, determinado fato, já que o preposto não é testemunha. Esse tipo de pergunta deve ser indeferido numa instrução processual, em função de sua impertinência.

Ainda que o preposto seja inventariante (ou representante do espólio, de forma mais ampla), deve ter conhecimento dos fatos, sob pena de confissão ficta. A CLT não excepciona a situação do representante do espólio, de modo que o preposto deve ter conhecimento dos fatos, podendo obtê-lo, por exemplo, mediante conversas com outros empregados ou analisando a documentação do empregador pessoa física falecido.

A jurisprudência do TST, cristalizada na Súmula 377, a partir da redação originária do art. 843, § 1º, da CLT[11], exigia que o preposto fosse empregado do reclamado, exceto quanto à reclamação de empregado doméstico, ou contra micro ou pequeno empresário. Em favor da tese, argumentava-se que tal exigência evitava a *indústria* dos prepostos profissionais; promovia a moralização do processo; o melhor conhecimento dos fatos pelo preposto, o que permitiria alcançar-se a verdade real.[12]

No entanto, o citado dispositivo legal não exigia a condição de empregado do preposto, razão pela qual a Súmula era *contra legem*, mesmo antes da entrada em vigor da Lei nº 13.467/20147. Ademais, tal exigência podia dificultar sobremaneira o exercício do contraditório em casos de empresas que tenham poucos empregados, embora não seja micro ou pequenas empresas. O argumento da *moralização*, embora nobre, não era pertinente, pois o preposto empregado potencialmente teria o receio de perder seu emprego ou ser punido caso faça alguma declaração contrária ao patrimônio do empregador.

Esse entendimento foi expressamente sufragado pela Reforma Trabalhista de 2017, que inseriu o § 3º no art. 843 da CLT, com previsão expressa de que o preposto não precisa ser empregado da parte reclamada.

Noutro giro, o exercício da função de preposto inevitavelmente exige certo grau de fidúcia por parte do empregador, tendo em vista as consequências que a atuação do preposto pode desencadear, em relação ao patrimônio da empresa. Aliás, é por esta razão que a jurisprudência trabalhista exige a apresentação de *carta de preposição* ou *carta de preposto*, muito embora não haja qualquer previsão legal alusiva a tal documento.

Contudo, não se revela razoável a aplicação de revelia ou confissão ficta pelo mero fato de não ser apresentada a carta de preposição. Se houver o comparecimento do preposto, que manifesta ânimo de defesa, não se pode considerar que o reclamado esteja ausente. A figura da carta de preposição foi construída, como dito, para salvaguardar os interesses do empregador, sendo ilógico, portanto, o seu uso para prejudicá-lo, mediante aplicação da revelia ou confissão ficta.

É comum, na praxe forense, a concessão de prazo em audiência para apresentação da carta de preposição.

---

11 Art. 843, § 1º – É facultado ao empregador fazer-se substituir pelo gerente, ou qualquer outro preposto que tenha conhecimento do fato, e cujas declarações obrigarão o proponente.

12 Nessa linha, SCHIAVI, p. 483.

2.2. Capacidade postulatória: *jus postulandi*. Ausência do advogado em audiência

Capacidade postulatória é a habilitação legal para dirigir requerimentos e pedidos a um órgão jurisdicional.

No Processo Civil, qualquer ato postulatório somente pode ser praticado por profissional da advocacia devidamente habilitado e inscrito na Ordem dos Advogados do Brasil. Além dos advogados, membros do Ministério Público e da Defensoria Pública (LC 80/94, art. 4º, § 6º) também têm capacidade postulatória para atuar em nome da instituição que integram. Assim, atos como petição inicial, contestação, formulação de quesitos ao perito ou de perguntas à testemunha, recursos, entre outros, só podem ser praticados por tais profissionais.

Trata-se de pressuposto processual subjetivo de validade, associado aos princípios do contraditório e ampla defesa.

No Processo do Trabalho, a regra geral é a desnecessidade da capacidade postulatória, pois o art. 791 da CLT prevê que empregados e empregadores podem litigar pessoalmente - ou seja, sem o patrocínio de advogado - na Justiça do Trabalho; diz-se, então, que as partes detêm o *jus postulandi*, ou seja, o direito de praticar atos postulatórios. O STF reconheceu a constitucionalidade dessa previsão.[13]

A garantia constitucional da ampla defesa (CF, art. 5º, LV)[14], que integra o conteúdo mínimo do devido processo legal, abrange não apenas a possibilidade de produção de provas e de formulação de alegações de direito, mas também a assistência dos litigantes por profissional devidamente habilitado.

De fato, a complexidade do processo do trabalho, na atualidade, faz com que seja praticamente impossível a um leigo atuar em causa própria na Justiça do Trabalho sem que sofra algum prejuízo em decorrência desse fato. A ampliação da competência do Judiciário Trabalhista, com a EC 45/2004, reforçou este quadro, já que passaram a ser julgados pela Especializada temas como indenizações por danos morais, acidentes de trabalho, execução previdenciária, entre outros que recomendam o patrocínio por advogado.

Assim, o *jus postulandi*, previsto no art. 791 da CLT[15], como prerrogativa de qualquer das partes litigar pessoalmente, sem advogado, embora ainda vigente, encontra-se em franco desuso, sendo raros os casos em que a parte opta por exercer tal direito, sobretudo nos grandes centros urbanos.

Por tais razões, quando a parte (reclamante ou reclamado) constitui advogado, mas este não comparece à audiência (por qualquer motivo), é prudente redesignar a assentada, de modo a evitar prejuízo à ampla defesa. Para evitar a protelação do feito, o Juiz do Trabalho deve advertir a parte de que não haverá novo adiamento

---

13 ADI 1127 MC, Relator(a): Min. PAULO BROSSARD, Tribunal Pleno, julgado em 06/10/1994, DJ 29-06-2001 PP-00032 EMENT VOL-02037-02 PP-00265.

14 Art. 5º, LV, aos litigantes, em processo judicial ou administrativo, e aos acusados em geral são assegurados o contraditório e a ampla defesa, com os meios e recursos a ela inerentes.

15 Art. 791, Os empregados e os empregadores poderão reclamar pessoalmente perante a Justiça do Trabalho e acompanhar as suas reclamações até o final.

pelo mesmo motivo. Além disso, em situações de comprovada má-fé, será pertinente a aplicação das sanções processuais cabíveis.

Consoante a Súmula 425 do TST[16], é obrigatório o patrocínio por advogado, não se aplicando o *jus postulandi*, na ação rescisória, no mandado de segurança, e nos recursos de competência do TST. Embora não conste da Súmula, a Corte também entende imprescindível a assistência por advogado nas reclamações (CPC, art. 988).[17]

2.3. Substituição processual, representação processual e sucessão processual

Conforme já estudado[18], excepcionalmente, o ordenamento jurídico permite que alguém formule, em nome próprio, pretensão para defesa de direito de outra pessoa (CPC, art. 18, *caput*). É o que se chama de legitimidade extraordinária ou substituição processual.

Não se pode confundir tal fenômeno com o da representação e da sucessão processual.

A representação processual acontece quando uma pessoa atua no processo em nome alheio, para defesa de direito alheio. A representação pode ser legal ou convencional. A primeira decorre diretamente da lei, como se dá no caso dos menores, que são representados em juízo pelos pais ou responsáveis, conforme já visto. Já a representação convencional decorre da vontade do interessado, tal como acontece na designação de preposto pelo empregador. Veja-se que a parte é o próprio menor, no primeiro caso; e a empresa, no segundo, mas ambos são representados por outras pessoas (pais ou preposto), que defendem o direito do representado, em nome do próprio representado.

Nas reclamações plúrimas e em ações de cumprimento, com uma grande quantidade de autores, estes podem ser representados pelo sindicato de sua categoria (CLT, art. 843, *caput*), ou até mesmo por uma comissão de representantes, conforme vem aceitando a jurisprudência.

Se, por doença ou qualquer outro motivo ponderoso, devidamente comprovado, não for possível ao empregado comparecer pessoalmente à audiência, poderá fazer-se representar por outro empregado que pertença à mesma profissão, ou pelo seu sindicato (CLT, art. 843, § 2º).

Por fim, a sucessão processual consiste na mudança do(s) integrante(s) de um, ou de ambos os polos da ação, no curso do processo. Pode dar-se *mortis causa*, em razão da morte do trabalhador, ou do empregador pessoa física, situações em que os dependentes ou o espólio deverão se habilitar, conforme análise empreendida no item a seguir; ou por ato *inter vivos*, em decorrência de negócio jurídico.

---

16 STF, súmula 425: O *jus postulandi* das partes, estabelecido no art. 791 da CLT, limita-se às Varas do Trabalho e aos Tribunais Regionais do Trabalho, não alcançando a ação rescisória, a ação cautelar, o mandado de segurança e os recursos de competência do Tribunal Superior do Trabalho.

17 Conforme noticiado no informativo 150 do TST.

18 Capítulo VI, item 6.3.

Não há sucessão processual no caso de dissolução da sociedade empresária empregadora, pois a pessoa jurídica subsiste para os fins de liquidação, até que esta se conclua (CC, art. 51, *caput*). O cancelamento da inscrição da pessoa jurídica no registro competente só ocorre após a liquidação das obrigações (CC, art. 51, § 3º). Em caso de encerramento irregular das atividades, sem o cancelamento do registro, a pessoa jurídica, bem como os respectivos sócios (desconsideração da personalidade jurídica) continuam respondendo normalmente.

Uma das espécies de sucessão por ato *inter vivos* é a alienação do direito litigioso, hipótese em que a sucessão processual depende da concordância da parte contrária (CPC, art. 109, § 1º). A alienação do direito litigioso, por implicar transferência da titularidade do direito (cessão do crédito), não se aplica no âmbito do Processo do Trabalho, já que não é possível, em princípio, cessão de créditos trabalhistas.

Exemplo bastante comum de sucessão por ato *inter vivos*, no campo trabalhista, é o da sucessão de empresas (CLT, art. 10 e 448)[19], que se caracteriza sempre que houver qualquer modificação na estrutura jurídica da empresa, tal como a fusão, incorporação, continuidade da exploração do mesmo negócio por outra sociedade empresária, mudança do quadro societário etc. Nessas hipóteses, o sucessor é parte legítima para figurar no processo trabalhista, respondendo integralmente pelos débitos trabalhistas do sucedido, o qual terá responsabilidade solidária em caso de fraude (CC, art. 942).[20]

2.3.1. Falecimento do trabalhador e do empregador antes da instauração e durante o curso do processo

Em caso de falecimento do trabalhador, a ação deverá ser ajuizada pelo respectivo espólio, representado pelo inventariante. Se o falecimento ocorrer no curso do processo trabalhista, este deverá ser suspenso até que se regularize o polo ativo (CPC, art. 313, § 1º, c/c art. 689).[21]

Se o trabalhador tiver deixado bens e for aberto inventário, o espólio deverá iniciar ou prosseguir no processo, representado pelo inventariante. Contudo, em muitos casos, o *de cujus* não deixa bens, e a exigência de abertura de inventário negativo para instauração ou prosseguimento do processo trabalhista é exigência custosa, burocrática e que dificulta o acesso à justiça.

---

19 Art. 10, Qualquer alteração na estrutura jurídica da empresa não afetará os direitos adquiridos por seus empregados.
Art. 448, A mudança na propriedade ou na estrutura jurídica da empresa não afetará os contratos de trabalho dos respectivos empregados.

20 Art. 942, Os bens do responsável pela ofensa ou violação do direito de outrem ficam sujeitos à reparação do dano causado; e, se a ofensa tiver mais de um autor, todos responderão solidariamente pela reparação.

21 Art. 313, Suspende-se o processo:
I, pela morte ou pela perda da capacidade processual de qualquer das partes, de seu representante legal ou de seu procurador; (...)
§ 1º, Na hipótese do inciso I, o juiz suspenderá o processo, nos termos do art. 689.
Art. 689, /Proceder-se-á à habilitação nos autos do processo principal, na instância em que estiver, suspendendo-se, a partir de então, o processo.

Assim, a doutrina e a jurisprudência têm permitido a habilitação simplificada dos herdeiros habilitados perante a Previdência Social, conforme previsto no art. 1º da Lei nº 6.858/1980.[22] Comprovados o óbito do trabalhador e a habilitação dos dependentes junto ao INSS, considera-se que o espólio está adequadamente representado, o que viabiliza a instauração ou prosseguimento do processo trabalhista. Se não houver dependentes habilitados no INSS, é possível a regularização do polo ativo mediante a exibição de alvará judicial que deve ser obtido no Juízo Cível competente – trata-se de procedimento de jurisdição voluntária.

A discussão teórica que existe a respeito consiste em definir se os dependentes habilitados perante a Previdência Social atuam em nome próprio (seriam eles mesmos os autores da ação), ou se apenas representam o espólio (e este constaria do polo ativo). Apesar da controvérsia existente, deve-se entender que o direito do *de cujus* se transfere, com o falecimento, para o espólio, e apenas em seguida se faz a partilha de bens e direitos. A regra desburocratizante da Lei nº 6.858/80 não afasta a aplicação do regramento geral do Código Civil a respeito da sucessão hereditária. Assim, a ação é ajuizada pelo espólio, representado pelos dependentes habilitados na Previdência; eventual equívoco da inicial pode ser retificado de ofício pelo juiz, não se devendo cogitar de extinção do feito sem resolução de mérito.

Nesse diapasão, veja-se que o Novo CPC estabeleceu procedimento simplificado de habilitação de interessados, cuja aplicação é pertinente ao Processo do Trabalho, com pequenas adaptações. De acordo com o regramento do Código, a habilitação pode ser requerida nos autos do processo principal, na instância em que estiver, suspendendo-se, a partir de então, o processo (art. 689).[23] Recebida a petição, o juiz ordenará a citação dos requeridos para se pronunciarem no prazo de 5 (cinco) dias (art. 690). O juiz decidirá o pedido de habilitação imediatamente, salvo se este for impugnado e houver necessidade de dilação probatória diversa da documental, caso em que determinará que o pedido seja autuado em apartado e disporá sobre a instrução (art. 691).

No Processo do Trabalho, então, requerida a habilitação, e ouvidos os interessados, o pedido deve ser decidido imediatamente. No entanto, se surgir controvérsia entre os herdeiros, o processo trabalhista inevitavelmente deverá ser suspenso até decisão do Juízo Cível, pois falta competência à Justiça do Trabalho para apreciar questões sucessórias.

De fato, o procedimento simplificado, previsto na Lei nº 6.858/80 e no Novo CPC, tem apenas o objetivo de desburocratizar o recebimento de créditos alimentares,

---

[22] Lei nº 6858/1980, Art. 1º Os valores devidos pelos empregadores aos empregados e os montantes das contas individuais do Fundo de Garantia do Tempo de Serviço e do Fundo de Participação PIS-PASEP, não recebidos em vida pelos respectivos titulares, serão pagos, em quotas iguais, aos dependentes habilitados perante a Previdência Social ou na forma da legislação específica dos servidores civis e militares, e, na sua falta, aos sucessores previstos na lei civil, indicados em alvará judicial, independentemente de inventário ou arrolamento.

[23] Art. 689, Proceder-se-á à habilitação nos autos do processo principal, na instância em que estiver, suspendendo-se, a partir de então, o processo.

mas não tem o condão de alterar regras cogentes alusivas à competência jurisdicional e à sucessão hereditária.

Em caso de falecimento do empregador pessoa física, o processo deverá ser suspenso, até regularização do polo passivo, mediante a sucessão do *de cujus* pelos respectivos herdeiros. A regularização pode ser promovida pelo credor trabalhista, que tem a possibilidade de requerer a instauração de inventário no Juízo Cível. Até a partilha definitiva de bens, o inventariante será o representante do espólio; após a partilha, os herdeiros integrarão o polo passivo (sucedendo o espólio). Destaque-se que, em qualquer hipótese, os herdeiros não podem responder por valor superior ao patrimônio transferido (CC, art. 1792).[24]

3. JUIZ

O juiz, ou, mais precisamente, o órgão jurisdicional, é, assim como as partes, sujeito essencial do processo, já que é imprescindível a sua participação para que exista a relação jurídica processual.

É da essência da função jurisdicional que o órgão julgador seja absolutamente isento e desinteressado em relação ao litígio que lhe compete apreciar. Essa é a noção de imparcialidade, que é pressuposto processual de validade do processo.

A legislação processual prevê e especifica, nesse contexto, motivos que potencialmente comprometem a imparcialidade do magistrado, e podem fazer com que surja a necessidade de que se afaste do processo.

Há situações em que a lei estabelece presunção absoluta (*juris et de jure*) de parcialidade do magistrado – trata-se da figura do impedimento, que suprime qualquer possibilidade de julgamento pelo juiz. Em outras hipóteses, a presunção legal de parcialidade é apenas relativa (*juris tantum*), razão pela qual, sob certas circunstâncias, o julgamento pode ser feito pelo magistrado – cuida-se da suspeição.

Importante destacar que as situações de suspeição e impedimento não guardam relação com as atribuições do Juízo (= órgão jurisdicional), pois dizem respeito à pessoa física do magistrado.

O tema é regulamentado no art. 801 da CLT[25], o qual, embora refira-se à suspeição, prevê algumas hipóteses mais bem enquadradas como impedimento – tal como a amizade íntima com a parte. A explicação para a nomenclatura utilizada é que, quando da edição da CLT, ainda não estava em vigor o CPC/73, que instituiu a diferenciação entre os dois institutos.

---

[24] Art. 1792, O herdeiro não responde por encargos superiores às forças da herança; incumbe-lhe, porém, a prova do excesso, salvo se houver inventário que a escuse, demostrando o valor dos bens herdados.

[25] Art. 801, O juiz, presidente ou juiz classista, é obrigado a dar-se por suspeito, e pode ser recusado, por algum dos seguintes motivos, em relação à pessoa dos litigantes:

a) inimizade pessoal;

b) amizade íntima;

c) parentesco por consanguinidade ou afinidade até o terceiro grau civil;

d) interesse particular na causa.

Doutrina e jurisprudência minoritárias sustentam a inaplicabilidade dos dispositivos processuais civis sobre suspeição e impedimento, em virtude da existência do dispositivo legal referido, mas é francamente majoritário haver necessidade de suplementação do regramento da CLT. Trata-se de imperativo jurídico, que garante a imparcialidade do magistrado.

Tendo em vista a diversidade de regimes jurídicos, é pertinente o estudo separado das duas figuras.

3.1. Impedimento

Nas situações de impedimento, há presunção insuperável de parcialidade do magistrado, não se admitindo prova em contrário, caso configurada a hipótese legal.

A situação prevista no art. 801, *c*, da CLT, é de impedimento, e se caracteriza quando o juiz tiver, com qualquer das partes, parentesco por consanguinidade ou afinidade até o terceiro grau civil.

O art. 144 do CPC, aplicável no Processo do Trabalho, estabelece as situações de impedimento do juiz, sendo-lhe vedado exercer suas funções no processo: I - em que interveio como mandatário da parte, oficiou como perito, funcionou como membro do Ministério Público ou prestou depoimento como testemunha; II - de que conheceu em outro grau de jurisdição, tendo proferido decisão; III - quando nele estiver postulando, como defensor público, advogado ou membro do Ministério Público, seu cônjuge ou companheiro, ou qualquer parente, consanguíneo ou afim, em linha reta ou colateral, até o terceiro grau, inclusive; IV - quando for parte no processo ele próprio, seu cônjuge ou companheiro, ou parente, consanguíneo ou afim, em linha reta ou colateral, até o terceiro grau, inclusive; V - quando for sócio ou membro de direção ou de administração de pessoa jurídica parte no processo; VI - quando for herdeiro presuntivo, donatário ou empregador de qualquer das partes; VII - em que figure como parte instituição de ensino com a qual tenha relação de emprego ou decorrente de contrato de prestação de serviços; e IX - quando promover ação contra a parte ou seu advogado.

Note-se que o impedimento previsto no inciso III também se verifica no caso de mandato conferido a membro de escritório de advocacia que tenha em seus quadros advogado que individualmente ostente a condição nele prevista, mesmo que não intervenha diretamente no processo (art. 144, § 3º). Essa regra é criticável, porque amplia desnecessariamente as hipóteses de impedimento. Basta pensar na situação de grandes escritórios de advocacia, formados por diversos advogados, que atendem litigantes de massa (empresas prestadoras de serviços públicos, por exemplo). Não é incomum haver parentesco nesses casos.

Registre-se que o STF, na ADI 5953, declarou a inconstitucionalidade - por violação dos princípios do juiz natural, da razoabilidade e da proporcionalidade - do inciso VIII do art. 144 do Código de Processo Civil (CPC/2015), que estabelece que o magistrado está impedido de atuar nos processos em que a parte seja cliente do escritório de advocacia de seu cônjuge, companheiro ou parente consanguíneo ou afim, em linha reta ou colateral, até o terceiro grau, inclusive, ainda que essa mesma parte seja representada por advogado de escritório diverso.[26]

A alegação de impedimento não está sujeita à preclusão, podendo ser reconhecida *ex officio* e a qualquer tempo no Processo do Trabalho. O vício é tão grave que pode ensejar até mesmo a rescisão da decisão transitada em julgado, proferida por magistrado impedido (CPC, art. 966, II).[27]

No caso de órgãos colegiados, só é possível a rescisão da decisão, por motivo de impedimento, caso o voto do magistrado impedido tenha formado a corrente vencedora; se o impedimento era de magistrado cujo voto restou vencido, não procede o juízo rescindente.

Na hipótese do inciso III, o impedimento só se verifica quando o defensor público, o advogado ou o membro do Ministério Público já integrava o processo

---

[26] "AÇÃO DIRETA DE INCONSTITUCIONALIDADE. ART. 144, INCISO VIII, DO CÓDIGO DE PROCESSO CIVIL. CAUSA DE IMPEDIMENTO DE MAGISTRADO. VIOLAÇÃO AOS PRINCÍPIOS DA RAZOABILIDADE, DA PROPORCIONALIDADE E DO JUIZ NATURAL. PROCEDÊNCIA. 1. Ação direta de inconstitucionalidade ajuizada em face do inciso VIII do art. 144 da Lei 13.105, de 16 de março de 2015, Código de Processo Civil (CPC), que veda o juiz de exercer funções no processo "em que figure como parte cliente do escritório de advocacia de seu cônjuge, companheiro ou parente, consanguíneo ou afim, em linha reta ou colateral, até o terceiro grau, inclusive, mesmo que patrocinado por advogado de outro escritório". 2. A presente ação direta de inconstitucionalidade não versa sobre a hipótese de impedimento de magistrado no processo em que "estiver postulando, como defensor público, advogado ou membro do Ministério Público, seu cônjuge ou companheiro, ou qualquer parente, consanguíneo ou afim, em linha reta ou colateral, até o terceiro grau, inclusive" (CPC, art. 144, III), tampouco sobre o caso "de mandato conferido a membro de escritório de advocacia que tenha em seus quadros advogado que individualmente ostente a condição" de cônjuge, companheiro ou qualquer parente, consanguíneo ou afim, em linha reta ou colateral, até o terceiro grau, "mesmo que não intervenha diretamente no processo" (CPC, art. 144, § 3º). 3. O inciso VIII do art. 144 do CPC delineia situação diversa: trata do impedimento do juiz no processo em que for parte "cliente do escritório de advocacia" de seu cônjuge, companheiro ou parente, "mesmo que patrocinado por advogado de outro escritório" (CPC, art. 144, VIII – grifo nosso). Portanto, esta ação direta tem por objeto a regra de impedimento do caso em que o "cliente do escritório de advocacia" do indivíduo que ostente a condição de parentesco ou vínculo conjugal prevista no inciso III do art. 144 estiver representado por advogado de outro escritório. 4. A regra descrita no inciso impugnado depende de informações trazidas por terceiros para a sua averiguação, o que nem sempre pode se coadunar com a realidade dos fatos, implicando consequências indesejadas para a efetividade da jurisdição. Dessa forma, o dispositivo impôs ao magistrado o dever de recusar-se a julgar, sem sequer fornecer os meios para que o julgador avalie a incidência da norma. Por isso, a causa de impedimento torna-se de inviável observância. 5. A norma não cumpre o requisito da adequação, eis que prevê uma situação que não alcança a finalidade da regra de impedimento, mas cria uma presunção absoluta, que pode gerar, inclusive, reflexos negativos e conflitantes com os princípios do juiz natural, da razoabilidade e da proporcionalidade, como possíveis hipóteses de forja de impedimento e de manipulação de quórum ou distribuição. 6. Para se alcançar a finalidade pretendida pelo comando legal atacado, a imparcialidade do julgador já é resguardada pela regra do art. 144, inciso III e § 3º. Essa, sim, é orientada pela ideia objetiva de impedir que o magistrado exerça suas funções em processos que atue, como defensor público, advogado ou membro do Ministério Público, seu cônjuge ou companheiro, ou qualquer parente, consanguíneo ou afim, em linha reta ou colateral, até o terceiro grau, ou, ainda, qualquer outro membro de escritório de advocacia que tenha em seus quadros algum familiar do magistrado, mesmo que esse não intervenha diretamente no processo. 7. Ação direta de inconstitucionalidade julgada procedente para declarar a inconstitucionalidade do inciso VIII do art. 144 da Lei 13.105, de 16 de março de 2015 " (ADI 5953, Relator(a): EDSON FACHIN, Relator(a) p/ Acórdão: GILMAR MENDES, Tribunal Pleno, julgado em 22-08-2023, PROCESSO ELETRÔNICO DJe-s/n DIVULG 17-10-2023 PUBLIC 18-10-2023).

[27] Art. 966, A decisão de mérito, transitada em julgado, pode ser rescindida quando: (...)
II, for proferida por juiz impedido ou por juízo absolutamente incompetente.

antes do início da atividade judicante do juiz no feito. Assim, evitam-se artimanhas que possam afastar magistrado que vinha conduzindo o processo desfavoravelmente a uma das partes.

3.2. Suspeição

A suspeição é vício menos grave, que gera apenas presunção relativa de parcialidade do magistrado. Dessa forma, o interessado deve argui-la nos prazos previstos em lei, sob pena de preclusão. Não cabe ajuizar ação rescisória em caso de decisão proferida por juiz apenas suspeito.

As hipóteses previstas nas letras *a*, *b* e *d*, do art. 801, da CLT (amizade ou inimizade com a parte, e interesse particular na causa), configuram suspeição do magistrado.

De acordo com o art. 145 do CPC, há suspeição do juiz: I – amigo íntimo ou inimigo de qualquer das partes ou de seus advogados; II – que receber presentes de pessoas que tiverem interesse na causa antes ou depois de iniciado o processo, que aconselhar alguma das partes acerca do objeto da causa ou que subministrar meios para atender às despesas do litígio; III – quando qualquer das partes for sua credora ou devedora, de seu cônjuge ou companheiro ou de parentes destes, em linha reta até o terceiro grau, inclusive; IV – interessado no julgamento do processo em favor de qualquer das partes.

Poderá, ainda, o juiz declarar-se suspeito por motivo de foro íntimo, sem necessidade de declarar suas razões (art. 145, § 1º). O STF suspendeu regulamentação do CNJ que exigia que os magistrados informassem às respectivas Corregedorias as razões que justificassem a suspeição por foro íntimo.[28] Além disso, de acordo com o CPC, a parte que a provoque, ou que pratique ato que signifique manifesta aceitação do arguido, não pode alegar suspeição (§ 2º).

Esse regramento é concretização do princípio da boa-fé processual objetiva, e poderia ser aplicado mesmo que não houvesse previsão legislativa específica a respeito. De fato, aceitar o juiz suspeito, para depois recusá-lo, é postura que constitui claramente comportamento contraditório (*venire contra factum proprium*); provocar a suspeição, simulando, por exemplo, inimizade íntima com o magistrado, também é conduta que viola, intuitivamente, a boa-fé.

3.3. Procedimento para arguição de suspeição e impedimento

Caso o magistrado reconheça a própria suspeição ou impedimento, com ou sem alegação da parte, deverá declarar o fato nos autos, determinando a respectiva remessa para o substituto legal. Para a hipótese em que o magistrado não reconheça sua suspeição ou entendimento, há referência ao procedimento a ser adotado no art. 802 da CLT.[29]

---

[28] MS 34316 MC, Relator(a): Min. TEORI ZAVASCKI, julgado em 22/08/2016, publicado em PROCESSO ELETRÔNICO DJe-180 DIVULG 24/08/2016 PUBLIC 25/08/2016.

[29] Art. 802, Apresentada a exceção de suspeição, o juiz ou Tribunal designará audiência dentro de 48 (quarenta e oito) horas, para instrução e julgamento da exceção.

No entanto, conforme já estudado[30], o referido dispositivo prevê a competência da própria *Junta de Conciliação e Julgamento* para apreciação, no prazo de 48 horas. Após a Emenda Constitucional 24/99, que extinguiu a representação classista e instituiu as Varas do Trabalho, presididas por magistrado de carreira, não há como sustentar a aplicabilidade do art. 802 da CLT, já que o Juiz singular não pode, logicamente, apreciar a própria suspeição ou impedimento.

Portanto, quem deve apreciar a exceção de impedimento ou suspeição é o Tribunal Regional do Trabalho (podendo ser a Turma, alguma Seção, o Órgão Especial ou o Pleno, à luz do que dispuser o Regimento Interno), conforme entendimento do TST.[31]

Observe-se que o Novo CPC não utiliza a nomenclatura *exceção de suspeição* ou *exceção de impedimento*, mas exige que a matéria seja arguida pelo interessado em petição específica dirigida ao juiz da causa. Na verdade, pouco importa a expressão utilizada, sendo possível utilizar-se tanto o vocábulo *exceção*, quanto mencionar apenas a *arguição de suspeição ou impedimento* ou *incidente de suspeição ou de impedimento*; relevante é perceber que a matéria será arguida em petição autônoma, ou seja, distinta da petição inicial, contestação, recursos etc.

O procedimento a ser adotado na exceção de suspeição ou impedimento é o previsto no art. 146 do Código de Processo Civil, exceto, quanto a este último, na parte relativa à condenação às custas ao magistrado (Consolidação dos Provimentos da Corregedoria-Geral da Justiça do Trabalho, art. 20, *caput*).

Apesar de o art. 146, *caput*, do CPC, prever que a parte deve alegar, no prazo de 15 (quinze) dias, a contar do conhecimento do fato, o impedimento ou a suspeição, sempre em petição específica dirigida ao juiz do processo, não há preclusão no que tange ao impedimento. Ora, se este é hipótese que autoriza inclusive a rescisão da sentença (CPC, art. 966, II), seria ilógico não permitir a alegação no curso do processo.[32] No caso da suspeição, se o juiz não a reconhecer espontaneamente, e a alegação for extemporânea, a parte não pode adotar qualquer medida a respeito.

A petição que alega a suspeição ou impedimento deve ser autuada em apartado, e, após o prazo para que o Juiz do Trabalho dê suas razões, acompanhadas de documentos e rol de testemunhas, remeterá os autos ao Tribunal Regional respectivo. Toda a instrução e julgamento do incidente serão feitos pelo Tribunal.

Até a distribuição do incidente no Tribunal, o processo fica suspenso; distribuído, o relator decidirá sobre a permanência, ou não, do efeito suspensivo, sendo certo que, durante o período de suspensão, a tutela de urgência deve ser decidida pelo substituto legal. Note-se, entretanto, que se cuida de suspensão imprópria, pois necessariamente serão praticados atos processuais para solucionar o próprio incidente de suspeição ou impedimento; não há uma paralisação total, portanto, do processo.

A ressalva feita pela Consolidação dos Provimentos da Corregedoria-Geral da Justiça do Trabalho, no sentido da impossibilidade de condenação do Juiz do Traba-

---

30 Capítulo I, item 6.

31 TST – RO: 22207520105080000 2220-75.2010.5.08.0000, Relator: Aloysio Corrêa da Veiga, Data de Julgamento: 06/06/2011, Órgão Especial, Data de Publicação: DEJT 24/06/2011.

32 Com a mesma conclusão, DANIEL AMORIM ASSUMPÇÃO NEVES, p. 250.

lho nas custas do incidente, decorre da inexistência de previsão legal de pagamento de custas (por qualquer pessoa) nos procedimentos de exceção de suspeição ou impedimento no Processo do Trabalho.

O TRT deve decretar a nulidade dos atos do juiz, se praticados quando já presente o motivo de impedimento ou de suspeição (CPC, art. 146, § 7º).

Acolhido o impedimento ou a suspeição do juiz, será designado outro magistrado para dar prosseguimento ao processo, incluindo-o em pauta de julgamento, se for o caso, no prazo máximo de 10 (dez) dias.

Na hipótese de impedimento ou suspeição de desembargador do trabalho, contemporânea ao julgamento do processo, este será mantido em pauta com a convocação de outro desembargador para compor o quórum do julgamento.

De acordo com o art. 147 do CPC, quando dois ou mais juízes forem parentes, consanguíneos ou afins, em linha reta ou colateral, até o terceiro grau, inclusive, o primeiro que conhecer do processo impede que o outro nele atue, caso em que o segundo se escusará, remetendo os autos ao seu substituto legal. Essa é mais uma regra de impedimento, que tem o objetivo de preservar a independência e imparcialidade do juiz, considerando o risco envolvido com a existência de parentes próximos no mesmo órgão jurisdicional.

Aplicam-se os mesmos motivos de impedimento e suspeição: ao membro do Ministério Público; aos auxiliares da justiça (como oficiais de justiça, depositários etc.); aos demais sujeitos imparciais do processo (testemunha, perito etc.). O procedimento a ser aplicado é o do art. 148 do CPC, cabendo destacar que o incidente deve tramitar em separado, sem suspensão do processo.

4. SUJEITOS POSTULANTES

Sujeitos postulantes são aqueles que dirigem requerimentos e pedidos, em nome da parte ou em nome próprio, ao órgão jurisdicional. Os principais sujeitos postulantes, no Processo do Trabalho, são: o advogado; o Ministério Público do Trabalho; a Defensoria Pública da União; o sindicato da categoria profissional.

4.1. Advogado. Procuração. Mandato tácito e procuração *apud acta*

Conforme visto nos itens anteriores, o advogado, no Processo do Trabalho, é, em regra, sujeito eventual do processo, já que o *jus postulandi* das partes faz com que não seja imperativa a representação da parte por profissional da advocacia.

Não obstante, é inquestionável que, diante da crescente complexidade das relações de trabalho e do processo trabalhista, a presença do advogado não é apenas recomendável, mas imprescindível para que se concretize a ampla defesa e se chegue a um resultado justo. Advogados que atuem com ética e boa técnica prestam serviço de grande valia para a distribuição da justiça.

Deve-se sempre ter em mente que, além do compromisso que assume com a parte representada, o patrono é um colaborador da justiça, exercendo um múnus público, mediante a assistência técnico-jurídica do seu cliente. Dessa forma, além da obrigação de fidelidade que possui perante seu constituinte, o advogado também tem deveres que interessam ao Judiciário e a toda a sociedade. Por exemplo, o procurador não pode deturpar o teor de dispositivo de lei, de citação doutrinária ou de julgado, bem como de depoimentos, documentos e alegações da parte contrária, para confundir o adversário ou iludir o juiz da causa (Lei 8906, art. 34, XIV), pois isso é desserviço à administração da justiça.

Outra ideia falsa é a de que o advogado pode mentir.[33] No Processo Civil e no Processo do Trabalho, o patrono não pode mentir, pois tem o dever de expor os fatos em juízo conforme a verdade (CPC, art. 77, I).

De acordo com o art. 104 do CPC, o advogado não será admitido a postular em juízo sem procuração, salvo para evitar preclusão, decadência ou prescrição, ou para praticar ato considerado urgente. Nessas hipóteses, o advogado deverá, independentemente de caução, exibir a procuração no prazo de 15 (quinze) dias, prorrogável por igual período por despacho do juiz. O ato não ratificado será considerado ineficaz relativamente àquele em cujo nome foi praticado, respondendo o advogado pelas despesas e por perdas e danos.

A procuração geral para o foro - assim chamada a que contém os poderes inerentes à cláusula *ad judicia* - pode ser passada por instrumento público ou particular (não havendo necessidade de autenticação de assinatura da parte), e habilita o advogado a praticar quase todos os atos do processo, ressalvados os atos personalíssimos da parte (tais como o depoimento pessoal, o cumprimento de uma obrigação de fazer estabelecida no curso do processo etc.) e os atos que dependam de poderes especiais.

Para que o advogado possa praticar os seguintes atos, há necessidade de poderes especiais - ou seja, a procuração deve mencioná-los expressamente: receber citação, confessar, reconhecer a procedência do pedido, transigir, desistir, renunciar ao direito sobre o qual se funda a ação, receber, dar quitação, firmar compromisso e assinar declaração de hipossuficiência econômica (CPC, art. 105, *caput*).

Se a procuração mencionar tais poderes, não há nenhum óbice a que o advogado celebre acordo em juízo, mesmo quando ausente a parte (reclamante ou reclamado), embora haja certa resistência de alguns juízes, na praxe. Se a parte concede poderes ao patrono para transigir, não há fundamento jurídico para deixar de homologar o acordo quando a parte estiver ausente.

Na praxe forense trabalhista, em algumas situações a parte concede poderes ao patrono em audiência, ficando consignado o fato na respectiva ata. É o que se chama de procuração *apud acta*, a qual conterá, em princípio, apenas os poderes inerentes à cláusula *ad judicia*; no entanto, a parte pode conceder poderes especiais, que deverão ser consignados em ata para que tenham eficácia. O poder de substabelecer pode exercer-se mesmo que não seja mencionado expressamente, conforme deflui da Súmula 395, III, do TST.[34]

[33] GRECO, v.1, p. 269.

[34] TST, súmula 395, II, Se há previsão, no instrumento de mandato, de prazo para sua juntada, o mandato só tem validade se anexado ao processo o respectivo instrumento no aludido prazo.

Em outros casos, não há procuração nos autos, e tampouco a concessão expressa de poderes pela parte em audiência, mas o advogado pratica um conjunto de atos - petição inicial, representação da parte em audiência, interposição de recurso etc. - em nome da parte, o que permite concluir pela existência de um mandato tácito. No mandado tácito, há apenas os poderes da cláusula *ad judicia*, sendo que o advogado não pode substabelecer (OJ 200 da SDI-1 do TST).

Configurada a irregularidade de representação - como nas situações de substabelecimento anterior à outorga de poderes; ou inobservância do prazo estabelecido na procuração para a respectiva juntada aos autos -, deve o juiz suspender o processo e designar prazo razoável para que seja sanado o vício, ainda que em instância recursal (art. 76 do CPC de 2015) - conforme previsto na Súmula 395, II, IV e V, do TST.

4.1.1. Conflitos envolvendo advogados em audiência

A audiência é um dos momentos mais importantes do processo do trabalho, que é regido pelo princípio da oralidade. Diversos atos são praticados em audiência, como as tentativas de conciliação (CLT, arts. 846 e 850); recebimento de defesa (CLT, art. 847); instrução, com oitiva de partes e testemunhas; e prolação da sentença (CLT, art. 843).

Além disso, o Juiz do Trabalho decide, em audiência, diversas questões incidentais, como requerimentos de antecipação de tutela, contraditas de testemunhas, pedidos de adiamento de audiência, entre outros. Em suma, em audiência são tomadas relevantes decisões sobre questões patrimoniais e existenciais das pessoas que participam do ato processual.

É natural, portanto, que haja divergência de entendimentos entre os atores processuais envolvidos, sobretudo entre o Juiz e as partes e seus advogados.

Assim, o Juiz deve receber com naturalidade eventuais questionamentos às decisões tomadas em audiência, devendo entendê-los como oportunidades para dialogar com as partes e advogados, à luz do princípio da cooperação, que rege o moderno processo civil (CPC/2015, art. 6º).[35] Isso permite que a decisão judicial seja mais democrática, pois construída a partir da atuação de todos os sujeitos processuais, o que confere maior legitimidade à atuação do magistrado.

Nesse contexto, destaque-se que não há hierarquia entre Juiz e advogado (Lei 8906/94, art. 6º)[36], devendo todos tratar-se com urbanidade e respeito recíprocos.

Em caso de conflito entre advogado e Juiz, este, como detentor do poder decisório, deve pautar-se pela integral observância das prerrogativas daquele, entre as quais: a presença de representante da OAB em caso de prisão em flagrante; o livre ingresso e permanência na sala de audiências; o uso da palavra, pela ordem (Lei 8906/94, art. 7º, IV, VII e X).

---

35 Art. 6º, Todos os sujeitos do processo devem cooperar entre si para que se obtenha, em tempo razoável, decisão de mérito justa e efetiva.

36 Lei nº 8906/1994, art. 6º, Não há hierarquia nem subordinação entre advogados, magistrados e membros do Ministério Público, devendo todos tratar-se com consideração e respeito recíprocos.

Ademais, o Juiz deve permitir que o advogado registre em ata seus requerimentos e colocações sobre eventuais incidentes ocorridos em audiência.

De outro lado, o Juiz exerce o poder de polícia em audiência, cabendo advertir o advogado em caso de manifestações impróprias, cassar a palavra, e eventualmente oficiar à Ordem dos Advogados do Brasil, para apuração e investigação da conduta do profissional da advocacia.

Por fim, caso o conflito ocorrido em audiência tenha o potencial de macular a imparcialidade do julgador – o que será avaliado, inicialmente, pelo próprio magistrado –, este tem o dever de se declarar suspeito, abstendo-se de proferir qualquer outra decisão no processo.

4.2. Ministério Público, Defensoria Pública e Sindicato

O Ministério Público do Trabalho exerce relevante papel na busca de soluções extrajudiciais e judiciais no que tange ao cumprimento da legislação trabalhista e melhoria das condições de trabalho no país.

A atuação do MPT pode se dar como parte, ou como *custos legis*, e, apenas nesta última condição pode ser considerado sujeito postulante, com a finalidade de assegurar a observância da ordem jurídica, no que diz respeito a interesses sociais ou individuais indisponíveis (tais como os de incapazes). Na condição de fiscal do ordenamento jurídico, o Ministério Público deve atuar com absoluta imparcialidade, buscando o correto equacionamento dos interesses em disputa, mediante a formulação de requerimentos processuais (produção de provas, deferimento de tutelas provisórias etc.) em nome próprio.

Importante destacar que, quando não for autor, é obrigatória a intervenção do Ministério Público nas ações civis públicas (ou ações civis coletivas), como fiscal da lei (Lei nº 7.347/85, art. 5º, § 1º), sendo esta a sua participação mais notável como *custos legis* no âmbito trabalhista.

A Defensoria Pública da União tem a atribuição de atuar junto à Justiça do Trabalho, assistindo os hipossuficientes – que podem tanto ser trabalhadores, como empregadores pessoas físicas ou pequenos empreendedores (Lei Complementar nº 80/94, art. 14, *caput*). Na prática, entretanto, a DPU não tem atuado no Judiciário Trabalhista, em função da falta de estrutura para tanto.

Assim, a assistência judiciária, no âmbito da Justiça do Trabalho, costuma ser feita pelo sindicato da categoria profissional, e deve ser prestada ao trabalhador ainda que não seja associado do respectivo sindicato (Lei nº 5.584/70, arts. 14, *caput*, e art. 18).

5. DEVERES DAS PARTES E PROCURADORES. ATO ATENTATÓRIO À DIGNIDADE DA JURISDIÇÃO

As partes, procuradores, e todos os demais sujeitos processuais devem observar os ditames da boa-fé objetiva, de modo a sempre considerar a legítima expectativa de todos aqueles que intervêm no processo.

A boa-fé objetiva é pauta de conduta que se aplica igualmente para reclamante, reclamado, juiz, perito, testemunhas etc. Na avaliação da conduta dos sujeitos processuais, deve-se ter em vista o comportamento normal de um homem médio no contexto social.

O art. 77, *caput*, do CPC, especifica alguns deveres dos sujeitos processuais, sem prejuízo de outros estabelecidos nas leis ou decorrentes diretamente dos princípios processuais: expor os fatos em juízo conforme a verdade; não formular pretensão ou de apresentar defesa quando cientes de que são destituídas de fundamento; não produzir provas e não praticar atos inúteis ou desnecessários à declaração ou à defesa do direito; declinar, no primeiro momento que lhes couber falar nos autos, o endereço residencial ou profissional onde receberão intimações, atualizando essa informação sempre que ocorrer qualquer modificação temporária ou definitiva; informar e manter atualizados seus dados cadastrais perante os órgãos do Poder Judiciário para recebimento de citações e intimações.

Além desses deveres, constitui ato atentatório à dignidade da jurisdição: (i) deixar de cumprir com exatidão as decisões jurisdicionais, de natureza provisória ou final, ou criar embaraços à sua efetivação; (ii) praticar inovação ilegal no estado de fato de bem ou direito litigioso. Esta última hipótese configura o chamado atentado, que era tratado, no regime do CPC/1973, como ação cautelar, e passa a ser simples incidente do processo, podendo o juiz determinar o restabelecimento do estado anterior e proibir a parte de falar nos autos até que purgue o atentado, ou seja, restabeleça a situação conforme o *status quo ante*.

Exemplo de atentado por inovação no estado de fato: em processo no qual se discute periculosidade em decorrência do uso de determinada máquina elétrica, o empregador a retira do estabelecimento no dia designado para a realização de perícia.

O responsável pela prática de ato atentatório deve ser condenado, nos próprios autos, a pagar multa de até vinte por cento do valor da causa, de acordo com a gravidade da conduta. No caso de processo em trâmite na Justiça do Trabalho, não sendo paga no prazo fixado pelo juiz, a multa será inscrita como dívida ativa da União, e sua execução observará o procedimento da execução fiscal (CPC, art. 77, §§ 2º e 3º).

Os sujeitos do processo, inclusive as partes e advogados, não podem empregar expressões injuriosas, oralmente ou por escrito; no primeiro caso, o juiz deve advertir o ofensor para não as repetir, sob pena de lhe cassar a palavra. Quando as palavras ofensivas forem escritas, o juiz mandará riscá-las dos autos, fornecendo certidão para que o interessado adote as medidas cabíveis (art. 78, §§ 1º e 2º).

5.1. Litigância de má-fé

O art. 80 do CPC, plenamente aplicável ao Processo do Trabalho, prevê hipóteses típicas de configuração da litigância de má-fé, tais como a interposição de recursos meramente protelatórios; a alteração da verdade dos fatos; a oposição de resistência injustificada ao andamento do processo, como no caso do réu que cria embaraços e obstáculos à citação; o uso do processo para conseguir objetivo ilegal, tal como ocorre nas lides simuladas que tenham o objetivo de transferir o patrimônio para terceiros, em fraude contra credores ou fraude à execução.

A jurisprudência tem entendido ser necessária a configuração de elemento subjetivo para imposição da penalidade por litigância de má-fé, consistente no deliberado intuito de cometer uma deslealdade processual, com o objetivo de obter vantagem indevida.[37] A culpa grave se equipara ao dolo para fins de configuração de litigância de má-fé.[38]

De ofício ou a requerimento, o juiz condenará o litigante de má-fé a pagar multa, que deverá ser superior a um por cento e inferior a dez por cento do valor corrigido da causa, a indenizar a parte contrária pelos prejuízos que esta sofreu e a arcar com os honorários advocatícios e com todas as despesas que efetuou. O valor da indenização será fixado pelo juiz ou, caso não seja possível mensurá-lo, liquidado por arbitramento ou pelo procedimento comum, nos próprios autos (art. 81, *caput* e § 3º). Quando o valor da causa for irrisório ou inestimável, a multa poderá ser fixada em até 10 (dez) vezes o valor do salário-mínimo (§ 3º).

De acordo com o art. 793-C da CLT (inserido pela Reforma Trabalhista), de ofício ou a requerimento, o juízo condenará o litigante de má-fé a pagar multa, que deverá ser superior a 1% (um por cento) e inferior a 10% (dez por cento) do valor corrigido da causa, a indenizar a parte contrária pelos prejuízos que esta sofreu e a arcar com os honorários advocatícios e com todas as despesas que efetuou. Quando o valor da causa for irrisório ou inestimável, a multa poderá ser fixada em até duas vezes o limite máximo dos benefícios do Regime Geral de Previdência Social.

É controvertida a possibilidade de cumulação das penalidades por litigância de má-fé com as resultantes da oposição de embargos de declaração manifestamente protelatórios. Para uma vertente doutrinária e jurisprudencial, não seria possível a cumulação, pois a regra atinente aos embargos protelatórios (CPC, art. 1026, §§ 2º e 3º)[39] seria especial, e por isso preferiria à regra geral da litigância de má-fé pela interposição de recursos protelatórios (art. 81, *caput*).

Contudo, o STJ, acertadamente, em sede de recurso repetitivo, firmou precedente – ainda sob a égide do CPC/1973, mas com fundamentos que se mantêm pertinentes à luz do Novo Código – no sentido de ser possível a cumulação da multa pelos embargos protelatórios com a indenização decorrente da litigância de

---

37 TST – RR: 28971420115020073, Data de Julgamento: 11/03/2015, Data de Publicação: DEJT 20/03/2015.

38 THEODORO JÚNIOR, v.1, p. 287.

39 Art. 1026, § 2º, Quando manifestamente protelatórios os embargos de declaração, o juiz ou o tribunal, em decisão fundamentada, condenará o embargante a pagar ao embargado multa não excedente a dois por cento sobre o valor atualizado da causa.

§ 3º, Na reiteração de embargos de declaração manifestamente protelatórios, a multa será elevada a até dez por cento sobre o valor atualizado da causa, e a interposição de qualquer recurso ficará condicionada ao depósito prévio do valor da multa, à exceção da Fazenda Pública e do beneficiário de gratuidade da justiça, que a recolherão ao final.

má-fé.[40] Nessa ótica, em princípio, não se podem cumular as duas multas (art. 81 e art. 1026), sob pena de dupla punição pelo mesmo fato. A natureza da multa é punitiva; mas a indenização dos prejuízos decorrentes da litigância de má-fé tem natureza reparatória, não se caracterizando *bis in idem* caso seja cumulada (apenas a indenização, reitere-se, não a multa do art. 81) com a multa pela oposição dos embargos protelatórios (art. 1026).

Ainda de acordo com a Corte Especial do STJ, é desnecessária a comprovação do prejuízo para que haja condenação ao pagamento da indenização prevista no artigo 81, *caput*, do Código de Processo Civil, decorrente da litigância de má-fé.[41] De fato, exigir a comprovação do prejuízo impossibilitaria, na prática, a aplicação do dispositivo no que concerne à possibilidade de indenização.

A multa e a indenização por litigância de má-fé revertem à parte contrária.

Há controvérsia sobre a possibilidade de cumulação da multa por litigância de má-fé com a multa pela prática de ato atentatório à dignidade da justiça. Na fase de conhecimento, não se vislumbra possibilidade de cumulação das sanções, pois não há sobreposição entre as hipóteses previstas no art. 77, IV e VI (ato atentatório)[42], e aquelas mencionadas pelo art. 80 (litigância de má-fé).[43]

Contudo, na execução (ou cumprimento de sentença), é possível a cumulação das multas, sempre que a conduta se enquadrar simultaneamente num dos tipos do art. 774[44] e do art. 80. Não há falar em *bis in idem*, pois os dispositivos legais referidos deixam

---

[40] REsp 1250739/PA, Rel. Ministro MAURO CAMPBELL MARQUES, Rel. p/ Acórdão Ministro LUIS FELIPE SALOMÃO, CORTE ESPECIAL, julgado em 04/12/2013, DJe 17/03/2014.

[41] EREsp 1133262/ES, Rel. Ministro LUIS FELIPE SALOMÃO, CORTE ESPECIAL, julgado em 03/06/2015, DJe 04/08/2015.

[42] Art. 77, Além de outros previstos neste Código, são deveres das partes, de seus procuradores e de todos aqueles que de qualquer forma participem do processo: (...)

IV, cumprir com exatidão as decisões jurisdicionais, de natureza provisória ou final, e não criar embaraços à sua efetivação; (...)

VI, não praticar inovação ilegal no estado de fato de bem ou direito litigioso.

§ 1º Nas hipóteses dos incisos IV e VI, o juiz advertirá qualquer das pessoas mencionadas no caput de que sua conduta poderá ser punida como ato atentatório à dignidade da justiça.

[43] Art. 80, Considera-se litigante de má-fé aquele que:

I, deduzir pretensão ou defesa contra texto expresso de lei ou fato incontroverso;

II, alterar a verdade dos fatos;

III, usar do processo para conseguir objetivo ilegal;

IV, opuser resistência injustificada ao andamento do processo;

V, proceder de modo temerário em qualquer incidente ou ato do processo;

VI, provocar incidente manifestamente infundado;

VII, interpuser recurso com intuito manifestamente protelatório.

[44] Art. 774, Considera-se atentatória à dignidade da justiça a conduta comissiva ou omissiva do executado que:

I, frauda a execução;

II – se opõe maliciosamente à execução, empregando ardis e meios artificiosos;

III – dificulta ou embaraça a realização da penhora;

IV – resiste injustificadamente às ordens judiciais;

V – intimado, não indica ao juiz quais são e onde estão os bens sujeitos à penhora e os respectivos valores, nem exibe prova de sua propriedade e, se for o caso, certidão negativa de ônus.

claro que as multas neles previstas não excluem a incidência de outras.[45] Contudo, o tema é controvertido, havendo decisões judiciais que não admitem a cumulação de sanções, sob o argumento de que haveria dupla punição pelo mesmo fato.[46]

Exemplo: o executado (empresa) informa falsamente que já implantou o pagamento de determinada rubrica (adicional de insalubridade, por exemplo) em folha de pagamento, com o objetivo de retardar a execução e os atos executivos. Nessa hipótese, tem-se o enquadramento simultâneo da conduta nos arts. 80, II[47], e 774, II[48], razão pela qual é possível a aplicação cumulativa das sanções por litigância de má-fé e por ato atentatório à dignidade da justiça.

5.1.1. Possibilidade de punição de testemunha por litigância de má-fé

Discute-se se é possível a aplicação das punições por litigância de má-fé à testemunha que mente em Juízo, havendo decisões nesse sentido na Justiça do Trabalho. Os argumentos utilizados são: a busca de maior probidade e boa-fé processual; o prestígio da Justiça do Trabalho; a pouca efetividade da jurisdição penal no caso de expedição de ofício ao Ministério Público Federal para apuração do crime de falso testemunho.

Não há previsão legal para punição da testemunha no âmbito cível; contudo, nos processos trabalhistas, após a vigência da Lei nº 13.467/2017, passa a ser aplicável a multa por litigância de má-fé à testemunha que intencionalmente alterar a verdade dos fatos ou omitir fatos essenciais ao julgamento da causa. A execução da multa dar-se-á nos mesmos autos (CLT, art. 793-C).

Ademais, de acordo com o texto legal, se a testemunha se retratar antes da publicação da sentença, não deve ser punida com a multa do art. 793-C da CLT.

5.1.1.1. O crime de falso testemunho já é punido com multa na esfera penal

O art. 342 do Código Penal[49] estabelece pena de reclusão, além de multa, como mecanismo punitivo do crime de falso testemunho. De acordo com os critérios

---

45 Com a mesma opinião, DIDIER, *op.cit.*, v.5, p. 325.

46 Exemplo: TST, Processo RR 1493005319965150060 149300-53.1996.5.15.0060. 8ª Turma. Publicação DEJT 17/05/2013. Julgamento: 15 de Maio de 2013. Relator: Márcio Eurico Vitral Amaro.

47 Art. 80, Considera-se litigante de má-fé aquele que: (...)
II, alterar a verdade dos fatos.

48 Art. 774, Considera-se atentatória à dignidade da justiça a conduta comissiva ou omissiva do executado que: (...)
II, se opõe maliciosamente à execução, empregando ardis e meios artificiosos.

49 Art. 342. Fazer afirmação falsa, ou negar ou calar a verdade como testemunha, perito, contador, tradutor ou intérprete em processo judicial, ou administrativo, inquérito policial, ou em juízo arbitral:
Pena - reclusão, de 2 (dois) a 4 (quatro) anos, e multa.

previstos no art. 49 do CP[50], o valor da multa, no caso de falso testemunho, pode variar entre um terço do salário mínimo e mil e oitocentos salários mínimos, o que se revela bastante significativo na realidade brasileira.

Perceba-se que a aplicação do art. 793-D da CLT configura autêntico *bis in idem* (= dupla punição pelo mesmo fato), pois a testemunha poderia ser obrigada a pagar duas multas pelo mesmo depoimento em que falseou a verdade. O fato de uma multa ter natureza penal, e outra civil, não valida essa duplicidade: ninguém pode ser punido duas vezes pelo mesmo fato, e o art. 793-D prevê efetiva sanção, e não *indenização* à parte prejudicada pelo depoimento mentiroso.

Ademais, o art. 342 Código Penal não foi revogado pela Lei 13.467/2017. Não se diga que teria havido revogação tácita, pois tal dispositivo tem natureza especial (LINDB, art. 2º, §2º)[51], já que se trata de norma punitiva que prevê pena criminal pela prática de falso testemunho, associando a pena corporal (reclusão) à multa.

Ora, a menos que se pretenda sustentar que o crime de falso testemunho não é mais punível com reclusão, caso cometido em processo trabalhista - o que, evidentemente, não é o caso -, subsiste integralmente a norma punitiva do Código Penal, que não poderia ser revogada apenas parcialmente, misturando-se a pena de reclusão prevista no Código Penal com a multa prevista no art. 793-D da CLT.

O *non bis in idem*, além de constituir princípio geral de direito, é previsto no Pacto de São José da Costa Rica - tratado internacional incorporado à ordem jurídica brasileira. Na lição de Rodolfo Tigre Maia, *"a cláusula 8ª da Convenção, que trata das garantias judiciais, em seu item 4 estabelece que 'O acusado absolvido por sentença transitada em julgado não poderá ser submetido a novo processo pelos mesmos fatos'. Em nosso ver, a cláusula padece de inúmeras deficiências. (...) parece consagrar somente a vertente processual do princípio, proibindo tão-somente o duplo processo, ainda que se possa implicitamente considerar que também veda o duplo sancionamento"* (grifei).[52]

Assim, o controle de convencionalidade permite concluir que o art. 793-D da CLT é ineficaz (tal como ocorre com a previsão de prisão do depositário infiel), à luz do Pacto de São José da Costa Rica, por violar o princípio da vedação à dupla punição pelo mesmo fato, previsto em tal tratado internacional.

---

50 Art. 49. A pena de multa consiste no pagamento ao fundo penitenciário da quantia fixada na sentença e calculada em dias-multa. Será, no mínimo, de 10 (dez) e, no máximo, de 360 (trezentos e sessenta) dias-multa.

§ 1º - O valor do dia-multa será fixado pelo juiz não podendo ser inferior a um trigésimo do maior salário mínimo mensal vigente ao tempo do fato, nem superior a 5 (cinco) vezes esse salário.

§ 2º - O valor da multa será atualizado, quando da execução, pelos índices de correção monetária.

51 § 2º - A lei nova, que estabeleça disposições gerais ou especiais a par das já existentes, não revoga nem modifica a lei anterior.

52 MAIA, Rodolfo Tigre. O princípio do ne bis in idem e a Constituição Brasileira de 1988. ESMPU, Brasília, a. 4 - n.16, p. 11-75 - jul./set. 2005. Disponível em http://escola.mpu.mp.br/publicacoes/boletim-cientifico/edicoes-do-boletim/boletim-cientifico-n-16-julho-setembro-de-2005/o-principio-do-ne-bis-in-idem-e-a-constituicao-brasileira-de-1988.

5.1.1.2. Contraditório prévio: uma imposição constitucional

Segundo doutrina de escol, o princípio do contraditório *pode ser definido como aquele segundo o qual ninguém pode ser atingido por uma decisão judicial na sua esfera de interesses, sem ter tido a ampla possibilidade de influir eficazmente na sua formação* (...). Aduz, ainda, que o *contraditório é a expressão processual do princípio político da participação democrática, que hoje rege a relação entre o Estado e os cidadãos* (...).[53]

A doutrina adverte, ainda, que o *contraditório eficaz é sempre prévio, anterior a qualquer decisão, devendo a sua postergação ser excepcional (...). Os juízes devem assegurar o contraditório prévio, porque contraditório postergado é contraditório nenhum, é uma tentativa de reequilibrar um processo já desequilibrado, no qual a desigualdade prevaleceu. O juiz ao assegurar o contraditório a posteriori estará procurando remediar um mal que já foi feito".*[54]

Sem dúvida, a postergação do contraditório se justifica constitucionalmente nas situações de urgência, à luz do princípio constitucional do acesso à justiça (CF, art. 5º, XXXV). Se houver risco de perecimento do direito material, ou de inefetividade prática do provimento jurisdicional, o ordenamento processual prevê a possibilidade de concessão de tutela antecipada ou cautelar. A ponderação entre os princípios do acesso à justiça e contraditório pode legitimar, em determinados casos, a atuação do Estado-juiz mesmo sem a oitiva do cidadão prejudicado com a decisão judicial.

Contudo, a punição de testemunha por *litigância de má-fé* (com a ressalva de que a nomenclatura é imprópria, pois a testemunha jamais pode ser considerada, como faz a nova lei, *litigante*, ou seja, parte interessada no processo judicial), trazida pelo art. 793-D da CLT, evidentemente não envolve situação de urgência que justifique um provimento judicial punitivo sem contraditório prévio.

Por mais que haja certo grau de liberdade de conformação dos direitos fundamentais pelo legislador, a regulamentação legal jamais pode aviltar o respectivo núcleo essencial. É o que ocorre com o novo dispositivo celetista, já que a Lei 13.467/2017 não trouxe previsão alguma de contraditório que pudesse ser exercido pela testemunha (prévio ou a *posteriori*). O contraditório foi previsto apenas na Instrução Normativa nº 41/2018 do TST (que será comentada abaixo), a qual criou um procedimento ao arrepio da lei.

O argumento da *moralização do processo* – que seria alcançada mediante a punição indiscriminada de testemunhas tidas por mentirosas –, embora nobre, revela-se bastante perigoso e antidemocrático, pois resulta na imposição da moral individual do juiz e – o que é pior – sem a participação ativa dos interessados na construção da decisão judicial.

Em suma: enquanto estiver em vigor o art. 5º, LV, da Constituição da República, ninguém pode ser punido sem que lhe seja concedida a oportunidade de contraditório prévio, amplo e eficaz.

---

53 GRECO, Leonardo. Instituições de Processo Civil: Introdução ao Direito Processual Civil. v.1. Rio de Janeiro: Forense, 2009, p. 539.

54 Op.cit, p. 541-543.

5.1.1.3. Possibilidade de equívoco do juiz e de que a mentira esteja na petição inicial ou em outra manifestação processual

Outro grande perigo resultante da aplicação do art. 793-D se associa à evidente possibilidade de equívoco do juiz na avaliação unilateral da suposta *mentira* da testemunha.

Na maioria das vezes, a conclusão quanto à alteração da verdade dos fatos decorrerá da observação de que a testemunha fez, em juízo, declarações mais favoráveis à parte do que o que a própria parte afirmou em sua defesa. Exemplo: a petição inicial aduz que o reclamante trabalhava das 8h às 19h, e a testemunha declara que o horário de trabalho do reclamante era das 7h às 20h.

No entanto, é evidente que a *mentira* (= má-fé, intenção de alterar a verdade dos fatos) pode estar exatamente na petição inicial ou em outra manifestação processual feita pela parte (contestação, depoimentos pessoais, réplica etc.), e não no depoimento da testemunha.

Punir a testemunha é se esquecer completamente desse aspecto e aplicar punição de modo *medievalesco*, muito próximo ao que se fazia na *Santa Inquisição:* a pessoa é punida de forma unilateral, sem possibilidade de se defender e de demonstrar que falou a verdade. É por isso que todo o nosso ordenamento jurídico é pautado na ideia de impossibilidade de punição sem contraditório prévio, conforme se demonstrará no próximo item.

5.1.1.4. Contraditório prévio como premissa para aplicação de sanções administrativas, penais ou processuais

O ordenamento jurídico infraconstitucional brasileiro é refratário à possibilidade de aplicação de sanções sem que se assegure aos interessados o contraditório prévio, amplo e eficaz.

No âmbito administrativo, por exemplo, a Lei nº 9.784/99 assegura aos interessados no processo administrativo (= todos aqueles que têm direitos ou interesses que possam ser afetados pela decisão a ser adotada) o direito de manifestar-se no prazo máximo de dez dias, após o encerramento da instrução, salvo se outro prazo for legalmente fixado. O art. 45 da mesma lei estatui que, em caso de risco iminente, a Administração Pública poderá motivadamente adotar providências acauteladoras sem a prévia manifestação do interessado.

Depreende-se que a lei do processo administrativo federal concretiza adequadamente o princípio constitucional do contraditório, assegurando o direito de manifestação prévia, exceto quando se tratar de situação urgente cuja solução não possa aguardar o decurso do tempo.

Idêntica situação ocorre com o procedimento administrativo conduzido pela fiscalização do trabalho, para aplicação de multa por descumprimento de normas de proteção ao trabalho. De acordo com o art. 26 da Portaria nº 667/2021, do Ministério do Trabalho e Emprego, após a lavratura de auto de infração, abre-se a oportunidade de defesa, formalizada por escrito e instruída com documentos que a fundamentarem, no prazo de 10 (dez) dias, contados do recebimento do auto de infração ou da notificação de débito. O art. 33 da mesma Portaria assegura a possibilidade de diligências instrutórias.[55] Apenas após o encerramento do processo administrativo, no qual se assegura, inclusive, a possibilidade de interposição de recurso, é que haverá a exigibilidade da multa (= punição) aplicada ao infrator, e possibilidade de inscrição em dívida ativa da União.

No âmbito processual, o contraditório prévio e amplo também é pressuposto para aplicação de sanções. Assim, a punição da parte por litigância de má-fé (positivada no art. 81 do CPC, e art. 793-C da CLT) é precedida de amplo debate da causa, incluindo a instrução processual, o que torna legítima a aplicação da penalidade; no caso de preparo recursal insuficiente, o Tribunal *ad quem* deve conceder oportunidade de complementação dos valores, antes de aplicar a sanção de inadmissibilidade do recurso (CPC, art. 1.007, §2º), entre outras hipóteses.

A punição por ato atentatório à dignidade da justiça (aplicável somente para as hipóteses de descumprimento de decisões jurisdicionais, criação de embaraços à sua efetivação, e atentado ou inovação ilegal no estado de fato) também pressupõe que o juiz advirta previamente ao sujeito processual que sua conduta poderá ser punida como ato atentatório à dignidade da justiça.

Desnecessário tecer considerações sobre o contraditório prévio como requisito para aplicação de sanções criminais, à luz do princípio constitucional da presunção de inocência ou não culpabilidade (CF, art. 5º, LVII).

5.1.1.5. *Contraditório recursal: insuficiência. Impossibilidade de interposição de recurso pela testemunha*

Ainda que se admita a interposição de recurso ordinário pela testemunha - o que é controverso, pois a testemunha é sujeito probatório do processo, tal como o perito, em relação ao qual a jurisprudência do STJ[56] e do TST[57] não admite legitimidade para interposição de recurso como terceiro prejudicado –, o fato é que o contraditório exercido em grau recursal é insuficiente, porque inevitavelmente suprime uma instância e reduz a possibilidade de debate sobre a matéria.

Além disso, caso a testemunha, no recurso interposto como terceiro prejudicado, alegasse a necessidade de produção de prova diferente da documental (exemplo: oitiva das partes e testemunhas; produção de prova pericial ou inspeção judicial etc.), o Tribunal *ad quem* acabaria por delegar a competência instrutória para o juiz de

---

[55] Perito. Legitimidade para recorrer. Precedentes da Segunda Seção. 1. Os precedentes da Segunda Seção assentam que o perito não tem legitimidade para recorrer, não sendo considerado terceiro prejudicado (...) (REsp 513.573/SP, Rel. Ministro CARLOS ALBERTO MENEZES DIREITO, TERCEIRA TURMA, julgado em 20/11/2003, DJ 01/03/2004, p. 182).

[56] Art. 33. A autoridade competente poderá determinar, de ofício ou a requerimento do interessado, a realização de diligências necessárias à apuração dos fatos.

[57] RECURSO DE REVISTA INTERPOSTO POR PERITO JUDICIAL. LEGITIMIDADE PARA RECORRER. AUSÊNCIA. O perito judicial não detém legitimidade para recorrer visando ao pagamento de honorários periciais, não sendo considerado terceiro prejudicado, na forma do art. 499 do CPC, e sim auxiliar da justiça (CPC, art. 139). Precedentes do TST e do STJ. Recurso de revista de que não se conhece. PROCESSO Nº TST-RR-24300-15.2000.5.09.0660. 1ª Turma. Rel. Min. WALMIR OLIVEIRA DA COSTA. Julgado em 21/09/2011.

primeiro grau, por aplicação analógica do art. 972 do CPC, atinente à ação rescisória, conforme preconizado pela doutrina no que tange à interposição de recurso por terceiro prejudicado.[58] Daí resultaria retrocesso injustificável na marcha processual, com o único objetivo de aplicar punição a terceiro que não é parte no processo e não possui nenhum direito nele discutido.

Para maior aprofundamento a respeito da impossibilidade de interposição de recurso pela testemunha, ver Capítulo XXI, item 6.2.1.

5.1.1.6. Inexistência de coisa julgada na decisão que aplica multa à testemunha

A formação de coisa julgada material pressupõe cognição judicial exauriente sobre o tema discutido, e essa, por sua vez, só existe se for assegurada aos interessados a ampla possibilidade de contraditório.

Trata-se de princípio que, além de solidamente assentado em doutrina, é manifestado na legislação processual, em diversos dispositivos. A título exemplificativo:

- (i) ao regular o fenômeno da estabilização da tutela antecipada, o art. 304, §6º, do CPC[59], prevê textualmente que a decisão que concede a tutela não faz coisa julgada. O dispositivo é impecável, pois uma decisão tomada mediante cognição incompleta (como no caso da tutela provisória) jamais poderá formar coisa julgada material;
- (ii) no tema da coisa julgada sobre questão prejudicial, o art. 503 do CPC[60] admite a formação de coisa julgada material desde que tenha havido contraditório prévio e efetivo, não haja limitações probatórias ou restrições à cognição judicial que impeçam o aprofundamento da discussão.

Nesse contexto, é certo que a decisão que eventualmente aplicar multa à testemunha por *litigância de má-fé* (violando o texto constitucional e o Pacto de São José da Costa Rica, conforme já demonstrado) não formará coisa julgada material, por inexistir contraditório completo e efetivo, nem cognição exauriente no capítulo da sentença que aplicou a sanção. Só se poderia cogitar acerca de formação de coisa julgada caso houve ampla possibilidade de contraditório pela testemunha, o que desvirtuaria o foco do Processo do Trabalho, conforme item 5.1.1.8, abaixo.

[58] MOREIRA, José Carlos Barbosa. Comentários ao Código de Processo Civil. 15ª ed. Rio de Janeiro: Forense, 2009, p. 456.

[59] § 6º A decisão que concede a tutela não fará coisa julgada, mas a estabilidade dos respectivos efeitos só será afastada por decisão que a revir, reformar ou invalidar, proferida em ação ajuizada por uma das partes, nos termos do § 2º deste artigo.

[60] Art. 503. A decisão que julgar total ou parcialmente o mérito tem força de lei nos limites da questão principal expressamente decidida.

§ 1º O disposto no *caput* aplica-se à resolução de questão prejudicial, decidida expressa e incidentemente no processo, se:

I - dessa resolução depender o julgamento do mérito;

II - a seu respeito tiver havido contraditório prévio e efetivo, não se aplicando no caso de revelia;

III - o juízo tiver competência em razão da matéria e da pessoa para resolvê-la como questão principal.

§ 2º A hipótese do § 1º não se aplica se no processo houver restrições probatórias ou limitações à cognição que impeçam o aprofundamento da análise da questão prejudicial.

5.1.1.7. *Ação anulatória movida pela testemunha punida: competência*

Como o capítulo da sentença que pune a testemunha por litigância de má-fé não tem aptidão para formar coisa julgada material, caso fosse viável a aplicação do art. 793-D da CLT, surgiria outro problema teórico e prático, consistente na possibilidade de ajuizamento de ação anulatória autônoma, movida pela testemunha, em face da União, com o objetivo de desconstituir a multa aplicada em processo trabalhista.

Sucede que, por não se tratar de lide oriunda da relação de trabalho (CF, art. 114, I), a competência material para esse tipo de ação inegavelmente seria da Justiça Federal Comum, tal como ocorre nas situações envolvendo crimes envolvendo perito, praticados em processos que tramitem na Justiça do Trabalho.[61] Ainda que se entenda que o valor da multa por litigância de má-fé aplicada à testemunha reverta à parte contrária - o que não é esclarecido pelo art. 793-D da CLT -, há interesse da União, pois se trata de multa aplicada com o objetivo de *moralizar* processo que tramita no âmbito da Justiça Federal Especializada.

Daí decorre o inconveniente prático de levar à Justiça Federal Comum a decisão final acerca da suposta *mentira* da testemunha, na contramão do princípio da unidade de convicção.

Ainda que não se atribua competência à Justiça Federal nesses casos, haveria o inconveniente da multiplicação desnecessária de processos na Justiça do Trabalho.

5.1.1.8. *Incidente mencionado na Instrução Normativa nº 41/2018 do TST: desvirtuamento do foco do processo trabalhista*

A Instrução Normativa nº 41/2018 do Tribunal Superior do Trabalho (ato administrativo de caráter não vinculante, que demonstra a visão da Corte quanto à aplicação intertemporal dos dispositivos processuais da Lei 13.467/2017) dispõe, no art. 10, parágrafo único, que, *após a colheita da prova oral, a aplicação de multa à testemunha dar-se-á na sentença e será precedida de instauração de incidente mediante o qual o juiz indicará o ponto ou os pontos controvertidos no depoimento, assegurados o contraditório, a defesa, com os meios a ela inerentes, além de possibilitar a retratação.*

O dispositivo é criticável, por tentar *salvar* previsão legal inconstitucional, conforme já demonstrado. Além disso, a Instrução Normativa *cria* um procedimento

[61] PENAL. CONFLITO DE COMPETÊNCIA. PAGAMENTO DE HONORÁRIOS PERICIAIS COM CHEQUE SEM PROVISÃO DE FUNDOS NA JUSTIÇA DO TRABALHO. PERITO.

AUXILIAR DA JUSTIÇA. INTERESSE DA UNIÃO. CONFIGURAÇÃO. COMPETÊNCIA DA JUSTIÇA FEDERAL.

1. Atinge interesse da União a conduta consistente em emitir cheque sem provisão de fundos para pagamento de honorários periciais perante a Justiça do Trabalho.
2. O perito é órgão auxiliar da Justiça e presta serviços ao juízo, e não às partes do processo.
3. Havendo interesse da União, nos termos constitucionais, impõe-se a competência da Justiça Federal.
4. Conflito conhecido para declarar a competência do Juízo Federal da 1ª Vara da Subseção Judiciária de Chapecó/SC, suscitante.

(CC 43.894/SC, Rel. Ministro ARNALDO ESTEVES LIMA, TERCEIRA SEÇÃO, julgado em 13/12/2004, DJ 01/02/2005, p. 404).

não previsto em lei, além de ser bastante ambígua, razão por que é certo que gerará polêmicas e embaraços procedimentais:

- (i) a Instrução Normativa menciona o contraditório e a *defesa*, modificando a tradicional locução constitucional que associa o contraditório à *ampla defesa*. Daí ser natural a conclusão de que o contraditório da testemunha seria reduzido: caberia apenas um direito prévio de manifestação, sem que houvesse a ampla possibilidade de produção de provas. Sucede que não existe contraditório pleno sem ampla defesa; contraditório engloba necessariamente o direito de defender-se provando.

Se a interpretação adotada for nesse sentido, não haverá formação de coisa julgada material, conforme análise já empreendida;

- (ii) caso se pretenda assegurar a ampla defesa no incidente de punição da testemunha, haveria necessidade de realização de outra audiência, na qual a testemunha supostamente mentirosa poderia produzir amplamente provas (inclusive testemunhal!) a fim de demonstrar a veracidade de seu depoimento. Tal solução, além de desvirtuar absolutamente o foco do processo trabalhista, pautado na celeridade e necessidade de rápida satisfação do crédito alimentar, tem o potencial de gerar uma espiral infinita na instrução processual: se também considerada mentirosa pelo juiz, a testemunha da testemunha também poderia indicar outra testemunha, e assim se seguiria ao infinito.

5.2. Responsabilidade do advogado

O art. 77, § 6º, do CPC, estabelece que não se aplicam aos advogados públicos ou privados, e aos membros da Defensoria Pública e do Ministério Público, os dispositivos atinentes à punição por ato atentatório à dignidade da jurisdição, devendo eventual responsabilidade disciplinar ser apurada pelo respectivo órgão de classe ou corregedoria, ao qual o juiz oficiará.

Além disso, o art. 32, *caput* e parágrafo único, da Lei 8906/94, estabelece que o advogado é responsável quando atuar com dolo ou culpa, sendo que, no caso de lide temerária, será solidariamente responsável com seu cliente, desde que coligado com este para lesar a parte contrária, o que será apurado em ação própria.

Depreende-se que não cabe ao Juiz do Trabalho aplicar punições ao advogado que se comporte inadequadamente, e, de forma dolosa ou culposa, lese direitos do próprio cliente ou de terceiros. Cabe ao magistrado expedir ofício à OAB, para apuração da responsabilidade, e, se for o caso de crime, para o Ministério Público Federal, para que investigue e forme sua *opinio delicti*.

Não cabe, assim, punição do advogado por litigância de má-fé; a penalidade se aplica somente à parte que escolheu o causídico. Não obstante, há entendimento minoritário no sentido da possibilidade de condenação solidária do advogado, em casos excepcionais, em que ficar evidenciado que a má-fé partiu do patrono.[62] O

[62] Assim, SCHIAVI, p. 321.

problema dessa concepção é violar o princípio da legalidade, pois a legislação não estabelece a possibilidade de punição do advogado diretamente. A exigência de ação própria tem o objetivo de permitir um contraditório mais amplo, o que prestigia a advocacia.

Assim, prejuízos materiais ou morais causados a qualquer pessoa em função do exercício da advocacia somente podem ser reparados em ação própria, no Juízo Cível competente; e as punições disciplinares são aplicadas pela OAB.

6. SUJEITOS AUXILIARES DO PROCESSO

Sujeitos auxiliares são pessoas ou instituições que, por dever de ofício ou por força de requisição judicial, praticam atos jurídicos e atos materiais importantes para o satisfatório desenvolvimento da relação processual.

Como exemplos de sujeitos auxiliares, tem-se: o oficial de justiça, que é servidor público tido como *longa manus* do Juízo, pois pratica toda a sorte de atos externos à sede do fórum, como citações, intimações, penhoras, entrega de bens arrematados etc.; o depositário, que pode ser público ou particular, e se responsabiliza pela guarda e conservação de bens apreendidos; o tradutor, que converte para o vernáculo textos ou depoimentos expressos em língua estrangeira; o hospital ou médico que fornece prontuário essencial para o julgamento da causa, entre outras hipóteses. Há um rol não taxativo de sujeitos auxiliares no art. 149 do CPC.

Os sujeitos auxiliares são sempre sujeitos imparciais, razão pela qual se lhes aplica o regramento atinente à suspeição e impedimento (CPC, art. 148, III).

7. SUJEITOS PROBATÓRIOS

Sujeitos probatórios são pessoas físicas que intervêm no processo com a única e exclusiva finalidade de servir como fontes de prova.

Como regra geral, os sujeitos probatórios são imparciais, devendo ser terceiros isentos e completamente desinteressados em relação ao litígio submetido à apreciação judicial, sendo-lhes aplicáveis os motivos de suspeição e impedimento. É o que se dá com a testemunha e com o perito.

A exceção é a figura do assistente técnico, que é um perito de confiança da parte, sendo por ela remunerado. Na tradição brasileira, o assistente técnico se sente comprometido a apresentar laudo ou parecer que beneficie, de algum modo, a parte que o remunera.[63]

[63] GRECO, v.1, p. 262.

VIII

LITISCONSÓRCIO

1. LITISCONSÓRCIO: GENERALIDADES

Litisconsórcio é espécie de cumulação processual subjetiva (processo cumulativo), que dá azo à presença de mais de uma pessoa em algum dos – ou em ambos os – polos da relação jurídica processual.

Os fundamentos do litisconsórcio são: (i) a necessidade de observância do contraditório em determinadas situações de direito material (litisconsórcio necessário); (ii) a necessidade de homogeneidade na decisão de certas questões (litisconsórcio unitário); (iii) a conveniência das partes e do Judiciário, permitindo-se a solução de diversas causas em processo único, o que consona com o princípio da economia processual.

A CLT contém apenas um dispositivo (art. 842)[1] acerca do instituto do litisconsórcio, razão pela qual, em face da omissão e compatibilidade, aplicam-se, subsidiariamente, as normas do CPC/2015 (arts. 113 a 118).

2. CLASSIFICAÇÃO

2.1. Litisconsórcio ativo, passivo e misto

Diz-se ativo o litisconsórcio quando a pluralidade de partes se verificar no polo ativo; passivo, caso haja pluralidade de réus; e misto, quando a multiplicidade ocorrer em ambos os polos.

---

1 Art. 842, Sendo várias as reclamações e havendo identidade de matéria, poderão ser acumuladas num só processo, se se tratar de empregados da mesma empresa ou estabelecimento.

2.2. Litisconsórcio unitário e simples

No que tange à espécie de relação jurídica de direito material discutida (ou, em outros termos, ao regime de tratamento dos litisconsortes), pode-se ter: (i) litisconsórcio unitário, caracterizado pelo fato de que se discute uma relação jurídica indivisível, havendo necessidade, portanto, de que haja decisão uniforme para todos os litisconsortes (CPC, art. 116); (ii) litisconsórcio simples (= comum), que envolve a discussão de relações jurídicas divisíveis ou autônomas, admitindo soluções distintas para os litisconsortes.

A partir desses conceitos, perceba-se que, no litisconsórcio unitário, a necessidade de uniformidade da decisão para todos os litisconsortes é um imperativo lógico-jurídico. Se a relação jurídica de direito material discutida é única e indivisível, seria completamente irracional e inviável permitir decisão diferente para cada um dos litisconsortes.

Pense-se numa ação de anulação de casamento, movida pelo Ministério Público em face dos cônjuges. É óbvio que, sendo o casamento uma relação jurídica única, o julgamento deverá ser igual para os dois consortes: ou o pedido é procedente e se anula o casamento; ou o pedido improcede, e o casamento se mantém.

Já no litisconsórcio simples, há uma pluralidade de relações jurídicas de direito material discutidas no processo, cada uma relacionada a um litisconsorte; ou, então, pode ter-se uma única relação jurídica passível de divisão.

Suponha-se o caso de dois trabalhadores de uma empresa, que postulem, em conjunto, o pagamento do adicional de insalubridade. Cada trabalhador tem o seu próprio direito material a receber a parcela; logo, há duas relações jurídicas, por força das quais cada trabalhador formula a pretensão de receber o referido adicional.

Pode ocorrer, por exemplo, que um dos trabalhadores comprove efetivamente o labor em condições insalubres, mas que fique apurado, nos autos, que o colega trabalhava em setor diferente, no qual não havia insalubridade. Nessa hipótese, o julgamento pode e deve ser diferente, o que demonstra estar-se diante de litisconsórcio simples.

O exemplo clássico de relação jurídica única passível de divisão é o de solidariedade ativa ou passiva (obrigações solidárias), em que todos os credores podem demandar do devedor comum a totalidade da dívida; ou o credor pode exigir, por inteiro, a dívida de um ou de alguns dos devedores. Se a obrigação solidária for divisível, o julgamento pode ser diferente para cada credor ou devedor, pois pode ocorrer que o devedor tenha exceção pessoal aplicável a apenas um dos adversários (exemplo: compensação de créditos). Este é mais um exemplo de litisconsórcio simples.

No entanto, se, no caso da solidariedade ativa, a obrigação for indivisível, a exceção pessoal que se aplique exclusivamente a um dos credores não pode prejudicar o outro; e, como há indivisibilidade, o julgamento deve ser favorável aos credores. Nesta hipótese, o litisconsórcio será unitário.

No Processo do Trabalho, pode-se pensar na situação de duas empresas do mesmo grupo econômico postulando uma indenização por danos materiais causados por um empregado; reconhecido o grupo, que é empregador único, não pode haver julgamento distinto para os litisconsortes quanto ao pleito indenizatório. Assim, nos casos de grupo econômico reconhecido na decisão judicial, o litisconsórcio será unitário.

2.3. Litisconsórcio necessário e facultativo

Sob outro prisma, o litisconsórcio pode ser necessário, quando imposto pela lei ou decorrer da natureza da relação jurídica controvertida (CPC, art. 114); ou facultativo, fundado em comunhão de direitos e obrigações, conexão de causas ou afinidade de questões fáticas ou jurídicas (CPC, art. 113).

Há situações em que a lei estabelece a obrigatoriedade do litisconsórcio, como forma de resguardar determinados interesses - sobretudo o contraditório -, sem que o intérprete precise perquirir sobre a natureza da relação jurídica de direito material objeto do processo.

Como exemplo, veja-se o caso de ação de usucapião de bem imóvel, na qual todos os confinantes (imóveis que fazem divisa com aquele que é objeto da ação) devem ser citados (CPC, art. 246, § 3º).

Se o litisconsórcio necessário for também unitário, a sentença proferida sem a citação de todos os litisconsortes é nula; se se tratar de litisconsórcio necessário simples, a sentença será ineficaz em relação aos litisconsortes que não integraram o processo (CPC, art. 115). Isso se explica porque, se a relação jurídica é única e indivisível (unitariedade), a decisão não pode produzir nenhum efeito, nem mesmo em relação às partes do processo, por defeito insanável - inobservância da integração do contraditório. Já se a relação jurídica é múltipla ou divisível, não há qualquer defeito quanto ao litisconsorte que participou do processo, que fica sujeito à coisa julgada quanto à sua fração, ao contrário daquele não integrado ao processo.

Ressalte-se que a atecnia do art. 47 do CPC/1973, que misturava as noções de litisconsórcio necessário e unitário, foi corrigida pelo art. 114 da novel legislação.

A classificação do litisconsórcio como necessário ou facultativo diz respeito à imprescindibilidade, ou não, de integração, ao processo, de determinados sujeitos: está-se cuidando da formação do litisconsórcio.

Por isso, tal classificação não se confunde com a outra, atinente ao litisconsórcio simples e unitário, que diz respeito ao tratamento que será dado aos litisconsortes, já se tendo um litisconsórcio formado. A definição acerca do caráter comum ou unitário do litisconsórcio se dá num segundo momento, após a perquirição da necessidade, ou não, de sua formação.

Como exemplos, tem-se: (i) litisconsórcio unitário no polo passivo - ação de dissolução do casamento proposta pelo Ministério Público, já que a decisão obrigatoriamente deve ser idêntica para os cônjuges; (ii) litisconsórcio unitário no polo ativo - ação de anulação de deliberação de assembleia de sociedade empresária, proposta por dois acionistas ou sócios em conjunto; (iii) litisconsórcio necessário por força de lei - ação de usucapião, no bojo da qual devem ser citados todos os confinantes, sob pena de ineficácia da decisão em relação a eles; (iv) litisconsórcio necessário por força da *res in judicium deducta* - ocorre sempre que houver litisconsórcio unitário no polo passivo, como no mesmo exemplo da ação de dissolução ou anulação do casamento proposta pelo Ministério Público.

De acordo com o art. 113 do CPC, o litisconsórcio facultativo pode ocorrer em três situações: comunhão de direitos ou de obrigações relativamente à lide; conexão entre as causas pelo pedido ou pela causa de pedir; quando ocorrer afinidade de questões por ponto comum de fato ou de direito.

A comunhão de direitos ou de obrigações relativamente à lide ocorre nas situações de solidariedade ativa e passiva, bem como nas de responsabilidade subsidiária, como nos exemplos da empresa do grupo econômico, e no de empresa tomadora de serviços, no caso de terceirização lícita. É facultativo ao autor incluir, no polo passivo, a responsável solidária ou subsidiária.

A conexão também pode autorizar o litisconsórcio. É o que acontece, por exemplo, na ação condenatória movida pelo credor, em face do devedor e do respectivo fiador. A causa de pedir (direito específico de crédito) é a mesma, bem como o pedido (quantia pretendida), em relação aos dois litisconsortes passivos.

Não se confunde essa hipótese com a de afinidade de questões de fato ou de direito. No exemplo dos dois trabalhadores que formam litisconsórcio ativo para postular o adicional de insalubridade, há apenas afinidade de questões, e não conexão em sentido estrito. Cada trabalhador tem o direito a receber seu próprio adicional: logo, o direito é diferente, assim como a causa de pedir e o pedido, não obstante haja identidade de matéria fática e jurídica.

2.3.1. *A problemática do litisconsórcio necessário ativo*

A doutrina discute se é possível a existência de litisconsórcio ativo necessário. O debate surge em virtude de situações que gerem litisconsórcio unitário no polo ativo, e um dos titulares da relação jurídica de direito material não queira, ou não possa ajuizar a ação. Isso porque, se o litisconsórcio for simples, não há qualquer empecilho a que a ação seja ajuizada separadamente, já que se cuida de relações de direito material divisíveis ou autônomas.

Pense-se nos seguintes exemplos: (i) marido e mulher firmam, em conjunto, contrato de crédito rotativo em conta corrente. Um dos cônjuges entende que os juros cobrados são abusivos e pretende ajuizar ação em face da instituição financeira para anular a cláusula respectiva do contrato; (ii) duas empresas (terceirização) são vencidas numa reclamação trabalhista. Uma delas pretende desconstituir, através de ação rescisória, a decisão transitada em julgado, por entender ter havido violação literal a dispositivo de lei.

Nas duas hipóteses, qualquer decisão vai afetar, necessariamente, a esfera de direitos do outro envolvido, e não pode haver decisões díspares para os interessados: o cônjuge ou a outra empresa condenada; trata-se, portanto, de litisconsórcio unitário. A relação jurídica é única nos dois exemplos: contrato de crédito no primeiro; relação processual no segundo.

Sucede que não se pode impedir o acesso à justiça se o outro participante da relação jurídica material não se interessar em ajuizar a ação, pois isso sacrificaria inteiramente o direito do interessado em o fazer. Não há como reconhecer a existência de litisconsórcio ativo necessário. De outro lado, ninguém pode ser obrigado a litigar. Dessa forma, deve-se buscar solução que concilie todos os interesses em jogo.

Para tanto, basta integrar aos autos, por meio da citação, a parte que resista ou não haja demonstrado interesse em ajuizar a ação. Assim, preserva-se o direito ao contraditório e à liberdade deste, e também o direito de acesso à justiça do outro.

A redação do art. 115, parágrafo único, do CPC[2], corrobora essa conclusão, ao se referir tão somente ao litisconsórcio passivo necessário, silenciando sobre um (inexistente) litisconsórcio ativo necessário. Assim também o texto do art. 238 do Código, que define a citação como o ato por meio do qual se convoca o réu, o executado ou o interessado para integrar a relação processual. Ao se referir a *interessado*, o texto legal abrange o possível litisconsorte unitário ativo que não ajuizou a ação.

Dessa forma, uma vez citado, o litisconsorte unitário inicialmente desinteressado em ajuizar a ação pode aderir à postulação do autor originário, integrando o polo ativo; resistir à postulação, situação em que passará a ocupar o polo passivo em conjunto com o réu originário; ou silenciar. Nas três hipóteses, sujeitar-se-á à coisa julgada formada na relação processual. Interessante notar que há uma mobilidade da posição do possível litisconsorte unitário, que poderá integrar o polo ativo ou o polo passivo, de forma semelhante ao que ocorre na ação popular (Lei nº 4.717/65, art. 6º, § 3º).[3]

A literatura processual brasileira caminha nesse sentido, sendo as divergências muito mais aparentes do que reais. Em última análise, grande parte dos doutrinadores entende ser necessária a intimação ou citação do possível litisconsorte unitário ativo, para fins de preservação do contraditório.[4]

O Tribunal Superior do Trabalho também parece seguir nessa trilha, conforme redação da Súmula 406, I, que indica ser o litisconsórcio, na ação rescisória, necessário em relação ao polo passivo da demanda, porque supõe uma comunidade de direitos ou de obrigações que não admite solução díspar para os litisconsortes, em face da indivisibilidade do objeto. Já em relação ao polo ativo, o litisconsórcio é facultativo, uma vez que a aglutinação de autores se faz por conveniência e não pela necessidade decorrente da natureza do litígio, pois não se pode condicionar o exercício do direito individual de um dos litigantes no processo originário à anuência dos demais para retomar a lide.

2.4. Litisconsórcio inicial e ulterior

O litisconsórcio é inicial quando configurado desde a petição inicial; ulterior, quando vier à luz em momento processual distinto.

---

2 Art. 115, Parágrafo único. Nos casos de litisconsórcio passivo necessário, o juiz determinará ao autor que requeira a citação de todos que devam ser litisconsortes, dentro do prazo que assinar, sob pena de extinção do processo.

3 Lei nº 4717/65, Art. 6º, § 3º, A pessoas jurídica de direito público ou de direito privado, cujo ato seja objeto de impugnação, poderá abster-se de contestar o pedido, ou poderá atuar ao lado do autor, desde que isso se afigure útil ao interesse público, a juízo do respectivo representante legal ou dirigente.

4 Nesse sentido, por exemplo: THEODORO JÚNIOR, v.1, p. 342; DIDIER, v.1., p. 470; GRECO, v.1, p. 482.

O litisconsórcio ulterior pode decorrer das figuras típicas de intervenção de terceiros (denunciação da lide, chamamento ao processo etc.), ou atípicas, tais como o ajuizamento de reconvenção que provoque ampliação subjetiva do processo (CPC, art. 343, §§ 3º e 4º).[5]

3. LITISCONSÓRCIO NO PROCESSO DO TRABALHO

O art. 842 da CLT[6] prevê espécie de litisconsórcio ativo facultativo, cuja configuração é possível sempre que houver identidade de matéria. Por exemplo, figure-se a hipótese em que alguns empregados que trabalhem no mesmo setor de empresa de telemarketing venham a Juízo postular indenização por danos morais, em decorrência da prática empresarial de impedir o acesso dos operadores de telemarketing ao banheiro. Haveria, nesse caso, nítida afinidade de questões fáticas e jurídicas, que justificaria a reclamação plúrima, permitindo a realização de instrução e decisão única, em consonância com o princípio da economia processual.

O mesmo se daria, por exemplo, caso empregados da mesma equipe ajuizassem conjuntamente ação postulando o pagamento de adicional de insalubridade ou de periculosidade; é evidente as vantagens que decorreriam desse litisconsórcio ativo, com a redução dos custos gerais com a realização da prova pericial.

Imagine-se, por outro lado, hipótese em que dois empregados venham a Juízo postular horas extras inadimplidas pelo empregador. Nessa hipótese, por mais que a matéria tratada seja idêntica, não há, em princípio, viabilidade do litisconsórcio ativo, porquanto cada trabalhador precisará comprovar a própria jornada, não havendo identidade de questões, e tampouco benefício do ponto de vista da economia processual. Nesse tipo de situação, o litisconsórcio acaba causando embaraços procedimentais e comprometendo a rápida solução do litígio. A exceção seria se o pleito fosse de recálculo das horas extras já quitadas em virtude da correção do divisor equivocadamente utilizado pela empresa.

No caso do litisconsórcio ativo (= reclamações plúrimas), os trabalhadores podem ser representados em audiência pelo respectivo sindicato ou por comissão de representantes (CLT, art. 843).

Nas hipóteses em que não haja afinidade de questões de fato e de direito, o Juiz do Trabalho deve desmembrar o litisconsórcio ativo, determinando a autuação em separado para cada litisconsorte, devendo-se oficiar ao distribuidor para que se compense a distribuição.

No Processo do Trabalho, são comuns também os casos de litisconsórcio passivo facultativo, nas situações de grupo econômico e de responsabilidade subsidiária fundada na Súmula 331 do TST. Outra possibilidade é a desconsideração da personalidade jurídica, requerida já na petição inicial, formando-se litisconsórcio entre

[5] Art. 343, § 3º, A reconvenção pode ser proposta contra o autor e terceiro.
§ 4º A reconvenção pode ser proposta pelo réu em litisconsórcio com terceiro.

[6] Art. 842. Sendo várias as reclamações e havendo identidade de matéria, poderão ser acumuladas num só processo, se se tratar de empregados da mesma empresa ou estabelecimento.

a sociedade empresária empregadora e os respectivos sócios (CPC, art. 134, § 2º). Nessas três hipóteses, o litisconsórcio é unitário quanto à existência dos créditos, pois o direito a receber o aviso prévio, as horas extras etc., é o mesmo, é único, apesar da pluralidade de réus. Contudo, o litisconsórcio é simples no que tange à responsabilidade dos réus, porquanto alguns deles podem não responder; por exemplo, por não terem sido sócios na época em que o reclamante trabalhou. Noutras palavras: o litisconsórcio é unitário, nos exatos limites em que reconhecida a responsabilidade solidária ou subsidiária do corréu.[7]

Há mais argumento que comprova o que foi dito: de acordo com a jurisprudência do TST, não é viável o ajuizamento de ação exclusivamente em face do responsável subsidiário, no caso de haver decisão condenatória do devedor principal com trânsito em julgado.[8] O fundamento principal é o da coisa julgada, e está correto, justamente porque a relação jurídica que gera o crédito é única e incindível (= trata-se de litisconsórcio unitário).

3.1. Litisconsórcio necessário na ação anulatória de cláusulas convencionais

De acordo com o art. 611-A, §5º, da CLT, os sindicatos subscritores de convenção coletiva ou de acordo coletivo de trabalho deverão participar, como litisconsortes necessários, em ação individual ou coletiva, que tenha como objeto a anulação de cláusulas desses instrumentos.

A redação do dispositivo legal havia sido modificada pela medida provisória nº 808/2017, que restringia a previsão do litisconsórcio necessário para as ações coletivas. Contudo, a medida provisória foi rejeitada tacitamente pelo Congresso Nacional.

De fato, exigir a intervenção dos sindicatos subscritores da norma coletiva em ações individuais é inusitado e tende a ser absolutamente inútil e contrário à economia e celeridade processuais.

Inusitado porque se tentou estabelecer um litisconsórcio necessário para integrar ao processo um sujeito (o sindicato) que não é titular da *res in judicium deducta* ou de qualquer outra relação jurídica que lhe seja conexa. Não há interesse jurídico, portanto, do sindicato, que justifique sua intervenção como litisconsorte. A situação se aproxima muito mais da figura do *amicus curiae*, pois a intenção do legislador é fazer com que o sindicato integre o contraditório e preste informações relevantes a respeito da validade da cláusula convencional questionada judicialmente.

Além disso, a previsão legal tende a não ter relevância prática alguma, já que, como os sindicatos não são partes do processo, o eventual julgamento que considere

---

7 No informativo 196 do TST, foi noticiado interessante julgado no qual a Corte reconheceu a inviabilidade de homologação de renúncia do direito exclusivamente em face da primeira reclamada (devedora principal), com prosseguimento da ação em face da segunda reclamada (responsável subsidiária), já que "a natureza da relação jurídica controvertida evidencia a existência de litisconsórcio necessário unitário entre os reclamados, de modo que a homologação da renúncia ao direito material em que se funda a ação aproveitaria a todos os litisconsortes, porquanto a decisão proferida nos autos deve ser uniforme em relação às referidas partes" (TST-RR357-35.2015.5.05.0019, 8ª Turma, rel. Min. Dora Maria da Costa, julgado em 22.5.2019).

8 TST-RO-100200-60.2010.5.03.0000, SBDI-II, rel. Min. Pedro Paulo Manus. 27.3.2012.

nula a cláusula convencional não tem aptidão para prejudicar sua esfera de direitos. Ou seja: o sindicato nada perde caso não compareça em juízo, sendo certo que, no cenário de enfraquecimento dos sindicatos pós-Reforma Trabalhista, é presumível que os sindicatos não disponham de recursos financeiros que lhes permitam comparecer e manifestar-se em processos de terceiros.

Por fim, exigir a integração dos sindicatos, nessas hipóteses, só se presta a ocasionar maior demora na tramitação do processo e maiores gastos, com a necessidade de prática de atos de comunicação (citações, intimações) direcionados aos sindicatos.

Partindo de tais premissas, cabe verificar que há atecnia legislativa, já que em ações individuais não se busca a *anulação* das normas coletivas, tal como previsto no art. 611-A, §5º. Na verdade, na ação individual dá-se apenas o reconhecimento incidental de nulidade de determinada cláusula, a fim de permitir a declaração de existência de direito subjetivo do trabalhador em face da empresa, ou vice-versa.

Dessa forma, o próprio texto legal, extremamente impreciso, permite concluir pela desnecessidade de convocação dos sindicatos subscritores da norma coletiva em ações individuais movidas pelas partes da relação de trabalho.

Em ações coletivas, justifica-se a convocação e integração dos sindicatos ao processo, pois é buscado um provimento de caráter geral, aplicável a toda a categoria. Daí resulta a possibilidade de prejuízos diretos às categorias profissional e econômica envolvidas, e ao próprio sindicato (por exemplo, em virtude de cláusula obrigacional prevista no instrumento coletivo).

3.2. Tema 18 do TST: litisconsórcio na terceirização ilícita

A decisão do tema 18 da tabela de recursos repetitivos do Tribunal Superior do Trabalho fixou interessante tese sobre situação de litisconsórcio no Processo do Trabalho.[9] Embora a temática de direito material envolvida seja, por assim dizer,

---

[9] Tese firmada: "1) Nos casos de lides decorrentes da alegação de fraude, sob o fundamento de ilicitude da terceirização de atividade-fim, o litisconsórcio passivo é necessário e unitário. Necessário, porque é manifesto o interesse jurídico da empresa de terceirização em compor essas lides e defender seus interesses e posições, entre os quais a validade dos contratos de prestação de serviços terceirizados e, por conseguinte, dos próprios contratos de trabalho celebrados; Unitário, pois o juiz terá que resolver a lide de maneira uniforme para ambas as empresas, pois incindíveis, para efeito de análise de sua validade jurídica, os vínculos materiais constituídos entre os atores da relação triangular de terceirização.

2) A renúncia à pretensão formulada na ação não depende de anuência da parte contrária e pode ser requerida a qualquer tempo e grau de jurisdição; cumpre apenas ao magistrado averiguar se o advogado signatário da renúncia possui poderes para tanto e se o objeto envolve direitos disponíveis. Assim, é plenamente possível o pedido de homologação, ressalvando-se, porém, ao magistrado o exame da situação concreta, quando necessário preservar, por isonomia e segurança jurídica, os efeitos das decisões vinculantes (CF, art. 102, § 2º; art. 10, § 3º, da Lei 9.882/99) e obrigatórias (CPC, art. 927, I a V) proferidas pelos órgãos do Poder Judiciário, afastando-se manobras processuais lesivas ao postulado da boa-fé processual (CPC, art. 80, I, V e VI). 2.1) Depois da homologação, a parte autora não poderá deduzir pretensão contra quaisquer das empresas - prestadora-contratada e tomadora-contratante - com suporte na ilicitude da terceirização da atividade-fim (causa de pedir). 2.2) O ato homologatório, uma vez praticado, acarreta a extinção do processo e, por ficção legal, resolve o mérito da causa (artigo 487, III, "c", do CPC), produz coisa julgada material, atinge a relação jurídica que deu origem ao processo, somente é passível de desconstituição por ação rescisória (CPC, arts. 525, § 15, 535, § 8º, e 966) ou ainda pela via da impugnação à execução (CPC,

"residual", já que se cuida de resquícios de processos judiciais em que se discutia a ilicitude de terceirização de atividade-fim (discussão essa superada a partir do julgamento do tema 725 do STF[10], bem como da redação do art. 5º-A da Lei 6.019/74 posterior à reforma trabalhista de 2017[11]), fato é que o tema 18 do TST propicia importante reflexão sobre a questão do litisconsórcio.

Segundo a tese vinculante do TST, o litisconsórcio, nesses tipos de processos, é necessário e unitário.

De fato, há unitariedade, pois a decisão, por questão lógica, deve ser uniforme para as duas reclamadas: ou há ilicitude da terceirização para ambas, e o vínculo de emprego se formaria (hipoteticamente, no cenário legislativo anterior ao tema 725 do STF) diretamente com a empresa tomadora de serviços; ou a terceirização seria válida, e o vínculo de emprego seria mantido unicamente com a empresa prestadora de serviços. Não há como o trabalhador manter simultaneamente os dois vínculos, daí a necessidade de que a decisão seja uniforme para os litisconsortes, o que caracteriza o litisconsórcio unitário.

Ademais, realmente o litisconsórcio é necessário, por ser imprescindível a integração ao contraditório de todos os envolvidos na relação jurídica material (CPC, art. 114)[12], até mesmo em função da unitariedade do litisconsórcio no polo passivo (CPC, art. 115, I)[13].

Como consequência lógica, por se tratar de litisconsórcio necessário e unitário:

- (i) a renúncia ao direito, manifestada pelo autor, será necessariamente eficaz em relação a todos os litisconsortes passivos (empresa prestadora e tomadora de serviços), conforme item 2 da tese firmada no tema 18 do TST;

---

art. 525, §12) ou dos embargos à execução (CPC, art. 535, § 5º) e acarretará a perda do interesse jurídico no exame do recurso pendente de julgamento.

3) Em sede de mudança de entendimento desta Corte, por força da unitariedade imposta pela decisão do STF ("superação abrupta"), a ausência de prejuízo decorrente da falta de sucumbência cede espaço para a impossibilidade de reconhecimento da ilicitude da terceirização. Sendo assim, como litisconsorte necessário, a empresa prestadora que, apesar de figurar no polo passivo, não sofreu condenação, possui interesse em recorrer da decisão que reconheceu o vínculo de emprego entre a parte autora e a empresa tomadora dos serviços.

4) Diante da existência de litisconsórcio necessário e unitário, a decisão obrigatoriamente produzirá idênticos efeitos para as empresas prestadora e tomadora dos serviços no plano do direito material. Logo, a decisão em sede de juízo de retratação, mesmo quando apenas uma das rés interpôs o recurso extraordinário, alcançará os litisconsortes de maneira idêntica.

5) Não modular os efeitos desta decisão" (Processo: IncJulgRREmbRep-RR-1000-71.2012.5.06.0018. Relator: Ministro Cláudio Mascarenhas Brandão. Data do Julgamento do Tema: 21/3/2022).

10 Tema 725 – tese firmada: "É lícita a terceirização ou qualquer outra forma de divisão do trabalho entre pessoas jurídicas distintas, independentemente do objeto social das empresas envolvidas, mantida a responsabilidade subsidiária da empresa contratante".

11 Art. 5º-A. Contratante é a pessoa física ou jurídica que celebra contrato com empresa de prestação de serviços relacionados a quaisquer de suas atividades, inclusive sua atividade principal.

12 Art. 114. O litisconsórcio será necessário por disposição de lei ou quando, pela natureza da relação jurídica controvertida, a eficácia da sentença depender da citação de todos que devam ser litisconsortes.

13 Art. 115. A sentença de mérito, quando proferida sem a integração do contraditório, será: I - nula, se a decisão deveria ser uniforme em relação a todos que deveriam ter integrado o processo (...).

- (ii) todos os litisconsortes possuem interesse recursal, e o recurso interposto por um litisconsorte beneficia os demais (CPC, art. 1005, *caput*)[14], conforme item 3 da tese do tema 18 do TST.

3.3. Ação civil pública movida pelo MPT em face de empresa estatal

A jurisprudência do STF delineou interessante hipótese de litisconsórcio necessário no Processo do Trabalho. Trata-se da situação em que o Ministério Público do Trabalho ajuíza ação civil pública objetivando o reconhecimento de nulidade da contratação de pessoal por empresa estatal.

De acordo com a tese fixada no tema 1004 da repercussão geral, "Em ação civil pública proposta pelo Ministério Público do Trabalho em face de empresa estatal, com o propósito de invalidar a contratação irregular de pessoal, não é cabível o ingresso, no polo passivo da causa, de todos os empregados atingidos, mas é indispensável sua representação pelo sindicato da categoria."

Nesse contexto, haverá litisconsórcio passivo necessário entre a empresa estatal (que supostamente fez a contratação irregular de pessoal) e o sindicato da categoria profissional.

Perceba-se, ademais, que se trata de espécie de ação coletiva passiva, em que o sindicato atuará em nome próprio na defesa dos direitos e interesses alheios (= dos empregados substituídos, que supostamente teriam sido contratados irregularmente pela empresa estatal).

A solução dada pelo STF tem cunho prático: seu objetivo foi viabilizar o prosseguimento da ação coletiva, já que a integração ao polo passivo de todos os empregados envolvidos provavelmente geraria litisconsórcio multitudinário (CPC, art. 113, §1º)[15], o que impossibilitaria o desenvolvimento regular do processo. A integração do sindicato ao polo passivo, como litisconsorte necessário, assegura um mínimo de contraditório no que tange à posição jurídica dos diversos empregados que podem ser afetados pela decisão.

Registre-se que, embora o ponto não haja sido abordado pelo STF, eventual decisão na ação coletiva, que reconheça a nulidade da contratação de pessoal, não forma coisa julgada quanto aos titulares dos direitos individuais homogêneos (no caso, empregados contratados irregularmente contratados pela Administração Pública). Isso porque, em ações que versam sobre direitos individuais homogêneos, a coisa julgada somente se forma *erga omnes* para beneficiar os titulares de direitos, e não

[14] Art. 1.005. O recurso interposto por um dos litisconsortes a todos aproveita, salvo se distintos ou opostos os seus interesses.

[15] Art. 113, § 1º O juiz poderá limitar o litisconsórcio facultativo quanto ao número de litigantes na fase de conhecimento, na liquidação de sentença ou na execução, quando este comprometer a rápida solução do litígio ou dificultar a defesa ou o cumprimento da sentença.

para prejudicá-los (CDC, art. 103, III).[16] Aliás, nem mesmo o regramento do Código de Processo Civil autoriza que a coisa julgada prejudique terceiros (CPC, art. 506).[17]

Cria-se, assim, situação inusitada, em que os titulares de direitos (= empregados contratados irregularmente) poderão ter sua situação jurídica afetada pela decisão da ação coletiva, mas não ficam vinculados à coisa julgada nela formada, de modo que não haveria óbice ao ajuizamenento de ações individuais questionando o resultado do julgamento e postulando a reintegração do interessado.

4. LITISCONSÓRCIO *X* SUBSTITUIÇÃO PROCESSUAL. AÇÃO DE CUMPRIMENTO

Não se pode confundir o litisconsórcio com a substituição processual. No primeiro, há pluralidade de autores e/ou de réus, e cada um age em nome próprio na busca de seu próprio direito, muito embora no mesmo processo.

Já na substituição processual, há unicidade de autor e/ou de réu, que age, em nome próprio, na defesa de direito alheio.

Interessante notar que, no Processo do Trabalho, o procedimento especial da ação de cumprimento (CLT, art. 872, *caput*)[18], que busca tutelar direitos previstos em sentença normativa, convenção ou acordo coletivo de trabalho, pode dar-se tanto em regime litisconsorcial ou em substituição processual, além da possibilidade de ajuizamento de ação individual pelo trabalhador interessado.

De fato, havendo identidade de matéria (CLT, art. 842)[19], nada impede que alguns trabalhadores formem litisconsórcio ativo com o objetivo de obter sentença condenatória que estabeleça o cumprimento dos instrumentos normativos. Não obstante, o Sindicato pode, independentemente de autorização dos associados (CLT, art. 872, parágrafo único), ajuizar, em nome próprio, a referida ação, que ganha, neste caso específico, o caráter de ação coletiva.

5. LITISCONSÓRCIO MULTITUDINÁRIO

O art. 113, § 1º, do CPC, estatui que o juiz poderá limitar o litisconsórcio facultativo quanto ao número de litigantes na fase de conhecimento, na liquidação de sentença ou na execução, quando este comprometer a rápida solução do litígio ou dificultar a defesa ou o cumprimento da sentença.

---

[16] Art. 103. Nas ações coletivas de que trata este código, a sentença fará coisa julgada:
III - erga omnes, apenas no caso de procedência do pedido, para beneficiar todas as vítimas e seus sucessores, na hipótese do inciso III do parágrafo único do art. 81.

[17] Art. 506. A sentença faz coisa julgada às partes entre as quais é dada, não prejudicando terceiros.

[18] Art. 872. Celebrado o acordo, ou transitada em julgado a decisão, seguir-se-á o seu cumprimento, sob as penas estabelecidas neste Título.

[19] Art. 842. Sendo várias as reclamações e havendo identidade de matéria, poderão ser acumuladas num só processo, se se tratar de empregados da mesma empresa ou estabelecimento.

O requerimento de limitação interrompe o prazo para manifestação ou resposta, que recomeçará da intimação da decisão que o solucionar.

Trata-se da figura do litisconsórcio multitudinário, o qual pode configurar--se tanto no polo ativo, quanto no polo passivo (ou até mesmo em ambos), muito embora a doutrina usualmente aborde o fenômeno exclusivamente sob a ótica do litisconsórcio ativo.

É controvertida a aplicabilidade do dispositivo legal citado no Processo do Trabalho, havendo posicionamentos no sentido negativo, por inexistência de omissão da CLT, e porque o litisconsórcio multitudinário proporcionaria maior celeridade processual.[20]

No entanto, o litisconsórcio multitudinário, muitas vezes, tende a gerar embaraços procedimentais, como dificuldade de citação e intimação de todos os interessados; maior complexidade da tramitação do processo e possibilidade de cometimento de equívocos pelos diversos sujeitos processuais; sobrecarga de trabalho do órgão jurisdicional, que passa a apreciar processo cumulativo. Assim, é conveniente a aplicação do art. 113, § 1º, do CPC[21], ao Processo do Trabalho, nas situações em for desvantajoso, do ponto de vista da economia processual, o agrupamento de grande quantidade de litisconsortes.

O Código de Processo Civil é omisso quanto à possibilidade de limitação *ex officio* do litisconsórcio multitudinário. Contudo, desde que preenchidos os requisitos legais, a limitação pode ser feita independentemente de requerimento das partes, tendo em vista a natureza dos valores que o dispositivo legal pretende preservar[22], quais sejam, a duração razoável do processo e o contraditório.

Importante observar que a limitação do litisconsórcio multitudinário somente pode dar-se nas hipóteses de litisconsórcio facultativo, e nunca quando for necessário.

A principal discussão a respeito do tema é saber se deve haver extinção do processo quanto aos litisconsortes excedentes, ou mero desmembramento, formando--se novos autos, que tramitarão no mesmo órgão jurisdicional.

É francamente majoritário o entendimento segundo o qual o juiz deveria estabelecer, no caso concreto, quais litigantes deveriam permanecer no processo e o número máximo de litigantes, ao fazer o desmembramento, associando-se o fenômeno do litisconsórcio multitudinário ao litisconsórcio ativo.[23] Destaca-se, ainda, que os processos desmembrados devem permanecer na mesma unidade jurisdicional, e não remetidos à livre distribuição, sob pena de ofensa ao princípio do juiz natural.[24]

---

20 BEZERRA LEITE, p. 409.

21 Art. 113, § 1º, O juiz poderá limitar o litisconsórcio facultativo quanto ao número de litigantes na fase de conhecimento, na liquidação de sentença ou na execução, quando este comprometer a rápida solução do litígio ou dificultar a defesa ou o cumprimento da sentença.

22 NEVES, p. 115.

23 Assim, DIDIER, v. 1, p. 481. No mesmo sentido, Enunciados 386 e 387 do Fórum Permanente de Processualistas Civis.

24 GRECO, v. 1, p. 490.

Essa conclusão é correta quanto ao litisconsórcio multitudinário ativo, no qual efetivamente deve haver o desmembramento dos processos, que permanecerão na mesma Vara do Trabalho, mantendo-se a competência do juiz natural.

Cabe observar, entretanto, que o projeto do Novo CPC, aprovado na Câmara, previa expressamente o desmembramento da ação, tal como preconizado pela doutrina acima referida, mas a regra foi suprimida do texto final aprovado pelo Senado.[25]

Isso se explica porque, em algumas situações relacionadas a litisconsórcio multitudinário facultativo passivo, pode não existir a possibilidade lógica de desmembramento das ações. Figure-se a hipótese de requerimento de desconsideração da personalidade jurídica na petição inicial, incluindo-se no polo passivo os cem sócios da sociedade empresária (cada um detendo um por cento do capital social). É evidente que um litisconsórcio formado em tais moldes gerará sérios embaraços procedimentais, comprometendo a rápida solução do litígio.

Não há dúvidas de que a desconsideração pode ser requerida na petição inicial (CPC, art. 134, § 2º)[26], e o litisconsórcio formado entre a sociedade empresária e os respectivos sócios é facultativo, pois decorre de opção do autor da ação. Além disso, os sócios podem ser responsabilizados na fase executiva, mesmo que não hajam participado da fase de conhecimento. Assim, quando a grande quantidade de sócios dificultar o andamento do processo, o litisconsórcio multitudinário passivo também poderá ser limitado.

Em hipóteses como essa, não há como desmembrar o processo para que os sócios respondam a ações individuais, já que a ação é voltada contra a empresa, e o sócio é mero responsável subsidiário, situação jurídica que pressupõe a existência de débito. A única solução viável, do ponto de vista lógico-jurídico, é a extinção do processo, sem resolução de mérito, em relação aos sócios (CPC, art. 113, § 1º)[27], sem prejuízo de sua responsabilização na fase executiva, caso haja necessidade.

Raciocínio semelhante se aplica no caso de litisconsórcio passivo entre empresas do mesmo grupo econômico, o qual também é facultativo, já que não há qualquer obrigatoriedade de inserção de todos os respectivos integrantes no polo passivo da relação processual. Além disso, com o cancelamento da Súmula 205 do TST, é possível o reconhecimento da existência do grupo na fase de execução. Assim, quando a quantidade excessiva de réus integrantes do grupo dificultar o andamento do processo, o Juiz do Trabalho pode limitar o litisconsórcio multitudinário, nos termos acima expostos.

---

[25] NEVES, p. 116.

[26] Art. 134, § 2º, Dispensa-se a instauração do incidente se a desconsideração da personalidade jurídica for requerida na petição inicial, hipótese em que será citado o sócio ou a pessoa jurídica.

[27] Art. 113, § 1º, O juiz poderá limitar o litisconsórcio facultativo quanto ao número de litigantes na fase de conhecimento, na liquidação de sentença ou na execução, quando este comprometer a rápida solução do litígio ou dificultar a defesa ou o cumprimento da sentença.

6. REGIME JURÍDICO DO LITISCONSÓRCIO. CONFISSÃO

Em qualquer espécie de litisconsórcio, cada litisconsorte tem o direito de promover o andamento do processo, e todos devem ser intimados dos respectivos atos (CPC, art. 118).

No litisconsórcio simples ou comum, em princípio, os litisconsortes são considerados, em suas relações com a parte adversa, como litigantes distintos, justamente porque as relações jurídicas discutidas são autônomas ou divisíveis (art. 117). Assim, os atos de um não prejudicam, nem beneficiam os demais, como regra geral. Por exemplo, se apenas um dos litisconsortes interpuser recurso, ter-se-á o trânsito em julgado quanto ao outro que não haja recorrido. Daí pode resultar, eventualmente, que haja decisões conflitantes, sem que se possa cogitar de anomalia do sistema. Exemplo: litisconsórcio ativo em que dois trabalhadores, inseridos no mesmo ambiente de trabalho e desempenhando idênticas funções, postulassem adicional de insalubridade; diante do julgamento de improcedência, apenas um dos litisconsortes ativos interpõe recurso, ao qual é dado provimento. Nessa hipótese, haveria o trânsito em julgado da decisão de improcedência quanto a um dos trabalhadores, e posteriormente o julgamento de procedência em relação ao outro. Isso é possível porque se trata de duas relações jurídicas distintas e divisíveis (= o litisconsórcio é simples), ou seja, cada trabalhador tem seu próprio direito material.

Em princípio, o ato benéfico de um (interposição de recurso) não gera qualquer efeito para o outro litisconsorte simples; analogamente, o ato prejudicial praticado isoladamente (exemplos: revelia; reconhecimento jurídico do pedido) não pode prejudicar o outro litisconsorte.

Essa máxima, entretanto, deve ser relativizada em algumas situações processuais, sobretudo aquelas atinentes à matéria probatória, sob pena de haver graves incongruências nas decisões judiciais.

É por isso que, havendo litisconsórcio passivo, se algum dos réus contestar a ação, é inviável, do ponto de vista lógico, aplicar-se a presunção de veracidade decorrente da revelia do réu ausente (CPC, arts. 344 e 345, I)[28]. Isso ocorre, intuitivamente, apenas quanto aos fatos comuns aos réus, e contestados por aquele que comparece aos autos. O motivo é que não seria possível considerar um fato como ocorrido em relação ao réu revel, e o mesmo fato não ocorrido em relação ao réu que contestou. Nessa situação, perceba-se que o ato de um litisconsorte beneficia o outro, o que desmente parcialmente o art. 117. Da mesma forma, a confissão de um dos litisconsortes, no litisconsórcio simples ou comum, faz prova contra o confitente, mas não prejudica o outro litisconsorte (CPC, art. 391). Contudo, se de tal procedimento resultar a perplexidade lógica acima descrita (reputando-se um fato,

[28] Art. 344, Se o réu não contestar a ação, será considerado revel e presumir-se-ão verdadeiras as alegações de fato formuladas pelo autor.
Art. 345, A revelia não produz o efeito mencionado no art. 344 se: (I) havendo pluralidade de réus, algum deles contestar a ação (...).

simultaneamente, como ocorrido e não ocorrido), a confissão deverá ser avaliada sistematicamente com o conjunto probatório.

Já no litisconsórcio unitário, os atos benéficos de um litisconsorte sempre se estenderão para o outro. É o que acontece com a interposição de recurso (CPC, art. 1005, *caput*)[29]; o oferecimento de contestação etc. Quanto aos atos prejudiciais, somente gerarão efeitos - quer para aquele que os pratica, quer para o outro litisconsorte - se todos os litisconsortes aderirem.

É o que ocorre com a confissão. Se um litisconsorte unitário confessar, sem a adesão do outro, a confissão não gera o efeito de dispensar a produção de provas pela parte adversa, pois a relação jurídica é única e não pode ser decidida de forma diferente para os litisconsortes. Não obstante, a confissão pode ser utilizada como elemento probatório (prova indiciária) que poderá ser usado na definição acerca da ocorrência, ou não, do fato confessado exclusivamente por um dos litisconsortes.

6.1. Possibilidade de a parte requerer o depoimento pessoal de seu *litisconsorte*

Em princípio, a parte não tem legitimidade para requerer o depoimento pessoal de seu litisconsorte. Contudo, nas situações em que os litisconsortes (ativos ou passivos) tenham interesses contrários, pode surgir interesse legítimo de oitiva do litisconsórcio, com o objetivo de obter confissão que venha a beneficiar o requerente da prova.

Exemplo: em processo que envolva três reclamadas, a tese da 3ª reclamada é de que o trabalhador sempre prestou serviços exclusivamente para a 2ª reclamada. Nesta hipótese, a 2ª e 3ª reclamadas poderiam pedir os depoimentos uma da outra.

7. INTERVENÇÃO *IUSSU JUDICIS*

Nos casos de litisconsórcio passivo necessário, o juiz deve determinar ao autor que promova a citação dos litisconsortes não incluídos na petição inicial, em fenômeno que se tem denominado de intervenção *iussu judicis*. O tema será estudado no Capítulo IX, item 8.2.

29 Art. 1005, O recurso interposto por um dos litisconsortes a todos aproveita, salvo se distintos ou opostos os seus interesses.

IX

INTERVENÇÃO DE TERCEIROS

1. NOÇÕES GERAIS. FUNDAMENTOS

O conceito de terceiro, na relação jurídica processual, deve ser buscado por exclusão. A doutrina tradicionalmente afirma que terceiros são todos aqueles que não forem partes – nem coadjuvantes de parte – em processo pendente.[1] Trata-se de noção correta, correspondente a um conceito mais amplo de terceiro, o qual não é suficiente, entretanto, para explicar o fenômeno processual da intervenção de terceiros.

Assim, tal conceito pode ser restringido, pois o juiz, por exemplo, não pode ser considerado terceiro para fins de intervenção em processo pendente. Da mesma forma, os sujeitos auxiliares, probatórios e postulantes. Assim, pode-se definir terceiro como aquele que é completamente alheio ao processo, não o integrando na posição de sujeito essencial (parte ou juiz), nem como sujeito auxiliar, probatório ou postulante. Com a intervenção, o terceiro passa a ser parte ou coadjuvante da parte, com a única ressalva do *amicus curiae*, que se torna auxiliar do Juízo.

Classicamente, a intervenção de terceiros pressupunha que o sujeito interveniente tivesse interesse jurídico na causa, o que está associado a alguma relação jurídica

---

1 CARNEIRO, ATHOS GUSMÃO. *Intervenção de Terceiros*. 15. ed. Saraiva: 2003, p. 63.

própria do terceiro com uma das partes ou com ambas, e até mesmo com a própria relação jurídica objeto do litígio.[2] Essa noção permanece válida como regra geral, mas é excepcionada novamente pela figura do *amicus curiae*, que defende apenas um interesse institucional, não sendo titular de relação jurídica vinculada, de qualquer modo, à casa pendente.

Dessa forma, embora algumas pessoas ou instituições possam eventualmente desejar que determinado litigante seja vitorioso em processo pendente - por exemplo, por vínculo de amizade, ou por mera solidariedade -, esse vínculo afetivo, por si só, não autoriza a respectiva intervenção no processo. Para que possa intervir - com a ressalva, novamente, da situação do *amicus curiae* -, o terceiro deve ser titular de relação jurídica vinculada direta ou indiretamente à causa pendente.

A intervenção de terceiro apresenta a natureza jurídica de ato jurídico em sentido estrito, pois se cuida de manifestação de vontade humana (de alguma ou de ambas as partes, do órgão jurisdicional ou do próprio terceiro), com efeitos previstos na lei processual. Quando o ingresso do terceiro não for provocado pelo juiz, o fenômeno só pode ocorrer se houver deferimento judicial.

Pode-se conceituar, assim, a intervenção de terceiros como o ato processual que propicia o ingresso, em processo já pendente, de pessoa que lhe era completamente alheia, e passa a ser parte ou coadjuvante da parte, ressalvada a situação do *amicus curiae*, o qual se torna auxiliar do Juízo.

Os fundamentos da intervenção de terceiros são: (i) a economia processual, pois o fenômeno permite que determinadas discussões paralelas à causa principal sejam decididas na mesma relação processual, evitando-se a multiplicação de processos; e (ii) potencialização do contraditório, em virtude da participação, no processo, de pessoas que têm vínculo, direto ou indireto, com a matéria litigiosa.

A CLT não regulamenta o instituto da intervenção de terceiros, o que gera diversas polêmicas doutrinárias e jurisprudenciais concernentes à aplicabilidade dos dispositivos do CPC a respeito, conforme se verá nos itens seguintes, nos quais serão estudadas separadamente cada uma das modalidades de intervenção de terceiros previstas pelo Código: assistência (simples e litisconsorcial); denunciação da lide; chamamento ao processo; incidente de desconsideração da personalidade jurídica; e *amicus curiae*.

Além disso, embora, de acordo com o regramento do CPC, não se trate de modalidades de intervenção de terceiros, também serão destacadas, neste capítulo, as figuras da intervenção litisconsorcial voluntária; da intervenção *iussu judicis*; da reconvenção que amplie subjetivamente o processo; do aditamento da inicial; do recurso de terceiro prejudicado; e da extinta nomeação à autoria. Todas essas figuras têm em comum o fato de que propiciam o ingresso de terceiro, que passa a ser parte ou coadjuvante da parte em processo pendente, enquadrando-se, portanto, no conceito de intervenção de terceiros. Pode-se considerar, portanto, que são situações processuais equiparadas à intervenção de terceiros.

---

2 GRECO, v. 1, p. 495.

2. CLASSIFICAÇÃO

As intervenções de terceiros podem ser espontâneas ou provocadas.

Espontâneas acontecem nas situações em que o terceiro intervém sem a provocação de qualquer sujeito processual, e ocorre na assistência – simples ou litisconsorcial.

As intervenções dizem-se provocadas quando decorrem de iniciativa de alguma das partes, ou do órgão jurisdicional. É o que acontece nos casos da denunciação da lide, do chamamento ao processo, e do incidente de desconsideração da personalidade jurídica.

A intervenção do *amicus curiae* pode ser espontânea ou provocada, conforme deflui do CPC, art. 138, *caput*.[3]

A intervenção litisconsorcial voluntária, a reconvenção ajuizada pelo réu em litisconsórcio com terceiro, e o recurso de terceiro prejudicado são situações equiparadas à intervenção de terceiros espontâneas; a intervenção *iussu judicis*, a nomeação à autoria, e a reconvenção ajuizada em face do autor e terceiro, são modalidades equiparadas à intervenção de terceiros provocada.

3. ASSISTÊNCIA

Assistência é modalidade de intervenção de terceiro espontânea mediante a qual alguém ingressa em processo pendente com o objetivo de auxiliar uma das partes, considerando-se que o êxito do assistido tem o condão de melhorar a situação jurídica do assistente.

O interesse jurídico – pressuposto inafastável para que se admita a intervenção – do assistente pode configurar-se em duas situações: (i) o assistente é titular de relação jurídica distinta, mas vinculada indiretamente àquela que está sendo discutida em juízo, sendo que a decisão desta causará reflexos naquela; (ii) o assistente é titular – isoladamente ou em conjunto com outras pessoas – da situação jurídica discutida no processo.

A assistência será admitida em qualquer procedimento e em todos os graus de jurisdição, recebendo o assistente o processo no estado em que se encontre (CPC, art. 119, parágrafo único), o que significa que não pode pretender retroceder na marcha processual.

Trata-se de modalidade de intervenção de terceiros espontânea, pois a iniciativa de solicitar o ingressar no processo é tomada pelo próprio assistente. Não havendo impugnação no prazo de 15 dias, o pedido de intervenção será deferido, salvo se for caso de rejeição liminar. Se qualquer parte alegar que falta ao requerente inte-

---

3 Art. 138, O juiz ou o relator, considerando a relevância da matéria, a especificidade do tema objeto da demanda ou a repercussão social da controvérsia, poderá, por decisão irrecorrível, de ofício ou a requerimento das partes ou de quem pretenda manifestar-se, solicitar ou admitir a participação de pessoa natural ou jurídica, órgão ou entidade especializada, com representatividade adequada, no prazo de 15 (quinze) dias de sua intimação.

resse jurídico para intervir, o juiz decidirá o incidente, sem suspensão do processo (CPC, art. 120).

A assistência pode ser simples (= adesiva) ou litisconsorcial, ambas aplicáveis no Processo do Trabalho. A Súmula 82 do TST admite expressamente a assistência simples quando demonstrado o interesse jurídico, e não o meramente econômico.

Afora tais aspectos comuns, o regime jurídico de cada modalidade de assistência é completamente diferente, sendo conveniente o estudo em separado das duas figuras.

3.1. Assistência simples

Viabiliza-se a assistência simples quando o assistente seja titular de relação jurídica que possa sofrer reflexos decorrentes do julgamento da causa pendente. O assistente simples possui relação jurídica com o assistido, e não com o adversário do assistido.

O entendimento prevalecente na doutrina e na jurisprudência é o de que o interesse que justifica a assistência simples deve ser jurídico, e não meramente econômico, afetivo ou congênere. Por exemplo, o filho pode ter *interesse* de que seu pai se sagre vencedor em reclamação trabalhista, mas, em princípio, não pode ser assistente, pois não é titular de qualquer relação jurídica que possa sofrer reflexos decorrentes do julgamento da causa pendente.

Exemplo clássico de assistência simples é o do sublocatário. A ação de despejo movida pelo locador (proprietário) em face do locatário (inquilino) discute a relação jurídica de locação, titularizada pelos dois. Contudo, o julgamento dessa causa potencialmente afetará a situação jurídica do sublocatário, que é titular de um contrato de sublocação, firmado por ele com o inquilino principal. Por isso, há, inegavelmente, interesse jurídico para a assistência simples nessa hipótese.

No Processo do Trabalho, pode-se citar como exemplo seguro de assistência simples a hipótese de sucessão de empresas, que provoca, em princípio, a responsabilidade única e exclusiva do sucessor – ressalvada a situação de fraude, em que há responsabilidade solidária entre sucessor e sucedido (Código Civil, art. 942).[4] Suponha-se sucessão não fraudulenta, tendo ficado estabelecido no contrato que a sucedida responderia à sucessora por eventuais débitos trabalhistas do período anterior à sucessão. Nesse caso, a sucedida pode ser assistente simples da sucessora, pois a relação jurídica discutida em juízo não é titularizada pela primeira, mas apenas pela segunda; no entanto, a decisão repercutirá na esfera de direitos da sucedida, que poderia vir a ser responsabilizada em ação regressiva movida pela sucessora.

Outro exemplo de assistência simples, um pouco mais controverso, é o do sócio retirante, que foi, todavia, no período em que participava do quadro societário, beneficiário da força de trabalho de determinado empregado. Caso a reclamação trabalhista deste seja julgada procedente, resultando em condenação da empresa, eventualmente o sócio retirante pode ser responsabilizado, em decorrência da des-

---

[4] Art. 942. Os bens do responsável pela ofensa ou violação do direito de outrem ficam sujeitos à reparação do dano causado; e, se a ofensa tiver mais de um autor, todos responderão solidariamente pela reparação.

consideração da personalidade jurídica. Perceba-se que não há relação jurídica entre o ex-sócio e o empregado (adversário do assistido), mas apenas entre o ex-sócio e a empresa empregadora (assistida). A relação jurídica entre sócio e sociedade autoriza a responsabilidade subsidiária do primeiro em algumas hipóteses, daí existir o interesse jurídico, e não meramente econômico. Cuida-se, portanto, de assistência simples. Contudo, pode-se argumentar no sentido de que o sócio tem, sim, uma relação jurídica de garantia do trabalhador, razão por que se trataria de assistência litisconsorcial.

Há discrepância na doutrina quanto à caracterização do assistente simples como parte do processo. Há autores que defendem ser o assistente simples parte auxiliar, por ser sujeito parcial do contraditório e se submeter aos deveres processuais das partes.[5] Outra corrente sustenta que o assistente, a rigor, não se torna parte no processo, sendo apenas um coadjuvante do litigante a quem assiste.[6]

Não há dúvida de que o assistente simples é sujeito parcial do contraditório, pois tem interesse jurídico na vitória do assistido. Contudo, esse fato não o transforma em parte, que é, por definição, aquele que pede, ou em face de quem se pede a tutela jurisdicional. O assistente simples não formula qualquer pedido, assim como não é demandado no processo. Não pode ser considerando, portanto, como parte. Melhor classificá-lo como mero terceiro interveniente, ou, mais precisamente, um coadjuvante da parte.

A atuação do assistente simples é subordinada à da parte assistida. Assim, o assistente não pode adotar comportamento que contrarie a vontade do assistido. Se este reconhecer a procedência do pedido, desistir da ação, renunciar ao direito sobre o que se funda a ação ou transigir sobre direitos controvertidos, o assistente simples nada pode fazer para impedir a vontade do assistido.

O assistente simples pode complementar a atividade do assistido, mas nunca a contrariar. Assim, se o assistido informar ser desnecessária a produção de prova pericial, o assistente não pode requerer a produção; se o assistido dispensar a oitiva de testemunhas, o assistente não tem a prerrogativa de ouvi-las.[7]

Com tais ressalvas, o assistente simples exercerá os mesmos poderes e sujeitar-se-á aos mesmos ônus processuais que o assistido, tais como produção de provas, formulação de alegações, ser intimado dos atos do processo.

De acordo com o art. 121, parágrafo único, do CPC, sendo revel ou, de qualquer outro modo, omisso o assistido, o assistente será considerado seu substituto processual. Isso ocorre porque, nesta situação, o assistente estará defendendo, em nome próprio, direito alheio (do assistido). Não poderá, nessa condição, dispor do direito material discutido em juízo; mas pode, por exemplo, oferecer contestação.

Da mesma forma, caso o assistido renuncie ao direito de recorrer, ou desista de recurso interposto, o assistente não tem o direito de recorrer. Contudo, no caso de mera omissão do assistido, deve ser apreciado o recurso interposto pelo assistente.

---

5 DIDIER, v. 1, p. 491.

6 CARNEIRO, p. 169.

7 CARNEIRO, p. 177.

O assistente simples, por não ser titular da *res in judicium deducta*, não fica sujeito à coisa julgada formada no processo em que intervém. Contudo, ocorre um fenômeno semelhante, que a doutrina denomina de *eficácia da intervenção*, que é, a um só tempo, mais e menos intensa do que a coisa julgada.

A eficácia da intervenção consiste no fato de que, transitada em julgado a sentença no processo em que interveio o assistente simples, este não poderá, regra geral, em processo posterior, discutir a justiça da decisão. Perceba-se que a amplitude do fenômeno, neste aspecto, é maior do que a coisa julgada, pois esta se restringe, em princípio, ao dispositivo da decisão (= pedidos julgados). Já na eficácia da intervenção, são os fundamentos da decisão exarada no processo em que o assistente interveio que ficam indiscutíveis. Fundamentos são as questões de fato e de direito expostas como razões de decidir.

De outro lado, a coisa julgada impede de forma absoluta a rediscussão da matéria decidida - com a única ressalva da ação rescisória. Já a eficácia da intervenção admite a exceção de má-gestão processual (*exceptio male gesti processus*), que permite ao assistente simples rediscutir a justiça da decisão quando alegar e provar que: (i) pelo estado em que recebeu o processo ou pelas declarações e pelos atos do assistido, foi impedido de produzir provas suscetíveis de influir na sentença; ou (ii) desconhecia a existência de alegações ou de provas das quais o assistido, por dolo ou culpa, não se valeu. Sob esse prisma, a eficácia da intervenção é menos ampla ou intensa que a coisa julgada.

3.2. Assistência litisconsorcial

Consoante art. 124 do CPC, considera-se litisconsorte da parte principal o assistente sempre que a sentença influir na relação jurídica entre ele e o adversário do assistido.

A assistência litisconsorcial (= qualificada) consiste numa espécie de litisconsórcio unitário ulterior, em que o assistente ingressa em juízo para obter uma decisão favorável a um direito que também pertence (ou que pertence exclusivamente) ao assistente. Em outras palavras: o assistente tem relação jurídica com o adversário do assistido.

A assistência pode acontecer, nos processos individuais, nas seguintes situações: (i) o assistente é cotitular da relação jurídica de direito material discutida em juízo; (ii) o assistente é o exclusivo titular do direito litigioso, mas o processo é conduzido por seu substituto processual. Sobre a assistência nas ações coletivas, ver o próximo item.

O exemplo tradicional da primeira situação é o caso atinente ao condômino, que ajuíza, isoladamente, ação reivindicatória da coisa comum. Qualquer outro condômino pode ingressar no processo como assistente do autor da ação. Perceba-se que, ao assim fazer, o assistente estará buscando a defesa de um direito próprio, que também pertence simultaneamente ao assistido. Ambos são titulares de relação jurídica com o adversário do assistido (réu da ação reivindicatória).

O segundo exemplo ocorre tipicamente na hipótese de alienação de direito litigioso, situação em que o adquirente ou cessionário (que passa a ser o único titular da coisa litigiosa alienada) intervém em causa que era conduzida pelo alienante, o qual passa, desde a alienação, a ser substituto processual do adquirente (CPC, art. 109).[8]

Apesar da clareza do art. 124 do CPC[9], há doutrina no sentido de que assistente litisconsorcial não é litisconsorte, nem parte, por não formular pedido ou não ser formulado pedido em face dele.[10] Contudo, é inegável que o assistente litisconsorcial, ao intervir, adere ao pedido do autor ou à defesa do réu, tornando-se litisconsorte (como previsto expressamente no CPC), e, portanto, parte do processo.

O assistente litisconsorcial, justamente por ser parte, pode praticar todos os atos necessários à defesa de seu direito, mesmo contra a vontade de seu litisconsorte. Exemplificando, caso o litisconsorte (parte originária do processo) renuncie ao direito de recorrer, o assistente pode fazê-lo normalmente.

O regime jurídico da assistência litisconsorcial é o mesmo do litisconsórcio unitário. Daí, por exemplo, o assistente litisconsorcial está sujeito à coisa julgada material formada no processo, diferentemente do que ocorre na assistência simples. Igualmente, os atos benéficos de qualquer dos litisconsortes a todos aproveitarão; mas os atos prejudiciais, como a confissão, só valerão se praticados por todos.

Como exemplo no Processo do Trabalho, tem-se a situação de grupo econômico, na qual as empresas do grupo podem ser demandadas ou demandar em conjunto, e, como se trata de empregador único (TST, Súmula 129)[11], qualquer delas pode ingressar como assistente litisconsorcial em causa pendente que envolva outra empresa do grupo.

3.3. Assistência em ações coletivas

Com as ações coletivas, os conflitos de massa são mais facilmente levados ao Judiciário e por este resolvidos, o que se explica porque a solução é *molecular*, ou seja, é dada em escala macroscópica.

Conforme amplamente reconhecido em doutrina e jurisprudência, há um microssistema de tutela coletiva. Isto significa que toda a legislação relativa à tutela coletiva de direitos – lei da ação popular, da ação civil pública, Código de Defesa do Consumidor, entre outras – se intercomunica e interpenetra, formando um sistema harmônico e coerente.

---

8 Art. 109, A alienação da coisa ou do direito litigioso por ato entre vivos, a título particular, não altera a legitimidade das partes.

§ 1º, O adquirente ou cessionário não poderá ingressar em juízo, sucedendo o alienante ou cedente, sem que o consinta a parte contrária.

§ 2º, O adquirente ou cessionário poderá intervir no processo como assistente litisconsorcial do alienante ou cedente.

§ 3º, Estendem-se os efeitos da sentença proferida entre as partes originárias ao adquirente ou cessionário.

9 Art. 124. Considera-se litisconsorte da parte principal o assistente sempre que a sentença influir na relação jurídica entre ele e o adversário do assistido.

10 CÂNDIDO RANGEL DINAMARCO. Intervenção de Terceiros. São Paulo: Malheiros Editores, 1997, p. 13.

11 TST, súmula 129: A prestação de serviços a mais de uma empresa do mesmo grupo econômico, durante a mesma jornada de trabalho, não caracteriza a coexistência de mais de um contrato de trabalho, salvo ajuste em contrário.

Os legitimados ativos para a ação civil pública estão previstos no art. 5º da Lei nº 7.347/85 e são o Ministério Público (inclusive o MPT); a Defensoria Pública; os entes federativos; autarquias, empresas públicas, fundações ou sociedades de economia mista; bem como a associação que atenda aos requisitos legais, aí incluídos os sindicatos. As demais leis que integram o microssistema preveem os legitimados para cada espécie de ação.

Ora, sendo assim, em princípio, os assistentes nessas ações devem ter legitimidade para a defesa desses direitos coletivos *lato sensu*; caso contrário, estariam sendo burladas as regras de legitimidade para as ações coletivas. Assim, o colegitimado à propositura de ação coletiva pode habilitar-se como litisconsorte, tornando-se assistente litisconsorcial do autor da demanda.

Destarte, em regra, não é possível que uma pessoa física pleiteie seu ingresso em ação coletiva como assistente, justamente porque não tem legitimidade para a defesa do interesse coletivo.

No entanto, há casos em que o indivíduo pode defender o interesse da coletividade. É o caso da ação popular, para a qual o cidadão é legitimado ativo (Lei nº 4.717/65, art. 1º)[12], sendo possível a habilitação de outros cidadãos no polo ativo (art. 6º, § 5º)[13], para atuarem como assistentes litisconsorciais. Além disso, caso haja desistência da ação, o Ministério Público pode assumir o polo ativo (art. 9º).

Destaque-se, também, que a pretensão de defesa de certo bem público, buscando a anulação de ato lesivo, pode ser manifestada tanto em ação civil pública, quanto em ação popular. Assim, há legitimação concorrente para a pretensão, razão pela qual o cidadão poderá pleitear seu ingresso como assistente, caso já haja, por exemplo, ação civil pública em trâmite, que verse sobre o mesmo objeto.

Dessa forma, evita-se uma desnecessária propositura de ação popular – que seria afinal reunida para julgamento conjunto com a outra ação coletiva, em virtude da conexão –, permitindo-se a intervenção de pessoa física numa ação civil pública.

Há outra situação em que também é possível a assistência: é o caso da ação coletiva para defesa de diretos individuais homogêneos, em que o indivíduo tem, ao menos, duas possibilidades: (i) propositura de ação individual para a defesa do direito; ou (ii) intervenção como assistente litisconsorcial do autor coletivo. Esta é uma forma de intervenção que também tende a evitar a propositura de ações individuais. Embora

[12] Art. 1º, Qualquer cidadão será parte legítima para pleitear a anulação ou a declaração de nulidade de atos lesivos ao patrimônio da União, do Distrito Federal, dos Estados, dos Municípios, de entidades autárquicas, de sociedades de economia mista (Constituição, art. 141, § 38), de sociedades mútuas de seguro nas quais a União represente os segurados ausentes, de empresas públicas, de serviços sociais autônomos, de instituições ou fundações para cuja criação ou custeio o tesouro público haja concorrido ou concorra com mais de cinquenta por cento do patrimônio ou da receita ânua, de empresas incorporadas ao patrimônio da União, do Distrito Federal, dos Estados e dos Municípios, e de quaisquer pessoas jurídicas ou entidades subvencionadas pelos cofres públicos.

[13] Art. 6º, A ação será proposta contra as pessoas públicas ou privadas e as entidades referidas no art. 1º, contra as autoridades, funcionários ou administradores que houverem autorizado, aprovado, ratificado ou praticado o ato impugnado, ou que, por omissas, tiverem dado oportunidade à lesão, e contra os beneficiários diretos do mesmo. (...)

§ 5º, É facultado a qualquer cidadão habilitar-se como litisconsorte ou assistente do autor da ação popular.

prevista em lei (Lei 8078/90, art. 94 c/c 103, § 2º)[14], o litisconsórcio nessas hipóteses pode configurar-se como multitudinário, gerando evidentes inconvenientes práticos e comprometendo a rápida solução do litígio ou dificultando a defesa, razão pela qual pode ser limitado pelo Juiz em cada caso concreto (CPC/2015, art. 113, § 1º).[15]

4. DENUNCIAÇÃO DA LIDE

Denunciação da lide é modalidade de intervenção de terceiros provocada pelo autor ou pelo réu, com o objetivo de obter, no mesmo processo, o reconhecimento do direito de regresso, para a eventualidade de sucumbência do denunciante na ação principal.

Os objetivos maiores da denunciação da lide são a promoção da eficiência (efetividade) e da economia processual, já que, em único processo, soluciona-se a lide principal e a secundária (demanda regressiva). Indiretamente, pode acabar potencializando o contraditório, em virtude do comparecimento de mais um sujeito processual interessado no desfecho do litígio.

A natureza jurídica da denunciação da lide é de ação regressiva eventual: regressiva, porque busca exatamente o reconhecimento do direito regressivo do denunciante em face do terceiro interveniente; eventual, porque tal ação somente é apreciada caso o denunciante seja vencido na ação principal.

Pode-se dizer, assim, que a ação principal é preliminar em relação à denunciação da lide: sendo vencedor o denunciante, a ação regressiva (denunciação) sequer será julgada, sem prejuízo da condenação do denunciante ao pagamento das verbas de sucumbência em favor do denunciado, se for o caso. Apenas se o denunciante for vencido na ação principal é que o juiz passará ao julgamento da denunciação da lide (CPC, art. 129, *caput* e parágrafo único).

De acordo com o art. 125, *caput*, do CPC, é admissível a denunciação da lide: (i) ao alienante imediato, no processo relativo à coisa cujo domínio foi transferido ao denunciante, a fim de que possa exercer os direitos que da evicção lhe resultam; (ii) àquele que estiver obrigado, por lei ou pelo contrato, a indenizar, em ação regressiva, o prejuízo de quem for vencido no processo.

O Novo CPC solucionou antiga controvérsia, definindo explicitamente que a denunciação da lide é facultativa, ou seja, o direito regressivo será exercido por ação autônoma quando a denunciação da lide for indeferida, deixar de ser promovida ou não for permitida (art. 125, § 1º).

---

14 Art. 94, Proposta a ação, será publicado edital no órgão oficial, a fim de que os interessados possam intervir no processo como litisconsortes, sem prejuízo de ampla divulgação pelos meios de comunicação social por parte dos órgãos de defesa do consumidor.

Art. 103. Nas ações coletivas de que trata este código, a sentença fará coisa julgada: (...)

§ 2º, Na hipótese prevista no inciso III, em caso de improcedência do pedido, os interessados que não tiverem intervindo no processo como litisconsortes poderão propor ação de indenização a título individual.

15 Art. 113, § 1º, O juiz poderá limitar o litisconsórcio facultativo quanto ao número de litigantes na fase de conhecimento, na liquidação de sentença ou na execução, quando este comprometer a rápida solução do litígio ou dificultar a defesa ou o cumprimento da sentença.

Ademais, a denunciação sucessiva – feita pelo denunciado originário, que se torna denunciante, apontando um segundo denunciado – só é admitida uma única vez (CPC, art. 125, § 2º). O denunciado sucessivo, nesses casos, deve necessariamente exercer seu direito regressivo mediante ação autônoma.

A denunciação da lide feita pelo autor consiste numa espécie de litisconsórcio inicial; já quando feita pelo réu, trata-se de litisconsórcio ulterior.

A hipótese da evicção, por envolver discussão atinente a direito real de propriedade, não é de interesse no âmbito processual trabalhista.

Já a situação de ação regressiva indenizatória decorrente da posição de garante é envolta em diversas discussões doutrinárias e jurisprudenciais no Processo do Trabalho.

Figurem-se os seguintes exemplos: (i) determinada empresa firma contrato empresarial com seguradora, com o objetivo de assegurar indenizações decorrentes de eventuais acidentes de trabalho sofridos por seus empregados. Nesse caso, a seguradora está obrigada, por força de contrato, a indenizar o prejuízo do empregador vencido em reclamação trabalhista movida por empregado acidentado; (ii) empregado público comete ato ilícito, prejudicando terceiro. O empregador responde objetivamente perante o terceiro, e tem direito de regresso contra o servidor público responsável que haja procedido com culpa ou dolo (CF, art. 37, § 6º)[16]; (iii) gerente da empresa pratica ato de assédio sexual contra empregada, a qual ajuíza ação em face da empregadora. A empresa, caso condenada, tem direito de regresso contra o assediador, por força da lei (CLT, art. 462, § 1º)[17] e também do contrato de trabalho.

Nas três hipóteses, seria possível, em tese, o manejo da denunciação da lide, pois todos os órgãos jurisdicionais podem julgar ações regressivas. No entanto, para que o façam, devem ter competência material para apreciar a demanda secundária. E esta é justamente a grande dificuldade no que tange à Justiça do Trabalho, cuja competência, como cediço, restringe-se aos conflitos oriundos da relação de trabalho (art. 114, I, CF).[18]

É da essência da denunciação da lide que a ação regressiva tramite nos mesmos autos da ação principal, gerando o fenômeno da cumulação de ações ou processo cumulativo. Há duas vertentes acerca de sua aplicabilidade no processo trabalhista.

Uma primeira corrente sustenta ser inadmissível a denunciação no processo do trabalho, porque a Justiça Especializada não seria competente para a demanda secundária, entre o reclamado e o terceiro garantidor. Tratar-se-ia, nessa ótica, de lide de natureza civil, desvinculada da relação de trabalho, cabendo o julgamento

---

16 Art. 37, § 6º, As pessoas jurídicas de direito público e as de direito privado prestadoras de serviços públicos responderão pelos danos que seus agentes, nessa qualidade, causarem a terceiros, assegurado o direito de regresso contra o responsável nos casos de dolo ou culpa.

17 Art. 462, § 1º, Em caso de dano causado pelo empregado, o desconto será lícito, desde de que esta possibilidade tenha sido acordada ou na ocorrência de dolo do empregado.

18 Art. 114, Compete à Justiça do Trabalho processar e julgar:
I, as ações oriundas da relação de trabalho, abrangidos os entes de direito público externo e da administração pública direta e indireta da União, dos Estados, do Distrito Federal e dos Municípios.

ao Judiciário comum. Tal visão seguramente prevaleceu antes da EC 45/2004, pois o entendimento constava da orientação jurisprudencial do TST.

Contudo, com a promulgação da EC 45/2004 e o cancelamento da OJ 227 da SDI-1, há diversos doutrinadores e precedentes jurisprudenciais admitindo com maior flexibilidade a denunciação da lide, porquanto a relação de garantia também pode ser considerada *oriunda* ou *decorrente* da relação de trabalho, a justificar a atuação do Judiciário Trabalhista.

Deveras, passou-se a entender que, não obstante ninguém seja obrigado a litigar contra quem não quer, em alguns casos tal modalidade de terceria propicia maior solvabilidade do crédito trabalhista e maior efetividade do processo. Isto porque a jurisprudência vinha considerando, ainda sob a vigência do CPC/1973, que o denunciado se tornava litisconsorte do denunciante e poderia ser condenado diretamente (o STJ aceitava esse raciocínio, por exemplo, em casos envolvendo seguradoras – tal entendimento pode ser aplicado para os casos em que o empregador contrata seguro privado de acidentes de trabalho, em favor de seus empregados).

O art. 128, parágrafo único, do Código de Processo Civil de 2015, positivou esse entendimento, estabelecendo que o cumprimento da sentença pode ser requerido também contra o denunciado, nos limites da condenação deste na ação regressiva.

Assim, a admissibilidade da intervenção de terceiros fica subordinada ao interesse do autor, delimitado pela utilidade do provimento final. Nesse sentido, enunciado 68, II e III, da 1ª Jornada de Direito Material e Processual na Justiça do Trabalho do TST. A crítica que se pode fazer a esse entendimento é a de gerar insegurança jurídica no que tange à definição da competência jurisdicional.

No entanto, a competência material da Justiça do Trabalho se ampliou com a EC 45/2004, conforme já estudado. Embora a lide secundária (por exemplo, no caso da seguradora) algumas vezes esteja associada a um contrato civil entre empresas, prepondera na avaliação da competência o fato de que a demanda regressiva do empregador contra a seguradora tem, como origem primeira, a relação de trabalho entre empregado e empregador, enquadrando-se no art. 114, I, da CF.

Sucede que pode haver situações em que, apesar da competência da Justiça do Trabalho para apreciar a denunciação da lide, não seja interessante tal intervenção de terceiros, por não atender aos seus objetivos fundamentais, que são a eficiência e a economia processuais.

Haverá ganho de eficiência, com maior efetividade do processo, caso, por exemplo, o empregador seja – ou esteja em vias de tornar-se – notoriamente insolvente. Perceba-se que, em tal situação, impedir a denunciação da lide poderia aniquilar completamente qualquer chance de o trabalhador receber indenização decorrente do acidente de trabalho, pois a execução seria infrutífera contra o empregador, e não haveria a possibilidade de o trabalhador obter reparação na Justiça Comum, caso o contrato previsse que a seguradora faria apenas o ressarcimento de despesas do empregador decorrentes do acidente de trabalho, até o limite fixado na apólice. Em casos como este, o trabalhador não pode acionar diretamente a seguradora, pois o contrato prevê apenas o ressarcimento dos valores pagos pelo empregador, ou seja, não há relação jurídica entre trabalhador e seguradora.

A peculiaridade dessa situação é que a Justiça do Trabalho detém competência para a denunciação da lide, cuja aplicabilidade deve ser analisada em cada caso concreto, à luz dos critérios expostos; mas, não admitida a denunciação, eventual ação regressiva autônoma entre o empregador e a seguradora será julgada pela Justiça Comum, porque, nesta situação específica, passa a preponderar o caráter civil da controvérsia.

Caso o trabalhador concorde com a denunciação da lide, em função de seu interesse na maior efetividade da futura execução, deve ser aceita pelo Juiz do Trabalho a intervenção do terceiro; no caso contrário, em princípio não se deve admitir a denunciação.

Como reforço argumentativo, veja-se que o Superior Tribunal de Justiça, na mesma linha ora preconizada, tem decidido pela impossibilidade de recusa da denunciação da lide pelo corréu (fornecedor de produtos ou serviços), quando o consumidor não se manifestar contrariamente à respectiva intervenção, em causas decorrentes de relações de consumo.[19] Isso porque a vedação à intervenção de terceiros, prevista no art. 88 do CDC[20], tem o objetivo de beneficiar o consumidor, dando celeridade ao seu pleito indenizatório, evitando a multiplicação de teses e argumentos de defesa. Assim, o único legitimado a impugnar a denunciação da lide é o próprio autor, sendo certo que a hipossuficiência do trabalhador justifica o mesmo tratamento que se dá à figura do consumidor, que é tutelado pelo art. 88 do CDC justamente por ser hipossuficiente.

Na hipótese do art. 37, § 6º, da CF[21], discute-se se é cabível a denunciação da lide, em que o Estado denuncia o servidor culpado, para integrar o polo passivo. Há grande controvérsia sobre a adequação de tal denunciação, pois introduz fundamento novo na lide (já que a responsabilidade do Estado é objetiva, e a do servidor, subjetiva). Ainda que se admita, nos casos em que se tratar de servidor celetista da Administração Pública, será inviável a denunciação da lide na Justiça do Trabalho nesses casos, pois a ação principal (do terceiro em face do empregador público) tramitará na Justiça Comum, dada a inexistência de relação de trabalho entre as partes. Já a competência para apreciação da ação regressiva autônoma, movida pelo empregador público condenado na Justiça comum por ato ilícito de seu servidor celetista, será da Justiça do Trabalho, pois se trata de lide entre empregado e empregador, decorrente da relação de trabalho.

No exemplo do assédio sexual, não se revela a problemática da competência jurisdicional, pois a ação regressiva da empresa contra o assediador (que também é empregado) é, inegavelmente, de competência da Justiça do Trabalho (CF, art. 114, I)[22]. Aqui, mais

---

19 REsp 913.687-SP, Rel. Min. Raul Araújo, por unanimidade, julgado em 11/10/2016, DJe 4/11/2016.

20 Art. 88, Na hipótese do art. 13, parágrafo único deste código, a ação de regresso poderá ser ajuizada em processo autônomo, facultada a possibilidade de prosseguir-se nos mesmos autos, vedada a denunciação da lide.

21 Art. 37, § 6º, As pessoas jurídicas de direito público e as de direito privado prestadoras de serviços públicos responderão pelos danos que seus agentes, nessa qualidade, causarem a terceiros, assegurado o direito de regresso contra o responsável nos casos de dolo ou culpa.

22 Art. 114, Compete à Justiça do Trabalho processar e julgar: (I) as ações oriundas da relação de trabalho, abrangidos os entes de direito público externo e da administração pública direta e indireta da União, dos Estados, do Distrito Federal e dos Municípios (...).

uma vez, a regra geral é a de que a denunciação da lide somente pode ser admitida em caso de concordância do autor da ação, pois ninguém pode ser obrigado a litigar contra quem não queira, sendo certo que o denunciado se torna litisconsorte do réu. Além disso, a denunciação atrasa a marcha processual, prejudicando potencialmente o trabalhador, que ponderará sobre o custo-benefício da intervenção do denunciado.

Admitida a denunciação da lide provocada pelo réu, o Juiz do Trabalho deve redesignar a audiência, citando-se o denunciado, com observância do prazo mínimo de cinco dias para a próxima sessão (CLT, art. 841).[23]

Feita a denunciação pelo réu: (i) se o denunciado contestar o pedido formulado pelo autor, o processo prosseguirá tendo, na ação principal, em litisconsórcio, denunciante e denunciado; (ii) se o denunciado for revel, o denunciante pode deixar de prosseguir com sua defesa, eventualmente oferecida, e abster-se de recorrer, restringindo sua atuação à ação regressiva; (iii) se o denunciado confessar os fatos alegados pelo autor na ação principal, o denunciante poderá prosseguir com sua defesa ou, aderindo a tal reconhecimento, pedir apenas a procedência da ação de regresso (CPC, art. 128, *caput*).

Outra hipótese de denunciação da lide no Processo do Trabalho é a prevista no art. 486, *caput* e parágrafos, da CLT, que preveem a figura do fato do príncipe. Quando a extinção do contrato de trabalho decorrer de ato de autoridade estatal (exemplo: desapropriação de imóvel rural no qual havia trabalhadores rurícolas), a indenização (= aviso prévio e 40% de FGTS) deve ficar a cargo do governo responsável. Nessas hipóteses, o empregador demandado pode denunciar a lide ao ente público. De acordo com o entendimento do TST, está superado o § 3º do art. 486[24], diante da natureza das parcelas postuladas, que decorrem de relação de trabalho. Deve-se manter o empregador no polo passivo, acrescentando-se o ente público responsável.[25]

5. CHAMAMENTO AO PROCESSO

O chamamento ao processo consiste em modalidade de intervenção de terceiros provocada pelo réu, com o objetivo de incluir no polo passivo um codevedor ou corresponsável pela dívida. Trata-se de faculdade, e não de obrigação ou ônus do réu, que é o único que tem a prerrogativa de deflagrar o chamamento, integrando ao processo outros réus, que se tornam litisconsortes do réu originário.

O fundamento do instituto é a economia processual, já que busca evitar o surgimento de processos posteriores em que se discuta a divisão de responsabilidades entre os diversos devedores ou responsáveis. De fato, a sentença de procedência na

[23] Art. 841, Recebida e protocolada a reclamação, o escrivão ou secretário, dentro de 48 (quarenta e oito) horas, remeterá a segunda via da petição, ou do termo, ao reclamado, notificando-o ao mesmo tempo, para comparecer à audiência do julgamento, que será a primeira desimpedida, depois de 5 (cinco) dias.

[24] Art. 486, § 3º, Verificada qual a autoridade responsável, a Junta de Conciliação ou Juiz dar-se-á por incompetente, remetendo os autos ao Juiz Privativo da Fazenda, perante o qual correrá o feito nos termos previstos no processo comum.

[25] TST – RR: 6053655219995065555 605365-52.1999.5.06.5555, Relator: José Simpliciano Fontes de F. Fernandes, Data de Julgamento: 14/12/2005, 2ª Turma, Data de Publicação: DJ 17/03/2006.

ação principal valerá como título executivo em favor do réu que satisfizer a dívida, a fim de que possa exigi-la, por inteiro, do devedor principal, ou, de cada um dos codevedores, a sua cota, na proporção que lhes tocar (CPC, art. 132). O chamamento ao processo também potencializa o contraditório, ao incluir para a relação processual litisconsortes que podem trazer mais argumentos e provas.

Além disso, de certa forma, o chamamento ao processo se harmoniza com a efetividade processual, pois a ampliação do polo passivo reforça, em tese, a solvabilidade do crédito do autor da ação. Por esse motivo, abalizada doutrina afirma que essa é a forma de intervenção de terceiros que menor resistência deve oferecer à aplicabilidade, no Processo do Trabalho, dos preceitos processuais civis.[26] O óbice que pode ser apontado é o do possível comprometimento da celeridade processual, caso haja, por exemplo, dificuldade de citação dos chamados.

Sem embargo, caso se adote a concepção doutrinária de que o chamamento ao processo provoca a tramitação de diversas ações dúplices regressivas, do *chamante* em face dos chamados, e destes entre si[27], surgiria o empecilho da incompetência da Justiça do Trabalho, pois o art. 114 da CF não abrange o julgamento de lides entre empresas.

No entanto, é prevalecente o entendimento doutrinário no sentido de que o chamamento ao processo consiste em mera ampliação subjetiva do polo passivo da relação processual, em decorrência de ato do réu, que entende que o chamado também é obrigado ao pagamento da dívida.[28] Assim, por mais que haja definição da responsabilidade dos diversos litisconsortes passivos (chamante e chamados), há competência da Justiça do Trabalho.

De outro lado, o instituto traz o inconveniente, muitas vezes, de forçar o autor a litigar contra quem não quer. Diz-se que o chamamento ao processo *retira com uma mão a prerrogativa que o direito material dera com a outra*. Deveras, na situação de solidariedade passiva, o credor tem a prerrogativa de exigir a dívida por inteiro de um ou alguns dos coobrigados (Código Civil, art. 275, *caput*). Contudo, o devedor demandado, por sua vez, pode convocar ao processo os demais devedores que não foram incluídos na petição inicial, por meio do chamamento ao processo (CPC, art. 130, III).[29]

Importante observar que o chamamento ao processo somente é admissível quando o chamado é tão ou mais devedor do que o chamante. Por exemplo, caso o fiador seja demandado, pode chamar ao processo o devedor principal; mas o inverso não é verdadeiro, ou seja, sendo réu o devedor principal, este não pode chamar o fiador, já que não terá direito de regresso em face deste (CPC, art. 130, I e II).

No Processo do Trabalho, o chamamento ao processo é aplicável nas hipóteses de solidariedade passiva (CPC, art. 130, III). É o que ocorre, por exemplo, nas situações

---

26 ÍSIS DE ALMEIDA, v.1, p. 110.

27 Como faz, por exemplo, GRECO, v.1, p. 519.

28 ATHOS GUSMÃO CARNEIRO, p. 154.

29 Art. 130, É admissível o chamamento ao processo, requerido pelo réu: (...)
III, dos demais devedores solidários, quando o credor exigir de um ou de alguns o pagamento da dívida comum.

de grupo econômico; condomínio residencial irregular; e sociedade de fato. Em tais hipóteses, o réu originário pode chamar ao processo as demais empresas do grupo; os outros condôminos não citados; e os outros sócios não incluídos na petição inicial.

Em princípio, o chamamento ao processo é irrecusável pelo autor ou pelo juiz, ressalvadas as situações de litisconsórcio multitudinário (CPC, art. 113, § 1º). Contudo, no Processo do Trabalho, o custo-benefício da intervenção deve ser avaliado, ponderando-se a possibilidade de maior efetividade processual, de um lado, com a maior demora na tramitação do processo, de outro.

Assim, por exemplo, nas hipóteses de grupo econômico, em princípio não deve ser aceito o chamamento – a menos que haja aquiescência do reclamante ou alguma situação excepcional –, pois a responsabilidade solidária das empresas do grupo pode ser fixada na execução. Assim, o chamamento, na fase cognitiva, seria mera perda de tempo.

Já no caso de condomínio irregular, é prudente que haja a intervenção dos demais condôminos, sob pena de lhes ser inoponível eventual sentença de procedência proferida na reclamação trabalhista, por não terem exercido o contraditório. Ademais, mesmo que indeferido o chamamento ao processo, os condôminos poderiam intervir tornando-se assistentes litisconsorciais.

Eventualmente, no caso de condomínio irregular, caso a ação prossiga apenas em face de um ou alguns condôminos, estes podem ajuizar ação regressiva autônoma em face dos demais condôminos, caso julgados procedentes os pedidos na reclamação trabalhista. O art. 3º da Lei 2757/56[30], que prevê a responsabilidade proporcional dos condôminos, aplica-se apenas às relações internas entre estes; perante o empregado, todos respondem solidariamente.

A diferença entre a situação de grupo e a de condomínio irregular se justifica porque, no primeiro caso, está-se diante de empregador único para todos os fins; já os condôminos não integrados ao processo não são empregadores. Assim, sua responsabilidade deve ser precedida de amplo contraditório. A coisa julgada material formada no processo entre o empregado X e o condômino A pode beneficiar o condômino B – em caso de improcedência do pedido –, mas não pode prejudicá-lo (CPC, art. 506).

Feito o chamamento em contestação, que é recebida em audiência, o Juiz do Trabalho deve determinar a citação dos chamados, redesignando a audiência com observância do quinquídio do art. 841 da CLT.[31]

Julgados procedentes os pedidos na reclamação trabalhista, o autor poderá executar seu crédito contra o chamante ou qualquer um dos chamados. Embora possa fixar a responsabilidade solidária de todos os codevedores, o Juiz do Trabalho não deve se imiscuir na definição interna de responsabilidades (= direito de regresso dos réus entre si), e tampouco promover a execução regressiva do réu que venha a

[30] Lei nº 2757/56, Art. 3º, Os condôminos responderão, proporcionalmente, pelas obrigações previstas nas leis trabalhistas, inclusive as judiciais e extrajudiciais.

[31] Art. 841, Recebida e protocolada a reclamação, o escrivão ou secretário, dentro de 48 (quarenta e oito) horas, remeterá a segunda via da petição, ou do termo, ao reclamado, notificando-o ao mesmo tempo, para comparecer à audiência do julgamento, que será a primeira desimpedida, depois de 5 (cinco) dias.

pagar o débito trabalhista, em face dos codevedores, por não se enquadrar tal tipo de lide no espectro de competência da Justiça do Trabalho.

6. INCIDENTE DE DESCONSIDERAÇÃO DA PERSONALIDADE JURÍDICA

6.1. Noções gerais. Teorias maior e menor. Teoria da desconsideração direta da personalidade jurídica. Desconsideração inversa

As pessoas jurídicas são regidas pelo princípio da autonomia patrimonial, a significar que os respectivos patrimônios não se confundem com os de seus sócios. Dessa forma, há nítido estímulo à livre iniciativa e ao exercício da atividade econômica, em decorrência da limitação dos riscos oriundos da atividade empresarial.

Contudo, o Direito positivo admite a responsabilização dos sócios em função de dívidas da pessoa jurídica, mediante a aplicação da teoria da desconsideração da personalidade jurídica, por força da qual se supera episodicamente a autonomia patrimonial da pessoa jurídica.

No Direito Civil, *ex vi* do art. 50 do Código Civil[32], aplica-se a teoria maior da desconsideração, segundo a qual se exige fraude ou confusão patrimonial. Perceba-se que, no ponto, as alterações empreendidas pela Lei da Liberdade Econômica (Lei 13.874/2019) delimitaram os conceitos de desvio de finalidade e confusão patrimonial, estabelecendo, ainda, que somente podem ser alcançados bens particulares de administradores ou de sócios da pessoa jurídica que hajam sido beneficiados, direta ou indiretamente, pelo abuso. Tal regramento é aplicável na esfera do Direito Civil e Empresarial; no Processo do Trabalho, será aplicável apenas nos casos de entidades sem fins lucrativos, conforme se demonstrará.

---

[32] Art. 50. Em caso de abuso da personalidade jurídica, caracterizado pelo desvio de finalidade ou pela confusão patrimonial, pode o juiz, a requerimento da parte, ou do Ministério Público quando lhe couber intervir no processo, desconsiderá-la para que os efeitos de certas e determinadas relações de obrigações sejam estendidos aos bens particulares de administradores ou de sócios da pessoa jurídica beneficiados direta ou indiretamente pelo abuso. (Redação dada pela Lei nº 13.874, de 2019)

§ 1º Para os fins do disposto neste artigo, desvio de finalidade é a utilização da pessoa jurídica com o propósito de lesar credores e para a prática de atos ilícitos de qualquer natureza. (Incluído pela Lei nº 13.874, de 2019)

§ 2º Entende-se por confusão patrimonial a ausência de separação de fato entre os patrimônios, caracterizada por: (Incluído pela Lei nº 13.874, de 2019)

I - cumprimento repetitivo pela sociedade de obrigações do sócio ou do administrador ou vice-versa; (Incluído pela Lei nº 13.874, de 2019)

II - transferência de ativos ou de passivos sem efetivas contraprestações, exceto os de valor proporcionalmente insignificante; e (Incluído pela Lei nº 13.874, de 2019)

III - outros atos de descumprimento da autonomia patrimonial. (Incluído pela Lei nº 13.874, de 2019)

§ 3º O disposto no caput e nos §§ 1º e 2º deste artigo também se aplica à extensão das obrigações de sócios ou de administradores à pessoa jurídica. (Incluído pela Lei nº 13.874, de 2019)

§ 4º A mera existência de grupo econômico sem a presença dos requisitos de que trata o caput deste artigo não autoriza a desconsideração da personalidade da pessoa jurídica. (Incluído pela Lei nº 13.874, de 2019)

§ 5º Não constitui desvio de finalidade a mera expansão ou a alteração da finalidade original da atividade econômica específica da pessoa jurídica. (Incluído pela Lei nº 13.874, de 2019)

Já no Direito do Consumidor, por exemplo, a desconsideração da personalidade jurídica é feita à luz da teoria menor - positivada no art. 28, § 5º, da Lei 8.078/90 –, segundo a qual basta a demonstração, pelo credor, da inexistência de bens da sociedade empresária para que se responsabilizem os respectivos sócios.[33]

No Processo do Trabalho, a partir da Lei 13.467/2017, passou a ser adotada a teoria direta da desconsideração da personalidade jurídica.[34] De fato, veja-se que a nova redação do art. 10-A da CLT[35] prevê diretamente a responsabilidade subsidiária dos sócios atuais e retirantes, independentemente dos requisitos típicos das teorias maior (= fraude, confusão patrimonial etc.) e menor (= insolvência da pessoa jurídica, inexistência de bens ou obstáculos ao ressarcimento decorrentes de sua personalidade).

De acordo com a teoria direta da desconsideração, os sócios, pelo mero fato de se enquadrarem em tal situação jurídica, são considerados responsáveis subsidiários pelos débitos trabalhistas da pessoa jurídica. O único requisito estabelecido pela legislação trabalhista é a observância da ordem de preferência, de modo que os atos executivos devem iniciar-se em face da empresa devedora; caso não se logre êxito na execução, passam-se aos atos de constrição contra os sócios atuais e, posteriormente, em face dos sócios retirantes, nos exatos termos do art. 10-A da CLT.

Dessa forma, é possível, por exemplo, a condenação subsidiária do sócio já na fase de conhecimento, independentemente de alegação ou comprovação de risco de insolvência da pessoa jurídica, pois a disciplina legal específica aplicável no Processo do Trabalho não exige tal requisito.

Ademais, para que se dê o redirecionamento da execução contra os sócios, não é necessário que se esgotem todos os meios executivos em face da empresa devedora. Isso porque o sócio pode indicar, por simples petição, bens livres e desembaraçados da pessoa jurídica, o que inibe a prática de atos executivos contra o responsável subsidiário. É recomendável, entretanto, que se ativem os convênios usuais (penhora de dinheiro, de veículos etc.) antes de redirecionar a execução contra o sócio, salvo em situações excepcionais devidamente fundamentadas pelo juiz. Idêntico raciocínio deve ser adotado no que tange ao benefício de ordem do sócio retirante, em relação aos sócios atuais.

Destaque-se que a aplicação de quaisquer das três teorias da desconsideração (maior, menor e direta) não resulta em desconstituição ou mesmo extinção da

---

33 Cf. COELHO, Fábio Ulhoa. *Curso de Direito Comercial*. V.2. São Paulo: Saraiva, 2005, p. 35.

34 O nome da teoria foi criativamente sugerido por Ricardo Corradi Junior, após debate travado em sala de aula.

35 Art. 10-A. O sócio retirante responde subsidiariamente pelas obrigações trabalhistas da sociedade relativas ao período em que figurou como sócio, somente em ações ajuizadas até dois anos depois de averbada a modificação do contrato, observada a seguinte ordem de preferência:

I – a empresa devedora;

II – os sócios atuais; e

III – os sócios retirantes.

Parágrafo único. O sócio retirante responderá solidariamente com os demais quando ficar comprovada fraude na alteração societária decorrente da modificação do contrato. (Incluído pela Lei nº 13.467, de 2017)

pessoa jurídica, mas em mera desconsideração episódica da respectiva autonomia patrimonial no caso concreto.

A rigor, em termos doutrinários, a situação dos sócios, no Processo do Trabalho, passa a ser hipótese de responsabilização subsidiária por força de lei – tal como acontece, por exemplo, no típico contrato civil de fiança (sem renúncia ao benefício de ordem pelo fiador). Não haveria necessidade de recorrer à teoria da desconsideração, já que esta tem como pressuposto a repressão a determinados tipos de ilícitos[36], o que não é o caso quando se trata do mero inadimplemento de obrigações trabalhistas pela sociedade empresária empregadora. Contudo, para fins didáticos, é interessante referir-se ao fenômeno como desconsideração direta da personalidade jurídica, para deixar claro que a responsabilização dos sócios por dívidas trabalhistas não se faz mais de acordo com antigos paradigmas das teorias maior e menor da desconsideração.

Acrescente-se, ainda, que a responsabilidade dos sócios não se limita apenas às suas cotas sociais, sendo assente na doutrina e na jurisprudência circunstância de responsabilidade solidária daqueles que se beneficiaram com a mão de obra alheia. Nada obstante, pode valer-se o sócio da ação de regresso em face dos demais, na Justiça Comum, por ter adimplido a execução.

Outrossim, nas situações envolvendo sociedades anônimas, nos termos do art. 158 da Lei 6.404/76, os diretores, administradores e conselheiros respondem com seus bens pessoais nos casos de má gestão ou má administração, não recaindo a desconsideração da personalidade na pessoa dos acionistas.

Se o empregador for autêntica instituição filantrópica, sem fins lucrativos, constituindo-se sob a forma de associação ou fundação, não se aplica a teoria menor, pois o art. 28, *caput* e § 5º[37], do Código de Defesa do Consumidor restringem sua aplicabilidade às sociedades, que têm fins lucrativos. Igualmente, não se aplica a desconsideração direta nesses casos, pois o art. 10-A da CLT se aplica apenas para sócios. Ainda que não se trate de instituição filantrópica, mas apenas de entidade sem fins lucrativos, o raciocínio deve ser o mesmo, de modo que os administradores de associações ou fundações somente podem ser responsabilizados no caso de fraude ou confusão patrimonial, à luz da teoria maior, nos moldes do art. 50 do Código Civil.

A caracterização do que seja uma autêntica instituição sem fins lucrativos deve ser feita à luz do art. 14, *caput*, do CTN: não pode haver distribuição de qualquer parcela de seu patrimônio ou de suas rendas, a qualquer título, inclusive para os administradores; os recursos devem ser aplicados no país, integralmente, na manutenção dos seus objetivos institucionais; deve ser mantida escrituração de suas receitas e despesas em livros revestidos de formalidades capazes de assegurar sua exatidão.

---

36 Cf. COELHO, *op.cit.*, p. 31.

37 Art. 28. O juiz poderá desconsiderar a personalidade jurídica da sociedade quando, em detrimento do consumidor, houver abuso de direito, excesso de poder, infração da lei, fato ou ato ilícito ou violação dos estatutos ou contrato social. A desconsideração também será efetivada quando houver falência, estado de insolvência, encerramento ou inatividade da pessoa jurídica provocados por má administração. (...)

§ 5º Também poderá ser desconsiderada a pessoa jurídica sempre que sua personalidade for, de alguma forma, obstáculo ao ressarcimento de prejuízos causados aos consumidores.

A interpretação literal dos arts. 50 do Código Civil, e 28 do Código de Defesa do Consumidor, deixa entrever que a desconsideração apenas pode ocorrer para atingir o patrimônio pessoal do sócio. No entanto, a partir de interpretação teleológica dos referidos dispositivos, doutrina e jurisprudência admitem a hipótese inversa, em que a decisão judicial atinge os bens da pessoa jurídica em função de dívida pessoal do sócio.

Trata-se da desconsideração inversa da personalidade jurídica, que pressupõe, em regra, demonstração de fraude (no direito civil), mas pode ser aplicada também de acordo com as premissas das teorias direta e menor da desconsideração.

Os principais exemplos são atinentes ao direito de família, e consistem em situações nas quais o marido ou a mulher, antevendo o divórcio, transfere bens do casal para pessoa jurídica da qual é sócio. Nesse contexto, o cônjuge prejudicado pode requerer a desconsideração inversa, a fim de que se alcance o patrimônio da pessoa jurídica, em razão de dívida da pessoa física que é sócia (o cônjuge que cometeu a fraude).

Não obstante, a desconsideração inversa pode ser aplicada também no âmbito trabalhista. Figure-se a hipótese em que um empregador doméstico, antecipando-se a uma reclamação trabalhista movida por seu empregado, transfira bens para pessoa jurídica de que é sócio, com o intuito de frustrar futura execução.

Por fim, observe-se que, a partir da vigência do Novo Código de Processo Civil, a desconsideração inversa da pessoa jurídica passa a contar com previsão legal expressa (CPC, art. 133, § 2º).[38]

6.2. Procedimento da desconsideração no Código de Processo Civil

O Novo CPC inovou ao instituir procedimento específico para a desconsideração da personalidade jurídica, caracterizando-o como modalidade de intervenção de terceiros provocada cujo objetivo é integrar ao polo passivo do processo o sócio, para o fim de que seja responsabilizado pelos débitos da sociedade de que participa.

De fato, a ausência de critério procedimental para aplicar-se instituto tão usado na prática, como a desconsideração da personalidade jurídica, gerava acentuada insegurança jurídica.

O procedimento do incidente, no CPC, se pauta pela necessidade de inclusão do sócio no polo passivo, procedendo-se à respectiva citação, que deve anteceder à prática de qualquer constritivo.

No Processo Civil, o incidente da desconsideração só pode ser instaurado por iniciativa da parte ou do Ministério Público (CPC, art. 133).

A imprescindibilidade de incluir os sócios no polo passivo tem o objetivo de proporcionar publicidade ao ato, resguardando a boa-fé de terceiros. Assim, por exemplo, em princípio, terceiro de boa-fé que adquira imóvel de sócio, antes

[38] Art. 133, O incidente de desconsideração da personalidade jurídica será instaurado a pedido da parte ou do Ministério Público, quando lhe couber intervir no processo. (...)

§ 2º, Aplica-se o disposto neste Capítulo à hipótese de desconsideração inversa da personalidade jurídica.

da respectiva inclusão no polo passivo, tem o direito de ser mantido na posse e propriedade do imóvel (nesse sentido, o raciocínio estabelecido na Súmula 375 do STJ). Já a citação prévia se destina a viabilizar o efetivo contraditório antes da constrição patrimonial.

A instauração do incidente suspende o processo – salvo na hipótese de requerimento de desconsideração na petição inicial –, e deve ser imediatamente comunicada ao distribuidor para as anotações devidas (CPC, art. 134, §§ 1º a 3º).[39]

Instaurado o incidente, o sócio ou a pessoa jurídica será citado para manifestar-se e requerer as provas cabíveis no prazo de 15 (quinze) dias. Se houver necessidade de produção de prova diversa da documental, far-se-á a pertinente instrução, após o que será proferida decisão interlocutória (CPC, arts. 135 e 136), passível de impugnação mediante agravo de instrumento (CPC, art. 1015, IV).

Contudo, isso não impede que, desde que presentes os requisitos legais, proceda-se à medida cautelar de arresto de bens dos sócios, o que pode ser feito inclusive mediante utilização do sistema Bacenjud.

6.2.1. Momento processual para instauração do incidente

De acordo com o art. 134 do CPC, o incidente de desconsideração é cabível em todas as fases do processo de conhecimento, no cumprimento de sentença e na execução fundada em título executivo extrajudicial.

A dicção ampla do dispositivo deve ser mitigada pelo intérprete, à luz de outras regras e princípios processuais. Pense-se, por exemplo, na provocação do incidente de desconsideração no curso de uma audiência, o que poderia ser feito como estratégia maliciosa de alguma das partes. Há regra expressa afirmando que a audiência é una e não pode, como regra geral, ser cindida (CPC, art. 365).[40] Mesmo que não houvesse essa regra, o juiz deveria indeferir a instauração do incidente com fundamento no princípio da boa-fé processual (CPC, art. 5º).

A importância do art. 134 é deixar claro que o incidente pode ser instaurado ainda na fase de conhecimento, desde que haja compatibilidade com o momento processual. Assim, é legítima a instauração do incidente mediante aditamento à petição inicial, inserção do tema em recurso etc.

Ademais, caso requerida a desconsideração na petição inicial, torna-se desnecessária a instauração do incidente (CPC, art. 134, § 2º), pois o sócio será citado como litisconsorte passivo da pessoa jurídica. Trata-se de espécie de litisconsórcio facultativo e, caso fixada a responsabilidade do sócio, também unitário, pois o jul-

---

[39] Art. 134, O incidente de desconsideração é cabível em todas as fases do processo de conhecimento, no cumprimento de sentença e na execução fundada em título executivo extrajudicial.

§ 1º, A instauração do incidente será imediatamente comunicada ao distribuidor para as anotações devidas.

§ 2º, Dispensa-se a instauração do incidente se a desconsideração da personalidade jurídica for requerida na petição inicial, hipótese em que será citado o sócio ou a pessoa jurídica.

§ 3º, A instauração do incidente suspenderá o processo, salvo na hipótese do § 2º.

[40] Art. 365, A audiência é una e contínua, podendo ser excepcional e justificadamente cindida na ausência de perito ou de testemunha, desde que haja concordância das partes.

gamento não poderá ser diferente em relação à empresa e aos sócios, no que tange ao deferimento ou indeferimento de determinadas parcelas. Em outras palavras, o litisconsórcio é unitário na exata medida - inclusive a delimitação temporal - em que reconhecida a responsabilidade do sócio.

Não cabe ao Juiz do Trabalho excluir o sócio do polo passivo por falta de interesse de agir ou ilegitimidade passiva - como se fazia costumeiramente sob a vigência do CPC/1973 -, porquanto o interesse e a legitimidade são presumidos pela lei. Além disso, a intervenção do sócio na fase de conhecimento é benéfica a todos: (i) ao credor, que ganha em segurança jurídica e em tempo, já que a coisa julgada abrangerá o sócio e dispensará a discussão do tema na fase de cumprimento de sentença; (ii) ao sócio, que poderá exercer contraditório mais efetivo na fase de conhecimento; (iii) ao Judiciário, que evita instauração de incidente na execução, em consonância com o princípio da economia processual. Ressalve-se a situação de litisconsórcio multitudinário, na qual pode haver exclusão dos sócios, conforme já explicitado no Capítulo VIII, item 4.

6.3. Aplicabilidade do incidente de desconsideração ao Processo do Trabalho

Era controvertida a aplicabilidade do incidente de desconsideração, previsto no CPC, ao Processo do Trabalho.

Uma grande quantidade de autores se manifestou inicialmente pela negativa, com os seguintes argumentos, em suma: (i) a previsão de que o CPC não possibilita a iniciativa do juiz, o que se revela incompatível com o impulso oficial da execução trabalhista; (ii) suspensão do processo, o que não se harmoniza com a necessidade de rápida satisfação do crédito trabalhista, face ao seu caráter alimentar; (iii) incompatibilidade do incidente com a simplicidade e celeridade da execução trabalhista; (iv) o fato de que a natureza alimentar do crédito supostamente autorizaria a postergação do contraditório;[41] (v) o prazo elastecido de resposta do sócio (15 dias).

De outro lado, o TST, na IN 39/2016, firmou entendimento no sentido da aplicabilidade do incidente de desconsideração no Processo do Trabalho, assegurada a iniciativa também do Juiz do Trabalho na fase de execução (CLT, art. 878).[42] A partir da Reforma Trabalhista, deve-se entender que a iniciativa do Juiz do Trabalho para a deflagração do incidente só pode ocorrer quando o exequente não estiver sendo assistido por advogado.

Não ter regulamentação alguma é muito mais prejudicial do que ter uma que possa ser adaptada pelo aplicador e aprimorada pelo legislador, prestigiando-se a segurança jurídica, em detrimento da diversidade de critérios criados casuisticamente pelos magistrados.

---

41 Com esses argumentos, MAURO SCHIAVI, *in Novo CPC e o Processo do Trabalho.* 2ª ed. LTR: São Paulo, 2016, p. 390.

42 Art. 878, A execução será promovida pelas partes, permitida a execução de ofício pelo juiz ou pelo Presidente do Tribunal apenas nos casos em que as partes não estiverem representadas por advogado.

De acordo com o art. 855-A da CLT (introduzido pela Lei nº 13.467/2017), aplica-se ao Processo do Trabalho o incidente de desconsideração da personalidade jurídica previsto nos arts. 133 a 137 da Lei no 13.105, de 16 de março de 2015 - Código de Processo Civil.

Da decisão interlocutória que acolher ou rejeitar o incidente: (i) na fase de cognição, não cabe recurso de imediato, na forma do § 1º do art. 893 desta Consolidação; (ii) na fase de execução, cabe agravo de petição, independentemente de garantia do juízo; (iii) cabe agravo interno se proferida pelo relator em incidente instaurado originariamente no tribunal. Se a desconsideração for decidida em sentença, a matéria pode ser impugnada mediante recurso ordinário.

Ainda de acordo com a CLT, a instauração do incidente suspenderá o processo, sem prejuízo de concessão da tutela de urgência de natureza cautelar de que trata o art. 301 do CPC.

O principal embaraço procedimental é o prazo de 15 dias para manifestação do sócio (CPC, art. 135). No Processo do Trabalho, não há nenhum prazo tão elastecido: entre a citação do réu e a audiência inicial, devem ter transcorrido cinco dias (CLT, art. 841); o prazo para embargos à execução e impugnação à sentença de liquidação também é de cinco dias (CLT, art. 884, *caput*); os prazos recursais, em geral, são de oito dias. Assim, realmente parece incongruente aplicar um prazo tão dilatado para um simples incidente da fase de conhecimento ou de execução.

De lege ferenda, o ideal seria que o legislador editasse regramento diferenciado para o Processo do Trabalho, estabelecendo o prazo de cinco dias para manifestação pelo sócio, o que se harmonizaria com os prazos previstos pela legislação processual trabalhista.

O argumento atinente à suspensão do processo não impressiona, já que, na execução trabalhista, a desconsideração comumente é feita após o insucesso da tentativa de execução dos bens da sociedade empresária. Dessa forma, naturalmente não haverá qualquer ato de constrição ou expropriatório enquanto estiver pendente de apreciação qualquer questionamento do sócio, o que equivale, em termos práticos, a uma suspensão imprópria da execução.

Em seu prazo de manifestação, o sócio pode comprovar que não é responsável pela dívida, por qualquer motivo. Pode ser que haja necessidade de instrução probatória, em alguns casos específicos: havendo, o Juiz do Trabalho designará audiência com essa finalidade, cabendo destacar que a CLT contém previsão de audiência de instrução na fase executiva (art. 884, § 2º).[43]

Percebe-se que o incidente de desconsideração é bastante simplificado, e, caso aplicado nos moldes ora preconizados, não ocasiona significativo atraso na execução trabalhista.

Por fim, destaque-se que a natureza alimentar do crédito trabalhista, por si só, não autoriza a postergação do contraditório. O princípio é o de que ninguém pode

[43] Art. 884,§ 2º, Se na defesa tiverem sido arroladas testemunhas, poderá o Juiz ou o Presidente do Tribunal, caso julgue necessários seus depoimentos, marcar audiência para a produção das provas, a qual deverá realizar-se dentro de 5 (cinco) dias.

ser privado de seus bens ou liberdade sem o devido processo legal e sem o contraditório prévio. Descabe criar uma presunção geral de má-fé para o fim de estabelecer que o executado somente poderia ser cientificado da desconsideração após o ato de constrição patrimonial. A boa-fé se presume, e a má-fé se prova, conforme diz avelhentado brocardo jurídico.

Daí resulta o acerto da regulamentação do CPC, ao prever o contraditório prévio no incidente de desconsideração, o que deve ser aplicado ao Processo do Trabalho, já que não há qualquer motivo plausível para diferenciação. Obviamente, em casos de urgência, e comprovada a verossimilhança das alegações do exequente (*fumus boni iuris*) – como, por exemplo, mediante a comprovação de que o executado está tentando dissipar seu patrimônio – é plenamente possível a concessão de medidas cautelares, tais como o arresto, sem a oitiva do sócio, para garantir o êxito na futura realização dos atos executivos.

De acordo com a jurisprudência do TST, se o juiz decretar a desconsideração da personalidade jurídica ou alcançar os bens do sócio sem instauração prévia do incidente de desconsideração da personalidade jurídica, é cabível a impetração de mandado de segurança, em função da teratologia do ato judicial.[44]

6.4. Sócios novos e sócio retirante

No que tange aos novos sócios, ao ingressarem numa sociedade empresária, assumem o risco do empreendimento e passam a ser responsáveis pelos débitos anteriores ao seu ingresso, conforme determina expressamente o art. 1025 do Código Civil. Além disso, os arts. 10 e 448 da CLT estabelecem que qualquer mudança na estrutura jurídica da empresa não pode afetar os contratos de trabalho, aí incluídas as garantias dos créditos trabalhistas.

Sócio retirante é aquele que se retira, que se desliga de uma sociedade empresária, ou seja, o sujeito deixa de ser sócio da empresa.

---

[44] "MANDADO DE SEGURANÇA. RECURSO ORDINÁRIO EM AGRAVO INTERNO. DESCONSIDERAÇÃO INVERSA DA PERSONALIDADE JURÍDICA SEM A INSTAURAÇÃO DO INCIDENTE COMPETENTE. VIOLAÇÃO DOS ARTS. 133 DO CPC/2015 E 855-A DA CLT. PATENTE ILEGALIDADE DO ATO COATOR. HIPÓTESE DE MITIGAÇÃO DA OJ N.º 92 DA SBDI-2 DO TST. ADMISSÃO DA AÇÃO MANDAMENTAL. SEGURANÇA CONCEDIDA. PRECEDENTES. 1. O Ato Coator determinou a desconsideração da personalidade jurídica da empresa executada no processo matriz, com a inclusão de seu sócio no polo passivo da execução, sem a prévia instauração do Incidente de Desconsideração da Personalidade Jurídica. 2. Nesse sentido, conquanto se possa argumentar, a partir de uma análise superficial do caso, a possibilidade de recurso próprio para impugnação da referida decisão, o fato é que dois aspectos específicos induzem concluir pelo cabimento do Mandado de Segurança na espécie, em mitigação da diretriz consubstanciada na OJ SBDI-2 n.º 92: o primeiro é que o Recurso cabível, em sentido lato, seriam os Embargos à Execução, que exigem, como se sabe, a garantia do juízo, isto é, a afetação do patrimônio da parte prejudicada; o segundo, por sua vez, está na patente e manifesta ilegalidade do Ato Coator, praticado ao arrepio das disposições contidas nos arts. 133 do CPC/2015 e 855-A da CLT, conspurcando o devido processo legal (CF, art. 5.º, LIV). 3. A conjunção de tais elementos autoriza a mitigação do entendimento consagrado na OJ SBDI-2 n.º 92 deste Tribunal Superior, impondo-se a admissão da ação mandamental. 4. Assim, constatada a violação de direito líquido e certo do Impetrante, em patente ilegalidade promovida pelo Ato Coator, a concessão da segurança pleiteada constitui medida de rigor. Precedentes. 5. Recurso Ordinário conhecido e provido" (ROT-5756-50.2020.5.15.0000, Subseção II Especializada em Dissídios Individuais, Relator Ministro Luiz Jose Dezena da Silva, DEJT 13/05/2022).

Sabe-se que, no Processo do Trabalho, o entendimento majoritário sempre foi pela aplicabilidade da teoria menor da desconsideração da personalidade jurídica, de modo que o sócio respondia pelas dívidas da empresa de que participa, independentemente de qualquer fraude. Bastava a mera insuficiência patrimonial da pessoa jurídica para que o sócio fosse responsabilizado pelos créditos trabalhistas.

Perceba-se, entretanto, que não havia previsão legal específica para a responsabilização do sócio no Processo do Trabalho, o que levava alguns Juízes do Trabalho a entenderem pela aplicabilidade da teoria maior da desconsideração – exigindo-se a comprovação de fraude ou confusão patrimonial, nos termos do art. 50 do Código Civil. O entendimento majoritário, entretanto, era pela aplicação do art. 28, § 5º, do Código de Defesa do Consumidor (teoria menor).

A inovação trazida no art. 10-A da CLT é benéfica sob esse ponto de vista, por trazer a previsão genérica de responsabilidade subsidiária do sócio nos processos trabalhistas, em consonância com a jurisprudência majoritária no cenário anterior à reforma.

De outro lado, sempre houve muita controvérsia e discussão na jurisprudência e na doutrina a respeito da delimitação temporal da responsabilidade do sócio, especialmente para definir se a responsabilidade se configurava no que tange a dívidas posteriores ao desligamento do sócio do quadro societário.

Portanto, elogiável também sob essa ótica a novidade contida no novo art. 10-A da CLT, pois pacifica essa discussão e traz segurança jurídica.

A Reforma prevê que o sócio retirante responde subsidiariamente, vale dizer, uma vez que se frustre a execução contra a empresa (que é o empregador, o devedor principal), o sócio pode ser executado pelas dívidas da sociedade empresária.

Ainda, o dispositivo prevê uma ordem preferencial:

- (i) primeiro, tenta-se executar o patrimônio da empresa (empregadora);
- (ii) em seguida, a execução é direcionada contra os sócios atuais, ou seja, os sócios que estão no contrato social no momento em que a execução trabalhista está acontecendo;
- (iii) por fim, em caso de insucesso, busca-se a constrição de bens do sócio retirante.

Deve ser destacado que o sócio retirante responde apenas com relação às dívidas trabalhistas do período em que figurou como sócio. Exemplo: o sócio retirante saiu da empresa em maio de 2017; contudo, o trabalhador continua trabalhando até março de 2018. O sócio não responderá pela dívida futura, contraída após o seu desligamento (de junho de 2017 a março de 2018); o sócio retirante só responde pelas dívidas pretéritas, que já existiam quando ele se desligou (surgidas até maio de 2017).

Logo, o sócio não responde pelas dívidas surgidas posteriormente à averbação da modificação do contrato social no registro competente.

Outro aspecto importante do novo dispositivo legal é a respeito da limitação temporal da responsabilidade.

O sócio somente vai responder pelas dívidas pretéritas, anteriores ao seu desligamento, se a ação trabalhista for ajuizada no período de até 2 (dois) anos após a averbação da modificação do contrato social da empresa.

Exemplo: a sociedade limitada possui um contrato social que prevê os sócios; diante da retirada do sócio, é feito um distrato parcial da sociedade, o qual deve ser levado a registro público na Junta Comercial. É na Junta Comercial que este documento que modifica o contrato social da empresa deverá ser averbado.

A partir dessa averbação, contam-se os 2 (dois) anos, ou seja, depois da averbação na Junta Comercial é que começa o prazo de 2 (dois) anos para o trabalhador ajuizar a reclamação trabalhista e poder responsabilizar esse sócio na futura execução.

Importante observar a ressalva feita no parágrafo único (situação de fraude). Esse dispositivo foi mal interpretado por alguns quando a Reforma Trabalhista ainda era um projeto de lei em trâmite na Câmara. Houve quem sustentasse que esse dispositivo criava uma espécie de *blindagem patrimonial*, para que o sócio deixasse de responder.

Porém, tal interpretação é equivocada, à luz do princípio geral de direito segundo o qual ninguém pode beneficiar-se da própria torpeza. A fraude à lei jamais pode beneficiar os infratores.

Exemplo: situação do sócio *laranja* – o sócio real faz uma alteração de contrato social e transfere suas cotas para um *laranja*, pessoa de sua confiança. Essa pessoa irá assinar formalmente pela empresa, mas, de fato, quem vai exercer a administração da empresa ainda será o próprio sócio. Trata-se, portanto, de situação de fraude à lei.

Sendo comprovada a fraude nesse tipo de alteração contratual, o art. 10-A corretamente prevê que tanto o sócio oculto, quanto o *laranja*, irão responder solidariamente entre si pelas dívidas trabalhistas da sociedade empresária.

Perceba-se que essa solidariedade, no caso de fraude, é dos sócios entre si. Deixa de existir qualquer benefício de ordem do sócio retirante no caso de fraude. Contudo, permanece o benefício de ordem em relação à sociedade empresária: primeiramente, executam-se os bens da empresa e, apenas no caso de insucesso, os sócios.

No caso de fraude, portanto, não se aplicam apenas os seguintes aspectos do art. 10-A: (i) delimitação temporal da responsabilidade do sócio real (que passa a ser sócio de fato), o qual responde inclusive pelas dívidas contraídas após o seu falso desligamento da sociedade; (ii) execução preferencial dos sócios atuais constantes do contrato social, já que todos (formalmente inseridos no contrato, e os sócios reais ocultos) respondem solidariamente entre si.

6.4.1. *Situações possíveis na prática da Justiça do Trabalho*

Suponha-se que, em todos os casos a serem analisados, o contrato de trabalho vigorou de janeiro de 2010 a janeiro de 2015, com posterior ajuizamento de reclamação trabalhista por esse empregado.

Passa-se a analisar a delimitação temporal da responsabilidade do sócio em cada situação:

– (i) sócio retirante *de fato*:

Sócio retirante *de fato* é aquele que se desliga da empresa, faz o instrumento do contrato social se desvinculando daquela empresa, mas não averba essa modificação na Junta Comercial. Ou seja, essa desvinculação não é levada para o conhecimento de terceiros, configurando-se, como uma espécie de *contrato de gaveta*.

Esse contrato/modificação vincula os sócios, mas não possui eficácia perante terceiros (*res inter alios acta*), inclusive perante o trabalhador, dada a ausência de averbação do instrumento na Junta Comercial. Exemplo: sócio se desligou da sociedade empresária em 2012; na execução trabalhista, ele junta o *contrato de gaveta* alegando que se desligou da empresa em 2012, mas não averbou na Junta Comercial. A ausência de averbação faz com que se desconsidere o instrumento da alteração do contrato social, razão pela qual o sócio será responsabilizado pelos créditos trabalhistas surgidos até o fim do contrato de trabalho do reclamante (ou seja até 2015).

Em suma, o princípio geral é o de que o sócio só responde quanto às dívidas existentes até o momento em que se desligar da empresa, desde que esse desligamento seja averbado; não sendo a retirada averbada, o sócio responderá por todo o período, inclusive o posterior. Exemplo 2: o sócio saiu em 2012, mas só averbou em 2014. Nesse caso, o sócio responderá pelas dívidas surgidas até 2014, e não pelas posteriores.

Em conclusão, a retirada ou desligamento *de fato* do sócio não gera efeitos perante a execução trabalhista;

- (ii) a ação trabalhista é ajuizada dentro do prazo de 2 (dois) anos após a averbação da retirada do sócio, mas o processo demora na sua tramitação.

Exemplo: o empregado trabalhou na empresa até janeiro de 2015, e o sócio averbou sua saída do contrato social em janeiro de 2016; a reclamação trabalhista é ajuizada em março de 2016.

Como dito, o sócio responde pelas dívidas da empresa, desde que a ação tenha sido ajuizada até 2 (dois) anos depois da averbação da sua saída. Assim, nesse exemplo hipotético, em tese o sócio poderia ser responsabilizado desde que a ação fosse ajuizada até janeiro de 2018.

Imagine-se que se trate de um processo com demora na tramitação, por necessidade de realização de prova pericial, com interposição de recurso ordinário para o TRT, recurso de revista para o TST e recurso extraordinário para o Supremo. Por tais motivos, o trânsito em julgado vem a ocorrer apenas no ano de 2026, ou seja, 10 anos após o desligamento do sócio.

Nesse caso, o sócio que saiu em janeiro de 2016 não poderá sustentar que somente está obrigado a responder pelas dívidas nos 2 (dois) anos seguintes. O que importa é a data em que foi ajuizada ação; a demora na tramitação do processo, seja por culpa do Judiciário ou não, pouco importa. Assim, no exemplo ora analisado o sócio retirante responderá, em 2026, pelas dívidas existentes até o momento de sua saída do quadro societário;

- (iii) situação em que o contrato de trabalho permanece em vigor após a retirada do sócio.

Exemplo: o reclamante trabalhou de 2012 até janeiro 2017, mas, em janeiro de 2016, o sócio, na Junta Comercial, averbou a sua saída, de forma que responderá apenas por créditos trabalhistas surgidos a partir até janeiro de 2016.

Assim, o salário de fevereiro de 2016, o aviso-prévio, as horas extras que o empregado prestou a partir de fevereiro 2016 etc., não poderão ser cobradas deste sócio; se o sócio averbou a sua retirada na Junta Comercial, não lhe pode ser imputada a responsabilidade referente a dívidas posteriores, salvo se for o caso de fraude, conforme já ressalvado.

No caso de alteração fraudulenta do contrato social, o sócio continuará respondendo pelas dívidas posteriores;

- (iv) novos sócios.

O art. 1.025 do Código Civil prevê que *o sócio, admitido em sociedade já constituída, não se exime das dívidas sociais anteriores à admissão.*

Assim, uma pessoa, ao ingressar como sócia de uma sociedade empresária, passa a responder subsidiariamente por todas as dívidas trabalhistas anteriores ao seu ingresso no quadro societário.

Exemplo: empregado trabalhou na empresa de janeiro de 2010 a janeiro de 2015; o sócio ingressa no contrato social no ano de 2017. Esse novo sócio responderá por eventual dívida desse trabalhador que laborou de 2010 a 2015. Isso acontece porque, quando o sujeito ingressa para ser sócio de uma empresa, assume todo o passivo anterior.

Importante não confundir: o passivo posterior à averbação não é de responsabilidade do sócio retirante. Exemplo: sócio se desligou em 2019; o trabalhador laborou em 2020. Nesse caso, o sócio não responde pelo futuro; a partir de quando houve a averbação da modificação do contrato social, o sócio não responde mais, conforme explanado acima.

Contudo, o sócio responde pelo passado. Mesmo que a dívida trabalhista, por hipótese, tenha surgido no ano de 1980, o novo sócio – admitido no contrato social em 2017 – responderá por esse passivo trabalhista.

Em conclusão, a modificação trazida pela Reforma no art. 10-A é salutar e positiva, pois traz segurança jurídica e referenda o entendimento que já vinha sendo majoritário na doutrina e na jurisprudência.

7. *AMICUS CURIAE*

Amicus curiae (amigo da Corte) é sujeito que intervém no processo, provocada ou espontaneamente, com o objetivo de opinar e prestar informações relevantes sobre o mérito da causa, propiciando a melhor compreensão do Juízo a respeito. Justifica-se tal modalidade de intervenção em virtude da relevância da matéria, da especificidade do tema objeto da demanda ou da repercussão social da controvérsia (CPC, art. 138, *caput*).

Trata-se de modalidade *sui generis* de intervenção de terceiros, pois o *amicus* não detém qualquer interesse jurídico na demanda, tal como exigido nas demais modalidades de intervenção; assim, não é titular de qualquer relação jurídica direta ou indiretamente vinculada àquela discutida em Juízo. O interesse que justifica sua intervenção é institucional, pois o *amicus* tem grande credibilidade em alguma área específica de atuação que seja, de alguma forma, objeto do processo.

O instituto tem nítida feição democrática, associando-se à pluralização do debate e conferindo maior legitimidade às decisões judiciais nas situações que autorizam o ingresso do *amicus curiae*.

Não se confunde o *amicus curiae* com o perito, pois o segundo é sujeito probatório, cujos honorários são suportados pela parte sucumbente na pretensão objeto da perícia. O perito faz avaliação técnica dos fatos da causa, sem opinar sobre como deva ser o julgamento, e está sujeito às regras de impedimento e suspeição, já que deve ser imparcial (CPC, art. 148, II)[45]; enquanto o *amicus curiae* é terceiro interveniente não remunerado, que eventualmente não é dotado de imparcialidade quanto ao tema discutido no processo, e pode opinar também em questões jurídicas e técnicas, não se sujeitando ao regramento da suspeição e impedimento.

No Processo do Trabalho, visualiza-se a possibilidade de intervenção do *amicus* sobretudo nas ações coletivas, capazes de atingir um grande número de trabalhadores. Pense-se numa ação civil pública cujo objeto seja a proibição do uso de determinado material tóxico que pode causar doenças em trabalhadores de certo setor da indústria. O tema é relevante e tem grande repercussão social, podendo ser interessante, por exemplo, a participação no processo de entidades científicas que estudem o tema, para municiar o Juízo de informações úteis ao deslinde da controvérsia.

Nada impede, contudo, que, em casos de grande repercussão social ou que versem sobre temas muito específicos ou relevantes, admita-se a intervenção do *amicus curiae* em processos individuais, inclusive em primeiro grau de jurisdição.

Discute-se se o *amicus curiae* é parte ou auxiliar do Juízo. Há posicionamento doutrinário no sentido de que o CPC, ao incluir a figura no capítulo atinente à intervenção de terceiros, teria se filiado ao entendimento segundo o qual o *amicus* é parte.[46] Outra vertente afirma cuidar-se de auxiliar especial do juiz.[47]

O *amicus curiae*, tal como o assistente simples, não formula pedido, e tampouco é demandado no processo, não podendo ser caracterizado como parte. Não se pode sequer dizer que sempre será sujeito parcial, pois em algumas situações o *amicus* pode ser absolutamente desinteressado em relação ao litígio.

---

45 Art. 148., Aplicam-se os motivos de impedimento e de suspeição: (...)
II – aos auxiliares da justiça.

46 DIDIER, v.1, p. 531.

47 THEODORO JÚNIOR, v.1, p. 405.

Suponha-se ação envolvendo discussão entre duas companhias de capital aberto, a respeito de emissão de debêntures. Nessa hipótese, é obrigatória, por força da Lei nº 6.385/76, art. 31, *caput*[48], a intimação da Comissão de Valores Mobiliários, órgão público responsável pela fiscalização do mercado de capitais, que pode atuar, caso queira, como *amicus curiae*. Ora, é evidente que a CVM não atuará com parcialidade no processo, mas buscará apenas fornecer subsídios que permitam a melhor compreensão da causa pelo Judiciário. O mesmo se verifica com a intervenção do Conselho Administrativo de Defesa Econômica, prevista no art. 118 da Lei nº 12.529/2011, e pode acontecer com qualquer outra pessoa ou órgão que seja desinteressada em relação ao litígio.[49]

Conclui-se, então, que o *amicus curiae* não é parte, mas terceiro interveniente, mais bem caracterizado como auxiliar do Juízo, parcial ou imparcial, cuja participação no processo se justifica em função de sua representatividade adequada acerca do tema objeto de controvérsia judicial.

Representatividade adequada consiste no fato de que a pessoa física, jurídica, ou órgão, detém prestígio e reconhecimento público por sua atuação vinculada ao tema objeto de discussão judicial. Cientistas, artistas, instituições de pesquisa, associações sem fins lucrativos, entre muitos outros, são exemplos de potenciais *amici curiae*.

Corrobora a conclusão de que o *amicus* não é parte o fato de não haver deslocamento de competência com a sua intervenção (CPC, art. 138, § 1º).[50] Assim, mesmo que o *amicus curiae* seja órgão público federal ou fundação pública federal, a competência permanecerá no Juízo em que tramitava a causa antes da intervenção do terceiro, não se deslocando para a Justiça Federal.

Além disso, o *amicus curiae* não pode recorrer, ressalvada a possibilidade de oposição de embargos de declaração e de recurso contra decisão de IRDR - incidente de resolução de demandas repetitivas (CPC, art. 138, §§ 1º e 3º). A doutrina alvitra, ainda, a possibilidade de recurso nas situações de recursos repetitivos[51]; ou sempre que se puder formar um precedente.[52] De fato, é pertinente a interpretação extensiva, pois o legislador disse menos do que queria: sempre que se tratar de casos repetitivos (IRDR ou recursos repetitivos) é possível o recurso do *amicus curiae*, considerada a repercussão social presumida da controvérsia.

---

48 Lei 6385/76Art. 31 – Nos processos judiciários que tenham por objetivo matéria incluída na competência da Comissão de Valores Mobiliários, será esta sempre intimada para, querendo, oferecer parecer ou prestar esclarecimentos, no prazo de quinze dias a contar da intimação.

49 Art. 118, Nos processos judiciais em que se discuta a aplicação desta Lei, o Cade deverá ser intimado para, querendo, intervir no feito na qualidade de assistente.

50 Art. 138, § 1º, A intervenção de que trata o caput não implica alteração de competência nem autoriza a interposição de recursos, ressalvadas a oposição de embargos de declaração e a hipótese do § 3º. (...)
§ 3º, O amicus curiae pode recorrer da decisão que julgar o incidente de resolução de demandas repetitivas.

51 DIDIER, v.1, p. 532.

52 MARINONI, v.2, p. 99.

Ressalve-se que, no âmbito do STF, entende-se que o *amicus curiae* não pode interpor qualquer recurso, nem mesmo os embargos de declaração.[53]

Afora a prerrogativa de recorrer, e a de manifestação nos 15 dias subsequentes à sua intimação - ambas não passíveis de supressão pelo órgão jurisdicional -, o *amicus curiae* pode titularizar outros poderes, de acordo com decisão do juiz ou relator (art. 138, § 2º).[54]

É irrecorrível a decisão por força da qual o órgão jurisdicional admite (em caso de provocação de alguma das partes) ou solicita (de ofício) a intervenção do *amicus curiae* (art. 138, *caput*).

Já a decisão que inadmite a intervenção do *amicus curiae* é impugnável, no Processo Civil, por agravo de instrumento (CPC, art. 1015). No Processo do Trabalho, não cabe recurso de imediato (CLT, art. 893, § 1º), razão pela qual é pertinente, em tese, a impetração de mandado de segurança.

8. FIGURAS EQUIPARADAS À INTERVENÇÃO DE TERCEIROS

Embora não disciplinadas no título do CPC atinente à intervenção de terceiros, há alguns institutos que se equiparam a tal fenômeno, pois provocam o ingresso de terceiro, como parte, em processo do qual este não participava a qualquer título.

É o que se dá com: a intervenção litisconsorcial voluntária; a intervenção *iussu judicis*; a reconvenção que amplie subjetivamente a relação jurídica processual; o aditamento da petição inicial; a nomeação à autoria.

O Novo Código de Processo Civil deixou de prever como modalidades de intervenção de terceiros a oposição e a nomeação à autoria, institutos que eram consagrados no CPC/1973. Contudo, continua existindo regramento semelhante ao anteriormente vigente, com o detalhe de que não é considerado, pela legislação, como intervenção de terceiros, mas como mera especificidade procedimental ou procedimento especial. A oposição não pode ser considerada figura equiparada à intervenção de terceiros, pois a ação movida pelo terceiro não tramita no mesmo processo, mas dá origem a outra relação jurídica processual. Já a nomeação à autoria, apesar da modificação empreendida pelo Código, continua sendo modalidade equiparada, por se enquadrar no conceito de intervenção de terceiros.

---

[53] "O amicus curiae não tem legitimidade para opor embargos de declaração em recurso extraordinário com repercussão geral. Todavia, em sede de recurso extraordinário, o relator eventualmente pode ouvir os terceiros sobre a questão da repercussão geral e levar a matéria para esclarecimentos (RISTF, art. 323, § 3º)" - noticiado no informativo 1131 do STF - RE 955.227 ED e ED-segundos/BA (Tema 885 RG) e RE 949.297 ED a ED-quartos/CE (Tema 881 RG).

[54] Art. 138, § 2º Caberá ao juiz ou ao relator, na decisão que solicitar ou admitir a intervenção, definir os poderes do amicus curiae.

8.1. Intervenção litisconsorcial voluntária

Intervenção litisconsorcial voluntária é o ingresso voluntário de um litisconsorte ativo na relação jurídica processual, após o ajuizamento da ação pelo autor originário. Em acréscimo ao originário, entra outro autor no processo, como litisconsorte, para formular pedido próprio contra o réu, aproveitando-se de uma demanda já proposta por outrem.

A doutrina e jurisprudência majoritárias não admitem esse tipo de intervenção de terceiros porque, ao possibilitar a escolha do Juízo pelo litisconsorte, haveria burla às regras de distribuição e consequente violação ao princípio do juiz natural.

O fenômeno é admitido por alguns autores[55], sob o fundamento de que a garantia do juiz natural é destinada a proteger as partes, que poderiam abrir mão dela. Poderia ser interessante ao próprio réu defender-se das pretensões em único processo. Assim, desde que o réu concordasse com a intervenção posterior do litisconsorte, esta poderia ser admitida.

No entanto, a garantia do juiz natural não se destina apenas a proteger as partes, mas a sociedade como um todo, e o próprio Poder Judiciário, garantindo-se a total transparência e controle externo de todos os atos processuais, inclusive a distribuição da ação, que deve ser aleatória nos locais em que houver mais de um órgão jurisdicional em tese competente.

8.2. Intervenção *iussu iudicis*. Ação ajuizada exclusivamente em face da tomadora de serviços terceirizados

A intervenção *iussu iudicis* era prevista no CPC de 1939 (art. 91)[56], como autorização para que o magistrado, por mera conveniência, trouxesse ao processo qualquer pessoa que pudesse ser prejudicada pela decisão judicial, mesmo que não fosse caso de litisconsórcio necessário. O CPC de 1973, assim como o de 2015, não reproduziu a regra.

Contudo, parcela da doutrina aponta o art. 115[57], parágrafo único, do CPC (correspondente ao art. 47, parágrafo único, do CPC/1973)[58] como a intervenção *iussu iudicis* atualmente regulada no direito processual pátrio. De acordo com tal dispositivo, caso haja litisconsórcio necessário, o Juiz deve ordenar a citação de todos, e, se isso não for providenciado pelo autor, deverá extinguir o feito sem resolução de mérito. Veja-se que o juiz não deve incluir o réu, de ofício, no polo passivo, mas apenas instar o autor a fazê-lo, sob pena de violação do princípio da inércia da jurisdição.

---

55 Tais como Cândido Rangel Dinamarco e Leonardo Greco.

56 Art. 91, O juiz, quando necessário, ordenará a citação de terceiros, para integrarem a contestação. Se a parte interessada não promover a citação no prazo marcado, o juiz absolverá o réu da instância.

57 Art. 115, Parágrafo único. Nos casos de litisconsórcio passivo necessário, o juiz determinará ao autor que requeira a citação de todos que devam ser litisconsortes, dentro do prazo que assinar, sob pena de extinção do processo.

58 Art. 47, Parágrafo único. O juiz ordenará ao autor que promova a citação de todos os litisconsortes necessários, dentro do prazo que assinar, sob pena de declarar extinto o processo.

O litisconsórcio entre empresa prestadora e tomadora de serviços não pode ser classificado como necessário, pois é faculdade do trabalhador incluir, ou não, a tomadora de serviços no polo passivo. Trata-se do que é chamado pela doutrina de *litisconsórcio sucessivo*: o pedido de responsabilização subsidiária só pode, em tese, ser acolhido, caso o pedido principal (pagamento de verbas) também o seja. Nesse contexto, seria ilegal qualquer conduta do Juiz que determinasse *ex officio* a inclusão da tomadora de serviços no polo passivo, contra a vontade do reclamante.

No entanto, o inverso não é verdadeiro, vale dizer, o trabalhador não pode litigar exclusivamente contra a tomadora de serviços, sem incluir a prestadora (empregadora) no polo passivo, sob pena de violação à garantia constitucional do contraditório, tão prestigiada pelo CPC/2015. Isso porque, presumidamente, apenas o real empregador detém as informações e documentos relativos ao contrato de trabalho que viabilizam o direito de defesa.

De outro lado, descabe a extinção prematura do feito sem resolução de mérito, em virtude do princípio da cooperação, previsto expressamente no art. 6º do CPC, que impõe o dever de colaboração de todos os sujeitos processuais (inclusive o juiz), a fim de que se alcance, em tempo razoável, decisão de mérito justa e efetiva.

Destarte, nas hipóteses em que o trabalhador ajuíza a ação exclusivamente em face do tomador de serviços (responsável subsidiário), a postulação é inviável, sendo impertinente, à luz do princípio do contraditório, o argumento de que a participação da prestadora de serviços seria despicienda, face à sua eventual insolvência. Deve o Juiz, então, instar o reclamante a promover a citação do real empregador, aplicando analogicamente o art. 115, parágrafo único, do CPC/2015, numa espécie de intervenção *iussu iudicis*. Apenas caso não seja atendida tal determinação, no prazo fixado, é que será cabível a extinção do processo sem resolução de mérito.

8.3. Reconvenção que amplie subjetivamente a relação jurídica processual

O tema da reconvenção será estudado no capítulo atinente à defesa do réu.[59]

Desde já, entretanto, é importante perceber que a reconvenção pode ser movida pelo réu em conjunto com um terceiro, caso em que haverá uma intervenção de terceiro espontânea; ou ser movida pelo réu em face do autor e de um terceiro, situação em que se dará uma espécie de intervenção de terceiro forçada ou provocada (CPC, art. 343, §§ 3º e 4º).[60]

8.4. Aditamento da petição inicial e recurso de terceiro prejudicado

O aditamento da inicial também pode propiciar intervenção de terceiro, quando se dá a inclusão de um litisconsorte passivo não mencionado na petição originária. É

[59] Capítulo XVII.

[60] Art. 343, § 3º, A reconvenção pode ser proposta contra o autor e terceiro.

§ 4º, A reconvenção pode ser proposta pelo réu em litisconsórcio com terceiro.

comum, no Processo do Trabalho, o aditamento para o fim de incluir o responsável subsidiário (terceirização) omitido na petição inicial.

Assim também o recurso de terceiro prejudicado, que pode ser conceituado como a pessoa que, não obstante não seja parte do processo até a prolação da decisão, sofre algum prejuízo na sua esfera de direitos, ou seja, a decisão sobre a relação jurídica submetida à apreciação judicial atinge direito de que se afirme titular ou que possa discutir em juízo como substituto processual (CPC, art. 996, parágrafo único).[61] Isso acontece, por exemplo, na situação do possível litisconsorte ativo unitário que não ajuizou a ação. Após a interposição do recurso, o terceiro se torna parte, pois formula pedido de tutela jurisdicional.

Os dois institutos - aditamento e recurso - serão estudados detalhadamente em capítulos próprios.

8.5. Nomeação à autoria

O Novo Código de Processo Civil extinguiu a nomeação à autoria, modalidade de intervenção de terceiros cujo objetivo era a correção do polo passivo da ação, quando erroneamente indicado pelo autor. Apesar disso, a novel legislação estabeleceu procedimento específico para correção do polo passivo no capítulo atinente à contestação (arts. 338 e 339)[62], aprimorando o regramento do Código anterior.

Do ponto de vista ontológico, esse procedimento consiste exatamente numa intervenção de terceiro, pois pode propiciar o ingresso de nova parte que, até intervir, era completamente alheia ao processo. Trata-se, portanto, de intervenção de terceiro que pode continuar sendo denominada de *nomeação à autoria*. A alteração topográfica feita pelo Novo Código não tem o condão de alterar a natureza das coisas.

A grande crítica que se fazia ao regramento do CPC/1973 (arts. 62 e 63)[63] era o relativo à necessidade de dupla concordância para que se operasse a nomeação à autoria: primeiramente, o autor deveria concordar com a indicação feita pelo réu; após isso, o próprio nomeado deveria aquiescer com a nomeação, sob pena de o processo prosseguir apenas em face do réu originário. Ora, é evidente que dificilmente alguém aceitaria espontaneamente tornar-se réu em processo judicial, razão por que o instituto entrou em franco desuso sob a égide do Código anterior.

---

[61] Art. 996, Parágrafo único. Cumpre ao terceiro demonstrar a possibilidade de a decisão sobre a relação jurídica submetida à apreciação judicial atingir direito de que se afirme titular ou que possa discutir em juízo como substituto processual.

[62] Art. 338, Alegando o réu, na contestação, ser parte ilegítima ou não ser o responsável pelo prejuízo invocado, o juiz facultará ao autor, em 15 (quinze) dias, a alteração da petição inicial para substituição do réu.

Art. 339, Quando alegar sua ilegitimidade, incumbe ao réu indicar o sujeito passivo da relação jurídica discutida sempre que tiver conhecimento, sob pena de arcar com as despesas processuais e de indenizar o autor pelos prejuízos decorrentes da falta de indicação.

[63] Art. 62, Aquele que detiver a coisa em nome alheio, sendo-lhe demandada em nome próprio, deverá nomear à autoria o proprietário ou o possuidor.

Art. 63, Aplica-se também o disposto no artigo antecedente à ação de indenização, intentada pelo proprietário ou pelo titular de um direito sobre a coisa, toda vez que o responsável pelos prejuízos alegar que praticou o ato por ordem, ou em cumprimento de instruções de terceiro.

O Novo CPC retificou essa falha: a partir de sua vigência, o réu deve indicar, em preliminar de contestação, quem é a parte legítima para a causa, abrindo-se três possibilidades para o autor: (i) aceitar a nomeação, promovendo a sucessão do réu originário pelo nomeado; (ii) recusar a nomeação, caso em que a ação continuará sendo movida em face do nomeante; (iii) incluir o nomeado no polo passivo, em litisconsórcio com o nomeante (art. 339, §§ 1º e 2º).[64] Na segunda situação, e apenas nela, não há intervenção de terceiro.

É dever do réu indicar o sujeito passivo da relação jurídica discutida sempre que tiver conhecimento, sob pena de arcar com as despesas processuais e de indenizar o autor pelos prejuízos decorrentes da falta de indicação.

O procedimento de nomeação à autoria é aplicável ao Processo do Trabalho, sendo pertinente a redesignação da audiência, caso o reclamante aceite a sucessão indicada pelo réu originário (nomeante), ou opte por formar litisconsórcio passivo, de modo que se faça a citação do nomeado para comparecimento à sessão seguinte, observando-se o prazo mínimo de cinco dias (CLT, art. 841).[65]

---

[64] Art. 339, § 1º, O autor, ao aceitar a indicação, procederá, no prazo de 15 (quinze) dias, à alteração da petição inicial para a substituição do réu, observando-se, ainda, o parágrafo único do art. 338.

§ 2º, No prazo de 15 (quinze) dias, o autor pode optar por alterar a petição inicial para incluir, como litisconsorte passivo, o sujeito indicado pelo réu.

[65] Art. 841, Recebida e protocolada a reclamação, o escrivão ou secretário, dentro de 48 (quarenta e oito) horas, remeterá a segunda via da petição, ou do termo, ao reclamado, notificando-o ao mesmo tempo, para comparecer à audiência do julgamento, que será a primeira desimpedida, depois de 5 (cinco) dias.

X

DESPESAS PROCESSUAIS E ASSISTÊNCIA JUDICIÁRIA GRATUITA

1. DESPESAS PROCESSUAIS: GENERALIDADES

O amplo acesso à justiça é direito fundamental de todo cidadão, conforme princípio da inafastabilidade da jurisdição (CF, art. 5º, XXXV).[1] Contudo, a legislação processual prevê, em diversas hipóteses, que, para que se tenha acesso à jurisdição, é necessário o pagamento de despesas processuais, gênero que tem como espécies, no Processo do Trabalho, as custas processuais; os emolumentos; o ressarcimento e remuneração de sujeitos auxiliares e probatórios do processo; despesas com serviços estranhos ao Poder Judiciário; honorários advocatícios sucumbenciais; e multas.[2]

Pode-se conceituar despesa processual como todo e qualquer gasto financeiro tido pelo jurisdicionado em função da prática de atos processuais.[3]

---

1 Art. 5º, XXXV – a lei não excluirá da apreciação do Poder Judiciário lesão ou ameaça a direito.

2 Adotando classificação semelhante, GRECO, v.1., p. 440.

3 Conceito semelhante é encontrado em THEODORO JUNIOR, v.1, p. 292.

Quanto ao tema, o grande dilema enfrentado pelo legislador e pelo aplicador da lei é que a cobrança de despesas, ainda que de valor não elevado, pode impedir ou inibir, em algumas hipóteses, o acesso à justiça por parte de quem haja tido um direito lesado ou ameaçado de lesão. De outro lado, a inexistência de qualquer despesa processual tem o condão de aumentar os índices de ações temerárias, estimulando o *demandismo*, pois o cidadão já saberia de antemão que o processo não lhe geraria qualquer risco patrimonial.

Na análise do tema atinente às despesas processuais, deve-se sempre ter em mente esses dois vetores, aparentemente opostos, mas que acabam convergindo para a mesma direção, que é a do acesso efetivo e pleno à justiça. Isso porque o ajuizamento de ações temerárias, bem como o oferecimento de defesas destituídas de fundamento, congestiona o Poder Judiciário, em detrimento das situações que realmente mereceriam a prestação jurisdicional.

Registre-se que o depósito recursal pode ser considerado despesa processual atípica, por consubstanciar garantia de futura e eventual execução de sentença. Trata-se de valor que pode ser liberado, ou não, ao credor; não se trata propriamente de gasto decorrente da prática de ato processual. De todo modo, trata-se de requisito de admissibilidade de determinados recursos.

Por fim, as despesas processuais, em geral, são regidas por dois princípios não necessariamente excludentes e que podem ser complementares em determinadas situações: (i) princípio da sucumbência, segundo o qual o vencido deve pagar as despesas processuais; (ii) princípio da causalidade, cujo significado indica que a despesa deve ser paga pela parte que deu causa ao ato processual ou ao processo, ainda que eventualmente tenha sido vencedora na demanda.

2. CUSTAS

Custas processuais são espécie de tributo, com natureza jurídica de taxa, que remunera o serviço público judiciário efetivamente utilizado ou posto à disposição do cidadão. No Processo do Trabalho, na fase de conhecimento, são calculadas na base de 2% (dois por cento) sobre (i) o valor do acordo ou da condenação; ou (ii) sobre o valor da causa, no caso de julgamento de improcedência ou extinção sem resolução de mérito, e também (iii) sobre o valor da causa no caso de procedência do pedido formulado em ação declaratória e em ação constitutiva (CLT, art. 789, *caput*).[4]

Com a Reforma Trabalhista, o art. 789, *caput*, passa a trazer novos critérios para o cálculo das custas no Processo do Trabalho. O limite mínimo de R$ 10,64 (dez reais e sessenta e quatro centavos) já estava previsto anteriormente e foi mantido, mas no cenário anterior à Lei nº 13.467/2017 não existia um teto ou limite máximo.

[4] Art. 789 - Nos dissídios individuais e nos dissídios coletivos do trabalho, nas ações e procedimentos de competência da Justiça do Trabalho, bem como nas demandas propostas perante a Justiça Estadual, no exercício da jurisdição trabalhista, as custas relativas ao processo de conhecimento incidirão à base de 2% (dois por cento), observado o mínimo de R$ 10,64 (dez reais e sessenta e quatro centavos) e o máximo de quatro vezes o limite máximo dos benefícios do Regime Geral de Previdência Social, e serão calculadas: (...)

Assim, se o valor da causa ou da condenação fosse muito elevado, as custas também assim seriam.

A Reforma Trabalhista desonera os jurisdicionados e passa a prever um teto: quatro vezes o limite máximo dos benefícios do INSS. Em janeiro de 2023, o teto do INSS estava fixado em R$ 7.507,49 (sete mil, quinhentos e sete reais e quarenta e nove centavos), de modo que o valor de R$ 30.029,96 seria o valor máximo das custas nesse mês. Evidentemente, esse valor é majorado, de forma anual, conforme haja o reajuste dos benefícios do INSS.

No Processo do Trabalho, as custas devem ser pagas pelo vencido, após o trânsito em julgado da decisão, ao contrário do que acontece na Justiça Comum, na qual há antecipação do pagamento das custas. No caso de recurso, as custas devem ser pagas, e comprovado o recolhimento, dentro do prazo recursal (CLT, art. 789, § 1º). Pode-se dizer, portanto, que as custas também detêm natureza jurídica de requisito de admissibilidade dos recursos.

No caso de condenação ilíquida, o órgão jurisdicional deve estimar o respectivo valor, arbitrando-o para fins de cálculo das custas (CLT, art. 789, § 2º).[5] O Juiz do Trabalho deve ser criterioso nessa fixação, pois valor arbitrado não pode, jamais, ser sinônimo de valor estipulado arbitrariamente. Obviamente, não há necessidade de absoluta precisão do valor, mas deve haver o mínimo de razoabilidade, consideradas as parcelas deferidas.

A fixação de valor irrazoavelmente elevado, incompatível com o montante da condenação, pode impedir ou inibir o direito ao recurso. A matéria pode ser objeto de embargos de declaração contra a sentença, considerada a contradição interna entre o valor das parcelas deferidas e o montante real estimado da condenação. Persistindo a contradição, o tema deve ser suscitado no recurso ordinário, que possivelmente não será conhecido por deserção (ausência de recolhimento de custas). Sendo este o caso, o interessado deve interpor agravo de instrumento contra a decisão de inadmissibilidade, requerendo a modificação do valor arbitrado pela instância originária e recolhendo o valor que considera (fundamentadamente) ser correto. Caso o Tribunal não reduza o valor atribuído à condenação para fins de custas, o recorrente deve ser intimado para complementar o valor do preparo, no prazo de 5 dias, sob pena de deserção (CPC, art. 1007, § 2º). Raciocínio semelhante foi estabelecido na OJ 88 da SDI-2 do TST[6], que estabelece a impropriedade do mandado de segurança nessas hipóteses.

Importante observar, ainda, que a parte não beneficiária da gratuidade de justiça tem interesse recursal para impugnar unicamente o valor atribuído à condenação – ou seja, mesmo que não se insurja contra as parcelas deferidas na decisão –, em virtude do reflexo patrimonial imediato decorrente deste arbitramento. O beneficiá-

[5] Art. 789, § 2º – Não sendo líquida a condenação, o juízo arbitrar-lhe-á o valor e fixará o montante das custas processuais.

[6] TST, OJ 88 da SDI-1: Incabível a impetração de mandado de segurança contra ato judicial que, de ofício, arbitrou novo valor à causa, acarretando a majoração das custas processuais, uma vez que cabia à parte, após recolher as custas, calculadas com base no valor dado à causa na inicial, interpor recurso ordinário e, posteriormente, agravo de instrumento no caso de o recurso ser considerado deserto.

rio da gratuidade de justiça, ao contrário, carece de interesse recursal, justamente porque não pagará custas.

Na fase executiva, ou no processo de execução, as custas são calculadas de acordo com a tabela do art. 789-A da CLT, sendo sempre de responsabilidade do executado e pagas ao final. Importante perceber que, na execução, o valor das custas é fixo para diversos atos executivos típicos (auto de arrematação, embargos à execução etc.), havendo estabelecimento de percentuais apenas para o depósito de bens (0,1% do valor de avaliação por dia de depósito) e cálculos feitos pelo contador do Juízo (0,5%, com limite de valor definido em lei). Ressalve-se que a responsabilidade pelas custas pode ser, excepcionalmente, do exequente, à luz do princípio da causalidade: por exemplo, se o exequente oferece infundada impugnação à sentença de liquidação, ele (exequente) deve ser responsabilizado pelas custas, e não o executado.

É dúvida recorrente, na prática judiciária, saber se o valor arbitrado à condenação, na fase de conhecimento, pode ou deve ser readequado na fase de execução, após a liquidação definitiva. Vale dizer: Seria possível a repetição do indébito de custas, caso o valor fixado pelo Juiz do Trabalho se revele superior ao montante efetivamente liquidado ao final? Caso o valor arbitrado seja inferior ao apurado na fase de execução, seria pertinente a cobrança das diferenças a título de custas?

O capítulo da sentença que arbitra o valor da condenação e fixa as custas transita em julgado como qualquer outro. Assim, ressalvada a hipótese de ação rescisória, torna-se imutável, descabendo cogitar de restituição de valores recolhidos ou de cobrança de diferenças de custas.

O detalhe é que, por se tratar de capítulo acessório da sentença, não há necessidade de impugnação específica, quando o recurso tratar de parcelas que refletirão no valor da condenação. Por exemplo: o Juiz do Trabalho arbitra o valor baseando-se na condenação da reclamada ao pagamento do aviso prévio. O recurso interposto pela empresa não precisa impugnar a fixação do valor das custas para que este seja reduzido, de ofício, pelo TRT, se for dado provimento ao recurso para o fim de excluir a condenação ao aviso prévio.

Se o órgão *ad quem* não se manifestar sobre a manutenção ou alteração do valor atribuído à condenação após o provimento de recurso que inclua ou exclua parcelas à decisão originária, é pertinente o manejo de embargos de declaração.

2.1. Posicionamentos do TST a respeito das custas

A jurisprudência consolidada do Tribunal Superior do Trabalho contém entendimentos relevantes sobre a temática das custas.

A Súmula 25, I[7], estabelece que, caso a parte beneficiária da gratuidade de justiça seja vencida em primeira instância, mas vencedora na segunda, a parte con-

[7] TST, Súmula, 25: I – A parte vencedora na primeira instância, se vencida na segunda, está obrigada, independentemente de intimação, a pagar as custas fixadas na sentença originária, das quais ficara isenta a parte então vencida;

trária deve pagar, independentemente de intimação, as custas fixadas na sentença originária, das quais havia ficado isenta a parte então vencida.

O inciso II da mesma Súmula também se refere à situação da inversão do ônus da sucumbência, ou seja, uma parte é vencedora numa instância, e vencida na outra. Nesta hipótese, se as custas já tiverem sido recolhidas pelo vencido na primeira instância, a outra parte (vencedora na primeira, e vencida na segunda instância) não precisará pagar as custas novamente quando interpuser seu recurso de revista. Ao final, caso desprovido seu recurso, deverá reembolsar as custas à parte que já as havia pago na primeira instância.

Se o valor da condenação for acrescido, mas não houver fixação ou cálculo do valor devido a título de custas e tampouco intimação da parte para o preparo do recurso, devem ser as custas pagas ao final (Súmula 25, III).

O inciso IV da Súmula 25 trata da questão atinente ao reembolso das custas, quando a parte afinal vencida for isenta do seu pagamento, tendo a parte vencedora pago custas na instância anterior. A Súmula prevê, então, que, apesar da isenção, o vencido deve reembolsar as custas quitadas pela outra parte, o que se dará nos mesmos autos do processo trabalhista, mediante execução. O detalhe é que esse entendimento somente se aplica se o vencido for a Fazenda Pública, por força do art. 790-A, *caput*, da CLT.[8] Assim, caso o vencido seja beneficiário da gratuidade de justiça ou o MPT, não terá a obrigação de reembolsar as custas já pagas pela parte contrária, que, nesta hipótese, pode postular a repetição do indébito perante a União (administrativa ou judicialmente).

Não ocorre deserção de recurso da massa falida por falta de pagamento de custas ou de depósito do valor da condenação (Súmula 86).[9] Isso se explica porque, na hipótese de falência, o devedor perde a livre disponibilidade de seus bens, que ficam sujeitos à execução concursal no juízo falimentar. Assim, exigir depósito prévio de custas e de depósito recursal inviabilizaria o direito ao recurso e ao contraditório mais amplo, em prejuízo da universalidade de credores. As custas devidas pela massa falida serão cobradas apenas ao final, mediante habilitação do correspondente crédito fiscal no juízo universal da falência.

II – No caso de inversão do ônus da sucumbência em segundo grau, sem acréscimo ou atualização do valor das custas e se estas já foram devidamente recolhidas, descabe um novo pagamento pela parte vencida, ao recorrer. Deverá ao final, se sucumbente, reembolsar a quantia;

III – Não caracteriza deserção a hipótese em que, acrescido o valor da condenação, não houve fixação ou cálculo do valor devido a título de custas e tampouco intimação da parte para o preparo do recurso, devendo ser as custas pagas ao final;

IV – O reembolso das custas à parte vencedora faz-se necessário mesmo na hipótese em que a parte vencida for pessoa isenta do seu pagamento, nos termos do art. 790-A, parágrafo único, da CLT.

8 Art. 790-A – São isentos do pagamento de custas, além dos beneficiários de justiça gratuita:

I – a União, os Estados, o Distrito Federal, os Municípios e respectivas autarquias e fundações públicas federais, estaduais ou municipais que não explorem atividade econômica;

II – o Ministério Público do Trabalho.

Parágrafo único. A isenção prevista neste artigo não alcança as entidades fiscalizadoras do exercício profissional, nem exime as pessoas jurídicas referidas no inciso I da obrigação de reembolsar as despesas judiciais realizadas pela parte vencedora.

9 TST, súmula 86: Não ocorre deserção de recurso da massa falida por falta de pagamento de custas ou de depósito do valor da condenação. Esse privilégio, todavia, não se aplica à empresa em liquidação extrajudicial.

As empresas em liquidação extrajudicial (instituições financeiras e cooperativas de crédito) estão sujeitas a regramento especial, positivado na Lei nº 6.024/74, o qual não acarreta a indisponibilidade imediata dos ativos. É por essa razão que a Súmula 86 excepciona tais empresas, as quais estão obrigadas a recolher custas e depósito recursal como requisito de admissibilidade de recursos.

No caso de empresa em recuperação judicial, como o devedor mantém a administração do patrimônio, e por falta de previsão legal, não há isenção de custas. No entanto, quanto ao depósito recursal, o art. 899, §10, da CLT, estatui que são isentos do depósito recursal os beneficiários da justiça gratuita, as entidades filantrópicas e as empresas em recuperação judicial.

O entendimento consubstanciado na redação originária da OJ 140 da SDI-1 do TST[10], nitidamente exagerado, ao prever a deserção de recurso pelo recolhimento insuficiente das custas e do depósito recursal, ainda que a diferença em relação ao *quantum* devido fosse ínfima, referente a centavos, está superado pelo art. 1007, § 2º, do CPC.[11] O texto da OJ foi atualizado para se readequar ao referido dispositivo. Logo, se houver insuficiência no preparo das custas e do depósito recursal, somente haverá deserção do recurso se, concedido o prazo de 5 dias, o recorrente não complementar e comprovar o recolhimento do valor devido.

Ressalve-se que, embora não conste do texto legal, a aplicabilidade do art. 1007, § 2º, pressupõe a boa-fé objetiva do recorrente no que tange à insuficiência do preparo. Se o erro for grosseiro e inescusável, não se deve oportunizar a possibilidade de complementação do preparo, sob pena de se estimular a chicana processual. Exemplo: o recorrente faz o depósito de R$ 10,00 (dez reais) a título de custas e depósito recursal, por ocasião de recurso ordinário interposto contra sentença cujo valor da condenação foi arbitrado em R$ 20.000,00 (vinte mil reais). Em tais situações de abuso de direito, não se aplicará o citado dispositivo legal.

Por fim, o art. 1007, § 4º, do CPC, estipula que a parte que não comprovar o recolhimento do preparo, inclusive porte de remessa e de retorno, será intimada, na pessoa de seu advogado, para realizar o recolhimento em dobro, sob pena de deserção. A distinção é que no § 4º não há recolhimento algum, enquanto no § 2º há recolhimento, embora insuficiente.

Omissa a CLT, é de se aplicar, também, o § 4º ao Processo do Trabalho, por não haver incompatibilidade e pelo fato de o dispositivo estar em consonância com o princípio da primazia da decisão de mérito. Perceba-se, ainda, que o recolhimento em dobro do depósito recursal será favorável à futura execução da sentença pelo trabalhador. No entanto, ressalve-se ao leitor que o Tribunal Superior do Trabalho tem entendido pela inaplicabilidade do art. 1007, §4º, do CPC, ao Processo do Trabalho, de modo que, na visão da Corte, se nada for recolhido a título de depósito recursal

10 TST, OJ 140 da SDI-1: Em caso de recolhimento insuficiente das custas processuais ou do depósito recursal, somente haverá deserção do recurso se, concedido o prazo de 5 (cinco) dias previsto no § 2º do art. 1.007 do CPC de 2015, o recorrente não complementar e comprovar o valor devido.

11 Art. 1007, § 2º – A insuficiência no valor do preparo, inclusive porte de remessa e de retorno, implicará deserção se o recorrente, intimado na pessoa de seu advogado, não vier a supri-lo no prazo de 5 (cinco) dias.

ou custas, o recurso será considerado imediatamente deserto, sem possibilidade de que a parte supra a omissão.

2.2. Custas no litisconsórcio

Cabe destacar, no que tange às custas, que seu recolhimento deve ser feito apenas uma vez, salvo se houver aumento do valor da condenação, hipótese em que deverá ser exigido o complemento. Sendo assim, nas hipóteses de litisconsórcio, basta que um dos litisconsortes recolha as custas para que o recurso de todos os demais possa ser tido como devidamente preparado. Isso se explica em função da natureza jurídica tributária das custas, regidas pelo princípio da legalidade, de modo que não se pode exigir duplo recolhimento. Dessa forma, ainda que determinado litisconsorte recorra pedindo sua exclusão do processo, o recolhimento de custas por ele feito beneficiará os demais litisconsortes, os quais não precisarão recolher custas.[12] Perceba-se que o raciocínio, aqui, é diferente do adotado na Súmula 128, III, do TST[13], atinente ao depósito recursal. Faz sentido que assim seja, pois o depósito recursal tem natureza de garantia da futura e eventual execução, de modo que, se provido o recurso da parte que pleiteia sua exclusão do processo, o valor do depósito recursal reverterá ao recorrente e o exequente ficará sem a garantia do juízo.

3. EMOLUMENTOS

Emolumentos são espécies de taxas cobradas com o objetivo de ressarcir ao Estado valores despendidos em função de atos praticados, no curso do processo, a requerimento dos interessados.

---

[12] Nesse sentido, "RECURSO DE REVISTA DO RECLAMADO BANCO SANTANDER (BRASIL) S.A. LEI N.º 13.467/2017. LEI N.º 13.015/2014. IN 40/2016 DO TST. TRANSCENDÊNCIA DESERÇÃO DO RECURSO ORDINÁRIO. CUSTAS PROCESSUAIS. RECOLHIMENTO INTEGRAL FEITO POR UM DOS RECLAMADOS. APROVEITAMENTO. 1 - (...). O Tribunal Regional não conheceu do recurso ordinário interposto pelo reclamado Banco Santander, por considerá-lo deserto, uma vez que não houve o recolhimento das custas processuais. Contudo, verifica-se que a reclamada CALLINK, ao interpor recurso ordinário, efetuou o recolhimento integral das custas processuais. Registra-se que ambos os reclamados efetuaram os depósitos recursais inerentes a cada recurso. 3 - O § 1.º do artigo 789 da CLT estabelece que 'As custas serão pagas pelo vencido, após o trânsito em julgado da decisão. No caso de recurso, as custas serão pagas e comprovado o recolhimento dentro do prazo recursal'. Como se vê, o referido dispositivo exige apenas que o pagamento das custas seja efetuado dentro do prazo e no valor estipulado. 4 - As custas processuais ostentam natureza jurídica tributária e seu pagamento só pode ser exigido uma única vez, exceto no caso de acréscimo no valor da condenação, hipótese em que deve ser complementado. Assim, recolhidas integralmente as custas processuais por uma das partes aproveita às demais, ainda que a parte responsável pelo recolhimento requeira sua exclusão da lide. Há Julgados. 5 - Recurso de revista de que se conhece a que se dá provimento. III - AGRAVOS DE INSTRUMENTO DOS RECLAMADOS. Fica prejudicado o exame dos agravos de instrumento dos reclamados, em face do provimento do recurso de revista do reclamado BANCO SANTANDER (BRASIL) S.A. com determinação de retorno dos autos ao Tribunal Regional de origem." (ARR-10234-44.2016.5.03.0043, 6.ª Turma, Relatora Ministra Katia Magalhaes Arruda, DEJT 20/11/2020).

[13] Súmula 128, III - Havendo condenação solidária de duas ou mais empresas, o depósito recursal efetuado por uma delas aproveita as demais, quando a empresa que efetuou o depósito não pleiteia sua exclusão da lide.

Por serem espécie de tributo, os emolumentos dependem de prévia fixação legal quanto à hipótese de incidência e aos valores. Em outras palavras, descabe a cobrança de emolumentos sem previsão legal, ou além da previsão legal.

No Processo do Trabalho, os emolumentos são previstos no art. 789-B da CLT, que estabelece valores exigidos para a expedição de certidões, entrega de fotocópias etc.

4. RESSARCIMENTO E REMUNERAÇÃO DE SUJEITOS AUXILIARES E PROBATÓRIOS DO PROCESSO

Os sujeitos probatórios, como a testemunha e o perito, e os sujeitos auxiliares, como o tradutor e o leiloeiro, devem ser remunerados ou ressarcidos por gastos em virtude de sua atuação no processo.

Assim, a testemunha pode requerer o reembolso da despesa que efetuou para comparecimento à audiência; o tradutor, o perito e o leiloeiro serão remunerados de acordo com os critérios estabelecidos pelo órgão jurisdicional e pela lei.

Segundo o art. 82, *caput* e § 2º, do CPC, com a ressalva das disposições atinentes à justiça gratuita, cada parte deve antecipar as despesas relativas aos atos que realizarem ou requererem no processo, sendo que o vencido reembolsará as quantias antecipadas pelo vencedor. Incumbe ao autor adiantar as despesas relativas a ato cuja realização o juiz determinar de ofício ou a requerimento do Ministério Público, quando sua intervenção ocorrer como fiscal da ordem jurídica (§ 1º), ressalvados os honorários periciais, analisados no próximo tópico.

4.1. Honorários periciais: critérios, antecipação, compensação, limites e parcelamento

O perito é profissional habilitado em determinada área especializada do conhecimento humano, e ingressa no processo com o objetivo de fazer análise técnica acerca de aspectos imprescindíveis ao julgamento da causa.

É comum, nos processos trabalhistas, a nomeação de perito engenheiro, para apuração de insalubridade ou periculosidade no local de trabalho, ou de perito médico, para avaliação da existência e consequências de doenças ocupacionais.

Como profissional estranho aos quadros do Poder Judiciário, o perito não pode ser obrigado a trabalhar gratuitamente, devendo ser adequadamente remunerado e aceitar o encargo de realizar a perícia, de acordo com os critérios estabelecidos pelo órgão judicial.

A sistemática da prova pericial será analisada oportunamente, cabendo analisar, neste momento, como se dá o pagamento das despesas relativas aos honorários periciais.

De início, importante observar que a nomeação de assistente técnico é faculdade da parte, razão pela qual esta fica responsável pelos respectivos honorários, mesmo que vencedora na pretensão objeto da perícia (TST, Súmula 341).

Já os honorários periciais são regidos pelo princípio da sucumbência: deverá pagá-los a parte que for sucumbente na pretensão objeto da perícia (CLT, art. 790-B).[14]

[14] Art. 790-B – A responsabilidade pelo pagamento dos honorários periciais é da parte sucumbente na pretensão objeto da perícia, ainda que beneficiária da justiça gratuita.

Note-se que o importante não é o resultado da avaliação do perito, mas a conclusão do julgamento transitado em julgado, no tópico atinente ao tema objeto da prova pericial. Por exemplo: se o perito diz que não há insalubridade no ambiente de trabalho, mas o juiz julga o pedido procedente, divergindo do laudo pericial, a responsabilidade pelo pagamento dos honorários periciais será da reclamada.

Ademais, irrelevante – para fins de fixação de responsabilidade pelos honorários periciais – a conclusão do julgamento de outros pedidos eventualmente formulados no mesmo processo. Imagine-se reclamação trabalhista na qual formulados dois pedidos: um de horas extras e outro de adicional de insalubridade. Com relação às horas extras, a matéria de prova testemunhal, razão por que não se produz perícia. Porém, com relação à insalubridade, a CLT, no § 2º do seu art. 195, exige que se produza prova pericial.

O *caput* do art. 790-B da CLT permite concluir que os honorários periciais devam ser pagos pela parte vencida na pretensão atinente ao adicional de insalubridade, pouco importando quem ganhou em outro eventual pedido (no exemplo figurado, o de horas extras). Assim, por exemplo, se o reclamante vencer com relação às horas extras, mas for vencido no pedido de adicional de insalubridade, será responsável pelos honorários periciais.

A União será responsável pelo pagamento dos honorários periciais quando a parte sucumbente no objeto da perícia for beneficiária da justiça gratuita, observado o procedimento previsto na Resolução nº 247/2019 do Conselho Superior da Justiça do Trabalho – CSJT (TST, Súmula 457).

A novidade que surgiu com a Reforma Trabalhista (Lei 13.467/2017) é a adoção de procedimento que alguns Juízes do Trabalho aplicavam na prática, mas que era, até então, um posicionamento minoritário.

O que era majoritário antes da Reforma era que pouco importava se o trabalhador perdia em um pedido e ganhava em outro (sucumbência recíproca). Em uma situação como esta, e sendo o reclamante beneficiário da justiça gratuita, ele não pagava honorários periciais, que continuariam sendo custeados pela União. E, após a decisão do STF na ADI 5766, o cenário continua a ser exatamente este, conforme se explicará.

Assim, por exemplo, se o reclamante ganhasse no pedido de horas extras (recebendo R$ 10.000,00 na liquidação), e tendo os honorários periciais sido fixados em R$ 2.000,00 (dois mil reais), antes da Reforma, a União custearia os R$ 2.000,00, e o trabalhador continuaria recebendo os R$ 10.000,00 a título de horas extras. Mesmo que o crédito do reclamante fosse elevado – por exemplo, R$ 1.000.000,00 (um milhão de reais) – o trabalhador não pagaria honorários periciais.

A Lei 13.467/2017 modificou esse cenário, prevendo que poderia haver compensação do crédito que o trabalhador tivesse para receber no processo (em função do julgamento de procedência de outro pedido) com o débito de honorários periciais. Assim, se o reclamante recebesse valores decorrentes do julgamento de procedência de pedidos de horas extras, equiparação salarial, indenização por danos morais etc., seu crédito seria compensado com os honorários periciais referentes a pedido julgado em seu desfavor.

Assim, no exemplo dado acima, seriam executados os R$ 10.000,00 (dez mil reais) que o reclamante tinha para receber e, destes, R$ 2.000,00 (dois mil reais) não seriam recebidos pelo reclamante, mas destinados ao perito.

O importante aqui é que, de acordo com o regramento criado pela reforma trabalhista de 2017, a União só pagaria os honorários periciais caso o reclamante perdesse na pretensão objeto da perícia e, simultaneamente, não tivesse nenhum crédito para receber no mesmo ou em outro processo.

Contudo, após a decisão do STF na ADI 5766[15], foi declarada a inconstitucionalidade do art. 790-B, *caput* e §4º. Assim, a parte beneficiária da justiça gratuita não pagará honorários periciais (os quais serão suportados pela União) caso a pretensão objeto da perícia seja julgada em seu desfavor, ainda que essa mesma parte tenha créditos a receber no processo (em virtude do julgamento de procedência de outros pedidos). Em outras palavras: ainda que o reclamante seja vencedor em outros pedidos (horas extras, verbas rescisórias etc.), se ele for perdedor no pedido que deu ensejo à perícia (e sendo beneficiário da gratuidade de justiça), os honorários periciais serão custeados pela União.

Ademais, na hipótese de sucumbência parcial do reclamante na pretensão objeto da perícia, reconhece-se caber ao reclamado o pagamento integral dos honorários periciais. Trata-se de especificação do princípio da proteção ou isonomia, construída jurisprudencialmente. Exemplificando: se o reclamante postula indenização por danos estéticos e pensão vitalícia em decorrência de doença ocupacional, e faz-se perícia para apuração do nexo causal e verificação da extensão do dano, o reclamado pagará integralmente os honorários periciais caso a decisão condene a reclamada ao pagamento de indenização por danos estéticos, mas a absolva do pensionamento, por considerar que inexiste incapacidade laborativa.

Não poderá ser exigida antecipação ao perito, ao órgão técnico ou científico, ao tradutor ou ao intérprete, em nenhuma hipótese e a título algum, nem mesmo de valores para custear despesas decorrentes do trabalho técnico a ser realizado (Resolução CSJT 247/2019, art. 15, caput). No caso de ter havido antecipação de valores decorrentes de nomeações de peritos anteriores à vigência da Resolução 247/2019,

---

15 "CONSTITUCIONAL. AÇÃO DIRETA DE INCONSTITUCIONALIDADE. LEI 13.467/2017. REFORMA TRABALHISTA. REGRAS SOBRE GRATUIDADE DE JUSTIÇA. RESPONSABILIDADE PELO PAGAMENTO DE ÔNUS SUCUMBENCIAIS EM HIPÓTESES ESPECÍFICAS. ALEGAÇÕES DE VIOLAÇÃO AOS PRINCÍPIOS DA ISONOMIA, INAFASTABILIDADE DA JURISDIÇÃO, ACESSO À JUSTIÇA, SOLIDARIEDADE SOCIAL E DIREITO SOCIAL À ASSISTÊNCIA JURÍDICA GRATUITA. MARGEM DE CONFORMAÇÃO DO LEGISLADOR. CRITÉRIOS DE RACIONALIZAÇÃO DA PRESTAÇÃO JURISDICIONAL. AÇÃO DIRETA JULGADA PARCIALMENTE PROCEDENTE. 1. É inconstitucional a legislação que presume a perda da condição de hipossuficiência econômica para efeito de aplicação do benefício de gratuidade de justiça, apenas em razão da apuração de créditos em favor do trabalhador em outra relação processual, dispensado o empregador do ônus processual de comprovar eventual modificação na capacidade econômica do beneficiário. 2. A ausência injustificada à audiência de julgamento frustra o exercício da jurisdição e acarreta prejuízos materiais para o órgão judiciário e para a parte reclamada, o que não se coaduna com deveres mínimos de boa-fé, cooperação e lealdade processual, mostrando-se proporcional a restrição do benefício de gratuidade de justiça nessa hipótese. 3. Ação Direta julgada parcialmente procedente" (ADI 5766, Relator(a): ROBERTO BARROSO, Relator(a) p/ Acórdão: ALEXANDRE DE MORAES, Tribunal Pleno, julgado em 20/10/2021, PROCESSO ELETRÔNICO DJe-084 DIVULG 02-05-2022 PUBLIC 03-05-2022).

com posterior reversão da sucumbência, quanto ao objeto da perícia, caberá ao reclamado-executado ressarcir ao erário os honorários periciais antecipados, mediante o recolhimento da importância adiantada em GRU – Guia de Recolhimento da União (Resolução CSJT 247/2019, art. 15, parágrafo único).

Ainda segundo a Resolução CSJT 247/2019, em caso de custeio dos honorários periciais pela União (recursos orçamentários vinculados à gratuidade de justiça), o valor dos honorários periciais não pode ultrapassar o limite máximo de R$ 1.000,00 (mil reais), sendo que os TRTs podem fixar, por atos regulamentares, valores inferiores. Contudo, esse limite não se aplica às perícias, traduções e interpretações custeadas pelas partes, nas quais os honorários serão arbitrados e pagos nos termos da legislação vigente e em consonância com os critérios avaliados pelo magistrado responsável (Resolução CSJT 247/2019, art. 21, *caput* e §§2º e 3º).

Outra situação que pode acontecer na prática acontece quando o reclamante é beneficiário da gratuidade e o reclamado já haja antecipado integralmente os honorários periciais, vindo este último a ser vencedor na pretensão objeto da perícia. Nesse caso, após a decisão da ADI 5766, ainda que o reclamante possua créditos a receber no mesmo ou em outro processo, a aplicação do princípio da sucumbência orienta no sentido de que o reclamado deva ser ressarcido por meio de requisição à União, observando-se os limites de valores estabelecidos pelos regulamentos pertinentes. Destaque-se que essa situação não é regulamentada especificamente pela legislação.

O aspecto mais sensível concernente aos honorários periciais diz respeito à respectiva antecipação, ou seja, ao pagamento feito ou exigido antes da realização dos trabalhos do perito.

No Processo Civil, a remuneração do perito deve ser (i) adiantada pela parte que houver requerido a perícia, ou (ii) rateada quando a perícia for determinada de ofício ou requerida por ambas as partes, sendo que o juiz pode determinar que a parte responsável pelo pagamento dos honorários do perito deposite em juízo o valor correspondente (CPC, art. 95, *caput* e § 1º). Esse regramento é plenamente aplicável na Justiça do Trabalho apenas no que tange às lides não decorrentes da relação de emprego (Instrução Normativa 27/2005 do TST).

No Processo do Trabalho, nas lides decorrentes de relação de emprego, o Tribunal Superior do Trabalho vem entendendo ser ilegal a exigência de depósito prévio para custeio dos honorários periciais, dada a incompatibilidade com o processo do trabalho, sendo cabível o mandado de segurança visando à realização da perícia, independentemente do depósito (OJ 98 da SDI-2 do TST).

A Lei 13.467/2017 deixa claro – e já também ratificando o entendimento do TST no sentido de – que não é possível que a parte (reclamante ou reclamado) seja compelida a antecipar honorários periciais (§ 3º do art. 790-B da CLT).

Dessa forma, ninguém pode ser obrigado a pagar honorários periciais antes de a perícia ser feita. O juiz não pode obrigar qualquer das partes a fazer depósito prévio de honorários periciais. Inviável, por exemplo, realizar penhora *on-line* na conta corrente de quaisquer das partes para viabilizar o pagamento ao perito.

De *lege ferenda*, o ideal seria que o legislador admitisse expressamente, no âmbito trabalhista, a determinação de antecipação de honorários, nos moldes aplicáveis no Processo Civil, evitando qualquer discussão a respeito.

Independentemente disso, deve-se ter em vista que a produção de prova é ônus da parte, e não obrigação ou dever. Daí resulta que, efetivamente, ninguém pode ser forçado a produzir – e, consequentemente, a custear – prova contra a própria vontade.

Se a parte não for beneficiária da gratuidade de justiça, e não viabilizar a produção da prova pericial, mediante depósito dos valores solicitados pelo perito (e homologados pelo Juízo) para início dos trabalhos, a consequência processual é o julgamento desfavorável ao interessado, por não ter se desincumbido do ônus da prova.

Exemplo 1: o Juiz do Trabalho inverte o ônus da prova na temática da insalubridade ou periculosidade, porque a empresa não juntou os laudos técnicos obrigatórios (PPP, PPRA, LTCAT etc.), apesar de intimada a fazê-lo. A empresa se recusa a produzir ou custear a prova pericial. A consequência será o julgamento de procedência do pedido, condenando-se a reclamada ao pagamento do adicional no percentual pretendido pelo reclamante. A objeção fundada no art. 195, § 2º, da CLT[16], será analisada em seguida.

Exemplo 2: inverte-se o ônus da prova quanto à comprovação de nexo causal entre doença de que padece o reclamante, porque o nexo técnico epidemiológico do INSS aponta estatisticamente a presunção de haver nexo. Se a reclamada não produzir e custear a prova pericial, deverá ser condenada nos pedidos relativos ao fato, por não ter se desincumbido do ônus da prova.

Poder-se-ia objetar, no primeiro caso, que o pedido não poderia ser julgado procedente, já que a CLT exige a produção de perícia para apuração de insalubridade e periculosidade. Embora o tema seja controvertido, e o posicionamento aparentemente majoritário seja em sentido contrário, a interpretação desse dispositivo deve ser no sentido da obrigatoriedade apenas quando recai sobre o reclamante o ônus de comprovar a insalubridade ou periculosidade. Nada impede que se julgue o pedido procedente, caso haja presunção favorável à pretensão, como nas hipóteses de revelia ou naquelas em que o ônus da prova tenha sido redistribuído para o reclamado.

Caso não se concorde com tal interpretação, há outra solução, que também pode ser aplicada nas situações em que a prova pericial é indispensável para que se proceda ao acertamento do direito litigioso, como nas hipóteses em que é imprescindível a realização de perícia para se constatar o grau de incapacidade laborativa do reclamante – algo que apenas um perito habilitado pode fazer.

É possível a prolação de condenação ilíquida, tendo em vista que o reclamado não terá se desincumbido do ônus probatório, relegando-se a realização de perícia –

[16] Art. 195, § 2º – Arguida em juízo insalubridade ou periculosidade, seja por empregado, seja por sindicato em favor de grupo de associados, o juiz designará perito habilitado na forma deste artigo, e, onde não houver, requisitará perícia ao órgão competente do Ministério do Trabalho.

para apuração do grau de insalubridade ou de incapacidade laborativa, por exemplo – para a fase de liquidação da sentença.

Eventualmente, pode-se chegar à liquidação-zero, caso se constate inexistir incapacidade ou insalubridade, mas o importante é que a responsabilidade pelo pagamento da perícia será, em qualquer hipótese, da reclamada, pois terá sido sucumbente na pretensão objeto da perícia na fase de conhecimento. Isso faz com que seja possível a execução específica da quantia atinente aos honorários periciais, já que, de qualquer forma, a reclamada será responsável pelo respectivo pagamento.

Importante ressalvar que em hipótese alguma será possível a determinação de se anteciparem os honorários no caso de a parte interessada ser beneficiária da justiça gratuita. Se este for o caso, o processo deve ficar suspenso até que encontre perito que aceite receber os honorários nos termos previstos nos regulamentos sobre o tema, notadamente a Resolução 247/2019 do Conselho Superior da Justiça do Trabalho.

Na prática, em algumas situações as Varas do Trabalho não conseguem achar perito que aceite receber seus honorários ao final (ou seja, após a perícia ser feita e após o trânsito em julgado, como decorre do art. 22, IV, da Resolução CSJT 247/2019) e o juiz não tem como obrigar o perito a trabalhar nestes moldes. Alguns peritos também não aceitam receber o valor previsto nas tabelas do CSJT, alegando ser um valor muito baixo e dizendo que seus honorários mínimos são estipulados em valor superior.

Pode ser então que, em determinado caso concreto, a Vara do Trabalho tente achar um perito que aceite receber os honorários de acordo com art. 21 da Resolução nº 247/2019 do CSJT e não o ache. Essa é a explicação que compatibiliza o novo § 2º com o novo § 3º, ambos do art. 790-B da CLT. Dessa forma, a parte beneficiária da justiça gratuita, incumbida de produzir a prova pericial, pode optar por pagar os honorários periciais de forma parcelada, como forma de permitir a continuidade do processo, suspenso em virtude da dificuldade de nomeação de perito que aceitasse o encargo.

Veja-se que, em tal hipótese, o juiz não está impondo que a parte deposite os honorários periciais antecipadamente. Porém, esta pode ser a única maneira de fazer com que o processo siga adiante. O juiz não pode exigir adiantamento de honorários periciais (seja com relação ao reclamante, seja com relação ao reclamado), mas, em situações concretas em que não se consiga achar perito que aceite o encargo nos moldes da Resolução 247/2019 do CSJT, o juiz pode autorizar o parcelamento dos honorários periciais.

Outro ponto polêmico é o § 1º do art. 790-B da CLT. A questão que se coloca é definir se a limitação do valor dos honorários periciais, estabelecida pelo dispositivo, seria para a situação específica de justiça gratuita, ou se, ao contrário, o valor limite deve ser aplicado para toda e qualquer perícia, ainda que custeada pelas partes.

Aparentemente, numa primeira leitura, o texto do § 1º do art. 790-B da CLT parece querer abranger qualquer situação de perícia, como se fosse um teto para os honorários periciais em geral na Justiça do Trabalho. Este é um entendimento possível, porque o novo § 1º do art. 790-B da CLT não faz a restrição.

Porém, é preferível o entendimento de que o teto do CSJT só se aplica às situações de justiça gratuita, porque, nesta situação, é a União quem pagará, em princípio, os honorários periciais. Observar o teto seria apenas uma forma de salvaguardar o interesse da União e o patrimônio público.

Pode acontecer, por exemplo, a situação de uma perícia complexa (contábil ou médica muito específica, que demande até mais de um especialista eventualmente) e, possivelmente, o juiz não conseguirá achar um perito que aceite receber apenas o valor do teto do CSJT, causando embaraços à marcha processual. Assim, se a parte se dispuser a pagar os honorários periciais, o limite máximo estabelecido pelo CSJT não será aplicável.

A perícia, em algumas ocasiões, pode ser feita por entidade pública especializada em determinada área do conhecimento, sem quaisquer custos para as partes.

4.2. Honorários do tradutor ou intérprete

A lei 13.660/2018 inseriu o § 2º ao art. 819 da CLT[17], passando a estabelecer que as despesas decorrentes da nomeação de tradutor ou intérprete (nas hipóteses em que as partes ou testemunhas não saibam falar português ou sejam surdos-mudos que não saibam escrever) correrão por conta da parte sucumbente, salvo se beneficiária da justiça gratuita.

A previsão legislativa é de singela aplicação nas hipóteses em que o depoimento da testemunha ou da parte haja sido decisivo para a conclusão a que se chega no julgado. Por exemplo: em processo no qual se discutem apenas horas extraordinárias, o juiz se baseia no depoimento de testemunha estrangeira (traduzido por intérprete) para julgar o pedido procedente, fixando que a remuneração do tradutor será paga pelo reclamado.

No entanto, pode ser que o depoimento traduzido pelo intérprete não tenha sido decisivo para a conclusão do juiz, por exemplo, quando a testemunha estrangeira não conhece suficientemente os fatos, ou nas situações de sucumbência recíproca, em que o depoimento é decisivo, mas parcialmente favorável às duas partes. Nesses casos, não se pode aplicar pura e simplesmente o dispositivo legal, sendo pertinente o recurso aos princípios da causalidade e da proteção. Dessa forma:

- (i) no caso de sucumbência parcial, tendo sido o depoimento traduzido fundamental para o julgamento, as despesas relativas ao intérprete ficarão exclusivamente a cargo do reclamado. Trata-se de aplicação do princípio da proteção, tal como o TST tem feito para as situações similares envolvendo prova pericial da qual resulta julgamento apenas parcialmente favorável ao trabalhador (sucumbência parcial na pretensão objeto da perícia)[18];

[17] § 2º As despesas decorrentes do disposto neste artigo correrão por conta da parte sucumbente, salvo se beneficiária de justiça gratuita.

[18] PROCESSO ANTERIOR À LEI 13.467/2017. AGRAVO DE INSTRUMENTO. RECURSO DE REVISTA INTERPOSTO SOB A ÉGIDE DA LEI Nº 13.015/2014. HONORÁRIOS PERICIAIS. SUCUMBÊNCIA RECÍPROCA. ÔNUS DO EM-

- (ii) nas hipóteses em que o depoimento traduzido pelo intérprete não seja determinante da conclusão do magistrado, deve-se aplicar o princípio da causalidade: a despesa do intérprete correrá por conta da parte que provocou a necessidade de ouvir o estrangeiro que não falava a língua portuguesa, independentemente do resultado do julgamento. Exemplos: (1) o reclamante pede o depoimento pessoal do reclamado estrangeiro, e nenhuma informação relevante é declarada no depoimento - a despesa do intérprete recairá sobre o reclamante; (2) a reclamada pede o depoimento de testemunha cujo depoimento foi irrelevante na formação da convicção do juiz, mas o julgamento acaba sendo de improcedência com base em outras provas - a reclamada pagará os honorários do tradutor, apesar de não ter sido sucumbente.

Se o responsável pelos honorários do intérprete for beneficiário da gratuidade de justiça, deve-se aplicar, por analogia, o regramento da CLT atinente aos honorários periciais.

5. DESPESAS COM SERVIÇOS ESTRANHOS AO PODER JUDICIÁRIO

Eventualmente, surgem despesas no processo relativas à atuação de pessoas ou instituições alheias ao Poder Judiciário, mas imprescindíveis para que a relação processual possa atingir seus fins.

Por exemplo: no cumprimento de mandado de imissão na posse, o oficial de justiça encontra resistência do executado, que se recusa a abrir as portas, tornando necessária a contratação de um chaveiro para fazê-lo. Outro exemplo seria a necessidade de o oficial de justiça utilizar um barco para cumprir mandado em determinada ilha, inacessível por via terrestre.

Nessas hipóteses, as despesas pagas aos terceiros (chaveiro e barqueiro, nos exemplos acima) devem ser antecipadas pelo interessado, para viabilizar a prática do ato, e ressarcidas, ao final, pelo vencido.

6. MULTAS

É questionável a inclusão das multas como espécies de despesas processuais, já que os respectivos regimes jurídicos são completamente diferentes: as despesas são regidas pelo princípio da sucumbência, segundo o qual deve pagá-las a parte vencida, enquanto as multas podem ser devidas pelo mesmo vencedor (exemplo: ato atentatório à dignidade da justiça praticado pelo executado que se oculta, mas afinal obtém julgado de procedência dos embargos à execução).

PREGADOR. O entendimento desta Corte é no sentido de que, em virtude do princípio da proteção ao empregado, quando houver a sucumbência recíproca no objeto da perícia, os honorários periciais deverão ser suportados pelo empregador e, portanto, não se aplicam os termos do artigo 21 do CPC/73. Precedentes. Incidência do óbice da Súmula 333/TST. PROCESSO Nº TST-AIRR-1086-49.2013.5.15.0085. Rel. Min. Alexandre Agra Belmonte. 3ª Turma. Julgado em 15/08/2018.

Além disso, o beneficiário da gratuidade de justiça é isento de todas as despesas, mas deve pagar as multas a que seja condenado no curso do processo. Exemplo: reclamante beneficiário da justiça gratuita que pratica ato de litigância de má-fé.

Pode-se dizer, portanto, que as multas são espécies *sui generis* de despesas processuais, pois consistem em gastos financeiros decorrentes da prática de atos processuais ilícitos, cujo regime jurídico é diferente do aplicável aos demais tipos de despesas. A multa é uma sanção processual por ato ilícito, enquanto as demais despesas se associam a atos processuais lícitos.

Há multas pela prática de ato atentatório à dignidade da justiça (CPC, art. 77, § 2º)[19]; em função da litigância de má-fé (art. 81)[20] e da oposição de embargos de declaração protelatórios (art. 1026, §§ 2º e 3º).[21]

É comum, ainda, a aplicação das *astreintes*, que são multas periódicas utilizadas como mecanismos de execução indireta que objetiva compelir alguém a cumprir obrigação de fazer ou não fazer.

7. ASSISTÊNCIA JUDICIÁRIA. JUSTIÇA GRATUITA

7.1. Noções gerais

O art. 5º, LXXIV, da CF, prevê que o Estado prestará assistência jurídica integral e gratuita aos que comprovarem insuficiência de recursos. Trata-se de garantia fundamental, pois a assistência jurídica é pressuposto para que haja efetivo acesso à justiça e ao ordenamento jurídico justo.

Assistência jurídica integral é expressão ampla, que engloba desde a orientação e consultoria extrajudiciais, até a isenção de despesas do último ato praticado em processo judicial que venha, eventualmente, a tramitar. Abrange, ainda, o patrocínio gratuito por advogado antes da instauração e durante o trâmite do processo.

A assistência jurídica integral concretiza a *primeira onda* de acesso à justiça[22]. De fato, garanti-la àqueles que não tenham condições econômicas para arcar com as despesas correspondentes é a única maneira de permitir efetivo

---

19 Art. 77, § 2º – A violação ao disposto nos incisos IV e VI constitui ato atentatório à dignidade da justiça, devendo o juiz, sem prejuízo das sanções criminais, civis e processuais cabíveis, aplicar ao responsável multa de até vinte por cento do valor da causa, de acordo com a gravidade da conduta.

20 Art. 81 – De ofício ou a requerimento, o juiz condenará o litigante de má-fé a pagar multa, que deverá ser superior a um por cento e inferior a dez por cento do valor corrigido da causa, a indenizar a parte contrária pelos prejuízos que esta sofreu e a arcar com os honorários advocatícios e com todas as despesas que efetuou.

21 Art. 1026, § 2º – Quando manifestamente protelatórios os embargos de declaração, o juiz ou o tribunal, em decisão fundamentada, condenará o embargante a pagar ao embargado multa não excedente a dois por cento sobre o valor atualizado da causa.

§ 3º – Na reiteração de embargos de declaração manifestamente protelatórios, a multa será elevada a até dez por cento sobre o valor atualizado da causa, e a interposição de qualquer recurso ficará condicionada ao depósito prévio do valor da multa, à exceção da Fazenda Pública e do beneficiário de gratuidade da justiça, que a recolherão ao final.

22 Expressão oriunda da doutrina de Mauro Cappelleti e Bryant Garth.

acesso à justiça. De nada adiantaria a Constituição prever o acesso à justiça, se o óbice financeiro impedisse hipossuficientes de defenderem seus direitos judicial e extrajudicialmente.

Assistência jurídica é gênero, que engloba a assistência judiciária (defesa de direitos em juízo, por profissional devidamente habilitado), a gratuidade de justiça (isenção de despesas processuais), além da orientação e consultoria extrajudiciais.

Na Justiça Comum, a orientação extrajudicial e a defesa em juízo de direitos de hipossuficientes são feitas pela Defensoria Pública (Estadual ou da União, conforme o caso). Na Justiça do Trabalho, tal papel deveria ser cumprido pela Defensoria Pública da União, a qual, entretanto, não conta com a devida estrutura para desempenhar tal atribuição, o que inviabiliza, na prática, sua atuação na Especializada.

Por tais razões, a assistência judiciária, no âmbito trabalhista, é prestada pelo Sindicato da categoria profissional a que pertencer o trabalhador. O dever de prestar a assistência subsiste ainda que o trabalhador não seja sindicalizado (Lei nº 5.584/70, arts. 14, *caput*, e 18).

A assistência judiciária do empregador hipossuficiente deveria ser feita pela Defensoria Pública da União, mas esbarra na dificuldade prática já mencionada. As faculdades de Direito costumam atuar na assistência judiciária em decorrência de estágio curricular obrigatório de acadêmicos.

Caso a parte seja beneficiária da justiça gratuita, estará isenta de arcar com todas as despesas processuais, com exceção das multas (CPC, art. 98, § 4º)[23]; vale dizer, não pagará custas, emolumentos, ressarcimento e remuneração de sujeitos auxiliares e probatórios do processo, e despesas com serviços estranhos ao Poder Judiciário.

7.2. Cenário legislativo após a Lei 13.467/2017

A Reforma Trabalhista alterou significativamente os critérios utilizáveis na avaliação de requerimento de gratuidade de justiça, a partir da nova redação do art. 790, §§ 3º e 4º, da CLT.[24] Havia algumas situações de distorção, nas quais se concedia o benefício da gratuidade a trabalhadores que recebiam altíssimos salários ou indenizações milionárias por ocasião da rescisão do contrato de trabalho. Foi esse o motivo que levou o legislador a tentar mudar esse panorama. Essa é a chamada *mens legis* (o *espírito da lei*): evitar esse tipo de distorção que vinha acontecendo em alguns casos na Justiça do Trabalho.

---

23 Art. 98, § 4º – A concessão de gratuidade não afasta o dever de o beneficiário pagar, ao final, as multas processuais que lhe sejam impostas.

24 Art. 790, § 3º É facultado aos juízes, órgãos julgadores e presidentes dos tribunais do trabalho de qualquer instância conceder, a requerimento ou de ofício, o benefício da justiça gratuita, inclusive quanto a traslados e instrumentos, àqueles que perceberem salário igual ou inferior a 40% (quarenta por cento) do limite máximo dos benefícios do Regime Geral de Previdência Social.

§ 4º O benefício da justiça gratuita será concedido à parte que comprovar insuficiência de recursos para o pagamento das custas do processo.

A polêmica que surge quanto a esse dispositivo é que ele retira a menção feita à chamada *declaração de hipossuficiência*. Ou seja, no novo texto da CLT, não há mais a previsão da declaração de hipossuficiência.

São dois os subsistemas de concessão da gratuidade:

- (i) o subsistema da concessão automática (CLT, art. 790, §3º), segundo o qual será beneficiário da gratuidade a pessoa física (reclamante ou reclamado) que receber salário igual ou inferior a 40% (quarenta por cento) do teto do INSS. Nessas hipóteses, haverá presunção absoluta de hipossuficiência, ou seja, sequer há possibilidade de prova em contrário;
- (ii) o subsistema da concessão da gratuidade condicionada à comprovação da hipossuficiência de recursos financeiros (CLT, art. 790, §4º), aplicável às pessoas físicas (reclamantes ou reclamados) que recebam salário superior a 40% do maior benefício pago pelo INSS.

Em primeiro lugar, deve-se observar que, se o trabalhador estiver desempregado no curso do processo, não estará *percebendo* qualquer salário; nesses casos, haverá o enquadramento no art. 790-A, ou seja, a gratuidade será avaliada e deferida com base no subsistema de concessão automática. Basta comprovar ou indicar que está desempregado para ser beneficiário da justiça gratuita.

Além disso, perceba-se que o texto do art. 790, §4º, da CLT, não faz - e nem poderia fazer - menção ao meio de prova necessário à comprovação da hipossuficiência. Isso porque o direito probatório é regido pelo princípio do livre convencimento motivado do juiz (CPC, art. 371).[25] Dessa forma, nada impede que o Juiz do Trabalho entenda que a declaração de hipossuficiência, firmada pela própria parte, seja meio de prova apto a comprovar a insuficiência de recursos.

Evidentemente, pode ser que, em determinados casos concretos, a declaração de hipossuficiência seja inverossímil. Por exemplo: a parte declara ser hipossuficiente, mas reside em endereço de luxo, indicado na petição inicial; ou, então, surgem elementos que demonstram que a parte é proprietária de veículo de luxo, ou recebe salário altíssimo etc. Nessas hipóteses - e somente nelas - será lícito ao Juiz do Trabalho exigir outros meios de prova da insuficiência de recursos.

Na maioria dos casos, portanto, a mera declaração de hipossuficiência deve ser considerada prova suficiente da incapacidade econômica da parte, para fins de enquadramento no art. 790, §4º, do CPC.

Além disso, veja-se que o art. 769 da CLT prevê que os dispositivos do processo comum serão aplicados no Processo do Trabalho em caso de omissão da CLT e de compatibilidade com os princípios processuais trabalhistas.

Cabe reiterar que, cada vez mais, existe uma tendência de aproximação entre o Processo Civil e o Processo do Trabalho, o que permite a transposição da regulamentação atinente à gratuidade de justiça, prevista no CPC, para os processos trabalhistas.

[25] Art. 371. O juiz apreciará a prova constante dos autos, independentemente do sujeito que a tiver promovido, e indicará na decisão as razões da formação de seu convencimento.

O CPC regulamenta essa matéria no art. 98, *caput*, que dispõe que *a pessoa natural ou jurídica, brasileira ou estrangeira, com insuficiência de recursos para pagar as custas, as despesas processuais e os honorários advocatícios tem direito à gratuidade da justiça, na forma da lei.*

Veja-se, ainda, que o art. 99, §3º, do CPC prevê presumir-se *verdadeira a alegação de insuficiência deduzida exclusivamente por pessoa natural.* Trata-se de presunção relativa (*juris tantum*), que admite prova em contrário. Tal regramento é plenamente aplicável ao Processo do Trabalho.

Assim, se a pessoa física alegar ser hipossuficiente, presume-se que seja verdade até que se prove o contrário. Contudo, segundo o CPC, a pessoa jurídica precisa comprovar que não tem condição de pagar as despesas processuais.

Logo, deve-se recorrer à interpretação sistemática e teleológica da nova regulamentação legal, sob pena de se configurar violação à Constituição (CF, art. 5º, XXXV) em várias situações de denegação do benefício da gratuidade de justiça.

A interpretação sistemática deve levar em conta o art. 99, §2º, do CPC, segundo o qual o *juiz somente poderá indeferir o pedido se houver nos autos elementos que evidenciem a falta dos pressupostos legais para a concessão de gratuidade, devendo, antes de indeferir o pedido, determinar à parte a comprovação do preenchimento dos referidos pressupostos.*

Ora, se no Processo Civil, que regula lides entre pessoas que estão, em princípio, em plano de igualdade, presume-se a veracidade da declaração de hipossuficiência deduzida por pessoa física, não faria sentido estabelecer regramento mais rigoroso e restritivo para os autores de ações trabalhistas, já que, no Processo do Trabalho, há desnível entre as partes da relação de trabalho: o empregador detém, em geral, melhores condições econômicas e jurídicas, ao passo que o trabalhador é hipossuficiente.

Haveria, portanto, quebra de coerência do ordenamento processual, que é uma unidade, à luz de uma perspectiva científica. Do ponto de vista lógico-sistemático, não há qualquer justificativa para que seja mais difícil litigar na Justiça do Trabalho do que na Justiça Civil, como pretendido pela literalidade do texto da Lei nº 13.467/2017.

A interpretação teleológica sinaliza que o objetivo do legislador, já analisado, foi o de evitar situações excessivas e abusivas, em que o benefício da gratuidade era concedido a pessoas que nitidamente ostentavam capacidade financeira.

Assim, conclui-se que se deve aplicar, subsidiariamente, o regramento do CPC, de modo que o Juiz do Trabalho pode e deve indeferir o benefício da gratuidade de justiça, mas apenas se houver nos autos elementos que evidenciem o requerente tem condições de pagar as despesas do processo (como no exemplo do sujeito que mora no bairro mais rico do Rio de Janeiro e possui veículo de luxo).

Quanto à pessoa jurídica - com ou sem fins lucrativos - é preciso comprovar a insuficiência de recursos, o que pode ser feito, por exemplo, por meio de demonstração de balanços financeiros ou outros meios de prova legalmente admitidos. Nesse contexto, seria lícito presumir, entretanto, pela insuficiência de recursos de empresa em recuperação judicial ou cuja falência haja sido decretada.

Assim, em síntese, no cenário pós-Reforma:

- (i) o empregador pessoa jurídica pode ser beneficiário da justiça gratuita, desde que comprove insuficiência de recursos;
- (ii) a pessoa física que ganhe salário igual ou inferior a 40% (quarenta por cento) do teto do INSS automaticamente é beneficiária da gratuidade de justiça;
- (iii) a parte que receba mais de 40% (quarenta por cento) do teto do INSS, mas não haja elementos que comprovem que ela tem condições de pagar as despesas processuais, pode ser beneficiária da gratuidade de justiça, a partir da mera declaração de hipossuficiência, que se presume verdadeira até prova em contrário;
- (iv) casos em se evidencie que a parte tem condições de pagar as custas do processo (ganha R$ 30, 40, 50 mil reais, possui patrimônio, reside em endereço de luxo): diante dos elementos que evidenciem a boa condição financeira, mesmo que a parte declare ser hipossuficiente, não é possível admitir que seja beneficiário da gratuidade da justiça pela mera declaração. Nessas hipóteses, caberá ao requerente da gratuidade comprovar a insuficiência de recursos, o que deve ser avaliado com cautela e razoabilidade pelo Juiz do Trabalho.

8. HONORÁRIOS ADVOCATÍCIOS NO PROCESSO DO TRABALHO

Os honorários advocatícios podem ser:

- (i) contratuais, estabelecidos diretamente no contrato entre advogado e cliente. O contrato pode estipular valores fixos ou variáveis para a representação processual, considerando a atuação em todo o processo ou a apenas a prática de determinados atos processuais. É possível, ainda, estipulação contratual de honorários de êxito, no sentido de que o patrono fará jus a parte da vantagem econômica recebida pela parte representada. No âmbito da Justiça do Trabalho, é comum a pactuação de honorários advocatícios fixos (*pro labore*) para advogados de reclamadas, seja por ato praticado, seja por processo; ou de honorários de êxito, mais comumente utilizada para remunerar advogados de reclamantes;[26]
- (ii) sucumbenciais, que consistem em despesa processual a ser paga pela parte vencida, em favor do advogado da parte adversária (= a parte vencedora).

Os honorários sucumbenciais constituem instituto de direito processual, regulamentado pelo Código de Processo Civil e pela Consolidação das Leis do Trabalho. Já

[26] Cf. BERNARDES, Felipe. *O acesso à Justiça do Trabalho sob a perspectiva da Análise Econômica do Direito: uma visão crítica*. Dissertação de Mestrado (Universidade de São Paulo). No prelo.

os honorários advocatícios contratuais são instituto de direito material, regulamentado pela Lei 8.906/94 e pelo Código Civil, no que couber.

De acordo com a jurisprudência consolidada do Superior Tribunal de Justiça, os honorários advocatícios (contratuais e sucumbenciais) têm natureza alimentar, o que não se confunde com natureza alimentícia. Assim, embora constituam crédito privilegiado, os honorários advocatícios, quando executados judicialmente, não se beneficiam de regras típicas de verbas alimentícias *stricto sensu*, tais como a possibilidade de penhora de salário do devedor ou da prisão civil do devedor.[27]

[27] "RECURSO ESPECIAL. NEGATIVA DE PRESTAÇÃO JURISDICIONAL. INOCORRÊNCIA. AÇÃO DE INDENIZAÇÃO. CUMPRIMENTO DE SENTENÇA. HONORÁRIOS ADVOCATÍCIOS DE SUCUMBÊNCIA. NATUREZA ALIMENTAR. EXCEÇÃO DO § 2º DO ART. 833. PENHORA DA REMUNERAÇÃO DO DEVEDOR. IMPOSSIBILIDADE. DIFERENÇA ENTRE PRESTAÇÃO ALIMENTÍCIA E VERBA DE NATUREZA ALIMENTAR. JULGAMENTO: CPC/15.

1. Ação de indenização, na fase de cumprimento de sentença para o pagamento dos honorários advocatícios, da qual foi extraído o presente recurso especial, interposto em 12/02/2019 e atribuído ao gabinete em 18/06/2019.

2. O propósito recursal é decidir se o salário do devedor pode ser penhorado, com base na exceção prevista no § 2º do art. 833 do CPC/15, para o pagamento de honorários advocatícios, por serem estes dotados de natureza alimentar, nos termos do art. 85, § 14, do CPC/15.

3. Devidamente analisadas e discutidas as questões de mérito, e suficientemente fundamentado o acórdão recorrido, de modo a esgotar a prestação jurisdicional, não há que se falar em violação do art. 1.022, II, do CPC/15.

4. Os termos "prestação alimentícia", "prestação de alimentos" e "pensão alimentícia" são utilizados como sinônimos pelo legislador em momentos históricos e diplomas diversos do ordenamento jurídico pátrio, sendo que, inicialmente, estavam estritamente relacionados aos alimentos familiares, e, a partir do CC/16, passaram a ser utilizados para fazer referência aos alimentos indenizatórios e aos voluntários.

5. O termo "natureza alimentar", por sua vez, é derivado de "natureza alimentícia", o qual foi introduzido no ordenamento jurídico pela Constituição de 1988, posteriormente conceituado pela EC nº 30/2000, constando o salário como um dos exemplos.

6. Atento à importância das verbas remuneratórias, o constituinte equiparou tal crédito ao alimentício, atribuindo-lhe natureza alimentar, com o fim de conceder um benefício específico em sua execução, qual seja, a preferência no pagamento de precatórios, nos termos do art. 100, § 1º, da CRFB.

7. As verbas remuneratórias, ainda que sejam destinadas à subsistência do credor, não são equivalentes aos alimentos de que trata o CC/02, isto é, àqueles oriundos de relações familiares ou de responsabilidade civil, fixados por sentença ou título executivo extrajudicial.

8. Uma verba tem natureza alimentar quando destinada à subsistência do credor e de sua família, mas apenas se constitui em prestação alimentícia aquela devida por quem tem a obrigação de prestar alimentos familiares, indenizatórios ou voluntários em favor de uma pessoa que, necessariamente, deles depende para sobreviver.

9. As verbas remuneratórias, destinadas, em regra, à subsistência do credor e de sua família, mereceram a atenção do legislador, quando a elas atribuiu natureza alimentar. No que se refere aos alimentos, porque revestidos de grave urgência - porquanto o alimentando depende exclusivamente da pessoa obrigada a lhe prestar alimentos, não tendo outros meios para se socorrer -, exigem um tratamento mais sensível ainda do que aquele conferido às verbas remuneratórias dotadas de natureza alimentar.

10. Em face da nítida distinção entre os termos jurídicos, evidenciada pela análise histórica e pelo estudo do tratamento legislativo e jurisprudencial conferido ao tema, forçoso concluir que não se deve igualar verbas de natureza alimentar às prestações alimentícias, tampouco atribuir àquelas os mesmos benefícios conferidos pelo legislador a estas, sob pena de enfraquecer a proteção ao direito, à dignidade e à sobrevivência do credor de alimentos (familiares, indenizatórios ou voluntários), por causa da vulnerabilidade inerente do credor de alimentos quando comparado ao credor de débitos de natureza alimentar.

11. As exceções destinadas à execução de prestação alimentícia, como a penhora dos bens descritos no art. 833, IV e X, do CPC/15, e do bem de família (art. 3º, III, da Lei 8.009/90), assim como a prisão civil, não

Ademais, alguns julgados de turmas do STJ têm estendido, a nosso ver exageradamente, o privilégio dos honorários advocatícios, ao ponto de considerar que, ainda que o advogado se aproprie indevidamente de verba pertencente ao seu cliente, haveria impenhorabilidade dos valores ilicitamente apropriados.[28] Tal entendimento, que não reflete a posição majoritária da Corte, não pode prevalecer. Ora, se o advogado comete ato ilícito, os valores indevidamente apropriados não detêm a natureza de honorários ou de verba alimentar, mas de produto de ato ilícito. Dessa forma, é plenamente possível a execução, sem que se cogite de qualquer benefício inerente a verbas alimentares. Pensar diferentemente (como fez o STJ no acórdão mencionado) acaba estimulando a prática de atos ilícitos. Nesse contexto, acertada a jurisprudência do TST sobre o tema.[29]

---

se estendem aos honorários advocatícios, como não se estendem às demais verbas apenas com natureza alimentar, sob pena de eventualmente termos que cogitar sua aplicação a todos os honorários devidos a quaisquer profissionais liberais, como médicos, engenheiros, farmacêuticos, e a tantas outras categorias.

12. Recurso especial conhecido e não provido" (REsp n. 1.815.055/SP, relatora Ministra Nancy Andrighi, Corte Especial, julgado em 3/8/2020, DJe de 26/8/2020).

[28] "RECURSO ESPECIAL. PROCESSUAL CIVIL. HONORÁRIOS ADVOCATÍCIOS. IMPENHORABILIDADE. EXCEÇÕES. INTERPRETAÇÃO RESTRITIVA.

1. Recurso especial interposto em 17/8/2021 e concluso ao gabinete em 11/4/2022.

2. O propósito recursal consiste em dizer se é possível excepcionar a regra da impenhorabilidade dos honorários advocatícios para permitir o pagamento de dívida oriunda da apropriação indevida pelo advogado de valores de titularidade do cliente.

3. Nos termos do art. 85, § 14 e do art. 833, inciso IV, ambos do Código de Processo Civil, por possuírem natureza alimentar, os honorários advocatícios são, em regra, impenhoráveis, de modo que eventuais exceções devem ser interpretadas restritivamente.

4. Para excepcionar a regra da impenhorabilidade dos honorários advocatícios não é suficiente a constatação de que houve a apropriação, pelo advogado, de valores de titularidade do cliente, sendo indispensável perquirir a natureza jurídica de tais verbas.

5. Se os valores apropriados indevidamente pelo advogado - e que deverão ser restituídos - possuírem natureza de prestação alimentícia, é possível, nos termos do § 2º do art. 833 do CPC/15 e da jurisprudência pacífica desta Corte Superior, a penhora de honorários advocatícios para a satisfação da dívida.

6. É inviável a penhora de verba honorária se os valores apropriados indevidamente pelo causídico possuírem simples natureza alimentar - e não de prestação alimentícia - ou se possuírem qualquer outra natureza, devendo prevalecer, em princípio, a regra gral da impenhorabilidade dos honorários prevista no art. 833, inciso IV, do CPC.

7. É possível a penhora dos honorários, independentemente da natureza dos valores retidos pelo advogado, desde que se preserve percentual capaz de garantir a subsistência e a dignidade do devedor e de sua família, o que deve ser examinado de acordo com as peculiaridades de cada hipótese concreta.

8. Na hipótese, tendo em vista que, de acordo com o arcabouço fático delineado pelo Tribunal a quo, a penhora dos honorários foi efetivada resguardando-se percentual capaz de garantir a subsistência do devedor e de sua família não há que se falar em ilicitude da constrição, motivo pelo qual não merece reforma o acórdão recorrido.

9. Recurso especial não provido. (REsp n. 1.991.123/SP, relatora Ministra Nancy Andrighi, Terceira Turma, julgado em 7/6/2022, DJe de 13/6/2022.)"

[29] "Recurso ordinário em mandado de segurança. Ordem de bloqueio de valores das contas dos advogados da parte reclamante na ação matriz. Retenção indevida da integralidade do crédito trabalhista por advogados do trabalhador. Não incidência da súmula nº 363 do STJ. Competência da Justiça do Trabalho. Ausência de ofensa a direito líquido e certo. Quando não se evidencia controvérsia sobre pagamento de honorários advocatícios em sede de reclamação trabalhista, análise de contratos de prestação de serviços advocatícios ou ação de cobrança pelos advogados contra seus clientes, mas sim, hipótese de apropriação indébita de-

Salvo renúncia expressa do advogado aos honorários pactuados na hipótese de encerramento da relação contratual com o cliente, o advogado mantém o direito aos honorários proporcionais ao trabalho realizado nos processos judiciais e administrativos em que tenha atuado, nos exatos termos do contrato celebrado, inclusive em relação aos eventos de sucesso que porventura venham a ocorrer após o encerramento da relação contratual (Lei 8.906/94, art. 24, §5º). O distrato e a rescisão do contrato de prestação de serviços advocatícios, mesmo que formalmente celebrados, não configuram renúncia expressa aos honorários pactuados (Lei 8.906/94, art. 24, §6º).

Salvo estipulação em contrário, um terço dos honorários é devido no início do serviço, outro terço até a decisão de primeira instância e o restante no final (Lei 8.906/94, art. 22, §3º). Essa regra deve ser aplicada inclusive nas situações em que a parte destitui seu advogado e constitui outro patrono, devendo ser feita a reserva dos créditos do primeiro pelo Juízo.

No Processo do Trabalho, a Reforma Trabalhista de 2017 e a ADI 5766, julgada pelo STF, constituem importantes marcos no tema dos honorários advocatícios, razão pela qual passamos a estudar detalhadamente os critérios nelas estabelecidos.

8.1. Reforma Trabalhista e critérios aplicáveis após a decisão da ADI 5766

A Lei nº 13.467/2017 inovou substancialmente, ao trazer, no art. 791-A, da CLT[30], previsão que passa a fazer com que a condenação em honorários advocatícios sucumbenciais seja a regra geral no Direito Processual do Trabalho.

---

corrente da não satisfação de crédito trabalhista, porquanto, apesar de a parte reclamada ter pago o valor da condenação, todo o valor pago foi retido indevidamente pelos advogados da parte reclamante, não há como se afastar a competência da Justiça do Trabalho para garantir a execução de suas próprias decisões ou dirimir conflitos dela decorrentes, haja vista ser questão incidental à execução trabalhista. Nesse contexto, incólume o art. 114 da Constituição da República, bem como a Súmula 363 do STJ. No mais, inexistindo prévia autorização do constituinte ou previsão contratual quanto à possibilidade de retenção total de quantia devida ao constituinte, tampouco relato de juntada de contrato de honorários da ação matriz ou de determinação judicial de dedução nos moldes do art. 22, §4º, da Lei nº 8.906/1994, não se divisa ilegalidade ou abusividade em ato impugnado que determina o bloqueio de valores das contas dos advogados da parte reclamante na ação matriz. Sob esses fundamentos, a SBDI-II, por unanimidade, conheceu do recurso ordinário e, no mérito, negou-lhe provimento" (TST-RO-67-68.2017.5.10.0000, SBDI-II, rel. Min. Evandro Pereira Valadão Lopes, julgado em 16/8/2022).

30 Art. 791-A. Ao advogado, ainda que atue em causa própria, serão devidos honorários de sucumbência, fixados entre o mínimo de 5% (cinco por cento) e o máximo de 15% (quinze por cento) sobre o valor que resultar da liquidação da sentença, do proveito econômico obtido ou, não sendo possível mensurá-lo, sobre o valor atualizado da causa.

§ 1º Os honorários são devidos também nas ações contra a Fazenda Pública e nas ações em que a parte estiver assistida ou substituída pelo sindicato de sua categoria.

§ 2º Ao fixar os honorários, o juízo observará:

I – o grau de zelo do profissional;

II – o lugar de prestação do serviço;

III – a natureza e a importância da causa;

IV – o trabalho realizado pelo advogado e o tempo exigido para o seu serviço.

§ 3º Na hipótese de procedência parcial, o juízo arbitrará honorários de sucumbência recíproca, vedada a compensação entre os honorários.

Os critérios que o Juízo trabalhista observará ao fixar os honorários advocatícios sucumbenciais, previstos art. 791-A, § 2º, da CLT, já vinham no § 2º do art. 50 do CPC. Não há distinção, especificamente neste ponto, entre o regramento aplicável no Processo Civil e o do Processo do Trabalho.

De acordo com o novo dispositivo, no Processo do Trabalho os honorários sucumbenciais devem ser fixados entre o mínimo de 5% (cinco por cento) e o máximo de 15% (quinze por cento) sobre o valor que resultar da liquidação da sentença, do proveito econômico obtido ou, não sendo possível mensurá-lo, sobre o valor atualizado da causa.

Assim, a fixação do percentual aplicável levará em conta o grau de zelo do profissional; o lugar de prestação do serviço; a natureza e a importância da causa; e o trabalho realizado pelo advogado e o tempo exigido para o seu serviço.

Sucede que o Supremo Tribunal Federal, ao julgar a ADI 5766[31], declarou a inconstitucionalidade da cobrança de honorários advocatícios sucumbenciais em desfavor de beneficiário da justiça gratuita. De acordo com a Suprema Corte, o mero fato de a parte (em geral, o reclamante) ter créditos a receber no mesmo (ou em outro) processo não descaracteriza, por si só, a insuficiência de recursos para pagamento das despesas do processo – entre as quais se incluem os honorários advocatícios sucumbenciais.

O acórdão da ADI 5766 suscita dúvida, já que a ata do julgamento contém a assertiva de que o tribunal teria julgado parcialmente procedente o pedido para declarar inconstitucionais os arts. 790-B, *caput* e § 4º, e 791-A, § 4º, da Consolidação das Leis do Trabalho (CLT).[32] Poder-se-ia supor, então, que o beneficiário

---

§ 4º Vencido o beneficiário da justiça gratuita, desde que não tenha obtido em juízo, ainda que em outro processo, créditos capazes de suportar a despesa, as obrigações decorrentes de sua sucumbência ficarão sob condição suspensiva de exigibilidade e somente poderão ser executadas se, nos dois anos subsequentes ao trânsito em julgado da decisão que as certificou, o credor demonstrar que deixou de existir a situação de insuficiência de recursos que justificou a concessão de gratuidade, extinguindo-se, passado esse prazo, tais obrigações do beneficiário.

§ 5º São devidos honorários de sucumbência na reconvenção.

[31] "CONSTITUCIONAL. AÇÃO DIRETA DE INCONSTITUCIONALIDADE. LEI 13.467/2017. REFORMA TRABALHISTA. REGRAS SOBRE GRATUIDADE DE JUSTIÇA. RESPONSABILIDADE PELO PAGAMENTO DE ÔNUS SUCUMBENCIAIS EM HIPÓTESES ESPECÍFICAS. ALEGAÇÕES DE VIOLAÇÃO AOS PRINCÍPIOS DA ISONOMIA, INAFASTABILIDADE DA JURISDIÇÃO, ACESSO À JUSTIÇA, SOLIDARIEDADE SOCIAL E DIREITO SOCIAL À ASSISTÊNCIA JURÍDICA GRATUITA. MARGEM DE CONFORMAÇÃO DO LEGISLADOR. CRITÉRIOS DE RACIONALIZAÇÃO DA PRESTAÇÃO JURISDICIONAL. AÇÃO DIRETA JULGADA PARCIALMENTE PROCEDENTE. 1. É inconstitucional a legislação que presume a perda da condição de hipossuficiência econômica para efeito de aplicação do benefício de gratuidade de justiça, apenas em razão da apuração de créditos em favor do trabalhador em outra relação processual, dispensado o empregador do ônus processual de comprovar eventual modificação na capacidade econômica do beneficiário. 2. A ausência injustificada à audiência de julgamento frustra o exercício da jurisdição e acarreta prejuízos materiais para o órgão judiciário e para a parte reclamada, o que não se coaduna com deveres mínimos de boa-fé, cooperação e lealdade processual, mostrando-se proporcional a restrição do benefício de gratuidade de justiça nessa hipótese. 3. Ação Direta julgada parcialmente procedente" (ADI 5766, Relator(a): ROBERTO BARROSO, Relator(a) p/ Acórdão: ALEXANDRE DE MORAES, Tribunal Pleno, julgado em 20/10/2021, PROCESSO ELETRÔNICO DJe-084 DIVULG 02-05-2022 PUBLIC 03-05-2022).

[32] Art. 790-B. A responsabilidade pelo pagamento dos honorários periciais é da parte sucumbente na pretensão objeto da perícia, ainda que beneficiária da justiça gratuita.

da justiça gratuita sequer deveria ser condenado a pagar honorários advocatícios sucumbenciais. Contudo, a decisão dos embargos de declaração[33] – embora não o diga expressamente – deixa claro que o raciocínio do STF foi o de que o regramento do Processo do Trabalho deve ser similar ao do Processo Civil, de modo que a parte beneficiária da gratuidade de justiça deve ser condenada ao pagamento de honorários sucumbenciais em favor do adversário, sendo que a parcela ficará com exigibilidade suspensa durante o prazo de dois anos, previsto no próprio art. 791-A, §4º.

Daí decorrem duas possibilidades: (i) no prazo de dois anos após o trânsito em julgado, o beneficiário da gratuidade experimenta melhora na sua situação econômica, o que justifica a revogação da gratuidade e deve ser comprovado pelo interessado, ou seja, o advogado da parte adversária – neste caso, os honorários advocatícios sucumbenciais podem ser exigidos pelo patrono da parte adversária; (ii) a situação econômica do vencido, beneficiário da gratuidade, não se altera (ou não se altera ao ponto de justificar a revogação da gratuidade) no prazo de dois anos após o trânsito em julgado: nesta hipótese, decorrido tal prazo, ficam definitivamente extintas as obrigações da parte, ainda que, em outro momento futuro, sua situação financeira venha a melhorar.

8.2. Reflexos positivos e negativos da mudança

Como dito a Lei nº 13.467/2017 inovou substancialmente, ao trazer, no art. 791-A, da CLT[34], previsão que passa a fazer com que a condenação em honorários advocatícios sucumbenciais seja a regra geral no Direito Processual do Trabalho.

(...)

§ 4º Somente no caso em que o beneficiário da justiça gratuita não tenha obtido em juízo créditos capazes de suportar a despesa referida no *caput*, ainda que em outro processo, a União responderá pelo encargo.

Art. 791-A, § 4º Vencido o beneficiário da justiça gratuita, desde que não tenha obtido em juízo, ainda que em outro processo, créditos capazes de suportar a despesa, as obrigações decorrentes de sua sucumbência ficarão sob condição suspensiva de exigibilidade e somente poderão ser executadas se, nos dois anos subsequentes ao trânsito em julgado da decisão que as certificou, o credor demonstrar que deixou de existir a situação de insuficiência de recursos que justificou a concessão de gratuidade, extinguindo-se, passado esse prazo, tais obrigações do beneficiário.

33 "EMBARGOS DE DECLARAÇÃO. AÇÃO DIRETA DE INCONSTITUCIONALIDADE. LEI 13.467/2017. REFORMA TRABALHISTA. REGRAS SOBRE GRATUIDADE DE JUSTIÇA. INEXISTÊNCIA DE VÍCIOS DE FUNDAMENTAÇÃO NO ACÓRDÃO EMBARGADO. CONGRUÊNCIA ENTRE A CONCLUSÃO DO ACÓRDÃO EMBARGADO E OS PEDIDOS DA PETIÇÃO INICIAL. MODULAÇÃO DE EFEITOS EM EMBARGOS DE DECLARAÇÃO. AUSÊNCIA DE JUSTIFICATIVA. REJEIÇÃO. 1. O Advogado-Geral da União tem legitimidade para a oposição de Embargos de Declaração nas ações de controle concentrado de constitucionalidade. Precedentes. 2. O acórdão embargado enfrentou e decidiu, de maneira integral e com fundamentação suficiente, toda a controvérsia veiculada na inicial, ausentes os vícios apontados pelo Embargante. 3. Embargos de declaração não se prestam a veicular inconformismo com a decisão tomada, nem permitem que as partes impugnem a justiça do que foi decidido ou suscitem matéria alheia ao objeto do julgamento, pois tais objetivos são alheios às hipóteses de cabimento típicas do recurso (art. 1.022 do CPC/2015). 4. Ausência, no caso de razões de segurança jurídica e interesse social (art. 27 da Lei 9.868/1999) a justificar a excepcional modulação dos efeitos da declaração de inconstitucionalidade. 5. Embargos de Declaração rejeitados" (ADI 5766 ED, Relator(a): ALEXANDRE DE MORAES, Tribunal Pleno, julgado em 21/06/2022, PROCESSO ELETRÔNICO DJe-126 DIVULG 28-06-2022 PUBLIC 29-06-2022).

34 Art. 791-A. Ao advogado, ainda que atue em causa própria, serão devidos honorários de sucumbência, fixados entre o mínimo de 5% (cinco por cento) e o máximo de 15% (quinze por cento) sobre o valor que

Caso bem compreendida e aplicada, a modificação legislativa é positiva para o trabalhador, porque, do seu ponto de vista, passa a ser inibida a prática que alguns empregadores adotavam, no sentido de somente pagar em juízo as verbas rescisórias e outros direitos trabalhistas básicos. Isso porque, no cenário anterior, sempre havia a possibilidade de o empregado deixar de ajuizar reclamação trabalhista (conformando-se com o inadimplemento do empregador), faltar à audiência, ou de ocorrer arquivamento, confissão etc.

Dessa forma, havia riscos de o empregado sucumbir na reclamação trabalhista eventualmente ajuizada; de outro lado, se o empregador fosse condenado a pagar as verbas rescisórias, seriam feitos apenas pequenos acréscimos (correção monetária, juros e multas), de modo que o empregador pagaria, por força de decisão judicial, aproximadamente o mesmo valor que já devia ter pago espontaneamente.

Depreende-se que, do ponto de vista estritamente econômico, alguns empregadores poderiam preferir o risco de condenação em processo trabalhista a quitar regularmente as verbas devidas, o que é um contrassenso em termos de análise econômica do direito, por estimular o ajuizamento desnecessário de demandas judiciais.

Com a Lei 13.467/2017, e a previsão de honorários advocatícios sucumbenciais, passa a haver acréscimo na condenação, o que certamente tem o potencial de desestimular a prática de postergar o pagamento das verbas devidas e ***tentar a sorte*** em processo judicial.

Exemplo: se o empregador, por ocasião da rescisão do contrato de trabalho de determinado empregado, deveria pagar R$ 10.000,00 (dez mil reais), caso o direito do trabalhador venha a ser reconhecido apenas judicialmente, essa quantia será acrescida do percentual de 5 (cinco) a 15% (quinze por cento), ou seja, entre R$ 500,00 (quinhentos) e R$ 1.500,00 (mil e quinhentos reais). Assim, a ***conta*** fica mais cara e o empregador passa a ser estimulado a quitar os direitos espontânea e extrajudicialmente.

---

resultar da liquidação da sentença, do proveito econômico obtido ou, não sendo possível mensurá-lo, sobre o valor atualizado da causa.

§ 1º Os honorários são devidos também nas ações contra a Fazenda Pública e nas ações em que a parte estiver assistida ou substituída pelo sindicato de sua categoria.

§ 2º Ao fixar os honorários, o juízo observará:

I – o grau de zelo do profissional;

II – o lugar de prestação do serviço;

III – a natureza e a importância da causa;

IV – o trabalho realizado pelo advogado e o tempo exigido para o seu serviço.

§ 3º Na hipótese de procedência parcial, o juízo arbitrará honorários de sucumbência recíproca, vedada a compensação entre os honorários.

§ 4º Vencido o beneficiário da justiça gratuita, desde que não tenha obtido em juízo, ainda que em outro processo, créditos capazes de suportar a despesa, as obrigações decorrentes de sua sucumbência ficarão sob condição suspensiva de exigibilidade e somente poderão ser executadas se, nos dois anos subsequentes ao trânsito em julgado da decisão que as certificou, o credor demonstrar que deixou de existir a situação de insuficiência de recursos que justificou a concessão de gratuidade, extinguindo-se, passado esse prazo, tais obrigações do beneficiário.

§ 5º São devidos honorários de sucumbência na reconvenção.

Outra vantagem para o trabalhador é que, na prática, o advogado era remunerado apenas com honorários contratuais, estipulados com base em percentual sobre o proveito econômico obtido pelo autor do processo. Tal situação gerava dano material para o trabalhador, que precisava destinar geralmente entre 20 e 30% do valor de seu crédito para pagar o respectivo advogado.

Os honorários sucumbenciais remunerarão o trabalho do patrono, evitando a referida situação. Contudo, nada impede que o trabalhador também combine o pagamento de honorários contratuais com seu advogado, com base no proveito econômico que obtiver, desde que em percentuais razoáveis, sob pena de se configurar contrato ***leonino***. A partir da Lei 13.467/2017, portanto, os advogados devem readequar os contratos de honorários advocatícios, de modo que os honorários contratuais, somados aos sucumbenciais, não ultrapassem o montante de 30% (trinta por cento) do valor do crédito do trabalhador.

Assim, considera-se haver razoabilidade em eventual previsão contratual no sentido de serem devidos, além dos honorários sucumbenciais, honorários contratuais entre 15 e 25% (quinze e vinte e cinco por cento) do proveito econômico obtido pelo trabalhador. Patamares superiores podem ser considerados abusivos e justificar o ajuizamento de ação civil do trabalhador contra seu próprio advogado (processo que tramitará na Justiça Comum).

A previsão de honorários advocatícios sucumbenciais na Justiça do Trabalho também traz vantagens para os empregadores.

Para compreender o ponto, é preciso perceber que, se existem empregadores que atuam de má-fé e deixam de pagar – porque preferem pagar em juízo, conforme dito no tópico anterior –, por outro lado há trabalhadores que agem de má-fé na Justiça do Trabalho.

Assim, alguns trabalhadores (a minoria, diga-se de passagem) ajuizavam ações na Justiça do Trabalho, sabendo que não tinham nada a perder, que não teriam que pagar honorários advocatícios sucumbenciais ao advogado do seu empregador, nem teriam qualquer penalização, e formulavam pedidos infundados (a chamada lide temerária).

Este tipo de situação foi inibido com a Lei 13.467/2017, já que o risco de condenação ao pagamento de honorários sucumbenciais ao empregador tende a fazer com que haja redução ou supressão de pedidos infundados, ***enxugando*** as petições iniciais. Esse ponto, entretanto, foi obstaculizado, na prática, com a decisão da ADI 5766 pelo STF, já que a concessão de gratuidade de justiça (o que é feito em larga escala na Justiça do Trabalho) acaba fazendo com que o trabalhador não pague honorários advocatícios sucumbenciais, de modo que se reduz substancialmente o risco decorrente do ajuizamento de pedidos infundados.

Então, tanto os *maus* empregadores, como os *maus* empregados (que violam a boa-fé objetiva), tendem a ter mais cautela, porque sabem que podem ser compelidos a pagar honorários advocatícios para o advogado da parte contrária, caso sejam sucumbentes na demanda.

Evidentemente, também há benefícios para os advogados, que passam a poder obter remuneração em virtude de seu trabalho no processo, tal como sempre ocorreu em processos cíveis.

O grande perigo envolvendo a cobrança de honorários advocatícios sucumbenciais é a inibição artificial do acesso à justiça, sobretudo nas hipóteses de sucumbência recíproca, o que pode fazer com que, na prática, determinados pedidos de difícil comprovação - tais como assédio sexual, discriminação racial, entre tantos outros - deixem de ser formulados nos processos trabalhistas. Nesse contexto, necessário construir soluções que, a partir do texto da lei, amenizem ou obstaculizem eventuais injustiças. Daí surgia a possibilidade, por exemplo, de fixação de honorários advocatícios equitativos em algumas hipóteses.[35] Contudo, após a decisão da ADI 5766 pelo STF, em que declarada a inconstitucionalidade da exigência de honorários sucumbenciais de beneficiários da justiça gratuita, não há mais o risco de inibição ao acesso à justiça; ao contrário, passa a haver incentivo para ajuizamento de reclamações trabalhistas ainda que as chances de êxito sejam diminutas.

8.3. Direito autônomo do advogado x sucumbência recíproca. Acordo sobre honorários

Deve-se perceber que os honorários advocatícios sucumbenciais são direito autônomo do advogado. Isso significa que, se, por exemplo, a parte tem R$ 10.000 (dez mil reais) para receber e, seu advogado, 10% (dez por cento) - ou seja, R$ 1.000,00 (mil reais) -, este crédito pertence ao advogado. São titulares diferentes: um crédito pertence à parte, e o outro, ao advogado.

A partir dessa constatação, advém a noção de que não pode haver compensação entre honorários advocatícios sucumbenciais dos advogados das partes contrárias. A dúvida poderia surgir porque a CLT passou a prever também a situação da sucumbência recíproca (§ 3º do art. 791-A); ou seja, os honorários advocatícios são devidos pelas duas partes, caso ambas sejam parcialmente vencidas e vencedoras no processo.

Exemplo: existe o pedido 1 e o pedido 2. O trabalhador ganha no pedido 1 (por exemplo, horas extras) e perde no pedido 2 (por exemplo, equiparação salarial). O que acontece aqui é a sucumbência recíproca: ou seja, o trabalhador ganhou e perdeu no mesmo processo. Assim, o empregador terá que pagar honorários advocatícios sucumbenciais ao advogado do empregado com relação ao valor das horas extras, porque o empregador foi vencido em tal pedido. Por outro lado, com relação à equiparação salarial, o empregado perdeu e pagará honorários advocatícios sucumbenciais para o advogado do reclamado.

Não se podem compensar honorários advocatícios sucumbenciais devidos ao advogado do reclamante com aqueles devidos ao patrono do reclamado. Assim, na sucumbência recíproca, o reclamante terá que pagar honorários advocatícios sucumbenciais para o advogado do reclamado; e o reclamado deverá pagar honorários advocatícios sucumbenciais para o patrono do reclamante.

Por exemplo, se o reclamante tivesse que pagar R$ 1.000,00 (mil reais) para o advogado do reclamado; e o reclamado tivesse que pagar R$ 1.000,00 (mil reais) para

[35] Ver item 8.4.8, abaixo.

o advogado do reclamante, estes créditos não se anulariam, porque cada advogado tem direito ao seu crédito.

Por fim, veja-se que, por se tratar de direito autônomo do advogado, os honorários advocatícios não podem ser transacionados pela parte sem a aquiescência do patrono titular do crédito. De outro lado, se o advogado assina eventual acordo, celebrado após o trânsito em julgado de decisão que lhe atribuiu direito a honorários advocatícios sucumbenciais, e se do termo de conciliação consta que seria feita apenas o pagamento de honorários contratuais, o patrono não pode pretender cobrar posteriormente os honorários advocatícios sucumbenciais, conforme já decidido pelo TST.[36]

8.4. Comparação entre a regulamentação do CPC e da CLT

8.4.1. Percentual aplicável

Há diferenças e semelhanças entre o regramento dos honorários sucumbenciais no Processo do Trabalho (após a Reforma Trabalhista) e no Processo Civil (Novo Código de Processo Civil).

A primeira diferença é o percentual aplicável para o cálculo dos honorários advocatícios sucumbenciais. Perceba-se que, no *caput* do art. 791-A da CLT, a percentagem dos honorários advocatícios sucumbenciais é de 5 (cinco) a 15% (quinze por cento); ao passo que, no § 2º do art. 85 do CPC, é de 10 (dez) a 20% (vinte por cento).

O percentual dos honorários advocatícios sucumbenciais, assim, é menor na CLT e maior no CPC.

É no mínimo questionável afirmar que os processos cíveis seriam sempre mais complexos do que os trabalhistas – premissa aparentemente adotada pelo legislador.

No entanto, a previsão de cabimento dos honorários sucumbenciais no âmbito trabalhista foi nítido avanço, porque antes o entendimento pacificado era de que não cabiam honorários advocatícios sucumbenciais no Processo do Trabalho.

O legislador optou por ser cauteloso nesse momento inicial, prevendo percentual um pouco inferior, de modo que se acompanhe o desenvolvimento da jurisprudência sobre o tema. *De lege ferenda*, espera-se que, no futuro, os percentuais aplicáveis

[36] "Honorários de sucumbência fixados em sentença transitada em julgado. Posterior celebração e homologação judicial de acordo. Cláusula que limita o pagamento dos honorários advocatícios à modalidade contratual. Acordo assinado pelo advogado reclamante. Aquiescência aos termos do acordo. Honorários sucumbenciais indevidos. A assinatura do advogado em acordo celebrado e homologado judicialmente entre as partes, no qual se limitou o pagamento dos honorários advocatícios à modalidade contratual, comprova a sua aquiescência quanto à exclusão dos honorários sucumbenciais fixados em sentença transitada em julgado, anterior ao aludido acordo. Com esse entendimento, a SBDI-I, por unanimidade, conheceu do recurso de embargos por divergência jurisprudencial, e, no mérito, por maioria, negou-lhe provimento, vencido o Ministro Augusto César Leite de Carvalho, Relator. TST-E-ED-RR-225340- 83.1998.5.07.0010, SBDI-I, rel. Min. Augusto César Leite de Carvalho, red. p/ acórdão Min. Breno Medeiros, 13.2.2020" (noticiado no informativo TST nº 215).

para o cálculo de honorários advocatícios sucumbenciais se equalizem, de modo a nivelar o Processo Civil com o Processo do Trabalho.

8.4.2. Honorários no cumprimento de sentença

Outra diferença entre o Processo Civil e o Processo do Trabalho são os honorários advocatícios sucumbenciais na execução ou no cumprimento de sentença. É intuitivo que haja discussão com relação ao tema, porque o § 1º do art. 85 do CPC prevê expressamente que são cabíveis honorários advocatícios sucumbenciais na execução e no cumprimento de sentença.

Assim, no Processo Civil, em acréscimo aos honorários (10 a 20%) fixados na fase de conhecimento, haverá honorários adicionais também na fase de cumprimento de sentença.

Ao contrário, no texto da CLT, após a Reforma, não há previsão expressa de incidência de novo percentual de honorários no cumprimento de sentença. Certamente, haverá duas correntes com relação a esse tema, até que seja pacificado o entendimento.

Há quem diga que são devidos honorários advocatícios sucumbenciais na execução e no cumprimento de sentença, em virtude da aplicação subsidiária do CPC (art. 769 da CLT). Deveras, a CLT, no seu art. 769, autoriza a aplicação das normas do Processo Civil no âmbito trabalhista, desde que haja omissão e compatibilidade. E, se há compatibilidade - neste caso, porque ambos os sistemas preveem honorários advocatícios sucumbenciais –, seria possível sustentar que pode haver aplicação subsidiária do CPC e que são devidos honorários advocatícios sucumbenciais na execução e no cumprimento de sentença.

De outro lado, é possível e preferível entender-se que não pode haver aplicação subsidiária do CPC, porque não há omissão da CLT, a qual prevê honorários advocatícios sucumbenciais indicando apenas a fase de conhecimento, no percentual de 5 (cinco) a 15% (quinze por cento).

Na verdade, não há omissão da CLT, mas um *silêncio eloquente*. A Reforma quis prever honorários advocatícios sucumbenciais exclusivamente na fase de conhecimento. A CLT não prevê dois honorários advocatícios sucumbenciais: um na fase de conhecimento e outro na fase de cumprimento de sentença.

Seria muito fácil se o legislador reformista quisesse prever os honorários no cumprimento de sentença: bastaria inserir dispositivo prevendo que são devidos honorários advocatícios sucumbenciais na fase de liquidação de sentença e também na fase de cumprimento de sentença (assim como existe no CPC). Como não o fez, preferível a segunda corrente.

8.4.3. Honorários advocatícios recursais

Outro ponto a respeito do qual é possível prever polêmica é o dos honorários recursais. Sabe-se que o CPC prevê a possibilidade de majoração dos honorários advocatícios na hipótese de interposição de recursos (art. 85, § 11).

Assim, o juiz cível de primeira instância fixa honorários advocatícios sucumbenciais em determinado percentual e, no caso de recurso, o tribunal pode majorá-los, desde que observado o percentual máximo previsto em lei (no caso do Processo Civil, 20%).

O objetivo de tal previsão é desestimular a interposição de recursos.

A discussão será: a sistemática dos honorários advocatícios recursais se aplica no Processo do Trabalho, já que passam a ser cabíveis honorários advocatícios sucumbenciais?

É presumível que o tema também gere duas correntes. Os argumentos são os mesmos com relação aos honorários advocatícios no cumprimento de sentença, porque a CLT, pela Reforma, não tem previsão expressa quanto aos honorários recursais.

Logo, pode-se dizer que *sim*: que seria uma omissão da CLT e, portanto, aplicar-se-ia subsidiariamente o regramento do CPC. Ou, ao contrário, pode-se dizer que *não*: que a CLT não é omissa, porque o objetivo era justamente o de não aplicar o regramento dos honorários recursais no Processo do Trabalho.

Mais uma vez, mantendo a coerência, prefere-se a segunda posição: a sistemática dos honorários recursais não é aplicável no Processo do Trabalho, porque a CLT não a previu.

8.4.4. Beneficiário da justiça gratuita – prazo

Neste ponto, destaca-se mais uma diferença entre o regramento da Reforma Trabalhista e o Processo Civil – a situação do beneficiário da justiça gratuita.

O que acontece no Processo do Trabalho, após a reforma trabalhista de 2017 e a decisão do STF na ADI 5766, é que, se o beneficiário da justiça gratuita for parcial ou integralmente vencido, fica suspensa, por dois anos, a exigibilidade de suas obrigações decorrentes de sua sucumbência (art. 791-A, § 4º).

Por exemplo: se o reclamante beneficiário da justiça gratuita tiver que pagar honorários advocatícios sucumbenciais no valor de R$ 2.000,00 (dois mil reais) para o advogado do reclamado, há a fixação dos honorários sucumbenciais em seu desfavor, mas a exigibilidade fica suspensa durante dois anos. Ou seja, o advogado do reclamado não pode cobrar seus honorários advocatícios sucumbenciais do reclamante nestes dois anos, a menos que surjam novos bens e que deixe de existir a situação de insuficiência de recursos do reclamante.

Nessa situação, os autos devem ser arquivados sem baixa, sendo permitido ao advogado titular do crédito demonstrar o estado de suficiência financeira do reclamante no prazo de dois anos após o trânsito em julgado.

Porém, se a situação financeira do reclamante não se modificar, passados estes dois anos, fica extinta esta obrigação do reclamante (parte final do § 4º do art. 791-A da CLT).

O prazo de suspensão da exigibilidade dos honorários sucumbenciais fixados em desfavor de beneficiário de justiça gratuita é mais uma diferença entre o Processo Civil e o do Trabalho, pois, no CPC, o prazo é de cinco anos (art. 98, § 3º).

8.4.5. Litisconsórcio

Quando houver litisconsórcio ativo ou passivo, o juiz pode fixar a responsabilidade de cada litisconsorte pelos honorários advocatícios sucumbenciais do advogado da parte contrária, distribuindo as despesas, nos termos do § 1º do art. 87 do CPC.

Por exemplo, em uma reclamação trabalhista com duas reclamadas vencidas e com o valor total dos honorários advocatícios sucumbenciais de R$ 2.000,00 (dois mil reais) para o advogado do reclamante. O juiz pode fixar os honorários, por exemplo, em R$ 1.000,00 (mil reais) para cada litisconsorte; ou R$ 1.500,00 (um mil e quinhentos reais) para uma e R$ 500,00 (quinhentos reais) para outra etc.

Se o juiz não estabelecer o valor que compete a cada litisconsorte, será aplicável o § 2º do art. 87 do CPC.[37] Assim, nesta situação em que o juiz seja omisso com relação à divisão da responsabilidade entre cada litisconsorte, os litisconsortes respondem solidariamente pelos honorários sucumbenciais. No exemplo acima, poder-se-ia cobrar os R$ 2.000,00 (dois mil reais) de qualquer uma das duas reclamadas.

Eventualmente, se uma delas pagar os R$ 2.000,00 (dois mil reais), ou se pagar mais do que deveria, pode valer-se de ação regressiva - que tramitará na Justiça comum - contra a outra reclamada. Os critérios utilizáveis para o direito de regresso serão aqueles concernentes ao direito material aplicável à relação entre as reclamadas (o que inclui, por exemplo, o contrato de prestação de serviços entre as empresas).

Por fim, como os honorários sucumbenciais são acessórios do crédito principal (= crédito trabalhista), deve-se entender que é possível a condenação subsidiária da empresa tomadora de serviços ao respectivo pagamento, nas hipóteses de terceirização (TST, Súmula 331, IV). Nesses casos, o critério preferível é condenar a 1ª reclamada (prestadora de serviços e empregadora) ao pagamento da totalidade da verba honorária, autorizando o redirecionamento da execução dos honorários contra a 2ª reclamada (tomadora de serviços) caso se frustre a execução contra a 1ª.

8.4.6. Sucumbência em parte mínima do pedido

A situação da sucumbência em parte mínima do pedido é regulada parágrafo único do art. 86 do CPC.[38]

[37] Art. 87. Concorrendo diversos autores ou diversos réus, os vencidos respondem proporcionalmente pelas despesas e pelos honorários.

§ 1º A sentença deverá distribuir entre os litisconsortes, de forma expressa, a responsabilidade proporcional pelo pagamento das verbas previstas no *caput*.

§ 2º Se a distribuição de que trata o § 1º não for feita, os vencidos responderão solidariamente pelas despesas e pelos honorários.

[38] Art. 86. Se cada litigante for, em parte, vencedor e vencido, serão proporcionalmente distribuídas entre eles as despesas.

Parágrafo único. Se um litigante sucumbir em parte mínima do pedido, o outro responderá, por inteiro, pelas despesas e pelos honorários.

A Lei 13.467/2017 não traz regulamentação específica a respeito, mas deve-se entender pela aplicabilidade subsidiária do referido dispositivo ao Processo do Trabalho.

Exemplo: suponha-se que o pedido 1 seja no valor de R$ 10.000,00 (dez mil reais) e o pedido 2, no valor de R$ 8.000,00 (oito mil reais). O pedido 1 é julgado totalmente procedente e o pedido 2 é julgado parcialmente procedente, obtendo o reclamante julgamento de procedência no valor de R$ 7.500,00 (sete mil e quinhentos reais) quanto ao pedido 2. Ou seja, o reclamante sucumbiu em parte mínima do pedido.

Não há nenhum critério, nenhum parâmetro pré-determinado quanto ao que venha a ser parte mínima do pedido; o CPC não estabelece o que é a sucumbência em parte mínima do pedido. Trata-se de conceito jurídico indeterminado, cuja ocorrência deve ser analisada em cada caso concreto pelo magistrado.

A consequência será a de que a parte sucumbente em parcela mínima do pedido não paga honorários advocatícios sucumbenciais para o advogado da parte contrária. Trata-se de solução legal ancorada no bom senso e, por isso, é de se presumir que a tendência dos doutrinadores e da jurisprudência seja a de aplicar o parágrafo único do art. 86 do CPC ao Processo do Trabalho.

8.4.7. Honorários advocatícios equitativos: ações declaratórias, constitutivas e de valor irrisório ou inestimável

Apesar de omisso o texto da Reforma, deve-se entender que se aplica subsidiariamente o art. 85, § 8º, do CPC, ao Processo do Trabalho.

Segundo tal dispositivo, nas causas em que for inestimável ou irrisório o proveito econômico ou, ainda, quando o valor da causa for muito baixo, o juiz fixará o valor dos honorários por apreciação equitativa.

Assim, em ações meramente declaratórias ou constitutivas, ou naquelas em que o valor da causa, ou da condenação, seja muito baixo, o juiz deve fixar os honorários advocatícios de forma a permitir a justa retribuição pelo trabalho do advogado, levando em conta os critérios legais: grau de zelo do profissional; o lugar de prestação do serviço; a natureza e a importância da causa; o trabalho realizado pelo advogado e o tempo exigido para o seu serviço.

8.4.8. Situações de possível verificação na prática

Para finalizar o tema, serão analisadas diversas situações que podem ocorrer na prática de processos trabalhistas.

- (i) Sentença de total procedência:

Se a sentença condenatória for líquida, a questão é mais simples: o percentual incide sobre o valor fixado na decisão, e será monetariamente corrigido.

Já se a sentença for ilíquida, o montante exato devido a título de honorários sucumbenciais será calculado na liquidação, com base nos percentuais fixados na fase de conhecimento.

De todo modo, nessa hipótese, apenas o advogado do reclamante receberá honorários sucumbenciais, e o respectivo valor será incluído no montante a ser executado, caso não haja o pagamento espontâneo pelo executado;

- (ii) sentença de total improcedência:

Caso os pedidos sejam totalmente julgados improcedentes, os honorários advocatícios serão calculados sobre o respectivo valor, quando a petição inicial for líquida, ou então de forma equitativa, de acordo com a situação concreta. Se a inicial for total ou parcialmente ilíquida - o que pode ser admitido em algumas situações, mesmo após a Reforma Trabalhista -, os honorários podem ter como base de cálculo o valor da causa ou o valor estimado aos pedidos.

Perceba-se que, diante dessa sistemática, o reclamado passa a ter interesse para impugnar o valor da causa (no caso de petições iniciais líquidas ou ilíquidas) com o objetivo de obter sua majoração, já que daí pode resultar valor maior a título de honorários advocatícios sucumbenciais.

Nessa hipótese, apenas o advogado do reclamado receberá honorários sucumbenciais, e o respectivo valor será executado contra o reclamante. Contudo, se este for beneficiário da justiça gratuita, ficará suspensa por dois anos a exigibilidade da parcela, sendo facultado ao interessado comprovar neste prazo que a situação financeira do reclamante não justifica mais a isenção de despesas processuais (CLT, art. 791-A, § 4º);

- (iii) sentença de procedência parcial: sucumbência recíproca.

Nesta hipótese, conforme analisado anteriormente, o reclamante - ainda que beneficiário da justiça gratuita - será considerado devedor de honorários advocatícios sucumbenciais ao patrono da reclamada. Contudo, se for beneficiário da justiça gratuita, a exigibilidade dos honorários advocatícios sucumbenciais ficará suspensa por 2 anos, após o que serão extintas definitivamente a obrigação do beneficiário.

8.5. Honorários sucumbenciais para advogados públicos

Nas ADI 6053 e 6178[39], o Supremo Tribunal Federal assentou a possibilidade de recebimento de honorários advocatícios sucumbenciais por advogados públicos,

[39] "CONSTITUCIONAL E ADMINISTRATIVO. INTERDEPENDÊNCIA E COMPLEMENTARIDADE DAS NORMAS CONSTITUCIONAIS PREVISTAS NOS ARTIGOS 37, CAPUT, XI, E 39, §§ 4º E 8º, E DAS PREVISÕES ESTABELECIDAS NO TÍTULO IV, CAPÍTULO IV, SEÇÕES II E IV, DO TEXTO CONSTITUCIONAL. POSSIBILIDADE DO RECEBIMENTO DE VERBA DE HONORÁRIOS DE SUCUMBÊNCIA POR ADVOGADOS PÚBLICOS CUMULADA COM SUBSÍDIO. NECESSIDADE DE ABSOLUTO RESPEITO AO TETO CONSTITUCIONAL DO FUNCIONALISMO PÚBLICO. 1. A natureza constitucional dos serviços prestados pelos advogados públicos possibilita o recebimento da verba de honorários sucumbenciais, nos termos da lei. A CORTE, recentemente, assentou que "o artigo 39, § 4º, da Constituição Federal, não constitui vedação absoluta de pagamento de outras verbas além do subsídio" (ADI 4.941, Rel. Min. TEORI ZAVASCKI, Relator p/ acórdão, Min. LUIZ FUX, DJe de 7/2/2020). 2. Nada obstante compatível com o regime de subsídio, sobretudo quando estruturado como um modelo de remuneração por performance, com vistas à eficiência do serviço público, a possibilidade de advogados públicos perceberem verbas honorárias sucumbenciais não afasta a incidência do teto remuneratório estabelecido pelo art. 37,

assim entendidos aqueles que representem a Administração Pública direta, autárquica e fundacional da União, dos estados e dos municípios. Veja-se que não estão abrangidos pelas decisões os advogados de fundações públicas de direito privado e de empresas estatais, as quais detêm personalidade jurídica de direito privado.

Na visão que prevaleceu na Suprema Corte, o art. 85, §19, do CPC[40], bem como previsões legislativas que regulamentem o pagamento dos honorários sucumbenciais aos advogados públicos nas esferas municipal, estadual e federal, não violam a Constituição Federal, desde que o somatório dos subsídios e dos honorários sucumbenciais recebidos pelos advogados públicos não excedam o teto mensal correspondente ao subsídio dos ministros do Supremo Tribunal Federal (CF, art. 37, XI).

Em relação às empresas públicas e sociedades de economia mista, o próprio STF tem precedente que assegura aos respectivos advogados o recebimento dos honorários advocatícios sucumbenciais, sem menção ao teto remuneratório[41]. Ressalve-se, entretanto, que o Tribunal Superior do Trabalho firmou jurisprudência no sentido de que, sob a égide do CPC/1973, não eram devidos honorários advocatícios sucumbenciais para os advogados empregados de empresas estatais.[42] Sucede que tal entendimento, além de superado pelo CPC/2015, era contrário à jurisprudência do STF firmada sob a égide do Código de Processo Civil anterior[43].

XI, da Constituição Federal. 3. AÇÃO PARCIALMENTE PROCEDENTE" (ADI 6053 e 6178, Relator(a): MARCO AURÉLIO, Relator(a) p/ Acórdão: ALEXANDRE DE MORAES, Tribunal Pleno, julgado em 22/06/2020).

40 Art. 85, § 19. Os advogados públicos perceberão honorários de sucumbência, nos termos da lei.

41 "EMENTA: CONSTITUCIONAL. ADVOGADOS. ADVOGADO-EMPREGADO. EMPRESAS PÚBLICAS E SOCIEDADES DE ECONOMIA MISTA. Medida Provisória 1.522-2, de 1996, artigo 3º. Lei 8.906/94, arts. 18 a 21. C.F., art. 173, § 1º. I. - As empresas públicas, as sociedades de economia mista e outras entidades que explorem atividade econômica em sentido estrito, sem monopólio, estão sujeitas ao regime próprio das empresas privadas, inclusive quanto às obrigações trabalhistas e tributárias. C.F., art. 173, § 1º. II. - Suspensão parcial da eficácia das expressões "às empresas públicas e às sociedades de economia mista", sem redução do texto, mediante a aplicação da técnica da interpretação conforme: não aplicabilidade às empresas públicas e às sociedades de economia mista que explorem atividade econômica, em sentido estrito, sem monopólio. III. - Cautelar deferida" (ADI 1552 MC, Relator(a): CARLOS VELLOSO, Tribunal Pleno, julgado em 17/04/1997).

42 "Ação rescisória. Art. 485, V, do CPC de 1973. Honorários sucumbenciais. Advogado empregado de sociedade de economia mista. Indevidos. A hipótese de ação rescisória com fundamento no art. 485, V, do CPC de 1973 pressupõe a manifesta violação à literalidade dos dispositivos legais apontados como ofendidos. No caso, o autor pretende a desconstituição do acórdão na parte em que indeferiu o recebimento de honorários de sucumbência decorrentes das ações judiciais em que a empregadora, sociedade de economia mista, teve êxito. A regra geral, prevista no artigo 21 da Lei nº 8.906/94, de que os honorários de sucumbência, nas causas em que for parte o empregador, são devidos aos empregados, foi expressamente relativizada pelo artigo 4º da Lei nº 9.527/97, o qual afastou a aplicação aos advogados da Administração Pública Direta e Indireta da União, dos Estados, do Distrito Federal e dos Municípios. Portanto, não há desrespeito aos artigos 23 e 24 da Lei nº 8.906/94, pois não possuem aplicação irrestrita, visto que excetuados os advogados empregados integrantes do quadro de pessoal da Administração Pública dos entes da Federação. Com esse entendimento, a SBDI-II, por unanimidade, conheceu do recurso ordinário e, no mérito, negou-lhe provimento. TST-RO2570-72.2011.5.10.0000, SBDI-II, rel. Min. Delaíde Miranda Arantes, 1º/9/2020" (noticiado no informativo TST nº 224).

43 Cf. TUPINAMBÁ, Carolina. *Os advogados empregados em estatais e o respectivo direito aos honorários. In:* MIESSA, Élisson. (Org.) *Honorários Advocatícios na Justiça do Trabalho.* São Paulo: Juspodivm, v. 1, pág. 1105-1120, 2019.

De fato, o TST se baseava no art. 4º da Lei 9.527/97[44], a qual foi fruto da conversão da Medida Provisória nº 1.595-14, de 10/11/1997, que era uma reedição da MP nº 1.522/96, de 11/10/1996. Tal dispositivo foi suspenso parcialmente pela já citada decisão da ADI 1552 MC. O mérito da ação direta de inconstitucionalidade, entretanto, não foi julgado, pois sobreveio a EC nº 19/98, que alterou a redação do artigo 173, §1º da Constituição Federal, que era o parâmetro de controle na ADI. Por tal motivo, o STF julgou prejudicada a ação e extinguiu a ADI sem resolução de mérito[45].

Os advogados empregados de empresas estatais sempre estiveram submetidos à aplicação da CLT e ao regime jurídico típico das empresas privadas (CF, art. 173, §1º), sendo certo que os advogados empregados em geral fazem jus a honorários advocatícios sucumbenciais devidos nas causas em que for parte o empregador (Lei 8.906/94, art. 21, *caput*[46]). O art. 4º da Lei 9.527/97 é, dessa forma, inconstitucional, sobretudo por violar a isonomia de tratamento entre os advogados empregados de empresas estatais e de empresas privadas.

Ademais, "(i) o STF declarou a inconstitucionalidade de dispositivo de medida provisória com idêntica redação e (ii) o dispositivo foi superado pelo atual Código de Processo Civil e pelo artigo 791-A da CLT"[47], de modo que não há dúvidas de que o ordenamento jurídico vigente assegura aos advogados de empresas públicas e de sociedades de economia o direito ao recebimento de honorários advocatícios sucumbenciais nas causas em que seu empregador seja parte.

8.6. Retenção de honorários contratuais em caso de destituição de advogado

Hipótese incomum, mas que eventualmente acontece no cotidiano forense, é aquela em que o advogado que inicia o processo vem a ser destituído pelo cliente antes do recebimento de seu crédito. A destituição pode ocorrer em diversas fases processuais (antes ou após a finalização da instrução, da sentença, de recursos, durante a execução etc.), e o patrono destituído certamente fará jus a receber seus honorários contratualmente previstos de forma proporcional ao trabalho realizado, conforme previsto pelo art. 24, §5º, da Lei 8.906/94 (com a redação da Lei 14.365/2022).[48]

---

[44] Art. 4º As disposições constantes do Capítulo V, Título I, da Lei nº 8.906, de 4 de julho de 1994, não se aplicam à Administração Pública direta da União, dos Estados, do Distrito Federal e dos Municípios, bem como às autarquias, às fundações instituídas pelo Poder Público, às empresas públicas e às sociedades de economia mista.

[45] Cf. TUPINAMBÁ, *Carolina. Os advogados..., op.cit.*, p. 1117.

[46] Art. 21. Nas causas em que for parte o empregador, ou pessoa por este representada, os honorários de sucumbência são devidos aos advogados empregados.

[47] Idem, ibidem.

[48] Lei 8906/95, art. 24, § 5º Salvo renúncia expressa do advogado aos honorários pactuados na hipótese de encerramento da relação contratual com o cliente, o advogado mantém o direito aos honorários proporcionais ao trabalho realizado nos processos judiciais e administrativos em que tenha atuado, nos exatos termos do contrato celebrado, inclusive em relação aos eventos de sucesso que porventura venham a ocorrer após o encerramento da relação contratual. (Incluído pela Lei nº 14.365, de 2022).

Sucede que, nessas hipóteses, não há competência da Justiça do Trabalho para definir o valor que deva ser recebido pelo advogado destituído, devendo a matéria ser objeto de ação autônoma que tramitará no juízo cível competente.[49-50] É possível, ainda, que os interessados (advogado destituído, advogado atual e cliente) cheguem a acordo quanto à questão e, nesta hipótese, não haveria impedimento a que o juiz do trabalho determinasse a liberação dos valores nos moldes convencionados.

Caso não haja acordo entre os interessados, é possível que se faça a retenção de parcela do crédito a ser entregue à parte que destituiu o advogado, devendo o valor ficar retido à disposição do Juízo até que haja decisão da Justiça Comum ou a celebração de acordo entre os interessados.[51]

9. HONORÁRIOS ASSISTENCIAIS E HONORÁRIOS NA SUBSTITUIÇÃO PROCESSUAL (SINDICATO E MINISTÉRIO PÚBLICO)

A Lei 13.725/2018 revogou o art. 16 da Lei 5.584/70.[52] Com isso, é seguro concluir que, nas reclamações trabalhistas, os honorários advocatícios sucumbenciais porventura devidos pelo reclamado reverterão diretamente para o advogado do reclamante, ainda que tenha sido indicado ou encaminhado pelo sindicato. Os honorários advocatícios sucumbenciais somente reverterão para o sindicato a pedido do próprio advogado ou por força do contrato entabulado entre o patrono e o ente sindical.

Assim, não há nenhuma diferenciação no que tange à fixação de honorários advocatícios nas hipóteses em que o reclamante esteja sendo assistido pelo sindicato de sua categoria profissional. Descabe cogitar de fixação de percentuais distintos, ou de

---

49 Nesse sentido: "A controvérsia quanto ao percentual de honorários advocatícios que cada advogado que atuou na causa deve receber, tendo em vista a revogação do mandato e substituição dos causídicos, deve ser solucionada em ação autônoma "(REsp 766.279/RS, Primeira Turma, Rel. Min. Teori Albino Zavascki, DJ de 18.9.2006).

50 "AGRAVO DE INSTRUMENTO. ADVOGADO DESTITUÍDO NO CURSO DA LIDE. HONORÁRIOS DE ADVOGADOS CONTRATUAIS E SUCUMBENCIAIS. RESERVA DOS HONORÁRIOS SUCUMBENCIAIS. POSSIBILIDADE. HONORÁRIOS CONTRATUAIS. ADVOGADO DESTITUÍDO. EXISTÊNCIA DE LITÍGIO ENTRE O PATRONO E A EX-CLIENTE. RESERVA DE QUANTIA PARA SEU PAGAMENTO. IMPOSSIBILIDADE. PARCIAL PROVIMENTO DO RECURSO. 1(...). 3. Com relação à verba honorária contratual há a disposição do credor meios diversos e autônomos de cobrança que transbordam os limites da presente demanda. 4. Recurso parcialmente provido para determinar a reserva de 50% dos honorários sucumbenciais."

(TJ-RJ - AI: 00682967420208190000, Relator: Des(a). ELTON MARTINEZ CARVALHO LEME, Data de Julgamento: 29/06/2021, DÉCIMA SÉTIMA CÂMARA CÍVEL, Data de Publicação: 01/07/2021).

51 Tribunal Regional do Trabalho da 1ª Região. "RECURSO DO TERCEIRO INTERESSADO. RETENÇÃO DE HONORÁRIOS ADVOCATÍCIOS. PATRONO DESTITUÍDO. COMPETÊNCIA DA JUSTIÇA DO TRABALHO. Tendo em vista que não se trata de cobrança e sim retenção do valor dos honorários advocatícios, é inaplicável, no caso, o entendimento da Súmula 363 do STJ, subsistindo, portanto, a competência desta Justiça Especializada em razão da matéria, a teor do artigo 114 da CF. Colacionado o contrato de honorários ajustado entre o autor e os antigos patronos, nos moldes da Lei 8.906/94, é cabível a retenção do percentual de 30%, a título de honorários até que seja decidida a controvérsia perante o juízo competente. Recurso do terceiro interessado conhecido e provido." (Processo: 0010370-27.2014.5.01.0056 - DEJT 2022-03-11. 7ª Turma. Relatora Desembargadora Raquel de Oliveira Maciel).

52 Art. 16. Os honorários do advogado pagos pelo vencido reverterão em favor do Sindicato assistente. (Revogado pela Lei nº 13.725, de 2018).

dupla fixação (= honorários para o advogado somados com honorários para o sindicato): haverá a aplicação pura e simples dos critérios previstos no art. 791-A da CLT.

A mesma Lei 13.725/2018 também inseriu os §§ 6º e 7º ao art. 22 da Lei 8.906/1994.[53] Para os fins dessa lei, honorários assistenciais são aqueles fixados em ações coletivas propostas por entidades de classe em substituição processual. Note-se que o conceito legal é diferente do sentido que a doutrina sempre emprestou ao instituto dos honorários assistenciais, associando-os com os fixados nas hipóteses de assistência judiciária gratuita pelo sindicato.

Dessa forma, quando o sindicato, federação ou confederação ajuizar ação coletiva (direitos difusos, coletivos em sentido estrito ou individuais homogêneos), os honorários assistenciais também devem reverter para o advogado do ente sindical, sem prejuízo dos honorários convencionados (estabelecidos no contrato entre advogado e sindicato), os quais também podem ser recebidos pelo patrono.

Observe-se não ser possível a cumulação dos honorários advocatícios assistenciais com honorários sucumbenciais. Apesar da ambiguidade do texto do art. 791-A, §1º, da CLT[54], não há previsão legal que autorize a dupla fixação de honorários em ações judiciais. Assim, a inovação da Lei 13.725/2018 deve ser compreendida no sentido de que os honorários sucumbenciais (chamados de *assistenciais*) nas ações coletivas revertem para o(s) advogado(s) atuante(s) no processo, e não para o ente sindical.

Além disso, nas hipóteses de direitos individuais homogêneos, após ser proferida sentença condenatória genérica, os titulares de direitos que tenham optado por *entrar* na tutela coletiva (= suspensão do processo individual para aguardar o trânsito em julgado na ação coletiva) podem receber seus créditos por meio da liquidação coletiva da sentença coletiva. Nesse caso – e não naquele em que se processam liquidações individuais como ações autônomas! – o titular do direito individual, ao optar por *adquirir* o crédito na liquidação coletiva, assume automaticamente as obrigações decorrentes do contrato de honorários estipulado entre o sindicato e o advogado, sendo possível que se deduzam, dos valores a serem recebidos, os créditos relativos aos honorários convencionados.

Nas ações civis públicas, é indevida a fixação de honorários advocatícios sucumbenciais contra o autor, salvo em caso de comprovada má-fé (Lei 7.347/85, art. 18).[55] Por uma questão de justiça, a jurisprudência do STJ construiu a noção de

---

[53] Art. 22. A prestação de serviço profissional assegura aos inscritos na OAB o direito aos honorários convencionados, aos fixados por arbitramento judicial e aos de sucumbência. (...)

§ 6º O disposto neste artigo aplica-se aos honorários assistenciais, compreendidos como os fixados em ações coletivas propostas por entidades de classe em substituição processual, sem prejuízo aos honorários convencionais.

§ 7º Os honorários convencionados com entidades de classe para atuação em substituição processual poderão prever a faculdade de indicar os beneficiários que, ao optarem por adquirir os direitos, assumirão as obrigações decorrentes do contrato originário a partir do momento em que este foi celebrado, sem a necessidade de mais formalidades.

[54] Art. 791-A, § 1° Os honorários são devidos também nas ações contra a Fazenda Pública e nas ações em que a parte estiver assistida ou substituída pelo sindicato de sua categoria.

[55] Art. 18. Nas ações de que trata esta lei, não haverá adiantamento de custas, emolumentos, honorários periciais e quaisquer outras despesas, nem condenação da associação autora, salvo comprovada má-fé, em honorários de advogado, custas e despesas processuais.

princípio da simetria, de modo que também não será devida a fixação de honorários advocatícios sucumbenciais em desfavor do réu, nas hipóteses de procedência na ação civil pública.[56] No Processo do Trabalho, esse raciocínio é plenamente aplicável quanto à ação civil pública movida pelo Ministério Público do Trabalho.

Interessante notar que o fundamento da simetria, em tese, também poderia ser aplicado quando o autor da ação civil pública fosse o sindicato. Contudo, no âmbito trabalhista, a Súmula 219, III, do TST[57], estatui serem devidos os honorários advocatícios nas causas em que o ente sindical figure como substituto processual, entendimento que se justifica a partir dos objetivos de estimular a solução molecular do conflito e evitar a proliferação de ações individuais (já que a fixação de honorários em favor do sindicato estimula a coletivização do litígio).

10. FAZENDA PÚBLICA

Inserem-se no conceito de Fazenda Pública todas as pessoas jurídicas de direito público interno: entes da Federação (União, Estados, Municípios); as autarquias; e as fundações autárquicas. As pessoas jurídicas de direito privado da Administração Pública – fundações de direito privado; empresas públicas e sociedades de economia mista – não fazem parte da noção de Fazenda Pública. A exceção fica a cargo da Empresa Brasileira de Correios e Telégrafos, que goza do mesmo tratamento destinado à Fazenda Pública em relação à imunidade tributária e à execução por precatório, além das prerrogativas de foro, prazos e custas processuais (OJ 247, II, da SDI-1 do TST).

A Fazenda Pública, bem como o Ministério Público do Trabalho, é isenta de custas na Justiça do Trabalho (CLT, art. 790-A, I). Contudo, a Fazenda Pública, quando vencida, tem o dever de reembolsar as despesas processuais efetuadas pela parte contrária, tais como honorários periciais, remuneração do tradutor etc.

De acordo com o parágrafo único do art. 790-A, da CLT, a isenção do pagamento de custas não alcança as entidades fiscalizadoras do exercício profissional (Conselhos profissionais). Essa previsão legal é criticável, porque os Conselhos são entidades autárquicas, que se inserem no conceito de Fazenda Pública, sujeitas ao decreto-lei 779/69, inclusive quanto à isenção de custas e de depósito recursal, prevista

---

56 "PROCESSUAL CIVIL. AGRAVO INTERNO NO RECURSO ESPECIAL. ENUNCIADO ADMINISTRATIVO Nº 3/STJ. IMPROBIDADE ADMINISTRATIVA. MÁFIA DAS SANGUESSUGAS. CONDENAÇÃO EM HONORÁRIOS ADVOCATÍCIOS SUCUMBENCIAIS. DESCABIMENTO. 1. A Corte Especial do STJ, em observância ao entendimento firmado no âmbito dos órgãos fracionários deste Tribunal, consolidou o entendimento no sentido de que, em razão da simetria, descabe a condenação em honorários advocatícios da parte requerida em ação civil pública, quando inexistente má-fé, de igual sorte como ocorre com a parte autora, por força da aplicação do art. 18 da Lei n. 7.347/1985 (EAREsp 962.250/SP, Rel. Ministro OG FERNANDES, CORTE ESPECIAL, julgado em 15/08/2018, DJe 21/08/2018). 2. Agravo interno não provido" (STJ - AgInt no REsp: 1736894 ES 2017/0297514-9, Relator: Ministro MAURO CAMPBELL MARQUES, Data de Julgamento: 04/09/2018, T2 - SEGUNDA TURMA, Data de Publicação: DJe 10/09/2018).

57 Súmula 219, III – São devidos os honorários advocatícios nas causas em que o ente sindical figure como substituto processual e nas lides que não derivem da relação de emprego.

no art. 1º, IV e VI.[58] Portanto, os Conselhos são isentos do pagamento de custas, bem como de depósito recursal, já que são pessoas jurídicas de direito público[59] e suas dívidas deveriam ser pagas por meio de precatório. No entanto, observe-se que o STF, em sede de repercussão geral, fixou o entendimento de que os pagamentos devidos em razão de pronunciamento judicial pelos conselhos de fiscalização não se submetem ao regime de precatórios, já que tais entes não têm orçamento, nem recebem aportes da União.[60]

11. ASSÉDIO PROCESSUAL

A punição por litigância de má-fé ostenta caráter processual e, embora o valor correspondente reverta para a parte contrária, não é capaz, muitas vezes, de coibir comportamentos ilícitos. Além disso, a indenização por litigância de má-fé (CPC, art. 81, *caput*) tem cunho eminentemente patrimonial e se destina a ressarcir as despesas da parte adversária ao litigante de má-fé.

Sucede que a multa e a indenização por litigância de má-fé podem revelar-se insuficientes: (i) quando a má-fé processual se caracterizar pela prática de sucessivos atos aparentemente lícitos, mas praticados com abuso do direito de demandar, caso focalizados em perspectiva mais ampla (Código Civil, art. 187)[61]; (ii) quando for vantajoso, do ponto de vista estritamente financeiro, a protelação do processo, apesar da multa por litigância de má-fé; (iii) quando a parte prejudicada pela má-fé processual sofrer danos de natureza extrapatrimonial.

O assédio é o agir reiterado e sistemático com objetivo de constranger alguém. Consiste em um conjunto de condutas abusivas, traduzidas em palavras, gestos, atos ou escritos que causam danos à personalidade, dignidade e integridade físico-psíquica da vítima. O assédio é o gênero que pode ter como espécies o moral, o sexual e o processual.

Especificamente quanto a este último, pode-se afirmar que decorre de atos processuais praticados por qualquer sujeito processual (partes, Juiz, Ministério Público, advogado, servidor da Justiça etc.), dolosamente ou com culpa grave, com o objetivo de fazer com que a parte e seu advogado, em função do desânimo, esmoreçam e negligenciem diante de ônus processuais que lhes competem.

---

58 Art. 1º Nos processos perante a Justiça do Trabalho, constituem privilégio da União, dos Estados, do Distrito Federal, dos Municípios e das autarquias ou fundações de direito público federais, estaduais ou municipais que não explorem atividade econômica: (...)

IV – a dispensa de depósito para interposição de recurso; (...)

VI – o pagamento de custas a final salva quanto à União Federal, que não as pagará.

59 Nesse sentido, RR – 588-14.2013.5.02.0020, Relator Ministro: Walmir Oliveira da Costa, Data de Julgamento: 08/02/2017, 1ª Turma, Data de Publicação: DEJT 10/02/2017.

60 RE 938837, Relator(a): Min. EDSON FACHIN, Relator(a) p/ Acórdão: Min. MARCO AURÉLIO, Tribunal Pleno, julgado em 19/04/2017, PROCESSO ELETRÔNICO REPERCUSSÃO GERAL – MÉRITO DJe-216 DIVULG 22-09-2017 PUBLIC 25-09-2017.

61 Art. 187. Também comete ato ilícito o titular de um direito que, ao exercê-lo, excede manifestamente os limites impostos pelo seu fim econômico ou social, pela boa-fé ou pelos bons costumes.

Como exemplos, a situação em que a parte ou seu advogado criam empecilhos constantes ao recebimento de notificações judiciais; a alegação infundada de falsidade documental, gerando incidente custoso e desnecessário no processo; o ajuizamento de ação rescisória com alegação de fraude, com o único objetivo de obstar a exequibilidade de sentença transitada em julgado etc.

O Tribunal Superior do Trabalho vem reconhecendo a possibilidade de punição por assédio processual no âmbito trabalhista.[62]

A punição por assédio processual consiste em espécie de indenização por danos morais, a ser paga pelo litigante de má-fé em favor da vítima.

Embora o tema seja controvertido, deve-se entender, conquanto não haja necessidade de pedido, em sentido técnico-processual – até porque o assédio se verifica ao longo da tramitação do processo, sendo impossível prever sua ocorrência quando da distribuição da petição inicial –, o Juiz do Trabalho não pode condenar *ex officio* ao pagamento de indenização por danos morais, já que se trata de direito material que pertence única e exclusivamente à vítima do assédio. O interessado deve, portanto, formular requerimento para que se viabilize a punição por assédio processual.

Feito o requerimento pelo ofendido, o juiz deve viabilizar o contraditório e, caso conclua pela existência de assédio processual, deve condenar o ofensor ao pagamento de indenização por danos morais em favor da vítima.

---

62 Assédio processual. Configuração. Indenização devida. Configura assédio processual o uso sucessivo de instrumentos procedimentais lícitos visando protelar a solução definitiva da controvérsia e abalar a esfera psicológica da parte contrária. Trata-se, portanto, de ato ilícito (art. 187 do CC c/c art. 16 do CPC) que gera dano de natureza moral, vez que atinge principalmente a saúde psíquica da vítima. No caso, registrou o TRT que o autor, ao ajuizar a ação rescisória, fez acusações absolutamente desprovidas de razão e de provas, configurando, desse modo, ato de deslealdade processual a autorizar a imposição de multa a título indenizatório. Sob esse entendimento, a SBDI-II, por unanimidade, conheceu do recurso ordinário e, no mérito, negou-lhe provimento, mantendo a condenação ao pagamento de indenização, a título de dano moral, no percentual de 10% sobre o montante atualizado da execução. TST-RO-293-76.2012.5.09.0000, SBDI-II, rel. Min. Alberto Luiz Bresciani de Fontan Pereira, 2.2.2016. (Informativo TST nº 128)

XI

ATOS PROCESSUAIS, PRAZOS E PRECLUSÃO

1. ATOS E TERMOS PROCESSUAIS – NOÇÕES GERAIS

Sendo o processo uma relação jurídica complexa, que abriga em seu bojo diversas relações jurídicas menores, sua materialização se dá por meio de um procedimento, vale dizer, de uma sequência de atos encadeados com o objetivo de alcançar a prestação jurisdicional.

Os atos jurídicos processuais *lato sensu* correspondem a manifestações de vontade (= ações ou inações humanas) de quaisquer dos sujeitos processuais, que geram efeitos na relação jurídica processual. Dividem-se em atos processuais *stricto sensu*, em relação aos quais a lei já estabelece, de antemão, as consequências jurídicas; e negócios jurídicos processuais, que também constituem manifestação da vontade humana, mas os efeitos jurídicos são determinados pelo (s) próprio (s) agente (s), observados os limites eventualmente estabelecidos em lei.[1]

Neste capítulo, estudar-se-á o regime jurídico dos atos processuais em geral, ou seja, os atos *lato sensu*.

---

[1] Sobre o tema, ver Capítulo I, item 1.4.

É muito importante perceber que o processo judicial, em si mesmo, não tem existência no mundo concreto, sensível. Não se pode ver ou tocar um processo. Mas os atos processuais, estes sim, podem ser apreendidos pelos sentidos humanos. São os atos processuais, portanto, que deixam transparecer no mundo fenomênico a realidade abstrata que o processo é.

Termo processual é expressão que pode apresentar dois significados principais: (i) marco temporal que delimita o início (termo inicial, *dies a quo*) ou o fim de um prazo (termo final, *dies ad quem*); (ii) documentação de um ato processual pelo Juiz ou por servidor da Justiça.

Como exemplo da segunda acepção, veja-se que a conciliação realizada em audiência é levada a termo, ou seja, escrita em ata, sob ditado do juiz; a intimação realizada pessoalmente, no balcão da Vara, pelo Diretor de Secretaria, é registrada nos autos mediante termo etc.

2. PRINCÍPIOS QUE REGEM OS ATOS PROCESSUAIS

2.1. Sequencialidade

Os atos processuais nunca são praticados isoladamente, mas sempre em sequência. A decisão judicial que encerra o processo (ato final) é necessariamente precedida por diversos atos manifestados de forma encadeada, desde a petição inicial (instrumento da demanda, que é o ato inicial do processo).

2.2. Finalidade

Todos os atos processuais têm, como finalidade última (indireta ou mediata), o devido atingimento da tutela jurisdicional justa. Na fase de conhecimento, o objetivo é a prolação de decisão definitiva de mérito; na execução ou na fase de cumprimento de sentença, a entrega do bem da vida ao credor.

Por mais que cada um deles apresente uma finalidade específica (direta ou imediata), os atos processuais não se justificam *de per si*, mas só fazem sentido se pensados à luz dessa finalidade maior. Por exemplo: a penhora é realizada para que se possa, ao final, entregar o dinheiro ao credor, ou seja, para que se preste a tutela executiva. Contudo, a finalidade imediata da penhora é apreender e afetar determinado bem do executado, preparando o ato final da execução.

2.3. Interdependência

Como os atos processuais são sequenciados e visam a um objetivo comum, há interdependência entre eles. Isso significa que o conteúdo e a forma de cada ato dependem dos anteriormente praticados, e influencia igualmente os posteriores.

Por exemplo: o teor da contestação depende do quanto for afirmado na petição inicial. Se o autor a adita em audiência, antes do recebimento da defesa, ao réu deve ser assegurada a faculdade de apresentar nova contestação, pois o seu teor depende do ato anterior.

Outro exemplo: se o autor tem o seu requerimento de gratuidade de justiça indeferido, deverá recolher custas para que possa interpor recurso ordinário. A forma do ato posterior (recurso) é influenciada pelo ato anterior (indeferimento da gratuidade).

2.4. Publicidade

A publicidade dos atos processuais é norma fundamental do Direito Processual Civil e do Trabalho, cujo objetivo é o de permitir o controle democrático e social das atividades do Poder Judiciário. Trata-se de princípio inerente ao devido processo legal e expressamente positivado no art. 93, IX, da CF.[2]

Sobre o tema, ver Capítulo II, item 4.

2.5. Formalismo e instrumentalidade das formas

Forma pode ser conceituada sob duas perspectivas: (i) exteriorização do ato, o que diz respeito à respectiva existência; (ii) requisitos para que o ato possa produzir os efeitos que dele se esperam, o que concerne ao plano da validade.

Na primeira ótica, todo ato tem forma, pois precisa ser exteriorizado no mundo fenomênico. O processo, como relação jurídica abstrata, só ganha realidade material através da manifestação das formas dos atos processuais.

Quanto aos requisitos formais, o art. 188 do CPC determina que os atos processuais independem de forma determinada, salvo quando a lei expressamente a exigir, considerando-se válidos os que, realizados de outro modo, lhe preencham a finalidade essencial.

A partir daí, conclui-se que a regra geral é a liberdade de formas no processo.

Contudo, é imprescindível ao direito processual certo grau de formalismo, com o objetivo de assegurar ordem e eficiência do processo, o que permite chegar-se a um resultado justo e satisfatório.[3] Daí falar-se em *formalismo valorativo*[4], pois as exigências formais do processo somente se justificam como mecanismos para realizar certos valores que conformam o devido processo legal: segurança jurídica; igualdade de tratamento entre as partes; economia e eficiência da marcha processual; justiça da decisão; celeridade da tramitação.

---

2 Art. 93, IX – Todos os julgamentos dos órgãos do Poder Judiciário serão públicos, e fundamentadas todas as decisões, sob pena de nulidade, podendo a lei limitar a presença, em determinados atos, às próprias partes e a seus advogados, ou somente a estes, em casos nos quais a preservação do direito à intimidade do interessado no sigilo não prejudique o interesse público à informação.

3 MOACYR AMARAL DOS SANTOS. Primeiras Linhas de Direito Processual Civil. 1° volume. 20ª ed. São Paulo: Saraiva, 1998, p. 280.

4 Expressão usada pelo Professor Carlos Alberto Álvaro de Oliveira.

O intérprete do direito processual sempre deve ter em mente que o respeito à forma deve existir a fim de que se realizem e concretizem tais valores. O formalismo é importante, mas jamais pode ser considerado um fim em si mesmo.

Por tais razões, sempre que o requisito formal não for observado, mas a finalidade da norma - ou o valor a que ela visava proteger - seja atendida em sua essência, o ato deve ser reputado válido. Essa é a noção de instrumentalidade das formas.

Por exemplo, o oficial de justiça entrega a contrafé, mas não lê o mandado de citação ao réu, conforme determina o art. 251, I, do CPC.[5] Se o réu for pessoa devidamente esclarecida (contador, advogado, profissional liberal etc.), o ato não deve ser reputado nulo, pois o seu objetivo imediato, que era o de viabilizar o conhecimento do réu acerca da existência do processo - e, consequentemente, o contraditório - foi atingido.

2.6. Documentação

Como corolário do princípio da publicidade, os atos processuais devem ser documentados, o que permite maior controle pelas instâncias recursais e pela sociedade como um todo.

Assim, os atos processuais orais (como a arguição feita oralmente em audiência de incompetência territorial, ou o protesto contra uma decisão interlocutória) devem ser reduzidos a termo - ou seja, escritos - e juntados aos autos do processo, conforme deflui do art. 777 da CLT.[6]

Evidentemente, só devem ser documentados no processo fatos e atos a ele pertinentes. Suponha-se que, no início de uma audiência, ou mesmo no seu decorrer, os presentes (advogados, juiz etc.) façam informalmente algum comentário sobre questão estranha à causa (por exemplo comentário sobre o clima, ou sobre a vitória da seleção brasileira de futebol no dia anterior). Tal conversa sequer pode ser considerada ato processual, pois não gera qualquer efeito no processo, razão pela qual não precisa ser documentada.

2.7. Preclusão

Preclusão é a perda da faculdade de praticar um ato processual, em decorrência: (i) da inércia do interessado em praticá-lo no prazo legal (preclusão temporal - CPC, art. 223, *caput*)[7]; ou (ii) do fato de o ato pretendido já haver sido praticado anterior-

---

5 Art. 251, I - Incumbe ao oficial de justiça procurar o citando e, onde o encontrar, citá-lo: I - lendo-lhe o mandado e entregando-lhe a contrafé.

6 Art. 777 - Os requerimentos e documentos apresentados, os atos e termos processuais, as petições ou razões de recursos e quaisquer outros papéis referentes aos feitos formarão os autos dos processos, os quais ficarão sob a responsabilidade dos escrivães ou chefes de secretaria.

7 Art. 223 - Decorrido o prazo, extingue-se o direito de praticar ou de emendar o ato processual, independentemente de declaração judicial, ficando assegurado, porém, à parte provar que não o realizou por justa causa.

mente (preclusão consumativa - CPC, art. 507)[8]; ou (iii) de ter sido praticado pelo interessado, anteriormente, ato incompatível com o pretendido (preclusão lógica).

A preclusão é consequência dos princípios da sequencialidade e da finalidade dos atos processuais. De fato, a marcha processual deve sempre seguir em frente, em direção à tutela jurisdicional. Com a preclusão, impedem-se retrocessos indevidos que impossibilitariam o processo de chegar a esse resultado final. Prestigia-se a segurança jurídica, a boa-fé e a duração razoável do processo.

Alguns doutrinadores fazem menção à preclusão *ordinatória*, que consistiria na *perda da possibilidade de praticar o ato, se precedido do exercício irregular da mesma possibilidade*, ou no fato de que *a validade do ato posterior* dependeria da prática de um ato anterior.[9] Ora, a primeira hipótese se enquadra na definição de preclusão consumativa, que impede a prática de um ato já praticado - seja de forma regular, seja irregularmente - anteriormente. Na segunda situação, o ato será inválido por lhe faltar requisito, o que não se confunde com preclusão, que consiste na perda de uma faculdade. Pense-se em recurso ordinário interposto pela reclamada, sem o pagamento de custas e do depósito recursal. O recurso não será admitido por faltar um requisito, não cabendo cogitar de preclusão.

Essa é a visão clássica sobre o instituto da preclusão[10], que detém a natureza jurídica de fato jurídico decorrente: do decurso do tempo; da prática de ato anterior incompatível; ou da prática anterior do mesmo ato pretendido.

Modernamente, alguns autores vêm sustentando a existência de preclusão punitiva, que seria uma espécie de sanção pela prática de um ato processual ilícito, o qual, uma vez praticado, acarreta a impossibilidade de o infrator praticar o ato pretendido. Exemplifica-se com a confissão ficta decorrente do não comparecimento da parte ao depoimento pessoal, o que acarreta a perda do direito de provar os fatos confessados (violação do dever de comparecimento - CPC, art. 379, I)[11]. No Processo do Trabalho, um exemplo é a perempção, que consiste na perda do direito de ajuizar reclamação trabalhista, pelo decurso de seis meses, caso o reclamante dê ensejo a dois arquivamentos injustificados (CLT, art. 732).[12]

Uma das maiores discussões a respeito da preclusão é saber se se aplica também para o juiz. No tópico, a doutrina tradicionalmente afirma que a preclusão temporal não se aplica para o juiz, que está sujeito a prazos impróprios, que não lhe retiram o poder de praticar os atos processuais.[13] Outro segmento da doutrina critica essa visão, sob o fundamento de que os prazos para o juiz não poderiam ser desimportantes, e também pela existência de dispositivos legais que seriam expressos

---

8 Art. 507 – É vedado à parte discutir no curso do processo as questões já decididas a cujo respeito se operou a preclusão.

9 BEZERRA LEITE, *op. cit.*, p. 74.

10 Elaborada inicialmente por Chiovenda.

11 O exemplo é de Fredie Didier.

12 Art. 732 – Na mesma pena do artigo anterior incorrerá o reclamante que, por 2 (duas) vezes seguidas, der causa ao arquivamento de que trata o art. 844.

13 THEODORO JÚNIOR, v.1, p. 1104.

em sentido contrário - tal como o art. 324, § 1º, do Regimento Interno do STF[14], que prevê hipótese de julgamento implícito, para o caso de Ministro silenciar sobre a existência de repercussão geral do recurso extraordinário.

No entanto, na situação de ausência de manifestação do Ministro do STF, no Plenário Virtual, sobre a repercussão geral, nada impede que o mesmo magistrado vote pela respectiva inexistência quando do julgamento do recurso extraordinário no Plenário físico. A presunção estabelecida no art. 324, § 1º, do Regimento do STF é apenas relativa, porque os requisitos de admissibilidade são questões de ordem pública e não é pertinente o processamento de recurso inadmissível por força de dispositivo regimental. A preclusão operada na hipótese é apenas quanto à possibilidade de manifestação do Ministro no Plenário Virtual.

Ainda que não se concorde com esse posicionamento, o fato é que a preclusão temporal para o juiz apenas existe se houver norma expressa nesse sentido. Isso não significa que os prazos judiciais sejam irrelevantes, pois o seu descumprimento pode gerar efeitos na esfera administrativa (punição do magistrado, por exemplo), ou até mesmo processual (como seria uma reclamação correicional pelo excesso injustificado de prazo).

Já as preclusões consumativa e lógica se aplicam, ao menos parcialmente, para o juiz.

A consumativa, por força do disposto no art. 505 do CPC, que prevê que nenhum juiz decidirá novamente as questões já decididas relativas à mesma lide. Exemplo: deferida tutela antecipada de urgência, o juiz não pode revogá-la se não sobrevier mudança no cenário fático e probatório do processo, ou se não surgirem novos argumentos relevantes, de que não se cogitara.

A controvérsia a respeito é saber se o dispositivo também se aplica para questões de ordem pública. Posicionamento minoritário é no sentido da aplicabilidade, a significar que, decidida uma questão de ordem pública, o juiz não poderia modificar a decisão.[15]

Prevalece em doutrina, entretanto, o entendimento de que o art. 505 não se aplica quando houver norma em sentido contrário, tal como ocorre com os pressupostos processuais e condições da ação (CPC, art. 485, IV e VI).[16] De fato, este posicionamento é mais adequado, pois ninguém - nem mesmo o juiz - tem disponibilidade quanto às questões de ordem pública.

Suponha-se que o juiz erroneamente rejeite, na fase inicial do processo, a arguição de incompetência absoluta (pressuposto processual de validade), percebendo-a no decorrer da tramitação processual, mas antes da sentença. Obrigá-lo a sentenciar em causa para a qual o juiz é sabidamente incompetente, em nome de uma suposta preclusão consumativa, configuraria inútil perda de tempo e de dinheiro público.

---

14 Art. 324 (...) § 1º Somente será analisada a repercussão geral da questão se a maioria absoluta dos ministros reconhecerem a existência de matéria constitucional. (Redação dada pela Emenda Regimental n. 54, de 1º de julho de 2020)

15 Com ampla argumentação nesse sentido, DIDIER, v.1, p. 709 e ss.

16 THEODORO JÚNIOR, v.1, p. 1105.

Portanto, se a relação processual for inválida, ou se faltar alguma condição da ação, não há que se falar em preclusão consumativa, caso o órgão jurisdicional constate que incidiu em equívoco quanto à inexistência do vício.

Já a preclusão lógica para o juiz decorre do princípio da boa-fé processual, no que veda o comportamento contraditório dos sujeitos processuais. Suponha-se que o juiz indefira a produção de prova pericial, requerida pelo reclamante para comprovação de insalubridade, fundamentando no fato de que fora juntado, como prova emprestada, laudo produzido em processo diverso, relativo a outro empregado da mesma empresa. Ao assim fazer, há preclusão lógica para o juiz, que perde a faculdade de julgar o pedido improcedente por falta de provas, por nítida violação à boa-fé objetiva. Caso o juiz perceba, por exemplo, a invalidade ou inadequação da prova emprestada, deverá converter o feito em diligência, franqueando ao interessado a possibilidade de produção da perícia anteriormente indeferida.

2.8. Eficácia imediata

Como princípio geral, os atos – unilaterais e bilaterais – das partes produzem imediatamente a constituição, modificação ou extinção de direitos processuais (CPC, art. 200, *caput*). Essa diretriz se aplica inclusive para os negócios jurídicos processuais.

A eficácia imediata dos atos processuais das partes pode ser excepcionada expressamente pela legislação. O parágrafo único do art. 200 o faz com a desistência da ação, que somente produz efeito após homologação judicial.

2.9. Outras regras gerais sobre atos processuais: tempo, local e idioma

Os atos processuais devem ser realizados em dias úteis, das 6h às 20h, podendo ser concluídos após este horário os atos iniciados antes, quando o adiamento prejudicar a diligência ou causar grave dano (CPC, art. 212, *caput* e § 1º).

O § 2º do mesmo dispositivo estabelece que, independentemente de autorização judicial, as citações, intimações e penhoras poderão realizar-se no período de férias forenses, onde as houver, e nos feriados ou dias úteis fora do horário estabelecido neste artigo, observado o regramento constitucional atinente à inviolabilidade de domicílio. Está superado, assim, o art. 770, parágrafo único, da CLT, que exigia autorização expressa do Juiz do Trabalho para realização de penhora em domingo e feriado.

Além dos declarados em lei, são feriados, para efeito forense, os sábados, os domingos e os dias em que não haja expediente forense (CPC, art. 216).

Quando o ato tiver de ser praticado por meio de petição em autos não eletrônicos, essa deverá ser protocolada no horário de funcionamento do fórum ou tribunal, conforme o disposto na lei de organização judiciária local.

Consoante art. 213 do CPC, a prática eletrônica de ato processual pode ocorrer em qualquer horário até as 24 (vinte e quatro) horas do último dia do prazo. Criticável a redação do dispositivo, pois o dia se inicia às 00h00min00seg e finda às 23h59min59seg. Se o ato for praticado às 00h00, na verdade foi praticado no primeiro segundo do dia seguinte.

Em princípio, os atos processuais são praticados na sede do Juízo, tal como ocorre com as audiências (CLT, art. 813, *caput*).[17] Contudo, a natureza do ato pode fazer com que deva ser praticado em local diverso. Por exemplo: a citação será feita onde o destinatário se encontrar. A inspeção judicial pode ser realizada, também, fora da sede do Juízo.

Além disso, razões de deferência a certas pessoas ou autoridades também justificam a prática do ato em local diverso da sede. Por exemplo: o Presidente da República deve ser ouvido como testemunha em sua residência, ou no local em que desempenhe sua função (CPC, art. 454, I).[18]

Veja-se, ainda, que a realidade do processo eletrônico faz com que muitos atos processuais (como a prolação de sentença pelo juiz, a interposição de recurso pelo advogado, o ato de movimentação praticado pelo servidor da Justiça) não precisem ser praticados na sede do Juízo. É necessária mudança de mentalidade dos operadores do Direito, que devem se preocupar mais com a eficiência e efetividade do processo do que com o local onde os atos são praticados.

O art. 217 do CPC ainda admite a prática de atos fora da sede do Juízo em função do interesse da justiça ou de obstáculo arguido pelo interessado e acolhido pelo juiz.

Por fim, em todos os atos e termos do processo é obrigatório o uso da língua portuguesa (CPC, art. 192, *caput*). Qualquer ato, oral ou escrito, precisa ser traduzido para o vernáculo quando for utilizada língua estrangeira. A tradução deve ser feita por tradutor juramentado, ainda que, eventualmente, os sujeitos presentes em audiência conheçam o idioma utilizado no documento ou no depoimento da testemunha, já que outros sujeitos que venham a ingressar posteriormente no processo podem não dominar o idioma estrangeiro. Pode-se cogitar, no entanto, de negócio jurídico processual segundo o qual as partes, em comum acordo com o juiz, fazem, em audiência e sem que haja qualquer controvérsia a respeito, tradução livre que ficará registrada nos autos.

3. CLASSIFICAÇÃO DOS ATOS PROCESSUAIS

A doutrina não é uniforme no que tange à classificação dos atos processuais. A abordagem tradicional enfoca o tema sob a ótica dos sujeitos que praticam os atos, sendo possível, ainda, classificá-los à luz do respectivo conteúdo.[19]

---

[17] Art. 813 – As audiências dos órgãos da Justiça do Trabalho serão públicas e realizar-se-ão na sede do Juízo ou Tribunal em dias úteis previamente fixados, entre 8 (oito) e 18 (dezoito) horas, não podendo ultrapassar 5 (cinco) horas seguidas, salvo quando houver matéria urgente.

[18] Art. 454 – São inquiridos em sua residência ou onde exercem sua função: I – o presidente e o vice-presidente da República;

[19] A abordagem tradicional consta, por exemplo, em MOACYR AMARAL SANTOS, 1º vol., p. 283. A outra, em LEONARDO GRECO, 1º vol., p. 273 e seguintes.

3.1. Quanto ao conteúdo

Sob tal enfoque, os atos processuais lícitos podem ser: postulatórios; instrutórios; ordinatórios; de documentação; reais; decisórios; e de coerção.

Postulatórios são os atos por meio dos quais se formula algum pedido ou requerimento dirigido a um órgão jurisdicional. A petição inicial, a contestação, o recurso, a petição do perito solicitando adiantamento de honorários, todos são exemplos dessa espécie de ato. Incluem-se nessa espécie os atos dispositivos, como a renúncia a direito, a transação, a desistência da ação, já que contêm, implícitos em si, uma postulação para que o órgão jurisdicional homologue o ato.

Instrutórios são os atos que levam provas ao processo, com o objetivo de formar a convicção do órgão julgador. Exemplo: oitiva de testemunha; produção e juntada de laudo pericial etc.

Ordinatórios (de impulso ou movimentação) são os atos cujo objetivo é fazer com que o processo caminhe em direção ao seu fim, ordenando-o em direção a um provimento final. Trata-se de categoria residual, que se caracteriza quando o ato não se enquadrar em alguma das outras espécies. Exemplos: intimação das partes; designação de audiência; expedição de alvará etc.

Atos de documentação são praticados com o objetivo de registrar, nos autos do processo, acontecimentos relevantes, a fim de permitir o acesso e o conhecimento da informação em tempo futuro. São exemplos dessa espécie a ata de audiência, que registra os fatos pertinentes ocorridos na assentada; e a certidão lavrada pelo oficial de justiça, na qual descreve diligências realizadas externamente à sede do juízo.

Atos reais são os que se *manifestam pela coisa, não por palavras*[20]; em outros termos, caracterizam-se por consistirem na apresentação de seu objeto (que pode ser inclusive uma pessoa) em juízo. Por exemplo: comparecimento da parte ao consultório do perito, para ser examinada. Perceba-se que o comparecimento da parte é ato real, enquanto o exame (= ato de examinar), em si, feito pelo perito é ato instrutório.

Atos decisórios consubstanciam a resolução do órgão jurisdicional sobre as questões – processuais ou materiais – que lhe foram submetidas. Podem ser sentenças, decisões interlocutórias, acórdãos e decisões monocráticas.

Por fim, atos de coerção ou de execução consistem no emprego de medidas coativas utilizadas para obter o cumprimento das decisões judiciais. Como exemplos, tem-se a penhora; a condução coercitiva de testemunha; a fixação de multa diária (*astreintes*) na execução de obrigação de fazer etc.

Para facilitar a visualização global, veja-se o seguinte exemplo prático, apto a demonstrar que um simples acontecimento processual, como o depoimento de uma testemunha, é formado por diversos atos processuais: a testemunha comparece à sala de audiência (ato real); o juiz adverte a testemunha sobre o crime de falso testemunho (ato ordinatório); o advogado formula pergunta à testemunha (ato postulatório); o juiz defere a pergunta (ato decisório); a testemunha responde (ato instrutório);

[20] A definição é de MOACYR AMARAL SANTOS, *op. cit.*, p. 285.

o Secretário de audiências insere a declaração testemunhal na ata, sob o ditado do juiz (ato de documentação).

3.2. Quanto aos sujeitos

Essa é a classificação mais comum na doutrina, que geralmente menciona apenas os atos do juiz e os atos das partes.[21] O Novo CPC incorporou essa classificação (art. 200 a 205), acrescentando-lhe os atos do escrivão ou chefe de secretaria (art. 206 a 211).

A subdivisão do Código, contudo, ainda é incompleta, pois todos os sujeitos do processo praticam atos processuais. Basta lembrar dos atos do oficial de justiça, do depositário, da testemunha etc., que não estão abrangidos pela classificação legal.

Deve-se acrescentar, portanto, aos atos do juiz, das partes e do diretor de secretaria, os atos dos demais sujeitos processuais.

Os atos decisórios são praticados exclusivamente pelo juiz; os atos de documentação e de execução, apenas pelo juiz e pelos servidores da Justiça. Em contraponto, esses dois sujeitos processuais não praticam atos postulatórios.

Em princípio, os atos ordinatórios também são praticados pelo juiz ou pelo servidor. Há atos ordinatórios que somente podem ser praticados pelo juiz, como a conversão em diligência de feito concluso para sentença, em função de o magistrado constatar algum vício procedimental, por exemplo, ou a determinação de expedição de mandado na fase de execução.

Contudo, em regra, os atos de movimentação podem ser considerados como meramente ordinatórios, tais como a juntada, a abertura de conclusão, e a vista obrigatória, devendo ser praticados de ofício pelo servidor e revistos pelo juiz quando necessário (CPC, art. 203, § 4º).

Excepcionalmente, caso haja expressa previsão legal, o ato ordinatório pode ser praticado por outro sujeito processual. É o que acontece, por exemplo, com a intimação de testemunha, que, ao menos no Processo Civil, deve ser feita diretamente pelo advogado (CPC, art. 455, § 1º).[22]

Os atos reais são praticados constantemente por todos os sujeitos processuais.

3.2.1. Atos do juiz

No estudo dos atos processuais, importante destacar aqueles praticados pelo juiz ou órgão jurisdicional.

O juiz, além de atos decisórios, pratica atos reais, por exemplo, quando comparece à sala de audiências ou à sessão de julgamento no Tribunal; atos instrutórios, quando ouve uma testemunha ou realiza ou inspeção judicial; atos de coerção, quando

---

21 MOACYR AMARAL SANTOS, *op. Cit., loc.cit.*

22 Art. 455, § 1º - A intimação deverá ser realizada por carta com aviso de recebimento, cumprindo ao advogado juntar aos autos, com antecedência de pelo menos 3 (três) dias da data da audiência, cópia da correspondência de intimação e do comprovante de recebimento.

determina a condução coercitiva de testemunha; atos ordinatórios, quando converte em diligência um feito concluso para sentença.

Tais atos podem se manifestar no mundo fenomênico por meio de atividades materiais (exemplo: oitiva da testemunha e comparecimento à sessão), ou através de pronunciamentos.

A legislação processual cuida de regular os pronunciamentos judiciais, que podem consistir em sentenças, decisões interlocutórias e despachos (CPC, art. 203, *caput*).[23]

Sentenças e decisões interlocutórias são atos decisórios; já os despachos são atos ordinatórios ou de impulso processual.

A distinção entre as espécies de pronunciamentos decisórios é simples: será sentença quando se tratar do ato judicial que tenha aptidão para pôr fim à fase cognitiva do procedimento comum, ou que extinga a execução; qualquer outro pronunciamento decisório será considerado decisão interlocutória, ou seja, trata-se de conceito negativo ou por exclusão (CPC, art. 203, §§ 1º e 2º).[24]

Assim, apesar da menção aos arts. 485 e 487 do CPC, na definição de sentença contida no art. 203, § 1º, é irrelevante o conteúdo ou substância do ato para a caracterização do pronunciamento decisório como sentença ou interlocutória. O que importa é a qualificação ou adjetivação do ato decisório: se a decisão for final, por encerrar a fase procedimental em determinada instância, trata-se de sentença; se a decisão for incidental, por solucionar questão no curso do processo, que seguirá tramitando na mesma instância e na mesma fase procedimental, estar-se-á diante de interlocutória.

Perceba-se que, a partir dessa conceituação, os Tribunais podem prolatar decisões – consubstanciadas em acórdãos – que tenham natureza jurídica de decisão interlocutória (caso não encerrem o procedimento na segunda instância ou na Corte Superior). Idêntico raciocínio vale para as decisões monocráticas. A Súmula 214, I, do TST[25], admite inclusive a interposição de recurso imediato contra decisões interlocutórias de Tribunal Regional do Trabalho (portanto, acórdãos) contrárias à Súmula ou Orientação Jurisprudencial do Tribunal Superior do Trabalho.

São despachos todos os demais pronunciamentos do juiz praticados no processo, de ofício ou a requerimento da parte (CPC, art. 203, § 3º). Vale dizer: qualquer pronunciamento judicial não decisório terá a natureza de despacho. Sempre que o juiz emitir determinações com caráter meramente ordinatório ou impulsionador do efeito, o pronunciamento terá a natureza de despacho. É o que acontece com a designação de audiência; intimação do perito para prestar esclarecimentos; retirada do feito de pauta por motivo de força maior etc.

---

23 Art. 203 – Os pronunciamentos do juiz consistirão em sentenças, decisões interlocutórias e despachos.

24 Art. 203, § 1º – Ressalvadas as disposições expressas dos procedimentos especiais, sentença é o pronunciamento por meio do qual o juiz, com fundamento nos arts. 485 e 487, põe fim à fase cognitiva do procedimento comum, bem como extingue a execução.

§ 2º – Decisão interlocutória é todo pronunciamento judicial de natureza decisória.

25 TST, súmula 214, I: Na Justiça do Trabalho, nos termos do art. 893, § 1º, da CLT, as decisões interlocutórias não ensejam recurso imediato, salvo nas hipóteses de decisão: a) de Tribunal Regional do Trabalho contrária à Súmula ou Orientação Jurisprudencial do Tribunal Superior do Trabalho.

É correto dizer que as sentenças e decisões interlocutórias resolvem questões de direito material ou processual, afetando - ao menos potencialmente - a esfera de direitos das partes. Já os despachos, sendo meros atos de impulso, não contêm juízo de valor sobre os direitos dos interessados. Por exemplo, quando o juiz indefere uma antecipação de tutela requerida pelo autor, o ato é nitidamente decisório (decisão interlocutória), já que causa gravame ao direito de obter provimento de urgência. Já na situação em que o juiz determine a remessa dos autos à Contadoria, para apuração de cálculos de liquidação, não há, em princípio, qualquer prejuízo ao direito dos envolvidos, mas apenas ato de movimentação do processo.

4. COMUNICAÇÃO DOS ATOS PROCESSUAIS

É imperioso que a prática dos atos processuais chegue ao conhecimento dos interessados. Trata-se de concretização do princípio do contraditório, que requer a ciência dos atos pelos diversos sujeitos processuais, a fim de que tenham a possibilidade de reação.

Assim, surgem os atos de comunicação processual, que nada mais são do que atos de impulso processual cujo objetivo é levar ao conhecimento de sujeito interessado os atos e termos do processo.

A CLT, de forma bastante perspicaz e simples, faz menção apenas ao gênero *notificação* como ato de comunicação processual. O vocábulo *citação* é utilizado apenas nos arts. 880[26] e 852-B, II.[27]

Isso porque o regime jurídico da citação e da intimação é bastante assemelhado, sendo as diferenças principais os efeitos de cada qual, bem como as situações que justificam a respectiva prática. Ambas - citação e intimação - detêm a natureza jurídica de atos jurídicos em sentido estrito, pois pressupõem a manifestação de vontade do órgão judicial, mas os efeitos já vêm previamente regulados pela lei.

Na praxe trabalhista, algumas Varas do Trabalho utilizam as expressões *intimação* e *citação*, enquanto outras, *notificação*. O nome dado ao instituto não tem qualquer relevância; o que importa é perceber que as duas modalidades de comunicação possuem um núcleo de regras e princípios comuns, e alguns aspectos que as diferenciam.

Além disso, as normas atinentes à citação podem ser aplicadas para a intimação, e vice-versa, havendo uma *subsidiariedade recíproca*[28] entre as duas figuras.

Para fins didáticos, utilizar-se-á, nos próximos itens, a expressão *notificação* para designar o gênero que abrange a notificação citatória (citação) e a notificação intimatória (intimação).

---

[26] Art. 880 - Requerida a execução, o juiz ou presidente do tribunal mandará expedir mandado de citação do executado, a fim de que cumpra a decisão ou o acordo no prazo, pelo modo e sob as cominações estabelecidas ou, quando se tratar de pagamento em dinheiro, inclusive de contribuições sociais devidas à União, para que o faça em 48 (quarenta e oito) horas ou garanta a execução, sob pena de penhora.

[27] Art. 852-B - Nas reclamações enquadradas no procedimento sumaríssimo: (...)
II - não se fará citação por edital, incumbindo ao autor a correta indicação do nome e endereço do reclamado.

[28] GRECO, v.1, p. 323.

4.1. Normas gerais sobre notificação

O comparecimento espontâneo do destinatário supre o vício da notificação, fluindo a partir deste momento o prazo para a manifestação ou prática do ato processual, salvo se o ato já puder ser praticado quando do comparecimento espontâneo (CPC, arts. 239, § 1º; e 272, §§ 8º e 9º).[29]

A notificação da Fazenda Pública deve ser realizada de forma pessoal perante o órgão de Advocacia Pública responsável por sua representação judicial (CPC, arts. 242, § 3º, e 269, § 3º).[30]

A notificação pode ser feita em qualquer lugar em que se encontre o destinatário. No caso de militar em serviço ativo, a notificação será feita na unidade em que estiver servindo, se não for conhecida sua residência ou nela não for encontrado (CPC, art. 243, *caput* e parágrafo único).

Não se fará a notificação quando se verificar que o destinatário é mentalmente incapaz ou está impossibilitado de recebê-la (CPC, art. 245, *caput* e parágrafos).

As notificações devem ser realizadas, preferencialmente, por meio eletrônico (CPC, art. 246, *caput*, art. 270, *caput*, e art. 272)[31], sendo que, para viabilizar as notificações citatórias, as empresas públicas e privadas são obrigadas a manter cadastro nos sistemas de processo em autos eletrônicos (art. 246, §1º). No caso de microempresas e pequenas empresas, elas devem manter endereço eletrônico atualizado no Redesim (Rede Nacional para a Simplificação do Registro e da Legalização de Empresas e Negócios), conforme art. 246, §5º.[32] Apenas quando não possuírem

---

[29] Art. 239, § 1º – O comparecimento espontâneo do réu ou do executado supre a falta ou a nulidade da citação, fluindo a partir desta data o prazo para apresentação de contestação ou de embargos à execução.

Art. 272, § 8º – A parte arguirá a nulidade da intimação em capítulo preliminar do próprio ato que lhe caiba praticar, o qual será tido por tempestivo se o vício for reconhecido. § 9º Não sendo possível a prática imediata do ato diante da necessidade de acesso prévio aos autos, a parte limitar-se-á a arguir a nulidade da intimação, caso em que o prazo será contado da intimação da decisão que a reconheça.

[30] Art. 242, § 3º – A citação da União, dos Estados, do Distrito Federal, dos Municípios e de suas respectivas autarquias e fundações de direito público será realizada perante o órgão de Advocacia Pública responsável por sua representação judicial.

Art. 269, § 3º – A intimação da União, dos Estados, do Distrito Federal, dos Municípios e de suas respectivas autarquias e fundações de direito público será realizada perante o órgão de Advocacia Pública responsável por sua representação judicial.

[31] Art. 246. A citação será feita preferencialmente por meio eletrônico, no prazo de até 2 (dois) dias úteis, contado da decisão que a determinar, por meio dos endereços eletrônicos indicados pelo citando no banco de dados do Poder Judiciário, conforme regulamento do Conselho Nacional de Justiça. (Redação dada pela Lei nº 14.195, de 2021)

§ 1º As empresas públicas e privadas são obrigadas a manter cadastro nos sistemas de processo em autos eletrônicos, para efeito de recebimento de citações e intimações, as quais serão efetuadas preferencialmente por esse meio. (Redação dada pela Lei nº 14.195, de 2021)

Art. 270 – As intimações realizam-se, sempre que possível, por meio eletrônico, na forma da lei.

Art. 272 – Quando não realizadas por meio eletrônico, consideram-se feitas as intimações pela publicação dos atos no órgão oficial.

[32] Art. 246, § 5º – As microempresas e as pequenas empresas somente se sujeitam ao disposto no § 1º deste artigo quando não possuírem endereço eletrônico cadastrado no sistema integrado da Rede Nacional

endereço eletrônico atualizado no Redesim é que as microempresas e empresas de pequeno porte se sujeitam à obrigação de manter endereço eletrônico cadastrado nos sistemas de processo eletrônico, tais como o PJ-e. Deve-se assegurar ao Poder Judiciário o acesso a tais informações, por meio de compartilhamento de cadastro com os órgãos fiscais (§6º).[33]

Veja-se que há necessidade de regulamentação por parte do Conselho Nacional de Justiça – e, na omissão, pelos próprios tribunais – a respeito da obrigatoriedade de manutenção de endereço eletrônico atualizado nos sistemas de processos eletrônicos, sendo que, até a data de fechamento desta edição, não foi editada tal regulamentação com validade em âmbito nacional. Dessa forma, por ora não há como aplicar consequências processuais ou extraprocessuais para as hipóteses em que as empresas deixem de fornecer o endereço eletrônico atualizado ao Poder Judiciário.

Nada impede, porém, que litigantes habituais (pessoas jurídicas ou até mesmo pessoas físicas) forneçam ao órgão jurisdicional endereço eletrônico para recebimento de comunicações processuais. Caso confirmado o recebimento da mensagem, o ato será considerado validamente praticado, inexistindo qualquer nulidade, em virtude da ausência de prejuízo.

Na regulamentação da Lei 14.195/2021, se o destinatário da notificação (citação ou intimação) eletrônica não confirmar o respectivo recebimento em até 3 (três) dias úteis, surge presunção (que pode reputar-se absoluta, ou seja, *juris et de jure*) no sentido de que a comunicação eletrônica se frustrou, de modo que se deve proceder, nessa hipótese, à notificação pelos meios tradicionais (correios, oficial de justiça, edital), conforme art. 246, §1º-A, do CPC.[34]

Apesar de referido dispositivo mencionar apenas o prazo da "citação eletrônica", o fato é que, por se tratar de norma geral a respeito da notificação eletrônica, o mesmo raciocínio e consequências serão aplicáveis quando houver necessidade de fazer intimação pessoal de qualquer das partes, ou seja, o prazo será de 3 (três) dias úteis, e, caso não confirmado o recebimento pelo destinatário, procede-se à intimação pelos demais meios.

Ainda, se o destinatário da notificação não confirmar o recebimento no prazo de 3 dias úteis, de forma injustificada, terá praticado ato atentatório à dignidade da

---

para a Simplificação do Registro e da Legalização de Empresas e Negócios (Redesim). (Incluído pela Lei nº 14.195, de 2021)

[33] § 6º – Para os fins do § 5º deste artigo, deverá haver compartilhamento de cadastro com o órgão do Poder Judiciário, incluído o endereço eletrônico constante do sistema integrado da Redesim, nos termos da legislação aplicável ao sigilo fiscal e ao tratamento de dados pessoais. (Incluído pela Lei nº 14.195, de 2021)

[34] Art. 246, § 1º-A – A ausência de confirmação, em até 3 (três) dias úteis, contados do recebimento da citação eletrônica, implicará a realização da citação: (Incluído pela Lei nº 14.195, de 2021)

I - pelo correio; (Incluído pela Lei nº 14.195, de 2021)

II - por oficial de justiça; (Incluído pela Lei nº 14.195, de 2021)

III - pelo escrivão ou chefe de secretaria, se o citando comparecer em cartório; (Incluído pela Lei nº 14.195, de 2021)

IV - por edital. (Incluído pela Lei nº 14.195, de 2021)

justiça, passível de multa de até 5% do valor da causa (art. 246, §1º-C).[35] De acordo com o texto legal, a "justa causa" elidiria a penalidade. Trata-se de conceito jurídico indeterminado, a ser avaliado com prudência e parcimônia pelos juízes nos casos concretos. De todo modo, deve-se interpretar não ser suficiente a mera alegação de justa causa, sendo imprescindível a sua comprovação.

No que tange às citações e intimações dos entes públicos, a Lei 14.195/2021 estipulou que também nesses casos (União, Estados, Municípios e entidades da administração indireta), a comunicação processual deve ser efetivada prioritariamente por meio eletrônico (CPC, art. 246, §2º).[36] Curiosamente, entretanto, o art. 247, III, do CPC[37], não foi alterado, de modo que tal dispositivo continua prevendo que não se fará citação por meio eletrônico quando o citando for pessoa jurídica de direito público. A aparente antinomia entre os dispositivos legais deve resolver-se por meio do critério cronológico: lei posterior derroga a anterior no que forem incompatíveis. Dessa forma, toda a regulamentação atinente às citações e intimações eletrônicas do CPC se aplica, na íntegra, aos entes públicos.

O Código ainda prevê (art. 246, §4º) que as citações por correio eletrônico serão acompanhadas das orientações para realização da confirmação de recebimento e de código identificador que permitirá a sua identificação na página eletrônica do órgão judicial citante.

No caso de citação ou intimação eletrônicas, deve-se considerar inaplicável ao Processo do Trabalho o art. 231, IX, do CPC[38] (redação dada pela Lei 14.195/2021), segundo o qual o prazo processual para contestação se iniciaria a partir do quinto dia útil seguinte à confirmação de recebimento da mensagem pelo destinatário. Isso porque o art. 774 da CLT[39] apresenta regramento próprio, sendo da tradição do Processo do Trabalho a contagem dos prazos a partir da data de prática do ato de comunicação – com exclusão da data de início e inclusão do dia de vencimento

---

35 Art. 246, § 1º-C – Considera-se ato atentatório à dignidade da justiça, passível de multa de até 5% (cinco por cento) do valor da causa, deixar de confirmar no prazo legal, sem justa causa, o recebimento da citação recebida por meio eletrônico. (Incluído pela Lei nº 14.195, de 2021)

36 Art. 246, § 2º – O disposto no § 1º aplica-se à União, aos Estados, ao Distrito Federal, aos Municípios e às entidades da administração indireta.

37 Art. 247. A citação será feita por meio eletrônico ou pelo correio para qualquer comarca do País, exceto: (Redação dada pela Lei nº 14.195, de 2021)

I - nas ações de estado, observado o disposto no art. 695, § 3º ;

II - quando o citando for incapaz;

III - quando o citando for pessoa de direito público;

IV - quando o citando residir em local não atendido pela entrega domiciliar de correspondência;

V - quando o autor, justificadamente, a requerer de outra forma.

38 Art. 231. Salvo disposição em sentido diverso, considera-se dia do começo do prazo: (...) IX - o quinto dia útil seguinte à confirmação, na forma prevista na mensagem de citação, do recebimento da citação realizada por meio eletrônico.

39 Art. 774 - Salvo disposição em contrário, os prazos previstos neste Título contam-se, conforme o caso, a partir da data em que for feita pessoalmente, ou recebida a notificação, daquela em que for publicado o edital no jornal oficial ou no que publicar o expediente da Justiça do Trabalho, ou, ainda, daquela em que for afixado o edital na sede da Junta, Juízo ou Tribunal.

do prazo –, o que afasta a aplicabilidade da regulamentação do CPC, na forma do art. 769 da CLT.

A citação eletrônica deve ser efetivada (ou seja, encaminhada a comunicação processual ao destinatário) no prazo de até 2 (dois) dias úteis, contados da decisão que a determinar, por meio dos endereços eletrônicos indicados pelo citando no banco de dados do Poder Judiciário, conforme regulamento do Conselho Nacional de Justiça (art. 246, *caput*).

Caso não seja possível a prática do ato em meio eletrônico, a notificação pode ser realizada por um dos seguintes mecanismos: (i) correio; (ii) oficial de justiça; (iii) diretor de Secretaria ou servidor da Vara do Trabalho; (iv) edital; (v) publicação na Imprensa Oficial. Nesses casos, o prazo máximo para efetivação do ato é de 45 dias úteis a partir da propositura da ação (CPC, art. 246, *caput*). Veja-se que o prazo legal é impróprio, de modo que não há consequências processuais caso venha a ser ultrapassado.

No caso de notificações intimatórias, quando referentes a atos que não sejam personalíssimos da parte, o mecanismo mais utilizado é a publicação na Imprensa Oficial (art. 273)[40], e, se a localidade não for abrangida por este tipo de serviço, os advogados são intimados pessoalmente ou por carta registrada.

As notificações citatórias são feitas por correio, exceto nas hipóteses do art. 247 do CPC[41], entre as quais se destaca a citação de pessoas jurídicas de direito público, de incapazes e também quando o citando residir em local não atendido pela entrega domiciliar de correspondência.

Quando o oficial de justiça não localizar o destinatário da notificação, após procurá-lo por duas vezes, e havendo suspeita de ocultação, deverá realizar, independentemente de determinação judicial, a citação ou a intimação por hora certa, cujo procedimento é regulado nos arts. 252 a 255 do CPC.

Ademais, a notificação deve ser feita por edital quando: desconhecido ou incerto o citando; ignorado, incerto ou inacessível o lugar em que se encontrar o citando; e nos demais casos expressos em lei.

A notificação por hora certa e a por edital constituem modalidades de notificação ficta, pois baseadas na ficção de que o destinatário tomou conhecimento do ato de comunicação, quando, na verdade, jamais se poderá saber se isso efetivamente aconteceu – e é mais provável que não tenha ocorrido. Por tal razão, o oficial de justiça (na hora certa) e o juiz (no edital) devem ser cautelosos na realização dessa

---

40 Art. 273 – Se inviável a intimação por meio eletrônico e não houver na localidade publicação em órgão oficial, incumbirá ao escrivão ou chefe de secretaria intimar de todos os atos do processo os advogados das partes.

41 Art. 247 – A citação será feita pelo correio para qualquer comarca do país, exceto:
I – nas ações de estado, observado o disposto no art. 695, § 3º;
II – quando o citando for incapaz;
III – quando o citando for pessoa de direito público;
IV – quando o citando residir em local não atendido pela entrega domiciliar de correspondência;
V – quando o autor, justificadamente, a requerer de outra forma.

espécie de citação ou intimação: o primeiro, na avaliação da suspeita de ocultação, que deverá estar cabalmente caracterizada; o segundo, determinando a pesquisa de endereços da reclamada e sócios nos cadastros públicos pertinentes.

A notificação (citação ou intimação) podem ser feitas por cartas precatórias, de ordem ou rogatórias, sempre que houver necessidade de serem praticadas em regiões que extrapolam os limites da competência territorial do Juízo no qual tramita o processo, tema já estudado no Capítulo IV, item 15.1, ao qual se faz remissão.

4.2. Citação

Citação é o ato notificatório por meio do qual são convocados o réu, o executado ou o interessado para integrar a relação processual, sendo imprescindível para a validade do processo, ressalvadas as hipóteses de indeferimento da petição inicial ou de improcedência liminar do pedido (CPC, arts. 238 e 239).

Muito oportuna a menção que o CPC/2015 fez ao *interessado*, pois a citação pode ter o objetivo de trazer ao processo sujeito que não será réu, como seria no caso de um litisconsorte necessário que se recusou a ajuizar a ação (litisconsórcio necessário ativo).

A citação válida, ainda quando ordenada por juízo incompetente, induz litispendência, torna litigiosa a coisa e constitui em mora o devedor. Destaque-se que a interrupção da prescrição, no Processo do Trabalho, opera com o mero ajuizamento da ação.

Importante ressalvar, ainda, que o registro ou a distribuição da petição inicial torna prevento o Juízo (CPC, art. 59). Assim, o regime do Novo Código não reproduz a disciplina do CPC/1973, segundo o qual a prevenção do juízo também poderia ser efeito da citação válida.

4.2.1. Súmula 16 do TST: presunção de recebimento da notificação postal

A Súmula 16 do TST tem como base legal o art. 774, parágrafo único da CLT[42], que obriga os Correios a devolverem a notificação postal em até 48h (quarenta e oito horas), caso o reclamado não seja encontrado ou crie embaraços ao recebimento da notificação.

O verbete cria presunção relativa de que, expedida a notificação postal, o reclamado teria o ônus da prova de demonstrar que não recebeu, ou que recebeu após o decurso das 48h subsequentes à postagem do documento nos Correios. No entanto, tal enunciado tem sido aplicado com muita cautela pelos Juízes do Trabalho, por gerar riscos significativos de nulidade processual por cerceamento de defesa, além de violação ao contraditório.

[42] Art. 774, Parágrafo único - Tratando-se de notificação postal, no caso de não ser encontrado o destinatário ou no de recusa de recebimento, o Correio ficará obrigado, sob pena de responsabilidade do servidor, a devolvê-la, no prazo de 48 (quarenta e oito) horas, ao Tribunal de origem.

De fato, o art. 841, § 1º, da CLT[43], estabelece que a notificação inicial do reclamado deve ser feita por registro postal com franquia. A *franquia* nada mais era do que a isenção de despesas postais, conferida à Justiça do Trabalho; tal isenção foi revogada com a entrada em vigor da Lei nº 6.358/78.[44]

A premissa do citado dispositivo legal é a de que a correspondência encaminhada ao reclamado seja *registrada*, ou seja, carta com aviso de recebimento ou que haja algum mecanismo capaz de aferir a efetiva entrega da correspondência ao destinatário. Isso porque, se os Correios não devolvem a notificação postal, ou se não há qualquer certificação no sentido de que a correspondência foi recebida pelo citando, não há substrato mínimo que justifique uma presunção de que houve recebimento da notificação.

Nessas hipóteses - em que não há devolução da notificação postal, ou qualquer certificação no sentido de que a correspondência foi entregue - é absolutamente impossível ao reclamado comprovar que não a recebeu, ou que recebeu fora do prazo. Trata-se de prova *diabólica*, por constituir fato negativo absoluto.

É necessário, assim, que os Correios devolvam o chamado SEED (Serviço Especial de Entrega de Documentos) ou o AR (aviso de recebimento), ou que haja sinalização, no *site* da empresa, de que a correspondência foi entregue no endereço do destinatário. Outra possibilidade, já implementada por alguns TRTs, é o sistema do e-Carta, que também permite o rastreamento da correspondência no site dos Correios. Havendo tais elementos, a Súmula 16 do TST presume a regularidade da citação postal, cabendo ao reclamado comprovar que não recebeu a notificação, por exemplo, porque o endereço estava errado, a empresa não funcionava mais no local, porque havia outra empresa funcionando no mesmo endereço, entre outras hipóteses que podem ocorrer na prática.

Se não houver devolução da notificação postal, ou certificação da entrega no *site*, não se pode aplicar a Súmula 16, razão pela qual a audiência deve ser redesignada a fim de permitir a citação do reclamado (por oficial de justiça, por edital ou até mesmo por carta registrada).

No entanto, uma vez devolvida a notificação postal, ou certificada a entrega, presume-se regular o ato citatório, até prova em contrário a cargo do reclamado. Esse é o alcance da Súmula 16.

Por fim, alguns Tribunais Regionais do Trabalho - a nosso ver, ao arrepio do art. 841, §1º, da CLT - têm expedido atos determinando que as Varas do Trabalho não expeçam, em princípio, notificações com registro ou aviso de recebimento. Nessas hipóteses, pelas razões já expostas, incabível aplicar a Súmula 16, devendo ser renovada a notificação caso o reclamado não compareça na primeira audiência.

---

43 Art. 841, § 1º - A notificação será feita em registro postal com franquia. Se o reclamado criar embaraços ao seu recebimento ou não for encontrado, far-se-á a notificação por edital, inserto no jornal oficial ou no que publicar o expediente forense, ou, na falta, afixado na sede da Junta ou Juízo.

44 Cf. MACEDO FILHO, Tobias de. *A franquia postal na Justiça do Trabalho.* Revista do Tribunal Regional do Trabalho da 9ª Região. Curitiba: julho/dezembro de 1983.

4.3. Intimação

Intimação é o ato notificatório mediante o qual se dá ciência a alguém dos atos e termos do processo (CPC, art. 269).

Muitas vezes, com a intimação é fixado prazo para a manifestação do destinatário, sob pena de preclusão temporal. Por exemplo, a parte é intimada para formular quesitos ao perito, no prazo de 10 dias; decorrido o prazo, o interessado perde a prerrogativa de formulá-los.

Presumem-se válidas as intimações das partes e advogados, quando dirigidas ao endereço constante dos autos, ainda que não recebidas pessoalmente pelo interessado, se a modificação temporária ou definitiva não tiver sido devidamente comunicada ao juízo, fluindo os prazos a partir da juntada aos autos do comprovante de entrega da correspondência no primitivo endereço (art. 274, parágrafo único).[45]

4.4. Situações controvertidas envolvendo notificação: pessoalidade e habilitação em processo eletrônico

As intimações realizadas no curso do processo geralmente são direcionadas aos advogados dos litigantes, mediante publicação de expediente na Imprensa Oficial. Isso vale para a grande maioria das intimações, tais como a intimação da sentença, do indeferimento ou deferimento de algum requerimento processual, como a antecipação de tutela etc.

Excepcionalmente, a intimação versa sobre ato próprio da parte, devendo-lhe ser encaminhada diretamente. Exemplifica-se com a notificação para comparecimento à audiência em prosseguimento, sob pena de confissão. Tem-se entendido que há necessidade de intimação da parte em seu próprio endereço, não sendo suficiente a mera intimação do advogado, sob pena de nulidade.[46]

Nessas hipóteses, bem como naquelas atinentes à citação, discute-se se o ato de comunicação processual deve ser realizado pessoalmente ao destinatário, ou se pode realizar-se validamente na pessoa de um terceiro que se encontre no endereço daquele. Por exemplo: o oficial de justiça procede à citação na pessoa da esposa do réu, o qual não se encontrava em casa; a intimação para comparecimento à audiência em prosseguimento é recebida pelo filho maior de idade do reclamante.

A doutrina costuma abordar o tema sob o enfoque da citação, concluindo pela inexistência de pessoalidade quanto à notificação inicial - ainda que realizada por oficial de justiça -, mas pela necessidade de comunicação pessoal ao executado

---

45 Art. 274, Parágrafo único. Presumem-se válidas as intimações dirigidas ao endereço constante dos autos, ainda que não recebidas pessoalmente pelo interessado, se a modificação temporária ou definitiva não tiver sido devidamente comunicada ao juízo, fluindo os prazos a partir da juntada aos autos do comprovante de entrega da correspondência no primitivo endereço.

46 TST - RR: 16094320135030005, Relator: Emmanoel Pereira, Data de Julgamento: 13/05/2015, 5ª Turma, Data de Publicação: DEJT 22/05/2015.

quando do cumprimento de mandado de citação para execução (CLT, art. 880, § 2º)[47], sendo este, também, o posicionamento majoritário da jurisprudência.

De fato, no Processo do Trabalho, as notificações são feitas, em regra, em registro postal com franquia (CLT, art. 841, *caput* e §§ 1º e 2º)[48], modalidade com a qual é incompatível a exigência de pessoalidade, pois o carteiro não tem condições de identificar quem é o diretor ou a pessoa responsável por receber as ordens judiciais no interior de uma empresa, por exemplo. Basta, portanto, que o instrumento da notificação (citação ou intimação direcionada à parte) seja recebido no endereço do destinatário.

Ora, se, para a citação inicial – ato de suma importância, pois cientifica o reclamado sobre a existência do processo –, não se exige pessoalidade, com muito mais razão não se deverá exigi-la na notificação ou citação para execução. Isso porque nesta fase, o réu (executado) presumidamente já tem ciência da existência do processo, e inclusive deverá ter advogado constituído nos autos, já que houve todo o trâmite da fase de conhecimento. A importância da citação inicial é maior do que a da citação para a execução, e não faria sentido ser mais rigoroso nesta do que naquela. Veja-se que o art. 880, § 2º, da CLT[49] não faz menção alguma à pessoalidade, apenas estabelecendo que o mandado será cumprido por oficial de justiça.

Conclui-se, portanto, que qualquer ato de comunicação processual encaminhado diretamente à parte será válido desde que recebido por pessoa capaz que se encontre no endereço do destinatário.

Outra discussão, mais recente, é a alusiva à intimação e habilitação de advogados em sistema de processo judicial eletrônico. Isso porque o art. 272, § 5º, do CPC, estipula que, *constando dos autos pedido expresso para que as comunicações dos atos processuais sejam feitas em nome dos advogados indicados, o seu desatendimento implicará nulidade.*

Esse dispositivo é plenamente aplicável em se tratando de processos físicos, nos quais a Secretaria da Vara deve observar o direcionamento das intimações para os advogados indicados pelas partes.

Já no sistema do PJ-e, imputar à Secretaria o ônus de cadastrar os advogados resultaria em sobrecarga injustificável de trabalho, pela necessidade de verificar, a todo momento, a existência de petições requerendo a habilitação de advogados es-

---

[47] Por todos, nesse sentido, SARAIVA e MANFREDINI, p. 167.

[48] Art. 841 – Recebida e protocolada a reclamação, o escrivão ou secretário, dentro de 48 (quarenta e oito) horas, remeterá a segunda via da petição, ou do termo, ao reclamado, notificando-o ao mesmo tempo, para comparecer à audiência do julgamento, que será a primeira desimpedida, depois de 5 (cinco) dias.

§ 1º – A notificação será feita em registro postal com franquia. Se o reclamado criar embaraços ao seu recebimento ou não for encontrado, far-se-á a notificação por edital, inserto no jornal oficial ou no que publicar o expediente forense, ou, na falta, afixado na sede da Junta ou Juízo.

§ 2º – O reclamante será notificado no ato da apresentação da reclamação ou na forma do parágrafo anterior.

[49] Art. 880 – Requerida a execução, o juiz ou presidente do tribunal mandará expedir mandado de citação do executado, a fim de que cumpra a decisão ou o acordo no prazo, pelo modo e sob as cominações estabelecidas ou, quando se tratar de pagamento em dinheiro, inclusive de contribuições sociais devidas à União, para que o faça em 48 (quarenta e oito) horas ou garanta a execução, sob pena de penhora.

§ 2º – A citação será feita pelos oficiais de justiça.

pecíficos para intimação, sem que houvesse justificativa plausível para tanto, já que o cadastramento pode ser feito fácil e diretamente pelo advogado do interessado. Se a parte não cadastra os advogados no sistema, de forma injustificada, acaba dando causa à intimação em nome do patrono efetivamente cadastrado, razão pela qual não pode arguir nulidade (CLT, art. 796, *b*).[50]

5. NEGÓCIOS JURÍDICOS PROCESSUAIS

Os negócios jurídicos processuais, figura positivada no art. 190 do CPC[51], constituem espécie de atos jurídicos processuais *lato sensu*. A IN 39/2016 do TST estatui ser inaplicável tal dispositivo legal ao Processo do Trabalho, por suposta incompatibilidade do instituto com os princípios desse ramo do Direito.

Tal posicionamento se baseia essencialmente na existência da hipossuficiência econômica, técnica e jurídica do trabalhador, o que poderia sujeitá-lo a convenções processuais dificultadoras do acesso à justiça. Em suma, o princípio da proteção impediria, na ótica do TST, a aplicação do art. 190 do CPC ao Processo do Trabalho.

Não obstante, o instituto da negociação processual é manifestação do princípio democrático no âmbito do processo, e traz mais legitimidade à atividade jurisdicional, ao permitir adaptações procedimentais que melhor atendam aos interesses dos litigantes.

O argumento da hipossuficiência não convence, pois a validade do negócio jurídico processual sempre poderá e deverá ser verificada pelo magistrado. O parágrafo único do art. 190 estabelece que, de ofício ou a requerimento, o juiz controlará a validade dos negócios processuais, recusando-lhes aplicação somente nos casos de nulidade ou de inserção abusiva em contrato de adesão ou em que alguma parte se encontre em manifesta situação de vulnerabilidade. A possibilidade de controle judicial coíbe abusos de toda a sorte.

Assim como sustentado em relação à arbitragem[52] – que pode ser estipulada sob a forma de compromisso arbitral – realmente não se deve, em princípio, admitir a celebração de negócios jurídicos processuais extrajudicialmente, quer vigente, quer extinto o contrato de trabalho, em função da hipossuficiência e subordinação jurídica do empregado.

No entanto, havendo manifestação de vontade no processo, feita espontaneamente pelo trabalhador, devidamente assistido por advogado, não há razão lógico-jurídica para não admitir a negociação processual. Deveras, se o trabalhador pode transigir em Juízo com relação ao direito material, com muito mais razão deve podê-lo quanto a aspectos meramente processuais.

---

50 Art. 796 – A nulidade não será pronunciada: (...)
b) quando arguida por quem lhe tiver dado causa.

51 Art. 190 – Versando o processo sobre direitos que admitam autocomposição, é lícito às partes plenamente capazes estipular mudanças no procedimento para ajustá-lo às especificidades da causa e convencionar sobre os seus ônus, poderes, faculdades e deveres processuais, antes ou durante o processo.

52 Capítulo III, item 2.5.

Ademais, em muitas hipóteses o negócio jurídico processual será benéfico ao trabalhador. Imagine-se a situação em que, presentes o reclamado e os advogados de ambas as partes, todos concordem em deixar de arquivar a audiência inicial, apesar da ausência injustificada do reclamante. Isso poderia ser licitamente pactuado em negócio processual.

A eficácia dos negócios jurídicos processuais, em princípio, é imediata, ou seja, independente de homologação judicial (CPC, art. 200).[53] Excepcionalmente, a lei pode exigir prévia aprovação do órgão jurisdicional para que produza efeitos. Contudo, o tema é controvertido, havendo posicionamentos no sentido de que o controle judicial é indispensável, de modo que a ausência de homologação impede que o acordo gere efeitos processuais, em razão da natureza pública do processo.[54]

Os negócios processuais dizem-se (i) típicos, quando regulados pela lei, tal como acontece com o calendário processual (art. 191)[55]; ou (ii) atípicos, quando inexistente regramento legal a respeito. Como exemplo de negócios atípicos, tem-se o pacto de instância única (renúncia prévia e recíproca das partes ao direito de recorrer); a escolha consensual do perito; o pacto de não produzir prova testemunhal, entre outros.

A maior dificuldade no estudo dos negócios jurídicos processuais é definir seus limites, sobretudo ao se considerar o fato de que o Direito Processual é ramo do Direito Público que disciplina a função jurisdicional.

Apesar das controvérsias a respeito, é seguro definir que o objeto da negociação processual pode envolver os ônus, faculdades, poderes e deveres processuais das partes. Jamais o negócio jurídico processual poderá restringir poderes do órgão jurisdicional, afastar deveres das partes ou normas cogentes atinentes à função jurisdicional, sujeitas à reserva de lei.

Exemplos de negócios jurídicos processuais inválidos: (i) vedação à produção de prova pelo juiz[56]; (ii) previsão de inaplicabilidade do princípio da boa-fé objetiva no processo; (iii) modificação de regra de competência absoluta ou supressão da primeira instância; (iv) ampliação ou redução de prazo recursal; (v) criação de recurso não previsto em lei.

A extensão do instituto da negociação processual será delimitada pela jurisprudência, ao longo da vigência do Novo Código.

Para outras considerações sobre o tema, ver Capítulo I, item 5.7.

[53] Art. 200 – Os atos das partes consistentes em declarações unilaterais ou bilaterais de vontade produzem imediatamente a constituição, modificação ou extinção de direitos processuais.

[54] Nessa última linha, NEVES, p. 170.

[55] Art. 191 – De comum acordo, o juiz e as partes podem fixar calendário para a prática dos atos processuais, quando for o caso.

[56] Admitindo o negócio processual que impeça a produção de prova pelo magistrado, CÂMARA, p. 125.

6. PRAZOS PROCESSUAIS

Prazo processual pode ser definido como o lapso de tempo estabelecido para a prática de um ato processual; ou, em outras palavras, o interregno entre dois termos processuais, um inicial e outro final.

O estabelecimento de prazos, pela legislação, para a prática dos atos processuais é uma necessidade lógico-jurídica, porque o procedimento deve ser estruturado de modo a permitir que se chegue, em determinado momento, à tutela jurisdicional final. O processo precisa terminar, e isso somente é possível mediante o estabelecimento de prazos para a prática dos diversos atos sequenciados que nele se praticam.

As regras processuais que estipulam prazos concretizam princípios: de um lado, o efetivo acesso à justiça e a duração razoável do processo; de outro, o contraditório. De fato, os prazos não podem ser tão longos ao ponto de impedirem ou tornarem morosa a tutela do direito material; mas, ao mesmo tempo, não podem ser tão curtos que inviabilizem o contraditório substancial e participativo. Essa é a noção de brevidade e utilidade dos prazos processuais.[57]

6.1. Classificação dos prazos

Quanto à respectiva origem, os prazos se dizem (i) legais, quando estabelecidos pelo legislador; (ii) judiciais, quando pelo órgão jurisdicional; (iii) convencionais, estipulados pelas partes em negócio jurídico processual. Os prazos judiciais devem ser fixados sempre mediante a ponderação dos princípios da duração razoável do processo e do contraditório. Quando a lei for omissa, o juiz determinará os prazos em consideração à complexidade do ato; quando o prazo para a prática de ato processual a cargo da parte não for fixado pela lei ou pelo juiz, será de cinco dias (CPC, art. 218, §§ 1º e 3º).[58]

Os prazos legais podem ser modificados pelo órgão jurisdicional, excepcionalmente, à luz do princípio da adequação[59], sempre que a previsão legislativa sacrificar de forma excessiva um princípio em detrimento do outro.

No que tange aos destinatários, os prazos podem ser: (i) das partes, quando devam ser observados pelo autor, pelo réu ou por terceiros intervenientes; (ii) do juiz, quando direcionados ao órgão jurisdicional; (iii) de terceiros, todos os demais.

Tendo em vista as consequências de sua inobservância, os prazos são: (i) próprios ou preclusivos, quando o respectivo decurso acarreta, de pleno direito, a perda da faculdade de praticar o ato; (ii) impróprios, sempre que puderem gerar consequên-

57 Nomenclatura utilizada por MOACYR AMARAL SANTOS, v.1, p. 298 e ss.

58 Art. 218. Os atos processuais serão realizados nos prazos prescritos em lei.

§ 1º Quando a lei for omissa, o juiz determinará os prazos em consideração à complexidade do ato.

§ 3º Inexistindo preceito legal ou prazo determinado pelo juiz, será de 5 (cinco) dias o prazo para a prática de ato processual a cargo da parte.

59 Ver capítulo II, item 2.

cias de outra ordem, muito embora o interessado permaneça tendo a prerrogativa ou o dever de praticar o ato.

Os diversos critérios classificatórios se combinam na análise de qualquer prazo processual.

Exemplo 1: prazo legal e próprio das partes – prazo para interposição de recurso, que, uma vez decorrido, acarreta a perda do direito de recorrer.

Exemplo 2: prazo judicial e impróprio do juiz – prazo para prolação de sentença, quando designada audiência para a respectiva leitura. Ultrapassada a data marcada para leitura, estabelecida pelo próprio juiz, este conserva o dever de prolatar a decisão.

Exemplo 3: prazo judicial e impróprio de terceiro – prazo para que um hospital (que não é parte da causa) forneça prontuário médico indispensável para instrução de determinada causa. O prazo é estabelecido pelo magistrado, e, caso inobservado, o terceiro permanece com o dever de fornecer a documentação requisitada, embora possa haver consequências como a fixação de multa ou responsabilização por desobediência.

Exemplo 4: prazo negocial e próprio das partes – prazo para manifestação sobre laudo pericial complexo, definido em negócio jurídico processual pelas partes, com a homologação pelo juiz.

6.1.1. Prazos peremptórios e prazos dilatórios

Quanto à possibilidade de modificação pelo juiz, os prazos dizem-se, consoante tradicional lição doutrinária: (i) dilatórios, os quais, fundados em critérios vinculados a interesses particulares das partes, podem ser ampliados pelo juiz; e ampliados ou reduzidos pelas partes, apesar de serem fixados legalmente; (ii) peremptórios, os quais não podem ser alterados pelas partes nem, em princípio, pelo juiz, por se fundarem em critérios de ordem pública que condicionam a função jurisdicional.[60]

Pelo regramento do CPC, os prazos processuais podem ser dilatados pelo juiz, desde que tal determinação seja feita antes de encerrado o prazo regular (CPC, art. 139, VI, e parágrafo único)[61], com o objetivo de adequar os prazos às necessidades do processo. De outro lado, o art. 222, § 1º, dispõe ser vedado ao juiz reduzir prazos peremptórios sem anuência das partes.

Note-se que a nova codificação enfraquece sobremaneira a distinção entre prazos dilatórios e peremptórios, já que estes passam a poder ser reduzidos, desde que haja anuência das partes e do juiz. Os prazos peremptórios também podem ser ampliados (art. 139, VI), antes do respectivo encerramento, desde que isso se faça necessário à luz do princípio da adequação.

---

60 THEODORO JÚNIOR, v.1, p. 509.

61 Art. 139, VI – dilatar os prazos processuais e alterar a ordem de produção dos meios de prova, adequando-os às necessidades do conflito de modo a conferir maior efetividade à tutela do direito;
Parágrafo único – A dilação de prazos prevista no inciso VI somente pode ser determinada antes de encerrado o prazo regular.

Por isso, apesar da menção feita pelo art. 222, § 1º, a prazos *peremptórios*, tal classificação perdeu a utilidade prática, pois todo e qualquer prazo pode ser dilatado pelo juiz, quando a ampliação se fizer necessária para adequar o procedimento (art. 139, VI); além disso, qualquer prazo pode ser reduzido pelo magistrado, desde que haja concordância de todas as partes.

A modificação - ampliativa ou redutiva - de qualquer prazo é excepcionalíssima, devendo ser adequadamente justificada pelo magistrado condutor do processo, observando-se sempre a boa-fé objetiva processual. Presume-se que os prazos estabelecidos pelo legislador são necessários e suficientes para a prática de todos os atos processuais.

Exemplo: o recurso ordinário interposto no 10º dia do prazo deve ser considerado intempestivo, pois decorrido o prazo legal de oito dias. Se, contudo, da intimação da sentença constou - por equívoco, ou não - que o prazo seria de 15 dias, o recurso deve ser recebido e processado, sob pena de violação à boa-fé, pela adoção de comportamento contraditório do órgão jurisdicional. De outro lado, caso a intimação nada mencione, obrigatoriamente será aplicado o prazo legal de 8 dias; assim, o juiz não pode considerar, nesta hipótese, ser tempestivo o recurso interposto no 10º dia.

A partir da vigência da Lei nº 13.467/2017, os prazos podem ser prorrogados, pelo tempo estritamente necessário, pelo Juiz do Trabalho nas seguintes hipóteses: (i) quando o juízo entender necessário; (ii) em virtude de força maior, devidamente comprovada. Ao juízo incumbe dilatar os prazos processuais e alterar a ordem de produção dos meios de prova, adequando-os às necessidades do conflito de modo a conferir maior efetividade à tutela do direito (CLT, art. 775, §§ 1º e 2º). Observe-se que tal dispositivo legal confirma o enfraquecimento do conceito de "prazo dilatório", pois o juiz pode prorrogar os prazos em quaisquer casos, se houver necessidade.

6.2. Regras gerais atinentes aos prazos processuais

No Processo do Trabalho, em regra, os prazos se iniciam a partir da data em que for feita pessoalmente, ou recebida a notificação; daquela em que for publicado o edital no jornal oficial ou no que publicar o expediente da Justiça do Trabalho; ou, ainda, daquela em que for afixado o edital na sede da Junta, Juízo ou Tribunal (CLT, art. 774, *caput*).

Tradicionalmente, a doutrina faz a distinção, todavia, entre o início do prazo e o início da contagem do prazo, a qual é feita com exclusão do dia do começo e inclusão do dia do vencimento (CLT, art. 775, *caput*; CPC, art. 224, *caput*)[62].

Exemplo: o oficial de justiça intima a reclamada revel da sentença (CLT, art. 852)[63] no dia 16 de abril, às 8h. Em tese, ainda no dia 16 - data de início do pra-

62 Art. 775 - Os prazos estabelecidos neste Título serão contados em dias úteis com exclusão do dia do começo e inclusão do dia do vencimento.

Art. 224 - Salvo disposição em contrário, os prazos serão contados excluindo o dia do começo e incluindo o dia do vencimento.

63 Art. 852 - Da decisão serão os litigantes notificados, pessoalmente, ou por seu representante, na própria audiência. No caso de revelia, a notificação far-se-á pela forma estabelecida no § 1º do art. 841.

zo - o intimado pode interpor recurso ordinário. Contudo, a contagem do prazo de 8 dias começa, em regra, apenas no primeiro dia útil subsequente (as possíveis exceções serão analisadas abaixo).

Seguindo no exemplo, suponha-se que a reclamada tenha tomado ciência da sentença, fortuitamente, no dia 10 de abril, e proceda à interposição do recurso no dia 12 de abril - antes da intimação, portanto. Havia tese jurisprudencial, acatada inclusive pelos Tribunais Superiores, no sentido de que, nestas hipóteses, o recurso seria prematuro ou extemporâneo, por interposto antes do prazo, não devendo ser conhecido.

A tese era evidentemente equivocada, pois não se pode considerar intempestivo um ato processual praticado antes do prazo fixado. Se o interessado se antecipa, contribui para a celeridade do processo e não pode ser punido por isso. Assim, o Novo CPC posicionou-se de forma claramente contrária, estabelecendo expressamente que deve ser *considerado tempestivo o ato praticado antes do termo inicial do prazo* (art. 218, § 4º). A jurisprudência predominante também modificou o entendimento antes vigente.[64]

Destarte, a antiga lição doutrinária perde relevância, pois a única importância do termo inicial do prazo (*dies a quo*) é servir de parâmetro para a contagem que culminará no termo final (*dies ad quem*).

Ainda aproveitando o mesmo exemplo, se a notificação houver sido praticada em dia não útil (sábado, domingo ou feriado), deve considerar-se praticada no primeiro dia útil subsequente, e a contagem se inicia no dia imediato. Se o dia 16 de abril for um sábado (data em que o oficial de justiça notificou o destinatário), o início do prazo se dá no dia 18 de abril (segunda-feira), e o início da contagem, no dia 19 (terça-feira). Nesse sentido, Súmula 262, I, do TST.[65] Já se o dia 16 de abril for uma sexta-feira, o início da contagem do prazo dar-se-ia na segunda-feira subsequente (caso o dia 19 seja dia útil).

Ressalte-se que, em se tratando de processo eletrônico, as intimações são feitas por meio de publicação do expediente no Diário da Justiça Eletrônico. Nestes casos, considera-se como data da publicação o primeiro dia útil seguinte ao da disponibilização da informação no Diário da Justiça eletrônico; e os prazos processuais terão início no primeiro dia útil que seguir ao considerado como data da publicação (Lei 11419/2006, art. 4º, §§ 3º e 4º).[66]

No Processo Civil, diferentemente do que ocorre no âmbito trabalhista, os prazos são contados, em regra, a partir da juntada aos autos do instrumento da

---

[64] Demonstrando a superação do posicionamento anterior, STJ, EDcl nos EDcl no AgRg no AREsp 789.805/SP, Rel. Ministro MAURO CAMPBELL MARQUES, SEGUNDA TURMA, julgado em 18/10/2016, DJe 25/10/2016.

[65] TST, Súmula 262, I: Intimada ou notificada a parte no sábado, o início do prazo se dará no primeiro dia útil imediato e a contagem, no subsequente.

[66] Lei nº 11.419/2006, art. 4º, § 3º - Considera-se como data da publicação o primeiro dia útil seguinte ao da disponibilização da informação no Diário da Justiça eletrônico.

§ 4º - Os prazos processuais terão início no primeiro dia útil que seguir ao considerado como data da publicação.

notificação (mandado ou aviso de recebimento), havendo outras possibilidades de definição do termo inicial (CPC, art. 231, *caput*).[67]

Os prazos, tanto no Processo do Trabalho, quanto no Processo Civil, são contados apenas em dias úteis.

De acordo com o CPC, art. 223, *caput*, decorrido o prazo, extingue-se o direito de praticar ou de emendar o ato processual, independentemente de declaração judicial, exceto se a parte provar que não o realizou por justa causa. A CLT, no art. 775[68], menciona a possibilidade de prorrogação do prazo, caso devidamente comprovada situação de força maior.

Considera-se justa causa o evento alheio à vontade da parte e que a impediu de praticar o ato por si ou por mandatário. Verificada a justa causa, o juiz permitirá à parte a prática do ato no prazo que lhe assinar (CPC, art. 223, §§ 1º e 2º).

Como a força maior pode ser considerada uma espécie de justa causa, por consistir em ato alheio à vontade da parte e impeditivo da possibilidade de praticar o ato processual, tem-se que nas referidas situações o prazo tanto pode ser prorrogado - caso ainda não vencido, como determina a CLT -, quanto pode ser concedido novo prazo, ainda que vencido o originário - na trilha do CPC.

Exemplo: no decurso do prazo para apresentação de cálculos, vem a falecer o contador contratado pela parte. Inequivocamente, trata-se de situação de justa causa, que autorizaria a devolução do prazo concedido.

Quando o ato tiver de ser praticado por meio de petição em autos não eletrônicos, essa deverá ser protocolada no horário de funcionamento do fórum ou tribunal, conforme o disposto na lei de organização judiciária local (art. 212, § 3º).

A prática eletrônica de ato processual pode ocorrer em qualquer horário até as 24 (vinte e quatro) horas do último dia do prazo (art. 213).

A Lei nº 13.545/2017 acrescentou à CLT o art. 755-A[69], cuja redação prevê a suspensão do prazo processual entre os dias 20 de dezembro e 20 de janeiro, inclusive. O dispositivo prevê, ainda, que com a ressalva das férias individuais e dos feriados instituídos em lei, os juízes, os membros do Ministério Público, da Defensoria Pública e da Advocacia Pública e os auxiliares da Justiça exercerão suas atribuições neste período.

Observe-se que a nova lei não extinguiu o chamado *recesso forense* - período compreendido entre 20 de dezembro e 6 de janeiro (inclusive), já que tal período é

---

[67] Art. 231 - Salvo disposição em sentido diverso, considera-se dia do começo do prazo.

[68] Art. 775, § 1º - Os prazos podem ser prorrogados, pelo tempo estritamente necessário, nas seguintes hipóteses: (...)

II - em virtude de força maior, devidamente comprovada.

[69] Art. 775-A. Suspende-se o curso do prazo processual nos dias compreendidos entre 20 de dezembro e 20 de janeiro, inclusive.

§ 1º Ressalvadas as férias individuais e os feriados instituídos por lei, os juízes, os membros do Ministério Público, da Defensoria Pública e da Advocacia Pública e os auxiliares da Justiça exercerão suas atribuições durante o período previsto no caput deste artigo.

§ 2º Durante a suspensão do prazo, não se realizarão audiências nem sessões de julgamento.

considerado, pelo art. 62, I, da Lei nº 5.010/66[70], como feriado no âmbito do Poder Judiciário Federal.

6.2.1. Contagem de prazos em horas

Não se pode aplicar o art. 224, §1º, do CPC[71] - do qual se infere que prazos processuais não podem se encerrar em dias não úteis - para a situação de prazos fixados em horas, sob pena de tornar inúteis as previsões legais específicas que utilizam o critério horário em vez do diário.

De fato, o art. 219 do CPC[72] deixa claro que a contagem em dias úteis somente se aplica para os prazos contados em dias; não assim, portanto, para os prazos contados em horas. Com efeito, é diferente fixar um prazo de 2 (dois) dias ou de 48 (quarenta e oito horas), pois o termo inicial e final serão distintos.

Na contagem do prazo em horas, deve-se utilizar o critério do art. 132, § 4º, do Código Civil[73], pois se aplicam subsidiariamente as disposições da lei civil.[74] Assim, os prazos em horas devem ser contados de minuto a minuto, de modo que o prazo se encerrará quando no exato momento em que hajam transcorrido sessenta minutos. A tendência jurisprudencial - que se observa, inclusive, no TST[75] - de excluir o dia de começo faz com que, na prática, o prazo em horas não seja contado como verdadeiro prazo em horas, mas como se se tratasse de prazo fixado em dias.[76]

---

[70] Art. 62. Além dos fixados em lei, serão feriados na Justiça Federal, inclusive nos Tribunais Superiores:
I - os dias compreendidos entre 20 de dezembro e 6 de janeiro, inclusive.

[71] Art. 224. Salvo disposição em contrário, os prazos serão contados excluindo o dia do começo e incluindo o dia do vencimento.

§ 1º Os dias do começo e do vencimento do prazo serão protraídos para o primeiro dia útil seguinte, se coincidirem com dia em que o expediente forense for encerrado antes ou iniciado depois da hora normal ou houver indisponibilidade da comunicação eletrônica.

[72] Art. 219. Na contagem de prazo em dias, estabelecido por lei ou pelo juiz, computar-se-ão somente os dias úteis.

Parágrafo único. O disposto neste artigo aplica-se somente aos prazos processuais.

[73] Art. 132, § 4º Os prazos fixados por hora contar-se-ão de minuto a minuto.

[74] Cf. GRECO, Leonardo. *Instituições de Direito Processual Civil*. V. 1. Rio de Janeiro: Forense, 2009, p. 380.

[75] "RECURSO DE REVISTA - PRAZO FIXADO EM HORAS. MARCO INICIAL DA CONTAGEM. TEMPESTIVIDADE DA CONTESTAÇÃO. REVELIA E CONFISSÃO - Como registrado no acórdão regional, não há na legislação qualquer previsão quanto ao início da contagem dos prazos fixados em horas, razão pela qual aplicou-se, no caso, a previsão genérica segundo a qual os prazos em geral são contados com a exclusão do dia de início, como previsto nos artigos 774 e 775 da CLT e 184, § 2º, do CPC, que restam ilesos. Acrescente-se que o artigo 132, § 4º, do Código Civil estabelece a forma de contagem dos prazos fixados em horas, mas não determina o momento de início da contagem. Por sua vez, os arestos trazidos a colação são oriundos do STF, não servindo, portanto, ao fim pretendido. Recurso de Revista não conhecido." (RR-9102000-14.2006.5.09.0009, 8ª Turma, Relator Ministro Márcio Eurico Vitral Amaro, DEJT 02/09/2011).

[76] GRECO, *op.cit., loc.cit.*

Assim, por exemplo, o prazo para juntada da ata de audiência (CLT, art. 851, §2º)[77] deve ser contado a partir do momento em que encerrada a assentada, o que pode ter repercussão para fins de contagem do prazo recursal (TST, Súmulas 30 e 197).[78]

6.2.2. *Prazos da Fazenda Pública*

A Fazenda Pública tem prazo em dobro para todas as suas manifestações processuais, e a contagem terá início a partir da intimação pessoal (art. 183, *caput*).[79] Além disso, a notificação da Fazenda Pública para comparecimento à audiência deve ser recebida pelo órgão público com antecedência mínima de 20 dias (Decreto-Lei nº 779/69, art. 1º, I).[80]

Deve-se esclarecer que o prazo em dobro também abrange o Ministério Público do Trabalho, seja quando atua no processo como autor, seja quando age como *custos legis* (fiscal da lei ou do ordenamento jurídico). O prazo em dobro para recurso já era aplicável desde a entrada em vigor do Decreto-Lei 779/1969, o qual não mencionava expressamente o Ministério Público apenas porque a instituição, na época, não gozava de autonomia administrativa.

No âmbito do Processo do Trabalho, por sua acentuada celeridade e simplicidade, não se deve aplicar obrigatoriamente o art. 178 do CPC[81], o qual estabelece que o prazo para intervenção do MP como fiscal da lei é de 30 dias. Diante das peculiaridades da causa, e tendo em vista aspectos como complexidade do processo, urgência da situação, dificuldade de atuação da instituição ministerial, o juiz pode fixar prazo diferente que se revele mais adequado para o caso concreto (princípio da adequação).

---

77 Art. 851 - Os tramites de instrução e julgamento da reclamação serão resumidos em ata, de que constará, na íntegra, a decisão.

§ 2º - A ata será, pelo presidente ou juiz, junta ao processo, devidamente assinada, no prazo improrrogável de 48 (quarenta e oito) horas, contado da audiência de julgamento, e assinada pelos juízes classistas presentes à mesma audiência.

78 Súmula nº 30. INTIMAÇÃO DA SENTENÇA - Quando não juntada a ata ao processo em 48 horas, contadas da audiência de julgamento (art. 851, § 2º, da CLT), o prazo para recurso será contado da data em que a parte receber a intimação da sentença.

Súmula nº 197. PRAZO - O prazo para recurso da parte que, intimada, não comparecer à audiência em prosseguimento para a prolação da sentença conta-se de sua publicação.

79 Art. 183 – A União, os Estados, o Distrito Federal, os Municípios e suas respectivas autarquias e fundações de direito público gozarão de prazo em dobro para todas as suas manifestações processuais, cuja contagem terá início a partir da intimação pessoal.

80 Decreto-Lei nº 779/69, art. 1º, I – a presunção relativa de validade dos recibos de quitação ou pedidos de demissão de seus empregados ainda que não homologados nem submetidos à assistência mencionada nos parágrafos 1º, 2º e 3º do artigo 477 da Consolidação das Leis do Trabalho.

81 Art. 178. O Ministério Público será intimado para, no prazo de 30 (trinta) dias, intervir como fiscal da ordem jurídica nas hipóteses previstas em lei ou na Constituição Federal e nos processos que envolvam: I - interesse público ou social; II - interesse de incapaz; III - litígios coletivos pela posse de terra rural ou urbana. Parágrafo único. A participação da Fazenda Pública não configura, por si só, hipótese de intervenção do Ministério Público.

XII

DEFEITOS DOS ATOS PROCESSUAIS

Sumário: 1. Introdução – 2. Defeitos dos atos processuais: generalidades – 3. Inexistência – 4. Nulidade absoluta e nulidade relativa – 5. Mera irregularidade – 6. Erro material – 7. Ineficácia – 8. Princípios regentes das nulidades: 8.1. Instrumentalidade das formas; 8.2. Transcendência ou prejuízo; 8.3. Preclusão temporal; 8.4. Interesse e boa-fé objetiva; 8.5. Utilidade ou aproveitamento dos atos processuais – 9. Arguição, declaração e efeitos.

1. INTRODUÇÃO

Os atos processuais se destinam a gerar efeitos jurídicos no âmbito da relação processual. Sucede que nem sempre os efeitos se operarão tais como pretendidos pelo agente, em virtude de vícios, mais ou menos intensos, que podem comprometer ou impedir, em maior ou menor escala, que o ato alcance seu objetivo.

A teoria dos defeitos dos atos processuais é tema dos mais tormentosos na Ciência Processual, não havendo consenso entre os doutrinadores acerca das diversas classificações e princípios sobre o tema[1], que ainda carece de uma teorização sólida e segura.[2]

O estudo deve ser focado, então, na análise da disciplina legal sobre o assunto, bem como nas construções jurisprudenciais e doutrinárias mais assentadas a seu respeito.

2. DEFEITOS DOS ATOS PROCESSUAIS: GENERALIDADES

Defeito pode ser compreendido como a desconformidade do ato processual com as prescrições legais ou com a própria intenção do agente.

Para compreender o conceito, deve-se perceber, inicialmente, que só pode ter defeito aquilo que existe. Se algo não chega a existir, por questão lógica não pode ser considerado defeituoso. Contudo, por razões sistemáticas e didáticas, é reco-

---

1 Com impressão semelhante, DIDIER, v.1, p. 403.

2 GRECO, v.1, p. 388.

mendável a análise da categoria da inexistência quando do estudo dos defeitos dos atos processuais.

Pode acontecer de uma manifestação de vontade processual - um ato processual, portanto - existir, mas não se harmonizar com as determinações legais que regem a espécie de ato praticado, e nesta hipótese estar-se-á diante de nulidade (absoluta ou relativa) ou de irregularidade; pode suceder, ainda, que o ato seja conforme ao direito, mas haja uma falha na sua exteriorização, que passa a não corresponder à intenção do agente - situação em que se configura erro material.

Os atos processuais, como os atos jurídicos em geral, pressupõem, para que sejam válidos, agente capaz; objeto lícito, possível, determinado ou determinável; e forma prescrita ou não defesa em lei (Código Civil, art. 104).

Assim, determinado ato processual pode ser considerado nulo por defeito de conteúdo (objeto), e não de forma. Suponha-se a hipótese teratológica em que Juiz do Trabalho condene o sócio da empresa reclamada à pena de morte. Trata-se de decisão evidentemente nula, pois o objeto é francamente ilícito, muito embora a exteriorização da sentença - sua forma, portanto - possa estar em plena conformidade com os ditames legais (fundamentação, existência de dispositivo etc.).

Contudo, a doutrina e a legislação processual aprofundam o tema dos defeitos processuais sob o prisma da forma, ou seja, dos requisitos estabelecidos pela lei para que a exteriorização do ato possa produzir validamente os efeitos que dele se esperam.

É importante reiterar que o estabelecimento de requisitos formais pela legislação somente se justifica como mecanismo para realizar certos valores que conformam o devido processo legal: segurança jurídica; igualdade de tratamento entre as partes; economia e eficiência da marcha processual; justiça da decisão; celeridade da tramitação.[3]

De fato, o formalismo não pode ser considerado um fim em si mesmo, mas, ao mesmo tempo, não pode ser completamente abandonado, sob pena de a falta de ordem no processo comprometer os objetivos da função jurisdicional, que são distribuir justiça em tempo razoável e com observância das garantias fundamentais dos envolvidos.

Os requisitos formais devem ser prestigiados na exata medida em que tragam segurança jurídica e sirvam para que se tenha um processo justo. Essa é a máxima que deve inspirar o legislador e o intérprete, no trato do tema dos defeitos dos atos processuais.

3. INEXISTÊNCIA

Pode parecer contrassenso o estudo da categoria da inexistência dos atos processuais, pois o nada - aquilo que não existe - não pode ser sistematizado e não gera qualquer efeito processual.

[3] Ver capítulo XI, item 2.5.

De fato, o *nada* não pode ser estudado pelo processualista, pois qualquer análise científica pressupõe que haja um objeto de investigação. Seria contradição em termos falar em ato inexistente: se é ato, é porque se trata de manifestação de vontade humana, algo que exista, portanto. Se algo não existe, não pode ser considerado ato.

Contudo, do ponto de vista científico, é importante a perquirição das causas, efeitos e consequências de situações nas quais haja aparente manifestação de vontade humana com eficácia processual, muito embora, na verdade, o ato assim praticado não possa ser considerado como ato processual. Assim, a Ciência do Processo deve relegar o estudo da inexistência às situações em que exista, ao menos aparentemente, uma manifestação da vontade humana com potenciais efeitos processuais, manifestação essa que não possa ser considerada como ato processual.

Sob esse prisma, a inexistência se caracteriza quando falta à ação humana algum elemento para que se aperfeiçoe como ato processual. Dessa forma, não se está investigando o *nada*, mas algo que existe no mundo fático, embora não exista no plano jurídico – ou, ao menos, no plano processual.

É por isso que o chamado *ato inexistente* não contém um defeito; como o ato não existe para o processo (apesar de existir faticamente), não se pode considerar que tenha defeitos. Somente algo que exista pode ser adjetivado, ser defeituoso ou válido.

Assim, a categoria da inexistência se aplica em situações extremas, teratológicas, nas quais, embora o agente pudesse pretender gerar algum efeito processual, o ato é absolutamente inócuo. O ato processual existirá quando houver uma exteriorização de vontade (forma), manifestando a intenção (objeto) de sujeito juridicamente habilitado a fazê-lo no processo.

A categoria dos atos processuais inexistentes é correlata à dos pressupostos processuais de existência.[4] Os atos processuais inexistentes se relacionam, assim, de alguma maneira, à ausência de pedido, de forma ou de órgão jurisdicional.

Exemplo 1: *sentença* prolatada por oficial de justiça. Embora este servidor pudesse ter a intenção de sentenciar em dado processo, e até possa juntar aos autos a suposta *sentença*, esta terá existência fática (o papel ou o arquivo eletrônico existe, a manifestação de vontade existe), mas não terá existência como ato processual, pois a função jurisdicional só pode ser exercida por órgãos regularmente investidos. Há, nesta hipótese, uma aparência de sentença, mas sentença não há, por ausência de órgão jurisdicional.

Exemplo 2: o advogado elabora uma peça recursal em sua residência, mas se esquece de anexá-la aos autos do processo eletrônico. O ato (petição recursal) existe no plano fático, mas não no campo processual, pois não foi levado ao processo. Falta o requisito da forma processual do ato.

A partir da análise empreendida, pode-se concluir que o ato processual inexistente não se convalida pela formação de coisa julgada material. Isso fica evidente nos dois exemplos acima: é óbvio que a *sentença* do oficial de justiça não transita

[4] Sobre o tema, ver Capítulo V, item 4.1.

em julgado, e que a peça recursal elaborada pelo advogado, mas não juntada aos autos, não produzirá efeito algum após o trânsito em julgado da decisão recorrida.

E esse é um ponto de distinção entre a inexistência e a nulidade, já que esta, ainda que absoluta, convalida-se mediante a formação de coisa julgada material. Após o trânsito em julgado, o ato nulo produzirá normalmente seus efeitos, ressalvada a possibilidade de desconstituição da coisa julgada através de ação rescisória. Por exemplo, a sentença prolatada por juiz absolutamente incompetente é nula, mas, após transitada em julgado, e decorrido o prazo da ação rescisória, produzirá plenamente seus efeitos.

Contudo, em algumas situações práticas, o ato processual inexistente pode ser aperfeiçoado, mediante a inserção do elemento constitutivo que faltava. Figure-se a hipótese de sentença juntada aos autos, mas não assinada pelo juiz. Enquanto não assinada, pode-se dizer que a sentença tem existência fática, mas não o tem no plano processual, pois não há como atestar sua autenticidade. No momento em que o magistrado assina a peça, ela passa a ter existência como ato processual.

O aperfeiçoamento do ato não se confunde com convalidação de vício, justamente porque, enquanto não aperfeiçoado, o ato não tem existência processual, e não pode ser considerado, portanto, defeituoso.

Em algumas situações excepcionais, pode-se cogitar, ainda, de aperfeiçoamento tácito de ato processual inicialmente inexistente. Figure-se uma petição inicial não assinada pelo advogado, que deve ser reputada, em princípio, inexistente - é a hipótese de inexistência por ausência de pedido, já que não se sabe quem é o sujeito postulante. A ausência de assinatura passa despercebida pelo réu, ao contestar; pelo juiz, durante toda a condução do processo; pelo Tribunal, quando do julgamento de recurso. Após o trânsito em julgado, nenhuma das partes pode pretender desconstituir ou anular o processo em virtude da falta de assinatura da inicial, já que a atividade processual posterior ao ajuizamento supriu a falha da peça, devendo-se considerar, também, o princípio da boa-fé processual objetiva (CPC, art. 5º).

4. NULIDADE ABSOLUTA E NULIDADE RELATIVA

Pode suceder que o ato processual exista - por ter sido exteriorizada no processo a manifestação de vontade de sujeito juridicamente habilitado a fazê-lo -, mas não se harmonize com o ordenamento jurídico visto em sua totalidade.

Daí resulta que o ato assim praticado pode ser privado dos efeitos desejados pelo agente, mediante a decretação de sua nulidade, que é uma sanção decorrente da invalidade - defeito ou desconformidade do ato com a lei.

Tal como a categoria dos atos inexistentes é correlata à dos pressupostos processuais de existência, também o é a dos atos nulos em relação aos pressupostos processuais de validade. Assim, tem-se atos processuais nulos por vício quanto ao sujeito (exemplo: sentença proferida por juiz incompetente); quanto ao objeto (exemplo: sentença condenando o réu à pena de morte); ou quanto à forma (exemplo: sentença proferida sem relatório, quando a lei o exija).

No Direito Processual, não existe a chamada nulidade de pleno direito, ou seja, que independa de pronunciamento judicial. Por mais grave que seja o defeito, o ato somente será privado de seus efeitos quando houver pronunciamento judicial a respeito. A nulidade processual só se caracteriza quando decretada por órgão jurisdicional competente, após o que todos os efeitos do ato nulo serão desconstituídos.

É por tal razão que se revela acertada a linha doutrinária que não reconhece a existência de atos processuais anuláveis.[5] O exemplo que se dá de ato processual anulável é o da sentença rescindível. Argumenta-se, em favor da existência dessa categoria, que a sentença acobertada pela coisa julgada material produz todos os seus efeitos até que seja desconstituída por ação rescisória, a qual somente irá produzir efeitos para o futuro.[6]

Isso realmente é verdade, mas também acontece com todos os demais atos processuais nulos, que, assim como a sentença transitada em julgado, produzem efeito até que sobrevenha pronunciamento judicial que decrete sua nulidade. Sobrevindo tal pronunciamento, os efeitos do ato nulo são desconstituídos, e isso também ocorre com a sentença rescindida. Suponha-se decisão condenatória de pagamento em dinheiro, já cumprida pelo réu, que vem, posteriormente, a ajuizar ação rescisória, ao final julgada procedente. Ninguém duvida que, nessa hipótese, o réu da ação originária – e autor da rescisória – pode repetir o indébito, cobrando da outra parte os valores que esta recebera indevidamente. Assim, não há como fazer distinção entre atos processuais nulos e anuláveis.

A nulidade será absoluta quando for violada norma de ordem pública, o que gera defeito nos elementos essenciais do ato e afeta o exercício da função jurisdicional. Associam-se à ausência de pressupostos processuais de validade e de condições da ação.[7] Como consequência, pode ser reconhecida de ofício pelo juiz a qualquer tempo e em qualquer grau de jurisdição.

Diz-se, ainda, que a nulidade absoluta não é passível de convalidação[8], o que é uma verdade apenas parcial. A assertiva é válida, por exemplo, no caso de citações ou intimações nulas, por não observarem os requisitos legais. Nestas hipóteses, o ato deve ser repetido, sem que se cometa novamente o vício do anteriormente praticado. Pode-se praticar, ainda, outro ato que supra os defeitos do anterior, como seria o caso do comparecimento espontâneo do réu (CPC, art. 239, § 1º).[9] Perceba-se que, em qualquer caso, não houve ratificação ou correção do defeito do ato anterior, mas apenas a prática de novo ato processual isento de defeitos.

Contudo, em algumas situações excepcionais, o ato absolutamente nulo pode ser convalidado. É o que ocorre, por exemplo, nos casos de incompetência absoluta do juízo, sendo que, após o recebimento dos autos pelo juízo competente (*transla-*

---

5 Como faz, por exemplo, o jurista uruguaio EDUARDO COUTURE, mencionado por THEODORO JÚNIOR, que adota a mesma classificação, na *op. cit.*, v.1, p. 572.

6 GRECO, v.1, p. 405.

7 THEODORO JÚNIOR, v.1, p. 573.

8 THEODORO JÚNIOR, *op.cit, loc.cit.*

9 Art. 239, § 1º – O comparecimento espontâneo do réu ou do executado supre a falta ou a nulidade da citação, fluindo a partir desta data o prazo para apresentação de contestação ou de embargos à execução.

tio iudicii), este pode optar por preservar ou ratificar os efeitos de atos processuais praticados pelo juízo incompetente (CPC, art. 64, § 4º).[10]

Já a nulidade relativa decorre da inobservância de norma dispositiva, que tutela interesse das partes, não prejudicando o exercício da função jurisdicional. Como corolário, o juiz não pode reconhecer tais nulidades de ofício, sem provocação das partes; e há preclusão ou convalidação caso o interessado não argua a nulidade no prazo legalmente previsto.

De modo geral, as nulidades relativas se associam às faculdades processuais das partes, notadamente em relação ao exercício do contraditório. Exemplo: incompetência relativa do Juízo, que somente pode ser arguida pelo réu, já que este tem a prerrogativa de se defender no foro competente, embora possa aceitar – expressa ou tacitamente, por não suscitar a questão tempestivamente – o foro escolhido pelo autor.

O princípio geral é o de que as nulidades são relativas, dependendo de arguição das partes (CLT, art. 795, *caput*)[11]; serão absolutas apenas quando envolvidas questões de ordem pública, tal como a incompetência absoluta (mencionada de forma atécnica pelo art. 795, § 1º, da CLT).[12]

5. MERA IRREGULARIDADE

Alguns atos processuais podem apresentar defeitos que não comprometem sua validade, ante à completa ausência de prejuízo efetivo ou potencial a quem quer que seja. São infrações que não prejudicam o exercício da jurisdição, nem afetam o interesse da parte[13], razão pela qual podem ser consideradas vícios de pequena relevância.

Exemplo: na qualificação da testemunha (CPC, art. 457)[14], omite-se o número do respectivo documento de identificação, sem que haja qualquer impugnação dos presentes; na certidão de devolução de mandado de citação, o oficial de justiça deixa de certificar que o citando se recusou a exarar sua nota de ciente (CPC, art. 251, III)[15], apesar de declarar expressamente que o destinatário tomou ciência do inteiro teor do mandado e recebeu contrafé.

---

[10] Art. 64, § 4º – Salvo decisão judicial em sentido contrário, conservar-se-ão os efeitos de decisão proferida pelo juízo incompetente até que outra seja proferida, se for o caso, pelo juízo competente.

[11] Art. 795 – As nulidades não serão declaradas senão mediante provocação das partes, as quais deverão argui-las à primeira vez em que tiverem de falar em audiência ou nos autos.

[12] Art. 795, § 1º – Deverá, entretanto, ser declarada ex officio a nulidade fundada em incompetência de foro. Nesse caso, serão considerados nulos os atos decisórios.

[13] MONIZ DE ARAGÃO, Egas Dirceu. *Comentários ao Código de Processo Civil.* 3ª ed. Rio de Janeiro: Forense, 1979, p. 342.

[14] Art. 457 – Antes de depor, a testemunha será qualificada, declarará ou confirmará seus dados e informará se tem relações de parentesco com a parte ou interesse no objeto do processo.

[15] Art. 251 – Incumbe ao oficial de justiça procurar o citando e, onde o encontrar, citá-lo: (...)
III – obtendo a nota de ciente ou certificando que o citando não a apôs no mandado.

Caso haja necessidade, a mera irregularidade pode ser retificada, mas, ainda que não o seja, o ato permanecerá plenamente válido e produzirá os efeitos que dele são próprios.

6. ERRO MATERIAL

O ato praticado com erro material apresenta uma desconformidade entre a declaração e a intenção do agente. O sujeito quer dizer ou escrever uma coisa, mas acaba dizendo outra.

Por exemplo: grafia errada do nome do réu na petição inicial ou na sentença; inserção de data errada nas mesmas peças processuais; erro de cálculo do valor das custas, que não coincidem matematicamente com o percentual incidente sobre o valor da condenação etc.

Os erros materiais podem ser corrigidos a qualquer momento, de ofício pelo juiz, ou a requerimento do interessado (CPC, art. 494, I)[16], inclusive mediante a oposição de embargos de declaração (CPC, art. 1022, *caput*, III)[17].

7. INEFICÁCIA

Eficácia é a aptidão de um ato jurídico para produzir efeitos jurídicos. Assim, a ineficácia não é defeito, mas apenas consequência de um vício do ato jurídico (decretação de nulidade); ou, então, pode decorrer do estabelecimento de condição ou termo a que se subordina a geração de efeitos de determinado ato ou negócio jurídico processual.

Exemplo: a citação nula (ato defeituoso) faz com que todos os atos processuais subsequentes, em princípio, sejam ineficazes em relação ao réu (consequência do vício de citação).

Outro exemplo interessante é o da interposição de recurso extraordinário ou especial adesivo cruzado. Suponha-se que, na causa envolvendo *A* e *B*, o primeiro se sagre vencedor em segunda instância com base no fundamento constitucional, mas fique vencido quanto ao fundamento legal. *A*, nesta hipótese, não tem interesse para interpor recurso especial autônomo, por falta de interesse recursal, já que foi vencedor. Contudo, caso *B* interponha recurso extraordinário para o STF, para discutir a matéria constitucional, e esse recurso venha a ser provido, *A* teria interesse em discutir o fundamento legal no STJ, o que poderia ser feito mediante a interposição de recurso especial, cujo prazo, entretanto, é o mesmo do recurso extraordinário. Nessa situação, *A* poderia interpor recurso especial adesivo cruzado, a significar que tal peça somente poderia ser apreciada (portanto, somente produzirá efeitos) no caso

---

16 Art. 494 – Publicada a sentença, o juiz só poderá alterá-la:
I – para corrigir-lhe, de ofício ou a requerimento da parte, inexatidões materiais ou erros de cálculo.

17 Art. 1.022 – Cabem embargos de declaração contra qualquer decisão judicial para: (...)
III – corrigir erro material.

de provimento do recurso extraordinário de *B*. Assim, o recurso adesivo cruzado de *A* é espécie de ato condicional, cuja eficácia fica subordinada ao provimento do recurso da outra parte - evento futuro e incerto.

O ato processual inválido, em princípio, deve ser privado de seus efeitos mediante decretação judicial da nulidade.

Quanto aos atos válidos, a regra geral é a do art. 200, *caput*, do CPC, que prevê que os atos das partes consistentes em declarações unilaterais ou bilaterais de vontade produzem imediatamente a constituição, modificação ou extinção de direitos processuais. Excepcionalmente, a lei submete a eficácia do ato à homologação judicial, como ocorre, por exemplo, com a desistência da ação (CPC, art. 200, parágrafo único). Note-se que, em tais hipóteses, a homologação judicial não é condição no sentido técnico-processual, mas mero requisito legal de eficácia, já que não se trata de evento futuro e incerto.

Além disso, as partes podem celebrar negócios jurídicos processuais sujeitos à condição suspensiva, que ficam, portanto, com a eficácia suspensa até o implemento do evento futuro e incerto previsto pelas partes. Exemplos: as partes convencionam dispensar a prova testemunhal, caso a perícia elucide determinado fato; ou firmam pacto de instância única (renúncia prévia ao direito de recorrer) caso o valor da condenação se situe em determinada faixa de valores.

8. PRINCÍPIOS REGENTES DAS NULIDADES

Os arts. 794 a 798 da CLT regulamentam o tema das nulidades no Processo do Trabalho, estabelecendo princípios que coincidem pacificamente com os aplicáveis no âmbito do Direito Processual Civil.

8.1. Instrumentalidade das formas

Os requisitos formais são estabelecidos pela legislação processual com o único objetivo de resguardar determinados valores que inspiram o ordenamento jurídico. Não são, dessa forma, fins em si mesmos, mas meros instrumentos que viabilizam a realização do projeto constitucional pautado no acesso à justiça, no contraditório, no devido processo legal e na distribuição de justiça efetiva aos cidadãos (CF, art. 5, XXXV, LV e LIV).

Assim, mesmo que o ato processual seja praticado, do ponto de vista formal, em desconformidade com o figurino legal, o jurista deve perquirir se a finalidade da norma violada foi alcançada; apenas no caso negativo deve ser reconhecida a invalidade do ato. Essa é a noção de instrumentalidade das formas, positivada no art. 277 do CPC[18], e que se aplica tanto às nulidades absolutas, quanto às relativas.

Tal princípio é concretizado pelo próprio legislador em determinadas situações típicas. Por exemplo, o objetivo da citação é levar ao interessado o conhecimento

[18] Art. 277 - Quando a lei prescrever determinada forma, o juiz considerará válido o ato se, realizado de outro modo, lhe alcançar a finalidade.

acerca da existência do processo, para que dele possa participar, caso queira. O valor tutelado é o contraditório. Assim, caso a citação seja nula, por vício de forma, mas o réu compareça espontaneamente, fica suprido o vício da citação (CPC, art. 239, § 1º), pois o objetivo da norma, que era permitir o exercício do contraditório pelo réu, foi plenamente atingido.

Outras vezes, a concretização do princípio da instrumentalidade das formas é feita pelo aplicador da lei, que deve ponderar, no caso concreto, os valores envolvidos. Imagine-se situação em que dois oficiais de justiça cumpram ordem de arrombamento de imóvel, certificando todo o ocorrido, mas deixando de lavrar, em duplicata, o auto da ocorrência, conforme determina o art. 846, § 3º, do CPC.[19] O objetivo da norma é levar ao conhecimento da autoridade policial responsável eventuais crimes cometidos durante a diligência. Ora, nada impede que a Secretaria da Vara, ou o próprio Juiz, expeça ofício para as autoridades competentes, apesar do lapso dos oficiais de justiça. Não há, assim, qualquer motivo plausível para decretar-se a nulidade dos atos praticados.

8.2. Transcendência ou prejuízo

O princípio da transcendência é consequência imediata da instrumentalidade das formas. De fato, se a finalidade do requisito formal foi atingida (instrumentalidade), o corolário lógico é que não há prejuízo algum para os interessados.

Assim, as nulidades - absolutas ou relativas - somente devem ser decretadas quando houver prejuízo aos interessados (CLT, art. 794; CPC, art. 282, § 1º).[20]

Em consequência, sempre que o juiz puder decidir o mérito favoravelmente à parte a quem aproveitaria a decretação de nulidade, esta não deve ser pronunciada, suprida e tampouco se deve repetir o ato (CPC, art. 282, § 2º). Não faria mesmo sentido aplicar uma norma protetiva - a que prevê a nulidade - em desfavor do próprio protegido, que estaria privado de obter decisão de mérito - e, portanto, definitiva - benéfica à sua esfera de interesses.

Importante destacar que apenas o prejuízo processual deve ser considerado na análise relativa à validade ou invalidade de atos processuais, à luz do princípio da transcendência. Prejuízos morais, sentimentais ou até mesmo financeiros são irrelevantes para essa finalidade.

Pense-se na hipótese em que o reclamante entabule acordo com a 1ª reclamada (sua empregadora, empresa prestadora de serviços terceirizados), mas a 2ª reclamada (tomadora de serviços, responsável subsidiária) não concorde com a conciliação. Se

[19] Art. 846, § 3º - Os oficiais de justiça lavrarão em duplicata o auto da ocorrência, entregando uma via ao escrivão ou ao chefe de secretaria, para ser juntada aos autos, e a outra à autoridade policial a quem couber a apuração criminal dos eventuais delitos de desobediência ou de resistência.

[20] CLT, art. 794 - Nos processos sujeitos à apreciação da Justiça do Trabalho só haverá nulidade quando resultar dos atos inquinados manifesto prejuízo às partes litigantes.

CPC, Art. 282 - Ao pronunciar a nulidade, o juiz declarará que atos são atingidos e ordenará as providências necessárias a fim de que sejam repetidos ou retificados.

§ 1º - O ato não será repetido nem sua falta será suprida quando não prejudicar a parte.

o reclamante não puder ou não quiser desistir da ação em face da 2ª reclamada, é possível dar-se a suspensão convencional do processo, por até seis meses (CPC, art. 313, II, e § 4º)[21], até o cumprimento integral do acordo pela 1ª reclamada, após o que o processo será extinto com resolução de mérito. Se o acordo for descumprido, basta reincluir o feito em pauta para prosseguimento, sem prejuízo da execução da multa em face da 1ª reclamada pelo inadimplemento.

Ora, nessa situação, a 2ª reclamada poderia se insurgir contra a homologação do acordo nos moldes acima descritos, sob o argumento de que a sua discordância torna nula qualquer conciliação celebrada entre as demais partes. Nessa ótica, poder-se-ia alegar a existência de prejuízo financeiro, pois a 2ª reclamada teria mais gastos com advogado e, eventualmente, responsabilidade pelos juros moratórios e correção monetária.

No entanto, não há prejuízo algum do ponto de vista processual, pois o contraditório fica totalmente preservado, por força da previsão de reinclusão do feito em pauta, no caso de descumprimento do acordo. Todas as faculdades, direitos e prerrogativas processuais da 2ª reclamada serão mantidas na hipótese de inadimplemento. Conclui-se, assim, inexistir prejuízo, razão pela qual não há falar em nulidade do procedimento acima explicitado.

8.3. Preclusão temporal

Segundo o princípio da preclusão temporal, os interessados devem arguir a nulidade relativa na primeira oportunidade que tiverem para falar nos autos, sob pena de perda da prerrogativa de o fazer (CLT, art. 795, *caput*; CPC, art. 278, *caput*). Se houver legítimo impedimento para a prática tempestiva do ato, devidamente comprovado pelo interessado - tal como seria uma situação de força maior -, não haverá preclusão (CPC, art. 278, parágrafo único, *in fine*).

Não se aplica o princípio da preclusão para as nulidades absolutas, que devem ser pronunciadas de ofício pelo magistrado, a qualquer tempo e em qualquer grau de jurisdição (CPC, art. 278, parágrafo único).[22]

O princípio da preclusão temporal inspirou o desenvolvimento do costume alusivo ao protesto em audiência, conforme já estudado.[23]

8.4. Interesse e boa-fé objetiva

O princípio do interesse sinaliza que a nulidade não pode ser arguida por quem lhe deu causa (CLT, art. 796, *b*; CPC, art. 276). Trata-se de concretização do

---

21 Art. 313. Suspende-se o processo: (...)
II - pela convenção das partes (...).
§ 4º O prazo de suspensão do processo nunca poderá exceder 1 (um) ano nas hipóteses do inciso V e 6 (seis) meses naquela prevista no inciso II.

22 Art. 278, Parágrafo único. Não se aplica o disposto no caput às nulidades que o juiz deva decretar de ofício, nem prevalece a preclusão provando a parte legítimo impedimento.

23 Capítulo I, item 5.9.

princípio da boa-fé objetiva, o qual contém, em si, a vedação ao comportamento contraditório (*venire contra factum proprium*).

Trata-se de princípio aplicável apenas no que concerne às nulidades relativas, segundo a visão prevalecente na doutrina e na jurisprudência.[24] Isso porque, como as nulidades absolutas dizem respeito à ausência de pressupostos processuais de validade (ou de condições da ação), é inviável desconsiderar os defeitos do ato absolutamente nulo para que se chegue a julgamento de mérito, já que se trataria de exercício inválido da jurisdição.

Não se trata de afirmar uma supremacia irrestrita do interesse público sobre o particular, ou daquele sobre outro interesse público atinente à tutela da legítima confiança, solidariedade ou boa-fé. Na verdade, se a jurisdição não pode ser exercida validamente (nulidade absoluta), não se pode sequer cogitar de, por meio dela, tutelar qualquer outro interesse público ou privado.

Assim, exemplificando, caso o autor ajuíze a ação em foro territorialmente incompetente, não poderá arguir, posteriormente, o vício do ato de distribuição da petição inicial, pois se trata de nulidade relativa. Ao contrário, se a ação for ajuizada em foro materialmente incompetente (ajuizamento na Justiça do Trabalho de ação que deveria tramitar na Justiça Estadual), o próprio autor pode suscitar o vício, pois o juízo absolutamente incompetente não pode praticar, validamente, nenhum ato decisório no processo. Ressalve-se que, se for o caso, o autor pode sofrer as sanções processuais pertinentes, como a multa e indenização por litigância de má-fé.

8.5. Utilidade ou aproveitamento dos atos processuais

O princípio da utilidade ou aproveitamento dos atos processuais é concretização ou especificação do princípio da economia processual na temática das nulidades, sinalizando que a privação de efeitos dos atos processuais desconformes ao ordenamento jurídico (= decretação de nulidades) deve ser feita na menor medida possível. Busca-se evitar, dessa forma, a repetição de atos e a perda inútil de tempo na relação jurídica processual.

O princípio se desdobra em duas linhas de aplicação, positivadas no art. 281 do CPC: (i) a nulidade de um ato não deve contaminar os subsequentes que dele não dependam; (ii) a nulidade de uma parte do ato não torna inválidas as demais partes, harmônicas com o ordenamento jurídico, desde que possam subsistir independentemente da parte viciada.

Assim, é muito importante que o órgão jurisdicional, ao pronunciar nulidade, declare os atos a que ela se estende (CLT, art. 797), maximizando a utilidade e a preservação de efeitos dos atos já praticados, pois o útil não se contamina pelo inútil (*utile per inutile non vitiatur*).

Exemplo 1: faz-se perícia para apuração do direito do reclamante ao adicional de insalubridade. Em seguida, no mesmo processo, realiza-se instrução em audiência

24 Manifestando-se em sentido contrário, mas demonstrando a prevalência da posição sustentada no texto, DIDIER, v.1, p. 421.

exclusivamente sobre o tema das horas extras. Suponha-se que, no recurso ordinário, o Tribunal constate que há nulidade do laudo pericial, pois o perito deixou de responder a importantes quesitos. Nessa hipótese, a nulidade da perícia não prejudicará os atos subsequentes, que permanecerão plenamente subsistentes, inclusive a audiência de instrução, que em nada depende da prova pericial.

Exemplo 2: determinado Tribunal profere acórdão reconhecendo incidentalmente a inconstitucionalidade de lei, sem observar a cláusula da reserva de Plenário (CF, art. 97).[25] A nulidade dessa decisão não afetará, por hipótese, os outros tópicos do mesmo acórdão, que não guardem relação alguma com a matéria constitucional.

O princípio também tem aplicação no que tange aos atos complexos, que consistem no agrupamento de diversos atos simples. Pense-se na audiência trabalhista, que se compõe de diversos atos, como a tentativa de conciliação, recebimento de defesa etc. É possível que haja nulidade de um ou alguns dos atos simples que formam a audiência (tal como na realização de compromisso testemunhal para pessoa absolutamente impedida, como o cônjuge da parte), sem que se comprometa a regularidade e a validade dos demais atos praticados na assentada.

9. ARGUIÇÃO, DECLARAÇÃO E EFEITOS

Conforme já estudado, as nulidades relativas só podem ser conhecidas por provocação dos interessados, sujeitando-se, no caso de intempestividade, à preclusão temporal. Já as nulidades absolutas podem ser arguidas a qualquer tempo e em qualquer grau de jurisdição, e devem ser reconhecidas de ofício pelo órgão jurisdicional.

Decretada a respectiva nulidade, o ato processual fica sem efeito, bem assim todos aqueles que dele dependam ou sejam consequência (CLT, art. 798). Perceba-se, portanto, que o reconhecimento de nulidade sempre causa retrocesso na marcha processual, pois haverá necessidade de repetir ou retificar determinados atos.

Ao pronunciar a nulidade, o juiz declarará quais atos são atingidos e ordenará as providências necessárias (CPC, art. 282, *caput*), que podem consistir na repetição do ato, ou na respectiva retificação (que é sinônimo da expressão *suprir a falta ou vício*). Carece de boa técnica, portanto, o art. 796, *a*, da CLT[26], pois é justamente a pronúncia da nulidade que gera a necessidade de repetição ou retificação do ato.

Exemplificando: suponha-se que o advogado que assine a peça recursal não tenha procuração nos autos. Nessa hipótese, o ato de interposição do recurso não será considerado nulo ou inexistente, bastando seja retificado, mediante a juntada aos autos da procuração ou substalecimento, o que deve ser determinado pelo relator, no âmbito do Tribunal. Já no caso em que o processo tramite à revelia do réu, sem a sua citação válida, o reconhecimento da nulidade da citação faz com que haja necessidade de repetir o ato, para viabilizar o exercício do contraditório.

---

25 Art. 97 - Somente pelo voto da maioria absoluta de seus membros ou dos membros do respectivo órgão especial poderão os tribunais declarar a inconstitucionalidade de lei ou ato normativo do poder público.

26 Art. 796 - A nulidade não será pronunciada:
a) quando for possível suprir-se a falta ou repetir-se o ato.

Nas situações de incompetência absoluta do órgão jurisdicional, os atos processuais poderão ser repetidos ou corrigidos no juízo competente, a critério deste; os efeitos das decisões do órgão incompetente serão preservados até a apreciação pelo competente, ressalvada a existência de decisão judicial em sentido contrário (CPC, art. 64, § 4º).

XIII

PROCEDIMENTOS E AUDIÊNCIA NA JUSTIÇA DO TRABALHO: FORMAÇÃO, DESENVOLVIMENTO E EXTINÇÃO DO PROCESSO

1. DISSÍDIO INDIVIDUAL E DISSÍDIO COLETIVO: DISTINÇÃO

As ações trabalhistas podem classificar-se, conforme já estudado[1] em dois gêneros: (i) ações individuais, também chamadas de dissídios individuais; e (ii) ações coletivas. Por sua vez, as ações coletivas podem ser de duas espécies: (i) ações que versem sobre direitos difusos, coletivos em sentido estrito e individuais homogêneos; (ii) dissídios coletivos.

Dissídio coletivo de natureza econômica é ação regida por procedimento especial, que tramita na Justiça do Trabalho com o objetivo de criar ou modificar condições de trabalho, solucionando um conflito coletivo de trabalho.

O dissídio de natureza econômica tem por objeto justamente a criação de normas jurídicas genéricas e abstratas que se aplicarão no âmbito de determinada empresa ou categoria profissional. A decisão do dissídio consiste em sentença normativa, que consubstancia o exercício do poder normativo da Justiça do Trabalho.

[1] Capítulo VI, item 4.2.

Trata-se de função anômala do Poder Judiciário, que inova no ordenamento jurídico, com eficácia prospectiva e *erga omnes* semelhante à das leis em geral.

O dissídio coletivo pode ser, ainda, de natureza jurídica, tendo o objetivo de interpretar atos normativos no âmbito de determinadas categorias, definindo seu sentido e alcance; ou dissídio de greve, cuja finalidade essencial é declarar a abusividade ou legalidade de movimento grevista.

A distinção crucial é que os dissídios coletivos versam sobre direitos essencialmente coletivos, vale dizer, direitos indivisíveis que pertencem à determinada categoria ou ao conjunto de trabalhadores de uma empresa. Seja o dissídio coletivo de natureza econômica, jurídica ou de greve, a decisão judicial correspondente valerá igualmente para todos que se enquadrem ou venham a se enquadrar nesse conjunto de trabalhadores, sendo inviável, do ponto de vista lógico, que haja fracionamento da decisão. Por exemplo, se a sentença normativa cria a obrigação de o empregador instituir plano de saúde para os empregados, esse comando abstrato se aplica indistintamente para todos que trabalhem ou venham a trabalhar na empresa.

Já os dissídios individuais têm por objeto direitos que pertencem a trabalhadores singularmente considerados. Ainda que se trate de litisconsórcio ativo, cada reclamante terá seu próprio direito material a ser tutelado. Exemplo: o trabalhador pode pedir indenização equivalente ao plano de saúde não fornecido pelo empregador, e o pedido será procedente ou improcedente de acordo com o que ficar provado acerca do alcance dos requisitos normativos pertinentes. A decisão exarada valerá apenas para o trabalhador envolvido, consideradas suas peculiaridades; outro trabalhador da mesma empresa pode mover, também, sua própria ação, e o resultado, eventualmente, poderá ser diferente para cada qual.

As ações coletivas (gênero) serão estudadas oportunamente.[2]

Neste capítulo, estudar-se-á o panorama geral dos três procedimentos comuns aplicáveis nos dissídios individuais trabalhistas, abordando-se a formação e a extinção do processo; e, também, o desenvolvimento dos ritos ordinário; sumaríssimo; e sumário.

2. FORMAÇÃO E EXTINÇÃO DO PROCESSO

Todo e qualquer processo judicial somente pode instaurar-se mediante o ajuizamento de petição inicial, que é o instrumento da demanda. Trata-se de corolário do princípio da inércia da jurisdição, que é garantia de liberdade dos cidadãos e de imparcialidade do Judiciário.

Da mesma forma, a relação processual deflagrada pelo exercício do direito de ação necessariamente chegará a um final, pois o processo, como tudo no mundo material, tem existência temporária. A única forma de encerrar um processo é por meio de decisão judicial, ainda que haja autocomposição das partes ou desistência da ação. A decisão judicial pode se manifestar sob a forma de sentença (ato de

2 Ver Capítulo XXIII.

magistrado de primeiro grau); acórdão (ato de órgão jurisdicional colegiado); ou decisão monocrática de relator em Tribunal.

Os institutos da petição inicial e da decisão judicial serão objeto de estudo sistemático oportunamente.[3]

3. DESENVOLVIMENTO DA RELAÇÃO JURÍDICA PROCESSUAL

Entre o início e o fim do processo, são praticados diversos atos processuais sequenciados, com o objetivo de promover a adequada tutela do direito material discutido em juízo.

O desenvolvimento da relação jurídica processual é ordenado pelo legislador para que se tenha um processo justo, prestigiando-se a segurança jurídica dos envolvidos, de modo que se evitem arbitrariedades que possam ser cometidas pelo órgão jurisdicional. O procedimento ideal é aquele que proporcione tutela efetiva do direito material, em tempo razoável, preservando o contraditório substancial e participativo, além da ampla defesa.

Há nítida tensão entre a busca da celeridade e duração razoável do processo, de um lado; e do contraditório, de outro. Quanto mais longos os prazos processuais, e mais recorrentes e amplas as possibilidades de manifestação das partes (contraditório), mais demorado tende a ser o processo e o acesso à justiça. Deve-se sempre ter em mente que os procedimentos previstos legalmente têm o objetivo de ponderar e concretizar esses valores.

Na Justiça do Trabalho, os dissídios individuais podem desenvolver-se mediante procedimentos (também chamados de ritos) comuns ou especiais. Os procedimentos comuns – ordinário, sumaríssimo e sumário – traçam os esquemas gerais para o trâmite processual. Os procedimentos especiais (como mandado de segurança, ação monitória etc.) consistem em modificações ou adaptações do procedimento comum, idealizadas pelo legislador com o intuito de adequá-lo de modo que viabilizem a tutela adequada de determinadas espécies de situações jurídicas materiais discutidas no processo.

4. PROCEDIMENTO ORDINÁRIO

O procedimento ordinário é o rito padrão para o trâmite das causas na Justiça do Trabalho. As regras que o disciplinam estão positivadas, essencialmente, nos arts. 837 a 852 da CLT, aplicando-se subsidiariamente aos demais procedimentos, comuns ou especiais, no que forem omissos os respectivos regramentos.

A estrutura procedimental é pautada pela concentração de atos em audiência, o que tende a acelerar o trâmite processual e aproximar o Juiz das partes, além de prestigiar o princípio da oralidade. De fato, a CLT prevê a audiência una, na qual

[3] Ver Capítulos XV e XIX.

devem ser praticados todos os atos processuais pertinentes ao primeiro grau de jurisdição – da primeira tentativa conciliatória e recebimento de defesa até a sentença.

Importante destacar que, em qualquer fase ou momento procedimental, os Juízes e Tribunais do Trabalho devem empregar sempre os seus bons ofícios e persuasão no sentido de uma solução conciliatória dos conflitos (CLT, art. 764, § 1º).[4] Exemplificando, o Juiz do Trabalho pode interromper o depoimento de uma testemunha para renovar a tentativa conciliatória, caso surja declaração que possa ser decisiva para o desfecho do processo. Não sendo celebrado acordo, prosseguirá no depoimento.

Eventualmente, pode se fazer necessária adaptação procedimental, para adequação às circunstâncias do processo ou do órgão jurisdicional, de forma que a audiência seja fracionada, conforme se analisará na sequência.

De todo modo, pode-se dizer que a audiência, enquanto ato complexo consubstanciado por diversos atos simples interligados, é o ponto culminante do processo trabalhista, pois os atos processuais mais importantes (conciliação, defesa, produção de provas e sentença) são praticados quando de sua ocasião.

4.1. Notificação

Após a distribuição da petição inicial, o primeiro ato a ser praticado no processo – ressalvada a análise de eventual requerimento de tutela provisória – é a notificação ou citação do reclamado para comparecimento à audiência, que deve ser feita com antecedência mínima de cinco dias da data respectiva (CLT, art. 841, *caput*).[5] O ato de comunicação será feito preferencialmente por via postal, mas pode ser feito por qualquer outra modalidade (mandado, edital etc. – conforme § 1º do mesmo dispositivo legal). A Fazenda Pública deve ser notificada pessoalmente com antecedência mínima de vinte dias (Decreto-lei 779/69, art. 1º, II).[6]

Trata-se de regra cogente, por se tratar de concretização do princípio do contraditório e da ampla defesa, e sua infringência gera nulidade absoluta dos atos subsequentes, ressalvada a possibilidade de renúncia ao prazo pelo interessado – a qual pode ser tácita na hipótese de oferecimento de defesa que não suscite a questão.

No Processo do Trabalho, a citação do réu é ato da Secretaria da Vara (CLT, art. 841, *caput*). Assim, em princípio, o primeiro contato do Juiz do Trabalho com o processo se dará na audiência, para a qual o reclamante será notificado no ato

---

4 Art. 764 – Os dissídios individuais ou coletivos submetidos à apreciação da Justiça do Trabalho serão sempre sujeitos à conciliação.

§ 1º – Para os efeitos deste artigo, os juízes e Tribunais do Trabalho empregarão sempre os seus bons ofícios e persuasão no sentido de uma solução conciliatória dos conflitos.

5 Art. 841 – Recebida e protocolada a reclamação, o escrivão ou secretário, dentro de 48 (quarenta e oito) horas, remeterá a segunda via da petição, ou do termo, ao reclamado, notificando-o ao mesmo tempo, para comparecer à audiência do julgamento, que será a primeira desimpedida, depois de 5 (cinco) dias.

6 Decreto-lei nº 779/69, art. 1º, II – o quádruplo do prazo fixado no artigo 841, *in fine*, da Consolidação das Leis do Trabalho.

da apresentação da reclamação ou por via postal (CLT, art. 841, § 1º).[7] Apesar de não previsto na CLT, a intimação do reclamante para a audiência inicial pode ser feita mediante publicação direcionada ao respectivo advogado na Imprensa Oficial.

Suponha-se situação em que o reclamado não compareça à audiência, tendo sido citado com inobservância do quinquídio legal. Em tais hipóteses, existe respeitável corrente doutrinária e jurisprudencial segundo a qual, nos termos do art. 494 do CPC[8], publicada a sentença, o Juiz cumpre e esgota a sua prestação jurisdicional, razão por que não poderia reconhecer a nulidade da própria sentença, em sede de embargos de declaração eventualmente opostos pelo reclamado.

Contudo, seria perda de tempo e de dinheiro público afirmar que somente o Tribunal poderia reconhecer tal nulidade, em descompasso com os princípios da celeridade e da economia processual (CF, art. 5º, LXXVIII).[9] Além disso, o art. 797 da CLT[10] autoriza a conclusão de que a nulidade pode ser reconhecida tanto pelo Tribunal, quanto pelo Juiz de primeira instância.

Assim, caso se aplique erroneamente a revelia em situação de inobservância do prazo do art. 841 da CLT[11], o Juiz ou o Tribunal deve chamar o feito à ordem para reconhecer a nulidade da sentença e de todos os atos processuais subsequentes, determinando a designação de nova audiência inicial, sendo facultado ao interessado o oferecimento de contestação, bem como a produção de provas.

4.2. Audiências presenciais, telepresenciais e híbridas

A audiência é um dos elementos mais importantes do Processo do Trabalho. Concebida pela CLT como audiência *una*, os atos processuais mais importantes são nela praticados: desde a tentativa de conciliação até a sentença, passando pelo recebimento da defesa, pela instrução, e pelo oferecimento de razões finais, entre outros atos importantes.

Sem dúvida, a audiência trabalhista humaniza o processo, permitindo o diálogo direto entre os sujeitos processuais (partes, advogados, servidores, juiz), em atividade cooperativa que visa a solucionar o conflito. Essa aproximação é fundamental para o bom julgamento pelo juiz.

---

7 Art. 841, § 1º – A notificação será feita em registro postal com franquia. Se o reclamado criar embaraços ao seu recebimento ou não for encontrado, far-se-á a notificação por edital, inserto no jornal oficial ou no que publicar o expediente forense, ou, na falta, afixado na sede da Junta ou Juízo.

8 Art. 494 – Publicada a sentença, o juiz só poderá alterá-la:
I – para corrigir-lhe, de ofício ou a requerimento da parte, inexatidões materiais ou erros de cálculo;
II – por meio de embargos de declaração.

9 Art. 5º, LXXVIII – a todos, no âmbito judicial e administrativo, são assegurados a razoável duração do processo e os meios que garantam a celeridade de sua tramitação.

10 Art. 797 – O juiz ou Tribunal que pronunciar a nulidade declarará os atos a que ela se estende.

11 Art. 841 – Recebida e protocolada a reclamação, o escrivão ou secretário, dentro de 48 (quarenta e oito) horas, remeterá a segunda via da petição, ou do termo, ao reclamado, notificando-o ao mesmo tempo, para comparecer à audiência do julgamento, que será a primeira desimpedida, depois de 5 (cinco) dias.

Sucede que, nos tempos atuais, *presença* não pode ser tida como sinônimo de presença física, e *aproximação* também não exige, necessariamente, proximidade física entre os sujeitos.

Quando, em março de 2020, por conta da calamidade decorrente da pandemia da Covid-19, as recomendações sanitárias impediram a realização de audiências presenciais, a realização de atos processuais por videoconferência era algo bastante incipiente na realidade da Justiça do Trabalho. Poucos meses depois, entretanto, os tribunais trabalhistas passaram a enfatizar a realização de audiências 100% telepresenciais (as únicas possíveis àquela altura): no começo, com certa resistência e dificuldades tanto por parte dos juízes, quanto dos advogados e jurisdicionados; e, com o decorrer do tempo, notou-se, no ano de 2021, que cada vez mais os usuários do sistema de justiça estavam familiarizados com a nova sistemática.

Já superada a pandemia, no ano de 2022, percebe-se que a grande maioria dos profissionais do Direito manifesta preferência pela realização de audiências telepresenciais, com eventuais requerimentos de realização de audiências presenciais.

Sem dúvida, a audiência telepresencial traz inúmeros benefícios para os advogados, para os jurisdicionados e para a sociedade como um todo, pois:

- (i) diminui os custos financeiros e de tempo relativos ao deslocamento para o fórum, o que pode ser algo bastante significativo nas grandes cidades, sobretudo para os trabalhadores mais pobres que residam em locais distantes;
- (ii) reduz-se o custo do Poder Judiciário, que passa a precisar cada vez menos de sedes físicas, de consumo de energia elétrica, entre outras despesas;
- (iii) permite que os advogados atuem em vários processos e em várias localidades simultaneamente, facilitando a atividade profissional da advocacia. É possível, por exemplo, participar de audiências em diferentes cidades, Estados e até Regiões, algo que é impossível no sistema presencial.

Embora haja opiniões dissonantes, em minha experiência pessoal - de alguém que já presidiu milhares de audiências nos dois modelos - não vejo diferença qualitativa entre as audiências presenciais e telepresenciais. A colheita da prova não sofre nenhum prejuízo de qualidade pelo mero fato de as pessoas ouvidas (testemunhas, partes etc.) estarem em locais diferentes e utilizando equipamentos telemáticos. Isso já se faz há muito tempo na justiça criminal, mundo afora, inclusive no Brasil, para ouvir o réu acusado da prática de crime. A sensação é a de que, cada vez mais, as resistências ao modelo telepresencial vão cedendo, e as pessoas vão percebendo as suas vantagens.

Se todas as partes concordarem com a realização da audiência telepresencial, a situação corresponde a negócio jurídico processual (CPC, art. 190) e não haverá nenhum óbice à realização dessa modalidade de audiência; ao revés, as partes terão direito subjetivo à que a audiência seja telepresencial, a menos que haja motivo legítimo que permita a recusa pelo juiz.

Da mesma forma, se todas as partes concordarem com o modelo 100% presencial, o juiz também não poderá recusar a realização da audiência presencial.

Situação mais delicada surge quando uma das partes requer a realização da audiência no formato telepresencial, enquanto outra manifesta preferência pela sistemática presencial. Para essas hipóteses, em princípio, é recomendável a realização da audiência híbrida, em que alguns sujeitos processuais ficam na sede da unidade jurisdicional, e outros participam do ato remotamente, através de instrumentos telemáticos. Contudo, de acordo com a situação concreta, pode ser necessário que o juiz designe a audiência no formato presencial nessas hipóteses.

Nas audiências telepresenciais e híbridas, são necessários alguns ajustes para que o ato se desenrole de maneira adequada e atinja sua finalidade, bem como para que a sistemática continue funcionando e sendo confiável para os jurisdicionados, advogados e juízes:

- (i) é necessário certo grau de paciência e tolerância com eventuais intercorrências que podem acontecer com o uso de equipamentos telemáticos e rede de internet. Atrasos de alguns minutos, *quedas* de conexão, congelamento de imagens etc. podem acontecer e devem ser manejados com sabedoria e perspicácia pelos participantes da assentada, sobretudo pelo juiz. Em casos limites, por exemplo, pode ser necessário adiar a audiência de instrução, deixando a ata em sigilo para resguardar os depoimentos já prestados[12];
- (ii) os advogados devem se resguardar caso haja dificuldade na sua conexão no momento da audiência. Se impossível o acesso à sala virtual de audiência, devem telefonar para a Secretaria do órgão judicial para requerer o adiamento da sessão, ou, alternativamente, caso possível, peticionar no processo informando o ocorrido, tudo (telefonema ou peticionamento) antes do início da audiência[13];
- (iii) o juiz deve cuidar para que as partes e testemunhas que ainda não depuseram não ouçam os depoimentos das outras, utilizando os recursos adequados das plataformas tecnológicas (sala de espera, por exemplo).

---

[12] Veja-se que a possibilidade de adiamento de audiência de instrução, embora menos comum, também pode ocorrer no modelo presencial. Pense-se na hipótese em que um dos participantes do ato passe mal subitamente (enfarto, AVC, pressão baixa etc.), impossibilitando o prosseguimento do ato.

[13] Nesse sentido, o julgado do TST a seguir mencionado. Nossa única ressalva é a de que, se o advogado informar previamente ao julgamento a impossibilidade de conexão, não pode sofrer prejuízo processual, devendo o feito ser adiado ou retirado de pauta. "Cerceamento de defesa. Não ocorrência. Alegação de impossibilidade de sustentação oral em sessão telepresencial decorrente de instabilidade na conexão à internet de advogado. Óbice alheio à atuação do Tribunal Regional. Responsabilidade exclusiva do causídico. Não configura cerceamento de defesa a impossibilidade de sustentação oral em sessão telepresencial decorrente de instabilidade na conexão à internet de advogado, a quem cabia exclusivamente a responsabilidade pelo adequado acesso à rede mundial, de acordo com regulamento do Tribunal Regional de origem. Consignou-se ainda que, na hipótese, não houve qualquer tentativa prévia de contato com a secretaria do órgão judicante com o objetivo de solicitar o adiamento ou retirada do processo da pauta do julgamento, o que somente ocorreu após a apreciação do feito. Sob esses fundamentos, a SBDI-II, por unanimidade, rejeitou a preliminar de nulidade processual por cerceamento de defesa suscitada nas razões do recurso ordinário" (TST-ROT-930-57.2020.5.05.0000, SBDI-II, rel. Min. Douglas Alencar Rodrigues, julgado em 17/5/2022).

No ano de 2023, já se pode afirmar que as audiências telepresenciais não são apenas o futuro do Processo do Trabalho, mas que, na verdade, já são o presente, numa realidade que tende a se consolidar cada vez mais.

4.2.1. Análise das fases da audiência

4.2.1.1. Fase conciliatória inicial

De acordo com os arts. 846 e 847 da CLT[14], o primeiro ato da audiência é a tentativa de conciliação, antes mesmo da leitura da petição inicial. Pode-se dizer, portanto, que há uma fase conciliatória inicial na audiência trabalhista.

No entanto, tentar a conciliação sem conhecer, ainda que minimamente, a realidade dos autos tende a ser muito menos efetivo do que ocorreria se o Juiz do Trabalho tivesse contato prévio com a petição inicial e com a prova documental já juntadas pelas partes. Em termos metafóricos, equivale a procurar um objeto no escuro, quando se pode acender a luz.

De fato, o Juiz do Trabalho deve ter postura ativa na fase conciliatória inicial, analisando aspectos como valor do salário, duração do contrato de trabalho, extensão dos pedidos formulados, documentos juntados pelas partes e divisão do ônus da prova e riscos envolvidos, de modo que os possa ponderar com as partes em diálogo franco, à luz do princípio da cooperação (CPC, art. 6º).[15]

Recomendável, portanto, que o Juiz faça a leitura, ainda que sumária, da petição inicial, antes da fase conciliatória inicial.

Celebrado acordo, será lavrado termo que consignará prazos e demais aspectos negociados pelas partes. O termo de conciliação tem *status* de coisa julgada material, razão por que corresponde a uma extinção do processo com resolução de mérito (CPC, art. 487, III, *b*).[16]

Situação interessante diz respeito ao acordo celebrado pelo reclamante com apenas uma das litisconsortes passivas. A respeito, ver Capítulo XII, item 8.2.

4.2.1.2. Fase postulatória complementar

Infrutífera a tentativa inicial de conciliação, passa-se à fase postulatória complementar, que deve ser precedida da leitura da inicial, quando não dispensada por ambas as partes (CLT, art. 847).

---

[14] Art. 846 – Aberta a audiência, o juiz ou presidente proporá a conciliação.
Art. 847 – Não havendo acordo, o reclamado terá vinte minutos para aduzir sua defesa, após a leitura da reclamação, quando esta não for dispensada por ambas as partes.

[15] Art. 6º – Todos os sujeitos do processo devem cooperar entre si para que se obtenha, em tempo razoável, decisão de mérito justa e efetiva.

[16] Art. 487 – Haverá resolução de mérito quando o juiz: (...)
III – homologar: (...)
b) a transação.

Pelo texto da CLT, a defesa deveria ser oferecida oralmente em audiência, no prazo de vinte minutos. A praxe forense, entretanto, construiu o costume segundo o qual a defesa é ofertada por escrito, dispensando-se a leitura da petição inicial, à qual as partes têm acesso prévio.

No processo eletrônico (PJ-e), a defesa e os documentos que a acompanham devem ser anexados aos autos até a realização da proposta conciliatória infrutífera, sendo que a reclamada pode atribuir, justificadamente, sigilo a tais peças (Resolução CSJT 185/2017, art. 22, *caput* e § 2º).

Depreende-se que a Resolução mitiga o princípio da concentração de atos em audiência, pois prevê a prática de ato processual (oferecimento de resposta do réu – contestação, exceções ou reconvenção) antes da assentada inaugural. Contudo, trata-se de adaptação que não causa prejuízo algum às partes, além de ser imprescindível para que haja adequada tramitação do processo na via eletrônica. Ademais, a possibilidade – em último caso – de defesa oral preserva, em sua inteireza, o princípio da oralidade que vigora no direito processual do trabalho.

Quanto aos documentos, a regra geral é a mesma: em princípio devem ser anexados aos autos eletrônicos antes da audiência. Sucede que, nas situações em que a parte estiver desassistida, seria praticamente impossível a juntada por meios eletrônicos. Além disso, pode haver situação de urgência que justifique o recebimento de documentos físicos, ou a indisponibilidade temporária do sistema. Dessa forma, excepcionalmente, a seu critério, o magistrado pode admitir a apresentação de documentos na forma física. Em suma, o juiz deve aferir a existência de justificativa plausível para o requerimento, e, caso haja pertinência, deve receber excepcionalmente o documento, e determinar a digitalização pela Secretaria – ou a juntada pela própria parte, em prazo pré-fixado. Tal linha de raciocínio se harmoniza com os princípios da simplicidade e informalidade.

Antes do recebimento da defesa, é possível o aditamento ou emenda da petição inicial, para o fim de incluir ou retificar alguma informação, respectivamente, segundo o entendimento majoritário da doutrina e jurisprudência. Pode ser requerida até mesmo a inclusão de litisconsorte passivo omitido na petição inicial. Em princípio, nessas hipóteses, a audiência deve ser redesignada com observância do art. 841 da CLT, salvo se o réu renunciar ao prazo. Posicionamento minoritário sustenta a impossibilidade de aditamento sem consentimento do réu, por aplicação do art. 329, I, do CPC, segundo o qual, feita a citação, o aditamento somente é possível se o réu aquiescer.

O réu pode provocar, na defesa, alguma modalidade de intervenção de terceiros, ou ajuizar reconvenção. Se isso acontecer, em princípio a audiência deve ser redesignada, situação que deve ser citado o terceiro para comparecimento, com observância do prazo mínimo de cinco dias. Ressalve-se que, no caso de reconvenção, o reclamante-reconvindo pode renunciar ao prazo, que é estabelecido em seu favor, prosseguindo-se a audiência na mesma oportunidade.

Não é incomum, ainda, na praxe forense que, antes de recebida a defesa, o reclamado suscite oralmente questão preliminar que impeça o julgamento do mérito, tal como seria a inépcia da petição inicial. À luz dos princípios da primazia da decisão de mérito e da cooperação (CPC, arts. 4º e 6º), plenamente válido esse procedimento, pois permite seja feito o aditamento ou a correção do erro, de modo a viabilizar julgamento de mérito nos autos. O Juiz deve fazê-lo de ofício, mesmo sem provocação do réu.

Por fim, embora não haja previsão legal específica no Processo do Trabalho, em algumas situações – sobretudo em que a prova documental seja demasiadamente extensa ou complexa, o que impede ou dificulta a respectiva análise na própria audiência –, é costume que, quando do fracionamento da audiência, conceda-se prazo para que o reclamante se manifeste, em réplica, sobre a defesa e documentos juntados pelo reclamado. O prazo a ser adotado é, em princípio, de 15 dias (CPC, art. 351), mas pode ser alterado judicialmente em caso de necessidade.

Perceba-se, portanto, que, após a postulação inicial (= petição inicial) e a primeira tentativa de conciliação, existe uma fase postulatória complementar, na qual pode haver aditamento ou emenda da petição inicial; recebimento de contestação (= postulação do réu); arguição de questão preliminar; deflagração de intervenção de terceiros; manifestação do reclamante em réplica. Daí pode resultar a redesignação da audiência, sendo que, na oportunidade seguinte, serão recebidas as defesas dos litisconsortes eventualmente incluídos no processo, bem como a nova defesa do réu originário (caso haja necessidade).

4.2.1.3. Fase instrutória

Encerrada a fase postulatória complementar, a audiência deve prosseguir na fase instrutória, consistente na produção das provas pertinentes e relevantes para o julgamento da causa.

A ordem usual de produção das provas orais é: (i) oitiva do perito e dos assistentes técnicos, quando convocados a prestarem esclarecimentos em audiência; (ii) oitiva do reclamante em depoimento pessoal; (iii) oitiva do preposto em depoimento pessoal; (iv) oitiva das testemunhas indicadas pelo reclamante e, posteriormente, as da reclamada. Essa ordem pode ser modificada em algumas situações, como deflui dos art. 456, parágrafo único, do CPC[17], e do art. 775, §2º, da CLT.[18]

Cada parte pode ouvir três testemunhas, exceto na situação de inquérito judicial para apuração de falta grave, em que o número se eleva para seis (CLT, art. 821).

A praxe forense é no sentido de que, caso haja necessidade de produção de prova pericial ou de oitiva de testemunha mediante carta precatória, tais atos devem ser praticados antes da colheita da prova oral em audiência.

Em algumas situações, entretanto, pode ser necessária ou interessante, do ponto de vista da economia processual, a produção da prova oral antes da realização da perícia ou de expedição da precatória. Pense-se na situação de existir pedido de adicional de insalubridade, mas há controvérsia sobre o local onde o reclamante desempenhava as

---

17 Art. 456, Parágrafo único – O juiz poderá alterar a ordem estabelecida no *caput* se as partes concordarem.

18 Art. 775, § 2º. Ao juízo incumbe dilatar os prazos processuais e alterar a ordem de produção dos meios de prova, adequando-os às necessidades do conflito de modo a conferir maior efetividade à tutela do direito. (Incluído pela Lei nº 13.467, de 2017)

suas funções, sendo que em um deles haveria, em tese, o direito e, no outro lugar não o haveria. Por exemplo, o reclamante afirma que trabalhava em câmara frigorífica, mas a reclamada aduz que o trabalhador ficava apenas no escritório. Em tal hipótese, é recomendável a realização de instrução oral antes da prova pericial, já que, se o local de trabalho for o escritório, a perícia sequer deve ser realizada. Situações semelhantes podem ocorrer no que envolve a expedição de cartas precatórias.

Pode ocorrer de uma das partes requerer, ou o Juiz determinar de ofício a produção de prova documental suplementar, conforme se estudará no capítulo atinente ao direito probatório, no qual será analisada a sistemática de todas as espécies de provas.

4.2.1.4. Fase final: razões finais e tentativa de conciliação

Encerrada a instrução, as partes dispõem de 10 minutos para aduzirem razões finais, ocasião em que podem expor argumentos fáticos e jurídicos pertinentes à causa.

Oferecidas, ou não, as razões finais, o Juiz do Trabalho deve, obrigatoriamente, renovar a proposta conciliatória (CLT, art. 850)[19], que será, presumidamente, muito mais bem elaborada, pois já se terá um panorama geral acerca das provas produzidas.

O magistrado, na proposta conciliatória final, pode explanar para as partes as suas impressões e conclusões sobre as provas produzidas, inclusive calculando o risco financeiro do processo para ambas as partes. Não se trata de pré-julgamento ilegítimo, porque, a essa altura do procedimento, o Juiz já pode inclusive proferir a decisão, ou seja, já pode julgar. Não faria sentido a CLT prever a obrigatoriedade de nova tentativa de conciliação após a instrução se os elementos nela surgidos não pudessem ser utilizados.

Evidentemente, a análise probatória e jurídica eventualmente feita pelo magistrado na proposta conciliatória final não pode jamais significar coação ou induzimento à celebração de acordo por qualquer das partes. Nessa ótica, é interessante que o Juiz deixe clara a possibilidade de valoração diferente pelo Tribunal, em caso de recurso, bem como o fato de que a celebração de acordo é decisão soberana da parte em conjunto com seu advogado.

4.2.1.5. Fase decisória

Após a tentativa final de conciliação, a audiência prossegue para o seu ato final, que é a prolação da sentença (CLT, art. 850).

Publicada a sentença em audiência, as partes já saem cientes, iniciando-se, no dia útil subsequente, a contagem do prazo recursal (TST, Súmula 197).

No caso de revelia, o réu deve ser notificado da sentença por via postal, mandado ou edital, conforme o caso (CLT, art. 852).

---

19 Art. 850 – Terminada a instrução, poderão as partes aduzir razões finais, em prazo não excedente de 10 (dez) minutos para cada uma. Em seguida, o juiz ou presidente renovará a proposta de conciliação, e não se realizando esta, será proferida a decisão.

4.2.1.6. Adaptação do procedimento de audiência

Conforme visto, o rito ordinário trabalhista se caracteriza pela feição predominante oral, já que todos os atos processuais praticados desde a notificação do reclamado até a sentença deveriam ser levados a efeito na audiência una.

No entanto, o princípio da adequação faz com que sejam possíveis - e, algumas vezes, necessárias - algumas modificações, no caso concreto, do *iter* procedimental previsto abstratamente pelo legislador.

É muito comum, em diversas Regiões da Justiça do Trabalho, a designação fracionada de (i) audiências iniciais, com o único escopo de tentar a conciliação e receber a defesa; (ii) audiências de instrução - também chamadas de audiência em prosseguimento -, destinadas à colheita da prova; e (iii) audiências de julgamento, que nada mais são do que a designação de data para leitura de sentença, o que dispensa a prática de ato intimatório pela Secretaria da Vara.

É possível e recomendável, ainda, que o Juiz do Trabalho fracione audiências designadas como unas, nos casos em que houver grande quantidade de documentos juntados com a defesa; ou para melhor administração da pauta de audiências - por exemplo, quando, no início da sessão, desponte processo que exija a oitiva de seis testemunhas, o que faria com que houvesse atraso significativo de todas as audiências posteriores designadas para o mesmo dia. Essa avaliação deve ser feita caso a caso pelo magistrado, que deve optar, sempre que possível, pela realização de audiências unas, que imprimem maior celeridade à marcha processual.

Em qualquer caso de fracionamento (=redesignação) da audiência para fins de instrução, a parte deve ser pessoalmente intimada para comparecimento na assentada seguinte, constando do ato intimatório a consequência processual da confissão ficta para o caso de ausência injustificada. Esse é o entendimento que se extrai da Súmula 74 do TST, da qual se depreende não ser suficiente, para o fim de aplicação da confissão ficta, a intimação na pessoa do advogado.

Outra prática muito comum é o encerramento da audiência após a última tentativa de conciliação, sem a designação de data para a prolação de sentença. Diz-se, então, que o feito fica adiado *sine die* para sentença, devendo-se proceder, nestes casos, à intimação das partes a respeito da respectiva publicação na pessoa de seus advogados (exceto na situação de réu revel, que deverá ser notificado pessoalmente, conforme art. 852 da CLT).

4.2.2. *Análise de aspectos processuais e materiais da audiência*

4.2.2.1. Ausência das propostas conciliatórias

Discute-se se a ausência da proposta conciliatória inicial e/ou da final acarreta nulidade da sentença. O tema é controvertido, havendo posicionamentos jurisprudenciais no sentido de que a ausência de qualquer das propostas conciliatórias resultaria em nulidade absoluta da sentença.[20]

[20] TST - RR: 3355888619975045555 335588-86.1997.5.04.5555, Relator: Francisco Fausto, Data de Julgamento: 22/09/1999, 3ª Turma, Data de Publicação: DJ 22/10/1999.

No entanto, deve-se observar que não há nulidade sem prejuízo processual, conforme já analisado.[21] Sob essa ótica, a segunda tentativa conciliatória supre a eventual ausência da primeira proposta.[22]

Além disso, mesmo que não seja feita, por lapso, a tentativa conciliatória final pelo Juiz do Trabalho, somente pode ser decretada a nulidade se houver demonstração inequívoca de prejuízo processual, o que dificilmente se configurará na prática, já que as partes podem conciliar a qualquer tempo - até mesmo no âmbito do Tribunal, cabendo, neste caso, ao relator homologar eventual acordo.

4.2.2.2. Ausências e atrasos dos sujeitos processuais em audiência

O comparecimento de qualquer sujeito processual à audiência pode ser classificado como ato real.[23]

O Processo do Trabalho é marcado fortemente pelo princípio da oralidade, razão pela qual se exige o comparecimento pessoal das partes (trabalhador e empregador) à audiência, o que favorece a aproximação dos litigantes e o descobrimento da verdade pelo Juiz do Trabalho, além de aumentar as possibilidades de solução conciliatória.

Ausente o reclamante à audiência inicial, deve dar-se o arquivamento, que é uma extinção do processo sem resolução do mérito; ausente o reclamado, aplica-se a revelia, presumindo-se a veracidade das afirmações fáticas constantes da petição inicial (CLT, art. 844, *caput*).

A partir da Reforma Trabalhista (CLT, art. 844, §§ 2º e 3º)[24], caso a ausência do reclamante à audiência não seja justificada em até 15 (quinze) dias, deve ser condenado em custas, ainda que beneficiário da gratuidade de justiça. O §2º do art. 844 foi reputado válido pelo STF no julgamento da ADI 5766[25]; quanto ao §3º,

---

21 Ver capítulo XII, item 8.2.

22 Nesse sentido: TST - RR: 1004005420075150092 100400-54.2007.5.15.0092, Relator: Maria de Assis Calsing, Data de Julgamento: 15/08/2012, 4ª Turma.

23 Ver Capítulo XI, item 3.1.

24 Art. 844, § 2º Na hipótese de ausência do reclamante, este será condenado ao pagamento das custas calculadas na forma do art. 789 desta Consolidação, ainda que beneficiário da justiça gratuita, salvo se comprovar, no prazo de quinze dias, que a ausência ocorreu por motivo legalmente justificável.

§ 3º O pagamento das custas a que se refere o § 2º é condição para a propositura de nova demanda.

25 "CONSTITUCIONAL. AÇÃO DIRETA DE INCONSTITUCIONALIDADE. LEI 13.467/2017. REFORMA TRABALHISTA. REGRAS SOBRE GRATUIDADE DE JUSTIÇA. RESPONSABILIDADE PELO PAGAMENTO DE ÔNUS SUCUMBENCIAIS EM HIPÓTESES ESPECÍFICAS. ALEGAÇÕES DE VIOLAÇÃO AOS PRINCÍPIOS DA ISONOMIA, INAFASTABILIDADE DA JURISDIÇÃO, ACESSO À JUSTIÇA, SOLIDARIEDADE SOCIAL E DIREITO SOCIAL À ASSISTÊNCIA JURÍDICA GRATUITA. MARGEM DE CONFORMAÇÃO DO LEGISLADOR. CRITÉRIOS DE RACIONALIZAÇÃO DA PRESTAÇÃO JURISDICIONAL. AÇÃO DIRETA JULGADA PARCIALMENTE PROCEDENTE. 1. É inconstitucional a legislação que presume a perda da condição de hipossuficiência econômica para efeito de aplicação do benefício de gratuidade de justiça, apenas em razão da apuração de créditos em favor do trabalhador em outra relação processual, dispensado o empregador do ônus processual de comprovar eventual modificação na capacidade econômica do beneficiário. 2. A ausência injustificada à audiência de julgamento frustra o exercício da jurisdição e acarreta prejuízos materiais para o órgão judiciário e para a parte reclamada, o que não se coaduna com deveres mínimos de boa-fé, cooperação e lealdade processual, mostrando-se proporcional a restrição do benefício de gratuidade de justiça nessa hipótese. 3. Ação Direta julgada parcialmente proce-

que exige o depósito prévio das custas como condição para o ajuizamento de nova ação, não houve decisão da Suprema Corte, valendo as observações feitas abaixo.

Apesar de a redação legal mencionar que as custas somente não serão cobradas caso a ausência tenha decorrido de *motivo legalmente justificável*, deve haver parcimônia e razoabilidade na interpretação dos dispositivos, à luz do princípio constitucional do acesso à justiça.

Assim, por exemplo, se o reclamante comparecer à Vara do Trabalho, ainda que com atraso de algumas horas após o horário designado para a audiência, inegavelmente o processo deve ser arquivado; contudo, mesmo que o atraso decorra do trânsito acentuado nas grandes cidades, ou até mesmo da fila de elevadores no prédio do Fórum, o Juiz do Trabalho não deve condenar o trabalhador ao pagamento de custas.

Além disso, caso se trate de parte beneficiária da justiça gratuita, não se aplica o § 3º do art. 844 da CLT, vale dizer, não se pode exigir o pagamento prévio das custas para que se viabilize o processamento do segundo processo. A interpretação conforme à Constituição do referido dispositivo, à luz do princípio do acesso à justiça (CF, art. 5º, XXXV) orienta no sentido de que a exigência do depósito das custas só pode ser feita em relação aos autores que não sejam beneficiários da gratuidade de justiça.

Dessa forma, trabalhador beneficiário da justiça gratuita que falte à audiência inicial injustificadamente terá o processo arquivado e deverá ser condenado ao pagamento de custas; apesar disso, poderá ajuizar uma segunda ação, que deverá ser processada normal e independentemente do pagamento prévio de custas devidas em virtude do arquivamento anterior.

Se qualquer das partes se ausentar na audiência em prosseguimento (audiência de instrução), tendo sido intimada pessoalmente ao comparecimento, sob pena de confissão, acontece o fenômeno da confissão ficta, gerando também a presunção relativa de veracidade dos fatos contrários à parte ausente (TST, Súmula 74).[26]

Na hipótese de as duas partes não comparecerem injustificadamente à audiência inicial, o feito deve ser arquivado, pois o comparecimento do reclamante é pressuposto processual, enquanto o do reclamado, pelo regramento da CLT, gera consequências de mérito (revelia).

Já se as duas partes não comparecerem, sem justificativa, à audiência em prosseguimento, as confissões fictas recíprocas se anulam, por assim dizer; dessa forma, o julgamento deve se dar com base nas provas pré-constituídas, já juntadas aos autos, ou então a partir das regras de distribuição de ônus da prova.

Não existe previsão legal tolerando atraso no horário de comparecimento da parte na audiência (OJ 245 da SDI-1 do TST).

---

dente" (ADI 5766, Relator(a): ROBERTO BARROSO, Relator(a) p/ Acórdão: ALEXANDRE DE MORAES, Tribunal Pleno, julgado em 20/10/2021, PROCESSO ELETRÔNICO DJe-084 DIVULG 02-05-2022 PUBLIC 03-05-2022).

26 TST, súmula 74: I – Aplica-se a confissão à parte que, expressamente intimada com aquela cominação, não comparecer à audiência em prosseguimento, na qual deveria depor.

Caso o Juiz se atrase mais de trinta minutos à sessão de audiências, o advogado tem a prerrogativa de retirar-se, protocolando petição (Lei 8906/94, art. 7º, XX), e a audiência não poderá ser conduzida sem a presença do advogado, devendo ser redesignada. Cabe ressaltar que, caso o Juiz esteja presente, mas haja atraso em virtude de demora no encerramento da audiência anterior, da mesma pauta, não se aplica o dispositivo legal citado.

A Lei 14.657/2023 trouxe para a CLT a mesma regulamentação quanto ao tema do atraso do juiz. Antes dessa modificação legislativa, a previsão na CLT era de que os presentes poderiam se retirar após 15 minutos, caso o juiz não houvesse comparecido (CLT, art. 815, parágrafo único). Por uma atecnia legislativa, o parágrafo único do art. 815 foi convertido em §1º, quando, na verdade, o correto teria sido sua pura e simples revogação. Isso porque o §2º do art. 815 (com a redação da Lei 14.657/2023) passou a prever que "Se, até 30 (trinta) minutos após a hora marcada, a audiência, injustificadamente, não houver sido iniciada, as partes e os advogados poderão retirar-se", de modo que, na regulamentação atual da CLT e da Lei 8.906/94, a tolerância de atraso para o juiz é de 30 minutos, devendo-se considerar tacitamente revogado o §1º do art. 815 da CLT.[27]

Se houver motivo relevante, devidamente comprovado – no momento da audiência, ou mesmo após a sua realização – o Juiz do Trabalho deve relevar a ausência (CLT, art. 844, § 1º) ou o atraso da parte, redesignando, se for o caso, a audiência. Entende-se como motivo relevante aquele inevitável, que impeça o comparecimento tempestivo, tal como a doença grave, o acidente de trânsito fortuito etc. Não é motivo apto a justificar a ausência situação previsível, como o trânsito em grandes cidades.

4.2.2.3. Ausência do advogado

Sobre o tema, ver Capítulo VII, item 2.2.

4.2.2.4. Presença do advogado no caso de ausência do reclamado

A jurisprudência consolidada do TST sempre foi no sentido de que, ausente injustificadamente o preposto, a reclamada devia ser considerada revel, ainda que compareça o advogado, munido de procuração, defesa e documentos. A revelia somente poderia ser obstada mediante a apresentação de atestado médico, que declarasse, expressamente, a impossibilidade de locomoção do empregador ou do seu preposto no dia da audiência (TST, Súmula 122).

---

[27] Art. 815 - À hora marcada, o juiz ou presidente declarará aberta a audiência, sendo feita pelo secretário ou escrivão a chamada das partes, testemunhas e demais pessoas que devam comparecer.

§ 1º Se, até 15 (quinze) minutos após a hora marcada, o juiz ou presidente não houver comparecido, os presentes poderão retirar-se, devendo o ocorrido constar do livro de registro das audiências. (Incluído pela Lei nº 14.657, de 2023)

§ 2º Se, até 30 (trinta) minutos após a hora marcada, a audiência, injustificadamente, não houver sido iniciada, as partes e os advogados poderão retirar-se, consignando seus nomes, devendo o ocorrido constar do livro de registro das audiências. (Incluído pela Lei nº 14.657, de 2023)

O posicionamento era criticável sob dois enfoques: primeiro, pelo excessivo rigor quanto ao teor do atestado médico. Exigir a declaração expressa de impossibilidade de locomoção poderia levar a situações absurdas e decisões teratológicas. Imagine-se uma declaração médica que ateste que o representante do empregador está padecendo de doença grave, como tuberculose, ou que tenha sofrido um aneurisma cerebral, muito embora não haja a afirmação expressa de impossibilidade de locomoção. Aplicar revelia numa hipótese como essas seria absolutamente irrazoável.

Além disso, a aplicação da revelia – com o consequente não recebimento da defesa e documentos – tende a gerar situações extremamente injustas e irrazoáveis. Suponha-se que o trabalhador, litigando de má-fé, postule verbas já quitadas, como indenização de 40% de FGTS e aviso prévio. O advogado da empresa comparece com os documentos que demonstram cabalmente a quitação. Ora, deixar de receber esses documentos, apenas porque o preposto não compareceu, fere o mais elementar senso de justiça.

A solução adequada não é decretar a revelia, mas reconhecer apenas a confissão ficta da reclamada, em função da ausência injustificada do preposto. Os efeitos devem ser idênticos aos da Súmula 74 do TST, havendo presunção apenas relativa de veracidade dos fatos declinados na petição inicial, sendo imperiosa a observância da prova documental. A defesa, portanto, deve ser recebida, junto com os documentos, o que evita as incongruências acima apontadas. Contudo, o reclamado perde o direito subjetivo de produzir provas orais em audiência, o que não impede o poder-dever do magistrado de determinar a produção de provas, caso entenda necessária.

Cabe ressalvar que o entendimento ora preconizado jamais foi majoritário no âmbito da doutrina e da jurisprudência; entretanto, foi expressamente sufragado pela Lei nº 13.467/2017, a qual introduziu o § 5º no art. 844 da CLT, prevendo que, *ainda que ausente o reclamado, presente o advogado na audiência, serão aceitos a contestação e os documentos eventualmente apresentados.*

4.2.2.5. Ausência da parte e negócios jurídicos processuais

Além das hipóteses de ausência justificada das partes, há outras excepcionais em que os efeitos típicos da ausência podem ser afastados por meio de negócios jurídicos processuais.

Pense-se nos seguintes exemplos: (i) trabalhador não comparece à audiência inicial, mas o advogado se faz presente. Os representantes da empresa concordam com o não arquivamento do feito, tendo em vista que seria ajuizada, no mesmo dia, ação idêntica; (ii) as partes dispensam, reciprocamente, o comparecimento uma da outra na audiência em prosseguimento, por não haver necessidade de oitiva dos depoimentos pessoais.

Nas duas situações, seria plenamente possível a homologação, pelo Juiz do Trabalho, do negócio jurídico processual entabulado pelas partes, afastando os efeitos típicos da respectiva ausência. A dispensa recíproca de comparecimento, aliás, já era comum na praxe, mesmo antes do CPC/2015 (casos envolvendo pessoas famosas, por exemplo, como jogadores de futebol).

Não havendo prejuízo algum aos sujeitos processuais, essas situações se revelam plenamente lícitas e interessantes do ponto de vista da economia processual, o que revela o equívoco da IN 39/2016 do TST na parte em que rejeita peremptoriamente a aplicabilidade do art. 190 do CPC[28] ao Processo do Trabalho.

4.2.2.6. Celebração de acordo sem a presença da parte

Ver Capítulo VII, item 4.1.

4.2.2.7. Dinâmica e duração da audiência. Organização da pauta e intervalos

Os Juízes do Trabalho devem estar atentos quanto à organização da pauta, que deve ser equilibrada, com quantidade adequada de instruções, as quais devem ser designadas com observância do grau de complexidade dos feitos, e com os intervalos necessários entre cada audiência.

A grande quantidade de audiências que o Juiz do Trabalho realiza diariamente exige que se imprima agilidade na condução da pauta. De outro lado, o Juiz deve ser parcimonioso no indeferimento de provas e diligências, pois o magistrado de primeiro grau não é o único destinatário da prova, que também se dirige às partes, aos magistrados que julgarão eventual recurso e à sociedade como um todo.

O art. 813, *caput*, da CLT, prevê que as audiências na Justiça do Trabalho serão públicas e realizar-se-ão em dias úteis, das 8h às 18h, não podendo ultrapassar 5 (cinco) horas seguidas, salvo quando houver matéria urgente. Discute-se se o dispositivo se refere à duração de uma única audiência, isoladamente considerada, ou à pauta de audiências de cada dia.

Presidir audiência é atividade que provoca cansaço mental acentuado, tendo em vista a necessidade da máxima atenção do juiz a diversos aspectos, sobretudo o acompanhamento constante dos depoimentos. Ademais, o Juiz do Trabalho tem diversos outros afazeres, além da realização da pauta de audiências, tais como a prolação de decisões, despachos, sentenças, administração da Vara do Trabalho etc. Dessa forma, sob pena de comprometimento da qualidade da condução das audiências e das outras rotinas do magistrado, deve-se entender que o limite de cinco horas se refere à totalidade da pauta de audiências de determinado dia.[29]

4.2.2.8. Perempção trabalhista

A perempção, na Justiça do Trabalho, caracteriza-se pela perda, pelo prazo de seis meses, do direito de ajuizar ação trabalhista. Sua natureza jurídica, portanto, é

---

28 Art. 190 – Versando o processo sobre direitos que admitam autocomposição, é lícito às partes plenamente capazes estipular mudanças no procedimento para ajustá-lo às especificidades da causa e convencionar sobre os seus ônus, poderes, faculdades e deveres processuais, antes ou durante o processo.

29 Com a mesma opinião, SCHIAVI, p. 454, baseando-se em Francisco Antônio de Oliveira e Antônio Lamarca.

de pressuposto processual negativo - algo que não pode ocorrer para que o direito de ação seja validamente exercido -, com a peculiaridade de ser temporário. Sob outro enfoque, trata-se de sanção estabelecida pela legislação processual.

Aplica-se a perempção em duas hipóteses: (i) apresentação de reclamação trabalhista verbal, não comparecendo o trabalhador à Secretaria da Vara para redução a termo, no prazo de cinco dias (CLT, art. 731 - dispositivo em franco desuso, tendo em vista a realidade moderna do processo eletrônico); (ii) quando o trabalhador der causa, injustificadamente, a dois arquivamentos seguidos (CLT, art. 732).

Há posicionamentos no sentido da inconstitucionalidade da previsão legal da perempção, por violar o acesso à justiça (CF, art. 5º, XXXV).[30] No entanto, trata-se de ponderação validamente feita pelo legislador entre esse princípio, de um lado, e os princípios da solidariedade, boa-fé objetiva e devido processo legal, de outro. De fato, deve haver alguma punição para quem dê causa seguidamente à extinção de processos, pois o mero fato de o réu ter que comparecer e contratar advogado já gera despesas e contratempos. Sob outro enfoque, como se dá apenas a suspensão, e não a perda do direito de ajuizar a ação, o acesso à justiça não é comprometido em seu núcleo essencial. Além disso, o ajuizamento da primeira ação já produz o efeito de interromper a prescrição no que tange aos pedidos idênticos.

Há outra situação de perempção, prevista pela nova redação do art. 844, §§ 2º e 3º, da CLT[31] (dispositivo inserido pela Reforma Trabalhista), segundo o qual, caso haja arquivamento da ação, em virtude de ausência injustificada do reclamante, o pagamento das custas fixadas na sentença anterior seria condição para a propositura de nova demanda.

No entanto, conforme já estudado, caso se trate de parte beneficiária da justiça gratuita, não se aplica o § 3º do art. 844 da CLT, vale dizer, não se pode exigir o pagamento prévio das custas para que se viabilize o processamento do segundo processo. A interpretação conforme à Constituição do referido dispositivo, à luz do princípio do acesso à justiça (CF, art. 5º, XXXV) orienta no sentido de que a exigência do depósito das custas só pode ser feita em relação aos autores que não sejam beneficiários da gratuidade de justiça.

Dessa forma, trabalhador beneficiário da justiça gratuita que falte à audiência inicial injustificadamente terá o processo arquivado e deverá ser condenado ao pagamento de custas; apesar disso, poderá ajuizar uma segunda ação, que deverá ser processada normal e independentemente do pagamento prévio de custas devidas em virtude do arquivamento anterior.

[30] Art. 5º, XXXV - a lei não excluirá da apreciação do Poder Judiciário lesão ou ameaça a direito.

[31] Art. 844, § 2º Na hipótese de ausência do reclamante, este será condenado ao pagamento das custas calculadas na forma do art. 789 desta Consolidação, ainda que beneficiário da justiça gratuita, salvo se comprovar, no prazo de quinze dias, que a ausência ocorreu por motivo legalmente justificável.

§ 3º O pagamento das custas a que se refere o § 2º é condição para a propositura de nova demanda.

4.2.2.9. Parte que comparece embriagada

Situação inusitada ocorre quando a parte comparece à audiência embriagada ou sob efeito de entorpecentes. Há entendimentos de que a situação deve ser equiparada à ausência da parte. No entanto, não há como considerar ausente alguém que se encontra de corpo presente; na verdade, a embriaguez ou uso de entorpecentes, que impeçam a parte de prestar seu depoimento pessoal, deve ser equiparada à recusa em depor (CPC, art. 385, §1º)[32], de modo que se aplica a confissão ficta em favor da parte adversária, salvo se se tratar de doença (alcoolismo) devidamente comprovada.

4.2.2.10. Ausência da parte impossibilitada de comparecer: residência no exterior e doença grave

Como visto, a CLT exige o comparecimento pessoal das partes nas audiências. Contudo, atualmente, com as modernas tecnologias, que permitem realização de videoconferências com grande facilidade, mesmo entre pessoas que estejam em pontos opostos no globo terrestre, deve-se adotar interpretação evolutiva do ordenamento jurídico. Desse modo, quando houver motivo justificável, tal como a residência da parte no exterior, ou o padecimento de doença grave, que impeça a locomoção até a sede da Vara do Trabalho – mas não a participação na audiência, em si – o juiz do trabalho deve realizar a audiência utilizando-se dos recursos telemáticos pertinentes, sem a necessidade de presença pessoal da parte.

4.3. Fase recursal

Proferida a sentença e cientificadas as partes a respeito, nos moldes já expostos, inicia-se o prazo recursal, dentro do qual os interessados podem impugnar o ato decisório e postular sua modificação ou invalidação.

A peculiaridade da fase recursal é que sua existência, no processo, é somente eventual, já que depende, em princípio, de provocação dos interessados. A exceção consiste em determinadas situações em que a sentença seja proferida em desfavor da Fazenda Pública, sujeitando-se, por força de lei, ao reexame necessário pelo Tribunal. Mesmo que não se considere o reexame necessário como espécie de recurso – e, realmente, não se trata de recurso –, pode-se asseverar, por metonímia, que se trata de fase recursal do processo, já que os temas decididos contrariamente à Fazenda serão reapreciados pelo Tribunal competente.

4.4. Fase de cumprimento de sentença

Com o trânsito em julgado, passa-se à fase de cumprimento definitivo da sentença, na qual se buscará concretizar, no mundo fenomênico, o comando judicial não atendido espontaneamente pelo réu.

---

32 Art. 385, § 1º Se a parte, pessoalmente intimada para prestar depoimento pessoal e advertida da pena de confesso, não comparecer ou, comparecendo, se recusar a depor, o juiz aplicar-lhe-á a pena.

A atividade executiva também pode ser desempenhada antes do trânsito em julgado, no bojo de um cumprimento provisório da sentença contra a qual foi interposto recurso sem efeito suspensivo. A particularidade dessa situação é que o processo tramitará simultaneamente em duas fases: a recursal; e a de cumprimento provisório de sentença, razão pela qual a petição que o requer (CPC, art. 522, *caput*)[33] deve ser autuada em apartado, de modo a viabilizar o prosseguimento da fase recursal.

5. PROCEDIMENTO SUMARÍSSIMO

Considerando o envolvimento de valores pecuniários mais baixos em determinadas causas, o legislador instituiu procedimentos diferenciados, tendo em vista a premissa de necessidade de solução mais ágil do conflito, bem como a maior simplicidade que lhe seria inerente, em função do reduzido valor.

Assim, a Lei 9.957/2000 estabeleceu o procedimento sumaríssimo, aplicável para dissídios individuais cujo valor não exceda a quarenta vezes o salário mínimo vigente na data do ajuizamento. A Fazenda Pública está excluída do rito sumaríssimo (CLT, art. 852-A, *caput* e parágrafo único).[34]

Pode-se criticar a disciplina legal, pois a estrutura do procedimento ordinário já é bastante célere e objetiva, não sendo esta a causa da demora na tramitação das reclamações trabalhistas.[35] O foco maior do legislador deveria ser a busca de soluções para a efetividade da execução trabalhista e a redução do cabimento de recursos.

Conforme será visto, algumas disposições atinentes ao procedimento sumaríssimo são destituídas de efeito prático.

Como consequência da necessidade de solução rápida do litígio, a lei estabelece as seguintes regras especiais, que afastam outras aplicáveis ao procedimento ordinário:

- (i) a petição inicial deve ser líquida, indicando o valor correspondente, sob pena de extinção do processo sem resolução de mérito. À luz do princípio da cooperação, antes de julgar extinto o feito, o juiz deve viabilizar ao reclamante a oportunidade de retificar a inicial em prazo razoável;
- (ii) não se pode proceder à citação por edital. Discute-se qual a solução para a hipótese de o réu se encontrar em local incerto e não sabido. Uma vertente sustenta que se deveria reconhecer incidentalmente a inconstitucionalidade do art. 852-B, II, da CLT[36], por impedir o acesso à justiça, realizando-se a citação por edital. Contudo, a solução mais adequada é converter o rito em

---

33 Art. 522 – O cumprimento provisório da sentença será requerido por petição dirigida ao juízo competente.

34 Art. 852-A – Os dissídios individuais cujo valor não exceda a quarenta vezes o salário mínimo vigente na data do ajuizamento da reclamação ficam submetidos ao procedimento sumaríssimo.

Parágrafo único – Estão excluídas do procedimento sumaríssimo as demandas em que é parte a Administração Pública direta, autárquica e fundacional.

35 Com a mesma opinião, ESTEVÃO MALLET, in *Algumas considerações sobre a sentença no procedimento sumaríssimo*. Rev. Trib. Reg. Trab. 9ª R., Curitiba, a.28, n.51, p.305-320, jul./dez. 2003.

36 Art. 852-B – Nas reclamações enquadradas no procedimento sumaríssimo: (...)

II – não se fará citação por edital, incumbindo ao autor a correta indicação do nome e endereço do reclamado.

ordinário, preservando-se o regramento estabelecido pelo legislador para o rito sumaríssimo e, ao mesmo tempo, possibilitando o efetivo acesso à justiça[37];

- (iii) a apreciação da reclamação deverá ocorrer no prazo máximo de quinze dias do seu ajuizamento. Essa regra é de difícil observância prática, seja pelo acúmulo de serviço nas Varas do Trabalho, seja pela impossibilidade prática, na maioria dos casos, de citação do reclamado em prazo tão exíguo, sobretudo considerando o estabelecido no art. 841 da CLT[38];
- (iv) a audiência deve ser una (CLT, art. 852-C). Aqui, não há propriamente modificação procedimental, já que a audiência também deve ser una no rito ordinário. Na verdade, o legislador reforçou a ideia de que o fracionamento das audiências no procedimento sumaríssimo deve ser evitado com mais intensidade do que no ordinário;
- (v) na ata de audiência serão registrados resumidamente os atos essenciais, as afirmações fundamentais das partes e as informações úteis à solução da causa trazidas pela prova testemunhal (CLT, art. 852-F). Também não há qualquer modificação digna de relevo neste ponto. Em qualquer procedimento (comum ou especial), a ata da audiência deve conter apenas as afirmações pertinentes ao deslinde da causa, em consonância com o princípio da economia processual;
- (vi) serão decididos, de plano, todos os incidentes e exceções que possam interferir no prosseguimento da audiência e do processo (CLT, art. 852-G). Essa regra reforça a vedação ao fracionamento da audiência, sendo possível concluir, a partir dela, que a intervenção de terceiros não é, em princípio, admissível no rito sumaríssimo. Excepcionam-se as situações em que o reclamante concordar com a intervenção de terceiros, já que, nesta hipótese, não haverá prejuízo.

Igualmente, a reconvenção não se admite no rito sumaríssimo, à luz da necessidade de maior celeridade e simplicidade procedimental. Alguns autores sustentam a aplicação por analogia do art. 31 da Lei 9.099/95 (Lei dos Juizados Especiais), para o fim de admitir-se o pedido contraposto, que é aquele formulado pelo réu na contestação, desde que fundado nos mesmos fatos objeto da controvérsia.[39] Contudo, a admissão do pedido contraposto contraria a vontade da lei no sentido de ser vedado o adiamento ou fracionamento da audiência. Isso porque, no mais das vezes, o reclamante precisaria de prazo para formular defesa contra o pedido contraposto formulado pelo réu. Assim, eventual pretensão do réu contra o autor deve ser feita em outro processo. Ressalte-se a existência de entendimentos favoráveis à admissão de reconvenção no rito sumaríssimo.

---

[37] Essa solução veio a ser adotada pelo STF (ADI 2160/DF, rel. Min. Cármen Lúcia, julgamento em 1º.8.2018).

[38] Art. 841 – Recebida e protocolada a reclamação, o escrivão ou secretário, dentro de 48 (quarenta e oito) horas, remeterá a segunda via da petição, ou do termo, ao reclamado, notificando-o ao mesmo tempo, para comparecer à audiência do julgamento, que será a primeira desimpedida, depois de 5 (cinco) dias.

[39] Nesse sentido, SCHIAVI, p. 684.

- (vii) reforça a impossibilidade de fracionamento da audiência o art. 852-H, § 1º, ao dispor que, sobre os documentos apresentados por uma das partes manifestar-se-á imediatamente a parte contrária, sem interrupção da audiência, salvo absoluta impossibilidade, a critério do juiz;
- (viii) cada parte pode ouvir apenas duas testemunhas, e só será deferida intimação de testemunha que, comprovadamente convidada, deixar de comparecer. Não comparecendo a testemunha intimada, o juiz poderá determinar sua imediata condução coercitiva (art. 852-H, §§ 2º e 3º). A comprovação do convite pode ser verbal e pode ser feita inclusive na sessão seguinte, na qual a testemunha comparecer;
- (ix) somente quando a prova do fato o exigir, ou for legalmente imposta, será deferida prova técnica, incumbindo ao juiz, desde logo, fixar o prazo, o objeto da perícia e nomear perito (CLT, art. 852-H, § 4º). Aqui também não há diferença alguma em relação ao rito ordinário, no qual a prova pericial somente se justifica se houver matéria técnica;
- (x) interrompida a audiência, o seu prosseguimento e a solução do processo dar-se-ão no prazo máximo de trinta dias, salvo motivo relevante justificado nos autos pelo juiz da causa (art. 852-H, § 7º);
- (xi) é dispensado o relatório da sentença; e as partes devem ser intimadas da sentença na audiência em que proferida (art. 852-I, *caput* e § 3º).[40] A dispensa do relatório não exime o juiz de analisar com profundidade as provas produzidas e as alegações das partes, à luz do princípio do contraditório substancial. O Juiz do Trabalho pode optar por prolatar a sentença em gabinete, situação em que as partes serão intimadas pessoalmente ou pela Imprensa Oficial;
- (xii) nas causas sujeitas ao procedimento sumaríssimo somente será admitido recurso de revista por contrariedade a súmula de jurisprudência uniforme do Tribunal Superior do Trabalho ou a súmula vinculante do Supremo Tribunal Federal e por violação direta da Constituição Federal (CLT, art. 896, § 9º);
- (xiii) o acórdão de recurso ordinário, de acordo com o art. 895, §1º, IV, da CLT, consistirá unicamente na certidão de julgamento, com a indicação suficiente do processo e parte dispositiva, e das razões de decidir do voto prevalente. Se a sentença for confirmada pelos próprios fundamentos, a certidão de julgamento, registrando tal circunstância, servirá de acórdão. A análise crítica a tal dispositivo consta do Capítulo XIX, item 5.2.1.

---

[40] Art. 852-I – A sentença mencionará os elementos de convicção do juízo, com resumo dos fatos relevantes ocorridos em audiência, dispensado o relatório. (...)

§ 3º – As partes serão intimadas da sentença na própria audiência em que prolatada.

5.1. Questões de alta indagação envolvendo o rito sumaríssimo

5.1.1. Facultatividade na escolha do rito

Ver item 7 deste capítulo.

5.1.2. Liquidez da sentença

Como visto, a petição inicial no rito sumaríssimo deve indicar os valores dos pedidos, sob pena de extinção do processo sem resolução de mérito (falta de pressuposto processual).

A partir desse regramento, há posicionamentos no sentido de que a sentença também deveria ser, obrigatoriamente, líquida.[41] Veja-se que o art. 459 do CPC/73, parágrafo único, previa expressamente que, quando o autor tivesse formulado pedido certo, seria vedado ao juiz proferir sentença ilíquida.

Sucede que o CPC/2015 não reproduziu tal regra. Ainda que assim não fosse, mesmo sob a égide do CPC/73, evidenciava-se a possibilidade - ainda que excepcional - de prolação de sentença ilíquida no rito sumaríssimo. Isso porque o projeto de lei que instituiu o rito sumaríssimo, encaminhado pelo Congresso Nacional, continha regra vedando expressamente a sentença ilíquida, mas houve veto presidencial expresso a respeito, com o argumento de que a necessidade de liquidação da sentença poderia atrasar a sua prolação.

O veto presidencial, por si só, já afasta o raciocínio da aplicabilidade subsidiária do Código de Processo Civil a respeito do tema. O regramento da CLT, portanto, não exige a prolação de sentença líquida no rito sumaríssimo.

De fato, em algumas Regiões e Varas do Trabalho, a estrutura é deficitária, e a exigência de sentença líquida causaria considerável atraso no trâmite processual, em descompasso com os objetivos do procedimento sumaríssimo. Sempre que possível, entretanto, a sentença deve ser líquida.

5.1.3. Valor máximo da condenação

Como visto, o somatório do valor dos pedidos não pode ultrapassar quarenta salários mínimos para se aplicar o procedimento sumaríssimo. Dúvida frequente é saber se o valor deferido em sentença pode ser superior a tal patamar.

A resposta é positiva, pois não há regra alguma que indique a ineficácia ou nulidade da sentença cujo valor exceda de quarenta salários mínimos.

Além disso, em muitas situações, o valor da causa pode não corresponder exatamente à vantagem pecuniária que o autor pretende obter. Pense-se em reclamação trabalhista na qual se postule o pagamento de parcelas vincendas de adicional de periculosidade. Nessa hipótese, o valor da causa consistirá no montante equivalente a um ano das parcelas futuras (CPC, art. 292, § 2º).[42] Supondo que transcorram dois

---

41 MALLET, *op. cit.*

42 Art. 292, § 2º – O valor das prestações vincendas será igual a uma prestação anual, se a obrigação for por tempo indeterminado ou por tempo superior a 1 (um) ano, e, se por tempo inferior, será igual à soma das prestações.

anos desde o ajuizamento da ação até a prolação da sentença, o valor da eventual condenação superará o da causa e pode ser superior a quarenta salários mínimos.

Por fim, os juros de mora e a correção monetária também podem fazer com que se supere o limite de quarenta salários.

5.1.4. Julgamento por equidade

No rito sumaríssimo, de acordo com o art. 852-I, § 1º, da CLT, o juízo adotará, em cada caso, a decisão que reputar mais justa e equânime, atendendo aos fins sociais da lei e às exigências do bem comum.

O dispositivo é despiciendo, porque é óbvio que o Juiz deve adotar, sempre, a solução mais justa para o caso concreto, atendendo aos fins da lei, independentemente do rito processual utilizado. Aliás, redação idêntica ao do preceito da CLT é encontrada no art. 5º da LINDB, aplicável a todos os ramos do Direito Privado.

De outro lado, julgamentos por equidade somente podem ser admitidos nos casos expressamente previstos em lei, o que não ocorre no procedimento sumaríssimo, em que o Juiz do Trabalho permanece adstrito ao princípio da legalidade.

6. PROCEDIMENTO SUMÁRIO

O procedimento sumário é regulado pela Lei 5584/70, aplicando-se para as causas cujo valor não exceda de dois salários mínimos quando do ajuizamento da ação (art. 2º, §§ 3º e 4º da referida lei).[43] As causas que tramitam sob esse rito são chamadas de dissídios de alçada.

Discussão preliminar é a atinente à revogação, ou não, do procedimento sumário pela Lei 9957/2000, que instituiu o procedimento sumaríssimo. Há posicionamentos no sentido da revogação, porquanto a lei do rito sumaríssimo é posterior à do sumário, e o valor deste (dois salários mínimos) está englobado no daquele (quarenta salários mínimos).

No entanto, não há falar em revogação, à luz do princípio da especialidade, regente do tema do conflito de leis no tempo (LINDB, art. 2º, § 2º).[44] Como não houve revogação expressa dos dispositivos atinentes ao procedimento sumário, trata-se de regramento especial para causas de valor de até dois salários mínimos, que coexiste com o procedimento sumaríssimo, aplicável quando o valor for superior a dois e inferior a quarenta salários mínimos.

[43] Art. 2º, § 3º – Quando o valor fixado para a causa, na forma dêste artigo, não exceder de 2 (duas) vezes o salário-mínimo vigente na sede do Juízo, será dispensável o resumo dos depoimentos, devendo constar da Ata a conclusão da Junta quanto à matéria de fato; (...)

§ 4º – Salvo se versarem sobre matéria constitucional, nenhum recurso caberá das sentenças proferidas nos dissídios da alçada a que se refere o parágrafo anterior, considerado, para esse fim, o valor do salário mínimo à data do ajuizamento da ação.

[44] Art. 2º – Não se destinando à vigência temporária, a lei terá vigor até que outra a modifique ou revogue. (...)

§ 2º A lei nova, que estabeleça disposições gerais ou especiais a par das já existentes, não revoga nem modifica a lei anterior.

Há duas peculiaridades no rito sumário: a primeira está prevista no art. 2º, § 3º, da Lei 5584/70, cuja parte final não foi recepcionada pela Constituição de 1988. De fato, o dispositivo prevê ser dispensável o resumo dos depoimentos, devendo constar da ata a conclusão do juiz quanto à matéria de fato. À luz do contraditório substancial e da necessidade de fundamentação das decisões (CF, art. 93, IX)[45], não basta que o órgão jurisdicional enuncie sua conclusão no que tange à matéria fática, mas é imperativo que seja feita análise - ainda que sucinta e objetiva - das provas produzidas e dos argumentos jurídicos suscitados no processo. Isso somente se viabiliza se as declarações pertinentes colhidas em audiência constarem da respectiva ata.

A outra particularidade do rito sumário reside na restrição recursal: o art. 2º, § 4º, da lei 5584/70, estabelece não caber recurso algum contra as sentenças nele proferidas, salvo se versarem sobre matéria constitucional. É por tal razão que se denomina tais causas como sendo dissídios de alçada exclusiva das Varas do Trabalho.

Há posicionamentos no sentido de que, nessas hipóteses, seria cabível unicamente o recurso extraordinário para o STF, ou seja, o processo seria encaminhado diretamente do órgão jurisdicional de primeiro grau para a Suprema Corte.[46] Nesse sentido, aparentemente, a Súmula 640 do STF.[47]

No entanto, o posicionamento mais recente Supremo Tribunal Federal é no sentido da impossibilidade de recurso extraordinário *per saltum*, sem o esgotamento das vias ordinárias, inclusive quando se tratar de dissídio trabalhista de alçada.[48] O fato de se tratar de matéria constitucional não faz com que o recurso cabível seja o extraordinário. Aliás, dificilmente o recurso extraordinário seria admissível nessas hipóteses, por ausência de repercussão geral. A matéria constitucional pode ser discutida, portanto, em recurso ordinário e em eventual recurso de revista.

7. FACULTATIVIDADE NA ESCOLHA DO RITO

Outro tema controvertido é a definição da facultatividade ou obrigatoriedade de adoção dos ritos sumário e sumaríssimo, quando o valor da causa se enquadrar nos limites legalmente estabelecidos.

Há autores que repudiam o poder dispositivo das partes a respeito da escolha do procedimento pelo autor. Argumenta-se que o rito é questão de ordem pública e que, se tal escolha fosse possível, também deveria ser fraqueada ao réu, em função

[45] Art. 93, IX – todos os julgamentos dos órgãos do Poder Judiciário serão públicos, e fundamentadas todas as decisões, sob pena de nulidade, podendo a lei limitar a presença, em determinados atos, às próprias partes e a seus advogados, ou somente a estes, em casos nos quais a preservação do direito à intimidade do interessado no sigilo não prejudique o interesse público à informação.

[46] SCHIAVI, p. 674.

[47] STF, súmula 640: É cabível recurso extraordinário contra decisão proferida por juiz de primeiro grau nas causas de alçada, ou por turma recursal de juizado especial cível e criminal.

[48] RE 638.224-AgR, Rel. Min. Celso de Mello. Segunda Turma, DJe 21.6.2011.

do princípio da isonomia. Além disso, o art. 852-A[49] utiliza linguagem mandatória, estabelecendo que as causas até quarenta salários mínimos ficam sujeitas ao sumaríssimo. Diz-se, ainda, que a forma do processo é estabelecida para propiciar mais eficiente administração da justiça, o que caracteriza interesse público.[50]

Tal linha interpretativa é correta, pois os procedimentos sumário e sumaríssimo apresentam, como já visto, limitações recursais e especificidades probatórias, tudo com o objetivo de agilizar a prestação jurisdicional. Pode-se concluir, portanto, pela obrigatoriedade da utilização dos ritos sumaríssimo e sumário nas hipóteses legais.

Apesar dessa conclusão, observe-se que a adoção do rito ordinário, no lugar do sumário ou sumaríssimo, em princípio não vai acarretar nulidade processual, pois o procedimento ordinário é mais garantístico e assegura ao réu maior possibilidade de produção de provas e de interposição de recursos. Não havendo prejuízo, não há razão para decretação de nulidade, muito embora o Juiz do Trabalho deva corrigir o rito de ofício. Na situação inversa, em que a causa tramita pelo rito sumaríssimo, quando deveria tramitar pelo ordinário, há manifesto prejuízo ao réu, que deve arguir a nulidade (relativa) na primeira oportunidade que tiver para falar nos autos, sob pena de preclusão.

8. PROCEDIMENTO DE JURISDIÇÃO VOLUNTÁRIA: HOMOLOGAÇÃO DE ACORDO EXTRAJUDICIAL

A homologação de acordo extrajudicial (acordo feito fora do juízo e levado à homologação pelo juiz) é procedimento de jurisdição voluntária.

O instituto da jurisdição voluntária se contrapõe à chamada *jurisdição contenciosa*. O contencioso é visto mais comumente nos tribunais (em que há conflitos entre trabalhador e empregador), configurando a chamada *lide* - conflito qualificado por uma pretensão resistida. De outro lado, nos processos de jurisdição voluntária não há qualquer conflito de interesses, mas apenas uma pretensão de que o Judiciário referende ou autorize determinado ato jurídico, de modo que seja possível a produção plena de seus efeitos.

Muitos autores afirmam que a expressão *jurisdição voluntária* é equívoca, já que não se trataria de jurisdição, e tampouco haveria voluntariedade.

Realmente, não há voluntariedade porque os cidadãos não têm a opção de levar, ou não, o ato jurídico para apreciação pelo juiz, caso queiram obter seus efeitos típicos previstos pelo ordenamento jurídico. Por exemplo, caso o cidadão queira obter a eficácia de título executivo judicial (CPC, art. 515, III)[51], necessariamente deve levar o acordo extrajudicial para homologação no Judiciário.

Além disso, também não se trata propriamente de jurisdição, pois o significado da palavra jurisdição é dizer o direito, julgar o conflito de interesses.

---

49 Art. 852-A - Os dissídios individuais cujo valor não exceda a quarenta vezes o salário mínimo vigente na data do ajuizamento da reclamação ficam submetidos ao procedimento sumaríssimo.

50 Com esses argumentos, SCHIAVI, p. 675.

51 Art. 515, III - a decisão homologatória de autocomposição extrajudicial de qualquer natureza.

Diante disso, os autores mais clássicos sustentam que, na chamada jurisdição voluntária, o juiz exerce atividade administrativa, ou seja, não seria uma atividade jurisdicional, mas uma administração pública de interesses privados.[52]

Exemplo: um órfão, menor de idade, recebeu por herança um bem imóvel; o menor pode vender/alienar esse imóvel, contudo, a fim de que esse negócio se concretize, é preciso que o menor leve sua pretensão ao juiz competente, para que haja a homologação judicial; essa questão é resolvida por meio de um procedimento de jurisdição voluntária, já que não existe conflito, o menor somente quer vender o imóvel e comprar outro bem.

Nessa situação, a lei (o que evidencia também a falta do caráter voluntário, facultativo) exige que o menor, por meio dos seus representantes legais, dê ciência dessa pretensão ao Poder Judiciário para que haja a homologação judicial com relação a essa venda. Não há, portanto, conflito (como ocorre na jurisdição contenciosa), bem como não há voluntariedade.

Idêntico raciocínio se aplica à homologação de acordo extrajudicial: trata-se de procedimento de jurisdição voluntária, em que não se tem conflito de interesses; o Judiciário irá apenas homologar ou deixar de homologar um acordo apresentado pelas partes.

O procedimento para homologação de acordo extrajudicial se inicia por petição conjunta. Ou seja, trabalhador e patrão fazem uma única petição e, diante disso, já se vê que não há conflito; a representação por advogado é obrigatória, de modo que não se aplica o *jus postulandi* neste procedimento de jurisdição voluntária.

O detalhe é que as partes não podem ser assistidas pelo mesmo advogado: é preciso que haja um advogado para o empregado e outro advogado para o empregador; não pode ser advogado único, por mais que não exista conflito entre as partes.

Isso se dá porque pode existir um potencial conflito de interesses para o patrono. Se o mesmo advogado representasse as duas partes, potencialmente, haveria conflito de interesses, já que o advogado sempre procura o melhor para o seu cliente; um único advogado representando duas partes não conseguiria defender satisfatoriamente os interesses de ambos os envolvidos. Em virtude disso, a lei exige que cada parte esteja representada por seu próprio advogado.

Embora não conste do texto legal, deve-se interpretar que a petição de homologação de acordo extrajudicial não pode também ser subscrita por advogados diferentes, mas que integrem o mesmo escritório de advocacia, tendo em vista o potencial conflito de interesses.

Destaque-se que o advogado do trabalhador pode ser advogado do sindicato da categoria profissional.

Conforme art. 855-C da CLT, a formulação de pedido de homologação de acordo extrajudicial não prejudica os prazos previstos para quitação de verbas rescisórias pelo empregador (art. 477, §§ 6º e 8º, CLT).[53]

---

52 MARQUES, José Frederico. *Manual de Direito Processual Civil*. v. 1. 12. ed. São Paulo, Saraiva, 1987, p. 87.

53 Art. 477, § 6º – A entrega ao empregado de documentos que comprovem a comunicação da extinção contratual aos órgãos competentes bem como o pagamento dos valores constantes do instrumento de rescisão ou recibo de quitação deverão ser efetuados até dez dias contados a partir do término do contrato. (...)

Assim, as verbas rescisórias a que o empregado fizer jus devem ser pagas no prazo de 10 dias após a comunicação de dispensa, quer tenha sido trabalhado ou indenizado o aviso prévio, conforme nova redação do art. 477, § 6º, da CLT.

Se tal prazo não for observado, será devida multa no valor de um salário deste empregado.

Assim, o fato de haver ou não, a homologação de acordo extrajudicial levado pelas partes, não afeta, em princípio, o direito do trabalhador de cobrar a multa de um salário (CLT, art. 477, § 8º).

Exemplo: o empregado e o empregador levam petição a Juízo, requerendo a homologação do acordo extrajudicial, 30 dias após a data da comunicação da dispensa; nessa hipótese, o prazo de pagamento da rescisão terá sido extrapolado, por já decorridos mais de 10 dias.

Nesse tipo de situação será necessário analisar os termos do acordo. Se, no acordo entre empregado e empregador, houver previsão de que o empregado dá quitação plena e irrestrita com relação ao extinto contrato trabalho, posteriormente o empregado não pode ingressar com reclamação trabalhista postulando a multa do art. 477, § 8º, da CLT, já que tal parcela decorre da extinta relação de trabalho, que foi quitada sem quaisquer ressalvas.

No entanto, se a petição de homologação de acordo extrajudicial discriminar quais são as parcelas a que o empregado dá quitação (exemplo: aviso prévio, 13º salário e FGTS, mas não houve pagamento, nem discriminação de saldo de salário e férias proporcionais). Nesse caso, a eficácia de coisa julgada abrange apenas os direitos que foram objeto da transação, não havendo quitação das demais parcelas, inclusive da multa do art. 477, § 8º, da CLT, que pode eventualmente ser postulada em Juízo.

Logo, é preciso diferenciar as duas situações:

- (i) situação em que o acordo extrajudicial dá quitação total quanto ao extinto contrato de trabalho, hipótese em que o empregado não pode cobrar a multa e;
- (ii) situação em que o acordo não dá quitação total, em que se especificam as parcelas e, entre estas, não está a multa do art. 477, de modo que o empregado pode ajuizar reclamação trabalhista para cobrar referida multa.

O art. 855-D, CLT prevê prazo de 15 dias para que o juiz aprecie a petição conjunta de acordo.

Esse prazo diz-se impróprio, ou seja, são os prazos do juiz ou do órgão jurisdicional que, caso não cumpridos, não acarretam preclusão; caso o juiz não aprecie o referido acordo no prazo de 15 dias, ele não perde a chance de poder ainda homologar o acordo posteriormente.

§ 8º – A inobservância do disposto no § 6º deste artigo sujeitará o infrator à multa de 160 BTN, por trabalhador, bem assim ao pagamento da multa a favor do empregado, em valor equivalente ao seu salário, devidamente corrigido pelo índice de variação do BTN, salvo quando, comprovadamente, o trabalhador der causa à mora.

Eventualmente, o juiz pode ser punido no plano administrativo caso esteja excedendo os prazos legais injustificadamente. Perceba-se que se trata de punição no campo administrativo. No plano judicial, o juiz não perde o dever, nem a possibilidade de homologar aquele acordo.

O juiz analisará a petição de acordo, designará audiência, caso entenda necessário, e proferirá sentença.

A homologação de acordo extrajudicial apresenta muitos riscos (de fraude, de renúncia injustificada de direitos pelo trabalhador), razão por que o Judiciário Trabalhista deve ter cautela em tal procedimento. Assim, o juiz deve se inteirar melhor com relação às razões que justificam os termos daquele acordo para saber se o empregado não está, de alguma forma, sendo coagido a celebrar o acordo extrajudicial.

Exemplo: o empregador condiciona o pagamento das verbas rescisórias ao trabalhador à formalização e homologação do acordo extrajudicial em que se preveja quitação total quanto ao extinto contrato de trabalho. Em tal situação, em princípio o acordo não deve ser homologado, a menos que haja alguma espécie de vantagem para o trabalhador, como a maior segurança quanto ao recebimento dos valores (em função da notória insolvência do empregador) ou caso haja fundada dúvida quanto à modalidade de ruptura do contrato de trabalho (justa causa ou dispensa imotivada, por exemplo).

Assim, para evitar esse tipo de fraude é que o dispositivo prevê que o juiz, de forma cautelosa, designe audiência para melhor se inteirar a respeito da situação das partes e dos motivos que levam o trabalhador a querer fazer esse acordo extrajudicial.

Por fim, caso o juiz entenda que deva ser homologado o acordo, profere sentença homologatória de extinção do processo com julgamento de mérito (CPC, art. 487, III, *b*)[54]; se o juiz entender que não é o caso de homologar o acordo, proferirá sentença de improcedência, impossibilitando as partes de fazerem o acordo (CPC, art. 487, I).[55] É possível, ainda, a extinção sem resolução de mérito por falta de pressuposto processual ou condição da ação. Nos dois primeiros casos, ter-se-á decisão de mérito, que fará coisa julgada material; na extinção sem resolução de mérito, tem-se coisa julgada formal que impede a repropositura da ação sem a correção do vício. Sobre a coisa julgada nos procedimentos de jurisdição voluntária, ver Capítulo XX, item 11.

Caso haja algum vício processual (por exemplo, não há representação das partes por advogados diferentes), deve-se oportunizar ao interessado a correção do defeito, concedendo-se o prazo de 15 dias para regularização, nos termos do art. 321 do

[54] Art. 487 – Haverá resolução de mérito quando o juiz: (...)
III – homologar: (...)
b) a transação.

[55] Art. 487, I – acolher ou rejeitar o pedido formulado na ação ou na reconvenção.

CPC.[56] Não cumprida a providência no prazo assinalado, o juiz deve extinguir o processo sem resolução de mérito (CPC, art. 485, IV).[57]

O art. 855-E, CLT prevê que, uma vez que as partes ajuízem a petição para homologação do acordo extrajudicial, fica suspenso o prazo prescricional quanto aos direitos nela especificados.

Ressalte-se que não se trata de suspensão da prescrição de todos os direitos que decorram daquele contrato de trabalho, mas, tão somente, quanto aos direitos especificados no acordo.

Exemplo: a petição do acordo declara que se está a negociar a respeito de aviso prévio e FGTS; neste caso, ficará suspensa a prescrição apenas com relação a esses temas. Quanto a eventuais horas extras pretendidas pelo empregado, não se tem a suspensão da prescrição; o prazo prescricional vai fluir normalmente, mesmo que esteja pendente uma homologação de acordo extrajudicial.

Logo, o prazo prescricional de 5 (cinco) anos ou de 2 (dois) anos somente deixa de fluir com relação àquelas parcelas objeto do acordo e nunca com relação às parcelas que não são objeto.

A ideia que fundamenta esse entendimento é a inércia; a prescrição é fundada na inércia do credor. Se existe um processo em curso de homologação de acordo extrajudicial, o credor não está inerte, mas está no Judiciário exigindo o seu direito; se não há omissão, inércia, jamais se pode falar em fluência do prazo prescricional, motivo pelo qual a lei corretamente prevê a suspensão do prazo prescricional com relação às parcelas discutidas.

Com relação às parcelas que não sejam objeto do acordo, a inércia do credor justifica que o prazo prescricional flua normalmente.

Já foi visto que o juiz deve recusar a homologação de certos acordos (fraudulentos, prejudiciais), proferindo-se, para tanto, sentença que rejeite o pedido de homologação. A partir do momento que essa decisão transita em julgado, o prazo da prescrição que estava suspenso volta a fluir.

Importante destacar que a petição de homologação de acordo extrajudicial não interrompe, mas apenas suspende o prazo prescricional, razão pela qual não se desconsiderará o tempo decorrido antes do ajuizamento do pedido de homologação. Aqui, tem-se interessante exceção ao princípio geral de que o ajuizamento de ações trabalhistas interrompe a prescrição, nos termos da Súmula 268 do TST.[58]

---

[56] Art. 321 – O juiz, ao verificar que a petição inicial não preenche os requisitos dos arts. 319 e 320 ou que apresenta defeitos e irregularidades capazes de dificultar o julgamento de mérito, determinará que o autor, no prazo de 15 (quinze) dias, a emende ou a complete, indicando com precisão o que deve ser corrigido ou completado.

Parágrafo único. Se o autor não cumprir a diligência, o juiz indeferirá a petição inicial.

[57] Art. 485 – O juiz não resolverá o mérito quando: (...)

IV – verificar a ausência de pressupostos de constituição e de desenvolvimento válido e regular do processo.

[58] TST, súmula 268: A ação trabalhista, ainda que arquivada, interrompe a prescrição somente em relação aos pedidos idênticos.

Caso o interessado deseje cobrar o referido direito não homologado no acordo, terá que tomar a iniciativa de ingressar com uma ação para tanto; não ingressando com a ação, tem-se por inerte, pois não mais existe processo em curso.

Em síntese, o procedimento do processo de jurisdição voluntária para homologação do acordo judicial apresenta pontos positivos, principalmente no que tange à previsão de que cada parte deve estar representada por seu próprio advogado; o prazo da multa e sua independência diante da discussão quanto à homologação do acordo; o prazo impróprio do juiz de 15 dias para decidir quanto à homologação; a possibilidade de designação de audiência pelo juiz; e a suspensão do prazo de prescrição quanto aos direitos objeto da petição de homologação de acordo extrajudicial.

XIV

SUSPENSÃO DO PROCESSO

Sumário: 1. Noções iniciais – 2. Causas e duração da suspensão: 2.1. Morte ou perda da capacidade processual; 2.2. Convenção das partes; 2.3. Arguição de suspeição ou impedimento do juiz; 2.4. Arguição, por petição, de incompetência territorial; 2.5. Prejudicialidade, apuração de fatos em outro Juízo e delitos; 2.6. Força maior; 2.7. Tribunal Marítimo; 2.8. Outras hipóteses legalmente previstas – 3. Efeitos jurídicos da suspensão.

1. NOÇÕES INICIAIS

A relação jurídica processual é dinâmica e sempre se direciona rumo à prestação jurisdicional. O procedimento é uma marcha para frente, e eventuais retrocessos e soluções de continuidade devem ser tidas como excepcionalidades.

Contudo, é inevitável que determinados acontecimentos suspendam o trâmite do processo, por absoluta necessidade, prevista pelo legislador. Perceba-se, dessa forma, que há determinados fatos jurídicos cujo efeito é provocar a suspensão temporária do processo.

A suspensão do processo diz-se própria, quando nenhum ato processual puder ser praticado enquanto persistir a causa suspensiva, com a ressalva de atos urgentes. É o que se dá, por exemplo, na hipótese de falecimento da parte: enquanto não houver a regularização da representação processual (promovendo-se, por exemplo, a sucessão do falecido pelo seu espólio), o processo não pode seguir em sua marcha rumo à tutela jurisdicional. Já a suspensão imprópria do processo ocorre nas situações em que haja uma espécie de desvio de rota procedimental, havendo necessidade de praticar determinados atos processuais para que o processo retome seu caminho em direção à prestação jurisdicional. Exemplificando, é o que ocorre com o oferecimento de exceção de incompetência territorial, a qual gera um incidente que, enquanto não for julgado, impedirá que o processo siga com a natural realização de audiência, instrução, julgamento etc.

A CLT não regulamenta o tema, razão pela qual se aplica o regramento do CPC a respeito. O art. 799[1] da Consolidação apenas prevê que a oposição de exceção de suspeição e incompetência suspende a marcha processual.

---

1 Art. 799 – Nas causas da jurisdição da Justiça do Trabalho, somente podem ser opostas, com suspensão do feito, as exceções de suspeição ou incompetência.

2. CAUSAS E DURAÇÃO DA SUSPENSÃO

Os fatos jurídicos que deflagram a paralisação temporária do trâmite processual são previstos de forma taxativa em lei, a qual prevê, também, a delimitação temporal da suspensão.

2.1. Morte ou perda da capacidade processual

O processo se suspende pela morte ou pela perda da capacidade processual de qualquer das partes, de seu representante legal ou de seu procurador (CPC, art. 313, I).

Na hipótese de morte de alguma das partes – ou de seus representantes legais –, deve-se proceder à habilitação do espólio ou dos herdeiros, de forma incidental no processo, conforme art. 689 do CPC.[2]

Falecido o reclamado pessoa física, o Juiz do Trabalho deve intimar o reclamante para que promova a citação do espólio ou dos herdeiros, designando prazo, que poderá ser entre dois e seis meses (CPC, art. 313, § 2º, I).[3]

Já no caso de morte do reclamante, o Juiz do Trabalho deve intimar os herdeiros e o espólio pelos meios de divulgação que reputar mais adequados, para que manifestem interesse na sucessão processual e promovam a respectiva habilitação em prazo designado judicialmente (CPC, art. 313, § 2º, II).[4]

Em qualquer hipótese de falecimento de parte, se não for promovida a habilitação nos prazos designados, o processo deve ser extinto sem resolução de mérito, por falta de pressuposto processual subjetivo (capacidade de ser parte e de estar em Juízo) - CPC, art. 485, IV.[5]

O falecimento do advogado de qualquer das partes também acarreta a suspensão do processo pelo prazo de 15 (quinze) dias. De fato, o art. 313, § 3º, do CPC[6], deve aplicar-se parcialmente no Processo do Trabalho. Apesar do *jus postulandi*, se a parte opta por litigar assistida por advogado, e este vem a falecer, a boa-fé processual (não surpresa), contraditório e ampla defesa exigem a concessão de prazo para que o interessado constitua outro patrono.

---

2 Art. 689 – Proceder-se-á à habilitação nos autos do processo principal, na instância em que estiver, suspendendo-se, a partir de então, o processo.

3 Art. 313, § 2º, I – falecido o réu, ordenará a intimação do autor para que promova a citação do respectivo espólio, de quem for o sucessor ou, se for o caso, dos herdeiros, no prazo que designar, de no mínimo 2 (dois) e no máximo 6 (seis) meses.

4 Art. 313, § 2º, II – falecido o autor e sendo transmissível o direito em litígio, determinará a intimação de seu espólio, de quem for o sucessor ou, se for o caso, dos herdeiros, pelos meios de divulgação que reputar mais adequados, para que manifestem interesse na sucessão processual e promovam a respectiva habilitação no prazo designado, sob pena de extinção do processo sem resolução de mérito.

5 Art. 485 – O juiz não resolverá o mérito quando: (...) IV – verificar a ausência de pressupostos de constituição e de desenvolvimento válido e regular do processo.

6 Art. 313, § 3º – No caso de morte do procurador de qualquer das partes, ainda que iniciada a audiência de instrução e julgamento, o juiz determinará que a parte constitua novo mandatário, no prazo de 15 (quinze) dias, ao final do qual extinguirá o processo sem resolução de mérito, se o autor não nomear novo mandatário, ou ordenará o prosseguimento do processo à revelia do réu, se falecido o procurador deste.

De outro lado, justamente em razão do *jus postulandi*, caso a parte não constitua outro advogado, em substituição ao falecido, não há falar em aplicação das consequências previstas no art. 313, § 3º, do CPC, quais sejam, revelia (falecimento do advogado do réu) ou extinção do processo sem resolução de mérito (morte do patrono do autor). Não nomeado novo patrono no prazo assinalado, deve-se entender que a parte optou por exercer a faculdade de litigar desassistida.

A grande discussão envolvendo a suspensão do processo por morte das partes ou advogados é saber se decisão judicial que a reconhece tem eficácia declaratória (e, portanto, retroativa) ou constitutiva (prospectiva, apenas a partir da decretação judicial).

De um lado, argumenta-se que os fatos jurídicos só geram efeitos processuais quando comunicados nos autos. De outro, salienta-se a dificuldade inerente ao exercício da ampla defesa, que é imediatamente prejudicada com o falecimento.

As duas linhas argumentativas apresentam fundamentos ponderáveis. O foco da discussão, portanto, deve ser prático: releva investigar, independentemente da data do falecimento, a partir de quando possa ter havido prejuízo à parte. A decretação de suspensão deve retroagir até esta data, mesmo que posterior ao falecimento.

Exemplo: autos conclusos para sentença, e o reclamante falece antes da respectiva publicação. O fato não é levado ao conhecimento do Juiz do Trabalho, que profere a sentença. Não há falar em nulidade ou irregularidade da sentença, já que, quando do falecimento, o reclamante não podia praticar qualquer ato processual, pois os autos estavam conclusos para decisão. Apenas a partir da publicação desta é que há potencial prejuízo aos herdeiros do reclamante, que poderiam interpor eventual recurso ordinário. Portanto, deve-se considerar que o processo ficou suspenso a partir da publicação da sentença, devolvendo-se o prazo recursal, mesmo que a comunicação do falecimento seja levada ao conhecimento do Juízo apenas posteriormente.[7]

2.2. Convenção das partes

As partes podem celebrar negócio jurídico processual convencionando a suspensão do processo por até seis meses (CPC, art. 313, *caput*, II, c/c § 4º).[8]

Discute-se se há, ou não, necessidade de homologação judicial para fins de validade dessa espécie de convenção. Conforme já estudado, a eficácia dos negócios jurídicos processuais, em princípio, é imediata, ou seja, independente de homologação judicial.[9] A partir dessa noção, parcela da doutrina sustenta que a convenção das partes suspende o processo desde quando celebrada, sendo que eventual pronunciamento judicial seria meramente declaratório, vale dizer, o processo estaria suspenso mesmo antes de a convenção chegar ao conhecimento do órgão jurisdicional.[10]

---

7 A conclusão e o exemplo são de GRECO, v. 2, p. 411.

8 Art. 313 – Suspende-se o processo: (...)

II – pela convenção das partes; (...)

§ 4º O prazo de suspensão do processo nunca poderá exceder 1 (um) ano nas hipóteses do inciso V e 6 (seis) meses naquela prevista no inciso II.

9 Capítulo XI, item 2.8.

10 Nessa linha, DIDIER, v.1, p. 753.

Contudo, veja-se que o impulso processual se dá de ofício pelo juiz, independentemente da vontade das partes (CPC, art. 2º).[11] Há, dessa forma, norma que excepciona, mesmo indiretamente, o princípio geral da eficácia imediata dos atos das partes, pois a suspensão do processo impede o impulso oficial pelo Judiciário.[12]

Além disso, entender desnecessária a comunicação prévia ao Juízo poderia gerar embaraços procedimentais e até mesmo fraudes, como na hipótese em que partes hajam deixado transcorrer o prazo recursal, celebrando negócio processual com data retroativa em ordem a impedir a formação da coisa julgada.

De outro lado, a demora na homologação judicial também poderia gerar inconvenientes para as partes. Por isso, preferível entender que a suspensão se opera desde o momento em que a convenção respectiva é levada ao conhecimento do Juízo.[13] Antes da comunicação ao Juízo, não há ato processual (= ato inexistente), não podendo haver qualquer efeito jurídico no processo.

É certo, entretanto, que não há discricionariedade ou juízo de conveniência na homologação pelo órgão judicial, o qual somente pode recusá-la em caso de nulidade da convenção que suspenda o processo.

Outro ponto sensível é a limitação do prazo de suspensão ao máximo de seis meses. Embora o encerramento do processo envolva interesse público (= solução de conflito de interesses), o que explica o limite legal, pode ocorrer, em determinadas situações, que seja justificável e recomendável a extrapolação desse prazo, com a finalidade de promover maior efetividade da jurisdição.

Exemplo interessante é a hipótese em que o reclamante entabule acordo com a 1ª reclamada (sua empregadora, empresa prestadora de serviços terceirizados), mas a 2ª reclamada (tomadora de serviços, responsável subsidiária) não concorde com a conciliação. Se o reclamante não puder desistir da ação em face da 2ª reclamada, é possível dar-se a suspensão convencional do processo, por até seis meses (CPC, art. 313, II, e § 4º), até o cumprimento integral do acordo pela 1ª reclamada, após o que o processo será extinto com resolução de mérito. Se o acordo for descumprido, basta reincluir o feito em pauta para prosseguimento, sem prejuízo da execução da multa em face da 1ª reclamada pelo inadimplemento. Caso o acordo parcial tenha sido celebrado após o final da instrução, sequer haverá necessidade de a reabrir, e os autos deverão ir conclusos para sentença.

Já se viu ser insubsistente qualquer questionamento da responsável subsidiária (2ª reclamada), já que não há prejuízo algum do ponto de vista processual, pois o contraditório fica totalmente preservado, por força da previsão de reinclusão do feito em pauta, no caso de descumprimento do acordo. Todas as faculdades, direitos e prerrogativas processuais da 2ª reclamada serão mantidas na hipótese de inadimplemento.[14]

---

[11] Art. 2º – O processo começa por iniciativa da parte e se desenvolve por impulso oficial, salvo as exceções previstas em lei.

[12] Com o mesmo argumento e conclusão, THEODORO JÚNIOR, v.1, p. 712.

[13] Conclusão idêntica se encontra em GRECO, v.2, p. 417.

[14] Capítulo XII, item 8.2.

Tratando-se de acordo para encerrar o processo e o litígio, nada impede – ao contrário, é recomendável, caso necessário – que se ultrapasse o prazo máximo de seis meses de suspensão, caso esta seja a única forma de viabilizar a conciliação.

Anote-se, ainda, que não há propriamente homologação do acordo, o que será feito apenas com o cumprimento do avençado entre reclamante e 1ª reclamada. Com a homologação, seria formada coisa julgada material, e a estabilidade que disso decorre seria é incompatível com a possibilidade de retomada da marcha processual na hipótese de inadimplemento.

2.3. Arguição de suspeição ou impedimento do juiz

Arguida a suspeição ou impedimento do juiz, o processo fica suspenso; distribuído, o relator decidirá sobre a permanência, ou não, do efeito suspensivo, sendo certo que, durante o período de suspensão, a tutela de urgência deve ser decidida pelo substituto legal. Note-se, entretanto, que se cuida de suspensão imprópria, pois necessariamente serão praticados atos processuais para solucionar o próprio incidente de suspeição ou impedimento; não há uma paralisação total, portanto, do processo.[15]

A presente hipótese de suspensão processual é a única na qual o juiz da causa não pode sequer praticar atos urgentes, enquanto não solucionado o incidente (CPC, art. 314).[16]

Por mais que o Juiz do Trabalho entenda impertinente a alegação de suspeição ou impedimento, a arguição deve, necessariamente, ser julgada pelo Tribunal Regional do Trabalho, que pode, se for o caso de incidente temerário, punir a parte que o deflagrou com multa por litigância de má-fé.

2.4. Arguição, por petição, de incompetência territorial

A partir da vigência da Lei nº 13/467/2017, o reclamado passa a ter a faculdade de arguir a incompetência territorial por petição escrita, antes da audiência (CLT, art. 800).[17] O tema será estudado no Capítulo XVII, mas é importante, para

[15] Capítulo VII, item 3.3.

[16] Art. 314 – Durante a suspensão é vedado praticar qualquer ato processual, podendo o juiz, todavia, determinar a realização de atos urgentes a fim de evitar dano irreparável, salvo no caso de arguição de impedimento e de suspeição.

[17] Art. 800. Apresentada exceção de incompetência territorial no prazo de cinco dias a contar da notificação, antes da audiência e em peça que sinalize a existência desta exceção, seguir-se-á o procedimento estabelecido neste artigo.

§ 1º Protocolada a petição, será suspenso o processo e não se realizará a audiência a que se refere o art. 843 desta Consolidação até que se decida a exceção.

§ 2º Os autos serão imediatamente conclusos ao juiz, que intimará o reclamante e, se existentes, os litisconsortes, para manifestação no prazo comum de cinco dias.

§ 3º Se entender necessária a produção de prova oral, o juízo designará audiência, garantindo o direito de o excipiente e de suas testemunhas serem ouvidos, por carta precatória, no juízo que este houver indicado como competente.

§ 4º Decidida a exceção de incompetência territorial, o processo retomará seu curso, com a designação de audiência, a apresentação de defesa e a instrução processual perante o juízo competente.

fins sistemáticos, destacar que se trata de outra hipótese de suspensão imprópria do processo, prevista legalmente.

2.5. Prejudicialidade, apuração de fatos em outro Juízo e delitos

O processo também pode ser suspenso caso determinada questão prejudicial, que nele deva ser resolvida, seja a questão principal de outro processo já pendente (CPC, art. 313, V, *a*).[18] Perceba-se que, em regra, os processos, nesta hipótese, deveriam ser reunidos para julgamento conjunto, por força da conexão, já que haveria, no mínimo, afinidade das causas de pedir. A questão subordinante estaria sendo decidida em um Juízo, e a subordinada, noutro. A suspensão se justifica, portanto, quando não for possível a conexão por qualquer motivo.

O processo só pode ser suspenso, em tais hipóteses, caso se esteja diante de questão prejudicial externa, ou seja, aquela que é discutida em outro processo como questão principal. Se a questão prejudicial for interna, manifestando-se no próprio processo, não haverá suspensão, pois o mesmo juiz deverá decidir a questão subordinada e a subordinante.

Contudo, quando não for possível a reunião (por exemplo, porque já há sentença em apenas um dos processos, pendente de apreciação apenas o recurso interposto), pode ser pertinente a suspensão do processo em que há a questão subordinada.

Da mesma forma, o processo pode ficar suspenso se for necessária a verificação de determinado fato ou a produção de certa prova, requisitada a outro juízo (CPC, art. 313, V, *b*). Exemplifica-se com a expedição de carta precatória para colheita de prova oral em outra região.

De acordo com o art. 313, §§ 4º e 5º[19], nas duas hipóteses (existência de causa prejudicial ou requisição de prova a outro Juízo), o prazo máximo de suspensão do processo seria de um ano, após o que juiz determinaria o prosseguimento do processo.

Contudo, tanto na situação de causa prejudicial, quanto na requisição de prova a outro Juízo, é recomendável a extrapolação do prazo de um ano, caso haja necessidade.[20] Sobretudo na situação de requisição de prova a outro Juízo, pode ser imprescindível extrapolar o prazo, sob pena de cercear a defesa de uma das partes. Suponha-se que a carta precatória para oitiva de testemunha tenha o cumprimento atrasado em mais de um ano no Juízo deprecado. Não seria pertinente, neste caso, penalizar a parte, que perderia a prova por demora inerente ao Poder Judiciário.

De todo modo, a suspensão do processo, em tais hipóteses, é faculdade do juiz, que deve ponderar o custo-benefício da medida, à luz dos princípios da economia processual e do acesso à justiça.

---

[18] Art. 313, V – quando a sentença de mérito: a) depender do julgamento de outra causa ou da declaração de existência ou de inexistência de relação jurídica que constitua o objeto principal de outro processo pendente.

[19] Art. 313, § 4º – O prazo de suspensão do processo nunca poderá exceder 1 (um) ano nas hipóteses do inciso V e 6 (seis) meses naquela prevista no inciso II.

§ 5º O juiz determinará o prosseguimento do processo assim que esgotados os prazos previstos no § 4º.

[20] DIDIER, v.1, p. 756.

A questão prejudicial subordinante pode ser infração penal. O legislador estabeleceu disciplina específica para tal hipótese no art. 315[21], no sentido de que o juiz pode determinar a suspensão do processo até que se pronuncie a justiça criminal.

São duas as situações possíveis: (i) a ação penal ainda não foi ajuizada: nesse caso, a suspensão do processo trabalhista dar-se-á até o limite de três meses, contados da intimação da suspensão; (ii) ação penal já foi ajuizada: nessa hipótese, o processo ficará suspenso pelo prazo máximo de 1 (um) ano. Nos dois casos, decorrido o prazo, o processo seguirá normalmente na Justiça do Trabalho, incumbindo ao Juiz do Trabalho analisar de forma incidental a questão atinente ao crime. A interseção do Processo do Trabalho com o Direito Penal costuma acontecer nas hipóteses de aplicação de justa causa aplicada por suposto crime cometido pelo empregado.

A experiência forense demonstra que raramente o processo criminal é julgado definitivamente em menos de um ano. Dessa forma, em princípio não será interessante a suspensão do processo trabalhista na hipótese de discussão atinente a crime supostamente cometido pelo empregado, pois a tramitação processual se alongaria desnecessariamente.

De acordo com a jurisprudência do TST, o sobrestamento de reclamação trabalhista, por prazo indeterminado (superior ao previsto no art. 315, § 1º, do CPC), em virtude de instauração de inquérito policial, importa em violação de direito líquido e certo, diante do princípio da duração razoável do processo, previsto no art. 5º, LXXVIII, da Constituição Federal.[22]

2.6. Força maior

Força maior é fato jurídico inevitável que inviabiliza o regular transcurso do trâmite processual.

Exemplos: chuva torrencial que destrua os equipamentos da Vara do Trabalho; conflito armado nas redondezas do fórum, impossibilitando o acesso pelos servidores, partes e advogados.

---

21 Art. 315 – Se o conhecimento do mérito depender de verificação da existência de fato delituoso, o juiz pode determinar a suspensão do processo até que se pronuncie a justiça criminal.

22 **"RECURSO ORDINÁRIO EM MANDADO DE SEGURANÇA. SOBRESTAMENTO DE RECLAMAÇÃO TRABALHISTA POR TEMPO INDETERMINADO EM VIRTUDE DE INSTAURAÇÃO DE INQUÉRITO POLICIAL. ART. 313, V, "A", DO CPC. SUSPENSÃO POR PRAZO SUPERIOR AO PREVISTO NO ART. 315, § 1º, DO CPC. VIOLAÇÃO DE DIREITO LÍQUIDO E CERTO. DURAÇÃO RAZOÁVEL DO PROCESSO. ART. 5º, LXXVIII, DA CF. NATUREZA ALIMENTAR DO CRÉDITO DEMANDADO. INDEPENDÊNCIA DE INSTÂNCIAS.** O sobrestamento de reclamação trabalhista, por prazo indeterminado (superior ao previsto no art. 315, § 1º, do CPC), em virtude de instauração de inquérito policial, importa em violação de direito líquido e certo, diante do princípio da duração razoável do processo, previsto no art. 5º, LXXVIII, da Constituição Federal, **da natureza alimentar do crédito demandado e da independência entre instâncias. Sob esses fundamentos, a SBDI-II, por unanimidade, conheceu do recurso ordinário e, no mérito, deu-lhe provimento para, cassando os efeitos do ato coator, determinar o regular prosseguimento da reclamação trabalhista, com a retomada da instrução do feito, se a autoridade coatora entender necessário, e com a posterior e consequente prolação de sentença" (TST-ROT-10879-28.2021.5.03.0000, SBDI-II, rel. Min. Evandro Pereira Valadão Lopes, julgado em 24/5/2022).**

Suspenso o processo por motivo de força maior, a retomada da marcha processual deve ocorrer mediante intimação das partes, após cessado o evento suspensivo.

2.7. Tribunal Marítimo

O art. 313, VII, do CPC, prevê a suspensão do processo quando se discutir em juízo questão decorrente de acidentes e fatos da navegação de competência do Tribunal Marítimo. Esclareça-se que este é órgão administrativo, e não jurisdicional, mas, dada a especificidade das matérias mencionadas, o legislador optou por estabelecer a suspensão do processo judicial até a decisão pelo Tribunal Marítimo, que tem maior capacidade institucional e *expertise* para apurar os fatos e acidentes da navegação. O Tribunal Marítimo tem a atribuição de aplicar penalidades administrativas, propor medidas preventivas e de segurança da navegação, e de julgar os acidentes e fatos da navegação para fins de responsabilização administrativa (Lei 2.180/1954, art. 13, I), não sendo de sua competência definir a responsabilidade civil de empregador.

Nessa hipótese, dar-se-á a suspensão do processo por tempo indeterminado, até o término da apuração pelo órgão administrativo.

Ressalve-se, entretanto, que nem sempre será necessária a suspensão do processo judicial até julgamento pelo tribunal marítimo. Em algumas hipóteses, já apreciadas inclusive pelo Tribunal Superior do Trabalho, é possível que a discussão no processo trabalhista envolva aspecto diferente daquele pendente de apreciação pelo Tribunal Marítimo, ou que as provas produzidas no processo trabalhistas sejam suficientes[23],

---

[23] "AGRAVO DE INSTRUMENTO. LEI 13.467/2017. SUSPENSÃO DO PROCESSO TRABALHISTA ATÉ A DECISÃO DO TRIBUNAL MARÍTIMO SOBRE O NAUFRÁGIO QUE RESULTOU EM MORTE DO EMPREGADO. Por meio da presente demanda, a parte autora busca a responsabilização dos reclamados pelos danos decorrentes do acidente de trabalho sofrido pelo seu esposo, tripulante desaparecido em naufrágio do barco pesqueiro em que laborava. As recorrentes sustentam a necessidade de suspensão do feito até a decisão do Tribunal Marítimo no julgamento do recurso interposto contra a conclusão de inquérito administrativo elaborado pela Capitania dos Portos. Fundamentam sua pretensão no art. 313, VII, do CPC. A delimitação do acórdão regional é de que a discussão no presente processo - responsabilidade civil do empregador por acidente de trabalho - não se relaciona com a discussão existente no Tribunal Marítimo, por isso, não existe a necessidade de suspensão do processo. Além disso, afirmou que as provas dos autos são suficientes para o julgamento do presente processo. Nesse contexto, a presente decisão não depende do julgamento do Tribunal Marítimo, não se apresentando a hipótese de suspensão prevista no art. 313, VII, do CPC. Pedido de suspensão indeferido. RESPONSABILIDADE CIVIL DO EMPREGADOR. PENSÃO MENSAL. TRANSCENDÊNCIA. O processamento do recurso de revista na vigência da Lei 13.467/2017 exige que a causa ofereça transcendência com relação aos reflexos gerais de natureza econômica, política, social ou jurídica, a qual deve ser analisada de ofício e previamente pelo Relator (artigos 896-A, da CLT, 246 e 247 do RITST). Ausente a transcendência, o recurso não será processado. Se presente a transcendência prossegue-se na análise dos pressupostos do recurso. No caso, em relação à "responsabilidade civil do empregador" e à "pensão mensal" deferida à autora, a responsabilização dos recorrentes decorreu do exame dos elementos de prova dos autos, os quais foram suficientes à constatação do dano, do nexo causal e da conduta culposa da empregadora quanto ao naufrágio ocorrido, do qual decorreu a morte do cônjuge da autora. As matérias debatidas não possuem transcendência econômica, política, jurídica ou social. Agravo de instrumento de que se conhece e a que se nega provimento porque não reconhecida a transcendência" (AIRR-325-72.2018.5.12.0005, 6ª Turma, Relatora Desembargadora Convocada Cilene Ferreira Amaro Santos, DEJT 23/08/2019).

ou, ainda, que a responsabilidade do empregador seja objetiva[24], o que afasta a necessidade e a utilidade de suspensão do processo em trâmite na Justiça do Trabalho.

2.8. Outras hipóteses legalmente previstas

Além dos motivos de suspensão previstos no art. 313 do CPC, há outros espalhados pela legislação processual, tal como a concessão de prazo, pelo exequente, para que o executado cumpra voluntariamente a obrigação (CPC, art. 922, *caput*).[25]

---

24 "RECURSO DE REVISTA. ACÓRDÃO REGIONAL PUBLICADO NA VIGÊNCIA DA LEI Nº 13.467/2017. ACIDENTE DE TRABALHO. NAUFRÁGIO. MORTE DO EMPREGADO. RESPONSABILIDADE OBJETIVA ATRIBUÍDA AO EMPREGADOR NA PRESENTE AÇÃO. CONDENAÇÃO AO PAGAMENTO DE INDENIZAÇÃO POR DANO MORAL. PRETENSÃO DO EMPREGADOR DE SUSPENDER O PROCESSO ATÉ A DECISÃO FINAL NO INQUÉRITO ADMINISTRATIVO INSTAURADO PELA CAPITANIA DOS PORTOS, QUE APURA AS CIRCUNSTÂNCIAS DO ACIDENTE. TRANSCENDÊNCIA. NÃO RECONHECIMENTO. (...) III. O presente caso trata de ação em que os reclamantes, filhos de empregado falecido em acidente de trabalho, naufrágio, buscam a condenação do empregador ao pagamento de indenização por dano moral. A parte reclamada alega que a prova produzida no inquérito instaurado pela Capitania dos Portos, que apura as circunstâncias do acidente, serve para comprovar a responsabilidade do empregador. E por tal inquérito pender de conclusão definitiva, uma vez que ainda será submetido à apreciação do Tribunal Marítimo em face da discussão decorrente de " acidente e fatos da navegação ", postula a aplicação do art. 313, VII, do CPC para suspender este processo até que o inquérito se conclua. O Tribunal Regional reconheceu a responsabilidade objetiva do empregador, nos termos do art. 927 do Código Civil, e, por isso, " desnecessária " a suspensão deste processo, julgando procedente o pedido de indenização por dano moral. IV. A questão devolvida a esta c. Corte Superior versa sobre a necessidade ou não de suspensão deste processo, nos termos do art. 313, VII, do CPC/2015, até a conclusão, por decisão do Tribunal Marítimo, do inquérito instaurado na Capitania dos Portos que apura a responsabilidade da parte reclamada em razão de acidente e fatos da navegação. V . Nos termos dos arts. 13, 17 e 121 da Lei nº 2.180/54 e do art. 1º da Lei nº 2.180/54, o Tribunal Marítimo é órgão auxiliar do Poder Judiciário, a aferição judicial da responsabilidade do empregador prevista no Código Civil não está definida na sua competência e a responsabilidade por fatos e acidentes da navegação que lhe impõe apurar está restrita à aplicação de penas administrativas e à proposição de medidas preventivas e de segurança para a navegação. Na hipótese vertente, o Tribunal Regional aplicou a teoria da responsabilidade objetiva em razão do risco da atividade, o que afasta prima facie o debate sobre a culpa do empregador, não havendo, para definir tal responsabilidade, questão de matéria técnica relacionada ao acidente de que a decisão da Justiça do Trabalho dependa da conclusão do respeitável Tribunal Marítimo. Desse modo, inaplicável, na hipótese, a suspensão do processo de que trata o art. 313, VII, do CPC/2015, devendo prevalecer o disposto nos arts. 5º, XXXV, LXXVIII, da Constituição da República e 4º do CPC/2015, que não excluem do Poder Judiciário a apreciação de lesão ou ameaça a direito e asseguram a razoável duração para a solução integral do processo. VI . Ressalte-se, apenas por necessidade de escorreita prestação jurisdicional, que a excludente de responsabilidade por força maior arguida em tema do recurso de revista que não pode ser apreciado, qual seja, a de que " o naufrágio ocorreu exclusivamente pelo que é conhecido na navegação como 'onda perdida' e não por culpa da tripulação", trata-se de fortuito interno, o qual, mesmo que fosse imprevisível e inevitável, está inserido no risco da atividade do empregador exercida pelo falecido, pesca em alto mar, atraindo a responsabilidade objetiva da parte reclamada conforme definido pelo Tribunal Regional em consonância com a jurisprudência desta c. Corte Superior, o que afasta a necessidade de suspensão do processo em face de qualquer responsabilidade apurada pelo Tribunal Marítimo. (...)" (RR-265-70.2018.5.12.0047, 7ª Turma, Relator Ministro Evandro Pereira Valadão Lopes, DEJT 27/08/2021).

25 Art. 922 – Convindo as partes, o juiz declarará suspensa a execução durante o prazo concedido pelo exequente para que o executado cumpra voluntariamente a obrigação.

3. EFEITOS JURÍDICOS DA SUSPENSÃO

A suspensão do processo provoca três efeitos jurídicos:

- (i) vedação da prática de atos processuais. Excepcionam-se os atos urgentes, que podem ser praticados a fim de evitar dano irreparável. No caso de arguição de impedimento ou suspeição, os atos urgentes ficam a cargo do juiz substituto legal (CPC, art. 314 c/c 146, § 3º).[26] Os atos praticados no período de suspensão serão, em princípio, ineficazes;
- (ii) suspendem-se os prazos processuais. Observe-se que a suspensão dos prazos também pode ocorrer fora das hipóteses de suspensão do processo. Por exemplo, as férias forenses (de 20 de dezembro a 20 de janeiro) implicam suspensão dos prazos processuais, muito embora o processo não fique suspenso, pois os juízes, os membros do Ministério Público, da Defensoria Pública e da Advocacia Pública e os auxiliares da Justiça exercerão suas atribuições durante o período (CPC, art. 220, *caput* e § 1º)[27];
- (iii) prosseguimento do processo após o decurso do prazo de suspensão, por iniciativa do órgão jurisdicional (CPC, art. 2º).[28]

---

[26] Art. 314 – Durante a suspensão é vedado praticar qualquer ato processual, podendo o juiz, todavia, determinar a realização de atos urgentes a fim de evitar dano irreparável, salvo no caso de arguição de impedimento e de suspeição.

Art. 146, § 3º – Enquanto não for declarado o efeito em que é recebido o incidente ou quando este for recebido com efeito suspensivo, a tutela de urgência será requerida ao substituto legal.

[27] Art. 220 – Suspende-se o curso do prazo processual nos dias compreendidos entre 20 de dezembro e 20 de janeiro, inclusive.

§ 1º – Ressalvadas as férias individuais e os feriados instituídos por lei, os juízes, os membros do Ministério Público, da Defensoria Pública e da Advocacia Pública e os auxiliares da Justiça exercerão suas atribuições durante o período previsto no caput.

[28] Art. 2º – O processo começa por iniciativa da parte e se desenvolve por impulso oficial, salvo as exceções previstas em lei.

XV

PETIÇÃO INICIAL

Sumário: 1. Petição inicial: noções gerais – 2. Requisitos: 2.1. Requisitos comuns ao Processo do Trabalho e ao Processo Civil; 2.2. Requisitos específicos e situações controvertidas; 2.3. Documentos indispensáveis à propositura: normas coletivas e situações controvertidas – 3. Emenda e aditamento: 3.1. Necessidade de deferimento da emenda ou aditamento – 4. Efeitos da petição inicial – 5. Inépcia e outros defeitos – 6. Indeferimento e julgamento liminar de improcedência.

1. PETIÇÃO INICIAL: NOÇÕES GERAIS

O direito de ação é exercido por meio de uma demanda, que é uma espécie de ato jurídico em sentido estrito, pois pressupõe manifestação da vontade humana de ingressar em juízo, com efeitos jurídicos previstos pela legislação processual. A demanda é a exteriorização da vontade do interessado, no sentido de alcançar determinada situação jurídica favorável, a partir de um direito afirmado e de uma providência que é pedida ao Estado-Juiz.

A petição inicial é o instrumento da demanda; esta se afirma naquela. Assim como o contrato de compra e venda de imóvel precisa ser documentado numa escritura pública, a demanda precisa se materializar na petição inicial. O ato jurídico é o acordo de vontades, no primeiro caso (= contrato); e a demanda (postulação), no segundo. O instrumento do ato (escritura, petição inicial) não se confunde com o ato jurídico em si mesmo. A demanda ganha existência no mundo fenomênico através da petição inicial.

Compreendido esse aspecto, não há problema em se dizer, por metonímia, que a petição inicial é o ato inicial do processo.

Além da notável importância consistente no seu efeito de deflagrar o processo, a petição inicial, à luz do princípio da sequencialidade e interdependência dos atos processuais, delimita toda a atividade que se realizará subsequentemente na relação processual. A defesa, a produção de provas, a sentença, os recursos etc., tudo fica balizado pelos limites da inicial.

Por isso, é muito importante que a peça seja elaborada em linguagem precisa, técnica e concisa, de modo a facilitar a prática de todos os demais atos que serão praticados no processo. É recomendável evitar a transcrição de doutrina, jurisprudência e dispositivos legais, a menos que isso seja estritamente necessário; bem assim, frases de efeito e colocações que nada acrescentem no julgamento da demanda. Preferível apenas citar a fonte e os dispositivos, tornando a redação mais clara e de fácil acesso.

De fato, a experiência demonstra que a elaboração de peças extremamente longas, repletas de transcrições desnecessárias, só serve para dificultar o trabalho dos demais sujeitos processuais, que passam a ter dificuldade de localizar os fatos realmente importantes e, às vezes, até mesmo os pedidos.

2. REQUISITOS

A relevância da petição inicial, no âmbito do processo, faz com que a legislação estabeleça diversos requisitos a fim de assegurar sua aptidão para viabilizar o regular desenvolvimento da marcha processual.

O regramento da CLT, no ponto, é bastante semelhante ao do CPC, sendo pertinente a análise em separado, considerando a controvérsia existente acerca de alguns dos requisitos.

2.1. Requisitos comuns ao Processo do Trabalho e ao Processo Civil

2.1.1. Endereçamento da petição inicial

A petição inicial deve indicar o Juízo (= órgão jurisdicional) ao qual é dirigida (CLT, art. 840, § 1º; CPC, art. 319, I).[1] Ainda que se trate de localidade em que haja apenas um juiz em atividade, a peça é direcionada ao órgão, e não à pessoa física do magistrado.

2.1.2. Qualificação das partes

As partes devem ser qualificadas na petição inicial, mediante a indicação das seguintes informações: nomes, estado civil, existência de união estável, profissão, número de inscrição no Cadastro de Pessoas Físicas ou no Cadastro Nacional da Pessoa Jurídica, endereço eletrônico, domicílio e a residência do autor e do réu (CPC, art. 319, II).

Se o autor não dispuser dos dados de qualificação do réu, deve requerer ao juiz as diligências necessárias à sua obtenção. Mesmo que não se tenha tais informações, a petição inicial não deve ser indeferida caso seja possível, a partir dos

[1] Art. 840, § 1º – Sendo escrita, a reclamação deverá conter a designação do juízo, a qualificação das partes, a breve exposição dos fatos de que resulte o dissídio, o pedido, que deverá ser certo, determinado e com indicação de seu valor, a data e a assinatura do reclamante ou de seu representante.

Art. 319, I – o juízo a que é dirigida.

dados fornecidos pelo autor, a citação do réu. Da mesma forma, se a obtenção de tais informações tornar impossível ou excessivamente oneroso o acesso à justiça, a petição inicial deve ser deferida (CPC, art. 319, *caput* e §§ 1º a 3º).[2]

Não é incomum, no Processo do Trabalho, que o reclamante desconheça dados importantes do réu, tais como o sobrenome, o CPF ou o CNPJ. Algumas vezes, o empregador é empresa irregular que sequer possui cadastro no CNPJ. Nada disso pode ser óbice ao ajuizamento da reclamação trabalhista. Uma solução prática possível é que o Oficial de Justiça colha a qualificação do reclamado quando da prática do ato citatório. No caso de irregularidade na constituição da pessoa jurídica, a ausência de CNPJ não deve impedir o prosseguimento da ação.

2.1.3. Exposição dos fatos e formulação do pedido. Fundamentos jurídicos

Conforme já exposto, vigora, no Processo do Trabalho, a teoria mitigada da substanciação no que tange à causa de pedir.[3] Daí resulta que o legislador não exige a exposição do fundamento jurídico, como forma de simplificar o ato postulatório, o que se justifica à luz do princípio da isonomia material (princípio da proteção) e da existência do *jus postulandi*.

É imprescindível, entretanto, a exposição, na petição inicial trabalhista, dos fatos que embasam o pedido. Além disso, deve ser formulado o pedido, com as suas especificações (CLT, art. 840, § 1º; CPC, art. 319, III e IV).[4]

No Processo Civil, por força de expressa disposição legal (art. 319, III), há necessidade de indicação dos fundamentos jurídicos.

Os aspectos teóricos e práticos atinentes ao pedido foram analisados no Capítulo VI, item 3.3.

2.1.4. Assinatura

A assinatura é elemento que aperfeiçoa a petição inicial, ou seja, petição sem assinatura não existe como ato processual: trata-se de ato inexistente ou meramente aparente. Isso se justifica porque sem a assinatura não é possível a verificação de sua autoria.

---

2 Art. 319 – A petição inicial indicará: § 1º Caso não disponha das informações previstas no inciso II, poderá o autor, na petição inicial, requerer ao juiz diligências necessárias a sua obtenção.

§ 2º A petição inicial não será indeferida se, a despeito da falta de informações a que se refere o inciso II, for possível a citação do réu.

§ 3º A petição inicial não será indeferida pelo não atendimento ao disposto no inciso II deste artigo se a obtenção de tais informações tornar impossível ou excessivamente oneroso o acesso à justiça.

3 Capítulo VI, item 3.2.2.

4 Art. 840, § 1º – Sendo escrita, a reclamação deverá conter a designação do juízo, a qualificação das partes, a breve exposição dos fatos de que resulte o dissídio, o pedido, que deverá ser certo, determinado e com indicação de seu valor, a data e a assinatura do reclamante ou de seu representante.

Art. 319 – A petição inicial indicará: (...)

III – o fato e os fundamentos jurídicos do pedido;

IV – o pedido com as suas especificações.

Apesar disso, a ausência de assinatura é vício facilmente sanável, bastando que a peça seja assinada pelo autor ou pelo advogado.

As discussões atinentes à assinatura tendem a ficar no passado, já que, no ambiente do processo eletrônico, a petição inicial somente é ajuizada mediante assinatura eletrônica do advogado subscritor, o que impede a ocorrência desse tipo de defeito.

2.2. Requisitos específicos e situações controvertidas

2.2.1. Valor da causa e liquidação dos pedidos: noções gerais

O valor da causa deve corresponder ao benefício econômico que a pretensão consubstancia, sendo que, em caso de cumulação de pedidos, deve-se somar o valor de todos (CPC, arts. 291 e 292, VI).[5] De acordo com o CPC, a inicial sempre deve indicar o valor da causa, ainda que não haja conteúdo economicamente aferível nos pedidos.

A CLT não exigia a indicação do valor da causa na petição inicial, ao contrário do que ocorre com o CPC (art. 319, V).[6] Diante da omissão da CLT, havia controvérsia sobre a necessidade de indicação do valor da causa na inicial trabalhista, à luz do art. 769 da CLT.[7]

Uma primeira linha interpretativa era no sentido de que a aplicação do dispositivo do Código de Processo Civil que exige a indicação do valor da causa seria incompatível com o princípio da simplicidade que rege o Processo do Trabalho.

Outra vertente sustentava que, após a edição da Lei nº 9.957/2000, que instituiu o procedimento sumaríssimo, no qual os pedidos devem ser líquidos, a parte deve indicar necessariamente o valor da causa.[8]

Não há dúvida de que a definição do valor da causa é imprescindível, por servir de base de cálculo para diversas despesas processuais (multas, custas etc.).

Deve-se considerar que o art. 2º, *caput*, da Lei nº 5.584/70[9], permite ao Juiz a fixação de ofício do valor da causa, em caso de omissão da inicial. De outro lado, é responsabilidade da parte atribuir valor à causa, tendo em vista as consequências que daí advêm, inclusive a definição do rito.

A solução prática ideal é que o Juiz do Trabalho determine ao reclamante a estipulação de valor à causa – o que pode ser feito inclusive oralmente em audiência,

5 Art. 291 – A toda causa será atribuído valor certo, ainda que não tenha conteúdo econômico imediatamente aferível.

Art. 292 – O valor da causa constará da petição inicial ou da reconvenção e será: (...)

VI – na ação em que há cumulação de pedidos, a quantia correspondente à soma dos valores de todos eles.

6 Art. 319 – A petição inicial indicará: (...)

V – o valor da causa.

7 Art. 769 – Nos casos omissos, o direito processual comum será fonte subsidiária do direito processual do trabalho, exceto naquilo em que for incompatível com as normas deste Título.

8 Nesse sentido, SCHIAVI, p. 438.

9 Art. 2º – Nos dissídios individuais, proposta a conciliação, e não havendo acordo, o Presidente, da Junta ou o Juiz, antes de passar à instrução da causa, fixar-lhe-á o valor para a determinação da alçada, se este for indeterminado no pedido.

consignando-se na respectiva ata. Descabe cogitar de indeferimento liminar da inicial, até porque o Juiz do Trabalho somente toma contato com a inicial em audiência. Contudo, uma vez instada a parte a atribuir valor à causa, e não cumprida a providência, o processo deve ser extinto por falta de pressuposto processual (CPC, art. 485, IV).[10]

Se o defeito passar despercebido, e o magistrado percebê-lo apenas quando da prolação da sentença, o julgador deve estabelecer, de ofício, o valor da causa e, mesmo que este seja inferior a quarenta salários mínimos – enquadrando-se no rito sumaríssimo, portanto –, estará preclusa a oportunidade de arguir e decretar a nulidade decorrente da ausência de liquidação dos pedidos.

Diante da sistemática alvitrada, não há possibilidade, na prática, de utilização do recurso criado no art. 2º, § 1º, da Lei 5584/70[11] (interposto em até 48 horas após a fixação de ofício pelo Juiz), pois eventual equívoco deverá ser impugnado em recurso ordinário contra a sentença.

No Processo do Trabalho, as custas (CLT, art. 789, I)[12], bem como o teto do depósito recursal são calculados – em caso de procedência integral ou parcial dos pedidos – em função do valor arbitrado pelo juiz à condenação, o que não se confunde com o valor da causa. Assim, o único prejudicado pela atribuição de elevado valor à causa é o próprio reclamante, que corre o risco de ter que pagar – em caso de improcedência total dos pedidos, ou extinção sem resolução de mérito – custas calculadas sobre o valor atribuído à causa (CLT, art. 789, II).[13]

Após a Reforma Trabalhista, não há mais espaço para controvérsia, pois o art. 840, § 1º, da CLT[14], passa a prever expressamente a necessidade de indicação do valor dos pedidos.

2.2.2. *Valor da causa e liquidação dos pedidos no cenário pós-Reforma*

2.2.2.1. Conceitos essenciais

A Lei 13.467/2017 trouxe duas importantes inovações de conteúdo nos parágrafos do art. 840 da CLT, ao prever: (i) que o pedido deve ser *certo, determinado*

---

10 Art. 485 – O juiz não resolverá o mérito quando: (...)
IV – verificar a ausência de pressupostos de constituição e de desenvolvimento válido e regular do processo.

11 Art. 2º, § 1º – Em audiência, ao aduzir razões finais, poderá qualquer das partes, impugnar o valor fixado e, se o Juiz o mantiver, pedir revisão da decisão, no prazo de 48 (quarenta e oito) horas, ao Presidente do Tribunal Regional.

12 Art. 789 – Nos dissídios individuais e nos dissídios coletivos do trabalho, nas ações e procedimentos de competência da Justiça do Trabalho, bem como nas demandas propostas perante a Justiça Estadual, no exercício da jurisdição trabalhista, as custas relativas ao processo de conhecimento incidirão à base de 2% (dois por cento), observado o mínimo de R$ 10,64 (dez reais e sessenta e quatro centavos) e o máximo de quatro vezes o limite máximo dos benefícios do Regime Geral de Previdência Social, e serão calculadas:
I – quando houver acordo ou condenação, sobre o respectivo valor.

13 Art. 789, II – quando houver extinção do processo, sem julgamento do mérito, ou julgado totalmente improcedente o pedido, sobre o valor da causa.

14 § 1º Sendo escrita, a reclamação deverá conter a designação do juízo, a qualificação das partes, a breve exposição dos fatos de que resulte o dissídio, o pedido, que deverá ser certo, determinado e com indicação de seu valor, a data e a assinatura do reclamante ou de seu representante.

e com indicação de seu valor; (ii) e que deve haver julgamento sem resolução de mérito quanto aos pedidos que não atendam aos requisitos estabelecidos no § 1° do mesmo dispositivo.

A mais significativa inovação da Reforma no que tange à petição inicial diz respeito à exigência de certeza, determinação e indicação do valor do pedido. Pretendeu-se generalizar, com a nova lei, tal requisito, que era aplicável anteriormente apenas nos processos trabalhistas que tramitassem no rito sumaríssimo (CLT, art. 852-B, I).

O pedido é considerado certo quando for explícito na petição inicial.[15] Só se admitem pedidos implícitos nas hipóteses taxativamente previstas em lei: é o que ocorre, por exemplo, com a correção monetária, com os juros de mora e com as verbas de sucumbência, inclusive os honorários advocatícios (CPC, art. 322, § 1°).

Já a exigência de determinação do pedido, conforme entendimento majoritário da doutrina, significa que o pedido deve ser delimitado quanto à qualidade e à quantidade pretendidas[16]; dessa concepção resulta que, quando se tratar de obrigação pecuniária, o autor deve indicar na petição inicial, em princípio, o respectivo valor.

Contudo, há linhas doutrinárias que associam a determinação do pedido ao fato de o autor dever fazer conhecer com segurança e clareza a tutela jurisdicional postulada, sendo preciso na indicação da prestação jurisdicional a ser obtida.[17]

O Código de Processo Civil de 2015 aparentemente sufragou a corrente majoritária, pois se refere apenas à certeza e determinação, não exigindo expressamente a liquidez dos pedidos (arts. 322 e 324). Apesar disso, admite o pedido genérico (= indeterminado ou ilíquido): (i) nas ações universais, se o autor não puder individuar os bens demandados; (ii) quando não for possível determinar, desde logo, as consequências do ato ou do fato; (iii) quando a determinação do objeto ou do valor da condenação depender de ato que deva ser praticado pelo réu (art. 324, § 1°).

A Lei n° 13.467/2017 (Reforma Trabalhista), talvez com o objetivo de evitar tais controvérsias doutrinárias, optou por estabelecer a necessidade de que o pedido seja não apenas certo e determinado, mas que haja, também, indicação de seu valor. No entanto, o tema apresenta diversas nuances e certamente gerará divergências interpretativas, conforme se demonstrará.

2.2.2.2. Panorama jurisprudencial

Como se trata de previsão legislativa nova no campo trabalhista, deve-se recorrer à jurisprudência firmada sobre o tema da liquidação dos pedidos na petição inicial no Processo Civil.

Nesse contexto, há, no Superior Tribunal de Justiça (órgão uniformizador da interpretação da lei federal), precedentes no sentido de ser *permitida a formulação*

---

15 PONTES DE MIRANDA, Francisco Cavalcanti. Comentários ao Código de Processo Civil, t.4. 3ª ed. Rio de Janeiro: Forense, 1999, p. 36.

16 DIDIER, Fredie. Curso de Direito Processual Civil, v.1. 18ª ed. Salvador: Juspodivm, 2016, p. 575.

17 THEODORO JÚNIOR, Humberto. Curso de Direito Processual Civil, v.1. 56ª ed. Rio de Janeiro: Forense, 2015, p. 767.

de pedido genérico na impossibilidade imediata de mensuração do quantum debeatur, *quando se tratar de conteúdo econômico ilíquido e de difícil apuração prévia.*[18]

Outros julgados do STJ também concluem pela licitude de pedido genérico (= ilíquido) sempre que a causa envolver cálculos contábeis complexos, *hipótese em que o valor da causa pode ser estimado pelo autor, em quantia simbólica e provisória, passível de posterior adequação ao valor apurado pela sentença ou no procedimento de liquidação.*[19]

Em matéria tributária, a jurisprudência pacífica do STJ, quanto aos pedidos de repetição de indébito tributário, entende ser *desnecessária, para fins de reconhecer o direito alegado pelo autor, a juntada de todos os comprovantes de recolhimento do tributo,* providência que deve ser levada a termo *quando da apuração do montante que se pretende restituir, em sede de liquidação do título executivo judicial.*[20]

Conclui-se que o STJ relativiza, no âmbito cível, a exigência de liquidação dos pedidos que a doutrina majoritária extrai do art. 324, *caput*, do CPC, sempre que houver dificuldade de apuração prévia do valor devido ou se fizerem necessários cálculos contábeis complexos. Além disso, mesmo em matéria tributária, na qual há nitidamente prerrogativas da Fazenda Pública (exemplo: autoexecutoriedade e presunção de legitimidade dos atos administrativos de lançamento e inscrição em dívida ativa), a Corte admite a formulação de pedido genérico.

2.2.2.3. Liquidação de pedidos na realidade da Justiça do Trabalho

Os processos trabalhistas envolvem, na absoluta maioria das vezes, pedidos de condenação ao pagamento de parcelas pecuniárias. Daí resulta a necessidade de liquidação dos valores correspondentes, sendo que a praxe demonstra que, no rito ordinário, a providência costumeiramente é adotada apenas após a prolação da sentença condenatória.

Sem dúvida, há grande número de processos nos quais os pedidos formulados são de fácil liquidação, sendo suficientes simples cálculos aritméticos para chegar ao valor devido. É o que ocorre, por exemplo, nas hipóteses em que se postula o pagamento de verbas rescisórias (aviso prévio, 13º salário proporcional etc.), que podem ser facilmente calculadas por qualquer advogado ou magistrado, já que a simples realização das quatro operações básicas da matemática permite apurar o valor do crédito.

Presumidamente, quando o legislador estabeleceu a exigência de liquidação dos pedidos no rito sumaríssimo (CLT, art. 852-B, I), partiu da premissa – que geralmente coincide com a realidade – de que, diante do menor valor da causa, há menor complexidade dos cálculos envolvidos.

De outro lado, há causas em que a liquidação é extremamente complexa e dificultosa; algumas vezes, há necessidade até mesmo de realização de perícia contábil

---

18 AgRg no REsp 825.994/DF, Rel. Ministro MAURO CAMPBELL MARQUES, SEGUNDA TURMA, julgado em 02/03/2010, DJe 16/03/2010.

19 AgRg no REsp 906.713/SP, Rel. Ministro LUIZ FUX, PRIMEIRA TURMA, julgado em 23/06/2009, DJe 06/08/2009.

20 REsp 1111003/PR, Rel. Ministro HUMBERTO MARTINS, PRIMEIRA SEÇÃO, julgado em 13/05/2009, DJe 25/05/2009.

na fase de execução. Exemplifica-se com o cálculo de diferenças de comissões ou de participação nos lucros em função da inobservância, pela empresa, de critérios estabelecidos em seu regulamento, o que pode depender eventualmente de análise do balanço patrimonial do empregador; ou de apuração de diferenças de horas extras à luz dos cartões de ponto (fidedignos) e dos contracheques, devendo-se apurar dia a dia a existência de diferença não quitada.

Situação também comum diz respeito à cumulação de pedidos, com facilidade para liquidação de alguns deles, e dificuldade para outros.

2.2.2.4. Interpretação conforme a Constituição do art. 840, § 1º, da CLT

Como visto, a redação do art. 840, § 1º, da CLT, indica a necessidade genérica e aparentemente absoluta de indicação do valor dos pedidos na petição inicial. Nitidamente, a Reforma Trabalhista reforça a tendência de aproximação recíproca entre o Direito Processual Civil e do Trabalho.

Dessa forma, embora não conste do texto da CLT, é inevitável a aplicação das exceções contidas no art. 324, § 1º, do CPC (dada a omissão da CLT e a compatibilidade com os princípios do Processo do Trabalho), que permitem a prolação de sentença genérica em algumas hipóteses. Isso porque a aplicação de tais exceções é imperativo lógico-jurídico, cuja não observância geraria situação de perplexidade e de impedimento ilegítimo ao exercício do direito de ação.

Assim, quando não for possível determinar, desde logo, as consequências do ato ou do fato, a sentença pode, licitamente, ser ilíquida. Exemplo no campo trabalhista é o pedido de indenização por danos materiais em decorrência de incapacidade laborativa (cujo percentual deve ser apurado em perícia) causada por doença ocupacional.

Igualmente, a sentença pode ser ilíquida quando a determinação do objeto ou do valor da condenação depender de ato que deva ser praticado pelo réu. Exemplifica-se com o pedido de equiparação salarial, na hipótese em que o trabalhador não saiba a remuneração exata do empregado paradigma, fazendo-se necessária a juntada das fichas financeiras ou contracheques pelo empregador.

Perceba-se que, nos dois casos, é materialmente impossível ao reclamante liquidar os pedidos, considerando as particularidades da causa de pedir. Tal fato já comprova, por si só, que a aplicabilidade do art. 840, § 1º, da CLT, não é absoluta, mesmo que o enunciado normativo não indique a existência de situações excepcionais. Conclui-se que o dispositivo é inexato, ao não mencionar as exceções contidas no art. 324, § 1º, do CPC.

Partindo-se dessa premissa, deve ter aplicabilidade, nos processos trabalhistas, o entendimento consolidado no âmbito do STJ (retratado em tópico anterior) a respeito da possibilidade de relativização da exigência de liquidação dos pedidos.

De fato, além da inexatidão já demonstrada, mesmo em situações não incluídas no art. 324, § 1º, do CPC, pode ser muito dificultoso - ou até virtualmente impossível - para o autor liquidar os pedidos, nas situações que haja necessidade de realizar operações contábeis complexas ou for difícil a apuração prévia do valor.

A complexidade, apta a justificar a formulação de pedido ilíquido, estará presente quando a apuração do quantum depender de cálculos que exijam nível de conhecimentos contábeis e matemáticos superior aos titularizados pelo homem médio.

Em outras palavras: se a elaboração do cálculo requerer conhecimento e técnica especializados, e não puder ser feita pelo profissional do Direito mediano (advogado, Juiz do Trabalho etc.), não há necessidade de a petição inicial, no rito ordinário, liquidar o valor dos pedidos. Se o cálculo for daqueles que só puder ser feito precisamente por profissional especializado (contador ou calculista), a petição ilíquida deve ser aceita. Nesses casos, deve ser aceita a mera estimativa de valor - a qual não vinculará e não limitará o valor de eventual condenação - feita na petição inicial.

Tal solução se impõe à luz do princípio constitucional do acesso à justiça (CF, art. 5º, XXXV), já que, exigir a liquidação nessas hipóteses criaria obstáculo prático irrazoável e intransponível ao ajuizamento da ação, sobretudo quando o autor (empregado ou empregador) for beneficiário da justiça gratuita. Ora, se o cidadão não tem condições de pagar as despesas do processo, inevitavelmente não terá recursos para contratar um contador particular antes do ajuizamento da ação.

Poder-se-ia objetar dizendo que, nas hipóteses de gratuidade de justiça, a elaboração do cálculo deveria ser feita pelo contador judicial (servidor da Vara do Trabalho). Contudo, a objeção não procede, porque a realidade do foro faria com que ficassem inviabilizados os serviços da Secretaria da Vara, considerando a grande quantidade de processos trabalhistas nos quais se defere a gratuidade de justiça.

Em suma, a exigência de liquidação dos pedidos na petição inicial não se aplica quando houver complexidade nos cálculos envolvidos. Essa é a única interpretação do art. 840, § 1º, da CLT, que se compatibiliza com o princípio constitucional do acesso à justiça.

Ressalve-se que o TST, na IN 41/2018, adotou a interpretação segundo a qual *para fim do que dispõe o art. 840, §§ 1º e 2º, da CLT, o valor da causa será estimado, observando-se, no que couber, o disposto nos arts. 291 a 293 do Código de Processo Civil.* Nessa ótica, não apenas nas situações de cálculos contábeis complexos, mas em todo e qualquer caso não haveria propriamente necessidade de liquidação da inicial, mas mera estimativa de valores não vinculante para o Judiciário, que poderia inclusive conceder valor superior sem que se cogitasse de decisão *ultra petita.*

2.2.2.5. *Interpretação consequencialista da exigência de liquidação dos pedidos: isonomia*

Além dos óbices jurídicos já analisados, há dois aspectos de ordem prática que inviabilizam a interpretação de que o art. 840, § 1º, da CLT, estaria a exigir a liquidação dos pedidos em qualquer caso.

O primeiro é que, sendo líquida a inicial, a sentença, em princípio, também deveria ser líquida (CPC, art. 491, *caput*). Além disso, o art. 491, § 1º, II, autoriza a prolação de sentença ilíquida quando a apuração do valor devido depender da produção de prova de realização demorada ou excessivamente dispendiosa, assim reconhecida na sentença.

Tal dispositivo é elogiável, já que contribui fortemente com a celeridade processual: isso porque, enquanto tramitar eventual recurso (com ou sem efeito suspensivo) contra a sentença ilíquida, o interessado já pode promover de imediato a liquidação provisória (CPC, art. 512). Dessa forma, não há necessidade de realizar a demorada ou dispendiosa liquidação (pressuposto do art. 491, § 1º) antes da interposição do recurso, o que acelera a prestação jurisdicional.

Ora, se a sentença pode ser ilíquida em virtude da dificuldade dos cálculos, não se vislumbra o motivo pelo qual a mesma flexibilização não se deva admitir no que tange à elaboração da petição inicial. Não há proeminência do juiz que justifique a possibilidade de prolação de sentença genérica, enquanto o advogado, no mesmo caso, teria o ônus de liquidar a petição. Seria flagrante violação ao princípio da isonomia.

Outra violação ao mesmo princípio também decorreria dessa interpretação: presumidamente, os grandes escritórios de advocacia não teriam dificuldades para liquidar as iniciais mais complexas, enquanto os pequenos não conseguiriam fazê-lo em virtude da ausência de recursos humanos e financeiros. Portanto, a exigência de liquidação indiscriminada gera tratamento injusto e indesejado, por beneficiar apenas os profissionais mais abastados.

2.2.2.6. Exemplos práticos

À luz da exposição acima, passa-se a expor alguns exemplos cotidianos no foro.

Situações em que não haverá necessidade de liquidação dos pedidos: (i) diferenças de horas extras, tendo em vista a necessidade de apuração da jornada já registrada nos cartões de ponto e os valores já pagos a título de horas extras nos contracheques, o que depende da juntada dos documentos pertinentes pelo réu; (ii) diferenças de comissões, em virtude da necessidade de apuração das vendas efetivamente realizadas pelo trabalhador; (iii) equiparação salarial, pois a evolução salarial do paradigma é informação que fica em poder da empresa; (iv) indenização por danos materiais decorrentes de acidente ou doença ocupacional, por ser impossível fixar de antemão as consequências jurídicas.

De outro lado, por exemplo, os seguintes pedidos, em princípio, deverão ser formulados com indicação do respectivo valor: (i) verbas rescisórias; (ii) adicional de insalubridade e reflexos, pois o cálculo é feito considerando percentual sobre o salário mínimo; (iii) indenização de vale-transporte, já que basta multiplicar o valor do transporte público pelos dias trabalhados etc.

2.2.2.7. Posicionamentos do TST sobre liquidação da petição inicial

O Tribunal Superior do Trabalho tem interpretado, de forma acertada, que a necessidade de indicação do valor dos pedidos não pressupõe, necessariamente, que o reclamante junte planilha de cálculos com a petição inicial.[21] Na ótica da Corte,

21 "Mandado de segurança. Cabimento. Determinação judicial de emenda da petição inicial para juntar planilha contábil. Art. 840, § 1º da CLT. Ato teratológico. Não incidência da Orientação Jurisprudencial nº 92 da SBDI-II.

decisão que extinga o processo sem resolução de mérito por ausência de planilha contábil é teratológica, já que a lei não estipula que se trate de documento essencial à propositura da ação. É possível, em tais casos, a impetração de mandado de segurança com o objetivo de permitir o prosseguimento do feito independentemente da apresentação de planilha. De fato, mesmo nos casos em que houver necessidade de indicação precisa do valor dos pedidos – conforme explicitado acima –, basta que se possa inferir, da petição inicial, como se chegou ao valor pretendido. Não há necessidade de juntada de planilha de cálculos, muito embora o reclamante possa fazê-lo, a seu exclusivo critério.

Outro julgado importante, da SDI-1 do TST, explicitou que, quando o reclamante formular pedidos com valores líquidos na petição inicial, sem qualquer ressalva de que se trata de mera estimativa ou de valor aproximado, o Judiciário não lhe pode conceder valores superiores, à luz do princípio da adstrição entre sentença e pedido (CPC, arts. 141 e 492).[22] Perceba-se que do julgado não se pode extrair, logicamente, a conclusão segundo a qual a liquidação seria sempre exigível; na verdade, o que se conclui é quando indicado com precisão o valor dos pedidos – ainda que não houvesse necessidade de fazê-lo –, o juiz não pode conceder valores superiores, sob pena de proferir sentença *ultra petita*.

2.2.2.8. *Extinção do processo sem resolução de mérito: princípios aplicáveis*

De acordo com o novo § 3º do art. 840 da CLT, os pedidos que não atendam aos requisitos do § 1º – inclusive a ausência de liquidação – devem ser julgados extintos sem resolução de mérito.

Cabe, excepcionalmente, mandado de segurança para impugnar decisão que determinou a emenda à petição inicial de reclamação trabalhista para que o autor juntasse planilha contábil, sob pena de extinção do processo sem resolução de mérito. Trata-se de decisão teratológica, a afastar a incidência da Orientação Jurisprudencial nº 92 da SBDI-II, pois impõe ônus ilegal ao exercício do direito de ação, visto que a planilha contábil não é documento indispensável à propositura da reclamação, nos termos do art. 840, § 1º, da CLT e dos arts. 319, IV e V; 320; 322, caput, § 2º e 324, todos do CPC de 2015. Ademais, exigir que o reclamante aguardasse a prolação da sentença de extinção do processo, sem julgamento do mérito, para só então se valer da medida processual cabível atenta contra a celeridade da prestação jurisdicional. Sob esses fundamentos, a SBDI-II, por maioria, deu provimento ao recurso ordinário para conceder a segurança e determinar o prosseguimento da reclamação trabalhista em questão, independentemente da juntada da planilha contábil. Vencidos os Ministros Renato de Lacerda Paiva, Luiz José Dezena da Silva e Evandro Valadão. TST-RO-368-24.2018.5.12.0000, SBDI-II, rel. Min. Maria Helena Mallmann, 1º.10.2019" (noticiado no informativo 207 do TST).

22 "Julgamento ultra petita. Limitação da condenação aos valores líquidos constantes da petição inicial. Aplicação do artigo 492 do CPC de 2015. Ao formular pedidos com valores líquidos na petição inicial, sem registrar qualquer ressalva, o autor limita a condenação a esses parâmetros, a teor do disposto no art. 492 do CPC de 2015. Com efeito, nos termos do referido dispositivo legal, 'é vedado ao juiz proferir decisão de natureza diversa da pedida, bem como condenar a parte em quantidade superior ou em objeto diverso do que lhe foi demandado'. No caso concreto, extrai-se da petição inicial que o reclamante requereu o pagamento de horas in itinere no exato valor de R$ 3.803,00, não havendo qualquer menção de se tratar de mera estimativa ou requerimento de apuração em liquidação, como havia sido feito em outros pedidos. Sob esse fundamento, a SBDI-1, por unanimidade, decidiu conhecer do recurso de embargos, por divergência jurisprudencial, e, no mérito, dar-lhe provimento para, no tocante ao pedido de horas in itinere, limitar as parcelas condenatórias aos valores indicados na petição inicial. TST-E-ARR10472-61.2015.5.18.0211, SBDI-I, rel. Min. Walmir Oliveira da Costa, 21/5/2020" (noticiado no informativo TST nº 219).

Não há novidade significativa no ponto. De fato, sempre que não observado algum requisito da petição inicial, a consequência processual é a extinção sem resolução de mérito em função da inépcia (CPC, art. 330, § 1º).

No entanto, o regramento trazido pela Reforma não afasta a aplicação do art. 321 do CPC, segundo o qual o juiz, ao verificar que a petição inicial não preenche os requisitos legais, ou que apresenta defeitos e irregularidades capazes de dificultar o julgamento de mérito, determinará que o autor, no prazo de 15 (quinze) dias, a emende ou a complete, indicando com precisão o que deve ser corrigido ou completado.

Esse regramento é aplicável ao Processo do Trabalho, conforme entendimento consolidado na Súmula 263. Trata-se de concretização legislativa dos princípios da cooperação e da primazia da decisão de mérito (CPC, arts. 4º e 6º).

Portanto, em qualquer caso em que falte algum dos requisitos da inicial, elencados no art. 840, § 1º, da CLT - inclusive a liquidação dos pedidos, quando exigível -, o Juiz do Trabalho, inicialmente, deve conceder prazo para que o autor corrija o defeito. Não é possível a extinção do processo sem a adoção prévia dessa providência.

2.2.2.9. Modificações redacionais do art. 840, caput *e parágrafos, da CLT*

O *caput* do art. 840 da CLT não foi alterado pela reforma trabalhista de 2017: daí decorre que continua sendo possível o ajuizamento de reclamação trabalhista de forma verbal, com a subsequente redução a termo pelo servidor público responsável. Os Tribunais Regionais do Trabalho devem dispor de estrutura adequada a fim de possibilitar o oferecimento verbal de petição inicial, já que permanece em vigor o *jus postulandi* - possibilidade de atuação de empregado ou empregador em Juízo sem a assistência de advogado (CLT, art. 791, *caput*).

Já os parágrafos do art. 840 apresentam algumas alterações meramente redacionais, e outras de conteúdo; as primeiras, com o único objetivo de aprimorar e atualizar o texto da Consolidação, enquanto as últimas trazem efetivas inovações no Direito Processual do Trabalho.

São modificações redacionais:

- (i) a menção ao direcionamento da petição inicial a determinado Juízo, e não ao *Presidente da Junta* ou ao *juiz de direito*, conforme constava da redação revogada. Depreende-se que houve, no ponto, aprimoramento técnico do texto legal, pois a ação deve ser endereçada a um órgão jurisdicional (= Juízo), e não à pessoa física de determinado juiz. Mesmo que se trate de localidade que possua Vara única e já se possa prever o juiz que presumidamente julgará a causa, a perpetuação da jurisdição (CPC, art. 43) ocorre para o órgão judiciário, e não para o magistrado, que pode ser substituído, removido, promovido etc. Ademais, desde a entrada em vigor da Emenda Constitucional 24/1999 não era mais pertinente mencionar-se a existência de *Juntas*, que passaram a ser chamadas de Varas do Trabalho a partir do fim da representação classista na Justiça do Trabalho;

- (ii) qualificação das partes, e não do *reclamante e reclamado*. Aqui também se nota apuro do vocabulário técnico-jurídico: os processos trabalhistas envolvem não apenas as reclamações trabalhistas típicas (ações entre empregados e empregadores, em relação às quais é pertinente a nomenclatura *reclamante* e *reclamado*), mas também diversas outras espécies de ações, inclusive as que tramitam em procedimentos diferenciados (e nas quais se utilizam, tradicionalmente, outras designações). Assim, nos embargos de terceiro tem-se embargante e embargado; nos dissídios coletivos, suscitante e suscitado; no mandado de segurança, impetrante e autoridade coatora etc. Como o art. 840 da CLT se aplica para todas as espécies de procedimento – ressalvada a existência de previsão peculiar a determinado rito especial –, a modificação redacional empreendida se revela adequada.

No entanto, o legislador reformista não foi rigoroso no apuro técnico, pois na parte final do § 1º do art. 840 menciona a necessidade de assinatura do *reclamante*, incidindo no mesmo equívoco redacional que parece ter almejado corrigir.

- (iii) o § 2º não menciona mais a redução a termo feita pelo *chefe de secretaria*, designação que não mais se utiliza na Justiça do Trabalho, na qual a designação do servidor que dirige os trabalhos em uma Vara é *Diretor de Secretaria*. O dispositivo menciona, ainda, a possibilidade de redução a termo pelo *secretário*; seria melhor, no lugar desta expressão, fosse feita referência ao *servidor responsável*, já que a atribuição pode ser exercida por qualquer funcionário designado para tanto.

2.2.3. Impugnação ao valor da causa e retificação de ofício pelo juiz

Caso o valor atribuído à causa pelo autor esteja em desconformidade com os critérios estabelecidos pelo art. 292 do CPC, o réu poderá impugnar, em preliminar da contestação, o valor atribuído à causa pelo autor, sob pena de preclusão (CPC, art. 293).[23] O Novo CPC aboliu a peça autônoma de impugnação ao valor da causa, prestigiando solução simplificada que já era adotada há bastante tempo na prática da Justiça do Trabalho, aceitando-se a impugnação no bojo da contestação.

É controvertida a possibilidade de o Juiz do Trabalho corrigir, de ofício, o valor atribuído à causa. Em favor da tese, argumenta-se que o valor da causa é relevante para fixação das custas processuais, e serve também como base de cálculo para diversas multas, tal como a por litigância de má-fé, além de definir o rito procedimental. Tais aspectos fazem com que haja interesse público no valor da causa, justificando a atuação de ofício do Judiciário.

Em sentido contrário, importante perceber que o CPC estabelece que, caso o réu não impugne o valor da causa, haverá preclusão, o que indicaria estar-se diante de nulidade relativa – ou seja, que não poderia ser conhecida de ofício pelo juiz.

[23] Art. 293 – O réu poderá impugnar, em preliminar da contestação, o valor atribuído à causa pelo autor, sob pena de preclusão, e o juiz decidirá a respeito, impondo, se for o caso, a complementação das custas.

Apesar disso, o art. 292, § 3º, do CPC[24], estabelece a possibilidade de retificação *ex officio* pelo juiz, quando houver discrepância entre o valor atribuído à causa pelo autor, e o conteúdo econômico dos pedidos.

Deve-se considerar que a atribuição de valor à causa, quando os pedidos forem ilíquidos, é mera estimativa, sendo natural que haja certo grau de discrepância entre os diversos sujeitos processuais a respeito. Assim, apenas quando a estimativa seja feita na inicial de forma teratológica, absolutamente irrazoável, para mais ou para menos, é que o Juiz do Trabalho poderá retificar o valor atribuído pelo reclamante, desde que o faça antes de receber a contestação, em virtude da preclusão. Nesse cenário, seria preferível que se determinasse a emenda da petição inicial, para que o próprio autor atribuísse valor estimado mais consentâneo com as pretensões formuladas.

2.2.4. Requerimento de provas e de citação

O art. 319, VI, do CPC[25], determina que a inicial deve indicar as provas com que o autor pretende demonstrar a verdade dos fatos alegados.

Até mesmo no âmbito do Processo Civil é criticável a exigência legal, pois, quando do ajuizamento, o autor ainda não sabe quais alegações serão controvertidas pelo réu, razão por que é impossível afirmar de antemão quais fatos deverão ser provados.[26] Por tal motivo, é comum, nas petições iniciais, o requerimento genérico de produção de todas as provas admitidas em Direito, fazendo-se a especificação das provas em fase posterior do procedimento.

Se assim o é no Processo Civil, com muito mais razão deve-se entender desnecessário o requerimento de provas no âmbito trabalhista. Além da já demonstrada inutilidade do requerimento, não há tal exigência na CLT, e as provas devem ser produzidas em audiência una, independentemente de prévio requerimento.

2.2.5. Audiência de conciliação

De acordo com o art. 319, VII, do CPC, a inicial deve indicar a opção do autor pela realização ou não de audiência de conciliação ou de mediação. No âmbito do Processo Civil, apenas se o réu também manifestar desinteresse na solução consensual é que não será designada a referida audiência (CPC, art. 334, § 4º, I)[27], apesar das críticas de alguns segmentos da doutrina, que sustentam ser suficiente o desinteresse de apenas uma das partes para que não se realize a audiência.[28]

---

[24] Art. 292, § 3º O juiz corrigirá, de ofício e por arbitramento, o valor da causa quando verificar que não corresponde ao conteúdo patrimonial em discussão ou ao proveito econômico perseguido pelo autor, caso em que se procederá ao recolhimento das custas correspondentes.

[25] Art. 319 – A petição inicial indicará: (...)

VI – as provas com que o autor pretende demonstrar a verdade dos fatos alegados.

[26] Com argumentação semelhante, CÂMARA, p.191.

[27] Art. 334, § 4º – A audiência não será realizada:

I – se ambas as partes manifestarem, expressamente, desinteresse na composição consensual.

[28] CÂMARA, p. 201.

Tais dispositivos legais evidentemente não são aplicáveis no Processo do Trabalho, tendo em vista a previsão legislativa de audiência una e a obrigatoriedade de tentativa de conciliação pelo magistrado. Ainda que o Juízo adote a prática de fracionamento das audiências, é imperativo o comparecimento das partes à audiência inicial.

2.3. Documentos indispensáveis à propositura: normas coletivas e situações controvertidas

O art. 787 da CLT[29] estatui que a petição inicial deve ser acompanhada dos documentos em que se fundar.

Já os arts. 320 e 321[30] do Novo Código de Processo Civil estabelecem que, caso a petição inicial não seja instruída com os documentos indispensáveis à propositura da ação, o Juiz deve conceder o prazo de 15 dias para que o autor complemente a documentação juntada, indicando precisamente o defeito que deve ser corrigido. Caso a determinação não seja atendida, a petição inicial deve ser inferida, o que equivale a uma extinção do processo sem resolução de mérito, por falta de pressuposto processual objetivo (CPC, art. 485, I e IV).[31]

Os documentos indispensáveis à propositura da ação consistem, portanto, em requisitos da petição inicial.

Contudo, o conceito de documentos indispensáveis à propositura da ação se restringe às situações de indispensabilidade da respectiva juntada para que se aprecie o mérito. Trata-se, portanto, de requisito de admissibilidade da petição inicial. Essa imprescindibilidade deve ser aferida casuisticamente, de acordo com a pretensão deduzida em juízo.

Exemplifica-se com a procuração *ad judicia*, em toda espécie de processo judicial (ressalvada a possibilidade de mandato tácito); nas ações de estado (como a de divórcio), a juntada da certidão de casamento; na ação que visa à anulação do contrato, é indispensável a juntada do respectivo instrumento. Sem tais documentos, não há possibilidade de apreciação judicial dos pedidos.

Deve-se diferenciar os documentos indispensáveis à propositura da ação daqueles meramente úteis à instrução da causa. Estes últimos, caso não juntados, não inviabilizam o julgamento de mérito, mas apenas podem gerar consequências desfavoráveis, do ponto de vista probatório, à parte omissa.

Os instrumentos coletivos – convenção e acordo coletivo de trabalho, bem como a sentença normativa – não constituem, em princípio, documentos indispensáveis

---

29 Art. 787 – A reclamação escrita deverá ser formulada em 2 (duas) vias e desde logo acompanhada dos documentos em que se fundar.

30 Art. 320 – A petição inicial será instruída com os documentos indispensáveis à propositura da ação.

Art. 321 – O juiz, ao verificar que a petição inicial não preenche os requisitos dos arts. 319 e 320 ou que apresenta defeitos e irregularidades capazes de dificultar o julgamento de mérito, determinará que o autor, no prazo de 15 (quinze) dias, a emende ou a complete, indicando com precisão o que deve ser corrigido ou completado.

31 Art. 485 – O juiz não resolverá o mérito quando:

I – indeferir a petição inicial; (...)

IV – verificar a ausência de pressupostos de constituição e de desenvolvimento válido e regular do processo.

à propositura da ação. Trata-se de documentos úteis à análise da causa - caso haja pedidos fundados em tais normas -, e a ausência de sua juntada não pode resultar em julgamento de extinção do processo.

Deveras, tratando-se de instrumento normativo, não se aplica o princípio *jura novit curia*, havendo necessidade de comprovação do teor e da vigência da norma jurídica, por aplicação analógica do art. 376 do CPC.[32]

À luz do princípio da cooperação (CPC, art. 6º)[33], que gera para o órgão judicial os deveres de esclarecimento, lealdade e prevenção, o magistrado, ao perceber a ausência do documento, deve conceder prazo para que o interessado o junte aos autos, e viabilizar, na sequência, o contraditório pela outra parte. Não sendo juntado o documento no prazo concedido, o pedido fundado na norma coletiva deve ser julgado improcedente.

Contudo, diante da revelia da reclamada, não se faz necessária essa concessão de prazo, podendo o pedido ser julgado procedente mesmo sem a juntada do instrumento coletivo. Isso porque a presunção de veracidade *juris tantum* que decorre da revelia (CPC, art. 344) faz com que se presumam verdadeiras as assertivas da inicial quanto à vigência e ao teor das normas coletivas, já que se trata de questão de direito que é tratada, pelo ordenamento, como questão de fato (a alegação de fato é: a norma coletiva estava - ou está - em vigor e previa determinados direitos).

Esclareça-se que, se a petição inicial não indicar os valores devidos, é pertinente a juntada do instrumento coletivo após o trânsito em julgado, para fins de liquidação; se os valores forem indicados previamente na inicial, a sentença será líquida e o *quantum debeatur* ficará acobertado pela coisa julgada material.

Ressalve-se que, caso se trate de ação coletiva anulatória de instrumentos coletivos, a juntada de tais documentos deve ser considerada pressuposto processual de validade do processo, razão pela qual o feito deverá ser extinto sem resolução de mérito - caso não haja sido providenciada a juntada já com a petição inicial ou após intimação do Juízo com tal finalidade.

3. EMENDA E ADITAMENTO

Emenda da petição inicial é a correção de erro ou vício nela contido; implica, necessariamente, a substituição de uma parte defeituosa por outra isenta de vícios. Já o aditamento consiste no acréscimo de algum dado - atinente à causa de pedir e/ou ao pedido - originalmente omitido.

No Processo Civil, o tema é regido pelo art. 329 do CPC[34], segundo o qual: (i) até a citação, a modificação ou a alteração do pedido e/ou da causa de pedir pode

[32] Art. 376 - A parte que alegar direito municipal, estadual, estrangeiro ou consuetudinário provar-lhe-á o teor e a vigência, se assim o juiz determinar.

[33] Art. 6º - Todos os sujeitos do processo devem cooperar entre si para que se obtenha, em tempo razoável, decisão de mérito justa e efetiva.

[34] Art. 329 - O autor poderá:

I - até a citação, aditar ou alterar o pedido ou a causa de pedir, independentemente de consentimento do réu;

ser feita independentemente de consentimento do réu; (ii) após a citação, mas antes do saneamento do processo, apenas com o consentimento do réu, a quem deve ser assegurado o contraditório.

Omissa a legislação processual trabalhista a respeito, há duas correntes de pensamento acerca da emenda e aditamento no Processo do Trabalho. Uma primeira vertente sustenta a aplicabilidade do regramento do CPC, razão pela qual após a citação do réu, apenas com a respectiva concordância seria possível a emenda ou aditamento, cabendo ao autor elaborar outra petição inicial, em caso de discordância do sujeito passivo.[35]

No entanto, a solução mais adequada é permitir o aditamento ou emenda realizados antes do recebimento de defesa, ou seja, até o fim da primeira tentativa de conciliação. Exigir o ajuizamento de outra petição inicial acaba consumindo tempo e dinheiro públicos, tendo em vista a necessidade de nova autuação e citação do réu, em desarmonia com o princípio da economia processual. Deve-se ter em vista, ademais, que o primeiro contato do Juiz do Trabalho com a inicial é na audiência, e que não há saneamento no Processo do Trabalho, o que torna inaplicável o art. 329 do CPC, por incompatibilidade.

Ressalve-se que, no processo eletrônico, por vezes é preferível, do ponto de vista prático, que haja desistência da ação instrumentalizada pela petição defeituosa, e ajuizamento de nova ação, com o objetivo de facilitar e simplificar a consulta dos autos por todos os sujeitos processuais.

3.1. Necessidade de deferimento da emenda ou aditamento

Não raras vezes, o reclamante, por iniciativa própria, faz emenda ou aditamento da petição inicial, sem que tenha havido determinação ou autorização judicial nesse sentido. Nesses casos, a questão que se coloca é saber se a emenda ou aditamento feitos unilateralmente são eficazes.

Como visto, a emenda e o aditamento são direitos do reclamante, desde que feitos até o final da primeira tentativa de conciliação. Assim, se a petição de aditamento ou emenda for apresentada antes de tal momento, o juiz tem o dever de recebê-la, certificando o fato nos autos, para delimitar com clareza os limites da lide. Após tal momento, em princípio será inviável a emenda ou aditamento da inicial.

Recebido o aditamento ou emenda à petição inicial, é imperiosa a concessão de prazo suplementar para que o reclamado se manifeste a respeito e possa produzir as provas pertinentes. Evidentemente, o reclamado pode renunciar a esse prazo, mas, se isso não ocorrer, não sendo concedido o prazo mínimo de 5 dias (CLT, art. 841), haverá nulidade processual por violação ao contraditório.

II – até o saneamento do processo, aditar ou alterar o pedido e a causa de pedir, com consentimento do réu, assegurado o contraditório mediante a possibilidade de manifestação deste no prazo mínimo de 15 (quinze) dias, facultado o requerimento de prova suplementar.

35 Assim, BEZERRA LEITE, p. 497.

4. EFEITOS DA PETIÇÃO INICIAL

A petição inicial gera os seguintes efeitos jurídicos: (i) instaura a relação jurídica processual; (ii) estabelece os limites da lide, balizando toda a atividade processual subsequente, inclusive a sentença, que fica adstrita ao pedido e à causa de pedir expostas na peça inicial; (iii) fixa a competência jurisdicional, conforme art. 43 do CPC[36] - *perpetuatio jurisdictionis*; (iv) gera prevenção do Juízo (CPC, art. 59).[37]

5. INÉPCIA E OUTROS DEFEITOS

A inépcia se configura quando a petição inicial não contiver pedido e/ou a causa de pedir; quando os pedidos forem indeterminados ou incompatíveis entre si; e quando da narração dos fatos não decorrer logicamente a conclusão (CPC, art. 330, § 1º, III). Reconhecida a inépcia, de ofício ou a requerimento do réu, o processo deve ser extinto sem resolução de mérito no tocante ao aspecto defeituoso da inicial. Trata-se de pressuposto processual objetivo.

Contudo, à luz do princípio da cooperação, (CPC, art. 6º), o juiz deve, antes de extinguir o feito, intimar o autor para que regularize o defeito da petição inicial, indicando o ponto que deve ser esclarecido (CPC, art. 321, *caput*).[38] Pode suceder, entretanto, de a inépcia somente ser percebida após o encerramento da instrução processual, hipótese em que não será mais possível a regularização da petição inicial, caso a emenda ou aditamento da inicial implique modificação do pedido ou da causa de pedir (CPC, art. 329, *caput*)[39], impondo-se a extinção sem resolução de mérito.[40]

Na análise acerca da configuração da inépcia, deve-se verificar se há comprometimento do direito de defesa da reclamada, e ter como critério orientador os princípios da simplicidade e da primazia da decisão de mérito.

Além disso, a solução de mérito prestigia a jurisdição, pacificando o conflito por meio da formação de coisa julgada material. A extinção do processo por inépcia

---

[36] Art. 43 - Determina-se a competência no momento do registro ou da distribuição da petição inicial, sendo irrelevantes as modificações do estado de fato ou de direito ocorridas posteriormente, salvo quando suprimirem órgão judiciário ou alterarem a competência absoluta.

[37] Art. 59 - O registro ou a distribuição da petição inicial torna prevento o juízo.

[38] Art. 321 - O juiz, ao verificar que a petição inicial não preenche os requisitos dos arts. 319 e 320 ou que apresenta defeitos e irregularidades capazes de dificultar o julgamento de mérito, determinará que o autor, no prazo de 15 (quinze) dias, a emende ou a complete, indicando com precisão o que deve ser corrigido ou completado.

[39] Art. 329 - O autor poderá:

I - até a citação, aditar ou alterar o pedido ou a causa de pedir, independentemente de consentimento do réu;

II - até o saneamento do processo, aditar ou alterar o pedido e a causa de pedir, com consentimento do réu, assegurado o contraditório mediante a possibilidade de manifestação deste no prazo mínimo de 15 (quinze) dias, facultado o requerimento de prova suplementar.

[40] Nesse sentido, STJ - REsp: 1291225 MG 2011/0264810-3, Relator: Ministro MAURO CAMPBELL MARQUES, Data de Julgamento: 07/02/2012, T2 - SEGUNDA TURMA, Data de Publicação: DJe 14/02/2012.

deve dar-se apenas nas hipóteses em que ficar inviabilizada a análise do mérito em virtude do defeito da inicial.

Suponha-se, por exemplo, que a petição inicial postule o pagamento de verbas rescisórias decorrentes da dispensa imotivada, informando que o trabalhador nada recebeu. Embora haja certa controvérsia jurisprudencial, não se trata de hipótese de inépcia, pois as parcelas decorrentes da rescisão são todas previstas diretamente na lei (13º proporcional, 40% de FGTS etc.), não havendo qualquer dificuldade a que o reclamado exerça seu direito de defesa.

Imagine-se a hipótese, de outro lado, em que a inicial postule pagamento de horas extras acima da 8ª diária, afirmando que o reclamante trabalhava das 8h às 19h, sem mencionar o tempo de duração do intervalo intrajornada. Nessa situação, fica inviável o julgamento de mérito, pois o tempo de duração da jornada de trabalho também depende do tempo de intervalo. Por exemplo, se o trabalhador, no exemplo apresentado, tinha uma hora de intervalo, a jornada era de 10 horas diárias; se não tinha intervalo algum, a jornada era de 11 horas diárias. A causa de pedir, portanto, está incompleta.

A petição inicial também pode conter erros materiais, que são defeitos de menor relevância, que não modificam o pedido ou a causa de pedir, tais como a indicação de data errônea ou alguma palavra equivocada. Esses erros podem ser corrigidos pela simples menção à retificação na ata de audiência, mas deve-se ter o cuidado de viabilizar o contraditório pelo réu, caso haja necessidade.

6. INDEFERIMENTO E JULGAMENTO LIMINAR DE IMPROCEDÊNCIA

Indeferir a inicial é impedir o respectivo processamento no início do processo, antes mesmo da citação do réu. Após a citação, as causas de indeferimento passam a ser meras modalidades de extinção do processo sem resolução de mérito (CPC, art. 485).[41]

No regime do Código de Processo Civil, a petição inicial pode ser indeferida liminarmente nas seguintes hipóteses: (i) inépcia; (ii) falta de condições da ação; (iii) inobservância do art. 106, § 1º[42], ou seja, ausência de declaração do endereço, número de inscrição na Ordem dos Advogados do Brasil e o nome da sociedade de advogados da qual participa, para o recebimento de intimações; (iv) existência de outros defeitos e irregularidades capazes de dificultar ou impedir o julgamento de mérito.

Sempre que o vício for sanável, o juiz deve, obrigatoriamente, determinar que o autor, no prazo de 15 (quinze) dias, emende ou adite a petição inicial, indicando com precisão o que deve ser corrigido ou completado e, apenas se não for cumprida a diligência, será indeferida a inicial (CPC, art. 321).[43]

---

[41] Art. 485 – O juiz não resolverá o mérito quando: (...)

[42] Art. 106, § 1º – Se o advogado descumprir o disposto no inciso I, o juiz ordenará que se supra a omissão, no prazo de 5 (cinco) dias, antes de determinar a citação do réu, sob pena de indeferimento da petição.

[43] Art. 321 – O juiz, ao verificar que a petição inicial não preenche os requisitos dos arts. 319 e 320 ou que apresenta defeitos e irregularidades capazes de dificultar o julgamento de mérito, determinará que o autor,

No entanto, a Súmula 263 do TST[44] preconiza que, salvo nas hipóteses do art. 330 do CPC, o indeferimento da petição inicial, por encontrar-se desacompanhada de documento indispensável à propositura da ação ou não preencher outro requisito legal, somente é cabível se, após intimada para suprir a irregularidade em 15 (quinze) dias, mediante indicação precisa do que deve ser corrigido ou completado, a parte não o fizer (art. 321 do CPC de 2015).

Daí se depreende que o enunciado sumular contraria o texto legal, pois este (art. 321) não contém a ressalva do art. 330 do CPC. Noutras palavras, de acordo com a lei, em toda e qualquer situação de defeito da inicial, o juiz deve intimar o autor para que corrija a falha no prazo de 15 dias. A única exigência é que o vício seja sanável - e quase sempre o será -, o que pode ocorrer inclusive nas hipóteses do art. 330, sobretudo nos casos de inépcia. Esse regramento se harmoniza com os princípios da primazia da decisão de mérito, da cooperação e da economia processual, evitando desnecessária extinção sem resolução de mérito e renovação da causa.

Por tais razões, criticável a Súmula 263 do TST, no que preconiza a possibilidade de indeferimento sumário da inicial nas hipóteses do art. 330. Dessa forma, sempre que o vício da inicial for sanável, o Juiz do Trabalho deve viabilizar a emenda, que é um direito da parte. Como exemplos de vícios sanáveis, tem-se a situação de litisconsórcio passivo sem que a inicial esclareça com qual reclamada pretende a declaração de vínculo empregatício; a ausência de indicação do horário de intervalo, havendo pedido de horas extras etc.

Vale destacar, ainda, que, no Processo do Trabalho, dificilmente haverá o indeferimento da inicial, pois o Juiz do Trabalho apenas toma contato com a peça quando da audiência, quando já terá sido realizada, ordinariamente, a citação do reclamado.

Ademais, de acordo com o art. 332 do CPC, o pedido será julgado liminarmente improcedente, antes mesmo de citar-se o réu, quando contrariar: (i) enunciado de súmula do Supremo Tribunal Federal ou do Superior Tribunal de Justiça; (ii) acórdão proferido pelo Supremo Tribunal Federal ou pelo Superior Tribunal de Justiça em julgamento de recursos repetitivos; (iii) entendimento firmado em incidente de resolução de demandas repetitivas ou de assunção de competência; (iv) enunciado de súmula de tribunal de justiça sobre direito local. Também haverá julgamento liminar de improcedência em caso de prescrição ou decadência.

A IN 39/2016 do TST preconiza a aplicabilidade do dispositivo ao Processo do Trabalho, com adaptações. Assim, será julgado liminarmente improcedente o pedido que contrariar: (i) súmula do Supremo Tribunal Federal ou do Tribunal Superior do Trabalho; (ii) acórdão proferido pelo Supremo Tribunal Federal ou pelo Tribunal Superior do Trabalho em julgamento de recursos repetitivos; (iii) entendimento firmado em incidente de resolução de demandas repetitivas ou de assunção de com-

---

no prazo de 15 (quinze) dias, a emende ou a complete, indicando com precisão o que deve ser corrigido ou completado.

[44] TST, súmula 263: Salvo nas hipóteses do art. 330 do CPC de 2015 (art. 295 do CPC de 1973), o indeferimento da petição inicial, por encontrar-se desacompanhada de documento indispensável à propositura da ação ou não preencher outro requisito legal, somente é cabível se, após intimada para suprir a irregularidade em 15 (quinze) dias, mediante indicação precisa do que deve ser corrigido ou completado, a parte não o fizer.

petência; (iv) enunciado de súmula de Tribunal Regional do Trabalho sobre direito local, convenção coletiva de trabalho, acordo coletivo de trabalho, sentença normativa ou regulamento empresarial de observância obrigatória em área territorial que não exceda à jurisdição do respectivo Tribunal (CLT, art. 896, *b*, *a contrario sensu*).[45]

Ainda de acordo com a IN 39/2016, aplica-se o art. 332 do CPC, julgando-se liminarmente improcedente o pedido, na situação de decadência. Excluiu-se a prescrição, em coerência com o entendimento do Tribunal no sentido de ser inaplicável ao Processo do Trabalho a pronúncia de ofício da prescrição.

A crítica que pode ser feita ao entendimento segundo o qual são possíveis o indeferimento e o julgamento liminar de improcedência consiste sobretudo no princípio da conciliação, pois nada impediria que as partes chegassem a um acordo mesmo que configuradas as hipóteses legais acima referidas. Ademais, o procedimento trabalhista não tem a previsão de contato do Juiz do Trabalho com a inicial antes da audiência, conforme já estudado, tornando inviável a análise prévia da admissibilidade da petição.

Não obstante, a técnica de julgamento sumário de improcedência e de extinção sem resolução de mérito se harmonizam com os princípios da duração razoável do processo e economia processual, e evitam a prática de atos processuais inúteis, tais como a realização de audiências desnecessárias, sobretudo em situações nas quais o réu notoriamente não propõe conciliação, como costuma acontecer, por exemplo, com entes estatais.

[45] Art. 896 – Cabe Recurso de Revista para Turma do Tribunal Superior do Trabalho das decisões proferidas em grau de recurso ordinário, em dissídio individual, pelos Tribunais Regionais do Trabalho, quando: (...) *b)* derem ao mesmo dispositivo de lei estadual, Convenção Coletiva de Trabalho, Acordo Coletivo, sentença normativa ou regulamento empresarial de observância obrigatória em área territorial que exceda a jurisdição do Tribunal Regional prolator da decisão recorrida, interpretação divergente, na forma da alínea *a*.

XVI

TUTELA PROVISÓRIA

Sumário: 1. Tutela provisória: noção e fundamento constitucional – 2. Tutela de urgência e tutela da evidência: sistematização e características comuns – 3. Tutela de urgência: requisitos e regras específicas. Contracautela – 4. Tutela da evidência: requisitos e regras específicas – 5. Momento oportuno para concessão de tutela provisória e recursos cabíveis – 6. Concessão *ex officio* de tutela provisória – 7. Aspectos procedimentais e competência – 8. Estabilização da tutela antecipada – 9. Vedações à concessão de tutela provisória – 10. Tutela de urgência e de evidência em ações constitutivas e declaratórias – 11. Fungibilidade entre tutela de urgência e tutela da evidência – 12. Situações controvertidas no Processo do Trabalho: 12.1. Extinção do processo após deferimento da tutela provisória (FGTS e seguro-desemprego); 12.2. Reintegração.

1. TUTELA PROVISÓRIA: NOÇÃO E FUNDAMENTO CONSTITUCIONAL

Conforme já estudado, existe, no processo, nítida tensão entre a busca da celeridade e duração razoável do processo, de um lado; e do contraditório, de outro.[1] É inerente ao devido processo legal a observância de prazos, maiores ou menores, para a produção de provas, formulação de alegações pelos litigantes, julgamento pelos órgãos jurisdicionais e rediscussão da causa em virtude do duplo grau de jurisdição.

Deve-se compreender, portanto, que certo grau de demora na tramitação é necessário para que se tenha um processo justo. Se as partes não puderem exercer as prerrogativas inerentes ao devido processo legal, o resultado será injusto e insatisfatório.

De outro lado, há determinadas situações em que o mero decurso do tempo gera ou pode gerar injustiças para o titular do direito material discutido no processo, seja em função da existência de risco de dano irreparável ou de difícil reparação, seja em virtude do fato de um dos litigantes evidentemente ter razão em sua pretensão, antes mesmo do regular desenvolvimento da marcha processual.

Por tais razões, o legislador criou o instituto da tutela provisória, que se destina a impedir ou minimizar os malefícios que o tempo pode causar para a tutela efeti-

1 Capítulo XIII, item 3.

va de direitos. Conclui-se, assim, que as regras que estabelecem os mecanismos de tutela provisória concretizam o princípio do acesso à justiça (CF, art. 5º, XXXV)[2], viabilizando a efetividade da tutela jurisdicional.

2. TUTELA DE URGÊNCIA E TUTELA DA EVIDÊNCIA: SISTEMATIZAÇÃO E CARACTERÍSTICAS COMUNS

A tutela provisória é gênero que se desdobra em duas espécies: (i) tutela de urgência, que decorre de técnica processual cujo objetivo é evitar que o decurso do tempo gere dano à efetividade do processo ou ao próprio direito material discutido em juízo; (ii) tutela da evidência, adotada para permitir a imediata fruição do bem da vida quando a probabilidade de êxito de um dos litigantes for acentuada, em hipóteses objetivamente previstas na lei.

Importante observar que, nos dois casos, a decisão jurisdicional que defere tutela provisória conservará sua eficácia na pendência do processo, inclusive nas hipóteses de suspensão processual (CPC, art. 296, *caput* e parágrafo único)[3], até que haja a tutela definitiva do direito.

Outra característica importante da tutela provisória é revogabilidade e modificabilidade a qualquer tempo pelo órgão jurisdicional, sempre em decisão devidamente fundamentada (CPC, art. 298).[4] Isso se explica porque a tutela provisória é fundada em cognição sumária, incompleta, considerando que sempre existe a possibilidade de surgimento de novos argumentos ou provas decorrentes do exercício do contraditório pelas partes. Apenas decisões definitivas, tomadas mediante cognição exauriente, podem ficar acobertadas pela coisa julgada material e não sujeitas à revogação ou modificação.

No entanto, por força do art. 505 do CPC[5], há preclusão consumativa e lógica em decorrência da decisão judicial que verse sobre tutela provisória, de modo que a decisão somente pode ser modificada à luz de novos argumentos, fatos ou provas que não hajam sido considerados anteriormente.

Pode-se dizer, dessa forma, que a tutela provisória sempre se baseia na probabilidade de existência do direito (*fumus boni iuris*), que será maior nas hipóteses de tutela da evidência do que nas de tutela de urgência. O juízo é de probabilidade, e não de certeza, exatamente porque a cognição não é completa quando do deferimento da tutela provisória.

---

2 Art. 5º, XXXV – a lei não excluirá da apreciação do Poder Judiciário lesão ou ameaça a direito.

3 Art. 296 – A tutela provisória conserva sua eficácia na pendência do processo, mas pode, a qualquer tempo, ser revogada ou modificada.

Parágrafo único. Salvo decisão judicial em contrário, a tutela provisória conservará a eficácia durante o período de suspensão do processo.

4 Art. 298 – Na decisão que conceder, negar, modificar ou revogar a tutela provisória, o juiz motivará seu convencimento de modo claro e preciso.

5 Art. 505 – Nenhum juiz decidirá novamente as questões já decididas relativas à mesma lide, salvo: I - se, tratando-se de relação jurídica de trato continuado, sobreveio modificação no estado de fato ou de direito, caso em que poderá a parte pedir a revisão do que foi estatuído na sentença; II - nos demais casos prescritos em lei.

Ademais, existe um poder geral de efetivação da tutela provisória pelo juiz, que poderá determinar as medidas que considerar adequadas para a respectiva efetivação, a qual observará as normas atinentes ao cumprimento provisório de sentença, no que for pertinente (CPC, art. 297).[6]

No ponto, destaque-se que há mitigação do princípio da congruência ou adstrição da sentença ao pedido (CPC, arts. 141 e 492)[7], o que se revela nas obrigações de fazer, não fazer e dar coisa distinta de dinheiro, pois o órgão julgador fica vinculado apenas quanto ao bem da vida buscado, mas não quanto à providência jurisdicional pleiteada. Exemplificando, suponha-se que determinada petição inicial de ação civil pública peça a interdição de estabelecimento empresarial por violar normas de segurança do trabalho. O Juiz do Trabalho, nesta hipótese, pode determinar a aplicação de multa diária, caso a medida – ainda que não postulada pelo autor – se revele mais adequada para efetivar a tutela provisória deferida no sentido de restabelecer a segurança do estabelecimento.

Não há discricionariedade judicial (= juízo de conveniência e oportunidade) tanto para a concessão, quanto na execução de tutela provisória. Presentes os pressupostos legais, o juiz tem o dever de deferir o requerimento e adotar as medidas mais adequadas e necessárias para a implementação fática da tutela deferida.

A tutela provisória de urgência pode ser cautelar ou antecipatória.

Tutela cautelar é a proteção judicial em face de uma situação que coloque em risco a utilidade de um possível provimento de mérito. Com a tutela cautelar, não se busca a proteção do direito material em si, mas a conservação da utilidade e eficácia do provimento final. Por isso, tradicional a assertiva segundo a qual a medida cautelar é *instrumento do instrumento* – já que o processo é servil ao direito material, e a cautelar, por sua vez, destina-se a proteger o processo. A tutela cautelar, portanto, é assecuratória, protegendo contra o risco da infrutuosidade do processo, ou seja, não tem o objetivo de satisfazer o direito, mas apenas de garantir a futura satisfação.

Como exemplo de tutela cautelar, cite-se o arresto, cujo objetivo é resguardar eventual execução por quantia certa. Caso o credor ainda não detenha título executivo – sendo inviável, portanto, a penhora de bens –, mas estejam presentes os pressupostos legais, apreendem-se cautelarmente tantos bens do devedor quantos bastem para garantir o Juízo em caso de procedência do pedido condenatório.

Já a tutela antecipatória é satisfativa, permitindo a fruição do próprio direito material postulado, antes da prolação do provimento judicial final. O objetivo é proteger contra o perigo da morosidade do processo. Exemplifica-se com a hipótese em que haja pedido, em ação civil pública, para que determinada empresa deixe de usar

---

6 Art. 297 – O juiz poderá determinar as medidas que considerar adequadas para efetivação da tutela provisória.

7 Art. 141 – O juiz decidirá o mérito nos limites propostos pelas partes, sendo-lhe vedado conhecer de questões não suscitadas a cujo respeito a lei exige iniciativa da parte.

Art. 492 – É vedado ao juiz proferir decisão de natureza diversa da pedida, bem como condenar a parte em quantidade superior ou em objeto diverso do que lhe foi demandado.

material poluente no meio ambiente de trabalho (pedido principal). Caso presentes os pressupostos, antes da sentença de mérito, o Juiz pode, em decisão interlocutória, determinar o cumprimento dessa obrigação de fazer, sob pena de multa diária, sem prejuízo do prosseguimento do feito, inclusive para instrução.

Interessante notar que, antes da generalização da antecipação de tutela no Código de Processo Civil de 1973 (Lei 8.952/94), o instituto já era previsto pela CLT, que previa a possibilidade de concessão de liminar para tornar sem efeito remoção de empregado (CLT, art. 659, IX)[8], bem assim reintegração liminar de dirigente sindical estável (CLT, art. 659, X)[9], o que serve para demonstrar mais uma vez o pioneirismo do direito processual do trabalho.

3. TUTELA DE URGÊNCIA: REQUISITOS E REGRAS ESPECÍFICAS. CONTRACAUTELA

Os requisitos para a concessão da tutela cautelar e da antecipada são a probabilidade da existência do direito (*fumus boni iuris*) e a situação de urgência (*periculum in mora*). De fato, a concessão de medidas de urgência pressupõe a aparência de que o direito existe, com base em cognição sumária (incompleta), além de risco de dano direto ou indireto ao direito material vindicado. Além disso, há um requisito negativo, consistente na ausência de irreversibilidade dos efeitos da decisão.

Dano direto se refere à situação em que o direito material discutido em juízo possa perecer se não for concedida a tutela de urgência. Exemplo: o empregado pede o restabelecimento imediato do plano de saúde mantido pelo empregador, pois padece de doença grave que pode causar-lhe a morte ou sequela caso não haja o tratamento médico adequado. Perceba-se que o próprio direito material (= saúde, vida) está sofrendo risco de dano. Nessas hipóteses, é adequada a antecipação dos efeitos da tutela definitiva, de modo a permitir a imediata satisfação do direito.

Já o dano indireto se verifica quando estiver em jogo a efetividade da pretensão processual, muito embora o direito material, em si, permaneça formalmente intacto. Figure-se a hipótese em que, no curso de reclamação trabalhista que vise à condenação em pecúnia, o réu comece a dissipar patrimônio com o objetivo de frustrar a futura execução. O direito de crédito que venha a ser eventualmente reconhecido permaneceria incólume no plano abstrato, mas sem qualquer efeito prático devido à ausência de patrimônio. Neste caso, seria pertinente o deferimento de tutela cautelar de arresto, impedindo a alienação de bens e assegurando a efetividade prática da futura execução. Com o arresto, o autor não fruirá do direito de crédito, pois o patrimônio do réu não lhe será transferido imediatamente, mas apenas ficará constrito, evitando a prática de atos fraudulentos.

---

8 Art. 659 – Competem privativamente aos Presidentes das Juntas, além das que lhes forem conferidas neste Título e das decorrentes de seu cargo, as seguintes atribuições: (...)

IX – conceder medida liminar, até decisão final do processo em reclamações trabalhistas que visem a tornar sem efeito transferência disciplinada pelos parágrafos do art. 469 desta Consolidação.

9 Art. 659, X – conceder medida liminar, até decisão final do processo em reclamações trabalhistas que visem reintegrar no emprego dirigente sindical afastado, suspenso ou dispensado pelo empregador.

Nas duas situações - dano direto e indireto ao direito material - a urgência inerente à situação fática faz com que não se possa imputar ao autor o ônus de aguardar o desfecho do processo para o deferimento da tutela jurisdicional. Por tal razão, a tutela de urgência jamais será concedida mediante juízo de certeza - que somente pode ocorrer com o trânsito em julgado da decisão judicial -, mas apenas de mera probabilidade, baseado nas provas e alegações até então produzidas nos autos.

Daí decorre, ainda, a responsabilidade objetiva do requerente da medida pelos prejuízos sofridos pelo requerido, sempre que a tutela provisória for revogada ao final (CPC, art. 302). Vale dizer, mesmo que o beneficiado pela tutela provisória não tenha incorrido em culpa ou dolo, deverá indenizar os prejuízos da outra parte nas seguintes situações, inclusive ressarcindo valores eventualmente despendidos no cumprimento da decisão exarada em tutela de urgência: (i) a sentença for desfavorável; (ii) obtida liminarmente a tutela em caráter antecedente, não fornecer os meios necessários para a citação do requerido no prazo de 5 (cinco) dias; (iii) ocorrer a cessação da eficácia da medida em qualquer hipótese legal; (iv) o juiz acolher a alegação de decadência ou prescrição da pretensão do autor.

Nas hipóteses de responsabilização do requerente de tutela provisória, sempre que possível a liquidação da indenização será feita nos próprios autos.[10]

É cabível, ainda, a responsabilidade por dano processual por litigância de má-fé (art. 79), quando presentes os respectivos pressupostos, inclusive o elemento subjetivo - dolo ou culpa grave.[11]

Por fim, em princípio a tutela de urgência não pode ser concedida se houver perigo de irreversibilidade dos seus efeitos (CPC, art. 300, § 3º). Suponha-se pedido de reintegração de empregado estável dispensado por justa causa sob a alegação de que vinha divulgando rotineiramente informação sigilosa de seu empregador para empresas concorrentes. Reintegrá-lo em decisão antecipatória de tutela geraria, em princípio, risco de dano irreversível ao requerido (réu), em função da continuidade das divulgações ilícitas.

No entanto, pode dar-se a irreversibilidade recíproca, nas ocasiões em que o indeferimento da tutela de urgência possa sacrificar, definitiva e irremediavelmente, o direito material cuja tutela se busca em juízo; e o deferimento da medida também gere consequência danosa e irreversível para o requerido. Nessas hipóteses, deve-se fazer ponderação entre os riscos e valores envolvidos, avaliando-se as provas e argumentos produzidos até o momento em que se decide a tutela de urgência.

Há exemplo extraído da jurisprudência do STJ. No caso, a antecipação da tutela foi concedida para custear tratamento médico urgente em bebê que contraiu infecção hospitalar durante internação em UTI neonatal, após o parto. A Corte decidiu que, embora houvesse perigo de irreversibilidade da medida, a falta do imediato atendimento médico podia causar ao paciente dano também irreparável.

---

10 STJ, REsp 1312836/RS, Rel. Ministra MARIA ISABEL GALLOTTI, QUARTA TURMA, julgado em 01/12/2016, DJe 22/02/2017.

11 Sobre a litigância de má-fé, ver Capítulo VII, item 5.1.

Para minimizar ou evitar o perigo de dano ao requerido, o juiz pode condicionar o deferimento da tutela de urgência à prestação de caução real ou fidejussória pelo requerente, como garantia de ressarcimento dos danos que a outra parte possa vir a sofrer (CPC, art. 300, § 1º). Essa garantia, que pode ser, por exemplo, imóvel oferecido em hipoteca, fiança etc., é chamada de contracautela, e se trata de medida cautelar deferida em favor do requerido na tutela de urgência.

A contracautela deve ser dispensada se a parte economicamente hipossuficiente não puder oferecê-la, sob pena de inviabilizar o acesso à justiça por parte das pessoas economicamente desfavorecidas. A dispensa de contracautela é comum no Processo do Trabalho, dada a usual hipossuficiência financeira do trabalhador brasileiro.

4. TUTELA DA EVIDÊNCIA: REQUISITOS E REGRAS ESPECÍFICAS

A tutela de evidência tem caráter satisfativo, pois permite a imediata fruição do direito material pelo autor, em situações nas quais a chance de julgamento contrário ao requerente é remota, dada a altíssima probabilidade de existência do direito postulado (*fumus boni iuris*).

Assim, o legislador elegeu taxativamente hipóteses típicas nas quais a tutela provisória satisfativa pode ser concedida independentemente da cogitação acerca de eventual urgência na medida. Perceba-se: até pode existir simultaneamente, em dada situação fática, urgência, do ponto de vista do requerente, mas o legislador dispensa a investigação da urgência para o deferimento da tutela provisória em tais hipóteses.

Conclui-se que, eventualmente - mas não necessariamente -, pode haver sobreposição entre a tutela de urgência antecipada e a tutela da evidência. Isso ocorrerá quando, além do enquadramento da situação nas hipóteses de cabimento da tutela da evidência, positivadas no art. 311 do CPC - e abaixo analisadas -, houver urgência e perigo na demora do ponto de vista do requerente. De fato, o mero enquadramento nas hipóteses da tutela da evidência gera, por si só, probabilidade muito alta de julgamento favorável ao requerente, caracterizando um *fumus boni iuris* maior do que o exigido para a concessão de tutela de urgência.

Exemplo: reclamante postula tutela provisória para saque de FGTS e recebimento de seguro-desemprego, juntando cópia da CTPS assinada pelo reclamado, e instrumento de aviso prévio concedido pela empresa comunicando a dispensa. Em defesa, o réu aduz ter havido pedido de demissão, mas não leva ao processo carta de próprio punho assinada pelo reclamante, e tampouco sustenta a falsidade dos documentos anexados pelo trabalhador. A situação se enquadra no art. 311, IV, do CPC[12], autorizando o deferimento de tutela da evidência. Não obstante, em face da urgência do trabalhador, que se encontra, por hipótese, desempregado, também

[12] Art. 311 - A tutela da evidência será concedida, independentemente da demonstração de perigo de dano ou de risco ao resultado útil do processo, quando: (...)

IV - a petição inicial for instruída com prova documental suficiente dos fatos constitutivos do direito do autor, a que o réu não oponha prova capaz de gerar dúvida razoável.

seria possível, em tese, deferir-se tutela antecipada de urgência, já que presentes os requisitos próprios.

Não se confunde a tutela de evidência – que é provisória – com o julgamento antecipado parcial do mérito (CPC, art. 356)[13], já que neste há julgamento definitivo de um ou alguns dos pedidos, apto a fazer coisa julgada material, razão pela qual é impugnável por ação rescisória, uma vez decorrido *in albis* o prazo recursal. Já na tutela da evidência – assim como na de urgência – o procedimento deve seguir rumo a um provimento jurisdicional definitivo.

A tutela provisória pode ser concedida em quatro hipóteses previstas taxativamente no art. 311 do CPC:

- (i) quando houver abuso do direito de defesa ou manifesto propósito protelatório do réu. Por exemplo, o reclamante pede reintegração por ser dirigente sindical e a defesa se limita a sustentar a licitude do desligamento, em virtude do direito potestativo que o empregador tem de dispensar o empregado;
- (ii) quando as alegações de fato puderem ser comprovadas apenas documentalmente e houver tese firmada em julgamento de casos repetitivos – recursos repetitivos ou IRDR – ou em súmula vinculante;
- (iii) quando se tratar de pedido reipersecutório fundado em prova documental adequada do contrato de depósito. Essa hipótese ocorre nas situações em que o depositante almeja a restituição de bem indevidamente retido pelo depositário;
- (iv) a petição inicial for instruída com prova documental suficiente dos fatos constitutivos do direito do autor, a que o réu não oponha prova capaz de gerar dúvida razoável. Exemplo: dirigente sindical dispensado postula reintegração, juntando cópia da ata de eleição e posse na direção do sindicato, e a defesa nega a condição de dirigente sindical sem produzir prova alguma a respeito.

Veja-se que apenas nas hipóteses "ii" e "iii" a tutela de evidência pode ser concedida liminarmente, ou seja, antes mesmo da oitiva do réu. É que o enquadramento nos incisos "i" e "iv", ao contrário, exige que o demandado abuse do direito de defesa ou não oponha prova capaz de gerar dúvida, o que pressupõe, logicamente, sua prévia oitiva. Essa observação é importante na análise da pertinência, ou não, do deferimento de tutela de evidência antecedente, conforme exposto no próximo tópico.

5. MOMENTO OPORTUNO PARA CONCESSÃO DE TUTELA PROVISÓRIA E RECURSOS CABÍVEIS

A tutela de urgência pode ser concedida a qualquer momento de forma incidental, ou seja, no curso do processo. Assim, desde a formação (ajuizamento da

13 Art. 356 – O juiz decidirá parcialmente o mérito quando um ou mais dos pedidos formulados ou parcela deles.

inicial), até a extinção do processo (decisão jurisdicional final) pode ser deferida tutela cautelar ou antecipada. Além disso, a tutela de urgência pode ser requerida e deferida em caráter antecedente, vale dizer, antes mesmo da formulação de pedido de tutela jurisdicional final e definitiva.

Já a tutela da evidência não pode, por razões lógicas, ser concedida antes da oitiva do réu nas hipóteses dos incisos I e IV do art. 311 do CPC[14], que se concretizam apenas após determinados comportamentos do sujeito passivo (abuso do direito de defesa, propósito protelatório, ausência de juntada de prova capaz de gerar dúvida no caso de a inicial vir acompanhada de prova documental suficiente). Nas hipóteses dos incisos II e III[15] do mesmo dispositivo legal, é possível o deferimento liminar (*inaudita altera pars*) da tutela de evidência.

De outro lado, não há previsão legal de concessão de tutela da evidência em caráter antecedente nas hipóteses em que, em tese, isso seria possível (incisos II e III). Conclui-se, então, que a tutela provisória da evidência somente pode ser requerida em caráter incidental[16], muito embora haja posicionamentos no sentido da possibilidade de aplicação por analogia das regras atinentes à tutela antecipada, de modo a viabilizar a tutela da evidência antecedente quando houver o enquadramento nos incisos II e III do art. 311.[17]

Concedida ou indeferida a tutela provisória em decisão interlocutória, cabe, no Processo Civil, o recurso de agravo de instrumento. Já no Processo do Trabalho, considerada a irrecorribilidade imediata, é pertinente a impetração de mandado de segurança, que perderá o objeto no caso de superveniência da sentença nos autos originários (TST, Súmula 414, II e III).[18] A perda de objeto ocorre porque a decisão interlocutória, fundada em cognição sumária, é substituída pela sentença, baseada em cognição exauriente.

A concessão de tutela provisória em sentença pode revelar-se útil no Processo do Trabalho apesar da ausência de efeito suspensivo no recurso ordinário. Isso porque a tutela provisória, dado seu caráter satisfativo, gera efeitos no plano material, permitindo a imediata satisfação do direito pelo autor.

De outro lado, a inexistência de efeito suspensivo do recurso gera efeitos apenas no âmbito processual, viabilizando a execução provisória da sentença, a qual

---

14 Art. 311, I – ficar caracterizado o abuso do direito de defesa ou o manifesto propósito protelatório da parte; (...)

IV – a petição inicial for instruída com prova documental suficiente dos fatos constitutivos do direito do autor, a que o réu não oponha prova capaz de gerar dúvida razoável.

15 Art. 311, II – as alegações de fato puderem ser comprovadas apenas documentalmente e houver tese firmada em julgamento de casos repetitivos ou em súmula vinculante;

III – se tratar de pedido reipersecutório fundado em prova documental adequada do contrato de depósito, caso em que será decretada a ordem de entrega do objeto custodiado, sob cominação de multa.

16 CÂMARA, *op. cit.*, p. 155.

17 NEVES, *op. cit.*, p. 226.

18 TST, súmula 414: II – No caso de a tutela provisória haver sido concedida ou indeferida antes da sentença, cabe mandado de segurança, em face da inexistência de recurso próprio.

III – A superveniência da sentença, nos autos originários, faz perder o objeto do mandado de segurança que impugnava a concessão ou o indeferimento da tutela provisória.

permite apenas a realização da penhora (CLT, art. 899). A regra geral na execução provisória, portanto, é a impossibilidade de satisfação do direito material do credor, e as exceções são previstas legalmente, tal como acontece com o art. 520, IV, do CPC[19], que permite o levantamento de dinheiro pelo credor ou a prática de atos de transferência de posse ou propriedade apenas mediante prestação de caução pelo interessado.

Outro aspecto importante é que a antecipação de tutela é executada mediante impulso oficial nos próprios autos, ao passo que a execução provisória depende sempre de requerimento do interessado e tramita em autos apartados.

A distinção se revela pertinente sobretudo no cumprimento de obrigações de fazer, não fazer e dar coisa distinta de dinheiro, além das obrigações pecuniárias consistentes em prestações periódicas.

Exemplo: se a sentença determina a reintegração do reclamante e concede antecipação de tutela, o Juiz do Trabalho expedirá, de imediato, mandado para cumprimento da decisão, sob pena de multa. Se não for deferida a antecipação de tutela, entretanto, a reintegração somente pode ser feita após o trânsito em julgado, já que - embora o tema seja controvertido - não caberia execução provisória nesta hipótese, porque a reintegração tem caráter definitivo.[20] Por mais que eventual recurso possa resultar no desfazimento da reintegração, o trabalho já prestado e o tempo em que o reclamante permaneceu na empresa não voltam atrás.

É importante ressalvar, entretanto, que a jurisprudência vem admitindo a execução provisória de obrigação de fazer em diversas situações, sendo certo que o STF firmou tese, em repercussão geral, no sentido de que a execução provisória de obrigação de fazer em face da Fazenda Pública não atrai o regime constitucional dos precatórios.[21] No precedente da Suprema Corte, a obrigação de fazer estabelecida não geraria ônus financeiro para a Fazenda Pública, já que esta deveria apenas repartir entre duas pessoas uma pensão que já vinha sendo paga a apenas uma, com exclusividade.

Não há dúvida de que é possível cumprimento provisório de obrigação de fazer, não fazer e de dar coisa distinta de dinheiro (CPC, art. 520, § 5º), pois a legislação estabelece que será aplicado nessas hipóteses, no que couber, o regramento atinente ao cumprimento de obrigação de pagar. No entanto, quando puder gerar prejuízo irreparável ao réu, o cumprimento provisório da obrigação de fazer não deve ser admitido. A satisfação do direito antes do trânsito em julgado, em tais hipóteses, somente pode ser deferida em antecipação de tutela - que pode ser requerida a qualquer momento, inclusive após a sentença -, desde que haja *periculum in mora.*

---

19 Art. 520, IV - o levantamento de depósito em dinheiro e a prática de atos que importem transferência de posse ou alienação de propriedade ou de outro direito real, ou dos quais possa resultar grave dano ao executado, dependem de caução suficiente e idônea, arbitrada de plano pelo juiz e prestada nos próprios autos.

20 Nesse sentido, TST - RXOF e ROMS: 801006120045150000 80100-61.2004.5.15.0000, Relator: José Simpliciano Fontes de F. Fernandes, Data de Julgamento: 29/03/2005, Subseção II Especializada em Dissídios Individuais, Data de Publicação: DJ 22/04/2005.

21 RE 573872 - RECURSO EXTRAORDINÁRIO, Rel. Min. Edson Fachin, j. 24/05/2017.

O *fumus boni iuris* será presumido em virtude da prolação de sentença sujeita a recurso sem efeito suspensivo.

Tendo sido deferida em sentença a tutela antecipada, contra a decisão cabe a interposição de recurso ordinário (CLT, artigo 895, I)[22], o que afasta de plano a impetração do mandado de segurança, exatamente por existir recurso próprio para impugnar a decisão.

Contudo, sabe-se que, como regra, os recursos na seara trabalhista não possuem efeito suspensivo, mas apenas devolutivo (CLT, art. 899)[23], de modo que a tutela deferida na sentença surtiria efeitos imediatos. Assim, para tentar neutralizar a vigência da tutela provisória concedida em sentença, o recorrente deverá dirigir requerimento ao Tribunal, ao relator ou ao Presidente ou Vice-Presidente do Tribunal recorrido, por aplicação subsidiária ao Processo do Trabalho do artigo 1029, § 5º, do CPC (TST, Súmula 414, I).[24]

É possível, ainda, a concessão de tutela provisória (da evidência, cautelar ou antecipada) pelo relator, monocraticamente, em recursos e ações de competência originária de tribunais, conforme previsto no art. 932, II, do CPC.

6. CONCESSÃO *EX OFFICIO* DE TUTELA PROVISÓRIA

O Novo Código de Processo Civil não exige - ao menos expressamente - requerimento do interessado para o deferimento de tutela provisória, ao contrário do que ocorria com o art. 273 do CPC/1973.[25] Apesar disso, há três fundamentos que devem ser considerados na análise do tema:

- (i) a interpretação literal do art. 299[26], *caput*, que indica que a tutela provisória deve ser requerida ao juízo da causa;
- (ii) interpretação lógico-sistemática, pois o art. 302, *caput*[27], prevê a responsabilidade objetiva (independente de culpa) do beneficiário da tutela

[22] Art. 895 - Cabe recurso ordinário para a instância superior:
I - das decisões definitivas ou terminativas das Varas e Juízos, no prazo de 8 (oito) dias; e (...)

[23] Art. 899 - Os recursos serão interpostos por simples petição e terão efeito meramente devolutivo, salvo as exceções previstas neste Título, permitida a execução provisória até a penhora.

[24] TST, súmula 414: I - A tutela provisória concedida na sentença não comporta impugnação pela via do mandado de segurança, por ser impugnável mediante recurso ordinário. É admissível a obtenção de efeito suspensivo ao recurso ordinário mediante requerimento dirigido ao tribunal, ao relator ou ao presidente ou ao vice-presidente do tribunal recorrido, por aplicação subsidiária ao processo do trabalho do artigo 1.029, § 5º, do CPC de 2015.

[25] Art. 273 - O juiz poderá, a requerimento da parte, antecipar, total ou parcialmente, os efeitos da tutela pretendida no pedido inicial, desde que, existindo prova inequívoca, se convença da verossimilhança da alegação e:
I - haja fundado receio de dano irreparável ou de difícil reparação; ou
II - fique caracterizado o abuso de direito de defesa ou o manifesto propósito protelatório do réu.

[26] Art. 299 - A tutela provisória será requerida ao juízo da causa e, quando antecedente, ao juízo competente para conhecer do pedido principal.

[27] Art. 302 - Independentemente da reparação por dano processual, a parte responde pelo prejuízo que a efetivação da tutela de urgência causar à parte adversa, se.

de urgência por eventuais prejuízos causados ao requerido. Considerando, portanto, o risco inerente à efetivação de tutelas provisórias, cabe ao interessado avaliar se é preferível aguardar, ou não, a tutela final;

- (iii) a inércia da jurisdição (arts. 2º e 141 do CPC)[28], que é garantia de liberdade dos cidadãos e de imparcialidade do Judiciário. Assim, a regra geral é que as partes devem delimitar os contornos da futura decisão judicial.

A partir de tais premissas, parece pacífica, em doutrina, a conclusão de que o princípio geral é a impossibilidade de concessão *ex officio* da tutela provisória.

A controvérsia está em saber se a concessão da tutela provisória sem requerimento da parte pode ser feita em caráter excepcional. Uma primeira linha de entendimento é pela negativa, fundando-se nos argumentos acima expostos.[29]

Outra linha doutrinária admite a concessão de ofício da tutela de urgência no Processo Civil, em situações de vulnerabilidade da parte e risco de comprometimento da efetividade da tutela jurisdicional.[30]

No Processo do Trabalho, o tema sempre foi controvertido, sendo que grande parcela da doutrina nega a possibilidade de deferimento *ex officio* da tutela de urgência. Contudo, há quem sustente que, tendo em vista o caráter social do processo do trabalho, bem como a hipossuficiência do trabalhador, a medida seria possível, excepcionalmente, sobretudo quando o trabalhador estiver no exercício do *jus postulandi*, desassistido de advogado.

De fato, considerando que a execução trabalhista pode ser promovida de ofício em algumas hipóteses (CLT, art. 878)[31], o Juiz do Trabalho pode, excepcionalmente, adotar medidas que viabilizem a fruição do direito material pela parte, e também a efetividade do processo, ainda que sem requerimento da parte. Isso pode ocorrer: (i) quando a parte interessada na tutela de urgência estiver desassistida de advogado; ou (ii) quando houver *periculum in mora*, dada a situação de risco iminente e irreparável ao direito da parte, cabalmente caracterizado, ainda que a parte esteja assistida por advogado. Em outras palavras, apenas a tutela de urgência pode ser concedida excepcionalmente de ofício, jamais a tutela de evidência.[32]

Para deferir a tutela de urgência *ex officio*, o Juiz do Trabalho deve mensurar o perigo da irreversibilidade do provimento antecipado (CPC, art. 300, § 3º)[33], bem como a potencial responsabilidade objetiva do beneficiário da medida.

---

28 Art. 2º – O processo começa por iniciativa da parte e se desenvolve por impulso oficial, salvo as exceções previstas em lei.

Art. 141 – O juiz decidirá o mérito nos limites propostos pelas partes, sendo-lhe vedado conhecer de questões não suscitadas a cujo respeito a lei exige iniciativa da parte.

29 DIDIER, v.2, p. 606.

30 THEODORO JÚNIOR, v.1, p. 624.

31 Art. 878 – A execução será promovida pelas partes, permitida a execução de ofício pelo juiz ou pelo Presidente do Tribunal apenas nos casos em que as partes não estiverem representadas por advogado.

32 Sustentando também a impossibilidade de concessão de ofício de tutela da evidência, THEODORO JÚNIOR, v.1, p. 676.

33 Art. 300, § 3º – A tutela de urgência de natureza antecipada não será concedida quando houver perigo de irreversibilidade dos efeitos da decisão.

Por tais razões, em princípio, não é possível a antecipação de tutela, de ofício, para determinar o pagamento de quantia (que é uma subespécie das obrigações de dar). Igualmente para a entrega ao trabalhador de bem consumível ou que possa se deteriorar, pois há o risco de que o trabalhador tenha que responder pelo equivalente, além da possível irreversibilidade da medida.

De outro lado, quando tais riscos não se fizerem presentes, e tendo em vista a situação de necessidade do trabalhador, é possível a antecipação de tutela *ex officio*, ainda que a parte esteja acompanhada de advogado. Um exemplo é a determinação para que o empregador entregue as guias para saque de FGTS (obrigação que envolve tanto um fazer – elaboração das guias – como um dar – entregar as guias), quando os elementos probatórios demonstrarem inequivocamente a ocorrência de dispensa sem justa causa. A efetivação dessa medida não gera qualquer risco de responsabilidade ao trabalhador, tendo em vista que as quantias depositadas na conta vinculada já lhe pertencem.

Outra possibilidade é a existência de pedido incontroverso, situação na qual é admissível, com mais flexibilidade, a antecipação de tutela *ex officio*. Exemplifica-se com a determinação de entrega de guias para habilitação no seguro-desemprego, caso não haja controvérsia quanto à ruptura imotivada do contrato de trabalho.

Da mesma forma, a tutela cautelar pode, excepcionalmente, ser concedida de ofício, sempre que for patente o risco de comprometimento da efetividade do processo, à luz dos argumentos já expostos.

7. ASPECTOS PROCEDIMENTAIS E COMPETÊNCIA

No regime do Novo Código de Processo Civil, a tutela cautelar e a antecipatória integram o gênero da tutela provisória de urgência, tendo sido abolido o processo cautelar como categoria autônoma. Assim, o pleito de tutela de urgência pode ser formulado simultaneamente com o pedido principal, ou de forma incidente (CPC, art. 294, parágrafo único)[34]; ou pode ser formulado de forma antecedente, caso em que deve ser apresentado o pedido principal nos mesmos autos, dentro do prazo de 30 dias após a efetivação da medida cautelar (CPC, art. 308).

Já a tutela de evidência não pode ser concedida de forma antecedente, por ausência de previsão legal a respeito. Além disso, há incompatibilidade entre a concessão antecedente e as hipóteses previstas nos incisos I e IV do art. 311, os quais pressupõem o exercício prévio do direito de defesa pelo réu.[35]

A regra geral, decorrente do princípio do contraditório, é a necessidade de prévia oitiva do requerido, antes do deferimento da tutela provisória (CPC, art.

[34] Art. 294 – A tutela provisória pode fundamentar-se em urgência ou evidência.

[35] Art. 311 – A tutela da evidência será concedida, independentemente da demonstração de perigo de dano ou de risco ao resultado útil do processo, quando:

I – ficar caracterizado o abuso do direito de defesa ou o manifesto propósito protelatório da parte; (...)

IV – a petição inicial for instruída com prova documental suficiente dos fatos constitutivos do direito do autor, a que o réu não oponha prova capaz de gerar dúvida razoável.

9º, parágrafo único, I e II).[36] De fato, a concessão de liminar *inaudita altera pars* é medida extrema que somente deve ser adotada em situações de acentuada urgência (= risco de perecimento imediato do direito) ou quando a prévia cientificação do requerido puder inequivocamente comprometer a efetividade da função jurisdicional.

Nas hipóteses dos incisos II e III do art. 311 do CPC, a tutela de evidência também pode ser deferida liminarmente.[37]

A tutela provisória pode ser requerida e concedida em qualquer momento ou fase processual. A competência para apreciação do requerimento é do Juízo da causa (ou do competente, em tese, para a causa no caso de medida antecedente); e nos recursos e ações de competência originária de Tribunais a tutela provisória será requerida ao órgão jurisdicional competente para apreciar o mérito.

8. ESTABILIZAÇÃO DA TUTELA ANTECIPADA

Uma das notáveis modificações trazidas pelo Novo CPC é a possibilidade de que o autor se limite, na petição inicial, a fazer o requerimento de tutela de urgência, sem formular pedido de tutela jurisdicional final (art. 303). Nesse caso, basta que a inicial indique o pedido de tutela final (o que não se confunde com a respectiva formulação), com a exposição da lide, do direito que se busca realizar e do perigo de dano ou do risco ao resultado útil do processo.

Concedida a tutela antecipada nesses moldes, o autor deve aditar a inicial para formular o pedido de tutela final (art. 303, § 1º, I).[38] Contudo, se o réu não interpuser o recurso de agravo de instrumento, a decisão se torna estável, extinguindo-se o processo. Nesse caso, qualquer das partes pode postular a revisão da decisão que concedeu a medida satisfativa, mediante ação autônoma a ser ajuizada no mesmo Juízo, que se torna prevento. Embora o Código afirme expressamente que a tutela antecipada estabilizada não forme coisa julgada, há previsão de prazo máximo de 2 (dois) anos para que a decisão seja revista (art. 304, §§ 1º a 6º)[39], após o que não será possível modificar a decisão.

---

36 Art. 9º – Não se proferirá decisão contra uma das partes sem que ela seja previamente ouvida.
Parágrafo único. O disposto no *caput* não se aplica:
I – à tutela provisória de urgência;
II – às hipóteses de tutela da evidência previstas no art. 311, incisos II e III.

37 Art. 311, II – as alegações de fato puderem ser comprovadas apenas documentalmente e houver tese firmada em julgamento de casos repetitivos ou em súmula vinculante;
III – se tratar de pedido reipersecutório fundado em prova documental adequada do contrato de depósito, caso em que será decretada a ordem de entrega do objeto custodiado, sob cominação de multa.

38 Art. 303, § 1º – Concedida a tutela antecipada a que se refere o caput deste artigo:
I – o autor deverá aditar a petição inicial, com a complementação de sua argumentação, a juntada de novos documentos e a confirmação do pedido de tutela final, em 15 (quinze) dias ou em outro prazo maior que o juiz fixar.

39 Art. 304 – A tutela antecipada, concedida nos termos do art. 303, torna-se estável se da decisão que a conceder não for interposto o respectivo recurso.
§ 1º – No caso previsto no caput, o processo será extinto.

Depreende-se que o novo instituto prestigia a economia e a celeridade processuais, princípios constitucionais que inspiram o Direito Processual do Trabalho. A dificuldade de compatibilização da estabilização da tutela antecipada antecedente no Processo do Trabalho é o princípio da irrecorribilidade imediata das decisões interlocutórias. Assim, como o Novo CPC pressupõe o cabimento do agravo de instrumento para que se opere o fenômeno da estabilização, há incompatibilidade do novo instituto com o Processo do Trabalho. Outro óbice é a obrigatoriedade de tentativa de conciliação, que restaria obviada.

Não obstante, poder-se-ia cogitar de outra solução. Mesmo no Processo Civil, há doutrina no sentido de que, caso o réu (contra quem foi concedida a tutela antecipada) não interponha agravo de instrumento, mas conteste o feito, há inequívoca manifestação de vontade que impediria a estabilização da tutela antecipada.[40] Pode-se utilizar o mesmo raciocínio no âmbito trabalhista: após a concessão da tutela antecipada antecedente, e aditamento da inicial para formulação do pedido final, designar-se-ia audiência una, para tentativa de conciliação e recebimento de defesa. Caso o reclamado não conteste, a tutela antecipada ficaria estável, nos mesmos moldes explicitados acima. Em caso de contestação, o processo seguiria seus normais trâmites, até a prolação de decisão definitiva.

9. VEDAÇÕES À CONCESSÃO DE TUTELA PROVISÓRIA

A Lei 8.036/90, art. 29-B, dispõe que não será cabível medida liminar em mandado de segurança, no procedimento cautelar ou em quaisquer outras ações de natureza cautelar ou preventiva, nem a tutela antecipada que impliquem saque ou movimentação da conta vinculada do trabalhador no FGTS.

Não obstante a expressa proibição legal, que até pode se justificar em demandas ajuizadas contra os gestores do FGTS, a exemplo da Caixa Econômica Federal, em que se sobreleva o caráter social do referido fundo, tem-se que o Juiz do Trabalho pode, no caso concreto, conceder medida antecipatória dos efeitos da tutela com a finalidade de permitir o levantamento do FGTS, quando presentes os requisitos do art. 300 do CPC[41], máxime no tocante à ocorrência de dispensa imotivada e recusa

§ 2º – Qualquer das partes poderá demandar a outra com o intuito de rever, reformar ou invalidar a tutela antecipada estabilizada nos termos do caput.

§ 3º – A tutela antecipada conservará seus efeitos enquanto não revista, reformada ou invalidada por decisão de mérito proferida na ação de que trata o § 2º.

§ 4º – Qualquer das partes poderá requerer o desarquivamento dos autos em que foi concedida a medida, para instruir a petição inicial da ação a que se refere o § 2º, prevento o juízo em que a tutela antecipada foi concedida.

§ 5º – O direito de rever, reformar ou invalidar a tutela antecipada, previsto no § 2º deste artigo, extingue-se após 2 (dois) anos, contados da ciência da decisão que extinguiu o processo, nos termos do § 1º.

§ 6º – A decisão que concede a tutela não fará coisa julgada, mas a estabilidade dos respectivos efeitos só será afastada por decisão que a revir, reformar ou invalidar, proferida em ação ajuizada por uma das partes, nos termos do § 2º deste artigo.

40 MARINONI, v.1, p. 216.

41 Art. 300 – A tutela de urgência será concedida quando houver elementos que evidenciem a probabilidade do direito e o perigo de dano ou o risco ao resultado útil do processo.

do empregador em fornecer as guias e chave de conectividade necessárias à movimentação da conta vinculada.

Ademais, o FGTS tem por objetivo a formação de um sistema de garantia ao empregado dispensado sem justa causa. Deste modo, a vedação genérica à antecipação dos efeitos da tutela, independentemente da análise do caso concreto, tornaria inócua a finalidade do FGTS, pois afastaria o manto protetivo do trabalhador justamente em sua dispensa, momento em que ele mais precisa da referida proteção.

A legislação contém, ainda, uma série de restrições à concessão de medidas de urgência em desfavor do Poder Público (CPC, art. 1059, Leis 8.437/92 e 12.016/2009), estabelecendo que não podem ser deferidas nos seguintes casos: compensação de créditos tributários; entrega de mercadorias e bens provenientes do exterior; reclassificação ou equiparação de servidores públicos, bem assim concessão de aumento ou extensão de vantagens; pagamentos de qualquer natureza; medida que esgote, no todo ou em parte, o objeto da ação.

Tais normas se justificam para a proteção do patrimônio público, de modo a evitar prejuízos irreparáveis para a Fazenda Pública e para a coletividade. É por tal motivo que as vedações à concessão de tutela de urgência são constitucionais, consideradas em abstrato, conforme decidido pelo STF na ADC 4.

Contudo, isso não impede que tais regras tenham a aplicação afastada no caso concreto, tal como reconhecido pelo STF na ADIN 223, e em ocasiões envolvendo pagamento de benefícios previdenciários (Reclamação 902 e Súmula 729).[42]

Com efeito, a vedação à concessão de tutela antecipada, em tese, é constitucional, tendo em vista o objetivo de tutelar o interesse público e social; contudo, a vedação pode consubstanciar, em determinados casos concretos, flagrante violação ao princípio constitucional do acesso à justiça (CF, art. 5º XXXV), razão por que é possível o reconhecimento incidental de inconstitucionalidade dos dispositivos legais referidos.

10. TUTELA DE URGÊNCIA E DE EVIDÊNCIA EM AÇÕES CONSTITUTIVAS E DECLARATÓRIAS

Nas ações meramente declaratórias, o bem jurídico postulado pelo autor é o juízo de certeza acerca da existência (ou da inexistência) de determinada relação jurídica. Tal bem jurídico somente pode ser alcançado com o trânsito em julgado da decisão judicial que certifique a situação jurídica.

Igualmente, nas ações constitutivas, a criação, modificação ou extinção de determinada relação jurídica só ocorre, em caráter definitivo, com o trânsito em julgado.

Dessa forma, descabe cogitar de aplicabilidade da tutela provisória no que tange à declaração ou à (des)constituição, em si mesmas, da relação jurídica submetida à apreciação judicial.

42 STF, Súmula 729: A decisão na ADC-4 não se aplica à antecipação de tutela em causa de natureza previdenciária.

Contudo, nada impede a concessão de tutelas de urgência ou da evidência para viabilizar ao interessado a fruição imediata dos benefícios e efeitos práticos decorrentes da sentença final de procedência.

Exemplo: suponha-se que o reclamante postule o reconhecimento de vínculo empregatício e a nulidade da dispensa, em virtude de ser portador de doença ocupacional. Os dois pedidos são declaratórios, razão pela qual não é pertinente a concessão de tutela provisória a respeito. No entanto, por hipótese, caso estejam presentes os respectivos pressupostos, e haja o requerimento, o Juiz do Trabalho pode determinar, em antecipação de tutela, a reintegração do reclamante para fins de fruição do plano de saúde oferecido pela empresa.

11. FUNGIBILIDADE ENTRE TUTELA DE URGÊNCIA E TUTELA DA EVIDÊNCIA

Sob o enfoque do princípio constitucional do acesso à justiça, deve-se entender pela existência de fungibilidade entre as tutelas de urgência e da evidência. Assim, se a parte requerer determinada medida a título de tutela de urgência, mas o juiz entender presentes os requisitos para a concessão de tutela da evidência (e vice-versa), é possível o deferimento, observando-se sempre o contraditório.

O mais importante é que os fatos pertinentes sejam precisamente narrados, o que permite o exercício de direito de defesa pela parte contrária.

12. SITUAÇÕES CONTROVERTIDAS NO PROCESSO DO TRABALHO

12.1. Extinção do processo após deferimento da tutela provisória (FGTS e seguro-desemprego)

Situação não incomum no cotidiano forense ocorre quando o trabalhador obtém tutela provisória para fins de saque do FGTS depositado em sua conta vinculada, ou para recebimento do benefício do seguro-desemprego, e, em seguida, o processo é extinto sem resolução de mérito, em virtude de arquivamento. Controverte-se sobre qual medida deve ser adotada pelo Juiz do Trabalho nessas hipóteses.

No rigor da técnica processual, por se tratar de tutela provisória, necessariamente a medida deveria ser confirmada ou revogada por meio de decisão final fundada em cognição exauriente (CPC, art. 296, *caput*).[43] Extinto o processo sem resolução de mérito, a consequência natural seria a revogação da tutela antecipada nessas hipóteses. Sucede que o saque de FGTS e o recebimento de seguro-desemprego são medidas irreversíveis, que não podem ser desfeitas, viabilizando no máximo a conversão em perdas e danos com a consequente indenização ao prejudicado.

No caso de saque de FGTS, a concessão da tutela antecipada deve ser embasada em prova documental (instrumento de aviso prévio, TRCT etc.),

43 Art. 296 – A tutela provisória conserva sua eficácia na pendência do processo, mas pode, a qualquer tempo, ser revogada ou modificada.

ou na ausência de controvérsia quanto à dispensa imotivada. Dessa forma – e ressalvada a hipótese de caracterização de fraude –, não há qualquer prejuízo ao reclamado e tampouco ao órgão gestor do FGTS, já que os valores sacados são titularizados pelo empregado, que teria o direito de os receber de qualquer maneira. Desnecessária, assim, a expedição de ofício ao órgão gestor ou a conversão em perdas e danos.

Já na situação em que o trabalhador receba o benefício do seguro-desemprego por força de tutela provisória que não venha a ser confirmada em sentença, há potencial prejuízo da União, por não se ter certeza acerca da regularidade de eventual pagamento já feito. Assim, o Juiz do Trabalho deve expedir ofício para o Ministério do Trabalho e Previdência, para que suspenda ou apure o pagamento do seguro-desemprego, o que viabiliza o eventual ajuizamento de ação ressarcitória pela União, na Justiça Federal. Descabe cogitar de execução incidente no próprio processo trabalhista, pois não se trata de lide decorrente da relação de trabalho (CF, art. 114, I)[44], haja vista o envolvimento da União e de cidadão pessoa física (trabalhador).

12.2. Reintegração

Outra medida de urgência comumente requerida no Processo do Trabalho é a reintegração de empregado detentor de garantia provisória de emprego (gestante, acidente de trabalho etc.), que gera interessantes discussões de ordem prática.

O estabelecimento da obrigação de reintegrar, fundada em tutela provisória, costuma ser acompanhada da fixação de multa periódica (*astreintes*) para o caso de descumprimento da obrigação pelo empregador. Cabe observar, entretanto, que a multa é mecanismo coercitivo para a execução específica da obrigação de fazer, sem prejuízo da indenização substitutiva dos salários e demais vantagens (= férias com 1/3, 13º salário, FGTS etc.) do período em que o trabalhador ficar sem trabalhar em virtude do descumprimento da obrigação de reintegrar. A natureza jurídica diversa – coercitiva, no caso das *astreintes*, e indenizatória, quanto às perdas e danos – permite sejam as parcelas cumuladas.

No caso de dispensa discriminatória, o art. 4º da Lei 9029/95 concede ao empregado a faculdade de optar entre: (i) a reintegração com ressarcimento integral de todo o período de afastamento, mediante pagamento das remunerações devidas, corrigidas monetariamente e acrescidas de juros legais; (ii) a percepção, em dobro, da remuneração do período de afastamento, corrigida monetariamente e acrescida dos juros legais.

A opção do empregado pode ser exercida após a decisão judicial que defere o seu requerimento, o qual pode ser atendido por meio de tutela provisória. Deferida esta, o juiz deve intimar o reclamante para que manifeste sua opção em prazo ju-

---

[44] Art. 114 – Compete à Justiça do Trabalho processar e julgar:

I – as ações oriundas da relação de trabalho, abrangidos os entes de direito público externo e da administração pública direta e indireta da União, dos Estados, do Distrito Federal e dos Municípios.

dicialmente fixado; na omissão, deve-se considerar que há incompatibilidade entre as partes (CLT, art. 496)[45], tornando desaconselhável a reintegração, o que resulta no direito à percepção em dobro dos salários e vantagens vencidos até o momento em que deferida a tutela de urgência.

[45] Art. 496 – Quando a reintegração do empregado estável for desaconselhável, dado o grau de incompatibilidade resultante do dissídio, especialmente quando for o empregador pessoa física, o tribunal do trabalho poderá converter aquela obrigação em indenização devida nos termos do artigo seguinte.

XVII

RESPOSTA DO RÉU

1. RESPOSTA DO RÉU: GENERALIDADES

Correlato ao direito de ação, existe o direito de defesa, que é corolário do princípio do contraditório. De fato, ajuizada a ação, é imperativa a integração do réu ao processo, por meio de citação válida, após o que – frustrada a tentativa inicial de conciliação – o sujeito passivo da relação processual terá oportunidade de resposta à pretensão do autor.

Resposta é gênero que engloba (i) a defesa propriamente dita – contestação; (ii) a ação movida pelo réu em face do autor, numa espécie de contra-ataque – reconvenção; (iii) a arguição de impedimento ou suspeição do órgão jurisdicional, a qual é feita por meio de petição específica que gera incidente processual.

As três modalidades de resposta são independentes entre si; podem coexistir, mas não necessariamente isso acontecerá. Daí decorre que o réu pode ofertar reconvenção sem contestar; contestar sem oferecer reconvenção; reconvir e contestar simultaneamente; arguir impedimento ou suspeição etc.

A resposta do réu, em qualquer de suas modalidades, tem a natureza jurídica de ato processual postulatório, já que por meio dela se leva algum requerimento ao órgão jurisdicional.

Na contestação, o réu não formula pedido, em sentido técnico-processual, pois não se consubstancia a pretensão de sujeição do interesse alheio ao próprio. Na realidade, a contestação contém requerimento de tutela jurisdicional que rejeite o pedido do autor, o que equivale à postulação de providência jurisdicional declaratória e negativa em face deste.

Para formular pedido, ou seja, manifestar a vontade no sentido de obter determinado bem da vida a partir de uma providência jurisdicional específica, o réu deve valer-se da reconvenção, que detém a natureza jurídica de ação incidental e autônoma exercida pelo réu.

2. EXCEÇÃO E OBJEÇÃO

O vocábulo *exceção* é utilizado com diversos significados na literatura da Ciência do Processo.

Em sentido amplo, fala-se em exceção como sinônimo de qualquer matéria de defesa arguida pelo réu, abrangendo questões processuais (exceção processual) e também relativas ao direito material (exceções substanciais).

Em sentido estrito, considera-se exceção como a espécie de defesa que pressupõe requerimento do réu, vale dizer, não se sujeita à cognoscibilidade de ofício pelo órgão jurisdicional. Em contraponto, objeção seria a arguição defensiva suscetível de conhecimento *ex officio*, por envolver questões de ordem pública.

Nesse último contexto, tanto a exceção, quanto a objeção, podem referir-se a aspectos processuais e a questões de mérito. Exemplos: (i) exceção processual - incompetência relativa, que somente pode ser alegada pelo interessado; (ii) exceção substancial -alegação de pagamento da quantia objeto do pedido; (iii) objeção processual - ausência de condição da ação; (iv) objeção substancial - decadência legal.

O art. 799 da CLT[1] também menciona a existência de exceções de suspeição e de incompetência. Arguição de suspeição e incompetência relativa são exceções processuais em sentido estrito; já o impedimento e a incompetência absoluta, objeções processuais.

Conforme já estudado, o Novo CPC não utiliza a nomenclatura *exceção de suspeição* ou *exceção de impedimento*, mas exige que a matéria seja arguida pelo interessado em petição específica dirigida ao juiz da causa. Na verdade, pouco importa a expressão utilizada, sendo possível utilizar-se tanto o vocábulo *exceção*, quanto mencionar apenas a *arguição de suspeição ou impedimento* ou *incidente de suspeição ou de impedimento*; relevante é perceber que a matéria será arguida em petição autônoma, ou seja, distinta da petição inicial, contestação, recursos etc.[2]

No que tange à arguição de incompetência absoluta - objeção processual -, trata-se de matéria a ser tratada na contestação. Já quanto à incompetência relativa, conforme se analisará na sequência[3], a partir da nova redação do art. 800 da CLT

1 Art. 799 - Nas causas da jurisdição da Justiça do Trabalho, somente podem ser opostas, com suspensão do feito, as exceções de suspeição ou incompetência.

2 Capítulo VII, item 3.3.

3 V. item 7 deste capítulo.

(modificado pela Lei 13.467/2017), discute-se se a exceção de incompetência territorial deve ser obrigatoriamente apresentada em petição separada ou se é possível suscitar a questão na contestação.

3. CONTESTAÇÃO

A contestação pode ser considerada o principal ato postulatório do réu, por concretizar o exercício do direito de defesa e delimitar o objeto litigioso do processo. Apenas após o oferecimento da defesa é possível saber quais os pontos controvertidos, que dependerão de instrução probatória apta a permitir a cognição e a decisão judicial.

Isso se dá porque o réu, em contestação, pode reconhecer – ainda que parcialmente – a procedência da pretensão do autor, dando azo ao reconhecimento jurídico do pedido, o qual é um ato dispositivo praticado pelo réu e que, quando homologado pelo juiz, resulta na extinção do processo com resolução de mérito (CPC, art. 487, III, *a*).[4]

Igualmente, a contestação pode admitir expressamente a existência de fatos contrários ao interesse do réu, e favoráveis ao autor, constituindo confissão real. Observe-se que esta abrange apenas fatos, enquanto o reconhecimento jurídico do pedido abrange a juridicidade da pretensão do autor (= conformidade da pretensão autoral com o direito positivo).

Ainda, a defesa pode silenciar a respeito de algum aspecto fático, em desatendimento ao ônus da impugnação especificada (CPC, art. 341, *caput* – abaixo analisado)[5], o que acarretará presunção relativa de veracidade dos fatos narrados na inicial.

Por fim, a peça defensiva pode conter diversas alegações de fato e de direito contrárias à pretensão do reclamante, de modo a abranger questões processuais e materiais aptas, em tese, a impedir a sucumbência do reclamado.

Tal como acontece com a petição inicial, não há necessidade de indicação precisa, na contestação, de todos os meios de prova que o réu pretenda produzir, sendo admissível o requerimento genérico de provas, apesar da literalidade do art. 336 do CPC.[6] De todo modo, a especificação das provas deve ser realizada antes do início da fase instrutória do procedimento.

3.1. Eventualidade

A contestação deve conter toda a matéria de defesa, com exposição das razões de fato e de direito que o réu pretenda utilizar para impugnar o pedido do autor,

---

[4] Art. 487 – Haverá resolução de mérito quando o juiz: (...)
III – homologar:
a) o reconhecimento da procedência do pedido formulado na ação ou na reconvenção.

[5] Art. 341 – Incumbe também ao réu manifestar-se precisamente sobre as alegações de fato constantes da petição inicial, presumindo-se verdadeiras as não impugnadas, salvo se.

[6] Art. 336 – Incumbe ao réu alegar, na contestação, toda a matéria de defesa, expondo as razões de fato e de direito com que impugna o pedido do autor e especificando as provas que pretende produzir.

sob pena de preclusão (CPC, art. 336). Trata-se da regra da eventualidade – também chamada de concentração da defesa –, a qual concretiza os princípios da boa-fé processual objetiva e da duração razoável do processo.

De fato, quando a lei exige a arguição de todas as defesas em única oportunidade, evita-se a chamada *guarda de trunfos*, ou seja, o comportamento desleal consistente em utilizar novos argumentos e provas de modo a surpreender o autor e impedir o contraditório pleno. Além disso, a regra da eventualidade contribui para a solução mais rápida do processo, ao evitar repetições desnecessárias de fases processuais já superadas e reabertura reiterada do contraditório.

É tecnicamente inadequada a utilização da expressão *princípio da eventualidade*, como faz grande parcela da doutrina.[7] A noção de eventualidade é concretização dos princípios acima mencionados e, por sua vez, não se desdobra em outras regras. O conteúdo da regra da eventualidade é bastante especificado e definido.

Como consequência da eventualidade, a contestação pode conter argumentos defensivos contraditórios entre si, a serem apreciados sucessivamente, ou seja, na hipótese de um ou alguns serem rejeitados. Por exemplo, o reclamado contesta afirmando que não existiu o vínculo empregatício postulado na inicial e, mesmo que tivesse existido, os créditos estariam prescritos.

Contudo, a formulação de argumentos contraditórios na contestação deve obedecer a limites lógico-jurídicos.[8] De fato, determinadas alegações são absolutamente incompatíveis e não se justificam nem mesmo à luz da regra da eventualidade. Pense-se na hipótese em que a reclamada afirma que não há o vínculo empregatício postulado, mas, ainda que houvesse, não há débitos pendentes de FGTS, 13º salário e férias, conforme recibos juntados. Ora, nesta situação, é evidente deva ser desconsiderada a arguição de inexistência de vínculo, já que a afirmação seguinte – de quitação das parcelas intrínsecas a um contrato de trabalho – desmente, por si só, a anterior.

O Código estabelece, no art. 342, três exceções à regra da eventualidade: (i) alegações relativas a direito ou a fato superveniente, como acontece na hipótese de pagamento extrajudicial espontâneo das verbas postuladas; (ii) matérias que o juiz deva conhecer de ofício, como no exemplo da ausência de pressuposto processual ou condição da ação; (iii) quando, por expressa autorização legal, a arguição puder ser formulada em qualquer tempo e grau de jurisdição, tal como acontece com a prescrição.

3.2. Impugnação especificada

Outra importante regra regente da defesa do réu consiste no ônus da impugnação especificada dos fatos (CPC, art. 341), cujo significado é o de que a contestação deve se manifestar precisamente sobre as alegações de fato constantes da petição inicial, sob pena de presunção relativa (*juris tantum*) de veracidade daquelas não impugnadas.

Importante observar que tal ônus abrange apenas os fatos, e não a matéria de direito, já que se aplica em nosso sistema processual o *jura novit curia*, ou seja, o

[7] Com a mesma opinião, CÂMARA, p. 203.

[8] DIDIER, v. 1, p. 649.

direito positivo é aplicado pelo juiz, que tem o dever de conhecê-lo. Assim, a ausência de impugnação especificada se assemelha a uma confissão ficta, razão pela qual todo o acervo probatório pode e deve ser considerado quando do julgamento. Exemplo: o réu não impugna a alegação da inicial de que a CTPS do reclamante não continha anotação de que se tratava de serviço externo (CLT, art. 62, I)[9], mas a cópia do documento, juntada aos autos, demonstra que, na verdade, existia, sim, a anotação. Mesmo não havendo impugnação especificada, o juiz deve considerar verdadeira, já que comprovada, a alegação da defesa. Sob outro enfoque, trata-se de fato simples (e não de fato jurídico), razão pela qual é cognoscível de ofício pelo juiz.

Assim, a regra geral é a de que não se admite a defesa por negativa genérica: o réu deve narrar a sua versão dos fatos, sendo insuficiente que se limite a afirmar que estes não ocorreram tais como afirmados na petição inicial.

Contudo, a lei estabelece situações de exceção, nas quais não haverá a presunção de veracidade dos fatos não impugnados especificamente:

- (i) quando não for possível, a seu respeito, a confissão. É o que acontece com os direitos indisponíveis (Código Civil, art. 213)[10], tal como seria o pedido de revisão do valor da pensão paga a um menor de idade. Essa hipótese legal gera controvérsia acerca da aplicabilidade do ônus da impugnação especificada à Fazenda Pública, objeto de análise no item 8 deste Capítulo;
- (ii) não se aplica o ônus da impugnação especificada quando a petição inicial não estiver acompanhada de instrumento que a lei considerar da substância do ato. Por exemplo, numa ação de divórcio, é imprescindível a juntada da certidão de casamento. O silêncio da contestação acerca da existência do casamento não resulta em presunção de veracidade a respeito;
- (iii) quando as alegações não impugnadas estiverem em contradição com a defesa, considerada em seu conjunto. Exemplo: o reclamante postula reconhecimento de vínculo empregatício e indenização por danos morais decorrentes de agressão física cometida pelo sócio da empresa. A defesa se limita a sustentar a inexistência de vínculo, aduzindo que o trabalhador nunca adentrou na sede da empresa e nunca prestou serviço algum. Não há, nesta hipótese, presunção de veracidade quanto à suposta agressão física, pois do conjunto da defesa se infere que o fato é negado.

3.3. Impugnação especificada na réplica do reclamante

A regra da impugnação especificada é direcionada, no CPC, exclusivamente à contestação. No entanto, doutrina e jurisprudência, no Processo Civil, sustentam

---

9 Art. 62 – Não são abrangidos pelo regime previsto neste capítulo:
I – os empregados que exercem atividade externa incompatível com a fixação de horário de trabalho, devendo tal condição ser anotada na Carteira de Trabalho e Previdência Social e no registro de empregados.

10 Art. 213 – Não tem eficácia a confissão se provém de quem não é capaz de dispor do direito a que se referem os fatos confessados.

a possibilidade de aplicação analógica do art. 341 do CPC à figura da réplica, de modo que caberia ao autor o ônus de impugnar especificadamente os fatos novos suscitados pelo réu em sua defesa, sob pena de os fatos não impugnados se tornarem incontroversos e terem sua prova dispensada.[11]

No Processo do Trabalho, o tema comporta maior controvérsia, tendo em vista que a CLT não prevê a figura da réplica. Assim, três interpretações são possíveis:

- (i) aplicabilidade integral e subsidiária do regramento do CPC, de modo que, se o Juiz do Trabalho fracionar a audiência e conceder prazo para manifestação sobre a defesa pelo reclamante, os fatos novos (impeditivos, modificativos, extintivos ou contradireitos) que este não impugnar especificadamente serão considerados incontroversos, do que resultaria a possibilidade de o juiz indeferir as provas posteriores a respeito dos mesmos fatos (aplicação do mesmo raciocínio contido na Súmula 74, II, do TST)[12];
- (ii) inaplicabilidade do ônus da impugnação especificada à réplica, pois tal instituto sequer tem previsão na CLT e não caberia aplicação de sanções processuais (= presunção de veracidade dos fatos) sem previsão legislativa;
- (iii) aplicabilidade mitigada do regramento do CPC, de modo que, caso o Juiz do Trabalho modifique o procedimento da CLT, concedendo prazo para réplica, o reclamante deve impugnar especificamente os fatos novos (impeditivos, modificativos, extintivos ou contradireitos), desde que tenha havido intimação específica com essa cominação, advertindo a parte de que a ausência de impugnação especificada gerará a presunção de veracidade dos fatos novos não impugnados.

A terceira solução é a preferível, à luz do princípio da boa-fé processual objetiva: se o procedimento da CLT for modificado, em princípio não será legítimo aplicar a sanção da presunção de veracidade, sob pena de surpreender as partes. Contudo, se a intimação do autor (geralmente empreendida na própria audiência inicial) determinar a impugnação especificada dos fatos novos, advertindo-o quanto às consequências de sua omissão, não há violação de sua expectativa legítima.

3.4. Conteúdo

A contestação pode voltar-se contra o processo e/ou contra o mérito da pretensão do autor.

---

[11] Cf. DIDIER, *op.cit.*, v.1, p. 663. No mesmo sentido, GRECO, Leonardo. *Desafios à coisa julgada no novo Código de Processo Civil. In: Estudos de Direito Processual em homenagem a Paulo Cezar Pinheiro Carneiro.* 1ª ed. Rio de Janeiro: LMJ Mundo Jurídico, 2019, p. 684.

[12] Súmula nº 74 do TST. CONFISSÃO. I – Aplica-se a confissão à parte que, expressamente intimada com aquela cominação, não comparecer à audiência em prosseguimento, na qual deveria depor.

II - A prova pré-constituída nos autos pode ser levada em conta para confronto com a confissão ficta (arts. 442 e 443, do CPC de 2015 - art. 400, I, do CPC de 1973), não implicando cerceamento de defesa o indeferimento de provas posteriores.

III- A vedação à produção de prova posterior pela parte confessa somente a ela se aplica, não afetando o exercício, pelo magistrado, do poder/dever de conduzir o processo.

As questões processuais podem ser (i) dilatórias - aquelas que postergarão a análise dos pontos de mérito; ou (ii) peremptórias -as quais resultam em extinção do processo sem resolução de mérito, impedindo a análise das questões de mérito. Tanto as defesas processuais dilatórias, quanto as peremptórias - elencadas no art. 337 do CPC -, são preliminares ao mérito da causa, pois a respectiva solução definirá a possibilidade, ou não, de que este seja apreciado.

3.4.1. *Preliminares ao mérito da causa*

As preliminares ao conhecimento do mérito previstas no art. 337 do CPC, a seguir destacadas, podem ser conhecidas de ofício, com exceção da convenção de arbitragem e da incompetência relativa (CPC, art. 337, § 5º).[13]

3.4.1.1. *Inexistência ou nulidade da citação*

O reclamado pode limitar-se a alegar, em contestação, a inexistência ou a nulidade da citação. Se a arguição for acolhida, deverá ser designada nova audiência, sendo oportunizada a possibilidade de oferecimento de nova defesa, já que o comparecimento espontâneo do réu supre o vício da citação (CPC, art. 239, § 1º).[14] Trata-se, portanto, de defesa processual meramente dilatória, pois o impedimento à apreciação do mérito é temporário.

3.4.1.2. *Incompetência*

O Novo Código de Processo Civil estabelece que a incompetência absoluta e a relativa devem ser suscitadas em preliminar de contestação. Dessa forma, superado o art. 799 da CLT que indicava a necessidade de oposição de exceção de incompetência em peça autônoma. A mudança é plenamente compatível com o Processo do Trabalho, à luz do princípio da simplicidade.

Se a incompetência relativa não for suscitada em defesa, opera-se a preclusão. Já a incompetência absoluta, quando não arguida em contestação, pode ser suscitada a qualquer tempo e em qualquer grau de jurisdição, por simples petição.[15]

A incompetência, em princípio, gera exceção dilatória, com a ressalva da hipótese em que haja cumulação de ações no mesmo processo, e competência do órgão jurisdicional apenas para julgamento de um ou alguns dos pedidos, o que inviabiliza a remessa dos autos para o Juízo competente para os demais pedidos.

O regramento alusivo à arguição de incompetência territorial através de peça escrita, sem a necessidade de comparecimento do réu à audiência, será analisado em item próprio abaixo.

13 Art. 337, § 5º – Excetuadas a convenção de arbitragem e a incompetência relativa, o juiz conhecerá de ofício das matérias enumeradas neste artigo.

14 Art. 239, § 1º – O comparecimento espontâneo do réu ou do executado supre a falta ou a nulidade da citação, fluindo a partir desta data o prazo para apresentação de contestação ou de embargos à execução.

15 Sobre o tema, ver Capítulo IV, especialmente itens 4 e 5.

3.4.1.3. Incorreção do valor da causa

O Novo CPC extinguiu a impugnação ao valor da causa como peça autônoma, positivando prática que já era adotada na praxe da Justiça do Trabalho, em que a impugnação comumente vinha no bojo da própria contestação.

3.4.1.4. Inépcia da petição inicial

A arguição de inépcia pode constituir defesa peremptória ou dilatória, a depender da possibilidade, ou não, de correção do defeito da petição inicial.[16] Conforme já estudado, o princípio da cooperação impõe a intimação do autor para sanar o vício caso haja tal possibilidade.[17] Apenas quando não atendido o comando judicial para retificação do vício, ou quando este for incorrigível, é que se tratará de defesa processual peremptória. Se e enquanto o defeito for sanável, estar-se-á diante de defesa dilatória.

3.4.1.5. Perempção

A perempção, caracterizada pela perda, pelo prazo de seis meses, do direito de ajuizar ação trabalhista, configura exceção peremptória que, caso acolhida, resulta na extinção do processo sem resolução de mérito. Sobre o tema, ver Capítulo XIII, item 4.2.2.7.

3.4.1.6. Litispendência e coisa julgada

A arguição de litispendência, assim como a de coisa julgada, é defesa processual peremptória que deve ser analisada à luz da teoria da tríplice identidade, segundo a qual a eventual reprodução de ação ajuizada anteriormente é aferível de acordo com os elementos da ação. Assim, uma ação é igual a outra sempre que envolver as mesmas partes, a mesma causa de pedir e o mesmo pedido.

Quando o processo relativo à ação idêntica anteriormente ajuizada ainda estiver tramitando, configura-se a litispendência. Já na situação em que houver o trânsito em julgado da decisão relativa a uma das ações idênticas, está-se diante de coisa julgada.

3.4.1.7. Conexão e continência

A arguição de conexão ou de continência – esta última não mencionada explicitamente no art. 337 do CPC – é exceção processual dilatória, pois seu acolhimento implicará apenas a reunião das causas conexas para julgamento conjunto pelo Juízo prevento (CPC, art. 55 a 58).[18]

---

[16] Em sentido contrário, argumentando que a arguição de inépcia sempre será defesa processual peremptória, THEODORO JÚNIOR, v.1, p. 792.

[17] Capítulo XV, item 5.

[18] Sobre o tema, ver Capítulo IV, itens 17.1 e 17.2.

3.4.1.8. *Incapacidade da parte, defeito de representação ou falta de autorização*

Tais matérias consistem em pressupostos processuais subjetivos de validade do processo. No Processo do Trabalho, é reduzida a possibilidade de arguição de tais matérias.

A incapacidade da parte (menor de idade, por exemplo) deve ser suprida mediante assistência ou representação pelos responsáveis legais. Ausentes estes, o Ministério Público do Trabalho será chamado para atuar em nome do menor.

Eventual defeito de representação por advogado (ausência de procuração, por exemplo) é sanado mediante o comparecimento do patrono à audiência, o que caracteriza mandato tácito.

A hipótese de falta de autorização refere-se às situações em que se faz necessária a aquiescência do cônjuge para ajuizar determinadas ações, como as reais imobiliárias (reivindicatória, por exemplo). Não se vislumbra aplicabilidade dessa disposição ao Processo do Trabalho.

3.4.1.9. *Convenção de arbitragem*

A arguição da existência de convenção de arbitragem é exceção processual peremptória, pois implica necessariamente a extinção do processo sem resolução de mérito. A ausência de cláusula compromissória e de compromisso arbitral constitui pressuposto processual objetivo negativo cuja peculiaridade é que somente pode ser arguido pelo réu na contestação, sob pena de preclusão, tal como acontece com a incompetência relativa.

Assim, o Juiz do Trabalho não pode conhecer de ofício sobre a existência da convenção de arbitragem, e tampouco o réu pode suscitar a questão após o oferecimento da contestação.

3.4.1.10. *Carência de ação*

A carência de ação se caracteriza pela ausência de qualquer das condições da ação: legitimidade (ativa ou passiva) e interesse processual. O tema foi estudado no Capítulo VI, item 6, cabendo destacar que se trata de exceção processual peremptória.

Caso o réu alegue sua ilegitimidade passiva, deve indicar quem é a pessoa que, na sua visão, deveria integrar o processo. Trata-se de procedimento que pode ser denominado de nomeação à autoria e foi analisado no Capítulo IX, item 8.5.

3.4.1.11. *Falta de caução ou de outra prestação que a lei exige como preliminar*

Em algumas situações, a lei exige o pagamento prévio de determinada despesa para que se possa desenvolver validamente o direito de ação: é o que ocorre com o depósito prévio na ação rescisória (CLT, art. 836; CPC, art. 968, II)[19]; e com a caução

[19] Art. 836 – É vedado aos órgãos da Justiça do Trabalho conhecer de questões já decididas, excetuados os casos expressamente previstos neste Título e a ação rescisória, que será admitida na forma do disposto no

do pagamento de custas e honorários advocatícios, exigível do autor brasileiro ou estrangeiro que residir fora do Brasil (CPC, art. 83).[20]

Por se tratar de pressuposto processual objetivo positivo, o órgão jurisdicional deve dar ao autor, nessas hipóteses, a oportunidade de corrigir o vício, mediante realização do depósito em prazo que assinalar (CPC, art. 321).[21] Inicialmente se trata, portanto, de exceção dilatória, que se converterá em peremptória caso não cumprida a providência, com a consequente extinção do processo sem resolução de mérito.

3.4.1.12. Indevida concessão do benefício da gratuidade de justiça

Caso haja a concessão do benefício da justiça gratuita antes do recebimento da contestação, o réu pode requerer a revogação do benefício na própria defesa. Contudo, por se tratar de questão de ordem pública, nada impede que o benefício seja impugnado por simples petição no curso do processo, a qualquer tempo e grau de jurisdição.

3.5. Mérito: defesa direta e indireta. Compensação e contradireitos

A contestação pode voltar-se contra o mérito, ou seja, arguir questões de direito material aptas a impedir o sucesso da pretensão do reclamante.

A defesa de mérito diz-se direta quando negar os fatos jurídicos narrados na petição inicial: trata-se da impugnação dos fatos constitutivos do direito do autor. Exemplo: a inicial afirma que o reclamante prestou serviço para a empresa em determinado período, e postula o reconhecimento de vínculo empregatício; a contestação aduz que o reclamante é desconhecido e jamais prestou qualquer serviço para a reclamada. Nesta hipótese, tão comum na prática do foro, o ônus da prova será do trabalhador, pois o fato constitutivo (= prestação de serviços) foi negado diretamente (CPC, art. 373, I).[22]

A defesa de mérito é indireta quando admite os fatos narrados na inicial, mas acrescenta outros – impeditivos, modificativos ou extintivos – capazes de obstar o

---

Capítulo IV do Título IX da Lei nº 5.869, de 11 de janeiro de 1973 – Código de Processo Civil, sujeita ao depósito prévio de 20% (vinte por cento) do valor da causa, salvo prova de miserabilidade jurídica do autor.

Art. 968 – A petição inicial será elaborada com observância dos requisitos essenciais do art. 319, devendo o autor: (...)

II – depositar a importância de cinco por cento sobre o valor da causa, que se converterá em multa caso a ação seja, por unanimidade de votos, declarada inadmissível ou improcedente.

[20] Art. 83 – O autor, brasileiro ou estrangeiro, que residir fora do Brasil ou deixar de residir no país ao longo da tramitação de processo prestará caução suficiente ao pagamento das custas e dos honorários de advogado da parte contrária nas ações que propuser, se não tiver no Brasil bens imóveis que lhes assegurem o pagamento.

[21] Art. 321 – O juiz, ao verificar que a petição inicial não preenche os requisitos dos arts. 319 e 320 ou que apresenta defeitos e irregularidades capazes de dificultar o julgamento de mérito, determinará que o autor, no prazo de 15 (quinze) dias, a emende ou a complete, indicando com precisão o que deve ser corrigido ou completado.

[22] Art. 373 – O ônus da prova incumbe:

I – ao autor, quanto ao fato constitutivo de seu direito.

êxito da postulação do reclamante. Exemplo: no mesmo caso de reconhecimento de vínculo, a contestação admite que o reclamante prestou serviços, mas aduz que o trabalho era autônomo, eventual ou voluntário. Nesta situação, a defesa está alegando fato modificativo da relação jurídica de emprego, razão pela qual o ônus da prova é do tomador de serviços (CPC, art. 373, II).[23]

A distinção entre fatos modificativos, impeditivos e extintivos é sutil e gera bastante divergência classificatória na prática e na doutrina. No entanto, como os efeitos jurídicos das três espécies são idênticos, pode-se enquadrá-los no gênero maior *fatos obstativos* da pretensão.

No plano teórico, o fato é impeditivo quando sua existência inviabiliza a cogitação acerca do surgimento do direito material postulado. Exemplifica-se com o pedido de equiparação salarial, em que a contestação admita a igual produtividade e perfeição técnica, mas aduza que a diferença de tempo de serviço entre paradigma e reclamante era superior a quatro anos (CLT, art. 461, § 1º).[24] A lei já impede, *a priori*, que surja o direito à equiparação caso se configure este fato.

Fato modificativo é o que tem o condão de alterar uma presunção legal relativa ou o modo como uma relação jurídica geralmente se desenvolve, de acordo com as máximas da experiência (CPC, art. 375).[25] É o que ocorre com a relação de trabalho, que presumidamente será também relação de emprego. Fatos que alterem esse panorama, como a eventualidade da prestação de serviços, serão considerados modificativos.

Por fim, fatos extintivos são aptos a fulminar a exigibilidade do direito material postulado pelo autor. Como exemplos, o pagamento ou a prescrição da dívida.

A contestação também pode suscitar contradireitos, que são direitos materiais que somente podem ser alegados como matéria de defesa, tais como a compensação.

Perceba-se que a alegação de compensação introduz, no processo, discussão atinente a direito material distinto do alegado pelo autor. Trata-se direito do réu (pretensão processual) que pode neutralizar a pretensão do autor.[26]

Conforme já estudado, o réu também delimita o objeto litigioso do processo, quando aduz fato impeditivo, modificativo ou extintivo do direito do autor, pois tais espécies, assim como os contradireitos, são fatos jurídicos. Por isso, é imperioso que haja iniciativa do réu quanto a essas questões de direito material, já que se trata de garantia de sua liberdade. A exceção são as questões de ordem pública, que podem ser reconhecidas *ex officio* a qualquer tempo ou grau de jurisdição.[27]

---

[23] Art. 373 – O ônus da prova incumbe: (...)
II – ao réu, quanto à existência de fato impeditivo, modificativo ou extintivo do direito do autor.

[24] Art. 461, § 1º – Trabalho de igual valor, para os fins deste Capítulo, será o que for feito com igual produtividade e com a mesma perfeição técnica, entre pessoas cuja diferença de tempo de serviço para o mesmo empregador não seja superior a quatro anos e a diferença de tempo na função não seja superior a dois anos.

[25] Art. 375 – O juiz aplicará as regras de experiência comum subministradas pela observação do que ordinariamente acontece e, ainda, as regras de experiência técnica, ressalvado, quanto a estas, o exame pericial.

[26] Ver Capítulo V, item 6.

[27] Capítulo II, item 9.

3.5.1. *Prescrição e decadência*

A prescrição e a decadência são fatos jurídicos extintivos da pretensão material, implicando julgamento do processo com resolução de mérito (CPC, art. 487, II).[28] Sob o prisma da Ciência do Direito, tais institutos estão na interseção entre o Direito Processual e o Direito Material.

Ao estudioso do Direito Material, cabe perquirir os prazos e as causas interruptivas, suspensivas e impeditivas da prescrição e da decadência. Já o processualista deve investigar a forma de arguição de tais fatos jurídicos, bem como sua eficácia e consequências no âmbito da relação jurídica processual.

A prescrição não extingue o direito de ação – que é autônomo e abstrato, independente do direito material que se visa a tutelar –, e tampouco extingue o direito material em si. A dívida prescrita é uma obrigação natural: se o devedor pagar espontaneamente, descabe cogitar de repetição de indébito, pois a relação de crédito e débito continua existindo.

O que o fenômeno prescritivo fulmina é a exigibilidade do direito, ou seja, a possibilidade de que o credor exija do devedor a prestação objeto da obrigação. Por isso, a prescrição está associada inevitavelmente a direitos subjetivos, que são direitos a uma prestação a ser cumprida pelo sujeito passivo.[29]

Ao contrário, a decadência é fato jurídico que extingue o próprio direito, relacionando-se a direitos potestativos, os quais permitem que alguém influa na esfera jurídica de outra pessoa, sem que esta possa fazer nada, a não ser se sujeitar. Não há prestação exigível do sujeito passivo, que apenas sofre as consequências do exercício do direito potestativo.

Como exemplo de prazos decadenciais no Processo do Trabalho, tem-se o de 120 dias para impetração do mandado de segurança, além do bienal para propositura da ação rescisória.

3.5.1.1. *Forma de arguição, momento e apreciação judicial de ofício*

A prescrição e a decadência podem ser arguidas pelo reclamado na contestação, mas, como se trata de questões de ordem pública, não há preclusão caso não o faça. Daí resulta que a matéria pode ser suscitada por meio de simples petição ou até mesmo oralmente, a qualquer momento, desde que o processo se encontre na instância ordinária (TST, Súmula 153)[30], vale dizer, contanto que ainda não haja decorrido o prazo para interposição de recurso de revista.

A explicação teórica para tal limitação é o fato de que os recursos excepcionais (recurso de revista, extraordinário e especial) não se prestam à análise de matéria fática, mas apenas de questões jurídicas prequestionadas (TST, Súmula 126).[31] A

---

[28] Art. 487 – Haverá resolução de mérito quando o juiz: (...)
II – decidir, de ofício ou a requerimento, sobre a ocorrência de decadência ou prescrição.

[29] Sobre esses conceitos, ver Capítulo I, item 1.3.

[30] TST, súmula 153: Não se conhece de prescrição não arguida na instância ordinária.

[31] TST, súmula 126: Incabível o recurso de revista ou de embargos (arts. 896 e 894, *b*, da CLT) para reexame de fatos e provas.

perquirição acerca de prazos prescricionais e decadenciais, além de possíveis causas da respectiva suspensão e interrupção, por envolver revolvimento de matéria fática, é incompatível, portanto, com tais recursos.

Há posicionamentos no sentido de que seria inviável ao reclamado arguir a prescrição pela primeira vez no bojo das contrarrazões ao recurso ordinário do reclamante.[32] Fundamenta-se com a potencial violação ao contraditório, já que o recorrente (reclamante) não teria oportunidade para falar nos autos após a arguição de prescrição. Tal obstáculo, entretanto, é facilmente superável: basta que se conceda prazo para manifestação pelo recorrente. Dessa forma, até mesmo em sustentação oral no Tribunal é possível a arguição da prescrição. Caso haja necessidade, o feito pode ser convertido em diligência a fim de viabilizar o pleno contraditório. O posicionamento mais recente do TST admite a arguição de prescrição originariamente em contrarrazões de recurso ordinário.[33]

Ademais, caso a contestação suscite a prescrição, mas o reclamado deixe de renovar a arguição em contrarrazões ao recurso ordinário interposto pelo reclamante sucumbente, a matéria deve ser apreciada pelo TRT, em virtude do efeito devolutivo amplo do recurso (CPC, art. 1013, § 1º).[34]

A decadência prevista em lei é cognoscível de ofício pelo juiz (Código Civil, art. 210).[35]

Tradicionalmente, no Direito Privado brasileiro – assim como ocorre em vários países da tradição romano-germânica –, a prescrição sempre foi tratada como matéria de interesse particular dos cidadãos. Assim, somente poderia ser reconhecida pelo Judiciário caso arguida pelo interessado. Em caso de omissão, caracterizar-se-ia a renúncia tácita à prescrição.

Sucede que a lei processual alterou esse panorama, ainda sob a vigência do CPC/1973, e o novo regime jurídico, segundo o qual a prescrição pode ser conhecida de ofício pelo Judiciário, foi reafirmado pelo Novo Código de Processo Civil (art. 487, II).[36]

Alguns segmentos da doutrina criticaram a inovação legal, argumentando no sentido de sua inconstitucionalidade, por suposta violação ao princípio constitucional da liberdade e da autonomia da vontade. Contudo, não há violação de nenhum dispositivo constitucional, pois o devedor pode renunciar, caso queira, à prescrição. O art. 487, II, apenas permite que o juiz tenha a iniciativa, mas não elimina, de forma alguma, a prevalência da vontade do cidadão.

Além disso, a inovação legal prestigia o princípio da duração razoável do processo e, em última análise, o acesso à justiça e a efetividade processuais, ao evitar a

---

32 Conforme BEZERRA LEITE, p. 803.

33 TST-E-ED-RR-24400-26.2007.5.01.0343, SBDI-I, rel. Min. Luiz Philippe Vieira de Mello Filho, 5.9.2013.

34 Art. 1013, § 1º – Serão, porém, objeto de apreciação e julgamento pelo tribunal todas as questões suscitadas e discutidas no processo, ainda que não tenham sido solucionadas, desde que relativas ao capítulo impugnado.

35 Art. 210 – Deve o juiz, de ofício, conhecer da decadência, quando estabelecida por lei.

36 Art. 487 – Haverá resolução de mérito quando o juiz: (...)
II – decidir, de ofício ou a requerimento, sobre a ocorrência de decadência ou prescrição.

tramitação de processos em primeira e até em segunda instância, para, ao final, o réu arguir a prescrição e ser desperdiçada toda a atividade processual até então realizada.

O mero fato de ter sido rompida uma tradição - ou mesmo de a alteração não agradar ao intérprete - não permite a conclusão no sentido da inconstitucionalidade.

No âmbito trabalhista, a resistência à aplicabilidade da prescrição de ofício é ainda mais intensa: prevalece no TST o entendimento segundo o qual o Juiz do Trabalho não pode pronunciar a prescrição *ex officio*, em virtude da incompatibilidade de tal procedimento com o princípio protecionista que rege o Direito do Trabalho. Diz-se que a Justiça do Trabalho estaria indo na contramão daquilo que justifica a sua existência, ou seja, a proteção do trabalhador.

Não há dúvida de que o Direito do Trabalho tem o objetivo essencial de trazer equilíbrio às relações de trabalho, assegurando certo grau de proteção ao trabalhador. Contudo, isso não significa que o Poder Judiciário Trabalhista não possa adotar posturas que promovam a racionalização dos trâmites processuais, e, com isso, seja alcançada maior efetividade processual e - em consequência - na tutela dos direitos trabalhistas em perspectiva macroscópica.

Assim, o Juiz do Trabalho deve pronunciar a prescrição, de ofício, sempre oportunizando o contraditório para as partes e a possibilidade de renúncia pelo devedor.

3.5.1.2. Interrupção e suspensão. Interrupção contra um dos devedores no caso de solidariedade ou subsidiariedade

O ajuizamento da ação trabalhista interrompe o curso do prazo prescricional, mas apenas com relação aos pedidos idênticos (TST, Súmula 268).

Em caso de extinção do primeiro processo sem resolução de mérito, por qualquer motivo (arquivamento, desistência etc.), o prazo bienal se reinicia- ou seja, o biênio se conta novamente - a partir do trânsito em julgado da decisão extintiva. Isso se explica porque, no curso do processo judicial, não flui o prazo de prescrição (Código Civil, art. 202, parágrafo único)[37], já que não há inércia do credor no que tange à exigência da dívida.

Observe-se que a interrupção da prescrição só pode acontecer uma vez (Código Civil, art. 202, *caput*).[38] Assim, mesmo que um segundo ou terceiro processo também sejam extintos sem resolução de mérito, o biênio prescricional deve ser contado a partir do trânsito em julgado da decisão extintiva do primeiro processo, suspendendo-se o curso da prescrição durante a tramitação do segundo e terceiro processos. Quando se dá suspensão - diferentemente do que ocorre com a interrupção -, o prazo volta a fluir após o fim da causa suspensiva, sem desconsiderar o tempo já decorrido anteriormente.

[37] Art. 202, Parágrafo único - A prescrição interrompida recomeça a correr da data do ato que a interrompeu, ou do último ato do processo para a interromper.

[38] Art. 202 - A interrupção da prescrição, que somente poderá ocorrer uma vez, dar-se-á.

Já a prescrição quinquenal se contará retroativamente tendo como marco temporal a data de ajuizamento da primeira ação arquivada.[39]

Exemplos:

- (a) Contrato de trabalho extinto em 01/01/2015; processo 1 é arquivado, com trânsito em julgado no dia 20/09/2016. Até 20/09/2018 o reclamante poderá ajuizar novamente a ação, sem que se cogite de prescrição bienal; estarão prescritas apenas as parcelas anteriores a 01/01/2010 (5 anos contados retroativamente do ajuizamento da primeira ação);
- (b) utilizando as mesmas datas da letra *a*, suponha-se que o ajuizamento do processo 2 tenha se dado em 10/09/2018, e também tenha havido arquivamento, desta vez com trânsito em julgado em 10/10/2018. Nesta hipótese, o ajuizamento da ação relativa ao processo 3 deve ser feita no prazo de 10 dias após o trânsito da decisão do processo 2, pois este era o prazo de que dispunha o autor antes de se consumar a prescrição bienal, cujo fluxo foi suspenso (e não interrompido) em 10/09/2018.

No caso de pluralidade de devedores, veja-se que a interrupção da prescrição feita em desfavor de um devedor abrange o(s) codevedor(es), tanto no caso de solidariedade, quanto no de subsidiariedade (porque esta é uma espécie de solidariedade com benefício de ordem). De fato, por força do art. 204, §1º, do Código Civil[40], a interrupção efetuada contra o devedor solidário envolve os demais e seus herdeiros. Nem poderia mesmo ser diferente, porque a prescrição é instituto unitário, e, uma vez interrompido o prazo prescricional, os efeitos da interrupção necessariamente devem abranger os demais devedores solidários ou subsidiários. O §3º do art. 204 do Código Civil exemplifica uma hipótese de devedor subsidiário que é prejudicado pela interrupção operada contra o devedor principal: o fiador.

O mesmo raciocínio se aplica para devedores solidários e subsidiários no âmbito trabalhista. Assim, por exemplo, se a petição inicial originária não incluiu o devedor solidário ou subsidiário, o qual somente foi incluído em emenda substitutiva apresentada posteriormente, a interrupção da prescrição operada com o ajuizamento da primeira petição prejudicará o devedor solidário ou subsidiário posteriormente incluído.

Observe-se que o procedimento de homologação de acordo extrajudicial (jurisdição voluntária) é ação judicial cujo ajuizamento tem o condão de apenas suspender – e não de interromper – o prazo prescricional, conforme art. 855-E da

---

[39] TST – RR: 1180004820045020030 118000-48.2004.5.02.0030, Relator: Valdir Florindo, Data de Julgamento: 04/09/2013, 2ª Turma, Data de Publicação: DEJT 13/09/2013.

[40] Art. 204. A interrupção da prescrição por um credor não aproveita aos outros; semelhantemente, a interrupção operada contra o co-devedor, ou seu herdeiro, não prejudica aos demais coobrigados.

§ 1º A interrupção por um dos credores solidários aproveita aos outros; assim como a interrupção efetuada contra o devedor solidário envolve os demais e seus herdeiros.

§ 2º A interrupção operada contra um dos herdeiros do devedor solidário não prejudica os outros herdeiros ou devedores, senão quando se trate de obrigações e direitos indivisíveis.

§ 3º A interrupção produzida contra o principal devedor prejudica o fiador.

CLT.[41] Trata-se de opção legislativa coerente, pois em tal espécie de ação não há ato inequívoco de cobrança de crédito – o que provocaria interrupção da prescrição –, mas apenas pretensão processual de chancela judicial de ato de vontade (acordo) já praticado pelas partes.

3.5.1.3. Prescrição intercorrente

Prescrição intercorrente é a que se dá no curso do processo judicial. Como o processo judicial é movimentado por impulso oficial (CPC, art. 2º)[42], a prescrição intercorrente geralmente é associada à fase de cumprimento de sentença, inclusive nas situações em que o executado não possui bens penhoráveis.

Enquanto a Súmula 327 do Supremo Tribunal Federa[43] a admite, a Súmula 114 do TST[44] rejeita a aplicabilidade da prescrição intercorrente no processo do trabalho. Contudo, a jurisprudência do STF foi firmada em período anterior à Constituição de 1988, quando a Corte ainda detinha competência ampla em matéria trabalhista, já que o recurso extraordinário abrangia violações a dispositivos infraconstitucionais. Dessa forma, antes da entrada em vigor da Lei 13.467/2017, prevalecia o entendimento do TST, que é o órgão competente para dizer a última palavra sobre matérias infraconstitucionais na seara trabalhista.

Os fundamentos para a inaplicabilidade da prescrição intercorrente são: o impulso oficial da execução (CLT, art. 878)[45]; o caráter alimentar e privilegiado do crédito trabalhista; e o princípio da irrenunciabilidade dos direitos trabalhistas. A favor da prescrição intercorrente, argumenta-se que o art. 884, § 5º, da CLT[46] somente pode estar se referindo à prescrição intercorrente, já que a discussão sobre a prescrição anterior à execução fica preclusa com o trânsito em julgado da decisão condenatória.

Conclusivamente, antes da Reforma Trabalhista, somente se vinha admitido a prescrição intercorrente caso haja a necessidade da prática de ato exclusivamente a cargo do credor, como a apresentação de cálculos, por exemplo. A busca de bens pelos sistemas informatizados podia ser feita de ofício pelo Juízo, e a jurisprudência majoritária se inclinava a não admitir a pronúncia de prescrição intercorrente em virtude da suspensão do processo pela ausência de bens penhoráveis, no que tange aos créditos trabalhistas propriamente ditos.

---

41 Art. 855-E. A petição de homologação de acordo extrajudicial suspende o prazo prescricional da ação quanto aos direitos nela especificados.

Parágrafo único. O prazo prescricional voltará a fluir no dia útil seguinte ao do trânsito em julgado da decisão que negar a homologação do acordo.

42 Art. 2º – O processo começa por iniciativa da parte e se desenvolve por impulso oficial, salvo as exceções previstas em lei.

43 STF, súmula 327: O direito trabalhista admite a prescrição intercorrente.

44 TST, súmula 114: É inaplicável na Justiça do Trabalho a prescrição intercorrente.

45 Art. 878 – A execução será promovida pelas partes, permitida a execução de ofício pelo juiz ou pelo Presidente do Tribunal apenas nos casos em que as partes não estiverem representadas por advogado.

46 Art. 884, § 5º – Considera-se inexigível o título judicial fundado em lei ou ato normativo declarados inconstitucionais pelo Supremo Tribunal Federal ou em aplicação ou interpretação tidas por incompatíveis com a Constituição Federal.

Não obstante, mesmo antes da Lei 13.467/2017, era legítima a pronúncia da prescrição intercorrente no Processo do Trabalho, por aplicação do art. 40, § 4º, da Lei nº 6.830/80[47], o qual autoriza inclusive o reconhecimento *ex officio* dessa espécie de prescrição. Observe-se que a aplicação do dispositivo é possível em função do permissivo contido no art. 889 da Consolidação das Leis do Trabalho[48], já que o tema não é regulado de forma diversa pelos dispositivos da própria CLT. Essa conclusão, controvertida no que concerne aos créditos trabalhistas em sentido estrito, é pacífica quanto às execuções fiscais que tramitam na Justiça do Trabalho.

Deveras, em se tratando de execução fiscal, a regência primária é pela Lei de Execuções Fiscais (Lei nº 6.830/80), já que se trata de ação especial que possui rito próprio. Nesse sentido, a Instrução Normativa 27/2005 do TST.

A execução fiscal, portanto, tem rito e principiologia próprios, não havendo, por exemplo, impulso *ex officio* na execução ou irrenunciabilidade do crédito exequendo. Destarte, não se aplica a Súmula 114 do TST nessa espécie de execução, que não se confunde com a execução trabalhista típica.

Sendo assim, plenamente aplicável, na execução fiscal de multa administrativa na Justiça do Trabalho, o regramento do art. 40 da Lei 6.830/80[49]: caso não seja encontrado o devedor ou seus bens penhoráveis, o processo será suspenso pelo prazo de um ano, findo o qual o Juiz do Trabalho deve determinar o arquivamento dos autos. Se da decisão que determinar o arquivamento decorrer o prazo prescricional (que será 5 anos, por aplicação analógica do art. 1º do Decreto nº 20.910 /32 – e também em função do princípio da isonomia), o Juiz, ouvida a Fazenda Pública interessada, pronunciará de ofício a prescrição intercorrente.

A partir da entrada em vigor da Lei 13.467/2017, o art. 11-A[50] da CLT passou a tratar especificamente sobre a prescrição intercorrente.

O art. 11-A prevê que a prescrição intercorrente se aplica no prazo de 2 (dois) anos. Sabe-se que a prescrição, no Direito do Trabalho, é prevista no art. 7º, XXIX, CF, o qual estabelece o prazo de 5 (cinco) anos durante a fluência do contrato de trabalho, e de 2 (dois) anos após a extinção do contrato.

Prescrição é algo que fulmina o direito, que aniquila o direito do trabalhador. O prazo de cinco anos, portanto, é uma garantia constitucional mínima dos trabalhadores e não pode ser reduzido por leis infraconstitucionais.

---

47 Art. 40, § 4º – Se da decisão que ordenar o arquivamento tiver decorrido o prazo prescricional, o juiz, depois de ouvida a Fazenda Pública, poderá, de ofício, reconhecer a prescrição intercorrente e decretá-la de imediato.

48 Art. 889 – Aos trâmites e incidentes do processo da execução são aplicáveis, naquilo em que não contravierem ao presente Título, os preceitos que regem o processo dos executivos fiscais para a cobrança judicial da dívida ativa da Fazenda Pública Federal.

49 Art. 40 – O Juiz suspenderá o curso da execução, enquanto não for localizado o devedor ou encontrados bens sobre os quais possa recair a penhora, e, nesses casos, não correrá o prazo de prescrição.

50 Art. 11-A. Ocorre a prescrição intercorrente no processo do trabalho no prazo de dois anos.

§ 1º A fluência do prazo prescricional intercorrente inicia-se quando o exequente deixa de cumprir determinação judicial no curso da execução.

§ 2º A declaração da prescrição intercorrente pode ser requerida ou declarada de ofício em qualquer grau de jurisdição.

Diante disso, é previsível que surja polêmica a respeito do art. 11-A. Uma primeira linha de pensamento possível é no sentido de que o prazo de cinco anos, previsto no art. 5º, XXIX, da CF, referir-se ia apenas ao ajuizamento da ação na fase de conhecimento. Nessa ótica, o legislador infraconstitucional teria liberdade de estabelecer prazos menores para a prescrição na execução.

Contudo, é preferível utilizar a técnica da interpretação do dispositivo conforme à Constituição. Aparentemente, o legislador parte da premissa de que o contrato de trabalho estará extinto quando da execução trabalhista, o que é verdade na grande maioria dos casos. Nada impede, entretanto, que o trabalhador ajuíze a ação e promova a execução com o contrato de trabalho ativo.

Lei ordinária – tal como a Reforma Trabalhista – não pode reduzir prazo prescricional previsto na Constituição; se assim o fizesse, estaria violando o art. 7º, XXIX, da CF.

Assim, sugere-se a interpretação de que a prescrição intercorrente acontece no prazo de 2 (dois) anos, desde que o contrato de trabalho já tenha sido extinto. Ao contrário, se, quando da execução, o empregado continuar trabalhando na empresa, deve-se aplicar o prazo de 5 (cinco) anos para a prescrição intercorrente.

Veja-se que a lei não faz a distinção ora preconizada, a qual se revela necessária para que haja compatibilidade com o texto constitucional.

Polêmica ainda maior diz respeito à possibilidade, ou não, de pronúncia da prescrição intercorrente na hipótese de ausência de bens penhoráveis do executado. Sabe-se que a prescrição pressupõe inércia do credor na cobrança de seu crédito. Se o credor está ativo, cobrando o crédito, não é possível, em princípio, considerar existir qualquer espécie de prescrição; ao contrário, se o credor não é diligente na cobrança de seus créditos, poder-se-ia iniciar a fluência do prazo prescricional.

Exemplo: o exequente é intimado para apresentar cálculos, mas não o faz; ou, quando se tratar de liquidação por artigos, em que o juiz do trabalho determina que o exequente forneça documento que está em sua posse, mas não fornece.

Diante disso, muitos autores entendiam que, nas situações específicas em que o credor ficasse inerte, poder-se-ia aplicar a prescrição intercorrente.[51]

A Lei 13.467/2017, aparentemente, sufragou esse entendimento, já que o novo texto legal estabelece que a fluência do prazo prescricional se inicia quando o exequente deixa de cumprir determinação judicial no curso da execução.

A maior controvérsia relacionada ao tema, entretanto, não foi solucionada pela Reforma, e diz respeito à situação de ausência de bens penhoráveis.

Em caso de ausência de bens penhoráveis (da empresa ou dos sócios), a execução fica suspensa, por impossibilidade material de prosseguimento: não havendo bens penhoráveis, é impossível a prática de atos executivos.

Como visto, a Reforma prevê que o prazo prescricional inicia quando o exequente deixa de cumprir a determinação judicial no curso da execução. Contudo,

[51] Por todos, SCHIAVI, Mauro. *Op. cit.*, p. 401.

se a execução fica suspensa em virtude da ausência de bens do executado, seria possível falar em inércia do credor?

Vislumbram-se duas interpretações possíveis:

- (i) o exequente, intimado para apresentar bens passíveis de penhora, não os indica, já que inexistem. A ausência de indicação de bens seria considerada como inércia, já que o trabalhador estaria deixando de cumprir determinação judicial;
- (ii) nas situações em que o trabalhador não indica bens passíveis de penhora, porque o executado não possui patrimônio passível de constrição, não há inércia e, consequentemente, não haveria prescrição intercorrente. O exequente, nesta hipótese, não estaria deixando de cumprir determinação judicial, mas estaria impossibilitado de fazê-lo.

Os artigos 921 III, §§ 4º a 6º e 924 do CPC[52], preveem que, se o réu/executado, no Processo Civil, não for localizado ou não forem localizados seus bens penhoráveis, o processo será arquivado e suspenso até que se encontrem bens. A suspensão do processo e da prescrição se dará pelo prazo máximo de 1 (um) ano, sendo que o termo inicial da prescrição intercorrente, nessa hipótese, será a ciência da primeira tentativa infrutífera de localização do devedor ou de bens penhoráveis. Contudo, após a referida ciência, o fato é que o prazo da prescrição intercorrente ficará suspenso, uma única vez, durante um ano.

Ainda de acordo com a regulamentação legal, no Processo Civil, o juiz, depois de ouvidas as partes, no prazo de 15 (quinze) dias, poderá, de ofício, reconhecer a prescrição no curso do processo e extingui-lo, sem ônus para as partes.

Se o exequente não for intimado acerca da não localização do devedor ou de seus bens penhoráveis, haverá nulidade absoluta, em decorrência de presunção também absoluta de efetivo prejuízo ao credor.

A IN 39/2016 do TST preconiza não se aplicarem tais dispositivos do CPC no Processo do Trabalho.

A Reforma poderia ter instituído regra semelhante às do CPC no texto da CLT, mas não o fez, de modo que o regramento não ficou claro a respeito.

---

52 Art. 921. Suspende-se a execução: (...) III - quando não for localizado o executado ou bens penhoráveis; (Redação dada pela Lei nº 14.195, de 2021).

§ 4º O termo inicial da prescrição no curso do processo será a ciência da primeira tentativa infrutífera de localização do devedor ou de bens penhoráveis, e será suspensa, por uma única vez, pelo prazo máximo previsto no § 1º deste artigo.

§ 4º-A A efetiva citação, intimação do devedor ou constrição de bens penhoráveis interrompe o prazo de prescrição, que não corre pelo tempo necessário à citação e à intimação do devedor, bem como para as formalidades da constrição patrimonial, se necessária, desde que o credor cumpra os prazos previstos na lei processual ou fixados pelo juiz.

§ 5º O juiz, depois de ouvidas as partes, no prazo de 15 (quinze) dias, poderá, de ofício, reconhecer a prescrição no curso do processo e extingui-lo, sem ônus para as partes.

§ 6º A alegação de nulidade quanto ao procedimento previsto neste artigo somente será conhecida caso demonstrada a ocorrência de efetivo prejuízo, que será presumido apenas em caso de inexistência da intimação de que trata o § 4º deste artigo.

Por tais razões, certamente o tema continuará a apresentar discussão e controvérsia na doutrina e na jurisprudência.

3.5.1.4. Prescrição em ações coletivas

As ações coletivas que versam sobre direitos difusos e coletivos não são movidas pelo titular do direito (= coletividade ou grupo de pessoas) transindividual e indivisível. Assim, discute-se a possibilidade de reconhecimento de prescrição em tais casos, pois não se verifica a inércia do interessado, a qual é pressuposto indispensável para a caracterização da prescrição: a inação do titular do direito não se confunde com a do ente legitimado para exercer a ação. Já no caso de ações coletivas que visem a tutela de direitos individuais homogêneos, não há impedimento legal a que o titular do direito ajuíze sua própria ação, independentemente de haver, simultaneamente, ação movida por substituto processual. O tema será analisado detalhadamente no Capítulo XXIII, item 4.8.

Não há previsão legal para interrupção da prescrição pelo mero ajuizamento da ação coletiva. Contudo, a lógica da tutela coletiva é potencializar o acesso à justiça, e reduzir o quantitativo de processos individuais, com o objetivo de descongestionar o Judiciário e promover a chamada *solução molecular* do litígio – ou seja, resolver a lide em larga escala.

Dessa forma, é imperioso que se reconheça a interrupção da prescrição para as pretensões individuais em decorrência do ajuizamento da ação coletiva, pois, no caso contrário, todos os titulares de direitos individuais seriam forçados a propor ações individuais, sob pena de verem os seus direitos perderem a exigibilidade – o que não se harmoniza com a teleologia do microssistema da tutela coletiva. Por tais razões, o TST entende que a ação ajuizada por substituto processual interrompe a prescrição, ainda que tenha sido considerado parte ilegítima *ad causam* (OJ 359 da SDI-1).[53]

Além disso, deve-se entender que a perspectiva de que a coisa julgada *secundum eventum litis* na ação coletiva favoreça o titular do direito individual (CDC, art. 103, III)[54] gera mecanismo especial de suspensão da prescrição quanto à pretensão individual, voltando a fluir o prazo prescricional se e quando a ação coletiva for julgada improcedente.

3.5.1.5. Prescrição pronunciada de ofício e protesto interruptivo da prescrição

O art. 11, § 3º, da CLT[55], positiva a ideia já consagrada pela Súmula 268 do TST, no sentido de haver interrupção da prescrição apenas quanto aos pedidos idênticos,

[53] TST, OJ 359 da SDI-1 – A ação movida por sindicato, na qualidade de substituto processual, interrompe a prescrição, ainda que tenha sido considerado parte ilegítima *ad causam*.

[54] Art. 103, III – *erga omnes*, apenas no caso de procedência do pedido, para beneficiar todas as vítimas e seus sucessores, na hipótese do inciso III do parágrafo único do art. 81.

[55] § 3º A interrupção da prescrição somente ocorrerá pelo ajuizamento de reclamação trabalhista, mesmo que em juízo incompetente, ainda que venha a ser extinta sem resolução do mérito, produzindo efeitos apenas em relação aos pedidos idênticos.

em virtude do ajuizamento de reclamação trabalhista. Trata-se de tema pacífico. Contudo, o detalhe desse dispositivo é o uso do vocábulo *somente*.

Logo, esse dispositivo pode dar a entender que a prescrição apenas pode ser interrompida por meio de reclamação trabalhista típica.

No entanto, não se pode esquecer da possibilidade de interrupção pelo ajuizamento de protesto judicial.

O protesto interruptivo da prescrição é ação que geralmente é movida pelo Sindicato da categoria profissional, com o objetivo único e exclusivo de interromper a prescrição.

Assim, o art. 11, § 3º, não altera o cenário existente antes da Reforma, pois não excluiu expressamente o protesto interruptivo, o qual é uma praxe na Justiça do Trabalho. Deve-se interpretar extensivamente o dispositivo, concluindo que o protesto é uma espécie de reclamação trabalhista. A iniciativa do credor quanto à cobrança do crédito rompe a inércia, qualquer que seja a modalidade de ação ajuizada, interrompendo a prescrição.

Por fim, importante abordar as consequências do art. 11-A, § 2º, CLT, no que tange ao reconhecimento *ex officio* da prescrição.

A Reforma prevê que a prescrição intercorrente pode ser requerida ou pronunciada de ofício, ou seja, sem requerimento do executado.

Quando o dispositivo diz que a prescrição intercorrente pode ser declarada de ofício, isso faz com que também possa haver reconhecimento *ex officio* na fase de conhecimento?

Como visto, o TST entende, pacificamente, que a prescrição de ofício não se aplica no Processo do Trabalho. A lei pode mudar esse panorama. Contudo, o art. 11-A, § 2º, é expresso apenas quanto à prescrição intercorrente. Aqui é mais um ponto ambíguo da nova redação legal e que vai gerar polêmicas na sua interpretação.

Quem pensa que o TST está correto provavelmente vai afirmar que a lei restringe o reconhecimento de ofício à prescrição intercorrente; a nova lei poderia ter trazido previsão idêntica quanto à prescrição ordinária, de modo que, se não o fez, é porque pretende que continue se aplicando o entendimento do TST, no sentido de que a prescrição ordinária não se aplica de ofício.

Em contrapartida, quem quiser sustentar que o TST está errado e que, portanto, a prescrição ordinária também poderia ser pronunciada de ofício, provavelmente vai dizer que a lei está regulamentando o tema prescrição e que, por mais que exista a subdivisão e classificação em prescrição intercorrente e ordinária, a prescrição é instituto unitário e, se a lei admite que a prescrição intercorrente (no curso da execução) seja pronunciada de ofício, assim também deve ser quanto à prescrição na fase de conhecimento.

Bom argumento a respeito é que, se mesmo quando existe um título executivo judicial (sentença com trânsito em julgado), o juiz pode pronunciar de ofício a prescrição intercorrente, *a fortiori* (com muito mais razão) deve poder pronunciar de ofício na fase de conhecimento, na qual sequer existe título executivo judicial com trânsito em julgado.

4. REVELIA

Revelia, no Processo Civil, é a ausência de contestação (CPC, art. 344)[56]; no Processo do Trabalho, geralmente é conceituada como a ausência do reclamado à audiência inicial ou una (CLT, art. 844).[57]

A natureza jurídica da revelia, em qualquer hipótese, é de ato jurídico em sentido estrito, pois constitui manifestação da vontade humana cujos efeitos são regulados de forma antecipada pela lei processual, sem possibilidade de modificação pelos interessados.[58]

Como já estudado, a jurisprudência consolidada do TST era no sentido de que, ausente injustificadamente o preposto, a reclamada deve ser considerada revel, ainda que compareça o advogado, munido de procuração, defesa e documentos. A revelia somente poderia ser obstada mediante a apresentação de atestado médico, que declarasse, expressamente, a impossibilidade de locomoção do empregador ou do seu preposto no dia da audiência (TST, Súmula 122).[59]

A solução adequada, apesar do entendimento sumular, jamais foi decretar a revelia, mas reconhecer apenas a confissão ficta da reclamada, em função da ausência injustificada do preposto. Os efeitos devem ser idênticos aos da Súmula 74 do TST, havendo presunção apenas relativa de veracidade dos fatos declinados na petição inicial, sendo imperiosa a observância da prova documental. A defesa, portanto, deve ser recebida, junto com os documentos, o que evita condenações injustas (exemplo: a contestação vem acompanhada de recibo de pagamento de parcela já quitada, mas postulada pela petição inicial). Cabe ressalvar que o entendimento ora preconizado jamais foi majoritário no âmbito da doutrina e da jurisprudência, antes da entrada em vigor da Lei 13.467.2017.

Contudo, tal entendimento foi expressamente sufragado pela referida lei, a qual introduziu o § 5º no art. 844 da CLT, prevendo que, *ainda que ausente o reclamado, presente o advogado na audiência, serão aceitos a contestação e os documentos eventualmente apresentados.*

Reforça tal conclusão o art. 346, parágrafo único, do CPC: o revel pode intervir no processo em qualquer fase, recebendo-o no estado em que se encontra. Assim, os documentos juntados antes do reconhecimento da revelia ou da confissão ficta devem ser considerados.

[56] Art. 344 – Se o réu não contestar a ação, será considerado revel e presumir-se-ão verdadeiras as alegações de fato formuladas pelo autor.

[57] Art. 844 – O não-comparecimento do reclamante à audiência importa o arquivamento da reclamação, e o não-comparecimento do reclamado importa revelia, além de confissão quanto à matéria de fato.

[58] Alguns autores consideram tratar-se de ato-fato jurídico, já que a vontade humana, embora necessária, seria irrelevante para a caracterização da revelia.

[59] TST, súmula 122: A reclamada, ausente à audiência em que deveria apresentar defesa, é revel, ainda que presente seu advogado munido de procuração, podendo ser ilidida a revelia mediante a apresentação de atestado médico, que deverá declarar, expressamente, a impossibilidade de locomoção do empregador ou do seu preposto no dia da audiência.

Desse modo, a partir da Lei 13.467/2017, pode-se concluir ter havido modificação do conceito de revelia no Processo do Trabalho, tornando-o idêntico à noção de revelia no Direito Processual Civil. De fato, antes da referida lei, dizia-se, com fundamento no art. 844, *caput*, da CLT, que a revelia no Processo do Trabalho se caracterizava pela ausência do reclamado à audiência inicial ou una.[60] Após a Reforma Trabalhista, a revelia, no Processo do Trabalho, se caracteriza pela ausência de contestação: a ausência do reclamado ou de seu preposto, por si só, não gera revelia.

Ademais, alguns julgados de turmas do TST têm feito interpretação literal do art. 844, §5º, da CLT, concluindo ser indispensável a presença do advogado em audiência para que a contestação seja recebida, no caso de ausência do preposto.[61] Tal entendimento, entretanto, não parece o mais adequado, porque o oferecimento de contestação e documentos, nos autos, revela ânimo de defesa por parte da reclamada, independentemente do comparecimento do respectivo advogado à audiência. Assim, a interpretação teleológica do referido dispositivo permite concluir que o objetivo do legislador foi o de facilitar o exercício do direito de defesa pelos reclamados, potencializando o contraditório. Exigir o comparecimento do advogado para que seja recebida a defesa traz para o Processo do Trabalho um grau de formalismo incompatível com os princípios que regem esse ramo – notadamente, os princípios da simplicidade e da instrumentalidade das formas.

A solução correta, portanto, é receber a defesa e os documentos que hajam sido tempestivamente juntados, independentemente do comparecimento do preposto e/ou do advogado da reclamada, o que desmente parcialmente a literalidade do art. 844, §5º, da CLT.

---

60 Tal conceito pode-se ler, por exemplo, em COQUEIJO COSTA, *op.cit.*, p. 266.

61 Assim, por exemplo: "(...) RECURSO DE REVISTA. LEI Nº 13.467/2017. RECLAMANTE. CERCEAMENTO DO DIREITO DE DEFESA. AUSÊNCIA DOS RECLAMADOS E DOS ADVOGADOS NA AUDIÊNCIA. CONSIDERAÇÃO PELO TRT DOS DOCUMENTOS ENCAMINHADOS ELETRONICAMENTE COM A CONTESTAÇÃO DO ENTE PÚBLICO EM MOMENTO ANTERIOR À AUDIÊNCIA. CONSIDERAÇÃO DESSES DOCUMENTOS PARA AFASTAR A RESPONSABILIDADE SUBSIDIÁRIA DO ENTE PÚBLICO RECLAMADO. 1 - A controvérsia cinge-se à viabilidade de se considerar a contestação e os documentos a ela anexados, ambos carreados eletronicamente antes da audiência, mesmo com a ausência dos reclamados e de seus advogados à audiência inaugural realizada sob a égide da Lei nº 13.467/2017. 2 - Consoante o caput do artigo 844 da CLT, o não comparecimento da reclamada à audiência acarreta o reconhecimento de revelia, além de confissão quanto à matéria fática. De forma inovatória, no âmbito do processo do trabalho, a Lei nº 13.467/2017 determinou que, mesmo se ausente a reclamada, deve o juízo aceitar a contestação e os documentos eventualmente apresentados, desde que o advogado da demandada compareça à audiência (artigo 844, § 5º, da CLT), o que não ocorreu no caso dos autos. 3 - No caso dos autos, é incontroverso que nem os reclamados, tampouco seus advogados, compareceram à audiência inaugural. Contudo, o TRT reformou a sentença para afastar a revelia e a confissão aplicada ao ente público reclamado, sob o fundamento de que a desconsideração dos documentos por ele apresentados junto com a contestação e em data anterior à audiência cerceou seu direito de defesa. Em seguida, a Corte regional, com base unicamente nos documentos apresentados pelo ente público, afastou sua responsabilidade subsidiária. 4 - Logo, ausentes os reclamados e seus advogados à audiência, tem-se que a decisão do TRT violou a disposição expressa do art. 844, § 5°, da CLT e acabou por cercear o direito de defesa da parte reclamante (art. 5°, LV, da CF/88), motivo pelo qual deve ser declarada a revelia e aplicada a confissão aos reclamados quanto à matéria de fato, bem como a desconsideração das contestações e documentos com elas juntados, nos termos do artigo 844, caput e § 5°, da CLT. Há julgado da Sexta Turma do TST (...)" (RR-11111-98.2018.5.15.0133, 6ª Turma, Relatora Ministra Katia Magalhaes Arruda, DEJT 16/12/2022).

A ausência do reclamado na audiência gera apenas a sua confissão ficta, com presunção relativa de veracidade dos fatos narrados na petição inicial. Perceba-se, ainda, que nessa hipótese não haverá o efeito processual da revelia, já que o reclamado deverá ser intimado – através de seu advogado – de todos os atos processuais praticados posteriormente no processo.

Por fim, perceba-se que a condenação do revel somente pode considerar as causas de pedir e os pedidos tais como lançados na petição inicial que ensejou a notificação do réu para comparecimento. Se o autor pretender aditar ou modificar, de alguma forma, a petição inicial, é imperioso que se faça nova citação do réu, apesar de não haver texto expresso no CPC a respeito. Essa conclusão é consequência direta do princípio do contraditório, pois o réu pode ter o interesse de se defender quanto à modificação empreendida.

4.1. Efeitos da revelia

O principal efeito da revelia é de ordem material e está previsto no art. 344 do CPC: presunção *juris tantum* de veracidade das afirmações de fato feitas na petição inicial. Tal presunção é relativa porque a própria lei (art. 345)[62] a afasta em algumas hipóteses:

- (i) *litisconsórcio passivo em que um, ou alguns, dos réus conteste a ação.* Contudo, a presunção de veracidade é afastada apenas quanto aos fatos comuns aos litisconsortes, e que sejam especificadamente impugnados por um ou alguns deles. O fundamento é lógico-jurídico: não há como presumir um fato verdadeiro para uma pessoa, e falso para outra, seja no litisconsórcio simples, seja no unitário. Mas a contestação do litisconsorte não tem o condão de afastar a presunção de veracidade quanto aos fatos que digam respeito exclusivamente ao revel. Essa hipótese legal é de grande interesse prático no Processo do Trabalho, e será trabalhada minuciosamente e com exemplos práticos no item 8 deste Capítulo;
- (ii) *litígio que verse sobre direitos indisponíveis.* A explicação também é lógico-jurídica, já que, se a pessoa não pode dispor do direito no plano material, a presunção de veracidade no caso da revelia permitiria que fosse alcançado o mesmo resultado por meio de um processo judicial. Como exemplos, tem-se os direitos difusos e coletivos em sentido estrito; a ausência de contestação na ação rescisória, já que a coisa julgada é questão de ordem pública, entre outros;

[62] Art. 345 – A revelia não produz o efeito mencionado no art. 344 se:
I – havendo pluralidade de réus, algum deles contestar a ação;
II – o litígio versar sobre direitos indisponíveis;
III – a petição inicial não estiver acompanhada de instrumento que a lei considere indispensável à prova do ato;
IV – as alegações de fato formuladas pelo autor forem inverossímeis ou estiverem em contradição com prova constante dos autos.

- (iii) *petição inicial desacompanhada de instrumento que a lei considere indispensável à prova do ato*. É o caso da comprovação da dependência econômica ou do parentesco (certidão de dependentes habilitados no INSS ou certidão de óbito), no caso de ação movida pelo espólio ou herdeiros do trabalhador falecido; a certidão do casamento, na ação de divórcio etc. A revelia do réu não suplanta a necessidade de que o autor junte tais documentos;
- (iv) *alegações da inicial inverossímeis ou que estiverem em contradição com prova constante dos autos*. A lei não tem o objetivo de permitir o reconhecimento de situações absurdas, completamente divorciadas da realidade. Assim, por imperativo ético, a revelia não gerará seu efeito material em tais casos. Exemplo 1: a inicial aduz que o reclamante trabalhou durante cinco anos ininterruptos das 2h às 23h, sem intervalo e sem folgas. Exemplo 2: a inicial afirma que não houve recolhimento de FGTS, mas o advogado comparece e anexa extratos vinculados e comprovantes de quitação, apesar da ausência do preposto.

Segundo o CPC, a revelia pode gerar, ainda, dois efeitos processuais: (i) fluência dos prazos para o réu revel que não tenha advogado nos autos a partir da publicação do ato decisório no órgão oficial (art. 346, *caput*)[63]; (ii) desnecessidade de produção de provas, o que permite o julgamento antecipado de mérito, no Processo Civil (art. 355, II).[64]

Ressalve-se que a revelia não faz com que seja necessária a publicação no órgão oficial de atos que normalmente não o seriam. O que o art. 346 do CPC pretende é fazer com que não haja necessidade de intimação pessoal do revel a cada ato do processo, o que inviabilizaria a marcha processual. Por exemplo, se o reclamante toma ciência do adiamento na própria audiência, o reclamado revel também será tido como ciente na mesma ocasião, sendo desnecessária a realização de publicação no órgão oficial a respeito.

No Processo do Trabalho, o reclamado revel deve ser notificado da sentença, para que tenha início o prazo recursal (CLT, art. 852).[65] A notificação será direcionada pessoalmente ao reclamado que não tenha constituído advogado (registro postal, mandado, edital etc.); se houver patrono representando o revel nos autos, a notificação pode ser feita mediante publicação na Imprensa Oficial.

O segundo efeito processual da revelia depende da configuração, no caso concreto, do efeito material. Assim, apenas se a revelia tiver gerado a presunção de veracidade dos fatos narrados na inicial é que será dispensada a fase instrutória.

---

63 Art. 346 – Os prazos contra o revel que não tenha patrono nos autos fluirão da data de publicação do ato decisório no órgão oficial.

64 Art. 355 – O juiz julgará antecipadamente o pedido, proferindo sentença com resolução de mérito, quando: (...)
II – o réu for revel, ocorrer o efeito previsto no art. 344 e não houver requerimento de prova, na forma do art. 349.

65 Art. 852 – Da decisão serão os litigantes notificados, pessoalmente, ou por seu representante, na própria audiência. No caso de revelia, a notificação far-se-á pela forma estabelecida no § 1º do art. 841.

5. RECONVENÇÃO

Reconvenção é a ação incidental e autônoma ofertada pelo réu em resposta à pretensão do autor. Tal modalidade de defesa é compatível com o Processo do Trabalho, pois possibilita a máxima eficiência da jurisdição e atende aos princípios da economia processual e acesso à Justiça (CF, art. 5º, XXXV).[66]

A reconvenção permite que o réu manifeste pretensão própria, ao contrário do que ocorre com a mera contestação, mediante a qual se exerce apenas o direito de defesa e de reação com o objetivo de impedir o sucesso da pretensão do autor.

Apesar de se tratar de ação – e submeter-se a todos os requisitos da petição inicial, como a indicação de valor da causa –, a reconvenção deve ser manejada na mesma petição em que veiculada a contestação (CPC, art. 343, *caput*).[67] No entanto, nada impede que o réu se limite a apresentar reconvenção ou a contestação (§ 6º).[68]

De toda sorte, não há necessidade de elaboração de capítulo específico intitulado *reconvenção*, e tampouco a utilização categórica desta expressão na peça processual. Basta que fique clara a manifestação de vontade no sentido de obter tutela jurisdicional quantitativa ou qualitativamente mais ampla do que a que o réu receberia com o mero julgamento de improcedência do pedido do autor.[69]

Se o réu não contestar, mas reconvier, em princípio será revel em virtude da ausência de defesa. Contudo, não se operará o efeito processual da revelia consistente na desnecessidade de intimação dos atos processuais, pois o reconvinte estará atuando nos autos.

Nos ritos sumário (Lei nº 5.584/70) e sumaríssimo (Lei nº 9.957/00), a reconvenção não se mostra cabível, já que o princípio da celeridade se aplica com maior intensidade em tais procedimentos. No entanto, há posicionamentos no sentido de seu cabimento, considerando o princípio do acesso à justiça (CF, art. 5º, XXXV).

No Processo do Trabalho, a reconvenção é apresentada em audiência, pelo réu-reconvinte; logo, em princípio, a assentada deve ser adiada, concedendo-se o prazo mínimo de cinco dias (CLT, art. 841)[70] para apresentação de defesa pelo autor-reconvindo. Contudo, este tem a faculdade de renunciar ao prazo e defender-se imediatamente em audiência.

O primeiro requisito da reconvenção é a pré-existência de demanda.

No regime do CPC (art. 343, §§ 3º e 4º), é possível o ajuizamento da reconvenção em face do autor e de terceiro, ou pelo réu em litisconsórcio com terceiro.

---

[66] Art. 5º, XXXV – A lei não excluirá da apreciação do Poder Judiciário lesão ou ameaça a direito.

[67] Art. 343 – Na contestação, é lícito ao réu propor reconvenção para manifestar pretensão própria, conexa com a ação principal ou com o fundamento da defesa.

[68] Art. 343, § 6º – O réu pode propor reconvenção independentemente de oferecer contestação.

[69] Nesse sentido, Enunciado 45 do Fórum Permanente de Processualistas Civis.

[70] Art. 841 – Recebida e protocolada a reclamação, o escrivão ou secretário, dentro de 48 (quarenta e oito) horas, remeterá a segunda via da petição, ou do termo, ao reclamado, notificando-o ao mesmo tempo, para comparecer à audiência do julgamento, que será a primeira desimpedida, depois de 5 (cinco) dias.

Ainda, para que a reconvenção se afigure cabível, deve ser conexa à ação principal ou ao fundamento de defesa, ou seja, deve haver afinidade de questões. A conexão pressuposto da reconvenção é menos intensa do que a necessária para a reunião de processos em geral (art. 55)[71], pois no primeiro caso não há necessidade de identidade de pedido ou de causa de pedir.

Ademais, o juízo da ação principal não pode ser absolutamente incompetente para julgar a reconvenção, devendo haver unidade de competência absoluta entre a ação e a reconvenção (aplicação analógica do art. 327, § 1º, II, do CPC).[72] É necessária, também, a compatibilidade entre os procedimentos da ação principal e da reconvenção.

Observe-se, ainda, que, de acordo com o art. 343, § 2º, do CPC[73], existe plena autonomia da reconvenção em relação à ação principal. Assim, mesmo que haja desistência ou carência da ação principal, deve a reconvenção prosseguir e receber julgamento de mérito, se estiverem presentes as condições da ação e os pressupostos processuais relativamente à reconvenção.

No entanto, na esfera trabalhista, pode surgir um problema relacionado à competência jurisdicional, em determinadas hipóteses. Exemplo: inicial afirma a existência de grupo econômico e insere dois litisconsortes no polo passivo. Um deles ajuíza reconvenção, argumentando ter sido vítima de comentários depreciativos feitos pelo reclamante-reconvindo em redes sociais.

Perceba-se que, se o litisconsorte passivo da ação originária (reconvinte) for excluído do processo – seja por ilegitimidade, seja por meio de julgamento de improcedência, por não integrar grupo econômico –, isso significa que tal litisconsorte não era empregador ou mesmo tomador de serviços na relação de trabalho mantida entre o reclamante e o litisconsorte passivo que foi mantido no processo. Logo, passa a haver incompetência absoluta da Justiça do Trabalho para apreciar e julgar a reconvenção, por não se tratar de lide decorrente de relação de trabalho (CF, art. 114, I).[74]

Dessa forma, a solução adequada, não obstante a plena autonomia da reconvenção, seria a extinção desta sem resolução de mérito, por falta de pressuposto processual (CPC, art. 485, IV).[75]

Da autonomia da reconvenção decorre, ainda, que – embora apreciadas na mesma sentença – o juiz deve fixar custas para a ação principal e também para a reconvencional.

---

[71] Art. 55 – Reputam-se conexas 2 (duas) ou mais ações quando lhes for comum o pedido ou a causa de pedir.

[72] Art. 327, § 1º – São requisitos de admissibilidade da cumulação que: (...)
II – seja competente para conhecer deles o mesmo juízo.

[73] Art. 343, § 2º – A desistência da ação ou a ocorrência de causa extintiva que impeça o exame de seu mérito não obsta ao prosseguimento do processo quanto à reconvenção.

[74] Art. 114 – Compete à Justiça do Trabalho processar e julgar:
I – as ações oriundas da relação de trabalho, abrangidos os entes de direito público externo e da administração pública direta e indireta da União, dos Estados, do Distrito Federal e dos Municípios.

[75] Art. 485 – O juiz não resolverá o mérito quando: (...)
IV – verificar a ausência de pressupostos de constituição e de desenvolvimento válido e regular do processo.

Por fim, não há óbice teórico ao ajuizamento de reconvenção de reconvenção, embora tal situação seja estranha à praxe da Justiça do Trabalho.

6. ARGUIÇÃO DE IMPEDIMENTO OU SUSPEIÇÃO

Sobre o procedimento e possível conteúdo das arguições de suspeição e de impedimento, ver Capítulo VII, item 3.3.

7. ARGUIÇÃO DE INCOMPETÊNCIA TERRITORIAL SEM NECESSIDADE DE COMPARECIMENTO: LEI Nº 13.467/2017

7.1. Faculdade ou ônus do réu?

A Reforma Trabalhista modificou a redação do art. 800 da CLT[76] e passou a prever a possibilidade de que o réu argua a incompetência territorial independentemente de comparecimento à audiência inicial.

Importante notar que a arguição de incompetência antes da audiência pode ser tida como faculdade do réu, o qual pode optar, caso prefira, por suscitar o tema - oralmente ou por escrito - na primeira audiência. Tal conclusão é possível por inexistir qualquer caráter de obrigatoriedade na redação do art. 800 da CLT, sendo certo, ademais, que o CPC prevê que a incompetência deve ser alegada na contestação (CPC, art. 64).

Contudo, é também sustentável o raciocínio segundo o qual a incompetência territorial deveria ser alegada no prazo preclusivo de 5 dias após o recebimento da notificação. Tal linha de pensamento tem dois fundamentos principais: (i) não existe mais, no texto da CLT, a previsão de arguição da incompetência territorial apenas na audiência inicial; (ii) caso não se considere o prazo do art. 800 da CLT como preclusivo, poderia decorrer grande lapso temporal entre a notificação e a audiência inicial, do que resultaria delonga desnecessária no processo, com a necessidade de remessa dos autos ao juízo competente apenas após a designação e realização da audiência.

---

76 Art. 800. Apresentada exceção de incompetência territorial no prazo de cinco dias a contar da notificação, antes da audiência e em peça que sinalize a existência desta exceção, seguir-se-á o procedimento estabelecido neste artigo.

§ 1º Protocolada a petição, será suspenso o processo e não se realizará a audiência a que se refere o art. 843 desta Consolidação até que se decida a exceção.

§ 2º Os autos serão imediatamente conclusos ao juiz, que intimará o reclamante e, se existentes, os litisconsortes, para manifestação no prazo comum de cinco dias.

§ 3º Se entender necessária a produção de prova oral, o juízo designará audiência, garantindo o direito de o excipiente e de suas testemunhas serem ouvidos, por carta precatória, no juízo que este houver indicado como competente.

§ 4º Decidida a exceção de incompetência territorial, o processo retomará seu curso, com a designação de audiência, a apresentação de defesa e a instrução processual perante o juízo.

7.2. Desnecessidade de peça autônoma

A nova redação do art. 800 da CLT gera imediatamente o seguinte questionamento: a arguição de incompetência territorial tem que ser feita necessariamente em peça autônoma (exceção de incompetência), ou pode ser feita no bojo da contestação?

No Processo Civil, qualquer arguição de incompetência (absoluta ou relativa) é feita na contestação (*caput* do art. 64 do CPC). Portanto, exceção de incompetência em peça apartada não existe no sistema do Código de Processo Civil.

O § 4º do art. 800 da CLT afirma que, uma vez que o juiz decida a exceção de incompetência territorial, o processo retoma seu curso, com designação de audiência e apresentação de defesa perante o juízo competente.

Assim, o referido dispositivo assegura a prerrogativa de o reclamado arguir a incompetência territorial em peça autônoma ou não, a seu critério. Ou seja, é uma opção do réu (i) peticionar arguindo apenas incompetência territorial, por meio de exceção de incompetência; ou (ii) oferecer desde logo a contestação e, na mesma peça, destacar a arguição de incompetência territorial. Importante que o contestante sinalize que está arguindo incompetência territorial.

Se o reclamado optar por ofertar apenas a exceção de incompetência, e a arguição for rejeitada, deve ser-lhe assegurado o direito de contestar o feito; descabe cogitar de revelia ou de confissão ficta pelo mero fato de ter exercido sua prerrogativa de limitar-se a arguir a incompetência territorial. Assim, rejeitada a exceção, deve-se designar nova audiência inicial ou una para prosseguimento do processo.

Na hipótese em que o reclamado preferir oferecer desde logo a contestação – muito embora também argua a incompetência territorial –, não é possível o oferecimento de nova defesa, quer seja acolhida, quer rejeitada a alegação de incompetência. Isso se explica em virtude da preclusão consumativa: ofertada contestação, o réu perde a oportunidade de praticar novamente o mesmo ato.

7.3. Suspensão imprópria do processo

O § 1º do art. 800 da CLT diz que haverá a suspensão do processo, uma vez que o reclamado argua incompetência territorial.

Perceba-se que se trata da chamada *suspensão imprópria do pr*ocesso, porque este não fica totalmente parado e deve, necessariamente, prosseguir para que se decida a alegação de incompetência territorial.

Na suspensão própria do processo, não há a prática de qualquer ato processual até que cesse a causa de suspensão; há uma paralisação total, portanto, do processo. É o que acontece, por exemplo, quando há suspensão por morte de uma das partes (nenhum ato processual será praticado até a regularização e habilitação dos herdeiros).

Não é o que acontece na hipótese de arguição de incompetência territorial, porque terá de haver uma decisão – e até, eventualmente, uma instrução – quanto à questão da competência. Então, por isso, é uma suspensão imprópria do processo.

Na verdade, o que fica suspenso é a apreciação do mérito da ação principal, mas não com relação à incompetência territorial, que deverá ser decidida e apreciada.

De todo modo, arguida a incompetência territorial, não se realizará a audiência una ou inicial enquanto não for decidida a questão da competência. Em princípio, deve-se retirar o feito de pauta, de modo que a audiência será redesignada para momento posterior.

Contudo, se a arguição de incompetência puder ser decidida antes da data já designada para a audiência una ou inicial, não haverá necessidade de a redesignar.

7.4. Procedimento e instrução da exceção de incompetência territorial. Ônus da prova

Arguida a incompetência territorial, os autos devem ser conclusos ao juiz, que intimará o reclamante e, se existentes, os litisconsortes, para manifestação no prazo comum de cinco dias.

Pode ocorrer de o reclamante concordar com a alegação de que trabalhara em local diferente daquele em que ajuizou a reclamação trabalhista. Nessa hipótese, informará o fato ao Juiz do Trabalho no prazo de 5 dias contados de sua intimação.

Outra possibilidade é de silêncio do reclamante no prazo de 5 dias após sua intimação. Nesse caso, deve-se considerar, em princípio, que o local de trabalho foi, efetivamente, aquele declinado na exceção de incompetência, salvo se houver elementos probatórios em sentido diverso, o que deve ser avaliado à luz do princípio do livre convencimento motivado (CPC, art. 371).

A terceira possibilidade é a de que o reclamante (excepto) não concorde com as alegações de fato feitas pelo reclamado, no que tange ao local da prestação de serviços ou da contratação. Nesse caso, a matéria deverá ser decidida com base (i) nas provas que as partes venham a produzir a respeito; ou (ii) nas regras sobre ônus da prova.

Outro detalhe é que o próprio § 3º do art. 800 da CLT prevê que pode haver necessidade de instrução da arguição de incompetência territorial.

Perceba-se que não se está falando em instrução com relação ao pedido da ação principal, mas de instrução exclusivamente para que se possa definir a questão da competência territorial.

Suponha-se que o reclamado tenha arguido que o local da prestação de serviços era Porto Alegre (RS), e não Rio Branco (AC); intimado, o reclamante declara que, ao contrário do que dito pelo reclamado, na verdade trabalho em Rio Branco. Nesse caso, as partes terão que produzir provas para que se possa saber onde o reclamante trabalhou. Ter-se-á que fazer uma instrução a respeito: ouvir testemunha (s) e partes, prova documental etc.

Porém, nem sempre haverá necessidade de instrução, porque, por exemplo, o reclamante pode concordar com a declaração de que trabalhou em Porto Alegre, ou pode ser que haja um documento que comprove que o serviço foi prestado nessa cidade ou que as partes falem que não é necessário ouvir testemunha(s) com relação àquele ponto.

De todo modo, haverá decisão judicial específica com relação à incompetência territorial e é por isso que a suspensão do § 1º do art. 800 da CLT é apenas imprópria.

O detalhe com relação à instrução da exceção de incompetência territorial é o de que a parte final do § 3º do art. 800 da CLT prevê que o reclamado tem assegurado o direito de produzir provas no juízo que aponta como competente.

No exemplo dado anteriormente, como o reclamado disse que o juízo competente seria o de Porto Alegre, caso fosse necessário ouvir a parte ou alguma testemunha indicada pelo reclamado, o Juízo de Rio Branco (onde foi ajuizada a ação) deveria expedir carta precatória para que os depoimentos fossem prestados em uma das Varas do Trabalho de Porto Alegre.

Quer-se dizer que o reclamado tem o direito de ouvir sua testemunha com relação à instrução do incidente da incompetência territorial em Porto Alegre (RS) e não terá que se deslocar para Rio Branco (AC) para provar que o juízo competente é o primeiro. O regramento é coerente: se se exigisse o comparecimento do reclamado para produzir provas no local em ajuizada a ação (Acre), a inovação legal perderia o propósito, que é justamente de viabilizar o direito de defesa e o contraditório sem a necessidade de deslocamento do reclamado.

Em princípio, deve-se considerar que o ônus da prova incumbe ao reclamado, já que a alegação de que o local de trabalho ou da contratação é diferente do escolhido na petição inicial é fato modificativo da competência territorialmente estabelecida pelo reclamante. Sob outro enfoque, é mais fácil ao reclamado provar a erronia da escolha do foro pelo reclamante, já que o empregador é quem detém e conserva os documentos alusivos à relação de emprego, os quais são, em geral, suficientes para comprovar o local da prestação de serviços.

7.5. Julgamento da exceção de incompetência territorial

Quem julgará a exceção de incompetência territorial é o Juízo para o qual a reclamação trabalhista foi distribuída pelo reclamante. No exemplo hipotético ilustrado nos itens acima, a competência para decidir a arguição de incompetência seria da Vara do Trabalho de Rio Branco (AC).

O Juiz do Trabalho proferirá decisão interlocutória com dois conteúdos possíveis:

- (i) acolhimento da arguição de incompetência territorial. Nesse caso, determinará a remessa dos autos do processo para o Juízo competente (CPC, art. 64).

Se a remessa dos autos se der para Tribunal Regional do Trabalho distinto daquele a que se vincula o juízo excepcionado, será cabível a interposição imediata de recurso ordinário, conforme se infere da Súmula 214, c, do TST. Já se a remessa for feita para outra Vara do Trabalho dentro da mesma Região da Justiça do Trabalho, não caberá recurso de imediato (CLT, art. 893, § 1º);

- (ii) rejeição da arguição de incompetência territorial. Nesse caso, o processo deve seguir tramitando onde a reclamação trabalhista foi ajuizada, devendo-se intimar o reclamado para que compareça à audiência (una ou inicial, se fracionada), ocasião em que poderá apresentar resposta, caso ainda não o tenha feito.

7.6. Conclusão

O novo regramento alusivo à arguição de incompetência territorial é justo porque prestigia o acesso à justiça e o direito de defesa e contraditório pelo empregador, ao evitar o deslocamento do réu com o único objetivo de alegar a incompetência de foro.

A alegação de incompetência relativa pode ser feita em peça autônoma ou na contestação, a critério do reclamado; resulta na suspensão imprópria do processo; pode gerar necessidade de instrução oral apenas para a definição do local de trabalho ou da contratação, assegurando-se ao reclamado o direito de produzir provas mediante carta precatória; o ônus da prova do serviço em local diferente do apontado na inicial recai, em princípio, sob o reclamado.

8. SITUAÇÕES CONTROVERTIDAS NO PROCESSO DO TRABALHO

8.1. Fazenda Pública: ônus da impugnação especificada e revelia

Conforme visto, não se aplica o ônus da impugnação especificada, nem o efeito material da revelia, quando não for admissível a confissão a respeito dos fatos narrados na inicial (CPC, art. 341, I).[77] A inadmissibilidade ocorre quanto aos direitos indisponíveis, por razão lógico-jurídica: se o interessado não pode dispor do direito no plano material, admitir confissão judicial resultaria em burla, por via oblíqua, a essa vedação.

A grande controvérsia sobre essa hipótese excetiva diz respeito à atuação da Fazenda Pública em juízo. Uma vertente de pensamento é no sentido de que os direitos defendidos pela Fazenda são indisponíveis[78], razão pela qual não se lhe aplicaria o ônus da impugnação especificada. Argumenta-se, ainda, com a presunção de veracidade dos atos administrativos. Outra corrente sustenta a submissão da Fazenda Pública ao art. 341 do CPC, a fim de que não se despreze o papel do advogado público na construção da decisão judicial justa.[79]

A aplicabilidade do art. 341, I, aos entes públicos depende da espécie de interesse que tutelam em juízo. Quando a lide envolve o interesse público primário – que é aquele atinente a toda a coletividade, como no caso de ação civil pública que discuta critérios de proteção ao meio ambiente –, o direito realmente é indisponível e descabe cogitar de confissão pela ausência de impugnação especificada. Ao contrário, nos casos em que a discussão disser respeito tão somente ao interesse público secundário – ou seja, aspectos meramente patrimoniais, tal como seria a condenação subsidiária do Estado como tomador de serviços (Súmula 331, IV)[80] –,

[77] Art. 341 – Incumbe também ao réu manifestar-se precisamente sobre as alegações de fato constantes da petição inicial, presumindo-se verdadeiras as não impugnadas, salvo se:
I – não for admissível, a seu respeito, a confissão.

[78] STJ, AgRg no REsp 1170170/RJ, Rel. Ministro OG FERNANDES, SEXTA TURMA, julgado em 01/10/2013, DJe 09/10/2013.

[79] DIDIER, v. 1, p. 664.

[80] TST, súmula 331, IV: O inadimplemento das obrigações trabalhistas, por parte do empregador, implica a responsabilidade subsidiária do tomador dos serviços quanto àquelas obrigações, desde que haja participado da relação processual e conste também do título executivo judicial.

o direito é plenamente disponível, razão pela qual se aplica em sua plenitude o ônus da impugnação especificada.

Idêntico raciocínio se aplica no que tange à incidência do efeito material da revelia em desfavor da Fazenda Pública (CPC, art. 341, II)[81], cabendo investigar a natureza do direito tutelado em Juízo.

8.2. Terceirização: revelia da prestadora, com comparecimento da tomadora de serviços

Situação corriqueira na Justiça do Trabalho é a revelia da empregadora - prestadora de serviços terceirizados (1ª reclamada)-, com o comparecimento da 2ª reclamada - tomadora dos serviços e responsável subsidiária (TST, Súmula 331).[82]

O mais importante é perceber que o art. 345, I, do CPC[83] - que exclui o efeito material da revelia caso algum dos réus conteste a ação -, somente se aplica em relação aos fatos impugnados pela 2ª reclamada e que sejam comuns aos litisconsortes passivos.

É preciso diferenciar as diversas hipóteses que podem ocorrer na prática. A título ilustrativo, imagine-se que a petição inicial postule o pagamento de horas extraordinárias, aduzindo que a jornada do reclamante era das 8h às 19h, de segunda-feira a sábado; e que a 1ª reclamada seja revel, apesar de regularmente citada.

Exemplo 1: suponha-se que a 2ª reclamada negue a existência do contrato de prestação de serviços com a 1ª reclamada. É incompatível com esta afirmação a negativa dos horários narrados na inicial, e nem mesmo o princípio da eventualidade da contestação pode autorizá-la. Se a 2ª reclamada afirma que não havia sequer o

81 Art. 341 - Incumbe também ao réu manifestar-se precisamente sobre as alegações de fato constantes da petição inicial, presumindo-se verdadeiras as não impugnadas, salvo se: (...)

II - a petição inicial não estiver acompanhada de instrumento que a lei considerar da substância do ato.

82 TST, súmula 331: I - A contratação de trabalhadores por empresa interposta é ilegal, formando-se o vínculo diretamente com o tomador dos serviços, salvo no caso de trabalho temporário (Lei nº 6.019, de 03.01.1974).

II - A contratação irregular de trabalhador, mediante empresa interposta, não gera vínculo de emprego com os órgãos da Administração Pública direta, indireta ou fundacional (art. 37, II, da CF/1988).

III - Não forma vínculo de emprego com o tomador a contratação de serviços de vigilância (Lei nº 7.102, de 20.06.1983) e de conservação e limpeza, bem como a de serviços especializados ligados à atividade-meio do tomador, desde que inexistente a pessoalidade e a subordinação direta.

IV - O inadimplemento das obrigações trabalhistas, por parte do empregador, implica a responsabilidade subsidiária do tomador dos serviços quanto àquelas obrigações, desde que haja participado da relação processual e conste também do título executivo judicial.

V - Os entes integrantes da Administração Pública direta e indireta respondem subsidiariamente, nas mesmas condições do item IV, caso evidenciada a sua conduta culposa no cumprimento das obrigações da Lei n.º 8.666, de 21.06.1993, especialmente na fiscalização do cumprimento das obrigações contratuais e legais da prestadora de serviço como empregadora. A aludida responsabilidade não decorre de mero inadimplemento das obrigações trabalhistas assumidas pela empresa regularmente contratada.

VI - A responsabilidade subsidiária do tomador de serviços abrange todas as verbas decorrentes da condenação referentes ao período da prestação laboral.

83 Art. 345 - A revelia não produz o efeito mencionado no art. 344 se:

I - havendo pluralidade de réus, algum deles contestar a ação.

contrato empresarial, não há como afirmar a jornada de trabalho do reclamante. Assim, haverá presunção de veracidade da jornada da petição inicial e o tema controvertido será unicamente a responsabilidade subsidiária da 2ª reclamada, que dependerá da comprovação da prestação de serviços pelo reclamante, por intermédio da 1ª reclamada. A jornada de trabalho, por razão lógica, não pode ser tida como fato comum nesta hipótese.

Exemplo 2: a 2ª reclamada admite a existência de contrato com a 1ª reclamada, mas nega que o reclamante tenha ativado sua força de trabalho em favor da contestante. Em tese, a contestação da 2ª reclamada pode impugnar, nesta situação hipotética, a jornada de trabalho, tornando-a fato comum, ao dizer que, mesmo que o reclamante lhe tivesse prestado serviços, o horário seria, por exemplo, das 8h às 17h, pois é isso que acontece com todos os prestadores de serviço. Contudo, além de não se atender ao ônus da impugnação especificada (CPC, art. 341, *caput*)[84], a ausência injustificada dos cartões de ponto pela 1ª reclamada gera a presunção de veracidade da jornada declinada na inicial (TST, Súmula 338, I).[85]

Exemplo 3: a 2ª reclamada admite a existência de contrato com a 1ª reclamada, e reconhece também que o reclamante prestou serviços em favor da contestante. A jornada de trabalho, nesta hipótese, é fato comum que poderá ser impugnado pela 2ª reclamada, não se operando o efeito material da revelia. No entanto, da mesma forma que no exemplo anterior, a ausência injustificada dos cartões de ponto pela 1ª reclamada gera a presunção de veracidade da jornada declinada na inicial (TST, Súmula 338, I).

[84] Art. 341- Incumbe também ao réu manifestar-se precisamente sobre as alegações de fato constantes da petição inicial, presumindo-se verdadeiras as não impugnadas, salvo se.

[85] TST, súmula 338, I: I – É ônus do empregador que conta com mais de 10 (dez) empregados o registro da jornada de trabalho na forma do art. 74, § 2º, da CLT. A não-apresentação injustificada dos controles de frequência gera presunção relativa de veracidade da jornada de trabalho, a qual pode ser elidida por prova em contrário.

XVIII

DIREITO PROBATÓRIO

Sumário: 1. Prova: noções gerais – 2. Contraditório e a busca da verdade – 3. Destinatários da prova – 4. Meios e fontes de prova – 5. Objeto da prova: 5.1. Prova do direito e os instrumentos normativos; 5.2. Fatos que não dependem de prova – 6. Apreciação da prova: papel do juiz e sistemas – 7. Aquisição processual da prova – 8. Classificações das provas: 8.1. Provas típicas e atípicas; 8.2. Provas casuais e pré-constituídas; 8.3. Prova ilícita e prova ilegítima; 8.4. Prova dividida; 8.5. Prova emprestada; 8.6. Prova diabólica e de fatos negativos; 8.7. Prova direta e indireta: indícios, presunções e máximas da experiência – 9. Ônus da prova: 9.1. Ônus da prova de acordo com a Reforma Trabalhista – 10. Valoração da prova e *in dubio pro operario* – 11. Iniciativa probatória do juiz – 12. Demandas probatórias autônomas: produção antecipada de provas; 12.1. Interesse de agir: alegação do direito material e prévio requerimento; 12.2. Natureza jurídica da produção antecipada de provas; 12.3. Prova documental na produção antecipada de provas; 12.4. Competência material e territorial para a produção antecipada de provas; 12.5. Procedimento na Justiça do Trabalho; 12.6. Contraditório, cognição judicial e coisa julgada; 12.7. Medidas executivas na produção antecipada de provas; 12.8. Frustração da prova antecipada e consequências processuais na futura "ação principal"; 12.9. Prescrição e produção antecipada de provas; 12.10. Custas e honorários advocatícios: o caráter dúplice da ação – 13. Documento: 13.1. Oportunidade de juntada; 13.2. Incidente de falsidade; 13.3. Impugnação de documentos; 13.4. Exibição de documento ou coisa; 13.5. Eficácia probatória da prova documental; 13.6. Ata notarial – 14. Perícia: noções gerais: 14.1. Impedimento e suspeição do perito; 14.2. Remuneração do perito e do assistente técnico; 14.3. Produção da prova pericial: procedimento; 14.4. Hipóteses típicas de perícia na Justiça do Trabalho – 15. Interrogatório e depoimento pessoal – 16. Confissão: 16.1. Natureza e efeitos da confissão; 16.2. Elementos da confissão; 16.3. Irrevogabilidade e indivisibilidade da confissão; 16.4. Confissão em situações típicas de litisconsórcio no Processo do Trabalho – 17. Testemunhas: 17.1. Noções essenciais; 17.2. Impedimento, suspeição e incapacidade: informantes e menores; 17.3. Qualificação, contradita e compromisso da testemunha; 17.4. Intimação e rol de testemunhas; 17.5. Substituição de testemunhas; 17.6. Procedimento de produção da prova testemunhal; 17.7. Acareação; 17.8. Escusas de depor; 17.9. Número de testemunhas; 17.10. Valoração da prova testemunhal e falso testemunho; 17.11. Possibilidade de punição de testemunha por litigância de má-fé – 18. Inspeção judicial.

1. PROVA: NOÇÕES GERAIS

A noção de *prova* é importante não apenas no campo do Direito e demais áreas do conhecimento científico, mas também em diversos setores da vida humana cotidiana.

Por exemplo, um consumidor que deseje adquirir um automóvel pode considerar como aspectos decisivos (= *fatos relevantes*) os índices de consumo de combustível, preço de seguro, conforto e facilidade para revenda. Na sua busca, o interessado pode se valer de diversos *métodos* ou *meios*, tais como visitas a concessionárias, leitura de *sites* e revistas especializadas, conversas com outros consumidores etc. Ao final, firmado seu *convencimento* quanto aos fatos relevantes, o consumidor tomará a *decisão* sobre adquirir determinado modelo de veículo. Conclui-se que a decisão depende do convencimento a respeito dos fatos relevantes que foram provados na investigação do interessado.

Ainda dentro dessa perspectiva ampla, o vocábulo *prova* apresenta vários significados possíveis. Pode-se aludir à *prova* em sentido objetivo, como a atividade de provar (no exemplo dado, a pesquisa e investigação feitas pelo consumidor), ou como cada um dos elementos utilizados ao longo dessa pesquisa (uma revista especializada que afirme que há facilidade de revenda).

Suponha-se que, apesar de haver prova em sentido objetivo acerca da facilidade de revenda (a revista especializada), o consumidor, desconfiado, tenha lido outras revistas e conversado sobre o assunto com outros proprietários, que afirmaram em sentido contrário. Pode ser, então, que o interessado conclua que, na verdade, não há facilidade de revenda, conforme ficou provado. O resultado da atividade probatória, que é o convencimento do destinatário da prova, é a *prova* em sentido subjetivo.

Ao processualista, no campo do direito probatório, incumbe estudar e regular apenas as provas tais como possam se apresentar em processos judiciais, de modo a estabelecer seus requisitos, limites, possibilidades, procedimentos e consequências.

No Direito Processual, portanto, pode-se conceituar prova como todo e qualquer elemento levado ao processo por intermédio de atividade realizada por algum sujeito processual com o objetivo de formar convencimento sobre os fatos relevantes para a solução de uma causa.

2. CONTRADITÓRIO E A BUSCA DA VERDADE

O direito de produzir prova é concretização do princípio do contraditório, pois a prerrogativa de influir eficazmente na construção do provimento jurisdicional não se restringe às questões jurídicas, mas também aos aspectos fáticos.

Na realidade, a devida observância da norma jurídica tem como premissa implícita a exatidão dos pressupostos de fato supostos por quem a interpreta ou aplica. Por tal razão, a busca da verdade deve pautar a atuação processual dos órgãos jurisdicionais e de todos os demais sujeitos do processo – partes, auxiliares da Justiça, advogados, servidores etc.

É comum, em doutrina, a distinção entre uma suposta *verdade formal* e a *verdade real*. Esta corresponderia àquilo que efetivamente aconteceu no mundo fenomênico; aquela, ao que restou provado no processo judicial. Não é incomum, ainda, a afirmação pessimista de que a verdade real seria inalcançável.

Sucede que apenas figurativamente se pode fazer tal distinção, já que a verdade é uma só e não pode ser adjetivada. Ou algo é verdadeiro, ou é falso. Não há uma *verdade verdadeira*, e outra *verdade falsa*. Por maiores que sejam as dificuldades práticas, e ainda que em muitas situações não se consiga obter adequada reconstrução dos fatos, o processualista deve adotar premissa metodológica positiva no sentido de que todos os esforços dos sujeitos processuais devem estar voltados à descoberta da única verdade existente.

O Direito Processual pode e deve contribuir para o alcance dessa finalidade, mediante a instituição de critérios científicos e racionais que permitam a adequada apuração dos fatos e, consequentemente, a justa composição do litígio.

3. DESTINATÁRIOS DA PROVA

Tradicionalmente se afirma que a prova tem o objetivo de firmar o convencimento do juiz, o qual seria, portanto, o seu destinatário. O art. 369 do CPC destaca que a prova se destina a influir eficazmente na convicção judicial.[1]

Numa leitura mais moderna, baseada nos princípios democrático e da cooperação (CPC, art. 6º), a tendência é considerar que o órgão jurisdicional não é o único destinatário da prova.[2]

De fato, a atividade probatória realizada no processo é capaz de pautar o comportamento judicial e extrajudicial de diversos sujeitos processuais. As partes podem, considerando a prova produzida, buscar, por exemplo, a solução conciliatória do litígio. Até mesmo terceiros interessados podem tomar decisões – como a interposição de recurso de terceiro prejudicado – à luz do cenário probatório dos autos.

Em suma, destinatário imediato ou direto da prova é o órgão jurisdicional; e mediato, ou indireto, todo aquele que possa pautar seu comportamento processual ou extraprocessual tendo em vista a atividade probatória realizada.

4. MEIOS E FONTES DE PROVA

Fonte de prova é o elemento material ou fenomênico de onde ela provém. Assim, as pessoas são as fontes da prova testemunhal, por exemplo; a coisa é a fonte da prova documental; o fenômeno observado é a fonte da inspeção judicial etc.

1 Art. 369 – As partes têm o direito de empregar todos os meios legais, bem como os moralmente legítimos, ainda que não especificados neste Código, para provar a verdade dos fatos em que se funda o pedido ou a defesa e influir eficazmente na convicção do juiz.

2 Art. 6º – Todos os sujeitos do processo devem cooperar entre si para que se obtenha, em tempo razoável, decisão de mérito justa e efetiva.

Meios de prova são os métodos ou técnicas utilizados para permitir que o conhecimento do fato se transmita da fonte da prova ao respectivo destinatário: prova testemunhal, documental, pericial etc.

Em linguagem metafórica, pode-se dizer que os meios de prova são pontes através das quais os fatos passam para chegar primeiramente aos sentidos, e depois à mente do destinatário da prova.[3]

5. OBJETO DA PROVA

A atividade probatória deve recair sobre as alegações de fato pertinentes, relevantes e controvertidas no processo. Excepcionalmente, pode haver prova do direito (= vigência e teor de norma jurídica), nas hipóteses em que é tratado pelo ordenamento jurídico como questão fática.

Suponha-se que o reclamante postule apenas o pagamento de horas extraordinárias. Nesse contexto, não terá pertinência pergunta feita à testemunha acerca de eventual assédio moral supostamente sofrido pelo trabalhador; não terá relevância - embora seja pertinente ao tema - questionar se o reclamante gostava de trabalhar até mais tarde para evitar o trânsito na volta para casa; não haverá controvérsia caso o reclamado admita, expressa ou tacitamente, a jornada declinada na petição inicial.

Os princípios da economia processual e da duração razoável do processo impõem que o Juiz do Trabalho indefira os requerimentos de provas e diligências impertinentes, irrelevantes e incontroversas (CPC, art. 370, parágrafo único).[4]

5.1. Prova do direito e os instrumentos normativos

Os órgãos jurisdicionais têm o dever de conhecer o direito aplicável - *jura novit curia*. Contudo, dada a proliferação de leis no Brasil, decorrente da competência legislativa dos diversos entes federativos - União, Estados e Municípios -, além da vasta extensão do território nacional e o pluralismo dos costumes, o art. 376 do CPC permite ao juiz determinar que a parte comprove a vigência e o teor de normas jurídicas estaduais, municipais e consuetudinárias.

Como o Direito e o Processo do Trabalho são ramos jurídicos de competência legislativa privativa da União (CF, art. 22, I)[5], não será comum a necessidade de prova de direito municipal ou estadual na Justiça do Trabalho. Contudo, além da necessidade de eventual prova de costumes envolvendo atividades profissionais e econômicas específicas, as lides trabalhistas muitas vezes são fundadas em normas

---

3 MOREIRA, José Carlos Barbosa. *Anotações sobre o título Da Prova do Novo Código Civil. Reflexos do Novo Código Civil no Direito Processual*. Salvador: Juspodivm, 2006, p. 212.

4 Art. 370, parágrafo único – O juiz indeferirá, em decisão fundamentada, as diligências inúteis ou meramente protelatórias.

5 Art. 22 – Compete privativamente à União legislar sobre:
I – direito civil, comercial, penal, processual, eleitoral, agrário, marítimo, aeronáutico, espacial e do trabalho.

jurídicas abstratas e gerais vigentes no âmbito de determinadas regiões e categorias: os instrumentos normativos coletivos (convenções e acordos coletivos de trabalho, bem como sentenças normativas).

Conforme já estudado[6], os instrumentos coletivos não constituem documentos indispensáveis à propositura da ação. Trata-se de documentos úteis à análise do mérito da causa - caso haja pedidos fundados em tais normas -, mas a ausência de sua juntada não pode resultar em julgamento de extinção do processo.

Deveras, tratando-se de instrumento normativo, não se aplica o princípio do *jura novit curia*, razão por que necessidade de comprovação do teor e da vigência da norma jurídica, por aplicação analógica do art. 376 do CPC.[7]

À luz do princípio da cooperação (CPC, art. 6º), que gera para o órgão judicial os deveres de esclarecimento, lealdade e prevenção, o magistrado, ao perceber a ausência do documento, deve conceder prazo para que o interessado o junte aos autos, e viabilizar, na sequência, o contraditório pela outra parte. Não sendo juntado o documento no prazo concedido, o pedido fundado na norma coletiva deve ser julgado improcedente.

Contudo, diante da revelia da reclamada, não se faz necessária essa concessão de prazo, podendo o pedido ser julgado procedente mesmo sem a juntada do instrumento coletivo. Isso porque a presunção de veracidade *juris tantum* que decorre da revelia (CPC, art. 344)[8] faz com que se presumam verdadeiras as assertivas da inicial quanto à vigência e ao teor das normas coletivas, já que se trata de questão de direito que é tratada, pelo ordenamento, como questão de fato (a alegação de fato é: a norma coletiva estava - ou está - em vigor e previa determinados direitos).

5.2. Fatos que não dependem de prova

O art. 374 do CPC prevê situações nas quais não há necessidade de prova dos fatos alegados pelas partes:

- (i) fatos notórios: são aqueles naturalmente conhecidos pela generalidade das pessoas em determinado meio social. Isso não se confunde com a necessidade de que todas as pessoas efetivamente conheçam o fato, bastando que possa ser conhecido por qualquer um que se insira no contexto em que proferida a decisão judicial. Ninguém precisa provar, por exemplo, que o Flamengo foi campeão brasileiro no ano de 2009, pois esse fato é notório, muito embora algumas pessoas que não gostam de futebol possam não saber;
- (ii) fatos confessados ou admitidos: quando a parte reconhece expressamente um fato desfavorável à sua esfera de interesses, dá-se a confissão

6 Capítulo XV, item 2.3.

7 Art. 376 – A parte que alegar direito municipal, estadual, estrangeiro ou consuetudinário provar-lhe-á o teor e a vigência, se assim o juiz determinar.

8 Art. 344 – Se o réu não contestar a ação, será considerado revel e presumir-se-ão verdadeiras as alegações de fato formuladas pelo autor.

real. Em outras situações, a lei cria ficção no sentido de que a parte admitiu fatos desfavoráveis, dando azo à confissão ficta; é o que ocorre, por exemplo, com a ausência da parte à audiência de instrução, com a recusa de depor, e com o desconhecimento dos fatos pela parte em seu depoimento pessoal;

- (iii) fatos em relação aos quais há presunção legal de existência ou de veracidade. Exemplo: desatendimento, pelo réu, do ônus da impugnação especificada (CPC, art. 341).[9] Sobre o tema das presunções, ver item 8.7 deste Capítulo.

6. APRECIAÇÃO DA PROVA: PAPEL DO JUIZ E SISTEMAS

Há três sistemas preponderantemente utilizados no que tange à valoração da prova judiciária:

- (i) prova legal ou tarifada: a lei prevê, de forma prévia e abstrata, os meios de prova admissíveis para certas espécies de fatos, e estabelece uma hierarquia entre as provas, de modo a eliminar qualquer aspecto de subjetividade na avaliação do acervo probatório pelo juiz. Costuma-se exemplificar com a necessidade de perícia para a comprovação do trabalho em condições insalubres ou perigosas (CLT, art. 195, § 2º)[10];
- (ii) íntima convicção do juiz: o magistrado tem total liberdade para chegar às suas conclusões com a matéria fática, e sequer precisa fundamentá-las. No ordenamento brasileiro, trata-se do sistema utilizado no Tribunal do Júri, já que os jurados votam apenas de acordo com a sua consciência e sem fundamentação;
- (iii) persuasão racional: o juiz deve fundamentar as suas conclusões quanto aos fatos da causa, analisando os elementos probatórios constantes dos autos mediante critérios e argumentos lógico-jurídicos passíveis de generalização e aceitáveis pela comunidade em geral.

O sistema da persuasão racional – também chamado de *livre convencimento motivado* ou simplesmente de *convencimento motivado* – é estabelecido como regra geral pelo art. 374 do Código de Processo Civil. Tal critério é o mais consentâneo com os princípios democrático e republicano, já que impede o decisionismo e a arbitrariedade judicial. O poder jurisdicional se exerce por juízes em nome do povo; permitir que seja exercido em desarmonia com critérios lógico-jurídicos e

---

9 Art. 341 – Incumbe também ao réu manifestar-se precisamente sobre as alegações de fato constantes da petição inicial, presumindo-se verdadeiras as não impugnadas. (...)

10 Art. 195 – A caracterização e a classificação da insalubridade e da periculosidade, segundo as normas do Ministério do Trabalho, far-se-ão através de perícia a cargo de Médico do Trabalho ou Engenheiro do Trabalho, registrados no Ministério do Trabalho. (...)

§ 2º – Arguida em juízo insalubridade ou periculosidade, seja por empregado, seja por sindicato em favor de grupo de associados, o juiz designará perito habilitado na forma deste artigo, e, onde não houver, requisitará perícia ao órgão competente do Ministério do Trabalho.

sem fundamentação equivaleria a conceder poder soberano aos magistrados, o que não pode ser admitido. Assim, é de ser rejeitado o critério da íntima convicção no âmbito do Processo do Trabalho.

De outro lado, o estabelecimento de critérios rígidos e pré-estabelecidos quanto à valoração das provas (prova legal ou tarifada) pode levar, muitas vezes, a injustiças flagrantes. Sem dúvida, a avaliação de provas é atividade que só pode ser satisfatoriamente desempenhada mediante a análise e ponderação das circunstâncias de cada caso. É impossível que o legislador preveja aprioristicamente os detalhes envolvidos na produção e avaliação das provas.

Por exemplo: suponha-se que a lei crie sistema hipotético de prova tarifada segundo o qual se houver depoimentos testemunhais antagônicos entre si, deverá ser considerada a prevalência numérica, ou seja, o juiz seria obrigado a concluir no sentido afirmado por mais testemunhas. Assim, se duas testemunhas declarassem que o reclamante não sofreu assédio moral, o juiz teria que concluir neste sentido, apesar de uma terceira testemunha afirmar o contrário.

Ora, tal solução pode revelar-se correta em alguns casos e insatisfatória em outros. Imagine-se, por exemplo, que os depoimentos contrários à ocorrência do assédio moral contenham contradições internas insuperáveis e tenham sido prestados por testemunhas que se revelaram interessadas na causa após terem prestado o compromisso legal, ao contrário do único depoimento em sentido contrário, que haja sido coerente, unidirecional e tenha confirmado a prática do assédio.

Dessa forma, é imprescindível que haja certo grau de liberdade do julgador, no sentido de não estar vinculado a critérios abstratos e rígidos previstos pelo legislador. É por isso que o sistema da persuasão racional costumeiramente sempre foi chamado de *livre convencimento motivado.*

O art. 131 do CPC/73[11] dizia expressamente que o juiz apreciaria *livremente* a prova dos autos, ao passo que o art. 371 do CPC/2015 suprimiu o advérbio.[12] Há doutrina no sentido de que se trataria de *silêncio eloquente*, pois a valoração da prova pelo juiz não é livre.[13]

A modificação terminológica empreendida pelo Novo Código se justifica para evitar interpretações no sentido de que a avaliação probatória seria atividade discricionária do juiz. Não há discricionariedade judicial, muito menos em matéria de provas: o órgão jurisdicional tem o dever de buscar a única e melhor solução para o caso concreto, à luz de argumentos lógico-jurídicos passíveis de compreensão, generalização e aceitação no meio cultural em que proferida a decisão.

---

11 Art. 131 – O juiz apreciará livremente a prova, atendendo aos fatos e circunstâncias constantes dos autos, ainda que não alegados pelas partes; mas deverá indicar, na sentença, os motivos que lhe formaram o convencimento.

12 Art. 371 – O juiz apreciará a prova constante dos autos, independentemente do sujeito que a tiver promovido, e indicará na decisão as razões da formação de seu convencimento.

13 DIDIER, v.2, p. 106.

Contudo, não há problema em continuar fazendo menção ao *livre* convencimento motivado, pois a expressão realça o fato de que o juiz não é limitado por critérios abstratos previstos como prova tarifada pelo legislador.

7. AQUISIÇÃO PROCESSUAL DA PROVA

A prova judiciária não pertence às partes, ao juiz ou a qualquer outro sujeito processual. Uma vez produzida, a prova passa a integrar o processo e deve ser utilizada até mesmo em desfavor de quem a trouxe aos autos (CPC, art. 371). Dá-se, assim, a aquisição processual da prova, fenômeno também conhecido como *princípio da comunhão da prova*.

Por isso, não existe uma testemunha *do reclamante* e outra *da reclamada*: no máximo, pode-se dizer que a testemunha foi trazida ou indicada por alguma das partes. Idêntico raciocínio se aplica para toda e qualquer modalidade ou meio de prova.

8. CLASSIFICAÇÕES DAS PROVAS

Há grande número de classificações doutrinárias acerca do fenômeno da prova, e pouco consenso a respeito do tema. O cientista do Direito Processual deve focar, portanto, naquelas que detenham maior interesse prático à luz do direito positivo.

8.1. Provas típicas e atípicas

Provas típicas são os métodos de produção de prova previstos e regulados pela legislação processual. A prova testemunhal, a pericial, a inspeção judicial etc., são exemplos dessa espécie, já que são disciplinadas pela lei quanto à admissibilidade, limites, resultados etc.

Provas atípicas, ao contrário, são aquelas não regulamentadas pela lei. Para que sejam admitidas no processo, devem consistir em meios moralmente legítimos capazes de provar a verdade dos fatos em que se funda o pedido ou a defesa e influir eficazmente na convicção do juiz (CPC, art. 369). Um exemplo seria a prova por estatística, que não é prevista em lei, mas pode se revelar muito útil em ações coletivas.

A definição do que seja moralmente legítimo para fins probatórios deve ser feita considerando o direito positivo e também os valores fundamentais do meio social em que se produz a prova, sobretudo o princípio da boa-fé objetiva. Valores éticos idiossincráticos não podem impedir a produção de prova; na dúvida, deve-se adotar interpretação que a viabilize. Por exemplo: alguém pode entender que a gravação de evento ou culto religioso ofende a moral, mas não se pode impedir que as imagens assim obtidas sejam usadas, em Juízo, como prova de ato ilícito cometido na ocasião.

8.2. Provas casuais e pré-constituídas

Prova pré-constituída é a formada antes do ajuizamento da ação; e prova casual, a produzida no curso do processo.

A prova documental é o principal exemplo de prova pré-constituída: é o que acontece com cartões de ponto e recibos de pagamento firmados no âmbito da relação de trabalho. Não é o único, entretanto: o ordenamento processual prevê expressamente a possibilidade de produção de prova oral documentada, apta a embasar o ajuizamento de ação monitória (CPC, art. 700, § 1º). Trata-se de expressa de prova oral pré-constituída.

Como exemplos de prova casual, tem-se as provas testemunhal e pericial.

Tal classificação, embora tradicional, é bastante criticada por alguns doutrinadores, por supostamente ser destituída de interesse prático e pelo fato de que os documentos, enquanto não se entregam ao juiz, não são provas, o que pode acontecer apenas eventualmente.[14]

A primeira objeção se rebate sob o argumento de que a lei e a doutrina fazem menção às provas pré-constituídas como requisitos de determinados procedimentos especiais, tais como o mandado de segurança e a ação monitória.

Quanto ao segundo aspecto, realmente só se pode considerar existir prova, sob o prisma processual, uma vez que o elemento instrutório tenha sido levado ao processo e submetido ao contraditório. Em outras palavras: prova, em sentido processual, só existe se houver contraditório.

No entanto, a classificação objeto de análise conserva seu interesse, pois o princípio geral é o de que todos os interessados devem ter a oportunidade de participar da produção da prova casual. É por isso que as partes devem ter ciência da data em que o perito realizará diligências; e de ouvir e participar dos depoimentos das testemunhas, formulando perguntas. Já a prova pré-constituída geralmente será produzida, no processo, de forma unilateral por uma das partes, e se sujeitará a contraditório apenas em momento posterior.

8.3. Prova ilícita e prova ilegítima

A inadmissibilidade de provas obtidas por meios ilícitos é direito fundamental (CF, art. 5º, LVI).

A doutrina diferencia as provas ilícitas das ilegítimas: aquelas são obtidas com violação às regras de direito material, ao passo que estas violam normas processuais. Ambas estão enquadradas na vedação constitucional acima mencionada.

Interessante questão é a concernente à admissibilidade das provas derivadas das provas derivadas das ilícitas. Primeiramente, deve-se observar que a Constituição não prevê a nulidade de todo o processo em que sejam utilizadas as provas ilícitas, mas apenas a sua inutilidade processual. Além disso, merece destaque o fato de

[14] Por exemplo, TOSTES MALTA, p. 364.

que a posição atual do Supremo Tribunal Federal é no sentido da aplicabilidade da teoria do *fruits of the poisonous tree* (frutos da árvore envenenada), que determina a comunicabilidade da ilicitude das provas ilícitas a todas aquelas que dela derivarem, ou seja, a *contaminação*, de todas as provas decorrentes da prova ilícita.[15]

Sucede que haverá situações em que as provas ilícitas apresentar-se-ão como os únicos meios de prova à disposição do magistrado, que terá de ponderar os direitos fundamentais em confronto, a fim de decidir pela utilização ou recusa da prova ilícita, escolhendo o menor dos males.[16] De um lado, o direito a fundamental à inadmissibilidade das provas ilícitas e eventual direito violado por elas, como a intimidade; de outro, os princípios do acesso à justiça, contraditório e ampla defesa.

Modernamente, tem-se apontado a máxima da proporcionalidade como um método eficaz de solução dos choques entre princípios fundamentais. De acordo com esse critério, seria possível afastar a incidência de um direito fundamental, em caso concreto, quando tal medida afigurar-se necessária, útil e proporcional, em sentido estrito, à realização de outro direito fundamental.

Nesse contexto, a doutrina aponta alguns critérios que podem ser levados em consideração pelo magistrado trabalhista quando da apreciação da admissibilidade da prova ilícita: verificar se há outro meio lícito de provar o fato (necessidade); sopesar a lealdade e boa-fé da parte que pretende a produção da prova ilícita; observar a seriedade e verossimilhança da alegação; avaliar o custo-benefício na produção da prova; observar a efetiva proteção à dignidade da pessoa humana; valorar o interesse público, além do interesse da parte.

8.3.1. Acesso a e-mail e redes sociais do trabalhador

Discussão recorrente na prática trabalhista diz respeito à possibilidade, ou não, de o empregador acessar o *e-mail* funcional de seus empregados.

É amplamente prevalecente a tese de que se trata de típico instrumento de trabalho, sujeito, pois, à fiscalização de seu uso pelo empregador. A prova assim obtida pode ser validamente utilizada no processo pelo interessado.

No entanto, o acesso a redes sociais e a *e-mails* particulares do empregado configura conduta ilícita, por violar os direitos fundamentais ao sigilo da correspondência, à intimidade e à vida privada (CF, art. 5º, X e XII).[17]

No que tange às fotografias postadas em rede social, podem ser usadas como meios de prova caso estejam sob domínio público, ou seja, qualquer internauta tenha

---

15 BERNARDES, Felipe. *A Repressão à Lavagem de Dinheiro e as Garantias Constitucionais: Tendências Atuais.* Revista do Tribunal Regional Federal – Primeira Região, Brasília, v. 18, n. 5, p. 97-126, maio 2006.

16 Conforme ensina o Professor José Carlos Barbosa Moreira.

17 Art. 5º, X – são invioláveis a intimidade, a vida privada, a honra e a imagem das pessoas, assegurado o direito a indenização pelo dano material ou moral decorrente de sua violação;

XII – é inviolável o sigilo da correspondência e das comunicações telegráficas, de dados e das comunicações telefônicas, salvo, no último caso, por ordem judicial, nas hipóteses e na forma que a lei estabelecer para fins de investigação criminal ou instrução processual penal.

livre acesso. Na hipótese contrária (fotos bloqueadas), é ilícita a conduta de violar o sigilo atribuído pelo autor da foto, e a prova seria inadmissível, pelas razões já expostas acima.

8.3.2. *Interceptações telefônicas e gravações ambientais. Sigilo telefônico*

A interceptação das comunicações telefônicas, admitida exclusivamente para fins de investigação criminal ou instrução processual penal, só pode ser realizada mediante ordem do juiz criminal competente, devendo correr sob segredo de justiça.[18]

O Juiz do Trabalho não pode determinar a interceptação, ou seja, a gravação da conversa telefônica sem que todos os interlocutores tenham conhecimento. Contudo, uma vez realizada a interceptação em processo ou investigação criminal, a prova assim obtida pode ser licitamente usada como emprestada no processo trabalhista. Interceptações telefônicas podem ser úteis, por exemplo, em processos trabalhistas envolvendo a prática de crimes como o assédio sexual.

Ademais, ainda que exista divergência sobre o assunto, o Supremo Tribunal Federal já sedimentou entendimento no sentido de que, quando um dos interlocutores faz a gravação, ainda que sem o conhecimento do outro, a ilicitude é afastada, pois não se está diante de interceptação de comunicação. Tal conclusão é válida tanto para gravações ambientais, quanto para gravações de conversas telefônicas por um dos interlocutores.

Dessa forma, por exemplo, as gravações de conversas entre a empregada e o suposto assediador (assédio sexual) devem ser aceitas como meios de prova.

De outro lado, não poderia a trabalhadora, exemplificativamente, gravar a conversa entre o assediador e os sócios da empresa, pois neste caso se estaria diante de interceptação telefônica vedada constitucionalmente (CF, art. 5º, XII). Trata-se de prova obtida por meio ilícito – em violação ao direito à intimidade dos interlocutores –, e que não pode, em princípio, ser admitida no processo. Só seria possível a admissão caso, num juízo de proporcionalidade, o bem jurídico tutelado devesse prevalecer em relação à intimidade. Um exemplo seria na situação de perigo à vida daquele que faz interceptação telefônica.

Por fim, não se pode confundir a interceptação telefônica – que permite acesso ao conteúdo das chamadas telefônicas –, com a quebra do sigilo telefônico, o qual consiste apenas no registro dos dados relativos à determinada linha telefônica, tais como chamadas realizadas e recebidas e duração dos telefonemas. A interceptação telefônica é sujeita à cláusula de reserva de jurisdição e somente pode ser determinada para fins de instrução processual penal ou investigação criminal (CF, art. 5º, XII); já os sigilos bancário e telefônico podem ser quebrados por outros órgãos, tais como Comissões Parlamentares de Inquérito e Juízes do Trabalho, sem necessidade de vinculação à apuração de crimes (CF, art. 5º, X).

---

18 BERNARDES, *op. cit., loc. cit.*

Na Justiça do Trabalho, a quebra dos sigilos fiscal, bancário e telefônico pode ser muito útil sobretudo na fase de execução, de modo a evitar a concretização de fraudes.

8.3.3. Geolocalização e extratos de utilização de transporte público

A jurisprudência do Tribunal Superior do Trabalho admite como lícitas e legítimas a utilização de prova consistente em geolocalização de aparelho celular do trabalhador[19], bem como extratos de uso de transporte público emitidos pela operadora de vale-transporte.[20]

De fato, tais meios de prova são plenamente válidos e não há violação à privacidade e à intimidade do trabalhador. A LGPD (Lei 13.709/2018, art. 7º, VI, c/c art. 11, II, *d*)[21] admite o tratamento de dados pessoais para o exercício regular de direitos em processo judicial, ainda que se trate de dado pessoal sensível. A privacidade, nessa hipótese, cede ao acesso à justiça, ao contraditório e à ampla defesa, sendo legítima a utilização dos dados pessoais concernentes à localização do reclamante, desde que pertinente e necessária à instrução da causa.

No caso da geolocalização, a cautela que se deve ter é restringi-la aos dias e horários em que a inicial indica a prestação de serviços pelo trabalhador, para

---

[19] Recurso Ordinário em Mandado de Segurança. Comprovação de jornada de trabalho. Produção de prova digital. Geolocalização do trabalhador. Possibilidade. Medida adequada, necessária e proporcional. A geolocalização de aparelho celular do trabalhador é medida adequada, necessária e proporcional para a comprovação da real jornada de trabalho, podendo ser produzida desde que resguardado, quanto possível, o direito à intimidade e à privacidade. No caso, o Tribunal Regional cassou a sentença que determinara a produção de prova digital para confirmar a localização do empregado nos horários em que afirmara ter prestado serviços para o reclamado. Irresignado com a decisão, o empregador interpôs recurso ordinário, ao qual, a SBDI-II, por maioria, deu parcial provimento para que a segurança seja concedida parcialmente, apenas para limitar a prova de geolocalização aos dias e horários apontados na petição inicial como sendo de trabalho realizado, além de determinar que o processo seja mantido em segredo de justiça, a fim de restringir essas informações às partes e ao juiz da causa. Vencidos os Ministros Aloysio Corrêa da Veiga, Luiz José Dezena da Silva e a Desembargadora Convocada Margareth Rodrigues Costa TST-ROT-23218-21.2023.5.04.0000, SBDI-II, rel. Min. Amaury Rodrigues Pinto Junior, julgado em 14/5/2024.

[20] Recurso ordinário em mandado de segurança. Determinação de exibição de extratos de utilização de transporte público. Violação da intimidade e privacidade. Não ocorrência. Não configura quebra de sigilo de geolocalização a decisão judicial que, com o fim de produção de provas, determina à empresa de bilhetagem a exibição de extratos com os registros de horário (dia e hora) e a linha de ônibus (o trajeto) em que a reclamante e as testemunhas ingressaram no transporte público. O caso concreto configura distinguishing dos debates já travados na SBDI-II, pois a prova cuja admissibilidade está em discussão não poderia comprovar a localização dos sujeitos durante o horário de expediente em todo o contrato de trabalho, mas apenas serviria para confirmar ou afastar a tese de prestação recorrente de labor extraordinário no estabelecimento empresarial, em contraste com outras provas. Sob esses fundamentos, a SBDI-II, por unanimidade, negou provimento ao recurso ordinário interposto pela impetrante. TST-ROT-103254-68.2022.5.01.0000, SBDI-II, rel. Min. Liana Chaib, julgado em 10/10/2023.

[21] Art. 7º O tratamento de dados pessoais somente poderá ser realizado nas seguintes hipóteses: (...) VI - para o exercício regular de direitos em processo judicial, administrativo ou arbitral, esse último nos termos da Lei nº 9.307, de 23 de setembro de 1996 (Lei de Arbitragem).

Art. 11. O tratamento de dados pessoais sensíveis somente poderá ocorrer nas seguintes hipóteses: (...) II, *d)* exercício regular de direitos, inclusive em contrato e em processo judicial, administrativo e arbitral, este último nos termos da Lei nº 9.307, de 23 de setembro de 1996 (Lei de Arbitragem);

evitar incursões desnecessárias na privacidade do trabalhador quanto aos períodos de repouso e lazer. Quanto ao extrato de transporte público, veja-se que a delimitação decorre da própria Lei 7.418/85, que estatui que o vale-transporte se destina à utilização efetiva em despesas de deslocamento trabalho-residência e vice-versa.[22]

Ademais, para ambos os casos (geolocalização e extrato de transporte público), deve ser inserido sigilo nos documentos, os quais deverão ficar acessíveis tão somente às partes do processo e ao órgão jurisdicional.

Quanto ao valor probante, a geolocalização e o extrato de uso do transporte público são provas documentais que devem ser ponderadas com o restante do conjunto probatório, à luz do princípio do convencimento motivado (CPC, art. 371).[23]

O extrato de transporte público é prova singela e que, muitas vezes, permite concluir pela veracidade ou inveracidade da jornada de trabalho declinada na inicial a partir de seu mero cotejo com os cartões de ponto e com as alegações das partes. Basta confrontar o horário em que o reclamante fazia uso do transporte público e o tempo médio de deslocamento até o local de trabalho com os cartões de ponto e com a narrativa da petição inicial, de modo que as alegações desta ou da defesa podem ficar comprovadas documentalmente de forma simples e segura. Evidentemente, a prova será infrutífera caso o reclamante haja emprestado seu cartão para terceiros, o que pode ser verificado também pelo cotejo com os cartões de ponto, caso existentes, ou por outros meios de prova.

Já a geolocalização de telefone celular é prova que tem se revelado complexa na praxe forense. Sua utilização ainda demanda maiores aprimoramentos que facilitem a compreensão dos relatórios produzidos, bem como que agilizem a produção da prova em si.

8.4. Prova dividida

Na prática processual, é comum aludir-se, impropriamente, a situações em que a prova fica dividida, o que aconteceria quando as provas produzidas fossem antagônicas entre si, de modo a inviabilizar a formulação de um juízo seguro quanto à matéria fática.

Na verdade, ou determinado fato é provado, ou não o é; não sendo suficiente a prova produzida, o Juiz deverá julgar de acordo com a distribuição do ônus da prova (arts. 818 da CLT[24] e 373 do CPC); ou mediante valoração subjetiva da prova que

---

[22] Lei 7.418/85, Art. 1º Fica instituído o vale-transporte, que o empregador, pessoa física ou jurídica, antecipará ao empregado para utilização efetiva em despesas de deslocamento residência-trabalho e vice-versa, através do sistema de transporte coletivo público, urbano ou intermunicipal e/ou interestadual com características semelhantes aos urbanos, geridos diretamente ou mediante concessão ou permissão de linhas regulares e com tarifas fixadas pela autoridade competente, excluídos os serviços seletivos e os especiais.

[23] Art. 371. O juiz apreciará a prova constante dos autos, independentemente do sujeito que a tiver promovido, e indicará na decisão as razões da formação de seu convencimento.

[24] Art. 818 – O ônus da prova incumbe:

I – ao reclamante, quanto ao fato constitutivo de seu direito;

II – ao reclamado, quanto à existência de fato impeditivo, modificativo ou extintivo do direito do reclamante.

foi apresentada – sistema do livre convencimento ou persuasão racional. Isso pode acontecer, por exemplo, quando as duas testemunhas inquiridas prestam declarações diametralmente opostas sobre o mesmo fato, e a divergência não é solucionada por meio de acareação.

Ressalte-se, entretanto, que a valoração subjetiva da prova não pode ser arbitrária, devendo ser explicitados detidamente – sob pena de nulidade – os motivos que levaram o magistrado a dar credibilidade às declarações de uma testemunha, por exemplo, e desconsiderar as de outra (Constituição da República, art. 93, IX).[25] Por exemplo, a discrepância entre o depoimento pessoal das partes e de suas testemunhas pode configurar motivo apto a ensejar a desconsideração das declarações destas; ou a prova documental pode corroborar as declarações de uma testemunha, e infirmar as da outra. Outrossim, a explicitação da fundamentação, em sentença, permite o controle pelos órgãos recursais.

8.5. Prova emprestada

A prova se diz emprestada quando, embora produzida com o objetivo primário de ser utilizada em determinado processo, é transportada para integrar o acervo probatório de outro. Depreende-se que o instituto tem seu fundamento no princípio da economia processual, já que evita a repetição desnecessária – e todos os gastos decorrentes – de atos probatórios.

A figura da prova emprestada, embora já viesse sendo utilizada na prática forense anteriormente, foi mencionada pioneiramente pelo art. 372 do CPC, segundo o qual o juiz deve atribuir-lhe o valor que considerar adequado, observado o contraditório.

Observe-se que a lei não exige como requisito para admissão da prova emprestada a identidade, ainda que parcial, de autores e réus dos processos em que produzida a prova e daquele no qual se pretende a respectiva utilização. Contudo, inegavelmente a eficácia persuasiva será maior nas hipóteses em que haja participado do processo de origem a parte em cujo desfavor resulta a conclusão resultante da prova emprestada. De toda sorte, o contraditório deverá obrigatoriamente ser observado, franqueando-se às partes a possibilidade de se manifestarem e produzirem contraprova.

---

§ 1º Nos casos previstos em lei ou diante de peculiaridades da causa relacionadas à impossibilidade ou à excessiva dificuldade de cumprir o encargo nos termos deste artigo ou à maior facilidade de obtenção da prova do fato contrário, poderá o juízo atribuir o ônus da prova de modo diverso, desde que o faça por decisão fundamentada, caso em que deverá dar à parte a oportunidade de se desincumbir do ônus que lhe foi atribuído.

§ 2º A decisão referida no § 1º deste artigo deverá ser proferida antes da abertura da instrução e, a requerimento da parte, implicará o adiamento da audiência e possibilitará provar os fatos por qualquer meio em direito admitido.

§ 3º A decisão referida no § 1º deste artigo não pode gerar situação em que a desincumbência do encargo pela parte seja impossível ou excessivamente difícil.

25 Art. 93, IX – todos os julgamentos dos órgãos do Poder Judiciário serão públicos, e fundamentadas todas as decisões, sob pena de nulidade, podendo a lei limitar a presença, em determinados atos, às próprias partes e a seus advogados, ou somente a estes, em casos nos quais a preservação do direito à intimidade do interessado no sigilo não prejudique o interesse público à informação.

Exemplo: na reclamação trabalhista 1, movida pelo empregado *A* em face do empregador *X*, apura-se que o ambiente de trabalho era insalubre. Se o empregado *B*, por hipótese, trabalhar no mesmo ambiente e vier a ajuizar a reclamação trabalhista 2 em face de *X*, o laudo pericial produzido na reclamação trabalhista 1 pode ser utilizado como prova emprestada, e sua eficácia probatória será superior à situação em que o empregado *C* ajuíza uma reclamação trabalhista 3, em face do empregador *Y*, que supostamente utiliza os mesmos agentes químicos insalubres. Isso porque *X* exerceu na plenitude o contraditório na reclamação trabalhista 1, ao contrário de *Y*, que sequer era parte deste processo.

Qualquer meio de prova pode ser usado como prova emprestada: depoimentos pessoais, testemunhais, laudos periciais, inspeções judiciais etc. Em algumas situações, a praxe forense demonstra que a prova emprestada será bastante útil, em virtude da dificuldade de produção de outras provas: é o que ocorre, por exemplo, no caso de pedido de adicional de insalubridade, já tendo sido fechado o estabelecimento empresarial, situação na qual fica inviabilizada a perícia (TST, OJ 278 da SDI-1).[26]

Discute-se se a prova emprestada ingressa no processo apenas como prova documentada – hipótese em que conservaria a sua natureza e eficácia tal como manifestada no processo de origem –; ou se, ao contrário, necessariamente teria *status* de prova documental no processo para o qual transportada.

A definição da natureza da prova emprestada causa importantes reflexos processuais, atinentes ao modo de ser de cada meio de prova. Por exemplo, caso se considere tratar-se de prova documentada, o depoimento testemunhal juntado como prova emprestada estará sujeito às hipóteses de contradita etc., e será contabilizado como a oitiva de uma testemunha. Assim, no procedimento ordinário, a parte que se utilizar dessa espécie de prova emprestada somente teria o direito de indicar mais duas testemunhas.

A discussão teórica deve ser solucionada com o objetivo de potencializar o contraditório. Assim, pode-se fazer simbiose entre as duas correntes, de modo a considerar que a prova emprestada é documental *sui generis*, por se tratar de documento sujeito às impugnações que seriam pertinentes ao meio de prova originário. Seguindo no mesmo exemplo do parágrafo acima, dessa forma podem ser arguidos os motivos de contradita contra a testemunha ouvida no processo de origem; e a parte que produziu a prova testemunhal emprestada poderá, ainda, ouvir três testemunhas no procedimento ordinário do processo atual.

8.6. Prova diabólica e de fatos negativos

Chama-se de *prova diabólica* aquela cuja produção é impossível ou praticamente inviável. Usualmente, relaciona-se com a prova de fatos negativos (= comprovação de que algo não aconteceu).

---

[26] TST, OJ 278 da SDI-1: A realização de perícia é obrigatória para a verificação de insalubridade. Quando não for possível sua realização, como em caso de fechamento da empresa, poderá o julgador utilizar-se de outros meios de prova.

Os fatos negativos podem ser absolutos ou relativos.

A negativa absoluta se caracteriza por ser incondicional: diz-se que o fato não ocorreu e não se estabelece restrição alguma à afirmativa. Exemplo: o executado, no processo trabalhista, afirma que jamais possuiu bem imóvel no Brasil ou em qualquer lugar do mundo.

Já a negativa relativa se verifica quando se afirma que determinado fato não ocorreu em determinadas circunstâncias de tempo, lugar etc. Exemplo: o executado aduz que nunca foi proprietário de determinado imóvel, em relação ao qual há suspeita de fraude à execução.

Comumente, a prova da negativa absoluta será inviável ou de difícil realização prática. É inconcebível, por hipótese, que alguém consiga provar que nunca foi proprietário de imóvel em qualquer lugar do mundo, pois não há como obter certidões de todos os cartórios existentes na Terra.

Ao contrário, costuma ser mais simples a prova da negativa relativa, pois as restrições nela inseridas permitem a prova do fato contrário com facilidade. No exemplo acima, bastaria obter certidão de registro do imóvel sobre o qual recai suspeita de fraude.

Apesar do interesse teórico e prático da distinção, o mais importante é verificar, na situação concreta, se é realmente impossível ou excessivamente difícil produzir a prova da negativa, cotejando com a viabilidade de prova do fato positivo correlato, para fins de eventual redistribuição do ônus da prova.

8.7. Prova direta e indireta: indícios, presunções e máximas da experiência

A prova direta tem por objeto o próprio fato principal que compõe a causa de pedir e fundamenta o pedido. Exemplo: a testemunha afirma que o reclamante trabalhava das 8h às 19h, com uma hora de intervalo, comprovando a realização de horas extras.

Já a prova indireta se destina a demonstrar a ocorrência de um fato secundário – indício –, o qual, uma vez ocorrido, gera a presunção de que também ocorreu o fato principal. Exemplo: a testemunha, embora não tivesse contato visual com o reclamante, afirma que a empresa não permitia o registro das horas extraordinárias trabalhadas. Tal assertiva, por si só, não comprova a jornada da inicial, mas constitui prova indiciária.

A presunção, portanto, é resultado de um raciocínio lógico que se faz a partir da configuração do indício. A partir de um fato conhecido – o indício –, conclui-se pela existência de outro fato desconhecido. Essa é a presunção judicial (*hominis*), pois é fruto de raciocínio feito pelo juiz.

Há, também, presunções estabelecidas pelo legislador à luz do que ordinariamente acontece; nelas, não é pertinente cogitar de raciocínio judicial para que se conclua pela existência de determinado fato, pois a própria lei já a reconhece em certas situações. Trata-se das presunções legais, que podem ser relativas (*juris tantum*) ou absolutas (*juris et de jure*).

A presunção legal relativa ocorre quando o legislador estabelece que, ocorrendo um fato, deve-se concluir, em princípio, pela existência de outro, a menos que haja prova em sentido contrário. Ao revés, na presunção legal absoluta, a lei não admite prova contrária, descabendo cogitar da inexistência do fato presumido.

Exemplos de presunções relativas: a presunção de veracidade decorrente da ausência de juntada dos cartões de ponto é relativa (TST, Súmula 338, I[27]; CLT, art. 74, § 2º[28]), pois o réu pode produzir prova testemunhal que demonstre a inexistência de horas extras; as anotações constantes da CTPS, que podem ser infirmadas por qualquer meio de prova (TST, Súmula, 12) etc.[29]

Exemplos de presunções absolutas: a incapacidade absoluta do menor de 16 anos, mesmo que, em dada situação, trabalhe e seja totalmente independente de qualquer adulto; a impossibilidade de a empregada gestante exercer atividades caracterizadas por grau máximo de insalubridade (CLT, art. 394-A), pois se presume a existência de perigo à saúde da gestante e à do nascituro.

Perceba-se que, em qualquer a hipótese, a presunção não é, em si, meio de prova, pois consiste no resultado de um raciocínio empreendido pelo juiz ou pelo legislador a partir de indícios (presunção judicial) ou de máximas da experiência (presunção legal).

A presunção judicial e a legal relativa servem para dispensar a produção de prova de determinado fato, já que invertem o ônus da prova; já a presunção legal absoluta torna impertinente e irrelevante a produção de prova em sentido contrário.

Da mesma forma, as máximas da experiência não são meio de prova, mas podem gerar presunções acerca de determinados fatos. As regras de experiência comum subministradas pela observação do que ordinariamente acontece devem ser observadas pelo juiz (CPC, art. 375), e permitem a realização de raciocínio indutivo pelo homem médio: a partir de situações particulares conhecidas e reiteradas em determinado meio social, conclui-se que há uma regra geral que se aplicará quando se configurarem hipóteses futuras idênticas.

Exemplo: a experiência comum demonstra que quem ingerir diariamente, durante longo período, alimentos processados em *fast-food* apresentará aumento dos índices de colesterol e sobrepeso. Evidentemente, tal presunção pode não se confirmar em determinado caso concreto. Outro exemplo é a utilização do NTEP (nexo técnico epidemiológico previdenciário), previsto no art. 21-A da Lei 8.213/91[30],

---

27 TST, súmula 338, I – É ônus do empregador que conta com mais de 10 (dez) empregados o registro da jornada de trabalho na forma do art. 74, § 2º, da CLT. A não-apresentação injustificada dos controles de frequência gera presunção relativa de veracidade da jornada de trabalho, a qual pode ser elidida por prova em contrário.

28 Art. 74, § 2º – Para os estabelecimentos de mais de dez trabalhadores será obrigatória a anotação da hora de entrada e de saída, em registro manual, mecânico ou eletrônico, conforme instruções a serem expedidas pelo Ministério do Trabalho, devendo haver pré-assinalação do período de repouso.

29 TST, súmula 12: As anotações apostas pelo empregador na carteira profissional do empregado não geram presunção *juris et de jure*, mas apenas *juris tantum*.

30 Art. 21-A. A perícia médica do Instituto Nacional do Seguro Social (INSS) considerará caracterizada a natureza acidentária da incapacidade quando constatar ocorrência de nexo técnico epidemiológico entre o trabalho e o agravo, decorrente da relação entre a atividade da empresa ou do empregado doméstico e a

cuja constitucionalidade foi reconhecida pelo STF na ADI 3931[31]. A partir de dados estatísticos oficiais, o INSS verifica que ordinariamente a atividade profissional em deter-minados segmentos econômicos causa determinados agravos à saúde. A partir daí, a lei estabelece presunção relativa de nexo de causalidade entre a doença e o trabalho.

Além disso, as máximas da experiência são observadas pelo legislador quando estabelece presunções legais relativas ou absolutas.

9. ÔNUS DA PROVA

Por motivos de ordem variada – tais como a ausência ou desconhecimento dos fatos pelas testemunhas inquiridas –, nem sempre é possível a reconstrução precisa e exata dos fatos em processo judicial. Contudo, mesmo nestes casos, o Judiciário tem o dever de solucionar o conflito de interesses que lhe foi submetido: é inadmissível, no sistema processual brasileiro, o *non liquet*, ou seja, que o órgão jurisdicional deixe de julgar quando instado a tanto.

À luz dessa premissa, o ordenamento jurídico estabelece regras definidoras do ônus da prova.

Do ponto de vista objetivo, trata-se de regras dirigidas ao órgão jurisdicional, que, em caso de ausência de prova, deve julgar de forma contrária àquele que detinha o ônus e dele não se desincumbiu. Sob ótica subjetiva, o ônus da prova é o encargo processual da parte de provar o fato por ela alegado; não cumprido o encargo, não há sanção, mas apenas o enquadramento em posição processual desfavorável.

Produzir prova não é dever, nem obrigação; trata-se de ônus processual, já que a conduta é praticada em interesse próprio, e não para atender a direito alheio.

O juiz só fará uso, no julgamento, das regras de ônus da prova quando determinado fato não estiver comprovado nos autos, seja por ausência ou insuficiência da prova produzida. Se o fato estiver provado, será considerado existente independentemente de quem detivesse o ônus ou de quem haja produzido a prova.

O art. 818 da CLT, em sua redação originária, impunha às partes a prova de suas alegações, em dispositivo lacônico. Por tal motivo, doutrina e jurisprudência eram pacíficas quanto à aplicabilidade do art. 373 do CPC ao Processo do Trabalho. De acordo com o referido dispositivo legal, o autor tem o ônus de provar os fatos constitutivos de seu direito, ao passo em que incumbe ao réu provar os fatos extintivos, impeditivos e modificativos do direito do autor.

O tema do ônus da prova é mais um exemplo de questão em que se nota uma tendência crescente de aproximação do Processo Civil com o Processo do Trabalho. Na verdade, a Reforma Trabalhista, neste ponto, trouxe o regramento já previsto no Código de Processo Civil.

entidade mórbida motivadora da incapacidade elencada na Classificação Internacional de Doenças (CID), em conformidade com o que dispuser o regulamento.

31 ADI 3931, Tribunal Pleno, Rel. Min. Carmen Lúcia, julgado em 20.04.2020.

Exemplos de situações cujo ônus da prova recai, ordinariamente, sobre o reclamante (trabalhador): comprovação do vínculo empregatício, quando negada a prestação de serviços em defesa; pagamento não contabilizado (salário *por fora*); horas extraordinárias e intervalares; adicionais de insalubridade e de periculosidade; assédio moral e sexual etc.

Exemplos de situações cujo ônus da prova recai, em princípio, sobre a reclamada (empregadora): autonomia ou eventualidade, quando admitida a prestação de serviços; pagamento; horas extras e intervalares, quando não juntados injustificadamente os cartões de ponto etc.

O ônus da prova é previsto de forma estática pelo art. 373, ou seja, sem considerar o dinamismo e as especificidades que se podem fazer presentes em cada causa.

No entanto, em determinadas situações a lei modifica essa previsão, fazendo com que o autor deva comprovar a ausência de fatos obstativos, ou que o réu deva comprovar a não verificação dos fatos constitutivos do direito do autor. Trata-se da inversão do ônus da prova *ope legis*, consagrada por exemplo nos arts. 12 e 14 do Código de Defesa do Consumidor[32], segundo o qual é do fornecedor o ônus de comprovar que não há defeito no caso de ações envolvendo responsabilidade pelo fato do produto ou do serviço.

Em outras hipóteses, pode dar-se a inversão do ônus da prova *ope judicis*, vale dizer, por decisão fundamentada do juiz, à luz de peculiaridades da causa relacionadas à impossibilidade ou à excessiva dificuldade de cumprir o encargo ou à maior facilidade de obtenção da prova do fato contrário. A inversão do ônus da prova pelo juiz não pode gerar situação em que a produção da prova pela parte seja impossível ou excessivamente difícil (CPC, art. 373, §§ 1º e 2º).[33]

Já se sustentou, em doutrina, que a inversão do ônus da prova seria regra de julgamento, razão por que seria possível ao magistrado fazê-lo apenas no momento de prolação da decisão. Contudo, não há mais espaço para tal concepção, pois o Novo CPC - assim como a Reforma Trabalhista –, além de consagrar a vedação à decisão-surpresa (art. 10)[34], exige expressamente seja franqueada ao interessado a

---

[32] Art. 12 – O fabricante, o produtor, o construtor, nacional ou estrangeiro, e o importador respondem, independentemente da existência de culpa, pela reparação dos danos causados aos consumidores por defeitos decorrentes de projeto, fabricação, construção, montagem, fórmulas, manipulação, apresentação ou acondicionamento de seus produtos, bem como por informações insuficientes ou inadequadas sobre sua utilização e riscos.

Art. 14 – O fornecedor de serviços responde, independentemente da existência de culpa, pela reparação dos danos causados aos consumidores por defeitos relativos à prestação dos serviços, bem como por informações insuficientes ou inadequadas sobre sua fruição e riscos.

[33] Art. 373, § 1º – Nos casos previstos em lei ou diante de peculiaridades da causa relacionadas à impossibilidade ou à excessiva dificuldade de cumprir o encargo nos termos do caput ou à maior facilidade de obtenção da prova do fato contrário, poderá o juiz atribuir o ônus da prova de modo diverso, desde que o faça por decisão fundamentada, caso em que deverá dar à parte a oportunidade de se desincumbir do ônus que lhe foi atribuído.

§ 2º – A decisão prevista no § 1º deste artigo não pode gerar situação em que a desincumbência do encargo pela parte seja impossível ou excessivamente difícil.

[34] Art. 10 – O juiz não pode decidir, em grau algum de jurisdição, com base em fundamento a respeito do qual não se tenha dado às partes oportunidade de se manifestar, ainda que se trate de matéria sobre a qual deva decidir de ofício.

possibilidade de desincumbir do ônus da prova. Assim, o Juiz do Trabalho somente pode inverter *ope judicis* o ônus em fase processual que permita a produção da prova pela parte desfavorecida. Trata, assim, de regra de instrução.

Depreende-se que foi positivada a teoria dinâmica do ônus da prova (também chamada de princípio da carga probatória dinâmica), a qual propõe a flexibilização das regras processuais estanques quanto à distribuição do ônus probatório, fazendo com que este possa variar em cada caso concreto.

Tal teoria baseia-se no princípio da aptidão para a prova, segundo o qual a prova deve ser produzida pela parte que detenha maiores condições materiais ou técnicas para fazê-lo. Também fundamentam a referida teoria os princípios da cooperação processual e boa-fé objetiva, além dos critérios de justiça e razoabilidade.

O princípio da carga probatória dinâmica é perfeitamente aplicável no Processo do Trabalho, em que caberá ao Juiz, como diretor do processo, na forma do art. 765 da CLT[35], aferir a aptidão para a prova de cada uma das partes, o que permitirá inverta o ônus da prova de forma justa e equânime, caso haja necessidade.

Um exemplo é a inversão do ônus da prova, no caso de pedido de adicional de insalubridade, caso a reclamada não junte a documentação alusiva aos riscos inerentes ao trabalho (PPP, PPRA, PCSMO, LTCAT). A empresa que tiver obrigação de manter tais laudos técnicos pode, licitamente, ser instada a apresentar tal documentação em Juízo, já que tais laudos podem indicar precisamente os agentes nocivos e eliminar a necessidade de produção de prova pericial (CLT, art. 195, § 2º)[36], em consonância com o princípio da economia processual.

Outro exemplo envolve as ações em que se discute discriminação, em relação às quais há dificuldade no aspecto probatório, pois, embora se trate de fato constitutivo do direito, o prejudicado dificilmente conseguirá comprová-la, já que as práticas discriminatórias (sobretudo em se tratando das indiretas) ocorrem de forma sutil, não ostensiva. Assim, à luz do princípio da aptidão para a prova e da teoria dinâmica, pode-se inverter o ônus probatório, para que o empregador indique e comprove a licitude dos critérios utilizados no âmbito de suas relações de emprego. Outra possibilidade é considerar elementos estatísticos como prova indiciária, aptos a autorizarem a inversão do ônus da prova.

Tal espécie de conduta ilícita pode ocorrer também na dispensa de empregados, exemplificando-se com a situação do portador de doença grave ou estigmatizante. Nesse caso, presume-se discriminatória a dispensa (discriminação indireta), independentemente do elemento volitivo do empregador, pois uma pessoa que pertence a um grupo vulnerável (portadores de doenças graves) teve um tratamento desfavorável. A Súmula 443 do TST[37], ao presumir a dispensa discriminatória nessas hipóteses,

---

[35] Art. 765 – Os Juízos e Tribunais do Trabalho terão ampla liberdade na direção do processo e velarão pelo andamento rápido das causas, podendo determinar qualquer diligência necessária ao esclarecimento delas.

[36] Art. 195, § 2º – Arguida em juízo insalubridade ou periculosidade, seja por empregado, seja por sindicato em favor de grupo de associados, o juiz designará perito habilitado na forma deste artigo, e, onde não houver, requisitará perícia ao órgão competente do Ministério do Trabalho.

[37] TST, súmula 443: Presume-se discriminatória a despedida de empregado portador do vírus HIV ou de outra doença grave que suscite estigma ou preconceito. Inválido o ato, o empregado tem direito à reintegração no emprego.

constitui construção jurisprudencial baseada nas máximas da experiência, pois a experiência demonstra que a nossa sociedade discrimina portadores de doenças graves. Trata-se, portanto, de inversão do ônus da prova *ope judicis.*

9.1. Ônus da prova de acordo com a Reforma Trabalhista

9.1.1. Inversão do ônus da prova ope judicis

A distribuição dinâmica do ônus da prova significa que, considerando as particularidades do caso concreto, o juiz pode modificar o ônus da prova previsto estaticamente na lei. Quer-se dizer que, em uma situação concreta em que a prova seja muito difícil, impossível, ou a prova do fato contrário seja mais fácil, o juiz pode inverter o ônus da prova. Trata-se da chamada inversão do ônus da prova *ope judicis*, que significa inversão do ônus da prova por decisão judicial. Então, o juiz, no caso concreto, aplica a teoria da distribuição dinâmica e, como consequência, inverte o ônus da prova.

Por exemplo, se o reclamante, em regra, tem que provar o fato constitutivo do seu direito, quando o juiz aplica a teoria dinâmica, o reclamado deverá provar que não há o fato constitutivo do direito do autor. Ou, ao contrário, o juiz determina que seja o reclamante quem tenha que provar que não há fato obstativo do seu direito. Assim sendo, o juiz altera o cenário legal; trata-se de aplicação do princípio da adequação, o qual decorre do devido processo legal e permite a adaptação das regras processuais às mais diversas situações concretas.

Evidentemente, a decisão que inverte o ônus da prova tem que ser fundamentada, como qualquer outra decisão judicial. Tal aspecto sequer precisava estar escrito no § 1º do art. 818 da CLT, por se tratar de mandamento constitucional (CF, art. 93, IX) já positivado no CPC (art. 489, § 1º). O juiz, para inverter o ônus da prova, tem que ter fundamento. Não se pode inventar o ônus da prova simplesmente porque se deseja: o juiz não tem liberdade ou discricionariedade na avaliação de inversão do ônus da prova.

O juiz somente pode inverter o ônus da prova se houver impossibilidade ou grande dificuldade de prova de realização de determinada prova, ou maior facilidade de prova do fato contrário. Deve o juiz demonstrar racionalmente como tais conceitos se aplicam no caso concreto.

9.1.2. Inversão do ônus da prova ope judicis *como regra de instrução*

A inversão do ônus da prova *ope judicis* é regra de instrução. Isso significa que o juiz pode inverter o ônus da prova, mas só pode fazê-lo em momento processual no qual a parte que terá a inversão em seu desfavor tenha condições de produzir prova. Ou seja, a inversão do ônus da prova *ope judicis* não é regra de julgamento.

O que seria uma regra de julgamento? Seria regra de julgamento se o ônus estático da prova fosse invertido pelo juiz apenas na sentença, surpreendendo a parte. Isso está ligado ao art. 10 do CPC, à proibição da decisão surpresa.

O juiz não pode surpreender a parte. Então, o juiz pode inverter o ônus da prova, desde que permita que a parte prejudicada produza a prova, em fase processual que ainda permita isto, ou seja, antes da instrução processual.

9.1.3. *Inversão do ônus da prova* ope legis *como regra de julgamento*

Em contraponto, a inversão do ônus da prova *ope legis* é uma regra de julgamento.

É o que ocorre em algumas envolvendo a defesa do consumidor. Então, por exemplo, no Código de Defesa do Consumidor (Lei nº 8.078, de 11/09/1990), há a situação de defeito do produto e/ou do serviço, do fato do produto. Nesta situação, o próprio § 3º do art. 14 do CDC[38] prevê que o ônus de comprovar que não há defeito do produto e/ou do serviço nem o fato do produto ou do serviço é do fornecedor.

O defeito do produto e o defeito do serviço é um fato constitutivo do direito do autor. Então, seria ônus do consumidor produzir esta prova, mas o § 3º do art. 14 do CDC inverte o ônus da prova e aponta que é do fornecedor o ônus de comprovar que não há o fato constitutivo do direito do consumidor. Então, é uma inversão do ônus da prova por força de lei.

Nessa situação, a inversão do ônus da prova *ope legis* é uma regra de julgamento, porque o fornecedor já sabe, de antemão, que é dele o ônus da prova. Então, caso o juiz julgue com base nisto, o juiz não o surpreenderá nem violará o art. 10 do CPC, proferindo uma decisão-surpresa. A partes já tinham ciência prévia com relação a este aspecto.

9.1.4. *Adiamento da audiência*

Como se viu, o § 2º do art. 818 da CLT prevê a inversão do ônus da prova como regra de instrução e, a requerimento da parte, deve haver o adiamento da audiência.

Quando o legislador positiva tal entendimento, parte do princípio de que o juiz inverterá o ônus da prova na audiência inicial ou na audiência una (= na primeira audiência antes de fazer a instrução).

Se o juiz inverte o ônus da prova em audiência, realmente ele tem o dever de permitir que a parte possa se programar com relação àquela inversão, porque, por exemplo, a parte contava que o ônus da prova era de seu adversário e não levou testemunha para a audiência, nem juntou documento, justamente porque não detinha o ônus da prova.

Então, se o juiz conduzisse a audiência, após a inversão do ônus da prova, sem conferir oportunidade de adiamento, certamente isso seria prejudicial e violaria, na maioria dos casos, a ampla defesa e o contraditório da parte prejudicada pela inversão. Então, é coerente a previsão de adiamento da audiência a requerimento da parte em cujo desfavor foi invertido o ônus da prova.

---

[38] Art. 14, § 3º O fornecedor de serviços só não será responsabilizado quando provar:
I – que, tendo prestado o serviço, o defeito inexiste;
II – a culpa exclusiva do consumidor ou de terceiro.

O primeiro detalhe com relação ao § 2º do art. 818 da CLT é o de que a parte prejudicada pela inversão do ônus da prova pode renunciar ao adiamento. Até porque o § 1º do art. 818 da CLT fala em requerimento da parte.

Então, ao inverter o ônus da prova para favorecer uma das partes, a parte favorecida não pode requerer o adiamento da audiência em decorrência da inversão. Ela até pode requerer o adiamento por outro motivo, mas jamais em decorrência da inversão do ônus da prova, porque ela foi beneficiada e, então, não faz sentido que peça o adiamento.

Porém, a parte prejudicada tem total interesse em requerer o adiamento. E, da mesma forma que pode requerer, pode também renunciar ao adiamento. Exemplo: a parte será prejudicada pela inversão do ônus da prova, mas já trouxe testemunha e já produziu as provas necessárias. Então, para ela, é irrelevante que haja tal adiamento.

O segundo detalhe com relação ao § 2º do art. 818 da CLT é o de que o adiamento da audiência nem sempre ocorre. A presunção do legislador reformista trabalhista é a de que a inversão do ônus da prova ocorra durante a audiência inicial ou una.

Suponha-se, entretanto, que o Juiz do Trabalho, em audiência inicial, não inverta o ônus da prova, mas, antes da audiência de instrução, no curso do processo, por meio de decisão interlocutória, realiza a inversão. Assim, entre uma audiência e outra, dá ciência às partes quanto à inversão do ônus da prova. Exemplo: a audiência de instrução estava designada para 20/09/2018 e o juiz, por meio de uma decisão interlocutória proferida em 20/08/2018, intima as partes acerca da inversão do ônus da prova.

Desde que haja prazo mínimo de 5 (cinco) dias entre a intimação acerca da inversão do ônus da prova e a audiência em que se produzirá a prova, não há necessidade de qualquer adiamento da assentada em virtude da inversão.

A necessidade de observância do prazo de 5 (cinco) dias decorre da aplicação analógica do art. 841 da CLT. Tal dispositivo prevê que, entre o recebimento da notificação pelo reclamado e a audiência, deve-se observar o prazo mínimo de 5 (cinco) dias. A analogia é pertinente porque tal prazo é o lapso temporal mínimo que a lei considera necessário para que a parte tenha condições de produzir provas, defesa.

9.1.5. *Negócio jurídico processual sobre ônus da prova*

Sabe-se que o CPC positivou, nos §§ 3º e 4º do seu art. 373, a figura do negócio jurídico processual sobre ônus da prova.

Assim, no Processo Civil, as partes podem modificar, por vontade própria, o ônus estático da prova previsto em lei, fazendo acordo durante o processo – ou até mesmo antes dele – com a previsão, por exemplo, que o ônus da inexistência do fato constitutivo do direito do autor será do réu, ou que o ônus de inexistência do fato obstativo do direito do autor será do do próprio autor.

No Processo do Trabalho, entretanto, perceba-se que a Reforma Trabalhista incorporou, em geral, o regramento que vinha no CPC quanto à teoria dinâmica do ônus da prova; no entanto, a figura do negócio jurídico processual para fins de inversão do ônus da prova não consta da CLT no cenário pós-Reforma.

Assim, intencionalmente a Lei nº 13.467/2017 não incorporou a previsão do negócio jurídico processual sobre ônus da prova. Como os direitos trabalhistas, em geral, são indisponíveis e irrenunciáveis, realmente não há como admitir que empregado e empregador façam acordo antes ou durante o processo, invertendo o ônus da prova e prejudicando o trabalhador, por exemplo.

Portanto, nesse cenário, a tendência é que não se admita o negócio jurídico processual que inverta o ônus da prova em processos trabalhistas.

10. VALORAÇÃO DA PROVA E *IN DUBIO PRO OPERARIO*

Conforme visto[39], no Processo do Trabalho aplicam-se técnicas processuais capazes de assegurar real isonomia entre os litigantes, como, por exemplo, a inversão do ônus da prova, baseada na moderna teoria dinâmica da distribuição de tal ônus. Assim, a parte que tiver melhores condições de produzir a prova de determinado fato deve ser instada a fazê-lo, independentemente da distribuição rígida e estática prevista no Código de Processo Civil e na Consolidação das Leis do Trabalho. E, no contexto da relação de emprego e do processo laboral, geralmente é o empregador que detém documentos e tem mais facilidade de produzir provas.

Se não for o caso de inverter o ônus da prova, o Juiz deve julgar desfavoravelmente à parte que o detinha. Assim, se o trabalhador não se desincumbir de seu ônus probatório, em decorrência de produção probatória ambígua, descabe invocar o princípio da proteção para prestigiar mais acentuadamente a prova produzida pelo reclamante.

A impropriamente chamada *prova dividida*[40] não autoriza, portanto, julgamento favorável ao trabalhador com base no princípio *in dubio pro operario*, que se aplica apenas quando houver dúvida quanto à interpretação de determinado enunciado normativo. Se os fatos não forem satisfatoriamente comprovados, o Juiz do Trabalho deve julgar de acordo com as regras atinentes ao ônus da prova.

11. INICIATIVA PROBATÓRIA DO JUIZ

Sendo o juiz o seu destinatário direto, é natural que possa ter iniciativa no que tange à produção das provas necessárias ao julgamento do mérito, conforme se extrai do art. 370, *caput*, do CPC.

A iniciativa probatória do juiz não compromete, de forma alguma, sua imparcialidade; ao contrário, faz com que se aproxime da adequada apuração dos fatos e do descobrimento da verdade, o que viabilizará a justiça da decisão. O modelo cooperativo de processo pressupõe que tanto as partes, quanto órgão jurisdicional,

[39] Capítulo II, item 7.

[40] Item 8.4 deste Capítulo.

sejam ativos e colaborem entre si na busca da verdade, sem a preponderância da atuação de qualquer dos sujeitos processuais.

Observe-se que a lei não faz qualquer distinção quanto à intensidade da iniciativa probatória do juiz, considerando a espécie de direito discutido em juízo. Contudo, há posicionamentos no sentido de que, nas causas sobre direitos disponíveis, a atuação do juiz deveria ser subsidiária, respeitando, em princípio, a iniciativa probatória das partes; já nas causas que versem sobre direitos indisponíveis, o juiz deveria promover a apuração dos fatos em caráter principal, em conjunto com as partes.[41]

A inércia absoluta e a postura demasiadamente ativa do juiz na produção de provas podem comprometer sua imparcialidade: no primeiro caso, por desconsiderar a eventual desigualdade entre as partes e a dificuldade que uma delas possa ter na produção da prova; no segundo, por dar margem a autoritarismos e a prejulgamentos.

Independentemente da espécie de direito tutelado, a iniciativa probatória do juiz deve ser exercida com equilíbrio e com o objetivo de permitir a apuração dos fatos em conjunto com as partes, em ambiente cooperativo.

12. DEMANDAS PROBATÓRIAS AUTÔNOMAS: PRODUÇÃO ANTECIPADA DE PROVAS[42]

Apesar de ser utilizada a expressão *produção antecipada de provas* na Seção II do Capítulo das provas no CPC (art. 381 e seguintes), os dispositivos legais pertinentes não se aplicam apenas para a situação em que se pretende a produção de prova para utilização em futuro processo.[43] Na verdade, a regulamentação assegura e reconhece a existência de um direito autônomo à produção de provas, que pode vincular-se, ou não, a outro processo judicial. De todo modo, jamais haverá obrigatoriedade de ajuizamento de outra ação, após o julgamento da demanda probatória autônoma.

A demanda probatória autônoma assume feição cautelar nas situações em que haja fundado receio de que venha a tornar-se impossível ou muito difícil a verificação de certos fatos na pendência da ação (art. 381, I). De fato, em tais hipóteses, trata-se verdadeiramente de produção antecipada da prova, tendo em vista a situação de urgência que pode vir a impossibilitar sua produção em eventual ação que eventualmente venha a ser ajuizada. É o que acontece, por exemplo, se houver risco acentuado de falecimento de testemunha; ou na situação de iminente desativação do estabelecimento empresarial, o que impediria a realização de perícia para verificação da insalubridade.

Contudo, é cabível o ajuizamento de demanda probatória autônoma sem caráter cautelar, nas situações em que a prova a ser produzida seja suscetível de viabilizar

---

41 Nesse sentido, GRECO, v.2, p. 127.

42 O presente tópico incorpora reflexões provenientes de artigo que escrevemos em coautoria com o Professor Bruno Freire e Silva, da Universidade do Estado do Rio de Janeiro (UERJ). SILVA, Bruno Freire e; BERNARDES, Felipe (2020). PRODUÇÃO ANTECIPADA DE PROVAS NO PROCESSO DO TRABALHO. Revista Eletrônica De Direito Processual, 22(1). https://doi.org/10.12957/redp.2021.56697

43 Percebeu o ponto CÂMARA, *op. cit.*, p. 238.

a autocomposição ou outro meio adequado de solução de conflito; ou quando o prévio conhecimento dos fatos possa justificar ou evitar o ajuizamento de ação (art. 381, II e III).

Tais hipóteses são bastante pertinentes ao Processo do Trabalho, e podem fazer com que, a partir do mero acertamento dos fatos, os interessados cheguem a um acordo, ou mesmo que o trabalhador desista de ajuizar a ação caso perceba que não dispõe de elementos fáticos para ter êxito em sua pretensão.

Nesse contexto, não é totalmente exata a afirmação de que a produção antecipada de provas se destina a permitir a obtenção de prova a ser utilizada em futura "ação principal". Primeiro, porque não há obrigatoriedade de ajuizar outra ação para discutir os direitos materiais envolvidos, após a tramitação da ação de produção antecipada de provas (eventualmente chamada de "PAP"). Segundo, porque o direito à prova, por ser autônomo, não pode ser classificado como acessório de um direito principal.

A demanda probatória autônoma de arrolamento de bens tem o objetivo de listar bens que não são conhecidos e, eventualmente, apreendê-los. Já a justificação é utilizada para a demonstração, sem caráter contencioso, de fato ou relação jurídica para simples documento; é o exemplo do cidadão que pretende comprovar união estável para fins previdenciários. Tais hipóteses, previstas respectivamente nos §§ 1º e 5º do art. 381 do CPC, são de parca ou nenhuma utilização na Justiça do Trabalho.[44]

A competência para as demandas probatórias autônomas é do foro onde a prova deva ser produzida, ou o do domicílio do réu; o Juízo em que tramitar não fica prevento para a ação que venha a ser proposta (art. 381, §§ 2º e 3º).

O autor da demanda probatória autônoma deve apresentar, na petição inicial, as razões que justificam a necessidade de antecipação da prova e mencionar com precisão os fatos sobre os quais a prova há de recair.

Os interessados devem ser citados – salvo se inexistente caráter contencioso –, a requerimento da parte ou de ofício pelo juiz. Perceba-se que o art. 382, § 1º, do CPC, autoriza a intervenção *iussu iudicis*, ou seja, a integração ao processo por determinação judicial, independentemente de requerimento da parte.

Não haverá defesa no procedimento de produção probatória autônoma; e, em regra, não se admite interposição de recurso, salvo se a decisão indeferir totalmente a produção da prova pleiteada pelo requerente originário (art. 382, § 4º). Nessa específica situação, será pertinente o manejo de recurso ordinário.

Nas demandas probatórias autônomas, o juiz não se pronunciará sobre a ocorrência ou a inocorrência do fato, nem sobre as respectivas consequências jurídicas. Os interessados poderão requerer a produção de qualquer prova no mesmo procedimento, desde que relacionada ao mesmo fato, salvo se a sua produção conjunta acarretar excessiva demora (art. 382, §§ 2º e 3º).

---

[44] Art. 381, § 1º – O arrolamento de bens observará o disposto nesta Seção quando tiver por finalidade apenas a realização de documentação e não a prática de atos de apreensão. (...)

§ 5º – Aplica-se o disposto nesta Seção àquele que pretender justificar a existência de algum fato ou relação jurídica para simples documento e sem caráter contencioso, que exporá, em petição circunstanciada, a sua intenção.

12.1. Interesse de agir: alegação do direito material e prévio requerimento

Embora haja controvérsias doutrinárias a respeito, prevalece o entendimento segundo o qual o interesse de agir se configura quando houver necessidade e utilidade da tutela jurisdicional. A necessidade surge "quando o autor não tiver outro meio, além da tutela jurisdicional, hábil a satisfazer sua pretensão"; e a utilidade se configura "quando o provimento jurisdicional postulado tiver, em tese, aptidão para melhorar a situação jurídica do demandante".[45]

Aplicando tais noções à produção antecipada de provas, surgem três questionamentos: (i) a petição inicial deve indicar expressamente qual o direito material pode se originar dos fatos a serem investigados?; (ii) a petição inicial deve indicar qual pedido seria formulado em eventual "ação principal" futura?; (iii) no caso específico de prova documental, é necessário que o interessado requeira o documento prévia e amigavelmente à contraparte da relação jurídica material?

No que tange às duas primeiras indagações, Flávio Luiz Yarshell afirma que "seguramente não há o ônus de indicar qual será a 'ação principal' a ser proposta"[46]; apesar disso, o doutrinador explica que, se for possível "detectar a inviabilidade do processo cujo objeto é a declaração" (leia-se: futura e eventual ação principal), "não há razão para fazer prova de fatos que, nem mesmo em tese, podem conduzir a um resultado favorável ao demandante"[47].

De fato, reconhecida a existência de um direito autônomo à prova, não faria sentido exigir do autor a indicação do pedido a ser formulado em outra ação a ser futuramente ajuizada, pois a produção antecipada de prova não está vinculada a uma "ação principal", que pode nunca existir.

No entanto, pode ser necessário que o autor expressamente indique qual o direito material associado aos fatos objeto de investigação na produção antecipada de provas. Isso porque o interesse na investigação antecipada do fato pressupõe a possibilidade de geração de efeitos jurídicos no plano material para o interessado.

Perceba-se que, em alguns casos, a utilidade da medida fica evidente, como nos exemplos em que o trabalhador pede a exibição de cartões de ponto e contracheques, ou perícia para apuração de insalubridade (situações em que seria evidente que os fatos se relacionam a direitos decorrentes da jornada de trabalho e adicional de insalubridade, respectivamente). Em tais hipóteses, sequer haveria necessidade de a petição inicial da PAP declinar os direitos materiais em jogo. Porém, se a utilidade não for evidente a partir dos fatos a serem investigados, o autor deve informar a relação jurídica material subjacente. Pense-se, por exemplo, numa ação de produção antecipada de provas destinada a apurar a quantidade de empregadas do sexo feminino em posições de chefia determinada companhia. Em tal hipótese, seria imprescindível que a autora esclarecesse que o objetivo da medida seria apurar possível prática discriminatória pelo empregador, com o pagamento de indenizações daí decorrentes.

---

[45] Cf. BERNARDES, Felipe. Manual de Processo do Trabalho. 2ª ed. Editora Jus Podivm: Salvador, 2019, p. 229.

[46] YARSHELL, op.cit., p. 1155.

[47] YARSHELL, op.cit., p. 1157.

Quanto ao requerimento prévio e amigável à contraparte da relação jurídica material, o Superior Tribunal de Justiça fixou a seguinte tese, em sede de recurso repetitivo:

> "A propositura de ação cautelar de exibição de documentos bancários (cópias e segunda via de documentos) é cabível como medida preparatória a fim de instruir a ação principal, bastando a demonstração da existência de relação jurídica entre as partes, a comprovação de prévio pedido à instituição financeira não atendido em prazo razoável, e o pagamento do custo do serviço conforme previsão contratual e normatização da autoridade monetária"[48].

O julgado é absolutamente coerente com a realidade do direito consumerista, pois é direito básico do consumidor a obtenção de informações adequadas e claras sobre os diferentes produtos e serviços (Lei nº 8.078/90, art. 6º, III), havendo obrigação correspondente do fornecedor de prestar tais informações, quando solicitadas pelo consumidor.

No âmbito trabalhista, entretanto, não há dispositivo legal que estabeleça, em caráter geral, a obrigação patronal de prestação de informações e de fornecimento de documentos ao trabalhador. Além disso, a dinâmica das relações de trabalho gera, muitas vezes, animosidade entre as partes, tornando inusitada a colaboração espontânea do empregador com a finalidade de gerar prova em favor do trabalhador.

É evidente que nada impede - ao contrário, tudo recomenda, sempre que possível - que seja feito prévio requerimento amigável à contraparte da relação de trabalho. Contudo, não há necessidade de prévio requerimento para configuração do interesse de agir na produção antecipada de prova.

12.2. Natureza jurídica da produção antecipada de provas

É controvertida, em doutrina, a natureza jurídica da medida judicial de produção antecipada de provas. Fredie Didier sustenta tratar-se de jurisdição voluntária, negando-lhe o caráter cautelar[49]. Flávio Luiz Yarshell argumenta que se cuida de atividade tipicamente jurisdicional e, por isso, não se trataria de mero procedimento de jurisdição voluntária[50]. Carvalho Filho aduz não ser possível definir em abstrato se os processos probatórios em geral teriam natureza de jurisdição voluntária ou contenciosa[51].

Conforme ensina Leonardo Greco:

> "tutelar interesses particulares sem que haja lide é função jurisdicional, desde que exercida por órgãos e funcionários investidos das garantias necessárias ao desempenho

[48] REsp 1349453/MS, Rel. Ministro LUIS FELIPE SALOMÃO, SEGUNDA SEÇÃO, julgado em 10/12/2014, DJe 02/02/2015.

[49] DIDIER JR., Fredie; BRAGA, Paula Sarno; OLIVEIRA, Rafael Alexandria de, op. cit., p. 142.

[50] YARSHELL, op.cit. p. 1165.

[51] CARVALHO FILHO, op.cit, p. 94.

dessa atividade com absoluta independência e imparcialidade, exclusivamente no interesse dos seus destinatários"[52]

A produção antecipada de provas tem o caráter típico de jurisdição voluntária, pois se cuida de atuação imparcial e independente do Poder Judiciário, com o objetivo único de tutelar o interesse dos destinatários das provas (as partes). Neste procedimento, o juiz não emitirá juízo de valor sobre a prova obtida.

Ademais, o delineamento do instituto no CPC – o qual não admite defesa e, em princípio, a interposição de recursos, conforme se estudará adiante – permite concluir que não há possibilidade de que o procedimento da PAP se converta em jurisdição contenciosa. Para que um procedimento de jurisdição voluntária se transforme em jurisdição contenciosa, é necessário "que o processo adote um procedimento com amplitude de defesa, de formas e de provas e que sejam admissíveis os mesmos recursos", sendo que neste caso, "a decisão judicial, resultante de cognição exaustiva, também gerará a imutabilidade da coisa julgada"[53].

Dessa forma, ainda que surja controvérsia quanto à produção da prova, a estrutura procedimental da ação de produção antecipada de prova não comporta contraditório amplo e cognição exaustiva, razão pela qual jamais pode se converter em procedimento de jurisdição contenciosa.

12.3. Prova documental na produção antecipada de provas

A doutrina se divide acerca da possibilidade, ou não, de uso da ação de produção antecipada de provas com objetivo de obtenção antecipada de prova documental.

De acordo com Humberto Theodoro Júnior, a produção antecipada de prova pode consistir em prova oral, compreendendo interrogatório da parte e inquirição de testemunha; ou prova pericial[54]. Fredie Didier exclui a prova documental daquelas que podem ser objeto de PAP, em virtude da existência do procedimento de exibição de documento[55]; contudo, em outra passagem, o mesmo autor afirma que "a ação de exibição de coisa ou documento contra a parte adversária poderá ocorrer por ação autônoma", a qual seria uma espécie de "ação probatória autônoma, nos termos em que autorizada pelos arts. 381-383 do CPC"[56].

Luiz Guilherme Marinoni afirma expressamente que, caso se pretenda a exibição de documento, pode-se recorrer, "eventualmente, especificamente no caso de exibição preparatória, à medida de produção antecipada de provas (arts. 381 a 383)"[57]. No mesmo sentido, Cássio Scarpinella Bueno aduz que, caso ainda não haja processo

---

52 GRECO, Leonardo. Instituições de Processo Civil: Introdução ao Direito Processual Civil. v.1. Rio de Janeiro: Forense, 2009, p. 101.

53 GRECO, op. cit., loc.cit.

54 THEODORO JÚNIOR, Humberto. Curso de Direito Processual Civil, v.1. 56ª ed. Rio de Janeiro: Forense, 2015, p. 917.

55 DIDIER JR., Fredie; BRAGA, Paula Sarno; OLIVEIRA, Rafael Alexandria de, op. cit., p. 142.

56 Ibidem, p. 235.

57 MARINONI, Luiz Guilherme; ARENHART, Sérgio Cruz; MITIDIERO, Daniel. Novo Curso de Processo Civil, v.2. São Paulo: Revista dos Tribunais, 2015, p. 347.

em curso, e a parte necessite da produção da prova documental, "poderá se valer do procedimento previsto no art. 381, do CPC/2015"[58].

Guaragni e Koziloski, após ampla revisão da literatura especializada, aduzem:

> "[a linha] majoritária entende que a antiga cautelar de exibição é hoje abarcada pela produção antecipada de provas - instituto que admitiria qualquer meio de prova -, reservando ao procedimento de exibição com fulcro nos artigos 396 a 404, do CPC, natureza exclusivamente incidental"[59].

De fato, nada há na regulamentação legal que pré-exclua do campo da produção antecipada de provas a prova documental. Ao contrário, o perfil do instituto, ao valorizar o papel das partes como destinatários das provas, facilitando a autocomposição e meios alternativos de solução de conflitos, bem como o estímulo à litigância responsável, recomenda a admissibilidade da prova documental na produção antecipada de provas. Não há qualquer motivo para que se faça interpretação restritiva dos arts. 381 a 383 do CPC.

Sem dúvida, na produção antecipada de prova documental, haverá aplicação, no que couber, do regramento dos arts. 396 a 404 do CPC (exibição de documento ou coisa). Não será possível, entretanto, a aplicação da presunção de veracidade dos fatos que, por meio do documento ou coisa, a parte pretendia prova, quando o requerido deixar de exibi-lo injustificadamente (CPC, art. 400, *caput*). Isso porque, no procedimento de produção antecipada de provas, o juiz não valora as provas (CPC, art. 382, §2º) e não pode proferir decisão que vincule o juiz de eventual futuro processo em que se discuta o direito material.

12.4. Competência material e territorial para a produção antecipada de provas

A produção antecipada de provas será de competência da Justiça de Trabalho quando os fatos a serem apurados sejam capazes de gerar efeitos em relação jurídica que se enquadre nas previsões do art. 114 da Constituição. Dito de outro modo, sempre que os fatos hajam ocorrido no contexto de uma relação de trabalho (ou demais relações jurídicas abrangidas pelo art. 114 da CF) haverá competência material da Justiça do Trabalho.

Quanto à competência territorial, o art. 381, §2º, do CPC estatui que "a produção antecipada da prova é da competência do juízo do foro onde esta deva ser produzida ou do foro de domicílio do réu".

A opção legislativa de foros concorrentes é criticada, em geral, pela doutrina, sob o fundamento de que a opção pelo domicílio do réu "poderá ensejar um processo que substancialmente tramitará por meio de carta precatória"[60].

---

[58] BUENO, Cassio Scarpinella. Comentários ao código de processo civil. São Paulo: Saraiva, 2017, p. 284.

[59] GUARAGNI, KOZIKOSKI, op. cit., p. 175.

[60] NEVES, Daniel Amorim Assumpção. Novo Código de Processo Civil Comentado. Salvador: Jus Podivm, 2016, p. 673.

De fato, o único foro competente deveria ser o local onde a prova deva ser produzida. Trata-se de critério territorial funcional (assim como ocorre, por exemplo, com a competência territorial para a ação civil pública), pautado no interesse público, já que o processo será muito mais econômico e efetivo se tramitar no local de produção da prova – já que este é o único objeto da produção antecipada de prova.

Curiosamente, o legislador optou por criar uma competência absoluta que pode ser excepcionada caso o autor opte pelo domicílio do réu. Não se trata de situação desejável, mas processualmente é aceitável tal opção legislativa, se se pensar que as nulidades processuais são regidas pelo princípio da transcendência, de modo que, não havendo prejuízo para o réu, não haveria razão para reconhecer a nulidade do processo por tramitar no foro do respectivo domicílio.

Assim, no Processo do Trabalho, a competência para a produção antecipada de prova recairá preferencialmente no foro do local onde a prova deva ser produzida, mas não haverá nulidade caso seja ajuizada no foro do domicílio do réu, por força do art. 381, §2º, do CPC. Contudo, se vier a ser ajuizada futura reclamação trabalhista, com base na prova colhida na PAP, a fixação de competência deverá seguir o regramento do art. 651 da CLT.

Importante observar, ainda, que o art. 381, §3º, do CPC, estatui que "a produção antecipada da prova não previne a competência do juízo para a ação que venha a ser proposta". Dessa forma, o ajuizamento de reclamação trabalhista embasada nas provas colhidas na PAP se sujeitará à livre distribuição.

12.5. Procedimento na Justiça do Trabalho

A produção antecipada de provas apresenta como peculiaridades procedimentais o fato de não admitir defesa, nem recurso, salvo contra a decisão que indeferir totalmente a produção da prova pleiteada pelo requerente originário (CPC, art. 382, §4º).

Considerado o caráter não contencioso do procedimento, não haverá necessidade, em princípio, de designação de audiência para tentativa de conciliação, recebimento de defesa etc. Somente será pertinente a realização de audiência se a prova requerida pela parte assim o exigir (exemplo: colheita antecipada de depoimento pessoal ou testemunhal).

Desse modo, após a citação dos interessados, deve-se dar início ao procedimento de produção da prova, observando-se as regras atinentes ao meio de prova requerido pelo autor da PAP. Assim, se a prova requerida for pericial, haverá nomeação de perito, possibilidade de nomeação de assistentes técnicos, formulação de quesitos, pedido de esclarecimento ao perito etc.; as provas orais serão colhidas em audiência conforme procedimento próprio.

Se houver requerimento de produção antecipada de prova documental, o juiz deverá conceder prazo razoável (em princípio, 5 dias, conforme art. 218, §3º, do CPC, e art. 841 da CLT) para que o requerido exiba os documentos. Exibidos os documentos, o requerente deve ser intimado para se manifestar e, não havendo pendências, será proferida sentença homologatória – decisão de extinção do processo.

Não exibidos, ou exibidos parcialmente os documentos, o juiz deve analisar se há justificativa plausível para a não exibição. Em havendo, proferirá sentença de extinção do processo, indeferindo a produção da prova, e contra tal sentença caberá recurso ordinário.

Se a recusa de exibição do documento for tida por injustificada, é possível a adoção de medidas coercitivas (como as *astreintes*) ou subrogatórias (como a busca e apreensão, conforme o caso), caso haja necessidade. Sobre o ponto, ver itens 8 e 9, abaixo.

Por fim, veja-se que os interessados poderão requerer a produção de qualquer prova no mesmo procedimento, desde que relacionada ao mesmo fato, salvo se a sua produção conjunta acarretar excessiva demora (CPC, art. 382, §3º).

12.6. Contraditório, cognição judicial e coisa julgada

Como visto, no procedimento de produção antecipada de provas, não se admitirá defesa ou recurso, salvo contra decisão que indeferir totalmente a produção da prova pleiteada pelo requerente originário (CPC, art. 382, §4º).

Daniel Neves aduz ser "flagrantemente contrário ao princípio do contraditório impedir o exercício de defesa e a interposição de recursos" na produção antecipada de provas[61]. A preocupação com o contraditório é legítima, mas o dispositivo legal deve ser interpretado à luz do delineamento da produção antecipada de provas no CPC, bem como da Constituição Federal.

Como a PAP é procedimento de jurisdição voluntária no qual não pode ser valorada a prova eventualmente produzida, é evidente que nele não há espaço para contraditório quanto ao direito material decorrente dos fatos investigados. Por isso, o Código ressaltou não caber defesa nesse tipo de procedimento.

Contudo, questões de ordem pública atinentes ao direito material ou processual podem ser alegadas pelo requerido na produção antecipada de provas. Se o juiz pode reconhecer tais questões de ofício, *a fortiori* deve-se reconhecer a possibilidade de fazê-lo por provocação do requerido. Desse modo, a qualquer tempo, no curso do procedimento de produção antecipada de provas, é possível que o requerido argua questões como incompetência do juízo, ilegitimidade das partes, falta de interesse de agir, inadmissibilidade da prova, entre outras.

Além disso, por opção legislativa legítima, optou-se por restringir o cabimento de recurso para abranger somente o indeferimento total da prova. Veja-se, entretanto, que nada impede que a prova indeferida na PAP seja produzida em eventual ação judicial em que se discuta o direito material decorrente dos mesmos fatos.

De outro lado, como a decisão que defere a produção da prova não comporta recurso, é possível que seja impugnada pela vida do mandado de segurança, caso haja direito líquido e certo do requerido de não a ver produzida. Exemplo: o juiz defere

---

61 NEVES, op.cit., p. 678.

a produção de prova que viola a intimidade de terceiros, como a determinação de exibição de prontuário médico sigiloso atinente a determinado paciente.

Depreende-se que o procedimento da produção antecipada apresenta limitações cognitivas horizontais (apenas questões processuais de ordem pública, incluindo as atinentes à admissibilidade da prova, mas jamais a valoração da prova produzida) e verticais (pois não se prevê de forma ampla o cabimento de recursos, nem a possibilidade de produção de provas e argumentos sobre o direito autônomo à produção da prova).

Sobre o tema da coisa julgada na produção antecipada de provas, Flávio Yarshell aduz que:

> "a decisão que indefere a produção antecipada faz coisa julgada material porque é sentença declaratória negativa e a procedência apenas criaria preclusão *pro judicato*, impedindo que o juiz defira novamente a produção da mesma prova, salvo se houver fatos ou circunstâncias novas". No entanto, "ambas as decisões não interferem na admissão e valoração da prova na demanda de mérito"[62].

Já para Fredie Didier, a decisão na ação de produção antecipada de provas tem "aptidão para coisa julgada", a qual ficaria "restrita à declaração sobre a existência ou não do direito autônomo à prova"[63].

Contudo, nem mesmo a declaração sobre a existência do direito autônomo à prova fica coberta pela imutabilidade da coisa julgada material, a qual pressupõe decisão judicial proferida em processo de cognição plena[64]. Sobre o tema, veja-se a lição de Leonardo Faria Schenk:

> "Observado o conteúdo atual do contraditório, a cognição plena pressupõe um modelo procedimental idôneo, predeterminado pelo legislador, por norma geral e abstrata, capaz de assegurar às partes o pleno exercício das suas faculdades defensivas. (...) Essa predeterminação legislativa envolve todas as alegações que sustentam a demanda, sejam as do autor ou as do réu, alcançando tanto a forma de exposição dos fatos quanto os demais fundamentos. (...) Envolve, por fim, a previsão de prazos congruentes para o amplo exercício da defesa, não apenas no momento inicial da marcha processual, mas em todo o seu curso, com especial atenção para a fase decisória"[65]

Nesse diapasão, como a produção antecipada de provas não conta com procedimento previsto abstratamente e que assegure amplo contraditório quanto ao direito autônomo de produzir a prova, a respectiva decisão judicial não forma coisa julgada material. Assim, nada impede que se ajuíze nova ação de produção antecipada de provas com a finalidade de obter prova que haja sido indeferida – total ou parcialmente – em procedimento preparatório anterior.

62 Apud CARVALHO FILHO, op. cit., p. 199.

63 DIDIER, op. cit., p. 153.

64 É corrente, em doutrina, a ideia de que a formação de coisa julgada material pressupõe contraditório completo e cognição exaustiva. Nesse sentido, por exemplo, GRECO, Leonardo. Instituições de Processo Civil: Processo de Conhecimento. V.2. Rio de Janeiro: Forense, 2010, p. 367.

65 SCHENK, Leonardo Faria. Contraditório e cognição sumária. Revista Eletrônica de Direito Processual (REDP), v. XIII. 2014. p. 555.

Do mesmo modo, se a prova não for admitida, ou não for obtida por qualquer motivo na PAP, nada impede que seja produzida em eventual processo futuro em que se discuta o direito material decorrente dos mesmos fatos.

Perceba-se que, caso se admitisse que a decisão na produção antecipada de provas pudesse ficar imutável, em virtude da coisa julgada, quanto ao direito à prova (tal como defende Didier), não se poderia sequer cogitar de rediscutir a admissibilidade da prova na ação principal.

Evidentemente, se o requerente renovar o pedido de produção de prova (em segunda ação de produção antecipada) já integralmente produzida em ação anterior, a segunda ação deverá ser extinta sem resolução de mérito, não por uma existência de coisa julgada da primeira, mas por ausência de interesse de agir, face à desnecessidade e inutilidade da medida.

12.7. Medidas executivas na produção antecipada de provas

Por não envolver discussão do direito material subjacente e, sobretudo, diante da inexistência de título executivo, não há espaço para execução forçada na produção antecipada de provas. Contudo, nada impede que o juiz aplique medidas coercitivas aptas a viabilizarem a produção da prova requerida, sempre que houver pertinência, de acordo com o figurino legal aplicável à espécie de prova. Por exemplo, na produção antecipada de provas é possível aplicar multa à testemunha que não compareça injustificadamente, ou mesmo determinar sua condução coercitiva (CLT, art. 825, parágrafo único)[66].

Especificamente quanto à exibição de documentos, o art. 400, *caput* e parágrafo único, do Código de Processo Civil, preveem regulamentação diferenciada[67].

Veja-se que o *caput* do art. 400 é incompatível com a produção antecipada de prova documental, pois neste procedimento o juiz não se pronuncia sobre a ocorrência ou a inocorrência do fato, nem sobre as respectivas consequências jurídicas (CPC, art. 382, §2º). Assim, não há como reconhecer presunção de veracidade dos fatos que, por meio do documento, a parte pretendia provar. Contudo, remanesce a questão: seria possível que o juiz de futuro processo contencioso reconhecesse a presunção de veracidade dos fatos, em decorrência da não exibição injustificada dos documentos em anterior ação de produção antecipada de provas?

---

[66] Art. 825 - As testemunhas comparecerão a audiência independentemente de notificação ou intimação. Parágrafo único - As que não comparecerem serão intimadas, ex officio ou a requerimento da parte, ficando sujeitas a condução coercitiva, além das penalidades do art. 730, caso, sem motivo justificado, não atendam à intimação.

[67] Art. 400. Ao decidir o pedido, o juiz admitirá como verdadeiros os fatos que, por meio do documento ou da coisa, a parte pretendia provar se:

I - o requerido não efetuar a exibição nem fizer nenhuma declaração no prazo do art. 398 ;

II - a recusa for havida por ilegítima.

Parágrafo único. Sendo necessário, o juiz pode adotar medidas indutivas, coercitivas, mandamentais ou sub-rogatórias para que o documento seja exibido.

Sendo a produção antecipada de provas procedimento de jurisdição voluntária, que não permite contraditório amplo, apresenta limitações cognitivas e recursais (conforme analisado detalhadamente no tópico anterior) e que, por isso, não tem aptidão para fazer coisa julgada material, a consequência lógica é que a decisão judicial nele proferida não pode ter eficácia extraprocessual vinculativa – eficácia positiva e negativa da coisa julgada.[68]

Além disso, não há qualquer previsão legal estabelecendo preclusão (consumativa, lógica ou punitiva[69]) decorrente da não exibição do documento na produção antecipada de provas.

Desse modo, não se pode impedir que a parte, em futuro processo contencioso em que se discuta o direito material envolvido, produza amplamente provas a respeito dos mesmos fatos, inclusive a prova documental não exibida injustificadamente no processo de produção antecipada.

Ainda que o requerido, na PAP, alegue que o documento se extraviou ou que não pode ser exibido por qualquer outro motivo, deve-se permitir que a prova documental seja produzida no futuro processo em que se discuta o direito material.

É certo que o parágrafo único do art. 400 do CPC se aplica à produção antecipada de prova documental, razão por que é possível que o Juiz do Trabalho determine medidas como busca e apreensão dos documentos, ou fixação de multa periódica (*astreintes*) caso o requerido não os exiba injustificadamente.

Contudo, o referido dispositivo legal prevê a adoção de medidas coercitivas ou sub-rogatórias apenas em "sendo necessário". Sucede que, na realidade dos processos trabalhistas, no mais das vezes não haverá tal necessidade nos casos em que se frustrar a produção da prova documental antecipada, conforme se analisará no próximo tópico.

Registre-se, ainda, que a utilização de medidas executivas na PAP pode gerar situação de extrema perplexidade, pois, conforme já mencionado, o art. 382, §4º, do CPC, prevê que, neste procedimento, não se admitirá defesa ou recurso. O que fazer, então, se o juiz determinar a aplicação de multa diária para forçar o requerido a produzir a prova, e este entender pela ilegitimidade da determinação judicial? Ter-se-ia uma decisão judicial soberana, irrecorrível?

A nosso ver, no momento em que se fixa medida coercitiva, o procedimento se torna contencioso e deveria ser admitido o cabimento de recursos e de todos os

---

68 Sobre tais conceitos, veja-se BERNARDES, Felipe, op.cit., p. 584, onde se lê: "A coisa julgada tem uma eficácia negativa, que consiste na impossibilidade de que a ação já decidida seja novamente proposta. Daí se fala em imutabilidade da coisa julgada, a impedir o trâmite de processo judicial que possa contrariá-la. (...) A coisa julgada também tem uma eficácia positiva, consistente no fato de que, caso a questão já decidida tenha de ser considerada na fundamentação de decisão relativa a outro processo, o juiz deste é obrigado a tomar a coisa julgada como premissa de seu raciocínio. Assim, a coisa julgada formada em processo anterior é indiscutível no posterior".

69 Especificamente quanto à preclusão punitiva, interessante notar que, quando a parte praticar inovação ilegal no estado de fato de bem ou direito litigioso, o juiz pode proibir a parte de falar nos autos até a purgação do atentado (CPC, art. 77, 7º). Isso demonstra que somente se houver previsão legal expressa pode-se reconhecer a perda da prerrogativa de praticar atos processuais em virtude da prática de ilícito processual.

meios de impugnação existentes, sob pena de violar os princípios do contraditório, da ampla defesa e do duplo grau de jurisdição. O art. 382, §4º, do CPC, parte da premissa de não ter havido prejuízo à esfera patrimonial do requerido na ação de produção antecipada de provas. Contudo, o TST apresenta precedente em que se afirmou a inadmissibilidade de defesa, de recurso e de mandado de segurança contra a decisão que defere a pretensão do autor em produção antecipada de provas, ainda que haja sido fixada multa diária ao requerido.[70]

12.8. Frustração da prova antecipada e consequências processuais na futura "ação principal"

Conforme estudado anteriormente, a decisão na ação de produção antecipada de provas não tem eficácia vinculativa (seja por coisa julgada, seja por preclusão) em relação ao processo ajuizado posteriormente em que se discuta o(s) direito(s) material(ais) decorrente(s) dos fatos cuja apuração tenha sido frutífera ou frustrada no primeiro processo.

Ademais, embora seja possível, nem sempre será pertinente a adoção de medidas coercitivas ou sub-rogatórias para forçar a produção da prova. Pense-se, por exemplo, na hipótese em que o requerido, em produção antecipada de prova documental, alegue que o documento se extraviou ou foi inutilizado. Sendo impossível o cumprimento da obrigação de fazer (= exibir os documentos), seria inviável conceber a aplicação de multas processuais (*astreintes*) ou a expedição de mandado de busca e apreensão.

Na realidade do Processo do Trabalho, um dos principais usos da produção antecipada de provas é a finalidade de obtenção documentos capazes de viabilizar a liquidação dos pedidos em futura reclamação trabalhista.[71] É sabido que os documentos da relação de trabalho, tais como cartões de ponto, contracheques, fichas de registros dos empregados, em geral, ficam exclusivamente em poder do empregador. Além disso, é certo que tais documentos podem ser imprescindíveis para viabilizar

---

[70] Recurso ordinário. Mandado de segurança. Ato coator consistente na determinação de apresentação de documentos em ação de produção antecipada de provas. Não cabimento.

Em face da previsão do art. 382, §4º, do CPC, da decisão que defere a pretensão do autor da ação de produção antecipada de provas, não se admite defesa ou recurso, restrição que também alcança a impetração de mandado de segurança como sucedâneo recursal (art. 5º, III, da Lei 12.016/2009, c/c Súmula nº 33 do TST e Orientação Jurisprudencial nº 99 da SBDI-II). Sob esses fundamentos, a SBDI-II, por unanimidade, conheceu do recurso ordinário, e, no mérito, deu-lhe provimento para restabelecer os efeitos do ato coator. TST-RO-10231-02.2019.5.18.0000, SBDI-II, rel. Min. Liana Chaib, julgado em 22/08/2023.

[71] O Tribunal Superior do Trabalho firmou o entendimento, na Instrução Normativa nº 41/2018, no sentido de que o art. 840 da CLT, na redação pós-Reforma Trabalhista, não exige liquidação de pedidos, mas mera estimativa de valores. Isso tem consequências processuais importantes, pois, caso se entenda que há necessidade de liquidação, o Judiciário não poderia conceder valores superiores aos liquidados, sob pena de violar o princípio da inércia da jurisdição (CPC, art. 141 c/c 492). Ao contrário, se se cuidar de mera estimativa de valor, não haveria vinculação da sentença ao valor declinado na petição inicial. Embora o TST tenha se inclinado pelo entendimento de que não há necessidade de liquidação, os juízes e tribunais do Trabalho não estão vinculados à IN 41/2018, razão pela qual, na prática, vê-se grande quantidade de decisões exigindo a indicação precisa do valor dos pedidos.

a liquidação de pedidos como horas extraordinárias, equiparação salarial, diferenças salariais, entre outros.

Em qualquer hipótese em que se frustre a produção da prova na PAP (seja porque inviável, seja porque não exibido o documento injustificadamente), deve-se entender pela desnecessidade de liquidação dos pedidos na futura reclamação trabalhista baseada nos fatos cuja obtenção não foi possível na ação preparatória. Embora o juiz do processo principal não esteja vinculado ao resultado da produção antecipada de prova, essa é a única conclusão possível no sistema processual brasileiro.

De fato, violaria o princípio do acesso à justiça (CF, art. 5º, XXXV) entender que o autor – não obstante haja sido diligente e tenha buscado obter antecipadamente a prova que permitiria a liquidação dos pedidos –, seja impedido de buscar julgamento de mérito quanto ao direito material subjacente, em decorrência do fato de não ter sido possível fazer os cálculos correspondentes. É princípio geral de direito que ninguém pode ser obrigado a fazer o impossível ("ad impossibilia nemo tenetur"). Além disso, os princípios da boa-fé processual objetiva, da cooperação e da primazia da decisão de mérito apontam na mesma direção (CPC, arts. 5º e 6º).

Conclui-se que, frustrada a produção da prova documental no procedimento de produção antecipada, não haverá necessidade, em princípio, de utilização de medidas coercitivas ou sub-rogatórias com o objetivo de obter o documento, devendo-se aceitar sem reservas, em tais casos, a estimativa de valores feita pelo requerente da medida em futura reclamação trabalhista.

Além disso, a não obtenção da prova requerida no procedimento de produção antecipada pode gerar outros efeitos processuais na futura "ação principal".

Primeiro, há possibilidade de aplicação de punição por litigância de má-fé. De acordo com o art. 793-B, II, da CLT, considera-se litigante de má-fé aquele que alterar a verdade dos fatos. O que ocorre, por exemplo, se o requerido, na produção antecipada de prova documental, alegar que o documento foi extraviado, mas o juntar na ação principal. Em tal hipótese, embora o documento deva ser aceito na ação principal (conforme analisado anteriormente), é de rigor a aplicação de punição processual, a menos que haja comprovação da alegação acerca do extravio e posterior recuperação do documento.

Segundo, de acordo com a situação concreta, é possível que a fixação das despesas processuais, na reclamação trabalhista, seja feita à luz do princípio da causalidade, e não do princípio da sucumbência. Se a produção de prova antecipada pudesse ter a aptidão de evitar o ajuizamento da "ação principal" (CPC, art. 381, III), e haja ficado inviabilizada por culpa do requerido, as custas e honorários advocatícios devem ficar sob a responsabilidade deste, ainda que não seja sucumbente na reclamação trabalhista. Isso porque apesar do julgamento de improcedência dos pedidos do reclamante, terá sido o reclamado quem deu causa ao ajuizamento da ação, face ao comportamento não cooperativo no procedimento de produção antecipada da prova.

12.9. Prescrição e produção antecipada de provas

Tema polêmico na prática processual diz respeito à interrupção da prescrição em virtude do ajuizamento de produção antecipada de provas. A discussão surge porque na PAP muitas vezes não há necessidade de declinar o direito material associado aos fatos cuja apuração se pretende[72]. Ainda que a petição inicial na produção antecipada o declare, não há possibilidade de formular o pedido correspondente ao direito material envolvido.

Tradicionalmente, interpretando o art. 202, I, do Código Civil[73], a jurisprudência entende que apenas a formulação de pedido é apta a interromper a prescrição. Tal entendimento é consubstanciado na Súmula 268 do TST, segundo a qual "A ação trabalhista, ainda que arquivada, interrompe a prescrição *somente em relação aos pedidos idênticos*" (grifo nosso). Nessa ótica, o prazo prescricional não se interrompe quanto a direitos que não sejam objeto de pedido.

Veja-se, entretanto, que a jurisprudência do Superior Tribunal de Justiça, firmada sob a vigência do Código de Processo Civil de 1973, era consolidada no sentido de que a propositura de ação cautelar preparatória de produção antecipada de provas interrompia a prescrição, quando se tratasse de medida preparatória de outra ação, tornando inaplicável, nesses casos, o a Súmula nº 154/STF[74]. Não se encontram decisões colegiadas do STJ sobre o mesmo tema, baseadas no CPC/2015. Contudo, mesmo após a entrada em vigor do novo Código, há decisões monocráticas aplicando idêntico entendimento[75].

O raciocínio é coerente, já que, se o credor ajuíza ação preparatória, com o objetivo de apurar fatos que possam justificar ou evitar o ajuizamento de ação principal, não se pode falar que haja inércia quanto à exigibilidade do crédito. Ao contrário, o credor estará sendo extremamente diligente na busca da melhor solução para eventual conflito. E, conforme abalizada doutrina, a prescrição, além de ter em vista o interesse em preservar a estabilidade das relações jurídicas e a paz social, configura, "de certa forma, uma punição ao titular de uma pretensão que se quedou inerte, não lhe dando efetividade"[76].

---

[72] Sobre o tema, ver item 2, supra.

[73] Art. 202. A interrupção da prescrição, que somente poderá ocorrer uma vez, dar-se-á:

I - por despacho do juiz, mesmo incompetente, que ordenar a citação, se o interessado a promover no prazo e na forma da lei processual (...).

[74] Nesse sentido, por exemplo: REsp 1303510/SP, Rel. Ministro JOÃO OTÁVIO DE NORONHA, TERCEIRA TURMA, julgado em 03/11/2015, DJe 06/11/2015. REsp 202.564/RJ, Rel. Ministro SÁLVIO DE FIGUEIREDO TEIXEIRA, QUARTA TURMA, julgado em 02/08/2001, DJ 01/10/2001, p. 220. AgRg no REsp 1311843/SP, Rel. Ministro PAULO DE TARSO SANSEVERINO, TERCEIRA TURMA, julgado em 10/02/2015, DJe 19/02/2015.

[75] "O ajuizamento de ação cautelar de exibição de documentos, com a finalidade de instrução da demanda principal, configura causa de interrupção do prazo prescricional para exercício da pretensão constante da ação principal (art. 202, V, do CC/2002), cuja recontagem inicia-se após o último ato praticado no âmbito do provimento de urgência". RECURSO ESPECIAL Nº 1.347.423 - SP (2012/0208257-5). RELATOR: MINISTRO LUIS FELIPE SALOMÃO. Julgamento em 20 de março de 2017.

[76] TEPEDINO, Gustavo; BARBOZA, Heloísa Helena; MORAES, Maria Celina Bodin. Código Civil Interpretado conforme a Constituição da República. V. I. 2ª ed. Rio de Janeiro: Renovar, 2007, p. 360.

Desse modo, se o direito material subjacente for indicado – ou puder ser facilmente inferido – na ação de produção antecipada de provas, deve-se entender pela interrupção da prescrição, cujo prazo voltará a fluir a partir do trânsito em julgado da decisão no procedimento preparatório (Código Civil, art. 202, parágrafo único).

É possível, ainda, a cumulação de pedidos na petição inicial, de modo a requerer não apenas a produção antecipada da prova, mas o protesto interruptivo da prescrição quanto aos direitos materiais elencados.

12.10. Custas e honorários advocatícios: o caráter dúplice da ação

O tema das despesas processuais na produção antecipada de provas gera controvérsias doutrinárias. Para Humberto Theodoro Júnior:

> "as despesas do processo são pagas pela parte que a promoveu. E, por não haver contenciosidade, não há que se falar em sucumbência. Todavia, uma vez demonstrada a utilização da ação de má-fé, mediante abuso processual, poderão ser aplicadas ao autor as penas da litigância de má-fé"[77].

Didier ressalva a hipótese em que algum dos participantes do procedimento oponha resistência à colheita da prova. Nesse caso, "aquele que, ao final, for vencido, será condenado nas despesas processuais adiantadas pelo requerente, inclusive nos honorários de seu advogado"[78].

Já Flávio Luiz Yarshell afirma que a solução correta, "em qualquer caso, será (i) repartir as despesas e (ii) atribuir a cada parte o ônus de suportar a verba honorária de seu advogado". O autor fundamenta:

> "Na produção antecipada de prova, a qualidade de 'vencido' não pode ser relacionada ao julgamento do mérito, porque ele não ocorre nesse processo. (...) a iniciativa da antecipação não faz do autor o único interessado na prova. Por isso, não é correto atribuir-lhe o ônus de antecipação das despesas (art. 82, *caput*, do CPC/2015), pura e simplesmente, porque isso seria negar o caráter autônomo do direito à prova e a circunstância de que a vantagem sobre o 'prévio conhecimento dos fatos' é bilateral".

E arremata:

> "Quanto às despesas, se houver concordância do réu, não há dúvida quanto ao rateio. (...) Mas, mesmo que o requerido se oponha à antecipação da prova, não é correto transferir o encargo integralmente para o réu porque, ainda que resistência não houvesse, o autor teria que se valer do processo para produzir a instrução preliminar de todo modo. Quando muito, se ficar demonstrado que a resistência do réu gerou despesa adicional, talvez ela possa, em cada caso concreto, ser exclusivamente atribuída ao demandado, pela regra de causalidade"[79].

---

[77] THEODORO JR., op. cit., p. 920.

[78] DIDIER, op. cit., p. 152.

[79] YARSHELL, op. cit., p. 1167.

O entendimento de Yarshell é coerente com a natureza dúplice da produção antecipada de provas. Trata-se de ação dúplice porque o requerido também terá efetivado o seu direito à prova, a qual pode inclusive beneficiá-lo do ponto de vista da tutela de seus direitos materiais. Não há necessidade de que o requerido formule pedido contraposto ou reconvenção para que possa se beneficiar da prova produzida antecipadamente, já que inevitavelmente será um de seus destinatários.

Por se tratar de típica medida de jurisdição voluntária, deve-se aplicar o art. 88 do CPC, segundo o qual as despesas devem ser rateadas entre os interessados[80], sendo incabível a fixação de honorários sucumbenciais, até porque não se pode falar de "vencido" ou "vencedor"[81]. Ademais, a produção antecipada de provas, em função das limitações cognitivas que lhe são inerentes (de que são exemplos a impossibilidade apresentação de defesa ou recursos), não pode se converter em procedimento de jurisdição contenciosa. Ainda que surja controvérsia a respeito de questões de ordem pública ou quanto à admissibilidade da prova, o procedimento continua sendo de jurisdição voluntária, razão pela qual é inviável atribuir o pagamento das custas processuais a uma inexistente "parte sucumbente".

Há precedente do TST no sentido de que, na produção antecipada de provas, somente haveria sucumbência, com a consequente condenação em custas e honorários advocatícios, quando houvesse "pretensão resistida".[82]

13. DOCUMENTO

O vocábulo *documento* se origina do latim *docere* (ensinar, conhecer, instruir). Pode-se conceituar documento como o objeto capaz de demonstrar a ocorrência de determinada situação de fato. Enquadra-se nessa noção não apenas o papel escrito e os textos em arquivos eletrônicos, mas também fotografias, vídeos etc.

A partir desse conceito, perceba-se que o documento pode existir independentemente da existência de um processo judicial. Contudo, uma vez juntado aos autos, torna-se um meio de prova: a prova documental.

Por exemplo: o empregador conserva os cartões de ponto (documentos) assinalados pelo trabalhador, com o objetivo de ter os respectivos registros de jornada. Apenas eventualmente, caso o empregado ajuíze reclamação trabalhista, os cartões de ponto funcionarão como prova documental; até então, serão meros documentos.

---

80 Art. 88. Nos procedimentos de jurisdição voluntária, as despesas serão adiantadas pelo requerente e rateadas entre os interessados.

81 Sobre a impossibilidade de fixar honorários sucumbenciais em procedimentos de jurisdição voluntária, v. GRECO, op. cit., v. I, p. 448.

82 Recurso de embargos. Ação de produção de provas. Ausência de pretensão resistida. Impossibilidade de oneração da parte em custas e honorários sucumbenciais. Violação do art. 791-A, da CLT.

Na produção antecipada de prova, a doutrina e jurisprudência ressalvam que apenas nos casos em que o réu apresenta oposição é que se opera a sucumbência processual. Ausente qualquer pretensão resistida, inexiste lide, de modo que não se há cogitar de condenação em custas e honorários advocatícios. Sob esses fundamentos, a SBDI-I, por unanimidade, conheceu do recurso de embargos interposto pela reclamada e, no mérito, deu-lhe provimento. TST-E-ED-RR-180-39.2018.5.09.0671, SBDI-I, rel. Min. Augusto César Leite de Carvalho, julgado em 22/6/2023.

A prova documental, no sistema da persuasão racional ou livre convencimento motivado, não tem preponderância, *a priori*, sobre qualquer outro meio de prova: apenas o cotejo entre os diversos elementos probatórios é que permitirá concluir pela veracidade, ou não, das informações retratadas pelos documentos.

Caso o documento se preste a mais de um significado, em função de sua ambiguidade, sua interpretação deve levar em conta mais a intenção das partes do que o sentido literal da linguagem (Código Civil, art. 112).[83] Sendo duvidoso o seu conteúdo, a eficácia probatória do documento é sensivelmente reduzida e não socorrerá à parte que pretendeu se beneficiar com a sua juntada aos autos. Não há espaço para aplicação do princípio *in dubio pro operario* no que tange à interpretação dos documentos, já que se trata de meio de prova, e não de norma jurídica.[84]

13.1. Oportunidade de juntada

Em princípio, os documentos em que se fundar a ação devem ser juntados, desde logo, com a petição inicial (CLT, art. 787).[85] Igualmente, o réu deve apresentar sua prova documental junto com a contestação (CLT, art. 845).[86]

Tal regra geral, entretanto, pode ser mitigada em algumas hipóteses. De fato, o art. 321 do CPC[87] prevê a possibilidade (*rectius*: necessidade) de o juiz intimar o autor para complementação da inicial, quando não forem apresentados documentos indispensáveis à propositura da ação. Tal dispositivo é aplicável ao Processo do Trabalho, conforme Súmula 263 TST.[88]

No caso de força maior devidamente comprovada, também deve ser admitida a juntada extemporânea de documentos, ou seja, depois do ajuizamento da inicial e do oferecimento da contestação. Seria o caso de uma calamidade pública que impedisse o acesso aos documentos; ou do falecimento do contador da empresa – que ficava na posse de todos os recibos de pagamento –, poucos dias antes da audiência.

---

83 Art. 112 – Nas declarações de vontade se atenderá mais à intenção nelas consubstanciada do que ao sentido literal da linguagem.

84 No mesmo sentido, TOSTES MALTA, *op. cit.*, p. 396.

85 Art. 787 – A reclamação escrita deverá ser formulada em 2 (duas) vias e desde logo acompanhada dos documentos em que se fundar.

86 Art. 845 – O reclamante e o reclamado comparecerão à audiência acompanhados das suas testemunhas, apresentando, nessa ocasião, as demais provas.

87 Art. 321 – O juiz, ao verificar que a petição inicial não preenche os requisitos dos arts. 319 e 320 ou que apresenta defeitos e irregularidades capazes de dificultar o julgamento de mérito, determinará que o autor, no prazo de 15 (quinze) dias, a emende ou a complete, indicando com precisão o que deve ser corrigido ou completado.

88 TST, súmula 263: Salvo nas hipóteses do art. 330 do CPC de 2015 (art. 295 do CPC de 1973), o indeferimento da petição inicial, por encontrar-se desacompanhada de documento indispensável à propositura da ação ou não preencher outro requisito legal, somente é cabível se, após intimada para suprir a irregularidade em 15 (quinze) dias, mediante indicação precisa do que deve ser corrigido ou completado, a parte não o fizer (art. 321 do CPC de 2015).

Além disso, a lei admite, também, a juntada de novos documentos em qualquer tempo, quando destinados a fazer prova de fatos ocorridos depois dos articulados ou para contrapô-los aos que foram produzidos nos autos (CPC, art. 435, *caput*).

As partes também podem convencionar, licitamente, pela possibilidade - recíproca, ou não - de juntada de novos documentos, por meio de negócio jurídico processual (CPC, art. 190).[89]

Afora tais hipóteses (documentos indispensáveis à propositura, força maior, fatos novos e negócio jurídico processual), há grande controvérsia sobre a possibilidade de juntada extemporânea de documentos úteis à análise do mérito da causa.

Uma corrente doutrinária e jurisprudencial é no sentido da impossibilidade, já que as fases do processo são preclusivas, razão por que a admissão de documentos que não vieram com a inicial ou com a contestação geraria tumulto e retrocesso na marcha processual, além de gerar maior demora na tramitação.

Outra vertente de pensamento preconiza postura flexível, em razão da necessidade de busca da verdade, que deve nortear a atuação processual, bem como do acesso à justiça em sentido amplo (CF, art. 5°, XXXV). Além disso, diz-se não haver preclusão probatória para o juiz, que tem amplos poderes para a direção do processo (CLT, art. 765).[90]

Como as duas correntes apresentam argumentos consistentes, é recomendável harmonizá-las, sempre que possível, nos casos concretos. O critério mais importante para admitir a juntada extemporânea de documentos é a observância da boa-fé objetiva (CPC, art. 5º)[91] pela parte que a requer. O requerimento deve ser indeferido, portanto, sempre que houver conduta maliciosa da parte - a chamada *guarda de trunfos*.

Nesse sentido, o art. 435, parágrafo único, do CPC[92], estatui ser possível a juntada posterior de documentos formados após a petição inicial ou a contestação, bem como dos que se tornaram conhecidos, acessíveis ou disponíveis após esses atos, cabendo à parte que os produzir comprovar o motivo que a impediu de juntá-los anteriormente. Tal dispositivo é aplicável subsidiariamente ao Processo do Trabalho, em virtude da omissão da CLT quanto ao tema.

Nessa avaliação, o Juiz do Trabalho deve ponderar os seguintes aspectos: se a audiência for fracionada, não há qualquer prejuízo à celeridade em virtude da admissão do documento antes da realização da audiência em prosseguimento (instrução). Se a audiência for una, e o documento novo não influir na prova oral a

[89] Art. 190 - Versando o processo sobre direitos que admitam autocomposição, é lícito às partes plenamente capazes estipular mudanças no procedimento para ajustá-lo às especificidades da causa e convencionar sobre os seus ônus, poderes, faculdades e deveres processuais, antes ou durante o processo.

[90] Art. 765 - Os Juízos e Tribunais do Trabalho terão ampla liberdade na direção do processo e velarão pelo andamento rápido das causas, podendo determinar qualquer diligência necessária ao esclarecimento delas.

[91] Art. 5º - Aquele que de qualquer forma participa do processo deve comportar-se de acordo com a boa-fé.

[92] Art. 435, Parágrafo único. Admite-se também a juntada posterior de documentos formados após a petição inicial ou a contestação, bem como dos que se tornaram conhecidos, acessíveis ou disponíveis após esses atos, cabendo à parte que os produzir comprovar o motivo que a impediu de juntá-los anteriormente e incumbindo ao juiz, em qualquer caso, avaliar a conduta da parte de acordo com o art. 5º.

ser produzida, a juntada extemporânea pode ser admitida com mais flexibilidade, por não acarretar retrocesso nem obstáculo à regular marcha processual – já que a audiência poderia transcorrer normalmente, abrindo-se a oportunidade à contraparte de se manifestar sobre o novo documento em razões finais. Não havendo prejuízo, não há nulidade nessa forma de proceder (CLT, art. 794).[93]

Em qualquer situação em que se admita a juntada de novos documentos, deve ser concedido prazo à contraparte para se manifestar, conforme determina o art. 437, § 1º, do CPC[94], com a ressalva de que o prazo será de 5 dias, por aplicação analógica do art. 841 da CLT.[95]

De outro lado, quando puder gerar retardamento na marcha processual, a admissibilidade do documento novo deve ser avaliada com mais rigor, sendo permitida apenas em caráter excepcional. É o que acontece quando a juntada do documento tem o condão de gerar adiamento da audiência, por influir na prova oral a ser nela produzida.

Quando não admitida a prova documental superveniente, deve ser desentranhado o documento eventualmente juntado aos autos pelo interessado.

13.2. Incidente de falsidade

Há duas espécies de falsidade documental: (i) material, quando atinente à validade do documento: é o que acontece com a falsificação de assinatura, adulteração etc.; (ii) ideológica, consistente no fato de que o conteúdo do documento – muito embora formalmente válido – não corresponde à realidade que pretendeu retratar.

Há interesse de agir para a propositura de ação declaratória autônoma com o único objetivo de obter o reconhecimento da autenticidade ou da falsidade de documento (CPC, art. 19, II).

No entanto, a falsidade documental mais comumente é tratada como questão prejudicial que será resolvida de forma incidental, salvo se a parte requerer que o juiz a decida como questão principal (CPC, art. 430, parágrafo único). Dessa forma, apenas se houver pedido expresso do interessado – o qual será feito por meio de ação incidental, não bastando simples requerimento – é que a questão da falsidade poderá ser decidida com eficácia de coisa julgada.

Embora haja controvérsia, o incidente de arguição de falsidade documental, regulado nos arts. 430 a 433 do CPC[96], somente pode ser deflagrado caso se trate de

[93] Art. 794 – Nos processos sujeitos à apreciação da Justiça do Trabalho só haverá nulidade quando resultar dos atos inquinados manifesto prejuízo às partes litigantes.

[94] Art. 437, § 1º – Sempre que uma das partes requerer a juntada de documento aos autos, o juiz ouvirá, a seu respeito, a outra parte, que disporá do prazo de 15 (quinze) dias para adotar qualquer das posturas indicadas no art. 436.

[95] Art. 841 – Recebida e protocolada a reclamação, o escrivão ou secretário, dentro de 48 (quarenta e oito) horas, remeterá a segunda via da petição, ou do termo, ao reclamado, notificando-o ao mesmo tempo, para comparecer à audiência do julgamento, que será a primeira desimpedida, depois de 5 (cinco) dias.

[96] Art. 430. A falsidade deve ser suscitada na contestação, na réplica ou no prazo de 15 (quinze) dias, contado a partir da intimação da juntada do documento aos autos.

falsidade material. Isso porque o regramento prevê a realização obrigatória de perícia, o que só se compatibiliza com defeitos atinentes à formação, e não ao conteúdo do documento. A perícia só não será realizada se a parte que juntou o documento concorde com seu desentranhamento (art. 432, *caput*, e parágrafo único).

De fato, a comprovação da falsidade ideológica de documentos pode ser feita por qualquer meio de prova; a perícia será, na maioria das vezes, impertinente nessas hipóteses.

Exemplos: se o reclamante postula horas extras, e afirma que as assinaturas constantes dos registros de jornada (cartões de ponto) juntadas aos autos não são suas, está-se diante de alegação de falsidade material. Cabível, nesta hipótese, o incidente de falsidade, com a elaboração de perícia grafotécnica para apurar a fraude. Já se o reclamante reconhece que a assinatura nos documentos é sua, mas os horários ali consignados não correspondem à real jornada trabalhada, em função de determinação do empregador, há alegação de falsidade ideológica. Seria completamente impertinente fazer perícia nesse caso. A falsidade, neste segundo caso, pode ser comprovada por diversos meios de prova, como a testemunhal.

O ônus da prova da autenticidade – ou seja, da autoria – do documento é da parte que o juntou ao processo. No exemplo dado, se a reclamada junta os cartões de ponto, e o reclamante afirma não ser sua a assinatura neles constante, cabe à empresa o ônus de produzir a prova pericial grafotécnica apta a demonstrar a autenticidade (CPC, art. 429, II).[97]

Nas demais situações – quer envolvendo falsidades materiais, quer ideológicas –, o ônus da prova da falsidade é da parte que a arguir (CPC, art. 429, I).[98]

13.3. Impugnação de documentos

Na praxe forense, é comum, após o recebimento da defesa, que o reclamante peça a palavra para *impugnar os documentos* juntados pelo reclamado (o que muitas vezes é feito na réplica, quando fracionada a audiência).

Embora haja posicionamentos em contrário na jurisprudência, a impugnação de documentos só é pertinente em se tratando de falsidade material; jamais da ideológica. Assim, é absolutamente desnecessário – e não pode decorrer nenhuma

---

Parágrafo único. Uma vez arguida, a falsidade será resolvida como questão incidental, salvo se a parte requerer que o juiz a decida como questão principal, nos termos do inciso II do art. 19.

Art. 431. A parte arguirá a falsidade expondo os motivos em que funda a sua pretensão e os meios com que provará o alegado.

Art. 432. Depois de ouvida a outra parte no prazo de 15 (quinze) dias, será realizado o exame pericial.

Parágrafo único. Não se procederá ao exame pericial se a parte que produziu o documento concordar em retirá-lo.

Art. 433. A declaração sobre a falsidade do documento, quando suscitada como questão principal, constará da parte dispositiva da sentença e sobre ela incidirá também a autoridade da coisa julgada.

97 Art. 429 – Incumbe o ônus da prova quando:

II – se tratar de impugnação da autenticidade, à parte que produziu o documento.

98 Art. 429, I – se tratar de falsidade de documento ou de preenchimento abusivo, à parte que a arguir.

consequência negativa - que o reclamante impugne o conteúdo do documento, cuja eficácia probatória será avaliada em cotejo com os demais elementos de prova constantes dos autos.

Por exemplo, o mero fato de não serem impugnados os cartões de ponto reconhecidamente assinados pelo trabalhador não torna, de maneira alguma, preclusa a possibilidade de produção de prova das horas extras. A prova oral pode demonstrar, por exemplo, que o reclamante continuava trabalhando mesmo após registrar a saída nos controles. Outro exemplo: reclamante postula reconhecimento de salário *por fora*, mas não impugna os contracheques juntados com a defesa. Repugna ao bom senso considerar que a ausência de impugnação, por si só, deva resultar em julgamento de improcedência, pois a tese da própria inicial é de que os valores não eram contabilizados nos documentos.

Além da situação de falsidade material, a impugnação é pertinente caso o documento haja sido juntado intempestivamente.

13.4. Exibição de documento ou coisa

O Juiz do Trabalho pode determinar - a requerimento ou *ex officio* - a exibição de documento ou coisa que esteja em poder da parte ou de terceiro, para fins de instrução processual. O procedimento é regulado pelos arts. 396 a 403 do CPC, aplicáveis subsidiariamente ao Processo do Trabalho, sendo pertinentes eventuais adaptações sobretudo quanto ao prazo (exemplo: redução do prazo de 15 para 5 dias para o terceiro contestar, previsto no art. 401 - já que no Processo do Trabalho não há prazos tão longos).

Em síntese, a parte ou o terceiro podem (i) atender ao comando judicial; (ii) negar que esteja na posse do documento ou coisa; (iii) negar o dever de exibir.

Não exibido espontaneamente o documento, pode ser necessária instrução do incidente, a fim de apurar se o objeto se encontra, ou não, com o requerido; e se há o dever de exibir. O ônus da prova, nestas hipóteses, é do requerente (CPC, art. 398, parágrafo único).[99]

Caso o requerimento seja direcionado a uma das partes do processo, se a recusa de exibição for tida como ilegítima pelo juiz, bem como no caso de omissão do requerido, a consequência para a parte recalcitrante é a presunção relativa de veracidade dos fatos que, por meio do documento ou da coisa, ela pretendia provar.

Observe-se que a presunção de veracidade prevista no *caput* do art. 400 do CPC pressupõe que o interessado não tenha acesso aos documentos cuja exibição é requerida; nesta hipótese, o incidente se revela desnecessário.[100]

Sucede que, em algumas hipóteses, a presunção de veracidade não é suficiente. É o que aconteceria, por exemplo, caso o reclamante requeresse a juntada de

---

[99] Art. 398, Parágrafo único - Se o requerido afirmar que não possui o documento ou a coisa, o juiz permitirá que o requerente prove, por qualquer meio, que a declaração não corresponde à verdade.

[100] Art. 400 - Ao decidir o pedido, o juiz admitirá como verdadeiros os fatos que, por meio do documento ou da coisa, a parte pretendia provar se: (...)

regulamento empresarial que estabelecesse critérios para pagamento de premiação desconhecidos pelo trabalhador. Nesse tipo de situação, podem ser adotadas medidas indutivas, coercitivas, mandamentais ou sub-rogatórias para que o documento seja exibido, tais como a busca e apreensão, o estabelecimento de multa etc.

Já na hipótese em que a recusa ilegítima de exibição é oriunda de terceiro, não há, logicamente, como aplicar a presunção de veracidade dos fatos que se pretendia provar, já que não há qualquer atuação culposa da contraparte. Portanto, descumprida pelo terceiro a ordem de exibição, o juiz expedirá mandado de apreensão, requisitando, se necessário, força policial, sem prejuízo da responsabilidade por crime de desobediência, pagamento de multa e outras medidas indutivas, coercitivas, mandamentais ou sub-rogatórias necessárias para assegurar a efetivação da decisão.

13.5. Eficácia probatória da prova documental

O documento será público quando formado por agente público no exercício de sua função; todos os demais são considerados particulares.

Considerada a presunção de veracidade dos atos administrativos, o documento público faz prova não só da sua formação, mas também dos fatos que o agente declarar que ocorreram em sua presença (CPC, art. 405). Assim, por exemplo, os fatos narrados em certidão de oficial de justiça ou de diretor de secretaria são considerados provados pelo documento. Como toda presunção *juris tantum*, admite-se prova em contrário a cargo do interessado.

Perceba-se que, se o documento for elaborado por agente público fora do exercício de suas atribuições, a eficácia probatória não será de documento público, pois os princípios republicano e da isonomia não permitem discriminações odiosas e distinções infundadas entre os cidadãos. Os atos jurídicos praticados pelo agente público em sua vida particular (compra e venda, locação etc.) submetem-se ao regramento aplicável a qualquer cidadão.

Ademais, quando feito por oficial público incompetente ou sem a observância das formalidades legais, sendo subscrito pelas partes, o documento público tem a mesma eficácia probatória do particular (art. 407).

Tudo o que for declarado em documento particular se presume verdadeiro - ressalvada prova em contrário - em relação a quem o assinou; contudo, na específica situação em que a declaração for de que o signatário tomou ciência de determinado fato, não se presume que este realmente tenha ocorrido como narrado, mas apenas de que o signatário do documento declarou que o fato ocorreu, o que é bem diferente - conforme se extrai do art. 408, *caput*, e parágrafo único, do CPC.[101]

Exemplo 1: o recibo de pagamento e o instrumento do pedido de demissão comprovam que o trabalhador recebeu a parcela e que manifestou sua vontade no

[101] Art. 408 - As declarações constantes do documento particular escrito e assinado ou somente assinado presumem-se verdadeiras em relação ao signatário.

Parágrafo único. Quando, todavia, contiver declaração de ciência de determinado fato, o documento particular prova a ciência, mas não o fato em si, incumbindo o ônus de prová-lo ao interessado em sua veracidade.

sentido de extinguir o contrato de trabalho. Nessas hipóteses, eventualmente o trabalhador pode produzir provas aptas a demonstrar que tais fatos contrários a seu interesse não aconteceram, em virtude de coação ou erro quando o documento foi formado.

Exemplo 2: a trabalhadora declara, em documento, que sofreu assédio sexual no ambiente de trabalho; ou comparece à Delegacia com o objetivo de prestar a mesma informação à autoridade policial. O fato não será considerado provado pelo documento; comprovado estará apenas que a trabalhadora afirmou que o fato ocorreu (CPC, art. 412, *caput*).[102]

Costuma-se dizer que o documento particular é indivisível, tal como previsto no art. 412, parágrafo único, do CPC, razão por que seria vedado à parte que pretende utilizar-se dele aceitar os fatos que lhe são favoráveis e recusar os que são contrários ao seu interesse, salvo se provar que estes não ocorreram.

Contudo, a valoração da prova documental deve ser feita pelo juiz à luz do sistema da persuasão racional (CPC, art. 371)[103], em cotejo com todos os demais elementos probatórios constantes dos autos. Nada impede que, após análise fundamentada, a conclusão seja no sentido de que apenas os fatos favoráveis ao autor do documento e nele relatados tenham ocorrido. Não há utilidade prática ou teórica, portanto, na questionável noção de indivisibilidade de documentos.[104]

13.6. Ata notarial

Embora referida em Seção autônoma do Capítulo acerca das provas no Código de Processo Civil, a ata notarial, quando ingressa no processo, é uma espécie de documento público.[105]

Trata-se de ata lavrada por tabelião com o objetivo de atestar a existência e o modo de existir de algum fato; dela podem constar dados representados por imagem ou som gravados em arquivos eletrônicos (CPC, art. 384, *caput* e parágrafo único).

A ata notarial é documento testemunhal, pois nela o tabelião narra, a requerimento de qualquer interessado, sua percepção sensorial acerca de determinados fatos. Sua grande utilidade reside no fato de que as declarações do tabelião gozam de presunção relativa de veracidade, por se tratar de agente público no exercício de sua função.

Apesar de se tratar de documento público, o Juiz do Trabalho, ao valorar a ata notarial, deve considerar que o adversário da parte que produziu a prova não participa de sua formação, acompanhando a diligência, o que enfraquece sua eficá-

[102] Art. 412 – O documento particular de cuja autenticidade não se duvida prova que o seu autor fez a declaração que lhe é atribuída.

[103] Art. 371 – O juiz apreciará a prova constante dos autos, independentemente do sujeito que a tiver promovido, e indicará na decisão as razões da formação de seu convencimento.

[104] Com opinião semelhante, DIDIER, v.2, p. 213.

[105] Com a mesma opinião, DIDIER, v.2, p. 218.

cia probatória, que deve ser avaliada em harmonia com a totalidade dos elementos probatórios constantes dos autos (CPC, art. 371).[106]

Não obstante, a ata notarial é sobremaneira útil em situações de urgência que necessitem de prova mais robusta para a concessão de liminar. Por exemplo: a empresa pode obter ata notarial que certifique a realização de piquetes impeditivos do acesso às suas dependências, em decorrência de movimento grevista conduzido pelo sindicato profissional. Esse documento autorizaria a concessão de liminar *inaudita altera pars* com o objetivo de determinar o cumprimento da obrigação de não fazer pelo sindicato, consistente no fim das obstruções irregulares à liberdade de ir e vir.

14. PERÍCIA: NOÇÕES GERAIS

Perícia é meio de prova utilizado quando a elucidação de determinado(s) aspecto(s) fáticos da causa pressuponha conhecimento técnico especializado não possuído pela generalidade das pessoas de cultura média.

Em tal conceito fica implícito que, ainda que o juiz de determinado caso concreto detenha conhecimentos técnicos não titularizados pelas pessoas em geral, a perícia será necessária. Fundamenta-se com o princípio do contraditório e com o possível comprometimento da imparcialidade do juiz que atuasse como perito. Exemplo: o juiz também é formado em engenharia, mas ainda assim precisará nomear perito engenheiro para produzir laudo atinente a essa ciência.

Tal entendimento, embora praticamente unânime na doutrina[107] e na jurisprudência, não é isento de críticas, pois atenta contra a economia processual.[108] A fundamentação da sentença é que permitirá o controle da atividade jurisdicional pelas partes e pelas instâncias superiores. Seria ingênuo supor que o juiz não utilizará seu conhecimento científico e cultural - ainda que não possuído pelo homem médio - quando for valorar os fatos da causa e até mesmo o laudo pericial. No entanto, o art. 156, *caput*, do CPC[109] reforça o entendimento majoritário, no sentido da obrigatoriedade de realização da perícia, ainda quando o juiz disponha de conhecimentos técnicos especializados não titularizados pelo homem médio.

A perícia pode consistir em: (i) exame, que é a inspeção, pelo perito, de pessoas ou de coisas móveis ou semoventes. É o caso do exame médico para verificação do percentual de incapacidade laborativa e apuração do nexo de causalidade; (ii) vistoria, que é ato de inspeção de bens imóveis, tais como a avaliação feita pelo perito acerca da existência de agentes insalubres no estabelecimento empresarial; (iii) avaliação, que é atividade de fixação do valor de coisas e direitos.

---

106 Art. 371 - O juiz apreciará a prova constante dos autos, independentemente do sujeito que a tiver promovido, e indicará na decisão as razões da formação de seu convencimento.

107 Ver, por todos, MIRZA, Flávio. Reflexões sobre a avaliação da prova pericial. *In*: BASTOS, Marcelo Lessa; AMORIM, Pierre Souto Maior Coutinho de. *Tributo a Afrânio Silva Jardim*. Rio de Janeiro: Lumen Juris, 2011, p. 209.

108 A crítica é de TOSTES MALTA, p. 397.

109 Art. 156. O juiz será assistido por perito quando a prova do fato depender de conhecimento técnico ou científico.

Comumente o laudo pericial contém uma declaração de ciência e a formulação de um juízo. As diligências e o conhecimento especializado do perito permitem que ele relate, nos autos, os fatos pertinentes de que tomou ciência. Por exemplo, o perito narra que constatou a presença do agente insalubre X no estabelecimento empresarial. A partir dessa declaração de ciência, o *expert* formula uma espécie de parecer (juízo de valor) apto a auxiliar o juiz na apreciação dos fatos constatados. Seguindo no exemplo, o perito afirma que o agente insalubre verificado faz surgir direito ao adicional de insalubridade em grau máximo.

O juízo ou parecer feito no laudo pericial não vincula, de forma alguma, o órgão jurisdicional. Pensar diferentemente equivaleria a transferir a função jurisdicional, que é indelegável, para o perito, que é apenas auxiliar do Juízo. Dessa forma, à luz do sistema da persuasão racional ou do convencimento motivado, o Juiz do Trabalho pode decidir contrariamente às conclusões do laudo pericial, desde que haja fundamentos para tanto. Ademais, o perito não pode emitir opiniões pessoais que excedam o exame técnico ou científico do objeto da perícia (CPC, arts. 473, § 2º, e 479).[110]

Caso a perícia seja insatisfatória, o juiz pode determinar a realização de segunda perícia, para apurar os mesmos fatos objeto da primeira. A perícia posterior não substituirá a anterior, razão pela qual as duas devem ser apreciadas fundamentadamente pelo magistrado (CPC, art. 480, §§ 1º, 2º e 3º). Quando a perícia for inconclusiva ou deficiente, o juiz poderá reduzir a remuneração inicialmente arbitrada para o trabalho (CPC, art. 465, § 5º).

Tal situação não se confunde com a outra em que a perícia abranja mais de uma área de conhecimento especializado, o que autoriza ao juiz a nomeação de um perito, e a indicação, pela parte, de mais de um assistente técnico (CPC, art. 475).

14.1. Impedimento e suspeição do perito

Conforme já estudado[111], aplicam-se ao perito os mesmos motivos de suspeição e impedimento pertinentes a magistrados, previstos nos arts. 144 e 145 do CPC.[112]

---

[110] Art. 473, § 2º – É vedado ao perito ultrapassar os limites de sua designação, bem como emitir opiniões pessoais que excedam o exame técnico ou científico do objeto da perícia.

Art. 479 – O juiz apreciará a prova pericial de acordo com o disposto no art. 371, indicando na sentença os motivos que o levaram a considerar ou a deixar de considerar as conclusões do laudo, levando em conta o método utilizado pelo perito.

[111] Capítulo VII, item 3.3.

[112] Art. 144 – Há impedimento do juiz, sendo-lhe vedado exercer suas funções no processo:

I – em que interveio como mandatário da parte, oficiou como perito, funcionou como membro do Ministério Público ou prestou depoimento como testemunha;

II – de que conheceu em outro grau de jurisdição, tendo proferido decisão;

III – quando nele estiver postulando, como defensor público, advogado ou membro do Ministério Público, seu cônjuge ou companheiro, ou qualquer parente, consanguíneo ou afim, em linha reta ou colateral, até o terceiro grau, inclusive;

IV – quando for parte no processo ele próprio, seu cônjuge ou companheiro, ou parente, consanguíneo ou afim, em linha reta ou colateral, até o terceiro grau, inclusive;

Observe-se, ainda, que, não obstante o perito seja - tal qual a testemunha - sujeito probatório do processo, ele não presta compromisso legal. O dever de cumprir escrupulosamente o encargo que lhe foi cometido decorre da lei; e da nomeação pelo juiz, e aceitação pelo perito (CPC, art. 466, *caput*).[113]

14.2. Remuneração do perito e do assistente técnico

Sobre o tema, ver Capítulo X, item 4.1.

14.3. Produção da prova pericial: procedimento

A produção de prova pericial pode ser determinada de ofício pelo juiz; ou requerida pelas partes. Será indeferida quando:

- (i) a prova do fato não depender de conhecimento especial de técnico. É o que acontece, em regra, quando se pretender produzir prova pericial para apurar equiparação salarial ou desvio de função, temas passíveis de instrução oral (testemunhas, depoimentos etc.) e documental. Excepcionalmente, para funções muito específicas (exemplo: trabalhadores altamente especializados

V - quando for sócio ou membro de direção ou de administração de pessoa jurídica parte no processo;

VI - quando for herdeiro presuntivo, donatário ou empregador de qualquer das partes;

VII - em que figure como parte instituição de ensino com a qual tenha relação de emprego ou decorrente de contrato de prestação de serviços;

VIII - em que figure como parte cliente do escritório de advocacia de seu cônjuge, companheiro ou parente, consanguíneo ou afim, em linha reta ou colateral, até o terceiro grau, inclusive, mesmo que patrocinado por advogado de outro escritório;

IX - quando promover ação contra a parte ou seu advogado.

§ 1º - Na hipótese do inciso III, o impedimento só se verifica quando o defensor público, o advogado ou o membro do Ministério Público já integrava o processo antes do início da atividade judicante do juiz.

§ 2º - É vedada a criação de fato superveniente a fim de caracterizar impedimento do juiz.

§ 3º - O impedimento previsto no inciso III também se verifica no caso de mandato conferido a membro de escritório de advocacia que tenha em seus quadros advogado que individualmente ostente a condição nele prevista, mesmo que não intervenha diretamente no processo.

Art. 145 - Há suspeição do juiz:

I - amigo íntimo ou inimigo de qualquer das partes ou de seus advogados;

II - que receber presentes de pessoas que tiverem interesse na causa antes ou depois de iniciado o processo, que aconselhar alguma das partes acerca do objeto da causa ou que subministrar meios para atender às despesas do litígio;

III - quando qualquer das partes for sua credora ou devedora, de seu cônjuge ou companheiro ou de parentes destes, em linha reta até o terceiro grau, inclusive;

IV - interessado no julgamento do processo em favor de qualquer das partes.

§ 1º - Poderá o juiz declarar-se suspeito por motivo de foro íntimo, sem necessidade de declarar suas razões.

§ 2º - Será ilegítima a alegação de suspeição quando:

I - houver sido provocada por quem a alega;

II - a parte que a alega houver praticado ato que signifique manifesta aceitação do arguido.

[113] Art. 466 - O perito cumprirá escrupulosamente o encargo que lhe foi cometido, independentemente de termo de compromisso.

do setor petrolífero ou de tecnologia da informação), a perícia pode revelar-se pertinente, em virtude da dificuldade de compreensão pelo cidadão e juiz médio acerca do plexo de atribuições e capacitações envolvidas;

- (ii) for desnecessária em vista de outras provas produzidas. Exemplo: o reclamante postula adicional de insalubridade alegando que trabalhava no frigorífico, mas a instrução oral demonstra que, na verdade, sempre trabalhou no escritório;
- (iii) a verificação for impraticável. O exemplo típico é de encerramento das atividades da empresa ou fechamento do estabelecimento empresarial, situações que dão margem à utilização de prova pericial emprestada (OJ 278 da SDI-1 do TST).[114]

Quando deferida a prova pericial, o juiz nomeará perito especializado no objeto da perícia e fixará de imediato o prazo para a entrega do laudo. As partes devem ser intimadas da nomeação e, no prazo de 15 dias (se outro, maior ou menor, não for fixado pelo Juiz do Trabalho tendo em vista o grau de complexidade da perícia) poderão: arguir o impedimento ou a suspeição do perito, se for o caso; indicar assistente técnico; apresentar quesitos.

O entendimento majoritário é no sentido de que o prazo para apresentação de quesitos e indicação de assistente técnico pelas partes não é preclusivo, podendo o ato ser praticado posteriormente, desde que antes do início da produção da prova.[115]

Nomeado, o perito apresentará proposto de honorários em cinco dias, após o que as partes poderão se manifestar a respeito também no prazo de cinco dias. Em seguida, o juiz fixará o valor dos honorários, e poderá autorizar o pagamento de até cinquenta por cento dos honorários arbitrados a favor do perito no início dos trabalhos, devendo o remanescente ser pago apenas ao final, depois de entregue o laudo e prestados todos os esclarecimentos necessários (CPC, art. 465, §§ 2º, 3º e 4º).

O Juiz do Trabalho deve estabelecer o prazo para conclusão da diligência e entrega do laudo, além de indeferir os quesitos impertinentes e formular, *ex officio*, quesitos necessários ao esclarecimento da causa. Se o perito, por motivo justificado, não puder apresentar o laudo dentro do prazo, o juiz poderá conceder-lhe, por uma vez, prorrogação pela metade do prazo originalmente fixado (CPC, art. 476).

O perito deve assegurar às partes e aos seus assistentes o acesso e o acompanhamento das diligências e dos exames que realizar, com prévia comunicação, comprovada nos autos, com antecedência mínima de 5 (cinco) dias.

---

114 TST, OJ 278 da SDI-1: A realização de perícia é obrigatória para a verificação de insalubridade. Quando não for possível sua realização, como em caso de fechamento da empresa, poderá o julgador utilizar-se de outros meios de prova.

115 THEODORO JÚNIOR, v. 1, p. 996.

As partes podem escolher consensualmente o perito, mediante negócio jurídico processual, sendo certo que os prazos para entrega de laudos e pareceres será fixado pelo juiz (CPC, art. 471, *caput* e parágrafos).

Apresentado o laudo pelo perito, as partes devem ser intimadas para se manifestar em prazo fixado judicialmente, ocasião em que podem juntar pareceres de assistentes técnicos - trata-se de concretização do princípio do contraditório. Caso haja necessidade de esclarecimentos, o perito será intimado para prestá-los em prazo fixado judicialmente. Conclui-se que não há necessidade de observância estrita dos prazos previstos no art. 477, *caput* e parágrafos, do CPC, muito embora tal dispositivo sirva como norte procedimental no Processo do Trabalho.[116]

Geralmente a prova pericial é produzida antes da instrução oral em audiência, pois eventualmente a perícia pode ser complementada por declarações das partes ou de testemunhas. No entanto, o princípio da economia processual pode justificar a inversão da ordem, quando a instrução oral for prejudicial em relação à prova pericial, como na hipótese em que houver controvérsia sobre a existência de relação de trabalho e de periculosidade: se não houver vínculo, não haverá periculosidade e será desnecessária a perícia.

Por fim, observe-se que o procedimento mais complexo da prova pericial pode ser substituído por prova técnica simplificada, consistente apenas na inquirição, em audiência, de especialista, quando o ponto controvertido for de menor complexidade (CPC, art. 464, §§ 2º e 3º).

14.4. Hipóteses típicas de perícia na Justiça do Trabalho

14.4.1. Insalubridade e periculosidade

A perícia para apuração de insalubridade e periculosidade pode ser realizada indistintamente por médico ou por engenheiro, pois a lei não faz distinção: basta que o profissional seja devidamente qualificado (OJ 165 da SDI-1 do TST).

De acordo com o art. 195, § 2º, da CLT, arguida insalubridade ou periculosidade em Juízo, obrigatoriamente o magistrado deveria nomear perito habilitado para

---

[116] Art. 477 - O perito protocolará o laudo em juízo, no prazo fixado pelo juiz, pelo menos 20 (vinte) dias antes da audiência de instrução e julgamento.

§ 1º - As partes serão intimadas para, querendo, manifestar-se sobre o laudo do perito do juízo no prazo comum de 15 (quinze) dias, podendo o assistente técnico de cada uma das partes, em igual prazo, apresentar seu respectivo parecer.

§ 2º - O perito do juízo tem o dever de, no prazo de 15 (quinze) dias, esclarecer ponto:

I - sobre o qual exista divergência ou dúvida de qualquer das partes, do juiz ou do órgão do Ministério Público;

II - divergente apresentado no parecer do assistente técnico da parte.

§ 3º - Se ainda houver necessidade de esclarecimentos, a parte requererá ao juiz que mande intimar o perito ou o assistente técnico a comparecer à audiência de instrução e julgamento, formulando, desde logo, as perguntas, sob forma de quesitos.

§ 4º - O perito ou o assistente técnico será intimado por meio eletrônico, com pelo menos 10 (dez) dias de antecedência da audiência.

apurar o fato. A partir de tal dispositivo, a doutrina e a jurisprudência, tradicionalmente, firmaram o entendimento de que o ônus da prova da insalubridade ou da periculosidade recai sobre o trabalhador (CLT, art. 818, I; CPC, art. 333, I), e, caso não realizada a perícia, o resultado seria o julgamento de improcedência.

Acrescente-se que, para muitas decisões judiciais, nem mesmo a revelia do demandado seria capaz de autorizar a condenação, caso não fosse produzida prova pericial, pois a presunção de veracidade daí decorrente não afastaria, segundo essa visão – aparentemente majoritária na doutrina e na jurisprudência –, a aplicabilidade dos dispositivos legais mencionados.

Contudo, a doutrina processual mais moderna propugna pela aplicação da teoria dinâmica do ônus da prova, a significar que o encargo de produção da prova deve recair sobre a parte que tenha a maior aptidão, em dado caso concreto, para produzi-la. Tal teoria pode resultar na inversão do ônus da prova, sendo consagrada no Código de Defesa do Consumidor (art. 6°, VIII)[117] e também no Novo CPC (art. 373, § 1º).[118]

Além disso, no direito processual vigora o princípio da livre convicção motivada ou persuasão racional (CPC, art. 371)[119], em contraponto ao princípio da prova legal ou tarifada, que é norma excepcional hodiernamente.

Com base em tais premissas, percebe-se que, em se tratando de pedido de adicional de insalubridade ou periculosidade, a empresa que tiver obrigação de manter laudos técnicos como o PPRA, PCSMO, e LTCAT pode, licitamente, ser instada a apresentar tal documentação em Juízo, já que tais laudos podem indicar precisamente os agentes nocivos e eliminar a necessidade de produção de prova pericial, em consonância com o princípio da economia processual.

De outro lado, nas situações em que o reclamante é beneficiário da gratuidade de justiça, muitas vezes há dificuldade prática de realizar a perícia mediante pagamento ao final, pela União, em decorrência da escassez dos recursos orçamentários destinados a essa finalidade, e também pelo fato de que muitos peritos não aceitam o encargo nesses moldes.

Portanto, uma vez que a empresa tenha sido notificada para apresentar os referidos laudos, e mantenha-se inerte, injustificadamente, é imperiosa a inversão do ônus da prova e a aplicação de confissão no ponto, sendo desnecessária a perícia técnica com tal finalidade. Note-se que o princípio da proteção, que segundo parcela da doutrina se aplica no Processo do Trabalho, também autoriza essa conclusão.

---

[117] Art. 6º – São direitos básicos do consumidor: (...)
VIII – a facilitação da defesa de seus direitos, inclusive com a inversão do ônus da prova, a seu favor, no processo civil, quando, a critério do juiz, for verossímil a alegação ou quando for ele hipossuficiente, segundo as regras ordinárias de experiências.

[118] Art. 373, § 1º – Nos casos previstos em lei ou diante de peculiaridades da causa relacionadas à impossibilidade ou à excessiva dificuldade de cumprir o encargo nos termos do caput ou à maior facilidade de obtenção da prova do fato contrário, poderá o juiz atribuir o ônus da prova de modo diverso, desde que o faça por decisão fundamentada, caso em que deverá dar à parte a oportunidade de se desincumbir do ônus que lhe foi atribuído.

[119] Art. 371 – O juiz apreciará a prova constante dos autos, independentemente do sujeito que a tiver promovido, e indicará na decisão as razões da formação de seu convencimento.

14.4.2. *Incapacidade laborativa*

Nos processos em que se discute indenização por danos materiais e morais decorrentes de acidente de trabalho ou de doença ocupacional, é comum que o ajuizamento da ação seja precedido da concessão de benefício previdenciário pelo INSS.

Nessas hipóteses, a perícia feita pelo médico da autarquia previdenciária pode e deve ser considerada como elemento probatório pelo Juiz do Trabalho. Se o benefício previdenciário concedido tiver sido de natureza acidentária, passa a haver presunção relativa de veracidade acerca do nexo causal entre doença e trabalho; dessa forma, é pertinente a inversão do ônus da prova, passando a caber ao empregador o ônus de produzir prova pericial que infirme as conclusões do laudo do INSS. Ao contrário, quando o benefício previdenciário não for de caráter acidentário, o ônus da prova se conserva, em princípio, com o trabalhador.

Outra situação corriqueira se dá quando o trabalhador consegue obter benefício previdenciário acidentário por força de decisão judicial oriunda da Justiça Comum Estadual (CF, art. 109, I).[120] A decisão do Juízo cível e o laudo pericial nele produzido podem ser usados como prova emprestada no processo trabalhista, e também autorizam a inversão do ônus da prova, nos moldes acima preconizados.

Nos dois casos (laudo pericial do INSS, ou da Justiça Estadual) pode acontecer de – realizada perícia na Justiça do Trabalho sobre o mesmo tema – se chegar a resultados diferentes e conflitantes. Por exemplo: o laudo da Justiça Estadual reconhece o nexo causal entre doença e acidente, e o da Justiça do Trabalho não o faz. Em tais hipóteses, não há, à luz do sistema da persuasão racional (CPC, art. 371), prevalência em abstrato de um laudo em detrimento do outro. O juiz deverá apreciar fundamentadamente os dois, e poderá aderir à conclusão de um ou de outro lado, demonstrando racionalmente o motivo pelo qual o faz. Contudo, sempre se deve levar em conta que o empregador não participa, em regra, do processo administrativo no INSS ou do judicial que tramite na Justiça Estadual, o que reduz o contraditório e, consequentemente, a força probante desses laudos.

15. INTERROGATÓRIO E DEPOIMENTO PESSOAL

A parte pode falar em Juízo a partir de provocação (i) do juiz ou (ii) da parte contrária. O primeiro caso corresponde ao interrogatório; o segundo, ao depoimento da parte. A expressão utilizada pela lei e pela maioria dos autores – *depoimento pessoal* – é inexata, pois a testemunha também é, obviamente, uma pessoa, razão por que seu depoimento também é pessoal; contudo, em função do uso consagrado, serão usadas indistintamente as duas expressões.

[120] Art. 109 – Aos juízes federais compete processar e julgar:

I – as causas em que a União, entidade autárquica ou empresa pública federal forem interessadas na condição de autoras, rés, assistentes ou oponentes, exceto as de falência, as de acidentes de trabalho e as sujeitas à Justiça Eleitoral e à Justiça do Trabalho.

A figura do depoimento pessoal não é prevista expressamente pela CLT, o que ainda gera alguma controvérsia quando à sua existência no Processo do Trabalho. No entanto, sempre foi majoritário o entendimento segundo o qual as partes têm, sim, o direito de provocar a oitiva da parte contrária. Essa conclusão se justifica por se tratar de concretização do princípio do contraditório, já que muitas vezes a oitiva da parte faz com que a instrução processual seja mais satisfatória.

Contudo, a SDI-1 do TST decidiu, no ano de 2024, que "Não configura cerceamento de defesa o indeferimento do depoimento pessoal da parte adversa, tendo em vista que, a teor do art. 848 da CLT, a oitiva pessoal dos litigantes constitui faculdade do juiz, o qual detém ampla liberdade na condução do processo (art. 765 da CLT). Destarte, ante a existência de disciplina específica na legislação trabalhista, não há falar em aplicação do art. 385 do CPC de 2015, o qual confere à parte a prerrogativa de requerer o depoimento pessoal da outra".[121]

Referida decisão é polêmica e controversa. De um lado, pode-se argumentar que o indeferimento de depoimento pessoal pode gerar cerceamento de defesa e impedir que a parte produza prova útil e necessária à demonstração de seu direito – violação do princípio constitucional do contraditório e da ampla defesa. De outro lado, exigir depoimento pessoal em toda e qualquer situação pode constituir embaraço a uma eficiente administração da justiça, notadamente quando tal prova se mostrar desnecessária, o que é mais comum em demandas repetitivas, em que os depoimentos pessoais costumam ser idênticos em diversos processos, e quando a parte trouxer testemunha para comprovar os fatos alegados. Não raramente, o patrono, mesmo já dispondo de provas suficientes, requer o depoimento pessoal apenas por "preciosismo", o que, embora possa atender ao interesse individual do litigante, conflita com o interesse público na prestação jurisdicional célere e efetiva – princípio do acesso à justiça em sentido material.

Depreende-se que se trata de colidência entre os princípios constitucionais do contraditório e do acesso à justiça. A solução será sempre casuística e perpassa pela análise dos subprincípios do princípio da proporcionalidade: adequação, necessidade e proporcionalidade em sentido estrito (custo-benefício da medida). Como elementos de ponderação, o juiz pode considerar: se o depoimento pessoal é necessário ou se a parte dispõe de outros elementos de prova mais efetivos; a utilidade dos depoimentos pessoais em processos similares anteriores; a complexidade do processo; a extensão da pauta de audiências da unidade jurisdicional, entre outros fatores.

Portanto, a decisão do TST, em nossa visão, não constitui "cheque em branco" para que o juiz indefira os depoimentos pessoais em todo e qualquer caso; trata-se, na verdade, de reconhecer a autoridade do juiz para ponderar acerca da pertinência e necessidade da prova – como, de resto, já acontece em qualquer caso.

O depoimento pessoal é realizado após o recebimento da defesa e antes da oitiva de testemunhas, sob pena de preclusão; em regra, primeiramente se ouve o autor, e depois o réu, mas essa ordem pode ser eventualmente alterada à luz do princípio da economia processual. Já o interrogatório pode ser feito a qualquer momento pelo

121 TST-ERRAg – 1711-15.2017.5.06.0014, SBDI-I, rel. Min. Breno Medeiros, 16/5/2024 (informativo 287 do TST).

Juiz do Trabalho, e até mesmo pelo Tribunal, se a causa estiver em fase de recurso. É comum, lícito e desejável, por exemplo, que na tentativa inicial de conciliação o Juiz do Trabalho ouça as partes a respeito de aspectos importantes que podem viabilizar eventual acordo.

Não há distinção substancial entre interrogatório e depoimento pessoal, pois os dois consistem, em última análise, na oitiva das partes acerca de pontos relevantes[122], e de ambos pode resultar a confissão real. Contudo, procedimentalmente, há duas diferenças dignas de nota: (i) há preclusão para as partes requererem o depoimento, ao passo que o juiz pode determinar o interrogatório a qualquer momento; (ii) a cominação de confissão ficta para o caso de não comparecimento injustificado da parte somente pode ser aplicada para o depoimento pessoal, nunca para o mero interrogatório (CPC, art. 139, VIII).[123]

Na prática, o juiz inicialmente interroga as partes, formulando as perguntas necessárias ao seu convencimento; e, em seguida, as partes fazem reperguntas, com o objetivo de complementar a atividade do juiz - caso haja necessidade - e provocar a confissão da contraparte.

Quem ainda não depôs, não pode ouvir o interrogatório ou depoimento da outra parte (CPC, art. 385, § 2º). De outro lado, as partes podem fazer reperguntas ao adversário, após a inquirição pelo juiz (CLT, art. 820).[124] Para compatibilizar tais regras, nos casos em que o reclamado estiver exercendo o *jus postulandi*, é recomendável ouvi-lo antes do depoimento do reclamante, e este deverá ser retirado do recinto durante o depoimento do réu.

O advogado não tem direito de fazer perguntas ou reperguntas ao próprio cliente (= parte que representa), pois o depoimento pessoal é meio de obter a confissão real da parte contrária (CPC, art. 385).[125] De fato, o que a parte declara em depoimento não produz prova favorável a si mesma, mas apenas contrária aos seus interesses. Da mesma forma, em princípio, a parte não tem legitimidade para requerer o depoimento pessoal de seu litisconsorte. Contudo, nas situações em que os litisconsortes (ativos ou passivos) tenham interesses contrários, pode surgir interesse legítimo de oitiva do litisconsorte, com o objetivo de obter confissão que venha a beneficiar o requerente da prova. Exemplo: em processo que envolva três reclamadas, a tese da 3ª reclamada é de que o trabalhador sempre prestou serviços exclusivamente para a 2ª reclamada. Nesta hipótese, a 2ª e 3ª reclamadas poderiam pedir os depoimentos uma da outra.

Além disso, se o advogado pudesse reinquirir o próprio cliente, poderia conseguir modificar o depoimento em detrimento da verdade.[126]

122 Rejeitando a distinção, com vários argumentos, TOSTES MALTA, *op. cit.*, p. 412.

123 Art. 139, VIII - determinar, a qualquer tempo, o comparecimento pessoal das partes, para inquiri-las sobre os fatos da causa, hipótese em que não incidirá a pena de confesso.

124 Art. 820 - As partes e testemunhas serão inquiridas pelo juiz ou presidente, podendo ser reinquiridas, por seu intermédio, a requerimento dos juízes classistas, das partes, seus representantes ou advogados.

125 Art. 385 - Cabe à parte requerer o depoimento pessoal da outra parte, a fim de que esta seja interrogada na audiência de instrução e julgamento, sem prejuízo do poder do juiz de ordená-lo de ofício.

126 TOSTES MALTA, *op. cit.*, p. 411.

Não obstante, as declarações constantes do depoimento pessoal podem ser levadas em conta e reforçar a convicção do juiz, ainda que não se haja extraído confissão real.[127] Por exemplo, o magistrado pode levar em conta a harmonia ou conflito entre as declarações da parte e a prova documental ou testemunhal produzida no processo, para concluir pela veracidade, ou não, da tese da petição inicial ou da defesa.

Se a parte for intimada pessoalmente para comparecimento à audiência em prosseguimento (no caso de o Juízo fracionar a audiência), e do instrumento notificatório constar expressa cominação nesse sentido, aplica-se a pena de confissão ficta no caso de ausência injustificada (TST, Súmula 74, I)[128]. Não é suficiente para essa finalidade a intimação da parte na pessoa do advogado, mediante publicação na Imprensa Oficial. A mesma conclusão se adota quando a parte, embora compareça, se recuse injustificadamente a depor (CPC, art. 385, § 1º).

Segundo o *caput* do art. 388 do CPC, a parte não é obrigada a depor sobre fatos: (i) criminosos ou torpes que lhe forem imputados; (ii) a cujo respeito, por estado ou profissão, deva guardar sigilo; (iii) acerca dos quais não possa responder sem desonra própria, de seu cônjuge, de seu companheiro ou de parente em grau sucessível; (iv) que coloquem em perigo a vida do depoente ou das pessoas referidas. Como exemplos de situações pertinentes ao Processo do Trabalho, tem-se: (i) discussão acerca da prática de crime supostamente cometido pelo empregado; (ii) sigilo que um empregado médico deve guardar no que tange a determinado paciente que atendera; (iii) detalhes acerca de assédio sexual sofrido pela reclamante; (iv) situação de risco de vida de uma das partes.

Quando a parte, sem motivo justificado, deixar de responder ao que lhe for perguntado ou empregar evasivas, o juiz, apreciando as demais circunstâncias e os elementos de prova, declarará, na sentença, se houve recusa de depor. A parte responderá pessoalmente sobre os fatos articulados, não podendo servir-se de escritos anteriormente preparados, permitindo-lhe o juiz, todavia, a consulta a notas breves, desde que objetivem completar esclarecimentos (CPC, arts. 386 e 387), como, por exemplo, a consulta à CTPS para verificação do valor do salário anotado.

16. CONFISSÃO

Confissão é o ato de admitir a veracidade de fato contrário aos interesses da parte declarante, e favorável aos de seu adversário. Pode ser judicial ou extrajudicial; espontânea ou provocada.

Diz-se provocada quando extraída a partir de perguntas feitas pelo juiz ou pela outra parte por ocasião do depoimento pessoal ou interrogatório; espontânea, nos demais casos.

---

[127] MIRANDA, Francisco Cavalcanti Pontes de. *Comentários ao Código de Processo Civil*, 3ª ed., t.4. Rio de Janeiro: Forense, 1996, p. 304.

[128] TST, súmula 74, I: I – Aplica-se a confissão à parte que, expressamente intimada com aquela cominação, não comparecer à audiência em prosseguimento, na qual deveria depor.

De todo modo, a confissão é ato personalíssimo da parte, e só pode ser praticada por procurador quando este tiver poderes especiais para tal finalidade (CPC, art. 390, *caput*, e §§). Por razões lógico-jurídicas, somente a confissão espontânea pode ser levada a efeito por procurador, já que este não presta depoimento pessoal e, por isso, não pode praticar confissão provocada.

A confissão extrajudicial, embora cabível, deve ser avaliada com cautela no Processo do Trabalho, à luz da hipossuficiência econômica e subordinação jurídica do trabalhador. Assim, pouco valor probatório terá, isoladamente, por exemplo, uma declaração oral ou escrita, mas extrajudicial, do trabalhador no sentido que nunca realizou horas extras. Evidentemente, caso a confissão extrajudicial seja ratificada em Juízo, deve ser tratada como confissão real judicial.

Ademais, quando feita oralmente, a confissão extrajudicial só terá eficácia nos casos em que a lei não exija prova literal. Dessa forma, é ineficaz confissão extrajudicial oral, por exemplo, para prova de pagamento de salários ou de concessão de férias (CLT, arts. 464, *caput*, e 135, *caput*), para os quais a lei exige recibo.[129]

Perceba-se que a suposta confissão extrajudicial oral pode ser objeto de prova quando negada pelo confitente: seria uma hipótese de prova do ato de confissão em si mesmo, e não da declaração contida na confissão. Exemplo: reclamante aduz que sócio confessou oralmente, diante de testemunhas, que estava em débito quanto ao pagamento de prêmio. Caso o sócio negue a alegação, seria possível produzir prova da confissão, o que demonstraria apenas indiretamente o direito ao prêmio. Não se trataria de prova direta do direito à parcela em si mesma.

A confissão é real quando corresponde à declaração de um fato contrário ao confitente e favorável à outra parte; trata-se da confissão propriamente dita.

Contudo, o ordenamento cria, em determinadas situações, ficção de que a parte confessou, mesmo que se saiba que não houve, na realidade, confissão. É a chamada *confissão ficta*, que ocorre nas situações de: ausência injustificada da parte à audiência em prosseguimento (TST, Súmula 74, I); recusa de depor; emprego de evasivas no depoimento pessoal; e desconhecimento dos fatos pelo depoente.

16.1. Natureza e efeitos da confissão

A confissão, do ponto de vista processual, tem natureza jurídica de ato processual probatório; sob a ótica da teoria geral do direito, trata-se de ato jurídico em sentido estrito, pois os seus efeitos jurídicos são previstos na legislação e não podem ser afastados pelos interessados. A vontade do confitente é relevante apenas no que tange à intenção de praticar o ato, mas não quanto à definição dos respectivos efeitos.

De acordo com o art. 374, II, do CPC, não dependem de prova os fatos afirmados por uma parte e confessados pela parte contrária. Na verdade, o fato confessado reputa-se comprovado, razão pela qual não há cerceamento de defesa caso o magis-

[129] Art. 464 – O pagamento do salário deverá ser efetuado contra recibo, assinado pelo empregado; em se tratando de analfabeto, mediante sua impressão digital, ou, não sendo esta possível, a seu rogo.

Art. 135 – A concessão das férias será participada, por escrito, ao empregado, com antecedência de, no mínimo, 30 (trinta) dias. Dessa participação o interessado dará recibo.

trado indefira a produção de provas requeridas pelo confitente e relativas ao mesmo fato. Trata-se de concretização do princípio da boa-fé processual: é comportamento contraditório pretender produzir prova após confessar o fato. De outro lado, a parte contrária fica dispensada de produzir prova sobre o fato confessado.

Contudo, a confissão - até mesmo a real - não é meio de prova absoluto, à luz do sistema da persuasão racional ou convencimento motivado (CPC, art. 371).[130] Assim, o Juiz do Trabalho pode e deve considerar a prova pré-constituída, de modo a afastar a eficácia da confissão. Pode ser, por exemplo, que determinado documento demonstre não ser verossímil a declaração do confitente.

Ademais, nada impede que o magistrado determine a produção de prova a respeito de determinado fato confessado, caso, por exemplo, falte verossimilhança na alegação. Como a confissão é ato da parte, não se pode aplicar ao magistrado a vedação à produção de provas, pois não haverá, nesta hipótese, qualquer ato contrário à boa-fé - ao contrário do que acontece quando a prova é requerida pelo próprio confitente. Esse é o fundamento e significado da Súmula 74 do TST.[131]

Pode-se dizer que a confissão tem uma eficácia típica, que é a regra geral: o fato confessado reputa-se provado e a parte contrária fica dispensada de produzir prova a respeito. No entanto, tal eficácia típica pode ser afastada pelo magistrado no caso concreto, já que a confissão não é ato negocial de disposição de direito, mas mero ato probatório.

A lei também afasta a eficácia típica da confissão nas seguintes hipóteses: fatos comuns ao confitente e seu litisconsorte (art. 391); fatos relativos a direitos indisponíveis (art. 392, *caput*); quando o confitente for pessoa incapaz (art. 392, § 1º).[132]

Quando o art. 392, *caput* e § 1º, afirmam não valer como confissão ou ser ineficaz a confissão no caso de direitos indisponíveis e confitente incapaz, na verdade os dispositivos têm o objetivo de afastar a eficácia típica da confissão. Contudo, nessas hipóteses - e em qualquer outra em que a eficácia típica possa ser afastada -, o juiz apreciará o elemento probatório (= declaração da parte contrária ao seu

---

130 Art. 371 - O juiz apreciará a prova constante dos autos, independentemente do sujeito que a tiver promovido, e indicará na decisão as razões da formação de seu convencimento.

131 TST, súmula 74: I - Aplica-se a confissão à parte que, expressamente intimada com aquela cominação, não comparecer à audiência em prosseguimento, na qual deveria depor.

II - A prova pré-constituída nos autos pode ser levada em conta para confronto com a confissão ficta (arts. 442 e 443, do CPC de 2015 -art. 400, I, do CPC de 1973), não implicando cerceamento de defesa o indeferimento de provas posteriores.

III - A vedação à produção de prova posterior pela parte confessa somente a ela se aplica, não afetando o exercício, pelo magistrado, do poder/dever de conduzir o processo.

132 Art. 391 - A confissão judicial faz prova contra o confitente, não prejudicando, todavia, os litisconsortes.

Parágrafo único. Nas ações que versarem sobre bens imóveis ou direitos reais sobre imóveis alheios, a confissão de um cônjuge ou companheiro não valerá sem a do outro, salvo se o regime de casamento for o de separação absoluta de bens.

Art. 392 - Não vale como confissão a admissão, em juízo, de fatos relativos a direitos indisponíveis.

§ 1º - A confissão será ineficaz se feita por quem não for capaz de dispor do direito a que se referem os fatos confessados.

interesse, mas que não pode ser tida como confissão) em conjunto com as demais provas produzidas nos autos.

É o que acontece, também, no litisconsórcio. Por questões lógico-jurídicas, a eficácia típica da confissão não pode prejudicar um litisconsorte que não confessou. Isso porque, por definição, a confissão consiste em declaração de fato contrário ao confitente; o litisconsorte que não confessou não está, portanto, abrangido.

Perceba-se que, caso se trate de litisconsórcio unitário, a confissão não pode ter sua eficácia típica nem mesmo em relação ao próprio confitente, se o litisconsorte não aderir à confissão, tendo em vista a necessidade de julgamento uniforme para todos os litisconsortes. O mesmo raciocínio se aplica em relação aos fatos comuns no caso de litisconsórcio simples, pois não há como considerar um fato comprovado para um litisconsorte, e não comprovado para o outro.

16.2. Elementos da confissão

A confissão se consubstancia a partir de três elementos: objetivo, subjetivo e volitivo (anímico).

O elemento objetivo é aquilo sobre que incide a confissão. Apenas os fatos podem ser objeto de confissão, não assim o direito. E não quaisquer fatos, mas apenas os fatos próprios e desfavoráveis ao declarante, e benéficos à parte contrária.

Além disso, só podem ter eficácia plena e típica de confissão aquela atinente a fatos relativos a direitos disponíveis (CPC, art. 392, *caput*). Deveras, caso a declaração de fato contrário ao interesse do confitente tivesse a eficácia prevista legalmente para a confissão, no caso de direitos indisponíveis (= insuscetíveis à renúncia e à transação), seria muito fácil burlar, por meio de um processo, a indisponibilidade prevista pela lei material: bastaria que se fizesse confissão em Juízo. Assim, por exemplo, se um menor não pode renunciar, no plano material, ao direito de receber alimentos de seus responsáveis legais, também não será admissível a confissão em Juízo de fatos relativos a esse direito.

Por fim, não podem ser objeto de confissão - em sua eficácia típica - fatos em relação aos quais a lei estabelece a necessidade de forma especial, como a escritura pública de compra e venda, a certidão de casamento etc.

O elemento subjetivo da confissão diz respeito à pessoa que a pratica, que deve ser a própria parte ou procurador com poderes especiais. Ademais, o confitente deve ser pessoa que possa dispor do direito no plano material. Daí resulta que o incapaz não pode confessar sem que esteja assistido ou representado por seu responsável legal (incapacidade relativa e absoluta, respectivamente), conforme deflui do art. 392, § 1º, do CPC. Nada impede, entretanto, que as declarações do incapaz sejam sopesadas com o conjunto probatório, já que a lei afasta apenas a eficácia típica da confissão do incapaz.

O último elemento da confissão é o anímico ou volitivo, e consiste na vontade livre de dizer a verdade acerca dos fatos declarados. Pouco importa que o confitente queira, ou não, submeter-se aos efeitos legalmente previstos para a confissão; pode ser até que não os quisesse, ou então desconhecesse os efeitos, mas, se a declaração correspondeu a uma intenção genuína de afirmar a verdade sobre os fatos, será tida como confissão, com todas as suas consequências. Essa característica comprova que a confissão tem natureza jurídica de ato jurídico em sentido estrito, e não de negócio jurídico processual.

Esse elemento volitivo é denominado *animus confitendi*, e dele resulta a noção de irrevogabilidade da confissão, conforme análise empreendida no próximo item.

16.3. Irrevogabilidade e indivisibilidade da confissão

Como visto, a confissão é ato jurídico em sentido estrito, já que, embora pressuponha a vontade do confitente de declarar a verdade sobre os fatos, seus efeitos jurídicos são previstos antecipadamente pela lei. Daí decorre que não há a liberdade de revogação ou retratação que é típica dos negócios jurídicos.

Exemplificando: o cidadão que faz um testamento particular (negócio jurídico unilateral) pode revogá-lo a qualquer momento; as partes de um contrato de compra e venda podem desfazer o negócio antes de implementá-lo; as partes de um processo judicial podem se retratar quanto a um negócio processual que hajam firmado.

No entanto, caso se trate de atos jurídicos em sentido estrito, não há essa possibilidade: o casamento consumado, a penhora realizada, a confissão levada a efeito, tais atos não podem ser simplesmente revogados. Eles permanecerão gerando seus efeitos até que venham, eventualmente, a ser desconstituídos por outro ato contrário (exemplo: divórcio; desconstituição da penhora), ou até que sejam anulados por meio de ação judicial específica.

Mais especificamente, a confissão pode ser anulada se decorrer de erro de fato ou de coação; e a legitimidade para a ação anulatória é exclusiva do confitente e pode ser transferida a seus herdeiros se ele falecer após a propositura (CPC, art. 393, *caput* e parágrafo único).

Rege a confissão, ainda, a regra da indivisibilidade: a parte que quiser usá-la como prova não pode aceitá-la no tópico que a beneficiar e rejeitá-la no que lhe for desfavorável (CPC, art. 395). Exemplo: o reclamante afirma que estava presente no estabelecimento empresarial no dia em que foi praticado furto e sumiram mercadorias do estoque, embora não tenha participado do crime. A reclamada não pode, nessa hipótese, pretender cindir a declaração, com o objetivo de concluir que o reclamante foi o autor do crime porque estava presente na empresa.

A correta interpretação da regra da indivisibilidade, portanto, é a de que a confissão deve ser interpretada restritivamente, não sendo possível estendê-la para fatos que não foram expressamente confessados.[133]

A confissão deve ser dividida, entretanto, quando o confitente a ela aduzir fatos novos, capazes de constituir fundamento de defesa de direito material ou de reconvenção. Para seguir no mesmo exemplo: o reclamante confessa que retirou as mercadorias do estabelecimento empresarial, mas aduz que o fez porque autorizado pelo gerente da empresa. Nessa hipótese, a suposta autorização é fato novo que deve

[133] Interpretação preconizada por GRECO, *op. cit.*, v.2, p. 204.

ser comprovado pelo reclamante confitente; esse fato novo não constitui propriamente confissão, mas mera alegação.

16.4. Confissão em situações típicas de litisconsórcio no Processo do Trabalho

Não é incomum, em audiências trabalhistas, que o preposto de uma das reclamadas confesse determinado fato, negado pelo representante de outra reclamada. Ou então, que um deles alegue fato contrário à esfera de interesses do outro litisconsorte passivo.

Exemplos: (i) o preposto da 2ª reclamada (tomadora de serviços terceirizados) confessa a prática de horas extras pelo reclamante, o que é negado pela real empregadora (1ª reclamada); (ii) o preposto da 1ª reclamada afirma que o reclamante prestava serviços terceirizados para a 2ª reclamada, a qual nega este fato.

Nos dois casos, as declarações não podem produzir a eficácia típica da confissão, consistente na dispensa de produção de prova pela parte contrária. No primeiro, porque a confissão não pode prejudicar o litisconsorte que não confessou (CPC, art. 391); no segundo, porque não se trata, a rigor de confissão, que é, por definição, declaração de fato contrário ao interesse do confitente, e não do seu litisconsorte.

No entanto, nessas – e em todas as outras – situações, a declaração conserva sua eficácia probatória, razão pela qual o juiz pode utilizá-la na formação de seu convencimento, em conjunto com as demais provas.

17. TESTEMUNHAS

17.1. Noções essenciais

Testemunha é pessoa física capaz, isenta e desinteressada no litígio que comparece com o objetivo de relatar ao juiz sua percepção sensorial acerca dos fatos pertinentes à causa.

A prova testemunhal é de grande importância no Processo do Trabalho, principalmente porque o trabalhador, na maioria das vezes, não tem acesso aos documentos atinentes à relação de trabalho, os quais são formados e conservados pelo empregador. Ademais, a subordinação jurídica e a hipossuficiência do trabalhador podem fazer com que a documentação não corresponda à realidade fática.

Por tais razões, deve ser cautelosa a interpretação do art. 443, I, do CPC, na parte em que determina o indeferimento da prova testemunhal quanto a fatos já comprovados por documentos. Se o objetivo da oitiva de testemunhas for comprovar a falta de verossimilhança dos documentos, a prova testemunhal não pode ser indeferida, sob pena de cerceamento de defesa. O que o dispositivo pretende é possibilitar o indeferimento da prova testemunhal caso o documento já comprove o que a parte pretende provar com o depoimento. Por exemplo: a empresa junta cartões de ponto válidos e o reclamante não produz prova; nessa hipótese, não há necessidade de a reclamada ouvir testemunhas, pois o fato (jornada de trabalho) já está comprovado pelos documentos juntados.

A prova testemunhal deve ser indeferida quanto a fatos: comprovados por confissão da parte; ou que só por documento ou por exame pericial puderem ser provados. Exemplificando, seria impertinente perguntar a uma testemunha sobre a insalubridade do ambiente de trabalho, ou sobre o grau de incapacidade laborativa do reclamante, pois tal matéria está sujeita à prova técnica.

17.2. Impedimento, suspeição e incapacidade: informantes e menores

O art. 447, § 2º, do CPC, estabelece que são impedidos de depor como testemunhas: (i) o cônjuge, o companheiro, o ascendente e o descendente em qualquer grau e o colateral, até o terceiro grau, de alguma das partes, por consanguinidade ou afinidade, salvo se o exigir o interesse público ou, tratando-se de causa relativa ao estado da pessoa, não se puder obter de outro modo a prova que o juiz repute necessária ao julgamento do mérito; (ii) o que é parte na causa; (iii) o que intervém em nome de uma parte, como o tutor, o representante legal da pessoa jurídica, o juiz, o advogado e outros que assistam ou tenham assistido as partes.

O § 3º do mesmo dispositivo estipula que são suspeitos para depor: (i) o inimigo da parte ou o seu amigo íntimo; (ii) o que tiver interesse no litígio.

Não há diferença substancial e de consequências entre o impedimento e a suspeição para depor; a única distinção que se vislumbra, embora não expressa na lei, diz respeito à possibilidade de substituição de testemunhas, conforme analisado no item 17.4 deste Capítulo. De todo modo, no impedimento a testemunha tem vínculo direto com a causa: ela própria (testemunha) ou seus parentes próximos foram ou são partes no processo. Já na suspeição a vinculação da testemunha com a causa é apenas indireta, consistente em relações pessoais não familiares ou interesse no litígio.

Consoante art. 447, § 1º, do CPC, são considerados incapazes de testemunhar: (i) o interdito por enfermidade ou deficiência mental; (ii) quem, acometido por enfermidade ou retardamento mental, ao tempo em que ocorreram os fatos, não podia discerni-los, ou, ao tempo em que deve depor, não está habilitado a transmitir as percepções; (iii) o que tiver menos de 16 (dezesseis) anos; (iv) o cego e o surdo, quando a ciência do fato depender dos sentidos que lhes faltam.

O § 5º do art. 447 prevê a possibilidade de o juiz admitir o depoimento das testemunhas menores, impedidas ou suspeitas, em caso de necessidade, situação em que tais pessoas serão ouvidas como informantes, ou seja, independentemente de compromisso, sendo atribuído aos respectivos depoimentos o valor que possam merecer.

Embora o tema seja controvertido, a parte não tem o direito subjetivo de ouvir o informante em Juízo: o art. 829 da CLT e o art. 447, § 4º, do CPC apenas preveem a possibilidade a critério do juiz.[134] Não se trata de uma inexistente discricionariedade judicial; na avaliação acerca da admissibilidade do depoimento do informante, o

[134] Art. 829 – A testemunha que for parente até o terceiro grau civil, amigo íntimo ou inimigo de qualquer das partes, não prestará compromisso, e seu depoimento valerá como simples informação.

magistrado deve levar em conta a sua potencial credibilidade do informante, além da possibilidade, ou não, de produção satisfatória de outro meio de prova. Por exemplo: em processo envolvendo empregada doméstica, é mais plausível ouvir parentes das partes como informantes, pois muitas vezes esse será o único meio de prova disponível. Já numa reclamação trabalhista envolvendo empregado de grande multinacional, não haveria, em princípio, justificativa razoável para isso.

Perceba-se que - com a ressalva da situação dos menores de idade - há, nas hipóteses de incapacidade, impossibilidade material do depoimento: a pessoa que esteja privada dos sentidos, enferma ou sem capacidade de discernimento nunca poderá ser ouvida, por motivos lógicos, sequer como informante.

A leitura combinada do 447, § 1º, III (que se refere a menores de 16 como incapazes para depor), com os §§ 4º e 5º (que mencionam apenas os *menores*, sem especificar a idade) do mesmo dispositivo permite concluir que o menor de 18 anos - independentemente de ter mais ou menos de 16 anos - de idade pode, excepcionalmente, ser ouvido como informante.

Isso ocorre porque o menor de 18 anos não tem imputabilidade penal, vale dizer, não pode ser punido pelo crime de falso testemunho; assim, não pode prestar o compromisso legal.

Nos próximos subitens, serão analisadas situações de suspeição e impedimento que acontecem cotidianamente em audiências trabalhistas.

17.2.1. *Testemunha que também move ou moveu ação em face da reclamada*

Não é incomum que a testemunha indicada ou trazida pelo reclamante também mova - ou haja movido - reclamação trabalhista em face do reclamado. Discute-se se, nesses casos, haveria suspeição da testemunha por interesse na causa e por inimizade com o ex-empregador.

A controvérsia se instaura porque o fato de litigar contra o mesmo empregador certamente cria ambiente propício à perda de isenção da testemunha para depor. De outro lado, em muitas situações o trabalhador não terá acesso a outro meio de prova, pois as pessoas mais indicadas para relatar os fatos atinentes à relação de emprego geralmente são colegas de serviço que vivenciaram experiências idênticas ou semelhantes - e não se pode subtrair delas o direito de ação (CF, art. 5º, XXXV).

Na ponderação desses aspectos, deve-se concluir que não gera suspeição o fato de a testemunha estar litigando ou ter litigado contra o mesmo empregador (TST, Súmula 357), pois o mero ajuizamento de ação não configura inimizade ou interesse na causa movida pelo reclamante. A testemunha tem interesse em ter êxito em seu próprio processo, e não daquele que envolve o colega.

Art. 447, § 4º - Sendo necessário, pode o juiz admitir o depoimento das testemunhas menores, impedidas ou suspeitas.

Contudo, apesar de não haver suspeição, tal aspecto deve ser sopesado pelo Juiz do Trabalho quando da valoração da prova, sobretudo quando os pedidos sejam idênticos ou similares nos processos, pois evidentemente as declarações da testemunha podem ser usadas como prova emprestada no processo em que for parte.

Além disso, quando a testemunha tiver indicado o reclamante para ser também testemunha no processo que ela própria move, configura-se, em princípio, troca de favores, já que nesta hipótese há interesse direto da testemunha na causa, o que compromete a isenção e credibilidade de seu depoimento. A testemunha será considera suspeita neste caso, e pode, eventualmente, ser ouvida como informante (CLT, art. 829).[135]

17.2.2. *Testemunha que já atuou como preposto*

Devem-se distinguir duas situações:

- (i) testemunha atuou como preposto no processo em que se pretende ouvi-la. Isso pode acontecer, por exemplo, em situação de audiência fracionada: determinado empregado comparece como preposto na audiência inicial e depois a empresa pretende indicá-lo como testemunha na audiência em prosseguimento. Nessa hipótese, não se pode ouvir a pessoa como testemunha, em função de seu impedimento, por ter atuado no processo como representante legal da pessoa jurídica (CPC, art. 447, § 2º, III).[136]
- (ii) testemunha já atuou como preposto da empresa em outros processos, mas não naquele no qual sua oitiva é pretendida. Nesse caso – e com a ressalva de outras causas legais de suspeição ou impedimento, tal como o exercício de cargo de confiança, por exemplo –, não há óbice legal à oitiva da testemunha.

17.2.3. *Testemunha que tem amizade em redes sociais com a parte. Amizade íntima*

É causa de suspeição da testemunha a sua amizade íntima com uma das partes. A noção de amizade íntima engloba, certamente, situações em que uma pessoa frequenta a residência da outra, ou mantém contato em eventos sociais fora do contexto do contrato de trabalho.

O Juiz do Trabalho deve ter sensibilidade na avaliação do que seja amizade íntima, tendo em vista que as relações de trabalho naturalmente aproximam os trabalhadores, que passam grande parte do tempo juntos. Esse tipo de relacionamento entre colegas de trabalho não compromete a isenção da testemunha.

---

135 Art. 829 – A testemunha que for parente até o terceiro grau civil, amigo íntimo ou inimigo de qualquer das partes, não prestará compromisso, e seu depoimento valerá como simples informação.

136 Art. 447, § 2º – São impedidos: (...)

III – o que intervém em nome de uma parte, como o tutor, o representante legal da pessoa jurídica, o juiz, o advogado e outros que assistam ou tenham assistido as partes.

Nos dias atuais, é muito comum que até mesmo desconhecidos sejam conectados através de redes sociais. O mero fato de alguém ter *amizade* ou *seguir* outra pessoa em rede social não a torna suspeita, nem impedida. Só haverá suspeição se houver contato e vínculo mais intensos, como aconteceria nos casos de trocas particulares e constantes de mensagens, saídas em eventos sociais etc.

17.2.4. Testemunha trazida por uma parte e que tem amizade ou parentesco com a parte contrária

Às vezes acontece de uma parte indicar testemunha que, durante sua qualificação, afirma ser parente ou amiga da parte contrária.

Não deve ser acolhido o argumento de que a testemunha deveria ser ouvida, nessas hipóteses, já que o parentesco ou amizade prejudicaria apenas a própria parte que indica a testemunha - beneficiando, consequentemente, a parte contrária. A uma, porque as causas de impedimento e suspeição são objetivas: a testemunha não é considerada isenta e por isso não deve ser admitida a depor, independentemente de quem a trouxe ou indicou. A duas, pois nada impede que haja ressentimento entre membros da família e amigos, que acabariam prejudicando a parte contrária.

Nessas hipóteses, portanto, não pode ser feito o compromisso legal e a oitiva como testemunha.

17.2.5. Testemunha que exerce cargo de confiança na reclamada

O exercício de cargo de confiança não é previsto de forma específica como hipótese legal de suspeição ou impedimento.

Contudo, em algumas situações, a função ocupada pela testemunha pode fazer com que ela seja representante legal da pessoa jurídica, como nas hipóteses em que possa admitir, dispensar e punir funcionários; ou quando tenha procuração para atuar em nome da empresa. Com isso, dá-se o enquadramento no 447, § 2º, III, havendo impedimento para depor.[137]

Em outros casos, mesmo sem deter tais poderes, a testemunha será suspeita, por ter interesse na causa, como nos casos em que participe dos resultados do negócio.

17.2.6. Depoimentos contraditórios de sujeito que é testemunha em um processo e parte em outro

Outra situação corriqueira acontece quando determinada pessoa atua como testemunha em um processo, e vem a ser parte em outro, posteriormente; ou o contrário, primeiramente atua como parte, e depois é indicada como testemunha em outro processo.

Situação embaraçosa surge quando os depoimentos são conflitantes. Em tais casos, em princípio o depoimento prestado na condição de testemunha tem primazia,

[137] Art. 447, § 2º, III – o que intervém em nome de uma parte, como o tutor, o representante legal da pessoa jurídica, o juiz, o advogado e outros que assistam ou tenham assistido as partes.

pois nele a pessoa presta o compromisso de dizer a verdade e responde por falso testemunho. Dificilmente, portanto, a declaração da pessoa como parte será digna de credibilidade, se discrepar do que afirmara como testemunha.

Contudo, à luz do sistema persuasão racional ou convencimento motivado (CPC, art. 371), os elementos probatórios podem demonstrar que o depoimento testemunhal está eivado de vício, como erro ou coação, que deverão ser cabalmente demonstrados. Se isso ocorrer, nada impede que se dê credibilidade às afirmações prestadas na condição de parte, em detrimento daquelas externadas quando a pessoa atuou como testemunha.

17.3. Qualificação, contradita e compromisso da testemunha

A testemunha, ao comparecer para depor, deve ser qualificada, informando se tem relações de parentesco com a parte ou interesse no objeto do processo.

O CPC, art. 457, *caput*, não estabelece os elementos necessários à qualificação, sendo suficiente a exibição de documento de identificação com foto e a declaração de endereço, pois tais dados permitem a individualização do cidadão e viabilizam eventual responsabilidade penal no caso de falso testemunho.[138] Não obstante, o art. 828 da CLT exige a indicação de dados como nacionalidade, profissão e idade, mas não haverá qualquer nulidade do depoimento se tais informações não forem fornecidas, por ausência de prejuízo (CLT, art. 794).[139]

Se a testemunha comparecer sem portar documento de identificação, o órgão jurisdicional não tem como ter certeza acerca da qualificação da testemunha, razão pela qual ela somente poderá ser ouvida se todas as partes a reconhecerem e concordarem com a sua oitiva. Nesta específica hipótese, o juiz deve conceder prazo para que o advogado do interessado na oitiva junte aos autos cópia do documento de identificação, sob pena de desconsideração do depoimento.

Após a qualificação, surge a oportunidade de contradita da testemunha.

Contradita é a arguição de incapacidade, impedimento ou suspeição da testemunha, com o objetivo de impedir sua oitiva. Trata-se de ato processual postulatório que deve ser praticado após a qualificação da testemunha, e antes do compromisso legal, sob pena de preclusão.

Se, após o compromisso, evidenciar-se alguma causa de impedimento, suspeição ou incapacidade da testemunha, o Juiz do Trabalho não tem como desfazer o ato já praticado, mas pode dispensar a oitiva da testemunha ou valorar seu depoimento de acordo com a credibilidade que merecer.[140]

Contraditada, a testemunha pode reconhecer os fatos que lhe são imputados, o que resultará na sua dispensa ou na oitiva como informante. Caso a testemunha

---

138 Art. 457 – Antes de depor, a testemunha será qualificada, declarará ou confirmará seus dados e informará se tem relações de parentesco com a parte ou interesse no objeto do processo.

139 Art. 794 – Nos processos sujeitos à apreciação da Justiça do Trabalho só haverá nulidade quando resultar dos atos inquinados manifesto prejuízo às partes litigantes.

140 Com opinião semelhante, SCHIAVI, *op. cit.*, p. 617.

não reconheça as alegações de quem formula a contradita, haverá necessidade de instrução desta. Podem ser produzidas quaisquer provas com o objetivo de provar que a testemunha é incapaz, impedida ou suspeita.

A instrução da contradita deve ser feita, preferencialmente, na própria audiência, conforme previsto no art. 457, § 1º, do CPC. Contudo, como no Processo do Trabalho não há rol prévio de testemunhas, a contraparte, na maioria das vezes, não tem ciência prévia de quem será indicado como testemunha pelo adversário e, por tal razão, não pode trazer previamente as provas da contradita. Se esse for o caso, e se houver tal requerimento, a audiência deve ser redesignada para que se possibilite ao interessado a instrução do incidente.

Se não houver contradita – ou, havendo, se tiver sido rejeitada –, a testemunha presta o compromisso legal de dizer a verdade do que souber e lhe for perguntado, e será advertida quanto ao crime de falso testemunho (CPC, art. 458, *caput* e parágrafo único).[141]

O compromisso e a advertência são atos despidos de maiores formalidades. A testemunha sequer precisa dizer coisa alguma; o seu silêncio, quando alertada pelo juiz acerca do dever de dizer a verdade, vale como assentimento e a testemunha estará compromissada. Contudo, se a testemunha recusar esse dever, aduzindo que não o possui, perde a credibilidade e deve ser dispensada pelo magistrado.

17.4. Intimação e rol de testemunhas

No Processo Civil, as partes devem indicar suas testemunhas por ocasião do saneamento do processo, ou seja, antes da audiência de instrução (CPC, art. 357, §§ 4º e 5º). A essa indicação, que deve conter, sempre que possível (art. 450), a qualificação completa da(s) pessoa(s) indicada(s), chama-se *rol de testemunhas*.[142]

No Processo do Trabalho, não há previsão legal de rol de testemunhas, as quais devem ser trazidas à audiência independentemente de intimação; as que não comparecerem serão intimadas, *ex officio* ou a requerimento da parte, ficando sujeitas à condução coercitiva, além do pagamento de multa, caso, sem motivo justificado, não atendam à intimação (CLT, art. 825, *caput* e parágrafo único). O regramento legal prevê que apenas no rito sumaríssimo há necessidade de comprovação do convite da testemunha para que se viabilize, em caso de sua ausência, o adiamento da audiência (CLT, art. 852-H, § 3º).

Depreende-se que esse regramento acaba por resultar no adiamento desnecessário de audiências, sobretudo no rito ordinário, no qual a parte sequer precisa comprovar que convidou a testemunha. Isso faz com que muitas Varas do Trabalho adotem

---

141 Art. 458 – Ao início da inquirição, a testemunha prestará o compromisso de dizer a verdade do que souber e lhe for perguntado.

Parágrafo único. O juiz advertirá à testemunha que incorre em sanção penal quem faz afirmação falsa, cala ou oculta a verdade.

142 Art. 450 – O rol de testemunhas conterá, sempre que possível, o nome, a profissão, o estado civil, a idade, o número de inscrição no Cadastro de Pessoas Físicas, o número de registro de identidade e o endereço completo da residência e do local de trabalho.

validamente o procedimento de intimar as partes previamente para que apresentem, caso queiram, rol de testemunhas a serem intimadas, antes da designação da audiência una, presumindo-se a desnecessidade de intimação caso não se apresente o rol.

Ressalve-se que o tema é controvertido, havendo opiniões no sentido de que tal procedimento seria irregular, pois o juiz não poderia modificar a lei, razão pela qual o não adiamento da audiência - no caso de ausência da testemunha - consubstanciaria cerceamento de defesa.[143] Contudo, não se trata de modificar a lei, pois o art. 825 da CLT tem o objetivo de franquear à parte a intimação da testemunha e sua eventual condução coercitiva em caso de recalcitrância. A interpretação teleológica do dispositivo gera a conclusão de que pouco importa que essa possibilidade de intimação seja concedida na audiência ou em momento prévio, desde que seja inequivocamente assegurada à parte. Além disso, tal conclusão se harmoniza com os princípios da duração razoável do processo e economia processual, já que evita adiamentos desnecessários de audiência.

Portanto, se a testemunha for arrolada e, requerida sua intimação, não comparecer injustificadamente, o interessado na sua oitiva pode requerer o adiamento da audiência e a condução coercitiva da testemunha; o indeferimento resulta em cerceamento de defesa. Já no caso em que a testemunha não é arrolada (e consequentemente não é intimada), e não comparece injustificadamente, a audiência não deve ser adiada, pois se presume que a parte desistiu da oitiva.[144]

É comum, ainda, que, nas Varas que fracionam a audiência, conste, da ata da audiência inicial, rol de testemunhas que deverão ser intimadas, advertindo-se que as demais testemunhas devem ser trazidas independentemente de intimação, sob pena de preclusão (= perda da prova). Nesse caso, vale a mesma conclusão explicitada no parágrafo anterior, ou seja, não haverá adiamento pela ausência injustificada de testemunha cuja intimação não foi requerida.

Em qualquer hipótese, entretanto, a audiência deve ser adiada quando a ausência da testemunha for justificada, tal como ocorre em situações de comprovada doença, falecimento de familiar próximo, motivo de força maior etc.

---

[143] TOSTES MALTA, *op. cit.*, p. 443.

[144] Acatando expressamente essa interpretação, a decisão noticiada no informativo nº 176 do TST: Pedido de adiamento da audiência para intimação de testemunha. Indeferimento. Determinação judicial prévia de apresentação de rol de testemunhas. Inobservância. Cerceamento do direito de defesa. Não caracterização. Art. 825, da CLT. Não violação.

Com o objetivo de imprimir razoável duração ao processo, a praxe nos Tribunais Regionais é no sentido de designar audiências unas e contínuas, em que as partes são previamente notificadas a respeito da necessidade de apresentar o rol de testemunhas antecipadamente ou trazer as não arroladas independentemente de intimação, sob pena de não serem ouvidas. Nesse contexto, o indeferimento do pedido de adiamento da audiência, para que fosse intimada a testemunha não arrolada e que não compareceu espontaneamente, não viola o art. 825 da CLT, nem caracteriza cerceamento do direito de defesa. Reforça tal entendimento o fato de, no caso concreto, além de a parte ter sido previamente informada a respeito das consequências advindas da ausência das testemunhas na data da audiência, não haver justificativa para o não comparecimento, nem prova de que foram realmente convidadas. Sob esses fundamentos, a SBDI-I, por unanimidade, conheceu dos embargos por divergência jurisprudencial e, no mérito, por maioria, negou-lhes provimento. Vencidos os Ministros João Oreste Dalazen, relator, Márcio Eurico Vitral Amaro e Augusto César Leite de Carvalho. TST-E-RR-1810-18.2012.5.15.0108, SBDI-I, rel. Min. João Oreste Dalazen, red. p/ acórdão Min. Hugo Carlos Scheuermann, 12.4.2018.

A sistemática exposta faz com que seja incompatível com o Processo do Trabalho o regramento do art. 455 do CPC, no que prevê a intimação da testemunha pelo advogado da parte que a arrolou.[145] Ainda que assim não fosse, a intimação pelo advogado potencialmente tende a gerar mais incidentes e adiamentos desnecessários de audiência, razão pela qual é incompatível com o Processo do Trabalho, em razão do caráter mais acentuado do princípio da celeridade neste ramo.

Por fim, observe-se que, quando figurar no rol de testemunhas servidor público ou militar, o juiz o requisitará ao chefe da repartição ou ao comando do corpo em que servir (CPC, art. 455, § 4º, III).

17.5. Substituição de testemunhas

A Consolidação das Leis do Trabalho não contém regulamentação específica a respeito da substituição de testemunhas. Discute-se, então, sobre a aplicabilidade do art. 451 do CPC - o qual restringe a possibilidade de substituição das testemunhas - ao Processo do Trabalho, à luz do art. 769 da CLT[146], sob o prisma da compatibilidade principiológica, em situações de acolhimento de contradita em audiência. Noutros termos, busca-se saber se a parte tem o direito de provocar o adiamento da audiência para o fim de substituir a testemunha suspeita ou impedida.

O art. 451 do CPC, embora se refira a rol de testemunhas - que, em princípio, inexiste no processo do trabalho, como já visto -, tem o objetivo de impor às partes o ônus de verificar o eventual impedimento ou suspeição da testemunha indicada pelo adversário, e, dessa forma, privilegia a celeridade processual, ao evitar adiamentos desnecessários de audiência. Note-se, por exemplo, que o dispositivo impede comportamentos maliciosos, tais como a de indicação de testemunha sabidamente suspeita, com o escopo de protelar o processo e adiar a instrução da causa.

Dessa forma, há compatibilidade do referido dispositivo com o processo do trabalho, que é regido pelos princípios da celeridade e economia processual. Assim, em princípio, não há possibilidade de adiamento da audiência, para fins de substituição de testemunha, caso a contradita seja acolhida. Nesse sentido, há decisões do TST que reconheceram a nulidade de decisões tomadas em descompasso com a regra geral ora enunciada.

Contudo, deve-se ponderar que, em muitas situações, a parte pode ser surpreendida com o acolhimento de contradita cuja causa desconhecia. Exemplificando, suponha que o Juiz do Trabalho divirja da Súmula 357 do TST, e entenda que o simples fato de estar litigando ou de ter litigado contra o mesmo empregador torne a testemunha suspeita. Ora, nessa hipótese, não seria razoável impedir a substituição da testemunha, a despeito da redação expressa do art. 451 do CPC. Assim, conclui-se

[145] Art. 455 - Cabe ao advogado da parte informar ou intimar a testemunha por ele arrolada do dia, da hora e do local da audiência designada, dispensando-se a intimação do juízo.

[146] Art. 769 - Nos casos omissos, o direito processual comum será fonte subsidiária do direito processual do trabalho, exceto naquilo em que for incompatível com as normas deste Título.

que esse dispositivo encerra rol meramente exemplificativo (*numerus apertus*), e não taxativo (*numerus clausus*) das hipóteses que autorizam a substituição da testemunha.

Em última análise, está-se diante de aparente conflito entre dois princípios constitucionais: (i) celeridade processual, almejada pelo art. 451 do CPC; (ii) ampla defesa, prevista constitucionalmente (CF, art. 5º, LV). A ponderação deve ser feita pelo magistrado em cada caso concreto, à luz do princípio da proporcionalidade, levando em conta a avaliação de eventual má-fé processual da parte que pede o adiamento da audiência, e o grau de previsibilidade do acolhimento da contradita.

Nesse contexto, note-se que as hipóteses de impedimento da testemunha são objetivas, tais como o parentesco com a parte (CPC, art. 447, § 2º, I). Já as hipóteses de suspeição dão margem a maior subjetivismo na avaliação pelo órgão julgador, como os exemplos da amizade ou do interesse na causa (CPC, art. 447, § 3º, I e II).

Destarte, como regra geral, se a contradita for acolhida em decorrência de impedimento da testemunha, em princípio não há razão para adiamento da audiência para substituição da testemunha, em função da previsibilidade do fato; já se a contradita ocorrer por motivo de suspeição, deve-se privilegiar a ampla defesa, adiando a audiência para propiciar a substituição da testemunha.

Em caso de não adiamento da audiência, deve-se franquear ao interessado a possibilidade de oitiva da pessoa contraditada na condição de informante, sem prestar o compromisso legal (CLT, art. 829).[147]

17.6. Procedimento de produção da prova testemunhal

Após a qualificação, compromisso e advertência da testemunha, tem início o seu depoimento. O ideal é que o Juiz do Trabalho comece fazendo as perguntas necessárias ao seu convencimento; e, em seguida, as partes podem fazer reperguntas (através de seu advogado, caso não estejam no exercício do *jus postulandi*), sempre por intermédio do juiz. As reperguntas são feitas primeiramente pela parte que indicou a testemunha; e, em seguida, pela parte contrária.

No Processo do Trabalho, como há regra própria (CLT, art. 820)[148], o entendimento prevalecente é de que não se aplica neste âmbito o art. 459, *caput*, do CPC, no que prevê a possibilidade a comunicação direta entre partes e testemunhas (*direct* e *cross examination*), sem intermediação pelo juiz - o qual apenas controlaria o depoimento, não admitindo perguntas que pudessem induzir a resposta, não tivessem relação com as questões de fato objeto da atividade probatória ou importassem repetição de outra já respondida. Nesse sentido é a IN 39/2016 do TST.

No entanto, não há necessidade de o juiz reproduzir oralmente, a todo momento, as perguntas feitas pelos advogados, numa espécie de *eco* que só serve para tornar a audiência morosa, monótona e desgastante para todos. O advogado e a testemunha

147 Art. 829 – A testemunha que for parente até o terceiro grau civil, amigo íntimo ou inimigo de qualquer das partes, não prestará compromisso, e seu depoimento valerá como simples informação.

148 Art. 820 – As partes e testemunhas serão inquiridas pelo juiz ou presidente, podendo ser reinquiridas, por seu intermédio, a requerimento dos juízes classistas, das partes, seus representantes ou advogados.

devem se dirigir ao juiz quando formularem perguntas e respostas, sendo suficiente que o magistrado dê seu assentimento ou repita pequeno trecho da pergunta, caso haja necessidade de esclarecê-la em algum aspecto. Dessa forma, a audiência ganha muito em dinamismo e o diálogo tende a ser mais produtivo.

O depoimento de uma testemunha não pode ser ouvido pelas demais que tenham de depor no processo (CLT, art. 824; CPC, art. 456, *caput*). Essa regra tem o objetivo de preservar a isenção de ânimo e espontaneidade da testemunha, pois certamente quem depusesse após ouvir outros depoimentos seria influenciado pelos anteriores. Para que haja sua fiel observância, é recomendável que a testemunha que já depôs permaneça na sala de audiências em silêncio, ouvido os depoimentos subsequentes: isso assegura que não haverá comunicação entre as testemunhas e demais sujeitos processuais.

Se, inadvertidamente, pessoa arrolada como testemunha tiver presenciado o depoimento de outra testemunha no processo, não poderá ser ouvida, pois a regra do art. 824 da CLT é cogente.[149]

Primeiramente, devem ser ouvidas as testemunhas do autor, e depois as do réu. Apenas se todas as partes concordarem poderá ser modificada essa ordem (CPC, art. 456, parágrafo único). Não encontra abrigo na lei, portanto, a opinião segundo a qual a ordem da oitiva pode ser definida livremente pelo juiz de acordo com as regras de ônus da prova, sobretudo no âmbito trabalhista, no qual comumente há pluralidade de pedidos, alguns com ônus da prova a cargo do reclamante, e outros incidindo sobre a reclamada. Além disso, quem escuta uma testemunha após ouvir outra indicada pela parte contrária tem vantagem, pois pode fazer perguntas sobre afirmações feitas pelas primeiras testemunhas. Havendo prejuízo, há nulidade que pode ser arguida pelo interessado (CLT, art. 794).[150]

Evidentemente, em situações em que o ônus da prova recaia exclusivamente sobre a reclamada (exemplo: só se discute, nos autos, a justa causa aplicada pela empresa), o bom senso e o princípio da economia processual recomendam a inversão da ordem de oitiva, de modo que, se as testemunhas indicadas pela reclamada não comprovarem os fatos, não haverá necessidade de se perder tempo ouvindo as testemunhas trazidas pelo reclamante.

O juiz poderá inquirir a testemunha tanto antes quanto depois da inquirição feita pelas partes, e deverá indeferir perguntas ou considerações impertinentes, capciosas ou vexatórias. As perguntas que o juiz indeferir serão transcritas no termo, se a parte o requerer (CPC, art. 459, *caput* e parágrafos).

As testemunhas prestam depoimento, em princípio, na sede do Juízo; contudo, por questão de deferência, determinadas autoridades (Presidente da República, Ministros, Desembargadores etc.) são inquiridas em sua residência ou onde exercem sua função, conforme regulado pelo art. 454, *caput* e parágrafos, do CPC.[151]

---

149 Art. 824 - O juiz ou presidente providenciará para que o depoimento de uma testemunha não seja ouvido pelas demais que tenham de depor no processo.

150 Art. 794 - Nos processos sujeitos à apreciação da Justiça do Trabalho só haverá nulidade quando resultar dos atos inquinados manifesto prejuízo às partes litigantes.

151 Art. 454. São inquiridos em sua residência ou onde exercem sua função:
I - o presidente e o vice-presidente da República;

Além disso, o CPC autoriza a oitiva de testemunha que resida em comarca diversa daquela onde tramita o processo por meio de videoconferência ou outro recurso tecnológico de transmissão e recepção de sons e imagens em tempo real, o que poderá ocorrer, inclusive, durante a audiência de instrução e julgamento (art. 453, § 1º).[152] Tal recurso é sobremaneira útil em situações nas quais a testemunha não pode se deslocar por problemas de saúde, mas tem condições físicas de depor, sem prejuízo da possibilidade de o próprio juiz se deslocar ao local em que se encontra a testemunha (art. 449, parágrafo único).[153]

O depoimento da testemunha deve ser reduzido a termo, ou seja, transcrito na ata da audiência, preferencialmente sob ditado do juiz, que, mantendo-se fiel ao que declarado pela testemunha, evita a inserção na ata de colocações desnecessárias que acabam dificultando a posterior análise da ata pelo próprio magistrado, pelas partes e por magistrados que atuem em grau recursal.

17.7. Acareação

Caso haja divergência entre os depoimentos das testemunhas, o Juiz do Trabalho pode proceder à respectiva acareação, que consiste em perguntá-las - estando uma testemunha na presença da outra - se reiteram ou se modificam suas declarações anteriores.

A experiência demonstra que raramente as testemunhas se retratam em virtude acareação; e sua pouca utilidade prática faz com que não haja prejuízo - nem, consequentemente, cerceio de defesa - caso o juiz indefira o requerimento de acareação porventura feito pela parte.

II - os ministros de Estado;

III - os ministros do Supremo Tribunal Federal, os conselheiros do Conselho Nacional de Justiça e os ministros do Superior Tribunal de Justiça, do Superior Tribunal Militar, do Tribunal Superior Eleitoral, do Tribunal Superior do Trabalho e do Tribunal de Contas da União;

IV - o procurador-geral da República e os conselheiros do Conselho Nacional do Ministério Público;

V - o advogado-geral da União, o procurador-geral do Estado, o procurador-geral do Município, o defensor público-geral federal e o defensor público-geral do Estado;

VI - os senadores e os deputados federais;

VII - os governadores dos Estados e do Distrito Federal;

VIII - o prefeito;

IX - os deputados estaduais e distritais;

X - os desembargadores dos Tribunais de Justiça, dos Tribunais Regionais Federais, dos Tribunais Regionais do Trabalho e dos Tribunais Regionais Eleitorais e os conselheiros dos Tribunais de Contas dos Estados e do Distrito Federal;

XI - o procurador-geral de justiça;

XII - o embaixador de país que, por lei ou tratado, concede idêntica prerrogativa a agente diplomático do Brasil.

152 Art. 453 - As testemunhas depõem, na audiência de instrução e julgamento, perante o juiz da causa, exceto:

I - as que prestam depoimento antecipadamente.

153 Art. 449, Parágrafo único - Quando a parte ou a testemunha, por enfermidade ou por outro motivo relevante, estiver impossibilitada de comparecer, mas não de prestar depoimento, o juiz designará, conforme as circunstâncias, dia, hora e lugar para inquiri-la.

No entanto, em certas situações, mesmo que as testemunhas não se retratem, pode surgir, durante a acareação, alguma declaração de um dos acareados que possa se revelar útil para a instrução da causa e para equacionar o conflito entre os depoimentos.

17.8. Escusas de depor

O art. 448 do CPC (dispositivo aplicável ao Processo do Trabalho) dispõe que a testemunha não é obrigada a depor sobre fatos:

- (i) que lhe acarretem grave dano, bem como ao seu cônjuge ou companheiro e aos seus parentes consanguíneos ou afins, em linha reta ou colateral, até o terceiro grau. Enquadra-se nesta previsão o risco de responsabilização criminal ou civil em decorrência de atos ilícitos praticados pela testemunha ou pelos referidos parentes, tendo em vista o direito constitucional de não autoincriminação (CF, art. 5º, LXIII).
- (ii) a cujo respeito, por estado ou profissão, deva guardar sigilo. Seria o caso, por exemplo, do depoimento de um médico a respeito de um atendimento clínico feito a certo paciente.

17.9. Número de testemunhas

No procedimento ordinário, cada parte tem o direito de indicar até três testemunhas; no sumaríssimo, duas; e, no inquérito judicial para apuração de falta grave, seis.

No caso de litisconsórcio ativo, como os reclamantes optam voluntariamente por ajuizar a ação em conjunto (CLT, art. 842)[154], deve-se considerar que o limite acima se aplica considerando o conjunto de todos que constam do polo ativo. Assim, por exemplo, mesmo que haja quatro reclamantes, o respectivo advogado somente pode indicar até três testemunhas no procedimento ordinário; e não doze, como seria se a contagem fosse individual.

Já o litisconsórcio passivo não é opcional para os litisconsortes, já que decorre de escolha feita pelo autor. Assim, cada litisconsorte passivo pode arrolar até três testemunhas no rito ordinário etc.[155]

Não há limite de número de testemunhas para o Juiz, que pode determinar, de ofício, a oitiva de quantas sejam necessárias à instrução da causa.

17.10. Valoração da prova testemunhal e falso testemunho

A prova testemunhal, por depender da memória e das percepções sensoriais humanas, é naturalmente sujeita a imprecisões e a pequenos lapsos ou falhas. De

[154] Art. 842 – Sendo várias as reclamações e havendo identidade de matéria, poderão ser acumuladas num só processo, se se tratar de empregados da mesma empresa ou estabelecimento.

[155] Com a mesma opinião, SCHIAVI, *op. cit.*, p. 615.

outro lado, trata-se de meio de prova que permite com mais facilidade a ocorrência de conluios e toda espécie de fraude contrária à boa-fé processual.

A deturpação da verdade em depoimentos testemunhais gera injustiças flagrantes e descrédito para o Poder Judiciário, razão por que a prática é punida criminalmente. Comete falso testemunho não apenas o depoente que altere a verdade, mas também que a omita ou se cale quando tenha conhecimento dos fatos (Código Penal, art. 342).[156]

Nem sempre é fácil diferenciar as situações de falso testemunho de outras em que há mero equívoco ou lapso da testemunha. Essa tarefa requer muita sensibilidade e atenção do juiz, que deve sempre considerar, entre outros fatores, o natural nervosismo de pessoas que comparecem para depor em Juízo; a dificuldade de comunicação e até mesmo de compreensão de algumas pessoas que possam vir a depor; outros elementos probatórios constantes dos autos, que corroborem ou infirmem as declarações da testemunha.

Esses aspectos fazem com que sejam naturais, e até mesmo esperadas, pequenas divergências e discrepâncias entre os depoimentos dos sujeitos processuais - sobretudo partes e testemunhas.

Contudo, quando ficar patente o ânimo da testemunha de beneficiar determinada parte (por exemplo, ao afirmar fatos mais benéficos do que os declarados pela própria parte em seu depoimento pessoal), a testemunha perde a credibilidade e seu depoimento deve ser desconsiderado como meio de prova.

Discute-se, em doutrina, se é possível a prisão em flagrante da testemunha na própria audiência, em virtude da prática do crime de falso testemunho. Há opiniões no sentido de que isso é possível, embora não seja prudente.[157] Contudo, deve ser afastada a possibilidade de prisão da testemunha no ato de seu depoimento, ainda que as declarações pareçam inverossímeis. Isso porque até o encerramento da instrução podem surgir novos elementos probatórios que confirmem a versão da testemunha, além da possibilidade de que esta se retrate antes do momento da prolação da sentença (CP, art. 342, § 2º).[158]

17.11. Possibilidade de punição de testemunha por litigância de má-fé

Sobre o tema, ver Capítulo VII, item 5.1.1.

18. INSPEÇÃO JUDICIAL

Inspeção judicial é meio de prova decorrente da percepção sensorial direta do juiz sobre determinado fenômeno, pessoa ou objeto, com a finalidade de se esclarecer sobre fato que interesse à decisão da causa.

---

156 Art. 342. Fazer afirmação falsa, ou negar ou calar a verdade como testemunha, perito, contador, tradutor ou intérprete em processo judicial, ou administrativo, inquérito policial, ou em juízo arbitral: (...)

157 SCHIAVI, *op. cit.*, p. 624.

158 Art.342, § 2º O fato deixa de ser punível se, antes da sentença no processo em que ocorreu o ilícito, o agente se retrata ou declara a verdade.

Trata-se de valioso meio de prova, pois a observação direta pelo juiz tende a ser mais proveitosa do que a mera obtenção de relatos de outras pessoas, como testemunhas e peritos. Apesar disso, razões de ordem variada, como a sobrecarga de trabalho dos juízes, fazem com que a inspeção judicial não seja rotineiramente adotada no cotidiano forense, sobretudo quando implica deslocamento do magistrado.

Deveras, a inspeção pode realizar-se na sede do Juízo, ou externamente a ela (CPC, art. 483, *caput*).[159] Por exemplo, em algumas situações envolvendo danos estéticos, é conveniente que o juiz inspecione o autor, desde que disso não lhe resulte qualquer constrangimento. Assim, se o dano ocorreu em parte do corpo que possa ser vista em audiência, como mãos ou braços, não há óbice à realização da inspeção pelo juiz. Ao contrário, quando a inspeção exigir desnudamento do autor, não se deve realizar a inspeção em audiência, ainda que o interessado concorde, tendo em vista a irrenunciabilidade dos direitos da personalidade.

Ademais, veja-se que a utilidade da inspeção judicial, do ponto de vista probatório, pode ser mais ou menos intensa, conforme varie a *dinamicidade* da situação observada pelo juiz.

De fato, a inspeção se revela extremamente útil e eficaz para situações fáticas estáticas, em que a passagem do tempo tende a não afetar o objeto vistoriado. Por exemplo: inspeção judicial para averiguar o tempo de deslocamento entre setores de determinada empresa; ou para verificar a distância entre o ponto final da linha de ônibus e o banheiro mais próximo, caso haja divergência entre as partes sobre o ponto em processo que envolva pedido de indenização por danos morais movido por motorista profissional que alegue a inexistência de sanitários disponíveis para uso.

De outro lado, a inspeção judicial será de menor utilidade (às vezes, de nenhuma utilidade) para situações dinâmicas, que tendem a se alterar dia após dia. Por exemplo: inspeção judicial para verificar se os empregados de determinada empresa fazem, ou não, horas extras, seria praticamente inútil, porque nada garante que a situação observada no dia da visita do juiz tenha se repetido nos últimos anos ou que venha a se repetir no futuro. A cada dia podem mudar as circunstâncias atinentes à jornada de trabalho, de modo que a prova documental e a prova oral tendem a ser mais efetivas nesses contextos.

De acordo com o art. 483, parágrafo único, do CPC, as partes têm sempre direito de assistir à inspeção, prestando esclarecimentos e fazendo observações que considerem de interesse para a causa. Daí se infere que o princípio geral é que os interessados devem ter ciência prévia da realização da diligência.

Sucede que, em determinadas hipóteses, a prévia cientificação das partes pode frustrar completamente os objetivos da prova; nesses casos, a inspeção pode ser realizada independentemente da ciência das partes, que terão a possibilidade de exercer o contraditório em momento posterior. Trata-se de ponderação entre o princípio da efetividade da jurisdição (acesso à justiça em sentido material) e o contraditório.

159 Art. 483. O juiz irá ao local onde se encontre a pessoa ou a coisa quando: (...)

Como exemplo, pense-se na hipótese em que se discute, no processo, sobre a precariedade das condições de higiene do local de trabalho. Se houver prévia cientificação, possivelmente a empresa melhorará o ambiente no dia da diligência, de modo a obter julgamento favorável, sem prejuízo de manter a prática ilegal posteriormente. Nessa situação, o ideal é que o juiz faça a inspeção sem comunicação prévia, permitindo aos interessados a manifestação posterior e até mesmo a produção de outras provas.

Concluída a diligência, o juiz mandará lavrar auto circunstanciado - que poderá ser instruído com desenho, gráfico ou fotografia -, mencionando nele tudo quanto for útil ao julgamento da causa (CPC, art. 484, *caput* e parágrafo único).

XIX

SENTENÇA

Sumário: 1. Sentença: conceito e natureza jurídica – 2. Decisões parciais de mérito – 3. Capítulos da sentença – 4. Classificações: 4.1. Sentença definitiva e terminativa; 4.2. Sentença declaratória, constitutiva e condenatória – 5. Requisitos estruturais e interpretação da sentença: 5.1. Fundamentação exaustiva: legitimidade e possibilidades do Poder Judiciário; 5.2. Fundamentação *per relationem* – 6. Requisitos formais da sentença: 6.1. Clareza; 6.2. Certeza e sentença condicional – 7. Requisitos substanciais da sentença: 7.1. Decisões *citra petita*; 7.2. Decisões *ultra petita*; 7.3. Decisões *extra petita*; 7.4. Mitigações ao princípio da congruência no Processo do Trabalho – 8. Conteúdo da sentença – 9. Efeitos da sentença: principais, reflexos e anexos; 9.1. Eficácia natural da sentença – 10. A sentença e os fatos supervenientes à propositura da ação – 11. Publicação e alteração da sentença – 12. Ordem de apreciação das matérias na sentença.

1. SENTENÇA: CONCEITO E NATUREZA JURÍDICA

Conforme já estudado[1], o juiz pratica, no curso do processo, diversos atos processuais, entre os quais se destacam os pronunciamentos judiciais, que podem consistir em sentenças, decisões interlocutórias e despachos (CPC, art. 203, *caput*).[2]

Sentenças e decisões interlocutórias são atos decisórios; já os despachos são atos ordinatórios ou de impulso processual.

A distinção entre as espécies pronunciamentos decisórios é simples: será sentença quando se tratar do ato judicial que ponha fim à fase cognitiva do procedimento comum, ou que extinga a execução; qualquer outro pronunciamento decisório será considerado decisão interlocutória, ou seja, trata-se de conceito negativo ou por exclusão (CPC, art. 203, §§ 1º e 2º).[3]

O conceito de sentença, então, é *topográfico*: o pronunciamento judicial será sentença quando for o último ato decisório da fase cognitiva – ou que extinga a execução ou encerre a fase de cumprimento de sentença – em primeiro grau de jurisdição.

---

1 Capítulo XI, item 3.2.1.

2 Art. 203 – Os pronunciamentos do juiz consistirão em sentenças, decisões interlocutórias e despachos.

3 Art. 203, § 1º – Ressalvadas as disposições expressas dos procedimentos especiais, sentença é o pronunciamento por meio do qual o juiz, com fundamento nos arts. 485 e 487, põe fim à fase cognitiva do procedimento comum, bem como extingue a execução.

§ 2º – Decisão interlocutória é todo pronunciamento judicial de natureza decisória que não se enquadre no § 1º.

Assim, apesar da menção aos arts. 485 e 487 do CPC, na definição de sentença contida no art. 203, § 1º, é irrelevante o conteúdo ou substância do ato para a caracterização do pronunciamento decisório como sentença ou interlocutória. O que importa é a qualificação ou adjetivação do ato decisório: se a decisão for final, por encerrar a fase procedimental em determinada instância, trata-se de sentença; se a decisão for incidental, por solucionar questão no curso do processo, que seguirá tramitando na mesma instância e na mesma fase procedimental, estar-se-á diante de interlocutória.

Perceba-se que, a partir dessa conceituação, os Tribunais podem prolatar decisões - consubstanciadas em acórdãos - que tenham natureza jurídica de decisão interlocutória (caso não encerrem o procedimento na segunda instância ou na Corte Superior) ou de decisão final (equiparada à sentença). Idêntico raciocínio vale para as decisões monocráticas dos relatores.

São despachos todos os demais pronunciamentos do juiz praticados no processo, de ofício ou a requerimento da parte (CPC, art. 203, § 3º). Vale dizer: qualquer pronunciamento judicial não decisório terá a natureza de despacho. Sempre que o juiz emitir determinações com caráter meramente ordinatório ou impulsionador do efeito, o pronunciamento terá a natureza de despacho. É o que acontece com a designação de audiência; intimação do perito para prestar esclarecimentos; retirada do feito de pauta por motivo de força maior etc.

É correto dizer que as sentenças e decisões interlocutórias resolvem questões de direito material ou processual, afetando - ao menos potencialmente - a esfera de direitos das partes. Os pronunciamentos decisórios são a forma pela qual o juiz formula a norma jurídica individual que regerá determinado caso concreto, a partir da provocação dos interessados e à luz do direito positivo.

Já os despachos, sendo meros atos de impulso, não contêm juízo de valor sobre os direitos dos interessados. Por exemplo, quando o juiz indefere uma antecipação de tutela requerida pelo autor, o ato é nitidamente decisório (decisão interlocutória), já que causa gravame ao direito de obter provimento de urgência. Já na situação em que o juiz determine a remessa dos autos à Contadoria, para apuração de cálculos de liquidação, não há, em princípio, qualquer prejuízo ao direito dos envolvidos, mas apenas ato de movimentação do processo.

A sentença tem natureza jurídica de ato jurídico processual em sentido estrito, por pressupor manifestação de vontade humana (do órgão jurisdicional) cuja eficácia jurídica é prevista pela lei. O juiz define o conteúdo da sentença, mas a eficácia (= aptidão para formar coisa julgada; possibilidade de interposição de recursos e de execução provisória e definitiva etc.) é estabelecida previamente pela lei.

2. DECISÕES PARCIAIS DE MÉRITO

O art. 356 do CPC[4] admite o julgamento fracionado do mérito, do que resulta o julgamento dos diversos pedidos em diferentes momentos, no mesmo grau de

4 Art. 356 - O juiz decidirá parcialmente o mérito quando um ou mais dos pedidos formulados ou parcela deles:
I - mostrar-se incontroverso;

jurisdição. O objetivo é acelerar a prestação jurisdicional e a entrega do bem da vida ao autor quando algum pedido se mostrar incontroverso ou estiver maduro para julgamento, mas haja cumulação com outros pedidos que ainda dependam de adequada instrução probatória.

As decisões a respeito de cada pedido não podem ser consideradas *sentenças parciais* de mérito, como impropriamente às vezes se diz; trata-se, na verdade, de decisões interlocutórias, pois o procedimento inevitavelmente deve seguir no primeiro grau de jurisdição a fim de que se julguem os demais pedidos. Apenas a decisão final em primeiro grau de jurisdição pode ser caracterizada como sentença, à luz do conceito estabelecido pelo art. 203, § 1º, do CPC.[5]

Apesar de inexistir previsão legal específica, veja-se que é possível o cabimento de recurso adesivo na hipótese de decisão parcial de mérito. De fato, havendo sucumbência recíproca no capítulo julgado antecipadamente, é possível que uma das partes interponha recurso principal contra a decisão parcial de mérito (no Processo Civil, agravo de instrumento; no Processo do Trabalho, recurso ordinário, conforme será exposto em seguida) e que o recorrido, no prazo de contrarrazões, oferte recurso adesivo. Isso porque, nesta hipótese, terão sido vencidos autor e réu, havendo enquadramento no art. 997, §1º, do CPC.[6] Assim, mesmo não havendo previsão expressa de cabimento de agravo de instrumento adesivo no art. 997, §2º, II, do CPC[7], a intepretação lógico-sistemática impõe essa conclusão, pois o agravo de instrumento (no processo civil) faz as vezes da apelação na hipótese de julgamento parcial de mérito.

No âmbito do Processo Civil, há perfeita coerência e harmonia sistemática na aplicação do art. 356, *caput*, do CPC, pois da decisão interlocutória parcial de mérito cabe agravo de instrumento (art. 356, § 5º), o que permite que o processo siga tramitando em primeira instância ao mesmo tempo em que é formado o instrumento do recurso em autos apartados.

Ao contrário, no Processo do Trabalho, não há previsão de agravo de instrumento contra decisões interlocutórias em geral; tal recurso só é cabível para impugnar

---

II – estiver em condições de imediato julgamento, nos termos do art. 355.

§ 1º – A decisão que julgar parcialmente o mérito poderá reconhecer a existência de obrigação líquida ou ilíquida.

§ 2º – A parte poderá liquidar ou executar, desde logo, a obrigação reconhecida na decisão que julgar parcialmente o mérito, independentemente de caução, ainda que haja recurso contra essa interposto.

§ 3º – Na hipótese do § 2º, se houver trânsito em julgado da decisão, a execução será definitiva.

§ 4º – A liquidação e o cumprimento da decisão que julgar parcialmente o mérito poderão ser processados em autos suplementares, a requerimento da parte ou a critério do juiz.

§ 5º – A decisão proferida com base neste artigo é impugnável por agravo de instrumento.

5 Analisado no item anterior deste Capítulo.

6 Art. 997, § 1º – Sendo vencidos autor e réu, ao recurso interposto por qualquer deles poderá aderir o outro.

7 Art. 997, § 2º – O recurso adesivo fica subordinado ao recurso independente, sendo-lhe aplicáveis as mesmas regras deste quanto aos requisitos de admissibilidade e julgamento no tribunal, salvo disposição legal diversa, observado, ainda, o seguinte: (...) II - será admissível na apelação, no recurso extraordinário e no recurso especial;

decisões que neguem seguimento a outros recursos (CLT, art. 897, *caput, b*).[8] Dessa forma, como não há recurso de imediato, sob o prisma estritamente técnico-processual não há viabilidade, nem utilidade, na aplicação do art. 356 do CPC ao Processo do Trabalho: a execução provisória pressupõe o cabimento ou interposição de recurso sem efeito suspensivo; e a execução definitiva, o trânsito em julgado. Ora, se o único recurso cabível é o ordinário e deve ser interposto apenas da decisão final (CLT, art. 893, § 1º)[9], a decisão parcial de mérito seria insuscetível de execução provisória ou definitiva antes da prolação da sentença, revelando-se completamente inútil.

No entanto, o TST firmou entendimento, na IN 39/2016, no sentido de que se aplicam ao Processo do Trabalho as normas do art. 356, §§ 1º a 4º, do CPC que regem o julgamento antecipado parcial do mérito, cabendo recurso ordinário de imediato da sentença.

Esse posicionamento cria uma situação inusitada, pois passa a haver a possibilidade de interposição de recursos ordinários sucessivos nos mesmos autos, o que geraria, em princípio, impossibilidade de prosseguimento da tramitação do processo em primeiro grau de jurisdição, para fins de instrução e julgamento dos pedidos não apreciados pela decisão parcial. Isso porque o recurso ordinário resulta na remessa dos autos ao Tribunal Regional do Trabalho, o que impossibilitaria, logicamente, a continuidade do processo na Vara do Trabalho.

Supõe-se que o TST pretendeu criar uma espécie de *recurso ordinário por instrumento*, devendo haver a formação de autos apartados para viabilizar a tramitação simultânea do recurso ordinário e do processo em primeiro grau de jurisdição. De fato, o ato conjunto TST/CSJT/CGJT nº 3/2020 trouxe regulamentação que pode ser assim resumida:

- (i) cabe recurso ordinário contra a decisão parcial de mérito. Tanto o recurso, quanto as contrarrazões, serão recebidos nos autos do processo principal (art. 2º, §1º);
- (ii) o magistrado deve proferir despacho admitindo ou negando seguimento ao recurso ordinário interposto contra a decisão parcial. A decisão denegatória comporta agravo de instrumento. Apenas após a decisão do juiz de primeiro grau que receba o recurso parcial, a Vara do Trabalho procederá à autuação de processo suplementar, fazendo referência ao número do processo principal, remetendo-o (o processo suplementar, que receberá numeração autônoma) para o Tribunal Regional do Trabalho (art. 2º, §4º), ao passo que o processo principal seguirá no primeiro grau para que se complete a instrução processual;
- (iii) O agravo de instrumento interposto à decisão que denega seguimento ao recurso ordinário e a sua contraminuta serão recebidos nos autos do processo principal (art. 3º);

[8] Art. 897 – Cabe agravo, no prazo de 8 (oito) dias: (...)
b) de instrumento, dos despachos que denegarem a interposição de recursos.

[9] Art. 893, § 1º – Os incidentes do processo são resolvidos pelo próprio Juízo ou Tribunal, admitindo-se a apreciação do merecimento das decisões interlocutórias somente em recursos da decisão definitiva.

- (iv) se o TRT anular ou reformar a decisão parcial e determinar a realização de novo julgamento, este deve ser feito nos autos do processo suplementar (art. 6º), salvo se o processo principal estiver maduro para julgamento, hipótese em que o juiz deverá extinguir o processo suplementar e determinar o traslado das peças inéditas para os autos do processo principal, para julgamento único (art. 8º);
- (v) interposto recurso parcial, a parte pode promover execução provisória quanto ao objeto do recurso. Transitando em julgado a decisão parcial de mérito, a execução se transmudará em definitiva (arts. 9º e 10). Se não for interposto recurso contra a decisão parcial, a execução será, logo de início, definitiva e poderá ser promovida em autos suplementares (art. 11).

De outro lado, não se esclarece, na IN 39/2016 e no ato conjunto nº 3/2020, acerca da condenação ao pagamento de custas e de depósito recursal em cada decisão parcial de mérito, e se o limite legal das custas, de 4 vezes o teto dos benefícios do regime geral de previdência social (CLT, art. 789, *caput*)[10], aplica-se em relação a cada decisão parcial que julgar o mérito ou se, ao contrário, todas as decisões deveriam ser levadas em conta para fixação desse limite. Idêntica omissão existe no que tange ao depósito recursal.

Tendo em vista a inexistência de regulamentação e a criação de instrumento processual sem previsão legal, o entendimento mais razoável é no sentido de que somente serão devidas custas e depósito recursal quando da prolação da última decisão (= sentença) no primeiro grau de jurisdição. Não há base legal para exigir recolhimento de custas e de depósito recursal em cada decisão interlocutória que julgue antecipadamente os pedidos. Sob outro enfoque, exigir o recolhimento de depósito recursal em cada decisão parcial de mérito pode fazer com que o respectivo valor supere o limite estabelecido pelo art. 899, §§ 1º e 2º, da CLT.[11]

Por fim, destaque-se que o ato conjunto nº 3/2020 acaba invadindo a esfera de atribuições típicas do Congresso Nacional, ao qual cabe legislar sobre direito processual. Por mais que o julgamento parcial de mérito seja interessante do ponto de vista da efetividade e celeridade do processo – razão pela qual a técnica vem sendo adotada nos tribunais trabalhistas –, o fato é que a sistemática recursal trabalhista, tal como prevista no direito positivo vigente, não é compatível com a aplicabilidade do

---

10 Art. 789. Nos dissídios individuais e nos dissídios coletivos do trabalho, nas ações e procedimentos de competência da Justiça do Trabalho, bem como nas demandas propostas perante a Justiça Estadual, no exercício da jurisdição trabalhista, as custas relativas ao processo de conhecimento incidirão à base de 2% (dois por cento), observado o mínimo de R$ 10,64 (dez reais e sessenta e quatro centavos) e o máximo de quatro vezes o limite máximo dos benefícios do Regime Geral de Previdência Social, e serão calculadas: (...).

11 Art. 899, § 1º – Sendo a condenação de valor até 10 (dez) vezes o valor-de-referência regional, nos dissídios individuais, só será admitido o recurso, inclusive o extraordinário, mediante prévio depósito da respectiva importância. Transitada em julgado a decisão recorrida, ordenar-se-á o levantamento imediato da importância do depósito, em favor da parte vencedora, por simples despacho do juiz.

§ 2º – Tratando-se de condenação de valor indeterminado, o depósito corresponderá ao que for arbitrado para efeito de custas, pela Junta ou Juízo de Direito, até o limite de 10 (dez) vezes o valor-de-referência regional.

art. 356 do CPC. O ideal é que o tema seja disciplinado em lei federal, de modo a evitar questionamentos e polêmicas que o instituto certamente continuará suscitando.

3. CAPÍTULOS DA SENTENÇA

A sentença, embora também possa ser vista como um todo unitário, inevitavelmente conterá, em si, mais de uma decisão. Todos e cada um dos temas que devam ser objeto da decisão judicial (= questões em sentido amplo) constituem frações ou parcelas da sentença. Além da decisão atinente aos pedidos e às causas de pedir, questões processuais e pedidos acessórios também consubstanciam capítulos autônomos da sentença.

Assim, pode-se afirmar que toda sentença sempre deverá conter capítulos referente às custas; aos honorários advocatícios; à gratuidade de justiça eventualmente requerida etc.; além de, no mínimo, um capítulo referente à pretensão processual manifestada em juízo (= julgamento do pedido balizado pela causa de pedir).

Se houver cumulações de ações, em virtude da pluralidade de pedidos e/ou de causas de pedir, a decisão de cada uma delas também consistirá em capítulo autônomo da sentença.

No caso de pedidos decomponíveis, por envolverem coisas suscetíveis de contagem ou quantificação, haverá quantidade de capítulos equivalente às possibilidades de fracionamento da coisa. Exemplo 1: pedido de condenação ao pagamento de R$ 10 mil reais. A sentença condena ao pagamento de R$ 7 mil. Haverá um capítulo condenatório de R$ 7 mil, e outro de improcedência quanto aos R$ 3 mil restantes. Exemplo 2: sentença condena ao pagamento de R$ 10 mil, mas o vencido recorre apenas com relação a R$ 8 mil reais, pois considera justa a condenação aos R$ 2 mil. Nesta hipótese, o capítulo condenatório aos R$ 2 mil transita em julgado e o recurso versará apenas sobre a diferença.

As decisões processuais também são capítulos da sentença. Assim, quando o juiz reconhece, *ex officio* ou a requerimento, a ausência de pressupostos processuais ou de condições da ação - bem como no caso em que rejeite tal alegação formulada pela parte -, há capítulo decisório autônomo da sentença.

Embora a doutrina e a lei não admitam julgamento implícito, inegavelmente também há capítulos implícitos da sentença quanto às questões processuais não arguidas pelas partes e não apreciadas de ofício pelo juiz. O julgamento do mérito só é possível se estiverem presentes os pressupostos processuais e as condições da ação. Quando o réu não alega, e o juiz não reconhece de ofício a ausência, estar-se-á reconhecendo, implicitamente, a presença desses requisitos. Eventualmente, pode ser interposto recurso ordinário apenas contra o capítulo implícito, com o objetivo de arguir, por exemplo, que não há determinado pressuposto processual, muito embora a questão não tenha sido apreciada na primeira instância.

4. CLASSIFICAÇÕES

4.1. Sentença definitiva e terminativa

Trata-se de nomenclatura tradicionalmente utilizada no Direito Processual, embora não mencionada expressamente pelo Código.

A sentença diz-se *terminativa* quando não aprecia o mérito, em virtude de obstáculo processual instransponível – falta de pressuposto processual ou de condição da ação. Consubstancia julgamento de extinção do processo sem resolução de mérito (CPC, art. 485).

Definitiva é a sentença que aprecia o mérito, emitindo pronunciamento apto a solucionar o conflito de interesses contido na causa. É o julgamento do processo com resolução de mérito (CPC, art. 487).[12]

A mesma sentença pode conter capítulos que julguem o mérito, e outros de mera extinção processual; será, então, parcialmente definitiva e terminativa.

4.2. Sentença declaratória, constitutiva e condenatória

A natureza da tutela jurisdicional concedida às partes depende do que for requerido ao Judiciário por meio da ação exercida. Assim, há correlação entre a classificação das ações declaratórias, constitutivas e condenatórias e as sentenças correspondentes. Essa classificação concerne ao conteúdo das sentenças e será abordada no item 8 deste Capítulo.[13]

5. REQUISITOS ESTRUTURAIS E INTERPRETAÇÃO DA SENTENÇA

Para que um pronunciamento judicial possa validamente manifestar-se como ato decisório, é imprescindível que sua estrutura atenda a determinados requisitos essenciais estabelecidos pela lei.

Observe-se que, não obstante o art. 489, *caput*, do CPC[14], trate do tema sob o prisma de requisitos da *sentença*, os pressupostos estruturais ali estabelecidos – relatório, fundamentação e conclusão (dispositivo) – são essenciais a todo e qualquer tipo de decisão judicial[15], incluindo acórdãos, decisões monocráticas em Tribunais, e até mesmo decisões interlocutórias – naquilo que for pertinente.

---

[12] Art. 487 – Haverá resolução de mérito quando o juiz:

I – acolher ou rejeitar o pedido formulado na ação ou na reconvenção;

II – decidir, de ofício ou a requerimento, sobre a ocorrência de decadência ou prescrição;

III – homologar:

a) o reconhecimento da procedência do pedido formulado na ação ou na reconvenção;

b) a transação;

c) a renúncia à pretensão formulada na ação ou na reconvenção.

Parágrafo único. Ressalvada a hipótese do § 1º do art. 332, a prescrição e a decadência não serão reconhecidas sem que antes seja dada às partes oportunidade de manifestar-se.

[13] O tema foi desenvolvido, sob a ótica da classificação das ações, no Capítulo VI, item 4.1.

[14] Art. 489 – São elementos essenciais da sentença.

[15] DIDIER, *op. cit.*, v. 2, p. 319.

O relatório é a narrativa das principais ocorrências havidas no curso da relação processual, e serve para demonstrar que o juiz efetivamente conhece o processo no qual proferirá a decisão. Deve ser sucinto e objetivo, de modo a permitir rápida consulta por todos os sujeitos processuais; não há necessidade, por exemplo, de indicar todos os pedidos e requerimentos destacadamente, pois cada um necessariamente será apreciado na fundamentação.

A fundamentação é a explicitação, pelo órgão julgador, dos motivos de fato e de direito que servirão de justificativa para o ato decisório. É na fundamentação que o juiz analisa as provas produzidas e as alegações das partes, apreciando todas as questões que antecedem o julgamento do pedido.

O dispositivo é a conclusão do órgão julgador, no sentido de acolher ou rejeitar o pedido ou requerimentos processuais, ou de extinguir o processo sem resolução de mérito. Trata-se do comando judicial, da norma jurídica concreta individualizada que regerá o caso submetido a julgamento.

Perceba-se que se trata de requisitos de estruturação do ato decisório: o comando judicial (dispositivo) somente pode ser dado se o juiz fundamentá-lo (CF, art. 93, IX)[16]; e a fundamentação só é possível se o órgão julgador tiver demonstrado efetivo conhecimento do processo (relatório).

Por tal razão, no que tange à sentença propriamente dita, é costume a abertura, na peça, de tópicos intitulados *relatório*, *fundamentação* e *dispositivo*. Contudo, nada há, na lei, que obrigue os magistrados a utilizarem tais expressões e tampouco a subdividir a decisão em tópicos. Além disso, a exposição primeiramente do relatório, seguido da fundamentação, e, por fim, do dispositivo, é uma sequência lógica que contribui para a clareza da sentença, mas não há preceito legal que a imponha.[17] Nada impediria, por exemplo, que o juiz optasse por fazer uma redação corrida sem qualquer menção aos três elementos da sentença, desde que o ato decisório os preservasse em sua essência - ou seja, houvesse relato dos fatos, fundamentação e concussão.

Ademais, é importante observar que a distinção dos três elementos estruturantes da sentença não se dá em função de sua localização *geográfica* na peça processual. O fato de o juiz inserir relatos de fatos no tópico da sentença intitulado de *fundamentação* não faz com que, substancialmente, essas afirmações sejam fundamentação, senão que preservam sua natureza de relatório. Igualmente, se no tópico da sentença chamado de *dispositivo* o juiz mencionar os motivos pelos quais acolhe ou rejeita o pedido, nem por isso a fundamentação adquirirá a natureza de dispositivo.

Tal observação é importante por permitir a adequada compreensão do art. 489, § 3º, do CPC, segundo o qual a decisão judicial deve ser interpretada a partir da conjugação de todos os seus elementos e em conformidade com o princípio da boa-fé.

---

16 Art. 93, IX – Todos os julgamentos dos órgãos do Poder Judiciário serão públicos, e fundamentadas todas as decisões, sob pena de nulidade, podendo a lei limitar a presença, em determinados atos, às próprias partes e a seus advogados, ou somente a estes, em casos nos quais a preservação do direito à intimidade do interessado no sigilo não prejudique o interesse público à informação.

17 GRECO, *op. cit.*, v. 2, p. 331.

Nesse contexto, se o julgamento de um pedido tiver sido feito na fundamentação, ou, mais precisamente, fora do tópico da sentença denominado de *dispositivo*, não há razão lógico-jurídica para se considerar que a sentença é omissa e para pretender concluir pela inexistência de coisa julgada. O comando judicial é dispositivo independentemente de sua inserção formal e eventualmente inadequada em um ou outro tópico da peça sentencial.

Se há decisão que expressamente acolha ou rejeite o pedido, ou ainda o julgue extinto sem resolução de mérito, não há motivo para desconsiderá-la apenas porque omitida de um tópico da peça processual. O raciocínio aqui é idêntico ao pedido heterotópico formulado na petição inicial: mesmo que não haja reprodução do pedido no rol final da petição inicial, se ele tiver sido formulado na fundamentação da peça, deve ser julgado pelo Judiciário (CPC, art. 322, § 2º).[18]

Assim, o chamado *dispositivo indireto* - que acontece quando o juiz não elenca no tópico final da sentença as parcelas objeto da condenação, apenas fazendo menção àquelas deferidas na fundamentação - não atenta contra nenhuma norma processual, nem causa prejuízo aos sujeitos processuais. Na maioria das situações, o dispositivo indireto pode comprometer a clareza da decisão e causar embaraços nas fases de liquidação e execução, o que não é suficiente, *de per si*, para gerar nulidade da sentença.

Por fim, a sentença desprovida de relatório e/ou de fundamentação é ato processual nulo, razão pela qual pode dar margem, além da interposição dos recursos cabíveis, ao ajuizamento de ação rescisória por violação ao art. 489, *caput*, do CPC. Já a *sentença* sem dispositivo é ato processual inexistente, pois a inexistência de preceito (= norma jurídica individual ou julgamento do pedido) faz com que não haja perfectibilização ou aperfeiçoamento do ato como decisão.

5.1. Fundamentação exaustiva: legitimidade e possibilidades do Poder Judiciário

O art. 93, IX, da Constituição da República, estabelece a necessidade de fundamentação de todas as decisões judiciais, sob pena de nulidade. Como o dispositivo não faz restrição, toda e qualquer espécie de decisão - interlocutória, definitiva, terminativa, monocrática ou colegiada - deve ser devidamente fundamentada.

A fundamentação, ao permitir o controle social das decisões judiciais, legitima a atuação do Poder Judiciário, que não conta, em regra, com membros democraticamente eleitos. Não há espaço, portanto, para formulação de juízos discricionários, de oportunidade e de conveniência, pelos magistrados, que detêm o dever o funcional de buscar soluções racionais e universalizáveis para os casos concretos que lhes são submetidos para julgamento, o que somente pode ser demonstrado por meio de fundamentação íntegra e consistente.

[18] Sobre pedido heterotópico, ver Capítulo VI, item 3.3.2.

Evidentemente, para que uma decisão se considere fundamentada não basta que sejam externados quaisquer argumentos, ainda que frutos de opinião pessoal ou mero arbítrio do juiz; é imprescindível que a fundamentação seja coerente, racional e possa ser generalizada para qualquer outra causa idêntica ou semelhante.

Conforme visto[19], o dever de fundamentar as decisões judiciais é decorrência do contraditório substancial, já que é na fundamentação que o Juiz demonstrará que levou em conta os argumentos e provas produzidas pelas partes.

Tal entendimento foi positivado no art. 489, § 1º, IV, do CPC[20], ao estabelecer que não se considera fundamentada a decisão que não enfrentar todos os argumentos deduzidos no processo capazes de, em tese, infirmar a conclusão adotada pelo julgador.

Esse dispositivo precisa ser interpretado criteriosamente, sob pena de inviabilizar-se o funcionamento do Judiciário. Há, aqui, nítido conflito aparente de princípios: de um lado, o interessado tem o direito de ver seus argumentos e provas apreciados (contraditório); de outro, há potencial comprometimento do acesso à justiça, em sua escala macroscópica, em função do (ainda maior) congestionamento de processos nos órgãos jurisdicionais.

Assim, o Juiz do Trabalho tem o dever de apreciar apenas aqueles argumentos que efetivamente tenham a potencialidade de alterar a conclusão do ato decisório; não há necessidade ou obrigatoriedade de apreciação de argumentos irrelevantes e impertinentes, o que sempre deve ser avaliado com parcimônia e prudência. O Superior Tribunal de Justiça já decidiu que, mesmo após a vigência do Novo CPC, não é omissa a decisão que não se pronunciou sobre determinado argumento que era incapaz de infirmar a conclusão adotada.[21]

O art. 489, § 1º, do CPC, prevê, de forma não taxativa, diversas situações nas quais se considera que a sentença não está devidamente fundamentada, tais como, exemplificativamente, quando invocar motivos que se prestariam a justificar qualquer outra decisão. Exemplo: o juiz *fundamenta* dizendo simplesmente que julga procedente o pedido porque estão presentes os pressupostos legais, conforme prova dos autos; aqui, não há, em verdade, fundamentação, pois não se sabe por que estão presentes os pressupostos e quais os elementos de prova que embasam a conclusão do juiz.

A motivação é insuficiente, ademais, quando o órgão julgador se limita a citar precedentes, sem correlacioná-los – ainda que sucintamente – com os motivos de fato e de direito que embasam sua aplicação no caso concreto. De forma semelhante, a utilização de "modelos" é salutar, por promover isonomia, segurança jurídica

---

19 Capítulo II, item 6.

20 Art. 489, § 1º – Não se considera fundamentada qualquer decisão judicial, seja ela interlocutória, sentença ou acórdão, que: (...)

IV – não enfrentar todos os argumentos deduzidos no processo capazes de, em tese, infirmar a conclusão adotada pelo julgador.

21 STJ. 1ª Seção. EDcl no MS 21.315-DF, Rel. Min. Diva Malerbi.

e agilidade, mas é necessário que o órgão jurisdicional demonstre a aderência da fundamentação às peculiaridades do caso concreto.[22]

5.2. Fundamentação *per relationem*

É controvertida a validade da motivação *per relationem*, que se dá quando o órgão julgador se reporta a outras decisões adotadas no mesmo processo, ou a outras peças processuais, tais como pareceres do Ministério Público ou informações de alguma autoridade. Tal técnica de julgamento se harmoniza com os princípios da celeridade e economia processual, e não se reputa válida caso a remissão seja a peças processuais elaboradas pelas partes litigantes.

A jurisprudência do Supremo Tribunal Federal tem admitido amplamente a legitimidade constitucional da motivação *per relationem*, pois haveria a incorporação, à decisão judicial, dos fundamentos exarados na peça processual objeto de remissão. Sucede que tais julgados devem ser interpretados com cautela, sob pena de se configurar grave violação ao contraditório e ao dever de fundamentação das decisões judiciais, inscrito no art. 93, IX, da CF.

No HC 69987[23], por exemplo, admitiu-se a fundamentação *per relationem* consistente na utilização, pelo acórdão, dos fundamentos exarados na sentença, isso em matéria criminal. Sucede que não consta – e nada leva a crer – que a fundamentação do acórdão haja se limitado a fazer remissão à sentença, mas o tenha feito como reforço argumentativo. Além disso, anotou-se não haver prejuízo ao réu, já que a pena base foi fixada no mínimo legal.

O Tribunal Superior do Trabalho, para fins de cabimento de recurso de revista, entende ser insuficiente para configurar o prequestionamento a mera remissão aos fundamentos da sentença, conforme se extrai da OJ 151 da SDI-1.[24] Contudo, a Corte Superior Trabalhista tem reconhecido a validade de acórdãos regionais proferidos no procedimento sumaríssimo que se limitem a concluir que a sentença deva ser

---

22 Cf. FUX, Luiz; BODART, Bruno Vinicius Da Rós. *Notas sobre o princípio da motivação e a uniformização da jurisprudência no novo Código de Processo Civil à luz da análise Econômica do Direito*, p. 6-7. Disponível em: <https://papers.ssrn.com/sol3/papers.cfm?abstract_id=2982136>. Acesso em 04/11/2019.

23 "'HABEAS CORPUS' - ALEGADA AUSÊNCIA DE MOTIVAÇÃO DA DECISÃO PENAL CONDENATÓRIA - INOCORRÊNCIA - ACÓRDÃO QUE SE REPORTA AOS FUNDAMENTOS DA SENTENÇA DE PRIMEIRA INSTÂNCIA - MOTIVAÇÃO "PER RELATIONEM" - FUNDAMENTAÇÃO VÁLIDA - SUPOSTA INOBSERVÂNCIA DO PRINCÍPIO DA INDIVIDUALIZAÇÃO DA PENA - SANÇÃO PENAL FIXADA NO MÍNIMO PREVISTO EM LEI - INEXISTÊNCIA DE QUALQUER PREJUÍZO AO RÉU - PEDIDO INDEFERIDO. - A sanção penal fixada no mínimo legal, ainda que imposta por ato decisório sucintamente fundamentado, não enseja qualquer prejuízo ao réu, revestindo-se, por isso mesmo, de plena legitimidade jurídica. Precedentes. - O acórdão, ao fazer remissão aos fundamentos de ordem fático-jurídica mencionados na sentença de primeira instância, atende a exigência constitucional que impõe, ao Poder Judiciário, o dever de motivar os atos decisórios que profere. A motivação 'per relationem', nesse contexto, revela-se compatível com a norma inscrita no inciso IX do art. 93 da Constituição da República. Precedentes. Doutrina" (HC 69987, Relator(a): CELSO DE MELLO, Tribunal Pleno, julgado em 18/12/1992).

24 TST, OJ 151 da SDI-1: Decisão regional que simplesmente adota os fundamentos da decisão de primeiro grau não preenche a exigência do prequestionamento, tal como previsto na Súmula nº 297.

mantida pelos seus próprios fundamentos.[25] Desse modo, a OJ 151 da SDI-1 tem sua aplicabilidade circunscrita aos processos que tramitem pelo rito ordinário.[26]

---

[25] "RECURSO ORDINÁRIO EM AÇÃO RESCISÓRIA AJUIZADA SOB A ÉGIDE DO CPC DE 1973. HIPÓTESE DO ARTIGO 485, V, DO CPC DE 1973. ALEGAÇÃO DE ADOÇÃO DE RITO PROCESSUAL INADEQUADO À ESPÉCIE. AUSÊNCIA DE ATAQUE ESPECÍFICO AOS FUNDAMENTOS DO ACÓRDÃO RECORRIDO. ARTIGO 514, II, DO CPC DE 1973 E SÚMULA 422, I, DO TST. NÃO CONHECIMENTO. Nas razões recursais, a Autora insiste na tese inicial de que a adoção do rito sumaríssimo causou-lhe enormes prejuízos, renovando a alegação de ofensa às normas dos artigos 5º, LV, da CF, 852-A, parágrafo único, e 852-B, I, da CLT. Porém, não impugna a motivação adotada no julgamento de improcedência do pedido de corte rescisório, baseada na incidência do óbice do item I da Súmula 298 do TST. Nesse contexto, não atendido o dever legal de impugnação das razões de decidir inscritas na decisão recorrida, reservado à parte que interpõe o recurso de natureza ordinária (artigo 514, II, do CPC de 1973), incide a diretriz da Súmula 422, I, do TST, inviabilizando, por afronta ao postulado da dialeticidade, o conhecimento do recurso ordinário, no que se refere à pretensão rescisória deduzida com amparo no artigo 485, V, do CPC de 1973, sob a alegação de adoção de rito processual inadequado à espécie, com violação dos mencionados dispositivos constitucional e legais. Recurso ordinário conhecido parcialmente. INÉPCIA DA PETIÇÃO INICIAL DA AÇÃO RESCISÓRIA. ALEGAÇÃO DE MÁ APLICAÇÃO DA PRESCRIÇÃO. AUSÊNCIA DE INDICAÇÃO EXPRESSA DO DISPOSITIVO TIDO COMO VIOLADO. EXTINÇÃO DO PROCESSO SEM RESOLUÇÃO DO MÉRITO. INCIDÊNCIA DA PARTE FINAL DA SÚMULA 408 DO TST. 1. No acórdão recorrido, a Corte Regional declarou a inépcia da petição inicial da ação rescisória no tocante à alegação de má aplicação da prescrição, por ausência de indicação do dispositivo de lei violado, e extinguiu o processo sem resolução do mérito. 2. Nas razões do recurso ordinário, a Autora requer seja afastada a inépcia da petição inicial, ao argumento de que foi violada a norma do artigo 7º, XXIX, da CF. 3. Da leitura da petição inicial da ação rescisória, verifica-se que a Autora, no que diz com a alegação de má aplicação da prescrição, de fato, não apontou, com a devida fundamentação, qualquer dispositivo de Lei e/ou da Constituição Federal que teria sido violado. Tratando-se de ação rescisória fundada no artigo 485, V, do CPC de 1973, revela-se imprescindível a indicação, na petição inicial da ação desconstitutiva, do dispositivo legal violado, por se tratar de causa de pedir da rescisória, não incidindo, na hipótese, o princípio iura novit curia. Nesse sentido, aliás, a diretriz da Súmula 408 do TST. Desse modo, não indicado o dispositivo legal que teria sido desrespeitado, não há espaço para o deferimento do corte rescisório. 4. Com todas as vênias, a alegação de ofensa ao artigo 7º, XXIX, da CF, arguida somente no recurso ordinário, não pode ser objeto de análise por se tratar de inovação recursal. O postulado da segurança jurídica, aplicável a todos os ramos da ciência do direito, exige que as partes observem estritamente as fases processuais idealizadas em caráter preclusivo pelo legislador ordinário. A ampliação da causa de pedir e do pedido, processada em grau de recurso, não pode ser admitida, sob pena de inescusável ofensa ao devido processo legal. Recurso ordinário desprovido. ARTIGO 485, V, DO CPC DE 1973. PROCEDIMENTO SUMARÍSSIMO. CERTIDÃO DE JULGAMENTO DO RECURSO ORDINÁRIO. SENTENÇA MANTIDA PELOS PRÓPRIOS FUNDAMENTOS. NEGATIVA DE PRESTAÇÃO JURISDICIONAL. VIOLAÇÃO DOS ARTIGOS 93, IX, DA CF E 832 DA CLT. NÃO CONFIGURAÇÃO. INCIDÊNCIA DO DISPOSTO NO ARTIGO 895, § 1º, IV, PARTE FINAL, DA CLT. 1. Trata-se de ação rescisória, amparada em violação dos artigos 93, IX, da CF e 832 da CLT, ajuizada sob o argumento de que, na certidão de julgamento do recurso ordinário interposto no processo matriz, que tramitou pelo rito sumaríssimo, o TRT da 9ª Região, ao confirmar a sentença pelos próprios fundamentos, incorreu em negativa de prestação jurisdicional. 2. Na ação matriz, o TRT proferiu decisão, consubstanciada em certidão de julgamento, mediante a qual negou provimento ao recurso ordinário da Autora para manter a sentença pelos próprios fundamentos, eis que prescrita a pretensão. 3. O artigo 895, § 1º, IV, parte final, da CLT permite que, no procedimento sumaríssimo, não havendo modificação da decisão impugnada, a sentença de primeiro grau seja simplesmente confirmada pelos próprios fundamentos. Assim, tramitando o feito originário sob o rito sumaríssimo, e não havendo modificação da decisão atacada, é mesmo suficiente o registro de que a sentença está sendo confirmada pelos próprios fundamentos, sem que isso configure ofensa às regras dos artigos 93, IX, da CF e 832 da CLT. Recurso ordinário desprovido" (RO-5432-72.2013.5.09.0000, Subseção II Especializada em Dissídios Individuais, Relator Ministro Douglas Alencar Rodrigues, DEJT 09/11/2018).

[26] "AGRAVO. DECISÃO MONOCRÁTICA PROFERIDA POR PRESIDENTE DE TURMA. RECURSO DE EMBARGOS INTERPOSTO SOB A ÉGIDE DA LEI N.º 11.496/2007. PROCESSO SUBMETIDO AO RITO SUMARÍSSIMO. ACÓRDÃO PROLATADO PELO TRIBUNAL REGIONAL, QUE ADOTA OS FUNDAMENTOS DA SENTENÇA. AUSÊNCIA DE PREQUESTIONAMENTO NÃO CARACTERIZADA. (...). O artigo 895, § 1º, da Consolidação das Leis do Trabalho

No âmbito do Superior Tribunal de Justiça, de outro lado, tem-se admitido a fundamentação *per relationem* com algumas ressalvas: que o julgador tenha utilizado a fundamentação *per relationem* em complementação à sua própria, ainda que esta seja sucinta[27]; exigência de que a matéria tenha sido suficientemente enfrentada[28]; exigência de que haja transcrição de trechos das peças às quais há indicação.[29]

Na verdade, o louvável objetivo do STJ tem sido prestigiar o contraditório participativo, efetivo e substancial, que, na linha da moderna doutrina processual, não tem apenas o conteúdo clássico da bilateralidade da audiência (*audiatur et altera pars*), mas também significa que as partes têm o direito de influir eficazmente na decisão judicial – e daí resulta a necessidade de fundamentação adequada pelo órgão julgador.

Em que pese o posicionamento permissivo dos tribunais superiores – notadamente o STF e o TST –, fato é que a previsão do art. 895, §1º, IV, da CLT, viola o art. 93, IX, da CF (dever de fundamentação das decisões judiciais), além do art. 5º, LV (princípio do contraditório). Isso porque nada garante que o órgão recursal que se limite a afirmar que "a sentença deve ser mantida pelos seus próprios fundamentos" haja ao menos lido e compreendido os argumentos expostos no recurso. É fundamental que o tribunal *ad quem* explicite, com argumentos próprios, ainda que sucintos, o motivo pelo qual o recurso não merece provimento.

---

autoriza que, nas reclamações sujeitas ao procedimento sumaríssimo, o recurso ordinário tenha acórdão consistente unicamente na certidão de julgamento, com a indicação suficiente do processo e parte dispositiva, e das razões de decidir do voto prevalente. Se a sentença for confirmada pelos próprios fundamentos, a certidão de julgamento, registrando tal circunstância, servirá de acórdão. Nessa última hipótese, a fundamentação constante da sentença e confirmada pelo Tribunal Regional servirá de base para o cotejo com a tese veiculada no recurso de revista. 4. Não há confundir a exceção antes referida, decorrente de disposição legal expressa, com a hipótese a que alude a Orientação Jurisprudencial n.º 151 da SBDI-I, aplicável a casos em que o Tribunal Regional, em processos submetidos ao rito ordinário trabalhista, limita-se a adotar os fundamentos da decisão recorrida, sem transcrevê-los, incidindo em prática sem o mínimo respaldo legal. Nessa hipótese, faz-se necessária a vigilante intercessão da parte, a fim de obter o necessário prequestionamento da matéria a ser objeto de recurso à instância extraordinária. 5. Não há, falar, portanto, no caso sob exame, em ausência de prequestionamento, razão pela qual não prospera a alegação de contrariedade à Súmula nº 297, I, desta Corte uniformizadora. 6. Inviável, de outro lado, o conhecimento de embargos por divergência jurisprudencial quando o aresto trazido a colação é oriundo da mesma Turma prolatora da decisão embargada, consoante entendimento consagrado na Orientação Jurisprudencial n.º 95 desta SBDI-I. 7. Agravo conhecido e não provido. GESTANTE. ESTABILIDADE PROVISÓRIA. CONTRATO DE EXPERIÊNCIA. PAGAMENTO DE INDENIZAÇÃO SUBSTITUTIVA. 1. Consoante o disposto na parte final do inciso II do artigo 894 da Consolidação das Leis do Trabalho, não caberá recurso de embargos se a decisão recorrida estiver em consonância com orientação jurisprudencial ou súmula do Tribunal Superior do Trabalho. 2. Proferida a decisão da Turma em sintonia com o disposto na Súmula nº 244, III, desta Corte superior, no sentido de que a empregada gestante tem direito à estabilidade provisória prevista no art. 10, inciso II, alínea 'b', do Ato das Disposições Constitucionais Transitórias, mesmo na hipótese de admissão mediante contrato por tempo determinado, revela-se incabível o recurso de embargos. 3. Agravo conhecido e não provido" (Ag-E-ED-RR-293-42.2012.5.04.0024, Subseção I Especializada em Dissídios Individuais, Relator Ministro Lelio Bentes Correa, DEJT 21/02/2014).

27 AgRg no AREsp 754.897/PR, Rel. Ministro REYNALDO SOARES DA FONSECA, QUINTA TURMA, julgado em 03/11/2015.

28 AgRg no HC 327.991/SP, Rel. Ministro FELIX FISCHER, QUINTA TURMA, julgado em 27/10/2015.

29 HC 332.810/RS, Rel. Ministra MARIA THEREZA DE ASSIS MOURA, SEXTA TURMA, julgado em 20/10/2015.

Certamente, a fundamentação *per relationem* será válida caso utilizada como reforço decisório ou como complementação das razões expostas pelo órgão julgador.

Sob outro enfoque, o contraditório substancial pressupõe que a parte possa influenciar eficazmente na construção do provimento jurisdicional, o que é reflexo do princípio democrático e serve para legitimar a atuação do Judiciário.

Assim, deveria ser revista a jurisprudência pelo STF no RE 635729, bem assim o posicionamento do TST a respeito da motivação do acórdão que nega provimento a recurso ordinário no rito sumaríssimo.

Da mesma forma, deve-se notar que, em algumas situações, a mera remissão a decisões anteriores pode violar o contraditório e o dever de fundamentação. Figure-se a hipótese em que haja recurso ordinário, sob a alegação de que houve má apreciação da prova pelo Juiz de 1º grau. Ora, se, nesse contexto, o Tribunal se limitasse a fazer remissão aos fundamentos da sentença, haveria nítida violação ao dever de fundamentação, configurando-se negativa de prestação jurisdicional, que autorizaria o manejo de recurso de revista por violação ao art. 93, IX, da CF. De fato, nessa hipótese, necessariamente o Tribunal deve formular argumentos próprios, para concluir que a apreciação da prova pela sentença foi feita de forma correta, ou não.

Pense-se, agora, em hipótese distinta, que envolvesse, por exemplo, apenas matéria de direito, ou seja, sem discussões fáticas envolvidas. Nesse cenário, caso o tema de direito tenha sido efetivamente decidido e fundamentado em decisão anterior – ou até mesmo em parecer do Ministério Público –, seria plenamente válida a motivação referenciada.

Em suma, a análise da validade da fundamentação *per relationem* deve ser feita casuisticamente[30], sempre à luz do princípio do contraditório, na sua vertente substancial. Observadas tais premissas, irrelevante que haja transcrição da peça objeto de remissão: isso seria mera formalidade, pois o que importa é que as partes tenham acesso à peça objeto de remissão, e que o tema haja sido devidamente enfrentado.

5.2.1. Fundamentação **per relationem** *no rito sumaríssimo*

De acordo com o art. 895, §1º, IV, da CLT, nas reclamações sujeitas ao rito sumaríssimo, o recurso ordinário terá acórdão consistente unicamente na certidão de julgamento, com a indicação suficiente do processo e parte dispositiva, e das razões de decidir do voto prevalente. Se a sentença for confirmada pelos próprios fundamentos, a certidão de julgamento, registrando tal circunstância, servirá de acórdão.

Em repercussão geral[31], o Supremo Tribunal Federal fixou a seguinte tese: "Não afronta a exigência constitucional de motivação dos atos decisórios a decisão de

[30] Com idêntica conclusão: FUX, Luiz; BODART, Bruno Vinicius Da Rós. *Notas sobre o princípio da motivação e a uniformização da jurisprudência no novo Código de Processo Civil à luz da análise Econômica do Direito.* Disponível em: <https://papers.ssrn.com/sol3/papers.cfm?abstract_id=2982136>. p. 6. Acesso em 04/11/2019.

[31] "Juizado especial. Parágrafo 5º do art. 82 da Lei nº 9.099/95. Ausência de fundamentação. Artigo 93, inciso IX, da Constituição Federal. Não ocorrência. Possibilidade de o colégio recursal fazer remissão aos fundamentos adotados na sentença. Jurisprudência pacificada na Corte. Matéria com repercussão geral. Reafirmação da

Turma Recursal de Juizados Especiais que, em consonância com a Lei 9.099/1995, adota como razões de decidir os fundamentos contidos na sentença recorrida".

Embora a tese fixada diga respeito aos Juizados Especiais, que integram a Justiça Comum, o fato é que o art. 46 da Lei 9.099/95[32] contém previsão muito assemelhada ao art. 895, §1º, IV, da CLT[33], segundo o qual, no rito sumaríssimo, o acórdão do recurso ordinário pode limitar-se a registrar que a sentença foi mantida pelos seus próprios fundamentos. Assim, o raciocínio do Supremo pode ser transportado para o procedimento sumaríssimo trabalhista.

A jurisprudência do TST tem reconhecido a validade da fundamentação *per relationem* consistente na mera remissão, pelo órgão *ad quem*, aos fundamentos da decisão recorrida.[34]

Sucede que, como analisado no tópico anterior, a mera remissão aos fundamentos da decisão recorrida pode revelar-se insuficiente à luz do contraditório substancial – e isso ocorrerá na maioria das vezes. Em geral, a motivação *per relationem* deve ser vista como um reforço argumentativo do órgão julgador do recurso, mas a legitimidade da decisão pressupõe que se demonstre, ainda que sucintamente, que foram consideradas as razões do recurso. O tribunal, mesmo no rito sumaríssimo, deve externar argumentos próprios ou, no mínimo, demonstrar como e por que os fundamentos da sentença devem ser mantidos.

Portanto, o art. 895, §1º, IV, da CLT, deve ser interpretado conforme a Constituição, nos moldes acima descritos.

---

jurisprudência do Supremo Tribunal Federal" (RE 635729 RG, Relator(a): DIAS TOFFOLI, Tribunal Pleno, julgado em 30/06/2011, REPERCUSSÃO GERAL).

32 Art. 46. O julgamento em segunda instância constará apenas da ata, com a indicação suficiente do processo, fundamentação sucinta e parte dispositiva. Se a sentença for confirmada pelos próprios fundamentos, a súmula do julgamento servirá de acórdão.

33 Art. 895 - Cabe recurso ordinário para a instância superior: (...) § 1º - Nas reclamações sujeitas ao procedimento sumaríssimo, o recurso ordinário: (...) IV - terá acórdão consistente unicamente na certidão de julgamento, com a indicação suficiente do processo e parte dispositiva, e das razões de decidir do voto prevalente. Se a sentença for confirmada pelos próprios fundamentos, a certidão de julgamento, registrando tal circunstância, servirá de acórdão.

34 Por exemplo: AGRAVO DE INSTRUMENTO EM RECURSO DE REVISTA. PROCEDIMENTO SUMARÍSSIMO. ENQUADRAMENTO SINDICAL – FINANCEIRA. GESTANTE – ESTABILIDADE PROVISÓRIA – REQUISITOS. Recurso de revista que não merece admissibilidade em face da aplicação das Súmulas nos 55, 126 e 244, item I, desta Corte, bem como porque não restou configurada, de forma direta e literal, nos termos em que estabelece o § 6º do artigo 896 da CLT, a alegada ofensa aos artigos 5º, inciso II, 8º, inciso I, 21, inciso VIII, e 192, incisos I e IV, da Constituição Federal e 10, inciso II, alínea -b-, do ADCT, também da Carta Magna, pelo que, não infirmados os fundamentos do despacho denegatório do recurso de revista, mantém-se a decisão agravada por seus próprios fundamentos. Ressalta-se que, conforme entendimento pacificado da Suprema Corte (MS-27.350/DF, Rel. Min. Celso de Mello, DJ 04/06/2008), não configura negativa de prestação jurisdicional ou inexistência de motivação a decisão do Juízo ad quem pela qual se adotam, como razões de decidir, os próprios fundamentos constantes da decisão da instância recorrida (motivação *per relationem*), uma vez que atendida a exigência constitucional e legal da motivação das decisões emanadas do Poder Judiciário. Agravo de instrumento desprovido. (TST-AIRR-118300-75.2008.5.15.0137, Relator Ministro José Roberto Freire Pimenta, 2ª Turma, DEJT de 02/03/2012).

6. REQUISITOS FORMAIS DA SENTENÇA

Além dos requisitos de estrutura, há outros atinentes ao modo de exteriorização (= forma) da sentença. Trata-se da necessidade de congruência interna, que consiste na clareza e certeza da decisão judicial.

6.1. Clareza

A sentença não cumprirá seu papel de solucionar o conflito de interesses e de firmar a norma jurídica individual que regerá o caso concreto se for incompreensível ou de difícil compreensão. Daí resulta a necessidade de clareza da decisão judicial.

A sentença - assim como todos os demais atos processuais - deve ser escrita em língua portuguesa (CPC, art. 192, *caput*).[35] Se o juiz fizer uso de expressões estrangeiras, deve fornecer a respectiva tradução, com a ressalva de consagradas expressões jurídicas que sejam de conhecimento vulgar na praxe forense[36] (exemplo: legitimidade *ad causam*; presunção *juris tantum* etc.).

A doutrina majoritária tem recomendado, atualmente, que se evite o o uso de expressões rebuscadas na sentença, de modo a facilitar sua compreensão pelos jurisdicionados, o que é correto. No entanto, não se pode esquecer que o Direito é uma ciência e, como tal, é dotado de vocabulário técnico apto a transmitir as ideias com maior precisão. A técnica não deve ser abandonada a pretexto de tornar mais claros os pronunciamentos judiciais.

6.2. Certeza e sentença condicional

A decisão judicial necessariamente deve firmar um preceito, uma norma jurídica individual apta a reger o caso concreto. Por isso, a exteriorização da sentença deve corresponder a um comando que certifique a existência ou inexistência do direito e as consequências daí decorrentes. Em uma palavra, a decisão deve ser certa (CPC, art. 492, parágrafo único).[37]

Daí decorre a impossibilidade de prolação de sentença condicional, que é aquela que subordina a existência do direito nela reconhecido a um evento futuro e incerto. Sentença condicional não retira as partes do estado de dúvida em que se encontram; logo, não é sentença certa. Exemplos: o juiz não pode afirmar que condena ao pagamento de adicional de insalubridade desde que perícia que será feita posteriormente por instituição oficial reconheça a insalubridade do ambiente de trabalho na liquidação; ou, ainda, ser devida indenização por danos morais caso a empresa venha a cancelar sem justificativa o plano de saúde do empregado. Nas duas hipóteses, a existência do direito estaria sendo condicionada a um fato futuro, que não se sabe se vai ocorrer.

---

[35] Art. 192 - Em todos os atos e termos do processo é obrigatório o uso da língua portuguesa.

[36] Com a mesma opinião, GRECO, *op. cit.*, v. 2, p. 337.

[37] Art. 492, Parágrafo único - A decisão deve ser certa, ainda que resolva relação jurídica condicional.

Não se deve confundir sentença condicional com sentença que resolva relação jurídica condicional, pois esta última é sentença certa e admitida no nosso ordenamento processual. Algumas vezes, a decisão judicial versa sobre negócio jurídico sujeito à condição (evento futuro e incerto ao qual se subordina a respectiva eficácia). Contudo, se a decisão firmar um preceito a respeito, será válida.

Exemplo: suponha-se que determinada empregadora se comprometa a pagar aos seus empregados, em dezembro de determinado ano, prêmio, caso se verifique evento futuro e incerto - qual seja, o atingimento de meta referente ao desempenho global da empresa. Imagine-se, ainda, que o empregado *X* seja dispensado em março e ingresse com reclamação trabalhista na qual postula o pagamento do prêmio. Perceba-se que, nesta hipótese, o juiz pode proferir sentença condenatória ao pagamento do prêmio, desde que a meta global da empresa seja atingida. Não se trataria de sentença condicional, já que estaria sendo firmado um preceito certo: o prêmio é devido se a meta for atingida. No entanto, a relação jurídica é condicional, pois não se sabe de antemão se a meta será, ou não, alcançada.

No entanto, não há exigibilidade imediata da parcela, pois o prêmio foi estipulado para data certa, qual seja, o mês de dezembro. Apenas com o advento desse marco temporal a parcela pode ser cobrada. Seria pertinente a condenação, portanto, estipulando-se que a exigibilidade somente surgiria na época citada, e para aqueles empregados que comprovadamente atingissem a meta, conforme demonstrado em liquidação por artigos.

Observe-se que não se cuida de sentença condicional, vedada implicitamente pelo art. 492, parágrafo único, do CPC. No caso, a sentença será certa, pois fixará desde já a condenação; contudo, como se cuida de condição suspensiva, conforme já analisado, a eficácia executiva da sentença dependerá do implemento do evento futuro e incerto, o que pode ser comprovado na fase de liquidação.

7. REQUISITOS SUBSTANCIAIS DA SENTENÇA

A par dos requisitos de estruturação (relatório, fundamentação e dispositivo) e dos formais (clareza e certeza), o conteúdo da sentença precisa ter congruência externa subjetiva e objetiva, vale dizer, deve se ater às partes envolvidas e aos limites da lide. Se tal requisito substancial de congruência não for observado, a decisão judicial viola o princípio da adstrição da sentença ao pedido (arts. 141 e 492 do CPC).[38]

7.1. Decisões *citra petita*

A decisão é *citra petita* quando contém omissão acerca de questão (i) arguida ou discutida pelas partes, ou (ii) cognoscível de ofício pelo juiz.

[38] Art. 141 – O juiz decidirá o mérito nos limites propostos pelas partes, sendo-lhe vedado conhecer de questões não suscitadas a cujo respeito a lei exige iniciativa da parte.

Art. 492 – É vedado ao juiz proferir decisão de natureza diversa da pedida, bem como condenar a parte em quantidade superior ou em objeto diverso do que lhe foi demandado.

O conceito de questão abrange tanto os pontos controvertidos de fato e de direito, como todos os temas que devam ser objeto de decisão judicial.[39]

Assim, é *citra petita* a sentença que deixe de: (i) julgar pedido formulado na ação principal ou na reconvenção; (ii) apreciar causa de pedir inserida nas mesmas peças; (iii) apreciar fato jurídico (impeditivo, modificativo, extintivo ou contradireito) invocado pelo réu; (iv) se manifestar sobre questão processual de ordem pública (pressupostos processuais ou condições da ação), ainda que não suscitada pelo réu; (v) julgar pedidos implícitos (honorários advocatícios, correção monetária etc.).

Observe-se que alguns autores defendem que a sentença também se caracterizaria como *citra petita* pelo mero fato de não ter apreciado argumentos invocados pelo autor ou pelo réu.[40] No entanto, é preferível tratar do tema sob o prisma da omissão na apreciação de questões[41], pois o Judiciário não tem o dever de analisar todos os argumentos das partes, mas apenas aqueles aptos a infirmarem, em tese, a solução que se dá a determinada questão (CPC, art. 489, § 1º, IV).[42]

Suponha-se, por hipótese, que o reclamante postule equiparação salarial e, em defesa, o réu argua a diferença de tempo na função superior a dois anos (CLT, art. 461, § 1º).[43] Se o juiz acolher esta arguição, deverá julgar improcedente o pedido e estará resolvida a questão, sem que se cogite de sentença *citra petita* pelo fato de não ter sido apreciada a alegação do autor de que a produtividade de reclamante e paradigma era idêntica. No entanto, se o juiz considerar que a diferença de tempo na função era inferior a dois anos, deverá apreciar a arguição de prescrição feita pelo réu, pois se trata de outra questão, ainda que concernente ao mesmo pedido.

Sempre que a decisão for *citra petita*, poderá ser objeto de embargos de declaração para sanar a omissão; ou, então, a omissão pode ser suscitada diretamente em recurso ordinário, ficando o Tribunal *ad quem* autorizado a supri-la se a causa estiver madura para julgamento (CPC, art. 1.013, §§ 2º e 3º).[44]

No caso específico de decisão *citra petita* que não julga pedido ou causa de pedir, se não for interposto recurso, não haverá decisão no que tange ao pedido ou causa de pedir não apreciados, não se formando coisa julgada material quanto a eles. Dessa maneira, o autor não estará impedido de, por nova ação, formular o mesmo pedido e causa de pedir cuja apreciação foi omitida no processo anterior. Nessas hipóteses, não pode o demandado alegar a coisa julgada como pressuposto

---

[39] Capítulo V, item 5.

[40] Nesse sentido, DIDIER, *op. cit.*, v. 2, p. 380.

[41] Como faz, por exemplo, THEODORO JÚNIOR, *op. cit.*, v. 1, p. 1064.

[42] Posicionamento adotado pelo STJ, nos seguintes julgados: AgRg no AREsp 629.512/SP, Rel. Ministro MARCO BUZZI, QUARTA TURMA, julgado em 25/08/2015, DJe 31/08/2015; e REsp 751.267/MS, Rel. Ministro MAURO CAMPBELL MARQUES, SEGUNDA TURMA, julgado em 20/08/2009, DJe 08/09/2009.

[43] Art. 461, § 1º – Trabalho de igual valor, para os fins deste Capítulo, será o que for feito com igual produtividade e com a mesma perfeição técnica, entre pessoas cuja diferença de tempo de serviço para o mesmo empregador não seja superior a quatro anos e a diferença de tempo na função não seja superior a dois anos.

[44] Art. 1.013, § 2º – Quando o pedido ou a defesa tiver mais de um fundamento e o juiz acolher apenas um deles, a apelação devolverá ao tribunal o conhecimento dos demais.

§ 3º – Se o processo estiver em condições de imediato julgamento, o tribunal deve decidir desde logo o mérito quando.

processual negativo, pois a coisa julgada somente é formada em relação àquilo que foi efetivamente julgado.

Ademais, a dilação probatória promovida na primeira ação pode aproveitar ao autor, como prova emprestada, sobretudo se tiver sido observado o contraditório no processo anterior, e também com o objetivo de evitar decisões contraditórias.

Não poderia, contudo, o autor - nem o réu - ajuizar ação rescisória contra a sentença, objetivando desconstituí-la por ter sido *citra petita*, justamente porque não há coisa julgada a ser rescindida.

Pode-se concluir, portanto, que OJ 41 da SDI-2 do TST[45], ao prever a rescindibilidade da sentença *citra petita* (por violar os arts. 141 e 492 do CPC) não se aplica nas hipóteses em que houver omissão na apreciação de pedido e/ou de causa de pedir, pois nestes casos será pertinente o ajuizamento de nova ação contendo a questão omitida.

Se o Juiz do Trabalho não apreciar alegação de compensação, feita pelo réu em defesa, a sentença será *citra petita*[46], cabendo ação rescisória por violação aos arts. 142[47] e 492 do CPC. Nessa situação, a viabilidade da rescisória se justifica porque houve julgamento do pedido, e não cabe ação autônoma com o objetivo único e exclusivo de promover a compensação.

Em suma, a rescisória será cabível quando a decisão deixar de apreciar fundamento ou questão relevante a respeito de pedido ou de causa de pedir decidida.

A decisão também será *citra petita* quando deixar de se pronunciar quanto a um ou alguns dos litisconsortes ativos e/ou passivos.

7.2. Decisões *ultra petita*

Decisão *ultra petita* é a que, (i) analisando o pedido e a causa de pedir formulados pelo autor, concede providência jurisdicional quantitativamente superior à postulada ou com base em causa de pedir não exposta. Também será *ultra petita* a decisão que, (ii) além emitir comando judicial para as partes do processo, pretende vincular terceiros estranhos à relação jurídica processual; e a que, (iii) embora apreciando os fatos jurídicos suscitados pelo réu, aprecia outros, não sujeitos à cognoscibilidade de ofício e que não foram arguidos.

Exemplos: (i) a petição inicial pede a condenação do réu ao pagamento de R$ 10 mil reais e a sentença condena a R$ 15 mil (providência quantitativamente superior à postulada); (ii) o reclamante pede indenização por danos morais em decorrência de doença ocupacional, e o juiz a concede argumentando que, além da doença, ficou

[45] TST, OJ 41 da SDI-2: Revelando-se a sentença *citra petita*, o vício processual vulnera os arts. 141 e 492 do CPC de 2015 (arts. 128 e 460 do CPC de 1973), tornando-a passível de desconstituição, ainda que não interpostos embargos de declaração.

[46] AgRg no REsp 1395999/SP, Rel. Ministro MAURO CAMPBELL MARQUES, SEGUNDA TURMA, julgado em 20/05/2014, DJe 26/05/2014.

[47] Art. 142 – Convencendo-se, pelas circunstâncias, de que autor e réu se serviram do processo para praticar ato simulado ou conseguir fim vedado por lei, o juiz proferirá decisão que impeça os objetivos das partes, aplicando, de ofício, as penalidades da litigância de má-fé.

comprovado que o trabalhador sofreu assédio moral (causa de pedir não exposta); (iii) o réu se defende alegando unicamente a prescrição, e o juiz rejeita a arguição, mas julga improcedente o pedido com base em compensação não arguida (fato jurídico não suscitado pelo réu).

A parte da decisão *ultra petita* que excede dos limites da lide é nula. Não há, entretanto, necessidade de que a instância recursal torne sem efeito a totalidade da decisão, mas apenas que faça o decote do excesso. Já no caso em que a sentença considera fato jurídico não arguido em defesa, o provimento do recurso fará com que se altere o resultado do julgamento.

7.3. Decisões *extra petita*

Decisão judicial *extra petita* é aquela que, deixando de apreciar pedido, causa de pedir ou fato jurídico invocado pelas partes, aprecia outros que não foram arguidos, nem poderiam ser conhecidos de ofício pelo juiz. Ocorre, ainda, quando o órgão julgador, não apreciando o pedido em relação à uma das partes, julga-o considerando terceiro alheio ao processo. Noutros termos, há julgamento de lide diferente da posta em juízo pelas partes.

Depreende-se que, na decisão *extra petita,* há omissão, assim como na *citra petita*; mas, além disso, há julgamento de questão que não se insere na *res in judicium deducta.*

Como exemplos de decisões *extra petita,* tem-se: (i) reclamante pede condenação ao adicional de insalubridade, mas o juiz defere ou indefere o de periculosidade, silenciando sobre o primeiro; (ii) o reclamante pede indenização por danos morais em decorrência de doença ocupacional, e o juiz, sem apreciar a existência da doença, concede a indenização argumentando que ficou comprovado que o trabalhador sofreu assédio moral; (iii) o réu se defende alegando unicamente a prescrição, e o juiz silencia a respeito, mas julga improcedente o pedido com base em compensação não arguida.

A decisão *extra petita* contém *error in procedendo,* razão por que a instância recursal deve decretar sua nulidade. Não obstante, se a causa estiver em condições de imediato julgamento, o Tribunal deve apreciar desde logo o mérito, sem necessidade de devolução dos autos à instância *a quo* (CPC, art. 1.013, § 3º, II).[48]

7.4. Mitigações ao princípio da congruência no Processo do Trabalho

Conforme visto, não há um princípio da *ultrapetição* ou da *extrapetição* no Processo do Trabalho, que está sujeito ao princípio da inércia da jurisdição.[49]

---

[48] Art. 1.013, § 3º – Se o processo estiver em condições de imediato julgamento, o tribunal deve decidir desde logo o mérito quando: (...)

II – decretar a nulidade da sentença por não ser ela congruente com os limites do pedido ou da causa de pedir.

[49] Capítulo II, item 9.

No entanto, há três situações consagradas pela jurisprudência, nas quais o Juiz do Trabalho não fica adstrito ao pedido ou à causa de pedir exposta pelo reclamante:

- (i) quando há pedido de adicional de insalubridade, considera-se que a causa de pedir é a insalubridade em si, independentemente do agente causador. Assim, mesmo que o juiz, levando em conta a perícia, conclua que o agente insalubre é diferente do apontado pela petição inicial, não há julgamento *extra* ou *ultra petita* (TST, Súmula 293).[50] O entendimento é correto, já que muitas vezes o trabalhador não tem como saber, de antemão, o enquadramento científico de determinado agente químico, físico ou biológico;
- (ii) quando houver pedido de reintegração, mas o Juiz do Trabalho constatar que o grau de incompatibilidade entre as partes não a recomenda, não é *extra* ou *ultra petita* a decisão que deferir indenização substitutiva, nos termos do art. 496 da CLT (TST, Súmula 396, II)[51];
- (iii) embora haja controvérsias, o Juiz do Trabalho pode deferir a multa do art. 467 da CLT[52] de ofício, já que o reclamante não tem como saber de antemão (e, consequentemente, não se lhe pode atribuir o ônus de formular o pedido) se o reclamado efetuará o pagamento das verbas incontroversas na primeira audiência. A rigor, sequer é possível saber, quando do ajuização da ação, se haverá verbas incontroversas.

8. CONTEÚDO DA SENTENÇA

O conteúdo da sentença corresponde ao provimento jurisdicional por ela externalizado, vale dizer, à norma jurídica concreta e individualizada que o Judiciário estabelece para o caso concreto.

A sentença pode ter conteúdo meramente processual, do que resulta julgamento de extinção do processo sem resolução de mérito; ou, ao contrário, apresentar conteúdo material e julgar o processo com resolução do mérito.

De acordo com o art. 485 do CPC, o juiz não resolverá o mérito quando: (i) indeferir a petição inicial; (ii) o processo ficar sem andamento durante mais de 1 (um) ano por negligência das partes; (iii) por não promover os atos e as diligências que lhe incumbir, o autor abandonar a causa por mais de 30 (trinta) dias; (iv) verificar a ausência de pressupostos de constituição e de desenvolvimento válido e

---

50 TST, súmula 293: A verificação mediante perícia de prestação de serviços em condições nocivas, considerado agente insalubre diverso do apontado na inicial, não prejudica o pedido de adicional de insalubridade.

51 Art. 496 – Quando a reintegração do empregado estável for desaconselhável, dado o grau de incompatibilidade resultante do dissídio, especialmente quando for o empregador pessoa física, o tribunal do trabalho poderá converter aquela obrigação em indenização devida nos termos do artigo seguinte.

TST, súmula 396, II: Não há nulidade por julgamento *extra petita* da decisão que deferir salário quando o pedido for de reintegração, dados os termos do art. 496 da CLT.

52 Art. 467 – Em caso de rescisão de contrato de trabalho, havendo controvérsia sobre o montante das verbas rescisórias, o empregador é obrigado a pagar ao trabalhador, à data do comparecimento à Justiça do Trabalho, a parte incontroversa dessas verbas, sob pena de pagá-las acrescidas de cinquenta por cento.

regular do processo; (v) reconhecer a existência de perempção, de litispendência ou de coisa julgada; (vi) verificar ausência de legitimidade ou de interesse processual; (vii) acolher a alegação de existência de convenção de arbitragem ou quando o juízo arbitral reconhecer sua competência; (viii) homologar a desistência da ação; (ix) em caso de morte da parte, a ação for considerada intransmissível por disposição legal; e (x) nos demais casos prescritos neste Código.

De outro lado, o art. 487 do CPC estabelece que haverá resolução de mérito quando o juiz: (i) acolher ou rejeitar o pedido formulado na ação ou na reconvenção; (ii) decidir, de ofício ou a requerimento, sobre a ocorrência de decadência ou prescrição; (iii) homologar: a) o reconhecimento da procedência do pedido formulado na ação ou na reconvenção; b) a transação; c) a renúncia à pretensão formulada na ação ou na reconvenção.

As decisões de improcedência apresentam conteúdo declaratório negativo, pois certificam que inexiste o direito postulado pelo autor da ação.

Já as decisões de procedência podem ostentar, além do conteúdo meramente declaratório (exemplo: declaração de vínculo empregatício), o condenatório - que consiste na imposição de uma prestação a ser cumprida pelo sujeito passivo -, e também o conteúdo constitutivo - que ocasiona a criação, extinção ou modificação de uma relação ou situação jurídica.

Percebe-se que o conteúdo da sentença é correlato ao da ação exercida. Assim, pode-se concluir que também há declaratividade nas sentenças constitutivas e condenatórias, mas vai-se além da declaração, obtendo-se a (des) constituição ou a condenação. Por isso, é correto chamar as decisões declaratórias de *meramente declaratórias*, já que, nelas, não há nada mais que a declaração em si, ao contrário do que ocorre na decisão constitutiva ou condenatória.[53]

Em consonância com o princípio da primazia da decisão de mérito, o art. 488 do CPC estatui que, desde que possível, o juiz resolverá o mérito sempre que a decisão for favorável à parte a quem aproveitaria eventual pronunciamento nos termos do art. 485. Por exemplo, a 2ª reclamada alega ser parte ilegítima porque nunca foi tomadora dos serviços terceirizados do reclamante. Se o juiz reconhecer o argumento, deve julgar o pedido de responsabilização subsidiária improcedente, em vez da extinção por falta de condição da ação.

9. EFEITOS DA SENTENÇA: PRINCIPAIS, REFLEXOS E ANEXOS

Como todo ato jurídico, a sentença possui eficácia jurídica, vale dizer, tem aptidão para produzir efeitos jurídicos - materiais e processuais.

A eficácia principal da sentença decorre diretamente de seu conteúdo, com o qual não se confunde. A importância dessa distinção está em que o conteúdo da decisão se torna imutável com o trânsito em julgado, ao passo que os efeitos podem ser alterados a qualquer momento, em decorrência de determinados fatos jurídicos. Dessa forma:

[53] Sobre o tema, ver Capítulo VI, item 4.1.

- (i) sentença com conteúdo condenatório gera o efeito da exigibilidade da prestação pelo credor, que passa a poder fazer uso de medidas executivas para satisfação concreta da sua pretensão. Exemplo: empregado passa a poder promover a expropriação de bens do ex-empregador que não quitou suas verbas rescisórias. Nada impede, entretanto, que o exequente renuncie ao crédito, ou que se entabule acordo na execução prevendo o pagamento parcelado do crédito;
- (ii) de sentença com conteúdo constitutivo decorre o efeito da criação, extinção ou modificação de uma relação jurídica ou situação jurídica. Exemplo: a procedência do pedido formulado no inquérito judicial para apuração de falta grave faz com que se encerre a relação de trabalho do empregado estável. Contudo, as partes podem decidir espontaneamente por firmar novo contrato de trabalho (readmissão do empregado);
- (iii) sentença com conteúdo meramente declaratório provoca o efeito da certeza jurídica acerca da relação jurídica controvertida. É o que acontece com a decisão que declara a existência de vínculo empregatício, o qual pode ser extinto por ato dos interessados.

Além de sua eficácia principal, a sentença também apresenta eficácia reflexa, consistente na possibilidade de geração de efeitos jurídicos em relação jurídica distinta, mas conexa àquela discutida em juízo. É o que acontece, por exemplo, no caso do sócio retirante ser responsabilizado pelas dívidas da sociedade empresária, desde que a ação trabalhista tenha sido ajuizada nos dois anos subsequentes à averbação da mudança do contrato social (CLT, art. 10-A). Nessa hipótese, a sentença trabalhista condenatória terá eficácia reflexa na relação entre os sócios atuais e o sócio retirante, pois este pode ter direito de regresso contra aqueles, em função de cláusula contratual.

Há, ainda, a eficácia anexa da sentença, decorrente não de seu conteúdo, mas de previsão normativa específica que sequer precisa ser mencionada na sentença. São efeitos que decorrem natural e automaticamente da decisão judicial. Por exemplo, caso seja julgado procedente o pedido no inquérito judicial para apuração de falta grave e extinto, em consequência, o contrato de trabalho, o trabalhador deverá desocupar o imóvel que lhe era fornecido pelo empregador por força de previsão específica constante do contrato de trabalho, ainda que não haja manifestação judicial a respeito.

Outro exemplo de efeito anexo da sentença é a inexistência de coisa julgada material nas hipóteses de improcedência por insuficiência de provas, caso seja aplicável a sistemática da coisa julgada *secundum eventum probationis*. Nestes casos, irrelevante que o juiz mencione, por equívoco, que a sentença faz coisa julgada *erga omnes*, pois a não formação de coisa julgada é efeito que decorre automaticamente da lei (CDC, art. 103, *caput*, I e II).[54]

---

[54] Art. 103 – Nas ações coletivas de que trata este código, a sentença fará coisa julgada:

I – *erga omnes*, exceto se o pedido for julgado improcedente por insuficiência de provas, hipótese em que qualquer legitimado poderá intentar outra ação, com idêntico fundamento valendo-se de nova prova, na hipótese do inciso I do parágrafo único do art. 81;

II – *ultra partes*, mas limitadamente ao grupo, categoria ou classe, salvo improcedência por insuficiência de provas, nos termos do inciso anterior, quando se tratar da hipótese prevista no inciso II do parágrafo único do art. 81.

Importante efeito anexo da sentença é a constituição da hipoteca judiciária. Toda sentença condenatória ao pagamento de dinheiro (bem assim a que converte obrigação de fazer, não fazer ou dar em obrigação de pagar quantia) vale como título constitutivo de hipoteca judiciária, ainda que a condenação seja genérica ou haja sido impugnada por recurso dotado de efeito suspensivo (CPC, art. 495, *caput* e §§).[55]

Para formalizar a hipoteca judiciária, basta que o credor apresente cópia da sentença perante o cartório de registro imobiliário, independentemente de ordem judicial, de declaração expressa do juiz ou de demonstração de urgência, devendo informar o fato ao juiz da causa em até 15 dias contados da data de realização da hipoteca. Como se vê, a hipoteca judiciária é efeito anexo da sentença justamente porque independe de pronunciamento judicial expresso a respeito.

A hipoteca judiciária, uma vez constituída, implicará, para o credor hipotecário, o direito de preferência, quanto ao pagamento, em relação a outros credores, observada a prioridade no registro. Sobrevindo a reforma ou a invalidação da decisão que impôs o pagamento de quantia, a parte responderá, independentemente de culpa, pelos danos que a outra parte tiver sofrido em razão da constituição da garantia, devendo o valor da indenização ser liquidado e executado nos próprios autos.

A grande vantagem da hipoteca judiciária, para o credor, é prevenir a fraude de execução, já que, uma vez inscrita no registro imobiliário, passa a haver presunção absoluta de conhecimento por terceiros (CPC, art. 792, III).[56] A desvantagem é que o credor tem responsabilidade objetiva - ou seja, independentemente de culpa - caso a decisão condenatória venha a ser tornada sem efeito em recurso.

Observe-se, ainda, que a hipoteca judiciária gera preferência caso haja concurso de credores trabalhistas entre si; assim, mesmo que a primeira penhora venha ser feita por determinado credor, a preferência para o recebimento do crédito será daquele

---

[55] Art. 495 - A decisão que condenar o réu ao pagamento de prestação consistente em dinheiro e a que determinar a conversão de prestação de fazer, de não fazer ou de dar coisa em prestação pecuniária valerão como título constitutivo de hipoteca judiciária.

§ 1º - A decisão produz a hipoteca judiciária:

I - embora a condenação seja genérica;

II - ainda que o credor possa promover o cumprimento provisório da sentença ou esteja pendente arresto sobre bem do devedor;

III - mesmo que impugnada por recurso dotado de efeito suspensivo.

§ 2º - A hipoteca judiciária poderá ser realizada mediante apresentação de cópia da sentença perante o cartório de registro imobiliário, independentemente de ordem judicial, de declaração expressa do juiz ou de demonstração de urgência.

§ 3º - No prazo de até 15 (quinze) dias da data de realização da hipoteca, a parte informá-la-á ao juízo da causa, que determinará a intimação da outra parte para que tome ciência do ato.

§ 4º - A hipoteca judiciária, uma vez constituída, implicará, para o credor hipotecário, o direito de preferência, quanto ao pagamento, em relação a outros credores, observada a prioridade no registro.

§ 5º - Sobrevindo a reforma ou a invalidação da decisão que impôs o pagamento de quantia, a parte responderá, independentemente de culpa, pelos danos que a outra parte tiver sofrido em razão da constituição da garantia, devendo o valor da indenização ser liquidado e executado nos próprios autos.

[56] Art. 792 - A alienação ou a oneração de bem é considerada fraude à execução: (...)

III - quando tiver sido averbado, no registro do bem, hipoteca judiciária ou outro ato de constrição judicial originário do processo onde foi arguida a fraude.

que haja inscrito a hipoteca judiciária no registro imobiliário. Contudo, a hipoteca judiciária não altera as preferências de direito material ao recebimento dos créditos. Se houver, portanto, concurso entre credores civil e trabalhista, este receberá o crédito de forma preferencial, ainda que o primeiro tenha realizado hipoteca judiciária antes da prática de qualquer ato constritivo pelo credor trabalhista.

9.1. Eficácia natural da sentença

A partir da doutrina de Liebman, propagou-se a ideia de que a sentença também seria dotada de uma eficácia *natural*, aplicável a terceiros que não tenham sido parte do processo, os quais deveriam respeitar a autoridade da sentença enquanto ato estatal soberano capaz de firmar a certeza de que o direito entre as partes é exatamente o declarado na sentença.[57] A eficácia natural da sentença não se confundiria com a imutabilidade decorrente da coisa julgada material: os terceiros poderiam rediscutir o tema em futuros processos – nos quais discutidos seus próprios direitos –, mas, enquanto não o fizerem, devem respeitar a autoridade da sentença.

Tal construção doutrinária é de tranquila aplicação para terceiros absolutamente desvinculados da relação de direito material discutida no processo (*res in judicium deducta*). Assim, por exemplo, se um trabalhador obtém reconhecimento de vínculo empregatício na Justiça do Trabalho, pessoas desinteressadas, alheias ao processo, em geral, devem respeitar a declaração estatal de que a relação de trabalho ocorreu tal como declarada na sentença.

Contudo, terceiros titulares de relações jurídicas conexas com a *res in judicium deducta* não podem sofrer prejuízos em sua esfera de direitos por força de decisão judicial que não lhes assegure o amplo contraditório. É por tal razão que a teoria da eficácia natural vem sendo bastante criticada pela doutrina[58], que observa não existir fundamento legal para que decisões judiciais afetem relações jurídicas de terceiros que não participaram do processo em que proferidas.

Assim, por exemplo, o INSS não é obrigado a aceitar a declaração de vínculo empregatício em processo trabalhista (ainda que com sentença transitada em julgado) para fins de averbação de tempo de serviço ou de contribuição, caso o trabalhador o requeira na via administrativa. Igualmente, caso o trabalhador ajuíze ação na Justiça Federal Comum com esse objetivo, a sentença trabalhista declaratória do vínculo de emprego, por si só, não gera automaticamente resultado de procedência do pedido, nem presunção de veracidade da tese da inicial ou inversão do ônus da prova.

Evidentemente, a sentença trabalhista pode e deve ser sopesada pelo órgão julgador da Justiça Federal como meio de prova válido, robusto e, muitas vezes, suficiente inclusive para fins previdenciários. Contudo, não há vinculação do juízo federal, o qual pode concluir – após contraditório assegurado constitucionalmente ao

---

57 Cf. GRECO, *op. cit.*, v. II, p. 383.

58 Por todos: TESHEINER, José Maria Rosa. *Autoridade e eficácia da sentença Crítica à teoria de Liebman*. Revista Síntese de Direito Civil e Processual Civil. Porto Alegre, set/out 1999.

INSS - que, para fins previdenciários, não houve vínculo empregatício. A apreciação da prova na Justiça Federal seguirá o sistema da persuasão racional ou convencimento motivado (CPC, art. 371).

Correto, portanto, o enunciado nº 31 da Súmula da Turma Nacional de Uniformização dos Juizados Especiais Federais, segundo o qual a *anotação na CTPS decorrente de sentença trabalhista homologatória constitui início de prova material para fins previdenciários.* De acordo com a situação concreta, portanto, pode haver, ou não, necessidade de produção de outras provas além da decisão trabalhista transitada em julgado.

Depreende-se que o sistema instituído não é o mais racional, do ponto de vista da economia processual e efetividade do acesso à justiça, pois exige o ajuizamento de duas ações - baseadas em fatos idênticos - pelo mesmo trabalhador, sendo possível a prolação de decisões conflitantes. *De lege ferenda*, portanto, seria interessante modificação constitucional que atribuísse competência à Justiça do Trabalho para averbação de tempo de serviço junto ao INSS nas hipóteses em que fosse formulado pedido de reconhecimento de vínculo empregatício, estipulando-se ser a autarquia previdenciária litisconsorte necessário. Dessa forma, haveria coisa julgada material também quanto aos aspectos previdenciários, otimizando a prestação jurisdicional.

10. A SENTENÇA E OS FATOS SUPERVENIENTES À PROPOSITURA DA AÇÃO

Sobre o tema, ver Capítulo VI, item 3.2.3.

11. PUBLICAÇÃO E ALTERAÇÃO DA SENTENÇA

Publicação da decisão judicial é o ato de torná-la pública, o que ocorre por meio de sua juntada aos autos do processo. Quando as folhas da sentença são juntadas aos autos, ou quando o juiz assina a decisão incorporando-a ao processo eletrônico, o ato decisório fica sob domínio público.

Não se pode confundir a publicação da decisão com a intimação da decisão para fins recursais. Essa intimação geralmente é feita por meio de publicação de expediente na Imprensa Oficial, mas também pode se dar no próprio ato da prolação da sentença, nas hipóteses em que é prolatada em audiência (TST, Súmula 197).[59] A partir da intimação se inicia a contagem do prazo recursal, mas a decisão já é pública desde quando foi juntada aos autos. Essa distinção é importante para fins de direito intertemporal em matéria de recursos, pois a lei que rege a recorribilidade é a vigente na data de publicação (e não da intimação) da sentença.

[59] TST, súmula 197: O prazo para recurso da parte que, intimada, não comparecer à audiência em prosseguimento para a prolação da sentença conta-se de sua publicação.

Publicada a sentença, o juiz cumpre e esgota a prestação jurisdicional relativa a determinada fase processual, o que ocasiona preclusão consumativa, ou seja, em princípio não pode modificar a própria decisão.

No entanto, se houver inexatidões materiais ou de cálculo, o juiz pode, de ofício ou a requerimento da parte, modificar a própria sentença; e também pode fazê-lo no caso de oposição de embargos de declaração por quaisquer das partes (CPC, art. 494).[60] Grande parcela da doutrina se posiciona no sentido de que erros materiais podem ser corrigidos mesmo após o trânsito em julgado da decisão judicial.[61]

O juiz pode modificar a sentença, ainda, nas hipóteses em que a lei preveja a possibilidade de juízo de retratação. É o que ocorre, por exemplo, quando a parte interpõe recurso ordinário contra sentença que extinga o processo sem resolução de mérito (CPC, art. 485, § 7º)[62] ou julgue o pedido liminarmente improcedente (CPC, art. 332, § 3º).[63]

Discute-se se o juiz poderia reconhecer a nulidade da própria sentença, em sede de embargos de declaração. De um lado, argumenta-se que o art. 494 do CPC[64] não o admite, já que a lei só excepciona a preclusão consumativa para as hipóteses de erro material, o que não abrange eventual nulidade que contamine o ato decisório.

Contudo, seria perda de tempo e de dinheiro público, em descompasso com os princípios da celeridade e da economia processual (CF, art. 5º, LXXVIII)[65] afirmar que somente o Tribunal poderia reconhecer nulidades. Além disso, o art. 797 da CLT[66] autoriza a conclusão de que a nulidade pode ser reconhecida tanto pelo Tribunal, quanto pelo Juiz de primeira instância.

Assim, em hipóteses como a de inobservância do quinquídio do art. 841 da CLT[67], ou a de vício da citação, o juiz, reconhecendo a nulidade, deve chamar o feito à ordem e tornar sem efeito a sentença, retificando os defeitos. Raciocínio semelhante se aplica para as decisões *extra* ou *ultra petita*, que podem ser corrigidas em caso de oposição de embargos declaratórios pelas partes.

---

60 Art. 494 – Publicada a sentença, o juiz só poderá alterá-la:
I – para corrigir-lhe, de ofício ou a requerimento da parte, inexatidões materiais ou erros de cálculo;
II – por meio de embargos de declaração.

61 Conforme DIDIER, *op. cit.*, v. 2, p. 453.

62 Art. 485, § 7º – Interposta a apelação em qualquer dos casos de que tratam os incisos deste artigo, o juiz terá 5 (cinco) dias para retratar-se.

63 Art. 332, § 3º – Interposta a apelação, o juiz poderá retratar-se em 5 (cinco) dias.

64 Art. 494 – Publicada a sentença, o juiz só poderá alterá-la:
I – para corrigir-lhe, de ofício ou a requerimento da parte, inexatidões materiais ou erros de cálculo;
II – por meio de embargos de declaração.

65 Art. 5º, LXXVIII – a todos, no âmbito judicial e administrativo, são assegurados a razoável duração do processo e os meios que garantam a celeridade de sua tramitação.

66 Art. 797 – O juiz ou Tribunal que pronunciar a nulidade declarará os atos a que ela se estende.

67 Art. 841 – Recebida e protocolada a reclamação, o escrivão ou secretário, dentro de 48 (quarenta e oito) horas, remeterá a segunda via da petição, ou do termo, ao reclamado, notificando-o ao mesmo tempo, para comparecer à audiência do julgamento, que será a primeira desimpedida, depois de 5 (cinco) dias.

12. ORDEM DE APRECIAÇÃO DAS MATÉRIAS NA SENTENÇA

A lei não estabelece a ordem em que as diversas questões devem ser apreciadas na sentença. Inegavelmente, há certo grau de liberdade estilística do magistrado na elaboração e estruturação de decisões, o que inclui a ordem de apreciação dos temas. Pode-se dizer, portanto, que existe uma arte e uma ciência de elaboração de sentenças.

A boa técnica recomenda que o sentenciador observe o critério da prejudicialidade, analisando primeiramente os temas cuja solução possa influenciar ou impedir o julgamento de outros pontos. Assim, em princípio, a ordem ideal de julgamento consiste na seguinte sequência:

- (i) questões processuais pendentes, tais como impugnação ao valor da causa, arguições de vício de citação ou nulidade por qualquer outro motivo, requerimentos de suspensão do processo, entre outros. A rigor, trata-se de questões que já deveriam ter sido decididas antes da prolação da sentença, porque, a depender de como sejam decididas, haverá obstáculo à continuidade do julgamento;
- (ii) em seguida, devem ser apreciados os pressupostos processuais e as condições da ação, já que a respectiva solução pode impedir o julgamento de mérito. O primeiro pressuposto a ser apreciado é o da incompetência, caso arguida (ou se for o caso de reconhecê-la de ofício), pois o juiz incompetente sequer pode apreciar os demais pressupostos;
- (iii) por fim, deve ser apreciado o mérito, atentado, também quanto a ele, a relação de prejudicialidade entre os temas.

Especificamente quanto ao mérito, em princípio, devem ser apreciadas em primeiro lugar questões prejudiciais como prescrição e quitação. Em seguida, a sequência lógica é: (i) definir sobre a existência, ou não, de vínculo empregatício, bem como acerca da modalidade de ruptura do contrato de trabalho; (ii) estabilidade e reintegração; (iii) definição do salário, inclusive comissões e pagamentos extraoficiais (salário *por fora*); (iv) adicionais (insalubridade, periculosidade, transferência); (v) definição da jornada de trabalho e intervalos; (vi) outros pedidos, como indenização por danos morais e materiais, vale-transporte etc.

Essa sequência se explica porque o tema subsequente é influenciado pela decisão do anterior. Por exemplo, se não houver vínculo de emprego, descabe cogitar de horas extras; se houver adicional de periculosidade, este integrará a base de cálculo das horas extras etc.; se a dispensa for imotivada, haverá reflexos das horas extras e dos adicionais em aviso prévio e 40% de FGTS, o que não ocorreria caso mantida eventual justa causa etc.

Contudo, muitas vezes há necessidade de modificação da ordem sugerida, por particularidades do caso concreto. Por exemplo, no caso de pedido de rescisão indireta em virtude da alegação da prática empresarial de pagar salários não contabilizados em contracheques (salário *por fora*), só será possível a definição da modalidade de ruptura do contrato de trabalho após a apuração concernente ao salário.

XX

COISA JULGADA

1. COISA JULGADA: NOÇÕES, CONCEITO E NATUREZA JURÍDICA

Não há unanimidade na doutrina a respeito do conceito e da natureza do instituto da coisa julgada. Para alguns, seria um efeito da decisão judicial[1]; para outros, a coisa julgada seria uma qualidade – imutabilidade – dos efeitos da decisão[2]; por fim, há posicionamentos no sentido de que a coisa julgada é uma situação jurídica do conteúdo (dispositivo) da decisão[3].

Independentemente da linha doutrinária seguida, o importante é observar que a proteção à coisa julgada tem matriz constitucional (CF, art. 5º, XXXVI) e consiste em extração direta do princípio da segurança jurídica.[4]

A coisa julgada se forma quando não cabem mais recursos contra a decisão, seja porque transcorrido *in albis* o respectivo prazo de interposição, seja porque há qualquer outra causa de inadmissibilidade do recurso (exemplo: desistência do recurso ou renúncia ao direito de recorrer). Esse fenômeno constitui o trânsito em julgado da decisão judicial.

1 Tais como Pontes de Miranda.

2 Cândido Dinamarco e Liebman, por exemplo.

3 José Carlos Barbosa Moreira.

4 Art. 5º, XXXVI – a lei não prejudicará o direito adquirido, o ato jurídico perfeito e a coisa julgada.

Prolatada e transitada em julgado, a decisão judicial se torna, em princípio, insuscetível de modificação, ainda que, sob a ótica de algum interessado, seja injusta ou ilegal. Isso ocorre em virtude da necessidade humana de pacificar os conflitos, que não podem se eternizar. Se as decisões judiciais pudessem ser questionadas indefinidamente, o processo judicial não cumpriria seu objetivo maior, que é o de assegurar a paz.

Em algumas situações excepcionais, taxativamente previstas em lei, a coisa julgada pode ser desconstituída mediante ajuizamento de ação rescisória, a qual é, de resto, sujeita a prazo decadencial. Transcorrido este, forma-se a coisa julgada soberana, que é a decisão judicial que não pode ser revista nem mesmo por ação rescisória.

2. EFICÁCIA DA COISA JULGADA

2.1. Negativa

A coisa julgada tem uma eficácia negativa, que consiste na impossibilidade de que a ação já decidida seja novamente proposta. Daí se fala em imutabilidade da coisa julgada, a impedir o trâmite de processo judicial que possa contrariá-la.

Sob essa ótica, a coisa julgada detém natureza jurídica de pressuposto processual negativo. Por tal razão, a matéria pode ser conhecida de ofício pelo juiz, ou arguida pelo réu, a qualquer tempo e em qualquer grau de jurisdição. Trata-se de questão preliminar ao mérito da causa (CPC, art. 337, VII)[5], já que, uma vez que o juiz reconheça a coisa julgada, julgará extinto o processo sem resolução de mérito (CPC, art. 485, V).[6]

2.2. Positiva

A coisa julgada também tem uma eficácia positiva, consistente no fato de que, caso a questão já decidida tenha de ser considerada na fundamentação de decisão relativa a outro processo, o juiz deste é obrigado a tomar a coisa julgada como premissa de seu raciocínio. Assim, a coisa julgada formada em processo anterior é indiscutível no posterior.

Exemplo: no processo 1, determinado trabalhador - que jamais teve a CTPS anotada - postula o reconhecimento de vínculo empregatício, obtendo julgamento de procedência do pedido. Em seguida, ajuíza o processo 2, no qual postula o pagamento de horas extraordinárias não quitadas pelo tomador de serviços. Mesmo que no processo 2 o réu alegue ser improcedente o pedido por inexistir vínculo de emprego (questão prejudicial ao pedido de horas extras), o juiz do processo 2 necessariamente deve considerar que há o vínculo empregatício. As horas extras até podem ser indeferidas por outro motivo, mas jamais pela inexistência do vínculo.

5 Art. 337 - Incumbe ao réu, antes de discutir o mérito, alegar: (...)
VII - coisa julgada.

6 Art. 485 - O juiz não resolverá o mérito quando: (...)
V - reconhecer a existência de perempção, de litispendência ou de coisa julgada.

2.3. Preclusiva

A eficácia preclusiva significa que, com o trânsito em julgado da decisão judicial, reputam-se deduzidas e repelidas todas as provas, alegações e defesas que a parte poderia opor tanto ao acolhimento quanto à rejeição do pedido. Dessa forma, qualquer argumento, por mais forte que seja, de fato ou de direito, que possa contrariar a conclusão da decisão judicial transitada em julgado torna-se irrelevante.

A coisa julgada impede a rediscussão das matérias deduzidas no processo, e torna preclusa a possibilidade de arguição das dedutíveis (ou seja, aquelas que poderiam ter sido discutidas, mas não foram).

Ressalve-se que a eficácia preclusiva da coisa julgada não impede que o *mesmo* pedido seja formulado com base em causa de pedir distinta. Isso porque, quando se muda a causa de pedir, está-se diante de nova ação e de novo pedido, muito embora o bem jurídico almejado pelo autor possa ser assemelhado.

Por exemplo: trabalhadora postula indenização por danos morais em decorrência de assédio moral, argumentando que era constrangida pelo superior hierárquico no que tange ao atendimento de metas. Por hipótese, suponha-se que a reclamante não tenha feito uso, no processo, de prova documental consistente em e-mail no qual o gerente a ofendia; ou, ainda, que não haja arguido relevante contradita da testemunha indicada pela empresa, a qual declarou inexistir situação de ofensas à trabalhadora, tendo o juiz se baseado nesse depoimento para julgar improcedente o pedido. Ainda que, em tese, tais provas ou argumentos pudessem alterar a conclusão do julgamento, a eficácia preclusiva da coisa julgada os torna irrelevantes.

Seguindo no mesmo exemplo, imagine-se que, após o julgamento de improcedência, a trabalhadora ajuíze outra reclamação trabalhista, por meio da qual pleiteia indenização por danos morais decorrentes de assédio sexual. Por mais que o bem jurídico postulado seja equivalente (= indenização pecuniária por danos morais), o fato jurídico alegado é diferente nas duas ações (direito à indenização decorrente do assédio moral e do assédio sexual). Daí resulta que não há identidade de pedido e de ações, descabendo cogitar de coisa julgada.

3. COISA JULGADA FORMAL E MATERIAL

Classicamente, sempre se afirmou que a coisa julgada formal consistia na imutabilidade da decisão no processo em que proferida a decisão, vale dizer, trata-se da eficácia endoprocessual – interna ao processo – da decisão não mais suscetível de impugnação pela via recursal. Nesse sentido, o conceito de coisa julgada formal aproximar-se-ia do de preclusão, como se infere do art. 507 do CPC[7], e seria decorrência natural das sentenças terminativas, já que estas não impediam a repropositura da ação.

[7] Art. 507 – É vedado à parte discutir no curso do processo as questões já decididas a cujo respeito se operou a preclusão.

Já a coisa julgada material, ainda na mesma ótica, seria a eficácia extraprocessual da decisão de mérito transitada em julgado, apta a impedir novo ajuizamento da ação. A coisa julgada material pressuporia a coisa julgada formal - ou seja, o trânsito em julgado -, mas a primeira iria além da segunda, por gerar efeitos fora do processo em que proferida a decisão. Seria típica das decisões definitivas, que apreciam o mérito da causa.

Sucede que tais conceitos precisam ser revisitados a partir do Novo Código de Processo Civil.

Isso porque determinados tipos de sentenças terminativas passam a projetar efeitos para fora do processo em que prolatadas, de modo que a ação só pode ser proposta novamente com a correção do vício que levou à sentença sem resolução do mérito (CPC, art. 486, § 1º).[8]

Em outras palavras: a existência do defeito não pode mais ser discutida; a nova ação não pode ser ajuizada nos exatos moldes da anterior, em função da eficácia negativa da coisa julgada da decisão extintiva. É o que acontece nas hipóteses de indeferimento da petição inicial (inépcia ou ausência de documentos indispensáveis à propositura da ação); ausência de pressupostos processuais e de condições da ação; existência de convenção de arbitragem ou quando o juízo arbitral reconhecer sua competência.

Nesses casos, pode-se dizer que há coisa julgada formal, tendo em vista a imutabilidade e a eficácia extraprocessual da sentença terminativa. No entanto, como não há julgamento do mérito, a ação pode ser novamente proposta desde que corrigido o vício processual reconhecido na decisão anterior, que se torna indiscutível.

Nas outras hipóteses de sentenças terminativas - como ocorre na desistência da ação e abandono da causa -, não há eficácia extraprocessual da decisão, ou seja, não há impedimento a que o autor ajuíze novamente a mesma ação. Tais decisões, embora se tornem insuscetíveis de recurso no processo em que proferidas, não fazem coisa julgada formal. Trata-se de mera preclusão.

Em suma, coisa julgada é característica das decisões judiciais que se tornam imutáveis e indiscutíveis dentro e fora do processo em que proferidas. Coisa julgada material é decorrência de sentenças definitivas, que julgam o mérito da causa; e coisa julgada formal é associada a certas sentenças terminativas, que não apreciam o mérito, mas impedem a renovação da demanda nos mesmos termos em que originalmente proposta.[9]

Registre-se que há setores doutrinários a sustentar que, nos casos de extinção do processo sem resolução de mérito, não haveria coisa julgada, pois o art. 502 do CPC[10] a vincula ao julgamento de mérito: tratar-se-ia de uma espécie de preclusão extraprocessual, já que o motivo que gerou a extinção sem resolução de mérito

---

8 Art. 486, § 1º - No caso de extinção em razão de litispendência e nos casos dos incisos I, IV, VI e VII do art. 485, a propositura da nova ação depende da correção do vício que levou à sentença sem resolução do mérito.

9 Adotando essa interpretação, DIDIER, *op. cit.*, v. 2, p. 532; e CÂMARA, *op. cit.*, p. 307.

10 Art. 502. Denomina-se coisa julgada material a autoridade que torna imutável e indiscutível a decisão de mérito não mais sujeita a recurso.

não poderia ser rediscutido em outro processo.[11] Outra linha doutrinária sustenta, aparentemente contra o texto expresso no art. 486, § 1º, do CPC, que, além de não haver coisa julgada, a decisão de extinção sem resolução do mérito também não teria eficácia extraprocessual, de modo que a mesma questão poderia ser apreciada de forma diversa pelo mesmo ou por outro juiz, em processo diferente.[12]

4. LIMITES DA COISA JULGADA

4.1. Limites objetivos

4.1.1. Concepção tradicional. Coisa julgada sobre questão prejudicial

O pensamento doutrinário comum, que se firmou no regime do Código de Processo Civil de 1973 – e ainda é majoritário –, é no sentido de que os limites objetivos da coisa julgada são as questões principais decididas no processo – correspondentes à resposta jurisdicional aos pedidos formulados pelo autor, ou pelo réu (no caso de pedido contraposto ou reconvenção), sempre delimitados pela causa de pedir.

Em outros termos, o que transita em julgado é o dispositivo da sentença. Contudo, deve-se afastar qualquer interpretação que restrinja *geográfica* ou *topograficamente* o dispositivo de uma sentença, o qual consiste, em sua real essência, na solução que o Judiciário dá ao pedido. Não se trata, portanto, de um *local* da sentença, mas de um conteúdo dela. É a norma jurídica concreta e individualizada contida na sentença que transita em julgado.

A bem da clareza, é recomendável que o juiz abra um tópico na sentença especificamente para o dispositivo, mas, mesmo que não o faça, a resposta jurisdicional ao pedido não perde sua natureza de dispositivo apenas por esse fato. Por exemplo, se o juiz fizer sentença em redação corrida e única, sem divisão em tópicos, mesmo assim haverá dispositivo se houver solução do pedido formulado pela parte.

Nada impede que uma questão prejudicial seja tratada processualmente como questão principal: basta que seja formulado o correspondente pedido. Exemplo: empregado detentor de estabilidade provisória de emprego postula sua reintegração, sob o argumento de invalidade da dispensa por justa causa aplicada pela empresa. Se o reclamante formular pedido de declaração de nulidade da dispensa, esta será

---

11 Nesse sentido, CABRAL, Antonio do Passo. *A coisa julgada formal faz sentido no Sistema do CPC/2015? In* DIDIER Jr., Fredie; CABRAL, Antonio do Passo (coords.). *Coisa julgada e outras estabilidades processuais*. Salvador: Juspodivm, 2018, pp. 153-156.

12 GRECO, Leonardo. Desafios à coisa julgada no novo Código de Processo Civil. *In:* DINAMARCO, Cândido Rangel; FUX, Luiz; MENDES, Aluisio Gonçalves de Castro; PINHO, Humberto Dalla Bernardina de. *Estudos de Direito Processual em homenagem a Paulo Cezar Pinheiro Carneiro*. 1. ed. Rio de Janeiro: LMJ Mundo Jurídico, 2019, pp. 657-699. O autor sustenta que, nos casos de extinção sem resolução de mérito, seria desnecessária a ação rescisória. No entanto, decisões extintivas, frequentemente, imporiam sanções ou prestações de natureza processual, como os encargos de sucumbência e a multa ou indenização por litigância de má-fé, criando direitos subjetivos materiais exercitáveis ou exigíveis fora do processo em que foram criados. Para anular ou rescindir esse tipo de decisão e, assim, suprimir tais prestações, é que o interessado deveria mover ação rescisória.

tratada como questão principal e constará do dispositivo, muito embora conserve sua essência de questão prejudicial ao pedido de reintegração. Se houver apenas o pedido de reintegração, a questão prejudicial será decidida de forma incidental, ou seja, sobre ela o juiz exercerá cognição, mas não decisão.

No sistema do Código de Processo Civil de 2015, as questões prejudiciais incidentais, assim entendidas aquelas cuja apreciação condiciona o conteúdo das questões principais, mas em relação às quais não há pedido, podem gerar coisa julgada material, desde que: (i) dessa resolução depender o julgamento do mérito; (ii) a seu respeito tiver havido contraditório prévio e efetivo, não se aplicando no caso de revelia; (iii) o juízo tiver competência em razão da matéria e da pessoa para resolvê-la como questão principal; (iv) o procedimento não apresente limitações cognitivas ou probatórias (CPC, art. 503, § 1º).

Perceba-se que a formação de coisa julgada sobre questão prejudicial, nas hipóteses do art. 503, §1º, do CPC, constitui efeito anexo da sentença, decorrente não de seu conteúdo, mas de previsão normativa específica que sequer precisa ser mencionada na sentença. Trata-se de efeito que decorre natural e automaticamente da decisão judicial.

Assim, em princípio, a discussão para definir se a decisão da questão prejudicial formou, ou não, coisa julgada será travada no segundo processo, em que a questão for suscitada. Não cabe ao juiz do primeiro processo definir se a decisão sobre a questão prejudicial fará coisa julgada. Contudo, se, de forma indevida, o juiz do primeiro processo declarar que determinada questão prejudicial está abrangida no dispositivo da sentença e que por isso formará coisa julgada, a situação se assemelha a sentenças *extra* ou *ultra petita*: apesar de nula a decisão no aspecto, a coisa julgada se formará e somente poderá ser desconstituída mediante ação rescisória.

Ademais, a formação de coisa julgada quanto às questões prejudiciais independe de requerimento – o qual, entretanto, pode ser formulado pelo interessado de forma simples. Assim, o Novo CPC aboliu a ação declaratória incidental.

Quanto à falsidade documental, trata-se de questão prejudicial que, em função de sua natureza, deveria se sujeitar à mesma sistemática. Entretanto, o art. 430, parágrafo único, do CPC, estatui expressamente que a falsidade será resolvida como questão incidental, salvo se a parte requerer que o juiz a decida como questão principal. Dessa forma, apenas se houver pedido expresso do interessado (o que não precisa ser feito por meio de ação incidental, bastando simples requerimento) é que a questão da falsidade material poderá ser decidida com força de coisa julgada. Ressalve-se que parcela da doutrina entende que a falsidade documental deve, necessariamente, ser arguida em ação declaratória incidental, por força do art. 19, II, do CPC.[13]

De acordo com o art. 504 do CPC, não fazem coisa julgada: (i) os motivos, ainda que importantes para determinar o alcance da parte dispositiva da sentença; (ii) a verdade dos fatos, estabelecida como fundamento da sentença.

---

13 Com essa opinião, DIDIER, v. 2, p. 555.
Art. 19 – O interesse do autor pode limitar-se à declaração: (...)
II – da autenticidade ou da falsidade de documento.

4.1.2. Necessidade de releitura do tema

A concepção tradicional, analisada no item anterior, se justifica em respeito à liberdade dos cidadãos e para evitar que as partes sejam surpreendidas com a extensão da coisa julgada a uma situação que não foi prevista, nem postulada.[14]

No entanto, excluir da abrangência da coisa julgada o fato jurídico que compõe a causa de pedir pode gerar resultados injustos e graves incongruências, além de não se harmonizar com a economia processual. Alguns autores, para evitar tais aspectos negativos, preconizam que a decisão judicial pode ser usada como indício que geraria uma presunção judicial acerca da ocorrência do fato enunciado na sentença anterior.[15]

Imagine-se, por exemplo, que determinado reclamante postule a rescisão indireta do contrato de trabalho, em decorrência da prática de assédio moral pelo empregador. A inicial se baseia na perseguição e humilhação sofrida pelo trabalhador e, comprovados tais fatos, dá-se o julgamento de procedência do pedido. Em seguida, o mesmo trabalhador ajuíza nova reclamação trabalhista para postular indenização por danos morais decorrentes dos mesmos fatos, já que tal pedido foi inadvertidamente omitido no primeiro processo.

Ora, de acordo com a visão tradicional, a coisa julgada do primeiro processo abrangeria apenas a rescisão indireta decorrente do assédio moral - pois é esta a resposta jurisdicional ao pedido formulado. Assim, nada impediria que o juiz do segundo processo negasse o direito à indenização por danos morais, entendendo não ter havido assédio moral, o que resultaria em julgamentos conflitantes.

Por tais razões, o tema deve ser revisitado, tal como vem acontecendo no Direito Processual de vários países[16], de modo que o acertamento da relação jurídica discutida no processo - feito mediante solução das questões necessárias à apreciação do pedido formulado - seja abrangido pela eficácia da coisa julgada material.

Assim, não é só a resposta jurisdicional ao pedido que transita em julgado, mas também a definição acerca da relação jurídica básica da controvérsia que motivou a conclusão do julgamento. Ficam abrangidos pela coisa julgada, portanto, o acertamento da causa de pedir e das defesas indiretas oferecidas pelo réu.

Assim, utilizando o exemplo anteriormente dado, se o Juiz do Trabalho, no primeiro processo, reconhece o fato jurídico *assédio moral*, e julga procedente o pedido de rescisão indireta do contrato de trabalho, a eficácia positiva da coisa julgada impõe seja tomado o assédio como premissa no julgamento do segundo processo, no qual se postula unicamente indenização por danos morais. Esta até pode ser indeferida com base em outros motivos (por exemplo, prescrição bienal ou quinquenal), mas jamais pela inexistência do fato jurídico que compôs a causa de pedir da primeira ação e foi objeto de definição pelo Judiciário.

14 GRECO, *op. cit.*, v. 2, p. 379.

15 Por exemplo, DIDIER, *op. cit.*, v. 2, p. 556.

16 THEODORO JÚNIOR, *op. cit.* v. 1, p. 1115 e seguintes, noticia que a solução preconizada vem sendo aplicada na Rússia, Espanha, Portugal e Itália, entre outros países.

Outro exemplo: reclamante postula horas extraordinárias e a empresa se defende arguindo o enquadramento no art. 62, I, da CLT (atividade externa incompatível com a fixação de horário de trabalho). Se a alegação da empresa for acolhida, o pedido será julgado improcedente em virtude de fato modificativo da relação jurídica (defesa indireta de mérito). Suponha-se que o mesmo trabalhador, num segundo processo, formule pedido de pagamento de intervalo intrajornada.

Caso se adote a concepção tradicional, não haveria coisa julgada, já que a resposta jurisdicional foi apenas a rejeição do pedido de horas extras; assim, o juiz, no segundo processo, poderia negar o enquadramento no art. 62, I. Contudo, a solução mais adequada é considerar que a relação jurídica básica - a saber, enquadramento, ou não, nas normas de limitação da jornada de trabalho - foi definida, razão pela qual no segundo processo deve-se ter o exercício de atividade externa como premissa inafastável.

4.2. Limites subjetivos

Na sistemática do CPC/1973, a coisa julgada, como autoridade que torna imutável e indiscutível a decisão de mérito não mais sujeita a recurso, apenas vinculava as partes do processo, não beneficiando, nem prejudicando terceiros (art. 472).[17]

Na redação do art. 506 do CPC/2015, não há mais referência à impossibilidade de terceiros se beneficiarem da coisa julgada.[18] A doutrina especializada tem controvertido sobre a modificação. Para alguns, a nova lei teria consagrado o transporte *in utilibus* da coisa julgada nos processos individuais, à semelhança do que já ocorre nas ações coletivas[19]. Já para outros[20], não houve alteração dos limites subjetivos da coisa julgada, pois o dispositivo é bastante claro no sentido de que a sentença faz coisa julgada apenas entre as partes entre as quais é dada; portanto, não estaria a admitir hipóteses de relativização da coisa julgada ou de extensão subjetiva de seus efeitos.

O art. 506 não amplia os limites subjetivos da coisa julgada, de modo que pudesse autorizar seu aproveitamento por terceiros absolutamente desvinculados da relação jurídica de direito material discutida em juízo. A mudança redacional não teve o objetivo de permitir a extensão de eficácia da coisa julgada, mas apenas de deixar claro que, em determinadas situações, o terceiro vinculado à relação de direito material pode se beneficiar da coisa julgada material formada em processo do qual não participou.

---

[17] Art. 472 - A sentença faz coisa julgada às partes entre as quais é dada, não beneficiando, nem prejudicando terceiros. Nas causas relativas ao estado de pessoa, se houverem sido citados no processo, em litisconsórcio necessário, todos os interessados, a sentença produz coisa julgada em relação a terceiros.

[18] Art. 506 - A sentença faz coisa julgada às partes entre as quais é dada, não prejudicando terceiros.

[19] Por exemplo: CABRAL, Antonio do Passo. *Breves comentários ao novo Código de Processo Civil*. Coords. Teresa Arruda Alvim Wambier [et. al.]. 3.ed. rev. e atual. São Paulo: Editora Revista dos Tribunais, 2016. p. 1447.

[20] NERY JUNIOR; Nelson. *Comentários ao Código de Processo Civil*. 1ª ed. 2ª tiragem. São Paulo: Revista dos Tribunais, 2015. p. 1238.

Exemplifica-se com o art. 274 do Código Civil[21], o qual estipula que o julgamento favorável a um dos credores solidários aproveita aos demais, a menos que se funde em qualidade pessoal do credor que o obteve. Nesse caso, o credor solidário que não participou do processo pode se beneficiar da coisa julgada formada entre terceiros, pois o direito material aplicável o autoriza a tanto.

Em suma, o Novo CPC tem o mérito de manter a proibição a que terceiros sejam prejudicados pela coisa julgada (o que decorre da garantia constitucional do contraditório, já que o cidadão tem o direito de influir eficazmente em qualquer provimento estatal que possa afetar sua esfera de direitos), sem excluir, peremptoriamente, a possibilidade de que sejam beneficiados, o que pode ocorrer excepcionalmente de acordo com o direito material envolvido. Sobre o tema, ver também Capítulo XIX, item 9.1, a respeito da eficácia natural da sentença.

4.2.1. Extensão da coisa julgada ao colegitimado

Uma das discussões mais transcendentes do Direito Processual diz respeito à possibilidade de extensão da coisa julgada a quem não integrou a relação jurídica processual, mas poderia ter sido litisconsorte unitário de uma das partes, ou seja, havia mais de um legitimado para o ajuizamento da ação. O tema é correlato ao do litisconsórcio necessário e unitário no polo ativo.[22]

O problema surge quando a relação de direito material apresenta mais de um legitimado para a propositura da ação, mas um (ou alguns) deles não quer, ou não pode ajuizar ação. Exemplos: credores solidários, que podem cobrar a totalidade da dívida isoladamente; ação que busque a anulação de deliberação de assembleia de sociedade anônima ou de sindicato de categoria profissional; ação rescisória movida por um dos vencidos na demanda originária etc.

A solução ideal para esses casos é integrar os interessados ao processo, por meio de citação, permitindo-lhes compor o polo ativo ou passivo, a seu critério. Com isso, todos os colegitimados estarão submetidos à coisa julgada material que se formar.

Assim, por exemplo, tendo havido litisconsórcio passivo no processo de origem, caso uma das reclamadas não deseje ajuizar ação rescisória contra a sentença condenatória, basta que o interessado promova a citação do litisconsorte, o que preserva o direito deste ao contraditório e respeita a sua liberdade; e também o direito de acesso à justiça daquele que queira mover a ação.

Contudo, tal solução pode ser inviável em algumas situações específicas, em virtude da possível configuração de litisconsórcio multitudinário. Suponha-se, por exemplo, que um acionista de sociedade anônima, ou que um empregado filiado a determinado sindicato queiram ajuizar ação de anulação de deliberação tomada pela assembleia da pessoa jurídica. A decisão judicial nessas hipóteses tem o potencial de afetar a esfera jurídica de milhares de outros acionistas ou empregados sindicalizados.

---

21 Art. 274 – O julgamento contrário a um dos credores solidários não atinge os demais; o julgamento favorável aproveita-lhes, a menos que se funde em exceção pessoal ao credor que o obteve.

22 Ver Capítulo VIII, item 2.3.1.

Nesses casos, deve-se adotar solução prática, consistente na imposição da presença apenas dos litisconsortes sem os quais a decisão não poderá ser eficazmente cumprida.[23] Exigir a presença dos milhares de acionistas ou empregados sindicalizados inviabilizaria o direito de ação. Assim, devem integrar o processo a sociedade anônima ou o sindicato, que serão responsáveis por dar cumprimento ao comando judicial de modo a abranger todos os envolvidos - inclusive os que não participaram do processo.

4.3. Limites temporais: coisa julgada e relações continuativas

A coisa julgada refere-se sempre a fatos passados, alegados e comprovados pelas partes, mas eventualmente a decisão judicial pode gerar efeitos que se protraem no tempo. É o que ocorre com as relações jurídicas continuativas, nas quais o direito à prestação surge repetidamente ao longo do tempo. O principal exemplo é o direito ao recebimento de pensão - seja alimentícia (direito de família), previdenciária (paga pelo INSS) ou trabalhista (paga pelo empregador).

Nesse contexto, como as obrigações estabelecidas pela sentença são de trato sucessivo, é possível que ocorra modificação do estado de fato ou de direito, de modo a tornar inadequada a solução determinada na decisão transitada em julgado. Fala-se que, em tais hipóteses, a coisa julgada é *rebus sic stantibus*, ou seja, aplica-se enquanto inalteradas as circunstâncias existentes ao tempo da prolação da decisão.

A rigor, quando se modifica o estado de fato ou de direito, com reflexos em relação jurídica de trato sucessivo, o interessado em modificar a regência inicialmente estabelecida pela decisão transitada em julgado está aduzindo novo pedido e nova causa de pedir. Trata-se, portanto, de nova ação, cujo resultado não afrontará a autoridade da coisa julgada da decisão judicial anterior, justamente por se referir a novos fatos e/ou a novos direitos.

Por esse motivo, o art. 505, I, do CPC[24], prevê a possibilidade de revisão do que foi estatuído na sentença, sem que se cogite de qualquer violação à coisa julgada.

A ação revisional é o mecanismo processual que pode ser manejado pelo interessado em modificar a regência fixada em decisão transitada em julgado acerca de determinada relação jurídica continuativa. Por exemplo, o trabalhador que tenha obtido o reconhecimento do direito ao pagamento de pensão vitalícia pode postular a majoração do valor a ser recebido mensalmente, caso tenha havido agravamento da incapacidade laborativa. A empresa, na mesma hipótese, poderia pedir a redução do valor na situação contrária.

Cabe destacar que a revisional não se confunde com a ação rescisória, já que se trata de ação autônoma, com pedido e causa de pedir próprios; seu julgamento cabe a uma das Varas do Trabalho do local da prestação de serviços, não havendo prevenção do Juízo que fixou originariamente a pensão, pois a revisional é ação consequente.[25]

[23] GRECO, *op. cit.*, v. 2, p. 486.

[24] Art. 505, I - se, tratando-se de relação jurídica de trato continuado, sobreveio modificação no estado de fato ou de direito, caso em que poderá a parte pedir a revisão do que foi estatuído na sentença.

[25] Sobre o tema, ver Capítulo IV, item 16.

4.3.1. *Pensão por ato ilícito: critérios utilizáveis*

Situação recorrente nos processos trabalhistas envolve a situação de pensionamento aos dependentes de trabalhador falecido, no caso de acidente de trabalho fatal; e pensionamento ao próprio trabalhador que tenha sua capacidade laborativa reduzida em decorrência de acidente de trabalho ou doença ocupacional.

Nessas hipóteses, mesmo após o trânsito em julgado, pode ser pertinente o ajuizamento de ação revisional – nos termos expostos no item precedente –, se houver alteração do cenário fático ou jurídico existente quando da estipulação da obrigação de trato sucessivo na sentença.

A jurisprudência entende ser incabível compensação da pensão mensal civil com benefício previdenciário, pois possuem origem e finalidade distintas (art. 121 da Lei 8.213/91).[26]

O Juiz do Trabalho deve parametrizar detalhadamente a condenação ao pagamento de pensão, sendo pertinente observar os seguintes critérios:

- (i) quanto ao limite temporal: em caso de redução ou perda da capacidade laborativa, a pensão será vitalícia, ainda que haja possibilidade de plena recuperação do empregado mediante a submissão ao tratamento adequado.[27] Se o empregado recuperar a capacidade laborativa, o pagamento da pensão cessará, o que deve ser apurado em ação revisional. A pensão será devida se o trabalhador ficar inabilitado para o ofício ou profissão que desempenhava, ainda que seja capaz de exercer outro trabalho. Se o trabalhador estiver completamente inapto para exercer a função que desempenhava, a indenização, na forma de pensionamento mensal, deve corresponder a 100% da última remuneração.[28]

Já na hipótese de falecimento do trabalhador, a pensão mensal tem os seguintes limites temporais, sendo que a implantação de qualquer deles faz cessar o direito do beneficiário: (a) até que o *de cujus* atingisse idade provável de morte (conforme utilizar tábua de mortalidade IBGE); ou (b) até que os dependentes menores de idade completem 21 anos ou 25 anos (se estudantes); (c) caso a pensão seja deferida ao cônjuge ou companheiro sobrevivente (o que é pertinente nas hipóteses em que haja relação de dependência para com o falecido), será vitalícia – observado, sempre, o limite da expectativa de sobrevida do falecido.

- (ii) o valor da pensão deve corresponder a 2/3 (dois terços) do salário base do falecido. A jurisprudência estabelece tal fração partindo da premissa de que necessariamente parcela do salário do falecido revertia com gastos próprios. Embora haja controvérsia, deve-se entender pela inclusão do 13º salário e do

---

26 Art. 121. O pagamento de prestações pela Previdência Social em decorrência dos casos previstos nos incisos I e II do *caput* do art. 120 desta Lei não exclui a responsabilidade civil da empresa, no caso do inciso I, ou do responsável pela violência doméstica e familiar, no caso do inciso II.

27 TST-E-ED-ED-ED-RR-33640-85.2006.5.02.0039, SBDI-I, rel. Min. Brito Pereira, red. p/ acórdão Min. Luiz Philippe Vieira de Mello Filho, 13.2.2014 (Informativo TST nº 72).

28 TST-ERR-147300-11.2005.5.12.0008, SBDI-I, rel. Min. Dora Maria da Costa, red. p/ acórdão Min. Lelio Bentes Corrêa, 21.5.2015. (Informativo TST nº 108).

terço de férias (por serem ganhos líquidos e certos do trabalhador), mas pela exclusão do FGTS (já que não há pagamento de salário aos dependentes, mas de indenização, não se configurando a base de cálculo de FGTS);

- (iii) há direito de acrescer nas situações em que houver pluralidade de beneficiários do pensionamento, e um (ou alguns) dele(s) perder, por qualquer motivo, o direito de receber a pensão;
- (iv) a pensão mensal deve ser reajustada conforme reajustes da categoria, ou, se for o caso, índices de atualização do salário mínimo;
- (v) em princípio, o valor mensal deve ser repartido, em partes iguais, entre todos os beneficiários;
- (vi) descabe cogitar de compensação ou dedução de valores recebidos pelos dependentes caso tenha havido pagamento de indenização decorrente de seguro de vida, ainda que estipulado pela empregadora.[29]

5. REQUISITOS

Para que se forme coisa julgada, há necessidade da confluência de três requisitos: (i) prolação de decisão judicial; (ii) cognição exauriente; (iii) trânsito em julgado.

Decisões no âmbito da Administração Pública sempre são passíveis de revisão pelo Poder Judiciário. A impropriamente chamada *coisa julgada administrativa* se refere a situações em que há decisão insuscetível de modificação no âmbito administrativo, mas, no ordenamento jurídico brasileiro, nenhuma lesão ou ameaça de lesão a direito pode ser excluída da apreciação do Judiciário (CF, art. 5º, XXXV), que dará, portanto, a última palavra, caso instado a tanto.

Até mesmo Tribunais que integram a estrutura dos Poderes Executivo (Tribunal Marítimo) ou Legislativo (Tribunal de Contas) podem ter suas deliberações revistas pelo Poder Judiciário, o que não ocorrerá apenas nas hipóteses em que a própria Constituição atribuir a função jurisdicional a Poder diverso, tal como se dá com o julgamento, pelo Senado, dos crimes de responsabilidade do Presidente da República (CF, art. 52, I).[30]

Além disso, somente são aptas a formar coisa julgada decisões tomadas com base em cognição exauriente, vale dizer, análise efetiva ou potencial de todos os aspectos de fato e de direito pertinentes à causa.

Assim, decisões que concedam ou indefiram requerimentos de tutela provisória – já que baseadas em cognição incompleta ou sumária – sempre são passíveis de modificação ou revogação. Ademais, em determinados procedimentos especiais

---

[29] Nesse sentido: TST-E-RR-285-53.2010.5.18.0054, SBDI-I, rel. Min. Renato de Lacerda Paiva, 13.11.2014 (Informativo TST nº 95).

[30] Art. 52. Compete privativamente ao Senado Federal:

I – processar e julgar o Presidente e o Vice-Presidente da República nos crimes de responsabilidade, bem como os Ministros de Estado e os Comandantes da Marinha, do Exército e da Aeronáutica nos crimes da mesma natureza conexos com aqueles.

em que haja limitações probatórias ou cognitivas, não haverá coisa julgada material. Veja-se, por exemplo, o que ocorre com a sentença que não concede a segurança por ausência de prova do direito líquido e certo; tal decisão não obsta a que o impetrante do mandado de segurança ajuíze ação ordinária e tente comprovar a existência do direito por outros meios de prova. Isso porque no mandado de segurança só se admite a prova documental pré-constituída, o que pode impedir, em determinadas situações, que seja exaurida a cognição sobre todos os aspectos da causa.

Por fim, a formação da coisa julgada pressupõe o trânsito em julgado da decisão, o que pode acontecer de diferentes maneiras:

- (i) esgotamento dos recursos cabíveis. Seria a situação de uma causa que fosse levada ao Pleno do STF por meio de um recurso extraordinário. Em tese, mesmo nessa hipótese, caberiam embargos de declaração;
- (ii) decurso do prazo recursal sem a interposição do recurso cabível. Exemplo: prolatada sentença pelo Juiz do Trabalho, o interessado deixa transcorrer o prazo de 8 dias sem interpor o recurso ordinário. Nesta hipótese, o trânsito em julgado se dá às 00h00min do dia subsequente ao último dia do prazo recursal, em se tratando de processo eletrônico; ou no momento seguinte ao encerramento do expediente forense, no caso de processo físico;
- (iii) surgimento de outra causa de inadmissibilidade recursal, como a desistência do recurso ou a renúncia ao direito de recorrer, situações em que o trânsito em julgado se dá assim que a causa de inadmissibilidade chegue ao conhecimento do Juízo;
- (iv) homologação de acordo em juízo, ocorrendo o trânsito em julgado imediatamente com a homologação.

5.1. Punição de testemunha por litigância de má-fé (CLT, art. 793-D) e inexistência de coisa julgada

Sobre o tema, ver Capítulo VII, item 5.1.1.

6. REGIMES DE FORMAÇÃO DA COISA JULGADA

O regime comum de formação da coisa julgada é *pro et contra*, a significar que haverá imutabilidade do julgado independentemente de sua conclusão e das provas produzidas no processo. Essa é a regra geral dos processos individuais - inclusive aqueles em que haja litisconsórcio ativo ou passivo, o que abrange as reclamações trabalhistas plúrimas. Nestas hipóteses, mesmo que a prova seja insuficiente ou insatisfatória, as partes do processo ficam vinculadas à coisa julgada nele formada.

A lei pode excepcionar o regime comum tendo em vista particularidades de determinadas situações materiais ou processuais.

Assim, a formação da coisa julgada também pode dar-se *secundum eventum litis*, de modo que a decisão judicial só se torne imutável em caso de procedência do pedido formulado. É o que ocorre nas ações coletivas que versam sobre direitos individuais homogêneos. Toda a sistemática da tutela coletiva foi construída com o objetivo de ampliar o acesso à justiça para a coletividade lesada. Dessa forma, o julgamento de improcedência na ação coletiva não impede que os interessados que não tiverem intervindo no processo como litisconsortes proponham ação de indenização a título individual (Código de Defesa do Consumidor, art. 103, § 2º).

A coisa julgada também pode formar-se *secundum eventum probationis*: na hipótese de o julgamento ser de improcedência por insuficiência de provas, a decisão judicial não fica imutável. É o que acontece nas ações coletivas que versem sobre direitos difusos ou coletivos em sentido estrito (CDC, art. 103, *caput*, I e II).[31]

No mandado de segurança, a coisa julgada também é *secundum eventum probationis*: se a segurança for indeferida por ausência de prova do direito líquido e certo, o julgamento de improcedência não fica imutável e o impetrante pode valer-se de ação ordinária para postular seu direito. A coisa julgada material somente se formará se as provas forem suficientes, quer nas hipóteses de ausência de direito líquido e certo (= a prova documental é suficiente para concluir pela inexistência do direito), quer naquelas de concessão da segurança (= julgamento de procedência do pedido).

Nesses casos, irrelevante que o juiz mencione, por equívoco, que a sentença faz coisa julgada *erga omnes*, pois a não formação de coisa julgada é efeito que decorre automaticamente da lei (CDC, art. 103, *caput*, I e II). Trata-se de efeito anexo da sentença que não pode ser afastado por eventual equívoco ou atecnia do juiz.

7. CONFLITO ENTRE COISAS JULGADAS

Conforme visto, a eficácia negativa da coisa julgada impede que a questão já decidida por decisão judicial transitada em julgado seja reapreciada pelo Judiciário. No entanto, na prática, é possível que, por equívoco, surja uma segunda decisão sobre tema já julgado pelo Judiciário.

Nessas hipóteses, deve-se dar prevalência à decisão que transitar em julgado por último, até que seja desconstituída por ação rescisória. Perceba-se que o art. 966, IV, do CPC, autoriza a rescisão da decisão judicial que violar coisa julgada formada anteriormente. Conclui-se que a segunda decisão é passível de anulação no prazo decadencial da ação rescisória. Não se pode supor que a segunda decisão seja inexistente; do contrário, o dispositivo legal mencionado não teria razão de existir.

Nesse sentido, o Superior Tribunal de Justiça firmou o entendimento, por meio de sua Corte Especial, no sentido de que, no conflito entre coisas julgadas, deve prevalecer a que se formou por último, até que a primeira seja desconstituída mediante

---

[31] Art. 103 – Nas ações coletivas de que trata este código, a sentença fará coisa julgada:
I – *erga omnes*, exceto se o pedido for julgado improcedente por insuficiência de provas, hipótese em que qualquer legitimado poderá intentar outra ação, com idêntico fundamento valendo-se de nova prova, na hipótese do inciso I do parágrafo único do art. 81;
II – *ultra partes*, mas limitadamente ao grupo, categoria ou classe, salvo improcedência por insuficiência de provas, nos termos do inciso anterior, quando se tratar da hipótese prevista no inciso II do parágrafo único do art. 81.

ação rescisória.[32] Interpretando tal julgado, há decisão de turma do STJ estabelecendo que, caso a primeira coisa julgada já tenha sido executada – ou mesmo na hipótese de apenas já se ter iniciado a respectiva execução –, ela (a primeira coisa julgada) deveria prevalecer em detrimento da segunda coisa julgada.[33] A exceção construída

---

32 "PROCESSUAL CIVIL. EMBARGOS DE DIVERGÊNCIA EM AGRAVO EM RECURSO ESPECIAL. DISSENSO ESTABELECIDO ENTRE O ARESTO EMBARGADO E PARADIGMAS INVOCADOS. CONFLITO ENTRE COISAS JULGADAS. CRITÉRIO TEMPORAL PARA SE DETERMINAR A PREVALÊNCIA DA PRIMEIRA OU DA SEGUNDA DECISÃO. DIVERGÊNCIA QUE SE RESOLVE, NO SENTIDO DE PREVALECER A DECISÃO QUE POR ÚLTIMO TRANSITOU EM JULGADO, DESDE QUE NÃO DESCONSTITUÍDA POR AÇÃO RESCISÓRIA. DISCUSSÃO ACERCA DE PONTO SUSCITADO PELA PARTE EMBARGADA DE QUE, NO CASO, NÃO EXISTIRIAM DUAS COISAS JULGADAS. QUESTÃO A SER DIRIMIDA PELO ÓRGÃO FRACIONÁRIO. EMBARGOS DE DIVERGÊNCIA PROVIDOS PARCIALMENTE. 1. A questão debatida neste recurso, de início, reporta-se à divergência quanto à tese firmada no aresto embargado de que, no conflito entre duas coisas julgadas, prevaleceria a primeira decisão que transitou em julgado. Tal entendimento conflita com diversos outros julgados desta Corte Superior, nos quais a tese estabelecida foi a de que deve prevalecer a decisão que por último se formou, desde que não desconstituída por ação rescisória. Diante disso, há de se conhecer dos embargos de divergência, diante do dissenso devidamente caracterizado. 2. Nesse particular, deve ser confirmado, no âmbito desta Corte Especial, o entendimento majoritário dos órgãos fracionários deste Superior Tribunal de Justiça, na seguinte forma: "No conflito entre sentenças, prevalece aquela que por último transitou em julgado, enquanto não desconstituída mediante Ação Rescisória" (REsp 598.148/SP, Rel. Ministro Herman Benjamin, Segunda Turma, julgado em 25/8/2009, DJe 31/8/2009). 3. Entendimento jurisprudencial que alinha ao magistério de eminentes processualistas: "Em regra, após o trânsito em julgado (que, aqui, de modo algum se preexclui), a nulidade converte-se em simples rescindibilidade. O defeito, arguível em recurso como motivo de nulidade, caso subsista, não impede que a decisão, uma vez preclusas as vias recursais, surta efeito até que seja desconstituída, mediante rescisão (BARBOSA MOREIRA, José Carlos. Comentários ao Código de Processo Civil, 5ª ed, Forense: 1985, vol. V, p. 111, grifos do original). Na lição de Pontes de Miranda, após a rescindibilidade da sentença," vale a segunda, e não a primeira, salvo se a primeira já se executou, ou começou de executar-se ". (Comentários ao Código de Processo Civil. 3. ed. , t. 6. Rio de Janeiro: Forense, 2002, p. 214). 4. Firmada essa premissa, que diz respeito ao primeiro aspecto a ser definido no âmbito deste recurso de divergência, a análise de questão relevante suscitada pela parte embargada, no sentido de que, no caso, não existiriam duas coisas julgadas, deve ser feita pelo órgão fracionário. É que a atuação desta Corte Especial deve cingir-se à definição da tese, e, em consequência, o feito deve retornar à eg. Terceira Turma, a fim de, com base na tese ora estabelecida, rejulgar a questão, diante da matéria reportada pela parte embargada. 5. Embargos de divergência providos parcialmente". (STJ - EAREsp: 600811 SP 2014/0261478-0, Relator: Ministro OG FERNANDES, Data de Julgamento: 04/12/2019, CE - CORTE ESPECIAL, Data de Publicação: DJe 07/02/2020).

33 "PROCESSUAL CIVIL E ADMINISTRATIVO. AGRAVO INTERNO NOS EMBARGOS DE DECLARAÇÃO NO RECURSO ESPECIAL. ENUNCIADO ADMINISTRATIVO Nº 3/STJ. SERVIDOR PÚBLICO. EXECUÇÃO CONTRA A FAZENDA PÚBLICA. VIOLAÇÃO AOS ARTS. 502, 503, 505, 507 E 508 DO CPC/2015. CONFLITO DE COISAS JULGADAS. PREVALÊNCIA DA ÚLTIMA DECISÃO QUE TRANSITOU EM JULGADO. PRECEDENTE DA CORTE ESPECIAL. EARESP Nº 600.811/SP. EXCEÇÃO. EXECUÇÃO OU INÍCIO DA EXECUÇÃO DO PRIMEIRO TÍTULO. PREVALÊNCIA DA PRIMEIRA COISA JULGADA. PRECEDENTE. SITUAÇÃO EXCEPCIONAL CONFIGURADA. AGRAVO INTERNO NÃO PROVIDO. 1. O Tribunal de origem, em sede de embargos infringentes, negou provimento à apelação e manteve a sentença aduzindo que não seria possível a execução do título formado na Ação Coletiva nº 2004.50.01.009081-3, que tramitou na Seção Judiciária do Estado do Espírito Santo, uma vez que os recorrentes seriam beneficiados pelo título formado na Ação Coletiva nº 2004.34.00.048565-0, que tramitou na Seção Judiciária do Distrito Federal e cujo trânsito em julgado ocorreu em momento anterior (2006), razão pela qual deveria prevalecer a primeira coisa julgada formada, ainda que executados períodos distintos. 2. A Corte Especial deste Tribunal, ao julgar o EAREsp nº 600.811/SP, firmou o entendimento de que havendo conflito entre coisas julgadas deve prevalecer a última que se formou, desde que não desconstituída por ação rescisória. 3. Contudo, referida regra deve ser afastada nos casos em que já executado o título formado na primeira coisa julgada, ou se iniciada sua execução, hipótese em que deve prevalecer a primeira coisa julgada em detrimento daquela formada em momento posterior, consoante expressamente consignado na ementa e no voto condutor do EARESP nº 600.811/SP, proferido pelo em. Ministro Og Fernandes. 4. No presente caso, conforme reconhecido pelos próprios recorrentes e expressamente consignado no acórdão

pelo órgão fracionário parece fazer sentido, pois se a primeira coisa julgada já foi executada (ou se a execução está em andamento), a situação jurídica das partes já terá sido transformada (ou estará em vias de o ser) e pode não existir necessidade prática de desconstituir a segunda coisa julgada mediante ação rescisória, de acordo com o caso concreto.[34] Contudo, tendo em vista que o conflito entre coisas julgadas gera dúvida objetiva para os envolvidos, seria desejável e recomendável que a segunda coisa julgada sempre fosse desconstituída por ação rescisória.

Nada impede que se conceda liminar na ação rescisória, com o objetivo de sustar o cumprimento da decisão que transitar em julgado por último e violar a coisa julgada anterior. Não é pertinente, entretanto, a invocação da nulidade em exceção de pré-executividade ou embargos à execução, pois a segunda decisão é plenamente eficaz até que sobrevenha decisão em contrário na ação rescisória.

8. FORMAÇÃO PROGRESSIVA DA COISA JULGADA

Coisa julgada progressiva ou *formação progressiva da coisa julgada* é fenômeno consistente no surgimento da coisa julgada material em momentos distintos, no bojo de um único processo.

Isso ocorre quando houver cumulação objetiva de ações – multiplicidade de pedidos ou de causas de pedir –, do que resulta sentença composta por diversos capítulos. Nessas hipóteses, se houver recurso parcial – ou seja, o recurso somente versar sobre um ou alguns dos capítulos da decisão –, dá-se o trânsito em julgado quanto aos capítulos não recorridos. A coisa julgada progressiva também pode se verificar quando há decisões antecipadas parciais de mérito (CPC, art. 356) que não venham a ser objeto de recurso.[35]

Observe-se que há possibilidade imediata de execução definitiva dos capítulos transitados em julgado, conforme se extrai do art. 520, *caput*, do CPC[36] (o que se

recorrido, houve a execução do título formado na Ação Coletiva nº 2004.34.00.048565-0, primeiro a transitar em julgado. Logo, incide a exceção prevista no EAREsp nº 600.811/SP, devendo prevalecer a primeira coisa julgada formada, razão pela qual se mostra indevida a execução do título formado em momento posterior, ainda que se trate de período diverso, sobre o qual foi reconhecida a prescrição na primeira execução. (...)" (STJ - AgInt nos EDcl no REsp: 1930955 ES 2021/0099551-1, Relator: Ministro MAURO CAMPBELL MARQUES, Data de Julgamento: 08/03/2022, T2 - SEGUNDA TURMA, Data de Publicação: DJe 25/03/2022).

34 Pense-se, por exemplo, numa situação em que a primeira coisa julgada consista numa decisão condenatória que já foi executada. Imagine-se, ainda, que a segunda coisa julgada contenha julgamento de improcedência dos mesmos pedidos que foram julgados procedentes no processo anterior. Nessa hipótese, a ação rescisória seria de pouca ou nenhuma utilidade prática, porque a primeira coisa julgada deveria afinal prevalecer e a situação fático-jurídica almejada pelas partes já teria sido alcançada no primeiro processo (*rectius,* naquele em que se formou primeiramente a coisa julgada). Já na hipótese inversa (*i.e.,* primeira coisa julgada no sentido da improcedência, e segunda coisa julgada no sentido da procedência), a ação rescisória será, efetivamente, indispensável, já que, do contrário, estar-se-ia executando uma coisa julgada (a segunda) nula, por violar a primeira coisa julgada (de improcedência).

35 Art. 356 – O juiz decidirá parcialmente o mérito quando um ou mais dos pedidos formulados ou parcela deles: (...)

36 Art. 520 – O cumprimento provisório da sentença impugnada por recurso desprovido de efeito suspensivo será realizado da mesma forma que o cumprimento definitivo, sujeitando-se ao seguinte regime: (...)

harmoniza com o princípio da duração razoável do processo), bem como de ajuizamento de ação rescisória para sua desconstituição (*judicium rescidens*) e eventual rejulgamento (*judicium rescissorium*).

No entanto, cabe observar que, muitas das vezes, o recurso não impugna a totalidade da decisão, mas versa sobre matéria preliminar ou prejudicial, cuja decisão repercute diretamente sobre o capítulo não impugnado. Um exemplo seria uma reclamação trabalhista com pedido de reconhecimento de vínculo empregatício e condenação ao pagamento de horas extras. Se os dois pedidos são julgados procedentes em primeira instância, e o reclamado só recorre quanto ao primeiro, haveria grave incongruência caso se reconhecesse a coisa julgada progressiva, em caso de provimento do recurso ordinário parcial: o reclamante receberia horas extras sem que o vínculo de emprego (questão prejudicial) fosse reconhecido.

Além dessa perplexidade, haveria violação aos princípios da economia processual e do acesso à justiça, já que possivelmente novas ações rescisórias seriam ajuizadas, quanto aos capítulos dependentes (no exemplo dado, o relativo às horas extras).

Tais razões levam o Colendo Superior Tribunal de Justiça a entender que o prazo para a rescisória deve ser único, contado do trânsito em julgado da última decisão do processo (Súmula 401). Outro fundamento para esse posicionamento é evitar a multiplicação de ações rescisórias, pois poderiam ser ajuizadas várias em decorrência de único processo.

O mesmo raciocínio deve ser aplicado quanto à execução: se o recurso versar sobre questão prejudicial ou preliminar, a execução do capítulo não recorrido será provisória; se o recurso parcial versar sobre capítulo independente, a execução do capítulo não recorrido será definitiva.

O art. 975, *caput*, do Código de Processo Civil, aparentemente pretendeu aderir à jurisprudência do STJ, ao estabelecer que o direito à rescisão se extingue em 2 (dois) anos contados do trânsito em julgado da última decisão proferida no processo.

Contudo, o dispositivo comporta duas interpretações possíveis: (i) a *última decisão* se refere a capítulo determinado e específico da sentença, tomando-se cada capítulo em separado. Assim, a partir da última decisão relativa ao pedido 1, iniciaria o prazo bienal da ação rescisória para este capítulo; apenas começaria a fluir o prazo para rescindir o capítulo relativo ao pedido 2 quando houvesse a última decisão referente a este pedido; (ii) a *última decisão* é o ato decisório final do processo, mesmo que já tenha havido decisões parciais de mérito ou recursos parciais anteriores, com o consequente trânsito em julgado das questões não impugnadas. Exemplo: o pedido 1 é julgado na sentença e não se recorre quanto a ele; o pedido 2 é rejulgado pelo TRT por força de recurso ordinário. O prazo para a rescisória referente ao pedido 1 se iniciaria apenas com o trânsito em julgado da decisão do Tribunal referente ao pedido 2.

Parece mais adequado o primeiro entendimento, consagrado pelo Tribunal Superior do Trabalho na Súmula 100, II: é que se os capítulos forem absolutamente independentes, de fato a coisa julgada se forma em momentos distintos. Apenas na hipótese em que o recurso parcial versa sobre preliminar ou prejudicial que possa tornar insubsistente a decisão recorrida é que o prazo decadencial deve fluir a partir do trânsito em julgado da decisão que julgar o recurso parcial. Afora esta hipótese, deve ser reconhecida a formação progressiva da coisa julgada.[37]

O entendimento do STJ pode levar a situações comprometedoras da segurança jurídica. Pense-se, por exemplo, em reclamação trabalhista na qual se discutem horas extras e adicional por acúmulo de função. Não se interpõe recurso contra a decisão na parte referente às horas extras; mas o capítulo do acúmulo de função só transita em julgado após 7 anos, em virtude da interposição de recurso de revista para o TST e extraordinário para o STF. Caso se adote o entendimento da Súmula 401 do STJ, a parte poderia se ver na surpresa de ter a decisão relativa às horas extras desconstituída após 7 a 9 anos sem que o tema fosse objeto de discussão no processo.

Por fim, veja-se que a denominação *coisa julgada progressiva* às vezes é criticada, já que, no caso de cumulação de ações, haveria tantas coisas julgadas quanto fossem as ações cumuladas; e a decisão de cada capítulo transitaria em julgado de uma vez só, razão pela qual a expressão utilizada poderia induzir o estudioso à falsa pista. Com essa ressalva, não há problemas em designar o fenômeno como *coisa julgada progressiva* ou *formação progressiva da coisa julgada*.

9. TERMO DE CONCILIAÇÃO E SEUS EFEITOS: PERANTE AS PARTES E TERCEIROS

Celebrado acordo em juízo, ou homologado judicialmente acordo extrajudicial (CLT, art. 855-B)[38], a conciliação adquire força de coisa julgada para as partes no exato momento em que referendada pelo Juiz do Trabalho. Por tal razão, a Súmula 259 do TST estatui que só por ação rescisória é impugnável o termo de conciliação previsto no parágrafo único do art. 831 da CLT. Contudo, o entendimento deve ser revisitado à luz do Novo Código de Processo Civil, à luz do disposto em seu art. 966, § 4º.[39] O tema será analisado no capítulo atinente à ação rescisória.[40]

[37] TST, súmula 100, II: Havendo recurso parcial no processo principal, o trânsito em julgado dá-se em momentos e em tribunais diferentes, contando-se o prazo decadencial para a ação rescisória do trânsito em julgado de cada decisão, salvo se o recurso tratar de preliminar ou prejudicial que possa tornar insubsistente a decisão recorrida, hipótese em que flui a decadência a partir do trânsito em julgado da decisão que julgar o recurso parcial.

[38] Art. 855-B – O processo de homologação de acordo extrajudicial terá início por petição conjunta, sendo obrigatória a representação das partes por advogado.

[39] Art. 966, § 4º – Os atos de disposição de direitos, praticados pelas partes ou por outros participantes do processo e homologados pelo juízo, bem como os atos homologatórios praticados no curso da execução, estão sujeitos à anulação, nos termos da lei.

[40] Ver Capítulo XXIX.

Contudo, os limites subjetivos da coisa julgada impedem que terceiros sejam prejudicados em função de acordo do qual não participaram. Assim, por exemplo, intimada da sentença, a União poderá interpor recurso ordinário caso discorde da discriminação de verbas indenizatórias feitas no acordo (CLT, art. 832, § 5º).

Além disso, nada impede que a União, ou qualquer outro terceiro prejudicado, ajuíze ação com o objetivo de tornar sem efeito o termo de conciliação homologado judicialmente ou de obter provimento judicial que lhe seja contrário.

10. COISA JULGADA NA EXECUÇÃO

Discute-se em doutrina e jurisprudência se há coisa julgada na execução, sobretudo nas hipóteses em que haja discrepância entre os valores efetivamente executados e aqueles que seriam devidos em virtude da coisa julgada formada na fase de conhecimento.

A observância da coisa julgada formada na fase de conhecimento é questão de ordem pública. Assim, enquanto não for extinta a fase de cumprimento de sentença (execução), o Juiz do Trabalho deve, a qualquer tempo, determinar a retificação dos cálculos a fim de que se adequem ao título judicial transitado em julgado.

Contudo, após a prolação de sentença declarando extinta a execução, em virtude do pagamento (CPC, art. 924, II, c/c 925), deve-se notar que, algumas vezes, pode-se estar diante de duas sentenças aparentemente contraditórias: (i) uma relativa à fase de cumprimento de sentença, que declara a extinção da obrigação; (ii) e outra, da fase de conhecimento, que impôs o cumprimento de determinadas prestações.

Nesse contexto, observe-se que a doutrina comumente aponta, como requisito para a formação da coisa julgada material, a existência de cognição exauriente sobre a *res in judicium deducta*. De outro lado, na execução, é tradicional a afirmativa de que a cognição é *rarefeita*.[41]

Na verdade, há cognição – entendida como a análise, pelo Juiz, de pontos relevantes de fato e de direito – na execução, mas tal cognição, em princípio, é limitada aos aspectos e incidentes próprios dessa fase processual. Assim, haverá, por exemplo, cognição quanto aos pressupostos processuais e condições da ação, quanto aos incidentes da penhora, avaliação, expropriação de bens etc.

Contudo, em princípio, não há espaço para cognição quanto à relação jurídica de direito material, que já foi previamente acertada no título executivo. A certeza da existência ou da inexistência do direito somente poderia ser alcançada nas hipóteses em que o executado ofertasse embargos discutindo a relação de direito material – por

41 Na célebre dicção de Kazuo Watanabe.

exemplo, alegando a prescrição (CLT, art. 884, § 1°)[42] ou a inexigibilidade do título, pois fundado em norma inconstitucional (CLT, art. 884, § 5°)[43], entre outras hipóteses.

Por tais razões, a doutrina, tradicionalmente[44], sustenta que a sentença que declara extinta a execução em virtude do pagamento, justamente por não exercer cognição quanto à relação de direito material, não ficaria acobertada pelo manto da coisa julgada material. Tal espécie de sentença seria meramente declaratória e visaria apenas a produzir efeitos processuais perante a execução, reconhecendo que a relação processual se exauriu, nada mais havendo que se realizar no processo em termos de execução forçada.

Nesse sentido, seria possível, por exemplo, que o executado, após o encerramento da execução, ajuizasse ação de repetição de indébito para reaver valores indevidamente pagos. O inverso também seria possível, ou seja, caso o exequente constatasse a existência de diferenças não quitadas, poderia cobrá-las do executado, quer por ação autônoma, quer nos próprios autos do feito executivo.

No entanto, há posicionamento contrário[45] no sentido de que a sentença de extinção da execução com base nos arts. 924 e 925 do CPC[46] tem aptidão para formar coisa julgada material. Argumenta-se que tal espécie de sentença atendeu ao mérito do feito executivo, que é justamente a satisfação do credor. Assim, haveria carga suficiente de declaratividade para gerar a coisa julgada. Haveria, na referida sentença, pronunciamento do magistrado, declarando solucionada a lide contida no processo de execução forçada.

Tal linha de raciocínio é adotada pelo TST, conforme se infere da OJ 107 da SDI-2, que, não obstante reconheça a inexistência de cognição, assenta o cabimento da ação rescisória.[47] Ora, só cabe rescisória contra decisões de mérito e que formem coisa julgada material. Registre-se que tal posicionamento, não obstante contrário ao da doutrina majoritária, tem o mérito de prestigiar a segurança jurídica - que é o fundamento constitucional do instituto da coisa julgada -, evitando a eternização dos litígios.

---

42 Art. 884, § 1° - A matéria de defesa será restrita às alegações de cumprimento da decisão ou do acordo, quitação ou prescrição da dívida. (...)

43 Art. 884, § 5° - Considera-se inexigível o título judicial fundado em lei ou ato normativo declarados inconstitucionais pelo Supremo Tribunal Federal ou em aplicação ou interpretação tidas por incompatíveis com a Constituição Federal.

44 Posicionamento sufragado, entre outros, por: ASSIS, Araken de. *Manual da Execução*. 11. ed. São Paulo: Editora Revista dos Tribunais, 2007, p. 412.; GRECO, Leonardo. *Instituições de Processo Civil*: Processo de Conhecimento. v. 2. Rio de Janeiro: Forense, 2010, pp. 368-373; MARINONI, Luiz Guilherme; ARENHART, Sérgio Cruz; MITIDIERO, Daniel. *Novo Curso de Processo Civil.*, v.2. São Paulo: Editora Revista dos Tribunais, 2015, p. 991. Aparentemente no mesmo sentido, THEODORO JÚNIOR, Humberto. *Curso de Direito Processual Civil.*, v. 2. 47. ed. Rio de Janeiro: Forense, 2012, p. 374.

45 Capitaneado por José Frederico Marques.

46 Art. 924 - Extingue-se a execução quando: (...)
Art. 925 - A extinção só produz efeito quando declarada por sentença.

47 TST, OJ 107 da SDI-2: Embora não haja atividade cognitiva, a decisão que declara extinta a execução, nos termos do art. 924, incisos I a IV c/c art. 925 do CPC de 2015 (art. 794 c/c art. 795 do CPC de 1973), extingue a relação processual e a obrigacional, sendo passível de corte rescisório.

11. COISA JULGADA NA JURISDIÇÃO VOLUNTÁRIA

Interessante questão diz respeito à formação, ou não, de coisa julgada na decisão que rejeita a homologação de acordo extrajudicial.

A formação de coisa julgada na jurisdição voluntária é tema envolto em polêmicas doutrinárias, sendo tradicional o entendimento de que não se forma coisa julgada, por não haver contraditório completo e cognição exauriente sobre o direito material discutido.[48]

Contudo, o tema deve ser revisitado, pois não há, no Código de Processo Civil de 2015 (assim como não havia sob a vigência do Código anterior), qualquer previsão que exclua a formação de coisa julgada na jurisdição voluntária.[49]

Além disso, não é razoável admitir-se a mera reiteração de pedidos já formulados e rejeitados em processo anterior de jurisdição voluntária, sob pena de desprestígio à atuação jurisdicional e possível violação ao princípio do juiz natural. Exemplo: determinado Juiz do Trabalho rejeita a homologação de acordo extrajudicial, e as partes reiteram o pedido na expectativa de a nova ação ser julgada por outro magistrado que entenda diferentemente.

De fato, se o Juiz do Trabalho designa audiência, ouve as partes e profere sentença que rejeita a homologação do acordo extrajudicial (seja mediante julgamento de improcedência, seja por extinção sem resolução de mérito), a decisão assim prolatada comporta a interposição de recurso ordinário para o TRT e formará coisa julgada, estabilizando-se. Ainda que se trate de coisa julgada formal[50], a decisão gerará efeitos para fora do processo em que proferida, de modo que a ação só pode ser proposta novamente com a correção do vício que levou à prolação de sentença sem resolução do mérito (CPC, art. 486, § 1º).[51]

Exemplo: o Juiz do Trabalho julga extinto o processo de homologação de acordo extrajudicial, por ausência de interesse de agir, já que o acordo previa a quitação total pelo extinto contrato de trabalho e as parcelas pagas eram apenas verbas rescisórias incontroversas. Da decisão extintiva as partes não interpõem recurso. Nessa hipótese, não será possível que as partes ajuízem nova ação idêntica para homologação do mesmo acordo extrajudicial, em função do óbice da coisa julgada. Somente será possível ajuizar novo pedido de homologação de acordo caso seja corrigido o vício que gerou a extinção do primeiro processo, ou seja, a cláusula de quitação total deveria ser excluída ou deveriam ser incluídas outras parcelas e direitos no montante pago.

---

48 Cf. GRECO, *Instituições de Processo Civil*, v. 2, *cit.*, p. 367.

49 No mesmo sentido, DIDIER JR., *Curso*, *op. cit.*, v. 1, p. 194.

50 Sobre a releitura do conceito de coisa julgada formal, v. Capítulo XX, item 3.

51 Art. 486, § 1º – No caso de extinção em razão de litispendência e nos casos dos incisos I, IV, VI e VII do art. 485, a propositura da nova ação depende da correção do vício que levou à sentença sem resolução do mérito.

Veja-se que a literalidade do art. 855-E da CLT sufraga tal conclusão, ao mencionar que o *prazo prescricional voltará a fluir no dia útil seguinte ao do trânsito em julgado da decisão que negar a homologação do acordo.*

12. COISA JULGADA CRIMINAL X PROCESSO DO TRABALHO

Caso se discuta, no âmbito trabalhista, questão cuja solução dependa da verificação da ocorrência de crime (exemplo: furto cometido pelo empregado contra o patrimônio do empregador), a reclamação trabalhista pode vir a tramitar paralelamente ao processo criminal, sendo facultativa a suspensão daquela, até o julgamento definitivo deste (Código de Processo Penal, art. 64).[52]

O princípio geral sobre o tema é o da independência entre as instâncias: caso não haja suspensão da ação trabalhista, há possibilidade de ocorrência de julgamentos contraditórios. Contudo, na reclamação trabalhista não se pode mais discutir a materialidade ou a autoria do delito, caso tais questões já estejam decididas definitivamente no Juízo criminal (Código Civil, art. 935).[53]

Portanto, se houver absolvição criminal baseada na comprovação da inexistência do fato ou na negativa de sua autoria, necessariamente o Juiz do Trabalho considerará este resultado na reclamação trabalhista; situação idêntica acontece quando há condenação criminal transitada em julgado. Já se a absolvição criminal tiver decorrido de insuficiência de provas ou extinção da punibilidade (prescrição), é plenamente possível concluir pela existência do crime no âmbito trabalhista.

O intérprete deve observar que a inexistência do crime, em algumas situações, não permite, por si só, concluir pela inexistência de justa causa. O empregado pode ter cometido falta residual que configure justo motivo para ruptura do contrato de trabalho. O raciocínio aqui utilizado é o mesmo formulado na Súmula 18 do STF[54], segundo a qual, pela falta residual, não compreendida na absolvição pelo juízo criminal, é admissível a punição administrativa do servidor público.

Caso o Juiz do Trabalho venha a julgar de forma contrária ao que fora decidido pela Justiça Criminal de forma vinculativa – decisão já transitada em julgado que defina a autoria e a materialidade do delito –, a decisão proferida no âmbito trabalhista será passível de rescisão por violar a eficácia positiva da coisa julgada formada no processo criminal (CPC, art. 966, V).[55]

---

[52] Art. 64 – Sem prejuízo do disposto no artigo anterior, a ação para ressarcimento do dano poderá ser proposta no juízo cível, contra o autor do crime e, se for caso, contra o responsável civil.

[53] Art. 935 – A responsabilidade civil é independente da criminal, não se podendo questionar mais sobre a existência do fato, ou sobre quem seja o seu autor, quando estas questões se acharem decididas no juízo criminal.

[54] STF, súmula 18: Pela falta residual, não compreendida na absolvição pelo juízo criminal, é admissível a punição administrativa do servidor público.

[55] Art. 966 – A decisão de mérito, transitada em julgado, pode ser rescindida quando: (...)
V – violar manifestamente norma jurídica.

Já na hipótese em que a decisão trabalhista venha a transitar em julgado antes da exarada pela Justiça Criminal, não haverá violação à coisa julgada, pois o juiz criminal não fica vinculado pela decisão do trabalhista; e este terá decidido validamente, em função da inexistência da coisa julgada criminal ao tempo da sentença. Excluído o cabimento da ação rescisória contra a decisão trabalhista com base no art. 966, V, nada impede a sua desconstituição com fundamento em outra hipótese de rescindibilidade, como seria, por exemplo, o surgimento de prova nova, produzida no âmbito criminal e não utilizada na Justiça do Trabalho (CPC, art. 966, VII).[56]

Por fim, veja-se que o trânsito em julgado de decisão criminal no curso de processo trabalhista é fato superveniente à propositura da ação que deve ser considerado pelo Juiz do Trabalho (CPC, art. 493, *caput*).[57]

13. NEGÓCIOS JURÍDICOS PROCESSUAIS SOBRE COISA JULGADA

As partes podem celebrar negócios jurídicos processuais que tangenciem a coisa julgada. A regra geral é a liberdade dos interessados, a qual pode ser restringida, entretanto, tendo em vista que há interesse público na estabilização das decisões judiciais (= a coisa julgada é questão de ordem pública).

Assim, as partes não podem celebrar negócio jurídico processual para desconstituir, modificar ou invalidar coisa julgada. Tampouco é possível impedir a formação de coisa julgada no caso concreto.

Contudo, nada impede que os interessados renunciem previamente ao direito de ajuizar a ação rescisória, tal como podem fazê-lo em relação ao direito de recorrer. Trata-se de negócio jurídico processual cujo objetivo é o de obter, antes do decurso do prazo decadencial da ação rescisória, a coisa soberanamente julgada, o que traz maior segurança jurídica às partes.

Mais discutível é a possibilidade de as partes, sem negarem a existência da coisa julgada, recolocarem a questão para julgamento pelo Judiciário em outro processo. Favoravelmente, argumenta-se dizendo que, se a causa admite autocomposição, e as partes preferem apostar em nova decisão, o Judiciário não poderia se negar a prestar jurisdição.[58]

---

[56] Art. 966, VII – obtiver o autor, posteriormente ao trânsito em julgado, prova nova cuja existência ignorava ou de que não pôde fazer uso, capaz, por si só, de lhe assegurar pronunciamento favorável.

[57] Art. 493 – Se, depois da propositura da ação, algum fato constitutivo, modificativo ou extintivo do direito influir no julgamento do mérito, caberá ao juiz tomá-lo em consideração, de ofício ou a requerimento da parte, no momento de proferir a decisão.

[58] Nesse sentido, DIDIER, *op. cit.*, v. 2, p. 536.

No entanto, a possibilidade de autocomposição no plano extraprocessual não se confunde com o puro e simples arbítrio das partes em desprezar todo o trabalho do Poder Judiciário e exigir novamente o julgamento da mesma ação. Se os interessados estão insatisfeitos com a situação jurídica gerada pela coisa julgada, nada impede façam transação ou renúncia a respeito de direitos já reconhecidos judicialmente; o que não se pode admitir é que *revoguem* a decisão judicial e exijam outra. Por exemplo: se a sentença transitada em julgado reconhece crédito ao trabalhador, este pode transacionar quanto à forma de pagamento ou até mesmo renunciar ao crédito, mas jamais ajuizar nova ação para postular o mesmo crédito, ainda que com isso concorde o empregador.

14. RELATIVIZAÇÃO DA COISA JULGADA

Nos últimos tempos, surgiu corrente doutrinária e jurisprudencial propugnando pela possibilidade de desconsideração ou desconstituição da coisa julgada mesmo após o prazo decadencial da ação rescisória, em casos de flagrante injustiça. Argumenta-se no sentido de que não se poderiam tornar imutáveis situações teratológicas e contrárias ao ordenamento jurídico.

A jurisprudência do Supremo Tribunal Federal consolidou-se no sentido de que cabe a relativização da coisa julgada em se tratando de ação de investigação de paternidade em que não ocorreu realização de exame de DNA.[59] Já o Superior Tribunal de Justiça tem sido ainda mais flexível e admitido a relativização da coisa julgada em situações excepcionais, nas quais a segurança jurídica, que é o seu princípio informador, tiver que ceder em favor de outros princípios ou valores mais importantes, como a busca da *verdade real* (nas ações sobre filiação cujas decisões transitadas em julgado conflitem com resultados de exames de DNA posteriores), a força normativa da Constituição e a máxima eficácia das normas constitucionais (nas execuções de títulos judiciais fundados em norma declarada inconstitucional pelo STF) e a justa indenização (nas ações de desapropriação que estabelecem indenizações excessivas ou incompatíveis com a realidade dos fatos).[60]

A teoria da relativização deve ser aplicada com muita parcimônia, pois nada garante que a segunda decisão judicial - que vai desconsiderar a coisa julgada anterior - seja mais justa do que a primeira. Falhas e injustiças também podem acontecer no segundo julgamento. Relativizar a coisa julgada com base em conceitos jurídicos indeterminados tão abertos e polissêmicos aniquila completamente a garantia constitucional da coisa julgada.

No Processo do Trabalho, é possível cogitar de aplicação da teoria da relativização da coisa julgada na situação específica de doença ocupacional cujos sintomas surgem apenas após a homologação de acordo (judicial ou extrajudicial) em que se concedera quitação total pelo extinto contrato de trabalho. De fato, se o trabalhador

---

59 ARE 900521 AgR, Relator(a): Min. EDSON FACHIN, Primeira Turma, julgado em 28/10/2016, ACÓRDÃO ELETRÔNICO DJe-242 DIVULG 14-11-2016 PUBLIC 16-11-2016.

60 Informativo 556 do STJ.

não sabia, e também não se podia exigir legitimamente que soubesse que estava acometido de moléstia profissional, deve ser relativizada a cláusula de quitação total, admitindo-se que se discuta em ação judicial eventual indenização por danos morais e materiais decorrentes do fato, sem que incida o óbice da coisa julgada. Embora inegavelmente o acordo homologado tenha eficácia de coisa julgada material, a relativização se impõe, à luz do princípio constitucional da solidariedade – e da boa-fé objetiva que daí decorre.[61]

---

[61] Sobre o tema, ver o seguinte julgado do TST, que, embora não tenha abordado o tema sob o prisma da relativização da coisa julgada, chegou à mesma conclusão defendida no texto: "AGRAVO DE INSTRUMENTO. COISA JULGADA. ACORDO HOMOLOGADO JUDICIALMENTE. ALCANCE. Caracterizada divergência jurisprudencial entre a decisão recorrida e aresto juntado pela reclamada, nos moldes do artigo 896, alínea *a*, da CLT. Agravo de instrumento provido. RECURSO DE REVISTA. COISA JULGADA. ACORDO HOMOLOGADO JUDICIALMENTE. ALCANCE. Discute-se nos autos se o acordo homologado no processo nº 738/1995, que tramitou perante a 6ª Vara do Trabalho de Santos, no qual o empregado deu plena, geral e irrevogável quitação do objeto da demanda e do extinto contrato de trabalho, para nada mais reclamar a qualquer título, alcança também o pedido de indenização por danos materiais e morais decorrentes de doença ocupacional, a qual somente teria se manifestado em 2004. A transação consiste em ato bilateral que comporta o eventual sacrifício ou privação de direito controvertido. A controvérsia pode residir na existência do direito ou na ocorrência de seu fato gerador. Nos termos da OJ 132 da SBDI-1 do TST, o acordo celebrado - homologado judicialmente - em que o empregado dá plena e ampla quitação, sem qualquer ressalva, alcança não só o objeto da inicial, como também todas as demais parcelas referentes ao extinto contrato de trabalho, violando a coisa julgada, a propositura de nova reclamação trabalhista. No presente caso, todavia, o reclamante não tinha sequer conhecimento da doença ocupacional na ocasião da extinção do contrato de trabalho, em 1994, ou da celebração do acordo homologado no processo nº 738/1995. Ressalte-se que somente em 2004, com a ciência inequívoca da doença, é que nasceu para o reclamante a pretensão indenizatória. Assim, não é possível entender estar compreendida na quitação promovida pelo acordo homologado a indenização por danos materiais e morais decorrentes de doença ocupacional constatada apenas dez anos após a extinção do contrato de emprego. A transação deve ser interpretada restritivamente (art. 843 do Código Civil). Ademais, a jurisprudência desta Corte é no sentido de entender que o acordo homologado na Justiça do Trabalho antes da Emenda Constitucional 45/2004, situação dos autos, não faz coisa julgada quanto ao pedido de indenização por danos materiais e morais decorrentes de acidente de trabalho ou doença ocupacional, mesmo que o empregado tenha dado plena e ampla quitação do extinto contrato de trabalho. Recurso de revista conhecido e provido" (RR-1357-86.2012.5.02.0301, 6ª Turma, Relator Ministro Augusto César Leite de Carvalho, DEJT 03/10/2014).

XXI

TEORIA GERAL DOS RECURSOS

1. RECURSOS: CONCEITO E NATUREZA JURÍDICA

Recurso é mecanismo voluntário e previsto em lei para impugnação de decisão judicial no processo em que proferida. Sua natureza jurídica é, sob um enfoque, de prolongamento ou consequência do direito de ação; sob outro, o recurso interposto detém natureza de ato jurídico processual em sentido estrito, já que se pressupõe manifestação da vontade humana, mas todos os efeitos já são regulados previamente pela lei.

Os recursos não se confundem com as ações autônomas de impugnação (ação rescisória, embargos de terceiro, mandado de segurança etc.), justamente porque estas geram processo novo, embora relacionado, de alguma forma, a outro. O recurso prolonga a fase cognitiva do próprio processo em que interposto.

É importante a existência de um sistema recursal, considerando que a falibilidade humana inevitavelmente pode gerar erros na apreciação das causas pelos órgãos jurisdicionais. O recurso, ao permitir a reapreciação da causa por órgão distinto, formado geralmente por juízes mais experientes, possibilita a correção de eventuais falhas da instância anterior.

Contudo, nada garante que o órgão recursal também não cometerá erros de julgamento, e o natural inconformismo da parte vencida poderia fazer com que o processo tramitasse eternamente mediante sucessivas interposições de recursos.

Portanto, o sistema recursal ideal é aquele que preveja a possibilidade de recursos de forma limitada, e desestimule a interposição de recursos meramente protelatórios através de mecanismos como o aumento de despesas processuais para a hipótese de o recorrente não ter razão na sua postulação (juros progressivos ao longo da tramitação do processo; honorários advocatícios recursais; imposição de multas). Além disso, deveria prestigiar as decisões judiciais das instâncias ordinárias, permitindo a execução definitiva antes mesmo do trânsito em julgado.

2. PRINCÍPIOS DOS RECURSOS

2.1. Taxatividade

O princípio da taxatividade significa que somente existem os recursos previstos na lei. O fundamento principal deste princípio reside na separação de Poderes, pois os Tribunais não podem criar regras próprias que permitam ou excluam o acesso à justiça pelos cidadãos. Caso pudessem, estar-se-ia diante de uma espécie de poder soberano que poderia decidir arbitrariamente em quais situações exerceria, ou não, a função jurisdicional.

Além disso, a relação processual é de direito público, razão pela qual se sujeita ao princípio da legalidade. O agente público (magistrados e Tribunais) só pode atuar em virtude de previsão legal que defina prazos, órgão competente, hipóteses de cabimento etc.

Descabe, portanto, criar ou extinguir recurso - ou requisito de admissibilidade - em Regimento Interno ou em ato administrativo.

2.2. Voluntariedade

O princípio da voluntariedade traz a noção de que só existe recurso se o interessado manifestar sua vontade nesse sentido. É justamente sob essa ótica que se pode considerar ser o recurso uma espécie de ato jurídico em sentido estrito, pois se cuida de manifestação de vontade humana com efeitos predefinidos pela lei.

Trata-se de decorrência do princípio da inércia da jurisdição, que impõe ao Estado-juiz respeitar a liberdade individual acerca da deflagração (propositura da ação) e da continuidade (interposição de recurso) de processos judiciais.

2.3. Vedação da *reformatio in pejus*

Como consequência da voluntariedade, surge a vedação da *reformatio in pejus*, a significar que o julgamento do recurso não pode piorar a situação do recorrente.

O recurso transfere ao Tribunal apenas o exame da matéria recorrida (efeito devolutivo), e daí decorre que o capítulo da sentença não impugnado transita em julgado e não pode ser revisto pelo órgão recursal.

O princípio ainda se fundamenta no requisito de admissibilidade intrínseco dos recursos atinente ao interesse recursal. Se nem por provocação da parte o Tribunal poderia piorar a sua situação (já que o recurso não seria conhecido por falta de interesse), a lógica-jurídica impõe concluir que também não possa fazê-lo de ofício.

Costuma-se afirmar, em doutrina, que questões de ordem pública - como pressupostos processuais e condições da ação – consubstanciariam exceções ao princípio da *reformatio*. A assertiva é correta, desde que se compreenda que o reconhecimento de questões de ordem pública somente pode se dar quanto aos capítulos recorridos da decisão, já que os capítulos não impugnados terão transitado em julgado. A única ressalva é a situação de vício processual absoluto[1], como seria o caso de nulidade ou ausência de citação, que poderia resultar na anulação de todos os atos processuais.

Exemplo: trabalhador reclamante formula pedido de indenização no valor líquido de 10; a sentença julga parcialmente procedente e determina o pagamento de 7. Há, nesta hipótese, dois capítulos da sentença: um, que julga procedente o pedido quanto aos 7; e outro, que julga improcedente em relação aos 3 restantes. Caso apenas a reclamada interponha recurso ordinário, o TRT poderá manter a condenação aos 7, reduzi-la ou até mesmo afastá-la, mas jamais poderá aumentá-la, à luz da vedação à *reformatio in pejus*. É possível, ainda, que o Tribunal reconheça a falta de condição da ação ou de pressuposto processual quanto ao aos 7, mas não quanto aos 3, pois este capítulo terá transitado em julgado.

2.4. Fungibilidade

A fungibilidade recursal permite que, em algumas situações, o recurso seja admitido e processado mesmo que o recorrente faça uso do instrumento processual inadequado. Trata-se de princípio associado ao da instrumentalidade das formas, pois se o recurso erroneamente interposto atinge sua finalidade de impugnar a decisão judicial, e se não houver prejuízo, deve ser apreciado pelo órgão recursal como se fosse o recurso efetivamente cabível.

Há três requisitos para a aplicação da fungibilidade recursal, que decorrem da boa-fé objetiva processual:

- (i) que o recurso equivocado haja sido interposto dentro do prazo alusivo ao recurso correto; do contrário, já terá havido trânsito em julgado da decisão judicial e seria fácil burlar as regras atinentes aos prazos recursais;
- (ii) que não exista erro grosseiro por parte do recorrente. Seria o exemplo de interposição de recurso de revista contra uma sentença de 1º grau, situação que não autoriza a aplicação da fungibilidade;

---

[1] No mesmo sentido, AC 112, Relator(a): Min. CEZAR PELUSO, Tribunal Pleno, julgado em 01/12/2004, DJ 04-02-2005 PP-00007 EMENT VOL-02178-01 PP-00001 RF v. 101, n. 379, 2005, p. 242-249 RTJ VOL-00193-02 PP-00431.

- (iii) que haja dúvida objetiva acerca do recurso interponível. É o que acontece, atualmente, com os recursos contra as decisões parciais de mérito (CPC, art. 356). Muito embora o TST tenha definido, na IN 39/2016, serem cabíveis recursos ordinários e sucessivos, a controvérsia envolvendo o tema deve autorizar, por exemplo, que se admitam agravos de instrumento interpostos com a mesma finalidade.

2.5. Duplo grau de jurisdição

Duplo grau de jurisdição significa que os interessados têm o direito de provocar, por meio da interposição de recurso, o reexame de determinada decisão, por órgão jurisdicional diferente daquele prolatou a decisão originária. Sobre o tema, ver Capítulo II, item 12.

2.6. Unirrecorribilidade

O princípio da unirrecorribilidade (também chamado de *singularidade*) sinaliza no sentido de que somente é possível a interposição de um recurso, uma única vez, contra cada decisão judicial. A lógica do sistema é permitir a apreciação do processo, que é único, por um órgão jurisdicional de cada vez; e, também, impedir a reiteração de recursos já interpostos, em virtude da preclusão consumativa. Outra forma de compreender o princípio é no sentido de não ser possível interposição simultânea, pela mesma parte, de recursos diferentes em face de uma decisão.

Assim, por exemplo, não pode ser cabível a interposição simultânea de recurso ordinário e de recurso de revista contra a mesma sentença, ou que a mesma parte interponha dois recursos ordinários; ou, ainda, que a mesma parte oponha embargos de declaração e, simultaneamente, interponha recurso ordinário.

Há exceção a esse princípio, prevista legislativamente: possibilidade de interposição simultânea de recurso especial para o STJ e extraordinário para o STF (CPC, art. 1029)[2]; ou de embargos de divergência no STJ e recurso extraordinário para o STF (CPC, art. 1044, §§ 1º e 2º).[3]

Perceba-se que sempre se terá a possibilidade de oferecimento de embargos de declaração por uma parte, e de outro recurso pela outra parte, contra a mesma decisão. Nessa hipótese, o embargado que já tiver interposto outro recurso contra a decisão originária tem o direito de complementar ou alterar suas razões, nos exatos

[2] Art. 1029 – O recurso extraordinário e o recurso especial, nos casos previstos na Constituição Federal, serão interpostos perante o presidente ou o vice-presidente do tribunal recorrido, em petições distintas (...)

[3] Art. 1044 § 1º – A interposição de embargos de divergência no Superior Tribunal de Justiça interrompe o prazo para interposição de recurso extraordinário por qualquer das partes.

§ 2º – Se os embargos de divergência forem desprovidos ou não alterarem a conclusão do julgamento anterior, o recurso extraordinário interposto pela outra parte antes da publicação do julgamento dos embargos de divergência será processado e julgado independentemente de ratificação.

limites da modificação, caso os embargos sejam acolhidos com efeitos modificativos (CPC, art. 1024, § 4º).[4]

Não existe um princípio da *variabilidade* dos recursos, conforme sustentado de forma minoritária por alguns doutrinadores, a significar que, dentro do prazo recursal, o recorrente poderia substituir o recurso erroneamente interposto por outro. Isso não pode ser aceito, em função da unirrecorribilidade, já que a parte só pode recorrer uma vez de cada decisão. Além disso, interposto o recurso, dá-se a preclusão consumativa, que obsta à prática do mesmo ato pela parte que já o praticou, ainda que erroneamente.

2.7. Dialeticidade

Segundo o princípio da dialeticidade (também chamado de discursividade) os recursos devem trazer as razões do inconformismo do recorrente, não sendo suficiente a alegação genérica de que a decisão recorrida está equivocada.

No Processo Civil, tal princípio é extraído de algumas regras que exigem expressamente que o recorrente indique as razões do pedido recursal (CPC, arts. 1010, III; 1016, III; 1029, III).[5]

Já no Processo do Trabalho, o tema é controvertido, à luz da redação do art. 899 da CLT, segundo o qual os recursos serão interpostos por simples petição.[6]

A corrente majoritária sustenta que o recorrente necessariamente deve declinar as razões de seu recurso, de modo a permitir o exercício do contraditório pelo recorrido, evitar a interposição de recursos protelatórios e delimitar a parte da decisão que terá transitado em julgado por não ter sido objeto do recurso.[7]

Vertente minoritária de pensamento é no sentido de que o art. 899 da CLT tem plena aplicação, em virtude dos princípios da celeridade, simplicidade, informalidade e acesso real e efetivo à jurisdição trabalhista.[8]

---

4 Art. 1024, § 4º – Caso o acolhimento dos embargos de declaração implique modificação da decisão embargada, o embargado que já tiver interposto outro recurso contra a decisão originária tem o direito de complementar ou alterar suas razões, nos exatos limites da modificação, no prazo de 15 (quinze) dias, contado da intimação da decisão dos embargos de declaração.

5 Art. 1010 – A apelação, interposta por petição dirigida ao juízo de primeiro grau, conterá: (...)

III – as razões do pedido de reforma ou de decretação de nulidade.

Art. 1016 – O agravo de instrumento será dirigido diretamente ao tribunal competente, por meio de petição com os seguintes requisitos: (...)

III – as razões do pedido de reforma ou de invalidação da decisão e o próprio pedido.

Art. 1029 – O recurso extraordinário e o recurso especial, nos casos previstos na Constituição Federal, serão interpostos perante o presidente ou o vice-presidente do tribunal recorrido, em petições distintas que conterão: (...)

III – as razões do pedido de reforma ou de invalidação da decisão recorrida.

6 Art. 899 – Os recursos serão interpostos por simples petição e terão efeito meramente devolutivo, salvo as exceções previstas neste Título, permitida a execução provisória até a penhora.

7 BEZERRA LEITE, *op. cit.*, p. 747.

8 SCHIAVI, *op. cit.*, p. 720.

Deve-se perceber que a Consolidação foi idealizada para viabilizar o *jus postulandi*, de modo que as próprias partes da relação de trabalho pudessem postular em juízo. Esse é o fundamento da desnecessidade de formulação de razões recursais, sendo patente o objetivo de facilitar o acesso à justiça. Como o *jus postulandi* permanece em vigor (CLT, art. 791)[9], deve-se considerar que, caso a parte esteja desassistida por advogado, é dispensável a indicação das razões recursais.

Contudo, não se justifica a dispensa das razões recursais nas hipóteses em que a parte contrate profissional da advocacia, devidamente habilitado, o qual tem o dever de indicar as razões sob pena de não conhecimento do recurso.

De todo modo, nos recursos excepcionais (recurso de revista e recurso extraordinário) não se aplica a dispensa da dialeticidade, tendo em vista a necessidade de o recorrente enfrentar matéria jurídica prequestionada. Igualmente quanto ao agravo de petição, no qual o recorrente deve delimitar as matérias e valores objeto da controvérsia (CLT, art. 897, § 1º).[10]

A Súmula 422, I, do TST[11], demonstra o entendimento pacífico da Corte no sentido de que há necessidade de que as razões do recorrente, no recurso de revista, impugnem os fundamentos da decisão recorrida, nos termos em que proferida. Noutras palavras: o recurso de revista se submete ao princípio da dialeticidade recursal.

Já o item III da mesma Súmula possui redação ambígua, ao prever ser *inaplicável a exigência do item I relativamente ao recurso ordinário da competência de Tribunal Regional do Trabalho, exceto em caso de recurso cuja motivação é inteiramente dissociada dos fundamentos da sentença.* A redação não permite concluir se há, ou não, na visão do TST, necessidade de oferecimento de razões ou motivação no recurso ordinário.

Uma primeira linha de entendimento é no sentido de que a Súmula quer dizer há necessidade de oferecimento de razões, já que o verbete menciona motivação inteiramente dissociada dos fundamentos da sentença, o que pode ser considerado sinônimo de ausência de fundamentação.[12] Assim, pode-se concluir que o TST entende pela aplicabilidade do princípio da dialeticidade no recurso ordinário.

Outra forma de interpretar a Súmula 422, III, é compreender não ser exigível a exposição de razões no recurso ordinário. Contudo, caso o recorrente opte por declinar as razões do recurso, deve lançá-las com pertinência ao caso concreto; se as razões forem completamente dissociadas dos fundamentos da sentença, o recurso será reputado inadmissível por falta de dialeticidade.

---

9 Art. 791 – Os empregados e os empregadores poderão reclamar pessoalmente perante a Justiça do Trabalho e acompanhar as suas reclamações até o final.

10 Art. 897, § 1º – O agravo de petição só será recebido quando o agravante delimitar, justificadamente, as matérias e os valores impugnados, permitida a execução imediata da parte remanescente até o final, nos próprios autos ou por carta de sentença.

11 TST, Súmula 422, I: I – Não se conhece de recurso para o Tribunal Superior do Trabalho se as razões do recorrente não impugnam os fundamentos da decisão recorrida, nos termos em que proferida.

12 Com a mesma conclusão, MIESSA e CORREIA, *op. cit.*, p. 1210.

3. EFEITOS DOS RECURSOS

Como todo ato jurídico, o recurso tem aptidão para gerar efeitos jurídicos. Os efeitos típicos dos recursos somente se produzem, entretanto, quando presentes todos os requisitos de admissibilidade; recurso não admitido não gera efeitos jurídicos, inclusive o principal deles - que é o de impedir o trânsito em julgado da decisão recorrida.[13] No entanto, tem-se entendido que, ressalvada a situação de manifesta intempestividade ou não cabimento, o prazo da ação rescisória só começa a fluir a partir da decisão que inadmite o recurso (TST, Súmula 100, III)[14], o que não deixa de constituir um efeito do recurso não conhecido, qual seja, a deflagração do prazo para ajuizamento de ação rescisória.

Contudo, observe-se que o art. 897-A, § 3º, da CLT, modifica esse princípio no que tange aos embargos de declaração. O dispositivo legal estabelece que, mesmo quando o recurso não for conhecido (por exemplo, por ser incabível), os embargos de declaração terão efeito interruptivo do prazo para os demais recursos de todas as partes. De acordo com a lei, apenas quando intempestivos, irregular a representação da parte ou ausente a sua assinatura é que os embargos não gerarão o efeito interruptivo.

3.1. Impeditivo do trânsito em julgado

Todos os recursos conhecidos produzem o efeito impeditivo ou obstativo do trânsito em julgado. Consequentemente, há um prolongamento da litispendência.

A falta de requisito de admissibilidade - que leva ao não conhecimento do recurso - pode ocorrer por motivo anterior ou posterior à interposição do recurso.

Nas hipóteses em que não é admissível desde o momento da respectiva interposição, o recurso não gera o efeito impeditivo do trânsito em julgado: a decisão transita em julgado desde o surgimento da causa de inadmissibilidade. Por exemplo, recurso ordinário interposto no 15º dia do prazo não gera o efeito impeditivo, pois a sentença transita em julgado no final do 8º dia.

Já quando a causa de inadmissibilidade surge supervenientemente à interposição do recurso, como no exemplo da desistência do recurso, a decisão transita em julgado no instante em que ocorre o fato gerador da inadmissibilidade. Nestes casos, o recurso terá gerado o efeito impeditivo do trânsito em julgado, até que tenha surgido a causa da inadmissibilidade.

3.2. Suspensivo

O efeito suspensivo consiste na sustação dos efeitos da decisão recorrida, enquanto não for julgado o recurso interposto. Trata-se de efeito que pode ser

---

13 Conforme BARBOSA MOREIRA, *Comentários ao Código de Processo Civil.* 15ª ed. Rio de Janeiro: Forense, 2009, p. 267.

14 TST, súmula 100, III: III - Salvo se houver dúvida razoável, a interposição de recurso intempestivo ou a interposição de recurso incabível não protrai o termo inicial do prazo decadencial.

estabelecido previamente pela lei (tal como acontece com a apelação no Processo Civil, por exemplo - CPC, art. 1012, *caput*)[15]; ou, então, concedido judicialmente.

O efeito suspensivo *ope legis*, quando pertinente, decorre não da interposição, mas do mero cabimento do recurso. Isso porque, durante o prazo recursal, a decisão ainda não produz efeitos nestas hipóteses. Quando o recurso com efeito suspensivo *ope legis* é interposto, apenas se prolonga esse estado de coisas.

Já o efeito suspensivo *ope judicis* é uma espécie de tutela provisória - cautelar ou antecipada - deferida judicialmente sempre que houver probabilidade de êxito do recorrente (*fumus boni iuris*) e perigo de dano irreparável ou de difícil reparação (*periculum in mora*). Fala-se, ainda, em *efeito suspensivo ativo*, para as hipóteses em que a mera sustação de efeitos não atende aos interesses do recorrente, que necessita de uma providência positiva que até então não foi deferida. O efeito suspensivo ativo corresponde a uma antecipação de tutela recursal.

Exemplos: (i) efeito suspensivo *ope judicis*: sentença condenatória em obrigação de fazer consistente na reintegração do empregado. Apesar de ausência de efeito suspensivo *ope legis* do recurso ordinário, o Tribunal pode sustar a eficácia da sentença enquanto não julgado o recurso; (ii) efeito suspensivo ativo *ope judicis*: o reclamante postula o restabelecimento do plano de saúde em caráter de urgência e a sentença julga o pedido improcedente. O Tribunal, nesta hipótese, pode antecipar a tutela recursal e deferir a tutela provisória para restabelecer o plano de saúde antes mesmo do julgamento do recurso, desde que presentes os pressupostos legais.

A competência para atribuição de efeito suspensivo *ope judicis*, no caso dos recursos excepcionais (recursos extraordinário, de revista e especial) é definida pelo art. 1029, § 5º, do CPC: (i) será do tribunal superior respectivo, no período compreendido entre a publicação da decisão de admissão do recurso e sua distribuição no tribunal superior; (ii) do relator, se já distribuído o recurso; (iii) do presidente ou vice-presidente do tribunal local, no período compreendido entre a interposição e a decisão de admissão do recurso, bem assim no caso de o recurso ter sido sobrestado.

Percebe-se que o Novo CPC incorporou o entendimento consubstanciado nas Súmulas 634 e 635 do STF[16], segundo as quais, enquanto estiver pendente o juízo de admissibilidade do recurso extraordinário no Tribunal de origem, cabe a este decidir eventual requerimento de efeito suspensivo. A jurisdição do Tribunal Superior, inclusive para a análise do efeito suspensivo, nessa ótica, somente é aberta quando se dá o juízo positivo de admissibilidade no Tribunal *a quo*.

Contudo, é importante notar que a redação do art. 1029, § 5º, I, foi fruto da Lei nº 13.256/2016, cujo nítido objetivo foi o de restringir o acesso aos Tribunais Superiores. Sucede que tal regra está em desarmonia com a principiologia e a siste-

---

[15] Art. 1012 - A apelação terá efeito suspensivo.

[16] STF, súmula 634: Não compete ao Supremo Tribunal Federal conceder medida cautelar para dar efeito suspensivo a recurso extraordinário que ainda não foi objeto de juízo de admissibilidade na origem.

Súmula 635: Cabe ao Presidente do Tribunal de origem decidir o pedido de medida cautelar em recurso extraordinário ainda pendente do seu juízo de admissibilidade.

mática recursal do Código, pois, no que tange à apelação, há expressa previsão de que a competência para lhe atribuir efeito suspensivo é do Tribunal *ad quem* desde o momento em que interposto o recurso (art. 1012, § 3º, I).[17] O art. 1029, § 5º, I, portanto, deve ser tido como regra excepcional e que não serve como paradigma para as demais espécies recursais.[18]

De fato, impedir a atribuição de efeito suspensivo desde logo pelo Tribunal *ad quem* (destinatário do recurso) viola, na maioria das vezes, o acesso à justiça, já que dificilmente o órgão jurisdicional recorrido concede provimento para sustar os efeitos de suas próprias decisões. É por essa razão que o STJ relativiza o entendimento das Súmulas 634 e 635 e STF, dando-se por competente para atribuir efeito suspensivo a recurso especial que ainda não haja sido objeto de admissibilidade na origem.[19]

Inegavelmente, é muito mais compatível com a principiologia do moderno Processo Civil a atribuição de competência ao Tribunal *ad quem* para apreciar pedido de efeito suspensivo a recurso já interposto, o que prestigia a efetividade do acesso à justiça. Por tal razão, deve-se considerar que, não obstante os Juízes do Trabalho ainda realizem juízo de admissibilidade de recurso ordinário (conforme entendimento do TST na IN 39/2016), uma vez interposto esse tipo de recurso, o requerimento de efeito suspensivo será apreciado pelo TRT, independentemente de juízo de admissibilidade, aplicando-se o art. 1012, § 3º, I, do CPC.[20]

Assim, correta a Súmula 414, I, do TST[21], no que prevê a possibilidade de obtenção de efeito suspensivo mediante requerimento dirigido ao tribunal, ao relator ou ao presidente ou ao vice-presidente do tribunal destinatário do recurso. Não há necessidade ou mesmo viabilidade de ação cautelar para tal finalidade, já que o Novo Código aboliu a ação cautelar autônoma. O requerimento deve ser dirigido ao Tribunal em petição avulsa ou no bojo do próprio recurso interposto.

---

17 Art. 1012, § 3º – O pedido de concessão de efeito suspensivo nas hipóteses do § 1º poderá ser formulado por requerimento dirigido ao: (...)

I – tribunal, no período compreendido entre a interposição da apelação e sua distribuição, ficando o relator designado para seu exame prevento para julgá-la.

18 Art. 1029, § 5º – O pedido de concessão de efeito suspensivo a recurso extraordinário ou a recurso especial poderá ser formulado por requerimento dirigido:

I – ao tribunal superior respectivo, no período compreendido entre a publicação da decisão de admissão do recurso e sua distribuição, ficando o relator designado para seu exame prevento para julgá-lo;

19 Por exemplo: AgInt no RCD na Pet 11.435/SP, Rel. Ministro JOÃO OTÁVIO DE NORONHA, TERCEIRA TURMA, julgado em 16/08/2016, DJe 23/08/2016.

20 Art. 1012, § 3º – O pedido de concessão de efeito suspensivo nas hipóteses do § 1º poderá ser formulado por requerimento dirigido ao:

I – tribunal, no período compreendido entre a interposição da apelação e sua distribuição, ficando o relator designado para seu exame prevento para julgá-la.

21 TST, súmula 414, I: A tutela provisória concedida na sentença não comporta impugnação pela via do mandado de segurança, por ser impugnável mediante recurso ordinário. É admissível a obtenção de efeito suspensivo ao recurso ordinário mediante requerimento dirigido ao tribunal, ao relator ou ao presidente ou ao vice-presidente do tribunal recorrido, por aplicação subsidiária ao processo do trabalho do artigo 1029, § 5º, do CPC de 2015.

3.3. Devolutivo

O efeito devolutivo consiste na transferência da matéria objeto do inconformismo para apreciação pelo órgão destinatário do recurso, e se dá em duas perspectivas diferentes e complementares: horizontal e vertical.

Sob o prisma horizontal, trata-se da extensão do recurso, que é definida pelo recorrente, em virtude do princípio da inércia da jurisdição. O jurisdicionado pode concordar parcialmente com a decisão judicial e interpor recurso apenas parcial, do que resulta o trânsito em julgado da matéria que não seja objeto de recurso. Só se devolve ao órgão recursal a matéria impugnada (CPC, art. 1013, *caput - tantum devolutum quantum apellatum*).

O aspecto vertical do efeito devolutivo consiste no material de que se valerá o órgão recursal para julgar o recurso, ou seja, os fundamentos e questões suscitados e discutidos pelas partes, bem como as provas produzidas no processo, podem ser objeto de apreciação pelo Tribunal, ainda que a decisão recorrida haja sido omissa a respeito (CPC, art. 1013, § 1º).[22]

Daí resulta que, em princípio, a cognição do órgão recursal é ampla, mas limitada pela extensão do efeito devolutivo. O Tribunal *ad quem* pode conhecer de todas as questões e fundamentos atinentes aos capítulos que foram objeto de recurso.

As questões de ordem pública, sujeitas à cognoscibilidade de ofício pelos órgãos jurisdicionais - tais como pressupostos processuais, condições da ação etc. - evidentemente também se incluem na profundidade do efeito devolutivo, embora alguns doutrinadores reservem a expressão *efeito translativo* para designar a possibilidade de apreciação dessa espécie de questão pelo Tribunal *ad quem*. De todo modo, observe-se que mesmo as questões de ordem pública somente podem ser conhecidas dentro dos limites da matéria impugnada pelo recorrente (efeito devolutivo horizontal), ressalvados vícios processuais absolutos que comprometam toda a relação jurídica processual.

Por exemplo: o reclamante formula pedido de horas extras e de equiparação salarial, obtendo julgamento de procedência em ambos. A reclamada interpõe recurso ordinário arguindo sua ilegitimidade passiva, mas apenas quanto ao pedido de horas extras. Por mais que o TRT entenda que a ilegitimidade passiva abrangia também o pedido de equiparação salarial, tal capítulo da sentença não pode ser reformado, à luz da extensão do efeito devolutivo; a condenação atinente às horas extras terá transitado em julgado. Idêntica situação aconteceria se, no lugar da ilegitimidade, houvesse arguição de incompetência absoluta a abranger os dois pedidos.

Excepciona-se a situação de vício processual absoluto consistente no defeito ou ausência de citação. Nessa específica hipótese, mesmo que o recurso seja parcial, o reconhecimento do vício - de ofício ou a requerimento - ensejará, necessariamente, a anulação da totalidade da decisão recorrida.

---

[22] Art. 1013, § 1º - Serão, porém, objeto de apreciação e julgamento pelo tribunal todas as questões suscitadas e discutidas no processo, ainda que não tenham sido solucionadas, desde que relativas ao capítulo impugnado.

O efeito devolutivo pode ser mais amplo ou mais restrito a depender do tipo de recurso interposto. Por exemplo: o recurso ordinário é o que apresenta efeito devolutivo mais amplo, pois o Tribunal Regional do Trabalho pode julgar a causa tal como pode ser feito por juízes de primeiro grau em sentenças. Já os embargos de declaração e o recurso de revista têm efeito devolutivo menos amplo, já que apenas determinadas matérias podem ser devolvidas ao órgão judicial destinatário do recurso (omissões etc. no caso dos embargos; matéria prequestionada no recurso de revista). As particularidades do efeito devolutivo de cada recurso serão estudadas no Capítulo XXII (recursos em espécie).

3.4. Regressivo

Alguns recursos permitem que o órgão prolator da decisão recorrida exerça o juízo de retratação, modificando-a. Trata-se de exceção no sistema processual brasileiro, já que a regra geral é que, uma vez publicada a sentença, o juiz não poderá alterá-la (CPC, art. 494).[23]

O efeito regressivo está presente nas situações de apelação ou recurso ordinário contra sentença terminativa (CPC, art. 485, § 7º)[24] ou que julgue o pedido liminarmente improcedente (CPC, art. 332, § 3º); no agravo de instrumento (CPC, art. 1018, § 1º); no recurso de revista sobrestado em virtude da sistemática dos recursos repetitivos (CLT, art. 896-C, § 11, II).[25]

3.5. Expansivo

O princípio geral é o de que os recursos alcançam apenas a decisão impugnada (aspecto objetivo); e recorrente e recorrido (aspecto subjetivo).

Contudo, alguns recursos podem, em situações previstas pela lei, afetar decisões que não foram objeto de recurso ou partes que não o interpuseram ou contra as quais não foi interposto.

O efeito expansivo subjetivo opera nas situações de litisconsórcio unitário, em que apenas um dos litisconsortes recorre ou é inserido no recurso pela parte adversa. Como a decisão precisa ser uniforme para todos, o julgamento do órgão jurisdicional beneficiará ou prejudicará todos os envolvidos.

Dá-se o efeito expansivo objetivo quando o recurso tem o condão de modificar decisão que não foi expressamente impugnada. No Processo Civil, seria o exemplo

---

23 Art. 494 – Publicada a sentença, o juiz só poderá alterá-la:
I – para corrigir-lhe, de ofício ou a requerimento da parte, inexatidões materiais ou erros de cálculo;
II – por meio de embargos de declaração.

24 Art. 485, § 7º – Interposta a apelação em qualquer dos casos de que tratam os incisos deste artigo, o juiz terá 5 (cinco) dias para retratar-se.

25 Art. 896-C, § 11 – Publicado o acórdão do Tribunal Superior do Trabalho, os recursos de revista sobrestados na origem: (...)
II – serão novamente examinados pelo Tribunal de origem na hipótese de o acórdão recorrido divergir da orientação do Tribunal Superior do Trabalho a respeito da matéria.

da interposição de agravo de instrumento contra decisão interlocutória que redistribua o ônus da prova (CPC, art. 1015, XI). Se sobrevier sentença que julgue o pedido com base nas regras sobre ônus da prova, e o Tribunal reformar a decisão interlocutória que o redistribuiu, eventual sentença proferida antes do julgamento do agravo de instrumento necessariamente será anulada, por incompatível com a decisão do Tribunal.

No Processo do Trabalho, não se vislumbra aplicação do efeito expansivo objetivo, dada a restrição do uso do agravo de instrumento para a finalidade de permitir processamento de recursos não admitidos na origem.

3.6. Substitutivo

Ver item 5 deste Capítulo.

4. DESISTÊNCIA DE RECURSO, RENÚNCIA AO DIREITO DE RECORRER, AQUIESCÊNCIA À DECISÃO E HOMOLOGAÇÃO DE ACORDO

Há determinados atos jurídicos processuais que provocam - suposta a inexistência de recurso de outra parte do processo - o imediato trânsito em julgado da decisão judicial. Trata-se de fatos impeditivos ou extintivos do direito de recorrer.

É o que acontece, por exemplo, com a desistência de recurso já interposto (CPC, art. 998, *caput*).[26] A desistência independe da concordância do recorrido e dos litisconsortes, ressalvada a situação do litisconsórcio unitário, no qual a desistência só será eficaz se todos os litisconsortes recorrentes anuírem (ou se a desistência for manifestada em relação a todos os litisconsortes recorridos), tendo em vista a impossibilidade de julgamentos diferentes para cada um.

Ademais, a desistência do recurso não está sujeita à homologação judicial, produzindo seus efeitos desde que manifestada pela parte (CPC, art. 200, *caput*).

Não se confunde a desistência do recurso com a desistência da ação, pois esta leva, necessariamente, à extinção do processo sem resolução do mérito e depende de homologação judicial (CPC, art. 200, parágrafo único). Já a desistência do recurso faz com que se torne preclusa a decisão que até então era recorrida, do que pode resultar, a depender do respectivo teor, julgamento com ou sem resolução do mérito.

A renúncia ao direito de recorrer também é ato unilateral que independe de concordância do recorrido e de homologação judicial (CPC, art. 999).[27] Tradicionalmente, sempre se entendeu que a renúncia somente poderia ser levada a efeito após a prolação da decisão e antes da extinção do direito de recorrer (pelo decurso do prazo).[28] Contudo, a redação do art. 190 do Novo Código de Processo Civil autoriza o entendimento de que as partes podem formular negócio jurídico processual que

[26] Art. 998 - O recorrente poderá, a qualquer tempo, sem a anuência do recorrido ou dos litisconsortes, desistir do recurso.

[27] Art. 999 - A renúncia ao direito de recorrer independe da aceitação da outra parte.

[28] GRECO, *op. cit.*, v. 3, p. 78.

preveja a renúncia prévia ao direito de recorrer, ou seja, estabeleçam que a causa será julgada definitivamente pelo primeiro grau de jurisdição (pacto de instância única).[29] Se os cidadãos podem até mesmo abdicar do acesso ao Judiciário e prever a arbitragem como método de solução dos seus conflitos, com muito mais razão devem poder abrir mão do direito de recorrer no âmbito de processo judicial. Evidentemente, o juiz deverá controlar a validade do pacto de instância única, nas situações de nulidade ou vulnerabilidade de uma das partes (CPC, art. 190, parágrafo único).

Depreende-se que a desistência se refere a recurso já interposto, ao passo que a renúncia, a recurso ainda não interposto.

A decisão também transita em julgado quando a parte aceita – expressa ou tacitamente – a decisão. Isso se explica em virtude da boa-fé objetiva processual e da preclusão lógica, pois a pretensão de recorrer de decisão que se aceitou seria comportamento contraditório.

A aquiescência expressa ocorre quando o interessado afirma, oralmente ou por escrito, que concorda com a decisão judicial. Já a aceitação tácita acontece quando o sujeito processual pratica ato incompatível com o direito de recorrer, embora não diga que renuncia ao recurso ou que concorda com a decisão. Por exemplo: o réu faz o pagamento, sem quaisquer ressalvas, da quantia objeto de condenação judicial. Ressalte-se que o mero depósito da quantia para fins recursais ou para evitar a incidência de multas não pode ser considerado aquiescência tácita à decisão.

Por fim, a homologação judicial de acordo faz com que transite em julgado, de imediato, a decisão homologatória. Discute-se se seria pertinente, nessas hipóteses, a ação rescisória ou a ação anulatória.[30] De todo modo, apenas as partes ficam impedidas de recorrer; não assim a União, que pode interpor recurso ordinário a respeito da discriminação das parcelas não sujeitas à incidência de contribuições previdenciárias (CLT, art. 832, § 4º).

5. JUÍZOS DE ADMISSIBILIDADE E DE MÉRITO DO RECURSO. EFEITO SUBSTITUTIVO

Todo recurso contém um ou mais pedidos de tutela jurisdicional a direito(s) do recorrente. Contudo, para que o órgão destinatário possa apreciar a pretensão recursal, faz-se necessário que o recurso seja admissível.

A análise dos recursos passa, necessariamente, por uma etapa inicial denominada *juízo de admissibilidade recursal*, na qual se perquire a presença dos requisitos de admissibilidade – intrínsecos e extrínsecos. Essa etapa é preliminar ao julgamento de mérito do recurso, uma vez que, se aqueles não estiverem presentes, este não será apreciado. Em outras palavras: somente pode ser apreciada a pretensão recursal se o recurso for conhecido (= admitido); apenas após essa etapa é que se poderá

[29] Art. 190 – Versando o processo sobre direitos que admitam autocomposição, é lícito às partes plenamente capazes estipular mudanças no procedimento para ajustá-lo às especificidades da causa e convencionar sobre os seus ônus, poderes, faculdades e deveres processuais, antes ou durante o processo.

[30] Ver Capítulo XXIX sobre ação rescisória.

dizer se o recorrente possui, ou não, razão naquilo que postula no recurso. Se o juízo de admissibilidade não for positivo, sequer se cogitará do acerto ou equívoco da decisão recorrida.

Se estiver ausente qualquer requisito de admissibilidade, o recurso não será conhecido ou admitido, ou seja, não se realizará o juízo de mérito.

Já o *juízo de mérito* do recurso concerne à análise da pretensão recursal propriamente dita, a fim de definir se o órgão recursal concederá, ou não, a tutela jurisdicional requerida no recurso. Caso conceda, dará provimento ao recurso; no caso contrário, negará provimento.

O mérito do recurso pode ser um suposto erro de julgamento, cometido pelo órgão *a quo* e apontado pelo recorrente (*error in judicando*); ou algum vício procedimental que possa comprometer a validade e subsistência da decisão (*error in procedendo*).

Não se pode confundir mérito do recurso com mérito da causa. Até pode haver, eventualmente, sobreposição entre ambos, mas isso não necessariamente ocorrerá, pois uma questão preliminar ao mérito da causa pode se tornar questão de mérito do recurso. Suponha-se que o Juiz do Trabalho julgue extinto o processo sem resolução de mérito por reconhecer a incompetência absoluta da Justiça do Trabalho (CPC, art. 485, IV).[31] Caso o interessado interponha recurso ordinário, o mérito recursal será definir se existe, ou não, competência do Judiciário Trabalhista; a pretensão recursal (= mérito do recurso) estaria versando sobre questão processual preliminar à causa.

Sempre que o recurso for conhecido, dar-se-á o chamado *efeito substitutivo do recurso*, que decorre da decisão do recurso e significa que esta toma o lugar do julgado recorrido. O que passa a ter aptidão para transitar em julgado é a decisão do órgão recursal, e não mais o julgamento que foi objeto do recurso.

Há efeito substitutivo no caso de negativa de provimento de recursos que alegam *error in judicando*, ainda que o Tribunal *ad quem* afirme manter a sentença nos seus próprios termos.[32] Há, ainda, efeito substitutivo caso se negue provimento a recurso interposto com alegação de *error in procedendo*.[33]

Já na hipótese em que o recurso aponte a ocorrência de erro de procedimento, seu provimento gerará a cassação ou anulação da decisão recorrida. Não se pode falar em substituição, justamente porque a anulação da decisão recorrida fará com que outra deva ser proferida, necessariamente, em seu lugar.

O efeito substitutivo pode ser parcial ou total. Será parcial em duas situações: (i) quando o recurso for parcial, ou seja, não tiver impugnado todos os capítulos recorríveis da decisão; (ii) quando o recurso, embora total, não tenha sido admitido quanto à totalidade da matéria impugnada. Nos dois casos, terá transitado em julgado, primeiramente, a parte da decisão que não foi recorrida ou em relação à

---

31 Art. 485. O juiz não resolverá o mérito quando: (...)
IV – verificar a ausência de pressupostos de constituição e de desenvolvimento válido e regular do processo.

32 No sentido do texto, BARBOSA MOREIRA, *op. cit.*, p. 398.

33 NEVES, *op. cit.*, p. 601.

qual o juízo de admissibilidade foi negativo; e, posteriormente, transita em julgado a decisão do recurso.

Diz-se *total* o efeito substitutivo sempre que o recurso impugnar a totalidade da decisão judicial e for conhecido (admitido) em todos os tópicos. Independentemente de se dar ou negar provimento ao recurso, a decisão do órgão *a quo* terá sido substituída em sua integralidade.

6. REQUISITOS INTRÍNSECOS DE ADMISSIBILIDADE

Os requisitos de admissibilidade dizem-se intrínsecos quando concernentes à existência do direito de recorrer. Logo, a ausência de algum requisito intrínseco significa que o recorrente não tinha direito ao recurso que interpôs.

São eles: (i) cabimento; (ii) legitimidade; (iii) interesse recursal; (iv) inexistência de ato dispositivo do direito de recorrer.

6.1. Cabimento

O cabimento de recursos se caracteriza pela presença de um binômio: (i) a lei deve prever a existência do recurso interposto contra determinada decisão; (ii) o recorrente se utilizou da via adequada, ou seja, do recurso que seria, segundo a lei, interponível naquela situação.

Se esses dois requisitos estiverem presentes, diz-se que o recurso é cabível.

O princípio aplicável ao tema é o da unirrecorribilidade, segundo o qual é cabível apenas um recurso contra cada espécie de decisão. Além disso, em situações excepcionais, admite-se o processamento de recurso incabível, à luz do princípio da fungibilidade.[34]

6.2. Legitimidade

Como o recurso é corolário ou prolongamento do direito de ação, para recorrer, assim como para ajuizar ação, é necessário haver legitimidade do interessado.

A legitimidade recursal se atribui: à parte vencida; ao terceiro prejudicado; e ao Ministério Público, como parte ou como fiscal da ordem jurídica (CPC, art. 996, *caput*).

É intuitivo o fundamento da legitimidade da parte vencida e do Ministério Público *custos legis*: a primeira, porque se sujeitará à eficácia da coisa julgada; o segundo, em virtude de ser titular do poder-dever de promover a defesa da ordem jurídica, o que implica a necessidade de recorrer contra as decisões que lhe sejam contrárias.

Já o terceiro prejudicado deve demonstrar a possibilidade de a decisão sobre a relação jurídica submetida à apreciação judicial atingir direito de que se afirme

[34] Sobre o tema, ver itens 2.4 e 2.6 deste Capítulo.

titular ou que possa discutir em juízo como substituto processual (CPC, art. 996, parágrafo único).

O recurso do terceiro prejudicado é uma espécie de intervenção de terceiros espontânea, cujo fundamento é o fato de que o terceiro poderia ter sido - mas não foi - parte ou terceiro interveniente em processo no qual se discute relação jurídica que afeta sua esfera de interesses. Isso pode acontecer, por exemplo, quando: (i) o terceiro poderia ter sido assistente simples, por ser titular de relação jurídica conexa à discutida no processo; (ii) o terceiro poderia ter sido litisconsorte facultativo de alguma das partes, por ser titular ou cotitular da *res in judicium deducta* ou por ser legitimado extraordinário a estar em juízo.

Em princípio, os terceiros que já tenham participado do processo em virtude das modalidades típicas de intervenção (assistência litisconsorcial, denunciação da lide, chamamento ao processo, incidente da desconsideração da personalidade jurídica) ou das situações processuais equiparadas à intervenção de terceiros (reconvenção que amplie subjetivamente o processo, nomeação à autoria etc.)[35] devem ser considerados partes para fins de interposição de recursos. Assim, não há restrições recursais a esses sujeitos do processo.

Excepcionam-se dessa regra geral:

- (i) o *amicus curiae*, que tem legitimidade apenas para opor embargos de declaração e para recorrer da decisão que julgar o incidente de resolução de demandas repetitivas (CPC, art. 138, § 3º). Além disso, é sustentável, no plano doutrinário, que o *amicus* também possa recorrer de decisão que julgue recurso repetitivo da controvérsia, já que se trata de formação de precedente obrigatório semelhante ao IRDR; e da decisão que indefira a intervenção do próprio *amicus*, pois a irrecorribilidade é prevista no *caput* do art. 138 do CPC apenas quanto à decisão que defira ou solicite a intervenção;[36]
- (ii) o assistente simples, que tem ampla liberdade recursal desde que não contrarie a vontade expressa do assistido. No caso de omissão deste, o assistente simples atua como substituto processual (CPC, art. 121, parágrafo único).

6.2.1. Recurso da testemunha punida por litigância de má-fé

Tema novo e polêmico diz respeito à possibilidade, ou não, de interposição de recursos pela testemunha punida com fundamento no art. 793-D da CLT (punição de testemunha por litigância de má-fé).

---

[35] Sobre o tema, ver Capítulo IX.

[36] Art. 138 - O juiz ou o relator, considerando a relevância da matéria, a especificidade do tema objeto da demanda ou a repercussão social da controvérsia, poderá, por decisão irrecorrível, de ofício ou a requerimento das partes ou de quem pretenda manifestar-se, solicitar ou admitir a participação de pessoa natural ou jurídica, órgão ou entidade especializada, com representatividade adequada, no prazo de 15 (quinze) dias de sua intimação.

Perceba-se que o recurso de terceiro prejudicado se viabiliza quando demonstrada a possibilidade de a decisão sobre a relação jurídica submetida à apreciação judicial atingir direito de que se afirme titular ou que possa discutir em juízo como substituto processual (CPC, art. 996, parágrafo único).

A partir dessa previsão legislativa, a testemunha não pode ser considerada, a rigor, terceiro prejudicado para fins de interposição de recurso. Isso porque a relação jurídica litigiosa (= *res in judicium deducta*) não tem a aptidão de atingir direito de que a testemunha se afirme titular. A testemunha, por definição, é terceiro desinteressado no processo; a relação jurídica que se estabelece a partir da aplicação do art. 793-D da CLT é de caráter meramente punitivo e envolve tão somente a testemunha e a União (titular do crédito referente à multa).

Exemplo: em processo no qual se discutem horas extras, o Juiz do Trabalho entende que a testemunha mentiu e, por isso, aplica-lhe a multa do art. 793-D. A aplicação da multa é capítulo autônomo da sentença e, embora preferível o entendimento segundo o qual o tribunal, ao valorar o depoimento, tem prerrogativa de afastar de ofício a multa, a exclusão da multa não é consequência direta do provimento do recurso interposto por alguma das partes. O recurso da parte pode ser provido por outro motivo, do que resultaria a manutenção da multa aplicada à testemunha, o que comprova que se trata de relações jurídicas autônomas.

Observe-se, ainda, que a testemunha é sujeito probatório do processo, tal como o perito, em relação ao qual a jurisprudência do STJ[37] e do TST[38] não admite legitimidade para interposição de recurso como terceiro prejudicado.

Além disso, caso a testemunha, no recurso interposto como terceiro prejudicado, alegasse a necessidade de produção de prova diferente da documental (exemplo: oitiva das partes e testemunhas; produção de prova pericial ou inspeção judicial etc.), o Tribunal ad quem acabaria por delegar a competência instrutória para o juiz de primeiro grau, por aplicação analógica do art. 972 do CPC, atinente à ação rescisória, conforme preconizado pela doutrina no que tange à interposição de recurso por terceiro prejudicado.[39] Daí resultaria retrocesso injustificável na marcha processual, com o único objetivo de aplicar punição a terceiro que não é parte no processo e não possui nenhum direito nele discutido.

No entanto, por razões de política judiciária e simplicidade processual, também se revela sustentável o entendimento de que a testemunha teria a faculdade de interpor recurso contra o capítulo da sentença que a puniu, de modo a evitar-se

---

37 Perito. Legitimidade para recorrer. Precedentes da Segunda Seção. 1. Os precedentes da Segunda Seção assentam que o perito não tem legitimidade para recorrer, não sendo considerado terceiro prejudicado (...) (REsp 513.573/SP, Rel. Ministro CARLOS ALBERTO MENEZES DIREITO, TERCEIRA TURMA, julgado em 20/11/2003, DJ 01/03/2004, p. 182).

38 RECURSO DE REVISTA INTERPOSTO POR PERITO JUDICIAL. LEGITIMIDADE PARA RECORRER. AUSÊNCIA. O perito judicial não detém legitimidade para recorrer visando ao pagamento de honorários periciais, não sendo considerado terceiro prejudicado, na forma do art. 499 do CPC, e sim auxiliar da justiça (CPC, art. 139). Precedentes do TST e do STJ. Recurso de revista de que não se conhece. PROCESSO Nº TST-RR-24300-15.2000.5.09.0660. 1ª Turma. Rel. Min. WALMIR OLIVEIRA DA COSTA. Julgado em 21/09/2011.

39 MOREIRA, José Carlos Barbosa. Comentários ao Código de Processo Civil. 15ª ed. Rio de Janeiro: Forense, 2009, p. 456.

futura proposição de ação anulatória da multa. De todo modo, o recurso deveria ser interposto pela própria testemunha, e não pela parte beneficiada com o depoimento supostamente mentiroso, pois esta não detém legitimidade para interpor recurso visando à melhoria da situação jurídica de terceiros.

Por fim, cabe rememorar que, independentemente de se entender pela possibilidade, ou não, de interposição de recurso pela testemunha como terceiro prejudicado, a decisão judicial que aplica o art. 793-D não transita em julgado, sendo cabível o ajuizamento de ação anulatória autônoma.[40]

6.3. Interesse recursal

O recurso só pode ser admitido quando for meio necessário para melhorar, do ponto de vista prático, a situação jurídica do recorrente. Essa é a noção de interesse recursal, que se associa à utilidade prática do provimento recursal postulado, de forma análoga ao que ocorre com o interesse de agir como condição da ação.

Dessa forma, o princípio geral sobre o tema é o de que tem interesse de recorrer a parte sucumbente. A sucumbência, entretanto, pode se referir não apenas às questões principais decididas no processo, mas também, eventualmente, aos capítulos acessórios da decisão, como o valor das custas, dos honorários advocatícios etc. Assim, o interesse de recorrer surge quando a resposta jurisdicional ao pedido (= dispositivo; norma jurídica concreta e individualizada) é capaz de causar prejuízo à esfera jurídica da parte.

Contudo, o interesse recursal também pode se configurar para terceiros alheios ao processo, desde que sofram algum prejuízo em sua esfera de direitos, em decorrência da decisão judicial. Nessas hipóteses, é pertinente o recurso do terceiro prejudicado. Também o Ministério Público tem interesse de recorrer quando entenda ter havido violação aos direitos que justifiquem sua atuação como fiscal da lei.

Ademais, em algumas situações pode haver interesse recursal para modificar a fundamentação do julgado, muito embora o dispositivo tenha sido favorável ao recorrente. É o que acontece quando são opostos embargos de declaração fundados em contradição ou obscuridade: mesmo que a decisão tenha sido favorável ao embargante, a incerteza que dela decorre faz com que a situação do recorrente possa melhorar, do ponto de vista prático, com o esclarecimento postulado no recurso.

Nas situações de extensão da coisa julgada à questão prejudicial, esta passa a integrar, por força de lei, o dispositivo da decisão; assim, naturalmente há interesse recursal quanto à prejudicial nas hipóteses do art. 503, § 1º, do CPC.[41]

---

[40] Sobre o tema, ver Capítulo VII, item 5.1.1.7.

[41] Art. 503, § 1º – O disposto no *caput* aplica-se à resolução de questão prejudicial, decidida expressa e incidentemente no processo, se:

I – dessa resolução depender o julgamento do mérito;

II – a seu respeito tiver havido contraditório prévio e efetivo, não se aplicando no caso de revelia;

III – o juízo tiver competência em razão da matéria e da pessoa para resolvê-la como questão principal.

Há, ainda, interesse do réu em recorrer em decisões de improcedência por insuficiência de provas quando a causa estiver sujeita à sistemática da coisa julgada *secundum eventum probationis*. Isso porque o fundamento da insuficiência de provas não desautoriza o ajuizamento de novas ações baseadas em provas novas; daí decorre que o réu tem interesse na modificação do fundamento da decisão de improcedência, para que se forme coisa julgada material apta a impedir seja molestado futuramente com outras ações judiciais sobre o mesmo objeto.

Embora o tema seja controvertido, o réu também tem interesse recursal nas situações de extinção do processo sem resolução de mérito, ainda que haja suscitado, na contestação, a questão preliminar ao mérito que veio a ser acolhida pelo Judiciário.[42] Isso porque o princípio da eventualidade da contestação faz com o réu tenha o dever de arguir toda a matéria de defesa, mas é evidente que o julgamento meritório de improcedência é mais benéfico à sua esfera de direitos, tendo em vista que impedirá o ajuizamento de novas ações sobre a mesma questão.

Por fim, também pode haver interesse recursal para impugnar a fundamentação do ato decisório que tenha a aptidão de se tornar precedente obrigatório, ainda que o dispositivo da decisão paradigma haja sido favorável à parte recorrente. Como o precedente tem força obrigatória para processos futuros, pode ser importante para o jurisdicionado o acolhimento de determinado fundamento, já que o precedente está contido na fundamentação (*ratio decidendi*).[43]

6.4. Inexistência de atos de disposição do direito de recorrer

O interessado pode abdicar, espontaneamente, do direito de recorrer. Assim, pode-se dizer que há requisitos negativos intrínsecos de admissibilidade, já que, se tais atos de disposição forem praticados, o direito de recorrer não existirá e eventual recurso não deverá ser admitido.

Os atos de disposição são a desistência de recurso; a renúncia ao direito de recorrer; a aquiescência à decisão; e a homologação judicial de acordo, estudados no item 4 deste Capítulo.

7. REQUISITOS EXTRÍNSECOS DE ADMISSIBILIDADE

Os requisitos extrínsecos de admissibilidade dizem respeito ao modo de exercício do direito de recorrer. São eles: (i) tempestividade; (ii) preparo; (iii) regularidade formal.

7.1. Tempestividade

A lei prevê o prazo pertinente para interposição de cada espécie de recurso. Caso o recurso seja interposto após o decurso do prazo, diz-se que é intempestivo, razão por que não deve ser conhecido.

---

[42] No sentido do texto, GRECO, *op., cit.*, v.3, p. 75.

[43] Sobre o tema, ver Capítulo XXIV.

Ao tempo do Código de Processo Civil de 1973, os Tribunais Superiores construíram a inusitada tese do recurso *prematuro*, segundo a qual, caso interposto antes do termo inicial da contagem do prazo, o recurso deveria ser considerado intempestivo.[44] Em boa hora, o entendimento foi modificado[45], à luz do art. 1.024, § 5º, do Código de 2015, que prevê a desnecessidade de ratificação de recurso interposto antes do julgamento de embargos de declaração opostos pela parte contrária, se os embargos forem rejeitados ou não alterarem a conclusão do julgamento anterior. Somente haverá necessidade de ratificação do recurso caso os embargos de declaração tenham sido acolhidos com efeitos modificativos da decisão.

A Fazenda Pública e o Ministério Público gozam de prazo em dobro para todas as suas manifestações processuais, inclusive interposição e oferecimento de contrarrazões a recurso (CPC, arts. 180 e 183).

7.2. Preparo

Preparo consiste no pagamento das despesas, previstas legalmente, para a interposição do recurso. Nas situações em que o preparo é exigível, e não é feito corretamente, diz-se que o recurso é deserto e não pode ser conhecido.

Nem todos os recursos são sujeitos a preparo. É o que ocorre, por exemplo, com os embargos de declaração, que não sujeitam o embargante a qualquer despesa prévia.

No Processo Civil, o preparo deve ser comprovado no ato de interposição do recurso (CPC, art. 1007, *caput*); já no Processo do Trabalho, a Súmula 245 do Tribunal Superior do Trabalho consagra o entendimento de que a comprovação do preparo deve ser feita dentro do prazo recursal, ainda que o recurso haja sido interposto de forma antecipada. O fundamento legal é o art. 7º da Lei 5584/70[46], que derrogou tacitamente o art. 899, § 1º, da CLT.[47]

Na Justiça do Trabalho, o preparo engloba as custas e o depósito recursal. Sobre as custas, ver Capítulo X, item 2.

Cabe destacar, no que tange às custas, que seu recolhimento deve ser feito apenas uma vez, salvo se houver aumento do valor da condenação. Nas hipóteses de litisconsórcio, basta que um dos litisconsortes recolha as custas para que o recurso de todos os demais possa ser tido como devidamente preparado. Isso se explica em função da natureza jurídica tributária das custas, regidas pelo princípio da legalidade, de modo que não se pode exigir duplo recolhimento. Assim, ainda que um litisconsorte recorra pedindo sua exclusão do processo, o recolhimento de custas por

---

[44] STF. Plenário. RE 606376 ED-EDv, Rel. Min. Cármen Lúcia, julgado em 19/11/2014.

[45] STF, RE 613043 AgR, Relator(a): Min. EDSON FACHIN, Primeira Turma, julgado em 09/12/2016, ACÓRDÃO ELETRÔNICO DJe-268 DIVULG 16-12-2016 PUBLIC 19-12-2016; STJ, REsp 1129215/DF, Rel. Ministro LUIS FELIPE SALOMÃO, QUARTA TURMA, julgado em 08/03/2016, DJe 06/04/2016.

[46] Lei nº 5584, art. 7º – A comprovação do depósito da condenação (CLT, art. 899, §§ 1º a 5º) terá que ser feita dentro do prazo para a interposição do recurso, sob pena de ser êste considerado deserto.

[47] Art. 899, § 1º – Sendo a condenação de valor até 10 (dez) vezes o valor-de-referência regional, nos dissídios individuais, só será admitido o recurso, inclusive o extraordinário, mediante prévio depósito da respectiva importância. Transitada em julgado a decisão recorrida, ordenar-se-á o levantamento imediato da importância do depósito, em favor da parte vencedora, por simples despacho do juiz.

ele feito beneficiará os demais litisconsortes.[48] Perceba-se que o raciocínio, aqui, é diferente do adotado na Súmula 128, III, do TST[49], atinente ao depósito recursal. Faz sentido que assim seja, pois o depósito recursal tem natureza de garantia da futura e eventual execução, de modo que, se provido o recurso da parte que pleiteia sua exclusão do processo, o valor do depósito recursal reverterá ao recorrente e o exequente ficará sem a garantia do juízo.

7.2.1. Depósito recursal

O depósito recursal pode ser tido como despesa processual atípica, já que não se trata propriamente de gasto decorrente da prática de ato processual. O valor depositado fica à disposição do Juízo e será liberado ao recorrente ou ao recorrido, de acordo com o sucesso da postulação recursal.

A natureza jurídica do depósito recursal é de elemento integrante do requisito de admissibilidade preparo; e, sob outro enfoque, cuida-se de garantia de futura e eventual execução.

Tradicionalmente, sempre se entendeu que o depósito recursal somente seria exigível do empregador, caso condenado ao cumprimento de obrigação pecuniária. Ressalte-se que nada impede que o empregado seja condenado em pagar quantia no bojo de reclamação trabalhista (exemplos: reconvenção ajuizada pelo réu; honorários advocatícios sucumbenciais na hipótese de improcedência do pedido etc.).

Contudo, na ótica tradicional, tratar-se-ia de concretização legal do princípio da proteção, por facilitar a futura execução da sentença e reduzir a recorribilidade.

Com a Reforma Trabalhista (Lei nº 13.467/2017), o art. 899, § 4º, da CLT, deixou de conter a previsão de que o valor do depósito recursal deveria ser depositado em conta vinculada de FGTS em nome do empregado – do que se inferia

---

48 Nesse sentido, "RECURSO DE REVISTA DO RECLAMADO BANCO SANTANDER (BRASIL) S.A. LEI N.º 13.467/2017. LEI N.º 13.015/2014. IN 40/2016 DO TST. TRANSCENDÊNCIA DESERÇÃO DO RECURSO ORDINÁRIO. CUSTAS PROCESSUAIS. RECOLHIMENTO INTEGRAL FEITO POR UM DOS RECLAMADOS. APROVEITAMENTO. 1 - (...). O Tribunal Regional não conheceu do recurso ordinário interposto pelo reclamado Banco Santander, por considerá-lo deserto, uma vez que não houve o recolhimento das custas processuais. Contudo, verifica-se que a reclamada CALLINK, ao interpor recurso ordinário, efetuou o recolhimento integral das custas processuais. Registra-se que ambos os reclamados efetuaram os depósitos recursais inerentes a cada recurso. 3 - O § 1.º do artigo 789 da CLT estabelece que 'As custas serão pagas pelo vencido, após o trânsito em julgado da decisão. No caso de recurso, as custas serão pagas e comprovado o recolhimento dentro do prazo recursal'. Como se vê, o referido dispositivo exige apenas que o pagamento das custas seja efetuado dentro do prazo e no valor estipulado. 4 - As custas processuais ostentam natureza jurídica tributária e seu pagamento só pode ser exigido uma única vez, exceto no caso de acréscimo no valor da condenação, hipótese em que deve ser complementado. Assim, recolhidas integralmente as custas processuais por uma das partes aproveita às demais, ainda que a parte responsável pelo recolhimento requeira sua exclusão da lide. Há Julgados. 5 - Recurso de revista de que se conhece a que se dá provimento. III - AGRAVOS DE INSTRUMENTO DOS RECLAMADOS. Fica prejudicado o exame dos agravos de instrumento dos reclamados, em face do provimento do recurso de revista do reclamado BANCO SANTANDER (BRASIL) S.A. com determinação de retorno dos autos ao Tribunal Regional de origem." (ARR-10234-44.2016.5.03.0043, 6.ª Turma, Relatora Ministra Katia Magalhaes Arruda, DEJT 20/11/2020).

49 Súmula 128, III - Havendo condenação solidária de duas ou mais empresas, o depósito recursal efetuado por uma delas aproveita as demais, quando a empresa que efetuou o depósito não pleiteia sua exclusão da lide.

tradicionalmente somente ser devido o depósito pelo empregador. A nova redação do dispositivo legal estabelece que o depósito deve ser feito em conta vinculada ao Juízo e será remunerado pelos índices da caderneta de poupança.

A modificação legal dá margem a dois possíveis entendimentos: (i) o de que seria pertinente a exigência de depósito recursal do trabalhador, por inexistir previsão legal em sentido contrário; ou (ii) o de que, como a nova lei não contém regra expressa em sentido contrário à situação que já era consolidada, deve-se continuar aplicando a sistemática anterior, de modo que a exigibilidade do depósito recursal somente se daria para o empregador.

O segundo entendimento é preferível, tendo em vista que a Reforma restringiu a possibilidade de concessão de gratuidade de justiça ao empregado (CLT, art. 790, §§ 3º e 4º).[50] E somente não deverá efetuar o depósito recursal a parte que seja beneficiária da gratuidade (CLT, art. 899, § 10). Caso o depósito recursal pudesse ser exigido do empregado, haveria, na maioria dos casos, óbice financeiro intransponível para que o trabalhador pudesse exercer o direito de recorrer, subtraindo-lhe o amplo acesso à justiça e o princípio do duplo grau de jurisdição. Além disso, caso a nova lei pretendesse alterar o cenário anteriormente consolidado, deveria fazê-lo expressamente, o que não ocorreu.

Há dois limites ao valor do depósito recursal, sendo que sempre será aplicado o que for menor: (i) o valor da condenação; (ii) o valor estabelecido em atos do Tribunal Superior do Trabalho, que consistem em atualização monetária da previsão contida no art. 899, § 6º, da CLT.[51] Uma vez atingido o valor da condenação, nenhum outro depósito pode ser exigido (TST, Súmula 128, I).

Não é pertinente a exigência de depósito recursal quando a decisão envolver obrigação de fazer, não fazer, dar coisa distinta de dinheiro, ou quando a sentença for declaratória ou constitutiva (TST, Súmula 161). O depósito só é exigível quando houver condenação ao pagamento de dinheiro.

Garantido o juízo, na fase executória, a exigência de depósito para recorrer de qualquer decisão é ilegal, uma vez que a finalidade de garantir a execução já foi atingida. Havendo, porém, elevação do valor do débito, exige-se a complementação da garantia do juízo (TST, Súmula 128, II).

Se houver litisconsórcio passivo, o depósito recursal feito por uma das reclamadas aproveita às demais – seja a condenação solidária, seja subsidiária –, tendo em vista que a garantia da execução é unitária. No entanto, se uma das recorrentes postular sua exclusão da lide (por ilegitimidade, por exemplo), o depósito recursal feito por ela não aproveitará às demais. Nesse sentido, Súmula 128, III, do Tribunal Superior

---

50 Art. 790, § 3º – É facultado aos juízes, órgãos julgadores e presidentes dos tribunais do trabalho de qualquer instância conceder, a requerimento ou de ofício, o benefício da justiça gratuita, inclusive quanto a traslados e instrumentos, àqueles que perceberem salário igual ou inferior a 40% (quarenta por cento) do limite máximo dos benefícios do Regime Geral de Previdência Social.

§ 4º – O benefício da justiça gratuita será concedido à parte que comprovar insuficiência de recursos para o pagamento das custas do processo.

51 Art. 899, § 6º – Quando o valor da condenação, ou o arbitrado para fins de custas, exceder o limite de 10 (dez) vezes o valor-de-referência regional, o depósito para fins de recurso será limitado a este valor.

do Trabalho.[52] Veja-se que o raciocínio é diferente no que tange às custas processuais: uma vez recolhidas as custas por um dos litisconsortes, ainda que o recorrente postule sua exclusão do processo, o recolhimento beneficiará os demais litisconsortes e o recurso deles não pode ser tido como deserto por não terem pago as custas.[53]

O valor do depósito recursal será reduzido pela metade para entidades sem fins lucrativos, empregadores domésticos, microempreendedores individuais, microempresas e empresas de pequeno porte.

São isentos do depósito recursal os beneficiários da justiça gratuita, as entidades filantrópicas e as empresas em recuperação judicial (CLT, art. 899, §§ 9º e 10). Tal previsão legal faz com que seja inexigível o depósito recursal não apenas na fase de conhecimento, mas também na fase de execução, de modo que agravos de petição interpostos por tais espécies de executados devem ser conhecidos independentemente de garantia do juízo.[54] Contudo, o tema é controvertido, havendo decisões judiciais em sentido diferente.[55]

---

52 Súmula 128, III - Havendo condenação solidária de duas ou mais empresas, o depósito recursal efetuado por uma delas aproveita as demais, quando a empresa que efetuou o depósito não pleiteia sua exclusão da lide.

53 Assim, por exemplo: "RECURSO DE REVISTA DO RECLAMADO BANCO SANTANDER (BRASIL) S.A. LEI N.º 13.467/2017. LEI N.º 13.015/2014. IN 40/2016 DO TST. TRANSCENDÊNCIA DESERÇÃO DO RECURSO ORDINÁRIO. CUSTAS PROCESSUAIS. RECOLHIMENTO INTEGRAL FEITO POR UM DOS RECLAMADOS. APROVEITAMENTO. 1 - (...). O Tribunal Regional não conheceu do recurso ordinário interposto pelo reclamado Banco Santander, por considerá-lo deserto, uma vez que não houve o recolhimento das custas processuais. Contudo, verifica-se que a reclamada CALLINK, ao interpor recurso ordinário, efetuou o recolhimento integral das custas processuais. Registra-se que ambos os reclamados efetuaram os depósitos recursais inerentes a cada recurso. 3 - O § 1.º do artigo 789 da CLT estabelece que 'As custas serão pagas pelo vencido, após o trânsito em julgado da decisão. No caso de recurso, as custas serão pagas e comprovado o recolhimento dentro do prazo recursal'. Como se vê, o referido dispositivo exige apenas que o pagamento das custas seja efetuado dentro do prazo e no valor estipulado. 4 - As custas processuais ostentam natureza jurídica tributária e seu pagamento só pode ser exigido uma única vez, exceto no caso de acréscimo no valor da condenação, hipótese em que deve ser complementado. Assim, recolhidas integralmente as custas processuais por uma das partes aproveita às demais, ainda que a parte responsável pelo recolhimento requeira sua exclusão da lide. Há Julgados. 5 - Recurso de revista de que se conhece a que se dá provimento. III - AGRAVOS DE INSTRUMENTO DOS RECLAMADOS. Fica prejudicado o exame dos agravos de instrumento dos reclamados, em face do provimento do recurso de revista do reclamado BANCO SANTANDER (BRASIL) S.A. com determinação de retorno dos autos ao Tribunal Regional de origem." (ARR-10234-44.2016.5.03.0043, 6.ª Turma, Relatora Ministra Katia Magalhaes Arruda, DEJT 20/11/2020).

54 Nesse sentido, a seguinte decisão do Tribunal Superior do Trabalho: "A) AGRAVO DE INSTRUMENTO EM RECURSO DE REVISTA INTERPOSTO PELA EXECUTADA. EXECUÇÃO. NÃO CONHECIMENTO DO AGRAVO DE PETIÇÃO POR AUSÊNCIA DE GARANTIA DO JUÍZO. EMPRESA EM RECUPERAÇÃO JUDICIAL. O agravo de instrumento merece provimento, com consequente processamento do recurso de revista, haja vista que a executada logrou demonstrar possível ofensa ao art. 5°, LV, da CF. Agravo de instrumento conhecido e provido. B) RECURSO DE REVISTA INTERPOSTO PELA EXECUTADA. EXECUÇÃO DE SENTENÇA. NÃO CONHECIMENTO DO AGRAVO DE PETIÇÃO POR AUSÊNCIA DE GARANTIA DO JUÍZO. EMPRESA EM RECUPERAÇÃO JUDICIAL. Nos moldes do § 10 do art. 899 da CLT, introduzido pela Lei n° 13.467/2017, " são isentos do depósito recursal os beneficiários da justiça gratuita, as entidades filantrópicas e as empresas em recuperação judicial "(...). Logo, estando a executada em recuperação judicial, não pairam dúvidas de que está isenta do recolhimento do depósito recursal, razão pela qual se conclui que o Regional, ao não conhecer do agravo de petição, cerceou o direito de defesa da recorrente, direito assegurado constitucionalmente pelo inciso LV do art. 5°. Recurso de revista conhecido e provido" (RR-119600-41.2007.5.03.0105, 8ª Turma, Relatora Ministra Dora Maria da Costa, DEJT 27/09/2019).

55 Por exemplo: "AGRAVO DE INSTRUMENTO. LEI 13.467/17. EXECUÇÃO. DESERÇÃO DO AGRAVO DE PETIÇÃO. EMPRESA EM RECUPERAÇÃO JUDICIAL. AUSÊNCIA DE DEPÓSITO RECURSAL. TRANSCENDÊNCIA. O entendi-

Importante destacar que, após a Reforma Trabalhista, caso o empregador seja beneficiário da gratuidade de justiça, será isento de depósito recursal. Trata-se de correção legislativa da jurisprudência que era consolidada no Judiciário Trabalhista e restringia injustificadamente o contraditório, ao impedir o acesso à instância recursal por empregadores hipossuficientes do ponto de vista financeiro.

O depósito recursal poderá ser substituído por fiança bancária ou seguro garantia judicial (CLT, art. 899, § 11).

No agravo de instrumento, o depósito recursal corresponderá a 50% (cinquenta por cento) do valor do depósito do recurso cujo processamento se pretende destrancar (CLT, art. 899, § 7º), observando-se sempre o teto do valor da condenação.

Não ocorre deserção de recurso da massa falida por falta de pagamento de custas ou de depósito do valor da condenação (Súmula 86).[56] Isso se explica porque, na hipótese de falência, o devedor perde a livre disponibilidade de seus bens, que ficam sujeitos à execução concursal no juízo falimentar. Assim, exigir depósito prévio de custas e de depósito recursal inviabilizaria o direito ao recurso e ao contraditório mais amplo, em prejuízo da universalidade de credores. As custas devidas pela massa falida serão cobradas apenas ao final, mediante habilitação do correspondente crédito fiscal no juízo universal da falência.

As empresas em liquidação extrajudicial (instituições financeiras e cooperativas de crédito) estão sujeitas a regramento especial, positivado na Lei 6024/74, o qual não acarreta a indisponibilidade imediata dos ativos. É por essa razão que a Súmula 86 excepciona tais empresas, as quais estão obrigadas a recolher custas e depósito recursal como requisito de admissibilidade de recursos.

O entendimento consubstanciado na redação originária da OJ 140 da SDI-1 do TST, nitidamente exagerado, ao prever a deserção de recurso pelo recolhimento insuficiente das custas e do depósito recursal, ainda que a diferença em relação ao *quantum* devido fosse ínfima, referente a centavos, está superado pelo art. 1007, § 2º, do CPC. O texto da OJ foi atualizado[57] para se readequar ao referido dispositivo. Logo, se houver insuficiência no preparo das custas e do depósito recursal, somente

---

mento que prevalece nesta Corte Superior é no sentido de que apenas na fase de conhecimento é aplicável o disposto no art. 899, §10, da CLT. No caso de execução exige-se a garantia do juízo por meio de depósito do valor ou penhora de bens, bem como seguro garantia judicial com acréscimo de 30% do valor da execução (arts. 884, § 6º, da CLT e 835, § 2º, do CPC e OJ 59 da SBDI-2). Não estando garantido o juízo pelas modalidades indicadas, incumbe ao executado proceder ao recolhimento do depósito recursal no valor da execução e, não o fazendo, ocorre a deserção do recurso. Agravo de instrumento de que não se conhece em razão de sua deserção" (AIRR-11785-22.2016.5.03.0023, 6ª Turma, Relatora Desembargadora Convocada Cilene Ferreira Amaro Santos, DEJT 07/06/2019).

[56] TST, súmula 86: Não ocorre deserção de recurso da massa falida por falta de pagamento de custas ou de depósito do valor da condenação. Esse privilégio, todavia, não se aplica à empresa em liquidação extrajudicial.

[57] OJ-SDI1-140 DEPÓSITO RECURSAL E CUSTAS processuais. Recolhimento insuficiente. DESERÇÃO (nova redação em decorrência do CPC de 2015) - Res. 217/2017, DEJT divulgado em 20, 24 e 25.04.2017.

Em caso de recolhimento insuficiente das custas processuais ou do depósito recursal, somente haverá deserção do recurso se, concedido o prazo de 5 (cinco) dias previsto no § 2º do art. 1.007 do CPC de 2015, o recorrente não complementar e comprovar o valor devido.

haverá deserção do recurso se, concedido o prazo de 5 dias, o recorrente não complementar e comprovar o recolhimento do valor devido.

Ressalve-se que, embora não conste do texto legal, a aplicabilidade do art. 1007, § 2º, do CPC, pressupõe a boa-fé objetiva do recorrente no que tange à insuficiência do preparo. Se o erro for grosseiro e inescusável, não se deve oportunizar a possibilidade de complementação do preparo, sob pena de se estimular a chicana processual. Exemplo: o recorrente faz o depósito de R$ 10,00 (dez reais) a título de custas e depósito recursal, por ocasião de recurso ordinário interposto contra sentença cujo valor da condenação foi arbitrado em R$ 20.000,00 (vinte mil reais). Em tais situações de abuso de direito, não se aplicará o citado dispositivo legal.

O Tribunal Superior do Trabalho tem interpretado que a possibilidade de complementação de preparo (CPC, art. 1007, §2º) abrange tanto as custas, quanto o depósito recursal[58], conforme redação atual da OJ 140 da SDI-1 do TST.

Ademais, o art. 1007, § 4º, do CPC, estipula que a parte que não comprovar o recolhimento do preparo, inclusive porte de remessa e de retorno, será intimada, na pessoa de seu advogado, para realizar o recolhimento em dobro, sob pena de deserção. A distinção é que no § 4º não há recolhimento algum, enquanto no § 2º há recolhimento, embora insuficiente.

Veja-se que a Instrução Normativa nº 39/2016, em seu art. 10, determina a aplicação dos §§2º e 7º do art. 1007 do CPC ao Processo do Trabalho.[59] Dessa forma, o §4 do art. 1007, segundo o TST, não é aplicável ao Processo do Trabalho, de modo que, na ausência completa de preparo, não será possível a concessão de prazo para recolhimento em dobro.

Omissa a CLT, entretanto, o § 4º do art. 1007 também deveria se aplicar ao Processo do Trabalho, por não haver incompatibilidade e pelo fato de o dispositivo estar em consonância com o princípio da primazia da decisão de mérito. Perceba-se, ainda, que o recolhimento em dobro do depósito recursal será favorável à futura execução da sentença pelo trabalhador. Não há razão lógica ou jurídica para que o 2º (complementação de preparo insuficiente) se aplique no âmbito trabalhista, mas que o §4º do mesmo dispositivo (ausência completa de preparo) se considere inaplicável.

---

58 AGRAVO EM AGRAVO DE INSTRUMENTO EM RECURSO DE REVISTA DA RECLAMADA INTERPOSTO NA VIGÊNCIA DA LEI 13.467/2017. RECOLHIMENTO DE CUSTAS PROCESSUAIS FORA DO PRAZO RECURSAL. DESERÇÃO DO RECURSO ORDINÁRIO. INAPLICABILIDADE DO ART. 1.007, § 4.º, DO CPC. A sistemática recursal imposta pelo CPC de 2015 e recepcionada no Processo do Trabalho admite, quer quanto às custas, quer quanto ao depósito recursal, a abertura de prazo para regularização do vício relativo ao preparo recursal apenas na hipótese de sua insuficiência, nos termos da nova redação da Orientação Jurisprudencial 140 da SBDI-1 do TST. No entanto, constata-se que a reclamada realizou o recolhimento das custas processuais fora do prazo recursal. Assim, não se trata de mera insuficiência de preparo, mas de sua completa ausência, impassível de oportunização da parte para saneamento nos termos do art. 1.007, § 2.º, do CPC. Inaplicável o art. 1.007, § 4.º, do CPC. Precedentes. Agravo conhecido e não provido. (TST - Ag: 1002121320205010022, Relator: Delaide Alves Miranda Arantes, Data de Julgamento: 10/08/2022, 8ª Turma, Data de Publicação: 16/08/2022)

59 Art. 10. Aplicam-se ao Processo do Trabalho as normas do parágrafo único do art. 932 do CPC, §§ 1º a 4º do art. 938 e §§ 2º e 7º do art. 1007. Parágrafo único. A insuficiência no valor do preparo do recurso, no Processo do Trabalho, para os efeitos do § 2º do art. 1007 do CPC, concerne unicamente às custas processuais, não ao depósito recursal.

Há, ainda, julgado da SDI-1 que concluiu pela deserção de recurso cujo depósito recursal foi tempestivamente efetivado, mas a comprovação do depósito somente ocorreu após o decurso do prazo recursal.[60] Tal entendimento é criticável. Na hipótese em que feito regular e tempestivamente o depósito recursal, não se justifica o não conhecimento do recurso pela não comprovação do depósito no prazo recursal; ora, se o recorrente deve ser intimado para complementar o preparo quando não o faz ou quando o faz de forma insuficiente, com muito mais razão deve ser intimado para comprovar – e deve ser aceita a comprovação de – pagamento tempestivamente realizado, embora não comprovado.

Outro entendimento do TST, atinente à mesma temática, e que merece maior reflexão diz respeito à situação em que é interposto um primeiro recurso, do qual resulta o reconhecimento de nulidade da decisão recorrida; e, na sequência se interpõe um segundo recurso. O preparo recursal do primeiro recurso evidentemente será aproveitado para o segundo recurso, mas eventualmente pode haver necessidade de complementação de valores (por exemplo, pela atualização das tabelas de depósito recursal do TST). Neste caso, se, no segundo recurso, o recorrente não complementar o valor do preparo, o TST tem interpretado que se trata de ausência absoluta de preparo, enquadrando a situação no art. 1007, §4º, do CPC – e, dessa forma, entendendo que não é o caso de intimar o recorrente para complementação do preparo.[61]

---

[60] "Embargos. Recurso de revista interposto sob a égide do CPC/2015. Depósito recursal. Recolhimento dentro do prazo. Comprovação em momento processual posterior. Vício insanável. Deserção configurada. Lei nº 5.584/70. Súmula nº 245 do TST. Multa por embargos protelatórios. Denegado seguimento aos Embargos quanto ao tema. Ausência de impugnação por meio de agravo. Exclusão da multa pela Seção Uniformizadora. Mero corolário. Configura-se a deserção quando o recorrente, apesar de ter feito o recolhimento das custas e do depósito recursal tempestivamente, deixa de comprová-lo dentro do prazo alusivo ao recurso. Na espécie, o reclamado, ao interpor o recurso de revista, juntou a guia referente ao depósito recursal, sem a respectiva autenticação. A comprovação do preparo, com a juntada da guia devidamente autenticada, ocorreu mais de um mês depois do término do prazo recursal. Nesse contexto, não havendo comprovação do pagamento do depósito recursal no prazo para sua interposição, o recurso mostra-se deserto, nos termos do art. 7º da Lei nº 5.584/70 e da Súmula nº 245 do TST. Com esse entendimento, a SBDI-1 decidiu, por unanimidade, conhecer do recurso de embargos por contrariedade à Súmula nº 245 desta Corte e, no mérito, dar-lhe provimento para, reconhecendo a deserção do recurso de revista do reclamado, restabelecer integralmente o acórdão regional (...) TST-E-ED-ED-RR-11105-22.2015.5.03.004, SBDI-I, rel. Min. José Roberto Freire Pimenta, 18/6/2020" (noticiado no informativo TST nº 221).

[61] Agravo em recurso de embargos. Interposição sob a égide da Lei 13.015/2014. Alteração do valor limite do depósito recursal após a interposição do primeiro recurso de revista. Deserção do segundo por ausência do depósito complementar. Impossibilidade de concessão de prazo para regularização do preparo. Contrariedade à OJ 140 da SBDI-I/TST não configurada.

A falta de complementação do depósito recursal no valor do limite legal previsto em tabela atualizada, na ocasião da interposição de novo recurso de revista, não constitui mera insuficiência de recolhimento, mas sim ausência, o que impede a concessão de prazo para regularização do preparo. No caso em exame, foi dado provimento ao primeiro recurso de revista e determinado o retorno dos autos ao Tribunal de origem para apreciação das questões suscitadas pela parte. Proferida nova decisão pelo TRT, foi interposto o segundo recurso de revista sem a comprovação do depósito complementar, devido em razão da atualização do valor limite fixado no Ato.SEGJUD.GP 326/2016. Nesse contexto, registrou-se a impossibilidade de concessão de prazo para saneamento do vício, nos moldes da OJ 140 da SBDI-I/TST, uma vez que, em relação ao segundo recurso de revista, não restou caracterizado o recolhimento insuficiente, mas sim a ausência total do depósito recursal. Sob esses fundamentos, a SBDI-I, por unanimidade, conheceu do agravo e, no mérito, negou-lhe provimento. TST-Ag-E-ARR-189-71.2010.5.22.0104, SBDI-I, rel. Min. Hugo Carlos Scheuermann, julgado em 16/2/2023.

Trata-se de entendimento que retrata a noção de "jurisprudência defensiva", com o objetivo de criar embaraços formais irrazoáveis ao conhecimento de recursos. Para além de não aplicar – a nosso ver, equivocadamente – o §4º do art. 1007, o julgado ainda vai mais longe, pois considera que uma situação que nitidamente consiste em complementar o preparo recursal se equipara a uma ausência absoluta de preparo.

7.2.1.1. Depósito recursal atinente ao capítulo da sentença que condena as partes a pagarem honorários advocatícios sucumbenciais

O objetivo do depósito recursal, conforme analisado, é firmar garantia mínima do juízo para a futura execução, caso o recurso venha a ser desprovido. De acordo com o art. 899, §1º, da CLT[62], o depósito recursal se realiza no interesse da *parte vencedora*, não havendo previsão legislativa de que outros sujeitos processuais – como o advogado – se beneficiem do depósito.

Assim, a quantia atinente aos honorários advocatícios eventualmente fixados na decisão judicial não deve ser considerada para fins de cálculo do valor devido a título de depósito recursal. Nesse sentido vem decidindo o Tribunal Superior do Trabalho.[63]

7.2.1.2. Depósito recursal no recurso extraordinário

Sob a sistemática da repercussão geral[64], o Supremo Tribunal Federal decidiu pela não recepção do texto do art. 899, §1º, da CLT, no que exige depósito recursal para a interposição de recurso extraordinário. O entendimento, embora vinculante, merece ser criticado, por constituir grande retrocesso em termos da busca pela racionalidade e efetividade do Processo do Trabalho; além disso, o julgado pode suscitar dúvidas quanto à extensão de sua ratio decidendi para outros recursos.

De fato, o art. 899, §1º, da CLT, estava em vigor desde o longínquo ano de 1968, e sempre foi pacificamente aplicado, sem maiores discussões a respeito de sua constitucionalidade. Passados 32 anos desde a Constituição de 1988, em 2020, a Suprema Corte declara que o dispositivo legal não foi recepcionado pela Constituição, sob os fundamentos de que a exigência de depósito prévio geraria obstáculo

---

[62] CLT, art. 899, § 1º - Sendo a condenação de valor até 10 (dez) vezes o valor-de-referência regional, nos dissídios individuais, só será admitido o recurso, inclusiveo extraordinário, mediante prévio depósito da respectiva importância. Transitada em julgado a decisão recorrida, ordenar-se-á o levantamento imediato da importância do depósito, em favor da parte vencedora, por simples despacho do juiz.

[63] RECURSO DE REVISTA – PROCESSO SOB A ÉGIDE DA LEI Nº 13.015/2014, DO CPC/2015 E DA INSTRUÇÃO NORMATIVA Nº 40 DO TST – RECURSO ORDINÁRIO – DEPÓSITO RECURSAL – SENTENÇA SEM CONDENAÇÃO EM PECÚNIA – DESERÇÃO – NÃO OCORRÊNCIA. 1. O art. 899 da CLT exige que a parte vencida deposite previamente o valor da condenação, até o limite de dez salários-mínimos, para a admissão do recurso interposto. O depósito recursal tem como finalidade precípua resguardar que a parte vencedora da demanda receba ao menos porção do valor da condenação. (...) 3. Ressalta-se que os honorários de advogado não se inserem na quantia a ser recebida pela parte vencedora e não são objeto de depósito recursal, visto que devidos exclusivamente ao advogado constituído nos autos, com a possibilidade, inclusive, de execução autônoma da sentença nessa parte, nos termos dos arts. 22 e 23 da Lei no 8.906/94. (PROCESSO No TST-RR-20385-65.2016.5.04.0003. 7ª Turma. Rel. Min. Vieira de Mello Filho. Julgado em 23 de maio de 2018).

[64] RE 607447 RG, Relator(a): Min. MARCO AURÉLIO, julgado em 22/05/2020.

ao acesso à justiça e ao direito de defesa, e o de que "lei alguma pode retirar do Supremo o crivo quanto à harmonia, ou não, com a Constituição, de ato judicial"[65].

Sucede que há grande desvio de perspectiva, pois é evidente que a lei pode estabelecer requisitos de admissibilidade de recursos (= pressupostos recursais). Não se pode dizer que o art. 899, §1º, da CLT, estaria excluindo do STF a possibilidade de analisar supostas violações constitucionais, a me-nos que se pretenda defender que a lei também não poderia estabelecer prazos para interposição de recursos, regularidade formal, necessidade de pagamento de custas, interesse recursal etc... Todos os requisitos de admissibilidade dos recursos, de certa forma, dificultam o acesso às Cortes Superiores. Até mesmo a repercussão geral funciona como um grande filtro que restringe as causas que serão julgadas pela Suprema Corte.

Outro aspecto que deve ser considerado – e que foi ressaltado no voto vencido do Min. Alexandre de Moraes – é que o depósito recursal é importante mecanismo de proteção legal do trabalhador, tendo o objetivo de reduzir a interposição de recursos meramente protelatórios e servir de garantia da futura execução.

O depósito recursal, dessa forma, representa uma concretização legislativa do princípio da proteção no processo do trabalho. Ademais, num momento histórico em que se buscam mecanismos para reduzir o que se tem chamado de "tragédia da justiça"[66], consistente no suposto congestionamento do Poder Judiciário, em decorrência da grande quantidade de processos, com o incentivo aos meios alternativos de solução de conflitos, os quais são tratados como uma espécie de panaceia, é de causar estranheza a postura adotada pelo STF, que acaba por estimular e facilitar a recorribilidade.

A decisão gera o inevitável efeito colateral de alongar o trâmite processual e sobrecarregar o Supremo Tribunal Federal, gerando custos diretos e indiretos para o Estado e para a sociedade.

Mas não é só.

A partir da decisão, não seria absurda a construção de raciocínio segundo o qual o depósito recursal seria desnecessário para a interposição de todos os recursos no Processo do Trabalho. Isso porque, se nem mesmo para o recurso extraordinário – o qual tem hipóteses de cabimento muito mais restritas, e requisitos bem mais rigorosos, como o prequestionamento – se admite a exigibilidade do depósito recursal, com muito mais razão (*a fortiori*) não se poderia exigir depósito recursal para recursos que têm requisitos mais brandos, tais como o recurso ordinário, o agravo de petição, entre outros.

Contudo, a tese fixada pelo Supremo Tribunal Federal diz respeito única e exclusivamente ao recurso extraordinário, não abrangendo os demais recursos interponíveis no Processo do Trabalho. Da mesma forma, a *ratio decidendi* do julgado se pauta fortemente na ideia que não seria possível que a lei obstasse o acesso à Suprema Corte, tida como guardiã da Constituição. Portanto, não houve debate – e,

---

65 Cf. Voto do Min. Marco Aurélio.

66 A expressão é de Erik Navarro Wolkart na obra *Análise econômica do processo civil: como a economia, o direito e a psicologia podem vencer a tragédia da justiça*. São Paulo: Thomson Reuters, 2019.

em consequência não se formou precedente – a respeito do tema da exigibilidade de depósito recursal para todos os outros recursos que não sejam o extraordinário para o STF.

Assim, pelas razões já expostas, e também em função da presunção de constitucionalidade das leis, o depósito recursal continua consistindo em requisito de admissibilidade dos recursos trabalhistas, com exceção apenas do recurso extraordinário para o Supremo Tribunal Federal.

7.3. Regularidade formal

Regularidade formal consiste na observância de requisitos formais estabelecidos pela lei.

Assim, no Processo do Trabalho, não é possível a interposição de recurso oralmente, havendo necessidade de petição escrita, como deflui do art. 899, *caput*, da CLT.[67] Além disso, em todos os recursos, é necessária a formulação de pedido recursal.

A necessidade de que o recurso contenha as razões pelas quais se impugna a decisão também integra a regularidade formal. Sobre o tema, ver item 2.7 deste Capítulo.

A lei prevê exigências formais específicas para determinados tipos de recurso. Exemplificativamente:

- a regularidade formal do agravo de petição pressupõe que o recorrente delimite, justificadamente, as matérias e os valores impugnados (CLT, art. 897, § 1º)[68];
- no recurso extraordinário para o STF, a afirmação da repercussão geral integra a regularidade formal;
- no recurso de revista que alegue negativa de prestação jurisdicional, o recorrente deve transcrever, na peça recursal, o trecho dos embargos declaratórios em que foi pedido o pronunciamento do tribunal sobre questão veiculada no recurso ordinário e o trecho da decisão regional que rejeitou os embargos quanto ao pedido, para cotejo e verificação, de plano, da ocorrência da omissão (CLT, art. 896, § 1º-A, IV).

[67] Art. 899 – Os recursos serão interpostos por simples petição e terão efeito meramente devolutivo, salvo as exceções previstas neste Título, permitida a execução provisória até a penhora.

[68] Art. 897. § 1º – O agravo de petição só será recebido quando o agravante delimitar, justificadamente, as matérias e os valores impugnados, permitida a execução imediata da parte remanescente até o final, nos próprios autos ou por carta de sentença.

8. PROCEDIMENTO RECURSAL

8.1. Juízo de admissibilidade

No Processo do Trabalho, os recursos são interpostos mediante petição direcionada ao juízo recorrido (*a quo*), que faz o juízo inicial de admissibilidade. Diferentemente, no Processo Civil, o juiz de primeiro grau não analisa a admissibilidade dos recursos interpostos.

De fato, o TST, na IN 39/2016, firmou o entendimento de que não se aplica no âmbito trabalhista o art. 1010, § 3º, do CPC[69], no que dispensa a realização de juízo de admissibilidade pelo juiz de primeiro grau. Esse entendimento é criticável, por onerar desnecessariamente as Varas do Trabalho com tarefa geralmente inútil, pois é comum que, nestes casos, o interessado interponha agravo de instrumento, o que levará o processo ao TRT de qualquer modo.

Como, na sistemática vigente, o Juiz do Trabalho detém o poder-dever de analisar a admissibilidade dos recursos, deve-se permitir que o faça inclusive antes da intimação do recorrido para apresentação de contrarrazões, em uma espécie de juízo prévio de admissibilidade, nas hipóteses em que seja patente que se deva negar seguimento ao recurso.

Em seguida, o recorrido deve ser intimado para apresentar contrarrazões, cujo prazo é o mesmo do recurso interposto. Assim, por exemplo, o prazo para contrarrazoar o recurso ordinário é de 8 dias, ainda que, por hipótese, o recorrente haja interposto o apelo no 2º dia do prazo.

Contrarrazoar recurso é faculdade, e não dever ou ônus processual. Dessa forma, não há revelia, nem confissão ficta pela ausência de contrarrazões.

Recebidas as contrarrazões, o Juiz do Trabalho (*a quo*) analisa novamente a admissibilidade do apelo, pois a manifestação do recorrido pode ter salientado algum aspecto não observado no juízo primitivo de admissibilidade.

No Tribunal *ad quem*, o juízo de admissibilidade é feito, inicialmente, pelo relator e, em seguida, pelo órgão colegiado competente – o qual terá sempre a última palavra no que diz respeito à admissibilidade recursal.

Diferentemente, no Processo Civil, não há juízo prévio de admissibilidade pelo juízo recorrido, razão pela qual, após a interposição do recurso e concessão de prazo para contrarrazões, os autos devem ser encaminhados de imediato ao Tribunal *ad quem* (CPC, art. 1030).

A sistemática do Processo Civil é mais eficiente, pois a prática demonstra que os interessados interpõem agravo de instrumento com o objetivo de destrancar o processamento de recurso cujo seguimento fora negado pelo Juízo *a quo*.

[69] Art. 1010, § 3º – Após as formalidades previstas nos §§ 1º e 2º, os autos serão remetidos ao tribunal pelo juiz, independentemente de juízo de admissibilidade.

8.2. Prevenção

Interposto, o recurso deve ser distribuído a um dos órgãos competentes (Turmas ou Seções) do Tribunal e a um relator.

De acordo com o art. 930, parágrafo único, do CPC, o primeiro recurso protocolado no tribunal tornará prevento o relator para eventual recurso subsequente interposto no mesmo processo ou em processo conexo. Assim, caso, por exemplo, a sentença de primeiro grau venha a ser anulada e o TRT determine o retorno dos autos para prolação de nova decisão pelo Juiz do Trabalho, se for interposto recurso ordinário contra a segunda sentença, o apelo deve ser distribuído ao mesmo órgão jurisdicional que julgou o primeiro recurso ordinário.

8.3. Poderes e atribuições do relator

O relator é o magistrado (Desembargador ou Ministro) responsável pela condução do processo no âmbito do Tribunal. A legislação, paulatinamente, ampliou os poderes e atribuições do relator, com o objetivo de prestigiar a celeridade e economia processuais.

Perceba-se que a competência, em matéria recursal, é dos Tribunais, que são necessariamente órgãos colegiados. Por uma questão de divisão de trabalho, os Tribunais se subdividem em Seções, Câmaras ou Turmas. Sucede que, em hipóteses legalmente previstas, o relator pode decidir isoladamente, em nome do próprio Tribunal que integra: trata-se das decisões monocráticas do relator. Contudo, sempre será possível a interposição de recurso para o órgão colegiado, embora disso possa eventualmente resultar a aplicação de multas ao recorrente, caso o recurso venha a ser desprovido.

A Súmula 435 do TST prevê a aplicação do art. 932 do CPC ao Processo do Trabalho. Tal dispositivo, adaptado à sistemática trabalhista, prevê incumbir ao relator:

- (i) dirigir e ordenar o processo no tribunal, inclusive em relação à produção de prova, bem como, quando for o caso, homologar autocomposição das partes;
- (ii) apreciar o pedido de tutela provisória nos recursos e nos processos de competência originária do tribunal;
- (iii) não conhecer de recurso inadmissível, prejudicado ou que não tenha impugnado especificamente os fundamentos da decisão recorrida;
- (iv) negar provimento a recurso que seja contrário a: (a) súmula do Supremo Tribunal Federal, do Tribunal Superior do Trabalho ou do próprio tribunal; (b) acórdão proferido pelo Supremo Tribunal Federal ou pelo Tribunal Superior do Trabalho em julgamento de recursos repetitivos; (c) entendimento firmado em incidente de resolução de demandas repetitivas ou de assunção de competência;

- (v) depois de facultada a apresentação de contrarrazões, dar provimento ao recurso se a decisão recorrida for contrária a: (a) súmula do STF, do TST ou do próprio tribunal; (b) acórdão proferido pelo STF ou pelo TST em julgamento de recursos repetitivos; (c) entendimento firmado em incidente de resolução de demandas repetitivas ou de assunção de competência;
- (vi) decidir o incidente de desconsideração da personalidade jurídica, quando este for instaurado originariamente perante o tribunal;
- (vii) determinar a intimação do Ministério Público, quando for o caso;
- (viii) exercer outras atribuições estabelecidas no regimento interno do tribunal.

Contra qualquer decisão proferida monocraticamente pelo relator em Tribunais, cabe agravo interno para o correspondente órgão colegiado. Quando o agravo interno for declarado manifestamente inadmissível ou improcedente em votação unânime, o órgão colegiado, em decisão fundamentada, condenará o agravante a pagar ao agravado multa fixada entre um e cinco por cento do valor atualizado da causa (CPC, art. 1021, *caput* e § 4º).

8.4. Fatos supervenientes à sentença ou cognoscíveis de ofício

Quando o Tribunal – por intermédio do relator ou de qualquer dos integrantes do colegiado – constatar a ocorrência de fato superveniente à decisão recorrida ou a existência de questão apreciável de ofício ainda não examinada que devam ser considerados no julgamento do recurso, as partes devem ser intimadas para se manifestarem especificamente sobre o ponto, no prazo de 5 dias, se outro não for fixado judicialmente (CPC, art. 933).

A providência deve ser adotada ainda que já iniciada a sessão de julgamento, que deve ser suspensa nesta hipótese.

A necessidade de intimação prévia das partes é clara manifestação do princípio do contraditório substancial e da vedação à decisão-surpresa (CPC, art. 10).[70]

Como exemplos de fatos supervenientes à sentença, tem-se o pagamento ou parcelamento do crédito exequendo; ou a existência de questão preliminar ao mérito da causa não suscitada, nem apreciada, no Juízo *a quo*.

8.5. Sustentação oral

Sustentação oral consiste na manifestação do advogado por ocasião da sessão de julgamento em Tribunais.

[70] Art. 10 – O juiz não pode decidir, em grau algum de jurisdição, com base em fundamento a respeito do qual não se tenha dado às partes oportunidade de se manifestar, ainda que se trate de matéria sobre a qual deva decidir de ofício.

Após exposição da causa pelo relator, o Presidente do colegiado dará a palavra, sucessivamente, ao recorrente, ao recorrido e, nos casos de sua intervenção, ao membro do Ministério Público, pelo prazo improrrogável de 15 (quinze) minutos para cada um, a fim de sustentarem suas razões (CPC, art. 937, *caput*).

No caso de litisconsórcio, o tempo de 15 minutos deve ser proporcionalmente distribuído entre cada qual. Como o Código garante o tempo mínimo de 15 minutos, é inválida previsão de Regimento Interno de Tribunal que o reduza. Seria possível, entretanto, que o regimento interno amplie tal tempo (tal como é feito pelo art. 161, §3º, do RITST).[71]

Como o Código garante o tempo mínimo de 15 minutos, é inválida previsão de Regimento Interno de Tribunal que o reduza (tal como ocorre, por exemplo, no art. 145, § 1º, do RITST).[72]

Usará da palavra, em primeiro lugar, o advogado do recorrente; se ambas as partes o forem, o do reclamante.

O Regimento Interno de cada Tribunal pode prever regras procedimentais concernentes à sustentação oral, desde que não haja contrariedade ao art. 937 do CPC.

No âmbito do TST, não haverá sustentação oral em: I - embargos de declaração; II - conflito de competência; III - agravo de instrumento; IV - agravos internos previstos neste Regimento, salvo se interpostos contra decisão monocrática de relator que: a) julgue o mérito ou não conheça de recurso que, se fosse apreciado por órgão colegiado do TST, comportaria sustentação oral em seu julgamento; b) extinga, com ou sem resolução de mérito, ação rescisória, mandado de segurança, reclamação, habeas corpus e outras ações de competência originária; c) conceda ou denegue a medida liminar em mandado de segurança; V - arguição de suspeição ou de impedimento; VI - tutelas provisórias; VII - incidentes de desconsideração da personalidade jurídica. (RITST, art. 161, §5º)

8.6. Correção de vícios formais

Caso o relator se depare com algum vício formal de que resulte a inadmissibilidade do recurso, deverá intimar o recorrente para que, em 5 dias, sane o vício ou complemente a documentação (CPC, art. 932, parágrafo único[73]). É o que pode

---

[71] Art. 161, § 3º Aos litisconsortes representados por mais de um advogado, o tempo lhes será proporcionalmente distribuído, podendo haver prorrogação até o máximo de 20 (vinte) minutos, ante a relevância da matéria.

[72] Art. 145, § 1º – Ao proferir seu voto, o Relator fará um resumo da matéria em discussão e antecipará sua conclusão, hipótese em que poderá ocorrer a desistência da sustentação, ante a antecipação do resultado. Havendo, porém, qualquer voto divergente daquele anunciado pelo Relator, o Presidente voltará a facultar a palavra ao advogado desistente. Não desistindo os advogados da sustentação, o Presidente concederá a palavra a cada um dos representantes das partes, por dez minutos, sucessivamente.

[73] Art. 932, Parágrafo único. Antes de considerar inadmissível o recurso, o relator concederá o prazo de 5 (cinco) dias ao recorrente para que seja sanado vício ou complementada a documentação exigível.

acontecer, por exemplo, na hipótese de ausência de procuração ou substabelecimento do advogado que subscreve o recurso.

Registre-se, entretanto, a existência de precedente da SDI-2 do TST[74] no sentido de ser incabível a concessão de prazo nas hipóteses de inexistência de procuração ou de substabelecimento para o advogado subscritor do recurso, e que a concessão do prazo de 5 (cinco) dias para a parte recorrente sanar o vício, consoante o item II da Súmula nº 383 do TST[75], só é pertinente quando verificada irregularidade no instrumento de procuração ou substabelecimento que já consta nos autos.

Na verdade, a Súmula 383, I, do TST, deveria ser cancelada, já que a ausência de procuração é vício sanável e o recurso interposto por advogado sem procuração nos autos não é tratado pelo art. 104, §2º, do Código de Processo Civil, como ato inexistente, mas como ato ineficaz na situação em que não seja ratificado.[76] Além disso, o art. 932, parágrafo único, do CPC, inspirado no princípio da primazia da decisão de mérito, direciona inequivocamente para essa solução.

Evidentemente, caso se trate de vício insanável, não se aplica a sistemática do art. 932, parágrafo único, do CPC. Exemplificando, se o recurso for intempestivo ou se ausente o interesse recursal, descabe cogitar da concessão de prazo para o recorrente.

O relator pode, ainda, determinar a realização ou a renovação do ato processual, no próprio tribunal ou em primeiro grau de jurisdição, para suprir vício procedimental sanável. Caso haja necessidade de produção de provas, o relator converterá o julgamento em diligência, que se realizará no tribunal ou em primeiro grau de jurisdição, decidindo-se o recurso após a conclusão da instrução. Tais providências

---

74 "Irregularidade de representação. Recurso interposto eletronicamente. Ausência de procuração outorgada ao advogado subscritor. Concessão de prazo para saneamento do vício. Não cabimento. Súmula nº 383, II, do TST. Não se conhece de recurso interposto com assinatura digital de advogado sem procuração nos autos, revelando-se inexistente o ato praticado por irregularidade de representação. A concessão do prazo de 5 (cinco) dias para a parte recorrente sanar o vício, consoante o item II da Súmula nº 383 do TST, só é cabível quando verificada irregularidade no instrumento de procuração ou substabelecimento que já consta nos autos. No caso, o recurso ordinário interposto pelo impetrante foi subscrito eletronicamente por advogado que não estava habili-tado por procuração ou substabelecimento no momento da interposição do apelo. Sob esse entendimento, a SBDI-II, por unanimidade, negou provimento ao agravo de instrumento. TST--AIRO-154-58.2019.5.17.0000, SBDI-II, rel. Min. Maria Helena Mallmann, julgado em 5/5/2020" (noticiado no informativo TST nº 218).

75 Súmula nº 383 do TST. RECURSO. MANDATO. IRREGULARIDADE DE REPRESENTAÇÃO. CPC DE 2015, ARTS. 104 E 76, § 2º. I – É inad-missível recurso firmado por advogado sem procuração juntada aos autos até o momento da sua interposição, salvo mandato tá-cito. Em caráter excepcional (art. 104 do CPC de 2015), admite-se que o advogado, independentemente de intimação, exiba a procuração no prazo de 5 (cinco) dias após a interposição do recurso, prorrogável por igual período mediante despacho do juiz. Caso não a exiba, considera-se ineficaz o ato praticado e não se conhece do recurso.

II – Verificada a irregularidade de representação da parte em fase recursal, em procuração ou substabelecimento já constante dos autos, o relator ou o órgão competente para julgamento do recurso designará prazo de 5 (cinco) dias para que seja sanado o vício. Descumprida a determinação, o relator não conhecerá do recurso, se a providência couber ao recorrente, ou determinará o desentranhamento das contrarrazões, se a providência couber ao recorrido (art. 76, § 2º, do CPC de 2015).

76 Com a mesma opinião, CORREIA, Henrique; MIESSA, Élisson, *Comentários...*, *op.cit.*, p. 1237.

também podem ser determinadas pelo colegiado, caso o relator não as adote (CPC, art. 938).[77]

8.7. Colheita de votos e pedido de vista

Depois de exposta a causa pelo relator, e feitas – quando for o caso – as sustentações orais dos advogados, passa-se à etapa de julgamento do recurso, que se inicia pelo voto do próprio relator.

A votação pelo colegiado deve ser feita separada e destacadamente para cada questão preliminar (do recurso ou da causa) e de mérito que haja de ser considerada no julgamento do recurso, como se infere do art. 938, *caput*, do CPC.

O resultado do julgamento decorrerá da maioria de votos relativa a cada questão analisada pelo colegiado, o qual deve observar a ordem própria na apreciação das questões. Equívocos técnicos, nessa matéria, podem acarretar graves injustiças.[78]

Suponha-se que o recorrido alegue que o recurso do adversário não deva ser conhecido por ser intempestivo, incabível e por ausente o respectivo preparo. Tem-se, aí, três questões preliminares ao julgamento do recurso, atinentes à admissibilidade recursal. Suponha-se que cada um dos três Desembargadores acolha apenas uma das preliminares, e rejeite as demais; nessa hipótese, o recurso deve ser conhecido, pois não terá havido maioria quanto a nenhuma das questões que impediriam a admissibilidade.

---

[77] Art. 938. A questão preliminar suscitada no julgamento será decidida antes do mérito, deste não se conhecendo caso seja incompatível com a decisão.

§ 1º Constatada a ocorrência de vício sanável, inclusive aquele que possa ser conhecido de ofício, o relator determinará a realização ou a renovação do ato processual, no próprio tribunal ou em primeiro grau de jurisdição, intimadas as partes.

§ 2º Cumprida a diligência de que trata o § 1º, o relator, sempre que possível, prosseguirá no julgamento do recurso.

§ 3º Reconhecida a necessidade de produção de prova, o relator converterá o julgamento em diligência, que se realizará no tribunal ou em primeiro grau de jurisdição, decidindo-se o recurso após a conclusão da instrução.

§ 4º Quando não determinadas pelo relator, as providências indicadas nos §§ 1º e 3º poderão ser determinadas pelo órgão competente para julgamento do recurso.

§ 1º – Constatada a ocorrência de vício sanável, inclusive aquele que possa ser conhecido de ofício, o relator determinará a realização ou a renovação do ato processual, no próprio tribunal ou em primeiro grau de jurisdição, intimadas as partes.

§ 2º – Cumprida a diligência de que trata o § 1º, o relator, sempre que possível, prosseguirá no julgamento do recurso.

§ 3º – Reconhecida a necessidade de produção de prova, o relator converterá o julgamento em diligência, que se realizará no tribunal ou em primeiro grau de jurisdição, decidindo-se o recurso após a conclusão da instrução.

§ 4º – Quando não determinadas pelo relator, as providências indicadas nos §§ 1º e 3º poderão ser determinadas pelo órgão competente para julgamento do recurso.

[78] Cf. BARBOSA MOREIRA, *op. cit.*, p. 704.

Idêntico raciocínio se aplica quanto ao julgamento do mérito do recurso (aí abrangida, eventualmente, questão preliminar ao mérito da própria causa)[79], e também quanto a cada causa de pedir formulada na ação.

Suponha-se que o pedido de indenização por danos morais seja julgado procedente no primeiro grau, com base em assédio moral, embora a inicial também relatasse assédio sexual. No julgamento do recurso ordinário, suponha-se que um dos Desembargadores considere existir apenas assédio moral; o segundo, somente assédio sexual; e o terceiro conclua pela inexistência de qualquer ato ilícito. Nessa hipótese, o recurso deve ser provido, excluindo-se a condenação, pois a maioria de votos foi no sentido da inexistência de assédio moral e também de assédio sexual. Não se podem somar quantidades heterogêneas, para concluir que há danos morais já que houve um voto pelo assédio moral e outro pelo sexual.

Dentro de cada questão, entretanto, mesmo que haja discrepância entre os fundamentos adotados por cada votante, as respectivas conclusões devem ser somadas caso coincidam. Exemplo: um Desembargador conclui serem devidas horas extras porque os cartões de ponto não foram assinados, mesmo que a prova testemunhal não lhe pareça satisfatória; o segundo Desembargador reputa irrelevante a ausência de assinatura dos cartões de ponto, mas conclui pela sobrejornada em virtude da prova testemunhal. Os dois votos coincidem quanto à mesma questão (pedido de horas extras delimitado pela causa de pedir), muito embora os fundamentos sejam distintos.

Caso algum dos votantes no órgão fracionário não se sinta habilitado a proferir voto, pode pedir vista dos autos pelo prazo de 10 dias. Esse prazo pode ser prorrogado por, no máximo, mais 10 dias, a requerimento do magistrado interessado. Decorrido o prazo, o Presidente do colegiado requisitará os autos e incluirá o processo em pauta para julgamento na sessão ordinária subsequente, na qual, se aquele que fez o pedido de vista ainda não se sentir habilitado a votar, o presidente convocará substituto para proferir voto, na forma estabelecida no regimento interno do Tribunal (CPC, art. 940).

O voto poderá ser alterado até o momento da proclamação do resultado pelo presidente, salvo aquele já proferido por juiz afastado ou substituído (CPC, art. 941, § 1º).

8.8. Acórdão

Proferidos os votos, o presidente anunciará o resultado do julgamento, designando para redigir o acórdão o relator ou, se vencido este, o autor do primeiro voto vencedor. O voto vencido será necessariamente declarado e considerado parte integrante do acórdão para todos os fins legais, inclusive de pré-questionamento (CPC, art. 941, *caput* e § 3º). O Tribunal Superior do Trabalho vem decidindo, acertadamente, que a ausência de juntada do voto vencido gera nulidade absoluta do julgado, por não atender ao dispositivo legal mencionado e também à necessidade de fundamentação adequada do acórdão.[80]

---

79 Sobre a distinção entre mérito da causa e mérito do recurso, ver item 5 deste Capítulo.

80 Juntada de voto vencido. Ausência. Nulidade absoluta do julgado. Configuração. Art. 941, § 3º, do CPC de 2015. O art. 941, § 3º, do CPC de 2015 determina que "o voto vencido necessariamente será declarado e

8.9. Ampliação do colegiado

Na sistemática do Processo Civil, sempre que o julgamento da apelação não for por unanimidade de votos, deve-se adotar a técnica de ampliação do colegiado, convocando-se outros magistrados para integrarem o órgão julgador, em número suficiente para mudar o resultado inicial. As partes podem produzir novas sustentações orais e os magistrados que já votaram podem modificar os votos (CPC, art. 942, *caput*).

Tal técnica também se aplica no julgamento não unânime: (i) de ação rescisória, quando o resultado for a rescisão da sentença, devendo, nesse caso, seu prosseguimento ocorrer em órgão de maior composição previsto no regimento interno; (ii) de agravo de instrumento, quando houver reforma da decisão que julgar parcialmente o mérito (CPC, art. 942, § 3º).

Essa sistemática de ampliação do colegiado foi idealizada para substituir o recurso de embargos infringentes, que era previsto anteriormente ao CPC de 2015 e foi por este abolido. Tal opção legislativa acaba retardando o trâmite processual, ao exigir a convocação de novos magistrados para o órgão julgador. Por tais razões, é de ser rejeitada no Processo do Trabalho, em função da inexistência de omissão da CLT e incompatibilidade com os princípios desse ramo.

A IN 39/2016 sufraga esse entendimento, ao estatuir não ser aplicável ao Processo do Trabalho a técnica de prosseguimento de julgamento não unânime de apelação.

9. RECURSO ADESIVO

O recurso adesivo, previsto no art. 997, §§ 1º e 2º, do CPC[81], não é uma espécie diferente de recurso; cuida-se, na verdade, de uma forma de interposição dos recursos previstos em lei.

De fato, a grande maioria dos recursos podem ser interpostos de forma autônoma ou adesiva. As partes podem, no seu prazo recursal, interpor recurso de

considerado como parte integrante do acórdão para todos os fins legais, inclusive para o de pré-questionamento", de forma que o legislador não deixou nenhuma margem interpretativa apta a relativizar a aplicação do dispositivo. A juntada do referido voto, portanto, é condição imprescindível para a efetivação do art. 93, IX, da CF, pois compõe a própria fundamentação da decisão colegiada e possibilita o conhecimento pelas partes de todas as razões (acatadas e rechaçadas) que resultaram no provimento jurisdicional. Assim, a ausência do voto vencido não pode ser considerada uma mera irregularidade passível de ser sanada pela ampla devolutividade do recurso ordinário, porquanto se trata de providência que, quando não observada, acarreta a nulidade absoluta do julgado. Sob esses fundamentos, a SBDI-II, por maioria, declarou a nulidade dos atos procedimentais a partir da publicação do acórdão do TRT sem o voto vencido, e determinou a devolução dos autos ao Tribunal Regional de origem para que seja sanada a irregularidade apontada, com restituição às partes do prazo para a interposição do recurso ordinário e o regular prosseguimento do feito. Vencidos, em parte, os Ministros Douglas Alencar Rodrigues e Luiz José Dezena da Silva. TST-RO-7956-69.2016.5.15.0000, SBDI-II, rel. Min. Maria Helena Mallmann, 13.8.2019. (Informativo 202 do TST).

81 Art. 997, § 1º – Sendo vencidos autor e réu, ao recurso interposto por qualquer deles poderá aderir o outro. § 2º – O recurso adesivo fica subordinado ao recurso independente, sendo-lhe aplicáveis as mesmas regras deste quanto aos requisitos de admissibilidade e julgamento no tribunal, salvo disposição legal diversa (...).

forma autônoma, hipótese em que a sorte dos recursos é absolutamente independente: mesmo que o recurso do adversário não seja conhecido, o(s) outro(s) será(ão) normalmente processado(s).

Sucede que, em alguns casos de sucumbência recíproca, a parte pode se conformar com a decisão judicial, sob a condição de que não corra o risco de sua situação jurídica piorar, vale dizer: desde que a parte contrária não interponha recurso. Assim, para evitar a interposição desnecessária de recursos, o ordenamento processual prevê a figura do recurso adesivo.

Isso porque o recurso adesivo é interposto no prazo de que a parte dispõe para responder (ofertar contrarrazões) ao recurso do adversário. Perceba-se que a sistemática do recurso adesivo prolonga, de certa forma, o prazo recursal, já que, ao prazo originário do recurso interponível, acrescenta-se aquele outro atinente às contrarrazões. Tal elastecimento do prazo é objetivo, razão pela qual independe da perquirição do estado anímico do recorrente, ou seja, não se cogita de sua aceitação condicional da decisão judicial nos moldes expostos no parágrafo anterior.

Em contrapartida, a admissibilidade – não o mérito – do recurso adesivo fica subordinada ao conhecimento do recurso principal. Assim, além dos requisitos de admissibilidade inerentes ao recurso que se interpõe (preparo, regularidade formal etc.), o recurso adesivo só terá seu mérito julgado caso isso também aconteça com o recurso principal. Se, por exemplo, a parte que o interpôs desistir do recurso principal, o recurso adesivo não será conhecido.

De outro lado, o julgamento meritório dos recursos (principal e adesivo) é independente. Desse modo, nada impede que ambos sejam simultaneamente providos, desprovidos ou providos de forma parcial.

Não há necessidade de correlação de matérias (embora também nada impeça que exista) entre o recurso principal e o adesivo: este pode impugnar capítulos da decisão que não foram objeto daquele. Por exemplo: o reclamante interpõe recurso ordinário no tópico alusivo às horas extraordinárias; nada impede que a reclamada interponha recurso ordinário adesivo quanto ao capítulo atinente à equiparação salarial, por hipótese não impugnado pelo reclamante.

No Processo do Trabalho, é pertinente o manejo do recurso adesivo nas hipóteses de interposição de recurso ordinário, de revista, embargos, agravo de petição (TST, Súmula 283), e também no recurso extraordinário em matéria trabalhista.[82]

Se a parte já tiver interposto recurso de forma autônoma, dá-se a preclusão consumativa, razão pela qual não poderá valer-se de recurso adesivo, ainda que o primeiro não seja conhecido por qualquer razão. Nem mesmo a desistência do recurso autônomo anteriormente interposto autoriza a interposição posterior de recurso adesivo.

Após a interposição do recurso adesivo, o autor do recurso principal (que ocupa a posição de recorrido no recurso adesivo) será intimado para oferecer contrarrazões.

---

[82] TST, súmula 283: O recurso adesivo é compatível com o processo do trabalho e cabe, no prazo de 8 (oito) dias, nas hipóteses de interposição de recurso ordinário, de agravo de petição, de revista e de embargos, sendo desnecessário que a matéria nele veiculada esteja relacionada com a do recurso interposto pela parte contrária.

Evidentemente, não é possível recurso adesivo sucessivo pelo recorrente originário, também em virtude da preclusão consumativa. Exemplo: reclamante interpõe recurso ordinário; reclamada interpõe recurso ordinário adesivo. No prazo de contrarrazões ao recurso adesivo da reclamada, o reclamante não pode pretender interpor novo recurso adesivo (para impugnar tópico que havia esquecido de mencionar no apelo originário, por exemplo), por já ter interposto seu próprio recurso de forma autônoma.

Se a parte vencida for a Fazenda Pública, e os autos hajam de ser remetidos ao Tribunal por força da remessa necessária, mas nenhuma das partes tenha interposto recurso de forma autônoma, descabe cogitar de adesão do adversário da Fazenda, já que não existirá recurso a que se possa aderir.[83]

Descabe a interposição de recurso adesivo por terceiro prejudicado ou pelo Ministério Público como fiscal da lei; analogamente, nenhuma parte pode aderir ao recurso que estes hajam eventualmente interposto, já que o instituto somente se aplica para as partes do processo (art. 997, § 1º).

Não há interesse recursal para o recurso adesivo, por falta de necessidade, na hipótese em que o efeito devolutivo do recurso principal já seja suficiente para levar a questão ao órgão *ad quem*. Exemplo: sentença julga o pedido parcialmente procedente e condena a reclamada ao pagamento de horas extras, sem apreciar a arguição de prescrição feita em defesa. Caso o reclamante interponha recurso ordinário, desnecessária a interposição de recurso ordinário adesivo pela reclamada para levar ao TRT o tema da prescrição, pois o efeito devolutivo amplo do recurso interposto pelo reclamante é suficiente para essa finalidade.

Embora recomendável, não há necessidade de que o recurso adesivo seja apresentado em peça distinta daquela em que se ofertam as contrarrazões.[84] O princípio da simplicidade recomenda essa solução, que prestigia o acesso à justiça e ao órgão recursal. Além disso, a lei não exige a elaboração de peça separada.

Por fim, veja-se que, apesar de inexistir previsão legal específica, veja-se que é possível o cabimento de recurso adesivo na hipótese de decisão parcial de mérito. De fato, havendo sucumbência recíproca no capítulo julgado antecipadamente, é possível que uma das partes interponha recurso principal contra a decisão parcial de mérito (no Processo Civil, agravo de instrumento; no Processo do Trabalho, recurso ordinário) e que o recorrido, no prazo de contrarrazões, oferte recurso adesivo. Isso porque, nesta hipótese, terão sido vencidos autor e réu, havendo enquadramento no art. 997, §1º, do CPC.[85] Assim, mesmo não havendo previsão expressa de cabimento de agravo de instrumento adesivo no art. 997, §2º, II, do CPC[86], a intepretação

---

[83] Cf. BARBOSA MOREIRA, *op. cit.*, p. 318.

[84] De forma semelhante, BARBOSA MOREIRA, *op. cit.*, p. 325.

[85] § 1º Sendo vencidos autor e réu, ao recurso interposto por qualquer deles poderá aderir o outro.

[86] § 2º O recurso adesivo fica subordinado ao recurso independente, sendo-lhe aplicáveis as mesmas regras deste quanto aos requisitos de admissibilidade e julgamento no tribunal, salvo disposição legal diversa, observado, ainda, o seguinte: (...) II - será admissível na apelação, no recurso extraordinário e no recurso especial;

lógico-sistemática impõe essa conclusão, pois o agravo de instrumento (no processo civil) faz as vezes da apelação na hipótese de julgamento parcial de mérito.[87]

9.1. Recurso adesivo e litisconsórcio

A legitimação para interposição de recurso adesivo, como visto, é do adversário da parte que interpusera o recurso principal. O princípio, de singela aplicação nas hipóteses em que não há pluralidade de partes no polo ativo ou passivo da relação processual, gera questão teórica de alta indagação nas situações de litisconsórcio ativo ou passivo.

No tema, importante observar que, nas hipóteses de litisconsórcio, o recurso adesivo só pode ser interposto pelo adversário do recorrente principal; assim, é inviável que o litisconsorte do recorrente principal pretenda interpor recurso adesivo. Exemplo: processo com um reclamante e duas reclamadas, sendo que a 1ª reclamada interpõe recurso ordinário autônomo – nesse caso, a 2ª reclamada não pode interpor recurso adesivo ao já interposto pela 1ª.

Quanto à interposição de recurso adesivo pelo adversário dos litisconsortes, nas situações em que apenas um destes tenha interposto recurso autônomo, há necessidade de distinguir entre o litisconsórcio unitário e o simples.[88]

De fato, no litisconsórcio simples (= não unitário):

- (i) se o recurso principal for interposto por apenas um dos litisconsortes, o adversário de ambos somente pode endereçar o recurso adesivo ao litisconsorte que recorreu de forma autônoma; vale dizer, o recurso adesivo não pode ser endereçado ao adversário que não interpôs recurso principal.

  Exemplo: reclamação trabalhista com dois reclamantes – ambos postulando o pagamento de adicional de insalubridade (pedido julgado procedente) e adicional por tempo de serviço (pedido julgado improcedente) – e uma reclamada. Supondo que o reclamante 1 não interponha recurso, e apenas o reclamante 2 interponha recurso ordinário contra a improcedência do pedido de adicional por tempo de serviço, a reclamada só pode interpor recurso adesivo endereçado ao reclamante 2 (o qual versaria, no caso, sobre o pedido de adicional de insalubridade julgado favoravelmente ao reclamante 2);
- (ii) se o recurso principal for interposto pelo adversário dos litisconsortes, e endereçado exclusivamente a um deles, apenas este pode interpor recurso adesivo, com objetivo de melhorar sua própria situação jurídica. Assim, o litisconsorte que não figurou como recorrido no recurso principal não pode interpor recurso adesivo.

---

87 Com a mesma conclusão, LEMOS, Vinicius Silva. O agravo de instrumento contra decisão parcial de mérito. *Revista de Processo*, v. 259, p. 275-303, 2016.

88 Cf. sinalizado por José Carlos Barbosa Moreira, *Comentários, op. cit.*, p. 319.

Exemplo: reclamação trabalhista com dois reclamantes - ambos postulando o pagamento de adicional de insalubridade (pedido julgado procedente) e adicional por tempo de serviço (pedido julgado improcedente) – e uma reclamada. A reclamada interpõe recurso ordinário autônomo para obter a reforma do julgamento do adicional de insalubridade, mas endereça o recurso apenas ao reclamante 1. Nessa hipótese, o reclamante 2 não pode interpor recurso adesivo para tentar obter o julgamento de procedência do adicional por tempo de serviço: apenas o reclamante 1 poderia fazê-lo;

- (iii) se ambos os litisconsortes recorrerem (ainda no litisconsórcio simples), e algum deles desistir do recurso, o recurso adesivo subsistirá e deverá ser apreciado no mérito exclusivamente no que tange à matéria pertinente ao litisconsorte que não desistiu de seu próprio recurso autônomo. No exemplo acima, se os dois reclamantes interpuserem recurso ordinário autônomo, mas o reclamante 1 desistir do recurso, o recurso adesivo da reclamada somente será apreciado no que tange ao pedido de adicional de insalubridade do reclamante 2. O mérito do recurso adesivo não será apreciado no que tange ao reclamante 1, o qual desistiu de seu próprio recurso autônomo;
- (iv) analogamente, se o recorrente principal desistir parcialmente de seu recurso autônomo, com o fim de excluir de seus efeitos um dos litisconsortes simples, apenas o recurso adesivo do litisconsorte não excluído (= em relação ao qual não houve desistência) será apreciado no mérito.

No entanto, no litisconsórcio unitário, por se tratar de relação jurídica única e indivisível, os recursos interpostos por cada litisconsorte, ou a eles endereçados, devem ser tratados como se fossem um único recurso. A desistência do recurso manifestada por um dos litisconsortes unitários, dessa forma, não impede o julgamento do mérito do recurso adesivo interposto pelo adversário comum. Igualmente, se o adversário dos litisconsortes unitários desistir do recurso quanto a um deles, nem por isso deixará de ser conhecido e julgado no mérito o recurso adesivo interposto pelo litisconsorte unitário em relação ao qual o adversário desistiu.

Conforme já estudado[89], nas situações de responsabilidade patrimonial típicas do Processo do Trabalho, o litisconsórcio é unitário, nos exatos limites em que reconhecida a responsabilidade solidária ou subsidiária do corréu. Assim, por exemplo, na hipótese de interposição de recurso autônomo pelas duas reclamadas (empresas prestadora e tomadora de serviços terceirizados), o recurso adesivo do reclamante, que vise a inserir determinada parcela na condenação, é subordinado aos recursos das duas reclamadas em conjunto. Se uma das reclamadas desistir de seu recurso autônomo, nem por isso deixará de ser julgado o recurso adesivo do reclamante. Isso se explica porque a situação jurídica do reclamante pode ser piorada em virtude do provimento do recurso de quaisquer das reclamadas.

Analogamente, se o reclamante recorre de forma autônoma postulando o incremento da condenação (e endereçando o recurso às duas reclamadas), mas desiste

[89] Capítulo VIII, item 3.

do recurso no que tange a uma das reclamadas, o recurso adesivo interposto pelo adversário em relação ao qual operou a desistência deve ser conhecido e julgado no mérito. Isso porque, apesar da desistência parcial do recurso, a situação jurídica de ambos os recorridos pode piorar, caso venha a ser provido o recurso do reclamante, já que a responsável subsidiária responde pela integralidade dos créditos deferidos ao trabalhador (ou seja, o litisconsórcio é unitário).

10. REEXAME NECESSÁRIO

Reexame necessário (= remessa *ex officio* ou duplo grau de jurisdição obrigatório) é a necessidade de reapreciação, pelo Tribunal respectivo, de determinadas sentenças contrárias à Fazenda Pública, independentemente de interposição de recurso pelo interessado.

A doutrina majoritária aponta corretamente que a remessa necessária não tem natureza jurídica recursal; trata-se, na verdade, de condição de eficácia da sentença contrária à Fazenda Pública. Não se cuida de recurso em virtude da ausência dos seguintes fatores:

- (i) voluntariedade, já que a manifestação de vontade do vencido (Fazenda) é irrelevante para fins de remessa necessária. Dessa forma, descabe cogitar de recurso adesivo a remessa necessária;
- (ii) dialeticidade, pois não há oferecimento de razões pela Fazenda Pública interessada. Igualmente, tem-se entendido não ser pertinente o oferecimento de contrarrazões à remessa necessária[90];
- (iii) taxatividade, porquanto a remessa necessária não é prevista em lei como recurso.

Em princípio, sujeita-se ao reexame necessário a sentença: (i) proferida contra a União, os Estados, o Distrito Federal, os Municípios e suas respectivas autarquias e fundações de direito público; (ii) que julgar procedentes, no todo ou em parte, os embargos à execução fiscal (CPC, art. 496, *caput,* I e II). Depreende-se que acórdãos e decisões monocráticas em Tribunais fogem ao âmbito de aplicação da remessa necessária.[91]

A partir da redação do art. 496 do CPC, é possível concluir que o inciso I se refere à fase ou processo de conhecimento; e o inciso II, exclusivamente à execução fiscal. Assim, é lícito concluir que, no caso de execução contra a Fazenda Pública, a decisão de improcedência dos embargos à execução não se sujeita ao reexame necessário.[92]

---

90 Conforme GRECO, *op. cit.*, v. 3, p. 87.

91 Com a mesma opinião, DIDIER, *op. cit.*, v. 3, p. 405.

92 Art. 496 – Está sujeita ao duplo grau de jurisdição, não produzindo efeito senão depois de confirmada pelo tribunal, a sentença: I – proferida contra a União, os Estados, o Distrito Federal, os Municípios e suas respectivas autarquias e fundações de direito público; II – que julgar procedentes, no todo ou em parte, os embargos à execução fiscal.

Daí decorre, ainda, que, em regra, decisões interlocutórias não se submetem ao duplo grau obrigatório. Contudo, a decisão interlocutória parcial de mérito (CPC, art. 356) proferida em primeiro grau de jurisdição deve ser entendida como *sentença* para fins de remessa necessária, já que se trata de parcela do julgamento do mérito da causa.

O art. 496, § 3º, do CPC, prevê não se aplicar a remessa necessária quando a condenação ou o proveito econômico obtido na causa for de valor certo e líquido inferior a: (i) 1.000 (mil) salários-mínimos para a União e as respectivas autarquias e fundações de direito público; (ii) 500 (quinhentos) salários-mínimos para os Estados, o Distrito Federal, as respectivas autarquias e fundações de direito público e os Municípios que constituam capitais dos Estados; (iii) 100 (cem) salários-mínimos para todos os demais Municípios e respectivas autarquias e fundações de direito público.

Sob a égide do CPC/73, a jurisprudência do STJ era consolidada no sentido da obrigatoriedade de reexame necessário quando se tratasse de sentença ilíquida, sendo esse o teor da Súmula 490[93]. Tal entendimento foi reafirmado já sob a vigência do CPC/2015.[94] Já para o TST, se o valor arbitrado pelo Juiz do Trabalho à sentença ilíquida for inferior ao limite legal, não se aplica a remessa necessária.[95] Considerando que o Novo Código nitidamente teve o intuito de esvaziar o instituto do duplo grau de jurisdição obrigatório - por ter aumentando substancialmente os valores das sentenças que lhe são sujeitas -, preferível o posicionamento do TST, que prestigia a decisão de primeiro grau e a isonomia entre cidadãos e Poder Público, o qual será compelido a recorrer voluntariamente em caso de insatisfação contra a sentença.

Também não há remessa necessária quando a sentença estiver fundada em: (i) súmula de tribunal superior; (ii) acórdão proferido pelo STF, STJ ou TST em julgamento de recursos repetitivos; (iii) entendimento firmado em incidente de resolução de demandas repetitivas ou de assunção de competência; (iv) entendimento coincidente com orientação vinculante firmada no âmbito administrativo do próprio ente público, consolidada em manifestação, parecer ou súmula administrativa (CPC, art. 496, § 4º).

A Súmula 303, I, do TST[96], dispõe que não há remessa necessária quando a sentença se basear em orientação jurisprudencial do TST. Tal entendimento discrepa do regramento legal, que apenas excepciona do reexame *ex officio* no caso de a sentença se fundar em Súmula de Tribunal Superior (CPC, art. 496, § 4º, I).

Se o juiz se omitir quanto ao envio dos autos ao Tribunal em situação típica de duplo grau obrigatório, a decisão judicial não transitará em julgado, independen-

[93] REsp 1101727/PR, Rel. Ministro HAMILTON CARVALHIDO, CORTE ESPECIAL, julgado em 04/11/2009, DJe 03/12/2009.

[94] REsp 1664062/RS, Rel. Ministro HERMAN BENJAMIN, SEGUNDA TURMA, julgado em 13/06/2017, DJe 20/06/2017.

[95] Processo: RR 1495002520085090022. 1ª Turma. Publicação DEJT 18/09/2015. Julgamento 16 de Setembro de 2015. Relator: Walmir Oliveira da Costa.

[96] TST, súmula 303, I – Em dissídio individual, está sujeita ao reexame necessário, mesmo na vigência da Constituição Federal de 1988, decisão contrária à Fazenda Pública, salvo quando a condenação não ultrapassar o valor correspondente a: a) 1.000 (mil) salários mínimos para a União e as respectivas autarquias e fundações de direito público; b) 500 (quinhentos) salários mínimos para os Estados, o Distrito Federal, as respectivas autarquias e fundações de direito público e os Municípios que constituam capitais dos Estados; c) 100 (cem) salários mínimos para todos os demais Municípios e respectivas autarquias e fundações de direito público.

temente do prazo transcorrido após sua publicação. Nessas hipóteses, o Presidente do Tribunal pode avocar, *ex officio* ou a requerimento da parte, os autos para que se faça o devido reexame; ou o próprio juiz da causa o fará, a qualquer tempo.

Mesmo que o juiz fundamente, equivocadamente, não ser o caso de remessa necessária, e que a Fazenda Pública não interponha apelação, a decisão judicial não transita em julgado enquanto não reapreciada pelo Tribunal. É pertinente, nessas hipóteses, a avocação de autos pelo Presidente e até mesmo a impetração de mandado de segurança em face do ato do juiz de primeiro grau.

Apesar de não ser recurso, a remessa necessária apresenta efeito devolutivo amplo, do que resulta a possibilidade de reforma ou anulação da sentença em todos os tópicos desfavoráveis à Fazenda Pública, inclusive os honorários advocatícios (STJ, Súmula 325).[97]

Ademais, como o duplo grau de jurisdição obrigatório é garantia instituída em favor da Fazenda Pública, não é possível a *reformatio in pejus*, ou seja, a piora da situação do ente público, quando não tiver havido recurso da parte contrária (STJ, Súmula 45). Contudo, como já estudado, o efeito devolutivo não impede o órgão *ad quem* de conhecer de ofício todas as questões de ordem pública atinentes aos capítulos cuja apreciação seja transferida ao Tribunal.[98]

Se o TRT não observar este princípio e agravar a condenação da Fazenda Pública no reexame necessário, é cabível recurso de revista do ente público, por violação legal. De acordo com a OJ 334 da SDI-1 do TST, em qualquer outra hipótese não seria pertinente a interposição do recurso de revista.[99]

O entendimento da OJ 334 é fundado em uma suposta preclusão lógica para a Fazenda Pública que não recorra da sentença. Nessa ótica, seria comportamento contraditório pretender interpor recurso de revista se não tivesse havido irresignação expressa quanto à sentença de primeiro grau.

Tal linha de raciocínio, entretanto, é criticável, já que a omissão da Fazenda não pode levar à ilação de que houve aceitação ou aquiescência à sentença, justamente porque há uma perspectiva de submissão da causa ao duplo grau de jurisdição por força de lei. Assim, a ausência de recurso ordinário do ente público não é apta a gerar qualquer preclusão, razão por que deveria ser admitido amplamente (e não de forma restrita, como feito pelo TST) o recurso de revista interposto. Nesse sentido é a jurisprudência mais recente do STJ a respeito do mesmo tema, no que tange ao recurso especial.

---

97 STJ, Súmula 325: A remessa oficial devolve ao Tribunal o reexame de todas as parcelas da condenação suportadas pela Fazenda Pública, inclusive dos honorários de advogado.

98 Ver item 3.3 deste Capítulo.

99 TST, OJ 334 da SDI-1: Incabível recurso de revista de ente público que não interpôs recurso ordinário voluntário da decisão de primeira instância, ressalvada a hipótese de ter sido agravada, na segunda instância, a condenação imposta.

10.1. Remessa necessária X ação de competência originária de TRT

O art. 496 do CPC, como visto, exige textualmente a submissão apenas de sentenças (= decisões proferidas por juízes singulares no primeiro grau de jurisdição) ao reexame necessário; não há reexame necessário, portanto, nos processos de competência originária de tribunais.[100] O fato de se tratar de julgamento colegiado, por si só, já constitui garantia suficiente para a Fazenda Pública envolvida.

Contudo, no âmbito trabalhista, o decreto-lei nº 779/69, em seu art. 1º, V, prevê expressamente que, nos *processos perante a Justiça do Trabalho, constituem privilégio da União, dos Estados, do Distrito Federal, dos Municípios e das autarquias ou fundações de direito público federais, estaduais ou municipais que não explorem atividade econômica o recurso ordinário "ex officio" das decisões que lhe sejam total ou parcialmente contrárias.*

A partir do vocábulo decisões, o TST fixou o entendimento, na Súmula 303, III, de que há remessa necessária caso a Fazenda Pública seja condenada em sede de ação rescisória de competência originária de TRT, salvo se a situação se enquadrar numa das hipóteses de dispensa de reexame necessário (baixo valor da condenação, por exemplo).[101]

O advento do Novo Código de Processo Civil consagra boa oportunidade para que o TST reveja sua jurisprudência, já que a tendência legislativa é reduzir paulatinamente o espectro de aplicação da remessa necessária, instituto que desprestigia a atuação dos procuradores dos entes públicos e também dos magistrados de graus inferiores. É pertinente, assim, que se faça interpretação evolutiva do decreto-lei nº 779/69, de modo que apenas sentenças proferidas por Juízes do Trabalho (e não os acórdãos em processos de competência originária de TRT) sejam submetidas ao reexame necessário.

11. HONORÁRIOS ADVOCATÍCIOS RECURSAIS

Importante inovação do Código de Processo Civil de 2015 está contida no art. 85, § 11, que prevê que o *tribunal, ao julgar recurso, majorará os honorários fixados anteriormente levando em conta o trabalho adicional realizado em grau recursal*, observando-se, sempre, o teto previsto nos §§ 2 e 3º, ou seja, o limite de 20% sobre o valor da condenação, do proveito econômico obtido ou, não sendo possível mensurá-lo, sobre o valor atualizado da causa, além dos limites especiais aplicáveis quando os honorários advocatícios forem devidos pela Fazenda Pública.

Essa previsão é positiva, pois tem o potencial de diminuir a interposição de recursos infundados, já que o interessado sempre avaliaria o custo-benefício considerando a possível majoração dos honorários advocatícios que seria compelido a pagar em função do desprovimento de seu recurso.

---

100 Cf. DIDIER, *op. cit.*, v. 3, p. 405.

101 TST, Súmula 303, III: Em ação rescisória, a decisão proferida pelo Tribunal Regional do Trabalho está sujeita ao duplo grau de jurisdição obrigatório quando desfavorável ao ente público, exceto nas hipóteses dos incisos anteriores.

No Processo do Trabalho, a partir da Reforma Trabalhista (Lei nº 13.467/2017), passaram a ser devidos honorários advocatícios sucumbenciais no percentual de 5% a 15% sobre o valor da condenação, do proveito econômico obtido ou, não sendo possível mensurá-lo, sobre o valor atualizado da causa. A inovação legislativa é salutar, mas o ideal, *de lege ferenda*, é que os percentuais sejam equiparados aos aplicáveis no Processo Civil, o que prestigiaria a advocacia trabalhista e desestimularia lides temerárias. Além disso, o percentual de 20% permitiria maior margem para aplicação dos honorários advocatícios recursais.

O tema foi analisado no item 8.2.4.3 do Capítulo X, cabendo destacar que, embora haja controvérsia a respeito, não é possível a utilização da sistemática dos honorários advocatícios recursais no Processo do Trabalho, considerando a omissão da CLT a respeito.

12. RECURSO DE TERCEIRO: PERITO E ADVOGADO

Há grande controvérsia doutrinária e jurisprudencial acerca da viabilidade de recurso de advogado ou de perito, em nome próprio, como terceiros prejudicados.

A orientação predominante no STJ[102] e no TST[103] é no sentido da impossibilidade de interposição de recurso pelo perito, sob o argumento de que se trata de auxiliar do Juízo, e não de terceiro prejudicado.

Nessa ótica, caso o perito quisesse se insurgir contra decisão judicial que afetasse sua esfera de interesses (exemplo: indeferimento de honorários periciais, ou fixação em valor baixo), seria pertinente – dada a impossibilidade de interposição de recurso nos próprios autos – o ajuizamento de ação autônoma de impugnação da decisão judicial. Em geral, seria pertinente a impetração de mandado de segurança no âmbito do próprio Tribunal ao qual vinculado o magistrado que proferiu a decisão objeto de questionamento.

Idêntico raciocínio se faz no que tange ao recurso de advogado como terceiro prejudicado, nas hipóteses em que o juiz indefira honorários advocatícios sucumbenciais, ou os fixe em valores com os quais o causídico não concorda. Como o direito aos honorários pertence ao advogado – e não à parte que ele representa –, é cabível a interposição de recurso de terceiro prejudicado pelo patrono.

Na situação específica do advogado, entretanto, não há problemas em admitir que a postulação recursal seja feita em nome da própria parte, ainda que o único pedido formulado no recurso seja o de majoração dos honorários advocatícios. A solução se

[102] Perito. Legitimidade para recorrer. Precedentes da Segunda Seção. 1. Os precedentes da Segunda Seção assentam que o perito não tem legitimidade para recorrer, não sendo considerado terceiro prejudicado (...) (REsp 513.573/SP, Rel. Ministro CARLOS ALBERTO MENEZES DIREITO, TERCEIRA TURMA, julgado em 20/11/2003, DJ 01/03/2004, p. 182).

[103] RECURSO DE REVISTA INTERPOSTO POR PERITO JUDICIAL. LEGITIMIDADE PARA RECORRER. AUSÊNCIA. O perito judicial não detém legitimidade para recorrer visando ao pagamento de honorários periciais, não sendo considerado terceiro prejudicado, na forma do art. 499 do CPC, e sim auxiliar da justiça (CPC, art. 139). Precedentes do TST e do STJ. Recurso de revista de que não se conhece. PROCESSO Nº TST-RR-24300-15.2000.5.09.0660. 1ª Turma. Rel. Min. WALMIR OLIVEIRA DA COSTA. Julgado em 21/09/2011.

justifica à luz do princípio da simplicidade e da constatação prática de que, em última análise, quem assinará a peça será o advogado, ainda que em nome da parte.

13. PRAZOS RECURSAIS

Os prazos recursais, no Direito Processual do Trabalho, são: (i) 8 dias para recurso ordinário, recurso de revista, agravo de petição, agravo de instrumento, agravo interno, embargos infringentes e embargos de divergência; (ii) 5 dias para os embargos de declaração; (iii) 15 dias para o recurso extraordinário.

Nas hipóteses de simulação ou de colusão das partes, o prazo começa a contar, para o terceiro prejudicado e para o Ministério Público, que não interveio no processo, a partir do momento em que têm ciência da simulação ou da colusão (CPC, art. 975 § 3º).

Assim, se não se tratar de simulação ou de colusão, ou se o terceiro prejudicado já tiver intervindo no processo, o termo inicial do prazo para recurso do terceiro é o mesmo das partes. Idêntico raciocínio se aplica para o órgão do Ministério Público.

A Fazenda Pública dispõe de prazo em dobro para recorrer e para todas as suas manifestações processuais (CPC, art. 183, *caput*).

Em processos físicos, litisconsortes que tiverem diferentes procuradores, de escritórios de advocacia distintos, terão prazos contados em dobro para todas as suas manifestações, em qualquer juízo ou tribunal, independentemente de requerimento, inclusive para fins recursais. Em processos eletrônicos, não há tal ampliação de prazo (CPC, art. 229, *caput*, e § 2º). Observe-se que, de acordo com o entendimento consolidado do TST, não se aplica, ao Processo do Trabalho, em razão da celeridade que lhe é inerente, a regra de contagem em dobro dos prazos para os litisconsortes nos processos físicos (TST, OJ 310 da SDI-1).[104]

14. RECURSOS REPETITIVOS

Sobre o tema, ver Capítulo XXIV, em que se abordará a temática dos precedentes judiciais.

[104] OJ-SDI1-310 LITISCONSORTES. PROCURADORES DISTIN- TOS. PRAZO EM DOBRO. ART. 229, CAPUT E §§ 1º E 2º, DO CPC DE 2015. ART. 191 DO CPC DE 1973. INAPLICÁVEL AO PROCESSO DO TRABALHO (atualizada em decorrência do CPC de 2015) – Res. 208/2016, DEJT divulgado em 22, 25 e 26.04.2016). Inaplicável ao processo do trabalho a norma contida no art. 229, caput e §§ 1º e 2º, do CPC de 2015 (art. 191 do CPC de 1973), em razão de incompatibilidade com a celeridade que lhe é inerente.

XXII

RECURSOS EM ESPÉCIE

1. RECURSO ORDINÁRIO

1.1. Noções gerais e admissibilidade

O recurso ordinário (RO) é cabível, na fase de conhecimento do processo: (i) das sentenças – terminativas ou definitivas – proferidas em primeiro grau de jurisdição pelos Juízes do Trabalho; (ii) das decisões – terminativas ou definitivas – dos Tribunais Regionais do Trabalho, em processos de sua competência originária, tanto em dissídios individuais, quanto em dissídios coletivos.

O Tribunal Superior do Trabalho registra interessante precedente[1] no qual se considerou como extintiva – e, portanto, passível de impugnação mediante recurso

[1] "Recurso ordinário. Cabimento. Agravo regimental que confirma decisão monocrática em ação rescisória. Determinação de intimação da parte para complementação do depósito prévio sob pena de indeferimento liminar da inicial. Antecipação da extinção do processo, sem resolução de mérito. Recorribilidade imediata. Cabe recurso ordinário contra decisão de TRT que, ao analisar agravo regimental, confirma decisão monocrática em ação rescisória determinando a intimação da autora para complementação do depósito prévio, sob pena

ordinário – decisão que determinou a intimação do autor para que regularizasse vício processual, sob pena de extinção do processo sem resolução de mérito. Na visão da Corte, tratar-se-ia de decisão que antecipa a extinção do processo, sem resolução de mérito (art. 485, IV, do CPC de 2015), e ostentaria, por tal motivo, natureza jurídica de decisão terminativa a autorizar o cabimento de recurso ordinário ao TST, em atenção aos princípios da economia, utilidade e celeridade processuais. Criticável tal interpretação, pois a determinação de emenda ou correção de vício não corresponde ainda a uma decisão extintiva, a qual somente será proferida se e quando o autor não regularizar o defeito apontado.

Trata-se de recurso que tem efeito devolutivo amplíssimo, já que permite ao Tribunal *ad quem* – observada a extensão delimitada pelo recorrente – colocar-se em posição idêntica à do Juízo *a quo* para fins de rejulgamento da causa, sem que haja restrições da atividade cognitiva que pode ser desempenhada pelo órgão julgador.

O recurso ordinário tem efeito regressivo – permitindo o juízo de retratação – apenas nos casos de extinção do processo sem resolução de mérito e de julgamento liminar de improcedência.

De outro lado, não há efeito suspensivo *ope legis*, sendo permitida a execução provisória da sentença; mas o Tribunal *ad quem* pode suspender a eficácia da decisão recorrida nas situações em que se justifique o deferimento de tutela provisória recursal requerida pelo recorrente.

O recurso ordinário, no Processo do Trabalho, faz as vezes da apelação no Processo Civil. Assim, muitas regras atinentes a esta – previstas a partir do art. 1009 do CPC – são aplicáveis subsidiariamente ao recurso ordinário, com adaptações pontuais.

O prazo para interposição do RO é de 8 dias a partir da ciência da sentença, o que geralmente ocorre mediante intimação feita através de publicação na Imprensa Oficial. Na hipótese de revelia, o reclamado deve ser notificado da sentença (CLT, art. 852). Quando a sentença é prolatada em audiência, as partes saem cientes e o prazo recursal se inicia com a publicação da decisão (TST, Súmula 197), exceto se a ata de audiência não for juntada aos autos em 48 horas, ocasião em que a contagem do prazo se inicia com a intimação das partes (TST, Súmula 30).

A admissibilidade do recurso ordinário supõe a comprovação do preparo dentro do prazo recursal, ainda que o recurso haja sido interposto de forma antecipada (TST, Súmula 245).[2]

---

de indeferimento da petição inicial. Trata-se de decisão que antecipa a extinção do processo, sem resolução de mérito (art. 485, IV, do CPC de 2015), ostentando, portanto, natureza jurídica de decisão terminativa a autorizar o cabimento de recurso ordinário ao TST, em atenção aos princípios da economia, utilidade e celeridade processuais. Sob esse fundamento, a SBDI-II, por unanimidade, conheceu do recurso ordinário e, no mérito, por maioria, deu-lhes provimento para, afastado o ônus processual imposto à parte relativamente à complementação do depósito prévio, determinar o retorno dos autos ao TRT de origem para que prossiga no exame da ação rescisória, como entender de direito. Vencidos os Ministros Luiz Jose Dezena da Silva, Douglas Alencar Rodrigues, Evandro Valadão e Renato de Lacerda Paiva. TST-RO-7878-41.2017.5.15.0000, SBDI-II, rel. Min. Alexandre Agra Belmonte, 1º.10.2019" (noticiado no informativo 207 do TST).

2 TST, súmula 245: O depósito recursal deve ser feito e comprovado no prazo alusivo ao recurso. A interposição antecipada deste não prejudica a dilação legal.

O preparo do recurso ordinário consiste: (i) no recolhimento das custas fixadas na decisão recorrida; (ii) na realização do depósito recursal, quando exigível.

A parte beneficiária da gratuidade de justiça é dispensada do recolhimento de custas para todos os fins, inclusive a interposição de recurso.

Sobre a fixação de custas, bem como para análise dos critérios utilizados na hipótese de inversão da sucumbência por ocasião do julgamento do recurso, ver Capítulo X, item 2.1.

A respeito do depósito recursal, ver Capítulo XXI, item 7.2.1.

A discussão alusiva à necessidade, ou não, de o recorrente declinar as razões do recurso ordinário foi analisada no Capítulo XXI, item 2.7.

1.2. Procedimento

O recurso ordinário é interposto por petição escrita dirigida ao órgão jurisdicional que prolatou a decisão recorrida (Juízo *a quo*), que fará juízo prévio de admissibilidade.

O art. 1010 do CPC deve ser aplicado de forma temperada quanto ao recurso ordinário no Processo do Trabalho. Segundo o dispositivo, a petição de interposição do recurso deve conter:

- (i) os nomes e a qualificação das partes: o requisito da qualificação é dispensável caso o recurso seja interposto por ou contra partes que já estão qualificadas no processo. Apenas é importante a qualificação caso se trate de recurso de terceiro prejudicado;
- (ii) a exposição do fato e do direito, bem como as razões do pedido de reforma ou de decretação de nulidade: no recurso ordinário, a fundamentação do recurso deve ser simplificada e objetiva, em consonância com a principiologia do Processo do Trabalho;
- (iii) o pedido de nova decisão: o pedido recursal pode ser de reforma (modificação) da decisão recorrida, situação em que o julgamento do Tribunal a substitui; ou de anulação da decisão recorrida, de que resulta a sua cassação, para que outro julgamento seja feito pelo órgão *a quo*.

O recorrido deve ser intimado para ofertar contrarrazões no prazo de 8 dias, após o que o Juízo *a quo* remeterá, caso faça juízo positivo de admissibilidade do recurso, os autos ao Tribunal *ad quem*.

O relator pode julgar o recurso monocraticamente, nas hipóteses do art. 932 do CPC.[3]

[3] Art. 932 – Incumbe ao relator:

I – dirigir e ordenar o processo no tribunal, inclusive em relação à produção de prova, bem como, quando for o caso, homologar autocomposição das partes;

II – apreciar o pedido de tutela provisória nos recursos e nos processos de competência originária do tribunal;

1.3. Fatos novos e provas novas

O art. 1014 do CPC admite a submissão ao Tribunal *ad quem* de questões de fato não propostas no Juízo *a quo*, desde que a parte comprove que deixou de fazê-lo por motivo de força maior.

O fato novo a que se refere o dispositivo é o simples, nunca o fato jurídico.[4] Dessa forma, no recurso a parte jamais pode invocar nova causa de pedir[5] ou formular pedido que não haja sido feito na petição inicial, ainda que alegue motivo de força maior.

Além disso, a restrição à propositura de novas questões de fato se aplica apenas para as partes, e nunca para o terceiro prejudicado que venha a interpor recurso, conforme deflui da interpretação literal do dispositivo.

A correta compreensão do fenômeno requer seja associado ao princípio da boa-fé objetiva processual. O que o art. 1.014 quer obstar é a chamada *guarda de trunfos*, ou seja, a deslealdade processual caracterizada pelo objetivo de surpreender a parte contrária com novos argumentos ou novas provas na instância recursal, violando o contraditório e a diretriz da eticidade.

Não haverá *guarda de trunfos*, nem má-fé processual, quando a questão fática – argumento ou prova referente a fato – não tenha sido proposta pelo interessado em virtude de força maior, que deve ser comprovada. Deveras, quando a parte deixa de alegar ou de produzir prova a respeito de algum fato (simples) por motivos relevantes e inevitáveis, seria injusto impedi-la de o fazer apenas porque ultrapassada a fase processual em geral adequada.

III – não conhecer de recurso inadmissível, prejudicado ou que não tenha impugnado especificamente os fundamentos da decisão recorrida;

IV – negar provimento a recurso que for contrário a:

a) súmula do Supremo Tribunal Federal, do Superior Tribunal de Justiça ou do próprio tribunal;

b) acórdão proferido pelo Supremo Tribunal Federal ou pelo Superior Tribunal de Justiça em julgamento de recursos repetitivos;

c) entendimento firmado em incidente de resolução de demandas repetitivas ou de assunção de competência;

V – depois de facultada a apresentação de contrarrazões, dar provimento ao recurso se a decisão recorrida for contrária a:

a) súmula do Supremo Tribunal Federal, do Superior Tribunal de Justiça ou do próprio tribunal;

b) acórdão proferido pelo Supremo Tribunal Federal ou pelo Superior Tribunal de Justiça em julgamento de recursos repetitivos;

c) entendimento firmado em incidente de resolução de demandas repetitivas ou de assunção de competência;

VI – decidir o incidente de desconsideração da personalidade jurídica, quando este for instaurado originariamente perante o tribunal;

VII – determinar a intimação do Ministério Público, quando for o caso;

VIII – exercer outras atribuições estabelecidas no regimento interno do tribunal.

Parágrafo único. Antes de considerar inadmissível o recurso, o relator concederá o prazo de 5 (cinco) dias ao recorrente para que seja sanado vício ou complementada a documentação exigível.

4 Sobre a distinção, ver Capítulo II, item 9.

5 Cf. BARBOSA MOREIRA, *op.cit.*, p. 456.

Evidentemente, se o fato alegado aconteceu após a prolação da decisão recorrida – ou, mais precisamente, após o último momento em que a parte poderia ter suscitado a questão no Juízo *a quo* –, tem-se situação de força maior e não se cogita de conduta maliciosa. Assim, a parte interessada pode, licitamente, alegar o fato novo e produzir prova a seu respeito por ocasião do recurso ordinário, o que é ratificado pelo art. 933 do CPC.[6] Exemplos: pagamento superveniente à sentença; aquiescência com a decisão judicial; dispensa do reclamante após a sentença que julgou improcedente a rescisão indireta etc.

Contudo, é possível a arguição e produção de prova mesmo que o fato arguido originalmente no recurso ordinário já tivesse ocorrido antes da prolação da sentença, em outras situações de força maior, tais como: (i) a parte desconhecia o fato, e não se podia esperar legitimamente (boa-fé objetiva) que o conhecesse; (ii) a parte conhecia o fato, mas estava impossibilitada de comunicá-lo ao respectivo advogado, por motivo alheio à sua vontade; (iii) o próprio advogado não pôde argui-lo oportunamente por motivo imprevisível e inevitável.

O raciocínio acima explica o fundamento da Súmula 8 do TST, que admite a juntada de documentos na fase recursal apenas quando provado o justo impedimento para sua oportuna apresentação ou se referir a fato posterior à sentença.

1.4. Impugnação de decisões interlocutórias

O merecimento das decisões interlocutórias somente pode ser apreciado, no Processo do Trabalho, por ocasião de recurso ordinário interposto contra a decisão final (CLT, art. 893, § 1º). Portanto, o vencido pode interpor recurso ordinário tanto para impugnar a decisão final, quanto as interlocutórias proferidas no curso do processo.[7]

Sucede que, em algumas hipóteses, a parte pode ser vencedora por força da sentença final, apesar de ter sido proferida decisão interlocutória, anteriormente, em seu desfavor. Em tais casos, não há interesse recursal para interposição de recurso ordinário justamente pelo fato de que a parte não foi sucumbente por ocasião da sentença. Exemplo: o Juiz do Trabalho indefere o requerimento de produção de prova testemunhal por parte do reclamante, mas julga o pedido procedente com base na prova documental. Há uma sentença final favorável, e uma decisão interlocutória (= indeferimento da prova) contrária aos interesses da parte.

No entanto, caso a parte vencida na sentença final (mas que foi beneficiada por uma decisão interlocutória) interponha recurso ordinário, passa a haver interesse do vencedor em recorrer quanto à decisão interlocutória. Isso porque a modificação da decisão interlocutória poderia influenciar no resultado final.

---

6 Art. 933 – Se o relator constatar a ocorrência de fato superveniente à decisão recorrida ou a existência de questão apreciável de ofício ainda não examinada que devam ser considerados no julgamento do recurso, intimará as partes para que se manifestem no prazo de 5 (cinco) dias.

7 Art. 893, § 1º – Os incidentes do processo são resolvidos pelo próprio Juízo ou Tribunal, admitindo-se a apreciação do merecimento das decisões interlocutórias somente em recursos da decisão definitiva.

Nessas situações, deve-se admitir que o recorrido postule a modificação ou anulação da decisão interlocutória em sede de contrarrazões ao recurso ordinário da parte vencedora, tal como previsto no art. 1009, § 1º, do CPC.[8] Perceba-se que tal postulação do recorrido detém a natureza jurídica de recurso ordinário contra a decisão interlocutória proferida em seu desfavor.

Depreende-se que na mesma peça processual – contrarrazões – a parte poderá responder ao recurso do adversário, e interpor recurso próprio contra a decisão interlocutória. Nada impede, entretanto, que, à luz do princípio da instrumentalidade das formas, o interessado oferte contrarrazões para responder ao recurso; e recurso adesivo, em peça apartada, para impugnar a interlocutória.

De qualquer forma, a postulação de modificação da decisão interlocutória detém a natureza de recurso subordinado (tal como o recurso adesivo) ao recurso ordinário principal. Daí resulta que, se este não for admitido, o pedido de modificação da interlocutória sequer será apreciado.

Por outro lado, diferentemente do que ocorre com o recurso adesivo, o recurso do vencedor contra a decisão interlocutória também não será julgado no caso de desprovimento do recurso da parte contrária. Isso porque, mantida a decisão favorável ao vencedor, não haverá interesse deste em impugnar a decisão interlocutória.

Pode-se concluir, assim, que o recurso do vencedor contra a interlocutória é espécie de ato processual sob condição resolutiva: há um evento futuro e incerto (= prolação de acórdão que não admita ou negue provimento ao recurso da parte vencida) que pode fazer cessar a eficácia do ato jurídico (= o recurso interposto pelo vencedor).

Caso o recurso do vencedor contra a interlocutória venha a ser julgado e provido, o processo retornará à fase em que se encontrava quando da prolação da decisão recorrida. Exemplo: se o TRT dá provimento ao recurso contra a decisão interlocutória que indeferiu a produção de prova pericial, reabre-se a instrução em primeiro grau a fim de realizar a perícia e, após a regular tramitação, deve ser proferida outra sentença.

Por fim, observe-se que o TST, na IN 39/2016, admite a aplicabilidade do art. 356 do CPC ao Processo do Trabalho (decisões interlocutórias parciais de mérito) e prevê o cabimento, nestas hipóteses, de vários recursos ordinários sucessivos no mesmo processo.[9]

1.5. Causa madura

A teoria da causa madura foi prevista originalmente no art. 515, § 3º, do CPC/1973, o qual autorizava ao órgão *ad quem* o imediato julgamento de mérito,

---

[8] Art. 1009 – Da sentença cabe apelação.

§ 1º – As questões resolvidas na fase de conhecimento, se a decisão a seu respeito não comportar agravo de instrumento, não são cobertas pela preclusão e devem ser suscitadas em preliminar de apelação, eventualmente interposta contra a decisão final, ou nas contrarrazões.

[9] Sobre o tema, ver Capítulo XIX, item 2.

sempre que a causa versasse exclusivamente sobre matéria de direito e estivesse em condições de imediato julgamento, nas hipóteses de extinção do processo sem resolução de mérito pelo órgão *a quo*.

O regramento do Código Buzaid era bastante restritivo a respeito, não autorizando, em sua literalidade, a utilização do mecanismo em casos como o de pronúncia de prescrição, omissão na apreciação de pedidos ou de anulação da decisão recorrida. O fundamento de tal cautela residia no fato de que a aplicação indiscriminada da teoria poderia, em tese, violar os princípios do juiz natural e do duplo grau de jurisdição, ao permitir a análise de pedidos de forma originária pelo Tribunal.

Assim, no sistema do CPC/1973, havia acirradas discussões sobre a possibilidade de o órgão *ad quem* apreciar, por exemplo, pedido não julgado pelo órgão *a quo* – sentença *citra petita*. Favoravelmente, argumentava-se que o art. 515, § 3º, busca potencializar a celeridade processual, e que a última palavra acerca da matéria fática seria, de um ou de outro modo, do Tribunal. Dizia-se, ainda, que o duplo grau de jurisdição não é princípio constitucional e que, portanto, cabe a interpretação ampliativa do dispositivo citado. Em contrário, aduzia-se que o julgamento direto pelo Tribunal configura supressão de instância, reduzindo o contraditório, em função da não apreciação pelo Juízo de primeiro grau.

Mutatis mutandis, o mesmo raciocínio era aplicável para as hipóteses de sentenças que pronunciem a prescrição ou decadência, bem assim para aquelas que envolvam controvérsia sobre matéria fática, e não exclusivamente jurídica.

O Novo CPC, coerentemente com sua busca pela concretização da duração razoável do processo, posicionou-se a respeito, superando a controvérsia doutrinária apontada. Deveras, a nova codificação não limita a aplicação da teoria da causa madura para causas que versem exclusivamente sobre questões de direito (art. 1013, *caput*)[10]; e autoriza expressamente a aplicação nos casos de omissão na apreciação de pedido, e de pronúncia de prescrição e decadência (art. 1013, § 3º, III, e § 4º).[11]

Quanto às sentenças *ultra* e *extra petita*, o Novo Código também consagra o entendimento que já vinha prevalecendo na jurisprudência, no sentido de que é possível o julgamento de mérito caso o órgão *ad quem* reconheça a violação ao princípio da adstrição (NCPC, art. 1013, § 3º, II).[12]

Em relação às sentenças nulas, observe-se que a validade da sentença é requisito para aplicação da teoria da causa madura. Se a sentença for inválida, o Tribunal

---

10 Art. 1013 – A apelação devolverá ao tribunal o conhecimento da matéria impugnada.

11 Art. 1013, § 3º – Se o processo estiver em condições de imediato julgamento, o tribunal deve decidir desde logo o mérito quando: (...)

III – constatar a omissão no exame de um dos pedidos, hipótese em que poderá julgá-lo;

§ 4º – Quando reformar sentença que reconheça a decadência ou a prescrição, o tribunal, se possível, julgará o mérito, examinando as demais questões, sem determinar o retorno do processo ao juízo de primeiro grau.

12 Art 1013, § 3º – Se o processo estiver em condições de imediato julgamento, o tribunal deve decidir desde logo o mérito quando: (...)

II – decretar a nulidade da sentença por não ser ela congruente com os limites do pedido ou da causa de pedir.

deve reconhecer a nulidade e devolver os autos à primeira instância para que se profira novo julgamento.

Esse raciocínio deve ser excetuado para as sentenças nulas por falta de congruência com os limites do pedido ou da causa de pedir, ou por falta de fundamentação (CPC/2015, art. 1013, § 3º, II e IV). Especificamente quanto às sentenças *citra petita*, é possível sustentar a facultatividade da aplicação da teoria da causa madura, já que o art. 1013, § 3º, III, estatui que o Tribunal apenas *poderá* (e não deverá) julgar desde logo a causa.

No que tange à necessidade de requerimento expresso do recorrente, há linha doutrinária que sustenta tratar-se de requisito indispensável, pois a extensão do efeito devolutivo do recurso é fixada pelo próprio recorrente. Assim, o Tribunal não poderia aplicar *ex officio* a teoria da causa madura, sob pena de proferir decisão *ultra petita*.

Contudo, o art. 1013, § 3º, do CPC, não exige requerimento expresso do recorrente, sendo certo que se trata de instituto que tem o objetivo de promover economia e celeridade processuais, e de evitar a perda desnecessária de tempo e de recursos públicos. Assim, sempre houve possibilidade de aplicação da teoria da causa madura, mesmo que inexistisse requerimento expresso. Nesse contexto, destaque-se que o CPC/2015, no art. 1013, § 3º, modifica o verbo utilizado, esclarecendo que o Tribunal *deve* (e não apenas pode) aplicar a técnica, caso presentes os pressupostos legais. Por se tratar de verdadeiro dever, não há falar em necessidade de requerimento do recorrente. Aqui se está diante de nítido avanço do Novo Código no trato da matéria.

Por fim, note-se que os Tribunais Superiores têm remansosa jurisprudência no sentido de que a sistemática da causa madura não se aplica ao recurso ordinário em mandado de segurança, sob pena de supressão de instância e de burla à competência jurisdicional definida constitucionalmente (por exemplo, CF, art. 102, II, *a*)[13], circunstâncias que prevalecem sobre os escopos de celeridade e economia processuais almejados pela teoria da causa madura.

2. EMBARGOS DE DECLARAÇÃO

2.1. Noções gerais: cabimento, admissibilidade e efeitos do recurso

Os embargos de declaração são cabíveis contra qualquer decisão judicial e têm o objetivo de: (i) obter esclarecimento sobre obscuridade ou eliminar contradição da decisão recorrida; (ii) suprir omissão de ponto ou questão sobre o qual devia se pronunciar o juiz de ofício ou a requerimento; (iii) corrigir erro material. Ainda, de acordo com o art. 897-A da CLT[14], os embargos de declaração também são cabíveis (iv) no caso de manifesto equívoco no exame dos pressupostos extrínsecos de recurso.

[13] Art. 102. Compete ao Supremo Tribunal Federal, precipuamente, a guarda da Constituição, cabendo-lhe: (...) II – julgar, em recurso ordinário: a) o habeas corpus, o mandado de segurança, o habeas data e o mandado de injunção decididos em única instância pelos Tribunais Superiores, se denegatória a decisão.

[14] Art. 897-A - Caberão embargos de declaração da sentença ou acórdão, no prazo de cinco dias, devendo seu julgamento ocorrer na primeira audiência ou sessão subseqüente a sua apresentação, registrado na certidão,

Há discussão, em doutrina, se os embargos de declaração ostentam, ou não, efeito devolutivo, tendo em vista que a competência para a sua apreciação é do mesmo órgão jurisdicional que prolatou a decisão recorrida. Sob esse prisma, pode-se dizer que os embargos possuem efeito devolutivo atípico e limitado, pois a transferência da matéria: (i) não é feita para outro órgão jurisdicional; e (ii) se restringe aos vícios de omissão, obscuridade, contradição e erro material.

Perceba-se que, do ponto de vista doutrinário, para que os embargos de declaração sejam conhecidos (admitidos), do ponto de vista do cabimento basta que o recorrente alegue a existência de omissão, contradição, obscuridade ou erro material. Mesmo que o órgão julgador rejeite os embargos, por entender inexistir o vício apontado, o recurso deve ser considerado cabível.

No entanto, o art. 897-A, § 3º, da CLT, estatui que os embargos de declaração interrompem o prazo para interposição de outros recursos, por qualquer das partes, salvo quando intempestivos, irregular a representação da parte ou ausente a sua assinatura. Assim, pelo texto legal, no Processo do Trabalho, mesmo que o recurso seja incabível, por não conter a alegação de omissão etc., deverá ser conhecido e rejeitado.

Perceba-se, entretanto, que os embargos de declaração interrompem o prazo para a interposição de *outros* recursos, para todas as partes. Não se inclui no alcance do efeito interruptivo, portanto, a oposição de embargos de declaração pelo adversário do embargante contra a decisão originária. Nesse sentido, tem decidido o Superior Tribunal de Justiça, já sob a égide do CPC/2015, deixando claro que a "oposição de embargos de declaração por uma das partes (...) interrompe o prazo para interposição de recurso por qualquer das partes, exceto aclaratórios contra o mesmo julgado".[15] Exemplo: o reclamante opõe, no quinto dia após a intimação

admitido efeito modificativo da decisão nos casos de omissão e contradição no julgado e manifesto equívoco no exame dos pressupostos extrínsecos do recurso.

[15] Assim, por exemplo: PROCESSUAL CIVIL. AGRAVO INTERNO NO AGRAVO EM RECURSO ESPECIAL INTERPOSTO POR JOSÉ. RECURSO MANEJADO SOB A ÉGIDE DO NCPC. ACLARATÓRIOS OPOSTOS POR LITISCONSORTE. INTERRUPÇÃO DO PRAZO PARA INTERPOSIÇÃO DE RECURSO PELAS PARTES. TEMPESTIVIDADE DO RECURSO ESPECIAL DE JOSÉ. CAUTELAR. JULGAMENTO DA AÇÃO PRINCIPAL. CESSAÇÃO DA EFICÁCIA DA MEDIDA PREVENTIVA. ENCERRAMENTO DA JURISDIÇÃO DE PRIMEIRO GRAU. SENTENÇA. INTERPOSIÇÃO DE AGRAVO DE INSTRUMENTO. INADMISSIBILIDADE. FUNGIBILIDADE RECURSAL. INAPLICABILIDADE. CONCESSÃO DE EFEITO SUSPENSIVO. AUSÊNCIA DE FUMUS BONI IURIS. RECURSO NÃO PROVIDO. 1. Aplica-se o NCPC a este julgamento ante os termos do Enunciado Administrativo nº 3 aprovado pelo Plenário do STJ na sessão de 9/3/2016: Aos recursos interpostos com fundamento no CPC/2015 (relativos a decisões publicadas a partir de 18 de março de 2016) serão exigidos os requisitos de admissibilidade recursal na forma do novo CPC. 2. A oposição de embargos de declaração por uma das partes, em razão do seu caráter integrativo, interrompe o prazo para interposição de recurso por qualquer das partes, exceto aclaratórios contra o mesmo julgado. 3. O não conhecimento dos embargos de declaração opostos por uma das partes é desinfluente na contagem do prazo do seu recurso especial, que tem como termo a quo a publicação do acórdão proferido nos aclaratórios opostos pela outra. 4. O recurso cabível está relacionado à natureza jurídica dessa decisão proferida. A interposição de apelação ou agravo de instrumento dependerá se o ato judicial importar no encerramento da atividade jurisdicional de primeira instância ou não, respectivamente. 5. Declarada a cessação da eficácia da medida cautelar em razão do julgamento do feito principal (art. 808 do CPC/73), foi proferida verdadeira sentença, encerrando a medida cautelar, impugnável por apelação. 6. Agravo interno a que se nega provimento" (STJ - AgInt no AgInt no AREsp: 1275372 GO 2018/0081030-5, Relator: Ministro MOURA RIBEIRO, Data de Julgamento: 29/06/2020, T3 - TERCEIRA TURMA, Data de Publicação: DJe 01/07/2020).

da sentença, o recurso de embargos de declaração. Fica interrompido, então, o prazo para interposição de recurso ordinário contra a sentença, tanto pelo reclamante, quanto pelo reclamado. Contudo, se o reclamado também pretender opor embargos de declaração contra a sentença originária, deverá fazê-lo até o quinto dia útil após a intimação da sentença, já que os embargos declaração opostos pelo reclamante não interrompem o prazo para embargos de declaração pelo reclamado. Pode suceder, ainda, de qualquer das partes pretender opor embargos de declaração contra a decisão dos embargos de declaração, e nesta hipótese o prazo fluirá da intimação quanto à própria decisão dos embargos de declaração.

Sempre que conhecidos (admitidos), independentemente de serem acolhidos (providos) ou rejeitados (negativa de provimento), os embargos de declaração interrompem o prazo para interposição de quaisquer recursos.

De outro lado, os embargos de declaração, em princípio, não suspendem a eficácia da decisão recorrida. Contudo, como acontece em todo e qualquer recurso, há possibilidade de concessão de tutela provisória recursal antes do julgamento dos embargos de declaração. O art. 1026, § 1º, do CPC, estatui a possibilidade de concessão de efeito suspensivo *ope judicis* se demonstrada a probabilidade de provimento do recurso ou, sendo relevante a fundamentação, se houver risco de dano grave ou de difícil reparação.

O prazo para oposição de embargos de declaração é de 5 dias após a ciência da decisão recorrida, e a admissibilidade do recurso não está sujeita a preparo.

2.2. Embargos de declaração com efeitos modificativos

A finalidade precípua dos embargos de declaração não é modificar, mas apenas esclarecer a decisão recorrida. No entanto, pode ocorrer, em algumas hipóteses, que o esclarecimento do defeito modifique a conclusão do julgado recorrido. Trata-se dos embargos de declaração com efeitos infringentes ou modificativos.

A nova redação do art. 897-A, § 2º, da CLT[16], sinaliza no sentido de que, caso o órgão julgador visualize a possibilidade de concessão de efeitos modificativos, em virtude da oposição de embargos de declaração, necessariamente deve intimar a parte contrária a manifestar-se. No mesmo sentido é a redação do art. 1023, § 2º, do CPC e da OJ 142 da SDI-1 do TST.[17]

Apesar da dicção mandatória do art. 897-A, § 2º, da CLT, o tema deve ser analisado à luz dos princípios relativos às nulidades processuais. Assim, mesmo que não haja intimação do embargado, somente poderá haver reconhecimento de nulidade se houver manifesto prejuízo (CLT, art. 794)[18], e caso a questão seja suscitada

---

[16] Art. 897-A, § 2º - Eventual efeito modificativo dos embargos de declaração somente poderá ocorrer em virtude da correção de vício na decisão embargada e desde que ouvida a parte contrária, no prazo de 5 (cinco) dias.

[17] TST, OJ 142 da SDI-1: É passível de nulidade decisão que acolhe embargos de declaração com efeito modificativo sem que seja concedida oportunidade de manifestação prévia à parte contrária.

[18] Art. 794 - Nos processos sujeitos à apreciação da Justiça do Trabalho só haverá nulidade quando resultar dos atos inquinados manifesto prejuízo às partes litigantes.

na primeira oportunidade que o prejudicado tiver para falar nos autos (CLT, art. 795). Por tais razões, a melhor interpretação é a de que a concessão de efeitos modificativos sem intimação do embargado não gera decisão nula de pleno de direito, mas apenas passível de nulidade, o que deve ser analisado em cada caso concreto.

Além disso, no caso de embargos de declaração opostos no primeiro grau de jurisdição, a parte conta com o recurso ordinário, que tem efeito devolutivo amplo, e a questão objeto dos embargos pode ser levada sem maiores restrições ao conhecimento do Tribunal Regional do Trabalho, à luz do efeito devolutivo amplo do recurso ordinário. Note-se, ainda, que a decisão dos embargos de declaração terá sido precedida de amplo contraditório no primeiro grau de jurisdição, anteriormente à prolação da sentença, não havendo qualquer prejuízo no julgamento imediato do recurso: ao contrário, tal posicionamento vai ao encontro dos princípios da celeridade e economia processuais, que representam uma das vigas mestras do Novo Código de Processo Civil.

2.3. Oposição simultânea com outros recursos e ratificação

O princípio da unirrecorribilidade impede que a parte interponha outro recurso enquanto pendentes de julgamento embargos de declaração por ela mesma opostos.

Contudo, é possível que uma parte oponha os embargos, e a outra interponha recurso diverso (ordinário, de revista etc.). Em tais casos, quando os embargos de declaração forem acolhidos com efeitos modificativos da decisão embargada, o embargado que já tiver interposto outro recurso contra a decisão originária tem o direito de complementar ou alterar suas razões, nos exatos limites da modificação, no mesmo prazo do recurso que interpusera (geralmente 8 dias), contado da intimação da decisão dos embargos de declaração (CPC, art. 1024, § 4º).[19]

Já quando os embargos de declaração forem rejeitados, não admitidos ou conhecidos sem efeitos modificativos, o recurso interposto pela outra parte antes da publicação do julgamento dos embargos de declaração será processado e julgado independentemente de ratificação (CPC, art. 1024, § 5º).

2.4. Embargos de declaração protelatórios

Os embargos de declaração são o recurso que mais se presta à realização de manobras protelatórias por litigantes de má-fé, já que não exigem preparo (= a parte não tem custos financeiros para interpor o recurso), interrompem o prazo recursal (fazendo com que seja reiniciado apenas após a decisão dos embargos) e, para serem admitidos, basta que se alegue omissão etc., ainda que o vício não exista.

Considerando essa realidade, o legislador estabeleceu a possibilidade de punição do embargante que utiliza essa via recursal para procrastinar o processo. O

---

[19] Art. 1024, § 4º – Caso o acolhimento dos embargos de declaração implique modificação da decisão embargada, o embargado que já tiver interposto outro recurso contra a decisão originária tem o direito de complementar ou alterar suas razões, nos exatos limites da modificação, no prazo de 15 (quinze) dias, contado da intimação da decisão dos embargos de declaração.

reconhecimento do caráter protelatório dos embargos de declaração deve ser feito com sensibilidade e parcimônia pelo Poder Judiciário, sobretudo à luz do dever de fundamentação exaustiva das decisões judiciais (CPC, art. 489, § 1º), sob pena de dificultar irrazoavelmente o acesso à justiça. Assim, o órgão julgador deve se abster de aplicar multas quando de fato não tiver se manifestado sobre determinado ponto ou argumento suscitado pela parte, ainda que o julgador considere que a arguição não seja capaz, nem em tese, de infirmar a conclusão da decisão recorrida.

O caráter protelatório se evidencia, por exemplo, quando a parte alega que há omissão sobre ponto que, em verdade, foi apreciado; quando se argui obscuridade em ponto decidido cristalinamente na decisão recorrida; quando se aponta contradição inexistente etc.

Para esses casos, prevê o art. 1026, § 2º, do CPC, que, quando manifestamente protelatórios os embargos de declaração, o juiz ou o tribunal, em decisão fundamentada, condenará o embargante a pagar ao embargado multa não excedente a dois por cento sobre o valor atualizado da causa.

Se houver reiteração de embargos de declaração manifestamente protelatórios, a multa será elevada a até dez por cento sobre o valor atualizado da causa, e a interposição de qualquer recurso ficará condicionada ao depósito prévio do valor da multa, à exceção da Fazenda Pública e do beneficiário de gratuidade da justiça, que a recolherão ao final (CPC, art. 1026, § 3º).

Além disso, caso a parte oponha sucessivamente dois embargos de declaração, e ambos sejam considerados protelatórios pelo órgão jurisdicional, não serão admitidos novos embargos de declaração. Isso significa que, nesta hipótese, o terceiro recurso de embargos de declaração não será conhecido e, consequentemente, não produzirá o efeito de interromper o prazo para outros recursos, do que pode resultar o trânsito em julgado da decisão recorrida, caso não interposto tempestivamente outro recurso cabível.

É controvertida a possibilidade de cumulação das penalidades por litigância de má-fé com as resultantes da oposição de embargos de declaração manifestamente protelatórios. Para uma vertente doutrinária e jurisprudencial, não seria possível a cumulação, pois a regra atinente aos embargos protelatórios (CPC, art. 1026, §§ 2º e 3º) seria especial e, por isso, preferiria à regra geral da litigância de má-fé pela interposição de recursos protelatórios (art. 81, *caput*).[20]

Contudo, o STJ, acertadamente, em sede de recurso repetitivo, firmou precedente - ainda sob a égide do CPC/1973, mas com fundamentos que se mantêm pertinentes à luz do Novo Código - no sentido de ser possível a cumulação da multa pelos embargos protelatórios com a indenização decorrente da litigância de má-fé.[21] Nessa ótica, em princípio, não se podem cumular as duas multas (art. 81 e art. 1026), sob pena de dupla punição pelo mesmo fato. A natureza da multa é punitiva; mas a indenização dos prejuízos decorrentes da litigância de má-fé tem

[20] Art. 81 - De ofício ou a requerimento, o juiz condenará o litigante de má-fé a pagar multa, que deverá ser superior a um por cento e inferior a dez por cento do valor corrigido da causa, a indenizar a parte contrária pelos prejuízos que esta sofreu e a arcar com os honorários advocatícios e com todas as despesas que efetuou.

[21] REsp 1250739/PA, Rel. Ministro MAURO CAMPBELL MARQUES, Rel. p/ Acórdão Ministro LUIS FELIPE SALOMÃO, CORTE ESPECIAL, julgado em 04/12/2013, DJe 17/03/2014.

natureza reparatória, não se caracterizando *bis in idem* caso seja cumulada (apenas a indenização, reitere-se, não a multa do art. 81) com a multa pela oposição dos embargos protelatórios (art. 1026).[22]

2.5. Fungibilidade e decisão monocrática

Os embargos de declaração podem ser opostos contra decisão monocrática de relator em Tribunal. Caso o recurso tenha o objetivo apenas de obter esclarecimento quanto a erro material, omissão, obscuridade ou contradição, o próprio relator deverá julgar, também monocraticamente, os embargos, conforme deflui do art. 1024, § 2º, do CPC.

Sucede que, em alguns casos, o recorrente pede, pela via dos embargos de declaração, que o relator modifique o teor da própria decisão, o que seria matéria, em princípio, de agravo interno. Sem dúvida há uma *zona de penumbra* entre o cabimento dos embargos de declaração com efeitos modificativos e o agravo interno, o que pode gerar dúvida objetiva para a parte interessada em recorrer.

Aplicável, nesses casos, o princípio da fungibilidade recursal, expressamente positivado no art. 1024, § 3º, segundo o qual o órgão julgador deve conhecer dos embargos de declaração como agravo interno se entender ser este o recurso cabível, desde que determine previamente a intimação do recorrente para, no prazo de 5 (cinco) dias, complementar as razões recursais, adequando-as aos requisitos da figura recursal do agravo interno.

Esse elogiável dispositivo legal – cuja aplicabilidade ao Processo do Trabalho é referendada pela Súmula 421 do TST – constitui clara concretização legislativa dos princípios da cooperação, da boa-fé processual e da primazia da decisão de mérito.[23]

3. AGRAVO DE INSTRUMENTO

3.1. Noções gerais e admissibilidade

O agravo de instrumento, no Processo do Trabalho, é recurso cujo cabimento se restringe às decisões que exerçam juízo negativo de admissibilidade de outros recursos interpostos perante o Juízo recorrido, conforme art. 897, *b*, da CLT.

---

22 Sobre o tema, ver Capítulo VII, item 5.1.

23 TST, súmula 421: I – Cabem embargos de declaração da decisão monocrática do relator prevista no art. 932 do CPC de 2015 (art. 557 do CPC de 1973), se a parte pretende tão somente juízo integrativo retificador da decisão e, não, modificação do julgado.

II – Se a parte postular a revisão no mérito da decisão monocrática, cumpre ao relator converter os embargos de declaração em agravo, em face dos princípios da fungibilidade e celeridade processual, submetendo-o ao pronunciamento do Colegiado, após a intimação do recorrente para, no prazo de 5 (cinco) dias, complementar as razões recursais, de modo a ajustá-las às exigências do art. 1021, § 1º, do CPC de 2015.

A pretensão formulada no agravo de instrumento é fazer com que o recurso anteriormente interposto, cujo seguimento foi denegado, seja apreciado pelo Tribunal para o qual se destinava. De fato, como visto anteriormente[24], o juízo de admissibilidade é exercido tanto pelo Juízo *a quo* – perante o qual o recurso é interposto –, quanto pelo *ad quem*, e o primeiro pode obstar o envio dos autos ao segundo, caso conclua pela inadmissibilidade do recurso.

Dessa forma, o agravo de instrumento deve, necessariamente, ser julgado pelo Tribunal que seria competente para conhecer o recurso cuja interposição foi denegada (CLT, art. 897, § 4º). Daí resulta que o Juízo *a quo* não pode exercer juízo de admissibilidade do agravo de instrumento, ainda que tal recurso lhe pareça manifestamente intempestivo ou incabível, por exemplo. Apenas o Tribunal *ad quem* tem a prerrogativa de proceder ao juízo de admissibilidade do agravo de instrumento, e o descumprimento desse preceito pode ser impugnado pela via da reclamação, do mandado de segurança, ou até mesmo da correição parcial.

O prazo do agravo de instrumento é de 8 dias a partir da ciência da decisão denegatória do seguimento do outro recurso.

Na fase de conhecimento, o agravo de instrumento não está sujeito ao pagamento de custas, por ausência de previsão legal; na execução e no cumprimento de sentença, há previsão de custas no art. 789-A, III, da CLT, devendo ser pagas ao final.[25]

No ato de interposição do agravo de instrumento, o depósito recursal corresponderá a 50% do valor do depósito do recurso ao qual se pretende destrancar. Porém, quando o agravo de instrumento tem a finalidade de destrancar recurso de revista que se insurge contra decisão que contraria a jurisprudência uniforme do Tribunal Superior do Trabalho, consubstanciada nas suas súmulas ou em orientação jurisprudencial, não haverá obrigatoriedade de se efetuar o depósito recursal (CLT, art. 899, §§ 7º e 8º).

A regularidade formal do agravo de instrumento pressupõe sejam juntadas, em processos que tramitam em autos físicos:

- (i) obrigatoriamente, cópias da decisão agravada, da certidão da respectiva intimação, das procurações outorgadas aos advogados do agravante e do agravado, da petição inicial, da contestação, da decisão originária, do depósito recursal referente ao recurso que se pretende destrancar, da comprovação do recolhimento das custas e do depósito recursal referente ao agravo de instrumento;

- (ii) facultativamente, outras peças que o agravante reputar úteis ao deslinde da matéria de mérito controvertida (CLT, art. 897, § 5º).

O objetivo de tal regra é possibilitar a imediata apreciação do recurso cujo seguimento fora negado, caso o Tribunal dê razão ao agravante.

24 Capítulo XXI, item 5.

25 Art. 789-A, III – agravo de instrumento: R$ 44,26 (quarenta e quatro reais e vinte e seis centavos).

Se os autos forem eletrônicos, não há necessidade de juntada dessas peças (CPC, art. 1017, § 5º), tendo em vista que o Tribunal *ad quem* pode acessá-las facilmente com alguns cliques.

O agravo de instrumento se sujeita, ainda, ao princípio da dialeticidade, pois o recorrente deve demonstrar a admissibilidade do recurso cujo seguimento foi denegado pelo Juízo *a quo*.[26]

Na falta da cópia de qualquer peça ou no caso de algum outro vício que comprometa a admissibilidade do agravo de instrumento, o relator deve conceder prazo de 5 dias para que o recorrente corrija o defeito, antes de inadmitir o recurso (CPC, art. 1017, § 3º).

3.2. Procedimento

No Processo do Trabalho, o agravo de instrumento é interposto perante o próprio Juízo *a quo* (IN 16/1998 do TST); diferentemente, no Processo Civil, o recurso é interposto mediante petição dirigida diretamente ao Tribunal *ad quem* (CPC, art. 1016). Em ambos os casos, entretanto, o Juízo recorrido não pode negar seguimento ao agravo, cuja admissibilidade deve ser apreciada exclusivamente pelo Tribunal destinatário do recurso.

Em seguida, o agravado deve ser intimado para oferecer resposta ao agravo e ao recurso principal, instruindo-a com as peças que considerar necessárias ao julgamento de ambos os recursos. Feita a remessa dos autos ao Tribunal *ad* quem, e provido o agravo de instrumento, a Turma deliberará sobre o julgamento do recurso principal, observando-se, se for o caso, daí em diante, o procedimento relativo a esse recurso (CLT, art. 897, §§ 6º e 7º).

Em processos eletrônicos, o agravante tem a faculdade de juntar aos autos cópia da petição do agravo de instrumento, do comprovante de sua interposição e da relação dos documentos que instruíram o recurso. Tal providência tem o objetivo de permitir o juízo de retratação pelo Juízo *a quo* (efeito regressivo). Se o juiz comunicar que reformou inteiramente a decisão, o relator considerará prejudicado o agravo de instrumento, ou seja, dá-se a perda superveniente do interesse recursal (CPC, art. 1018, *caput* e § 1º).

Já em processos físicos, o agravante deve adotar a providência acima no prazo de 3 dias a contar da interposição do agravo de instrumento. Trata-se de requisito de admissibilidade específico do agravo de instrumento (integrante da regularidade formal), cuja peculiaridade é que não pode ser conhecido de ofício pelo Tribunal, mas deve ser arguido e provado pelo agravado (CPC, art. 1018, §§ 2º e 3º).

No Processo do Trabalho, após a implantação do processo eletrônico, o agravo de instrumento passa a ser interposto sempre nos mesmos autos, inclusive quando o objetivo for destrancar recurso de revista. De fato, a partir da implantação do PJe-JT no segundo grau de jurisdição dos Tribunais Regionais do Trabalho, ficou dispensada a formação de autos suplementares para interposição de agravos de instrumento (Resolução CSJT 185/2017, art. 26).

[26] Com a mesma opinião, SCHIAVI, *op.cit.*, p. 773.

3.3. Efeitos

Observadas as restrições quanto à extensão do recurso – que se presta apenas a aferir o acerto ou desacerto da decisão que negou seguimento a outro recurso –, o agravo de instrumento tem efeito devolutivo amplo, de modo que o recorrente pode postular tanto a reforma, quanto a invalidação da decisão recorrida, com base em quaisquer fundamentos.

Conforme analisado no tópico anterior, o agravo de instrumento, na sistemática do CPC, detém efeito regressivo, por permitir o juízo de retratação pelo Juízo *a quo*. Embora a CLT não contenha previsão, os dispositivos correspondentes do CPC são aplicáveis ao Processo do Trabalho, tendo em vista a evidente compatibilidade principiológica, já que o juízo de retratação evita eventual tramitação desnecessária do recurso, em consonância com o princípio da economia processual.

Quanto ao efeito suspensivo, o art. 897, § 2º, da CLT, prevê que o agravo de instrumento interposto contra decisão que não receber agravo de petição não suspende a execução da sentença. Perceba-se, entretanto, que, uma vez interposto agravo de petição, a execução *até o final* (CLT, art. 897, § 1º)[27] somente é permitida quanto à parte remanescente (= parte não impugnada pelo agravo de petição).

Dessa forma, apesar da falta de clareza do dispositivo legal, deve-se concluir que, interposto agravo de instrumento contra decisão denegatória de seguimento de agravo de petição, ter-se-á: (i) execução definitiva da parte não impugnada pelo agravo de petição, inclusive com a prática de atos de expropriação e entrega de dinheiro ao credor; (ii) execução provisória da parte impugnada no agravo de petição, não sendo possível a alienação de patrimônio do executado.

Ressalve-se que o tema é controvertido, havendo posicionamentos doutrinários e jurisprudenciais no sentido de que a execução deveria ser definitiva nesses casos; caberia ao interessado, nessa ótica, postular efeito suspensivo ao agravo de instrumento, o que seria avaliado pelo Tribunal à luz dos pressupostos para concessão de tutela provisória.[28]

4. AGRAVO DE PETIÇÃO

4.1. Cabimento

O agravo de petição é recurso cabível contra decisões proferidas na execução ou cumprimento de sentença.

A doutrina mais tradicional sempre interpretou o termo *decisões*, constante do art. 897, *a*, da CLT[29], no sentido de que o agravo de petição somente seria cabível em face das sentenças proferidas em execução[30] que julgassem os embargos

---

[27] Art. 897, § 1º – O agravo de petição só será recebido quando o agravante delimitar, justificadamente, as matérias e os valores impugnados, permitida a execução imediata da parte remanescente até o final, nos próprios autos ou por carta de sentença.

[28] Com essa opinião, BEZERRA LEITE, *op.cit.*, p. 901.

[29] Art. 897 – Cabe agravo, no prazo de 8 (oito) dias:
a) de petição, das decisões do Juiz ou Presidente, nas execuções.

[30] COQUEIJO COSTA, *op.cit.*, p. 518.

à execução, ou de outras decisões que extinguissem o feito executivo, como aquela que acolhesse a exceção de pré-executividade. Tal vertente se baseia, sobretudo, no princípio da irrecorribilidade imediata das decisões interlocutórias, que informa o Processo do Trabalho.

Nessa ótica, portanto, decisões interlocutórias (tais como: indeferimento da desconsideração da personalidade jurídica; determinação de expedição de alvará para saque de valores; designação de hasta pública para expropriar bem impenhorável etc.) na execução não ensejariam recurso de imediato.

Ocorre que, em tal contexto, a inexistência de recurso imediato equivaleria à inexistência definitiva e irremediável de recurso. Pense-se no indeferimento da desconsideração da personalidade jurídica: a execução fatalmente seria suspensa, em decorrência da falta de bens penhoráveis. Sendo assim, não haveria sequer perspectiva de prolação de uma decisão extintiva do feito: logo, não seria possível também que a parte prejudicada recorresse da decisão.

Em tais hipóteses, para evitar tal perplexidade, poder-se-ia cogitar da impetração de mandado de segurança, como forma de superar o aparentemente incontornável obstáculo. Tal solução, embora possível, não é a melhor, entretanto, pois tende a banalizar o uso do remédio heroico e dificultar o acesso à justiça, bem como ofender o princípio do contraditório. É que a referida ação constitucional pressupõe prova documental pré-constituída, o que nem sempre será possível quando se trata de execução de sentença, que envolve, muitas vezes, discussões fáticas complexas. Além disso, o mandado de segurança constitui nova ação, com custas processuais mais elevadas do que as do agravo de petição, tramitando em novos autos, devendo ser levado em conta, também, o princípio da economia processual.

Por tais razões, há significativa corrente doutrinária que sustenta o cabimento do agravo de petição contra decisões interlocutórias que causem gravame imediato à parte.[31]

Contudo, a solução mais adequada é interpretar extensivamente o vocábulo *decisões*, de modo a permitir a interposição de agravo de petição contra decisões interlocutórias de forma ampla. Os seguintes fundamentos justificam essa conclusão:

- (i) facilitação do acesso à justiça, por tornar desnecessário o ajuizamento de ação autônoma (mandado de segurança) para impugnar a interlocutória;
- (ii) na execução, a grande maioria das decisões interlocutórias causa gravame imediato à parte;
- (iii) muitas vezes, não há perspectiva de prolação de uma sentença que extinga a execução, tal como acontece nos casos de ausência de bens penhoráveis, o que inviabiliza, na prática, o direito de recorrer;
- (iv) o art. 1015, parágrafo único, do CPC, admite, no Processo Civil, a interposição de agravo de instrumento contra toda e qualquer decisão interlocutória na liquidação, execução e cumprimento de sentença. Conforme já amplamente analisado nesta obra, há uma tendência crescente de aproximação do Processo Civil com o Processo do Trabalho, e vice-

[31] Nesse sentido, SCHIAVI, *op.cit.*, p. 777.

-versa.[32] As razões que inspiraram o legislador consistem na urgência inerente à impugnação de decisões na execução, que costumam gerar danos de difícil reparação, e tal fundamento é pertinente nos dois ramos do Direito Processual;

- (v) o princípio da irrecorribilidade imediata de decisões interlocutórias é concretização do princípio da oralidade, com o qual está diretamente associado. Como, no julgamento dos recursos e na execução, o processo é prevalentemente escrito[33], não é pertinente aplicar o princípio da irrecorribilidade imediata no que tange a recursos interpostos em execução.

Perceba-se que a ampliação das hipóteses de cabimento do agravo de petição é tendência que se revela na legislação mais recente. Veja-se, por exemplo, que, a partir da vigência da Lei 13.467/2017, o art. 855-A, §1º, II, da CLT[34], passa a prever o cabimento de agravo de petição, independentemente de garantia do juízo, contra as decisões que acolherem ou rejeitarem o incidente da desconsideração da personalidade jurídica.

De acordo com a jurisprudência do Tribunal Superior do Trabalho, decisão de extinção dos embargos à execução, que determine a suspensão do processo em cumprimento a provimento do STF em sede de repercussão geral, deve ser objeto de agravo de petição, sendo incabível o mandado de segurança para impugná-la.[35]

4.2. Demais requisitos de admissibilidade

O agravo de petição deve ser interposto no prazo de 8 dias a partir da ciência da decisão.

Não há recolhimento prévio de custas, mas pagamento apenas ao final, nos termos do art. 789-A, IV, da CLT.[36] Apesar de o dispositivo mencionar que a respon-

32 Capítulo I, item 7.

33 Capítulo II, item 10.

34 § 1º. Da decisão interlocutória que acolher ou rejeitar o incidente: (...) II – na fase de execução, cabe agravo de petição, independentemente de garantia do juízo.

35 "Mandado de segurança. Execução. Decisão que determinou a suspensão da execução em cumprimento a provimento cautelar do STF em matéria com repercussão geral (RMNR). Existência de recurso idôneo para ataque da decisão. Orientação Jurisprudencial nº 92 da SBDIII do TST. Não é cabível o manejo de mandado de segurança para impugnar decisão que suspendeu a execução de título judicial em que deferidas diferenças de remuneração mínima por nível de regime – RMNR, em obediência a provimento cautelar emanado do Supremo Tribunal Federal em questão gravada de repercussão geral. Na presente hipótese, a determinação de suspensão da execução definitiva, exarada no bojo da decisão de extinção, sem resolução do mérito, dos embargos à execução, pode ser impugnada por meio da interposição de agravo de petição, não sendo adequada a utilização da via mandamental. Com efeito, havendo no ordenamento jurídico instrumento processual idôneo para corrigir a suposta ilegalidade cometida pela autoridade apontada como coatora (no caso, agravo de petição), revela-se incabível a impetração do mandamus. Inteligência da Orientação Jurisprudencial nº 92 da SBDI-II. Sob esse fundamento, a SBDI-II, por unanimidade, conheceu do recurso ordinário em mandado de segurança e, no mérito, negou-lhe provimento. TST-RO-21653- 61.2019.5.04.0000, SBDI-II, rel. Min. Douglas Alencar Rodrigues, 9/6/2020" (noticiado no informativo TST nº 220).

36 Art. 789-A – No processo de execução são devidas custas, sempre de responsabilidade do executado e pagas ao final, de conformidade com a seguinte tabela: (...)

sabilidade pelas custas sempre será do executado, deve ser aplicado o princípio da causalidade. Assim, se o agravo tiver sido interposto pelo exequente, e venha a ser desprovido, descabe atribuir responsabilidade das custas correspondentes ao executado.

De acordo com a Súmula 128, II, do TST, garantido o juízo, na fase executória, não se pode exigir qualquer depósito para fins de interposição do agravo de petição. Havendo, porém, elevação do valor do débito, exige-se a complementação da garantia do juízo.

É o que acontece, por exemplo, quando o Juiz do Trabalho julga procedente a impugnação à sentença de liquidação ofertada pelo credor (CLT, art. 884, § 4º, majorando o valor anteriormente atribuído à liquidação.[37] Nesse caso, para que o executado possa interpor agravo de petição, deverá: (i) complementar o valor que já havia depositado anteriormente, caso já tivesse havido garantia do juízo; (ii) depositar integralmente o valor exequendo (inclusive o resultante da majoração), para a hipótese de o juízo não ter sido garantido antes da decisão da impugnação à sentença de liquidação.

Contudo, se o agravo de petição for interposto antes do momento processual próprio para a oposição dos embargos à execução – e isso é possível desde que se entenda pelo cabimento amplo do agravo de petição, conforme analisado no tópico anterior –, não se deve exigir qualquer depósito para a admissibilidade do recurso: não é o caso de depósito recursal, em virtude da ausência de previsão em lei para interposição de agravo de petição; tampouco é o caso de depósito para garantia do juízo, justamente porque ainda não exigível em função da fase processual.

São isentos do depósito recursal os beneficiários da justiça gratuita, as entidades filantrópicas e as empresas em recuperação judicial (CLT, art. 899, §§ 9º e 10). Tal previsão legal faz com que seja inexigível o depósito recursal não apenas na fase de conhecimento, mas também na fase de execução, de modo que agravos de petição interpostos por tais espécies de executados devem ser conhecidos independentemente de garantia do juízo.[38] Contudo, o tema é controvertido, havendo decisões judiciais em sentido diferente.[39]

IV – agravo de petição: R$ 44,26 (quarenta e quatro reais e vinte e seis centavos).

37 Art. 884, § 4º – Julgar-se-ão na mesma sentença os embargos e as impugnações à liquidação apresentadas pelos credores trabalhista e previdenciário.

38 Nesse sentido, a seguinte decisão do Tribunal Superior do Trabalho: "A) AGRAVO DE INSTRUMENTO EM RECURSO DE REVISTA INTERPOSTO PELA EXECUTADA. EXECUÇÃO. NÃO CONHECIMENTO DO AGRAVO DE PETIÇÃO POR AUSÊNCIA DE GARANTIA DO JUÍZO. EMPRESA EM RECUPERAÇÃO JUDICIAL. O agravo de instrumento merece provimento, com consequente processamento do recurso de revista, haja vista que a executada logrou demonstrar possível ofensa ao art. 5°, LV, da CF. Agravo de instrumento conhecido e provido. B) RECURSO DE REVISTA INTERPOSTO PELA EXECUTADA. EXECUÇÃO DE SENTENÇA. NÃO CONHECIMENTO DO AGRAVO DE PETIÇÃO POR AUSÊNCIA DE GARANTIA DO JUÍZO. EMPRESA EM RECUPERAÇÃO JUDICIAL. Nos moldes do § 10 do art. 899 da CLT, introduzido pela Lei nº 13.467/2017, " são isentos do depósito recursal os beneficiários da justiça gratuita, as entidades filantrópicas e as empresas em recuperação judicial "(...). Logo, estando a executada em recuperação judicial, não pairam dúvidas de que está isenta do recolhimento do depósito recursal, razão pela qual se conclui que o Regional, ao não conhecer do agravo de petição, cerceou o direito de defesa da recorrente, direito assegurado constitucionalmente pelo inciso LV do art. 5°. Recurso de revista conhecido e provido" (RR-119600-41.2007.5.03.0105, 8ª Turma, Relatora Ministra Dora Maria da Costa, DEJT 27/09/2019).

39 Por exemplo: "AGRAVO DE INSTRUMENTO. LEI 13.467/17. EXECUÇÃO. DESERÇÃO DO AGRAVO DE PETIÇÃO. EMPRESA EM RECUPERAÇÃO JUDICIAL. AUSÊNCIA DE DEPÓSITO RECURSAL. TRANSCENDÊNCIA. O entendi-

4.3. Delimitação da matéria e valores

A regularidade formal do agravo de petição pressupõe que o recorrente delimite, justificadamente, as matérias e os valores impugnados. O objetivo dessa exigência é propiciar a execução imediata da parte remanescente - ou seja, da parte não impugnada pelo recurso - até o final, nos próprios autos ou por carta de sentença (CLT, art. 897, § 1º).[40]

Fica implícito no dispositivo que essa exigência se refere apenas ao agravo de petição do executado, nunca quanto ao do exequente. Isso porque, ao se referir à *parte remanescente*, o art. 897, § 1º, pressupõe que o recurso tenha o objetivo de reduzir o valor a ser executado, o que obviamente só pode ser buscado pelo executado.

Assim, o agravo de petição não pode ser interposto por simples petição; sujeita-se, ao revés, ao princípio da dialeticidade.[41]

A delimitação da matéria é requisito de todo e qualquer agravo de petição. Por exemplo, se a parte almeja revisão dos critérios utilizados para juros e correção monetária; ou os atinentes à equiparação salarial etc., deve apontá-los especificamente na peça recursal.

Não obstante, nem sempre será exigível a delimitação de valores. Como o agravo de petição deve ser admitido de forma ampla (conforme analisado nos tópicos anteriores), pode ser interposto agravo de petição contra decisões que não discutem especificamente os valores de crédito, mas a responsabilidade patrimonial ou a sujeição de determinados bens à execução. Exemplo: agravo de petição contra decisão que designa hasta pública para arrematação de bem impenhorável; neste caso, o agravante-executado não almeja discutir o valor, mas apenas impedir os atos de expropriação desse bem.

---

mento que prevalece nesta Corte Superior é no sentido de que apenas na fase de conhecimento é aplicável o disposto no art. 899, §10, da CLT. No caso de execução exige-se a garantia do juízo por meio de depósito do valor ou penhora de bens, bem como seguro garantia judicial com acréscimo de 30% do valor da execução (arts. 884, § 6º, da CLT e 835, § 2º, do CPC e OJ 59 da SBDI-2). Não estando garantido o juízo pelas modalidades indicadas, incumbe ao executado proceder ao recolhimento do depósito recursal no valor da execução e, não o fazendo, ocorre a deserção do recurso. Agravo de instrumento de que não se conhece em razão de sua deserção" (AIRR-11785-22.2016.5.03.0023, 6ª Turma, Relatora Desembargadora Convocada Cilene Ferreira Amaro Santos, DEJT 07/06/2019).

[40] § 1º - O agravo de petição só será recebido quando o agravante delimitar, justificadamente, as matérias e os valores impugnados, permitida a execução imediata da parte remanescente até o final, nos próprios autos ou por carta de sentença.

[41] O Tribunal Superior do Trabalho veio a firmar jurisprudência nesse sentido, conforme seguinte julgado: "Execução. *Agravo de petição do exequente. Delimitação de valores prevista no art. 897, § 1º, da CLT. Inexigibilidade.* A delimitação dos valores impugnados a que alude o art. 897, § 1º, da CLT é pressuposto de admissibilidade do agravo de petição e visa a execução imediata da parte incontroversa, razão pela qual somente é exigível do executado. O exequente, via de regra, pretende obter um acréscimo ao valor já apurado, de modo que o descumprimento da referida norma não acarreta qualquer prejuízo ao prosseguimento da execução. Sob esse entendimento, a SBDI-I, por unanimidade, conheceu dos embargos, por divergência jurisprudencial, e, no mérito, por maioria, deu-lhes provimento para, afastada a necessidade de delimitação de valores, determinar o retorno dos autos ao TRT para que prossiga no exame do agravo de petição do exequente, como entender de direito. Vencidos os Ministros Cláudio Mascarenhas Brandão, Alexandre Agra Belmonte, Guilherme Augusto Caputo Bastos, Walmir Oliveira da Costa e Ives Gandra Martins Filho. TST-E-RR-143500-80.2004.5.01.0342, SBDI-I, rel. Min. Hugo Carlos Scheuermann, 8.2.2018" (noticiado no informativo 171 do TST).

Quando exigível a delimitação de valores, o recorrente deve juntar planilha de cálculo apta a demonstrar o valor que entende devido.

4.4. Efeitos

O agravo de petição tem efeito devolutivo restrito à matéria e aos valores que forem objeto de impugnação. Não há previsão legal de efeito regressivo, ou seja, de realização de juízo de retratação pelo órgão prolator da decisão.

Diz-se que o agravo de petição não tem efeito suspensivo, por força do art. 899 da CLT.[42] A assertiva é correta, mas deve ser bem compreendida: uma vez interposto agravo de petição, a execução *até o final* (CLT, art. 897, § 1º)[43] somente é permitida quanto à parte remanescente (= parte não impugnada pelo agravo de petição).

Dessa forma, até que haja decisão final do agravo de petição, pode-se ter: (i) execução definitiva da parte não impugnada pelo agravo de petição, inclusive com a prática de atos de expropriação e entrega de dinheiro ao credor; (ii) execução provisória da parte impugnada no agravo de petição, não sendo possível a alienação de patrimônio do executado para satisfação desses valores.

5. RECURSO DE REVISTA

5.1. Noções gerais

A finalidade do recurso de revista é a tutela do direito objetivo (lei em tese), pois se trata de recurso de natureza extraordinária; a proteção da situação subjetiva do recorrente é apenas reflexo dessa função essencial do recurso, que se destina, também, a uniformizar a jurisprudência trabalhista.

O prazo de interposição é de 8 dias contados da ciência da decisão recorrida.

O recurso de revista está sujeito a preparo, consistente: (i) no recolhimento das custas fixadas pelas instâncias ordinárias; (ii) efetivação do depósito recursal.

Quanto às custas, importante observar a Súmula 25, I e II, do TST: (i) a parte vencedora na primeira instância, se vencida na segunda, está obrigada, independentemente de intimação, a pagar as custas fixadas na sentença originária, das quais ficara isenta a parte então vencida; (ii) no caso de inversão do ônus da sucumbência em segundo grau, sem acréscimo ou atualização do valor das custas e se estas já foram devidamente recolhidas, descabe um novo pagamento pela parte vencida, ao recorrer. Deverá ao final, se sucumbente, reembolsar a quantia.[44]

No que tange ao depósito recursal, devem-se observar os valores fixados por atos do TST (publicados anualmente para fins de atualização monetária), sendo que, atingido o valor da condenação, nenhum depósito mais é exigido para a interposição de recurso (TST, Súmula 128, I).

---

42 BEZERRA LEITE, *op.cit.*, p. 895.

43 § 1º – O agravo de petição só será recebido quando o agravante delimitar, justificadamente, as matérias e os valores impugnados, permitida a execução imediata da parte remanescente até o final, nos próprios autos ou por carta de sentença.

44 Sobre o tema, ver Capítulo X, item 2.1.

5.2. Hipóteses de cabimento

5.2.1. Fase de conhecimento

O recurso de revista é cabível contra decisões proferidas em grau de recurso ordinário, em dissídio individual, pelos Tribunais Regionais do Trabalho, quando:

- (a) derem ao mesmo dispositivo de lei federal interpretação diversa da que lhe houver dado outro Tribunal Regional do Trabalho, no seu Pleno ou Turma, ou a Seção de Dissídios Individuais do Tribunal Superior do Trabalho, ou contrariarem súmula de jurisprudência uniforme dessa Corte ou súmula vinculante do Supremo Tribunal Federal;
- (b) derem ao mesmo dispositivo de lei estadual, Convenção Coletiva de Trabalho, Acordo Coletivo, sentença normativa ou regulamento empresarial de observância obrigatória em área territorial que exceda a jurisdição do Tribunal Regional prolator da decisão recorrida, interpretação divergente, na forma da alínea *a*;
- (c) proferidas com violação literal de disposição de lei federal ou afronta direta e literal à Constituição Federal.

O Tribunal Superior do Trabalho tem feito, de longa data[45] e até os dias atuais[46], interpretação extensiva da alínea *a* do art. 896 da CLT, de modo a admitir recurso de revista por contrariedade não apenas a súmula, mas também a orientação jurisprudencial do próprio TST, exceto no procedimento sumaríssimo.

No rito sumaríssimo, o recurso de revista só cabe por contrariedade a súmula de jurisprudência uniforme do Tribunal Superior do Trabalho ou a súmula vinculante do Supremo Tribunal Federal e por violação direta da Constituição Federal (CLT, art. 896, § 9º). Descabe a interposição por alegada violação a orientação jurisprudencial do TST, face à ausência de previsão legal (TST, Súmula 442).[47]

A divergência apta a ensejar o recurso de revista deve ser atual, não se considerando como tal a ultrapassada por súmula do Tribunal Superior do Trabalho ou

---

[45] CORREÇÃO MONETÁRIA DE SALÁRIOS COM BASE NOS ÍNDICES DO MÊS SUBSEQÜENTE AO DA PRESTAÇÃO DOS SERVIÇOS. O pagamento dos salários até o 5º dia útil do mês subseqüente ao vencido não está sujeito à correção monetária. Porém, se essa data-limite for ultrapassada, incidirá o índice da correção monetária do mês subseqüente ao da prestação dos serviços, e não do próprio mês trabalhado. Recurso de revista conhecido por contrariedade ao item nº 124 da Orientação Jurisprudencial da SDI/TST e provido.RR-151840-73.1999.5.15.0091, 5ª Turma, Relator Ministro Rider de Brito, DEJT 26/03/2004).

[46] PRESCRIÇÃO. PROTESTO INTERRUPTIVO. CONTRATO DE TRABALHO EM VIGOR. AJUIZAMENTO DA RECLAMAÇÃO TRABALHISTA DENTRO DO PRAZO DE CINCO ANOS APÓS A REFERIDA MEDIDA CAUTELAR. Agravo de instrumento a que se dá provimento para determinar o processamento do recurso de revista, em face de haver sido demonstrada possível contrariedade à Orientação Jurisprudencial nº 392 da SDI-1 do TST. RRAg-1000329-39.2020.5.02.0090, 7ª Turma, Relator Ministro Claudio Mascarenhas Brandao, DEJT 19/05/2023).

[47] TST, súmula 442: Nas causas sujeitas ao procedimento sumaríssimo, a admissibilidade de recurso de revista está limitada à demonstração de violação direta a dispositivo da Constituição Federal ou contrariedade a Súmula do Tribunal Superior do Trabalho, não se admitindo o recurso por contrariedade a Orientação Jurisprudencial deste Tribunal (Livro II, Título II, Capítulo III, do RITST), ante a ausência de previsão no art. 896, § 6º, da CLT.

do Supremo Tribunal Federal, ou superada por iterativa e notória jurisprudência do Tribunal Superior do Trabalho (CLT, art. 896, § 7º). Não é servível ao conhecimento de recurso de revista por divergência aresto oriundo de mesmo Tribunal Regional do Trabalho, salvo se o recurso houver sido interposto anteriormente à vigência da Lei nº 9.756/98 (TST, OJ 111 da SDI-1).

É inadmissível o recurso de revista fundado apenas em divergência jurisprudencial, se a parte não comprovar que a lei estadual, a norma coletiva ou o regulamento da empresa extrapolam o âmbito do TRT prolator da decisão recorrida (OJ 147 da SDI-1).

A invocação expressa no recurso de revista dos preceitos legais ou constitucionais tidos como violados não significa exigir da parte a utilização das expressões *contrariar*, *ferir*, *violar*, etc. (OJ 257 da SDI-1).

O TST entende ser incabível recurso de revista de ente público que não interpôs recurso ordinário voluntário da decisão de primeira instância, ressalvada a hipótese de ter sido agravada, na segunda instância, a condenação imposta (OJ 334 da SDI-1). O fundamento e a crítica a esse entendimento constam do Capítulo XXI, item 10.

É incabível recurso de revista interposto de acórdão regional prolatado em agravo de instrumento (TST, Súmula 218). Isso se explica porque recurso de revista somente cabe das decisões de TRT em grau de recurso ordinário (e não daquelas proferidas em agravo de instrumento), conforme se extrai do art. 896, *caput*, da CLT.

5.2.2. *Fase de cumprimento de sentença ou processo de execução*

Na execução trabalhista – inclusive em processo incidente de embargos de terceiro – o recurso de revista cabe contra decisões de Tribunais Regionais do Trabalho apenas na hipótese de ofensa direta e literal de norma da Constituição Federal (CLT, art. 896, § 2º).

Entretanto, nas execuções fiscais e nas controvérsias na fase de execução que envolvam a CNDT (Certidão Negativa de Débitos Trabalhistas), cabe recurso de revista por violação a lei federal, por divergência jurisprudencial e por ofensa à Constituição Federal.

5.2.3. *Cabimento versus provimento do recurso*

No plano doutrinário, o cabimento do recurso de revista pressupõe que o recorrente alegue a violação da lei, da Constituição etc. A mera alegação faz com que o recurso seja cabível, pois se enquadra no figurino legal e é adequado para o tipo de decisão que impugna. Presentes os demais requisitos de admissibilidade, alegada a violação, o recurso de revista deve ser conhecido.

Pode ser, entretanto, que o TST conclua que o recorrente não tem razão, ou seja, que não há a violação legal ou constitucional apontada. Nessas hipóteses, deveria negar provimento ao recurso, muito embora dele haja conhecido.

Esse posicionamento vem sendo adotado mais recentemente pelo STF, *mutatis mutandis*[48]; dessa forma, superada a Súmula 249 da Corte. O entendimento atualmente prevalecente no Supremo é pela distinção entre juízo de admissibilidade e de mérito do recurso extraordinário por violação constitucional, sendo que para que o primeiro seja positivo basta a alegação de violação.

No entanto, o TST adota sistemática diferente, como se infere da Súmula 192, II, que afirma que acórdão rescindendo do TST que não conhece de recurso de revista, analisando arguição de violação de dispositivo de lei material ou decidindo em consonância com súmula de direito material ou com iterativa, notória e atual jurisprudência de direito material da SDI, examina o mérito da causa, cabendo ação rescisória da competência do TST.

Assim, para o TST, a consequência lógica do cabimento do recurso de revista por violação é o seu provimento. A Corte afirma que a efetiva existência da violação legal ou constitucional (não apenas a mera alegação do recorrente) integra o cabimento do recurso. Nessa ótica, sempre que o recurso for conhecido, deverá ser provido.

É evidente a inconveniência desse entendimento, que confunde e mistura o juízo de mérito com o de admissibilidade. Se o Tribunal conclui pela inexistência da violação legal ou constitucional, está julgando a pretensão recursal (= o mérito do recurso).

O embaraço não é apenas teórico, mas também prático: recursos não conhecidos não geram o efeito substitutivo e impeditivo do trânsito em julgado. Daí decorre que a competência para a ação rescisória, no caso de genuíno não conhecimento do recurso de revista, é do TRT que prolatou a decisão em sede de recurso ordinário; ao contrário, se o recurso for conhecido (mesmo que desprovido), opera-se o efeito substitutivo e a competência para a rescisória será do TST.

Veja-se que a própria Súmula 192, II, do TST, reconhece o efeito substitutivo no caso de não provimento de recurso, ao afirmar que o julgamento de mérito faz com que a decisão rescindível seja a do TST.

Contudo, há outro equívoco no posicionamento do Tribunal, pois não é apenas no caso de o recurso de revista apreciar questão de direito material que haverá o efeito substitutivo da decisão regional. De fato, podem surgir arguições de violação a dispositivos processuais no recurso de revista (pressupostos processuais, condições da ação, entre outros) e, caso o Tribunal aprecie a alegação, mas conclua pela inexistência de violação, também haverá efeito substitutivo; logo, a decisão que transitará em julgado é o acórdão do TST.

O ideal é que o Tribunal Superior do Trabalho modifique a sua praxe e também a Súmula 192, II, adequando-a ao entendimento mais recente do STF, de modo a distinguir claramente o juízo de admissibilidade (para o qual basta a alegação de violação de qualquer lei federal) do juízo de mérito (no qual se conclui se a violação efetivamente existe, ou não) do recurso de revista.

48 Desde o julgamento do RE 298695, Relator(a): Min. SEPÚLVEDA PERTENCE, Tribunal Pleno, julgado em 06/08/2003, DJ 24-10-2003 PP-00012 EMENT VOL-02129-03 PP-00880.

5.2.4. *Cabimento e matéria fática*

Os recursos excepcionais se destinam essencialmente à tutela do direito objetivo e à uniformização da jurisprudência. A defesa de interesses subjetivos das partes é apenas consequência inerente a essa finalidade principal.

Por tal razão, incabível o recurso de revista ou de embargos (arts. 896 e 894, I, *a*, da CLT) para reexame de fatos e provas (TST, Súmula 126). Dessa forma, o Tribunal Superior não pode, por ocasião do julgamento do recurso excepcional, fazer nova valoração do acervo probatório; o Tribunal Regional, assim, dá a última palavra quanto à ocorrência, ou não, dos fatos pertinentes à causa.

No entanto, é plenamente possível que o Tribunal Superior realize novo enquadramento jurídico dos fatos, tais como delineados no acórdão regional. O Tribunal *ad quem* não pode repelir a versão fática aceita pelo Tribunal *a quo*, mas pode qualificá-la de forma diferente.[49]

Exemplo: o TRT conclui que a reclamante prestava serviços em residência, sem fins lucrativos, três vezes por semana, mas julga improcedente o pedido de reconhecimento de vínculo empregatício como empregada doméstica, por faltar o requisito da continuidade. Nessa hipótese, o TST pode dar provimento ao recurso de revista, reconhecendo o vínculo empregatício, caso considere que o fato de a recorrente trabalhar três vezes por semana é suficiente para caracterizar a continuidade.

Além disso, a jurisprudência do TST[50] tem entendido ser possível a alegação de fatos novos (ocorridos após o último momento em que a parte poderia fazer a alegação na instância regional), nos termos do art. 493 do CPC.[51] Analogamente, o STJ tem entendido que, conhecido o recurso especial, esta Corte detém cognição ampla para o julgamento da lide, podendo, ao aplicar o direito à espécie, levar em consideração fatos novos, extintivos do direito de uma das partes, ocorridos posteriormente ao ajuizamento da ação, nos termos do art. art. 493 do CPC/15.[52]

---

49 Cf. BARBOSA MOREIRA, *op.cit.*, p. 602.

50 EMBARGOS EM RECURSO DE REVISTA. BNDES. PARTICIPAÇÃO NOS LUCROS. EXTENSÃO AOS APOSENTADOS. DOCUMENTO NOVO. FATO SUPERVENIENTE. SÚMULA Nº 8 DO TST. Os termos de homologação de acordo juntados pelos autores foram produzidos no período compreendido entre 31/01 e 19/5/2008, posteriormente à publicação do último acórdão do Tribunal Regional (11/1/2008) e à interposição do recurso de revista (22/5/2007) e das razões complementares (18/1/2008). Tem-se, portanto, configurado o fato superveniente nos termos da Súmula nº 8 do TST, pelo que sobre eles deve se manifestar a Turma. Recurso de embargos conhecido e provido.

(TST – E-ED-RR: 1994006820015010046, Relator: Alexandre de Souza Agra Belmonte, Data de Julgamento: 11/09/2014, Subseção I Especializada em Dissídios Individuais, Data de Publicação: DEJT 19/09/2014)

51 Art. 493 – Se, depois da propositura da ação, algum fato constitutivo, modificativo ou extintivo do direito influir no julgamento do mérito, caberá ao juiz tomá-lo em consideração, de ofício ou a requerimento da parte, no momento de proferir a decisão.

Parágrafo único. Se constatar de ofício o fato novo, o juiz ouvirá as partes sobre ele antes de decidir.

52 AgInt nos EDcl no REsp 1327956/SP, Rel. Ministro PAULO DE TARSO SANSEVERINO, TERCEIRA TURMA, julgado em 27/06/2017, DJe 03/08/2017.

Contudo, perceba-se que o fato novo só pode ser apreciado pelo Tribunal Superior caso o recurso excepcional haja sido conhecido com base em outro fundamento, em virtude da exigência de prequestionamento.[53]

5.2.5. Exaurimento da instância anterior

O cabimento do recurso de revista pressupõe o exaurimento da instância ordinária; vale dizer, o interessado deve ter se valido anteriormente dos recursos pertinentes no âmbito do TRT.

Assim, por exemplo, se tiver havido julgamento monocrático pelo Desembargador Relator no TRT, o interessado deve se valer do agravo interno para provocar a manifestação da Turma, após o que será cabível a interposição do recurso de revista.

Contudo, perceba-se que, se a decisão da Turma do TRT já tiver enfrentado o tema que será objeto do recurso de revista, não há necessidade de oposição de embargos de declaração no âmbito do Regional.

5.3. Prequestionamento

Há divergência doutrinária e jurisprudencial acerca do significado do prequestionamento, bem como no que tange à sua natureza jurídica.

Quanto ao significado, há quem entenda, apegando-se à semântica do termo, que prequestionamento consiste, exclusivamente, em ato da parte, que deve ter a iniciativa de debater a matéria, de forma prévia, nas instâncias inferiores, a fim de ter acesso às instâncias extraordinárias. Outros defendem que o prequestionamento consiste em ato jurisdicional, pois os artigos 102, III, *a*, e 105, III, *a*, da CF[54], ao aludirem aos recursos extraordinário e especial, respectivamente, fazem menção às

---

[53] Exatamente nesse sentido veio a decidir SDI-1 do TST, no seguinte julgado, noticiado no informativo 187 do TST (o caso concreto envolvia o recurso de embargos, mas a conclusão vale para o recurso de revista, pois ambos detêm natureza excepcional): "Questão de ordem. Fato superveniente. Arguição em sede de embargos após a interposição do recurso. Exame condicionado ao preenchimento dos requisitos extrínsecos e intrínsecos do apelo. Em sede de embargos, o exame de arguição de fato superveniente relevante ao deslinde da controvérsia, surgido quando já interposto o recurso, está condicionado ao conhecimento do apelo. Em outras palavras, conquanto se admita a invocação de fato novo até mesmo na instância extraordinária (Súmula nº 394 do TST), a verificação da adequação do fato ao desenlace da discussão exige o enfrentamento do mérito, razão pela qual é inafastável o prévio preenchimento dos requisitos extrínsecos e intrínsecos do recurso. Sob esse entendimento, a SBDI-I, em sua composição plena, ao analisar questão de ordem, decidiu, por maioria, não examinar o fato novo suscitado pela embargante (ante o não conhecimento dos embargos), e estabelecer a tese de que só é possível o conhecimento de fato superveniente se conhecido o recurso. Vencidos os Ministros Cláudio Mascarenhas Brandão, relator, Ives Gandra Martins Filho, Maria Cristina Irigoyen Peduzzi, Alberto Luiz Bresciani de Fontan Pereira, Guilherme Augusto Caputo Bastos e Márcio Eurico Vitral Amaro. TST-E-ARR-693-94.2012.5.09.0322, SBDI-I, rel. Min. Cláudio Mascarenhas Brandão, 12.11.2018.

[54] Art. 102, III – julgar, mediante recurso extraordinário, as causas decididas em única ou última instância, quando a decisão recorrida:

a) contrariar dispositivo desta Constituição.

Art. 105, III – julgar, em recurso especial, as causas decididas, em única ou última instância, pelos Tribunais Regionais Federais ou pelos tribunais dos Estados, do Distrito Federal e Territórios, quando a decisão recorrida:

a) contrariar tratado ou lei federal, ou negar-lhes vigência.

causas decididas em única ou última instância. Por fim, a corrente eclética defende que o prequestionamento exige ato da parte e expressa manifestação jurisdicional sobre o tema.

No que tange à natureza jurídica do prequestionamento, destacam-se dois posicionamentos doutrinários: (i) tratar-se-ia de requisito de admissibilidade específico dos recursos excepcionais; (ii) seria peculiaridade inerente ao cabimento de tais recursos.

Reconhecida a ausência de prequestionamento, o juízo de admissibilidade não será ultrapassado e o recurso não será conhecido (= não será julgado no mérito).

Não havia previsão explícita ou regramento sobre o prequestionamento no ordenamento jurídico brasileiro. Inicialmente, o instituto foi construção jurisprudencial dos Tribunais Superiores, a partir da expressão *causas decididas*, contidas nos dispositivos atinentes aos recursos de natureza extraordinária (exemplo: CF, art. 102, III – recurso extraordinário para o STF – e art. 105, III – recurso especial para o STJ). A lei 13015/2014 introduziu a previsão do prequestionamento no art. 896, § 1º-A, II, da CLT[55]; o Novo CPC também faz menção ao prequestionamento nos arts. 941, § 3º, e 1025.[56]

O prequestionamento significa que somente podem ser objeto de recurso de revista questões efetivamente decididas pelo Tribunal *a quo*. Contudo, o art. 1025 do CPC passou a consagrar o prequestionamento ficto: mesmo que o acórdão recorrido tenha sido omisso, por não apreciar argumentos suscitados pela parte em embargos de declaração, tais elementos consideram-se incluídos no acórdão regional. Trata-se de verdadeira ficção jurídica, pois se considera existente um fato que sabidamente não ocorreu (= o TRT não apreciou o tema suscitado, mas a lei considera que o fez para fins de cabimento do recurso de revista).

O referido art. 1025 referenda o posicionamento consolidado pelo TST, na Súmula 297, II e III, segundo a qual incumbe à parte interessada, desde que a matéria haja sido invocada no recurso principal, opor embargos declaratórios objetivando o pronunciamento sobre o tema, sob pena de preclusão. Considera-se prequestionada a questão jurídica invocada no recurso principal sobre a qual se omite o Tribunal de pronunciar tese, não obstante opostos embargos de declaração. O mesmo entendimento é adotado pelo STF, como deflui da Súmula 356. Depreende-se que o Novo Código superou o entendimento restritivo do STJ, manifestado na Súmula 211, a qual não admitia o prequestionamento ficto e criava embaraços irrazoáveis ao acesso à Corte.

55 Art. 896, § 1º-A – Sob pena de não conhecimento, é ônus da parte: (...)

II – indicar, de forma explícita e fundamentada, contrariedade a dispositivo de lei, súmula ou orientação jurisprudencial do Tribunal Superior do Trabalho que conflite com a decisão regional.

56 Art. 941, § 3º – O voto vencido será necessariamente declarado e considerado parte integrante do acórdão para todos os fins legais, inclusive de pré-questionamento.

Art. 1025 – Consideram-se incluídos no acórdão os elementos que o embargante suscitou, para fins de pré-questionamento, ainda que os embargos de declaração sejam inadmitidos ou rejeitados, caso o tribunal superior considere existentes erro, omissão, contradição ou obscuridade.

O prequestionamento diz-se explícito quando o dispositivo legal supostamente violado for mencionado expressamente na decisão recorrida; implícito, quando não se faça menção a qualquer dispositivo normativo. Num ou noutro caso, entretanto, o que importa é que haja tese explícita sobre a matéria, na decisão recorrida, sendo desnecessário que ela contenha referência expressa ao dispositivo legal para ter-se como prequestionado este (OJ 118 da SDI-1 do TST). Isso não exime o recorrente de indicar o dispositivo legal violado para fins de regularidade formal do recurso de revista interposto com base em violação (TST, Súmula 221).[57]

É inexigível o prequestionamento quando a violação indicada nascer na própria decisão recorrida (OJ 119 da SDI-1 do TST), como no caso de julgamento *extra* ou *ultra petita*, ou ainda em caso de acórdãos regionais nulos por vício procedimental. Também não é necessário o prequestionamento no caso de interposição do recurso excepcional fundado em divergência jurisprudencial.

Criticável a OJ 151 da SDI-1 do TST, segundo a qual decisão regional que simplesmente adote os fundamentos da decisão de primeiro grau não preenche a exigência do prequestionamento. Ora, nas situações em que se admite validamente a motivação *per relationem*, e a decisão de primeiro grau haja enfrentando satisfatoriamente a matéria, a incorporação desta pelo acórdão regional faz com que o tema tenha sido decidido pelo TRT – e, consequentemente, prequestionado.[58]

Igualmente passível de crítica a OJ 62 da SDI-1 do TST, ao indicar a necessidade de prequestionamento como pressuposto de admissibilidade em recurso de natureza extraordinária, ainda que se trate de incompetência absoluta. O verbete tangencia a questão do efeito translativo (ou efeito devolutivo em profundidade) do recurso de revista.

Sobre o tema, há dois posicionamentos: (i) o Tribunal Superior (STF ou TST) somente poderia decidir matéria efetivamente prequestionada. Nessa ótica, se a questão de ordem pública não tiver sido suscitada ou decidida no Tribunal *a quo*, o Juízo *ad quem* não pode conhecê-la de ofício; (ii) o prequestionamento se exige apenas para que seja conhecido o recurso excepcional. Uma vez realizado o juízo positivo de admissibilidade, é aberta a cognição do Tribunal Superior, que passa a poder julgar amplamente a causa no capítulo impugnado, daí resultando a possibilidade de conhecer de questões de ordem pública ou outros fundamentos não apreciados na instância de origem.

A primeira corrente vinha sendo adotada pelos Tribunais Superiores antes da vigência do Novo CPC, conforme se denota da OJ 62 da SDI-1 do TST.[59] Já a segunda concepção foi sufragada pelo art. 1034, parágrafo único, do CPC, que estatui que, admitido o recurso extraordinário ou o recurso especial por um fundamento,

---

57 TST, súmula 221: A admissibilidade do recurso de revista por violação tem como pressuposto a indicação expressa do dispositivo de lei ou da Constituição tido como violado.

58 Sobre o tema, ver Capítulo XIX, item 5.2.

59 TST, OJ 62 da SDI-1: É necessário o prequestionamento como pressuposto de admissibilidade em recurso de natureza extraordinária, ainda que se trate de incompetência absoluta.

devolve-se ao tribunal superior o conhecimento dos demais fundamentos para a solução do capítulo impugnado.

Sem dúvida, trata-se de nítido avanço legislativo, porque impedir que o Tribunal Superior conheça *ex officio* de questões de ordem pública relativas ao capítulo impugnado viola a economia processual e a duração razoável do processo. Perceba-se que o entendimento anteriormente adotado pelos Tribunais Superiores poderia fazer com que julgassem o mérito do recurso mesmo cientes de sua incompetência absoluta para apreciar a causa. Ou seja: o TST ou o STF seriam *obrigados* a proferir decisão sabidamente nula, que provavelmente se tornaria, posteriormente, objeto de ação rescisória perante o mesmo Tribunal.

De todo modo, a concepção adotada pelo CPC pressupõe que o recurso excepcional seja conhecido para que o Tribunal possa conhecer da questão de ordem pública.

Por fim, é equívoco técnico comum no foro a oposição de embargos de declaração no primeiro grau de jurisdição com a finalidade de obter o prequestionamento da matéria. Como o recurso ordinário contra a sentença tem efeito devolutivo amplo em profundidade, o interessado pode manejá-lo diretamente, suscitando os argumentos e questões que entenda pertinentes para um futuro recurso de revista. Apenas na hipótese de omissão do TRT é que será pertinente a oposição de embargos de declaração com a finalidade de prequestionamento.

5.4. Transcendência

A necessidade de transcendência para a admissibilidade do recurso de revista foi estabelecida pela Medida Provisória 2226/2001, mas até o momento ainda não foi utilizada pelo TST.

Assim como o prequestionamento, pode-se considerá-la como requisito específico de admissibilidade do recurso de revista; ou – o que é preferível – como aspecto inerente ao cabimento do mesmo recurso. Contudo, o art. 896-A, § 6º, da CLT, parece tratar da transcendência como requisito autônomo de admissibilidade, ao dispor que *o juízo de admissibilidade do recurso de revista exercido pela Presidência dos Tribunais Regionais do Trabalho limita-se à análise dos pressupostos intrínsecos e extrínsecos do apelo, não abrangendo o critério da transcendência das questões nele veiculadas.*

O requisito da transcendência é bastante assemelhado ao da repercussão geral alusiva ao recurso extraordinário para o STF. Consoante art. 896-A, *caput*, da CLT, o TST examinará previamente se causa oferece transcendência com relação aos reflexos gerais de natureza econômica, política, social ou jurídica.

A transcendência do recurso de revista tem o objetivo de limitar o acesso ao TST, para que a Corte funcione, efetivamente, como instância uniformizadora da Justiça do Trabalho, e não como uma espécie de terceira instância.

A Reforma Trabalhista (Lei nº 13.467/2017) minudencia o tema, passando a prever que são indicadores de transcendência, entre outros, conforme art. 896-A, § 1º, da CLT:

- (i) econômica, o elevado valor da causa;
- (ii) política, o desrespeito da instância recorrida à jurisprudência sumulada do Tribunal Superior do Trabalho ou do Supremo Tribunal Federal;
- (iii) social, a postulação, por reclamante-recorrente, de direito social constitucionalmente assegurado. Como grande parte dos direitos trabalhistas estão previstos na Constituição, se essa hipótese não for interpretada restritivamente, a transcendência não cumprirá seu papel de restringir os recursos passíveis de análise pelo TST;
- (iv) jurídica, a existência de questão nova em torno da interpretação da legislação trabalhista.

O relator, no TST, pode monocraticamente denegar seguimento ao recurso de revista por ausência de transcendência. Dessa decisão cabe agravo para o colegiado, sendo facultado ao recorrente fazer sustentação oral de 5 minutos em sessão sobre a questão da transcendência.

O art. 896-A, § 4º, da CLT, prevê que o juízo de admissibilidade do recurso de revista exercido pela Presidência dos Tribunais Regionais do Trabalho limita-se à análise dos pressupostos intrínsecos e extrínsecos do apelo, não abrangendo o critério da transcendência das questões nele veiculadas. Contudo, deve-se adotar o mesmo critério utilizado quanto à repercussão geral para o recurso extraordinário: uma vez que o Tribunal Superior fixe a tese - estabelecendo inexistir transcendência; ou, caso exista, o entendimento a ser adotado -, os Tribunais vinculados podem e devem aplicá-la.

Assim, a apreciação da transcendência de forma exclusiva pelo TST diz respeito apenas à definição inicial acerca da existência, ou não, da transcendência; e à fixação da tese jurídica a ser aplicada. Havendo decisão paradigma do TST, que considere inexistir transcendência de determinada matéria, os Tribunais Regionais deixarão de remeter os recursos de revista para o Tribunal Superior; dessas decisões, cabível o agravo de instrumento. No caso de haver transcendência, será obrigatória a utilização, pelo TRT, do entendimento fixado pelo TST.

O Tribunal Superior do Trabalho, com fundamento nos princípios da colegialidade, do juiz natural, isonomia e devido processo legal, declarou a inconstitucionalidade do art. 896-A, §5º, da CLT, que previa ser irrecorrível a decisão monocrática do relator que, em agravo de instrumento em recurso de revista, considerasse ausente a transcendência da matéria.[60] Dessa forma, cabe o recurso de agravo interno contra

[60] ARGUIÇÃO DE INCONSTITUCIONALIDADE. ARTIGO 896-A, § 5º, DA CLT. NORMA QUE DISCIPLINA A IRRECORRIBILIDADE DE DECISÃO UNIPESSOAL PROFERIDA PELO RELATOR EM RECURSO DE COMPETÊNCIA DO COLEGIADO. AFRONTA AOS PRINCÍPIOS DO JUIZ NATURAL (ARTIGOS 5º, LIII, E 111, II, CF/88); DO DEVIDO PROCESSO LEGAL (ARTIGO 5º, LIV E LV, CF/88) DA ISONOMIA (ARTIGO 5º, CAPUT, CF/88); DA COLEGIALIDADE (DE ACORDO COM O STF, INTEGRANTE DA FORMAÇÃO HISTÓRICA DA ORGANIZAÇÃO JUDICIÁRIA NACIONAL, PORTANTO, PRINCÍPIO CONSTITUCIONAL IMPLÍCITO); DAS GARANTIAS DA SEGURANÇA JURÍDICA E DA PROTEÇÃO DA CONFIANÇA (ARTIGO 5º, CAPUT, CF/88). ÓBICE AO EXAME DA MATÉRIA OBJETO DO APELO PELO SUPREMO TRIBUNAL FEDERAL. INCONGRUÊNCIA DOS PROCEDIMENTOS ADOTADOS PELA LEI NO JULGAMENTO DOS RECURSOS DE REVISTA E DE AGRAVOS DE INSTRUMENTO. FALTA DE RAZOABILIDADE

decisão monocrática que rejeite a transcendência em sede de agravo de instrumento em recurso de revista.

Veja-se que o Tribunal Superior do Trabalho não admite a impetração de mandado de segurança contra decisão monocrática que, em agravo de instrumento, conclui pela ausência de transcendência.[61]

5.5. Regularidade formal

A regularidade formal do recurso de revista interposto por violação legal ou constitucional pressupõe que o recorrente indique expressamente o dispositivo de lei ou da Constituição tido como violado, conforme deflui da Súmula 221. Contrariamente, veja-se que não há necessidade de que o acórdão recorrido mencione o

---

DA INTERPRETAÇÃO LITERAL DO DISPOSITIVO (STF, ADI Nº 1.511-MC). É inconstitucional a regra inserida no artigo 896-A, § 5º, da CLT, ao prever a irrecorribilidade da decisão monocrática proferida pelo relator que rejeita a transcendência da questão jurídica versada no agravo de instrumento em recurso de revista. Tal prática viola os princípios da colegialidade, do juiz natural, do devido processo legal, da segurança jurídica, da proteção da confiança e da isonomia; impede o exame futuro da controvérsia pelo Supremo Tribunal Federal; revela a incongruência de procedimentos adotados no julgamento de recursos de revista e de agravos de instrumento, o que viola o princípio da razoabilidade; obstaculiza o exercício da competência reservada, por lei, às Turmas deste Tribunal; dificulta a fixação de precedentes por este Tribunal, considerando a ausência de parâmetros objetivos fixados para o reconhecimento da transcendência e a atribuição de elevado grau de subjetividade por cada relator - que não constitui órgão julgador, mas, sim, instância de julgamento, cuja atuação decorre de delegação do Colegiado. Arguição acolhida, para se declarar a inconstitucionalidade do dispositivo, no caso concreto. Vistos, relatados e discutidos estes autos de Arguição de Inconstitucionalidade nº TST- ArgInc-1000845-52.2016.5.02.0461, em que é Suscitante SÉTIMA TURMA - TST; Suscitado TRIBUNAL PLENO - TST; Agravante ALEXANDRE CESAR DAS CHAGAS; Agravado FORD MOTOR COMPANY BRASIL LTDA. e AMICI CURIAE FEDERAÇÃO INTERESTADUAL DOS TRABALHADORES E PESQUISADORES EM SERVIÇOS DE TELECOMUNICAÇÕES - FITRATELP, INSTITUTO DOS ADVOGADOS BRASILEIROS - IAB, FEDERAÇÃO BRASILEIRA DE BANCOS - FEBRABAN e ASSOCIAÇÃO BRASILEIRA DE ADVOGADOS TRABALHISTAS - ABRAT. (TST - ArgInc: 10008455220165020461, Relator: Claudio Mascarenhas Brandao, Data de Julgamento: 06/11/2020, Tribunal Pleno, Data de Publicação: 17/12/2020).

61 "Mandado de segurança. Não cabimento. Decisão monocrática do relator que nega seguimento ao agravo de instrumento em recurso de revista por ausência de transcendência da causa. Irrecorribilidade. Esgotamento das vias processuais existentes. Proposta de instauração de incidente de arguição de inconstitucionalidade do § 5º do art. 896-A da CLT. Rejeição. Não cabe mandado de segurança contra decisão monocrática que nega provimento ao agravo de instrumento em recurso de revista por ausência de transcendência da causa, pois, consoante o teor do art. 896-A, § 5º, da CLT, trata-se de decisão irrecorrível. Ademais, aplica-se ao caso a Orientação Jurisprudencial nº 99 da SBDI-II, que não admite o cabimento do *mandamus* após esgotadas as vias recursais. Com esses fundamentos, o Órgão Especial, por maioria, vencidos os Ministros José Roberto Freire Pimenta e Cláudio Mascarenhas Brandão, negou provimento ao agravo. Na mesma ocasião, o Órgão Especial, também por maioria, rejeitou a questão de ordem suscitada pelo Ministro Cláudio Mascarenhas Brandão, no sentido da instauração de incidente de arguição de inconstitucionalidade do inteiro teor do § 5º do art. 896-A da CLT. Prevaleceu o entendimento de que a declaração de inconstitucionalidade do referido artigo não foi deduzida como causa de pedir, mas como pedido autônomo, referente a lei em tese, sem conexão com o objeto do mandado de segurança (reconhecimento da transcendência política da matéria e julgamento do mérito do recurso de revista), o que configura o manejo do writ como sucedâneo de ação direta de inconstitucionalidade. Vencidos os Ministros Brito Pereira, Renato de Lacerda Paiva, José Roberto Freire Pimenta, Cláudio Mascarenhas Brandão e Alexandre Luiz Ramos. TST-AgMS-1000354-22.2019.5.00.0000, Órgão Especial, rel. Min. Breno Medeiros, 2.12.2019" (noticiado no informativo TST nº 214).

número do dispositivo impugnado para que se considere existente o prequestionamento (OJ 118 da SDI-1 do TST).[62]

Já quando o recurso de revista é interposto com fundamento em divergência jurisprudencial, incumbe ao recorrente o ônus de produzir prova da divergência jurisprudencial, mediante certidão, cópia ou citação do repositório de jurisprudência, oficial ou credenciado, inclusive em mídia eletrônica, em que houver sido publicada a decisão divergente, ou ainda pela reprodução de julgado disponível na internet, com indicação da respectiva fonte, mencionando, em qualquer caso, as circunstâncias que identifiquem ou assemelhem os casos confrontados (CLT, art. 896, § 8º).

Além disso, cabe ao recorrente, sob pena de não conhecimento:

- (i) indicar o trecho da decisão recorrida que consubstancia o prequestionamento da controvérsia objeto do recurso de revista;
- (ii) indicar, de forma explícita e fundamentada, contrariedade a dispositivo de lei, súmula ou orientação jurisprudencial do Tribunal Superior do Trabalho que conflite com a decisão regional;
- (iii) expor as razões do pedido de reforma, impugnando todos os fundamentos jurídicos da decisão recorrida, inclusive mediante demonstração analítica de cada dispositivo de lei, da Constituição Federal, de súmula ou orientação jurisprudencial cuja contrariedade aponte.

No recurso de revista, cabe ao recorrente transcrever na peça recursal, no caso de suscitar preliminar de nulidade de julgado por negativa de prestação jurisdicional, o trecho dos embargos declaratórios em que foi pedido o pronunciamento do tribunal sobre questão veiculada no recurso ordinário e o trecho da decisão regional que rejeitou os embargos quanto ao pedido, para cotejo e verificação, de plano, da ocorrência da omissão (CLT, art. 896, § 1-A, IV).

Quando o recurso de revista tempestivo contiver defeito formal que não se repute grave, o Tribunal Superior do Trabalho poderá desconsiderar o vício ou mandar saná-lo, julgando o mérito (CLT, art. 896, § 11).

O recurso de revista pressupõe, ainda, a representação da parte por advogado, não se aplicando quanto a ele o *jus postulandi* (TST, Súmula 425).[63]

5.6. Efeitos

O recurso de revista, assim como os demais recursos no Processo do Trabalho, não tem efeito suspensivo automático (*ope legis*). Contudo, presentes os pressupostos para o deferimento de tutela de urgência recursal, o TST pode atribuir efeito sus-

[62] TST, OJ 118 da SDI-1: Havendo tese explícita sobre a matéria, na decisão recorrida, desnecessário contenha nela referência expressa do dispositivo legal para ter-se como prequestionado este.

[63] TST, súmula 425: O jus postulandi das partes, estabelecido no art. 791 da CLT, limita-se às Varas do Trabalho e aos Tribunais Regionais do Trabalho, não alcançando a ação rescisória, a ação cautelar, o mandado de segurança e os recursos de competência do Tribunal Superior do Trabalho.

pensivo *ope judicis*. Sobre a competência para atribuição de efeito suspensivo nesses casos, ver Capítulo XXI, item 3.2.

O efeito devolutivo do recurso de revista – como de qualquer outro recurso excepcional – é limitado, pois não abrange o revolvimento da matéria fática. Não há, assim, a profundidade prevista no art. 1013, §§ 1° e 2°, do CPC[64], que é típica dos recursos ordinários. De outro lado, embora o tema seja controvertido, uma vez admitido o recurso de revista, o efeito devolutivo é amplo, sendo permitido ao TST conhecer de todas as questões e argumentos relativos ao capítulo impugnado.[65]

Quando deflagrada a sistemática dos recursos repetitivos, o recurso de revista pode ter efeito regressivo.[66]

5.7. Procedimento

O recurso de revista é interposto perante o TRT prolator da decisão recorrida. O fato de o art. 896, § 1º, da CLT consignar que o recurso de revista será apresentado ao presidente do Tribunal Regional do Trabalho, não significa que a competência não possa ser delegada ao Vice-Presidente do Regional[67], o que é feito comumente pelo Regimento Interno do TRT – o qual, muitas vezes, autoriza a delegação da tarefa ao Vice-Presidente.

O Presidente ou Vice-Presidente do TRT procede, em seguida, ao juízo de admissibilidade; caso este seja positivo, o recorrido é intimado para apresentar contrarrazões no prazo de 8 dias, após o que os autos são remetidos para o TST.

Caso o recurso de revista seja admitido apenas parcialmente pelo Presidente do TRT, o recorrente tem o ônus de interpor agravo de instrumento contra o capítulo denegatório da decisão, sob pena de preclusão.

De outro lado, se houver omissão no juízo de admissibilidade do recurso de revista quanto a um ou mais temas, é ônus da parte interpor embargos de declaração para o órgão prolator da decisão embargada supri-la (CPC, art. 1024, § 2º), sob pena de preclusão.[68]

O TST considera nula a decisão regional que deixar de exercer controle de admissibilidade sobre qualquer tema objeto de recurso de revista, não obstante opostos embargos de declaração. Nessas hipóteses, sem prejuízo da nulidade, a recusa do

---

64 Art. 1013, § 1º – Serão, porém, objeto de apreciação e julgamento pelo tribunal todas as questões suscitadas e discutidas no processo, ainda que não tenham sido solucionadas, desde que relativas ao capítulo impugnado.

§ 2º – Quando o pedido ou a defesa tiver mais de um fundamento e o juiz acolher apenas um deles, a apelação devolverá ao tribunal o conhecimento dos demais.

65 Ver item 5.3 deste Capítulo.

66 O tema será desenvolvido no Capítulo XXIV.

67 TST – AIRR: 242419620025150043 24241-96.2002.5.15.0043, Relator: Ricardo Alencar Machado, Data de Julgamento: 28/06/2006, 3ª Turma,, Data de Publicação: DJ 18/08/2006.

68 Art. 1024, § 2º – Quando os embargos de declaração forem opostos contra decisão de relator ou outra decisão unipessoal proferida em tribunal, o órgão prolator da decisão embargada decidi-los-á monocraticamente.

Presidente do TRT a emitir juízo de admissibilidade sobre qualquer tema equivale à decisão denegatória.

É ônus da parte, assim, após a intimação da decisão dos embargos de declaração, impugná-la mediante agravo de instrumento (CLT, art. 896, § 12)[69], sob pena de preclusão, sendo facultado ao Ministro Relator, por decisão irrecorrível (CLT, art. 896, § 5º, por analogia), determinar a restituição do agravo de instrumento ao Presidente do Tribunal Regional do Trabalho de origem para que complemente o juízo de admissibilidade, desde que interpostos embargos de declaração. Tal entendimento foi adotado pelo TST, na IN 40/2016, em substituição à revogada Súmula 285, para fins de adequação à sistemática do Novo CPC.

No TST, é feita a distribuição do recurso de revista para uma Turma e para um relator.

O relator do recurso de revista poderá denegar-lhe seguimento, em decisão monocrática, nas hipóteses de intempestividade, deserção, irregularidade de representação ou de ausência de qualquer outro pressuposto extrínseco ou intrínseco de admissibilidade (CLT, art. 896, § 14).

A Turma do TST pode, ao reexaminar a admissibilidade do recurso, concluir por não o conhecer, apesar do juízo positivo de admissibilidade do Presidente do TRT e do relator no TST. Isso porque a competência para dar a última palavra sobre a admissibilidade e mérito do recurso é da Turma do Tribunal.

5.8. Recursos de revista repetitivos

O tema será desenvolvido no Capítulo XXIV, atinente aos precedentes judiciais.

6. EMBARGOS NO TST

Além dos embargos de declaração – cabíveis contra qualquer decisão judicial –, é possível o manejo de embargos no TST, com o objetivo de rever decisões proferidas em dissídios individuais e coletivos.

Embora a CLT não utilize tal nomenclatura, é interessante, do ponto de vista didático, subdividir o estudo considerando os embargos de divergência, de um lado; e os embargos infringentes, de outro. Isso porque se trata de recursos com finalidades e hipóteses de cabimento absolutamente distintas. Observe-se que o Regimento Interno do TST faz menção aos embargos infringentes em seu art. 77, II, *c*.[70]

O prazo para interposição do recurso de embargos no TST (em qualquer das duas modalidades) é de 8 dias a contar da ciência da decisão recorrida.

69 Art. 896, § 12 – Da decisão denegatória caberá agravo, no prazo de 8 (oito) dias.

70 Art. 77, II, *c)* os embargos infringentes interpostos contra decisão não unânime proferida em processo de dissídio coletivo de sua competência originária, salvo se a decisão embargada estiver em consonância com precedente normativo do Tribunal Superior do Trabalho ou com súmula de sua jurisprudência predominante; (...)

6.1. Embargos de divergência

Os embargos no TST são cabíveis, nos dissídios individuais, das decisões das Turmas que divergirem entre si ou das decisões proferidas pela Seção de Dissídios Individuais, ou contrárias a súmula ou orientação jurisprudencial do Tribunal Superior do Trabalho ou súmula vinculante do Supremo Tribunal Federal.

Compete à SDI-1 (Subseção I da Seção Especializada em Dissídios Individuais) o julgamento dos embargos (RITST, art. 78, II, *a*).

Trata-se de recurso de natureza extraordinária cujo objetivo é uniformizar a jurisprudência do TST em matéria de recurso de revista. Daí se depreende que as características do recurso de revista, tais como a impossibilidade de reapreciação de matéria fática, o efeito devolutivo etc., também se fazem presentes nos embargos de divergência.

Tal observação também permite concluir o tipo de matéria que pode ser objeto de discussão nos embargos de divergência interpostos em causa que tramite no procedimento sumaríssimo. Como o recurso de revista precedente somente pode discutir violação da Constituição, de Súmula do TST ou de Súmula Vinculante do STF, a divergência apontada nos embargos deve envolver necessariamente esses paradigmas. Esse é o fundamento da Súmula 458 do TST.[71]

Igualmente, na fase de execução ou cumprimento de sentença, a divergência apta a justificar a interposição dos embargos diz respeito à intepretação das Turmas acerca de ofensa direta e literal de norma da Constituição Federal (CLT, art. 896, § 2º), conforme Súmula 433 do TST. Entretanto, nas execuções fiscais e nas controvérsias na fase de execução que envolvam a CNDT (Certidão Negativa de Débitos Trabalhistas), os embargos podem ser interpostos por divergência na interpretação de violação a lei federal e à Constituição.

A divergência apta a ensejar os embargos deve ser atual, não se considerando tal a ultrapassada por súmula do Tribunal Superior do Trabalho ou do Supremo Tribunal Federal, ou superada por iterativa e notória jurisprudência do Tribunal Superior do Trabalho (CLT, art. 894, § 2º). Ademais, acórdãos oriundos da mesma Turma, embora divergentes, não fundamentam divergência jurisprudencial que autorize a interposição do recurso de embargos de divergência (OJ 95 da SDI-1 do TST).

O Ministro Relator denegará seguimento aos embargos: (i) se a decisão recorrida estiver em consonância com súmula da jurisprudência do Tribunal Superior do Trabalho ou do Supremo Tribunal Federal, ou com iterativa, notória e atual jurisprudência do Tribunal Superior do Trabalho, cumprindo-lhe indicá-la; (ii) nas hipóteses de intempestividade, deserção, irregularidade de representação ou de ausência de qualquer outro pressuposto extrínseco de admissibilidade.

---

[71] TST, súmula 458: Em causas sujeitas ao procedimento sumaríssimo, em que pese a limitação imposta no art. 896, § 6º, da CLT à interposição de recurso de revista, admitem-se os embargos interpostos na vigência da Lei nº 11.496, de 22.06.2007, que conferiu nova redação ao art. 894 da CLT, quando demonstrada a divergência jurisprudencial entre Turmas do TST, fundada em interpretações diversas acerca da aplicação de mesmo dispositivo constitucional ou de matéria sumulada.

Os embargos de divergência não cabem contra decisão monocrática de relator. Contra esta, o interessado deve interpor agravo interno para a Turma, e apenas contra a decisão desta são cabíveis os embargos (OJ 378 da SDI-1 do TST).

Ademais, os embargos de divergência têm efeito devolutivo restrito às matérias que justificam o seu cabimento. Não possui efeito suspensivo *ope legis*, mas nada impede o deferimento de efeito suspensivo *ope judicis*, caso presentes os pressupostos para concessão de tutela provisória.

O TST tem entendido que, diante da função exclusivamente uniformizadora atribuída à SDI-I por meio da Lei 11.496/2007, é inviável, em princípio, o conhecimento de embargos por contrariedade a súmulas e orientações jurisprudenciais de índole processual, visto que equivaleria ao cotejo da decisão com o próprio dispositivo da lei processual. Excepcionalmente, quando se verifica afirmação ou manifestação da Turma que divirja do teor de Súmula ou orientação jurisprudencial indicada como contrariado pela parte, o TST tem admitido o recurso de embargos.[72]

6.2. Embargos infringentes

Nos dissídios coletivos, cabem embargos infringentes de decisão não unânime de julgamento que conciliar, julgar ou homologar conciliação em dissídios coletivos que excedam a competência territorial dos Tribunais Regionais do Trabalho e estender ou rever as sentenças normativas do Tribunal Superior do Trabalho.

Não cabem embargos infringentes quando a decisão normativa do TST se harmonizar com os precedentes jurisprudenciais ou Súmulas do próprio Tribunal (Lei nº 7.701/98, art. 2º, II).

O recurso é cabível apenas no que tange à(s) cláusula(s) em que tenha havido divergência na votação da decisão normativa.

A competência funcional para o julgamento dos embargos infringentes é da SDC (Seção Especializada em Dissídios Coletivos), conforme art. 77, II, *c*, do RITST.

Trata-se de recurso de natureza ordinária, que permite o amplo rejulgamento da causa pela Seção de Dissídios Coletivos do TST. Seu efeito devolutivo é amplo, sendo permitida a ampla reavaliação fática e jurídica.

Observe-se que os embargos infringentes são julgados pelo mesmo órgão jurisdicional que julgou originariamente o dissídio coletivo: a SDC. Por tal motivo, assim como ocorre com os embargos de declaração, pode-se dizer que os embargos infringentes apresentam efeito devolutivo atípico, pois a transferência da matéria não é feita para outro órgão jurisdicional.

O recurso não possui efeito suspensivo automático, mas pode haver a concessão *ope judicis*.

[72] TST-E-ED-ED-RR-67300-63.2003.5.17.0005, SBDI-I, rel. Min. Augusto César Leite de Carvalho, red. p/ acórdão Min. José Roberto Freire Pimenta, 22.5.2014 (noticiado no informativo TST nº 83).

7. AGRAVO INTERNO

Os Tribunais são órgãos colegiados, mas seus membros podem, em determinadas situações, proferir decisões monocráticas ou unipessoais. O agravo interno é o recurso cabível contra decisões unipessoais proferidas em Tribunal, e tem o objetivo de levar a questão ao órgão colegiado.

O princípio geral sobre o tema é o de que cabe agravo interno contra qualquer decisão monocrática de relator. No entanto, a lei pode, validamente, excluir o cabimento do recurso em determinadas hipóteses; é o que acontece, por exemplo, quanto à decisão que solicite ou admita a intervenção do *amicus curiae*, que é irrecorrível (CPC, art. 138).[73]

Além disso, também são impugnáveis por agravo interno certas decisões proferidas pelo Presidente ou Vice-Presidente do Tribunal. Exemplifica-se com a decisão do Presidente do TRT que determine, equivocadamente, o sobrestamento de recurso de revista, por entender que a causa se enquadra em situação que se encontre na sistemática dos recursos de revista repetitivos no TST (CLT, art. 896-C, § 4º).[74] A parte não dispõe de recurso imediato para o TST, mas pode impugnar o sobrestamento indevido por meio de agravo interno no âmbito do TRT de origem.

O recurso será processado conforme as regras do regimento interno de cada Tribunal, conforme art. 1021 do CPC, não estando sujeito a preparo.

No Processo do Trabalho, deve haver adaptação do art. 1021, § 2º, do CPC[75], de modo que tanto o prazo para interposição, quanto o destinado ao oferecimento de contrarrazões deve ser de 8 dias. Nesse sentido é a IN 39/2016 do TST.

O art. 894, § 4º, da CLT confirma esse raciocínio, pois estabelece o prazo de 8 dias para a interposição de agravo contra decisão do relator em embargos no TST.

A regularidade formal do agravo interno pressupõe que o recorrente impugne especificadamente os fundamentos da decisão agravada. Não é suficiente que o agravante se limite a reproduzir os argumentos utilizados no recurso originário – que foi julgado monocraticamente; o agravo interno deve demonstrar as razões pelas quais está equivocada a decisão do relator.

---

[73] Art. 138 – O juiz ou o relator, considerando a relevância da matéria, a especificidade do tema objeto da demanda ou a repercussão social da controvérsia, poderá, por decisão irrecorrível, de ofício ou a requerimento das partes ou de quem pretenda manifestar-se, solicitar ou admitir a participação de pessoa natural ou jurídica, órgão ou entidade especializada, com representatividade adequada, no prazo de 15 (quinze) dias de sua intimação.

§ 1º – A intervenção de que trata o caput não implica alteração de competência nem autoriza a interposição de recursos, ressalvadas a oposição de embargos de declaração e a hipótese do § 3º.

§ 2º – Caberá ao juiz ou ao relator, na decisão que solicitar ou admitir a intervenção, definir os poderes do *amicus curiae*.

§ 3º – O *amicus curiae* pode recorrer da decisão que julgar o incidente de resolução de demandas repetitivas.

[74] Art. 896-C, § 4º – Caberá ao Presidente do Tribunal de origem admitir um ou mais recursos representativos da controvérsia, os quais serão encaminhados ao Tribunal Superior do Trabalho, ficando suspensos os demais recursos de revista até o pronunciamento definitivo do Tribunal Superior do Trabalho.

[75] Art. 1021, § 2º – O agravo será dirigido ao relator, que intimará o agravado para manifestar-se sobre o recurso no prazo de 15 (quinze) dias, ao final do qual, não havendo retratação, o relator levá-lo-á a julgamento pelo órgão colegiado, com inclusão em pauta.

Analogamente, é vedado ao relator limitar-se à reprodução dos fundamentos da decisão agravada para julgar improcedente o agravo interno (CPC, art. 1021, § 3º). Ainda que sucintamente, o relator deve apresentar fundamentação específica que demonstre que os argumentos do agravante não são suficientes para infirmar a conclusão da decisão agravada.

Quando o agravo interno for declarado manifestamente inadmissível ou improcedente em votação unânime, o órgão colegiado, em decisão fundamentada, condenará o agravante a pagar ao agravado multa fixada entre um e cinco por cento do valor atualizado da causa. A interposição subsequente de qualquer recurso fica condicionada ao prévio depósito da multa, exceto para a Fazenda Pública e para o beneficiário da justiça gratuita, os quais farão o pagamento ao final (CPC, art. 1021, §§ 4º e 5º). Essa sistemática é aplicável no Processo do Trabalho, conforme OJ 389 da SDI-1 do TST.

O efeito devolutivo do agravo interno é restrito à matéria objeto de decisão pelo relator. O recurso não possui efeito suspensivo automático.

Por fim, o agravo interno é dotado de efeito regressivo, permitindo o juízo de retratação pelo relator, antes do envio dos autos para julgamento pelo colegiado. À luz da vedação à decisão-surpresa, antes de se retratar, o relator deve intimar a parte contrária para manifestação (CPC, art. 10).[76]

O relator jamais pode, monocraticamente, negar seguimento ou provimento ao agravo regimental, pois se trata de recurso de competência exclusiva do colegiado. A decisão unipessoal do relator somente é possível caso opte por exercer o juízo de retratação.

Nos Tribunais, o agravo interno não autoriza a realização de sustentação oral quando interposto contra decisão proferida pelo relator por ocasião de julgamento de recurso. Já na hipótese de se tratar de ação rescisória, mandado de segurança e reclamação (ações de competência originária de Tribunal), é cabível a realização de sustentação oral (CPC, art. 937, § 3º).

8. RECURSO EXTRAORDINÁRIO

8.1. Noções gerais e cabimento

As hipóteses de cabimento do recurso extraordinário são previstas no art. 102, III, da CF, segundo o qual cabe ao STF julgar, por intermédio desse recurso, as causas decididas em única ou última instância, quando a decisão recorrida: (a) contrariar dispositivo da Constituição; (b) declarar a inconstitucionalidade de tratado ou lei federal; (c) julgar válida lei ou ato de governo local contestado em face da Constituição; ou (d) julgar válida lei local contestada em face de lei federal.

Assim como acontece com o recurso de revista, deve-se considerar que para o cabimento do recurso por violação constitucional, basta que o recorrente formule tal

[76] Art. 10 – O juiz não pode decidir, em grau algum de jurisdição, com base em fundamento a respeito do qual não se tenha dado às partes oportunidade de se manifestar, ainda que se trate de matéria sobre a qual deva decidir de ofício.

alegação[77]; a efetiva existência da violação é questão atinente ao mérito do recurso, tal como reconhece a jurisprudência mais recente do Supremo.

O recurso é interponível no prazo de 15 dias a contar da ciência da decisão recorrida.

O Tribunal Superior do Trabalho entendia pacificamente pela necessidade de realização de depósito recursal para interposição de recurso extraordinário para o STF em matéria trabalhista, fundando-se no art. 899, § 1º, da CLT.[78] Sucede que o Supremo Tribunal Federal, ao julgar o tema sob a sistemática da repercussão geral[79], decidiu pela desnecessidade de depósito recursal para a admissibilidade de recurso extraordinário. Para uma análise crítica do julgado, inclusive quanto à discussão sobre a extensão do entendimento para outros recursos, ver Capítulo XXI, item 7.2.1.2.

No que tange à regularidade formal, a petição de interposição do recurso extraordinário deve conter, segundo o art. 1029 do CPC: (i) a exposição do fato e do direito; (ii) a demonstração do cabimento do recurso interposto; (iii) as razões do pedido de reforma ou de invalidação da decisão recorrida. Quando o recurso extraordinário fundar-se em divergência jurisprudencial, o recorrente fará a prova da divergência com a certidão, cópia ou citação do repositório de jurisprudência, oficial ou credenciado, inclusive em mídia eletrônica, em que houver sido publicado o acórdão divergente, ou ainda com a reprodução de julgado disponível na rede mundial de computadores, com indicação da respectiva fonte, devendo-se, em qualquer caso, mencionar as circunstâncias que identifiquem ou assemelhem os casos confrontados.

Não obstante, o STF pode desconsiderar vício formal de recurso tempestivo ou determinar sua correção, desde que não o repute grave (CPC, art. 1029, § 3º). Se o recurso extraordinário tiver sido interposto de forma intempestiva, a decisão recorrida terá transitado em julgado, não sendo possível sanar eventual vício quanto à regularidade formal.

Sobre a concessão de efeito suspensivo ao recurso extraordinário, ver Capítulo XXI, item 3.2.

8.2. Esgotamento das instâncias anteriores

O cabimento do recurso extraordinário pressupõe que a causa haja sido decidida em única ou última instância. No campo trabalhista, isso significa que o recorrente, necessariamente, deve ter interposto previamente os recursos pertinentes no âmbito do TST.

Daí resulta que, nos dissídios individuais, caberá recurso extraordinário das decisões do TST proferidas: (i) em recurso de revista, quando não cabíveis os embargos

77 Ver item 5.2.3 deste Capítulo.

78 Art. 899, § 1º – Sendo a condenação de valor até 10 (dez) vezes o valor-de-referência regional, nos dissídios individuais, só será admitido o recurso, inclusive o extraordinário, mediante prévio depósito da respectiva importância. Transitada em julgado a decisão recorrida, ordenar-se-á o levantamento imediato da importância do depósito, em favor da parte vencedora, por simples despacho do juiz.

79 RE 607447 RG, Relator(a): Min. MARCO AURÉLIO, julgado em 22/05/2020.

de divergência; ou (ii) em embargos de divergência, quando houver cabimento de tal recurso. Caberá, ainda, recurso extraordinário quando se tratar de determinadas ações de competência originária do TST, tais como a ação rescisória.

Já nos dissídios coletivos, a admissibilidade do recurso extraordinário pressupõe o prévio manejo dos embargos infringentes para a SDC, quando cabíveis.

Descabe a interposição *per saltum* de recurso extraordinário contra decisão proferida por Juiz do Trabalho em dissídio de alçada (art. 2º, § 4º, da lei 5584/70)[80].

8.3. Prequestionamento

Assim como acontece com o recurso de revista, o cabimento do recurso extraordinário pressupõe que o tema tenha sido efetivamente decidido no acórdão recorrido. Se este for omisso, cabe ao interessado opor embargos de declaração. Se a omissão persistir, consideram-se incluídos no acórdão os elementos que o embargante suscitou, para fins de prequestionamento, ainda que os embargos de declaração sejam inadmitidos ou rejeitados, caso o tribunal superior considere existentes erro, omissão, contradição ou obscuridade (CPC, art. 1025).

Diverge a doutrina sobre a natureza jurídica do prequestionamento no recurso extraordinário: uma corrente sustenta tratar-se de requisito específico de admissibilidade dos recursos excepcionais[81]; outra vertente é no sentido de que se trata de exigência que compõe a análise do cabimento de tais recursos.[82]

Sobre o prequestionamento no recurso extraordinário, valem as digressões feitas no item 5.3 deste Capítulo, a respeito do recurso de revista, com as devidas adaptações.

8.4. Repercussão geral

A repercussão geral da questão constitucional pode ser considerada como requisito de admissibilidade específico, ou como aspecto inerente ao cabimento; de todo modo, trata-se de exigência exclusiva do recurso extraordinário para o STF.

Ausente a repercussão geral, o recurso extraordinário não será conhecido ou admitido.

O instituto foi criado pela EC 45/2004 com o objetivo de limitar o acesso ao STF, fazendo com que ele assuma, cada vez mais, o perfil de Corte Constitucional. Assim, apenas quando o recurso apresentar questões relevantes do ponto de vista econômico, político, social ou jurídico que ultrapassem os interesses subjetivos do processo, ou for importante para a uniformização da jurisprudência nacional, é que será justificada a atuação da Suprema Corte. A repercussão geral se encontra disciplinada em lei (Lei 11418/2006) e no Regimento Interno do STF.

---

80 Conforme analisado no Capítulo XIII, item 6.

81 Cf. CÂMARA, *op. cit.*, p. 541.

82 Cf. DIDIER, *op. cit.*, v. 3, p. 310.

A repercussão geral deve ser demonstrada pelo recorrente, para apreciação exclusiva pelo STF (art. 1035, § 2º), o que é feito no Plenário Virtual da Corte. Perceba-se, entretanto, que, uma vez que o Supremo reconheça a inexistência de repercussão geral de determinada questão, o presidente ou o vice-presidente do Tribunal *a quo* de origem negará seguimento aos recursos extraordinários sobrestados na origem que versem sobre matéria idêntica (§ 8º). Assim, pode-se dizer que o Tribunal de origem também tem competência para apreciar a existência de repercussão geral nos casos concretos, quando o tema já tiver sido definido pelo STF em acórdão paradigma.

Percebe-se que a repercussão geral configura requisito de admissibilidade cuja apreciação, inegavelmente, confere maior margem de liberdade e subjetividade na definição da existência concreta do direito de interpor recurso extraordinário – ao contrário do que ocorre com os demais requisitos de admissibilidade, como a tempestividade, a legitimidade etc., cuja verificação se dá de forma objetiva.

Contudo, isso não significa que possa haver discricionariedade na decisão do STF acerca da existência ou inexistência da repercussão geral. Toda e qualquer decisão judicial deve ser pautada em critérios racionais e universalizáveis, e constituir a melhor solução possível para o caso concreto.

Ademais, a decisão sobre a existência da repercussão geral deve ser substancialmente fundamentada (CF, art. 93, IX)[83], de modo a demonstrar os motivos pelos quais determinada causa não deve ser processada e julgada no STF. Tais motivos diferenciam a repercussão geral da antiga arguição de relevância, que permitia ao Supremo escolher os recursos que iria julgar sem necessidade de fundamentação.

O CPC traz, entretanto, situações mais objetivas nas quais há presunção absoluta de repercussão geral – ou seja, o STF não pode negar seguimento ao recurso por ausência deste requisito. Isso acontecerá sempre que o recurso impugnar acórdão que: (i) contrarie súmula ou jurisprudência dominante do Supremo Tribunal Federal; (ii) tenha reconhecido a inconstitucionalidade de tratado ou de lei federal, nos termos do art. 97 da Constituição Federal.[84]

Segundo o Regimento Interno do STF, quando não for caso de inadmissibilidade do recurso extraordinário por outra razão, o Relator ou o Presidente submeterá, por meio eletrônico, aos demais Ministros, cópia de sua manifestação sobre a existência, ou não, de repercussão geral. Recebida a manifestação do(a) Relator(a), os demais Ministros encaminhar-lhe-ão, também por meio eletrônico, no prazo comum de vinte dias, manifestação sobre a questão da repercussão geral. Decorrido o prazo sem manifestações suficientes para recusa do recurso, reputar-se-á existente a repercussão geral.

---

[83] Art. 93, IX – todos os julgamentos dos órgãos do Poder Judiciário serão públicos, e fundamentadas todas as decisões, sob pena de nulidade, podendo a lei limitar a presença, em determinados atos, às próprias partes e a seus advogados, ou somente a estes, em casos nos quais a preservação do direito à intimidade do interessado no sigilo não prejudique o interesse público à informação.

[84] Art. 97 – Somente pelo voto da maioria absoluta de seus membros ou dos membros do respectivo órgão especial poderão os tribunais declarar a inconstitucionalidade de lei ou ato normativo do poder público.

Reconhecida a repercussão geral, o relator no Supremo Tribunal Federal determinará a suspensão do processamento de todos os processos pendentes, individuais ou coletivos, que versem sobre a questão e tramitem no território nacional. Daí resulta que os recursos extraordinários já interpostos ficarão sobrestados na origem, ou seja, não serão remetidos ao STF. Negada a repercussão geral pelo STF, o presidente ou o vice-presidente do tribunal de origem negará seguimento aos recursos extraordinários sobrestados na origem que versem sobre matéria idêntica. Dessa decisão cabe apenas agravo interno no âmbito do próprio Tribunal de origem (art. 1035, §§ 5º, 7º e 8º).

Da mesma forma, não serão admitidos na origem recursos extraordinários que venham a ser interpostos posteriormente à decisão do STF que reconheça a inexistência da repercussão geral.

Conforme art. 1030, II, do CPC, o Presidente ou Vice-Presidente do Tribunal de origem deve encaminhar o processo ao órgão julgador para realização do juízo de retratação, se o acórdão recorrido divergir do entendimento do Supremo Tribunal Federal no regime de repercussão geral. Além disso, quando a questão for suscetível de reproduzir-se em múltiplos feitos, o Supremo deflagrará a sistemática de recursos extraordinários repetitivos, que permite o juízo de retratação pelos Tribunais de origem.[85]

Se a decisão do Tribunal *a quo* de sobrestar o recurso na origem for equivocada (por exemplo, porque o caso concreto não se enquadra na matéria que esteja sendo analisada no STF sob o crivo da repercussão geral), o interessado pode valer-se, também, de agravo interno no próprio Tribunal. Além disso, o interessado pode requerer, ao Presidente ou ao Vice-Presidente do tribunal de origem, que exclua da decisão de sobrestamento e inadmita o recurso extraordinário que tenha sido interposto intempestivamente, tendo o recorrente o prazo de 5 (cinco) dias para manifestar-se sobre esse requerimento.

O § 9º dispõe que o recurso que tiver a repercussão geral reconhecida deverá ser julgado no prazo de 1 (um) ano e terá preferência sobre os demais feitos, ressalvados os que envolvam réu preso e os pedidos de habeas corpus. Contudo, tendo em vista a revogação do § 10 do art. 1035, trata-se de prazo impróprio, já que não há qualquer consequência pela sua inobservância: nem mesmo a suspensão dos processos que versem sobre a mesma questão em território nacional será cancelada.

O relator poderá admitir, na análise da repercussão geral no STF, a manifestação de terceiros como *amici curiae*, de modo a potencializar o debate e conferir maior legitimidade à atuação da Corte.

[85] Sobre os recursos repetitivos, ver Capítulo XXIV.

8.5. Ofensa reflexa

O STF entende ser incabível o recurso extraordinário quando a violação constitucional apontada pelo recorrente pressupuser ofensa à norma infraconstitucional.

É o que acontece, por exemplo, quando o recurso extraordinário aponta violação ao devido processo legal (CF, art. 5º, LIV)[86] porque não foi observada norma procedimental atinente ao impedimento de testemunha. Ora, para concluir pela violação da norma constitucional, há necessidade de perquirir, preliminarmente, acerca da observância ou inobservância da lei infraconstitucional pertinente. Assim, está-se diante de potencial ofensa reflexa à Constituição.

Nessas hipóteses, no Processo Civil, o STF deve remeter o recurso ao STJ, para que o aprecie como recurso especial (CPC, art. 1033).

No âmbito do Processo do Trabalho, entretanto, as eventuais violações legais e constitucionais são apreciadas pelo TST e, apenas quanto às últimas pode ser cabível o recurso extraordinário. Portanto, reconhecida a ofensa reflexa à Constituição em recurso extraordinário trabalhista, a consequência lógica é a inadmissibilidade do recurso, não sendo possível remetê-lo a outro Tribunal.

8.6. Efeito devolutivo e provimentos de urgência

Tal como ocorre com o recurso de revista, o efeito devolutivo do recurso extraordinário é limitado, pois não abrange o revolvimento da matéria fática.

Nada impede, entretanto, que o recurso extraordinário seja interposto contra decisão interlocutória que reflita questão constitucional.

No entanto, não é cabível recurso extraordinário contra acórdão que defere medida liminar (STF, Súmula 735). Isso porque o deferimento ou indeferimento de tutela de urgência envolve, necessariamente, análise dos respectivos pressupostos fáticos (*periculum in mora* e *fumus boni iuris*), o que não se pode fazer em recurso excepcional. No entanto, no plano doutrinário pode-se cogitar do cabimento de recurso extraordinário contra acórdão que defira ou indefira medida liminar nas hipóteses de violação à regra de competência constitucionalmente definida.[87]

8.7. Procedimento

No âmbito trabalhista, o recurso extraordinário é direcionado ao Vice-Presidente do TST, que é a autoridade competente para realizar o juízo de admissibilidade no órgão *a quo* (RITST, art. 42, V).

Interposto o recurso, dá-se vista dos autos à parte contrária para apresentação das contrarrazões no prazo de quinze dias, após o que é feito o juízo de admissibilidade recursal. Daí podem resultar as seguintes possibilidades:

---

86 Art. 5º, LIV – ninguém será privado da liberdade ou de seus bens sem o devido processo legal.

87 Cf. DIDIER, *op.cit.*, v.3, p. 316.

- (i) a questão constitucional jamais teve a repercussão geral analisada pelo STF: nessa hipótese, o Vice-Presidente do TST fará o juízo de admissibilidade sem considerar a existência ou inexistência da repercussão geral, cuja apreciação originária é feita exclusivamente pelo STF.

Contudo, caso se trate de questão que dê ensejo a multiplicidade de recursos extraordinários, o TST selecionará um ou mais recursos representativos da controvérsia e encaminhá-los-á ao Supremo Tribunal Federal, sobrestando os demais até o pronunciamento definitivo da Corte (CLT, art. 896-C, § 14). O Presidente do TST pode, ainda, oficiar aos TRTs e aos Presidentes das Turmas e da Seção Especializada do TST para que suspendam os processos idênticos aos selecionados como recursos representativos da controvérsia e encaminhados ao Supremo Tribunal Federal, até o seu pronunciamento definitivo (CLT, art. 896-C, § 15).

Ademais, os recursos extraordinários representativos da controvérsia para julgamento da questão de direito podem ser selecionados pelo relator no STF, independentemente da iniciativa do presidente ou do vice-presidente do tribunal de origem (CPC, art. 1036, § 5º);

- (ii) a repercussão geral está pendente de apreciação no STF: nesse caso, o Vice-Presidente do TST deve sobrestar o recurso que versar sobre controvérsia constitucional de caráter repetitivo ainda não decidida pelo Supremo Tribunal Federal (CPC, art. 1030, III);
- (iii) o STF já reconheceu inexistir repercussão geral da questão constitucional objeto do recurso extraordinário: nesse caso, cabe ao Vice-Presidente do TST denegar seguimento ao extraordinário por ausência de repercussão geral, (CPC, art. 1030, I, *a*);
- (iv) o STF já reconheceu a existência de repercussão geral e julgou o mérito do recurso paradigma. Essa hipótese se desdobra em outras duas: (1) o STF já julgou o mérito da repercussão geral existente e o acórdão recorrido coincide com a orientação firmada pelo STF. Nesse caso, o Vice-Presidente do TST deve denegar seguimento ao recurso extraordinário sobrestado; (2) se o acórdão recorrido divergir da orientação firmada pelo STF em repercussão geral, o Presidente ou Vice-Presidente do TST deve encaminhar o processo para que a Turma realize o juízo de retratação (CPC, art. 1030, II). Se a Turma não se retratar, o Presidente fará o juízo de admissibilidade e encaminhará os autos ao STF (CPC, art. 1030, V, *c*).

Em caso de equívoco do Presidente ou Vice-Presidente, compete ao Órgão Especial do TST julgar eventual agravo interno interposto pelo interessado (RITST, art. 76, *i*).

Em caso de não provimento do agravo interno, é possível a utilização de reclamação pelo interessado, caso a tese tenha sido equivocadamente aplicada na origem (CPC, art. 988, § 5º, II).

8.8. Recursos extraordinários repetitivos

O tema será desenvolvido no Capítulo XXIV, atinente aos precedentes judiciais.

9. AGRAVO EM RECURSO EXTRAORDINÁRIO E AGRAVO DE INSTRUMENTO EM RECURSO DE REVISTA

Conforme já estudado, os recursos de revista e extraordinário são interpostos perante o Tribunal *a quo*; os autos são encaminhados ao Tribunal *ad quem* (TST ou STF, respectivamente) apenas se o juízo inicial de admissibilidade for positivo.

Se o juízo de admissibilidade feito pelo Tribunal de origem for negativo, o ordenamento processual autoriza que o interessado interponha recurso de agravo (no âmbito trabalhista, é comum utilizar-se a nomenclatura *agravo de instrumento em recurso de revista*; no âmbito do STJ e do STF, tem-se utilizado, respectivamente, a nomenclatura *agravo em recurso especial* e *agravo em recurso extraordinário*, a partir da redação do art. 1042, *caput*, do CPC[88]).

No Processo do Trabalho, o agravo em recurso de revista está previsto no art. 896, § 12, da CLT.[89] Como o regramento da CLT, a respeito, é lacônico, o intérprete deve se utilizar, de forma subsidiária, das previsões contidas no art. 1042 do CPC.

Dessa forma, não cabe agravo (em recurso de revista, extraordinário ou especial) quando a decisão de inadmissão do recurso excepcional for fundada na aplicação de entendimento firmado em regime de repercussão geral ou em julgamento de recursos repetitivos, conforme resulta do art. 1042 do CPC.

Assim, se o recurso de revista impugnar decisão que tenha observado decisão paradigma do TST ou do STF em recursos repetitivos ou em repercussão geral, o Presidente do TRT deverá negar seguimento ao recurso de revista, quando a decisão recorrida coincidir com o entendimento paradigma do Tribunal Superior (CLT, art. 896-C, § 11, I).[90] Dessa decisão não caberá agravo de instrumento para o TST (CPC, art. 1042, *caput*).

Já se a decisão recorrida divergir do entendimento firmado pelo Tribunal Superior, o Presidente do TRT remeterá os autos para a Turma de origem para realização do juízo de retratação, a fim de que o julgamento seja adequado à decisão paradigma. Caso seja mantida a decisão divergente, o Presidente do TRT fará o exame de admissibilidade do recurso de revista (CPC, art. 896-C, § 11, II).[91] Nesta hipótese, caso o Presidente do TRT negue seguimento ao recurso de revista, é cabível a interposição de agravo para o TST.

---

88 Art. 1.042. Cabe agravo contra decisão do presidente ou do vice-presidente do tribunal recorrido que inadmitir recurso extraordinário ou recurso especial, salvo quando fundada na aplicação de entendimento firmado em regime de repercussão geral ou em julgamento de recursos repetitivos.

89 Art. 896, § 12. Da decisão denegatória caberá agravo, no prazo de 8 (oito) dias.

90 Art. 896-C, § 11. Publicado o acórdão do Tribunal Superior do Trabalho, os recursos de revista sobrestados na origem:

I – terão seguimento denegado na hipótese de o acórdão recorrido coincidir com a orientação a respeito da matéria no Tribunal Superior do Trabalho.

91 Art. 1.042, § 4º Após o prazo de resposta, não havendo retratação, o agravo será remetido ao tribunal superior competente.

(...) II – serão novamente examinados pelo Tribunal de origem na hipótese de o acórdão recorrido divergir da orientação do Tribunal Superior do Trabalho a respeito da matéria.

Quando cabível (ou seja, fora das hipóteses de decisão fundada na aplicação de entendimento firmado em regime de repercussão geral ou em julgamento de recursos repetitivos), o agravo em recurso excepcional é dotado de efeito regressivo, de modo a admitir o juízo de retratação pelo órgão que inadmitiu o recurso. Se não houver retratação, os autos deverão ser encaminhados para o Tribunal Superior competente (CPC, art. 1042, § 4º)[92], que analisará se o Presidente ou Vice-Presidente do Tribunal recorrido incidiu, ou não, em equívoco, no que tange à admissibilidade do recurso principal interposto.

O agravado deve ser intimado para oferecer resposta ao agravo e ao recurso principal, instruindo-a com as peças que considerar necessárias ao julgamento de ambos os recursos. Provido o agravo, a Turma deliberará sobre o julgamento do recurso principal, observando-se, se for o caso, daí em diante, o procedimento relativo a esse recurso (CLT, art. 897, §§ 6º e 7º).

92 § 4º Após o prazo de resposta, não havendo retratação, o agravo será remetido ao tribunal superior competente.

XXIII

PROCESSO COLETIVO

Sumário: 1. Noções iniciais: 1.1. Tendência de coletivização do processo. Princípios envolvidos; 1.2. Espécies de ações coletivas; 1.3. Direitos difusos, coletivos em sentido estrito e individuais homogêneos no âmbito trabalhista. Direitos individuais heterogêneos – 2. Dissídios coletivos: 2.1. Dissídio individual X dissídio coletivo; 2.2. Conflito coletivo de trabalho; 2.3. Espécies de dissídios coletivos: objeto, legitimidade. Titular do direito e titular da ação; 2.4. Poder normativo da Justiça do Trabalho; 2.5. Dissídio de greve; 2.6. Legitimidade para os dissídios coletivos; 2.7. Classificação dos dissídios coletivos; 2.8. Dissídios de extensão; 2.9. Competência funcional e territorial nos dissídios coletivos; 2.10. Procedimento dos dissídios coletivos; 2.11. Recursos nos dissídios coletivos; 2.12. Dissídios coletivos e pessoas jurídicas de direito público; 2.13. Sentença normativa – 3. Ação de cumprimento: 3.1. Conceito e natureza jurídica; 3.2. Ação de cumprimento individual e coletiva; 3.3. Dilação probatória; 3.4. Legitimidade e competência; 3.5. Coisa julgada na ação de cumprimento; 3.6. Prescrição na ação de cumprimento; 3.7. Pioneirismo do Direito Processual do Trabalho – 4. Tutela coletiva de direitos (ações coletivas em sentido estrito): 4.1. Sistema tradicional e microssistema da tutela coletiva; 4.2. Ação civil pública; 4.3. Litispendência em ações coletivas; 4.4. Coisa julgada e transporte *in utilibus*; 4.5. Controle de constitucionalidade em ações coletivas; 4.6. Limitação territorial da coisa julgada; 4.7. Liquidação e execução; 4.8. Prescrição; 4.9. Assistência; 4.10. Conciliação; 4.11. Atuação do sindicato na tutela de direitos difusos.

1. NOÇÕES INICIAIS

1.1. Tendência de coletivização do processo. Princípios envolvidos

O Processo Civil e o Processo do Trabalho sempre foram construídos, tradicionalmente, a partir de uma ótica individualista, visando a solucionar conflitos entre pessoas específicas e determinadas.

Contudo, a visão individualista do Direito Processual nem sempre permite o alcance de resultados satisfatórios, por vários motivos, tais como:

- (i) a sociedade moderna experimenta a chamada *litigiosidade de massa*: grande parte das lides submetidas ao Judiciário são repetitivas e envolvem a mesma questão de direito;

- (ii) a existência de grande quantidade de processos judiciais tende a inviabilizar a prestação de uma tutela jurisdicional ágil e efetiva;
- (iii) muitas vezes, o interesse cuja tutela se busca por meio de processo não pertence a indivíduos determinados, mas a toda a coletividade;
- (iv) no âmbito trabalhista, a inexistência de uma estabilidade ampla no emprego faz com que o trabalhador deixe de ajuizar reclamações trabalhistas no curso do contrato de trabalho, em função do temor de perder sua fonte de renda.

Diante de tais empecilhos, o princípio constitucional do acesso à justiça (CF, art. 5º, XXXV) inspira a busca de soluções em três níveis, que correspondem às *ondas de acesso à justiça*[1]: (i) a gratuidade de justiça; (ii) desenvolvimento e estímulo ao uso de ações coletivas; (iii) reforma interna do processo e busca de meios alternativos de soluções de conflitos.

Sem dúvida, as ações coletivas desempenham papel importantíssimo na concretização do ideal de acesso efetivo à justiça, pois tendem a promover a *solução molecular* do conflito, vale dizer, os conflitos de massa são mais facilmente levados ao Judiciário e por este resolvidos em escala macroscópica, no lugar do julgamento de milhares (ou milhões) de casos idênticos envolvendo diversos cidadãos.

No campo trabalhista, as ações coletivas ainda têm a vantagem de serem ações *sem rosto*, ou seja, não são movidas diretamente pelo trabalhador temeroso de perder o emprego. Sendo assim, o empregador não poderá retaliar o empregado, pois é o sindicato ou o Ministério Público do Trabalho que estará ajuizando a ação.

Nesse cenário, é nítida a relevância das ações coletivas para a concretização do acesso à justiça em perspectiva substancial.

1.2. Espécies de ações coletivas

As ações coletivas são um gênero que se subdivide em duas espécies: (i) os dissídios coletivos; e (ii) as ações coletivas propriamente ditas (ações coletivas em sentido estrito).

A diferença entre as duas espécies reside no fato de que, no dissídio coletivo, lida-se, especialmente, com a criação de normas jurídicas amplas, abstratas e genéricas. Trata-se de função anômala do Poder Judiciário, já que os magistrados, geralmente, julgam conflitos de interesses e aplicam a lei existente ao caso concreto. No dissídio coletivo, a decisão judicial (chamada de *sentença normativa*) tem corpo de sentença, mas alma de lei, pois cria normas que serão aplicadas de forma geral e abstrata para a categoria profissional e econômica (ou empresa).

Já nas ações coletivas em sentido estrito, faz-se a aplicação de normas preexistentes, muito embora o Judiciário, na sua tarefa de decidir o caso concreto, acabe firmando preceito abstrato e de ampla aplicação nas sentenças condenatórias genéricas, conforme se verá.

[1] Expressão cunhada por Mauro Cappelletti e Bryant Garth.

Observe-se que a CLT e o Processo do Trabalho foram pioneiros em mais esse tema: já em 1943, havia a previsão de ações coletivas *lato sensu* (especificadamente, os dissídios coletivos e as ações de cumprimento). No Processo Civil, apenas em 1965 e em 1985 surgiu a previsão de ações coletivas, com as Leis da Ação Popular (nº 4.717/65) e da Ação Civil Pública (nº 7.347/85).

1.3. Direitos difusos, coletivos em sentido estrito e individuais homogêneos no âmbito trabalhista. Direitos individuais heterogêneos

Os direitos coletivos (cuja tutela se dá em processos coletivos) podem ser de três espécies, conceituadas pelo art. 81, parágrafo único, do Código de Defesa do Consumidor[2]: (i) difusos; (ii) coletivos em sentido estrito; (iii) individuais homogêneos.

Os direitos difusos e coletivos em sentido estrito são essencialmente coletivos, já que por definição são direitos que pertencem a uma coletividade, e não a indivíduos isolados. Já os direitos individuais homogêneos são apenas acidentalmente coletivos: o ordenamento permite a tutela coletiva por razões de política judiciária, mas nada impede que cada indivíduo busque, por conta própria, a tutela de seu direito.

Para bem compreender a diferenciação entre as espécies de direitos, deve-se partir das noções de *transindividualidade* e *indivisibilidade.*

O direito será transindividual quando pertencer a uma coletividade de pessoas, ou seja, não há como atribuí-lo a determinado indivíduo, mas apenas a um grupo ou a uma coletividade de pessoas. Por exemplo: se o MPT ajuizar ação coletiva com o objetivo de obrigar determinada empresa estatal a realizar concursos públicos, trata-se de direito titularizado por todo e qualquer cidadão brasileiro que possa realizar o referido certame. Por essência, a observância da regra constitucional do concurso público é direito transindividual que pertence à coletividade.

Já a indivisibilidade se caracteriza pelo fato de não ser possível de fracionar o atendimento e fruição do direito para apenas algumas pessoas ou subgrupos. Ou toda a coletividade interessada é atendida, ou ninguém o é. Voltando ao exemplo da pretensão de realização de concurso público: ou o certamente é realizado, e isso atenderá todos os cidadãos aptos a realizá-lo; ou não será feito o concurso para ninguém.

Tanto os direitos difusos, quanto os coletivos *stricto sensu*, são transindividuais e indivisíveis. A diferença entre eles está no fato de que os direitos difusos são titularizados por pessoas indeterminadas e ligadas apenas por circunstâncias de fato.

---

2 Art. 81 – A defesa dos interesses e direitos dos consumidores e das vítimas poderá ser exercida em juízo individualmente, ou a título coletivo.

Parágrafo único. A defesa coletiva será exercida quando se tratar de:

I – interesses ou direitos difusos, assim entendidos, para efeitos deste código, os transindividuais, de natureza indivisível, de que sejam titulares pessoas indeterminadas e ligadas por circunstâncias de fato;

II – interesses ou direitos coletivos, assim entendidos, para efeitos deste código, os transindividuais, de natureza indivisível de que seja titular grupo, categoria ou classe de pessoas ligadas entre si ou com a parte contrária por uma relação jurídica base;

III – interesses ou direitos individuais homogêneos, assim entendidos os decorrentes de origem comum.

Voltando ao mesmo exemplo, os beneficiários do julgamento de procedência que obrigue a empresa estatal a realizar público são indeterminados, ligados apenas pelo fato de terem interesse em participar do certame.

Já os direitos coletivos em sentido estrito são titularizados por grupo, categoria ou classe de pessoas ligadas entre si ou com a parte contrária por uma relação jurídica base. O direito permanece não pertencendo a indivíduos isolados (assim como nos difusos), mas os titulares são passíveis de determinação, por integrarem grupo definido. Exemplo: o MPT ajuíza ação pleiteando o reconhecimento de nulidade de determinada cláusula de acordo coletivo de trabalho. Os titulares do direito reivindicado são todos os trabalhadores da empresa envolvida, e as partes estão ligadas por relação jurídica base, qual seja, o contrato de trabalho.

Perceba-se que os direitos difusos e coletivos em sentido estrito não podem ser postulados em Juízo por indivíduos isolados. O cidadão não pode ingressar com ação visando a compelir a empresa estatal a realizar concurso público; o trabalhador não pode pedir a nulidade do acordo coletivo em caráter geral para toda a categoria (no máximo, poderia requerer a declaração incidental com efeitos apenas em seu processo individual).

Por fim, os direitos individuais homogêneos não são transindividuais, nem indivisíveis. São típicos direitos individuais, que podem ser buscados isoladamente pelo interessado. Contudo, por haver uma origem comum, o ordenamento jurídico considera conveniente que se permita a tutela coletiva desses direitos, em benefício da economia processual, isonomia e duração razoável do processo.

A lei não prevê a categoria de *direitos individuais heterogêneos*, mas, do ponto de vista doutrinário, é possível utilizar a expressão com o objetivo de enquadrar os direitos que não têm origem comum e, portanto, não são homogêneos e não podem ser tutelados em ações coletivas.

A definição do que venha a ser *origem comum* para fins de caracterização de um direito como homogêneo ou heterogêneo deve levar em conta a prevalência de questões individuais ou de questões comuns. De fato, a tutela coletiva de direitos somente será interessante, do ponto de vista de sua utilidade prática, caso haja prevalência de questões comuns sobre as individuais. Se, ao contrário, a situação litigiosa fizer com que os aspectos individuais – de cada titular de direito – prevaleçam em relação aos aspectos comuns, não haverá utilidade no uso da tutela coletiva.

Exemplo: o pedido de condenação ao pagamento de horas extras, em princípio, revela direito individual heterogêneo, já que cada trabalhador precisará comprovar sua própria jornada, que será variável dia a dia. O trabalhador *X*, por hipótese, pode ter trabalhado das 9h05 às 19h30 em um dia, e o trabalhador *Y*, das 8h57 às 19h03. A diferença da jornada de cada qual faz com que haja necessidade de comprovação individual da duração do trabalho de cada empregado. Se for proferida sentença condenatória genérica, nesta hipótese (condenando a reclamada ao pagamento de horas extras a todos os empregados), a decisão não terá nenhuma utilidade prática: cada trabalhador deverá ajuizar sua liquidação individual por artigos, comprovando sua própria jornada. Há, no exemplo, nítida prevalência das questões individuais sobre as comuns.

Ao contrário, se o pedido formulado na ação coletiva for o de recálculo de horas extras já quitadas (conforme contracheques de cada trabalhador), porque a empresa vem utilizando divisor equivocado (por exemplo, o divisor 180, quando deveria se valer do 150, que é mais benéfico ao trabalhador), a tutela coletiva seria pertinente, pois não haveria necessidade de instrução probatória quanto à jornada de cada trabalhador. A sentença genérica seria facilmente liquidada, mediante juntada dos contracheques de cada trabalhador, que demonstrariam o valor já quitado a título de horas extraordinários. Neste exemplo, portanto, há prevalência das questões comuns sobre as individuais.

É importante observar, também, que não existe qualquer bem jurídico que seja, em si mesmo, direito difuso, coletivo ou individual homogêneo. A caracterização de um direito como difuso, coletivo em sentido estrito ou individual homogêneo dependerá da forma como a pretensão é manifestada no processo, a partir da causa de pedir e do pedido.

Suponha-se, por exemplo, que o Ministério Público do Trabalho ajuíze ação civil pública em face de determinada indústria que utilize material tóxico em seu processo produtivo, constando, da petição inicial, dois pedidos: cessação do uso do referido material; e condenação ao pagamento de indenização por danos morais a cada um dos trabalhadores que sofreram danos à saúde em decorrência do fato. Perceba-se: o direito ao meio ambiente do trabalho equilibrado, nesta hipótese, gera um direito difuso (pois toda a coletividade é prejudicada pelo uso do material tóxico); coletivo em sentido estrito (já que todos os trabalhadores da empresa serão beneficiados com a decisão judicial que determine a cessação do uso do material); e individual homogêneo, porque o uso do material tóxico é origem comum dos danos sofridos por diversos trabalhadores.

Para ilustrar com mais um exemplo, veja-se a situação do dissídio coletivo de natureza econômica, que permite a criação de normas que valerão para toda a categoria profissional. Imagine-se que o sindicato dos rodoviários ajuíze dissídio coletivo para reivindicar um auxílio não previsto por lei, como o auxílio-creche. Nessa hipótese, toda a categoria dos rodoviários será beneficiada, caso o Tribunal julgue procedente o pedido. Por outro lado, se for julgado improcedente, todos os integrantes da categoria também serão prejudicados. Percebe-se, assim, a natureza indivisível desse direito, já que, ou toda a categoria será atendida, ou ninguém o será. Esse direito é coletivo em sentido estrito, pois os beneficiários desse auxílio serão apenas os integrantes da categoria, que estão ligados entre si e com a parte contrária (o empregador) por uma relação jurídica base, qual seja, o contrato de trabalho. Portanto, todos os rodoviários podem se beneficiar com a criação da norma jurídica no âmbito da categoria.

Dessa forma, conclui-se que pretensões manifestadas em dissídios coletivos de trabalho constituem, em princípio, direitos coletivos em sentido estrito.

2. DISSÍDIOS COLETIVOS

2.1. Dissídio individual *x* dissídio coletivo

Embora a distinção entre dissídios coletivos e dissídios individuais possa parecer evidente, há alguns detalhes teóricos e práticos dignos de atenção. O enquadramento de uma ação como dissídio coletivo ou individual gera diversas repercussões no regime jurídico aplicável (por exemplo, no que tange à coisa julgada, legitimados, efeitos etc.).

A expressão *dissídio individual* refere-se aos processos individuais, que resultam das ações típicas do Processo do Trabalho e do Processo Civil. Deve-se observar, a respeito, que as hipóteses de litisconsórcio ativo são ações individuais, apesar da pluralidade de autores no polo ativo da relação processual. De fato, a diferenciação entre dissídios individuais e coletivos não pode se basear em aspectos quantitativos (= número de participantes da relação processual), mas apenas em questões qualitativas.

A distinção fundamental é que o dissídio coletivo sempre versa sobre um direito coletivo em sentido estrito, cujo titular é a categoria profissional ou econômica envolvida; já no dissídio individual, os direitos tutelados serão individuais, ainda que se tenha um litisconsórcio ativo. Por exemplo: 10 (dez) trabalhadores postulam, em litisconsórcio, horas extras; nem por isso a ação deixa de ser individual.

Outra diferenciação importante é que o dissídio individual é ação judicial em que se postula a aplicação de um direito preexistente, que já existe no ordenamento, tal como a CLT ou uma lei trabalhista qualquer. Já no dissídio coletivo, o que se busca, em princípio, é a criação de um direito novo.

Além disso, são diferentes os legitimados para ajuizamento e o objeto da ação: os dissídios coletivos somente podem ser movidos por entes coletivos (sindicato ou MPT), ao passo que os dissídios individuais são deflagrados pelas partes da relação de trabalho (trabalhador ou empregador).

Por fim, o dissídio individual se volta a resolver conflitos individuais, que envolvem pessoas determinadas; já os dissídios coletivos são destinados a solucionar conflitos coletivos de trabalho.

2.2. Conflito coletivo de trabalho

O conflito coletivo de trabalho é típico do Direito Coletivo do Trabalho e consiste em contraponto em larga escala entre o capital e o trabalho, já que, de um lado, o grupo de trabalhadores deseja melhores condições de trabalho (ganhar mais, trabalhar menos e obter mais garantias); e, em sentido contrário, o empregador deseja reduzir custos, ter mais liberdade na administração da sua mão de obra e aumentar a produtividade dos empregados.

O conflito coletivo transcende o plano individual: a noção de interesse da categoria profissional ou de grupo de trabalhadores não é sinônima da mera soma de interesses de alguns trabalhadores. O conflito coletivo vai além da órbita individual, já que, por exemplo, o trabalhador *A*, eventualmente, pode pertencer a certa categoria, mas pode dela se desligar, assim como, também poderá haver o ingresso de outro trabalhador *B*. Além disso, o que pode ser bom do ponto de vista de um trabalhador pode ser ruim para outro.

Assim, o conflito coletivo de trabalho diz respeito a direitos que pertencem à categoria em si, e não a cada trabalhador isoladamente ou aos trabalhadores somados entre si.

O dissídio coletivo destina-se justamente a compor esse conflito coletivo de trabalho (conflito típico entre o capital e o trabalho). Conclui-se, pois, que o dissídio coletivo é uma ação especial que será ajuizada para solucionar um conflito coletivo de trabalho.

Os conflitos coletivos podem surgir em três situações: (i) quando houver discussão sobre a criação de novas condições de trabalho para a categoria; (ii) quando houver divergência na interpretação de normas jurídicas de caráter específico; (iii) quando se discutir a respeito da validade, ou não, dos atos praticados em contexto de greve. Tais situações fundamentam as três espécies de dissídios coletivos, conforme se verá no próximo tópico.

2.3. Espécies de dissídios coletivos: objeto, legitimidade. Titular do direito e titular da ação

Três são as espécies de dissídios coletivos: (i) dissídio de natureza econômica; (ii) dissídio de natureza jurídica; (iii) dissídio de greve.

Dissídio coletivo de natureza econômica é ação regida por procedimento especial, que tramita na Justiça do Trabalho com o objetivo de criar ou modificar condições de trabalho, solucionando um conflito coletivo de trabalho.

O dissídio de natureza econômica tem por objeto justamente a criação de normas jurídicas genéricas e abstratas que se aplicarão no âmbito de determinada empresa ou categoria profissional. A decisão do dissídio consiste em sentença normativa, que consubstancia o exercício do poder normativo da Justiça do Trabalho.

Trata-se de função anômala do Poder Judiciário, que inova no ordenamento jurídico, com eficácia prospectiva e *erga omnes* semelhante à das leis em geral. Por tal razão, e sobretudo para prestigiar a autocomposição pelos interessados, o poder normativo foi restringido pela EC 45/2004, sendo que o art. 114, § 2º, da CF[3], passou a exigir o comum acordo para o ajuizamento do dissídio coletivo.

Já o dissídio de natureza jurídica também é ação coletiva que versa sobre direito coletivo em sentido estrito, mas seu objetivo é apenas interpretar normas específicas que já existem e que se aplicam no âmbito de determinada categoria.

Doutrina e jurisprudência entendem que leis específicas de certas categorias ou grupo de pessoas, podem ser objeto de dissídio coletivo de natureza jurídica. No entanto, leis de caráter geral não podem ter a interpretação definida em dissídios de natureza jurídica.

---

3 Art. 114, § 2º – Recusando-se qualquer das partes à negociação coletiva ou à arbitragem, é facultado às mesmas, de comum acordo, ajuizar dissídio coletivo de natureza econômica, podendo a Justiça do Trabalho decidir o conflito, respeitadas as disposições mínimas legais de proteção ao trabalho, bem como as convencionadas anteriormente.

Exemplos: (i) lei geral - controvérsia quanto a determinado dispositivo da CLT ou do Código Civil: nesta hipótese, não será cabível o dissídio coletivo de natureza jurídica; (ii) lei municipal que preveja o regime celetista para os seus servidores e estabeleça alguns direitos específicos - nesse caso, é possível o dissídio coletivo de natureza jurídica.

No caso de categorias profissionais que possuam regulamentação especial em lei - tais como engenheiros e médicos -, se houver controvérsia jurisprudencial no que tange à aplicação de algum dispositivo dessa lei, será possível ajuizar o dissídio coletivo de natureza jurídica, pois não se trata de uma lei geral, mas de lei específica que versa sobre determinada categoria.

Ademais, os instrumentos coletivos (gênero que abrange o acordo coletivo de trabalho, a convenção coletiva de trabalho e a sentença normativa), também são passíveis de interpretação em dissídios coletivos de natureza jurídica.

A terceira espécie de dissídio coletivo é o de greve, por meio do qual se discute a validade ou abusividade de movimento paredista.

O titular do direito vindicado no dissídio coletivo (econômico, jurídico ou de greve) é a categoria profissional ou classe de trabalhadores que serão abrangidos pela sentença normativa. Trata-se de direito coletivo em sentido estrito (Lei nº 8.078/90, art. 81, II), já que as normas criadas se aplicarão indistintamente no âmbito da categoria ou classe representada: portanto, a pretensão de criação de normas é transindividual e indivisível, conforme mencionado anteriormente.[4]

A legitimidade ativa para o exercício da ação de dissídio coletivo é, de um lado, necessariamente de ente sindical representativo da categoria profissional (CLT, art. 857, c/c CF, art. 8º, VI); e, do outro, de ente sindical da categoria econômica ou da empresa isoladamente considerada.

Discute-se se o sindicato, no dissídio coletivo, atua mediante substituição ou representação processual. Embora haja controvérsia, note-se que o sindicato depende de autorização da assembleia para ajuizar o dissídio coletivo (CLT, art. 859).[5] Assim, o fenômeno corresponde a uma espécie de representação processual, já que o ente coletivo age em nome da categoria (por força da autorização assemblear), para defender direito alheio (da própria categoria envolvida).

Destarte, conclui-se que o titular da ação é a própria categoria ou classe de trabalhadores, que são apenas representados pelo sindicato.

2.4. Poder normativo da Justiça do Trabalho

2.4.1. Noções gerais

O poder normativo consiste na prerrogativa conferida à Justiça do Trabalho de criar, através da sentença normativa (decisão do dissídio coletivo de natureza eco-

4 Item 1.3 deste Capítulo.

5 Art. 859 - A representação dos sindicatos para instauração da instância fica subordinada à aprovação de assembleia, da qual participem os associados interessados na solução do dissídio coletivo, em primeira convocação, por maioria de 2/3 (dois terços) dos mesmos, ou, em segunda convocação, por 2/3 (dois terços) dos presentes.

nômica), normas jurídicas aplicáveis de forma genérica no âmbito de determinada categoria profissional.

Depreende-se que o poder normativo constitui função anômala do Poder Judiciário, já que a criação de normas de caráter geral é incumbência precípua do Poder Legislativo.

A sentença normativa tem *corpo de sentença*, mas *alma de lei*. Isso porque se trata de decisão proferida em processo submetido ao Judiciário, mas a essência da decisão é legislativa, uma vez que não regerá caso concreto específico. Na verdade, a sentença normativa regerá a situação jurídica de todos os trabalhadores que já integram ou que venham a integrar determinada categoria.

A sentença normativa, portanto, é ato normativo genérico e abstrato, apesar de consistir em decisão judicial. Sua natureza jurídica é de ato jurídico judicial *sui generis*, já que tem eficácia abstrata e genérica no âmbito da categoria representada.

Como argumentos favoráveis ao poder normativo, tem-se:

- (i) a possibilidade de o Judiciário Trabalhista pacificar o conflito, diante do impasse entre as categorias profissional e econômica, que pode gerar prejuízos até mesmo ao interesse coletivo;
- (ii) o fato de que – com a ressalva de algumas categorias profissionais – os sindicatos, no Brasil, em geral não têm organização e força suficientes para resolver o conflito por meio da deflagração de greve.

Em contrapartida, como pontos negativos, cabe destacar:

- (i) o poder normativo tem um viés antidemocrático, pois faz com que o Estado intervenha nas relações de trabalho, numa espécie de atuação assistencialista. Isso acaba por enfraquecer os sindicatos, que acabam por se acomodar e deixar de ser combativos como seria desejável;
- (ii) o Poder Judiciário Trabalhista, apesar de sua especialização, não tem condições de conhecer a realidade de todas as categorias econômicas e profissionais existentes no país. Ninguém melhor do que os próprios atores sociais envolvidos para criar normas específicas no âmbito de suas categorias.

Por tais motivos, embora ainda exista, o poder normativo da Justiça do Trabalho vem sendo restringido pela jurisprudência e pela legislação, conforme se verá nos próximos tópicos.

2.4.2. Extensão e limites do poder normativo

A jurisprudência do STF já vinha estabelecendo restrições ao poder normativo da Justiça do Trabalho antes mesmo da instituição da exigência do comum acordo pela EC 45/2004.[6] De acordo com a Suprema Corte, o poder normativo só pode

[6] EMENTA: 1 – DISSÍDIO COLETIVO. Recursos extraordinários providos, para excluir as cláusulas 2ª (piso correspondente ao salário mínimo acrescido de percentual) e 24ª (estabilidade temporária), por contrariarem, respectivamente, o inciso IV (parte final) e I do art. 7º da Constituição, este último juntamente com o art.

operar no *vazio da lei*, caracterizado: (i) pela ausência de legislação estatal sobre determinado tema; (ii) pela inexistência de reserva legal a respeito.

Assim, nessa ótica, inviável o exercício do poder normativo a respeito de questões atinentes à jornada de trabalho, proporcionalidade de aviso prévio, fixação de percentuais de adicional de insalubridade etc., pois se trata temas já regulados pela lei ou sujeitos à reserva legal. De outro lado, é lícito, por exemplo, que a sentença normativa contenha disposições sobre reajuste salarial, critérios para promoção por merecimento, auxílio-creche e outros benefícios não previstos em lei.

Ademais, a sentença normativa jamais pode suprimir ou reduzir direito trabalhista previsto em lei ou em norma coletiva anteriormente vigente no âmbito da categoria, conforme resulta do art. 114, § 2º, da CF.[7] Assim, se houver convenção ou acordo coletivo de trabalho vigente para determinada categoria, o Tribunal não pode, no julgamento do dissídio coletivo que a envolva, suprimir ou reduzir direitos já previstos.

Como o referido dispositivo constitucional faz menção a disposições *convencionadas* anteriormente, deve-se entender que as sentenças normativas não devem, necessariamente, observar e garantir o mesmo patamar de direitos de sentença normativa anterior, já que o exercício do poder normativo não se confunde com os instrumentos negociais coletivos que podem convencionar sobre condições de trabalho aplicáveis no âmbito da categoria.

2.4.3. Comum acordo

A exigência do *comum acordo* para ajuizamento de dissídios coletivos - trazida pela EC 45/2004 - também reduz a margem de aplicabilidade do poder normativo da Justiça do Trabalho. Trata-se de exigir que as partes envolvidas (categoria profissional e econômica ou empresa) concordem com a submissão do conflito coletivo ao Poder Judiciário. Se uma das partes não manifestar sua concordância com o processamento do dissídio coletivo, o processo deverá ser extinto sem resolução do mérito. Este é um requisito que ainda dá margem a controvérsias doutrinárias e jurisprudenciais.

---

10 do ADCT, bem como a cláusula 29ª (aviso prévio de sessenta dias), por ser considerada invasiva da reserva legal específica, instituída no art. 7º, XXI, da Constituição. 2. Recursos igualmente providos, quanto à cláusula 14ª (antecipação, para junho, da primeira parcela do 13º salário), por exceder seu conteúdo à competência normativa da Justiça do Trabalho, cujas decisões, a despeito de configurarem fonte de direito objetivo, revestem o caráter de regras subsidiárias, somente suscetíveis de operar no vazio legislativo, e sujeitas à supremacia da lei formal (art. 114, § 2º, da Constituição). 3. Recursos de que não se conhece no concernente à cláusula 1ª (reajuste salarial), por ausência de pressupostos de admissibilidade, e, ainda, no que toca às cláusulas 52ª (multa pela falta de pagamento de dia de trabalho), 59ª (abrigos para a proteção dos trabalhadores), 61ª (fornecimento de listas de empregados), 63ª (afixação de quadro de avisos), visto não contrariarem os dispositivos constitucionais contra elas invocados, especialmente o § 2º do art. 114. Decisão por maioria, quanto às cláusulas 29ª e 14ª, sendo, no restante unânime. (RE 197911, Relator(a): Min. OCTAVIO GALLOTTI, Primeira Turma, julgado em 24/09/1996, DJ 07-11-1997 PP-57253 EMENT VOL-01890-06 PP-01113)

7 Art. 114, § 2º Recusando-se qualquer das partes à negociação coletiva ou à arbitragem, é facultado às mesmas, de comum acordo, ajuizar dissídio coletivo de natureza econômica, podendo a Justiça do Trabalho decidir o conflito, respeitadas as disposições mínimas legais de proteção ao trabalho, bem como as convencionadas anteriormente.

Registre-se que o requisito do comum acordo existe apenas para o dissídio coletivo de natureza econômica, conforme se extrai do texto do art. 114, § 2º, da CF, não sendo uma exigência nas demais espécies de dissídio (jurídico e de greve).

Quanto à natureza jurídica do comum acordo, há duas correntes: (i) uma que entende tratar-se de pressuposto processual; e (ii) outra que sustenta ser o comum acordo uma condição da ação. No que tange a esta última corrente, há, ainda, duas linhas pensamento: para alguns, seria condição específica da ação de dissídio coletivo e, para outros, etapa integrante do interesse de agir.

Atualmente, prevalece o entendimento, inclusive no âmbito do TST, de que o comum acordo é pressuposto processual necessário para a válida formação e desenvolvimento da relação jurídica do processo. Deveras, não se pode dizer que um sindicato que ajuíze o dissídio coletivo sem o comum acordo careça de interesse de agir; ao contrário, pode haver até um excesso de interesse, em virtude da necessidade de solução do conflito e da evidente utilidade.

De todo modo, se não houver o comum acordo, o dissídio coletivo será extinto sem resolução do mérito (CPC, art. 485, IV).

O comum acordo pode ser (i) expresso, quando o suscitado no dissídio coletivo declara concordar com o processamento da ação. Eventualmente, as partes podem até mesmo assinar a petição inicial em conjunto, embora isso não seja necessário para a caracterização do comum acordo expresso. O comum acordo pode, ainda, ser (ii) tácito, na hipótese em que o dissídio coletivo é ajuizado e o suscitado não se opõe ao seu processamento.

Discute-se se a exigência do comum acordo, trazida pela EC 45/2004, seria inconstitucional, à luz do princípio da inafastabilidade do controle jurisdicional (CF, art. 5º, XXXV). Isso porque exigir o consentimento do réu para o processamento da ação significa impedir, na maioria das vezes, que o processo se desenvolva, pois muito dificilmente alguém aceita espontaneamente ser réu em processo judicial.

No entanto, prevalece amplamente o entendimento de não haver inconstitucionalidade, já que o poder normativo é função anômala do Judiciário consistente em criar direito novo. Não se trata de aplicar direito preexistente, que já seja titularizado por determinado indivíduo ou grupo; assim, justamente por não haver direito material a tutelar, a exigência do comum acordo não viola o princípio do acesso à justiça. Nesse sentido decidiu o Supremo Tribunal Federal[8], dissipando as dúvidas anteriormente existentes.

A partir da exigência do comum acordo, muitos doutrinadores passaram a argumentar que o poder normativo da Justiça do Trabalho teria se tornado uma espécie de arbitragem estatal. Isso porque o árbitro só tem o poder de decidir o conflito se as partes concordarem, firmando convenção de arbitragem. O comum acordo, nessa ótica, faria as vezes da convenção de arbitragem, submetendo o conflito coletivo ao Judiciário Trabalhista.

---

8 ADI 3423, Tribunal Pleno, Rel. Min. Gilmar Mendes, julgado em 29.05.2020.

Inegavelmente, a exigência do comum acordo faz com que, do ponto de vista de sua origem, o dissídio coletivo de natureza econômica se equipare a uma arbitragem. Contudo, por se tratar de processo judicial, que tramita em Tribunal do Trabalho, há necessidade de observância de uma série de regras procedimentais.

Por exemplo, da sentença normativa cabe recurso; após o trânsito em julgado, é possível o ajuizamento de ação rescisória contra a referida decisão. Além disso, há aspectos relativos ao procedimento, competência e legitimidade que não estão sujeitos à livre disponibilidade das partes. De outro lado, no processo arbitral não há a incidência de tais regras processuais: não cabe recurso, nem ação rescisória etc.

Dessa forma, não se pode dizer que o dissídio coletivo seja pura e simplesmente uma arbitragem judicial, muito embora haja inegável similitude entre os fenômenos, considerando a necessidade de comum acordo para processamento da ação.

2.5. Dissídio de greve

A greve pode ser legal ou abusiva, a depender do atendimento, ou não, dos requisitos previstos na Lei de Greve (Lei nº 7.783/89). Assim, o objeto do dissídio de greve é a declaração de sua abusividade ou licitude. O interesse nessa declaração é a possibilidade de responsabilização dos sujeitos envolvidos. Exemplo: sindicato que realiza greves com piquetes, ou nas quais se danifica o patrimônio do empregador etc.

A declaração de abusividade da greve gera diversos efeitos, entre os quais se destacam: os trabalhadores terão que voltar a trabalhar e, se não voltarem, terão faltas injustificadas; durante a greve, a empresa está proibida de contratar trabalhadores substitutos, mas, se a greve for declarada abusiva, e os trabalhadores continuarem a faltar, nesse caso, o empregador poderá contratar substitutos, sem que isso configure um ato antissindical.

A principal discussão envolvendo o dissídio coletivo de greve diz respeito à possibilidade, ou não, de o Tribunal Trabalhista decidir o conflito econômico entre as categorias (ou entre a categoria profissional e a empresa), independentemente de comum acordo entre as partes do dissídio coletivo. Perceba-se que a Constituição não exige comum acordo para o ajuizamento de dissídios de greve, e realmente não poderia fazê-lo, já que a declaração de abusividade do movimento paredista obviamente não pode se sujeitar à concordância dos envolvidos.

Sobre o tema, há duas vertentes de pensamento:

- (i) não é possível que o Tribunal Trabalhista decida o conflito econômico, se não houver o comum acordo, que é exigido pela Constituição para o processamento do dissídio econômico, vale dizer, para que se possa ter uma decisão a respeito das reivindicações econômicas da categoria. Entender diferentemente faria com que o requisito constitucional do comum acordo fosse facilmente burlado: bastaria, para tanto, deflagrar greve e, em seguida, ajuizar dissídio coletivo de greve, fazendo com que o Tribunal decidisse as reivindicações econômicas da categoria. No entanto, decidir as reivindicações da categoria constitui objeto específico do dissídio de natureza econômica.

A primeira corrente é preferível, já que o poder normativo vem sendo restringido cada vez mais, pois é um resquício antidemocrático do corporativismo italiano;

- (ii) uma segunda linha doutrinária sustenta ser possível ao Tribunal apreciar as reivindicações econômicas da categoria, em dissídio de greve, sem a exigência do comum acordo. O fundamento dessa posição é a necessidade pacificação do conflito coletivo de trabalho. Isso porque, de fato, em muitos casos, há greves mais longas e/ou em categorias que podem gerar prejuízo ao interesse público, tais como greve nos Correios ou a greve dos bancários. O impasse no comum acordo pode acabar gerando danos ao interesse coletivo. Por isso que, nesses casos, o TST – ao menos nas situações de deflagração de greve superveniente ao ajuizamento de dissídio coletivo econômico – tem entendido que o Tribunal pode, no dissídio de greve, julgar as reivindicações econômicas sem que haja o comum acordo.[9]

Embora sólidos os fundamentos da segunda corrente, o fato é que tal entendimento acaba burlando, por via oblíqua, a exigência do comum acordo para o processamento de dissídio coletivo de natureza econômica e faz com que o Estado traga para si o conflito, retirando a responsabilidade dos entes coletivos envolvidos. Trata-se de viés autoritário, através do qual o Estado impõe a solução aos atores sociais, sem considerar, muitas vezes, o que realmente seja melhor para a categoria ou qual a realidade financeira da empresa etc.

De acordo com a jurisprudência mais recente do TST[10], a celebração de acordo no curso de dissídio coletivo de greve implica a extinção do processo sem resolu-

---

9 Por exemplo: Dissídio coletivo de natureza econômica. Greve deflagrada no curso da instrução processual. Comum acordo. Desnecessidade. É possível a apreciação de dissídio coletivo de natureza econômica, ainda que ausente o comum acordo, se houver deflagração de greve por qualquer das partes no curso da instrução processual. No caso, o sindicato da categoria profissional instaurou dissídio coletivo de natureza econômica sem a concordância do sindicato patronal, havendo deflagração de greve pelos trabalhadores antes mesmo da audiência de conciliação. Ressaltou-se que a ocorrência de movimento paredista, superveniente ao ajuizamento do dissídio e anterior à decisão de mérito, supera a exigência do mútuo acordo, cabendo à Justiça do Trabalho decidir sobre a procedência das reivindicações (art. 8º da Lei 7.783/89). Sob esse entendimento, a SDC, por maioria, negou provimento ao recurso, quanto à preliminar de mérito arguida, vencida a Ministra Dora Maria da Costa. TST-RO-381-24.2014.5.17.0000, SDC, rel. Min. Mauricio Godinho Delgado. 14.3.2016. Informativo 130 do TST.

10 "Dissídio Coletivo de Greve. Declaração de abusividade. Formalização de acordo perante o MPT. Fim do movimento paredista. Inexistência de ressalva quanto ao interesse na análise de abusividade da greve. Perda do objeto. Ausência de interesse processual. Art. 485, VI, do CPC. A celebração de acordo sem ressalvas, com o fim de encerrar movimento paredista, afasta o interesse processual, em dissídio coletivo, de ver declarada a abusividade da greve, configurando a hipótese do art. 485, VI, do CPC/2015. Assim, não havendo, no acordo entabulado, manifestação expressa quanto ao interesse no exame da legalidade da greve, o processo deve ser extinto sem resolução de mérito. Com base nesse entendimento, a SDC, por maioria, ao analisar questão preliminar, decidiu pela extinção do processo, sem resolução de mérito, ante a incompatibilidade da pretensão de declaração de abusividade da greve com a celebração de acordo entre as partes. Vencidos os Ministros Mauricio Godinho Delgado, relator, Lelio Bentes Corrêa, Guilherme Augusto Caputo Bastos e Kátia Magalhães Arruda, os quais entendiam que, por ser o movimento grevista capaz de causar repercussões em relações da empresa empregadora com outras entidades, subsistia o interesse de agir, devendo a matéria ser apreciada pelo Poder Judiciário. TST-RO-240-16.2017.5.20.0000, SDC, rel. Min. Mauricio Godinho Delgado, red. p/ acórdão Min. Aloysio Corrêa da Veiga, 9.3.2020" (noticiado no informativo TST nº 216).

ção de mérito, a menos que o acordo seja celebrado com a ressalva de interesse no exame da legalidade da greve.

2.6. Legitimidade para os dissídios coletivos

O autor do dissídio coletivo chama-se *suscitante*, e o réu, *suscitado*.

De acordo o art. 859 da CLT, é necessário que a categoria profissional autorize o ente sindical a ajuizar o dissídio coletivo. Há um detalhe interessante a respeito do quórum de dois terços, pois questiona-se se ele foi recepcionado pela Constituição. Isso porque, com a exigência do quórum, há o estabelecimento de condições para o funcionamento do sindicato, o que acaba por interferir na autonomia e liberdade sindicais.

Por essa razão, grande parcela da doutrina afirma que se trata de um quórum subsidiário, isto é, ele será aplicável apenas se os estatutos e os atos constitutivos dos sindicatos não previrem um quórum diverso (aplicação subsidiária da lei). Assim, de acordo com o entendimento que preza por uma liberdade sindical mais ampla, seria possível o sindicato fixar um outro quórum, que não o de 2/3 previsto no art. 859 da CLT.

Como a categoria precisa autorizar o ajuizamento do dissídio coletivo, o que acontece é uma espécie de representação processual, na qual o ente sindical age não em nome próprio, mas em nome da categoria.

Perceba-se que os trabalhadores, em dissídios coletivos, necessariamente são representados pelo sindicato correspondente. Isso porque o dissídio coletivo é uma ação que sempre envolve entes coletivos, razão pela qual não pode ser ajuizado por um empregado isoladamente ou por um pequeno grupo de empregados; é a categoria que tem de estar em juízo para defender seus interesses, por meio dos entes sindicais.

No entanto, em caso de inexistência do sindicato, a legislação admite que a federação ou a confederação correspondente possam ajuizar dissídio coletivo de natureza econômica (CLT, art. 857).[11] O mesmo raciocínio pode ser estendido para as hipóteses em que, não obstante exista, o sindicato fique omisso injustificadamente quanto ao ajuizamento do dissídio.

Do ponto de vista da empresa, patronal, o legitimado passivo para o dissídio coletivo poderá ser o sindicato da categoria econômica assim como a federação e a confederação patronal, pois todos são entes coletivos. Além disso, a própria empresa – considerada isoladamente– pode ser parte passiva no dissídio coletivo. A empresa é considerada um ser coletivo por essência.

De outro lado, a jurisprudência entende majoritariamente pela impossibilidade de ajuizamento de dissídio coletivo econômico por entidades sindicais represen-

[11] Art. 857 – A representação para instaurar a instância em dissídio coletivo constitui prerrogativa das associações sindicais, excluídas as hipóteses aludidas no art. 856, quando ocorrer suspensão do trabalho.
Parágrafo único – Quando não houver sindicato representativo da categoria econômica ou profissional, poderá a representação ser instaurada pelas federações correspondentes e, na falta destas, pelas confederações respectivas, no âmbito de sua representação.

tantes da categoria econômica (sindicatos ou federações patronais).[12] Por extensão, deve-se entender que os empregadores também não detêm legitimidade ativa para ajuizar dissídio coletivo de natureza econômica, mas apenas legitimidade passiva. Isso se explica porque as entidades patronais podem conceder espontaneamente, caso desejem, melhores condições de trabalho, não havendo, consequentemente, interesse de agir (por falta de necessidade) para o ajuizamento de dissídios coletivos dessa espécie.

No que tange à legitimidade do Ministério Público do Trabalho, há previsão específica no art. 114, § 3º, da CF, no sentido de que a instituição pode ajuizar dissídio coletivo quando houver greve em atividade essencial. A respeito dessa possibilidade, há divergência doutrinária e jurisprudencial, existindo duas correntes interpretativas: (i) o MPT poderá ajuizar o dissídio coletivo apenas na hipótese de greve em atividade essencial. Esta é a corrente majoritária, pois segue o dispositivo constitucional; (ii) para a corrente minoritária, no entanto, entende-se que o MPT poderá ajuizar o dissídio de greve em qualquer caso em que houver interesse público, ainda que não seja em atividade essencial.

Os serviços e atividades essenciais são aqueles definidos no art. 10 da Lei nº 7.783/89.[13]

---

12 Nesse sentido: DISSÍDIO COLETIVO DE NATUREZA ECONÔMICA. INSTAURAÇÃO DA INSTÂNCIA PELO SINDICATO REPRESENTANTE DA CATEGORIA ECONÔMICA. ILEGITIMIDADE. A jurisprudência predominante nesta Seção Especializada é de que o sindicato patronal não tem legitimidade para ajuizar dissídio coletivo de natureza econômica, porquanto os empregadores não necessitam de autorização do Poder Judiciário para concederem espontaneamente vantagens aos seus empregados. Cabe ao sindicato profissional a defesa dos interesses coletivos dos trabalhadores, sendo o dissídio coletivo de natureza econômica, caso não haja acordo entre as partes, o meio jurídico amparado pela lei e pela Constituição Federal, para obter as condições de trabalho pretendidas pela categoria profissional. No caso, verifica-se que a real intenção dos suscitantes é alcançar, por via oblíqua, o reconhecimento da representatividade da categoria econômica e não promover melhores condições de trabalho para os trabalhadores. Recurso ordinário a que se nega provimento. PROCESSO Nº TST-RO-2019800-52.2010.5.02.0000. Seção de Dissídios Coletivos. Rel. Min. Kátia Magalhães Arruda. DJ 14/09/2012.

13 Art. 10 – São considerados serviços ou atividades essenciais:

I – tratamento e abastecimento de água; produção e distribuição de energia elétrica, gás e combustíveis;

II – assistência médica e hospitalar;

III – distribuição e comercialização de medicamentos e alimentos;

IV – funerários;

V – transporte coletivo;

VI – captação e tratamento de esgoto e lixo;

VII – telecomunicações;

VIII – guarda, uso e controle de substâncias radioativas, equipamentos e materiais nucleares;

IX – processamento de dados ligados a serviços essenciais;

X – controle de tráfego aéreo e navegação aérea;

XI – compensação bancária.

XII – atividades médico-periciais relacionadas com o regime geral de previdência social e a assistência social;

XIII – atividades médico-periciais relacionadas com a caracterização do impedimento físico, mental, intelectual ou sensorial da pessoa com deficiência, por meio da integração de equipes multiprofissionais e interdisciplinares, para fins de reconhecimento de direitos previstos em lei, em especial na Lei nº 13.146, de 6 de julho de 2015 (Estatuto da Pessoa com Deficiência); e

Por fim, a jurisprudência e doutrina majoritárias entendem que o Presidente de Tribunal Trabalhista não pode instaurar *ex officio* dissídio de greve, a despeito da redação do art. 856 da CLT, que autoriza a instauração de ofício nas hipóteses de greve.[14] De fato, tal dispositivo foi derrogado pelo art. 8º da Lei nº 7.783/89[15], que prevê a possibilidade de dissídio coletivo por iniciativa das partes ou do Ministério Público, sem mencionar o Presidente do Tribunal. Além disso, a instauração pelo próprio Poder Judiciário viola o princípio da inércia da jurisdição e a necessidade de que Estado respeite a liberdade individual em submeter, ou não, determinada questão ao Judiciário.

2.7. Classificação dos dissídios coletivos

A classificação dos dissídios coletivos é feita de forma expressa pelo art. 241 do Regimento Interno do TST.[16] Apesar de o dispositivo aglutiná-las, há, na verdade, uma classificação principal e uma subclassificação dos dissídios de natureza econômica:

- (i) quanto ao provimento judicial buscado, o dissídio pode ser natureza econômica, jurídica ou de greve, conforme já visto;
- (ii) os dissídios coletivos de natureza econômica, por sua vez, podem ser originários, ou de revisão.

Os dissídios originários são aqueles cujo escopo é criar novas condições de trabalho no âmbito da categoria profissional. Podem ser ajuizados quando inexistente sentença normativa em vigor; ou até mesmo quando ainda haja sentença normativa vigente, mas com prazo de vigência próximo de seu termo final. Já os dissídios de revisão têm o objetivo de modificar as condições de trabalho fixadas em sentença normativa vigente, quando houver modificação substancial

XIV – outras prestações médico-periciais da carreira de Perito Médico Federal indispensáveis ao atendimento das necessidades inadiáveis da comunidade.

XV – atividades portuárias.

14 Art. 856 – A instância será instaurada mediante representação escrita ao Presidente do Tribunal. Poderá ser também instaurada por iniciativa do presidente, ou, ainda, a requerimento da Procuradoria da Justiça do Trabalho, sempre que ocorrer suspensão do trabalho.

15 Art. 8º – A Justiça do Trabalho, por iniciativa de qualquer das partes ou do Ministério Público do Trabalho, decidirá sobre a procedência, total ou parcial, ou improcedência das reivindicações, cumprindo ao Tribunal publicar, de imediato, o competente acórdão.

16 Art. 241 – Os dissídios coletivos podem ser:

I - de natureza econômica, para a instituição de normas e condições de trabalho;

II - de natureza jurídica, para interpretação de cláusulas de sentenças normativas, de instrumentos de negociação coletiva, acordos e convenções coletivas, de disposições legais particulares de categoria profissional ou econômica e de atos normativos;

III - originários, quando inexistentes ou em vigor normas e condições especiais de trabalho, decretadas em sentença normativa;

IV - de revisão, quando destinados a reavaliar normas e condições coletivas de trabalho preexistentes que se tornarem injustas ou ineficazes pela modificação das circunstâncias que as ditaram;

V - de declaração sobre a paralisação do trabalho decorrente de greve.

das circunstâncias que as ditaram, de modo que tais condições se hajam tornado injustas ou inaplicáveis.

Exemplo 1: imagine-se que está em vigor sentença normativa (SN), mas seu prazo de vigência irá expirar em 30 dias. Se o dissídio coletivo for ajuizado antes do termo final da vigência, ainda estará em vigor uma SN anterior (a nº 01), mas, mesmo assim, esse dissídio será considerado originário. Isso ocorre porque a SN nº 02 não tem o objetivo de modificar o que está na SN nº 01; o objetivo da SN nº 02 é apenas estabelecer condições de trabalho para o período posterior ao fim da vigência da SN nº 01.

Exemplo 2: no dissídio de revisão, é diferente. Suponha-se que há uma SN em vigor de 2015 a 2017. Acontece que, no curso desse prazo (ex.: em 2016), modifica-se o estado de fato, tal como uma superinflação (inflação de 30% ao ano, e o reajuste previsto era de apenas 5%). Trata-se de uma modificação substancial do cenário: é justamente para esse tipo de situação que existe o dissídio de revisão. Há uma SN em vigor, mas há pretensão de a modificar.

Como o dissídio de revisão se destina a estipular novas condições econômicas no âmbito de determinada categoria, é intuitiva a exigência do comum acordo para o respectivo ajuizamento.

O detalhe é que a redação do art. 873 da CLT só admite a revisão da sentença normativa após decorrido o período de um ano de sua vigência.[17]

Apesar dessa previsão legal, é possível cogitar da aplicação da cláusula *rebus sic stantibus* no âmbito das sentenças normativas. No Direito Civil, tal cláusula, implícita em todos os contratos comutativos, significa que a pactuação vale *enquanto mantidas as coisas*, ou seja, alterações supervenientes e imprevisíveis no cenário de fato autorizam a revisão do contrato.

O mesmo raciocínio vale para a contratação coletiva no âmbito trabalhista. Assim, se, mesmo que antes do prazo de um ano de vigência, o cenário de fato se alterar de forma substancial e imprevisível, deve-se autorizar o ajuizamento do dissídio revisão. Exemplo: mudança de política externa que afeta diretamente o preço de moeda estrangeira e as receitas da empresa; inflação muito superior às expectativas de mercado etc.

2.8. Dissídios de extensão

O art. 868 da CLT prevê a possibilidade de o Tribunal Trabalhista, se julgar *justo e conveniente*, estender – aos demais trabalhadores que sejam da mesma profissão dos dissidentes – os efeitos de decisão proferida em dissídio coletivo de natureza econômica em que figure apenas uma fração dos empregados de uma empresa.[18]

---

17 Art. 873 – Decorrido mais de 1 (um) ano de sua vigência, caberá revisão das decisões que fixarem condições de trabalho, quando se tiverem modificado as circunstâncias que as ditaram, de modo que tais condições se hajam tornado injustas ou inaplicáveis.

18 Art. 868 – Em caso de dissídio coletivo que tenha por motivo novas condições de trabalho e no qual figure como parte apenas uma fração de empregados de uma empresa, poderá o Tribunal competente, na própria

Perceba-se que o dispositivo, excepcionalmente, confere aos Tribunais Trabalhistas a possibilidade de realização de juízo discricionário, fundado em avaliação de conveniência e oportunidade da medida. Isso se explica porque não se trata de exercício da função tipicamente jurisdicional (= aplicar o direito ao caso concreto), mas de atividade de criação de normas que se aplicarão de forma ampla e abstrata.

O dissídio de extensão pode configurar-se sob duas modalidades: (i) em dissídio coletivo de natureza econômica que esteja em trâmite e, antes da respectiva decisão final, o Tribunal estende as condições de trabalho para a fração de empregados que não seria inicialmente abrangida; (ii) após o julgamento final de um primeiro dissídio coletivo econômico, ajuíza-se outro com a finalidade específica de abranger outra parcela de empregados, não contemplados anteriormente.

Em qualquer das duas situações, como se trata de criação de novas condições de trabalho no âmbito de determinada categoria, faz-necessário o comum acordo entre os entes coletivos envolvidos. Dessa forma, o juízo discricionário a ser realizado pelo Tribunal Trabalhista submete-se ao comum acordo das partes em submeter a questão ao Judiciário.

Também se admite o ajuizamento de dissídio de extensão (desde que presente o pressuposto do comum acordo) na hipótese de ajuizamento por categoria profissional distinta ou de base territorial diversa do sindicato que ajuizou o primeiro dissídio.

De acordo com o art. 869 da CLT, a decisão sobre novas condições de trabalho poderá também ser estendida a todos os empregados da mesma categoria profissional compreendida na jurisdição do Tribunal: (a) por solicitação de 1 (um) ou mais empregadores, ou de qualquer sindicato destes; (b) por solicitação de 1 (um) ou mais sindicatos de empregados; (c) *ex officio*, pelo Tribunal que houver proferido a decisão; (d) por solicitação da Procuradoria da Justiça do Trabalho. Para que a decisão possa ser estendida, nessas hipóteses, é preciso que 3/4 (três quartos) dos empregadores e 3/4 (três quartos) dos empregados, ou os respectivos sindicatos, concordem com a extensão da decisão.

2.9. Competência funcional e territorial nos dissídios coletivos

A competência funcional para julgamento de dissídios coletivos sempre será de Tribunal: TRT ou TST. Será de competência de TRT quando o conflito coletivo for de abrangência regional, ou seja, quando envolve apenas uma região da Justiça do Trabalho. Por exemplo, havendo conflito envolvendo sindicato cuja base territorial seja o Estado do Rio de Janeiro, o Tribunal Regional do Trabalho da 1ª Região será competente.

Se o conflito coletivo envolver mais de uma região da Justiça do Trabalho, a competência será do TST. Por exemplo: sindicato que representa trabalhadores do

decisão, estender tais condições de trabalho, se julgar justo e conveniente, aos demais empregados da empresa que forem da mesma profissão dos dissidentes.

Parágrafo único – O Tribunal fixará a data em que a decisão deve entrar em execução, bem como o prazo de sua vigência, o qual não poderá ser superior a 4 (quatro) anos.

estado do Rio de Janeiro e do estado de Minas Gerais (áreas, portanto, sujeitas à jurisdição de mais de um TRT: TRT1 e TRT3).

A única exceção são os Tribunais Regionais do Trabalho da 2ª e da 15ª Região, porque o TRT 2 tem sede na cidade de São Paulo (SP) - abrangendo-a, bem como a região próxima a esta, sendo esta sua competência territorial - e o TRT15 tem sede na cidade de Campinas (SP) - abrangendo o interior do estado de São Paulo (SP) e as cidades adjacentes à cidade de Campinas (SP), sendo esta sua jurisdição. Então, em único estado da federação (SP), há duas Regiões da Justiça do Trabalho. O art. 12 da Lei nº 7.520, de 15/07/1986 - que criou o TRT15 -, define que dissídios coletivos que abranjam o território apenas do estado de São Paulo (SP) são julgados pelo TRT2, e não, pelo TST (como deveria ser em função da regra geral acima enunciada).

2.10. Procedimento dos dissídios coletivos

A petição inicial do dissídio coletivo (denominada de *representação*, pela CLT) pode ser ajuizada em conjunto por suscitante e suscitado, ou apenas pelo suscitante, obtendo-se o comum acordo para processamento no curso do processo.

A inicial deve conter a designação e qualificação dos reclamantes e dos reclamados e a natureza do estabelecimento ou do serviço; bem como indicar os motivos do dissídio e as bases da conciliação.

O suscitante deve comprovar, ainda, o atendimento do art. 859 da CLT[19], no que exige a realização e aprovação da assembleia de trabalhadores para instauração do dissídio.

De todo modo, recebida a inicial, e estando na devida forma, o Presidente do Tribunal designará a audiência de conciliação, dentro do prazo de 10 (dez) dias, determinando a notificação dos dissidentes, com observância do prazo do art. 841, ou seja, entre a notificação e a audiência deve transcorrer o prazo mínimo de 5 (cinco) dias (CLT, art. 860).

Assim como ocorre nos dissídios individuais, o suscitado pode fazer-se representar gerente, ou por qualquer outro preposto que tenha conhecimento do dissídio, e por cujas declarações será sempre responsável.

Na audiência, o Presidente do Tribunal tentará realizar a conciliação, podendo, inclusive, sugerir propostas que viabilizem a composição do conflito coletivo. Havendo acordo, o Presidente o submeterá à homologação do Tribunal na primeira sessão.

Se não houver acordo, o Presidente submeterá o processo a julgamento, depois de realizadas as diligências que entender necessárias e ouvido o Ministério Público do Trabalho.

Embora não haja previsão expressa na CLT, não há possibilidade de decretação de revelia e do reconhecimento de seus efeitos materiais em quaisquer espécies de dissídios coletivos, pelos seguintes motivos:

19 Art. 859 - A representação dos sindicatos para instauração da instância fica subordinada à aprovação de assembléia, da qual participem os associados interessados na solução do dissídio coletivo, em primeira convocação, por maioria de 2/3 (dois terços) dos mesmos, ou, em segunda convocação, por 2/3 (dois terços) dos presentes.

- (i) o efeito material da revelia consiste na presunção de veracidade dos fatos narrados na inicial, com a finalidade de aplicar direito preexistente. No dissídio coletivo de natureza econômica, a pretensão é de criação de novas normas, não havendo alegação de fatos jurídicos, o que torna inviável cogitar de presunção de veracidade;
- (ii) nos dissídios de natureza jurídica, como se busca a interpretação do direito vigente, aplica-se o princípio *jura novit curia* (o juiz conhece o direito). Não há, também aqui, alegação de fatos jurídicos sobre os quais possa recair a presunção de veracidade;
- (iii) se o suscitado não comparecer, não há o comum acordo exigido constitucionalmente, e o dissídio coletivo de natureza econômica sequer pode prosseguir validamente.

2.11. Recursos nos dissídios coletivos

De sentença normativa proferida por Tribunal Regional do Trabalho, cabe recurso ordinário para o Tribunal Superior do Trabalho (CLT, art. 895, II).[20]

Já as decisões não unânimes proferidas pelo TST em dissídio coletivo de sua competência originária podem ser impugnadas por embargos infringentes (Regimento Interno do TST, art. 77, II, *c*).[21]

Discute-se se há efeito suspensivo nos recursos interpostos contra sentenças normativas. A controvérsia reside na interpretação do art. 14 da Lei nº 10.192/2001, que dispõe que recurso interposto de decisão normativa da Justiça do Trabalho terá efeito suspensivo, na medida e extensão conferidas em despacho do Presidente do Tribunal Superior do Trabalho.

Uma primeira vertente doutrinária é no sentido de que tal dispositivo estaria a prever efeito suspensivo *ope legis* (automático) ao recurso interposto contra a sentença normativa. Nessa ótica, caberia ao Presidente do tribunal *ad quem* apenas estabelecer de que forma acontecerá o efeito suspensivo do recurso ordinário interposto contra sentença normativa de dissídio coletivo econômico acontece.

Outra corrente sustenta inexistir efeito suspensivo *ope legis*, já que a lei não o prevê expressamente. Nada impede, entretanto, a concessão de efeito suspensivo *ope judicis* pelo TST, desde que presentes os requisitos para concessão de tutela provisória.

Assim, se houver *fumus boni iuris* e *periculum in* mora, pode-se sustar eficácia imediata da sentença normativa objeto de recurso.

---

[20] Art. 895 – Cabe recurso ordinário para a instância superior: (...) II – das decisões definitivas ou terminativas dos Tribunais Regionais, em processos de sua competência originária, no prazo de 8 (oito) dias, quer nos dissídios individuais, quer nos dissídios coletivos.

[21] Art. 77, II, c- os embargos infringentes interpostos contra decisão não unânime proferida em processo de dissídio coletivo de sua competência originária, salvo se a decisão embargada estiver em consonância com precedente normativo do Tribunal Superior do Trabalho, ou com Súmula de sua jurisprudência predominante

Geralmente, haverá perigo de dano irreparável e/ou de difícil reparação, porque se não for atribuído efeito suspensivo a sentença normativa terá efeito imediato e já estará regendo a categoria.

Por exemplo, se a sentença normativa criar um auxílio-alimentação no valor de R$ 3.000,00 (três mil reais) e não for atribuído efeito suspensivo ao recurso contra ela interposto, o benefício terá de ser pago de imediato aos integrantes da categoria profissional.

A exequibilidade imediata da sentença normativa, portanto, quase sempre gera dano irreparável, pois o valor pago pelo suscitado, por força de sentença normativa sujeita a recurso sem efeito suspensivo, não é passível de repetição de indébito (Lei nº 4.725/65, art. 6º, § 3º).

Voltando ao exemplo proposto, suponha-se que, depois de 1 (um) ano, o TST julgue o recurso interposto contra a sentença normativa e a reforme, suprimindo o auxílio-alimentação no valor de R$ 3.000,00 (três mil reais). No entanto, durante este 1 (um) ano, o suscitado terá sido obrigado a pagá-lo.

Assim, cabe ao Presidente do TST analisar apenas a probabilidade de êxito do recorrente (*fumus boni iuris*), já que o *periculum in mora* é presumido. Haveria probabilidade de êxito, por exemplo, se a sentença normativa tiver excedido os limites do poder normativo.

Preferível concluir, portanto, pela inexistência de efeito suspensivo *ope legis*, mas pela viabilidade de concessão de efeito suspensivo *ope judicis*, pelo Presidente do TST, desde vislumbre probabilidade de êxito da postulação recursal do suscitado.

2.12. Dissídios coletivos e pessoas jurídicas de direito público

As pessoas jurídicas de direito público (entes federados, autarquias e fundações públicas de direito público) podem manter servidores estatutários e servidores celetistas.

Quanto aos estatutários, não há competência da Justiça do Trabalho para apreciar qualquer tipo de ação judicial, inclusive ações coletivas. Ademais, o procedimento especial dos dissídios coletivos é regulamentado apenas pela CLT, razão pela qual não há viabilidade do ajuizamento deste tipo de ação na Justiça Comum.

Já no caso de servidores celetistas, há, em tese, competência do Judiciário Trabalhista para apreciação de dissídios coletivos, tendo em vista a regência pela CLT. O empecilho que há neste caso é o princípio da legalidade, porque o art. 61, § 1º, II, *a*, e o art. 169, § 1º, II, da CF[22], preveem que qualquer aumento de vencimento de

[22] Art. 61 – A iniciativa das leis complementares e ordinárias cabe a qualquer membro ou Comissão da Câmara dos Deputados, do Senado Federal ou do Congresso Nacional, ao Presidente da República, ao Supremo Tribunal Federal, aos Tribunais Superiores, ao Procurador-Geral da República e aos cidadãos, na forma e nos casos previstos nesta Constituição.

§ 1º São de iniciativa privativa do Presidente da República as leis que: (...)

II – disponham sobre: *a)* criação de cargos, funções ou empregos públicos na administração direta e autárquica ou aumento de sua remuneração;

Art. 169, § 1º – A concessão de qualquer vantagem ou aumento de remuneração, a criação de cargos, empregos e funções ou alteração de estrutura de carreiras, bem como a admissão ou contratação de pessoal, a qualquer título, pelos órgãos e entidades da administração direta ou indireta, inclusive fundações institu-

servidores públicos só pode ser feito por meio de lei em sentido formal, ressalvada a situação das empresas estatais. Apenas lei específica do ente federativo respectivo pode resultar em aumento de vencimentos de servidores celetistas.

Dessa forma, os Tribunais Trabalhistas não podem prolatar sentença normativa para aumentar os vencimentos dos servidores públicos, já que se está diante de reserva de lei.

Assim, para cláusulas econômicas (= que causem impacto financeiro na Administração Pública, aumentando vencimentos ou algum outro tipo de situação que aumente o gasto da Administração Pública com servidores públicos) não é cabível o ajuizamento de dissídio coletivo.

Contudo, o TST, por meio da OJ-SDC-5[23], admite o ajuizamento de dissídio coletivo contra pessoas jurídicas de direito público a respeito de cláusulas sociais. A cláusula se diz *social* quando não gera impacto financeiro imediato para o Poder Público, ou seja, não implica - direta ou indiretamente - aumento de vencimentos do servidor público celetista.

Exemplo: situação de servidores públicos celetistas que exercem trabalho desgastante e pretendem obter, além do intervalo intrajornada de uma hora, mais um intervalo de 30 (trinta) minutos não computado na jornada de trabalho.

Ressalte-se que empresas estatais (empresas públicas e sociedades de economia mista) podem ser normalmente suscitadas em dissídio coletivo de natureza econômica, jurídica ou de greve, já que seu regime jurídico é idêntico ao das empresas privadas, de acordo com o art. 173, § 1º, II.[24] Não há, dessa forma, submissão estrita ao princípio da legalidade.

Veja-se que, embora haja certa controvérsia, nada impede que os servidores públicos - estatutários ou celetistas - da Administração direta, autárquica e fundacional entabulem negociação coletiva, inclusive por meio do respectivo sindicato, junto ao Poder Executivo.

Contudo, da negociação coletiva, nessas hipóteses, jamais poderá resultar a extensão imediata de vencimentos ou a concessão de vantagens financeiras, seja por

---

idas e mantidas pelo poder público, só poderão ser feitas: (Renumerado do parágrafo único pela Emenda Constitucional nº 19, de 04/06/1998): II - se houver autorização específica na lei de diretrizes orçamentárias, ressalvadas as empresas públicas e as sociedades de economia mista. (Incluído pela Emenda Constitucional nº 19, de 04/06/1998)

23 TST, OJ 5 da SDC: Em face de pessoa jurídica de direito público que mantenha empregados, cabe dissídio coletivo exclusivamente para apreciação de cláusulas de natureza social. Inteligência da Convenção nº 151 da Organização Internacional do Trabalho, ratificada pelo Decreto Legislativo nº 206/2010.

24 Art. 173 - Ressalvados os casos previstos nesta Constituição, a exploração direta de atividade econômica pelo Estado só será permitida quando necessária aos imperativos da segurança nacional ou a relevante interesse coletivo, conforme definidos em lei.

§ 1º - A lei estabelecerá o estatuto jurídico da empresa pública, da sociedade de economia mista e de suas subsidiárias que explorem atividade econômica de produção ou comercialização de bens ou de prestação de serviços, dispondo sobre: (Parágrafo com redação dada pela Emenda Constitucional nº 19, de 1998)

I - sua função social e formas de fiscalização pelo Estado e pela sociedade; (Inciso acrescido pela Emenda Constitucional nº 19, de 1998)

II - a sujeição ao regime jurídico próprio das empresas privadas, inclusive quanto aos direitos e obrigações civis, comerciais, trabalhistas e tributários.

convenção ou acordo coletivo, seja por sentença normativa; pode haver, entretanto, a celebração de protocolo de intenções, por força do qual o Chefe do Poder Executivo se comprometa a enviar, para o Legislativo correspondente, projeto de lei com a previsão do aumento prometido.

2.13. Sentença normativa

2.13.1. Considerações terminológicas

Como visto, sentença normativa é ato jurisdicional que julga um dissídio coletivo de natureza econômica. Trata-se de decisão judicial atípica, já que, além de compor o conflito coletivo de trabalho, cria normas jurídicas de caráter geral e abstrato para aplicação no âmbito da categoria profissional envolvida.

Por extensão, pode-se dizer que as decisões tomadas nas demais espécies de dissídios coletivos (natureza jurídica e de greve) também são sentenças normativas, por também fixarem critérios jurídicos aplicáveis *erga omnes*.

2.13.2. Coisa julgada

Há controvérsia em doutrina e jurisprudência sobre a aptidão da sentença normativa para formar coisa julgada material.

A Súmula 397 do Tribunal Superior do Trabalho afirma categoricamente que, em dissídio coletivo, forma-se apenas coisa julgada formal.[25] O verbete parece partir da premissa de que, como as cláusulas de sentença normativa não se integram definitivamente aos contratos de trabalho e podem ser modificadas em grau recursal, não haveria formação de coisa julgada material.

No entanto, toda e qualquer sentença judicial (em dissídios individuais ou coletivos), caso trate de relações jurídicas continuativas, está sujeita à cláusula *rebus sic stantibus*, ou seja, pode ser modificada caso se altere o cenário fático e jurídico vigente.[26] Assim, do ponto de vista teórico, não é possível explicar a possibilidade de modificação da sentença normativa com base no suposto fato de ela não formar coisa julgada material.

Para bem compreender o ponto, figure-se a seguinte hipótese: a categoria dos metalúrgicos de determinada região ingressa com dissídio coletivo de natureza econômica e postula a concessão de auxílio-creche, o que é concedido pela sentença normativa do TRT. A empresa, então, interpõe recurso ordinário para o TST, contra tal sentença normativa; contudo, como tal recurso não tem efeito suspensivo, o empregado *X* (que integra a categoria profissional referida) ajuíza ação de cumprimento

---

25 TST, súmula 397: Não procede ação rescisória calcada em ofensa à coisa julgada perpetrada por decisão proferida em ação de cumprimento, em face de a sentença normativa, na qual se louvava, ter sido modificada em grau de recurso, porque em dissídio coletivo somente se consubstancia coisa julgada formal. Assim, os meios processuais aptos a atacarem a execução da cláusula reformada são a exceção de pré-executividade e o mandado de segurança, no caso de descumprimento do art. 514 do CPC de 2015 (art. 572 do CPC de 1973).

26 Sobre o tema, ver Capítulo XX, item 4.3.

e obtém, nesta, julgamento de procedência do pedido de condenação de seu empregador ao pagamento do auxílio-creche fixado na sentença normativa. A decisão na ação de cumprimento (ação individual) transita em julgado e, posteriormente, o TST dá provimento ao recurso do empregador no dissídio coletivo (interposto contra a sentença normativa que lastreou a condenação no processo individual).

A partir da situação narrada, fica fácil perceber que a execução individual na ação de cumprimento (movida pelo empregado *X*, na hipótese apresentada) é fundada em título provisório, já que a sentença normativa é objeto de recurso para o TST. Assim, realmente não cabe ação rescisória contra a sentença proferida na ação de cumprimento, já que a execução movida na ação individual tem o regime jurídico semelhante ao do cumprimento provisório de sentença, em virtude da interposição de recurso contra a sentença normativa. Basta que o executado junte simples petição demonstrando que a sentença normativa foi modificada, em grau de recurso, pelo TST.

Ora, é evidente que a sentença normativa não transita em julgado imediatamente. Enquanto não transcorrer o prazo recursal e não for decidido o recurso eventualmente interposto, não há formação de coisa julgada, material nem de coisa julgada formal. Portanto, a Súmula 397 do TST parte de premissa equivocada quando pretende explicar o não cabimento de ação rescisória (contra a decisão da ação individual de cumprimento) pelo suposto fato de que no dissídio coletivo somente se forma coisa julgada formal: na verdade, enquanto não for julgado o recurso no dissídio coletivo, não há qualquer espécie de coisa julgada na ação coletiva e, consequentemente, a execução individual será provisória.

A peculiaridade da sentença normativa é que o recurso cabível não tem efeito suspensivo *ope legis*, conforme visto. É justamente isso que permite o ajuizamento de ações de cumprimento, de forma imediata, pelos trabalhadores integrantes da categoria beneficiada. Além disso, o art. 6º, § 3º, da Lei nº 4.725/65, estatui que o provimento do recurso não implica repetição de indébito quanto às vantagens já recebidas pelos trabalhadores[27]; vale dizer, o que já tiver sido pago pela empresa (espontaneamente ou em execução judicial forçada) não será passível de restituição.

Na verdade – ao contrário do que diz a Súmula 397 –, no dissídio coletivo forma-se, sim, coisa julgada material, após a decisão definitiva dos recursos eventualmente interpostos. Prova disso é que a Lei nº 7.701/88 prevê, no art. 2º, I, *c*, o cabimento de ação rescisória contra sentença normativa. Evidentemente, como qualquer outra decisão judicial acerca de relação jurídica continuativa, a sentença normativa pode ser revista e modificada em grau de recurso ou por meio de dissídio coletivo de revisão (o qual faz as vezes de uma ação revisional).

2.13.3. Prazo de vigência, ultratividade e eficácia

A partir do art. 868, parágrafo único, da CLT, tem-se entendido que a sentença normativa pode ter prazo máximo de vigência de 4 (quatro) anos. Nada impede que seja fixado prazo inferior, evidentemente.

27 Art. 6º, § 3º – O provimento do recurso não importará na restituição dos salários ou vantagens pagos, em execução do julgado.

O entendimento do TST, manifestado no precedente normativo nº 120, é no sentido de que há ultratividade da sentença normativa, desde que respeitado o prazo máximo de 4 anos de vigência.[28] A situação é diferente do que ocorre com convenções e acordos coletivos de trabalho, em relação aos quais o STF, na ADPF 323, decidiu que as respectivas cláusulas normativas não podem ter ultratividade, sendo aplicáveis estritamente no prazo de vigência previsto no instrumento normativo.[29]

De acordo com o art. 867, parágrafo único, da CLT[30], no que tange à vigência da sentença normativa:

- (i) se houver sentença normativa, convenção ou acordo coletivo em vigor, e o dissídio coletivo for instaurado dentro dos 60 (sessenta) dias anteriores ao respectivo termo final, a nova sentença normativa entra em vigor a partir do dia imediato ao termo final de vigência do acordo, convenção ou sentença normativa anteriormente vigente;
- (ii) se houver sentença normativa, convenção ou acordo coletivo em vigor, mas o dissídio coletivo for instaurado após exaurido o respectivo prazo de vigência, a nova sentença normativa somente entrará em vigor e gerará efeitos a partir da data de sua publicação;
- (iii) se não houver sentença normativa, convenção ou acordo coletivo em vigor, a sentença normativa entra em vigor desde a data de ajuizamento do dissídio coletivo.

O art. 7º, § 6º, da Lei nº 7.701/88 estabelece que a sentença normativa poderá ser objeto de ação de cumprimento a partir do 20º (vigésimo) dia subsequente ao do julgamento, fundada no acórdão ou na certidão de julgamento, salvo se concedido efeito suspensivo pelo Presidente do Tribunal Superior do Trabalho.

---

28 Nº 120 SENTENÇA NORMATIVA. DURAÇÃO. POSSIBILIDADE E LIMITES (positivo) – (Res. 176/2011, DEJT divulgado em 27, 30 e 31.05.2011)

A sentença normativa vigora, desde seu termo inicial até que sentença normativa, convenção coletiva de trabalho ou acordo coletivo de trabalho superveniente produza sua revogação, expressa ou tácita, respeitado, porém, o prazo máximo legal de quatro anos de vigência.

29 TST, Súmula 277: "As cláusulas normativas dos acordos coletivos ou convenções coletivas integram os contratos individuais de trabalho e somente poderão ser modificadas ou suprimidas mediante negociação coletiva de trabalho". Ressalve-se que tal Súmula se encontra com a aplicabilidade suspensa, por força de decisão liminar do Min. Gilmar Mendes na ADPF 323, a qual determinou a suspensão de todos os processos em curso e dos efeitos de decisões judiciais proferidas no âmbito da Justiça do Trabalho que versem sobre a aplicação da ultratividade de normas de acordos e de convenções coletivas, sem prejuízo do término de sua fase instrutória, bem como das execuções já iniciadas.

30 Art. 867, Parágrafo único – A sentença normativa vigorará:

a) a partir da data de sua publicação, quando ajuizado o dissídio após o prazo do art. 616, § 3º, ou, quando não existir acordo, convenção ou sentença normativa em vigor, da data do ajuizamento;

b) a partir do dia imediato ao termo final de vigência do acordo, convenção ou sentença normativa, quando ajuizado o dissídio no prazo do art. 616, § 3º.

3. AÇÃO DE CUMPRIMENTO

3.1. Conceito e natureza jurídica

Ação de cumprimento é procedimento de jurisdição contenciosa, previsto no art. 872 da CLT[31], cujo objeto é a condenação do empregador ao pagamento de vantagens previstas em instrumentos coletivos de trabalho (sentença normativa, convenção ou acordo coletivo).

Sua natureza jurídica é de ação de conhecimento. De fato, apesar da denominação utilizada, tal ação não se destina a promover o cumprimento direto do instrumento coletivo, pois há necessidade de obter, previamente, título executivo judicial que certifique a existência do direito e condene a reclamada ao cumprimento da obrigação. A sentença normativa (assim como a convenção e o acordo coletivo) não é título executivo para ações individuais.

Assim como ocorre com a legislação estatal, que incide no caso concreto e gera direitos subjetivos que podem ser exigidos em ação de conhecimento, também a sentença normativa, a convenção e o acordo coletivo são apenas o embasamento normativo que o trabalhador usa na ação de cumprimento. Em todos os casos, porém, há necessidade de obtenção de título executivo.

Na prática, é comum a cumulação de pedidos na mesma reclamação trabalhista, havendo alguns fundados na lei, e outros baseado em instrumento coletivo. Nessas hipóteses, a reclamação trabalhista faz as vezes da ação de cumprimento, mas é importante observar que pode haver distinções no que tange à sistemática da coisa julgada da decisão referente aos pedidos próprios de ação de cumprimento.

3.2. Ação de cumprimento individual e coletiva

A ação de cumprimento pode ser movida a título individual ou coletivo.

O trabalhador – isoladamente ou em litisconsórcio ativo – pode ajuizar ação postulando a condenação do empregador ao pagamento dos direitos previstos em instrumento coletivo. Nessas hipóteses, estar-se-á diante de típica reclamação trabalhista, muito embora possa haver diferenciais no que tange à coisa julgada.

Pode suceder, ainda, que o sindicato ou o Ministério Público do Trabalho ajuíze ação de cumprimento a título coletivo; nesses casos, haverá civil pública com o escopo de tutelar direitos individuais homogêneos dos empregados substituídos.

31 Art. 872 – Celebrado o acordo, ou transitada em julgado a decisão, seguir-se-á o seu cumprimento, sob as penas estabelecidas neste Título. Parágrafo único. Quando os empregadores deixarem de satisfazer o pagamento de salários, na conformidade da decisão proferida, poderão os empregados ou seus sindicatos, independentes de outorga de poderes de seus associados, juntando certidão de tal decisão, apresentar reclamação à Junta ou Juízo competente, observado o processo previsto no Capítulo II deste Título, sendo vedado, porém, questionar sobre a matéria de fato e de direito já apreciada na decisão.

3.3. Dilação probatória

A ação de cumprimento, em princípio, não comporta dilação probatória, já que o seu fundamento é instrumento coletivo inadimplido, razão por que a prova geralmente será documental.

Excepcionalmente, entretanto, é possível cogitar de necessidade de instrução em ação de cumprimento, nas hipóteses em que a sentença normativa, a convenção ou o acordo coletivo estipularem obrigação de fazer a ser cumprida pelo empregador. Por exemplo: cria-se previsão normativa de que as escalas de trabalho devem ser divulgadas pela empresa com uma semana de antecedência, sob pena de multa. Se o empregado ajuizar ação de cumprimento, e a empresa negar que não esteja observando a previsão normativa, pode ser pertinente a realização de instrução oral para apurar os fatos.

3.4. Legitimidade e competência

A legitimidade para ajuizamento da ação de cumprimento é: (i) do próprio trabalhador, quando movida a título individual; (ii) do sindicato ou do Ministério Público do Trabalho, como substitutos processuais, quando movida a título coletivo.

A competência funcional para julgamento de ações de cumprimento, em qualquer caso, é de Juiz do Trabalho de primeira instância.

A competência territorial é regida pelo art. 651 da CLT (ações de cumprimento individuais) e pelos critérios do microssistema da tutela coletiva (ações de cumprimento coletivas), conforme o caso.

3.5. Coisa julgada na ação de cumprimento

A sentença proferida na ação de cumprimento tem aptidão para formar coisa julgada material; contudo, há particularidade, consistente no fato de que, se a ação de cumprimento for fundada em sentença normativa submetida a recurso, a coisa julgada na ação de cumprimento fica sujeita a condição resolutiva.

Assim, a decisão da ação de cumprimento fica sem efeito se acontecer evento futuro e incerto (condição) consistente no provimento do recurso interposto contra a sentença normativa.

O TST, na Súmula 397, sufraga o entendimento de que, se o recurso contra a sentença normativa for provido, basta que o executado (na ação de cumprimento) alegue o fato por simples petição (exceção de pré-executividade), sendo pertinente, ainda, o mandado de segurança caso o Juiz do Trabalho indefira o requerimento de extinção do processo.

Descabe, assim, o ajuizamento de ação rescisória contra a sentença proferida na ação de cumprimento, pois o seu trânsito em julgado é condicional e não ocorre se for dado provimento ao recurso ordinário interposto contra a decisão da sentença normativa que fundamentou a ação de cumprimento.

Maiores considerações sobre o tema foram feitas no item 2.13.2 deste Capítulo.

3.6. Prescrição na ação de cumprimento

De acordo com a Súmula 350 do TST, o prazo de prescrição com relação à ação de cumprimento de decisão normativa flui apenas da data de seu trânsito em julgado.

Assim, muito embora o trabalhador tenha a possibilidade de ajuizar a ação de cumprimento antes mesmo do trânsito em julgado da sentença normativa (tendo em vista que o recurso contra ela interposto não tem efeito suspensivo *ope legis*), não se pode falar em inércia caso o trabalhador não o faça. Isso porque, antes do trânsito em julgado da sentença normativa, o direito não se consolida no patrimônio do trabalhador, razão pela qual não se configura a sua inércia e não flui o prazo prescricional.

3.7. Pioneirismo do Direito Processual do Trabalho

A figura da ação de cumprimento é mais um exemplo do pioneirismo do Direito Processual do Trabalho, porque, bem antes de haver previsão das ações coletivas no Processo Civil, o art. 872, parágrafo único, da CLT, já autorizava a substituição processual ampla e irrestrita pelo sindicato - independentemente da outorga de poderes pelos associados - para exigir o cumprimento da sentença normativa.

4. TUTELA COLETIVA DE DIREITOS (AÇÕES COLETIVAS EM SENTIDO ESTRITO)

4.1. Sistema tradicional e microssistema da tutela coletiva

O sistema do Direito Processual Civil e do Trabalho, tradicionalmente, sempre foi focado nas ações individuais.

As ações coletivas foram previstas pelo legislador com o objetivo de potencializar e concretizar o princípio constitucional de acesso à Justiça (CF, art. 5º, XXXV), inserindo-se no bojo da *segunda onda de acesso.*[32]

Assim, os chamados *conflitos de massa*, característicos da sociedade hodierna, são mais facilmente levados ao Judiciário e por este resolvidos, o que se explica porque a solução é *molecular*, ou seja, é dada em escala macroscópica. Em apenas um processo, consegue-se solucionar uma lide repetitiva, que afeta milhares de pessoas.

Conforme amplamente reconhecido em doutrina e jurisprudência, há um microssistema de tutela coletiva. Isto significa que toda a legislação relativa à tutela coletiva de direitos - lei da ação popular (nº 4.727/65), lei da ação civil pública (nº 7.347/85), Código de Defesa do Consumidor (Lei nº 8.078/90), Lei do Mandado de Segurança Coletivo (Lei nº 12.016/2009), entre outras - se intercomunica e interpenetra, formando um sistema harmônico e coerente.

[32] Tal como delineado na doutrina de Cappelletti e Garth.

Se houver regramento específico quanto a determinado tipo de ação, evidentemente deve ser aplicado. Contudo, na omissão da lei específica, pode-se recorrer a qualquer lei que integre o microssistema da tutela coletiva.

Por exemplo: a legitimação para a ação popular vem prevista no art. 1º da Lei nº 4.717/65, que prevê a possibilidade de ajuizamento pelo cidadão, ou seja, brasileiros que tenham mais de 16 (dezesseis) anos de idade e possuam título de eleitor.[33] Para a ação popular, portanto, não se pode recorrer, por exemplo, ao rol de legitimados da ação civil pública, previsto na Lei nº 7.347/85. Outros temas, como a sistemática de coisa julgada, são regulados pelo CDC e se aplicam a todas as espécies de ações coletivas.

A tutela coletiva apresenta diversas vantagens em relação à tutela individual, a saber:

- (i) descongestiona o Poder Judiciário, pois, ao menos em tese, evita a multiplicação de ações e resolve a lide em um único processo;
- (ii) qualificação do substituto processual: o ente coletivo legitimado ativo, que vai a juízo defender um direito coletivo em sentido amplo (= direitos difusos, coletivos em sentido estrito ou individuais homogêneos), tem representatividade adequada (*adequacy of representation*). Daí decorre uma maior chance de promover uma defesa efetiva do direito discutido em juízo;
- (iii) promove isonomia entre os cidadãos, ao evitar a proliferação de questões discrepantes a respeito da mesma questão de direito;
- (iv) promove maior acesso à justiça, sobretudo no âmbito trabalhista, em que o empregado tem o temor de perder o emprego caso ajuíze reclamação trabalhista em face de seu empregador. Como a ação coletiva é movida por ente coletivo, não há risco de retaliação.

De outro lado, não há muita tradição no Direito Processual brasileiro no manejo de ações coletivas. A tutela de direitos individuais homogêneos, pela via coletiva, às vezes esbarra em embaraços procedimentais: algumas vezes, por ser inviável a liquidação coletiva; outras, porque a necessidade de liquidação individual por artigos – que funciona como verdadeira ação de conhecimento – acaba reduzindo as vantagens da tutela coletiva, em virtude da proliferação de liquidações e da necessidade de produção de provas em cada ação individual. Além disso, a tutela coletiva não é suficiente para eliminar a litigiosidade de massa, tendo em vista, por exemplo, que

---

33 Lei nº 4.717/65, Art. 1º – Qualquer cidadão será parte legítima para pleitear a anulação ou a declaração de nulidade de atos lesivos ao patrimônio da União, do Distrito Federal, dos Estados, dos Municípios, de entidades autárquicas, de sociedades de economia mista (Constituição, art. 141, § 38), de sociedades mútuas de seguro nas quais a União represente os segurados ausentes, de empresas públicas, de serviços sociais autônomos, de instituições ou fundações para cuja criação ou custeio o tesouro público haja concorrido ou concorra com mais de cinquenta por cento do patrimônio ou da receita ânua, de empresas incorporadas ao patrimônio da União, do Distrito Federal, dos Estados e dos Municípios, e de quaisquer pessoas jurídicas ou entidades subvencionadas pelos cofres públicos. (...) § 3º A prova da cidadania, para ingresso em juízo, será feita com o título eleitoral, ou com documento que a ele corresponda.

não pode ter como objeto questões processuais. Tais aspectos fizeram com que o Código de Processo Civil de 2015 (e também a CLT) passassem a prestigiar cada vez mais os precedentes judiciais, que conseguem promover a solução molecular do conflito sem tais entraves.

4.2. Ação civil pública

4.2.1. Conceito e objeto. Ação civil coletiva

Ação civil pública é uma ação judicial civil, de rito especial, cujo objeto é a defesa de interesses coletivos, em sentido amplo. Trata-se de importante instrumento para a tutela judicial dos direitos coletivos e para ampliação do acesso à justiça.

Tal espécie de ação é regida primariamente pela Lei nº 7.347/85, mas é importante salientar que, conforme amplamente reconhecido em doutrina e jurisprudência, ela integra o chamado *microssistema de tutela coletiva*.

Há certa controvérsia doutrinária a respeito da diferenciação entre ação civil pública e ação civil coletiva. Parcela da doutrina afirma que a ação civil pública se destinaria a tutelar direitos difusos e coletivos em sentido estrito, ao passo que a ação civil coletiva teria o objetivo de tutelar direitos individuais homogêneos.

Tal discussão surge a partir da literalidade do art. 1º, IV, da LACP[34], que parece limitar a abrangência da ação civil pública aos direitos difusos e coletivos em sentido estrito, o que excluiria os individuais homogêneos. No entanto, o art. 21 da mesma lei[35] refere-se à aplicabilidade do Código de Defesa do Consumidor, citando inclusive direitos individuais. E, neste Código, há a previsão de tutela coletiva de todos os direitos coletivos *lato sensu* (CDC, art. 81). Logo, a ação civil pública pode versar não apenas sobre direitos difusos e coletivos, mas também sobre os individuais homogêneos. Neste sentido é a jurisprudência do Supremo Tribunal Federal. Não caberia mesmo interpretação restritiva, pois a *ratio legis* é, conforme já dito, ampliar o acesso à Justiça.

Nesse contexto, não há utilidade prática em utilizar a nomenclatura *ação civil coletiva* para as ações que versem sobre direitos individuais homogêneos, tendo em vista que a legislação de regência é a mesma aplicável para as ações que buscam tutelar direitos difusos e coletivos *stricto sensu*, a saber: LACP, CDC, e demais leis integrantes do microssistema da tutela coletiva.

Além disso, apesar de o art. 1º da Lei nº 7.347/85 referir-se a *ações de responsabilidade*, não se deve restringir a ação civil pública à postulação de provimentos condenatórios. Para que se viabilize a plena tutela de direitos coletivos *lato sensu*, muitas vezes é imprescindível a prolação de decisões judiciais decla-

---

[34] Lei nº 7.347/85: Art. 1º – Regem-se pelas disposições desta Lei, sem prejuízo da ação popular, as ações de responsabilidade por danos morais e patrimoniais causados: (...)
IV – a qualquer outro interesse difuso ou coletivo.

[35] Lei nº 7.347/85: Art. 21 – Aplicam-se à defesa dos direitos e interesses difusos, coletivos e individuais, no que for cabível, os dispositivos do Título III da lei que instituiu o Código de Defesa do Consumidor.

ratórias e constitutivas, e as respectivas pretensões também podem ser objeto de ação civil pública.

4.2.2. Procedimento

O procedimento na ação civil pública no âmbito trabalhista não tem nenhuma diferenciação; segue-se, em linhas gerais, o procedimento da CLT relativo ao rito ordinário.

De fato, na Lei da Ação Civil Pública não há regras procedimentais específicas quanto à audiência, ao número de testemunhas, defesa do réu etc. Assim, o operador do direito deve se valer da CLT e, subsidiariamente, da legislação processual civil.

4.2.3. Legitimação

4.2.3.1. Rol de legitimados

Os legitimados ativos para ação civil pública estão previstos no art. 5º da Lei nº 7.347/85 e são o Ministério Público (inclusive o MPT); a Defensoria Pública; os entes federativos; autarquias, empresas públicas, fundações ou sociedades de economia mista; bem como a associação que atenda aos requisitos legais, aí incluídos os sindicatos.

No que tange às associações, surge interessante discussão atinente à legitimidade para atuar na Justiça do Trabalho. De acordo com o art. 5º, V, da Lei 7.347/85[36], tem legitimidade para propositura de ação civil pública a associação que, concomitantemente: a) esteja constituída há pelo menos 1 (um) ano nos termos da lei civil; b) inclua, entre suas finalidades institucionais, a proteção ao patrimônio público e social, ao meio ambiente, ao consumidor, à ordem econômica, à livre concorrência, aos direitos de grupos raciais, étnicos ou religiosos ou ao patrimônio artístico, estético, histórico, turístico e paisagístico.

Perceba-se que, a rigor, não seria possível a atuação de associações civis (que não fossem sindicatos) na Justiça do Trabalho, pois a Lei da Ação Civil Pública não admite a defesa de direitos trabalhistas como finalidade associativa institucional que possa legitimar a propositura de ações coletivas com esse objeto. Contudo, à luz do princípio do acesso à justiça e da liberdade de associação, é possível que associações civis não sindicais ajuízem ou participem de ações coletivas na Justiça do Trabalho, desde que tenham representatividade adequada do grupo de trabalhadores envolvidos. Isso ocorrerá, por exemplo, quando houver ampla adesão de trabalhadores à

---

[36] Art. 5º Têm legitimidade para propor a ação principal e a ação cautelar: (...) V - a associação que, concomitantemente: a) esteja constituída há pelo menos 1 (um) ano nos termos da lei civil; b) inclua, entre suas finalidades institucionais, a proteção ao patrimônio público e social, ao meio ambiente, ao consumidor, à ordem econômica, à livre concorrência, aos direitos de grupos raciais, étnicos ou religiosos ou ao patrimônio artístico, estético, histórico, turístico e paisagístico.

associação, participação em assembleias, efetiva atuação da associação em benefício do grupo etc. Em tais hipóteses, seria possível reconhecer a legitimidade *ad causam* da associação. De outro lado, não seria possível, por exemplo criar associações civis artificiais, sem efetiva atuação em prol do grupo de trabalhadores, com o objetivo de ajuizar ou intervir em ações coletivas.

4.2.3.2. Enquadramento teórico da legitimidade

O enquadramento classificatório de tal legitimidade é controvertido em doutrina. Para alguns, em qualquer hipótese tratar-se-ia de legitimidade extraordinária, pois os legitimados estão em juízo, em nome próprio, defendendo direito alheio.

Uma segunda vertente considera que, no caso de direitos difusos e coletivos em sentido estrito, trata-se de legitimidade autônoma para a condução do processo, já que os conceitos de legitimidade ordinária e extraordinária seriam típicos dos processos individuais e inaplicáveis aos coletivos, para os quais a lei estabelece legitimados específicos e adequados.

Outra visão, menos prestigiada, sustenta que a legitimação dos entes coletivos seria ordinária. Tal linha de pensamento não pode ser aceita, porque o legitimado coletivo não vai a juízo defender interesse próprio, mas alheio, que pertence ou a toda a coletividade (direitos difusos), ou a algum grupo (coletivos em sentido estrito) ou a indivíduos específicos (individuais homogêneos).

Não há necessidade, do ponto de vista teórico, de construir a noção de *legitimidade autônoma para a condução do processo*, já que daí não resulta nenhuma utilidade ou consequência prática. Preferível, assim, considerar que os entes coletivos atuam em legitimação extraordinária, pois defendem em juízo direito que não lhes pertence (ao menos não exclusivamente).

4.2.3.3. Intervenção do Ministério Público

De acordo com o art. 5º, § 1º, da Lei nº 7.347/85, o Ministério Público, se não intervier no processo como parte, atuará obrigatoriamente como fiscal da lei.

Essa regra se aplica em qualquer espécie de ação coletiva e se destina a tutelar o interesse público subjacente a qualquer demanda coletiva sobre direitos coletivos em sentido amplo.

Se o Ministério Público não for intimado para participar como *custos legis*, os atos processuais praticados a partir do momento em que a instituição deveria ter intervindo são nulos. Contudo, a nulidade só pode ser decretada após intimação do Ministério Público, já que, se o órgão considerar inexistir prejuízo, o vício restará convalidado (CPC, art. 279).[37]

---

[37] Art. 279 – É nulo o processo quando o membro do Ministério Público não for intimado a acompanhar o feito em que deva intervir.

§ 1º – Se o processo tiver tramitado sem conhecimento do membro do Ministério Público, o juiz invalidará os atos praticados a partir do momento em que ele deveria ter sido intimado.

4.2.3.4. Ações coletivas passivas

Discute-se se os legitimados para ajuizamento de ação coletiva também poderiam figurar como substitutos processuais no polo passivo, ou seja, se haveria legitimação coletiva passiva dos entes coletivos.

Apesar de toda a controvérsia envolvendo o tema, perceba-se que a regulamentação das ações coletivas (*lato sensu*) tem o objetivo de maximizar o acesso à justiça e fazer com que os entes legitimados possam ir a Juízo para buscar a tutela de direitos. Não há previsão legal para que tais entes sejam demandados em Juízo e disso resulte a perda de algum direito pelos substituídos.

Ademais, a coisa julgada nas ações coletivas que versem sobre direitos individuais homogêneos somente se forma para beneficiar os substituídos, jamais para prejudicá-los (CDC, *caput*, III).[38] Não se concebe, portanto, que o sindicato ou o MPT seja demandado e, em consequência, forme-se coisa julgada material contrária aos trabalhadores, pois isso seria nítida violação ao contraditório e ao acesso à justiça (já que os titulares teriam perdido os direitos sem ter tido a possibilidade de irem a juízo).

A exceção está explicitada na Súmula 406, II, do TST[39], que reconhece a viabilidade de que o sindicato (e, por extensão, o Ministério Público do Trabalho) seja réu em ação rescisória movida contra sentença de procedência proferida em ação civil pública. Isso ocorre porque a ação rescisória se volta - tal como um recurso - a impugnar decisão judicial proferida em processo para o qual o sindicato ou o MPT era legitimado ativo.

O entendimento da Súmula 406, II, do TST, pode ser estendido para quaisquer ações autônomas de impugnação a decisões judiciais proferidas em processos coletivos, tais como o mandado de segurança, a reclamação, a correição parcial etc. Trata-se de decorrência necessária da legitimação ativa dos entes coletivos: se podem ajuizar a ação principal, podem responder a recursos, ações rescisórias e outras ações autônomas de impugnação relativos à ação principal.

Ao julgar o tema 1004 da repercussão geral, o STF estabeleceu tese que reconhece mais uma possibilidade de ação coletiva passiva. Segundo a Suprema Corte, "Em ação civil pública proposta pelo Ministério Público do Trabalho em face de empresa estatal, com o propósito de invalidar a contratação irregular de pessoal, não é cabível o ingresso, no polo passivo da causa, de todos os empregados atingidos, mas é indispensável sua representação pelo sindicato da categoria." Perceba-se que a tese se refere a ação coletiva movida pelo MPT e exige que o sindicato esteja no polo passivo da causa, exercendo uma espécie de substituição processual passiva dos

---

§ 2º – A nulidade só pode ser decretada após a intimação do Ministério Público, que se manifestará sobre a existência ou a inexistência de prejuízo.

38 Art. 103. Nas ações coletivas de que trata este código, a sentença fará coisa julgada:

(...) III – erga omnes, apenas no caso de procedência do pedido, para beneficiar todas as vítimas e seus sucessores, na hipótese do inciso III do parágrafo único do art. 81.

39 Súmula 406, II: II – O Sindicato, substituto processual e autor da reclamação trabalhista, em cujos autos fora proferida a decisão rescindenda, possui legitimidade para figurar como réu na ação rescisória, sendo descabida a exigência de citação de todos os empregados substituídos, porquanto inexistente litisconsórcio passivo necessário.

trabalhadores da categoria, tendo em vista ser inviável, do ponto de vista prático, que todos os trabalhadores estejam no polo passivo, em função da grande quantidade de interessados (litisconsórcio multitudinário).

A solução dada pelo STF tem cunho prático: seu objetivo foi viabilizar o prosseguimento da ação coletiva, já que a integração ao polo passivo de todos os empregados envolvidos provavelmente geraria litisconsórcio multitudinário (CPC, art. 113, §1°), o que impossibilitaria o desenvolvimento regular do processo. A integração do sindicato ao polo passivo, como litisconsorte necessário, assegura um mínimo de contraditório no que tange à posição jurídica dos diversos empregados que podem ser afetados pela decisão.

Registre-se que, embora o ponto não haja sido abordado pelo STF, eventual decisão na ação coletiva, que reconheça a nulidade da contratação de pessoal, não forma coisa julgada quanto aos titulares dos direitos individuais homogêneos (no caso, empregados contratados irregularmente contratados pela Administração Pública). Isso porque, em ações que versam sobre direitos individuais homogêneos, a coisa julgada somente se forma erga omnes para beneficiar os titulares de direitos, e não para prejudicá-los (CDC, art. 103, III). Aliás, nem mesmo o regramento do Código de Processo Civil autoriza que a coisa julgada prejudique terceiros (CPC, art. 506).

Cria-se, assim, situação inusitada, em que os titulares de direitos (= empregados contratados irregularmente) poderão ter sua situação jurídica afetada pela decisão da ação coletiva, mas não ficam vinculados à coisa julgada nela formada, de modo que não haveria óbice ao ajuizamenento de ações individuais questionando o resultado do julgamento e postulando a reintegração do interessado.

4.2.4. Institutos relacionados à ação civil pública

4.2.4.1. Inquérito civil público

Os elementos de prova aptos a embasarem ações civis públicas podem ser obtidos de diversas formas, como reclamações administrativas, denúncias de cidadãos, prova emprestada de outros processos judiciais etc. No entanto, o Ministério Público dispõe de instrumento específico, destinado a investigar lesões a direitos coletivos. Trata-se do inquérito civil público, que pode ser conceituado como procedimento administrativo conduzido pelo Ministério Público com o objetivo verificar a ocorrência, ou não, de violação a direitos coletivos *lato sensu*.

Vê-se que a ação civil pública não depende, necessariamente, da existência de prévio inquérito civil. Se houver elementos probatórios suficientes, qualquer legitimado, inclusive o Ministério Público, pode ajuizar, de imediato, a referida ação coletiva.

O único ente que pode deflagrar, instaurar e conduzir o inquérito civil público é o Ministério Público. Assim, sempre que, de forma espontânea ou por provocação de alguém, a instituição ministerial tomar conhecimento de uma possível infração a direito metaindividual, ela pode instaurar o inquérito civil público para apurá-la.

Todo cidadão pode representar ao Ministério Público com o objetivo de denunciar a violação de direitos metaindividuais. Nada impede que a representação seja anônima, mas o membro do Ministério Público deve ser cauteloso na instauração e condução do inquérito nestas hipóteses. É que o mero fato de haver investigação em curso pode gerar transtorno de ordem patrimonial e extrapatrimonial para o investigado. A representação anônima, assim, deve relatar fatos verossimilhantes e, de preferência, estar embasada com algum documento de prova que sinalize a prática da infração relatada.

O inquérito civil, em princípio, deve ser conduzido de forma pública. Assim, não apenas o investigado, mas todo e qualquer cidadão pode ter acesso aos respectivos autos. Contudo, em algumas situações, pode ser justificável o sigilo, quer para tornar conferir mais efetividade à investigação (exemplo: realização de diligência no estabelecimento empresarial sem prévio aviso, para verificar a existência de trabalho em condições análogas à de escravo), quer para tutelar direitos fundamentais dos envolvidos (exemplo: investigações de assédio sexual). De todo modo, após a realização da diligência, o investigado deve ter, em qualquer hipótese, pleno acesso aos elementos de prova já documentados. Aplica-se, por analogia, o entendimento manifestado na Súmula vinculante nº 14 do STF, alusiva a inquéritos policiais.[40]

O inquérito civil público é procedimento administrativo inquisitivo; nele, não há acusação, mas mera apuração de fatos pelo Ministério Público. Assim, não há obrigatoriedade de observância do contraditório em inquéritos civis públicos, o que permite mais agilidade na condução das investigações pelo órgão ministerial.

Apesar da ausência de obrigatoriedade, é recomendável que o membro do Ministério Público viabilize, sempre que possível, o contraditório no procedimento administrativo do inquérito. Isso porque o investigado pode, evidentemente, trazer informações cruciais para o deslinde da investigação. Além disso, o inquérito civil público que haja tramitado sob o crivo do contraditório apresenta força probatória muito maior do que na situação em que o investigado não participa do procedimento investigativo.

De fato, é bastante controvertida a possibilidade de condenação, em ação civil pública, com lastro probatório apenas em inquérito civil público que tenha tramitado sem contraditório. Como argumentos favoráveis, tem-se:

- (i) o fato de que os atos administrativos (tais como aqueles praticados pelo MP no inquérito civil) gozam de presunção de veracidade e legitimidade. Assim, mesmo sem contraditório, a investigação conduzida pelo Ministério Público deveria se presumir legítima e suficiente para amparar a condenação judicial;
- (ii) a possibilidade de o investigado defender-se em juízo, exercendo o contraditório *a posteriori*;

[40] STF, Súmula Vinculante 14: É direito do defensor, no interesse do representado, ter acesso amplo aos elementos de prova que, já documentados em procedimento investigatório realizado por órgão com competência de polícia judiciária, digam respeito ao exercício do direito de defesa.

– (iii) a ausência de dispositivo legal que obrigue a observância de contraditório no inquérito civil público.

No entanto, não se deve admitir, em princípio, a condenação judicial amparada exclusivamente nas peças do inquérito civil público que haja tramitado sem contraditório. Nessa situação, deve-se considerar que os elementos colhidos no inquérito têm o caráter de meros indícios da infração ao direito metaindividual, que devem ser complementados por outro meio de prova.

Isso porque, ainda que a atuação estatal goze de presunção de legitimidade e veracidade, o exercício do contraditório apenas no processo judicial se revela, na maioria das vezes, insuficiente. Imagine-se que o Ministério Público proceda à oitiva de testemunha no inquérito civil público, mas sem intimar o investigado para participar. Nesta situação, o investigado não pode formular perguntas ou reperguntas à testemunha, oferecer contradita etc., o que demonstra a fragilidade do elemento de prova colhido.

Pouco adiantaria, na hipótese figurada, que o investigado, ao se tornar réu na ação civil pública, pudesse questionar o fato, se não se viabilizar, por exemplo, que faça perguntas à testemunha, o que poderia, em tese, mudar o resultado do depoimento.

Além disso, por mais que o Ministério Público atue com imparcialidade, é natural que a busca da promoção da efetividade dos direitos individuais e coletivos faça com que o membro da instituição não tenha a necessária neutralidade, necessária para amparar a colheita de provas e a eventual condenação judicial.

Assim, por mais que seja lícita a condução do inquérito civil público sem observância do contraditório – o que trará vantagens para o Ministério Público do ponto de vista da celeridade do procedimento –, nesta hipótese haverá a necessidade de complementação da produção probatória em Juízo. Ao contrário, se o contraditório tiver sido substancialmente observado no inquérito, será suficiente para justificar eventual condenação judicial.

De todo modo, o tema da valoração das provas se sujeita ao princípio do livre convencimento motivado (CPC, art. 371), de modo que o Juiz do Trabalho deve avaliar, criteriosamente, os elementos de prova coligidos, atribuindo-lhes o devido valor.

Três são os resultados possíveis do inquérito civil público: (i) o arquivamento, caso o Ministério Público entenda inexistir violação a interesses ou direitos coletivos; (ii) a celebração de termo de ajustamento de conduta (TAC), por força do qual o ofensor se compromete a corrigir seu comportamento violador dos direitos coletivos; (iii) a propositura de ação civil pública.

A celebração de TAC resulta em solução consensual e será analisada no próximo item. O ajuizamento de ação civil pública ocorre quando for constatada a infração ao direito metaindividual e não houver viabilidade – ou interesse, o que é avaliado exclusivamente pelo Ministério Público – de celebração de TAC.

O arquivamento do inquérito ocorre quando o membro do Ministério Público se convence acerca da inexistência de infração a interesses e direitos passíveis de tutela em ação civil pública. A promoção de arquivamento deve ser homologada pelo

Conselho Superior do Ministério Público do Trabalho (Lei nº 7.347/85, art. 9º)[41]; no caso do MPT, a homologação é feita pela Câmara de Coordenação e Revisão (CCR).

Se o Conselho Superior não concordar com o arquivamento, designa outro membro da instituição para prosseguir nas investigações ou para ajuizar a ação civil pública. Discute-se se o membro assim designado poderia recusar-se a ajuizar a ação (por entender, tal qual seu antecessor, inexistir lesão a interesse coletivo). Uma primeira vertente responde negativamente, pois o membro designado atuaria como uma espécie de *longa manus* do órgão superior, sendo apenas um veículo para o ajuizamento da ação.

No entanto, é preferível o entendimento segundo o qual o Procurador do Trabalho, tendo em vista sua independência funcional, não é obrigado a ajuizar a ação, caso entenda inexistir lesão a interesse coletivo. Pensar diferentemente traria o risco de uma má condução do processo. Além disso, bastaria que o membro da instituição se declarasse suspeito para conduzir a ação, a fim de evitar a designação.

Ademais, não há possibilidade de arquivamento implícito de inquérito civil público. Se o procedimento investigar, por hipótese, os temas *X* e *Y*, e o Procurador do Trabalho ajuizar a ação exclusivamente quanto a *X*, omitindo-se quanto a *Y*, o inquérito civil continua pendente quanto a este último tema. A qualquer tempo, o Conselho Superior do MPT pode avocar os autos, quer para determinar a realização de diligência, quer para referendar o arquivamento ou designar outro membro para o ajuizamento de ação civil pública.

4.2.4.2. Termo de Ajustamento de Conduta (TAC)

Termo de Ajustamento de Conduta (TAC) é o instrumento utilizável pelos órgãos legitimados ao ajuizamento de ação civil pública, por meio do qual a pessoa jurídica ou física que esteja violando interesses e direitos metaindividuais se compromete a adequar sua conduta aos ditames legais (Lei nº 7.347/85, art. 5º, § 6º). Qualquer espécie de direito coletivo em sentido amplo (difuso, coletivo em sentido estrito ou individuais homogêneos) pode ser objeto de TAC.

Ao contrário do que ocorre com o inquérito civil público – que só pode ser utilizado pelo Ministério Público –, o termo de ajustamento de conduta pode ser firmado por qualquer órgão público legitimado ativo para o ajuizamento da ação civil pública (exemplo: entes federados, Defensoria Pública etc.), conforme se extrai da Lei nº 7.347/85, art. 5º, § 6º.[42]

---

[41] Lei nº 7.347/85, Art. 9º – Se o órgão do Ministério Público, esgotadas todas as diligências, se convencer da inexistência de fundamento para a propositura da ação civil, promoverá o arquivamento dos autos do inquérito civil ou das peças informativas, fazendo-o fundamentadamente.

§ 1º – Os autos do inquérito civil ou das peças de informação arquivadas serão remetidos, sob pena de se incorrer em falta grave, no prazo de 3 (três) dias, ao Conselho Superior do Ministério Público.

§ 2º – Até que, em sessão do Conselho Superior do Ministério Público, seja homologada ou rejeitada a promoção de arquivamento, poderão as associações legitimadas apresentar razões escritas ou documentos, que serão juntados aos autos do inquérito ou anexados às peças de informação.

[42] Lei nº 7.347/85, Art. 5º, § 6º – Os órgãos públicos legitimados poderão tomar dos interessados compromisso de ajustamento de sua conduta às exigências legais, mediante cominações, que terá eficácia de título

Há controvérsia doutrinária a respeito da natureza jurídica do TAC, sob o ponto de vista ontológico (= de sua essência e formação). Há três correntes a respeito:

- (i) seria uma transação. Tal linha de pensamento, entretanto, não pode ser acatada, porque o interesse público é indisponível e insuscetível de transação. O órgão público que celebra o TAC não é titular do direito coletivo em sentido amplo, mas apenas um legitimado para a promoção de sua tutela judicial e extrajudicial;
- (ii) outra vertente é no sentido de que o TAC seria um ato administrativo unilateral. O fundamento é que apenas o investigado faria concessões, não havendo qualquer ônus ou despojamento de direitos pelo Poder Público, até porque não é possível a celebração de transação, como visto acima. Evidentemente, tal corrente não pode ser aceita, pois o consentimento do investigado é elemento indispensável para a celebração do termo de ajustamento de conduta;
- (iii) preferível, portanto, considerar que o termo de ajustamento de conduta detém a natureza jurídica de negócio jurídico bilateral *sui generis*. De fato, há necessidade de confluência da vontade do investigado e do órgão público legitimado e, muito embora haja restrições ao conteúdo do negócio (dada a impossibilidade de transação), a definição dos efeitos jurídicos é feita diretamente pelas partes: multa, condições de cumprimento, prazos etc.

Sob o enfoque de sua eficácia processual, o TAC tem natureza jurídica de título executivo extrajudicial. Assim, descumprida a obrigação nele estipulada, o órgão público pode ajuizar diretamente a ação executiva para cobrança da multa e também para forçar a adequação do comportamento pelo infrator.

Importante observar que a celebração de TAC não implica remissão (perdão) de infrações cometidas. Assim, o investigado, apesar de adequar sua conduta, pode vir a ser punido pelos órgãos de fiscalização do trabalho pelas violações legais cometidas no passado. Exemplo: suponha-se que a empresa não venha fornecendo equipamentos de proteção individual aos trabalhadores, mas, em determinado momento, celebra TAC e passa a fornecê-los adequadamente. Nada impede que o Ministério do Trabalho e Previdência lavre auto de infração relativo ao período pretérito.

Além disso, a celebração de TAC não impede que os titulares de direitos individuais lesados postulem a respectiva tutela jurisdicional – mesmo que tenha havido, por exemplo, concessão de prazo para ajustamento da conduta –, em virtude do princípio constitucional da inafastabilidade da jurisdição (CF, art. 5º, XXXV).

Considerando sua natureza de título executivo extrajudicial, é plenamente aplicável ao TAC o disposto no art. 814, parágrafo único, do CPC[43], razão pela

---

executivo extrajudicial.

[43] Art. 814 – Na execução de obrigação de fazer ou de não fazer fundada em título extrajudicial, ao despachar a inicial, o juiz fixará multa por período de atraso no cumprimento da obrigação e a data a partir da qual será devida.

Parágrafo único. Se o valor da multa estiver previsto no título e for excessivo, o juiz poderá reduzi-lo.

qual é possível a redução da multa pelo Juiz, caso se revele excessiva. Tal análise deve ser feita no caso concreto, observando-se a razoabilidade e a boa-fé do infrator. Como critérios que o Juiz do Trabalho pode utilizar para reduzir o valor das *astreintes* fixadas no TAC, tem-se: o capital social da empresa; o impacto da multa no capital de giro da empresa; o eventual cumprimento parcial da obrigação firmada no TAC etc.

Ademais, cabe observar que a multa prevista no TAC não é cláusula penal, razão por que não incide a limitação do art. 412 do Código Civil, segundo o qual o valor da cominação não pode exceder o da obrigação principal. Isso porque a cláusula penal é instituto relacionado aos contratos tipicamente privados, em relação aos quais se aplica amplamente a autonomia da vontade, o que não é o caso do TAC, em função do interesse público subjacente.

É controvertida a possibilidade de majoração judicial das *astreintes* fixadas no TAC. Em favor, argumenta-se que, caso houvesse condenação judicial relativa ao mesmo objeto do TAC (por exemplo, numa ação civil pública), seria possível a majoração da multa cominatória vincenda pelo Judiciário na execução da sentença que fixou a obrigação de fazer ou não fazer (CPC, art. 537, § 1º, I)[44]; se assim o é, e tendo em vista a indisponibilidade do interesse público, também deveria ser possível a majoração das *astreintes* fixadas em TAC.

Embora tal raciocínio seja o mais adequado *de lege ferenda*, o regramento atual (CPC, art. 814, parágrafo único) apenas permite a redução, e não a majoração das astreintes fixadas no TAC, por dois fundamentos: (i) prestígio da segurança jurídica; e (ii) trata-se de norma que aplica sanção, devendo ser interpretada, portanto, estritamente.

Por fim, como todo negócio jurídico, o TAC pode ser anulado judicialmente, em caso de ilicitude de objeto, de forma ou por defeitos relativos aos agentes que o firmaram (Código Civil, art. 166).

4.2.5. Competência na ação civil pública

4.2.5.1. Competência material

Com relação à competência material, não há diferenciações dignas de nota: deve ser seguido o artigo 114, da Constituição, do que resulta que, sempre que a ação civil pública versar sobre relações de trabalho (em sentido amplo), excluindo relações administrativas (de servidores públicos estatutários), será competente a Justiça do Trabalho para apreciação.

---

[44] Art. 537, § 1º – O juiz poderá, de ofício ou a requerimento, modificar o valor ou a periodicidade da multa vincenda ou excluí-la, caso verifique que:

I – se tornou insuficiente ou excessiva;

II – o obrigado demonstrou cumprimento parcial superveniente da obrigação ou justa causa para o descumprimento.

4.2.5.2. Competência funcional. Ação anulatória de cláusulas convencionais

A competência funcional para ações civis públicas (e para ações coletivas em sentido estrito, de forma geral) é de juiz de primeiro grau de jurisdição.

A maior discussão envolvendo o tema diz respeito às ações anulatórias de cláusulas convencionais. Os Tribunais Trabalhistas vêm reconhecendo sua própria competência para julgamento de ações cujo objeto é a anulação de cláusulas de convenções e acordos coletivos de trabalho, sob o fundamento de que o processo, nessas hipóteses, se assemelha a um dissídio coletivo de trabalho. O Regimento Interno do TST prevê a competência de sua Seção de Dissídios Coletivos para julgamento originário desse tipo de ação (art. 77, I, *c*).[45] Os Regimentos Internos dos Tribunais Regionais do Trabalho também costumam ter previsões semelhantes.[46]

No entanto, tal posicionamento merece ser revisitado. De fato, a competência de Tribunais é matéria de direito estrito, não se sujeitando à interpretação extensiva ou analógica e não há, no ordenamento jurídico, qualquer dispositivo legal que estabeleça que julgamento originário de ação anulatória de cláusulas convencionais deva dar-se em TRT ou no TST. Assim, a competência funcional originária para esse tipo de ação é de juízes do trabalho de primeiro grau de jurisdição.

Não se diga que, com isso, estaria sendo violado o escalonamento hierárquico dos órgãos jurisdicionais: a convenção e o acordo coletivos de trabalho são resultantes da atuação direta dos atores sociais envolvidos (sindicatos e empresa) e não passam pelo crivo do Judiciário. Diferentemente, caso se trate de ação anulatória ou revisional de sentença normativa, a competência será de Tribunal Regional do Trabalho ou do Tribunal Superior do Trabalho.

O fato de a anulação de cláusula convencional (de convenção ou acordo coletivo) refletir em toda a categoria profissional também não infirma esse raciocínio. Basta observar que as ações coletivas em sentido estrito (tal como a ação ora analisada) sempre são julgadas por juiz de primeira instância, mesmo que o resultado final seja a prolação de sentença condenatória genérica que gere efeitos no âmbito de toda a categoria.

4.2.5.3. Competência territorial

A competência territorial para as ações coletivas é regulada pelos arts. 93, da Lei nº 8.078/90, e pelo art. 2º, *caput* e parágrafo único, da Lei nº 7.347/85.[47] Trata-se

---

45 Art. 77. À Seção Especializada em Dissídios Coletivos compete:
I – originariamente: (...)
c) julgar as ações anulatórias de acordos e convenções coletivas.

46 No TRT da 1ª Região, por exemplo, o Regimento prevê: Art. 16. Compete à Seção Especializada em Dissídios Coletivos: (...) V – julgar as ações anulatórias de cláusulas normativas.

47 CDC, Art. 93. Ressalvada a competência da Justiça Federal, é competente para a causa a justiça local:
I – no foro do lugar onde ocorreu ou deva ocorrer o dano, quando de âmbito local;
II – no foro da Capital do Estado ou no do Distrito Federal, para os danos de âmbito nacional ou regional, aplicando-se as regras do Código de Processo Civil aos casos de competência concorrente.
LACP, Art. 2º As ações previstas nesta Lei serão propostas no foro do local onde ocorrer o dano, cujo juízo terá competência funcional para processar e julgar a causa.

de critério de competência territorial absoluta, o que se extrai a partir da LACP, que afirma tratar-se de competência *funcional*.

De acordo com tal regramento, as ações coletivas devem ser ajuizadas e processadas na circunscrição judiciária onde ocorreu ou deva ocorrer o dano de âmbito local. Por exemplo: se o dano ocorrer no município de Nilópolis – RJ, a ação civil pública deve ser ajuizada na Vara do Trabalho com jurisdição nesta cidade.

Ainda de acordo com a lei, se o dano for regional ou nacional, a ação coletiva deve ser ajuizada no Distrito Federal ou na capital do Estado. Exemplo: se o dano ocorrer em todo o Estado do Rio de Janeiro, a competência será de uma das Varas do Trabalho da cidade do Rio de Janeiro (capital do Estado).

Embora o tema já tenha suscitado controvérsia, atualmente é tranquilo o entendimento de que, para os danos de âmbito nacional, a competência não será necessariamente de Vara com jurisdição no Distrito Federal; na verdade, há competência concorrente dos foros das Capitais dos Estados.

Sucede que tal regramento legal precisa ser adaptado à realidade da Justiça do Trabalho, no âmbito da qual nem todos os Estados são sedes de Tribunal Regional do Trabalho (exemplo: Estado do Acre); e, de outro lado, há dois TRTs no Estado de São Paulo.

Assim, de forma bastante coerente, a OJ 130, III, da SDI-2 do TST, prevê que, em caso de dano de abrangência suprarregional ou nacional, há competência concorrente para a ação civil pública das Varas do Trabalho das sedes dos Tribunais Regionais do Trabalho. Assim, se o dano for de âmbito nacional, a ação coletiva pode tramitar em Vara do Trabalho com jurisdição em quaisquer dos locais que sejam sedes de TRT. Isso exclui, por exemplo, a possibilidade de tramitação, nessas hipóteses, da ação civil pública na cidade de Rio Brando (AC), que, muito embora seja capital de Estado, não é sede de Tribunal (pois a sede do TRT da 14ª Região fica em Porto Velho – Rondônia).

Dúvida maior surge a partir do texto do inciso II da OJ 130 da SDI-2 do TST, segundo a qual, *em caso de dano de abrangência regional, que atinja cidades sujeitas à jurisdição de mais de uma Vara do Trabalho, a competência será de qualquer das varas das localidades atingidas, ainda que vinculadas a Tribunais Regionais do Trabalho distintos.*

Embora haja certa controvérsia, a melhor interpretação do verbete é considerar que, nos casos de danos regionais que não ocorram nas cidades sedes de TRTs, a competência territorial é de qualquer das Varas do Trabalho das localidades envolvidas, fixando-se por prevenção.

Figure-se a seguinte hipótese: ocorre dano a direito coletivo no âmbito da Baixada Fluminense (cidades de Nova Iguaçu, São João de Meriti e Nilópolis, por exemplo), sem que haja qualquer dano na cidade do Rio de Janeiro (capital do Estado e sede do TRT). Nesta hipótese, caso se aplicasse literalmente o regramento do art. 93, II,

---

Parágrafo único A propositura da ação prevenirá a jurisdição do juízo para todas as ações posteriormente intentadas que possuam a mesma causa de pedir ou o mesmo objeto.

do CDC, a competência territorial seria de uma das Varas do Trabalho da cidade do Rio de Janeiro, pois o dano é de âmbito regional.

Contudo, a competência territorial na ação civil pública é fixada tendo em vista a maior proximidade do juiz com o litígio, do que resulta o potencial de melhor julgá-lo. É por tal razão que a Lei de Ação Civil Pública trata tal competência - muito embora territorial - como absoluta (funcional). Dessa forma, ainda no exemplo dado, não faria sentido exigir o ajuizamento na cidade do Rio de Janeiro, já que o dano não ocorreu neste local. É mais pertinente, portanto, admitir - como faz a OJ 130, II, da SDI-2 - o ajuizamento em qualquer das Varas do Trabalho com jurisdição sobre o local atingido (São João de Meriti, Nilópolis e Nova Iguaçu), fixando-se a competência por prevenção.

4.3. Litispendência em ações coletivas

4.3.1. Litispendência entre duas ou mais ações coletivas

A litispendência, no Direito Processual, em princípio é analisada à luz da teoria da tríplice identidade. Assim, não podem tramitar simultaneamente duas ações que apresentem as mesmas partes, causa de pedir e pedido.

Nos processos coletivos, tal solução prepara significativas dificuldades, tendo em vista a pluralidade de legitimados ativos, o que pode fazer com que haja mais de uma ação com o mesmo objeto (pedidos e causas de pedir idênticos), mas movidas por diferentes autores. Exemplo: sindicato e MPT ingressam cada um com uma ação civil pública postulando determinado direito para a categoria profissional.

Há duas possibilidades interpretativas a respeito. Uma é considerar que, como o sujeito ativo é diferente, não haveria litispendência, razão pela qual haveria conexão entre os processos, que deveriam ser reunidos para julgamento conjunto. Argumenta-se, ainda, em favor da tese, que não seria possível impedir o processamento da ação movida por um dos autores, já que todos são igualmente legitimados.

Contudo, é preferível o entendimento de que a segunda ação deve ser extinta sem resolução de mérito em virtude da litispendência (CPC, art. 485, V). De fato, o direito que se busca tutelar nas ações coletivas movidas por diferentes legitimados é o mesmo. O direito não pertence ao sindicato ou ao Ministério Público, mas à coletividade; o legitimado é apenas um veículo de manifestação da pretensão em Juízo. Se o direito é o mesmo, não se pode admitir o processamento simultâneo de duas ou mais ações.

Veja-se que a solução de reunir os processos para julgamento conjunto nem sempre pode ser adotada, porque os feitos podem estar em fases procedimentais diferentes e incompatíveis (exemplo: um processo em fase instrutória, o outro em fase recursal).

Assim, após a extinção da ação ajuizada em segundo lugar, o respectivo autor pode se habilitar como assistente litisconsorcial do autor da primeira ação (Lei nº

7.347/85, art. 5º, § 2º).[48] Isso faz com que ele possa exercer seu direito de ação, potencializando o contraditório no processo coletivo, sem o embaraço prático consistente na necessidade de reunir processos conexos.

4.3.2. Litispendência entre ação coletiva e ação individual. Direito de entrar e de sair da tutela coletiva

Importante observar que, do ponto de vista lógico-jurídico, é inconcebível cogitar de litispendência entre ação coletiva que verse sobre direitos difusos ou coletivos em sentido estrito e ações individuais, já que, por definição, o os direitos essencialmente coletivos não pertencem a indivíduos determinados, mas a grupos de pessoas.

De outro lado, não há litispendência entre ações coletivas que versem sobre direitos individuais homogêneos e ações individuais, conforme se infere do art. 104 do CDC.[49] O regramento legal é coerente com o objetivo de maximização do acesso à justiça, que é o objetivo maior do sistema da tutela coletiva: não faria sentido impedir o ajuizamento ou prosseguimento da ação individual, caso o titular do direito considere isso mais vantajoso.

Assim, ações individuais ajuizadas antes ou depois da propositura da ação coletiva não devem ser extintas sem resolução de mérito por litispendência (CPC, art. 485, V).

Contudo, para que possa beneficiar-se de eventual julgamento de procedência na ação coletiva, o titular do direito deve requerer a suspensão de seu processo individual no prazo de 30 (trinta) dias, a contar da ciência - nos autos do processo individual - da existência da ação coletiva.

Assim, o juiz do processo individual deve intimar o autor, com o objetivo de dar-lhe ciência do ajuizamento da ação coletiva e instá-lo a se manifestar no prazo de 30 dias, no sentido de prosseguir, ou não, com a ação individual.

O autor da ação individual, então, pode exercer seu direito de entrar na tutela coletiva (*right to opt in*), ou de sair dela (*right to opt out*). Se o autor não se manifestar no prazo de 30 dias, seu silêncio deve ser interpretado como retratando a opção de prosseguir com a ação individual, em virtude da redação do art. 104 do CDC.[50]

Se o autor da ação individual optar por suspendê-la, exercendo o direito de entrar na tutela coletiva, (i) o julgamento de procedência no processo coletivo o

---

48 Lei nº 7.347/85, Art. 5º Têm legitimidade para propor a ação principal e a ação cautelar:

[...]

§ 2º Fica facultado ao Poder Público e a outras associações legitimadas nos termos deste artigo habilitar-se como litisconsortes de qualquer das partes.

49 Art. 104. As ações coletivas, previstas nos incisos I e II e do parágrafo único do art. 81, não induzem litispendência para as ações individuais, mas os efeitos da coisa julgada erga omnes ou ultra partes a que aludem os incisos II e III do artigo anterior não beneficiarão os autores das ações individuais, se não for requerida sua suspensão no prazo de trinta dias, a contar da ciência nos autos do ajuizamento da ação coletiva.

50 Art. 104. As ações coletivas, previstas nos incisos I e II e do parágrafo único do art. 81, não induzem litispendência para as ações individuais, mas os efeitos da coisa julgada erga omnes ou ultra partes a que aludem os incisos II e III do artigo anterior não beneficiarão os autores das ações individuais, se não for requerida sua suspensão no prazo de trinta dias, a contar da ciência nos autos do ajuizamento da ação coletiva.

beneficiará, razão pela qual o titular do direito poderá promover a liquidação individual da sentença coletiva. Já se houver (ii) julgamento de improcedência da ação coletiva, o processo individual seguirá tramitando normalmente, e eventualmente pode-se ter resultado de procedência na ação individual. Isso porque a coisa julgada na ação coletiva somente se forma *secundum eventum litis* para beneficar os titulares de direitos individuais, conforme se verá no próximo tópico.

Já se o autor da ação individual optar por não a suspender – exercendo, dessa forma, o direito de sair da tutela coletiva –, não se beneficiará de eventual resultado de procedência na ação coletiva. Nesta hipótese, as duas ações tramitarão de forma absolutamente independente.

Destaca-se que essa sistemática foi criada para estimular o autor da ação individual a suspender o respectivo processo individual, pois dessa forma ele terá duas chances de êxito (uma na ação coletiva, outra na individual).

Apesar de não haver previsão legal expressa nesse sentido, razões de ordem sistemática permitem concluir que o réu tem o dever processual de informar, nos autos da ação individual, acerca da existência de ação coletiva com o mesmo objeto. Isso porque o réu é a única pessoa que necessariamente terá conhecimento dos dois processos, justamente por ser sujeito passivo em ambos; nem sempre o autor e o juiz vão ter como saber que existe ação coletiva em trâmite.

Se o réu não informar, na ação individual, acerca da tramitação da ação coletiva (o que permitiria ao autor da primeira fazer a opção de entrar ou sair da tutela coletiva), haverá violação do art. 104 do CDC, viabilizando o ajuizamento de ação rescisória (CPC, art. 966, V) contra a sentença individual de improcedência, no caso de julgamento de improcedência na ação coletiva. Perceba-se: se o réu não informar, e o autor não tiver conhecimento da ação coletiva, o autor não tem como requerer a suspensão do processo individual; o único beneficiado com a omissão é o próprio réu.

4.4. Coisa julgada e transporte *in utilibus*

Na sistemática tradicional do Direito Processual, os limites subjetivos da coisa julgada abrangem tão somente as partes da demanda, não vinculando terceiros (CPC, art. 506); quanto ao modo de produção, nos processos individuais, diz-se que a coisa julgada é *pro e contra*, ou seja, forma-se, em princípio, independentemente do resultado do processo e das provas produzidas.

Já no que tange às ações coletivas, o art. 81 do Código de Defesa do Consumidor traz regramento diferenciado, cujo objetivo é ampliar o acesso à justiça. Assim, para as ações coletivas que versem sobre direitos essencialmente coletivos (difusos e coletivos em sentido estrito), aplica-se a sistemática da coisa julgada *secundum eventum probationis*, à semelhança do que acontece na ação de mandado de segurança, em caso de denegação por falta de prova de direito líquido e certo. Como tais direitos são transindividuais e indivisíveis, pertencendo a toda a coletividade (difusos) ou a uma classe ou categoria de pessoas (coletivos *stricto sensu*), o legislador prevê a inexistência de coisa julgada material na hipótese de insuficiência de provas – como forma de evitar a lesão a direitos coletivos decorrentes de eventual má-condução do processo pelo legitimado coletivo.

Assim, nos direitos difusos e coletivos em sentido estrito, não se forma coisa julgada material caso o julgamento de improcedência seja fundado em ausência de provas do fato constitutivo do direito alegado na ação. Se as provas, entretanto, forem conclusivas, o julgamento de improcedência - assim como o de procedência - formará coisa julgada material.

Já nas ações coletivas que versem sobre direitos individuais homogêneos, a coisa julgada material somente se forma se o julgamento for de procedência. Daí se diz que a coisa julgada, nessas ações, é *secundum eventum litis*, ou seja, segundo o resultado do julgamento; se a decisão final for de improcedência (quer tenha sido a prova conclusiva, quer em caso de insuficiência probatória), o titular do direito pode ajuizar ou prosseguir na sua ação individual e, eventualmente, obter julgamento de procedência.

Ademais, quanto aos direitos difusos a coisa julgada é *erga omnes*, porquanto o direito é titularizado por toda a coletividade, que fica vinculada, então ao resultado do processo coletivo (seja em caso de procedência ou improcedência do pedido com provas suficientes); no que concerne aos direitos coletivos em sentido estrito, por se tratar de direito pertinente a um grupo de pessoas, a extensão subjetiva da coisa julgada não pode ser *erga omnes* (já que nem toda a coletividade está envolvida), caracterizando-se, então, como *ultra partes*. Isso significa que todo o grupo de pessoas envolvido fica vinculado à coisa julgada favorável ou desfavorável, com a ressalva da insuficiência de provas. Já nos direitos individuais homogêneos, a coisa julgada material (formada apenas no caso de procedência) é *erga omnes*, pois beneficia toda e qualquer pessoa que se enquadre na situação retratada na sentença condenatória genérica.

O transporte *in utilibus*, por sua vez, é extraível do art. 103, § 3°, do CDC[51], e consiste na extensão da eficácia da coisa julgada em ação que verse sobre direitos essencialmente coletivos (difusos e coletivos em sentido estrito). Por exemplo, uma ação coletiva cujo único objetivo seja impedir que determinada indústria utilize material tóxico (cuja nocividade é controvertida) no meio ambiente de trabalho estaria versando sobre direito difuso. Nesse caso, um cidadão ou trabalhador lesado poderia se beneficiar da coisa julgada na ação coletiva, ficando dispensado de comprovar, em sua ação individual, que a indústria utilizava o material tóxico em questão, assim como a respectiva nocividade. Em caso de improcedência da demanda coletiva, não acontece o referido fenômeno.

Outrossim, destaque-se que o transporte *in utilibus* impede a rediscussão, nos processos individuais, da matéria decidida na ação coletiva (no exemplo apresentado, a utilização e nocividade do material tóxico), razão pela qual a sua eficácia é muito superior à de eventual prova emprestada de que se possa cogitar.

51 § 3° Os efeitos da coisa julgada de que cuida o art. 16, combinado com o art. 13 da Lei n° 7.347, de 24 de julho de 1985, não prejudicarão as ações de indenização por danos pessoalmente sofridos, propostas individualmente ou na forma prevista neste código, mas, se procedente o pedido, beneficiarão as vítimas e seus sucessores, que poderão proceder à liquidação e à execução, nos termos dos arts. 96 a 99.

Depreende-se, assim, que o transporte *in utilibus* - por decorrer da coisa julgada forma em ação que verse sobre direitos difusos ou coletivos em sentido estrito - não se confunde com a coisa julgada nas ações coletivas que versem sobre direitos individuais homogêneos.

4.5. Controle de constitucionalidade em ações coletivas

No modelo brasileiro de jurisdição constitucional, todo e qualquer juiz tem a prerrogativa de exercer controle de constitucionalidade no âmbito do controle concreto e difuso. Basta que a constitucionalidade seja discutida como questão prejudicial, na fundamentação da decisão, e a decisão terá efeitos apenas no caso concreto submetido à análise judicial.

Dessa forma, em princípio, seria possível, no âmbito de ação coletiva, o controle de constitucionalidade, desde que tal questão não constituísse o objeto do processo, mas mera questão prévia. Noutras palavras, sempre que a inconstitucionalidade do ato normativo consubstanciasse a causa de pedir, e não o pedido. Esse é o posicionamento que parece prevalecer no âmbito do STF.[52]

Contudo, tal solução pode gerar embaraços teóricos e práticos, pois a amplitude da abrangência subjetiva das decisões de ações coletivas pode significar, em muitos casos, usurpação da competência do Tribunal Constitucional competente para apreciar as ações de controle de constitucionalidade (STF e também Tribunais de Justiça no âmbito do controle estadual de constitucionalidade).

De fato, mesmo que a inconstitucionalidade seja alegada apenas como causa de pedir, a coisa julgada *erga omnes* das ações coletivas pode resultar, na prática, na completa e absoluta inaplicabilidade do ato normativo questionado, equivalendo a uma declaração de inconstitucionalidade em abstrato.

Exemplo: a lei de determinado Estado cria um tributo. O Ministério Público Estadual, então, ingressa com ação civil pública com o objetivo de fixar obrigação de não fazer para os agentes estaduais, consistente na impossibilidade de realização do lançamento tributário. Ora, por mais que não haja, expressamente, pedido de declaração de inconstitucionalidade da lei, é evidente que a pretensão manifestada esvazia a respectiva aplicabilidade e usurpa a competência do STF (para julgamento da ADIN) ou do Tribunal de Justiça competente (para apreciar representação de inconstitucionalidade).

Percebe-se, assim, que é insuficiente a afirmação de que o controle de constitucionalidade em ações coletivas é possível caso se trate de mera questão preju-

---

[52] EMENTA: DIREITO CONSTITUCIONAL. AGRAVO INTERNO EM RECURSO EXTRAORDINÁRIO. AÇÃO CIVIL PÚBLICA. DECLARAÇÃO INCIDENTAL DE INCONSTITUCIONALIDADE DE LEI. CONFUSÃO COM O PEDIDO PRINCIPAL. IMPOSSIBILIDADE. DECISÃO ALINHADA À JURISPRUDÊNCIA DO STF. 1. O Supremo Tribunal Federal firmou o entendimento no sentido de se admitir o controle difuso de constitucionalidade em ação civil pública desde que a alegação de inconstitucionalidade não se confunda com o pedido principal da causa. Precedentes. 2. Agravo interno a que se nega provimento, com aplicação da multa prevista no art. 557, § 2º, do CPC/1973. (RE 595213 AgR, Relator(a): Min. ROBERTO BARROSO, Primeira Turma, julgado em 01/12/2017, ACÓRDÃO ELETRÔNICO DJe-291 DIVULG 15-12-2017 PUBLIC 18-12-2017).

dicial, sob pena de haver usurpação da competência da Corte Constitucional em diversos casos.

Há julgados no STF nesse sentido, afirmando categoricamente a impossibilidade de a ação civil pública dissimular pretensão típica de ações de controle concentrado de constitucionalidade, tendo em vista a usurpação da competência da Corte.[53]

4.6. Limitação territorial da coisa julgada

O art. 16 da Lei 7347/85[54] tenta instituir uma espécie de limitação territorial dos efeitos do julgamento de ação civil pública, o que é alvo de severas críticas doutrinárias, por ir de encontro a toda a sistemática das ações coletivas.

De fato, o legislador parece ter confundido os conceitos de jurisdição e competência (definição do órgão jurisdicional que deva decidir determinada lide) com limites subjetivos da coisa julgada (abrangência subjetiva da decisão). Uma vez que a demanda haja sido proposta pelas partes legítimas, não há razão lógica ou jurídica para restringir a eficácia territorial da decisão.

Além disso, observe-se que, em se tratando de direitos indivisíveis (difusos e coletivos *stricto sensu*), como a tutela do meio ambiente, é impossível, do ponto de vista prático, restringir a eficácia territorial da decisão. Figure-se a poluição ambiental em um rio que percorra dois Estados da Federação. Nesse caso, qualquer decisão judicial somente fará sentido se abranger todo o rio, sendo absolutamente despro-

---

53 EMENTA Constitucional e Processual Civil. Reclamação constitucional. Subsídio mensal e vitalício pago a ex-ocupantes do cargo de chefe do Poder Executivo. Ação civil pública. Contorno de ação direta de inconstitucionalidade. Usurpação de competência do Supremo Tribunal Federal. Reclamação julgada procedente. 1. A ausência de identidade entre os atores elencados como responsáveis pela prática dos atos lesivos ao patrimônio público e aos princípios da Administração Pública na narrativa apresentada na peça vestibular da ação civil pública e aqueles indicados para integrar o polo passivo da lide, bem como a constatação de que o adimplemento do benefício está fundamentado em ato normativo geral editado pelo Poder Legislativo do Estado do Mato Grosso e que o pedido de cessação do pagamento do benefício está fundamentado em normas constitucionais evidenciam a pretensão final da ACP de que se declare a inconstitucionalidade da parte final do art. 1º da Emenda à Constituição estadual nº 22/2003, esvaziando a eficácia da referida norma. 2. A pretensão deduzida nos autos da ação civil pública está dissociada da natureza típica das ações de responsabilização cível; se destina, antes, a dissimular o controle abstrato de constitucionalidade da parte final do art. 1º da Emenda nº 22/2003 à Constituição do Estado do Mato Grosso, que, ao extinguir a pensão vitalícia paga aos ex-ocupantes do cargo de chefe do Poder Executivo estadual, assegurou a manutenção do pagamento àqueles que já houvessem adquirido o direito de gozar o benefício. 3. Há usurpação da competência do STF inscrita no art. 102, I, a, da CF/88 quando configurado o ajuizamento de ação civil pública com o intento de dissimular o controle abstrato de constitucionalidade de ato normativo estadual em face da Constituição Federal. 4. Arquivamento da ação civil pública, ante a ausência de legitimidade ativa ad causam do Parquet estadual para propor ação direta de inconstitucionalidade perante a Suprema Corte, nos termos do art. 103 da CF/88. Precedentes. 5. Reclamação julgada procedente para cassar a decisão que julgou procedente o pedido formulado nos autos da ação civil pública, declarar a incompetência do juízo de primeira instância e determinar o arquivamento da ação. (Rcl 19662, Relator(a): Min. DIAS TOFFOLI, Segunda Turma, julgado em 06/09/2016, PROCESSO ELETRÔNICO DJe-168 DIVULG 31-07-2017 PUBLIC 01-08-2017).

54 LACP, Art. 16. A sentença civil fará coisa julgada erga omnes, nos limites da competência territorial do órgão prolator, exceto se o pedido for julgado improcedente por insuficiência de provas, hipótese em que qualquer legitimado poderá intentar outra ação com idêntico fundamento, valendo-se de nova prova.

positado cogitar de uma sentença que determine providências apenas no âmbito de uma das cidades percorridas pelo rio.

Outra crítica é a possível violação à isonomia e ao acesso à justiça, o que tornaria o art. 16 inconstitucional, segundo parcela da doutrina. Deveras, ao restringir a eficácia territorial da decisão, o dispositivo dificulta o acesso à justiça, o que pode inviabilizar a tutela jurisdicional em alguns casos. Além disso, propicia a ocorrência de múltiplos julgamentos contraditórios, violando a isonomia e a segurança jurídica e reduzindo drasticamente as chances de efetividade processual.

Registre-se que o STJ, em sede de recurso repetitivo, já comungou no entendimento que pugna pela superação do art. 16 da LACP, ao decidir que os efeitos e a eficácia da sentença não estão circunscritos a lindes geográficos, mas aos limites objetivos e subjetivos do que foi decidido, levando-se em conta, para tanto, sempre a extensão do dano e a qualidade dos interesses metaindividuais postos em juízo.[55]

Contudo, há também decisões judiciais no sentido de que o art. 16 é plenamente aplicável às ações civis públicas que envolvam direitos individuais homogêneos, únicos a admitir, pelo seu caráter divisível, a possibilidade de decisões eventualmente distintas, ainda que não desejáveis, para os titulares dos direitos.

4.7. Liquidação e execução

A liquidação e execução no caso de direitos essencialmente coletivos (difusos e coletivos em sentido estrito) se fazem nos próprios autos pelo legitimado coletivo que moveu a ação. Após o trânsito em julgado, se decorrerem 60 (sessenta) dias sem que o autor promova a execução, o Ministério Público deve ser intimado a fazê-lo, facultada igual iniciativa aos demais legitimados (Lei nº 7.347/85, art. 15).[56]

---

[55] DIREITO PROCESSUAL. RECURSO REPRESENTATIVO DE CONTROVÉRSIA (ART. 543-C, CPC). DIREITOS METAINDIVIDUAIS. AÇÃO CIVIL PÚBLICA. APADECO X BANESTADO. EXPURGOS INFLACIONÁRIOS. EXECUÇÃO/LIQUIDAÇÃO INDIVIDUAL. FORO COMPETENTE. ALCANCE OBJETIVO E SUBJETIVO DOS EFEITOS DA SENTENÇA COLETIVA. LIMITAÇÃO TERRITORIAL. IMPROPRIEDADE. REVISÃO JURISPRUDENCIAL. LIMITAÇÃO AOS ASSOCIADOS. INVIABILIDADE. OFENSA À COISA JULGADA. 1. Para efeitos do art. 543-C do CPC: 1.1. A liquidação e a execução individual de sentença genérica proferida em ação civil coletiva pode ser ajuizada no foro do domicílio do beneficiário, porquanto os efeitos e a eficácia da sentença não estão circunscritos a lindes geográficos, mas aos limites objetivos e subjetivos do que foi decidido, levando-se em conta, para tanto, sempre a extensão do dano e a qualidade dos interesses metaindividuais postos em juízo (arts. 468, 472 e 474, CPC e 93 e 103, CDC). 1.2. A sentença genérica proferida na ação civil coletiva ajuizada pela Apadeco, que condenou o Banestado ao pagamento dos chamados expurgos inflacionários sobre cadernetas de poupança, dispôs que seus efeitos alcançariam todos os poupadores da instituição financeira do Estado do Paraná. Por isso descabe a alteração do seu alcance em sede de liquidação/execução individual, sob pena de vulneração da coisa julgada. Assim, não se aplica ao caso a limitação contida no art. 2º-A, caput, da Lei n. 9.494/97. (...) (REsp 1243887/PR, Rel. Ministro LUIS FELIPE SALOMÃO, CORTE ESPECIAL, julgado em 19/10/2011, DJe 12/12/2011).

[56] Lei nº 7.347/85, Art. 15. Decorridos sessenta dias do trânsito em julgado da sentença condenatória, sem que a associação autora lhe promova a execução, deverá fazê-lo o Ministério Público, facultada igual iniciativa aos demais legitimados.

Se houver condenação ao pagamento de indenização por dano moral coletivo, ou qualquer outra parcela pecuniária, o valor correspondente deve reverter para um fundo de direitos difusos (Lei nº 7.347/85, art. 13, *caput*)[57]; no âmbito trabalhista, entende-se que tal fundo seria o FAT (Fundo de Amparo ao Trabalhador).

Quando se tratar de ação coletiva que verse sobre direitos individuais homogêneos, haverá condenação genérica, o que é plenamente lícito e possível. Como a ação envolve uma multiplicidade de lesados, não há como proferir sentença líquida, já que as peculiaridades de cada caso é que vão definir a extensão do dano, a existência de eventuais causas de exclusão de responsabilidade etc.

Nessas hipóteses (direitos individuais homogêneos), a liquidação e subsequente execução podem ser individuais ou coletivas. A liquidação individual funciona como verdadeira ação de conhecimento, movida pelo titular do direito individual, que deverá comprovar o nexo de causalidade entre seu dano (e a respectiva extensão) e a conduta lesiva reconhecida na decisão genérica.

Já a liquidação e execução coletivas - que podem ser promovidas, no âmbito trabalhista, pelo sindicato, sem que haja necessidade de autorização individual do trabalhador - são promovidas pelo próprio legitimado coletivo, que individualiza o crédito de cada substituído na fase de liquidação.

Outra possibilidade de liquidação consiste na *fluid recovery* ou *indenização fluida*, que é uma espécie de liquidação coletiva de direitos individuais homogêneos, regulada no art. 100 da Lei nº 8.078/90[58], e ocorre sempre que não se habilitarem interessados em número compatível com a gravidade do dano, após decorrido um ano do trânsito em julgado da sentença coletiva. Os valores apurados dessa forma revertem para o FAT (Fundo de Amparo ao Trabalhador).

Observe-se que o prazo de um ano, após o qual se viabiliza a *fluid recovery*, não configura prazo prescricional. No âmbito da tutela de direitos individuais homogêneos, o prazo prescricional aplicável é o do direito material cuja defesa se postula em Juízo.

Um exemplo, no âmbito trabalhista, seria a hipótese de uma empresa com cem mil empregados que calculasse o valor das férias de todos os seus empregados com uma diferença de cinco reais a menos. Esse ínfimo valor não justificaria que cada trabalhador ajuizasse ação ou mesmo tivesse interesse em se habilitar na ação coletiva, tendo em vista os custos envolvidos. Contudo, considerando a grande quantidade de empregados, a empresa teria ganho de escala a partir dessa microlesão, o que justificaria a atuação do sindicato ou do MPT para liquidar a sentença coletiva.

---

57 Lei nº 7.347/85, Art. 13. Havendo condenação em dinheiro, a indenização pelo dano causado reverterá a um fundo gerido por um Conselho Federal ou por Conselhos Estaduais de que participarão necessariamente o Ministério Público e representantes da comunidade, sendo seus recursos destinados à reconstituição dos bens lesados.

58 Art. 100. Decorrido o prazo de um ano sem habilitação de interessados em número compatível com a gravidade do dano, poderão os legitimados do art. 82 promover a liquidação e execução da indenização devida.

Parágrafo único. O produto da indenização devida reverterá para o fundo criado pela Lei nº 7.347, de 24 de julho de 1985.

Outro exemplo, já no âmbito cível, seria o de uma empresa que oferecesse um produto, indicando na embalagem que o peso contido no recipiente seria, por hipótese, de 500 (quinhentos) gramas. Contudo, verifica-se que o peso real era de 495 (quatrocentos e noventa e cinco) gramas. O dano a cada consumidor, individualmente considerado, certamente não justificaria a habilitação de cada qual na ação coletiva, sendo uma hipótese em que apenas a *fluid recovery* seria eficiente para reparar o dano à coletividade e evitar o enriquecimento sem causa do ofensor.

4.8. Prescrição

4.8.1. Direitos individuais homogêneos

Não há previsão legal para interrupção e suspensão da fluência do prazo prescricional pelo mero ajuizamento de ação coletiva que verse sobre direitos individuais homogêneos. Contudo, a lógica do sistema é, como já dito, potencializar o acesso à justiça, reduzindo o quantitativo de processos individuais, em ordem a descongestionar o Judiciário e promover a chamada *solução molecular* do conflito - ou seja, resolver a lide em larga escala.

Dessa forma, é imperioso que se reconheça a interrupção da prescrição, pois, no caso contrário, todos os titulares de direitos seriam forçados a propor ações individuais, sob pena de verem os seus direitos perderem a exigibilidade - o que não se harmoniza com a teleologia do microssistema da tutela coletiva. Por tais razões, o TST entende que a ação ajuizada por substituto processual interrompe a prescrição, ainda que tenha sido considerado parte ilegítima *ad causam* (OJ 359 da SDI-1).

Ademais, embora também não haja previsão legal a respeito, razões de ordem sistemática impõem o reconhecimento da suspensão do prazo prescricional para a ação individual enquanto tramitar a ação coletiva com o mesmo objeto. Ora, a pretensão da ação individual está contida na ação coletiva que versa sobre direitos individuais homogêneos, razão por que não há inércia do titular do direito. Pensar diferentemente faria com que o microssistema da tutela coletiva não fosse apto a atingir seus objetivos.

Assim, a perspectiva da coisa julgada *secundum eventum litis* na ação coletiva sobre direitos individuais homogêneos (CDC, art. 103, III) gera mecanismo especial de suspensão da fluência do prazo prescricional, que volta a correr se e quando a ação coletiva for julgada improcedente.

O prazo prescricional para as ações civis públicas que versem sobre direitos individuais homogêneos, no âmbito trabalhista, é de 5 (cinco) anos, devendo-se observar, ainda, o prazo de dois anos após a extinção do contrato de trabalho. Tal conclusão se extrai do art. 7º, XXIX, da CF, e também do art. 21 da Lei 4.717/65[59] (regra prevista na lei da ação popular, mas aplicável a todo o microssistema da tutela coletiva).

---

[59] Lei 4.717/65, Art. 21. A ação prevista nesta lei prescreve em 5 (cinco) anos.

Assim, ajuizada a ação civil pública, dá-se a interrupção e a suspensão da fluência do prazo prescricional para as ações individuais. Após o trânsito em julgado da sentença da ação coletiva, volta a fluir o prazo prescricional para ajuizamento de ações individuais de conhecimento ou de liquidação: (i) até o limite de dois anos para a prescrição total, em relação aos trabalhadores cujo contrato de trabalho esteja extinto; (ii) até cinco anos para os trabalhadores cujo contrato de trabalho esteja em vigor – nessa hipótese, o quinquênio deve ser contado retroativamente desde a data de ajuizamento da ação coletiva.

4.8.2. Direitos difusos e coletivos em sentido estrito

Há bastante indefinição e incerteza de critérios na doutrina e na jurisprudência sobre a prescrição nas ações envolvendo direitos difusos e coletivos em sentido estrito.

Parece predominar o entendimento segundo o qual não flui prescrição de pretensão relativa a direitos difusos e coletivos *stricto sensu*, pois a coletividade (titular do direito) não teria condições de ir a juízo, razão pela qual não caberia cogitar de inércia. Argumenta-se com a aplicação analógica do art. 198, I, do Código Civil, que prevê não fluir prazo prescricional contra absolutamente incapazes (= pessoas que não têm condições de ir a juízo buscar a tutela de seus direitos).

Contudo, a partir do momento em que o ordenamento jurídico atribui a determinados entes (que gozam de representatividade adequada quanto aos interesses envolvidos) a prerrogativa de tutelar os direitos difusos e coletivos, é imperativo que a respectiva inércia resulte em perda da exigibilidade da pretensão. O acesso à justiça e a tutela de direitos coletivos (de qualquer espécie, até mesmo relativos ao meio ambiente) não são princípios absolutos, devendo ser ponderados com a segurança jurídica, que também compõe a noção de interesse público.

Inegavelmente, como os entes legitimados não estão tão próximos dos fatos como os titulares de direitos individuais, o termo inicial do prazo prescricional deve ser a data em que houver inequívoca ciência da lesão por parte de algum dos legitimados à tutela coletiva.[60]

O prazo a ser aplicado é de 5 (cinco) anos, por aplicação do art. 21 da Lei nº 4.717/65.

4.9. Assistência

Os legitimados ativos para as ações coletivas são apenas aqueles previstos expressamente pela lei.

Ora, sendo assim, em princípio, para que se viabilize a assistência nessas ações, os assistentes também devem ser legitimados para a defesa de direitos coletivos *lato sensu*; caso contrário, estariam sendo burladas as regras de legitimidade para as ações

[60] Com a mesma opinião, DIDIER JR.; ZANETI JR., *op.cit.*, v. 4, p. 272.

coletivas. Assim, o legitimado à propositura de ação coletiva pode habilitar-se como litisconsorte, tornando-se assistente litisconsorcial do autor da demanda.

Destarte, em regra, não é possível que uma pessoa física pleiteie seu ingresso em ação coletiva como assistente, justamente porque não tem legitimidade para a defesa do interesse coletivo.

No entanto, há casos em que o indivíduo pode defender o interesse da coletividade. É o caso da ação popular, para a qual o cidadão é legitimado ativo (Lei 4717/65, art. 1º), sendo possível a habilitação de outros cidadãos no polo ativo (art. 6º, § 5º) para atuarem como assistentes litisconsorciais. Além disso, caso haja desistência da ação, o Ministério Público pode assumir o polo ativo (art. 9º).

Destaque-se, também, que a pretensão de defesa de certo bem público, buscando a anulação de ato lesivo, pode ser manifestada tanto em ação civil pública, quanto em ação popular. Assim, há legitimação concorrente para a pretensão, razão pela qual o cidadão poderá pleitear seu ingresso como assistente, caso já haja, por exemplo, ação civil pública em trâmite, que verse sobre o mesmo objeto.

Dessa forma, evita-se uma desnecessária propositura de ação popular – que seria afinal reunida para julgamento conjunto com a outra ação coletiva, em virtude da conexão –, permitindo-se a intervenção de pessoa física numa ação civil pública.

Há outra situação em que também é possível a assistência: é o caso da ação coletiva para defesa de diretos individuais homogêneos, em que o indivíduo tem, ao menos, duas possibilidades: (i) propositura de ação individual para a defesa do direito; ou (ii) intervenção como assistente litisconsorcial do autor coletivo. Esta é uma forma de intervenção que também tende a evitar a propositura de ações individuais. Embora prevista em lei (Lei nº 8.078/90, art. 94 c/c 103, § 2º), o litisconsórcio nessas hipóteses pode configurar-se como multitudinário, gerando evidentes inconvenientes práticos e comprometendo a rápida solução do litígio ou dificultando a defesa, razão pela qual pode ser limitado pelo Juiz em cada caso concreto (CPC, art. 113, § 1º).

4.10. Conciliação

O raciocínio a respeito da conciliação judicial em ações coletivas deve ser idêntico ao empregado no que tange à celebração de termo de ajustamento de conduta. Assim, como o interesse coletivo é indisponível, não é possível que o legitimado coletivo transacione ou renuncie ao direito material envolvido.[61] No entanto, é possível

[61] No sentido do texto, a seguinte decisão: Ação Rescisória. Sentença homologatória de acordo celebrado pelo sindicato. Renúncia e disposição de direitos sem anuência do empregado. Ilegitimidade do ente sindical. Invalidade do negócio jurídico. Violação do art. 104, I, do Código Civil. A legitimação extraordinária conferida constitucionalmente aos sindicatos restringe-se à defesa dos direitos coletivos e individuais da categoria, não os autorizando a praticar atos de disposição de direitos, dos quais não detêm a titularidade, sem que haja autorização expressa dos substituídos. No caso concreto, não obstante o sindicato tenha realizado assembleia extraordinária a fim de deliberar acerca da proposta de acordo formulada pela empresa, não houve anuência expressa de todos os substituídos com os termos do acordo proposto. Ademais, constou nos termos do ajuste que era necessário o preenchimento e assinatura do termo de adesão pelos substituídos para a formalização da opção escolhida dentre as oferecidas. Todavia, restou incontroverso que o

que se proceda à conciliação, por força da qual o réu se comprometa a adequar sua conduta (com cominação de multa para a hipótese de inadimplemento da obrigação de fazer), fixando-se prazos e condições para cumprimento.

4.11. Atuação do sindicato na tutela de direitos difusos

O art. 8º, III, da CF, estabelece competir aos sindicatos a defesa dos direitos e interesses coletivos e individuais da categoria, inclusive em questões judiciais ou administrativas.

A partir de tal dispositivo, há corrente doutrinária que sustenta que os sindicatos não têm legitimidade para ajuizar ação civil pública para promover a tutela de direitos difusos, os quais não são mencionados expressamente pela Constituição.[62] Além disso, os direitos difusos não pertencem especificamente à categoria profissional, mas a pessoas indeterminadas ligadas por circunstâncias de fato.

De fato, os direitos difusos excedem o âmbito da categoria, pois são titularizados por toda a coletividade. De outro lado, os sindicatos têm legitimidade para defender os direitos dos integrantes da categoria, sendo essa a sua finalidade institucional.

Contudo, desde que o direito tutelado seja inerente à situação de determinada categoria profissional, muito embora reflita indiretamente em sujeitos indeterminados – e, por tal razão, se caracterize como difuso –, deve ser reconhecida a legitimidade do sindicato para promover a tutela judicial do direito. Nesse sentido parece caminhar a jurisprudência do STF.[63] A legitimidade da entidade sindical existirá sempre que houver pertinência temática com o ramo de atuação do sindicato, ainda que disso resultem alguns efeitos para outros membros da coletividade.[64]

---

autor não consentiu com os termos do ajuste, tampouco assinou o termo de adesão, o qual era necessário para a formalização do acordo. Desse modo, ausente a manifestação de vontade do titular dos direitos transacionados, revela-se nulo o pactuado ante a manifesta violação ao art. 104, I, do Código Civil. Sob esses fundamentos, a SBDI-II, por unanimidade, julgou parcialmente procedente a ação rescisória, com espeque no art. 966, V, do CPC, para desconstituir, unicamente em relação ao autor, a sentença que homologou o acordo judicial entabulado. TST-AR-1001055-75.2022.5.00.0000, SBDI-II, rel. Min. Luiz José Dezena da Silva, julgado em 2/4/2024.

62 Nesse sentido, por exemplo: MARTINS, Sérgio Pinto. *Direito Processual do Trabalho*. São Paulo: Atlas, 2001, p. 498.

63 Ementa: SEGUNDO AGRAVO REGIMENTAL NO RECURSO EXTRAORDINÁRIO. AÇÃO CIVIL PÚBLICA. ILEGITIMIDADE ATIVA DO SINDICATO. PEDIDO QUE NÃO SE ENQUADRA ENTRE AS FINALIDADES ESTATUTÁRIAS DA ENTIDADE SINDICAL. 1. A propositura de Ação Civil Pública por sindicato ou associação, exige que o ente coletivo comprove a relação entre suas finalidades institucionais e os direitos e interesses difusos e coletivos defendidos (art. 5º, 'b', da Lei 7.347/85). 2. As entidade sindicais não detêm legitimidade ativa para propor ação civil pública que verse sobre tributo. 3. In casu, o acórdão recorrido assentou: "PROCESSUAL – AÇÃO CIVIL PÚBLICA PROPOSTA POR SINDICATO – ILEGITIMIDADE ATIVA EM FACE DA NATUREZA DO PEDIDO – EXTINÇÃO DO PROCESSO. Carece o sindicato de servidores públicos de legitimidade para propor ação civil pública visando compelir o Estado e fundação estadual a liquidarem dívida para com o instituto previdenciário." 4. Agravo regimental a que se nega provimento. (RE 606722 AgR-segundo, Relator(a): Min. LUIZ FUX, Primeira Turma, julgado em 26/02/2013, ACÓRDÃO ELETRÔNICO DJe-053 DIVULG 19-03-2013 PUBLIC 20-03-2013).

64 Segundo Ronaldo Lima dos Santos, "no campo dos interesses transindividuais, a delimitação do campo de atuação sindical não tem como parâmetro a noção de categoria, mas a pertinência temática – econômico-sócio-profissional – do sindicato com o ramo de atividade econômica na qual atua como paladino dos interesses transindividuais. Assim, um sindicato dos trabalhadores da indústria têxtil, por exemplo, estaria

Assim, por exemplo, o TST, vem reconhecendo a legitimidade ativa do sindicato em ações civis públicas cujo pedido seja a instalação de portas giratórias de segurança nas agências bancárias de determinada instituição financeira, como meio de prevenção de crimes.[65] Trata-se de direito difuso, pois abrange não apenas os bancários, mas todas as pessoas que circulam pelas agências e locais próximos (clientes e transeuntes). Contudo, embora não seja exclusivo da categoria, o direito também pertence aos trabalhadores bancários e a promoção de sua defesa em juízo faz parte das finalidades institucionais do sindicato. Assim, legitima-se a atuação do ente sindical na defesa dessa espécie de direito difuso.

Outro exemplo[66]: determinada empresa que só contrata trabalhadores que não hajam movido reclamações trabalhistas contra seus ex-empregadores. No caso, o sindicato da categoria profissional poderia mover ação civil pública que, além de defender os interesses da categoria, estaria atendendo aos direitos difusos de todos os potenciais candidatos ao emprego.

De outro lado, não seria possível, por hipótese, que sindicato ajuizasse ação com objetivo de tutelar suposto direito dos integrantes da categoria de não pagarem determinado tributo, pois tal direito não é inerente e próprio à situação da categoria; ao revés, pertence a toda a coletividade, indistintamente, e a defesa em Juízo não se compreende nas finalidades institucionais de sindicato.

legitimado para defender interesses difusos, coletivos e individuais de todos os trabalhadores relaciona-dos a esse ramo econômico, ainda que a ação venha a refletir-se sobre outros indivíduos da sociedade" (SANTOS, Ronaldo Lima dos. Sindicatos e ações coletivas: acesso à justiça, jurisdição coletiva e tutela dos interesses difusos, coletivos e individuais homogêneos. 5ª ed. São Paulo: LTR, 2019, p. 200).

65 RR-316001-52.1996.5.17.5555, 4ª Turma, Relator Ministro Ives Gandra Martins Filho, DEJT 28/04/2000.

66 O exemplo é de Márcio Túlio Viana, mencionado por Ronaldo Lima dos Santos, op.cit., p. 197.

XXIV

PRECEDENTES

Sumário: 1. Precedentes: noções gerais – 2. Precedentes obrigatórios e precedentes persuasivos; 2.1. Decisões do Plenário ou do Órgão Especial de tribunais – 3. Constitucionalidade do sistema de precedentes obrigatórios – 4. *Ratio decidendi*, *obter dictum*, causa de pedir e técnicas de votação em Tribunais – 5. Distinção e superação dos precedentes – 6. Consequências da inobservância dos precedentes – 7. Regras gerais acerca dos precedentes obrigatórios: 7.1. Estabilidade, integridade e coerência; 7.2. Eficácia extraprocessual da decisão; 7.3. Ampliação do debate; 7.4. Modulação de efeitos; 7.5. Publicidade e organização – 8. Sistemática dos casos repetitivos: 8.1. Insuficiência do sistema de ações coletivas; 8.2. Recursos repetitivos e IRDR: noções essenciais e aplicabilidade; 8.3. Causa-piloto; 8.4. Seleção do processo paradigma: decisão de afetação; 8.5. Legitimidade para deflagração; 8.6. Suspensão dos processos; 8.7. Competência para julgamento; 8.8. Decisão do Tribunal e consequências; 8.9. Desistência e abandono da ação e desistência do recurso; 8.10. Recursos na sistemática de casos repetitivos – 9. Incidente de assunção de competência – 10. Incidente de declaração de inconstitucionalidade – 11. Procedimento para edição de Súmulas pelos Tribunais Trabalhistas.

1. PRECEDENTES: NOÇÕES GERAIS

Precedente é qualquer decisão judicial que possa ser usada como base na fundamentação de outra. Quando se fala em precedente, refere-se a uma única decisão judicial. Havendo reiteração de decisões no mesmo sentido (= reiteração de precedentes), diz-se que foi firmada jurisprudência sobre o tema.

Jurisprudência, portanto, é o conjunto de decisões que refletem o posicionamento de determinado órgão jurisdicional.

Toda decisão judicial contém duas normas jurídicas: uma individual, contida no dispositivo e que se destina a solucionar o caso concreto; e outra geral, extraída da fundamentação (*ratio decidendi* ou razão de decidir), e que pode ser aplicada para qualquer outro caso análogo. O precedente é justamente essa norma jurídica geral, que será aplicável a todas as causas posteriores que contenham a mesma questão de direito.[1]

[1] Cf. Capítulo I, item 5.5.3.

A partir da consolidação de precedentes em determinado sentido, os Tribunais podem editar Súmulas, que consistem em máxima extraída da respectiva jurisprudência. A Súmula consubstancia manifestação abstrata e em termos genéricos das conclusões contidas nos diversos precedentes.

Por tal razão, embora o tema seja controvertido[2], pode-se dizer que as Súmulas comuns (bem como as vinculantes, editadas exclusivamente pelo STF) devem ser obrigatoriamente seguidas pelos Tribunais e Juízos a elas vinculados, mas tal obrigatoriedade existe apenas quando há semelhança ou identidade entre os fatos e fundamentos pertinentes à causa objeto de julgamento, e aqueles concernentes aos precedentes que deram origem à Súmula.

Paulatinamente o sistema processual brasileiro passou a prestigiar, cada vez mais, as decisões dos Tribunais, tornando-as de observância obrigatória em processos futuros, em certas hipóteses.

2. PRECEDENTES OBRIGATÓRIOS E PRECEDENTES PERSUASIVOS

Como visto, toda decisão judicial pode ser usada como precedente; basta que o órgão julgador de um processo posterior a use como base para decidir. Contudo, no sistema romano-germânico (*civil law*), ao qual o Brasil é filiado, a obrigatoriedade de observância dos precedentes só existe nas hipóteses taxativamente previstas na legislação.

O art. 927 do CPC permite concluir que são precedentes obrigatórios as decisões judiciais proferidas no julgamento:

- (i) de casos repetitivos - expressão que abrange os recursos repetitivos e o IRDR (incidente de resolução de demandas repetitivas);
- (ii) do IAC (incidente de assunção de competência);
- (iii) de ações de controle concentrado de constitucionalidade pelo STF;
- (iv) feito pelo Plenário ou Órgão Especial dos Tribunais, em relação aos órgãos jurisdicionais que lhes são vinculados. O alcance dessa hipótese é polêmico e será analisado destacadamente no item 2.1, abaixo.

Em todas as hipóteses, já se sabe de antemão - ou seja, antes mesmo de ser prolatada - que a decisão judicial será precedente obrigatório. Os órgãos jurisdicionais vinculados não têm a opção de aplicar, ou não, os fundamentos constantes do precedente, ressalvada a situação de sua distinção ou superação.

Nos demais casos, não previstos em lei, os precedentes terão caráter meramente persuasivo, já que os órgãos judiciais podem, licitamente, deixar de aplicar seus fundamentos determinantes. Assim - ressalvado o enquadramento em alguma das situações típicas acima enumeradas -, o Juiz do Trabalho tem a opção de seguir o entendimento manifestado por Turmas do TRT, do TST ou até do STF, mas não há necessidade de que o faça, caso não esteja convencido das respectivas razões.

---

2 Ver Capítulo I, item 5.5.2.

Observe-se, ainda, que as Súmulas (vinculantes, editadas apenas pelo STF; e comuns, editadas por quaisquer Tribunais) também são de observância obrigatória, mas elas, em si, não são precedentes, já que consistem em enunciado abstrato (à semelhança da lei) formulado pelo Tribunal a partir de diversos precedentes no mesmo sentido.

Interessante discussão a respeito é saber se apenas as Súmulas posteriores à entrada em vigor do Novo CPC seriam obrigatórias. É possível sustentar pela negativa, pois as Súmulas anteriores não teriam legitimidade por não terem observado contraditório ampliado (audiências públicas, *amicus curiae* etc.) e porque o tribunal não poderia prever a obrigatoriedade quando editou o enunciado. Entretanto, embora o tema seja polêmico, veja-se que, no âmbito trabalhista, as Súmulas do TST têm sido aplicadas reiteradamente ao longo de muitos anos, e sempre foram tidas como referenciais para os juízes e tribunais do Trabalho, de modo que é preferível entender que mesmo os verbetes anteriores ao Novo CPC são obrigatórios.

Vale acrescentar que as orientações jurisprudenciais do TST não se enquadram, a rigor, no rol do art. 927 do CPC, já que são oriundas de Seções (SDI ou SDC), razão pela qual não poderiam ser tidas como obrigatórias. Contudo, o TST, no art. 15, II, da Instrução Normativa nº 39/2016, adotou a interpretação de que as OJs também são de observância obrigatória; do ponto de vista sistemático e teleológico, tal interpretação se justifica: se os recursos de revista repetitivos – que podem ser julgados pela SDI-1 – são obrigatórios, com muito mais razão devem sê-lo as OJs, as quais resultam do julgamento reiterado de recursos de revista e são oriundas também de Seção do Tribunal. Ademais, considerando a importância da jurisprudência no atual cenário do Direito Processual, devem-se prestigiar as decisões dos órgãos competentes dos tribunais dentro de suas competências funcionais.

Quando obrigatórios, os precedentes podem ser considerados fontes formais do direito. Perceba-se que se trata de fontes formais atípicas, *sui generis*, as quais não se enquadram na tradicional pirâmide *kelseneana*: não é dado, em princípio, a um juiz hieraquicamente inferior ao tribunal que editou o precedente exercer controle de legalidade, convencionalidade ou constitucionalidade da *ratio decidendi*. Pensar contrariamente comprometeria a lógica do sistema de precedentes obrigatórios. A menos que seja o caso de distinção ou superação do precedente, o juiz deve observá-lo e segui-lo, ainda que lhe pareça equivocada, ilegal ou inconstitucional a interpretação nele consubstanciada pelo tribunal.

2.1. Decisões do Plenário ou do Órgão Especial de tribunais[3]

É controvertida a interpretação do art. 927, V, do CPC, havendo entendimentos de que os precedentes do Plenário de qualquer tribunal não poderiam ser considerados vinculantes, mas meramente persuasivos. De outro lado, e especificamente

[3] No tópico, mudamos a opinião manifestada até a 2ª edição desta obra.

no que tange ao STF, há opiniões no sentido de que precedentes da Corte, sobre matéria constitucional, vinculariam todos os tribunais e juízes brasileiros[4].

É necessário fazer interpretação lógico-sistemática do referido dispositivo legal. Veja-se que é tratada como obrigatória, aos juízes e tribunais, a orientação do plenário ou do órgão especial *aos quais estiverem vinculados*, e não a orientação do plenário de outros tribunais, isto é, a vinculatividade é apenas interna, e não externa.

Isso porque o inciso V do art. 927 do CPC é o único em que o legislador ressalvou expressamente o âmbito da vinculatividade. Veja-se:

- (a) as decisões em controle concentrado de constitucionalidade, assim como as súmulas vinculantes (incisos I e II), detêm eficácia *erga omnes* por força da Constituição, razão pela qual não se faz qualquer ressalva quanto à vinculatividade;
- (b) decisões de recursos repetitivos também têm eficácia *erga omnes*, como se infere dos art. 1040, *caput*, do CPC[5], vinculando os tribunais inferiores. Aqui, o art. 927, III, também não faz ressalvas;
- (c) a decisão do IRDR e do IAC também tem eficácia *erga omnes*, abrangendo o próprio tribunal que prolatou a decisão e os juízes a ele vinculados, conforme art. 985, *caput*[6], e art. 947, §3º, do CPC[7]. Por óbvio, tal eficácia *erga omnes* se restringe aos juízes e desembargadores que integram o tribunal que julgou o incidente. Mais uma vez, o art. 927, III, não ressalvou o âmbito de vinculatividade;

---

4 Nesse sentido, DIDIER, op. cit., v. 2, p. 480. O autor dá como fundamento a objetivação do recurso extraordinário.

5 Art. 1.040. Publicado o acórdão paradigma:

I - o presidente ou o vice-presidente do tribunal de origem negará seguimento aos recursos especiais ou extra-ordinários sobrestados na origem, se o acórdão recorrido coincidir com a orientação do tribunal superior;

II - o órgão que proferiu o acórdão recorrido, na origem, reexaminará o processo de competência originária, a remessa necessária ou o recurso anteriormente julgado, se o acórdão recorrido contrariar a orientação do tribunal superior;

III - os processos suspensos em primeiro e segundo graus de jurisdição retomarão o curso para julgamento e aplicação da tese firmada pelo tribunal superior;

IV - se os recursos versarem sobre questão relativa a prestação de serviço público objeto de concessão, permissão ou autorização, o resultado do julgamento será comunicado ao órgão, ao ente ou à agência reguladora competente para fiscalização da efetiva aplicação, por parte dos entes sujeitos a regulação, da tese adotada.

6 Art. 985. Julgado o incidente, a tese jurídica será aplicada:

I - a todos os processos individuais ou coletivos que versem sobre idêntica questão de direito e que tramitem na área de jurisdição do respectivo tribunal, inclusive àqueles que tramitem nos juizados especiais do respectivo Estado ou região;

II - aos casos futuros que versem idêntica questão de direito e que venham a tramitar no território de competência do tribunal, salvo revisão na forma do art. 986.

7 Art. 947, § 3º O acórdão proferido em assunção de competência vinculará todos os juízes e órgãos fracionários, exceto se houver revisão de tese.

- (d) quanto às súmulas do STF em matéria constitucional, a lógica também impõe que sejam observados por todos os tribunais, não havendo razão para deixar de aplicá-las em determinados tribunais. A eficácia também é geral e o art. 927, IV, igualmente não contém ressalvas quanto à extensão da vinculatividade.

Evidencia-se que a única explicação lógica para a ressalva contida no art. 927, V, está em que a vinculatividade, nas hipóteses ali previstas – decisão do pleno ou órgão especial – é apenas interna, para o próprio tribunal prolator, não alcançando outros juízes e tribunais.

Isso significa, por exemplo, que decisão de plenário de TRT vincula apenas os desembargadores e juízes do trabalho da respectiva região; do mesmo modo, decisão do pleno do TST ou do STF vincula somente os ministros e turmas do próprio tribunal, e não juízes e desembargadores de outros tribunais (regionais ou locais), com a ressalva da situação em que a decisão do tribunal superior se reconduza a outro inciso do art. 927 do CPC, que permita vinculatividade mais ampla.

Assim, se o Pleno do STF julgar ação direta de inconstitucionalidade, a decisão será precedente vinculante não por força do art. 927, V (decisão do plenário), mas em função do inciso I do mesmo dispositivo (decisões em controle concentrado de constitucionalidade).

Ao revés, caso se trate de decisão do Pleno do STF que não se enquadre simultaneamente nos incisos I a IV do art. 927 do CPC, o precedente assim formado será de observância pelos ministros e turmas do próprio Supremo, mas não será vinculante para os demais juízes e tribunais do Brasil. É o que acontece, por exemplo, com o julgado da AR 2697 AgR[8], em que o Pleno do STF decidiu ser inadequada a ação rescisória para desconstituir acordo homologado judicialmente: por força do art. 966, §4º, do CPC, o instrumento processual cabível é a ação anulatória. Tal decisão é de observância pelo ministros e turmas do Supremo, mas não necessariamente a *ratio decidendi* deve ser seguida por outros tribunais.

É evidente, entretanto, que qualquer decisão do Pleno do STF, ainda quando não seja de observância obrigatória para os demais juízes e tribunais, constitui precedente persuasivo de grande relevância no cenário nacional. Por se tratar do órgão de cúpula do Judiciário nacional, deve-se prestigiar a *ratio decidendi* de seus julgados, a menos que haja motivos relevantes para que se decida em contrário. Quanto ao julgado mencionado no parágrafo anterior, por exemplo, não há razão

---

[8] Embora a ementa, a seguir transcrita, não deixe o ponto tão claro, o inteiro teor do acórdão demonstra que os ministros assentaram, de forma unânime, a premissa de inadequação da ação rescisória. Ementa: "AGRAVO REGIMENTAL EM AÇÃO RESCISÓRIA. DIREITO TRIBUTÁRIO. SUBSTITUIÇÃO TRIBUTÁRIA PROGRESSIVA. IMPOSTO SOBRE CIRCULAÇÃO DE MERCADORIA E SERVIÇOS - ICMS. ACORDO ADMINISTRATIVO FUNDADO EM LEI ESTADUAL. INCONSTITUCIONALIDADE. LAPSO TEMPORAL. CABIMENTO. 1. Não é cabível ação rescisória na hipótese de propositura da demanda após amplo lapso temporal, a contar de decisão rescindenda homologatória de auto-composição. 2. Agravo regimental a que se nega provimento."

(AR 2697 AgR, Relator(a): Min. EDSON FACHIN, Tribunal Pleno, julgado em 21/03/2019, PROCESSO ELETRÔNICO DJe-101 DIVULG 14-05-2019 PUBLIC 15-05-2019)

para que os tribunais trabalhistas continuem aplicando a Súmula 259 do TST[9], já que a regulamentação da ação rescisória, no Processo do Trabalho, segue a regência do CPC, com a ressalva do depósito prévio diferenciado[10].

3. CONSTITUCIONALIDADE DO SISTEMA DE PRECEDENTES OBRIGATÓRIOS

Discute-se a conformidade do sistema de precedentes vinculantes ou obrigatórios com a Constituição. Os argumentos em prol da inconstitucionalidade, defendidos por parcela da doutrina, são os princípios: (i) da separação dos Poderes (CF, art. 2º)[11]; e o (ii) da independência funcional dos juízes (LOMAN, art. 41[12], e CF[13], art. 127, § 1º, c/c 129, § 4º).

Sem dúvida, a elaboração de precedentes vinculantes pelo Poder Judiciário aproxima-o da atividade típica do Legislativo, pois resulta na criação de normas abstratas passíveis de aplicação geral. A previsão de obrigatoriedade do precedente – estabelecida antes mesmo de proferida a respectiva decisão, ou seja, o Tribunal prolator já sabe que a decisão será um precedente obrigatório – afasta, de certa forma, a atividade de sua elaboração da tarefa típica dos juízes, consistente em resolver o caso concreto e formular a norma individual que lhe será aplicável.

No que tange à independência funcional, inegavelmente a sistemática de precedentes obrigatórios reduz o grau de liberdade que os juízes tradicionalmente tinham na interpretação do Direito positivo, na tradição romano-germânica (*civil law*), à qual o Brasil sempre foi filiado.

No entanto, tais fatores não conduzem à inconstitucionalidade da previsão legal de precedentes vinculantes. De fato, o regime processual baseado em precedentes tem o objetivo de prestigiar: (i) a isonomia, de modo a evitar que situações idênticas recebam tratamento diferente pelo Poder Judiciário; (ii) a segurança jurídica, pois a diversidade de critérios utilizados pelos órgãos jurisdicionais impede que os cidadãos programem o seu comportamento, já que não têm como prever as respectivas consequências, que ficam ao sabor de inclinações jurisprudenciais voláteis; (iii) o acesso à justiça, pois a incerteza decorrente das decisões judiciais conflitantes faz com que aumente a litigiosidade, o que resulta num maior congestionamento de processos no Judiciário e retarda a eficiência do sistema judiciário como um todo. Além disso, jurisprudência firme e unidirecional tende a reduzir a quantidade de recursos, acabando com a chamada *loteria judiciária*.

---

9 SÚMULA Nº 259 - TERMO DE CONCILIAÇÃO. AÇÃO RESCISÓRIA Só por ação rescisória é impugnável o termo de conciliação previsto no parágrafo único do art. 831 da CLT.

10 Sobre o tema, mais amplamente, BERNARDES, op. cit., p. 852-3.

11 Art. 2º – São Poderes da União, independentes e harmônicos entre si, o Legislativo, o Executivo e o Judiciário.

12 Art. 41 – Salvo os casos de impropriedade ou excesso de linguagem o magistrado não pode ser punido ou prejudicado pelas opiniões que manifestar ou pelo teor das decisões que proferir.

13 Art. 127, § 1º – São princípios institucionais do Ministério Público a unidade, a indivisibilidade e a independência funcional.

Art. 129, § 4º – Aplica-se ao Ministério Público, no que couber, o disposto no art. 93.

Não existe nenhum princípio constitucional absoluto; assim, os princípios acima mencionados podem e devem ser sopesados. A ponderação feita pelo legislador, ao instituir os precedentes obrigatórios, só seria inconstitucional caso violasse o núcleo essencial dos princípios envolvidos.

Não é o que ocorre, pois os precedentes, embora dotados de generalidade, nada mais são do que especificação de previsões ainda mais genéricas contidas na lei. Há *degraus* de abstração: a partir de princípios constitucionais, editam-se leis de conteúdo genérico; as leis dão origem a precedentes, que as especificam; por sua vez, os precedentes geram decisões judiciais que os concretizam solucionado casos análogos ou idênticos.

Perceba-se que a atuação dos juízes sempre foi limitada pela Constituição e pelas leis; os precedentes apenas estabelecem outra limitação, mais específica e justificável à luz dos princípios da isonomia, segurança jurídica e acesso à justiça.

Ademais, os precedentes são construídos a partir da solução dada pelo Judiciário a casos concretos, diferentemente da atividade legislativa, com a qual não se confunde.

No caso da Justiça do Trabalho, perceba-se que a elaboração de normas genéricas nunca lhe foi estranha, pois a CLT sempre previu a possibilidade de exercício do poder normativo pelos Tribunais do Trabalho no julgamento de dissídios coletivos.

As ações coletivas *stricto sensu* (ação civil pública etc.) também dão margem à elaboração de normas genéricas pelo Poder Judiciário, sem que jamais se tenha cogitado de sua inconstitucionalidade. É o que ocorre, por exemplo, com a sentença genérica envolvendo direitos individuais homogêneos, que vinculará outros juízes, que apenas terão a atribuição de proceder às liquidações individuais, já que a existência da dívida (*an debeatur*) terá sido definida pelo juiz prolator da sentença condenatória na ação coletiva.

4. *RATIO DECIDENDI, OBTER DICTUM,* CAUSA DE PEDIR E TÉCNICAS DE VOTAÇÃO EM TRIBUNAIS

O precedente é a norma geral extraída da fundamentação de uma decisão judicial.

A partir do direito positivo (= lei em sentido amplo ou norma jurídica), o órgão julgador formula a norma jurídica individual que regerá o caso concreto. Porém, ainda que implicitamente, o juiz, no itinerário entre os dois momentos (o que ocorre na fundamentação da sentença), passa necessariamente pela formulação de uma norma jurídica geral apta a reger situações idênticas ou semelhantes que tenham ocorrido ou possam vir a acontecer.

Exemplo: reclamante formula pedido de indenização por danos morais por ter supostamente adquirido LER/ DORT por força da atividade de digitador que exercia na empresa. Suponha-se que, no TRT, (i) um Desembargador julgue procedente o pedido porque reputa que há presunção de nexo de causalidade entre a doença e a função de digitador, apesar de considerar inconclusiva a perícia; (ii) outro Desembargador também julgue procedente, mas baseando-se na prova pericial, que reputa satisfatória, embora não concorde com a tese da presunção de nexo de causalidade; (iii) o terceiro julgador conclui pela improcedência do pedido.

Nessa hipótese, o pedido deve ser julgado procedente, já que se alcançou maioria quanto à causa de pedir exposta – qual seja, existência da doença e nexo causal com o trabalho desempenhado. No entanto, veja-se que não se formou precedente, pois não houve maioria de votos no que tange aos fundamentos adotados pelos votos vencedores.

Situação diferente ocorreria se o segundo Desembargador concordasse com o fundamento segundo o qual há presunção de nexo de causalidade entre a doença LER/DORT e a função de digitador: nesse caso, ter-se-ia precedente reconhecendo essa tese. Perceba-se que a norma geral extraída da fundamentação seria justamente essa: há nexo causal entre a doença e a mencionada função. Essa norma geral, contida – ainda que implicitamente – na fundamentação do acórdão é generalizável, já que poderia ser aplicada a casos idênticos ou análogos, nos quais estivesse em jogo discussão semelhante.

Depreende-se que o precedente só se forma quando há maioria de votos, no órgão colegiado, quanto aos fundamentos utilizados para amparar determinado resultado de julgamento. Pode-se dizer, assim, que não é suficiente – embora seja necessária – a maioria de votos no que tange a cada causa de pedir.

Daí decorre a necessidade de que os Tribunais observem criteriosamente a votação de cada causa de pedir e de cada fundamento utilizado pelos julgadores votantes. Imprecisões na colheita de votos podem facilmente falsear o resultado e fazer com que se considere indevidamente existir precedente.

A identificação da *ratio decidendi* deve fazer-se a partir da identificação dos fatos relevantes e dos fundamentos jurídicos determinantes que conduzem à conclusão adotada.[14]

Técnica interessante para identificar a *ratio decidendi* é a da inversão, segundo a qual determinado fundamento é razão de decidir quando sua inversão provoca a alteração do resultado do julgamento. No exemplo dado, caso se invertesse o fundamento utilizado (= não há presunção de nexo de causalidade entre LER/DORT e a função de digitador), o julgamento seria de improcedência, em vez de procedência: dessa forma, essa é a razão de decidir do julgado e que gera precedente.

Fundamentos que não sejam determinantes para a conclusão adotada configuram *obiter dicta*, sendo lançados na decisão apenas de passagem. Sua exclusão não resultaria em nenhum prejuízo, nem em modificação do resultado de julgamento. Exemplo: um dos votantes afirma que a situação é agravada porque a empregadora não fez exames periódicos de saúde aptos a detectarem a LER/DORT. Tal fundamento, se excluído do voto ou invertido, não alteraria a respectiva conclusão no sentido de haver presunção de nexo causal entre a doença e o trabalho.

5. DISTINÇÃO E SUPERAÇÃO DOS PRECEDENTES

A figura dos precedentes vinculantes não amesquinha ou reduz, de maneira alguma, a atividade jurisdicional ou a independência funcional do Juiz. Na verdade, como visto, a atuação dos magistrados sempre foi limitada por normas jurídicas.

[14] Cf. DIDIER, *op. cit.*, v. 2, p. 463.

De outro lado, o enquadramento jurídico dos fatos (ou seja, a perquirição da aplicabilidade, ou não, de determinada Súmula ou lei ao caso concreto) deve ser feito pelo juiz sem que se desconsiderem os elementos singulares envolvidos em cada processo.

Nesse contexto, despontam os mecanismos da distinção (*distinguishing*) e da superação (*overruling*) do precedente, típicos dos sistemas da *common law*, e recentemente positivados no Brasil pela Lei nº 13.015/2014 (CLT, art. 896-C, §§ 16 e 17)[15], e pelo Código de Processo Civil (art. 489, § 1º, VI).[16]

De fato, o juiz pode deixar de aplicar precedente vinculante, Súmula comum ou Súmula vinculante sempre que a situação em análise for distinta, sob o ponto de vista fático ou jurídico, daquela analisada no precedente do Tribunal Superior. A distinção deve ser feita sempre que os fatos essenciais que deram origem ao precedente não se harmonizarem com os fatos da causa; ou quando a situação concreta apresentar particularidade relevante capaz de justificar a não incidência do precedente. Por fatos essenciais deve-se entender aqueles que alicerçam a *ratio decidendi* de precedente.

Exemplo: suponha-se que o TST firme precedente vinculante no sentido de ser pertinente a inversão do ônus da prova quanto ao pedido de adicional de insalubridade, na hipótese em que a empresa, intimada especificamente a juntar os laudos técnicos obrigatórios (PPP, PPRA etc.), não o faça injustificadamente. Não se pode pretender aplicar tal precedente para determinada situação concreta em que não tenha havido intimação da reclamada com essa finalidade. A ausência de intimação da empresa, nesse exemplo hipotético, é particularidade relevante que justifica a distinção entre o caso concreto e o precedente.

Além disso, caso se altere a conjuntura econômica, social ou jurídica, o precedente pode ser superado, o que deve ser feito, em princípio, pelo próprio Tribunal que o editou. Como a jurisprudência deve ser estável, além de íntegra e coerente (CPC, art. 927), espera-se que os Tribunais não façam do *overruling* algo cotidiano, mas apenas excepcional. Do contrário, a própria credibilidade do sistema de precedentes – e, por consequência, todos os valores que objetiva concretizar – estaria comprometida.

Como forma de prestigiar a segurança jurídica e a legítima confiança dos cidadãos que se basearam na decisão anterior, o Tribunal pode modular os efeitos da decisão que a tenha alterado (CLT, art. 896-C, § 17). Daí decorre que a alteração de jurisprudência consolidada pode ter efeitos prospectivos (apenas para o futuro), ou delimitados em qualquer outro marco temporal que o Tribunal venha a estabelecer.

---

15 Art. 896-C, § 16 – A decisão firmada em recurso repetitivo não será aplicada aos casos em que se demonstrar que a situação de fato ou de direito é distinta das presentes no processo julgado sob o rito dos recursos repetitivos.
§ 17 – Caberá revisão da decisão firmada em julgamento de recursos repetitivos quando se alterar a situação econômica, social ou jurídica, caso em que será respeitada a segurança jurídica das relações firmadas sob a égide da decisão anterior, podendo o Tribunal Superior do Trabalho modular os efeitos da decisão que a tenha alterado.

16 Art. 489, § 1º – Não se considera fundamentada qualquer decisão judicial, seja ela interlocutória, sentença ou acórdão, que: (...)
VI – deixar de seguir enunciado de súmula, jurisprudência ou precedente invocado pela parte, sem demonstrar a existência de distinção no caso em julgamento ou a superação do entendimento.

Em duas situações excepcionais, a superação do precedente (*overruling*) pode ser feita pelos órgãos jurisdicionais hierarquicamente inferiores (inclusive juízes de primeiro grau) e vinculados ao Tribunal que editou o precedente: (i) edição superveniente de lei contrária ao precedente[17]; (ii) utilização da técnica da sinalização (*signaling*) pelo Tribunal.

De fato, quando o Tribunal edita precedente, o faz tendo em vista o cenário jurídico vigente quando da prolação da decisão paradigma. Se, posteriormente, sobrevém lei em sentido contrário, os juízes devem deixar de aplicar o precedente, sem que se cogite de indisciplina judiciária ou usurpação da competência do Tribunal para o *overruling*. Do contrário, o precedente judicial teria mais valor do que a própria lei, o que não pode ser admitido no sistema constitucional de separação e harmonia dos Poderes.

Em outras situações, o Tribunal pode realizar uma espécie de transição entre o entendimento manifestado no precedente, e a nova interpretação que é apenas sinalizada (*signaling*). Em outras palavras: a Corte sinaliza uma futura mudança de entendimento. Nessas hipóteses, é possível a *superação antecipada* pelos órgãos inferiores. Não se trata de discordância do juiz com o mérito do precedente, mas de juízo de probabilidade no sentido de que haverá modificação do precedente, conforme tendência anunciada pelo Tribunal Superior.[18]

6. CONSEQUÊNCIAS DA INOBSERVÂNCIA DOS PRECEDENTES

A decisão judicial que deixa de seguir o entendimento contido em precedente vinculante – não sendo o caso de sua distinção ou superação – apresenta *error in judicando*, sendo possível sua reforma através das vias recursais.

Além disso, é pertinente o ajuizamento de reclamação diretamente ao Tribunal cujo precedente foi desrespeitado (CPC, art. 988, IV), que cassará a decisão discrepante de seu julgado ou determinará medida adequada à solução da controvérsia.

A interpretação conjugada dos arts. 988, IV, e § 5º, II, do CPC[19], permite concluir que a reclamação será cabível quando o precedente não observado tiver sido firmado em julgamento de casos repetitivos (recursos repetitivos e IRDR) ou IAC. Contudo, quando se tratar de recursos excepcionais (extraordinário, especial ou de revista), somente é possível o manejo da reclamação quando esgotadas as vias ordinárias; ou seja, o interessado deve utilizar, primeiramente, todos os recursos cabíveis, incluindo agravo interno caso se trate de decisão monocrática de relator.

---

17 Cf. DIDIER, *op. cit.*, v. 2, p. 512. No mesmo sentido, Fórum Permanente de Processualistas Civis, enunciado 324.

18 Cf. DIDIER, *op. cit.*, v. 2, p. 520.

19 Art. 988 – Caberá reclamação da parte interessada ou do Ministério Público para: (...)

IV – garantir a observância de enunciado de súmula vinculante e de precedente proferido em julgamento de casos repetitivos ou em incidente de assunção de competência.

§ 5º – É inadmissível a reclamação: (...)

II – proposta para garantir a observância de acórdão de recurso extraordinário com repercussão geral reconhecida ou de acórdão proferido em julgamento de recursos extraordinário ou especial repetitivos, quando não esgotadas as instâncias ordinárias.

A reclamação cabe tanto na situação em que o precedente é indevidamente aplicado ao caso concreto, quanto naquela em que se deixa de aplicar um precedente que seria pertinente (art. 988, § 4º).

Caso o órgão jurisdicional se omita na avaliação de aplicação, ou não, de um precedente ao caso concreto, cabem embargos de declaração para suprir a omissão, já que se considera omissa a decisão que deixar de seguir enunciado de súmula, jurisprudência ou precedente invocado pela parte, sem demonstrar a existência de distinção no caso em julgamento ou a superação do entendimento (CPC, art. 489, § 1º, I).[20]

Embora o tema seja controvertido, se persistir a omissão, deve-se entender possível o ajuizamento de reclamação, pois a omissão pode equivaler à indevida não aplicação do precedente.[21]

Não há possibilidade de punição de magistrado no campo administrativo-disciplinar pelo mero fato de não seguir precedente vinculante, por ausência de previsão legal. Ao contrário, o art. 41 da LC 35/79 (Loman)[22] estabelece que o juiz não pode ser punido pelo teor de suas decisões, salvo no caso de impropriedade ou excesso de linguagem. No entanto, é desejável e se espera que os magistrados observem os precedentes, concretizando a principiologia do moderno Direito Processual em busca da efetividade do processo.

De outro lado, a Resolução nº 106/2010, do Conselho Nacional de Justiça, no art. 10, parágrafo único, estabelece que *a disciplina judiciária do magistrado, aplicando a jurisprudência sumulada do Supremo Tribunal Federal e dos Tribunais Superiores, com registro de eventual ressalva de entendimento, constitui elemento a ser valorizado para efeito de merecimento, nos termos do princípio da responsabilidade institucional, insculpido no Código Ibero-Americano de Ética Judicial (2006).* Assim, para fins de promoção por merecimento, na avaliação da qualidade das decisões proferidas serão levados em consideração, entre outros aspectos, o respeito às súmulas do Supremo Tribunal Federal e dos Tribunais Superiores (Resolução CNJ nº 106/2010, art. 5º, *e*).

7. REGRAS GERAIS ACERCA DOS PRECEDENTES OBRIGATÓRIOS

Há um conjunto de regras que se aplicam de forma geral no que tange aos precedentes obrigatórios, independentemente de sua origem.

O fato de uma decisão judicial - proferida em IRDR, IAC, recursos repetitivos, ou pelo Pleno ou Órgão Especial de Tribunal - apresentar o potencial de vincular diversos órgãos jurisdicionais faz com o ordenamento processual estabeleça critérios procedimentais específicos e diferenciados a respeito de sua produção.

---

20 Art. 489, § 1º - Não se considera fundamentada qualquer decisão judicial, seja ela interlocutória, sentença ou acórdão, que:

I - se limitar à indicação, à reprodução ou à paráfrase de ato normativo, sem explicar sua relação com a causa ou a questão decidida.

21 Em sentido contrário, DIDIER, *op. cit.*, v. 3, p. 553.

22 Art. 41 - Salvo os casos de impropriedade ou excesso de linguagem o magistrado não pode ser punido ou prejudicado pelas opiniões que manifestar ou pelo teor das decisões que proferir.

Em essência, tais regras gerais têm o objetivo de potencializar o contraditório substancial; conferir maior legitimidade à atuação do Judiciário na criação do precedente; assegurar a observância da ordem jurídica e a isonomia na aplicação do precedente aos casos concretos.

Embora as Súmulas (comuns e vinculantes) não constituam precedentes no sentido técnico-jurídico da expressão, a finalidade de sua edição pelos Tribunais permite concluir que também se lhes aplicam, em princípio, as regras gerais a seguir analisadas.

7.1. Estabilidade, integridade e coerência

Os Tribunais têm o dever de uniformizar a sua jurisprudência e mantê-la estável, íntegra e coerente (CPC, art. 926).

Dessa forma, espera-se que o entendimento contido nos precedentes em geral – sobretudo os obrigatórios – não sejam frequentemente alterados, à luz de circunstâncias conjunturais, como seria, por exemplo, a mudança de composição de um órgão colegiado ou mesmo a mera mudança de opinião de um dos julgadores. Se não houver uma mínima estabilidade dos precedentes, o objetivo de garantir a segurança jurídica não será alcançado.

Não há discricionariedade judicial na modificação ou superação de precedentes. O Tribunal, para modificá-los ou superá-los, deve observar a necessidade de fundamentação adequada e específica (art. 927, § 4º), apta a demonstrar a alteração do cenário econômico, social ou jurídico que o justifique.

Já a integridade e coerência dos precedentes se associa à isonomia: casos iguais ou semelhantes devem receber idêntico tratamento; julgamentos diferentes só são possíveis se as circunstâncias fáticas e jurídicas também o forem.

7.2. Eficácia extraprocessual da decisão

A decisão que forma o precedente obrigatório julga o caso concreto, como qualquer outra; mas vai além, pois passa a constituir paradigma que deve ser seguido nos demais processos que versem sobre a mesma matéria.

O precedente deve ser observado em todos os processos futuros, nos quais se discute o tema. Na hipótese de se tratar de precedente firmado no julgamento de casos repetitivos, há possibilidade de exercício de juízo de retratação pelos órgãos jurisdicionais vinculados, conforme se verá adiante.

7.3. Ampliação do debate

Como corolário da eficácia extraprocessual do precedente, e considerando, ainda, a necessidade de estabilidade da jurisprudência, a lei adota medidas cujo objetivo é potencializar o contraditório e reforçar a necessidade de fundamentação da decisão judicial.

Assim, a formação do precedente (bem como eventual modificação da tese jurídica adotada) poderá ser precedida de audiências públicas e da participação de pessoas, órgãos ou entidades que possam contribuir para a rediscussão da tese (CPC, arts. 927, § 3º; 983, e 1038, *caput*).

Da mesma forma, o Ministério Público, quando não for parte do processo, obrigatoriamente atuará como *custos legis* para fins de formação do precedente (CPC, arts. 976, § 2º; e 1038, III).

Para que se efetive o contraditório substancial, a decisão paradigma deve analisar todos os fundamentos suscitados concernentes à tese jurídica discutida, sejam favoráveis ou contrários (CPC, arts. 984, § 2º; e 1038, § 3º).[23]

Perceba-se que não há previsão legal específica de ampliação do debate no incidente de assunção de competência, mas os dispositivos legais acima citados são aplicáveis por analogia, pois a necessidade de potencializar o contraditório também se faz presente no IAC, tendo em vista a relevância dos temas que nele são discutidas. O art. 138 do CPC corrobora tal conclusão, ao possibilitar a participação de *amicus curiae* quando se tratar de matéria relevante.[24]

7.4. Modulação de efeitos

Outra consequência da necessidade de estabilidade da jurisprudência é que os Tribunais, ao superarem ou modificarem precedentes, podem – e, na maioria das vezes, devem – modular os efeitos da *virada* jurisprudencial.

De fato, toda a sistemática dos precedentes vinculantes é estabelecida com o objetivo de prestigiar a segurança jurídica e resguardar a legítima confiança que os cidadãos têm no Poder Judiciário. Sem dúvida, mudanças repentinas no entendimento jurisprudencial abalam esses dois alicerces e põem em xeque toda a construção alusiva aos precedentes.

Por tais razões, o art. 927, § 3º, do CPC, autoriza que, quando da modificação da jurisprudência dos Tribunais Superiores ou daquela oriunda de julgamento de casos repetitivos, seja feita modulação dos efeitos da alteração no interesse social e no da segurança jurídica. A modificação jurisprudencial pode ter efeitos prospectivos (apenas para o futuro), ou delimitados em qualquer outro marco temporal que o Tribunal venha a estabelecer.

7.5. Publicidade e organização

É cediço que ninguém se escusa de cumprir a lei alegando desconhecê-la. A obrigatoriedade não decorre do fato de todos conhecerem a lei, porque, na prá-

---

23 Art. 984, § 2º – O conteúdo do acórdão abrangerá a análise de todos os fundamentos suscitados concernentes à tese jurídica discutida, sejam favoráveis ou contrários.

Art. 1038, § 3º – O conteúdo do acórdão abrangerá a análise de todos os fundamentos da tese jurídica discutida, favoráveis ou contrários.

24 Art. 138 – O juiz ou o relator, considerando a relevância da matéria, a especificidade do tema objeto da demanda ou a repercussão social da controvérsia, poderá, por decisão irrecorrível, de ofício ou a requerimento das partes ou de quem pretenda manifestar-se, solicitar ou admitir a participação de pessoa natural ou jurídica, órgão ou entidade especializada, com representatividade adequada, no prazo de 15 (quinze) dias de sua intimação.

tica, isso não acontece; decorre, na verdade, da necessidade social de que as leis se apliquem incondicionalmente.[25] No entanto, por serem publicadas na Imprensa Oficial – e, atualmente, constarem inclusive da rede mundial de computadores –, o conhecimento das leis está ao alcance de todos.

Idêntico raciocínio vale para os precedentes judiciais obrigatórios, cuja natureza jurídica é de fonte formal do direito.[26] Assim, nem os cidadãos, nem os órgãos jurisdicionais podem deixar de seguir um precedente sob o fundamento de que o desconhecem. Pode-se concluir que se aplica o princípio *jura novit curia* no que tange aos precedentes vinculantes.

Daí decorre a necessidade de ampla divulgação das teses firmadas nos precedentes obrigatórios, bem como sua adequada sistematização, a fim de facilitar o acesso não apenas por operadores do direito, mas também por cidadãos que desejem pautar seu comportamento a partir do entendimento dos Tribunais.

Nesse sentido, o art. 927, § 5º, do CPC, estabelece que os Tribunais devem dar publicidade a seus precedentes, organizando-os por questão jurídica decidida e divulgando-os, preferencialmente, na rede mundial de computadores.

8. SISTEMÁTICA DOS CASOS REPETITIVOS

Neste item, serão estudados os aspectos comuns às técnicas empregadas para julgamento de casos repetitivos (IRDR e recursos repetitivos).

8.1. Insuficiência do sistema de ações coletivas

Há questões jurídicas - de direito material ou processual - que se repetem em múltiplos processos, o que gera a massificação dos conflitos, a significar que o mesmo tema é debatido por grande quantidade de partes em diversos processos judiciais.

As questões repetitivas de direito material podem ser solucionadas, em tese, pela via das ações coletivas em sentido estrito. No entanto, as ações coletivas não se revelaram satisfatoriamente eficientes para conter a litigiosidade de massa, por diversos motivos:

- (i) a sistemática da coisa julgada, que apenas se forma para beneficiar os titulares de direitos individuais (*secundum eventum litis*), do que resulta que o julgamento de improcedência na ação coletiva não pacifica a questão jurídica, já que permite a continuidade das ações individuais;
- (ii) incerteza acerca da fluência, ou não, do prazo prescricional no caso de ação coletiva sobre direitos individuais homogêneos, o que leva os interessados a ajuizarem, por cautela, suas ações individuais;
- (iii) pouca efetividade da sentença condenatória genérica, que exige o ajuizamento de liquidações individuais que funcionam como verdadeiras ações de conhecimento, no caso de direitos individuais homogêneos;

[25] LIMA, Hermes. *Introdução à Ciência do Direito.* 10ª ed. Livraria Freitas Bastos: Rio de Janeiro, 1960, p. 132.

[26] Cf. Capítulo I, item 5.5.3.

- (iv) o rol restrito de legitimados para ajuizar ações coletivas.

Observe-se, ainda, que questões processuais não podem ser objeto de ações coletivas. Assim, por exemplo, discussões atinentes ao cabimento de recursos em determinadas situações; critérios para concessão de gratuidade de justiça etc., nada disso pode ser solucionado em escala macroscópica, tornando forçosa a solução pulverizada em múltiplos processos.

Por fim, observe-se que a lei, por vezes, estabelece restrições aos temas de direito material que podem ser objeto de ações coletivas. Por exemplo: não pode ser objeto de ação civil pública pretensão relativa a tributos, contribuições previdenciárias, o Fundo de Garantia do Tempo de Serviço - FGTS (Lei nº 7.347/85, art. 1º, parágrafo único).

8.2. Recursos repetitivos e IRDR: noções essenciais e aplicabilidade

A insuficiência do sistema de ações coletivas para solucionar satisfatoriamente os conflitos de massa fez com que o legislador idealizasse dois mecanismos com essa finalidade: os recursos repetitivos e o incidente de resolução de demandas repetitivas (IRDR).

Apesar da nomenclatura *casos repetitivos* para designar o gênero que abrange as duas espécies, importante observar que não há restrições de matéria que possam ser objeto de IRDR e recursos repetitivos. Assim, quaisquer questões de direito material ou processual podem ser nele debatidas e solucionadas.

A instauração do IRDR e a deflagração da sistemática dos repetitivos é cabível sempre que houver efetiva repetição de processos que contenham controvérsia sobre a mesma questão unicamente de direito. A noção de *multiplicidade de processos* é conceito jurídico indeterminado, cujo delineamento será feito pelo Judiciário a partir das circunstâncias concretas. Certamente haverá situações em que claramente o incidente é cabível, como, por exemplo, se houver milhares de ações sobre o mesmo tema; ou, ao contrário, claramente incabível, se houver apenas 10 processos no território nacional que discutam o tema. Entre os dois extremos, natural que haja uma *zona de penumbra* que suscite maiores controvérsias no cotidiano forense.

A sistemática de casos repetitivos pressupõe, ainda, que a questão repetitiva seja unicamente de direito. A definição da ocorrência, ou não, de um fato é sempre questão singular. A repetição em múltiplos processos pode dizer respeito à consequência jurídica de certos fatos (e para isso cabe o IRDR), mas jamais quanto à existência ou não do fato (para isso não cabe o IRDR).

No caso do IRDR, a lei estabelece um requisito adicional para a admissibilidade do incidente: risco de ofensa à isonomia e à segurança jurídica (CPC, art. 976, II). Daí se depreende que deve haver decisões conflitantes no âmbito dos órgãos jurisdicionais vinculados ao Tribunal que instaurará o IRDR. Já no que tange aos recursos repetitivos, o CPC não estabelece necessidade de decisões divergentes; e o art. 896-C, *caput*, da CLT, dispõe que a sistemática dos recursos de revista repetitivos é pertinente tendo em vista a relevância da matéria ou a existência de entendimentos divergentes entre os Ministros da SDI-1 ou das Turmas do TST.

Ademais, não cabe instauração de IRDR nos Tribunais Regionais do Trabalho quando o TST tiver afetado recurso de revista representativo da controvérsia para servir como paradigma quanto à mesma questão jurídica (CPC, art. 976, § 4º).

Há controvérsia sobre o âmbito de aplicabilidade do IRDR: para alguns, seria pertinente apenas em Tribunais de Justiça e Tribunais Regionais Federais[27]. Nessa ótica, no campo trabalhista, o IRDR somente poderia ser instaurado em TRT. Outra corrente sustenta o cabimento do IRDR em quaisquer Tribunais, inclusive os superiores (STF, TST e STJ).[28]

A vantagem de entender pela aplicabilidade do IRDR nos Tribunais Superiores é permitir sua instauração nas causas de competência originária, tais como os conflitos de competência ou ações rescisórias. Quanto às matérias que possam ser objeto de recursos excepcionais (extraordinário, revista etc.), não há necessidade de previsão de IRDR, já que as questões de massa podem ser solucionadas pela via dos recursos repetitivos.

No entanto, apesar de não haver vedação expressa à aplicabilidade do IRDR em Tribunais Superiores, o sistema do Código foi claramente idealizado para a utilização do incidente apenas em Tribunais de segundo grau: é o que se infere dos arts. 982, § 3º, e 987, *caput*, os quais pressupõem o cabimento de recursos excepcionais contra a decisão do IRDR, bem como a possibilidade de suspensão dos processos, excepcionalmente, pelos Tribunais Superiores.

Portanto, *de lege lata*, o IRDR somente cabe em Tribunais de segunda instância; *de lege ferenda*, o ideal é que houvesse previsão de cabimento de IRDR nas causas de competência originária de Tribunais Superiores.[29] Contudo, veja-se que o Tribunal Superior do Trabalho já admitiu IRDRs de competência originária do próprio tribunal, de modo que adotou o entendimento mais ampliativo sobre o cabimento do IRDR em tribunal superior.[30] De modo semelhante, a posição mais recente do STJ é no sentido de que somente é cabível a instauração do **IRDR** diretamente no STJ quando as demandas de sua competência originária ou de revisão ordinária preencherem os requisitos do art. 976 do CPC.[31]

---

27 Nesse sentido: GRECO, *op.cit.*, v.3. p. 409; NEVES, *op. cit.*, p. 558.

28 DIDIER, *op. cit.*, v. 3, p. 630.

29 Nesse sentido, a seguinte decisão do STJ: "Quanto ao Pedido Incidente de Resolução de Demandas Repetitivas, a competência para julgamento do referido pedido é dos tribunais de segundo grau. O inciso III do § 4º do art. 942 do CPC/2015, quando faz referência à palavra "tribunais", deve ser interpretado como as instâncias ordinárias competentes para o julgamento da Apelação, ou seja, os Tribunais de Justiça e o Tribunais Regionais Federais, e não as instâncias extraordinárias" (AgInt na PET no REsp n. 1.577.870/DF, relator Ministro Herman Benjamin, Segunda Turma, julgado em 15/12/2016, DJe de 6/3/2017.)

30 Em julho de 2024, já haviam sido admitidos dois IRDRs no TST; o tema 1 discute se a recusa arbitrária do sindicato ou membro da categoria econômica para participar do processo de negociação coletiva trabalhista viola a boa-fé objetiva e tem por consequência a configuração do comum acordo tácito para a instauração de Dissídio Coletivo de Natureza Econômica; e o tema 2 debate a questão exclusivamente de direito que trata sobre o modo, o momento e o lugar apropriado para o empregado não sindicalizado exercer seu direito de oposição ao pagamento da contribuição assistencial.

31 AgRg na Pet n. 14.142/RS, relatora Ministra Maria Thereza de Assis Moura, Corte Especial, julgado em 11/10/2022, DJe de 19/10/2022.

Já a técnica de julgamento de recursos repetitivos por amostragem se aplica apenas no âmbito dos Tribunais Superiores (STF e STJ, conforme art. 1036, *caput*, do CPC; TST, de acordo com o art. 896-C, *caput*, da CLT). No Processo do Trabalho, aplicar-se-ão preferencialmente as normas contidas no art. 896-C da CLT e subsidiariamente, em caso de omissão, o regramento contido nos arts. 1036 a 1041 do CPC.

8.3. Causa-piloto

O julgamento dos casos repetitivos é feito por amostragem: o Tribunal competente aprecia a controvérsia e define a tese aplicável à questão repetitiva ao mesmo tempo que em julga um ou alguns processos paradigmas.

Tal julgamento da causa pelo Tribunal pode se dar: (i) no âmbito de recursos (recursos repetitivos ou IRDR); (ii) no âmbito de remessa necessária ou o processo de competência originária de onde se originou o incidente (exclusivamente no caso de IRDR).

Esse regramento, que se infere dos arts. 976, parágrafo único, e 1039, *caput*, do CPC, e 896-C, § 11, da CLT, permite concluir que os casos repetitivos se solucionam, em princípio, a partir do julgamento de causas-piloto, previamente selecionadas e que funcionam como paradigmas para os múltiplos processos em que a mesma questão é discutida.

Excepcionalmente, apenas no caso de desistência da ação ou do processo (conforme se verá em tópico próprio abaixo), adota-se o sistema da causa-modelo, segundo o qual o Tribunal fixa apenas a tese sobre a questão repetitiva, embora não julgue o caso concreto.

8.4. Seleção do processo paradigma: decisão de afetação

Quando deflagrado um dos incidentes para solução de casos repetitivos (IRDR ou recursos repetitivos), há necessidade de escolha de um ou alguns processos paradigma(s) para a solução dos demais em que se discute idêntica questão.

No âmbito dos recursos repetitivos, a seleção dos recursos paradigmas pode ser feita pelo Presidente ou Vice-Presidente do Tribunal de origem (TRT, TJ ou TRF). Contudo, quando o Tribunal de origem adotar essa iniciativa, a escolha feita pelo presidente ou vice-presidente do tribunal de justiça ou do tribunal regional federal não vinculará o relator no Tribunal Superior, que poderá selecionar outros recursos representativos da controvérsia (CPC, art. 1036, § 4º).

Além disso, relator em Tribunal Superior também poderá selecionar 2 ou mais recursos representativos da controvérsia para julgamento da questão de direito independentemente da iniciativa do Presidente ou do Vice-Presidente do Tribunal de origem (CPC, art. 1036, § 5º).

Somente podem ser selecionados como paradigmas recursos admissíveis que contenham abrangente argumentação e discussão a respeito da questão a ser decidida (CPC, art. 1036, § 6º).

Após a seleção dos recursos, o relator, no Tribunal Superior, quando a iniciativa de deflagração do incidente for do Tribunal de origem, deve verificar se efetivamente se trata de caso repetitivo, ou seja, se realmente há multiplicidade de processos em que se discuta a mesma questão jurídica. Se o relator entender pela impertinência da deflagração do incidente de recursos repetitivos, não proferirá decisão de afetação e determinará a revogação de eventual suspensão de processos determinada na origem (CPC, art. 1037, § 1º).

Caso a iniciativa de deflagração da sistemática dos repetitivos seja do próprio relator no Tribunal Superior – ou, caso o relator concorde com a iniciativa tomada pelo Tribunal de origem –, deverá ser proferida decisão de afetação, que nada mais é do que a remessa do recurso para julgamento pelo órgão colegiado mais amplo e competente para uniformizar a jurisprudência, nos termos do Regimento Interno de cada Tribunal.

Na decisão de afetação, o relator deve identificar com precisão a questão repetitiva a ser submetida a julgamento e pode requisitar aos Tribunais de origem a remessa de um recurso representativo da controvérsia (CPC, art. 1037, I e III), com o objetivo de potencializar o contraditório, mediante a consideração de argumentos que não constem dos recursos já selecionados.

Com a mesma finalidade, o relator poderá solicitar, aos Tribunais Regionais do Trabalho, informações a respeito da controvérsia, a serem prestadas no prazo de 15 dias (CLT, art. 896-C, § 7º).

O relator que primeiro proferir decisão de afetação fica prevento, no âmbito do Tribunal Superior, caso outros relatores venham, posteriormente, a afetar o mesmo tema para julgamento do Colegiado sob o crivo dos repetitivos, conforme art. 1037, § 3º, do CPC.[32]

Os recursos afetados deverão ser julgados no prazo de 1 (um) ano e terão preferência sobre os demais feitos, ressalvados os que envolvam réu preso e os pedidos de habeas corpus (CPC, art. 1037, § 4º).

Embora não haja regras específicas a respeito da escolha dos processos paradigmas em IRDR, é recomendável a utilização dos mesmos critérios acima expostos, relativos aos recursos repetitivos. Assim, no IRDR, devem ser selecionados dois ou mais processos sobre a mesma questão, com argumentação abrangente. A prevenção será do relator que primeiro admitir o IRDR (quando suscitado pelas partes ou pelo Ministério Público), ou do relator que instaurar de ofício o incidente.[33]

Por fim, veja-se que, no âmbito do TST, o Presidente da Turma ou da Seção Especializada, por indicação dos relatores, afetará um ou mais recursos representativos da controvérsia para julgamento pela Seção Especializada em Dissídios Individuais ou pelo Tribunal Pleno, sob o rito dos recursos repetitivos. O Presidente da Turma ou da Seção Especializada que afetar processo para julgamento sob o rito dos recursos repetitivos deverá expedir comunicação aos demais Presidentes de Turma ou de Seção Especializada, que poderão afetar outros processos sobre a questão para julgamento conjunto, a fim de conferir ao órgão julgador visão global da questão (CLT, art. 896-C, §§ 1º e 2º).

---

[32] Art. 1037, § 3º Havendo mais de uma afetação, será prevento o relator que primeiro tiver proferido a decisão a que se refere o inciso I do caput.

[33] Com a mesma opinião, DIDIER, *op. cit.*, v. 3, p. 615.

8.5. Legitimidade para deflagração

A sistemática de julgamento de recursos repetitivos por amostragem pode ser deflagrada por iniciativa (i) do Presidente ou Vice-Presidente do Tribunal de origem; ou (ii) do relator no Tribunal Superior.

No entanto, o TST tem entendido que sua Subseção 1 Especializada em Dissídios Individuais (SDI-1) teria a competência exclusiva para suscitar os incidentes de recursos repetitivos, sob o argumento de que tanto a Instrução Normativa 38 do TST, quanto a própria CLT, não autorizaria aos Regionais suscitar os incidentes.

Contudo, o art. 896-C, § 4º, da CLT, autoriza implicitamente que o incidente seja deflagrado pelos Tribunais Regionais do Trabalho. Evidentemente, o TST não está vinculado à decisão do TRT e pode entender que não se justifica, na situação concreta, a deflagração da sistemática dos repetitivos. Assim, se o relator no TST entender pela impertinência da deflagração do incidente de recursos repetitivos, não proferirá decisão de afetação e determinará a revogação de eventual suspensão de processos determinada na origem (CPC, art. 1037, § 1º). No entanto, isso não retira a legitimidade de que o TRT tome a iniciativa de deflagrar a sistemática.

Nada impede que a parte de determinado processo postule incidentalmente, em seu recurso, a deflagração da sistemática; contudo, o incidente só será instaurado se houver iniciativa dos órgãos jurisdicionais competentes. Se não houver iniciativa do Presidente ou Vice do Tribunal de origem, ou do relator no Tribunal Superior, o recurso será processado sem que se cogite de nenhum incidente procedimental diferenciado.

Diferentemente, no caso do IRDR, deve ser feito pedido de instauração do incidente, direcionado ao Presidente do Tribunal, pelos seguintes legitimados: (i) juiz ou relator, por ofício; (ii) partes, através petição; (iii) Ministério Público ou Defensoria Pública, também por petição.

Uma vez formulado o pedido, o órgão colegiado responsável por uniformizar a jurisprudência do Tribunal (conforme previsão no respectivo Regimento Interno) fará o juízo de admissibilidade do incidente (CPC, art. 981). Não é possível o indeferimento monocrático pelo Presidente do Tribunal. A atuação monocrática do Presidente só será possível em caso de reiteração do IRDR sem que tenha surgido o requisito reputado anteriormente ausente pelo Colegiado.

De fato, a inadmissão do incidente de resolução de demandas repetitivas por ausência de qualquer de seus pressupostos de admissibilidade não impede que, uma vez satisfeito o requisito, seja o incidente novamente suscitado (CPC, art. 976, § 3º).

8.5.1. Instauração de IRDR – necessidade de processo pendente no Tribunal. Procedimento para a instauração pelo juiz

Como visto, a instauração de IRDR depende de requerimento, feito ao Presidente do Tribunal, por um dos seguintes legitimados: (i) juiz ou relator, por ofício; (ii) partes, através petição; (iii) Ministério Público ou Defensoria Pública, também por petição.

Ponto polêmico diz respeito à necessidade, ou não, de haver processo pendente no âmbito de Tribunal (e não apenas no primeiro grau de jurisdição) para que se viabilize a instauração de IRDR. A resposta passa necessariamente pela análise do art. 978, parágrafo único, do CPC.[34]

O dispositivo legal institui o regime de causa-piloto para julgamento do IRDR. Assim, admitido o IRDR, o colegiado mais amplo (geralmente, Seção, Órgão Especial ou Tribunal Pleno) passa a deter competência funcional para julgar não apenas o próprio incidente, mas também o recurso, a remessa necessária ou o processo de competência originária de onde se originou o incidente.

Dessa forma, deve-se concluir que há necessidade de processo já em trâmite no Tribunal, ou em vias de ser remetido ao Tribunal, para que seja possível a instauração de IRDR. Isso porque é impossível suprimir o primeiro grau de jurisdição, e fazer com que a causa - ainda não julgada pelo juiz competente - seja julgada diretamente pelo Tribunal no IRDR.

Assim, para que o juiz de primeiro grau possa suscitar IRDR, deverá encaminhar ofício ao Presidente do Tribunal respectivo, o que só pode ser feito após a interposição de recurso pela parte interessada. Recebido o recurso, e intimado o recorrido para ofertar contrarrazões, o juiz remeterá o recurso para o Tribunal, juntamente com o ofício, a fim de que a competência para julgamento do recurso se desloque da Turma para o colegiado mais amplo competente para julgar o IRDR.

A instauração do IRDR também pode ser deflagrada a pedido do relator, que enviará ofício ao Presidente do Tribunal a fim de que haja, igualmente, o deslocamento da competência para julgar o recurso, a ação de competência originária ou a remessa necessária.

Por fim, as partes, o Ministério Público e a Defensoria Pública podem requerer a instauração do IRDR na própria peça de interposição do recurso, ou em petição avulsa, em qualquer momento entre a interposição e o início do julgamento pelo colegiado competente.

O Superior Tribunal de Justiça já decidiu que, por possuir natureza de incidente processual, a instauração do IRDR pressupõe a existência de demanda em curso no tribunal para que nela possa incidir, uma vez que não há como julgar questão secundária de processo principal que já não se encontra mais em trâmite.[35]

Cabe registrar, entretanto, o entendimento contrário, no sentido de que o art. 978, parágrafo único, do CPC, deveria ser *interpretado como regra de prevenção, e não como imposição da existência de processo no Tribunal.*[36] Nessa ótica, o IRDR poderia ser suscitado antes mesmo da prolação da sentença, e o órgão que julgasse o IRDR ficaria prevento para apreciar futuro e eventual recurso interposto no causa.

---

[34] Parágrafo único. O órgão colegiado incumbido de julgar o incidente e de fixar a tese jurídica julgará igualmente o recurso, a remessa necessária ou o processo de competência originária de onde se originou o incidente.

[35] AgInt no RE nos EDcl no AgInt no AREsp n. 1.476.592/SP, relator Ministro Jorge Mussi, Corte Especial, julgado em 13/10/2020, DJe de 21/10/2020.

[36] DUARTE, Bento Herculano. *Incidente de resolução de demandas repetitivas (IRDR): natureza, finalidade, pressupostos, pontos controvertidos e aplicação na Justiça do Trabalho* in Revista do Tribunal Regional do Trabalho da 9ª Região. Volume 7, nº 70, julho de 2018.

8.6. Suspensão dos processos

Na decisão de afetação – proferida pelo relator de recurso repetitivo em Tribunal Superior –, deve ser determinada a suspensão do processamento de todos os processos pendentes, individuais ou coletivos, que versem sobre a questão e tramitem no território nacional (CPC, art. 1037, II).

O objetivo da suspensão é concentrar a formação do precedente nos processos paradigmas, para que a decisão seja seguida em todos os casos em que se discuta idêntica questão. Evita-se, assim, em consonância com o princípio da economia processual, o desperdício de tempo e dinheiro públicos envolvidos na tramitação de processos cuja solução será dada, de um jeito ou de outro, pelo Tribunal que forma o precedente. Além disso, a suspensão preserva a isonomia, ao impedir a prolação de decisões conflitantes, que tratem os cidadãos diferentemente, apesar de debaterem idêntica questão jurídica.

Observe-se que, de acordo com a CLT, art. 896-C, § 3º, cabe ao Presidente do TST determinar obrigatoriamente que os Tribunais Regionais suspendam os recursos interpostos em casos idênticos aos afetados como recursos repetitivos, até o pronunciamento definitivo do Tribunal Superior do Trabalho. De outro lado, o art. 896-C, § 5º, estatui que o relator no TST poderá determinar a suspensão dos recursos de revista ou de embargos. Depreende-se que a CLT pretendeu conferir certa margem de liberdade ao relator no TST, para definir se os recursos de revista que já estejam em trâmite no Tribunal devem ou não ser sobrestados; contudo, o sobrestamento dos recursos ainda pendentes de admissibilidade nos TRTs é obrigatório.

Perceba-se, entretanto, que a suspensão dos processos pode ocorrer em caráter preventivo, ou seja, antes mesmo de chegarem ao TST, já que os Presidentes ou Vice-Presidentes dos Tribunais Regionais também podem admitir um ou mais recursos representativos da controvérsia, os quais serão encaminhados ao Tribunal Superior do Trabalho, ficando suspensos os demais recursos de revista até o pronunciamento definitivo do TST (CLT, art. 896-C, § 4º). Ressalve-se, conforme já feito no tópico anterior, que o TST tem entendido que apenas sua SDI pode deflagrar a sistemática dos recursos repetitivos, de onde resulta que seria ilegítima a suspensão por iniciativa exclusiva do Presidente ou Vice do TRT de origem.

No caso do IRDR, incumbe ao relator, após a admissão do incidente pelo colegiado, determinar a suspensão de todos os processos individuais ou coletivos, que tramitam no Estado ou na região, conforme o caso, e que versem sobre idêntica questão (CPC, art. 982, I).

Essa suspensão pode ser estendida para todo o território nacional, mediante requerimento das partes, do MP ou da Defensoria Pública, dirigido ao Tribunal Superior competente para conhecer do recurso excepcional (no caso trabalhista, será o TST), de modo a abranger todos os processos que tramitem na Justiça do Trabalho e que versem sobre a questão objeto do IRDR já instaurado. O requerimento pode ser formulado até mesmo por cidadão que seja parte em processo que tramite fora da jurisdição do Tribunal que instaurou o IRDR. Cessará tal suspensão da extensão caso não seja interposto recurso excepcional contra a decisão proferida no incidente (CPC, art. 982, §§ 3º a 5º).

Durante a suspensão dos processos, eventual requerimento de tutela de urgência deve ser dirigido ao juízo onde tramita o processo suspenso (CPC, art. 982, § 2º - dispositivo inserido no Capítulo do Código atinente ao IRDR, mas aplicável por analogia aos recursos repetitivos, já que não há, no ponto, diferença entre as duas situações).

No IRDR, a suspensão do processo pode dar-se pelo prazo máximo de um ano, ressalvada a possibilidade de decisão fundamentada do relator que a prorrogue (CPC, art. 980, *caput*, e parágrafo único).

Os recursos repetitivos também devem ser julgados no prazo máximo de um ano, mas o Código não prevê a cessação da suspensão do processo caso tal prazo seja excedido (CPC, art. 1037, § 4º); não há necessidade, portanto, de prorrogação da suspensão pelo relator, pois ela se dá *ex vi legis*.

8.6.1. Suspensão do processo e pluralidade de pedidos. Fase instrutória

Nos processos trabalhistas é muito comum a cumulação de pedidos na petição inicial. Pode suceder, em tal contexto, que se deflagre incidente de casos repetitivos (IRDR ou recursos repetitivos) apenas no que tange a um ou alguns deles. Discute-se sobre a abrangência da suspensão dos processos em tais hipóteses.

Uma primeira linha argumentativa é no sentido de que deveria haver suspensão integral dos processos, independentemente da fase processual em que se encontrarem e mesmo que haja cumulação de pedidos.

No entanto, é preferível que se faça a suspensão apenas parcial do processo, para abranger apenas o(s) pedido(s) objeto do incidente de casos repetitivos. Como visto, o prazo de suspensão pode ultrapassar um ano, o que prejudicaria irrazoavelmente a tramitação processual no que tange aos pedidos não abrangidos, o que iria de encontro à principiologia do Novo Código de contribuir com a celeridade processual.

Diante dessa realidade, não se deve suspender o processo - por deflagração de incidente de casos repetitivos - antes do encerramento da fase instrutória, que deve realizar-se normalmente. Isso porque:

- (i) não há, em princípio, como cindir a instrução processual, de modo que ela não abranja apenas um dos pedidos;
- (ii) mesmo que haja, excepcionalmente, tal possibilidade, não faria sentido, do ponto de vista da economia processual, produzir provas no que tange a diversos pontos e deixar de fazê-lo quanto à questão repetitiva, pois isso resultaria, por exemplo, na necessidade de realizar várias audiências para ouvir as mesmas testemunhas;
- (iii) a demora na tramitação do incidente pode fazer com que seja impossível ou muito dificultosa a produção da prova em momento futuro, em

decorrência, por exemplo, do esquecimento dos fatos pela testemunha ou até mesmo de seu falecimento.

Encerrada a instrução, o juiz deve proferir sentença, de imediato, quanto aos pedidos não abrangidos pelo incidente de casos repetitivos, cabendo recurso ordinário da decisão. No que tange ao pedido relacionado à questão repetitiva, o processo deve ficar suspenso após a instrução processual, e a sentença será proferida apenas após o julgamento final do IRDR ou do recurso repetitivo, devendo o juiz observar a tese vinculante fixada no incidente. Tal solução é possível em virtude da aplicação do art. 356 do CPC, no que autoriza a decisão parcial de mérito.

Raciocínio similar se aplica para os Tribunais Regionais do Trabalho. Caso haja pluralidade de temas no recurso ordinário, devem ser julgados de imediato aqueles não abrangidos pelo incidente de casos repetitivos, suspendendo-se o pedido recursal atinente à questão repetitiva. Daí resulta que o cabimento de recurso de revista se dará em momentos distintos para cada acórdão do TRT, no bojo do mesmo processo.

Além disso, cabe execução provisória ou definitiva da decisão no que tange aos pedidos não abrangidos pelo incidente.

Essa solução já vem sendo consagrada no Regimento Interno de alguns Tribunais.[37]

8.6.2. Distinção do caso concreto equivocadamente suspenso

A suspensão do processo só pode ocorrer quando a questão repetitiva for idêntica àquela debatida no caso concreto. Se houver distinção entre os temas objeto do incidente de casos repetitivos e os de determinado processo, eventual determinação judicial de suspensão será equivocada. Daí resulta a necessidade de que a parte seja intimada da decisão de suspensão (CPC, art. 1037, § 8º), a fim de que possa impugná-la, caso queira.

Nessa hipótese, a parte deve requerer o prosseguimento do processo ao juiz (processo em 1º grau) ou ao relator (processo suspenso no âmbito de Tribunal) que determinou a suspensão, demonstrando que há distinção entre a questão a ser decidida no processo e aquela a ser julgada no incidente de casos repetitivos (CPC, art. 1037, § 9º).

A parte contrária deve ser intimada para manifestação em cinco dias.

Da decisão desse requerimento, cabe agravo interno, se a decisão for de relator (CPC, art. 1037, § 13, II). Caso a decisão de manter a suspensão ou determinar o prosseguimento do processo seja de juiz de primeira instância, cabe, no Processo Civil, agravo de instrumento. No Processo do Trabalho, dada a irrecorribilidade imediata das decisões interlocutórias, se houver ilegalidade será pertinente a impetração de mandado de segurança.[38]

---

37 Por exemplo, no Regimento Interno do TRT da 1ª Região (art. 119, §§ 11 a 13).

38 No sentido já defendido nesta obra, desde a 1ª edição, o TST veio a pacificar seu entendimento, conforme seguinte julgado, noticiado no informativo nº 239 da Corte: "Recurso ordinário em mandado de segurança. Ato coator do juiz condutor determinando o sobrestamento do feito em razão de decisão do STF em

8.7. Competência para julgamento

Como visto[39], embora o tema seja controvertido, a técnica de julgamento de recursos repetitivos por amostragem se aplica apenas no âmbito dos Tribunais Superiores, ao passo que o IRDR é aplicável nos Tribunais de segunda instância.

A competência funcional para julgamento por amostragem de recursos repetitivos, bem como para apreciação do IRDR, deve ser definida pelo Regimento Interno de cada Tribunal, dentre aqueles responsáveis pela uniformização de jurisprudência (CPC, art. 978, *caput*).[40]

No TST, o julgamento por amostragem de recurso de revista repetitivo é feito pela SDI-1.

8.8. Decisão do Tribunal e consequências

A decisão do Tribunal no julgamento do IRDR ou do recurso repetitivo serve de paradigma para todos os demais processos em que se discute idêntica questão jurídica. Trata-se de precedente obrigatório que deve ser observado por todos os órgãos jurisdicionais vinculados ao Tribunal prolator (CPC, art. 927, III).

Assim, a tese fixada pelo Tribunal deve ser aplicada a todos os processos – individuais ou coletivos, pendentes (suspensos) ou futuros – que versem sobre a mesma questão jurídica, ressalvada a possibilidade de revisão da tese (*overruling*) pelo Tribunal (CPC, art. 985, I e II).

Não há previsão genérica de possibilidade de exercício de juízo de retratação pelo órgão prolator de decisão que divirja da tese adotada pelo Tribunal em IRDR.

No caso de julgamento de recurso repetitivo por amostragem, há as seguintes possibilidades, que se aplicam também quando o STF analisa determinada questão jurídica sob a sistemática da repercussão geral:

- (i) o recurso excepcional (extraordinário, especial ou de revista) sobrestado na origem impugna acórdão cuja solução coincide com a adotada pelo

sede de recurso extraordinário relativo ao tema de repercussão geral 1046. Suspensão dos processos que tratem da prevalência da negociação coletiva sobre dispositivos de lei. Decisão interlocutória. Ausência de recurso interponível. Cabimento da ação mandamental. É cabível a impetração de mandado de segurança contra decisão de juiz que determinou o sobrestamento do feito em razão de decisão do STF em sede de recurso extraordinário, relativo ao Tema de Repercussão Geral nº 1046, que trata da prevalência da negociação coletiva sobre os dispositivos de lei, por se tratar de decisão interlocutória e ante a ausência de outro recurso interponível. No caso, o Tribunal Regional de origem extinguiu o processo, sem resolução do mérito, nos termos do art. 485, IV, do CPC, consignando a impropriedade do manejo da ação mandamental para reformar decisão que determina o sobrestamento do feito até que seja pacificada a questão relacionada à prevalência da negociação coletiva sobre dispositivos de lei. O ato coator referido, decisão interlocutória, não é passível de recurso, nem mesmo com efeito diferido, nos moldes do art. 893, § 1º, da CLT, tampouco se insere nas exceções da Súmula 214 do TST. Admitese, portanto, nesse caso a impetração da ação mandamental. Sob esses fundamentos, a SBDI-II, à unanimidade, conheceu do recurso ordinário, e no mérito, negou-lhe provimento" (TST-ROT1003587-70.2019.5.02.0000, SBDI-II, rel. Min. Alexandre de Souza Agra Belmonte, 8/6/2021).

[39] Item 8.2 deste Capítulo.

[40] Por exemplo, de acordo com o art. 14, XI, do Regimento Interno do Tribunal Regional do Trabalho da 1ª Região, o IRDR deve ser julgado pelo Tribunal Pleno.

Tribunal Superior no recurso paradigma. Nesta hipótese, o Presidente ou Vice-Presidente do Tribunal de origem negará seguimento ao recurso sobrestado. Da decisão do Presidente ou Vice cabe agravo interno no âmbito do Tribunal de origem (CPC, art. 1030, I, *b*; CLT, art. 896-C, § 11, I);

- (ii) o recurso excepcional sobrestado na origem impugna acórdão que diverge da solução adotada pelo Tribunal Superior no recurso paradigma. Nesse caso, o Presidente do Tribunal de origem remeterá os autos ao órgão que proferiu o acórdão impugnado (Turma do TRT, Seção, Câmara etc.), para que exerça o juízo de retratação, de modo a adequar seu julgado à orientação do Tribunal Superior (CPC, art. 1030, II; CLT, art. 896-C, § 11, II).

Percebe-se que os recursos excepcionais (extraordinário, especial ou de revista) passam a ser dotados de efeito regressivo, pois possibilitam que o órgão prolator da decisão recorrida a modifique à luz do recurso paradigma julgado pelo Tribunal Superior.

Se o órgão prolator não se retratar (ou seja, se não adequar sua decisão ao recurso paradigma do Tribunal Superior), o Presidente ou Vice-Presidente do Tribunal de origem deve fazer o juízo de admissibilidade do recurso excepcional que até então estava sobrestado e, se positivo, remetê-lo ao Tribunal Superior (CPC, art. 1030, V, *c*; CLT, art. 896-C, § 12).

No caso específico do recurso extraordinário, caso o STF entenda inexistir repercussão geral da controvérsia constitucional, o Presidente ou Vice-Presidente do Tribunal de origem (que, nos processos trabalhistas, sempre será o TST), deve denegar seguimento ao recurso extraordinário (CPC, art. 1030, I, *a*), e dessa decisão também cabe agravo interno para o Tribunal de origem.

Os recursos interpostos posteriormente à decisão paradigma do Tribunal Superior também devem observar a tese jurídica fixada no precedente.

Caso não se observe o precedente firmado pela sistemática dos recursos repetitivos, é pertinente o manejo de reclamação constitucional para o Tribunal Superior que julgou o caso paradigma. Contudo, nessa hipótese, o interessado deve, previamente, esgotar as instâncias ordinárias, vale dizer: há necessidade de interposição de todos os recursos cabíveis no Tribunal de origem, inclusive o agravo interno se for o caso (CPC, art. 988, § 5º, II).

8.9. Desistência e abandono da ação e desistência do recurso

Uma vez instaurado o IRDR, ou deflagrada a sistemática dos recursos repetitivos, surge interesse público no que tange à definição da tese jurídica que servirá de paradigma para os recursos sobrestados.

Por tal motivo, se houver desistência ou abandono da ação que deu origem ao IRDR; desistência do recurso selecionado como paradigma na sistemática dos repetitivos; ou desistência do recurso a partir do qual se instaurou o IRDR, o Tribunal prosseguirá no julgamento a fim de fixar a tese jurídica, muito embora não vá aplicá-la ao caso concreto em função da desistência (CPC, arts. 976, § 1º, e 998, parágrafo único).

Nessas hipóteses, o julgamento dos casos repetitivos funciona no sistema de causa-modelo, na qual há apenas a definição da tese, sem julgamento do caso concreto.

O Código prevê, ainda, no art. 1040, §§ 1º e 3º, que o autor pode desistir da ação antes de proferida a sentença, independentemente de consentimento do réu e do fato de ter sido apresentada a contestação, se a questão discutida no processo for idêntica à resolvida pelo recurso representativo da controvérsia. Se a desistência ocorrer antes de oferecida contestação, a parte ficará isenta do pagamento de custas e de honorários de sucumbência (§ 2º). Tal regramento, embora previsto no capítulo alusivo aos recursos repetitivos, deve aplicar-se analogicamente ao IRDR, tendo em vista a absoluta similitude entre as situações.

8.10. Recursos na sistemática de casos repetitivos

Julgado o IRDR por Tribunal de segunda instância, é cabível a interposição de recurso especial ou extraordinário (no âmbito da Justiça Comum), ou de recurso de revista (na Justiça do Trabalho).

De acordo com o art. 987, § 1º, do CPC, o recurso excepcional contra a decisão do IRDR tem efeito suspensivo *ope legis* (automático), além de se presumir a repercussão geral da questão constitucional (caso se trate de recurso extraordinário). Tal conclusão é passível de crítica quanto ao recurso de revista, tendo em vista que o art. 899, *caput*, da CLT, dispõe os recursos têm efeito apenas devolutivo no Processo do Trabalho.

Diante da existência de regra própria na CLT, portanto, preferível considerar que não há efeito suspensivo automático do recurso de revista interposto contra decisão de IRDR. Nada impede, entretanto, seja concedido efeito suspensivo *ope judicis*, caso presentes os respectivos pressupostos, o que terá como consequência a manutenção do sobrestamento dos processos que versem sobre a mesma questão até o pronunciamento do TST.

Caso a questão debatida no recurso de revista repetitivo paradigma seja constitucional, cabe recurso extraordinário para o STF, sendo lícito presumir a existência de repercussão geral, à luz do art. 987, § 1º, do CPC.

9. INCIDENTE DE ASSUNÇÃO DE COMPETÊNCIA

O incidente de assunção de competência (IAC), regulado no art. 947 do CPC, é método residual de formação de precedentes obrigatórios, utilizável quando não houver repetição da questão jurídica em múltiplos processos. Em outros termos, caso se trate de questão jurídica repetitiva, a formação do precedente deve ser feita mediante instauração de IRDR ou de deflagração da sistemática dos recursos repetitivos.

Será pertinente a instauração do IAC quando o recurso, a remessa necessária ou a causa de competência originária de Tribunal contiver relevante questão de direito, com grande repercussão social, sem repetição em múltiplos processos. Também será pertinente o incidente quando for conveniente a prevenção ou composição de divergência interna no Tribunal a respeito de relevante questão de direito.

O incidente será instaurado sempre mediante proposta do relator. Tal proposta pode ser feita pelo relator (i) de ofício; ou (ii) caso defira requerimento formulado nesse sentido pela parte, pelo Ministério Público ou pela Defensoria Pública.

Feita a proposta pelo relator, os autos são remetidos para um órgão colegiado com composição mais ampla, a ser indicado pelo Regimento Interno de cada Tribunal (exemplo: SDI, Tribunal Pleno, Órgão Especial etc.). Esse colegiado mais amplo pode admitir, ou não, o IAC, o que dependerá da respectiva conclusão quanto à existência de interesse público na assunção de competência.

Não admitido o IAC, os autos serão devolvidos ao colegiado menor (de onde se originou o incidente) para julgamento; admitido o IAC pelo colegiado mais amplo, este julgará o recurso, a remessa necessária ou o processo de competência originária.

Embora não conste do art. 947 do CPC, deve-se considerar que o colegiado de origem (Turma) também tem competência para propor a assunção de competência, pois o colegiado menor pode encampar as competências exercitáveis monocraticamente pelos relatores.

O precedente firmado no IAC deve ser observado por todos os órgãos jurisdicionais vinculados ao Tribunal que o firmou (CPC, art. 927, III).

10. INCIDENTE DE DECLARAÇÃO DE INCONSTITUCIONALIDADE

A declaração de inconstitucionalidade em Tribunais se sujeita à cláusula de reserva de plenário, por força do art. 97 da CF. Assim, somente pelo voto da maioria absoluta de seus membros ou dos membros do respectivo órgão especial poderão os tribunais declarar a inconstitucionalidade de lei ou ato normativo do poder público.

Nesse cenário, o Código de Processo Civil estabelece procedimento próprio para a declaração de inconstitucionalidade em Tribunais, nos arts. 948 a 950.

De acordo com tal regramento, se for arguida a inconstitucionalidade, em controle difuso (por exemplo: recurso ordinário, recurso de revista, recurso extraordinário etc.), o relator deve intimar as partes e o Ministério Público para manifestação, em prazo a ser fixado judicialmente e à luz das peculiaridades do caso concreto.

Em seguida, o relator deve submeter a arguição à Turma, Câmara ou Seção a que incumbir o julgamento do recurso ou da ação de competência originária do Tribunal. Há, a partir de então, duas possibilidades: (i) o órgão fracionário rejeita a arguição de inconstitucionalidade. Neste caso, como não há declaração de inconstitucionalidade, o processo prosseguirá para julgamento no próprio órgão fracionário, sem necessidade de remessa ao Colegiado maior; (ii) o órgão fracionário acolhe a arguição de inconstitucionalidade. Nesta situação, a questão será submetida ao plenário do tribunal ou ao seu órgão especial, onde houver, já que o órgão fracionário não pode declarar a inconstitucionalidade.

Observe-se que os órgãos fracionários dos tribunais não submeterão ao plenário ou ao órgão especial a arguição de inconstitucionalidade quando já houver pronunciamento destes ou do plenário do Supremo Tribunal Federal sobre a questão.

As pessoas jurídicas de direito público responsáveis pela edição do ato normativo questionado poderão manifestar-se no incidente de inconstitucionalidade se assim o requererem, observados os prazos e as condições previstos no regimento interno do tribunal.

Os legitimados à propositura das ações de controle concentrado de constitucionalidade poderão manifestar-se, por escrito, sobre a questão constitucional objeto de apreciação, no prazo previsto pelo regimento interno, sendo-lhe assegurado o direito de apresentar memoriais ou de requerer a juntada de documentos.

Considerando a relevância da matéria e a representatividade dos postulantes, o relator poderá admitir, por despacho irrecorrível, a manifestação de outros órgãos ou entidades.

Uma vez concluído o julgamento do incidente de inconstitucionalidade pelo Plenário ou pelo Órgão Especial, os autos devem ser remetidos de volta para o órgão fracionário que suscitou o incidente, para julgamento do caso concreto. Há uma espécie de cisão da competência funcional: o Plenário (ou o Órgão Especial) decide a questão da incompetência; e o órgão fracionário - adotando como premissa obrigatória a conclusão do colegiado maior quanto à constitucionalidade do dispositivo normativo objeto do incidente - julga o caso concreto de onde se originou a arguição.

Como se sabe, em processos subjetivos, que envolvam casos concretos, a declaração de inconstitucionalidade se faz em caráter incidental, pois se trata apenas da causa de pedir. A formulação de pedido, em caráter principal, de declaração de inconstitucionalidade, somente é possível em ações de controle concentrado de constitucionalidade, tais como a ação direta de inconstitucionalidade e a arguição de descumprimento de preceito fundamental. Contudo, à luz do princípio da instrumentalidade das formas, é desejável e acertado que os tribunais aceitem pedidos formulados em caráter principal como se feitos em caráter meramente incidental.

Registre-se, entretanto, que a jurisprudência do TST apresenta precedente que manifesta rigor formal excessivo para a admissibilidade do incidente de declaração de inconstitucionalidade, deixando de instaurá-lo apenas porque a declaração de inconstitucionalidade não foi deduzida como causa de pedir, mas como pedido autônomo.[41]

[41] "Mandado de segurança. (...) o Órgão Especial, também por maioria, rejeitou a questão de ordem suscitada pelo Ministro Cláudio Mascarenhas Brandão, no sentido da instauração de incidente de arguição de inconstitucionalidade do inteiro teor do § 5º do art. 896-A da CLT. Prevaleceu o entendimento de que a declaração de inconstitucionalidade do referido artigo não foi deduzida como causa de pedir, mas como pedido autônomo, referente a lei em tese, sem conexão com o objeto do mandado de segurança (reconhecimento da transcendência política da matéria e julgamento do mérito do recurso de revista), o que configura o manejo do writ como sucedâneo de ação direta de inconstitucionalidade. Vencidos os Ministros Brito Pereira, Renato de Lacerda Paiva, José Roberto Freire Pimenta, Cláudio Mascarenhas Brandão e Alexandre Luiz Ramos.

11. PROCEDIMENTO PARA EDIÇÃO DE SÚMULAS PELOS TRIBUNAIS TRABALHISTAS

A Lei nº 13.467/2017 estabeleceu procedimento específico e dificultoso para criação e modificação de Súmulas no âmbito do Tribunal Superior do Trabalho e dos Tribunais Regionais do Trabalho. O regramento legal está previsto no art. 702, *caput*, I, *f*, e §§ 3º e 4º, da CLT. Contudo, o TST declarou a inconstitucionalidade do art. 702, I, alínea "f" e § 3º da CLT.[42] Posteriormente, o STF também reconheceu a inconstitucionalidade dos dispositivos, por violação dos princípios da separação dos Poderes e da autonomia dos tribunais.[43]

TST-AgMS-1000354-22.2019.5.00.0000, Órgão Especial, rel. Min. Breno Medeiros, 2.12.2019" (noticiado no informativo TST nº 214).

42 "ARGUIÇÃO DE INCONSTITUCIONALIDADE. ART. 702, I, ALÍNEA "F", E § 3°, DA CLT. DISPOSITIVOS QUE DISCIPLINAM EXIGÊNCIAS PARA O ESTABELECIMENTO E ALTERAÇÃO DE SÚMULAS E OUTROS ENUNCIADOS DE JURISPRUDÊNCIA UNIFORME. DECLARAÇÃO DE INCONSTITUCIONALIDADE. VIOLAÇÃO AO PRINCÍPIO DA SEPARAÇÃO DOS PODERES. AFRONTA À AUTONOMIA ADMINISTRATIVA DOS TRIBUNAIS. **É inconstitucional o art. 702, I, alínea "f" e § 3º da CLT, pois o estabelecimento de exigências legais, por parte do Poder Legislativo, acerca da forma e dos requisitos para a edição e alteração de súmulas e outros enunciados de jurisprudência uniforme no âmbito da Justiça do Trabalho, importa em violação ao princípio da separação dos Poderes (art. 2º da CF) e afronta a autonomia administrativa dos tribunais (art. 96, I, e 99, "caput", da CF).** Sob esse fundamento, o Tribunal Pleno decidiu: I - por unanimidade, admitir o Incidente de Arguição de Inconstitucionalidade em relação ao art. 702, I, alínea "f", e § 3º, da CLT II - por maioria, não admitir o Incidente de Arguição de Inconstitucionalidade em relação ao § 4° do art. 702 da CLT, vencidos os Ministros Renato de Lacerda Paiva, Dora Maria da Costa, Kátia Magalhães Arruda, José Roberto Freire Pimenta, Hugo Carlos Scheuermann, Alexandre de Souza Agra Belmonte, Maria Helena Mallmann, Alexandre Luiz Ramos e Alberto Bastos Balazeiro; III - no mérito, por maioria, julgar procedente a arguição para declarar a inconstitucionalidade do art. 702, I, alínea "f", e § 3º, da CLT, vencidos os Ministros Ives Gandra da Silva Martins Filho e Breno Medeiros, que votaram no sentido da constitucionalidade do art. 702, I, alínea "f", e §§ 3º e 4º; IV - por maioria, não prosseguir na apreciação da Súmula n° 254 do TST, vencidos os Ministros Aloysio Silva Corrêa da Veiga e Alexandre de Souza Agra Belmonte; V - por unanimidade, determinar o encaminhamento de cópia do acórdão à Comissão de Regimento Interno, para que avalie a conveniência e oportunidade de elaborar Proposta de Emenda Regimental (RITST, 58 c/c 352, I) a ser deliberada pelo Tribunal Pleno (RITST, 68, §1º), a respeito da edição e revogação de súmulas e orientações jurisprudenciais" (TST-ArgInc-696-25.2012.5.05.0463, Tribunal Pleno, rel. Ministro Amaury Rodrigues Pinto Junior, 16/5/2022).

43 "AÇÃO DIRETA DE INCONSTITUCIONALIDADE. MEDIDA CAUTELAR. REDAÇÃO DO ART. 702, I, F e §§ 3º e 4º, DA CONSOLIDAÇÃO DAS LEIS DO TRABALHO (DECRETO-LEI 5.452/1943), CONFERIDA PELA LEI 13.467/2017. ESTABELECIMENTO DE PARÂMETROS PARA EDIÇÃO, REVISÃO OU CANCELAMENTO DE SÚMULAS DOS TRIBUNAIS REGIONAIS DO TRABALHO E TRIBUNAL SUPERIOR DO TRABALHO. FUNÇÃO ATÍPICA LEGISLATIVA DO PODER JUDICIÁRIO. OFENSA AOS PRINCÍPIOS DA SEPARAÇÃO DOS PODERES E DA AUTONOMIA DOS TRIBUNAIS. PRECEDENTES. PROCEDÊNCIA DO PEDIDO. ANÁLISE DA LIMINAR PREJUDICADA. I - A cada Poder é conferida, nos limites definidos pela Constituição, parcela de competência de outro Poder, naquilo que se denomina exercício atípico de atribuições. II - Os arts. 96 e 99 da Carta Política conferem ao Judiciário dois espaços privativos de atuação legislativa: a elaboração de seus regimentos internos (reserva constitucional do regimento) e a iniciativa de leis que disponham sobre sua autonomia orgânico-político-administrativa (reserva constitucional de lei). III - É vedada ao Congresso Nacional a edição de normas que disciplinem matérias que integram a competência normativa dos tribunais. IV - O modelo brasileiro de observância obrigatória aos precedentes judiciais, ou stare decisis, foi inaugurado pelo novo Código de Processo Civil (Lei 13.105/2015), segundo o qual os tribunais editarão enunciados de súmula correspondentes à sua jurisprudência dominante, nos termos fixados nos respectivos regimentos internos. V – De acordo com jurisprudência pacífica do STF, os regimentos internos dos tribunais são fonte normativa primária, porquanto retiram da Constituição a sua fonte de validade. IV - Os tribunais que integram a Justiça do Trabalho são órgãos do Poder Judiciário, assim como todas as demais cortes do País, a teor do art. 92 da Lei Maior. V - Os

A previsão legal era no sentido de que, para criar ou alterar súmulas e outros enunciados de jurisprudência uniforme, haveria necessidade da presença cumulativa dos seguintes requisitos:

- (i) voto de pelo menos dois terços dos membros do Tribunal Pleno;
- (ii) a mesma matéria já deve ter sido decidida de forma idêntica por unanimidade em, no mínimo, dois terços das turmas do Tribunal, em pelo menos dez sessões diferentes em cada uma delas;
- (iii) por maioria de dois terços dos membros do Tribunal Pleno, podem ser restringidos os efeitos da Súmula ou haver a fixação de que ela só tenha eficácia a partir de sua publicação no Diário Oficial;
- (iv) as sessões de julgamento sobre estabelecimento ou alteração de súmulas e outros enunciados de jurisprudência deverão ser públicas, divulgadas com, no mínimo, trinta dias de antecedência, e deverão possibilitar a sustentação oral pelo Procurador-Geral do Trabalho, pelo Conselho Federal da Ordem dos Advogados do Brasil, pelo Advogado-Geral da União e por confederações sindicais ou entidades de classe de âmbito nacional.

No caso de edição de Súmulas pelos Tribunais Regionais do Trabalho, dever-se-ia observar o mesmo procedimento, com rol equivalente de legitimados para sustentação oral, observada a abrangência de sua circunscrição judiciária. Assim, por exemplo, não será ouvido o Procurador-Geral do Trabalho, mas o Procurador-Chefe da respectiva Região etc.

Apesar de os dispositivos legais mencionarem *outros enunciados de jurisprudência uniforme*, não se poderia interpretar que as orientações jurisprudenciais também precisem ser aprovadas pelo Tribunal Pleno. Isso porque as OJs refletem o posicionamento das Seções do Tribunal, e não do Tribunal como um todo.

Ora, a lei federal pode, validamente, estabelecer requisitos para a edição de Súmulas pelos Tribunais. Contudo, à luz do princípio da separação de Poderes (CF,

---

dispositivos legais impugnados impõem condicionamentos ao funcionamento dos Tribunais do Trabalho, conflitando com o princípio da separação dos poderes e a autonomia constitucional de que são dotados, de maneira a esvaziar o campo de discricionariedade e as prerrogativas que lhes são próprias, em ofensa aos arts. 2º, 96 e 99, da Carta Magna. VI - "O ato do julgamento é o momento culminante da ação jurisdicional do Poder Judiciário e há de ser regulado em seu regimento interno, com exclusão de interferência dos demais Poderes" (ADI 1.105-MC/DF, Rel. Min. Paulo Brossard). VII - A concepção contemporânea de jurisdição em nada se compara à atividade de um Judiciário do passado no qual o juiz era um mero bouche de la loi, ou seja, um simples intérprete mecânico das leis, pois hoje sua principal função é a de dar concreção aos direitos fundamentais, compreendidos em suas várias gerações. IX - Atentos às novas dinâmicas sociais, os magistrados não podem ser engessados por critérios elencados por um Poder exógeno, isto é, o Legislativo, que se arroga o direito "de fixar um padrão de uniformidade e estabilidade no processo de elaboração e alteração de súmulas, em homenagem ao princípio da segurança jurídica". X – Ação julgada procedente para declarar a inconstitucionalidade do art. 702, I, f, §§ 3º e 4º da Consolidação das Leis do Trabalho (Decreto-Lei 5.452/1943), na redação que lhe conferiu a Lei 13.467/2017. Prejudicada a análise do pedido de liminar" (ADI 6188, Relator(a): RICARDO LEWANDOWSKI, Relator(a) p/ Acórdão: EDSON FACHIN, Tribunal Pleno, julgado em 22-08-2023, PROCESSO ELETRÔNICO DJe-s/n DIVULG 23-10-2023 PUBLIC 24-10-2023).

art. 2º) e da autonomia dos Tribunais (CF, art. 96, I, *a*)[44], a lei infraconstitucional não pode impedir que os Tribunais se organizem internamente e prevejam critérios internos de uniformização de jurisprudência. Essa interpretação é a única forma de compatibilizar o regramento da Reforma Trabalhista com a Constituição.

Como argumento de reforço, toda a moderna principiologia do Direito Processual assenta – como demonstrado neste Capítulo – no prestígio aos precedentes e na necessidade de uniformização da jurisprudência. Inviabilizar a edição de orientações jurisprudenciais vai na contramão dessa tendência e significaria nítida quebra da harmonia do ordenamento jurídico.

Assim, nada impedia que os Tribunais Trabalhistas criem ou modifiquem orientações jurisprudenciais, de acordo com os critérios previstos em seus regimentos internos.

Contudo, deve-se pontuar que os critérios estabelecidos pela Lei 13.467/2017 se revelavam praticamente inexequíveis[45], e muito mais rigorosos do que os estabelecidos constitucionalmente para a edição de Súmulas Vinculantes (as quais, por vincularem também a Administração Pública, possuem eficácia mais intensa do que as Súmulas ordinárias). Assim, é possível vislumbrar falta de razoabilidade e isonomia na previsão legislativa, além de violação ao princípio da separação de Poderes e à autonomia dos tribunais, conforme já reconhecido pelo Tribunal Superior do Trabalho e pelo Supremo Tribunal Federal.

---

44 Art. 96. Compete privativamente:

I – aos tribunais:

a) eleger seus órgãos diretivos e elaborar seus regimentos internos, com observância das normas de processo e das garantias processuais das partes, dispondo sobre a competência e o funcionamento dos respectivos órgãos jurisdicionais e administrativos.

45 Um ano após a entrada em vigor da Reforma Trabalhista o TST ainda não havia editado ou modificado sequer uma Súmula de acordo com o novo procedimento legal.

XXV

PROCEDIMENTOS ESPECIAIS: AÇÕES CONSTITUCIONAIS

1. RECLAMAÇÃO

1.1. Conceito, natureza jurídica e abrangência

Reclamação é instrumento processual destinado a garantir a autoridade das decisões de Tribunal – bem como a de sua jurisprudência, em hipóteses específicas previstas em lei –, ou a preservar a respectiva competência.

Tal instituto tem previsão constitucional apenas quando direcionado ao Supremo Tribunal Federal (CF, art. 102, I, *f*)[1], ao Superior Tribunal de Justiça (CF, art.

---

[1] Art. 102 – Compete ao Supremo Tribunal Federal, precipuamente, a guarda da Constituição, cabendo-lhe:
I – processar e julgar, originariamente: (...)
f) as causas e os conflitos entre a União e os Estados, a União e o Distrito Federal, ou entre uns e outros, inclusive as respectivas entidades da administração indireta.

105, I, *f*)[2] e ao Tribunal Superior do Trabalho (CF, art. 111-A, § 3º).[3] Foi criado originalmente pela jurisprudência do STF, e posteriormente incorporado à Constituição e regulamentado pelos arts. 13 a 18 da Lei nº 8.038/90. Tais dispositivos foram revogados pelo Novo Código de Processo Civil, que regulamenta a reclamação.

Embora haja controvérsia, a natureza jurídica da reclamação é de ação. Contudo, vale destacar que o STF, na ADIN 2212, preconizou que se trata de mero exercício do direito de petição (CF, art. 5º, XXXIV, *a*)[4], o que faz com que sejam válidas as normas estaduais que prevejam o cabimento da reclamação no âmbito dos Estados membros, não havendo afronta à competência privativa da União para legislar sobre direito processual (CF, art. 22, I).[5] Há, ainda, entendimentos de que a reclamação seria mero incidente processual, ou recurso.

Contudo, o STF, no RE 405.031, declarou inconstitucionais os dispositivos do Regimento Interno do TST que previam a figura da reclamação para tal Corte. Na dicção do Supremo, a criação de instrumento processual pela via do regimento interno violaria a competência do Congresso Nacional para disciplinar o tema. Assim, sob a égide do CPC/1973, era incabível a reclamação para o Tribunal Superior do Trabalho.

Percebia-se incongruência entre as referidas decisões da Suprema Corte. Ora, se se trata de mero exercício de direito de petição, a previsão em regimento não configuraria violação à competência da União para legislar sobre processo.

Observe-se, entretanto, que tal discussão fica superada com o advento do Novo CPC, que regulamentou o instituto da reclamação a partir do art. 988. Cabe notar que tal dispositivo está inserido no Livro III, Título I, a indicar que se trata de processo de competência originária de Tribunal – o que confirma a natureza jurídica de ação.

O art. 988, § 1º, do CPC[6], dispõe que a reclamação pode ser proposta perante qualquer Tribunal. Havendo omissão da CLT, e compatibilidade com os princípios do Processo do Trabalho, tal regramento se aplica no âmbito da Justiça do Trabalho (CLT, art. 769).[7]

Dessa forma, atualmente é cabível a reclamação não apenas para o Tribunal Superior do Trabalho, mas também para os Tribunais Regionais do Trabalho, em qualquer das hipóteses previstas nos incisos do art. 988, *caput*, do CPC.[8]

---

2 Art. 105 – Compete ao Superior Tribunal de Justiça:
I – processar e julgar, originariamente: (...)
f) a reclamação para a preservação de sua competência e garantia da autoridade de suas decisões.

3 Art. 111-A, § 3º – Compete ao Tribunal Superior do Trabalho processar e julgar, originariamente, a reclamação para a preservação de sua competência e garantia da autoridade de suas decisões.

4 Art. 5º, XXXIV – são a todos assegurados, independentemente do pagamento de taxas:
a) o direito de petição aos poderes públicos em defesa de direitos ou contra ilegalidade ou abuso de poder.

5 Art. 22 – Compete privativamente à União legislar sobre:
I – direito civil, comercial, penal, processual, eleitoral, agrário, marítimo, aeronáutico, espacial e do trabalho.

6 Art. 988, § 1º – A reclamação pode ser proposta perante qualquer tribunal, e seu julgamento compete ao órgão jurisdicional cuja competência se busca preservar ou cuja autoridade se pretenda garantir.

7 Art. 769 – Nos casos omissos, o direito processual comum será fonte subsidiária do direito processual do trabalho, exceto naquilo em que for incompatível com as normas deste Título.

8 Art. 988 – Caberá reclamação da parte interessada ou do Ministério Público para:

Em suma, a reclamação é ação de procedimento especial prevista constitucionalmente com o objetivo de garantir a autoridade das decisões de Tribunais Superiores e de preservar a respectiva competência. O cabimento da reclamação foi estendido pelo CPC, de modo que pode ser direcionada atualmente para qualquer Tribunal e também com o objetivo de assegurar a observância dos precedentes obrigatórios.

1.2. Hipóteses de cabimento

1.2.1. Preservação de competência

Cabe reclamação para preservar a competência de qualquer Tribunal, quando usurpada por órgão jurisdicional hierarquicamente inferior em determinado caso concreto.

No plano doutrinário, é possível sustentar o cabimento da reclamação quando o órgão inferior demora excessiva e injustificadamente no envio dos autos ao Tribunal *ad quem*, quando da interposição de recurso, equiparando-se o retardamento à usurpação de competência.[9]

Exemplos: ação rescisória de competência originária do TST tramita equivocadamente em TRT. O interessado pode mover reclamação no Tribunal Superior para que este avoque os autos.

No Processo Civil, outro exemplo é a negativa de seguimento, pelo juiz de primeiro grau, a recurso de apelação, cujo juízo de admissibilidade é exclusivo do Tribunal. Tal exemplo não se aplica no Processo do Trabalho, no qual, como visto, os juízes *a quo* continuam realizando juízo de admissibilidade recursal, e eventual equívoco nesta análise deve ser impugnado por agravo de instrumento.

1.2.2. Garantia de autoridade de decisão

A *garantia da autoridade das decisões* (art. 988, II)[10], a que se visa preservar com a reclamação, refere-se não à jurisprudência genérica ou a precedentes de determinado Tribunal, mas à observância do comando contido num caso concreto específico.

De fato, a reclamação, como instrumento de preservação da jurisprudência genérica ou de precedentes do Tribunal (art. 988, IV)[11], pressupõe que haja sido adotada a sistemática dos recursos repetitivos, do IRDR ou do IAC. Se a jurisprudência genérica (por exemplo, Súmulas comuns) de qualquer Tribunal pudesse ser preservada por meio de reclamação, não haveria razão para que o legislador tivesse inserido, no art. 988, inciso específico (IV) para os casos repetitivos e IAC.

Daí se conclui não caber reclamação para garantir observância de Súmula comum (de qualquer Tribunal, inclusive as Súmulas não vinculantes do STF).

---

9 DIDIER, *op. cit.*, v. 3, p. 541.

10 Art. 988, II – garantir a autoridade das decisões do tribunal.

11 Art. 988, IV – garantir a observância de acórdão proferido em julgamento de incidente de resolução de demandas repetitivas ou de incidente de assunção de competência;

Assim, por exemplo, caberá reclamação com base no inciso II do art. 988 caso o TRT, em julgamento de recurso ou de mandado de segurança relativo a determinada causa, tenha determinado o retorno dos autos ao primeiro grau de jurisdição para realização de prova pericial, e o Juiz do Trabalho determine o prosseguimento do feito independentemente de se produzir a perícia. Perceba-se que há o descumprimento de uma decisão específica do TRT, razão pela qual é pertinente o ajuizamento de reclamação direcionada ao mesmo Tribunal.

De outro lado, não será cabível - e, portanto, deve ser extinta sem resolução de mérito por falta de pressuposto processual - a reclamação movida sob o fundamento exclusivo de que o juiz não observou Súmula ou decisão da SDI ou mesmo do Tribunal Pleno de determinado TRT relativa a outra causa.

1.2.3. Violação de decisão do STF em controle concentrado ou de Súmula Vinculante. Transcendência dos motivos determinantes

Também é pertinente o ajuizamento de reclamação ao Supremo Tribunal Federal caso determinada decisão judicial viole Súmula Vinculante, ou decisão deste Tribunal em controle concentrado de constitucionalidade (ADIN, ADC, ADPF etc.).

Ademais, a presente hipótese de cabimento da reclamação é mais ampla que as demais, já que, de acordo com o art. 103-A da CF[12], é pertinente o ajuizamento de reclamação não apenas contra decisão judicial, mas também contra ato administrativo que contrarie a Súmula Vinculante aplicável ou que a aplique indevidamente. Dado que o efeito vinculante das decisões em controle de constitucionalidade também abrange a Administração Pública (CF, art. 103, § 3º)[13], também é pertinente o manejo da reclamação caso o ato administrativo viole esse tipo de decisão do STF.

No caso de reclamação para o STF por violação de Súmula Vinculante, o interessado precisa esgotar previamente a instância administrativa (Lei nº 11.417/2006, art. 7º, § 1º)[14], ou seja, precisa valer-se de todos os recursos pertinentes na esfera

---

12 Art. 103-A, O Supremo Tribunal Federal poderá, de ofício ou por provocação, mediante decisão de dois terços dos seus membros, após reiteradas decisões sobre matéria constitucional, aprovar súmula que, a partir de sua publicação na imprensa oficial, terá efeito vinculante em relação aos demais órgãos do Poder Judiciário e à administração pública direta e indireta, nas esferas federal, estadual e municipal, bem como proceder à sua revisão ou cancelamento, na forma estabelecida em lei.

§ 1º - A súmula terá por objetivo a validade, a interpretação e a eficácia de normas determinadas, acerca das quais haja controvérsia atual entre órgãos judiciários ou entre esses e a administração pública que acarrete grave insegurança jurídica e relevante multiplicação de processos sobre questão idêntica.

§ 2º - Sem prejuízo do que vier a ser estabelecido em lei, a aprovação, revisão ou cancelamento de súmula poderá ser provocada por aqueles que podem propor a ação direta de inconstitucionalidade.

§ 3º - Do ato administrativo ou decisão judicial que contrariar a súmula aplicável ou que indevidamente a aplicar, caberá reclamação ao Supremo Tribunal Federal que, julgando-a procedente, anulará o ato administrativo ou cassará a decisão judicial reclamada, e determinará que outra seja proferida com ou sem a aplicação da súmula, conforme o caso.

13 Art. 103, § 3º - Quando o Supremo Tribunal Federal apreciar a inconstitucionalidade, em tese, de norma legal ou ato normativo, citará, previamente, o Advogado-Geral da União, que defenderá o ato ou texto impugnado.

14 Art. 7º, § 1º - Contra omissão ou ato da administração pública, o uso da reclamação só será admitido após esgotamento das vias administrativas.

administrativa. Caso tal requisito não seja observado, a reclamação deve ser extinta sem resolução de mérito por falta de pressuposto processual.

A maior discussão quanto ao tema é saber se é cabível reclamação para o STF por inobservância dos motivos determinantes das decisões tomadas em controle concentrado de constitucionalidade.

Na vigência da Lei nº 8.038/90, a jurisprudência do Supremo Tribunal Federal firmou-se no sentido contrário à adoção da teoria da transcendência aos motivos determinantes de suas decisões, impedindo o uso de tese jurídica para o fim de ajuizamento de reclamação constitucional.[15]

Há posicionamentos no sentido de que o STF deveria revisitar o tema à luz do Novo Código de Processo Civil, que tem como um de seus pilares o sistema de precedentes obrigatórios. De fato, qualquer decisão do Plenário do STF é precedente obrigatório (CPC, art. 927, V)[16] que deve ser observado pela própria Corte e pelos demais Tribunais. Assim, a decisão em ação de controle concentrado que declare a inconstitucionalidade de lei ou ato normativo possui *ratio decidendi* que deve ser seguida por todos até que o STF supere o precedente (*overruling*).[17]

Além disso, o art. 988, § 4º[18], estabelece que as hipóteses dos incisos III e IV (precedentes obrigatórios, decisões do STF em controle concentrado e Súmulas Vinculantes) compreendem a aplicação indevida da tese jurídica e sua não aplicação aos casos que a ela correspondam. Daí se depreende que a inobservância de tese jurídica firmada em julgamento de controle concentrado de constitucionalidade autoriza o ajuizamento de reclamação ao STF.

Exemplo: suponha-se que o Supremo declare, em ADPF, a inconstitucionalidade material de determinada lei do município X; tal decisão é vinculante especificamente quanto à lei municipal analisada. Assim, nenhum órgão jurisdicional ou administrativo pode concluir pela constitucionalidade da lei do município X: se o fizer, caberá reclamação para o STF. Além disso, caso o município Y edite outra lei com teor idêntico à do município X, é viável o manejo de reclamação para o STF, pois a tese jurídica firmada no precedente se aplica para a lei Y, conforme art. 988, § 4º, do CPC.

1.2.4. Violação de precedente obrigatório firmado em casos repetitivos ou IAC

Cabe reclamação caso não seguida tese jurídica fixada por Tribunal em julgamento de (i) IRDR; (ii) IAC; e (iii) recurso extraordinário com repercussão geral

15 Rcl 4090 AgR, Relator(a): Min. ROBERTO BARROSO, Primeira Turma, julgado em 26/05/2017, ACÓRDÃO ELETRÔNICO DJe-118 DIVULG 05-06-2017 PUBLIC 06-06-2017.

16 Art. 927 – Os juízes e os tribunais observarão: (...)
V – a orientação do plenário ou do órgão especial aos quais estiverem vinculados.

17 Com opinião semelhante, DIDIER, *op. cit.*, v. 3, p. 551.

18 Art. 988, § 4º – As hipóteses dos incisos III e IV compreendem a aplicação indevida da tese jurídica e sua não aplicação aos casos que a ela correspondam.

reconhecida ou recurso excepcional repetitivo, desde que o interessado tenha esgotado previamente as instâncias ordinárias (CPC, art. 988, *caput*, IV, e § 5º, II).[19]

Assim, caso seja violado precedente firmado na sistemática de recursos repetitivos (recurso de revista, especial ou extraordinário), o interessado deve interpor todos os recursos cabíveis na instância de origem para que seja viável o ajuizamento de reclamação. Se a reclamação for prematura, por ter sido ajuizada antes do esgotamento da via ordinária, será julgada extinta sem resolução de mérito, por falta de pressuposto processual (CPC, art. 485, IV).[20]

Exemplo: Juiz do Trabalho julga em sentido contrário ao paradigma do TST em recurso representativo da controvérsia. Para que a parte interessada possa ajuizar reclamação no TST, deve, necessariamente, interpor recurso ordinário para o TRT. Se houver, por hipótese, julgamento monocrático pelo relator no TRT, a parte deve se valer de agravo interno. Apenas após o julgamento colegiado no âmbito do TRT é que será possível o ajuizamento da reclamação.

1.3. Legitimidade, instrução e procedimento

A reclamação pode ser ajuizada pela parte interessada ou pelo Ministério Público, na qualidade de *custos legis*.

Trata-se de ação de procedimento especial baseada necessária e exclusivamente em prova documental, conforme entendimento majoritário. Há posicionamento minoritário em doutrina no sentido de possibilidade de produção de outras provas, caso estritamente necessário para comprovação da usurpação da competência ou violação da decisão do Tribunal.[21]

A reclamação deve ser dirigida ao Presidente do Tribunal, autuada e em seguida distribuída, sempre que possível, para o relator do processo principal (CPC, art. 988, § 3º).[22]

O procedimento a ser utilizado no trâmite da reclamação na Justiça do Trabalho é o do CPC, tendo em vista a omissão da CLT. Assim, distribuída a reclamação, o relator deve: (i) requisitar informações da autoridade a quem for imputada a prática do ato impugnado, que as prestará no prazo de 10 dias; (ii) se necessário, ordenar a suspensão do processo ou do ato impugnado para evitar dano irreparável; (iii)

---

19 Art. 988 – Caberá reclamação da parte interessada ou do Ministério Público para: (...)

IV – garantir a observância de acórdão proferido em julgamento de incidente de resolução de demandas repetitivas ou de incidente de assunção de competência;

§ 5º – É inadmissível a reclamação: (...)

II – proposta para garantir a observância de acórdão de recurso extraordinário com repercussão geral reconhecida ou de acórdão proferido em julgamento de recursos extraordinário ou especial repetitivos, quando não esgotadas as instâncias ordinárias.

20 Art. 485 – O juiz não resolverá o mérito quando: (...)

IV – verificar a ausência de pressupostos de constituição e de desenvolvimento válido e regular do processo.

21 GRECO, *op. cit.*, v. 3, p. 324.

22 Art. 988, § 3º – Assim que recebida, a reclamação será autuada e distribuída ao relator do processo principal, sempre que possível.

determinar a citação do beneficiário da decisão impugnada, que terá prazo de 15 dias para apresentar a sua contestação.

Qualquer outro interessado poderá impugnar o pedido do reclamante.

Ademais, o Código prevê que, na reclamação que não houver formulado, o Ministério Público terá vista do processo por 5 dias, após o decurso do prazo para informações e para o oferecimento da contestação pelo beneficiário do ato impugnado (art. 991).[23] Tal previsão legislativa é passível de crítica, pois a atuação do Ministério Público só é constitucionalmente legítima caso esteja em discussão interesse social ou individual indisponível (CF, art. 127, *caput*).[24]

Deve-se fazer, assim, interpretação conforme à Constituição do art. 991 do CPC, de modo que o relator da reclamação só deve provocar a manifestação do Ministério Público caso a causa verse sobre interesse público ou social; interesse de incapaz; ou em litígios coletivos pela posse de terra rural ou urbana, nos termos do art. 178 do CPC.[25] Por mais que seja importante a observância dos precedentes vinculantes, bem como a preservação da competência dos Tribunais e a garantia de autoridade de suas decisões, tais fatos, por si sós, não são suficientes para justificar a intervenção do Ministério Público como *custos legis* na reclamação.

1.3.1. Revelia na reclamação

Como visto, a reclamação detém natureza jurídica de ação, razão pela qual há necessidade de citação do beneficiário do ato nela impugnado, a fim de que possa exercer o contraditório. No entanto, caso o réu da reclamação não ofereça contestação, descabe cogitar de aplicação do efeito material da revelia (= presunção de veracidade dos fatos narrados na inicial).[26] Isso porque a reclamação ataca ato do Poder Judiciário, em relação ao qual existe presunção relativa de legitimidade. O raciocínio é semelhante ao que se faz no que tange à revelia na ação rescisória (TST, Súmula 398). Além disso, a reclamação necessariamente versará exclusivamente sobre matéria de direito (jamais sobre matéria de fato), o que não se compatibiliza com a aplicação dos efeitos materiais da revelia.

Ademais, a pretensão manifestada na reclamação é de direito e é indispensável a produção da prova documental pertinente.

---

23 Art. 991 – Na reclamação que não houver formulado, o Ministério Público terá vista do processo por 5 (cinco) dias, após o decurso do prazo para informações e para o oferecimento da contestação pelo beneficiário do ato impugnado.

24 Art. 127 – O Ministério Público é instituição permanente, essencial à função jurisdicional do Estado, incumbindo-lhe a defesa da ordem jurídica, do regime democrático e dos interesses sociais e individuais indisponíveis.

25 Art. 178 – O Ministério Público será intimado para, no prazo de 30 (trinta) dias, intervir como fiscal da ordem jurídica nas hipóteses previstas em lei ou na Constituição Federal e nos processos que envolvam:
I – interesse público ou social;
II – interesse de incapaz;
III – litígios coletivos pela posse de terra rural ou urbana.
Parágrafo único. A participação da Fazenda Pública não configura, por si só, hipótese de intervenção do Ministério Público.

26 Com a mesma opinião: BRANDÃO, Cláudio. *Reclamação constitucional no Processo do Trabalho*. São Paulo: Editora LTr, 2017, p. 157.

1.4. Trânsito em julgado da decisão e interposição de recurso

Não cabe ajuizamento de reclamação contra decisão judicial já transitada em julgado (CPC, art. 988, § 5º)[27]; caso ajuizada após o trânsito em julgado da decisão reclamada, a reclamação deve ser extinta sem resolução de mérito.

No entanto, caso proposta a reclamação antes, o superveniente trânsito em julgado da decisão reclamada não prejudica, em princípio, a reclamação, conforme se infere do art. 988, § 6º.[28] Depreende-se que a reclamação deve ser ajuizada no prazo recursal, ou então antes do julgamento do recurso interposto.

Assim, mesmo que a parte interponha recurso que venha a não ser admitido ou ao qual se negue provimento, o Tribunal *ad quem* deve julgar a reclamação anteriormente ajuizada.

Contudo, na situação específica em que a parte interpõe recurso e ajuíza reclamação contra a mesma decisão, o provimento do recurso pelo Tribunal faz com que haja falta superveniente de interesse de agir para a reclamação, pois o respectivo autor já terá alcançado a providência jurisdicional almejada.

1.5. Efeitos do julgamento da reclamação e recurso cabível

Caso a reclamação seja julgada procedente, o Tribunal cassará a decisão exorbitante de seu julgado ou determinará medida adequada à solução da controvérsia (CPC, art. 992).[29] Percebe-se que há atipicidade dos mecanismos utilizáveis pelo Tribunal para efetivar a decisão de procedência da reclamação.

Assim, por exemplo, nada impede a adoção de medidas como: avocação de autos no caso de usurpação de competência; cassação da decisão contrária que descumpra determinação do Tribunal; ou qualquer outra medida que se revele pertinente no caso concreto.

O Presidente do Tribunal (ou do órgão colegiado que julgou a reclamação) deve determinar o imediato cumprimento da decisão adotada na reclamação, antes mesmo da lavratura do acórdão (CPC, art. 993).[30]

Como se trata de ação, a parte sucumbente na reclamação deve ser condenada nas verbas de sucumbência (custas e honorários advocatícios sucumbenciais).

---

[27] Art. 988, § 5º – É inadmissível a reclamação:
I – proposta após o trânsito em julgado da decisão reclamada;
II – proposta para garantir a observância de acórdão de recurso extraordinário com repercussão geral reconhecida ou de acórdão proferido em julgamento de recursos extraordinário ou especial repetitivos, quando não esgotadas as instâncias ordinárias.

[28] Art. 988, § 6º – A inadmissibilidade ou o julgamento do recurso interposto contra a decisão proferida pelo órgão reclamado não prejudica a reclamação.

[29] Art. 992 – Julgando procedente a reclamação, o tribunal cassará a decisão exorbitante de seu julgado ou determinará medida adequada à solução da controvérsia.

[30] Art. 993 – O presidente do tribunal determinará o imediato cumprimento da decisão, lavrando-se o acórdão posteriormente.

Contra decisão exarada por TRT no julgamento de reclamação, cabe recurso ordinário para o TST (Lei nº 7.701/88, art. 3º, III, *a*).[31] Já se a reclamação for julgada originariamente pelo TST, cabe recurso extraordinário para o STF.

2. MANDADO DE SEGURANÇA

2.1. Conceito e natureza jurídica

O mandado de segurança tem a natureza jurídica de garantia constitucional, e consiste em ação judicial de procedimento especial por meio da qual alguém busca defender direito líquido e certo de que se afirma titular, em face de ato de autoridade pública ou de agente de pessoa jurídica no exercício de função pública (CF, art. 5º, LXIX)[32], desde que não seja caso de *habeas corpus* ou *habeas data*.

O *writ* é regido pela Lei nº 12.016/2009 e deve, necessariamente, ser impetrado por advogado, não sendo pertinente o *jus postulandi* (Súmula 425 do TST).[33]

2.2. Direito líquido e certo: noção e natureza jurídica

A consagrada expressão *direito líquido e certo* é, de certo modo, equívoca, já que a ideia que se quer transmitir é a de que o mandado de segurança é cabível quando não houver dúvida em relação aos *fatos constitutivos* do direito alegado.

Liquidez e certeza, na linguagem técnico-processual, são atributos do pedido formulado em uma ação judicial, ou da sentença correspondente[34]: não há diferenciação do mandado de segurança quanto a tal aspecto.

A peculiaridade do *writ* constitucional é que se trata de ação de rito mais célere, expedito, em tutela do cidadão contra ilegalidade do Poder Público; daí resulta que só é utilizável no mandado de segurança a prova documental, de modo que não haja necessidade de dilação probatória. Não se pode admitir sequer a produção de prova meramente documentada, tal como seria uma perícia ou um testemunho levado a termo.

Para que seja pertinente a impetração do mandado de segurança, entretanto, não é relevante a perquirição acerca da complexidade quanto ao enquadramento jurídico dos fatos narrados. Mesmo que se trate de intrincada e complexa questão de direito, a respeito da qual haja fundada controvérsia, é cabível o manejo do *writ*, desde que

[31] Art. 3º, III, *a)* os recursos ordinários interpostos contra decisões dos Tribunais Regionais em processos de dissídio individual de sua competência originária.

[32] Art. 5º, LXIX – Conceder-se-á mandado de segurança para proteger direito líquido e certo, não amparado por habeas corpus ou habeas data, quando o responsável pela ilegalidade ou abuso de poder for autoridade pública ou agente de pessoa jurídica no exercício de atribuições do poder público.

[33] TST, súmula 425: O jus postulandi das partes, estabelecido no art. 791 da CLT, limitase às Varas do Trabalho e aos Tribunais Regionais do Trabalho, não alcançando a ação rescisória, a ação cautelar, o mandado de segurança e os recursos de competência do Tribunal Superior do Trabalho.

[34] Capítulo VI, item 3.3.

a prova pré-constituída seja suficiente para elucidar todos os fatos importantes ao julgamento da causa (STF, Súmula 625).[35]

Discute-se sobre a natureza jurídica do direito líquido e certo: condição especial do mandado de segurança; aspecto inerente ao interesse de agir, na vertente adequação[36]; pressuposto processual ou questão de mérito. Embora o tema seja controvertido, é preferível considerar tratar-se de pressuposto processual objetivo que permite o regular desenvolvimento do processo, já que não existem, em processo, condições especiais da ação; e a noção de interesse de agir se integra pelo binômio necessidade-utilidade. De outro lado, a ausência de prova documental suficiente dos fatos narrados, e a consequente denegação da segurança, não impedem o impetrante de ajuizar ação ordinária; daí se extrai não se tratar de questão de mérito.

2.3. Ato de autoridade

O mandado de segurança só é cabível quando o ato ilegal tiver sido praticado por agente público no exercício de suas atribuições; ou por agente de pessoa jurídica que esteja exercendo, por delegação, atribuições do Poder Público.

Importante perceber que pessoas jurídicas de direito privado – integrantes, ou não, da Administração Pública – podem praticar atos impugnáveis por mandado de segurança, quando estiverem desempenhando funções tipicamente públicas e sua atuação for fundada na supremacia do interesse público sobre o particular (relação de verticalidade entre o cidadão e a autoridade).

Por exemplo: o gestor de uma empresa estatal, no desenrolar de uma licitação ou de um concurso público, pratica ato ilegal: o cidadão prejudicado pode impetrar mandado de segurança (STJ, Súmula 333)[37]; o diretor de uma universidade privada nega a matrícula de determinado aluno sem amparo legal.[38] Nas duas hipóteses, tem-se atos sujeitos ao mandado de segurança, pois o agente privado atua em posição de supremacia em relação ao cidadão e detém as prerrogativas típicas de agente público, como a autoexecutoriedade e a presunção de legitimidade de seus atos.

No entanto, se a mesma empresa estatal ou universidade privada praticarem atos de gestão comercial (o que é a regra geral em se tratando de pessoas jurídicas de direito privado), tais como pagamento e contratação de fornecedores e de empregados, a atuação tem caráter tipicamente privado, sendo insindicável pela via do mandado de segurança.

De outro lado, quando as pessoas jurídicas de direito público praticarem atos administrativos (que são os mais comumente praticados por essas pessoas) será cabível o *writ*. Não se pode esquecer, entretanto, que tais entidades também podem praticar atos da Administração, em que se nivelam ao particular e passa a haver uma relação de horizontalidade entre o agente público e o cidadão.

---

35 STF, súmula 625: Controvérsia sobre matéria de direito não impede concessão de mandado de segurança.

36 CUNHA, Leonardo Carneiro da. *A Fazenda Pública em Juízo.* 7ª ed. São Paulo: Dialética, 2009, p. 432.

37 SÚMULA 333 -Cabe mandado de segurança contra ato praticado em licitação promovida por sociedade de economia mista ou empresa pública.

38 CC 108.466/RS, Rel. Ministro CASTRO MEIRA, PRIMEIRA SEÇÃO, julgado em 10/02/2010, DJe 01/03/2010.

Exemplo: o Poder Executivo de determinado ente federativo pretende alugar imóvel para desempenhar certa atividade. O Poder Público, nesta hipótese, não pode impor unilateralmente ao proprietário do imóvel - e futuro locatário - as regras atinentes à locação, com as quais os dois contratantes - público e privado - devem concordar. Não há, aqui, os privilégios típicos dos atos administrativos, razão pela qual incabível a impetração de mandado de segurança.

2.4. Competência para julgamento

2.4.1. Matéria judiciária

Até a entrada em vigor da EC 45/2004, só era possível a impetração de mandado de segurança em matéria judiciária, na Justiça do Trabalho, contra decisões judiciais irrecorríveis. Nesse contexto, a competência funcional para julgamento do *writ* era - e continua sendo - titularizada:

- (i) pelos Tribunais Regionais do Trabalho, contra atos de Juízes do Trabalho ou de membros ou órgãos do próprio TRT. Da decisão do TRT, cabe recurso ordinário para o TST (a ser julgado na SDI-2 deste Tribunal, conforme art. 78, III, *c*, do RITST);
- (ii) pelo Tribunal Superior do Trabalho, contra atos de seus próprios Ministros. A competência para julgamento do *writ* pode ser da SDI-1, da SDC ou do Órgão Especial do TST, de acordo com a matéria envolvida. Em caso de denegação da segurança, cabe recurso ordinário para o STF (CF, art. 102, II, *a*).[39]

A partir da EC 45/2004, o art. 114, IV, da CF[40] passou a prever a competência da Justiça do Trabalho para o julgamento de mandado de segurança sempre que o ato questionado envolver matéria sujeita à sua jurisdição.

Dessa forma, sempre que se tratar de autoridade pública que não detenha prerrogativa de foro, o mandado de segurança deve ser impetrado no primeiro grau de jurisdição e será julgado originariamente por Juiz do Trabalho, desde que a matéria decorra de relação de trabalho e se enquadre em algum dos incisos do art. 114 da CF. O exemplo típico é o de impetração de mandado de segurança contra ato praticado pela fiscalização do trabalho, como a interdição de estabelecimento empresarial.

---

[39] Art. 102 - Compete ao Supremo Tribunal Federal, precipuamente, a guarda da Constituição, cabendo-lhe:
(...)
II - julgar, em recurso ordinário:
a) o habeas corpus, o mandado de segurança, o habeas data e o mandado de injunção decididos em única instância pelos Tribunais Superiores, se denegatória a decisão.

[40] Art. 114 - Compete à Justiça do Trabalho processar e julgar: (...)
IV - os mandados de segurança, habeas corpus e habeas data, quando o ato questionado envolver matéria sujeita à sua jurisdição.

O foro territorialmente competente é o da sede funcional da autoridade coatora.[41]

Observe-se que determinadas autoridades detêm prerrogativa de foro no que tange ao mandado de segurança. Assim, devem ser julgados pelo STF os mandados de segurança – inclusive em matéria trabalhista – contra atos do Presidente da República, das Mesas da Câmara dos Deputados e do Senado Federal, do Tribunal de Contas da União, do Procurador-Geral da República e do próprio Supremo Tribunal Federal (CF, art. 102, I, *d*).[42] Ademais, apesar de não haver previsão explícita na Constituição, deve-se aplicar por analogia o art. 105, I, *b*, da CF[43], a fim de que mandados de segurança em matéria trabalhista impetrados contra ato de Ministro de Estado, dos Comandantes da Marinha, do Exército e da Aeronáutica ou do próprio Tribunal sejam julgados pelo TST.

2.4.2. Matéria administrativa

É controvertida a competência para processamento e julgamento de causas que versem sobre atos administrativos praticados pelos Tribunais Trabalhistas (TST e TRTs).

O entendimento que vem corretamente prevalecendo é no sentido de que, considerando a autonomia administrativa e o autogoverno dos Tribunais, o mandado de segurança em que se discuta a legalidade de ato administrativo deve ser julgado originariamente pela própria Corte que o praticou – através de órgão colegiado ou de seu Presidente ou Vice-Presidente. O art. 21, VI, da LOMAN[44], constitui a base normativa dessa linha de pensamento.

Assim, mandado de segurança impetrado contra ilegalidade cometida por magistrado ou servidor da Justiça do Trabalho no curso de procedimento licitatório[45] ou de concurso público (para servidor ou para a carreira da magistratura do trabalho[46]) deve ser julgado pelo próprio Tribunal Trabalhista envolvido; dessa decisão caberá recurso ordinário para o Tribunal Superior competente.

---

41 THEODORO JÚNIOR, *op. cit.*, v. 3, p. 494.

42 Art. 102 – Compete ao Supremo Tribunal Federal, precipuamente, a guarda da Constituição, cabendo-lhe:
I – processar e julgar, originariamente: (...)
d) o habeas corpus, sendo paciente qualquer das pessoas referidas nas alíneas anteriores; o mandado de segurança e o habeas data contra atos do Presidente da República, das Mesas da Câmara dos Deputados e do Senado Federal, do Tribunal de Contas da União, do Procurador-Geral da República e do próprio Supremo Tribunal Federal.

43 Art. 105 – Compete ao Superior Tribunal de Justiça:
I – processar e julgar, originariamente: (...)
b) os mandados de segurança e os habeas data contra ato de Ministro de Estado, dos Comandantes da Marinha, do Exército e da Aeronáutica ou do próprio Tribunal.

44 Art. 21 – Compete aos Tribunais, privativamente: (...)
VI – julgar, originariamente, os mandados de segurança contra seus atos, os dos respectivos Presidentes e os de suas Câmaras, Turmas ou Seções.

45 TST, ROMS – 52800-94.2003.5.03.0000 Data de Julgamento: 05/05/2005, Relatora Ministra: Maria Cristina Irigoyen Peduzzi, Tribunal Pleno.

46 TRF-5 – AMS: 84886 CE 0014702-67.2003.4.05.0000, Relator: Desembargador Federal Petrucio Ferreira, Data de Julgamento: 30/11/2004, Segunda Turma, Data de Publicação: Fonte: Diário da Justiça – Data: 31/03/2005 – Página: 768 – Nº: 61 – Ano: 2005.

Caso se trate de ação ordinária movida por servidor ou magistrado da Justiça do Trabalho em face da União (postulando, por exemplo, o pagamento de parcela integrante dos vencimentos), a competência em razão da matéria será da Justiça Federal de primeira instância (CF, art. 109, I).[47]

Não obstante, registre-se a existência de entendimento contrário, segundo o qual mesmo os mandados de segurança impetrados contra atos administrativos praticados no âmbito da Justiça do Trabalho deveriam ser julgados por juízes federais, em virtude do art. 109, I, da CF, e também porque o art. 114, IV, da CF, expressamente, restringiria a competência da Justiça do Trabalho para os mandados de segurança em que o ato questionado envolver matéria sujeita à sua jurisdição - o que não seria o caso de atos administrativos de Tribunais Trabalhistas.[48] Argumenta-se, ainda, que a competência dos Tribunais seria matéria de direito estrito.

Contudo, o art. 21 da LOMAN faz com que essas causas estejam, sim, no espectro de competência da Justiça do Trabalho. Não há revogação de tal dispositivo - que é fundado no art. 96, I, *b*, da CF[49], o qual consagra a autonomia dos Tribunais - em virtude da nova redação do art. 114, IV, da CF, pois este dispositivo não exclui os mandados de segurança contra atos administrativos dos respectivos Tribunais das causas sujeitas à jurisdição da Justiça do Trabalho.

2.5. Autoridade coatora e polo passivo. Teoria da encampação

Como visto, o mandado de segurança pressupõe sempre ato de autoridade, seja judicial ou administrativa, a qual deve ser indicada na petição inicial do *writ*.

Discute-se, em doutrina, quem compõe o polo passivo do mandado de segurança: (i) uma primeira corrente sustenta que o sujeito passivo é a autoridade coatora isoladamente; (ii) outra vertente afirma haver litisconsórcio passivo entre a pessoa jurídica de direito público que suportará as consequências de eventual julgamento de procedência do *writ*; (iii) o pensamento majoritário, entretanto, é no sentido de que o polo passivo é formado exclusivamente pela pessoa jurídica de direito público.

De fato, o sujeito passivo é a pessoa jurídica que suportará as consequências - inclusive financeiras - decorrentes da concessão da segurança. Pensar diferentemente poderia resultar na perplexidade de se ter uma parte (autoridade coatora) que não seria responsabilizada em caso de descumprimento da decisão judicial concessiva do

---

47 Art. 109 – Aos juízes federais compete processar e julgar:
I – as causas em que a União, entidade autárquica ou empresa pública federal forem interessadas na condição de autoras, rés, assistentes ou oponentes, exceto as de falência, as de acidentes de trabalho e as sujeitas à Justiça Eleitoral e à Justiça do Trabalho.

48 Nesse sentido, PANIAGO, Izidoro Oliveira. Mandado de segurança impetrado por servidor ou juiz da justiça do trabalho contra ato administrativo de presidente de TRT. Competência pelo critério da matéria (EC nº 45/2004). Julgamento pelo juízo federal comum. Revista Jus Navigandi, ISSN 1518-4862, Teresina, ano 14, n. 2191, 1 jul. 2009. Disponível em: <https://jus.com.br/artigos/13074>. Acesso em: 7 set. 2017.

49 Art. 96 – Compete privativamente:
I – aos tribunais: (...)
b) organizar suas secretarias e serviços auxiliares e os dos juízos que lhes forem vinculados, velando pelo exercício da atividade correicional respectiva.

writ; e de gerar prejuízo direto à esfera jurídica de um terceiro (pessoa jurídica de direito público) que não foi parte no processo e sequer pode exercer o contraditório.

Quando a autoridade coatora é indicada equivocadamente, a consequência jurídica adotada pela jurisprudência é a extinção do processo sem resolução do mérito, por falta de pressuposto processual (CPC, art. 485, IV)[50]; como a autoridade coatora não é parte, não é o caso de extinção por ilegitimidade passiva.

No entanto, a teoria da encampação permite o julgamento de mérito do mandado de segurança, apesar da indicação errônea da autoridade coatora. Por força de tal teoria, adotada pelos Tribunais, se a parte indicou autoridade coatora errada, é possível o julgamento de mérito, desde que atendidos os seguintes requisitos:

- (i) a autoridade equivocadamente indicada é hierarquicamente superior à que efetivamente praticou o ato;
- (ii) a autoridade erroneamente indicada adentra, em suas informações, no mérito em defesa do ato atacado;
- (iii) inexistência de ofensa às regras de competência jurisdicional absoluta.

O art. 6, § 3º, da Lei nº 12.016/2009 estatui que se considera autoridade coatora aquela que tenha praticado o ato impugnado ou da qual emane a ordem para a sua prática.

No entanto, o papel da autoridade coatora, no mandado de segurança, é prestar esclarecimentos sobre o ato impugnado. Esse objetivo não pode ser alcançado caso se entenda pela legitimidade do mero executor material do ato, pois o único esclarecimento que poderia prestar é que o fez em virtude do estrito cumprimento de ordens superiores. Por tal razão é que a jurisprudência STJ tem se inclinado no sentido de que a autoridade coatora não pode ser o mero executor do ato, mas apenas quem determinou a respectiva prática[51].

Contudo, o princípio administrativo da hierarquia faz com que a autoridade superior possa avocar o ato supostamente ilegal para si, assumindo-o e procedendo à sua defesa. Nesse caso, por economia processual é possível julgar o mérito do mandado de segurança, já que a autoridade, apesar de não ter praticado o ato, esclareceu as respectivas razões. Se a autoridade superior se limitar a informar que o ato foi praticado pela autoridade subordinada, ou seja, se não defender o mérito do ato, não se aplica a teoria da encampação.

Ademais, a competência para o mandado de segurança é *ex ratione personae*, de acordo com a autoridade coatora envolvida. Por exemplo, o art. 105, II, *b*, da CF[52],

---

50 Art. 485 – O juiz não resolverá o mérito quando: (...)
IV – verificar a ausência de pressupostos de constituição e de desenvolvimento válido e regular do processo.

51 Nesse sentido, AgRg no RMS 28.860/DF, Rel. Ministro MOURA RIBEIRO, QUINTA TURMA, julgado em 19/09/2013, DJe 25/09/2013.

52 Art. 105 – Compete ao Superior Tribunal de Justiça: (...)
II – julgar, em recurso ordinário: (...)
b) os mandados de segurança decididos em única instância pelos Tribunais Regionais Federais ou pelos tribunais dos Estados, do Distrito Federal e Territórios, quando denegatória a decisão.

prevê a competência do STJ para julgar o *writ* contra ato de Ministro de Estado. Nessa hipótese, não será possível a aplicação da teoria da encampação para fins de julgamento pelo STF, indicando-se o Presidente da República como autoridade coatora – mesmo que este defenda o mérito do ato – já que haveria burla às regras de competência e ao princípio do juiz natural. Conclui-se que a teoria da encampação só se aplica caso o foro competente para as duas autoridades – a superior, e a inferior, cujo ato é impugnado – seja o mesmo.

2.6. Situações de não cabimento

De acordo com o art. 5º, da Lei nº 12.016/2009, não se concederá mandado de segurança nas seguintes situações:

- (i) o ato supostamente ilegal comporta impugnação por recurso administrativo com efeito suspensivo, independentemente de caução. Se o cidadão tem um meio eficaz para impugnar a suposta ilegalidade na esfera administrativa – por haver previsão de recurso administrativo que suspenda os efeitos do ato –; e se não há qualquer restrição à sua esfera de direitos – já que não há necessidade de caução ou depósito para interposição do recurso, realmente se revela desnecessário o uso do mandado de segurança.

Contudo, tal previsão legislativa não significa que o interessado precise esgotar a via administrativa, o que lhe é apenas facultado. Daí decorre que o cidadão pode, por exemplo, renunciar ao direito de recorrer na esfera administrativa, ou deixar transcorrer *in albis* o prazo de interposição do recurso, com o objetivo de impetrar imediatamente o mandado de segurança, sem que se cogite de extinção sem resolução de mérito por qualquer motivo.

Essa regra, que exclui o cabimento do mandado de segurança, não se aplica nas situações de mandado de segurança preventivo, já que, se ainda não foi praticado o ato coator, não há como cogitar do cabimento de recurso administrativo suspensivo. Também será viável a impetração de mandado de segurança, mesmo na pendência de recurso administrativo, se o objetivo for impugnar omissão da autoridade coatora (STF, Súmula 429).[53] Ora, a previsão de efeito suspensivo ao recurso administrativo não é apta a conceder a providência (comissiva) que o interessado espera que seja adotada pela autoridade coatora;

- (ii) decisão judicial da qual caiba recurso com efeito suspensivo. O tema será minudenciado no próximo item;
- (iii) decisão judicial transitada em julgado: o trânsito em julgado não faz apenas com que não caiba recurso contra a decisão judicial, mas também afasta o cabimento de ações autônomas de impugnação, ressalvada a ação rescisória.

[53] STF, súmula 429: A existência de recurso administrativo com efeito suspensivo não impede o uso do mandado de segurança contra omissão da autoridade.

Além disso, a jurisprudência é pacífica quanto ao não cabimento do mandado de segurança contra a lei em tese (STF, Súmula 266), que é o ato normativo dotado das características de generalidade e abstração. A impugnação desses atos deve ser feita pelas ações de controle de constitucionalidade. Contudo, quando a lei abstrata incidir em determinada situação jurídica concreta, o ato administrativo praticado pode ser impugnado pelo *writ*. Exemplo: não cabe o mandado contra lei inconstitucional que crie tributo, mas o contribuinte autuado pelo Fisco pode se valer do *mandamus* para impugnar o ato de lançamento e inscrição em dívida ativa.

De outro lado, existem leis de efeitos concretos, editadas com o propósito de regerem situações específicas. Seria o exemplo de uma lei municipal que declare o tombamento de determinado imóvel por motivos culturais. Nestas hipóteses, é possível a impetração de mandado de segurança contra a lei, pelo interessado (proprietário do bem, por exemplo).

A jurisprudência do Supremo Tribunal Federal admite, ainda, a impetração de mandado de segurança por parlamentar, a fim de que se arquive ou tranque o processo legislativo, quando tramitar PEC (Proposta de Emenda à Constituição) violadora do núcleo essencial das cláusulas pétreas. Essa possibilidade se extrai diretamente do texto da Constituição da República, que no art. 60, § 4º[54], estatui que as PECs tendentes a abolir cláusulas pétreas sequer podem ser objeto de apreciação. Nessas hipóteses, é assente que o parlamentar tem o direito subjetivo ao devido processo legislativo.

O mandado de segurança não pode, ainda, ser utilizado como sucedâneo de ação de cobrança. Daí decorre que valores devidos anteriormente à impetração não podem ser cobrados pela via mandamental, mas apenas por meio de ação ordinária. Entretanto, se a ilegalidade gerar créditos no curso da tramitação do mandado de segurança (relações jurídicas continuadas), a cobrança pode ser feita nos mesmos autos.

Observe-se, por fim, que a jurisprudência dos Tribunais Superiores é assente no sentido de que, em caso de falecimento do impetrante no curso do mandado de segurança, não é cabível a sucessão de partes, ante a natureza personalíssima da ação, decorrente de seu caráter de garantia constitucional do cidadão. Da mesma forma, impossível o ajuizamento pelos herdeiros; contudo, na hipótese de o mandado de segurança encontrar-se em fase de execução, é possível a habilitação de herdeiros.

[54] Art. 60, § 4º – Não será objeto de deliberação a proposta de emenda tendente a abolir:
I – a forma federativa de Estado;
II – o voto direto, secreto, universal e periódico;
III – a separação dos Poderes;
IV – os direitos e garantias individuais.

2.6.1. *Mandado de segurança contra decisão judicial*

O art. 5º, II, da Lei nº 12.016/2009[55], prevê que não se concederá mandado de segurança quando o ato impugnado for decisão judicial da qual caiba recurso com efeito suspensivo.

Se o recurso interponível contra determinada decisão judicial tiver efeito suspensivo *ope legis*, realmente não há razão lógico-jurídica para que o interessado possa optar por ajuizar mandado de segurança para impugnar a decisão, o que explica a exclusão legal de cabimento nessas hipóteses.

Ademais, embora o tema seja controvertido, deve-se concluir que, se couber recurso sem efeito suspensivo *ope legis* contra a decisão judicial, em regra o interessado deve valer-se do recurso pertinente, não sendo possível a impetração de mandado de segurança. Isso porque, se não for interposto tempestivamente o recurso, há preclusão e possível formação de coisa julgada material, o que faria com que ficasse prejudicado o julgamento do *mandamus*.

De outro lado, a obtenção de efeito suspensivo *ope judicis* deve ser buscada por requerimento dirigida ao Tribunal, que pode ser feito no bojo do próprio recurso ou a qualquer tempo por simples petição (TST, Súmula 414, I).[56] Daí resulta a impropriedade da utilização do mandado de segurança com o objetivo de obter efeito suspensivo a recurso.

Pode-se concluir, portanto, que o cabimento de mandado de segurança contra decisão judicial é excepcional, restringindo-se às situações em que os recursos previstos em lei não sejam hábeis a evitar a geração de danos irreparáveis ou de difícil reparação para o impetrante.[57]

De fato, a jurisprudência mais recente tem admitido o mandado de segurança contra ato judicial somente em casos excepcionalíssimos, como nas hipóteses de flagrante ilegalidade, de ato abusivo ou em situações teratológicas, cabendo à parte demonstrar a plausibilidade do direito e o perigo de demora.[58] Essa postura mais rigorosa é justificável, sob pena de banalizar o uso do *writ* e desvirtuar o sistema recursal através da utilização do mandado de segurança como medida substitutiva de recurso não previsto em lei.

No Processo do Trabalho, como vigora o princípio da irrecorribilidade imediata das decisões interlocutórias, o mandado de segurança pode ser utilizado excepcionalmente para impugná-las quando presentes os requisitos para deferimento de tutela de urgência.

---

55 Art. 5º – Não se concederá mandado de segurança quando se tratar: (...)
II – de decisão judicial da qual caiba recurso com efeito suspensivo.

56 TST, súmula 414, I: A tutela provisória concedida na sentença não comporta impugnação pela via do mandado de segurança, por ser impugnável mediante recurso ordinário. É admissível a obtenção de efeito suspensivo ao recurso ordinário mediante requerimento dirigido ao tribunal, ao relator ou ao presidente ou ao vice-presidente do tribunal recorrido, por aplicação subsidiária ao processo do trabalho do artigo 1029, § 5º, do CPC de 2015.

57 MARINONI; ARENHART; MITIDIERO, *op. cit.*, v. 3, p. 347.

58 AgInt nos EDcl no RMS 51.703/SP, Rel. Ministro MARCO AURÉLIO BELLIZZE, TERCEIRA TURMA, julgado em 15/08/2017, DJe 25/08/2017.

Exemplifica-se com a decisão que indefere o pedido de reintegração de empregado estável mediante antecipação de tutela antes da sentença; como não cabe agravo de instrumento para impugnar esse tipo de decisão em processos trabalhistas, o interessado pode impetrar mandado de segurança com a finalidade de obter a tutela provisória da sua situação de direito material (TST, Súmula 414, II).[59] Nesta hipótese, a superveniência da sentença, nos autos originários, faz perder o objeto do mandado de segurança que impugnava o indeferimento da tutela provisória, porque a decisão interlocutória (baseada em cognição sumária) terá sido substituída pela sentença (fundada em cognição exauriente). Perceba-se que, na situação alvitrada, o reclamante somente poderia discutir o mérito da decisão interlocutória quando do recurso ordinário contra a sentença final, o que violaria fatalmente o direito à antecipação de tutela supostamente existente.

2.7. Prazo

O prazo do mandado é de 120 dias contados da ciência do ato impugnado. Trata-se de prazo decadencial, razão por que não se admite suspensão ou interrupção de sua fluência. Apesar disso, a jurisprudência entende que, se o termo final para a impetração recair em dia no qual não haja expediente forense, dá-se a prorrogação para o primeiro dia útil subsequente.

Se o mandado de segurança for preventivo, como ainda não há a prática de ato coator, descabe cogitar de prazo para a impetração.

Nas relações jurídicas continuativas, o prazo de 120 dias deve ser contado a partir de cada ato, muito embora os posteriores sejam reiteração dos anteriores.

2.8. Procedimento

Por se tratar de procedimento regulado em lei especial, o mandado de segurança, no Processo do Trabalho, segue preferencialmente o rito da Lei nº 12.016/2009, não se aplicando o regramento procedimental da CLT.

A tramitação do mandado de segurança começa a partir do ajuizamento de petição inicial, que deverá preencher os requisitos estabelecidos pela lei processual, e conter a indicação da autoridade coatora e da pessoa jurídica que esta integra, à qual se acha vinculada ou da qual exerce atribuições. O impetrante deve juntar a prova documental pré-constituída para comprovar suas alegações.

Contudo, no caso em que o documento necessário à prova do alegado se ache em repartição ou estabelecimento público ou em poder de autoridade que se recuse a fornecê-lo por certidão ou de terceiro, o juiz ordenará, preliminarmente, por ofício, a exibição desse documento em original ou em cópia autêntica e marcará, para o cumprimento da ordem, o prazo de 10 (dez) dias. Se a autoridade que tiver proce-

---

59. TST, súmula 414, II: No caso de a tutela provisória haver sido concedida ou indeferida antes da sentença, cabe mandado de segurança, em face da inexistência de recurso próprio.

dido dessa maneira for a própria coatora, a ordem far-se-á no próprio instrumento da notificação (Lei nº 12.016/2009, art. 6º, §§ 1º e 2º).[60]

O desatendimento desse comando judicial pode configurar o crime de desobediência, além de ensejar as medidas administrativas (punição da autoridade administrativa, por exemplo) e processuais (multas coercitivas) cabíveis. Além disso, é pertinente a determinação de busca e apreensão do documento a fim de instruir o mandado de segurança. Não cabe, entretanto, aplicação da pena de confissão ficta caso a autoridade ou a pessoa jurídica de direito público não forneça os documentos, em virtude da indisponibilidade do patrimônio público.

Em seguida, o juiz despachará a petição inicial, determinando: (i) que se notifique a autoridade coatora do conteúdo da petição inicial, enviando-lhe a segunda via apresentada com as cópias dos documentos, a fim de que, no prazo de 10 (dez) dias, preste as informações; (ii) que se dê ciência ao órgão de representação judicial da pessoa jurídica interessada, enviando-lhe cópia da inicial sem documentos, para que, querendo, ingresse no feito; (iii) que se suspenda o ato que deu motivo ao pedido, quando houver fundamento relevante e do ato impugnado puder resultar a ineficácia da medida, caso seja finalmente deferida, sendo facultado exigir do impetrante caução, fiança ou depósito, com o objetivo de assegurar o ressarcimento à pessoa jurídica.

Não será concedida medida liminar que tenha por objeto a compensação de créditos tributários, a entrega de mercadorias e bens provenientes do exterior, a reclassificação ou equiparação de servidores públicos e a concessão de aumento ou a extensão de vantagens ou pagamento de qualquer natureza (Lei nº 12.016/2009, art. 7º, § 2º).

No mandado de segurança, descabe cogitar de revelia caso a autoridade coatora não preste tempestivamente as informações. A uma, porque as informações não consistem em contestação do ente público, mas em meros esclarecimentos prestados pela autoridade. A duas, porque, como a Constituição exige prova documental pré-constituída para o mandado de segurança, aplicar os efeitos da revelia equivaleria a burlar a exigência constitucional.

Feitas as notificações, e decorrido o prazo para prestação de informações pela autoridade coatora, o juiz intimará o representante do Ministério Público, que opinará, dentro do prazo improrrogável de 10 (dez) dias. Com ou sem o parecer do Ministério Público, os autos serão conclusos ao juiz, para a decisão, a qual deverá

---

60 Art. 6º A petição inicial, que deverá preencher os requisitos estabelecidos pela lei processual, será apresentada em 2 (duas) vias com os documentos que instruírem a primeira reproduzidos na segunda e indicará, além da autoridade coatora, a pessoa jurídica que esta integra, à qual se acha vinculada ou da qual exerce atribuições.

§ 1º No caso em que o documento necessário à prova do alegado se ache em repartição ou estabelecimento público ou em poder de autoridade que se recuse a fornecê-lo por certidão ou de terceiro, o juiz ordenará, preliminarmente, por ofício, a exibição desse documento em original ou em cópia autêntica e marcará, para o cumprimento da ordem, o prazo de 10 (dez) dias. O escrivão extrairá cópias do documento para juntá-las à segunda via da petição.

§ 2º Se a autoridade que tiver procedido dessa maneira for a própria coatora, a ordem far-se-á no próprio instrumento da notificação.

ser necessariamente proferida em 30 (trinta) dias (Lei nº 12.016/2009, art. 12, *caput* e parágrafo único).

2.9. Recursos

No Processo do Trabalho, o deferimento ou indeferimento de liminar em mandado de segurança não comporta recurso próprio, pois a sistemática recursal utilizada é a da CLT. Não se aplica, então, o art. 7º, § 1º, da Lei nº 12.016/2009[61], no que prevê o cabimento de agravo de instrumento nestes casos. Em consequência, nos processos trabalhistas será pertinente a impetração de outro mandado de segurança contra o deferimento ou indeferimento de liminar em mandado de segurança (TST, Súmula 414, II). Contudo, apesar da inexistência de recurso, o TST possui entendimento em sentido contrário, consubstanciado na OJ 140 da SDI-2, segundo a qual *não cabe mandado de segurança para impugnar despacho que acolheu ou indeferiu liminar em outro mandado de segurança.*

No caso de mandado de segurança em primeiro grau de jurisdição na Justiça do Trabalho, segue-se a sistemática recursal da CLT, sendo cabível recurso ordinário para o TRT e, se o for o caso, recurso de revista para o TST, nas hipóteses legais.

Importante destacar que, se concedida a segurança, a sentença estará sujeita obrigatoriamente ao duplo grau de jurisdição. Além disso, estende-se à autoridade coatora o direito de recorrer (Lei nº 12.016/2009, art. 14, §§ 1º e 2º).

Se o mandado de segurança for de competência originária de TRT, será cabível recurso ordinário para o TST (RITST, art. 78, III, *c*). Já se o *writ* for de competência originária do próprio TST, pertinente a interposição de recurso ordinário para o STF, caso denegatória a decisão; ou de recurso extraordinário, caso haja concessão da ordem (CF, art. 102, II, *a*, e III).[62]

2.10. Suspensão de segurança

No caso de deferimento de liminar em mandado de segurança - bem assim no deferimento de tutela provisória contra a Fazenda Pública em qualquer espécie de ação -, a pessoa jurídica de direito público interessada ou o Ministério Público

---

[61] Art. 7º, § 1º - Da decisão do juiz de primeiro grau que conceder ou denegar a liminar caberá agravo de instrumento, observado o disposto na Lei nº 5.869, de 11 de janeiro de 1973 - Código de Processo Civil.

[62] Art. 102 - Compete ao Supremo Tribunal Federal, precipuamente, a guarda da Constituição, cabendo-lhe:
(...)
II - julgar, em recurso ordinário:
a) o *habeas corpus*, o mandado de segurança, o habeas data e o mandado de injunção decididos em única instância pelos Tribunais Superiores, se denegatória a decisão;
III - julgar, mediante recurso extraordinário, as causas decididas em única ou última instância, quando a decisão recorrida:
a) contrariar dispositivo desta Constituição;
b) declarar a inconstitucionalidade de tratado ou lei federal;
c) julgar válida lei ou ato de governo local contestado em face desta Constituição.
d) julgar válida lei local contestada em face de lei federal.

pode formular o chamado pedido de *suspensão da segurança*, com o objetivo de evitar grave lesão à ordem, à saúde, à segurança e à economia públicas.

A suspensão de segurança não é recurso, pois não é prevista em lei como tal (princípio da taxatividade dos recursos), e não tem o objetivo de reformar ou anular a decisão judicial. Também não se trata de ação judicial autônoma de impugnação, já que a lei a trata como simples requerimento.

Na verdade, o pedido de suspensão de segurança é ato jurídico postulatório cujo objetivo é apenas o de obter a suspensão da eficácia da decisão interlocutória que antecipe os efeitos da tutela ou da sentença contrária à Fazenda Pública.

O requerimento de suspensão de segurança deve ser dirigido ao Presidente do Tribunal competente para apreciar o recurso cabível contra a decisão cuja eficácia se pretende suspender. Se se tratar de decisão interlocutória de Juiz do Trabalho (concessiva da antecipação de tutela), deve-se considerar que o órgão competente para a suspensão de segurança é o Presidente do TRT.

Se o Presidente do Tribunal deferir a suspensão da segurança, cabe agravo interno para o próprio Tribunal, no prazo de 5 dias (art. 15, *caput*).

Já se o Presidente do Tribunal indeferir o requerimento de suspensão de segurança, por considerar inexistir risco de lesão à ordem, à saúde, à segurança e à economia públicas, caberá novo pedido de suspensão ao Presidente do Tribunal competente para conhecer de eventual recurso especial ou extraordinário (art. 15, § 1º). Nos processos trabalhistas, seria o caso de renovar o pedido de suspensão de segurança para o TST (caso a decisão que se busca suspender seja oriunda de TRT) ou para o STF (na hipótese de a suspensão ter sido negada originariamente pelo Presidente do TST).

O julgamento de mandado de segurança ou de agravo de instrumento contra a liminar ou contra a interlocutória concessiva de antecipação de tutela é independente do pedido de suspensão de segurança (art. 15, § 3º). Daí resulta que ambos podem tramitar simultaneamente, sem que o resultado de um influencie no julgamento de outro.

As liminares cujo objeto seja idêntico poderão ser suspensas em uma única decisão, podendo o presidente do tribunal estender os efeitos da suspensão a liminares supervenientes, mediante simples aditamento do pedido original (Lei nº 12.016/2009, art. 15, § 5º).

2.11. Coisa julgada

Em caso de concessão da segurança (= julgamento de procedência do pedido formulado no mandado de segurança), com o trânsito em julgado forma-se normalmente a coisa julgada material, por se tratar de decisão de mérito (CPC, art. 487, I).[63]

[63] Art. 487 – Haverá resolução de mérito quando o juiz:
I – acolher ou rejeitar o pedido formulado na ação ou na reconvenção.

Já na hipótese de denegação de segurança, devem-se distinguir duas possibilidades:

- (i) a ordem não é concedida porque, apesar de a prova documental pré-constituída ser satisfatória e suficiente para a definição dos fatos relevantes ao julgamento da causa, o respectivo enquadramento jurídico faz com que o impetrante não seja titular do direito material postulado. Nessa situação, haverá julgamento de mérito e o autor não pode impetrar novo mandado de segurança, nem ajuizar ação ordinária para reivindicar o mesmo direito, em virtude da coisa julgada material formada no *writ*;
- (ii) a ordem não é concedida porque a prova documental é insuficiente para o deslinde da controvérsia, havendo necessidade de dilação probatória. Neste caso, não haverá julgamento do mérito da lide, já que o mandado de segurança será extinto sem resolução de mérito em virtude da falta de pressuposto processual (CPC, art. 485, IV)[64], qual seja, a prova pré-constituída necessária e suficiente para elucidar os fatos da causa. Dessa forma, o impetrante pode valer-se das vias ordinárias para postular o mesmo direito, ou eventualmente impetrar novo mandado de segurança, desde que baseado em outras provas e observado o prazo decadencial de 120 dias (art. 19 da Lei nº 12.016/2009).[65]

Conclui-se, portanto, que a coisa julgada, em caso de denegação da segurança, forma-se *secundum eventum probationis*, à semelhança do que acontece nas ações civis públicas sobre direitos difusos e coletivos em sentido estrito.

2.12. Teoria da causa madura no mandado de segurança

A teoria da causa madura, prevista no art. 1.013, §§ 3º e 4º, do CPC[66], autoriza ao órgão destinatário do recurso (*ad quem*) o imediato julgamento de mérito, sempre que a causa estiver em condições de julgamento, nas hipóteses de extinção do processo sem resolução de mérito pelo órgão *a quo* (e, por extensão doutrinária e jurisprudencial, em casos como o de pronúncia de prescrição ou de julgamento *citra petita*). Todavia, os Tribunais Superiores têm remansosa jurisprudência no sentido de que tal sistemática não se aplica ao recurso ordinário em mandado de segurança, sob pena de supressão de instância e de burla à competência jurisdicional

---

64 Art. 485 - O juiz não resolverá o mérito quando: (...)

IV - verificar a ausência de pressupostos de constituição e de desenvolvimento válido e regular do processo.

65 Lei nº 12.016, Art. 19 - A sentença ou o acórdão que denegar mandado de segurança, sem decidir o mérito, não impedirá que o requerente, por ação própria, pleiteie os seus direitos e os respectivos efeitos patrimoniais.

66 Art. 1013, § 3º - Se o processo estiver em condições de imediato julgamento, o tribunal deve decidir desde logo o mérito quando:

I - reformar sentença fundada no art. 485;

II - decretar a nulidade da sentença por não ser ela congruente com os limites do pedido ou da causa de pedir;

III - constatar a omissão no exame de um dos pedidos, hipótese em que poderá julgá-lo;

IV - decretar a nulidade de sentença por falta de fundamentação.

§ 4º - Quando reformar sentença que reconheça a decadência ou a prescrição, o tribunal, se possível, julgará o mérito, examinando as demais questões, sem determinar o retorno do processo ao juízo de primeiro grau.

definida constitucionalmente (por exemplo, CF, art. 102, II, *a*), circunstâncias que prevalecem sobre os escopos de celeridade e economia processuais almejados pelo dispositivo codificado mencionado.

2.13. Desistência do mandado de segurança

Não se pode confundir o instituto da desistência do recurso com o da desistência da ação.

A desistência do recurso pode ser feita a qualquer tempo e independe da anuência do recorrido e dos litisconsortes (CPC, art. 998)[67], tendo como consequência lógica o trânsito em julgado da decisão recorrida.

Já a desistência da ação, após o decurso do prazo para oferecimento de defesa, só pode ser levada a efeito com o consentimento do réu (CPC, art. 485, § 4º[68], aplicável ao Processo do Trabalho por força do art. 769 da CLT[69]), e resulta na extinção do processo sem resolução de mérito.

Especificamente quanto ao mandado de segurança, a jurisprudência dos Tribunais Superiores (STJ e STF, sendo que neste último a matéria foi decidida sob a sistemática da repercussão geral) se inclina no sentido de que é possível ao impetrante desistir da ação de mandado de segurança após a sentença de mérito, ainda que seja desfavorável ao impetrante, sem anuência do impetrado, não se aplicando o art. 485, § 4º, do CPC. O fundamento é que não haveria direito da pessoa jurídica de direito público oponível ao impetrante, e que o mandado de segurança seguiria sistemática diferenciada, por constituir garantia constitucional em favor do cidadão.

Tal posicionamento, entretanto, é passível de críticas, pois a decisão que denega a segurança tem aptidão para formar coisa julgada material *secundum eventum probationis*, ou seja, sempre que for apreciado o mérito (Lei nº 12.016/2009, art. 19). Admitir a desistência do mandado de segurança, caso já proferida decisão contrária ao impetrante, equivale à rescisão desta, fraudando a formação da coisa julgada material e perpetuando a lide. O impetrante, por ato de mera vontade, estaria substituindo provimento jurisdicional definitivo por outro meramente terminativo, o que vai de encontro também ao princípio da economia processual.

Ainda que a decisão denegatória não fosse de mérito, é certo que o réu tem direito a uma decisão final, descabendo a rescisão da sentença por via oblíqua, em virtude da desistência.

---

67 Art. 998 – O recorrente poderá, a qualquer tempo, sem a anuência do recorrido ou dos litisconsortes, desistir do recurso.
Parágrafo único. A desistência do recurso não impede a análise de questão cuja repercussão geral já tenha sido reconhecida e daquela objeto de julgamento de recursos extraordinários ou especiais repetitivos.

68 Art. 485, § 4º – Oferecida a contestação, o autor não poderá, sem o consentimento do réu, desistir da ação.

69 Art. 769 – Nos casos omissos, o direito processual comum será fonte subsidiária do direito processual do trabalho, exceto naquilo em que for incompatível com as normas deste Título.

Nesse sentido, o próprio STF já relativizou, em alguns julgados[70], seu tradicional entendimento, não homologando a desistência em mandado de segurança quando o objetivo do impetrante for, nitidamente, esquivar-se da jurisprudência pacífica da próprias Corte.

2.14. Mandado de segurança coletivo

O mandado de segurança coletivo é procedimento especial que fica na zona de interseção entre o mandado de segurança individual e as ações coletivas em sentido estrito, razão pela qual recebe influxos dos dois microssistemas.

De um lado, trata-se de garantia constitucional para tutela de direito líquido e certo contra ato ilegal de autoridade ou de agente de pessoa jurídica no exercício de atribuições do Poder Público, à semelhança do mandado de segurança individual. De outro lado, o mandado de segurança coletivo é ação cujo objeto é a tutela de direitos metaindividuais e apresenta regramento diferenciado quanto à legitimidade, litispendência e coisa julgada.

O mandado de segurança coletivo pode ser impetrado por partido político com representação no Congresso Nacional, na defesa de seus interesses legítimos relativos a seus integrantes ou à finalidade partidária, ou por organização sindical, entidade de classe ou associação legalmente constituída e em funcionamento há, pelo menos, 1 (um) ano, em defesa de direitos líquidos e certos da totalidade, ou de parte, dos seus membros ou associados, na forma dos seus estatutos e desde que pertinentes às suas finalidades, dispensada, para tanto, autorização especial (art. 20 da Lei nº 12.016/2009).[71] Depreende-se que os legitimados ativos para o mandado de segurança coletivo atuam em substituição processual, pois defendem direito alheio em nome próprio.

---

70 Agravo regimental em embargos de declaração em embargos de declaração em mandado de segurança. Petição de desistência. Intuito de recusa à observância da jurisprudência da Corte. Não homologação. Mérito recursal. Serventia extrajudicial. Permuta. Necessidade de concurso público. Decadência. Inaplicabilidade do art. 54 da Lei nº 9.784/99. Interinidade. Aplicação do teto de remuneração. Precedentes. Petição de desistência não homologada e agravo regimental não provido. 1. Nas hipóteses em que demonstrado o mero intuito de se recusar observância a Jurisprudência pacífica da Corte, o Supremo Tribunal tem afastado o entendimento firmado no RE 669.367 RG (Relatora para o acórdão a Ministra Rosa Weber, Pleno, DJe de 30/10/14), segundo o qual pode a parte impetrante manifestar desistência da ação mandamental a qualquer tempo, mesmo após a sentença, independentemente da concordância da parte impetrada. Precedentes. Pedido de desistência não homologado. 2. A Jurisprudência da Corte se consolidou no sentido da autoaplicabilidade do art. 236, § 3º, da CF/88, e, portanto, de que, após a promulgação da Constituição Federal de 1988, é inconstitucional o acesso a serviços notarial e de registro, inclusive por remoção ou permuta, sem prévia aprovação em concurso público. 3. O Plenário do STF, em reiterados julgamentos, assentou o entendimento de que o prazo decadencial de 5 (cinco) anos, de que trata o art. 54 da Lei 9.784/1999, não se aplica à revisão de atos de delegação de serventias extrajudiciais editados após a Constituição de 1988, sem o atendimento das exigências prescritas em seu art. 236. 4. Aplica-se a quem detém interinamente a serventia extrajudicial a limitação do teto prevista no art. 37, XI, da Constituição. Precedentes. 5. Petição de desistência não homologada e agravo regimental não provido. (MS 29083 ED-ED-AgR, Relator(a): Min. TEORI ZAVASCKI, Relator(a) p/ Acórdão: Min. DIAS TOFFOLI, Segunda Turma, julgado em 16/05/2017, PROCESSO ELETRÔNICO DJe-229 DIVULG 05-10-2017 PUBLIC 06-10-2017)

71 Lei nº 12.016, Art. 20 – Os processos de mandado de segurança e os respectivos recursos terão prioridade sobre todos os atos judiciais, salvo habeas corpus.

Embora não conste da lei ou da Constituição, deve-se entender que há possibilidade de impetração de mandado de segurança coletivo pelo Ministério Público, por se tratar de finalidade institucional implícita do *Parquet*.[72]

De acordo com o art. 21, parágrafo único, da Lei nº 12.016/2009, podem ser objeto de mandado de segurança coletivo os direitos: (i) coletivos em sentido estrito, assim entendidos os transindividuais, de natureza indivisível, de que seja titular grupo ou categoria de pessoas ligadas entre si ou com a parte contrária por uma relação jurídica básica; (ii) individuais homogêneos, assim entendidos os decorrentes de origem comum e da atividade ou situação específica da totalidade ou de parte dos associados ou membros do impetrante.

No plano doutrinário, a exclusão da categoria dos direitos difusos do campo de abrangência do mandado de segurança coletivo gera controvérsia. De um lado, argumenta-se que, sem uma relação jurídica básica que una a coletividade à autoridade coatora, seria difícil atender-se o requisito de liquidez e certeza do direito; e que a tutela dos direitos difusos pelo Ministério Público já é suficiente.[73] Outra vertente sustenta inexistir razão plausível para a exclusão feita pela lei, já que o mandado de segurança coletivo não pode ser considerado forma de proteção especial dos associados ou dos vinculados aos legitimados, sob pena de violação à isonomia.[74]

Apesar da controvérsia existente, veja que a própria Constituição, no art. 5º, LXX, *b*[75], restringe a legitimidade das organizações sindicais, entidades de classe para a defesa dos interesses de seus membros ou associados no âmbito do mandado de segurança coletivo. Então, o perfil constitucional do instituto tem o objetivo justamente de permitir uma defesa mais célere dos cidadãos vinculados aos legitimados, contra atos estatais abusivos. Sendo assim, não se compatibiliza com a CF a tutela de direitos difusos no mandado de segurança coletivo, já que tais direitos são titularizados por indivíduos indeterminados, e não por grupos específicos.

Sobre a legitimação passiva do mandado de segurança coletiva, valem as observações já feitas a respeito do ponto quanto ao mandado de segurança individual.

O regramento da litispendência e da coisa julgada no mandado de segurança coletivo é idêntico ao estabelecido para as ações coletiva em sentido estrito.

2.15. Valor da causa e despesas processuais no mandado de segurança

No mandado de segurança, o impetrante deve indicar, na petição inicial, o valor da causa, atentando-se aos critérios do art. 292 do CPC. Assim, em princípio, o valor da causa deve corresponder ao proveito econômico que o impetrante busca em Juízo. Contudo, se a providência postulada no *writ* for insuscetível de quantificação

---

72 THEODORO JÚNIOR, *op. cit.*, v. 3, p. 502.

73 THEODORO JÚNIOR, *op. cit.*, v. 3, pp. 500-501.

74 MARINONI; ARENHART; MITIDIERO, *op. cit.*, v. 3, p. 367.

75 Art. 5º, LXX – O mandado de segurança coletivo pode ser impetrado por: (...)
b) organização sindical, entidade de classe ou associação legalmente constituída e em funcionamento há pelo menos um ano, em defesa dos interesses de seus membros ou associados.

econômica, o que não raramente acontece, o valor deve ser estimado ou indicado de forma simbólica pelo impetrante.[76]

Ademais, deve-se observar que, embora possível, a impugnação ao valor da causa pela autoridade coatora ou pela pessoa jurídica de direito público interessada será de reduzida utilidade, pois no mandado de segurança não são devidos honorários advocatícios sucumbenciais (Lei 12.016/2009, art. 25).[77] O valor da causa, assim, se presta apenas a definir a base de cálculo das custas processuais e também de eventuais penalidades processuais, como as decorrentes da litigância de má-fé.

3. *HABEAS CORPUS*

3.1. Conceito e natureza jurídica

Habeas corpus é ação de procedimento especial cujo objeto é a proteção, em caráter preventivo ou repressivo, da liberdade de locomoção contra ilegalidade ou abuso de poder.

Sua natureza jurídica é, sob o prisma constitucional, de garantia constitucional das liberdades (art. 5º, LXVIII)[78]; sob a ótica processual, trata-se de ação de conhecimento sujeita a procedimento especial.

O pensamento doutrinário majoritário é no sentido de que se trata de espécie de ação de caráter penal.[79] No entanto, embora a utilização do *habeas* seja mais comum no processo penal, o instrumento pode ser usado em processos civis, como na prisão civil de devedor de alimentos[80], ou em processos trabalhistas, conforme se demonstrará a seguir.

3.2. Cabimento na Justiça do Trabalho e competência

Antes da EC 45/2004 sempre foi muito controvertida a possibilidade de impetração de *habeas corpus* na Justiça do Trabalho, sendo que o STF se posicionou pela competência da Justiça Federal Comum mesmo que a ordem de prisão emanasse de Juiz do Trabalho no bojo de processo em trâmite na Especializada.[81]

---

76 Cf. GRECO, Leonardo. *O valor da causa e as custas iniciais no mandado de segurança*. Revista da EMERJ, v. 4, n. 16, 2001, p. 118.

77 Art. 25. Não cabem, no processo de mandado de segurança, a interposição de embargos infringentes e a condenação ao pagamento dos honorários advocatícios, sem prejuízo da aplicação de sanções no caso de litigância de má-fé.

78 Art. 5º, LXVIII – conceder-se-á habeas corpus sempre que alguém sofrer ou se achar ameaçado de sofrer violência ou coação em sua liberdade de locomoção, por ilegalidade ou abuso de poder.

79 Nesse sentido, BEZERRA LEITE, *op. cit.*, p. 1348.

80 Cf. GRECO, *op. cit.*, v. 3, p. 317.

81 CC 6979, Relator(a): Min. CARLOS VELLOSO, Relator(a) p/ Acórdão: Min. ILMAR GALVÃO, Tribunal Pleno, julgado em 15/08/1991, DJ 26-02-1993 PP-02356 EMENT VOL-01693-02 PP-00248.

No cenário posterior à EC 45/2004, o art. 114, IV, da CF[82], estabelece expressamente competir à Justiça do Trabalho o julgamento de *habeas corpus* quando o ato questionado envolver matéria sujeita à sua jurisdição.

Dessa forma, sempre que o cidadão sofrer ou se achar ameaçado de sofrer violência ou coação em sua liberdade de locomoção por ilegalidade ou abuso de poder cometido em decorrência de relação de trabalho (ou de ato de órgão jurisdicional que integre a Justiça do Trabalho), será cabível a impetração de *habeas corpus* para julgamento na Especializada.

Perceba-se que não se está diante de competência penal, que não é titularizada pela Justiça do Trabalho, mas de tutela constitucional da liberdade em virtude de ato ilegal ou abusivo cometido em função de uma relação de trabalho. O ato coator pode provir de autoridade judiciária trabalhista ou de alguma das partes da relação de emprego.

Como exemplos de cabimento do *habeas corpus* na Justiça do Trabalho, tem-se: (i) empregador que, em virtude de dívida supostamente contraída pelo empregado, o impede de sair do estabelecimento empresarial enquanto não quitar o débito; (ii) determinação de Juiz do Trabalho que determine o *acautelamento* de testemunha a ser conduzida coercitivamente, sem qualquer justificativa plausível; (iii) ordem de prisão de depositário infiel em processo de execução trabalhista.

A jurisprudência do Tribunal Superior do Trabalho apresenta dois precedentes inusitados, nos quais jogadores de futebol obtiveram ordem de *habeas corpus*, autorizando-os a exercer livremente sua profissão, e a participar de jogos e treinamentos em qualquer localidade e para qualquer empregador, conforme sua livre escolha. Argumentou-se que, na Justiça do Trabalho, o *habeas* não se restringe à proteção do direito de locomoção, mas abrange a defesa da autonomia da vontade contra ilegalidade ou abuso de poder perpetrado tanto pela autoridade judiciária quanto pelas partes da relação de trabalho.[83]

Tais decisões são passíveis de crítica, sob o prisma técnico-processual, já que o *habeas corpus*, à luz da Constituição Federal de 1988, somente se destina a tutelar a liberdade de locomoção. Evidentemente, nos precedentes referidos, os atletas que impetraram o *habeas* não tinham qualquer restrição à sua liberdade de locomoção; tratava-se, em verdade, de questão contratual atinente à cláusula indenizatória desportiva. Não se pode estender a garantia constitucional para hipóteses não previstas pela própria Constituição, sob pena de banalizar o instituto. Há julgado mais recente do TST perfilhando esse entendimento.[84]

---

[82] Art. 114 – Compete à Justiça do Trabalho processar e julgar: (...)
IV – os mandados de segurança, habeas corpus e habeas data, quando o ato questionado envolver matéria sujeita à sua jurisdição.

[83] TST-AgR-HC-5451-88.2017.5.00.0000, SBDI-II, rel. Min. Delaíde Miranda Arantes, 8.8.2017.

[84] Habeas corpus. Não cabimento. Liminar deferida em mandado de segurança interposto pela ex-empregadora. Cláusula de não concorrência. Ausência de restrição ao direito de liberdade de locomoção. Conforme diversos julgados do STF e do STJ, o objeto de tutela do habeas corpus é a defesa do direito físico de ir e vir. Assim, é incabível habeas corpus para discutir interpretação do conteúdo de cláusula contratual para se extrair a garantia de exercício profissional. No caso, concedeu-se liminar no âmbito do Regional para que

De fato, o sistema processual vigente contempla mecanismos como a tutela provisória e a impetração de mandado de segurança para atender a situações urgentes. A chamada *doutrina brasileira do habeas corpus*, que ampliava suas hipóteses de cabimento, fazia sentido à luz de Constituições pretéritas (Constituição Imperial de 1891), nas quais não havia o instrumento do mandado de segurança; pretender utilizá-la no atual cenário jurídico acaba distorcendo os institutos e alterando regras de competência jurisdicional.

O Tribunal Superior do Trabalho já manifestou entendimento no sentido da impossibilidade de apreensão de passaporte como meio de execução indireta, reconhecendo o cabimento do *habeas corpus* para assegurar o direito de locomoção do executado.[85]

A competência funcional para o *habeas corpus* é: (i) do Juiz do Trabalho da localidade, caso a coação provenha de alguma das partes da relação de trabalho; (ii) do TRT respectivo, em caso de ato ilegal ou abusivo de Juiz do Trabalho; (iii) do TST, caso o ato questionado seja oriundo de Tribunal Regional do Trabalho.

3.3. Procedimento

O *habeas corpus*, quando de competência da Justiça do Trabalho, tramita não sob o rito da CLT, mas sob o do Código de Processo Penal (art. 647 e seguintes), já que se trata de procedimento especial.

Não há necessidade de assistência por advogado no processo de *habeas corpus*, que pode ser impetrado pessoalmente pelo paciente (que sofre a violência ou coação à liberdade de locomoção) ou por terceiro em favor deste. O *habeas* também

---

o trabalhador se abstenha de prestar serviços a empresas concorrentes e, portanto, cumpra o disposto em cláusula de não concorrência prevista em aditivo ao contrato de trabalho. Assim, o trabalhador não está cerceado na sua liberdade de locomoção. Ele se impôs, em razão das suas condições subjetivas, um dever de abstenção, sendo compensado por isso. A discussão está em estrita consonância com o devido processo legal perante as instâncias da Justiça do Trabalho. Portanto, a só de-longa no julgamento do agravo interno não representa elemento suficiente para justificar o cabimento do habeas corpus. Sob esses fundamentos, a SBDIII, por maioria, entendeu incabível o habeas corpus, extinguindo o processo sem resolução de mérito e afastada a liminar deferida Ministra Maria Helena Mallmann. Vencidos os Ministros Maria Helena Mallmann, relatora, Alexandre de Souza Agra Belmonte e Delaíde Miranda Arantes. TSTHCCiv-1000288-08.2020.5.00.0000, SBDI-II, rel. Min. Maria Helena Mallmann, red. p/ acórdão Min. Douglas Alencar Rodrigues, 9/6/2020.

85 "Mandado de segurança. Execução. Decisão que determinou a suspensão da execução em cumprimento a provimento cautelar do STF em matéria com repercussão geral (RMNR). Existência de recurso idôneo para ataque da decisão. Orientação Jurisprudencial nº 92 da SBDIII do TST. Não é cabível o manejo de mandado de segurança para impugnar decisão que suspendeu a execução de título judicial em que deferidas diferenças de remuneração mínima por nível de regime – RMNR, em obediência a provimento cautelar emanado do Supremo Tribunal Federal em questão gravada de repercussão geral. Na presente hipótese, a determinação de suspensão da execução definitiva, exarada no bojo da decisão de extinção, sem resolução do mérito, dos embargos à execução, pode ser impugnada por meio da interposição de agravo de petição, não sendo adequada a utilização da via mandamental. Com efeito, havendo no ordenamento jurídico instrumento processual idôneo para corrigir a suposta ilegalidade cometida pela autoridade apontada como coatora (no caso, agravo de petição), revela-se incabível a impetração do mandamus. Inteligência da Orientação Jurisprudencial nº 92 da SBDI-II. Sob esse fundamento, a SBDI-II, por unanimidade, conheceu do recurso ordinário em mandado de segurança e, no mérito, negou-lhe provimento. TST-RO-21653- 61.2019.5.04.0000, SBDI-II, rel. Min. Douglas Alencar Rodrigues, 9/6/2020" (noticiado no informativo TST nº 220).

pode ser concedido de ofício pelos magistrados trabalhistas, quando se depararem, em processo sob sua jurisdição, com ilegalidade ou abuso de poder que restrinja a liberdade de locomoção do cidadão.

4. HABEAS DATA

O *habeas data* é ação constitucional cujo objeto é: (i) assegurar o conhecimento de informações relativas à pessoa do impetrante, constantes de registros ou bancos de dados de entidades governamentais ou de caráter público; (ii) a retificação de dados, quando não se prefira fazê-lo por processo sigiloso, judicial ou administrativo. De acordo com o regramento legal, também é cabível (iii) para a anotação nos assentamentos do interessado, de contestação ou explicação sobre dado verdadeiro, mas justificável, e que esteja sob pendência judicial ou amigável.

O procedimento do *habeas data* é estabelecido pela Lei nº 9.507/97.

Veja-se que o *habeas data* só é pertinente quando as informações (que se busca conhecer, retificar ou justificar) sejam ou possam ser transmitidas a terceiros, ou não sejam de uso privativo do órgão ou entidade produtora ou depositária das informações.

Dessa forma, no âmbito trabalhista, não será pertinente, por exemplo, a impetração de *habeas data* com o objetivo de assegurar a empregado ou a ex-empregado o acesso à respectiva ficha funcional, conforme já decidido pelo STF.[86] Ainda que o empregador seja entidade governamental (pessoa jurídica de direito privado ou público), se os dados funcionais são de uso privativo do empregador, não se trata de banco de dados de caráter público a justificar o *writ*.

É raríssima a utilização de *habeas data* no Processo do Trabalho. Como exemplos, podem-se alvitrar as situações em que os órgãos de fiscalização do trabalho se recusem a fornecer ao investigado informações a respeito de processo administrativo no qual se apure a infração à legislação trabalhista.

A petição inicial do *habeas data* deve ser instruída com prova da recusa ao acesso às informações ou do decurso de mais de dez dias sem decisão; da recusa em fazer-se a retificação ou do decurso de mais de quinze dias, sem decisão; ou da recusa em fazer-se a anotação justificativa do assentamento ou do decurso de mais de quinze dias sem decisão. Caso não haja tal prova, ou falte algum outro requisito, a petição inicial deve ser desde logo indeferida (Lei nº 9.507/97, arts. 9º e 10).[87]

A competência material da Justiça do Trabalho para o *habeas data* se fará presente sempre que o ato questionado envolver matéria sujeita à sua jurisdição (CF, art. 114, IV).

---

86 RE 165304, Relator(a): Min. OCTAVIO GALLOTTI, Tribunal Pleno, julgado em 19/10/2000, DJ 15-12-2000 PP-00105 EMENT VOL-02016-04 PP-00782 RTJ VOL-00176-01 PP-00396.

87 Lei nº 9.507, Art. 9º – Ao despachar a inicial, o juiz ordenará que se notifique o coator do conteúdo da petição, entregando-lhe a segunda via apresentada pelo impetrante, com as cópias dos documentos, a fim de que, no prazo de dez dias, preste as informações que julgar necessárias.

Art. 10 – A inicial será desde logo indeferida, quando não for o caso de habeas data, ou se lhe faltar algum dos requisitos previstos nesta Lei.

A competência funcional é regulada no art. 20 da Lei nº 9.507/97. No âmbito trabalhista, deve-se entender que a competência será:

- (i) em regra, de Juiz do Trabalho de 1º grau;
- (ii) originária de TRT, contra atos do próprio Tribunal ou de Juiz do Trabalho;
- (iii) originária do TST, contra atos do próprio Tribunal ou de Ministro de Estado;
- (iv) originária do Supremo Tribunal Federal, contra atos do Presidente da República, das Mesas da Câmara dos Deputados e do Senado Federal, do Tribunal de Contas da União, do Procurador-Geral da República e do próprio Supremo Tribunal Federal.

5. AÇÃO POPULAR

A ação popular tem fundamento no art. 5º, LXXIII, segundo o qual qualquer cidadão é parte legítima para propor ação popular que vise a anular ato lesivo ao patrimônio público ou de entidade de que o Estado participe, à moralidade administrativa, ao meio ambiente e ao patrimônio histórico e cultural, ficando o autor, salvo comprovada má-fé, isento de custas judiciais e do ônus da sucumbência. No plano infraconstitucional, a ação popular é regulamentada pela Lei nº 4.717/65.

De acordo com a regulamentação legal, a prova da cidadania, para ingresso em juízo como autor de ação popular, será feita com o título eleitoral, ou com documento que a ele corresponda (Lei nº 4.717/65, art. 1º, §3º).

No ARE 824781, sob a sistemática da repercussão geral, o STF fixou a tese de que não é condição para o cabimento da ação popular a demonstração de prejuízo material aos cofres públicos, dado que o art. 5º, LXXIII, da Constituição Federal, estabelece que qualquer cidadão é parte legítima para propor ação popular e impugnar, ainda que separadamente, ato lesivo ao patrimônio material, moral, cultural ou histórico do Estado ou de entidade de que ele participe.

De fato, o art. 5º, LXXIII, da CF[88], ao versar sobre a ação popular, prevê o seu cabimento não apenas quando houver lesão ao erário (= patrimônio público), mas também quando se estiver diante de ato lesivo à moralidade administrativa, ao meio ambiente e ao patrimônio histórico e cultural. Descabe, assim, que o intérprete distinga onde a própria Constituição não distinguiu. Ao contrário, sendo a ação popular importante instrumento de cidadania, além de viabilizar o controle popular da Administração Pública, a interpretação deve ser ampliativa e inclusiva, e não restritiva.

---

[88] LXXIII - qualquer cidadão é parte legítima para propor ação popular que vise a anular ato lesivo ao patrimônio público ou de entidade de que o Estado participe, à moralidade administrativa, ao meio ambiente e ao patrimônio histórico e cultural, ficando o autor, salvo comprovada má-fé, isento de custas judiciais e do ônus da sucumbência (...).

A ação popular tem sido de escassa ou de inexistente utilização na Justiça do Trabalho[89]. Contudo, o instituto apresenta significativas possibilidades para incremento da participação popular na busca da melhoria das condições do trabalho humano e da concretização da dignidade dos trabalhadores[90].

No plano doutrinário, é possível sustentar, por exemplo, que, considerada a ampliação de competência da Justiça do Trabalho levada a efeito pela EC nº 45/2004, deveria ser admitida ação popular na Especializada, por exemplo, nas hipóteses envolvendo nulidade de edital de concurso público para contratação de pessoal celetista pela Administração Pública, e mesmo situações envolvendo terceirizações e delegação de serviços públicos para organizações sociais. Contudo, a jurisprudência do STF tem se inclinado a reconhecer a competência da Justiça Comum nesses casos, por entender que não se trataria propriamente de conflito decorrente da relação de trabalho.[91]

Contudo, ainda há um possível uso da ação popular na Justiça do Trabalho: a defesa do meio ambiente do trabalho. Ora, considerando que: (i) o meio ambiente do trabalho faz parte da noção de meio ambiente, conforme se extrai do art. 200, VIII, da CF[92]; (ii) a ação popular pode ter o escopo de tutela do meio ambiente (CF, art. 5º, LXIII); e (iii) compete à Justiça do Trabalho processar e julgar as ações que tenham como causa de pedir o descumprimento de normas trabalhistas relativas à segurança, higiene e saúde dos trabalhadores (STF, Súmula 736); a conclusão lógica é a de que é possível o ajuizamento de ação popular, por qualquer cidadão, para tutela do meio ambiente do trabalho, no regime de substituição processual[93].

Corrobora esse entendimento o fato de que a degradação do meio ambiente de trabalho tende a gerar adoecimento físico e psíquico, além de acidentes de trabalho típicos, cuja cobertura fica a cargo da Seguridade Social. Considerando o custeio público dos benefícios previdenciários e a consequente oneração do patrimônio

---

89 Pesquisa feita na jurisprudência do TST, no site do próprio Tribunal, em 16.11.2020, com a busca do termo "ação popular" gerou 71 resultados, mas nenhum deles se refere a ação popular cujo mérito haja sido julgado pela Justiça do Trabalho. A maioria dos resultados se referia à utilização do prazo prescricional previsto na lei de ação popular para outras espécies de ações coletivas.

90 Sobre o tema, amplamente, v. RODRIGUES, Laura Bittencourt Ferreira. *Ação popular e ação de improbidade administrativa na Justiça do Trabalho*. 2015. 334 f. Doutorado – Faculdade de Direito, Universidade de São Paulo, São Paulo, 2015.

91 Assim, por exemplo, o seguinte julgado em repercussão geral: "RECURSO EXTRAORDINÁRIO REPRESENTATIVO DA CONTROVÉRSIA. Tema 992. DIREITO DO TRABALHO. DIREITO ADMINISTRATIVO. DISCUSSÃO SOBRE COMPETÊNCIA. ART. 114, INCISO I, DA CF/88. FASE PRÉ-CONTRATUAL. 1. Inexistência de relação de trabalho na chamada fase pré-contratual a atrair a competência da Justiça do Trabalho. 2. Prevalência do caráter público. Concurso público como ato de natureza administrativa. 3. Fixação da tese: Compete à Justiça comum processar e julgar controvérsias relacionadas à fase pré-contratual de seleção e de admissão de pessoal e eventual nulidade do certame em face da Administração Pública, direta e indireta, nas hipóteses em que adotado o regime celetista de contratação de pessoal. Recurso extraordinário não provido" (RE 960429, Relator(a): GILMAR MENDES, Tribunal Pleno, julgado em 05/03/2020).

92 Art. 200. Ao sistema único de saúde compete, além de outras atribuições, nos termos da lei: (...) VIII - colaborar na proteção do meio ambiente, nele compreendido o do trabalho.

93 No mesmo sentido: MELO, Raimundo Simão de. Ação popular como instrumento de tutela do meio ambiente do trabalho. Publicado em 06.12.2019. Disponível em: https://www.conjur.com.br/2019-dez-06/reflexoes-trabalhistas-acao-popular-instrumento-tutela-meio-ambiente-trabalho. Acesso em 16.11.2020.

público, todos os cidadãos devem ser considerados legitimados para a propositura de ações populares destinadas a proteger o meio ambiente de trabalho. Ressalte-se, entretanto, que o Supremo Tribunal Federal não foi, ainda, instado a se pronunciar sobre a competência da Justiça do Trabalho em tais hipóteses.

XXVI

PROCEDIMENTOS ESPECIAIS – AÇÕES CIVIS

1. EMBARGOS DE TERCEIRO

1.1. Conceito e natureza jurídica

Os embargos de terceiro constituem procedimento de natureza possessória ou dominial, que tramitam incidentemente ao processo de conhecimento ou de execução, com a finalidade de proteger a posse ou propriedade de terceiro (= aquele que não é parte do processo) contra constrição judicial ilegítima (penhora, arresto etc.).

Sua natureza jurídica é de ação de conhecimento incidental.

Com o ajuizamento dos embargos, há formação de processo novo, que será distribuído por dependência àquele no qual houve o alegado esbulho judicial e deve tramitar em autos distintos (CPC, art. 676, *caput*).

Havendo omissão da CLT e compatibilidade com os respectivos princípios (CLT, art. 769)[94], aplica-se o regramento dos embargos de terceiro no Processo do Trabalho, sendo que o procedimento a ser utilizado é o do Código de Processo Civil, por se tratar de ação de rito especial.

---

94 Art. 769 – Nos casos omissos, o direito processual comum será fonte subsidiária do direito processual do trabalho, exceto naquilo em que for incompatível com as normas deste Título.

A partir do princípio do acesso à justiça (CF, art. 5º, XXXV)[95], que assegura a tutela jurisdicional também no caso de ameaças de lesão - e não apenas diante de lesões já consumadas -, já se vinha admitindo o manejo preventivo dos embargos de terceiro, no bojo da chamada *tutela inibitória*, mesmo sob a égide do CPC/1973, embora o tema fosse controvertido. Encerrando definitivamente a controvérsia existente, o Código de Processo Civil, no art. 674, *caput*, prevê expressamente a possibilidade de ajuizamento preventivo dos embargos de terceiros, o que constitui demonstração de inegável avanço propiciado pela novel codificação.

Daí decorre que os embargos de terceiro podem ser ajuizados em caráter preventivo ou repressivo, ou seja, antes ou depois de consumada a constrição judicial ilegítima, desde que, no primeiro caso, haja fundado de receio de que venha a ser levada a efeito.

1.2. Legitimidade ativa e passiva

A legitimidade para o ajuizamento dos embargos de terceiro é, em princípio, da pessoa que não é parte no processo em que se determinou o ato de constrição.

Assim, em princípio, o sócio não tem legitimidade para tal ação especial, devendo valer-se dos embargos à execução, já que, após a desconsideração da personalidade jurídica e citação para execução, ele passa a integrar o polo passivo do processo. Contudo, se não tiver havido a inclusão do sócio por meio do incidente de desconsideração da personalidade jurídica, o responsável subsidiário pode valer-se dos embargos de terceiro (CPC, art. 674, § 2º, III).[96]

A situação do cônjuge do executado parte da análise do art. 842 do CPC.[97] Uma vez intimado, o cônjuge pode ofertar embargos de terceiro desde que seu objetivo seja defender seus bens próprios, reservados, ou a sua meação (CPC, art. 674, § 2º, I)[98]; ou seja, quando o cônjuge questiona a sujeição de seus bens à execução. De outro lado, se o cônjuge reconhecer sua responsabilidade subsidiária, mas quiser questionar a própria existência da dívida ou o modo de sua execução, a via processual adequada é a dos embargos à execução.[99]

Também é legitimado para o ajuizamento de embargos de terceiro o adquirente de bens cuja constrição decorreu de decisão que declara a ineficácia da alienação realizada em fraude à execução (CPC, art. 674, § 2º, II). De fato, o reconhecimento de fraude à execução faz com o ato de alienação seja ineficaz perante o processo; daí resulta que o exequente pode penhorar e expropriar o bem como se fosse do

95 Art. 5º, XXXV - a lei não excluirá da apreciação do Poder Judiciário lesão ou ameaça a direito.

96 Art. 674, § 2º - Considera-se terceiro, para ajuizamento dos embargos: (...)
III - quem sofre constrição judicial de seus bens por força de desconsideração da personalidade jurídica, de cujo incidente não fez parte.

97 Art. 842 - Recaindo a penhora sobre bem imóvel ou direito real sobre imóvel, será intimado também o cônjuge do executado, salvo se forem casados em regime de separação absoluta de bens.

98 Art. 674, § 2º, I - o cônjuge ou companheiro, quando defende a posse de bens próprios ou de sua meação, ressalvado o disposto no art. 843.

99 No mesmo sentido, DIDIER, *op. cit.*, v. 5, p. 268.

executado. Contudo, o terceiro adquirente pode impugnar a constrição pela via dos embargos de terceiro.

Os embargos de terceiro também podem ser movidos pelo credor com garantia real para obstar expropriação judicial do bem objeto de direito real de garantia, caso não tenha sido intimado (art. 674, § 2º, IV). Nessa hipótese, os embargos só poderão ser julgados procedentes se o embargante indicar outros bens livres e desembaraçados do devedor comum (embargado), conforme se depreende do art. 680, I.

Ademais, o Novo CPC, no art. 674, § 1º[100], superando antiga divergência doutrinária e jurisprudencial, passou a admitir a possibilidade de defesa do domínio, e não apenas da posse, através dos embargos de terceiro. Isso significa que o proprietário do bem, ainda que não tenha a sua posse direta (em virtude, por exemplo, de contrato de locação ou comodato), pode utilizar-se dos embargos de terceiro contra a constrição judicial ilegítima.

Observe-se que, admitir a discussão sobre o domínio, no bojo dos embargos de terceiro, harmoniza-se com os princípios da celeridade e economia processuais, e evita o inconveniente de posterior evicção do arrematante, pela procedência de eventual ação reivindicatória manejada pelo verdadeiro proprietário (terceiro).

O legitimado passivo para os embargos de terceiro sempre será a parte a quem aproveita a manutenção da constrição judicial. Isso significa que, no caso de processo ou fase de execução (cumprimento de sentença), o terceiro deverá mover os embargos em face do exequente do processo principal; se os embargos de terceiro forem incidentes a um processo de conhecimento (exemplo: realização de arresto cautelar antes da sentença), o legitimado passivo será o autor do processo principal.

Contudo, haverá litisconsórcio passivo necessário nos embargos de terceiro quando o bem constrito tiver sido indicado pelo adversário da parte beneficiária da constrição. Assim, se o bem penhorado tiver sido indicado pelo executado, o terceiro deverá ajuizar os embargos em face do exequente e do executado do processo principal, em litisconsórcio passivo (CPC, art. 677, § 4º).

1.3. Competência

Os embargos de terceiro devem ser ajuizados, em princípio, no mesmo Juízo em que tramita o processo principal, que será também competente para julgar os embargos.

No caso da prática de atos executivos por carta precatória, a redação do art. 676, parágrafo único, do CPC, sugere que os embargos devam ser ajuizados no juízo deprecado, exceto na situação em que indicado pelo juízo deprecante o bem constrito ou se já devolvida a carta. No mesmo sentido é a redação da Súmula 419 do TST. No entanto, apesar desse comando legal, deve-se aplicar o regramento do Código atinente a remessa dos autos ao juízo competente, em vez da consequência de extinguir o processo sem resolução de mérito (*translatio judici*).[101]

[100] Art. 674, § 1º – Os embargos podem ser de terceiro proprietário, inclusive fiduciário, ou possuidor.

[101] Sobre o tema, ver Capítulo IV, item 5.

Ademais, devem-se distinguir as diversas situações verificáveis no âmbito de embargos de terceiro, para fins de definição da competência:

- (i) os embargos apontam unicamente vícios ou irregularidades da penhora, avaliação ou arrematação, tendo sido os bens constritos indicados especificamente pelo juízo deprecante. Nesse caso, a competência para julgamento será do juízo deprecante. Por exemplo: em execução que tramita no Rio de Janeiro, o Juiz do Trabalho do TRT 1ª Região expede mandado de penhora e avaliação de bem imóvel específico situado na cidade de São Paulo (TRT da 2ª Região). Como o bem foi indicado pelo deprecante, será competente o juiz do Rio de Janeiro nesta hipótese;
- (ii) os embargos apontam unicamente vícios ou irregularidades da penhora, avaliação ou arrematação, mas os bens constritos foram localizados pelo próprio Juízo deprecado, sem indicação específica do deprecante. Neste caso, a competência para julgamento será do juízo deprecado. No exemplo acima, se o mandado contiver ordem genérica de penhora de bens, e o Oficial de Justiça do TRT da 2ª Região localize, por hipótese, um veículo pertencente a terceiro, será competente o Juiz do Trabalho de São Paulo para julgamento dos embargos;
- (iii) o terceiro alega, nos embargos, exclusivamente a inexistência da dívida. Neste caso, a competência para julgamento é do juízo deprecante, que é o juízo natural da execução;
- (iv) o terceiro alega, nos embargos, a inexistência da dívida e também vícios da penhora, avaliação ou expropriação: como é impossível a divisão da peça de embargos, a competência também será do juízo deprecante.

1.4. Procedimento e ônus sucumbenciais

Como se trata de ação incidental, o embargante deverá apresentar petição inicial escrita no Juízo que determinou a constrição supostamente indevida, com atendimento aos requisitos do arts. 840 da CLT[102] e 319 do CPC[103], indicando, inclusive, valor da causa (o qual corresponderá ao valor do bem objeto do ato constritivo, limitado ao valor da execução). Ademais, há necessidade de representação por advogado, não

---

102 Art. 840 – A reclamação poderá ser escrita ou verbal.

103 Art. 319. A petição inicial indicará:

I – o juízo a que é dirigida;

II – os nomes, os prenomes, o estado civil, a existência de união estável, a profissão, o número de inscrição no Cadastro de Pessoas Físicas ou no Cadastro Nacional da Pessoa Jurídica, o endereço eletrônico, o domicílio e a residência do autor e do réu;

III – o fato e os fundamentos jurídicos do pedido;

IV – o pedido com as suas especificações;

V – o valor da causa;

VI – as provas com que o autor pretende demonstrar a verdade dos fatos alegados;

VII – a opção do autor pela realização ou não de audiência de conciliação ou de mediação.

se aplicando o *jus postulandi*, já que não se trata de demanda entre empregado e empregador (CLT, art. 791).[104]

Em princípio, a citação do embargado não precisa ser pessoal, já que costumeiramente terá advogado constituído nos autos principais. Caso não o tenha, entretanto, a citação do embargado deve ser pessoal (CPC, art. 677, § 3º).

A especialidade do procedimento dos embargos de terceiro reside na sua fase inicial: o juiz pode determinar liminarmente a suspensão das medidas executivas contra os bens objeto dos embargos, desde que reconheça a existência de prova suficiente da posse ou domínio do embargante. Pode, ainda, determinar liminarmente a reintegração ou manutenção provisória da posse, desde que o embargante o tenha requerido.

Importante observar que o deferimento da liminar nos embargos de terceiro não se subordina à existência de perigo de dano irreparável ou de difícil reparação (*periculum in mora*), pois não há tal exigência no art. 678 do CPC.[105]

Caso a prova documental juntada com a inicial não seja suficiente, o autor pode requerer a designação de audiência preliminar (CPC, art. 677, § 1º) para prova de sua posse. Idealmente, o embargado deve ser intimado para que possa comparecer e acompanhar a produção da prova oral em tal audiência; a convocação do embargado somente não será feita quando houver perigo de que se frustre o resultado útil dos embargos de terceiro, em situações de urgência.[106]

Concedida a tutela provisória liminarmente ou após a audiência preliminar, haverá (i) suspensão total da execução, caso o único bem sobre que recaia seja aquele que é objeto dos embargos; ou (ii) a suspensão parcial da execução, com prosseguimento dos atos constritivos e expropriatórios sobre os bens que não sejam objeto dos embargos de terceiro.

Em seguida, deve-se abrir prazo de 15 dias para contestação dos embargos de terceiro, findo o qual será aplicável o procedimento comum (CPC, art. 679). Daí resulta que, se não houver contestação, será aplicável o efeito material da revelia.

Há controvérsia sobre a possibilidade de oferecimento de reconvenção nos embargos de terceiro. Sob a égide do Código de Processo Civil de 1973, favoravelmente, argumentava-se não haver vedação ao cabimento da reconvenção.[107] Contrariamente,

---

[104] Art. 791 – Os empregados e os empregadores poderão reclamar pessoalmente perante a Justiça do Trabalho e acompanhar as suas reclamações até o final.

[105] Art. 678. A decisão que reconhecer suficientemente provado o domínio ou a posse determinará a suspensão das medidas constritivas sobre os bens litigiosos objeto dos embargos, bem como a manutenção ou a reintegração provisória da posse, se o embargante a houver requerido.
Parágrafo único. O juiz poderá condicionar a ordem de manutenção ou de reintegração provisória de posse à prestação de caução pelo requerente, ressalvada a impossibilidade da parte economicamente hipossuficiente.

[106] Nesse sentido, MARINONI; ARENHART; MITIDIERO, *op. cit.*, v. 3, p. 221.

[107] Nesse sentido, TJ-ES – AC: 69980015668 ES 069980015668, Relator: ÁLVARO MANOEL ROSINDO BOURGUIGNON, Data de Julgamento: 23/01/2007, SEGUNDA CÂMARA CÍVEL, Data de Publicação: 26/02/2007.

dizia-se que o procedimento era especial e não se convertia no ordinário após a contestação.[108]

O Código de 2015 prevê expressamente que, findo o prazo para contestação, o procedimento dos embargos de terceiro segue o rito comum (art. 679). Apesar da modificação legal, o objeto dos embargos de terceiro restringe-se à inclusão, ou não, do bem na execução. Nesse contexto, a reconvenção acabaria por ampliar o tema debatido em Juízo, além de alongar desnecessariamente o trâmite processual, resultando na absoluta descaracterização da especialidade do procedimento dos embargos. Deve-se considerar, ainda, que os interessados podem valer-se das vias ordinárias para postular direitos que não possam ser objeto dos embargos de terceiro.

Como se trata de procedimento especial baseado geralmente em prova documental, não é obrigatória, em regra, a designação de audiência para tentativa de conciliação e colheita de provas. Não obstante, nada impede a realização de audiência para tentativa de conciliação, e também para produção de prova oral, quando requerida por alguma das partes ou determinada de ofício pelo Juiz do Trabalho.

A sentença de procedência nos embargos de terceiro tem natureza constitutiva, pois resulta no desfazimento do ato de constrição judicial ilegítimo; se os embargos forem preventivos, entretanto, ter-se-á provimento declaratório, no sentido de que o embargante (ou determinados bens de sua posse ou domínio) não pode(m) ser responsabilizado(s) no processo em curso.

No cenário anterior à Reforma Trabalhista (Lei nº 13.467/2017), era amplamente dominante nos Tribunais Regionais do Trabalho o entendimento de que, caso os embargos de terceiro fossem incidentais a um processo entre empregado e empregador, incluir-se-iam na regra geral prevista nas Súmulas 219 e 329 do TST, razão por que somente seriam devidos honorários advocatícios caso houvesse assistência pelo sindicato e deferimento de gratuidade de justiça. Após a nova lei, deve-se aplicar o regramento geral dos honorários advocatícios tal como delineado na CLT.

O valor das custas, nos embargos de terceiro, será no montante fixo estipulado no art. 789-A, V, da CLT[109], quando ajuizados incidentalmente a processo que esteja na fase de cumprimento de sentença ou execução. Já se os embargos forem incidentais a um processo de conhecimento, as custas devem ser calculadas na base de 2% do valor atribuído à causa na petição inicial dos embargos. O valor da causa, nos embargos de terceiro, equivale ao valor do bem constrito, não podendo exceder o valor do débito.[110]

A responsabilidade pelas despesas processuais (honorários advocatícios e custas) deve ser fixada à luz do princípio da sucumbência, no procedimento especial dos embargos de terceiro. Daí decorre que, em geral, o vencido terá o ônus de arcar

---

108 CÂMARA, Alexandre Freitas. *Lições de Direito Processual Civil.* 13ª ed. Rio de Janeiro: Lumen Juris, 2008, p. 427.

109 Art. 789-A, V – embargos à execução, embargos de terceiro e embargos à arrematação: R$ 44,26 (quarenta e quatro reais e vinte e seis centavos).

110 STJ – AgRg no AREsp: 166547 ES 2012/0076948-2, Relator: Ministro RAUL ARAÚJO, Data de Julgamento: 04/11/2014, T4 – QUARTA TURMA, Data de Publicação: DJe 03/12/2014.

com os encargos. Contudo, nas situações em que o embargado, ainda que vencido, não tenha tido ingerência ou culpa na constrição indevida do bem, deve-se aplicar o princípio da causalidade, de modo que a responsabilidade será do embargante (apesar do julgamento de procedência).

Exemplo: o executado vende bem imóvel para terceiro de boa-fé, sendo lavrada a escritura pública correspondente antes do ajuizamento da ação. No cumprimento de sentença, o exequente realiza a penhora do imóvel, tendo em vista não ter sido averbada a compra e venda no Registro de Imóveis. Em seguida, o adquirente ajuíza embargos de terceiro demonstrando a aquisição. Nesta hipótese, os embargos serão julgados procedentes e será desfeita a penhora; contudo, o embargante (terceiro adquirente) deve ser responsabilizado pelos encargos sucumbenciais, por ter sido o único culpado pela constrição, já que não providenciou a devida anotação no Registro de Imóveis.

1.5. Prazo

Na fase de conhecimento, os embargos de terceiro podem ser opostos a qualquer momento, desde que antes do trânsito em julgado da sentença.

Já na execução (fase de cumprimento de sentença), os embargos de terceiro podem ser ajuizados até o prazo máximo de 5 dias após a expropriação do bem (arrematação, adjudicação ou alienação por iniciativa particular), desde que ainda não tenha sido expedida a respectiva carta (CPC, art. 675, *caput*).

Como a carta de arrematação é documento hábil para registro de transferências de propriedade apenas de bens imóveis, deve-se entender que o termo final para a propositura de embargos de terceiro, em se tratando de bem móvel, é o cumprimento do mandado de entrega do bem. Isso se explica porque: (i) em se tratando de imóvel, a carta de arrematação é o título formal que pode ser registrado no Registro Geral de Imóveis; (ii) caso o bem seja móvel, a transferência de propriedade se dá com a tradição, ou seja, com a entrega da coisa pelo devedor ao credor.

Assim, expedida a carta de arrematação (bens imóveis) ou cumprido o mandado de entrega (bens móveis), a propriedade se consolida com o adquirente (arrematante, adjudicante etc.). A partir de tal momento, qualquer discussão sobre a titularidade da coisa deve ser travada em ação reivindicatória pelo terceiro prejudicado (*verus dominus*). Se, nesta ação autônoma posterior, o terceiro obtiver julgamento de procedência, ter-se-á a evicção do adquirente, que pode perder a propriedade em virtude da decisão judicial posterior.

1.6. Cognição e coisa julgada

A lição tradicional da doutrina é no sentido de que o objeto dos embargos de terceiro consiste apenas na exclusão ou inclusão da coisa na execução. Não abrange, assim, os direitos materiais que o terceiro tenha sobre a coisa, ainda que a questão seja discutida incidentalmente nos embargos. Por isso, o que ficar decidido nos embargos de terceiro não prejudica definitivamente os direitos do embargante, que poderá em qualquer caso defendê-los em processos ordinários, como ações reivindicatórias ou mesmo possessórias.

Por tal razão, a jurisprudência do TST já entendeu pela inexistência de coisa julgada material nos embargos de terceiro, sendo incabível, consequentemente, o manejo de ação rescisória contra a respectiva decisão.

Contudo, posteriormente, a SDI-2 do TST alterou o seu posicionamento, admitindo o corte rescisório contra decisões em embargos de terceiro.[111]

Deveras, é pressuposto para a configuração de coisa julgada material a realização de cognição exauriente sobre o mérito da demanda.

Nos embargos de terceiro, a pretensão consiste exclusivamente na liberação do bem constrito. Daí se depreende que há efetiva limitação da cognição judicial no plano horizontal (extensão), ou seja, no que diz respeito ao rol de matérias alegáveis. Não se discutem questões dominiais ou mesmo possessórias que não digam respeito à exclusão do bem da execução.

Contudo, no plano vertical (profundidade) não há qualquer limitação à atividade jurisdicional, havendo contraditório e ampla possibilidade de produção de alegações e provas, o que torna cabível o ajuizamento de ação rescisória contra a decisão proferida em embargos de terceiro.

Como já decidido pelo TST, o fato de o embargante poder posteriormente exercer ações possessórias ou dominiais quanto ao mesmo bem não quer dizer que não haja coisa julgada material na decisão de embargos de terceiro. Na verdade, a matéria concernente à posse e à propriedade são conhecidas apenas incidentalmente, pois o objeto dos embargos de terceiro é o livramento, ou não, do bem constrito - e apenas com relação a tal questão se forma coisa julgada material.[112]

1.7. Reconhecimento incidental de fraude contra credores

Quanto ao reconhecimento incidental de fraude contra credores, há diversos julgados de Tribunais Regionais reconhecendo essa possibilidade, com base nos princípios da máxima efetividade da execução, celeridade e economia processual. Essa linha de entendimento também é sufragada pela parcela da doutrina que con-

---

[111] Ação rescisória. Desconstituição de decisão proferida em embargos de terceiro. Possibilidade jurídica do pedido. Existência de coisa julgada material. A decisão proferida em sede de embargos de terceiro faz coisa julgada material em relação às matérias que lhe constituem o objeto cognoscível, sendo, portanto, suscetível de corte rescisório. Com efeito, os embargos de terceiro constituem ação nova, de natureza civil e autônoma, que está ao dispor daqueles que não integraram a lide na fase de conhecimento e que sofreram algum tipo de perturbação no exercício do direito de posse, o que permite ampla cognição do julgador e a prolação de decisão de mérito compatível com a formação de coisa julgada material. Com esse entendimento, a SBDI-II, decidiu, à unanimidade, negar provimento ao recurso ordinário do réu, admitindo, assim, a possibilidade jurídica do pedido de desconstituição da sentença de mérito proferida em embargos de terceiro por meio de ação rescisória. TST-RO-638-42.2012.5.09.0000, SBDI-II, rel. Min. Cláudio Mascarenhas Brandão, 19.8.2014 (noticiado no informativo n. 4 de Execução do TST).

[112] Processo: RO – 205800-71.2009.5.15.0000. SDI-2. Relator: Min. Hugo Carlos Scheuermann. Red. Designado: Min. Alberto Luiz Bresciani de Fontan Pereira. Julgado em 10/04/2012.

sidera a fraude contra credores uma causa de ineficácia do negócio jurídico, já que o pronunciamento judicial, nessa ótica, seria meramente declaratório.

Contudo, o Código Civil (art. 171, II)[113] prevê expressamente que a fraude contra credores é causa de anulabilidade do negócio jurídico. Sendo assim, é necessária sentença desconstitutiva para desfazer o ato jurídico eivado desse vício. Ao contrário da nulidade, que pode ser reconhecida incidentalmente e de ofício pelo Juiz, a anulabilidade pressupõe requerimento do interessado, ou seja, um pedido no sentido técnico processual.

De outro lado, a fraude contra credores, nos embargos de terceiro, somente pode ser suscitada na contestação do embargado (já que a arguição prejudica o embargante). Ora, é cediço que a contestação não pode ampliar o objeto do processo (= não pode haver formulação de pedido) salvo nas hipóteses em que o ordenamento admite o pedido contraposto – o que não é o caso da sistemática dos embargos de terceiro.

Além disso, o procedimento dos embargos de terceiro é idealizado para funcionar como ação de rito célere e expedito, para tutela sumária da posse ou do domínio, razão pela qual é incompatível com o oferecimento de reconvenção.[114]

Por tais razões, prevalece o entendimento, sumulado pelo STJ (Súmula 195), de que não é possível reconhecer fraude contra credores em embargos de terceiro, sendo necessária a ação pauliana, que não é de competência do Judiciário Trabalhista, pois não se trata de lide decorrente da relação de trabalho.

2. INTERDITOS POSSESSÓRIOS

A Justiça do Trabalho tem competência para julgar questões possessórias decorrentes de relação de trabalho. Os exemplos mais comuns envolvem as situações de greve, nas quais eventualmente os grevistas ocupam o estabelecimento empresarial; e também quando o empregado ocupa imóvel cedido pela empresa como parte de sua remuneração (salário *in natura*).

Contudo, não há necessidade de aplicação do rito procedimental delineado nos arts. 554 a 568 do CPC (ações de manutenção, reintegração de posse e interditos proibitórios), tendo em vista que a tutela da posse pode ser feita mediante típica reclamação trabalhista, sendo possível a concessão de liminar caso presentes os requisitos legais.

3. AÇÃO DE EXIGIR CONTAS

A ação de exigir contas é utilizável por quem se afirme titular do direito exigi-las, sendo de raríssima utilização no Processo do Trabalho. Os exemplos comumente

---

[113] Art. 171 – Além dos casos expressamente declarados na lei, é anulável o negócio jurídico: (...)

II – por vício resultante de erro, dolo, coação, estado de perigo, lesão ou fraude contra credores.

[114] Conforme analisado no item 1.4 deste Capítulo.

apontados pela doutrina envolvem a situação de vendedores comissionistas, que poderia viabilizar a ação de exigir contas movida tanto pelo empregador (com o fim de saber quais mercadorias foram vendidas e para quais clientes), quanto pelo empregado (para obter as informações referentes às comissões devidas em certo período).

Tal procedimento especial é regulado pelos arts. 550 a 553 do CPC, compatíveis com o Direito Processual do Trabalho, à luz do art. 769 da CLT. Contudo, na prática trabalhista geralmente tais dispositivos legais não são utilizados, pois o interessado comumente ajuíza a reclamação trabalhista e faz, nela mesma, requerimento incidental para que o réu exiba os documentos necessários à elaboração das contas. Exemplo: o trabalhador afirma ter realizado determinada quantidade de atendimentos sem receber a correspondente remuneração (comissões), e postula as diferenças (pedido principal), requerendo, ainda, que o reclamado exiba a documentação pertinente sob as penas do art. 400, *caput*, do CPC.[115]

No Processo do Trabalho, o rito da ação de exigir contas deve ser adaptado à CLT, de modo que deve ser designada audiência para tentativa de conciliação e apresentação de resposta pelo reclamado, o qual poderia, no mesmo momento, apresentar espontaneamente as contas ou negar a obrigação de o fazer.[116]

Há duas peculiaridades no procedimento da ação de exigir contas: (i) o fato de a ação ser dúplice; (ii) a existência de duas etapas na marcha processual: em primeiro lugar, o juiz decide se há, ou não, o dever de prestar contas; em seguida, caso reconheça tal dever, passa a examinar as contas exibidas pelo réu e profere sentença que apura o saldo e condena o devedor.

Se a decisão da primeira etapa concluir que não há o dever de exibir contas, o juiz proferirá sentença de improcedência do pedido. Ao contrário, quando o juiz reconhece o dever de exibir contas, profere decisão interlocutória e o processo seguirá até a exibição final das contas e apuração de eventual saldo devedor.

Se o réu negar o dever de exibir as contas, o juiz, após verificar a necessidade, ou não, de ser realizada instrução probatória, decidirá a respeito. A primeira etapa da ação de exigir contas, portanto, pode encerrar-se com a prolação de decisão interlocutória que reconheça a obrigação de o réu exibir as contas requeridas. Não se trata de sentença, pois não é encerrada a fase cognitiva em primeiro grau de jurisdição. Em consequência, não cabe recurso de imediato (CLT, art. 893, § 1º).

As contas devem ser apresentadas na forma adequada, especificando-se as receitas, a aplicação das despesas e os investimentos, se houver. O autor pode impugná-las de forma específica e fundamentada e, neste caso, o juiz deve assinar prazo razoável para que o réu apresente os documentos justificativos dos lançamentos individualmente impugnados.

---

115 Art. 400. Ao decidir o pedido, o juiz admitirá como verdadeiros os fatos que, por meio do documento ou da coisa, a parte pretendia provar se:

I – o requerido não efetuar a exibição nem fizer nenhuma declaração no prazo do art. 398;

II – a recusa for havida por ilegítima.

116 Conforme sugere GARCIA, Gustavo Filipe Barbosa. *Curso de Direito Processual do Trabalho*. 5ª ed. Rio de Janeiro: Forense, 2016, p. 1075.

Se não exibir as contas no prazo de 15 (quinze) dias, deixando de cumprir a determinação judicial nesse sentido, o réu fica impossibilitado de impugnar as contas apresentadas pelo autor (CPC, art. 550, § 5º).

Conforme já referido, a ação de exigir contas é dúplice. Assim, após a análise das contas apresentadas pelo réu ou pelo autor (sendo que o juiz pode determinar a realização de exame pericial ou qualquer outro meio de prova para tal finalidade), a sentença apurará o saldo e constituirá título executivo judicial. O detalhe é que se pode verificar, ao final, que o autor da ação de exigir contas é devedor e, neste caso, pode ser executado nos mesmos autos.

4. AÇÃO DE CONSIGNAÇÃO EM PAGAMENTO

4.1. Conceito e natureza jurídica

A ação de consignação em pagamento é procedimento especial que leva à instauração de um processo de conhecimento, no qual a pretensão manifestada é a de declaração de extinção, pelo depósito, de determinada obrigação. Podem ser objeto da ação de consignação tanto obrigações pecuniárias, quanto coisas devidas (exemplo: ferramentas de trabalho, uniformes etc.).

Pode ser ajuizada nas hipóteses de mora do credor (Código Civil, art. 394)[117], de que seria um exemplo, na seara trabalhista, o não comparecimento do trabalhador para recebimento das verbas rescisórias; ou quando houver dúvida sobre quem deva legitimamente receber o pagamento (CPC, art. 547) – por exemplo, na hipótese de falecimento do trabalhador que não deixou herdeiros conhecidos.

4.2. Procedimento

A ação de consignação em pagamento, na Justiça do Trabalho, é regida pelo procedimento previsto nos arts. 539 a 549 do CPC (conforme IN 27/2005 do TST). Contudo, costumeiramente as Varas do Trabalho designam audiência para tentativa de conciliação e eventual instrução, seguindo os trâmites do procedimento comum da CLT.

De todo modo, a ação consignatória comporta a prolação de despacho antes da audiência, a fim de determinar que o consignante (autor) proceda ao depósito judicial da quantia alegadamente devida, em estabelecimento bancário oficial, o que deverá ser feito no prazo de 5 dias.

Caso pretenda se eximir da multa por atraso no pagamento de verbas rescisórias (CLT, art. 477, §8º), o consignante (empregador) deverá ajuizar a ação e proceder ao depósito dentro do prazo de 10 dias a contar da extinção do contrato de trabalho,

117 Art. 394 – Considera-se em mora o devedor que não efetuar o pagamento e o credor que não quiser recebê-lo no tempo, lugar e forma que a lei ou a convenção estabelecer.

conforme jurisprudência do TST.[118] Pode haver necessidade, portanto, de que o consignante se antecipe ao despacho inicial do Juízo e faça, *sponte propria*, o depósito da quantia consignada em estabelecimento bancário oficial, à disposição do Juízo.

O consignatário (réu) pode alegar as matérias de defesa previstas no art. 544 do CPC a saber: que não houve recusa ou mora em receber a quantia ou a coisa devida; que foi justa a recusa; que o depósito não se efetuou no prazo ou no lugar do pagamento; ou que o depósito não é integral.

Contudo, no Processo do Trabalho, mesmo que o trabalhador alegue essas matérias em defesa, o empregador consignante obterá quitação quanto aos valores depositados, conforme se extrai do art. 545, § 1º, do CPC.[119] Haverá, assim, uma liberação parcial do devedor, o que não prejudica a possibilidade de o trabalhador cobrar diferenças que entenda devidas – ainda que relativas às mesmas rubricas já quitadas.

É possível o oferecimento de reconvenção na ação consignatória, de modo a se ampliar seu objeto. Caso, entretanto, o trabalhador queira apenas arguir a insuficiência do depósito, não há interesse processual para a reconvenção, já que a matéria pode ser alegada em defesa.

Ademais, caso o juiz acolha a argumentação de insuficiência de depósito e reconheça a existência de diferenças não depositadas, a sentença assim proferida terá eficácia condenatória e servirá como título executivo judicial quanto às diferenças.

A atribuição dos ônus da sucumbência (honorários advocatícios e custas) deve ser feita à luz do princípio da causalidade, ou seja, pagará os encargos a parte que deu causa ao processo.

4.3. Sentença e extensão da quitação das obrigações

A sentença de procedência do pedido, em ação de consignação em pagamento, tem eficácia meramente declaratória. Observe-se que o pagamento por consignação é forma de extinção da obrigação (Código Civil, art. 334); mas tal extinção é efeito

[118] Recurso de embargos. Multa do art. 477, §8º, da CLT. Ação de Consignação em Pagamento. Depósito judicial realizado fora do prazo estabelecido pelo §6º do art. 477 da CLT. Cominação devida.

O prazo de cinco dias para depósito previsto no art. 542, I, do CPC, no processo do trabalho, deve ser compatibilizado com o artigo 477, § 6º, da CLT, de modo que tanto o ajuizamento da ação em consignação quanto o depósito judicial devem ser feitos em dez dias após a notificação da extinção do contrato de trabalho. Entendimento contrário significaria dilatar o prazo de direito material trabalhista por norma de direito processual comum, o que revela incompatibilidade na integração da lacuna normativa e, consequentemente, inobservância ao art. 769 da CLT. Assim, subsumindo-se a hipótese aos preceitos referidos, para afastar a incidência da multa do § 8º do art. 477 da CLT, é necessário que o depósito judicial seja feito dentro do prazo previsto no § 6º do mesmo dispositivo celetista, pois somente com ele os riscos para o devedor cessam e a obrigação extingue-se. Inobservados tais parâmetros, é devida a cominação legal. Sob esses fundamentos, o Tribunal Pleno, por unanimidade, conheceu do recurso de embargos interposto pela reclamada, por dissenso jurisprudencial, e, no mérito, por maioria, negou-lhe provimento. TST-E-RR-376-14.2015.5.07.0010, Tribunal Pleno, red. Min. José Roberto Freire Pimenta, julgado em 16/10/2023.

[119] Art. 545, § 1º – No caso do caput, poderá o réu levantar, desde logo, a quantia ou a coisa depositada, com a consequente liberação parcial do autor, prosseguindo o processo quanto à parcela controvertida.

do depósito da quantia consignada (o que é feito antes da audiência), e não da sentença, a qual apenas declara um fato já consumado.

Nesse contexto, conclui-se que, pela sistemática adotada, a ação de consignação em pagamento pressupõe, logicamente, a consignação de quantia ou coisa devida. É estranho ao âmbito da ação consignatória a discussão sobre a modalidade da ruptura do contrato de trabalho, questões atinentes à estabilidade etc. Igualmente, discussão sobre a validade da justa causa deve ser travada no bojo de eventual reclamação trabalhista ajuizada pelo empregado dispensado.

Assim, se não há valores ou coisas a serem depositadas, inexiste necessidade de invocação da tutela jurisdicional do Estado, razão pela qual o processo deve ser julgado extinto, sem resolução de mérito, por falta de interesse de agir (CPC, art. 485, VI).[120]

Além disso, há necessidade de adequar a aplicação subsidiária do CPC ao Processo do Trabalho, tendo em vista a hipossuficiência do trabalhador e o princípio da proteção que rege esse ramo. Assim, a eficácia liberatória geral (CPC, art. 546, *caput*)[121] é incompatível com o Processo do Trabalho, devendo-se concluir pela sua inexistência. Dessa forma, a sentença de procedência na ação consignatória dá quitação apenas quanto aos títulos e valores depositados.[122]

Destarte, caso o consignante deposite, por hipótese, R$ 1,00 (um real) a título de saldo de salários, obterá declaração de quitação dessa quantia consignada, em relação à rubrica *saldo de salários*, mas não haverá qualquer óbice a que o consignatário discuta outras verbas, ou até mesmo diferenças de saldo de salários, em reclamação trabalhista posterior.

4.4. Consignação extrajudicial

Opinião majoritária no cenário anterior à Reforma Trabalhista era no sentido de que não se aplicava ao Processo do Trabalho o regramento da consignação extrajudicial, previsto nos art. 539[123], §§ 1º a 4º do CPC.[124] O principal fundamento

---

[120] Art. 485 – O juiz não resolverá o mérito quando: (...)
VI – verificar ausência de legitimidade ou de interesse processual.

[121] Art. 546 – Julgado procedente o pedido, o juiz declarará extinta a obrigação e condenará o réu ao pagamento de custas e honorários advocatícios.

[122] Com a mesma opinião, NASCIMENTO, Amauri Mascaro. *Curso de Direito Processual do Trabalho*. 24ª ed. São Paulo: Saraiva, 2009, p. 796.

[123] Art. 539 – Nos casos previstos em lei, poderá o devedor ou terceiro requerer, com efeito de pagamento, a consignação da quantia ou da coisa devida.
§ 1º – Tratando-se de obrigação em dinheiro, poderá o valor ser depositado em estabelecimento bancário, oficial onde houver, situado no lugar do pagamento, cientificando-se o credor por carta com aviso de recebimento, assinado o prazo de 10 (dez) dias para a manifestação de recusa.
§ 2º – Decorrido o prazo do § 1º, contado do retorno do aviso de recebimento, sem a manifestação de recusa, considerar-se-á o devedor liberado da obrigação, ficando à disposição do credor a quantia depositada.
§ 3º – Ocorrendo a recusa, manifestada por escrito ao estabelecimento bancário, poderá ser proposta, dentro de 1 (um) mês, a ação de consignação, instruindo-se a inicial com a prova do depósito e da recusa.
§ 4º – Não proposta a ação no prazo do § 3º, ficará sem efeito o depósito, podendo levantá-lo o depositante.

[124] SCHIAVI, *op. cit.*, p. 1134.

era o de que, como a CLT exigia formalidades para a quitação de parcelas trabalhistas (homologação pelo sindicato ou pelo Ministério do Trabalho e Previdência; e especificação dos valores e das parcelas pagas), o procedimento extrajudicial de consignação consistiria em burla a tais exigências.[125]

O tema merece ser revisitado a partir da Lei nº 13.467/2017, que revogou o § 1º do art. 477 da CLT, de modo a não ser mais exigível a homologação da rescisão nos órgãos mencionados. Desse modo, não se vislumbra óbice à utilização da consignação em pagamento extrajudicial em matéria trabalhista, desde que se compreenda que a quitação abrange apenas os valores quitados, nos mesmos moldes aplicáveis à sentença de procedência.[126]

Além disso, a consignação extrajudicial tende a reduzir a quantidade de processos que chegam ao Judiciário Trabalhista, o que contribui para a maior efetividade da tutela jurisdicional.

O procedimento da consignação extrajudicial é singelo:

- (i) o devedor faz o depósito em estabelecimento bancário no local em que deva ser feito o pagamento;
- (ii) o devedor envia carta com aviso de recebimento para o credor, devendo constar o prazo de 10 dias para manifestação de recusa por este;
- (iii) se o credor não a recusar expressamente nos 10 dias subsequentes ao recebimento da carta, o devedor terá obtido quitação quanto aos valores depositados, os quais ficam à disposição do credor;
- (iv) em caso de recusa do credor – que deverá ser manifestada por escrito ao estabelecimento bancário –, o devedor pode propor, no prazo de um mês, a ação consignatória, com a prova do depósito e da recusa. Se o devedor ajuizar a ação dentro desse prazo, fica isento dos efeitos da mora. No entanto, caso decorrido o prazo de um mês sem o ajuizamento, o depósito fica sem efeito e o depositante (devedor) pode levantá-lo.

5. AÇÃO MONITÓRIA

5.1. Conceito e fundamento

Ação monitória é procedimento especial de conhecimento regulado no Código de Processo Civil, cujo objetivo é propiciar ao credor, detentor de prova escrita sem eficácia de título executivo, a satisfação mais rápida do crédito, sem as delongas inerentes ao processo de conhecimento.

A especialização do procedimento monitório se justifica porque, se há prova pré-constituída da existência do crédito, o ordenamento jurídico deve prever meca-

[125] Cf. TST – RR: 5995547819995185555 599554-78.1999.5.18.5555, Relator: João Oreste Dalazen, Data de Julgamento: 11/10/2000, 1ª Turma, Data de Publicação: DJ 02/02/2001.

[126] Cf. item 4.3 deste Capítulo.

nismo mais célere para a formação do título executivo, sem prejuízo do contraditório que pode ser instaurado por iniciativa do réu. Pode-se dizer, didaticamente, que se trata de *meio termo* entre a ação de cobrança e a ação executiva.

A opção pelo procedimento monitório é opção do autor, que pode se valer do procedimento comum (ordinário ou sumaríssimo) caso prefira.

A ação monitória pode ser utilizada para: (i) a pretensão do pagamento em dinheiro; (ii) entrega de coisa fungível ou infungível, ou de bem móvel ou imóvel; (iii) adimplemento de obrigações de fazer ou não fazer (CPC, art. 700).

É requisito da ação monitória a apresentação de prova escrita, que comprove a existência do crédito, mas não tenha eficácia de título executivo. A prova escrita pode consistir em prova oral documentada, produzida antecipadamente (art. 700, § 1º), como seria o caso de um depoimento testemunhal.[127]

5.2. Procedimento de acordo com o CPC

Ajuizada ação monitória, o juiz deve avaliar, com base em cognição superficial, se estão presentes os requisitos gerais da petição inicial (CPC, art. 330, *caput*), e também os específicos do procedimento monitório: prova escrita suficiente da obrigação, e enquadramento em alguma das hipóteses do art. 700, *caput*, do CPC. Se tudo estiver em ordem, determinará a expedição do mandado monitório, para integração do réu ao processo.

A decisão que determina a expedição do mandado é interlocutória e irrecorrível, inclusive no Processo Civil. Isso ocorre porque o réu deve valer-se dos embargos monitórios, caso queira ter a iniciativa do contraditório a respeito da dívida. Pela mesma razão, descabe a impetração de mandado de segurança contra o referido *decisum*.

No procedimento da ação monitória, o réu é citado não para contestar, mas para fazer o pagamento no prazo de quinze dias (CPC, art. 701). Caso pague neste prazo, fica isento de custas e paga apenas 5% do valor da causa a título de honorários advocatícios.

O réu tem a opção de, no mesmo prazo de quinze dias, ofertar os embargos monitórios, espécie de defesa do réu neste procedimento especial, sendo lícito deduzir qualquer matéria de defesa, sem que se cogite de quaisquer restrições cognitivas. Uma vez opostos os embargos, suspende-se a eficácia do mandado de pagamento até o julgamento em primeiro grau.

Se o réu, nos embargos, sustentar que o autor pleiteia quantia superior à devida, deve indicar, desde logo, o valor que entende correto, apresentando demonstrativo de cálculo. Caso não o faça, os embargos serão liminarmente rejeitados (caso esta seja a única matéria neles arguida), ou serão processados apenas parcialmente (caso haja outra arguição além daquela concernente ao excesso de valor). A critério do juiz, os embargos serão autuados em apartado, se parciais, constituindo-se de pleno

127 Sobre a discussão atinente à possibilidade de utilização de documentos produzidos unilateralmente na ação monitória, ver item 5.5, abaixo.

direito o título executivo judicial em relação à parcela incontroversa (CPC, art. 702, §§ 2º, 3º e 7º).

O autor deve ser intimado para se manifestar quanto aos embargos no prazo de 15 dias. É cabível o oferecimento de reconvenção pelo réu (a ser oferecida na mesma peça dos embargos monitórios), mas não cabe reconvenção da reconvenção por parte do autor originário.

Em seguida, deve-se seguir o procedimento comum, com a designação de audiência para tentativa de conciliação e instrução, após o que se seguirá a prolação de sentença.

Ressalve-se que há parcela da doutrina que sustenta o entendimento de que, nos processos trabalhistas, o oferecimento dos embargos monitórios deveria dar-se apenas em audiência, por força dos arts. 841 e 847 da CLT.[128]

Se os embargos monitórios forem rejeitados, restaura-se a eficácia executiva do mandado inicial de pagamento, sendo possível a realização de execução provisória até o trânsito em julgado do recurso eventualmente interposto.

Se o réu não opuser os embargos monitórios no prazo de 15 dias a partir de sua citação, e se não fizer o pagamento da quantia, constitui-se, de pleno direito, o título executivo judicial, independentemente de qualquer formalidade (CPC, art. 701, § 2º). Tem-se, aí, fenômeno que se assemelha, mas não se confunde com a revelia.

Isso porque o título executivo produzido é a própria decisão liminar que determina a citação do réu para pagamento. Vale dizer: caso não ofertados os embargos monitórios, o título se forma de pleno direito e independentemente de qualquer formalidade (art. 702, § 2º); não há espaço para prolação de sentença, despacho ou decisão interlocutória nesta específica hipótese. Só haverá prolação de sentença caso o réu oferte os embargos monitórios.

A peculiaridade da ação monitória é que o título executivo judicial (que é a decisão que determina a expedição do mandado monitório) está sujeito a condição suspensiva: somente se forma caso não sejam opostos, ou caso sejam rejeitados os embargos monitórios (CPC, art. 701, § 2º, e art. 702, § 8º).

Destaque-se, inclusive, que, no regime do Novo Código, a decisão que determina a expedição do mandado monitório é rescindível, desde que não apresentados os embargos e não realizado o pagamento (art. 701, § 3º). Se os embargos forem apresentados, entretanto, a decisão passível de rescisão será a sentença que o julgar, em virtude da realização de cognição exauriente sobre a *res in judicium deducta*.

Independentemente de terem, ou não, sido ofertados os embargos monitórios, o réu (executado) somente pode alegar, na impugnação ao cumprimento de sentença, as matérias mencionadas no art. 525, § 1º, do CPC.[129] Não é viável a alegação de

---

[128] Nesse sentido, SCHIAVI, *op. cit.*, p. 1172.

[129] Art. 525, § 1º – Na impugnação, o executado poderá alegar:

I – falta ou nulidade da citação se, na fase de conhecimento, o processo correu à revelia;

II – ilegitimidade de parte;

III – inexequibilidade do título ou inexigibilidade da obrigação;

IV – penhora incorreta ou avaliação errônea;

matérias típicas da fase de conhecimento (e que podem ser alegadas na execução de título extrajudicial, conforme art. 917, VI, do CPC)[130], já que o título executivo formado na ação monitória é judicial e forma coisa julgada material.

5.3. Cabimento no Processo do Trabalho

Quanto ao cabimento na Justiça do Trabalho, há acirradas discussões. Argumenta-se pelo não cabimento, sob o fundamento de que o procedimento da monitória não comporta a tentativa de conciliação, exigida pelo art. 764 da CLT; pela ausência de previsão de audiência; e também porque a citação é ato da própria Secretaria da Vara, não passando pelo crivo do magistrado.

Contudo, prevalece o entendimento de que a ação monitória é compatível com o Processo do Trabalho, já que potencializa a duração razoável do processo e a economia processual, ao permitir a rápida formação do título executivo, o que prestigia o caráter alimentar do crédito trabalhista. Assim, não há prejuízo pela ausência de designação de audiência prévia de conciliação, que se realizará normalmente caso opostos os embargos monitórios, que convertem o procedimento em ordinário.

É necessária adaptação procedimental, entretanto, a fim de que a determinação de expedição do mandado monitório decorra de decisão do Juiz do Trabalho, que verificará a regularidade da petição inicial e a adequação do procedimento monitório no caso concreto, proferindo decisão fundamentada acerca da expedição do mandado monitório. Deveras, seria inconcebível admitir-se a formação de título executivo judicial (mandado monitório não embargado) sem a participação de juiz. Não há qualquer embaraço no fato de o Juiz do Trabalho ter contato com a inicial antes da audiência no procedimento monitório; isso já ocorre, por exemplo, quando há requerimento de medida liminar na petição inicial do rito ordinário ou sumaríssimo.

Um exemplo de aplicação do procedimento monitório no Processo do Trabalho é a hipótese em que o trabalhador detenha título de crédito, como um cheque, por exemplo, que é documento hábil para o ajuizamento da monitória. Como todo título de crédito, o cheque possui ampla possibilidade de circulação, desvinculando-se de sua causa, razão por que não vale como título executivo extrajudicial a ser executado na Justiça do Trabalho (embora o tema seja controvertido).

5.4. Competência – indicação da *causa debendi*

No Direito Processual Civil, há controvérsia sobre a necessidade de descrição do fato constitutivo do direito do autor na petição inicial da ação monitória. Uma vertente é no sentido de que o autor deve indicar a *causa debendi*, por não dispor de

V – excesso de execução ou cumulação indevida de execuções;

VI – incompetência absoluta ou relativa do juízo da execução;

VII – qualquer causa modificativa ou extintiva da obrigação, como pagamento, novação, compensação, transação ou prescrição, desde que supervenientes à sentença.

130 Art. 917, VI – qualquer matéria que lhe seria lícito deduzir como defesa em processo de conhecimento.

título executivo que o dispense de demonstrar a origem do crédito cujo pagamento pretende.[131] Outra linha de pensamento sustenta que, na monitória, bastaria a prova escrita, cabendo ao devedor a eventual arguição de objeções ao título.[132]

A jurisprudência do Superior Tribunal de Justiça se pacificou no sentido de ser desnecessária a demonstração da *causa debendi* de título de crédito que perdeu a eficácia executiva para o ajuizamento da ação monitória.[133]

Tal entendimento, entretanto, não pode ser aplicado no âmbito da Justiça do Trabalho. É que, sendo a competência da Especializada fixada em razão da matéria, só se justifica a tramitação da ação monitória no Judiciário Trabalhista se o documento for oriundo de relação de trabalho - ou esteja associado, de alguma forma, a situação que se enquadre em algum dos incisos do art. 114 da CF.

Assim, para que se processe a ação monitória no campo trabalhista, o autor deve descrever a relação jurídica de trabalho subjacente ao documento, sob pena de reconhecimento de incompetência absoluta da Justiça do Trabalho para a causa.

5.5. Prescrição

O STJ pacificou o entendimento segundo o qual prazo prescricional para a ação monitória baseada em cheque sem eficácia executiva é de cinco anos, por força do art. 206, § 5º, I, do Código Civil - a contar do dia seguinte à data de emissão estampada na cártula. Ainda de acordo com a Corte, o réu poderia, nos embargos monitórios, suscitar a incidência de prazo prescricional inferior, com base no negócio jurídico subjacente ao documento.[134]

No âmbito trabalhista, tendo em vista a necessidade de indicação da *causa debendi*, não se pode aplicar o mesmo entendimento. Assim, a prescrição na ação monitória deve ser aferida tal como ocorre em qualquer procedimento na Justiça do Trabalho, sujeitando-se ao art. 7º, XXIX, da CF.[135]

5.6. Documentos unilaterais e cobrança de contribuições sindicais

É controvertida, em doutrina e jurisprudência, a possibilidade de ação monitória embasada em documentos produzidos unilateralmente pelo credor.

Parcela da doutrina entende que não é imprescindível que o documento esteja assinado pelo devedor, desde que seja revestido de suficiente força probante.[136] A

[131] Nesse sentido, THEODORO JÚNIOR, *op. cit.*, v.3, p. 347.

[132] SANTOS, Ernane Fidélis. *Ação monitória*. Belo Horizonte: Del Rey, 2000, p. 71.

[133] AgInt nos EDcl no AREsp 156.735/DF, Rel. Ministro ANTONIO CARLOS FERREIRA, QUARTA TURMA, julgado em 13/06/2017, DJe 23/06/2017.

[134] AgInt no REsp 1452757/SP, Rel. Ministro LUIS FELIPE SALOMÃO, QUARTA TURMA, julgado em 11/10/2016, DJe 18/10/2016.

[135] Art. 7º, XXIX – ação, quanto aos créditos resultantes das relações de trabalho, com prazo prescricional de cinco anos para os trabalhadores urbanos e rurais, até o limite de dois anos após a extinção do contrato de trabalho.

[136] THEODORO JÚNIOR, *op. cit.*, v. 3, p. 345.

jurisprudência do STJ se fixou nesse sentido, admitindo inclusive ação monitória instruída por guia de recolhimento da contribuição sindical e a prova da notificação do devedor, visando à cobrança de contribuição sindical.[137] Ademais, o STJ entende que contratos de abertura de crédito rotativo em conta corrente, acompanhados de extratos bancários, são provas escritas aptas a embasar ação monitória, conforme Súmula 247. O entendimento é coerente, já que, por mais que o demonstrativo seja unilateral, a conta corrente é contrato bilateral que foi assinado pelo correntista.

Outra vertente afirma ser inviável admitir que o credor pudesse produzir prova em seu favor unilateralmente.[138] O Tribunal Superior do Trabalho aparentemente sufraga essa corrente, pois entende ser incabível o ajuizamento de ação monitória para a exigência de contribuições sindicais.[139] Segundo a Corte, a monitória seria via inadequada, já que a atividade de lançamento de tributo é privativa de autoridade administrativa. Assim, na ótica do TST, não seria possível que a entidade sindical calculasse a contribuição sindical devida e emitisse a guia correspondente, por se tratar de ente privado, que não poderia utilizar a monitória como forma de afastar o procedimento administrativo regular para a apuração do tributo.

A mesma decisão, entretanto, sinaliza a possibilidade de ajuizamento de ação ordinária de cobrança das contribuições sindicais – o que não é raro na Justiça do Trabalho. Depreende-se que não há coerência, já que a decisão em ação ordinária de conhecimento não é diferente daquela proferida no procedimento monitório. A distinção existente é apenas procedimental, pois o contraditório na monitória é apenas eventual e depende de iniciativa do réu; porém, em ambas as hipóteses, a sentença judicial estaria substituindo a atividade de lançamento tributário.

Portanto, preferível o entendimento do STJ, devendo-se entender, no plano doutrinário, ser possível o ajuizamento de ação monitória fundada em documentos unilaterais, desde que hábeis a convencer o juiz, em cognição sumária, de que existe a dívida neles indicada[140] – o que vale, inclusive, para as ações que visem a exigir a contribuição sindical.

5.7. Monitória em face da Fazenda Pública

Embora o tema fosse controvertido sob a vigência do CPC/1973, sempre foi predominante o entendimento segundo o qual era cabível ação monitória contra a Fazenda Pública (STJ, Súmula 339). O Novo Código referenda tal posicionamento no art. 700, § 6º.[141]

De fato, não há razão lógico-jurídica que impeça a Fazenda de figurar no polo passivo de procedimento monitório. Os entes públicos, assim como toda e qualquer pessoa (física ou jurídica, de direito público ou privado), têm a obrigação de cum-

137 REsp 744.581/SP, Rel. Ministro TEORI ALBINO ZAVASCKI, PRIMEIRA TURMA, julgado em 18/11/2008, DJe 24/11/2008.

138 CÂMARA, *Lições, op. cit.*, v. 3, p. 458.

139 PROC. Nº TST-AIRR-719/2007-351-04-40.5. 1ª Turma. Rel. Min. Vieira de Mello Filho. Julgado em 19/11/2008.

140 No mesmo sentido, SCHIAVI, *op. cit.*, p. 1165.

141 Art. 700, § 6º – É admissível ação monitória em face da Fazenda Pública.

prir suas obrigações tempestiva e extrajudicialmente. Portanto, não há ilicitude ou violação ao art. 100 da CF[142] (que institui o regime de precatórios) caso a Fazenda Pública cumpra espontaneamente a obrigação retratada no mandado monitório.

Se a Fazenda Pública não reconhecer a obrigação referida na ação monitória, pode utilizar-se da via dos embargos monitórios. Como se trata de mecanismo de defesa, é aplicável o benefício do prazo em dobro (CPC, art. 183, *caput*); daí decorre que o prazo para oferecimento de embargos monitórios pela Fazenda é de 30 dias.

Não opostos, ou rejeitados os embargos monitórios da Fazenda, forma-se título executivo judicial, que deverá ser executado nos exatos moldes do art. 100 da Constituição – precatório ou requisição de pequeno valor, conforme o caso.

[142] Art. 100 – Os pagamentos devidos pelas Fazendas Públicas Federal, Estaduais, Distrital e Municipais, em virtude de sentença judiciária, far-se-ão exclusivamente na ordem cronológica de apresentação dos precatórios e à conta dos créditos respectivos, proibida a designação de casos ou de pessoas nas dotações orçamentárias e nos créditos adicionais abertos para este fim.

XXVII

INQUÉRITO JUDICIAL PARA APURAÇÃO DE FALTA GRAVE

Sumário: 1. Conceito e objeto – 2. Hipóteses de cabimento – 3. Peculiaridades procedimentais – 4. Caráter dúplice e reconvenção.

1. CONCEITO E OBJETO

O inquérito judicial para apuração de falta grave é ação de procedimento especial, pertinente em hipóteses taxativamente previstas em lei, cujo objeto é a resolução do contrato de trabalho de empregado detentor de estabilidade ou garantia provisória de emprego.

Trata-se, portanto, de ação constitutiva negativa para o qual o legitimado ativo é o empregador, e o passivo, o empregado.

2. HIPÓTESES DE CABIMENTO

A figura do inquérito judicial para apuração de falta grave foi idealizada essencialmente para a tutela da estabilidade decenal, prevista no art. 492, *caput*, da CLT.[1] Como a Constituição de 1988 extinguiu a estabilidade geral no emprego (art. 7º, I e III)[2], apenas os empregados que já tinham direito adquirido quando da promulgação da Carta conservaram-no, do que resulta o desuso do instituto.

---

1 Art. 492 – O empregado que contar mais de 10 (dez) anos de serviço na mesma empresa não poderá ser despedido senão por motivo de falta grave ou circunstância de força maior, devidamente comprovadas.

2 Art. 7º – São direitos dos trabalhadores urbanos e rurais, além de outros que visem à melhoria de sua condição social:

I – relação de emprego protegida contra despedida arbitrária ou sem justa causa, nos termos de lei complementar, que preverá indenização compensatória, dentre outros direitos;

III – fundo de garantia do tempo de serviço.

Atualmente, o inquérito judicial para apuração de falta grave é mais utilizado nas situações de dirigente sindical detentor de garantia provisória no emprego, já que o art. 543, § 3º, da CLT[3], exige que a falta grave seja apurada nos termos da Consolidação, de onde se infere a exigência da ação desconstitutiva especial.

As duas hipóteses acima descritas são aplicadas pacificamente; as demais, abaixo expostas, geram controvérsia em doutrina e jurisprudência sobre a possibilidade e pertinência do ajuizamento de inquérito judicial para apuração de falta grave.

Apesar da controvérsia existente, deve-se considerar que só é pertinente o ajuizamento do inquérito quando a lei exigir expressamente a apuração da falta grave mediante procedimento judicial prévio. Isso se explica porque o princípio geral, vigente no ordenamento trabalhista, é o de que o empregador, titular do poder diretivo, pode aplicar as punições cabíveis *sponte propria*, ou seja, independentemente de submissão prévia ao crivo judicial. O princípio somente pode ser excepcionado por lei em sentido formal.

É por tal razão que o TST tem reiteradamente entendido que não há interesse de agir para a Administração Pública ajuizar inquérito judicial para apuração de falta grave de servidor público celetista detentor da estabilidade prevista no art. 19 do ADCT.[4] De fato, tal dispositivo constitucional não menciona a necessidade do inquérito nas hipóteses que elenca.

O mesmo raciocínio deve ser aplicado para as seguintes situações, enumeradas a título meramente exemplificativo, por não haver previsão legal específica a exigir o inquérito judicial para apuração de falta grave:

- (i) representantes dos empregados na Comissões de Conciliação Prévia (CLT, art. 625-B)[5];
- (ii) representante dos empregados no Conselho Curador do FGTS (Lei nº 8.036/90, art. 3º, § 9º);

---

3 Art. 543, § 3º – Fica vedada a dispensa do empregado sindicalizado ou associado, a partir do momento do registro de sua candidatura a cargo de direção ou representação de entidade sindical ou de associação profissional, até 1 (um) ano após o final do seu mandato, caso seja eleito, inclusive como suplente, salvo se cometer falta grave devidamente apurada nos termos desta Consolidação.

4 Art. 19 – Os servidores públicos civis da União, dos Estados, do Distrito Federal e dos Municípios, da administração direta, autárquica e das fundações públicas, em exercício na data da promulgação da Constituição, há pelo menos cinco anos continuados, e que não tenham sido admitidos na forma regulada no art. 37, da Constituição, são considerados estáveis no serviço público.

5 Art. 625-B – A Comissão instituída no âmbito da empresa será composta de, no mínimo, dois e, no máximo, dez membros, e observará as seguintes normas:

I- a metade de seus membros será indicada pelo empregador e a outra metade eleita pelos empregados, em escrutínio secreto, fiscalizado pelo sindicato da categoria profissional;

II- haverá na Comissão tantos suplentes quantos forem os representantes titulares;

III – o mandato dos seus membros, titulares e suplentes, é de um ano, permitida uma recondução.

§ 1º – É vedada a dispensa dos representantes dos empregados membros da Comissão de Conciliação Prévia, titulares e suplentes, até um ano após o final do mandato, salvo se cometerem falta grave, nos termos da lei.

§ 2º – O representante dos empregados desenvolverá seu trabalho normal na empresa, afastando-se de suas atividades apenas quando convocado para atuar como conciliador, sendo computado como tempo de trabalho efetivo o despendido nessa atividade.

- (iii) empregados titulares de garantia provisória de emprego por força de instrumentos coletivos (já que as entidades sindicais não podem exigir a intervenção jurisdicional quando a lei não o faz);
- (iv) empregados públicos titulares de estabilidade no emprego, já que nem a Constituição, nem a legislação federal, instituem o inquérito judicial nesses casos. A apuração de falta grave por servidores públicos celetistas deve ser feita por meio de procedimento administrativo no qual se assegure ampla defesa (CF, art. 41, § 1º, II).[6] A previsão do inciso I do mesmo dispositivo se refere às situações em que a perda do cargo é efeito secundário de ação penal condenatória ou de ação civil de improbidade administrativa;
- (v) empregados titulares de estabilidade provisória decorrente de acidente de trabalho (Lei nº 8.213/91, art. 118).

De outro lado, é exigível o inquérito judicial para apuração de falta grave nas seguintes hipóteses, em virtude da existência de previsão legal: (i) dirigentes de cooperativa de empregados (Lei nº 5.764/71, art. 55); (ii) representantes dos trabalhadores no Conselho Nacional de Previdência Social (Lei nº 8.213/91, art. 3º, § 7º).

3. PECULIARIDADES PROCEDIMENTAIS

O inquérito judicial para apuração de falta grave apresenta as peculiaridades procedimentais a seguir descritas.

A petição inicial necessariamente deve ser escrita (CLT, art. 853).[7]

Cada parte pode indicar até 6 testemunhas (CLT, art. 821).[8]

O empregador possui a faculdade (não o ônus, nem a obrigação) de suspender preventivamente o empregado antes do ajuizamento da ação. Caso opte por suspender, a ação deve ser ajuizada no prazo decadencial de 30 dias.

Embora o tema seja controvertido, deve-se considerar que, mesmo para a hipótese de optar por não suspender o trabalhador, o empregador deve também ajuizar a ação no prazo de 30 dias a contar da ciência da falta grave. Isso porque, caso ultrapassado tal prazo, dá-se o perdão tácito da falta grave cometida, o que autoriza o julgamento liminar de improcedência do pedido. Ressalte-se que, caso o empregador apure a falta previamente em sindicância interna, observando previsões contidas no regulamento empresarial ou em norma coletiva, o prazo deve ser contado a partir do fim do procedimento prévio.

---

[6] Art. 41 – São estáveis após três anos de efetivo exercício os servidores nomeados para cargo de provimento efetivo em virtude de concurso público.

§ 1º – O servidor público estável só perderá o cargo: (...) II – mediante processo administrativo em que lhe seja assegurada ampla defesa;

[7] Art. 853 – Para a instauração do inquérito para apuração de falta grave contra empregado garantido com estabilidade, o empregador apresentará reclamação por escrito à Junta ou Juízo de Direito, dentro de 30 (trinta) dias, contados da data da suspensão do empregado.

[8] Art. 821 – Cada uma das partes não poderá indicar mais de 3 (três) testemunhas, salvo quando se tratar de inquérito, caso em que esse número poderá ser elevado a 6 (seis).

Registre-se, entretanto, entendimento no sentido de que o prazo para ajuizamento do inquérito judicial para falta grave é de dois anos a contar da ciência do fato pelo empregador, por incidência do art. 7º, XXIX, da CF.[9]

A ação tem caráter dúplice. Assim, a sentença de improcedência do pedido ajuizado pelo empregador vale como título condenatório dos salários e vantagens eventualmente não recebidas pelo empregado no curso do processo (para o caso de ter havido suspensão prévia).

Igualmente, a sentença de improcedência deve determinar a reintegração do empregado que haja sido suspenso preventivamente.

O Juiz do Trabalho pode converter a reintegração em indenização (o que pode ser feito tanto em sentença, na fase de conhecimento, quanto na execução), se houver nítida incompatibilidade entre as partes resultante do dissídio (CLT, art. 496).[10]

Quando houver suspensão prévia do empregado, o julgamento de procedência do pedido gera o reconhecimento de extinção do contrato de trabalho desde a data em que se operou a suspensão. Não há *bis in idem*, pois a suspensão assim operada tem caráter cautelar, e não punitivo.

Se não tiver havido suspensão prévia do empregado, a sentença decretará a rescisão do contrato de trabalho, havendo controvérsia doutrinária sobre a data a ser fixada para a extinção contratual. Uma primeira linha de entendimento é no sentido de que a resolução contratual está sujeita ao trânsito em julgado da decisão de procedência.[11] Outra corrente considera que data de extinção do contrato de trabalho é aquela em que for prolatada a sentença. Preferível a primeira linha de entendimento, já que, se a manutenção do contrato de trabalho fosse desde logo inviável, o empregador certamente providenciaria a suspensão prévia; se não o faz, reconhece implicitamente que a situação concreta não reclama solução urgente. Se assim o é, deve-se aguardar o trânsito em julgado para a produção plena dos efeitos, os quais são, afinal, irreversíveis - já que, uma vez desconstituído o contrato, não há como restaurá-lo.

Nada impede que haja cumulação de pedidos e de causas de pedir no referido procedimento especial. Assim, o empregador pode narrar duas ou mais causas de pedir para a desconstituição do contrato (duas faltas graves independentes entre si), e formular outro pedido em face do mesmo empregado. Exemplo: a inicial narra o cometimento de furto pelo empregado estável, em detrimento do patrimônio do empregador, e ofensa moral praticada contra o gerente da empresa.

---

9 Com essa opinião, BEZERRA LEITE, *op. cit.*, p. 1202.

10 Art. 496 - Quando a reintegração do empregado estável for desaconselhável, dado o grau de incompatibilidade resultante do dissídio, especialmente quando for o empregador pessoa física, o tribunal do trabalho poderá converter aquela obrigação em indenização devida nos termos do artigo seguinte.

11 NASCIMENTO, *op. cit.*, p. 768.

4. CARÁTER DÚPLICE E RECONVENÇÃO

Como já analisado, o caráter dúplice do inquérito consiste no fato de que a sentença de improcedência é título condenatório do empregador quanto aos salários e vantagens vencidas durante a tramitação da ação, no caso de ter havido suspensão preventiva do empregado.

Daí resulta a desnecessidade de ajuizamento de reconvenção pelo empregado-réu para a postulação dos salários e vantagens que tenham vencido até o julgamento final de improcedência do pedido formulado no inquérito.

No entanto, é cabível o ajuizamento de reconvenção na hipótese em que o trabalhador pretende formular pretensão não abrangida *ex vi legis* no objeto do inquérito. O exemplo típico é a situação em que o trabalhador, além de contestar negando a falta grave que lhe é imputada na petição inicial, pretende o pagamento de indenização por danos morais sob o argumento de que o empregador divulgou pública e injustamente a prática de crime cometido pelo empregado. Tal pedido não pode ser formulado em mera contestação, sendo necessário o ajuizamento de reconvenção com essa finalidade.

XXVIII

CORREIÇÃO PARCIAL (RECLAMAÇÃO CORREICIONAL)

Sumário: 1. Panorama legislativo – 2. Possibilidades e limites: natureza jurídica da correição parcial: 2.1. Nos TRTs; 2.2. No TST.

1. PANORAMA LEGISLATIVO

A correição parcial – também chamada de reclamação correicional – é instrumento processual cuja previsão legal, no Processo do Trabalho, restringe-se ao art. 11, II, da Lei 14.824/2024[1] – tal dispositivo reproduz essencialmente o art. 709, II, da CLT[2], o qual foi revogado pela Lei 14.824/2024. A matéria é regulamentada no Regimento Interno da Corregedoria-Geral da Justiça do Trabalho, cujos arts. 13, § 1º, e 17, II, são objeto de ação direta de inconstitucionalidade pendente de julgamento no STF[3]; houve alteração do Regimento, e os dispositivos impugnados na ADIN atualmente correspondem aos arts. 13, parágrafo único, e 20, II.[4]

1 Art. 11. Compete ao Corregedor-Geral da Justiça do Trabalho: (...) II - decidir correições parciais contra atos atentatórios à boa ordem processual praticados pelos Tribunais Regionais do Trabalho ou pelos seus membros, quando inexistir recurso processual específico.

2 Art. 709 – Compete ao Corregedor, eleito dentre os Ministros togados do Tribunal Superior do Trabalho:(...) II- decidir reclamações contra os atos atentatórios da boa ordem processual praticados pelos Tribunais Regionais e seus Presidentes, quando inexistir recurso específico.

3 ADIN 4168, rel. Min. Celso de Mello.

4 Art. 13 A Correição Parcial é cabível para corrigir erros, abusos e atos contrários à boa ordem processual e que importem em atentado a fórmulas legais de processo, quando para o caso não haja recurso ou outro meio processual específico.

Parágrafo único. Em situação extrema ou excepcional, poderá o Corregedor-Geral adotar as medidas necessárias a impedir lesão de difícil reparação, assegurando, dessa forma, eventual resultado útil do processo, até que ocorra o exame da matéria pelo órgão jurisdicional competente.

Art. 20 – Ao despachar a petição inicial da Correição Parcial, o Corregedor-Geral poderá:(...)

Não obstante, os Regimentos Internos dos Tribunais Regionais do Trabalho também costumam prever a mesma figura, inserindo na competência do Corregedor-Regional a competência para decidir reclamações contra atos atentatórios à boa ordem processual ou funcional, relativos a processos de primeiro grau.[5]

Na Justiça Federal Comum, a correição parcial era prevista no art. 6º, I, da Lei nº 5.010/66, cuja redação estipulava seu cabimento contra ato ou despacho do Juiz de que não coubesse recurso, desde que houvesse erro de ofício ou abuso de poder. A partir da vigência da Constituição de 1988, com a extinção do Tribunal Federal de Recursos – órgão junto ao qual funcionava o Conselho da Justiça Federal, antes competente para julgar as correições –, passou-se a entender que a correição parcial ficou extinta na Justiça Federal.[6]

Ainda que assim não fosse, é possível considerar que a Lei nº 5.010/66 foi revogada tacitamente pela Lei nº 8.472/92, a qual dispôs sobre a competência e funcionamento do Conselho da Justiça Federal sem qualquer menção à figura da correição parcial. Da mesma forma, a Lei nº 11.798/2008, que atualmente rege a organização da Justiça Federal, também não prevê a reclamação correicional.

Depreende-se que o único dispositivo legal atualmente vigente sobre o tema, no âmbito federal, é o art. 11, II, da Lei 14.824/2024.[7]

2. POSSIBILIDADES E LIMITES: NATUREZA JURÍDICA DA CORREIÇÃO PARCIAL

2.1. Nos TRTs

No âmbito dos Tribunais Regionais do Trabalho, como visto, a reclamação correicional é prevista unicamente nos respectivos Regimentos Internos. De outro lado, apenas a União pode legislar sobre Direito Processual do Trabalho (CF, art. 22, I).[8]

A conclusão lógica é que a correição parcial, nos TRTs, necessariamente terá seu objeto restrito à matéria administrativa; o Corregedor-Regional pode, assim, apreciar atos atentatórios à boa marcha processual e equívocos procedimentais cometidos pelos Juízes de primeiro grau, mas com o objetivo único e exclusivo de expedir recomendações e, eventualmente, recomendar a aplicação de punições por faltas funcionais cometidas pelos magistrados. Não é possível a análise de matéria jurisdicional na correição parcial, porque o Regimento Interno não pode criar instrumento processual não previsto em lei.

O Corregedor-Regional não pode, por exemplo, anular ou reformar determinada decisão judicial, nem lhe suspender a eficácia – ainda que sob o pretexto de se tratar de situação extrema ou excepcional –, pois a sua atribuição, ao decidir a correicional, restringe-se a adotar as providências pertinentes na esfera administrativa.

Conclui-se que a correição parcial, no âmbito Regional, é procedimento administrativo deflagrado a pedido de uma das partes de processo judicial – ou do Ministério

---

II – deferir, liminarmente, a suspensão do ato impugnado, desde que relevantes os fundamentos do pedido ou da eficácia do ato impugnado resultar justificado receio de dano irreparável ou de difícil reparação.

5 Nesse sentido, o Regimento Interno do TRT da 1ª Região (art. 28, IV).

6 Cf. GRECO, *op. cit.*, v. 3, p. 320.

7 Art. 11. Compete ao Corregedor-Geral da Justiça do Trabalho: (...) II - decidir correições parciais contra atos atentatórios à boa ordem processual praticados pelos Tribunais Regionais do Trabalho ou pelos seus membros, quando inexistir recurso processual específico.

8 Art. 22 – Compete privativamente à União legislar sobre:
I – direito civil, comercial, penal, processual, eleitoral, agrário, marítimo, aeronáutico, espacial e do trabalho.

Público –, sem caráter jurisdicional, cujo objeto é a determinação das medidas administrativas cabíveis (recomendações, punições etc.), a partir da avaliação da prática de atos atentatórios da ordem processual por Juízes do Trabalho de primeiro grau.

2.2. No TST

A figura da correição parcial no TST deve ser analisada sob o prisma do art. 11, II, da Lei 14.824/2024, que prevê a competência do Corregedor-Geral para decidir reclamações contra os atos atentatórios da boa ordem processual praticados pelos Tribunais Regionais e seus Presidentes, quando inexistir recurso específico.

A análise dos julgados do Tribunal Superior do Trabalho demonstra que a Corte tem sido cautelosa no julgamento das correições parciais, de modo que alguns julgados as tratam como procedimentos de caráter administrativo, destinados a corrigir ato judicial que, por *error in procedendo*, venha causar inversão tumultuária do processo.[9] Ora, há nítida contradição nessas colocações, a menos que se suponha que um ato administrativo poderia reformar (*corrigir*, na dicção do TST) uma decisão judicial.

Em situações excepcionais, quando violadas as fórmulas legais do processo e caracterizada situação extrema e excepcional, tem-se entendido que o Corregedor-Geral pode adotar as medidas necessárias a impedir lesão irreparável ou de difícil reparação, inclusive suspender a eficácia da decisão impugnada.[10]

De outro lado, a jurisprudência do STF é pacífica no sentido do não cabimento de recurso extraordinário contra decisão exarada – inclusive pelo TST – em procedimento de correição parcial, sob o argumento de que se trata de procedimento de natureza administrativa, que não se enquadra na noção de *causa decidida* que se exige no art. 102, III, da CF.[11]

A interpretação do art. 11, II, da Lei 14.824/2024, permite concluir que a lei pretendeu tratar a correicional como mecanismo subsidiário, quando não houver recurso cabível contra a decisão que atente contra a boa ordem processual. Pode-se concluir que a correição parcial não é recurso, até porque não é prevista como tal pela lei (princípio da taxatividade dos recursos).

A correição parcial no TST também ostenta feição eminentemente administrativa, de modo a possibilitar a expedição de recomendações ao Tribunais Regionais e, no limite, resultar na aplicação de sanções administrativas por faltas funcionais associadas a atos tumultuários no processo.

No entanto, sem dúvida a previsão do art. 11, II, da Lei 14.824/2024, legitima a excepcional intervenção do Corregedor-Geral para a concessão de medidas acautelatórias com objetivo de evitar prejuízos irreparáveis ou de difícil reparação, decorrentes de atos teratológicos praticados no âmbito de TRT. A despeito da redação do dispo-

---

9 PROCESSO Nº TST-AgR-CorPar-12501-68.2017.5.00.0000. Órgão Especial. Rel. Min. Renato de Lacerda Paiva. Julgado em 04/09/2017.

10 PROCESSO Nº TST-AgR-CorPar-20202-17.2016.5.00.0000. Órgão Especial. Rel. Min. Renato de Lacerda Paiva. Julgado em 06/12/2016.

11 RE 454421 AgR, Rel. Min. CARLOS BRITTO, Primeira Turma, DJ 8.9.2006; 229786, Rel. Min. NÉRI DA SILVEIRA, Segunda Turma, DJ 18.5.2001.

sitivo legal, a correição parcial será pertinente ainda que caiba recurso ou mandado de segurança contra a decisão judicial, desde que estes não se revelem aptos a tutelar o direito do requerente, no caso concreto (por exemplo, pela ausência de efeito suspensivo ao recurso).

Figure-se a seguinte hipótese: discute-se, em recurso ordinário interposto pelo empregador, sobre (i) arresto cautelar feito, ainda na fase de conhecimento; e (ii) sobre a existência, ou não, da dívida reconhecida em primeiro grau de jurisdição. Suponha-se que o Desembargador relator do recurso, no TRT, determine a imediata liberação da quantia arrestada para o trabalhador (recorrido), mediante expedição de alvará. Evidentemente, da decisão monocrática cabe agravo interno para a Turma, e também pode ser impetrado mandado de segurança. No entanto, tais mecanismos podem não se revelar efetivos no caso concreto, por exemplo, porque a próxima pauta do Colegiado está designada para data em que presumidamente o alvará já terá sido expedido e os valores sacados. Nesse tipo de situação teratológica e excepcional, é legítimo que o Corregedor-Geral, por força de correição parcial, suspenda a execução da determinação do relator no TRT, por absolutamente atentatória da boa ordem processual.

Assim, conclui-se que a correição parcial no TST possui dupla natureza: ao mesmo tempo em que é procedimento administrativo, também configura mecanismo judicial excepcional de concessão de tutela de urgência nas hipóteses de decisões teratológicas, tal como reconhecido pelo art. 13, parágrafo único, do Regimento Interno da Corregedoria-Geral da Justiça do Trabalho[12] e legitimado pelo art. 11, II, da Lei 14.824/2024.

Por fim, é correta a conclusão do STF, no sentido de não admitir recursos extraordinários interpostos contra decisões tomadas em correição parcial, mas não pelo fundamento comumente invocado pela Corte – qual seja, o fato de supostamente se tratar de mero procedimento administrativo. Na verdade, o extraordinário não cabe porque a intervenção jurisdicional do Corregedor-Geral do TST se restringe à análise de medidas de urgência, como visto. E o deferimento ou indeferimento de tutela de urgência envolve, necessariamente, análise dos respectivos pressupostos fáticos (*periculum in mora* e *fumus boni iuris*), o que não se pode fazer em recurso excepcional, conforme se extrai da Súmula 735 do STF.[13]

De acordo com a jurisprudência do Tribunal Superior do Trabalho, por se tratar de medida administrativa, e não processual, o prazo da correição parcial não se interrompe pela oposição de embargos de declaração contra a decisão judicial, e continua fluindo durante o recesso forense e férias coletivas dos ministros do TST.[14]

---

[12] Art. 13, Parágrafo único. Em situação extrema ou excepcional, poderá o Corregedor-Geral adotar as medidas necessárias a impedir lesão de difícil reparação, assegurando, dessa forma, eventual resultado útil do processo, até que ocorra o exame da matéria pelo órgão jurisdicional competente.

[13] Sobre o tema, ver Capítulo XXII, item 8.6.

[14] "Agravo. Correição parcial. Suspensão e interrupção de prazo. Não incidência. Intempestividade. Indeferimento da petição inicial. Por não se tratar de recurso, mas sim de medida administrativa sui generis, derivada da natureza da atuação ininterrupta da Corregedoria-Geral da Justiça do Trabalho e sem relação direta com o processo de origem, a correição parcial não se submete a interrupção nem a suspensão de prazos previstas no art. 897-A, § 3º, da CLT (oposição de embargos de declaração) e nos arts. 192 do RITST e 775-A, da CLT

XXIX

AÇÃO RESCISÓRIA, AÇÃO ANULATÓRIA E *QUERELA NULLITATIS*

Sumário: 1. Ação rescisória: conceito, natureza jurídica e principiologia – 2. Objeto – 3. Inadmissibilidade, juízo rescindente e juízo rescisório – 4. Hipóteses de cabimento: 4.1. Prevaricação, concussão ou corrupção; 4.2. Impedimento ou incompetência absoluta; 4.3. Dolo, coação, simulação ou colusão; 4.4. Coisa julgada; 4.5. Violação manifesta de norma jurídica; 4.6. Prova falsa; 4.7. Prova nova; 4.8. Erro de fato; 4.9. Sentença inconstitucional – 5. Prazo: 5.1. Regra geral e coisa julgada progressiva; 5.2. Prova nova; 5.3. Simulação ou colusão; 5.4. Sentença inconstitucional – 6. Legitimidade – 7. Competência – 8. Procedimento: 8.1. Petição inicial; 8.2. Valor da causa; 8.3. Depósito prévio; 8.4. Providências preliminares, revelia e reconvenção; 8.5. Cumprimento da sentença rescindenda; 8.6. Fase instrutória e razões finais; 8.7. Recursos e eficácia da decisão; 8.8. Ações rescisórias sucessivas – 9. Ação anulatória: 9.1. Atos processuais; 9.2. Atos materiais; 9.3. Ação anulatória de cláusulas convencionais – 10. *Querela nullitatis*.

1. AÇÃO RESCISÓRIA: CONCEITO, NATUREZA JURÍDICA E PRINCIPIOLOGIA

Ação rescisória é procedimento especial de natureza cognitiva por meio do qual se busca (i) a desconstituição de decisão judicial transitada em julgado e, em algumas hipóteses, (ii) a realização de novo julgamento sobre o tema apreciado anteriormente na própria decisão rescindida.

(recesso forense e férias coletivas), respectivamente. Nesse contexto, a apresentação de correição parcial, após o prazo de 5 dias previsto no art. 17, caput, do RICGJT, torna intempestiva a medida e impõe o seu indeferimento. E, uma vez declarada a intempestividade da correição parcial, essa precede em relação ao exame de ausência superveniente de interesse capaz de ensejar a perda de objeto. Sob esses fundamentos, o Órgão Especial, por maioria, negou provimento ao agravo em correição parcial. Vencido o Ministro Breno Medeiros." (TST-Ag-CorPar-1000023-35.2022.5.00.0000, Órgão Especial, rel. Min. Aloysio Corrêa da Veiga, julgado em 6/6/2022).

Perceba-se que a rescisória é ação autônoma de impugnação a decisões judiciais, que gera nova relação jurídica processual, distinta daquela em que proferida a decisão que se pretende desconstituir. Nisso se diferencia dos recursos, os quais são interpostos no bojo do mesmo processo em que proferida a decisão impugnada e prolongam a litispendência.

Trata-se de instrumento processual que permite rediscutir a validade e até mesmo a justiça da decisão após o respectivo trânsito em julgado. Ao contrário, os recursos têm o efeito de obstar o trânsito em julgado da decisão impugnada.

Como a coisa julgada é corolário imediato do princípio constitucional da segurança jurídica, pode-se dizer que a ação rescisória resulta de ponderação feita pelo legislador entre tal princípio e outros, sobretudo os da legalidade, moralidade e solidariedade (do qual decorre o princípio da boa-fé processual objetiva).

Tal observação é importante para compreender que o delineamento do instituto - por mais que possa desagradar a alguns intérpretes - insere-se no âmbito de discricionariedade do legislador, que pode estabelecer mais, ou menos hipóteses de cabimento, definir prazos etc., desde que as regras concernentes à ação rescisória não violem o núcleo essencial dos princípios constitucionais envolvidos.

2. OBJETO

Somente podem ser objeto de ação rescisória decisões judiciais transitadas em julgado que apresentem um ou alguns dos defeitos previstos taxativamente no art. 966, *caput*, do CPC (hipóteses de cabimento analisadas no próximo item).

Além das decisões que julgam - total ou parcialmente - o mérito da causa e formam, por tal razão, coisa julgada material, o sistema do Código admite, em algumas hipóteses, a rescindibilidade de decisões meramente terminativas que resultem na consubstanciação de coisa julgada formal.

Assim, podem ser objeto de ação rescisória:

- (i) decisões finais de mérito: sentenças, acórdãos ou decisões monocráticas no âmbito de tribunais;
- (ii) decisões interlocutórias parciais de mérito, nos moldes do art. 356 do CPC[1];

[1] Art. 356 - O juiz decidirá parcialmente o mérito quando um ou mais dos pedidos formulados ou parcela deles:

I - mostrar-se incontroverso;

II - estiver em condições de imediato julgamento, nos termos do art. 355.

§ 1º - A decisão que julgar parcialmente o mérito poderá reconhecer a existência de obrigação líquida ou ilíquida.

§ 2º - A parte poderá liquidar ou executar, desde logo, a obrigação reconhecida na decisão que julgar parcialmente o mérito, independentemente de caução, ainda que haja recurso contra essa interposto.

§ 3º - Na hipótese do § 2º, se houver trânsito em julgado da decisão, a execução será definitiva.

- (iii) decisões interlocutórias ou finais que não sejam de mérito, mas impeçam a propositura de nova ação, por formarem coisa julgada formal nos moldes do art. 486, § 1º, do CPC.[2] Como exemplo, a situação em que o Juiz do Trabalho julgue extinta a ação sem resolução de mérito por falta de interesse de agir. Por mais que não haja decisão de mérito, o autor fica impossibilitado de propor outra ação (exceto se corrigir o vício que gerou a extinção do primeiro processo);
- (iv) decisões interlocutórias ou finais que não sejam de mérito, mas resultem em juízo negativo de admissibilidade de recurso interposto (CPC, art. 966, §2º, II[3]). Exemplo: o TRT não admite recurso ordinário interposto contra a sentença, por considerá-lo intempestivo; contudo, a decisão de inadmissibilidade foi proferida por desembargador impedido e não se interpôs agravo interno. Nessa hipótese, cabe ação rescisória fundada no art. 966, II[4], para que se desconstitua a decisão e se faça novo juízo de admissibilidade do recurso ordinário.

Sobre a última hipótese, perceba-se que, se for interposto agravo de instrumento contra decisão que denegou seguimento a recurso de revista, em caso de conhecimento, mas não provimento, do agravo de instrumento, a respectiva decisão não é de mérito: a última decisão de mérito será o acórdão regional que julgou a causa. Da mesma forma, a decisão do agravo de instrumento, por não ter sido objeto de juízo negativo de admissibilidade - já que o agravo foi conhecido e não provido -, não será passível de desconstituição mediante ação rescisória com base no art. 966, §2º, II, do CPC, conforme já decidido pelo Tribunal Superior do Trabalho.[5]

---

§ 4º -A liquidação e o cumprimento da decisão que julgar parcialmente o mérito poderão ser processados em autos suplementares, a requerimento da parte ou a critério do juiz.

§ 5º – A decisão proferida com base neste artigo é impugnável por agravo de instrumento.

2 Sobre o tema, ver Capítulo XX, item 3.

3 Art. 966, § 2º Nas hipóteses previstas nos incisos do caput, será rescindível a decisão transitada em julgado que, embora não seja de mérito, impeça:

(...)

II - admissibilidade do recurso correspondente.

4 Art. 966 – A decisão de mérito, transitada em julgado, pode ser rescindida quando: (...)

II – for proferida por juiz impedido ou por juízo absolutamente incompetente.

5 "Ação rescisória. Pedido de desconstituição de acórdão prolatado em Agravo de Instrumento conhecido e não provido. Decisão que não é de mérito. Hipótese não contemplada no art. 966, § 2º, do CPC/2015. Nos termos do caput do art. 966 do CPC, a ação rescisória é cabível contra decisão de mérito transitada em julgado. O CPC de 2015, contudo, inovou ao admitir a rescisão da decisão que, embora não seja de mérito, impeça nova propositura da demanda ou admissibilidade do recurso correspondente, nos termos do § 2º do art. 966. Na espécie, a Turma do TST conheceu do Agravo de Instrumento e, no mérito, reafirmou a correção da decisão denegatória de seguimento do Recurso de Revista, cujo acórdão não tem efeito substitutivo da decisão proferida pela Corte de origem, esta sim voltada à solução da causa. Revela-se equivocada a compreensão de que o não provimento do Agravo de Instrumento impediu o exame do Recurso de Revista, porquanto, na verdade, atingiu a finalidade para a qual foi disciplinado, ou seja, decidiu sobre o acerto da decisão que trancou o Recurso de Revista. Não é o caso de configuração da hipótese prevista no art. 966, § 2.º, II, do CPC, uma vez que não houve decisão que impedisse a admissibilidade do recurso correspondente.

Em todos os casos, a rescisória pode voltar-se contra apenas um capítulo da decisão, bem assim contra todos ou alguns deles (CPC, art. 966, § 3º).[6]

3. INADMISSIBILIDADE, JUÍZO RESCINDENTE E JUÍZO RESCISÓRIO

Como toda e qualquer ação, a rescisória pressupõe a observância dos pressupostos processuais e das condições da ação. Além disso, sujeita-se a requisitos específicos, que serão minudenciados em itens próprios, a saber: (i) depósito prévio; (ii) trânsito em julgado da decisão rescindenda; (iii) narrativa da inicial enquadrada em alguma das hipóteses do art. 966 do CPC. Ausente qualquer dos requisitos, o processo da ação rescisória será extinto sem resolução de mérito (CPC, art. 485, IV e VI)[7]; dir-se-á, então, que a ação é inadmissível.

Superado, entretanto, o juízo de admissibilidade – em virtude da presença dos requisitos elencados –, o Tribunal julgará o mérito, passando, necessariamente, pelo juízo rescindente (*judicium rescindens*) da decisão objeto da rescisória.

O juízo rescindente consiste na avaliação a respeito da procedência, ou não, do pedido de desconstituição da decisão judicial. Nessa análise, o Tribunal investigará e definirá se a alegação – feita na petição inicial – de que a decisão está eivada de um dos vícios do art. 966, *caput*, do CPC, merece ser acolhida.

Perceba-se: para que a ação rescisória seja julgada no mérito – abstraídas outras causas de inadmissibilidade –, basta que o autor alegue um dos vícios que autorizam o manejo da rescisória; saber se o vício efetivamente ocorreu é questão atinente ao mérito da rescisória (= o próprio juízo rescindente).

Já o juízo rescisório (*judicium rescisorium*) é o rejulgamento da causa pelo Tribunal, após a desconstituição da decisão objeto da ação rescisória.

Em algumas situações, o interesse do autor se restringirá ao juízo rescindente, que será o único emitido pelo Tribunal. Nessas hipóteses, o Tribunal se limitará a anular a decisão objeto da rescisória e, eventualmente, encaminhar os autos para prolação de outra decisão pelo órgão competente.

É o que acontece quando a ação rescisória é julgada procedente por violação à coisa julgada anterior; ou quando há nulidade processual antes da prolação da decisão rescindenda, que comprometa a respectiva validade: por exemplo, a parte

---

Sob esse fundamento, a SBDI-II, por unanimidade, julgou extinto o processo, sem resolução de mérito, nos termos do art. 485, VI, do CPC. AR-1000914-95.2018.5.00.0000, SBDI-II, rel. Min. Luiz José Dezena da Silva, 2/9/2020" (noticiado no informativo TST nº 224).

[6] Art. 966, § 3º – A ação rescisória pode ter por objeto apenas 1 (um) capítulo da decisão.

[7] Art. 485 – O juiz não resolverá o mérito quando: (...)

IV – verificar a ausência de pressupostos de constituição e de desenvolvimento válido e regular do processo; (...)

VI – verificar ausência de legitimidade ou de interesse processual.

não é intimada da realização da audiência em prosseguimento (TST, Súmula 74)[8], mas, apesar disso, o Juiz do Trabalho aplica confissão ficta decorrente do não comparecimento da mesma parte. Evidentemente, o tema pode ser arguido em recurso ordinário; mas, caso não se interponha o recurso – ou seja negado provimento, ou não conhecido, no caso de interposição –, o interessado pode ajuizar ação rescisória contra a sentença por violação ao art. 385, § 1º, do CPC.[9] Julgando procedente a rescisória, o TRT anulará a sentença e determinará o retorno dos autos para que seja designada nova audiência de instrução e intimada a parte para comparecimento: assim, não haverá espaço para a realização de juízo rescisório pelo Tribunal.

Noutros casos, o rejulgamento da causa é efeito natural da desconstituição da coisa julgada formada anteriormente no processo de origem. Quando isso acontecer, o juízo rescindente é questão preliminar ao juízo rescisório, já que este somente será realizado caso tenha sido julgado procedente o pedido de desconstituição.

Exemplifica-se com a situação em que a rescisória se funda no fato de a sentença ter sido prolatada por juiz impedido. Se o Tribunal reconhecer o vício, deve anular a sentença e proferir outro julgamento em seu lugar.

Sempre que a melhora da situação jurídica do autor da rescisória pressupuser a realização de juízo rescisório, a petição inicial deve pedir expressamente o rejulgamento da causa, além da desconstituição da decisão rescindenda. Caso a petição inicial não o faça, será caso de extinção da ação rescisória sem resolução de mérito por inépcia da petição inicial, ressalvando-se que o relator deve conceder, previamente à extinção, prazo para regularização do defeito (CPC, arts. 321 c/c 330, § 1º).[10] Ressalve-se, entretanto, a existência de corrente em sentido contrário, já adotada em julgados do STJ[11] e do

---

[8] TST, Súmula 74: I – Aplica-se a confissão à parte que, expressamente intimada com aquela cominação, não comparecer à audiência em prosseguimento, na qual deveria depor.

II – A prova pré-constituída nos autos pode ser levada em conta para confronto com a confissão ficta (arts. 442 e 443, do CPC de 2015 – art. 400, I, do CPC de 1973), não implicando cerceamento de defesa o indeferimento de provas posteriores.

III- A vedação à produção de prova posterior pela parte confessa somente a ela se aplica, não afetando o exercício, pelo magistrado, do poder/dever de conduzir o processo.

[9] Art. 385, § 1º – Se a parte, pessoalmente intimada para prestar depoimento pessoal e advertida da pena de confesso, não comparecer ou, comparecendo, se recusar a depor, o juiz aplicar-lhe-á a pena.

[10] Art. 321 – O juiz, ao verificar que a petição inicial não preenche os requisitos dos arts. 319 e 320 ou que apresenta defeitos e irregularidades capazes de dificultar o julgamento de mérito, determinará que o autor, no prazo de 15 (quinze) dias, a emende ou a complete, indicando com precisão o que deve ser corrigido ou completado.

Parágrafo único. Se o autor não cumprir a diligência, o juiz indeferirá a petição inicial.

Art. 330, § 1º – Considera-se inepta a petição inicial quando:

I – lhe faltar pedido ou causa de pedir;

II – o pedido for indeterminado, ressalvadas as hipóteses legais em que se permite o pedido genérico;

III – da narração dos fatos não decorrer logicamente a conclusão;

IV – contiver pedidos incompatíveis entre si.

[11] PROCESSUAL CIVIL. AÇÃO RESCISÓRIA. IUDICIUM RESCINDENS E IUDICIUM RESCISSORIUM. PEDIDO DE NOVO JULGAMENTO IMPLÍCITO.

1. Conforme o art. 488, I, do CPC, a Ação Rescisória comporta dois pedidos: o de rescisão propriamente dito e, cumuladamente, quando for o caso, o de novo julgamento da causa. Isso significa dizer que o cor-

TST[12], no sentido de que se considera implicitamente requerido o novo julgamento da causa, desde que seja decorrência lógica do pedido na ação rescisória.

4. HIPÓTESES DE CABIMENTO

Como visto, o mérito da ação rescisória somente pode ser julgado se houver alegação de algum dos vícios típicos mencionados nos incisos do art. 966 do CPC, nos quais estão previstas as diversas situações jurídicas que podem constituir causa de pedir da rescisória.

À luz do princípio *jura novit curia*, não há necessidade de que o autor da rescisória faça a capitulação do caso concreto em um ou alguns dos incisos do art. 966; vale dizer, é dispensável que a petição inicial cite o dispositivo legal pertinente, desde que a narrativa formulada na petição inicial permita seja feito o devido enquadramento jurídico nas hipóteses de rescindibilidade. Exemplo: a inicial afirma que a decisão rescindenda foi proferida por juiz que era irmão de uma das partes (CPC, art. 144, IV)[13]; mesmo que a inicial não mencione o art. 966, II, do CPC, a

---

respondente julgamento inclui não apenas o iudicium rescindens, a rescisão, em sentido estrito, da decisão atacada, mas também o iudicium rescissorium, referente ao pedido cumulado.

2. O STJ possui entendimento de que o pedido rescisório pode ser considerado como implicitamente formulado, caso haja correspondência lógica do pedido rescindente (AgRg no REsp 1.070.825/PR, Rel. Ministro Ricardo Villas Bôas Cueva, Terceira Turma, julgado em 25/6/2013, DJe 3/2/2014); (REsp 783.516/PB, Rel. Ministra Eliana Calmon, Segunda Turma, julgado em 19/6/2007, DJ 29/6/2007, p. 541).

3. Não ocorre ofensa ao princípio da congruência ou da adstrição se o Tribunal local decide questão que é reflexo do pedido na exordial.

O pleito inicial deve ser interpretado em consonância com a pretensão deduzida na exordial como um todo, sendo certo que o acolhimento da pretensão extraído da interpretação lógico-sistemática da peça inicial não implica julgamento extra petita.

4. O pedido deve ser interpretado de forma ampla, "de modo a não amesquinhar o fim da tutela dos direitos a que o processo civil está vinculado". Além disso, "ao se julgar procedente o pedido rescindente, em regra, é necessário proferir outra decisão para resolver a causa que foi solucionada pela decisão rescindida" (Ação Rescisória: do Juízo Rescindente ao Juízo Rescisório, Luiz Guilherme Marinoni e Daniel Mitidiero ed. Revista dos Tribunais, p. 292/293).

5. Recurso Especial não provido. (REsp n. 1.694.677/SP, relator Ministro Herman Benjamin, Segunda Turma, julgado em 3/10/2017, DJe de 11/10/2017.)

12 "CUMULAÇÃO DOS JUÍZOS RESCINDENTE E RESCISÓRIO. INÉPCIA DA INICIAL AFASTADA. I – Embora o art. 488, I, do CPC disponha expressamente sobre a obrigatoriedade de o autor, na petição inicial da ação rescisória, cumular o pedido de rescisão, e se for o caso, com o de novo julgamento da causa, a jurisprudência desta Corte passou a se orientar no sentido de esse deslize não implicar inépcia da inicial, firmando tese no sentido da admissibilidade do pedido rescisório implícito. II - Isso porque julgado procedente o pedido formulado na ação rescisória, a decisão de mérito fica desconstituída, restabelecendo-se a relação jurídico-processual formada no processo principal, cabendo ao órgão prolator do juízo rescindente encerrar o seu ofício jurisdicional, com a solução da lide originária. Precedentes."(RXOFeROAR-328400-31.2002.5.01.0000, Subseção II Especializada em Dissídios Individuais, Relator Ministro Antonio Jose de Barros Levenhagen, DEJT 26/09/2008).

13 Art. 144 – Há impedimento do juiz, sendo-lhe vedado exercer suas funções no processo: (...)

IV – quando for parte no processo ele próprio, seu cônjuge ou companheiro, ou parente, consanguíneo ou afim, em linha reta ou colateral, até o terceiro grau, inclusive.

rescisória será admissível, já que de sua narrativa se extrai a situação jurídica de impedimento, apta a embasar a ação desconstitutiva da coisa julgada.

Contudo, na situação em que a rescisória é fundada em suposta violação de norma jurídica (CPC, art. 966, V)[14], é imprescindível que a petição inicial indique expressamente o dispositivo normativo violado, pois a violação, nessa hipótese, constitui a causa de pedir da ação rescisória. Assim, não se pode permitir que o Judiciário formule ou considere *causa petendi* não indicada pela parte, à luz do princípio da inércia da jurisdição. Esse é o sentido e fundamento da Súmula 408 do TST.[15]

4.1. Prevaricação, concussão ou corrupção

A decisão judicial é passível de rescisão quando decorrer da prática dos crimes de prevaricação, concussão ou corrupção passiva pelo magistrado que a prolata.

Trata-se de conceitos técnico-jurídicos estabelecidos pelos arts. 316, 317 e 319 do Código Penal. Para os fins de cabimento de rescisória, pode-se dizer que a prevaricação se caracteriza pelo fato de o juiz deixar de praticar ou retardar ato de ofício para atender a interesse pessoal; a concussão consiste na exigência de vantagem indevida para a prolação de decisão judicial em determinado sentido; e a corrupção passiva se consubstancia quando o juiz solicita ou recebe vantagem indevida para a prolação de decisão judicial, ou aceita promessa de tal vantagem.

Para que seja possível o julgamento de procedência da ação rescisória nessas hipóteses, não há necessidade de que haja sentença penal condenatória, nem investigação policial ou ação penal em curso. De fato, nada impede que a prática do crime seja comprovada nos autos da própria ação rescisória.

Se os referidos crimes estiverem sendo apurados em processo criminal, o relator da ação rescisória no TRT pode determinar a suspensão do processo pelo prazo de até um ano (CPC, art. 313, V, *b*, e 315).[16] Decorrido tal prazo, o processo trabalhista deve prosseguir e a prática do crime será resolvida como questão prejudicial.

---

[14] Art. 966 – A decisão de mérito, transitada em julgado, pode ser rescindida quando: (...)
V – violar manifestamente norma jurídica.

[15] TST, Súmula 408: Não padece de inépcia a petição inicial de ação rescisória apenas porque omite a subsunção do fundamento de rescindibilidade no art. 966 do CPC de 2015 (art. 485 do CPC de 1973) ou o capitula erroneamente em um de seus incisos. Contanto que não se afaste dos fatos e fundamentos invocados como causa de pedir, ao Tribunal é lícito emprestar-lhes a adequada qualificação jurídica (*iura novit curia*). No entanto, fundando-se a ação rescisória no art. 966, inciso V, do CPC de 2015 (art. 485, inciso V, do CPC de 1973), é indispensável expressa indicação, na petição inicial da ação rescisória, da norma jurídica manifestamente violada (dispositivo legal violado sob o CPC de 1973), por se tratar de causa de pedir da rescisória, não se aplicando, no caso, o princípio "iura novit curia".

[16] Art. 313 – Suspende-se o processo: (...)
V – quando a sentença de mérito: (...)
b) tiver de ser proferida somente após a verificação de determinado fato ou a produção de certa prova, requisitada a outro juízo;
Art. 315 – Se o conhecimento do mérito depender de verificação da existência de fato delituoso, o juiz pode determinar a suspensão do processo até que se pronuncie a justiça criminal.

Na hipótese de haver decisão criminal definitiva acerca da existência e materialidade do delito, o Juízo trabalhista fica vinculado. Assim, condenado o magistrado prolator da sentença por uma das práticas criminosas acima referidas, o TRT deve – abstraídas outras causas que poderiam levar a julgamento contrário, *v.g.*, a decadência do direito de ajuizar rescisória – necessariamente julgar procedente o pedido rescindente e desconstituir a decisão proferida pelo magistrado criminoso.

De outro lado, se a decisão da Justiça Criminal concluir pela inexistência do crime, ou negar sua autoria pelo magistrado, o pedido rescindente deverá ser julgado improcedente.

Por fim, caso a decisão rescindenda haja sido proferida por órgão colegiado, caberá a ação rescisória desde que um dos magistrados prolatores do voto vencedor tenha praticado os crimes de concussão, corrupção passiva ou prevaricação. Pouco importa que se trate de julgamento unânime, ou não. De fato, se um dos integrantes do Colegiado praticou crime, é virtualmente impossível definir o grau de influência que sua conduta pode ter provocado quanto aos votos dos demais julgadores. Apenas na hipótese em que o magistrado criminoso tenha proferido voto vencido é que não será pertinente a rescisória, já que, neste caso, a prática do crime não terá influenciado o posicionamento dos demais julgadores.

Contudo, a jurisprudência mais recente do Tribunal Superior do Trabalho tem afirmado que o julgamento colegiado somente é passível de rescisão caso o magistrado impedido ou que haja praticado alguns dos crimes acima referidos tenha proferido voto condutor (como relator ou redator designado) no processo de origem; nesta ótica, se o juiz impedido ou criminoso tiver se limitado a acompanhar o relator, seria improcedente o pedido de desconstituição do julgado.[17]

4.2. Impedimento ou incompetência absoluta

O impedimento do magistrado é vício processual absoluto e insanável. Daí resulta que o impedimento pode ser alegado a qualquer tempo, no curso do processo, sem que se cogite de preclusão. Ademais, após o trânsito em julgado, o fato

[17] Ação rescisória. Art. 485, II, do CPC de 1973. Impedimento do relator da decisão rescindenda. Configuração. Parentesco com um dos advogados da parte ré. Voto decisivo para o julgamento da causa. Conforme a jurisprudência pacífica da SBDI-II, considera-se improcedente o corte rescisório fundado no art. 485, II, do CPC de 1973 quando o julgamento no processo matriz se der por unanimidade e o voto do magistrado impedido não for decisivo para o julgamento da causa - a exemplo do caso em que o desembargador se limita a seguir o voto condutor proferido por magistrado de imparcialidade inquestionável -, visto que não há prejuízo à formação da coisa julgada. Todavia, no caso concreto, há um *distinguishing*, pois o voto condutor da decisão rescindenda foi proferido por magistrado impedido por lei de integrar o julgamento (art. 134, V, do CPC de 1973), em virtude de ser o pai de um dos advogados da parte ré, o qual estava regularmente habilitado nos autos originários, tendo comparecido a audiências e assinado peças. Assim, estando evidente o protagonismo assumido pelo relator impedido na elaboração da decisão rescindenda, em flagrante desrespeito ao princípio da imparcialidade, a SBDI-II, por unanimidade, conheceu do recurso ordinário e, no mérito, negou-lhe provimento para manter a decisão do TRT que julgara procedente a ação rescisória calcada no inciso II do art. 485 do CPC de 1973. TST-RO-5300- 54.2012.5.16.0000, SBDI-II, rel. Min. Maria Helena Mallmann, 21.5.2019 (noticiado no informativo 196 do TST).

de a decisão transitada em julgado ter sido prolatada por juiz impedido é motivo autorizador da rescisão da sentença.

No caso de órgãos colegiados, só é possível a rescisão da decisão, por motivo de impedimento, caso o voto do magistrado impedido tenha formado a corrente vencedora; se o impedimento era de magistrado cujo voto restou vencido, não procede o juízo rescindente da sentença.

Tal hipótese de cabimento deve ser avaliada sempre tendo em vista o efeito substitutivo dos recursos (CPC, art. 1008).[18] Assim, por hipótese, se a sentença tiver sido proferida por Juiz do Trabalho impedido, mas eventual recurso ordinário venha a ser admitido (independentemente de ser provido ou desprovido), o acórdão do TRT substituirá a sentença, de modo que não será viável cogitar de ajuizamento de ação rescisória em virtude do impedimento do juiz de primeiro grau.

Registre-se ser incabível o ajuizamento de ação rescisória por mera suspeição do magistrado prolator.

É indiferente, para fins de cabimento da ação rescisória, que o vício do impedimento haja sido descoberto antes ou após o trânsito em julgado da decisão rescindenda. Como se trata de nulidade absoluta, mesmo que o impedimento já fosse conhecido pelas partes, caberá a ação rescisória com fundamento no art. 966, II, do CPC.

A incompetência absoluta do Juízo também é motivo que viabiliza a rescisão da decisão judicial.

No caso de incompetência relativa, a doutrina aponta a inviabilidade de ação rescisória com fundamento no art. 966, II. Contudo, há vertente minoritária que considera que, diante da amplitude interpretativa que se dá ao inciso V do mesmo dispositivo, seria possível cogitar de ajuizamento de rescisória por violação aos dispositivos legais atinentes à incompetência relativa.[19]

Ainda que haja sido rejeitada a arguição de impedimento ou de incompetência absoluta no processo originário, é viável o ajuizamento de ação rescisória, já que o art. 966, II, do CPC, não estabelece qualquer restrição a respeito.

Além disso, é irrelevante a perquirição de eventual má-fé do magistrado, pois o impedimento e a incompetência absoluta são vícios que se configuram objetivamente.

De outro lado, só é relevante o impedimento existente ao tempo da prolação da sentença; pouco importa o que tenha cessado antes, ou o que haja surgido após.[20]

Assim, proferida decisão interlocutória (que não corresponda ao julgamento de algum pedido) por juiz impedido, em princípio não será cabível a ação rescisória caso a sentença final venha a ser prolatada por outro magistrado não impedido.[21]

---

18 Art. 1008 – O julgamento proferido pelo tribunal substituirá a decisão impugnada no que tiver sido objeto de recurso.

19 GRECO, *op. cit.*, v. 3, p. 339.

20 BARBOSA MOREIRA, *op. cit*, p. 123.

21 Nesse sentido, GRECO, *op. cit.*,, v. 3, p. 339.

Contudo, caso o impedimento ou a incompetência influenciem diretamente o resultado da sentença (exemplo: decisão interlocutória que inverteu o ônus da prova ou indeferiu a produção de determinado meio de prova), é viável o ajuizamento de rescisória com base no art. 966, V (por violação dos dispositivos legais referentes ao impedimento).

Interessante questão se apresenta quando o Tribunal, ao realizar o juízo rescindente, conclui pela incompetência absoluta da Justiça do Trabalho para julgar a causa. Nessas situações, não será viável a realização do juízo rescisório, sob pena de incidir em nova violação às regras de competência material. De outro lado, nem sempre a remessa dos autos da ação rescisória ao juízo competente será possível, em virtude das regras de competência funcional. Suponha-se, por hipótese, que o TRT, ao julgar ação rescisória contra sentença de Juiz do Trabalho, conclua pela incompetência absoluta da Justiça do Trabalho, sendo que a competência para processar e julgar a causa seria de Juiz de Direito (1ª instância da Justiça Estadual). Nessa situação, não há como remeter os autos da ação rescisória para o Juiz de Direito, para fins de realização de juízo rescisório, pois o juiz de primeiro grau não tem competência funcional para julgar ações rescisórias. Dessa forma, deve-se extrair certidão do trânsito em julgado da ação rescisória e determinar a remessa dos autos do processo originário para a Justiça Estadual.[22]

Sobre o impedimento de um dos magistrados de órgão colegiado, ver item 4.1, *supra*, cujas razões se aplicam para as situações de impedimento, *mutatis mutandis*.

4.3. Dolo, coação, simulação ou colusão

O dolo, para fins de rescindibilidade de sentença, se caracteriza pelo comportamento desleal da parte, que intencionalmente pratica ato capaz de afastar o juiz da verdade, ou de impedir ou dificultar a atuação processual do adversário. A atuação

[22] Nesse sentido, a seguinte decisão, noticiada no informativo nº 13 de execução do TST: *"Ação rescisória. Execução fiscal. Multa por infração à legislação trabalhista. Contratação de servidores públicos temporários. Regime estatutário. Incompetência da Justiça do Trabalho. Não compete à Justiça do Trabalho processar e julgar lides em que se discute sanção aplicada por infração à legislação trabalhista a município que mantém vínculo de natureza estatutária com servidores admitidos em caráter temporário. (...) Na espécie, a pretensão rescisória fora proposta pelo Município de Laguna/SC em face de acórdão proferido em sede execução fiscal promovida pela União para a cobrança de multa imposta pela Auditoria do Ministério do Trabalho e Emprego em decorrência do não recolhimento do FGTS dos servidores temporários contratados sob o regime estatutário, mas sem submissão a concurso público. No caso, ressaltou-se que embora as ações relativas às penalidades administrativas impostas pelos órgãos de fiscalização das relações de trabalho sejam da competência da Justiça do Trabalho (art. 114, VII, da CF), qualquer discussão em torno da legalidade das relações entre servidores temporários e o Município de Laguna deve ocorrer na Justiça comum. Com esses fundamentos, a SBDI-II, à unanimidade, conheceu do recurso ordinário interposto pelo Município e, no mérito, deu-lhe provimento para julgar procedente o pedido de rescisão do julgado e desconstituir a sentença, por incompetência da Justiça do Trabalho, declarando, consequentemente, nulos os atos decisórios praticados na ação primitiva, bem como determinar a remessa do feito originário à Vara da Fazenda Pública da Comarca de Laguna/SC. TST-RO-456-38.2013.5.12.0000, SBDI-II, rel. Min. Douglas Alencar Rodrigues, 7.4.2015".*

dolosa configura, em qualquer hipótese, litigância de má-fé, passível de punição nos termos da lei (CPC, art. 81).[23]

Além disso, para viabilizar-se a rescisão, indispensável que o comportamento doloso tenha sido determinante do resultado do julgamento. Em outras palavras: é necessário que a decisão houvesse de ser diferente, caso não tivesse ocorrido o dolo processual. Se tal pressuposto não ocorre, pode ser possível a punição por litigância de má-fé, mas não a desconstituição da sentença.

Como exemplo de atuação dolosa da parte, suponha-se situação em que determinado trabalhador – reclamante – convide colega de trabalho (que ainda é funcionário da empresa) para ser testemunha no processo do primeiro. Imagine-se, ainda, que tal funcionário é a única testemunha ocular de determinado fato (exemplo: situação de assédio sexual). Ao tomar conhecimento do convite da testemunha, o empregador transfere a testemunha para uma filial da empresa fora do Brasil, sem previsão de retorno. Trata-se de comportamento doloso do réu, que faz espécie de ardil com o objetivo de impedir a produção da prova pelo adversário e, com isso, desviar o juiz da verdade dos fatos.

O Código de 2015 incluiu a coação (ameaça da prática de mal injusto contra algum sujeito processual) como causa de rescindibilidade da sentença. O conceito de coação está inserido no de dolo, pois não deixa de ser um ato desleal praticado com o objetivo de afastar o juiz da verdade; mas o legislador optou por diferenciar as figuras, a bem da clareza. A coação pode ser da parte contrária (coagida a confessar), de testemunha (coagida a depor em determinado sentido), do juiz (coagido a proferir sentença com determinado conteúdo) ou de outros sujeitos processuais.

No inciso III do art. 966[24] há, ainda, a previsão de rescindibilidade caso haja simulação ou colusão entre as partes com o fim de fraudar a lei. Trata-se da situação em que se tem um simulacro de processo, praticado para prejudicar terceiros. O exemplo típico é o da situação em que as partes simulam a existência de lide com o objetivo de legitimar a transferência de patrimônio do réu para o autor, em prejuízo do direito dos reais credores do réu, que perdem a possibilidade de efetivar suas execuções em virtude do esvaziamento do patrimônio do devedor.

O entendimento manifestado na Súmula 403 do TST[25] é de ser mantido na vigência do CPC de 2015. Deveras, o simples fato de a parte vencedora haver silenciado a respeito de fatos contrários a ela não pode ser considerado atitude dolosa.

---

[23] Art. 81 – De ofício ou a requerimento, o juiz condenará o litigante de má-fé a pagar multa, que deverá ser superior a um por cento e inferior a dez por cento do valor corrigido da causa, a indenizar a parte contrária pelos prejuízos que esta sofreu e a arcar com os honorários advocatícios e com todas as despesas que efetuou.

[24] Art. 966 – A decisão de mérito, transitada em julgado, pode ser rescindida quando: (...)

III – resultar de dolo ou coação da parte vencedora em detrimento da parte vencida ou, ainda, de simulação ou colusão entre as partes, a fim de fraudar a lei.

[25] TST, súmula 403: I – Não caracteriza dolo processual, previsto no art. 485, III, do CPC, o simples fato de a parte vencedora haver silenciado a respeito de fatos contrários a ela, porque o procedimento, por si só, não constitui ardil do qual resulte cerceamento de defesa e, em consequência, desvie o juiz de uma sentença não-condizente com a verdade.

Nem mesmo a declaração de fato inverídico, sem má-fé, ou a abstenção de produzir prova capaz de beneficiar o adversário pode ser considerada como motivo autorizador da rescisão da sentença.[26]

4.4. Coisa julgada

Cabe ação rescisória caso a decisão judicial não observe a eficácia negativa ou positiva de coisa julgada formada antes de sua prolação.

A eficácia negativa da coisa julgada consiste na impossibilidade de reapreciação da mesma causa em outro processo. Nessa hipótese, o julgamento da ação rescisória resultará na realização apenas de juízo rescindente (desconstitutivo) da decisão, já que, se o Tribunal rejulgar a causa, incidirá novamente na mesma falha (violação da coisa julgada anterior).

Já a eficácia positiva significa que o juiz do segundo processo está vinculado ao que decidido no primeiro, no que tange a questões prejudiciais que sirvam como premissa para o julgamento no segundo processo. Nessa hipótese, julgado procedente o pedido rescindente, o Tribunal deve avançar para rejulgar a causa (juízo rescisório).

Exemplo: em reclamação trabalhista transitada em julgado, reconhece-se o vínculo empregatício do empregado X. Em seguida, o mesmo trabalhador ajuíza outra ação, na qual postula horas extraordinárias. No segundo processo, o juiz deve tomar como premissa a existência do vínculo empregatício; se julgar o pedido de horas extras improcedente por considerar inexistir vínculo, estará violando a eficácia positiva da coisa julgada. No juízo rescisório, o TRT até pode julgar improcedente o pedido de horas extras com base em outro motivo (ausência de provas, por exemplo), mas jamais pela inexistência do vínculo.

Importante observar que, não obstante o tema seja controvertido, deve-se considerar que, caso a segunda coisa julgada não seja rescindida no prazo de dois anos, ela se torna imutável, mesmo em detrimento da coisa julgada anterior. Se assim não fosse, não haveria razão de existir o inciso IV do art. 966 do CPC[27], o qual parte da premissa de que a segunda coisa julgada deve ser desconstituída no prazo de dois anos.

Por fim, irrelevante, para fins de cabimento da rescisória, que a objeção da coisa julgada haja sido alegada – e até mesmo repelida – nos autos do segundo processo (cujo julgamento violou a coisa julgada anterior).

II – Se a decisão rescindenda é homologatória de acordo, não há parte vencedora ou vencida, razão pela qual não é possível a sua desconstituição calcada no inciso III do art. 485 do CPC (dolo da parte vencedora em detrimento da vencida), pois constitui fundamento de rescindibilidade que supõe solução jurisdicional para a lide.

[26] Cf. BARBOSA MOREIRA, *op. cit.*, p. 125.

[27] Art. 966 – A decisão de mérito, transitada em julgado, pode ser rescindida quando: (...)
IV – ofender a coisa julgada.

4.5. Violação manifesta de norma jurídica

Também cabe ação rescisória se a decisão transitada em julgado tiver violado manifestamente norma jurídica.

Na vigência do CPC/1973, o TST firmou o entendimento, na OJ 25 da SDI-2[28], no sentido de que não procedia pedido de rescisão quando se apontasse contrariedade à norma de convenção coletiva de trabalho, acordo coletivo de trabalho, portaria do Poder Executivo, regulamento de empresa e súmula ou orientação jurisprudencial de tribunal.

A partir da vigência do CPC/2015, entretanto, deve-se entender que não apenas violações à lei em sentido formal, mas também a qualquer ato normativo genérico e abstrato se enquadram na hipótese de rescindibilidade prevista no art. 966, V, do Código. Assim, passa a ser possível o ajuizamento de rescisória quando a sentença violar manifestamente norma de instrumento coletivo e portarias do Ministério do Trabalho e Previdência.

Contudo, o tema é controvertido e há opiniões no sentido de que a alteração promovida pelo Novo Código não atinge o entendimento do TST, por não se poder equiparar as normas coletivas e as portarias à lei em sentido formal.[29]

Quando a violação se der a norma contida em regulamento de empresa, é mais adequado o entendimento de que não é viável o ajuizamento de ação rescisória – embora seja lícito prever que o tema será objeto de controvérsia. Isso porque os regulamentos empresariais, embora de aplicação geral, aderem aos contratos de trabalho como se cláusulas contratuais fossem. Diante dessa natureza jurídica, não se deve considerar haver violação de norma jurídica para fins de cabimento da rescisória.

Quanto às Súmulas (comuns e vinculantes) e precedentes formados em julgamento de casos repetitivos ou incidente de assunção de competência, diante da natureza de fonte formal do direito[30], é correto considerar que se trata de normas jurídicas cuja violação viabiliza a utilização da ação rescisória com fundamento no art. 966, V, do CPC. Nessas hipóteses, deve-se apontar contrariedade à *ratio decidendi* da Súmula ou precedente violado, indicando a respectiva numeração.

Mesmo que se considere que o conceito de norma jurídica não abrange os precedentes obrigatórios e as Súmulas, a conclusão seria pelo cabimento da ação rescisória por violação ao art. 927 do CPC[31], o qual estabelece a obrigatoriedade de observância dos entendimentos jurisprudenciais mencionados.

---

[28] TST, OJ-25 da SDI2: Não procede pedido de rescisão fundado no art. 485, V, do CPC de 1973 quando se aponta contrariedade à norma de convenção coletiva de trabalho, acordo coletivo de trabalho, portaria do Poder Executivo, regulamento de empresa e súmula ou orientação jurisprudencial de tribunal.

[29] Com essa opinião, CORREIA; MIESSA, *op. cit.*, p. 1707.

[30] Capítulo I, itens 4.5.2 e 4.5.3.

[31] Art. 927 – Os juízes e os tribunais observarão:

I – as decisões do Supremo Tribunal Federal em controle concentrado de constitucionalidade;

II – os enunciados de súmula vinculante;

III – os acórdãos em incidente de assunção de competência ou de resolução de demandas repetitivas e em julgamento de recursos extraordinário e especial repetitivos;

IV – os enunciados das súmulas do Supremo Tribunal Federal em matéria constitucional e do Superior Tribunal de Justiça em matéria infraconstitucional;

O art. 966, §§ 5º e 6º[32], comprovam a tese de cabimento da rescisória por violação a precedente formado em julgamento de casos repetitivos ou Súmula. Por extensão, deve-se entender que precedentes formados em incidente de assunção de competência também autorizam a rescisória. De acordo com os dispositivos legais, cabe ação rescisória caso a decisão transitada em julgado não tenha observado a distinção entre o padrão decisório do precedente e a questão discutida no caso concreto; nessa hipótese, cabe ao autor da rescisória, sob pena de inépcia, demonstrar, fundamentadamente, tratar-se de situação particularizada por hipótese fática distinta ou de questão jurídica não examinada, a impor outra solução jurídica.

No entanto, a posição atual da SDI-2 do TST é no sentido de descabimento de ação rescisória com fundamento no art. 966, V, do CPC, por contrariedade à súmula persuasiva, a qual não consistiria em norma jurídica.[33]

Outra controvérsia envolvendo a aplicação do art. 966, V, diz respeito ao significado que se deve dar à expressão *manifesta violação*. Poder-se-ia interpretar o dispositivo no sentido de que estaria referendada a Súmula 343 do STF, no que pré-exclui a rescisória quando se tratar de texto legal cuja interpretação seja con-

---

V – a orientação do plenário ou do órgão especial aos quais estiverem vinculados.

§ 1º – Os juízes e os tribunais observarão o disposto no art. 10 e no art. 489, § 1º, quando decidirem com fundamento neste artigo.

§ 2º – A alteração de tese jurídica adotada em enunciado de súmula ou em julgamento de casos repetitivos poderá ser precedida de audiências públicas e da participação de pessoas, órgãos ou entidades que possam contribuir para a rediscussão da tese.

§ 3º – Na hipótese de alteração de jurisprudência dominante do Supremo Tribunal Federal e dos tribunais superiores ou daquela oriunda de julgamento de casos repetitivos, pode haver modulação dos efeitos da alteração no interesse social e no da segurança jurídica.

§ 4º – A modificação de enunciado de súmula, de jurisprudência pacificada ou de tese adotada em julgamento de casos repetitivos observará a necessidade de fundamentação adequada e específica, considerando os princípios da segurança jurídica, da proteção da confiança e da isonomia.

§ 5º – Os tribunais darão publicidade a seus precedentes, organizando-os por questão jurídica decidida e divulgando-os, preferencialmente, na rede mundial de computadores.

32 Art. 966, § 5º – Cabe ação rescisória, com fundamento no inciso V do caput deste artigo, contra decisão baseada em enunciado de súmula ou acórdão proferido em julgamento de casos repetitivos que não tenha considerado a existência de distinção entre a questão discutida no processo e o padrão decisório que lhe deu fundamento.

§ 6º – Quando a ação rescisória fundar-se na hipótese do § 5º deste artigo, caberá ao autor, sob pena de inépcia, demonstrar, fundamentadamente, tratar-se de situação particularizada por hipótese fática distinta ou de questão jurídica não examinada, a impor outra solução jurídica.

33 Ação rescisória. Cabimento por contrariedade à súmula persuasiva com fundamento no art. 966, V, do CPC. Impossibilidade. A interpretação sistemática das normas insculpidas no inciso V e no parágrafo 5º do art. 966 do CPC não autoriza o conhecimento da ação rescisória por contrariedade à súmula persuasiva, uma vez que não constitui norma jurídica. Com efeito, a circunstância de as súmulas transcenderem o âmbito do processo e gerarem regras e fórmulas de interpretação, que se incorporam ao arcabouço jurídico do país, pela hierarquia do órgão que as emanou, torna-as de observância necessária, mas não vinculante. Sob esses fundamentos, a SBDI-II, por unanimidade, conheceu do recurso ordinário e, no mérito, por maioria, em relação à natureza jurídica do tíquete alimentação fornecido pelo empregador, conheceu apenas parcialmente do recurso ordinário (diante da inovação recursal relativa à indicação de violação dos arts. 7º, IV e VI, da Constituição Federal e 458 e 468 da CLT) e, quanto ao tema, extinguiu o processo sem resolução do mérito por inépcia da petição inicial (art. 485, I e IV, do CPC de 2015). TST-RO-38-86.2018.5.17.0000, SBDI-II, red. p/ acórdão Min. Morgana de Almeida Richa, julgado em 20/02/2024.

trovertida nos tribunais. No mesmo sentido é a Súmula 83 do TST, que vem sendo inclusive flexibilizada pelo próprio tribunal: o marco divisor para afastar a controvérsia a respeito da interpretação de norma infraconstitucional é o fato de a matéria estar pacificada na SBDI-I e nas oito Turmas do TST, no momento do trânsito em julgado da decisão rescindenda, mesmo que não editada súmula ou orientação jurisprudencial a respeito do tema.[34]

Contudo, preferível considerar que a violação à norma jurídica será manifesta quando puder ser constatada de plano, através de prova pré-constituída.[35] De fato, a Súmula 343 sempre foi vista com ressalvas pela doutrina[36], já que cria situações de violação à isonomia, por tratar diferentemente casos iguais, o que vai de encontro à principiologia do Novo Código.

Registre-se que o TST possui o entendimento, manifestado na Súmula 298, no sentido de que o cabimento da ação rescisória por violação de norma jurídica pressupõe *pronunciamento explícito*, na sentença rescindenda, sobre a matéria veiculada. Para a Corte, o conteúdo da norma reputada violada deve ter sido abordado na decisão rescindenda para que se considere preenchido o pressuposto, mesmo que não se indique expressamente o número do dispositivo legal. Ainda de acordo com o TST, a exigência do chamado *pronunciamento explícito* não seria absoluta, sendo dispensável quando o vício nasce no próprio julgamento, como se dá com a sentença *extra*, *citra* e *ultra petita*.

Nitidamente, a Súmula 298 do TST não tem amparo legal, pois cria um requisito que não se pode extrair do CPC. O chamado *pronunciamento explícito* é uma transposição imprópria, para o campo da ação rescisória, do prequestionamento – e a redação originária do verbete inclusive expressamente utilizava este vocábulo onde se lê atualmente *pronunciamento explícito*.

É compreensível e louvável a preocupação do TST em restringir o cabimento da rescisória com base em violação de norma jurídica, o que fundamenta a intepretação consubstanciada na Súmula 298. De fato, nos países ocidentais não há ordenamento jurídico que preveja hipótese tão ampla de desconstituição da coisa julgada, que faz a rescisória assumir as vezes de recurso contra decisão transitada em julgado.[37]

Contudo, esse objetivo não pode ser atingido mediante o estabelecimento de óbices que não têm base na lei. A melhor solução para restringir a utilização da rescisória é modificar o entendimento consubstanciado na Súmula 412 do TST[38], que autoriza a desconstituição da sentença por violação a normas de caráter processual.

De fato, embora tal posicionamento (cabimento de rescisória por violação a normas processuais) seja praticamente unânime na doutrina, o Novo Código de Processo Civil proporciona oportunidade de revisitar o tema. Isso porque, sob a égide

[34] TST-RO-8573-11.2011.5.04.0000, SBDI-II, rel. Min. Douglas Alencar Rodrigues, red. p/ acórdão Min. Renato de Lacerda Paiva, 12.6.2018.

[35] Como faz, por exemplo, DIDIER, *op. cit.,*, v. 3, p. 494.

[36] Como se lê, por exemplo, em BARBOSA MOREIRA, *op. cit.*, p. 132.

[37] Cf. GRECO, *op. cit.*, v. 3, p. 342.

[38] TST, súmula 412: Sob a égide do CPC de 1973, pode uma questão processual ser objeto de rescisão desde que consista em pressuposto de validade de uma sentença de mérito.

do Código anterior, havia o entendimento minoritário no sentido de que apenas violações de lei material poderiam ensejar a ação rescisória por violação de norma jurídica. O CPC/2015, portanto, poderia ter pacificado a controvérsia, mas não o fez.

Veja-se que, a se admitir o cabimento da rescisória com base no inciso V do art. 966[39], por violação a norma processual, estar-se-ia reconhecendo haver redundância na lei, já que as hipóteses dos incisos I a IV (impedimento do juiz, incompetência absoluta, ofensa à coisa julgada etc.) estariam abrangidas pela hipótese prevista no inciso V.[40]

Para exemplificar, suponha-se situação de sentença proferida por juiz impedido. Nessa hipótese, cabe rescisória com base no art. 966, II. Se o inciso V do art. 966 também abrangesse violação de lei processual (como entende a doutrina majoritária e também o TST), a rescisória também seria pertinente com base neste dispositivo.

Ora, é noção elementar de hermenêutica que a lei não possui dispositivos inúteis. A única forma de concretizar esse postulado é entender que o inciso V do art. 966 não autoriza a rescisão da sentença por violação a normas de caráter processual. Trata-se de interpretação baseada na lei e que tem o mérito de propiciar o alcance do desejável objetivo de limitar o uso da ação rescisória.

4.6. Prova falsa

A decisão judicial transitada em julgado pode ser rescindida quando fundada em prova cuja falsidade se tenha apurado em processo criminal ou venha a ser demonstrada na própria ação rescisória.

Tal hipótese de cabimento tem o objetivo de corrigir a injustiça de decisão judicial baseada em prova falsa. Assim, apenas quando houver nexo de causalidade entre o teor da decisão rescindenda e a prova falsa é que será possível a desconstituição da coisa julgada com base no art. 966, VI[41]; em outras palavras, a prova falsa deve ter sido determinante para o resultado a que se chegou. Se o Juízo se basear em outros elementos de prova para fundamentar sua conclusão, não procede o *judicium rescindens*.

Em se tratando de prova documental, é possível a rescisão tanto na situação de falsidade ideológica (declarações não correspondentes à realidade), quanto na de falsidade material (adulteração do teor do documento). Ainda que haja sido instaurado incidente de falsidade documental no processo de origem, e nele repelida a arguição de falsidade, será viável, em tese, o ajuizamento de ação rescisória fundada na falsidade do mesmo documento.

Descabe o ajuizamento de rescisória por vício em presunção judicial ou legal; o que pode ser possível, em tese, é a desconstituição da sentença porque o fato indiciário tomado como premissa da decisão foi provado por prova falsa.

---

[39] Art. 966 – A decisão de mérito, transitada em julgado, pode ser rescindida quando: (...)
V – violar manifestamente norma jurídica.

[40] Demonstrou o ponto, com maestria, GRECO, *op. cit*,, v. 3, p. 344.

[41] Art. 966 – A decisão de mérito, transitada em julgado, pode ser rescindida quando: (...)
VI – for fundada em prova cuja falsidade tenha sido apurada em processo criminal ou venha a ser demonstrada na própria ação rescisória.

Se houver trânsito em julgado de decisão penal condenatória que reconheça a falsidade da prova, há vinculação do Juízo cível, que deve tomar a falsidade como premissa quando do julgamento da ação rescisória. Além disso, a doutrina majoritária entende que, caso o juízo criminal reconheça a inexistência do fato ou a negativa de autoria, a decisão também deve ser observada pela instância não penal, em virtude do art. 935 do Código Civil.[42]

Note-se, entretanto, que o fato de tramitar ação penal acerca da falsidade da prova não interrompe, nem suspende, o prazo decadencial para o ajuizamento da ação rescisória na esfera civil. Eventualmente, o processamento da ação rescisória pode ser suspenso para aguardar o desfecho do processo criminal (CPC, art. 315).

A opinião majoritária é no sentido de que a eficácia positiva da coisa julgada formada na esfera cível – que reconheça a falsidade ou autenticidade da prova – vincula o órgão jurisdicional que vier a apreciar a ação rescisória.[43]

No entanto, preferível o entendimento segundo o qual não constitui fundamento bastante da rescisão a prévia apuração da falsidade da prova em ação civil declaratória.[44] Dois fundamentos impõem tal conclusão: (i) a literalidade do art. 966, VI, que exige a prova da falsidade em processo criminal ou na própria ação rescisória; (ii) a perplexidade que poderia resultar do primeiro entendimento, já que muitas vezes o Tribunal superior (que julga a ação rescisória) estaria vinculado à decisão proferida na esfera cível por Juízo hierarquicamente inferior, no que tange à falsidade da prova.

Por fim, note-se que prova ilícita não se confunde com prova falsa para fins de cabimento da ação rescisória. Assim, no caso de prova ilícita (por exemplo, obtida mediante violação indevida da intimidade), a sentença pode ser rescindível com base no art. 966, V (violação à norma jurídica que protege o direito tutelado; por exemplo, o art. 5º, X, da CF[45], no caso do direito à intimidade), mas jamais se pode cogitar de rescisão com base no inciso VI do art. 966.

4.7. Prova nova

A decisão pode ser rescindida quando o autor da ação rescisória obtiver prova nova cuja existência ignorava ou de que não pôde fazer uso, capaz, por si só, de lhe assegurar pronunciamento favorável.

Prova nova não é aquela surgida após o trânsito em julgado da decisão rescindenda, mas aquela já existente, embora ignorada pelo interessado ou de impossível

[42] Art. 935 – A responsabilidade civil é independente da criminal, não se podendo questionar mais sobre a existência do fato, ou sobre quem seja o seu autor, quando estas questões se acharem decididas no juízo criminal.

[43] Assim, DIDIER JR.,, op. cit., v. 3, p. 499; e GRECO, *op. cit.*, v. 3, p. 346.

[44] Nesse sentido, BARBOSA MOREIRA, *op. cit.*, p. 136.

[45] Art. 5º – Todos são iguais perante a lei, sem distinção de qualquer natureza, garantindo-se aos brasileiros e aos estrangeiros residentes no País a inviolabilidade do direito à vida, à liberdade, à igualdade, à segurança e à propriedade, nos termos seguintes: (...)

X – são invioláveis a intimidade, a vida privada, a honra e a imagem das pessoas, assegurado o direito a indenização pelo dano material ou moral decorrente de sua violação.

utilização, à época, no processo (TST, Súmula 402, I).[46] A *novidade* da prova diz respeito ao seu conhecimento ou à possibilidade de sua utilização, e não ao seu surgimento.

Assim, não pode ser considerada como prova nova a sentença normativa proferida ou transitada em julgado posteriormente à sentença rescindenda; bem como a sentença normativa preexistente à decisão rescindenda, mas não exibida no processo principal, em virtude de negligência da parte (TST, Súmula 402, II).[47]

Pelos mesmos motivos, também não pode ser considerada prova nova a decisão proferida em processo penal, posteriormente ao trânsito em julgado da sentença rescindenda em matéria civil e trabalhista, ainda que se trate das situações em que o Juízo cível é vinculado ao criminal (definição acerca da materialidade e autoria do fato). Como a sentença criminal, neste caso, é superveniente ao trânsito em julgado da decisão cível, não pode ser enquadrada como prova nova para fins de rescindibilidade com fundamento no art. 966, VII, do CPC.[48]

Como se trata de fato constitutivo do direito à rescisão, o autor da rescisória tem o ônus de comprovar que a prova nova era de impossível utilização no processo originário, ou que apenas tomou conhecimento dela em fase processual na qual inviável a produção de provas (CPC, art. 373, I).[49] Ademais, o desconhecimento da prova não pode ser decorrente de negligência do interessado; só cabe a rescisória se não fosse lícito exigir, no caso concreto, o respectivo conhecimento, o que deve ser avaliado à luz do princípio da boa-fé objetiva.

Em qualquer caso, para que seja procedente o pedido de desconstituição da sentença rescindenda, a prova nova deve ser bastante, por si só, para alterar o resultado do julgamento. Nada impede, entretanto, que a prova nova seja associada com outras provas já produzidas no processo originário, e dessa associação resulte o convencimento judicial acerca da procedência do *judicium rescindens.*

Na interpretação do art. 966, VII, deve-se levar em conta, ademais, que será cabível a rescisória, em algumas situações, mesmo que a prova nova haja sido obtida ainda no curso do processo originário, desde que em fase processual na qual não admitida a produção de provas. É o que aconteceria, *v.g.*, na situação em que a parte obteve prova nova quando o processo estava em grau de recurso de revista no TST, fase que não comporta a produção de provas.

---

[46] TST, súmula 402, I: Sob a vigência do CPC de 2015 (art. 966, inciso VII), para efeito de ação rescisória, considera-se prova nova a cronologicamente velha, já existente ao tempo do trânsito em julgado da decisão rescindenda, mas ignorada pelo interessado ou de impossível utilização, à época, no processo.

[47] TST, súmula 402, II: Não é prova nova apta a viabilizar a desconstituição de julgado: a) sentença normativa proferida ou transitada em julgado posteriormente à sentença rescindenda; b) sentença normativa preexistente à sentença rescindenda, mas não exibida no processo principal, em virtude de negligência da parte, quando podia e deveria louvar-se de documento já existente e não ignorado quando emitida a decisão rescindenda.

[48] Art. 966 – A decisão de mérito, transitada em julgado, pode ser rescindida quando: (...)
VII – obtiver o autor, posteriormente ao trânsito em julgado, prova nova cuja existência ignorava ou de que não pôde fazer uso, capaz, por si só, de lhe assegurar pronunciamento favorável.

[49] Art. 373 – O ônus da prova incumbe:
I – ao autor, quanto ao fato constitutivo de seu direito.

Ressalve-se que a rescisória não será pertinente caso se pretenda demonstrar fato novo; o inciso VII do art. 966 pressupõe que o fato já estivesse inserido no âmbito de cognição do juiz no processo originário. Assim, a prova nova deve referir-se a fato já alegado anteriormente.[50] Por tal razão, o revel não pode propor ação rescisória com base no referido dispositivo legal: a não alegação dos fatos em contestação faz com que não se possa cogitar do surgimento de provas novas a seu respeito.

Exemplo 1: diante da ausência de prova testemunhal, o Juiz do Trabalho julga improcedente o pedido de horas extras, tendo em vista a juntada dos cartões de ponto pela reclamada (TST, Súmula 338).[51] Posteriormente, o autor obtém depoimento de testemunha que estava gravemente enferma e impossibilitada de se comunicar à época da instrução no processo de origem, e as declarações comprovam cabalmente a prática de horas extras: nessa hipótese, cabível o manejo da rescisória pelo reclamante.

Exemplo 2: o Juiz do Trabalho condena a reclamada ao pagamento de determinadas parcelas, sem que se tivesse cogitado de compensação de créditos que titularizasse contra o reclamante. A decisão transita em julgado. Posteriormente, a empresa obtém prova de que o trabalhador havia causado dolosamente dano ao patrimônio da empresa. Nessa hipótese, inviável o ajuizamento de ação rescisória com o objetivo de promover a compensação de créditos, pois tal fato não foi alegado no processo de origem.

4.8. Erro de fato

É rescindível a decisão judicial fundada em erro de fato verificável do exame dos autos (inciso VIII do art. 966 do CPC).[52] Cuida-se de hipótese de rescindibilidade cujo objetivo é corrigir injustiça da decisão, sempre que o equívoco das premissas fáticas puder alterar o resultado do julgamento.

A decisão só será rescindível se o erro de fato tiver sido decisivo para a conclusão a que chegou o juiz. Se o erro não influenciar decisivamente no julgamento da causa, descabe cogitar de rescindibilidade da sentença por tal motivo.

O erro de fato pode acontecer em duas situações: (i) quando a decisão rescindenda admitir fato inexistente; ou (ii) quando considerar inexistente fato efetivamente ocorrido.

---

50 No mesmo sentido, MOREIRA, José Carlos Barbosa. *Op. cit.*, pp. 140-141.

51 TST, súmula 338: I – É ônus do empregador que conta com mais de 10 (dez) empregados o registro da jornada de trabalho na forma do art. 74, § 2º, da CLT. A não-apresentação injustificada dos controles de frequência gera presunção relativa de veracidade da jornada de trabalho, a qual pode ser elidida por prova em contrário.

II – A presunção de veracidade da jornada de trabalho, ainda que prevista em instrumento normativo, pode ser elidida por prova em contrário.

III – Os cartões de ponto que demonstram horários de entrada e saída uniformes são inválidos como meio de prova, invertendo-se o ônus da prova, relativo às horas extras, que passa a ser do empregador, prevalecendo a jornada da inicial se dele não se desincumbir.

52 Art. 966 – A decisão de mérito, transitada em julgado, pode ser rescindida quando: (...)

VIII – for fundada em erro de fato verificável do exame dos autos.

Nas duas hipóteses, é indispensável que o fato não represente ponto controvertido sobre o qual o juiz deveria ter se pronunciado.

Assim, para se caracterizar o erro de fato, o juiz, na fundamentação da sentença, deve afirmar categórica e equivocadamente que (i) determinado fato incontroversamente inexistente ocorreu; ou (ii) que determinado fato incontroversamente ocorrido não existiu.

Trata-se, portanto, de erro de percepção do juiz, que parte de uma premissa errônea no desenvolvimento do seu raciocínio. Se, ao contrário, o juiz partir da premissa correta (sobre o fato incontroverso), mas chegar a conclusão equivocada, não é caso de rescindibilidade da sentença por erro de fato, tal como se extrai da OJ 136 da SDI-2 do TST.[53]

À luz desses conceitos, evidencia-se que não é pertinente a fase de instrução na ação rescisória fundada em erro de fato. A única prova utilizável é a documental, consistente nas peças dos autos originários aptas a demonstrarem o vício da decisão transitada em julgado.

Exemplo 1: a reclamada junta aos autos cartões de ponto devidamente assinados pelo reclamante. Na sentença, o Juiz do Trabalho, por erro de percepção, afirma que os cartões de ponto são apócrifos e, por essa razão, considera-os inválidos como meio de prova e condena a empresa ao pagamento de horas extras. Se a assinatura dos cartões de ponto for fato incontroverso, trata-se de nítido erro de fato que autoriza a rescisão da sentença, pois o juiz terá considerado inexistente um fato incontroversamente ocorrido (assinatura dos documentos), e a substituição da premissa equivocada muda o resultado do julgamento (já que, se os documentos estão assinados, não se pode – abstraídas outras causas invalidantes – desconsiderá-los como meios de prova).

Exemplo 2: o reclamante postula as verbas rescisórias, e o réu junta comprovante de depósito bancário do respectivo valor, sem que haja impugnação por parte do trabalhador. Na sentença, o juiz afirma ser devida a multa do art. 477, § 8º, da CLT[54], já que não houve pagamento das parcelas rescisórias. Ora, nessa situação, a premissa equivocada é decisiva para a conclusão do juiz, razão pela qual se trata de erro de fato que autoriza o manejo de ação rescisória.

4.9. Sentença inconstitucional

[53] TST, OJ 136 da SDI-2: A caracterização do erro de fato como causa de rescindibilidade de decisão judicial transitada em julgado supõe a afirmação categórica e indiscutida de um fato, na decisão rescindenda, que não corresponde à realidade dos autos. O fato afirmado pelo julgador, que pode ensejar ação rescisória calcada no inciso VIII do art. 966 do CPC de 2015 (inciso IX do art. 485 do CPC de 1973), é apenas aquele que se coloca como premissa fática indiscutida de um silogismo argumentativo, não aquele que se apresenta ao final desse mesmo silogismo, como conclusão decorrente das premissas que especificaram as provas oferecidas, para se concluir pela existência do fato. Esta última hipótese é afastada pelo § 1º do art. 966 do CPC de 2015 (§ 2º do art. 485 do CPC de 1973), ao exigir que não tenha havido controvérsia sobre o fato e pronunciamento judicial esmiuçando as provas.

[54] Art. 477, § 8º – A inobservância do disposto no § 6º deste artigo sujeitará o infrator à multa de 160 BTN, por trabalhador, bem assim ao pagamento da multa a favor do empregado, em valor equivalente ao seu salário, devidamente corrigido pelo índice de variação do BTN, salvo quando, comprovadamente, o trabalhador der causa à mora.

Embora a doutrina não costume tratar a sentença inconstitucional como hipótese autônoma de rescindibilidade, deve-se entender que o art. 525, § 15, do CPC[55], prevê situação jurídica típica e específica de cabimento de ação rescisória, não sendo apropriado reconduzi-la a algum dos incisos do art. 966.

Pode-se dizer que sentença inconstitucional é título executivo judicial fundado em lei ou ato normativo considerado inconstitucional pelo Supremo Tribunal Federal, ou fundado em aplicação ou interpretação da lei ou do ato normativo tido pelo Supremo Tribunal Federal como incompatível com a Constituição Federal, em controle de constitucionalidade concentrado ou difuso.

Tal conceito poderia fazer com que o intérprete reconduzisse essa hipótese de cabimento ao inciso V do art. 966, já que, em última análise, estar-se-ia diante de violação à norma constitucional: a sentença, ao aplicar a lei que o STF venha a declarar inconstitucional, viola o texto da Constituição.

No entanto, é preferível tratar a situação da sentença inconstitucional como hipótese autônoma de admissibilidade da ação rescisória, já que se sujeita a requisitos próprios e tem prazo diferenciado. De fato, para que caiba rescisória com base em inconstitucionalidade do título executivo judicial, é necessário que o STF – em controle difuso ou concentrado – declare a inconstitucionalidade de ato normativo após o trânsito em julgado da sentença nele fundada.

5. PRAZO

5.1. Regra geral e coisa julgada progressiva

O direito de desconstituir decisão judicial é potestativo, por consistir no poder de influir na esfera jurídica de outrem (a outra ou as outras partes do processo de origem), sem que este possa fazer nada a não ser se sujeitar. Portanto, trata-se de prazo decadencial, não sujeito à interrupção, nem à suspensão; contudo, quando expirar durante férias forenses, recesso, feriados ou em dia em que não houver expediente forense, o prazo se prorroga até o primeiro dia útil imediatamente subsequente.

O Tribunal Superior do Trabalho entende que a contagem do prazo da ação rescisória deve ser feita à luz do art. 132, §2º, do Código Civil. Na ótica da Corte, a data de trânsito em julgado corresponde ao dia útil imediatamente subsequente ao último dia do prazo para interposição de recurso, sendo que o prazo da ação rescisória começa no dia último seguinte.[56] Exemplo: se o prazo para recurso se

[55] Art. 525, § 15 – Se a decisão referida no § 12 for proferida após o trânsito em julgado da decisão exequenda, caberá ação rescisória, cujo prazo será contado do trânsito em julgado da decisão proferida pelo Supremo Tribunal Federal.

[56] "Ação rescisória. Definição da data do efetivo trânsito em julgado e do termo inicial do prazo para a propositura da ação desconstitutiva. Art. 132, § 3º, do Código Civil e Súmula nº 100, item I, do TST. A data do efetivo trânsito em julgado corresponde ao dia imediatamente subsequente ao último dia do prazo para a interposição do recurso, iniciando-se a contagem do prazo decadencial para ajuizamento da ação rescisória no dia seguinte, nos termos do inciso I da Súmula nº 100/TST, e findando-se no dia de igual número do

encerra no dia 27/09/2021 (segunda-feira), o trânsito em julgado se dá no dia 28/09/2021 (terça-feira) e o início do biênio para a ação rescisória começa a se contar em 29/09/2021 (quarta-feira). Assim, o prazo bienal, nessa hipótese, se encerraria em 29/09/2023.

A regra geral sobre o prazo vem enunciado no art. 975, *caput*, do CPC[57], segundo o qual o direito à rescisão se extingue em 2 anos contados do trânsito em julgado da última decisão proferida no processo.

Embora aparentemente simples, o princípio gera controvérsia e perplexidade teórica nas situações envolvendo a formação progressiva da coisa julgada.

De fato, o art. 975 comporta duas interpretações possíveis: (i) a *última decisão* se refere a capítulo determinado e específico da decisão, tomando-se cada capítulo em separado. Assim, a partir da última decisão relativa ao pedido 1, iniciaria o prazo bienal da ação rescisória para este capítulo; apenas começaria a fluir o prazo para rescindir o capítulo relativo ao pedido 2 quando houvesse a última decisão referente a este pedido; (ii) a *última decisão* é o ato decisório final do processo, mesmo que já tenha havido decisões parciais de mérito ou recursos parciais anteriores, com o consequente trânsito em julgado das questões não impugnadas. Exemplo: o pedido 1 é julgado na sentença e não se recorre quanto a ele; o pedido 2 é rejulgado pelo TRT por força de recurso ordinário. O prazo para a rescisória referente ao pedido 1 se iniciaria apenas com o trânsito em julgado da decisão do Tribunal referente ao pedido 2.

Parece mais adequado o primeiro entendimento, consagrado pelo Tribunal Superior do Trabalho na Súmula 100, II[58]: é que se os capítulos forem absolutamente independentes, de fato a coisa julgada se forma em momentos distintos. Apenas na hipótese em que o recurso parcial versa sobre preliminar ou prejudicial que possa tornar insubsistente a decisão recorrida é que o prazo decadencial deve fluir a partir do trânsito em julgado da decisão que julgar o recurso parcial. Afora esta hipótese, deve ser reconhecida a formação progressiva da coisa julgada.

---

de início, ou no imediato, se faltar exata correspondência, conforme artigo 132, § 2º, do Código Civil. Com esse entendimento, a SBDI-II, por maioria, conheceu e deu provimento ao recurso ordinário para afastar a decadência de ação rescisória ajuizada em 11/10/2016, por concluir que o trânsito em julgado da sentença rescindenda, que extinguiu a reclamação trabalhista matriz com resolução do mérito, ante o reconhecimento da prescrição, deu-se em 10/10/2014, visto que as partes deixaram transcorrer in albis o octídio legal para a interposição de recurso ordinário, que se encerrou em 09/10/2014. Vencidos os Ministros Emmanoel Pereira, Relator, e Evandro Pereira Valadão Lopes". TST-RO-1293-83.2016.5.05.0000, SBDI-II, red. p/ acórdão Min. Renato de Lacerda Paiva, 10/8/2021.

[57] Art. 975 – O direito à rescisão se extingue em 2 (dois) anos contados do trânsito em julgado da última decisão proferida no processo.

[58] TST, súmula 100, II: Havendo recurso parcial no processo principal, o trânsito em julgado dá-se em momentos e em tribunais diferentes, contando-se o prazo decadencial para a ação rescisória do trânsito em julgado de cada decisão, salvo se o recurso tratar de preliminar ou prejudicial que possa tornar insubsistente a decisão recorrida, hipótese em que flui a decadência a partir do trânsito em julgado da decisão que julgar o recurso parcial.

O entendimento manifestado na Súmula 401 do STJ[59] pode levar a situações comprometedoras da segurança jurídica. Pense-se, por exemplo, em reclamação trabalhista na qual se discutem horas extras e adicional por acúmulo de função. Não se interpõe recurso contra a decisão na parte referente às horas extras; mas o capítulo do acúmulo de função só transita em julgado após 7 anos, em virtude da interposição de recurso de revista para o TST e extraordinário para o STF. Caso se adote o entendimento da Súmula 401 do STJ, a parte poderia se ver na surpresa de ter a decisão relativa às horas extras desconstituída após 7 a 9 anos sem que o tema fosse objeto de discussão no processo.[60]

De outro lado, em caso de não conhecimento do recurso em função da ausência de qualquer requisito de admissibilidade (tempestividade, preparo etc.), caso se entenda - como tradicionalmente sempre se fez - que o prazo da rescisória terá iniciado na data do trânsito em julgado da decisão recorrida, a parte pode ser surpreendida pela perda do direito de rescindir a decisão antes mesmo de haver decisão final sobre recurso pendente no processo de origem.

Esse entendimento sempre se pautou na clássica lição segundo a qual recurso inadmissível não produz efeito jurídico algum - inclusive o efeito impeditivo do trânsito em julgado.

Por exemplo: é interposto recurso de revista intempestivo ou sem preparo; mas a decisão de inadmissibilidade pelo TST ocorre 3 anos após a prolação da decisão recorrida. Caso se entenda que o recurso, por não ter sido admitido, não impediu o trânsito em julgado, a parte não teria a possibilidade de ajuizar a ação rescisória, por já ter sido excedido o prazo bienal.

A interpretação do art. 975, *caput*, do CPC, deve ser feita à luz dos princípios da não surpresa e da boa-fé processual objetiva. Assim, devem-se distinguir as seguintes situações, considerando também a Súmula 100, III, do TST[61]:

- (i) a parte interpõe, no processo de origem, recurso manifestamente intempestivo ou incabível. Tal hipótese se equipara à ausência de boa-fé objetiva, razão pela qual o recorrente não pode, licitamente, ter a legítima expectativa de que o prazo da ação rescisória só começasse a fluir após a decisão final de seu recurso. Por exemplo, a parte poderia interpor recurso meses após o trânsito em julgado, com o objetivo de renovar o prazo da ação rescisória, o que não se pode admitir;
- (ii) a parte interpõe, no processo de origem, recurso que vem a não ser conhecido (a) por intempestividade ou não cabimento, desde que haja dúvida razoável; ou (b) por ausência de qualquer outro requisito de admissibilidade. Nesse caso, o prazo bienal da ação rescisória só começa a fluir a partir da decisão de inadmissibilidade do recurso.

---

59 STJ, Súmula 401: O prazo decadencial da ação rescisória só se inicia quando não for cabível qualquer recurso do último pronunciamento judicial.

60 Cf. Capítulo XX, item 8.

61 TST, súmula 100, III: Salvo se houver dúvida razoável, a interposição de recurso intempestivo ou a interposição de recurso incabível não protrai o termo inicial do prazo decadencial.

Em conclusão: o termo inicial da ação rescisória é o trânsito em julgado da última decisão referente ao capítulo que se pretende desconstituir, ainda que não se tenha conhecido (no processo de origem) de recurso eventualmente interposto por ausência de requisito de admissibilidade, salvo se se tratar de recurso manifestamente intempestivo ou incabível.

5.2. Prova nova

O termo inicial para a contagem do prazo para ajuizamento de ação rescisória fundada em prova nova (CPC, art. 966, VII) é a data de descoberta da prova nova. O prazo é bienal, mas deve-se observar o limite máximo de 5 anos após o trânsito em julgado.

Caso pretenda se valer do prazo mais dilatado, cabe ao autor da rescisória o ônus de comprovar a data de descoberta da prova nova, por se tratar de fato constitutivo do direito à rescisão e prazo superior a 2 anos (CPC, art. 373, I).

Exemplo 1: decisão transitada em julgado no dia 20/09/2016; o autor da rescisória obtém prova nova em 20/11/2018. Nesse caso, a rescisória pode ser ajuizada até 20/11/2020, por não ter sido extrapolado o prazo de cinco anos a partir do trânsito em julgado da decisão rescindenda.

Exemplo 2: decisão transitada em julgado no dia 20/09/2016; o autor da rescisória obtém prova nova em 20/08/2020. Nesta hipótese, a ação rescisória pode ser ajuizada até 20/09/2021.

5.3. Simulação ou colusão

Nas hipóteses de simulação ou de colusão das partes, o prazo começa a contar, para o terceiro prejudicado e para o Ministério Público, que não interveio no processo, a partir do momento em que têm ciência da simulação ou da colusão (CPC, art. 975, § 3º).[62]

Sem dúvida, a ampliação do prazo é justificável, já que as partes de má-fé (que deram ensejo à simulação ou colusão) não têm a legítima expectativa de que sua situação jurídica se estabilize. Não obstante, devem ser resguardados os direitos de terceiros de boa-fé.

Cabe ao terceiro ou ao Ministério Público demonstrar a data em que tomou ciência da simulação ou da colusão (CPC, art. 373, I).

5.4. Sentença inconstitucional

Como visto, para viabilizar-se a ação rescisória contra decisão fundada em norma inconstitucional, é necessário que o STF haja declarado a inconstituciona-

[62] Art. 975, § 3º – Nas hipóteses de simulação ou de colusão das partes, o prazo começa a contar, para o terceiro prejudicado e para o Ministério Público, que não interveio no processo, a partir do momento em que têm ciência da simulação ou da colusão.

lidade após o trânsito em julgado da decisão que se pretende desconstituir. Se, ao contrário, a decisão nasce com vício de origem (por não observar a declaração de inconstitucionalidade anterior à sua prolação), o caso é de embargos à execução com eficácia rescisória (CPC, art. 525, §§ 12 a 14).[63]

Segundo o art. 525, § 15[64], o termo inicial do prazo de 2 anos para ajuizamento de ação rescisória contra sentença inconstitucional flui a partir do trânsito em julgado da decisão do STF.

É cediço que não há prazo para ajuizamento, nem para julgamento de ações de controle de constitucionalidade no STF. Daí pode resultar que a sentença seja proferida em determinada data, aplicando ato normativo que vem a ser declarado inconstitucional pelo STF muitos anos depois. De acordo com a literalidade do Código, independentemente do tempo decorrido entre o trânsito em julgado das duas decisões - a rescindenda e a do STF -, será viável o manejo de ação rescisória.

Tal interpretação, entretanto, não deve ser acolhida, pois viola o núcleo essencial do princípio da segurança jurídica e aniquila completamente o instituto da coisa julgada, ambos com assento constitucional.

Dessa forma, embora o tema seja controvertido, parcela da doutrina entende que, caso decorrido o prazo de dois anos após o trânsito em julgado, tem-se a decadência do direito de rescindir a decisão em virtude de inconstitucionalidade do título executivo. O art. 525, § 15, tem o condão de renovar o prazo bienal ainda não encerrado, mas não de ressuscitar prazo já decorrido.[65]

Outra vertente doutrinária sustenta a aplicação, por analogia, do prazo prescricional de 10 anos, previsto no Código Civil.[66] A solução, entretanto, se revela insatisfatória, por sujeitar a sentença transitada em julgado à possibilidade de rescisão em prazo excessivamente longo. Além disso, descabe cogitar de aplicação analógica de prazo prescricional, quando é cediço que a natureza do prazo da rescisória é diversa - decadencial.

Por fim, outra possibilidade interpretativa bastante interessante preferível é aplicar, por analogia, o prazo da ação rescisória fundada em prova nova: assim, o

---

63 Art. 525, § 12 - Para efeito do disposto no inciso III do § 1º deste artigo, considera-se também inexigível a obrigação reconhecida em título executivo judicial fundado em lei ou ato normativo considerado inconstitucional pelo Supremo Tribunal Federal, ou fundado em aplicação ou interpretação da lei ou do ato normativo tido pelo Supremo Tribunal Federal como incompatível com a Constituição Federal, em controle de constitucionalidade concentrado ou difuso.

§ 13 - No caso do § 12, os efeitos da decisão do Supremo Tribunal Federal poderão ser modulados no tempo, em atenção à segurança jurídica.

§ 14 - A decisão do Supremo Tribunal Federal referida no § 12 deve ser anterior ao trânsito em julgado da decisão exequenda.

64 Art. 525, § 15 - Se a decisão referida no § 12 for proferida após o trânsito em julgado da decisão exequenda, caberá ação rescisória, cujo prazo será contado do trânsito em julgado da decisão proferida pelo Supremo Tribunal Federal.

65 Interpretação preconizada pelo Prof. Nelson Nery Júnior.

66 CÂMARA, *op. cit.,*, p. 477.

interessado teria o máximo de dois anos – após a declaração de inconstitucionalidade pelo STF – para ajuizar ação rescisória, mas limitado ao prazo de cinco anos após o trânsito em julgado da decisão rescindenda.

6. LEGITIMIDADE

Têm legitimidade para o ajuizamento de ação rescisória:

- (i) as partes do processo originário, e também seus sucessores. Interessante notar que, quando o processo de origem tiver sido movido por substituto processual (por exemplo, o Sindicato ou o Ministério Público do Trabalho), o legitimado coletivo será réu na ação rescisória: trata-se de hipótese de legitimação passiva para ações coletivas, mencionada pela Súmula 408, II, do TST, a qual estabelece ser descabida a exigência de citação de todos os empregados substituídos;
- (ii) o terceiro juridicamente interessado. Nessa hipótese, formar-se-á litisconsórcio passivo necessário, já que as partes do processo originário obrigatoriamente devem ser citadas para defender-se na ação rescisória; trata-se de litisconsórcio unitário no polo passivo. Nada impede, entretanto, que um ou alguns dos citados tenha interesse coincidente com o do autor da rescisória na desconstituição da sentença; nesse caso, podem optar por litisconsorciar-se com o autor da rescisória.[67] Além disso, no que tange ao juízo rescindente, o litisconsórcio é também unitário, já que, ou a decisão transitada em julgado será rescindida para todos, ou não o será para ninguém. O juízo rescisório (rejulgamento da causa), quando ocorrer, pode dar margem a litisconsórcio unitário ou simples, a depender da questão debatida nos autos.

Qualquer terceiro que pudesse ter intervindo no processo em virtude das modalidades de intervenção de terceiros (assistência simples e litisconsorcial, denunciação da lide etc.), mas não o fez (por qualquer motivo), é parte legítima para ajuizar a ação rescisória.

Contudo, não se deve admitir o ajuizamento de ação rescisória por *amicus curiae*, já que os poderes deste interveniente são apenas os estabelecidos pela lei e também pelo juiz ou relator (CPC, art. 138, *caput* e § 1º).[68] Como o *amicus* não tem, em princípio, sequer legitimidade recursal (o que permitiria impedir o trânsito em julgado), seria contrário à lógica jurídica permitir que ajuizasse ação desconsti-

[67] Cf. BARBOSA MOREIRA, *op. cit.*, p. 175.

[68] Art. 138 – O juiz ou o relator, considerando a relevância da matéria, a especificidade do tema objeto da demanda ou a repercussão social da controvérsia, poderá, por decisão irrecorrível, de ofício ou a requerimento das partes ou de quem pretenda manifestar-se, solicitar ou admitir a participação de pessoa natural ou jurídica, órgão ou entidade especializada, com representatividade adequada, no prazo de 15 (quinze) dias de sua intimação.

§ 1º – A intervenção de que trata o caput não implica alteração de competência nem autoriza a interposição de recursos, ressalvadas a oposição de embargos de declaração e a hipótese do § 3º.

tutiva de título judicial já transitado em julgado. Excepciona-se a situação prevista no item "iv", abaixo;

- (iii) o Ministério Público, se não foi ouvido no processo em que lhe era obrigatória a intervenção; quando a sentença é efeito de simulação ou colusão das partes, a fim de fraudar a lei; e em outros casos em que se imponha a sua atuação. Em suma, sempre que houver a necessidade de tutelar, na condição de fiscal da lei, interesses sociais ou individuais indisponíveis;
- (iv) aquele que não foi ouvido em processo no qual era obrigatória a sua intervenção. É o que acontece quando a lei estabelece a necessidade de intimação de certos órgãos reguladores, para intervirem como *amicus curiae* em determinados tipos de causa. Por exemplo, é obrigatória a intimação da Comissão de Valores Mobiliários em processos nos quais se discutam matéria de sua competência (Lei nº 6.385/76, art. 31).[69]

Sobre a impossibilidade de ajuizamento de ação rescisória pela testemunha punida por litigância de má-fé (CLT, art. 793-D) para ajuizamento de ação rescisória, ver Capítulo VII, item 5.1.1.7.

7. COMPETÊNCIA

A ação rescisória é processo de competência originária de Tribunal.

Assim, se a decisão transitada em julgado for sentença proferida por Juiz do Trabalho, eventual rescisória será julgada pelo TRT correspondente.

Se a decisão (monocrática ou colegiada) transitada em julgado for de TRT, do TST ou do STF, a ação rescisória será de competência do próprio Tribunal. Para que haja competência do Tribunal, entretanto, é necessário que o recurso a ele direcionado (no processo de origem) haja sido conhecido (= passado pelo juízo positivo de admissibilidade).

Quando é interposto de recurso de revista por violação legal ou constitucional no processo de originário, a praxe do TST tem sido no sentido de admitir o recurso apenas quando considerar existente a violação apontada, o que mistura os juízos de mérito e de admissibilidade do recurso. A discussão traz reflexos no que tange à definição de competência para processamento da ação rescisória, conforme já analisado no Capítulo XXII, item 5.2.3.

8. PROCEDIMENTO

8.1. Petição inicial

[69] Art. 31 – Nos processos judiciários que tenham por objetivo matéria incluída na competência da Comissão de Valores Mobiliários, será esta sempre intimada para, querendo, oferecer parecer ou prestar esclarecimentos, no prazo de quinze dias a contar da intimação.

A ação rescisória se inicia por petição inicial escrita, que deve atender aos requisitos do art. 840 da CLTe do art. 319 do CPC. Se não se trata de situação em que haja pertinência apenas do juízo rescindente, o autor deve cumular, ao pedido de desconstituição da decisão transitada em julgado, o de rejulgamento da causa (art. 968, I).[70]

8.2. Valor da causa

O valor da causa na ação rescisória não é sujeito a critério especial; aplica-se, à íntegra, o regramento do art. 292 do CPC. Assim, por corresponder ao proveito econômico que o autor pretende obter, o valor da causa na rescisória dificilmente será idêntico ao atribuído no processo de origem.

Pode suceder, por exemplo, que o autor da rescisória pretenda desconstituir a decisão e obter o rejulgamento de apenas uma fração ou parcela da causa originária, ou até mesmo de um capítulo acessório, tal como o atinente aos honorários advocatícios sucumbenciais. O dado essencial, portanto, é o pedido formulado na própria ação rescisória; a partir deste, o valor da causa será definido com base no art. 292.

Se a ação rescisória não der ensejo a juízo rescisório - como ocorre na situação de ofensa à coisa julgada -, a causa não terá conteúdo econômico imediato, e o autor deverá estimar o respectivo valor.[71]

8.3. Depósito prévio

A ação rescisória é sujeita a pressuposto processual específico, consistente no depósito prévio de 20% (vinte por cento) do valor da causa (CLT, art. 836). No Processo Civil, o percentual aplicável é de 5% (CPC, art. 968, II).

Caso a rescisória seja julgada inadmissível (= extinta sem resolução de mérito) ou improcedente, por unanimidade de votos, a importância depositada se converte em multa e reverte a favor do réu, sem prejuízo da possibilidade de punição do autor por litigância de má-fé.

Interessante observar, assim, que o depósito prévio na ação rescisória tem natureza jurídica *cambiante:* inicia como pressuposto processual objetivo e, ao fim, pode converter-se em multa, de acordo com o resultado do julgamento.

O depósito prévio não é exigível dos beneficiários da gratuidade de justiça, das pessoas jurídicas de direito público, do Ministério Público e da Defensoria Pública, quando autores de ação rescisória.

O Tribunal Superior do Trabalho tem entendido que, caso o autor da ação rescisória requeira a concessão da gratuidade de justiça, essa questão deve ser apre-

[70] Art. 968 - A petição inicial será elaborada com observância dos requisitos essenciais do art. 319, devendo o autor:

I - cumular ao pedido de rescisão, se for o caso, o de novo julgamento do processo.

[71] Cf. BARBOSA MOREIRA, *op. cit.*, p. 182.

ciada antes de qualquer determinação no sentido de regularização ou de efetivação do depósito prévio.[72]

Ademais, o montante do depósito não pode ser superior a 1000 salários mínimos, devendo-se considerar o valor do salário mínimo nacional em vigor na data em que se realiza o depósito (CPC, art. 968, §2º).[73]

Veja-se que a Instrução Normativa nº 31/2007 do TST regulamenta o tema nos seguintes moldes: se a ação rescisória visar a desconstituir decisão da fase de conhecimento, o valor da causa corresponderá: (i) no caso de improcedência, ao valor dado à causa do processo originário ou aquele que for fixado pelo Juiz; (ii) no caso de procedência, total ou parcial, ao respectivo valor arbitrado à condenação. Já o valor da causa da ação rescisória que vise a desconstituir decisão da fase de execução corresponderá ao valor apurado em liquidação de sentença.

Destaque-se que, de acordo com a jurisprudência do TST[74], ainda que já haja liquidação, se a ação rescisória tiver por objeto decisão proferida na fase de conhecimento, o valor da causa deve levar em conta os valores arbitrados na decisão de conhecimento transitada em julgado. Exemplo: na sentença condenatória transitada em julgado, o juiz arbitra à condenação o valor de R$ 30.000,00 (trinta mil reais); em sede de liquidação, chega-se ao montante de R$ 50.000,00 (cinquenta mil reais). Nesse caso, o valor do depósito prévio de ação rescisória que vise a desconstituir a sentença de conhecimento transitada em julgado corresponderá a 20% (vinte por cento) sobre o valor arbitrado à condenação (R$ 30.000,00), com a devida correção monetária.

Ainda de acordo com precedentes do Tribunal Superior do Trabalho, a ausência ou insuficiência de depósito prévio é vício sanável, cabendo ao relator, antes de extinguir a ação rescisória sem resolução de mérito, conceder prazo para que o autor regularize o vício.[75] O entendimento, pautado no princípio da primazia da decisão de

---

72 "Ação rescisória. Depósito prévio. Pessoa jurídica. Ausência de regularização. Extinção do processo, sem resolução do mérito, antes da análise do pedido de concessão de gratuidade de justiça. Impossibilidade. A decisão que, antes de analisar o pedido de benefício de gratuidade de justiça pleiteado por pessoa jurídica, indefere a petição inicial e extingue a ação rescisória, sem resolução de mérito, por falta de regularização do depósito prévio, está em desacordo com o que preceitua o art. 99, § 2º, do CPC de 2015. No caso, diante do descumprimento de determinação que concedia prazo para a regularização do depósito prévio, o julgador extinguiu a ação sem que houvesse manifestação da parte a respeito da ausência dos requisitos para a concessão da justiça gratuita e sem a oportunidade para o exercício do direito de defesa quanto a esse aspecto. Sob esse entendimento, a SBDI-II, por unanimidade, conheceu do recurso ordinário e, no mérito, deu-lhe provimento parcial para afastar a extinção do processo, sem resolução do mérito, e determinar o retorno dos autos ao Tribunal Regional para que prossiga no exame da admissibilidade da ação rescisória, considerando o pedido de concessão dos benefícios da justiça gratuita requerido na petição inicial. TST--RO-315-82.2017.5.19.0000, SBDI-II, rel. Min. Alexandre de Souza Agra Belmonte, 26/5/2020" (noticiado no informativo TST nº 219).

73 § 2º O depósito previsto no inciso II do caput deste artigo não será superior a 1.000 (mil) salários-mínimos.

74 TST-RO-7878-41.2017.5.15.0000, SBDI-II, rel. Min. Alexandre Agra Belmonte, 1º.10.2019.

75 "Ação rescisória. Irregularidade no depósito prévio. Saneamento do vício de forma espontânea, logo após o ajuizamento da ação. Extinção do processo, sem resolução do mérito. Impossibilidade. Direito à emenda ou complementação da petição inicial previsto no CPC de 2015. Princípio da primazia da resolução do mérito. A decisão que, antes de conceder prazo para regularização do depósito prévio, indefere a petição inicial e extingue a ação rescisória, sem resolução de mérito, está em desacordo com o princípio da primazia da

mérito, é também aplicável na situação em que o autor regulariza espontaneamente o vício antes da concessão de prazo pelo relator.

8.4. Providências preliminares, revelia e reconvenção

A petição inicial da ação rescisória pode ser indeferida nas hipóteses de inépcia e ausência de pressupostos processuais (inclusive o depósito prévio). Além disso, pode haver julgamento liminar de improcedência nos termos do art. 332 do CPC.

Observe-se que na rescisória não é cabível, em princípio – tal como ocorre em qualquer outra espécie de ação –, a extinção do processo, por inépcia, sem que se dê previamente ao autor a possibilidade de corrigir o defeito da petição inicial.

Aplica-se à rescisória, portanto, na íntegra, o regramento do art. 321 do CPC, de modo que, se a inicial tiver algum vício ou defeito capaz de dificultar ou impedir o julgamento de mérito, o relator deve conceder o prazo de 15 dias para que o autor faça as necessárias retificações, indicando-as com precisão.

Mesmo quando o autor da rescisória indicar erroneamente a decisão objeto de rescisão, e disso resulte a incompetência do Tribunal no qual ajuizada a rescisória, descabe a extinção do feito sem que se possibilite a emenda da petição inicial. O raciocínio se ancora nos princípios da cooperação e da primazia da decisão de mérito, e pode se concretizar em duas hipóteses, conforme art. 968, § 5º, do CPC:

- (i) quando se tratar de decisão que não seja de mérito e não impeça a repropositura da demanda, nem a admissibilidade de recurso correspondente;
- (ii) tiver sido substituída por decisão posterior. É o que acontece, por exemplo, quando a rescisória é movida contra decisão do TST que não admitiu recurso de revista, mas apreciou a suposta violação legal ou constitucional (TST, Súmula 192, II).[76] Se o autor ajuíza a ação rescisória no TRT, apontando como decisão rescindenda a proferida pelo Regional, este deve determinar a emenda da petição inicial, para que se adeque o objeto

resolução do mérito e com o que preceitua o art. 321 do CPC, o qual é aplicável à ação rescisória em virtude do parágrafo único do art. 318 do CPC. Na espécie, a despeito de a autora ter regularizado, espontaneamente, o depósito prévio um dia após o ajuizamento da ação rescisória, o julgador extinguiu a ação, sem qualquer concessão de prazo para que o vício fosse sanado. Ocorre que, se a ausência de recolhimento do depósito prévio reclama a concessão de prazo para saneamento do vício, antes de se cogitar do indeferimento da exordial, a sua realização espontânea pela parte, ainda que em data diversa do protocolo da petição inicial, demonstra o pleno atendi-mento dos pressupostos processuais para a regular tramitação do feito. Sob esse entendimento, a SBDI-II, por unanimidade, conheceu do recurso ordinário e, no mérito, deu-lhe provimento para afastar a extinção do pro-cesso, sem resolução do mérito, e determinar o retorno dos autos ao Tribunal Regional para prosseguimento dos trâmites ulteriores, com prolação de nova decisão, como entender de direito. TST-RO-107-24.2016.5.23.0000, SBDI-II, rel. Min. Luiz José Dezena da Silva, 23/6/2020" (noticiado no informativo TST nº 221).

[76] TST, Súmula 192, II: – Acórdão rescindendo do Tribunal Superior do Trabalho que não conhece de recurso de embargos ou de revista, analisando arguição de violação de dispositivo de lei material ou decidindo em consonância com súmula de direito material ou com iterativa, notória e atual jurisprudência de direito material da Seção de Dissídios Individuais (Súmula nº 333), examina o mérito da causa, cabendo ação rescisória da competência do Tribunal Superior do Trabalho.

da ação rescisória e se remetam os autos - após eventual complementação da defesa pelo réu - ao Tribunal competente (no caso, o TST).

Estando em ordem a petição inicial, será determinada a citação do réu, para que apresente contestação no prazo fixado pelo relator, que nunca poderá ser inferior a 15, nem superior a 30 dias. Quando for ré na ação rescisória a Fazenda Pública ou o Ministério Público, o prazo deve ser computado em dobro (CPC, arts. 180 e 183).

A designação de relator deve recair, sempre que possível, em magistrado que não haja participado do julgamento rescindendo (CPC, art. 971, parágrafo único). A implementação dessa regra pode ser feita através de previsão, em Regimento Interno, de exclusão da possibilidade de distribuição da ação rescisória aos juízes que participaram do julgamento rescindendo.

Descabe a aplicação do efeito material da revelia (= presunção de veracidade dos fatos declinados na inicial) caso o réu não conteste a ação rescisória, pois esta visa a atacar ato estatal que goza de presunção de legitimidade e veracidade, além de ter sido produzido após cognição exauriente por órgão imparcial. Nesse sentido a Súmula 398 do TST.[77]

Por fim, a doutrina admite o oferecimento de reconvenção em ação rescisória, desde que a ação reconvencional também seja rescisória e se volte contra a mesma decisão impugnada na petição inicial. O fenômeno será viável quando se estiver diante de decisão transitada em julgado na qual tenha havido sucumbência recíproca das partes, sendo parcial a ação rescisória proposta, por impugnar apenas alguns capítulos da sentença.

8.5. Cumprimento da sentença rescindenda

O ajuizamento da ação rescisória não impede, nem suspende, o cumprimento da decisão rescindenda, que continua sendo definitivo - já que fundado em título executivo transitado em julgado.

No entanto, é possível a concessão de tutela provisória (de urgência ou da evidência) na ação rescisória, para fins de determinar a concessão de efeito suspensivo - total ou parcial - da execução em curso. A suspensão pode abranger a totalidade dos valores objeto de execução, ou apenas parte deles, caso a rescisória impugne apenas parcialmente a decisão transitada em julgado.

Para obter tutela provisória suspensiva, o autor da rescisória deve comprovar a probabilidade de êxito de sua pretensão desconstitutiva (*fumus boni iuris*), bem como a situação de perigo de dano irreparável ou de difícil reparação aos seus direitos.

8.6. Fase instrutória e razões finais

Muitas vezes, o julgamento da ação rescisória não dependerá da produção de outras provas além das documentais, pré-constituídas: é o que ocorre, por exemplo,

[77] TST, Súmula 398: Na ação rescisória, o que se ataca é a decisão, ato oficial do Estado, acobertado pelo manto da coisa julgada. Assim, e considerando que a coisa julgada envolve questão de ordem pública, a revelia não produz confissão na ação rescisória.

quando se ajuíza rescisória para desconstituir decisão que violou coisa julgada anteriormente formada, ou em que haja erro de fato (CPC, art. 966, IV e VIII).

No entanto, pode suceder de haver necessidade de instrução na ação rescisória, de modo que se precise produzir prova pericial, oral etc. Exemplifica-se com a situação da rescisória fundada na falsidade de prova, a ser demonstrada na própria ação desconstitutiva. Nessas hipóteses, o relator pode delegar a competência ao órgão que proferiu a decisão rescindenda, fixando-lhe o prazo de um a três meses para devolução dos autos (CPC, art. 972).

A delegação da competência instrutória se dá por meio de carta de ordem a ser expedida pelo Tribunal. Se a produção da prova tiver de ocorrer fora do território do Juízo que prolatou a decisão rescindenda, deve-se proceder à livre distribuição entre os órgãos jurisdicionais territorialmente competentes.

Discute-se se o juiz de primeira instância - ao qual delegada a atribuição de praticar os atos instrutórios na ação rescisória - pode proferir decisões que potencialmente prejudiquem as partes, tais como o indeferimento de produção de determinada prova ou a apreciação de contradita formulada à testemunha.

Uma primeira linha de entendimento é pela negativa, já que as decisões, na rescisória, deveriam ser tomadas pelo Tribunal, e não por juiz de primeira instância. Fundamenta-se com o argumento de que a competência para processar e julgar rescisória é constitucionalmente definida como de competência de Tribunais, razão pela qual caberia reclamação por usurpação da competência do Tribunal, caso o juiz proferisse as decisões acima referidas.[78]

No entanto, observe-se que não se está diante de delegação para que o juiz de primeiro grau julgue amplamente a ação rescisória, mas apenas para que profira decisões atinentes ao procedimento de colheita das provas, as quais, afinal, podem ser revistas pelo relator - de ofício ou a requerimento dos interessados.

Evidentemente, o juiz deve ser cauteloso e parcimonioso, mas não se pode impedi-lo de proferir as decisões necessárias para a boa condução do procedimento de instrução da ação rescisória. Se assim não fosse, dever-se-ia entender que as provas poderiam ser colhidas por qualquer servidor da Justiça, despido de poder decisório. Além disso, privar o juiz do poder decisório pode gerar situações embaraçosas e contrárias à economia processual, como a obrigação de ouvir testemunha clara e objetivamente impedida de depor, por capricho de uma das partes.

Caso o relator considere que a instrução presidida pelo juiz de primeiro grau haja sido insatisfatória ou insuficiente, pode determinar novamente a baixa dos autos para que se realizem as diligências necessárias.

Finda a instrução - ou nas hipóteses em que ela se faça desnecessária -, as partes serão intimadas para oferecimento de razões finais no prazo sucessivo de 10 dias, iniciando pelo autor.

Por fim, os autos devem ser conclusos ao relator, que elaborará voto e pedirá pauta para julgamento pelo colegiado, se não for possível a prolação de decisão monocrática.

---

[78] Com essa opinião, DIDIER, *op. cit.*, v. 3, p. 516.

8.7. Recursos e eficácia da decisão

Contra decisões monocráticas em ação rescisória, cabe agravo interno para o colegiado competente no âmbito do Tribunal.

Decisões proferidas por órgãos colegiados de TRT em ação rescisória são suscetíveis de impugnação mediante recurso ordinário para o TST (RITST, art. 217). Nessa hipótese, se ação rescisória tiver sido julgada procedente e tiver havido condenação pecuniária no juízo rescisório, é exigível depósito recursal para interposição do recurso ordinário (TST, Súmula 99).

Se a ação rescisória for de competência originária do TST, pode ser cabível a interposição de recurso extraordinário, caso presentes os respectivos requisitos; descabe cogitar de interposição de recurso ordinário para o STF, dada a ausência de previsão no art. 102 da CF.

Deve-se entender que a Súmula 303, III, do TST[79], foi superada pelo art. 496 do CPC, o qual passa a prever a aplicabilidade da remessa necessária apenas em caso de sentenças (e não de acórdãos ou decisões judiciais em geral) proferidas em desfavor da Fazenda Pública. Assim, decisão proferida por TRT ou pelo TST em ação rescisória não deveria se sujeitar ao duplo grau obrigatório. No entanto, tal entendimento ainda não foi sufragado pelo TST, que mantém em vigor o entendimento consubstanciado na Súmula 303, III, a qual se baseia na existência de regra diferenciada no Decreto-lei nº 779/1969.[80]

Por fim, embora o tema seja controvertido, a decisão de procedência no juízo rescindente tem eficácia *ex tunc*, já que é de sua natureza a desconstituição da decisão transitada em julgado, do que resulta a necessidade de restabelecer o *status quo* da relação jurídica debatida nos autos, conforme acertadamente reconhecido pela jurisprudência do STJ.[81]

8.8. Ações rescisórias sucessivas

Não há impedimento legal ao ajuizamento de ação rescisória contra decisão transitada em julgado que tenha decidido outra ação rescisória. Assim, se houver vício por ocasião do julgamento da primeira ação rescisória (por exemplo, um dos magistrados que proferiram o voto vencedor era impedido), cabe nova ação rescisória para desconstituir a decisão da primeira.

Contudo, caso a primeira rescisória seja ajuizada com base no inciso V do art. 966 do CPC[82], é inviável o ajuizamento de uma segunda rescisória para rediscutir a mesma violação de norma jurídica apontada na primeira.

---

79 TST, Súmula 303, III: Em ação rescisória, a decisão proferida pelo Tribunal Regional do Trabalho está sujeita ao duplo grau de jurisdição obrigatório quando desfavorável ao ente público, exceto nas hipóteses dos incisos anteriores.

80 Sobre o tema, v. Capítulo XXI, item 10.

81 REsp 1514129/PE, Rel. Ministro MAURO CAMPBELL MARQUES, SEGUNDA TURMA, julgado em 01/12/2015, DJe 09/12/2015.

82 Art. 966, V – violar manifestamente norma jurídica.

Perceba-se: pode ser admitida a segunda rescisória, com base no inciso V, desde que a norma jurídica supostamente violada na primeira rescisória seja diferente daquela cuja violação teria sido cometida na decisão rescindenda (proferida no processo de origem). No entanto, o ajuizamento de sucessivas rescisórias para apontar a violação à mesma norma jurídica (indicada na primeira ação rescisória) levaria a discussão potencialmente ao infinito, já que poderiam ser ajuizadas outras rescisórias posteriormente. Evidentemente, isso não pode ser permitido, sob pena de comprometer o núcleo essencial do princípio da segurança jurídica e o instituto da coisa julgada.

Esse é o fundamento e sentido da Súmula 400 do TST.[83]

9. AÇÃO ANULATÓRIA

A ação diz-se anulatória quando seu objeto consistir no reconhecimento de nulidade ou anulabilidade de determinado ato jurídico, e a consequente privação dos respectivos efeitos.

Devem ser estudadas separadamente as situações de anulação de atos processuais e de atos de direito material praticados no contexto da relação de trabalho.

9.1. Atos processuais

Na vigência do CPC/1973, havia muita controvérsia sobre o instrumento processual utilizável pelas partes para viabilizar a impugnação de celebração de acordo em juízo, quando houvesse algum vício em tal ato jurídico. A doutrina majoritária (referendada pela Súmula 259 do TST) firmou-se no sentido de que a homologação judicial do acordo resulta no imediato trânsito em julgado da decisão homologatória, daí decorrendo que apenas por ação rescisória se poderia impugnar o termo de conciliação previsto no parágrafo único do art. 831 da CLT.[84]

Deve-se notar, entretanto, que o tema deve ser revisitado à luz do Novo Código de Processo Civil, que não prevê a possibilidade de ajuizamento de ação rescisória quando houver fundamento para invalidar confissão, renúncia ou transação em que se basear a sentença (tal como era previsto no art. 485, VIII, do CPC/1973).[85]

Ao contrário, o art. 966, § 4º, do Novo CPC, prevê expressamente que os atos de disposição de direitos, praticados pelas partes ou por outros participantes do processo e homologados pelo juízo, bem como os atos homologatórios praticados no curso da execução, estão sujeitos à anulação, nos termos da lei.

---

[83] TST, súmula 400: Em se tratando de rescisória de rescisória, o vício apontado deve nascer na decisão rescindenda, não se admitindo a rediscussão do acerto do julgamento da rescisória anterior. Assim, não procede rescisória calcada no inciso V do art. 966 do CPC de 2015 (art. 485, V, do CPC de 1973) para discussão, por má aplicação da mesma norma jurídica, tida por violada na rescisória anterior, bem como para arguição de questões inerentes à ação rescisória primitiva.

[84] Art. 831, Parágrafo único – No caso de conciliação, o termo que for lavrado valerá como decisão irrecorrível salvo para a Previdência Social quanto às contribuições que lhe forem devidas.

[85] Com a mesma opinião, CORREIA; MIESSA, *op. cit.*, p. 1750.

Depreende-se que o novo diploma legislativo se posicionou expressamente a respeito do tema, excluindo o cabimento da rescisória nas hipóteses acima mencionadas. Assim, sentença homologatória de transação, renúncia ou reconhecimento jurídico do pedido (que constituem as três espécies existentes de atos de disposição de direitos) não comporta impugnação pela via da ação rescisória.

Caso haja algum vício nos atos de disposição, o interessado deve valer-se de ação anulatória, que tramitará no mesmo juízo de primeiro grau em que praticado o ato supostamente eivado de vício (OJ 129 da SDI-2 do TST). Igualmente caso haja necessidade de anular confissão praticada pela parte em juízo, por erro de fato ou coação (CPC, art. 393). Sobre a competência por prevenção ou por livre distribuição, com a crítica da OJ 129 da SDI-2, ver capítulo IV, item 16.

Com o trânsito em julgado da decisão de procedência na ação anulatória, ter-se-á desconstituição do ato de disposição de direito (transação, renúncia, reconhecimento jurídico do pedido) ou da confissão em que se baseou a sentença. Em consequência, ficam sem efeito todos os atos processuais subsequentes ao ato anulado - inclusive a decisão homologatória ou a que se baseia na confissão.

Registre-se, entretanto, que o tema não é pacífico, havendo opiniões no sentido de que, homologado ato de disposição de direito, estar-se-ia diante de decisão de mérito que, uma vez transitada em julgado, somente poderia ser desconstituída por ação rescisória.[86] Tal entendimento, entretanto, viola frontalmente o art. 966, § 4º, no que prevê o cabimento de ação anulatória. Além disso, perceba-se que não há como enquadrar a situação em nenhuma das hipóteses de rescindibilidade do *caput* do art. 966.[87]

Também podem ser objeto de ação anulatória os atos homologatórios praticados no curso da execução, tais como a arrematação, adjudicação, etc.

9.2. Atos materiais

A ação anulatória também pode voltar-se contra atos praticados no curso da relação de trabalho, com o objetivo de lhes suprimir os efeitos. Comumente, o pedido de anulação desses atos jurídicos é formulado no bojo de reclamação trabalhista na qual também se discutem outras questões.

Por exemplo: o reclamante pede a anulação do pedido de demissão, por ter sido firmado sob coação, e postula as verbas daí decorrentes; a empresa ajuíza ação com o objetivo de anular auto de infração lavrado pela fiscalização do trabalho etc.

9.3. Ação anulatória de cláusulas convencionais

Tema que gera polêmica no campo trabalhista envolve a ação anulatória movida contra instrumentos normativos (convenções e acordos coletivos de trabalho).

Inicialmente, veja-se que é possível o ajuizamento de ação individual movida por trabalhador contra empregador, na qual postula incidentalmente o reconhecimento de

[86] Nesse sentido, DIDIER, *op. cit.*, v. 3, p. 444.

[87] Art. 966 – A decisão de mérito, transitada em julgado, pode ser rescindida quando (...)

nulidade de determinada cláusula normativa e direitos daí decorrentes. Tratando-se de lide individual, impertinente a participação dos Sindicatos envolvidos e também, em princípio, do Ministério Público. Nessa hipótese, a norma coletiva permanecerá vigente no âmbito das categorias profissional e econômica e sua validade pode ser discutida em processos que envolvam outras partes, pois a coisa julgada vincula apenas as partes do processo (CPC, art. 506).[88]

De outro lado, o trabalhador, isoladamente considerado (ou mesmo em litisconsórcio com outros trabalhadores), não tem legitimidade para ajuizar ação anulatória em face de Sindicato, com o objetivo de retirar do cenário jurídico, em caráter geral, cláusula convencional. Isso porque a pretensão de desconstituir norma coletiva consubstancia típico direito coletivo em sentido estrito (CDC, art. 81, parágrafo único, II)[89]: trata-se de direito transindividual e indivisível, já que, ou a norma coletiva será válida, ou será inválida para todos os empregados da categoria profissional, sendo inviável, do ponto de vista lógico, cogitar de cindir ou fracionar a pretensão anulatória.

Assim, a legitimidade ativa para a ação anulatória de cláusulas convencionais é de entes legitimados ao ajuizamento de ações coletivas; no campo trabalhista, os sindicatos e o MPT.

De outro lado, legitimado passivo será a empresa (no caso de acordo coletivo) ou o sindicato da categoria econômica (caso se busque anular convenção coletiva de trabalho).

De fato, conforme decidido pelo TST, a competência conferida ao Ministério Público do Trabalho para o ajuizamento de ações anulatórias de cláusulas de convenções ou acordos coletivos de trabalho (Lei Complementar nº 75/93, art. 83, III e IV) se estende, excepcionalmente, aos entes sindicais que pactuaram a norma coletiva, desde que comprove a existência de causa de nulidade ou anulabilidade; e, ainda, aos sindicatos representantes das categorias econômicas e/ou profissionais, que não subscreveram a norma coletiva, mas que se sintam prejudicados em sua esfera jurídica, em decorrência do instrumento pactuado.[90]

Discute-se, ainda, a competência funcional para processamento e julgamento de ações anulatórias de cláusulas convencionais.

O entendimento majoritário, sufragado nos arts. 70, I, *c*; e 70, II, *b*, é no sentido de que se trata de processo de competência originária de TRT (caso a norma coletiva tenha vigência em âmbito regional) ou do TST (norma coletiva aplicável nacionalmente). Fundamenta-se com o fato de que apenas os Tribunais teriam competência para criar, modificar ou extinguir cláusulas gerais atinentes às condições de trabalho. Diz-se que se trata de ação semelhante aos dissídios coletivos de natureza declaratória.[91]

---

88 Art. 506 – A sentença faz coisa julgada às partes entre as quais é dada, não prejudicando terceiros.

89 Art. 81, Parágrafo único. A defesa coletiva será exercida quando se tratar de: (...)

II – interesses ou direitos coletivos, assim entendidos, para efeitos deste código, os transindividuais, de natureza indivisível de que seja titular grupo, categoria ou classe de pessoas ligadas entre si ou com a parte contrária por uma relação jurídica base.

90 TST-RO-3434-13.2011.5.10.0000, SDC, rel. Min. Dora Maria da Costa, 13.4.2015. Noticiado no informativo 103.

91 Com tais argumentos, BEZERRA LEITE, *op. cit.*, p. 1377.

Não obstante, não há qualquer dispositivo legal ou constitucional que estabeleça a competência originária de Tribunais para o julgamento de ações anulatórias de cláusulas convencionais. A competência de Tribunais é matéria de direito estrito, descabendo ao intérprete ampliá-la. Perceba-se que os art. 678 a 680 da CLT, ao fixarem a competência originária dos Tribunais, menciona apenas os dissídios coletivos. Do ponto de vista estritamente técnico-jurídico, o conceito de dissídios coletivos é bem delimitado e se distingue claramente das ações anulatórias.

Não se diga que a atribuição de competência funcional ao primeiro grau de jurisdição subverteria os critérios lógicos inerentes à hierarquia judiciária, pois não se está diante da anulação de sentença normativa (proferida por Tribunal Trabalhista em dissídio coletivo) por Juiz do Trabalho de primeira instância. Ao contrário, a ação anulatória de que ora se cogita é voltada contra ato jurídico normativo celebrado por particulares (sindicatos e empresas).

Na verdade, a anulatória de cláusulas convencionais é ação coletiva que versa sobre direitos coletivos em sentido estrito, devendo-se considerar que a competência funcional para processamento em primeiro grau é das Varas do Trabalho, e não dos Tribunais.

9.3.1. Litisconsórcio necessário na ação anulatória de cláusulas convencionais

De acordo com o art. 611-A, §5º, da CLT, os sindicatos subscritores de convenção coletiva ou de acordo coletivo de trabalho deverão participar, como litisconsortes necessários, em ação individual ou coletiva, que tenha como objeto a anulação de cláusulas desses instrumentos.

A redação do dispositivo legal havia sido modificada pela Medida Provisória nº 808/2017, que restringia a previsão do litisconsórcio necessário para as ações coletivas. Contudo, a medida provisória foi rejeitada tacitamente pelo Congresso Nacional.

De fato, exigir a intervenção dos sindicatos subscritores da norma coletiva, em ações individuais, é inusitado e tende a ser absolutamente inútil e contrário à economia e celeridade processuais.

Inusitado porque se tentou estabelecer um litisconsórcio necessário para integrar ao processo um sujeito (o sindicato) que não é titular da *res in judicium deducta* ou de qualquer outra relação jurídica que lhe seja conexa. Não há interesse jurídico, portanto, do sindicato, que justifique sua intervenção como litisconsorte. A situação se aproxima muito mais da figura do *amicus curiae*, pois a intenção do legislador é fazer com que o sindicato integre o contraditório e preste informações relevantes a respeito da validade da cláusula convencional questionada judicialmente.

Além disso, a previsão legal tende a não ter relevância prática alguma, já que, como os sindicatos não são partes do processo, o eventual julgamento que considere nula a cláusula convencional não tem aptidão para prejudicar sua esfera de direitos. Ou seja: o sindicato nada perde caso não compareça em juízo, sendo certo que, no cenário de enfraquecimento dos sindicatos pós-Reforma Trabalhista, é presumível que os sindicatos não disponham de recursos financeiros que lhes permitam comparecer e manifestar-se em processos de terceiros.

Por fim, exigir a integração dos sindicatos, nessas hipóteses, só se presta a ocasionar maior demora na tramitação do processo e maiores gastos, com a necessidade de prática de atos de comunicação (citações, intimações) direcionados aos sindicatos.

Partindo de tais premissas, cabe verificar que há atecnia legislativa, pois, conforme visto anteriormente, em ações individuais não se busca a *anulação* das normas coletivas, tal como previsto no art. 611-A, §5º. Na verdade, na ação individual dá-se apenas o reconhecimento incidental de nulidade de determinada cláusula, a fim de permitir a declaração de existência de direito subjetivo do trabalhador em face da empresa, ou vice-versa.

Dessa forma, o próprio texto legal, extremamente impreciso, permite concluir pela desnecessidade de convocação dos sindicatos subscritores da norma coletiva em ações individuais movidas pelas partes da relação de trabalho.

Em ações coletivas, justifica-se a convocação e integração dos sindicatos ao processo, pois é buscado um provimento de caráter geral, aplicável a toda a categoria. Daí resulta a possibilidade de prejuízos diretos às categorias profissional e econômica envolvidas, e ao próprio sindicato (por exemplo, em virtude de cláusula obrigacional prevista no instrumento coletivo).

10. *QUERELA NULLITATIS*

A ausência ou o defeito da citação inicial constituem vícios insanáveis e resultam na falta de pressuposto processual de validade (ou de existência, segundo parcela da doutrina). Podem ser arguidos a qualquer tempo e em qualquer grau de jurisdição, e não se sujeitam à preclusão, decadência ou qualquer outro instituto associado à inércia da parte.

Isso se justifica porque, se o interessado não tomou ciência da existência do processo – e, consequentemente, não pôde exercer o direito de defesa e contraditório –, não se lhe pode subtrair o direito de insurgir-se, a qualquer tempo, contra decisão judicial que ilegitimamente afete sua esfera de direitos ou interesses.

No Processo do Trabalho, entretanto, deve-se perquirir a validade da notificação da sentença ao réu revel (CLT, art. 852). Se, não obstante inválida a citação inicial, houver a válida notificação da sentença, o vício de citação deve ser arguido em recurso ordinário a ser interposto pelo réu revel, sob pena de preclusão (CLT, art. 794). Na hipótese de não ser interposto o recurso ordinário, mas tendo havido a notificação válida da sentença, haverá trânsito em julgado, sendo cabível o ajuizamento de ação rescisória com base no art. 966, V. Já na hipótese em que houvesse vício não apenas na citação, mas também na notificação da sentença ao réu revel (CLT, art. 852)[92], não se formaria coisa julgada material, sendo impertinente o manejo da ação rescisória, conforme se extrai da Súmula 299, IV, do TST[93]: nesta hipótese, seria cabível o uso

[92] Art. 852 - Da decisão serão os litigantes notificados, pessoalmente, ou por seu representante, na própria audiência. No caso de revelia, a notificação far-se-á pela forma estabelecida no § 1º do art. 841.

[93] Súmula 299, IV – O pretenso vício de intimação, posterior à decisão que se pretende rescindir, se efetivamente ocorrido, não permite a formação da coisa julgada material. Assim, a ação rescisória deve ser julgada

da *querela nullitatis*. Contudo, o TST, mais recentemente, adotou a tese do concurso eletivo de ações em tais hipóteses, conforme se esclarecerá a seguir.

No Processo Civil, a *querela nullitatis* pode ser manejada na fase de cumprimento da sentença, conforme previsto expressamente no art. 525, § 1º, I, do CPC. Embora a CLT não contenha previsão semelhante, entende-se que o executado também pode suscitar o tema, em processos trabalhistas, por meio de embargos à execução.

Contudo, como as sentenças constitutivas e declaratórias não são objeto da fase de cumprimento de sentença, a doutrina idealizou instrumento processual apto a impugnar a decisão transitada em julgado em desfavor do réu, em processo que tramitou à sua revelia. Nada impede, ainda, que tal instrumento seja utilizado também contra sentenças condenatórias.

Trata-se da ação de *querela nullitatis*, que é o meio processual adequado para discutir os chamados *vícios transrescisórios* – a ausência ou o vício de citação, em processo que tramitar à revelia do réu.

Não obstante haja divergência sobre o tema, trata-se de ação declaratória de inexistência da relação jurídica processual, pois, embora o processo exista para o autor e até mesmo para o Poder Judiciário, a ausência ou vício de citação faz com que não haja pressuposto de aperfeiçoamento da relação processual quanto ao réu, que não foi validamente integrado à demanda.[94]

A *querela nullitatis* é de competência do próprio Juízo que prolatou a decisão supostamente viciada.[95] Portanto, diferentemente da ação rescisória – que é processo de competência originária de Tribunal –, a *querela* deve ser processada e julgada, em princípio, nos órgãos jurisdicionais de primeira instância.

Já se discutiu sobre a possibilidade, ou não, de ajuizamento de ação rescisória pelo réu nos casos de ausência ou vício de citação. Inicialmente, alguns acórdãos do STJ afirmaram que, nas hipóteses de *querela nulitatis*, não seria pertinente o ajuizamento de ação rescisória, justamente por não haver coisa julgada em relação ao réu.[96]

Mais recentemente, entretanto, o Superior Tribunal de Justiça firmou o entendimento de que as hipóteses de *querela* dão ensejo a concurso eletivo de ações: assim, cabe ao interessado optar pela ação rescisória (caso ainda não transcorrido o prazo bienal do aparente trânsito em julgado) ou pela *querela nullitatis* (a qualquer tempo).[97]

O Tribunal Superior do Trabalho, posteriormente, veio a seguir o mesmo entendimento, o que permite concluir pela superação implícita do entendimento con-

---

extinta, sem julgamento do mérito, por carência de ação, por inexistir decisão transitada em julgado a ser rescindida.

94 Nesse sentido, REsp 1201666/TO, Rel. Ministro LUIS FELIPE SALOMÃO, QUARTA TURMA, julgado em 10/06/2014, DJe 04/08/2014.

95 AgRg na Pet 10.975/RJ, Rel. Ministra MARIA THEREZA DE ASSIS MOURA, SEXTA TURMA, julgado em 13/10/2015, DJe 03/11/2015.

96 REsp 1105944/SC, Rel. Ministro MAURO CAMPBELL MARQUES, SEGUNDA TURMA, julgado em 14/12/2010, DJe 08/02/2011.

97 REsp 1600535/RS, Rel. Ministra NANCY ANDRIGHI, TERCEIRA TURMA, julgado em 15/12/2016, DJe 19/12/2016; e AR 3.234/MG, Rel. Ministro LUIS FELIPE SALOMÃO, SEGUNDA SEÇÃO, julgado em 27/11/2013, DJe 14/02/2014.

tido na Súmula 299, IV, da Corte.[98] Na visão do TST, o interessado poderia propor *querela nullitatis* ou ação rescisória, mas, optando por esta, deve observar todos os seus requisitos típicos, como o prazo decadencial (o qual terá como termo inicial a data de trânsito em julgado da última decisão proferida no processo de origem, após a notificação da sentença ao revel, na forma do art. 852 da CLT) e a necessidade de realização de depósito prévio, quando exigível.

Destaque-se não ser possível o reconhecimento incidental de nulidade de citação nas hipóteses em que o processo já estiver na fase de execução e houver possível necessidade de dilação probatória para apurar o alegado vício (ou ausência) de citação, sob pena subverter a marcha processual.[99] De fato, a necessidade de dilação probatória quanto à suposta ausência ou vício de citação, associada à impossibilidade de retrocesso na marcha processual no feito executivo, recomendam a análise do tema por meio de ação autônoma de *querela nullitatis.*

Não viabiliza o ajuizamento da *querela* o fato de o STF ter declarado inconstitucional a lei em que se fundou a sentença; trata-se de hipótese de ação rescisória ou de embargos à execução com eficácia rescisória (CPC, art. 525, §§ 12 a 15).[100]

O TST registra precedente em que se admitiu a utilização de *querela nullitatis na hipótese em que se alega vício insanável na relação processual estabelecida em dissídio coletivo ajuizado por sindicato de advogados em face de empresa cuja representação se deu por causídicos de seu próprio quadro, e que, posteriormente, ajuizaram ações de cumprimento ainda na condição de patronos da empregadora. No caso, houve conflito de interesse entre os advogados da empresa e a postulação formulada no dissídio coletivo, o que enseja vício na capacidade postulatória e falta de defesa da empresa no processo, aptos a autorizar o ajuizamento da ação declaratória de inexistência da relação jurídico processual.*[101]

---

98 Ação rescisória. Violação de norma jurídica. Nulidade de citação. Revelia. Cabimento. Necessidade de observância do prazo decadencial e de recolhimento do depósito prévio. Admite-se ação rescisória fundada em violação de norma jurídica para desconstituir decisão proferida à revelia daquele que alega ter sido nulamente citado, embora o revel tenha à sua disposição outros instrumentos processuais para o desfazimento da sentença viciada. No atual sistema processual não há previsão legal inequívoca acerca do processamento da querela nullitatis e a gravidade do vício transrescisório justifica a utilização da ação rescisória. Assim, cabendo ao autor escolher o procedimento por meio do qual pretende ver processada a sua pretensão, não há falar em carência de ação pela inadequação da ação rescisória, devendo a parte, todavia, atentar-se para o prazo decadencial bienal e para o recolhimento do depósito prévio. Sob esses fundamentos, a SBDI-II, por unanimidade, ultrapassando a questão preliminar a respeito do cabimento ou não da ação rescisória, conheceu do recurso ordinário, e, no mérito, por maioria, negou-lhe provimento para manter a decisão que reputara configurada a decadência em ação rescisória que tomou por base o trânsito em julgado da última decisão proferida na causa em que a autora foi regularmente citada por edital, contando-se o prazo a partir do dia subsequente àquele em que poderia apresentar recurso ordinário. Vencidos os Ministros Douglas Alencar Rodrigues e Breno Medeiros. TST-RO-6956- 39.2013.5.15.0000, SBDI-II, rel. Min. Maria Helena Mallmann, 28.5.2019 (noticiado no informativo 197).

99 AgRg no REsp 804.518/SC, Rel. Ministro RAUL ARAÚJO, QUARTA TURMA, julgado em 06/11/2012, DJe 05/12/2012.

100 Nesse sentido, AgInt nos EAREsp 44.901/PR, Rel. Ministro FELIX FISCHER, CORTE ESPECIAL, julgado em 07/12/2016, DJe 15/12/2016.

101 TST-RO-65900- 62.2006.5.12.0000, SDC, rel. Min. Márcio Eurico Vitral Amaro, 19.2.2013. Noticiado no Informativo TST nº 37.

XXX

LIQUIDAÇÃO DE SENTENÇA

Sumário: 1. Noção e aplicabilidade – 2. Natureza jurídica da liquidação: 2.1. Essência do fenômeno; 2.2. Modelos processuais de liquidação – 3. Tipos de liquidação – 4. Fidelidade ao título e preclusão – 5. Procedimento: 5.1. Liquidação por cálculos; 5.2. Liquidação por arbitramento; 5.3. Liquidação por artigos – 6. Legitimidade para instauração – 7. Revelia – 8. Liquidação-zero – 9. Liquidação provisória – 10. Natureza jurídica da decisão de liquidação – 11. Coisa julgada e mecanismos impugnativos. Impugnação à sentença de liquidação – 12. Títulos executivos extrajudiciais – 13. Índices de juros moratórios e correção monetária.

1. NOÇÃO E APLICABILIDADE

As sentenças condenatórias devem ser, preferencialmente, líquidas, indicando de forma precisa – sob o ponto de vista quantitativo e qualitativo – a prestação exigível do devedor.

No entanto, por razões de ordem vária, nem sempre a decisão judicial delimita o objeto da condenação. Nesses casos, o acertamento da relação jurídica material discutida no processo (*res in judicium deducta*) é incompleto: muito embora a sentença fixe a existência da dívida (*an debeatur*), não define a respectiva extensão (*quantum debeatur*).

Quando isso ocorrer, faz-se necessário delimitar com exatidão a prestação exigível do devedor, antes dar início aos atos executivos que permitam a satisfação do credor.

Depreende-se que a liquidação só é aplicável quanto se tratar de sentenças condenatórias. Daí resulta que sentenças constitutivas e declaratórias, por não estabelecerem prestações a serem cumpridas pelo sujeito passivo do processo, não dão ensejo à liquidação.

Contudo, ao contrário do que se poderia extrair da literalidade do *caput* do art. 509 do CPC[1], a pertinência da liquidação não se restringe às sentenças conde-

[1] Art. 509 – Quando a sentença condenar ao pagamento de quantia ilíquida, proceder-se-á à sua liquidação, a requerimento do credor ou do devedor (...).

natórias ao pagamento de prestação pecuniária. De fato, pode suceder de sentença condenatória ao cumprimento de obrigação de fazer, não fazer ou dar coisa distinta de dinheiro não delimitar a prestação que deva ser cumprida pelo devedor. Exemplo: decisão em ação coletiva estatui que determinada indústria substitua determinada substância usada em seu processo de fabricação, por outra que não cause riscos à saúde dos trabalhadores, mas não especifica o material que deva ser utilizado.

Embora o credor, em geral, possa indicar os rumos da delimitação da prestação não pecuniária, nos casos mais complexos (tais como o exemplificado acima) será indispensável proceder à liquidação por arbitramento.[2]

Registre-se, entretanto, entendimento de que o Novo CPC teria se posicionado no sentido de que a obrigação de pagar quantia seria a única liquidável.[3]

Em suma, embora usualmente a liquidação se dirija a obrigações pecuniárias, há situações, como a do exemplo dado anteriormente, que podem exigir um procedimento de liquidação de obrigações de fazer, não fazer ou dar coisa distinta de dinheiro.

2. NATUREZA JURÍDICA DA LIQUIDAÇÃO

A natureza jurídica da liquidação pode ser analisada sob dois prismas não excludentes: quanto à essência da atividade liquidatória; e quanto à inserção dessa atividade no trâmite processual, o que caracteriza os modelos processuais de liquidação.

2.1. Essência do fenômeno

Do ponto de vista ontológico, a liquidação, por visar à integração do título executivo judicial, tem natureza nitidamente cognitiva. Sem dúvida, a decisão de liquidação complementa aquela proferida na fase de conhecimento, agregando-lhe elemento que até então faltava: a delimitação da prestação a cargo do devedor.

De fato, não se pode confundir a atividade de liquidação, que consiste na investigação e definição do *quantum debeatur*, com a atividade executiva, que se caracteriza pelo emprego de meios coercitivos destinados a efetivar o comando contido no título executivo.

No entanto, importante observar que, no Processo do Trabalho, a CLT insere o regramento da liquidação (art. 879)[4] no capítulo atinente à execução de sentença, do que resultam, segundo a doutrina e jurisprudência majoritárias, importantes

[2] ASSIS, Araken de. *Manual da execução*. 11ª ed. São Paulo: Editora Revista dos Tribunais, 2007, p. 271.

[3] NEVES, *op. cit.*, p. 331.

[4] Art. 879 – Sendo ilíquida a sentença exequenda, ordenar-se-á, previamente, a sua liquidação, que poderá ser feita por cálculo, por arbitramento ou por artigos.

§ 1º – Na liquidação, não se poderá modificar, ou inovar, a sentença liquidanda nem discutir matéria pertinente à causa principal.

§ 1º-A – A liquidação abrangerá, também, o cálculo das contribuições previdenciárias devidas.

consequências no que tange aos mecanismos impugnativos utilizáveis contra o julgamento da liquidação.

2.2. Modelos processuais de liquidação

Em geral, a liquidação é mera fase do processo. Assim, após a prolação de sentença ilíquida, segue-se o procedimento de liquidação, nos mesmos autos, antes do início da execução.

Contudo, a liquidação pode constituir incidente de processo. Trata-se das situações de conversão de obrigações não pecuniárias (fazer, não fazer ou dar coisa distinta de dinheiro) em perdas e danos (= indenização pelo equivalente). Por exemplo, quando, na execução, se constata incompatibilidade entre as partes, tornando desaconselhável a reintegração (CLT, art. 496)[5], a obrigação de fazer consistente em reintegrar deve ser convertida em indenização equivalente ao período estabilitário, o que dá ensejo à liquidação como incidente da fase executiva.

Em outras situações, a liquidação constituirá ação autônoma, que deflagra novo processo. A liquidação-processo ocorre nas situações em que o título executivo judicial é formado fora do âmbito da Justiça não criminal (cível ou trabalhista); nelas, logicamente, não há como cogitar de uma fase de liquidação, justamente porque não houve a tramitação anterior de um processo não criminal.

Dessa forma, a liquidação será ação autônoma nos seguintes casos:

- (i) sentença penal condenatória que reconheça a obrigação de indenizar decorrente do crime;
- (ii) sentença arbitral, já que os árbitros não têm o poder de executar as próprias decisões;
- (iii) sentença estrangeira homologada pelo STJ;
- (iv) sentença coletiva que verse sobre direitos individuais homogêneos. Como, nesta hipótese, a condenação é genérica, os titulares dos direitos devem comprovar, por meio de liquidação pelo procedimento comum (por artigos), que se enquadram na situação prevista no título executivo.

3. TIPOS DE LIQUIDAÇÃO

A liquidação pode fazer-se por cálculos, por arbitramento ou pelo procedimento comum (por artigos).

A liquidação por cálculos é pertinente quando houver apenas a necessidade de realização de operações matemáticas, a partir de parâmetros já definidos no título executivo, para que se defina o *quantum debeatur*.

5 Art. 496 – Quando a reintegração do empregado estável for desaconselhável, dado o grau de incompatibilidade resultante do dissídio, especialmente quando for o empregador pessoa física, o tribunal do trabalho poderá converter aquela obrigação em indenização devida nos termos do artigo seguinte.

No âmbito do Direito Processual Civil, não existe mais a figura da liquidação por cálculos. De fato, o art. 509, § 2º, do CPC, estatui que, quando a apuração do valor depender apenas de cálculo aritmético, o credor pode promover, desde logo, o cumprimento da sentença.

No Processo do Trabalho, a doutrina majoritária compreende – corretamente – que subsiste a liquidação por cálculos[6], tendo em vista a existência de regramento próprio na CLT. Esse entendimento se fortalece com o advento da Reforma Trabalhista (Lei nº 13.467/2017), já que a nova redação do art. 879, § 2º, da CLT[7], estabelece procedimento específico e diferenciado para a liquidação por cálculos em processos trabalhistas, conforme se verá adiante.

A liquidação se faz por arbitramento quando houver necessidade de realização de perícia para apurar a extensão da obrigação estabelecida na sentença. Em algumas hipóteses, entretanto, é possível ao juiz decidir de plano, com base em pareceres ou documentos elucidativos juntados pelas partes (CPC, art. 510).[8]

Apesar da redação do art. 509, I, do CPC[9], não se deve entender que haja discricionariedade do juiz ou das partes na realização de liquidação por arbitramento. A vontade dos sujeitos processuais não pode alterar a natureza das coisas e fazer com que seja pertinente a liquidação por arbitramento em hipóteses nas quais ela não se justifica; só é cabível tal modalidade se a fixação do valor depender de prova pericial.[10]

Como exemplo de liquidação por arbitramento em processos trabalhistas, tem-se a realização de perícia médica para apuração do percentual de incapacidade laborativa, quando não houver sido fixado na fase de conhecimento.

Já a liquidação pelo procedimento comum (= liquidação por artigos) é cabível quando houver necessidade de alegar e provar fato novo. Aqui, o fato novo deve ser conceituado como o acontecimento que, embora imprescindível para a delimitação do *quantum debeatur*, não foi objeto de cognição na fase de conhecimento. Isso pode ocorrer em duas hipóteses:

- (i) o fato é superveniente à petição inicial ou à sentença. Exemplo: sentença condena a reclamada ao pagamento de indenização por danos materiais consistentes em despesas médicas futuras decorrentes de acidente de trabalho; nesse caso, o trabalhador deve comprovar os gastos na liquidação por artigos;
- (ii) o fato é anterior à sentença, ou até mesmo à petição inicial, mas não foi analisado pelo juiz na fase de conhecimento. Exemplo: a sentença

---

6 Com essa opinião, por exemplo, SARAIVA; MANFREDINI, *op. cit.*, p. 548.

7 Art. 879, § 2º – Elaborada a conta e tornada líquida, o juízo deverá abrir às partes prazo comum de oito dias para impugnação fundamentada com a indicação dos itens e valores objeto da discordância, sob pena de preclusão.

8 Art. 510 – Na liquidação por arbitramento, o juiz intimará as partes para a apresentação de pareceres ou documentos elucidativos, no prazo que fixar, e, caso não possa decidir de plano, nomeará perito, observando-se, no que couber, o procedimento da prova pericial.

9 Art. 509 – Quando a sentença condenar ao pagamento de quantia ilíquida, proceder-se-á à sua liquidação, a requerimento do credor ou do devedor: I – por arbitramento, quando determinado pela sentença, convencionado pelas partes ou exigido pela natureza do objeto da liquidação.

10 Com opinião semelhante, NEVES, *op. cit.*, p. 332.

condena a reclamada ao pagamento de participação nos lucros, de acordo com os critérios do acordo coletivo de trabalho, o qual prevê, por hipótese, escalonamento de valores em função da produtividade do empregado e da rentabilidade da empresa; nessa hipótese, a produtividade e a rentabilidade deverão ser objeto de prova na liquidação, muito embora os fatos sejam anteriores à petição inicial.

Além disso, nas hipóteses de sentenças genéricas, proferidas em ações coletivas que versem sobre direitos individuais homogêneos, os titulares de direitos individuais que pretendam promover execução individual da sentença coletiva devem valer-se da liquidação pelo procedimento comum, equivalente a verdadeira ação autônoma de conhecimento. O direito individual objeto dessas liquidações pode ter surgido antes, ou após a sentença coletiva; daí resulta que a situação se reconduz a uma das duas hipóteses acima detalhadas.

Por fim, o entendimento majoritário é no sentido de que não transita em julgado o comando judicial que estabelece a forma de liquidação, conforme se infere da Súmula 344 do STJ.[11] De fato, a modalidade de liquidação deve ser definida à luz da situação jurídica de direito material envolvida, conforme se demonstrou. Dessa forma, a estipulação de modalidade inadequada de liquidação, em sentença transitada em julgado, pode tornar inviável, na prática, o procedimento liquidatório, ou levar a situações injustas e teratológicas. Exemplo: o Juiz do Trabalho não fixa o percentual da incapacidade laborativa, e relega a questão para a liquidação por cálculos. Evidentemente, apenas a prova pericial pode definir o referido percentual; portanto, impedir a realização de liquidação por arbitramento impossibilitaria a apuração do *quantum*, ou levaria a situações absurdas.

Mais um argumento pertinente é que a liquidação se destina justamente a fazer cumprir a coisa julgada formada quanto ao direito material discutido no processo. Ora, não faria sentido que uma definição sob aspecto meramente processual (liquidação) pudesse prejudicar esse objetivo.

Tal princípio geral, embora correto, tem sido excepcionado pelo próprio STJ em algumas situações concretas.[12] De fato, a discussão sobre a modalidade de liquidação não pode eternizar-se, sob pena de inviabilizar a prestação jurisdicional. O entendimento da Súmula 344 do STJ deve se aplicar para as situações em que o juiz defina a modalidade de liquidação sem que tenha havido debate e cognição ampla sobre o tema. Nessas hipóteses, a ausência de cognição exauriente faz, mesmo, com que não haja coisa julgada nem preclusão. Contudo, se as partes debaterem o tema, a decisão proferida pelo juiz, que defina a modalidade de liquidação, se estabiliza.

4. FIDELIDADE AO TÍTULO E PRECLUSÃO

O princípio cardeal da liquidação de sentença é a fidelidade ao título executivo. Assim, na liquidação, não se poderá modificar, ou inovar, a sentença liquidanda, nem discutir matéria pertinente à causa principal (CLT, art. 879, § 1º).

---

11 STJ, Súmula 344: A liquidação por forma diversa da estabelecida na sentença não ofende a coisa julgada.

12 REsp 1538301/PE, Rel. Ministro ANTONIO CARLOS FERREIRA, Rel. p/ Acórdão Ministro MARCO BUZZI, QUARTA TURMA, julgado em 04/04/2017, DJe 23/05/2017.

Dessa forma, ainda que haja objetivamente alguma injustiça ou vício na decisão liquidanda – por mais evidente que possa parecer aos sujeitos processuais – não é pertinente pretender realizar qualquer adequação ou retificação na fase de liquidação.

Exemplo: a sentença transitada em julgado defere reflexos de horas extras em aviso prévio e 40% de FGTS, mas é incontroverso nos autos que se trata de pedido de demissão – sendo evidentemente indevidas tais parcelas. Na liquidação, descabe excluir tais reflexos erroneamente deferidos, ressalvada a possibilidade de ajuizamento de ação rescisória pelo interessado.

De fato, a observância da coisa julgada formada na fase de conhecimento é questão de ordem pública. Assim, enquanto não for extinta a fase de execução, o Juiz do Trabalho deve, a qualquer tempo, *ex officio* ou a requerimento, determinar a retificação dos cálculos a fim de que se adequem ao título judicial transitado em julgado.

A preclusão resultante da ausência de impugnação tempestiva dos cálculos (CLT, art. 879, § 2º)[13] não pode se sobrepor à coisa julgada formada na fase de conhecimento.[14]

Assim, a preclusão alcança apenas os temas que hajam sido debatidos ou decididos na liquidação, embora não se compreendam no alcance da coisa julgada.

Por exemplo: a sentença não discrimina as parcelas objeto de incidência previdenciária (CLT, art. 832, § 3º)[15], relegando o tema para liquidação; nesta fase, os cálculos incluem como objeto de contribuição previdenciária parcelas que, pela lei, não deveriam sê-lo. Nesta hipótese, se o interessado não impugnar os cálculos tempestivamente, conforme determina o art. 879, § 2º, da CLT, haverá preclusão e o tema não pode ser discutido na execução. Ao contrário, se as parcelas objeto de incidência já tiverem sido discriminadas na sentença transitada em julgado, e os cálculos forem elaborados em dissonância com os critérios nela estabelecidos, o interessado pode arguir o tema a qualquer momento na execução, de modo que seja observada a coisa julgada formada na fase de conhecimento.

Não viola o princípio da fidelidade ao título executivo a inclusão de correção monetária e juros de mora na liquidação, embora omisso a respeito o título executivo

---

13 Art. 879, § 2º – Elaborada a conta e tornada líquida, o juízo deverá abrir às partes prazo comum de oito dias para impugnação fundamentada com a indicação dos itens e valores objeto da discordância, sob pena de preclusão.

14 Nesse sentido: AGRAVO DE INSTRUMENTO. RECURSO DE REVISTA – DESCABIMENTO. EXECUÇÃO. CÁLCULOS HOMOLOGADOS. INCLUSÃO DE MULTA DE 10% SOBRE O VALOR CORRIGIDO DA CAUSA IMPOSTA PELO TST EM GRAU DE AGRAVO DE INSTRUMENTO EM RECURSO DE REVISTA. DETERMINAÇÃO EXPRESSA NO TÍTULO EXECUTIVO. DECISÃO TRANSITADA EM JULGADO. PRECLUSÃO CONSUMATIVA – INOCORRÊNCIA. COISA JULGADA. Não merece ser provido o agravo de instrumento em que não se consegue infirmar os fundamentos do despacho denegatório do processamento do recurso de revista. Agravo de instrumento conhecido e desprovido.(TST – AIRR: 885001920085040004 88500-19.2008.5.04.0004, Relator: Alberto Luiz Bresciani de Fontan Pereira, Data de Julgamento: 26/06/2013, 3ª Turma).

15 Art. 832, § 3º – As decisões cognitivas ou homologatórias deverão sempre indicar a natureza jurídica das parcelas constantes da condenação ou do acordo homologado, inclusive o limite de responsabilidade de cada parte pelo recolhimento da contribuição previdenciária, se for o caso.

judicial transitado em julgado. Tal conclusão, acolhida na Súmula 254 do STF[16], se fundamenta no fato de que a correção monetária e juros são parcelas acessórias decorrentes diretamente da lei, e naturalmente decorrem da parcela principal deferida.

No entanto, se a sentença excluir – por qualquer motivo, ainda que equivocado – expressamente a incidência de juros de mora ou de correção monetária, forma-se coisa julgada material sobre o ponto, razão pela qual não se pode incluir tais acessórios na liquidação de sentença.

Por fim, veja-se que, no que tange aos honorários advocatícios sucumbenciais, não se aplica o raciocínio acima, pois a parcela constitui direito autônomo do advogado, não sendo considerada mero acessório das parcelas principais. Por tal razão, o art. 85, § 18, do CPC[17], prevê que, no caso de omissão do título executivo – a qual não pode ser suprida na fase de liquidação –, cabe ação autônoma para cobrança dos honorários advocatícios sucumbenciais.

5. PROCEDIMENTO

5.1. Liquidação por cálculos

A iniciativa da liquidação por cálculos é incumbência do credor, que deve apresentá-los com a respectiva memória, de modo a demonstrar os critérios matemáticos utilizados.

De fato, não obstante o art. 879, § 1º-B, da CLT[18], estipule que as partes devem ser intimadas para apresentar os cálculos, a inércia do reclamado não autoriza a aplicação de sanções processuais, em virtude da ausência de previsão legal e também porque a elaboração da conta é providência que interessa ao exequente. Desse modo, intimado o reclamante para apresentar os cálculos, e caso fique inerte, inicia-se a contagem do prazo da prescrição intercorrente.[19]

Reforça tal conclusão o art. 509, § 2º, do CPC, segundo o qual quando apuração do valor depender apenas de cálculo aritmético, o credor poderá promover, desde logo, o cumprimento da sentença. Diante da tendência crescente de aproximação entre o Processo Civil e o Processo Trabalho, embora permaneça a figura da liquidação por cálculos neste último (o que não acontece em processos cíveis), o Código deixa claro que a iniciativa deve partir do credor.

Não obstante, embora não seja recomendável – em virtude do acúmulo de serviço, e da impossibilidade de adoção do procedimento em todos os processos – os cálculos podem ser feitos pelo contabilista do Juízo. Ainda, embora não usual, os cálculos podem ser feitos pelo executado.

16 STF, Súmula 254: Incluem-se os juros moratórios na liquidação, embora omisso o pedido inicial ou a condenação.

17 Art. 85, § 18 – Caso a decisão transitada em julgado seja omissa quanto ao direito aos honorários ou ao seu valor, é cabível ação autônoma para sua definição e cobrança.

18 Art. 879, § 1º-B – As partes deverão ser previamente intimadas para a apresentação do cálculo de liquidação, inclusive da contribuição previdenciária incidente.

19 Com a mesma opinião, SCHIAVI, *op. cit.*, 803.

Além disso, caso os cálculos sejam complexos, é possível a nomeação de perito contador para elaboração da conta (CLT, art. 879, § 6º).[20] Nesta hipótese, em princípio os respectivos honorários serão quitados, ao final, pelo executado (CLT, art. 882).[21]

Elaborada a conta, o Juiz do Trabalho deve intimar a parte contrária (ou ambas as partes, caso os cálculos tenham sido feitos pelo contabilista do Juízo ou perito extrajudicial, hipótese em que o prazo será comum para ambas as partes) para impugnação fundamentada, com a indicação dos itens e valores objeto da discordância, no prazo de 8 dias, sob pena de preclusão (CLT, art. 879, § 2º).[22]

Além disso, também deve ser intimada a União, para que no prazo de 10 dias se manifeste sobre as contribuições fiscais e previdenciárias, sob pena de preclusão (CLT, art. 879, § 3º).[23]

Conforme analisado no item 4 deste Capítulo, a preclusão alcança apenas os temas que hajam sido debatidos ou decididos na liquidação, embora não se compreendam no alcance da coisa julgada.

Em seguida, o juiz pode homologar os cálculos total ou parcialmente, ou determinar sua retificação (hipótese em que renovará todo o procedimento acima exposto), para que se adeque à coisa julgada.

5.2. Liquidação por arbitramento

A CLT, embora mencione a liquidação por arbitramento, não regula o respectivo procedimento. Deve-se recorrer, portanto, ao regramento do Código de Processo Civil sobre a matéria.

Assim, o juiz deve intimar as partes para a apresentação de pareceres ou documentos elucidativos, no prazo que fixar, e, caso não possa decidir de plano, nomeará perito, observando-se, no que couber, o procedimento da prova pericial (CPC, art. 510).

Dessa forma, excepcionalmente a liquidação por arbitramento pode realizar-se sem a designação de perito pelo Juízo. Isso ocorrerá quando as partes juntarem aos autos laudos técnicos suficientes e satisfatórios para a apuração do *quantum debeatur*.

Em regra, entretanto, haverá nomeação de perito, devendo-se abrir oportunidade às partes para formulação de quesitos e para acompanhamento das diligências periciais. Além disso, deve-se permitir a indicação de assistentes técnicos pelas partes: a uma,

[20] Art. 879, § 6º – Tratando-se de cálculos de liquidação complexos, o juiz poderá nomear perito para a elaboração e fixará, depois da conclusão do trabalho, o valor dos respectivos honorários com observância, entre outros, dos critérios de razoabilidade e proporcionalidade.

[21] Art. 882 – O executado que não pagar a importância reclamada poderá garantir a execução mediante depósito da quantia correspondente, atualizada e acrescida das despesas processuais, apresentação de seguro-garantia judicial ou nomeação de bens à penhora, observada a ordem preferencial estabelecida no art. 835 da Lei nº 13.105, de 16 de março de 2015.

[22] Art. 879, § 2º – Elaborada a conta e tornada líquida, o juízo deverá abrir às partes prazo comum de oito dias para impugnação fundamentada com a indicação dos itens e valores objeto da discordância, sob pena de preclusão.

[23] Art. 879, § 3º – Elaborada a conta pela parte ou pelos órgãos auxiliares da Justiça do Trabalho, o juiz procederá à intimação da União para manifestação, no prazo de 10 (dez) dias, sob pena de preclusão.

porque o art. 510 determina que se siga o procedimento da prova pericial, que prevê a possibilidade de assistentes técnicos; a duas, porque tal solução se compatibiliza com a moderna principiologia do direito processual que prestigia o contraditório e instiga as partes a participarem ativamente da construção do provimento jurisdicional.

Embora haja doutrina no sentido de que não caberia indicação de assistentes técnicos e formulação de quesitos pelas partes, sob o fundamento de que, na liquidação por arbitramento, haveria nomeação de árbitro, e não de perito[24], tal linha de pensamento deve-se considerar superada com o advento do Código Processo Civil de 2015, cujo art. 510 menciona expressamente a designação de perito de confiança do Juízo.

5.3. Liquidação por artigos

Assim como acontece com a liquidação por arbitramento, a liquidação por artigos é mencionada, mas não regulamentada pela CLT. Deve-se utilizar subsidiariamente, portanto, o art. 511 do CPC[25], de modo que se observe o procedimento comum.

Em princípio, deve-se utilizar o procedimento ordinário previsto na CLT: o exequente deve apresentar petição articulada, na qual indique os fatos novos aptos a delimitar o *quantum* da obrigação já estabelecida no título executivo. Dessa forma, deve-se notificar o executado, com antecedência mínima de 5 dias (CLT, art. 841, *caput*)[26] para que compareça à audiência, na qual se tentará a conciliação, receberá defesa etc.

Contudo, nas situações em que a liquidação seja mera fase do processo, e a prova necessária e suficiente para delimitar a extensão da obrigação fixada na sentença seja a documental, não há necessidade de designação de audiência, sendo suficiente a intimação do executado para que se manifeste sobre os documentos juntados pela parte contrária.

6. LEGITIMIDADE PARA INSTAURAÇÃO

Em qualquer das três modalidades de liquidação (cálculos, arbitramento ou artigos, a liquidação pode ser instaurada tanto por iniciativa do credor, quanto do devedor, conforme expressamente disposto no art. 509, *caput*, do CPC.[27]

A partir da Reforma Trabalhista (Lei nº 13.467/2017), o art. 878 da CLT[28] extinguiu a possibilidade de o Juiz do Trabalho promover, de ofício, a execução, caso

---

24 Com essa opinião, BEZERRA LEITE, *op. cit.*, p. 1001.

25 Art. 511 – Na liquidação pelo procedimento comum, o juiz determinará a intimação do requerido, na pessoa de seu advogado ou da sociedade de advogados a que estiver vinculado, para, querendo, apresentar contestação no prazo de 15 (quinze) dias, observando-se, a seguir, no que couber, o disposto no Livro I da Parte Especial deste Código.

26 Art. 841 – Recebida e protocolada a reclamação, o escrivão ou secretário, dentro de 48 (quarenta e oito) horas, remeterá a segunda via da petição, ou do termo, ao reclamado, notificando-o ao mesmo tempo, para comparecer à audiência do julgamento, que será a primeira desimpedida, depois de 5 (cinco) dias.

27 Art. 509 – Quando a sentença condenar ao pagamento de quantia ilíquida, proceder-se-á à sua liquidação, a requerimento do credor ou do devedor.

28 Art. 878 – A execução será promovida pelas partes, permitida a execução de ofício pelo juiz ou pelo Presidente do Tribunal apenas nos casos em que as partes não estiverem representadas por advogado.

as partes estejam representadas por advogado. Como a liquidação, no Processo do Trabalho, se insere na fase executiva, deve-se entender que a iniciativa de liquidar o crédito, nessas hipóteses não pode partir do Judiciário.

Assim, apenas quando alguma das partes estiver exercendo o *jus postulandi*, por não ter advogado constituído nos autos, é que a o Juiz do Trabalho pode ter a iniciativa de deflagrar qualquer das três modalidades de liquidação.

7. REVELIA

A doutrina é pacífica no sentido de não haver espaço para aplicação do efeito material da revelia na liquidação por cálculos, caso o executado não se manifeste no prazo do art. 879, § 2º, da CLT. A observância da coisa julgada formada na fase de conhecimento é questão de ordem pública que não pode ser desconsiderada em virtude de uma inexistente presunção de veracidade das alegações do liquidante.

Além disso, no que tange às matérias debatidas na liquidação e que não tenham sido abordadas na coisa julgada (por exemplo: critérios utilizados em cálculos), inevitavelmente serão questões de direito, em relação às quais sabidamente não há o efeito material da revelia, em função do princípio *jura novit curia*.

Na liquidação por arbitramento, também se entende pela inaplicabilidade dos efeitos materiais da revelia, já que a definição da existência ou inexistência do fato já foi feita na fase de conhecimento, sendo imprescindível a realização de perícia para a mensuração do *quantum debeatur*.[29]

O tema é controvertido no que concerne à liquidação por artigos. Há duas correntes a respeito:

- (i) como o art. 511 do CPC[30] determina a aplicação do procedimento comum após o oferecimento de contestação, deve haver incidência dos efeitos materiais da revelia caso o réu (executado) não conteste[31]. Isso porque a ausência de impugnação quanto aos fatos novos narrados pelo liquidante faz com que se presumam verdadeiros, nos termos do art. 344 do CPC[32];
- (ii) como o art. 509, II, do CPC[33], refere que a liquidação pelo procedimento comum será utilizada não apenas quando houver necessidade de alegar, mas

[29] Com opinião semelhante, DIDIER, *op. cit.*, v. 5, p. 136.

[30] Art. 511 – Na liquidação pelo procedimento comum, o juiz determinará a intimação do requerido, na pessoa de seu advogado ou da sociedade de advogados a que estiver vinculado, para, querendo, apresentar contestação no prazo de 15 (quinze) dias, observando-se, a seguir, no que couber, o disposto no Livro I da Parte Especial deste Código.

[31] Nessa ótica, DIDIER, *op. cit.*, v. 5, p. 138.

[32] Art. 344 – Se o réu não contestar a ação, será considerado revel e presumir-se-ão verdadeiras as alegações de fato formuladas pelo autor.

[33] Art. 509 – Quando a sentença condenar ao pagamento de quantia ilíquida, proceder-se-á à sua liquidação, a requerimento do credor ou do devedor: (...)

II – pelo procedimento comum, quando houver necessidade de alegar e provar fato novo.

também de provar fato novo, não seria possível aplicar o efeito material da revelia, sob pena de burla ao mencionado dispositivo legal.[34]

Ora, a lei deve ser interpretada de forma sistemática e lógica. A necessidade de provar o fato novo, a que alude o art. 509, II, não existe se os fatos novos alegados pelo liquidante forem incontroversos por ausência de defesa. Conclusão diferente só seria possível se houvesse dispositivo expresso excluindo o efeito material da revelia, o que não é o caso.

Assim, deve-se concluir que há presunção de veracidade dos fatos novos articulados pelo liquidante, caso o réu não ofereça tempestiva contestação. Evidentemente, tais fatos novos só podem ser aqueles necessários para delimitar o *quantum debeatur*, e não outros completamente divorciados do título judicial transitado em julgado.

Exemplo: sentença condena ao pagamento de despesas médicas futuras em decorrência de acidente de trabalho. Na liquidação, o trabalhador junta documentos comprobatórios dos gastos médicos e alega ter perdido o recibo de outros gastos que menciona. Se o devedor não contesta, embora regularmente intimado, serão presumidos verdadeiros os fatos narrados na petição de liquidação, inclusive quanto aos gastos não cobertos pelos recibos, já que há presunção de veracidade das alegações em virtude do efeito material da revelia.

8. LIQUIDAÇÃO-ZERO

A liquidação-zero ocorre quando a decisão judicial conclui que não há qualquer crédito em favor do liquidante. Trata-se de situação anômala, pois a imposição de condenação na fase de conhecimento pressupõe, em princípio, completa investigação sobre a existência da dívida (*an debeatur*), o que é incompatível com a declaração – em sede de liquidação – de não haver obrigação a ser cumprida.

O resultado zero na liquidação pode acontecer em duas hipóteses:

- (i) quando, após instrução probatória suficiente – nas situações em que seja necessária, como na liquidação por artigos ou por arbitramento –, conclui-se pela inexistência de dano. Neste caso, a doutrina é pacífica no sentido de não ser possível a renovação da liquidação, em virtude da realização de cognição exauriente no que tange ao *quantum debeatur*;
- (ii) quando o credor não consegue provar o montante do dano, mas também não há provas em sentido contrário; ou seja, quando as provas são insuficientes. Nesta hipótese, é controvertida a possibilidade de o liquidante renovar o pedido fundado em novas provas do *quantum debeatur*.

Uma corrente doutrinária sustenta que seria possível ao credor propor nova liquidação, porque não se formaria coisa julgada material e não se poderia trans-

[34] Com essa opinião, SCHIAVI, *op. cit.*, p. 807.

formar em inexequível a sentença condenatória genérica que já apurou a existência de obrigação do vencido.[35]

Outra linha de pensamento é no sentido de que se devem aplicar as regras de ônus da prova, razão pela qual, na ausência de provas, o julgamento deve ser de improcedência da liquidação, de modo que se forme coisa julgada material e se impeça a repropositura da liquidação.[36]

Essa última corrente é mais adequada, já que, como a liquidação por artigos segue as regras do procedimento comum (CPC, art. 511), realmente lhe é aplicável a regulamentação do ônus da prova e da coisa julgada. Sendo assim, caso o autor (liquidante) não comprove os fatos novos constitutivos de seu direito, na liquidação por artigos, formar-se-á coisa julgada material, pois a sistemática da coisa julgada *secundum eventum probationis* só se aplica quando houver norma expressa nesse sentido; a regra geral é a coisa julgada *pro et contra*.[37]

Igualmente, caso a perícia feita na liquidação por arbitramento constate inexistir valor a ser pago pelo executado, e o juiz decida pelo dano zero na liquidação, não há como admitir a repropositura da liquidação, pois inegavelmente terá havido cognição exauriente sobre o *quantum debeatur* – e, consequentemente, formação de coisa julgada material.

Na liquidação por cálculos também se pode chegar, eventualmente, ao valor zero. Como exemplo, imagine-se a situação em que a sentença reconhece crédito ao trabalhador, mas autoriza compensação de dívidas que contraiu junto ao empregador; nesta hipótese, se as dívidas superarem os créditos, a liquidação será zerada e não haverá o que ser executado.

9. LIQUIDAÇÃO PROVISÓRIA

A liquidação pode ser processada antes do trânsito em julgado da decisão liquidanda. Para permitir a continuidade da tramitação do processo, há necessidade de que a liquidação provisória se processe em autos apartados (CPC, art. 512).[38]

Não se pode confundir a situação da liquidação provisória com a da execução provisória. A primeira pode ser levada a efeito ainda que o recurso interposto tenha efeito suspensivo (*ope legis* ou *ope judicis*), conforme se infere do art. 512 do CPC; já a execução provisória só se pode realizar se o recurso não for dotado de efeito suspensivo.

Além disso, quando na sentença houver uma parte líquida e outra ilíquida, ao credor é lícito promover simultaneamente a execução daquela e, em autos apartados, a liquidação desta (CPC, art. 509, § 1º).

---

35 Assim, THEODORO JÚNIOR, *op. cit.*, v. 2, p. 104.

36 DIDIER, *op. cit.*, v. 5, p. 141.

37 Sobre tais conceitos, v. Capítulo XX, item 6.

38 Art. 512 – A liquidação poderá ser realizada na pendência de recurso, processando-se em autos apartados no juízo de origem, cumprindo ao liquidante instruir o pedido com cópias das peças processuais pertinentes.

10. NATUREZA JURÍDICA DA DECISÃO DE LIQUIDAÇÃO

Discute-se a natureza jurídica da decisão de liquidação. Uma primeira corrente se baseia na literalidade do art. 884, § 3º, da CLT[39], e conclui que se trata de sentença.

Contudo, o dispositivo legal se refere impropriamente a *sentença*, pois não se está diante de ato que encerre a fase cognitiva ou a execução (CPC, art. 203, § 1º)[40]; a decisão de liquidação, assim, tem natureza interlocutória.

Na verdade, a decisão de liquidação complementa a cognição exercida na fase de conhecimento, de modo a delimitar a extensão da obrigação já reconhecida no título executivo. Assim, sentença é o ato que encerra a fase de conhecimento em primeiro grau, e não aquele que apenas define o *quantum debeatur* na fase de liquidação.

Ainda que assim não fosse, como no Processo do Trabalho a liquidação é considerada etapa integrante da fase de execução (já que o tema é tratado nos capítulos correspondentes da CLT), é evidente que a decisão de liquidação não encerra a execução, senão que, em verdade, a precede.

Reforça esse entendimento o art. 1015, parágrafo único, do CPC[41], que prevê o cabimento de agravo de instrumento contra as decisões proferidas na liquidação e as trata expressamente como interlocutórias.[42]

11. COISA JULGADA E MECANISMOS IMPUGNATIVOS. IMPUGNAÇÃO À SENTENÇA DE LIQUIDAÇÃO

Como a decisão de liquidação complementa a norma jurídica individualizada contida no título executivo judicial condenatório, é inegável seu caráter de decisão sobre parcela do mérito da causa.

Perceba-se: a sentença condenatória poderia ser líquida e estabelecer desde logo o valor da condenação, e não se duvida que a fixação do valor integra o mérito da causa. Se, entretanto, a sentença da fase de conhecimento for ilíquida, essa parcela do mérito (= definição do valor) será julgada na decisão de liquidação.

Depreende-se que a decisão de liquidação tem aptidão para formar coisa julgada material, razão pela qual é passível de ajuizamento de ação rescisória, conforme reconhece a Súmula 399, II, do TST.[43]

---

39 Art. 884, § 3º – Somente nos embargos à penhora poderá o executado impugnar a sentença de liquidação, cabendo ao exequente igual direito e no mesmo prazo.

40 Art. 203, § 1º – Ressalvadas as disposições expressas dos procedimentos especiais, sentença é o pronunciamento por meio do qual o juiz, com fundamento nos arts. 485 e 487, põe fim à fase cognitiva do procedimento comum, bem como extingue a execução.

41 Art. 1015, Parágrafo único – Também caberá agravo de instrumento contra decisões interlocutórias proferidas na fase de liquidação de sentença ou de cumprimento de sentença, no processo de execução e no processo de inventário.

42 No mesmo sentido, CÂMARA, *op. cit.*, p. 357.

43 TST, súmula 399 – II: A decisão homologatória de cálculos apenas comporta rescisão quando enfrentar as questões envolvidas na elaboração da conta de liquidação, quer solvendo a controvérsia das partes quer

A partir da Reforma Trabalhista (Lei nº 13.467/2017), espera-se que o TST reveja a redação da Súmula 399, II, de modo que a decisão de liquidação sempre passe a comportar ação rescisória. Isso porque o entendimento que restringia a possibilidade de rescisória se fundava no fato de que a decisão de liquidação, algumas vezes, podia ser meramente homologatória, quando o juiz optasse por não intimar previamente as partes para exercerem contraditório quanto aos cálculos. Tratava-se de faculdade concedida ao juiz pela antiga redação do art. 879, § 2º, da CLT.[44]

Então, era correto o entendimento da Súmula, já que, se a decisão fosse meramente homologatória, a ausência de cognição exauriente quanto aos cálculos fazia com que não houvesse coisa julgada material e, em consequência, impossibilitava a ação rescisória.

Contudo, com a Reforma Trabalhista, a nova redação do art. 879, § 2º, da CLT,[45] torna obrigatório o procedimento de intimar previamente as partes, antes de homologação dos cálculos pelo juiz.

Assim, necessariamente o juiz proferirá decisão tomada em cognição exauriente, após apreciar os argumentos que as partes tenham expendido em suas manifestações. Ainda que as partes silenciem e não se manifestem no prazo concedido, deve-se considerar haver cognição exauriente, em virtude da preclusão operada (em fenômeno que se assemelha à revelia).

A cognição exauriente exercida pelo juiz faz com que inevitavelmente a decisão de liquidação forme coisa julgada material, passível de desconstituição mediante ação rescisória.

A peculiaridade da decisão de liquidação é que, embora sujeita à ação rescisória, não é impugnável mediante recurso. Isso porque o art. 884, § 3º, da CLT, estipula que somente nos embargos à execução o executado pode impugnar a sentença de liquidação, cabendo igual direito ao exequente, em incidente denominado *impugnação à sentença de liquidação.*[46]

Daí resulta que, após ouvir as partes no prazo de 8 dias (CLT, art. 879, § 2º), o Juiz do Trabalho homologará os cálculos e dará início aos atos executivos. Após a garantia do Juízo (CLT, art. 884, *caput*)[47], será concedido às partes (exequente e executado) o prazo de 5 dias para impugnar a decisão homologatória de cálculos.

---

explicitando, de ofício, os motivos pelos quais acolheu os cálculos oferecidos por uma das partes ou pelo setor de cálculos, e não contestados pela outra.

44 Redação antiga da CLT: Art. 879, § 2º – Elaborada a conta e tornada líquida, o Juiz poderá abrir às partes prazo sucessivo de 10 (dez) dias para impugnação fundamentada com a indicação dos itens e valores objeto da discordância, sob pena de preclusão.

45 Nova redação: Art. 879, § 2º Elaborada a conta e tornada líquida, o juízo deverá abrir às partes prazo comum de oito dias para impugnação fundamentada com a indicação dos itens e valores objeto da discordância, sob pena de preclusão.

46 Art. 884, § 3º – Somente nos embargos à penhora poderá o executado impugnar a sentença de liquidação, cabendo ao exequente igual direito e no mesmo prazo.

47 Art. 884 – Garantida a execução ou penhorados os bens, terá o executado 5 (cinco) dias para apresentar embargos, cabendo igual prazo ao exequente para impugnação.

Nos embargos à execução (ofertados pelo executado) e na impugnação à sentença de liquidação (ofertada pelo exequente) as partes podem impugnar amplamente os cálculos e até mesmo renovar arguições que fizeram por ocasião da sua manifestação prévia à homologação (art. 879, § 2º).

Assim, apenas a sentença que julgar os embargos à execução e a impugnação à sentença de liquidação é que pode ser objeto de agravo de petição; não assim a decisão homologatória dos cálculos.

Ademais, caso ofertados os embargos à execução ou impugnação à sentença de liquidação, a respectiva decisão substituirá aquela proferida por ocasião da liquidação; nesta hipótese, eventual ação rescisória deve ser direcionada contra a decisão dos embargos. Apenas se os embargos à execução não forem movidos no prazo legal (5 dias a partir da garantia do Juízo) é que será viável o ajuizamento de ação rescisória contra a decisão de liquidação.

Tal entendimento, embora pareça majoritário no âmbito doutrinário[48], aparentemente não é sufragado pela Súmula 266 do TST[49], cuja redação indica o cabimento de agravo de petição contra decisões tomadas na liquidação de sentença.

12. TÍTULOS EXECUTIVOS EXTRAJUDICIAIS

A execução de títulos extrajudiciais pressupõe que a obrigação neles representada seja certa, líquida e exigível (CPC, art. 783).[50] Assim, a liquidez é requisito necessário para que um título executivo extrajudicial seja considerado como tal.

Apesar disso, há algumas situações em que pode ser pertinente e necessária a liquidação de título executivo extrajudicial.

A primeira possibilidade é o caso em que o título executivo extrajudicial estabelece uma obrigação não pecuniária (= fazer, não fazer ou dar coisa distinta de dinheiro), bem como a conversão em perdas e danos se não houver cumprimento espontâneo pelo devedor. Se o título não fixar antecipadamente o valor correspondente, haverá necessidade de liquidação prévia, a fim de que se apure o montante a ser executado.

Outra hipótese é a situação em que o valor não foi delimitado no título extrajudicial, embora seja delimitável com cálculos aritméticos e documentos.

Por exemplo: é firmado acordo no âmbito de Comissão de Conciliação Prévia, por força do qual a empresa se compromete a regularizar os depósitos de FGTS não realizados ao longo do contrato de trabalho. O acordo firmado na CCP é título executivo extrajudicial, mas, caso inadimplido, o trabalhador precisará liquidar o valor das diferenças antes do início dos atos executivos. Em tese, as diferenças

---

48 Por todos: CORREIA; MIESSA, *op. cit.*, p. 1350.

49 TST, súmula 266: A admissibilidade do recurso de revista interposto de acórdão proferido em agravo de petição, na liquidação de sentença ou em processo incidente na execução, inclusive os embargos de terceiro, depende de demonstração inequívoca de violência direta à Constituição Federal.

50 Art. 783 – A execução para cobrança de crédito fundar-se-á sempre em título de obrigação certa, líquida e exigível.

poderiam ser calculadas pelo trabalhador, que juntaria memória de cálculo com a petição inicial; contudo, pode ser que o credor não disponha de elementos, como no caso em que a reclamada fez depósitos aos quais o trabalhador não teve acesso.

13 ÍNDICES DE JUROS MORATÓRIOS E CORREÇÃO MONETÁRIA

Os juros de mora constituem indenização pelo retardamento no pagamento da dívida[51]. No Processo do Trabalho, o art. 39, §1º, da Lei 8.177/91, previa - ainda que com atecnia redacional - juros de mora na base de 1% (um por cento) ao mês, contados do ajuizamento da reclamação trabalhista.[52]

A Medida Provisória 905/2019 tentou alterar o cenário, passando a prever que os juros de mora deveriam ser equivalentes aos aplicados à caderneta de poupança. Sucede que a medida provisória caducou, de modo que voltou a vigorar o regramento estabelecido pela legislação anterior.

Os juros de mora não podem ser confundidos com a correção monetária; trata-se de institutos que têm finalidades e contornos completamente diferentes.

De fato, a partir do vencimento de toda e qualquer dívida, deve ser feita a respectiva correção monetária para fins de pagamento, sob pena de violação do direito de propriedade do credor (CF, art. 5º, XII): se assim não fosse, a variação de preços na economia, decorrência inexorável da inflação, faria com que o decurso do tempo corroesse o poder de compra da moeda; embora mantido o valor nominal do crédito, ter-se-ia a redução do valor real.

A correção monetária não visa a punir o devedor, ou a enriquecer o credor, mas apenas a manter o valor real da dívida. Por tal motivo, o melhor índice de correção monetária é aquele que capte, com a maior precisão possível, a inflação.

Por tais motivos, o Supremo Tribunal Federal decidiu, acertadamente, que as condenações judiciais da Fazenda Pública não poderiam ser corrigidas pelos índices de remuneração da caderneta de poupança, já que desvinculados absolutamente da variação de preços da economia.[53] Posteriormente, em decisão datada de 03.10.2019,

---

[51] Cf. TEPEDINO, Gustavo; BARBOZA, Heloísa Helena; MORAES, Maria Celina Bodin. *Código Civil Interpretado conforme a Constituição da República*. V. I. 2ª ed. Rio de Janeiro: Renovar, 2007, p. 742.

[52] Art. 39, § 1º Aos débitos trabalhistas constantes de condenação pela Justiça do Trabalho ou decorrentes dos acordos feitos em reclamatória trabalhista, quando não cumpridos nas condições homologadas ou constantes do termo de conciliação, serão acrescidos, nos juros de mora previstos no *caput*, juros de um por cento ao mês, contados do ajuizamento da reclamatória e aplicados *pro rata die*, ainda que não explicitados na sentença ou no termo de conciliação.

[53] "DIREITO CONSTITUCIONAL. REGIME DE ATUALIZAÇÃO MONETÁRIA E JUROS MORATÓRIOS INCIDENTE SOBRE CONDENAÇÕES JUDICIAIS DA FAZENDA PÚBLICA. ART. 1º-F DA LEI Nº 9.494/97 COM A REDAÇÃO DADA PELA LEI Nº 11.960/09. IMPOSSIBILIDADE JURÍDICA DA UTILIZAÇÃO DO ÍNDICE DE REMUNERAÇÃO DA CADERNETA DE POUPANÇA COMO CRITÉRIO DE CORREÇÃO MONETÁRIA. VIOLAÇÃO AO DIREITO FUNDAMENTAL DE PROPRIEDADE (CRFB, ART. 5º, XXII). INADEQUAÇÃO MANIFESTA ENTRE MEIOS E FINS. INCONSTITUCIONALIDADE DA UTILIZAÇÃO DO RENDIMENTO DA CADERNETA DE POUPANÇA COMO ÍNDICE DEFINIDOR DOS JUROS MORATÓRIOS DE CONDENAÇÕES IMPOSTAS À FAZENDA PÚBLICA, QUANDO ORIUNDAS DE RELAÇÕES JURÍDICO-TRIBUTÁRIAS. DISCRIMINAÇÃO ARBITRÁRIA E VIOLAÇÃO À ISONOMIA ENTRE DEVEDOR PÚBLICO E DEVEDOR PRIVADO (CRFB, ART. 5º, CAPUT). RECURSO EXTRAORDINÁRIO PARCIALMENTE PROVIDO. 1. O

o STF rejeitou o requerimento de modulação temporal dos efeitos da declaração de inconstitucionalidade da Lei 11.960/2009, na parte em que disciplinava a aplicação da remuneração da poupança como índice de correção monetária dos débitos fazendários.

Desse modo, há decisões vinculantes e com caráter *erga omnes* do Supremo Tribunal Federal determinando a aplicação do IPCA-E como índice de correção monetária das condenações judiciais contra a Fazenda Pública.[54-55]

Não se tratar de usurpar a competência legislativa para definir os índices mais adequados, mas de reconhecer que, do ponto de vista jurídico, a correção monetária deve corresponder à evolução do poder de compra da moeda. Se o legislador adota índice completamente desvinculado dessa realidade, a inconstitucionalidade é manifesta. Nesse sentido, a seguinte passagem:

> Min. Luiz Fux (ADI 4357): Destaco que nesse juízo não levo em conta qualquer consideração técnico-econômica que implique usurpação pelo Supremo Tribunal Federal de competência própria de órgãos especializados. Não se trata de definição judicial

---

princípio constitucional da isonomia (CRFB, art. 5º, caput), no seu núcleo essencial, revela que o art. 1º-F da Lei nº 9.494/97, com a redação dada pela Lei nº 11.960/09, na parte em que disciplina os juros moratórios aplicáveis a condenações da Fazenda Pública, é inconstitucional ao incidir sobre débitos oriundos de relação jurídico-tributária, os quais devem observar os mesmos juros de mora pelos quais a Fazenda Pública remunera seu crédito; nas hipóteses de relação jurídica diversa da tributária, a fixação dos juros moratórios segundo o índice de remuneração da caderneta de poupança é constitucional, permanecendo hígido, nesta extensão, o disposto legal supramencionado. 2. O direito fundamental de propriedade (CRFB, art. 5º, XXII) repugna o disposto no art. 1º-F da Lei nº 9.494/97, com a redação dada pela Lei nº 11.960/09, porquanto a atualização monetária das condenações impostas à Fazenda Pública segundo a remuneração oficial da caderneta de poupança não se qualifica como medida adequada a capturar a variação de preços da economia, sendo inidônea a promover os fins a que se destina. 3. A correção monetária tem como escopo preservar o poder aquisitivo da moeda diante da sua desvalorização nominal provocada pela inflação. É que a moeda fiduciária, enquanto instrumento de troca, só tem valor na medida em que capaz de ser transformada em bens e serviços. A inflação, por representar o aumento persistente e generalizado do nível de preços, distorce, no tempo, a correspondência entre valores real e nominal (cf. MANKIW, N.G. Macroeconomia. Rio de Janeiro, LTC 2010, p. 94; DORNBUSH, R.; FISCHER, S. e STARTZ, R. Macroeconomia. São Paulo: McGraw-Hill do Brasil, 2009, p. 10; BLANCHARD, O. Macroeconomia. São Paulo: Prentice Hall, 2006, p. 29). 4. A correção monetária e a inflação, posto fenômenos econômicos conexos, exigem, por imperativo de adequação lógica, que os instrumentos destinados a realizar a primeira sejam capazes de capturar a segunda, razão pela qual os índices de correção monetária devem consubstanciar autênticos índices de preços. 5. Recurso extraordinário parcialmente provido" (RE 870947, Relator(a): Min. LUIZ FUX, Tribunal Pleno, julgado em 20/09/2017).

[54] "EMBARGOS DECLARATÓRIOS EM AGRAVO REGIMENTAL NA AÇÃO CÍVEL ORIGINÁRIA. DIREITO FINANCEIRO. FUNDO DE MANUTENÇÃO E DESENVOLVIMENTO DO ENSINO FUNDAMENTAL E DE VALORIZAÇÃO DO MAGISTÉRIO – FUNDEF. CORREÇÃO MONETÁRIA. TEMA 810 DA REPERCUSSÃO GERAL. 1. No julgamento dos embargos opostos no RE nº 870.947-RG (Tema 810), de relatoria do Min. Luiz Fux, o Plenário do STF, por maioria, decidiu não modular os efeitos da decisão anteriormente proferida, considerando inconstitucional o índice de correção monetária (Taxa Referencial) desde a data da edição da Lei 11.960/2009. 2. In casu, deverá ser considerado esse novo contexto em sede de liquidação ou de cumprimento definitivo de sentença, de modo que na atualização monetária da dívida seja aplicado o IPCA-E como índice de correção. 3. Embargos de declaração providos" (ACO 683 AgR-ED, Relator(a): EDSON FACHIN, Tribunal Pleno, julgado em 11/05/2020).

[55] "EMBARGOS DE DECLARAÇÃO EM AÇÃO DIRETA DE INCONSTITUCIONALIDADE. (...). O Índice de Preços ao Consumidor Amplo-Especial (IPCA-E) é o índice de correção monetária a ser aplicado a todos os valores inscritos em precatórios, estejam eles sujeitos, ou não, ao regime especial criado pela EC nº 62/2009, qualquer que seja o ente federativo de que se trate. 5. Embargos de declaração rejeitados" (ADI 4357 QO-ED-segundos, Relator(a): LUIZ FUX, Tribunal Pleno, julgado em 09/12/2015).

de índice de correção. Essa circunstância, já rechaçada pela jurisprudência da Casa, evidentemente transcenderia as capacidades institucionais do Poder Judiciário. Não obstante, a hipótese aqui é outra. Diz respeito à idoneidade lógica do índice fixado pelo constituinte reformador para capturar a inflação, e não do valor específico que deve assumir o índice para determinado período. Reitero: não se pode quantificar, em definitivo, um fenômeno essencialmente empírico antes mesmo da sua ocorrência. A inadequação do índice aqui é autoevidente.

Por tais motivos, em 2015, o plenário do Tribunal Superior do Trabalho declarou a inconstitucionalidade do art. 39, *caput*, da Lei 8.177/91, na parte em que prevê a incidência da TR acumulada no período compreendido entre a data de vencimento da obrigação e o seu efetivo pagamento, a título de índice de correção monetária, e definiu o IPCA-E como fator de atualização.[56]

Nesse cenário, perceba-se que a Lei 13.467.2017 (Reforma Trabalhista) acrescentou o §7º ao art. 879 da CLT, estatuindo que a atualização dos créditos decorrentes de condenação judicial deveria ser feita pela Taxa Referencial (TR), divulgada pelo Banco Central do Brasil, conforme a Lei 8.177/91.

Embora se saiba que toda lei goza de presunção de constitucionalidade, tal dispositivo da Reforma Trabalhista nasceu, por assim dizer, com presunção inversa: é que, embora o *decisum* do STF não fosse vinculante no que concerne aos créditos trabalhistas em geral, a *ratio decidendi* permitia concluir, seguramente, que a TR não poderia ser usada como índice de correção monetária de qualquer espécie de crédito, por não refletir a evolução do poder de compra da moeda, conforme explicitado acima.

Contudo, de forma inusitada e surpreendente, ao apreciar conjuntamente uma série de ações de controle concentrado de constitucionalidade[57], surgiu e prevaleceu no Supremo Tribunal Federal corrente que, embora reconhecendo a inconstitucionalidade do uso da TR como índice de correção monetária, sustentou que também seria inconstitucional a previsão de juros de 1% ao mês, estabelecida no art. 39, §1º, da Lei 8.177/91. Nas palavras do Min. Gilmar Mendes, que capitaneou tal linha de pensamento:

> Min. Gilmar Mendes (ADC 58): Embora, como dito, o STF nunca tenha declarado a inconstitucionalidade da TR per se, reconheço que o entendimento majoritário da Corte tem indicado ou sinalizado a impossibilidade de utilização da TR como índice de correção monetária. (...) Essa indevida utilização do IPCA-E pela jurisprudência do TST tornou-se confusa ao ponto de se imaginar que, diante da inaplicabilidade da TR, o uso daquele índice seria a única consequência possível. A solução da Corte Superior Trabalhista, todavia, lastreia-se em uma indevida equiparação da natureza do crédito trabalhista com o crédito assumido em face da Fazenda Pública, o qual está submetido a regime jurídico próprio da Lei 9.494/1997, com as alterações promovidas pela Lei 11.960/2009. (...) Portanto, para os críticos – de que estaríamos diante de institutos jurídicos diversos e inconfundíveis (correção monetária e juros) –, respondo que o Direito e seu intérprete

[56] PROCESSO Nº TST-ArgInc-479-60.2011.5.04.0231, Tribunal Pleno, Rel. Min. Cláudio Brandão, julgado em 04.08.2015.

[57] ADC 58, ADC 59, ADI 5867 e ADI 6021, Rel. Min. Gilmar Mendes, Tribunal Pleno, julgamento virtual finalizado em 18.12.2020.

> não podem fechar os olhos para a realidade, sendo prova disso a jurisprudência de longa data do Supremo Tribunal Federal, que sempre tratou a condição inflacionária do país na análise da taxa de juros e vice-versa. (...) Sendo assim, posiciono-me pela necessidade de conferirmos interpretação conforme à Constituição dos dispositivos impugnados nestas ações, determinando que o débito trabalhista seja atualizado de acordo com os mesmos critérios das condenações cíveis em geral. Além disso, entendo que devemos realizar apelo ao Legislador para que corrija futuramente a questão, equalizando os juros e a correção monetária aos padrões de mercado e, quanto aos efeitos pretéritos, determinarmos a aplicação da taxa Selic, em substituição à TR e aos juros legais, para calibrar, de forma adequada, razoável e proporcional, a consequência deste julgamento.

O extenso voto do Min. Gilmar Mendes, entretanto, curiosamente não aponta qual dispositivo constitucional teria sido violado pela previsão legislativa de juros de 1% a.m. para os débitos trabalhistas. Consta do voto apenas que deveria ser utilizado, na Justiça do Trabalho, o "mesmo critério de juros e correção monetária utilizado nas condenações cíveis em geral", o que atenderia a "integridade sistêmica do plexo normativo infraconstitucional".

Trata-se de uma das piores decisões da história da Suprema Corte brasileira, com um potencial devastador da efetividade - que já era baixa - do Direito do Trabalho. O efeito prático do julgado é estimular o descumprimento da legislação trabalhista, a inadimplência e a procrastinação do processo por empregadores. Como os maus pagadores acabam tendo vantagem competitiva no mercado, a tendência é que tais práticas se generalizem cada vez mais.

De acordo com o *decisum*, até o ajuizamento da reclamação trabalhista, a dívida é corrigida pelo IPCA-E; após a citação do reclamado e até o pagamento, aplica-se unicamente a taxa SELIC para fins de correção monetária e juros moratórios.

Aqui já surge um grave problema, que constitui verdadeira *aberração jurídica*: o ajuizamento da reclamação trabalhista gera uma piora da situação jurídica do credor. Na fase pré-judicial, o crédito ao menos é corrigido de acordo com a inflação, assegurando-se o respectivo poder de compra; após a judicialização, o credor trabalhista começa a experimentar decréscimo no valor real que tem a receber, pois a taxa SELIC sequer é capaz de compensar a inflação (ao menos não o era quando da prolação da decisão pelo STF, em dezembro de 2020).

Em primeiro lugar, o raciocínio empreendido pelo STF viola o princípio da isonomia, pois o crédito trabalhista é privilegiado em relação aos créditos civis e até mesmo aos tributários, conforme se extrai do art. 83 da Lei 11.101/2005 (Lei de Recuperação Judicial e Falência). Por tal motivo, a "equalização" dos juros moratórios trabalhistas deveria ser feita com os juros aplicáveis aos créditos tributários, atualmente na base de 1% ao mês (Código Tributário Nacional, art. 161, §1º).

Perceba-se a contradição que se encontra na proposta de aplicação da taxa SELIC para englobar os juros de mora e a correção monetária incidentes sobre os débitos trabalhistas: de um lado, reconhece-se a inconstitucionalidade do uso da TR como índice de correção monetária. Afirma-se, entretanto, que o Judiciário não poderia substituir o índice fixado pelo legislador, em respeito ao princípio da separação de Poderes. De outro lado, a decisão determina a utilização de outro índice (a SELIC) não apenas para correção monetária, mas também para os juros moratórios, desconstituindo opção legislativa legítima manifestada pelo Parlamento e em vigor há praticamente três décadas, sem que jamais se tivesse cogitado da inconstitucionalidade do art. 39, §1°, da Lei 8.177/91.

O único "fundamento" que se poderia invocar – e que é apenas tangenciado no voto do Min. Gilmar Mendes – seria uma suposta falta de razoabilidade ou de proporcionalidade nos juros moratórios de 1% ao mês. Contudo, além do alto grau de subjetivismo dessa colocação, que viola flagrantemente o princípio da separação de Poderes, o voto deveria responder às seguintes indagações, na busca de um mínimo de integridade na jurisprudência da Corte:

- (i) se os juros de 1% a.m. para créditos trabalhistas são inconstitucionais, também há inconstitucionalidade no art. 161, §1°, do Código Tributário Nacional, que estipula o mesmo percentual para os créditos tributários?
- (ii) se o crédito trabalhista, por força do art. 100, §1°, da Constituição; do art. 186 do Código Tributário Nacional; e do art. 83, I, da Lei de Falência e Recuperação de Empresa, tem caráter preferencial em relação ao crédito tributário, como explicar o fato de que os juros de mora de ambas as espécies de créditos não possam ser equiparados pelo legislador?
- (iii) à luz do princípio da isonomia material, faz sentido que um crédito privilegiado (= trabalhista) tenha tratamento legal pior do que um crédito que lhe é inferior na gradação de preferências?

A resposta é evidente: é absolutamente incongruente tratar crédito privilegiado de forma pior do que um crédito não privilegiado, sob pena de violação à isonomia. O Código Tributário Nacional não é inconstitucional, assim como não o é o art. 39, §1°, da Lei 8.177/91.

Na verdade, corrente vencedora no âmbito do STF se baseia apenas em argumentos econômicos. Após comparar os diversos índices aplicáveis, opta por aquele menos gravoso ao empregador, argumentando que "a dívida trabalhista judicializada vem assumindo contornos extremamente vantajosos (bem superiores à média do mercado)".

A argumentação economicista não resiste, entretanto, aos seguintes fundamentos:

- (i) a judicialização da dívida trabalhista não decorre de opção do credor, mas do cometimento de ato ilícito (= descumprimento da lei) pelo empregador. Na grande maioria dos casos, trata-se de parcelas básicas, como salários e verbas rescisórias inadimplidas. Não se poderia estar mais distante de um *investimento*...;
- (ii) num cenário em que se combate a litigância temerária ou de má-fé, com a criação até mesmo de mecanismos que obstaculizam o acesso à justiça, tais como a cobrança de honorários advocatícios sucumbenciais de benefícios de gratuidade de justiça[58], engendra-se critério que estimula a litigiosidade, porque o empregador que conseguir protrair o pagamento

[58] Sobre o tema, ver item específico neste capítulo, no tópico alusivo às despesas processuais.

da dívida trabalhista e aplicar tais recursos no mercado financeiro obterá vantagem financeira significativa;

- (iii) se os juros de 1% a.m. criam situação vantajosa ao trabalhador, o cálculo de correção monetária acrescida de juros de mora pela taxa SELIC cria situação desproporcional e ainda mais vantajosa ao empregador, já que essa taxa, no ano de 2020, sequer cobria a inflação do período;
- (iv) nunca se cogitou de aplicar a taxa SELIC quando seu patamar era elevado, superior a 12% ao ano.

O critério dos juros de mora de 1% a.m., além de legitimamente definido pelo órgão democraticamente eleito (= o Poder Legislativo), mostrava-se harmônico com a normatividade infraconstitucional e também concretizava o princípio constitucional da isonomia, sobretudo ao se fazer a comparação com os privilégios dos créditos fazendários.

De outro lado, a utilização da taxa SELIC como índice conglobante de juros moratórios e correção monetária representa grave retrocesso, já que, do ponto de vista da análise econômica do direito, a medida estimula o descumprimento da legislação trabalhista, além da procrastinação de processos judiciais, sobretudo em cenários nos quais a SELIC esteja em patamares baixos. Do ponto de vista econômico, o ideal seria assegurar a correção monetária (pelo IPCA-E ou algum outro índice apropriado) acrescido de índices de investimento de mercado (tais como o CDI), a fim de a judicialização não seja vantajosa financeiramente para os empregadores que descumpram a legislação deliberadamente.

Um ponto importante é que, se a devedora for a Fazenda Pública, a SELIC também será utilizável como índice conglobante de juros de mora e correção monetária, por força do art. 3º da Emenda Constitucional 113/2021.[59] Se a incidência da SELIC é clara quanto ao período posterior ao ajuizamento da reclamação trabalhista contra ente da Fazenda Pública, a situação não é tão clara no que tange ao período anterior à ação, pois, em tese, seria possível defender a incidência da SELIC também na fase pré-judicial que envolvesse os entes públicos. Contudo, é preferível o entendimento de que na fase pré-judicial o débito fazendário também deve ser corrigido pelo IPCA-E, assim como acontece com os créditos trabalhistas em geral, de modo a uniformizar os critérios e a atender ao comando exarado pela decisão do STF na ADC 58.

Por fim, cabe esclarecer a modulação de efeitos empreendida pelo STF nos referidos julgados. Para fins didáticos, podem-se distinguir as seguintes situações:

- (i) pagamentos já realizados, judicial ou extrajudicialmente, utilizando a TR, o IPCA-E ou qualquer outro índice de correção monetária, e o índice de 1%

[59] Art. 3º Nas discussões e nas condenações que envolvam a Fazenda Pública, independentemente de sua natureza e para fins de atualização monetária, de remuneração do capital e de compensação da mora, inclusive do precatório, haverá a incidência, uma única vez, até o efetivo pagamento, do índice da taxa referencial do Sistema Especial de Liquidação e de Custódia (Selic), acumulado mensalmente.

de juros moratórios: são considerados válidos e não é cabível rediscussão do tema em qualquer espécie de ação;

- (ii) decisões transitadas em julgado, que determinem expressamente a aplicação da TR, do IPCA-E ou de qualquer outro índice de correção monetária, e do índice de 1% de juros moratórios: serão insuscetíveis de rediscussão, sendo impertinente inclusive o ajuizamento de ação rescisória;
- (iii) decisões transitadas em julgado que não explicitaram os critérios de correção monetária e de juros moratórios, quer porque foram omissas, quer porque se reportaram, genericamente, aos "critérios legais": aplica-se a taxa SELIC desde o ajuizamento da ação, para fins de correção monetária e juros moratórios;
- (iv) decisões ainda não transitadas em julgado: aplica-se a taxa SELIC desde o ajuizamento da ação, para fins de correção monetária e juros moratórios.

Situação também polêmica diz respeito à hipótese em que, antes da decisão do STF na ADC 58, não tenha havido recurso quanto aos critérios de juros de mora, mas houvesse recurso pendente de julgamento no que tange ao índice de correção monetária utilizável. Duas soluções despontam como possíveis:

- (i) considerar que a correção monetária e os juros de mora passaram a ser, a partir da ADC 58, um todo unitário (o que evidentemente não tem lógica do ponto de vista jurídico e econômica, mas constitui a "lógica" da decisão da Suprema Corte). Nessa ótica, o recurso interposto contra os critérios de correção monetária utilizados pelo órgão judicial teria uma espécie de "efeito expansivo", alcançando também os juros de mora, que não haviam sido objeto de recurso;
- (ii) aplicar a noção doutrinária de coisa julgada progressiva[60], já sufragada por precedentes do próprio STF[61], de modo que, não havendo recurso quanto aos critérios de juros moratórios (por hipótese, fixados em 1% ao

---

[60] Sobre o tema, v. Capítulo XX, item 8.

[61] Por exemplo, no seguinte julgado: "EMENTAS: 1. INTERVENÇÃO DE TERCEIRO. Ação cautelar. Processo eleitoral. Pleito anulado. Candidato que participou da eleição anulada, em que foi derrotada a chapa que encabeçara. Intervenção indeferida. Falta de interesse jurídico. A título de assistente, ou de recorrente interessado, não se admite intervenção de terceiro que apresente mero interesse de fato, capaz de ser atingido pela decisão da causa. 2. RECURSO. Especial. Eleitoral. Ação de investigação judicial eleitoral. Captação ilegal de sufrágio. Sentença que cassou o prefeito e absolveu o vice-prefeito, cuja diplomação determinou. Recurso apenas do prefeito. Improvimento pelo TRE, com cassação simultânea e oficial do diploma do vice-prefeito. Alegação de matéria de ordem pública. Acórdão confirmado pelo TSE, sob fundamento de operância do efeito translativo do recurso ordinário. Inadmissibilidade. Trânsito em julgado do capítulo decisório que absolveu o vice-prefeito. Matéria não devolvida pelo recurso do prefeito. Restabelecimento da sentença até o julgamento do recurso extraordinário já admitido. Liminar concedida. Ação cautelar julgada procedente. Ofensa à coisa julgada. Interpretação do art. 5º, XXXVI, da CF, e dos arts. 2º, 262, 467, 509 e 515, todos do CPC. Sob pena de ofensa à garantia constitucional da coisa julgada, não pode tribunal eleitoral, sob invocação do chamado efeito translativo do recurso, no âmbito de cognição do que foi interposto apenas pelo prefeito, cujo diploma foi cassado, por captação ilegal de sufrágio, cassar de ofício o diploma do vice-prefeito absolvido por capítulo decisório da sentença que, não impugnado por ninguém, transitou em julgado" (AC 112, Relator(a): CEZAR PELUSO, Tribunal Pleno, julgado em 01/12/2004).

mês antes da decisão da ADC 58), tal capítulo da sentença será tido como transitado em julgado. Assim, inviável aplicar-se a taxa SELIC, pois ela engloba correção monetária e juros de mora. Nessa ótica, então, restará eleger algum índice de correção monetária que será adicionado aos juros de mora de 1% ao mês já transitados em julgado, dando-se preferência ao IPCA-E, por constituir índice largamente utilizado, inclusive nos processos envolvendo a Fazenda Pública.

XXXI

TEORIA GERAL DA EXECUÇÃO

1. NOÇÕES INTRODUTÓRIAS, ABRANGÊNCIA E NOMENCLATURA

O princípio constitucional do acesso à justiça (CF, art. 5º, XXXV), em perspectiva substancial, faz com que seja direito fundamental dos cidadãos não apenas o acertamento judicial a respeito das situações jurídicas litigiosas, mas também – quando necessária – a prática de atos materiais com o objetivo de efetivar a entrega do bem da vida ao titular do direito.

Assim, embora necessária, não é suficiente a previsão legal acerca de um processo de conhecimento, destinado a elaborar a norma jurídica individual que regerá o caso concreto; é preciso ir além, assegurando que o direito seja efetivamente fruído pelo respectivo titular. À atividade assim desempenhada chama-se *execução.*

Só é pertinente a atividade executiva quando se tratar de obrigação inadimplida pelo sujeito passivo. Assim, inadimplida a prestação devida (que pode ser pagar, fazer, não fazer ou dar coisa distinta de dinheiro), reconhecida em sentença condenatória ou em título executivo extrajudicial, o Judiciário – desde que provocado a tanto – passa a praticar atos concretos com o objetivo de modificar o mundo fenomênico e assegurar ao credor a fruição de seu direito.

Já nas sentenças constitutivas e declaratórias, não há espaço para execução, por não haver necessidade de prática de qualquer conduta pelo devedor, ou de modificação forçada da realidade sensível. Por exemplo: quando a sentença declara a existência de vínculo empregatício, já houve o acertamento da relação jurídica; a assinatura de CTPS não muda esse estado de coisas, mas apenas documenta uma situação já reconhecida. Assim também no exemplo do julgamento de procedência em ação anulatória de cláusula convencional: com o trânsito em julgado, a norma coletiva já não gera mais quaisquer efeitos jurídicos; a retirada da cláusula do *site* do Sindicato não modifica essa realidade.

No Direito Processual Civil, desde as Leis nº 11.232/2005 e 11.382/2006, o legislador utiliza a nomenclatura *cumprimento de sentença*, para as situações em que a atividade executiva se volta a efetivar o comando contido em título executivo judicial; e reserva a expressão *processo de execução* para as hipóteses em que há formação de processo autônomo destinado a realizar a atividade executiva (exemplo: execução de títulos extrajudiciais).

A opção terminológica se justifica à luz do sincretismo processual: antes das leis referidas, havia formação de processo autônomo de execução mesmo para títulos judiciais; a modificação implantada faz com que o processo seja único, mas dividido em duas fases: a de conhecimento e a de cumprimento da decisão.

No entanto, perceba-se que, com a ressalva de alguns aspectos procedimentais, não há diferença essencial entre a execução de títulos extrajudiciais e de títulos judiciais. Tanto é assim que a normatividade do Código de Processo Civil determina que são reciprocamente subsidiários ambos os regramentos. Vale dizer: as regras do cumprimento de sentença se aplicam subsidiariamente na execução de títulos extrajudiciais, e vice-versa (arts. 513, *caput*, e 771, *caput*).[1]

No Processo do Trabalho, a CLT continua usando a nomenclatura *execução* para se referir à efetivação de títulos executivos judiciais (art. 876 e seguintes). No entanto, o art. 835 da Consolidação menciona o *cumprimento* da decisão.

Assim, as expressões *execução* e *cumprimento de sentença* podem ser usadas indistintamente para se referir ao fenômeno executivo de decisões judiciais; já a efetivação de títulos extrajudiciais, evidentemente, só pode realizar-se mediante execução.

2. NORMATIVIDADE APLICÁVEL: A QUESTÃO DAS LACUNAS

No Processo do Trabalho, a execução é regida preferencialmente pelos dispositivos da Consolidação das Leis do Trabalho.

[1] Art. 513 – O cumprimento da sentença será feito segundo as regras deste Título, observando-se, no que couber e conforme a natureza da obrigação, o disposto no Livro II da Parte Especial deste Código.

Art. 771 – Este Livro regula o procedimento da execução fundada em título extrajudicial, e suas disposições aplicam-se, também, no que couber, aos procedimentos especiais de execução, aos atos executivos realizados no procedimento de cumprimento de sentença, bem como aos efeitos de atos ou fatos processuais a que a lei atribuir força executiva.

No caso de omissão da CLT, aplica-se o regramento das execuções fiscais, atualmente contido na Lei de Execuções Fiscais (Lei nº 6.830/80), conforme estipula o art. 889 da CLT.

Havendo omissão também na Lei de Execuções Fiscais, deve-se recorrer ao Direito Processual Comum – mais especificamente, ao Código de Processo Civil.

Registre-se que há entendimento doutrinário (sufragado por parcela da jurisprudência trabalhista), cujo foco central é a maior efetividade da execução, que busca a importação de institutos do processo comum mesmo que haja regulamentação do tema na CLT.

De acordo com tal vertente, as lacunas da legislação processual trabalhista poderiam ser: (i) normativas, quando inexiste regramento do tema na CLT; (ii) ontológicas, que ocorreriam em função do ancilosamento de disposição existente na CLT. Seria o caso em que há norma no Processo do Trabalho, mas em descompasso com a realidade fática e jurídica atual; (iii) axiológicas, associadas a resultados injustos ou insatisfatórios, embora haja regulamentação do tema na legislação trabalhista.

Destaque-se que a jurisprudência do Tribunal Superior do Trabalho tem sido refratária à tese das lacunas axiológicas no processo de execução[2]. Assim, a Corte vem recusando a aplicação de dispositivos como os arts. 523, § 1º, e 520, IV, do CPC[3], sob o fundamento de que a CLT contém regramento específico sobre o tema, prevendo que a consequência do não pagamento do crédito exequendo é a expedição do mandado de penhora e avaliação (art. 880), bem como que a execução provisória só pode prosseguir até a penhora de bens (art. 899).

Esse posicionamento se revela acertado, porque a teoria das lacunas axiológicas gera acentuada insegurança jurídica, em função da diversidade de critérios processuais e procedimentais que passam a ser adotados pelos órgãos jurisdicionais. A definição do que seja mais ou menos efetivo é tema que sempre gera bastante controvérsia e subjetividade na apreciação.

Como argumento de reforço, veja-se que a Reforma Trabalhista poderia ter alterado o procedimento executivo previsto na CLT, igualando-o ao do CPC, mas não o fez; assim, fica nítido que o legislador não desejou modificar as peculiaridades procedimentais da execução trabalhista, que podem ser consideradas mais efetivas que as do CPC em diversos aspectos – por exemplo, na necessidade de garantia do Juízo para oferecimento de embargos à execução, exigida pela CLT, mas dispensada pelo CPC.

---

2 Por exemplo: TST-E-RR-92900-15.2005.5.01.0053, SBDI-I, rel. Min. Hugo Carlos Scheuermann, 11.9.2014 – (Informativo TST nº 5 – EXECUÇÃO).

3 Art. 520 – O cumprimento provisório da sentença impugnada por recurso desprovido de efeito suspensivo será realizado da mesma forma que o cumprimento definitivo, sujeitando-se ao seguinte regime: (...)

IV – o levantamento de depósito em dinheiro e a prática de atos que importem transferência de posse ou alienação de propriedade ou de outro direito real, ou dos quais possa resultar grave dano ao executado, dependem de caução suficiente e idônea, arbitrada de plano pelo juiz e prestada nos próprios autos.

Art. 523, § 1º – Não ocorrendo pagamento voluntário no prazo do *caput*, o débito será acrescido de multa de dez por cento e, também, de honorários de advogado de dez por cento.

Contudo, quanto às lacunas ontológicas, o seu reconhecimento é uma necessidade lógico-jurídica em algumas situações. Isso vem sendo reconhecido pelos Tribunais, mesmo que implicitamente e sem menção à nova teoria das lacunas.

Como exemplo, veja-se o procedimento da exceção de suspeição, regulado no art. 802 da CLT, o qual prevê a competência da própria Junta de Conciliação e Julgamento para apreciação, no prazo de 48 horas. Após a Emenda Constitucional 24/99, não há como sustentar a aplicabilidade do art. 802 da CLT, já que o Juiz singular não pode, logicamente, apreciar a própria suspeição ou impedimento.

Portanto, quem deve apreciar a exceção de impedimento ou suspeição é o Tribunal Regional do Trabalho (podendo ser a Turma, alguma Seção, o Órgão Especial ou o Pleno, à luz do que dispuser o Regimento Interno).

No entanto, vê-se que o art. 802 da CLT continua formalmente em vigor. Daí se conclui que não há lacuna normativa, nos moldes classicamente propostos pela doutrina, e que autorizaria a aplicação subsidiária do CPC (conforme art. 769 da CLT).[4]

Está-se diante de lacuna ontológica, ou seja, a norma celetista existe, mas não se harmoniza mais com o estado de fato e de direito atual; noutras palavras, a norma existente está desatualizada.

3. PRINCÍPIOS EXECUTIVOS

3.1. Realidade ou patrimonialidade

A execução trabalhista somente pode recair sobre o patrimônio do devedor; são vedadas penas corporais ou que restrinjam a liberdade de locomoção.

Tal princípio remonta à *Lex Poetelia Papiria* (326 a.C.), que extinguiu a prática da escravidão do devedor como meio de quitação das obrigações que existia anteriormente no Direito Romano.

No Processo do Trabalho, inexistem exceções. No âmbito cível, entretanto, admite-se a prisão do devedor de obrigação alimentícia (CF, art. 5º, LXVII).[5] Perceba-se, entretanto, que o uso de medidas executivas atípicas (sobretudo apreensão de passaporte e de CNH) podem excepcionar, em certa medida, o princípio da patrimonialidade da execução. Isso porque tais medidas têm o potencial de afetar a liberdade de locomoção, impedindo que o devedor deixa o território brasileiro ou nele se locomova dirigindo veículo próprio ou de terceiros, o que constitui medida executiva não direcionada imediatamente ao patrimônio, mas sobretudo à liberdade do indivíduo.

---

4 Art. 769 – Nos casos omissos, o direito processual comum será fonte subsidiária do direito processual do trabalho, exceto naquilo em que for incompatível com as normas deste Título.

5 Art. 5º, LXVII – não haverá prisão civil por dívida, salvo a do responsável pelo inadimplemento voluntário e inescusável de obrigação alimentícia e a do depositário infiel.

3.2. Efetividade

A atividade executiva desenvolve-se com o objetivo de permitir a fruição do bem da vida pelo titular do direito, nos exatos moldes reconhecidos no título executivo, com a maior brevidade possível.

A noção de efetividade justifica, por exemplo, a primazia da tutela específica no que tange às obrigações de fazer, não fazer e dar coisa distinta de dinheiro (CPC, arts. 499 e 816, *caput*)[6], de modo que somente haverá conversão da obrigação em perdas e danos caso o credor requeira, ou se torne impossível a prestação.

Ademais, é o princípio da efetividade que inspira o legislador – e deve, também, inspirar o intérprete – na definição da ordem preferencial da penhora (CPC, art. 835)[7]: como o dinheiro permite a imediata satisfação do credor, é intuitivo que se deve preferir penhorá-lo, em detrimento, por exemplo, de bens móveis que precisem ser levados a leilão para que se apure o dinheiro bastante para realizar o pagamento.

Decorre, ainda, do princípio da efetividade a noção de que as despesas da execução recaem sob a responsabilidade do executado (CLT, art. 789-A)[8]: se o exequente tivesse que pagar as despesas processuais, sofreria prejuízo financeiro em decorrência da necessidade de recorrer ao Judiciário.

---

[6] Art. 499 – A obrigação somente será convertida em perdas e danos se o autor o requerer ou se impossível a tutela específica ou a obtenção de tutela pelo resultado prático equivalente.

Parágrafo único. Nas hipóteses de responsabilidade contratual previstas nos arts. 441, 618 e 757 da Lei nº 10.406, de 10 de janeiro de 2002 (Código Civil), e de responsabilidade subsidiária e solidária, se requerida a conversão da obrigação em perdas e danos, o juiz concederá, primeiramente, a faculdade para o cumprimento da tutela específica. (Incluído pela Lei nº 14.833, de 2024)

Art. 816 – Se o executado não satisfizer a obrigação no prazo designado, é lícito ao exequente, nos próprios autos do processo, requerer a satisfação da obrigação à custa do executado ou perdas e danos, hipótese em que se converterá em indenização.

[7] Art. 835 – A penhora observará, preferencialmente, a seguinte ordem:

I – dinheiro, em espécie ou em depósito ou aplicação em instituição financeira;

II – títulos da dívida pública da União, dos Estados e do Distrito Federal com cotação em mercado;

III – títulos e valores mobiliários com cotação em mercado;

IV – veículos de via terrestre;

V – bens imóveis;

VI – bens móveis em geral;

VII – semoventes;

VIII – navios e aeronaves;

IX – ações e quotas de sociedades simples e empresárias;

X – percentual do faturamento de empresa devedora;

XI – pedras e metais preciosos;

XII – direitos aquisitivos derivados de promessa de compra e venda e de alienação fiduciária em garantia;

XIII – outros direitos.

[8] Art. 789-A – No processo de execução são devidas custas, sempre de responsabilidade do executado e pagas ao final, de conformidade com a seguinte tabela: (...).

3.3. Utilidade

O processo judicial - incluída a atividade executiva - não é campo propício para a prática de atos emulativos, cujo objetivo seja apenas prejudicar e aviltar o devedor, sem que haja qualquer benefício para a fruição do direito pelo credor.

Não se pode admitir na execução, portanto, a prática de atos inúteis, incapazes de contribuir para a efetividade da execução.

Esse é o fundamento do art. 836, *caput*, do CPC, segundo o qual não se levará a efeito a penhora quando ficar evidente que o produto da execução dos bens encontrados será totalmente absorvido pelo pagamento das custas da execução.

Assim, não se deve realizar a penhora de bens cujo valor seja muito baixo, proporcionalmente ao crédito exequendo, já que a medida não contribuiria para a efetiva fruição do direito pelo credor.

3.4. Contraditório

É comum em doutrina a afirmativa de que o contraditório é reduzido na execução.[9] A assertiva deve ser cuidadosamente analisada, sob pena de dar falsa pista ao intérprete.

De fato, existe, em princípio, certa limitação horizontal ao contraditório na execução. Como, nessa etapa, já se tem título executivo que consagra a existência da obrigação, não há espaço para contraditório no que tange à relação jurídica de direito material. Assim, por exemplo, mesmo que haja nítida injustiça na coisa julgada, o tema não pode ser alegado em sede de cumprimento de sentença, pois a questão já foi definida na fase de conhecimento.

No entanto, em algumas situações, a legislação excepciona tal princípio e admite que o executado discuta o próprio direito material constante do título: é o que ocorre, por exemplo, quando se alega inexigibilidade do título judicial fundado em lei declarada inconstitucional pelo STF, a prescrição intercorrente ou o pagamento da dívida.

Além disso, deve-se perceber que, no que tange aos trâmites e incidentes próprios da execução, o contraditório é amplíssimo, não havendo quaisquer restrições em perspectiva vertical. Assim, não há qualquer restrição ao contraditório no que tange à discussão sobre penhora, avaliação, expropriação de bens e outros atos executivos.

O Novo Código de Processo Civil sufraga tais conclusões, ao estatuir que todas as questões atinentes à validade dos atos executivos podem ser arguidas pelo executado nos próprios autos e por simples petição (arts. 518 e 803, parágrafo único)[10] - o que pode ser lido como a consagração legal do instituto da exceção de pré-executividade.

---

9 Assim, por exemplo, SCHIAVI, *op.cit.*, p. 818.

10 Art. 518 - Todas as questões relativas à validade do procedimento de cumprimento da sentença e dos atos executivos subsequentes poderão ser arguidas pelo executado nos próprios autos e nestes serão decididas pelo juiz.

Art. 803 - Parágrafo único. A nulidade de que cuida este artigo será pronunciada pelo juiz, de ofício ou a requerimento da parte, independentemente de embargos à execução.

3.5. Primazia do exequente (princípio do resultado)

O princípio da primazia do exequente é reconhecido expressamente no art. 797, *caput*, do CPC, que prevê que a execução se realiza no interesse do exequente.[11]

O procedimento executivo é pautado pelo desnivelamento da posição processual das partes: o exequente dispõe de diversas prerrogativas que não são titularizadas pelo executado. Isso ocorre porque, na execução, parte-se da premissa de que o credor tem razão na sua postulação, por estar embasado em título executivo certificado pelo Judiciário (título judicial), ou que a lei presume como apto a deflagrar a atividade executiva (título extrajudicial).

Evidentemente, daí não se pode concluir, sem manifesto salto lógico, que seja justificável o aviltamento do devedor, ou que este não tenha direito a um processo justo. Contudo, é inegável que a execução é idealizada pelo legislador – e deve ser concretizada pelo aplicador da lei – com o objetivo de assegurar o alcance do resultado desejado pelo credor.

Assim, por exemplo, o credor tem as seguintes prerrogativas: (i) indicar bens do devedor para penhora; (ii) preferência para adjudicar os bens constritos; (iii) preferência para arrematar em igualdade de condições com terceiros; (iv) possibilidade de desistir da execução ou da prática de determinados atos executivos; (v) possibilidade de optar em converter em execução pecuniária as obrigações de fazer, não fazer ou dar coisa distinta de dinheiro etc.

3.6. Menor onerosidade

Muito embora a execução se processe no interesse do credor, o executado tem direito a que o procedimento executivo se desenvolva da maneira que lhe seja menos gravosa (vale dizer, que lhe cause menos prejuízo), desde que haja mais de um mecanismo igualmente eficaz para a tutela do direito do exequente.

Trata-se de noção que concretiza o princípio constitucional da solidariedade (CF, art. 3º, I) e o da boa-fé objetiva processual (CPC, art. 5º): se há diversos mecanismos igualmente aptos para permitir a efetividade da execução, não faria sentido exigir sacrifícios desnecessários do devedor. De fato, a atividade executiva não tem o objetivo de aplicar punições ao executado.

Tal princípio é expressamente positivado no art. 805 do CPC[12], destacando-se que o ônus de demonstrar a existência de meio executivo menos gravoso – mas igualmente eficaz – é do executado, à luz do princípio da primazia do exequente.

---

11 Art. 797 – Ressalvado o caso de insolvência do devedor, em que tem lugar o concurso universal, realiza-se a execução no interesse do exequente que adquire, pela penhora, o direito de preferência sobre os bens penhorados.

12 Art. 805 – Quando por vários meios o exequente puder promover a execução, o juiz mandará que se faça pelo modo menos gravoso para o executado.

Parágrafo único. Ao executado que alegar ser a medida executiva mais gravosa incumbe indicar outros meios mais eficazes e menos onerosos, sob pena de manutenção dos atos executivos já determinados.

Aplicação prática do princípio é prevista no art. 847, *caput*, do CPC[13], que admite a substituição de bem penhorado desde que o executado comprove que daí não resulte prejuízo ao exequente. Exemplo: é feita a penhora de veículo utilizado para trabalho por motorista profissional. Como o desapossamento do bem impediria a continuidade de exercício da profissão, seria lícito substituir a penhora por bem imóvel indicado pelo executado, ainda que não observada rigorosamente a ordem preferencial do *caput* do art. 835 do CPC, conforme autorizado pelo § 1º do mesmo dispositivo.[14]

4. PRESSUPOSTOS E CONDIÇÕES DA EXECUÇÃO

O processo de execução e a fase de cumprimento de sentença, por constituírem exercício do direito de ação numa relação jurídica processual, exigem, para que se desenvolvam validamente, a presença dos pressupostos processuais de existência e validade, bem como das condições da ação. Assim, por exemplo, a execução não pode processar-se perante Juízo incompetente, ou ser promovida por parte ilegítima.

Contudo, há particularidades dignas de nota no que tange à competência e à legitimidade das partes para a execução; além disso, há dois pressupostos específicos de toda e qualquer execução: o título executivo e o inadimplemento. Tais temas serão analisados em seguida.

4.1. Competência

A competência funcional - tanto no Processo do Trabalho, quanto no Processo Civil - para o cumprimento de sentença é do Juízo que processou a causa em primeiro grau de jurisdição; em caso de processo de competência originária de Tribunal, como a ação rescisória, a competência para processar o cumprimento da decisão é do próprio Tribunal (CLT, art. 877; CPC, art. 516, I e II)[15].

No Processo Civil, o art. 516, parágrafo único, do CPC, permite ao exequente optar pelo juízo do atual domicílio do executado, pelo juízo do local onde se encontrem os bens sujeitos à execução ou pelo juízo do local onde deva ser executada a obrigação de fazer ou de não fazer, casos em que a remessa dos autos do processo

[13] Art. 847 - O executado pode, no prazo de 10 (dez) dias contado da intimação da penhora, requerer a substituição do bem penhorado, desde que comprove que lhe será menos onerosa e não trará prejuízo ao exequente.

[14] art. 835, § 1º - É prioritária a penhora em dinheiro, podendo o juiz, nas demais hipóteses, alterar a ordem prevista no caput de acordo com as circunstâncias do caso concreto.

[15] CLT, Art. 877 - É competente para a execução das decisões o Juiz ou Presidente do Tribunal que tiver conciliado ou julgado originariamente o dissídio.

CPC, Art. 516 - O cumprimento da sentença efetuar-se-á perante:

I - os tribunais, nas causas de sua competência originária;

II - o juízo que decidiu a causa no primeiro grau de jurisdição.

será solicitada ao juízo de origem. Esse regramento não se aplica nos processos trabalhistas, tendo em vista a existência de regra própria na CLT.

Sobre a competência no caso de execução por carta precatória, ver Capítulo XXVI, item 1.3.

4.2. Legitimidade

4.2.1. Ativa. Cessão de créditos trabalhistas

A legitimidade para requerer e promover a execução é, em princípio, das partes do processo (na execução de título judicial) ou das partes da relação de direito material (na execução de título extrajudicial), como deflui do art. 778, *caput* e § 1º, do CPC[16].

Após a Reforma Trabalhista (Lei nº 13.467/2017), como regra geral o Juiz do Trabalho não pode mais dar início ao procedimento executivo, ou determinar quaisquer atos executivos de ofício, conforme art. 878 da CLT.[17] Apenas nas situações em que as partes não estejam assistidas por advogado (exercendo, portanto, o *jus postulandi*) é que se mostra legítima a atuação *ex officio* do juiz.

O Ministério Público também pode, nos casos previstos em lei, tornar-se exequente. É o que ocorre, por exemplo, na hipótese de execução de sentença coletiva que verse sobre direitos individuais homogêneos, quando houver inércia do autor e dos titulares de direitos individuais.

Podem mover a execução, ainda, os sucessores do credor, a título singular ou universal. Assim, no caso de falecimento, dá-se a sucessão *mortis causa* e os herdeiros (ou dependentes habilitados[18]) passam a deter a legitimidade ativa para a execução.

A situação mais controvertida no Processo do Trabalho envolve a sucessão *inter vivos*, que se dá por força da cessão do crédito. Tal instituto, positivado no art. 286 do Código Civil[19] – e adotado sem maiores discussões no Processo Civil – faz com que terceiro, até então alheio ao processo judicial, torne-se titular do crédito exequendo (cessionário) e, em consequência, parte legítima para prosseguir no polo ativo.

---

16 Art. 778 – Pode promover a execução forçada o credor a quem a lei confere título executivo.

§ 1º – Podem promover a execução forçada ou nela prosseguir, em sucessão ao exequente originário:

I – o Ministério Público, nos casos previstos em lei;

II – o espólio, os herdeiros ou os sucessores do credor, sempre que, por morte deste, lhes for transmitido o direito resultante do título executivo;

III – o cessionário, quando o direito resultante do título executivo lhe for transferido por ato entre vivos;

IV – o sub-rogado, nos casos de sub-rogação legal ou convencional.

17 Art. 878 – A execução será promovida pelas partes, permitida a execução de ofício pelo juiz ou pelo Presidente do Tribunal apenas nos casos em que as partes não estiverem representadas por advogado.

18 Sobre o tema, ver Capítulo VII, item 2.3.1.

19 Art. 286 – O credor pode ceder o seu crédito, se a isso não se opuser a natureza da obrigação, a lei, ou a convenção com o devedor; a cláusula proibitiva da cessão não poderá ser oposta ao cessionário de boa-fé, se não constar do instrumento da obrigação.

O grande perigo envolvendo a cessão de créditos trabalhistas é que, diante da usual hipossuficiência e estado de necessidade do trabalhador, a aplicação de deságios excessivos resultaria em contratos leoninos de cessão de créditos, em nítido prejuízo ao trabalhador. Além disso, a Convenção 95 da OIT, ratificada pelo Brasil, veda a cessão de verbas salariais em geral.

Por tal razão, o posicionamento tradicional do TST sempre foi no sentido de não admitir a operacionalização da cessão de crédito no âmbito da Justiça do Trabalho.[20] Contudo, há, na Corte, algumas decisões admitindo a cessão de crédito após a vigência da Emenda Constitucional 30/2000, já que o art. 78 do ADCT[21] passou a reconhecer a possibilidade de cessão de créditos consignados em precatório, independentemente de sua origem.

Além disso, o art. 83, § 4º, da Lei nº 11.101/2005, admitia a cessão de créditos trabalhistas na situação específica de falência, determinando que se tornam, nessa hipótese, quirografários. O dispositivo foi revogado pela Lei 14.112/2020, a qual incluiu o §5º ao art. 83 da Lei de Falências.[22] O novo texto legislativo não apenas admite implicitamente a cessão de créditos trabalhistas na falência, mas também estatui que os créditos cedidos conservarão sua natureza e classificação para fins de preferência no processo falimentar.

Ressalvadas tais hipóteses, legalmente autorizadas (precatórios e falência), deve-se entender pela impossibilidade de cessão de créditos trabalhistas, tendo em vista o grande potencial de dar ensejo a situações abusivas e fraudulentas, em detrimento da parte hipossuficiente da relação jurídica de trabalho.

Nas situações em que se admita a cessão de créditos trabalhistas, deixa de existir competência da Justiça do Trabalho para processar a causa e praticar qualquer ato executivo, já que o crédito perde sua natureza de crédito decorrente de relação de trabalho, bem como todos os privilégios que a lei lhe assegura. Contudo, observe-se que o Supremo Tribunal Federal decidiu, em repercussão geral em sentido contrário. fixando a tese segundo a qual "A cessão de crédito alimentício não implica a alteração da natureza".[23] Embora o precedente não se refira especificamente a créditos trabalhistas, a amplitude da tese fixada leva à conclusão de que o entendimento se aplica na esfera da Justiça do Trabalho, a qual permanecerá

---

[20] Por exemplo: Processo: ED-E-RR – 632923-19.2000.5.04.5555 Data de Julgamento: 01/10/2009, Relator Ministro: João Batista Brito Pereira, Subseção I Especializada em Dissídios Individuais, Data de Publicação: DEJT 13/11/2009.

[21] Art. 78 – Ressalvados os créditos definidos em lei como de pequeno valor, os de natureza alimentícia, os de que trata o art. 33 deste Ato das Disposições Constitucionais Transitórias e suas complementações e os que já tiverem os seus respectivos recursos liberados ou depositados em juízo, os precatórios pendentes na data de promulgação desta Emenda e os que decorram de ações iniciais ajuizadas até 31 de dezembro de 1999 serão liquidados pelo seu valor real, em moeda corrente, acrescido de juros legais, em prestações anuais, iguais e sucessivas, no prazo máximo de dez anos, permitida a cessão dos créditos.

[22] § 5º Para os fins do disposto nesta Lei, os créditos cedidos a qualquer título manterão sua natureza e classificação. (Incluído pela Lei nº 14.112, de 2020)

[23] "PRECATÓRIO – CRÉDITO – CESSÃO – NATUREZA. A cessão de crédito não implica alteração da natureza" (RE 631537, Relator(a): MARCO AURÉLIO, Tribunal Pleno, julgado em 22/05/2020).

competente para a execução, dessa forma, mesmo após eventual cessão do crédito inscrito em precatório.

Por fim, embora o tema também seja controvertido, não há legitimação do credor sub-rogado para promover execução trabalhista, pelos mesmos motivos expostos quanto à cessão de crédito. Pela sub-rogação, alguém que paga a dívida de terceiro - em hipóteses legalmente previstas - se investe dos mesmos direitos e prerrogativas titularizadas pelo credor originário. Sucede que, se um terceiro quitar o débito trabalhista do executado, por se tratar de pessoa alheia à relação de trabalho, cessa a competência da Justiça do Trabalho para processar a causa. Assim, o credor sub-rogado deverá postular seus direitos na Justiça Comum.

4.2.2. *Legitimação passiva*

O legitimado passivo para a execução é o devedor, tal como retratado no título executivo.

Entretanto, podem assumir o polo passivo os herdeiros ou o espólio do devedor falecido.

Não é viável, no âmbito trabalhista, a assunção de débito por terceiro estranho à relação de emprego. Entretanto, determinadas operações societárias podem gerar sucessão trabalhista, acarretando a responsabilidade do terceiro.

Também são legitimados passivos para a execução trabalhista o responsável solidário e subsidiário. Sobre o tema da responsabilidade, ver item 9, abaixo.

4.3. Pressupostos específicos da execução: título e inadimplemento

A atividade executiva resulta na invasão da esfera patrimonial do devedor, com expropriação de seus bens a fim de satisfazer o direito do credor. Por tal motivo, a legislação só permite que o credor se use das vias executivas caso esteja munido de título executivo. Além disso, deve ter havido inadimplemento da obrigação referida no título.

Discute-se, em doutrina, se o título executivo teria natureza jurídica de ato jurídico ou de documento. Apesar do pouco interesse prático da discussão, pode-se considerar que o título executivo é um documento que retrata a existência de ato jurídico que, segundo a lei, tem aptidão para autorização a instauração da execução.

O mais importante é perceber que, se o exequente não junta título executivo, o procedimento de execução deve ser extinto sem resolução de mérito.

Além disso, só existem os títulos executivos expressamente criados por lei. Os particulares não podem pretender atribuir eficácia executiva a documentos fora do figurino legal; daí se diz haver taxatividade dos títulos executivos.

Para que o documento se caracterize como título executivo, a obrigação nele retratada deve ser líquida, certa e exigível (CPC, art. 783).[24] Liquidez significa que

---

[24] Art. 783 – A execução para cobrança de crédito fundar-se-á sempre em título de obrigação certa, líquida e exigível.

a obrigação deve estar previamente delimitada quanto à sua extensão (*quantum debeatur*); certeza quer dizer que o título não pode gerar dúvidas quanto à existência da obrigação; exigibilidade no sentido de que já deve ter havido o vencimento da dívida, por não estar sujeita a termo ou condição.

O reconhecimento de tais atributos não impede, entretanto, que o devedor impugne a existência ou até mesmo a exigibilidade da dívida por meio de mecanismos de defesa na execução. Por exemplo: o devedor pode arguir o pagamento, ou suscitar exceção de contrato não cumprido (CPC, art. 787)[25].

Depreende-se que só se pode instaurar a execução caso tenha havido o inadimplemento da obrigação, já que, antes desse momento, não se pode falar em exigibilidade. De fato, enquanto não houver o vencimento da dívida, o credor ainda não pode exigi-la, utilizando-se do aparato judicial para obter sua satisfação forçada.

5. TÍTULOS EXECUTIVOS

Conforme analisado, só existem os títulos executivos assim previstos pela lei. De acordo com a sua origem, os títulos podem ser judiciais ou extrajudiciais, os quais serão objeto de análise específica nos próximos tópicos.

Vale destacar, ainda, a inovação do art. 785 do CPC, no sentido de que a parte tem a prerrogativa de ajuizar ação de conhecimento, buscando a formação de título judicial, mesmo que já detenha título extrajudicial, o que supera a jurisprudência tradicional, que considerava inexistir interesse de agir nessa hipótese.[26]

5.1. Judiciais

O rol de títulos executivos judiciais é estabelecido pelo art. 515, *caput*, do CPC[27], segundo o qual em qualquer caso seria pertinente a figura do cumprimento.

---

[25] Art. 787 – Se o devedor não for obrigado a satisfazer sua prestação senão mediante a contraprestação do credor, este deverá provar que a adimpliu ao requerer a execução, sob pena de extinção do processo.

Parágrafo único. O executado poderá eximir-se da obrigação, depositando em juízo a prestação ou a coisa, caso em que o juiz não permitirá que o credor a receba sem cumprir a contraprestação que lhe tocar.

[26] Art. 785 – A existência de título executivo extrajudicial não impede a parte de optar pelo processo de conhecimento, a fim de obter título executivo judicial.

[27] Art. 515 – São títulos executivos judiciais, cujo cumprimento dar-se-á de acordo com os artigos previstos neste Título:

I – as decisões proferidas no processo civil que reconheçam a exigibilidade de obrigação de pagar quantia, de fazer, de não fazer ou de entregar coisa;

II – a decisão homologatória de autocomposição judicial;

III – a decisão homologatória de autocomposição extrajudicial de qualquer natureza;

IV – o formal e a certidão de partilha, exclusivamente em relação ao inventariante, aos herdeiros e aos sucessores a título singular ou universal;

V – o crédito de auxiliar da justiça, quando as custas, emolumentos ou honorários tiverem sido aprovados por decisão judicial;

VI – a sentença penal condenatória transitada em julgado;

VII – a sentença arbitral;

Contudo, é inegável que, nas hipóteses em que não houve prévio processo judicial na esfera cível (homologação de sentença estrangeira; sentença penal condenatória; decisão arbitral), haverá processo autônomo de execução, tanto que o devedor, nesses casos, deverá ser citado (e não apenas intimado) para o cumprimento de sentença no prazo de 15 dias (CPC, art. 515, § 1º).[28]

No Processo do Trabalho, a situação mais comum envolve a execução de sentenças condenatórias a prestações de pagar, fazer, não fazer ou dar. A execução da sentença condenatória faz-se, nos processos trabalhistas, mediante cumprimento de sentença cujo regramento primário é o estabelecido pela CLT.

Também são títulos executivos judiciais passíveis de cumprimento na Justiça do Trabalho a decisão que homologue acordo judicial ou extrajudicial (CLT, art. 855-B),[29] além da sentença (laudo) arbitral (CLT, art. 507-A).[30]

A execução das despesas judiciais relativas aos processos trabalhistas (honorários periciais e advocatícios, custas etc.) também se processa na Justiça do Trabalho, geralmente em conjunto com o crédito trabalhista. Nada impede, porém, que haja execução de tais despesas no caso de julgamento de improcedência, sobretudo nos casos em que o reclamante não for beneficiário da gratuidade de justiça.

Considerando a novidade do tema, serão analisados destacadamente o laudo arbitral e o acordo extrajudicial homologado em Juízo, ambos introduzidos no sistema processual trabalhista pela Lei nº 13.467/2017 (Reforma Trabalhista).

5.1.1. Acordo extrajudicial homologado em juízo

A Reforma inovou ao prever a competência das Varas do Trabalho para decidir quanto à homologação de acordo extrajudicial em matéria de competência da Justiça do Trabalho (CLT, art. 652, *f*).[31]

Passa a ser permitida, portanto, a chancela judicial de acordos firmados diretamente pelas partes da relação de trabalho fora do âmbito do Poder Judiciário. Após a homologação judicial, o acordo extrajudicial se torna título executivo judicial (CPC, art. 515, III).

O dispositivo não estabelece qualquer restrição temporal: assim, o acordo pode ser firmado e homologado no curso do contrato de trabalho, ou após sua extinção.

VIII – a sentença estrangeira homologada pelo Superior Tribunal de Justiça;

IX – a decisão interlocutória estrangeira, após a concessão do *exequatur* à carta rogatória pelo Superior Tribunal de Justiça.

28 Art. 515, § 1º – Nos casos dos incisos VI a IX, o devedor será citado no juízo cível para o cumprimento da sentença ou para a liquidação no prazo de 15 (quinze) dias.

29 Art. 855-B – O processo de homologação de acordo extrajudicial terá início por petição conjunta, sendo obrigatória a representação das partes por advogado.

30 Art. 507-A – Nos contratos individuais de trabalho cuja remuneração seja superior a duas vezes o limite máximo estabelecido para os benefícios do Regime Geral de Previdência Social, poderá ser pactuada cláusula compromissória de arbitragem, desde que por iniciativa do empregado ou mediante a sua concordância expressa, nos termos previstos na Lei nº 9.307, de 23 de setembro de 1996.

31 Art. 652 – Compete às Varas do Trabalho: (...)

f) decidir quanto à homologação de acordo extrajudicial em matéria de competência da Justiça do Trabalho.

Em geral, a jurisprudência sempre foi muito refratária à ideia de acordo extrajudicial, já que a situação típica do empregado, no Brasil, é de hipossuficiência (tem dificuldade financeira e, até mesmo, de compreensão de alguns aspectos jurídicos).

Muitas vezes, no cenário anterior à Reforma, empregado e empregador faziam acordo fora de juízo, combinando entre si alguma questão. O empregador poderia abusar dos seus poderes e conhecimento na confecção do acordo e dispor que o empregado dava quitação total pelo contrato de trabalho, ou seja, o empregado não poderia reclamar em Juízo nenhuma outra parcela.

Por sua vez, o empregado, por não compreender o que estava assinando, ou até mesmo que compreendesse, mas diante da situação de necessidade e hipossuficiência financeira, acabava aceitando firmar o acordo para receber parcelas como as verbas rescisórias. Isso porque o empregador poderia condicionar, por exemplo, o pagamento das verbas rescisórias à assinatura do acordo dando ao empregador quitação plena, total e irrestrita.

Claramente, tratava-se de situação que poderia gerar embaraços no acesso à justiça pelo trabalhador. Isso porque o empregado estaria impossibilitado de acessar o Poder Judiciário, por força de acordo feito fora de juízo, sem a presença de nenhuma autoridade estatal a fim de verificar, eventualmente, a renúncia injustificada de direitos e outras situações de abuso.

É por tal motivo que, na doutrina e na jurisprudência, sempre se teve muita cautela quanto à homologação de acordo extrajudicial; alguns até a admitiam, mas o juiz precisava ter vários cuidados com relação ao acordo.[32] De outro lado, havia opiniões no sentido de ser incabível a celebração e homologação de acordos extrajudiciais, em virtude do caráter cogente (obrigatórios) das normas trabalhistas.

A previsão de competência trazida pela Reforma no art. 652, *f*, apresenta pontos positivos:

- (i) desestimula as lides simuladas: tem-se por lides simuladas aquelas lides que não existem, em que as partes simulam que estão litigando, que estão em confronto, mas, na verdade, só visam à celebração de acordo. Exemplo: empregado ajuíza reclamação trabalhista, em que, tanto empregado, quanto empregador, comparecem em audiência, e realizam acordo no processo apenas para ter a homologação/ chancela judicial, e a segurança jurídica daí decorrente.

O acordo extrajudicial homologado judicialmente possui força de coisa julgada (aí está, portanto, o mérito do dispositivo); ou seja, o acordo feito pelo patrão e o empregado, de forma extrajudicial, levado à homologação pelo Juiz do Trabalho, apresenta o mesmo valor que uma decisão judicial com trânsito em julgado e não pode ser modificado, ressalvada a possibilidade de ação anulatória nos termos da lei.

- (ii) redução da litigiosidade: reduz o número de ações instauradas; as ações ajuizadas serão aquelas em que realmente exista o conflito.

---

32 Nesse sentido, por exemplo, SCHIAVI, *op. cit.*, p. 832.

– (iii) aumento da segurança jurídica: as partes sabem que a homologação do acordo extrajudicial estabilizará sua situação jurídica, diante da formação de coisa julgada material.

Contudo, há ponto negativo digno de nota: risco de utilização do Poder Judiciário como órgão homologador de rescisões de contrato de trabalho.

A Reforma Trabalhista extinguiu a previsão de homologação de rescisão do contrato de trabalho pelo sindicato ou Ministério do Trabalho e Previdência (CLT, art. 477, § 1º).[33] O objetivo da previsão legal de homologação era proteger o empregado, garantindo o mínimo de segurança jurídica às partes na extinção do contrato de trabalho.

Caso seja feita ampla e indiscriminadamente a homologação judicial de acordos extrajudiciais, na prática pode-se ter a substituição do órgão homologador, que antes era o sindicato ou Ministério do Trabalho e Previdência, e a partir da Reforma passaria a ser o Poder Judiciário Trabalhista.

Além disso, a homologação judicial é muito mais segura, principalmente para o empregador, em função da eficácia de coisa julgada material.

No entanto, não se pode admitir que o Poder Judiciário passe a atuar como órgão homologador das rescisões, tal como lhe tivesse sido transferida a competência que antes era do Sindicato e do Ministério do Trabalho e Previdência.

Esse é o grande risco da nova previsão do art. 652, *f*.

Recomendável, portanto, que haja muita cautela por parte dos Juízes do Trabalho no que tange à homologação de acordos extrajudiciais.

Nesse contexto, duas soluções (não excludentes) despontam para evitar a utilização da Justiça do Trabalho como órgão homologador de rescisões de contrato de trabalho: condenação em despesas processuais e recusa de homologação em determinadas hipóteses.

Assim, jamais se deve isentar do pagamento de custas uma situação de homologação de acordo extrajudicial; se as partes optam por levar o acordo para homologação pelo Poder Judiciário, deverão arcar com as custas e demais despesas do processo.

As custas incidirão na razão de 2% (dois por cento) sobre o valor do acordo homologado e, se de outra forma não for convencionado, o seu pagamento caberá em partes iguais aos litigantes (CLT, art. 789, *caput* e § 3º).[34]

---

[33] Art. 477 – § 1º – O pedido de demissão ou recibo de quitação de rescisão do contrato de trabalho, firmado por empregado com mais de 1 (um) ano de serviço, só será válido quando feito com a assistência do respectivo Sindicato ou perante a autoridade do Ministério do Trabalho.

[34] Art. 789 – Nos dissídios individuais e nos dissídios coletivos do trabalho, nas ações e procedimentos de competência da Justiça do Trabalho, bem como nas demandas propostas perante a Justiça Estadual, no exercício da jurisdição trabalhista, as custas relativas ao processo de conhecimento incidirão à base de 2% (dois por cento), observado o mínimo de R$ 10,64 (dez reais e sessenta e quatro centavos) e o máximo de quatro vezes o limite máximo dos benefícios do Regime Geral de Previdência Social, e serão calculadas: (...)

§ 3º – Sempre que houver acordo, se de outra forma não for convencionado, o pagamento das custas caberá em partes iguais aos litigantes.

Ademais, os juízes devem ser rigorosos na avaliação da discriminação das parcelas sujeitas à incidência de contribuições previdenciárias e fiscais, de modo a não lesar a Fazenda Pública e não beneficiar financeiramente aqueles que optam por levar ao Judiciário a homologação de acordo extrajudicial (CLT, art. 832, § 3º).[35]

A cobrança das custas e o rigor na discriminação das parcelas fiscais e previdenciárias, se não constituir desestímulo efetivo ao ajuizamento de ações de homologação de acordos extrajudiciais, no mínimo não irá causar o efeito reverso consistente em se estimular a desnecessária submissão das rescisões de contrato de trabalho ao Judiciário.

Não é pertinente a cobrança de honorários advocatícios sucumbenciais, já que a homologação de acordo extrajudicial é procedimento de jurisdição voluntária em que não haverá vencidos ou vencedores. Contudo, a necessidade de que cada parte pague honorários contratuais ao respectivo advogado deve contribuir para que se evite a submissão indiscriminada de rescisões contratuais à Justiça do Trabalho.

No atual cenário legislativo, é inviável - por falta de previsão legal - a punição por litigância de má-fé ou ato atentatório à dignidade de jurisdição caso o Juiz do Trabalho deixe de homologar o acordo por considerá-lo fraudulento. Eventualmente, a situação pode autorizar a intervenção do Ministério Público do Trabalho ou do Ministério Público Federal, caso se constate a prática de crimes ou a violação a direitos individuais ou sociais indisponíveis, no bojo de procedimento de homologação de acordo extrajudicial.

De *lege ferenda*, seria interessante que o legislador estabelecesse a possibilidade de aplicação de sanções processuais para os casos em que se deixasse de proceder à homologação em virtude da existência de vício no acordo extrajudicial submetido ao Judiciário. Tal previsão teria o potencial de inibir o ajuizamento de petições de homologação de acordo em hipóteses de fraude ou de acordo inválido.

Além disso, deve-se atentar para as situações em que o Juiz do Trabalho pode se recusar a homologar acordo extrajudicial. Sobre o tema, importante observar a Súmula 418 do TST, que estipula ser a homologação de acordo faculdade do juiz, inexistindo direito líquido e certo tutelável pela via do mandado de segurança.

A redação da Súmula é passível de crítica, pois dá a entender que o juiz seria livre para homologar, ou não, homologar acordo extrajudicial, de acordo com seu livre alvedrio. O verbete foi alterado pelo TST para se adequar ao CPC/15. Antes dessa alteração, a Súmula previa também que a concessão ou o indeferimento de liminar igualmente seriam faculdades do juiz.

Ora, o juiz não tem opção, faculdade, juízo de conveniência e oportunidade para deferir ou indeferir a liminar a seu bel-prazer. O mesmo raciocínio vale para a homologação de acordo judicial ou extrajudicial.

---

35 Art. 832, § 3º - As decisões cognitivas ou homologatórias deverão sempre indicar a natureza jurídica das parcelas constantes da condenação ou do acordo homologado, inclusive o limite de responsabilidade de cada parte pelo recolhimento da contribuição previdenciária, se for o caso.

De fato, a função jurisdicional não comporta a realização de juízos discricionários de conveniência e oportunidade. Ao contrário, o juiz pode e deve deixar de homologar acordo caso exista situação de risco, de fraude, entre o empregado e o empregador para prejudicar terceiros, de acordo altamente lesivo ao trabalhador, em que está renunciando direitos líquidos e certos sem qualquer justificativa plausível.

Nessas situações, o juiz deve portar-se com cautela e não homologar o acordo. Trata-se, portanto, de dever, e não de faculdade.

Logo, ainda que a Súmula 418 fale em *faculdade*, não é disso que se trata na realidade.

O procedimento para a homologação judicial de acordos extrajudiciais foi estudado no Capítulo XIII, item 8, no qual também se tratou sobre a formação de coisa julgada nos casos de rejeição da homologação pelo juiz.

5.1.2. Laudo arbitral

A discussão sobre a possibilidade, ou não, da utilização da arbitragem no campo trabalhista é tema que sempre foi muito polêmico na doutrina e na jurisprudência.

A arbitragem é método de solução extrajudicial de conflito. Embora haja certa controvérsia, deve-se considerar que se trata de espécie de heterocomposição, pois o árbitro – embora escolhido de acordo com a vontade dos interessados – tem o poder de julgar o conflito, e sua decisão vincula as partes, que devem observá-la.

No sistema processual brasileiro, entretanto, o árbitro não tem poder para executar suas próprias decisões, caso as partes não as cumpram espontaneamente. Daí decorre que a sentença arbitral é título executivo judicial (CPC, art. 515, VII), cuja efetivação se dá através de processo autônomo de execução.

A previsão de arbitragem indiscriminada no Processo do Trabalho, na realidade brasileira, apresenta o preocupante potencial de violar o acesso à justiça por parte do trabalhador. Isso porque, uma vez instituída a arbitragem, a matéria decidida pelo árbitro não pode ser levada, em princípio, ao Poder Judiciário.

De outro lado, o uso da arbitragem contribuirá para a redução do quantitativo de processos levados ao Poder Judiciário, do que resultará a prestação jurisdicional mais célere e eficiente.

A interpretação do novo art. 507-A, da CLT, portanto, deve ser feita sob o enfoque do princípio constitucional do acesso à justiça (CF, art. 5º, XXXV).

A doutrina majoritária sempre apontou, como óbice à arbitragem, o fato de que os direitos trabalhistas, em geral, são indisponíveis e irrenunciáveis pelo trabalhador. A exceção se daria quanto aos conflitos coletivos de trabalho, em virtude de expresso permissivo constitucional (CF, art. 114, § 2º).[36]

[36] Art. 114, § 2º – Recusando-se qualquer das partes à negociação coletiva ou à arbitragem, é facultado às mesmas, de comum acordo, ajuizar dissídio coletivo de natureza econômica, podendo a Justiça do Trabalho

Alguns autores alvitravam, ainda, a possibilidade de arbitragem nos conflitos individuais que envolvessem altos empregados, em relação aos quais a hipossuficiência e a subordinação são rarefeitas.

O conceito de alto empregado é fluido, o que, geralmente, dá margem a diversas interpretações. Porém, em síntese, diz respeito ao grande executivo, ao diretor de uma empresa, a um gerente com cargo alto, enfim, a pessoas que tenham capacidade econômica maior, que recebam salários maiores, e que possuam maior capacidade de compreensão. Seriam, pois, empregados que estariam em plano de igualdade com a empresa, inexistindo hipossuficiência e sendo bastante atenuada (ou até inexistente) a subordinação.

É verdade que a arbitragem somente pode ser aplicada a direitos patrimoniais disponíveis (Lei nº 9.307/96, art. 1º). É certo, ainda, que a maioria dos direitos trabalhistas – sobretudo aqueles atinentes à segurança, higiene e saúde do trabalho – são irrenunciáveis antes e durante a existência da relação de emprego.

De fato, é preciso levar em conta a hipossuficiência do trabalhador. O trabalhador, no mais das vezes, está em situação de inferioridade no plano econômico e jurídico; geralmente, o empregador é quem detém maior conhecimento e, principalmente, é quem dita as regras do contrato de trabalho (poder diretivo do empregador), enquanto o empregado é subordinado e deve cumprir ordens do empregador.

Nesse cenário, seria muito fácil para o empregador inserir uma cláusula de arbitragem no contrato de trabalho do empregado, de modo que qualquer conflito seria levado para o árbitro, e não para o Poder Judiciário. O empregado pouco ou nada poderia fazer a respeito: sua negativa em aderir à arbitragem resultaria presumidamente na perda do emprego.

Justificável, portanto, a cautela que sempre existiu, bem como o entendimento majoritário que sustentava não se aplicar a arbitragem no Processo do Trabalho.

Perceba-se, entretanto, que, uma vez cessada a relação empregatícia, os direitos eventualmente violados convertem-se, inevitavelmente, em direitos de crédito. Passam a ser, portanto, plenamente disponíveis. Tanto é assim que o trabalhador pode optar por não acionar o Judiciário Trabalhista na busca desses mesmos direitos.

É falacioso, portanto, o argumento de que a arbitragem nos dissídios individuais trabalhistas violaria em qualquer hipótese o princípio do acesso à justiça (CF, art. 5º, XXXV). Ora, quem pode optar por não exercer o direito de ação, deve poder, com muito mais razão, levar eventual conflito de interesses para o árbitro, que é terceiro alheio ao Poder Judiciário. A liberdade individual deve ser respeitada pelo Estado.

Veja-se que a Reforma Trabalhista prevê, aparentemente, a possibilidade irrestrita de arbitragem desde que o empregado tenha remuneração superior a duas vezes o teto dos benefícios do INSS. Assim, quando da entrada em vigor da Lei nº 13.467/2017, a se adotar interpretação literal, poderia ser estabelecida cláusula

---

decidir o conflito, respeitadas as disposições mínimas legais de proteção ao trabalho, bem como as convencionadas anteriormente.

compromissória arbitral desde que a remuneração fosse superior a aproximadamente R$ 11 mil reais. Em janeiro de 2023, o teto do INSS estava fixado em R$ 7.507,49 (sete mil, quinhentos e sete reais e quarenta e nove centavos), de modo que a arbitragem poderia ser instituída desde a remuneração do empregado fosse superior a R$ 15.014,98.

No entanto, o texto contém ambiguidades e imprecisões que resultam em conclusão diferente.

De fato, convenção de arbitragem é o negócio jurídico por força do qual as partes de determinada relação jurídica resolvem submeter conflito dela decorrente a um árbitro. Trata-se de gênero que abrange duas espécies: (i) cláusula compromissória, firmada preventivamente, ou seja, antes de haver qualquer litígio, convenciona-se que eventual conflito será submetido à arbitragem; (ii) compromisso arbitral, que se refere a litígio já existente.

Diante de tais conceitos, note-se que há incongruência no novo dispositivo legal. O art. 507-A trata de cláusula compromissória (estabelecida antes de existir o conflito): seria a situação em que empregado e empregador firmam contrato de trabalho, dispondo nesse instrumento que, se vier a surgir eventual lide, o conflito será julgado por um árbitro, retirando do Poder Judiciário a possibilidade de julgamento.

Contudo, a redação do dispositivo afirma que pode ser pactuada a cláusula compromissória *desde que por iniciativa do empregado ou mediante a sua concordância expressa*. Nitidamente, a redação legal se inspirou em decisões do Superior Tribunal de Justiça a respeito da instituição da arbitragem no âmbito do Direito do Consumidor.

O STJ sempre foi muito cauteloso em admitir a arbitragem no Direito do Consumidor, já que o consumidor é a parte hipossuficiente (assim como o trabalhador – visualiza-se a aproximação entre o Direto do Consumidor e o Direito do Trabalho).[37]

O entendimento do STJ é salutar, já que, sendo o fornecedor uma grande empresa, tem condições de impor cláusulas sem que o consumidor possa discuti-las; em regra, o consumidor e o fornecedor não estão em plano de igualdade, da mesma forma que o empregador e o trabalhador também não estão. Nas duas hipóteses, está-se diante de contratos de adesão.

O STJ entende que pode haver previsão de cláusula compromissória no contrato de consumo (antes de existir o litígio); contudo, isso não pode impedir o consumidor de acessar o Poder Judiciário, caso queira.

Dessa forma, fazer uso, ou não, da arbitragem é opção do consumidor. Na ótica do Superior Tribunal de Justiça, caso prefira, o consumidor pode ajuizar ação contra o fornecedor de produtos e serviços. A arbitragem é apenas mais uma alternativa à sua disposição. Essa interpretação tem o grande mérito de estimular os mecanis-

[37] Veja-se, exemplificativamente, a seguinte ementa: "*a cláusula compromissória só virá a ter eficácia caso este aderente venha a tomar a iniciativa de instituir a arbitragem, ou concorde, expressamente, com a sua instituição. (...) os autos revelam contrato de adesão de consumo em que fora estipulada cláusula compromissória. Apesar de sua manifestação inicial, a mera propositura da presente ação pelo consumidor é apta a demonstrar o seu desinteresse na adoção da arbitragem*" (REsp 1.189.050/SP, Rel. Ministro LUIS FELIPE SALOMÃO, QUARTA TUMA, julgado em 01/03/2016, DJe 14/03/2016).

mos alternativos de resolução de conflitos e, simultaneamente, não causar qualquer prejuízo ao acesso à Justiça por parte do hipossuficiente.

Assim, a cláusula compromissória, embora prevista no contrato de consumo, só terá eficácia (entendida a expressão como possibilidade de produção de efeitos) caso o aderente (consumidor) tome a iniciativa de instituir a arbitragem.

A segunda situação admitida pelo STJ é a de concordância expressa do consumidor quanto à instituição da arbitragem. É a hipótese em que o fornecedor leva a questão ao juízo arbitral e o consumidor, em sua defesa, concorda expressamente (não tacitamente – o silêncio não vale para o STJ) com a arbitragem.

Feita essa análise, conclui-se que o texto do novo art. 507-A da CLT é bastante semelhante à redação utilizada pelo STJ em seus acórdãos. Sem dúvida, o novo dispositivo se inspirou na jurisprudência da Corte.

O raciocínio empregado pelo STJ pode e deve ser utilizado como referência quanto ao tema da arbitragem no Processo do Trabalho, tendo em vista a similaridade das situações jurídicas de consumidor e de trabalhador, ambas pautadas na hipossuficiência.

Isso porque, presumidamente, caso o potencial empregado se recuse a concordar com a instituição de cláusula compromissória no contrato de trabalho, o empregador não o contratará, preferindo, ao revés, outra pessoa que aceite se submeter à cláusula.

De fato, o empregado comum (mesmo que receba remuneração superior ao dobro do teto de benefícios do INSS), não tem condições de discutir a cláusula compromissória com o futuro patrão, pois o contrato de trabalho é de adesão.

Assim, a conclusão a que se chega, embora não esteja explícita no art. 507-A, é no sentido de que as partes podem prever a arbitragem no contrato de trabalho, mas a cláusula compromissória somente será eficaz caso o empregado opte, livremente, por levar a questão para o árbitro; ou quando o trabalhador manifestar expressamente sua concordância com a arbitragem perante o próprio juízo arbitral.

Importante destacar, ainda, que a manifestação de vontade do empregado deve ser isenta de vícios, como a coação, o erro e o dolo, que podem resultar – caso comprovadas – na anulabilidade da submissão do litígio à arbitragem (Código Civil, art. 138 e seguintes).

Caso o empregado opte por levar a questão para Justiça do Trabalho, não se deve acolher o entendimento de que a cláusula compromissória impossibilite a análise pelo Judiciário. Reitere-se: trata-se de opção do empregado, assim como é uma opção do consumidor. Se o consumidor é hipossuficiente e o trabalhador também o é, o raciocínio é idêntico para os dois.

Nesse contexto, é criticável o texto do art. 507-A da CLT, por ter utilizado de forma atécnica a expressão cláusula compromissória, que apresenta sentido técnico muito preciso e bem estabelecido no Direito brasileiro. Fala-se em cláusula compromissória por iniciativa do empregado, o que é inconcebível, pois quando se firma uma cláusula compromissória sequer se sabe se haverá, ou não, litígio. A iniciativa de qualquer das partes só pode existir quando o conflito de interesses já tiver surgido.

Em suma, a interpretação mais adequada é no sentido de que passa a ser possível o uso da arbitragem no âmbito trabalhista, desde que se façam presentes, cumulativamente, os seguintes requisitos: (i) o empregado deve ter remuneração superior ao dobro do teto dos benefícios do INSS; (ii) o empregado deve tomar a iniciativa de levar a questão ao juízo arbitral, ou concordar expressamente caso o empregador o faça; (iii) as partes (empregado e empregador) devem ter celebrado previamente cláusula compromissória (antes de existir o conflito) ou compromisso arbitral (após o surgimento da lide).

Considerando a ambiguidade e atecnia do novo art. 507-A, o tema certamente gerará decisões conflitantes nos Tribunais Trabalhistas, até que se pacifique a questão.

5.2. Extrajudiciais

O art. 876 da CLT prevê alguns títulos executivos extrajudiciais típicos do Processo do Trabalho: os termos de ajuste de conduta firmados perante o Ministério Público do Trabalho e os termos de conciliação firmados perante as Comissões de Conciliação Prévia.

Contudo, é pacífico que o referido dispositivo não apresenta rol taxativo. Assim, há outros títulos executivos extrajudiciais, tais como a CDA (certidão da dívida ativa) relativa a penalidades administrativas aplicadas pelos órgãos da fiscalização do trabalho; e judiciais, como a sentença penal condenatória, que estabeleça o dever de indenizar para uma das partes da relação de trabalho.

Além disso, há situações polêmicas, como a execução de títulos de crédito, que serão analisadas destacadamente em seguida.

5.2.1. Termo de Ajustamento de Conduta

Termo de Ajustamento de Conduta (TAC) é o instrumento utilizável pelos órgãos legitimados ao ajuizamento de ação civil pública, por meio do qual a pessoa jurídica ou física que esteja violando interesses e direitos metaindividuais se compromete a adequar sua conduta aos ditames legais (Lei nº 7.347/85, art. 5º, § 6º).[38]

Do ponto de vista ontológico, sua natureza jurídica é de negócio jurídico bilateral *sui generis*, pois inegavelmente há algumas concessões por parte do órgão público, como a concessão de prazo para o ajustamento da conduta e a fixação de multa pelo descumprimento do pactuado. Não se trata de transação, já que o Ministério Público – ou outros órgãos públicos legitimados – não podem dispor do interesse público. Ademais, tendo em vista a necessária participação da entidade pública em sua formação, não pode o TAC ser considerado ato unilateral, como propugna parcela da doutrina.

---

[38] Lei nº 7.347/85, Art. 5º, § 6º Os órgãos públicos legitimados poderão tomar dos interessados compromisso de ajustamento de sua conduta às exigências legais, mediante cominações, que terá eficácia de título executivo extrajudicial.

Contudo, do ponto de vista processual, o TAC é título executivo extrajudicial, previsto expressamente na legislação processual trabalhista (CLT, art. 876).[39] Assim, a multa cominatória fixada no bojo de TAC tem a natureza de *astreintes*, constituindo mecanismo de coerção, que visa a compelir o devedor a cumprir a obrigação de fazer estabelecida – execução indireta.

Destarte, plenamente aplicável ao TAC o disposto no art. 814, parágrafo único, do CPC[40], sendo possível a redução da multa pelo Juiz, caso se revele excessiva. Tal análise deve ser feita no caso concreto, observando-se a razoabilidade e a boa-fé do infrator.

Ademais, cabe observar que a multa prevista no TAC não é cláusula penal, razão por que não incide a limitação do art. 412 do Código Civil, segundo o qual o valor da cominação não pode exceder o da obrigação principal. A uma, porque a cláusula penal é instituto relacionado aos contratos tipicamente privados, em relação aos quais se aplica amplamente a autonomia da vontade, o que não é o caso do TAC, em função de sua natureza jurídica, já analisada. A duas, porque comumente o TAC está associado a direitos não patrimoniais, como a tutela do meio ambiente, descabendo cogitar do valor de uma *obrigação principal*, até mesmo em função do princípio da primazia da tutela específica (CPC, art. 499)[41].

5.2.2. Acordo em Comissão de Conciliação Prévia

O acordo firmado pelas partes da relação de trabalho perante Comissão de Conciliação Prévia é título executivo extrajudicial. Assim, uma vez inadimplidas as obrigações estabelecidas pelas partes, cabível o ajuizamento de ação executiva na Justiça do Trabalho.

Cabe ressaltar que a jurisprudência do TST entende que o acordo firmado perante a CCP, possui eficácia liberatória geral, exceto quanto às parcelas ressalvadas expressamente.[42] Somente por ação anulatória, na qual fique comprovado algum vício que justifique a nulidade ou anulabilidade do acordo, pode ser desconstituído o termo de conciliação.

---

39 Art. 876 – As decisões passadas em julgado ou das quais não tenha havido recurso com efeito suspensivo; os acordos, quando não cumpridos; os termos de ajuste de conduta firmados perante o Ministério Público do Trabalho e os termos de conciliação firmados perante as Comissões de Conciliação Prévia serão executados pela forma estabelecida neste Capítulo.

40 Art. 814 – Na execução de obrigação de fazer ou de não fazer fundada em título extrajudicial, ao despachar a inicial, o juiz fixará multa por período de atraso no cumprimento da obrigação e a data a partir da qual será devida.

Parágrafo único. Se o valor da multa estiver previsto no título e for excessivo, o juiz poderá reduzi-lo.

41 Art. 499 – A obrigação somente será convertida em perdas e danos se o autor o requerer ou se impossível a tutela específica ou a obtenção de tutela pelo resultado prático equivalente.

42 TST-E-RR-17400-43.2006.5.01.0073, SBDI-I, rel. Min. Aloysio Corrêa da Veiga, 8.11.2012.

5.2.3. *Certidão de Dívida Ativa*

Com a Emenda Constitucional 45/2004, a Justiça do Trabalho passou a ser competente, por força do art. 114, VII, da Constituição, para apreciar as ações decorrentes das penalidades administrativas impostas aos empregadores pelos órgãos da fiscalização do trabalho, o que inclui a execução dos créditos inscritos em dívida ativa. Trata-se de mais um exemplo de execução de título extrajudicial, admitido pacificamente pela doutrina e jurisprudência, e não previsto no art. 876 da CLT, cujo rol é exemplificativo, portanto.

No caso de execução fiscal na Justiça do Trabalho (o que inclui as penalidades administrativas aplicadas pelo Ministério do Trabalho e Previdência), aplicam-se primariamente os dispositivos da Lei de Execuções Fiscais (Lei nº 6.830/80) e, na sua omissão, os dispositivos da CLT e do CPC.

5.2.4. *Títulos de crédito*

Há intensa discussão doutrinária e jurisprudencial acerca da possibilidade de execução de títulos de crédito na Justiça do Trabalho. Sempre foi predominante o entendimento de ser incabível tal espécie de execução, já que os títulos de crédito gozam do atributo da ampla circulabilidade, razão pela qual se desvinculam da relação jurídica de que se originam. Além disso, em sua maioria, os títulos de crédito são não causais, constituindo relações jurídicas autônomas e independentes da relação jurídica subjacente que lhes dá origem.

Assim, é inviável, segundo essa ótica, aplicar subsidiariamente ao Processo do Trabalho o art. 784, I, do CPC[43], justamente pela ausência de competência da Justiça do Trabalho.

Contudo, destaque-se que a Instrução Normativa 39/2016 do TST admite, no art. 13, a aplicação supletiva do art. 784, I, do CPC, reconhecendo o caráter de título executivo extrajudicial ao cheque e à nota promissória emitidos em reconhecimento de dívida inequivocamente de natureza trabalhista.

Embora o tema seja controvertido, note-se que a referida Instrução Normativa não se sobrepõe à lei, e não houve qualquer alteração legislativa que justifique a modificação do entendimento já consolidado acerca da impossibilidade de execução de títulos de crédito na Justiça do Trabalho.

De fato, perquirir a causa de emissão do cheque ou da nota promissória (títulos não causais por excelência), para aferir se decorrente de relação de trabalho, parece desnaturar sua condição de título executivo, ao trazer para o processo de execução discussão atinente à *causa debendi*, o que amplia o espectro de cognição. Em reforço, destaque-se que essa opção feita pela Instrução Normativa desprestigia o contraditório, pois o executado somente poderá discutir a origem da dívida (provando, por exemplo, que não se trata de título de crédito oriundo da relação de trabalho) após

[43] Art. 784 – São títulos executivos extrajudiciais: I – a letra de câmbio, a nota promissória, a duplicata, a debênture e o cheque (...).

a garantia do juízo, ou seja, já terá sofrido constrição patrimonial (CLT, art. 884; Lei nº 6.830/80, art. 16, § 1º).

Por fim, saliente-se que os títulos de crédito podem ser usados como meio de prova na ação monitória manejada na Justiça do Trabalho (CPC, art. 700).

6. CLASSIFICAÇÃO

6.1. Execução provisória e execução definitiva. Carta de sentença

A execução diz-se definitiva quando fundada em título executivo judicial transitado em julgado, ou em título executivo extrajudicial; e provisória, quando se basear em título judicial impugnado por recurso desprovido de efeito suspensivo.

No Processo do Trabalho, como a regra geral é a inexistência de efeito suspensivo aos recursos, em princípio a execução provisória sempre pode ser promovida por iniciativa do interessado (CLT, art. 899).

Atualmente, não há mais a figura da *carta de sentença* no Direito Processual brasileiro. Isso porque o cumprimento provisório de sentença, embora tramite em autos apartados (o que é necessário porque os autos principais devem seguir para o Tribunal a fim de julgamento do recurso) deve ser requerido por meio de petição dirigida ao Juízo competente, sendo que, quando o processo for eletrônico, sequer haverá necessidade de juntar cópias de peças do processo principal, pois este fica integralmente disponível para consulta no primeiro grau de jurisdição.

Quando o processo não for eletrônico, o próprio advogado do exequente provisório deverá juntar as peças necessárias e as declarar autênticas, sob pena de responsabilidade pessoal (CPC, art. 522, *caput* e parágrafo único).[44]

Assim, não há espaço para o procedimento burocrático da carta de sentença, segundo o qual, antes de promover a execução provisória, o exequente deveria obter em cartório as cópias das peças, com a autenticação pelo juiz ou pelo diretor de secretaria.[45] Alguns autores, entretanto, continuam fazendo menção à carta de sentença como instrumento que autoriza o início da execução provisória.[46]

As peculiaridades procedimentais da execução provisória serão analisadas no Capítulo XXXIII.

---

[44] Art. 522 – O cumprimento provisório da sentença será requerido por petição dirigida ao juízo competente.
Parágrafo único. Não sendo eletrônicos os autos, a petição será acompanhada de cópias das seguintes peças do processo, cuja autenticidade poderá ser certificada pelo próprio advogado, sob sua responsabilidade pessoal:

I – decisão exequenda;

II – certidão de interposição do recurso não dotado de efeito suspensivo;

III – procurações outorgadas pelas partes;

IV – decisão de habilitação, se for o caso;

V – facultativamente, outras peças processuais consideradas necessárias para demonstrar a existência do crédito.

[45] Com a mesma opinião, DIDIER, *op. cit.*, p. 194.

[46] Como CAIRO JÚNIOR, *op. cit.*, p. 861.

6.2. Execução direta e execução indireta

A execução é chamada de *direta* quando consiste na prática de atos típicos de invasão da esfera patrimonial do devedor, com o objetivo de satisfazer o direito do credor. Inicia-se com os atos de constrição de bens (penhora ou arresto), passa pelos atos de expropriação (arrematação, adjudicação, alienação por iniciativa particular e usufruto), e culmina com a entrega de dinheiro ao exequente.

Já a execução indireta se caracteriza pelo uso de mecanismos coercitivos tendentes a compelir o devedor a praticar determinada conduta. O juiz (ou a lei) estabelece sanções para a hipótese de não ser adotado o comportamento esperado (sanção punitiva - exemplo: multa diária para o caso de descumprimento de obrigação de fazer), ou algum benefício para o devedor que voluntariamente cumpra a obrigação contida no título executivo (sanção premial - exemplo: isenção de custas e redução de honorários advocatícios sucumbenciais caso cumprido espontaneamente o mandado monitório, conforme art. 701, *caput* e § 1º do CPC)[47].

Depreende-se que a execução direta dá ensejo a atos de desapossamento de bens do devedor, sendo também chamada, por isso, de execução por sub-rogação, já que o Estado-juiz substitui a vontade do devedor, a qual se torna afinal irrelevante para atendimento do direito do credor.

Diferentemente, na execução indireta, o próprio devedor realiza a prestação a que obrigado - muito embora o Judiciário tenha utilizado mecanismos de coerção que possam ter gerado essa vontade. Por tal razão, há posicionamentos doutrinários que não consideram a execução indireta como atividade verdadeiramente executiva, cuja essência seria a atuação estatal independentemente - e até mesmo contra - a vontade do devedor.

6.2.1. Meios executivos atípicos: apreensão de CNH e de passaporte do executado

Tema ainda relativamente novo e polêmico diz respeito à amplitude do poder-dever titularizado pelos magistrados para a efetivação das decisões judiciais, especialmente no que concerne à apreensão da carteira nacional de habilitação (CNH) e passaporte do executado.

A discussão diz respeito à possibilidade de utilização de meios executivos atípicos, por força do art. 139, IV, do CPC.[48]

---

[47] Art. 701 - Sendo evidente o direito do autor, o juiz deferirá a expedição de mandado de pagamento, de entrega de coisa ou para execução de obrigação de fazer ou de não fazer, concedendo ao réu prazo de 15 (quinze) dias para o cumprimento e o pagamento de honorários advocatícios de cinco por cento do valor atribuído à causa.

§ 1º - O réu será isento do pagamento de custas processuais se cumprir o mandado no prazo.

[48] Art. 139 - *O juiz dirigirá o processo conforme as disposições deste Código, incumbindo-lhe: (...) IV - determinar todas as medidas indutivas, coercitivas, mandamentais ou sub-rogatórias necessárias para assegurar o cumprimento de ordem judicial, inclusive nas ações que tenham por objeto prestação pecuniária.*

De fato, ao lado da chamada *execução direta* (= execução por substituição da vontade do devedor, mediante a prática de atos de penhora e subsequente expropriação do patrimônio do devedor), abriu-se a possibilidade de execução indireta nas obrigações de pagar quantia. A execução indireta se caracteriza pela indução do comportamento do devedor, através de mecanismos de coerção como a aplicação de multas periódicas (*astreintes*), busca e apreensão, interdição de estabelecimento etc.

Nesse contexto, a apreensão de passaporte e da CNH, entre outros mecanismos atípicos, seriam mecanismos indutivos: o devedor seria *estimulado* a cumprir espontaneamente a obrigação prevista no título executivo, para poder recuperar o documento.

A utilização de medidas executivas atípicas consiste em aplicação específica do princípio da proporcionalidade, de modo que os seguintes elementos deverão ser sopesados nos casos concretos:

- (i) adequação: o uso de medidas atípicas deve ser adequado à satisfação do crédito exequendo. Isso ocorrerá quando houver indícios de ocultação patrimonial. Deve-se relembrar que a execução não é cenário para a prática de atos emulativos pelo credor, contra o devedor; regem-na os princípios da utilidade e da patrimonialidade, de modo que não faria sentido (*i.e.*, não seria adequado) o uso de meios atípicos se não há indícios de que o devedor esteja ocultando patrimônio apto a satisfazer a dívida;
- (ii) necessidade: os meios atípicos somente podem ser usados de forma subsidiária, vale dizer, apenas quando forem frustrados os meios tradicionais de execução (= execução por sub-rogação). Não se pode, em princípio, iniciar o procedimento executivo diretamente com a realização de medidas atípicas, justamente porque os meios típicos são menos gravosos ao devedor e podem ser suficientes para a satisfação do crédito;
- (iii) custo-benefício ou proporcionalidade em sentido estrito: aqui, cabe ponderar o custo-benefício da medida atípica, tendo em vista o objetivo de satisfação da execução em face do prejuízo que será experimentado pelo devedor. Se for excessivamente gravosa, ainda que seja, em tese, adequada e necessária, a medida executiva atípica deve ser indeferida, já que a relação custo-benefício a desaconselha. Exemplo: se o executado depender do passaporte para exercer sua atividade profissional, pode não haver proporcionalidade em sentido-estrito, conforme já decidido pelo TST.[49]

[49] Habeas corpus. Retenção de passaporte do executado. Medida atípica para forçar o cumprimento de decisão judicial. Necessidade profissional do documento.

É cabível o habeas corpus contra ato que determinou a suspensão de passaporte, como medida atípica da execução, com fulcro no art. 139, IV do CPC de 2015, visto que tal medida frustra direito de locomoção do indivíduo para além dos limites territoriais do país. No caso, o remédio constitucional foi impetrado contra acórdão prolatado pelo Tribunal Regional que denegou ordem para cassar a determinação de suspensão do passaporte do paciente. Todavia, as circunstâncias do caso concreto, como a necessidade profissional do documento, e outros elementos nos autos, como o fato de que a primeira medida imposta não recaiu sobre o patrimônio, mas sobre a liberdade do paciente, indicam a inobservância ao princípio da menor onerosidade, proporcionalidade e razoabilidade. Nesse contexto, o reconhecimento, pelo Tribunal Regional, da validade do ato originalmente impugnado prolongou o constrangimento ilegal do paciente. Sob esse fundamento,

Como é intuitivo, a utilização de meios executivos atípicos tem grande potencial para contribuir para a efetividade da execução, mas ao mesmo tempo traz o sério risco de violações a direitos fundamentais e de prática de arbitrariedades judiciais.

Deve-se observar, por exemplo, que, nos termos do art. 292 do Código de Trânsito Brasileiro, a suspensão da habilitação para dirigir veículo automotor pode ser imputada como espécie de sanção penal, aplicada isolada ou cumulativamente com outras penas, com duração de dois meses a cinco anos. Ora, não é razoável sustentar, nesse contexto, a possibilidade de apreensão da CNH ou passaporte de forma indefinida no tempo. No mínimo, algum critério temporal deve ser estabelecido.

De acordo com a jurisprudência TST, a utilização de meios atípicos de execução é possível quando demonstrado prévio esgotamento das medidas típicas de execução e verificada a existência de indícios de que o devedor possua patrimônio expropriável, devendo ser observados os parâmetros da proporcionalidade (adequação, necessidade e custo-benefício da medida).[50] Há interessante precedente que cassou o uso de medida atípica consistente na proibição que clube profissional de futebol participasse de competições esportivas; a Corte se baseou na premissa de que não haveria utilidade da medida, a qual seria prejudicial à própria execução, por impedir que o clube auferisse renda para pagar a dívida, razão pela qual a medida não passa pelo teste da proporcionalidade.[51]

---

a SBDI-II, por unanimidade, admitiu o habeas corpus e, no mérito, cassou o acórdão prolatado pelo Tribunal Regional, determinando a liberação do passaporte do paciente. TST-HCCiv-1000316-05.2022.5.00.0000, SBDI-II, rel. Min. Luiz José Dezena da Silva, 2/5/2023.

50 Mandado de Segurança. Bloqueio do uso do cartão de crédito. Medida atípica de execução. Abusividade da medida proibitiva. Inobservância dos parâmetros de indispensável adequação e proporcionalidade. Ofensa ao direito líquido e certo dos executados configurada.

Viola direito líquido e certo a decisão judicial que adota medidas coercitivas atípicas em face dos executados, em sede de cumprimento de sentença, consistentes no bloqueio dos cartões de crédito, sem a demonstração de ocultação de bens ou, mesmo da inviabilidade de pagamento do crédito exequendo. As medidas de execução atípicas (CPC/2015, art. 139, IV) devem ser adotadas, quando demonstrado prévio esgotamento das medidas típicas de execução, o que não se evidencia no caso concreto. Portanto, não observados, pela autoridade judicial, os parâmetros da indispensável adequação e proporcionalidade na adoção da medida executiva atípica, a decisão revela-se abusiva, ensejando a concessão integral da segurança. Sob esses fundamentos, a SBDI-II, por unanimidade, conheceu do recurso ordinário e, no mérito, deu-lhe provimento. TST-ROT-1087-82.2021.5.09.0000, SBDI-II, rel. Min. Douglas Alencar Rodrigues, julgado em 28/2/2023.

51 Mandado de Segurança. Medida atípica de execução. Impedimento à participação de clube de futebol profissional em competições esportivas. Abusividade da medida proibitiva. Inobservância dos parâmetros de necessidade, adequação e proporcionalidade. Violação do direito fundamental ao livre exercício de atividade econômica.

Viola direito líquido e certo decisão judicial que adota medida proibitiva em face de clube de futebol profissional, consubstanciada no impedimento à participação em competições esportivas, enquanto perdurar o inadimplemento de ordem judicial anterior, sem que haja demonstração da existência de ocultação de bens ou, ainda, da forma como a adoção de tal medida extrema irá viabilizar o pagamento do crédito exequendo, notadamente por ser esse o meio pelo qual o impetrante poderá auferir renda. Trata-se de medida abusiva que, além de ofender o direito fundamental do livre exercício da atividade econômica, ao obstar o exercício da principal atividade do clube de futebol profissional, não se revela útil, proporcional e adequada à satisfação do crédito exequendo. A rigor, as medidas de execução atípicas (CPC/2015, art. 139, IV) devem ser adotadas, quando demonstrado prévio esgotamento das medidas típicas de execução e verificada a existência de indícios de que o devedor possua patrimônio expropriável, o que não se evidencia no caso concreto. Com esses fundamentos, a SBDI-II, por unanimidade, conheceu do agravo do Ministério

6.3. Execução específica e execução pelo equivalente

No direito civil tradicional, vigia o dogma da intangibilidade da vontade humana (*nemo potest cogi ad factum*). Assim, descumprida obrigação de fazer ou não fazer, o devedor não poderia ser compelido a cumpri-la na forma específica, decorrendo daí, necessariamente, a conversão em perdas e danos.

Na moderna dogmática processual, contudo, e sob a influência do princípio constitucional da efetividade da tutela jurisdicional (CF, art. 5º, XXXV), prevalece o princípio da primazia da tutela específica das obrigações de fazer e não fazer. Assim, todos os esforços do Poder Judiciário devem ser envidados para que o executado cumpra a obrigação exatamente nos termos em que prevista. Apenas no caso de impossibilidade da tutela específica, ou de opção do credor, é que será possível a conversão da obrigação não pecuniária em perdas e danos.

Tais conclusões se extraem do texto expresso do art. 499, do CPC, que é aplicável subsidiariamente ao processo do trabalho por força do art. 769 da CLT.

Destaque-se que, quanto às obrigações não pecuniárias, há mitigação ao princípio da congruência (CPC, arts. 141 e 492), pois o Judiciário pode empregar quaisquer mecanismos executivos (multas, busca e apreensão etc.), mesmo que não haja pedido nesse sentido, ou que a parte tenha postulado a aplicação de meios executivos diferentes. Contudo, o Judiciário fica vinculado ao bem da vida buscado pelo autor. Mesmo nesse aspecto, entretanto, há certa mitigação, já que a legislação permite a concessão do resultado prático equivalente.

Exemplificando, caso o Juiz do Trabalho constate que, no caso concreto, foi desrespeitada uma garantia provisória de emprego, não pode deferir a reintegração *ex officio*, sob pena de incidir em julgamento *extra petita*. Contudo, se houver pedido de reintegração, o Juiz pode fixar de ofício, por exemplo, multa diária para compelir o réu a cumprir tal obrigação de fazer, ainda que a inicial não haja requerido tal meio executivo.

Por fim, esclareça-se que a tutela jurisdicional específica das obrigações de fazer pode ser concedida em qualquer momento processual: por liminar *inaudita altera parte*, antes mesmo de contestada a ação, caso a urgência da situação de direito material não permita aguardar o comparecimento do réu; durante o curso do processo, por meio de decisão antecipatória de tutela, o que pode ser feito inclusive na sentença de mérito; após o trânsito em julgado, na fase de execução, quando houver necessidade de fixação de algum meio executivo, como a *astreinte*, para compelir o devedor recalcitrante a cumprir *in natura* a obrigação de fazer reconhecida na decisão judicial.

7. COGNIÇÃO, MÉRITO E COISA JULGADA

Como visto, a atividade executiva se caracteriza pela prática de atos materiais cujo objetivo é modificar a realidade fenomênica, adequando-a à previsão do título

Público do Trabalho e, no mérito, negou-lhe provimento". TST-Ag-ROT-80384-78.2021.5.22.0000, SBDI-II, rel. Min. Amaury Rodrigues Pinto Junior, julgado em 4/10/2022.

executivo. Ao contrário, o processo de conhecimento visa à elaboração da norma jurídica individual que regerá o caso concreto, vale dizer, ao acertamento da situação jurídica litigiosa.

Nesse contexto, observe-se que a doutrina comumente aponta, como requisito para a formação da coisa julgada material, a existência de cognição exauriente sobre a *res in judicium deducta*. De outro lado, na execução, é tradicional a afirmativa de que a cognição é *rarefeita*.[52]

Na verdade, há cognição - entendida como a análise, pelo juiz, de pontos relevantes de fato e de direito - na execução, mas tal cognição, em princípio, é limitada aos aspectos e incidentes próprios dessa fase processual. Assim, haverá, por exemplo, cognição quanto aos pressupostos processuais e condições da ação, quanto aos incidentes da penhora, avaliação, expropriação de bens etc.

Contudo, em princípio, não há espaço para atividade cognitiva quanto à relação jurídica de direito material, que já foi previamente acertada no título executivo. A exceção consiste nas hipóteses em que a legislação admite que o executado ofereça embargos para discutir a relação de direito material - por exemplo, alegando a prescrição (CLT, art. 884, § 1°) ou a inexigibilidade do título, pois fundado em norma inconstitucional (CLT, art. 884, § 5°), entre outras hipóteses.

De fato, há um mérito próprio da execução (= satisfação do crédito e prática de todos os atos necessários para que se alcance tal finalidade), que difere do mérito da fase conhecimento (= definição da norma jurídica individual que regerá o caso concreto).

Por tais razões, a doutrina, tradicionalmente[53], sustenta que a sentença que declara extinta a execução em virtude do pagamento (CPC, art. 924, II, c/c art. 925), justamente por não exercer cognição quanto à relação de direito material, não ficaria acobertada pelo manto da coisa julgada material.

Tal espécie de sentença apenas reconhece e determina que o processo deve ser extinto porque nada mais há a ser feito em termos de execução forçada, já que o crédito foi adimplido.

Nesse sentido, seria possível, por exemplo, que o executado, após o encerramento da execução, ajuizasse ação de repetição de indébito para reaver valores indevidamente pagos. O inverso também seria possível, ou seja, caso o exequente constatasse a existência de diferenças não quitadas, poderia cobrá-las do executado.

No entanto, há posicionamento contrário[54], no sentido de que a sentença de extinção da execução com base nos arts. 924 e 925 do CPC tem aptidão para formar coisa julgada material. Argumenta-se que tal espécie de sentença atendeu ao mérito do feito executivo, que é justamente a satisfação do credor. Assim, haveria carga suficiente de declaratividade para gerar a coisa julgada, consistente no pro-

52 Na célebre dicção de Kazuo Watanabe.

53 Posicionamento sufragado, por exemplo, por Araken de Assis, Humberto Theodoro Júnior, Leonardo Greco, Luiz Guilherme Marinoni.

54 Capitaneado por José Frederico Marques.

nunciamento do magistrado, declarando solucionada a lide contida no processo de execução forçada.

Tal linha de raciocínio é adotada pelo TST, conforme se infere da OJ 107 da SDI-2[55], que, não obstante reconheça a inexistência de cognição, assenta o cabimento da ação rescisória. Ora, só cabe rescisória contra decisões que impeçam a repropositura da ação. Registre-se que tal posicionamento, não obstante contrário ao da doutrina majoritária, tem o mérito de prestigiar a segurança jurídica – que é o fundamento constitucional do instituto da coisa julgada –, e evita a eternização dos litígios.

8. BOA-FÉ NA EXECUÇÃO

8.1. Fraude contra credores

Fraude contra credores é instituto de direito material, regulado pelo Código Civil nos arts. 158 a 165, e se caracteriza quando o devedor (insolvente ou que se torne insolvente com os atos fraudulentos), antes da existência de processo judicial que exija o crédito, pratique atos de alienação onerosa ou gratuita de seu patrimônio, em detrimento dos credores.

Segundo a lei, sua natureza jurídica é de causa de anulabilidade dos negócios jurídicos, embora haja corrente doutrinária que sustente que o seu reconhecimento deve resultar em ineficácia dos atos praticados.

Essa discussão doutrinária tem reflexos na competência jurisdicional. De fato, caso se entenda que se trata de ineficácia originária do ato de transmissão de bens ou direitos, estar-se-á reconhecendo, implicitamente, que há nulidade do ato, do que resultaria a possibilidade de reconhecimento incidental por qualquer Juiz ou Tribunal, inclusive os integrantes da Justiça do Trabalho. Nesse sentido, há diversas decisões de Tribunais Regionais admitindo o reconhecimento de fraude contra credores no curso da execução trabalhista. Outro fundamento utilizado é o art. 9º da CLT, que autoriza a declaração de nulidade de qualquer ato que possa resultar na frustração da aplicabilidade e efetivação dos direitos trabalhistas.

Contudo, conforme já asseverado, o próprio Código Civil define a fraude contra credores como hipótese de anulabilidade do negócio jurídico. Assim, não se está diante de ineficácia originária do ato, mas de vício que precisa ser decretado pelo Judiciário, dependendo necessariamente de provocação do interessado – o credor lesado.

Deveras, a fraude contra credores não se confunde com a fraude à execução. Nesta última, sim, a ineficácia é originária, ou seja, não se trata de ato anulável, nem nulo, mas ineficaz perante o processo, já que o devedor tenta se esquivar de responsabilidade em processo judicial já existente. Por isso, na fraude à execução o

---

[55] TST, OJ 107 da SDI2: OJ-SDI2-107 AÇÃO RESCISÓRIA. DECISÃO RESCINDENDA DE MÉRITO. SENTENÇA DECLARATÓRIA DE EXTINÇÃO DE EXECUÇÃO. SATISFAÇÃO DA OBRIGAÇÃO (atualizada em decorrência do CPC de 2015) – Res. 208/2016, DEJT divulgado em 22, 25 e 26.04.2016

Embora não haja atividade cognitiva, a decisão que declara extinta a execução, nos termos do art. 924, incisos I a IV c/c art. 925 do CPC de 2015 (art. 794 c/c art. 795 do CPC de 1973), extingue a relação processual e a obrigacional, sendo passível de corte rescisório.

vício é mais grave: constitui ato atentatório à dignidade da Justiça (CPC, art. 774, I) e pode ser reconhecido incidentalmente por qualquer juiz ou tribunal.

Já na fraude contra credores, ainda não há processo em curso, razão por que não há falar em ineficácia originária do ato de transmissão de bens: o negócio é eficaz em seu nascimento, mas poderá deixar de sê-lo se sobrevier sentença constitutiva que lhe retire a eficácia, relativamente aos credores.

Ademais, a fraude contra credores deve ser reconhecida em ação especial (chamada de ação *pauliana*), que pressupõe amplo contraditório e litisconsórcio necessário entre o alienante e adquirente do bem, o que não se revela possível no curso de execução forçada, da qual somente participam o credor (exequente) e o alienante (executado).

Dessa forma, a ação pauliana não se insere no conceito constitucional de lide decorrente da relação de trabalho (CF, art. 114, I), razão pela qual deve ser julgada pela Justiça Comum, não havendo competência da Justiça do Trabalho, mesmo após a EC 45/2004.

8.2. Fraude à execução

Fraude à execução é instituto de direito processual cuja previsão legal se encontra no art. 792 do CPC.[56] Caracterizada a fraude à execução, o resultado não é o reconhecimento de nulidade ou anulabilidade do ato de alienação, mas sua mera ineficácia perante o exequente. Assim, este poderá seguir nos atos de constrição e expropriação do bem, mesmo após sua alienação a terceiro.

A fraude à execução pode ser reconhecida de ofício pelo Juiz do Trabalho, a qualquer tempo, sempre com observância do contraditório. Assim, antes de a declarar, o juiz da execução deve intimar o terceiro adquirente do bem (supostamente alienado em fraude), para que, caso queira, oferte embargos de terceiro no prazo de 15 dias.

---

[56] Art. 792 – A alienação ou a oneração de bem é considerada fraude à execução:

I – quando sobre o bem pender ação fundada em direito real ou com pretensão reipersecutória, desde que a pendência do processo tenha sido averbada no respectivo registro público, se houver;

II – quando tiver sido averbada, no registro do bem, a pendência do processo de execução, na forma do art. 828;

III – quando tiver sido averbado, no registro do bem, hipoteca judiciária ou outro ato de constrição judicial originário do processo onde foi arguida a fraude;

IV – quando, ao tempo da alienação ou da oneração, tramitava contra o devedor ação capaz de reduzi-lo à insolvência;

V – nos demais casos expressos em lei.

§ 1º – A alienação em fraude à execução é ineficaz em relação ao exequente.

§ 2º – No caso de aquisição de bem não sujeito a registro, o terceiro adquirente tem o ônus de provar que adotou as cautelas necessárias para a aquisição, mediante a exibição das certidões pertinentes, obtidas no domicílio do vendedor e no local onde se encontra o bem.

§ 3º – Nos casos de desconsideração da personalidade jurídica, a fraude à execução verifica-se a partir da citação da parte cuja personalidade se pretende desconsiderar.

§ 4º – Antes de declarar a fraude à execução, o juiz deverá intimar o terceiro adquirente, que, se quiser, poderá opor embargos de terceiro, no prazo de 15 (quinze) dias.

A maior controvérsia atinente à fraude de execução diz respeito à proteção ao terceiro adquirente de boa-fé. Para bem compreendê-la, deve-se analisar separadamente as hipóteses em que se configura a fraude à execução.

Perceba-se que, nas hipóteses do art. 792, I, II e III, tem-se presunção absoluta (*juris et de jure*) de ciência da fraude pelo terceiro adquirente. De fato, quando for averbada no registro público competente (exemplo: RGI, no caso de bens imóveis; DETRAN, no caso de veículos automotores etc.) a existência de (i) processo judicial em que se discuta o direito sobre o bem; (ii) a pendência de processo de execução de título extrajudicial contra o devedor; ou (iii) hipoteca judiciária ou qualquer ato de constrição – como a penhora –, o terceiro adquirente (que se beneficia do ato fraudulento) não pode alegar legitimamente desconhecimento da fraude, tendo em vista o caráter *erga omnes* do registro público.

O averbamento no registro público competente faz com que não haja legítima expectativa na manutenção do ato de alienação; mesmo que o terceiro adquirente, por hipótese, efetivamente não soubesse (por negligência) da existência do processo ou da constrição, tinha o dever de saber, à luz do princípio da boa-fé objetiva.

A situação é diferente na hipótese do inciso IV do art. 792, segundo o qual se configura fraude à execução quando, ao tempo da alienação ou da oneração do bem, tramitava contra o devedor ação capaz de reduzi-lo à insolvência.

Perceba-se, de início, haver falha redacional no dispositivo: deve-se analisar, na verdade, se o ato de alienação tem o potencial de gerar insolvência do executado; pouco importa se o processo judicial pode, ou não, fazê-lo. Exemplo: o réu possui patrimônio de um milhão de reais e responde a processo cujo valor da causa é de R$ 50 mil. Neste caso, o processo não tem o potencial de gerar insolvência, mas caso o réu aliene R$ 980 mil de seu patrimônio, haverá fraude à execução, o que desmente a literalidade do dispositivo legal citado.

A configuração da fraude à execução, nos termos do inciso IV do art. 792, exige dois requisitos cumulativos: (i) a ciência do réu acerca da existência de processo judicial; (ii) a prática de ato de alienação que possa gerar insolvência do réu para quitar a dívida cobrada no mesmo processo.

Assim, o ato se considera praticado em fraude à execução, em princípio, a partir da citação do réu.

No caso de sócio que aliene seus bens particulares, o marco temporal para a caracterização de fraude à execução é, em regra, a data da citação do próprio sócio, e não da empresa. Tal observação permite concluir pela nítida existência de interesse de agir quanto à inserção do sócio no polo passivo do processo desde a fase de conhecimento, tal como autoriza o art. 134, § 2º, do CPC.[57] Nada impede, entretanto, que o exequente comprove que o sócio (ou até mesmo a empresa) já tinha ciência da existência do processo antes mesmo da citação; e, nesta hipótese, haverá fraude à execução.

57 Art. 134, § 2º Dispensa-se a instauração do incidente se a desconsideração da personalidade jurídica for requerida na petição inicial, hipótese em que será citado o sócio ou a pessoa jurídica.

Tais requisitos são objetivos: independem do estado anímico do réu e do terceiro adquirente. Em um momento inicial, irrelevante perquirir a má-fé ou boa-fé dos sujeitos envolvidos no ato de alienação.

Contudo, o ordenamento jurídico tutela o terceiro adquirente que atue em conformidade com a boa-fé objetiva. Prova disso é o art. 792, § 2º, do CPC, que estatui que, no caso de aquisição de bem não sujeito a registro, a alienação será plenamente válida e eficaz (ou seja, o exequente não poderá expropriar o bem) caso o terceiro adquirente comprove que adotou as cautelas necessárias para a aquisição, mediante a exibição das certidões pertinentes, obtidas no domicílio do vendedor e no local onde se encontra o bem.

Assim, o ordenamento prevê expressamente que a boa-fé do terceiro deve ser prestigiada no caso de bens não sujeitos a registro (exemplo: obras de arte, joias etc.). Mesmo que não houvesse a previsão específica no art. 792, § 2º, esse princípio decorreria naturalmente do princípio constitucional da solidariedade (CF, art. 3º, I) e da boa-fé objetiva processual (CPC, art. 5º).

O mesmo raciocínio deve ser empregado no que tange aos bens sujeitos a registro (sobretudo imóveis). Muito embora não haja previsão legal expressa nesse sentido – o que gera controvérsias a respeito do tema –, essa é a conclusão a que se chega a partir dos princípios e regras já mencionados.

É evidente que, quando houver averbamento de ato constritivo (penhora etc.) ou da existência de processo no registro público competente, não há falar em boa-fé do terceiro: necessariamente será reconhecida a fraude à execução. Contudo, essa hipótese se reconduz aos incisos I, II ou III do art. 792.

No caso do inciso IV do art. 792, se o bem for sujeito a registro, deve-se entender que cabe ao terceiro comprovar que adotou as cautelas usuais no comércio jurídico da espécie de bem que adquiriu.

Assim, no caso de aquisição de bem imóvel, não basta que a certidão do RGI não fizesse menção à existência de processo judicial contra o proprietário; é necessário que o comprador obtenha as certidões de distribuidores (criminais, civis e trabalhistas), bem como outras pertinentes. Dessa forma, fica demonstrada a boa-fé objetiva do terceiro adquirente, e a compra e venda será plenamente eficaz, por não se configurar como fraude à execução.

Não infirma essa conclusão o art. 54, § 1º, da Lei nº 13.097/2015[58], cuja aplicabilidade pressupõe a boa-fé do terceiro adquirente. E, como já analisado, só haverá boa-fé objetiva quando o comprador adotar todas as cautelas usuais envolvendo a

---

[58] Lei nº 13.097/2015, Art. 54 – Os negócios jurídicos que tenham por fim constituir, transferir ou modificar direitos reais sobre imóveis são eficazes em relação a atos jurídicos precedentes, nas hipóteses em que não tenham sido registradas ou averbadas na matrícula do imóvel as seguintes informações:

I – registro de citação de ações reais ou pessoais reipersecutórias;

II – averbação, por solicitação do interessado, de constrição judicial, do ajuizamento de ação de execução ou de fase de cumprimento de sentença, procedendo-se nos termos previstos do art. 615-A da Lei nº 5.869, de 11 de janeiro de 1973 – Código de Processo Civil;

III – averbação de restrição administrativa ou convencional ao gozo de direitos registrados, de indisponibilidade ou de outros ônus quando previstos em lei; e

aquisição dos bens, inclusive a obtenção das certidões de distribuidores do local do domicílio do vendedor.

8.3. Ato atentatório à dignidade da justiça

A execução é cenário propício para a prática de atos maliciosos praticados pelo executado com o objetivo de se esquivar de suas responsabilidades. Por isso, a legislação contém previsão específica no sentido de que o juiz pode, a qualquer momento, advertir o executado de que seu procedimento constitui ato atentatório à dignidade da justiça (CPC, art. 772, II).

De acordo com o art. 774 do CPC, considera-se atentatória à dignidade da justiça a conduta comissiva ou omissiva do executado que: (i) frauda a execução; (ii) se opõe maliciosamente à execução, empregando ardis e meios artificiosos; (iii) dificulta ou embaraça a realização da penhora; (iv) resiste injustificadamente às ordens judiciais; (v) intimado, não indica ao juiz quais são e onde estão os bens sujeitos à penhora e os respectivos valores, nem exibe prova de sua propriedade e, se for o caso, certidão negativa de ônus.

Conforme já estudado[59], há controvérsia sobre a possibilidade de cumulação da multa por litigância de má-fé com a multa pela prática de ato atentatório à dignidade da justiça. Na fase de conhecimento, não se vislumbra possibilidade de cumulação das sanções, pois não há sobreposição entre as hipóteses previstas no art. 77, IV e VI (ato atentatório)[60], e aquelas mencionadas pelo art. 80 (litigância de má-fé).[61]

IV – averbação, mediante decisão judicial, da existência de outro tipo de ação cujos resultados ou responsabilidade patrimonial possam reduzir seu proprietário à insolvência, nos termos do inciso II do art. 593 da Lei nº 5.869, de 11 de janeiro de 1973 – Código de Processo Civil.

§ 1º. Não poderão ser opostas situações jurídicas não constantes da matrícula no Registro de Imóveis, inclusive para fins de evicção, ao terceiro de boa-fé que adquirir ou receber em garantia direitos reais sobre o imóvel, ressalvados o disposto nos arts. 129 e 130 da Lei nº 11.101, de 9 de fevereiro de 2005, e as hipóteses de aquisição e extinção da propriedade que independam de registro de título de imóvel.

59 Capítulo VII, item 5.1.

60 Art. 77 – Além de outros previstos neste Código, são deveres das partes, de seus procuradores e de todos aqueles que de qualquer forma participem do processo: (...)

IV – cumprir com exatidão as decisões jurisdicionais, de natureza provisória ou final, e não criar embaraços à sua efetivação; (...)

VI – não praticar inovação ilegal no estado de fato de bem ou direito litigioso.

§ 1º – Nas hipóteses dos incisos IV e VI, o juiz advertirá qualquer das pessoas mencionadas no caput de que sua conduta poderá ser punida como ato atentatório à dignidade da justiça.

61 Art. 80 – Considera-se litigante de má-fé aquele que:

I – deduzir pretensão ou defesa contra texto expresso de lei ou fato incontroverso;

II – alterar a verdade dos fatos;

III – usar do processo para conseguir objetivo ilegal;

IV – opuser resistência injustificada ao andamento do processo;

V – proceder de modo temerário em qualquer incidente ou ato do processo;

VI – provocar incidente manifestamente infundado;

VII – interpuser recurso com intuito manifestamente protelatório.

Contudo, na execução (ou cumprimento de sentença), é possível a cumulação das multas, sempre que a conduta se enquadrar simultaneamente num dos tipos do art. 774[62] e do art. 80. Não há falar em *bis in idem*, pois os dispositivos legais referidos deixam claro que as multas neles previstas não excluem a incidência de outras.[63] Contudo, o tema é controvertido, havendo decisões judiciais que não admitem a cumulação de sanções, sob o argumento de que haveria dupla punição pelo mesmo fato.[64]

Exemplo: o executado (empresa) informa falsamente que já implantou o pagamento de determinada rubrica (adicional de insalubridade, por exemplo) em folha de pagamento, com o objetivo de retardar a execução e os atos executivos. Nessa hipótese, tem-se o enquadramento simultâneo da conduta nos arts. 80, II, e 774, II, razão pela qual é possível a aplicação cumulativa das sanções por litigância de má-fé e por ato atentatório à dignidade da justiça.

A multa pela prática de ato atentatório à dignidade da justiça deve reverter ao exequente e é exigível nos mesmos autos em que se verificou o comportamento desleal.

Ademais, a punição por ato atentatório não depende de comprovação de dano para a parte contrária, já que, havendo o enquadramento nas hipóteses previstas legalmente, presume-se ofensa à dignidade da justiça.[65]

9. RESPONSABILIDADE PATRIMONIAL

Embora haja controvérsias no campo do Direito Privado, adota-se a teoria dualista das obrigações, segundo a qual se distinguem o débito (*schuld*) e a responsabilidade (*haftung*).

Débito é noção de direito material correspondente à prestação a que se obriga o sujeito passivo da obrigação. É conceito correlato ao de crédito.

Já a responsabilidade é vínculo de natureza processual consistente na sujeição do patrimônio do devedor à sanção decorrente do inadimplemento da prestação a que obrigado. Tal sanção é justamente a execução forçada da obrigação, com todos os seus consectários.

---

62 Art. 774 – Considera-se atentatória à dignidade da justiça a conduta comissiva ou omissiva do executado que:

I – frauda a execução;

II – se opõe maliciosamente à execução, empregando ardis e meios artificiosos;

III – dificulta ou embaraça a realização da penhora;

IV – resiste injustificadamente às ordens judiciais;

V – intimado, não indica ao juiz quais são e onde estão os bens sujeitos à penhora e os respectivos valores, nem exibe prova de sua propriedade e, se for o caso, certidão negativa de ônus.

63 Com a mesma opinião, ASSIS, *op. cit.*, p. 331.

64 Exemplo: TST, Processo RR 1493005319965150060 149300-53.1996.5.15.0060. 8ª Turma. Publicação DEJT 17/05/2013. Julgamento: 15 de maio de 2013. Relator: Márcio Eurico Vitral Amaro.

65 No mesmo sentido, DIDIER, *op. cit.*, v. 5, p. 324.

Daí se diz que o devedor responde com todos os seus bens, presentes (já existentes quando se inicia a execução) e futuros (aqueles adquiridos no curso da execução), com a ressalva daqueles considerados impenhoráveis por força de lei (CPC, art. 789).[66]

O princípio da realidade da execução orienta no sentido de que a responsabilidade sempre recai apenas sobre o patrimônio do devedor. Excepciona-se apenas a execução de obrigação alimentícia.

Como as normas sobre responsabilidade são de caráter processual, sua aplicação intertemporal observa o princípio do isolamento dos atos processuais e da eficácia imediata da lei processual no tempo. Assim, por exemplo, as normas que passaram a definir a responsabilidade do sócio retirante (art. 10-A da CLT, incluído pela Reforma Trabalhista[67]) se aplicam de imediato aos processos pendentes, sempre respeitando as situações jurídicas consolidadas, os atos jurídicos processuais perfeitos e a coisa julgada.

O devedor (cujo nome consta do título executivo) é o responsável primário pelo débito. No entanto, os sucessores a título universal (herdeiros) também se tornam devedores e responsáveis, nos limites da herança. O devedor, em geral, possui o débito e também a responsabilidade.

Contudo, em algumas hipóteses, há o débito sem a correspondente responsabilidade. É o que acontece, por exemplo, com as obrigações naturais (dívida de jogo) e com as dívidas prescritas. Se o devedor pagar espontaneamente nesses casos, não pode pretender a repetição do indébito, justamente porque a obrigação existia, ainda que sem a exigibilidade pelo credor.

De outro lado, a lei estabelece a sujeição do patrimônio de determinadas pessoas que não são devedores, nem partes diretas na relação jurídica obrigacional, mas são titulares de alguma relação jurídica que apresenta algum grau de vinculação com aquela. Nessas hipóteses, está-se diante das regras atinentes à responsabilidade secundária.

Nos próximos tópicos, serão estudadas as hipóteses típicas de responsabilidade patrimonial no Processo do Trabalho.

---

66 Art. 789 – O devedor responde com todos os seus bens presentes e futuros para o cumprimento de suas obrigações, salvo as restrições estabelecidas em lei.

67 Art. 10-A – O sócio retirante responde subsidiariamente pelas obrigações trabalhistas da sociedade relativas ao período em que figurou como sócio, somente em ações ajuizadas até dois anos depois de averbada a modificação do contrato, observada a seguinte ordem de preferência:

I – a empresa devedora;

II – os sócios atuais; e

III – os sócios retirantes.

Parágrafo único. O sócio retirante responderá solidariamente com os demais quando ficar comprovada fraude na alteração societária decorrente da modificação do contrato.

9.1. Sucessão trabalhista

O fenômeno jurídico da sucessão trabalhista interessa ao Direito do Trabalho e se encontra previsto nos artigos 10 e 448 da CLT, dos quais se extraem os princípios da continuidade da relação de emprego, inalterabilidade contratual lesiva e despersonalização do empregador. A sucessão se caracteriza pela da transferência de titularidade da unidade produtiva da empresa sucedida para a sucessora. Ocorre sucessão trabalhista, por exemplo, na incorporação, cisão, e fusão de empresas, no arrendamento, nas concessões, e também quando há mudança da pessoa jurídica que passa a aproveitar fundo de comércio (ponto, clientela etc.) já estabelecido.

Nesse contexto, tradicionalmente a doutrina estabelecia como requisitos da sucessão trabalhista a transferência do estabelecimento para outra empresa, a ausência de solução de continuidade na prestação dos serviços, e a manutenção dos contratos de trabalho anteriormente firmados com a empresa sucedida.

No entanto, atualmente o entendimento prevalecente é no sentido de não ser necessária a continuidade da prestação dos serviços pelos empregados da empresa sucedida, do que resulta que o mero trespasse da unidade empresarial já é suficiente para consubstanciar a sucessão.

A sucessão pode ser reconhecida na fase de execução (cumprimento de sentença), não havendo necessidade de que a sucessora haja participado da fase de conhecimento. Nessa hipótese, haverá necessidade de assegurar o contraditório prévio antes de iniciar os atos de constrição contra a sucessora, ressalvada a possibilidade de medidas de urgência caso presentes os respectivos pressupostos.

Nada impede, entretanto, que o reconhecimento da sucessão seja requerido já na petição inicial, com formulação dos pedidos exclusivamente em face da sucessora, ou formando-se litisconsórcio passivo entre esta e a sucedida.

Reconhecida a sucessão trabalhista, em princípio a responsabilidade pelas verbas trabalhistas passa a recair exclusivamente sobre o sucessor. Em caso de fraude, há responsabilidade solidária da sucedida, por aplicação do art. 942 do Código Civil.[68]

Caso o contrato empresarial de transferência ou trespasse do estabelecimento preveja exclusão da responsabilidade da sucessora, tal cláusula é inoponível aos trabalhadores, já que os particulares não podem, voluntariamente, eximir-se de obrigações cogentes estabelecidas por lei; assim, os trabalhadores podem postular seus direitos normalmente em face da sucessora. Nesse caso, a empresa prejudicada (sucessora) pode valer-se de ação regressiva, na Justiça Comum, para buscar da empresa sucedida a repetição de indébito, nos exatos moldes previstos no contrato empresarial.

No que tange à recuperação judicial, note-se que o Supremo Tribunal Federal adotou interpretação consequencialista quanto à redação originária do art. 60, parágrafo

[68] Art. 942 – Os bens do responsável pela ofensa ou violação do direito de outrem ficam sujeitos à reparação do dano causado; e, se a ofensa tiver mais de um autor, todos responderão solidariamente pela reparação.

único, da lei nº 11.101/2005[69], reconhecendo a inexistência de sucessão trabalhista na alienação judicial de unidades produtivas isoladas do devedor em recuperação judicial. Muito embora o dispositivo não fizesse referência expressa à sucessão trabalhista, o STF afirmou inexistir sucessão, já que tal medida aumenta exponencialmente as chances de sucesso da alienação judicial – e, consequentemente, mais credores (inclusive trabalhistas) têm chances de receber seus créditos, sem prejuízo da continuidade de funcionamento da empresa em recuperação. Posteriormente, o entendimento foi sufragado pelo legislador, que modificou a redação do dispositivo legal.[70]

No caso de cartórios extrajudiciais, há grande controvérsia quanto à possibilidade de sucessão trabalhista quando da mudança do titular da serventia. Parcela significativa da jurisprudência entende inexistir sucessão, pois o Tabelião é investido no cargo após concurso público, e não seria razoável responsabilizá-lo por débitos pretéritos, sob pena de haver desestímulo ao exercício desse importante *munus* público. Argumenta-se, ainda, que admitir a sucessão potencializaria a possibilidade de conluios entre ex-empregados e ex-titulares, geralmente unidos por laços pessoais.

De outro lado, outra parcela da jurisprudência afirma que há sucessão trabalhista, em função da dicção ampla dos arts. 10 e 448 da CLT, que se referem genericamente a mudanças na estrutura jurídica – o que engloba não apenas os casos de trespasse empresarial, mas também os de mudança no titular da serventia –, com o objetivo de privilegiar a solvabilidade do crédito trabalhista. Fundamenta-se com o fato de que o novo Tabelião se aproveita de toda a documentação existente no Cartório, e se beneficia de toda a receita auferida, bem como da clientela já existente, devendo arcar com os correspondentes ônus. Nessa ótica, seria irrelevante que os Cartórios não exercessem atividade empresarial, pois a lucratividade reverte em favor do Tabelião.

Tem prevalecido, no TST, o entendimento de que há sucessão trabalhista sempre que houver continuidade da prestação de serviços do empregado, após a mudança do titular da serventia.

9.2. Terceirização

A responsabilidade subsidiária do tomador de serviços, nas hipóteses de terceirização, é prevista na Súmula 331, IV, do Colendo TST. De acordo com a visão dualista das obrigações, trata-se de situação em que não há débito (*schuld*) da empresa tomadora de serviços, mas há a sua sujeição patrimonial (*haftung*).

---

69 Art. 60 – Se o plano de recuperação judicial aprovado envolver alienação judicial de filiais ou de unidades produtivas isoladas do devedor, o juiz ordenará a sua realização, observado o disposto no art. 142 desta Lei. Parágrafo único. O objeto da alienação estará livre de qualquer ônus e não haverá sucessão do arrematante nas obrigações do devedor, inclusive as de natureza tributária, observado o disposto no § 1º do art. 141 desta Lei.

70 Parágrafo-único. O objeto da alienação estará livre de qualquer ônus e não haverá sucessão do arrematante nas obrigações do devedor de qualquer natureza, incluídas, mas não exclusivamente, as de natureza ambiental, regulatória, administrativa, penal, anticorrupção, tributária e trabalhista, observado o disposto no § 1º do art. 141 desta Lei. (Redação dada pela Lei nº 14.112, de 2020)

Para que seja possível a responsabilização subsidiária da tomadora de serviços, a jurisprudência e doutrina majoritárias entendem ser necessário que haja sua condenação na fase de conhecimento; vale dizer, não é possível a inclusão da responsável subsidiária apenas na fase de execução.

O TST entende, também, que não é possível o ajuizamento de ação condenatória direcionada exclusivamente em face da responsável subsidiária, quando já houver sentença condenatória definitiva prolatada em ação anteriormente proposta pelo mesmo reclamante em que figurou como parte apenas o prestador de serviços, sob pena de alterar a titularidade subjetiva do título executivo e ofender a literalidade do art. 5º, XXXVI e LV, da Constituição Federal (coisa julgada e direito ao contraditório e à ampla defesa).[71]

A conjugação dos dois entendimentos referidos faz com que eventual falha cometida na primeira ação (voltada apenas contra a empresa prestadora de serviços) é irremediável, pois não haveria mais como obter a responsabilidade subsidiária da tomadora - nem mesmo por ação rescisória.

A doutrina majoritária sustenta, ainda, tratar-se de responsabilidade secundária, pois primeiramente haveria a necessidade de se esgotarem os meios de satisfação da dívida com o patrimônio do devedor principal, para, apenas em seguida, executar-se o devedor subsidiário.

No entanto, não há qualquer previsão legal que imponha a necessidade de esgotamento da execução em face do devedor principal, razão pela qual parcela da jurisprudência entende que a execução pode inclusive iniciar-se em face do devedor subsidiário, já que este tem a faculdade de invocar o benefício de ordem, exigindo que a execução se inicie em face do devedor principal (CPC, art. 795, §§ 1º e 2º)[72]: mas, para tanto, o devedor subsidiário deve declinar onde estão os bens do devedor principal, viabilizando a constrição pelo Juízo. Noutras palavras: o benefício de ordem não aproveita ao devedor subsidiário que não indique bens livres e desembaraçados do devedor principal.

Além disso, mesmo que não se entenda que a execução pode iniciar diretamente em face do devedor subsidiário, o fato é que, uma vez citado para pagamento o devedor principal, e não havendo a quitação, já há a caracterização da respectiva mora, o que justifica o prosseguimento da execução em face do devedor secundário.

De outro lado, a experiência tem demonstrado que a penhora *on-line*, pelo sistema Bacen-Jud, é o mecanismo mais efetivo na execução trabalhista, sendo certo que o dinheiro é o primeiro bem na ordem preferencial do art. 835 do CPC (dispositivo aplicável no Processo do Trabalho).

---

[71] TST-RO-100200- 60.2010.5.03.0000, SBDI-II, rel. Min. Pedro Paulo Manus. 27.3.2012 (Informativo TST nº 4).

[72] Art. 795 – Os bens particulares dos sócios não respondem pelas dívidas da sociedade, senão nos casos previstos em lei.

§ 1º – O sócio réu, quando responsável pelo pagamento da dívida da sociedade, tem o direito de exigir que primeiro sejam excutidos os bens da sociedade.

§ 2º – Incumbe ao sócio que alegar o benefício do § 1º nomear quantos bens da sociedade situados na mesma comarca, livres e desembargados, bastem para pagar o débito.

Assim, infrutífera a penhora *on-line*, há grande probabilidade de não se encontrarem outros meios para o prosseguimento da execução em face da devedora principal.

Dessa forma, deve-se entender que, uma vez não havendo pagamento pela devedora principal (empresa prestadora de serviços e empregadora), e frustrada a tentativa de penhora *on-line*, é possível redirecionar a execução para a empresa tomadora de serviços (responsável subsidiária).

9.3. Cônjuge

A possibilidade de responsabilização do cônjuge (de sócio ou de empregador pessoa física) por débitos trabalhistas é tema polêmico na doutrina e na jurisprudência dos Tribunais Trabalhistas. A análise deve ser feita à luz dos diferentes regimes de bens no casamento.

No regime da comunhão parcial de bens, as obrigações trabalhistas contraídas após o casamento se comunicam ao cônjuge (Código Civil, arts. 1658 e 1659, III).[73] Há presunção relativa de que o exercício da atividade empresarial beneficiou o cônjuge não empresário, o qual pode, entretanto, comprovar que não foi beneficiado, caso os lucros da empresa não tenham revertido em favor da economia familiar (Código Civil, art. 1643 e 1644).[74]

O cônjuge, nessa hipótese, pode se valer de embargos de terceiro para defender sua meação ou seus bens próprios, caso entenda que não respondem pela dívida. A comprovação de que não se beneficiou pela atividade empresarial pode ser feita, por exemplo, mediante demonstração de que possuía rendas próprias suficientes para a manutenção da família.

Destaque-se que as obrigações trabalhistas anteriores ao casamento não se comunicam ao sócio não empresário, no caso do regime de comunhão parcial de bens (Código Civil, art. 1659, III).

Caso se adote a sistemática da participação final nos aquestos, devem ser utilizadas as mesmas regras da comunhão parcial.

Já no regime de comunhão universal de bens, todas as dívidas trabalhistas surgidas após o casamento se comunicam ao cônjuge não empresário. Há, aqui, presunção absoluta de que a atividade empresarial reverteu em prol da família; logo, todos os bens dos dois cônjuges respondem pela dívida. Ficam excluídos da responsabilidade apenas as obrigações trabalhistas cujo fato gerador haja ocorrido

---

73 Art. 1658 – No regime de comunhão parcial, comunicam-se os bens que sobrevierem ao casal, na constância do casamento, com as exceções dos artigos seguintes.

Art. 1659 – Excluem-se da comunhão: (...)

III – as obrigações anteriores ao casamento.

74 Art. 1643 – Podem os cônjuges, independentemente de autorização um do outro:

I – comprar, ainda a crédito, as coisas necessárias à economia doméstica;

II – obter, por empréstimo, as quantias que a aquisição dessas coisas possa exigir.

Art. 1644 – As dívidas contraídas para os fins do artigo antecedente obrigam solidariamente ambos os cônjuges.

anteriormente ao matrimônio (Código Civil, arts. 1667, 1668, III)[75], em relação às quais os bens titularizados antes do casamento pelo cônjuge não empresário não responderão.

Por fim, no caso da separação de bens, o princípio geral é o de que as dívidas (inclusive) trabalhistas não se comunicam entre os cônjuges, já que há dois patrimônios autônomos. Contudo, mesmo neste caso o cônjuge não empresário deve comprovar a existência de rendas próprias que permitiam a sua subsistência, sob pena de, não o fazendo, ser responsabilizado pelas obrigações trabalhistas do cônjuge empresário. No caso de responsabilização, entretanto, devem-se excluir: (i) as obrigações surgidas após o casamento; e (ii) os bens adquiridos pelo cônjuge não empresário antes do casamento, que não se sujeitam à execução (Código Civil, arts. 1687 e 1688).[76]

No caso de execução fiscal, entretanto, qualquer que seja o regime de bens, deve-se considerar que cabe à Fazenda Pública comprovar que o ato ilícito beneficiou o cônjuge não empresário (STJ, Súmula 251).[77]

9.4. Sócio

O sócio pode ser responsabilizado por dívidas trabalhistas a partir da deflagração do incidente da desconsideração da personalidade jurídica. Sobre o tema, ver Capítulo IX, item 6.

9.5. Grupo econômico

A figura do grupo econômico é regulada pelo art. 2º, §§2º e 3º, da CLT.[78] Segundo tais dispositivos, empresas integrantes do mesmo grupo econômico são solidariamente responsáveis pelas obrigações decorrentes do contrato de trabalho

---

75 Art. 1667 – O regime de comunhão universal importa a comunicação de todos os bens presentes e futuros dos cônjuges e suas dívidas passivas, com as exceções do artigo seguinte.

Art. 1668 – São excluídos da comunhão: (...)

III – as dívidas anteriores ao casamento, salvo se provierem de despesas com seus aprestos, ou reverterem em proveito comum.

76 Art. 1687 – Estipulada a separação de bens, estes permanecerão sob a administração exclusiva de cada um dos cônjuges, que os poderá livremente alienar ou gravar de ônus real.

Art. 1688 – Ambos os cônjuges são obrigados a contribuir para as despesas do casal na proporção dos rendimentos de seu trabalho e de seus bens, salvo estipulação em contrário no pacto antenupcial.

77 STJ, súmula 251: Necessidade de prova pelo credor de que o enriquecimento aproveitou o casal. CTN, art. 135, III. A meação só responde pelo ato ilícito quando o credor, na execução fiscal, provar que o enriquecimento dele resultante aproveitou ao casal.

78 Art. 2º, § 2º. Sempre que uma ou mais empresas, tendo, embora, cada uma delas, personalidade jurídica própria, estiverem sob a direção, controle ou administração de outra, ou ainda quando, mesmo guardando cada uma sua autonomia, integrem grupo econômico, serão responsáveis solidariamente pelas obrigações decorrentes da relação de emprego. (Redação dada pela Lei nº 13.467, de 2017)

§ 3º. Não caracteriza grupo econômico a mera identidade de sócios, sendo necessárias, para a configuração do grupo, a demonstração do interesse integrado, a efetiva comunhão de interesses e a atuação conjunta das empresas dele integrantes. (Incluído pela Lei nº 13.467, de 2017).

de seus empregados. Desse modo, apesar de as empresas do grupo conservarem personalidades jurídicas distintas, os respectivos débitos trabalhistas se comunicam.

Por questão de simetria, o Tribunal Superior do Trabalho entende que a solidariedade das empresas do grupo é dual - ativa e passiva simultaneamente -, de modo que a prestação de serviços, pelo empregado, a mais de uma empresa do grupo, não caracteriza a existência de mais de um contrato de trabalho, pois todos os integrantes do grupo são credores da força de trabalho, salvo se existir ajuste contratual em sentido contrário (TST, Súmula 129).[79]

A Lei 13.467/2017 passou a prever expressamente a possibilidade de reconhecimento de grupo econômico por: (i) subordinação, quando uma das empresas está sob o controle ou administração de outra; (ii) coordenação, quando, embora não existente relação de controle, haja interesse integrado, efetiva comunhão de interesses e atuação conjunta das empresas. O grupo por coordenação, em geral, se caracteriza pelo fato de que as empresas realizam atividades paralelas ou complementares no mesmo processo produtivo, com exclusividade recíproca. Exemplo: uma indústria fabricante de determinado bem, uma exportadora do mesmo bem para o exterior e outra empresa transportadora do produto, todas com personalidades jurídicas e CNPJs distintos, mas todas atuando exclusivamente no processo de fabricação e comercialização do mesmo bem. Ainda que a administração de cada pessoa jurídica seja independente, há necessidade de atuação concertada entre as empresas, em prol do objetivo comum de comercializar determinado produto.

Perceba-se que a mera existência de sócios em comum, ainda que eventualmente possa constituir indício, não configura, por si só, a existência de grupo econômico.

O grupo econômico pode gerar litisconsórcio passivo facultativo, já que não há qualquer obrigatoriedade de inserção de todos os respectivos integrantes no polo passivo da relação processual, os quais podem, também, ingressar como assistentes litisconsorciais em causa pendente que envolva outra empresa do grupo.

Após o cancelamento da Súmula 205 do TST[80], a Corte passou a entender que a responsabilização das empresas do grupo econômico pode ser feita na fase de execução, sem necessidade de que os corresponsáveis hajam participado da fase de conhecimento.[81] O tema merece aprofundamento, entretanto, após a entrada em vigor

---

[79] TST, Súmula 129: A prestação de serviços a mais de uma empresa do mesmo grupo econômico, durante a mesma jornada de trabalho, não caracteriza a coexistência de mais de um contrato de trabalho, salvo ajuste em contrário.

[80] GRUPO ECONÔMICO. EXECUÇÃO. SOLIDARIEDADE. O responsável solidário, integrante do grupo econômico, que não participou da relação processual como reclamado e que, portanto, não consta no título executivo judicial como devedor, não pode ser sujeito passivo na execução.

[81] Por exemplo: "AGRAVO INTERNO. AGRAVO DE INSTRUMENTO. RECURSO DE REVISTA. ACÓRDÃO REGIONAL PUBLICADO NA VIGÊNCIA DO CPC DE 2015 E ANTERIOR À LEI Nº 13.467/2017. INSTRUÇÃO NORMATIVA Nº 40/2016. 1. INCIDENTE DE DESCONSIDERAÇÃO DE PERSONALIDADE JURÍDICA. AUSÊNCIA DE INSTAURAÇÃO. RECONHECIMENTO DE FORMAÇÃO DE GRUPO ECONÔMICO. ART. 896, § 2º, DA CLT E SÚMULA Nº 266 DO TST. INCIDÊNCIA. (...). 2. INCLUSÃO DA PARTE AGRAVANTE NO POLO PASSIVO APENAS NA FASE DE EXECUÇÃO. JURISPRUDÊNCIA ASSENTE DO TST. ACÓRDÃO REGIONAL. CONFORMIDADE. SÚMULA Nº 333 DO TST. INCIDÊNCIA. I. Conforme a atual, notória e iterativa jurisprudência desta Corte Superior, a inclusão de empresas integrantes do mesmo grupo econômico no polo passivo da execução, ainda que não tenham

do art. 513, §5º, do CPC, segundo o qual *o cumprimento da sentença não poderá ser promovido em face do fiador, do coobrigado ou do corresponsável que não tiver participado da fase de conhecimento.* Tal dispositivo não vem sendo abordado pela jurisprudência mais recente do TST. Além disso, o art. 50, §4º, do Código Civil, na redação dada pela Lei 13.874/2019, estatui que *a mera existência de grupo econômico sem a presença dos requisitos de que trata o caput deste artigo não autoriza a desconsideração da personalidade da pessoa jurídica.*

De início, cabe observar que a inclusão de responsáveis solidários (empresas do grupo econômico) na execução não se confunde com a desconsideração da personalidade jurídica, já que este instituto tem pressupostos (= teorias maior, menor ou direta da desconsideração) e consequências diferentes: enquanto a desconsideração resulta na superação episódica do princípio da autonomia patrimonial da pessoa jurídica, a inclusão de responsáveis solidários mantêm reconhecida sua autonomia, mas eles passam a ser tidos como corresponsáveis pela dívida.

O art. 513, §5º, do CPC, se fundamenta no princípio do contraditório, razão pela qual seria possível sustentar o entendimento de que as empresas do grupo somente poderiam ser responsabilizadas pelos débitos trabalhistas caso houvessem participado da fase de conhecimento e constassem do título executivo, tal como previsto pela cancelada Súmula 205 do TST.

Contudo, a situação do grupo econômico apresenta particularidade digna de nota: por se tratar de empregador único, é razoável concluir que o contraditório concernente à existência da dívida pode ser exercido na fase de conhecimento, ampla e satisfatoriamente, por uma das empresas do grupo (em geral, aquela que anotou a CTPS ou contratou diretamente o trabalhador). Deve-se considerar, ainda, que, não raramente, novas pessoas jurídicas passam a integrar o grupo após o ajuizamento da petição inicial, o que torna logicamente inviável, em tais casos, incluir nela os responsáveis solidários.

Dessa forma, é possível a inclusão de empresa integrante de grupo econômico na execução, desde que se assegure contraditório e ampla defesa no que tange à existência, ou não, do grupo, inclusive com a possibilidade de produção de provas, caso necessário. Não será possível à empresa do grupo, entretanto, rediscutir a existência da dívida, o que já terá sido definido pelo título executivo formado na fase de conhecimento. *Mutatis mutandis*, o raciocínio deve ser o mesmo aplicável ao sócio que não participou da fase de conhecimento: é possível incluí-lo na fase de cumprimento de sentença, assegurando-se amplo contraditório no que tange à sua responsabilização, mas não quanto à existência da dívida.

---

integrado a fase de conhecimento, não implica em ofensa aos princípios da legalidade, da inafastabilidade da jurisdição, do devido processo legal, do contraditório e da ampla defesa. Precedentes. II. No caso dos autos, o Tribunal Regional, ao adotar a tese de que é possível a inclusão da parte ora agravante no polo passivo da execução, por participar do mesmo grupo econômico da devedora principal, ainda que não tenha integrado a fase de conhecimento, proferiu decisão em plena conformidade com a jurisprudência assente desta Corte Superior a respeito do tema. (...). Agravo interno de que se conhece e a que se nega provimento" (Ag-AIRR-10672-52.2016.5.03.0146, 7ª Turma, Relator Ministro Evandro Pereira Valadão Lopes, DEJT 25/10/2019).

Também há controvérsia quanto ao mecanismo de defesa utilizável pela empresa do grupo incluída apenas na fase de execução. Em doutrina[82], há posicionamentos no sentido de que a empresa deveria valer-se dos embargos de terceiro, com fundamento na interpretação sistemática do art. 674, §2º, III, do CPC.[83] A essa tese poder-se-ia objetar que, uma vez que a empresa do grupo seja incluída na execução, torna-se parte e, nessa qualidade, deveria valer-se dos embargos à execução. A jurisprudência do TST registra acórdãos afirmando expressamente o cabimento dos embargos à execução[84], enquanto outras decisões da mesma Corte mencionam indistintamente os dois mecanismos – embargos de terceiro e embargos à execução.[85]

A vantagem de admitir o cabimento dos embargos de terceiro é a ampliação do contraditório, já que o ajuizamento de tal ação incidental, ao contrário dos embargos à execução, não pressupõe garantia do juízo. Ainda que o tema possa ser discutido em exceção de pré-executividade, a rejeição da exceção deságua no mesmo problema, diante da inexistência de recurso de imediato contra a decisão

---

82 Nesse sentido, CLAUS, BEN-HUR SILVEIRA. *O Grupo Econômico Trabalhista após a Lei nº 13.467/2017. In* Rev. do Trib. Reg. Trab. 10ª Região, Brasília, v. 22, n. 2, 2018, p. 32.

83 Art. 674, § 2º. Considera-se terceiro, para ajuizamento dos embargos: (...) III – quem sofre constrição de seus bens por força de desconsideração da personalidade jurídica, de cujo incidente não fez parte.

84 RECURSO ORDINÁRIO EM AGRAVO REGIMENTAL. MANDADO DE SEGURANÇA INTERPOSTO E JULGADO SOB A ÉGIDE DO CÓDIGO DE PROCESSO CIVIL DE 2015. ATO COATOR. DECISÃO QUE JULGOU IMPROCEDENTE A EXCEÇÃO DE PRÉ-EXECUTIVIDADE. INADEQUAÇÃO DA VIA ELEITA. ORIENTAÇÃO JURISPRUDENCIAL Nº 92 DA SBDI-2/TST. O mandado de segurança foi impetrado contra ato praticado pela Juíza da 2ª Vara do Trabalho de Santa Rosa/RS que julgou improcedente a exceção de pré-executividade apresentada pelo impetrante. No caso, a controvérsia que envolve a rejeição de exceção de pré-executividade e a inclusão do recorrente no polo passivo da execução trabalhista, em face do reconhecimento de grupo econômico, deve ser analisada em embargos à execução (art. 884 da CLT), com possibilidade de interposição, posteriormente, de agravo de petição (artigo 897, 'a', da CLT). Não há dúvida de que a situação dos autos atrai a aplicação do entendimento consagrado na Orientação Jurisprudencial nº 92 da SBDI-2, segundo a qual 'não cabe mandado de segurança contra decisão judicial passível de reforma mediante recurso próprio, ainda que com efeito diferido'. No mesmo sentido é a Súmula nº 267 do Supremo Tribunal Federal, a qual propugna que 'não cabe mandado de segurança contra ato judicial passível de recurso ou correição'. Precedentes da SBDI-2. Recurso ordinário conhecido e não provido. (TST-RO-21446-33.2017.5.04.0000, Relator Ministro Breno Medeiros, Subseção II Especializada em Dissídios Individuais, DEJT 25/5/2018).

85 RECURSO ORDINÁRIO EM MANDADO DE SEGURANÇA. IMPUGNAÇÃO DE DECISÃO DO JUÍZO DA EXECUÇÃO FISCAL EM QUE RECONHECIDA A FORMAÇÃO DE GRUPO ECONÔMICO ENTRE A IMPETRANTE E A EXECUTADA PRINCIPAL. INSURGÊNCIA OPONÍVEL MEDIANTE INSTRUMENTOS PROCESSUAIS ESPECÍFICOS. NÃO CABIMENTO DO MANDAMUS. DIRETRIZ DA OJ 92 DA SBDI-2 DO TST E SÚMULA 267 DO STF. 1. Cuida-se de mandado de segurança impetrado contra decisão judicial em que incluída a Impetrante no polo passivo da execução fiscal, ante o reconhecimento de formação de grupo econômico com a empresa executada. 2. Na forma do artigo 5º, II, da Lei 12.016/2009, o mandado de segurança não representa a via processual adequada para a impugnação de decisões judiciais passíveis de retificação por meio de recurso, ainda que com efeito diferido (OJ 92 da SBDI-2 do TST e Súmula 267 do STF). 3. A controvérsia que envolve a inclusão da Impetrante no polo passivo da execução fiscal, em razão do reconhecimento de grupo econômico com a empresa devedora, deve ser solucionada em embargos de terceiro ou embargos à execução, de cuja decisão cabe a interposição de agravo de petição (artigo 897, "a", da CLT). 4. Havendo no ordenamento jurídico medida processual idônea para corrigir a suposta ilegalidade cometida pela autoridade apontada como coatora, resta afastada a pertinência do mandado de segurança. Recurso ordinário conhecido e provido (RO-10527-58.2018.5.18.0000, Subseção II Especializada em Dissídios Individuais, Relator Ministro Douglas Alencar Rodrigues, DEJT 11/10/2019).

que a rejeita, com a consequente necessidade de suscitar o tema novamente em sede de embargos à execução.

De outro lado, a inclusão do responsável solidário na execução efetivamente faz com que se transforme em parte do processo, sendo inviável, do ponto de vista dogmático, enquadrar a situação no art. 674, §2º, III, do CPC, para fins de justificar o cabimento de embargos de terceiro.

A solução ideal, *de lege ferenda*, e que pode ser adotada enquanto não sobrevier regramento específico, consiste em aplicar, por analogia, o regramento do incidente da desconsideração da personalidade jurídica. Assim, antes de praticar atos de constrição (com a ressalvas das situações de natureza cautelar, que autorizam a prática de arresto ou sequestro de bens), o Juiz do Trabalho deve intimar a empresa do grupo econômico para que se manifeste em 15 (quinze) dias, admitindo-se a produção de provas, quando pertinente. Após a manifestação – ou decorrido *in albis* o prazo – e eventual instrução, será proferida decisão que comportará agravo de petição independentemente de garantia do juízo, por aplicação analógica do art. 855-A, §2º, II, da CLT.[86]

10. DESISTÊNCIA DA EXECUÇÃO

Como a execução – de sentença ou de título extrajudicial – é movida no interesse do credor, este tem, em princípio, a possibilidade de desistir livremente de atos executivos ou da execução como um todo. Contudo, o art. 775, parágrafo único, do CPC[87] (aplicável subsidiariamente na execução de título judicial no Processo do Trabalho), excepciona desse princípio a situação em que o executado haja oferecido embargos à execução (ou impugnação ao cumprimento de sentença, no Processo Civil) discutindo a relação jurídica de direito material subjacente (ou seja, discutindo a subsistência do próprio título executivo).

Assim, há duas possibilidades procedimentais:

- (i) o executado não oferece embargos à execução, ou os oferece para impugnar apenas questões processuais (exemplo: vício da penhora; ilegitimidade ativa etc.): nessas hipóteses, o exequente deve pagar as custas processuais e os honorários advocatícios, e os embargos serão extintos, independentemente de concordância do executado, já que este não tinha perspectiva de decisão favorável do ponto de vista do direito material;

[86] Art. 855-A. Aplica-se ao processo do trabalho o incidente de desconsideração da personalidade jurídica previsto nos arts. 133 a 137 da Lei nº 13.105, de 16 de março de 2015 - Código de Processo Civil.

§ 1º. Da decisão interlocutória que acolher ou rejeitar o incidente: (...)

II - na fase de execução, cabe agravo de petição, independentemente de garantia do juízo (...).

[87] Art. 775. O exequente tem o direito de desistir de toda a execução ou de apenas alguma medida executiva.

Parágrafo único. Na desistência da execução, observar-se-á o seguinte:

I – serão extintos a impugnação e os embargos que versarem apenas sobre questões processuais, pagando o exequente as custas processuais e os honorários advocatícios;

II – nos demais casos, a extinção dependerá da concordância do impugnante ou do embargante.

– (ii) o executado oferta embargos à execução sustentando a insubsistência do título executivo (exemplo: sentença inconstitucional, pagamento etc.): neste caso, os embargos à execução somente serão extintos se houver concordância do executado.

XXXII

PROCEDIMENTOS EXECUTIVOS: EXECUÇÃO POR QUANTIA CERTA

1. LINHAS GERAIS DO PROCEDIMENTO

A execução por quantia certa se destina a efetivar título executivo que estabeleça obrigação de pagar inadimplida pelo sujeito passivo; aplica-se, também, quando houver conversão de obrigação não pecuniária (fazer, não fazer ou dar coisa) em perdas e danos.

O início da fase de cumprimento de sentença (quando se tratar de título judicial) ou do processo de execução (quando se cuidar de título extrajudicial) relativo a obrigação pecuniária somente pode se dar, em princípio, mediante iniciativa das partes, tanto no Processo do Trabalho, quanto no Processo Civil, conforme se extrai dos arts. 878 da CLT, 523, *caput*, e 526, do CPC.[1]

Assim, como regra geral, o cumprimento de sentença será requerido pelo credor. É possível, ainda, que o réu se antecipe ao requerimento do credor e faça o pagamento; nesta hipótese, o autor deve ser ouvido no prazo de 5 dias, após os quais ou a execução seguirá com a penhora e atos subsequentes no que tange à diferença; ou o juiz declarará satisfeita a obrigação e extinguirá o processo.

Ademais, no Processo do Trabalho, a partir da vigência da Reforma Trabalhista, o cumprimento de sentença pode ser promovido de ofício pelo Juiz do Trabalho apenas quando o credor não estiver representado por advogado.

No caso de execução de título extrajudicial, por se formar processo autônomo, jamais pode a execução iniciar-se de ofício, havendo necessidade de ajuizamento de ação executiva pelo credor interessado.

Deflagrado o procedimento executivo, os autos devem ser conclusos ao Juiz do Trabalho, que avaliará a viabilidade da postulação. Se faltar algum pressuposto ou requisito de regularidade para que se processe a execução, e desde que se trate de vício sanável, o juiz intimará o requerente para regularizar o vício no prazo de 15 dias, caso se trate de título extrajudicial (CPC, art. 801). Decorrido o prazo, ou sendo o vício insanável, o juiz indeferirá a petição inicial, caso se trate de execução de título extrajudicial; ou determinará o arquivamento dos autos, se se tratar de cumprimento de sentença (e, nesta última hipótese, o credor pode novamente requerer a execução desde que não se configure prescrição intercorrente).

Caso o requerimento de execução ou cumprimento de sentença esteja em ordem, o juiz determinará a expedição de mandado de citação ao executado, para que faça o pagamento em 48 horas, ou indique bens à penhora ou garanta a execução no mesmo prazo (CLT, art. 880, *caput*).[2]

---

1 Art. 878 – A execução será promovida pelas partes, permitida a execução de ofício pelo juiz ou pelo Presidente do Tribunal apenas nos casos em que as partes não estiverem representadas por advogado.

Art. 523 – No caso de condenação em quantia certa, ou já fixada em liquidação, e no caso de decisão sobre parcela incontroversa, o cumprimento definitivo da sentença far-se-á a requerimento do exequente, sendo o executado intimado para pagar o débito, no prazo de 15 (quinze) dias, acrescido de custas, se houver.

Art. 526 – É lícito ao réu, antes de ser intimado para o cumprimento da sentença, comparecer em juízo e oferecer em pagamento o valor que entender devido, apresentando memória discriminada do cálculo.

§ 1º – O autor será ouvido no prazo de 5 (cinco) dias, podendo impugnar o valor depositado, sem prejuízo do levantamento do depósito a título de parcela incontroversa.

§ 2º – Concluindo o juiz pela insuficiência do depósito, sobre a diferença incidirão multa de dez por cento e honorários advocatícios, também fixados em dez por cento, seguindo-se a execução com penhora e atos subsequentes.

§ 3º – Se o autor não se opuser, o juiz declarará satisfeita a obrigação e extinguirá o processo.

2 Art. 880 – Requerida a execução, o juiz ou presidente do tribunal mandará expedir mandado de citação do executado, a fim de que cumpra a decisão ou o acordo no prazo, pelo modo e sob as cominações estabelecidas ou, quando se tratar de pagamento em dinheiro, inclusive de contribuições sociais devidas à União, para que o faça em 48 (quarenta e oito) horas ou garanta a execução, sob pena de penhora.

Se o executado fizer o pagamento integral, o juiz declarará extinta a execução. Caso não haja o pagamento, nem o depósito do crédito exequendo, segue-se a instrução da execução, com a realização da penhora, depósito e avaliação de bens, após o que se abre oportunidade para o executado se defender mediante embargos à execução.

Julgados – ou não oferecidos – os embargos, o processo executivo deve seguir rumo aos atos de expropriação de bens – adjudicação, alienação, e apropriação de frutos e rendimentos –, para que se viabilize o pagamento ao credor.

Nos próximos itens, serão detalhados os diversos atos processuais praticados no curso do procedimento de execução de título judicial condenatório relativo a obrigações pecuniárias.

1.1. Meios executivos atípicos: apreensão de CNH e de passaporte do executado

Sobre os mecanismos executivos atípicos, ver capítulo XXXI, item 6.2.1.

2. INTIMAÇÃO DO EXECUTADO: O *MANDADO DE CITAÇÃO*

Após o requerimento do credor, o Juiz do Trabalho determina a expedição de mandado de citação, para que o executado realize o pagamento em 48 horas, ou garanta a execução mediante depósito do crédito exequendo.

Apesar de a CLT utilizar a nomenclatura *citação para execução*, como o processo para cobrança de quantia é sincrético, não há, no rigor terminológico, citação, mas mera intimação para pagamento em 48 horas. Portanto, não há problemas em utilizar a designação *mandado de intimação, penhora e avaliação*, ou *mandado de notificação, penhora e avaliação*.

O nome adotado, entretanto, não modifica a natureza do ato, que é de intimação, pois se trata de cientificação do executado acerca dos atos e termos do processo, para que faça ou deixe de fazer algo (no caso, o pagamento do crédito exequendo).

De todo modo, importante observar que não se aplica, no Processo do Trabalho, o regramento do art. 523, *caput* e parágrafos, do CPC[3], segundo os quais, uma vez que o réu não faça o pagamento em 15 dias, incide multa de 10% sobre o valor atualizado do crédito, acrescida de honorários advocatícios também de 10%, por ausência de omissão na legislação processual trabalhista. Muito embora o tema seja controvertido, a conclusão se impõe, à luz do princípio da segurança jurídica, conforme vem acertadamente reconhecendo o TST.

---

3 Art. 523, § 1º – Não ocorrendo pagamento voluntário no prazo do caput, o débito será acrescido de multa de dez por cento e, também, de honorários de advogado de dez por cento.

§ 2º – Efetuado o pagamento parcial no prazo previsto no caput, a multa e os honorários previstos no § 1º incidirão sobre o restante.

§ 3º – Não efetuado tempestivamente o pagamento voluntário, será expedido, desde logo, mandado de penhora e avaliação, seguindo-se os atos de expropriação.

O mandado de citação deve ser cumprido por Oficial de Justiça (CLT, art. 880, § 2º), justamente porque, caso o executado não pague, nem garanta a execução no prazo, segue-se imediatamente a penhora de bens, feita pelo meirinho.

Ao contrário do que sustentam alguns doutrinadores[4], não se deve entender que a possibilidade de nomeação de bens à penhora, pelo devedor, prevista no art. 882 da CLT[5], impeça o Oficial de Justiça de escolher outros bens para constrição. Isso porque, conforme já estudado, o princípio da menor onerosidade para o executado pressupõe que haja dois ou mais mecanismos igualmente eficazes para a satisfação do crédito. Se o Oficial percebe a existência de outros bens de maior liquidez, de acordo com a ordem preferencial de penhora estabelecida pelo art. 835 do CPC, deve penhorá-los, mesmo que a contragosto do executado.

O entendimento aparentemente majoritário é no sentido de que a citação na execução deve ser pessoal, ou seja, recebida diretamente pelo executado. Fundamenta-se com a previsão do art. 880, § 2º, da CLT (que determina que a citação deve ser realizada pelos Oficiais de Justiça), e também com a gravidade da consequência do ato, já que o inadimplemento resulta na constrição do patrimônio do citando.

A doutrina costuma abordar o tema sob o enfoque da citação, concluindo pela inexistência de pessoalidade quanto à notificação inicial – ainda que realizada por oficial de justiça –, mas pela necessidade de comunicação pessoal ao executado quando do cumprimento de mandado de citação para execução (CLT, art. 880, § 2º)[6], sendo este, também, o posicionamento majoritário da jurisprudência.

De fato, no Processo do Trabalho, as notificações são feitas, em regra, em registro postal com franquia (CLT, art. 841, *caput* e §§ 1º e 2º), modalidade com a qual é incompatível a exigência de pessoalidade, pois o carteiro não tem condições de identificar quem é o diretor ou a pessoa responsável por receber as ordens judiciais no interior de uma empresa, por exemplo. Basta, portanto, que o instrumento da notificação (citação ou intimação direcionada à parte) seja recebido no endereço do destinatário.

Ora, se, para a citação inicial – ato de suma importância, pois cientifica o reclamado sobre a existência do processo –, não se exige pessoalidade, com muito mais razão não se deverá exigi-la na notificação ou citação para execução. Isso porque nesta fase, o réu (executado) presumidamente já tem ciência da existência do processo, e inclusive deverá ter advogado constituído nos autos, já que houve todo o trâmite da fase de conhecimento. A importância da citação inicial é maior do que a da citação para a execução, e não faria sentido ser mais rigoroso nesta do que naquela. Veja-se que o art. 880 da CLT não faz menção alguma à pessoalidade, apenas estabelecendo que o mandado será cumprido por oficial de justiça.

---

4 Por exemplo, CAIRO JR, *op. cit.*, p. 924.

5 Art. 882 – O executado que não pagar a importância reclamada poderá garantir a execução mediante depósito da mesma, atualizada e acrescida das despesas processuais, ou nomeando bens à penhora, observada a ordem preferencial estabelecida no art. 655 do Código Processual Civil.

6 Por todos, nesse sentido, SARAIVA e MANFREDINI, p. 167.

Conclui-se, portanto, que qualquer ato de comunicação processual encaminhado diretamente à parte será válido desde que recebido por pessoa capaz que se encontre no endereço do destinatário.

De lege ferenda, o ideal seria que o legislador estabelecesse que a intimação (não a citação) para pagamento deveria ser feita preferencialmente na pessoa do advogado já constituído, tal como já ocorre no Processo Civil (CPC, art. 513, § 2º, I).[7] Enquanto não sobrevier lei em tal sentido, deve-se entender que a intimação (ou citação, como diz a CLT) para pagamento deve ser direcionada ao próprio executado, mas não há necessidade de pessoalidade no ato notificatório.

2.1. Intimação por hora certa ou por edital

Prevê, ainda, a CLT que, caso o executado, procurado duas vezes no espaço de 48 horas, não seja encontrado pelo Oficial, deve-se proceder à citação por edital (art. 880, § 3º).[8]

No entanto, apesar da omissão da CLT (e da controvérsia jurisprudencial daí resultante), não se deve excluir a possibilidade de se intimar (ou citar) o executado com hora certa, caso presentes os requisitos legais previstos no art. 252 do CPC.[9] Ora, a intimação por hora certa, embora seja modalidade de comunicação ficta de atos processuais, é muito mais efetiva do que aquela feita por edital, pois a probabilidade de que o ato processual chegue ao conhecimento do destinatário é muito maior na primeira.

Assim, independentemente de autorização expressa no mandado, o Oficial de Justiça, caso suspeite fundamentadamente que o executado está se ocultando, após tê-lo procurado duas vezes, deverá intimar qualquer vizinho ou pessoa da família de que voltará no dia imediato, na hora que designar, para proceder ao ato notificatório. Em seguida, deve-se observar o procedimento dos arts. 253 e 254 do CPC.[10]

---

7 Art. 513, § 2º – O devedor será intimado para cumprir a sentença: I – pelo Diário da Justiça, na pessoa de seu advogado constituído nos autos (...).

8 Art. 880, § 3º – Se o executado, procurado por 2 (duas) vezes no espaço de 48 (quarenta e oito) horas, não for encontrado, far-se-á citação por edital, publicado no jornal oficial ou, na falta deste, afixado na sede da Junta ou Juízo, durante 5 (cinco) dias.

9 Art. 252 – Quando, por 2 (duas) vezes, o oficial de justiça houver procurado o citando em seu domicílio ou residência sem o encontrar, deverá, havendo suspeita de ocultação, intimar qualquer pessoa da família ou, em sua falta, qualquer vizinho de que, no dia útil imediato, voltará a fim de efetuar a citação, na hora que designar.

10 Art. 253 – No dia e na hora designados, o oficial de justiça, independentemente de novo despacho, comparecerá ao domicílio ou à residência do citando a fim de realizar a diligência.

§ 1º – Se o citando não estiver presente, o oficial de justiça procurará informar-se das razões da ausência, dando por feita a citação, ainda que o citando se tenha ocultado em outra comarca, seção ou subseção judiciárias.

§ 2º – A citação com hora certa será efetivada mesmo que a pessoa da família ou o vizinho que houver sido intimado esteja ausente, ou se, embora presente, a pessoa da família ou o vizinho se recusar a receber o mandado.

§ 3º – Da certidão da ocorrência, o oficial de justiça deixará contrafé com qualquer pessoa da família ou vizinho, conforme o caso, declarando-lhe o nome.

Interessante observar que a avaliação dos requisitos da citação com hora certa é atribuição exclusiva do Oficial de Justiça. De fato, apenas quem está em campo tem condições de verificar se o destinatário do mandado está se ocultando ou se furtando, de alguma maneira, a receber a ordem judicial. Essa avaliação pode ser feita, por exemplo, por meio de diligências na vizinhança (nas quais se busca saber o paradeiro do executado não encontrado); observação do estado do imóvel (conservação, barulhos oriundos do interior, luzes etc.); além de outros elementos que se mostrem pertinentes no caso concreto.

Nesse contexto, só faria sentido que o juiz determinasse a citação com hora certa caso o próprio magistrado se dirigisse, *in loco*, ao endereço da diligência, de modo que pudesse apurar o cenário fático existente.

Apenas caso se frustre a citação pessoal, e se não houver elementos para realizar-se a citação por hora certa, portanto, é que o Juiz deve determinar a citação (ou intimação) do executado por edital.

2.2. Oficial de Justiça: cumprimento dos atos executivos

O Oficial de Justiça é o servidor responsável pelo cumprimento dos atos executivos em geral; atua como espécie de *longa manus* do juiz, e desempenha papel crucial para a efetividade do processo.

Independentemente de despacho ou decisão judicial específica, o Oficial pode – e deve – praticar os atos executivos nas cidades contíguas, de fácil comunicação, e também naquelas que integrem a mesma região metropolitana (ainda que não contíguas), conforme regramento do art. 782, §§ 1º e 2º do CPC.[11]

Na prática, os Tribunais do Trabalho costumam criar – e é recomendável mesmo que o façam – centrais de distribuição de mandados, havendo subdivisões de áreas geográficas, com a respectiva atribuição a oficiais de justiça específicos, o que otimiza e racionaliza o trabalho. Nessas hipóteses, caso o Oficial constate, em diligência, que o ato executivo (citação, intimação, penhora, avaliação etc.) pode ser praticado em área sob a responsabilidade de outro meirinho, o procedimento correto é redistribuir o mandado para este. O Oficial deve se abster de recolher o mandado à Vara do Trabalho de origem nesses casos, de modo a evitar perda de eficiência, tempo e retrabalho desnecessário. O ideal é que cada Tribunal regulamente o tema, potencializando e tornando mais efetiva a atuação dos oficiais de justiça respectivos.

§ 4º – O oficial de justiça fará constar do mandado a advertência de que será nomeado curador especial se houver revelia.

Art. 254 – Feita a citação com hora certa, o escrivão ou chefe de secretaria enviará ao réu, executado ou interessado, no prazo de 10 (dez) dias, contado da data da juntada do mandado aos autos, carta, telegrama ou correspondência eletrônica, dando-lhe de tudo ciência.

11 Art. 782 – Não dispondo a lei de modo diverso, o juiz determinará os atos executivos, e o oficial de justiça os cumprirá.

§ 1º – O oficial de justiça poderá cumprir os atos executivos determinados pelo juiz também nas comarcas contíguas, de fácil comunicação, e nas que se situem na mesma região metropolitana.

§ 2º – Sempre que, para efetivar a execução, for necessário o emprego de força policial, o juiz a requisitará.

2.3. Arresto executivo

O art. 830 do CPC[12] prevê a figura do arresto executivo. Embora o dispositivo esteja inserido no capítulo atinente à execução de título extrajudicial, deve-se entender pela respectiva aplicabilidade também no cumprimento de sentença, tanto no Processo Civil, quanto no Processo do Trabalho.

Assim, caso o oficial de justiça não encontre o executado, e desde que seja viável, deve realizar o arresto de tantos bens quantos bastem para garantir a execução. Não há necessidade de autorização específica no mandado para que o Oficial de Justiça proceda ao arresto executivo, pois a ordem de penhora já viabiliza a prática de quaisquer atos de constrição.

Nos 10 dias subsequentes à efetivação do arresto, o oficial deverá procurar o executado, duas vezes, em dias distintos, a fim de realizar a citação para execução, além da intimação quanto ao arresto já empreendido. Caso o executado continue não sendo encontrado e havendo suspeita de ocultação, o oficial deve valer-se do mecanismo da notificação com hora certa.

Feita a citação (pessoal, por edital, ou com hora certa), o arresto se converte, de pleno direito, em penhora. Isso significa que não há necessidade de qualquer decisão ou pronunciamento judicial para que se considere aperfeiçoada a transmudação do arresto em penhora: o mero decurso do prazo de 48h para pagamento gera tal efeito.

Ademais, os efeitos típicos da penhora retroagem à data em que realizado o arresto.

Não se pode confundir o arresto executivo com o arresto cautelar (mencionado pelo art. 301 do CPC). Este último consiste em tutela provisória de urgência, passível de deferimento apenas por juiz, desde que presentes os requisitos do *periculum in mora* e *fumus boni iuris*, para atender a requerimento do interessado.

Já o arresto executivo é medida adotada pelo oficial de justiça, independentemente de decisão judicial ou de requerimento do exequente, e seu pressuposto fático consiste exclusivamente no fato objetivo de o meirinho não encontrar o executado para notificação. Daí decorre que não há necessidade de suspeita de ocultação para que o oficial de justiça proceda ao arresto.

Sucede que nem sempre será viável, na prática, a realização de arresto executivo. Se o oficial de justiça não conseguir ingressar no estabelecimento ou na residência do executado (por encontrar as portas fechadas, não sendo atendidos os seus chamados, por exemplo), não é possível o arrombamento, que só pode ser

[12] Art. 830. Se o oficial de justiça não encontrar o executado, arrestar-lhe-á tantos bens quantos bastem para garantir a execução.

§ 1º – Nos 10 (dez) dias seguintes à efetivação do arresto, o oficial de justiça procurará o executado 2 (duas) vezes em dias distintos e, havendo suspeita de ocultação, realizará a citação com hora certa, certificando pormenorizadamente o ocorrido.

§ 2º – Incumbe ao exequente requerer a citação por edital, uma vez frustradas a pessoal e a com hora certa.

§ 3º – Aperfeiçoada a citação e transcorrido o prazo de pagamento, o arresto converter-se-á em penhora, independentemente de termo.

determinado após a notificação do devedor para pagamento. De fato, conforme se extrai do art. 846 do CPC[13], só se viabiliza a ordem de arrombamento caso o executado obstaculize a ordem de penhora (e não a de notificação para pagamento).

2.4. Ausência de indicação de bens e ato atentatório à dignidade da justiça

Boa prática a ser adotada na execução consiste em inserir, na intimação inicial do executado para pagamento do débito, determinação específica para que indique ao Juízo, em prazo razoável, quais são e onde estão seus bens sujeitos à penhora e os respectivos valores, e para que exiba prova de sua propriedade e, se for o caso, certidão negativa de ônus.

Da intimação, deve constar também que, caso o executado descumpra tal determinação, será fixada multa em montante não superior a vinte por cento do valor atualizado do débito em execução, a qual será revertida em proveito do exequente, exigível nos próprios autos do processo, sem prejuízo de outras sanções de natureza processual ou material, nos termos do art. 774, V, e parágrafo único, do CPC.[14]

Perceba-se que a aplicação da multa por ato atentatório à dignidade da justiça, nessa hipótese, depende de comportamento doloso do executado, que, apesar de possuir bens penhoráveis, não os indica quando instado a tanto pelo Juízo. Não seria pertinente a aplicação da multa caso o executado, por exemplo, manifeste-se nos autos informando não possuir bens – desde que, evidentemente, seja verdadeira a alegação.

Portanto, embora a intimação possa (e deva!) ser feita no início da execução (inexistindo óbice, entretanto, a que seja feita posteriormente), a multa somente será aplicada *a posteriori*, quando se constatar, no curso do procedimento executivo, que o executado omitiu a informação requerida pelo Juízo, ou que prestou informação falsa.

3. PENHORA

3.1. Conceito, natureza jurídica e efeitos

Penhora é ato executivo de constrição de bem, com o objetivo de permitir sua futura expropriação e a consequente quitação do credor, em execução por quantia certa.

Com a penhora, determinado bem do patrimônio do executado fica vinculado à satisfação do crédito exequendo. Assim, a responsabilidade patrimonial do devedor, que antes era genérica, passa a incidir sobre bem específico.

---

[13] Art. 846 – Se o executado fechar as portas da casa a fim de obstar a penhora dos bens, o oficial de justiça comunicará o fato ao juiz, solicitando-lhe ordem de arrombamento.

[14] Art. 774. Considera-se atentatória à dignidade da justiça a conduta comissiva ou omissiva do executado que: (...) V - intimado, não indica ao juiz quais são e onde estão os bens sujeitos à penhora e os respectivos valores, nem exibe prova de sua propriedade e, se for o caso, certidão negativa de ônus.

Parágrafo único. Nos casos previstos neste artigo, o juiz fixará multa em montante não superior a vinte por cento do valor atualizado do débito em execução, a qual será revertida em proveito do exequente, exigível nos próprios autos do processo, sem prejuízo de outras sanções de natureza processual ou material.

A penhora é ato preparatório da expropriação (= alienação judicial) de bens do executado. Com efeito, apenas após a realização da penhora é que se pode providenciar a arrematação, adjudicação ou alienação do bem por iniciativa particular, de modo a satisfazer o direito do exequente.

Segundo a doutrina, como ato de instrução da execução, a penhora pressupõe a apreensão do bem e o respectivo depósito, elementos sem os quais não se aperfeiçoa. Na prática, muitas vezes o próprio executado fica como depositário do bem, em vista dos custos envolvidos e das dificuldades inerentes aos depósitos públicos.

Sob o prisma da teoria geral do Direito, a penhora é ato jurídico em sentido estrito, com natureza executiva, porquanto se trata de manifestação de vontade do órgão jurisdicional cujos efeitos são aprioristicamente previstos pela lei, a saber:

- (i) dá-se a individualização do bem que responderá pela execução (já que, até então, todo o patrimônio do executado respondia);
- (ii) gera-se o direito de preferência do credor que penhorou em primeiro lugar (CPC, art. 907, § 2º);
- (iii) surge o dever de conservação do bem pelo depositário;
- (iv) e passa a haver ineficácia dos atos de alienação do bem penhorado.

3.2. Procedimento

A penhora pode documentar-se: (i) por auto, quando levada a efeito externamente à sede do Juízo – o que é feito, em geral, por oficial de justiça; (ii) por termo nos autos, quando o ato for praticado na própria sede do Juízo.

Perceba-se que o termo ou o auto de penhora consistem apenas na documentação (imprescindível) do ato de penhora.

Como a penhora pressupõe a apreensão física do bem, em princípio será feita onde se encontrem os bens, ainda que sob a posse, a detenção ou a guarda de terceiros.

Dessa forma, após a apreensão do bem, e a respectiva entrega ao depositário, considera-se aperfeiçoada a penhora, a qual deve ser obrigatoriamente documentada em termo ou auto que conterá, conforme previsto no art. 838 do CPC: (i) a indicação do dia, do mês, do ano e do lugar em que foi feita; (ii) os nomes do exequente e do executado; (iii) a descrição dos bens penhorados, com as suas características; (iv) a nomeação do depositário dos bens.

No entanto, a penhora de imóveis, independentemente de onde se localizem, quando apresentada certidão da respectiva matrícula, e a penhora de veículos automotores, quando apresentada certidão que ateste a sua existência, serão realizadas por termo nos autos (CPC, art. 845, § 1º). Ademais, a penhora de dinheiro em conta corrente do executado, feita após bloqueio eletrônico realizado por intermédio da autoridade supervisora do sistema financeiro nacional, também é documentada por termo nos autos.

Nessas situações, o termo de penhora pode ser lavrado pelo Diretor de Secretaria ou diretamente pelo próprio juiz.

Além disso, se o executado não tiver bens no território do Juízo em que tramita o processo, não sendo possível a realização da penhora por termo nos autos, a execução será feita por carta, penhorando-se, avaliando-se e alienando-se os bens no foro da situação do bem – ou seja, no local em que se encontram (CPC, art. 845, § 2º).

Quando inviável a realização por termo nos autos (por inexistir dinheiro em conta corrente do executado, imóveis ou veículos), os bens penhoráveis devem ser buscados pelo oficial de justiça por ocasião do cumprimento do mandado de penhora *portas adentro*, assim denominado porque o meirinho deve ingressar no imóvel em que estabelecido o executado, com o fim de providenciar a apreensão e depósito de bens suficientes para quitar o principal corrido e com juros, além das despesas processuais (custas e honorários advocatícios), conforme art. 831 do CPC.[15]

Se o executado fechar as portas da casa ou do estabelecimento, impedindo que o oficial de justiça ingresse para fazer a penhora, deve-se expedir mandado de arrombamento, a ser cumprido por dois oficiais de justiça, na presença de duas testemunhas, sendo que todos deverão assinar auto circunstanciado, em duplicata; uma via deve ser devolvida à Vara do Trabalho de origem, e a outra, entregue à autoridade policial competente, para eventual apuração dos delitos de desobediência ou de resistência (CPC, art. 846).[16]

O oficial de justiça não procederá à penhora quando ficar evidente que o produto da execução dos bens encontrados será totalmente absorvido pelo pagamento das custas da execução.

Sempre que não encontrar bens penhoráveis, independentemente de determinação judicial expressa, o oficial de justiça descreverá na certidão os bens que guarnecem a residência ou o estabelecimento do executado, quando este for pessoa jurídica. Elaborada a lista, o executado ou seu representante legal será nomeado depositário provisório de tais bens até ulterior determinação do juiz (CPC, art. 836, §§ 1º e 2º).

3.3. Depósito. Depositário infiel e nomeação compulsória de depositário

A penhora só se considera realizada quando os bens apreendidos pelo Estado-juiz são entregues a um depositário, que é o auxiliar da justiça incumbido de os

[15] Art. 831 – A penhora deverá recair sobre tantos bens quantos bastem para o pagamento do principal atualizado, dos juros, das custas e dos honorários advocatícios.

[16] Art. 846 – Se o executado fechar as portas da casa a fim de obstar a penhora dos bens, o oficial de justiça comunicará o fato ao juiz, solicitando-lhe ordem de arrombamento.

§ 1º – Deferido o pedido, 2 (dois) oficiais de justiça cumprirão o mandado, arrombando cômodos e móveis em que se presuma estarem os bens, e lavrarão de tudo auto circunstanciado, que será assinado por 2 (duas) testemunhas presentes à diligência.

§ 2º – Sempre que necessário, o juiz requisitará força policial, a fim de auxiliar os oficiais de justiça na penhora dos bens.

§ 3º – Os oficiais de justiça lavrarão em duplicata o auto da ocorrência, entregando uma via ao escrivão ou ao chefe de secretaria, para ser juntada aos autos, e a outra à autoridade policial a quem couber a apuração criminal dos eventuais delitos de desobediência ou de resistência.

§ 4º – Do auto da ocorrência constará o rol de testemunhas, com a respectiva qualificação.

guardar e conservar, e de restitui-los ou entregá-los a quem de direito, a qualquer momento, por determinação judicial.

Essa conclusão se impõe à luz do art. 839 do CPC, segundo o qual se considerará feita a penhora mediante a apreensão e o depósito dos bens, lavrando-se um só auto se as diligências forem concluídas no mesmo dia.

Não se pode dizer, portanto, como regra geral, que o depósito seja ato complementar à penhora.[17] Sempre que houver necessidade de apreensão física do bem, a penhora só estará aperfeiçoada após a entrega do bem ao depositário, já que necessariamente deve ser dado algum destino fático à coisa penhorada, até mesmo para que se possa conservá-la.

Contudo, nas hipóteses de penhora de imóveis ou veículos automotores, o art. 845, § 1º, do CPC[18], permite que se repute feita a penhora após a elaboração de termo nos autos, excepcionando o princípio geral acima enunciado. Além disso, há situações em que é inviável, do ponto de vista lógico-jurídico, cogitar-se de depósito do bem penhorado, como ocorre com a penhora no rosto dos autos. Nestas hipóteses excepcionais, a penhora estará aperfeiçoada desde a lavratura do respectivo termo ou auto, independentemente de depósito do bem constrito.

A função do depósito é justamente permitir a guarda e a conservação do bem, no período que medeia entre o ato constritivo e a entrega do bem ao arrematante ou ao adjudicante.

Por exercer *munus* público, o depositário deve receber remuneração, fixada pelo juiz à luz da situação dos bens penhorados e da dificuldade de sua guarda e conservação (CPC, art. 160).[19] Caso o depositário seja o próprio executado, entretanto, não lhe será devida remuneração, já que estará conservando coisa própria.

Em princípio, cabe ao exequente adiantar as despesas relativas à remuneração do depositário, sendo ressarcido pelo executado ao final (CPC, art. 82).[20] Contudo, pode surgir obstáculo prático nas hipóteses em que não haja viabilidade de entrega das coisas para depositário público, sendo o autor beneficiário da justiça gratuita e, justamente por tal razão, não esteja obrigado a – nem tenha condições de – antecipar o pagamento de despesas processuais.

---

17 Como fazem, por exemplo, MARINONI; ARENHART; MITIDIERO *op. cit.*, v. 2, p. 930.

18 Art. 845, § 1º – A penhora de imóveis, independentemente de onde se localizem, quando apresentada certidão da respectiva matrícula, e a penhora de veículos automotores, quando apresentada certidão que ateste a sua existência, serão realizadas por termo nos autos.

19 Art. 160 – Por seu trabalho o depositário ou o administrador perceberá remuneração que o juiz fixará levando em conta a situação dos bens, ao tempo do serviço e às dificuldades de sua execução.

Parágrafo único. O juiz poderá nomear um ou mais prepostos por indicação do depositário ou do administrador.

20 Art. 82 – Salvo as disposições concernentes à gratuidade da justiça, incumbe às partes prover as despesas dos atos que realizarem ou requererem no processo, antecipando-lhes o pagamento, desde o início até a sentença final ou, na execução, até a plena satisfação do direito reconhecido no título.

§ 1º – Incumbe ao autor adiantar as despesas relativas a ato cuja realização o juiz determinar de ofício ou a requerimento do Ministério Público, quando sua intervenção ocorrer como fiscal da ordem jurídica.

§ 2º – A sentença condenará o vencido a pagar ao vencedor as despesas que antecipou.

É por isso que, não obstante o bem penhorado (desde que seja móvel, semovente ou imóvel urbano) deva ser preferencialmente entregue a depositário (público ou particular), o art. 840, §§ 1º e 2º, do CPC[21], admite que os bens fiquem em poder do exequente, caso não haja depositário judicial; ou, ainda, que os bens sejam depositados em poder do executado, nos casos de difícil remoção ou quando o exequente concordar.

Quando a penhora recair sobre dinheiro, papéis de crédito, pedras e metais preciosos, o depósito deve ser feito em instituição bancária oficial. Se a penhora for de imóvel rural (ou de máquinas, utensílios e instrumentos necessários ou úteis à atividade agrícola), o executado deve ser nomeado depositário, oferecendo caução idônea.

Na praxe da Justiça do Trabalho, o oficial de justiça realiza a penhora e, no próprio auto, colhe a assinatura do executado, que assume o encargo de depositário.

Discussão maior envolve a situação em que o executado se recusa a assinar o correspondente termo e assumir o encargo de depositário, não havendo depositário público ou particular, e sendo inviável ao exequente remover os bens.

A jurisprudência do TST se consolidou no sentido de ser imprescindível a assinatura do nomeado para a investidura no encargo de depositário, sem o que seria inviável a restrição ao seu direito de liberdade (OJ 89 da SDI-2).[22]

O entendimento restritivo se justificava em virtude da possibilidade de prisão do depositário infiel - aquele que não restitui os bens quando determinado pelo Juízo, à luz do art. 5º, LXVII, da CF - regulamentado pelo decreto-lei 911/69.

No entanto, o Supremo Tribunal Federal passou a entender ser impossível a prisão do depositário infiel, tendo em vista a supralegalidade do Pacto de São José da Costa Rica. De fato, especificamente no que tange aos tratados de direitos humanos, na dicção do STF dá-se a *paralisação de eficácia* de toda a legislação interna infraconstitucional que os contrarie. Veja-se que não se trata de revogação ou invalidade do direito interno, que poderá voltar a vigorar se e quando o tratado for denunciado. Isso gera o fenômeno do controle de convencionalidade, que já vinha sendo adotado pela Corte Europeia de Direitos Humanos, e consiste no exame da compatibilidade entre o direito interno e o tratado internacional que verse sobre direitos humanos.

Assim, conclui-se pela ineficácia do decreto-lei 911/69, inexistindo base normativa para a prisão do depositário infiel. Dessa forma, a Súmula Vinculante 25 do STF dispõe ser ilícita a prisão civil de depositário infiel, qualquer que seja a modalidade de depósito.

---

[21] Art. 840, § 1º - No caso do inciso II do caput, se não houver depositário judicial, os bens ficarão em poder do exequente

§ 2º - Os bens poderão ser depositados em poder do executado nos casos de difícil remoção ou quando anuir o exequente.

[22] OJ-SDI2-89 "HABEAS CORPUS". DEPOSITÁRIO. TERMO DE DEPÓSITO NÃO ASSINADO PELO PACIENTE. NECESSI--DADE DE ACEITAÇÃO DO ENCARGO. IMPOSSIBILIDADE DE PRISÃO CIVIL (inserida em 27.05.2002) A investidura no encargo de depositário depende da aceitação do nomeado que deve assinar termo de compromisso no auto de penhora, sem o que, é inadmissível a restrição de seu direito de liberdade.

Nesse cenário, o depositário infiel se sujeita, em princípio, apenas à responsabilidade civil (devendo responder pelo equivalente em pecúnia da coisa depositada e não restituída e demais prejuízos comprovadamente sofridos pelo exequente) e à punição por ato atentatório à dignidade da justiça, conforme se depreende do art. 160, parágrafo único, do CPC.[23] A responsabilidade criminal do depositário somente se configurará caso a situação concreta se enquadre em algum tipo penal (estelionato, falsidade ideológica etc.); o mero fato de não restituir o bem não implica prisão.

Dessa forma, não se pode mais entender de forma absoluta que o executado possa se recusar a assumir o encargo de depositário. A recusa somente pode ser admitida excepcionalmente, caso fundamentada e justificável à luz de critérios razoáveis, como seria, por exemplo, a impossibilidade fática de o executado guardar e conservar o bem, por não mais residir no local onde este se encontra.

Como a infidelidade do depositário se resolve necessariamente com sanções patrimoniais, não se pode colocar o interesse pecuniário do executado em não conservar o bem acima do interesse do exequente, o qual é amparado em título executivo. Essa solução se inspira nos princípios da primazia do credor e da efetividade da execução.[24] Além disso, o princípio da cooperação autoriza a mesma conclusão, pois o executado tem o dever de colaborar para que haja prestação jurisdicional tempestiva.

Sob outro enfoque, o art. 838, IV, do CPC, exige apenas a nomeação de depositário, e não necessariamente a sua assinatura no auto de depósito. Assim, caso a recusa seja imotivada ou injustificável, é possível proceder-se à nomeação compulsória do executado como depositário, independentemente de sua assinatura, o que pode ser determinado pelo juiz ou feito pelo próprio oficial de justiça quando do cumprimento do mandado de penhora.

Ressalve-se que tal solução não se aplica em detrimento de depositários públicos ou particulares, já que, em relação a eles, não se pode falar em primazia do exequente.

3.4. Intimação da penhora

Quando a penhora for realizada na presença do executado, considera-se que este foi intimado no próprio ato.

---

23 Art. 161, Parágrafo único. O depositário infiel responde civilmente pelos prejuízos causados, sem prejuízo de sua responsabilidade penal e da imposição de sanção por ato atentatório à dignidade da justiça.

24 No sentido do texto, o seguinte acórdão: NOMEAÇÃO COMPULSÓRIA – FIEL DEPOSITÁRIO – NOTIFICAÇÃO POR EDITAL – POSSIBILIDADE – Antes de 2009, quando em nosso ordenamento jurídico era admitida a prisão civil do depositário infiel, a nomeação deste dependia de certas formalidades, para que a pessoa aceitasse o encargo, com assinatura do termo de compromisso, por força da gravidade das consequências que poderiam exsurgir, caso ocorresse o descumprimento da obrigação de conservar e restituir a coisa objeto de constrição judicial. Contudo, depois que o eg. STF editou a Súmula 25, firmando entendimento no sentido de ser "ilícita a prisão civil do depositário infiel, qualquer que seja a modalidade do depósito", a jurisprudência vem se inclinando pela desnecessidade de intimação pessoal do depositário fiel para assumir o encargo, uma vez que este não mais se reveste de tamanha gravidade. Assim, é possível a nomeação compulsória do fiel depositário, bem como a sua notificação por edital, já que, na hipótese em apreço, restaram infrutíferas todas as outras modalidades de comunicação processual. Agravo do exequente a que se dá provimento. (TRT-3 – AP: 01483199601103008 0148300-04.1996.5.03.0011, Relator: Convocado Marcelo Furtado Vidal, Sexta Turma, Data de Publicação: 28/08/2017)

Se, entretanto, o executado não estiver presente quando for levada a efeito a penhora, deve-se providenciar a respectiva intimação imediatamente, preferencialmente por meio de publicação na Imprensa Oficial, caso haja advogado constituído nos autos; se o executado não estiver sendo patrocinado por advogado, deve ser intimado pessoalmente (CPC, art. 841).[25] Se o executado mudar de endereço sem comunicar o fato ao Juízo, reputa-se válida a notificação postal encaminhada para o endereço anteriormente informado.

Embora o CPC não o mencione (assim como a maioria da doutrina)[26], também o exequente deve ser intimado da penhora, a fim de que possa manifestar-se a respeito do ato (alegando, por exemplo, o equívoco na avaliação ou a inobservância da ordem preferencial de penhora) e também para viabilizar a impugnação à sentença de liquidação.

Após a intimação das partes, inicia-se o prazo de 5 dias para oferecimento de embargos à execução (pelo executado) e de impugnação à sentença de liquidação (pelo exequente), conforme art. 884, *caput*, da CLT.[27]

Se a penhora recair sobre bem imóvel ou direito real sobre imóvel, deve ser intimado também o cônjuge do executado, salvo se forem casados em regime de separação absoluta de bens (CPC, art. 842).

Devem ser intimados da penhora, ainda, terceiros titulares de direito sobre a coisa penhorada, tais como o credor hipotecário, fiduciário ou pignoratício (CPC, art. 799).[28]

---

25 Art. 841 – Formalizada a penhora por qualquer dos meios legais, dela será imediatamente intimado o executado.

§ 1º – A intimação da penhora será feita ao advogado do executado ou à sociedade de advogados a que aquele pertença.

§ 2º – Se não houver constituído advogado nos autos, o executado será intimado pessoalmente, de preferência por via postal.

§ 3º – O disposto no § 1º não se aplica aos casos de penhora realizada na presença do executado, que se reputa intimado.

§ 4º – Considera-se realizada a intimação a que se refere o § 2º quando o executado houver mudado de endereço sem prévia comunicação ao juízo, observado o disposto no parágrafo único do art. 274.

26 Afirmando expressamente a necessidade de intimar o exequente, MARINONI; ARENHART; MITIDIERO, *op. cit.*, p. 928.

27 Art. 884 – Garantida a execução ou penhorados os bens, terá o executado 5 (cinco) dias para apresentar embargos, cabendo igual prazo ao exequente para impugnação.

28 Art. 799. Incumbe ainda ao exequente:

I – requerer a intimação do credor pignoratício, hipotecário, anticrético ou fiduciário, quando a penhora recair sobre bens gravados por penhor, hipoteca, anticrese ou alienação fiduciária;

II – requerer a intimação do titular de usufruto, uso ou habitação, quando a penhora recair sobre bem gravado por usufruto, uso ou habitação;

III – requerer a intimação do promitente comprador, quando a penhora recair sobre bem em relação ao qual haja promessa de compra e venda registrada;

IV – requerer a intimação do promitente vendedor, quando a penhora recair sobre direito aquisitivo derivado de promessa de compra e venda registrada;

V – requerer a intimação do superficiário, enfiteuta ou concessionário, em caso de direito de superfície, enfiteuse, concessão de uso especial para fins de moradia ou concessão de direito real de uso, quando a penhora recair sobre imóvel submetido ao regime do direito de superfície, enfiteuse ou concessão;

Tratando-se de penhora de bem indivisível (exemplos: obra de arte; imóvel insuscetível de divisão etc.), o equivalente à quota-parte do coproprietário ou do cônjuge alheio à execução recairá sobre o produto da alienação do bem, ou seja, o bem será alienado judicialmente e a cota do cônjuge não executado será paga com o dinheiro arrecadado na expropriação.

Entretanto, é reservada ao coproprietário ou ao cônjuge não executado a preferência na arrematação do bem em igualdade de condições. Assim, o cônjuge pode participar da hasta pública e a ele será arrematado o bem, caso se disponha a pagar o mesmo valor oferecido por terceiro no decorrer deste ato processual.

Não será levada a efeito expropriação por preço inferior ao da avaliação na qual o valor auferido seja incapaz de garantir, ao coproprietário ou ao cônjuge alheio à execução, o correspondente à sua quota-parte calculado sobre o valor da avaliação (CPC, art. 843, § 3º).

3.5. Avaliação

A avaliação dos bens penhorados deve ser feita, ordinariamente, pelo oficial de justiça quando da efetivação do ato constritivo. Nada mais lógico, já que, como a penhora deve recair sobre bens suficientes para quitar o crédito exequendo, deve-se estimar o valor quando da realização da constrição, sob pena de a penhora ser excessiva ou insuficiente.

Em algumas situações, entretanto, pode suceder de a avaliação demandar conhecimentos técnicos especializados, não titularizados pelo homem médio, como seria o exemplo de obras de arte ou da marca da uma empresa. Nessas hipóteses, desde que o valor da execução comporte a providência, o juiz deverá nomear perito avaliador, fixando-lhe prazo não superior a 10 dias para entrega do laudo (CPC, art. 870).[29]

Além disso, há hipóteses - algumas delas mencionadas no art. 871 do CPC - em que se dispensa a avaliação, a saber, quando: (i) uma das partes aceitar a estimativa feita pela outra; (ii) se tratar de títulos ou de mercadorias que tenham cotação em bolsa, comprovada por certidão ou publicação no órgão oficial; (iii) se tratar de títulos da dívida pública, de ações de sociedades e de títulos de crédito negociáveis

---

VI – requerer a intimação do proprietário de terreno com regime de direito de superfície, enfiteuse, concessão de uso especial para fins de moradia ou concessão de direito real de uso, quando a penhora recair sobre direitos do superficiário, do enfiteuta ou do concessionário;

VII – requerer a intimação da sociedade, no caso de penhora de quota social ou de ação de sociedade anônima fechada, para o fim previsto no art. 876, § 7º;

VIII – pleitear, se for o caso, medidas urgentes;

IX – proceder à averbação em registro público do ato de propositura da execução e dos atos de constrição realizados, para conhecimento de terceiros;

X - requerer a intimação do titular da construção-base, bem como, se for o caso, do titular de lajes anteriores, quando a penhora recair sobre o direito real de laje;

XI - requerer a intimação do titular das lajes, quando a penhora recair sobre a construção-base.

29 Art. 870 – A avaliação será feita pelo oficial de justiça.

Parágrafo único. Se forem necessários conhecimentos especializados e o valor da execução o comportar, o juiz nomeará avaliador, fixando-lhe prazo não superior a 10 (dez) dias para entrega do laudo.

em bolsa, cujo valor será o da cotação oficial do dia, comprovada por certidão ou publicação no órgão oficial; (iv) se tratar de veículos automotores ou de outros bens cujo preço médio de mercado possa ser conhecido por meio de pesquisas realizadas por órgãos oficiais ou de anúncios de venda divulgados em meios de comunicação, caso em que caberá a quem fizer a nomeação o encargo de comprovar a cotação de mercado; (v) quando for feita a penhora de dinheiro em depósito ou aplicação em instituição financeira.

O avaliador (oficial de justiça ou perito) deve descrever o bem, indicar seu estado e atribuir-lhe o respectivo valor. Quando pertinente, pode e deve fazer pesquisa de mercado para verificar o preço de venda de bens similares.

Quando o bem penhorado for imóvel suscetível de cômoda divisão, a avaliação, tendo em conta o crédito exequendo, será realizada em partes, sugerindo-se, com a apresentação de memorial descritivo, os possíveis desmembramentos para alienação (CPC, art. 872, § 1º).

De acordo com o art. 872, § 2º, do CPC, as partes devem ser ouvidas no prazo de 5 dias após a avaliação. No Processo do Trabalho, as partes também têm a oportunidade de impugnar a avaliação no mesmo prazo, por meio de embargos à execução ou de impugnação à sentença de liquidação.

No entanto, mesmo que decorrido tal prazo, o juiz pode determinar a reavaliação do bem, sempre que houver suspeita fundamentada de erro na avaliação ou dolo do avaliador; se verificar, posteriormente à avaliação, que houve majoração ou diminuição no valor do bem; se tiver fundada dúvida sobre o valor atribuído ao bem na primeira avaliação (CPC, art. 870, *caput* e parágrafo único).[30]

A reavaliação deve ser feita por outro oficial de justiça ou por outro perito, e o juiz não fica vinculado ao valor nela fixado, podendo guiar-se por quaisquer dos laudos de avaliação, mediante decisão fundamentada (CPC, art. 480, § 3º).[31]

3.6. Substituição, ampliação e redução da penhora. Segunda penhora

Feita a avaliação, pode ocorrer de se constatar que a penhora foi excessiva ou insuficiente; nos dois casos, o juiz, a requerimento do interessado, ouvida a parte contrária, pode determinar as retificações necessárias (CPC, art. 874).

Assim, se o valor dos bens penhorados for consideravelmente superior ao crédito exequendo e dos acessórios, o juiz deve reduzir a penhora ou transferi-la para outros bens menos valiosos. Perceba-se que não é suficiente pequena discrepância, pois é comum que os bens sejam arrematados por valor inferior ao da sua avaliação. Dessa forma, mesmo que o valor dos bens penhorados seja superior ao crédito

[30] Art. 873. É admitida nova avaliação quando:
I – qualquer das partes arguir, fundamentadamente, a ocorrência de erro na avaliação ou dolo do avaliador;
II – se verificar, posteriormente à avaliação, que houve majoração ou diminuição no valor do bem;
III – o juiz tiver fundada dúvida sobre o valor atribuído ao bem na primeira avaliação.
Parágrafo único. Aplica-se o art. 480 à nova avaliação prevista no inciso III do caput deste artigo.

[31] Art. 480, § 3º – A segunda perícia não substitui a primeira, cabendo ao juiz apreciar o valor de uma e de outra.

exequendo, deve ser mantida a constrição caso se constate, na situação concreta, não haver manifesto excesso. Em geral, o acréscimo de 30% (trinta por cento) em relação ao crédito é aceitável.

De outro lado, se o valor dos bens penhorados for inferior ao crédito do exequente, o juiz deve determinar a ampliação (também chamada de reforço) da penhora, com a constrição de outros bens.

A redução ou ampliação da penhora, bem como sua transferência para outros bens, também pode ser feita se, no curso do processo, o valor de mercado dos bens penhorados sofrer alteração significativa (CPC, art. 850).

Além disso, o executado pode requerer a substituição do bem penhorado, desde que comprove que lhe será menos onerosa e não trará prejuízo ao exequente (CPC, art. 847, *caput*). O prazo de 10 dias, mencionado por tal dispositivo do Código de Processo Civil, não se aplica no âmbito trabalhista, no qual o executado deve fazer o requerimento no prazo de embargos à execução.

Trata-se de prerrogativa do executado que decorre diretamente do princípio da menor onerosidade da execução.

O deferimento do requerimento de substituição do bem penhorado, feito pelo executado, somente será deferido quando este (i) comprovar a propriedade dos bens; (ii) declarar onde se encontram os bens sujeitos à execução; (iii) exibir a certidão negativa ou positiva de ônus; (iv) se abstiver de qualquer atitude que dificulte ou embarace a realização da penhora. Ademais, o executado somente poderá oferecer bem imóvel em substituição caso o requeira com a expressa anuência do cônjuge, salvo se o regime for o de separação absoluta de bens (CPC, art. 847, §§ 1º a 3º).

Em acréscimo a essa prerrogativa do executado, ambas as partes (credor e devedor) podem requerer a substituição da penhora se: (i) ela não obedecer à ordem legal; (ii) ela não incidir sobre os bens designados em lei, contrato ou ato judicial para o pagamento; (iii) havendo bens no foro da execução, outros tiverem sido penhorados; (iv) havendo bens livres, ela tiver recaído sobre bens já penhorados ou objeto de gravame; (v) ela incidir sobre bens de baixa liquidez; (vi) fracassar a tentativa de alienação judicial do bem; ou se (vii) o executado não indicar o valor dos bens ou omitir qualquer das indicações previstas em lei.

A penhora pode também ser substituída por fiança bancária ou por seguro garantia judicial, em valor não inferior ao do débito constante da inicial, acrescido de trinta por cento (CPC, art. 848, parágrafo único).

Conforme jurisprudência do TST, o fato de a garantia do juízo ser feita por seguro garantia judicial não pode impedir a execução de valores incontroversos, de modo que o exequente não pode ser obrigado a esperar o julgamento final dos embargos à execução para poder exigi-los (os valores incontroversos).[32]

---

[32] "AGRAVO. RECURSO ORDINÁRIO EM MANDADO DE SEGURANÇA. DECISÃO QUE DETERMINA A INTIMAÇÃO DA SEGURADORA PARA TRANSFERIR O VALOR INCONTROVERSO PARA CONTA À DISPOSIÇÃO DO JUÍZO. EXECUÇÃO DEFINITIVA. POSSIBILIDADE. 1. Impõe-se confirmar a decisão agravada, em que se negou provimento ao recurso ordinário, por terem os impetrantes apresentado planilhas de cálculos no feito matriz nas quais constou o valor que entendiam efetivamente devido ao exequente. Desse modo, o valor apresentado pelos ora impetrantes como efetivamente devido ao exequente se afigura incontroverso, razão pela qual se revela possível sua execução imediata, servindo o seguro garantia judicial tão somente a assegurar a execução do valor controvertido. 2. O fato de os executados garantirem a execução por meio da contratação de seguro

Como o art. 848 não estipula prazo, entende-se que as partes podem requerer a substituição a qualquer momento antes da expropriação judicial.[33]

Além da ampliação, redução ou substituição da penhora, é possível haver uma segunda penhora nas seguintes hipóteses, previstas no art. 851 do CPC:

- (i) quando a primeira penhora for anulada. Neste caso, a segunda penhora pode recair em outros bens ou até no mesmo bem objeto da constrição anterior, desde que a anulação tenha se dado por vícios procedimentais, e não em virtude da impenhorabilidade do bem;
- (ii) quando, executados os bens penhorados anteriormente, o produto da alienação não bastar para o pagamento do exequente;
- (iii) quando o exequente desistir da primeira penhora, por serem litigiosos os bens ou por estarem submetidos a constrição judicial. Irrelevante que o credor tivesse, ou não, ciência da constrição, litígio ou grave quando realizada a penhora; como a execução se processa para atender ao interesse do credor, se este localizar outros bens desembaraçados, ou se reexaminar as circunstâncias do caso, deve-se assegurar a renovação da penhora, sem que se cogite de obstáculos não previstos em lei.[34] Entretanto, deve-se coibir o abuso de direito, pois o princípio da boa-fé objetiva também se aplica na execução.

3.7. Ordem preferencial da penhora e nomeação de bens

Considerando as máximas da experiência, e a realidade social existente quando da edição da lei, o art. 835, *caput*, do CPC[35], estabelece a ordem preferencial da

---

garantia judicial, conforme o art. 882 da CLT, não pode configurar empecilho para o exequente levantar os valores incontroversos, mormente quando a execução é definitiva. 3. Logo, a decisão que determina a intimação da seguradora para transferência da quantia incontroversa não fere, de qualquer maneira, direito líquido e certo dos impetrantes, mas, ao revés, traduz patente observância do art. 897, § 1º, da CLT. Agravo a que se nega provimento, com multa" (Ag-ROT-1001302-70.2020.5.02.0000, Subseção II Especializada em Dissídios Individuais, Relator Ministro Amaury Rodrigues Pinto Junior, DEJT 24/06/2022).

[33] DIDIER, *op. cit.*, v. 5, p. 598.

[34] ASSIS, *op. cit.*, p. 662.

[35] Art. 835 – A penhora observará, preferencialmente, a seguinte ordem:

I – dinheiro, em espécie ou em depósito ou aplicação em instituição financeira;

II – títulos da dívida pública da União, dos Estados e do Distrito Federal com cotação em mercado;

III – títulos e valores mobiliários com cotação em mercado;

IV – veículos de via terrestre;

V – bens imóveis;

VI – bens móveis em geral;

VII – semoventes;

VIII – navios e aeronaves;

IX – ações e quotas de sociedades simples e empresárias;

X – percentual do faturamento de empresa devedora;

XI – pedras e metais preciosos;

XII – direitos aquisitivos derivados de promessa de compra e venda e de alienação fiduciária em garantia;

penhora. A sequência fixada pelo legislador se baseia na maior liquidez de determinados bens. Assim, por exemplo, considera-se mais fácil alienar judicialmente um automóvel do que um navio; portanto, deve-se dar preferência à penhora do primeiro, em detrimento do segundo.

A penhora em dinheiro sempre será prioritária (CPC, art. 835, § 1º). Nas demais hipóteses, entretanto, o juiz pode, fundamentadamente, alterar a ordem preferencial estabelecida em lei, de acordo com as circunstâncias do caso concreto.

Mais uma vez, inexiste qualquer discricionariedade judicial: o juiz deve se pautar, ao realizar a análise da modificação da ordem legal, nos princípios da máxima efetividade da execução, primazia do credor e menor onerosidade para o executado.

O raciocínio judicial deve desenvolver-se à luz do princípio da proporcionalidade, de modo que se ponderem os seguintes fatores: viabilidade de maior ou menor sucesso da alienação judicial com a inversão da ordem preferencial; liquidez dos bens; impacto da constrição no funcionamento da empresa e na manutenção da subsistência do executado, entre outros.

Na execução de crédito com garantia real, a penhora recairá sobre a coisa dada em garantia, e, se a coisa pertencer a terceiro garantidor, este também será intimado da penhora (CPC, art. 835, § 3º).

Tais observações permitem concluir que, embora o executado possa nomear bens à penhora, conforme previsto pelo art. 882 da CLT, a indicação feita pode ser justificadamente recusada pelo credor ou rejeitada pelo Juízo (juiz ou oficial de justiça), ainda que o bem que venha ser constrito esteja em posição inferior na ordem preferencial de penhora, à luz dos critérios já expostos.

3.8. Bens impenhoráveis. Hipóteses de impenhorabilidade não previstas em lei

A lei exclui a possibilidade de penhora de determinados bens, considerando razões de interesse público, e também com o objetivo de preservar o mínimo existencial do devedor.

O mínimo existencial é o patrimônio mínimo que um cidadão deve possuir para que tenha condições de exercer as liberdades fundamentais e de ter uma existência digna. Portanto, as regras que estabelecem as impenhorabilidades se fundamentam essencialmente na necessidade de humanização da execução.

Contudo, a lei também se funda em razões de interesse coletivo quando institui, por exemplo, a impenhorabilidade dos recursos públicos do fundo partidário recebidos por partido político, nos termos da lei.

Embora o tema gere controvérsia em doutrina e na jurisprudência, deve-se entender que a impenhorabilidade resulta de ponderação feita pelo legislador entre a dignidade do executado (ou o interesse público a que se visa preservar, como a democracia) e a efetividade da execução. Descabe ao intérprete fazer nova ponderação na aplicabilidade das hipóteses de impenhorabilidade previstas legalmente,

---

XIII – outros direitos.

com o fim de afastar a aplicação dos dispositivos legais pertinentes, em razão de não serem inconstitucionais.[36]

A impenhorabilidade diz-se *absoluta* quando os bens sobre os quais incide não possam ser objeto de constrição judicial em hipótese alguma; *relativa*, quando possam ser penhorados na falta de outros bens. É exemplo de impenhorabilidade absoluta o salário recebido pelo devedor até o limite de 50 (cinquenta) salários mínimos mensais; de impenhorabilidade relativa, os frutos e os rendimentos dos bens inalienáveis (CPC, art. 834).[37]

Como as regras atinentes à impenhorabilidade são normas excetivas, sua interpretação, em princípio, deve ser estrita. Contudo, razões de variada índole autorizam a interpretação extensiva em algumas hipóteses.

Assim, deve-se considerar incluída na impenhorabilidade dos móveis que guarnecem a residência (CPC, art. 833, II) os animais domésticos de estimação. Por exemplo: ainda que determinado cão doméstico tenha *pedigree* e, por isso, certo valor econômico, os princípios constitucionais da dignidade da pessoa humana e da solidariedade sinalizam no sentido da impossibilidade de sua penhora. Além disso, a constrição do animal, com entrega ao depositário e posterior alienação, configura prática cruel, vedada expressamente pelo art. 225, § 1º, VII, da CF.[38]

Razões humanitárias e éticas também justificam que se interprete extensivamente a impenhorabilidade do bem de família, de modo que abranja também os jazigos perpétuos já ocupados por membros da família. Muito embora os jazigos possam apresentar valor econômico, o cemitério deve ser considerado como extensão da residência dos membros da família já falecidos.

Em seguida, serão analisadas destacadamente as hipóteses de impenhorabilidade previstas no CPC e na legislação extravagante, aplicáveis no Processo do Trabalho.

Não se aplica na Justiça do Trabalho a impenhorabilidade de bens de hospitais filantrópicos e Santas Casas de Misericórdia, prevista na Lei 14.334/2022, conforme interpretação combinada dos arts. 2º e 4º da própria lei.[39]

---

36 Em sentido contrário, sustentando a possibilidade de ponderação no caso concreto, DIDIER, *op. cit.*, v. 5, p. 541.

37 Art. 834 – Podem ser penhorados, à falta de outros bens, os frutos e os rendimentos dos bens inalienáveis.

38 Art. 225 – Todos têm direito ao meio ambiente ecologicamente equilibrado, bem de uso comum do povo e essencial à sadia qualidade de vida, impondo-se ao poder público e à coletividade o dever de defendê-lo e preservá-lo para as presentes e futuras gerações.

§ 1º – Para assegurar a efetividade desse direito, incumbe ao poder público: (...)

VII – proteger a fauna e a flora, vedadas, na forma da lei, as práticas que coloquem em risco sua função ecológica, provoquem a extinção de espécies ou submetam os animais a crueldade.

39 Lei nº 14.334/2022, Art. 2º Os bens de hospitais filantrópicos e Santas Casas de Misericórdia mantidos por entidades beneficentes certificadas nos termos da Lei Complementar nº 187, de 16 de dezembro de 2021, são impenhoráveis e não responderão por qualquer tipo de dívida civil, comercial, fiscal, previdenciária ou de outra natureza, salvo nas hipóteses previstas nesta Lei.

Parágrafo único. A impenhorabilidade compreende os imóveis sobre os quais se assentam as construções, as benfeitorias de qualquer natureza e todos os equipamentos, inclusive os de uso profissional, ou móveis que guarnecem o bem, desde que quitados.

Ademais, de acordo com a posição do STF, manifestada no RE 1307334/SP (tema 1127 da repercussão geral), é constitucional a penhora de bem de família pertencente a fiador de contrato de locação, seja residencial, seja comercial.

3.8.1. *Bem de família*

A lei nº 8.009/90 estabelece a impenhorabilidade do imóvel residencial próprio do casal, ou da entidade familiar, o qual não responderá por qualquer tipo de dívida civil, comercial, fiscal, previdenciária ou de outra natureza, contraída pelos cônjuges ou pelos pais ou filhos que sejam seus proprietários e nele residam, salvo nas hipóteses previstas nesta mesma lei.

A impenhorabilidade compreende o imóvel sobre o qual se assenta a construção, as plantações, as benfeitorias de qualquer natureza e todos os equipamentos, inclusive os de uso profissional, ou móveis que guarnecem a casa, desde que quitados.

Importante destacar que a lei não vincula a impenhorabilidade ao valor do imóvel. Assim, mesmo que o executado resida em imóvel considerado de luxo (em função da qualidade e tamanho da construção, localização etc.), não é viável sua constrição. Embora o tema seja controvertido, não deve ser dado ao aplicador da lei a relativização da impenhorabilidade sob o fundamento de que o valor do imóvel é muito elevado. Tal tipo de raciocínio se revela perigoso, por dar margem a decisionismos judiciais e insegurança jurídica, considerando o alto grau de subjetivismo envolvido.

Não obstante, registre-se o entendimento contrário, segundo o qual o juiz poderia afastar a impenhorabilidade no caso concreto, desde que fosse possível preservar o direito fundamental à moradia.[40]

A jurisprudência tem acertadamente estendido a garantia da impenhorabilidade para pessoas solteiras, divorciadas ou separadas, já que a proteção legal é voltada mais para a tutela do mínimo existencial (direito à moradia) do que para a proteção da família em si.

Além disso, os Tribunais vêm entendendo que, ainda que a entidade familiar não resida no único imóvel de que seja proprietária, este será impenhorável caso, comprovadamente, as rendas obtidas com o respectivo aluguel revertam em prol da manutenção da família.

Se o imóvel residencial estiver guarnecido por obras de arte ou adornos suntuosos, tais objetos podem ser objeto de constrição judicial. Exemplo: quadros, esculturas, piano de cauda etc.

Art. 4º A impenhorabilidade referida no art. 2º desta Lei é oponível em qualquer processo de execução civil, fiscal, previdenciária ou de outra natureza, salvo se movido:

I - para cobrança de dívida relativa ao próprio bem, inclusive daquela contraída para sua aquisição;

II - para execução de garantia real;

III - em razão dos créditos de trabalhadores e das respectivas contribuições previdenciárias.

[40] Com essa opinião, por exemplo, DIDIER, *op. cit.*, v. 5, p. 542.

A referida lei, no seu art. 3º, apresenta exceções à impenhorabilidade (ou seja, o imóvel único pode ser objeto de constrição)[41], entre as quais a única atualmente pertinente no âmbito trabalhista é a do inciso V, a saber: por ter sido adquirido o imóvel com produto de crime ou para execução de sentença penal condenatória a ressarcimento, indenização ou perdimento de bens. Isso pode acontecer na hipótese em que trabalhador é condenado pela Justiça Criminal por crime contra o patrimônio do empregador (apropriação indébita ou furto, por exemplo), tendo o dever de ressarcir os danos materiais por este experimentados.

Na hipótese de o casal, ou entidade familiar, ser possuidor de vários imóveis utilizados como residência, a impenhorabilidade recairá sobre o de menor valor, salvo se outro tiver sido registrado, para esse fim, no Registro de Imóveis (art. 5º da Lei 8009/90).

A jurisprudência tem afirmado que a impenhorabilidade do bem de família não é passível de renúncia pelo executado.[42] Ainda que este nomeie à penhora o bem de família - e, por tal razão, possa ser punido por ato atentatório à dignidade da jurisdição, em virtude de comportamento contraditório -, não se pode admitir renúncia à impenhorabilidade, por se tratar de preceito cogente, de ordem pública, que tem por objetivo dar segurança à família.[43]

Grande parcela da doutrina critica tal entendimento, sob o fundamento de que, se o bem de família pode ser vendido extrajudicialmente, também deveria poder ser alienado judicialmente.[44] Deve ser ponderado, entretanto, que, na maioria das vezes, a indicação do bem de família à penhora é feita em cenário de desconhecimento - pelo executado - do benefício legal, ou ainda de turbulência emocional decorrente do processo de execução, o que configura, respectivamente erro e coação moral (Código Civil, art. 171, II). Por tais motivos, acertada a jurisprudência que preconiza a impossibilidade de renúncia à impenhorabilidade do bem de família.

---

[41] Lei nº 8009/90, Art. 3º - A impenhorabilidade é oponível em qualquer processo de execução civil, fiscal, previdenciária, trabalhista ou de outra natureza, salvo se movido: (...)

II - pelo titular do crédito decorrente do financiamento destinado à construção ou à aquisição do imóvel, no limite dos créditos e acréscimos constituídos em função do respectivo contrato;

III - pelo credor da pensão alimentícia, resguardados os direitos, sobre o bem, do seu coproprietário que, com o devedor, integre união estável ou conjugal, observadas as hipóteses em que ambos responderão pela dívida;

IV - para cobrança de impostos, predial ou territorial, taxas e contribuições devidas em função do imóvel familiar;

V - para execução de hipoteca sobre o imóvel oferecido como garantia real pelo casal ou pela entidade familiar;

VI - por ter sido adquirido com produto de crime ou para execução de sentença penal condenatória a ressarcimento, indenização ou perdimento de bens.

VII - por obrigação decorrente de fiança concedida em contrato de locação.

[42] REsp 1487028/SC, Rel. Ministro HERMAN BENJAMIN, SEGUNDA TURMA, julgado em 13/10/2015, DJe 18/11/2015.

[43] Assim: TST. Processo: RR - 678-15.2013.5.09.0024. 7ª Turma. Rel. Min. Douglas Alencar Rodrigues. DJe 24/11/2016.

[44] Por exemplo: DIDIER, *op. cit.*, v. 5, p. 545.

Contudo, após a expedição da carta de arrematação e entrega do dinheiro ao credor, inviável cogitar de anulação da expropriação, devendo prevalecer a segurança jurídica do arrematante nessa hipótese, conforme já decidido pelo STJ.[45]

Por fim, tem-se entendido que, ainda que o bem pertença à pessoa jurídica (micro ou pequena empresa), deve ser considerado impenhorável, se for usado como moradia da família.

3.8.2. *Bens inalienáveis e declarados, por ato voluntário, não sujeitos à execução*

Como a penhora tem o objetivo de propiciar a alienação judicial do bem, a consequência lógica é que os bens que não podem ser alienados também não podem ser penhorados. É o que ocorre, por exemplo, com os bens públicos.

O devedor não pode gravar seu próprio patrimônio com cláusula de inalienabilidade e impenhorabilidade; contudo, o art. 1911 do Código Civil[46] admite que, nos atos de liberalidade (testamento e doação), o alienante estabeleça tal cláusula, com o objetivo de resguardar o beneficiário e assegurar que o bem permaneça em seu poder.

Contudo, embora tenha aplicação no âmbito do Processo Civil, a cláusula de inalienabilidade não gera efeitos perante os credores trabalhistas. Isso porque o art. 30 da Lei nº 6.830/80 determina que todos os bens do devedor respondem na execução da dívida ativa da Fazenda Pública.[47] Tal dispositivo legal se aplica ao Processo do Trabalho, nos termos do art. 889 da CLT. Razões de ordem sistemática recomendam tal conclusão: se o crédito trabalhista é privilegiado em relação ao crédito tributário (por exemplo, goza de preferência na classificação de créditos na falência), a lógica jurídica faz com que também haja o mesmo privilégio na execução.

3.8.3. *Móveis que guarnecem a residência e vestuário*

Também não são passíveis de penhora os bens móveis que guarnecem a residência do executado, bem como o respectivo vestuário, desde que não ultrapassem as necessidades correspondentes a um médio padrão de vida.

---

[45] AÇÃO RESCISÓRIA. PROCESSUAL CIVIL. EXECUÇÃO. PENHORA. BEM IMÓVEL. ARREMATAÇÃO CONCLUÍDA. BEM DE FAMÍLIA. LEI N. 8.009/90. AÇÃO ANULATÓRIA. ART. 486 DO CPC. IMPENHORABILIDADE. ALEGAÇÃO TARDIA. IMPROCEDÊNCIA. 1. "A impenhorabilidade do bem-de-família não pode ser argüida, em ação anulatória da arrematação, após o encerramento da execução. Precedentes." (AgRg no REsp 853296/GO, Relator Ministro HUMBERTO GOMES DE BARROS, TERCEIRA TURMA, DJ 28/11/2007). 2. Ação rescisória julgada improcedente. (AR 4.525/SP, Rel. Ministra MARIA ISABEL GALLOTTI, SEGUNDA SEÇÃO, julgado em 13/12/2017, DJe 18/12/2017)

[46] Art. 1911. A cláusula de inalienabilidade, imposta aos bens por ato de liberalidade, implica impenhorabilidade e incomunicabilidade.

[47] Lei nº 6.830/80, Art. 30 – Sem prejuízo dos privilégios especiais sobre determinados bens, que sejam previstos em lei, responde pelo pagamento da Dívida Ativa da Fazenda Pública a totalidade dos bens e das rendas, de qualquer origem ou natureza, do sujeito passivo, seu espólio ou sua massa, inclusive os gravados por ônus real ou cláusula de inalienabilidade ou impenhorabilidade, seja qual for a data da constituição do ônus ou da cláusula, excetuados unicamente os bens e rendas que a lei declara absolutamente impenhoráveis.

Não há parâmetro na lei para o que deva ser considerado *vestuário de alto valor*, ou *bem móvel que ultrapasse as necessidades comuns correspondentes a um médio padrão de vida*. Trata-se de conceitos jurídicos indeterminados cujo significado deve ser definido em cada caso concreto, à luz das circunstâncias econômicas, sociais e culturais.

Em geral, pode-se dizer que roupas de estilistas famosos, móveis contendo ornamentos com metais preciosos etc. serão passíveis de penhora. De outro lado, objetos usualmente encontrados em residências, como geladeiras, mesas, sofás, aparelhos de televisão e ar-condicionado, entre outros, não serão, em princípio, penhoráveis.

De acordo com o art. 836, §§ 1º e 2º, do CPC, quando não encontrar bens penhoráveis, independentemente de determinação judicial expressa, o oficial de justiça descreverá na certidão os bens que guarnecem a residência, nomeando o executado como depositário provisório, até deliberação posterior do juiz. Não há necessidade – e nem mesmo viabilidade, na maioria das vezes – de que tal descrição dos bens seja minuciosa; basta sejam mencionados os bens existentes e a marca dos fabricantes, quando existente.

3.8.4. Rendimentos do trabalho humano

Sintetizando a redação do art. 833, IV, do CPC[48], pode-se dizer que os rendimentos do trabalho humano, prestado por pessoa física, são absolutamente impenhoráveis. Contudo, a impenhorabilidade não se aplica à hipótese de penhora para pagamento de prestação alimentícia, independentemente de sua origem, bem como às importâncias excedentes a 50 (cinquenta) salários-mínimos mensais.

Quando possibilita a penhora caso a execução seja de prestação alimentícia, o dispositivo legal está se referindo aos alimentos de direito de família, e não às verbas que, em geral, são tidas como de natureza alimentar, tal como o salário. Assim, correta a interpretação feita pelo TST na OJ 153 da SDI-2.[49]

De fato, não se pode acolher o argumento de que a interpretação do art. 833, § 2º, do CPC[50], no que autoriza a penhora de rendimentos quando se tratar de execução de prestação alimentícia, independentemente de sua origem, deveria ser

[48] Art. 833 – São impenhoráveis: (...) IV – os vencimentos, os subsídios, os soldos, os salários, as remunerações, os proventos de aposentadoria, as pensões, os pecúlios e os montepios, bem como as quantias recebidas por liberalidade de terceiro e destinadas ao sustento do devedor e de sua família, os ganhos de trabalhador autônomo e os honorários de profissional liberal.

[49] 153. MANDADO DE SEGURANÇA. EXECUÇÃO. ORDEM DE PENHORA SOBRE VALORES EXISTENTES EM CONTA SALÁRIO. ART. 649, IV, DO CPC DE 1973. ILEGALIDADE. (atualizada em decorrência do CPC de 2015) – Res. 220/2017, DEJT divulgado em 21, 22 e 25.09.2017.

Ofende direito líquido e certo decisão que determina o bloqueio de numerário existente em conta salário, para satisfação de crédito trabalhista, ainda que seja limitado a determinado percentual dos valores recebidos ou a valor revertido para fundo de aplicação ou poupança, visto que o art. 649, IV, do CPC de 1973 contém norma imperativa que não admite interpretação ampliativa, sendo a exceção prevista no art. 649, § 2º, do CPC de 1973 espécie e não gênero de crédito de natureza alimentícia, não englobando o crédito trabalhista.

[50] CPC, art. 833, § 2º – O disposto nos incisos IV e X do caput não se aplica à hipótese de penhora para pagamento de prestação alimentícia, independentemente de sua origem, bem como às importâncias excedentes

pautada no art. 100, § 1º, da CF[51], que incluiria os salários no conceito de prestação alimentícia; e, a partir daí, concluir que seria lícita a penhora de até 50% (cinquenta por cento) do salário líquido mensal do executado[52]. Os seguintes motivos impõem a rejeição dessa linha argumentação:

- (i) o art. 100, § 1º, da CF, estabelece conceito de débitos alimentícios exclusivamente para fins de estabelecimento de ordem cronológica de precatórios;
- (ii) o conceito de prestação alimentícia é tradicionalmente usado em nosso Direito para designar os alimentos devidos em função do Direito de Família. Tanto é assim que o próprio CPC, nos arts. 528 e 529[53], que regulam

a 50 (cinquenta) salários-mínimos mensais, devendo a constrição observar o disposto no art. 528, § 8º, e no art. 529, § 3º.

[51] CF, art. 100, § 1º Os débitos de natureza alimentícia compreendem aqueles decorrentes de salários, vencimentos, proventos, pensões e suas complementações, benefícios previdenciários e indenizações por morte ou por invalidez, fundadas em responsabilidade civil, em virtude de sentença judicial transitada em julgado, e serão pagos com preferência sobre todos os demais débitos, exceto sobre aqueles referidos no § 2º deste artigo.

[52] Com tal argumento, MIESSA; CORREIA; *op.cit.*, pp. 1537-1538.

[53] Art. 528 – No cumprimento de sentença que condene ao pagamento de prestação alimentícia ou de decisão interlocutória que fixe alimentos, o juiz, a requerimento do exequente, mandará intimar o executado pessoalmente para, em 3 (três) dias, pagar o débito, provar que o fez ou justificar a impossibilidade de efetuá-lo.

§ 1º – Caso o executado, no prazo referido no caput, não efetue o pagamento, não prove que o efetuou ou não apresente justificativa da impossibilidade de efetuá-lo, o juiz mandará protestar o pronunciamento judicial, aplicando-se, no que couber, o disposto no art. 517.

§ 2º – Somente a comprovação de fato que gere a impossibilidade absoluta de pagar justificará o inadimplemento.

§ 3º – Se o executado não pagar ou se a justificativa apresentada não for aceita, o juiz, além de mandar protestar o pronunciamento judicial na forma do § 1º, decretar-lhe-á a prisão pelo prazo de 1 (um) a 3 (três) meses.

§ 4º – A prisão será cumprida em regime fechado, devendo o preso ficar separado dos presos comuns.

§ 5º – O cumprimento da pena não exime o executado do pagamento das prestações vencidas e vincendas.

§ 6º – Paga a prestação alimentícia, o juiz suspenderá o cumprimento da ordem de prisão.

§ 7º – O débito alimentar que autoriza a prisão civil do alimentante é o que compreende até as 3 (três) prestações anteriores ao ajuizamento da execução e as que se vencerem no curso do processo.

§ 8º – O exequente pode optar por promover o cumprimento da sentença ou decisão desde logo, nos termos do disposto neste Livro, Título II, Capítulo III, caso em que não será admissível a prisão do executado, e, recaindo a penhora em dinheiro, a concessão de efeito suspensivo à impugnação não obsta a que o exequente levante mensalmente a importância da prestação.

§ 9º – Além das opções previstas no art. 516, parágrafo único, o exequente pode promover o cumprimento da sentença ou decisão que condena ao pagamento de prestação alimentícia no juízo de seu domicílio.

Art. 529 – Quando o executado for funcionário público, militar, diretor ou gerente de empresa ou empregado sujeito à legislação do trabalho, o exequente poderá requerer o desconto em folha de pagamento da importância da prestação alimentícia.

§ 1º – Ao proferir a decisão, o juiz oficiará à autoridade, à empresa ou ao empregador, determinando, sob pena de crime de desobediência, o desconto a partir da primeira remuneração posterior do executado, a contar do protocolo do ofício.

§ 2º – O ofício conterá o nome e o número de inscrição no Cadastro de Pessoas Físicas do exequente e do executado, a importância a ser descontada mensalmente, o tempo de sua duração e a conta na qual deve ser feito o depósito.

a execução de prestação alimentícia, impõe ao juiz a decretação da prisão do executado como meio coercitivo para o pagamento da dívida, o que é absolutamente inviável no âmbito trabalhista;

- (iii) a penhora de 50% (cinquenta por cento) do salário líquido do executado – autorizada pelo art. 529, § 3º, do CPC – é injustificável no âmbito trabalhista, pois tem a aptidão para impedir a subsistência do executado trabalhador;
- (iv) considerando que a grande maioria das sentenças trabalhistas condenatórias se pautam na existência de diferenças não quitadas (por exemplo, horas extras, prêmios, adicionais etc.), seria desproporcional admitir a penhora do salário em sentido estrito do executado, para quitar diferenças devidas ao exequente, que já recebera o próprio salário;
- (v) a expressão *independentemente de sua origem*, contida no art. 833, § 2º, do CPC, foi incluída para viabilizar a penhora no caso de alimentos indenizativos, que consistem no pensionamento decorrente de ato ilícito[54].

Ademais, deve ser rejeitada a interpretação segundo a qual seria possível a penhora de percentual do salário do executado, com base em ponderação de princípios. Alguns juízes e doutrinadores vêm sustentando essa tese, argumentando que, se fixada em patamares razoáveis, não seria prejudicada a subsistência do executado. Sucede que tal posicionamento pode dar margem a arbitrariedades e decisionismos judiciais; a efetividade da execução não pode ser alcançada a qualquer custo.

Assim, a discussão deve se considerar superada com o Novo CPC, pois o legislador já fez a ponderação entre os direitos envolvidos, estabelecendo que, apenas se a remuneração do executado for superior a 50 salários-mínimos mensais, a quantia excedente pode ser penhorada.

É equívoco imaginar que apenas o Judiciário pode ponderar princípios; o Legislativo também o faz, e a ponderação assim realizada deve ser respeitada pelos demais Poderes, salvo se houver inconstitucionalidade da lei, o que não ocorre com o art. 833, § 2º, do CPC. Portanto, diante da pré-conformação do tema pelo legislador, descabe cogitar de penhora de percentual dos rendimentos do executado (salvo se excederem 50 salários-mínimos mensais) para satisfação de créditos trabalhistas.

Ressalve-se, entretanto, que a posição mais recente da SDI-2 do TST é no sentido de ser possível, a partir da vigência do CPC de 2015, a penhora de percentual do salário ou vencimentos do executado.[55]

---

§ 3º – Sem prejuízo do pagamento dos alimentos vincendos, o débito objeto de execução pode ser descontado dos rendimentos ou rendas do executado, de forma parcelada, nos termos do caput deste artigo, contanto que, somado à parcela devida, não ultrapasse cinquenta por cento de seus ganhos líquidos.

54 Com tal argumento, BUENO, Cassio Scarpinella. *Novo Código de Processo Civil Anotado*. São Paulo: Saraiva, 2015, p. 508.

55 RECURSO ORDINÁRIO EM MANDADO DE SEGURANÇA. PENHORA DE 30% SOBRE OS SALÁRIOS. ATO IMPUGNADO PRATICADO NA VIGÊNCIA DO CPC/15. INAPLICABILIDADE DA ORIENTAÇÃO JURISPRUDENCIAL Nº 153

Por fim, apesar de o tema também ser controvertido, deve-se entender que as sobras salariais podem ser penhoradas quando o executado recebe outro salário. De fato, a lei veda a penhora do salário, ou seja, o valor que o executado tenha a receber. Contudo, uma vez encerrado o mês, a sobra financeira se incorpora ao patrimônio do executado e pode ser objeto de constrição.

3.8.5. *Objetos necessários ou úteis ao exercício de profissão*

O Código estipula serem impenhoráveis os livros, as máquinas, as ferramentas, os utensílios, os instrumentos ou outros bens móveis necessários ou úteis ao exercício da profissão do executado.

A impenhorabilidade ora analisada em princípio protege apenas bens titularizados por pessoas físicas, já que o dispositivo legal se refere ao exercício de *profissão*, que não pode ser desempenhada por pessoas jurídicas.

No entanto, a jurisprudência do Superior Tribunal de Justiça tem relativizado a regra, estatuindo que, quando se tratar de empresário individual, ou de micro ou pequena empresa, na qual o sócio exerça sua profissão individualmente, os objetos necessários às suas atividades estão abrangidos pela impenhorabilidade prevista no art. 833, V, do CPC.[56]

O entendimento se revela acertado, pois o objetivo da lei é proteger o exercício de profissão por pessoa física; dessa forma, ainda que a formatação jurídica envolva a criação de pessoa jurídica (a chamada *pejotização*), os bens necessários à atividade devem ser considerados insuscetíveis de penhora. Contudo, se houver estrutura empresarial, com contratação de empregados, existência de sócios de capital etc., os bens não podem ser considerados impenhoráveis.

Exemplo: o dentista ou o médico que atende em seu consultório como pessoa física certamente está abrangido pela impenhorabilidade ora estudada; assim, toda a aparelhagem utilizada no desempenho da profissão não se sujeita à penhora. Con-

---

DESTA SBDI-2. PREVISÃO LEGAL. ART. 833, IV, §2º, DO CPC/15. DIREITO LÍQUIDO E CERTO DA IMPETRANTE. Conquanto não houvesse previsão legal no Código de Processo Civil de 1973, o novo Código de Processo Civil, em seu art. 833, § 2º, prevê a impenhorabilidade dos vencimentos, subsídios, soldos, salários, remunerações, proventos de aposentadoria, pensões, pecúlios e montepios, salientando que "não se aplica à hipótese de penhora para pagamento de prestação alimentícia, independentemente de sua origem", no que se incluem, portanto, os créditos de natureza trabalhista. Já o art. 529, §3º, também do CPC/15 limita o percentual de penhora a 50% do ganho líquido do executado. Diante da inovação trazida com o CPC/15, e com o fim de evitar aparente antinomia, o Tribunal Pleno, por meio da Resolução 220, de 18/9/2017, alterou a redação da Orientação Jurisprudencial nº 153 da SBDI-2, de modo a adequá-la, limitando sua aplicação aos atos praticados na vigência do CPC/73, o que não é o caso dos autos, haja vista que o ato inquinado de coator se deu já na vigência no CPC/15. Sob esse enfoque, não há ilegalidade no ato coator, pois vai de encontro aos dispositivos supramencionados, que afastam o direito líquido e certo à impetrante, porque preveem a possibilidade de constrição de numerário oriundo de salário e pensão para o pagamento de débitos trabalhistas, de forma perfeitamente consentânea com a jurisprudência desta c. Corte. Recurso ordinário conhecido e provido. fls. PROCESSO Nº TST-RO-7780-56.2017.5.15.0000 (RO - 7780-56.2017.5.15.0000, Relator Ministro: Alexandre de Souza Agra Belmonte, Data de Julgamento: 09/10/2018, Subseção II Especializada em Dissídios Individuais, Data de Publicação: DEJT 11/10/2018).

56 REsp 1224774/MG, Rel. Ministra MARIA ISABEL GALLOTTI, QUARTA TURMA, julgado em 10/11/2016, DJe 17/11/2016.

tudo, se o mesmo profissional criar uma pessoa jurídica (quer espontaneamente, quer por imposição de algum tomador de serviços) para realizar o mesmo trabalho, a impenhorabilidade subsiste, ainda que as notas fiscais sejam emitidas por pessoa jurídica. Contudo, caso se trate de uma clínica com perfil empresarial, na qual os profissionais atuem em regime de parceria com a empresa (por exemplo, pagando percentual sobre as consultas realizadas), e os bens sejam titularizados pela própria clínica, pode ser feita a constrição judicial.

3.8.6. Materiais de obras em andamento

Prevê o CPC a impenhorabilidade dos materiais necessários para obras em andamento, salvo se essas forem penhoradas. Depreende-se que o objetivo da lei é permitir que a obra, enquanto empreendimento gerador de riquezas, não seja interrompido em virtude de atos de constrição judicial. Além disso, cria-se a ficção de que os materiais já integram a obra, razão pela qual apenas esta pode ser penhorada.

3.8.7. Recursos públicos transferidos para aplicação em saúde, educação ou assistência social

Não podem ser objeto de constrição judicial os recursos oriundos do orçamento público (entes federativos, autarquias, fundações públicas, empresas estatais e demais entidades que recebam dinheiro público) e transferidos para instituições privadas para aplicação compulsória em saúde, educação ou assistência social.

Observe-se, entretanto, que os bens particulares de instituição privada, e outras rendas que esta possua, ainda que vinculadas a objetivos de interesse público e destinadas à aplicação em saúde, educação e assistência social, são plenamente penhoráveis.

A regra concretiza o princípio constitucional da solidariedade (CF, art. 3º, I), ao impedir a malversação do dinheiro público (que não perde tal natureza) em função da transferência para instituições privadas, ainda que filantrópicas.

3.8.8. Depósito em caderneta de poupança

São impenhoráveis as quantias depositadas em caderneta de poupança até o limite de 40 (quarenta) salários-mínimos.

Ainda que a quantia referida esteja pulverizada em várias instituições financeiras, subsiste a impenhorabilidade. Assim, apenas o excedente poderá ser objeto de constrição.

Tal impenhorabilidade não abrange outras modalidades de aplicações financeiras, como fundos de investimento, CDBs etc., já que, como se trata de regra excetiva – por afastar o princípio da responsabilidade patrimonial –, a interpretação do art. 833, X, deve ser estrita.

3.8.9. *Seguro de vida*

A impenhorabilidade do seguro de vida, referida no art. 833, VI, do CPC, gera controvérsia em doutrina: uma vertente entende que a impossibilidade de penhora abrangeria apenas a expectativa de direito do beneficiário de receber a indenização. Argumenta-se que, uma vez paga a soma ao beneficiário, não se poderia separá-la do resto, tal como se houvesse dois patrimônios.[57]

Contudo, tal linha de raciocínio esvazia a aplicabilidade do dispositivo legal. Ora, caso se admita a penhora imediatamente após o pagamento da indenização ao beneficiário, o art. 833, VI, seria absolutamente ineficaz, pois bastaria providenciar penhora *on-line* assim que a seguradora quitasse a importância ao beneficiário.

Além disso, o objeto da lei é garantir a existência de patrimônio mínimo do beneficiário, considerando o infortúnio da morte do instituidor do seguro. Tal finalidade não pode ser alcançada caso se admita a penhora da indenização após o respectivo pagamento ao beneficiário.

3.8.10. *Outras hipóteses previstas em lei*

O Código também prevê a impenhorabilidade: da pequena propriedade rural, assim definida em lei, desde que trabalhada pela família; dos recursos públicos do fundo partidário recebidos por partido político, nos termos da lei; dos créditos oriundos de alienação de unidades imobiliárias, sob regime de incorporação imobiliária, vinculados à execução da obra.

Tais hipóteses são de pouca aplicação no âmbito trabalhista.

Outra interessante – mas rara – situação envolve os direitos autorais; o art. 76 da Lei nº 9.610/98 estipula ser impenhorável a parte do produto dos espetáculos reservada ao autor e aos artistas.

O art. 2º, § 2º, da Lei nº 8.036/90, também estabelece que as contas vinculadas em nome dos trabalhadores são absolutamente impenhoráveis. No entanto, se o trabalhador for devedor de pensão alimentícia, em princípio é devido o pagamento do percentual correspondente nas hipóteses em que houver o saque dos depósitos.

3.9. Penhoras especiais

3.9.1. *Penhora* on-line

A penhora de dinheiro se realiza prioritariamente através do *Bacen-jud*. Trata-se de programa gerido pela entidade gestora do sistema financeiro nacional, ao qual o Poder Judiciário tem acesso, em virtude de convênio celebrado entre as instituições.

[57] Nesse sentido, MIRANDA, Francisco Cavalcanti Pontes de. *Comentários ao Código de Processo Civil*. 2ª e., t. 10, p. 145.

Para efetivar a penhora *on-line*, o juiz deve determinar, sem dar prévia ciência ao executado, que as instituições financeiras tornem indisponíveis ativos financeiros existentes em nome do executado, limitando-se a indisponibilidade ao valor indicado na execução. Essa indisponibilidade não se confunde com a penhora, em si; trata-se de providência prévia à penhora: mero bloqueio do numerário disponível ao executado na instituição financeira.

Se a indisponibilidade for excessiva, o juiz deve, em 24 horas após comunicado de tal fato, determinar o cancelamento dos valores excedentes; a instituição financeira terá igual prazo para cumprir a providência.

Após a efetivação da indisponibilidade, o executado deve ser intimado na pessoa de seu advogado (ou pessoalmente, caso não o tenha), a fim de que se manifeste, caso queira, no prazo de 5 (cinco) dias. Em sua manifestação, o executado pode alegar e comprovar que: (i) as quantias tornadas indisponíveis são impenhoráveis – por exemplo, por se tratar de créditos salariais; (ii) ainda remanesce indisponibilidade excessiva de ativos financeiros (CPC, art. 854, §§ 2º e 3º).[58]

Embora a lei não esclareça o ponto, o cancelamento da indisponibilidade pode ser determinado pelo juiz antes mesmo da oitiva da parte contrária a respeito, em situações de urgência, nas quais fique caracterizado o perigo de dano irreparável ou de difícil reparação. Não obstante, o princípio geral é o de que o exequente (interessado na manutenção da indisponibilidade) seja ouvido antes da decisão judicial.

No Direito Processual Civil, rejeitada ou não apresentada a manifestação do executado, converter-se-á a indisponibilidade em penhora, sem necessidade de lavratura de termo, devendo o juiz da execução determinar à instituição financeira depositária que, no prazo de 24 (vinte e quatro) horas, transfira o montante indisponível para conta vinculada ao juízo da execução (CPC, art. 854, § 5º).

No Processo do Trabalho, entretanto, deve-se entender que o bloqueio se converte em penhora de pleno direito, mediante simples intimação do executado, acerca da efetivação da garantia do juízo. O princípio da simplicidade impõe essa solução, até porque, nos embargos à execução, o interessado pode arguir a invalidade do bloqueio (por serem os valores impenhoráveis, por exemplo).

Nesse sentido, o art. 136, parágrafo único, da Consolidação dos Provimento da Corregedoria-Geral da Justiça do Trabalho estatui, corretamente, que o termo inicial do prazo para oposição de embargos à execução é a data da intimação da parte, pelo juiz, de que se efetivou bloqueio de numerário em sua conta.

3.9.2. Penhora de veículos alienados fiduciariamente

Como o objetivo precípuo da penhora é concretizar a responsabilidade patrimonial do executado, apenas os respectivos bens podem ser penhorados.

---

58 Art. 854, § 2º – Tornados indisponíveis os ativos financeiros do executado, este será intimado na pessoa de seu advogado ou, não o tendo, pessoalmente.

§ 3º – Incumbe ao executado, no prazo de 5 (cinco) dias, comprovar que:

I – as quantias tornadas indisponíveis são impenhoráveis;

II – ainda remanesce indisponibilidade excessiva de ativos financeiros.

No caso de veículo alienado fiduciariamente em garantia, a propriedade resolúvel permanece com o credor, conforme regramento contido no decreto-lei nº 911/69. O devedor alienante passa a ser mero possuidor direto do bem, tendo as responsabilidades de depositário. O domínio do bem só passa para o alienante se se implementar a condição resolutiva consistente na quitação da dívida que lastreia a operação.

Destarte, não é possível a penhora – em função de débito do alienante, devedor – de veículo alienado fiduciariamente. Se isso ocorrer, é pertinente o manejo de embargos de terceiro pela instituição financeira titular da propriedade resolúvel do bem.

O que pode ser penhorado são os direitos eventuais decorrentes do contrato de alienação fiduciária: pode vir a ser o próprio veículo, em caso de quitação da dívida do alienante; ou então, caso o contrato seja inadimplido, a penhora recairá sobre valores que eventualmente seriam devolvidos ao alienante após o leilão do bem pela instituição financeira.

Isso pode ser feito mediante intimação da instituição financeira.

Observe que o CPC, aparentemente, consagra tal linha doutrinária, pois prevê expressamente, no art. 835, XII,[59] a possibilidade de penhora de direito aquisitivo derivado de alienação fiduciária em garantia. Contraditoriamente, porém, o art. 889, V,[60] deixa implícita a possibilidade de penhora do bem em si, e não do direito que sobre ele recaia.

Assim, há corrente doutrinária e jurisprudencial em sentido contrário, afirmando ser possível a penhora do veículo alienado fiduciariamente, com a cautela da intimação da instituição financeira para que tenha seus direitos resguardados.

Por fim, note-se que o art. 7º-A do decreto-lei nº 911/69, sinaliza expressamente no sentido da impossibilidade de penhora de bens alienados fiduciariamente, resolvendo-se eventual concurso de credores sobre o valor da venda do bem.[61]

3.9.3. Penhora de bens hipotecados

O bem hipotecado – bem como o gravado por qualquer espécie de garantia real – pode ser penhorado. Nesta hipótese, incumbe ao exequente requerer a intimação do credor hipotecário, em relação ao qual a alienação judicial será ineficaz caso não haja a intimação (CPC, art. 799, § 1º, e 804, *caput*).[62]

---

59 Art. 835 – A penhora observará, preferencialmente, a seguinte ordem: (...)
XII – direitos aquisitivos derivados de promessa de compra e venda e de alienação fiduciária em garantia.

60 Art. 889 – Serão cientificados da alienação judicial, com pelo menos 5 (cinco) dias de antecedência: (...) V – o credor pignoratício, hipotecário, anticrético, fiduciário ou com penhora anteriormente averbada, quando a penhora recair sobre bens com tais gravames, caso não seja o credor, de qualquer modo, parte na execução.

61 Dec.-lei nº 911/69, Art. 7º-A – Não será aceito bloqueio judicial de bens constituídos por alienação fiduciária nos termos deste Decreto-Lei, sendo que, qualquer discussão sobre concursos de preferências deverá ser resolvida pelo valor da venda do bem, nos termos do art. 2º.

62 Art. 799 – Incumbe ainda ao exequente:
I – requerer a intimação do credor pignoratício, hipotecário, anticrético ou fiduciário, quando a penhora recair sobre bens gravados por penhor, hipoteca, anticrese ou alienação fiduciária (...).
Art. 804 – A alienação de bem gravado por penhor, hipoteca ou anticrese será ineficaz em relação ao credor pignoratício, hipotecário ou anticrético não intimado.

A doutrina, no Processo Civil, tradicionalmente afirma caber ao credor hipotecário não intimado optar entre (i) conservar seu direito real perante o adquirente (por força de arrematação ou alienação por iniciativa particular) ou (ii) desconstituir a arrematação.[63]

Daí se infere que, uma vez regularmente intimado o credor hipotecário, a hipoteca se extingue com a arrematação; o adquirente recebe o bem desembaraçado, ou seja, livre do ônus real, tal como previsto no art. 1499, VI, do Código Civil.[64] O direito real do credor hipotecário se sub-roga no produto da arrematação, vale dizer, o pagamento do exequente e do credor hipotecário deve ser feito com o valor pago pelo arrematante.

Para impedir a expropriação do bem objeto de hipoteca em processo do qual não é parte, o credor hipotecário deve indicar outros bens do executado – livres e desembaraçados – sobre os quais possa recair a penhora. Daí se depreende que, se for intimado, mas não houver outros bens do devedor comum, o credor hipotecário apenas protestará por sua preferência, ou seja, pedirá para receber seu crédito antes do credor que move a execução. Assim, a garantia real vai se transferir do bem hipotecado para o dinheiro apurado com a expropriação judicial do bem.

No âmbito cível, portanto, mesmo com a arrematação do bem promovida por outro credor, o credor hipotecário tem preferência para receber seu crédito (com a ressalva do privilégio da Fazenda Pública); por tal razão, a extinção da hipoteca com a arrematação não lhe causa, em linha de princípio, qualquer prejuízo.

No Processo do Trabalho, entretanto, considerando o caráter privilegiado dos créditos trabalhistas, conforme art. 186 do Código Tributário Nacional[65], a solução tradicionalmente adotada no âmbito cível geralmente resulta em perda da garantia pelo credor hipotecário. De fato, não raramente o preço da arrematação é suficiente para pagar apenas o credor trabalhista, que recebe antes do hipotecário; assim, a hipoteca não tem como se sub-rogar no produto da arrematação.

Por tal motivo, alguns doutrinadores sustentam que, caso o crédito hipotecário não seja quitado após a arrematação do bem hipotecado na Justiça do Trabalho, a garantia real não se extinguiria, pois seria injusto que o credor hipotecário ficasse sem receber. Nessa ótica, o credor hipotecário, ainda que regularmente intimado, poderia cobrar a dívida do arrematante, que receberia o bem gravado do ônus real.[66]

Tal posicionamento, entretanto, gera o grave inconveniente de desestimular a arrematação nos processos trabalhistas, pois passa a ser desinteressante a aquisição do bem diante do direito de sequela gerado pela garantia real, já que o arrematante ficaria responsável pela dívida hipotecária.

Preferível, portanto, entender que a arrematação extingue, sim, a hipoteca, desde que intimado regularmente o credor hipotecário, o qual pode indicar outros bens do

[63] Nesse sentido, THEODORO JÚNIOR, *op. cit.*, v. II, p. 355.

[64] Art. 1.499 – A hipoteca extingue-se:(...)

VI – pela arrematação ou adjudicação.

[65] Art. 186 – O crédito tributário prefere a qualquer outro, seja qual for sua natureza ou o tempo de sua constituição, ressalvados os créditos decorrentes da legislação do trabalho ou do acidente de trabalho.

[66] Assim, SCHIAVI, *op. cit.*, p. 948.

devedor comum, aptos a satisfazerem o credor trabalhista. O argumento de que seria injusto o não recebimento pelo credor hipotecário deve ser rejeitado, pois a mesma situação acontece quando este concorre com o credor fiscal (Fazenda Pública), conforme já analisado, sem que se cogite da subsistência da hipoteca nessas hipóteses.

Independentemente da vertente adotada, o mais importante é que o edital da hasta pública preveja claramente a manutenção ou extinção da hipoteca após a expropriação, o que resguarda a boa-fé de terceiros e evita discussões posteriores acerca da evicção do arrematante.

3.9.4. Penhora de crédito em mãos de terceiros

Direitos de crédito também podem ser objeto de penhora, que se consuma mediante intimação: (i) ao terceiro devedor para que não pague ao executado, seu credor; (ii) ao executado, credor do terceiro, para que não pratique ato de disposição do crédito (CPC, art. 855).

Assim, quando o executado for credor de terceiro, este pode ser intimado para que faça o pagamento em Juízo, à disposição do exequente. Isso é muito comum, por exemplo, quando há contrato de locação de imóvel e o inquilino é intimado para pagar em Juízo, já que o locador (proprietário) é executado em processo judicial. O procedimento operacionaliza-se mediante expedição de mandado de intimação a ser cumprido por oficial de justiça, que intimará o devedor do executado (chamado de *debitor debitoris*).

Se o crédito estiver representado em título de crédito, a penhora se faz nos termos do art. 856 do CPC, a saber, mediante apreensão do documento, esteja ou não este em poder do executado. Se o título não for apreendido, mas o terceiro confessar a dívida, será este tido como depositário da importância. O terceiro só se exonerará da obrigação depositando em juízo a importância da dívida; se o terceiro negar o débito em conluio com o executado, a quitação que este lhe der caracterizará fraude à execução.

Quando o crédito penhorado estiver sendo pleiteado em juízo, a penhora que recair sobre ele será averbada, com destaque, nos autos pertinentes ao direito e na ação correspondente à penhora, a fim de que esta seja efetivada nos bens que forem adjudicados ou que vierem a caber ao executado (CPC, art. 860).

3.9.5. Penhora de cotas ou ações de sociedade

As cotas (sociedades limitadas) ou ações (sociedades anônimas) são bens integrantes do patrimônio dos respectivos titulares. Assim, quando frustrada a execução em face dos sócios ou acionistas (de sociedades anônimas de capital fechado), a sua participação na empresa pode ser objeto de constrição judicial. No caso de sociedades anônimas de capital aberto, não há necessidade de aplicar o procedimento especial regulado a partir do art. 861 do CPC, pois basta alienar as ações na Bolsa de Valores.

Penhoradas as quotas ou as ações de sócio em sociedade simples ou empresária, o juiz assinará prazo razoável, não superior a 3 (três) meses, para que a sociedade:

(i) apresente balanço especial, na forma da lei; (ii) ofereça as quotas ou as ações aos demais sócios, observado o direito de preferência legal ou contratual; (iii) não havendo interesse dos sócios na aquisição das ações, proceda à liquidação das quotas ou das ações, depositando em juízo o valor apurado, em dinheiro (CPC, art. 861).

A necessidade de elaborar balanço especial se justifica para que se possa aferir, com precisão, a situação econômico-financeira da sociedade e, consequentemente, o valor da participação do sócio executado. Por se tratar de sociedade de pessoas, assegura-se aos demais sócios ou acionistas o direito de preferência, o qual, caso não exercido, enseja a dissolução parcial da sociedade, com alienação de bens aptos a quitarem o crédito exequendo.

Tal liquidação ou dissolução parcial da sociedade poderá ser conduzida por administrador nomeado pelo juiz, a requerimento do exequente ou da própria sociedade (CPC, art. 861, § 4º). O administrador deve submeter ao juiz a forma de liquidação.

Para evitar a liquidação das quotas ou das ações, a sociedade poderá adquiri-las sem redução do capital social e com utilização de reservas, para manutenção em tesouraria (CPC, art. 861, § 1º).

Caso não haja interesse dos demais sócios no exercício de direito de preferência, não ocorra a aquisição das quotas ou das ações pela sociedade e a liquidação parcial seja excessivamente onerosa para a sociedade, o juiz poderá determinar o leilão judicial das quotas ou das ações (CPC, art. 861, § 5º).

3.9.6. Penhora da renda e penhora de empresa

A empresa, como atividade econômica organizada para produção de bens ou serviços, pode ser penhorada, bem assim o estabelecimento, como complexo de bens destinados a tal finalidade. O procedimento da penhora de empresa ou do estabelecimento é regulado pelos arts. 862 a 865 do CPC.

Além disso, é possível a penhora de percentual de faturamento da empresa, nos termos do art. 866 do CPC.

Tais modalidades de penhora são excepcionais e só podem ser determinadas se não houver outro meio eficaz para a efetivação do crédito, como se extrai do art. 865.

Tanto na penhora de empresa e de estabelecimento, quanto na penhora de faturamento, o juiz deve nomear administrador-depositário, que apresentará seu plano de administração e prestará contas periodicamente. Os valores assim arrecadados serão disponibilizados ao Juízo da execução, para posterior pagamento ao exequente.

4. CONCURSO DE CREDORES - MÚLTIPLAS PENHORAS SOBRE O MESMO BEM

Não há óbice à realização de mais de uma penhora sobre o mesmo bem, pois os valores obtidos com a expropriação judicial podem ser superiores ao crédito de um dos credores penhorantes - e, consequentemente, suficientes para quitar, ainda que parcialmente, o credor que proceder à penhora em segundo lugar.

Até mesmo na penhora de dinheiro é possível a efetivação de múltiplas penhoras; muito embora não se cogite de expropriação, nada impede, por exemplo, que seja reduzido o valor devido ao credor que fez a primeira penhora, por força de embargos à execução julgados procedentes.

O fenômeno da pluralidade de penhoras de bens dá ensejo ao concurso de credores, também chamado de concurso particular de preferências.

O princípio aplicável ao tema é o de que deve receber, em primeiro lugar, o credor que realizou a primeira penhora sobre o bem e, na sequência, faz-se o pagamento dos demais credores, desde que não haja preferência legal deste(s). De fato, o art. 908, § 2º, do CPC, dispõe que, não havendo título legal à preferência, o dinheiro será distribuído entre os concorrentes, observando-se a anterioridade de cada penhora; consagra-se, assim, a máxima de que o melhor direito pertence ao que penhorou primeiramente (*prior in tempore, potiur in jure*).

No entanto, os créditos privilegiados por força de lei (trabalhistas, fiscais etc.) devem ser atendidos mesmo que a penhora seja realizada posteriormente, em contraponto com credores não privilegiados (civis, empresariais etc.).

Sucede que os créditos trabalhistas não têm preferência entre si, razão pela qual se deve se observar a anterioridade de cada constrição, no caso de múltiplas penhoras na Justiça do Trabalho. Tal solução pode fazer com que alguns credores sejam completamente satisfeitos, enquanto outros nada recebam.

Por isso, há vertente doutrinária que preconiza a possibilidade de reunião dos feitos, procedendo-se à centralização da execução em uma Vara do Trabalho (a que fez a primeira penhora), e ao rateio dos valores arrecadados de forma proporcional entre todos os credores trabalhistas.

A centralização da execução é possível porque a realização de múltiplas penhoras sobre o mesmo bem faz com que haja conexão entre os processos.

A centralização de execuções é regulamentada pelo art. 28 da Lei de Execuções Fiscais (Lei 6.830/80)[67], bem como pelos arts. 14 a 24 da Lei 14.193/2021, no que tange aos clubes e sociedades anônimas de futebol.

5. ALIENAÇÃO ANTECIPADA

Usualmente, a expropriação (= arrematação, adjudicação, alienação particular) de bens só se faz após a abertura de prazo de defesa do executado – e, caso esta seja apresentada, após a correspondente decisão judicial.

No entanto, em algumas hipóteses, pode haver risco de perecimento do bem, ou depreciação de seu valor, caso se tenha que aguardar tal momento. Em outros casos, mesmo que não haja tal risco, revela-se muito mais vantajoso para a efetividade da execução que os atos expropriatórios sejam feitos de imediato, em virtude de condições

67 Lei nº 6.830/80, Art. 28 - O Juiz, a requerimento das partes, poderá, por conveniência da unidade da garantia da execução, ordenar a reunião de processos contra o mesmo devedor.

Parágrafo Único - Na hipótese deste artigo, os processos serão redistribuídos ao Juízo da primeira distribuição.

favoráveis de mercado. Exemplos: penhora de bens perecíveis; penhora de ações de sociedade anônima que experimentou significativo e episódico aumento de seu valor etc.

Para tais situações, o art. 852 do CPC[68] prevê o instituto da alienação antecipada de bens penhorados, que pode ser determinada pelo juiz quando: (i) se tratar de veículos automotores, de pedras e metais preciosos e de outros bens móveis sujeitos à depreciação ou à deterioração; (ii) houver manifesta vantagem.

Perceba-se que a literalidade do dispositivo indica que a alienação antecipada é obrigatória nas hipóteses nele indicadas, pois a previsão é no sentido de que o juiz "determinará" a alienação antecipada dos bens penhorados, como se não houvesse espaço para discricionariedade do juiz. De fato, como em (quase) todas as decisões judiciais, não há que se falar em "discricionariedade" no sentido de que o magistrado poderia fazer juízo de conveniência ou oportunidade. Cabe-lhe apenas a aplicação da lei, e quando ocorrer uma das hipóteses previstas no art. 852 do CPC, a alienação antecipada é medida que se impõe, a menos que haja outro fundamento legal que possa obstar, no caso concreto, a aplicabilidade do dispositivo.

Especificamente no caso de automóveis, a alienação antecipada pode revelar-se importante instrumento para evitar que o bem seja encaminhado ao depositário judicial ou extrajudicial remunerado. Não raramente, a demora no trâmite da execução faz com que o longo período em que o automóvel fica no depósito gere um crédito para o depositário maior do que o valor de mercado do bem. Nessas hipóteses, a Vara do Trabalho deve agir com inteligência e realizar a alienação antecipada, ficando o dinheiro arrecadado em conta judicial, à disposição do Juízo, até deliberação final.

6. EMBARGOS À EXECUÇÃO

6.1. Denominação, conceito e natureza jurídica

Os embargos à execução, no Processo do Trabalho, constituem mecanismo passível de utilização pelo executado com o objetivo de atacar o título executivo (judicial ou extrajudicial) quanto à sua validade, extensão ou eficácia.

A visão mais tradicional sempre considerou que os embargos, no âmbito da Justiça do Trabalho, tinham natureza de ação, e não de defesa ou recurso[69], o que se harmonizava com o regramento vigente originalmente no CPC/1973.

Contudo, observe-se que, no Direito Processual Civil, desde a edição das leis nº 11.232/2005 e 11.382/2006, tem-se entendido que, quando se tratar de título executivo judicial, a impugnação ao cumprimento de sentença tem natureza de mero incidente processual, já que o processo passou a ser sincrético (fases de conhecimento

[68] Art. 852. O juiz determinará a alienação antecipada dos bens penhorados quando:
I - se tratar de veículos automotores, de pedras e metais preciosos e de outros bens móveis sujeitos à depreciação ou à deterioração;
II - houver manifesta vantagem.

[69] Assim: COQUEIJO COSTA, *op. cit.*, p. 631.

e execução na mesma relação processual).[70] Ademais, com o Novo CPC, apenas nos casos de execução de título executivo extrajudicial é que há possibilidade de manejo de embargos à execução, os quais detêm, no âmbito cível, natureza de ação cognitiva autônoma e incidental ao processo de execução.

Diante da crescente tendência de aproximação entre Processo Civil e Processo do Trabalho, deve-se entender que, também neste, os embargos à execução fundada em título judicial não têm natureza jurídica de ação autônoma, mas de mero incidente processual, o que se harmoniza com o princípio da simplicidade que se aplica no âmbito trabalhista.

Sob outro enfoque, o próprio regramento da CLT induz tal conclusão. Veja-se, por exemplo, que as custas devidas em função dos embargos são estabelecidas em valor fixo pelo legislador (CLT, art. 789-A, V)[71], o que foge da regra segundo a qual as custas, nas ações trabalhistas, são fixadas na base de 2% (dois por cento) sobre o valor da causa ou da condenação; não há valor da causa nos embargos à execução.

Nesse contexto, a doutrina mais moderna tem, acertadamente, considerado que os embargos à execução fundada em título judicial têm natureza de mero incidente processual na Justiça do Trabalho.[72]

De todo modo, a discussão é meramente teórica, sem maiores consequências práticas. Nem mesmo a definição do prazo, quando se tratar de execução de título judicial ou extrajudicial contra a Fazenda Pública, é afetada pela natureza jurídica dos embargos[73], já que a Lei nº 9.494/97 (art. 1º-B) estabelece o prazo de 30 dias para tais hipóteses, independentemente de se tratar de meio de defesa, ação autônoma ou recurso. Além disso, a decisão dos embargos à execução pode fazer coisa julgada material ou formal, de acordo com o seu conteúdo, desde que haja cognição exauriente, o que também independe da natureza atribuída ao mecanismo impugnativo.

Os embargos à execução também podem ser denominados de *embargos do executado*, já que somente podem ser ofertados pela parte passiva na execução. Não é adequado, do ponto de vista científico, chamá-los de *embargos do devedor*, pois em algumas situações o impugnante pode justamente arguir que não é devedor, nem responde pela dívida (exemplo: sócio retirante indevidamente incluído no polo passivo). Além disso, a nomenclatura *embargos à penhora*, embora referida no art. 884, § 3º, da CLT, também não se revela adequada, por dar a falsa impressão de que a impugnação seria voltada apenas contra a penhora, quando na verdade o rol de matérias arguíveis é bem mais extenso, conforme se verá no próximo item.

---

70 Nesse sentido, CÂMARA, *op. cit.*, p. 407.

71 Art. 789-A – No processo de execução são devidas custas, sempre de responsabilidade do executado e pagas ao final, de conformidade com a seguinte tabela: (...)

V – embargos à execução, embargos de terceiro e embargos à arrematação: R$ 44,26 (quarenta e quatro reais e vinte e seis centavos).

72 Por exemplo, SCHIAVI, *op. cit.*, p. 975.

73 Ao contrário do que sustenta, por exemplo, BEZERRA LEITE, *op. cit.*, p. 1122.

6.2. Matérias veiculáveis nos embargos

A CLT é bastante restritiva quanto às matérias veiculáveis nos embargos à execução, conforme se extrai do art. 884, § 1º, que estatui que a matéria de defesa se limita às alegações de cumprimento da decisão ou do acordo, quitação ou prescrição da dívida. Contudo, a jurisprudência e a doutrina têm proclamado, em geral, a possibilidade de oferecimento dos embargos também nas hipóteses previstas no CPC.[74]

Observe-se que, caso se trate de execução fundada em título extrajudicial, o rol de matérias arguíveis nos embargos é mais amplo. Isso se explica porque, como o título foi formado fora do Poder Judiciário, não há o óbice da coisa julgada; logo, o executado pode alegar qualquer matéria que lhe seria lícito deduzir como defesa em processo de conhecimento (CPC, art. 917, VI). Já quando o título executivo é judicial, há maior restrição de matérias passíveis de alegação, conforme previsto no rol do art. 525, § 1º, do CPC.[75]

Ademais, todas as questões de ordem pública, desde que relativas a fatos supervenientes ao trânsito em julgado (e, portanto, não acobertados pela eficácia preclusiva da coisa julgada), podem ser alegadas nos embargos. De fato: se as questões relativas à validade do procedimento executivo podem ser alegadas a qualquer tempo, por simples petição (conforme art. 518 do CPC)[76], seria inconcebível imaginar que não pudessem ser alegadas nos embargos à execução.

Contudo, questões referentes à validade do processo de conhecimento (ainda que de ordem pública), tenham ou não sido decididas expressamente, não podem ser arguidas, nem decididas, na execução, em virtude da eficácia preclusiva da coisa julgada (CPC, art. 508).[77] A exceção consiste na arguição de ausência ou vício de citação na fase de conhecimento, inserida no art. 525, § 1º, I, do CPC, como matéria alegável nos embargos à execução.

Conforme já visto[78] – considerando a irrecorribilidade da sentença de liquidação –, nos embargos à execução e na impugnação à sentença de liquidação as partes podem impugnar amplamente os cálculos e até mesmo renovar arguições que fizeram por ocasião da sua manifestação prévia à homologação (art. 879, § 2º).

---

74 Cf. MALTA, *op. cit.*, p. 834.

75 Art. 525, § 1º – Na impugnação, o executado poderá alegar:
I – falta ou nulidade da citação se, na fase de conhecimento, o processo correu à revelia;
II – ilegitimidade de parte;
III – inexequibilidade do título ou inexigibilidade da obrigação;
IV – penhora incorreta ou avaliação errônea;
V – excesso de execução ou cumulação indevida de execuções;
VI – incompetência absoluta ou relativa do juízo da execução;
VII – qualquer causa modificativa ou extintiva da obrigação, como pagamento, novação, compensação, transação ou prescrição, desde que supervenientes à sentença.

76 Art. 518 – Todas as questões relativas à validade do procedimento de cumprimento da sentença e dos atos executivos subsequentes poderão ser arguidas pelo executado nos próprios autos e nestes serão decididas pelo juiz.

77 Art. 508 – Transitada em julgado a decisão de mérito, considerar-se-ão deduzidas e repelidas todas as alegações e as defesas que a parte poderia opor tanto ao acolhimento quanto à rejeição do pedido.

78 Capítulo XXX, item 11.

6.2.1. Falta ou nulidade da citação

No cumprimento de sentença, o executado pode, nos embargos, sustentar que não foi validamente citado na fase de conhecimento, desde que o processo haja corrido à sua revelia. Tal arguição corresponde ao oferecimento de *querela nullitatis* pela via dos embargos à execução. Sobre o tema, ver Capítulo XXIX, item 10.

Trata-se de espécie de *querela* utilizável apenas contra sentenças condenatórias, já que apenas nestas haverá fase de cumprimento de sentença. Nas sentenças constitutivas e declaratórias, a *querela* deve ser movida necessariamente como ação autônoma - o que também não é excluído na hipótese de sentença condenatória.

Cabe destacar que tal arguição só será possível se a notificaçãó da sentença ao réu revel, na forma do art. 852 da CLT, também tenha sido inválida ou não haja sido feita.

6.2.2. Ilegitimidade da parte

Tanto a ilegitimidade ativa, quanto a passiva, podem ser arguidas nos embargos à execução. Como exemplo da primeira, tem-se a situação em que, falecido o reclamante após o trânsito em julgado, a execução é promovida por pessoa diferente da indicada em certidão de dependentes na Previdência Social; da segunda, o caso em que se inclui, na execução, empresa que supostamente seria sucessora daquela que figura na sentença, sem que na realidade se tenha configurado sucessão.

Importante ressaltar que eventual ilegitimidade das partes cujo nome consta do título executivo judicial não pode ser arguida na fase de cumprimento de sentença, em virtude da eficácia preclusiva da coisa julgada. Mesmo que haja erro de julgamento e seja evidente a ilegitimidade de alguma das partes, a questão fica superada com o trânsito em julgado e somente pode ser revista por meio de ação rescisória.

Depreende-se que a arguição de ilegitimidade no cumprimento de sentença somente pode se referir a defeitos nos polos da fase executiva, ou seja, se houver incongruência entre estas e as partes definidas no título executivo judicial.

6.2.3. Inexequibilidade do título ou inexigibilidade da obrigação

O título será inexequível quando não contiver obrigação líquida, certa e exigível. Assim, por exemplo, quando: (i) a obrigação estiver sujeita a condição ou a termo ainda não implementado; (ii) tiver sido interposto recurso dotado de efeito suspensivo; (iii) a sentença contrária à Fazenda Pública não haja sido submetida ao duplo grau de jurisdição obrigatório, quando não for o caso de dispensá-lo.

Também se considera inexigível a obrigação reconhecida em título judicial inconstitucional, o que pode dar a ensejo a embargos à execução com eficácia rescisória (analisados destacadamente no item 6.5 deste Capítulo).

6.2.4. Penhora incorreta ou avaliação errônea

Nos embargos à execução, o executado pode alegar qualquer vício da penhora ou da avaliação, tais como: constrição sobre bem impenhorável ou que não observe a ordem preferencial do art. 835 do CPC; avaliação em valor incompatível com o de mercado; excesso de penhora, ou seja, constrição de bens em montante consideravelmente superior ao do crédito exequendo somado às despesas processuais – em geral, tem sido aceito acréscimo de cerca de 30% (trinta por cento) do valor do crédito, já que dificilmente a expropriação se dá no mesmo valor da avaliação.

Quando alegar excesso de penhora, o executado deve indicar outros meios igualmente eficazes que viabilizem o sucesso da execução, à luz do princípio da efetividade.

6.2.5. Excesso de execução ou cumulação indevida de execuções

Se o exequente postular quantia superior à que resulta do título executivo, haverá excesso de execução, que pode ser objeto de arguição pelo executado em seus embargos.

Nesta hipótese, cabe ao executado declarar de imediato o valor que entende correto, apresentando demonstrativo discriminado e atualizado de seu cálculo, sob pena de rejeição liminar dos embargos, caso o excesso de execução seja seu único fundamento. Se a mesma peça contiver outro fundamento, será processada, mas o juiz não examinará a alegação de excesso de execução (CPC, art. 525, §§ 4º e 5º).[79]

A cumulação de execuções é de difícil ocorrência na prática da Justiça do Trabalho. Em tese, é possível cumular execuções quando houver identidade de executado, de juízo competente e de procedimento (CPC, art. 780).[80] Caso o exequente pretenda cumular execuções fora dessas hipóteses, o executado pode arguir o vício por simples petição (por se tratar de questão de ordem pública) ou através dos embargos à execução. Exemplo: o Ministério Público do Trabalho firma termo de ajuste de conduta com duas empresas diferentes, e pretende executar a multa no mesmo processo; havendo mais de um executado, inviável a cumulação.

6.2.6. Incompetência absoluta ou relativa do juízo da execução

Assim como acontece com a ilegitimidade e com qualquer questão de ordem pública, a incompetência (absoluta ou relativa) que pode ser alegada na execução é apenas aquela do próprio Juízo da execução, em virtude da eficácia preclusiva da coisa julgada formada na fase de conhecimento (CPC, art. 508).

---

79 Art. 525, § 4º – Quando o executado alegar que o exequente, em excesso de execução, pleiteia quantia superior à resultante da sentença, cumprir-lhe-á declarar de imediato o valor que entende correto, apresentando demonstrativo discriminado e atualizado de seu cálculo.

§ 5º – Na hipótese do § 4º, não apontado o valor correto ou não apresentado o demonstrativo, a impugnação será liminarmente rejeitada, se o excesso de execução for o seu único fundamento, ou, se houver outro, a impugnação será processada, mas o juiz não examinará a alegação de excesso de execução.

80 Art. 780 – O exequente pode cumular várias execuções, ainda que fundadas em títulos diferentes, quando o executado for o mesmo e desde que para todas elas seja competente o mesmo juízo e idêntico o procedimento.

6.2.7. *Causa modificativas ou extintivas da obrigação supervenientes à sentença*

O art. 525, § 1º, VII, do CPC, admite que o executado, na impugnação ao cumprimento de sentença, alegue qualquer causa modificativa ou extintiva da obrigação, como pagamento, novação, compensação, transação ou prescrição, desde que supervenientes à sentença.

Observe-se que não é possível, na execução, a alegação de que tenha havido pagamento, transação etc. antes do último momento em que seria possível ao réu alegar tais fatos na fase de conhecimento. Se o réu podia alegar na fase de conhecimento, e não o fez, incide a eficácia preclusiva da coisa julgada (CPC, art. 508), e a alegação se considera repelida (ainda que não tenha sido feita).

O princípio, embora simples em sua formulação, pode gerar bastante controvérsia em sua aplicação prática.

Assim, por exemplo, se o fato extintivo (como o pagamento) ocorreu após o início da fluência do prazo para interposição de recurso de revista para o TST, o reclamado, em princípio, não terá como alegar o fato ainda na fase de conhecimento, já que o fato novo só pode ser apreciado pelo Tribunal Superior caso o recurso excepcional haja sido conhecido com base em outro fundamento, em virtude da exigência de prequestionamento.

Deve-se entender, ainda, que, se o réu alegar o fato novo (causa extintinva da obrigação) na fase de conhecimento, mas o órgão jurisdicional recusar-se a emitir provimento de mérito a respeito (por reputar inviável a alegação do fato novo intempestivamente), o mesmo réu, quando se tornar executado, poderá alegar – nos embargos à execução – a causa extintiva da obrigação ocorrida no curso da tramitação do processo.

De todo modo, é recomendável, para evitar o enriquecimento sem causa (Código Civil, art. 884), que se admita a dedução, na liquidação, das quantias já pagas a idêntico título, a despeito da sucumbência do réu na fase de conhecimento.

6.2.7.1. Prescrição intercorrente

Prescrição intercorrente é aquela que se dá no curso do processo, ou, mais especificamente, no curso da execução (cumprimento de sentença).

O TST, por meio da Súmula 114, possuía entendimento no sentido de que não se aplicava a prescrição intercorrente no Processo do Trabalho. Em contrapartida, o STF, na Súmula 327, estipula que o Direito Trabalhista admite a prescrição intercorrente.

Veja-se que são entendimentos do TST e STF em sentido contrário, o que, por si só, já demonstra a polêmica do tema, o qual gerava e continuará gerando muita controvérsia, mesmo após a Reforma Trabalhista (Lei nº 13.467/2017).

O art. 11-A da CLT[81] (incluído pela Reforma Trabalhista) prevê que a prescrição intercorrente se aplica no prazo de 2 (dois) anos.

Sabe-se que a prescrição, no Direito do Trabalho, é prevista no art. 7º, XXIX, CF, o qual estabelece o prazo de 5 (cinco) anos durante a fluência do contrato de trabalho, e de 2 (dois) anos após a extinção do contrato.

Prescrição é algo que extingue determinado direito do trabalhador. O prazo de cinco anos, portanto, é uma garantia constitucional dos trabalhadores e não pode ser reduzido por leis infraconstitucionais.

Diante disso, é previsível que surja polêmica a respeito do art. 11-A. Uma primeira linha de pensamento possível é no sentido de que o prazo de cinco anos, previsto no art. 5º, XXIX, da CF, referir-se-ia apenas ao ajuizamento da ação na fase de conhecimento. Nessa ótica, o legislador infraconstitucional teria liberdade de estabelecer prazos menores para a prescrição na execução.

Contudo, é preferível utilizar a técnica da interpretação do dispositivo conforme à Constituição. Aparentemente, o legislador parte da premissa de que o contrato de trabalho estará extinto quando da execução trabalhista, o que é verdade na grande maioria dos casos. Nada impede, entretanto, que trabalhador ajuíze a ação e promova a execução com o contrato de trabalho ativo.

Lei ordinária – tal como a Reforma Trabalhista – não pode reduzir prazo prescricional previsto na CF; se assim o faz, incide em inconstitucionalidade material.

Assim, sugere-se a interpretação de que a prescrição intercorrente acontece no prazo de 2 (dois) anos, desde que o contrato de trabalho tenha sido extinto. Ao contrário, se, quando da execução, o empregado continuar trabalhando na empresa, deve-se aplicar o prazo de 5 (cinco) anos para a prescrição intercorrente.

Veja-se que a lei não faz a distinção ora preconizada, a qual se revela necessária, entretanto, para que haja compatibilidade com o texto constitucional.

O novo art. 11, § 1º, aparentemente, segue linha que prevalecia na doutrina e recorrente em muitos julgados.

A prescrição intercorrente acontece quando o exequente, o credor trabalhista, precisa tomar uma providência, mas fica inerte.

Sabe-se que a prescrição pressupõe sempre inércia. Se o credor está ativo, está cobrando o crédito, não é possível falar em prescrição, justamente porque não se tem inércia, que é o pressuposto, o fundamento básico na prescrição.

---

[81] Art. 11-A – Ocorre a prescrição intercorrente no processo do trabalho no prazo de dois anos.

§ 1º – A fluência do prazo prescricional intercorrente inicia-se quando o exequente deixa de cumprir determinação judicial no curso da execução.

§ 2º – A declaração da prescrição intercorrente pode ser requerida ou declarada de ofício em qualquer grau de jurisdição.

Exemplo: o exequente é intimado para apresentar cálculos, mas não o faz; ou, quando se tratar de liquidação por artigos, em que o juiz do trabalho determine que o exequente forneça documento que está em sua posse, mas não fornece.

Diante disso, muitos autores entendiam que, nas situações específicas em que o credor ficasse inerte, poder-se-ia aplicar a prescrição intercorrente.

A Reforma, aparentemente, sufragou esse entendimento, já que o novo texto legal estabelece que a fluência do prazo prescricional se inicia quando o exequente deixa de cumprir determinação judicial no curso da execução. Exemplo: determinação para apresentação de cálculos, e o credor se mantém inerte; a partir desse momento, inicia-se o prazo de 2 (dois) anos prescricional (prazo da prescrição intercorrente).

A maior controvérsia relacionada ao tema, entretanto, não foi solucionada pela Reforma, e diz respeito à situação de ausência de bens penhoráveis.

Em caso de ausência de bens penhoráveis (da empresa ou dos sócios), a execução fica suspensa, por impossibilidade material de prosseguimento: não havendo bens penhoráveis, é impossível a prática de atos executivos.

Como visto, a Reforma prevê que o prazo prescricional começa a fluir quando o exequente deixa de cumprir a determinação judicial no curso da execução. Contudo, se a execução fica suspensa em virtude da ausência de bens do executado, a rigor não há inércia do exequente, mas impossibilidade material de se efetivar a execução.

Vislumbram-se duas interpretações possíveis:

- (i) o exequente, intimado para apresentar bens passíveis de penhora, não os indica, já que inexistem. A ausência de indicação de bens seria considerada como inércia, já que o trabalhador estaria deixando de cumprir determinação judicial;
- (ii) nas situações em que o trabalhador não indica bens passíveis de penhora, porque o executado não possui patrimônio passível de constrição, não há inércia e, consequentemente, não há prescrição intercorrente. O exequente, nesta hipótese, não estaria deixando de cumprir determinação judicial.

Os artigos 921 III, §§ 4º a 6º e 924 do CPC[82], preveem que, se o réu/executado, no Processo Civil, não for localizado ou não forem localizados seus bens penhoráveis,

---

[82] Art. 921. Suspende-se a execução: (...) III - quando não for localizado o executado ou bens penhoráveis; (Redação dada pela Lei nº 14.195, de 2021).

§ 4º O termo inicial da prescrição no curso do processo será a ciência da primeira tentativa infrutífera de localização do devedor ou de bens penhoráveis, e será suspensa, por uma única vez, pelo prazo máximo previsto no § 1º deste artigo.

§ 4º-A A efetiva citação, intimação do devedor ou constrição de bens penhoráveis interrompe o prazo de prescrição, que não corre pelo tempo necessário à citação e à intimação do devedor, bem como para as formalidades da constrição patrimonial, se necessária, desde que o credor cumpra os prazos previstos na lei processual ou fixados pelo juiz.

§ 5º O juiz, depois de ouvidas as partes, no prazo de 15 (quinze) dias, poderá, de ofício, reconhecer a prescrição no curso do processo e extingui-lo, sem ônus para as partes.

§ 6º A alegação de nulidade quanto ao procedimento previsto neste artigo somente será conhecida caso demonstrada a ocorrência de efetivo prejuízo, que será presumido apenas em caso de inexistência da intimação de que trata o § 4º deste artigo.

o processo será arquivado e suspenso até que se encontrem bens. A suspensão do processo e da prescrição se dará pelo prazo máximo de 1 (um) ano, sendo que o termo inicial da prescrição intercorrente, nessa hipótese, será a ciência da primeira tentativa infrutífera de localização do devedor ou de bens penhoráveis. Contudo, após a referida ciência, o fato é que o prazo da prescrição intercorrente ficará suspenso, uma única vez, durante um ano.

Ainda de acordo com a regulamentação legal, no Processo Civil, o juiz, depois de ouvidas as partes, no prazo de 15 (quinze) dias, poderá, de ofício, reconhecer a prescrição no curso do processo e extingui-lo, sem ônus para as partes.

Se o exequente não for intimado acerca da não localização do devedor ou de seus bens penhoráveis, haverá nulidade absoluta, em decorrência de presunção também absoluta de efetivo prejuízo ao credor.

A IN 39/2016 do TST preconiza não se aplicarem tais dispositivos do CPC no Processo do Trabalho. A Reforma poderia ter instituído regra semelhante às do CPC no texto da CLT, mas não o fez, de modo que o regramento não ficou claro a respeito.

Por tais razões, certamente o tema continuará a apresentar discussão e controvérsia na doutrina e na jurisprudência.

Partindo das premissas de que não há créditos imprescritíveis (princípio da segurança jurídica); e que há uma tendência crescente de aproximação recíproca entre o Processo Civil e o Processo do Trabalho, é correto concluir pela aplicabilidade da prescrição intercorrente na hipótese em que o executado não possua bens penhoráveis.

Ademais, como a prescrição é instituto que está na fronteira entre o direito material e o direito processual, criando e/ou restringindo um direito material, deve-se aplicar tratamento diferenciado quanto à aplicação no tempo da prescrição intercorrente.

Portanto, se havia a Súmula 114 do TST em determinado sentido, a Reforma pode alterá-la, como fez, mas não se pode aplicar o novo regramento de modo a surpreender os jurisdicionados.

Dá-se sugestão interpretativa com relação à prescrição intercorrente: o prazo (de dois ou cinco anos) deve ser contado a partir da vigência da Lei nº 13.467/2017.

Essa é uma solução que, quando o Código Civil de 2002 entrou em vigor, foi adotada com relação a algumas situações de prescrição. Então, conta-se o prazo prescricional a partir da entrada em vigor da lei. São as regras de transição da prescrição.

Nesse contexto, a partir da entrada em vigor da lei, começa-se a contar o prazo da prescrição intercorrente. Pensar diferentemente (contando a prescrição intercorrente desde a data em que houve a omissão do credor) resultaria na aplicação retroativa da lei, aproveitando-se um prazo já decorrido para gerar um efeito que não poderia ser previsto pela parte.

Assim, a aplicação da prescrição intercorrente se aplica de imediato no Processo do Trabalho, mas o prazo (bienal ou quinquenal) é contado a partir da entrada em vigor da Lei nº 13.467/2017.

De acordo com o posicionamento do TST, não há necessidade de intimação pessoal do credor para que flua o prazo da prescrição intercorrente, sendo suficiente a intimação do advogado regularmente constituído.[83]

6.3. Embargos com eficácia rescisória

Os embargos à execução com eficácia rescisória foram introduzidos no Processo do Trabalho pela medida provisória 2180-35/2001 (art. 884, § 5º, da CLT); o tema é regulamentado também no art. 525, § 12 e seguintes, do CPC[84]. Em recente julgamento[85], o STF reconheceu a constitucionalidade de tais dispositivos legais, por se tratar de ponderação razoável e proporcional feita pelo legislador, que optou por privilegiar a força normativa da Constituição e a autoridade das decisões do STF, em detrimento da segurança jurídica e da coisa julgada.

O CPC, no art. 525, § 14, fixa que a decisão do STF deve ser anterior ao trânsito em julgado da decisão exequenda, para fins de cabimento dos embargos à execução com eficácia rescisória, ou seja, a decisão exequenda deve ter um vício de origem para que seja possível a arguição do tema nos embargos à execução. Não obstante, se a decisão do STF for posterior ao trânsito em julgado da decisão exequenda, caberá ação rescisória, cujo prazo será contado do trânsito em julgado da decisão proferida pelo Supremo Tribunal Federal (CPC, art. 525, § 15).

Outro aspecto controvertido solucionado pelo Novo Código está na autorização explícita para utilização do mecanismo não apenas quando a decisão do STF

---

83 Recurso ordinário em ação rescisória sob a égide do CPC de 2015. Prescrição intercorrente. Intimação pessoal. Prescindibilidade.

Não há no ordenamento jurídico qualquer previsão que dê ensejo à conclusão quanto à necessidade de intimação pessoal do credor para validar a fluência do prazo prescricional. A par disso, o STJ, nos autos do Incidente de Assunção de Competência instaurado no Recurso Especial nº 1.604.412 – SC, concluiu pela possibilidade de se decretar a prescrição intercorrente, sem a necessidade de se intimar, pessoal e previamente, a parte exequente, a dar andamento à execução. Na espécie, a intimação do patrono devidamente constituído nos autos e a ausência de indicação de meios válidos a impulsionar a execução são suficientes para início da contagem do prazo prescricional. Sob esse fundamento, a SBDI-II, por unanimidade, conheceu do recurso ordinário e, no mérito, negou-lhe provimento. TST-ROT-703-96.2022.5.05.0000, SBDI-II, rel. Min. Amaury Rodrigues Pinto Junior, julgado em 23/5/2023.

84 Art. 525, § 12 – Para efeito do disposto no inciso III do § 1º deste artigo, considera-se também inexigível a obrigação reconhecida em título executivo judicial fundado em lei ou ato normativo considerado inconstitucional pelo Supremo Tribunal Federal, ou fundado em aplicação ou interpretação da lei ou do ato normativo tido pelo Supremo Tribunal Federal como incompatível com a Constituição Federal, em controle de constitucionalidade concentrado ou difuso.

§ 13 – No caso do § 12, os efeitos da decisão do Supremo Tribunal Federal poderão ser modulados no tempo, em atenção à segurança jurídica.

§ 14 – A decisão do Supremo Tribunal Federal referida no § 12 deve ser anterior ao trânsito em julgado da decisão exequenda.

§ 15 – Se a decisão referida no § 12 for proferida após o trânsito em julgado da decisão exequenda, caberá ação rescisória, cujo prazo será contado do trânsito em julgado da decisão proferida pelo Supremo Tribunal Federal.

85 ADI 2418, Relator(a): Min. TEORI ZAVASCKI, Tribunal Pleno, julgado em 04/05/2016, ACÓRDÃO ELETRÔNICO DJe-243 DIVULG 16-11-2016 PUBLIC 17-11-2016.

tenha sido tomada em controle concentrado, mas também no controle difuso de constitucionalidade.

Os embargos à execução com eficácia rescisória constituem mecanismo de defesa do executado em face das chamadas *sentenças inconstitucionais*. Discutem-se, à luz da literalidade dos dispositivos legais – que mencionam a *inexigibilidade* do título judicial fundado em norma inconstitucional –, os efeitos de eventual julgamento de procedência dos embargos à execução nessa hipótese.

Uma parcela da doutrina reputa que a sentença formalmente transitada em julgado não teria força para se manter, quando inconstitucional, razão pela qual seria nula e o vício poderia ser reconhecido a qualquer tempo e em qualquer processo.[86] Outra corrente se posiciona no sentido de que se trata de mera ineficácia da sentença, o que poderia ser reconhecido incidentalmente na execução[87]. Uma terceira vertente é no sentido de que se trata de mecanismo processual com eficácia rescisória de certas sentenças inconstitucionais.[88]

Tal discussão não é meramente acadêmica, já que, ao se considerar haver eficácia rescisória, há a perplexidade de possibilitar ao juiz da execução (em regra, juiz de primeiro grau) a desconstituição de decisão judicial proferida, eventualmente, por instâncias superiores. Para quem sustenta a mera ineficácia, persiste a mesma dificuldade prática, embora seja menor o embaraço no plano teórico. Esse inclusive é o fundamento (paralelamente à proteção constitucional à coisa julgada) por força do qual diversos autores sustentavam a inconstitucionalidade dos dispositivos legais que preveem os embargos com eficácia rescisória.

Além disso, há quem sustente que a ineficácia ou rescisão da sentença inconstitucional deveria permitir o rejulgamento da causa pelo órgão competente, numa espécie de *judicium rescisorium*. O CPC/2015, na mesma linha do CPC/1973, não regulou expressamente o ponto, o que faz com que parcela da doutrina cogite da reabertura do processo, possibilitando novo julgamento, após a invalidação da sentença inconstitucional em sede de execução.

Apesar de todas as controvérsias existentes no plano teórico, deve-se considerar que o julgamento de procedência dos embargos à execução com eficácia rescisória reconhece a inexigibilidade da obrigação, e a decisão faz coisa julgada material, de modo que se inviabiliza a renovação da pretensão de execução do valor.

Assim, em tese, o executado, pode ofertar embargos à execução alegando a inexigibilidade do título, quando fundado em norma inconstitucional. Contudo, por se tratar de questão de direito material, não é possível a atuação *ex officio* do Juiz, que deve dar cumprimento à decisão até que o tema seja suscitado pelo interessado.

Por fim, como o STF não tem adotado a teoria da eficácia transcendente dos motivos determinantes, descabe o manejo de embargos à execução com eficácia rescisória quando a lei em que se fundou a sentença é de idêntico teor à outra já declarada inconstitucional pela Corte, porque o regramento legal apenas os admite

[86] Posicionamento de Humberto Theodoro Júnior.

[87] Com essa visão, Araken de Assis.

[88] Opinião do saudoso Teori Zavascki.

quando a própria lei em que se baseou a sentença já tiver sido declarada inconstitucional pelo STF; ou seja, não é suficiente, por exemplo, que o STF haja declarado a inconstitucionalidade de lei de outro Estado da Federação, ainda que de teor idêntico ao daquela em que se baseou a sentença exequenda.

6.4. Garantia integral e parcial do juízo

O oferecimento de embargos à execução pressupõe garantia do juízo, mediante (i) realização de penhora de bens cujo valor de avaliação supere o montante do crédito exequendo e despesas processuais, ou (ii) depósito da mesma quantia pelo executado, em conta judicial aberta em banco oficial com tal finalidade.

A partir da Lei nº 13.467/2017, as entidades filantrópicas – assim entendidas aquelas que prestam serviços beneficentes nas áreas de saúde, educação, assistência social etc. – são dispensadas da exigência da garantia do juízo para fins de oferecimento de embargos. Igualmente quanto às pessoas físicas que componham ou hajam composto a diretoria de tais entidades, e tenham sido incluídas no polo passivo (CLT, art. 884, § 6º).[89] Ressalte-se que o conceito de entidade filantrópica não se confunde com o de entidade sem fins lucrativos: se a associação sem fins lucrativos não prestar gratuitamente serviços de interesse coletivo, não será filantrópica e terá que garantir o juízo para embargar. Exemplo: associação de moradores de condomínio.

De acordo com o regramento da CLT, a possibilidade de oferecimento de embargos à execução só surgiria após garantida integralmente a execução. Contudo, a doutrina e a jurisprudência têm mitigado o rigor de tal regra nas situações em que a penhora realizada é insuficiente (por não atender à integralidade do crédito exequendo), sem que se encontrem outros bens penhoráveis.

Nesse cenário, deve-se admitir o processamento dos embargos, sob pena de os bens encontrados ficarem indefinidamente penhorados sem a satisfação do credor, o que seria prejudicial para as duas partes. Nessas hipóteses, o executado deve ser intimado especificamente para apresentação de embargos, apesar da garantia apenas parcial do juízo. Além disso, caso, em outro momento, se consiga proceder à penhora de outros bens (por exemplo, adquiridos posteriormente pelo executado), evidentemente será assegurado ao executado o direito de opor novos embargos à execução, os quais poderão atacar apenas os fatos e decisões posteriores ao julgamento dos primeiros embargos.

6.5. Procedimento. Inexistência de revelia do embargado

A CLT não regulamenta procedimento a ser utilizado nos embargos à execução; na prática, o trâmite é bastante simplificado.

Após a garantia do juízo, o executado é intimado para oferecer, caso queira, os embargos, no prazo de cinco dias. Recebidos os embargos pelo juiz, deve-se proceder

[89] Art. 884, § 6º – A exigência da garantia ou penhora não se aplica às entidades filantrópicas e/ou àqueles que compõem ou compuseram a diretoria dessas instituições.

à intimação do embargado (exequente) para manifestação a respeito dos embargos também no prazo de cinco dias, em razão de isonomia.

Manifestar-se sobre os embargos é faculdade do embargado. Sendo assim, e sobretudo porque a execução trabalhista envolve questões de ordem pública – notadamente a efetivação da coisa julgada, que é cláusula pétrea prevista no art. 5º, XXXVI, da CF – não há aplicabilidade de revelia e dos respectivos efeitos materiais, previstos no art. 344 do CPC (presunção de veracidade dos fatos narrados na inicial) caso o embargado não impugne os embargos à execução, devendo o magistrado apreciar detidamente a matéria fático-jurídica envolvida.

Não obstante, o silêncio do embargado pode ser levado em conta pelo juiz como indício de veracidade de eventual narrativa fática feita pelo embargante.[90]

Exemplo: o executado, nos embargos, alega a invalidade da penhora por ter incidido sobre bem de família. Em tal hipótese, cabe ao executado o ônus de comprovar que o bem penhorado é o único imóvel residencial da família e, portanto, impenhorável (CLT, art. 818). Contudo, o silêncio do embargado-exequente pode ser tido indício da veracidade da narrativa fática contida nos embargos. Assim, por exemplo, feito o cotejo com o endereço declinado na inicial (no qual o réu/embargante foi citado na fase de conhecimento), ou com a associação a outros elementos de prova, a ausência de impugnação aos embargos geraria a convicção judicial de que os fatos articulados são verdadeiros.

Se houver necessidade de instrução na execução, o juiz designará audiência com tal finalidade. É possível, ainda, a designação de audiência para tentativa de conciliação.

Encerradas tais providências, os autos devem ser conclusos ao juiz para julgamento, e da decisão cabe a interposição de agravo de petição.

6.6. Suspensão da execução

Não há previsão, na CLT, de suspensão da execução em virtude do oferecimento de embargos. Há controvérsia doutrinária e jurisprudencial a respeito: uma vertente afirma que os embargos sempre devem ser recebidos com efeito suspensivo[91]; outra entende que não há efeito suspensivo *ope legis*, mas seria possível a atribuição de efeito suspensivo nos termos do Código de Processo Civil.[92]

O art. 525, § 6º, do CPC[93], estabelece que, em princípio, a impugnação ao cumprimento de sentença não impede a prática dos atos executivos. Ressalva, entretanto, a possibilidade de suspensão da execução, desde que o juízo esteja garantido

---

90 Com a mesma opinião, MARINONI; ARENHART; MITIDIERO, *op. cit.*, p. 958.

91 MALTA, *op. cit.*, p. 846.

92 SCHIAVI, *op. cit.*, p. 983.

93 Art. 525, § 6º – A apresentação de impugnação não impede a prática dos atos executivos, inclusive os de expropriação, podendo o juiz, a requerimento do executado e desde que garantido o juízo com penhora, caução ou depósito suficientes, atribuir-lhe efeito suspensivo, se seus fundamentos forem relevantes e se o prosseguimento da execução for manifestamente suscetível de causar ao executado grave dano de difícil ou incerta reparação.

por penhora, caso a peça contenha fundamentos relevantes e haja perigo de dano irreparável ou de incerta reparação. Assim, no Processo Civil, é viável a concessão de efeito suspensivo *ope judicis* à impugnação ao cumprimento de sentença.

Deve-se atentar, entretanto, que a impugnação ao cumprimento de sentença, no Processo Civil, não exige garantia do juízo (CPC, art. 525, *caput*), diferentemente do que ocorre no âmbito trabalhista. Assim, o sistema do CPC é coerente ao permitir o prosseguimento da execução: se é possível promover execução provisória até a penhora antes mesmo do trânsito em julgado, não faria sentido que isso não pudesse ser feito em execução definitiva. De outro lado, uma vez garantido de juízo, e havendo fundamentos relevantes na impugnação, viabiliza-se o deferimento de efeito suspensivo pelo juiz.

No Processo do Trabalho, a prévia garantia do juízo é requisito para o oferecimento dos embargos à execução. Nesse contexto, uma vez intimado o embargado (exequente) para se manifestar sobre os embargos - no prazo de cinco dias -, os autos devem ser imediatamente conclusos ao juiz para apreciação. Considerando já estar garantido o juízo, bem como a celeridade do procedimento, não se justifica a continuação dos atos executivos de expropriação antes da decisão do juiz sobre os embargos. Ademais, como os autos ficam conclusos para decisão, inviabiliza-se a sequência dos atos executivos nos mesmos autos.

Além disso, como já visto (Capítulo XXII, item 4.4), diz-se que o agravo de petição não tem efeito suspensivo, por força do art. 899 da CLT.[94] A assertiva é correta, mas deve ser bem compreendida: uma vez interposto agravo de petição, a execução *até o final* (CLT, art. 897, § 1º)[95] somente é permitida quanto à parte remanescente (= parte não impugnada pelo agravo de petição).

Dessa forma, até que haja decisão final do agravo de petição, pode-se ter: (i) execução definitiva da parte não impugnada pelo agravo de petição, inclusive com a prática de atos de expropriação e entrega de dinheiro ao credor; (ii) execução provisória da parte impugnada no agravo de petição, não sendo possível a alienação de patrimônio do executado para satisfação desses valores.

Em suma, é lícito concluir que, garantido o juízo e ofertados os embargos à execução, enquanto não houver decisão definitiva a respeito (inclusive o julgamento de recursos eventualmente interpostos), não se pode realizar a prática de atos de expropriação e pagamento ao credor.

---

94 BEZERRA LEITE, *op. cit.*, p. 895.

95 Art. 897, § 1º – O agravo de petição só será recebido quando o agravante delimitar, justificadamente, as matérias e os valores impugnados, permitida a execução imediata da parte remanescente até o final, nos próprios autos ou por carta de sentença.

7. EXCEÇÃO DE PRÉ-EXECUTIVIDADE

A exceção de pré-executividade é instrumento processual idealizado originariamente pela doutrina e jurisprudência, à margem de previsão legal, como forma de propiciar a defesa do executado em processos de execução que apresentassem vícios manifestos, de modo a evitar que o devedor fosse onerado com a constrição de seus bens em execuções manifestamente inviáveis.

Trata-se de modalidade atípica de defesa do devedor na execução, que não constitui ação nova ou contestação. Decorre do direito de petição, garantido constitucionalmente (art. 5º, XXXIV) e potencializa, ainda, o exercício do contraditório.

Os arts. 518 e 803, parágrafo único, do CPC[96], podem ser tidos como a consagração legal da figura da exceção de pré-executividade, muito embora os dispositivos não usem expressamente tal nomenclatura. De todo modo, não há regulação do procedimento a ser utilizado nessas hipóteses.

A denominação *exceção de pré-executividade* é consagrada doutrinariamente. Não obstante, seu objetivo é impugnar justamente a possibilidade de execução de determinado título, e não algo que anteceda à sua formação; a partir disso, alguns autores[97] sugerem a denominação *exceção de não executividade*. Outros doutrinadores preconizam o epíteto *objeção de pré-executividade*, já que – supostamente – apenas matérias de ordem pública poderiam ser alegadas por tal instrumento processual.

Segundo a doutrina e jurisprudência majoritárias, o executado, na exceção de pré-executividade, inclusive no Processo do Trabalho, pode arguir toda e qualquer questão de ordem pública, suscetível de conhecimento *ex officio* pelo juízo, tais como os pressupostos processuais e condições da ação. Embora haja controvérsia, deve-se reconhecer, ainda, a possibilidade de alegação de outras matérias, desde que não dependam de dilação probatória e sejam comprovadas por prova pré-constituída, à semelhança do que ocorre com o mandado de segurança. Assim, por exemplo, pode-se alegar, pela exceção de pré-executividade, o pagamento ou a transação supervenientes ao trânsito em julgado.

O momento típico para oferecimento da exceção de pré-executividade é antes da apresentação de embargos à execução, quando ainda não se encontrar garantido o juízo. A utilidade do manejo desta via de defesa consiste justamente em livrar o executado da constrição de seus bens, em situações nas quais o prosseguimento da execução se revela, de plano, inviável.

Há controvérsia quanto à possibilidade de apresentação da exceção de pré--executividade após o prazo para oferecimento de embargos à execução. Uma corrente repudia tal possibilidade, com fundamento na preclusão. No entanto, é mais

[96] Art. 518 – Todas as questões relativas à validade do procedimento de cumprimento da sentença e dos atos executivos subsequentes poderão ser arguidas pelo executado nos próprios autos e nestes serão decididas pelo juiz.

Art. 803, Parágrafo único. A nulidade de que cuida este artigo será pronunciada pelo juiz, de ofício ou a requerimento da parte, independentemente de embargos à execução.

[97] Como José Carlos Barbosa Moreira.

adequado defender a viabilidade da exceção, mesmo após o prazo dos embargos, desde que a matéria debatida ostente natureza de ordem pública – já que tal tipo de questão não se sujeita à preclusão. Além disso, caso o executado faça o pagamento posteriormente ao prazo dos embargos, é evidente que poderá peticionar nos autos e postular a extinção da execução.

A exceção de pré-executividade, via de regra, não tem o condão de suspender o processo de execução, providência que conduziria a desproporcional prejuízo ao exequente, dada a inexistência de garantia do juízo. No entanto, nada impede que, excepcionalmente, o juiz suspenda a execução, se estiverem presentes os requisitos para concessão de tutela de urgência em favor do réu (probabilidade de êxito do executado e risco de dano de incerta reparação).

A natureza da decisão da exceção de pré-executividade depende de seu próprio conteúdo. Se a exceção for acolhida, o resultado será a extinção total ou parcial da execução. Logo, tratar-se-á de sentença, impugnável por agravo de petição, no Processo do trabalho; no Processo Civil, caberá apelação caso a extinção seja total, e agravo de instrumento, caso parcial.

Já se a exceção de pré-executividade for rejeitada, ter-se-á típica decisão interlocutória, que decide questão incidente. Logo, no Processo do Trabalho, de acordo com o entendimento prevalecente, não caberá recurso de imediato, em virtude do princípio da irrecorribilidade imediata das interlocutórias (CLT, art. 893, § 1º); no Processo Civil, pode-se cogitar do cabimento de agravo retido ou agravo de instrumento, conforme as peculiaridades do caso.

Ressalte-se que, em caso de rejeição da exceção de pré-executividade, a matéria, justamente por ser de ordem pública e não sujeita à preclusão, pode ser suscitada novamente nos embargos à execução, e da decisão destes caberá agravo de petição.

8. EXPROPRIAÇÃO DE BENS

8.1. Conceito e natureza jurídica

A expropriação judicial (adjudicação, arrematação, alienação por iniciativa particular e apropriação de frutos e rendimentos) consiste na transferência coativa de bens do executado para um terceiro ou para o próprio exequente, independentemente e até mesmo contra a vontade do proprietário do bem. Prova disso são os arts. 877, § 1º, e 880, § 2º, do CPC[98], que não exigem assinatura do executado para a validade do auto de arrematação.

A expropriação judicial – em qualquer de suas modalidades – tem natureza jurídica de ato processual executivo; não se confunde com contratos de compra e venda

[98] Art. 877, § 1º – Considera-se perfeita e acabada a adjudicação com a lavratura e a assinatura do auto pelo juiz, pelo adjudicatário, pelo escrivão ou chefe de secretaria, e, se estiver presente, pelo executado (...).
Art. 880, § 2º – A alienação será formalizada por termo nos autos, com a assinatura do juiz, do exequente, do adquirente e, se estiver presente, do executado (...)

ou dação em pagamento. Do ponto de vista da teoria geral do direito, trata-se de ato jurídico em sentido estrito, pois todos os efeitos já vêm previamente definidos em lei.

Assim, ao contrário do que acontece na compra e venda, na arrematação e na adjudicação não há relação jurídica direta entre o adquirente (arrematante ou adjudicante) e o proprietário do bem (executado), já que a alienação é feita em virtude da atuação do Estado-Juiz.

8.2. Adjudicação. Adjudicação pelo credor trabalhista por 50% do valor de avaliação

Adjudicação é modalidade de expropriação por meio da qual o exequente recebe o bem penhorado, *in natura*, como forma de pagamento do crédito exequendo. Esse é o conceito clássico do instituto, que modernamente foi ampliado, já que se passou a permitir que determinadas pessoas, taxativamente especificadas em lei, também possam ser adjudicantes.

A adjudicação é o meio mais simples e econômico de satisfazer o crédito, já que não há necessidade de expedição de editais, nem de designação de corretor ou leiloeiro (os quais recebem remuneração em virtude de sua atuação no processo).

Além disso, o preço mínimo da adjudicação, no âmbito cível, é o valor de avaliação do bem. Se houver mais de um pretendente à adjudicação, proceder-se-á a licitação entre eles, tendo preferência, em caso de igualdade de oferta, o cônjuge, o companheiro, o descendente ou o ascendente, nessa ordem (CPC, art. 877, § 6º). No campo trabalhista, por força do art. 888, § 1º, da CLT[99], deve-se entender que o exequente sempre terá preferência para adjudicação.

No âmbito trabalhista, é possível sustentar que o preço mínimo da adjudicação é de 50% do valor de avaliação do bem, nas hipóteses em que for frustrada a tentativa de realização do primeiro ou do segundo leilão. Esse entendimento se extrai do art. 98, §§7º e 11, da Lei 8.212/91[100], direcionado à execução da dívida ativa do INSS e da União, em geral. Segundo o regramento, aplicável ao Processo do Trabalho por força do art. 889 da CLT[101], após a frustração do primeiro ou do segundo leilões (=

---

[99] Art. 888, § 1º – A arrematação far-se-á em dia, hora e lugar anunciados e os bens serão vendidos pelo maior lance, tendo o exequente preferência para a adjudicação.

[100] Lei nº 8.212/91, Art. 98. Nas execuções fiscais da dívida ativa do INSS, o leilão judicial dos bens penhorados realizar-se-á por leiloeiro oficial, indicado pelo credor, que procederá à hasta pública:

I - no primeiro leilão, pelo valor do maior lance, que não poderá ser inferior ao da avaliação;

II - no segundo leilão, por qualquer valor, excetuado o vil.

(...)

§ 7º Se no primeiro ou no segundo leilões a que se refere o caput não houver licitante, o INSS poderá adjudicar o bem por cinqüenta por cento do valor da avaliação.

§ 11. O disposto neste artigo aplica-se às execuções fiscais da Dívida Ativa da União.

[101] Art. 889 - Aos trâmites e incidentes do processo da execução são aplicáveis, naquilo em que não contravierem ao presente Título, os preceitos que regem o processo dos executivos fiscais para a cobrança judicial da dívida ativa da Fazenda Pública Federal.

arrematação frustrada), a Fazenda Nacional (e o credor trabalhista, pode-se dizer) passa a ter a faculdade de adjudicar o bem por 50% do valor de avaliação do bem.

O procedimento da adjudicação é singelo: requerida a adjudicação, intima-se o executado (preferencialmente na pessoa de seu advogado; ou pessoalmente, quando não tiver procurador constituído nos autos). A intimação é dispensável caso o executado tenha sido citado por edital na fase de conhecimento e não tenha procurador nos autos (CPC, art. 876, §§ 1º a 3º).[102]

Após a intimação, o executado tem o prazo de 5 (cinco) dias para fazer eventuais impugnações. Após a respectiva decisão pelo juiz – ou no caso em que o executado ficar inerte neste prazo –, deve-se lavrar, de imediato, o auto de adjudicação, tornando perfeita, acabada e irretratável a adjudicação. Após a lavratura do auto, expede-se carta de adjudicação (bens imóveis) ou mandado de entrega (bens móveis). Sobre o auto e a carta de adjudicação, ver item 8.9, *infra*.

O interessado pode, entretanto, interpor agravo de petição contra a decisão do juiz a respeito do requerimento de adjudicação; o recurso não terá efeito suspensivo automático, mas o Tribunal pode atribuir efeito suspensivo *ope judicis*, caso presentes os requisitos para concessão de tutela provisória recursal.

Como o CPC/2015 extinguiu os chamados *embargos de segunda fase* (= embargos à arrematação ou embargos à adjudicação), fica superada a jurisprudência que exigia a prévia oposição dos referidos embargos, e apenas em seguida se viabilizaria o agravo de petição.[103] Assim, tanto o deferimento, quanto o indeferimento do pedido de adjudicação pode ser impugnado de imediato por agravo de petição, por se tratar de decisão que causa imediato gravame à parte e obsta, muitas vezes, o prosseguimento da execução.

Se o adjudicante for o próprio exequente, ele fica dispensado, em princípio, de depositar qualquer quantia. Se o valor do bem adjudicado for inferior ao do crédito exequendo, a execução prosseguirá pelo saldo remanescente; já se o crédito for inferior ao valor do bem, o exequente deve depositar de imediato (ou seja, junto com o próprio requerimento de adjudicação) a diferença (CPC, art. 876, § 4º).[104]

---

[102] Art. 876, § 1º Requerida a adjudicação, o executado será intimado do pedido:

I - pelo Diário da Justiça, na pessoa de seu advogado constituído nos autos;

II - por carta com aviso de recebimento, quando representado pela Defensoria Pública ou quando não tiver procurador constituído nos autos;

III - por meio eletrônico, quando, sendo o caso do § 1º do art. 246, não tiver procurador constituído nos autos.

§ 2º Considera-se realizada a intimação quando o executado houver mudado de endereço sem prévia comunicação ao juízo, observado o disposto no art. 274, parágrafo único.

§ 3º Se o executado, citado por edital, não tiver procurador constituído nos autos, é dispensável a intimação prevista no § 1º.

[103] Assim, por exemplo: RECURSO PREMATURO – NÃO CABIMENTO. Prematuro o manejo do agravo de petição, antes da propositura de embargos à arrematação (TRT-6 – AP: 627200390606853 PE 2003.906.06.85.3, Relator: Dione Nunes Furtado da Silva, Data de Publicação: 19/07/2005).

[104] Art. 876, § 4º – Se o valor do crédito for:

I – inferior ao dos bens, o requerente da adjudicação depositará de imediato a diferença, que ficará à disposição do executado;

Também podem requerer a adjudicação: credores concorrentes que hajam penhorado o mesmo bem; o cônjuge, companheiro, descendentes ou ascendentes do executado; coproprietário de bem indivisível do qual tenha sido penhorada fração ideal; o titular de usufruto, uso, habitação, enfiteuse, direito de superfície, concessão de uso especial para fins de moradia ou concessão de direito real de uso, quando a penhora recair sobre bem gravado com tais direitos reais; o proprietário do terreno submetido ao regime de direito de superfície, enfiteuse, concessão de uso especial para fins de moradia ou concessão de direito real de uso, quando a penhora recair sobre tais direitos reais; o credor pignoratício, hipotecário, anticrético, fiduciário ou com penhora anteriormente averbada, quando a penhora recair sobre bens com tais gravames, caso não seja o credor, de qualquer modo, parte na execução; o promitente comprador, quando a penhora recair sobre bem em relação ao qual haja promessa de compra e venda registrada; o promitente vendedor, quando a penhora recair sobre direito aquisitivo derivado de promessa de compra e venda registrada; a União, o Estado e o Município, no caso de alienação de bem tombado.

Se a adjudicação for requerida pelo cônjuge, companheiro, ascendente ou descendente do executado, o requerente deve depositar de imediato o preço, que não pode ser inferior ao valor da avaliação. Nesta hipótese, o vínculo da penhora, que antes recaía sobre o bem, passa a incidir sobre o numerário depositado.

Já se a adjudicação for requerida por credor concorrente (com penhora sobre o mesmo bem) ou por credor com garantia real, a doutrina preconiza, no âmbito do Processo Civil, que o crédito do requerente deve ser compensado com o valor atribuído ao bem pela avaliação.[105] Contudo, mesmo no âmbito cível, se houver credor privilegiado (cujo crédito deva ser recebido com preferência em relação ao crédito exequendo – exemplo: credor hipotecário ou com penhora anteriormente efetivada), o requerente da adjudicação deve fazer o depósito do preço a fim de que se faça o concurso de preferências e o credor privilegiado possa receber.[106]

O mesmo raciocínio deve ser aplicado no âmbito trabalhista: se a adjudicação for requerida por credor cível (quirografário ou até mesmo hipotecário), o requerente deve depositar o preço em juízo para que se faça a adjudicação, pois o credor trabalhista que move a execução é privilegiado. Igualmente se a adjudicação for requerida por outro credor trabalhista, cuja penhora tenha sido levada a efeito posteriormente à penhora de outro credor trabalhista: como este tem preferência no concurso de credores, o credor que fez a segunda penhora só pode adjudicar se depositar o preço.

A lei não estabelece com clareza o marco temporal em que pode ser feita a adjudicação. Como se trata do meio expropriatório preferencial e menos oneroso, deve-se entender que pode ser requerida desde a avaliação do bem, já que este será o preço mínimo da adjudicação.

II – superior ao dos bens, a execução prosseguirá pelo saldo remanescente.

[105] Assim: MARINONI; ARENHART; MITIDIERO, *op. cit.*, v. 2, p. 969.

[106] Com a mesma opinião, THEODORO JÚNIOR, *op. cit.*, v. 2, p. 345.

Ademais, antes da expedição dos editais de alienação (por iniciativa particular ou por hasta pública), qualquer legitimado pode requerer a adjudicação, oferecendo o preço de avaliação. Se os editais já tiverem sido expedidos, ainda assim é possível a adjudicação; mas, nesta hipótese, o interessado deve pagar também todas as despesas processuais, por ter lhes dado causa em virtude de demora desnecessária no requerimento.

O termo final do requerimento de adjudicação é a lavratura do auto de arrematação ou do termo de alienação por iniciativa particular, pois tais documentos concretizam a alienação judicial a terceiros.

8.3. Alienação por iniciativa particular

Não havendo interesse do exequente – ou dos demais legitimados – na adjudicação, o exequente poderá requerer a alienação por sua própria iniciativa ou por intermédio de corretor ou leiloeiro público credenciado perante o órgão judiciário. O exequente, portanto, é o único legitimado para o requerimento de alienação particular.

A alienação particular prefere àquela realizada em hasta pública, por ser menos dispendiosa e burocrática. Apesar do nome do instituto, sua natureza jurídica não é de compra e venda, mas de ato executivo, tal como ocorre com as demais modalidades de expropriação judicial.

O juiz da execução deve parametrizar a alienação particular, estabelecendo o prazo em que deve ser efetivada, a forma de publicidade, o preço mínimo, as condições de pagamento, as garantias e, se for o caso, a comissão de corretagem.

Importante destacar que não há impedimento a que o bem seja alienado por preço inferior ao de avaliação, já que a lei não contém previsão nesse sentido. No entanto, não se deve admitir a alienação por preço vil, tal como ocorre na alienação em hasta pública.

Os tribunais podem editar disposições complementares sobre o procedimento da alienação por iniciativa particular, admitindo, quando for o caso, a utilização de meios eletrônicos, e dispor sobre o credenciamento dos corretores e leiloeiros públicos, os quais deverão estar em exercício profissional por não menos que 3 (três) anos. Nas localidades em que não houver corretor ou leiloeiro público credenciado, a indicação será de livre escolha do exequente (CPC, art. 880, §§ 3º e 4º).

Na prática, o instituto da alienação por iniciativa particular – que já era previsto nos anos finais de vigência do CPC/1973 – não tem sido utilizado, principalmente porque os tribunais têm se omitido na regulamentação e credenciamento dos corretores.[107] Contudo, como o novo Código de Processo Civil admite que o exequente indique livremente o corretor – caso não haja nenhum credenciado na localidade –, abre-se espaço para que os jurisdicionados passem a levar a efeito a alienação particular.

[107] Com a mesma impressão, NEVES, *op. cit.*, p. 453.

8.4. Arrematação

8.4.1. Noções gerais. Leilão e leiloeiro

A arrematação - alienação em hasta pública - é o meio mais usual de expropriação judicial. Faz-se leilão judicial - em data, horário e local previamente designados -, e o bem é atribuído a quem oferecer o maior lance, transferindo-se a propriedade para o arrematante, mediante o pagamento do preço.

O leilão judicial deve se realizar preferencialmente por meio eletrônico; caso não seja possível, será realizado leilão presencial, em local designado pelo juiz.

O leilão é conduzido por leiloeiro público, auxiliar do juízo cuja profissão é regulamentada pelo decreto nº 21.981/1932 e pela Lei nº 4.021/1961.[108] O leiloeiro não é serventuário da Justiça, mas agente comercial, apesar de exercer *munus* público. Em vista da relevância da função, a lei estabelece alguns requisitos para o seu exercício, como a matrícula na Junta Comercial, idoneidade, idade superior a 25 (vinte e cinco) anos, entre outros.

O exequente pode indicar leiloeiro de sua preferência - dentre os legalmente habilitados a exercer a profissão -, mas a decisão final e a designação do leiloeiro incumbem ao juiz (CPC, art. 883).[109]

De acordo com a Resolução nº 236/2016, do CNJ, os leilões judiciais serão realizados exclusivamente por leiloeiros credenciados perante o órgão judiciário.

Incumbe ao leiloeiro público: (i) publicar o edital, anunciando a alienação; (ii) realizar o leilão onde se encontrem os bens ou no lugar designado pelo juiz; (iii) expor aos pretendentes os bens ou as amostras das mercadorias; (iv) receber e depositar, dentro de 1 (um) dia, à ordem do juiz, o produto da alienação; (v) prestar contas nos 2 (dois) dias subsequentes ao depósito (CPC, art. 884, *caput*).

O leiloeiro tem o direito de receber do arrematante a comissão estabelecida em lei ou arbitrada pelo juiz. A doutrina sustenta que a remuneração é devida conforme o costume local, aplicando-se percentual sobre o negócio.[110] De acordo com o art. 7º da Resolução nº 236/2016 do CNJ, além da comissão sobre o valor de arrematação, a ser fixada pelo magistrado (CPC, art. 884, parágrafo único), no mínimo de 5% (cinco por cento) sobre o valor da arrematação (art. 24, parágrafo único, do Decreto 21.981/1932), a cargo do arrematante, fará jus o leiloeiro público ao ressarcimento das despesas com a remoção, guarda e conservação dos bens, desde que documentalmente comprovadas, na forma da lei.

A remuneração é devida desde que ultimado o negócio, ou seja, a partir da assinatura do auto de arrematação. Contudo, ainda de acordo com a Resolução supracitada, não será devida a comissão ao leiloeiro público na hipótese da desistência da execução, de anulação da arrematação ou de resultado negativo da hasta pública. Anulada ou verificada a ineficácia da arrematação ou ocorrendo a desistência da execução, o leiloeiro público e o corretor devolverão ao arrematante o valor recebido

---

108 Tramita o projeto de lei 2524/2011, que trará nova regulamentação para a profissão de leiloeiro.

109 Art. 883 - Caberá ao juiz a designação do leiloeiro público, que poderá ser indicado pelo exequente.

110 ASSIS, *op. cit.*, p. 775.

a título de comissão, corrigido pelos índices aplicáveis aos créditos respectivos. Na hipótese de acordo ou remição após a realização da alienação, entretanto, o leiloeiro e o corretor público farão jus à comissão.

Nos locais em que não houver leiloeiro público, a hasta pública deve ser conduzida por servidor nomeado *ad hoc* pelo juiz.[111]

8.4.2. Formalidades da hasta pública

Para que possa atingir seu objetivo de satisfazer o crédito do exequente, há necessidade de ampla divulgação da hasta pública, de modo a propiciar o comparecimento de diversos interessados que concorrerão entre si, o que viabiliza o pagamento do melhor preço possível pelo bem penhorado.

É por tal razão que a lei exige a publicação de edital de hasta pública, por meio do qual se anuncia a realização do leilão do bem em dia, hora e local designados. No Processo do Trabalho, o prazo mínimo entre a publicação do edital e a realização do leilão é de 20 (vinte) dias (CLT, art. 888, *caput*)[112]; já no Processo Civil, o prazo mínimo é de 5 (cinco) dias (CPC, art. 887, § 1º).[113]

Ainda que a CLT não exija, recomendável que se adotem as providências previstas no art. 887, §§ 2º a 6º, do CPC, a saber: publicação do edital na rede mundial de computadores, em *site* designado pelo juízo da execução, contendo descrição detalhada e, sempre que possível, ilustrada dos bens, e informando expressamente se o leilão se realizará de forma eletrônica ou presencial; não sendo possível a publicação na rede mundial de computadores ou considerando o juiz, em atenção às condições da sede do juízo, que esse modo de divulgação é insuficiente ou inadequado, o edital será afixado em local de costume e publicado, em resumo, pelo menos uma vez em jornal de ampla circulação local; atendendo ao valor dos bens e às condições da sede do juízo, o juiz poderá alterar a forma e a frequência da publicidade na imprensa, mandar publicar o edital em local de ampla circulação de pessoas e divulgar avisos em emissora de rádio ou televisão local, bem como em outros *sites* na *internet*; os editais de leilão de imóveis e de veículos automotores serão publicados pela imprensa ou por outros meios de divulgação, preferencialmente na seção ou no local reservados à publicidade dos respectivos negócios. O juiz poderá determinar a reunião de publicações em listas referentes a mais de uma execução.

O edital da hasta pública deve conter, obrigatoriamente, as seguintes informações: (i) a descrição do bem penhorado, com suas características, e, tratando-se de imóvel, sua situação e suas divisas, com remissão à matrícula e aos registros; (ii) o valor pelo qual o bem foi avaliado, o preço mínimo pelo qual poderá ser alienado, as condições de pagamento e, se for o caso, a comissão do leiloeiro designado; (iii) o lugar onde estiverem os móveis, os veículos e os semoventes e, tratando-se de créditos ou direitos,

---

[111] NEVES, Celso. *Comentários ao Código de Processo Civil*. 7ª ed. Rio de Janeiro: Forense, 1999, p. 124.

[112] Art. 888 – Concluída a avaliação, dentro de 10 (dez) dias, contados da data da nomeação do avaliador, seguir-se-á a arrematação que será anunciada por edital afixado na sede do Juízo ou Tribunal e publicado no jornal local, se houver, com a antecedência de 20 (vinte) dias.

[113] Art. 887, § 1º – A publicação do edital deverá ocorrer pelo menos 5 (cinco) dias antes da data marcada para o leilão.

a identificação dos autos do processo em que foram penhorados; (iv) o sítio, na rede mundial de computadores, e o período em que se realizará o leilão, salvo se este se der de modo presencial, hipótese em que serão indicados o local, o dia e a hora de sua realização; (v) a indicação de local, dia e hora de segundo leilão presencial, para a hipótese de não haver interessado no primeiro; (vi) menção da existência de ônus, recurso ou processo pendente sobre os bens a serem leiloados (CPC, art. 886).

Na forma do art. 889 do CPC, devem ser intimados da hasta pública, com pelo menos 5 (cinco) dias de antecedência: o executado; o coproprietário de bem indivisível do qual tenha sido penhorada fração ideal; o titular de usufruto, uso, habitação, enfiteuse, direito de superfície, concessão de uso especial para fins de moradia ou concessão de direito real de uso, quando a penhora recair sobre bem gravado com tais direitos reais; o proprietário do terreno submetido ao regime de direito de superfície, enfiteuse, concessão de uso especial para fins de moradia ou concessão de direito real de uso, quando a penhora recair sobre tais direitos reais; o credor pignoratício, hipotecário, anticrético, fiduciário ou com penhora anteriormente averbada, quando a penhora recair sobre bens com tais gravames, caso não seja o credor, de qualquer modo, parte na execução; o promitente comprador, quando a penhora recair sobre bem em relação ao qual haja promessa de compra e venda registrada; o promitente vendedor, quando a penhora recair sobre direito aquisitivo derivado de promessa de compra e venda registrada; a União, o Estado e o Município, no caso de alienação de bem tombado.

Embora a lei não o diga, também deve ser intimado da hasta pública o exequente, para que possa exercer o contraditório e, caso queira, participar do leilão.

8.4.3. *Legitimidade para arrematação*

O princípio geral sobre o tema é o de que a legitimidade para arrematar deve ser a mais ampla possível, já que a ampla concorrência tende a melhorar os lances, o que resulta na maximização do preço da alienação e beneficia a todos: o exequente, que passa a ter mais chance de satisfação de seu crédito; o executado, que honra a dívida sem que haja aviltamento patrimonial; o Judiciário, que cumpre a função jurisdicional com mais eficiência, entregando o bem da vida ao exequente.

Dessa forma, a regra geral é que qualquer pessoa – física ou jurídica – que esteja na plena administração de seus bens pode participar da hasta pública, oferecer lances e arrematar o bem leiloado.

Contudo, a legislação, considerando outras razões de ordem pública – como a moralidade e lisura do procedimento expropriatório, a transparência e a isonomia entre os licitantes –, pré-exclui a possibilidade de determinadas pessoas participarem da hasta. Trata-se de situações em que haveria conflito de interesses, em virtude de a pessoa ocupar posição peculiar no que tange às partes da causa ou ao próprio bem penhorado.

Assim, não podem oferecer lances: (i) os tutores, curadores, testamenteiros, administradores ou liquidantes, quanto aos bens confiados à sua guarda e à sua responsabilidade; (ii) os mandatários, quanto aos bens de cuja administração ou alienação estejam encarregados; (iii) o juiz, o membro do Ministério Público e da

Defensoria Pública, o escrivão, o chefe de secretaria e os demais servidores e auxiliares da justiça, em relação aos bens e direitos objeto de alienação na localidade onde servirem ou a que se estender a sua autoridade; (iv) os servidores públicos em geral, quanto aos bens ou aos direitos da pessoa jurídica a que servirem ou que estejam sob sua administração direta ou indireta; (v) os leiloeiros e seus prepostos, quanto aos bens de cuja venda estejam encarregados; (vi) os advogados de qualquer das partes.

Depreende-se que não há vedação legal a que o exequente participe do leilão e arremate o bem, inclusive por valor inferior ao de avaliação. Vedar a arrematação do exequente seria ampliar, sem previsão em lei, norma excepcional, o que vai de encontro a noções hermenêuticas elementares. Além disso, impedir o exequente de ser arrematante violaria a isonomia. Embora o tema já tenha sido controvertido, atualmente parece pacificado tal entendimento.[114]

Ademais, caso o exequente participe do leilão, terá preferência em relação a outros licitantes em igualdade de condições (ou seja, caso exequente e outro licitante ofereçam o mesmo preço pelo bem), à luz do art. 888, § 1º, da CLT.[115] A melhor interpretação deste dispositivo é: o exequente sempre terá preferência para adjudicar, aplicando-se, neste caso, o valor de avaliação do bem; além disso, o exequente também tem preferência para arrematar, e pode fazê-lo mesmo que por preço inferior ao de avaliação, desde que não haja outro licitante que ofereça valor maior.

Sobre a participação de magistrados em leilões judiciais, o Conselho Nacional de Justiça já se posicionou no sentido de ser vedada a participação de magistrado apenas em hastas públicas no âmbito do Tribunal a que está vinculado, independentemente da circunscrição territorial em que exerça a jurisdição; tal vedação se estende ao cônjuge do magistrado, e não se aplica para hastas públicas realizadas por Tribunal ou ramo da Justiça diverso daquele em que atua. Contudo, a participação do juiz ou seu cônjuge em leilões judiciais realizados no âmbito de Tribunal ou ramo da Justiça diverso daquele em que atua só pode se dar eventualmente, sob pena de configurar prática de comércio, vedada pelo art. 36, I, da LOMAN.[116] O mesmo raciocínio deve ser empregado, com as devidas adaptações, para os membros do Ministério Público.

8.4.4. *Preço vil*

O edital da hasta pública deve mencionar o preço mínimo pelo qual se fará a alienação (CPC, art. 886, II); não são aceitos lances inferiores ao valor fixado pelo juiz, que caracterizariam preço vil. Caso o juiz não estabeleça preço mínimo, deve-

[114] Nesse sentido, por todos, v. ALMEIDA, Cléber Lúcio. *Direito Processual do Trabalho*. 6. ed. São Paulo: LTR, p. 836.

[115] Art. 888, § 1º – A arrematação far-se-á em dia, hora e lugar anunciados e os bens serão vendidos pelo maior lance, tendo o exequente preferência para a adjudicação.

[116] Procedimento de Controle Administrativo (PCA) 0001535-37.2013.2.00.0000. Tal orientação é objeto da ADIN 5153, rel. Min. Gilmar Mendes, pendente de julgamento no Supremo Tribunal Federal.

-se considerar que é de 50% (cinquenta por cento) do valor de avaliação do bem (CPC, art. 891, *caput* e parágrafo único).[117]

Na fixação do preço mínimo de alienação, o juiz deve levar em conta os seguintes fatores: maior ou menor liquidez do bem penhorado; cenário econômico e de mercado no que tange à espécie de bem a ser expropriado; chances de êxito da execução; impossibilidade de utilização da execução como instrumento de gerar a ruína do executado e o enriquecimento sem causa do arrematante. Assim, por exemplo, quanto maior a liquidez do bem e mais favoráveis as condições de mercado, maior será o percentual mínimo do valor de avaliação pelo qual o bem pode ser expropriado.

Em geral, o percentual de 50% (cinquenta por cento) do valor de avaliação se revela adequado; contudo, de acordo com as peculiaridades do caso concreto, o juiz pode, fundamentadamente, aumentar ou reduzir tal percentual.

8.4.5. Procedimento da hasta pública

A CLT é bastante lacônica quanto ao procedimento da hasta pública. De acordo com o regramento legal, a arrematação se realizaria inicialmente por *praça*, a significar que seria feita pelos próprios serventuários da Justiça, em local para tanto apropriado. Apenas caso não houvesse interessados na praça é que seria possível a designação de leiloeiro pelo Juiz do Trabalho.

A regulamentação da CLT precisa ser atualizada e complementada à luz do CPC. Assim, deve-se entender que, frustrada a adjudicação e a alienação particular, o Juiz do Trabalho deve designar leilão (eletrônico ou presencial), descabendo cogitar da realização de *praça* conduzida por serventuários da Justiça, já que estes não têm a mesma *expertise* do leiloeiro, o qual certamente terá condições de conduzir o leilão mais satisfatoriamente.

Conforme a CLT, o arrematante deve garantir o lance com sinal de 20% (vinte por cento) sobre o valor; e, não fazendo o pagamento dentro de 24 (vinte e quatro) horas, deve perder, em benefício da execução, o sinal, voltando à praça os bens executados (CLT, art. 888, §§ 2º a 4º).[118]

Cabe destacar que o Novo CPC aboliu a distinção entre leilão e praça, vigente na sistemática anterior e considerada artificial e obsoleta pela doutrina majoritária.

---

[117] Art. 891 – Não será aceito lance que ofereça preço vil.

Parágrafo único. Considera-se vil o preço inferior ao mínimo estipulado pelo juiz e constante do edital, e, não tendo sido fixado preço mínimo, considera-se vil o preço inferior a cinquenta por cento do valor da avaliação.

[118] Art. 888, § 2º – O arrematante deverá garantir o lance com o sinal correspondente a 20% (vinte por cento) do seu valor.

§ 3º – Não havendo licitante, e não requerendo o exequente a adjudicação dos bens penhorados, poderão os mesmos ser vendidos por leiloeiro nomeado pelo juiz ou presidente.

§ 4º – Se o arrematante, ou seu fiador, não pagar dentro de 24 (vinte e quatro) horas o preço da arrematação, perderá, em benefício da execução, o sinal de que trata o § 2º deste artigo, voltando à praça os bens executados.

Assim, a alienação em hasta pública sempre se fará em leilão judicial, no local designado pelo juiz da execução.

No mais, são aplicáveis no Processo do Trabalho as regras que o Código de Processo Civil estabelece quanto ao procedimento da hasta pública (arts. 893 a 896), notadamente no que tange à possibilidade de pagamento parcelado do preço da arrematação.

Assim, o interessado em adquirir o bem penhorado em prestações poderá apresentar, por escrito: (i) até o início do primeiro leilão, proposta de aquisição do bem por valor não inferior ao da avaliação; (ii) até o início do segundo leilão, proposta de aquisição do bem por valor que não seja considerado vil.

A proposta de pagamento parcelado conterá, em qualquer hipótese, oferta de pagamento de pelo menos vinte e cinco por cento do valor do lance à vista e o restante parcelado em até 30 (trinta) meses, garantido por caução idônea, quando se tratar de móveis, e por hipoteca do próprio bem, quando se tratar de imóveis. As propostas para aquisição em prestações indicarão o prazo, a modalidade, o indexador de correção monetária e as condições de pagamento do saldo.

No caso de atraso no pagamento de qualquer das prestações, incidirá multa de dez por cento sobre a soma da parcela inadimplida com as parcelas vincendas. O inadimplemento autoriza o exequente a pedir a resolução da arrematação ou promover, em face do arrematante, a execução do valor devido, devendo ambos os pedidos ser formulados nos autos da execução em que se deu a arrematação.

A apresentação da proposta de pagamento parcelado não suspende o leilão; a proposta de pagamento do lance à vista sempre prevalecerá sobre as propostas de pagamento parcelado.

Havendo mais de uma proposta de pagamento parcelado: (i) em diferentes condições, o juiz decidirá pela mais vantajosa, assim compreendida, sempre, a de maior valor; (ii) em iguais condições, o juiz decidirá pela formulada em primeiro lugar.

No caso de arrematação a prazo, os pagamentos feitos pelo arrematante pertencerão ao exequente até o limite de seu crédito, e os subsequentes, ao executado.

Se o leilão for de diversos bens e houver mais de um lançador, terá preferência aquele que se propuser a arrematá-los todos, em conjunto, oferecendo, para os bens que não tiverem lance, preço igual ao da avaliação e, para os demais, preço igual ao do maior lance que, na tentativa de arrematação individualizada, tenha sido oferecido para eles (art. 893).

Quando o bem penhorado for imóvel que admita cômoda divisão, o juiz, a requerimento do executado, ordenará a alienação judicial de parte dele, desde que suficiente para o pagamento do exequente e para a satisfação das despesas da execução. Não havendo lançador, far-se-á a alienação do imóvel em sua integridade. A alienação por partes deverá ser requerida a tempo de permitir a avaliação das glebas destacadas e sua inclusão no edital, e, nesse caso, caberá ao executado instruir o requerimento com planta e memorial descritivo subscritos por profissional habilitado (art. 894).

Quando o imóvel de incapaz não alcançar em leilão pelo menos oitenta por cento do valor da avaliação, o juiz o confiará à guarda e à administração de depositário idôneo, adiando a alienação por prazo não superior a 1 (um) ano. Se, durante o adiamento, algum pretendente assegurar, mediante caução idônea, o preço da avaliação, o juiz ordenará a alienação em leilão. Se o pretendente à arrematação se arrepender, o juiz impor-lhe-á multa de vinte por cento sobre o valor da avaliação, em benefício do incapaz, valendo a decisão como título executivo. Sem prejuízo, o juiz poderá autorizar a locação do imóvel no prazo do adiamento, e encerrado tal prazo, o imóvel será submetido a novo leilão (CPC, art. 896).

Será suspensa a arrematação logo que o produto da alienação dos bens for suficiente para o pagamento do credor e para a satisfação das despesas da execução (art. 899).

O leilão prosseguirá no dia útil imediato, à mesma hora em que teve início, independentemente de novo edital, se for ultrapassado o horário de expediente forense (art. 900).

A arrematação constará de auto que será lavrado de imediato e poderá abranger bens penhorados em mais de uma execução, nele mencionadas as condições nas quais foi alienado o bem. A ordem de entrega do bem móvel ou a carta de arrematação do bem imóvel, com o respectivo mandado de imissão na posse, será expedida depois de efetuado o depósito ou prestadas as garantias pelo arrematante, bem como realizado o pagamento da comissão do leiloeiro e das demais despesas da execução. A carta de arrematação conterá a descrição do imóvel, com remissão à sua matrícula ou individuação e aos seus registros, a cópia do auto de arrematação e a prova de pagamento do imposto de transmissão, além da indicação da existência de eventual ônus real ou gravame (art. 901).

No caso de leilão de bem hipotecado, o executado poderá remi-lo até a assinatura do auto de arrematação, oferecendo preço igual ao do maior lance oferecido (art. 902).

8.5. Expropriação judicial: direitos reais e obrigações *propter rem*

Discute-se, em doutrina e jurisprudência, se a expropriação judicial constitui modalidade originária ou derivada de aquisição.

A aquisição diz-se derivada quando decorre de vínculo jurídico entre o antigo e o novo proprietário; é o que ocorre, por exemplo, na compra e venda, na doação etc., em que há relação jurídica entre transmitente e adquirente. Originária é a aquisição que se configura sem que haja vínculo jurídico entre o antigo e o novo proprietário, como no caso da usucapião.

Há opiniões no sentido de que a expropriação judicial gera aquisição derivada, já que nela vigora a máxima de que ninguém pode transferir a outrem mais direitos do que se tem[119]; e por supostamente o bem ser transmitido com seus eventuais defeitos e ônus.[120]

[119] DIDIER, *op. cit.*, v. 5, p. 660.

[120] Fundamento utilizado por MARINONI; ARENHART; MITIDIERO, *op. cit.*, v. 2, p. 965.

No entanto, considerando a natureza de ato executivo independente da vontade do executado, deve-se considerar que a expropriação judicial configura modalidade originária de aquisição, apta a extinguir todos os débitos vinculados ao bem – o que inclui, no caso de bens imóveis, direitos reais (como hipoteca) e débitos tributários (como IPTU).

De fato, na expropriação judicial não há vínculo jurídico entre executado e arrematante; a transferência do patrimônio se faz por força da atuação do Estado.

Evidentemente, caso o executado não seja o real proprietário do bem expropriado, o arrematante pode vir a ser privado do bem, por força de decisão judicial movida por terceiro (o real proprietário). Se o arrematante for, de qualquer maneira, prejudicado, deverá ser indenizado (de forma semelhante ao que ocorre com o fenômeno da evicção), de modo a evitar o enriquecimento sem causa do executado, que obteve quitação mediante expropriação de bem que não lhe pertencia.

Ademais, a redação do art. 908, § 1º, do CPC[121], deixa claro que, no caso de expropriação judicial, os créditos que recaem sobre o bem (hipoteca, penhor etc.), inclusive os de natureza *propter rem* (como as despesas condominiais), sub-rogam-se sobre o preço, observada a ordem de preferência.[122]

Contudo, para que haja a extinção dos créditos que recaem sobre o bem (tributários ou *propter rem*), é imprescindível que haja a intimação do credor (hipotecário, pignoratício, *propter rem*, com penhora anteriormente realizada etc.). Com a intimação, os credores podem indicar à penhora outros bens do executado, ou protestar por preferência no recebimento de seu crédito, em virtude de privilégios assegurados pelo direito material. Se não houver a intimação, a expropriação se torna ineficaz perante tais credores privilegiados.

Dessa forma, feita a intimação, todos os créditos tributários e *propter rem* referentes ao bem expropriado extinguem-se com a expropriação judicial, ficando sub-rogados no preço da arrematação (Código Tributário Nacional, art. 130, parágrafo único). Vale dizer: o bem passa ao patrimônio do arrematante livre de qualquer ônus, e a Fazenda Pública ou o credor *propter rem* (como o condomínio) terá direito a ser pago com o valor arrecadado na arrematação. Contudo, ressalve-se que o edital da hasta pública pode prever, lícita e excepcionalmente, que o arrematante ficará responsável pelas dívidas tributárias e condominiais pendentes.

Destaque-se que o crédito trabalhista tem preferência em relação ao tributário (Código Tributário Nacional, art. 186)[123]. Destarte, numa execução trabalhista, primeiramente o Juiz do Trabalho deve providenciar o pagamento do credor trabalhista, para, apenas em seguida, havendo saldo remanescente, transferi-lo para a Fazenda Pública interessada.

---

[121] Art. 908, § 1º – No caso de adjudicação ou alienação, os créditos que recaem sobre o bem, inclusive os de natureza *propter rem*, sub-rogam-se sobre o respectivo preço, observada a ordem de preferência.

[122] Com essa opinião, CÂMARA, *op. cit.*, p. 393.

[123] Art. 186 – O crédito tributário prefere a qualquer outro, seja qual for sua natureza ou o tempo de sua constituição, ressalvados os créditos decorrentes da legislação do trabalho ou do acidente de trabalho.

Por fim, note-se que, na hipótese de adjudicação pelo exequente, há empecilho prático à aplicação desse entendimento, já que, por não haver pagamento de valores (como ocorre na arrematação), não se viabiliza a sub-rogação dos créditos tributários e *propter rem* no valor da expropriação. Além disso, não há regramento legal expresso sobre a sub-rogação no caso de adjudicação, pois o art. 130, parágrafo único, do CTN[124], se refere somente à arrematação, devendo-se entender que não há sub-rogação.

De fato, no caso de adjudicação, não há, em princípio, depósito de valores pelo exequente. Logicamente, portanto, não pode ocorrer o fenômeno da sub-rogação. Dessa forma, o exequente adjudicante não recebe o bem livre de encargos, sendo responsável pelos créditos tributários anteriores à expropriação judicial. Contudo, o tema é controvertido, e outra interpretação possível seria considerar que, como o credor trabalhista tem preferência, receberia o bem adjudicado livre de qualquer ônus.

8.6. Evicção e vícios redibitórios

Elementos naturais dos contratos são consequências da celebração do negócio jurídico, independentemente de previsão contratual. Nos negócios jurídicos que envolvam transmissão de bens, a evicção e os vícios redibitórios são elementos naturais, embora possam ser afastados pela vontade dos contratantes.

A evicção consiste na perda de um bem em virtude de decisão judicial que o atribua a terceiro. Já os vícios redibitórios são defeitos ocultos da coisa, que a tornam imprópria ao uso a que se destina, ou diminuam o seu valor, dando azo à ação redibitória (para resolução do negócio jurídico), ou à ação *quanti minoris* (para cobrança da diferença de valor).

No Código de Civil de 1916, havia regra que excluía peremptoriamente a aplicabilidade dos vícios redibitórios nas alienações em hasta pública (art. 1106), sendo que o Código Civil de 2002 é omisso a respeito.

No que tange à evicção, o art. 447 do Código Civil[125] vigente assegura a aplicabilidade do instituto mesmo nas alienações em hasta pública. A respeito, embora o tema seja controvertido, há corrente doutrinária que sustenta que tal dispositivo se aplica tão somente às hipóteses de alienação voluntária de bens em hasta pública (exemplo: venda de bens de menores, cujos pais têm limitações no exercício do pátrio poder).

De fato, a arrematação realizada em processo de execução detém a natureza jurídica de ato executivo, não se confundindo com contrato de compra e venda. A expropriação executiva se realizada independentemente e até contra a vontade do

[124] Art. 130 – Os créditos tributários relativos a impostos cujo fato gerador seja a propriedade, o domínio útil ou a posse de bens imóveis, e bem assim os relativos a taxas pela prestação de serviços referentes a tais bens, ou a contribuições de melhoria, subrogam-se na pessoa dos respectivos adquirentes, salvo quando conste do título a prova de sua quitação.

Parágrafo único. No caso de arrematação em hasta pública, a sub-rogação ocorre sobre o respectivo preço.

[125] Art. 447 – Nos contratos onerosos, o alienante responde pela evicção. Subsiste esta garantia ainda que a aquisição se tenha realizado em hasta pública.

executado, que sequer precisa assinar o auto de arrematação. Sendo assim, não há falar em aplicabilidade dos elementos naturais dos contratos, justamente porque não se está diante de contrato.

Contudo, o princípio geral da vedação ao enriquecimento sem causa, positivado no art. 884 do Código Civil[126], autoriza o manejo de ação indenizatória pelo arrematante prejudicado em decorrência de posterior ação reivindicatória de terceiro (*verus dominus*) que venha a privá-lo da coisa adquirida. O mesmo raciocínio vale para os casos em que a coisa arrematada possua vícios ocultos que lhe diminuam o valor.

Discute-se, nesses casos, de quem seria a responsabilidade pelo prejuízo do arrematante. Embora o tema seja controvertido, a doutrina majoritária é no sentido de que o responsável primário é o executado, que não tinha o direito de obter a quitação da dívida com bens alheios. Caso o executado seja insolvente, o exequente responde subsidiariamente, pois, embora tivesse direito ao crédito, também não tinha o direito de receber com base na expropriação de bens de terceiros. Há, ainda, uma corrente minoritária no sentido de que o Estado também seria responsável. Contudo, deve-se notar que o Estado pratica a expropriação cumprindo dever constitucionalmente imposto, que é o prestar a jurisdição, não sendo admissível a respectiva responsabilização.

8.7. Ordem preferencial dos mecanismos expropriatórios

No sistema do Código de Processo Civil, o mecanismo expropriatório preferencial é a adjudicação; não requerida a adjudicação, o exequente pode requerer a alienação por iniciativa particular ou por hasta pública (sendo que o leilão eletrônico prefere ao presencial).

A opção legislativa é coerente, porque a adjudicação é o modo mais simples e barato de permitir a satisfação do credor, que recebe o bem penhorado em pagamento; a alienação por iniciativa particular ou por hasta pública necessariamente gera mais despesas, como remuneração do corretor ou leiloeiro, publicação de editais etc. Além disso, a experiência demonstra que a alienação em hasta pública comumente é realizada por preço inferior ao de avaliação, o que não pode ocorrer com a adjudicação.

No Processo do Trabalho, a adjudicação sempre foi o meio expropriatório preferencial (CLT, art. 888, § 1º)[127], o que demonstra novamente o pioneirismo e vanguardismo da CLT, tendo em vista que, no texto originário do Código de Processo Civil de 1973, a adjudicação só se poderia realizar acaso frustrada a alienação em hasta pública (art. 714).[128]

Há outro mecanismo expropriatório, consistente na apropriação de bens e rendas da empresa ou de outros bens (como, por exemplo, valores arrecadados em virtude

[126] Art. 884 – Aquele que, sem justa causa, se enriquecer à custa de outrem, será obrigado a restituir o indevidamente auferido, feita a atualização dos valores monetários.

[127] Art. 888, § 1º -A arrematação far-se-á em dia, hora e lugar anunciados e os bens serão vendidos pelo maior lance, tendo o exequente preferência para a adjudicação.

[128] Art. 714 – Finda a praça sem lançador, é lícito ao credor, oferecendo preço não inferior ao que consta do edital, requerer lhe sejam adjudicados os bens penhorados.

de contrato de locação de imóvel de propriedade do executado). Nesta hipótese, não há procedimento específico regulado em lei, já que a expropriação é consequência natural da modalidade especial de penhora.

8.8. Efeitos da expropriação

O efeito mais notável da expropriação judicial é a transferência da propriedade do executado para o arrematante ou adjudicante.

Em decorrência, o depositário do bem passa a ter o dever de entregá-lo para o adquirente.

A arrematação tem, ainda, o efeito de transferir o vínculo da penhora - que antes recaía sobre determinado bem - para o dinheiro arrecadado. Tal efeito, evidentemente, não ocorre com a adjudicação realizada pelo exequente (por não haver depósito de dinheiro), mas se verifica quando a adjudicação for feita por terceiro legitimado (cônjuge, credor concorrente etc.).

A arrematação torna o arrematante devedor do preço. Tal efeito igualmente se verifica na adjudicação realizada por terceiros, e também naquela feita pelo exequente na específica situação em que o valor do bem seja maior do que o do crédito exequendo (e, neste caso, o exequente deve depositar em juízo a diferença).

Deve-se observar, entretanto, que a consequência do inadimplemento do arrematante será sempre a resolução da arrematação; não se viabiliza a execução forçada contra o arrematante, que perde, entretanto, em benefício da execução, o sinal que tenha pago (CLT, art. 888, § 4º)[129]; ademais, no leilão subsequente, não se admite a participação do arrematante ou fiador remissos, ou seja, que ficaram inadimplentes anteriormente (CPC, art. 897).[130]

Outro efeito da expropriação judicial, estudado no item XXX, é a extinção dos direitos reais incidentes sobre o bem expropriado.

8.9. Auto e carta. Mandado de entrega e de imissão na posse

A arrematação, a alienação particular e a adjudicação são títulos de domínio em sentido material, ou seja, atos jurídicos que justificam a transferência de domínio da coisa expropriada, tal como ocorre com contratos de compra e venda, doação etc.

Ocorre que o ato expropriatório precisa ser documentado. Dessa forma, assim como a compra e venda é formalizada em instrumento escrito (embora isso não seja requisito de tal espécie de contrato, ao contrário da situação da expropriação judicial), a arrematação e a adjudicação são cristalizadas em documento denominado *auto;* tem-se, assim, o auto de arrematação e o auto de adjudicação.

[129] Art. 888, § 4º – Se o arrematante, ou seu fiador, não pagar dentro de 24 (vinte e quatro) horas o preço da arrematação, perderá, em benefício da execução, o sinal de que trata o § 2º deste artigo, voltando à praça os bens executados.

[130] Art. 897 – Se o arrematante ou seu fiador não pagar o preço no prazo estabelecido, o juiz impor-lhe-á, em favor do exequente, a perda da caução, voltando os bens a novo leilão, do qual não serão admitidos a participar o arrematante e o fiador remissos.

O auto funciona como título em sentido formal, e tem a função de comprovar e ultimar a expropriação judicial do bem. O auto de arrematação deve ser assinado pelo juiz, pelo arrematante e pelo leiloeiro; já o auto de adjudicação, pelo juiz, pelo adjudicatário e pelo diretor de secretaria. Os autos podem, ainda, ser assinados pelo executado caso esteja presente. A partir da assinatura a expropriação será considerada perfeita, acabada e irretratável (CPC, art. 877, § 1º; art. 903, *caput*).[131]

Depreende-se que a expropriação somente se considera realizada no momento em que o auto é assinado. No caso da arrematação, o auto deve ser lavrado de imediato, ou seja, assim que o bem for atribuído, pelo leiloeiro, ao arrematante (CPC, art. 901, *caput*)[132]; já o auto de adjudicação somente deve ser lavrado após decorrido o prazo de 5 (cinco) dias, contados da intimação do executado acerca do requerimento de adjudicação, e decididas eventuais questões (CPC, art. 877, *caput*).[133]

No nosso ordenamento, entretanto, a propriedade não se transfere com a mera assinatura de documentos; é necessária a tradição, no caso de bens móveis, ou a inscrição no registro imobiliário competente, se se cuidar de bem imóvel.

Daí decorre que, após a lavratura do auto, deve-se expedir mandado ou ordem de entrega, para que o depositário entregue o bem móvel ao arrematante/adjudicante.

Se o bem expropriado for imóvel, haverá necessidade de expedir carta de arrematação ou adjudicação; trata-se de documento formal apto a ser registrado no Registro de Imóveis e gerar a eficácia *erga omnes* típica do direito de propriedade. Caso o depositário ou ocupante do imóvel resista a dar a posse ao adquirente, o Juiz do Trabalho deve expedir mandado de imissão na posse.

No caso de alienação por iniciativa particular, a formalização se dá por meio de termo nos autos (CPC, art. 880, § 2º)[134], ou seja, não é elaborado auto nesta hipótese. Formalizada a alienação, expede-se carta de alienação e o mandado de imissão na posse, quando se tratar de bem imóvel; ou a ordem de entrega ao adquirente, quando se tratar de bem móvel.

A carta de adjudicação/arrematação/alienação conterá a descrição do imóvel, com remissão à sua matrícula e aos seus registros, a cópia do auto de adjudicação e a prova de quitação do imposto de transmissão (CPC, arts. 877, § 2º, e 901, § 2º).[135]

---

131 Art. 877, § 1º – Considera-se perfeita e acabada a adjudicação com a lavratura e a assinatura do auto pelo juiz, pelo adjudicatário, pelo escrivão ou chefe de secretaria, e, se estiver presente, pelo executado.

Art. 903 – Qualquer que seja a modalidade de leilão, assinado o auto pelo juiz, pelo arrematante e pelo leiloeiro, a arrematação será considerada perfeita, acabada e irretratável, ainda que venham a ser julgados procedentes os embargos do executado ou a ação autônoma de que trata o § 4º deste artigo, assegurada a possibilidade de reparação pelos prejuízos sofridos.

132 Art. 901 – A arrematação constará de auto que será lavrado de imediato e poderá abranger bens penhorados em mais de uma execução, nele mencionadas as condições nas quais foi alienado o bem.

133 Art. 877 – Transcorrido o prazo de 5 (cinco) dias, contado da última intimação, e decididas eventuais questões, o juiz ordenará a lavratura do auto de adjudicação.

134 Art. 880, § 2º – A alienação será formalizada por termo nos autos, com a assinatura do juiz, do exequente, do adquirente e, se estiver presente, do executado.

135 Art. 877, § 2º – A carta de adjudicação conterá a descrição do imóvel, com remissão à sua matrícula e aos seus registros, a cópia do auto de adjudicação e a prova de quitação do imposto de transmissão.

8.10. Impugnação incidental da arrematação. Recurso e ação rescisória

Lavrado e assinado o auto pelo juiz, pelo arrematante e pelo leiloeiro, a arrematação se considera irretratável, perfeita e acabada, ainda que venham a ser julgados procedentes os embargos à execução (ou a impugnação ao cumprimento de sentença) ou eventual ação anulatória autônoma. Tal regra, enunciada pelo art. 903, *caput*, do CPC, tem o nítido objetivo de prestigiar a segurança jurídica do arrematante, o que estimula a participação na hasta pública e tende a gerar resultados mais efetivos para a execução.

No entanto, há três situações jurídicas que podem tornar insubsistente a arrematação: (i) resolução; (ii) ineficácia; e (iii) nulidade, reconhecida incidentalmente ou por meio de ação anulatória autônoma. Nessas hipóteses, os sujeitos processuais devem voltar ao *status quo ante*: o executado recupera a propriedade do bem expropriado; o arrematante recebe de volta os valores que pagou; e o exequente pode prosseguir com a execução.

A resolução se dá quando o arrematante não paga o preço nas 24 (vinte e quatro) horas – ou outro prazo fixado eventualmente pelo juiz ou pelo leiloeiro – subsequentes ao pagamento do sinal de 20% (vinte por cento) do lance. Nesse caso, o arrematante deve perder, em benefício do exequente, o sinal, voltando à praça os bens executados (CLT, art. 888, §§ 2º a 4º). Também será resolvida a arrematação caso tenha sido combinado o oferecimento de alguma garantia que venha a não ser prestada pelo arrematante (por exemplo, na aquisição a prazo do bem arrematado). Operada a resolução da arrematação, o bem seguirá para outro leilão judicial, do qual o arrematante e/ou o fiador remissos não podem participar (CPC, art. 897).

A arrematação, ainda que assinado o auto, será ineficaz para o credor concorrente que tiver direito sobre o bem expropriado (exemplo: credor hipotecário ou com penhora anteriormente realizada), e não tenha sido intimado acerca da realização da hasta pública (CPC, art. 804, *caput* e parágrafos).[136] Neste caso, a arrematação não é considerada inválida, mas não gera efeitos perante o credor não intimado; daí resulta

Art. 901, § 2º – A carta de arrematação conterá a descrição do imóvel, com remissão à sua matrícula ou individuação e aos seus registros, a cópia do auto de arrematação e a prova de pagamento do imposto de transmissão, além da indicação da existência de eventual ônus real ou gravame.

[136] Art. 804 – A alienação de bem gravado por penhor, hipoteca ou anticrese será ineficaz em relação ao credor pignoratício, hipotecário ou anticrético não intimado.

§ 1º – A alienação de bem objeto de promessa de compra e venda ou de cessão registrada será ineficaz em relação ao promitente comprador ou ao cessionário não intimado.

§ 2º – A alienação de bem sobre o qual tenha sido instituído direito de superfície, seja do solo, da plantação ou da construção, será ineficaz em relação ao concedente ou ao concessionário não intimado.

§ 3º – A alienação de direito aquisitivo de bem objeto de promessa de venda, de promessa de cessão ou de alienação fiduciária será ineficaz em relação ao promitente vendedor, ao promitente cedente ou ao proprietário fiduciário não intimado.

§ 4º – A alienação de imóvel sobre o qual tenha sido instituída enfiteuse, concessão de uso especial para fins de moradia ou concessão de direito real de uso será ineficaz em relação ao enfiteuta ou ao concessionário não intimado.

§ 5º – A alienação de direitos do enfiteuta, do concessionário de direito real de uso ou do concessionário de uso especial para fins de moradia será ineficaz em relação ao proprietário do respectivo imóvel não intimado.

que este pode buscar a satisfação de seu crédito mediante a expropriação do bem, o que pode fazer, eventualmente, com o que o arrematante seja destituído do direito de propriedade sobre ele.

Ademais, a arrematação, como qualquer ato jurídico, pode violar norma de ordem pública, o que acarreta sua nulidade.

O ato de arrematação pode ser nulo por diversos motivos, tais como, por exemplo: ter sido levada a efeito com preço vil; nulidade do edital, por não conter cláusula essencial, ou do pregão, por não ter sido feito pessoalmente pelo leiloeiro; o bem expropriado não pertencia ao executado (arrematação *a non domino*) etc.

O vício do ato expropriatório pode ser reconhecido de duas maneiras: (i) pelo próprio Juízo da execução, incidentalmente, de ofício ou a requerimento do interessado; (ii) por meio de ação anulatória autônoma ajuizada pelo prejudicado.

Destaque-se que o reconhecimento incidental – de ofício ou a requerimento – de nulidade da arrematação, nos próprios autos da execução, só pode ocorrer se o juiz for provocado em até 10 (dez) dias após o aperfeiçoamento da arrematação (ou seja, após a assinatura do auto). Idêntico raciocínio se aplica para o reconhecimento de ineficácia e para a decretação de resolução do ato expropriatório, conforme resulta do art. 903, §§ 2º a 4º, do CPC.[137]

É por tal razão que o art. 903, § 3º, determina que o juiz espere 10 (dez) dias para expedir a carta de arrematação e, conforme o caso, a ordem de entrega ou mandado de imissão na posse. Esse é o prazo concedido pela lei para que os interessados aleguem resolução, nulidade ou ineficácia da arrematação nos próprios autos do processo.

Apesar de não mencionado pelo dispositivo, entretanto, deve-se entender que, enquanto não expedida a carta de arrematação (bens imóveis), ou cumprido o mandado de entrega (bens móveis), o juiz da execução pode reconhecer incidentalmente qualquer um dos vícios mencionados, mesmo que ultrapassado o prazo de 10 (dez) dias após a lavratura do auto, sobretudo quando for o caso de nulidade, já que envolvida a violação de norma de ordem pública.

A decisão do juiz a respeito da nulidade, resolução ou ineficácia da arrematação, quando proferida de forma incidente no curso da execução, sujeita-se ao recurso de agravo de petição. Além disso, quando houver provocação do interessado, realização eventual de contraditório e cognição sobre o suposto vício da arrematação, a decisão

---

§ 6º – A alienação de bem sobre o qual tenha sido instituído usufruto, uso ou habitação será ineficaz em relação ao titular desses direitos reais não intimado.

137 Art. 903, § 2º – O juiz decidirá acerca das situações referidas no § 1º, se for provocado em até 10 (dez) dias após o aperfeiçoamento da arrematação.

§ 3º – Passado o prazo previsto no § 2º sem que tenha havido alegação de qualquer das situações previstas no § 1º, será expedida a carta de arrematação e, conforme o caso, a ordem de entrega ou mandado de imissão na posse.

§ 4º – Após a expedição da carta de arrematação ou da ordem de entrega, a invalidação da arrematação poderá ser pleiteada por ação autônoma, em cujo processo o arrematante figurará como litisconsorte necessário.

judicial assim proferida enfrenta o mérito da controvérsia sobre a validade do ato expropriatório e pode ser alvo de ação rescisória.

A situação, portanto, é diferente daquela outra em que a arrematação é homologada sem que haja discussão e cognição exauriente quanto à sua validade; nesta específica hipótese, aplica-se o entendimento da Súmula 399, I, do TST[138], sendo incabível o ajuizamento de ação rescisória contra a decisão homologatória.

8.11. Ação anulatória da arrematação

Uma vez expedida a carta de arrematação ou cumprido o mandado de entrega, a propriedade se consolida para o arrematante; a partir de tal momento, portanto, a decretação de invalidade da expropriação somente é possível mediante ação anulatória autônoma – na qual o arrematante é litisconsorte necessário. Ademais, devem integrar o polo passivo todos aqueles que possam vir a ser prejudicados com o provimento jurisdicional, inclusive o exequente ou o executado, conforme o caso.

A competência funcional originária para julgamento da ação anulatória é do próprio Juízo em que se processou a execução, no qual se praticou o ato supostamente eivado de vício (TST, OJ 129 da SDI-2). Contudo, o tema é controvertido, havendo opiniões doutrinárias no sentido de que a ação anulatória, uma vez tendo se encerrado a execução, não guarda nenhum vínculo com o Juízo em que se realizou a expropriação, razão pela qual a ação se sujeitaria à livre distribuição e, no caso de arrematação de imóvel, a competência seria do Juízo da situação do bem.[139]

Nessa ação, que se sujeita a amplo contraditório, o interessado tem o ônus da prova de demonstrar a existência do vício que aponta no ato de arrematação. O julgamento de procedência o desconstituirá e fará com que sejam devidas as indenizações e reparações cabíveis.

Discute-se o prazo para ajuizamento da ação anulatória de arrematação. É comum, em doutrina, a afirmação de que deveriam ser observados os prazos prescricionais previstos na lei material[140]; no âmbito trabalhista, nessa ótica, o prazo prescricional seria de dois anos (mesmo prazo aplicável para a prescrição intercorrente).[141]

No entanto, não se está diante de prazo prescricional, porque a pretensão de reconhecimento de nulidade de ato jurídico (inclusive o de arrematação) resulta do exercício do direito potestativo de invalidação: não há qualquer prestação que recaia sobre um inexistente sujeito passivo; logo, não se está diante de direito subjetivo.

Como se trata de direito potestativo, o prazo da ação anulatória de arrematação é decadencial. Assim, deve-se aplicar o art. 178, II, do Código Civil[142], razão pela

---

[138] Súmula 399, I – É incabível ação rescisória para impugnar decisão homologatória de adjudicação ou arrematação.

[139] Com essa opinião, THEODORO JÚNIOR, *op. cit.*, v. 3, p. 370.

[140] Assim, por exemplo, ASSIS, *op. cit.*, p. 761.

[141] Cf. SCHIAVI, *op. cit.*, p. 1140.

[142] Art. 178 – É de quatro anos o prazo de decadência para pleitear-se a anulação do negócio jurídico, contado: (...)

qual o prazo da ação anulatória de arrematação é de 4 (quatro) anos, conforme decidiu acertadamente o Superior Tribunal de Justiça.[143]

Ademais, o termo inicial do prazo decadencial de quatro anos é a expedição da carta de arrematação (no caso de bens imóveis), ou o cumprimento do mandado de entrega (no caso de móveis), já que antes disso o interessado pode se valer de simples petição nos próprios do processo em que realizada a expropriação.

8.12. Impugnação da adjudicação

Tudo que se disse nos itens 8.10 e 8.11, acima, se aplica, *mutatis mutandis*, à adjudicação do bem penhorado pelo exequente ou pelos demais legitimados (cônjuge, ascendente, descendente, credores concorrentes etc.). Assim, o executado pode alegar a insubsistência da adjudicação nos próprios autos, no prazo de 10 (dez) dias contados da assinatura do auto; decorrido tal prazo, é viável o ajuizamento de ação anulatória autônoma, no prazo de 4 (quatro) anos contados da expedição da carta de adjudicação ou do cumprimento do mandado de entrega.

8.13. Desistência da arrematação

A lei – com o objetivo de resguardar a segurança jurídica e favorecer a realização da expropriação judicial – prevê que o arrematante pode desistir da arrematação em determinadas hipóteses.

Assim, de acordo com o art. 903, § 5º, do CPC, o arrematante pode desistir da arrematação, sendo-lhe imediatamente devolvido o depósito que tiver feito: (i) se provar, nos 10 (dez) dias seguintes à assinatura do auto, a existência de ônus real ou gravame não mencionado no edital; (ii) se, antes de expedida a carta de arrematação ou a ordem de entrega, o executado alegar alguma situação que autorize o desfazimento do negócio, por resolução, ineficácia ou nulidade; (iii) uma vez citado para responder a ação anulatória autônoma, desde que apresente a desistência no prazo de que dispõe para responder a essa ação.

Considera-se ato atentatório à dignidade da justiça a suscitação infundada de vício com o objetivo de ensejar a desistência do arrematante, devendo o suscitante ser condenado, sem prejuízo da responsabilidade por perdas e danos, ao pagamento de multa, a ser fixada pelo juiz e devida ao exequente, em montante não superior a vinte por cento do valor atualizado do bem (CPC, art. 903, § 6º).

9. PAGAMENTO AO CREDOR

Feita a alienação judicial do bem, o vínculo da penhora, que antes recaía sobre a coisa, passa a incidir sobre o dinheiro arrecadado.

II – no de erro, dolo, fraude contra credores, estado de perigo ou lesão, do dia em que se realizou o negócio jurídico.

143 REsp 1655729/PR, Rel. Ministra NANCY ANDRIGHI, TERCEIRA TURMA, julgado em 16/05/2017, DJe 26/05/2017.

A entrega do dinheiro ao credor se faz de forma simples, mediante expedição de alvará judicial ou mandado de levantamento do valor. Ao receber o mandado de levantamento, o exequente dará ao executado, por termo nos autos, quitação da quantia paga. A expedição de mandado de levantamento poderá ser substituída pela transferência eletrônica do valor depositado em conta vinculada ao juízo para outra indicada pelo exequente (CPC, art. 903).

Se houver alguma sobra – após o pagamento do crédito exequendo atualizado, com juros e despesas processuais, inclusive os honorários advocatícios –, o valor excedente deve ser restituído ao executado, também através da expedição de alvará judicial (CPC, art. 907).[144]

O art. 905, parágrafo único, do CPC, veda que, durante o plantão judiciário, autorize-se o levantamento de importância em dinheiro ou valores ou a liberação de bens apreendidos. O objetivo da norma é evitar o levantamento indevido de valores, tendo em vista a potencial irreversibilidade da medida em muitos casos, além do fato de não se tratar do juiz da causa, o que, justamente por isso, impede a análise mais detida dos autos.

Se o bem arrematado tiver sido penhorado por diversos credores, instaura-se concurso particular de preferências, que consiste na análise e definição de qual deles deve receber primeiramente o dinheiro arrecadado.[145]

O princípio geral sobre o tema é o de que deve receber em primeiro lugar o credor que realizou a primeira penhora sobre o bem. Ainda que a arrematação tenha sido promovida por outro credor (no mesmo ou em outro Juízo), a preferência se fixa pela anterioridade da penhora. No entanto, se o crédito tiver título legal de preferência, deve ser atendido prioritariamente, mesmo que a penhora tenha sido feita anteriormente por credor não privilegiado.

Dessa forma, por exemplo, se há penhora feita por Vara do Trabalho, e outra constrição sobre o mesmo bem, feita na Justiça Cível, o credor trabalhista sempre receberá em primeiro lugar, já que o art. 186 do Código Tributário Nacional constitui título legal de preferência para o crédito decorrente da legislação do trabalho. Ainda que a arrematação e a primeira penhora tenham ocorrido no âmbito cível, tal conclusão não se altera. O único pressuposto é que o Juiz do Trabalho haja penhorado o mesmo bem arrematado no Cível.

Contudo, não há preferência de créditos trabalhistas entre si – todos os credores trabalhistas são igualmente privilegiados. Assim, havendo pluralidade de penhoras realizadas em processos trabalhistas, a preferência será do credor trabalhista que penhorou em primeiro lugar, ainda que a arrematação seja promovida por credor concorrente.

O concurso de preferências é resolvido mediante simples incidente na execução. Os exequentes formularão as suas pretensões, que versarão unicamente sobre o direito de preferência e a anterioridade da penhora, e, apresentadas as razões, o juiz decidirá (CPC, art. 909). Se a arrematação tiver ocorrido na Justiça do Trabalho, esta

144 Art. 907 – Pago ao exequente o principal, os juros, as custas e os honorários, a importância que sobrar será restituída ao executado.

145 Sobre o tema, v. item 4 deste Capítulo.

será a competente para decidir o concurso de preferências, ainda que haja pedido de preferência de credor munido de título judicial oriundo da Justiça Comum.

10. PARCELAMENTO COMPULSÓRIO DO CRÉDITO EXEQUENDO

O art. 916 do CPC prevê a possibilidade de parcelamento compulsório do crédito exequendo. Trata-se de instituto aplicável apenas às execuções de títulos extrajudiciais, não se aplicando ao cumprimento de sentença.

O parcelamento diz-se *compulsório* porque se trata de direito potestativo do executado: cuida-se de prerrogativa de influir na esfera jurídica do exequente, sem que este nada possa fazer que não se sujeitar.

De acordo com o regramento legal, no prazo para oferecimento de embargos, o executado, reconhecendo o crédito do exequente, pode comprovar o depósito de trinta por cento do valor em execução, acrescido de custas e de honorários de advogado, e requerer que lhe seja permitido pagar o restante em até 6 (seis) parcelas mensais, acrescidas de correção monetária e de juros de um por cento ao mês.

Além disso, a opção pelo parcelamento compulsório acarreta renúncia ao direito de opor embargos.

Feito o requerimento pelo executado, o juiz deve intimar o exequente para manifestação em 5 (cinco) dias sobre o preenchimento dos pressupostos de aplicabilidade do instituto. Veja-se que o exequente não pode se opor, pura e simplesmente, ao parcelamento, por exemplo, por pretender receber o pagamento à vista ou em menos parcelas. O requerimento do executado só pode ser rejeitado se não preenchidos os pressupostos legais, ou seja: reconhecimento do crédito pelo executado; depósito de 30% (trinta por cento) do valor atualizado e acrescido de custas, juros de mora e correção monetária; requerimento de pagamento do restante em seis parcelas mensais sucessivas.

Enquanto o juiz não apreciar o requerimento de parcelamento compulsório, o executado deve depositar as parcelas vincendas, facultado ao exequente seu levantamento.

Deferida a proposta, o exequente levantará a quantia depositada, e serão suspensos os atos executivos; indeferida, dá-se continuidade aos atos executivos, mantido o depósito já feito pelo executado, que será convertido em penhora.

Se o executado não pagar quaisquer prestações, dá-se: (i) o vencimento das prestações subsequentes e o prosseguimento do processo, com o imediato reinício dos atos executivos; (ii) a imposição ao executado de multa de dez por cento sobre o valor das prestações não pagas.

Por fim, observe-se que nada impede que as partes, no cumprimento de sentença (título executivo judicial), façam acordo para pagamento do crédito nos termos do art. 916 do CPC, ora analisado. Nessa hipótese, entretanto, estar-se-á diante de parcelamento *conciliado* – e não compulsório – do crédito exequendo. Daí resulta que apenas com a concordância do credor é viável cogitar da aplicação do procedimento do art. 916 do CPC na execução (cumprimento) de sentença.

11. PROTESTO DE DECISÃO JUDICIAL. CNDT

A decisão condenatória ao pagamento de quantia certa pode ser levada a protesto no cartório extrajudicial competente. Trata-se de forma alternativa, mas não excludente, de viabilizar o sucesso da execução, sobretudo nas situações em que o exequente não consiga localizar bens penhoráveis do devedor. Isso porque a praxe comercial faz com que empresários adotem, em algumas situações, a cautela de obter certidões de protesto do domicílio de quem com eles contrata, e a indicação da existência de título inadimplido pode impulsionar o devedor a realizar o pagamento, com a finalidade de viabilizar o negócio.

O tema é regulado no art. 517, *caput* e parágrafos, do CPC.

No Processo Civil, o protesto só pode ser requerido depois de transcorrido o prazo para pagamento voluntário; no Processo do Trabalho, com a Reforma Trabalhista, a decisão condenatória transitada em julgado somente pode ser levada a protesto depois de transcorrido o prazo de quarenta e cinco dias a contar da citação do executado, se não houver garantia do juízo (CLT, art. 883-A).[146]

Segundo o regramento legal, para efetivar o protesto, incumbe ao exequente apresentar, no cartório extrajudicial, certidão de teor da decisão condenatória.

A certidão de teor da decisão deverá ser fornecida pela Secretaria da Vara no prazo de 3 (três) dias e indicará o nome e a qualificação do exequente e do executado, o número do processo, o valor da dívida e a data de decurso do prazo para pagamento voluntário.

Se o executado tiver proposto ação rescisória para impugnar a decisão exequenda, ele pode requerer, a suas expensas e sob sua responsabilidade, a anotação da propositura da rescisória à margem do título protestado.

A requerimento do executado, o protesto será cancelado por determinação do juiz, mediante ofício a ser expedido ao cartório, no prazo de 3 (três) dias, contado da data de protocolo do requerimento, desde que comprovada a satisfação integral da obrigação.

Em caso de inadimplemento de título judicial transitado em julgado na Justiça do Trabalho, também é possível que o credor promova a inscrição do devedor nos órgãos de proteção ao crédito.

Outro mecanismo de coerção indireta é o Banco Nacional de Devedores Trabalhistas (BNDT), regulamentado pelo Ato CGJT nº 01, de 21 de janeiro de 2022 e pelo art. 642-A da CLT.[147]

---

[146] Art. 883-A – A decisão judicial transitada em julgado somente poderá ser levada a protesto, gerar inscrição do nome do executado em órgãos de proteção ao crédito ou no Banco Nacional de Devedores Trabalhistas (BNDT), nos termos da lei, depois de transcorrido o prazo de quarenta e cinco dias a contar da citação do executado, se não houver garantia do juízo.

[147] Art. 642-A – É instituída a Certidão Negativa de Débitos Trabalhistas (CNDT), expedida gratuita e eletronicamente, para comprovar a inexistência de débitos inadimplidos perante a Justiça do Trabalho.

§ 1º – O interessado não obterá a certidão quando em seu nome constar:

I – o inadimplemento de obrigações estabelecidas em sentença condenatória transitada em julgado proferida pela Justiça do Trabalho ou em acordos judiciais trabalhistas, inclusive no concernente aos recolhimentos previdenciários, a honorários, a custas, a emolumentos ou a recolhimentos determinados em lei; ou

Transcorridos 45 (quarenta e cinco) dias da intimação do executado para pagamento, se não houver garantia do Juízo, é obrigatória a inclusão do executado no BNDT. Antes de determinar a inclusão, o Juiz do Trabalho deve determinar o bloqueio de numerário em conta corrente do executado, por meio do sistema Bacenjud. Acaso infrutífera diligência, deve ser feito pré-cadastro, sendo concedidos 30 dias para que o executado cumpra a obrigação ou regularize a situação.

A implantação do BNDT permite a expedição da Certidão Negativa de Débitos Trabalhistas (CNDT), documento que tem validade de 180 (cento e oitenta) dias e certifica a regularidade trabalhista da pessoa física ou jurídica. Caso haja débito pendente (de acordo com os parâmetros acima), será emitida certidão positiva; se o débito estiver garantido por penhora ou depósito, a certidão será positiva com efeitos de negativa.

O BNDT só é alimentado por informações relativas a processos em que a execução seja definitiva; na execução provisória, o devedor não deve ser incluído no banco de dados.

Também são abrangidos pelo BNDT os créditos decorrentes de execução de acordos firmados perante o Ministério Público do Trabalho ou Comissão de Conciliação Prévia.

A competência para determinar inclusão, exclusão ou modificação de dados no BNDT é exclusiva de Juízes do Trabalho de 1º grau. Alterações no BNDT decorrentes de decisão de Tribunal Regional do Trabalho ou do Tribunal Superior do Trabalho serão imediatamente comunicadas ao juízo de origem, a quem caberá a atualização.

Paga a dívida ou satisfeita a obrigação, o juiz da execução determinará a imediata exclusão do(s) devedor(es) do Banco Nacional de Devedores Trabalhistas.

A exigência de CNDT se revela de extrema importância nas transações imobiliárias, pois permite que o adquirente verifique se o vendedor possui dívida trabalhista em execução no âmbito de todo o território nacional. Além disso, para a habilitação nas licitações públicas exigir-se-á dos interessados a comprovação da regularidade trabalhista (Lei nº 14.133/2021, art. 62, III, c/c art. 68, IV, V e VI)[148], o que se faz justamente pela exibição da CNDT.

II – o inadimplemento de obrigações decorrentes de execução de acordos firmados perante o Ministério Público do Trabalho ou Comissão de Conciliação Prévia.

§ 2º – Verificada a existência de débitos garantidos por penhora suficiente ou com exigibilidade suspensa, será expedida Certidão Positiva de Débitos Trabalhistas em nome do interessado com os mesmos efeitos da CNDT.

§ 3º – A CNDT certificará a empresa em relação a todos os seus estabelecimentos, agências e filiais.

§ 4º – O prazo de validade da CNDT é de 180 (cento e oitenta) dias, contado da data de sua emissão.

[148] Lei nº 14.133/2021, Art. 62. A habilitação é a fase da licitação em que se verifica o conjunto de informações e documentos necessários e suficientes para demonstrar a capacidade do licitante de realizar o objeto da licitação, dividindo-se em: (...) III - fiscal, social e trabalhista (...).

Art. 68. As habilitações fiscal, social e trabalhista serão aferidas mediante a verificação dos seguintes requisitos:

IV - a regularidade relativa à Seguridade Social e ao FGTS, que demonstre cumprimento dos encargos sociais instituídos por lei;

V - a regularidade perante a Justiça do Trabalho;

VI - o cumprimento do disposto no inciso XXXIII do art. 7º da Constituição Federal.

12. REMISSÃO E REMIÇÃO NA EXECUÇÃO

Remissão (do verbo *remitir*) significa o perdão da dívida (= renúncia do crédito) pelo exequente, o que acarreta a extinção da execução (CPC, art. 924, IV).[149]

A doutrina é bastante cautelosa na análise da admissibilidade de renúncia de crédito trabalhista em execução, preconizando que o Juiz do Trabalho verifique os motivos que justificam a renúncia e designe audiência.[150]

Sem dúvida, o juiz deve ser cauteloso na homologação de renúncia de crédito na execução, mas a autonomia da vontade da parte deve ser respeitada. A designação de audiência é recomendável para que o magistrado informe pessoalmente à parte sobre as consequências da renúncia e verifique eventual vício de vontade (erro, coação etc.), mas, se o interessado manifestar sua vontade desimpedida de levar a efeito a renúncia, a liberdade individual deve ser respeitada pelo Estado. Ora, se o trabalhador não é obrigado a levar o conflito para o Judiciário, não se concebe por que se deveria impedi-lo de desistir da execução ou renunciar ao crédito, caso manifeste sua vontade inequivocamente nesse sentido.

Já a remição (do verbo *remir*) pode se referir à própria execução, e nesse contexto trata-se do pagamento integral do crédito exequendo, devidamente atualizado, corrigido e acrescido das despesas processuais. O executado pode, a qualquer momento, remir a execução, do que resulta a imediata cessação dos atos executivos (CPC, art. 826).[151]

Na vigência do CPC/1973 (redação anterior à Lei nº 11.382/2006), existia, ainda, o instituto da remição de bens, que permitia que determinadas pessoas, ligadas ao executado por vínculos familiares (ascendentes, cônjuges etc.) resgatassem o bem penhorado antes da ultimação da hasta pública; era uma forma de evitar que bens com valor simbólico para a família fossem expropriados. Não subsiste mais no vigente ordenamento, entretanto, o instituto da remição; contudo, o credor com garantia real, os credores concorrentes que hajam penhorado o mesmo bem, o cônjuge, os descendentes ou ascendentes do executado também podem adjudicar o bem penhorado.

Nos arts. 877, § 3º, e 902, *caput*, do CPC, está prevista a única hipótese ainda vigente de remição de bens, consistente na possibilidade de o executado resgatar o imóvel hipotecado, até a lavratura do auto de adjudicação ou arrematação.[152]

---

[149] Art. 924 – Extingue-se a execução quando: (...)
IV – o exequente renunciar ao crédito.

[150] Cf. SCHIAVI, *op. cit.*, p. 1026.

[151] Art. 826 – Antes de adjudicados ou alienados os bens, o executado pode, a todo tempo, remir a execução, pagando ou consignando a importância atualizada da dívida, acrescida de juros, custas e honorários advocatícios.

[152] Art. 877, § 3º – No caso de penhora de bem hipotecado, o executado poderá remi-lo até a assinatura do auto de adjudicação, oferecendo preço igual ao da avaliação, se não tiver havido licitantes, ou ao do maior lance oferecido.

Art. 902 – No caso de leilão de bem hipotecado, o executado poderá remi-lo até a assinatura do auto de arrematação, oferecendo preço igual ao do maior lance oferecido.

13. SUSPENSÃO

A execução pode suspender-se por diversas causas, inclusive aquelas que justificam a suspensão processual na fase de conhecimento, previstas nos arts. 313 e 315 do CPC. Sobre o tema, ver Capítulo XIV.

Há, ainda, causas específicas de suspensão – previstas no art. 921 do CPC[153] –, que somente se aplicam na fase executiva (ou no processo de execução de título extrajudicial).

Assim, suspende-se a execução, no todo ou em parte, quando recebidos com efeito suspensivo os embargos à execução ou a impugnação ao cumprimento de sentença. Como visto no item 6.6 deste Capítulo, embora o tema seja controvertido, é adequado entender que o oferecimento dos embargos à execução no Processo do Trabalho, por pressupor a garantia do Juízo, sempre acarretará a suspensão da prática dos atos executivos.

A execução também deve ser suspensa quando concedido o parcelamento compulsório do crédito exequendo, nos moldes do art. 916 do CPC.

O acordo celebrado pelas partes na fase de execução também tem o condão de suspender o processo, já que não se praticam atos executivos enquanto o acordo estiver sendo cumprido (CPC, art. 922)[154].

Também se suspende a execução se a alienação dos bens penhorados não se realizar por falta de licitantes e o exequente, em 15 (quinze) dias, não requerer a adjudicação nem indicar outros bens penhoráveis; e quando o executado não possuir bens penhoráveis.

Na hipótese de o executado não possuir bens penhoráveis, o juiz deve determinar a suspensão da execução pelo prazo de 1 (um) ano, durante o qual não fluirá o prazo prescricional. Decorrido tal prazo sem que seja localizado o executado ou seus bens penhoráveis, inicia-se a fluência do prazo da prescrição intercorrente e o juiz deve determinar o arquivamento dos autos.

Antes de consumada a prescrição intercorrente, o exequente pode postular o desarquivamento dos autos, desde que sejam encontrados bens penhoráveis.

Decorrido o prazo da prescrição intercorrente, o juiz pode, de ofício, reconhecê-la; mas deve, entretanto, ouvir previamente as partes no prazo de 15 dias.

---

[153] Art. 921 – Suspende-se a execução:

I – nas hipóteses dos arts. 313 e 315, no que couber;

II – no todo ou em parte, quando recebidos com efeito suspensivo os embargos à execução;

III – quando não for localizado o executado ou bens penhoráveis;

IV – se a alienação dos bens penhorados não se realizar por falta de licitantes e o exequente, em 15 (quinze) dias, não requerer a adjudicação nem indicar outros bens penhoráveis;

V – quando concedido o parcelamento de que trata o art. 916.

[154] Art. 922 – Convindo as partes, o juiz declarará suspensa a execução durante o prazo concedido pelo exequente para que o executado cumpra voluntariamente a obrigação.

Parágrafo único. Findo o prazo sem cumprimento da obrigação, o processo retomará o seu curso.

Conforme já analisado[155], a partir da Reforma Trabalhista deve-se entender pela possibilidade de reconhecimento da prescrição intercorrente no Processo do Trabalho, também na situação de ausência de bens penhoráveis do executado.

14. EXTINÇÃO DA EXECUÇÃO

O desfecho normal da execução é a satisfação do crédito exequendo. No entanto, a execução pode extinguir-se por outros motivos: (i) renúncia do crédito pelo exequente[156]; (ii) quando o executado obtiver, por qualquer outro meio, a quitação da dívida - como seria no exemplo de transação entre as partes; (iii) prescrição intercorrente[157]; (iv) indeferimento da petição inicial, caso se trate de execução de título executivo extrajudicial.

Em qualquer caso, a extinção só produz efeito quando declarada por sentença (CPC, art. 925). De todo modo, a sentença apenas reconhece a consumação de fato que já extinguiu a execução[158], ou seja, trata-se de sentença meramente declaratória.

155 Item 6.2.7.1 deste Capítulo.

156 Ver item 12 deste Capítulo.

157 Ver item 6.2.7.1.

158 THEODORO JÚNIOR, *op. cit.*, p. 374.

XXXIII

PROCEDIMENTOS EXECUTIVOS ESPECIAIS

1. CUMPRIMENTO DE SENTENÇA RELATIVO ÀS OBRIGAÇÕES DE FAZER, NÃO FAZER E DAR COISA DISTINTA DE DINHEIRO

1.1. Princípios aplicáveis

No Direito Civil tradicional, vigia o dogma da intangibilidade da vontade humana (*nemo potest cogi ad factum*). Assim, descumprida obrigação de fazer, não fazer ou dar coisa distinta de dinheiro, o devedor não poderia ser compelido a cumpri-la na forma específica, decorrendo daí, necessariamente, a conversão em perdas e danos.

Na moderna dogmática processual, contudo, e sob a influência do princípio constitucional da efetividade da tutela jurisdicional (CF, art. 5º, XXXV), prevalece o princípio da primazia da tutela específica das obrigações de fazer e não fazer. Assim, todos os esforços do Poder Judiciário devem ser envidados para que o executado cumpra a obrigação exatamente nos termos em que prevista no título executivo. Apenas no caso de impossibilidade da tutela específica, ou de opção do credor, é que será possível a conversão da obrigação não pecuniária em perdas e danos.

Dessa forma, perfeitamente possível o deferimento de tutela específica no Processo do Trabalho, quanto a obrigações não pecuniárias. Os exemplos mais comuns são as determinações para entrega de guias para saque de FGTS e habilitação no seguro-desemprego; reintegração no emprego e no plano de saúde; devolução de uniformes e instrumentos de trabalho, entre outros.

Destaque-se que, quanto a esse tipo de obrigação, há mitigação ao princípio da congruência (CPC, arts. 141 e 492)[1], pois o Judiciário pode empregar quaisquer mecanismos executivos (multas, busca e apreensão etc.), mesmo que não haja pedido nesse sentido, ou que a parte tenha postulado a aplicação de meios executivos diferentes.

Nem mesmo a lei exaure os mecanismos executivos aplicáveis para efetivação das obrigações não pecuniárias. O art. 536, § 1º, do CPC[2], elenca os mecanismos mais usuais, mas deixa claro que o rol legal é meramente exemplificativo. Entre os mecanismos executivos, destaca-se a multa periódica (*astreintes*), que consiste em mecanismo de execução indireta, já que tende a coagir o devedor a cumprir espontaneamente a prestação.

Contudo, o Judiciário fica vinculado ao bem da vida buscado pelo autor. Mesmo nesse aspecto, entretanto, há certa mitigação, já que a legislação permite a concessão do *resultado prático equivalente*, ou seja, uma providência não requerida pela parte, mas que promova a tutela do direito material postulado em Juízo.

Exemplificando, caso o Juiz do Trabalho constate que, no caso concreto, foi desrespeitada uma garantia provisória de emprego, não pode deferir a reintegração *ex officio*, sob pena de incidir em julgamento *extra petita*. Contudo, se houver pedido de reintegração, o Juiz pode fixar – mesmo sem requerimento da parte –, por exemplo, multa diária para compelir o réu a cumprir tal obrigação de fazer ou qualquer outro mecanismo executivo pertinente.

Portanto, os princípios orientadores da execução de obrigações de fazer, não fazer e entregar coisa são (além dos aplicáveis à execução em geral): (i) primazia da tutela específica; (ii) atipicidade dos meios executivos.

---

[1] Art. 141 – O juiz decidirá o mérito nos limites propostos pelas partes, sendo-lhe vedado conhecer de questões não suscitadas a cujo respeito a lei exige iniciativa da parte.

Art. 492 – É vedado ao juiz proferir decisão de natureza diversa da pedida, bem como condenar a parte em quantidade superior ou em objeto diverso do que lhe foi demandado.

[2] Art. 536, § 1º – Para atender ao disposto no caput, o juiz poderá determinar, entre outras medidas, a imposição de multa, a busca e apreensão, a remoção de pessoas e coisas, o desfazimento de obras e o impedimento de atividade nociva, podendo, caso necessário, requisitar o auxílio de força policial.

1.2. Momento processual oportuno

A tutela jurisdicional específica das obrigações de fazer pode ser concedida em qualquer momento processual: por liminar *inaudita altera parte*, antes mesmo de contestada a ação, caso a urgência da situação de direito material não permita aguardar o comparecimento do réu; durante o curso do processo, por meio de decisão antecipatória de tutela, o que pode ser feito inclusive na sentença de mérito; após o trânsito em julgado, na fase de execução, quando houver necessidade de fixação de algum meio executivo, como a *astreinte*, para compelir o devedor recalcitrante a cumprir *in natura* a obrigação de fazer reconhecida na decisão judicial.

1.3. Iniciativa da execução

No sistema do Código de Processo Civil, só há necessidade de requerimento do exequente para deflagrar o cumprimento de sentença condenatória ao pagamento de prestação pecuniária (art. 513, § 1º).[3] No caso de obrigações não pecuniárias, o CPC estabelece a possibilidade da prática de atos executivos de ofício pelo juiz (arts. 536, *caput*, e 538, *caput*).[4]

Curiosamente, no Processo do Trabalho, a nova redação do art. 878 da CLT[5], após a Reforma Trabalhista, exige a iniciativa das partes, aparentemente sem quaisquer exceções (salvo para o caso em que não estejam representadas por advogado).

Portanto, a partir da Lei nº 13.467/2017, há duas interpretações possíveis: (i) literal: se as partes estiverem representadas por advogados, qualquer modalidade de execução só pode ser iniciada se o interessado a requerer. Além disso, os atos executivos em geral só poderiam ser praticados mediante requerimento; (ii) lógico-sistemática: há necessidade de recorrer ao Código de Processo Civil, de modo que apenas haverá necessidade de requerimento do interessado no caso de execução pecuniária.

A segunda interpretação é preferível, sob pena de se quebrar a harmonia do sistema processual. De fato, como visto acima, a execução de obrigações não pecuniárias é pautada, atualmente, nos princípios da atipicidade dos meios executivos e primazia da tutela específica. O CPC admite, inclusive, que se conceda providência não requerida pela parte, assegurando o resultado prático equivalente, mitigando o princípio da adstrição entre sentença e pedido.

---

3 CPC, art. 513, § 1º – O cumprimento da sentença que reconhece o dever de pagar quantia, provisório ou definitivo, far-se-á a requerimento do exequente.

4 Art. 536. No cumprimento de sentença que reconheça a exigibilidade de obrigação de fazer ou de não fazer, o juiz poderá, de ofício ou a requerimento, para a efetivação da tutela específica ou a obtenção de tutela pelo resultado prático equivalente, determinar as medidas necessárias à satisfação do exequente.

Art. 538 – Não cumprida a obrigação de entregar coisa no prazo estabelecido na sentença, será expedido mandado de busca e apreensão ou de imissão na posse em favor do credor, conforme se tratar de coisa móvel ou imóvel.

5 Art. 878 – A execução será promovida pelas partes, permitida a execução de ofício pelo juiz ou pelo Presidente do Tribunal apenas nos casos em que as partes não estiverem representadas por advogado.

Tal regramento é pautado na busca de efetividade processual, e não se vislumbra razão lógico-jurídica para não o aplicar no âmbito trabalhista. Isso porque a busca de efetividade, que inspira a regulamentação legal, é alicerçada no princípio constitucional do acesso à justiça, que também gera efeitos na Justiça do Trabalho. Além disso, o princípio da isonomia também recomenda tal conclusão: se a iniciativa de ofício é possível no âmbito cível – no qual as partes estão niveladas do ponto de vista socioeconômico e jurídico –, com muito mais razão deve ser utilizada no campo trabalhista, em que há desnível entre a posição do exequente e executado.

As observações precedentes valem para o cumprimento de sentença; evidentemente, caso se trate de execução de título extrajudicial, haverá necessidade de exercício do direito de ação, sendo indispensável, portanto, a iniciativa do interessado, à luz do princípio da inércia da jurisdição.

1.4. *Astreintes*

O principal mecanismo utilizado na execução de obrigações não pecuniárias é a fixação de multa coercitiva (*astreintes*). Em geral, a multa é periódica, o que significa que se fixa um valor devido a cada unidade de tempo decorrido: quanto mais o devedor demorar para cumprir a prestação não pecuniária, maior será o valor devido a título de multa.

De acordo com o art. 537, *caput*, do CPC, a multa independe de requerimento da parte e poderá ser aplicada na fase de conhecimento, em tutela provisória ou na sentença, ou na fase de execução, desde que seja suficiente e compatível com a obrigação e que se determine prazo razoável para cumprimento do preceito.

O valor da multa reverte para o credor, e deve ser cumulado com a indenização por perdas e danos, caso a obrigação não pecuniária seja convertida em obrigação de pagar (CPC, art. 500).[6] O Tribunal Superior do Trabalho, acertadamente, não vem admitindo que as *astreintes* sejam destinadas a terceiros, ainda que se trate objetivo louvável, como destinar recursos a instituições filantrópicas.[7]

[6] Art. 500 – A indenização por perdas e danos dar-se-á sem prejuízo da multa fixada periodicamente para compelir o réu ao cumprimento específico da obrigação.

[7] Descumprimento de liminar. Abusividade da greve Astreintes. Destinação da multa. Valor devido ao exequente. Nos termos do art. 537, § 2º, do CPC de 2015, o valor das astreintes é devido ao exequente, de modo que a sua destinação não pode ser fixada de acordo com a discricionariedade do magistrado. Assim, a decisão judicial que determina que a multa aplicada em razão do descumprimento de liminar seja paga a instituições beneficentes, ainda que louvável, contraria o disposto no art. 537, § 2º, do CPC de 2015, pois não atende ao critério objetivo nele fixado. Sob esse fundamento, a SDC, por maioria, deu provimento ao recurso ordinário adesivo para determinar que o valor total da multa arbitrada pelo Tribunal Regional, decorrente do descumprimento da liminar que declarou abusiva a greve, seja revertido ao exequente, no caso, o sindicato patronal. Vencidos os Ministros Mauricio Godinho Delgado e Lelio Bentes Corrêa. TST-RO-8-53.2017.5.11.0000, SDC, rel. Min. Ives Gandra da Silva Martins Filho, 9.9.2019. (Noticiado no informativo 204 do TST).

Importante observar que, de acordo com o art. 537, § 3º, do CPC[8], a multa é exigível de imediato, mediante cumprimento provisório; no entanto, o levantamento, pelo credor, do valor da multa, só pode ocorrer após o trânsito em julgado da sentença favorável ao próprio credor. A partir de tal dispositivo, conclui-se que é possível inclusive a prática de atos de expropriação (como a arrematação); apenas a liberação do valor ao exequente é que fica condicionada ao trânsito em julgado.

Registre-se que, a partir de interpretação *a contrario* sensu do mesmo dispositivo legal, se a decisão final transitada em julgado for em sentido contrário à tutela provisória anteriormente concedida, as *astreintes* eventualmente incidentes deixarão de ser devidas; caso já tenha havido execução provisória, deverá ser tornado sem efeito a penhora. Dito de outro modo, o provimento judicial definitivo contrário àquele em que fixadas as *astreintes* torna-as insubsistentes. Exemplo: em tutela antecipada, o juiz determina que o reclamado cumpra certa obrigação de fazer; contudo, a sentença final transitada em julgado julga improcedentes os pedidos e cassa a liminar anteriormente deferida. Nesta hipótese, as *astreintes* incidentes entre o momento em que deferida a tutela antecipada, e até a respectiva cassação pela decisão final, não serão mais devidas.

A maior controvérsia envolvendo as *astreintes* diz respeito à possibilidade, ou não, de modificação de seu valor; e também no que tange ao respectivo termo final. A doutrina e os tribunais apresentam opiniões variadas e discrepantes sobre o tema.

A literalidade do CPC só autoriza o juiz a modificar – majorando ou diminuindo, ou até mesmo a excluindo, a requerimento ou de ofício – a multa vincenda (futura), quando verificar (i) que o valor se tornou insuficiente ou excessivo, ou (ii) que o obrigado demonstrou cumprimento parcial superveniente da obrigação ou justa causa para o descumprimento. Além disso, o Código estipula que a multa deve incidir enquanto não for cumprida a decisão que a tiver cominado (art. 537, §§ 1º e 4º).[9]

Contudo, a aplicação pura e simples do regramento legal pode conduzir a situações de perplexidade. Suponha-se que a sentença transitada em julgado imponha ao empregador a obrigação de anotar ou retificar a CTPS do reclamante, fixando multa diária de R$ 1.000,00 (mil reais) por dia de descumprimento, sendo este também o salário do trabalhador; após a intimação para cumprimento, decorrem 300 (trezentos dias) sem que o reclamado proceda à anotação determinada. Nessa hipótese, a se aplicar à risca o regramento do CPC, seria devida multa de R$ 300.000,00 (trezentos mil reais), que continuaria incidindo enquanto não fosse cumprida a obrigação de fazer.

---

[8] Art. 537, § 3º – A decisão que fixa a multa é passível de cumprimento provisório, devendo ser depositada em juízo, permitido o levantamento do valor após o trânsito em julgado da sentença favorável à parte.

[9] Art. 537, § 1º – O juiz poderá, de ofício ou a requerimento, modificar o valor ou a periodicidade da multa vincenda ou excluí-la, caso verifique que:

I – se tornou insuficiente ou excessiva;

II – o obrigado demonstrou cumprimento parcial superveniente da obrigação ou justa causa para o descumprimento.

§ 4º – A multa será devida desde o dia em que se configurar o descumprimento da decisão e incidirá enquanto não for cumprida a decisão que a tiver cominado.

O exemplo evidencia que a aplicação do texto legal deve ser orientada pelos princípios da: vedação ao enriquecimento sem causa; efetividade da tutela jurisdicional; boa-fé processual e cooperação.

Sobre o tema, recente decisão do STJ (proferida já sob a égide do Novo CPC) admitiu a redução do valor de *astreintes* já vencidas e sinalizou a possibilidade de fixação de termo final independentemente do cumprimento da obrigação, à luz dos seguintes parâmetros: (i) valor da obrigação e importância do bem jurídico tutelado; (ii) tempo para cumprimento (prazo razoável e periodicidade); (iii) capacidade econômica e de resistência do devedor; (iv) possibilidade de adoção de outros meios pelo magistrado e (v) dever do credor de mitigar o próprio prejuízo (*duty to mitigate the loss*).[10]

De fato, a multa coercitiva deve ser fixada em patamar suficiente para compelir o devedor a cumprir a obrigação não pecuniária estabelecida. Assim, o valor não pode ser módico, para que possa cumprir a finalidade de tornar efetiva a tutela jurisdicional específica de obrigações não pecuniárias. Contudo, se o valor for muito elevado - tendo em vista tanto o valor da obrigação principal, quanto a capacidade econômica e de resistência do devedor -, o decurso de prazo longo gera o enriquecimento sem causa do credor.

Sob outro enfoque, o princípio da cooperação (CPC, art. 6º) estabelece a necessidade de que o juiz - e também o credor - busque meios alternativos para a obtenção da tutela específica ou do resultado prático equivalente, ao invés de aguardarem comodamente o decurso do prazo, do que podem resultar multas em valor muito elevado e desproporcional à obrigação principal.

Em princípio, o valor da obrigação principal é bom parâmetro para balizar o limite máximo das *astreintes*. Contudo, tal linha de raciocínio não é absoluta, já que, em determinadas situações, pode ser vantajoso (sob o prisma exclusivamente econômico) para o devedor descumprir a obrigação e pagar a multa, o que só pode ser avaliado em cada caso concreto.

Não se pode admitir a incidência indefinida da multa coercitiva. Decorrido prazo razoável, e descumprida a obrigação não pecuniária, o juiz deve convertê-la em perdas e danos, independentemente de requerimento do credor, pois a situação se equipara à impossibilidade material de atingimento da tutela específica. É possível, ainda, reduzir - ainda que excepcionalmente - o valor das *astreintes* já vencidas, à luz dos parâmetros expostos.

Além disso, sempre que possível, o juiz deve determinar providência alternativa que assegure a fruição do bem da vida pelo exequente. No exemplo apresentado acima, bastaria a determinação para que a retificação ou anotação da CTPS fosse levada a efeito pela Secretaria da Vara.

Pensar diferentemente pode gerar, além da violação aos princípios da vedação ao enriquecimento sem causa, cooperação e boa-fé objetiva, a perplexidade de se ter processo que nunca acabaria caso o executado não cumprisse a obrigação de

---

10 AgInt no AgRg no AREsp 738.682/RJ, Rel. Ministra MARIA ISABEL GALLOTTI, Rel. p/ Acórdão Ministro LUIS FELIPE SALOMÃO, QUARTA TURMA, julgado em 17/11/2016, DJe 14/12/2016.

fazer, não fazer ou entregar coisa, já que o exequente, periódica e infinitamente, promoveria a execução da multa coercitiva.

Por fim, note-se que, conforme art. 536, § 3º, do CPC, o executado incidirá nas penas de litigância de má-fé quando injustificadamente descumprir a ordem judicial, sem prejuízo de sua responsabilização por crime de desobediência.

1.5. Procedimento. A questão da intimação pessoal do devedor para cumprimento das obrigações não pecuniárias

A legislação processual trabalhista não regula o procedimento da execução de obrigações não pecuniárias, razão pela qual há necessidade de recorrer ao Código de Processo Civil, com eventuais adaptações.

O executado deve ser intimado para cumprimento da obrigação no prazo de 48h (quarenta e oito horas), conforme art. 880, *caput*, da CLT, ou em outro prazo fixado pelo juiz à luz das circunstâncias do caso concreto. De fato, é lícita a adaptação do prazo, considerando a complexidade e as consequências do cumprimento ou descumprimento da obrigação. Por exemplo: condenação de determinado ente público, em ação pública, a realizar concurso público; evidentemente, haverá necessidade da prática de diversos atos, sendo inviável cogitar de cumprimento da obrigação em 48h.

O entendimento consolidado no âmbito do Superior Tribunal de Justiça é no sentido de que a prévia intimação pessoal do devedor constitui condição necessária para a cobrança de multa pelo descumprimento de obrigação de fazer ou não fazer (Súmula 410). O STJ considera, ainda, que o comparecimento espontâneo do advogado não supre a necessidade de intimação pessoal do devedor.[11]

Idêntico entendimento deve aplicar-se na Justiça do Trabalho, em virtude do disposto no art. 880 da CLT, que determina a *citação* do executado para cumprimento da sentença, e não apenas a sua *intimação*. A lógica que inspira esse entendimento é a mesma que perpassa a Súmula 74 do TST, atinente à confissão ficta na hipótese de ausência injustificada à audiência de instrução: trata-se de situações jurídicas que afetam diretamente a esfera de direito material da parte, razão pela qual o ato (cumprimento da obrigação não pecuniária ou comparecimento à audiência de instrução) é personalíssimo, sendo insuficiente a intimação na pessoa do advogado.

Cumprida a obrigação de fazer ou não fazer, ou entregue a coisa devida, o juiz deve ouvir as partes no prazo de 10 (dez) dias e, não havendo impugnação,

---

[11] "AGRAVO INTERNO NOS EMBARGOS DE DECLARAÇÃO NO AGRAVO INTERNO NO AGRAVO EM RECURSO ESPECIAL. AÇÃO DE EXECUÇÃO DE TÍTULO JUDICIAL. COBRANÇA DE ASTREINTES. NECESSIDADE DE INTIMAÇÃO PESSOAL. ACÓRDÃO RECORRIDO QUE CONSIGNOU A INEXISTÊNCIA DE INTIMAÇÃO PESSOAL. IMPOSSIBILIDADE DE REFORMA. SÚMULA 7/STJ. COMPARECIMENTO ESPONTÂNEO DO ADVOGADO. INSUFICIÊNCIA. RAZÕES RECURSAIS INSUFICIENTES. AGRAVO INTERNO DESPROVIDO. 1. A Corte Especial deste Tribunal julgou os Embargos de Divergência em Recurso Especial n. 1.725.487/SP, concluindo pela necessidade de prévia intimação pessoal do devedor para a cobrança de multa por descumprimento de obrigação de fazer ou não fazer, antes e após a edição das Leis 11.232/2005 e 11.382/2006, nos termos da Súmula 410/STJ. (...) 3. O comparecimento espontâneo na pessoa do advogado não supre a necessidade de intimação pessoal" (AgInt nos EDcl no AgInt no AREsp 1467179/GO, Rel. Ministro MARCO AURÉLIO BELLIZZE, TERCEIRA TURMA, julgado em 22/03/2021, DJe 25/03/2021).

considerará satisfeita a obrigação. Se houver impugnação do credor, o juiz decidirá a respeito (CPC, art. 818).

Descumprida a obrigação, o juiz poderá determinar, entre outras medidas, a imposição de multa, a busca e apreensão, a remoção de pessoas e coisas, o desfazimento de obras e o impedimento de atividade nociva, podendo, caso necessário, requisitar o auxílio de força policial (CPC, art. 536, § 1º).

Se houver necessidade de busca e apreensão de pessoas ou coisas, o respectivo mandado será cumprido por 2 (dois) oficiais de justiça e, caso se faça necessário o arrombamento, o ato deve ser presenciado por duas testemunhas, lavrando-se auto da ocorrência em duplicata (CPC, art. 536, § 2º).

O exequente pode requerer a conversão em perdas e danos, ou então a realização da prestação não pecuniária às custas do executado. Nesta hipótese, o credor deve antecipar os valores pagos ao terceiro que realizará a prestação, e depois o respectivo valor será cobrado do executado em execução por quantia certa (CPC, arts. 816 e 817).[12]

Se o terceiro contratado não realizar a prestação no prazo ou se o fizer de modo incompleto ou defeituoso, poderá o exequente requerer ao juiz, no prazo de 15 (quinze) dias, que o autorize a concluí-la ou a repará-la à custa do contratante. Ouvido o contratante no prazo de 15 (quinze) dias, o juiz mandará avaliar o custo das despesas necessárias e o condenará a pagá-lo (CPC, art. 819).

Se o exequente quiser executar ou mandar executar, sob sua direção e vigilância, as obras e os trabalhos necessários à realização da prestação, terá preferência, em igualdade de condições de oferta, em relação ao terceiro. O direito de preferência deverá ser exercido no prazo de 5 (cinco) dias, após aprovada a proposta do terceiro (CPC, art. 820).

1.6. Defesa do executado

O Código de Processo Civil e a Consolidação das Leis do Trabalho não preveem expressamente a possibilidade de defesa do executado no cumprimento de sentença relativo às obrigações não pecuniárias (= fazer, não fazer ou entregar coisa).

Apesar disso, o princípio do contraditório impõe a conclusão de que o executado deve dispor de algum mecanismo de defesa. Não é o caso de admitir o oferecimento de embargos à execução, já que o regramento da CLT a respeito é direcionado para a execução por quantia certa – em função da necessidade de garantia do Juízo, o que somente é pertinente caso se trate de obrigações pecuniárias.

---

12 Art. 816 – Se o executado não satisfizer a obrigação no prazo designado, é lícito ao exequente, nos próprios autos do processo, requerer a satisfação da obrigação à custa do executado ou perdas e danos, hipótese em que se converterá em indenização.

Parágrafo único. O valor das perdas e danos será apurado em liquidação, seguindo-se a execução para cobrança de quantia certa.

Art. 817 – Se a obrigação puder ser satisfeita por terceiro, é lícito ao juiz autorizar, a requerimento do exequente, que aquele a satisfaça à custa do executado.

Parágrafo único. O exequente adiantará as quantias previstas na proposta que, ouvidas as partes, o juiz houver aprovado.

Dessa forma, o executado pode alegar defesas de mérito ou processuais relativas a fatos supervenientes ao trânsito em julgado por meio de simples petição, que deve ser juntada aos autos.[13] Tal defesa não tem, em princípio, efeito suspensivo da execução, mas nada impede que o juiz conceda efeito suspensivo *ope judicis*, caso haja argumentação relevante e perigo de dano irreparável ou de difícil reparação.

1.7. Tutela inibitória e de remoção do ilícito

A tutela inibitória é uma modalidade de proteção ou defesa jurisdicional de direitos que decorre do princípio da inafastabilidade do controle jurisdicional (CF, art. 5°, XXXV). De fato, a Constituição assegura a defesa não apenas contra lesões a direitos, mas também para ameaças de lesão.

Assim, a tutela inibitória é voltada para o futuro, ou seja, ela tem o objetivo de impedir a prática de um ilícito no futuro. Podem ocorrer duas situações: uma em que há reiteração do ilícito, que vem sendo repetidamente cometido por um determinado infrator. E a tutela inibitória teria o objetivo de neutralizar essa prática, vale dizer, impedir que novos atos ilícitos sejam praticados. A segunda situação que autoriza o manejo da tutela inibitória ocorre quando ainda não foi praticado qualquer ilícito, mas há fundada suspeita (fundada em prova convincente, e não em mera apreciação subjetiva) de que o ilícito está na iminência de acontecer.

Geralmente, a tutela inibitória está associada às obrigações de fazer ou não fazer, razão pela qual são utilizadas as medidas executivas do art. 536, § 1°, do CPC.[14] Por exemplo, caso uma indústria esteja emitindo gases poluentes, o Ministério Público pode ajuizar ação civil pública com o objetivo de obter tutela inibitória, no sentido de determinar que a empresa pare de emitir esses agentes poluentes - seria uma obrigação de não fazer. A medida executiva inicialmente poderia ser uma *astreinte*, ou seja, multa periódica pelo descumprimento da obrigação estabelecida.

Já a tutela de remoção do ilícito, ao contrário, é voltada para o passado. A tutela de remoção acontece quando o ilícito já foi praticado, mas os efeitos do dano persistem no tempo. Por exemplo, uma empresa que tenha despejado material poluente em um rio, em ocasião única. Pode ser que esse material ainda continue contaminando o rio; então, surge a necessidade de tutela jurisdicional para remover esse ilícito, por exemplo, utilizar algum recurso de engenharia que permita a despoluição. Aqui se estaria diante de uma obrigação de não fazer descumprida (= obrigação de não poluir o meio ambiente).

É interessante notar que esse tema está intimamente associado ao da tutela específica das obrigações de fazer e não fazer. Atualmente, como visto, vigora o princípio da primazia da tutela específica, que sinaliza no sentido de que se deve buscar, sempre que possível, o cumprimento da obrigação de fazer na forma espe-

---

[13] Com a mesma opinião: DIDIER; CUNHA; BRAGA; OLIVEIRA, *op.cit.*, v. 5, p. 464.

[14] Art. 536, § 1° - Para atender ao disposto no *caput*, o juiz poderá determinar, entre outras medidas, a imposição de multa, a busca e apreensão, a remoção de pessoas e coisas, o desfazimento de obras e o impedimento de atividade nociva, podendo, caso necessário, requisitar o auxílio de força policial.

cífica. A conversão em perdas e danos se dá excepcionalmente, apenas em caso de impossibilidade da prestação específica ou de requerimento do credor.

Na tutela de remoção do ilícito, assim como na inibitória, na maioria das vezes, portanto, deve-se buscar o cumprimento da obrigação de fazer ou não fazer na forma específica; apenas excepcionalmente haverá conversão em perdas e danos.

2. EXECUÇÃO CONTRA A FAZENDA PÚBLICA

2.1. Noção geral: execução imprópria. Conceito de Fazenda Pública

Os bens públicos são impenhoráveis e a possibilidade de sua alienação se sujeita a diversos requisitos estabelecidos em lei, tais como a necessidade de avaliação, autorização legislativa (para bens imóveis) e licitação (para bens móveis), e só pode ocorrer se houver interesse público que o justifique (Lei 14.133/2021, art. 76). Além disso, os entes públicos só podem fazer pagamentos em consonância com previsões orçamentárias.

Por tais motivos, a Constituição estabelece, no *caput* do art. 100[15], o regime de precatórios e de requisições de pequeno valor (RPV) para pagamento dos débitos devidos pela Fazenda Pública em virtude de sentença judiciária.

O precatório é uma requisição de pagamento, feita pelo Poder Judiciário e encaminhada ao Poder Executivo, que deve incluir, no orçamento, previsão específica suficiente a fazer a quitação do débito da Fazenda Pública. São feitas listagens de credores, para pagamento na ordem cronológica de recepção da requisição pelo Executivo. No caso de o crédito ser considerado, por lei, como obrigação de pequeno valor, a requisição de pagamento se faz diretamente à autoridade administrativa competente, não havendo elaboração de listagens de credores.

Considerando a impossibilidade de penhora e expropriação de bens, pode-se dizer que a execução contra a Fazenda Pública é imprópria, já que tais restrições impedem a prática dos atos executivos praticados nas demais modalidades de execução.

Inserem-se no conceito de Fazenda Pública: (i) os entes federativos - União, Estados e Municípios; (ii) as autarquias e fundações de direito público (autárquicas) nas três esferas - federal, estadual e municipal; (iii) a Empresa Brasileira de Correios e Telégrafos.[16]

Em princípio, não se inserem no conceito de Fazenda Pública as empresas estatais (públicas ou de economia mista), ainda que prestadoras de serviços públicos.

---

15 Art. 100 – Os pagamentos devidos pelas Fazendas Públicas Federal, Estaduais, Distrital e Municipais, em virtude de sentença judiciária, far-se-ão exclusivamente na ordem cronológica de apresentação dos precatórios e à conta dos créditos respectivos, proibida a designação de casos ou de pessoas nas dotações orçamentárias e nos créditos adicionais abertos para este fim.

16 STF: RE 393.032 AgR, rel. min. Cármen Lúcia, j. 27-10-2009, 1ª T, *DJE* de 18-12-2009.

No entanto, o STF[17] e o TST[18] têm estatuído que, no caso de empresas estatais que prestem serviços em ambiente não concorrencial (seja em função da exclusividade, seja em virtude de não terem finalidade lucrativa), a execução deve ocorrer por meio do regime de precatórios.

Os Conselhos de fiscalização de exercício profissional não são considerados como Fazenda Pública para fins de execução de sentença; assim, a execução de seus débitos não se submete ao regime de precatórios.[19]

Observe-se que, se o ente público incorporar determinada empresa privada, é válida a penhora anteriormente feita (quando a executado era pessoa jurídica de direito privado), não podendo a execução prosseguir mediante precatório (OJ 343 da SDI-1 do TST).[20]

2.2. Pagamento dos débitos na via administrativa. Conciliação

Deve-se atentar para o fato de que os entes públicos, até mesmo em função dos princípios da legalidade e da moralidade, têm o dever de quitar administrativamente os valores de que sejam devedores. Assim, a determinação constitucional de que valores devidos pela Fazenda Pública sejam pagos por meio de precatórios somente se aplicam para os créditos decorrentes de sentenças judiciárias.

Ademais, a Fazenda Pública pode fazer acordos em Juízo – quer na fase de conhecimento, quer na de execução –, desde que haja lei do respectivo ente federativo traçando as diretrizes aplicáveis.

Nesse sentido, o art. 100, § 20, da Constituição[21], autoriza a realização de conciliações por Juízo Auxiliar de Conciliações e Precatórios, inclusive com redução de até de 40% (quarenta por cento) do valor do crédito atualizado contra a Fazenda Pública.

---

17 As sociedades de economia mista prestadoras de serviço público de atuação própria do Estado e de natureza não concorrencial submetem-se ao regime de precatório. Com base nessa orientação, a Segunda Turma negou provimento a agravo regimental em que se pleiteava a aplicação do regime jurídico de execução das empresas privadas às sociedades de economia mista. A Turma afirmou que sociedade de economia mista prestadora de serviços de abastecimento de água e saneamento que prestasse serviço público primário e em regime de exclusividade – o qual corresponderia à própria atuação do Estado, sem obtenção de lucro e de capital social majoritariamente estatal – teria direito ao processamento da execução por meio de precatório. [RE 852.302, rel. min. Dias Toffoli, j. 15-12-2015, 2ª T, Informativo 812] = ADPF 387, rel. min. Gilmar Mendes, j. 23-3-2017, P, Informativo 858.

18 TST-E-RR-84500-98.2007.5.04.0007, SBDI-I, rel. Min. Augusto César Leite de Carvalho, 8.5.2014.

19 STF: RE 938.837, rel. p/ o ac. min. Marco Aurélio, j. 19-4-2017, P, DJE de 25-9-2017, Tema 877.

20 TST, OJ 343 da SDI-1: É válida a penhora em bens de pessoa jurídica de direito privado, realizada anteriormente à sucessão pela União ou por Estado-membro, não podendo a execução prosseguir mediante precatório. A decisão que a mantém não viola o art. 100 da CF/1988.

21 Art. 100, § 20 – Caso haja precatório com valor superior a 15% (quinze por cento) do montante dos precatórios apresentados nos termos do § 5º deste artigo, 15% (quinze por cento) do valor deste precatório serão pagos até o final do exercício seguinte e o restante em parcelas iguais nos cinco exercícios subsequentes, acrescidas de juros de mora e correção monetária, ou mediante acordos diretos, perante Juízos Auxiliares de Conciliação de Precatórios, com redução máxima de 40% (quarenta por cento) do valor do crédito atualizado, desde que em relação ao crédito não penda recurso ou defesa judicial e que sejam observados os requisitos definidos na regulamentação editada pelo ente federado.

2.3. Natureza jurídica da execução contra a Fazenda Pública

A execução contra a Fazenda Pública, quando fundada em título judicial, detém a natureza jurídica de mera fase processual. Não há qualquer diferenciação, no aspecto, no que tange à execução contra pessoas de direito privado: o processo é sincrético, conforme se extrai dos arts. 534 e 535 do CPC.[22]

É possível, ainda, a execução de título extrajudicial contra a Fazenda Pública, conforme reconhecem a Súmula 279 do STJ e o art. 910 do CPC.[23] Neste caso, a execução terá natureza jurídica de processo autônomo, sendo necessário o ajuizamento de petição inicial pelo credor.

Muito já se discutiu a respeito, e a dúvida surgiu em função de o art. 100 da CF prever a sistemática precatórios. Contudo, o regime de precatórios não impede que a Fazenda Pública seja devedora em títulos extrajudiciais (exemplo: contratos assinados por duas testemunhas, notas promissórias etc.). Nessas hipóteses, a execução é admissível, com a ressalva de que o ente público deve ser citado para opor embargos à execução, caso queira - e não para pagar, como acontece nas execuções de títulos extrajudiciais em geral. Após a decisão final dos embargos, deve-se expedir o precatório ou a RPV, em completa harmonia com o art. 100 da Constituição.

2.4. Requerimento executivo e condutas da Fazenda Pública

A execução de título judicial contra a Fazenda se inicia por mero requerimento do credor, acompanhado de demonstrativo discriminado e atualizado do crédito, e deverá conter: (i) o nome completo e o número de inscrição no Cadastro de Pessoas Físicas ou no Cadastro Nacional da Pessoa Jurídica do exequente; (ii) o índice de correção monetária adotado; (iii) os juros aplicados e as respectivas taxas; o termo inicial e o termo final dos juros e da correção monetária utilizados; (iv) a periodicidade da capitalização dos juros, se for o caso; (v) a especificação dos eventuais descontos obrigatórios realizados.

O ente público é intimado para impugnar a execução, caso queira, nos próprios autos do processo. A defesa da Fazenda Pública terá a natureza de impugnação ao

[22] Art. 534. No cumprimento de sentença que impuser à Fazenda Pública o dever de pagar quantia certa, o exequente apresentará demonstrativo discriminado e atualizado do crédito contendo: (...).

Art. 535. A Fazenda Pública será intimada na pessoa de seu representante judicial, por carga, remessa ou meio eletrônico, para, querendo, no prazo de 30 (trinta) dias e nos próprios autos, impugnar a execução, podendo arguir.

[23] Art. 910 - Na execução fundada em título extrajudicial, a Fazenda Pública será citada para opor embargos em 30 (trinta) dias.

§ 1º - Não opostos embargos ou transitada em julgado a decisão que os rejeitar, expedir-se-á precatório ou requisição de pequeno valor em favor do exequente, observando-se o disposto no art. 100 da Constituição Federal.

§ 2º - Nos embargos, a Fazenda Pública poderá alegar qualquer matéria que lhe seria lícito deduzir como defesa no processo de conhecimento.

§ 3º - Aplica-se a este Capítulo, no que couber, o disposto nos artigos 534 e 535.

cumprimento de sentença; mas, no Processo do Trabalho, utiliza-se a denominação *embargos à execução*, por ser esta a nomenclatura utilizada pela CLT.

Intimada, a Fazenda Pública pode adotar três comportamentos: (i) ficar inerte; (ii) ofertar embargos à execução, impugnando a totalidade do crédito exequendo; (iii) ofertar embargos à execução parciais.

Não opostos os embargos, passa-se imediatamente ao processamento do precatório ou RPV.

No caso de não embargar a execução, o ente público, no Processo Civil, fica dispensado de pagar honorários advocatícios sucumbenciais na execução, conforme expressamente previsto no art. 1º-D da Lei nº 9.494/97.[24] Contudo, tal dispositivo é inaplicável ao Processo do Trabalho, já que se infere do art. 791-A da CLT[25] que os honorários sucumbenciais são devidos apenas na fase de conhecimento.

Diferentemente do que ocorre no âmbito cível – no qual se fixam honorários na fase de conhecimento, e outro percentual de honorários na fase de cumprimento de sentença –, na Justiça do Trabalho só há espaço para fixação de honorários sucumbenciais na ocasião da sentença de conhecimento. Por tal razão, a Fazenda Pública – assim como qualquer outro executado – não pagará honorários sucumbenciais autônomos na execução.

Se a Fazenda Pública opuser embargos à execução, suspende-se a prática de quaisquer atos executivos enquanto não houver decisão final. De fato, apenas com o trânsito em julgado da decisão dos embargos é que pode fazer-se o processamento do precatório ou da requisição de pequeno valor. Esse é o posicionamento corretamente adotado pelo Conselho Nacional de Justiça (Resolução nº 115/2010, art. 5º, IX)[26] e pela doutrina majoritária[27], à luz da literalidade do art. 100 da CF, embora haja vozes dissonantes na doutrina.[28]

No entanto, se os embargos forem apenas parciais, deve dar-se o imediato cumprimento da parte não impugnada, mediante expedição de precatório ou de RPV (CPC, art. 535, § 4º).[29]

---

24 Lei nº 9.494/97, Art. 1º-D – Não serão devidos honorários advocatícios pela Fazenda Pública nas execuções não embargadas.

25 Art. 791-A – Ao advogado, ainda que atue em causa própria, serão devidos honorários de sucumbência, fixados entre o mínimo de 5% (cinco por cento) e o máximo de 15% (quinze por cento) sobre o valor que resultar da liquidação da sentença, do proveito econômico obtido ou, não sendo possível mensurá-lo, sobre o valor atualizado da causa.

26 Art. 5º – O juiz da execução informará no precatório os seguintes dados, constantes do processo: (...)
IX – data do trânsito em julgado dos embargos à execução ou impugnação, se houver, ou data do decurso de prazo para sua oposição.

27 Fórum Permanente de Processualistas Civis, enunciado nº 532: *A expedição do precatório ou da RPV depende do trânsito em julgado da decisão que rejeita as arguições da Fazenda Pública executada.*

28 Com essa opinião divergente, com base na redação do art. 535, § 3º, do CPC: MARINONI; ARENHART; MITIDIERO, *op.cit.*, v. 2, p. 1044.

29 Art. 535, § 4º – Tratando-se de impugnação parcial, a parte não questionada pela executada será, desde logo, objeto de cumprimento.

2.5. Embargos à execução: prazo e conteúdo

Por força dos arts. 535, *caput*, e 910, *caput*, o prazo para oposição de embargos à execução pela Fazenda Pública é de 30 (trinta) dias.

Deve-se entender que, no Processo do Trabalho, o prazo de embargos à execução pela Fazenda Pública também é de 30 (trinta) dias, por força do art. 1º-B da Lei nº 9.494/97. O STF já reconheceu, em caráter vinculante, em mais de uma oportunidade, a compatibilidade do preceito com a Constituição.[30-31]

De fato, além dos inegáveis embaraços burocráticos dos órgãos públicos, a ampliação do prazo para embargos também se justifica porque o exequente também terá o mesmo prazo para impugnar a sentença de liquidação; assim, inexiste violação à isonomia. Além disso, quando a Fazenda Pública é exequente (execução fiscal), o prazo para o cidadão embargar também é de 30 dias.

O conteúdo passível de arguição nos embargos à execução ofertados pela Fazenda Pública não guarda peculiaridades, sendo idêntico ao aplicável caso se trate de execução contra pessoa de direito privado.[32]

Assim, no cumprimento de sentença, o ente público pode alegar, em seus embargos: (i) falta ou nulidade da citação se, na fase de conhecimento, o processo correu à revelia; (ii) ilegitimidade de parte; (iii) inexequibilidade do título ou inexigibilidade da obrigação; (iv) excesso de execução ou cumulação indevida de execuções; (v) incompetência absoluta ou relativa do juízo da execução; (vi) qualquer causa modificativa ou extintiva da obrigação, como pagamento, novação, compensação, transação ou prescrição, desde que supervenientes ao trânsito em julgado da sentença (CPC, art. 535, *caput*). É possível, ainda, o oferecimento de embargos à execução com eficácia rescisória, no caso de o título executivo ser fundado em norma declarada inconstitucional pelo STF (ou aplicada em interpretação tida, pelo STF, como incompatível com a Constituição).

---

30 "Ação Declaratória de Constitucionalidade. 2. Art. 4º da Medida Provisória 2.180/2001. 3. Ampliação do prazo para interpor embargos à execução. Nova redação dada aos arts. 730 do CPC/73 e 884 da CLT. 4. Medida cautelar deferida. Precedente: ADI 2.418, Rel. Min. Teori Zavascki. 5. Ação julgada procedente para declarar a constitucionalidade do art. 4º da MP 2.180/2001, confirmando a medida cautelar anteriormente deferida pelo Plenário" (ADC 11, Relator(a): GILMAR MENDES, Tribunal Pleno, julgado em 23/08/2019).

31 Tema 137 da repercussão geral: "RECURSO EXTRAORDINÁRIO. AMPLIAÇÃO DO PRAZO PARA A FAZENDA PÚBLICA OPOR EMBARGOS À EXECUÇÃO. CONSTITUCIONALIDADE. ART. 1º-B DA LEI 9.494/1997. RECURSO EXTRAORDINÁRIO PROVIDO PARA AFASTAR A INTEMPESTIVIDADE DOS EMBARGOS À EXECUÇÃO OPOSTOS PERANTE A JUSTIÇA DO TRABALHO. 1. O estabelecimento de tratamento processual especial para a Fazenda Pública, fixando-se prazo de 30 dias para opor embargos à execução, não restringe de forma desproporcional os direitos fundamentais das partes adversas, mas, sim, busca dar máxima efetividade ao princípio de proteção ao interesse público. (Precedentes: ADI 2.418, Relator Ministro Teori Zavascki, DJe 09.06.2016; ADC 11, Relator Ministro Gilmar Mendes, Plenário, J. 23.08.2019) 2. É compatível com a Constituição da República de 1988 a ampliação para 30 (trinta) dias do prazo de oposição de embargos à execução pela Fazenda Pública. 3. Recurso extraordinário provido para que a Justiça do Trabalho, reconhecida a tempestividade dos embargos à execução opostos pela Fazenda Pública no prazo que lhe foi facultado pelo art. 1º-B da Lei 9.494/1997, julgue como entender de direito" (RE 590871, Relator(a): EDSON FACHIN, Tribunal Pleno, julgado em 11/11/2019).

32 Detidamente analisado no Capítulo XXXII, item 6.2.

Já quando se tratar de execução fundada em título extrajudicial, a Fazenda Pública pode alegar, nos embargos, qualquer matéria que lhe seria lícito deduzir como defesa no processo de conhecimento (CPC, art. 910, § 2º).

2.6. Embargos à execução improcedentes: duplo grau de jurisdição?

A partir da redação do art. 496 do CPC[33], é possível concluir que o inciso I se refere à fase ou processo de conhecimento; e o inciso II, exclusivamente à execução fiscal.[34] Assim, é lícito concluir que, no caso de execução contra a Fazenda Pública, a decisão de improcedência dos embargos à execução não se sujeita ao reexame necessário.

2.7. Execução provisória contra a Fazenda Pública

Como visto, a expedição de precatório ou de RPV pressupõe o trânsito em julgado da decisão judicial. No entanto, isso não impede, em tese, o cumprimento provisório da sentença proferida em desfavor da Fazenda Pública, desde que o procedimento siga até o momento imediatamente anterior à expedição do requisitório.

Essa interpretação se harmoniza com o princípio constitucional do acesso à justiça e viabiliza a efetividade da tutela jurisdicional em face da Fazenda Pública, já que todo o trâmite do cumprimento de sentença (prazo para embargos, decisão judicial, eventual interposição de recurso etc.) será feito paralelamente à tramitação dos recursos interpostos ainda na fase de conhecimento.

Com o trânsito em julgado da decisão proferida na fase de conhecimento, e também daquela exarada no cumprimento provisório de sentença, viabiliza-se a expedição do precatório ou da RPV.

A jurisprudência do STJ[35] firmou-se no sentido de que a vedação de execução provisória de sentença contra a Fazenda Pública restringe-se às hipóteses previstas no art. 2º-B da Lei nº 9.494/97.[36] Já o STF firmou tese, em repercussão geral, no sentido de que a execução provisória de obrigação de fazer em face da Fazenda Pública não atrai o regime constitucional dos precatórios.[37]

---

33 Art. 496 – Está sujeita ao duplo grau de jurisdição, não produzindo efeito senão depois de confirmada pelo tribunal, a sentença:

I – proferida contra a União, os Estados, o Distrito Federal, os Municípios e suas respectivas autarquias e fundações de direito público;

II – que julgar procedentes, no todo ou em parte, os embargos à execução fiscal.

34 Com a mesma opinião: DIDIER; CUNHA; *op. cit.*, v. 3, p. 408.

35 Por exemplo: REsp 1652795/RS, Rel. Ministro HERMAN BENJAMIN, SEGUNDA TURMA, julgado em 28/03/2017, DJe 18/04/2017.

36 Lei nº 9.494/97, Art. 2º-B – A sentença que tenha por objeto a liberação de recurso, inclusão em folha de pagamento, reclassificação, equiparação, concessão de aumento ou extensão de vantagens a servidores da União, dos Estados, do Distrito Federal e dos Municípios, inclusive de suas autarquias e fundações, somente poderá ser executada após seu trânsito em julgado.

37 RE 573872, Relator(a): Min. EDSON FACHIN, Tribunal Pleno, julgado em 24/05/2017, PROCESSO ELETRÔNICO DJe-204 DIVULG 08-09-2017 PUBLIC 11-09-2017.

2.8. Precatório X requisição de pequeno valor

2.8.1. Faixas de valores

O marco temporal a ser considerado – para fins de definir se o crédito contra a Fazenda será pago por precatório, ou por RPV – é o momento em que houver a liquidação definitiva da obrigação, não mais sujeita a recursos, com a consequente expedição da ordem de pagamento. Ademais, deve ser considerado o valor do salário-mínimo em vigor na mesma época; irrelevante, assim, perquirir o valor do salário-mínimo (ou do crédito exequendo) na época em que ajuizada a ação, ou em qualquer outro marco temporal.

A definição das faixas de valores para pagamento de precatórios ou de requisições de pequeno valor é feita por leis próprias de cada ente federado, observando-se determinados limites estabelecidos pela Constituição Federal.

O valor mínimo que deve, obrigatoriamente, ser pago como RPV equivale ao valor do maior benefício pago pela Previdência Social (INSS), conforme art. 100, § 4º, da CF.[38] De outro lado, destaque-se que não há valor máximo prefixado pela legislação; assim, por exemplo, nada impede que determinado Estado ou Município estabeleça, por meio de lei, que dívidas de até 200 (duzentos) salários-mínimos sejam pagas por RPV.

No caso da União, o valor máximo da RPV é de até 60 (sessenta) salários-mínimos (Lei nº 10.259/2001, art. 17, § 1º).

Enquanto não forem editadas leis próprias de cada ente federativo, deve-se considerar que: (i) para os Estados, o limite da RPV é de 40 (quarenta) salários-mínimos; (ii) para os Municípios, o limite da RPV é de 30 (trinta) salários-mínimos (ADCT, art. 87).

No RE 1359139/CE, sob a sistemática de repercussão geral, o STF fixou a seguinte tese: "(I) As unidades federadas podem fixar os limites das respectivas requisições de pequeno valor em patamares inferiores aos previstos no artigo 87 do ADCT, desde que o façam em consonância com sua capacidade econômica. (II) A aferição da capacidade econômica, para este fim, deve refletir não somente a receita, mas igualmente os graus de endividamento e de litigiosidade do ente federado. (III) A ausência de demonstração concreta da desproporcionalidade na fixação do teto das requisições de pequeno valor impõe a deferência do Poder Judiciário ao juízo político-administrativo externado pela legislação local."

2.8.2. Renúncia de parcela do crédito

Conforme se verá adiante, o processamento da RPV é muito mais célere e simples, se comparado com o dos precatórios.

---

[38] Art. 100, § 4º – Para os fins do disposto no § 3º, poderão ser fixados, por leis próprias, valores distintos às entidades de direito público, segundo as diferentes capacidades econômicas, sendo o mínimo igual ao valor do maior benefício do regime geral de previdência social.

Por tal motivo, a legislação admite que o credor da Fazenda Pública renuncie à parte do crédito que exceda o limite fixado para pagamento por RPV pelo respectivo ente público (ADCT, art. 87, parágrafo único).[39] Com a renúncia, o credor abdica ao direito de receber o excedente, mas, em compensação, recebe os valores mais rapidamente.

No entanto, uma vez feita, nos autos, a renúncia, inviabiliza-se a expedição de precatórios suplementares ou complementares; o valor da execução também não pode ser repartido ou fracionado para que o credor receba em parte por RPV, e em parte por precatório (CF, art. 100, § 8º).[40]

2.8.3. *RPV: limite no caso de litisconsórcio e honorários advocatícios*

Discute-se se o pagamento deve ser por precatório, ou por RPV, nas hipóteses em que haja litisconsórcio ativo, sendo o valor global superior ao teto da RPV, mas, considerados individualmente, os créditos não ultrapassam tal limite. *Mutatis mutandis*, a mesma discussão existe quanto aos honorários advocatícios incidentes sobre o valor de cada credor.

Aparentemente, o art. 97, § 11, do ADCT[41], impede, nessas hipóteses, que o credor receba por RPV, ainda que seu crédito, isoladamente considerado, seja inferior à respectiva faixa de valores.

No entanto, o STF tem acertadamente decidido que, nos casos de litisconsórcio ativo facultativo, deve ser considerado o valor a ser recebido individualmente por cada credor, a fim de definir se o pagamento será feito por precatório ou por RPV.[42] O posicionamento é coerente, pois estimula o fenômeno da cumulação de ações, o que contribui para a redução do quantitativo de processos em trâmite no Judiciário.

No mesmo sentido, a OJ nº 9 do Tribunal Pleno do TST estabelece que, no caso de reclamações trabalhistas plúrimas, a aferição do que vem a ser obrigação de pequeno valor, para efeito de dispensa de formação de precatório e aplicação do disposto no § 3º do art. 100 da CF/88, deve ser realizada considerando-se os créditos de cada reclamante.

O STF entende da mesma forma no que tange aos honorários advocatícios sucumbenciais. Assim, por considerar que o direito do advogado é autônomo, a

---

39 Art. 87, Parágrafo único. Se o valor da execução ultrapassar o estabelecido neste artigo, o pagamento far-se-á, sempre, por meio de precatório, sendo facultada à parte exequente a renúncia ao crédito do valor excedente, para que possa optar pelo pagamento do saldo sem o precatório, da forma prevista no § 3º do art. 100.

40 Art. 100, § 8º – É vedada a expedição de precatórios complementares ou suplementares de valor pago, bem como o fracionamento, repartição ou quebra do valor da execução para fins de enquadramento de parcela do total ao que dispõe o § 3º deste artigo.

41 Art. 97, § 11 – No caso de precatórios relativos a diversos credores, em litisconsórcio, admite-se o desmembramento do valor, realizado pelo Tribunal de origem do precatório, por credor, e, por este, a habilitação do valor total a que tem direito, não se aplicando, neste caso, a regra do § 3º do art. 100 da Constituição Federal.

42 ARE 904880 AgR, Relator(a): Min. ROSA WEBER, Primeira Turma, julgado em 16/02/2016, PROCESSO ELETRÔNICO DJe-048 DIVULG 14-03-2016 PUBLIC 15-03-2016).

Suprema Corte admite que o patrono receba (quando for o caso) seu crédito por RPV, ao passo que seu cliente - credor da Fazenda Pública - receba por precatório, se o respectivo crédito exceder o limite legal da RPV.[43] A Corte entende, ainda, que caso haja litisconsórcio ativo, os honorários sucumbenciais constituem crédito único e indivisível do patrono; assim, este não pode receber por RPV considerando os honorários incidentes sobre o crédito de cada litisconsorte.[44]

Tal entendimento é passível de crítica, e revela incoerência com o posicionamento anteriormente referido - que admite o desmembramento de valores em caso de litisconsórcio ativo.

Ora, de um lado, o STF adota orientação que estimula o exercício de ações coletivas e em litisconsórcio ativo (quando reconhece que, nesses casos, a definição de pagamento por RPV ou precatório se faz considerado o crédito individual de cada credor); de outro lado, a Corte desestimula as ações plúrimas, ao estabelecer que o crédito do advogado é único em cada processo. É de se esperar, nesse contexto, que o advogado prefira ajuizar várias ações separadamente - e não mais em litisconsórcio -, para que possa receber seus créditos por RPV.

A incoerência deve ser corrigida mediante alteração do entendimento concernente aos honorários sucumbenciais, que constituem verba de natureza acessória. A definição do pagamento por RPV ou precatório deveria ser feita considerando o total do crédito exequendo em relação a cada credor, o que inclui todos os seus acessórios - juros de mora, correção monetária e honorários advocatícios sucumbenciais. Pensar diferentemente gera, ainda, a perplexidade de que o advogado receba seu crédito - que é acessório, embora constitua direito autônomo do patrono - antes do respectivo cliente, o que soa ilógico e injusto.

2.8.4. Ordem cronológica dos precatórios: filas existentes

Após a EC nº 62/2009, passaram a existir três listagens de precatórios:

- (i) a primeira, superpreferencial, corresponde aos créditos de natureza alimentícia cujos titulares, originários ou por sucessão hereditária, tenham 60 (sessenta) anos de idade, ou sejam portadores de doença grave, ou pessoas com deficiência, assim definidos na forma da lei. Tais créditos serão pagos com preferência sobre todos os demais débitos, até o valor equivalente ao triplo fixado em lei para o pagamento por RPV, admitido o fracionamento para essa finalidade, sendo que o restante será pago na ordem cronológica de apresentação do precatório (CF, art. 100, § 2º);

43 RE 564132, Relator(a): Min. EROS GRAU, Relator(a) p/ Acórdão: Min. CÁRMEN LÚCIA, Tribunal Pleno, julgado em 30/10/2014, REPERCUSSÃO GERAL - MÉRITO DJe-027 DIVULG 09-02-2015 PUBLIC 10-02-2015 EMENT VOL-02765-01 PP-00001.

44 Agravo regimental no recurso extraordinário. 2. Direito Processual Civil. 3. Execução de sentença. Precatório. Honorários Advocatícios. Crédito único. Fracionamento. Impossibilidade. Art. 100, § 8º, da Constituição da República/88. 4. Agravo regimental a que se nega provimento. (RE 913542 AgR, Relator(a): Min. GILMAR MENDES, Segunda Turma, julgado em 25/08/2017, PROCESSO ELETRÔNICO DJe-202 DIVULG 05-09-2017 PUBLIC 06-09-2017.

- (ii) a segunda, preferencial, que abrange os débitos de natureza alimentícia, assim compreendidos aqueles decorrentes de salários, vencimentos, proventos, pensões e suas complementações, benefícios previdenciários e indenizações por morte ou por invalidez, fundadas em responsabilidade civil, em virtude de sentença judicial transitada em julgado. Tais créditos serão pagos com preferência sobre todos os demais débitos, com exceção daqueles constantes da listagem superpreferencial;
- (iii) a terceira, ordinária, que abrange os demais débitos da Fazenda Pública, que não façam parte das duas listagens anteriores.

No caso de cessão de precatórios, o cessionário (adquirente do crédito) perde a preferência referente à primeira listagem (fila superpreferencial), mas mantém a preferência relativa aos créditos alimentares (fila preferencial), conforme previsto na Resolução nº 303 do CNJ, art. 42.[45]

Vale destacar que, se o crédito inserido na fila superpreferencial exceder o triplo do valor máximo do RPV da entidade devedora, o excesso será incluído na segunda listagem (preferencial). Trata-se da única hipótese de fracionamento de precatórios explicitamente admitida pela Constituição.

2.9. Processamento dos precatórios

O precatório é elaborado pelo Juízo da execução e deverá conter as seguintes informações, conforme estipulado no art. 6º da Resolução nº 303/2019 do Conselho Nacional de Justiça:

> I – numeração única do processo judicial, número originário anterior, se houver, e data do respectivo ajuizamento;

[45] Art. 42 – O beneficiário poderá ceder, total ou parcialmente, seus créditos a terceiros, independentemente da concordância da entidade devedora, não se aplicando ao cessionário o disposto nos §§ 2º e 3º do art. 100 da Constituição Federal, cabendo ao presidente do tribunal providenciar o registro junto ao precatório.

§ 1º A cessão não altera a natureza do precatório, podendo o cessionário gozar da preferência de que trata o § 1º do art. 100 da Constituição Federal, quando a origem do débito assim permitir, mantida a posição na ordem cronológica originária, em qualquer caso.

§ 2º A cessão de créditos em precatórios somente alcança o valor disponível, entendido este como o valor líquido após incidência de contribuição social, contribuição para o FGTS, honorários advocatícios, penhora registrada, parcela superpreferencial já paga, compensação parcial e cessão anterior, se houver.

§ 3º O disposto neste artigo se aplica à cessão de honorários advocatícios em favor da sociedade de advogados.

§ 4º Em caso de cessão, o imposto de renda:

I – se incidente sobre a parcela cedida, será de responsabilidade do cedente, nos termos da legislação que lhe for aplicável;

II – se incidente sobre o valor recebido pelo cedente, quando da celebração da cessão, deve ser recolhido pelo próprio contribuinte, na forma da legislação tributária.

§ 5º O presidente do tribunal poderá editar regulamento para exigir a forma pública do respectivo instrumento como condição de validade para o registro de que tratam os artigos seguintes desta Resolução, resguardada a validade das cessões por instrumento particular informadas nos autos ou registradas até a data da publicação do aludido normativo.

II – número do processo de execução ou cumprimento de sentença, no padrão estabelecido pelo Conselho Nacional de Justiça, caso divirja do número da ação originária;

III – nome(s) do(s) beneficiário(s) do crédito, do seu procurador, se houver, com o respectivo número no Cadastro de Pessoas Físicas – CPF, no Cadastro Nacional de Pessoas Jurídicas – CNPJ ou no Registro Nacional de Estrangeiro – RNE, conforme o caso;

IV – indicação da natureza comum ou alimentícia do crédito;

V – valor total devido a cada beneficiário e o montante global da requisição, constando o principal corrigido, o índice de juros ou da taxa SELIC, quando utilizada, e o correspondente valor;

VI – a data-base utilizada na definição do valor do crédito;

VII – data do trânsito em julgado da sentença ou do acórdão lavrado na fase de conhecimento do processo judicial;

VIII – data do trânsito em julgado dos embargos à execução ou da decisão que resolveu a impugnação ao cálculo no cumprimento de sentença, ou do decurso do prazo para sua apresentação;

IX – data do trânsito em julgado da decisão que reconheceu parcela incontroversa, se for o caso;

X – a indicação da data de nascimento do beneficiário, em se tratando de crédito de natureza alimentícia e, se for o caso, indicação de que houve deferimento da superpreferência perante o juízo da execução;

XI – a natureza da obrigação (assunto) a que se refere à requisição, de acordo com a Tabela Única de Assuntos – TUA do CNJ;

XII – número de meses – NM a que se refere a conta de liquidação e o valor das deduções da base de cálculo, caso o valor tenha sido submetido à tributação na forma de rendimentos recebidos acumuladamente RRA, conforme o art. 12-A da Lei n. 7.713/1988;

XIII – o órgão a que estiver vinculado o empregado ou servidor público, civil ou militar, da administração direta, quando se tratar de ação de natureza salarial, com a indicação da condição de ativo, inativo ou pensionista, caso conste dos autos;

XIV – quando couber, o valor:

a) das contribuições previdenciárias, bem como do órgão previdenciário com o respectivo CNPJ;

b) da contribuição para o Fundo de Garantia por Tempo de Serviço – FGTS;

c) de outras contribuições devidas, segundo legislação do ente federado.

XV – identificação do Juízo de origem da requisição de pagamento;

XVI – identificação do Juízo onde tramitou a fase de conhecimento, caso divirja daquele de origem da requisição de pagamento;

XVII – no caso de sucessão e/ou cessão, o nome do beneficiário originário, com o respectivo número de inscrição no CPF ou CNPJ, conforme o caso.

Após a elaboração, o precatório é encaminhado para o Presidente do Tribunal a que vinculado o juiz da execução.

O Presidente do Tribunal verifica a regularidade do requisitório; se houver algum defeito formal no instrumento, devolve-o ao Juízo de origem para as devidas correções; estando perfeito o precatório, o Presidente do Tribunal o encaminha para o Poder Executivo, a fim de inclusão no orçamento.

Conforme reconhecido pela Súmula 311 do STJ, os atos de presidente de tribunal que disponham sobre processamento e pagamento de precatório não têm caráter jurisdicional. Trata-se de atividade meramente administrativa, destinada a fazer controle formal do precatório e centralizar o encaminhamento dos requisitórios na pessoa do Presidente, de modo a evitar o inconveniente de que a Fazenda Pública recebesse precatórios diretamente de todos os órgãos jurisdicionais do país.

Os precatórios apresentados até o dia 2 de abril devem ser incluídos no orçamento e pagos até o fim do exercício financeiro seguinte (CF, art. 100, § 5º).[46]

Considera-se data de apresentação aquela em que houve recebimento do ofício perante o Tribunal ao qual se vincula o juízo da execução.

Se o precatório for apresentado após o dia 2 de abril, não será incluído no orçamento do ano seguinte, mas apenas do subsequente. Exemplo: precatório apresentado em 01/04/2024 tem que ser quitado até o final do exercício de 2025; precatório apresentado em 03/04/2024 deve ser pago até o fim do ano de 2026.

2.10. Processamento da RPV

O processamento da RPV é simplificado: após o trânsito em julgado da decisão dos embargos à execução ofertados pela Fazenda Pública – ou, após o decurso do respectivo prazo *in albis* – o próprio juiz da execução encaminha a requisição de pagamento, direcionando-a à autoridade na pessoa de quem o ente público foi citado para o processo, e determinando o pagamento do débito no prazo de 2 (dois) meses contado da entrega da requisição, mediante depósito na agência de banco oficial mais próxima da residência do exequente (CPC, art. 535, § 3º, II).

Desatendida a requisição judicial, o Juiz determinará o sequestro do numerário suficiente ao cumprimento da decisão (Lei nº 10.259/2001, art. 17, § 2º).

2.11. Sequestro de verbas públicas

A denominação *sequestro*, utilizada pela Constituição, não corresponde à medida cautelar consistente na apreensão de bem específico, com o objetivo de garantir futura execução para entrega de coisa certa. Trata-se, na verdade, de medida satisfativa, já que o sequestro resulta na apreensão de recursos financeiros da entidade pública, para entrega ao credor.

A partir da Emenda Constitucional nº 62/2009, o art. 100, § 6º, da CF[47], autoriza o sequestro de verbas públicas, a requerimento do credor, exclusivamente para as hipóteses de (i) preterição do direito de preferência (= desrespeito à ordem crono-

---

[46] § 5º É obrigatória a inclusão no orçamento das entidades de direito público de verba necessária ao pagamento de seus débitos oriundos de sentenças transitadas em julgado constantes de precatórios judiciários apresentados até 2 de abril, fazendo-se o pagamento até o final do exercício seguinte, quando terão seus valores atualizados monetariamente. (Redação dada pela Emenda Constitucional nº 114, de 2021)

[47] Art. 100, § 6º – As dotações orçamentárias e os créditos abertos serão consignados diretamente ao Poder Judiciário, cabendo ao Presidente do Tribunal que proferir a decisão exequenda determinar o pagamento integral e autorizar, a requerimento do credor e exclusivamente para os casos de preterimento de seu direito de precedência ou de não alocação orçamentária do valor necessário à satisfação do seu débito, o sequestro da quantia respectiva.

lógica de precatórios) ou de (ii) não alocação, no orçamento, da quantia necessária à satisfação da dívida.

Sobre o tema, o STF tem decisões, proferidas à luz da redação originária da Constituição – e também do texto decorrente da Emenda Constitucional nº 30/2000 – no sentido de que a única hipótese em que seria possível o sequestro de recursos públicos é o caso de preterição do direito de preferência, não sendo admissível na hipótese de não inclusão da quantia no orçamento.[48]

No cenário posterior à EC nº 62/2009, há precedentes do STF admitindo o sequestro de verbas públicas no caso de não alocação de recursos orçamentários, caso o ente público tenha feito o parcelamento de sua dívida nos termos do art. 78, § 4º, do ADCT.[49]

A EC nº 62/2009 também instituiu regime especial de parcelamento e pagamento de precatórios, previsto no art. 97 do ADCT, que estabelece critérios e vinculação de percentual da receita líquida do ente público para a finalidade de quitar os precatórios parceladamente. O § 10, I e II , do referido dispositivo autoriza o sequestro de quantias públicas, caso não haja liberação tempestiva de recursos, de acordo com os parâmetros estabelecidos constitucionalmente.[50]

Depreende-se que o sequestro de verbas públicas, em função do atraso no pagamento do precatório, pode dar-se em duas hipóteses: (i) se o ente optar por não realizar o parcelamento autorizado constitucionalmente, e não quitar o precatório no prazo previsto no art. 100, § 5º, da CF[51] – até 2 de abril do exercício seguinte à apresentação do precatório, ou do subsequente; (ii) se o ente optar por realizar o

---

[48] ADI 1662, Relator(a): Min. MAURÍCIO CORRÊA, Tribunal Pleno, julgado em 30/08/2001, DJ 19-09-2003 PP-00014 EMENT VOL-02124-02 PP-00300.

[49] Por exemplo: Ementa: 1) A RECLAMAÇÃO É INSTRUMENTO CABÍVEL NAS HIPÓTESES EM QUE A DECISÃO JUDICIAL AFRONTA O CONTEÚDO NORMATIVO DO DECISUM LAVRADO EM SEDE DIRETA DE INCONSTITUCIONALIDADE. 2) O SEQUESTRO DE VERBAS PÚBLICAS NA HIPÓTESE DE PRECATÓRIO ALIMENTAR NÃO SE CONFUNDE COM AQUELOUTRA CONSTRIÇÃO DERIVADA DE PARCELAMENTOS INADIMPLIDOS NOS TERMOS DO ART. 78, § 4º, DO ADCT. 3) INEXISTÊNCIA DE OFENSA AO QUE DECIDIDO NA ADIN 1.662 QUE VERSOU SOBRE SEQUESTRO DE RENDAS PÚBLICAS NA HIPÓTESE DE PRECATÓRIO DE CARÁTER ALIMENTAR. TRATANDO-SE DE PRECATÓRIO DE NATUREZA NÃO-ALIMENTAR, COMO NA HIPÓTESE DOS AUTOS, ADMITE-SE A INCIDÊNCIA DO ARTIGO 78, § 4º, DO ADCT QUE PERMITE O SEQUESTRO DE RECURSOS FINANCEIROS DA ENTIDADE EXECUTADA UMA VEZ VENCIDO O PRAZO DE PAGAMENTO, EM CASO DE OMISSÃO NO ORÇAMENTO OU DE PRETERIÇÃO AO DIREITO DE PREFERÊNCIA. 4) VOTO PELO DESACOLHIMENTO DA RECLAMAÇÃO. (Rcl 5730, Relator(a): Min. LUIZ FUX, Tribunal Pleno, julgado em 15/09/2011, DJe-201 DIVULG 18-10-2011 PUBLIC 19-10-2011 EMENT VOL-02610-01 PP-00001)

[50] Art. 97, § 10 – No caso de não liberação tempestiva dos recursos de que tratam o inciso II do § 1º e os §§ 2º e 6º deste artigo:

I – haverá o sequestro de quantia nas contas de Estados, Distrito Federal e Municípios devedores, por ordem do Presidente do Tribunal referido no § 4º, até o limite do valor não liberado;

II – constituir-se-á, alternativamente, por ordem do Presidente do Tribunal requerido, em favor dos credores de precatórios, contra Estados, Distrito Federal e Municípios devedores, direito líquido e certo, autoaplicável e independentemente de regulamentação, à compensação automática com débitos líquidos lançados por esta contra aqueles, e, havendo saldo em favor do credor, o valor terá automaticamente poder liberatório do pagamento de tributos de Estados, Distrito Federal e Municípios devedores, até onde se compensarem.

[51] Art. 100, § 5º – É obrigatória a inclusão no orçamento das entidades de direito público de verba necessária ao pagamento de seus débitos oriundos de sentenças transitadas em julgado constantes de precatórios

parcelamento autorizado constitucionalmente, e não liberar os recursos correspondentes aos percentuais constitucionalmente estabelecidos da receita corrente líquida para o pagamento de precatórios.

Assim, deve-se considerar superada a OJ nº 3 do Tribunal Pleno do TST.[52]

Por fim, ressalte-se que é possível o sequestro de verbas públicas caso a RPV não seja paga no prazo de dois meses (CPC, art. 535, § 3º, II)[53], conforme se extrai da Lei nº 10.259/2001, art. 17, § 2º.[54]

Por fim, veja-se que algumas decisões do TST têm admitido o chamado sequestro humanitário, em hipóteses nas quais o credor sofre risco iminente de vida e não pode aguardar sequer o pagamento dos credores da lista preferencial.[55]

2.12. Intervenção federal – inadimplemento de precatórios

O inadimplemento de precatórios constitui inexecução de decisão judicial. Dessa forma, em tese, por força do art. 34, VI, da CF[56], seria possível cogitar de intervenção federal (da União no Estado inadimplente) ou estadual (do Estado no município inadimplente).

No entanto, a jurisprudência dos Tribunais – inclusive a do STF[57] – tem sido parcimoniosa a respeito, concluindo pela impossibilidade de intervenção caso haja situação de insuficiência de recursos financeiros por parte do ente público. Isso porque, além da regra constitucional que impõe o pagamento de precatórios e autoriza a intervenção, há outros princípios constitucionais de igual magnitude – tais como

---

judiciários apresentados até 2 de abril, fazendo-se o pagamento até o final do exercício seguinte, quando terão seus valores atualizados monetariamente. (Redação dada pela Emenda Constitucional nº 114, de 2021).

52 TP do TST, OJ 3: O sequestro de verbas públicas para satisfação de precatórios trabalhistas só é admitido na hipótese de preterição do direito de precedência do credor, a ela não se equiparando as situações de não inclusão da despesa no orçamento ou de não-pagamento do precatório até o final do exercício, quando incluído no orçamento.

53 Art. 535, § 3º, II – por ordem do juiz, dirigida à autoridade na pessoa de quem o ente público foi citado para o processo, o pagamento de obrigação de pequeno valor será realizado no prazo de 2 (dois) meses contado da entrega da requisição, mediante depósito na agência de banco oficial mais próxima da residência do exequente.

54 Lei nº 10.259/2001, Art. 17, § 2º – Desatendida a requisição judicial, o Juiz determinará o sequestro do numerário suficiente ao cumprimento da decisão.

55 No TST, foi noticiado julgamento nesse sentido em 06/06/2018. O número do processo não foi divulgado para preservar a intimidade da trabalhadora, que era portadora de HIV. A notícia está disponível no site: http://www.tst.jus.br/noticias/-/asset_publisher/89Dk/content/tst-mantem-sequestro-humanitario-de-precatorios-para-portadora-de-hiv?inheritRedirect=false

56 Art. 34, A União não intervirá nos Estados nem no Distrito Federal, exceto para: (...)

VI – prover a execução de lei federal, ordem ou decisão judicial.

57 Por exemplo: EMENTA: INTERVENÇÃO FEDERAL. Pagamento de precatório judicial. Descumprimento voluntário e intencional. Não ocorrência. Inadimplemento devido a insuficiência transitória de recursos financeiros. Necessidade de manutenção de serviços públicos essenciais, garantidos por outras normas constitucionais. Agravo improvido. Precedentes. Não se justifica decreto de intervenção federal por não pagamento de precatório judicial, quando o fato não se deva a omissão voluntária e intencional do ente federado, mas a insuficiência temporária de recursos financeiros. (IF 4640 AgR, Relator(a): Min. CEZAR PELUSO (Presidente), Tribunal Pleno, julgado em 29/03/2012, ACÓRDÃO ELETRÔNICO DJe-080 DIVULG 24-04-2012 PUBLIC 25-04-2012)

a necessidade de prestar serviços públicos essenciais (saúde, educação, segurança etc.) – que devem ser sopesados no caso concreto.

Assim, a intervenção somente se justifica se houver inadimplemento voluntário e doloso do ente público no pagamento de seus precatórios.

2.13. Correção monetária, juros moratórios e precatório complementar

Por força do art. 100, §5º, da Constituição, o precatório apresentado até 2 de abril deve ser quitado até o final do exercício financeiro seguinte; e, caso a apresentação ocorra após 2 de abril, a quitação deve ser feita até o fim do exercício subsequente ao seguinte. Assim, inevitavelmente haverá decurso de tempo entre a apresentação do precatório e a respectiva quitação.

Por tal razão, o referido dispositivo constitucional estabelece que os valores devem ser atualizados monetariamente quando do pagamento do precatório. Assim, para fins didáticos, pode-se dizer que a correção monetária é feita em dois momentos: até a apresentação do precatório; e quando do pagamento do precatório. Destaque-se que não há solução de continuidade na incidência da correção monetária.

Atualmente, quando a devedora for a Fazenda Pública (ente federativo, autarquia ou fundação pública de direito público), a taxa SELIC será utilizável como índice conglobante de juros de mora e correção monetária, por força do art. 3º da Emenda Constitucional 113/2021.[58] Se a incidência da SELIC é clara quanto ao período posterior ao ajuizamento da reclamação trabalhista contra ente fazendário, a situação não é tão clara no que tange ao período anterior à ação, pois, em tese, seria possível defender a incidência da SELIC também na fase pré-judicial que envolvesse os entes públicos. Contudo, é preferível o entendimento de que na fase pré-judicial o débito fazendário também deve ser corrigido pelo IPCA-E, assim como acontece com os créditos trabalhistas em geral, de modo a uniformizar os critérios e a atender ao comando exarado pela decisão do STF na ADC 58.

Para fins didáticos e de registro, passa-se a expor os critérios anteriores à EC 113/2021.

No primeiro momento, a correção monetária seria calculada tendo como marco inicial a data de descumprimento da obrigação pela Fazenda Pública; e, como termo final, a data de elaboração dos cálculos de liquidação e apresentação do precatório. Dessa forma, quando o juiz do trabalho proferir sentença condenatória (processo de conhecimento) em desfavor da Fazenda Pública, deveria determinar a correção monetária de acordo com o critério que se passa a descrever.

Nessa primeira etapa, em princípio deveria ser utilizado para correção monetária a TR (índice que remunera a caderneta de poupança), conforme previsto

[58] Art. 3º Nas discussões e nas condenações que envolvam a Fazenda Pública, independentemente de sua natureza e para fins de atualização monetária, de remuneração do capital e de compensação da mora, inclusive do precatório, haverá a incidência, uma única vez, até o efetivo pagamento, do índice da taxa referencial do Sistema Especial de Liquidação e de Custódia (Selic), acumulado mensalmente.

no art. 1º-F da Lei nº 9.494/97[59]. Contudo, o STF declarou a inconstitucionalidade de utilização da TR para cálculo da correção monetária das condenações judiciais impostas à Fazenda Pública, já que tal índice não reflete a evolução do poder de compra da moeda; daí resulta que a sua aplicação acarretaria decréscimo financeiro para o credor, o que viola o direito de propriedade[60].

Destaque-se que, ao julgar os embargos de declaração no RE 870947[61], o STF decidiu não modular os efeitos da declaração de inconstitucionalidade, de modo que o IPCA-E deveria incidir (como índice de correção monetária) durante toda a fase de conhecimento do processo movido contra a Fazenda Pública, bem como durante a fase de execução, inclusive após a expedição de precatório, com a ressalva do período que medeia entre 09/12/2009 (data de promulgação da EC 62/2009) e 25/03/2015, conforme explicado abaixo.

A segunda etapa em que se calculará a correção monetária compreende o período subsequente à expedição do precatório, e incide até o momento do respectivo pagamento. Perceba-se que a atribuição de efetuar os cálculos de correção monetária, nesta fase, não é mais do juiz da execução, mas do presidente do tribunal ao qual o juiz está vinculado.

No que tange a tal etapa (2º momento de correção monetária), o STF decidiu que se aplicariam os índices da caderneta de poupança (TR), nos termos da Emenda Constitucional nº 62/2009, até 25.03.2015, data após a qual (i) os créditos em precatórios deverão ser corrigidos pelo Índice de Preços ao Consumidor Amplo Especial

---

59 Lei nº 9.494/97, Art. 1º-F – Nas condenações impostas à Fazenda Pública, independentemente de sua natureza e para fins de atualização monetária, remuneração do capital e compensação da mora, haverá a incidência uma única vez, até o efetivo pagamento, dos índices oficiais de remuneração básica e juros aplicados à caderneta de poupança.

60 "DIREITO CONSTITUCIONAL. REGIME DE ATUALIZAÇÃO MONETÁRIA E JUROS MORATÓRIOS INCIDENTE SOBRE CONDENAÇÕES JUDICIAIS DA FAZENDA PÚBLICA. ART. 1º-F DA LEI Nº 9.494/97 COM A REDAÇÃO DADA PELA LEI Nº 11.960/09. IMPOSSIBILIDADE JURÍDICA DA UTILIZAÇÃO DO ÍNDICE DE REMUNERAÇÃO DA CADERNETA DE POUPANÇA COMO CRITÉRIO DE CORREÇÃO MONETÁRIA. VIOLAÇÃO AO DIREITO FUNDAMENTAL DE PROPRIEDADE (CRFB, ART. 5º, XXII). INADEQUAÇÃO MANIFESTA ENTRE MEIOS E FINS. INCONSTITUCIONALIDADE DA UTILIZAÇÃO DO RENDIMENTO DA CADERNETA DE POUPANÇA COMO ÍNDICE DEFINIDOR DOS JUROS MORATÓRIOS DE CONDENAÇÕES IMPOSTAS À FAZENDA PÚBLICA, QUANDO ORIUNDAS DE RELAÇÕES JURÍDICO-TRIBUTÁRIAS. DISCRIMINAÇÃO ARBITRÁRIA E VIOLAÇÃO À ISONOMIA ENTRE DEVEDOR PÚBLICO E DEVEDOR PRIVADO (CRFB, ART. 5º, CAPUT). RECURSO EXTRAORDINÁRIO PARCIALMENTE PROVIDO. 1. O princípio constitucional da isonomia (CRFB, art. 5º, caput), no seu núcleo essencial, revela que o art. 1º-F da Lei nº 9.494/97, com a redação dada pela Lei nº 11.960/09, na parte em que disciplina os juros moratórios aplicáveis a condenações da Fazenda Pública, é inconstitucional ao incidir sobre débitos oriundos de relação jurídico-tributária, os quais devem observar os mesmos juros de mora pelos quais a Fazenda Pública remunera seu crédito; nas hipóteses de relação jurídica diversa da tributária, a fixação dos juros moratórios segundo o índice de remuneração da caderneta de poupança é constitucional, permanecendo hígido, nesta extensão, o disposto legal supramencionado. 2. O direito fundamental de propriedade (CRFB, art. 5º, XXII) repugna o disposto no art. 1º-F da Lei nº 9.494/97, com a redação dada pela Lei nº 11.960/09, porquanto a atualização monetária das condenações impostas à Fazenda Pública segundo a remuneração oficial da caderneta de poupança não se qualifica como medida adequada a capturar a variação de preços da economia, sendo inidônea a promover os fins a que se destina.(...) os índices de correção monetária devem consubstanciar autênticos índices de preços. 5. Recurso extraordinário parcialmente provido" (RE 870947, Relator(a): Min. LUIZ FUX, Tribunal Pleno, julgado em 20/09/2017).

61 RE 870947 ED, Relator(a): LUIZ FUX, Relator(a) p/ Acórdão: ALEXANDRE DE MORAES, Tribunal Pleno, julgado em 03/10/2019.

(IPCA-E) e (ii) os precatórios tributários deverão observar os mesmos critérios pelos quais a Fazenda Pública corrige seus créditos tributários[62].

Perceba-se que há dois critérios diferentes utilizados pela Suprema Corte:

- (i) nas ADIs 4357 e 4425 (atinentes a débitos já inscritos em precatórios) o STF modulou os efeitos da declaração de inconstitucionalidade – reconhecendo a validade da correção monetária pelos índices oficiais de remuneração da poupança entre 09/12/2009 (data de promulgação da EC 62/2009) e 25/03/2015 (data de julgamento dos embargos de declaração);
- (ii) já no RE 870947, não houve modulação temporal dos efeitos de declaração de inconstitucionalidade. Dessa forma, ficou definido que a correção monetária dos débitos da Fazenda Pública deve ser feita pelo IPCA-E, o que se aplica para pagamentos efetuados na via administrativa e também para débitos judicializados, até o momento da expedição do precatório.

Há nítida violação ao princípio da isonomia (conforme enunciado nos votos dos Min. Roberto Barroso e Gilmar Mendes no RE 870947), pois os credores fazendários serão tratados diferentemente apenas pelo fato de que uma das dívidas tenha sido incluída em precatório antes de outra virtualmente idêntica.

Esquematicamente, tem-se:

Tipo de débito	Correção monetária entre 09/12/2009 e 23/05/2015	Correção monetária a partir de 24/05/2015
Inscrito em precatório	Índice de remuneração da poupança	IPCA-E
Pago com atraso na via administrativa	IPCA-E	IPCA-E
Judicializado (antes da expedição do precatório)	IPCA-E	IPCA-E

No que tange aos juros moratórios, importante observar que também há necessidade de considerar os dois momentos já referidos. Assim, na sentença condenatória (processo de conhecimento) o juiz deve estabelecer os critérios de juros moratórios em desfavor da Fazenda Pública; os juros moratórios continuam incidindo até o momento anterior à expedição do precatório, conforme já decidiu o STF em repercussão geral.[63]

Após a expedição do precatório, e durante o prazo previsto constitucionalmente para pagamento, não incidem juros de mora, conforme Súmula Vinculante nº 17 do

[62] ADI 4425 QO, Relator(a): Min. LUIZ FUX, Tribunal Pleno, julgado em 25/03/2015.

[63] JUROS DA MORA – FAZENDA PÚBLICA – DÍVIDA – REQUISIÇÃO OU PRECATÓRIO. Incidem juros da mora entre a data da realização dos cálculos e a da requisição ou do precatório. RE 579431, Relator(a): Min. MARCO AURÉLIO, Tribunal Pleno, julgado em 19/04/2017, ACÓRDÃO ELETRÔNICO REPERCUSSÃO GERAL – MÉRITO DJe-145 DIVULG 29-06-2017 PUBLIC 30-06-2017.

STF.[64] De outro lado, se for excedido o prazo previsto no art. 100, § 5º, da CF, os juros moratórios passam a incidir a partir do primeiro dia do exercício financeiro seguinte ao que deveria ter sido pago o precatório, conforme jurisprudência do STF.[65] No entanto, após a edição da Emenda Constitucional nº 62/2009, a nova redação do art. 100, §12, da CF, gera a conclusão de que os juros de mora incidirão até o efetivo pagamento, ainda que observado o prazo constitucional; assim, espera-se que o STF modifique a Súmula Vinculante nº 17, a fim de adequá-la à nova realidade constitucional.

Ademais, o STF entende ser constitucional a utilização da TR para fixação de juros moratórios em desfavor da Fazenda Pública.[66]

Em suma, a correção monetária deve ser feita com base nos índices de inflação (IPCA-E); e os juros de mora com base na TR. Os juros moratórios – diferentemente da correção monetária – são excluídos durante o prazo previsto no art. 100, § 5º, da CF.

Por fim, veja-se que, se a Fazenda Pública for condenada subsidiariamente, os juros moratórios incidentes até a data de expedição do precatório (e que devem ser fixados na sentença prolatada na fase de conhecimento) deveriam ser fixados com base na Lei nº 8.177/90, art. 39. Assim, incidirão na base de 1% (um por cento) ao mês. Depreende-se que a Fazenda só se beneficia da redução de juros de mora (mediante aplicação da TR) quando for devedora principal; jamais quando for responsável subsidiária. Nesse sentido é a OJ 348 da SDI-1 do TST.[67] De todo modo, após a expedição do precatório, em qualquer caso (condenação principal ou subsidiária da Fazenda Pública), os juros de mora passam a ser calculados pela TR. Contudo, após a decisão da ADC 58 pelo Supremo Tribunal Federal, os créditos trabalhistas em geral passam a sofrer incidência da SELIC no período posterior ao ajuizamento da reclamação trabalhista, sendo que, no período anterior ao ajuizamento, incide tão somente o IPCA-E e a TR.

---

64 STF, Súmula Vinculante nº 17 – Incidência – Juros de Mora – Precatórios Judiciários. Durante o período previsto no parágrafo 1º do artigo 100 da Constituição, não incidem juros de mora sobre os precatórios que nele sejam pagos.

65 DIREITO CONSTITUCIONAL. PAGAMENTO DE PRECATÓRIO FORA DO PRAZO CONSTITUCIONAL. INCIDÊNCIA DE JUROS MORATÓRIOS SOMENTE A PARTIR DO PRIMEIRO DIA DO EXERCÍCIO FINANCEIRO SEGUINTE AO QUE O PRECATÓRIO DEVERIA SER PAGO. 1. A jurisprudência desse Supremo Tribunal Federal é no sentido de que não incidem juros moratórios sobre os precatórios pagos durante o prazo previsto no art. 100, § 5º, da Constituição. 2. Em caso de inadimplemento do prazo constitucional, os juros moratórios passam a incidir a partir do primeiro dia do exercício financeiro seguinte ao que deveria ter sido pago o precatório. Precedentes. (...) (RE 940236 AgR, Relator(a): Min. MARCO AURÉLIO, Relator(a) p/ Acórdão: Min. ROBERTO BARROSO, Primeira Turma, julgado em 25/10/2016, PROCESSO ELETRÔNICO DJe-176 DIVULG 09-08-2017 PUBLIC 10-08-2017)

66 RE 870947, Relator(a): Min. LUIZ FUX, Tribunal Pleno, julgado em 20/09/2017, ACÓRDÃO ELETRÔNICO DJe-262 DIVULG 17-11-2017 PUBLIC 20-11-2017.

67 TST, OJ 382 da SDI-1: A Fazenda Pública, quando condenada subsidiariamente pelas obrigações trabalhistas devidas pela empregadora principal, não se beneficia da limitação dos juros, prevista no art. 1º-F da Lei nº 9.494, de 10.09.1997.

2.14. Execução de parcela incontroversa contra a Fazenda Pública

Resolvendo polêmica doutrinária e jurisprudencial, o Supremo Tribunal, sob a sistemática da repercussão geral, fixou a tese segundo a qual "surge constitucional expedição de precatório ou requisição de pequeno valor para pagamento da parte incontroversa e autônoma do pronunciamento judicial transitada em julgado observada a importância total executada para efeitos de dimensionamento como obrigação de pequeno valor".[68]

Dessa forma, na hipótese em que a Fazenda Pública ofertar embargos à execução parciais, a execução pode seguir de forma definitiva (até o pagamento do credor) no que tange à parte incontroversa do débito, sendo legítima a expedição de precatório ou de requisição de pequeno valor para pagá-la. O entendimento da Suprema Corte se revela acertado, pois a exigência de trânsito em julgado para expedição de precatório ou RPV (CF, art. 100, §5º) não impede a formação de coisa julgada parcial ou mesmo de preclusão quanto a valores que são reconhecidamente devidos pelo ente público, justamente porque não impugnados.

A execução da parcela incontroversa seguirá por precatório ou por RPV não à luz de seu próprio valor (da parcela incontroversa), mas considerando o montante total executado (= parte incontroversa acrescida da parte ainda controvertida). Se o montante total se encaixar na faixa de valores de requisição de pequeno valor, a parte incontroversa pode ser paga por esse instrumento. Ao revés, se o montante total for superior ao limite máximo da RPV, ainda que a parcela incontroversa seja inferior, o pagamento da parte incontroversa, assim como o futuro pagamento da parcela incontroversa, deve ser feito exclusivamente por precatório.[69] Entendimento contrário violaria o art. 100, §8º, da CF[70], no que veda o fracionamento de precatórios para a finalidade de enquadrar os valores nos limites da RPV.

3. EXECUÇÃO FISCAL

A execução movida pela Fazenda Pública pode referir-se a créditos tributários ou não tributários. As contribuições previdenciárias decorrentes de sentenças condenatórias são exemplos de créditos tributários executáveis na Justiça do Trabalho, muito embora o procedimento utilizado nesses casos seja o da CLT, conforme já visto, por se tratar de crédito acessório ao crédito trabalhista.

---

68 "EXECUÇÃO – TÍTULO JUDICIAL – PARTE AUTÔNOMA PRECLUSÃO – POSSIBILIDADE. Possível é a execução parcial do título judicial no que revela parte autônoma transitada em julgado na via da recorribilidade" (RE 1205530, Relator(a): MARCO AURÉLIO, Tribunal Pleno, julgado em 08/06/2020).

69 O voto do Min. Alexandre de Moraes RE 1205530) esclarece que: "deverá ser observado o valor total da execução (inclusive quanto a parte controvertida) para fins de determinação de qual o regime de pagamento a ser adotado, se por precatório ou por requisição de pequeno valor".

70 Art. 100, § 8º É vedada a expedição de precatórios complementares ou suplementares de valor pago, bem como o fracionamento, repartição ou quebra do valor da execução para fins de enquadramento de parcela do total ao que dispõe o § 3º deste artigo.

Como exemplo de execução fiscal autônoma na Justiça do Trabalho, tem-se as multas aplicadas pelos órgãos da fiscalização do trabalho (CF, art. 114, VII).[71] Tal tipo de execução é regida primariamente pela Lei de Execuções Fiscais (Lei nº 6.830/80).

Tal espécie de execução é fundada em título executivo extrajudicial denominado de CDA - certidão da dívida ativa. Após a lavratura do auto de infração pelo agente do Ministério do Trabalho e Previdência, e decurso do prazo para pagamento, os processos administrativos correspondentes são remetidos às unidades descentralizadas da Procuradoria-Geral da Fazenda Nacional - PGFN, que faz o controle de legalidade para fins de inscrição do débito na dívida ativa da União, conforme previsto na Portaria Conjunta PFGN e SE/MTE nº 02, de março de 2012.

A inscrição em dívida ativa suspende a prescrição, para todos os efeitos de direito, por 180 (cento e oitenta) dias, ou até a distribuição da execução fiscal, se esta ocorrer antes de findo aquele prazo (Lei nº 6.830/80, art. 2º, § 3º).

A CDA, como todo e qualquer ato administrativo, goza de presunção legal de legitimidade e veracidade, cabendo ao executado a demonstração da incorreção dos critérios jurídicos utilizados ou da não ocorrência dos fatos nela retratados.

A petição inicial da execução fiscal é simplificada, devendo conter apenas: o juiz a quem é dirigida; o pedido; e o requerimento para a citação. A petição inicial será instruída com a Certidão da Dívida Ativa, que dela fará parte integrante, como se estivesse transcrita, e ambas poderão constituir um único documento, preparado inclusive por processo eletrônico. A produção de provas pela Fazenda Pública independe de requerimento na petição inicial; o valor da causa, ainda que não mencionado na petição inicial, será o da dívida constante da certidão, com os encargos legais (Lei nº 6.830/80, art. 6º, *caput* e §§ 1º a 4º).

O executado é citado para fazer o pagamento, ou garantir a execução, no prazo de 5 (cinco) dias. Caso isso não seja feito, procede-se à penhora de tantos bens quantos bastem para garantir a dívida, acrescida de juros, correção monetária e despesas processuais.

Após a garantia do juízo, o executado pode oferecer embargos no prazo de 30 (trinta) dias, contados: (i) do próprio depósito, caso feito espontaneamente pelo executado; (ii) da intimação da penhora; (iii) da juntada da prova da fiança bancária ou do seguro garantia.

Não é admitido o oferecimento de embargos antes da garantia do juízo.

No prazo dos embargos, o executado deverá alegar toda matéria útil à defesa, requerer provas e juntar aos autos os documentos e rol de testemunhas, até três, ou, a critério do juiz, até o dobro desse limite.

Caso os embargos à execução fiscal suscitem apenas matéria de direito, não haverá necessidade de designação de audiência; no caso contrário, o Juiz do Trabalho deverá designar audiência de instrução. Isso pode ocorrer, por exemplo, quando o executado alegar que os fatos relatados pelo auditor do trabalho no auto de infração na realidade não se verificaram.

---

71 Art. 114 - Compete à Justiça do Trabalho processar e julgar: (...) VII - as ações relativas às penalidades administrativas impostas aos empregadores pelos órgãos de fiscalização das relações de trabalho.

Após a decisão dos embargos, segue-se a fase de expropriação de bens.

A decisão dos embargos é impugnável, no Processo do Trabalho, por agravo de petição; e tal recurso também é cabível contra decisões terminativas do processo após a fase de embargos.[72]

3.1. Competência: execução fiscal e falência ou recuperação judicial

O TST firmou o entendimento de que a Justiça do Trabalho não possui competência para executar créditos decorrentes de multas administrativas por violação da legislação trabalhista contra empresa que se encontre em recuperação judicial ou cuja falência haja sido decretada, pois a competência da Especializada se exaure com a individualização e quantificação do crédito.[73]

Tal entendimento se revela acertado, já que o STJ (Tribunal competente para dirimir conflitos de competência entre juízes de direito e juízes do trabalho) entende que o deferimento da recuperação não suspende a execução fiscal, mas os atos de constrição e de alienação de bens da empresa em reerguimento submetem-se ao juízo universal, a fim de não prejudicar o cumprimento do plano de reorganização da empresa.[74] Ora, não sendo possível a prática de atos de constrição e expropriação pela Justiça do Trabalho, seria mesmo inviável o processamento da execução fiscal na Especializada, em virtude da impossibilidade de se realizar a garantia do juízo – que é requisito para o oferecimento de embargos.

Portanto, deve-se considerar superado – ao menos no âmbito trabalhista – o tradicional entendimento segundo o qual a Fazenda Pública teria duas opções, a seu exclusivo critério: (i) prosseguir com a execução fiscal, e eventualmente realizar a penhora no rosto dos autos do processo falimentar; ou (ii) habilitar seu crédito no Juízo universal da falência ou recuperação judicial. De fato, como o STJ entende pela impossibilidade de efetivação de constrição pelo juízo da execução fiscal, nessas hipóteses, a única possibilidade passa a ser a habilitação do crédito fiscal no Juízo universal, devendo ser extinta a execução sem resolução de mérito.

3.2. Desconsideração da personalidade jurídica e redirecionamento da execução

O tema da responsabilização dos sócios na execução fiscal gera controvérsias teóricas e práticas. Discute-se, à luz dos arts. 134, VII, e 135, I, do CTN[75], se há diferença entre desconsideração da personalidade jurídica e redirecionamento da execução aos sócios; e se se aplica, ou não, o incidente da desconsideração da personalidade

---

72 Cf. SCHIAVI, *op. cit.*, p. 909.

73 TST – RR: 7036320115180051, Relator: Márcio Eurico Vitral Amaro, Data de Julgamento: 02/12/2015, 8ª Turma, Data de Publicação: DEJT 04/12/2015.

74 AgInt no CC 150.852/SC, Rel. Ministro ANTONIO CARLOS FERREIRA, SEGUNDA SEÇÃO, julgado em 14/06/2017, DJe 22/06/2017.

75 Art. 134 – Nos casos de impossibilidade de exigência do cumprimento da obrigação principal pelo contribuinte, respondem solidariamente com este nos atos em que intervierem ou pelas omissões de que forem responsáveis: (...) VII – os sócios, no caso de liquidação de sociedade de pessoas.

jurídica na execução fiscal, já que a responsabilidade tributária regulada no artigo 135 do Código Tributário Nacional não constituiria hipótese de desconsideração da personalidade jurídica, mas de responsabilidade pessoal do sócio.

Apesar da controvérsia existente, se o nome do sócio já constar da certidão da dívida ativa, a execução pode ser promovida diretamente contra ele. Além disso, conforme previsto no art. 2º, § 8º, da Lei nº 6.830/80[76], até a decisão de primeira instância, a Fazenda Pública tem a prerrogativa de emendar ou substituir a CDA, inclusive para incluir o sócio.

Se o nome do sócio não constar da CDA, sua responsabilidade pode ser reconhecida na própria execução fiscal, redirecionando-se a prática dos atos executivos contra a pessoa física do sócio. Contudo, tal responsabilidade somente se configura caso o sócio tenha praticado atos com excesso de poderes ou infração da lei, contrato social ou estatutos, conforme decorre do art. 135, I, do CTN. Embora tal dispositivo regulamente a situação de créditos tributários, deve-se entender que o mesmo princípio se aplica na execução de créditos fiscais não tributários: se estes são menos privilegiados do que os tributários, não faria sentido admitir o puro e simples redirecionamento da execução (independentemente da prática de atos fraudulentos ou ilegais pelo sócio) no caso dos créditos não tributários.

Assim, a responsabilidade do sócio na execução fiscal (de créditos tributários ou não tributários) pode ser feita à luz da teoria maior da desconsideração: cabe à Fazenda Pública, nessas hipóteses, demonstrar a ocorrência de fraude ou confusão patrimonial, a fim de que os atos executivos passem a incidir sobre o patrimônio pessoal do sócio.

A jurisprudência do STJ sobre o tema reconhece que o encerramento das atividades da empresa em seu domicílio fiscal, sem a devida comunicação aos órgãos competentes, gera presunção de dissolução irregular e autoriza o redirecionamento da execução fiscal para o sócio-gerente (STJ, Súmula 435).[77]

Como a responsabilização do sócio – cujo nome não consta da CDA – pressupõe a comprovação da prática de atos fraudulentos, com violação da lei ou estatutos, ou a confusão patrimonial, deve-se adotar procedimento que permita o exercício do contraditório pelo sócio. Nesse contexto, deve-se concluir pela aplicabilidade do incidente da desconsideração da personalidade jurídica na execução fiscal, sendo aplicável a teoria maior da desconsideração, caso o nome do sócio não conste da certidão da dívida ativa.

Art. 135 – São pessoalmente responsáveis pelos créditos correspondentes a obrigações tributárias resultantes de atos praticados com excesso de poderes ou infração de lei, contrato social ou estatutos: I – as pessoas referidas no artigo anterior (...)

76 Lei nº 6.830/80, Art. 2º, § 8º – Até a decisão de primeira instância, a Certidão de Dívida Ativa poderá ser emendada ou substituída, assegurada ao executado a devolução do prazo para embargos.

77 STJ, súmula 435: Presume-se dissolvida irregularmente a empresa que deixar de funcionar no seu domicílio fiscal, sem comunicação aos órgãos competentes, legitimando o redirecionamento da execução fiscal para o sócio-gerente.

3.3. Centralização de execuções

O art. 28 da Lei nº 6.830/80[78] admite o fenômeno denominado de *centralização de execuções*, do qual resulta a reunião de diversas execuções fiscais para processamento conjunto.

De acordo com o posicionamento do STJ, firmado em sede de recurso repetitivo[79], a reunião de execuções fiscais, por conveniência da unidade da garantia da execução, é faculdade outorgada ao juiz, e não dever. Ainda de acordo com a Corte, trata-se de medida de economia processual que exige a concomitância dos seguintes requisitos: (i) identidade total das partes nos feitos a serem reunidos; (ii) requerimento de pelo menos uma das partes; (iii) estarem os feitos em fases processuais análogas; (iv) competência do juízo.

Assim, a centralização de execuções só pode ocorrer se a competência territorial para o processamento dos processos a serem reunidos for idêntica. O juiz não pode determinar a providência de ofício, e pode recusar o requerimento das partes quando a reunião dos feitos for inconveniente ao processamento das execuções.

Em geral, a centralização se revelará proveitosa quando o mesmo bem for penhorado em diversas execuções fiscais.[80] De todo modo, haverá conveniência na reunião dos processos quando houver a possibilidade da prática de atos conflitantes por diversos Juízos (por exemplo, avaliações do mesmo bem em patamares diferentes), sendo certo que o instituto evita a prática de atos processuais desnecessários, como a publicação de diversos editais de hasta pública.

A centralização ocorre por causa superveniente ao ajuizamento da segunda execução fiscal (= conveniência da unidade de garantia das execuções).

Caso as diversas execuções fiscais tramitem em Juízos distintos – embora na mesma circunscrição territorial, já que isso é requisito para aplicação do art. 28 da LEF –, a centralização das execuções constituirá causa de prorrogação de competência do Juízo para o qual distribuída a primeira ação.[81] Nada impede, entretanto, que a centralização se dê em relação a processos que tramitem na mesma unidade jurisdicional: nesta hipótese, não haverá prorrogação de competência.

3.4. Prescrição intercorrente na execução fiscal

Na execução fiscal, a prescrição intercorrente é regida pelo art. 40 da Lei nº 6.830/80, cujo regramento se assemelha ao do art. 921, III, e §§ 2º a 6º, do CPC.[82]

---

[78] Lei nº 6.830/80, Art. 28 – O Juiz, a requerimento das partes, poderá, por conveniência da unidade da garantia da execução, ordenar a reunião de processos contra o mesmo devedor.
Parágrafo Único – Na hipótese deste artigo, os processos serão redistribuídos ao Juízo da primeira distribuição.

[79] REsp 1158766/RJ, Rel. Ministro LUIZ FUX, PRIMEIRA SEÇÃO, julgado em 08/09/2010, DJe 22/09/2010.

[80] Cf. ASSIS, *op. cit.*, p. 1009.

[81] Sobre o conceito de prorrogação, v. Capítulo IV, item 17.

[82] Art. 921. Suspende-se a execução: (...) III - quando não for localizado o executado ou bens penhoráveis; (Redação dada pela Lei nº 14.195, de 2021).

Segundo a Lei de Execuções Fiscais, a execução deve ser suspensa enquanto não for localizado o devedor ou encontrados bens sobre os quais possa recair a penhora, e, nesses casos, não fluirá o prazo de prescrição.

Suspenso o curso da execução, será intimado o representante judicial da Fazenda Pública, para requerer o que de direito. Decorrido o prazo máximo de 1 (um) ano, sem que seja localizado o devedor ou encontrados bens penhoráveis, o juiz ordenará o arquivamento dos autos. Encontrados que sejam, a qualquer tempo, o devedor ou os bens, serão desarquivados os autos para prosseguimento da execução.

Se da decisão que ordenar o arquivamento tiver decorrido o prazo prescricional, o juiz, depois de ouvida a Fazenda Pública, poderá, de ofício, reconhecer a prescrição intercorrente e decretá-la de imediato. A manifestação prévia da Fazenda Pública será dispensada no caso de cobranças judiciais cujo valor seja inferior ao mínimo fixado por ato do Ministro de Estado da Fazenda.

Se o exequente (Fazenda Pública) não for intimado acerca da não localização do devedor ou de seus bens penhoráveis, haverá nulidade absoluta, em decorrência de presunção também absoluta de efetivo prejuízo ao credor (CPC, art. 921, §6º).

4. EXECUÇÃO DAS CONTRIBUIÇÕES PREVIDENCIÁRIAS

4.1. Competência e alcance

A competência da Justiça do Trabalho para execução de contribuições sociais surgiu com a EC nº 20/1998, e se consolidou com a EC nº 45/2004, a partir da qual o art. 114, VIII, passou a prever a competência para a execução, de ofício, das contribuições sociais previstas no art. 195, I, *a*, e II, e seus acréscimos legais, decorrentes das sentenças que proferir.

A competência da Justiça do Trabalho se limita às contribuições previdenciárias que tenham como fato gerador o pagamento de salário ou outro rendimento pago ou creditado em razão da prestação de serviços subordinados ou autônomos, em favor de empregador ou tomador de serviços. Inclui-se nessa competência a execução de

§ 2º Decorrido o prazo máximo de 1 (um) ano sem que seja localizado o executado ou que sejam encontrados bens penhoráveis, o juiz ordenará o arquivamento dos autos.

§ 3º Os autos serão desarquivados para prosseguimento da execução se a qualquer tempo forem encontrados bens penhoráveis.

§ 4º O termo inicial da prescrição no curso do processo será a ciência da primeira tentativa infrutífera de localização do devedor ou de bens penhoráveis, e será suspensa, por uma única vez, pelo prazo máximo previsto no § 1º deste artigo.

§ 4º-A A efetiva citação, intimação do devedor ou constrição de bens penhoráveis interrompe o prazo de prescrição, que não corre pelo tempo necessário à citação e à intimação do devedor, bem como para as formalidades da constrição patrimonial, se necessária, desde que o credor cumpra os prazos previstos na lei processual ou fixados pelo juiz.

§ 5º O juiz, depois de ouvidas as partes, no prazo de 15 (quinze) dias, poderá, de ofício, reconhecer a prescrição no curso do processo e extingui-lo, sem ônus para as partes.

§ 6º A alegação de nulidade quanto ao procedimento previsto neste artigo somente será conhecida caso demonstrada a ocorrência de efetivo prejuízo, que será presumido apenas em caso de inexistência da intimação de que trata o § 4º deste artigo.

ofício da contribuição alusiva ao SAT (seguro de acidente de trabalho), conforme reconhecido pela Súmula 454 do TST.[83]

Dessa forma, não fazem parte da competência executiva da Justiça do Trabalho as contribuições sociais decorrentes da receita, faturamento ou lucro (PIS/PASEP, FINSOCIAL, COFINS), bem como as contribuições sociais devidas a terceiros (sistema S), previstas nos arts. 149 e 195, I, *b* e *c*, III e IV, da CF.

De acordo com a nova redação do parágrafo único do art. 876 da CLT (após a Reforma Trabalhista), a competência da Justiça do Trabalho para execução das referidas contribuições sociais se limita àquelas relativas ao objeto da condenação constante das sentenças que proferir e dos acordos que homologar. No mesmo sentido é a Súmula 368, I, do TST.[84]

Isso se explica porque, quando houver condenação na sentença trabalhista, ou acordo homologado, que contenha verbas sujeitas à incidência de contribuições sociais, haverá título executivo - formado após viabilização do contraditório - que fixa exatamente o montante da obrigação principal. O crédito previdenciário, nessas hipóteses, é mero acessório, que decorre automaticamente da lei, o que justifica a respectiva execução pela Justiça do Trabalho.

Já nas hipóteses de sentença meramente declaratória, não há crédito principal a ser executado; em consequência, não se pode cogitar de execução de crédito acessório (a contribuição previdenciária).

Exemplo 1: sentença condena a reclamada ao pagamento de horas extras e adicional de insalubridade, com os devidos reflexos. Por se tratar de parcelas de natureza salarial, há incidência de contribuições previdenciárias, que devem ser executadas *ex officio* pelo Juiz do Trabalho.

Exemplo 2: sentença declara a existência de vínculo empregatício, entre reclamante e reclamado, entre setembro de 2015 e agosto de 2017, sendo que todos os salários foram regularmente quitados. Nessa hipótese, a Justiça do Trabalho não detém competência para executar as contribuições previdenciárias sobre os salários já quitados no período referido. Contudo, se a mesma sentença condenar o reclamado ao pagamento de 13° salário (por hipótese, não quitado) de todo o período contratual, haverá execução de ofício das contribuições previdenciárias relativas a tal parcela.

4.2. Procedimento

A execução das contribuições previdenciárias decorrentes de sentenças condenatórias ou de acordos homologados pela Justiça do Trabalho segue o mesmo trâmite da execução do crédito trabalhista.

---

[83] TST, súmula 454: Compete à Justiça do Trabalho a execução, de ofício, da contribuição referente ao Seguro de Acidente de Trabalho (SAT), que tem natureza de contribuição para a seguridade social (arts. 114, VIII, e 195, I, *a*, da CF), pois se destina ao financiamento de benefícios relativos à incapacidade do empregado decorrente de infortúnio no trabalho (arts. 11 e 22 da Lei nº 8.212/1991).

[84] TST, súmula 368: A Justiça do Trabalho é competente para determinar o recolhimento das contribuições fiscais. A competência da Justiça do Trabalho, quanto à execução das contribuições previdenciárias, limita-se às sentenças condenatórias em pecúnia que proferir e aos valores, objeto de acordo homologado, que integrem o salário de contribuição.

Assim, na liquidação de sentença, faz-se o cálculo das contribuições previdenciárias incidentes, e passa-se à execução do valor correspondente ao somatório do crédito trabalhista com o previdenciário. A quantia correspondente a cada qual é liberada mediante alvarás distintos: um para o credor trabalhista, e outro para a União (credora das contribuições previdenciárias).

Por força da Portaria do Ministério da Fazenda nº 582, de 11 de dezembro de 2013 (e da Portaria nº 813/2013 da Procuradoria-Geral da Fazenda), é dispensada a manifestação judicial da Procuradoria-Geral Federal quando o valor das contribuições previdenciárias devidas no processo judicial for igual ou inferior a R$ 20.000,00 (vinte mil reais). Nessas hipóteses, portanto, desnecessária a intimação da União no curso da execução das contribuições previdenciárias; se o valor superior tal limite, a União deve ser intimada para acompanhar a execução e requerer o que entenda pertinente.

4.3. Títulos executivos das contribuições previdenciárias

4.3.1. Sentença e acordo homologado: discriminação de parcelas indenizatórias

Os títulos executivos judiciais que podem embasar a execução de contribuições previdenciárias na Justiça do Trabalho são a sentença condenatória e o acordo que contenham parcelas integrantes do salário de contribuição para fins previdenciários.

Contudo, o STF[85], assim como o TST, entende que a execução somente pode abarcar as contribuições previdenciárias decorrentes de sentenças trabalhistas condenatórias ou de acordos homologados. O fundamento é que não há título executivo quanto às obrigações relativas ao período meramente declarado, o que inviabiliza a execução. No caso de haver condenação, há um título, pois a contribuição previdenciária é acessória legal da verba deferida na sentença. Outro argumento é a violação ao contraditório. Nesse sentido é a Súmula 368, I, do TST[86], bem como a Súmula Vinculante 53 do STF.[87]

De acordo com o art. 832, § 3º, da CLT, as decisões cognitivas ou homologatórias deverão sempre indicar a natureza jurídica das parcelas constantes da condenação

---

85 EMENTA Recurso extraordinário. Repercussão geral reconhecida. Competência da Justiça do Trabalho. Alcance do art. 114, VIII, da Constituição Federal. 1. A competência da Justiça do Trabalho prevista no art. 114, VIII, da Constituição Federal alcança apenas a execução das contribuições previdenciárias relativas ao objeto da condenação constante das sentenças que proferir. 2. Recurso extraordinário conhecido e desprovido.

(RE 569056, Relator(a): Min. MENEZES DIREITO, Tribunal Pleno, julgado em 11/09/2008, REPERCUSSÃO GERAL - MÉRITO DJe-236 DIVULG 11-12-2008 PUBLIC 12-12-2008 EMENT VOL-02345-05 PP-00848 RTJ VOL-00208-02 PP-00859 RDECTRAB v. 16, n. 178, 2009, p. 132-148 RET v. 12, n. 72, 2010, p. 73-85)

86 TST, súmula 368: I, A Justiça do Trabalho é competente para determinar o recolhimento das contribuições fiscais. A competência da Justiça do Trabalho, quanto à execução das contribuições previdenciárias, limita-se às sentenças condenatórias em pecúnia que proferir e aos valores, objeto de acordo homologado, que integrem o salário de contribuição.

87 Súmula Vinculante 53. A competência da Justiça do Trabalho prevista no art. 114, VIII, da Constituição Federal alcança a execução de ofício das contribuições previdenciárias relativas ao objeto da condenação constante das sentenças que proferir e acordos por ela homologados.

ou do acordo homologado, inclusive o limite de responsabilidade de cada parte pelo recolhimento da contribuição previdenciária, se for o caso.

No caso de homologação de acordo, se não houver discriminação das parcelas sujeitas e não sujeitas à incidência previdenciária, considera-se que a totalidade do valor do acordo corresponde a parcelas salariais - e, em consequência, incidirão contribuições previdenciárias sobre esse montante (Lei nº 8.212/91, art. 43, § 1º).[88]

A União deve ser intimada dos acordos e sentenças que contenham discriminação de parcelas indenizatórias (= não sujeitas à incidência previdenciária), conforme art. 832, §§ 4º e 5º, da CLT.[89] Intimada, a União pode interpor recurso ordinário relativo à discriminação dessas parcelas (alegando, por exemplo, que o acordo é fraudulento no que tange à definição das parcelas indenizatórias).

Apesar da referida previsão legal, nos casos em que a sentença seja ilíquida não há problemas em relegar a discriminação das parcelas indenizatórias para a fase de liquidação de sentença, que é própria a esse tipo de debate. De fato, é recomendável que a discriminação seja feita apenas na liquidação, de modo a evitar a necessidade de intimação da União ainda na fase de conhecimento, o que tende a retardar desnecessariamente o trâmite processual.

Ademais, a União pode e deve ser intimada na fase de liquidação, ocasião em que se propiciará amplo contraditório e debate não apenas no que tange à definição da natureza jurídica das parcelas, mas também quanto ao respectivo valor. Otimiza-se, dessa forma, a tramitação do feito, em consonância com os princípios da duração razoável do processo e economia processual.

No entanto, em função da Portaria do Ministério da Fazenda nº 582, de 11 de dezembro de 2013 (e da Portaria nº 813/2013 da Procuradoria-Geral da Fazenda), não há necessidade de intimação da Procuradoria-Geral Federal quando o valor das contribuições previdenciárias devidas no processo judicial for igual ou inferior a R$ 20.000,00 (vinte mil reais).

A Lei 13.876/2019 inseriu os §§3º-A e 3º-B ao art. 832 da CLT.[90] Os novos dispositivos apresentam redação confusa e de difícil compreensão. Aparentemente, o art. 832, § 3º-A, pretende exigir a fixação e cobrança de contribuições previdenciárias

---

[88] Art. 43, § 1º – Nas sentenças judiciais ou nos acordos homologados em que não figurarem, discriminadamente, as parcelas legais relativas às contribuições sociais, estas incidirão sobre o valor total apurado em liquidação de sentença ou sobre o valor do acordo homologado.

[89] Art. 832, § 4º – A União será intimada das decisões homologatórias de acordos que contenham parcela indenizatória, na forma do art. 20 da Lei nº 11.033, de 21 de dezembro de 2004, facultada a interposição de recurso relativo aos tributos que lhe forem devidos.

5º Intimada da sentença, a União poderá interpor recurso relativo à discriminação de que trata o § 3º deste artigo.

[90] Art. 832, § 3º-A. Para os fins do § 3º deste artigo, salvo na hipótese de o pedido da ação limitar-se expressamente ao reconhecimento de verbas de natureza exclusivamente indenizatória, a parcela referente às verbas de natureza remuneratória não poderá ter como base de cálculo valor inferior:

I - ao salário-mínimo, para as competências que integram o vínculo empregatício reconhecido na decisão cognitiva ou homologatória; ou

II - à diferença entre a remuneração reconhecida como devida na decisão cognitiva ou homologatória e a efetivamente paga pelo empregador, cujo valor total referente a cada competência não será inferior ao salário-mínimo.

sobre "competências" referentes a vínculos empregatícios reconhecidos em decisões cognitivas ou homologatórias de acordo. Embora seja possível – e até desejável – interpretar a modificação legal como ampliação da competência da Justiça do Trabalho, para alcançar a execução de contribuições previdenciárias referentes ao período contratual reconhecido, tal interpretação provavelmente não teria o beneplácito do STF, o qual interpretou (conforme decisões supra citadas) que o art. 114, VIII, da CF, não permitiria a execução de ofício da contribuição social sem que houvesse condenação ao pagamento de um crédito trabalhista principal.

O § 3º-A, II, do art. 832, parece referir-se à situação típica de remuneração não contabilizada oficialmente (o chamado "salário por fora"). Nessas hipóteses, reconhecida a prática de pagamentos não contabilizados já efetuados, não há, também, na visão do STF, competência para execução de ofício das parcelas previdenciárias, pois os "salários por fora" já terão sido pagos. A competência para execução de ofício das contribuições sociais, nesses casos, refere-se apenas aos reflexos do "salário por fora" reconhecido em sentença. E seria inconstitucional estipular que o valor de cada "competência" não poderia ser inferior ao salário mínimo, pois o art. 195, I, *a*, da CF[91], prevê como base de cálculo das contribuições sociais a folha de salários e demais rendimentos efetivamente pagos ou creditados aos trabalhadores, não sendo legítima a criação de uma base de cálculo fictícia divorciada da realidade fática.

Tais observações permitem concluir pela inconstitucionalidade dos §§3º-A e 3º-B ao art. 832 da CLT, incluídos pela Lei 13.876/2019. Não é possível cogitar de interpretação conforme à Constituição, pois não há outro sentido que possa ser extraído dos referidos dispositivos legais.

4.3.2. Acordo na fase de execução

Caso as partes façam acordo na fase de cumprimento de sentença, já terá havido formação de coisa julgada no que tange à discriminação das parcelas salariais e indenizatórias. Além disso, o crédito correspondente às contribuições previdenciárias pertence à União, e não ao exequente; assim é discutível a possibilidade de o acordo na execução reduzir o valor das parcelas previdenciárias.

Há três possibilidades interpretativas a respeito: considerar (i) que o crédito pertence à União e, somente com a concordância desta poderia ser reduzido por acordo; (ii) que as partes têm ampla disponibilidade sobre o crédito previdenciário, podendo modificar inclusive a natureza jurídica das parcelas na execução; (iii) as contribuições previdenciárias podem ser modificadas na exata proporção em que modificado o crédito principal.

§ 3º-B Caso haja piso salarial da categoria definido por acordo ou convenção coletiva de trabalho, o seu valor deverá ser utilizado como base de cálculo para os fins do § 3º-A deste artigo.

91 Art. 195. A seguridade social será financiada por toda a sociedade, de forma direta e indireta, nos termos da lei, mediante recursos provenientes dos orçamentos da União, dos Estados, do Distrito Federal e dos Municípios, e das seguintes contribuições sociais:

I - do empregador, da empresa e da entidade a ela equiparada na forma da lei, incidentes sobre:

a) a folha de salários e demais rendimentos do trabalho pagos ou creditados, a qualquer título, à pessoa física que lhe preste serviço, mesmo sem vínculo empregatício; (...).

Este último entendimento intermediário se encontra consolidado na OJ 376 da SDI-1 do TST, cuja redação prevê ser devida a contribuição previdenciária sobre o valor do acordo celebrado e homologado após o trânsito em julgado de decisão judicial, respeitada a proporcionalidade de valores entre as parcelas de natureza salarial e indenizatória deferidas na decisão condenatória e as parcelas objeto do acordo. No mesmo sentido é a previsão do art. 43, § 5º, da Lei nº 8.212/91.[92]

Assim, as partes podem firmar acordo na execução, majorando ou reduzindo o valor do crédito trabalhista, que é o principal. Em decorrência, os créditos acessórios relativos às contribuições previdenciárias também serão proporcionalmente aumentados ou diminuídos. Exemplo: a sentença condenatória estabelece o valor de 100 como o total do crédito trabalhista, e 20 devidos a título de contribuições previdenciárias. Na execução, as partes fazem acordo para pagamento do montante de 70 ao trabalhador; nessa hipótese, o crédito previdenciário também será reduzido em 70%, alcançado o patamar de 14.

4.3.3. Acordo celebrado em Comissão de Conciliação Prévia

O art. 43, § 6º, da Lei nº 8.212/91, prevê que o acordo firmado perante Comissão de Conciliação Prévia também é título constitutivo dos créditos previdenciários.[93]

Sobre o tema, o TST fixou o entendimento de que a Justiça do Trabalho é competente para a execução de ofício da contribuição previdenciária resultante de acordo firmado perante CCP, sob o fundamento de que o art. 114, IX, permite a ampliação, por lei, da competência do Judiciário Trabalhista – o que foi feito pelo art. 43, § 6º, da Lei nº 8.212/91.[94]

Tal linha de entendimento é de tranquila aplicação quando a execução trabalhista for movida pelo trabalhador, em virtude do inadimplemento dos créditos trabalhistas estabelecidos na CCP. Isso porque, instaurada a execução por iniciativa do trabalhador, a execução *ex officio* das contribuições previdenciárias decorre dos dispositivos legais acima citados.

Contudo, o problema surge quando o crédito trabalhista – decorrente do acordo firmado na CCP – for integralmente quitado, mas o devedor deixa de fazer os devidos recolhimentos previdenciários. Nessa hipótese, não haverá lide decorrente da relação de trabalho, pois a execução não pode ser instaurada pelo trabalhador, já que o crédito pertence exclusivamente à União. É pertinente, portanto, nessa

---

92 Lei nº 8.212/91, Art. 43, § 5º – Na hipótese de acordo celebrado após ter sido proferida decisão de mérito, a contribuição será calculada com base no valor do acordo.

93 Lei nº 8.212/91, Art. 43, § 6º – Aplica-se o disposto neste artigo aos valores devidos ou pagos nas Comissões de Conciliação Prévia de que trata a Lei nº 9.958, de 12 de janeiro de 2000.

94 Competência da Justiça do Trabalho. Execução de ofício de contribuição previdenciária. Acordo firmado perante Comissão de Conciliação Prévia.

A Justiça do Trabalho é competente para executar, de ofício, as contribuições previdenciárias referentes ao valor fixado em acordo firmado perante Comissão de Conciliação Prévia, nos termos do art. 114, IX, da CF c/c o art. 43, § 6º, da Lei n.º 8.212/91 e os arts. 876 e 877-A da CLT. (...) TST-E-RR-40600-80.2009.5.09.0096, SBDI-I, rel. Min. José Roberto Freire Pimenta, 24.5.2012. (Informativo TST nº 10)

situação, o ajuizamento de execução fiscal, na Justiça Federal, pela União, contra o devedor inadimplente.

4.4. Primazia do credor trabalhista em relação ao previdenciário

Cabe destacar que, como o crédito trabalhista é superprivilegiado (CTN, art. 186), caso os valores apurados na execução sejam insuficientes para quitação total do débito do executado, primeiramente deve ser pago o trabalhador; somente se houver sobras, haverá quitação da União.

4.5. Fato gerador e juros de mora das contribuições previdenciárias

Sempre houve bastante controvérsia quanto à definição do fato gerador das contribuições previdenciárias: se seria o momento da prestação de serviços, ou o da liquidação da sentença.

O art. 276, *caput*, do Decreto nº 3.048/99, estabelece que, nas ações trabalhistas de que resultar o pagamento de direitos sujeitos à incidência de contribuição previdenciária, o recolhimento das importâncias devidas à seguridade social será feito no dia dois do mês seguinte ao da liquidação da sentença.

Contudo, o art. 43, § 6º, da Lei nº 8.212/91, a partir da redação estabelecida pela Lei nº 11.941/2009, passou a prever que se considera ocorrido o fato gerador das contribuições sociais na data da prestação do serviço.

Diante da novidade legislativa, o TST pacificou o entendimento de que se considera fato gerador das contribuições previdenciárias decorrentes de créditos trabalhistas reconhecidos ou homologados em juízo, para os serviços prestados até 04/03/2009, inclusive, o efetivo pagamento das verbas, configurando-se a mora a partir do dia dois do mês seguinte ao da liquidação (art. 276, *caput*, do Decreto nº 3.048/1999). Trata-se de reconhecer a eficácia não retroativa da alteração legislativa promovida pela Medida Provisória nº 449/2008, posteriormente convertida na Lei nº 11.941/2009.

Já para o trabalho realizado a partir de 05/03/2009, considera-se fato gerador das contribuições previdenciárias decorrentes de créditos trabalhistas reconhecidos ou homologados em juízo a data da efetiva prestação dos serviços. Sobre as contribuições previdenciárias não recolhidas a partir da prestação dos serviços incidem juros de mora e, uma vez apurados os créditos previdenciários, aplica-se multa a partir do exaurimento do prazo de citação para pagamento, se descumprida a obrigação, observado o limite legal de 20% (TST, Súmula 368, IV e V).

Apesar do posicionamento do TST, deve-se observar que o art. 195, I, *a*, da CF, estabelece como base de cálculo das contribuições previdenciárias a *folha de salários e demais rendimentos do trabalho pagos ou creditados, a qualquer título, à pessoa física que lhe preste serviço, mesmo sem vínculo empregatício.*

A lei ordinária não pode estabelecer tributo em desacordo com as determinações constitucionais. O fato gerador, de acordo com a Constituição, é o pagamento do salário ou o respectivo creditamento, ou seja, o reconhecimento judicial ou extrajudicial do crédito.

Assim, se há controvérsia quanto à existência do vínculo empregatício, ou sobre determinadas parcelas que sofrem a incidência de contribuições previdenciárias (horas extras, adicional de insalubridade etc.), não se pode dizer que o fato gerador terá ocorrido quando da prestação de serviços, justamente por não ter havido o pagamento ou o creditamento das parcelas postuladas judicialmente. Apenas após a decisão final que quantifique o valor principal devido (crédito trabalhista) é que se pode cogitar da ocorrência do fato gerador e, em consequência, da incidência de juros moratórios.

Portanto, é inconstitucional a interpretação sufragada na Súmula 368, IV e V, do TST, devendo-se considerar ocorrido o fato gerador no dia dois do mês seguinte ao da liquidação da sentença, nos exatos termos do Decreto nº 3.048/99.

5. EXECUÇÃO DE TÍTULOS EXTRAJUDICIAIS

Embora haja certa controvérsia a respeito, o procedimento da execução de títulos extrajudiciais na Justiça do Trabalho é regido essencialmente pelas disposições da CLT e, subsidiariamente, pela Lei de Execuções Fiscais.[95] A aplicação dos dispositivos que regulamentam a execução de títulos extrajudiciais no CPC se dá apenas no caso de omissão e compatibilidade (CLT, arts. 769 e 889).[96]

Assim, a execução de título extrajudicial é deflagrada por petição inicial, que deve ser instruída com o título executivo e conter o requerimento de citação do executado, além da especificação dos critérios utilizados nos cálculos e a respectiva memória (CPC, art. 789).[97]

95 Com a mesma opinião, SCHIAVI, *op.cit.*, p. 836.

96 Art. 769 – Nos casos omissos, o direito processual comum será fonte subsidiária do direito processual do trabalho, exceto naquilo em que for incompatível com as normas deste Título.

Art. 889 – Aos trâmites e incidentes do processo da execução são aplicáveis, naquilo em que não contravierem ao presente Título, os preceitos que regem o processo dos executivos fiscais para a cobrança judicial da dívida ativa da Fazenda Pública Federal.

97 Art. 798 – Ao propor a execução, incumbe ao exequente:

I – instruir a petição inicial com:

a) o título executivo extrajudicial;

b) o demonstrativo do débito atualizado até a data de propositura da ação, quando se tratar de execução por quantia certa;

c) a prova de que se verificou a condição ou ocorreu o termo, se for o caso;

d) a prova, se for o caso, de que adimpliu a contraprestação que lhe corresponde ou que lhe assegura o cumprimento, se o executado não for obrigado a satisfazer a sua prestação senão mediante a contraprestação do exequente;

II – indicar:

a) a espécie de execução de sua preferência, quando por mais de um modo puder ser realizada;

b) os nomes completos do exequente e do executado e seus números de inscrição no Cadastro de Pessoas Físicas ou no Cadastro Nacional da Pessoa Jurídica;

c) os bens suscetíveis de penhora, sempre que possível.

Parágrafo único. O demonstrativo do débito deverá conter:

I – o índice de correção monetária adotado;

II – a taxa de juros aplicada;

A partir da Lei nº 13.467/2017, são devidos honorários advocatícios na ação de execução de título extrajudicial, por se tratar de ação autônoma. Registre-se não haver possibilidade de fixação de honorários sucumbenciais na execução de título judicial na Justiça do Trabalho, tendo em vista a ausência de previsão neste sentido no art. 791-A, *caput*, da CLT.[98] Contudo, na execução de título extrajudicial é cabível a fixação de honorários com base em percentual do proveito econômico obtido.

Nesse contexto, é pertinente a aplicação do art. 827 do CPC[99], com as devidas adaptações ao Processo do Trabalho: assim, o Juiz do Trabalho, ao despachar a inicial, deve fixar honorários advocatícios no percentual mínimo legal - 5% (cinco por cento) -, sendo que, se o executado cumprir a obrigação no prazo de 48h (CLT, art. 880), os honorários serão reduzidos pela metade. Trata-se de sanção premial, que estimula o cumprimento espontâneo pelo executado.

Caso a obrigação não seja cumprida no prazo de 48h após a citação do executado, seguem-se os atos executivos, realizando-se a penhora de bens suficientes à garantia do Juízo, intimação do devedor para oferecimento de embargos à execução etc.

Os honorários advocatícios, na execução de título extrajudicial, podem ser majorados até o máximo legal - que é de 15% (quinze por cento) no âmbito trabalhista - quando rejeitados os embargos à execução, podendo a majoração, caso não opostos os embargos, ocorrer ao final do procedimento executivo, levando-se em conta o trabalho realizado pelo advogado do exequente.

A peculiaridade dos embargos à execução de título extrajudicial reside na amplitude de matérias arguíveis: além de impugnar os vícios dos atos executivos, o embargante pode suscitar qualquer matéria que lhe seria lícito deduzir como defesa em processo de conhecimento, conforme resulta do art. 917, VI, do CPC). Isso se explica porque o título executivo extrajudicial só é submetido ao crivo do Judiciário na própria execução, razão pela qual não se pode excluir a possibilidade de discussão de vícios relacionados à obrigação em que embasa a execução, ao contrário do que ocorre na execução de título judicial, em que há o óbice da coisa julgada formada na fase de conhecimento.

III - os termos inicial e final de incidência do índice de correção monetária e da taxa de juros utilizados;

IV - a periodicidade da capitalização dos juros, se for o caso;

V - a especificação de desconto obrigatório realizado.

98 Art. 791-A - Ao advogado, ainda que atue em causa própria, serão devidos honorários de sucumbência, fixados entre o mínimo de 5% (cinco por cento) e o máximo de 15% (quinze por cento) sobre o valor que resultar da liquidação da sentença, do proveito econômico obtido ou, não sendo possível mensurá-lo, sobre o valor atualizado da causa.

99 Art. 827 - Ao despachar a inicial, o juiz fixará, de plano, os honorários advocatícios de dez por cento, a serem pagos pelo executado.

§ 1º - No caso de integral pagamento no prazo de 3 (três) dias, o valor dos honorários advocatícios será reduzido pela metade.

§ 2º - O valor dos honorários poderá ser elevado até vinte por cento, quando rejeitados os embargos à execução, podendo a majoração, caso não opostos os embargos, ocorrer ao final do procedimento executivo, levando-se em conta o trabalho realizado pelo advogado do exequente.

6. EXECUÇÃO CONTRA MASSA FALIDA E EMPRESA EM RECUPERAÇÃO JUDICIAL

6.1. Créditos trabalhistas

No caso de decretação de falência, ou de deferimento do processamento de recuperação judicial, a Justiça do Trabalho permanece competente até o fim da fase de conhecimento, e também para a liquidação definitiva do crédito, conforme deflui do art. 6º, § 2º, da Lei nº 11.101/2005[100], sendo que o Juiz do Trabalho pode determinar, antes da apuração final do crédito, a reserva da importância que estimar devida (§ 3º).[101]

O processo trabalhista jamais se suspende na fase de conhecimento ou de liquidação, em virtude da falência ou recuperação judicial.

Contudo, decretada a falência, ou deferido o processamento da recuperação judicial do devedor trabalhista (mesmo antes de ter sido aprovado o respectivo plano), cessa a competência executória da Justiça do Trabalho. A partir desse marco temporal, qualquer ato de constrição do patrimônio (penhora, expropriação etc.) somente pode ser feito pelo Juízo Cível que conduz o processo falimentar ou de recuperação.

Isso se explica porque os princípios que regem a execução concursal são distintos dos que se aplicam à execução individual. A execução concursal se rege pela diretriz do tratamento paritário entre os credores (*pars conditio creditorum*). Considerada a insuficiência patrimonial do devedor, é mais justo que todos os credores recebam parcialmente os seus créditos, em vez de apenas alguns receberem a totalidade do crédito, e outros credores nada receberem.

É falacioso, portanto, o argumento de que a execução trabalhista deveria prosseguir em virtude do caráter preferencial do crédito trabalhista, já que seria claramente injusto que alguns trabalhadores recebessem a integralidade de seus créditos, enquanto outros ficariam sem receber qualquer valor.

De fato, o prosseguimento de execuções individuais, com a prática de diversos atos de constrição, comprometeria o objetivo de recuperar a viabilidade do empreendimento empresarial. O plano de recuperação deve prever prazos para pagamento dos credores, e o descumprimento do plano acarreta a convolação da recuperação judicial em falência. Deve-se ter em vista, ainda, que a recuperação judicial é dirigida pelo princípio da preservação da empresa, já que esta é fonte de empregos, de tributos e de renda.

---

[100] Lei nº 11.101/2005, art. 6º, § 2º. É permitido pleitear, perante o administrador judicial, habilitação, exclusão ou modificação de créditos derivados da relação de trabalho, mas as ações de natureza trabalhista, inclusive as impugnações a que se refere o art. 8º desta Lei, serão processadas perante a justiça especializada até a apuração do respectivo crédito, que será inscrito no quadro-geral de credores pelo valor determinado em sentença.

[101] Lei nº 11.101/2005, art. 6º, § 3º O juiz competente para as ações referidas nos §§ 1º e 2º deste artigo poderá determinar a reserva da importância que estimar devida na recuperação judicial ou na falência, e, uma vez reconhecido líquido o direito, será o crédito incluído na classe própria.

Por tais razões, o STJ e o TST, acertadamente, vinham entendendo, na redação originária da Lei 11.101/2005, que, mesmo que decorrido o prazo de 180 dias do deferimento do processamento da recuperação judicial, a Justiça do Trabalho permanece incompetente para praticar qualquer ato de constrição em face da empresa recuperanda.

Deferido o processamento da recuperação judicial, ou decretada a falência, suspendem-se todas as execuções direcionadas contra a sociedade empresária (Lei nº 11.101/2005, art. 6º, *caput*), inclusive as decorrentes de Termo de Ajuste de Conduta.

De acordo com a redação originária do art. 6º, § 4º, da Lei nº 11.101/2005[102], no caso de recuperação judicial, a suspensão jamais poderia ultrapassar 180 (cento e oitenta) dias contados do deferimento do processamento da recuperação; ultrapassado tal prazo, os credores poderiam prosseguir nas suas execuções individualmente. Contudo, a jurisprudência do STJ vinha relativizando o prazo de 180 dias, com o objetivo de prestigiar e viabilizar a recuperação da empresa. Assim, na visão da Corte, mesmo excedido o prazo, descaberia o prosseguimento automático das execuções individuais, e qualquer ato de constrição do patrimônio da empresa recuperanda só poderia ser feito pelo Juízo universal (aquele em que se processa a recuperação judicial).[103]

O dispositivo foi modificado pela Lei 14.112/2020, cabendo destacar os seguintes pontos:

- (i) o art. 6º, *caput*, III, da Lei 11.101/2005[104], passou a prever expressamente a inviabilidade de realização de atos de constrição sobre o patrimônio em função de demandas judiciais ou extrajudiciais cujos créditos ou obrigações sujeitem-se à recuperação judicial ou à falência. Vale dizer: apenas o juízo universal da recuperação judicial ou falência pode decidir sobre o patrimônio do devedor, inclusive no que tange a medidas cautelares como o arresto de bens.

Trata-se de cristalização legislativa do entendimento que já era dominante e pacificado no âmbito dos tribunais superiores, notadamente o Superior Tribunal de Justiça e o Tribunal Superior do Trabalho;

---

102 Lei nº 11.101/2005, art. 6º – A decretação da falência ou o deferimento do processamento da recuperação judicial suspende o curso da prescrição e de todas as ações e execuções em face do devedor, inclusive aquelas dos credores particulares do sócio solidário. (...)

§ 4º – Na recuperação judicial, a suspensão de que trata o caput deste artigo em hipótese nenhuma excederá o prazo improrrogável de 180 (cento e oitenta) dias contado do deferimento do processamento da recuperação, restabelecendo-se, após o decurso do prazo, o direito dos credores de iniciar ou continuar suas ações e execuções, independentemente de pronunciamento judicial.

103 AgInt no CC 151.207/GO, Rel. Ministro ANTONIO CARLOS FERREIRA, SEGUNDA SEÇÃO, julgado em 08/11/2017, DJe 13/11/2017.

104 Lei nº 11.101/2005, art. 6º A decretação da falência ou o deferimento do processamento da recuperação judicial implica: (...) III - proibição de qualquer forma de retenção, arresto, penhora, sequestro, busca e apreensão e constrição judicial ou extrajudicial sobre os bens do devedor, oriunda de demandas judiciais ou extrajudiciais cujos créditos ou obrigações sujeitem-se à recuperação judicial ou à falência.

- (ii) o novo texto do art. 6º, §4º, estipula que a suspensão das execuções e a proibição de prática de atos constritivos (referida acima) "perdurarão pelo prazo de 180 (cento e oitenta) dias, contado do deferimento do processamento da recuperação, prorrogável por igual período, uma única vez, em caráter excepcional, desde que o devedor não haja concorrido com a superação do lapso temporal".

Vale reproduzir, textualmente o §4º-A do art. 6º, o qual estatui:

> § 4º-A. O decurso do prazo previsto no § 4º deste artigo sem a deliberação a respeito do plano de recuperação judicial proposto pelo devedor faculta aos credores a propositura de plano alternativo, na forma dos §§ 4º, 5º, 6º e 7º do art. 56 desta Lei, observado o seguinte: (Incluído pela Lei nº 14.112, de 2020)
>
> I - as suspensões e a proibição de que tratam os incisos I, II e III do caput deste artigo não serão aplicáveis caso os credores não apresentem plano alternativo no prazo de 30 (trinta) dias, contado do final do prazo referido no § 4º deste artigo ou no § 4º do art. 56 desta Lei; (Incluído pela Lei nº 14.112, de 2020)
>
> II - as suspensões e a proibição de que tratam os incisos I, II e III do caput deste artigo perdurarão por 180 (cento e oitenta) dias contados do final do prazo referido no § 4º deste artigo, ou da realização da assembleia-geral de credores referida no § 4º do art. 56 desta Lei, caso os credores apresentem plano alternativo no prazo referido no inciso I deste parágrafo ou no prazo referido no § 4º do art. 56 desta Lei. (Incluído pela Lei nº 14.112, de 2020)

Os novos dispositivos legais, introduzidos pela Lei 14.112/2020, superam expressamente o posicionamento do STJ, firmado sob a égide da redação anterior da Lei 11.101/2005.

De fato, conforme já referido acima, o Superior Tribunal de Justiça, na vigência do texto originário da Lei de Falências e Recuperação de Empresas, havia firmado o entendimento de que quaisquer atos de constrição de patrimônio da empresa recuperanda somente poderiam ser praticados pelo juízo universal, independentemente da extrapolação do prazo de 180 dias (também previsto na redação originária do dispositivo), sem qualquer limite temporal[105].

Sucede que a nova redação legal deixa claras as consequências da inobservância do prazo de 180 dias para aprovação do plano de recuperação judicial:

[105] Exemplifica essa tendência: "PROCESSUAL CIVIL. AGRAVO INTERNO NO CONFLITO DE COMPETÊNCIA. JUÍZO DO TRABALHO E JUÍZO DA RECUPERAÇÃO JUDICIAL. COMPETÊNCIA DO JUÍZO DA RECUPERAÇÃO JUDICIAL PARA A PRÁTICA DE ATOS EXECUTÓRIOS OU CONSTRITIVOS QUE PERSISTE ATÉ O TRÂNSITO EM JULGADO DA SENTENÇA QUE DECLARA O ENCERRAMENTO DO PROCESSO. 1. Nos termos da jurisprudência consolidada desta Corte, é competente o juízo universal para prosseguimento de atos de execução que incidam sobre o patrimônio de empresa em processo falimentar ou de recuperação judicial.

2. Não compete ao juízo trabalhista interferir no acervo patrimonial da suscitante enquanto não houver a certificação do trânsito em julgado da sentença que declara o encerramento da sua recuperação judicial. (...)" (AgInt no CC 167.826/PA, Rel. Ministra NANCY ANDRIGHI, SEGUNDA SEÇÃO, julgado em 18/08/2020, DJe 21/08/2020). Neste julgado, lê-se: ""[...] 'os atos de execução dos créditos individuais promovidos contra empresas falidas ou em recuperação judicial, sob a égide do Decreto-lei nº 7.661/45 ou da Lei nº 11.101/05, devem ser realizados pelo juízo universal, ainda que ultrapassado o prazo de 180 dias de suspensão previsto no art. 6º, § 4º, da última norma' [...]".

- (i) é possível que o prazo seja prorrogado por mais 180 dias (totalizando 360 dias), excepcionalmente, desde que o devedor não tenha dado causa ao atraso na aprovação do plano;
- (ii) vencido o prazo inicial de 180 dias (ou de 360, caso tenha havido prorrogação autorizada pelo juiz), os credores passam a ter a faculdade - não o ônus, nem a obrigação - de apresentar plano alternativo de recuperação judicial;
- (iii) caso os credores não apresentem plano alternativo de recuperação judicial no prazo de 30 dias, cessam tanto a suspensão das execuções (art. 6º, *caput*, II), quanto a proibição de prática de atos executórios pelos juízes do trabalho (art. 6º, *caput*, III). Já se os credores apresentarem o plano alternativo, ter-se-á nova prorrogação por mais 180 dias (art. 6º, §4º-A, II)[106].

Depreende-se que a lei levou a efeito verdadeiro *overruling* (superação) da jurisprudência consolidada no âmbito do STJ. A partir da vigência da Lei 14.112/2020, portanto, as prorrogações feitas pelo juízo universal (bem como a vedação à prática de atos constritivos) são delimitadas no tempo, não podendo se estender indefinidamente.

Na segunda hipótese retratada acima, se os credores apresentarem o plano facultativo de recuperação dentro de 30 dias (contados do fim do prazo para aprovação do plano originário), a suspensão das execuções e a proibição da prática de atos de constrição por juízos que não sejam o universal (como os juízes do trabalho, por exemplo) perdurará por mais 180 dias.

Ademais, embora não esteja explícito no texto legal, é intuitivo que, nos 30 dias subsequentes ao término do prazo, as execuções ainda não podem ser retomadas imediatamente, já que, caso os credores apresentem o plano alternativo, permanecerá a impossibilidade da prática de atos de constrição pelos juízes das execuções. Não faria sentido que se praticassem alguns atos de constrição nesse interregno de 30 dias - entre o vencimento do plano originário e a apresentação do plano alternativo - para que, na sequência, houvesse nova suspensão e aqueles mesmo atos constritivos não pudessem mais gerar efeitos.

Daí resulta que a suspensão das execuções trabalhistas pode ocorrer por, no máximo:

- (a) 180 + 30 dias = 210 dias, caso não tenha sido deferida prorrogação pelo juiz da recuperação judicial;
- (b) 180 + 180 + 30 dias = 390 dias, se houver sido prorrogado o prazo pelo juízo universal e os credores não apresentarem plano alternativo;

---

[106] Lei nº 11.101/2005, art. 6º, § 4º-A. II - as suspensões e a proibição de que tratam os incisos I, II e III do *caput* deste artigo perdurarão por 180 (cento e oitenta) dias contados do final do prazo referido no § 4º deste artigo, ou da realização da assembleia-geral de credores referida no § 4º do art. 56 desta Lei, caso os credores apresentem plano alternativo no prazo referido no inciso I deste parágrafo ou no prazo referido no § 4º do art. 56 desta Lei.

- (c) 180 + 180 + 30 + 180 dias =570 dias, caso, além da prorrogação pelo juízo falimentar, os credores apresentem plano alternativo.

Em qualquer desses casos, reitera-se, vencido o prazo, as execuções trabalhistas podem e devem prosseguir normalmente na Justiça do Trabalho, com a prática de atos de penhora, arresto, expropriação etc.

Na hipótese de falência, a Justiça do Trabalho não pode praticar atos constritivos contra o patrimônio da massa falida. Esse panorama não foi alterado pela Lei 14.112/2020.

Observe-se que os créditos trabalhistas inadimplidos após a formulação do pleito de recuperação judicial terão natureza extraconcursal (art. 49, *caput*, e 67, *caput*, da Lei 11.101/2005)[107], devendo ser pagos com preferência sobre os créditos sujeitos à recuperação judicial (isto é, aqueles vencidos antes da formulação do pedido de recuperação judicial). Contudo, a partir da entrada em vigor da Lei 14.112/2020, e considerando a redação atualmente vigente dos arts. 84, 150 e 151 da Lei 11.101/2005[108], os créditos trabalhistas extraconcursais deixaram de ser genericamente preferenciais, devendo ser observada a seguinte ordem de preferência:

- (i) créditos trabalhistas de natureza estritamente salarial vencidos nos 3 meses anteriores à decretação da falência ou à formulação do pleito de recuperação judicial (art. 49 c/c 151);
- (ii) despesas cujo pagamento antecipado seja indispensável à administração da falência, inclusive na hipótese de continuação provisória das atividades previstas no inciso XI do caput do art. 99 da Lei 11.101/2005, que serão pagas pelo administrador judicial com os recursos disponíveis em caixa (art. 151);
- (iii) valores efetivamente entregues ao devedor em recuperação judicial pelo financiador, em conformidade com o disposto na Seção IV-A do Capítulo III da Lei (art. 84, I-B);
- (iv) aos créditos em dinheiro objeto de restituição, conforme previsto no art. 86 da Lei, o que inclui os contratos de adiantamento a contrato de câmbio para exportação (art. 84, I-C);
- (v) remunerações devidas ao administrador judicial e aos seus auxiliares, aos reembolsos devidos a membros do Comitê de Credores, e aos créditos derivados da legislação trabalhista ou decorrentes de acidentes de trabalho

---

[107] Lei nº 11.101/2005, Art. 49. Estão sujeitos à recuperação judicial todos os créditos existentes na data do pedido, ainda que não vencidos.

Art. 67. Os créditos decorrentes de obrigações contraídas pelo devedor durante a recuperação judicial, inclusive aqueles relativos a despesas com fornecedores de bens ou serviços e contratos de mútuo, serão considerados extraconcursais, em caso de decretação de falência, respeitada, no que couber, a ordem estabelecida no art. 83 desta Lei.

[108] Lei nº 11.101/2005, Art. 84. Serão considerados créditos extraconcursais e serão pagos com precedência sobre os mencionados no art. 83 desta Lei, na ordem a seguir, aqueles relativos: (Redação dada pela Lei nº 14.112, de 2020)

I - (revogado); (Redação dada pela Lei nº 14.112, de 2020)

I-A - às quantias referidas nos arts. 150 e 151 desta Lei; (Incluído pela Lei nº 14.112, de 2020) (Vigência)

relativos a serviços prestados após a decretação da falência ou à formulação do pedido de recuperação judicial (art. 49 c/c 84, I-D).

Mesmo nesses casos, a competência para a execução é do juízo cível (em que se processa a recuperação judicial ou a falência), conforme preconiza a jurisprudência do Superior Tribunal de Justiça.[109]

Tanto no caso de falência, quanto no de recuperação judicial, o Juiz do Trabalho deve expedir certidão de habilitação de crédito, para que o credor trabalhista possa se habilitar no Juízo Cível competente (arts. 124 e 125 da Consolidação dos Provimentos da Corregedoria-Geral da Justiça do Trabalho).[110] Ressalve-se

---

I-B - ao valor efetivamente entregue ao devedor em recuperação judicial pelo financiador, em conformidade com o disposto na Seção IV-A do Capítulo III desta Lei; (Incluído pela Lei nº 14.112, de 2020)

I-C - aos créditos em dinheiro objeto de restituição, conforme previsto no art. 86 desta Lei; (Incluído pela Lei nº 14.112, de 2020)

I-D - às remunerações devidas ao administrador judicial e aos seus auxiliares, aos reembolsos devidos a membros do Comitê de Credores, e aos créditos derivados da legislação trabalhista ou decorrentes de acidentes de trabalho relativos a serviços prestados após a decretação da falência; (Incluído pela Lei nº 14.112, de 2020)

I-E - às obrigações resultantes de atos jurídicos válidos praticados durante a recuperação judicial, nos termos do art. 67 desta Lei, ou após a decretação da falência; (Incluído pela Lei nº 14.112, de 2020)

II - às quantias fornecidas à massa falida pelos credores; (Redação dada pela Lei nº 14.112, de 2020)

III - às despesas com arrecadação, administração, realização do ativo, distribuição do seu produto e custas do processo de falência; (Redação dada pela Lei nº 14.112, de 2020)

IV - às custas judiciais relativas às ações e às execuções em que a massa falida tenha sido vencida; (Redação dada pela Lei nº 14.112, de 2020)

V - aos tributos relativos a fatos geradores ocorridos após a decretação da falência, respeitada a ordem estabelecida no art. 83 desta Lei. (Redação dada pela Lei nº 14.112, de 2020)

§ 1º As despesas referidas no inciso I-A do *caput* deste artigo serão pagas pelo administrador judicial com os recursos disponíveis em caixa. (Incluído pela Lei nº 14.112, de 2020)

§ 2º O disposto neste artigo não afasta a hipótese prevista no art. 122 desta Lei.

Art. 150. As despesas cujo pagamento antecipado seja indispensável à administração da falência, inclusive na hipótese de continuação provisória das atividades previstas no inciso XI do *caput* do art. 99 desta Lei, serão pagas pelo administrador judicial com os recursos disponíveis em caixa.

Art. 151. Os créditos trabalhistas de natureza estritamente salarial vencidos nos 3 (três) meses anteriores à decretação da falência, até o limite de 5 (cinco) salários-mínimos por trabalhador, serão pagos tão logo haja disponibilidade em caixa.

109 "CONFLITO DE COMPETÊNCIA. RECUPERAÇÃO JUDICIAL. EXECUÇÃO TRABALHISTA. PROSSEGUIMENTO. ATOS DE CONSTRIÇÃO. COMPETÊNCIA DO JUÍZO DA RECUPERAÇÃO JUDICIAL. 1. No caso de deferimento da recuperação judicial, a competência da Justiça do Trabalho se limita à apuração do respectivo crédito (processo de conhecimento), sendo vedada a prática, pelo citado Juízo, de qualquer ato que comprometa o patrimônio da empresa em recuperação (procedimento de execução).

2. Classificam-se como extraconcursais os créditos de obrigações que se originaram após o deferimento do processamento da recuperação, prevalecendo estes sobre os créditos concursais, de acordo com os arts. 83 e 84 da Lei nº 11.101/2005.

3. Segundo a jurisprudência desta Corte, como forma de preservar tanto o direito creditório quanto a viabilidade do plano de recuperação judicial, a execução de créditos trabalhistas constituídos depois do pedido de recuperação judicial deve prosseguir no Juízo universal. (...)" (CC 145.027/SC, Rel. Ministro RICARDO VILLAS BÔAS CUEVA, SEGUNDA SEÇÃO, julgado em 24/08/2016, DJe 31/08/2016).

110 Art. 124. No caso de execução em desfavor de empresa em recuperação judicial ou falência, o juiz do trabalho expedirá Certidão de Habilitação de Crédito para os credores constituídos nos autos, a ser submetida à apreciação do administrador judicial, exceto em relação aos créditos previdenciário e fiscal.

que não se deve emitir a certidão caso a execução seja redirecionada aos sócios (desconsideração da personalidade jurídica) ou a empresa do grupo econômico. Nestas hipóteses, a certidão somente pode ser expedida após o insucesso das medidas, sob pena de gerar dupla garantia da execução. Sobre a possibilidade de desconsideração da personalidade jurídica, após a entrada em vigor da Lei 14.112/2020, bem como a respeito da impossibilidade de expedição de certidão de crédito quanto aos créditos previdenciários (execução de ofício na Justiça do Trabalho), ver tópicos abaixo.

6.2. Créditos fiscais

O art. 6º, § 7º-A, da Lei 11.101/2005 (na redação dada pela Lei 14.112/2020)[111], estabelece que o deferimento da recuperação judicial não implicará suspensão das execuções fiscais, embora determine caber ao juízo da recuperação judicial determinar a suspensão dos atos de constrição que recaiam sobre bens de capital essenciais à manutenção da atividade empresarial durante o prazo de suspensão das execuções previsto no art. 6º, §4º, do mesmo dispositivo legal. A suspensão dos atos de constrição, ainda de acordo com o regramento legal, deve ser feita mediante cooperação jurisdicional.

O entendimento tradicional do STJ (antes da modificação empreendida pela Lei 14.112/2020) sempre foi no sentido de que a execução fiscal não seria necessariamente suspensa com o deferimento da recuperação judicial, sendo, entretanto, do Juízo universal a competência para dar seguimento aos atos constritivos ou de alienação.[112]

Contudo, na ótica do STJ, seria prerrogativa da Fazenda Pública optar por habilitar o crédito no quadro-geral de credores, ou por ajuizar execução fiscal. Escolhido um rito, ocorre a renúncia da utilização do outro, não se admitindo uma dúplice

---

§ 1º Terão prosseguimento na Justiça do Trabalho as ações que demandarem quantia ilíquida, até a apuração do respectivo crédito e a expedição de certidão de habilitação do crédito.

§ 2º Da Certidão de Habilitação de Crédito deverá constar:

I - o nome do exequente e a data da distribuição da reclamação trabalhista, da sentença condenatória e do seu trânsito em julgado;

II - a especificação dos títulos e valores;

III - a data da decisão homologatória dos cálculos e do seu trânsito em julgado;

IV - o nome do advogado que o exequente tiver constituído, seu endereço, para eventual intimação, e número de telefone, a fim de facilitar possível contato direto pelo administrador judicial.

Art. 125. Expedida a Certidão de Habilitação de Crédito, é vedada a remessa dos autos físicos ou eletrônicos ao juízo no qual se processa a Recuperação Judicial ou a Falência.

[111] Lei nº 11.101/2005, art. 6º, § 7º-A. O disposto nos incisos I, II e III do *caput* deste artigo não se aplica aos créditos referidos nos §§ 3º e 4º do art. 49 desta Lei, admitida, todavia, a competência do juízo da recuperação judicial para determinar a suspensão dos atos de constrição que recaiam sobre bens de capital essenciais à manutenção da atividade empresarial durante o prazo de suspensão a que se refere o § 4º deste artigo, a qual será implementada mediante a cooperação jurisdicional, na forma do art. 69 da Lei nº 13.105, de 16 de março de 2015 (Código de Processo Civil), observado o disposto no art. 805 do referido Código.

[112] AgInt no REsp 1605862/SC, Rel. Ministro SÉRGIO KUKINA, PRIMEIRA TURMA, julgado em 08/11/2016, DJe 24/11/2016.

garantia.[113] Esse raciocínio vale tanto para a situação de falência, quanto para a de recuperação judicial.

No âmbito trabalhista, tem-se a execução fiscal decorrente das penalidades administrativas impostas pelos órgãos da fiscalização do trabalho (execução fiscal de crédito não tributário), e também execuções fiscais de contribuições previdenciárias (créditos tributários), de modo que a circunstância de sua execução ser realizada pela Justiça do Trabalho não retira o caráter fiscal do processo executivo, nos dois casos.

O Tribunal Superior do Trabalho, antes da Lei 14.112/2020, vinha se posicionando no sentido de que a Justiça do Trabalho seria incompetente para proceder à execução dos créditos previdenciários contra empresa em recuperação judicial ou cuja falência foi decretada, limitando-se sua competência à quantificação do crédito.

Argumentava-se que, para fins de fixação da competência, a natureza fiscal das contribuições previdenciárias não lhes retira a característica de parcela oriunda da relação de trabalho, nos moldes do art. 114, I, da CF, devendo-se aplicar, portanto, o princípio da gravitação jurídica: acessório segue o principal – regime jurídico do acessório deve ser igual ao do principal.

Quanto às execuções fiscais decorrentes de penalidades aplicadas pelos órgãos da fiscalização do trabalho, o TST, diferentemente do STJ, entendia (antes da Lei 14.112/2020) que a Fazenda Pública deveria, necessariamente, habilitar seu crédito no juízo universal, não havendo a opção de prosseguir com a execução fiscal na Justiça do Trabalho.[114]

Ressalte-se que, de acordo com o STJ, é desnecessária a apresentação de Certidão de Dívida Ativa (CDA) para habilitação, em processo de falência ou de recuperação judicial, de crédito previdenciário resultante de decisão judicial trabalhista.[115]

O novo regramento introduzido pela Lei 14.112/2020 contém as seguintes previsões:

> Art. 6º, § 7º-B. O disposto nos incisos I, II e III do caput deste artigo não se aplica às execuções fiscais, admitida, todavia, a competência do juízo da recuperação judicial para determinar a substituição dos atos de constrição que recaiam sobre bens de capital essenciais à manutenção da atividade empresarial até o encerramento da recuperação judicial, a qual será implementada mediante a cooperação jurisdicional, na forma do art. 69 da Lei nº 13.105, de 16 de março de 2015 (Código de Processo Civil), observado o disposto no art. 805 do referido Código. (Incluído pela Lei nº 14.112, de 2020).
>
> (...) § 11. O disposto no § 7º-B deste artigo aplica-se, no que couber, às execuções fiscais e às execuções de ofício que se enquadrem respectivamente nos incisos VII e VIII do caput do art. 114 da Constituição Federal, vedados a expedição de certidão de crédito e o arquivamento das execuções para efeito de habilitação na recuperação judicial ou na falência.

---

113 REsp 1.103.405-MG, Rel. Min. Castro Meira, julgado em 2/4/2009.

114 TST – AIRR: 64580820115120028, Relator: Walmir Oliveira da Costa, Data de Julgamento: 05/08/2015, 1ª Turma, Data de Publicação: DEJT 07/08/2015.

115 REsp 1.170.750-SP, Rel. Min. Luis Felipe Salomão, julgado em 27/08/2013.

Os dispositivos estabelecem que o deferimento da recuperação judicial não implicará suspensão das execuções fiscais, de modo que se conclui que a execução das contribuições previdenciárias – espécie de crédito fiscal – não deve ser alcançada pela *vis attractiva* da recuperação judicial ou da falência, ou seja, a execução previdenciária prosseguirá na Justiça do Trabalho mesmo após o deferimento da recuperação judicial.

Nesse contexto, veja-se que as contribuições previdenciárias são espécies de tributo, de modo que a circunstância de sua execução a ser realizada pela Justiça do Trabalho não retira o caráter fiscal do processo executivo.

A modificação legislativa supera, portanto, a jurisprudência do Tribunal Superior do Trabalho, que vinha interpretando sistematicamente o artigo 114 da Constituição da República com os artigos 6º, 76 e 83 da Lei nº 11.101/2005, de modo a concluir que a Justiça do Trabalho seria incompetente para proceder à execução dos créditos previdenciários contra empresa em recuperação judicial, limitando-se sua competência à quantificação do crédito. Na ótica do TST, para fins de fixação da competência, a natureza fiscal das contribuições previdenciárias não lhes retiraria a característica de parcela *oriunda da relação de trabalho*, enquadrando-se no art. 114, I, da CF.

Além disso, a contribuição previdenciária é crédito acessório do crédito trabalhista (que é o principal); assim, o princípio da gravitação jurídica autoriza a conclusão de que o regime jurídico da execução das contribuições previdenciárias, na Justiça do Trabalho, deveria ser idêntico ao do crédito trabalhista, razão pela qual seria inviável o prosseguimento de atos constritivos na Especializada.

Nessas hipóteses, dada a inviabilidade de prosseguimento da execução, o juiz do trabalho deveria determinar a expedição de certidão de habilitação de crédito.

Como o novo regramento legal veda expressamente a expedição de certidão de crédito, a conclusão é que o objetivo do legislador, efetivamente, foi o de permitir a execução da parcela acessória (= contribuição previdenciária), ao mesmo tempo em que obsta a execução da parcela principal (= crédito trabalhista), o que causa perplexidade, seja em função do princípio da gravitação jurídica, seja porque o crédito que deveria ser privilegiado (por força, por exemplo, do art. 100 da Constituição e do art. 186 do Código Tributário Nacional) recebe, da nova lei, um tratamento pior do que créditos que lhe são inferiores.

Esse raciocínio é aplicável não apenas no que tange às contribuições previdenciárias, mas também às multas administrativas aplicadas pela fiscalização do trabalho.

Tais motivos permitem sustentar a inconstitucionalidade do art. 6º, §11, da Lei 11.101/2005 (redação dada pela Lei 14.112/2020), por violação ao princípio constitucional da isonomia (CF, art. 5º, *caput*, conjugado com o art. 100, *caput*) já que o legislador não tem "discricionariedade" para dispensar tratamento inferior uma espécie de crédito que a própria Constituição trata como privilegiado.

Reconhecida a inconstitucionalidade do regramento estabelecido, a respeito, pela Lei 14.112/2020, a consequência prática é a suspensão não apenas da execução trabalhista, mas também da parcela previdenciária acessória, com a possibilidade de expedição de certidão de crédito quando pertinente.

6.3. Desconsideração da personalidade jurídica e grupo econômico

Importa analisar, neste tópico, os arts. 6º-C e art. 82-A, *caput* e parágrafo único, da Lei 11.101/2005, introduzido pela Lei 14.112/2020:

> Art. 6º-C. É vedada atribuição de responsabilidade a terceiros em decorrência do mero inadimplemento de obrigações do devedor falido ou em recuperação judicial, ressalvadas as garantias reais e fidejussórias, bem como as demais hipóteses reguladas por esta Lei.
>
> Art. 82-A. É vedada a extensão da falência ou de seus efeitos, no todo ou em parte, aos sócios de responsabilidade limitada, aos controladores e aos administradores da sociedade falida, admitida, contudo, a desconsideração da personalidade jurídica. (Incluído pela Lei nº 14.112, de 2020).
>
> Parágrafo único. A desconsideração da personalidade jurídica da sociedade falida, para fins de responsabilização de terceiros, grupo, sócio ou administrador por obrigação desta, somente pode ser decretada pelo juízo falimentar com a observância do art. 50 da Lei nº 10.406, de 10 de janeiro de 2002 (Código Civil) e dos arts. 133, 134, 135, 136 e 137 da Lei nº 13.105, de 16 de março de 2015 (Código de Processo Civil), não aplicada a suspensão de que trata o § 3º do art. 134 da Lei nº 13.105, de 16 de março de 2015 (Código de Processo Civil). (Incluído pela Lei nº 14.112, de 2020).

Primeiro aspecto a observar é que o *caput* do art. 82-A admite expressamente a desconsideração da personalidade jurídica para o fim de alcançar o patrimônio dos sócios, controladores ou administradores da sociedade falida, o que deve ser interpretado em conjunto com o art. 6º-C. Embora o art. 82-A se refira apenas à falência, deve-se entender que o dispositivo se amalgama ao art. 6º-C, daí resultando um conjunto normativo aplicável também à recuperação judicial e que preceitua que a desconsideração da personalidade jurídica, nas hipóteses reguladas, somente pode ser feita com fundamento no art. 50 do Código Civil.

Sucede que essas regras se aplicam tão somente ao universo do próprio processo de falência ou de recuperação judicial, não se aplicando para outras espécies de ações judiciais, como as reclamações trabalhistas.

De fato, o parágrafo único do art. 82-A apresenta redação ambígua, a qual, hipoteticamente, poderia dar ensejo a dois entendimentos, a saber:

- (i) apenas o juízo falimentar poderia realizar a desconsideração da personalidade jurídica;
- (ii) não só o juízo falimentar, mas todo e qualquer órgão jurisdicional pode levar a efeito a desconsideração da personalidade jurídica. A restrição contida no parágrafo único do art. 82-A se refere à exigência de que, para o juízo falimentar, somente se admite a aplicação do art. 50 do Código Civil, ou seja, da chamada *teoria maior da desconsideração*, sendo inviável a aplicação da teoria menor fundada no art. 28, §5º, do Código de Defesa do Consumidor.

Passa-se a demonstrar que a segunda interpretação deve ser adotada, descartando-se a primeira.

Para facilitar a visualização da interpretação literal (gramatical), deve-se suprimir o adjunto adverbial entre vírgulas que se inicia após a expressão "sociedade falida". O preceito pode ser reescrito nos seguintes termos:

> A desconsideração da personalidade jurídica da sociedade falida somente pode ser decretada pelo juízo falimentar com a observância do art. 50 da Lei nº 10.406. (redação simplificada do texto legal).

A expressão "com a observância do art. 50" exerce a função sintática de adjunto adverbial, referindo-se ao *modo* como o juízo falimentar pode decretar a desconsideração da personalidade jurídica. O advérbio "somente" integra essa locução, de modo que a frase poderia ser reescrita nos seguintes termos:

> A desconsideração da personalidade jurídica da sociedade falida pode ser decretada pelo juízo falimentar somente com a observância do art. 50 da Lei nº 10.406. (redação hipotética).

Se a frase contivesse vírgula, seguida do pronome "que", após a expressão "sociedade falida", o sentido seria completamente diverso. Nessa hipótese, ter-se-ia uma oração subordinada adjetiva explicativa, o que deixaria claro que apenas o juízo falimentar poderia decretar a desconsideração. Veja-se:

> A desconsideração da personalidade jurídica da sociedade falida, que somente pode ser decretada pelo juízo falimentar, deve observar o art. 50 da Lei nº 10.406. (redação hipotética).

Contudo, voltando à redação real do dispositivo, veja-se que a construção sintática feita pelo legislador faz com que se conclua o seguinte:

- (i) o juízo falimentar somente pode decretar a desconsideração com a observância do art. 50 do Código Civil;
- (ii) os demais órgãos jurisdicionais (entre os quais os juízes do trabalho) não são alcançados pelo dispositivo, de modo que devem observar os pressupostos próprios para a desconsideração. No caso da Justiça do Trabalho, será aplicável o art. 10-A da CLT, que estipula a responsabilidade subsidiária do sócio, independentemente da demonstração de fraude ou confusão patrimonial, o que tenho chamado de *desconsideração direta da personalidade jurídica.*

Aplica-se, aqui, a ideia de que a lei especial derroga a lei geral. A CLT, ao admitir a desconsideração direta na forma de seu art. 10-A, deve ser aplicada com preferência em relação aos arts. 6º-C e 82-A da Lei 11.101/2005, cujo escopo, repita-se, é a disciplina da questão no âmbito do processo de falência ou de recuperação judicial.

A interpretação teleológica, por sua vez, sinaliza que, tendo em vista a universalidade de créditos que compõem a massa falida, créditos esses de diversas categorias (quirografários, tributários, trabalhistas etc.), o legislador almejou estabelecer que a desconsideração da personalidade jurídica, para ser feita pelo juízo falimentar, somente poderia ocorrer a partir do art. 50 do Código Civil, ou seja, da teoria maior da desconsideração.

Assim interpretado, o dispositivo é perfeito do ponto de vista lógico, já que não haveria mesmo condições práticas para que o juízo falimentar aplicasse a teoria maior para alguns, e a menor para outros créditos, face à diversidade do regime jurídico aplicável.

A interpretação histórica não auxilia, pois os debates e pareceres legislativos, tanto na Câmara dos Deputados, quanto no Senado Federal, não trazem discussões a respeito do art. 82-A.[116]

Por fim, mas não menos importante, a interpretação constitucional. Ainda que hipoteticamente fosse possível – o que não é o caso, como demonstrado acima – alegar que o art. 82-A deveria ser interpretado como contendo vedação à desconsideração da personalidade jurídica por outros juízos que não o falimentar, no mínimo o intérprete deveria reconhecer a ambiguidade do dispositivo legal.

Nesse contexto, é certo que a interpretação limitadora da desconsideração viola o princípio constitucional do acesso à justiça (CF, art. 5º, XXXV), pois impede a efetividade da execução, ao criar uma espécie de "blindagem" patrimonial que sequer foi prevista expressamente pelo legislador. Havendo outra intepretação possível e que se harmoniza com a Constituição e com a prática dos tribunais superiores, deve ser preferida, preservando-se a higidez do dispositivo desde que seja interpretado no sentido acima explicitado: os arts. 6º-C e 82-A estipulam que o juiz falimentar somente pode desconsiderar a personalidade jurídica com base no art. 50 do Código Civil, o que não impede que a Justiça do Trabalho siga aplicando, mesmo para empresas falidas ou em recuperação judicial, o art. 10-A da CLT.

A interpretação preconizada não viola a isonomia entre os credores trabalhistas – notadamente entre aqueles que ajuizarem reclamação trabalhista em confronto com os que não o fizerem. A uma, porque a aplicação da teoria menor para os primeiros decorre de sua situação particular, que consiste justamente no fato de terem movido reclamação trabalhista. A duas, porque o princípio da *pars conditio creditorum* (condição paritária entre os credores) se refere às relações diretas entre os credores e o devedor comum (empresa falida ou em recuperação judicial), não abrangendo terceiros responsáveis, cuja responsabilidade se apura no juízo próprio, de acordo com os requisitos pertinentes a cada espécie de crédito.

Em suma, nada obsta (nem mesmo o art. 82-A da Lei 11.101/2005) a desconsideração da personalidade jurídica da empresa cuja falência tenha sido decretada, ou cuja recuperação judicial tenha deferida, desde que os sócios não tenham sido incluídos no plano de recuperação ou não sejam, também, pessoalmente falidos.

Esse entendimento se harmoniza com a jurisprudência consolidada no Superior Tribunal de Justiça, segundo a qual não viola a competência do Juízo universal (da falência ou recuperação judicial) a constrição, pela Justiça do Trabalho, de bens dos

[116] Exceto pelo relatório do Senador Rodrigo Pacheco, que mencionou a necessidade de correção da redação do dispositivo, para excluir a possibilidade de instauração de ofício, pelo juiz, do incidente de desconsideração da personalidade jurídica.

sócios de sociedade empresária em recuperação judicial, quando em relação a ela foi promovida, na Justiça Especializada, a desconsideração da personalidade jurídica. O juízo da recuperação judicial não detém competência para decidir sobre a constrição de bens não abrangidos pelo plano de recuperação da empresa.[117]

Da mesma forma, é possível ao Juiz do Trabalho prosseguir na execução caso haja outras sociedades do mesmo grupo econômico da devedora, na hipótese em que os respectivos bens não estão sujeitos à recuperação judicial ou à falência.[118]

De fato, conforme jurisprudência consolidada no Superior Tribunal de Justiça, não viola a competência do Juízo universal (da falência ou recuperação judicial) a constrição, pela Justiça do Trabalho, de bens dos sócios de sociedade empresária em recuperação judicial, quando em relação a ela foi promovida, na Justiça Especializada, a desconsideração da personalidade jurídica. O juízo da recuperação judicial não detém competência para decidir sobre a constrição de bens não abrangidos pelo plano de recuperação da empresa.[119]

Da mesma forma, é possível ao Juiz do Trabalho prosseguir na execução caso haja outras sociedades do mesmo grupo econômico da devedora, na hipótese em que os respectivos bens não estão sujeitos à recuperação judicial ou à falência.[120]

Observe-se que os créditos trabalhistas inadimplidos após a formulação do pleito de recuperação judicial terão natureza extraconcursal (art. 49, *caput*, e 67 c/c 84, I, da Lei nº 11.101/2005)[121], devendo ser pagos antes de todos os demais, em caso de convolação em falência. Mesmo nestes casos, a competência para a execução é do Juízo Cível (em que se processa a recuperação judicial), conforme preconiza a jurisprudência do STJ.[122]

---

[117] AgInt no CC 145.697/BA, Rel. Ministro MARCO AURÉLIO BELLIZZE, SEGUNDA SEÇÃO, julgado em 09/11/2016, DJe 18/11/2016.

[118] AgInt no CC 152.680/MG, Rel. Ministra MARIA ISABEL GALLOTTI, SEGUNDA SEÇÃO, julgado em 11/10/2017, DJe 17/10/2017.

[119] AgInt no CC 145.697/BA, Rel. Ministro MARCO AURÉLIO BELLIZZE, SEGUNDA SEÇÃO, julgado em 09/11/2016, DJe 18/11/2016.

[120] AgInt no CC 152.680/MG, Rel. Ministra MARIA ISABEL GALLOTTI, SEGUNDA SEÇÃO, julgado em 11/10/2017, DJe 17/10/2017.

[121] Lei nº 11.101/2005, Art. 49 – Estão sujeitos à recuperação judicial todos os créditos existentes na data do pedido, ainda que não vencidos.

Art. 67 – Os créditos decorrentes de obrigações contraídas pelo devedor durante a recuperação judicial, inclusive aqueles relativos a despesas com fornecedores de bens ou serviços e contratos de mútuo, serão considerados extraconcursais, em caso de decretação de falência, respeitada, no que couber, a ordem estabelecida no art. 83 desta Lei.

Art. 84 – Serão considerados créditos extraconcursais e serão pagos com precedência sobre os mencionados no art. 83 desta Lei, na ordem a seguir, os relativos a: I – remunerações devidas ao administrador judicial e seus auxiliares, e créditos derivados da legislação do trabalho ou decorrentes de acidentes de trabalho relativos a serviços prestados após a decretação da falência (...).

[122] CONFLITO DE COMPETÊNCIA. RECUPERAÇÃO JUDICIAL. EXECUÇÃO TRABALHISTA. PROSSEGUIMENTO. ATOS DE CONSTRIÇÃO. COMPETÊNCIA DO JUÍZO DA RECUPERAÇÃO JUDICIAL.

1. No caso de deferimento da recuperação judicial, a competência da Justiça do Trabalho se limita à apuração do respectivo crédito (processo de conhecimento), sendo vedada a prática, pelo citado Juízo, de qualquer ato que comprometa o patrimônio da empresa em recuperação (procedimento de execução).

6.4. A questão da garantia do juízo para os embargos à execução

Tema polêmico diz respeito à (des)necessidade de garantia do juízo para oposição de embargos à execução (e subsequente agravo de petição) por empresas em recuperação judicial ou cuja falência haja sido decretada.

No Tribunal Superior do Trabalho, é prevalecente o entendimento de que as empresas em recuperação judicial não são dispensadas da garantia do juízo na execução, já que o art. 899, §10, da CLT[123] (ao isentar as empresas em recuperação judicial da realização de depósito judicial), seria aplicável apenas na fase de conhecimento.[124]

Tal posicionamento, entretanto, suscita significativas dificuldades práticas e teóricas.

Primeiro, porque, decretada a falência, ou deferido o processamento da recuperação judicial, a lei proíbe qualquer forma de retenção, arresto, penhora, sequestro, busca e apreensão e constrição judicial ou extrajudicial sobre os bens do devedor, oriunda de demandas judiciais ou extrajudiciais cujos créditos ou obrigações sujeitem-se à recuperação judicial ou à falência (Lei 11.101/2005, art. 6º, III).[125]

Assim, o Juiz do Trabalho não pode realizar a penhora para fins de garantia do juízo, e fica igualmente pré-excluída a possibilidade de nomeação de bens à penhora pelo devedor.

Segundo, porque, de acordo com a sistemática legal ainda vigente no Processo do Trabalho, a decisão homologatória de cálculos de liquidação não comporta recurso de imediato, em função do art. 884, §3º, da CLT[126], segundo o qual a "sentença de

2. Classificam-se como extraconcursais os créditos de obrigações que se originaram após o deferimento do processamento da recuperação, prevalecendo estes sobre os créditos concursais, de acordo com os arts. 83 e 84 da Lei nº 11.101/2005.

3. Segundo a jurisprudência desta Corte, como forma de preservar tanto o direito creditório quanto a viabilidade do plano de recuperação judicial, a execução de créditos trabalhistas constituídos depois do pedido de recuperação judicial deve prosseguir no Juízo universal.

(...)

(CC 145.027/SC, Rel. Ministro RICARDO VILLAS BÔAS CUEVA, SEGUNDA SEÇÃO, julgado em 24/08/2016, DJe 31/08/2016).

123 § 10. São isentos do depósito recursal os beneficiários da justiça gratuita, as entidades filantrópicas e as empresas em recuperação judicial.

124 Os seguintes julgados, oriundos de 7 das 8 turmas do TST, demonstram essa afirmação: Ag-AIRR-487200-78.2009.5.09.0069, 1ª Turma, Relator Ministro Luiz Jose Dezena da Silva, DEJT 27/09/2021; Ag-AIRR-12793-73.2016.5.15.0096, 2ª Turma, Relator Ministro Jose Roberto Freire Pimenta, DEJT 24/09/2021; Ag-AIRR-1157-19.2014.5.09.0009, 3ª Turma, Relator Ministro Alberto Luiz Bresciani de Fontan Pereira, DEJT 24/09/2021; Ag-RRAg-926-19.2017.5.13.0027, 5ª Turma, Relator Ministro Breno Medeiros, DEJT 17/09/2021; Ag-AIRR-1000234-11.2016.5.02.0361, 6ª Turma, Relatora Ministra Katia Magalhaes Arruda, DEJT 27/08/2021; Ag-AIRR-786-07.2013.5.09.0004, 7ª Turma, Relator Ministro Claudio Mascarenhas Brandao, DEJT 17/09/2021; Ag-AIRR-1341-78.2011.5.09.0041, 8ª Turma, Relatora Ministra Delaide Alves Miranda Arantes, DEJT 24/09/2021.

125 Lei nº 11.101/2005, Art. 6º A decretação da falência ou o deferimento do processamento da recuperação judicial implica: (...) III - proibição de qualquer forma de retenção, arresto, penhora, sequestro, busca e apreensão e constrição judicial ou extrajudicial sobre os bens do devedor, oriunda de demandas judiciais ou extrajudiciais cujos créditos ou obrigações sujeitem-se à recuperação judicial ou à falência.

126 Art. 884, § 3º - Somente nos embargos à penhora poderá o executado impugnar a sentença de liquidação, cabendo ao exeqüente igual direito e no mesmo prazo.

liquidação" somente pode ser impugnada nos embargos à execução. Por tal motivo, se o executado questionar os critérios de liquidação, na forma do art. 879, §2º, da CLT[127], os argumentos eventualmente rejeitados pelo magistrado deverão ser novamente suscitados em embargos à execução para, apenas na sequência, viabilizar-se a interposição de agravo de petição a fim de discutir os critérios de cálculo no âmbito do tribunal regional do trabalho.

Nesse cenário legislativo, veja-se que pode surgir nítido impasse, caso se exija garantia do juízo para embargos à execução ofertados por empresas em recuperação judicial ou com falência decretada. Se o executado, nesses casos, tiver impugnado os cálculos de liquidação, na prática, haverá uma impossibilidade material de acertamento definitivo do valor do crédito, o que somente ocorre quando oportunizada ao executado a via dos embargos à execução e do subsequente agravo de petição.

A consequência prática, portanto, seria a suspensão indefinida da execução, em nítido prejuízo ao credor trabalhista, que ficaria impossibilitado de habilitar seu crédito no juízo universal da falência ou da recuperação judicial, justamente por não se tratar de crédito definitivamente constituído.

Além disso, observe-se que não faria sentido exigir garantia do juízo se a Justiça do Trabalho não pode expropriar o patrimônio, já que a prática de atos de constrição e de expropriação somente podem ser levadas a efeito pelo juízo da recuperação judicial ou da falência.

Dessa forma, é imperioso entender-se que empresas em recuperação judicial ou cuja falência haja sido decretada são dispensadas de garantir o juízo para fins de oferecimento de embargos à execução e de interposição de agravo de petição. Nesse sentido, há julgados de tribunais regionais do trabalho.[128-129]

---

[127] Art. 879, § 2º Elaborada a conta e tornada líquida, o juízo deverá abrir às partes prazo comum de oito dias para impugnação fundamentada com a indicação dos itens e valores objeto da discordância, sob pena de preclusão.

[128] "EMBARGOS À EXECUÇÃO. EMPRESA EM RECUPERAÇÃO JUDICIAL. GARANTIA DO JUÍZO. Considerando-se o fato de que o crédito não será quitado (e, por consequência, garantido) neste processo, e à vista o objetivo da recuperação judicial, que é "viabilizar a superação da situação de crise econômico-financeira do devedor, a fim de permitir a manutenção da fonte produtora, do emprego dos trabalhadores e dos interesses dos credores, promovendo, assim, a preservação da empresa, sua função social e o estímulo à atividade econômica" (artigo 47 da Lei 11.101/05), o direito constitucional fundamental de acesso à Justiça autoriza interpretar de forma sistemática a norma do caput do artigo 884 da CLT, afastando a exigência de garantia do juízo para o manejo de agravo de petição oposto por empresas em recuperação judicial, impossibilitadas de efetuar a garantia. Agravos de instrumento e de petição da executada a que se dá provimento" (TRT-2 10003841720195020351 SP, Relator: BENEDITO VALENTINI, 12ª Turma - Cadeira 4, Data de Publicação: 09/08/2021).

[129] "EMBARGOS À EXECUÇÃO. GARANTIA DO JUÍZO. EMPRESA EM RECUPERAÇÃO JUDICIAL. A garantia do Juízo para fins de oposição de embargos à execução é inexigível das empresas em recuperação judicial, a teor do art. 6º da Lei nº 11.101/2005, o qual determina a suspensão das ações e das execuções contra o devedor, sendo que os pagamentos dos débitos da empresa em recuperação judicial são efetuados mediante habilitação no Juízo Universal" (TRT-4 - AP: 00010051320135040019, Data de Julgamento: 24/02/2021, Seção Especializada em Execução).

6.5. Penhora, arrematação e depósito recursal efetivados antes da recuperação judicial ou da falência

A falência e a recuperação judicial são regidas pelo princípio da isonomia entre os credores (*pars conditium creditorum*), de modo que se deve arrecadar todos os bens do devedor a fim de que o produto da expropriação seja distribuído de forma equânime entre cada credor. Esse é um dos fundamentos da necessidade de centralizar os atos executivos no Juízo universal, evitando-se o atendimento integral de alguns créditos, em detrimento de outros credores que nada receberiam.

Portanto, após a decretação da falência ou deferimento do processamento da recuperação judicial, nenhum ato de constrição (penhora, arresto etc.) do patrimônio empresarial pode ser praticado pelo Juiz do Trabalho.

Contudo, nas hipóteses em que já tenha sido feita a penhora, e haja hasta pública aprazada (ou seja, com data já designada), a jurisprudência, no afã de prestigiar a economia processual, entende pacificamente no sentido da possibilidade de realização da expropriação, sendo que, neste caso, os valores arrecadados devem, obrigatoriamente, ser remetidos para o Juízo universal, para fins de distribuição entre os credores, de acordo com suas preferências.

Já no caso em que a arrematação tenha sido ultimada (mediante a lavratura do correspondente auto) antes da decretação de falência – ou do deferimento do processamento da recuperação judicial –, os valores arrecadados devem ser entregues ao exequente trabalhista, não cabendo cogitar de remessa do numerário ao Juízo falimentar.

A diferença entre as duas hipóteses reside no fato de que, enquanto não realizada a arrematação (muito embora já feita a penhora), o bem ainda integra o patrimônio do executado, o qual serve como garantia da execução da totalidade de credores. No entanto, assinado o auto de arrematação, já há título de domínio em favor do arrematante, e o bem já não integra mais o patrimônio do executado.

Pensar diferentemente equivale a considerar que a arrematação já consumada na Justiça do Trabalho poderia ser anulada pela falência ou recuperação judicial supervenientes, o que é inaceitável, à luz do princípio da segurança jurídica e do art. 903, *caput*, do CPC.[130]

Raciocínio análogo deve ser aplicado no que tange ao destino do depósito recursal efetuado antes da decretação da falência ou do deferimento da recuperação judicial. Há duas correntes a respeito: (i) uma no sentido de que o valor do depósito recursal poderia ser liberado ao trabalhador, mesmo no caso de empresa falida ou em recuperação judicial, por se tratar o depósito de garantia do juízo e da futura execução; (ii) outra que sustenta a necessidade de remessa dos valores atinentes ao depósito recursal para o Juízo universal.

Como o princípio geral sobre o tema é o da isonomia entre os credores, perceba-se que a liberação, a determinado trabalhador, de valores de depósitos

---

[130] Art. 903 – Qualquer que seja a modalidade de leilão, assinado o auto pelo juiz, pelo arrematante e pelo leiloeiro, a arrematação será considerada perfeita, acabada e irretratável, ainda que venham a ser julgados procedentes os embargos do executado ou a ação autônoma de que trata o § 4º deste artigo, assegurada a possibilidade de reparação pelos prejuízos sofridos.

recursais feitos em seu processo pode fazer com que outros trabalhadores fiquem sem nada receber, nas hipóteses em que não haja depósitos recursais nos respectivos processos.

Além disso, apesar de o depósito recursal inegavelmente constituir garantia da futura execução, os valores correspondentes não saem imediatamente do patrimônio do executado. De fato, o valor do depósito recursal só pode ser entregue ao trabalhador quando se tratar de execução definitiva do título judicial.

Portanto, o valor do depósito recursal, feito anteriormente ao decreto de falência – ou ao deferimento da recuperação judicial –, pertence ao patrimônio do executado e, em princípio, deve ser encaminhado ao Juízo universal, para fins de distribuição isonômica entre os credores. Nesse sentido já decidiu a SDI-2 do TST.[131]

A única exceção acontece quando a decretação da falência ou da recuperação acontece em momento posterior à decisão definitiva dos embargos à execução ofertados no processo trabalhista. Nessa situação, embora o valor do depósito recursal ainda se encontre à disposição do Juízo Trabalhista, o numerário já pertencerá ao exequente, que pode não ter levantado os valores, por exemplo, por ainda não ter sido expedido o competente alvará.

Exemplos:

- (i) depósito recursal realizado em 20/09/2016, com decretação da falência em 10/10/2016, sem que se tenha iniciado o prazo para embargos à execução – nesta hipótese, o valor do depósito recursal será encaminhado ao Juízo universal;
- (ii) depósito recursal realizado em 20/09/2016, com trânsito em julgado em 29/09/2016, julgamento definitivo dos embargos à execução em 25/01/2017 e decretação de falência em 30/03/2017 – neste caso, o valor correspondente ao depósito recursal já integra o patrimônio do exequente e não será remetido ao Juízo universal, mesmo que o trabalhador não tenha sacado, ainda, os valores por motivo contingencial.

7. EXECUÇÃO PROVISÓRIA

A execução provisória pode ser promovida, por iniciativa exclusiva do credor interessado, nos casos em que a decisão judicial estiver sujeita a recurso sem efeito suspensivo – o que é a regra geral no Processo do Trabalho, conforme decorre do *caput* do art. 899 da CLT.[132]

---

[131] Mandado de Segurança. Empresa em recuperação judicial. Depósito recursal anterior ao processamento da recuperação judicial. Integração ao Juízo universal da falência. Embora o depósito recursal fique à disposição do Juízo trabalhista, ele não integra o patrimônio do reclamante, ainda que realizado antes do processamento da recuperação judicial ou da decretação da falência da empresa, de modo que todos os atos de execução referentes às reclamações trabalhistas movidas contra a recuperanda são de competência do Juízo universal, consoante jurisprudência reiterada do STJ. (SDI-2, em 15.5.2018 – INFO 178).

[132] Art. 899 – Os recursos serão interpostos por simples petição e terão efeito meramente devolutivo, salvo as exceções previstas neste Título, permitida a execução provisória até a penhora.

A peculiaridade principal da execução provisória é que, em princípio, só pode tramitar até a fase da penhora e da solução de todos os incidentes da penhora. Assim, feito o requerimento de execução provisória pelo credor, o executado deve ser citado para garantir a execução em 48 horas, sob pena de penhora; garantido o Juízo, abre-se prazo de 5 (cinco) dias para oferecimento de embargos à execução e, em seguida, os autos devem ser conclusos para decisão pelo juiz, sendo cabível a interposição de agravo de petição.

Se o executado comparecer tempestivamente e depositar o valor, com a finalidade de isentar-se da multa, o ato não será havido como incompatível com o recurso por ele interposto (CPC, art. 520, § 3º).

Decididos todos os incidentes da penhora, e eventuais recursos interpostos, a execução provisória deve ficar suspensa até o trânsito em julgado da decisão judicial que a embasa; com isso, a execução provisória se converte, de pleno direito, em definitiva, o que viabiliza a sequência do procedimento com a prática dos atos de expropriação.

O cumprimento provisório fica sem efeito caso sobrevenha decisão que modifique ou anule a sentença objeto da execução; nesta hipótese, as partes devem ser restituídas ao estado anterior e eventuais prejuízos do executado são liquidados nos mesmos autos. Destaque-se que o exequente provisório tem responsabilidade objetiva - ou seja, independente de culpa - pelos danos que o executado sofra, na hipótese de insubsistência do título executivo (CPC, art. 520, I).[133]

É justamente esse risco de responsabilização objetiva que faz com que a execução provisória jamais possa ser iniciada de ofício, sendo imprescindível o requerimento do credor. Tal requerimento é feito mediante simples petição dirigida ao juízo competente, sendo que, se os autos não forem eletrônicos, a petição será acompanhada de cópias das seguintes peças do processo, cuja autenticidade poderá ser certificada pelo próprio advogado, sob sua responsabilidade pessoal: (i) decisão exequenda; (ii) certidão de interposição do recurso não dotado de efeito suspensivo; (iii) procurações outorgadas pelas partes; (iv) decisão de habilitação, se for o caso; (v) facultativamente, outras peças processuais consideradas necessárias para demonstrar a existência do crédito (CPC, art. 522).

Nada impede a penhora de dinheiro em execução provisória. De fato, conforme preconiza a Súmula 417, I, do TST, não fere direito líquido e certo do impetrante o ato judicial que determina penhora em dinheiro do executado para garantir crédito exequendo, pois é prioritária e obedece à gradação prevista no art. 835 do CPC de 2015.

Contudo, em princípio, na execução provisória não se permitem o levantamento de dinheiro pelo credor (quando a penhora tiver recaído sobre dinheiro) e a prática de atos de expropriação (quando a penhora recair sobre outros bens).

---

[133] Art. 520 - O cumprimento provisório da sentença impugnada por recurso desprovido de efeito suspensivo será realizado da mesma forma que o cumprimento definitivo, sujeitando-se ao seguinte regime:

I - corre por iniciativa e responsabilidade do exequente, que se obriga, se a sentença for reformada, a reparar os danos que o executado haja sofrido (...).

No sistema do Código de Processo Civil, o levantamento de depósito em dinheiro e a prática de atos que importem transferência de posse ou alienação de propriedade ou de outro direito real, ou dos quais possa resultar grave dano ao executado, dependem de caução suficiente e idônea, arbitrada de plano pelo juiz e prestada nos próprios autos (art. 520, IV).

Ademais, ainda de acordo com o regime do CPC (art. 521), a caução pode ser dispensada se: (i) o crédito for de natureza alimentar, independentemente de sua origem; (ii) o credor demonstrar situação de necessidade; (iii) pender agravo em recurso extraordinário ou de revista; (iv) a sentença a ser provisoriamente cumprida estiver em consonância com súmula da jurisprudência do Supremo Tribunal Federal, do Tribunal Superior do Trabalho ou do Superior Tribunal de Justiça ou em conformidade com acórdão proferido no julgamento de casos repetitivos. A exigência de caução será mantida quando da dispensa possa resultar manifesto risco de grave dano de difícil ou incerta reparação.

A jurisprudência do TST, entretanto, tem-se posicionado pela inaplicabilidade de tal regramento no Processo do Trabalho, tendo em vista a existência de regra própria na CLT (art. 899), que admite o desenrolar da execução provisória tão-somente até a penhora.[134] Assim, independentemente de se tratar de crédito alimentar e da situação de necessidade do credor, a execução provisória não pode avançar para a fase dos atos de expropriação e de levantamento de valores pelo exequente. Por fim, destaque-se que o tema é controvertido e há parcela da doutrina e da jurisprudência que sustenta a aplicabilidade dos arts. 520, IV, e 521, do CPC, no Processo do Trabalho, sob o argumento da existência de lacunas axiológicas e ontológicas da CLT. Assim, como, no particular, o regramento do Processo Civil induz maior efetividade da execução e propicia mais amplo acesso à justiça (CF, art. 5º, XXXV), caberia, nessa ótica, a superação do art. 899 da CLT. Para tal vertente, a *omissão* a que se refere o art. 769 da CLT[135] não corresponderia à mera inexistência de regra na CLT, mas da existência de regras mais efetivas no âmbito do direito processual comum.

É possível a execução provisória quando a sentença condenar ao cumprimento de obrigações não pecunárias (*i.e.*, fazer, não fazer ou entregar coisa diferente de dinheiro), desde que a situação não gere efeitos irreversíveis para as partes. Nessas hipóteses, é pertinente fazer uma diferenciação entre a execução provisória e o deferimento de tutela antecipada.

Exemplo: se a sentença determina a reintegração do reclamante e concede antecipação de tutela, o Juiz do Trabalho expedirá, de imediato, mandado para cumprimento da decisão, sob pena de multa. Se não for deferida a antecipação de tutela, entretanto, a reintegração somente pode ser feita após o trânsito em julgado, já que - embora o tema seja controvertido - não caberia execução provisória nesta

[134] TST - RO: 72846620135150000, Relator: Douglas Alencar Rodrigues, Data de Julgamento: 14/04/2015, Subseção II Especializada em Dissídios Individuais, Data de Publicação: DEJT 17/04/2015.

[135] Art. 769 - Nos casos omissos, o direito processual comum será fonte subsidiária do direito processual do trabalho, exceto naquilo em que for incompatível com as normas deste Título.

hipótese, porque a reintegração tem caráter definitivo.[136] Por mais que eventual recurso possa resultar no desfazimento da reintegração, o trabalho já prestado e o tempo em que o reclamante permaneceu na empresa não voltam atrás.

É importante ressalvar, entretanto, que a jurisprudência vem admitindo a execução provisória de obrigação de fazer em diversas situações, sendo certo que o STF firmou tese, em repercussão geral, no sentido de que a execução provisória de obrigação de fazer em face da Fazenda Pública não atrai o regime constitucional dos precatórios.[137] No precedente da Suprema Corte, a obrigação de fazer estabelecida não geraria ônus financeiro para a Fazenda Pública, já que esta deveria apenas repartir entre duas pessoas uma pensão que já vinha sendo paga a apenas uma, com exclusividade.

Não há dúvida de que é possível cumprimento provisório de obrigação de fazer, não fazer e de dar coisa distinta de dinheiro (CPC, art. 520, § 5º), pois a legislação estabelece que será aplicado nessas hipóteses, no que couber, o regramento atinente ao cumprimento de obrigação de pagar. No entanto, quando puder gerar prejuízo irreparável ao réu, o cumprimento provisório da obrigação de fazer não deve ser admitido. A satisfação do direito antes do trânsito em julgado, em tais hipóteses, somente pode ser deferida em antecipação de tutela – que pode ser requerida a qualquer momento, inclusive após a sentença –, desde que haja *periculum in mora.* O *fumus boni iuris* será presumido em virtude da prolação de sentença sujeita a recurso sem efeito suspensivo.

136 Nesse sentido, TST – RXOF e ROMS: 801006120045150000 80100-61.2004.5.15.0000, Relator: José Simpliciano Fontes de F. Fernandes, Data de Julgamento: 29/03/2005, Subseção II Especializada em Dissídios Individuais, Data de Publicação: DJ 22/04/2005.

137 RE 573872 – RECURSO EXTRAORDINÁRIO, Rel. Min. Edson Fachin, j. 24/05/2017.

BIBLIOGRAFIA

ALMEIDA, Cleber Lúcio de. *Direito Processual do Trabalho.* 6ª ed. São Paulo: LTR, 2016.

ALMEIDA, Isis de. *Manual de Direito Processual do Trabalho.* v.1. São Paulo: LTR, 1985.

ALMEIDA, Isis de. *Manual de Direito Processual do Trabalho.* v.2. São Paulo: LTR, 1986.

ALVIM, Arruda. *Manual de Direito Processual Civil.* V1. 12 ed. São Paulo: Revista dos Tribunais, 2008.

ALVIM, José Eduardo Carreira. *Teoria Geral do Processo.* 13 ed. Rio de Janeiro: Forense, 2010.

AMARAL, Francisco. *Direito Civil: Introdução.* 5ª ed. Rio de Janeiro: Renovar, 2003.

ARAGÃO, Egas Dirceu Moniz de. *Comentários Ao Código de Processo Civil.* Vol. II - 10ª Ed. São Paulo: Forense, 2005.

ARAGÃO, Egas Dirceu. Moniz de. *Sentença e Coisa julgada.* Rio de Janeiro: Aide, 1992.

ASSIS, Araken de. *Manual da Execução.* 11ª ed. São Paulo: Editora Revista dos Tribunais, 2007.

BABOIN, José Carlos de Carvalho. *O tratamento jurisprudencial da greve política no Brasil. Dissertação* [mestrado em Direito]. Faculdade de Direito, Universidade de São Paulo, São Paulo, 2013.

BARROSO, Luís Roberto. *Curso de Direito Constitucional Contemporâneo.* 1ª ed. 3ª tiragem. São Paulo: Saraiva, 2009.

BARROSO, Luís Roberto. *O controle de constitucionalidade no direito brasileiro.* 4ª ed. rev. e atual. São Paulo: Saraiva, 2009.

BELMONTE, Alexandre Agra. *Curso de Responsabilidade Trabalhista: danos morais e patrimoniais nas relações de trabalho.* 2ª ed. São Paulo: LTR, 2009.

BERMUDES, Sérgio. *Introdução ao Processo Civil.* 5ª ed. Rio de Janeiro: Forense, 2010.

BERNARDES, Felipe. *A Repressão à Lavagem de Dinheiro e as Garantias Constitucionais: Tendências Atuais. Revista do Tribunal Regional Federal – Primeira Região*, Brasília, v. 18, n. 5, p. 97-126, maio 2006.

BERNARDES, Felipe. *Manual de Processo do Trabalho.* 2ª ed. Salvador: Juspodivm, 2019.

BRANDÃO, Cláudio. A Covid-19 e o adoecimento ocupacional. *O Direito do Trabalho na crise da COVID-19* (coords. Alexandre Agra Belmonte et. alii). Salvador: Juspodivm, 2020, p. 279-294.

BRANDÃO, Cláudio. *Reclamação constitucional no Processo do Trabalho.* São Paulo: Editora LTr, 2017.

BUENO, Cassio Scarpinella. *Novo Código de Processo Civil Anotado.* São Paulo: Saraiva, 2015.

BULOS, Uadi Lammêgo. *Curso de Direito Constitucional.* 5ª ed. São Paulo: Saraiva, 2010.

CABRAL, Antonio do Passo. *A coisa julgada formal faz sentido no Sistema do CPC/2015?* In DIDIER Jr., Fredie. CABRAL, Antonio do Passo (coords.). *Coisa julgada e outras estabilidades processuais.* Salvador: Juspodivm, 2018, p. 153-156.

CABRAL, Antonio do Passo. In *Breves comentários ao novo código de processo civil* (Coords. Teresa Arruda Alvim Wambier [et.al.]). 3ª ed. rev. e atual. São Paulo: Revista dos Tribunais, 2016. p. 1421-1457.

CAIRO JR, José. *Curso de Direito Processual do Trabalho.* 10ª ed. Salvador: Juspodivm, 2016.

CÂMARA, Alexandre Freitas. *Lições de Direito Processual Civil.* v.1. 17ª ed. Rio de Janeiro: Editora Lumen Juris, 2008.

CÂMARA, Alexandre Freitas. *Lições de Direito Processual Civil.* v.3. 13ª ed. Rio de Janeiro: Editora Lumen Juris, 2008.

CÂMARA, Alexandre Freitas. *O Novo Processo Civil Brasileiro.* 6ª ed. São Paulo: Atlas, 2020.

CARELLI, Rodrigo de Lacerda. O Caso Uber e o Controle por Programação: de carona para o Século XIX. In: Ana Carolina Reis Paes Leme; Bruno Alves Rodrigues; José Eduardo de Resende Chaves Júnior. (Org.). *Tecnologias disruptivas e a exploração do trabalho humano.* São Paulo: Ltr, 2017, v. 1, p. 130-146.

CARELLI, Rodrigo de Lacerda. O neoliberalismo, as reformas trabalhistas, a "desdemocratização" e os direitos humanos. In: Lilian Balmant Emerique, Sayonara Grillo Coutinho Leonardo da Silva, Ivan Simões Garcia. (Org.). *Direitos Humanos e Trabalho Decente.* Belo Horizonte: Fórum, 2016, v. 1, p. 93-109.

CARELLI, Rodrigo. *Barroso, negros de primeira linha e a reforma trabalhista.* Publicado em 21.06.2017. Disponível em: https://www.jota.info/opiniao-e-analise/

artigos/barroso-negros-de-primeira-linha-e-a-reforma-trabalhista-21062017. Acesso em 14 set. 2020.

CARNEIRO, Athos Gusmão. *Intervenção de Terceiros.* 15ª ed. São Paulo: Saraiva, 2003.

CARNEIRO, Paulo Cezar Pinheiro. *Acesso à Justiça: Juizados Especiais Cíveis e Ação Civil Pública.* 2. ed.rev. e atual. Rio de Janeiro: Forense, 2007.

CARVALHO, Augusto César Leite de. *Direito do Trabalho: curso e discurso.* 3ª ed. São Paulo: LTR, 2019.

CASAGRANDE, Cássio. *Associar a CLT ao fascismo é uma mistificação da História.* Disponível em: https://www.jota.info/paywall?redirect_to=//www.jota.info/opiniao-e-analise/colunas/o-mundo-fora-dos-autos/associar-a-clt-ao-fascismo-e-uma-mistificacao-da-historia-06082018. Acesso em 10.07.2020.

CASSAR, Vólia Bomfim. *Direito do Trabalho.* 16ª ed. rev. e atual. São Paulo: Método, 2018.

CLAUS, BEN-HUR SILVEIRA. *O Grupo Econômico Trabalhista após a Lei nº 13.467/2017.* Rev. do Trib. Reg. Trab. 10ª Região, Brasília, v. 22, n. 2, 2018, pp.13-39.

COELHO, Fábio Ulhoa. *Curso de Direito Comercial.* v.2. São Paulo: Saraiva, 2005.

CORREIA, Henrique; MIESSA, Élisson. *Manual da Reforma Trabalhista.* Salvador: Editora Juspodivm, 2018.

CORREIA, Henrique; MIESSA, Élisson. *Súmulas e Ojs do TST Comentadas e Organizadas por Assunto.* 7ª ed. Salvador: Juspodivm, 2016.

COSTA, Coqueijo. *Direito Processual do Trabalho.* 4ª ed. Rio de Janeiro: Forense, 1995.

CUNHA, Leonardo José Carneiro da. *A Fazenda Pública em Juízo.* 7ª ed. São Paulo: Dialética, 2009.

DELGADO, Maurício Godinho; DELGADO, Gabriela Neves. *A reforma trabalhista no Brasil: com os comentários à lei n. 13.467/2017.* São Paulo: LTr, 2017.

DIDIER JR., Fredie; CUNHA, Leonardo Carneiro da. *Curso de Direito Processual Civil,* v.3. 13ª ed. Salvador: Juspodivm, 2016.

DIDIER JR., Fredie; CUNHA, Leonardo José Carneiro da; BRAGA, Paula Sarno; OLIVEIRA, Rafael Alexandria de. *Curso de Direito Processual Civil,* v.2. 11ª ed. Salvador: Juspodivm, 2016.

DIDIER JR., Fredie; ZANETI JR, Hermes. *Curso de Direito Processual Civil,* v.4. Salvador: Juspodivm, 2007.

DIDIER JR., Fredie. *Curso de Direito Processual Civil,* v.1. 18ª ed. Salvador: Juspodivm, 2016.

DINAMARCO, Cândido Rangel. *Instituições de Direito Processual Civil.* v.1. São Paulo: Malheiros, 2001.

DINAMARCO, Cândido Rangel. *Instituições de Direito Processual Civil.* v.2. São Paulo: Malheiros, 2001.

DINAMARCO, Cândido Rangel. *Instituições de Direito Processual Civil.* v.3. São Paulo: Malheiros, 2001.

DINAMARCO, Cândido Rangel. *Instituições* de Direito Processual Civil. v.4. São Paulo: Malheiros, 2004.

DONIZETTI, Elpídio. *Novo Código de Processo Civil Comentado.* 3ª ed, rev., atual. e ampl. São Paulo: Atlas, 2018.

DUARTE, Bento Herculano. Incidente de resolução de demandas repetitivas (IRDR): natureza, finalidade, pressupostos, pontos controvertidos e aplicação na Justiça do Trabalho. *Revista do Tribunal Regional do Trabalho da 9ª Região,* v. 7, nº 70, julho de 2018.

FELICIANO, Guiherme Guimarães. *Curso Crítico de Direito do Trabalho.* São Paulo: Saraiva, 2013.

FELICIANO, Guilherme Guimarães; PASQUALETO, Olívia de Quintana Figueiredo. Amianto, meio ambiente do trabalho e responsabilidade civil do empregador. *Revista da Faculdade de Direito da Universidade de São Paulo,* v. 112, p. 163-186, jan./dez 2017.

FELICIANO, Guilherme Guimarães. *Por um processo realmente efetivo: tutela processual de direitos humanos fundamentais e inflexões do "due process of law".* São Paulo: LTR, 2016.

FERNANDES, João Renda Leal. Arbitration in individual labor and employment conflicts: a constitutional and logical-systematic interpretation of CLT article 507-A. *PANORAMA OF BRAZILIAN LAW,* v. 6, p. 101-123, 2019.

FERNANDES, João Renda Leal. Exceção de incompetência territorial, geografia e acesso à justiça: a natureza não preclusiva do prazo do art. 800, caput, da CLT. *Revista Eletrônica OAB/RJ,* v. 30, p. 1, 2019.

FIORILLO, Celso Antonio Pacheco. *Curso de Direito Ambiental Brasileiro.* 8ª ed. São Paulo: Saraiva, 2007.

FREDIANI, Yone. A quem o Direito do Trabalho deve proteger e o novo conceito de subordinação. In: *Revista de Direito do Trabalho.* São Paulo, v. 160, 2014, p. 117-120.

FREIRE, Bruno. A Reforma Processual Trabalhista e o Acesso à Justiça. *Revista de Processo,* v. 43. p. 393-410. São Paulo: Revista dos Tribunais, 2018.

FREIRE, Bruno. A Reforma Processual Trabalhista e o Acesso à Justiça. *Revista de Processo,* v. 43. p. 393-410. São Paulo: Revista dos Tribunais, 2018.

FREITAS, Cláudio. *Direito Coletivo do Trabalho.* Salvador: Juspodivm, 2019.

FUX, Luiz; BODART, Bruno Vinicius Da Rós. Notas sobre o princípio da motivação e a uniformização da jurisprudência no novo Código de Processo Civil à luz da análise Econômica do Direito. Disponível em: https://papers.ssrn.com/sol3/papers.cfm?abstract_id=2982136. Acesso em 04/11/2019.

FUX, Luiz. *Curso de Direito Processual Civil.* 3ª ed. Rio de Janeiro: Forense, 2005.

GAIA, Fausto Siqueira. *Uberização do trabalho: aspectos da subordinação jurídica disruptiva.* Rio de Janeiro: Lumen Juris, 2019.

GAIA, Fausto Siqueira. *Uberização do trabalho: aspectos da subordinação jurídica disruptiva.* Rio de Janeiro: Lumen Juris, 2019.

GARCIA, Gustavo Filipe Barbosa. *Curso de Direito Processual do Trabalho.* 5ª ed. Rio de Janeiro: Forense, 2016.

GIGLIO, Wagner D.; CORRÊA, Claudia Giglio Veltri. *Direito Processual do Trabalho.* 15ª ed. São Paulo: Saraiva, 2005.

GOMES, Fábio Rodrigues. O novo direito do trabalho. In: *Revista do Tribunal Superior do Trabalho.* São Paulo, vol. 84, nº 3, jul/set 2018, p. 120-167.

GONÇALVES, Carlos Roberto. *Curso de Direito Civil.* v. 4. 2ª ed. São Paulo: Saraiva, 2007.

GONÇALVES, Marcus Vinícius Rios. *Novo Curso de Direito Processual Civil.* 7ª ed. São Paulo: Saraiva, 2010.

GRECO FILHO, Vicente. *Direito Processual Civil Brasileiro.* v.1. 17ª ed. São Paulo: Saraiva, 2003.

GRECO, Leonardo. Desafios à coisa julgada no novo Código de Processo Civil. In: *Estudos de Direito Processual em homenagem a Paulo Cezar Pinheiro Carneiro.* Luiz Fux et. alii (coords.) 1ª ed. Rio de Janeiro: LMJ Mundo Jurídico, 2019, p. 657-699.

GRECO, Leonardo. *Instituições de Processo Civil: Introdução ao Direito Processual Civil.* v.1. Rio de Janeiro: Forense, 2009.

GRECO, Leonardo. *Instituições de Processo Civil: Processo de Conhecimento.* V.2. Rio de Janeiro: Forense, 2010.

GRECO, Leonardo. *Instituições de Processo Civil: Recursos e processos da competência originária dos Tribunais.* v.3. Rio de Janeiro: Forense, 2015.

GRINOVER, Ada Pellegrini. *O processo em sua unidade.* São Paulo: Saraiva, 1978.

GUASP, James. *Derecho Procesal Civil.* 3ª ed. Tomo I. Madrid: Centro de Estudios Constitucionales, 1977.

LACERDA, Galeno de. *Comentários ao Código de Processo Civil,* vol. VIII, tomo I, 7ª ed., Forense, 1998.

LEAL, Victor Nunes. Passado e futuro da súmula do STF. *Revista de Direito Administrativo*, v. 145, p. 1-20 (jan/1981). Rio de Janeiro: FGV, 1981.

LEE, Sangheon; McCANN, Deirdre; MESSENGER, Jon C. *Duração do Trabalho em Todo o Mundo: Tendências de jornadas de trabalho, legislação e políticas numa perspectiva global comparada.* Secretaria Internacional de Trabalho. Brasília: OIT, 2009.

LEITE, Carlos Henrique Bezerra. *Curso de Direito Processual do Trabalho.* 10ª ed. São Paulo: LTR, 2012.

LIEBMAN, Enrico Tullio. *A prova no direito processual civil.* São Paulo: RT, 2000.

LIMA, Hermes. *Introdução à Ciência do Direito.* 10ª ed. Rio de Janeiro: Livraria Freitas Bastos, 1960.

MACEDO FILHO, Tobias de. *A franquia postal na Justiça do Trabalho. Revista do Tribunal Regional do Trabalho da 9ª Região.* Curitiba: julho/dezembro de 1983.

MAGALHÃES, Joalvo. Aplicabilidade da reforma trabalhista aos contratos celebrados antes da sua vigência. *Reforma Trabalhista.* Rosangela Tremel e Ricardo Calcini (orgs.). - Campina Grande: EDUEPB, 2018, p. 235-252.

MAIA, Rodolfo Tigre. *O princípio do ne bis in idem e a Constituição Brasileira de 1988.* ESMPU, Brasília, a. 4 - n.16, p. 11-75 - jul./set. 2005. Disponível em http://escola.mpu.mp.br/publicacoes/boletim-cientifico/edicoes-do-boletim/boletim-cientifico-n-16-julho-setembro-de-2005/o-principio-do-ne-bis-in-idem-e-a-constituicao-brasileira-de-1988.

MAIOR, Jorge Luiz Souto. *Petição inicial.* São Paulo: LTR, 1996, p. 286.

MALLET, Estêvão; FAVA, Marcos. *Comentários ao art. 7º, V.* In *Comentários à Constituição do Brasil.* J.J.Gomes Canotilho et.al. (coords.). 2ª ed. São Paulo: Saraiva Educação, 2018, p. 612-614.

MALLET, Estêvão. A jurisprudência sempre deve ser aplicada retroativamente? *Revista do Tribunal Superior do Trabalho*, Brasília, vol. 71, nº 3, set/dez 2005, p. 134-149.

MALLET, Estevão. Algumas considerações sobre a sentença no procedimento sumaríssimo. *Rev. Trib. Reg. Trab. 9ª R.*, Curitiba, a.28, n.51, p.305-320, jul./dez. 2003.

MALLET, Estêvão. Reflexões sobre o enquadramento sindical dos empregados da agroindústria sucroalcooleira. In *A centralidade do trabalho e os rumos da legislação trabalhista* (ARRUDA, Kátia Magalhães; ARANTES, Delaíde Alves Miranda - orgs.). São Paulo: LTR, 2018, p. 90/104.

MALTA, Christovão Piragibe Tostes. *Prática do Processo Trabalhista.* 31ª ed. São Paulo: LTR, 2002.

MARANHÃO, Ney; FERREIRA, Alon Jaime Bittencourt. O novo e polêmico §2º do art. 8º da CLT: de volta aos tempos do juiz "boca da lei"? *Revista de Direito do Trabalho*, v. 201, p. 37-61. São Paulo: RT, 2019.

MARANHÃO, Ney; JUNQUEIRA, Fernanda Antunes Marques. Negócio processual trabalhista: apontamentos gerais. *Revista eletrônica do Tribunal Regional do Trabalho da 9ª Região*, Curitiba, PR, v. 6, n. 55, p. 44-70, out./nov. 2016.

MARANHÃO, Ney; SANTOS, Clarice. Instrumentalismo e formalismo-valorativo em ciência processual há algo de novo sob o sol? *Revista dos Tribunais*, v. 1003, p. 359-391. São Paulo: RT, 2019.

MARANHÃO, Ney. *Comentários ao art. 7º, XXII*. In *Comentários à Constituição do Brasil*. J.J.Gomes Canotilho et.al. (coords.). 2ª ed. São Paulo: Saraiva Educação, 2018, p. 645-650.

MARANHÃO, Ney. Meio ambiente do trabalho: descrição jurídico-conceitual. *Revista LTR*, v. 80, nº 4, abr. 2016, p. 419-430.

MARANHÃO, Ney. Questões Social e Ambiental: Paralelismos e Desencontros na Perspectiva do Meio Ambiente do Trabalho. *Revista Magister de Direito Ambiental e Urbanístico*, nº 72 - Jun-Jul/2017, p. 5-29.

MARINONI, Luiz Guilherme; ARENHART, Sérgio Cruz; MITIDIERO, Daniel. *Novo Curso de Processo Civil*, v.2. São Paulo: Editora Revista dos Tribunais, 2015.

MARINONI, Luiz Guilherme; ARENHART, Sérgio Cruz; MITIDIERO, Daniel. *Novo Curso de Processo Civil*, v.3. São Paulo: Editora Revista dos Tribunais, 2015.

MARQUES, José Frederico. *Instituições de direito processual civil*. v.1. Campinas: Bookseller, 1997.

MARQUES, José Frederico. *Manual de Direito Processual Civil*. V.1. 12ª ed. São Paulo, Saraiva, 1987.

MARQUES, José Frederico. *Manual de Direito Processual Civil*. vol. I. 5ª ed. São Paulo: Saraiva, 1977.

MARTINEZ, Luciano. As responsabilidades securitária social e civil-trabalhista nos casos de adoecimento pelo coronavírus. *O Direito do Trabalho na crise da COVID-19* (coords. Alexandre Agra Belmonte et. alii). Salvador: Juspodivm, 2020, p. 295-302.

MARTINEZ, Luciano. *Curso de Direito do Trabalho*. 11ª ed. São Paulo: Saraiva Educação, 2020.

MARTINS FILHO, Ives Gandra. *Processo coletivo do Trabalho*. 4ª ed. São Paulo: LTR, 2009.

MARTINS, Leonardo. Comentários ao art. 5º, XIII. In *Comentários à Constituição* do *Brasil*. J.J.Gomes Canotilho et.al. (coords.). 2ª ed. São Paulo: Saraiva Educação, 2018, p. 317-322.

MARTINS, Sérgio Pinto (coordenador). O Novo CPC e o Processo do Trabalho: *estudos em homenagem ao Ministro Walmir Oliveira da Costa*. São Paulo: Atlas, 2016.

MARTINS, Sérgio Pinto. *Direito do Trabalho.* 22ª ed. São Paulo: Atlas, 2006.

MARTINS, Sérgio Pinto. *Direito do Trabalho.* 36ª ed. São Paulo: Saraiva Educação, 2020.

MARTINS, Sérgio Pinto. *Direito Processual do Trabalho.* 28ª ed. São Paulo: Atlas, 2008.

MAXIMILIANO, Carlos. *Hermenêutica e aplicação do Direito.* 19ª ed. Rio de Janeiro: Forense, 2003.

MAZZILLI, Hugo Nigro. *A defesa dos interesses difusos em juízo.* São Paulo: Saraiva, 2005.

MELO, Raimundo Simão de. *A greve no Direito brasileiro.* 2ª ed. São Paulo: LTR, 2009.

MENDES, Aluisio Gonçalves de Castro. *Incidente de Resolução de Demandas Repetitivas: Sistematização, análise e interpretação do novo instituto processual.* Rio de Janeiro: Forense, 2017.

MENDES, Gilmar Ferreira; STRECK, Lenio Luiz. Comentários ao art. 102, §3º. In *Comentários à Constituição do Brasil.* J.J.Gomes Canotilho et.al. (coords.). 2ª ed. São Paulo: Saraiva Educação, 2018, p. 1512-1516.

MENDES, Gilmar Ferreira; COELHO, Inocêncio Mártires; BRANCO, Paulo Gustavo Gonet. *Curso de Direito Constitucional.* 3ª ed. rev.e atual. São Paulo: Saraiva, 2008.

MIRZA, Flavio. Reflexões sobre a avaliação da prova pericial, in *Tributo a Afranio Silva Jardim.* Rio de Janeiro: Lumen Juris, 2011.

MITIDIERO, Daniel. Ação Rescisória no Direito Comparado: da Comparação Vertical à Comparação Horizontal. *Revista de Processo Comparado*, volume 5, 2017 (jan.jun.2017), pp. 43-62.

MORAIS, Carlos Blanco de. As sentenças com efeitos aditivos. In: Morais, Carlos Blanco de (Coord.). *As sentenças intermédias da justiça constitucional.* Lisboa: AAFDL, 2009.

MOREIRA, José Carlos Barbosa. Anotações sobre o título *Da Prova do Novo Código Civil. Reflexos do Novo Código Civil no Direito Processual.* Salvador: Juspodivm, 2006, p. 212.

MOREIRA, José Carlos Barbosa. *Comentários ao Código de Processo Civil.* 15ª ed. Rio de Janeiro: Forense, 2009.

MOREIRA, José Carlos Barbosa. *Direito Aplicado II (Pareceres).* 2ª ed. Rio de Janeiro: Forense, 2005.

MOREIRA, José Carlos Barbosa. *O Novo Processo Civil Brasileiro.* 27ª ed. Rio de Janeiro: Forense, 2008.

MOREIRA, José Carlos Barbosa. *Temas de Direito Processual Civil, 2ª série.* 2ª ed. São Paulo: Saraiva, 1988.

MOREIRA, José Carlos Barbosa. *Temas de direito processual: nona série*. São Paulo: Saraiva, 2007.

NADER, Paulo. *Introdução ao Estudo do Direito*. 23ª ed. São Paulo: Forense, 2003.

NASCIMENTO, Amauri Mascaro. *Curso de Direito Processual do Trabalho*. 24ª ed. São Paulo: Saraiva, 2009.

NERY JR, Nelson; NERY, Rosa Maria de Andrade. *Código de Processo Civil Comentado e legislação extravagante*. 10ª ed. São Paulo: Editora Revista dos Tribunais, 2007.

NERY JUNIOR; Nelson; NERY, Rosa Maria de Andrade. *Comentários ao Código de Processo Civil*. [livro eletrônico] 1ª ed. São Paulo: Revista dos Tribunais, 2015.

NEVES, Daniel Amorim Assumpção. *Novo Código de Processo Civil – Leis 13.105/2015 e 13.256/2016*. 3ª ed.rev., atual. e ampl. – Rio de Janeiro: Forense, São Paulo, 2016.

OLIVEIRA, Francisco Antônio de. *Tratado de Direito Processual do Trabalho*. v.1. São Paulo: LTR, 2008.

OLIVEIRA, Francisco Antônio de. *Tratado de Direito Processual do Trabalho*. v.2. São Paulo: LTR, 2008.

PAES, Arnaldo Boson. Negociação Coletiva no Serviço Público: Potencialidades e Limites. In *Revista do Tribunal Superior do Trabalho*, Brasília, vol. 82, nº 4, out/dez 2016, p. 85-107.

PERRINI, Valdyr. A inconstitucionalidade do fim da contribuição sindical obrigatória compulsória e o quadripé do peleguismo, in DALLEGRAVE NETO, José Affonso; KAJOTA, Ernani (Coord). *Reforma Trabalhista ponto a ponto*. São Paulo: Ltr, 2017.

PINHO, Humberto Dalla Bernardina de. A releitura do princípio do acesso à justiça e o necessário redimensionamento da intervenção judicial na resolução dos conflitos na contemporaneidade. *Revista Jurídica Luso-Brasileira*, vol. 3, p. 791/830, 2019, disponível em https://www.cidp.pt/revistas/rjlb/2019/3/2019_03_0791_0830.pdf. Acesso em 04/11/2019.

PINTO, José Augusto Rodrigues. *Processo Trabalhista de Conhecimento*. 7ª ed. São Paulo: LTR, 2005.

PONTES DE MIRANDA, Francisco Cavalcanti. *Comentários ao Código de Processo Civil*, t.4. 3ª ed. Rio de Janeiro: Forense, 1999.

PORTO, Lorena Vasconcelos; MEIRINHO, Augusto Grieco Sant'Anna. A dispensa em massa e a pandemia do COVID-19. In: *Revista do Tribunal Regional do Trabalho da 3. Região*. Belo Horizonte, edição especial, t. II, p. 477-507, jul. 2020.

RIOS, Roger Raupp. *Direito da antidiscriminação: discriminação direta, indireta e ações afirmativas*. Porto Alegre: Livraria do Advogado, 2008.

RODRIGUES, Marco Antonio. *A Fazenda Pública no Processo Civil*. São Paulo: Atlas, 2.ed. 2016.

SANTOS, Moacyr Amaral. *Primeiras Linhas de Direito Processual Civil.* v.1. 20ª ed. São Paulo: Saraiva, 1998.

SANTOS, Moacyr Amaral. *Primeiras Linhas de Direito Processual Civil.* v.2. 20ª ed. São Paulo: Saraiva, 1999.

SANTOS, Moacyr Amaral. *Primeiras Linhas de Direito Processual Civil.* v.3. 19ª ed. São Paulo: Saraiva, 2000.

SANTOS, Ronaldo Lima dos. *Sindicatos e ações coletivas: acesso à justiça, jurisdição coletiva e tutela dos interesses difusos, coletivos e individuais homogêneos.* 5a ed. São Paulo: LTR, 2019.

SARAIVA, Renato; MANFREDINI, Aryanna. *Curso de Direito Processual do Trabalho.* 13ª ed. Salvador: Juspodivm, 2016.

SARLET, Ingo Wolfgang; Streck, Lenio Luiz. *Comentários ao art. 5º, LXXXI.* In *Comentários à Constituição do Brasil.* J.J.Gomes Canotilho et.al. (coords.). 2ª ed. São Paulo: Saraiva Educação, 2018, p. 512-518.

SARLET, Ingo Wolfgang. Notas sobre a assim designada proibição de retrocesso social no constitucionalismo latino-americano. *Revista do Tribunal Superior do Trabalho,* v. 75, nº 3, jul/set 2009, p. 116-149.

SCHENK, Leonardo Faria. Contraditório e cognição sumária. *Revista Eletrônica de Direito Processual (REDP),* v. XIII. 2014. p. 552-582.

SCHIAVI, Mauro. *Manual de Direito Processual do Trabalho.* 3ª ed. São Paulo: LTR, 2010.

SILVA, Homero Batista Mateus da. 2ª ed. rev.atual.e ampl. *Comentários à Reforma Trabalhista.* São Paulo: RT, 2017.

SILVA, Otávio Pinto. Terceirização e a Reforma Trabalhista. In: *Revista do Tribunal Regional do Trabalho da 15ª Região,* n. 51, 2017, p. 167-182.

SOUTO MAIOR, Jorge Luiz; SEVERO, Valdete Souto. *Manual da reforma trabalhista: pontos e contrapontos.* São Paulo: Sensus, 2017.

SOUTO MAIOR, Jorge Luiz. *História do Direito do Trabalho no Brasil: curso de direito do trabalho, volume I, parte II.* São Paulo: LTR, 2017.

SPADONI, Joaquim Felipe. *Incidente de assunção de competência.* Temas essenciais do Novo CPC. Luiz Rodrigues Wambier e Teresa Arruda Alvim Wambier (coords.). São Paulo: RT, 2016, p. 491-495.

SÜSSEKIND, Arnaldo. *Direito Constitucional do Trabalho.* Rio de Janeiro: Renovar, 1999.

TARTUCE, Flávio. Direito Civil: *Teoria Geral dos Contratos e Contratos em Espécie.* v. 3. 5ª ed. São Paulo: Método, 2010.

TEIXEIRA FILHO, Manoel Antonio. *Curso de Direito Processual do Trabalho*, volumes 1, 2 e 3. São Paulo: LTR, 2009.

TEIXEIRA FILHO, Manoel Antônio. Sentença Homologatória de Transação: Ato Jurisdicional Anulável ou Rescindível? *Revista do Tribunal Regional do Trabalho da 9ª Região*, volume 7, número 69 (Junho de 2018), p. 8-12.

TEPEDINO, Gustavo; BARBOZA, Heloísa Helena; MORAES, Maria Celina Bodin. *Código Civil Interpretado conforme a Constituição da República*. V. I. 2ª ed. Rio de Janeiro: Renovar, 2007.

TEPEDINO, Gustavo; BARBOZA, Heloísa Helena; MORAES, Maria Celina Bodin. *Código Civil Interpretado conforme a Constituição da República*. V. II. Rio de Janeiro: Renovar, 2006.

TEPEDINO, Gustavo; BARBOZA, Heloísa Helena; MORAES, Maria Celina Bodin. *Código Civil Interpretado conforme a Constituição da República*. V. III. Rio de Janeiro: Renovar, 2011.

TESHEINER, José Maria Rosa. *Autoridade e eficácia da sentença Crítica à teoria de Liebman*. Revista Síntese de Direito Civil e Processual Civil. Porto Alegre, set/out 1999.

THEODORO JÚNIOR, Humberto; NUNES, Dierle; BAHIA, Alexandre Melo Franco; PEDRON, Flávio Quinaud. *Novo CPC: Fundamentos e Sistematização*. Rio de Janeiro: Forense, 2015.

THEODORO JÚNIOR, Humberto. *Curso de Direito Processual Civil*, v.1. 56ª ed. Rio de Janeiro: Forense, 2015.

THEODORO JÚNIOR, Humberto. *Curso de Direito Processual Civil*, v.2. 47ª ed. Rio de Janeiro: Forense, 2012.

THEODORO JÚNIOR, Humberto. *Curso de Direito Processual Civil*, v.3, 44ª ed. Rio de Janeiro: Forense, 2012.

TORRES, Ricardo Lobo. *Tratado de Direito Constitucional Financeiro e Tributário: Valores e Princípios Constitucionais Tributários*. v. II. Rio de Janeiro: Renovar, 2005.

TORRES, Ricardo Lobo. *Tratado de Direito Constitucional Financeiro e Tributário: os Direitos Humanos e a Tributação*. v. III. Rio de Janeiro: Renovar, 2005.

TUCCI, José Rogério Cruz e. *A causa petendi no processo civil*, RT, 2ª edição, 2001 in coleção Estudos de Direito de Processo Enrico Tullio Liebman, v. 27.

TUPINAMBÁ, Carolina; VALVERDE, Marina Novellino. Um novo normal para o Direito do Trabalho. *O Direito do Trabalho na crise da COVID-19* (coords. Alexandre Agra Belmonte et. alii). Salvador: Juspodivm, 2020, p. 221-238.

TUPINAMBÁ, Carolina. *As garantias do processo do trabalho*. São Paulo: LTR, 2014.

TUPINAMBÁ, Carolina. *Competência da Justiça do Trabalho à luz da reforma constitucional*. Rio de Janeiro: Forense, 2006.

VENOSA, Sílvio de Salvo. *Direito Civil.* v. 4. 12ª ed. São Paulo: Atlas, 2012.

WAMBIER, Luiz Rodrigues; ALMEIDA, Flávio Renato Correia de; TALAMINI, Eduardo. *Curso Avançado de Processo Civil.* v.1. 9ª ed. São Paulo: Editora Revista dos Tribunais, 2007.

WAMBIER, Luiz Rodrigues; ALMEIDA, Flávio Renato Correia de; TALAMINI, Eduardo. *Curso Avançado de Processo Civil.* v.2. 9ª ed. São Paulo: Editora Revista dos Tribunais, 2007.

WAMBIER, Luiz Rodrigues; ALMEIDA, Flávio Renato Correia de; TALAMINI, Eduardo. *Curso Avançado de Processo Civil.* v.3. 8ª ed. São Paulo: Editora Revista dos Tribunais, 2007.

WAMBIER, Luiz Rodrigues; WAMBIER, Teresa Arruda Alvim (coordenadores). *Temas Essencias do Novo CPC.* São Paulo: Editora Revista dos Tribunais, 2016.

WAMBIER, Teresa Arruda Alvim. Precedentes. In *Temas Essenciais do Novo CPC: análise das principais alterações do sistema processual civil brasileiro.* Luiz Rodrigues Wambier e Teresa Arruda Alvim Wambier (coords.). São Paulo: RT, 2016, p. 481-490.

WATANABE, Kazuo. *Da Cognição no Processo Civil.* São Paulo: Bookseller, 2000.

ZANDONAI, Camila Dozza. Discriminação indireta e o estudo da teoria do impacto desproporcional nas relações de trabalho. *Revista da Escola Judicial do Tribunal Regional do Trabalho da 4ª Região.* Vol. 1, n. 1 (jan./jun. 2019). Porto Alegre: Tribunal Regional do Trabalho da 4ª Região, 2019, p. 97-119.

ZANGRANDO, Carlos Henrique da Silva. *Direito Processual do Trabalho.* v.1. São Paulo: LTR, 2009.

ZANGRANDO, Carlos Henrique da Silva. *Direito Processual do Trabalho.* v.2. São Paulo: LTR, 2009.

ZANGRANDO, Carlos Henrique da Silva. *Processo do Trabalho: moderna teoria geral do direito processual.* Rio de Janeiro: Forense Universitária, 2007.

EDITORA
JusPODIVM
www.editorajuspodivm.com.br

Impresso por:

Docuprint
CNPJ 01.036.332/0001-99

JUS3905